MACH'S NOCH EINMAL!

MANFRED HOBSCH

MACH'S NOCH EINMAL!

DAS GROSSE BUCH DER REMAKES – ÜBER 1300 FILME IN EINEM BAND:

Von »Anna Karenina« bis »William Shakespeare's Romeo & Julia«, von »Body Snatchers« bis »Die Schöne und das Biest« und von »Bram Stoker's Dracula« bis »Mary Shelley's Frankenstein«

Schwarzkopf & Schwarzkopf

INHALT

REMAKES –
EIN GEFUNDENES FRESSEN FÜR KRITIKER

Für Filmkritiker sind Remakes das Salz in der Suppe des Berufes: Erstens können sie sich aus ihren Schubladen mit fest gefügten Formulierungen ebenso bedienen wie bei ihren eingefleischten Vorurteilen. Zweitens sind Remakes ein Demonstrationsobjekt par excellence für den Grundsatz: Kritiker sind immer klüger als die Leserschaft. Zu den ewig wiederkehrenden Formulierungen gehören Sätze wie »reicht aber nicht an die Erstverfilmung heran« oder »überflüssige Neuverfilmung« und »schwaches Remake«. Und selbst wenn ein Film längst auf dem Olymp der unsterblichen Klassiker Einzug gehalten hat, bleibt er eben ein Remake und damit zweitrangig. So kann man im *Katholischen Filmdienst* über den Billy-Wilder-Film *Manche mögen's heiß*, ein Remake der deutschen Kurt-Hoffmann-Komödie *Fanfaren der Liebe*, Folgendes lesen: »Es geriet nur eine antiquarische Klamotte, nicht besser noch erfolgreicher als früher der deutsche Lachfilm *Fanfaren der Liebe* zum selben Thema.« Es gibt wohl keine bessere Bestätigung für das offenbar unausrottbare Vorurteil, dass Remakes gefälligst immer schlechter sind als ihre Vorläufer. Das Lexikon der Remakes wird einerseits unweigerlich dieses Vorurteil bedienen, denn die Ehrlichkeit gebietet: Es gibt wirklich schlechte Wiederverfilmungen. Andererseits wird sich in vielen Fällen auch das Gegenteil erweisen: Ist Hitchcocks Remake von *Der Mann, der zu viel wußte* aus den fünfziger Jahren nicht besser als die Verfilmung aus den Dreißigern? Lieben wir nicht Marlon Brando als Fletcher Christian in der *Meuterei auf der Bounty* mehr als Clark Gable oder Mel Gibson, obwohl dies bereits die vierte Verfilmung war? Und bleibt nicht Heinz Rühmann als *Charleys Tante* einfach unübertroffen, auch wenn nach ihm noch Peter Alexander und Thomas Heinze in Frauenkleider geschlüpft sind?

Nun zur Überlegenheit der Kritiker, denn bei Remakes darf aus dem Vollen der Filmgeschichte geschöpft werden: zum einen mit dem Wissen darum, dass zum Beispiel genau diesen Stoff Truffaut oder Lubitsch schon einmal verfilmt haben, zum anderen mit dem ständigen Vergleichen der

verschiedenen Fassungen. Und schließlich mit dem schlagenden Hinweis, dass bereits 1911 eine damals beeindruckende Verfilmung der Geschichte in den Kinos lief – auch wenn heute längst keine Kopie mehr existiert ... Das liest sich zwar mitunter echt beeindruckend, aber auch in Zeiten von DVD und Pay-TV gibt es wohl nur selten Kritiker, die wirklich alle Verfilmungen eines Stoffes kennen (können). Am einfachsten und übersichtlichsten ist die Lage immer dann, wenn ein Remake nur die zweite Verfilmung ist, doch etliche Filme erbringen den Beweis, dass sich zum Beispiel Shakespeare-Werke bis zu zwölf Mal verfilmen lassen: Von *Henry V* (1989), *Viel Lärm um nichts* (1993) und *Othello* (1995) bis zu *Ein Sommernachtstraum* (1999). Oder gar noch mehr, wie die jeweils vierzig Bearbeitungen von *Hamlet* oder *Romeo und Julia* belegen.

Die letzten Jahre stehen besonders in Hollywood ganz im Zeichen der Remakes: Michael Caton-Jones erzählte in *Der Schakal* (1997) einen Thriller von Fred Zinnemann aus dem Jahr 1972 neu, Sidney Lumet verfilmte 1998 noch einmal *Gloria*, die Geschichte der Gangsterbraut, mit der die John Cassavetes Anfang der achtziger Jahre Ruhm erlangte. Und Adrian Lyne lieferte 1997 mit *Lolita* die zweite filmische Adaption des Romans von Vladimir Nabokov, bei der ersten von Stanley Kubrick aus dem Jahr 1961 hatte der Autor als Drehbuchautor mitgewirkt. Eddie Murphy parodierte in *Der verrückte Professor* (1996) Stevensons mehrfach verfilmte Geschichte von *Dr. Jekyll und Mr. Hyde* und lieferte eine überdrehte Version eines Jerry-Lewis-Films aus den sechziger Jahren. Die berühmten Kinderbuchgeschichten von Hugh Lofting um den Arzt *Dr. Doolittle*, der die Sprache der Tiere versteht, hatte Hollywood 1967 zu einem fantasievollen Musical verarbeitet, 1998 schlüpfte Eddie Murphy in die Rolle des *Dr. Doolittle*. Robin Williams verkörperte bei *Flubber* (1997) einen zerstreuten Professor, der mit einer Wundermasse hantiert, die schon einmal fürs Kino erfunden wurde: 1960 war Fred MacMurray *Der fliegende Pauker*. Regisseur Sean Penn inszenierte 2000 mit dem Film *Das Versprechen* ein Remake des berühmten Thrillers *Es geschah am hellichten Tag* mit Heinz Rühmann: Jack Nicholson spielt den Eigenbrötler-Kommissar, die einstige Rühmann-Rolle.

Und Gus van Sant drehte 1998 eine detailgetreue, farbige Kopie des Hitchcock-Films *Psycho*. Für den Kritiker Frank Noack war dies im Berliner *Tagesspiegel* ein Anlass, um über die ungenaue Definition des Remakes zu bemerken: »Ist die 50. Verfilmung von *Les Misérables* ein Remake aller vorangegangenen Hugo-Adaptionen? Ist jede Darstellung einer Dreierbeziehung ein Remake von *Jules und Jim*? Wer entscheidet, wann von einer Hommage und wann von einer dreisten Kopie gesprochen wird? Wer entscheidet, in welchen Fällen ausnahmsweise ein Remake erlaubt ist? Denn es gibt Remakes, bei denen die Nörgler ein Auge zudrücken. Vielleicht, weil sie das Original nicht kennen? Wie immer man den Begriff definiert, rational lässt sich die heftige Ablehnung nicht erklären. Sie ist in anderen Künsten auch nicht üblich: Kein Hamlet-Darsteller muss sich von legendären Vorgängern einschüchtern lassen, die in der Rolle schon auf der Bühne gestanden haben. Wurde eine Arie schon mal von Maria Callas, ein Chanson von Marlene Dietrich gesungen? Kein Problem. Stücke, Lieder, Themen in der Literatur – sie alle sind dazu da, verschiedenartig interpretiert zu werden. Es ist doch immer reizvoll, Altbekanntes leicht variiert wiederzusehen.«

Natürlich trifft dies dann auf das *Psycho*-Remake nicht zu – und ist deshalb »nur für Filmprofessoren und -studenten von Interesse, die eine Fehleranalyse durchführen wollen.« Kaum ein Remake hat deutsche Filmkritiker zu solch grundsätzlichen Auseinandersetzungen über Wiederverfilmungen veranlasst wie *Psycho* von Gus van Sant, wahrscheinlich weil er eine so exakte Kopie des Hitchcock-Klassikers ist: ein Remake in der strengsten Form, das dann allerdings genau daran auch scheitert, denn Gus van Sant lässt die Geschichte nicht in den sechziger Jahren wie Hitchcock, sondern in den Neunzigern spielen. Und da ist es lachhaft, einen Privatdetektiv ohne Handy sehen zu müssen, der eine Telefonzelle sucht ...

Auf den folgenden Seiten dieses Lexikons sind Remakes aller Genres und aller Epochen verzeichnet, ausgehend jeweils von der letzten Bearbeitung des Stoffes. In den ersten beiden Kapiteln wird eine Geschichte der Remakes erzählt und die Frage beantwortet, was eigentlich ein Remake ist. Remakes sind eine schier unendliche Geschichte, die mit diesem Lexikon längst nicht erschöpft ist:

So will Martin Scorsese von *Zwischen Himmel und Hölle*, dem 1963 entstandenen Schwarz-Weiß-Film seines Lieblingsregisseurs Akira Kurosawa, ein Remake herstellen lassen. David Mamet soll das Buch schreiben und die Regie übernehmen. Dies wäre nach *Rashomon* und *Die sieben Samurai* eine weitere Neuverfilmung eines Werks von Kurosawa. Auch Alfred Hitchcock steht als Remake-Lieferant hoch im Kurs: Arnold Kopelson, der Produzent von *Sieben*, arbeitet am Entwurf einer neuen Fassung von *Ein Fremder im Zug*; Autor Robert Towne (*Chinatown*) sitzt an einer modernen Version von *Die 39 Stufen* und Sid Sheinberg bereitet eine Neuauflage von *Ich kämpfe um dich* vor.

Fast täglich lässt sich die Liste geplanter Remakes verlängern: Oliver Stone will ein *A Star Is Born*-Remake inszenieren; Steven Spielberg möchte Stanley Kubricks Klassiker *Uhrwerk Orange* neu drehen; Jerry Lewis arbeitet mit Jackie Chan an einer Neuauflage des 1960 produzierten Slapstick-Films *Hallo Page*; Eddie Murphy soll in einer Variation des Horror-Klassikers *Die unheimliche Geschichte des Mr. C.* von 1957 auf Stecknadelgröße schrumpfen; Matthew Broderick ist für die Hauptrolle der Neuverfilmung *The Music Man* (die Originalversion kam 1962 in die Kinos) engagiert; Robin Williams tritt in der Wiederverfilmung der britischen Komödie *Adel verpflichtet* in die Fußstapfen von Alec Guinness; James Cameron verhandelt mit Steven Soderbergh über die Regie beim *Solaris*-Remake; John Milius möchte *Conan – Der Barbar* zum zweiten Mal verfilmen und in einer Neuauflage des *Rosaroten Panthers* soll Chris Tucker den Inspektor Jacques Clouseau mimen ...

Selbst wenn die Filmkritik weiterhin Neuverfilmungen abwertend beurteilt und die Filmwissenschaft dieses Themengebiet auch künftig weitgehend ignoriert: Remakes werden in Zukunft zum Alltag in Kino und Fernsehen gehören. Gegen die generelle Ablehnung von Remakes möchte dieses Lexikon einen Beitrag leisten, denn jede Wette: Viele Remakes würden als tolle Filme gefeiert, wenn man nicht um die Existenz des Originals wüsste.

DIE FILMGESCHICHTE ALS GESCHICHTE DER REMAKES

ÜBER DIE WICHTIGSTEN GRÜNDE, FILME NEU ZU VERFILMEN.

Die Filmgeschichte ist auch eine Geschichte der Remakes: Zuerst werden erfolgreiche Stummfilme als Tonfilm erneut verfilmt. Mit der Erfindung des Tonfilms sind Stummfilme von einem Tag auf den anderen nicht mehr zeitgemäß. Vielen Stars gelingt der Übergang nicht, da sich ihre Stimme als ungeeignet herausstellt. Auch einige Regisseure können sich nicht mit der neuen Erfindung anfreunden. Die Stummfilm-Archive werden nach geeigneten Filmen abgesucht, deren Remakes Profit abzuwerfen versprechen. In Deutschland dreht Robert Wiene 1930 ein Tonfilm-Remake von Max Macks *Der Andere* (1913), G. W. Pabst nimmt sich 1932 des französischen Films *L'Atlantide* (1921) von Jacques Feyder an und auch der Stummfilm-Klassiker *Der Student von Prag* (1913/1926) erhält 1935 eine von Arthur Robinson inszenierte Tonfassung. In den Vereinigten Staaten produziert die Filmindustrie ein Tonfilm-Remake nach dem anderen, in denen sie, wenn eben möglich, den Star der »stummen« Fassung auftreten lässt.

Anfang der dreißiger Jahre stellte sich den Produzenten noch ein weiteres Problem: Wenn sie Filme weiterhin international verkaufen wollten, mussten sie ihre bisher stummen Produkte jetzt in Tonfassungen der jeweiligen Landessprachen anbieten. Das hieß damals: Es wurde in derselben Dekoration eine englische, italienische, französische und deutsche Fassung hintereinander gedreht, wobei das Darstellerteam teilweise ausgetauscht wurde. Eine kostspielige Angelegenheit, die spätestens nach dem Krieg zu Gunsten der Synchronisation fallen gelassen wurde. Der zweite große Boom von Neuverfilmungen wird von der Einführung des Farbfilms ausgelöst: Zunächst sind es vor allem Kostüm- und Abenteuerfilme, bei denen grelle Farben zum Einsatz kommen. Über den Einsatz der Farbe wird in den Filmstudios heftig gestritten, doch die Beliebtheit beim Publikum verdrängt sämtliche Einwände. Heute ist die Farbe im Kinofilm nicht mehr wegzudenken, Schwarz-Weiß-Streifen sind die Ausnahme. Die mitunter aggressiven Methoden, mit denen manche Filmstudios den Erfolg ihrer Neuverfilmungen zu sichern versuchen, zeigt Jochen Manderbach in seiner Broschüre *Das Remake – Studien zu seiner Theorie und Praxis* am skandalösen Verhalten der RKO Radio Pictures Incorporated auf: »Der Regisseur Anatole Litvak inszeniert 1947 in ihrem Auftrag den Film *The Long Night*, ein Remake von Marcel Carnés 1939 in Frankreich entstandenem Werk *Le jour se lève*. Die Verantwortlichen von RKO kaufen alle Kopien des Originals, deren sie habhaft werden können, auf und vernichten sie, um so ihrem Produkt die unliebsame Konkurrenz und den vermutlich zu seinen Ungunsten ausfallenden Vergleich zu ersparen.« Als Ingrid Bergman 1943 in *Das Haus der Lady Alquist* in den Wahnsinn getrieben werden sollte, ließ MGM-Chef Louis B. Mayer (fast) sämtliche Kopien der drei Jahre zuvor entstandenen englischen Fassung aufkaufen und verbrennen. Nicht ganz so brutal, aber ebenso effektiv war die Methode, mit der die französische Erstverfilmung des Pagnol-Stücks *Fanny* (1932) behindert wurde. Hollywood kaufte die Rechte, weswegen die Amerikaner 16 Jahre lang nicht das Original zu sehen bekamen, sondern nur das verwässerte Remake *Port Of Seven Seas*. Schlimmer noch, ein ähnlicher Handel sperrte den Gabin-Klassiker *Pépé le Moko* jahrelang in Frankreich ein, während mit dem fix nachgedrehten US-Remake *Algiers* die Welt überschwemmt wurde.

Bei gesellschaftskritischen Themen spielen für Filmautoren Moral und Zensur eine entscheidende Rolle: Filme, die sich in der Vergangenheit mit heiklen Themen beschäftigt haben, erleben Jahrzehnte später eine Neuauflage. Bei William Wylers Film *Infame Lügen* (1936), der von der Liebe zweier Lesbierinnen erzählt, werden von der Zensur so gravierende Schnitte vorgenommen, dass von dem Film nur noch ein Torso übrig bleibt. Erst 1962 wagt Wyler selbst unter dem Titel *Infam* eine neue Fassung, gegen die die Behörden dann keine Einwände mehr vorbringen. Ein anderes Beispiel ist die Musikkomödie *Victor/Victoria*, die auch ein nachdenklicher Sittenspiegel ist, der auf seine Weise für Aufrichtigkeit und Toleranz in sexuellen Dingen plädiert und mit subtilem Witz die Rollenklischees von Mann und Frau infrage stellt – was den Vorläufer-Versionen so nicht möglich war. Der Welterfolg *Victor/Victoria* von Blake Edwards basiert auf der deutschen Verwechslungs-Komödie *Viktor und Viktoria* aus dem Jahre 1933 (Regie: Reinhold Schünzel), mit Renate Müller, Hermann Thimig und Adolf Wohlbrück. Die UFA-Produktion kam 1957 erstmals in einer neuen Version auf die Leinwand: *Viktor und Viktoria* (Regie: Karl Anton) mit Johanna von Koczian, Georg Thomalla und Johannes Heesters.

Und der *Fischer Film Almanach* fasst zusammen: »Es ist selten, dass ein Remake dem Vergleich mit der Vorlage standhält. Edwards ist das Kunststück gelungen, Reinhold Schünzels vielgerühmte UFA-Komödie von 1935 zumindest zu erreichen, wenn nicht zu übertreffen – was zu einem guten Teil freilich auch den Schauspielern zu verdanken ist ... Außerdem hat es Edwards natürlich auch leichter gehabt; heute darf man mehr zeigen als damals.« Denn aus dem Londoner Gentleman, der sich in Schünzels Originalfilm die liebliche Viktoria angelt, wird im Remake ein amerikanischer Gangster, der sich in den vermeintlichen Victor verliebt und deshalb an seiner dem »tough guy«-Image des Kriminellen entsprechenden Männlichkeit zu zweifeln beginnt. Den Viktor aus der ersten Fassung ersetzt Edwards durch einen alternden Homosexuellen.

In der deutschen Filmgeschichte nehmen Remakes eine Sonderstellung ein: Da der deutsche Film nur auf eine gebrochene Tradition künstlerischen Schaffens zurückblicken kann und an der Zäsur durch Nationalsozialismus und Zweiten Weltkrieg leidet, bestand 1945 die Chance zu einem Neubeginn – die wurde jedoch nicht genutzt. So sind noch 1961 viele der unter den Nationalsozialisten tätigen Filmemacher in der neu gegründeten Bundesrepublik tätig: »Nicht weniger als 19 Autoren, Regisseure, Schauspieler und Filmjournalisten finden sich, die vormals für das Dritte Reich wirkten und heute noch, nicht immer mit gewandelter Gesinnung, am Werke sind: Namen von Regisseuren, die einst die Euthanasie propagierten und heute die Größe von Preußenkönigen preisen; Namen von Autoren, die einst Wehrertüchtigungsfilme schrieben und heute in ihren Drehbüchern die zu bewältigende Vergangenheit zurechtbiegen; Namen von Filmjournalisten, die einst Hitlers Propaganda-Wochenschauen bejubelten und sich heute über demokratische Akzente in Wochenschauen mokieren; Namen wie Wolfgang Liebeneiner, Veit Harlan, Alfred Weidenmann, Herbert Reinecker, Georg Herzberg.« (Werner Zurbruch in der *Literatur-Revue,* März 1961)

Die fünfziger und sechziger Jahre stehen in der Bundesrepublik ganz im Zeichen des Remakes. Viele der vor 1945 entstandenen Filme werden neu aufgelegt. Die Kinoprogramme dieser Jahre muten bisweilen wie Kopien von jenen der Vorkriegszeit an. Remakes wie *Die Drei von der Tankstelle* (1930/1955), *Der Kongress tanzt* (1931/1955), *Grün ist die Heide* (1932/1951) und *Die Geierwally* (1921/1940/1956) füllen die Kinos. Der Rückgriff auf seichte Unterhaltungsstoffe wird von Joe Hembus (in *Der deutsche Film kann gar nicht besser sein*) so bewertet: »Solange es nur darum geht, die in einem Stoff liegenden Unterhaltungswerte ständig neu zu aktivieren, ist das Remaken zwar langweilig, richtet aber keinen Schaden an. Manchmal wird sogar ein Schaden dadurch verhindert – denn solange die Arbeitskraft gewisser Filmkünstler an diese unverfänglichen Aufgaben gebunden ist, sind sie an der Bearbeitung verfänglicher Themen verhindert ... Es mag für manche Torheiten, die im deutschen Film begangen werden, Parallelen im ausländischen Filmschaffen geben. Remake ist ein englisches Wort und also sicher keine deutsche Erfindung. Aber hat man je gehört, dass die Russen den *Panzerkreuzer Potemkin* noch einmal drehen wollen, dass die Amerikaner an eine Wiederverfilmung von *Geburt einer Nation* denken oder die Franzosen die *Kinder des Olymp* remaken? Hier liegt offensichtlich eine Verirrung vor, die der deutsche Film exklusiv gepachtet hat. Und es kann nicht genug vor weiteren Exzessen in dieser Richtung gewarnt werden.«

Jochen Manderbach ergänzt in seiner Studie: »Aber auch die Remakes von künstlerisch wertvollen Filmen wissen nicht zu überzeugen. Wolfgang Staudtes Neuverfilmung der *Dreigroschenoper* (1963) und Helmut Käutners neue Fassung des *Schinderhannes* (1958) entpuppen sich als aufwändige, aber filmisch enttäuschende Starvehikel für Curd Jürgens, Hildegard Knef und Maria Schell. Einen kommerziellen Reinfall erlebt der Produzent Artur Brauner mit dem Remake von Fritz Langs Monumentalfilm *Die Nibelungen* (1966). Die von Regisseur Harald Reinl abgelieferte Arbeit stößt ob der katastrophalen Schauspielerleistungen (der Hammerwerfer Uwe Beyer agiert in der Rolle des Siegfried), der platten Dialoge und der unbeholfenen Inszenierung auf völlige Ablehnung seitens der Kinogänger. Fritz Lang dreht 1958 selbst ein Remake, und zwar von Joe Mays *Das indische Grabmal* (1921), an dessen Produktion er seinerzeit als Drehbuchautor beteiligt war. Das Urteil des Regisseurs über seine Neufassung fällt vernichtend aus: ›Diese beiden Indien-Schnulzen sind ein Desaster ... Sie haben überall viel Geld eingespielt, aber ich für meinen Teil hasse sie.‹«

Es gibt aber auch Regisseure, die ihre eigenen Werke ein zweites Mal in Szene setzen, wie Hitchcock mit *Der Mann, der zu viel wußte* oder Cecil B. DeMille mit *Die zehn Gebote*. Raoul Walsh verfasst von seinem Gangsterfilm *High Sierra* (1941) das Western-Remake *Colorado Territory* (1949) und Howard Hawks wartet gleich mit zwei Neuverfilmungen seines Westerns *Rio Bravo* (1959) auf, mit *El Dorado* (1966) und *Rio Lobo* (1970). Ende der fünfziger Jahre befindet sich der amerikanische Western in einer Krise. Zwar werden unvermindert Pferdeopern produziert, doch vermögen diese Werke dem Genre weder thematisch noch visuell neue Impulse zu geben. Es bleibt John Sturges *Die glorreichen Sieben* vorbehalten, ein radikal neues Element in den Western zu integrieren. Nur vier Jahre später entsteht in Italien *Für eine Handvoll Dollar*, der erste Italo-Western. Beide Filme basieren auf Arbeiten eines japanischen Regisseurs. Akira Kurosawa liefert mit *Die sieben Samurai* und *Yojimbo – Der Leibwächter* die Vorlagen: »Die Western-Adaption von Akira Kurosawas *Sieben Samurai*, der ein Film gegen japanische Traditionen war, markiert den Beginn des japanischen Zeitalters im Western«, bemerkt Joe Hembus in seinem *Western-Lexikon*.

»Die Einsamkeit des Anti-Helden, die Faszination der amoralischen Attitüde, der zerbrechliche Zynismus der bezahlten Spezialisten, die brüderliche Verwandtschaft von Held und Schurke, die kalte Unberührbarkeit, ›the cool‹ von Männern, die sich nicht mit überflüssigen Kategorien beschäftigen.«

In den USA ist das Publikum auch heute daran gewöhnt, dass Filmhelden englisch sprechen – fremdsprachige Filme sind von vornherein in eine kleine Marktnische verbannt. Und Synchronisationen, wie in Europa üblich, haben in den USA keine Chancen. Doch den internationalen Erfolg von Filmen wie *Der große Blonde mit dem schwarzen Schuh* und *Drei Männer und ein Baby* lässt sich Hollywood nur ungern entgehen: Wenn sich eine Story in Europa an der Kinokasse bereits bewährt hat, wird sie in den USA noch einmal verfilmt. Seit Anfang der achtziger Jahre haben sich amerikanische Regisseure verstärkt darangemacht, französische Kassenknüller erneut in Szene zu setzen: *Die Filzlaus*, *Das Spielzeug*, *Die Flüchtigen*, *Mein Vater, der Held*, *Noch drei Männer, noch ein Baby*, *Sommersby*, *Nine Months* und *The Birdcage* sind Beispiele für französische Filme, die in den USA noch einmal verfilmt wurden. Auch deutsche Filme liefern Vorlagen für amerikanische Remakes: *Die verlorene Ehre der Katharina Blum* oder *Zuckerbaby* werden in den USA neu gedreht, beide Filme waren bisher nicht in Deutschland zu sehen. Ein weiterer Grund, Remakes herauszustellen: Manche Stoffe sind so populär, dass es sich für die Produzenten lohnt, sie in gewissen Zeitabständen wieder aufzubereiten, wie *Die drei Musketiere*. Den D'Artagnan spielten u.a. Douglas Fairbanks (1922), Gene Kelly (1948) und Michael York (1973). Oder *Die Meuterei auf der Bounty* (nach dem Roman von Richard Hough). Den Rebellenführer Fletcher Christian verkörperten zum Beispiel Clark Gable (1936), Marlon Brando (1962) und Mel Gibson (1984).

Besonders die sich in den letzten Jahrzehnten durch die rasante Entwicklung der Computertechnik ergebenden Möglichkeiten für Tricks und Spezialeffekte führt zu einer weiteren Welle von Remakes von *King Kong* bis *Katzenmenschen*, von *Planet der Affen* bis *Rollerball*. Schon bei John Carpenters Neuverfilmung von Howard Hawks *Das Ding aus einer anderen Welt* bemerkt Hellmuth Karasek im *SPIEGEL* über den massiven Einsatz der Tricktechnik: »Doch irgendwie rächt sich das Sichtbarmachen des Unvorstellbaren. So sehr man das blutrünstige Schauspiel der verrückt spielenden blutigen Innereien bewundert – richtig zusammengezuckt bin ich nur, als sich die Männer zur Blutentnahme mit dem Messer den Daumen aufschnitten. Hier hatte der

Schrecken meine bescheidenen Vorstellungskräfte wieder eingeholt.«

Das »Do it again«-Prinzip basiert neben der erfolgsträchtigen Story auf aktuellen Stars. Die Schwarz-Weiß-Komödie *Vater der Braut*, 1950 von Vincente Minnelli mit Elizabeth Taylor und Spencer Tracy inszeniert, erlebte 1991 eine Neuauflage mit Steve Martin und Diane Keaton. Ein Sexualverbrecher rächt sich an seinem Anwalt – *Ein Köder für die Bestie* (1962), mit Gregory Peck (als Jurist) und Robert Mitchum. Diesen Thriller setzte Martin Scorsese 1991 neu um – als *Kap der Angst* mit Nick Nolte (als Verteidiger) und Robert De Niro, außerdem Jessica Lange. Jochen Manderbach schreibt in seiner Remakes-Studie über den Einsatz von Stars in Neuverfilmungen: »So besetzt Raoul Walsh seinen Film *Sadie Thompson* (1928) mit dem Stummfilmstar Gloria Swanson, wartet Lewis Milestone in seinem Remake *Rain* (1932) mit der exzentrischen Joan Crawford als Hauptdarstellerin auf und lässt Curtis Bernhardt bei *Miss Sadie Thompson* (1953) die schöne Rita Hayworth die Titelrolle spielen. Ein weniger die Filmkritiker als vielmehr die Leser der Klatschspalten interessierender Vergleich bietet sich bei den Verfilmungen des Shakespeare-Stücks *The Taming Of The Shrew* an: 1929 agiert das Ehepaar Douglas Fairbanks und Mary Pickford in den Hauptrollen, 1967 die nicht weniger skandalträchtige Verbindung Richard Burton und Elizabeth Taylor. So reizvoll solche Vergleiche auch sein mögen, bisweilen entpuppt sich die Wahl der neuen Akteure als glatter Fehlschlag. Dies muss nicht unbedingt mit ihren schauspielerischen Leistungen zusammenhängen, sondern vielmehr mit der Tatsache, dass das Publikum die neuen Darsteller in ihren Rollen nicht akzeptiert, da es diese mit ganz bestimmten Stars identifiziert. Das Remake von John Fords Western-Klassiker *Stagecoach* (1939), 1966 von Gordon Douglas inszeniert, stößt allein schon deshalb auf Ablehnung bei den Kinogängern, weil John Wayne in der Rolle des Ringo Kid einst der Durchbruch als Filmstar gelang; ein für die Fans derart wichtiges Ereignis, mit dem der neue Darsteller Alex Cord nicht konkurrieren kann.«

Ein immer wiederkehrendes Merkmal von Remakes ist auch der Einsatz von Schauspielern, die in der Erstverfilmung bereits zu sehen waren: Bei den Hauptrollen ist dies nur in der Übergangsphase vom Stumm- zum Tonfilm der Fall, aber in Nebenrollen werden gern Schauspieler eingesetzt, die im Vorläufer-Film dabei waren: Bei der Neuverfilmung von *Die Drei von der Tankstelle* (1955) ist das Engagement Willy Fritschs als Reminiszenz an die Erstverfilmung zu verstehen, der 1930 den Willy, einen der drei Freunde, spielte: diesmal, dem natürlichen Alterungsprozess entsprechend, in der Rolle des Konsuls Willy Kossmann, dem Vater des von den drei Junggesellen begehrten hübschen Mädels Germaine Damar. Gegen Ende des Films, als sich die komödienhaften Verwirrungen auflösen, lässt man Willy Fritsch alias Freund Willy Helbing (1930) alias Konsul Willy Kossmann (1955) auf seine eigene fiktionale Karriere in beiden Verfilmungen sagen: »Ich habe auch einmal ganz klein mit einer Tankstelle angefangen, auch mit zwei Freunden; auch wir haben uns vor 25 Jahren um ein Mädel gezankt ...« Im *Planet der Affen*-Remake (2001) ist der 76-jährige Charlton Heston, einst Hauptdarsteller der ersten Adaption, in der Minirolle eines sterbenden Affen-Patriarchen zu sehen.

WAS IST EIGENTLICH
EIN REMAKE?

Während Remakes absolut keine Seltenheit sind, findet sich bisher kaum weiterführende Literatur zum Thema. Hier soll dieses Lexikon eine Lücke der Filmliteratur schließen: Erstmals werden Remakes umfassend dokumentiert. Bei den Recherchen zu diesem Buch hat sich gezeigt, dass häufig mit dem Begriff Remake auch Filme belegt werden, die bei genauerer Untersuchung eigentlich keine Wiederverfilmung sind. Das führt zur schwierigen Definition des Remakes: Der Filmtheoretiker James Monaco bezeichnet in seinem Buch *Film verstehen* Remakes als »Neuverfilmung eines schon einmal verfilmten Stoffes«. Im Gegensatz zu Monaco müssen für Michael B. Druxman, der 1975 das Standardwerk *Make It Again, Sam* herausgegeben hat, Originalfilm und Remake nicht bloß den gleichen Stoff behandeln, sondern auf derselben literarischen Vorlage basieren. Den umfassendsten internationalen Remake-Index legte 1991 James L. Limbacher vor, ohne diesem allerdings eine explizite Begriffsbestimmung voranzuschicken: So sind in diesem Buch auch Sequels vermerkt, die nur Fortsetzungen sind, aber keine Remakes.

Mit schöner Regelmäßigkeit kommen Filme in die Kinos, die auf die Biografien berühmter Persönlichkeiten zurückgehen, spätestens hier stößt Druxman mit seiner Definition an Grenzen: Denn die Lebensschilderungen realer oder legendärer Figuren weisen viele Gemeinsamkeiten auf, die sich nicht nur an einer identischen literarischen Vorlage oder dem Rückgriff auf ein vorhandenes Drehbuch festmachen lassen. Auch hat Druxman genaue Vorstellungen davon, wieweit sich die Neuverfilmung von der vorherigen Fassung entfernen darf: Die Übernahme der Handlung, der analoge Aufbau der Dramaturgie und die gleiche Konstellation der Figuren müssen beim Remake gewährleistet sein. Doch Remakes müssen nicht zwangsläufig minutiös noch einmal wiederholen, was vor etlichen Jahren schon einmal zu sehen war: Klassiker, die gegen den Strich gebürstet werden, sind mitunter viel reizvoller – wie Nora Ephrons *E-M@il für Dich* (1998), die nicht nur den Plot von Ernst Lubitschs *Rendezvous nach Ladenschluss* (1940) von Budapest nach New York verlegt, sondern auch den Sinn der Vorlage auf den Kopf stellt.

Ein klassisches Beispiel für einen effektvollen Eingriff in die Dramaturgie liefert Howard Hawks mit *His Girl Friday* (1940), über den *Buchers Enzyklopädie des Films* vermerkt: »Howard Hawks' Remake von Lewis Milestones erfolgreicher Verfilmung von *The Front Page* (1931) machte aus dem satirischen Reißer eine Screwball-Komödie, indem er eine der Rollen in eine Frauenrolle verwandelte (aus Hildebrand Johnson wurde Hildegard Johnson). Durch diese geschickte Veränderung, die nur die latent homosexuelle Beziehung der beiden Hauptgestalten offiziell und zu einem ergiebigen Thema machte, gelang Hawks einer der seltenen Fälle, in denen ein Remake seine Vorlage eindeutig übertrifft.« Und Billy Wilder entwickelt 1974 mit *Extrablatt* aus der Vorlage ein Vehikel für sein bewährtes Lieblingsgespann Jack Lemmon (als Reporter) und Walter Matthau (als dessen Chefredakteur). Die Rollenverteilung aus Howard Hawks Film übernimmt 1988 dann wieder die vierte Leinwandversion: *Eine Frau steht ihren Mann* mit Kathleen Turner und Burt Reynolds verlegt die Geschichte diesmal aus dem Zeitungs- ins TV-Milieu. Auch Übertragungen von einem Genre auf ein anderes können erfolgreich sein, wie Jochen Manderbach in seiner Broschüre *Das Remake – Studien zu seiner Theorie und Praxis* feststellt: »Delmer Daves Western *The Badlanders* (1958) braucht den Vergleich mit dem Original, John Hustons Krimi *The Asphalt Jungle* (1950), ebenso wenig zu scheuen wie Raoul Walshs Pferdeoper *Colorado Territory* (1949) mit dem von ihm selbst inszenierten Gangsterfilm *High Sierra* (1941).«

Für die *International Film Encyclopedia* ist nicht der dem Remake zugrunde liegende Stoff oder die literarische Vorlage entscheidend, sondern die Tatsache, dass dieses die neue Version eines bereits existierenden Films darstellt. Dabei besteht jedoch die Gefahr, dass Neuverfilmungen, die eine Geschichte aktualisieren, an einen neuen Schauplatz verlagern oder in ein anderes

Genre übertragen, außen vor bleiben. Diese Möglichkeit schließt die Definition aus, die sich in *Buchers Enzyklopädie des Films* findet: »Remake. Die Neuverfilmung eines schon einmal im Kino erfolgreichen Stoffes. Im Allgemeinen versteht man unter Remakes nur Filme, die einen Vorläufer mehr oder weniger detailgetreu nachvollziehen – ihn aktualisiert, wie in *King Kong* (1933/1976), und gelegentlich auch in ganz andere Schauplätze und Zeiten versetzt wie in *Rashomon* (1950/*The Outrage*, 1964).«

Sicherlich die treffendste Definition, allerdings mit der Einschränkung, dass es sich bei Remakes nicht generell um die Neuverfilmung eines »erfolgreichen Stoffes« handeln muss, denn auch Geschichten, denen in der Erstverfilmungen kein Erfolg beschieden war, werden zuweilen erneut bearbeitet. Als Fazit einer kritischen Analyse verschiedener Definitionen des Remakes liefert Jochen Manderbach eine eigene Bestimmung des Begriffes: »Die Neuverfilmung eines schon einmal verfilmten Stoffes. Als Remakes bezeichnet man nur solche Filme, die einen Vorläufer mehr oder weniger detailgetreu nachvollziehen – meist aktualisiert, bisweilen in andere Genres übertragen, gelegentlich auch in ganz andere Schauplätze und Zeiten versetzt.«

Mit dieser Definition geht jedoch die Ausgrenzung von Remake-ähnlichen Filmen einher: Verschiedensprachige Versionen sind keine Remakes, in der Regel trifft dies auch auf Fortsetzungen zu, doch es gibt immer wieder Werke, die zwar behaupten, eine Fortsetzung zu sein, aber bei genauer Analyse sich mitunter als Remake entpuppen – die so genannten verkappten Remakes sind in diesem Lexikon ebenfalls verzeichnet. Ob eine Parodie als Remake gilt oder nicht, hängt davon ab, ob sich der Film auf ein Genre oder auf einen einzelnen Film bezieht: Mel Brooks verweist in *Frankenstein Junior* auf die beiden klassischen *Frankenstein*-Filme von James Whale und Marty Feldman bezeichnet seinen Film *Drei Fremdenlegionäre* im Original als *The Last Remake Of Beau Geste*.

Dagegen ist die gelungene *Dracula*-Persiflage *Tanz der Vampire* von Roman Polanski eindeutig eine Genre-Parodie, ebenso wie Andy Warhols *Dracula* (1973, Regie Paul Morrissey), in dem Roman Polanski als Gast zu sehen ist. Und *Dracula, tot aber glücklich* heißt die Dracula-Parodie von Mel Brooks aus dem Jahr 1994. Laut Nachspann soll der Film auf Bram Stoker basieren, er ist aber eine Neuverfilmung des Tod Browning-Klassikers, denn Mel Brooks hat sämtliche Abweichungen des *Dracula*-Films (1931) gegenüber der literarischen Vorlage übernommen.

Über die Legitimation von Remakes erläutert Jochen Manderbach: »Von der weiteren Entwicklung der Filmbranche wird abhängen, ob die Filmstudios aus Gründen der kommerziellen Sicherheit auf Neuverfilmungen zurückgreifen oder ob sie mutig den künstlerischen Vergleich suchen werden. Weil sich aber einerseits das Publikumsinteresse immer mehr auf einige wenige Renner konzentriert und andererseits das Kabelfernsehen und der Videomarkt den Kinos heftige Konkurrenz machen, ist die Filmindustrie verstärkt darauf angewiesen, vornehmlich Erfolg versprechende Stoffe zu produzieren; eine (Wettbewerbs-)Situation, die geradezu zwingend neue Remakes und Fortsetzungen hervorbringen wird ...

Man muss dem Remake zugute halten, dass es die Meisterwerke von einst wieder in die Erinnerung ruft und deren Qualität, wenn auch unfreiwillig, noch einmal bestätigt. In diesem Sinne stellen die Neuverfilmungen eine Form der Selbstreflexion der Filmindustrie dar, die Vergangenheit und Gegenwart durchaus selbstkritisch miteinander verknüpft.«

Remake oder nicht Remake – das ist eine Frage, die oft nur schwer zu beantworten ist, denn egal wie viele Definitionen man auch aufstellt, es gibt immer aufs Neue Ausnahmen von der Regel. Absolute Zyniker behaupten, es existiert sowieso nur eine begrenzte Anzahl von Geschichten, die immer wieder erzählt werden. Während der junge Alfred Hitchcock schon im Jahre 1927 erklärte, dass es auf der ganzen Welt überhaupt nur vier Geschichten gäbe, kommt Hellmuth Karasek im *SPIEGEL* immerhin auf zehn bis zwölf Originalstoffe, der Rest sei Remake: »Zu dem Dutzend gehören: boy meets girl, Mann liebt Frau, Mann liebt andere Frau von anderem Mann, Mutter liebt Sohn, Sohn erschlägt Bruder, Mann liebt 2 Frauen (resp. Männer), Frau liebt 3 Männer (resp. 1 Frau und 2 Männer) sowie Charleys Tante.« Dazu passt eine schöne Hollywood-Anekdote: Der Regisseur Raoul Walsh soll stets, wenn er sich in einen neuen Film hineinarbeitete, gesagt haben: »Christ, it's not bad – it reminds me of my last movie!«

TYPOLOGIE DER REMAKES

1. Noch einmal, aber bitte mit Ton

Was als Stummfilm erfolgreich war, wird nach der Erfindung des Tonfilms noch einmal verfilmt.

Beispiele:
- *Ben Hur*, erstmals 1926 verfilmt, kommt 1959 erneut auf die Leinwand.
- Ernst Lubitsch macht aus seinem Stummfilm *Kiss Me Again* (1925) den Tonfilm *Ehekomödie* (1941).
- Cecil B. DeMille dreht die *Zehn Gebote* stumm 1923 und mit Ton 1956.

2. Aus Schwarzweiß wird Farbe

Nicht nur die Erfindung des Tons animierte zu Remakes, auch die technische Neuerung des Farbfilms führte zu Neuverfilmungen.

Beispiele:
- *Das Ding aus einer anderen Welt* kommt 1951 (Christian Nyby) schwarzweiß und 1982 (John Carpenter) in Farbe und Panavision.
- *Die Dämonischen* treiben es 1956 (Don Siegel) schwarzweiß, während die *Body Snatchers* bei Phil Kaufman (1978) und Abel Ferrara (1992) in Farbe für Schrecken sorgen.

3. Einfach unverwüstliche Stoffe

Stummfilm, Tonfilm, Farbfilm, TV-Film: Es gibt Geschichten, die erleben alle Stadien des Recyclings.

Beispiele:
- Aus *Sadie Thompson* (Raoul Walsh, 1928) wird *Rain* (Lewis Milestone, 1932) und dann *Miss Sadie Thompson* (Curtis Bernhardt, 1953).
- Auf *Madame X* (Lionel Barrymore, 1929, bereits das dritte Remake eines Stummfilms) folgen Sam Wood (1937), David Lowell-Rich (1966, die berühmte Lana-Turner-Version) und Robert Ellis Miller (1981 mit Tuesday Weld fürs Fernsehen).

4. Verkappte Remakes

Wahrscheinlich gibt es noch viel mehr Remakes in der Filmgeschichte, als jemals in allen möglichen Lexika verzeichnet wurden. Denn natürlich werden Ideen für eine Geschichte mitunter geschickt variiert, ohne dass der Bezug auf den ursprünglichen Stoff klar wird. Manche dieser Plagiatoren verschweigen natürlich auch in voller Absicht, wo sie sich für ihr Drehbuch bedient haben. Es gibt aber auch Fälle, da ist die Lage eindeutig.

Beispiele:
- *Didi – Alles im Eimer* ist ein Remake des Heinz-Rühmann-Films *Ein Mann sucht seinen Mörder*.
- *Die Abenteuer der Familie Robinson* ist ein Remake von *Dschungel der tausend Gefahren*.
- *Winnetou und Old Shatterhand im Tal der Toten* ist ein Remake des Karl-May-Films *Der Schatz im Silbersee*.
- *Flucht aus L.A. von* John Carpenter wurde zwar als Fortsetzung seines Science-Fiction-Films *Die Klapperschlange* angekündigt, erwies sich aber als Mogelpackung, denn er erzählt ein und dieselbe Story wie sein 16 Jahre alter Vorgänger, mit dem kleinen Unterschied, dass Snake Plissken als wortkarger Rächer nun in L.A. anstatt in New York auftritt.

5. Wechselwirkungen: Kino und Glotze

Natürlich liefert das Kino mit seinen Filmerfolgen hervorragende Vorlagen für Remakes im TV-Format. Ein bekannter Filmtitel treibt mitunter die Quoten in die Höhe, auch wenn es nur eine Nachbildung für die Mattscheibe ist.

Beispiele:
- *Die zwölf Geschworenen* mit Jack Lemmon ist ein TV-Remake von Sidney Lumets oscargekröntem Kinoerfolg.
- *Rebecca* als TV-Zweiteiler erzählt noch einmal die von Hitchcock 1940 verfilmte Geschichte einer jungen Frau, die einen verwitweten englischen Aristokraten heiratet und mit ihm auf

dessen Landsitz Manderley zieht – doch hier verfolgen sie die Schatten ihrer Vorgängerin ...

- Auch Hitchcocks *Fenster zum Hof* wurde fürs Fernsehen noch einmal verfilmt.
- Aus dem deutsch-amerikanischen Spielfilm *Out Of Rosenheim* von 1987 entstand 1990 die TV-Serie *Bagdad Café*.

6. Wechselwirkungen: Glotze und Kino

Auch die entgegengesetzte Masche funktioniert hervorragend: Was auf der Mattscheibe als Serienprodukt erfolgreich war, wird fürs Kino noch einmal neu belebt.

Beispiele:

- In den Siebzigerjahren lösten die *Drei Engel für Charlie* erfolgreich Kriminalfälle im Fernsehen. Im Jahr 2000 ist daraus ein vergnüglicher Kinofilm mit Drew Barrymore, Cameron Diaz und Lucy Liu geworden, die mit Köpfchen, Karate und Kung-Fu zeigen, dass auch Engel mit der Zeit gehen.
- Aus der TV-Serie *The Beverly Hillbillies* (1962–1971) entstand 1993 der Kinofilm *Die Beverly Hillbillies sind los!*
- Und 1991 feierte in den Kinos die *Addams Family* Wiederauferstehung, Vorbild war die TV-Serie *Addams Familie* (1964–1966).
- Die Hauptfigur der Serie *Simon Templar* (1962–1969) kam 1996 als *The Saint – Der Mann ohne Namen* in die Kinos.

7. Remakes von europäischen Kinohits in Hollywood

Was in Europa erfolgreich war, wird in USA noch einmal gedreht – mit amerikanischen Schauspielern. Und der Erfolg scheint sicher.

Beispiele:

- *Nightwatch – Nachtwache* hieß 1995 ein dänischer Thriller und Überraschungserfolg, in den USA wurde daraus 1998 *Freeze – Albtraum Nachtwache*, stilistische Unsauberkeiten wurden beseitigt, Thrills übernommen, bisweilen auch forciert.
- Legion sind die französischen Komödien, die Vorlagen für Hollywood-Remakes lieferten: Aus *Der große Blonde mit dem schwarzen Schuh*

(1972) wurde *Der Verrückte mit dem Geigenkasten* (1985), aus *Zwei irre Typen auf der Flucht* (1987) wurde das *Bankentrio* (1988) und aus *Drei Männer und ein Baby* (1985) wurde *Noch drei Männer, noch ein Baby* (1987). Billy Wilder inszenierte 1981 seinen Film *Buddy, Buddy*, das Original entstand 1973 unter dem Titel *Die Filzlaus* in Frankreich.

8. Remakes von Hollywood-Hits im Rest der Welt

Wer sagt's denn, nicht nur Hollywood bedient sich im Ausland, um Filmideen zu übernehmen. Auch entgegengesetzt funktioniert der Filmtransfer.

Beispiele:

- Jean Renoirs US-Film *Tagebuch einer Kammerzofe* (1946) diente Luis Buñuel 1964 als Vorlage.
- Aus *Tote schlafen fest* (Howard Hawks, 1946, USA) macht Michael Winner 1978 in Großbritannien *Tote schlafen besser*.

9. Deutsche Spezialität: Remakes von Nazi-Filmen

Nicht nur in der Blütezeit des deutschen Kinos in den fünfziger und sechziger Jahren lieferten etliche Filme aus der Zeit des Dritten Reichs Vorlagen für Neuverfilmungen, auch in den neunziger Jahren greifen TV-Sender gern auf Stoffe zurück, die schon in den dreißiger Jahren erfolgreich waren.

Beispiele:

- 1955 drehte Kurt Neumann *Stern von Rio*, die Vorlage stammt aus dem Jahr 1940. Ernst Marischka inszenierte 1957 mit *Scherben bringen Glück* ein Remake seines eigenen Films *Sieben Jahre Pech* (1940).
- *Schloss Hubertus*, 1934 zum ersten Mal verfilmt, erlebte nach dem Krieg sogar zwei Remakes: 1954 von Helmut Weiss und 1973 von Harald Reinl.
- *Gewitter im Mai* (1987) von Xaver Schwarzenberger brachte bereits Hans Deppe 1937 auf die Kinoleinwand.

10. Zeiten-Wechsel

Immer mit dem Zeitgeist, mal spielt die Geschichte in den vierziger Jahren, ein anderes Mal einige Jahrzehnte später.

Beispiele:
- Aus *Murder, My Sweet* (Edward Dmytryk, 1944) wird *Fahr zur Hölle, Liebling* (Dick Richards, 1975).
- *A Star Is Born* spielt mal 1937 (William Wellman), dann 1954 (George Cukor) und schließlich 1976 (Frank Pierson).
- *Goldenes Gift* von Jacques Tourneur spielt 1948, das Remake *Gegen jede Chance* von Taylor Hackford 1984.

11. Genre-Wechsel

Aus dem Abenteuer wird ein Western, aus dem Western wird ein Science-Fiction-Film.

Beispiele:
- Die Story aus *Bengali* (Henry Hathaway, 1935) verwandelt sich vier Jahre später zum Western *Geronimo* (Paul H. Sloane).
- Aus dem Western *Zwölf Uhr mittags* (Fred Zinnemann, 1954) entstand 1981 der Science-Fiction-Film *Outland* (Peter Hyams).

12. Regisseure als Mehrfachtäter

Moral, Zensur, neue Einsichten oder auch eine Portion Bequemlichkeit veranlassen Regisseure dazu, selbst ein Remake zu drehen.

Beispiele:
- Frank Capra drehte *Lady For A Day* (1936) ein zweites Mal als *Die unteren Zehntausend* (1961).
- Roger Vadim wiederholte den französischen Film *... und immer lockt das Weib* (1957) 30 Jahre später in den USA: *Adams kesse Rippe*.
- Franz Antel wurde mit der Schlager-Komödie *Außer Rand und Band am Wolfgangsee* sogar zum Dreifachtäter, denn dies ist ein Remake seiner Filme *Im schwarzen Rössl* (1961) und *Eva erbt ein Paradies* (1951).

13. Schauspieler als Mehrfachtäter

Was die Regisseure können, das können die Stars schon lange: Sie spielen eine Rolle noch einmal.

Beispiele:
- Ingrid Bergman ist in der schwedischen und in der amerikanischen Version von *Intermezzo* (Gustav Molander, 1936, und Gregory Ratoff, 1939) der Star.
- Bing Crosby hat sowohl in *Holiday Inn* (Mark Sandrich, 1942) als auch in *Holiday Inn* (Michael Curtiz, 1954) die Hauptrolle.

A

DIE ABENTEUER DES BARON MÜNCHHAUSEN

The Adventures Of Baron Münchhausen, GB/BRD 1987/88, R: Terry Gilliam, D: John Neville, Eric Idle, Sarah Polley, Robin Williams, Oliver Reed, Sting, Jonathan Pryce, Jack Purvis, Charles McKeown, Winston Dennis, Valentina Cortese, Uma Thurman, Bill Paterson

Die Story beruht auf den berühmten Lügengeschichten des Freiherrn von Münchhausen (1720–1797): Während eine Hafenstadt von den Türken belagert wird, ist Münchhausen zur Stelle. Er verspricht, die Stadt zu retten, wenn er seine Gefährten wiederfände: Schnellläufer Berthold, Muskelprotz Albrecht, Schütze Adolphus und Windbläser Gustavus. Los geht's – per Ballon erst zum Mond, dann quer durch die Erde zur Südsee.

Wilfried Hippen (*taz*): »Und die Verleiher ... haben noch einen zusätzlichen Hinweis auf die Plakate geklebt, der fast schon eine Beleidigung der Intelligenz des Publikums ist: ›Dies ist ein neuer Film! Er hat nichts zu tun mit einem UFA-Film über Baron Münchhausen aus dem Jahre 1942/43.‹ Und das ist dann auch noch gelogen, denn Gilliams Film ist offensichtlich ein Remake des alten Films. Der Regisseur selber beruft sich auf den Vorreiter, und mehr als die Hälfte der gezeigten Abenteuer hat damals schon Hans Albers bestanden. Der war nun allerdings ein viel sympathischerer Lügenbaron als John Neville, der zwar genauso aussieht, wie sich alle den Münchhausen vorstellen, aber gerade deshalb als Filmfigur herzlich uninteressant bleibt. Das scheint Gilliam noch selber gemerkt zu haben, und deshalb hat er als Sympathieträger noch ein kleines Mädchen in den Film gepackt, das dem Zuschauer immer mit großen Augen suggerieren soll, wie märchenhaft, poetisch und aufregend doch all das sei, was da so auf der Leinwand passiert. Aber dort wird nur ein weiterer Beleg für die These geliefert, dass Special-Effects im Überfluss langweilen; und dass, obwohl gerade Terry Gilliam in seinen früheren Filmen so witzig, übermütig und anarchistisch mit der Trickfilmkiste gespielt hat, dass er den Produzenten einen Weg aus der Sackgasse von Spaceoperas, Fantasykitsch und Kidpics zu weisen schien.«

Links: Die Abenteuer des Baron Münchhausen (1987/88, R: Terry Gilliam): John Neville als Lügenbaron
Unten: Die Abenteuer des Baron Münchhausen (1987/88): Auf der Flucht mit einem Heißluftballon aus Damenunterwäsche

1983 Münchhausens Abenteuer auf dem Mond
Le secret des selenites, F, R: Jean Image – Animation
1979 Der tollkühne Lügenbaron
Les fabuleuses aventures du legendaire Baron Munchhausen, F, R: Jean Image – Animation
1961 Baron Münchhausen
Baron Prásil SSR, R: Karel Zeman, D: Milos Kopecky, Jana Brejchová
1943 Münchhausen
D, R: Josef von Baky, D: Hans Albers, Brigitte Horney, Käthe Haack, Ilse Werner
1914 Les avventure del Barone di Münchhausen
I
1911 Le hallucinations du Baron de Münchhausen
F, R: Georges Méliès

DIE ABENTEUER DES BURATINO

Prikljutschenija Buratino, UdSSR 1975, R: L. Netschajew, D: Dina Josifow, Tanja Prozenko, Nikolai Grinko, Rolan Bykow, Wladimir Etusch
Nach einem 1936 erschienenen Märchen von A. Tolstoi, einer Nachdichtung von Carlo Collodis *Le avventura di Pinocchio*: Buratino, das hölzerne Bengele, sucht das goldene Schlüsselchen, es soll den Zugang zu einem großen Geheimnis öffnen.
1953 Die Abenteuer des Buratino
Prikljutschenija Buratino, UdSSR, R: D. Babitschenko, I. Iwanow-Wano – Animation

ABENTEUER IM SPIELZEUGLAND

Babes In Toyland, USA/BRD 1987, R: Clive Donner, D: Drew Barrymore, Keanu Reeves, Googy Gress, Jill Schoelen, Eileen Brennan, Pat Morita, Richard Mulligan, Walter Buschhoff, Rolf Knie, Gaston Häni
Nach einer Operette von Victor Herbert und Glen McDonough: Die elfjährige Lisa fällt bei einem Schneesturm-Autounfall ins Koma und träumt sich eine regenbogenbunte Spielzeuglandgeschichte mit hüpfenden Teddys, zerstreuten Müttern, tumben Harlekins und ganz vielen lieben Figuren, die immer nur fröhliche Lieder singen. Alles könnte so schön sein, wäre da nicht der nach totaler Herrschaft strebende Barnaby Barnacle.
Zitty: »Geklaute Torten, etliche grässliche Songs und Lisas Rückbesinnung auf die Kindlichkeit sind vonnöten, damit die Spielzeugsoldaten mit Waffengewalt die Bösewichter vertreiben: In Friedensgipfelzeiten eine höchst antiquierte Aufforderung zur Gewalt, die ebenso unerträglich ist

wie die strahlendheile Welt der Fröhlichkeit, mit deren Propagierung Clive Donner auf Fun setzt, aber nur peinsampeinliche Langeweile erreicht. Das schlimmste Missverständnis von allen ist jedoch, dass Ahnungslose dieses Hollywood-Produkt aus den Bavaria-Studios für einen Kinderfilm halten.«
Ein weiteres Remake als Zeichentrickfilm entstand 1997 in den USA: *Phantastische Reise ins Spielzeugland.*
1961 Aufruhr im Spielzeugland
Babes In Toyland, USA, R: Jack Donohue, D: Tommy Sands, Annette Funicello
1934 Dick und Doof – Rache ist süß
Babes In Toyland, USA, R: Gus Meins, C. R. Rogers, D: Laurel & Hardy

ABSCHIED IN DER DÄMMERUNG

Ukigusa, J 1959, R: Yasujiro Ozu, D: Ganjiro Nakamura, Machiko Kyo, Hiroshi Kawagucchi, Ayako Wakao, Kumeko Urabe, Haruko Sugimura
In dem Film *Abschied in der Dämmerung* – 1959 als Remake einer bereits 25 Jahre früher realisierten Geschichte entstanden – entwickelt Yasujiro Ozu (1903–1963) behutsam einen Generationskonflikt zwischen Vater und Sohn. Ein alternder Wanderschauspieler in einer latenten familiären Konfliktsituation sieht, dass die Gesellschaft sich ändert, ohne dass er selbst diesen Veränderungen entsprechen kann. Seine Kunst und seine Vorstellungen vom Leben sind überholt. In dem kleinen Ort, in dem die ehemalige Geliebte und ihr Sohn leben, kommt es durch die Intrige seiner derzeitigen Begleiterin und durch die Zuneigung des Sohnes zu einer jungen Schauspielerin zur Auflösung seines brüchigen Autoritätsanspruchs.
TV Spielfilm Lexikon: »In gewissem Sinne ist Ozus Film ein doppeltes Remake, denn er verfilmte diesen Stoff bereits einmal im Jahre 1934 in einer Stummfilmversion. Diese wiederum basierte auf dem populären amerikanischen Film *The Barker* ... Ozus erster Farbfilm gilt auch als sein visuell eindrucksvollstes Werk, für das er die Mitarbeit eines der berühmtesten Kameramänner Japans, Kazuo Miyagawa, gewinnen konnte, der auch für Kurosawa gearbeitet hat. Bis auf den Einsatz von Ton und Farbe sind beide Versionen fast identisch (einige Einstellungen gleichen sich bis aufs Haar), die zweite kann jedoch als die et-

was versöhnlichere, weniger bittere betrachtet werden.«

1934 Der Wanderschauspieler

Ukigusa monogatari, R: Yasujiro Ozu, D: Tomio Aoki, Choko Iida, Hideo Mitsui

1928 The Barker

USA, R: George Fitzmaurice, D: Douglas Fairbanks jr., Milton Sills, Dorothy Mackaill

ACH EGON

BRD 1961, R: Wolfgang Schleif, D: Heinz Erhardt, Corny Collins, Adrian Hoven, Grethe Weiser, Gunther Philipp, Carmela Künzel, Ruth Stephan, Hans Richter, Rudolf Vogel

Nach einem Bühnenstück von Arnold und Bach: Eine weitere Filmversion um die verzwickten Familienverhältnisse, bei denen der Schwiegervater gleichzeitig der Papa seines Enkels ist und seine Tochter dann Mutter und Schwester seines Sohnes. Verwirrend genug? Ein hervorragendes Betätigungsfeld für Heinz Erhardt, der als Egon Kummer seinem Namen alle Ehre macht: Er ist der bereits erwachsene, aber nicht leibliche Sohnemann von Waldemar Weber, was natürlich seine Frau Henny Weber nicht erfahren darf – und erst recht nicht die zum ersten Hochzeitstag angereisten Schwiegereltern. Rechtsanwalt Kurt Wehling ist der Überbringer der schlechten Nach-

richt. Waldemar hatte als Student bei einer Frau Wirtin gewohnt, die ihn rührend bemutterte. Eines Tages bot sich für Waldemar die Gelegenheit, seine hohe Schuld abzutragen. Die Frau erkrankte schwer und vertraute ihrem Untermieter das Geheimnis ihres Lebens an. Infolge eines Fehltritts in jungen Jahren hat sie einen Sohn. Sie kannte nur noch den einen Wunsch, ihrem Kind eine eheliche Herkunft zu geben. Der gutmütige Waldemar heiratete also die Dame, blieb bei ihr bis zu ihrem baldigen Tode – und hatte seitdem nicht mehr an sie gedacht. Von »seinem« Sohn hatte er nie etwas gehört. Aber Rechtsanwalt Wehling hat ihn gefunden: auf der Reeperbahn, wo Egon in einem Kellerlokal mit drei dressierten Affen auftritt. Sein Besuch ist nicht mehr aufzuhalten: Egon brennt darauf, seinen »Papi« ans Herz zu drücken. Waldemar ist verzweifelt. Nie hat er seiner Frau etwas von seinem »vorehelichen Erlebnis« erzählt: Er muss schnellstens nach Hamburg, um Egon abzufangen. Also erklärt er seiner Frau, er müsse heute Abend zu einem Empfang für den berühmten Schriftsteller Erik Helgers – er las gerade ein Buch von ihm. Was Waldemar aber leider nicht weiß, ist die Tatsache, dass sich hinter dem Pseudonym Erik Helgers die junge Schriftstellerin Helga Lüders verbirgt, und die wiederum ist eine enge Freundin von Frau Henny und gerade im Hause Weber zu Besuch. Sie merkt den Schwindel natürlich sofort, schweigt aber. Sie will nämlich dahinter kommen, was hier eigentlich gespielt wird. Die Reise von Waldemar nach Hamburg wird überflüssig. Nicht nur die Schwiegereltern Nathusius treffen ein, auch Egon kommt mit demselben Zug aus Hamburg, begleitet von seinen drei Affen, die er wie seine Kinder behandelt ...

Zitty: »Dass Heinz Erhardt im *Charleys Tante*-Dress auch noch kräftig einen Song schmettern darf, ist der absolute Höhepunkt: ›Es ist wunderbar, es ist fabelhaft, wie der Egon das bei den Damen schafft. Jede Frau, die ihn sieht, ist in Liebe gleich erglüht! Jede Frau wird verrückt, wenn er ihr ins Auge blickt! Es ist wunderbar, es ist fabelhaft ...‹ Solche Köstlichkeiten deutscher Unterhaltungskunst machen den Einsatz einer dreiköpfigen Affenfamilie, mit der Heinz Erhardt durch Bahnabteil und Weber-Villa ziehen muss,

Hurra – ein Junge (1953, R: Ernst Marischka): Walter Müller voller Freude

zu einer fast überflüssigen Nebensache: Einerseits belegen sie mal wieder die Geringschätzung der Erhardtschen Fähigkeiten, zum anderen aber liefert Grethe Weiser eine hervorragend affige Bettszene ab, um die es wirklich schade wäre. Wolfgang Schleif, mit großen Tieren vom *Immenhof* berühmt geworden, übernahm aus der 1953 entstandenen Verfilmung von Ernst Marischka die Darsteller Adrian Hoven und Grethe Weiser, die ihre Rollen noch einmal spielen und entlockte Ruth Stephan erotische Anzüglichkeiten, dass man sich nur wundern kann.«

1953 Hurra – ein Junge
BRD, R: Ernst Marischka, D: Walter Müller, Theo Lingen, Grethe Weiser

ACHT MÄDELS IM BOOT

Jenny, NL/BRD 1957, R: Alfred Bittins, D: Gisela Fritsch, Renate Küster, Ursula Heyer, Monika Peitsch, Bärbel Spanuth, Maxim Hamel, Henrik K. Brusse, Co van Dyck, Heli Finkenzeller
Mutterfreuden und Ruderregatten vertragen sich schlecht miteinander. Schon gar nicht, wenn der Freund einer rudersportbegeisterten Studentin eigentlich alles andere als die Neigung verspürt, diesem Tatbestand auf dem Standesamt Rechnung zu tragen.

Lieselotte Henckel *(Filmblätter)*: »Die Story schlingert mit gedrosseltem Tempo durch die Grachten und malerischen Gewässer Hollands, deren Motive die Farbfilmkamera und den Betrachter im Parkett zum Verweilen einladen. Zum Sieg der acht Mädels reicht das jedoch nicht ganz aus, trotz der Bemühungen des Trainingsfeldwebels Heli Finkenzeller und der zusammengebissenen Zähne der freud- und leidtragenden Gisela Fritsch.«

1932 Acht Mädels im Boot
D, R: Erich Waschneck, D: Helga Arndt, Katja Bennefeld, Thea Dorree

ADAM UND VENUS

Personal Property, USA 1937, R: W. S. van Dyke, D: Jean Harlow, Robert Taylor, Reginald Owen, Una O'Connor, Henrietta Crosman, E. E. Clive, Cora Witherspoon, Marla Shelton, Forrester Harvey
Nach einem Stück von H. M. Harwood: In London ist der sorglose Robert Dabney aus dem Gefängnis entlassen worden. Dort war er wegen seiner unbedachten Streiche, unter anderem Autodiebstahl, gelandet. Während Mrs. Dabney ihren leichtsinnigen, aber allezeit fröhlichen und unbeschwerten Sohn verhätschelt, ist er dem übelnehmerischen Vater sowie dem muffigen Bruder Claude ein Dorn im Auge. Mr. Dabney besitzt ein Unterwäschegeschäft, das mehr schlecht als recht geht. In einem Versuch, die zusammenbrechenden Familienfinanzen aufzubessern, schickt sich Claude an, die reiche Crystal Wetherby zu heiraten. Aber Crystal ist gar nicht so reich, wie es den Anschein hat. Ihr verstorbener Ehemann hat ihr nur ein luxuriöses, aber mit Hypotheken überlastetes Stadthaus in London hinterlassen. Sie nimmt ihrerseits an, sich durch eine Ehe mit Claude finanziell sanieren zu können. Robert und Crystal begegnen sich zufällig im eleganten Speisesaal des Sheffield-Hotels. Robert ist nun hoffnungslos verknallt, folgt ihr durch London und erlangt schließlich Zutritt zu ihrem Haus, indem er sich als Assistent eines Gerichtsvollziehers ausgibt, der dafür sorgen soll, dass Mrs. Wetherby nicht etwa ihr Haus räumt, ohne zuvor ihre Gläubiger befriedigt zu haben ...

Curtis F. Brown *(Jean Harlow)*: »Für die neue Version wurde die weibliche Hauptrolle ausgedehnt, um den Einsatz eines Stars von Jean Harlows Größe zu rechtfertigen. W. S. (Woody) van Dyke II wurde als Regisseur von Mayer besonders deswegen geschätzt, weil er Filmen wie denen der *Thin Man*-Serie viel Glanz verliehen hatte, während er gleichzeitig in beinahe halsbrecherischem Tempo Regie führte. So brauchte van Dyke II auch noch nicht einmal drei Wochen, um *Personal Property* abzudrehen. Wer *Personal Property* selbst auf der elementarsten Ebene akzeptieren will, muss zwei Dinge in Kauf nehmen. Erstens: Die nahezu achtzigjährige Henrietta Crosman ist die Mutter des 25-jährigen Robert Taylor. Zweitens: Reginald Owen (er spielt erneut seine Rolle aus der früheren Version) ist als Taylors Bruder doppelt so alt. Wenn man diese Altersunterschiede als unerhebliche Nebensächlichkeiten abtut, wird man immer noch mit einem großen Besetzungsproblem konfrontiert, das den Film daran hindert, das leichtherzige Lustspiel zu werden, das eigentlich beabsichtigt war ... *Personal Property* vermag uns aber niemals davon zu überzeugen, dass auch nur etwas von all den Ereignissen wahrscheinlich, geschweige denn plausibel ist. Die verkehrteste Besetzung in diesem Film dürfte wohl Robert Taylor sein. Dies ist zum Teil nicht seine Schuld, aber zum Teil liegt es wahrscheinlich auch daran, dass es ihm für eine leichte Komödie an Anmut und Finesse fehlt. Sein gutes Aussehen kann man ihm nicht verdenken, aber sein unaufhaltsamer Versuch, sich zu intensiv in Szene zu setzen und so beliebt zu machen, erweist sich für ein Lustspiel als verhängnisvoll.«

1931 The Man In Possession
USA, R: Sam Wood, D: Robert Montgomery, Charlotte Greenwood, Irene Purcell

ADAMS KESSE RIPPE
And God Created Woman, USA 1988, R: Roger Vadim, D: Rebecca De Mornay, Vincent Spano, Frank Langella, Donovan Leitch, Judith Chapman, Jaime McEnnan, Benjamin Mouton, David Shelley, Einstein Brown, David Lopez, Thelma Houston
Nach einem Originaldrehbuch von Roger Vadim: Robin Shay ist aus dem Frauengefängnis ausgebüchst und stößt als erstes mit einer Limousine zusammen. Sie macht die Bekanntschaft des Politikers James Tiernan, der sie gleich wieder im Gefängnis abliefert. Ganz so schlimm ist es aber nicht, denn er hat einen Tipp für Robin: Die Heirat mit einem ehrlichen Mann würde sie auf Bewährung freibringen. Sie hat auch schon einen Bräutigam, den Handwerker Billy Moran. Robin ist bald von der Ehe enttäuscht und zerstreut sich als Sängerin in einer Band und als Geliebte von James Tiernan. Dann verlässt sie der Politiker ...
TV Today: »Der Klassiker ... *und immer lockt das Weib* (1956) machte Brigitte Bardot zum Star und Roger Vadim weltberühmt. Warum er seinen

Unten: Adams kesse Rippe (1988, R: Roger Vadim): Rebecca De Mornay und Vincent Spano
Rechts: ... und immer lockt das Weib (1956, R: Roger Vadim): Brigitte Bardot und Jean-Louis Trintignant

schönsten Film neu inszenierte, versteht niemand. Fazit: Überflüssiges Remake.«

1956 ... und immer lockt das Weib
Et Dieu créa la femme, F, R: Roger Vadim, D: Brigitte Bardot, Curd Jürgens

ADDAMS FAMILY
The Addams Family, USA 1991, R: Barry Sonnenfeld, D: Raul Julia, Anjelica Huston, Christopher Lloyd, Christina Ricci, Dan Hedaya, Elizabeth Wilson
Nach den Comicstrips von Charles Addams und der gleichnamigen TV-Serie: Um an das ungeheure Barvermögen der Familie Addams heranzukommen, schleust der Anwalt der Familie einen Betrüger als den lange vermissten Onkel Fester ein. Fester ging vor Jahren im Bermudadreieck verloren und der Neuankömmling gleicht ihm tatsächlich bis auf die Augenringe. Je näher er dem Familiengold kommt, desto mehr dämmert es dem falschen Fester, dass er tatsächlich der Echte ist.
MovieLine: »Kinofilm mit der aus Comic und Fernsehserie bekannten Familie, bei der jede bürgerliche Norm verkehrt ist. Durch die dünne Story fehlt etwas das Tempo, die Pointen verlieren an Überraschung und Höhepunkte gibt es keine, doch die Darsteller ergötzen, allen voran die brillante Anjelica Houston.«

*Addams Family (1991, R: Barry Sonnenfeld):
Im Kreis der Familie*

1993 entstand die Fortsetzung *Die Addams Family in verrückter Tradition.*

1964–1966 Die Addams Familie
*The Addams Family, USA, TV-Serie: 64 Folgen, D:
John Astin, Carolyn Jones*

ADIOS SABATA

*Indio black sai che ti dico. Sei un gran figlio di ..., I
1970, R: Gianfranco Parolini, D: Yul Brunner, Dean Reed, Ignazio Spalla, Gérard Herter, Sal Borgese,
Pedro Sanchez, Franco Fantasia, Gianni Rizzo, Antonio Gradoli, Joseph Persaud, Salvatore Bilia, Massimo Carocci, Joseph Persuad, Andrea Scotti*
Während des mexikanischen Guerillakriegs gegen Kaiser Maximilian lässt sich der gefürchtete
Revolverheld Sabata dafür anwerben, den österreichischen Soldaten des ungeliebten Herrschers
Gold im Wert von vielen Millionen abzunehmen.
Mit ihm interessiert sich der schlitzohrige Brite
Ballantine für das Gold. Mit Sabata sind der Mexikaner Escudo und zwei weitere Guerilleros auf
den Transport angesetzt. Nach wilden Schießereien mit den Österreichern wähnen sie sich am
Ziel, müssen aber bestürzt erkennen, dass sie hereingelegt worden sind. So bleibt Sabata und seinen Gefährten nichts anderes übrig, als sich in
die Höhle des Löwen zu wagen. Sie werden von
den Österreichern gefasst und sollen standrechtlich erschossen werden. Im letzten Augenblick
gelingt es ihnen zu entkommen, aber das Gold
haben sie damit noch lange nicht. Stattdessen
glaubt der pfiffige Ballantine, alle überlistet zu
haben und mit der Beute das Weite suchen zu
können ...

Western-Lexikon: »Ein Italo-Western auf den
Spuren von Aldrichs *Vera Cruz*. Er kommt dem
Vorbild nicht einmal in Schussweite nahe, ist aber
auf seine bescheidene Art ganz kurzweilig.«

1954 Vera Cruz
USA, R: Robert Aldrich, D: Gary Cooper, Burt Lancaster, Denise Darcel

DIE AFFÄRE DREYFUS

*L'affaire Dreyfus, BRD/F 1994, R: Yves Boisset, D:
Thierry Frémont, Helmut Berger, Philippe Volter,
Laura Morante, Pierre Arditi, Christian Brendel, Bernard-Pierre Donnadieu, Jean-Claude Drouot*
Trotz mehr als dürftiger Beweise wird der Franzose Dreyfus wegen Spionage für Deutschland
verurteilt und landet in lebenslanger Verbannung. Acht Jahre später muss das Gericht den Unschuldigen rehabilitieren. Die ungeheuerlichste
aller (realen) Spionageaffären ist zwar hinreichend bekannt, aber immer wieder von dramatischer Schockwirkung: Der zweiteilige deutsch-französische TV-Film illustrierte simpel, aber gewissenhaft die antisemitische Intrige der französischen Militärkaste, die den jüdischen Hauptmann Dreyfus 1894 für den Rest seines Lebens
ruinierte.

Ponkie (Abendzeitung): »Mäßiger Schulfunkstil.«

1991 Der Gefangene der Teufelsinsel
*GB, R: Ken Russell, D: Richard Dreyfuss, Oliver
Reed, Peter Firth, Jeremy Kemp*

1937 Das Leben des Emile Zola
*The Life Of Emile Zola, USA, R: William Dieterle,
D: Paul Muni*

1930 Dreyfus
D, R: Richard Oswald, D: Fritz Kortner, Grete Mosheim, Heinrich George

1902 L'affaire Dreyfus
F, R: Ferdinand Zecca

1899 L'affaire Dreyfus
F, R: Georges Méliès

AGATHA CHRISTIES MORD IM ORIENT EXPRESS

*Murder On The Orient Express, USA 2001, R: Carl
Schenkel, D: Alfred Molina, Fritz Wepper, Peter
Strauss, Adam James, Nicolas Shagrin, Meredith
Baxter, Leslie Caron, Kai Wiesinger, Amira Casar*
Nach einem Roman von Agatha Christie: Istanbul, Gegenwart. Der berühmte Detektiv Hercule Poirot hat gerade wieder einen heimtückischen
Mord aufgeklärt, zu dessen Auflösung ihn eine

einzige Schriftzeile geführt hat. Nicht nur die Polizei ist beeindruckt, auch seine Geliebte, die verführerische Vera Rosakoff, ist überaus erleichtert. Schließlich war der Mord in den Räumen ihres Nachtclubs passiert. Nun hat Poirot nicht nur ihr Herz erobert, sondern auch ihren Ruf retten können. Sie bittet ihn zu bleiben und sie zu heiraten. Verwirrt über diesen überraschenden Vorschlag, der einen Eigenbrötler wie ihn zutiefst verunsichert, lehnt Poirot ab. Die rassige Vera ist wütend, und Poirot bleibt nichts anderes übrig, als seine Rückreise anzutreten. Im Hotelfoyer trifft er auf seinen alten Bekannten Wolfgang Bouc, den Direktor des schönsten Zuges der Welt – den Orient Express. Bouc überredet Poirot, sich doch den Luxus und die Bequemlichkeit einer Zugreise zu gönnen. Poirot stimmt gerne zu, hofft er doch, sich dadurch ein wenig Entspannung verschaffen zu können. Mit Interesse registriert er die anderen Passagiere, eine illustre Gesellschaft wohlhabender und verwöhnter Luxusreisender. Lediglich der reiche Antiquitätenhändler Samuel Ratchett fällt mit seinem lauten Benehmen unangenehm auf. Poirot jedoch bevorzugt Stil und ein angemessenes Betragen. Als Ratchett ihn um Hilfe bittet, weil er seit einiger Zeit bedroht wird, lehnt er höflich, aber bestimmt ab und verweist auf die Polizei als zuständige Institution. Am nächsten Morgen wird Ratchett tot in seinem Abteil aufgefunden. Bouc bittet Poirot eindringlich, sich des Falles anzunehmen. Ein Erdrutsch hat den Zug vorübergehend zum Halten gezwungen und bis zur Ankunft in Belgrad sollte der Fall gelöst sein, um einen Skandal zu vermeiden ...

Agatha Christie gab erst 40 Jahre nach Erscheinen der Erstausgabe des Romans die Erlaubnis zur Verfilmung ihres Bestsellers: 1974 drehte Sidney Lumet die erste Version mit einer außergewöhnlichen Starbesetzung (u. a. Lauren Bacall, Martin Balsam, Jacqueline Bisset, Anthony Perkins, Sean Connery). Sechs Oscar-Nominierungen (u. a. für Finney, das Drehbuch und Ingrid Bergman, die den Preis für die beste Nebenrolle schließlich auch gewann) waren der Lohn. Das elegante Ratespiel mit Albert Finney als belgischer Meisterdetektiv im Mittelpunkt und vielen Stars am Rande ließ die Kinokassen klingeln und zog weitere Agatha-Christie-Verfilmungen nach sich.

Über das TV-Remake von Carl Schenkel bemerkt die Zeitschrift *TV direkt*: »Modernisierte Fassung des Kriminalstücks ... Die TV-Version ist spannungsmäßig unterlegen.«

1974 Mord im Orient-Express
Murder On The Orient Express, GB, R: Sidney Lumet, D: Albert Finney

AGONIA – RASPUTIN, GOTT UND SATAN

Agonia, UdSSR 1974, R: Elem Klimow, D: Aleksej Petrenko, Anatoli Romaschin, Velta Line, Alicija Freindlich, Pawel Arzanov, Leonid Bronevoj, Vladimir Osenov

Der sibirische Wundermönch Rasputin hat sich 1916 nahezu uneingeschränkten Einfluss auf die Zarenfamilie erworben. Der Muschik suhlt sich in den Pfützen des kaiserlichen Gartens und in den Betten der Damen aller Gesellschaftsschichten, bewirkt Wunder am Krankenbett des Thronfolgers und gibt verhängnisvolle Ratschläge den Kriegsschauplatz betreffend. Der willensschwache Nikolai II. geistert ziellos durch die endlosen Geheimgänge des Hofes, seine deutschstämmige Gattin Alexandra, die Russland hasst, erscheint ebenso dumm wie der Hofstaat, der Ministerrat, der heilige Synod, die zaristischen Militärs und die höfische Gesellschaft. Rasputin ist nicht der dämonische Verführer, sondern eine Ausgeburt der Dekadenz im feudalen, in »Agonie« liegenden Russland, das der heraufziehenden Revolution nur Brutalität, Intrigen und Egoismus entgegenzusetzen hat. Die Schauspieler finden sich in diesem Film zuweilen in Kulissen oder neben Wachsfiguren wieder, Dokumentarmaterialien wurden dazwischengeschnitten und erklärende Zwischentitel eingeblendet.

Heiko R. Blum *(Rheinische Post)*: »Als zwielichtiger Scharlatan und religiöser Fanatiker, als wahnwitziger Wunderheiler und schrecklicher Lüstling ist er in Dutzenden von Kinofilmen über die Leinwand gegeistert: Grigorij Rasputin. Der geheimnisumwitterte Mönch am Hof der letzten Zarenfamilie war durch Ehrgeiz und Intrigen in den Zusammenbruch des alten Russlands verwickelt. Der Mystiker, dem das Vertrauen von Zar Nikolai II. gehörte, gewann vor allem über die weibliche Hofgesellschaft Einfluss auf das Reich. Es wäre vermessen, Rasputin einen politischen Revolutionär zu nennen, doch in seiner Person und seinen Ränkespielen spiegelte sich die Verworrenheit und Verworfenheit der Zaren-Herrschaft. Nikolais Schwäche verursachte die Politik der Selbstzerstörung, die Inhumanität, die

Grausamkeit. Rasputin (1821–1916) hat sich in dieser Atmosphäre nur eingerichtet, hat seine eigenen Interessen vertreten, hat die morbide Luft benutzt, um sich darin wohlzufühlen. Sein Einfluss auf den Zaren war einer der Gründe, weshalb man ihn – lange nachdem er in Ungnade gefallen war – ermorden ließ. 95 Jahre alt war der ›Dämon von Petersburg‹, wie er oft genannt wird, als er von der Hand eines gedungenen Mörders starb. Elem Klimows Film *Agonia – Rasputin, Gott und Satan* war bereits 1974 entstanden, und es hat fast zehn Jahre gedauert, bis er ins Kino kam. Warum man in Moskau dem Regisseur ähnliche Schwierigkeiten gemacht hat wie seinerzeit Andrej Tarkowski bei seinem Film über den Ikonen-Maler Rubljew, lässt sich nur erahnen. Schildert Klimow den kraftlosen Nikolai zu milde, zu Mitleid erregend? Ist die Figur des Rasputin zwischen Revolutionär und Intrigant zu zwiespältig, als dass sie dem Ansehen der Revolution dienlich sein könnte? Elem Klimows Film ist nicht einfach eine nüchtern-historische Abbildung jener Zeit, es ist ein furioser, emotionaler Film, verschwenderisch in seiner Pracht, weitschweifig und ausschweifend in der Schilderung des Lasters. Gegenüber einer solch vehementen Filmsprache, einer solchen optischen Faszination wirkt Sergei Bondartschuks viel gepriesene Tolstoi-Verfilmung *Krieg und Frieden* wie eine kraftlose Operette.«

1996 Rasputin
USA, R: Ulli Edel, D: Alan Rickman, Greta Scacchi, David Warner

1983 Rasputin – Orgien am Zarenhof
BRD, R: Ernst Hofbauer, D: Sandra Nova, Frank Williams – Sexfilm

1966 Ich tötete Rasputin
J'ai tue Raspoutine, F/I, R: Robert Hossein, D: Gert Fröbe, Geraldine Chaplin

1959 Rasputin, der Dämon von Petersburg
L'ultimo Zar, I/F, R: Pierre Chenal, D: Edmund Purdom, Gianna Maria Canale

1954 Rasputin
Raspoutine, F, R: Georges Combret, D: Pierre Brasseur, Isa Miranda, Renée Faure

1938 Rasputin
Raspoutine, F, R: Marcel L'Herbier, D: Harry Baur, Jean Worms, Marcelle Chantal

1932 Rasputin
D, R: Adolf Trotz, D: Conrad Veidt, Karl Ludwig Diehl, Brigitte Horney

DIE AKTE ROMERO
The Big Brass Ring, USA 1999, R: George Hickenlooper, D: William Hurt, Nigel Hawthorne, Miranda Richardson, Irène Jacob, Ewan Stewart, Gregg Henry, Ron Livingston, Jefferson Mays, Jim Metzler, Carmine Giovinazzo, Thomas Patrick Kelly, Mack Harrell, Lisette Bross, F. Joseph Schulte, Peggy Freise
Wenige Tage vor den Gouverneurswahlen bricht das Chaos über einen der Kandidaten herein: Verleumdungskampagnen und eine Ehekrise gefährden die Wahl nachhaltig. Als auch noch der verschollen geglaubte Bruder des Kandidaten an die Öffentlichkeit tritt und sich als psychotischer Personenschützer entpuppt, scheint es, dass der Politiker seine Pläne begraben könnte.

Lexikon des internationalen Films: »Hochkarätig besetztes Drama nach einem Drehbuch von Orson Welles, das durch prachtvolle Ausstattung und seine verschachtelte Erzählweise besticht. Eine Rarität im Video-Angebot.«

1997 The Big Brass Ring
USA, R: George Hickenlooper, D: Malcolm McDowell, Ivana Milicevic

AKTE X – DER FILM
The X Files, USA 1998, R: Rob Bowman, D: David Duchovny, Gillian Anderson, John Neville, William B. Davis, Martin Landau, Mitch Pileggi, Jeffrey DeMunn, Blythe Danner, Terry O'Quinn, Armin Mueller-Stahl
Ein Computerhacker sprengt alle Sicherheitsvorkehrungen und kann die kompletten Geheimakten des FBI kopieren. Bevor er seine Neugier mit dem Tod bezahlt, kann er Special Agent Fox Mulder diese Unterlagen zuspielen. Nun aber sind Mulder und seine Partnerin Dana Scully in tödlicher Gefahr. Denn die lang gehüteten Aufzeichnungen bergen höchst brisantes Material: geheime Experimente an Menschen und Züchtungsversuche einer neuen Rasse zwischen Menschen und Aliens. Sollte auch das Verschwinden von Mulders Schwester und ein mehr vermuteter als gewusster operativer Eingriff bei Dana damit zusammenhängen ...? Mulder und Scully entdecken Vorgänge, die sie an ihrem Verstand zweifeln lassen. Und je tiefer sie in die Sache eindringen, umso größer wird die Gefahr für sie. Sie können niemandem trauen. Todeskommandos sind ihnen auf den Fersen, und sie hinterlassen eine blutige Spur ... Kinofilmversion nach der vielfach preisgekrönten Kult-Serie. Am 10. Sep-

Akte X - Der Film (1998, R: Rob Bowman): David Duchovny und Gillian Anderson suchen die Wahrheit

tember 1993 startete die mittlerweile legendäre und vielfach ausgezeichnete TV-Serie, die von Chris Carter kreiert wurde und für die er als Ausführender Produzent verantwortlich zeichnet. *Akte X* erzählt vom Leben und den Abenteuern der beiden grundverschiedenen FBI-Agenten Fox Mulder und Dana Scully, die in ungelösten FBI-Fällen ermitteln – Fälle, die die beiden oft mit paranormalen, übernatürlichen und unerklärlichen Phänomenen konfrontieren. Mulder, der behauptet, als Kind Zeuge gewesen zu sein, als seine Schwester von Außerirdischen entführt wurde, ist der »Gläubige«. Er ist davon überzeugt, dass eine Welt existiert, die der rationale menschliche Geist nicht erfassen, geschweige denn erklären kann – eine Welt mit außerirdischen Lebensformen, Verschwörungen auf höchster Regierungsebene und menschlichen Anomalien. Scully, ausgebildete Medizinerin, bleibt die Skeptikerin – sie ist der Überzeugung, dass die Wissenschaft stets erklären kann, was auf den ersten Blick unerklärlich zu sein scheint.

Zoom: »Für den X-Files-Unkundigen eine ziemlich wirre Story; überzeugend hingegen die visuelle Umsetzung, die mit zahlreichen Filmzitaten und einer wohltuenden Ironie aufwartet.«

1993 Akte X – Die unheimlichen Fälle des FBI
The X Files, USA, TV-Serie, R: Gillian Anderson, Cliff Bole, D: David Duchovny, Gillian Anderson

AL PACINO – SCARFACE
Scarface, USA 1982, R: Brian De Palma, D: Al Pacino, Michelle Pfeiffer, Steven Bauer, Mary Elizabeth Mastrantonio, Robert Loggia, Miriam Co-

lon, F. Murray Abraham, Paul Shenar, Harris Yulin, Angel Salazar

Tony verlässt 1980 seine kubanische Heimat. In den USA steigt er zum Kriminellen auf, der seinem Ex-Boss sogar die Braut ausspannt. Auf dem Gipfel seiner Macht sieht sich Scarface nur noch von Feinden umringt …

Helmut W. Banz *(Kölner Stadt-Anzeiger)*: »In der Neuauflage, geschrieben von Oliver Stone *(Midnight Express)*, der das offenste Ohr aller Drehbuchautoren zu haben scheint für Kraftausdrücke, wird die Geschichte vom Aufstieg und Fall eines Gangsters versetzt vom Chicago der Prohibitionszeit in das Miami der achtziger Jahre. Aus Paul Munis Tony Camonte wird Al Pacinos Tony Montana, aus dem italienischen Alkohol-Schmuggler ein von Castro deportierter Kubaner, der es zum Kokain-König bringt. Es sieht so aus, als befasse sich *Scarface* – im Gegensatz zu De Palmas besten Filmen *(Sisters, Carrie, Schwarzer Engel, Dressed To Kill)*, die metaphorische Albtraumfantasien sind – mit der realen Welt. Das scheint nur so. In diesem Film, der mit seinen 170 Minuten fast doppelt so lang ist wie das Original, ist alles ins Gigantisch-Grandiose getrieben: Dekors, Emotionen und Gewalt, Parodie und Pathos. Dieses Exzessive ist manchmal komisch, so wenn Pacino in einem Berg von Kokain schnüffelt und mit weißer Nase, wie Bambi, wieder auftaucht. Oder außerordentlich eindrucksvoll wie in der finalen Schusssequenz, einer brillanten Choreografie seines Todes. Nichts passt zusammen in dieser konfus-komplexen Mixtur: analytische Sozialanklage und mythische Implikationen; Epos und Tragikomödie; Hawks'sches Komödien-Stakkato und Mord-Strategien … à la Hitchcock; voyeuristische Minnelli-Kamerafahrten, Scorsese-Obsessionen verdrängter Leidenschaften und Coppola-Assoziationen (*Scarface* als proletarisches Remake von *Der Pate II*). Es ist ein manieristisches Melodram, dessen ›Geschichte‹ von den Farben erzählt wird: vom Gold des Geldes, dem Weiß des Kokains, dem Rot der Liebe und dem Schwarz des Todes. De Palma macht Filme über Filme – über Filme-Machen und Filme-Sehen. Er erzählt keine Geschichten, sondern macht Bilder, die sich zu Geschichten formen können. Der Reiz (und die Schwächen) seines *Scarface* liegen darin, dass er zu weit geht in der Vulgarisierung – und nicht

Von links oben nach rechts unten:
- *Al Pacino – Scarface (1982, R: Brian de Palma):*
  Al Pacino als Scharfschütze
- *Al Pacino – Scarface (1982):*
  Michelle Pfeiffer als Tonys Ehefrau
- *Scarface (1932, R: Howard Hawks):*
  Auch Paul Muni konnte ballern
- *Scarface (1932):*
  Ann Dvorak und George Raft

weit genug in der Austreibung der Story-Relikte des Originals.«

1932 Scarface
Scarface, Shame Of The Nation, USA, R: Howard Hawks, D: Paul Muni

ALF – DER FILM

Alf – The Movie, USA 1995, R: Dick Lowry, Philip Ridley, D: Martin Sheen, William O'Leary, Jensen Dagget, Miguel Ferrer, Ray Walston, Scott Michael Campbell, Beverly Archer, Charles Robinson, John Schuck, Gregory Alan Williams, Liz Coke, Dell Yount, Dennis Creaghan, Lenny Wolpe

Nachdem Alf, der wuschelige Spaßvogel aus dem All, vom Militär gefangen genommen wurde, lebt er im Militärstützpunkt »Edwards«. Doch von einem Gefangenen im herkömmlichen Sinne kann man bei Alf kaum sprechen: Seine »Zelle« hat er sich mit allerlei Tricks zu einer luxuriösen Suite mit Himmelbett und allem Komfort, den man sich wünschen kann, umbauen lassen. Den Tests, denen er unterzogen werden soll, kann er sich stets erfolgreich entziehen. Stattdessen genießt er Maniküren, Massagen und häuft als gewiefter Buchmacher bemerkenswerte Reichtümer an. Doch sein lockeres Leben ist in Gefahr: Der heimtückische Colonel Milfoil setzt alles daran, Alf durch eine Reihe von nicht gerade angenehmen Tests zu hetzen. Lt. Rick Mullican und Capt. Melissa Hill sind aber fest entschlossen, dem schrägen Kosmos-Asylanten das Leben zu retten: Sie entführen Alf. Doch es ist einfacher, einen Sack Flöhe zu hüten, als Alf im Zaum zu halten. Die Flucht des Trios entpuppt sich als Irrsinnstrip, bei dem Alf einen netten, leicht angetrunkenen Motelbesitzer an den Rand des Wahnsinns treibt, einen gestressten Truckfahrer um die wohlverdiente Nachtruhe bringt und auch auf eine Stipp-

visite in einer Striptease-Bar nicht verzichten mag. Rick und Melissa beschließen, das hyperaktive Fellknäuel bei dem berühmten Ufologen Dr. Dexter Moyers zu verstecken. Doch in der Villa des windigen Alienforschers sind sie alles andere als sicher: Moyers plant, Alf live in einer Talkshow zu präsentieren und ihn dann an den Meistbietenden zu verkaufen. Alfs Ende scheint besiegelt, denn auch Milfoil ist dem Ausreißer-Trio dicht auf den Fersen ...

»Als mir eines Tages die Idee zu Alf kam«, erinnert sich Autor und Produzent Paul Fusco, »mochte ich den kleinen Kerl auf Anhieb. Was mir an dieser Figur besonders gefiel, war, dass er mit allem, was er sagt oder tut, immer davonkommt. Denn als Außerirdischer hat er so eine Art Freibrief für unmögliches Verhalten.« Fusco präsentierte dem erfahrenen TV-Drehbuchautor Tom Patchett seine Idee – und es war der Beginn einer langen und überaus fruchtbaren Freundschaft. »Alf war, um es vorsichtig auszudrücken, ein sehr ungewöhnliches Konzept,« so Fusco, »doch es eröffnete uns eine ganz neue Comedy-Dimension. Wir konnten dank Alf einen neuen, völlig anderen Blick auf die gute, alte Mutter Erde werfen.« Vier Jahre lang zählte die TV-Serie *Alf* zu den ganz großen Quotenrennern des Fernsehens. Außer in den USA wurde sie noch in 80 weiteren Ländern gezeigt und mit zahlreichen Preisen bedacht, darunter dem People's Choice Award und zwei Nickelodeons Kid's Choice Awards. Die Foreign Press Association, die auch für die Verleihung des Golden Globe zuständig ist, kürte Alf zum Star des Jahres. Parallel zu der Realfilm/Puppen-Serie entstand zudem eine *Alf*-Zeichentrick-Serie. Somit war der freche Außerirdische der erste Star der Fernsehgeschichte, der sowohl vor- als auch nachmittags einen festen Programmplatz hatte. *Alf – Der Film* war dann der nächste, konsequente Schritt. »Nach vier Jahren, die unser Held im Hause der Tanners verbrachte, war es eine wunderbare Herausforderung, ihn in einer neuen Umgebung präsentieren zu können«, sagt Paul Fusco. »Wir konnten ihn mit Situationen konfrontieren, die ihm bislang völlig fremd waren.« *Multimedia:* »Einige gute Dialogpointen.«

Alf – Der Film (1995, R: Dick Lowry, Philip Ridley): Selbst mit verbundenen Augen hat Alf ein rotzfreches Mundwerk

1988 Alf Tales
USA, TV-Serie, R: David Feiss, Michael Hack – Animation

1986–1990 ALF
USA, TV-Serie: 102 Folgen, R: Peter Baldwin, Peter Bonerz, D: Max Wright

ALICE IM WUNDERLAND

Alice In Wonderland, GB/USA 1999, R: Nick Willing, Drb: Peter Barnes, nach dem Buch von Lewis Carroll, K: Giles Nuttgens, M: Richard Hartley, S: Alex Mackie, D: Tina Majorino (Alice), Peter Ustinov (Walrus), Whoopi Goldberg (Cheshire Cat), Robbie Coltrane (Tweedledum), George Wendt (Tweedledee), Ben Kingsley (Major Caterpillar), Christopher Lloyd (White Knight), Gene Wilder (Mock Turtle), Pete Postlethwaite (Carpenter), Miranda Richardson (Queen of Hearts), Martin Short (Mad Hatter), Ken Dodd (Mr. Mouse), Jason Flemyng, Sheila Hancock, Simon Russell Beale

Ein riesengroßes Kaninchen weist Alice den Weg ins Wunderland. Dort trifft das Mädchen auf seltsame Gestalten: Walross, Grinsekatze, Raupe oder Suppenschildkröte bereiten Alice fantastische Abenteuer in einer verrückten Welt. Mit dabei sind auch die kauzigen Tweedledee und Tweedledum. Die haben zwar eine harte Schale, aber ein Herz aus Gold. Die TV-Fantasy-Version setzt auf großzügige Special-Effects und üppiges Set-Design. Die elektrisch-mechanischen Figuren stammen aus Jim Hensons Creature Shop.

Der Schriftsteller Lewis Carroll, der unter dem bürgerlichen Charles Lutwidge Dodgson am 27. Januar 1832 in Daresbury geboren wurde, lehrte zwischen 1855 und 1881 als Professor für Mathematik am Christ Church College in Oxford. Zu den Töchtern des Oxforder Dekans George Liddell, Lorina, Edith und Alice, hatte er ein besonders gutes Verhältnis und erzählte ihnen oft fantastische Geschichten, die unter dem streng gehüteten Pseudonym Lewis Carroll 1865 in Buchform erschienen. Der Autor starb am 14. Januar 1898. Mit den Abenteuern der kleinen Alice hat er eine fantastische literarische Welt geschaffen, in der mit hintergründigem Humor und bizarrem Einfallsreichtum mit Sprache und Logik gespielt wird. Seine Märchenbücher *Alice im*

Wunderland und *Alice im Spiegelreich* gelten als Klassiker einer kühnen, witzigen Nonsens-Literatur.

2003 Dark Wonderland
USA, R: Wes Craven (in Produktion)

1999 Alice im Wunderland
Alice In Wonderland, GB/USA, R: Nick Willing, D: Tina Majorino, Peter Ustinov

1995 Miyuki-chan in Wonderland
J, R: Tetsuro Aoki – Animation

1994 Alice im Wunderland
Alice In Wonderland, USA, R: Toshiyuki Hiruma Takashi – Animation

1991 Alicia am Ort der Wunder
C, R: Daniel Dianz Torres, D: Thais Valdez

Das Kinderbuch wurde auf die kubanischen Verhältnisse umgemünzt: Im Mittelpunkt stehen die Erlebnisse der Alicia im Maravillas, einem wunderlichen Ort abseits des Stadtlebens, in dem Leute auf höchst sonderbare Weise in einem Sanatorium von »abweichendem« Sozialverhalten kuriert werden sollen.

1987 Alice
Neco z Alenky, CSSR/GB/BRD, R: Jan Svankmajer – Animation mit Spielszenen

Alice sitzt in ihrem Zimmer voller Spielsachen und liest Lewis Carrolls Geschichte, die auch sie in ein Wunderland versetzt: »Der Sinn meines Filmes ist ganz einfach: Ich möchte auf den Traum als Realität aufmerksam machen. In unserer Gesellschaft ist er kein Thema mehr, wird allenfalls als Müll unserer Psyche gewertet ... Solange wir nicht wieder lernen, uns abends vor dem Schlafen Märchen und Gespenster-Geschichten und morgens nach dem Erwachen Träume zu erzählen, können wir von unserer heutigen Zivilisation nichts mehr erwarten.« (Jan Svankmajer)

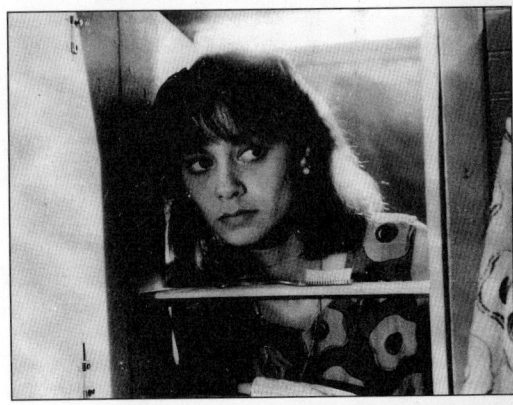

Alicia am Ort der Wunder (1991, R: Daniel Dianz Torres): Alicia auf Kuba

1985 Das wahre Leben der Alice im Wunderland

Dreamchild, GB, R: Gavin Millar, D: Coral Browne, Ian Holm, Peter Gallagher

Mit 80 Jahren erinnert sich Alice noch einmal an die phantastische Welt des Wunderlandes und wie sie den Schriftsteller Lewis Carroll zu seinem Kinderbuch inspirierte. »Krude Mischung aus Real- und Puppenfilm, die keinen Charme entwickelt.« *(TV Today)* Die Puppen stammen von Muppet-Erfinder Jim Henson.

1985 Alice in Wonderland

Alice Through The Looking Glass, USA, R: Harry Harris, D: Barbi Alison

1984 Alicja im Horrorland

PL, R: Jerry Gruza, Jacek Bromski, D: Sophie Barjac, Paul Nicolas

Alice, eine sensible junge Frau, wird im Park ohnmächtig. Danach erlebt sie eine Welt voller abstruser Zwischenfälle, die sie langsam wieder in die Normalität zurückführen. Den Regisseuren Jerry Gruza und Jacek Bromski gelang eine faszinierende und ungewöhnliche Adaption des Klassikers. Gedreht wurde das Fantasy-Musical in Warschau und Marseille.

1983 Alice In Wonderland

USA, R: Kirk Browning, D: Zeljko Ivanek, Colleen Dewhurst, Geoffrey Holder

1982 Alisa v Zazerkalye

UdSSR, R: Yefrem Pruzhansky, Animation

1982 Lewis Carroll's Alice In Wonderland

USA, R: John Clark Donahue, John Driver, D: Annie Enneking, Solveig Olsen

1981 Alice At The Palace

USA, R: Emile Ardolino, D: Meryl Streep, Betty Aberlin, Debbie Allen

1981 Alisa v strane chudes

UdSSR, R: Yefrem Pruzhansky, Animation

1976 Alice In Wonderland

USA, R: Bud Townsend, D: Kristine DeBell, Bradford Armdexter – Hardcore

1974 Alice Through The Looking Glass

GB, R: James MacTaggart, D: Brenda Bruce, Freddie Jones

1972 Alice im Wunderland

Alice's Adventures In Wonderland, GB, R: William Sterling, D: Fiona Fullerton

»Wie sämtliche Produktionen von *Macbeth* scheinen auch alle Adaptionen von *Alice* dazu verurteilt zu sein, einen zu enttäuschen; und diese langweilige und flache, wenn nicht gar zwecklose Musical-Version ist sicherlich keine Ausnahme.« *(Monthly Film Bulletin)*

1967 Alice In Wonderland

GB, R: Jonathan Miller, D: Mark Allington, David Battley, Alan Bennett

1966 Alice Through The Looking Glass

USA, R: Alan Handley, D: Judi Rolin, Roy Castle, Robert Coote

1965 Alice

Wednesday Play: Alice, GB, R: Gareth Davies, D: Maurice Hedley

1951 Alice im Wunderland

Alice In Wonderland, USA, R: Clyde Geromini, H. Luske, Wilfred Jaxon – Animation

Walt Disney hat sich jahrzehntelang überlegt, wie er die Storys auf die Leinwand bringen könnte. 1923 hat er aus den Büchern eine erste Kurzfilmserie – teils in Zeichentrick, teils mit lebenden Darstellern – hergestellt. Erst 1951 kam dann der abendfüllende Film heraus.

1950 Alice au pays des merveiles

F/GB, R: Dallas Bower, D: Carol Marsh, Stephen Murray

1946 Alice

GB, D: John Baker, Erik Chitty, Miriam Karlin

1933 Alice In Wonderland

USA, R: Norman McLeod, D: Charlotte Henry, Richard Arlen, Roscoe Ates

1931 Alice's Adventures In Wonderland

USA, R: Bud Pollard, D: Ruth Gilbert, Gus Alexander, Lillian Ardell

1921 Alice's Adventures In Wonderland

USA, R: W. W. Young

Alice im Wunderland (1951, R: Clyde Geromini, H. Luske, Wilfred Jaxon): Einer der schönsten und tiefsinnigsten Disney-Filme

1915 Alice In Wonderland
USA, R: W. W. Young, D: Viola Savoy
1910 Alice's Adventures In Wonderland
USA, R: Edwin S. Porter
1903 Alice In Wonderland
GB, R: Cecil Hepworth, Percy Stow, D: May Clark

ALIENATOR –
DER VOLLSTRECKER AUS DEM ALL
Alienator, USA 1989, R: Fred Olen Ray, D: Jan-Michael Vincent, John Phillip Law, Ross Hagen, Dyana Ortelli, Jesse Dabson, Dawn Wildsmith, P. J. Soles, Teagan Clive, Robert Clarke, Richard Wiley, Leo Gordon, Robert Quarry, Fox Harris, Hoke Howell
Eine Gruppe junger Erdlinge verstrickt sich in den Kampf zwischen einem interplanetarischen Verbrecher und dem zu seiner Vernichtung ausgesandten Killer-Androiden.
   MovieLine: »Dilettantische Billig-SF.«
1957 The Astounding She-Monster
USA, R: Ronald V. Ashcroft, D: Robert Clarke, Kenne Duncan, Marilyn Harvey

ALLEIN MIT DER ANGST
Treacherous Crossing, USA 1992, R: Tony Wharmby, D: Lindsay Wagner, Angie Dickinson, Grant Show, Joseph Bottoms, Karen Medak, Charles Napier, Erick Avari, Cameron Watson, Jeffrey DeMunn, Scott McCray
Um die Jahrhundertwende ist die reiche und schöne Lindsey Gates auf ihrer Hochzeitsreise per Luxusschiff unterwegs nach Europa. Da verschwindet ihr Mann spurlos, und das ist nicht der einzig mysteriöse Vorfall, der die Traumfahrt zum Albtraum werden lässt. Keiner auf dem Schiff will ihr glauben, und so ist Lindsay bald auch mit der Gewissheit allein, dass man sie ermorden will.
1953 Gefährliche Überfahrt
Dangerous Crossing, USA, R: Joseph M. Newman, D: Jeanne Crain, Michael Rennie
1932 Midnight Warning
USA, R: Spencer Gordon Bennet, D: William ›Stage‹ Boyd, Claudia Dell

ALLEN GEFAHREN ZUM TROTZ
Back To God's Country, USA 1953, R: Joseph Pevney, D: Rock Hudson, Marcia Henderson, Steve Cochran, Hugh O'Brian, Chubby Johnson, Tudor Owen, Arthur Space, Bill Radovich, John Cliff
Die Abenteuergeschichte aus dem nördlichen Kanada berichtet vom Kampf eines Kapitäns um sein Schiff und dessen kostbare Fell-Ladung. Zwei Schurken wollen ihm beides abjagen, außerdem auch noch seine schöne Frau, die jedoch beherzt und mit Hilfe eines treuen Hundes alles Unheil abzuwenden weiß. Zum Schluss trifft die Schurken die verdiente Strafe.
1927 Back To God's Country
USA, R: Irvin Willat, D: Walter Ackerman, Renée Adorée, Robert Frazer
1919 Back To God's Country
CDN, R: David Hartford, D: Nell Shipman, Charles Arling, Wheeler Oakman

ALLES FLIEGT DIR UM DIE OHREN
Comin' At Ya!, USA 1981, R: Ferdinando Baldi, D: Tony Anthony, Victoria Abril, Gene Quintano, Ricardo Palacios, Lewis Gordon, Dan Barry, Luis Barboo, Charly Bravo
Ein Cowboy holt sich die Frau zurück, die ihm vom Traualtar entführt worden war.
   Western Lexikon: »*Comin' At Ya!* war die erste 3-D-Produktion seit 20 Jahren; dass es trotzdem ein schlechter Film ist – von einem schlechten Western ganz zu schweigen –, ist in allen drei Dimensionen klar geworden.«
1971 Blindman
I/USA, R: Ferdinando Baldi, D: Tony Anthony, Ringo Starr, Lloyd Battista

ALLES FÜR DEIN GLÜCK
Possessed, USA 1931, R: Clarence Brown, D: Joan Crawford, Clark Gable, Wallace Ford, Richard ›Skeets‹ Gallagher, Frank Conroy, Marjorie White, John Miljan, Clara Blandick
Marian Martin arbeitet in einer Fabrik und träumt von einem luxuriösen Leben in einer großen Stadt. Sie wird die Geliebte des verheirateten Rechtsanwalts Mark Whitney. Dieses Liebesverhältnis beginnt jedoch, Marks Ruf zu schaden, als er in der Politik Karriere machen will. Da entschließt sich Marian zu einem schweren Schritt – sie ist bereit, die Beziehung zu Mark aufzugeben, um seiner beruflichen Laufbahn nicht im Wege zu stehen.
1924 The Mirage
USA, R: George Archainbaud, D: Florence Vidor, Clive Brook, Alan Roscoe

ALOMA, DIE TOCHTER DER SÜDSEE
Aloma Of The South Seas, USA 1941, R: Alfred Santell, D: Dorothy Lamour, Jon Hall, Lynne Overman,

Philip Reed, Katherine DeMille, Fritz Leiber, Dona Drake, Esther Dale, John Barclay, Norma Nelson, Evelyn Del Rio, Scotty Beckett, Billy Roy, Noble Johnson, Ella Neal, Dena Coaker, Emily LaRue, Patsy Mace, Dorothy Short, Paula Terry, Carmela Cansino, Esther Estrella, John Bagni, Nina Campana, Charle Wyatt, Janet Dempsey

Nach einem Schauspiel von MacBurney Gates: Aloma, kleines Südseekind, rauft mit dem Südseeprinzlein, das ihm später zum Manne bestimmt ist, und will ihn nicht haben. Ein Dutzend Jahre später sieht sich die Sache Mann etwas anders an: Das Prinzlein ist in den USA eine muskelstrotzende Superfestung geworden, die jeden Rivalen in den Sand knallt.

Frankfurter Rundschau: »Jon Hall und Philip Reed, waschechte Hollywoodinsulaner mit amerikanischem Akzent, machen das miteinander gelegentlich in rassiger Freistilmanier aus. Aber trotz Hawaigitarren und Hula-Hula-Mädchen ist die Technicolor-Südsee kein mildes Land; sie spuckt lavaglühende Götterrache aus und bringt die gesamte Pappemontage der Gebirge ins Wackeln. Dorothy Lamour, wassergewellte Lackschönheit mit stets korrektem Busen- und Hüfttuch, ist das schwimmgewandte Streitobjekt ihrer beiden Verehrer. Geduldige Leinwand, über die so viel süßliche Mache dahinrauscht.«

1926 Aloma, die Blume der Südsee

Aloma Of The South Seas, USA, R: Maurice Tourneur, D: Gilda Gray

ALRAUNE

BRD 1952, R: Arthur Maria Rabenalt, Drb: Karl Heuser nach dem Roman von Hanns Heinz Ewers und den Filmen von Henrik Galeen und Richard Oswald, K: Friedel Behn-Grund, M: Werner R. Heymann, D: Hildegard Knef (Alraune), Erich von Stroheim (Jacob ten Brinken), Karlheinz Böhm (Frank Braun), Harry Meyen (Geroldingen), Rolf Henniger (Wolf Goutram), Harry Halm (Mohn), Hans Cossy (Mathieu), Gardy Brombacher (Lisbeth), Trude Hesterberg (Fürstin Wolkonska), Julia Koschka, Denise Vernac

Alraune, das Märchen vom verrückten Wissenschaftler, der aus den Körpern eines Gehenkten und einer Prostituierten einen künstlichen Menschen schafft, war nach dem Roman von Hanns Heinz Ewers bereits viermal verfilmt worden: 1918, 1928 und 1930 – wobei die Stummfilmfassung von Henrik Galeen mit Brigitte Helm und Paul Wegener in den Hauptrollen berühmt geworden ist. Für seine Neuverfilmung hatte Arthur Maria Rabenalt bereits die Hauptrollen besetzt. Erich von Stroheim sollte den Wissenschaftler spielen, Hildegard Knef die schöne, kalte Kunstfrau. Wegen einer flüchtig entblößten Brust hatte die Knef im Jahr zuvor als *Die Sünderin* für den ersten handfesten Skandal im deutschen Nachkriegskino gesorgt und galt jetzt als Shooting Star der Branche, auf den die Rolle der Alraune zugeschnitten war. Mit ihrer berechnenden Erotik und dem wiederholten Verrat an den Männern, die sie begehrten, rächte sich Alraune ja nur stellvertretend an ihrem Erfinder. Das Weibliche in seiner undomestizierten, bedrohlichen Ausformung war zwar anziehend, aber ebenso verwerflich und deshalb auszuschalten – was Erich von Stroheim zuletzt mit Hildegard Knef tun musste. Bevor Alraune zum Racheengel wird, verliebt sie sich in den Neffen des Wissenschaftlers. Dieser Frank Braun, eine ambivalent-schillernde Figur, verlässt sie, als er von seinem eifersüchtigen Onkel die wahre Herkunft des Mädchens erfährt. Durch diesen Verrat be-

Alraune (1952, R: Arthur Maria Rabenalt): Hildegard Knef

ginnt Alraune alle Männer zu hassen und vernichtet jeden, der ihr zu nahe kommt.

»Ein ganz auf sein Staraufgebot ausgerichteter Film, der wohl auch deswegen zu sehr an der Faszination seiner Darsteller klebte und eine attraktive Neuaufbereitung der Handlung sträflich vernachlässigte. Die dritte *Alraune*-Verfilmung erwies sich rundherum als künstlerische und finanzielle Katastrophe, da konnte auch der extra für diesen Film aus Hollywood angereiste legendäre Erich von Stroheim, der hier seine erste Rolle in einem deutschen Film spielte, wenig ändern«, heißt es im *TV Spielfilm Lexikon*, »Regisseur Arthur Maria Rabenalt (in den 40er- und 50er-Jahren Garant für Unterhaltungsfilme niedrigeren Niveaus) sah sich an dieses Erfolgsrezept erinnert und versuchte mit Hildegard Knef in der Besetzung der Alraune daran anzuknüpfen. Unter seiner reichlich unbeholfenen Regie agiert die hochkarätige Schauspielergarde erschreckend steif und hölzern. Dazu blubbert eine gar schaurige Untermalungsmusik aus dem Hintergrund hervor und bemüht sich krampfhaft, etwas Grusel zu erzeugen.«

Da diese Fassung von *Alraune* mit dem unvergessenen stummen Beispiel des UFA-Films mit Brigitte Helm und Paul Wegener (1928) konkurrieren musste, hieß es in den *Filmblättern*, dass Rabenalt vor den Kennern jenes Films nur schwer bestehen kann, »zumal da er ja als Freund leichter und unbeschwerter Filme mehr denn als Meister hell-dunkler Geschichten bekannt ist. So sucht denn auch der Regisseur, sich von der abwegigen Ewers'schen Fantasie zu befreien, um zu reellen Tönen hinüberzufinden. Die Frage, ob dies gelungen ist, dürfte eine spannungsgeladene kritische Debatte entfesseln.« Zur kritischen Debatte ist es in den fünfziger Jahren allerdings nicht überall gekommen, denn kirchlich orientierte Zeitungen lehnten Anzeigen und Besprechungen für den Film ab, nachdem ihn die katholische Filmkommission beanstandet hatte. So notierte die *Rheinische Post* am 25.10.1952: »Wir möchten aus grundsätzlichen Erwägungen auf die Besprechung des Films verzichten.« Dagegen fand Gunter Groll in der *Süddeutschen Zeitung* den Film zu Beginn am besten: »Da haben Bilder und Bauten Stil. Rabenalt, Allround-Regisseur mit Verve und Einfällen, nimmt da einen mächtigen Anlauf. Springt aber nicht. Da wagt der deutsche Film nun endlich einmal ein Experiment und

strengt sich an, holt Stroheim heim (halb mythisch, halb gemütlich: ein Alraunzer), holt außerdem, endlich, Nachwuchs – und was wird daraus? Dämonischer Plüsch.«

Hanns Heinz Ewers schrieb 1911 seinen skandalumwitterten *Alraune*-Roman – über ein Wesen, aus der »verruchten Lust absurder Gedanken« entsprungen: »Was es anfasste, das ward zu Gold, wo es hinblickte, da lachten die wilden Sinne. Wohin aber sein giftiger Atem traf, schrie alle Sünde, und aus dem Boden, den seine leichten Füße traten, wuchsen des Todes bleiche Blumen.« Alraune ist das böse Prinzip schlechthin, außerhalb aller menschlichen Gesetze und Normen. Am Ende zerstört es seinen Schöpfer und sich selbst.

1930 Alraune

D, R: Richard Oswald, D: Brigitte Helm, Albert Bassermann

»Wenn der Stummfilm *Alraune* (R: Henrik Galeen, 1927) der *Alraune* von 1930 so sehr überlegen ist, so liegt es nicht nur daran, dass Galeen weit mehr Talent als Oswald besessen hat. Dem Stummfilm *Alraune* kommt das Schweigen zugute, das die Spannung und Stimmung eines fantastischen Sujets nicht verletzt. ... Gewiss, selbst Oswalds schwache *Alraune* steht noch turmhoch über der dritten Fassung von Arthur Maria Rabenalt von 1952.« (Lotte H. Eisner, *Die dämonische Leinwand*)

1928 Alraune

D, R: Henrik Galeen, D: Brigitte Helm, Paul Wegener, Iván Petrovich

»Die Filmversion von Henrik Galeen mildert nicht nur den apokalyptischen Ausklang des Buches zur Bekehrungsepistel mit göttlicher Fügung, sie schwächt auch ansonsten die Pseudograuslichkeiten der literarischen Vorlage erheblich ab. Alraune ist trotz ihrer makabren Herkunft ein ziemlich undämonisches Geschöpf. Am Anfang ein verzogenes und unartiges junges Mädchen, mausert sie sich zu einer zeitgenössischen Vamp-Ausgabe der zwanziger Jahre. Sie ist mehr Kokotte, Luxusweibchen und glatte Verführerin als ›Satans Tochter‹. Hatte Galeens 1926 gedrehte Version des *Student von Prag* noch viele Stilelemente des Expressionismus, so ist *Alraune* fast gänzlich davon entleert. Auch Galeens Ruf als Autor und Inszenator fantastischer Sujets bestätigt sich in *Alraune* kaum ... Brigitte Helm, die mit *Alraune* endgültig ihren Vamp-Mythos schuf, agiert starr, mit unheimlich bösem Gesichtsausdruck, bleibt aber in vielen Szenen ohne Suggestion und farblos.« *(Deutsche Spielfilme von den Anfängen bis 1933)*

1918 Alraune
H, R: Michael Curtiz, Edmund Fritz, D: Géza Erdélyi, Gyula Gál, Kálmán Körmendy

1918 Alraune
D, R: Eugen Illes, D: Max Auzinger, Friedrich Kühne, Ernst Rennspies

ALT HEIDELBERG
BRD 1959, R: Ernst Marischka, D: Sabine Sinjen, Christian Wolff, Gert Fröbe, Rudolf Vogel, Ernst Stahl-Nachbaur, Heinrich Gretler, Walter Janssen, Harry Meyen, Annaliese Würtz

Nach einem Theaterstück von Wilhelm Meyer-Förster: Erbprinz Karl-Heinrich wird von seinem Onkel auf die Universität Heidelberg geschickt. Dort lernt er die junge Käthi kennen und verliebt sich Hals über Kopf in sie. Gerade als er mit ihr Pläne für die Zukunft zu schmieden beginnt, erreicht ihn jedoch eine traurige Nachricht. Sein Onkel ist schwer erkrankt. Karl-Heinrich muss seine Pflichten als Erbprinz und künftiger Landesherr übernehmen.

Filmblätter: »In diese oft gespielte und öfter verfilmte fürstlich-bürgerliche Liebesromanze mischt die Regie ein Maximum an Gemüt, Melancholie und Melodien und erzeugt einen ebenso langen wie stetigen Druck auf die Tränendrüsen. Angesichts dieser forcierten Sympathie für

die Taschentuchbenutzung im Zuschauerraum und der von der Kamera ausgiebig und bunt zur Schau gestellten Burschenherrlichkeit dürfte sie der Reminiszenzen der ›alten Herren‹ sicher sein. Fröbe erstaunt und überzeugt mit seinem alten, nevergreenen Hauslehrer, selbst wenn die gefühlvollen Sätze für den Prinzen und die zornigen Sentenzen über die dümmlich-hochmütige Hofetikette, die ihm vom Buch in den Mund gelegt wurden, eines gründlichen Abstaubens wert wären. Wolffs junger Fürst trägt schwer, blass und melancholisch an seinem Geschick; der Sinjen steht der Übermut besser zum kecken Gesichtchen als die bitteren Zähren unglücklicher Liebe. Entschwundene Burschenherrlichkeit.«

Filmbeobachter: »Die Studenten schwenken zwar ständig ihre Trinkgefäße, aber dem Film selbst fehlt jeder Schwung. Er ist langweilig in höchstem Grade und hätte doch ein wahres Füllhorn an Studentenatmosphäre ausschütten können. Er pendelt ständig zwischen Höfisch-steif, Innig-brav und Gestellt-lustig hin und her.«

Mit dem Remake des Operettenstoffs *Alt-Heidelberg* (1927) errang Ernst Lubitsch (1892–1947) einen seiner größten Erfolge in den USA, obwohl MGM-Chef Louis B. Mayer seine Liebesszenen verwarf und von John Stahl neu inszenieren ließ.

Unten: Alt Heidelberg (1959, R: Ernst Marischka): Sabine Sinjen und Christian Wolff
Rechts: Alt Heidelberg (1927, R: Ernst Lubitsch): Norma Shearer und Ramon Novarro

1927 Alt Heidelberg
The Student Prince In Old Heidelberg, USA, R: Ernst Lubitsch, D: Ramon Novarro
1923 Alt Heidelberg
D, R: Hans Behrendt, D: Paul Hartmann, Eva May, Werner Krauss, Eugen Burg

DAS ALTE FINSTERE HAUS

The Old Dark House, GB 1962, R: William Castle, D: Tom Poston, Robert Morley, Janette Scott, Fenella Fielding, Joyce Grenfell, Peter Bull
Nach einem Roman von J. B. Priestley: Für den amerikanischen Autoverkäufer Tom Penderel, der in London lebt und arbeitet, steht eine nette Abwechslung auf dem Programm: Er will zum alten Familienschloss derer von Femm fahren, um dort seinem Freund das neue Auto auszuliefern. Doch schon kurz nach seiner Ankunft merkt Tom, dass die Bewohner der düsteren Festung offenbar nicht ganz normal sind. Tom erfährt, dass sein Freund überraschend tödlich verunglückte – und plötzlich geschieht ein Mord nach dem anderen. William Castle drehte *Das alte finstere Haus* für die legendäre Londoner Hammer Film.
Filmbeobachter: »Effektvoll zieht der in Gruselfilmen erfahrene Regisseur William Castle zahlreiche Register seiner Kunst. Der Zuschauer kann des Öfteren befreiend lachen. So ist ein gescheit gemachter unterhaltsamer Film entstanden, der für Freunde des Gruselgenres ein Vergnügen ist.«
1932 Das alte finstere Haus
The Old Dark House, USA, R: James Whale, D: Boris Karloff, Melvyn Douglas

DER ALTE FRITZ

D 1936, R: Johannes Meyer, D: Otto Gebühr, Hilde Körber, Lil Dagover, Agnes Straub, Käthe Haack, Bernhard Minetti, Paul Klinger, Carola Höhn, Lucie Höflich
Nach dem gleichnamigen Roman von Walter von Molo: Preußen im siebenjährigen Krieg. Die Franzosen kommen den Österreichern unter ihrer Kaiserin Maria Theresia mit einer großen Streitmacht zur Hilfe. Die kleine Streitmacht von Preußen-König Friedrich II. wird geschlagen. Berlin wird von Zarin Katharinas Russen besetzt. Noch einmal schickt Friedrich seine Armee in die Schlacht; sie wird durch Zieten und seine Husaren siegreich entschieden. Die Berliner jubeln ihren Soldaten zu. Der König fasst den Vorsatz, sich als Friedensfürst zu bewähren.
Lexikon des internationalen Films: »Formal unterdurchschnittliche Biografie; vor billigen Kulissen erklingen patriotische Sprüche, und ein paar Dutzend Komparsen ziehen in eine lahme Schlacht. Eine von aufdringlichen NS-Tendenzen gereinigte Fassung des Films *Fridericus* (dessen Aufführung nach dem Krieg zunächst von den Alliierten verboten war), welche die historischen Ereignisse gleichwohl immer noch in einseitiger Weise verkürzt.«
1922 spielte Otto Gebühr zum ersten Mal Friedrich den Großen als Filmhelden in dem Vierteiler *Fridericus Rex – Ein Königsschicksal*, Teil vier trug den Titel *Schicksalswende* und entstand nach dem Roman *Fridericus* von Walter von Molo. Danach setzte Otto Gebühr seine Friedrich-Karriere mit *Die Mühle von Sanssouci* (1926), *Der alte Fritz* (1928), *Das Flötenkonzert von Sanssouci* (1930), *Die Tänzerin von Sanssouci* (1932), *Der Choral von Leuthen* (1932), *Fridericus* (1936) und *Das schöne Fräulein Schragg* (1937) fort. Abschluss dieser erstaunlichen Erfolgsserie war dann *Der große König* (1942, Regie: Veit Harlan).
1932 Der Choral von Leuthen
D, R: Carl Froelich, Arzen von Cserépy, Walter Supper, D: Otto Gebühr
1922 Fridericus Rex – Ein Königsschicksal
D, R: Arzen von Cserépy, D: Albert Steinrück, Otto Gebühr, Gertrud de Lalsky

DER ALTE MANN UND DAS MEER

The Old Man And The Sea, USA 1989, R: Jud Taylor, D: Anthony Quinn, Gary Cole, Patricia Clarkson, Valentina Quinn, Alexis Cruz
Nach dem Roman von Ernest Hemingway: Nach einer langen Pechsträhne geht einem Fischer ein gewaltiger Schwertfisch an die Angel. Nach langem Kampf gelingt es ihm, den Fisch zu besiegen. Doch auf dem Weg zurück in den heimatlichen Hafen rauben Haie die Beute.
Lexikon des internationalen Films: »Seichte Neuverfilmung des modernen Klassikers von Hemingway, in dem ein alter Fischer um die größte Beute seines Lebens kämpft. Dabei wird die Auseinandersetzung mit dem Fisch zu einem symbolischen Ringen um Würde und Selbstachtung. Anthony Quinn, der sich die Hauptrolle als ›Ge-

Der alte Mann und das Meer (1958, R: John Sturges):
Spencer Tracy im Kampf um den fetten Fang

schenk‹ zu seinem 75. Geburtstag wünschte, hebt
das Niveau des Films durch seine bloße Präsenz.«

1958 Der alte Mann und das Meer

The Old Man And The Sea, USA, R: John Sturges,
D: Spencer Tracy, Harry Bellaver

ALWAYS

USA 1989, R: Steven Spielberg, D: Richard Dreyfuss,
Holly Hunter, Brad Johnson, John Goodman, Audrey Hepburn, Roberts Blossom, Keith David, Ed
van Nuys, Marg Helgenberger, Doug McGrath, J. D.
Souther
Beim Versuch, seinen besten Freund zu retten,
stürzt der Feuerwehr-Flieger Pete ab und stirbt.
Danach trifft er auf einer Blumeninsel ein Wesen,
das ihn zurück auf die Erde schickt, damit er als
unsichtbarer Schutzengel dem jungen Flieger Ted

Unten: Always (1989, R: Steven Spielberg):
Richard Dreyfuss und Audrey Hepburn
Rechts: Always (1989):
Richard Dreyfuss und Holly Hunter

hilft. Dann verliebt sich Ted in Petes Ex-Freundin Dorinda – und der Engel wird eifersüchtig ...
   Lars-Olav Beier *(tip)*: »Steven Spielberg hat mit
diesem Film das Element gewechselt, doch mit
Worten kann er weniger geschickt umgehen als
mit Bildern. Die visuellen Gags zünden wie gewohnt, die Dialoge leiden schwer unter der Trägheit der Masse. Kein komödiantischer Höhenflug.«
   Video Movie Guide: »Anrührend, komisch, le-
bensbejahend.«
   Für die Schauspielerin Audrey Hepburn war
dies der letzte Film. Steven Spielberg und Richard Dreyfuss stellten bei den Dreharbeiten von
Der weiße Hai fest, dass sie beide den Film *A Guy
Named Joe* liebten, 15 Jahre später drehten sie
gemeinsam das Remake.

1943 Kampf in den Wolken

A Guy Named Joe, USA, R: Victor Fleming, D: Spencer Tracy, Irene Dunne

AM ANFANG

In The Beginning, USA 2000, R: Kevin Connor, D:
Martin Landau, Jacqueline Bisset, Bill Campbell,
Eddie Cibrian, Fred Weller, Alan Bates, Steven Ber-
koff, Geraldine Chaplin, Amanda Donohoe, Chri-
stopher Lee, Art Malik, Rachael Stirling, Diana Rigg,
Victor Spinetti

Die Geschichte beginnt mit dem hebräischen Patriarchen Abraham, der zum Führer seines Volkes wird. Gott verspricht ihm einen männlichen Nachkommen, der seine Dynastie begründen soll, doch Abrahams Frau Sarah bleibt kinderlos. Sarah rät Abraham, die ägyptische Magd Hagar zur Konkubine zu nehmen, damit diese ihm einen Sohn gebäre. Hagar wird schwanger und schenkt Abraham den gewünschten Sohn, den er Ismael nennt. Abraham und Sarah sind schon alt, als ihnen Gott in Gestalt dreier geheimnisvoller Wanderer erscheint und verheißt, dass Sarah selbst einen Sohn zur Welt bringen wird. Ein Jahr später bringt Sarah Abrahams Sohn Isaak zur Welt. Jahre später gerät Isaaks Leben in Gefahr, als Gott von Abraham eine schwere Prüfung verlangt. Er soll zum Beweis seines Glaubens seinen Sohn opfern. Schweren Herzens zieht Abraham mit seinem über alles geliebten Sohn Isaak auf den Opferberg. Als er zum Todesstoß ansetzt, greift Gottes Engel ein und rettet Isaak. Aber mit diesem Opfer hat Abraham sich Gott würdig erwiesen. Die Jahre vergehen, Abraham stirbt und wird von seinen Söhnen begraben, die nun wiederum Väter werden. Isaaks Sohn Jacob, ebenso Gott ergeben, heiratet Rahel und bekommt elf Söhne. Der jüngste Sohn namens Joseph ist Jacobs Lieblingssohn, doch seine eifersüchtigen Brüder verkaufen ihn in die Sklaverei nach Ägypten.

TV direkt: »Bildgewaltig; für nicht ganz Bibelfeste schwer.«

1993 Die Bibel – Abraham
BRD/I/USA, R: Joseph Sargent, D: Barbara Hershey, Richard Harris, Taylor Scipio

AN DER RIVIERA

On The Riviera, USA 1951, R: Walter Lang, D: Danny Kaye, Gene Tierney, Marcel Dalio, Corinne Calvet, Jean Murat, Henri Letondal, Clinton Sundberg, Sig Ruman, Joyce MacKenzie
Nach einem Bühnenstück von Rudolph Lothar und Hans Adler: Ein Schauspieler gleicht einem berühmten Flieger aufs Haar, der Flieger braucht von Geschäfts wegen dringend einen Stellvertreter – und der Doppelgänger funktioniert bestens, die Geschäfte laufen prächtig und am Ende klärt er als Zugabe die Ehe-Verwechselung.

In den *Filmblättern* fand die Kritikerin Ponkie den Film »sehr vergnüglich«, denn »Danny Kaye entfaltet seine mimischen Künste und parodiert

alles in Grund und Boden.« Zur fröhlichen Palette netter Unterhaltungsgags gehörten »feurige Revuen von gewohnter Hollywood-Präzision, mit knalligen Farbeffekten und erstklassigen Tanzbeinen, das Ganze an der Technicolor-Millionärs-Riviera, mit Schmiss, Musik, hübschen Damen und harmlosem Ulk garniert.« Dagegen urteilte der *Film-Dienst*: »Anspruchsloses Verwechslungs- und Revuelustspiel mit einigen peinlichen Dialogen.«

1940 Carioca
That Night In Rio, USA, R: Irving Cummings, D: Alice Faye, Don Ameche, Curt Bois

1935 Folies-Bergère
USA, R: Marcel Achard, Roy Del Ruth, D: Maurice Chevalier, Natalie Paley, Sim Viva

AN HEILIGEN WASSERN

CH 1960, R: Alfred Weidenmann, D: Hansjörg Felmy, Cordula Trantow, Gustav Knuth, Hanns Lothar, Gisela von Collande, Karl John, Margit Rainer, Leopold Biberti, Schaggi Streuli, Walter Ladengast, Fritz Schulz, Uta Kohlhoff, Hans Hessling, Jean Bruno, Max Knapp, Gretl Mathis-Edmund
St. Peter, ein Bergdorf des Schweizer Kantons Wallis, bezieht sein Wasser von den Gletschern. Roman Blatters Vater Seppi kommt bei der Reparatur der hölzernen Leitung in der Felswand ums Leben. Er hatte sich »freiwillig« gemeldet, um vom Gemeindepräsidenten Waldisch seine Schulden erlassen zu bekommen. In den Augen seines Sohnes Roman hat Waldisch ihn auf dem Gewissen. Roman liebt Waldischs Tochter Binia, doch der hätte lieber den pfiffigen Thöni als Schwiegersohn. Binia bleibt ihm treu; auch als Roman mit dem englischen Ingenieur Lemmy für drei Jahre nach Indien geht. Thöni versucht Binia und Roman zu täuschen, unterschlägt seine Briefe und will ihr weismachen, Roman sei gestorben. Thöni schreibt Roman, er hätte Binia geheiratet. Als Roman zurückkehrt, flüchtet Thöni in die Berge. Er versucht sogar, Roman zu töten, als dieser mit dem Bau eines Wassertunnels beginnt, der nie wieder Opfer fordern soll.

Film-Echo: »Ambitioniert in Szene gesetzte Romanadaption (der Kameramann wurde aus England geholt). In Analogie zum Edelwestern kann man diesen Heimatfilm als ›Edelheimatfilm‹ bezeichnen.«

Dumont: »Dieser neue Aufguss der *Heiligen Wasser* kann zwar von einem hohen Budget, technischem Können und einer überdurchschnittlichen Schauspielerleistung profitieren. Doch ein altmodischer Stoff bleibt ein altmodischer Stoff und Weidenmann hat weder das Format noch das Talent, im feuilletonistischen Konfliktgeflecht Raum zu schaffen für die Wahrheit der Menschen. Er lässt es beim gepflegten, aber hundert Mal wiedergekäuten, distanzierten und mit matter Zurückhaltung beobachteten Spektakel bewenden.«

1932 An heiligen Wassern

D, R: Erich Waschnek, D: Karin Hardt, Eduard von Winterstein, Theodor Loos

ANASTASIA

USA 1997 – Animation, R: Don Bluth, Gary Goldman, Drb: Susan Gauthier, Bruce Graham, Bod Tzudiker, Noni White nach Marcelle Maurettes Bühnenstück, Zeichentrickadaptionen: Eric Tuchman, M: David Newman, Songs: Lynn Ahrens, Stephen Flaherty, S: Fiona Trayler. In der Originalfassung mit den Stimmen von: Meg Ryan, John Cusack, Kelsey Grammer, Christopher Lloyd. Deutsche Sprecher: Anja Kling (Anastasia), Patrick Winczewski (Dimitri), Jürgen Klucker (Vladimir), Joachim Kemmer (Rasputin), Peer Augustinski

Russland 1916. Der Mönch Rasputin rächt sich am Zaren, indem er ihn und seine Familie mit einem Fluch belegt. Nur die achtjährige Anastasia kann diesem Schicksal entgehen. Nach zehn Jahren lernt Anya (so nennt sie sich, da sie ihr Gedächtnis verloren hat) Dimitri und Vladimir kennen. Diese erkennen sofort die Ähnlichkeit mit der verschollenen Zarentochter und da die Großmutter von Anastasia eine hohe Belohnung auf deren Wiederfindung ausgesetzt hat, überreden die beiden sie, mit ihnen nach Paris zu gehen. Doch die Großmutter hat schon jede Hoffnung aufgegeben, ihre Enkelin wiederzusehen, denn in der Vergangenheit haben sich schon so

viele Mädchen für ihre Enkelin ausgegeben. Langsam hebt sich für Anya der Schleier ihrer Vergangenheit und Dimitri muss feststellen, dass er sich in Anya verliebt hat. Doch Rasputin gibt nicht auf und noch aus dem Jenseits trachtet er Anastasias Glück zu verhindern ...

Die schon mehrmals verfilmte Legende des an Gedächtnisverlust leidenden Mädchens Anya, das sich nach einer Odyssee von St. Petersburg nach Paris als Tochter Anastasia der 1918 ermordeten Zarenfamilie entpuppt, ist in dieser teils fulminanten, teils sentimental-kitschigen Zeichentrickversion in ein Märchen ohne jeden historischen Hintergrund transponiert: An die Stelle der Sowjets tritt der zum bösen Zauberer stilisierte Rasputin, der mit seinem Fluch die Romanows vernichtet. »Die Revolution dauert auf der Leinwand höchstens fünf Minuten«, schrieb die Kritikerin Fatina Keilani. Und über die hemmungslose Geschichtsfälschung bemerkte Roland Losch von AP: »Der wirkliche Rasputin war Berater der Romanows bis zu seiner Ermordung 1916. Not kannten die Bauern schon zu jener Zeit – das war eine wesentliche Ursache der Oktoberrevolution. Und die gesamte Zarenfamilie wurde von den Bolschewisten im Juli 1918 im Ural umgebracht – auch Anastasia. Eine angebliche Tochter wurde vor kurzem als Hochstaplerin entlarvt. Filmproduzent Don Bluth meinte dazu, die Wahrheit sei zu dunkel, als dass sie in einen Familienfilm passen würde. Stattdessen setzt er dem Publikum eine honigsüße Liebesgeschichte als Unterhaltung vor. Viel zu lachen haben die Zuschauer nur, als Rasputin in seiner Vorhölle erfährt, dass Anastasia noch lebt. Er gerät in Rage, und seine alten Knochen geraten aus den Fugen und machen sich selbstständig. Mit trockenem Humor kommentiert Bartok, eine weiße Fledermaus aus dem Gefolge des Zauberers, das Wüten des Meisters.«

Der Fall der Anna Anderson, die von sich behauptete, Anastasia Romanow, die jüngste Tochter des letzten Zaren zu sein, hat immer wieder für weltweite Aufregung gesorgt. Die Frage, ob die 1923 nach einem Selbstmordversuch aus dem Landwehrkanal in Berlin herausgezogene Frau eine Betrügerin oder tatsächlich die einzige Über-

Anastasia (1997, R: Don Bluth, Gary Goldman):
Mönch Rasputin

Anastasia (1997, R: Don Bluth,
Gary Goldman): Anya oder Anastasia?

lebende des Massakers in Jekaterinenburg war, wurde auch in dem Prozess, der von 1939 bis 1970 dauerte, nicht entschieden. Hat tatsächlich ein Mitglied der Zarenfamilie überlebt? Die junge Frau hat keinerlei greifbare Beweise für ihre Identität und weigert sich hartnäckig, Russisch zu sprechen. Doch da sind all die Details, an die sie sich erinnert und die eigentlich nur der richtigen Anastasia bekannt sein können. Die Familie Romanow bleibt skeptisch, zu viele falsche »Anastasias« sind in ganz Europa aufgetaucht. Keinem der Prozessgegner wurde Recht gegeben. Das Gericht entschied, es gebe keinen Beweis, dass Anna tatsächlich Anastasia sei, doch auch keinen Beweis dafür, dass Anastasia tatsächlich ermordet wurde. Die Prozessakten wurden erst 1983 geschlossen. Anna Anderson stirbt am 12. Februar 1984 in den USA. Auf ihren Wunsch wird die Asche nach Seeon (Oberbayern) überführt. Auf dem Grabstein steht: Unser Herz ist unruhig bis es ruht in dir, oh Gott. Gottes Mühlen mahlen langsam aber trefflich fein.

1997 The Secret Of Anastasia
USA

1997 The Mystery Of Anastasia
USA – Animation

1994 Anastasia And The Queen Of Hearts

1993 Anastasia
GR, D: Minas Hatzisavvas, Alkis Kourkoulos, Mirto Alikaki

1986 Anastasia: The Mystery Of Anna
A/USA, R: Marvin J. Chomsky, D: Amy Irving, Olivia de Havilland
Für die Rolle des Erich erhielt Jan Niklas 1986 den Golden Globe für die beste männliche Nebenrolle in einer Fernsehproduktion. Mit ihm

wurde Olivia de Havilland für die beste weibliche Nebenrolle (der Zarinmutter) ausgezeichnet.

1979 Duios Anastasia trecea
RO, R: Alexandru Tatos

1973 Anastasia mio fratello
I, R: Steno, D: Alberto Sordi, Richard Conte, Luciano Pigozzi

1956 Anastasia
USA, R: Anatole Litvak, D: Ingrid Bergman, Yul Brynner, Helen Hayes
»War sie nun Tochter des Zaren oder nicht? Das Geheimnis der Amnesie der Anna Anderson kann auch dieser Film nicht lüften – will er auch nicht. Er will uns mit einer Kitsch-Version, aus der nur die Bergman nennenswert herausragt, einlullen.« (W. O. P. Kistner, *MovieLine*) Für ihre Rolle als angebliche Zarentochter erhielt Ingrid Bergman ihren zweiten Oscar.

1956 Anastasia – Die letzte Zarentochter
BRD, R: Falk Harnack D: Lilli Palmer, Paul Bildt, Käthe Braun, Ivan Desny
Lilli Palmer berichtete, dass ihr keine Rolle so unter die Haut gegangen sei wie diese. Während der Dreharbeiten war ständig der Anwalt von Anna Anderson zugegen. Er hatte den Auftrag, ein ähn-

Anastasia – Die letzte Zarentochter
(1956, R: Falk Harnack): Lilli Palmer und Ivan Desny

liches »Machwerk« wie *Anastasia* mit Ingrid Bergman und Yul Brynner gegebenenfalls zu verhindern. Als man Anna Anderson eine geschnittene Fassung (es fehlte die Ermordung der Zarenfamilie) vorführte, war sie sehr mit Lillis Darstellung zufrieden. »Lilli Palmer spielt die Unbekannte aus dem Landwehrkanal: Das ist Dokumentation und Biografie, faszinierend ins Psychologische vertieft, anfangs tierhafte Scheu und Menschenfurcht, schreckhaft geweitete Augen, Abwesenheit und Angst«, beschreibt ein Kritiker Lillis Darstellung. »Wir haben im deutschen Film keine vergleichbare Darstellerin von so viel Klugheit und Sensibilität«, urteilte ein anderer. Ein weiterer war der Ansicht, dass man in Zukunft, wenn man von Anastasia spräche, immer an Lilli Palmer denken würde. Und Hans Jürgen Weber bemerkte in der *Filmwoche*: »Lilli Palmer aber ist es letztlich, die diesen *Anastasia*-Film aus den Bezirken der Reportage in die Gefilde des Künstlerischen erhebt. In ihrem Spiel spiegelt sich die Qual einer Frau, die keine Vergangenheit und keine Zukunft haben soll. In ihren Augen flackert die Angst. Aus ihren Gesten spricht aber auch die hartnäckige Beharrlichkeit, sich dem Schicksal zu stellen. Ihre Haltung kann imponierend königlich und bestürzend kreatürlich sein. Ihr Ausdruck wechselt von mädchenhafter Anmut zu erschreckender Trostlosigkeit. Lilli Palmer füllt und erfüllt die Rolle bis in die letzte Faser.«

1938 Kampf um Anastasia
D, R: Erich Pabst, D: Axel von Ambesser

1928 Anastasia, die falsche Zarentochter
D, R: Arthur Bergen, D: Wilhelm Bendow

ANATEVKA

Fiddler On The Roof, USA 1971, R: Norman Jewison, D: Topol, Norma Crane, Leonard Frey, Molly Picon, Paul Mann, Rosalind Harris, Michele Marsh, Neva Small, Paul Michael Glaser, Ray Lovelock

Tevye lebt mit seiner Frau in einem ukrainischen Dorf der Zarenzeit. Ihre sieben Töchter wollen unter die Haube gebracht werden, auch sonst ist das Leben für den jüdischen Milchmann und die Seinen kein Zuckerschlecken. Trotz Armut, Leid und Verfolgung bewahrt Tevye jedoch seine gläubige Zuversicht.

TV Spielfilm Lexikon: »Anatevka ist eines der am längsten gelaufenen Broadway-Musicals aller Zeiten. Produzent/Regisseur Norman Jewison, in seinem ersten Ausflug in die Welt des Musicals, konnte nicht verhindern, dass einiges vom Charme des Originals beim Transfer auf die Leinwand verloren ging. Natürlich musste die Chagall-inspirierte Ausstattung des Bühnenstücks einer realeren Welt weichen, und auch der Eindruck von Jerome Robbins atemberaubender Choreografie wurde stark beeinträchtigt, besonders durch den unglücklichen Schnitt. Statt Zero Mostel, der die Hauptrolle des Milchmannes Tevje am Broadway gespielt hatte, wurde der wesentlich jüngere Israeli Chaim Topol (Tevje der Londoner Inszenierung) verpflichtet. Die Songs sind dieselben wie auf der Bühne, darunter so bekannte wie *If I Were A Rich Man* und *Sunrise, Sunset*. Das Dorf baute man in den britischen Pinewood Studios auf, Außenaufnahmen entstanden in Jugoslawien. Trotz der erwähnten Mängel (die deutsche Version leidet noch zusätzlich unter der Synchronisation der Songs) fand *Anatevka* nicht nur sein Publikum an der Kinokasse, sondern erhielt überdies acht Oscar-Nominierungen, darunter für Bester Film, Regie und Hauptdarsteller. Ausgezeichnet wurden schließlich Oswald Morris (Kamera), Gordon K. McCallum und David Hildyard (Ton) sowie John Williams (Score).«

1968 Tevje und seine sieben Töchter
Tuvia Vesheva Benotav, IL/BRD, R: Menahem Golan, D: Shmuel Rodensky

1939 Tevye
USA, R: Maurice Schwartz, D: Maurice Schwartz, Miriam Riselle, Rebecca Weintraub

DER ANDERE

D 1930, R: Robert Wiene, D: Fritz Kortner, Käthe von Nagy, Heinrich George, Hermine Sterler, Eduard von Winterstein, Oskar Sima, Julius Falkenstein, Paul Bildt, Ursula von Diemen, Otto Stössel, Hans Ahrens

Nach einem Bühnenstück von Paul Lindau: Staatsanwalt Hallers ist für seine Härte bekannt. Amalie Frieben, in der Halbwelt als »rote Male« bekannt, schwört ihm daher Rache. Hallers leidet an einer Bewusstseinsspaltung: In der Nacht verkehrt er im Milieu der Kleinkriminellen und Prostituierten, die er in seinem normalen Leben unnachgiebig bekämpft. Das »zweite Ich« des Staatsanwalts verliebt sich in Amalie, ohne dass diese ihn wieder erkennt. Sie ist bereit, sich mit ihm einzulassen, nimmt ihm jedoch das Versprechen ab, den Staatsanwalt Hallers zu ermorden.

Siegfried Kracauer *(Frankfurter Zeitung)*: »Paul Lindaus Stück ... gehört zu jener Erbmasse einst wirksamer Theaterstücke, die, wie ich fürchte, alle noch einmal ihre Auferstehung erleben, obwohl sie längst vermodert sind. Robert Wiene hat das wurmstichige Zeug nicht ohne Geschmack renoviert und lackiert, ohne dass daraus das geworden wäre, was man früher einen guten Film nannte. Man ist also gezwungen, von den Schauspielern zu sprechen, und möchte beinahe um Heinrich Georges Willen dem Film noch ein gutes Wort gönnen. George: Ein dicker Einbrecher, der so urtümlich, waschecht und liebenswürdig geraten ist, als sei er ein Original aus der Gegend des Alexanderplatzes. Kortner als Staatsanwalt treibt praktische Charakteranalyse, bei der man eiskalt bleibt. Aber kann sich auch einer im Verkehr mit Gespenstern erwärmen?«

Der Stummfilm-Klassiker von 1913 markiert in der deutschen Filmgeschichte zusammen mit *Der Student von Prag* den Wandel des Films von einer Jahrmarktsattraktion hin zum »Kunst-Film«. Beide Filme variieren das der romantischen Literatur entlehnte Doppelgängermotiv, wobei sich die frühe Fassung mit Albert Bassermann eher auf die mystische Bewusstseinsspaltung eines Staatsanwaltes und den Antagonismus zwischen Gut und Böse konzentriert, der diesen tadellosen Bürger des Nachts zu verbrecherischen Taten treibt. Demgegenüber deutet der Tonfilm mit Fritz Kortner sein Thema nüchtern-neusachlich eher als Kriminalfall und psychologische Fallstudie.

Rolf Giesen *(Der Phantastische Film)*: »Albert Bassermann spielt in seinem Kino-Debüt eine gespaltene Persönlichkeit, die zum einen ehrbarer Anwalt, zum anderen gerissener Gauner ist. Dieses Drama gilt als Geburtsstunde der deutschen Filmkritik, da der Bühnenschauspieler Bassermann zahlreiche Theaterrezensenten zur Premierenfeier in die Kinos locken konnte.«

1913 Der Andere

D, R: *Max Mack*, D: *Albert Bassermann, Hanni Weisse, Leon Resemann*

ANDROKLES UND DER LÖWE

DDR 1968, R: *Kurt Jung-Alsen*, D: *Herbert Köfer, Gerhard Bienert, Stefan Lisewski, Marita Böhme, Marianne Wünscher*

Nach einem Bühnenstück von George Bernard Shaw: Rom zur Zeit der Christenverfolgung. Der wegen seines christlichen Glaubens verfolgte Schneider Androkles begegnet auf der Flucht einem Löwen, dem er einen Dorn aus der Tatze zieht. Als Androkles längere Zeit später – inzwischen von den Römern festgenommen – im Colosseum den Märtyrertod sterben soll, sieht er sich seinem alten Freund, dem Löwen, gegenüber, der ihn erkennt und sich ihm zu Füßen legt. Angesichts dieses Wunders wird Androkles begnadigt.

Lexikon des internationalen Films: »Gesellschaftskritisches Märchen in antikem Gewand.«

1952 Androkles und der Löwe

Androcles And The Lion, USA, R: *Chester Erskine*, D: *Jean Simmons, Alan Young*

ANGELOCKT

Lured/Personal Column, USA 1946, R: *Douglas Sirk*, D: *Charles Coburn, Lucille Ball, Boris Karloff, Joseph Calleia, George Sanders, Cedric Hardwicke, Alan Mowbray, George Zucco, Tania Chandler, Alan Napier, Robert Coote, Sam Harris*

Nach einer Erzählung von Jacques Companeez: Ein unbekannter Mädchenhändler versetzt die Bevölkerung in Schrecken. Elf Mädchen, die bisher auf die Anzeige »Modell gesucht« reagiert haben, sind bereits verschwunden und nicht wieder aufgetaucht. Die Polizei tippt auf Mord. Inspektor Temple ist dem Verbrecher auf der Spur. Vor jedem Verschwinden erhält Scotland Yard die doppelsinnige anonyme Ankündigung eines neuen Mädchenmordes, geschrieben im Stil von Baudelaires Gedicht *Fleurs du Mal*. Eines der verschwundenen Mädchen ist eine Freundin von Sandra Carpenter. Diese erklärt sich bereit, als Lockvogel für die Polizei zu arbeiten: Sandra beantwortet jede auf den Verbrecher hinweisende Anzeige. Auf diese Weise kommt sie zu Verabredungen mit exzentrischen und obskuren Gestalten, führt als Modell Kleider vor, gelangt zu einem Aktzeichner und gerät schließlich in Lebensgefahr. Sandra wird gerettet. Die Polizei ist erfolgreich. Nach Sandra Carpenter kann kein Mädchen mehr von dem Verbrecher angelockt werden. Der Verbrecher ist in die Falle gegangen.

Elisabeth Läufer *(Skeptiker des Lichts – Douglas Sirk und seine Filme)*: »Das Drehbuch, bereichert um Sirksche Einfälle, stammt von dem Schriftsteller und Skriptautor Leo Rosten nach einem Treatment von Siodmaks 1939 in Frankreich gedrehtem Film *Pièges*, der sich auf den damals aktuellen Fall Weidmann bezog. Für *Lured* spielt die Handlung nicht mehr in den 30er-Jahren in Paris, sondern um die Jahrhundertwende in London und Londons Unterwelt ... Da Siodmaks Film in England und Amerika unter dem Titel *Personal Column* lief, wurde auch der Titel von Sirks Film nach kurzer Anlaufzeit geändert in der Meinung, damit mehr Zuschauer anzulocken – ein Irrtum, wie sich herausstellte. Am 28. August 1947 hat der Film Premiere in New York. Der Kritiker der *New York Times* hält die absurden Situationen und Figuren des Films für unnötig, ein anderer dagegen amüsiert sich über die exzentrische Vielfalt. Unstrittig in der Kritik ist die Qualität der Darsteller und des Kameramanns unter Sirks sicherer Regie.«

1939 Fallensteller

Pièges, F, R: Robert Siodmak, D: Marie Déa, Maurice Chevalier, Erich von Stroheim

ANGELS – ENGEL GIBT ES WIRKLICH!

Angels In The Outfield, USA 1994, R: William Dear, D: Danny Glover, Brenda Fricker, Joseph Gordon-Levitt, Milton Davis jr., Tony Danza, Christopher Lloyd, Ben Johnson

Der 11-jährige Roger wohnt bei einer Pflegemutter. Nichts wünscht sich Roger sehnlicher, als mit seiner richtigen Familie zusammenzuleben. Sein Vater ist jedoch ein verbitterter, Zigaretten rauchender Herumtreiber, der anderes im Kopf hat, als sich um einen kleinen Jungen zu kümmern. Um Roger zur Ruhe zu bringen, stellt ihm sein Vater in Aussicht, dass er zu ihm zurückkehren darf, wenn die kalifornischen »Angels« Sieger der Baseball-Liga würden – wohl wissend, dass die Baseball-Mannschaft der Angels eine hoffnungslos heruntergekommene Chaostruppe und der Spott der gesamten Liga ist. Roger nimmt

das Versprechen ernst, und da ihm dabei nur ein Wunder helfen kann, bittet er Gott um Hilfe. Tatsächlich werden die Gebete des Jungen erhört, und die Angels erhalten alsbald Unterstützung »von oben«: Ein unbezwingbares Team echter Engel steht den begnadeten Verlieren ab sofort zur Seite – sehr zum Erstaunen von Coach Knox und Pitcher Mel Clark, der auf einmal zur Form seines Lebens findet. Die Engel sind bei jedem Match dabei und führen das Team prompt von der letzten Position an die Spitze der Liga. Doch da nur Roger die himmlischen Gestalten erkennen kann, wird er von allen für verrückt erklärt ...

MovieLine: »Mit ebenso viel Aufwand wie Sirup angerichtetes Remake eines Films von 1952, das immerhin beweist, dass die Vorliebe der Amerikaner für Baseball und Gefühlsduselei unverändert geblieben ist.«

1951 Angels In The Outfield

USA, R: Clarence Brown, D: Paul Douglas, Janet Leigh, Keenan Wynn

ANGRIFF AUS DEM DUNKEL

Sketch Artist II: Hands That See, USA 1995, R: Jack Sholder, D: Jeff Fahey, Courteney Cox, Michael Nicolosi, Jonathan Silverman, Michael Beach, Scott Burkholder, John Prosky

Ein Serienmörder hält die Polizei von Los Angeles in Atem. Die blinde Emmy wird vergewaltigt. Ihr Mann Glenn kommt gerade noch rechtzeitig, um Emmys Leben zu retten. Emmy vertraut sich Jack, einem Informanten der Polizei, an. Da kehrt der Vergewaltiger zurück und warnt sie eindringlich davor, die Polizei einzuschalten. Die blinde Frau liefert dem Polizei-Zeichner eine detaillierte Täter-Beschreibung.

Fernsehwoche: »Nervenkitzel-Remake des Audrey-Hepburn-Klassikers *Warte, bis es dunkel ist* (1967). Ein Thriller, der wirklich unter die Haut geht.«

Prisma-Online: »Eine blinde Frau verfolgt von einem sadistischen Killer – das ist immer wieder ein Erfolg versprechender Stoff für spannende Krimiunterhaltung. In den 60er-Jahren musste sich eine ›blinde‹ Audrey Hepburn in *Warte, bis es dunkel ist* trickreich gegen ihren Angreifer zur

Angels – Engel gibt es wirklich! (1994, R: William Dear): Danny Glover und Joseph Gordon-Levitt

Wehr setzen. In den 90ern spielte Uma Thurman das ausgewählte Opfer eines psychopathischen Killers in *Jennifer Eight*. Arge Probleme mit ihrem Augenlicht hatte auch Madeleine Stowe in dem Thriller *Blink – Tödliche Augenblicke*. Gemeinsam ist diesen drei Filmen, dass sich die Heldinnen dank ihrer speziell ausgebildeten Fähigkeiten gegenüber ihren Angreifern behaupten konnten. *Angriff aus dem Dunkel* wählt da einen etwas anderen Handlungsansatz. Die weibliche Hauptfigur Emmy, dargestellt von *Scream*-Star Courteney Cox, ist trotz ihrer Behinderung eine selbstbewusste, berufstätige Frau, die voll in den Arbeitsalltag und die Gesellschaft integriert ist. Wie bereits in dem Krimi *Farben des Todes* (1992) steht hier Jeff Fahey als Polizeizeichner Jack Whitfield im Mittelpunkt der Handlung.«

Der Film lief auch unter dem Titel *Das Porträt des Killers*.

1967 Warte bis es dunkel ist
Wait Until Dark, USA, R: Terence Young, D: Audrey Hepburn, Alan Arkin

ANGRIFF DER 20 METER FRAU
Attack Of The 50 Foot Woman, USA 1994, R: Christopher Guest, D: Daryl Hannah, Daniel Baldwin, William Windom, Frances Fisher, Christi Conaway
Schön, reich und trotzdem frustriert lebt Nancy ihren Alltag in einem amerikanischen Provinznest – bis sie eines Nachts von einem UFO gestreift wird. Das zeigt alsbald Folgen. Sie wächst über sich hinaus – vorerst körperlich. Je mehr sich ihre Wut steigert – auf den sie betrügenden Ehemann, den autoritären Vater und alle anderen, die ihr die Begegnung mit dem Ufo nicht glauben und sie für verrückt erklären –, desto größer wird sie. Und als sie das nötige Maß erreicht hat, geht sie zum Angriff über ...

Fritz Göttler *(Süddeutsche Zeitung)*: »In ihrem ganz persönlichen Frust wächst Nancy über sich hinaus, nach einer Begegnung mit einem UFO wird sie innerhalb von Sekunden zwanzig Meter groß, sie stößt mit dem Kopf durch die Zimmerdecke, findet nur noch in der Scheune einen Schlafplatz oder im Pool die Möglichkeit, ihre langen Beine beim Baden auszustrecken. Am Ende versetzt sie die Stadt in Aufregung und Angst,

Angriff der 20 Meter Frau (1994, R: Christopher Guest): Daryl Hannah spielt gern mit Autos

und der Film zelebriert ihren kraftvollen federnden Schritt. Ein sicherer Balanceakt, von Regisseur Christopher Guest und seinem Team: Sie spielen mit den Möglichkeiten des fantastischen Genres, ohne damit zu protzen. Und frönen weder forciertem Feminismus noch fader Erinnerungen an die Fünfziger, als solche kleinen Filme ganz selbstverständlich waren. Selten hat man das alte Kino, seine Stimmung, Farben, Landschaft, so kräftig wieder belebt gesehen.«

1958 Attack Of The 50 Foot Woman
USA, R: Nathan Juran, D: Allison Hayes, William Hudson, Yvette Vickers

DER ANGRIFF DER LEICHTEN BRIGADE
The Charge Of The Light Brigade, GB 1967, R: Tony Richardson, D: Trevor Howard, Vanessa Redgrave, David Hemmings, John Gielgud, Harry Andrews, Jill Bennett, Peter Bowles, Mark Burns, Howard Marion-Crawford, Mark Dignam, Alan Dobie, Willoughby Goddard, T. P. McKenna, Corin Redgrave, Norman Rossington
Hauptmann Nolan wird 1854 zum 11. Husarenregiment des Lord Cardigan versetzt. Als erfahrener Truppenoffizier – er kämpfte in Indien – hat Nolan für die versnobten Garnisonsoffiziere, die Trinkgelage im Kasino, den egozentrischen Kommandeur, den sinnlosen Drill und die

grausamen Strafen nur Verachtung übrig. Trotzdem erliegt auch er der lockeren Moralauffassung der Offiziere und lässt sich von der Frau seines einzigen Kameraden und Freundes verführen. Der kommende Krieg soll für Nolan eine neue Bewährungsprobe bedeuten. Engländer und Franzosen landen auf der Krim, um nach Ansicht der Politiker auf einem kleinen Spaziergang die Russen in ihre Schranken zu weisen. Das erste Treffen wird unter hohen Verlusten von den Engländern gewonnen. Aber Cholera wütet, die Versorgung ist nur für die Offiziere einigermaßen ausreichend. Sebastopol wird eingeschlossen und belagert. Die Kavallerie, darunter die Leichte Brigade, darf nach dem Willen des schon senilen Oberkommandierenden, Lord Raglan, nur Aufklärung reiten. Als die Russen angreifen, gibt der Oberkommandierende der Leichten Brigade – Husaren und Ulanen – den Befehl, sie zurückzuschlagen. Nolan reitet die Attacke gegen die mit Kanonen bestückten Anhöhen mit. Er fällt als erster, der Angriff wird von den Russen abgeschlagen, die Leichte Brigade aufgerieben. Auf dem Feldherrenhügel streiten sich die hohen Offiziere, wer am Untergang die Schuld trägt.

Filmbeobachter: »Der Regisseur Tony Richardson hat diesen Film ... nicht als verfälschendes und glorifizierendes Heldenepos gedreht. Intensives Studium der historischen Figuren und Fakten führten zu einer glaubwürdigen Gestaltung. Der Verzicht auf ›schöne‹ Gesichter erhöht die scheinbare Realität der Geschichtsreportage. Verstärkt wurde dieser Eindruck noch durch die Einblendung zeitgenössischer Karikaturen aus der satirischen Zeitschrift *Punch*. Schonungslos zeigen Drehbuchautor und Regisseur, hervorragend von den Schauspielern unterstützt, den Standesdünkel und die moralische Brüchigkeit eines überheblichen Offizierkorps. Deutliche Seitenhiebe werden an Politiker, die nicht ausreichend informiert sind, und eine Presse, die sich der ›patriotischen Stunde‹ mit Falschmeldungen beugt, verteilt.«

1936 Die Attacke der leichten Brigade
The Charge Of The Light Brigade, USA, R: Michael Curtiz, D: Errol Flynn

ANGST ESSEN SEELE AUF
BRD 1974, R: Rainer Werner Fassbinder, D: Brigitte Mira, El Hedi Ben Salem, Barbara Valentin, Irm Hermann, R. W. Fassbinder, Karl Scheydt, Elma Karlowa, Anita Bucher, Gusti Kreissl, Walter Sedlmayr, Doris Mattes, Liselotte Eder, Marquard Bohm, Hannes Gromball

Emmi, eine Putzfrau um die sechzig, und der wesentlich jüngere Marokkaner Ali gehören zu den Außenseitern der bundesrepublikanischen Gesellschaft. Sie ist verwitwet und einsam, er hat als Gastarbeiter kaum Kontakt zu Deutschen. Sie begegnen sich in einer Kneipe, wagen einen linkischen Tango und gehen zu Emmi nach Hause. Aus Sympathie wächst allmählich Liebe. Emmi und Ali heiraten schließlich. Emmis Kinder – die sich sonst kaum um sie kümmern –, die Nachbarn, die Wirtin, sie alle sind entsetzt über die »unmoralische« Verbindung des ungleichen Paares. Die Ablehnung weicht nach und nach einer falschen Freundlichkeit, als die Leute merken, dass man das freundliche Paar wunderbar ausnutzen kann.

TV Spielfilm Lexikon: »Mit diesem Melodrama zitierte Fassbinder sein großes Vorbild Douglas Sirk und dessen 1956 entstandenen Film *Was der Himmel erlaubt*. Steht in dem Hollywood-Werk die komplizierte Liebesbeziehung einer älteren Frau zu einem wesentlich jüngeren Hausangestellten im Mittelpunkt, so passt sich Fassbinders Film den gesellschaftlichen Verhältnissen in der Bundesrepublik an ... *Angst essen Seele auf* war der erste Film, in dem Fassbinder bewusst Stars des deutschen Altfilms wie Brigitte Mira, Margit Symo oder Elma Karlowa einsetzte und aus dieser Besetzung eine Art Tradition für seine weiteren Filme machte. ›Die sind professionell und haben einen gewissen Glamour, auf den ich achte. Die waren immer gut, die haben nur in schlechten Film gespielt‹, äußerte er.«

Hans C. Blumenberg (*Kölner Stadt-Anzeiger*): »Gerade weil Fassbinder so ausführlich die widerspruchsvolle Gefühlswelt seiner Personen beschreibt und nicht bei der Abbildung der äußeren Misere stehen bleibt, ist *Angst essen Seele auf* nicht jener sentimental pathetische Rührfilm, zu dem er einem schlechteren Regisseur leicht hätte geraten können, sondern ein nuanciertes, bei aller Emotionalität der Figuren stupend präzises Lehrstück über die Unterdrückungsmechanismen in unserer Gesellschaft. Um der Gefahr einer neugierig voyeuristischen Perspektive zu begegnen ... formalisiert Fassbinder den Blick durchs Schlüsselloch, indem er die Figuren oft aus der Distanz zeigt, meist durch einen Türrahmen: Ein Bild im Bild, das den Zuschauer zum Abstand zwingt.«

Rainer Werner Fassbinder analysiert mit diesem Melodram mit kühler Brillanz den stets aktuellen Komplex der Missachtung von Minderheiten und der Mechanismen sozialer Unterdrückung. *Angst essen Seele auf* wurde mit Preisen überhäuft, so unter anderem mit dem Preis der internationalen Filmkritik in Cannes. Brigitte Mira erhielt für ihre Leistung als Emmi den Bundesfilmpreis.

1956 Was der Himmel erlaubt
All That Heavens Allows, USA, R: Douglas Sirk, D: Jane Wyman, Rock Hudson

ANIMAL FARM
USA 1999, R: John Stevenson, D: Kelsey Grammer, Ian Holm, Julia Ormond
Neuverfilmung des George Orwell-Klassikers *Animal Farm* (deutsch: *Die Farm der Tiere*) für das amerikanische Fernsehen. Orwells Buch war 1945 als Parabel auf die Russische Revolution von 1917 und auf die ihr folgende stalinistische Entartung der Sowjetunion geschrieben worden.

Andy Reiss *(World Socialist Web Site)*: »Ein erbärmliches Schauspiel.«

1955 Aufstand der Tiere – Animal Farm
Animal Farm, GB, R: Halas und Batchelos – Animation

ANNA CHRISTIE
USA 1930, R: Clarence Brown, D: Greta Garbo, Charles Bickford, George F. Marion, Marie Dressler, James T. Mack, Lee Phelps
Anna ist die Tochter des heruntergekommenen Captains Christopherson. Jahrelang haben die beiden einander nicht gesehen. Der Vater weiß nicht, dass sich seine schöne Tochter als Prostituierte ihren Lebensunterhalt verdient hat. Eigentlich will Anna von Männern nun nichts mehr wissen. Der Seemann Matt Burke umwirbt sie, doch zunächst bleibt sie kühl. Als er ihr einen Heiratsantrag macht, lüftet sie ihr Geheimnis. Nach einem Streit mit Matt kommt es doch zum Happy End. Anna wird auf die Rückkehr Matts und ihres Vaters von einer gemeinsamen Heuer warten. Die Männer und das Meer bleiben Annas Schicksal.

Robert Payne *(Greta Garbo)*: »Als sich die MGM endlich entschloss, die Garbo in einem Tonfilm herauszubringen, entschloss man sich für die Verfilmung von O'Neills *Anna Christie*. Man versprach sich einen besonderen Reiz davon, die beiden Hauptdarsteller mit einem schwedischen Akzent sprechen zu lassen. Die Wahl dieser Vorlage war verständlich. Unglücklicherweise stellte sich aber heraus, dass die Wahl falsch war. *Anna Christie* ist ein sehr schwieriges Stück und gehört zu O'Neills schlechtesten. Ursprünglich war die Hauptfigur des Romans der Seemann Chris Christopherson. Nach vielen Überlegungen und darauf folgenden Überarbeitungen legten die Drehbuchautoren das Schwergewicht auf die Tochter und drängten den Vater ins Abseits. Aus der ursprünglichen Geschichte eines alten, verbitterten Seemanns wurde nun die Geschichte einer noch verbitterteren zwanzigjährigen Prostituierten.«

1923 Anna Christie
USA, R: John Griffith Wray, D: Blanche Sweet, Eugenie Besserer, Chester Conklin

ANNA KARENINA
USA 1997, R: Bernard Rose, Drb: Bernard Rose, nach dem gleichnamigen Roman von Leo Tolstoi, K: Daryn Okada, M: Sergei Prokofiev, Sergei Rachmaninov, Pyotr Ilyich Tchaikovsky, Georg Solti, S: Victor Dubois, D: Sophie Marceau (Anna Karenina), Sean Bean (Graf Wronskij), Alfred Molina (Konstantin D. Lewin), Mia Kirshner (Kitty), James Fox (Alexej Karenin), Fiona Shaw (Lydia), Danny Huston (Stiva)
St. Petersburg um 1880: Graf Leo Tolstois Geschichte über Liebe und Moral verfolgt die Spuren der zum Scheitern verurteilten Beziehung zwischen der schönen Anna Karenina und dem Grafen Alexej Wronskij. Anna ist zwar Ehefrau von Alexej Karenin und Mutter eines kleinen Sohnes, stürzt sich aber dennoch kopfüber in eine leidenschaftliche Affäre mit dem schneidigen Offizier Wronskij – die feine russische Gesellschaft ist schockiert, ihre Familie bricht darüber auseinander. Als Kontrapunkt zu dieser verfemten Liaison dienen die Beziehung und Eheschließung eines befreundeten Paares, Lewin und Kitty, die zunächst nicht zueinander zu passen scheinen, deren Gefühle sich im Laufe der Zeit jedoch vertiefen, sodass sie eine zunehmend glückliche und erfüllte Ehe führen. Die Verzweiflung und Hoffnungslosigkeit des einen Liebespaares steht in scharfem Kontrast zur stetig wachsenden Zuneigung und Wärme der freund-

Anna Karenina (1997, R: Bernard Rose):
Sophie Marceau

schaftlich verbundenen Eheleute – beide Beziehungen zeichnen einen jeweils anderen Weg, für den man sich in Liebesdingen entscheiden kann, und offenbaren die Folgen, die jede dieser Entscheidungen mit sich bringt. Als Anna Karenina merkt, dass Wronskij die Karriere wichtiger ist als ihre Liebe, setzt sie ihrem Leben ein Ende ...

»Nach Greta Garbo und Vivien Leigh verkörpert nun Sophie Marceau die adlige Dame. Eine gute Wahl, denn die Französin zeigt nicht nur Leidenschaft, sondern versprüht auch Erotik«, fand der Kritiker der *BZ*, während für den Kollegen der *Rhein-Zeitung* Sophie Marceau in der Titelrolle in jeder Weise überfordert ist: »Das, was die Schauspielerin mitbringt, nämlich ein hübsches Schmollmündchen und sehenswertes Dekolleté, mag für frivole Studentenkomödien reichen, aber nicht für die Verkörperung einer der berühmtesten Frauenfiguren der Literaturgeschichte. Die Französin hat ein leeres Gesicht, das weder Leiden noch Leidenschaft Annas widerzuspiegeln vermag. Sean Bean als der fesche, aber mit schwachem Charakter ausgestattete Liebhaber Wronskij sieht gut in der Uniform aus, kann Damenkleider aufknöpfen und spricht Papiersätze.«

Ganz anderer Meinung war Rudi John im *Wiener Kurier*: »In der Tat ist Sophie von so süß blühendem Leben, dass man sowohl den Grafen Wronskij gut verstehen kann, wenn er Anna um jeden Preis als Geliebte, aber auch den alten Alexej Karenin, dass er sie unbedingt als Gattin behalten will. Schon erheblich weniger versteht man Regisseur Rose, weil er sich diese schwülstige Knierutscherei vor dem literarischen Hoch-

adel Russlands angetan hat. Offensichtlich fühlt er sich weder in der Story noch auf den Originalschauplätzen zu Hause. Begeht einen peinlichen Fauxpas nach dem anderen, flüchtet sich einerseits in gipsabdrückende Werktreue, kokettiert andererseits auch mit zeitgeistig britischem Kostümsnobismus.«

Die fünfte Verfilmung des Stoffes, bei der erstmalig ein westliches Filmteam an russischen Originalschauplätzen drehen durfte, hielt AP-Korrespondent Wolfgang Hübner für überflüssig: »Zu Recht berühmt geworden ist die Verfilmung aus dem Jahr 1935 mit Greta Garbo. Nicht zuletzt mit dieser Leistung begründete die Schwedin ihren legendären Ruhm als die Göttliche. Die Neuverfilmung des Klassikers wird hingegen schnell vergessen sein. Trotz gewaltigen Aufwands präsentiert die Produktionsfirma von Oscar-Preisträger Mel Gibson einen völlig uninspirierten Langweiler, der die grandiose literarische Vorlage brav, aber ohne jeden Kinozauber illustriert. *Anna Karenina* bleibt ein unvergleichlicher Roman, die alte Verfilmung mit der Garbo ein sehenswerter Film. Die literarische Figur Anna Karenina, die mit ihrem Tod aus Liebesleid unsterblich wurde, wird aber auch diesen Anschlag unbeschadet überstehen.«

Die Machthaber haben ihn gehasst, die Kirche hat ihn verstoßen, sein Volk hat ihn geliebt: Leo Tolstoi. In seinen Romanen, zahllosen Erzählungen, Dramen und Aufsätzen vermittelte er ein wahrheitsgetreues Bild der verschiedensten Gesellschaftsschichten im Russland des vorigen Jahrhunderts. Tolstoi, Sohn wohlhabender russischer Großgrundbesitzer, verfasste den Roman *Anna Karenina* zwischen 1874 und 1876, nachdem er bereits mit dem Epos *Krieg und Frieden* weltweiten Ruhm erlangt hatte. Das zaristische Russland befand sich damals auf seinem Höhepunkt, neue kulturelle und wirtschaftliche Bande zwischen dem Zarenreich und Westeuropa wurden geknüpft – so wurden Tolstois Werke auch einer breiteren Leserschaft in aller Welt zugänglich. Obwohl die Geschichte von *Anna Karenina* nicht autobiografisch gefärbt ist, spiegelt sie doch deutlich Tolstois eigene Weltanschauung und seinen Wunsch wider, diese Einstellung auch an andere zu vermitteln. Besonders die Figur des Lewin ist jemand, mit dem sich Tolstoi in vielen Punkten stark identifiziert, und Lewins Erfahrungen aus den Veränderungen, die er im Laufe seiner Ehe- und Liebesbeziehung zu Kitty durchlebt, waren eine Botschaft an die Leser des Romans. Als man Leo Tolstoi einmal den Vorwurf machte, er habe seine *Anna Karenina* zu grausam behandelt, indem er sie durch Selbstmord enden ließ, lächelte er und erwiderte: »Diese Auffassung erinnert mich an eine Geschichte, die Puschkin passiert ist. Er sagte zu einem seiner Freunde: Stell dir vor, was Tatjana mir für einen Streich gespielt hat. Sie hat geheiratet. Das hätte ich wirklich nicht von ihr erwartet. Dasselbe kann ich von Anna Karenina sagen. Überhaupt stellen meine Helden und Heldinnen manchmal Dinge an, die mir gar nicht passen. Sie tun das, was sie im wirklichen Leben tun müssen und wie es im wirklichen Leben zugeht, aber nicht das, was ich will.«

Diese Frauengestalt, die so mutig die Fesseln der Konvention zu sprengen versuchte, fasziniert noch immer: »Habe ich mich nicht bemüht, mit aller Kraft bemüht, meinem Leben einen würdigen Inhalt zu geben? Habe ich nicht versucht, ihn zu lieben und, als ich meinen Mann nicht mehr lieben konnte, meinen Sohn zu lieben? Aber dann kam schließlich der Zeitpunkt, wo ich einsah, dass ich mich nicht mehr selbst betrügen konnte und dass ich ein lebendes Wesen bin und nichts

dafür kann, wenn Gott mich so geschaffen hat, dass es mir ein Bedürfnis ist, zu lieben und zu leben.«

2000 Anna Karenina

GB, R: David Blair, D: Helen McCrory, Kevin McKidd, Douglas Henshall

1997 Anna Karenina

USA, R: Bernard Rose, D: Sophie Marceau, Sean Bean, Alfred Molina

1995 Flammen der Liebe

Il grande fuoco, I/BRD/F, R: Fabrizio Costa, D: Lorenzo Alessandri, Carol Alt

1985 Anna Karenina

USA, R: Simon Langton, D: Jacqueline Bisset, Christopher Reeve, Paul Scofield

»Um Werktreue bemühte Tolstoi-Verfilmung, deren Handlung gestrafft ist und sich ganz auf die Titelheldin konzentriert, die von Jacqueline Bisset überzeugend gespielt wird.« *(Fischer Film Almanach)*

1977 Anna Karenina

GB, R: Basil Coleman, D: Nicola Pagett, Victoria Allum, Neville Barber

1974 Anna Karenina

UdSSR, R: Margarita Pilikhina, D: Maya Plisetskaya, Alexander Godunov, A. Sedov

1974 Anna Karenina

R: Sandro Bolchi

1967 Anna Karenina

UdSSR, R: Alexander Sarchi, D: Tatyana Samoilova, Nikolai Gritsenko

»Fünfzehnmal wurde der Roman bereits verfilmt, 1914 in Russland, 1920 in Ungarn, 1928 in den USA, 1948 in England, so bekannte Filmleute wie Goulding und Duvivier führten unter anderem Regie, die ›göttliche‹ Garbo und Vivian Leigh verkörperten die Anna. Und nicht immer waren diese Filme Fleisch vom Fleische Tolstois. Alexander Sarchi nahm daher mit seinem Vorhaben, den Stoff neu auf die Lein- beziehungsweise Breitwand zu bringen, a priori eine beträchtliche Hypothek auf.« *(Film für Sie, DDR)*

1961 Anna Karenina

KSA

1961 Anna Karenina

GB, R: Rudolph Cartier, D: Claire Bloom, Sean Connery, June Thorburn

Anna Karenina (1967, R: Alexander Sarchi):
Tatyana Samoilova

1960 Ana Karenina
BR, TV-Serie
1956 Anna Karenina
RA
1953 Anna Karenina
UdSSR, R: Tatyana Lukashevich
1952 Anna Karenina
IND
1948 Anna Karenina
GB, R: Julien Duvivier, D: Vivien Leigh, Ralph Richardson
1935 Anna Karenina
USA, R: Clarence Brown, D: Greta Garbo, Fredric March, Freddie Bartholomew

Regisseur Clarence Browns glaubte, Greta Garbo hätte die Anlagen einer zweiten Sarah Bernhardt, »wenn sie nur an ihrer Technik arbeiten würde. Die Augen sagten alles. Ihr Gesicht blieb unverändert, aber auf der Leinwand drückte es Übergang von Liebe zu Hass aus.« Die Kritiker sahen in der zweiten Anna der Garbo (die erste spielte sie in dem Stummfilm *Love*) neue Dimensionen, eine neue Zärtlichkeit und Reife. Alistair Cooke schrieb: »Sie hat plötzlich und deutlich die Zwanziger überschritten. Die Qualität der Liebenswürdigkeit, gewöhnlich eine Gabe von Frauen über fünfzig, ist etwas Überwältigendes, wenn sie mit dem Aussehen einer schönen Frau von dreißig gepaart ist.«

1934 Anna Karenina
F

1928 Love
USA, R: Edmund Goulding, D: Greta Garbo.
Flesh And The Devil wurde ein finanzieller Erfolg und Produzent Irving Thalberg glaubte, dem Brauch Hollywood folgend, mit einer ähnlichen Story diesen Erfolg wiederholen zu können. Die einzige Schwierigkeit bestand darin, eine neue Story zu finden. Schließlich entschloss er sich für

Anna Karenina (1948, R: Julien Duvivier): Vivien Leigh und Ralph Richardson

Anna Karenina, den Roman von Leo N. Tolstoi, den er aber noch nicht gelesen hatte. Als er endlich dazu kam, den Roman zu lesen, stellte er erschrocken fest, dass sich Anna zum Schluss unter den Zug wirft. Er befahl, ein günstigeres Schicksal für sie zu ersinnen. Das Drehbuch, geschrieben von Frances Marion, hatte nur noch sehr wenig Ähnlichkeit mit dem Roman von Leo N. Tolstoi, die drei Hauptfiguren waren: die Ehebrecherin, gespielt von der Garbo, der Liebhaber, gespielt von John Gilbert, und Brandon Hurst spielte den besonders unattraktiven Ehemann.

1919 Anna Karenina
R: Frederic Zelnik
1918 Anna Karenina
H, R: Márton Garas, D: Irén Varsányi, Desider Kertesz, Emil Fenyvessy
1917 Anna Karenina
I
1915 Anna Karenina
USA, R: J. Gordon Edwards, D: Betty Nansen, Edward José, Richard Thornton
1914 Anna Karenina
RUS, R: Vladimir Gardin, D: Mariya Germanova, Vladimir Shaternikov
1911 Anna Karenina
F
1911 Anna Karenina
RUS
1910 Anna Karenina
D

Anna Karenina (1935, R: Clarence Brown): Greta Garbo und Fredric March

ANNA LUCASTA

USA 1958, R: Arnold Laven, D: Eartha Kitt, Sammy Davis jr., Frederick O'Neal, Henry Scott, Rex Ingram, Georgia Burke, James Edwards

Nach einem Bühnenstück von Philip Yordan: Von ihrem Vater verstoßen, weil sie sich trotz Verbots mit ihrem Freund getroffen hat, landet eine Schwarze in einer Matrosenkneipe und wird dort Prostituierte. Als sie aufrichtiger Liebe begegnet, kehrt sie zu ihrer Familie zurück.

Lexikon des internationalen Films: »Remake eines Films von 1949, nach einem Bühnenstück; glaubhaft gestaltet, mit einer rein schwarzen Besetzung.« *Filmblätter* (1959): »Eindrucksvolles Neger-Familien-Drama.«

1949 Anna Lucasta

USA, R: Irving Rapper, D: Paulette Goddard, William Bishop, Oskar Homolka

ANNA UND DER KÖNIG

Anna And The King, USA 1999, R: Andy Tennant, Drb: Peter Krikes, Steve Meerson nach den Tagebüchern von Anna Leonowens, K: Caleb Deschanel, M: George Fenton, S: Roger Bondelli, D: (Anna Leonowens), Chow Yun Fat (König Mongkut), Bai Ling (Tuptim), Tom Felton (Louis Leonowens), Randall Duk Kim (General Alak), Lim Kay Siu (Chowfa), Syed Alwi (Kralahome)

Weshalb hat Königin Victoria keinen Männerharem, wenn der siamesische König Mongkut doch einen Frauenharem hat? Solchen Fragen sieht sich die britische Lehrerin Anna Leonowens gegenüber, nachdem sie zusammen mit ihrem Sohn Louis die westliche Welt verlassen hat, um in Siam (heute Thailand) den Kronprinzen, 58 weitere Sprösslinge von König Mongkut sowie den Harem und den König selbst zu unterrichten. Anna hat den größten Teil ihres Lebens in Indien verbracht – bis ihr Mann, ein englischer Soldat der Krone, starb. Danach hielt sie und ihren kleinen Sohn nichts mehr in Indien, England stellte für sie auch keine Heimat dar, so ging sie auf das Angebot ein. Kein Wunder, dass die spröde Britin den als gottähnlich verehrten Herrscher für einen unzivilisierten Heiden hält. Auch Mongkut und sein Vertrauter, Premierminister Kralahome,

sind zunächst skeptisch und hegen Vorurteile gegenüber dem Westen.

Mit der Zeit wächst eine Beziehung zwischen Anna und dem in einem buddhistischen Kloster ausgebildeten König, in der beide den Gedankenaustausch miteinander suchen. Siam ist eines der wenigen südostasiatischen Länder, das 1862 nicht unter Kolonialherrschaft steht. In ihren Gesprächen versucht Mongkut, durch Anna mehr über westliche Denkweisen zu erfahren und dieses Wissen diplomatisch zu nutzen. Zur selben Zeit kommt es ständig zu grausamen Übergriffen burmesischer Söldner, Frauen und Kinder werden dahingemetzelt. Mongkut und sein Bruder Chowfa vermuten, dass die Engländer dies aus strategischen Gründen tun, um bald in Siam einfallen zu können. Doch die beiden irren sich. In Wirklichkeit zettelt der Hofgeneral Alak eine Revolte an, um den Imperialismus aus Siam herauszuhalten und den König zu stürzen. Mongkut nimmt den Kampf auf, doch ohne die gescheite Anna kann er ihn kaum gewinnen ...

Anna und der König ist die vierte Adaption der authentischen Geschichte der englischen Lehrerin Anna Leonowens, die in den 1860ern die Zukunft des asiatischen Raumes mitbestimmte und

Anna und der König (1999, R: Andy Tennant):
Ein Tänzchen in Ehren

Anna und der König (1999, R: Andy Tennant):
Gouvernante Jodie Foster

das Land Siam kulturell wie geschichtlich für immer prägte. John Cromwell inszenierte die Story 1946 als glühende Liebesgeschichte, Walter Lang hingegen 1956 als Musical. Yul Brynners überragende Darstellung des König Mongkut in Film wie auf der Bühne sorgte dafür, dass Mitte der 70er eine 13-teilige Fernsehserie entstand, die Rolle der Anna spielte hier Samantha Eggar, 1999 folgte eine Zeichentrickversion des Musicals. Auf die ersten beiden Realverfilmungen reagierte das offizielle Thailand missgestimmt und beleidigt, weil seine politische Vergangenheit naiv amerikanisiert wurde. Auch das Team des neuen Films erhielt, obwohl die Rolle des Monarchen erstmals mit einem asiatischen Darsteller besetzt wurde – keinen Zutritt zu den Originalschauplätzen, sodass der Film im benachbarten Malaysia gedreht werden musste. In Thailand wurde der fertige Film wegen staatszersetzender Tendenz verboten.

»Ähnlich wie seine Vorgänger rückt auch diese Version die allmähliche Annäherung der verwitweten Lehrerin und des traditionsgemäß mit Dutzenden von Frauen gesegneten Herrschers in den Mittelpunkt der Handlung«, bemerkte Franz Everschor im *Film-Dienst*, »doch die Autoren glaubten es heutigem Publikum wohl schuldig zu sein, die Story auch mit Elementen neuzeitlicher Emanzipation anzureichern. Das gerät dem Film nicht zum Vorteil. Während er in der Gesamtkonzeption der Handlung auf ein in westlichen Augen historisch-rückständiges Siam verweist,

mischt er die daraus bezogenen Konfliktsituationen mit Verhaltensmustern des 20. Jahrhunderts zu einem wenig überzeugenden Gefühls- und Ausstattungsepos. Indem man die Elle der historischen Glaubwürdigkeit an den Film anlegt, tut man ihm vermutlich schon zu viel Ehre an. Seine Macher haben höchst offensichtlich nichts anderes beabsichtigt, als ein schauprächtiges Melodram zu inszenieren, das nach allen Regeln einer längst vergangen geglaubten Hollywood-Dramaturgie auf der Emotionsklaviatur des Publikums spielt. *Anna und der König* ist ein Kinomärchen von altmodischer Simplizität. Daran können die aufgesetzten Modernismen nichts ändern.«

Über die beiden Hauptdarsteller schrieb Bernhard Lichtenberger in den *Oberösterreich Nachrichten*: »Jodie Foster, schmallippig und blass, ist von rescher, feministischer Dreistigkeit, erst arrogant, dann mitfühlend. Chow Yun-Fat hat nicht nur Haare auf dem Kopf. Er verkörpert mehr Zerrissenheit als Yul Brynner. Sein Monarch leidet selbst unter gewissen standesbedingten Zwängen. Eine durch und durch sympathische Figur.«

1999 Der König und ich

Anna And The King, USA, R: Richard Rich – Animation

»Die Geschichte ist nicht wirklich für Kinder gedacht, und diese Billig-Zeichentrickversion langweilt Erwachsene zu Tode. Immerhin gibt's die bekannten Lieder zu hören.« *(ComputerBild)*

1972 Anna und der König von Siam

Anna And The King, USA, R: Michael O'Herlihy, William Wiard u. a., D: Yul Brynner

1956 Der König und ich

The King And I, USA, R: Walter Lang, D: Yul Brynner, Deborah Kerr

Der König und ich (1956, R: Walter Lang):
Yul Brynner und Deborah Kerr

Das Musical von Rodgers und Hammerstein gehört zu den erfolgreichsten des Schöpferpaares. Seine Melodien wurden weltbekannt, und Yul Brynner, der die Rolle des Königs von Siam schon auf der Bühne am Broadway verkörpert hatte, begründete mit diesem Film seinen Weltruhm. Der Film wurde 1956 mit zwei Oscars ausgezeichnet: für die beste Darstellung und für die beste Musik.

1946 Anna und der König von Siam
Anna And The King Of Siam, USA, R: John Cromwell, D: Irene Dunne, Rex Harrison
»Eine sympathische Geschichte voller schlagfertiger Dialoge.« *(TV Spielfilm Lexikon)*

ANNABELLES GRÖSSTER WUNSCH
Freaky Friday, USA 1995, R: Melanie Mayron, D: Shelley Long, Gaby Hoffmann, Catlin Adams, Sandra Bernhard, Andrew Bilgore, Alan Rosenberg
Nach dem Roman von Mary Rodgers: Ein chinesischer Talisman vollbringt Wundersames bei einer tatkräftigen Mutter und ihrer 13-jährigen Tochter. Für einen »verrückten Freitag« lang tauschen Mutter und Tochter einer amerikanischen Mittelstandsfamilie die Identität und überwinden durch die gegenseitige Erfahrung ihrer Lebensumstände ihre Entfremdung.

1987 Wie der Vater, so der Sohn
Like Father, Like Son, USA, R: Rod Daniel, D: Dudley Moore, Kirk Cameron
1976 Ein ganz verrückter Freitag
Freaky Friday, USA, R: Gary Nelson, D: Barbara Harris, Jodie Foster, John Astin

ANNE AUF GREEN GABLES – EIN ZAUBERHAFTES MÄDCHEN
Anne Of Green Gables, CDN/BRD 1985–1987, R: Kevin Sullivan, D: Megan Follows, Colleen Dewhurst, Richard Farnsworth, Patricia Hamilton, Schuyler Grant, Jonathan Crombie, Jayne Eastwood, Frank Converse, Geneviève Appleton, Rosemary Dunsmore, Joachim Hansen, Susannah Hoffman, Christiane Krüger, Marilyn Lightstone, Kate Lynch, Rosemary Radcliffe
Nach den Romanen von Lucy Maud Montgomery: Anne Shirley, ein Waisenkind, lernt früh den Ernst des Lebens kennen: Bei der kinderreichen Mrs. Hammond muss sie hart arbeiten. Trostreiche Augenblicke verbringt sie nur in ihrer Fantasie. Durch ein Missverständnis kommt Anne zu den Cuthberts auf Prince Edward Island,

wo der alte Farmer Matthew, der statt des erwarteten Jungen ein dürres Mädchen vorfindet, Anne sofort ins Herz schließt. Matthews Schwester Marilla dagegen verhält sich Anne gegenüber recht abweisend. Sie ist aber bereit, das Mädchen auf Green Gables zu behalten. Im Jahr 2000 entstand in Kanada eine Fortsetzung, die im Ersten Weltkrieg spielt: *Anne Of Green Gables: The Continuing Story* (Regie: Stefan Scaini), am Drehbuch wirkte Kevin Sullivan mit, der bei *Anne auf Green Gables – Ein zauberhaftes Mädchen* Regie führte.

1979 Akage no An
J, R: Isao Takahata – Animation
1972 Anne Of Green Gables
GB, D: Kim Braden, Barbara Hamilton, Christopher Blake
1956 Anne Of Green Gables
CDN, R: Donald Harron, D: John Drainie, Toby Tarnow
1934 Anne Of Green Gables
USA, R: George Nichols jr., D: Anne Shirley, Sara Haden, Tom Brown
1919 Anne Of Green Gables
USA, R: William Desmond Taylor, D: Mary Miles Minter, Paul Kelly, Marcia Harris

ANNE FRANK: THE WHOLE STORY
USA 2001, R: Robert Dornhelm, D: Ben Kingsley, Hannah Taylor Gordon, Brenda Blethyn, Lili Taylor, Joachim Król, Jan Niklas
»Wird es nicht Jahre nach dem Krieg ... unglaublich erscheinen, wenn wir erzählen, wie wir Juden hier gelebt, gesprochen, gegessen haben?« Anne Frank bekommt zu ihrem 13. Geburtstag von ihrem Vater Otto Frank ein kleines kariertes Tagebuch geschenkt. Sie nutzt jede freie Minute, um in Briefform ihre Gedanken, Erlebnisse und Gefühle an ihre erdachte Freundin »Kitty« zu schreiben. Aus den Tagebuch-Aufzeichnungen gehen die folgenden Ereignisse hervor: Der Zweite Weltkrieg tobt, Holland ist von den Deutschen besetzt. Die jüdische Familie Frank lebt in Amsterdam und leidet sehr unter den zunehmenden Verboten und Einschränkungen, die den jüdischen Bewohnern und auch Holländern von den Nationalsozialisten auferlegt werden. Als im Jahr 1942 auch in Holland die »Endlösung« beginnt und nicht nur Männer deportiert werden, erhalten fast alle Juden die Aufforderung, sich für den Abtransport in den so genannten Osten zu

melden. Als Annes Schwester Margot, gerade 16 Jahre alt, den Befehl erhält, sich für das Arbeitslager Westerbork zu melden, beschließt Otto Frank früher als geplant, mit seiner Familie unterzutauchen. Die Franks verstecken sich zwischen dem 6. Juli 1942 und dem 4. August 1944 in dem ungenutzten Teil eines Geschäftshauses in der Prinsengracht 263 in Amsterdam, in dem die Firma, die Otto Frank früher leitete, ihren Sitz hat. Ihre einzige Verbindung zur Außenwelt sind die vier Büroangestellten, Koophius, Kraler, Miep und Elli. Sie sind in das Unterfangen eingeweiht und versorgen und unterstützen die Familie. Die Franks bleiben nicht lange allein. Sie nehmen den jüdischen Kollegen van Daan, seine Frau und ihren Sohn Peter auf, nach vier Monaten auf engstem Raum auch noch Zahnarzt Dussel. Regelrecht eingekerkert leben die acht Personen zwei Jahre lang hinter einer geheimen Tür, getarnt durch ein Bücherregal. Zur Isolation kommt noch die Angst vor dem Entdecktwerden. Anne Frank schildert in ihrem Tagebuch eindringlich den Alltag im Hinterhaus, die Spannungen innerhalb der Familie und zwischen den anderen Leidensgenossen, die Hoffnungen der Eingeschlossenen und ihre Liebe zu Peter. Eines Abends wird im Warenlager eingebrochen. Die Diebe entkommen, und die Polizei ermittelt im Haus. Einer der Polizisten findet verräterische Spuren, aber er übersieht sie. Absichtlich! Doch wenig später erscheint die Gestapo ...

1987 Das Tagebuch der Anne Frank
The Diary Of Anne Frank, GB, R: Gareth Davies, D: Katharine Schlesinger

1980 Das Tagebuch der Anne Frank
The Diary Of Anne Frank, USA, R: Boris Sagal, D: Melissa Gilbert, Maximilian Schell

1959 Das Tagebuch der Anne Frank
The Diary Of Anne Frank, USA, R: George Stevens, D: Millie Perkins

ANNIE – WEIHNACHTEN EINER WAISE

Annie, USA 1999, R: Rob Marshall, D: Alicia Morton, Kathy Bates, Alan Cumming, Audra McDonald, Kristin Chenoweth, Victor Garber, Andrea McArdle, Erin Adams, Sarah Hyland, Lalaine, Nanea Miyata, Marissa Rago, Danelle Wilson

Nach dem gleichnamigen Broadway-Musical von Thomas Meehan und dem Comic Strip von Harold Gray: Waisenkind Annie gibt die Hoffnung nicht auf, eines Tages ihre Eltern zu finden. Denn die Hausmutter Miss Hannigan macht ihr das Leben zur Hölle. Da lädt der großherzige Multimillionär Warbucks Annie über Weihnachten in seine Prachtvilla ein. Der Multimillionär mit dem schlechten Ruf, nichts außer Macht und Geld zu lieben, holt sich das Waisenkind zwecks Imageverbesserung, doch der Fratz erweicht natürlich nach und nach das kalte Herz des reichen Mannes, sodass er 50.000 Dollar bietet, um die von Annie ersehnten Eltern ausfindig zu machen. Auf dieses tolle Angebot melden sich natürlich gleich mehrere »Eltern« ...

Über die Musical-Verfilmung von John Huston schrieb der Kritiker Wolfgang J. Fuchs *(Movie-Line)*: »*Annie* ist zwar kein ganz großer Wurf unter den Film-Musicals geworden, aber dank handwerklich solider Arbeit des Regieroutiniers Huston und der glänzenden Spiellaune der Darsteller ist der Film – trotz eines zu dick aufgetragenen Optimismus – ein ganz vergnügliches Ge-

Das Tagebuch der Anne Frank
(1959, R: George Stevens): Millie Perkins

schichtchen. Die Komplettsynchronisation trägt in diesem Fall weitgehend zur positiven Wirkung bei.« John Waters brachte in seinem Film *Serial Mom* die Häme über Hustons *Annie* so auf den Punkt: Kathleen Turner bringt darin ihre Nachbarin um, weil diese sich pausenlos *Annie* auf Video ansieht. Ein ähnliches Thema wie *Annie*, jedoch ohne Bezug zur Comic Strip-Serie *Little Orphan Annie*, behandelt die amerikanische Filmkomödie *The Underpup* (1939), ebenfalls mit Ann Gillis als Waisenkind. Und der amerikanische Stummfilm *Little Orphant Annie* (1918) erzählt die Geschichte des träumerisch veranlagten Waisenkindes Annie (Colleen Moore), das erlebnisreiche Zeiten in einem Farmhaus verbringt, bevor es krank wird und stirbt, voller Hoffnung, in einer schönen neuen Welt endlich die Mutter zu finden.

1982 Annie
USA, R: John Huston, D: Carol Burnett, Tim Curry, Albert Finney, Edward Herrmann

1938 Little Orphan Annie
USA, R: Ben Holmes, D: Ann Gillis, Robert Kent, June Travis, J. Farrell MacDonald

1932 Little Orphan Annie
USA, R: John Robertson, D: Mitzi Green, Edgar Kennedy, Buster Phelps

ARABIAN NIGHTS –
ABENTEUER AUS 1001 NACHT
Arabian Nights, USA 2000, R: Steve Barron, Drb: Peter Barnes, K: Remi Adefarasin, M: Richard Harvey, S: David Yardleym, D: Mili Avital (Scheherazade), Dougray Scott (Sultan Schahriar), Alan Bates (Erzähler), Rufus Sewell (Ali Baba), John Leguizamo (Geist des Ringes), Jason Scott Lee (Aladdin), Tchéky Karyo (Black Coda), Vanessa Mae (Prinzessin Zobeide), James Frain (Schahzenan), Jim Carter (Ja'Far), Peter Guinness (Chief Executioner), Hugh Quarshie (Mustappa), Pik Sen Lim (Aladdins Mutter), Amira Casar (Morgiana), Andy Serkis (Kasim), Ayesha Dharker, Alexis Conran, James Callis, Hari Dhillon, John Hallam, Alexei Sayle

»Peters Figuren sind so gut gezeichnet. Sie springen förmlich aus dem Buch«, lobte Regisseur Steve Barron die Qualitäten seines Drehbuchautors Peter Barnes. Die Ziele des Regisseurs waren somit klar: »Ich wollte weitergehen als irgendjemand zuvor, der sich mit den Geschichten von *Tausendundeiner Nacht* befasst hatte.« Für Mili Avital, die als Geschichten erzählende Neo-Ehefrau den Sultan davon abhält, sie zu töten, ist *Arabian Nights* eine Hommage an die Macht des Geschichtenerzählens: »Ich erzähle fünf unglaubliche Geschichten, in denen alle dem Menschen bekannten Gefühle vorkommen. Da gibt es großartigen Humor, aber auch Traurigkeit. Es gibt das Gute, es gibt das Böse. Es gibt große Abenteuer und große Philosophie.« Das ist die Rahmenhandlung: Schahriar, der Sultan von Bagdad, muss vor dem nächsten Mond heiraten, ansonsten geht die Macht im Königreich an seinen Bruder über. Doch der verbitterte Sultan, der einem Mordanschlag seiner ersten Frau und seines bösen Bruders nur knapp entging, kann keiner Frau mehr vertrauen. Gezwungen, erneut eine Ehefrau zu nehmen, will er diese gleich nach der Hochzeitsnacht töten lassen. Die junge Scheherazade opfert sich und wird seine Gemahlin. Um ihre Hinrichtung aufzuschieben, erzählt sie dem Sultan jeden Abend eine andere Geschichte. Der Sultan ist so gebannt von ihren Erzählungen der märchenhaften Gestalten aus 1001 Nacht, dass Scheherazade nicht nur ihr Leben, sondern am Ende sogar das Herz des Sultans gewinnt.

Neben der Rahmenhandlung sind fünf der schönsten Geschichten aus 1001 Nacht in dem dreistündigen TV-Movie verwoben: *Aladin und die Wunderlampe* erzählt die Geschichte von Aladin und seiner geheimnisvollen Wunderlampe, die ihm jeden Wunsch erfüllt – so auch seinen Herzenswunsch, die Zuneigung der Prinzessin Zobeide zu gewinnen. Die frisch Verliebten wohnen glücklich in einem wundervollen Schloss, als die Wunderlampe gestohlen wird. Das Glück findet ein abruptes Ende und Aladin wendet sich Hilfe suchend an den Geist des Ringes. *Die Geschichte des Buckligen* beginnt mit dem unerwarteten und plötzlichen Tod des Hofnarren des Sultans. Durch eine Verkettung unglücklicher Umstände glauben ein Ehepaar, ein Arzt, ein Buddhist und ein Kaufmann, die Mörder des Hofnarren zu sein und unternehmen alles, um ihre vermeintliche Schuld zu vertuschen. Vor Gericht versucht man zu klären, wer den Hofnarren tatsächlich getötet hat. *Ali Baba und die vierzig Räuber* erzählt die Geschichte von Ali Baba, der die Schatzhöhle des berühmten Räubers Black Coda ausräumt. Als Vergeltung hetzt Coda seine vierzig Räuber hinter Ali her. *Der Sultan und der Bettler* und *Die drei Brüder* sind die weiteren Märchen, die Scheherazade dem Sultan erzählt, um ihr Leben zu retten und sein Herz zu erobern.

30 Millionen Euro ließ sich Hallmark das TV-Event kosten. Einen gewiss nicht kleinen Teil davon verschlangen allein die 4.750 Kostüme. Ebenso viel Liebe zum Detail steckte in der Maske – bis zu sechs Stunden mussten manche Darsteller dafür stillsitzen. Doch es hat sich gelohnt: In Amerika ließen sich 65 Millionen Fernsehzuschauer in die zauberhafte Märchenwelt Arabiens entführen. Das hat Tradition: Schon seit dem 9. Jahrhundert faszinieren die Geschichten aus Tausendundeiner-Nacht Jung wie Alt. Kindergeschichten, wie häufig angenommen, sind die Erzählungen jedoch nicht. Sie wurden es höchstens durch stark zensierte und gekürzte Übersetzungen. Frühere Gesamtwerke zählte man zur erotischen Literatur. Ihr wahrer Ursprung ist bis heute nicht ganz geklärt: Vermutlich stammen die einzelnen Geschichten aus dem alten Persien. Araber übersetzten sie und fügten ähnliche Erzählungen hinzu. »Sie wurden zuerst mündlich, später schriftlich überliefert, von einer Generation zur nächsten«, erzählt Steve Barron. »Und sie veränderten sich im Laufe der Zeit. Auch wir sind nur einer von vielen Geschichtenerzählern.« *TV direkt*: »Berauschender Bilderreigen, entführt in eine magische Welt voll Schönheit und Gefahr.«

1996 Aladdin und der König der Diebe

Aladdin And The King Of Thieves, USA, R: Tad Stones – Animation
Nach Motiven des Märchens aus *1001 Nacht*: Die Abenteuer des Aladdin, der die Tochter des Sultans heiraten soll und zwischenzeitlich Ärger bekommt, weil sein Vater der »König« der 40 Räuber ist.

1994 Dschafars Rückkehr

Return Of Jafar, USA, R: Toby Shelton, Tad Stones, Alan Zaslove – Animation
Fortsetzung des erfolgreichen Disney-Trickfilms *Aladdin* (1992): Der machtgierige Zauberer Dschafar entkommt aus der Wunderlampe, in die ihn Aladdin verbannt hatte, und stiftet mithilfe einiger Verbündeter manche Intrige.

1994 Scooby Doo In Arabian Nights

USA, R: Jun Falkenstein, Joanna Romersa – Animation

1992 Aladin

Aladdin, GB, R: David Thwaytes – Animation

Aladin und sein Geist aus der Flasche im Kampf gegen den bösen Wesir.

1992 Aladdin

USA, R: John Musker, Ron Clements – Animation
»Die Animation beeindruckt besonders in den ›computerrealistischen‹ Hintergründen und fließenden Bewegungen, die Zeichnung der menschlichen Gesichtszüge fällt dagegen sichtlich ab. Eine leichtfüßige, sehr witzige Disney-Produktion, ganz auf den Flaschengeist zugeschnitten; jedoch dürften kleinere Kinder Probleme haben, den von Gags und Anspielungen strotzenden, ungemein temporeichen Soloauftritten des Dschinni zu folgen.« *(Lexikon des internationalen Films)*

1986 Aladin

Superfantagenio, I, R: Bruno Corbucci, D: Bud Spencer, Luca Venantini, Janet Agren
Bud Spencers wundersame Wandlung: Als Flaschengeist ohne Plattfuß weht der kolossale Haudegen vom Dienst durch ein modernisiertes Märchen aus 1001 Nacht. Erzählt wird die Geschichte des 15-jährigen Al, der im sonnig-warmen Miami auf eine wundersame Lampe stößt, als er sich vor ein paar Rowdys versteckt. Kaum hat Al die Lampe in den Händen, wird Bud Spencer als Flaschengeist tätig und macht den Jungen zum Star der Schule. Bis fiese Ganoven davon erfahren und die Wunderlampe mit Gewalt an sich bringen.

»*Aladin* war die erste Hollywood-Produktion von Bud Spencer. Die Außenaufnahmen entstanden in Florida. Vom Flughafen Cape Canaveral wurde dann auch die verwunschene Lampe ins All befördert. Bud Spencer darf, ohne seine Fäuste zu schwingen, den Zuschauer ins Land der Träume entführen und auch noch beweisen, dass Flaschengeister die besseren Väter sind.« *(TV Spielfilm)*

1980 Ali Baba und die 40 Räuber

Priklutschenija Ali Baba i soroko rasboinikow UdSSR/IND, R: Latif Faisijew, Umesch Mejera, D: Dharmendra, Hema Malini
»Gegenüber der bekannten Vorlage wurden auch Hauptfiguren in Wesen und Charakter verändert. So beeindrucken in diesem Film vor allem Abu Hassan (gespielt von Rolan Bykow), Wesir und Räuberhauptmann in einer Person, und der zwielichtige Karawanenführer Mustafa (gespielt von Frunse Mkrttschjan). Weit weniger wirkungsvoll ist die Titelgestalt. Ein Märchenheld muss jung und schön sein – aber das Schönheitsideal des

Orients ist ein anderes als unseres. Der indische Schauspieler Dharmendra hat nicht die Ausstrahlung, die man bei uns vom Helden eines abenteuerlichen Märchens erwartet. Er spielt nicht den Draufgänger. Da ist zu bedenken, dass nach dem Anstandsempfinden des Orients ein junger Mann durch Zurückhaltung beeindruckt. Mit all den Veränderungen ist das alte Märchen nur noch im zweiten Teil des Films wieder zu erkennen. Aber es ist ein Film entstanden, der ereignisreich ist, spannend und von großem Schauwert. Er wurde, bis auf wenige Szenen im Studio, an realen Schauplätzen gedreht.« *(77 Märchenfilme)*

1974 Erotische Geschichten aus 1001 Nacht

Il fiore delle mille e una notte, I/F, R: Pier Paolo Pasolini, D: Ninetto Davoli

»Letzterer und weitaus bester Film von Pasolinis Trilogie. Mit fast technokratischer Akribie schildert der Film Alltag und Gesellschaft des alten Orients. Einige Geschichten aus dem berühmten orientalischen Märchenbuch sind virtuos ineinander verschränkt. Die Bilder sind von außerordentlicher Schönheit. Ein Märchen für Erwachsene, in dem Pasolini seinen Obsessionen nachgeht: Bisexualität und Phalluskult. Ein Plädoyer für die Liebe, sei sie inzestuös, hetero- oder homosexuell. Karawanen und Kurden, schöne Sklavinnen und Lustknaben, Dämonen, Poeten, Fabelwesen: ein Märchenfilm und doch ganz sinnlich, ein orientalisches Kaleidoskop, sehr fein und fantastisch.« *(Die Zeit)*

1972 Arabian Nights

USA, R: Arthur Rankin jr.

1969 Aladin und die Wunderlampe

Aladin et la lampe merveilleuse, F, R: Jean Image – Animation

Im Auftrag eines Zauberers dringt der junge Aladin eines Nachts in den Palast der Prinzessin Scheherazade ein, um dort die sagenumwobene Wunderlampe in seinen Besitz zu bringen. Dabei verliebt er sich unsterblich in die wunderschöne Tochter des Sultans und beschließt kurzerhand, die Lampe nicht an den Zauberer weiterzugeben, sondern sie für seine Zwecke zu behalten ...

1969 Senya ichiya monogatari

J, R: Eiichi Yamamoto – Animation

1967 Baghdad Ki Raatein

IND, R: Nanabhai Bhatt, D: Mumtaz, Ajit Azad, Bela Bose, Rajan Haksar

1966 Aladins Wunderlampe

Wolschebnaja lampa Aladdina, UdSSR, R: Boris Ryzarew, D: Boris Bystrow

»Manches auf der Filmleinwand ist etwas anders als in unseren Märchenbüchern. Das soll niemanden verwundern, vor allem darum nicht, weil uns Aladin noch mehr ans Herz wachsen wird, als er es vordem schon war. Oder etwa nicht?« *(Progress Filmprogramm)*

1964 Das Schwert des Ali Baba

The Sword Of Ali Baba, USA, R: Virgil W. Vogel, Arthur Lubin, D: Peter Mann

1962 Arabian naito: Shindobaddo no bôken

J, R: Masao Kuroda, Taiji Yabushita – Animation

1961 Aladins Abenteuer

Le meraviglie di Aladino, I, R: Henry Levin, D: Donald O'Connor, Vittorio de Sica

1959 Wenn es Nacht wird in Arabien

1001 Arabian Nights, USA, R: Jack Kinney – Animation

»Die Geschichte von Aladin mit der Wunderlampe in einer originellen Zeichentrickdarstellung. Die aussparende Zeichenweise und die Art der Handlungsführung lassen der Fantasie auch von Kindern viel Spielraum.« *(Film-Dienst)*

1954 Ali Baba

Ali-Baba et les 40 voleurs, F, R: Jacques Becker, D: Fernandel, Dieter Borsche

»Seltsam – in diesem Film fehlt nichts am orientalischen Märchenzauber, da gibt es herrliche Farben, prächtige Paläste, schöne Haremsdamen, einen wimmelnden Sklavenmarkt, den bösen Räuber Abdul und seine 39 plündernden Gehilfen ... Nein, wirklich, an all diesen märchenhaf-

Aladins Wunderlampe (1966, R: Boris Ryzarew): Dodo Tschogowadse in der Rolle der Prinzessin

ten Zutaten fehlt dem Film nichts! Und doch wird er durch Fernandel anders, zeitlos. Fernandels Ali-Baba ist kein romantischer Märchenheld, er ist ein Mensch, ein bescheidener, friedfertiger, gutmütiger, hoffender, fluchender und irrender kleiner Mann, der es schwer hat, sich gegen die Umwelt durchzusetzen. Und dazu braucht er neben einer Portion Glück immer wieder seinen Mut der Armen, den Witz und die Klugheit, die ihn und alle die anderen Ali-Babas, die in den Jahrhunderten unter den bösen Herren litten, befähigten, ihnen ein Schnippchen zu schlagen und ein bescheidenes Glück zu finden.« (Ruth Pergen, *Progress Filmprogramm 74/65*)

1946 Arabian Nights

IND, R: Niren Lahiri

1945 1001 Nacht

Thousand And One Nights, USA, R: Alfred E. Green, D: Cornel Wilde, Evelyn Keyes

Von rechts oben nach rechts unten:
- *Ali Baba (1954, R: Jacques Becker): Fernandel*
- *1001 Nacht (1945, R: Alfred E. Green):*
  Cornel Wilde und Evelyn Keyes hoch zu Ross
- *Ali Baba und die vierzig Räuber*
  (1943, R: Arthur Lubin): Jon Hall als Ali Baba

Märchenhafter Abenteuerfilm, der die Erzählung *Aladin und die Wunderlampe* variiert.

1943 Ali Baba und die vierzig Räuber

Ali Baba And The Forty Thieves, USA, R: Arthur Lubin, D: Maria Montez, Jon Hall

1942 Arabische Nächte

Arabian Nights, USA, R: John Rawlins, D: Sabu, Jon Hall, Maria Montez

Regisseur John Rawlins pickte sich den Kampf um den Thron von Bagdad raus. Der gehört rechtmäßig Harun Al Raschid. Doch sein böser Bruder Kamar steckt ihn in Gefangenschaft. So lernt Harun wenigstens die schöne Scheherazade kennen ...

1933 Alif Laila

IND, R: Balwant Bhatt, Shanti Dave

ARCHE NOAH – DAS GRÖSSTE ABENTEUER DER MENSCHHEIT

Noah's Ark, USA 1999, R: John Irvin, D: Jon Voight, Mary Steenburgen, F. Murray Abraham, Carol Kane, James Coburn, Mark Bazeley, Jonathan Cake, Alexis Denisof, Emily Mortimer, Sydney Tamiia Poitier

Gottes Zorn über die Sünden der Menschen ist groß. Die Städte Sodom und Gomorrha führen einen erbitterten Krieg. Bevor Gott zur Strafe die Sintflut auslöst, befiehlt er dem gläubigen Noah, ein Schiff zu bauen und darauf ein Paar von je-

der Tierart zu versammeln. Die endlose Sintflut bringt Menschen und Tiere in der Arche an den Rand ihrer Kräfte. Für lange Zeit treiben die Arche und ihre Besatzung ziellos auf den endlosen Fluten, bis sich Noah Hilfe suchend an Gott wendet. Er wird erhört: Die Arche darf landen, und die Zivilisation erhält eine zweite Chance.

TV direkt: »Wer so gut unterhält, muss Gottes Zorn nicht fürchten.«

1975 Die Arche Noah

Jacob, I, R: Marcello Baldi, D: Fosco Giacchetti, Luisa della Noce

1929 Die Arche Noah

Noah's Ark, USA, R: Michael Curtiz, D: Dolores Costello, George O'Brien, Noah Beery

ARIANE – LIEBE AM NACHMITTAG

Love In The Afternoon, USA 1957, R: Billy Wilder, D: Gary Cooper, Audrey Hepburn, Maurice Chevalier, John McGiver, Van Doude, Lise Bourdin

Nach einem Roman von Claude Anet: Als der Privatdetektiv Claude Chavasse herausfindet, dass die Frau eines Klienten eine Affäre mit dem ihm nur zu gut bekannten Playboy Frank Flannagan unterhält, schwört der Gehörnte, Flannagan zu erschießen. Doch Chavasses Tochter Ariane hat sich durch das eifrige Studium der Akten ihres Vaters in Flannagan verliebt und rettet ihm das Leben. Bald schon beginnt sich Flannagan für das Mädchen zu interessieren, das sich weigert, seinen Namen zu verraten und darauf besteht, dass man sich nur am Nachmittag treffen könne. Frustriert, weil Ariane immer wieder betont, nur eine weitere von seinen zahlreichen Affären zu sein, gibt Flannagan Chavasse den Auftrag, die Identität des Mädchens herauszufinden. Chavasse klärt den Fall relativ rasch und bietet dem Playboy seine sämtlichen Unterlagen als Preis für seine Tochter. Auf dem Bahnsteig verabschiedet sich Flannagan von Ariane, überlegt es sich dann jedoch noch einmal und zieht sie schließlich doch in sein Abteil.

Neil Sinyrad, Adrian Turner *(Billy Wilders Filme)*: »In gewissem Sinn kehrt *Love In The Afternoon* das gewohnte Wildersche Prinzip um, dass ein Amerikaner unter europäischem Einfluss

Arche Noah – Das größte Abenteuer der Menschheit (1999, R: John Irvin): Mit Starbesetzung

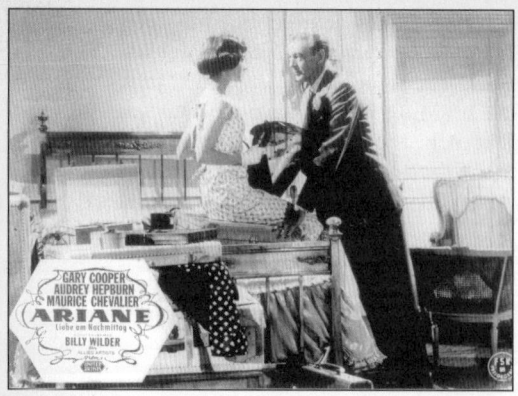

Ariane – Liebe am Nachmittag (1957, R: Billy Wilder): Audrey Hepburn will Gary Cooper imponieren

Ariane (1930, R: Paul Czinner): Elisabeth Bergner und Rudolf Forster

›vermenschlicht‹ wird und sich in der alten Welt niederlässt. Aber die köstlich sich entfaltende, zutiefst logische und Mitempfinden fordernde Steigerung des Films zeigt Wilder, der hier zum ersten Mal mit I. A. L. Diamond zusammenarbeitet, in versöhnlicher Stimmung. Ist der Amerikaner in *Sabrina* nur noch für das Profitmotiv empfänglich, der Amerikaner in *Avanti!* besessen von roboterhafter Präzision und Geschwindigkeit, so ist der Amerikaner in *Love In The Afternoon* schon europäisiert und von einer gewissen Raffinesse, wenn auch vielleicht noch roh und verantwortungslos. Er wird am Ende von einer sehr klugen, aber unerfahrenen Europäerin dazu gebracht, sein Playboy-Dasein aufzugeben und sich in New York als glücklich verheirateter, alternder und verantwortungsbewusster Geschäftsmann niederzulassen. *Love In The Afternoon* ist einer der reifsten und persönlichsten Filme Wilders. Wie auch bei *Sabrina* lässt sich sein Reichtum nur voll erkennen, wenn man sich den Vorteil zu Nutze macht, aus der Kenntnis von *The Private Life Of Sherlock Holmes* und *Avanti!* darauf zurückblicken zu können. Auch dieser Film ist in den Artikeln über Wilder zu Unrecht vernachlässigt worden – obgleich dieser selbst sehr viel von ihm hält.«

Die erste Filmversion des Stoffes wurde in Babelsberg in drei Versionen gedreht, wobei Elisabeth Bergner sowohl für die deutsche als auch die englische Fassung die Hauptrolle übernahm. In der französischen Verfilmung spielte Gaby Morlay die Ariane. Nachdem Elisabeth Bergner und Paul Czinner, den sie 1933 heiratete, nach Hit-

lers Machtergreifung Deutschland verlassen hatten, drehten beide 1934 noch einmal in England ein Remake des Anet-Stoffes.

1934 The Loves Of Ariane
GB, R: Paul Czinner, D: Elisabeth Bergner
1930 Ariane
D, R: Paul Czinner, D: Rudolf Forster, Elisabeth Bergner, Theodor Loos

ARIELLE, DIE MEERJUNGFRAU

The Little Mermaid, USA 1992–1994, TV-Serie: 31 Folgen – Animation

Die Disney-Version des Märchens von Hans Christian Andersen war 1989 einer der erfolgreichsten Zeichentrickfilme aller Zeiten, daraus wurde dann die TV-Serie entwickelt: Die kleine Meerjungfrau Arielle ist die jüngste Tochter des Meereskönigs Triton und sein ganzer Stolz. Kein Wunder, dass er ein besonders wachsames Auge auf den Nachwuchs hat, zumal sich Arielle mit Vorliebe in alten Schiffswracks tummelt und davon träumt, ein Mensch zu sein. Als sie eines Tages einem schönen Prinzen das Leben rettet und sich unsterblich in ihn verliebt, ist sie wild entschlossen, ihren Traum wahr werden zu lassen. Sie schließt einen teuflischen Pakt mit der Hexe Ursula. Aber zum Glück kann sich Arielle auf ihre Freunde verlassen.

1992 Die kleine Meerjungfrau
The Little Mermaid, USA, R: Saiid Assefi – Animation
1989 Arielle, die Meerjungfrau
The Little Mermaid, USA, R: Ron Clements, John Musker – Animation

1976 Die kleine Meerjungfrau

Rusalochka, UdSSR/BU, R: Vladimir Bychkov, D: Viktoriya Novikova, Valentin Nikulin

1975 Die kleine Meerjungfrau

Malá morská víla, ČSSR, R: Karel Kachyna, D: Miroslava Safránková

1975 Die kleine Seejungfrau

Ningyohime, J, R: Takuo Noda, Tomoji Katsumata – Animation

ARSÈNE LUPIN, DER MILLIONENDIEB

Les Aventures d'Arsène Lupin, F/I 1957, R: Jacques Becker, D: Robert Lamoureux, Liselotte Pulver, Daniel Ceccaldi, Georges Chamarat, Huguette Hue, Renaud Mary, Sandra Milo, Paul Müller, Henri Rollan, Margaret Rung, Charles Bouillaud

Arsène Lupin, ein Meister der Diebeskunst, führt mit formvollendeten Manieren und raffinierten Verstellungen nicht nur die Pariser Polizei immer wieder an der Nase herum. Sein Ruf dringt in der Belle Epoque sogar bis nach Deutschland, wo Kaiser Wilhelm II. sich sein Talent zu Nutze machen will. Er lässt Arsène Lupin kurzerhand auf eines seiner Schlösser entführen, aber das zahlt sich für Majestät so gar nicht aus.

Kronen-Zeitung: »Vor 80 Jahren schuf Maurice Leblanc die neben Maigret, Sherlock Holmes und Hercule Poirot berühmteste Kriminalfigur der Welt: Arsène Lupin. Die wahrscheinlich beste der zahlreichen Verfilmungen präsentierte den eleganten Robert Lamoureux in der Titelrolle. Lilo Pulver ergötzt als kokette Geheimdienstlerin. Amüsantes Spannungskino.«

Maurice Leblanc, der ihn persönlich kannte, sagte über den berühmten Meisterdieb: »Wie soll ich ein Porträt von Lupin zeichnen? 20 Mal bin ich ihm begegnet, und jedes Mal war er ein anderer, oder genauer gesagt, es war immer dieselbe Person, aber mit 20 verschiedenen Spiegelbildern«.

Selbst Lupin sagte über sich: »Ich weiß selbst nicht mehr, wer ich eigentlich bin. Im Spiegel erkenne ich mich nicht wieder«.

Maurice Leblancs Romane erzählen von einem real existierenden Lupin. Die Adaptationen von Leblancs Werk sind vielfältig, im Theater, im Kino, im Fernsehen und sogar als Comic-Hefte. Von

Arsène Lupin, der Millionendieb (1957, R: Jacques Becker): Liselotte Pulver, Robert Lamoureux und O. E. Hasse

den Anfängen bis heute ermöglichen sie unzählige Betrachtungsweisen dieser Figur.

1938 Arsène Lupin Returns

USA, R: George Fitzmaurice, D: Melvyn Douglas, Virginia Bruce, Warren William

1932 Arsène Lupin

USA, R: Jack Conway, D: John Barrymore, Lionel Barrymore, Karen Morley

1923 813

J, R: Kenji Mizoguchi, D: Mariko Aoyama, Hiroki Hoshino, Mitsuaki Minami

1921 Arsène Lupin utolsó kalandja

H, R: Pál Fejös

1920 813

USA, R: Charles Christie, Scott Sidney, D: Wedgwood Nowell, Ralph Lewis

1919 The Teeth of the Tiger

USA, R: Chester Withey, D: David Powell, Marguerite Courtot, Templar Saxe

1916 Arsène Lupin

GB, R: George Loane Tucker, D: Gerald Ames

ARZT AUS LEIDENSCHAFT

BRD 1959, R: Werner Klingler, D: Klausjürgen Wussow, Adrian Hoven, Willy Birgel, Antje Geerk, Ellen Schwiers, Carl Wery

Nach einem Roman von Carl Unselt: Mit den Papieren eines verkrachten Medizinstudenten hat es ein ehemaliger Sanitätsgefreiter zum Doktorgrad und prominenten Chirurgen einer Privatklinik gebracht. Er steht kurz vor einem medizinischen Coup zur Thrombosebekämpfung. In sein bisher isoliertes Privatleben tritt eine hübsche Industriellentochter. Da bedrohen die Schatten der Vergangenheit Karriere und Existenz. Die Kriminalpolizei tritt in fieberhafte Aktion ...

Filmblätter: »Das Buch seziert die Handlung allzu exakt und zeichnet die Charaktere in säuberlicher Schwarzweißmanier. Das disziplinierte Spiel Wussows gibt dem jungen Arztfanatiker menschliche Ausstrahlung. Hendriks als sein Gegenspieler drückt brutal auf die Bösewicht-Tube, ganz und gar verludert und ausgekocht. Antje Geerk liebelt als Auto-Unfall-Patientin resolut charmant. Zügig regiert geben u. a. Hoven eine amüsante Schwerenöter-, Ellen Schwiers eine intrigante Oberschwester- und Edith Hancke eine schnoddrig-drollige Unterschwester-Studie ... Krimi in weißen Kitteln.«

Theodor Kotulla *(Filmkritik)*: »Der deutsche Film ist um eine Verhohnepipelung des Ärztestandes reicher.«

1936 Arzt aus Leidenschaft

D, R: Hans H. Zerlett, D: Albrecht Schoenhals, Karin Hardt, Hans Söhnker

ASSAULT – ANSCHLAG BEI NACHT

Assault On Precinct 13, USA 1976/77, R: John Carpenter, D: Austin Stoker, Darwin Joston, Laurie Zimmer, Martin West, Tony Burton, Charles Cyphers, Nancy Loomis, Marc Ross, Alan Koss, Henry Brandon, Kim Richards

Eine Straßengang wird in Los Angeles von der Polizei in einem Hinterhalt niedergeschossen. Im Vergeltungszug erschießen ihre Kameraden unmotiviert ein kleines Mädchen und verfolgen den Vater des Kindes. Zur selben Zeit treffen ein Polizeitransporter mit Schwerverbrechern und der Polizist Bishop im zur Auflösung bereitstehenden Polizeirevier 13 ein. Die Gang belagert das Gebäude, in das sich der Vater geflüchtet hat. Von der Außenwelt abgeschnitten, werden Polizei und Gefangene zu Verbündeten im Kampf gegen die schattenhaft erscheinenden Verbrecher, die in Kamikaze-Aktionen das kleine Revier zu stürmen versuchen.

Hans C. Blumenberg *(Die Zeit)*: »Carpenters Film, der unter dem Titel *Assault – Anschlag bei Nacht* jetzt bei uns anläuft, besitzt die Qualität eines Albtraums. Und, merkwürdig genug, die eines Western. Denn zwischen den Verteidigern des Reviers, einem jungen schwarzen Polizeileutnant, einem unerschrockenen Mädchen und zwei Schwerverbrechern – der eine, auf den der elektrische Stuhl wartet, heißt Napoleon Wilson –, entwickeln sich Beziehungen, die sehr genau an die in den Howard-Hawks-Western *Rio Bravo* und *El Dorado* erinnern. In denen musste ein Gefängnis gegen eine übermächtige Bande gehalten werden. Hier wie dort gibt es chevalereske Gesten zu sehen, eine Männerfreundschaft gedeiht in den Momenten höchster Gefahr, und die Dame ist keineswegs fürs Feuer, sondern so ›cool‹ und ›sophisticated‹ wie eine echte Hawks-Lady. Sie heißt Leigh, und die Kenner ahnen, dass Carpenter sie zu Ehren von Hawks' langjähriger Drehbuchautorin Leigh Brackett so taufte. Auch der schwarze Held trägt einen traditionsreichen Westernnamen. Er heißt Ethan, wie John Wayne in John Fords schönstem Western *The Searchers (Der schwarze Falke)*.

Carpenter also lässt die reale Gewalt der Straße, wenn auch extrem stilisiert, mit den Mythen des amerikanischen Kinos kollidieren. Aus diesem Zusammenstoß, den die Gegenwelt des Kinos am Ende mit letzter Mühe siegreich übersteht, entwickelt sich ein doppelter Triumph für das Medium: nicht nur für die nach vertrauten Mustern entworfenen Figuren auf der Leinwand, die so reden wie Wayne und Dean Martin in *Rio Bravo* und manchmal auch so wie Bogart und Bacall in *To Have And Have Not*, sondern auch für einen Inszenierungsstil, den das reiche New Hollywood mit seinen Multi-Millionen-Dollar-Budgets und seinen barocken Spezialeffekten fast vergessen hat.«

1970 Rio Lobo

USA, R: Howard Hawks, D: John Wayne, Jorge Rivero, Jack Elam

1966 El Dorado

USA, R: Howard Hawks, D: John Wayne, Robert Mitchum, James Caan

1959 Rio Bravo

USA, R: Howard Hawks, D: John Wayne, Dean Martin, Ricky Nelson

ASTERIX & OBELIX GEGEN CAESAR

Asterix & Obelix contre Caesar, F/BRD/I 1999, R: Claude Zidi, D: Christian Clavier, Gérard Depardieu
Gallien im Jahr 50 vor Christus: Ganz Gallien ist von den Römern besetzt. Ganz Gallien? Nicht ganz. Ein kleines Dorf leistet erfolgreich Widerstand. Das Geheimnis der unbeugsamen Dorfgemeinschaft. Ein Zaubertrank macht die Bewohner unschlagbar. Ein ums andere Mal schlagen sie die römischen Besatzer in die Flucht ... Die legendären Comic-Kultfiguren in einem Realfilm, der nicht so lachhaft ist wie die Comics, »aber er bietet dennoch gute Unterhaltung, weil er seine Figuren ernst nimmt und eine Geschichte erzählen kann, die eine Abenteuerhandlung mit humoristischen Elementen verbrämt.« (Wolfgang J. Fuchs, *Kinder- und Jugendfilmkorrespondenz*)

1967 Asterix, der Gallier

Astérix, le Gaulois, B/F, R: Ray Gossens – Animation

ASTERIX & OBELIX: MISSION KLEOPATRA

Astérix & Obélix: Mission Cléopatre, F/BRD 2002, R: Alain Chabat, D: Gérard Depardieu, Christian Clavier, Jamel Debbouze, Monica Bellucci, Claude Rich, Gérard Darmon, Alain Chabat, Dieudonné, Isabelle Nanty, Edouard Baer, Jean Benguigui, Edouard Montoute, Bernard Farcy, Michel Cremades, Joey Starr, Marina Fois, Noemie Lenoir, Zinedine Soualem
Die Römer spinnen immer noch: Der römische Imperator Cäsar wettet mit der ägyptischen Königin Kleopatra; er glaubt nämlich nicht, dass es ihr gelingen wird, in nur drei Monaten einen prunkvollen Palast zu seinen Ehren errichten zu lassen. Doch die Frau mit dem schwierigen Charakter und der ausgesprochen hübschen Nase lässt sich natürlich nicht aus der Ruhe bringen

Asterix, der Gallier (1967, R: Ray Gossens): Asterix und Obelix warten auf den Zaubertrank

und betraut den bislang eher durch seine instabilen Baukonstruktionen auffällig gewordenen Architekten Numerobis mit der kaum lösbaren Aufgabe. Sollte ihm das Unternehmen gelingen, will die Herrscherin ihn mit Gold überschütten. Bei Misserfolg wird die Karriere des kleinwüchsigen Baumeisters im Bauch eines Krokodils enden. Numerobis ist verzweifelt: Nicht nur, dass ihm die Zeit davon rennt, sein Bauvorhaben wird zudem auch noch von den Attacken eines heimtückischen Konkurrenten sabotiert. Guter Rat wäre teuer, hätte er nicht noch eine Geheimwaffe in Petto: Experten aus einem kleinen gallischen Dorf. Und so machen sich Asterix, Obelix, Miraculix und Idefix auf den Weg nach Ägypten ...

Prisma-Online: »Nach der beliebten Comic-Vorlage *Asterix und Kleopatra* entstand nun der zweite Realfilm (nach *Asterix und Obelix gegen Caesar*, 1998) um die bärenstarken Gallier. Dank der liebevollen Umsetzung, der sehenswerten Ausstattung, einiger spaßiger Anachronismen und der hinreißend betörenden Monica Bellucci als Kleopatra ist dies witzige Unterhaltung ohne großen Anspruch.«

Thomas Klingenmaier *(Hannoversche Allgemeine)*: »Das Fleisch-und-Blutdebüt der französischen Nationalhelden war ein künstlerisches Debakel, das nichts von Pfiff und Witz und Sorgfalt der Comicklassiker von Albert Uderzo und René Goscinny hatte. Aber der Murks war immens erfolgreich. Da bangt der Kinogänger der

Asterix & Obelix gegen Caesar (1999, R: Claude Zidi): Caesar muss nachdenken

Fortsetzung entgegen. Aber beim Teutates, der Himmel fällt uns nicht auf den Kopf. *Asterix und Obelix: Mission Kleopatra* ist um vieles unterhaltsamer, raffinierter und liebevoller als sein Vorgänger.«

1968/70 Asterix und Kleopatra

Astérix et Cléopatre, F, R: René Goscinny und Albert Uderzo – Animation

ATEMLOS

Breathless, USA 1982, R: Jim McBride, D: Richard Gere, Valérie Kaprisky, Art Metrano, John P. Ryan, William Tepper, Robert Dunn, Waldemar Kalinwoski, Miguel Pinero

Bei Frauen und schnellen Autos wird Jesse schwach. Im Handschuhfach des geklauten Flitzers, mit dem er zu seinem heißen Flirt Monica unterwegs ist, findet er eine Pistole. Und die kommt sofort zum Einsatz, als der Ganove von einem Polizisten angehalten wird. Fortan sucht halb Amerika den Mörder. Jesse lässt das kalt. Er verbringt leidenschaftliche Tage mit Monica, die seinem Charme und dem Reiz des Abenteuers erliegt. Dann zieht sich das Netz um die Liebenden immer enger, und die Studentin beginnt zu ahnen, auf welch riskantes Spiel sie sich eingelassen hat.

Ponkie *(Abendzeitung)*: »Wenn den Filmemachern nichts einfällt, werden sie originell und drehen berühmte Filme noch mal von vorn. Alles auf jung und neu. In diesem Fall: Godards *Außer Atem* von 1959, der für Jim McBride und L. M. Kit Carson ein ›grundlegende Kinoerfahrung‹ gewesen war, wurde von ihnen mit einem Affenzahn (und mit dem Segen von Sankt Godard) aus dem gestrigen Paris ins heutige Los Angeles verladen. Kaltschnäuzer Jesse Lujack tobt jetzt autostehlend, im Rock'n'Roll-Rausch zappelnd und vom Comic-Helden ›Silver-Surfer‹ schwer geistesbesurft, durch die sonnenheiße Plastik-Disco namens Kalifornien und rammt der französischen Architekturstudentin Monica sein steiles Selbstbewusstsein ins Herz und sonstwohin. Ein rasender Hotdog-Tollhäusler der Liebesromantik. Wenn man das überhaupt einem aus der Hand fressen soll, dann Richard Gere. Aber selbst der, von Valérie Kapriskys duftfrischer Monica-Erotik in Veitstänze versetzt, surft mit dieser Zirkusnummer ins Leere. Kultfilm über einen Kultfilm? Eher ein Filmkult ohne Film.«

Jim McBride: »Ich wusste natürlich, dass viele Leute die Idee abscheulich finden würden. Doch ich sagte mir: *A bout de souffle* ist im Grunde eine amerikanische Story, dazu noch eine berühmte, die in den USA kaum jemand gesehen hat. Es stellte sich etwa heraus, dass selbst der Produzent, der die Idee großartig fand, Godards Film gar nicht kannte. Wir arrangierten eine Vorführung, dort blieb der Produzent merkwürdig ruhig. Schließlich hörten wir ihn schnarchen. Er wachte einfach auf und sagte: Okay, machen wir den Film.« Nach einem Szenarium von François Truffaut, seinem ehemaligen Freund und Kollegen, drehte der unbekannte Filmkritiker Jean-Luc Godard – finanziell und mit 28 praktisch mit dem Rücken zur Wand – seinen ersten langen Spielfilm: *Außer Atem*. Im Stil des (von ihm sehr geschätzten) amerikanischen und französischen Gangsterfilms faszinierte das Regiedebüt Publikum und Kritik mit der ungewöhnlich offen formulierten Beziehungslosigkeit des modernen Menschen und vor allem durch eine als revolutionär empfundene Bild- und Tonsprache. Der

Atemlos (1982, R: Jim McBride):
Richard Gere und Valérie Kaprisky

Außer Atem (1959, R: Jean-Luc Godard): Jean-Paul Belmondo und Jean Seberg

Film spielte ein Vielfaches seiner Produktionskosten ein, machte Jean-Paul Belmondo, den männlichen Hauptdarsteller, über Nacht zum Star und entwickelte sich schnell zum Kultfilm.

1959 Außer Atem
A bout de souffle, F, R: Jean-Luc Godard, D: Jean-Paul Belmondo, Jean Seberg

ATEMLOS VOR ANGST
Sorcerer, USA 1976/77, R: William Friedkin, D: Roy Scheider, Bruno Cremer, Francisco Rabal, Ramon Bieri, Karl John, Amidou, Peter Capell
Nach dem Roman *The Wages Of Fear* von Georges Arnaud: Im südamerikanischen Dschungel werden Männer für ein gefährliches Unternehmen gesucht. Um eine brennende entlegene Ölbohrstelle zu löschen, muss hochexplosives Nitroglyzerin 200 Kilometer auf Lastwagen durch unwegsames Gelände transportiert werden. Vier Männer unterschiedlicher Herkunft – und aus ebenso verschiedenen Gründen untergetaucht – machen sich auf die mörderische Reise.
TV Spielfilm Lexikon: »William Friedkins Remake von Clouzots Klassiker *Lohn der Angst* wur-

de von der Kritik peinlich genau mit dem Original verglichen und – unfairerweise – heftigst angegriffen. Besonders die erste Hälfte des Films, in der die Charaktere eingeführt und mit Hintergrund versehen werden, wurde als zu lang bewertet – immerhin vergehen fast 70 Minuten, bevor die Männer die LKWs besteigen. Der Film hat jedoch unbestreitbare Pluspunkte: den ungewöhnlichen Soundtrack der deutschen Elektronik-Band Tangerine Dream, die atemberaubende, in der Dominikanischen Republik entstandene Fotografie sowie diverse nervenaufreibende Spannungssequenzen – am bekanntesten ist die Überquerung einer morschen Hängebrücke. Doch *Atemlos vor Angst* wurde ein Flop: Bei 22 Millionen Dollar Produktionskosten spielte er nur etwa ein Viertel davon wieder ein. Man brachte noch eine stark gekürzte Version (92 Minuten) unter anderem Titel heraus (*Wages Of Fear*, unter dem auch das französische Original in den USA lief), doch es half nichts. Friedkins Karriere-Höhenflug war damit, trotz eines unterhaltsamen und intelligenten Filmes, fürs erste beendet.«

1952 Lohn der Angst
Le Salaire de la peur, F, R: Henri-Georges Clouzeau, D: Yves Montand

ATOMIC REPORTER
Revenge Of The Atomic Reporter, USA 1989, R: Craig Pryce, D: David Scammell, Kathryn Boese, Randy Pearlstein, Derrick Strange
Vom Aufsichtsrat eines in Verruf geratenen Kernkraftwerks zum schleimigen Monster zwangsumgewandelt, macht ein Reporter den Entführern seiner Geliebten den Garaus.

Atemlos vor Angst (1976/77, R: William Friedkin): Roy Scheider brüllt

Lexikon des internationalen Films: »Ein noch öderes Plagiat von *Atomic Hero*.«

1985 Atomic Hero
The Toxic Avenger, USA, R: Michael Herz, Samuel Weil, D: Mitchell Cohen

AUF BEWÄHRUNG
Reform School Girls, USA 1994, R: Jonathan Kaplan, D: Aimée Graham, Teresa Dispina
Ein elternloses Mädchen durchleidet die katastrophalen Verhältnisse in einer kalifornischen »Sicherungsanstalt für schwer erziehbare Mädchen«.

Lexikon des internationalen Films: »Unglaubwürdig in Handlung und Gesellschaftskritik, dramaturgisch unreif, simpel in der Darstellung.«

1986 Reform School Girls
USA, R: Tom DeSimone, D: Sybil Danning, Wendy O. Williams, Pat Ast

AUF BEWÄHRUNG
The Dozens, USA 1980, R: Christine Dall, Randall Conrad, D: Debra Margolis, Edward Mason, Marian Taylor, Sumru Tekin, Ethel Michelson, Jessica Hergert

Auf Bewährung (1980, R: Christine Dall, Randall Conrad): Debra Margolis

Eine junge Frau, auf Bewährung aus dem Gefängnis entlassen, versucht, ohne ihren Mann ein neues Leben aufzubauen, landet aber am Ende doch wieder im Knast.

Filmjahr 84: »Eine nüchtern-realistische Zustandsbeschreibung aus dem Hinterhof der USA, einem Platz für verlorene Illusionen.«

1957 Mannstoll und gefährlich
Reform School Girl, USA, R: Edward Bernds, D: Gloria Castillo, Ross Ford

AUF DER JAGD
U.S. Marshals, USA 1997, R: Stuart Baird, D: Tommy Lee Jones, Wesley Snipes, Robert Downey jr.
Mark Roberts soll zwei Geheimagenten umgebracht haben. Er ist unschuldig und haut deshalb vor der Polizei ab. Wesley Snipes macht als Roberts genau das, was schon Harrison Ford vor fünf Jahren in der Rolle des Richard Kimble gemacht hat: Er ist auf der Flucht. So wie Kimble wird auch er von US-Marshal Sam Gerard gejagt, der erneut von Tommy Lee Jones dargestellt wird.

Francesco Tornabene (WDR 2): »Dieser Film gibt vor, eine Fortsetzung von *Auf der Flucht* zu sein, ist im Grunde aber nur ein Remake davon. Wenn man bedenkt, dass bereits *Auf der Flucht* lediglich die Neuverfilmung einer alten Fernseh-Serie war, dann ist dieser Streifen also das Remake eines Remakes.«

1993 Auf der Flucht
The Fugitive, USA, R: Andrew Davis, D: Harrison Ford

1963–67 Auf der Flucht
The Fugitive, USA, TV-Serie, D: David Janssen

Auf der Jagd (1997, R: Stuart Baird): Tommy Lee Jones

Auf der Flucht (1993, R: Andrew Davis):
Harrison Ford als Dr. Richard Kimble

AUF DER REEPERBAHN
NACHTS UM HALB EINS

BRD 1969, R: Rolf Olsen, D: Curd Jürgens, Heinz Reincke, Judda d'Arcy, Horst Naumann, Fritz Tillmann, Diana Körner, Fritz Wepper

Acht Jahre saß Kapitän und Reeder Hannes Teversen zu Unrecht im Zuchthaus, angeklagt, seine Geliebte, die Frau seines Kompagnons Christof Lauritz, ermordet zu haben. Nun wird er entlassen. Seine Versuche, wieder Boden unter die Füße zu bekommen, schlagen zunächst fehl. Lediglich sein bester Freund Pitter Pittjes und dessen Tochter Antje glauben an seine Unschuld. Lauritz hingegen ist zu einem rücksichtslosen Ganoven und Hehler geworden. Vorsichtshalber erteilt er den Auftrag, Teversen umzubringen. Die Prostituierte Doris, eine alte Bekannte Teversens, will ihn warnen. Aber die Auftragskiller töten sie und schieben den Mord Teversen in die Schuhe. Teversen gerät zusätzlich in eine persönliche Krise, als er erfährt, dass Antje, in die er sich zu verlieben begann, in Wahrheit seine Tochter ist. Er dringt in Lauritz' Haus ein und belauscht ein Gespräch zwischen ihm, dessen Tochter Karin und

deren Freund Till. Lauritz hat seine Flucht vorbereitet und gesteht den Mord an seiner Frau, weil sie damals ihre Geschäftsanteile zurückforderte. Da fällt ein Schuss und Lauritz bricht tödlich getroffen zusammen ...

Gregor Ball (Hans Albers): »Fünfzehn Jahre nach Hans Albers wagte sich Curd Jürgens an ein Remake eines überragenden Publikumserfolgs: *Auf der Reeperbahn nachts um halb eins* (1969) als Kapitän Hannes Teversen. Der Versuch, in der Hans-Albers-Rolle zu reüssieren, musste scheitern, weil der Kosmopolit Jürgens gerade durch sein Privatleben und die Filmerfolge internationalen Ausmaßes die für diese Rolle erforderliche Volksnähe nicht glaubwürdig übermitteln konnte.«

Regisseur Rolf Olsen und Curd Jürgens hätten zwischen 1968 und 1971 gut und gerne eine Wohnung in St. Pauli teilen können, denn in dieser Zeit drehten sie dort gemeinsam fünf Filme *(Der Arzt von St. Pauli, Auf der Reeperbahn nachts um halb eins, Der Pfarrer von St. Pauli, Das Stundenhotel von St. Pauli, Käpt'n Raubein aus St. Pauli)*. Alle Filme, zu denen Olsen selbst die Drehbücher schrieb, sind natürlich gesättigt mit kinogerechtem Kiez-Milieu, mit Schmugglern, primitiven Schlägern, Zuhältern in feinstem Zwirn, Strichmädchen, aber auch mit wahren Männerfreundschaften unter Seeleuten, echter Liebe und Stripperinnen mit dem Herzen auf dem rechten Fleck. *Auf der Reeperbahn nachts um halb eins* nimmt eine Sonderstellung in der St. Pauli-Reihe ein, weil 1954 Wolfgang Liebeneiner mit dem unvergessenen Hans Albers eine Hommage an das Hafenviertel unter demselben Titel drehte. Abgesehen von einem leicht melodramatischen Element (der Kapitän verliebt sich in die Tochter seines besten Freundes und erfährt, dass es in Wahrheit seine eigene leibliche Tochter ist) und der Tatsache, dass Curd Jürgens wie einst Hans Albers Seemannslieder schmettert, haben beide Storys nicht viel gemeinsam.

Filmecho/Filmwoche: »Buch und Regie haben eine Fülle echter St. Pauli-Atmosphäre eingefangen ... Ein Volksstück aus einem Guss, an dem nicht nur Hamburger ihre Freude haben werden.«

TZ: »Der leise Hauch von Inzest verleiht der flüssig inszenierten Story außergewöhnliche dramatische Spannung ... gut gesponnenes Seemannsgarn.«

1954 Auf der Reeperbahn nachts um halb eins
BRD, R: Wolfgang Liebeneiner, D: Hans Albers,
Heinz Rühmann, Fita Benkhoff

AUF IMMER UND EWIG

Ever After – A Cinderella Story, USA 1998, R: Andy
Tennant, Drb: Susannah Grant, A. Tennant, Rick
Parks nach Motiven des Grimm'schen Märchens
Aschenputtel, K: Andrew Dunn, M: George Fenton,
S: Roger Bondelli, D: Drew Barrymore (Danielle De
Barbarac), Anjelica Houston (Baroness Rodmilla De
Ghent), Dougray Scott (Prinz Henry), Patrick God-
frey (Leonardo da Vinci), Megan Dodds (Margueri-
te De Ghent), Jeanne Moreau (Grande Dame), Me-
lanie Lynskey (Jacqueline De Ghent), Jeroen Krabbé
(Auguste De Barbarac), Timothy West (König Fran-
cis), Judy Parfitt (Königin Marie), Lee Ingleby (Gus-
tave), Kate Lansbury (Paulette)

Frankreich im 16. Jahrhundert. Die kleine Danielle ist der Sonnenschein ihres verwitweten Vaters Auguste. Doch kurz nach seiner Hochzeit mit
der eleganten Baronesse Rodmilla stirbt der
weltoffene Gutsherr, und prompt lässt Rodmilla
ihre freundliche Maske fallen. Sie degradiert die
Stieftochter zur Dienstmagd, um das Vermögen
von Auguste in die gesellschaftliche Karriere ihrer eigenen Töchter Marguerite und Jacqueline
zu investieren. Zehn Jahre später ist Danielle zu
einer hübschen jungen Frau herangewachsen und
macht die Bekanntschaft von Kronprinz Henry.
Aus Scham gibt sie vor, eine unbekannte Adlige
zu sein. Doch Henry hat sich auf der Stelle in das
selbstbewusste Mädchen verliebt. Rodmilla
schäumt vor Wut über die königliche Affäre, hatte sie doch Marguerite bei Hofe gerade als potenzielle Braut eingeführt, deren Wahl Prinz Henry auf dem bevorstehenden Maskenball verkünden sollte. Um ihren Plan nicht zu gefährden,
muss sie mit allen Mitteln verhindern, dass Danielle auf diesem Fest erscheint ...

Der Film versetzt das Märchen von *Aschen-*
puttel und dem Prinzen ins Frankreich der Renaissance und erzählt es als »historisch wahre«,
humorvolle Romanze mit sozialkritischem Ton.
Aschenputtel verhält sich sehr ungewöhnlich für
Frauen in dieser Zeit: Sie ist wortgewandt und
liest schwierige Bücher. »Das in fast allen Kul-

turkreisen bekannte Märchen vom *Aschenputtel*
hat neben vorlagegetreuen Verfilmungen Filmemacher auch immer wieder zu eigenwilligen Interpretationen gereizt. Von Disneys Animationsfilm *Cinderella* über Jerry Lewis' männliches
Aschenblödel bis hin zu diversen Musical-Versio-
nen«, erläuterte Rolf-Rüdiger Hamacher in der
Kinder- und Jugendfilm-Korrespondenz 77, 1/99,
»nun hat Hollywood aus dem Stoff eine Filmro-
manze gemacht, die auf dem von *Romeo & Julia*
und *Titanic* bereiteten Boden eine neue Teenie-
Lovestory aussät.« Statt der guten Fee hilft diesmal der gerade in Frankreich weilende Leonardo da Vinci mit seiner Weisheit und seinen »verrückten« Ideen: »Das Universalgenie als Lebens-
berater«, wertete Kritiker Hamacher, für den
Drew Barrymore »wie eine Klassenkämpferin der
ersten Stunde« wirkt, trotzdem dürfte sie »ganz
nach dem Geschmack jener Teenies sein, die immer schon wussten, dass Mädchen klüger und
pfiffiger sind als Jungs.«

2001 Cannon Movie Tales: Cinderella
GB/USA R: Michael Berz, Len Talan, D: Sarah Pat-
terson, Diana Rigg

2000 Cinderella
GB, R: Liddy Oldroyd, D: Frank Skinner, Samantha
Janus, Siân Phillips

1999 Cinderella
GB, R: Beeban Kidron, D: Kathleen Turner, David
Warner, Marcella Plunkett

1998 Auf immer und ewig
Ever After – A Cinderella Story, USA, R: Andy Ten-
nant, D: Drew Barrymore

Auf immer und ewig (1998, R: Andy Tennant):
Anjelica Houston als Baroness Rodmilla De Ghent

1997 Roger & Hammersteins Cinderella
USA, R: Robert Iscove, D: Whitney Houston, Berna-
dette Peters, Jason Alexander
Moderne Musical-Version, der Film war in den
USA für sieben Emmys nominiert und gewann ei-
nen.

1995 La Cenerentola
USA, R: Brian Large, D: Cecilia Bartoli, Raúl Gimé-
nez, Alessandro Corbelli

1995 Eisprinzessin
BRD, R: Danny Huston, D: Katarina Witt, Christo-
pher Barker, Ivan Desny
Seichter Märchenfilm nach Motiven des Mär-
chens *Aschenputtel*. Die Handlung wurde auf das
Eis eines zugefrorenen Sees verlegt, um der Eis-
kunstläuferin Katarina Witt eine angemessene
Umgebung zu liefern.

1994 Aschenputtel
Cinderella, USA, R: Toshiyuki Hiruma – Animation

1994 Cinderella in Paris
Celestial Clockwork, F/VEN/B/E, R: Fina Torres, D:
Ariadna Gil
Ana steht bereits vor dem Traualtar in Venezuela, als sie der Mut verlässt und sie Hals über Kopf
in den nächsten Flieger nach Paris stürzt. Alles,
was der Emigrantin im Hochzeitskleid fehlt, ist
eine Wohnung, eine Aufenthaltsgenehmigung
und ein Regisseur, der ihre wunderbare Stimme
entdeckt. Hilfreich zur Seite stehen ihr dabei ein
schwuler, übersinnlich begabter Kellner, eine
durchgeknallte Psychotherapeutin und ein Ban-
tu-Magier, der mit einem Liebestrunk die beiden
Frauen in Turbulenzen stürzt. Ein neuzeitliches
Aschenbrödel-Märchen, himmlisch-kitschig angesiedelt zwischen Verdi-Arie, Sommernachtstraum und MTV-Clip.

1990 Cinderella – Süß und sündig
USA, R: Paul Thomas, D: Raquel Darian, P. J. Sparxx,
Britt Morgan – Sexfilm
Als ihr Vater eines Tages mit einer neuen Frau er-
scheint, ändert sich das Leben der Tochter von
Grund auf. Die grausame Stiefmutter und die ver-
wöhnten Stiefschwestern vergnügen sich,
während ihr nur Träume bleiben. Sexfilm, der
Motive und Figuren des Märchens *Aschenputtel*
bzw. *Cinderella* verwendet.

1989 Aschenputtel
BRD/F/E/ČSSR, R: Karin Brandauer, D: Petra Vigna
»Bedächtig ausgespielter Film nach dem Mär-
chen, mit vielen Schaueffekten und ironischen
Seitenblicken auf die Welt der Erwachsenen so-

wie einigen amüsanten Trickszenen. Recht albern
verzerrte Randfiguren sowie flaue Scherze min-
dern den Unterhaltungswert.« *(Rororo Filmlexi-*
kon)
»Mit ihrer gleichzeitig so eigenwilligen wie –
zumindest was die wörtliche Textübernahme betrifft – dicht an der Grimm'schen Vorlage bleibenden Adaption ist es Karin Brandauer gelungen, im Märchenfilm neue Akzente zu setzen ...
Die bei den Brüdern Grimm stark typisierten Figuren werden im Film zu konsequent und nachvollziehbar handelnden Charakteren ausgebaut,
ohne dass leichte Gut-und-Böse-Zuordnungen
möglich wären ... Aschenputtels in bisherigen
Adaptionen stille Duldsamkeit wandelt Karin
Brandauer um in einen leisen, aber unüberseh-
baren und manchmal schelmisch überlegenen
Widerstand, der sich zunehmend verstärkt und
den die Hauptdarstellerin (Petra Vigna) durch
nuancenreiche Mimik und viel sagende Gestik
nonverbal zu vermitteln versteht. Das Spiel, das
niemals konstruiert wird, findet Entsprechungen
in der Verwendung ästhetischer, filmsprachlicher
und symbolischer Mittel ... Besonderes Vergnügen bereiten darüber hinaus vielfältige ironische
Überhöhungen ... *Aschenputtel* ist von Karin
Brandauer mit Verständnis und Einfühlungsvermögen für Kinder ab etwa 8 bis 10 Jahren inszeniert worden. Der Film ist durch seine interpretierenden filmischen Mittel für Kinder intuitiv
verstehbar, für Erwachsene jedoch – wenn sie
Lust haben, sich auf die zahlreichen Angebote
einzulassen – auch intellektuell ein Vergnügen.«
(Dagmar Ungureit, *Kinder- und Jugendfilm-Kor-*
respondenz)

1988 La Cenerentola
A, R: Claus Viller, D: Angela Denning, Daphne Evan-
gelatos, Walter Berry

1987 La Cenerentola
AUS, D: Anne Maree McDonald, Suzanne Johnston,
Donald Shanks

1984 Cinderella
USA, R: Mark Cunningham, D: Eve Arden, Jennifer
Beals, Mark Blankfield

1983 Cinderella '87
I/F, R: Roberto Malenotti, D: Bonnie Bianco, Pierre
Cosso, Sandra Milo
Die halb flügge Tochter eines früh verstorbenen
Pizza-Bäckers in Brooklyn träumt davon, als Ita-
loamerikanerin die Musikszene zu erobern und
sich dem Diktat der arroganten Pflegemutter zu

entziehen; zunächst muss sie dieser jedoch mit deren zwei Töchtern für längere Zeit nach Rom folgen. Rockmusik-Märchen, bei dem das Aschenputtel-Märchenmotiv in die Gegenwart verpflanzt wurde.

1983 La Cenerentola
GB, R: Andy Hinds, D: Kathleen Kuhlmann, Marta Taddei, Laura Zannini

1981 La Cenerentola
BRD, R: Jean-Pierre Ponelle, D: Francisco Araiza, Paolo Montarsolo
Verfilmung von Rossinis Oper *Cenerentola* alias *Aschenputtel*; in italienischer Sprache.

1978 Cinderella in Harlem
Cindy, USA, R: Billy Graham, Bob Rosenbaum, D: Charlaine Woodard, Mae Mercer
Ein Mädchen aus South Carolina kommt während des Zweiten Weltkrieges nach New York, doch die Freude, den Vater wieder zu sehen, währt nicht lange: Die Stiefmutter und deren Töchter nutzen Cindy nur aus. Auf einem Ball verliebt sich ein Marine-Captain in das Mädchen, doch ein verlorener Turnschuh ist alles, was er von ihr zurückbehält. Er engagiert einen Detektiv, um die Geliebte ausfindig zu machen. Fast ausschließlich mit farbigen Darstellern besetzte Version des *Aschenputtel*-Märchens.

1977 Cinderella
USA, R: Michael Pataki, D: Cheryl Smith, Yana Nirvana, Marilyn Corwin – Sexfilm

1977 Liebe im Raumschiff Venus
Sex 2000, USA, R: Al Adamson, D: Catherine Erhardt, Jay B. Larson – Sexfilm
Irgendwann in der Zukunft: Den Menschen auf der über den Bildschirm vom Großen Bruder überwachten Erde sind Gefühle verboten, nur

Sex ist hin und wieder erlaubt. Ein von seiner Stiefmutter geplagtes Mädchen überzeugt auf einem Ball den Bruder des Weltherrschers und schließlich auch diesen selbst von der Schönheit der Liebe. Sexfilm, der das *Aschenputtel*-Märchen in Science-Fiction-Kulissen verlegt.

1976 Cinderellas silberner Schuh
The Slipper And The Rose, GB, R: Bryan Forbes, D: Richard Chamberlain
Freie Verfilmung der *Aschenputtel*-Geschichte, die das märchenhafte Geschehen mit einer realistisch wirkenden Umgebung und mit Musical-Einlagen verbindet.

1976 Die tolle Geschichte der C.
Cinderella, USA, R: Michael Pataki, D: Cheryl Smith, Kirk Scott – Sexfilm
Sexplotte, in der Motive des Märchens vom *Aschenputtel* (= *Cinderella*) mit Disco-Songs, einem guten Dutzend ständig nackter Jungdarstellerinnen und Slapstick-Gags garniert werden.

1973 Drei Nüsse für Aschenbrödel
Tri orisky pro popelku, ČSSR, R: Václav Vorlícek, D: Libuse Safránková
Im Gegensatz zum Grimm'schen Märchen ist die Hauptfigur in dem tschechischen Film ein selbstbewusstes junges Mädchen. Aschenbrödel kann schießen wie ein erfahrener Jäger, reiten wie ein zünftiger Cowboy und auf die Bäume klettern wie ein richtiger Junge. Und dass sie den Prinzen erobert, ist auch klar. Für Libuse Safránková war *Drei Nüsse für Aschenbrödel* übrigens der Beginn einer erfolgreichen Schauspielkarriere in ihrer Heimat. 1996 wirkte sie u.a. in dem Oscar-preisgekrönten *Kolya* mit.

1969 Cinderella
GB, R: John Vernon, D: Antoinette Sibley, Anthony Dowell

1965 Cinderella
USA, R: Charles S. Dubin, D: Lesley Ann Warren, Stuart Damon, Ginger Rogers

1963 Cinderella
GB

1960 Aschenbrödel
Soluschka, UdSSR, R: Alexander Rou, D: Raissa Strutschkowa, Gennadi Ledjach

1960 Aschenbrödel
DDR, R: Erika Just, D: Leonore Vesco, Hans Knüttner, Vera Theile

Cinderellas silberner Schuh (1976, R: Bryan Forbes): Gemma Graven erfreut sich am Slipper

Gelungene Fernsehinszenierung des Balletts *Aschenbrödel* von Sergej Prokofjew nach Motiven des gleichnamigen Märchens der Gebrüder Grimm.

1959 Aschenblödel

Cinderfella, USA, R: Frank Tashlin, D: Jerry Lewis, Anna Maria Alberghetti, Ed Wynn

»Nicht nur, dass er die Drecksarbeit machen muss, er macht sie sogar gerne. Doch weil die männliche Cinderella Jerry Lewis heißt, ist die Tücke der Objekte mindestens so entscheidend wie die Tücke der bösen Stiefmutter. In Eigenproduktion und mit Lieblingsregisseur Frank Tashlin parodierte der geniale Blödelstar bekanntes Märchengut auf überraschende Weise. Sicher war Lewis oft komischer als hier, aber selten so rührend. Lange vor der Prinzessin Charmant hat man sich als Zuschauer schon in den treuherzigen Trottel verliebt.« (Lothar Lambert, BZ)

Bei der Super-Party im Hause der Stiefmutter gibt ein anderer Star musikalisch den Ton an: Count Basie mit seinem Orchester.

1957 Cinderella

USA, R: Ralph Nelson, Roland Vance, D: Julie Andrews, Howard Lindsay

1955 Der gläserne Pantoffel

The Glass Slipper, USA, R: Charles Walters, D: Leslie Caron, Michael Wilding

1955 Prinzessin Aschenbrödel

Cenerentola e il signor bonaventura, I, R: Sergio Tofano, D: Silvana Jachino

1955 Aschenputtel

BRD, R: Fritz Genschow, D: Rita-Maria Nowotny, Renée Stobrawa

Das Grimm'sche Märchen, um einige Gestalten, etwa eine wunderbare Baumfee, erweitert und durch Tanz- und Gesangseinlagen verlängert.

1955 La Cenerentola

I, R: Fernando Cecchino, D: Gino del Signore, Afro Poli

Italienischer Opernfilm nach Gioacchino Rossinis Oper *La Cenerentola*, dessen Geschichte das Märchen vom *Aschenputtel* abwandelt.

1950 Aschenputtel

Cinderella, USA, R: Wilfred Jackson, Hamilton Luske, Clyde Geronimi – Animation

Disneys Zeichentrick-Version des Märchens vom *Aschenputtel* nach Perrault. Die Handlung wurde mit einer Nebenhandlung verbunden: Ohne die Mäuse Jackie und Karli bekäme Aschenputtel nie den Prinzen.

1947 Aschenbrödel

Soluschka, UdSSR, R: Michail Schapiro, N. Konschewerowa, D: Janina Shejmo

1937 Cinderella

F, R: Pierre Caron, D: Joan Warner, Christiane Delyne, Maurice Escande

1925 A Kiss For Cinderella

USA, R: Herbert Brenon, D: Betty Bronson, Esther Ralston, Henry Vibart

1923 Der verlorene Schuh

D, R: Ludwig Berger, D: Helga Thomas, Frida Richard, Emilie Kurz

1917 A Kentucky Cinderella

USA, R: Rupert Julian, D: Rupert Julian, Ruth Clifford, Harry Carter

1914 Cinderella

USA, R: James Kirkwood, D: Mary Pickford, Owen Moore, Isabel Vernon

1911 Cinderella

USA, R: George Nichols, D: Florence La Badie, Harry Benham, Anna Rosemond

Aschenblödel (1959, R: Frank Tashlin): Fella (Jerry Lewis) und Prinzessin Charmant (Anna Maria Alberghetti)

*Oben: Aschenputtel (1950, R: Wilfred Jackson,
Hamilton Luske, Clyde Geronimi):
Anprobe des gläsernen Schuhs
Rechts: Aschenputtel (1950):
Sechs Disney-Mäuse für einen Schuh*

1911 Cinderella

*USA, R: Colin Campbell, D: Thomas Carrigan, Olive
Cox, Baby Griffin*

AUF KRIEGSFUSS MIT MAJOR PAYNE

*Major Payne, USA 1995, R: Nick Castle, D: Rodney
P. Barnes, Ross Bickell, Scott ›Bam Bam‹ Bigelow, Jo-
da Blaire, Orlando Brown, Peyton Chesson-Fohl,
Stephen Coleman, Mark Conway, David DeHart*

Er kämpfte im Irak, in Panama und in Kuwait. Er
war in der Hölle und kam zurück. Dass er einmal auf einen Gegner treffen würde, dem er nicht
gewachsen ist, hätte er wohl kaum für möglich
gehalten. Doch jetzt nach unzähligen Auszeich-
nungen steht Major Benson Winifred Payne vor
der größten Herausforderung seines Lebens: der
Ausbildung von halbwüchsigen Kadetten der
Madison Academy – und diese Gegner fordern
die ganze Bandbreite seines Könnens ...

VideoWoche: »Major Benson Winifred Payne
ist trotz seines drolligen Namens ein grässlicher
Zeitgenosse, der sich seit drei Kriegen in Folge
nur noch im Schreiton verständigen kann und für
kleine menschliche Schwächen so viel Verständnis zeigt wie ein Pittbull für Kaninchensorgen.
Nun muss ausgerechnet er eine Gruppe von
schwierigen Jugendlichen an einer Militärakademie auf Vordermann bringen. Der ›Unterricht‹
gerät zu einer turbulenten Kraftprobe. Turbu-

lente, nicht immer geschmackssichere Slapstick-
komödie von Nick Castle, der einst mit John Carpenter *Die Klapperschlange* schrieb. Damon Wa-
yans *(Mo' Money)* liefert die extremste Ausbil-
derkarikatur seit *Full Metal Jacket*, doch ein Rudel Kinder – so die Moral von der Geschichte –
ist ein härterer Gegner als Panzer und Raketen
(was ja auch schon Arnold Schwarzenegger erfahren musste). Eine runde Komödie, die den Erfolg
von *In The Army Now* wiederholen könnte.«

1955 Der Privatkrieg des Major Benson

*The Private War Of Major Benson, USA, R: Jerry
Hopper, D: Charlton Heston*

AUF MESSERS SCHNEIDE

*The Razor's Edge, USA 1984, R: John Byrum, D: Bill
Murray, Theresa Russell, Catherine Hicks, Denholm
Elliott, James Keach, Peter Vaughan, Brian Doyle-
Murray*

Nach dem Roman von W. Somerset Maugham:
Die »Geschichte eines Mannes auf der Suche nach
sich selbst«. Aus dem Ersten Weltkrieg zurückgekehrt, kommt der Amerikaner Larry Darrell
nicht mehr mit dem gelangweilten und langweiligen Lebensstil seiner reichen Freunde und Verwandten zurecht, die ihr Glück in materiellen
Werten und im ordentlichen Familienleben suchen. Er verlässt seine Verlobte, entsagt den
Verlockungen der High Society und beginnt ein

Vagabundenleben in Europa und Asien, das ihn bis zur Erleuchtung auf den Gipfel des Himalaya führt ...

Fischer Film Almanach: »Die Neuverfilmung geht auf das Konto Bill Murrays, der die Hauptrolle spielt und am Buch mitgearbeitet hat: wohl auf der Suche nach einer Möglichkeit, nicht länger nur auf komische Rollen à la *Ghostbuster* festgelegt zu werden. Auf sein Konto geht es aber auch, dass bei allem – dem Stoff und der Rolle angemessenen – Ernst immer wieder auch der Komiker zum Vorschein kommt – und der Film tatsächlich manchmal, siehe den Titel, das Gleichgewicht verliert ... Murray und sein Regisseur Byrum haben Maughams Roman gründlich vereinfacht, haben ihn zurückgeführt auf seinen Handlungsfaden. Was sie an erzählerischer Raffinesse gespart haben, wurde, gegenüber der ersten Version, die ganz im Studio gedreht wurde, in umso üppigere Ausstattung und in aufwändige Originalschauplätze investiert. Entstanden ist eine Art altmodische Aussteigergeschichte, ambitioniert und ernsthaft, von einem, der auf der Suche nach dem Sinn des Lebens ist und nach einem wirklichen Zuhause. Dass dabei nicht allzu tief gelotet wird, liegt auch an der Vorlage, mehr aber daran, dass Hollywood bei solchen Stoffen gar nichts anderes zu Stande bringen kann als einen Tanz auf Messers Schneide.«

1946 Auf Messers Schneide
The Razor's Edge, USA, R: Edmund Goulding, D: Tyrone Power, Gene Tierney

AUF WIEDERSEHEN, FRANZISKA!

BRD 1957, R: Wolfgang Liebeneiner, D: Ruth Leuwerik, Carlos Thompson, Friedrich Domin, Josef Meinrad, Jochen Brockmann, Gisela Trowe, Nadja Regin, Siegfried Schürenberg, Peter Elsholtz, Else Ehser

Stefan, ein rastloser Wochenschau-Reporter und Spezialist für Sensationen, lebt nur noch zwischen den Kontinenten, lernt ein Mädchen kennen und lieben. Doch der Beruf verschlägt ihn wieder in die Staaten, und es dauert Monate, bis er der Frau seines Lebens durch einen Zufall in Berlin wiederbegegnet. Sein Versprechen, bald wiederzukommen und sie zu heiraten, kann er aber wieder nicht halten, denn ein neuer Job hält ihn Monate fest. Erst als er erfährt, dass er inzwischen Vater geworden ist, reißt er sich los, heiratet und ist ein Jahr lang glücklicher Familienvater. Die Unrast treibt ihn aber wieder hinaus, und als er durch den Tod eines Kollegen endlich zur Besinnung kommt, scheint es zu spät. Seine Frau, die mit der Herstellung kunstgewerblichen Schmuckes große Erfolge erzielt, hat inzwischen die Scheidung eingereicht. Als sie eines Tages auf Einladung der Redaktion einer großen Zeitschrift bei dem zuständigen Bildredakteur vorspricht, empfängt sie ihr Mann, der ihretwegen endlich sein Abenteurerleben aufgegeben hat.

Links: Auf Messers Schneide (1984, R: John Byrum): Die Verlockungen der High Society
Unten: Auf Wiedersehen, Franziska! (1957, R: Wolfgang Liebeneiner): Ruth Leuwerik

Filmblätter: »Das zeitgerecht umgeschriebene Remake bleibt beim Thema der Zähmung eines modernen Abenteurers, der seinen Beruf über die Familie stellt. Die Regie versteht es dabei ausgezeichnet, die Härte des Korea- und Indochinakrieges dem fast romantischen Berliner Dachatelier gegenüberzustellen. Thompson, ausgestattet mit bestechendem Äußeren, gibt mit wirkungsvollen Mitteln glaubhaft den berufsverfallenen Reporter, während die Leuwerik allen Reiz der zwar fraulichen, aber selbstbewussten modernen Frau entfaltet. Domin gelang eine überzeugende Studie als verstehender Vater, Meinrad ist ein wirkungsvoller Gegenpol als hoffnungslos liebender Antiquitätenhändler, und Brockmann ein prächtiger Reporterhaudegen.«

1941 Auf Wiedersehen, Franziska!

D, R: *Helmut Käutner*, D: *Marianne Hoppe, Hans Söhnker, Rudolf Fernau*

AUFERSTEHUNG

E/F/BRD/I 1958, R: *Rolf Hansen*, D: *Horst Buchholz, Myriam Bru, Edith Mill, Ruth Niehaus, Lea Massari, Marisa Merlini, Günther Lüders, Jean Murat, Robert Freitag, Gabrielle Dorziat, Til Kiwe, Elisabeth Flickenschildt, Rudolf Rhomberg, Ernst Schröder, Lina Carstens, Ernst-Fritz Fürbringer, Tilla Durieux, Alma Seidler, Adrienne Gessner, Georg Lehn, Gerd Brüdern, Roma Bahn, Arnulf Schröder, Karl Heinz Peters*

Nach einem Roman von Leo Tolstoi: Fürst Nechljudow verführt das Mädchen Katjuscha. Einige Jahre später begegnet er dieser Katjuscha wieder. Sie ist Prostituierte und des Raubmordes an einem Freier angeklagt. Nechljudow gehört als Geschworener zu ihren Richtern. Er erkennt, dass er der Urheber des ganzen Unheils ist. Er bemüht sich um eine Revision, nachdem Katjuscha trotz

ziemlich offenkundiger Unschuld zu Zwangsarbeit in Sibirien verurteilt wurde. Er geht mit nach Sibirien und bittet sie, ihn zu heiraten. Er bricht radikal mit seinem Luxusleben, nimmt sich zahlreicher schuldlos Gefangener an und verteilt seinen Grundbesitz an die verelendeten Bauern. Katjuscha, die seinen Antrag ablehnt, bleibt auch nach ihrer Begnadigung in Sibirien, um ein neues Leben zu beginnen. Mikhail Shvejtser drehte 1960 mit Yevgeni Matveyev, Tamara Syomina und V. Boriskin in der UdSSR unter dem Titel *Voskreseniye* eine weitere Verfilmung des Stoffes; mit John Bryans, Alan Dobie und Athene Fielding entstand 1970 in Großbritannien die TV-Miniserie *Resurrection*.

1943 Resurrección

MEX, R: *Gilberto Martínez Solares*, D: *Sara García, Julio Ahuet, Victoria Argota*

1937 Aien kyo

J, R: *Kenji Mizoguchi*, D: *Seizaburô Kawazu, Yutaka Mimasu, Masao Shimizu*

1934 Auferstehung

We Live Again, USA, R: *Rouben Mamoulian*, D: *Anna Sten, Fredric March*

1931 Resurrection

USA, R: *Edwin Carewe*, D: *John Boles, Lupe Velez, Nance O'Neil*

1927 Resurrection

USA, R: *Edwin Carewe*, D: *Rod La Rocque, Dolores del Rio, Marc MacDermott*

1918 Resurrection

USA, R: *Edward José*, D: *Pauline Frederick, Robert Elliott, John St. Polis*

1917 Resurrezione

I, R: *Mario Caserini*, D: *Pepa Bonafé, Matilde Di Marzio, Andrea Habay*

1915 A Woman's Resurrection

USA, R: *J. Gordon Edwards*, D: *Mathilde Brundage, Edgar L. Davenport*

1909 Resurrection

USA, R: *D. W. Griffith*, D: *Florence Lawrence, Marion Leonard, Owen Moore*

DAS AUGE

Eye Of The Beholder, GB/CDN/USA 1999, R: *Stephen Elliott*, D: *Ewan McGregor, Ashley Judd, Patrick Bergin, Geneviève Bujold, k.d. lang, Jason*

Auf Wiedersehen, Franziska! (1941, R: Helmut Käutner): Marianne Hoppe und Hans Söhnker

Das Auge (1982, R: Claude Miller): Isabelle Adjani als Raubmörderin

Priestley, Anne-Marie Brown, Kaitlin Brown, David Nerman, Steven McCarthy, Vlasta Vrana, Janine Theriault, Don Jordan, Maria Revelins, Lisa Forget
Nach einem Roman von Marc Behm: Ein Privatdetektiv, er nennt sich »Das Auge« und ist Spezialist für Überwachungen, beobachtet bei einem Auftrag, wie eine junge Frau die von ihm zu observierende Person eiskalt ersticht. Irgendwie seltsam fasziniert von der Schönen, folgt der Detektiv ihr von Stadt zu Stadt, von Opfer zu Opfer. Selbst als die Frau nach Alaska flieht, reist ihr »Das Auge« hinterher. Hier stehen sich die beiden erstmals direkt gegenüber ...
Prisma-Online: »Bereits 1982 verfilmte Claude Miller mit Michel Serrault Marc Behms Roman *Das Auge*. In dieser neuen Variante von Stephen Elliott wird das Thema um einen Mann, bei dem eine Mörderin zur Obsession wird, gekonnt als Paranoiathriller verpackt. Surreale Momente, Hitchcock-Motive und gar biblische Verweise sorgen hier für packende Unterhaltung.«

1982 Das Auge
Mortelle randonnée, F, R: Claude Miller, D: Michel Serrault, Isabelle Adjani

AUS DEM DSCHUNGEL IN DEN DSCHUNGEL
Jungle 2 Jungle, USA 1996, R: John Pasquin, D: Tim Allen, Sam Huntington, JoBeth Williams, Lolita Davidovich, Martin Short
Der Börsenmakler Michael hat alles im Leben: Apartment am Central Park, Erfolg im Beruf,

schöne Verlobte und – einen Sohn. Das wusste er noch gar nicht. Er begegnet ihm erstmals, als er nach Venezuela fliegen muss, um die Scheidung von seiner Ex-Frau zu regeln. Hier im Urwald ist Mimi-Siku unter Wilden aufgewachsen – ein Meister des Blasrohrs mit einer Riesenspinne als bester Freundin. Ehe Michael sich versieht, hat er dem Jungen versprochen, ihn mit nach New York zu nehmen.
Gunther Baumann *(Kurier)*: »Der Dschungelfilm aus dem Hause Disney ist das US-Remake einer französischen Erfolgsproduktion, und wie üblich fällt die Kopie etwas derber aus als das Original. Doch das Werk ist reich an kindgerechten Späßen. TV-Star Tim Allen *(Schau mal, wer da hämmert)* passt der Maßanzug des Börsenprofis gut; Sam Huntington als Mimi-Siku ist ein gewitzter Stadtindianer, der mit Spinne und Blasrohr seinem Dad bei der Bewältigung gröberer Probleme hilft. Und natürlich mutieren Vater und Sohn von Fremden zu Freunden.«

1994 Little Indian – Der Großstadtindianer
Un indien dans la ville, F, R: Hervé Palud, D: Thierry Lhermitte, Miou-Miou

AUSGEZÄHLT
Iron Man, USA 1951, R: Joseph Pevney, D: Jeff Chandler, Evelyn Keyes, Stephen McNally, Joyce Holden, Rock Hudson, Jim Backus, Jim Arness
Wenn Boxer Coke Mason in den Ring tritt, verwandelt er sich in einen Killer, der mit seinen Gegnern gnadenlos umspringt. Deshalb betätigt sich Coke lieber als Bergarbeiter und spart die Hochzeit mit Rose vom kargen Lohn zusammen. Dennoch lässt er sich überreden wieder in den Boxring zurückzukehren. In dem Sportreporter Max Watkins findet er einen neuen Manager, der es versteht, aus ihm einen fairen Sportler zu machen. Derartig geläutert verliert er zwar den Kampf um die Weltmeisterschaft, gewinnt aber die Gunst der Zuschauer.

1937 Some Blondes Are Dangerous
USA, R: Milton Carruth, D: William Gargan, Dorothea Kent, Nan Grey

1931 Iron Man
USA, R: Tod Browning, D: Lew Ayres, Robert Armstrong, Jean Harlow

AUSSER RAND UND BAND AM WOLFGANGSEE
A/BRD 1971, R: Franz Antel, Drb: Kurt Nachmann, K: Siggi Held, M: Gerhard Heinz, S: Arnfrid Heyne,

D: *Heidi Hansen (Eva), Ernst Schütz (Martin), Paul Löwinger (Zacherl), Waltraut Haas (Rössl-Wirtin), Gunther Philipp (Finanzbeamter), Michael Schanze (Jürgen), Jutta Speidel (Maxi), Hansi Kraus (Leopold)*

Unverhofft erbt das Nummerngirl Eva ein Hotel am Wolfgangsee. Überglücklich reist sie mit ihrer Freundin Maxi ins Salzkammergut, doch zu ihrer Enttäuschung erweist sich das »Palasthotel« als nahezu unbewohnbare Bruchbude. Nur das treue Hausfaktotum Zacherl und dessen Pferd halten darin aus. Als Eva zudem noch erfährt, dass sie einen Berg von Schulden mitgeerbt hat, gerät sie an den Rand der Verzweiflung. Die clevere Maxi und der listige Zacherl bringen sie jedoch dazu, die Herberge zu renovieren. Zacherl lockt eine Gruppe von Managern ins Haus, die eigentlich in der Nobelherberge »Weißes Rössl« gebucht hatten. Evas Freundinnen machen aus der Not eine Tugend. Den Mangel an warmem Wasser, Strom und Küchenvorräten geben sie einfach als ausgefeilte Kur gegen die Wohlstandsleiden aus. Selbst für flotte Unterhaltung ist gesorgt, seit sich der Sänger Jürgen in Eva verliebt hat. Sie ärgert sich aber nur über den scheinbar so aufdringlichen Gigolo und Arzt Martin. Bald merkt sie aber, dass er sie wirklich liebt und ihr hilft, die Gäste bei der Stange zu halten. Als sie erfährt, dass Martin der Bruder ihrer Konkurrentin, der »Weißes Rössl«-Wirtin, ist, glaubt sie, dass er sie bloß ruinieren möchte. Enttäuscht will Eva das Hotel sofort an die Bank verkaufen, Martin lässt sich eine letzte List einfallen.

Der Komödienspezialist Franz Antel drehte mit dieser Schlager-Komödie – neben Michael Schanze ist auch Roberto Blanco als Sänger zu hören – ein schwungvolles Remake seiner Erfolgsfilme *Im schwarzen Rössl* (1961) und *Eva erbt ein Paradies* (1951).

Im schwarzen Rössl (1961, R: Franz Antel): Alle Beteiligten auf den Balkon!

Das *Lexikon des internationalen Films* hält den Film für ein »sehr anspruchsloses Schlagerlustspiel« und für »wirklichkeitsfern und verlogen.« In seinen Memoiren *Großaufnahme* bemerkt Franz Antel: »Es war – ich wage kaum, es niederzuschreiben – schon wieder die Geschichte von dem Mädchen, das ein heruntergekommenes Hotel erbt! Na ja, ein Gulasch wird ja auch immer besser, je öfter man es aufwärmt! Und aller guten Dinge sind eben drei. Am Schauplatz hatte sich nichts geändert, das war wieder der vielbesungene Wolfgangsee. Aber die Hauptrolle spielte diesmal Michael Schanze. Und rund um ihn agierten viele hübsche Mädchen.«

1961 Im schwarzen Rössl
A, R: Franz Antel, D: Karin Dor, Hans von Borsody, Peter Kraus
»Dieses Rössl gehört in die Bratwurst.« *(TV Spielfilm)*

1951 Eva erbt das Paradies
A, R: Franz Antel, D: Maria Andergast, Annie Rosar, Josef Meinrad

Außer Rand und Band am Wolfgangsee (1971, R: Franz Antel): Hausfaktotum Zacherl (Paul Löwinger) klärt die Lage

AUSGELÖSCHT

Extreme Prejudice, USA 1986, R: Walter Hill, D: Nick Nolte, Powers Boothe, Michael Ironside, Maria Conchita Alonso, Rip Torn, Clancy Brown, Matt Mulhern, Larry B. Scott, Dan Tullis jr., William Forsythe

Cash Bailey, potenter Rauschgiftdealer mit schlagkräftiger Privatarmee, operiert von Mexiko aus und überschwemmt den Süden der Vereinigten Staaten mit seinem Stoff. Texas-Ranger Jack Benteen, einstiger Schulfreund Cashs, versucht seit langem, diesem das Handwerk zu legen, zumal die schöne Sarita sich nicht zwischen den beiden entscheiden kann. Die Situation wird explosiv, als CIA-Major Paul Hackett mit einer Truppe Spezialagenten auftaucht. Hackett hat sich mit Bailey in Geschäften kompromittiert und will Mitwisser und Beweise verschwinden lassen. Seinen Leuten gegenüber behauptet er, ihr mörderischer Einsatz geschehe im Regierungsauftrag. Alles in allem ein harter Brocken für den wortkargen Provinzsheriff. Ein rasanter Actionfilm von Walter Hill, der Grundmuster des Western-Genres (zwei Freunde gehen getrennte Wege, der eine wird Sheriff, der andere Gangster) in die Gegenwart zu transformieren versucht. Kaum getarntes Remake von Peckinpahs *The Wild Bunch*.

Fischer Film Almanach: »Eine ungewöhnliche Mischung aus Western, Agentenstory und Actionfilm, von Hill mit gewohnter Präzision und Effizienz inszeniert. Störend wirken die kompromisslose Gewalttätigkeit und Menschenverachtung, die die Geschichte prägen.«

1969 The Wild Bunch – Sie kannten kein Erbarmen
The Wild Bunch, USA, R: Sam Peckinpah, D: William Holden, Ernest Borgnine

B

DAS BAD AUF DER TENNE

BRD 1955/56, R: Paul Martin, D: Sonja Ziemann, Paul Klinger, Nadja Tiller, Rudolf Platte, Walter Giller, Herta Staal, Karl Schönböck, W. A. Kleinau, Manfred Inger, Kai Fischer, Eve Dietrich, Lou Seitz, Sigurd Lohde, Eleonore Tappert, Bruno W. Pantel, Elvira Schalcher, Erwin Walter Zipser, Maria Krasna, Wolf Harnisch, Else Reuss, Eddi Nowakowski

Die erste Dame des Dorfes hat von einem durchreisenden Regierungs-Gentleman eine Badewanne verehrt bekommen und erregt das Missfallen ihres Ehemannes und die Gemüter ihrer Nachbarn durch den Einfall, tatsächlich ein Bad zu nehmen. Die Klatschbasen männlichen und weiblichen Geschlechts sind sowieso schon aus dem Gleichgewicht geraten wegen einer unbekleideten Brunnenfigur, die ein zugereister Bildhauer den Reizen seines Mädchens nachgeformt hat. Aber die listige Bürgermeisterin erteilt den Lästermäulern eine Lektion, die sie sich hinter die Ohren schreiben können.

Dietrich Hegemann *(Filmblätter):* »Ein wohltuendes Brausebad vieler netter Einfälle! Die bunten Kulissen in Eastmancolor sind genau der richtige Hintergrund für die brav-erotischen Abenteuer einer reizvollen Bürgermeistersfrau, die sich vor rund dreihundert Jahren in Holland abspielten ... Leider findet die Rahmenhandlung, die um die alte, ewig neue Geschichte von Untreue und Eifersucht gesponnen wurde, keine Parallele zum eigentlichen Stoff, obgleich sie von Nadja Tiller und Walter Giller charmant serviert wird. Entzückend Sonja Ziemann als Bürgermeisterin, komisch der Bildhauer Plattes und reizend

sein Modell Herta Staal ... Bis zur kleinsten Rolle ist alles großzügig besetzt. Durch die Wiederverfilmung von Paul Martin ist nichts von dem pikanten Reiz des Vorwurfes verloren gegangen.«

1943 Das Bad auf der Tenne
D, R: Volker von Collande, D: Heli Finkenzeller, Will Dohm, Richard Häußler

BAD BOYS NEVER DIE

Roadracers, USA 1994, R: Robert Rodriguez, D: David Arquette, Salma Hayek, Jason Wiles, Helen Shaver, William Sadler, John Hawkes

Ein junger Einzelgänger ist dem Sheriff eines Provinznestes ein Dorn im Auge. Er setzt seinen Sohn und dessen Gang auf ihn an, damit sie ihn provozieren und zu einer Dummheit verleiten. Doch die »Bad Boys« schlagen über die Stränge ...

Lexikon des internationalen Films: »Eine weitere Fortsetzung der ›Drive In Classics‹-Serie, in der B- und C-Filme der 50er-Jahre als Remake produziert wurden. Im vorliegenden Fall eine Mischung aus nostalgischem Rückblick und Gangthriller.«

1958 Roadracers
USA, R: Arthur Swerdloff, D: Joel Lawrence, Marian Collier, Skip Ward

BAGDAD CAFÉ

USA 1990, TV-Serie: 15 Folgen, R: Paul Bogart, D: Whoopi Goldberg, Jean Stapleton, Scott Lawrence, Monica Calhoun, James Gammon, Cleavon Little, Sam Whipple, William Shockley, Walter Olkewicz, Philip Baker Hall, Rudy Ramos, Ebbe Roe Smith, Glenn Quinn, Paul Michael Brennen

Jasmin wird von ihrem Mann in der Mohave-Wüste sitzen gelassen und gelangt zu Fuß zum Bagdad Café, das von Brenda geführt wird. Deren Mann Juney ist auch nicht mehr da, wo er sein sollte, und so verstehen sich die beiden »Strohwitwen« prächtig. Jasmin steigt bei Brendas Café ein und gemeinsam versuchen sie, den Laden in Schwung zu bringen. Brendas Tochter Debbie macht ab und zu Probleme, wenn sie mal wieder ausgerissen ist oder neue Freunde mitbringt. Auch Juney taucht gelegentlich auf und sorgt für Wirbel.

Jovan Evermann *(Der Serien-Guide):* »*Bagdad Café* basiert auf dem deutsch-amerikanischen Spielfilm *Out Of Rosenheim* von 1987 (ARD: 7.10.1992) mit Marianne Sägebrecht als Jasmin, CCH Pounder als Brenda und Monica Calhoun als Debbie. Nach nur 15 Folgen wurde die Serie in den USA abgesetzt, weil zeitgleich zur Ausstrahlung der Golfkrieg tobte.«

1987 Out Of Rosenheim
BRD, R: Percy Adlon, D: Marianne Sägebrecht, CCH Pounder, Jack Palance

DIE BALLADE VON NARAYAMA
Narayama bushiko, J 1982, R: Shohei Imamura, D: Ken Ogata, Sumiko Sakamoto, Aki Takejo, Tonpei Hidari, Seiji Kurasaki, Kaoru Shimamori, Ryutaro Tatsumi, Junko Takada, Nijiko Kiyokawa, Mitsuko Baisho, Shoichi Ozawa, Mitsuaki Fukamizu, Norihei Miki, Akio Yokoyama, Sachie Shimura

Vor vielen hundert Jahren in einem Dorf am Fuße des heiligen Berges Narayama: Seit jeher war es Tradition in dieser extrem armen Region, dass jeder Dorfbewohner, der das 70. Lebensjahr erreicht, eine letzte Wanderung auf den Berg unternimmt, um den Jüngeren ihren Platz an den stets zu knapp gefüllten Essenstöpfen frei zu machen. Dies geschieht natürlich nicht immer ohne den Widerstand der damit zum Tode Verurteilten, aber auch die Kinder, die sich auf diese Weise von ihren Eltern trennen müssen, lehnen sich immer wieder gegen diese unmenschliche Tradition auf.

MovieLine: »In opulenten Breitleinwand-Bildern wird das Leben der einfachen Bevölkerung eines Bergdorfs am Narayama-Gebirge mit seinem sozialen Gefälle, seiner Sinnlichkeit, seiner Kriminalität und seinem eigenen brutalen Gericht als realistisch vorgegeben. Zentrales Thema ist das letzte Lebensjahr der Bäuerin Orin, die schließlich, altem Brauchtum folgend, von ihrem Sohn auf den Berg getragen wird, um dort zu sterben. Dieser starken Auseinandersetzung mit dem Tode ist der Rest des Films nicht gewachsen.«

1958 Die Ballade von Narayama
Narayama bushiko, J, R: Keisuke Kinoshita, D: Teiji Takahashi, Kinuyo Tanaka

BAMBI
Detstwo Bambi, UdSSR 1986, R: Nataliya Bondarchuk, D: Wanya Burkiyaew, Nataliya Bondarchuk, Maris Liepa, Katya Lydyewa, Maxim Shalyidew

Der Film basiert auf einer lyrischen Novelle von Felix Salten: Das erste Lebensjahr des Rehkitzes Bambi, das die Harmonie der Natur, aber auch die Grausamkeit der Menschen erlebt und lernt, seinen Platz im Leben einzunehmen. *Lexikon des internationalen Films*: »Realfilm-Version des bekannten Disney-Zeichentrickfilms in einer experimentierfreudigen, aber gescheiterten Umsetzung, die unentschlossen zwischen Natur- und Märchenfilm schwankt. Nur die schönen Tieraufnahmen überzeugen, während der pädagogische Zeigefinger und die hölzerne Synchronisation dem zwar interessanten, aber misslungenen Kinderfilm auch noch die schönen Momente verleiden.«

1942 Bambi
USA, R: Walt Disney – Animation

DIE BANDE DES CAPTAIN CLEGG
Captain Clegg, GB 1961, R: Peter Graham Scott, D: Peter Cushing, Patrick Allen, Yvonne Romain, Michael Ripper, Oliver Reed, Martin Benson, David Lodge, Derek Francis, Milton Reid, Daphne Anderson, Jack MacGowran

Ein Marine-Hauptmann des 18. Jahrhunderts entlarvt in einem englischen Küstenort eine Bande von Alkoholschmugglern. *Lexikon des internationalen Films*: »Billig produzierter Abenteuerfilm aus dem Hause Hammer, mit romantischen Akzenten und Gruselelementen aufgelockert. Insgesamt äußerst schwach inszeniert und unzulänglich gespielt.«

1937 Doctor Syn
GB, R: Maude T. Howell, Roy William Neill, D: George Arliss, Margaret Lockwood

BANDIT AUS GUTEM HAUS –
DIE CAPTAIN STARLIGHT LEGENDE
Robbery Under Arms, AUS 1985, R: Donald Crombie, Ken Hannam, D: Sam Neill, Steven Vidler, Christopher Cummins, Liz Newman, Jane Menelaus, Andy Anderson, Deborah Coulis, Susie Lindeman, Joe d'Amato, Ed Devereaux, Robert Grubb, Tommy Lewis John Dick

Nach einem Roman von Rolf Boldrewood: Australien Mitte des 19. Jahrhunderts, zur Zeit der englischen Kolonialherrschaft: Der zu legendärem Ruhm gekommene Gentleman-Gauner Captain Starlight plant gemeinsam mit dem englischen Sträfling Marston, der nach seiner Entlassung in Australien bleibt, einen Viehdiebstahl großen Ausmaßes. Auch die beiden Söhne Marstons schließen sich Starlights »Bushranger«-Gang an. Gehetzt von der Polizei, kommt es zu bedrohlichen Situationen.

Lexikon des internationalen Films: »Schwerfällige Verfilmung eines epischen Abenteuerromans, die nach einer erfolglosen Kinoauswertung in einer überlangen Fassung auch ins Fernsehen kam.«

1957 Die Farm der Verfluchten

Robbery Under Arms, GB, R: Jack Lee, D: David McCallum, Peter Finch

1920 Robbery Under Arms

AUS, R: Kenneth Brampton, D: Jackie Anderson, Vera Archer, Kenneth Brampton

1907 Robbery Under Arms

AUS, R: Charles MacMahon, D: Rhoda Dendron, William Duff, Jim Gerald

DAS BANKENTRIO

The Three Fugitives, USA 1988, R: Francis Veber, D: Nick Nolte, Martin Short, Sarah Rowland Doroff, James Earl Jones, Alan Ruck

Amerikanische Remakes europäischer Filmerfolge sind nichts Neues. Dass man für das Remake à la americaine auch den europäischen Erfolgsregisseur engagiert, ist schon ungewöhnlicher. 1987 drehte Francis Veber mit dem Duo Pierre Richard und Gérard Depardieu die turbulente Komödie *Zwei irre Typen auf der Flucht*. Nur ein Jahr später setzte er den gleichen Stoff mit Nick Nolte und Martin Short in den USA in Szene. Daniel Lucas hat wieder einmal fünf Jahre wegen wiederholten Bankraubs abgesessen, als er auf Bewährung vorzeitig aus dem Gefängnis entlassen wird. Police-Detective Dugan rechnet fest damit, ihn bald wieder zu verhaften; die guten Vorsätze des ausgekochten Profis nimmt er überhaupt nicht ernst. Es vergeht keine Stunde, da scheint ein Überfall auf die Pacific National Bank Dugans Überzeugung zu bestätigen. Lucas entkommt mit einem völlig verängstigten Mann, anscheinend hat er einen gewissen Ned Perry als Geisel genommen. In Wirklichkeit ist es allerdings genau umgekehrt: Perry versuchte sich zum ersten Mal mit wenig Geschick als Bankräuber und nahm ausgerechnet Lucas als Geisel, als dieser in der Bank mit seinen 1.740-Dollar-Einkünften aus fünf Jahren Arbeit hinter Gittern ein Konto eröffnen wollte. Lucas ist entsprechend wütend auf den Tollpatsch, zumal die Polizei natürlich ihn für den Bankräuber und Perry für die Geisel hält. Als er jedoch auf der Flucht vor der Polizei erfährt, was für Probleme Perry mit seiner kleinen Tochter Meg hat, und das Mädchen unter abenteuerlichen Umständen kennen lernt, weicht sein Zorn mehr und mehr wachsender Sympathie für die beiden, und er kann sie einfach nicht im Stich lassen ...

ARD: »Vebers Remake hat alles, was eine gute Komödie braucht: ein exzellentes Darstellerteam, witzige Dialoge, turbulente Slapstick-Szenen, Charme und anrührende Sentimentalität.«

1987 Die Flüchtigen/Zwei irre Typen auf der Flucht

Les fugitifs, F, R: Francis Veber, D: Gérard Depardieu, Pierre Richard, Anaïs Bret

Unten: Die Flüchtigen/Zwei irre Typen auf der Flucht (1987, R: Francis Veber): Profi Gérard Depardieu mit der kleinen Anaïs Bret
Rechts: Die Flüchtigen/Zwei irre Typen auf der Flucht (1987): Gérard Depardieu und Pierre Richard im Clinch

BARABBAS

Barabba, I 1961, R: Richard Fleischer, D: Anthony Quinn, Silvana Mangano, Arthur Kennedy, Katy Jurado, Vittorio Gassman, Jack Palance, Ivan Triesault, Harry Andrews

Barabbas entgeht einem schimpflichen Tod, als das Volk von Jerusalem am Passahfest den römischen Prokurator Pontius Pilatus drängt, Jesus an Stelle des Aufrührers und Raubmörders kreuzigen zu lassen. Mitleid empfindet Barabbas für den Mann am Kreuz nicht, dagegen redet er sich abergläubisch ein, fortan unsterblich zu sein. Obwohl seine Geliebte Rachel sich zu dem Gekreuzigten bekennt und gesteinigt wird, begeht Barabbas neue Bluttaten und wird zu lebenslänglicher Verbannung in die Schwefelgruben von Sizilien verurteilt. Dort ruft sein Name Entsetzen unter den anderen Sträflingen hervor. Sahak, mit dem Barabbas zusammengekettet ist, hat zu Christus gefunden; Barabbas dagegen vermag nicht an ihn zu glauben, das Kreuz ist für ihn nicht mehr als ein Talisman. Nach schrecklichen Jahren in den Gruben kommt Barabbas zusammen mit Sahak als Sklave nach Rom und wird unter die Gladiatoren gesteckt. Sahak verkündet dort die Botschaft der Nächstenliebe und steht auch zu seinem Glauben, als das den Tod für ihn bedeutet. Anders Barabbas; er will und kann nicht glauben. Als er seinen gefährlichen Gegner Torvald nach einem mörderischen Kampf in der Arena besiegt hat, tötet er ihn und bekommt vom Kaiser daraufhin die Freiheit geschenkt. Noch als er sich schließlich im brennenden Rom zu den Christen bekennt, tut Barabbas dies aus einem Irrtum, am Ende aber stirbt er gemeinsam mit ihnen am Kreuz. *Barabbas* entstand nach dem gleichnamigen Roman von Pär Lagerkvist, für den der schwedische Autor 1951 den Literatur-Nobelpreis erhielt.

Gregor Ball *(Anthony Quinn)*: »Bereits 1953 hatte der schwedische Regisseur Alf Sjöberg mit Ulf Palme in der Titelrolle versucht, das nobelpreisgekrönte Werk seines Landsmannes optisch auszudeuten. Zwar gelang es ihm – zusammen mit den Kameramännern Göran Strindberg und Sven Nykvist, die mit Hell-Dunkel-Kontrasten eine außergewöhnlich starke Bildwirkung erzielten –, das künstlerische Niveau der Vorlage zu halten. Doch der Film sprach nur Ästheten an und wanderte deshalb sehr schnell in die Kultkinos, weshalb er weitgehend unbekannt blieb.

Jetzt aber, bei Dino deLaurentiis 70-mm-Technirama-Produktion, brach das biblische Spektakel förmlich unter dem Budget von zehn Millionen Dollar und dreißigtausend Statisten zusammen.«

Anthony Quinn: »Ich habe versucht, in der Darstellung des Barabbas einen Gedanken aufgehen zu lassen, der mich besonders beschäftigt. Jeder von uns schuldet doch irgendjemandem irgendetwas – sei es auch nur der Dank dafür, in dieses Leben gebracht worden zu sein. Aber wir sind schließlich mit so vielen Schulden beladen, dass wir gar nicht mehr zu uns selbst finden. Barabbas indessen kannte seine Schuld und seinen Gläubiger. Er verdankt sein Leben einem anderen Menschen: ein völlig Unschuldiger war für ihn, den Gewaltverbrecher, gestorben. Von nun an bestand sein Leben aus der Qual und der Unruhe, die Wahrheit zu begreifen und in ihr Ruhe zu finden. Insofern ist *Barabbas* meiner Meinung nach das Drama des modernen Menschen.«

Rheinische Post: »Eine Reihe überdurchschnittlicher Darsteller ... Allen voran Anthony Quinn als Barabbas. Sein schauspielerisches Können ermöglicht ihm, in schlicht-bärtiger Maske (und meist kraftprotznacktem Oberkörper) nicht nur die Kreuzigung (bei echter Sonnenfinsternis), Freudenhaus, Räuberleben (abgewandelte) Schwefelgrube, (hinzugefügten) Gladiatorenrummel, Katakomben und Kreuzestode mit Anstand zu überstehen, sondern auch in einigen Augenblicken etwas von der elementaren Aussagekraft Lagerkvists glaubhaft zu machen ... Ein bohrendes Stück Weltliteratur, einem breiten Publikum (das es ja nicht mehr anders haben will) mundgerecht zubereitet.«

Der erste Film, der sich des *Barabbas*-Charakters annahm, wurde 1949 von Donald Taylor in Großbritannien unter dem Titel *Which Will Ye Have* gedreht.

1953 Barabbas – Der Mann im Dunkel

Barabbas, S, R: Alf Sjöberg, D: Ulf Palme, Inge Waern, Olof Widgren

BARB WIRE

USA 1996, R: David Hogan, D: Pamela Anderson Lee, Temuera Morrison, Victoria Rowell, Steve Railsback, Udo Kier, Jack Nosworthy, Xander Berkeley, Clint Howard

Nicht nur in ihrem engen Lederdress stecken schlagkräftige Argumente: Zur Not räumt Barb Wire auch mit dem Maschinengewehr auf. Don't call me Babe! Wer es wagt, Barbesitzerin Barb Wire »Babe« zu nennen, fängt sich garantiert eine Kugel ein: Die ehemalige Widerstandskämpferin schießt so scharf, wie sie aussieht. Barb Wire ist so etwas wie eine Legende, ihre »Hammerhead Bar« der Treffpunkt in Steel Harbour – im Jahr 2017 die einzige neutrale Stadt im verheerenden zweiten amerikanischen Bürgerkrieg. Die Kongressarmee hat den Osten besiegt und dringt jetzt mit barbarischen Mitteln weiter nach Westen vor. Aber das, was Barb wirklich beschäftigt, sind ihr blinder Bruder Charlie, ihre Bar und sie selbst. Plötzlich taucht Axel Hood in Steel Harbour auf. Er ist mit Dr. Tyra Armstrong alias Cora D. auf der Flucht und weiß, dass Barb gute Beziehungen zum Untergrund hat. Dr. Armstrong muss über die Grenze nach Kanada, um den Vermittlungsausschuss vor einer biologischen Waffe zu warnen, die eine weltweite Katastrophe auslösen könnte. Aber das lässt Barb kalt. Sie verachtet Hood, der einiges dazu beigetragen hat, dass sie in Steel Harbour gelandet ist. Sie wirft ihn raus, aber ihr Bruder Charlie sichert Axel seine Hilfe zu: Er will seltene Spezial-Kontaktlinsen auftreiben, mit denen Dr. Armstrong – deren Augenmerkmale registriert sind – die Grenze passieren könnte. Charlie bezahlt seine Sympathie für den Widerstand mit dem Leben. Er wird von der Kongressarmee getötet. Zeit für Barb Wire, zu den Waffen zu greifen und aufzuräumen. Sie entwickelt einen Plan für Dr. Armstrongs Flucht und kämpft mit allen verfügbaren Waffen, um sie und Hood durch die Kriegszone zu bringen.

Die Science Fiction Filmenzyklopädie: »Obwohl die Idee nicht mehr ganz so neu ist – schließlich ist *Neon City* (*Neon City*, 1992) ein Remake von *Ringo* (*Stagecoach*, 1939), ebenso wie *Tote leben länger* (*Dead Man Walking*, 1987) von *Der schwarze Falke* (*The Searchers*, 1956) – gewinnt

Barb Wire einige Dreistigkeitspunkte für die Verwendung der Handlung aus *Casablanca* (*Casablanca*, 1943) und deren Transfer in ein futuristisches Amerika nach einem großen Zusammenbruch ... In diesem Film sind sehr gelungene Neubesetzungen alter Rollen zu finden, mit einem ironischen Berkeley und Railsback in Fascho-Uniform als Claude Rains und Conrad Veidt ... Leider ist das Drehbuch nicht so witzig wie die Besetzung des Films ... Der größte Nachteil des Films liegt in Lees geknurrten Dialogen. Ihre spektakulären Plastikbrüste und ihre schweren Augenlider schaffen es nicht, so etwas wie eine Persönlichkeit auf die Leinwand zu projizieren. Letztendlich bringt es dieser *Casablanca*-Klon auf den Punkt: Rick brauchte keine Verfolgungsjagden und kein ›Motorrad gegen Gabelstapler‹-Duell, um zum Flughafen zu gelangen.«

Glücklicherweise nimmt der Film sich nicht allzu ernst: David Hogan zwängt die Kurven seiner harten Heldin in hautenges Latex, lässt Udo Kier als glatzköpfigen Barmann *Lili Marleen* singend durch die »Hammerhead Bar« fegen und hat bis zum Schluss die erfreulichsten Dialoge parat: Er: »Ich glaube, ich habe mich in dich verliebt.« Sie: »Dann stell dich hinten an.«

1983 Casablanca

USA, TV-Serie: 7 Folgen, R: Ralph Senensky, D: David Soul, Ray Liotta

1955 Casablanca

USA, TV-Serie: 10 Folgen, D: Marcel Dalio, Charles McGraw, Michael Fox

1943 Casablanca

USA, R: Michael Curtiz, D: Humphrey Bogart, Ingrid Bergman, Paul Henreid

BARBIE IN DER NUSSKNACKER

Barbie In The Nutcracker, USA 2001, R: Owen Hurley – Animation:
Barbie alias Carla bekommt einen Nussknacker geschenkt. Der wird lebendig und muss sich gegen den bösen Mäusekönig wehren, der in Carlas Zimmer eingedrungen ist. Carla eilt dem Nussknacker zu Hilfe, da verhängt der Mäusekönig einen Fluch über sie: Carla schrumpft auf Spielzeuggröße. Die Einzige, die diesen Zauber

Der Nussknacker-Prinz (1990, R: Paul Schibli): Clara, Onkel Drosselmeier und der Nussknacker

wieder lösen kann, ist die Zuckerfee. So machen sich Carla und der Nussknacker auf die Suche nach ihr. In dieser Zeichentrickversion des Balletts von Peter Iljitsch Tschaikowsky ist die Carla nach Gesicht und Figur der Puppe Barbie gezeichnet.

TV direkt: »Ein skurriles Projekt: Tänzer des New York City Ballett lieferten die Vorlage für die Computeranimation, der große Tschaikowsky die Musik und Story, und Spielzeughersteller Mattel Geld und ihr Vorzeigepüppchen Barbie ... Wie ein Sahnebonbon: unwiderstehlich süß.«

1994 Der Nußknacker
The Nutcracker Suite, USA, R: Toshiyuki Hiruma Takashi – Animation.

1993 George Balanchines Der Nußknacker
George Balanchine's The Nutcracker, USA, R: Emile Ardolino, D: M. Culkin

1990 Der Nußknacker-Prinz
The Nutcracker Prince, CDN, R: Paul Schibli – Animation

1986 Der Nußknacker
Nutcracker: The Motion Picture, USA, R: Carroll Ballard, D: Vanessa Sharp

DIE BARTHOLOMÄUSNACHT
La reine Margot, BRD/F/I 1993, R: Patrice Chéreau, D: Isabelle Adjani, Daniel Auteuil, Vincent Perez, Jean-Hugues Anglade, Virna Lisi, Jean-Claude Brialy, Thomas Kretschmann
Historiendrama nach Alexandre Dumas: Frankreich, 1572. Zwischen Katholiken und Protestanten droht der Glaubenskrieg. Um die Situation zu entspannen, wird eine Hochzeit geplant. Margot, die Schwester des katholischen Königs Charles IX. soll den protestantischen Fürsten Henri de Navarre ehelichen. Das Fest in der Bartholomäusnacht gerät jedoch zu einem grausamen Massaker. Beinahe alle protestantischen Gäste finden den Tod.

Andreas Kilb *(Die Zeit)*: »Der Film ist weder ein Hit noch ein großes Kunstwerk geworden, sondern ein Mischmasch aus Kostümkino und Schauspielertheater, großen Auftritten und Kulissenschieberei – von allem zu wenig, von jedem zu viel.«

Die Bartholomäusnacht (1993, R: Patrice Chéreau): Hochzeit in der Kathedrale Notre Dame mit Isabelle Adjani und Daniel Auteuil

1954 Die Bartholomäusnacht
La reine Margot, I/F, R: Jean Dréville, D: Jeanne Moreau, Francoise Rosay

BATMAN
USA 1989, R: Tim Burton, D: Michael Keaton, Jack Nicholson, Kim Basinger, Pat Hingle, Robert Wuhl, Jack Palance, Pat Hingle, Billy Dee Williams, Michael Gough, Jerry Hall, Lee Wallace, Tracey Walter
Nach dem gleichnamigen Comic von Bob Kane: In Gotham City regieren der skrupellose Gangsterboss Grissom und seine rechte Hand, der widerliche Killer Napier. Nur Batman, ein fledermausähnliches Phantom, nimmt es mit den Verbrechern auf. Als Napier eine Falle seines Bosses überlebt, terrorisiert er als »Joker« von nun an die Stadt. Batman muss erkennen, dass »Joker« der Mörder seiner Eltern ist. Ein gnadenloser Kampf beginnt. Währenddessen versucht die Fotografin Vicki, hinter die Identität des einsamen Rächers zu kommen.

MovieLine: »Der neue *Batman* ist sicher besser als die 1966er-Version von Leslie H. Martinson, aber nicht so souverän, wie man dies durch Werbung und Euphorierufe aus den USA annehmen könnte. Mit einer Weltanschauung, die er von Ex-Präsident Reagan übernommen haben könnte, kämpft Batman gegen Verbrechen, Korruption und Drogen. Es ist dem Regisseur nicht ganz gelungen, die Fledermaus von 1939 (erste Comic-Version) so umzurüsten, dass sie auch 40 Jahre später mit ähnlicher Kraft daherkommt. Das Drehbuch hat zu wenig Tempo, eingebaute Rückblenden hemmen den Rhythmus. So bekommt der Film Löcher, die auch der geniale Jack Nicholson als Joker nicht zu stopfen vermag.«

Batman (1989, R: Tim Burton): Michael Keaton als dunkler Ritter

Richard Corliss *(Time)*: »An Keaton und Nicholson dürfte jeder seine helle Freude haben, wie sie sich so miteinander duellieren: die Augenbrauen wie Schwerter gezückt. Und Keaton gelingt es tatsächlich, den verwirrten Menschen hinter Batmans Rüstung durchscheinen zu lassen. Wenn er sich mit der Bedrohung auseinander setzen muss, die Vickis neugierige Liebe für ihn darstellt, wirkt er auf amüsante Art unbeholfen ... Dasselbe gilt für Nicholson. Wer außer ihm könnte den Part des Jokers übernehmen? Er hat ein Patent auf die Herrlichkeit Satans.«

Variety: »Das Fesselnde an diesem Film ist seine visuelle Stilisierung. Comics übten einen wesentlichen Einfluss auf den Stil des Film Noir nach dem 2. Weltkrieg aus. Von daher war es eine raffinierte Entscheidung Burtons, die misstönenden Winkel und das schaurige Licht des Film Noir nachzuahmen und das Ganze dann mit angedeuteter Art Deco-Architektur und einem Zukunftsschock à la *Blade Runner* zu einem nahtlosen Ganzen zu kombinieren.«

Fortsetzungen gab es 1991 *(Batmans Rückkehr)*, 1995 *(Batman Forever)* und 1997 *(Batman & Robin)*. Obwohl Batman-Opus Nummer vier ein Flop war, sind zwei weitere Filme in Planung: Der Trickfilm *Batman Of The Future* und *Batman: Year One* mit Brad Pitt.

1966 Batman hält die Welt in Atem

Batman, USA, R: Leslie H. Martinson, D: Adam West, Burt Ward, Lee Meriwether

BEAU BRUMMELL – REBELL UND VERFÜHRER

Beau Brummell, USA/GB 1954, R: Curtis Bernhardt, D: Elizabeth Taylor, Stewart Granger, Peter Ustinov, Robert Morley, James Donald, James Hayter, Rosemary Harris, Paul Rodgers, Noel Willman, Peter Bull, Peter Dinely, Charles Carson, Ernest Clark, Mark Digna, Desmond Roberts, David Horne, Ralph Truman, Elwyn Brook-Jones, George de Warfaz

Nach einem Stück von Clyde Fitch: England um 1800. Die Gesellschaft hat eine neue Attraktion. George Bryan Brummell alias »Beau«, anerkannter Dandy, Experte in Fragen der Mode und des guten Stils und ein Genie des geschliffenen, sarkastischen Bonmots, ist der Traum jedes Gastgebers. Für seine Vorgesetzten jedoch ist der Captain des Zehnten Königlichen Husarenregiments wegen seiner Extravaganzen und seiner Respektlosigkeit der militärischen Hierarchie gegenüber ein Albtraum. Brummells unorthodoxes Auftreten führt eines Tages zu einer peinlichen Konfrontation mit seinem offiziellen Vorgesetzten, dem Prince of Wales. Anstatt zu Kreuze zu kriechen, reicht der stolze Husar seinen Rücktritt ein. Schon bald wendet sich das Blatt, teilt doch der Prinz Brummells Leidenschaft für Luxus und modische Neuheiten. Der seiner selbst

Batman hält die Welt in Atem (1966, R: Leslie H.Martinson): Adam West in Pose

unsichere und zu sentimentaler Schwärmerei neigende Prinz sucht und findet in Brummell einen Freund. Um ihn vor aller Welt auszuzeichnen, lädt der Kronprinz ihn zu seiner glanzvollen Geburtstagsfeier ein. Bei dem Fest kommt es zu einer schicksalhaften Begegnung. Der Dandy wird Lady Patricia vorgestellt. Schon vom ersten Augenblick an steht es für ihn fest. Sie ist die Frau seines Lebens. Die Liebe zu ihr führt zu einem tiefen Bruch zwischen den Freunden. Der Thronfolger sieht in Brummell plötzlich einen bösen Feind und verweist ihn des Landes.

Beau Brummell (1778–1840) ist eine historische Figur, keine Erfindung einfallsreicher Drehbuchautoren, auch wenn sein Leben fantastische Züge hat. Regisseur Curtis Bernhardt inszenierte seine Biografie als ein verschwenderisch ausgestattetes, reizvolles Stück Kinounterhaltung, unterstützt von einem glanzvollen Star-Ensemble. Die MGM-Produktion – die zweite für Ustinov nach *Quo vadis?* – »wurde ›on location‹ in Englands blühender Landschaft gedreht, viele der Innenaufnahmen entstanden in einem vollständig intakten Herrensitz aus dem 15.Jahrhundert, in ›Ockwell Manor‹ in der Nähe von Schloss Windsor« *(Motion Picture Guide)*.

W. O. P. Kistner *(MovieLine)*: »Außer dem faszinierend präzisen Spiel von Ustinov kaum mehr als Kostümfilm-Routine.«

1913 Beau Brummell
USA, R: James Young, D: James Young, Clara Kimball Young

1924 Beau Brummell
USA, R: Harry Beaumont, D: John Barrymore, Mary Astor, Willard Louis

BEGEGNUNGEN
Intersections, USA 1994, R: Mark Rydell, D: Richard Gere, Sharon Stone, Lolita Davidovich, Martin Landau, David Selby, Jenny Morrison, Ron White
Nach einem Roman von Paul Guimard: Der erfolgreiche Architekt Vincent Eastman lässt 16 Jahre Ehe noch einmal Revue passieren. Die Ehe mit seiner Frau Sally ist längst nicht mehr so harmonisch und glücklich, wie es nach außen scheint. Sally, eine ehrgeizige Karrierefrau, arbeitet viel zu viel; auch die Geburt der Tochter Meaghan ändert daran nichts. Vincent findet in der anfangs so glücklichen Ehe nicht die erträumte Erfüllung – etwas fehlt immer und dieses Etwas macht ihn anfällig für eine neue Liebe.

Die Journalistin Olivia ist das genaue Gegenteil von Sally. Sie ist spontan, temperamentvoll und hat Humor. Für die Geliebte verlässt Vincent Sally und Meaghan, kann sich aber nicht zu einer endgültigen Trennung durchringen. Die drei Frauen – Ehefrau, Geliebte, Tochter – leiden unter seiner Unentschlossenheit und Hinhalte-Taktik. Vincent weiß, dass er eine Entscheidung treffen muss. Nach einer schlaflosen Nacht erwähnt er, die Affäre mit Olivia zu beenden. Er schreibt ihr einen Brief, in dem er ihr seine Entscheidung mitteilt. In letzter Sekunde macht er seinen Entschluss rückgängig. Jetzt will er doch mit der Geliebten ein völlig neues Leben beginnen. Euphorisch spricht er ihr seinen Entschluss auf den Anrufbeantworter und steigt in seinen Wagen. Doch die Straße, auf der Vincent mit seinem Sportwagen viel zu schnell fährt, soll ihn an kein Ziel führen ...

MovieLine: »Das Remake des Claude Sautet-Films *Les choses de la vie* (1969) ist ein in Rückblenden erzähltes, oberflächliches und steriles Melodram, das im schicken Milieu der Oberklasse spielt und trotz beachtlichem Spiel der Hauptdarsteller nie wirklich zu packen vermag.«

1969 Die Dinge des Lebens
Les choses de la vie, F/I, R: Claude Sautet, D: Romy Schneider, Michel Piccoli

DAS BEIL VON WANDSBEK
BRD 1982, R: Horst Königstein, Heinrich Breloer, D: Joachim Dietmar Mues, Barbara Nüsse, Hildegard Schmahl, Roland Schäfer, Angelika Thomas
Nach einem Roman von Arnold Zweig: 1937 in Haifa, Palästina. Dem Schriftsteller Arnold Zweig fällt die Notiz einer Exilzeitung in die Hände: »Selbstmord eines Henkers, Altona«. Die kurze Meldung berichtet von einem Schlachter und SS-Mann, der in finanziellen Schwierigkeiten ist. Für das Blutgeld von 2.000 Mark richtet er vier Kommunisten mit dem Handbeil hin, weil der Scharfrichter erkrankt ist. Bald gehen Gerüchte um, und keiner kauft in seinem Laden. Am Schluss bringen der Schlachter und seine Frau sich um. Arnold Zweig entwickelt diese Fabel zu einem Schlüsselroman über das Hamburg der 30er-Jahre. Viele Hamburger Juden, die sich im Exil in Haifa als Kolonie angesiedelt hatten, versorgten Zweig mit Details über Personen, Schauplätze und Stimmungen der Hansestadt. Zweig setzte diese Details in Beziehung zu seiner Haupt-

figur, dem Schlachtermeister Teetjen. Er ist treuer Nationalsozialist, der immer noch an die Versprechungen seines Führers glaubt. *Das Beil von Wandsbek* wird so zur Parabel für das Schicksal des deutschen Kleinbürgers, der sich mit Hilfe des Nationalsozialismus retten will und dabei zu Grunde geht.

Dennoch ist die Figur des Schlachtermeisters Teetjen – ein »Handwerker mit Sehnsucht«, wie Zweig ihn 1955 retrospektiv charakterisiert – nicht das abscheuliche Stereotyp des Nazi-Schlächters. Vielmehr versetzt sich der Jude Zweig in die Figur dieses Henkers, um das Geheimnis der Verführbarkeit eines Menschen auszuforschen. Dieses Interesse spitzt die Verfilmung des Romans (in den Spielszenen) zu, indem die Widersprüche der Figur Teetjen (vor dem Hintergrund der eher grellkolportagehaften Fabel) ausformuliert werden. Diese Frage wird auch weitergegeben an Menschen, die den Roman neu oder überhaupt zum ersten Mal lesen – Hamburger Bürger, Albert Speer und viele andere. In einer gefilmten Recherche wird der Stadt Hamburg ein Roman zurückgegeben, dessen heimlicher Protagonist sie ist. Ein »Detektiv« (Heinrich Breloer) geht mit dem Buch in der Hand durch die Stadt. Er spürt den Fährten nach, die Arnold Zweigs Roman ausgelegt hat. Der Film ist das Protokoll dieser Recherche. Zwei Realitäten laufen nebeneinander her – die Erinnerungsarbeit in den Dokumentarteilen und die Spielszenen (mit Schauspielern aus dem Ensemble des Hamburger Schauspielhauses und Hamburger Volksschauspielern). Zwei Geschichten erlebt der Zuschauer: Der eine »Held« ist der verführte Kleinbürger Albert Teetjen, die Fiktion, der Henker. Der zweite »Held« ist das Opfer – der junge Bruno Tesch, der als Folge des Altonaer Blutsonntags (im Zweig'schen Buch »Reeperbahnprozess« genannt) mit drei anderen Kommunisten hingerichtet wird – Realität. Henker und Opfer, die sich auch bei Arnold Zweig nie begegnen, nichts voneinander wissen: Hier treffen sie aufeinander.

Benjamin Henrichs *(Die Zeit)*: »Man merkt es dem Film an, dass hier zwei verschiedene Autoren zwei verschiedene Projekte waghalsig zu einem verschmolzen haben. Nicht immer gibt es zwischen Film und Dokumentation tatsächlich eine Spannung – am Anfang wirken die Spielszenen neben der Selbstverständlichkeit und Würde, der undramatischen Dramatik der Zeugenaussagen ziemlich verloren und gestellt. Und am Ende scheinen die Kolportagelust des Romans und die Kinosehnsucht der Autoren die historische Realität effektvoll übertrumpfen zu wollen. Aber ernsthaft beschädigen kann dies alles den Film nicht – weil Königstein und Breloer mit den in jeder Minute ernsthaften, den glänzenden Darstellern des Hamburger Schauspielhauses gearbeitet haben, und weil zwei von denen, Roland Schäfer als Schlachter Teetjen und Angelika Thomas als Stine, ein deutsches Ehe- und Liebespaar spielen, an das man sich lange erinnern wird.«

Die Verfilmung der DEFA aus dem Jahr 1951 verschwand einen Monat nach der Premiere aus den Kinos, weil darin »die Rolle der Arbeiterklasse« nicht gebührend berücksichtigt schien und das Spiel Erwin Geschonnecks Mitgefühl für den Henker erwecke. »Er hat die Menschen sehr geliebt«, sagt Adam Zweig, Arnold Zweigs Sohn, über seinen Vater, »so sehr, dass er sogar für die Henker mehr Liebe hatte als Hass.« Falk Harnacks Film wurde erst 1962 in der DDR rehabilitiert, als der Regisseur längst im Westen tätig war: Zu Arnold Zweigs 75. Geburtstag kam eine um zwanzig Minuten gekürzte Fassung in die Kinos.

F.-B. Habel *(Das große Lexikon der DEFA-Spielfilme)*: »Zu einem weiteren 75. Geburtstag knapp zwanzig Jahre später wurde dann der vollständige Film erstmals wieder in einer Sonderaufführung gezeigt – auf ausdrücklichen Wunsch des Jubilars und Hauptdarstellers Erwin Geschonneck.«

1951 Das Beil von Wandsbek
DDR, R: Falk Harnack, D: Erwin Geschonneck, Käthe Braun, Gefion Helmke

BEKENNTNISSE DES HOCHSTAPLERS FELIX KRULL

BRD/A 1982, R: Bernhard Sinkel, D: John Moulder-Brown, Klaus Schwarzkopf, Daphne Wagner, Rita Tushingham, Fernando Rey
Nach einem unvollendeten Roman von Thomas Mann: Felix Krull wächst um die Jahrhundertwende als Sohn eines leichtlebigen Sektfabrikanten heran. Der Knabe bezaubert seine Umwelt durch sein angenehmes Äußeres – was er weidlich ausnützt.

John Moulder-Brown über seine Rolle des Felix Krull: »Für einen Schauspieler ist das eine der wunderbarsten Rollen, die man sich vorstellen kann. Felix Krull besitzt so viele Identitäten, spielt selbst so viele Rollen, dass sich mit der Verkörperung dieser Figur der Traum eines jeden Schauspielers erfüllen lässt. In einer einzigen Rolle darf und muss man die verschiedenen Charaktere darstellen, die Felix Krull darstellt – und er verkörpert immer parallel dazu Felix Krull, den Hochstapler. Das gibt der Figur ein besonderes Spannungsfeld, weil Krull immer zwei Rollen zugleich spielt. Da tauchen solche Momente der Unendlichkeit auf, wie sie in dem Reflexfeld zweier gegenüberliegender Spiegel entstehen. Felix Krull ist mir sehr sympathisch, vielleicht auch, weil er eine anachronistische Figur ist und Werte ausdrückt, die heute nicht mehr bestehen können. Seine Sympathie für die Welt der Belle Epoque und ihre Menschen hat ihm erlaubt, so zu sein, wie es sich diese Umwelt von ihm wünscht. Eigentlich ist er die Projektion seiner Zeit. Aus diesem Grund kann man nicht davon reden, dass er die Menschen etwa betrügen würde. Leider – oder auch glücklicherweise – habe ich nie Horst Buchholz als Felix Krull in Kurt Hoffmanns Film (1957) gesehen. Einerseits hätte ich gern erlebt, wie ein anderer den Felix Krull spielt, andererseits bin ich froh darüber, dass ich dadurch die Chance habe, ganz unbeeinflusst meinen Felix Krull zu entdecken. Ich spiele Felix Krull zwar mit einer Spur Ironie, aber nicht als Kunstfigur, sondern als Menschen, der von seiner Umwelt nach deren Vorstellungen geschaffen wird. Es geht mir darum, ihn so komplex und so menschlich wie möglich darzustellen, als eine außergewöhnliche Person, die unsere Sympathie trotz oder vielleicht gerade wegen ihrer Schwäche hat. Mein Felix Krull ist zugleich ein Katalysator für seine Umwelt, aber in keinem Fall eine widerspruchsfreie Figur. Manchmal ist er sogar sein eigenes Opfer.«

Ponkie (Abendzeitung): »Die gegenwärtige Großplünderung der Thomas-Mann-Romane durch den Film macht besonders skeptisch gegen eine fünfteilige TV-Serie über Die Bekenntnisse des Hochstaplers Felix Krull (ZDF): Es ist die berechtigte Skepsis gegen die flache Illustration von stilistisch unverwechselbar geschliffener Literatur. Doch dieser Fünfteiler, den Bernhard, Sinkel (nach einem Drehbuch von Brustellin/Sinkel) aus Thomas Manns Romanfragment filterte, ist eine sehr reizvolle Eigenleistung geworden. Das be-

wusst Künstliche, ironisch Vertrackte des Satzbaus wurde in eine leichte, witzig-frivole Belle-Epoque-Atmosphäre geblasen und behielt seinen marottenhaften Charme. Wie denn überhaupt die Ausmalung der Krull'schen Liederlichkeit im 1. und 2. Teil heiterskurrile Blüten trieb: Gipfelnd in Klaus Schwarzkopfs lässiger Bankrotteurs-Grazie und in der schmierenfröhlichen Säufer-Attitüde Nikolaus Parylas als Pate Schimmelpreester. Diese lockere Eleganz in der Pikanterie machte besonders in Felixens erotischer Lehrlingsaffäre bei der jiddischen Freudendame Rosza (Despina Pajanou in bezaubernder Fleischeslust!) großes Vergnügen. Und im Vergleich zu dem plumpspießigen Augenzwinkern der alten Krull-Verfilmung Kurt Hoffmanns schien mir auch die wohlfeile Musterungsszene etwas human verfeinert. Entscheidend aber auch die Gabe des äußeren ›Wohlgefallens‹, mit der John Moulder-Brown als Felix die Sympathien auf seine Seite holte: Das Lächeln mit den Perlenzähnen im zarten Jünglingsmilchgesicht – das lächelt ihm so schnell keiner nach. Übrigens: Loriot alias Thomas Mann entsprach aufs beste der angenehmen Liederlichkeit des ganzen Unternehmens.«

Brigitte Söhngen (Rheinische Post): »Drei Jahre durfte sich Regisseur Bernhard Sinkel mit der Verfilmung von Thomas Manns unvollendetem Roman Bekenntnisse des Hochstaplers Felix Krull beschäftigen. Weil er nicht nur Literatur verfilmen, sondern auch ein Gegenstück zu Kurt Hoffmanns Krull-Film der fünfziger Jahre schaffen wollte (den er nicht schätzt), drängte es ihn wohl zu Änderungen. Doch Originalität hat ihren Preis; die Serie hinterlässt einen zwiespältigen Eindruck. Sinkel lässt seinen Helden am Schluss in einem Ballon entschwinden – ein reizender Einfall und ein hübsches Bild. Doch so etwas hat Seltenheitswert. Meist verfährt der Regisseur sehr sorglos, er erfindet Unnötiges und lässt Wichtiges fort. Beispielsweise muss bei Sinkel nicht nur der Teenager Twentyman sich Felix an den Hals werfen, sondern auch die Mama, und am Ende hat auch Daddy Twentyman mit dem hübschen Jungen etwas vor. Oder er traut Professor Kuckucks plastischen Erzählungen über die Entstehung der Welt und des Menschen so wenig, dass er unmotiviert zwei Neandertaler-Nachbildungen durch die Gänge schleppen lässt. Erfunden – und schlecht dazu – ist das bohèmehafte Hotel, in dem der Liftboy Felix sein Zimmer hat, erfunden die galante Szene mit Zaza, und geklaut (aus Lubitschs *Angel*) ist die Stelle, in der der Saalchef den seelischen Zustand der Twentymans an den Resten auf ihren Tellern analysiert. Sinkel geht willkürlich mit dem Stoff um. Aber auch sein Handwerk, das Erzählen mit Bildern, handhabt er nachlässig. Die fantastische Einrichtung des Hotels kümmert ihn herzlich wenig; teilnahmslos schweift die Kamera über die stilvollen Kostbarkeiten, manch Originelles wie der Aufmarsch der Kellner oder das Defilee der Speisen sieht man aus weiter Entfernung oder wie nebenbei. Die schöne Welt, die Felix so liebt und in die er nur durch Hochstapelei gelangt, wird mit erstaunlich schwerfälligem Ernst vorgeführt. Langweilig sogar erscheint der Held, John Moulder-Brown als Felix Krull: ein netter Junge, nichts weiter.«

1957 Bekenntnisse des Hochstaplers Felix Krull
BRD, R: Kurt Hoffmann, D: Horst Buchholz, Liselotte Pulver, Ingrid Andree

BEL AMI – LIEBLING DER FRAUEN
L'uomo che piaceva alle donne, BRD / I 2001, R: Massimo Spano, Drb: Sergio Donati, Carlotta Ercolino nach dem Roman von Guy de Maupassant, K: Bruno Cascio, M: Enrico Fabio Cortese, S: Gisela Haller, Carlo Valerio, D: Hardy Krüger Jr. (Julius de Rooy), Vittoria Belvedere (Sara Consoli), Gila von Weitershausen (Anna de Rooy), Giuliano Gemma (Lorenzo Maretti), Eleonora Brigliadori (Gioia De Vittis), Gesine Cukrowski (Hedra), Gianni Garko (Marco Maretti), Ughetta Rotundo (Chantal), Tosca D'Aquino (Annamaria Muzi), Fabrizio Bordignon (Alessandro Niutti), Roberto Bisacco (Lido Brezzi), Marina Suma (Professor Angela Tommasi), Valeria Sabel (Matilda), Gianni Giannini (Luigi), Vittorio De Bisogno (Abbundo), Barbara Scoppa (Dr. Corasio) u. a.

»Du hast Glück bei den Frau'n, Bel ami ...« – so sang einst Lizzi Waldmüller in der legendären *Bel ami*-Verfilmung von und mit Willi Forst aus dem Jahr 1939 nach dem gleichnamigen Roman von Guy de Maupassant. Die Geschichte des Verfüh-

Bekenntnisse des Hochstaplers Felix Krull (1957, R: Kurt Hoffmann)

Bekenntnisse des Hochstaplers Felix Krull (1957): Horst Buchholz und Liselotte Pulver

Bel Ami – Liebling der Frauen (2001, R: Massimo Spano): Sara (Vittoria Belvedere) hält Julius (Hardy Krüger) für flatterhaft und verantwortungslos

rers, dessen Spitzname Bel ami sprichwörtlich geworden ist, begründete 1885 endgültig Maupassants literarischen Ruhm. In dem ursprünglich im Pariser Journalisten- und Politikermilieu angesiedelten Roman beschrieb Maupassant einen Typus des Karrieremenschen, der keineswegs auf die französische Literatur beschränkt bleibt. In den folgenden Jahren wird *Bel ami* zum Archetyp des glatten und mit keinerlei Skrupeln ausgestatteten Parvenus. Von den anderen beiden großen Verführern der Weltliteratur, von *Don Juan* und *Casanova*, hebt sich *Bel ami* vor allem dadurch ab, dass er als »verbürgerlichter« Schürzenjäger erotische Abenteuer in erster Linie für den Auf- und Ausbau seiner beruflichen und gesellschaftlichen Karriere nutzt. Frei nach Motiven des Maupassant-Romans hat die deutsch-italienische Koproduktion *Bel Ami – Liebling der Frauen*, die in der Modewelt spielt, einen modernen Bel Ami als Titelheld. Julius heißt er und ist bei allen beliebt – besonders bei den Frauen. An der Kunsthochschule in Florenz hat der junge Assistent seit einiger Zeit ein Verhältnis mit der Professorin Angela. Sein bester Kumpel aber ist Sara, eine hübsche, junge Studentin, die er schon seit der Kindheit kennt. Julius ist ohne Vater aufgewachsen. Seine über alles geliebte Mutter Anna, die ein kleines Weingut besitzt, hat ihm den Namen des Vaters zeitlebens verschwiegen. Dank der Freundschaft seiner Mutter zu Lorenzo Maretti, Inhaber einer bekannten Stofffabrik, erhält Julius die Gelegenheit zu einem Vorstellungsgespräch bei dessen Partnerin und Lebensgefährtin Gioia: Julius Idee, Mode über das Internet anzubieten, stößt auf große Begeisterung. Julius wird bei der Firma Maretti eingestellt und macht dort schon bald als stellvertretender Marketingdirektor Karriere. Mit Sara verbringt er eine leidenschaftliche Liebesnacht. Doch Sara weiß, dass er frei und unabhängig sein will und zu einer festen Beziehung nicht fähig ist. Als sie feststellt, dass sie ein Kind von ihm erwartet, beschließt sie, ihm nichts davon zu sagen.

Julius hat unterdessen eine neue Affäre mit dem Topmodel Hedra angefangen, die er auf einer Präsentation in München kennen gelernt hat. Und auch Gioia, die Lebensgefährtin seines Chefs, zeigt sich überaus interessiert an dem hübschen Bel Ami ... Zur selben Zeit erkrankt Lorenzos und Gioias gemeinsame Tochter, die zehnjährige Chantal, an Leukämie. Nur eine Knochenmarksspende kann sie retten. Während der Suche nach einem geeigneten Spender, möglichst einem Blutsverwandten, kommt die Wahrheit ans Licht: Julius ist Chantals Cousin. Sein Vater ist Lorenzos Bruder Marco, ein erfolgreicher Geschäftsmann, der sich – wie Julius – nur für sich selbst und seine Karriere interessiert. Von seiner Mutter Anna erfährt Julius nun endlich, warum sie seinem Vater damals ihre Schwangerschaft verschwiegen und ihn ziehen gelassen hat: Seine egoistische Freiheitsliebe und sein Unabhängigkeitsstreben gingen ihm über jede verpflichtende Bindung. Die Ereignisse bewirken eine Wende in Bel Amis Leben. Er erkennt, dass er seine Ichbe-

Bel Ami – Liebling der Frauen (2001, R: Massimo Spano): Das Topmodell Hedra (Gesine Cukrowski) will mit der Firma Maretti eine Kollektion herausbringen

zogenheit und seine Bindungsängste überwinden und für andere Menschen Verantwortung übernehmen muss. Dank seiner Knochenmarksspende wird Chantal wieder gesund. Julius bietet Sara die Unterstützung bei der Erziehung ihres gemeinsamen Kindes an, aber Sara, die inzwischen erfolgreich eine kleine Firma für Strickwaren gegründet hat, lehnt ab. Nun setzt er alles daran, sie, die er in Wahrheit immer geliebt hat, für sich zu gewinnen. Sein Kind soll nicht wie er ohne Vater aufwachsen müssen ...

Der *Pressedienst Das Erste* bemerkt über den TV-Zweiteiler: »Wie die meisten großen Romane der Weltliteratur hat Guy de Maupassants *Bel Ami* etwas, das über seine Zeit hinausweist. Dass die Geschichte des Frauenhelden, bei dem Liebe und Kalkül stets Hand in Hand gehen, noch immer funktioniert, beweist auch Massimo Spanos moderne, in Florenz, Rom und München gedrehte Variante des Stoffs. Die Hauptrolle ist perfekt besetzt mit Hardy Krüger jr., der seit seinem Auftritt als Surflehrer in der Serie *Gegen den Wind* als der deutsche Herzensbrecher gilt ... Herz, Schmerz, Schicksalsschläge, dramatische Entscheidungen – und das alles vor der glamourösen Kulisse der italienischen Modewelt. Im zweiten Teil der Geschichte von *Bel Ami* gerät Hardy Krüger jr. als Julius in eine entscheidende Krise. Gut, dass es Gila von Weitershausen in der Rolle seiner standfesten, patenten Mutter und die schöne Italienerin Vittoria Belvedere als eigensinnige Sara gibt: Zeitgemäß ist Massimo Spanos Maupassant-Adaption auch in der starken Konzeption der weiblichen Rollen.«

1976 Skandinavische Lust

Bel ami, S, R: Bert Torn, D: Maria Lynn, Christa Linder, Harry Reems – Sexfilm

1968 Bel ami

BRD, R: Helmut Käutner, D: Helmut Griem, Violetta Ferrari, Erika Pluhar

»Hatte nicht auch Mut dazu gehört, *Bel ami* für das Erste Programm des Fernsehens zu verfilmen? Denn bei der älteren Generation war der hinreißende Film von Willi Forst noch unvergessen, der mit geschickter Verkürzung eine wienerische Operette daraus gemacht hatte mit der kapriziösen Lizzi Waldmüller, der raffinierten Olga Tschechowa und der lieblichen Ilse Werner. Bei *Bel ami* hatte der sonst so literarisch ambitionierte Käutner ebenso auf eine Aktualisierung der Vorlage verzichtet wie bei der *Feuerzangen-*

bowle. Für *Bel ami* legte er den so gut wie unveränderten Roman Maupassants zu Grunde, forderte großen Aufwand für das Kolorit der Belle Epoque, unterstrich lediglich das damals Zeitkritische. Da ihm niemand auf die Finger sah, ließ er seiner epischen Fabulierlust freien Lauf und breitete an zwei Abenden – jeweils zwei Stunden lang – den Stoff aus. Sein Glückstreffer war die Besetzung der Hauptrolle mit Helmut Griem und der aparten Burgschauspielerin Erika Pluhar.« (Willibald Eser: *Helmut Käutner, Abblenden*)

1954 Bel ami

A, R: Louis Daquin, D: Johannes Heesters, Marianne Schönauer, Gretl Schörg

Der *Film-Dienst* hielt diese dritte Version für »betont gesellschaftskritisch« und »den Intentionen der literarischen Vorlage vielleicht näher«, wobei der Film aber »bei weitem nicht den Charme und das Flair des Forst-Films von 1939« erreicht. Auch für Irene Pulski von den *Filmblättern* war die »Bearbeitung des kommunistisch orientierten Louis Daquin ein überwiegend politisch koloriertes Gemälde der Pariser Jahrhundertwende mit ihrem Jobbertum und Besitzrausch. Heesters Verführercharme prickelt wie Sekt, ihm glaubt man die Liebesphrasen, die er vor jeder Frau drischt.«

1947 Die Privataffären des Bel ami

USA, R: Albert Lewin, D: George Sanders, Angela Lansbury, Ann Dvorak

»Guy de Maupassant schrieb seinen elegant-bitteren *Bel ami* 1885, sechs Jahre bevor ihm die traurige Erkenntnis von der ›Mittelmäßigkeit des Menschen‹ endgültig den Verstand raubte. Hätte Maupassant die Hollywood-Verfilmung von 1947 erlebt, wäre er nur bestätigt worden.« (*TV-Spielfilm*)

1939 Bel ami

D, R: Willi Forst, D: Willi Forst, Olga Tschechowa, Ilse Werner

»*Du hast Glück bei den Frau'n Bel ami! So viel Glück bei den Frau'n Bel ami! Bist nicht schön, doch charmant, bist nicht klug, doch galant, bist kein Held, nur ein Mann, der gefällt*, singen und pfeifen 1939 Millionen Menschen. Der Film *Bel ami* basiert auf dem gleichnamigen Roman von Guy de Maupassant und gehört zu den besten Werken von Willi Forst (1903-1980). Er ist Regisseur, Drehbuchautor und Hauptdarsteller in einem. Die Filme des Schauspielers (*Zwei Herzen im Dreivierteltakt* – 1930), Sängers (*Ein*

Bel ami (1939) von und mit Willi Forst

Tango für dich, 1930) und Regisseurs (*Maskerade –1934, Wiener Blut –* 1942) sind Publikumserfolge und gelten im In- und Ausland als Aushängeschild des Wiener Charmes.« (*Liebe, Tanz und 1000 Schlagerfilme*, 1998)

BELPHÉGOR – ODER
DAS GEHEIMNIS DES LOUVRE

Belphégor – Le fantôme du Louvre, F 2001, R: Jean-Paul Salomé, D: Sophie Marceau, Michel Serrault, Frédéric Diefenthal, Julie Christie, Jean-François Balmer, Patachou, Lionel Abelanski, Françoise Lépine, François Levantal, Jacques Martial, Philippe Maymat, Matteo Vallon, Pierre Aussedat, Juliette Gréco

Nach einem Roman von Arthur Bernede: Ein böser Geist steigt aus einem Sarkophag, findet Zuflucht im Körper von jedem, der sich ihm nähert, und wandelt des Nachts durch die Gänge und Säle des Louvre. Die erste, die von seiner Macht besessen wird, ist Lisa, gespielt von Sophie Marceau. Das Phantom legt das Videoüberwachungssystem lahm, schaltet alle Alarmanlagen aus, entwendet mehrere wertvolle Objekte – und ist nicht

zu fassen. Der Museumsdirektor ruft einen Spezialisten für ägyptische Mythologie und einen Polizeiinspektor im Ruhestand zu Hilfe, damit sie gemeinsam dem unliebsamen Gast endlich auf die Schliche kommen.

Constantin Xenakis *(cineman)*: »Ähnlich wie ihre amerikanischen Kollegen, versuchen französische Regisseure altbewährte Rezepte und vor allem alte Fernsehserien wieder aufzuwärmen. *Bélphegor, das Phantom der Oper* war eine Kultserie am TV in den sechziger Jahren. Leider erfüllt die Neuverfilmung die hoch gesteckten Erwartungen nicht. Zwischen dem Komischen und dem Fantastischen schwankend erstickt der Film von Jean-Pierre Salomé vor allem an einem Übermaß an Special Effects, die kaum die Schwächen des Drehbuchs und der Inszenierung überdecken. Was bleibt, ist ein exzellenter Michel Serrault und das Vergnügen, die wunderbare englische Schauspielerin Julie Christie, die mit Klassikern wie *Fahrenheit 451, Doktor Schiwago* und *The Go-Between* bekannt geworden ist, wieder einmal auf der Kinoleinwand zu sehen.«

Die TV-Serie von 1965 wurde in Frankreich als Vierteiler und in Deutschland in 13 Folgen gesendet. Juliette Gréco, die in dieser Serie eine Doppelrolle spielte, gehört auch beim Remake wieder zu den Mitwirkenden.

1965 Belphégor oder das Geheimnis des Louvre
Belphégor, F, R: Claude Barma, Jacques Armand, D: Juliette Gréco, René Dary

BEN HUR

USA 1959, R: William Wyler, Drb: Karl Tunberg nach dem gleichnamigen Roman von Lewis Wallace, K: Robert Surtees, M: Miklos Rozsa, S: Ralph E. Winters, John Dunning, D: Charlton Heston (Judah Ben Hur), Stephen Boyd (Messala), Jack Hawkins (Quintus Arrius), Haya Harareet (Esther), Hugh Griffith (Scheich Ilderim), Martha Scott (Miriam), Sam Jaffe (Simonides), Cathy O'Donnell (Tirzah), Finlay Currie (Balthasar), Frank Thring (Pontius Pilatus), Claude Heater (Christus)

Der monumentalste aller Monumentalfilme, die klassischste unter Hollywoods Großproduktionen: Charlton Heston steht an der Spitze einer hochkarätigen internationalen Besetzung. Regisseur und Feldherr der Drei-Jahres-Produktion war William Wyler. Mit atemberaubenden Aufnahmen, wie etwa dem legendären Wagenrennen, und nicht weniger als elf Oscars sicherte sich

Ben Hur schließlich als einer der höchstdekorierten Filme aller Zeiten einen unverrückbaren Platz in der Filmgeschichte. Ein umso sensationellerer Erfolg, als es sich bei diesem *Ben Hur* um ein Remake des gleichnamigen Stummfilmklassikers handelte, der ebenfalls international Triumphe feierte.

Ben Hur, das ist auf den ersten Blick eine jener Filmproduktionen, die sich auch in Zahlen ausdrücken lassen. Gedreht wurde in einem Verhältnis von 263:1, d.h. für jeden verwandten Meter Film wurden 263 Meter belichtet, 375.000 Meter Film insgesamt, bei Produktionskosten von mehr als 15 Millionen Dollar. 50.000 Komparsen drängten sich in Roms Cinecittà, wo allein für die gigantische Arena auf 80.000 Quadratmetern nicht weniger als 500 Tonnen Mörtel und 40.000 Tonnen weißer Sand verbaut wurden. Und dennoch gelang es dem Perfektionisten William Wyler, die Filmkunst nicht von all den Rekorden erdrücken zu lassen. So schrieb dann auch ein zeitgenössischer US-Kritiker: »Spektakulär, ohne zum Spektakel zu werden. Der Film ist nicht etwa eindimensional, sondern schlicht und einfach hochliterarisch«. Wenn Puristen auch heute noch den stummen *Ben Hur* des Jahres 1926 höher schätzen, so dürfte es William

Wyler nicht schlechter gelungen sein, die Romanvorlage des amerikanischen Rechtsanwalts und Bürgerkriegsgenerals Lewis Wallace aus dem Jahre 1880 ins Kino zu bringen, die 1907 erstmals für die Leinwand adaptiert wurde. Dies hatte er nicht zuletzt dem renommierten britischen Dramatiker Christopher Fry zu verdanken, der viele zusätzliche Dialoge für *Ben Hur* schrieb.

Wyler selbst hatte übrigens schon an der Stummfilmfassung des berühmten Stoffes – damals noch als Regieassistent – mitgearbeitet, von dem ein Literaturhistoriker einmal meinte, er hätte »Millionen zum Jubel und noch mehr Millionen zum Gebet hingerissen«. *Ben Hur* war aber auch mehr als nur ein Film. Mehr als drei Jahre hinweg erstreckten sich Vorbereitungen und Dreharbeiten, und in dieser Zeit wurde der Drehort bei Rom zur Touristenattraktion. Insgesamt 25.000 Menschen wurden so zwischen originalgetreu rekonstruierten römischen Galeeren, einer ganzen Flotte römischer Streitwagen und den restlichen der unzähligen Ausstattungsstücke hindurchgeschleust. Unbestrittene Höhepunkte von *Ben Hur*, die auch in technischer Hinsicht durchaus noch modernen Vergleichen standhalten können, sind die spektakuläre Seeschlacht und das überwältigende legendäre Wagenrennen, an dem allein drei Monate gedreht wurde. Das Wagenrennen gilt heute noch als eine der atemberaubendsten Szenen der Filmgeschichte. Es dauerte 12 Minuten und kostete über eine Million Dollar. Action-Spezialist Andrew Marton

Links: Ben Hur (1959, R: William Wyler):
Das berühmte Wagenrennen
Unten: Ben Hur (1959):
Charlton Heston in Aktion

und Hollywoods damals größter Stuntman Yakima Canutt filmten aus einem Kamerawagen, der vor dem Kampfwagen fuhr. Die Szene, in der Heston aus seinem Kampfwagen katapultiert wird, hätte sein Double fast das Leben gekostet. Bei den Dreharbeiten zu Ben Hur als Stummfilm hatte es bei diesen Passagen tatsächlich Tote gegeben.

Rock Hudson, Marlon Brando und Burt Lancaster hatten es abgelehnt, das Ben Hur-Risiko auf sich zu nehmen. Doch aus der vierten Wahl machte Charlton Heston eine erste. Würdevoll und verhalten erschien er in fast jeder Szene des Dreieinhalb-Stunden-Werkes. Neben ihm sind noch Stars wie Jack Hawkins, Stephen Boyd, Haya Harareet, Hugh Griffith, Martha Scott und Sam Jaffe zu sehen. Und das ist die Geschichte von Ben Hur, die sich über die Jahre von Christi Geburt bis zum Weg nach Golgotha erstreckt. Hautnah erlebt Ben Hur, Sohn einer reichen jüdischen Familie in Jerusalem, die Umbrüche, Wirren und Konflikte seiner Epoche mit. Für einen Unfall verantwortlich gemacht, wird er zur lebenslangen Galeerenstrafe verurteilt, aus der er erst nach Jahren freikommt, als er dem römischen Flottenkommandanten während einer Seeschlacht das Leben rettet. Als römischer Bürger kehrt Ben Hur in die Heimat zurück, getrieben vom Gedanken der Rache.

1924–26 Ben Hur

USA, R: Fred Niblo, Ferdinand P. Earle, D: Ramon Novarro, Francis X. Bushman

»Aufwendige, vier Millionen Dollar (!) teure

Stummfilmversion von Lew Wallaces *Tale Of The Christ* um zwei Jugendfreunde – einer Jude, einer Römer –, die zu erbitterten Gegnern werden. Bestechend die Tricks beim Wagenrennen und der Seeschlacht. Die zweite Hälfte des Epos leidet unter gewissen Längen. Wiederaufführung von Ben Hur aus den Jahren 1924/26, der vom ZDF vor allem in den Farbsequenzen rekonstruiert und mit neuer musikalischer Untermalung versehen wurde. Die Produktionsgeschichte von Ben Hur unter der Regie von Fred Niblo ist dabei ebenso abenteuerlich wie das Schicksal der titelgebenden Figur im Film.« (Rainer Casper, *MovieLine*)

1907 Ben Hur

USA, R: Sidney Olcott, D: William S. Hart

Da sich Olcott nicht an den Roman von Lewis Wallace, sondern eng an die Bühnenfassung von W. Young anlehnte, strengte der Autor einen der ersten Urheberrechtsstreite der Filmgeschichte an, der mit einer Verurteilung der Filmemacher endete. Dieser Musterprozess, der die Prinzipien des Urheberrechts erstmals auf das neue Medium Film anwendete, schuf faktisch die Existenzgrundlage für Tausende von Literaten, die in den kommenden Jahren für den Film tätig wurden.

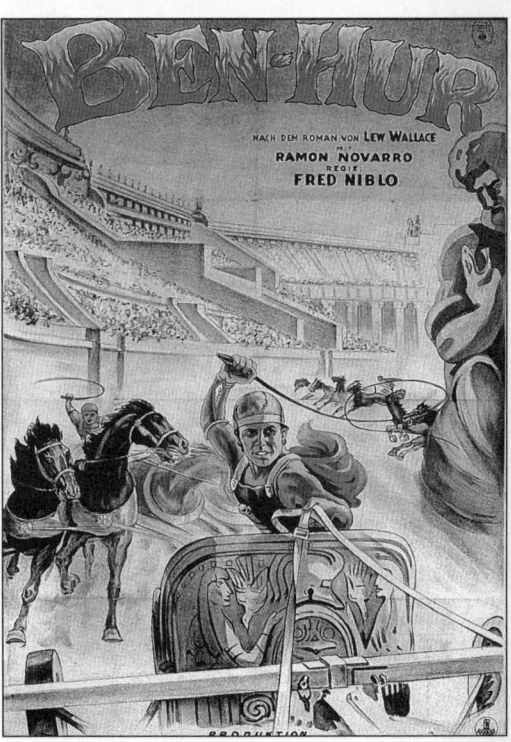

Unten: Ben Hur (1924-26, R: Fred Niblo, Ferdinand P. Earle): Wagenkampf zwischen Ramon Novarro und Francis X. Bushman
Rechts: Ben Hur (1924-26)

DER BERG RUFT

D 1937, R: Luis Trenker, D: Luis Trenker, Herbert Dirmoser, Heidemarie Hatheyer, Peter Elsholtz, Lucie Höflich, Blandine Ebinger

Nach dem Roman *Kampf ums Matterhorn* von Carl Haensel: Den historischen Hintergrund dieses Spielfilms bildet der dramatische Wettlauf zweier Seilschaften um die Erstbesteigung des Matterhorns. 1865 stand der Engländer Edward Whymper vor dem italienischen Ziegenhirten Antonio Carrel auf dem markanten Gipfel der Alpen. Beim Abstieg stürzen jedoch vier Begleiter des Engländers aus Unachtsamkeit zu Tode. Whymper wird nach seiner Rückkehr beschuldigt, das Seil zwischen sich und seinen verunglückten Kameraden durchgeschnitten zu haben, um sich zu retten. Als der Italiener davon erfährt, steigt er nochmals im Unwetter hinauf zur Unglücksstelle, um das abgerissene Seil als Beweis von Whympers Unschuld zu bergen.

Lexikon des internationalen Films: »Unterhaltsamer, professionell gemachter Bergsteigerfilm für einschlägig Interessierte.«

In gewisser Weise wurde *Der Berg ruft* zum Programm für Luis Trenkers eigenen Lebensentwurf. Trenker: »Von Anfang an stand es für mich fest, dass ich in diesem Film nicht Whymper, sondern Carrel darstellen würde; denn dieser Carrel war

ein Stück von mir selbst, am Fuß des Berges geboren, der sein Leben bestimmte.« Trenker, selbst ein Bergsteiger und Kenner der Welt, von der er ein Leben lang erzählt hat, drehte 1937 dieses Remake des 1928 entstandenen (Stumm-)Films *Kampf ums Matterhorn*, mit dem er unzufrieden war.

1928 Kampf ums Matterhorn

D, R: Mario Bonnard, Nunzio Malasomma, D: Luis Trenker, Marcella Albani

BERLIN ALEXANDERPLATZ

BRD 1979, R: Rainer Werner Fassbinder, D: Günter Lamprecht, Hanna Schygulla, Barbara Sukowa, Gottfried John, Franz Buchrieser, Claus Holm, Brigitte Mira, Roger Fritz, Herb Andress, Werner Asam, Karin Baal, Harry Baer, Wolfgang Bathe, Axel Bauer, Hark Bohm, Marquard Bohm, Margit Carstensen, Ivan Desny, Jürgen Draeger, Annemarie Düringer, Roger Fritz, Helmut Griem, Adrian Hoven, Klaus Höhne, Günther Kaufmann, Udo Kier, Marie-Luise Marjan, Brigitte Mira

Die zweite Verfilmung von Alfred Döblins berühmtem Roman: Der aus dem Gefängnis entlassene Berliner Zement- und Transportarbeiter Franz Biberkopf (er hat seine Freundin Ida totgeschlagen) versucht, mit dem Glauben an das Gute im Menschen in der unerbittlichen Groß-

Links: Der Berg ruft (1937, R: Luis Trenker):
Luis Trenker Arm in Arm mit Heidemarie Hatheyer
Unten: Berlin Alexanderplatz (1979, R: Rainer Werner
Fassbinder): Günter Lamprecht und
Annemarie Düringer

stadtwelt ehrlich zu bleiben. Er will ein anständiges Leben führen und wird Straßenverkäufer, gerät aber an den Gauner Reinhold und unter die Räder und schließlich wieder ins Gefängnis. Im Herbst 1929 erschien – zunächst in Fortsetzungen in der *Frankfurter Zeitung*, dann bei S. Fischer – Alfred Döblins großer Roman *Berlin Alexanderplatz*, die Geschichte vom Franz Biberkopf, und wurde schnell zum Welterfolg. In der Presse war er sofort umstritten: bekämpft von den kommunistischen Gesinnungs-Wächtern um Johannes R. Becher und *Die Linkskurve* (die u.a. auch das Erscheinen des Romans in der Sowjetunion hintertrieben), als Trivialliteratur abgetan vom konservativen Max Rychner, überwiegend aber gelobt als wegweisende, moderne Schilderung des Großstadt-Lebens.

»Von vorne nach hinten aufgerollt ist es eine Stadtwelt, ein ungeheuer reicher, lebensstrotzender orbis pictus von Berlin, – mit einem Einzelschicksal in der Mitte«, schreibt Filmkritiker und Drehbuchautor Willy Haas. Der wohl bedeutendste Großstadt-Roman der deutschen Literatur überhaupt wurde bereits 1929 als Hörspiel verarbeitet und 1931 zu einem Spielfilm gestaltet, bei dem Phil Jutzi Regie führte und Heinrich George den Franz Biberkopf spielte, den er bereits im Hörspiel gesprochen hatte. Jutzis Film hat eine Laufzeit von 90 Minuten, Fassbinder jedoch ging in die Tiefe und gestaltete aus der literarischen Vorlage einen Film von 15 1/2 Stunden Laufzeit, der aus dreizehn Teilen und einem Epilog besteht.

Michael Schwarze *(FAZ)*: »Berlin Alexanderplatz ... ist für Fassbinders Werk untypisch und typisch zugleich. Der Film ist untypisch, weil dieser rastlose Arbeiter noch nie so lange und so konzentriert an einem Film gearbeitet hat, und er ist typisch, weil er letztlich eine Anthologie aller seiner Filme ist. Er hat, so merkwürdig dies bei einem Filmregisseur klingen mag, der noch nicht einmal vierzig Jahre alt ist, abschließende Züge.«

Peter Kurath *(FK)*: »Fassbinder ist von einer ungeheuren Intensität, wo er das Einzelschicksal herauszustellen, wo er Zweierbeziehungen darzustellen hat. Sobald er hier angekommen ist, wird der Erzählrhythmus des Films deutlich langsamer, intensiv, ohne Ablenkungen, nur mit stilistischen Durchbrechungen. Dann wird eine räumliche Perspektive bevorzugt. Bei Zweiergesprächen wird oft nicht der Sprechende, sondern der Zuhörende gezeigt. Mit allen Mitteln zwingt Fassbinder den Zuschauer zur Aufmerksamkeit, der deswegen auch sehr beansprucht wird.«

Karsten Witte *(Frankfurter Rundschau)*: »Berlin Alexanderplatz ist in Fassbinders Vision ein Ort, an dem alle Mythen zusammenfließen, denen zwischen Lorelei und Neuschwanstein keine Nische reserviert ist. Sein Ort ist ein Umschlagplatz, der Tragik in Pech, Romantik in zärtliche Gewalt und Bewusstsein in asynchrone Gefühle verwandelt. Sein Regisseur ist wie der Held: Transportarbeiter ... In eins gesehen, entfaltet Fassbinders Film die Architektur der Landschaft des Leidens, in der sich Biberkopfs Proletenpassion vollzieht. Fassbinder selber sprach – nein spricht, denn der Film behauptet sich durch Gegenwart – die Monologe eines Mitleidenden, der naiv vorwarnend oder melancholisch gestimmt Kommentare, Bekenntnisse, Hinweise auf Rätsel aus Licht und Ton in die Handlung einstreut. Diese innere Stimme erzählt vor allem, dass diese Figuren, die vor dem Ladenschild der allegorischen Stadtlandschaft ›Enfer et ses fils, Im- und Export‹ (Hölle & Söhne) sich abstrampeln, auch durch epische Liebe nicht zu retten sind.«

1931 Berlin Alexanderplatz
D, R: *Phil Jutzi*, D: *Heinrich George, Maria Bard, Bernhard Minetti, Paul Westermeier*

Berlin Alexanderplatz (1931, R: Phil Jutzi):
Jakob Tiedtke

BESTIE DES GRAUENS

Missile To The Moon, USA 1959, R: Richard E. Cunha, D: Richard Travis, Cathy Downs, K. T. Stevens, Tommy Cook, Nina Bara, Gary Clarke, Michael Whalen, Laurie Mitchell, Leslie Parrish, Henry Hunter, Lee Roberts, Sandra Wirth

Der Erfinder Dirk Green startet mit Hilfe von Lon und Gary zur Venus. Im Verlauf der Reise kommt Greene ums Leben. Der Rest muss sich auf dem Planeten gegen die Königin Lido, ihre weiblichen Untertanen und eine Horde von steinernen Lebewesen wehren. Als der Felsenpalast der bösen Königin in die Luft gesprengt wird, kann man endlich wieder zur Erde zurück.

1953 Cat-Women Of The Moon

USA, R: Arthur Hilton, D: Sonny Tufts, Victor Jory, Marie Windsor

DIE BESTIE MIT DEM SKALPELL

Corruption, GB 1967, R: Robert Hartford Davis, D: Peter Cushing, Sue Lloyd, David Lodge, Anthony Booth, Noel Trevarthen, Kate O'Mara, Wendy Varnals, Billy Murray, Vanessa Howard, Jan Waters, Philip Manikum, Alexandra Dane, Valerie van Ost, Diana Ashley, Victor Baring, Shirley Stelfox

Der berühmte Chirurg Sir John gedenkt ein Fotomodell zu heiraten, auf einer Party kommt es durch seine Schuld bei Aufnahmen zu einem eifersüchtigen Handgemenge, in dessen Verlauf das Mädchen durch einen umstürzenden Scheinwerfer im Gesicht grässlich entstellt wird. In verbissener Arbeit entdeckt Sir John, dass das Sekret einer Hirndrüse die Haut erneuert. Der erste Erfolg, wozu er den Kopf einer weiblichen Leiche stiehlt, ist jedoch nur von kurzer Dauer und lässt die Hochzeitsreise schrecklich enden. So muss sich Sir John nun an Lebende halten: Er ermordet in zerquälter Hörigkeit zunächst eine Prostituierte, dann eine einsame Reisende. Die in einem abgelegenen Strandhaus geplante Operation kann aber nicht stattfinden, da die junge Terry, die auch schon als Opfer vorgesehen war, sich als Lockvogel einer Halbstarkenbande entpuppt, den Kopf im Kühlschrank findet, eine schlimme Verfolgungsjagd gerade noch übersteht, doch von ihrer Gruppe gesucht wird. Die stellen das Haus auf den Kopf, und ein außer Kontrolle geratener Laser-Strahler hinterlässt eine einzige Leichenhalle.

Variety: »Ein redlicher Horrorfilm ... der jedoch an einem schwachen Drehbuch und der oftmals schlampigen Regie ... leidet. Zwei Hauptfehler machen aus ihm weniger, als er sein könnte: Erstens der von Sue Lloyd verkörperte Charakter, der nicht weiß, ob er nun von sich aus egoistisch oder nur auf Grund des Unfalls so niederträchtig geworden ist ... und zweitens die ungeschickte Verwandlung des berühmten Chirurgen in einen Mörder. Das Resultat: Man empfindet für beide Figuren nie echte Sympathie ... Als Cushing beispielsweise entdeckt, dass er lebendige Opfer braucht, hat man den Eindruck, er ginge hinaus, um sich eine Scheibe Brot abzuschneiden.«

1969 inszenierte Claude Mulot in Frankreich mit *Die geschändete Rose (La rose ecorchée)* eine weitere Variation der Story, bei der die bildhübsche Anne von einer eifersüchtigen Verehrerin ihres Mannes ins Feuer gestoßen und schrecklich entstellt wird ...

1959 Augen ohne Gesicht

Les yeux sans visage, F, R: Georges Franju, D: Pierre Brasseur, Alida Valli

BESUCH AUF EINEM KLEINEN PLANETEN

BRD 1971, R: Wolfgang Liebeneiner, D: Peter Fricke, Peter Pasetti, Klaus Schwarzkopf, Ursula Dirichs, Hildegard Krekel, Michael Hinz, Eckard Rühl, Dieter Borsche, Victoria Voncampe

Nach einem Theaterstück von Gore Vidal: Fernsehkommentator Spelding kann es einfach nicht glauben; sein Freund Tom Powers, der als General eine Wäschereidivision befehligt, berichtet ihm unter dem Siegel strengster Geheimhaltung, dass über Pensylvania ein UFO beobachtet worden sei. Kurze Zeit später landet in Speldings Garten ein Wesen mit Namen Kreton, das einem Menschen verblüffend ähnlich sieht. Als außerirdischer Experte für Erdgeschichte wollte er eigentlich hundert Jahre früher landen, um den amerikanischen Bürgerkrieg zu studieren. Er entdeckt bald, dass für jemanden, der die Menschen bei ihrem liebsten Spiel, dem Kriegführen, beobachten will, der jetzige Zeitpunkt auch nicht schlecht gewählt ist.

Lexikon des Science Fiction-Films: »Dieses satirische Theaterstück von Gore Vidal diente dem Kinofilm von 1960 mit Jerry Lewis als Vorlage. Liebeneiners Inszenierung liefert eine Fülle komischer Denkanstöße und glänzt durch schauspielerische Spitzenleistungen.«

1960 Besuch auf einem kleinen Planeten
Visit To A Small Planet, USA, R: Norman Taurog, D: Jerry Lewis, John Williams

DER BESUCH
DER ALTEN DAME

CH/BRD 1982, R: Max Peter Ammann, D: Maria Schell, Günter Lamprecht, Jürgen Cziesla, Otto Mächtlinger, Michael Gempart, Jon Laxdal, Adolph Spalinger, Ruedi Walter, Inigo Gallo, Monika Koch, Jürgen Cziesla, Walter Ruch, Uli Eichenberger, Heinz Brühlmann, Johannes Peyer, Walter Hess

In Schimpf und Schande musste Kläri Wäscher als junge Frau ihre Heimatstadt Güllen verlassen. Der Krämer Alfred Ill hatte sie geschwängert, um ihre Ehre gebracht und in die Prostitution getrieben. 45 Jahre später kehrt sie zurück. Jetzt heißt sie Claire Zachanassian, ist die reichste Frau der Welt und soll mit einer großzügigen Stiftung das verarmte Städtchen retten. Die alte Dame ist auch bereit, der Gemeinde großzügig zu helfen. Eine Milliarde stellt sie zur Verfügung, allerdings unter einer Bedingung: Sie will »Gerechtigkeit«. Alfred Ill, der sie damals ins Unglück stürzte, soll von seinen Mitbürgern umgebracht werden. »Im Namen der Menschlichkeit« sind die Güllener zuerst entrüstet über dieses Ansinnen. Doch dann zerbröckelt das Entsetzen. Eine Milliarde für einen toten Mann ...

Weitere Verfilmungen: *Poseta stare dame* (1976), *Vizit damy* (1989, R: Mikhail Kozakov) und *Hyènes* (1992).

1964 Der Besuch
The Visit, USA/BRD/F/I, R: Bernhard Wicki, D: Ingrid Bergman, Anthony Quinn

1959 Der Besuch der alten Dame
BRD, R: Ludwig Cremer, D: Elisabeth Flickenschildt, Hans Mahnke, Rolf Wanka

DER BETTELSTUDENT

BRD 1956, R: Werner Jacobs, D: Gerhard Riedmann, Waltraut Haas, Elma Karlowa, Gunther Philipp, Gustav Knuth, Fita Benkhoff, Rudolf Vogel, Dick Price, Alice u. Ellen Kessler, Karl Lieffen, Jost Siethoff

Nach der gleichnamigen Operette von Carl Millöcker: In Krakau um 1700. Um sich an der polnischen Komtesse Laura zu rächen, die ihn aus Standesdünkel abgewiesen hat, heckt der sächsische Oberst Ollendorf einen raffinierten Plan aus. Er führt einen fremden Fürsten in die Gesellschaft ein, der in Wirklichkeit ein Bettelstudent ist. Wie er es vorausgesehen hat, verliebt sich Laura in den edlen Fremdling Symon, der sich so angenehm von den übrigen Männern ihrer Umgebung unterscheidet. Beide beschließen zu heiraten. Nach der mit viel Pomp gefeierten Hochzeit vollendet Ollendorf seine Rache und klärt die Anwesenden über die wirkliche Identität des Fremden auf. Es kommt zum erwarteten Skandal, doch Symon, sein Freund Jan und die als Offizier verkleidete Katja planen einen raffinierten Coup gegen den ungeliebten Besatzungskommandanten.

Gisela Huwe *(Filmblätter)*: »Der raufende, singende und liebende *Bettelstudent* ist wieder eingezogen und bringt temperamentvollen Charme und verliebte Turbulenz mit sich. Die Handlung, knappes Gerüst für Millöckers Melodienzauber, ist bekannt ... Alle Szenen sind hier geschickt und geschmackvoll in Bewegung aufgelöst (wunderbar die Fechtereinlage!), die Melodien und Arien werden ohne starre Sänger-Manier eingebaut, und der kostbare und weiträumige Rahmen der Dekors lässt auch die Tänze sich großzügig entfalten ... Ein reizend gemachter Operettenfilm voller Beweglichkeit, der weite Publikumskreise köstlich unterhalten wird.«

*Der Bettelstudent (1956, R: Werner Jacobs):
Elma Karlowa und Gunther Philipp*

1957 Mazurka der Liebe
DDR, R: Hans Müller, D: Albert Garbe, Bert Fortell, Eberhard Krug

1936 Der Bettelstudent
D, R: Georg Jacoby, D: Marika Rökk, Johannes Heesters, Carola Höhn

1931 Der Bettelstudent
D, R: Victor Janson, D: Hansi Arnstaedt, Paul Biensfeldt, Hans Heinz Bollmann

1927 Der Bettelstudent
D, R: Jacob Fleck, Luise Fleck, D: Agnes Esterhazy, Hans Junkermann

DIE BETTLERIN VON NOTRE DAME

Le due orfanelle, F/I 1954, R: Giacomo Gentilomo, D: Myriam Bru, Milly Vitale, Gabrielle Dorziat, André Luguet, Nadia Gray

Nach dem Roman *Zwei Waisen* von Adolphe D'Ennery: Zwei Mädchen, die wie Geschwister aufgewachsen sind, kommen – gegen Ende des 18. Jahrhunderts – nach Paris. Die eine wird in Paris entführt. Dadurch gerät die andere, ein blindes Findelkind, in die Hände einer skrupellosen Trinkerin. Sie erzieht das Mädchen zum Betteln und stellt es vor den Stufen von Notre Dame auf, wo es einst als Säugling ausgesetzt worden war. Dennoch wendet sich noch alles zum Guten: die Mädchen werden befreit und die Bettlerin erhält das Augenlicht wieder.

Hilde Bold (*Filmblätter*): »Ein breit angelegter Frauenfilm mit gepflegter Schauspielkunst, der vor allem die weiblichen Besucher ansprechen dürfte.«

1921 Orphan Of The Storm
USA, R: D. W. Griffith, D: Lillian Gish, Dorothy Gish, Monte Blue

1915 The Two Orphans
USA, R: Herbert Brenon, D: Theda Bara, Jean Sothern, William E. Shay

1911 The Two Orphans
USA, R: Otis Turner, D: Kathlyn Williams, Myrtle Stedman, Winifred Greenwood

BETTY UND IHRE SCHWESTERN

Little Women, USA 1994, R: Gillian Armstrong, Drb: Robin Swicord nach einem Roman von Louisa May Alcott, K: Geoffrey Simpson, M: Thomas Ne-wman, S: Nicholas Beauman, D: Winona Ryder (Jo March), Trini Alvarado (Meg Mach), Samantha Mathis (Amy March), Claire Danes (Beth March), Susan Sarandon (Frau March), Gabriel Byrne (Friedrich Baer), Kirsten Dunst (die jüngere Meg March), Eric Stoltz (John Brooke), Christian Bale (Laurie), John Neville

Gillian Armstrongs *Betty und ihre Schwestern* ist bereits die sechste Verfilmung des Romans von Louisa May Alcott aus dem Jahr 1868, zum ersten Mal lagen Drehbuch und Regie in der Hand von Frauen – ein Versuch, in den Stoff einen feministischen Ton einzubringen. Als Louisa May Alcott von ihrem Verleger gebeten wurde, eine Geschichte für junge Leser zu schreiben, glaubte die Autorin erst, sie sei dazu nicht in der Lage. Die dünne Erstausgabe erschien im Oktober 1868. Sie war so schnell vergriffen, dass sofort vier weitere Auflagen gedruckt werden mussten. Das Buch avancierte schnell zum Klassiker und gehört seitdem zu den zeitlosen Bestsellern. *Betty und ihre Schwestern* wurde in rund dreißig Sprachen übersetzt und ist damit in aller Welt bekannt.

Es ist die Zeit des amerikanischen Bürgerkrieges: Im idyllischen Landstädtchen Concord, Massachusetts, lebt die March-Familie. Mutter »Marmee« muss sich allein um die Erziehung ihrer Töchter kümmern, der Vater kämpft im Krieg

Betty und ihre Schwestern (1994, R: Gillian Armstrong): Susan Sarandon

gegen die Südstaaten. Die vier Töchter sind ihr ganzer Stolz: die attraktive Meg, mit sechzehn Jahren die älteste des Quartetts, die nur ein Jahr jüngere, burschikose Jo, die ihre Freizeit mit Geschichtenschreiben verbringt, die warmherzige, dreizehnjährige Beth und die resolute Amy, die schon mit knapp zwei Jahren weiß, wie sie am besten ihren Willen durchsetzen kann. Die Mädchen teilen die kleinen und großen Sorgen des Alltags, vertrauen sich ihre geheimsten Wünsche an, helfen im Haus und sorgen dafür, dass Geld in die schmale Haushaltskasse kommt. Auch wenn sie sich manchmal streiten, immer wieder halten sie wie Pech und Schwefel zusammen, sind füreinander da und können sich aufeinander verlassen. Mit Laurie, dem Nachbarjungen aus reichem Haus, verbindet sie eine innige Freundschaft.

Betty und ihre Schwestern (1994, R: Gillian Armstrong): Jo (Winona Ryder) auf der Suche nach dem eigenen Weg

Aus den Mädchen werden junge Damen, die von Liebe, Glück und Anerkennung träumen, ihre Vorstellung von Leben verwirklichen möchten. Meg heiratet Lauries Hauslehrer John Brooke und fühlt sich als Hausfrau zufrieden. Jo weist Lauries Heiratsantrag zurück, da sie nur schwesterliche Gefühle für ihn hegt. Sie sprengt die Fesseln viktorianischer Biederkeit und geht nach New York, um als Gouvernante zu arbeiten und als Schriftstellerin Erfahrungen zu machen. Dort lernt sie auch den deutschen Professor Friedrich Bhaer kennen, der sie in ihrer Suche nach dem eigenen Weg bestärkt. Erstmals ist sie verliebt, auch wenn sie sich nicht traut, offen ihre Gefühle zu zeigen. Der Tod der jüngeren Schwester Beth wirft einen Schatten auf die harmonische Familie, besonders Jo leidet unter dem Verlust. Die künstlerisch begabte Amy lernt auf einem Europatrip die faszinierende Kultur der Alten Welt kennen und trifft auch Laurie wieder, der seinen Kummer über Jos ablehnendes Verhalten in oberflächlichen Abenteuern und Nichtstun ertränkt. Aus jahrelanger Freundschaft entwickelt sich tiefe Liebe, als Paar kehren Amy und Laurie in die Heimat zurück. Jo denkt oft an »ihren« Professor, hat aber die Hoffnung fast aufgegeben, dass er sie besucht. Bis es an einem grauen Regentag an der Tür klingelt ...

Gillian Armstrong wollte *Betty und ihre Schwestern* verfilmen, »weil es so eine wunderschöne, von zeitlichen Strömungen unabhängige Geschichte ist, in der vier rebellische Mädchen ihren Traum von Freiheit träumen. Es ist eine Story voller Gefühle und bemerkenswerter Charaktere, die man nicht vergisst und die alle Epochen überdauern. Louisa May Alcotts exakt beobachtende Erzählung von vier Schwestern, die zu Frauen heranreifen, trifft uns mitten ins Herz. Gerade in dieser unruhigen und verwirrenden Zeit benötigen wir dringend eine positive Botschaft über die Notwendigkeit familiärer Bindungen.« Für die australische Regisseurin gehörte es zu den obersten Geboten, sich intensiv mit den politischen und gesellschaftlichen Rahmenbedingungen der Zeit von *Betty und ihre Schwestern* auseinander zu setzen. Deshalb recherchierten sie und die Drehbuchautorin Robin Swicord alle Aspekte des Amerika des 19. Jahrhunderts. Auch Louisa May Alcotts Leben nahmen sie unter die Lupe. Einige Details daraus flossen in den Film ein, beispielsweise der Glaube ihrer Eltern an das Übersinnliche, die homöopathischen Kenntnisse ihrer Mutter, die Ursprünge der Suffragetten-Bewegung, Enthaltsamkeit, Sklavenbefreiung und Sozialarbeit.

Die 1832 geborene Louisa May Alcott war das zweite Kind von Bronson Alcott aus Concord, Massachusetts, einem philosophischen Autodidakten und Sozialreformer. Schon in jungen Jahren sorgte Louisa May für den Unterhalt der Familie. Während sich ihr Vater mit Berühmtheiten wie Emerson, Hawthorne und Thoreau umgab, unterrichtete Louisa in der Schule, arbeitete u.a. als Krankenschwester und Dienstmädchen. Im Alter von 21 Jahren begann sie, Gedichte und kleine Geschichten zu schreiben,

1862 meldete sie sich freiwillig als Krankenschwester im Bürgerkrieg, ihre Eindrücke finden sich in den *Hospital Sketches* (1863) wieder. Ersten finanziellen Erfolg brachten ihr die Veröffentlichungen düsterer Thriller unter dem Pseudonym A. M. Barnard. Bekannt unter ihrem eigenen Namen wurde sie 1868 mit *Betty und ihre Schwestern*, die Erinnerung an ihre eigenen Kindheitserfahrungen. Louisa May Alcott beschreibt sich selbst als Jo und setzt ihren drei Schwestern ein Denkmal mit Amy, Beth und Meg. Die in *Betty und ihre Schwestern* begonnene Erzählung führt sie in ihren späteren Romanen *Little Men* (1871) und *Jo's Boys* (1886) fort. Zeit ihres Lebens veröffentlichte Louisa May Alcott Romane und Erzählungen, gleichzeitig war sie aktiv in der Emanzipationsbewegung der Suffragetten. Louisa May Alcott starb im März 1888 in Boston.

Die Geschichte der tapferen Töchter wird »heute allerdings eher als konservatives Manifest für die Werte der christlichen Familie gefeiert«, hieß es zum Kinostart in der *FAZ*. »Zumindest in Amerika, wo *Little Women* einige Monate lang die Kinokassen füllte. In Europa indessen ist das Buch, eine Art historische *Hannie und Nannie*,

kaum bekannt. Was die Australierin Gillian Armstrong bewogen hat, den altbackenen Schinken noch einmal auf die Leinwand zu bringen, offenbart der vorwiegend pastellfarbene Film, in dem jeder Konvention filmischen Erzählens gehuldigt wird, nicht. Vielleicht war es nur die Lust an einem Frauenprojekt, das mit reichlich Geld ausgestattet wurde.« *Time Out* stellte fest, dass sich Winona Ryder, »bis zum Überlaufen erfüllt von Nervosität und erhoffter Leidenschaft« in ihre Rolle der heißköpfigen Jo wirft. Und für *TV-Spielfilm* war der Film »ein nostalgisches und sentimentales Märchen aus einer ›besseren‹ Zeit.« Es fehle zwar jeder aktuelle Bezug, »doch die handwerkliche Perfektion der Regisseurin und ihre Liebe zum Detail zaubern zurück, was schon lange vergessen schien – das prächtige, altmodische Gefühlskino aus dem Hollywood der 40er Jahre.«

1979 Little Women
USA, D: David Ackroyd, Ann Dusenberry, Richard Gilliland

1949 Kleine tapfere Jo
Little Women, USA, R: Mervyn LeRoy, D: June Allyson, Elizabeth Taylor

»In ihrem nächsten Film *Little Women* (*Kleine tapfere Jo*, 1949) bekam Elizabeth Taylor die Chance, echt Komödie zu spielen. Als selbstsüchtige, oberflächliche, flatterhafte Amy, die liebend gern isst und große Worte vollkommen falsch gebraucht, ist sie eine wahre Augenweide. Kritiker und Zuschauer waren voreingenommen und hielten die Version von Mervyn LeRoy dem 1936 gedrehten George-Cukor-Film für weit unterlegen, aber die spätere Version hat dem berühmten Original gegenüber einen ganz entschiedenen Vorteil: Liz zeigt in der Rolle als Amy March wesentlich mehr Temperament als damals Joan Bennett ... *Little Women* (*Kleine tapfere Jo*) markiert das Ende von Elizabeth Taylors Kind-Frau-Phase. Teils kichernder Teenager, oberflächliches Mädchen, dessen Ausblick auf das Leben vom Standpunkt einer viktorianischen Romanze erfolgt, zum Teil aber auch schon eine junge, eifrig flirtende Dame, zwar noch verspielt, aber doch schon darauf aus, Laurie der älteren

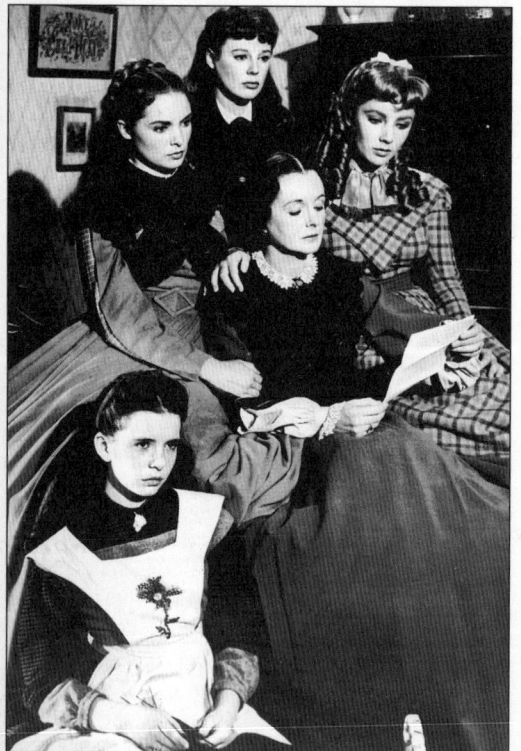

Kleine tapfere Jo (1949, R: Mervyn LeRoy):
Margaret O'Brien, Janet Leigh, June Allyson,
Elizabeth Taylor und Mary Astor

Schwester Jo zu stehlen ... so betrachtet stellt ihre Amy eine erfreuliche Mischung aus Taylor-Unschuld und Taylor-Racker dar.« (Foster Hirsch, *Elisabeth Taylor*, 1973)

1933 Vier Schwestern

Little Women, USA, R: George Cukor, D: Katharine Hepburn, Joan Bennett

»In dieser sentimentalen Geschichte über die March-Familie spielte Katharine Hepburn die wilde Range Jo (›Sieh mich an Welt! Ich bin Jo March, und ich bin glücklich!‹) ... Für ihre Darstellung, die zu den Glanzlichtern ihrer Leinwandkarriere gehört, wurde Katharine Hepburn bei den 1934er-Filmfestspielen in Cannes zur ›Besten Schauspielerin‹ gewählt.« (Alwin H. Marill, *Katharine Hepburn*, 1973)

1918 Little Women

USA, R: Harley Knowles, D: Lillian Hall, Dorothy Bernard

1917 Little Women

GB, R: G. B. Samuelson, Alexander Butler, D: Daisy Burrell

DIE BEVERLY HILLBILLIES SIND LOS!

The Beverly Hillbillies, USA 1993, R: Penelope Spheeris, D: Diedrich Bader, Dabney Coleman, Erika Eleniak, Cloris Leachman, Rob Schneider, Lea Thompson, Lily Tomlin, Jim Varney, Linda Carlson, Penny Fuller, Kevin Connolly, Buddy Ebsen, Zsa Zsa Gabor, Dolly Parton

Eine Hillbillyfamilie stößt in den Wäldern von Arkansas auf Öl, schwimmt fortan in Geld, kauft sich in Beverly Hills ein Anwesen und treibt dort ihr Unwesen.

Lars-Olav Beier *(tip)*: »Erneut erzählt Penelope Spheeris von zwei Lebenswelten, die aufeinander prallen, doch ist der Humor dieses Films – ähnlich wie bereits in *Wayne's World* – oft genauso begrenzt wie die Intelligenz der Hauptfiguren. Und selbst die Hillbillies wären wohl problemlos in der Lage, die Überraschungsmomente dieser jederzeit vorhersehbaren Geschichte zu zählen.«

1962 – 1971 The Beverly Hillbillies

USA, TV-Serie: 274 Folgen, R: Joseph Depew, Robert M. Leeds, D: Buddy Ebsen

DIE BIBEL – JESUS

Jesus, BRD/I/USA 1999, R: Roger Young, Drb: Suzette Couture, Roger Young, K: Raffaele Mertes, M: Patrick Williams, S: Benjamin Weisman, D: Jeremy Sisto (Jesus), Jacqueline Bisset (Maria), Armin Müller-Stahl (Josef), Gary Oldman (Pontius Pilatus), Christian Kohlund (Kaifas), Jeroen Krabbé (Satan), Peter Gevissen (Lazarus), Tom Lockyer (Judas), Claudio Amendola (Barabbas), Debora Messing (Maria Magdalena), David O'Hara (Johannes, der Täufer), Luca Barbareschi (Herodes Antipas), Luca Zingaretti (Petrus), Gabriella Pession (Salome), Sebastian Knapp (Matthäus), Elena Sophia Ricci (Herodias), G. W. Bailey (Lysias)

Der mächtige römische Statthalter Pontius Pilatus zwingt das verarmte Volk von Judäa zu immer höheren Steuerzahlungen. In diesen schlechten Zeiten suchen Jesus und sein Ziehvater Josef Arbeit als Zimmerleute. Nach dessen Tod ermuntert Maria ihren Sohn, seine von Gott vorgesehene Aufgabe zu erfüllen. Als Jesus im Wasser des Jordan durch den Propheten Johannes die Taufe empfängt, ruft Gott seinen Sohn beim Namen. Jesus zieht sich daraufhin in die Wüste zurück, wo er Satan begegnet, der ihn in verschiedenen Gestalten zu verführen versucht. Der Geläuterte kehrt nach Hause zurück, wo sich erste Jünger um ihn versammeln, die jedoch bald an dem Messias zweifeln, weil er seine Anhänger nicht in den bewaffneten Aufstand gegen die Römer führt. Erst als Jesus ein Wunder vollbringt, verstummen die Zweifel am Erlöser. Schnell spricht es sich herum, dass Jesus imstande ist, Wunder zu vollbringen und seine Popularität wächst. Der argwöhnische Hohepriester Kaifas will Jesus als Scharlatan entlarven und fordert die versammelte Menge auf, von Jesus einen Richterspruch über eine Ehebrecherin zu verlangen, die nach jüdischen Gesetzen gesteinigt werden soll. Jesu Befehl, dass derjenige den ersten Stein werfen möge, der selbst ohne Sünde ist, beschämt den aufgebrachten Pöbel. Zusammen mit seinen Jüngern betritt Jesus den Tempel und wirft voller Zorn die fliegenden Händler hinaus, die das Haus Gottes zu einer Wechselstube entweiht haben ...

Jesus trauert um Johannes den Täufer, der von Herodes hingerichtet wurde. Mehr und mehr Menschen suchen Jesus auf, um seine Lehre zu hören, bei der nicht die sklavische Befolgung der Gesetze, sondern die Liebe zum Mitmenschen an erster Stelle steht. Als Jesus seinen Verwandten Lazarus von den Toten auferstehen lässt, kennt seine Popularität keine Grenzen mehr. Doch erweckt er den Zorn der jüdischen Priester, als er auf einem Esel in Jerusalem einreitet und von einer begeisterten Menschenmenge wie ein König empfangen wird. Die Priester halten ihn für einen Scharlatan. Im Tempel kommt es zu einer blutigen Auseinandersetzung. Der Hohepriester Kaifas macht Jesus verantwortlich und fordert den Statthalter Pilatus auf, den Nazarener zu richten. Jesus weiß, dass seine Stunde geschlagen hat. Bei seinem letzten Abendmahl fordert er seine Jünger auf, künftig in seinem Gedenken Brot und Wein als sein Fleisch und Blut zu sich zu nehmen. Von der gewaltfreien Lehre des Messias enttäuscht, verrät Judas seinen Herren an die Häscher des Hohepriesters. Um selbst kein Urteil sprechen zu müssen, überlässt der Statthalter Pilatus dem Volk die Entscheidung darüber, ob zum Passahfest der zelotische Freiheitskämpfer Barabbas oder Jesus freigelassen werden soll. Das Volk wählt Barabbas, und Jesus wird unter Qualen gekreuzigt. Die Jünger begraben den Leichnam in einer Felskammer, die nach drei Tagen von Maria Magdalena leer vorgefunden wird. Der Auferstandene erscheint seinen Jüngern und fordert sie auf, die frohe Botschaft überall zu verkünden.

Mit einem Budget von 20 Millionen Dollar und einer Starbesetzung ist *Die Bibel – Jesus* ein aufwendiges Projekt: Gedreht wurde an zwölf verschiedenen Schauplätzen, die die archaische Atmosphäre der biblischen Zeit eindrucksvoll widerspiegeln. Mehr als 400 Crewmitglieder und bis zu 1.100 Statisten pro Drehtag verwandelten die Drehorte in der Steinwüste der marokkanischen Wüstenstadt Ouarzazate zu den wichtigsten Stationen im Leben Christi. Der amerikanische Regisseur Roger Young, der sein Geschick bereits in den vorangegangenen Bibel-Produktionen *Josef* (1995 Emmy-Award als beste Miniserie), *Moses* (1996 Emmy-Nominierung als beste Miniserie) und *Salomon* (1997) unter Beweis stellte, hat auch mit *Die Bibel – Jesus* wieder eine moderne Bibel-Adaption geschaffen, deren Markenzeichen eine bis in den Wortlaut hinein zu verfolgende Werktreue ist.

Jacqueline Bisset, die in der Rolle der Maria zu sehen ist, äußert sich zu der Frage, ob die Geschichte von Jesus heute eigentlich noch aktuell ist: »Ja, die Geschichte geht jetzt, nach 2000 Jahren, immer noch weiter. Es ist eine ganz erstaunliche Geschichte, die sich mir persönlich immer mehr erschlossen hat, je älter ich wurde. Die heutige Zeit ist sehr komplex, und in vielerlei Hinsicht unmoralisch und außer Kontrolle geraten, mit all ihren Extremen und funktioniert nicht gerade besonders gut. Sie könnte sicher besser sein, wenn die Menschen mehr nach moralischen Grundsätzen leben würden. Ich denke, es ist jetzt genau die richtige Zeit, für die Ruhe und die Botschaft der Lehren Jesu. Mich persönlich regen sie zum Nachdenken an. Ich glaube auch, dass zum Beispiel die Zehn Gebote ein guter Maßstab dafür sind, wie man sein Leben leben sollte.«

Schon 1897, also zwei Jahre nach der Geburt des Films, wurde der erste Jesus-Film aufgeführt: *Leben und Passion Jesu Christi* war eine 13-minütige Inszenierung passionsspielähnlicher Szenen, produziert von den Gebrüdern Lumière. Auch der Film *Die Galiäer* von Dimitri Buchowetzki aus dem Jahr 1923 entstand in Anlehnung an die Oberammergauer Passionsspiele. Über *I.N.R.I.* von Robert Wiene, ebenfalls aus dem Jahr 1923, notiert Udo Wallraf in seinen Betrachtungen über die Bibel im Film: »Er gilt als der erste große deutsche Bibel-Spielfilm. Auf einer Romanvorlage basierend, ging es Wiene um eine (religiöse) Neuorientierung in der politisch und wirtschaftlich unsicheren Zeit während der Produktion. Die Verfilmung des Leben Jesu war zunächst in eine Rahmenhandlung eingebunden, die sich auf die Auseinandersetzung des Christentums mit dem Kommunismus bezieht. Die teils überzogene Theatralik in der Darstellung des Leben Jesu führte schon damals zu Kritik.«

In den siebziger Jahren führt der freiere Umgang mit dem biblischen Stoff einerseits zu problemorientierten Varianten wie *Jesus von Nazareth* (1975) und *Jesus* (1979), andererseits zu unterhaltsamen Varianten wie *Godspell* (1973) und *Jesus Christ Superstar* (1972). Eine Parodie auf Bibelverfilmungen drehte die Komiker-Truppe Monty Python mit *Das Leben des Brian* (1979), während Denys Arcand mit *Jesus von Montreal* (1989) auf die Filmgeschichte zurückgreift, indem er an die Tradition der Passionsspiele in seinem Film in der Handlung erinnert. In den neunziger Jahren kam es zu einer Wiederbelebung der alten filmischen Tradition des Nacherzählens biblischer Handlungen: Die Fernsehproduktion *Altes Testament und Neues Testament* sind allein schon aufgrund ihres Volumens monumental. 21 Folgen verarbeiten den Stoff der Bibel.

1989 Jesus von Montreal

Jesus de Montreal, CDN, R: Denys Arcand, D: Lothaire Bluteau, Catherine Wilkening

Denys Arcand gelang mit *Jesus von Montreal* eine sehr ernsthafte und radikale filmische Auseinandersetzung mit Jesus. Er erzählt von einem jungen Schauspieler, der mit Freunden das Passionsspiel für eine Kirchengemeinde modernisieren soll. Dabei setzt sich dieser Film sehr subjektiv mit der Leidensgeschichte Christi auseinander und reflektiert das Thema und die künstlerischen Mittel. Auf einer anderen Ebene wird die Geschichte vom jungen Schauspieler erzählt, der beim Publikum großen Erfolg hat. Bei der Kirche stößt er aber auf Ablehnung und wird nach dem Verbot bei einer letzten Vorstellung verletzt, als die Kreuzigung im Tumult untergeht. Die Verletzung ist schlimmer als zunächst angenommen, der Schauspieler bricht in der U-Bahn zusammen und stirbt.

1988 Die letzte Versuchung Christi

The Last Temptation Of Christ, USA, R: Martin Scorsese, D: Willem Dafoe

Der Film erzählt eine Chronik von Ereignissen, die nicht immer mit dem Evangelium übereinstimmt: »Scorseses Jesus ist nicht nur heilig, rein und voller Würde, sondern auch ein Zweifler, der Angst hat vor dem, was ihn erwartet, und den die Stimmen, die seinen Schlaf begleiten, an den Rand des Wahnsinns bringen.« *(Cinema)*

1987 Ein Kind mit Namen Jesus

Un Bambino di nome Gesù, I/BRD, R: Franco Rossi, D: Matteo Bellina

1979 Das Leben des Brian

Monty Python's Life Of Brian, GB, R: Terry Jones, D: John Cleese, Eric Idle

Respektlos-freche Bibelfilm-Satire der legendären britischen Komikertruppe »Monty Python«. Mit beißender Ironie werden die pathetischen Passions- und Jesusfilme aus Hollywood und Italien auf die Schippe genommen. Inspiriert durch die zurückgelassenen Kulissen von Franco Zeffirellis Film *Jesus von Nazareth*, entstand so diese biblische Monumentalfilm-Parodie – für die einen längst schräger Kult, für die anderen eher eine geschmacklose Veralberung.

1979 Jesus

USA, R: Peter Sykes, John Kirsh, D: Brian Deacon, Niko Nitai, Talia Shapira

»Prinzipiell von den Frommen für die ohnehin Gläubigen gemacht.« *(Variety)*

1976 Jesus von Nazareth

Jesus Of Nazareth, I/GB, R: Franco Zeffirelli, D: Robert Powell, Olivia Hussey

»Bad Segeberg, nach Galiläa versetzt; Old Shatterhand zur Zeit des Kaisers Augustus: So und nicht anders wurde in Zeffirellis Spektakel Theater gespielt ...« *(Die Zeit)*

1975 Jesus von Nazareth

The Passover Plot, USA/IS, R: Michael Campus, D: Zalman King, Harry Andrews

»So wenig das Neue Testament eine Biografie Jesu darstellt, so wenig lässt sich das Leben Jesu authentisch verfilmen. Auch ist die Mahnung Hermann Gerbers beherzigenswert, ›unter den Christusfilmen kein vorschnelles theologisches Massaker‹ anzurichten. Doch was jetzt unter dem Titel *Jesus von Nazareth* – laut Werbung – ›neu und gewaltig‹ angeboten wird, verlässt den Boden ernst zu nehmender Jesus-Deutungen. Jesus tritt in diesem Film als jüdischer Untergrundkämpfer gegen die römische Besatzungsmacht auf. Um das Ziel der Befreiung des Volkes Israel zu erreichen, macht er mit seinen Jüngern zwei Pläne. Zunächst soll der gewaltsame Aufstand versucht werden. Falls dieser Plan scheitert, was in der Tat der Fall ist, soll der zweite Plan verwirklicht werden: Jesus will sich kreuzigen lassen, der Arzt Jakob soll ihn durch einen am Kreuz gereichten Narkosetrank vor dem Sterben bewahren, sodass Jesus sich nach seinem ›Tod‹ noch einmal den Menschen zeigen und sie durch dieses ›Wunder der Auferstehung‹ zum Befreiungskampf aufwiegeln kann. Aber auch dieser Plan scheitert, weil Jesus zwar aus der Bewusstlosigkeit aufwacht, dann aber frühzeitig stirbt ... So bleibt als vernichtender Gesamteindruck dieses Jesus-Films: Die Geschichte ist frei erfunden, jede Ähnlichkeit mit wirklichen Personen und Ereignissen ist rein zufällig.« (Martin Bogdahn, *Filmbeobachter*)

1972 Jesus Christ Superstar

USA, R: Norman Jewison, D: Ted Neeley, Carl Anderson, Yvonne Elliman

1964 Das 1. Evangelium – Matthäus

Il vangelo secondo matteo, I, R: P. P. Pasolini, D: Enrique Irazoqui, Susanna Pasolini

»Einen der radikalsten Bibelfilme drehte der italienische Regisseur Pier Paolo Pasolini 1964 unter dem Titel *Das 1. Evangelium – Matthäus*. Der Film löste sofort nach Erscheinen 1964 eine heftige Kontroverse aus. Wie kann ein erklärter Marxist ein Evangelium verfilmen, noch dazu in einer tief gehenden und respektierenden Weise? Pasolini suchte weder einen historisierenden Zugang zum Stoff noch eine Darstellung über die Verlagerung der biblischen Botschaft im menschlichen Hier und Jetzt. Er stellte die (persönliche) Faszination dieser Bilder in ihrer Fremdheit und Echtheit im Kontrast zu unserer rationalen Wirklichkeit heraus.« (Udo Wallraf, *Bibel im Film*)

1963 Die größte Geschichte aller Zeiten

The Greatest Story Ever Told, USA, R: George Stevens, D: Max von Sydow

1960 König der Könige

King Of Kings, USA, R: Nicholas Ray D: Jeffrey Hunter, Siobhan McKenna

Im Jahre 63 v. Chr. erobert der römische Feldherr Pompeius Jerusalem. Damit beginnt die Herrschaft Roms über Judäa, die lange über die Lebenszeit Jesu hinaus andauerte. In diesen historischen Rahmen eingebettet ist Nicholas Rays aufwendige Verfilmung der Heilsgeschichte aus dem Jahre 1960. Sie schildert die wichtigsten Stationen des Lebenswegs Jesu und verbindet eindrucksvoll die Porträts biblischer Gestalten mit dramatischen Massenszenen.

»*Das Gewand* oder *Ben Hur* bezogen zwar in ihre Handlung die Gestalt von Jesus Christus als wichtigen Bestandteil mit ein, doch wagten es die jeweiligen Regisseure nicht, sie direkt zu zeigen. Nicholas Ray war einer der ersten Filmemacher des modernen Kinos, der das Leben Jesu Christi zum Hauptthema eines Films machte, wenngleich er damit auch ein enormes Risiko einging, denn die Geschichte bot wegen ihres großen Bekanntheitsgrades nun wirklich nicht mehr viele Überraschungen. Ray versuchte, dieses Manko mit einer Vielzahl aufwändig gestalteter Massenszenen auszugleichen, in denen er sich große Mühe gab, die Konflikte im römisch besetzten Palästina anschaulich zu gestalten. Gerade dies machten ihm später die Vertreter der Katholischen Kirche zum Vorwurf, hatten sie sich doch eine filmische Darstellung abseits des typischen Hollywood-Hangs zum Spektakel gewünscht.« (TV *Spielfilm Lexikon*)

1927 King Of Kings

USA, Regie: Cecil B. De Mille

1923 I.N.R.I.

D, R: Robert Wiene

1923 Die Galiäer

R: Dimitri Buchowetzki

1897 Leben und Passion Jesu Christi

F

DER BIBERPELZ

DDR 1949, R: Erich Engels, D: Werner Hinz, Käthe Haack, Friedrich Gnass, Fita Benkhoff, Ingrid Rentsch, Edith Hancke, Paul Bildt, Erwin Geschonneck, Herbert Wilk

Nach einer Komödie von Gerhart Hauptmann: Im Mittelpunkt der Handlung steht die gewiefte Waschfrau Mutter Wolffen, die mit ihrer Lebensweisheit und geradlinigen Art sehr schnell zu erkennen versteht, dass nicht alle angeblich ehrbaren Bürger ihrer Umgebung dem äußeren Erscheinungsbild entsprechen.

TV Spielfilm Lexikon: »Beachtenswert an diesem frühen DEFA-Film ist das große Aufgebot bekannter Stars aus alter UFA-Zeit, die auch kurz nach der deutschen Teilung immer noch ihr Aufgabengebiet zwischen den Produktionsfirmen im Westteil des Landes und den neu gegründeten DEFA-Studios von Neubabelsberg aufteilten. 1937 hatte Jürgen von Alten schon einmal das bekannte Bühnenstück von Gerhart Hauptmann verfilmt, dabei jedoch mehr die komödiantische Variante in den Vordergrund gestellt. Stemmles Version betont hingegen das sozialkritische Element, was auch dem Geist der literarischen Vorlage am nächsten kommt, die Hauptmann auch primär als Satire auf die Verhältnisse im wilhelminischen Deutschland angelegt hatte ... Kirchliche Kritikerkreise fühlten sich mal wieder durch die etwas überzeichnete Darstellung eines dickleibigen Pastors und seiner aufgeputzten Gattin verunglimpft, bescheinigten der DEFA jedoch bezüglich ihrer Hauptmann-Verfilmung eine ›beachtliche Leistung‹.« Fürs Fernsehen inszenierte John Olden 1962 das Hauptmann-Stück mit Inge Meysel, Paul Edwin Roth und Ernst Schröder.

1937 Der Biberpelz

D, R: Jürgen von Alten, D: Heinrich George, Ida Wüst, Rotraut Richter

BIESTER

La Cérémonie, F/BRD 1995, R: Claude Chabrol, D: Isabelle Huppert, Sandrine Bonnaire, Jean-Pierre Cassel, Jacqueline Bisset, Virginie Ledoyen, Valentin Merlet, Julien Rochefort, Dominique Frot, Jean-François Perrier

Sophie ist das neue Hausmädchen bei den Lelièvres in ihrem pompösen Herrenhaus in der

Bretagne. Madame und Monsieur sind mit Sophie sehr zufrieden: Sie putzt ordentlich und kocht vorzüglich, verbringt ihre Freizeit vor dem alten Fernseher in ihrer Mansarde, wenn da nicht unerklärliche Irritationen bei Einkaufslisten und schriftlichen Anweisungen wären. Während die Lelièvres mit ihren Kindern Melinda und Gilles ihre Ferien im Süden verbringen, lernt Sophie die freche Postbeamtin Jeanne kennen. Jeanne hat etwas gegen die Lelièvres, öffnet dreist deren Post und kommt gewissen dunklen Flecken auf die Spur. Sie entdeckt auch Sophies Geheimnis, was diese mit aller Raffinesse zu verbergen versucht: Sie ist Analphabetin. Aber auch in Sophies und Jeannes Vergangenheit gibt es ungeklärte Todesfälle. Vielleicht ist es der Hass auf die »Herrschaften«, vielleicht aber auch Neid und Habgier: Die beiden »Biester« verbünden sich gegen die großbürgerliche Familie. Als Monsieur Sophie den Umgang mit der betrügerischen Postbeamtin verbietet und ihr schließlich wegen zunehmender Aufsässigkeit kündigt, steigern sich die beiden bösen Mädchen in einen Racherausch ...

Multimedia: »Wie aus der scheinbar harmlosen Freundschaft zweier Frauen aus der ›Unterschicht‹ ein Mordbündnis wird, die beiden eine reiche, privilegierte Familie töten und so zu Rächerinnen am verhassten, bürgerlichen System werden, zeigt Claude Chabrol in subtiler, ironischer, psychologisch hochinteressanter, aber auch bestürzend unheimlicher Manier.«

1986 Blutiger Engel

A Judgment In Stone, USA, R: Ousama Rawi, D: Rita Tushingham, Ross Petty

BIG BAD MAMA

Big Bad Mama II, USA 1987, R: Jim Wynorski, D: Angie Dickinson, Robert Culp, Danielle Brisebois, Bruce Glover, Julie McCullough, Jeff Yahger, Jacque Lynn Colton, Ebbe Roe Smith, Charles Cyphers, Kelli Maroney

Nachdem sie im Amerika der 30er-Jahre Opfer der Machenschaften eines reichen Politikers und Bankiers wurde, überfällt eine Witwe mit ihren Töchtern fortan Banken und kommt durch die Presse in den Ruf einer Volksheldin.

MovieLine: »Der neue *Big Bad Mama* ist trotz der ›II‹ keine Fortsetzung, sondern ein Remake. Wie seinerzeit glänzt wieder Angie Dickinson als bankenüberfallende Witwe in der Titelrolle. Als Regisseur zeichnet Jim Wynorski, einer der exponiertesten Vertreter des postmodernen Zitatenkinos, der die einschlägige Genre-Geschichte ausplündert, um für sich und einige Insider noch einen weiteren spaßigen Aufguss von Altbekanntem zu fabrizieren.«

1974 Liebe böse Mama

Big Bad Mama, USA, R: Steve Carver, D: Angie Dickinson, Susan Sennett

THE BIRDCAGE – EIN PARADIES FÜR SCHRILLE VÖGEL

The Birdcage, USA 1995, R: Mike Nichols, D: Robin Williams, Gene Hackman, Nathan Lane, Dianne Wiest, Dan Futterman, Calista Flockhart

Nach dem Bühnenstück *La cage aux folles* von Jean Poiret: Das schwule Paar Albert und Armand führt in Miami den schrillen Nachtklub ›The Birdcage‹, dessen Attraktion noch immer Armand alias Starina ist. Gemeinsam haben sie auch Armands Sohn Val großgezogen, der nun die Tochter eines erzkonservativen Senators ehelichen möchte und von seinen »Eltern« verlangt, beim ersten Treffen ein heterosexuelles Familienleben vorzutäuschen. Das muss schief gehen. 1978 landete Regisseur Edouard Molinaro mit dem Spielfilm *Ein Käfig voller Narren* einen Kassenschlager. Die für damalige Verhältnisse ziemlich gewagte Komödie erhielt denn auch zwei Fortsetzungen. Außerdem schrieb Komponist Jerry Herman das Stück zu einem ebenso erfolgreichen Musical um, dessen Hit *I Am What I Am* noch heute ins Repertoire jeder Travestieshow gehört. Fast zwanzig Jahre dauerte es, bis auch Hollywood sich dazu durchringen konnte, den

The Birdcage – Ein Paradies für schrille Vögel (1995, R: Mike Nichols): Robin Williams und Nathan Lane

Stoff zu adaptieren. Ermöglicht wurde dies unter anderem durch den Erfolg des Spielfilms *Philadelphia*. Das starbestückte Aids-Drama war die erste Produktion eines großen Hollywood-Studios, das dem amerikanischen Publikum Homosexualität jenseits der gängigen Schwulenklischees präsentierte. Regisseur Mike Nichols und seine Drehbuchautorin Elaine May haben die Geschichte entstaubt, ins moderne Amerika transportiert, politisch zugespitzt.

Sven Schwyn (*CineNet*): »Wirklich gelungen sind die immer wieder eingeflochtenen Randbemerkungen mit politischem Anstrich; ob Clinton, ob Dole, hier bekommen alle ihr Fett ab. Zuweilen zum Umfallen komisch sind der Broadway-Schauspieler Nathan Lane und Hank Azaria, und das ohne auf homosexuellen Gefühlen herumzutrampeln oder sie gar zu verunglimpfen.«

1978 Ein Käfig voller Narren

La cage aux folles, F, R: Edouard Molinaro, D: Ugo Tognazzi, Michel Serrault

BITTE NICHT HEUTE NACHT!

Unfaithfully Yours, USA 1983, R: Howard Zieff, D: Dudley Moore, Nastassja Kinski, Armand Assante, Albert Brooks, Richard Libertini, Cassie Yates, Richard B. Shull, Jan Triska, Jan Hallaren

Ein berühmter Dirigent glaubt sich von seiner Frau hintergangen und plant in seiner Fantasie den perfekten Mord an ihr und ihrem vermeintlichen Liebhaber.

Lexikon des internationalen Films: »Überdrehte Neuauflage der Preston-Sturges-Komödie *Die Ungetreue* (1948), die mit Slapstick-Einfällen und der Koketterie mit der Unmoral harmlos unterhält. Routiniert, wenn auch nicht sonderlich glanzvoll inszeniert, erfrischend gespielt.«

1948 Die Ungetreue

Unfaithfully Yours, USA, R: Preston Sturges, D: Rex Harrison, Linda Darnell

BLACK BEAUTY

USA 1994, R: Caroline Thompson, Drb: Caroline Thompson nach dem Roman von Anna Sewell, K: Alex Thomson, M: Danny Elfman, S: Claire Simpson, D: Sean Bean (Farmer Grey), Andrew Knott (Joe Green, Kind), Ian Kelsey (Joe Green, Mann), Jim Carter (John Manly) David Thewlis (Jerry Barker), Peter Davison (Squire Gordon), Alun Armstrong (Reuben Smith), John McEnery (Mr. York), Eleanor Bron (Lady Wexmire), Peter Cook (Lord Wexmire), Adrian Ross Magenty (Lord George), Alan Cumming (Black Beauty), Lyndon Davies, Georgina Armstrong, Gemma Paternoster, Anthony Walters

Der schwarze Hengst Black Beauty genießt einen friedlichen Lebensabend auf dem Land. Doch dem edlen Rappen ging es nicht immer so gut. Er selbst erzählt seine abenteuerliche Lebensgeschichte und macht klar, was für ein elendes Dasein Pferde im England des 19. Jahrhundert fristen mussten. So beginnt die Lebensgeschichte des Rappen: Nachdem Black Beauty die ersten Jahres seines Lebens sorglos bei seinem Züchter verbracht hat, muss er schließlich verkauft werden. Er kommt zur Familie Gordon nach Birtwick Park. Für ihn beginnt eine wunderbare Zeit. Er lernt die Fuchsstute Ginger kennen und verliebt sich in sie. Der Pferdejunge Joe kümmert sich liebevoll um ihn. Doch dann brauen sich dunkle Wolken über Birtwick Park zusammen.

Mrs. Gordon wird schwer krank und muss mit ihrer Familie England verlassen. So werden Ginger und Black Beauty an Lord Wexmire verkauft, und ihre schöne Zeit ist zu Ende. Der neue Besitzer Lord Wexmire quält und schindet die beiden: Lady Wexmire, die neue Besitzerin, will den ungestümen Hengst nach traditionellen, aber grausamen Methoden zähmen. Koste es, was es wolle! Schon bald wird Black Beauty als Zugpferd missbraucht, bis er nach einer Beinverletzung an den Droschkenkutscher Jerry verkauft wird. Bei Jerry wird Black Beauty gut behandelt, er fühlt sich trotz der anstrengenden Arbeit wohl. Er glaubt, schon für immer ein Zuhause gefunden zu haben, als Jerry krank wird und seinen Beruf als Droschkenkutscher nicht mehr ausüben kann. Jerry verkauft den Hengst an einen Getreidehändler, von dem er glaubt, Black Beauty sei bei ihm gut aufgehoben, und zieht aufs Land. Die Arbeit bei dem Getreidehändler bringt Black Beauty fast um, und er wird schließlich erneut verkauft, weil er zu nichts mehr nütze zu sein scheint. Er hat sich schon fast mit seinem Schicksal abgefunden, als er eine Überraschung erlebt: Nach Jahren härtester Arbeit wird er schließlich von dem mittlerweile erwachsenen Joe gekauft und darf endlich wieder auf seinen so geliebten Wiesen herumtollen ...

In der bislang letzten Verfilmung einer der wundervollsten Tiergeschichten aller Zeiten werden die mitreißenden Abenteuer des schönen

Pferdes Black Beauty aus der Sicht des schwarzen Hengstes erzählt. »Ein Tierschicksal, das zu Herzen geht. Überzeugend in Szene gesetzt«, urteilt *TV neu*. Der *Film-Dienst* findet die Stationen des Pferdelebens werden »recht einfallslos aneinander gereiht, wobei die Menschen blass und unprofiliert bleiben. Mit gewissem Geschick werden ›schöne‹ Bilder arrangiert, die Inszenierung der Spielszenen aber ist hölzern und uninspiriert. Für ein junges Publikum noch hinreichend unterhaltsam.« Dagegen kommt das *Filmjahrbuch* zu der Einschätzung: »Abermalige, allerdings gelungene Verfilmung des Jugendbuch-Klassikers: Über die Leiden eines Pferdes, das nach vielen Abenteuern und Misshandlungen einen tierlieben Besitzer findet. Mir ironischen Untertönen und hervorragenden Darstellern inszeniert.«

Im *Lexikon der berühmten Tiere* heißt es über alle Verfilmungen, dass mit der literarischen Vorlage recht großzügig umgegangen wird: »So kommt im Film das Pferd seinen ursprünglichen Besitzern unter unglücklichen Umständen ab-

handen und wird von diesen nach langer Suche und dramatischen Abenteuern wieder gefunden. Auch Zeit und Handlungsort weichen vom Original ab. Immerhin war die 1921er-Stummfilmversion für das damalige Kind Ingmar Bergman so faszinierend, dass der kleine Schwede beschloss, Regisseur zu werden. Neben Hollywood hat sich 1971 ähnlich schwach auch eine deutsch-englisch-spanische Koproduktion, mit Uschi Glas in einer reitenden und leidenden Rolle, am Thema versucht. Etwas besser gelang eine 52-teilige britische TV-Serie aus den 1970er-Jahren, in dem ein schwarzer Hengst im Haushalt eines viktorianischen Landarztes eine tragende Rolle spielt.«

1992 The New Adventures Of Black Beauty
AUS, R: Mario Andreaccio, Ian Gilmour, D: Rebecca Gooden, Peter Bensley

1990 The New Adventures Of Black Beauty
GB, D: David Bradshaw, Gedeon Burkhard, Stacy Dorning

1978 Black Beauty
USA, R: Daniel Haller, D: Edward Albert, Peter Breck, Eileen Brennan

1972 Black Beauty
GB, R: Charles Crichton, Alan Gibson, D: Judi Bowker, Michael Culver

1971 Black Beauty
E/GB/BRD, R: James Hill, D: Mark Lester, Uschi Glas
»Einfallslos inszenierte sentimentale Tiergeschichte mit plakativer Zeichnung der Charaktere.« *(Lexikon des internationalen Films)*

1957 Courage Of Black Beauty
USA, R: Harold D. Schuster, D: Johnny Crawford, Mimi Gibson, John Bryant

1946 Black Beauty
USA, R: Max Nosseck, D: Mona Freeman, Richard Denning, Evelyn Ankers
»Akzeptable, aber nicht sonderlich inspirierte Adaption eines abenteuerlichen Jugendromans: Die innige Freundschaft eines Mädchens zu seinem pechschwarzen Pferd auf einem englischen Gut des ausgehenden 19. Jahrhunderts.« *(Lexikon des internationalen Films)*

In der Rolle des Black Beauty ist hier das spätere Serien-Pferd Fury zu sehen.

Black Beauty (1978, R: Daniel Haller):
Das Leben eines edlen Pferdes

1933 Black Beauty

USA, R: Phil Rosen, D: Esther Ralston, Alexander Kirkland, Hale Hamilton

1921 Black Beauty

USA, R: Edward H. Griffith, D: Peggy Adams, Pat O'Malley

1921 Black Beauty

USA, R: David Smith, D: Jean Paige, James Morrison, George Webb

1917 Your Obedient Servant

USA, R: Edward H. Griffith, D: Peggy Adams, Pat O'Malley

1910 Black Beauty

GB, R: Lewin Fitzhamon, D: Lewin Fitzhamon

1906 Black Beauty

GB, R: Lewin Fitzhamon, D: Lewin Fitzhamon.

DER BLAUE ENGEL

The Blue Angel, USA 1959, R: Edward Dmytryk, D: Curd Jürgens, May Britt, Theodore Bikel, John Banner, Fabrizio Mioni

Nach einem Roman von Heinrich Mann: Die Geschichte eines weltfremden Professors, der sich rettungslos in eine leichtfüßige Chansonnette verliebt und sich ihretwegen bis zur Demütigung erniedrigt.

Dieter Manel *(Filmblätter)*: »Die harten Kontraste des Heinrich Mann-Romans (und des ersten *Engel*-Films) wurden hier beschnitten: Statt in grauer Mittelstadt spielt der Film im farbenprächtigen romantischen Rothenburg. Der weltfremde Professor wirkt in der Person Jürgens' nicht ganz so unerfahren. Das Schülermilieu trägt einen befremdlich amerikanischen Anstrich. Durch diese Verlagerungen verliert die Story viel von ihrer dramatischen Erschütterung. Es spricht für die Unverwüstlichkeit des Romans, dass noch immer ein starker Eindruck verbleibt. Jürgens

Der blaue Engel (1959, R: Edward Dmytryk): Curd Jürgens verkauft Postkarten

spielte lange nicht mehr in so guter Verfassung. Von May Britt wird niemand eine ›zweite Dietrich‹ erwarten – und dennoch strahlt sie auf ihre Art und also zeitgemäß eine unterkühlte Erotik aus – ein blondes Biest mit Schlafzimmerblick und Baby-Doll-Pose. Holländers ›Von Kopf bis Fuß‹ überragt die sonst routinierte Musik. Brillante Kamera in vollendeter CinemaScope-Technik. Heinrich Manns Roman – mit Zucker und Zimt.«

Liebe, Tanz und 1000 Schlagerfilme: »*Ich bin von Kopf bis Fuß auf Liebe eingestellt* und *Männer umschwirr'n mich wie Motten das Licht* singt Marlene Dietrich, die bis dahin nur in einigen Stummfilmen kleinere Parts gespielt hatte. Eigentlich sollte es ein Emil-Jannings-Film werden, doch schon unmittelbar nach der Premiere sprach man von einem Dietrich-Film. Für Marlene Dietrich war der *blaue Engel* der Beginn ihrer Weltkarriere; noch am Abend der Berliner Premiere, dem 1. April 1930, reiste sie nach Hollywood ab. Zahlreiche Filme haben die von Josef von Sternberg und Marlene Dietrich kreierte Figur der Lola Lola aufgenommen, reflektiert und zitiert: *Die Verdammten* (1969) von Luchino Visconti mit Helmut Berger in einer Travestierolle als Lola Lola; *Cabaret* (1972) von Bob Fosse mit Liza Minnelli nach einem Roman von Christopher Isherwood über das Berlin der zwanziger Jahre und *Lola* (1981) von Rainer Werner Fassbinder, der an der Figur des Vamp eine Gesellschaftsgeschichte der fünfziger Jahre erzählt.«

Der blaue Engel (1959, R: Edward Dmytryk): May Britt in weltbekannter Pose

*Der blaue Engel (1930, R: Josef von Sternberg):
Marlene Dietrich und Emil Jannings*

1930 Der blaue Engel

D, R: Josef von Sternberg, D: Emil Jannings, Marlene Dietrich, Hans Albers

DER BLAUE VOGEL

The Blue Bird, USA/UdSSR 1975, R: George Cukor, D: Elizabeth Taylor, Jane Fonda, Ava Gardner, Cicely Tyson, Patsy Kensit, Todd Lookinland, Nadjeschda Pawlowa, Margarita Tereschkowa, Leonid Nevedomsky, Oleg Popow, Will Geer, Robert Morley, Mona Washbourne, Harry Andrews, Glikeriya Bogdanova-Chesnokova, George Cole, Valentina Ganibalova, Pheona McLellan, Richard Pearson, Yevgeni Shcherbakov

Nach einem Roman von Maurice Maeterlinck: Mytyl und Tytyl, Kinder einer flämischen Holzfällerfamilie, wollen den blauen Vogel, Symbol des Glücks, finden. Begleitet werden sie bei ihren Abenteuern von Licht, Feuer, Wasser, Brot, Zucker, Milch, Hund und Katze. In dem Film

*Der Blaufuchs (1938, R: Viktor Tourjansky):
Zarah Leander singt »Kann denn Liebe Sünde sein?«*

Der blaue Vogel aus dem Jahr 1975 unter der Regie von George Cukor geraten die Kinder ins Land der Erinnerungen, ins Reich der Nacht, in die Welt des Luxus und ins Reich der Zukunft.

Vera Sommer *(Filmbeobachter)*: »Das verfilmte Symbolstück von Maeterlinck als sorgfältig inszenierte, prächtig ausgestattete, manchmal etwas betulich geratene Märchenrevue, bei der die Poesie leider meist auf der Strecke blieb. Für Kinder wird die abenteuerliche Suche eines Geschwisterpaares nach dem geheimnisvollen *blauen Vogel* trotzdem ein Vergnügen sein.«

1940 The Blue Bird

USA, R: Walter Lang, D: Shirley Temple, Spring Byington, Nigel Bruce

1918 The Blue Bird

USA, R: Maurice Tourneur, D: Tula Belle, Robin Macdougall, Edwin E. Reed

DER BLAUFUCHS

D 1938, R: Viktor Tourjansky, D: Zarah Leander, Willy Birgel, Paul Hörbiger, Jane Tilden, Karl Schönböck, Edith Meinhard, Rudolf Platte, Eduard Wenck

Nach einem Bühnenstück von Ferenc Herczeg: Mit Schrecken stellt der Flieger Tibor fest, dass er sich unwissenderweise in die Frau seines engsten Freundes verliebt hat. Die schöne Ilona ist schon seit einem Jahr die Gattin des Privatdozenten Paulus. Aber diese Ehe ist nicht glücklich. Sie scheint sogar endgültig zu zerbrechen, als der Gatte seine Aufmerksamkeit einer anderen zuwendet: Ilonas Cousine Lisi, einer jungen Modezeichnerin. Für Tibor ist die Situation damit noch nicht geklärt. Er hält es für seine Freundespflicht, die Ehe zu retten. Die Tatsache, dass Ilona in die Netze eines leichtsinnigen Operettentenors zu geraten droht, macht alles nur noch schwieriger. Doch auch an Ilona ist die Begeg-

nung mit Tibor nicht spurlos vorübergegangen. Mit allen Mitteln, die einer schönen Frau zu Gebote stehen, kämpft sie um ihre große Liebe. Hoch in den Lüften bittet Tibor die Geliebte um ihr Jawort. Nach ihrer Scheidung wird Ilona als Sängerin an seiner Seite ein neues Leben beginnen und endlich ihr Glück finden. *Der Blaufuchs* ist ganz auf Zarah Leander zugeschnitten; natürlich singt sie auch wieder und verwirrt die Männer mit der koketten Frage *Kann denn Liebe Sünde sein?*.

Cornelia Zumkeller *(Zarah Leander)*: »Zarahs Lied ist der einzige erinnerungswürdige Bestandteil dieses Films. Es ist heute noch vielen ein Begriff, sogar Leuten, die den Film gar nicht kennen, während vom *Blaufuchs* nur noch im Zusammenhang mit erlesenen Pelzmoden die Rede ist.«

1920 Erotikon
S, R: *Mauritz Stiller, D: Carina Ari, Stina Berg, Vilhelm Berndtson*

DER BLOB
The Blob, USA 1988, R: Chuck Russell, D: Shawnee Smith, Kevin Dillon, Donovan Leitch, Jeffrey De-Munn, Ricky Paull Goldin, Candy Clark, Art La Fleur, Sharon Spelman

Schmierig und schleimig ist das Horror-Gelee aus dem All, nach einem Meteoritenabsturz verbreitet sich das eklige Zeug in einer US-Kleinstadt. Zwei Eigenschaften zeichnen die Masse aus: unstillbarer Appetit auf Menschen und scheinbar unbegrenztes Wachstum. Ein Wissenschaftler hat seine Freude daran. Er sieht in dem Stoff eine perfekte Waffe. Kleinstadtrocker Brian und Teenie-Mädel Meggie wollen dem Spuk ein Ende setzen.

Michael Althen *(Die Zeit)*: »Ein Blob kann nur im Sumpf des Synthetischen gedeihen, im Glau-

Der Blob (1988, R: Chuck Russell):
Horror-Gelee aus dem All im Angriff

ben an die künstliche Herstellung organischer Materie. Der wuchernde Schleim ist die Ausgeburt von keimfreien Obsessionen und Schmelzkäse. Dass der Blob also eine amerikanische Erfindung sein muss, nimmt Chuck Russell ganz wörtlich. Aus dem außerirdischen Wesen des Originals von 1958 macht er den abgestürzten Satelliten eines Experiments zur biologischen Kriegsführung, aus dem Krieg der Welten wird ein Vertuschungskampf der Armee gegen die Bürger des eigenen Landes. *Der Blob* hat gute Chancen, ein Klassiker der Americana zu werden. Wo bei David Cronenberg die Beschäftigung mit dem Organischen und Synthetischen ganz nach innen zieht, veräußerlicht Russell diese Zwangsvorstellungen vollkommen. Das ist die logische Konsequenz der amerikanischen Küche: Die Killerburger schlagen zurück.«

1958 Blob – Schrecken ohne Namen
The Blob, USA, R: Irvin S. Yeahworth, D: Steve McQueen, Aneta Corseaut

BLOOD AND SAND
E/USA 1989, R: Javier Elorrieta, Drb: Rafael Azcona, Thomas Fucci, Ricardo Franco nach einem Roman von Vicente Blasco Ibañez, K: Antonio Rios, M: Jesús Gluck, S: José Antonio Rojo, D: Christopher Rydell (Juan Gallardo), Sharon Stone (Dona Sol), Ana Torrent (Carmen), Guillermo Montesinos (Garabato), Albert Vidal (El Nacional), Antonio Flores (Chiripa), Tony Fuentes (Nacional), Simon Andreu

Erotikon (1920, R: Mauritz Stiller):
Carina Ari und Vilhelm Berndtson

Blob – Schrecken ohne Namen (1958, R: Irvin S. Yeahworth): Steve McQueen und Aneta Corseaut

(Juans Onkel), José Luis de Villalonga (Juans Manager)

Wie fast jeder Heranwachsende in Spanien träumt auch Juan Gallardo aus Sevilla davon, ein großer Stierkämpfer zu werden. Und das Schicksal scheint es gut mit ihm zu meinen – in dem einstigen Matador El Nacional findet er einen Trainer, der Juans Talent erkennt und ihn ausbilden will. Seiner Freundin Carmen sagt Juan, dass er erst dann zurückkommen werde, wenn er als Stierkämpfer erfolgreich ist. Carmen verspricht, auf ihn zu warten. Tatsächlich hat Juan schon bald großen Erfolg; er kommt wieder nach Hause und heiratet Carmen. Kurz darauf trifft er jedoch die verführerische, kaltherzige Millionärstochter Dona Sol wieder, die ihn bereits einmal grausam verspottete. Nun, wo er als Stierkämpfer einen Namen hat, beginnt sie ein Verhältnis mit ihm.

Juan ist besessen von Dona Sol; er verlässt Carmen, die jedoch um ihn kämpft und ihn wieder zurückholt. Juan steigt auf der Erfolgsleiter weiter nach oben und wird zu einem der größten Matadore. Und wieder gerät er in die Fänge von Dona Sol. Noch einmal versucht Carmen, ihn zurückzuholen. Im Haus ihrer Konkurrentin trifft sie Juan – und muss den beißenden Spott von Dona Sol ertragen. Carmen gibt auf, sie verlässt Juan, der darunter leidet, dass Dona Sol einen heißen Flirt mit einem jungen Nachwuchs-Stierkämpfer beginnt. Juan fängt an zu trinken und versinkt immer tiefer im Alkohol. Er verprellt seine Freunde, verliert die Gunst des Publikums – halb betrunken tritt er schließlich zu seinem letzten Kampf an ...

Der Roman *Blood And Sand* von Vincente Blasco Ibanez wurde dreimal verfilmt: 1922 von Fred Niblo, 1941 von Rouben Mamoulian und 1989 von Javier Elorrieta. Die Produktion von José Frade wurde in und um den Stierkampfarenen von Madrid, Jerez und Sevilla gedreht. In die Fußstapfen von Rudolph Valentino und Tyrone Power tritt Christopher Rydell in der männlichen Hauptrolle. Den Part der Dona Sol spielt nach Nita Naldi und Rita Hayworth Hollywoodstar Sharon Stone. »Die dritte Verfilmung soll dem Produzenten zufolge zwar die erste wirklich spanische Version sein, aber dieses Versprechen erweist sich als nichtig«, schreibt *Variety*: »Gedreht in Englisch, mit einer amerikanisch-spanischen Besetzung, bleibt von der literarischen Vorlage nur wenig, und das ist mit angestrengter Sorgfalt umgesetzt und mit kurzen Sexszenen garniert. Die gezeigten Stierkämpfe sind aller blutigen, dramatischen Spannung und des entscheidenden, tödlichen Höhepunktes beraubt. Bestenfalls in den eingangs gezeigten schwarz-weißen Nachrichtenausschnitten wird die gerühmte Schönheit und Dramatik des Todestanzes in der Stierkampfarena sichtbar. Da retten auch die beachtlichen Darbietungen von Fuentes und José Luis de Villalonga und die eindrucksvolle Filmmusik mit Anleihen bei den besten alten und neuen spanischen Komponisten nichts mehr.«

Für das Magazin *tip* ist es »eine leidvolle Liebesgeschichte, wie sie tagtäglich in der Regenbogenpresse kolportiert wird, ein Film, der Aficionados durch ein paar schöne Paraden, Spanienurlauber durch packende Flamenco-Rhythmen und Cinephile durch ein Wiedersehen mit José

Blood And Sand (1989, R: Javier Elorrieta): Sharon Stone im Part der Dona Sol

Luis de Villalonga erfreut, der in Fellinis *Julia und die Geister* so inspiriert den Sangria gemixt hatte«, während der *Katholische Film-Dienst* das Werk für »wesentlich freizügiger, aber auch belangloser und melodramatisch verquaster gestaltet als die Vorgänger mit Rudolph Valentino und Tyrone Power« hält.

1941 König der Toreros

Blood And Sand, USA, R: Rouben Mamoulian, D: Tyrone Power, Rita Hayworth

König der Toreros bedeutete für Rita Hayworth den Durchbruch in ihrer langen Karriere. Niemals zuvor hatte sie so sehr das Böse, das Unglück verkörpert, niemals war sie so ungestüm in ihrer Sexualität gewesen. »Dona Sol versucht alles«, sagt jemand von ihr. Sie sagt: »Ich liebe den Geruch von Pferden und Stieren.« Und Stierkämpfern. Der Argentinier Manuel Puig schrieb über *König der Toreros* in seinem Roman *Betrayed by Rita Hayworth*: »Manchmal schaut sie verrucht aus. Sie ist eine anmutige Schauspielerin, aber sie hintergeht ständig irgendjemanden.«

Und über die außergewöhnliche Farbzusammenstellung für Rita Hayworths verruchte Dona Sol bemerkt Gerald Peary: »Zuerst sieht man sie in aristokratischem Purpurrot, dann in einem weißen Negligee-artigen Abendkleid, zuletzt in einem taillierten Kleid in flammendem, flitterhaftem Orange, darüber hinaus erscheint sie in keckem Blutrot, während sie um Anthony Quinn herumtanzt, ihn umschmeichelt, bezirzt und herausfordert, die Leinwand erleuchtend. Diese Ausstattung sollte Rita Hayworths Sexualität und Ausstrahlung über die vierziger Jahre hin begleiten und bezeichnend für die Darstellerin sein, enger als eng ihre Hüften betonend, lose die Brü-

ste umspielend, Schulter, Nackenpartie und Brustansatz betonend.« (*Rita Hayworth*, 1975)

1922 Blood And Sand

USA, R: Fred Niblo, D: Rudolph Valentino, Lila Lee, Nita Naldi

BLOODSPORT 3

Bloodsport III, USA 1996, R: Alan Mehrez, D: Daniel Bernhardt, John Rhys-Davies, Amber van Lene, Pat Morita, David Schatz

Cado erzählt seinem Sohn, der drei Mitschüler aufs Krankenlager geschickt hat, eine Geschichte, aus der dieser lernen soll, dass mit Gewalt keine Lösung zu erreichen ist.

Tobias Kessler *(Film-Dienst)*: »Die überflüssige Fortsetzung eines überflüssigen Films *(Bloodsport 2)*. Perfide ist, dass die Fortsetzung eher eine Neuverfilmung mit etwas mehr Geld, aber ebenso wenig Hirn ist. Der Held heißt jetzt Cado statt Cadeaux und prügelt sich wieder durch ein Z-Film-Szenario ... Die Actionsequenzen sind technisch vergleichsweise sorgfältiger, einzelne Szenen scheinen in der Verwendung mehrerer Kameras und der wiederholenden Schnitt-Technik John Woos *Harte Ziele* zu kopieren. Warum nicht bei begabteren Kollegen stehlen, wenn der ganze Film ohnehin aus Versatzstücken und Klischees des Genres zusammengesetzt ist? Ansonsten bietet der Film viele geölte Muskeln und grunzende Männer. Besonders ein pseudomystischer Satz sorgt für Erheiterung, weil keiner der Beteiligten sich angesprochen fühlen dürfte: ›Du denkst zu sehr mit dem Kopf.‹«

1996 Bloodsport 2

Bloodsport II, USA, R: Alan Mehrez, D: Daniel Bernhardt, Pat Morita, Donald Gibb

BODY SNATCHERS

USA 1992, R: Abel Ferrara, D: Stuart Gordon, Dennis Paoli, Nicholas St. John, nach einer Story von Raymond Cistheri, Larry Cohen und dem Roman von Jack Finney, K: Bojan Bazelli, M: Joe Delia, S: Anthony Redman, D: Terry Kinney (Steve Malone), Meg Tilly (Carol Malone), Gabrielle Anwar (Marti Malone), Reilly Murphy (Andy Malone), Billy Wirth (Tim Young), Christine Elise (Jenn Platt), R. Lee Ermey (General Platt), Kathleen Doyle (Mrs. Platt),

Body Snatchers (1992, R: Abel Ferrera):
Als das Leben noch in Ordnung war

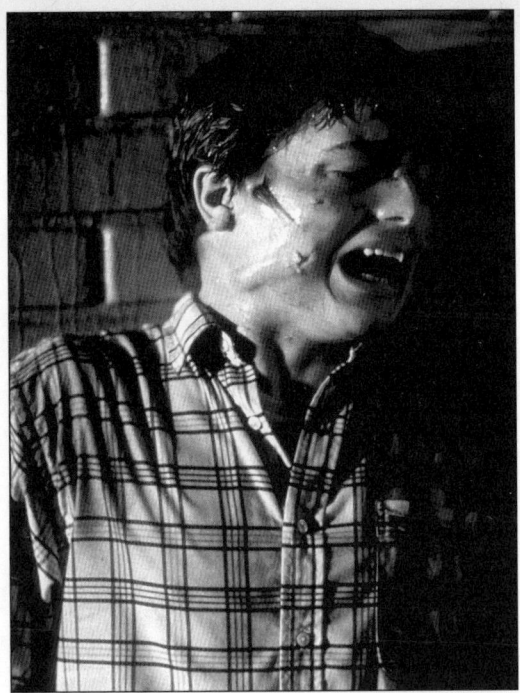

Faculty – Trau keinem Lehrer (1999, R: Robert Rodriguez): Ganz im Stil der Body Snatchers-Filme

Forest Whitaker (Major Collins), G. Elvis Phillips (Pete), Stanley Small, Tonea Stewart, Keith Smith, Winston E. Grant, Phil Neilson

Die junge Marti, 17, ist die Tochter eines Beamten der Umweltschutzbehörde. Zurzeit sind sie quer durch die USA unterwegs, weil er den Auftrag bekam, verschiedene Militärbasen zu überprüfen, ob sie ihre chemischen Kampfstoffe ordnungsgemäß lagern und nichts nach draußen dringt. Kurz vor ihrem nächsten Ziel machen sie einen Stopp an einer Tankstelle. Marti geht auf die Toilette und wird dort von einem Mann bedroht. Er erzählt ihr wirres Zeug, davon dass sie irgendwer nachts im Schlaf holen wird. Sie rennt schreiend davon, aber als ihr Vater und andere Männer in der Toilette nachschauen, ist der Mann verschwunden. Sie setzen schließlich ihre Reise fort.

Martis Vater wird dort recht kühl empfangen, aber das hält ihn nicht davon ab, seiner Arbeit nachzugehen. Dabei lernt er den Stationsarzt kennen, der davon erzählt, dass in letzter Zeit extrem viele Menschen mit Paranoia zu ihm kommen. Sie erzählen ihm von Familienmitgliedern, die sich extrem verändert haben, auch wenn sie äußerlich dieselben geblieben sind. Marti hat mittlerweile Jenn kennen gelernt, die Tochter des Obergenerals, und Tim Young, einen jungen Soldaten. In einer Kneipe sieht sie den Mann von der Toilette wieder, der ebenfalls Soldat der Station ist. Er erinnert sich aber an nichts mehr und wirkt sehr schroff und unhöflich, es ist nicht mehr der verängstigte Mann, wie sie ihn an der Tankstelle erlebt hat. Überhaupt wirken viele der Soldaten sehr unterkühlt und zeigen kaum Anzeichen von Emotionen, wie z.B. Lachen oder Wut.

Andy, Martis Bruder, hat unterdessen zuhause ein schreckliches Erlebnis. Er sieht, wie der Körper seiner Mutter im Bett zusammenfällt und eine Person, die seiner Mutter bis auf die Haarspitze gleicht, plötzlich auftaucht. Er flieht vor der Person, aber sein Geschrei wird von den anderen nicht ernst genommen, da er in den Nächten vorher schon über Albträume klagte. Aber spätestens als Marti und ihr Vater auch fast Opfer dieser unnatürlichen Reproduktion sind, erfassen sie, was auf der Militärbasis wirklich vorgeht. Personen werden im Schlaf von seltsamen außerirdischen Wesen geklont und ersetzt. Nur dass der Ersatz keinerlei emotionale Empfindungen zeigt, geschweige denn fähig dazu ist. Sie versuchen zu flüchten, aber die Basis ist fast vollständig von den Klonen besetzt. Nur eine Hand voll Leute schafft es, sich gegen die Aliens zu wehren.

»Abel Ferraras dritte Verfilmung des Stoffes (nach Don Siegel 1956 und Philip Kaufman 1977) erweist sich als ausgezeichnet stringent inszeniertes, fesselndes Erlebnis,« heißt es in der Zeitschrift *multimedia*: »Auf den Kern der Handlung konzentriert und packend gestaltet, entsteht eine scharfe Parabel aktueller Ängste.« Bei der actionreichsten Filmversion tritt der Horror der früheren Verfilmungen, vertraute Personen verändern sich so, dass es erst nur die nächsten Angehörigen bemerken, hier etwas in den Hintergrund. »Merkwürdig genug, sind Ferraras Filme voll von solchen Echos aus den großen Referenzfilmen des Genres und darüber hinaus auch aus dem Gewalt- und Gnaden-Diskurs des europäischen Kinos von Bresson über Pasolini zu Fassbinder, welch letztem Ferrara sich explizit verbunden fühlt«, notiert Martin Walder in der *Neuen Zürcher Zeitung*, meint aber, dass sich Ferrara bei *Body Snatchers* »im Hollywood-Format vertan« hat. »Ein überraschend neuer Film« urteilt dagegen der *Fischer Film Almanach*: »In dieser Welt, die langsam von innen aufgefressen wird, schildert Ferrara den Verlust von Individualität und Menschlichkeit mit einem Minimum an Schreck- und Ekelmomenten. Er schafft – unter anderem durch hervorragende Lichteffekte – eine beklemmende Atmosphäre, ein Universum des Entsetzens, in dem die konkreten Angriffe der Aliens fast erlösend sind.«

In dem Film *Faculty – Trau keinem Lehrer* (USA 1999, R: Robert Rodriguez) legen die Lehrer an einer US High-School plötzlich ein ungewöhnliches Verhalten an den Tag, und bald verhalten sich auch die meisten ihrer Schüler ihnen gegenüber konform. Eine Gruppe Jugendlicher findet heraus, dass parasitäre Außerirdische in die Menschen schlüpfen, um sie zu dirigieren. Die Figuren kennen die *Body Snatchers*-Filme und richten sich in ihrem Verhalten nach den Mustern dieser Filme. Der *Film-Dienst* hält den Film für »einen unterhaltsamen Science-Fiction-Horrorthriller, der seine Vorbilder besonders in den 50er-Jahre-Werken des Genres findet, diese aber mit zeitgemäßen Inhalten füllt: einerseits durch die Lust an der Zerstörung der heilen Teenager-Welten aus den TV-Seifenopern, andererseits durch die Darstellung des alltäglichen psychologischen Horrors innerhalb der Hackordnung an den Schulen.« Dagegen wirkt für *TV Movie* »die Hommage an Don Siegels *Die Dämonischen* am Ende ziemlich aufgewärmt.«

1978 Die Körperfresser kommen

Invasion Of The Body Snatchers, USA, R: Philip Kaufman, D: Donald Sutherland
Der effektvolle Grusel-Thriller, der gleichzeitig eine Hommage an das Original ist, beschwört in

Unten: Die Körperfresser kommen (1978, R: Philip Kaufman): Donald Sutherland ermittelt
Rechts: Die Körperfresser kommen (1978): Leonard Nimoy und Lelia Goldoni

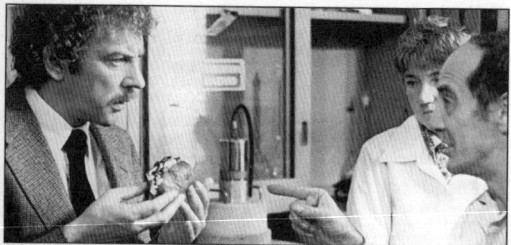

beklemmender Weise die menschliche Grundangst, das eigene Selbst zu verlieren. Mehr und mehr Menschen erleiden einen totalen Wesenswandel, bis am Schluss nur noch ein einsames Paar übrig bleibt, gejagt von einer organisierten Übermacht.

»Doch wo Siegel ein Klima subtilen Terrors schuf – die allmähliche Verwandlung einer verschlafenen Kleinstadt –, arbeitet Kaufman in seiner Großstadt-Version mit eher grobschlächtigen Effekten und schockhaften Ekelbildern. Nur in wenigen Sequenzen erreicht er die albtraumhafte Qualität des Originals. Donald Sutherland spielt den Mann, der sich bis zuletzt gegen die Invasion wehrt, Don Siegel hat einen Kurzauftritt als Taxifahrer.« (Hans C. Blumenberg, *Die Zeit*)

1969 Das Loch im Himmel

The Body Stealers, USA/GB, R: Gerry Levy, D: George Sanders, Maurice Evans
»Eine mißlungene Wiederaufbereitung von *Die Dämonischen (Invasion Of The Body Snatchers, 1956)*, in dem Aliens die Körper von Menschen übernehmen, die beim Test eines neuen, revolutionären Fallschirms durch einen roten Nebel fliegen.« *(Die Science-Fiction Filmenzyklopädie)*

Die Dämonischen (1956, R: Don Siegel): Kevin McCarthy, Larry Gates und King Donovan

1956 Die Dämonischen

Invasion Of The Body Snatchers, USA, R: Don Siegel, D: Kevin McCarthy
Das Vertraute, Bekannte der nächsten Umgebung ist unter Umständen um ein Vielfaches grauenvoller als Monster und abnorme Fantasiewesen, die in fremden Welten hausen. Nach diesem Prinzip funktioniert *Die Dämonischen*. Wenn eine leise Veränderung in der Umwelt des Protagonisten, die der unseren ähnlich ist, den Schrecken erzeugt, überträgt sich auch das Grauen des Helden auf uns. Wohl gerade deshalb hat Peter Bogdanovich diesen legendären Klassiker des internationalen renommierten Hollywoodregisseurs Don Siegel *(Coogans großer Bluff, Dirty Harry)*, der auch von Chabrol, Truffaut und Godard hoch geschätzt wurde, als den besten und schreckerregendsten Science-Fiction-Film bezeichnet. Stärker als die teuren und aufwendigen Produktionen registrierten die mit geringem Budget ausgestatteten B-Pictures, zu denen *Die Dämonischen* zählt, gesellschaftliche Ängste und Veränderungen; hier die Furcht vor einer entfremdeten, von Gefühlskälte und zwischenmenschlicher Beziehungslosigkeit bestimmten Umwelt. Der Film wurde oftmals als politische Methapher auf die kommunistische Unterwanderung oder auf das Gegenteil, die antikommunistische Hysterie der McCarthy-Ära bezogen. Regisseur Don Siegel, der im April 1991 gestorben ist, hat sich gegen derartige Deutungen gewehrt, auf jeden Fall

Die Dämonischen (1956, R: Don Siegel)

hat er mit seinem Film ein Anthologiestück des klassischen Hollywoodspannungskinos vorgelegt.

BODYGUARD VON PEKING

The Bodyguard From Beijing, HK 1994, R: Corey Yuen, D: Jet Li, Kent Cheng, Christy Chung, Ngai Sing, Ng Wai Kwok
Michelle, die Ehefrau eines Industriellen, ist zufällig Zeugin eines Mordes an einem Gangster geworden. Nun wird sie von den Killern verfolgt. Um seine Frau vor den skrupellosen Mördern zu schützen, lässt Michelles Mann den Bodyguard Alan aus Peking einfliegen. Michelle ist zunächst alles andere als begeistert, als der Ex-Rotgardist beginnt, ihre Lebensgewohnheiten radikal zu ändern. Doch als dann die Gangster zuschlagen, erweist sich Alan als Held von außergewöhnlichem Format. *Bodyguard von Peking* ist ein Remake des Kinohits *Bodyguard*: An Stelle von Kevin Costner agiert Jet Li, ein Meister der Handkantenschläge.

1992 Bodyguard

The Bodyguard, USA, R: Mick Jackson, D: Kevin Costner, Whitney Houston

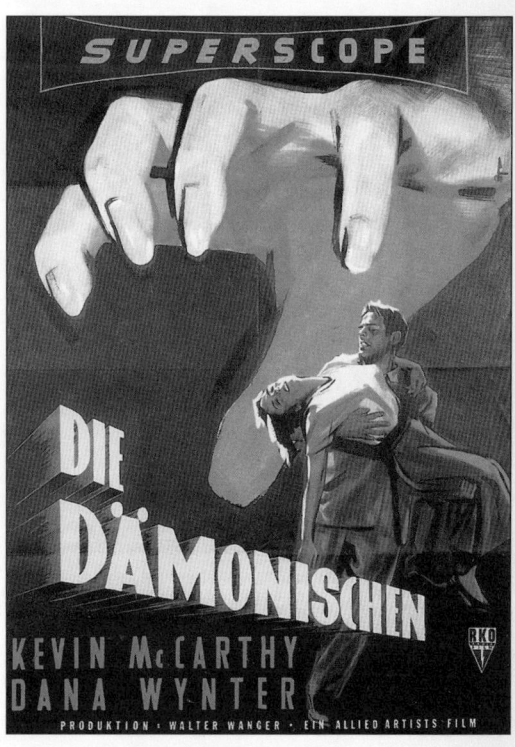

DIE BOMBE FLIEGT

Whoops Apocalypse, GB 1986, R: Tom Bussmann,
D: Stuart Saunders, Graeme Garden, Marc Smith,
Loretta Swit, Barry Morse, John Benfield, Ben Ro-
bertson, Peter Cook, Alexander Davion
US-Präsidentin Adams muss etwas unternehmen.
General Mosquera aus Maguador hat ein Nach-
barland besetzt. Englands Premier droht ihm mit
einem atomaren Angriff.

1982 Whoops Apocalypse

GB, TV-Serie: 6 Folgen, R: John Reardon, D: Barry
Morse, John Barron

BOMBEN AUF MONTE CARLO

BRD 1959, R: Georg Jacoby, D: Eddie Constantine,
Marion Michael, Gunther Philipp, Viktor de Kowa,
Barbara Laage
Kapitän Eddie lernt im Karneval von Dorado
(= Monte Carlo) die Prinzessin kennen, die –
eben volljährig geworden – sich anonym zu amü-
sieren sucht, während ihr Minister Revolutions-
Intrigen spinnt. Doch Eddie sorgt für das Happy-
end.

Hans Capito *(Filmblätter):* »In farbenprächti-
gem Spiel wird das recht operettenhaft, teils kla-
mautisierend, teils auffällig abrupt serviert. Von

stirnrunzelnder Unbekümmertheit Constantine,
hübsch, aber zu blass die Michael. Interessante
Partien mit DeKowa und Barbara Laage. Philipp
mimt mehr döflich als komisch einen Adjutan-
ten-Trottel. Die alten Heymann'schen Melodien
erinnern (stilbrüchig) an die gleichnamige klassische UFA-Operette (1931). Viel Lärm um Eddie.«

Der Film lief auch unter dem Titel *Eddi lässt*
die Bombe platzen. »Den großen Abenteuerfilmen, mit denen die Amerikaner die Welt erober-
ten, haben wir nun endlich ein Werk gegenüber-
zusetzen, das es an innerer Spannung mit ihnen
aufnimmt, aber in der Darstellung sie alle turmhoch überragt«, so jubelten die Kritiker der Nazi-Zeit über den operettenhaften Streifen *Bom-*
ben auf Monte Carlo, der nach *Der Kongress tanzt*
zum größten Erfolg der Kinosaison 1931/32 wurde. Wenn Hans Albers zum Happy End in die
Fluten hechtet, landet er (natürlich) nicht im Mittelmeer, sondern im kalten Wannseewasser –
denn die Traumfabrik hieß damals UFA.

1931 Bomben auf Monte Carlo

D, R: Hanns Schwarz, D: Hans Albers, Anna Sten,
Heinz Rühmann

BORIS GODUNOW

UdSSR/ČSSR/Polen/BRD 1987, R: Sergej Bondart-
schuk, Drb: Sergej Bondartschuk nach einem Vers-
drama von Alexander Puschkin, K: Wadim Jussow,
M: Wjatscheslaw Owtschinnikow, D: Sergej Bon-
dartschuk (Boris Godunow), Jura Matjuchin (Zare-
witsch Dimitri), Adriana Bierdzinska (Marina Mnis-
zech), Anatoli Romaschin (Wassili Schuiski), Alex-
ander Solowjow (Grigori Otrepjew), Roman Filip-
pow (Patriarch), Wjatscheslaw Butenko (Iwan Woro-
tynski), Anatoli Wassiljew (Pjotr Basmanow)
Alexander Puschkin fand den historischen Hintergrund zu seiner Tragödie *Boris Godunow* im
zehnten und elften Band der Geschichte des russischen Staates von Karamzin: »Nach dem Tod
Iwans des Schrecklichen (1584) übernimmt no-
minell der schwachsinnige Fedor die Regentschaft. Dessen Halbbruder, der junge Zarewitsch
Dimitri (Demetrius) wird 1591 ermordet; die
Schuld an seinem Tod wird dem Regenten Boris
Godunow (Fedors Schwager) zugeschrieben, der
jetzt wochenlang Abkehr von den weltlichen Geschäften heuchelt. Als Zar Fedor 1598, ohne Er-

Bomben auf Monte Carlo (1931, R: Hanns Schwarz):
Anna Sten als Prinzessin Yola

ben zu hinterlassen, stirbt, ist Boris Alleinherr-scher. Im Jahr 1605 zieht ein ›falscher Dimitri‹ in Moskau ein und lässt sich als Zar ausrufen. Wer Boris Godunows Gegenspieler, der falsche Dimitri, war, ist nicht zu klären. Fest stehen sein Auftauchen in Krakau, seine heimliche Konversion zum Katholizismus und die Unterstützung, die König Sigismund III. von Polen ihm gewährte, seine elfmonatige Regierungszeit in Moskau und seine Ermordung auf Betreiben des Bojaren Schuiski.«

Puschkins Tragödie setzt nach dem Tod von Zar Fedor ein. Schuiski will verhindern, dass Boris Zar wird, und wiegelt das Volk auf, indes sich Boris nach vorgeblicher Wahl zum Zaren ausrufen lässt (1598). Im Chudowkloster erfährt der neunzehnjährige Mönch Grigori Otrepjew die Geschichte vom ermordeten Zarewitsch. Man schreibt das Jahr 1603, und der Chronist Pimen sagt zu Grigori: »Er wäre jetzt mit dir in einem Alter.« Grigori flieht aus dem Kloster, will Zar in Moskau werden, entgeht, steckbrieflich gesucht, der Verhaftung an der litauischen Grenze und taucht 1604 unter dem Namen Dimitri in Krakau auf. Der verängstigte Boris lässt sich von Schuiski, der 1591 die Mordkommission leitete, den Tod des wirklichen Dimitri beteuern. Der Usurpator verheißt die baldige Katholisierung Russlands, sammelt ein Heer, entdeckt die Tochter des Edelmannes Mniszech, die er liebt, und rückt mit wechselndem Kriegsglück gegen Moskau vor. In Moskau verhindert Schuiski, dass die Gebeine des echten Dimitri, die schon Wunder bewirkten, in die Stadt überführt werden. Er selbst will das Volk beruhigen. Boris übergibt Basmanow den Oberbefehl und stirbt, nachdem er die Bojaren auf seinen Sohn vereidigt hat. Basmanow und Schuiski jedoch laufen zu Dimitri über, der in Moskau einzieht. Frau und Sohn Boris Godunows werden von den Bojaren erwürgt. Das Volk, zu Ovationen für den neuen Zaren aufgerufen, »verharrt in Schweigen«.

Der Autor und Regisseur Sergeij Bondartschuk hält sich in seiner Umsetzung weitgehend an die Puschkin-Vorlage und entwickelt daraus einen groß angelegten, aufwendigen Film, der durch die Möglichkeit, an historischen Orten drehen zu können, beeindruckende Authentizität be-

Boris Godunow (1987) von und mit Sergej Bondartschuk

kommt. »Ein formal eigenwilliger, weit ausufernder, prunkvoller Monumentalfilm, der sich sehr genau an die anspruchsvolle Textvorlage hält und diese zu einer komplizierten Sprachstruktur verdichtet«, schreibt das *Lexikon des internationalen Films*: »Die mit opulentem Aufwand betriebene Ausstattung des Films kann nicht darüber hinwegtäuschen, dass sich die Handlung nur äußerst zähflüssig entwickelt.« Und im *DDR-Filmspiegel* heißt es: »Dieses literarische Hohelied auf die Kraft des Volkes, ein Stück dramatischer Auseinandersetzungen, gestaltet sich in Bondartschuks Filmepos zu einem imposanten Historienbild der feudalen Epoche in Russland mit eindrucksvoll arrangierten Massenszenen und furiosen Schlachtenbildern. Im Zentrum dieses Zeitgemäldes steht das Charakterporträt des Boris Godunow, doch zielt der Regisseur auch auf allgemein gültige, sinnbildhaft übermittelte Aussagen zur Geschichte.«

1987 Boris Godunow

UdSSR, R: Oleg Kostiuschenko, D: Anatolij Kogerga, Oleg Isayev, Valeri Scheptekita
Neuverfilmung der Oper von Mussorgsky nach einem Versdrama von Puschkin.

1954 Boris Godunow

UdSSR, R: Wera Strojewa, D: Alexander Pirogow, N. Chanajew, G. Nellep
»Die musikalische Vorlage war wie geschaffen für eine bunt-opulente Inszenierung wie Strojewas Leinwandspektakel. Massive Bauten, große Massenszenen, edle Kostüme, sehr farbenfrohes Material – all dies erinnert in seinem verschwenderischen Aufwand an amerikanische Mammutproduktionen. Die unzähligen Darsteller und Statisten werden von Kamera und Regie sehr geschickt eingefangen. Die sowohl schauspielerisch wie auch stimmlich hervorragenden Hauptdar-

steller tun ihr Übriges *Boris Gudunow* zu einem musikalischen Meisterwerk werden zu lassen.« *(TV Spielfilm Lexikon)*

BORN YESTERDAY –
BLONDINEN KÜSST MAN NICHT

Born Yesterday, USA 1993, R: Luis Mandoki, D: Melanie Griffith, John Goodman, Don Johnson, Edward Herrmann, Max Perlich, Fred Dalton Thompson, Nora Dunn, Michael Ensign, Benjamin C. Bradlee

Nach einem Bühnenstück von Garson Kanin: Der skrupellose Tycoon Harry Brock kommt nach Washington und schämt sich in den obersten Gesellschaftskreisen seiner absolut hinreißenden, aber ebenso absolut ungebildeten Begleiterin Billie. Er engagiert den Journalisten Paul Verrall, damit dieser ihr die gehörige Nachhilfe im richtigen Benehmen erteilen soll. Als Paul die begabte Billie in eine Frau von Intellekt und Kultur verwandelt, revanchiert sich diese mit Nachhilfeunterricht in Sachen Liebe.

Frank Schnelle *(tip)*: »Typischer Fall eines überflüssigen, weil unoriginellen und uninspirierten Remakes. In keiner Szene reicht dieser Film an George Cukors Komödienklassiker aus dem Jahr 1950 heran, und in die Gegenwart verlegt, wirkt die Geschichte überdies nur wenig glaubwürdig.«

1950 Die ist nicht von gestern
Born Yesterday, USA, R: Georg Cukor, D: Judy Holliday, William Holden

*Unten: Born Yesterday – Blondinen küsst man nicht
(1993, R: Luis Mandoki): Don Johnson,
John Goodman und Melanie Griffith
Rechts: Die ist nicht von gestern
(1950, R: Georg Cukor): Judy Holliday,
William Holden und Broderick Crawford*

DIE BOUNTY

The Bounty, USA 1984, R: Roger Donaldson, Drb: Robert Bolt nach einem Roman von Richard Hough, K: Arthur Ibbetson, M: Vangelis, S: Tony Lawson, D: Anthony Hopkins (Captain Bligh), Mel Gibson (Fletcher Christian), Laurence Olivier (Admiral Hood), Edward Fox (Captain Greetham), Daniel Day-Lewis (John Fryer), Philip Davis (Young), Tevaite Vernette (Mauatua), Bernard Hill (Cole), Liam Neeson (Churchill)

Leutnant William Bligh, Kapitän Seiner Majestät Schiff The Bounty, kehrt nach einer Irrfahrt von fast 4.000 Meilen in einem kleinen, offenen Boot nach England zurück – die Folge einer Meuterei unter Führung seines Stellvertreters Fletcher Christian. Auf Bligh wartet ein Prozess vor dem Kriegsgericht. In der Verhandlung wird aufgerollt, wie alles begann. Am 23. Dezember 1787 läuft die Bounty unter Captain Blighs Kommando vom englischen Hafen Spithead in Richtung Tahiti aus. Das Schiff hat einen Sonderauftrag zu erfüllen: Man wird in Tahiti Pflanzen des Brotfruchtbaumes an Bord nehmen, die dann in den Westindischen Kolonien als billige Nahrung für die Sklaven angebaut werden sollen. Bligh hat sei-

nen alten Freund Fletcher Christian gebeten, ihn auf diese Fahrt zu begleiten, und er kündigt an, er werde bei dieser Weltumseglung den Kurs um Kap Horn ansteuern. John Fryer, Blighs Erster Offizier, protestiert gegen dieses abenteuerliche Vorhaben, ohne sich jedoch gegen den Kapitän durchsetzen zu können. Die Reise verläuft ohne Zwischenfälle, bis das Schiff Kap Horn erreicht. Ungeheure Stürme treiben die Bounty immer wieder zurück, sodass man in 31 Tagen nicht mehr als 85 Meilen gewinnt. Bligh gibt sich geschlagen und lässt wenden. Fryer wird wegen seiner ständigen Einwände, die Bligh als Aufsässigkeit interpretiert, seines Postens enthoben und Fletcher Christian zum Ersten Offizier befördert.

Schließlich – was keiner mehr geglaubt hat – wird Tahiti doch erreicht. Die zauberhafte Insel mit ihren freundlichen Menschen, nicht zuletzt den hübschen Mädchen, scheint alle zu versöhnen. Das paradiesische Leben hat jedoch ein Ende, als die Pflanzen des Brotfruchtbaums zum Verschiffen reif sind. Drei Männer versuchen zu desertieren, werden aber auf ihrem Eingeborenenboot gefasst und an Bord der Bounty ausgepeitscht. Der Schiffsarzt, der während der Über-

fahrt ständig betrunken war, wird tot aufgefunden und auf Tahiti beerdigt. Christian, der eine Romanze mit der Eingeborenenprinzessin Mauatua begonnen hat, erfährt, dass diese von ihm schwanger ist, geht noch einmal an Land, um sich von ihr zu verabschieden, und kehrt schweren Herzens an Bord zurück. Von der Freundschaft zwischen ihm und Captain Bligh ist so gut wie nichts mehr übrig geblieben, und als Bligh seinen Entschluss bekannt gibt, ein weiteres Mal die Umseglung von Kap Horn zu versuchen, entsteht eine Meuterei – mit Christian an der Spitze. Bligh und seine Gefolgsleute erhalten ein Boot und Verpflegung. In zwölf Tagen können sie damit nach Christians Berechnung an Land sein. Die Meuterer sind mit der Bounty fortan auf der Flucht vor der britischen Admiralität. Endlich entdecken sie die Pitcairn-Insel, die auf den englischen Seekarten falsch eingezeichnet und damit praktisch unauffindbar ist. Hier wird die Bounty in Brand gesetzt, eine Rückkehr nach England ist damit unmöglich ...

Nach *Die Meuterei auf der Bounty* von Frank Lloyd (1935) mit Charles Laughton und Clark Gable und dem Remake von Lewis Milestone (1962) mit Trevor Howard und Marlon Brando ist *Die Bounty* eine weitere Verfilmung des Themas, wobei sich der australisch-neuseeländische Regisseur Roger Donaldson bemüht hat, den geschichtlichen Fakten gerechter zu werden. Sein Film basiert jedoch nicht auf dem Roman von

Links: Die Bounty (1984, R: Roger Donaldson):
Mel Gibson als Fletcher Christian
Unten: Die Bounty (1984):
Anthony Hopkins als Kapitän Bligh

Charles Nordhoff und James Norman Hall, sondern auf dem Buch *Captain Bligh And Mister Fletcher* von Richard Hough, der die tatsächlichen Ereignisse, die im Jahre 1787 begannen, gewissenhaft recherchierte: Die beiden Kontrahenten Bligh und Fletcher werden von jüngeren Schauspielern dargestellt, auch die Mitglieder der Mannschaft sind nun fast alle kaum älter als zwanzig, und die Brutalitäten und Grausamkeiten auf dem Schiff sowie die sexuellen Vergnügungen auf Tahiti können in den achtziger Jahren drastischer und freizügiger auf die Leinwand gebracht werden als je zuvor.

Als Roger Donaldson von Produzent Dino de Laurentiis die Regie des Films übertragen bekam, wurde ihm klar, dass er keine der früheren Versionen gesehen hatte: »Es musste folglich ein neues Publikum geben, das ebenso wie ich noch keinen dieser Filme kannte. Ich habe erst einmal alles gelesen, was es über die Meuterei auf der Bounty zu lesen gibt. Bei meinen Recherchen hatte ich es aber ausgesprochen leicht, denn als historischer Berater stand mir Stephen Walters zur Seite, der absolute Spezialist für alles, was mit Bligh und Christian und der Meuterei und ihrem geschichtlichen Umfeld zu tun hat.« Den Hauptunterschied zwischen seinem Film und den früheren Versionen sieht er vor allem darin, dass früher die Freundschaft zwischen den späteren Kontrahenten Bligh und Christian stets verschwiegen worden sei. Donaldson sieht bei dem Kapitän »sexuelle Frustrationen«. Es sei jedem Zuschauer unbenommen, meint er, in dem Verhältnis der beiden Männer »homosexuelle Untertöne zu entdecken.« Bei dieser Sicht des Themas wundert es den Kritiker des *Spandauer Volksblatts* nicht, »dass in dem Film besonders oft kräftige, braun

gebrannte Männeroberkörper ins Bild kommen und manche jungflotte Haartolle der Protagonisten aus Discothekenbesuchen wohlvertraut ist. Und die Südseeschönheiten kommen natürlich auch entsprechend vorteilhaft ins Bild.« Für Christian Winterfeldt vom *Kölner Stadt-Anzeiger* ist es wichtiger, dass die beiden Hauptkontrahenten psychologisch nicht so eindimensional erfasst sind: »Fletcher ist nicht mehr nur strahlender Held. Bligh nicht mehr nur übler Schurke: zwar ein halsstarrig-engstirniger und biederpuritanischer Bursche, aber eben auch beharrlich und professionell, was ihm schließlich das Leben rettet.«

Das Remake eines Remakes, notiert Ponkie in der *Abendzeitung*, »weil ja immer wieder tatendurstige Schauspieler nachwachsen, die alle ihren Captain Bligh und ihren Fletcher Christian spielen wollen.« Die dritte Version des Stoffes ist für Rudolf Thome im *Tagesspiegel* »von allen dreien die farbloseste und schwächste. Donaldson erzählt bedauerlicherweise die Geschichte in Rückblenden aus der Gerichtsverhandlung, und die beiden Hauptdarsteller erreichen in keinem Augenblick die Dimensionen ihrer Vorgänger: Trotzdem – auch in dieser Version – langweilt man sich nie.«

1961 Meuterei auf der Bounty
Mutiny Of The Bounty, USA, R: Lewis Milestone, D: Marlon Brando, Trevor Howard
Als problematisch erwies sich das Mitspracherecht, das MGM Marlon Brando eingeräumt hatte. Er beharrte auf seiner Darstellung des Fletcher Christian als dekadenten und eigenwilligen Snob. Der für das Drehbuch verantwortliche Eric Ambler und Regisseur Carol Reed mussten gehen. Routinier Lewis Milestone rückte für Reed auf den schwierigen Posten. Gerüchten zufolge aber war es Meuterer Brando selbst, der zuletzt Regie führte.

1935 Meuterei auf der Bounty
Mutiny Of The Bounty, USA, R: Frank Lloyd, D: Clark Gable, Charles Laughton
1789 meuterte die Besatzung des englischen Kriegsschiffs Bounty gegen ihren tyrannischen Kapitän. Er wurde in einem Ruderboot ausgesetzt, die Meuterer ließen sich auf der Insel Pitcairn nieder. Dort leben heute noch ihre Nach-

Meuterei auf der Bounty (1961, R: Lewis Milestone): Taritatumi Teriipaia und Marlon Brando

Meuterei auf der Bounty (1935, R: Frank Lloyd):
Charles Laughton und Clark Gable

fahren. Charles Nordhoff und James Norman
Hall schrieben darüber den Roman *Schiff ohne
Hafen*. 1935 wurde er von Frank Lloyd unter
dem Titel *Meuterei auf der Bounty* verfilmt. Das
als Filmklassiker geltende Werk wurde mit dem
Oscar als Bester Film ausgezeichnet. Nominie-
rungen gab es für das Drehbuch, die Musik, die
Regie, den Schnitt und die Hauptdarsteller. Clark
Gable lieferte eine seiner besten Leistungen vor
Vom Winde verweht. Charles Laughtons Darstel-
lung des Kapitän Bligh wurde 1935 mit dem New
York Film Critics Award ausgezeichnet.

1933 In The Wake Of The Bounty
AUS, D: Errol Flynn

1916 The Mutiny Of The Bounty
AUS, D: George Cross, D.L. Dalziel, Wilton Power

DIE BRADY FAMILIE
*The Brady Bunch, USA 1994, R: Betty Thomas, D:
Shelley Long, Gary Cole, Michael McKean, Jean
Smart, Henriette Mantel, Christine Taylor, Jennifer
Elise Cox, Olivia Hack, Christopher Daniel Barnes,
Paul Sutera, Jesse Lee, David Graf, Alanna Ubach,
Jack Noseworthy, Shane Conrad, Florence Hender-
son*

Die Brady Familie besteht aus dem Elternpaar
und sechs Kindern. Sie leben in einem hübschen,
gepflegten Haus in einem Vorort von L.A. Für sie
ist die Zeit der siebziger Jahre stehen geblieben:
Man trägt Hosen mit Schlag, pastellfarbene
Hemden mit spitzen Kragen, Plateausohlen und
Mittelscheitelfrisuren. Die Musik ist auch die der

*Die Brady Familie (1994, R: Betty Thomas): Die
Brady-Kids nehmen an einem Talent-Wettbewerb teil*

Siebziger, ebenso die Sprache im Umgang mit der
Familie und der Umwelt. Alltägliche Situationen
meistern sie mit ihrer gewohnt naiven Freundlichkeit. Ihr heiles Familienleben wird plötzlich
auf die Probe gestellt, als ein Steuerbescheid über
20.000 Dollar Vermögenssteuer-Nachzahlung
ins Haus flattert.

Alfred Holighaus *(tip)*: »Bei den Bradys, da ist
was los, hieß es in den 70ern jede Woche auf der
Mattscheibe. Für die Kinoversion zwanzig Jahre
später trifft das nicht mehr zu. Zwar hat die Idee,
die Saubermänner, -frauen und -kinder unver-
sehrt und mit großem Hemdkragen in die wüsten 90er zu versetzen, durchaus seinen Reiz.
Funktionieren kann dieser Witz jedoch nur mit
dem nötigen Mut zur Bos- und Blödheit. Und genau den lässt Regisseurin Thomas schmerzlich
vermissen.«

Eberhard von Elterlein *(Die Welt)*: »Die Regisseurin gewinnt den Gegensätzen – heile Welt der
Siebziger hier, chaotische Hektik der Neunziger
dort – viele Momente gelungener Situationskomik ab. Mit feiner Ironie erzählt sie von den Sorgen der pubertierenden Brady-Kinder und hat
dabei zumeist unbekannte Darsteller gefunden,
die sich zwar mimisch nicht zu verausgaben brauchen, aber den Original-Figuren aus der TV-Serie so ähnlich sehen, dass Brady-Fans an diesem
locker-leichten Familien-Spaß ihre Freude haben
werden.«

Im Jahr 2000 drehte Richard A. Colla in den
USA mit dem Film *Die Bradys – Wie alles begann*
die Vorgeschichte: Darsteller Barry Williams, inzwischen im besten Mannesalter, erzählt von seinem Einstieg in die Familienserie *Die Bradys*. Neben seiner ersten großen Liebe erinnert er sich
dabei an jede Menge Pleiten, Pech und Pannen.

1969–1974 Drei Mädchen und drei Jungen
The Brady Bunch, USA, TV-Serie: 117 Folgen, R: N.
Abbott, J. Arnold, D: R. Reed

BRAM STOKER'S DRACULA

Dracula,USA 1992, R: Francis Ford Coppola,
Drb: James V. Hart nach einem Roman von Bram
Stoker, K: Michael Ballhaus, M: Wojciech Kilar, S:
Nicholas C. Smith, Glen Scantlebury, Anne Gour-
saud, D: Anthony Hopkins (Prof. Abraham Van Hel-
sing), Gary Oldman (Dracula), Keanu Reeves (Jo-
nathan Harker), Winona Ryder (Mina Murray/Eli-
sabeta), Bill Campbell (Quincey P. Morris), Cary El-
wes (Lord Arthur Holmwood), Sadie Frost (Lucy We-
stenra), Richard E. Grant (Dr. Jack Seward), Tom
Waits (Renfield)
Der junge Immobilienhändler Jonathan Harker
reist – ahnungslos, wer sein Auftraggeber ist –
nach Transsylvanien auf das Schloss des Grafen
Dracula, um einen Kaufvertrag für ein Haus abzuschließen. Als der Fürst der Finsternis ein Bild
von Jonathans Verlobter Mina sieht, die seiner
Geliebten, der vor über 400 Jahren verstorbenen
Elisabeta aufs Haar gleicht, erwacht in dem Greis
die Lebenslust. Er schifft sich nach London ein,
wo ihn sein höriger Diener Renfield bereits
sehnsüchtig erwartet, während Jonathan in den

Armen von Draculas wollüstigen und blutgieri-
gen Gespielinnen zurückbleiben muss. Nur Dr.
Van Helsing kann Mina jetzt noch retten ... »Warum?« fragte der Produzent, der wünschte, dass
er sich nie auf dieses Treffen ... eingelassen hätte. »Warum wollen Sie ein Remake von *Dracula*
machen? Ist er nicht schon x-mal verfilmt worden? Jeder kennt die Geschichte.« ... Coppolas
Antwort war immer dieselbe: Weil der wahre
Dracula nie verfilmt worden ist. Jeder, der Bram
Stokers brillanten, erotischen Schauerroman gelesen hat, kann verstehen, dass meine Antwort
nicht arrogant gemeint war, sondern ehrfürchtig
gegenüber Stokers literarischem Klassiker.«
Wollte Bram Stoker zu Ende des 19. Jahrhunderts
einen Übervampir erschaffen, so wollten Drehbuchautor James V. Hart und Regisseur Francis
Ford Coppola beinahe hundert Jahre später den
Roman erstmals originalgetreu verfilmen. In diesem Sinne sollte der Film zunächst auch *Dracu-*
la: The Untold Story heißen, der Titel wurde dann
als Hommage an den Autor in *Bram Stoker's Dra-*
cula geändert.

Francis Ford Coppola wollte mit seiner Präsentation der Beißergeschichte wieder zurück
zum Anfang, schreibt Karl Wegmann in der *taz:*
»Der vollständige Titel seines Films weist deutlich darauf hin: *Bram Stoker's Dracula*. Nun
wirkt in einer Zeit, wo Terminatoren mordend
über die Leinwand stapfen und mit jedem Pro-
grammwechsel eine neue Massenschlachtung
von Aliens beginnt, ein schwarz gekleideter Aristokrat mit etwas längeren Eckzähnen nicht gerade Furcht erregend. Aber Coppola durfte 40
Millionen Dollar ausgeben, und so blieb dann
auch von der versprochenen Gothic Novel nur
ein Grundelement übrig: Der biedere positive
Held muss schleunigst verschwinden, um dem
sehr viel interessanteren Schurken Platz zu schaffen. Ansonsten folgen der Regisseur und sein
Drehbuchschreiber James V. Hart *(Hook)* nur in
groben Zügen Stoker. Andeutungen werden
nicht gemacht, alles wird gezeigt und zwar in einer farbsatten Bilderflut (Kamera: Michael Ballhaus), dass einem die Augen übergehen. Natürlich ist Rot die vorherrschende Farbe. Gleich zu
Anfang, wenn Dracula das Kreuz schändet,
schwappt eine gewaltige Blutwoge dem Zuschau-

Bram Stoker`s Dracula (1992, R: Francis Ford
Coppola): Gary Oldman und Winona Ryder

Bram Stoker`s Dracula (1992, R: Francis Ford Coppola): Sadie Frost als erstes Opfer

er entgegen ... Mit dem Hauptdarsteller ist Coppola ein Glückstreffer gelungen. Wie man hört, bewarb sich halb Hollywood für den Titelpart, aber nur der junge Brite Gary Oldman (zuletzt zu sehen als Lee Harvey Oswald in *JFK*) fand vor den Augen des Meisters Gnade. Oldman hat den Dracula in zehn verschiedenen Daseinsformen zu spielen, vom 400 Jahre alten Greis bis zum jungen Beau, vom Wolf bis zu bizarren Monstern, aber immer schafft er es, die Dynamik des mythischen Charakters, diese unglaubliche Erschöpfung einer gequälten Seele, herüberzubringen. Anthony Hopkins' Spiel als Vampirjäger Van Helsing wirkt dagegen etwas hilflos und fade. Coppolas *Dracula* ist wilder, gewaltiger, bunter, bizarrer und verrückter als alle Vorgänger, und damit passt diese Adaption des alten Schauerromans genau in die 90er-Jahre.«

Der irische Schriftsteller Bram Stoker wurde berühmt durch seinen Horrorroman *Dracula* (1897), einem herausragenden Werk der Schauerliteratur. In seinem als Brief- und Tagebuchroman verfassten Horrorklassiker stellte er die Figur des Vampirs Graf Dracula aus Transsylvanien vor und schuf damit den bekanntesten Beitrag zum Genre. Vorbild war die historische Figur des Vlad Tepes, eines für Pfählungen bekannten Fürsten in der rumänischen Walachei des 15. Jahrhunderts mit dem Beinamen Dracula, sowie Joseph Sheridan Le Fanus Erzählung *Carmilla* (1872; *Carmilla, der weibliche Vampir*); zudem hatte ihm der ungarische Reisende Arminius Vambery die auf dem Balkan verbreiteten Vampirlegenden erzählt. Stokers Roman schildert die Geschichte des jungen englischen Rechtsanwalts

Jonathan Harker, der, von Dracula auf dessen Schloss gelockt, seine Braut Mina Murray fast an den Vampirismus verliert, bevor dem Untoten durch den niederländischen Vampirjäger Professor van Helsing der Garaus gemacht werden kann. Noch im Erscheinungsjahr dramatisierte Stoker sein Buch unter dem Titel *Dracula Or The Undead*. Der Autor starb am 20. April 1912 in London.

Bereits 1896, ein Jahr vor der Veröffentlichung *Draculas*, drehte Georges Méliès den ersten Horrorfilm der Filmgeschichte: *Le Manoir du Diable*. 1913 entstand unter der Regie von Robert Vignola der älteste erhaltene Vampirfilm: *The Vampire*. Seit damals bildeten Film und Vampir eine bis heute unzertrennliche Symbiose. *Dracula* ist die zweitmeist verfilmte fiktive Figur der Filmgeschichte (hinter *Sherlock Holmes* und vor *Frankensteins Monster*). Stokers Dracula diente als Anregung für zahlreiche Serien, Nacherzählungen bzw. Bearbeitungen (etwa H. C. Artmanns *Dracula, Dracula* von 1966) und Literaturverfilmungen, allen voran Friedrich Wilhelm Murnaus *Nosferatu – eine Symphonie des Grauens* (1922). Hinsichtlich der ästhetischen und erzählerischen Qualität steht sie weit über den zahlreichen trivialen Adaptionen, wie der beliebten Fassung von Terence Fisher (*Dracula*, 1958, mit Christopher Lee). Zu den wenigen Ausnahmen zählen die Versionen Tod Brownings (1930, mit Bela Lugosi in der Titelrolle und Karl Freunds expressionistischer Kamera), John Badhams (1978) und Francis Ford Coppolas (*Bram Stoker's Dracula*, 1994). Murnaus Fassung regte Werner Herzog 1978 zu seinem Remake *Nosferatu – Phantom der Nacht* an. Und der Film *Shadow Of The Vampire* (2001) erzählt die fiktive Geschichte sonderbarer Ereignisse während der Dreharbeiten zum deutschen Horror-Klassiker *Nosferatu – Eine Symphonie des Grauens* im Jahr 1922.

Über F. W. Murnaus *Nosferatu – Eine Symphonie des Grauens* (1922) und Werner Herzogs *Nosferatu – Phantom der Nacht* (1979) schreibt Gregory A. Waller in seinem Buch *The Living And The Undead*: »Beide Filme entdecken und formen wichtige erzählerische und thematische Möglichkeiten der Vampirgeschichte neu, gewisse Stränge, die bei Stoker so noch nicht vorhanden sind. Murnaus im Zentrum stehende Konfrontation zwischen dem einsamen Vampir und den unterschiedlichen Bewohnern einer bürgerlichen Zivilisation bildet den wichtigsten Kontext für Herzog, der den Prozess weiterführt ... Was diese beiden Filme zunächst unmittelbar von allen anderen *Dracula*-Adaptionen unterscheidet, ist die Präsentation des Vampirs – des ausgezehrten, hässlichen, raubtierhaften Nosferatu, der bei Murnau bösartig, missgestaltet und wie erstarrt; in Herzogs Film zeitweilig physisch zerbrechlich, zeitweilig kontemplativ und pathetisch erscheint. Doch nicht die Verschiedenheit von Max Schrecks und Klaus Kinskis Nosferatu zu dem Grafen Dracula von Bela Lugosi und anderen macht den eigentlichen Unterschied aus. Murnau und noch stärker Herzog stellen die Beziehungen zwischen Öffentlichem und Privatem in den Mittelpunkt. In ihren Filmen sind Bremen (Murnau) und Wismar (Herzog) nicht mehr nur Hintergrund oder Dekoration; sie bilden – mit dem fremdländischen Vampir und dem reinherzigen einheimischen Mädchen – das Thema des Films, in dem Sinne, wie die Westernstadt Hadleyville das Thema von *High Noon* bildet. Zu den eindringlichsten Bildern in den beiden *Nosferatu*-Filmen gehören jene, die die Verletzlichkeit und Tödlichkeit von Bremen und Wismar zeigen. Dennoch aber sind es die Städte, die überleben, während Lucy und Mina sterben und der Haushalt der Harkers vernichtet wird. Wird bei Stoker die Selbstsüchtigkeit und Skepsis der modernen Welt kritisiert, so stellen Murnau und Herzog den Preis infrage, der für das Überleben der bürgerlichen Stadt zu zahlen ist, ebenso wie die Werte und Institutionen, auf denen solche Städte gegründet sind.«

Es soll zwar weit über 160 Filme geben, in denen Dracula sein Unwesen treibt, aber nur wenige Filmemacher haben den Roman von Bram Stoker verfilmt, lediglich neun Filme berufen sich auf Bram Stoker. Die erste gelungene *Dracula*-Persiflage lieferte 1967 Roman Polanski mit seinem *Tanz der Vampire*: Professor Ambronsius und sein Gehilfe Alfred reisen in die Karpaten, um die Welt ein für alle Mal von Vampiren zu säubern. Ihren Gegner finden sie in Graf Krolock, der auf seinem Schloss Herr über eine ganze Blutsaugerarmee ist. Obwohl sich die beiden Jäger unglaublich dusselig anstellen gelingt es ihnen, zu fliehen. Doch mit der geretteten Sarah tragen sie die Saat der Untoten in die ganze Welt hinaus. Eine geniale Gratwanderung zwischen Slapstick-Komödie und Horrorfilm, bei der Roman Polanski nicht nur für Regie und Drehbuch verantwortlich war, sondern in der Rolle des Alfred auch als Darsteller auftrat. Polanski zeichnet die Vampire nicht lächerlich, sondern durchaus bedrohlich, wobei er mit Schockeffekten nicht spart. Dadurch werden die komödiantischen Elemente umso mehr verstärkt. Dagegen ist Andy Warhols *Dracula* (1973, Regie Paul Morrissey), in dem Roman Polanski als Gast zu sehen ist, eine weniger gelungene Parodie: Graf Dracula braucht für sich und seine Schwester dringend das Blut einer Jungfrau zum Überleben. Da es mit den Jungfrauen in Rumänien wohl nicht mehr so ernst genommen wird, überzeugt Draculas Diener ihn, nach Italien zu reisen und sich dort eine Frau zu suchen. Die Italiener sind ja bekannt für ihre erzkatholische Erziehung. Trotz starker Bedenken willigt Dracula ein, und in Italien finden sie bald eine verarmte Adelsfamilie, die noch vier unverheiratete Töchter hat. Dracula wird dort mit offenen Armen von den Eltern empfangen, da er in ihren Augen der Ausweg aus ihrer finanziellen Misere zu sein scheint. Dracula nimmt sich dann Tochter für Tochter vor, nur um festzustellen, dass sie alle doch nicht so tugendhaft sind, wie sie behaupten ...

Dracula, tot aber glücklich heißt die Dracula-Parodie von Mel Brooks aus dem Jahr 1995. Laut Nachspann soll der Film auf Bram Stoker basieren, er ist aber eine Neuverfilmung des Tod Browning-Klassikers, denn Mel Brooks hat sämtliche Abweichungen des *Dracula*-Films (1931) gegenüber der literarischen Vorlage übernommen: In London versenkt Graf Dracula (Leslie Nielsen) sein markantes Gebiss in liebliche Frauenhälse. Als der Blutsauger auch die appetitliche Mina verspeisen will, geht es ihm selbst an den Kragen: Dracula sitzen Minas Verlobter und der Vampirjäger Van Helsing im Nacken. Die bisher letzte *Dracula*-Bearbeitung fürs Kino ist *Wes Craven präsentiert Dracula* (2001), der Film von Patrick Lussier transportiert die uralte, blutrünstige Legende in eine realistische Gegenwart hinein: Dracula findet sich im 21. Jahrhundert wieder – in einer Welt voller Versuchungen mit Virgin-Plattenläden und unterirdischen Nachtklubs, die wie für ihn geschaffen sind. »Dracula ist nicht nur der sinnlichste und sexuellste von all unseren modernen Anti-Helden, sondern auch eine der sinnlichsten Figuren in der gesamten Literatur überhaupt«, meint Lussier. »Kein Wunder also, dass

Dracula eine der beliebtesten Filmfiguren der Welt ist. Wir wenden nun unseren Blick auf seinen neuesten Kampf, auf die Schlacht zwischen Licht und Dunkel, den Kampf zwischen Gut und Böse, eine Geschichte voller Verführung und Versuchungen.«

1995 Dracula, tot aber glücklich
Dracula – Dead And Loving It, USA, R: Mel Brooks, D: Leslie Nielsen, Peter MacNicol

1992 Bram Stoker's Dracula
Dracula, USA, R: Francis Ford Coppola, D: Anthony Hopkins, Gary Oldman

1979 Dracula
USA, R: John Badham, D: Frank Langella, Laurence Olivier, Donald Plesance

John Badham: »In Dracula stehen die Mächte des Bösen hinter seiner Reinkarnation. Ganz folgerichtig muss dieses Geschöpf, das seine Unsterblichkeit durch eine Gabe Satans erlangt hat, einen hohen Preis dafür bezahlen. Dracula muss andere Menschen anstecken und damit die Mächte des Guten schwächen, indem er ihnen das Blut, die Lebensenergie aussaugt. Einem solchen Wesen gegenüber hegen wir ausgesprochen gemischte Gefühle. Zum einen fasziniert uns Draculas Unsterblichkeit. Gleichzeitig stößt uns aber auch die Vorstellung ab, Vampire ... könnten unschuldige Menschen anfallen und sie damit zu einer immer während Hölle auf Erden verdammen. Der schwarze Mann in unseren Träumen mag verschwinden, wenn wir aufwachen. Und trotzdem wird er in der darauf folgenden Nacht zurückkehren, um uns erneut zu quälen. Unsere Lebensspanne mag begrenzt sein, doch die bösen Mächte des Universums währen ewig.«

»Frank Langella in der Titelrolle erinnert nicht nur in seinem südländischen Typ an John Travolta – gleich ihm ein ›König der Nacht‹. Die Vereinigung mit Lucy Harker vollzieht sich discolike inmitten wallender Nebelschwaden und einem orgiastischen Lichtermeer. Doch die nicht zu befriedigende Totalität seiner Begierden lässt ihn verzweifeln, mit dem Schicksal hadern.« (Rolf Giesen, *Der Phantastische Film*)

1978 Nosferatu – Phantom der Nacht
Nosferatu, Fantome de la nuit, BRD/ Frankreich, R: Werner Herzog, D: Klaus Kinski

»Beeindruckende, wenn auch umstrittene Neuverfilmung von Werner Herzog, der hier neben der Hommage an sein Vorbild Murnau konsequent die im eigenen Werk angelegte Außenseiterthematik und seine romantische Naturauffassung auf einem hohen formalen Niveau weiterverfolgt.« (*Lexikon des internationalen Films*)

1973 Dracula
GB, R: Dan Curtis, D: Jack Palance, Simon Ward, Nigel Davenport

Unten links: Dracula, tot aber glücklich (1995, R: Mel Brooks): Leslie Nielsen aus Transsylvanien
Rechts: Dracula (1979, R: John Badham): Frank Langella als Graf Dracula
Unten Rechts: Nosferatu – Phantom der Nacht (1978, R: Werner Herzog): Bruno Ganz und Klaus Kinski

»Jack Palance ist ein sehenswerter Dracula, wenn auch von anderer Art als Christopher Lee. Er wirkt vielleicht weniger dämonisch und weniger selbstsicher, und wenn er in Rückblenden von seiner glorreichen Vergangenheit träumt, gar etwas sentimental ... Dass diese ›unblutige‹ (und auch nicht mit Sex-Szenen gepfefferte) Dracula-Verfilmung ... als altmodisch bezeichnet wurde, ist ein Zeichen der Zeit. Man will heutzutage sehen, wie sich der Pfahl ins Herz bohrt. Man will miterleben, wie der Vampir zu Staub zerfällt. Dabei geht gerade damit verloren, was in alten Filmen der Fantasie der Zuschauer überlassen blieb und diese anregte. Das Altmodische wirkt im *Dracula* von Dan Curtis nur positiv.« (Hans D. Furrer, *Vampir*)

1972 Dracula jagt Mini-Mädchen

Dracula A. D. 1972, USA, R: Alan Gibson, D: Christopher Lee, Peter Cushing
»Vampirfilm um einen getreuen Diener Draculas, der zwischen Pop und Carnaby Street London unsicher macht ... Eine Parodie des Vampirhorrors, gekonnt modern inszeniert, witzig, mit bitterbösen Untertönen, sorgfältig aus der Story entwickelt. Alucard – ein Anagramm von Dracula – hat's. Gruseln garantiert.« *(TV Spielfilm)*

1971 Nachts wenn Dracula erwacht

Count Dracula, GB/ BRD/I, R: Jess Franco, D: Christopher Lee, Klaus Kinski
»Bei Francos Dracula-Version handelt es sich vielleicht um die schönste Verfilmung des Stoker-Romans überhaupt.« *(Pioniere und Prominente des modernen Sexfilms)*

Unten: Dracula (1958, R: Terence Fisher):
Christopher als Blutsauger Dracula
Rechts: Dracula (1931, R: Tod Browning):
Bela Lugosi und Helen Chandler

1958 Dracula

Horror Of Dracula, GB, R: Terence Fisher, D: Christopher Lee, Peter Cushing
»Nach dem letzten Vorspanntext führt uns die Kamera in eine Krypta. Dort steht ein steinerner Sarkophag mit der Aufschrift Dracula. Aus dem Off fallen plötzlich große Blutstropfen auf die Buchstaben und signalisieren den Beginn der Hammer'schen Vampir-Saga, die Dracula dramatisch in die Welt der Farben einführt; und um die Bedeutung der Farbe Rot zu unterstreichen, befindet sich alles in schönster Übereinstimmung: Jonathans lederner Tagebuch-Einband, Lucys Lippen, Draculas blutende Augen und Van Helsings blutbeschmierte Hände.« (Gregory A. Waller, *The Living And The Undead*)

Der Hammer-Dracula-Version von 1958 folgten weitere fünfzehn Vampirfilme, mehrere *Frankenstein*-Versionen und andere Horrorfilme. Christopher Lee spielte den Dracula insgesamt 14 Mal.

1931 Dracula

USA, R: Tod Browning, D: Bela Lugosi, David Manners, Helen Chandler
Der Film mit seinen ausdrucksstarken Bildern ist in erster Linie das Werk des Kameramannes Karl Freund, der sich schon im expressionistischen deutschen Film der zwanziger Jahre bewährt hat-

te: »Die Kamera, fast selbst wie ein Gespenst, schwebt gemächlich und ohne Hast durch die Gruft von Schloss Dracula. Die stimmungsvollen Bauten, die Beweglichkeit der Kamera, die Kunstfertigkeit der Spiegeltrick-Aufnahmen ... und die Gestaltung einzelner Einstellungen (wie etwa, als Draculas drei weiß gekleidete Frauen hereinschweben, um ein Opfer zu verlangen) sind alle charakteristischer für Freunds Arbeit als für (Regisseur) Brownings.« (Everson, *Klassiker des Horrorfilms*)

1931 Drácula
USA, R: George Melford, D: Carlos Villarias
Dracula-Produzent Carl Laemmle erkannte, dass Spanisch sprechende Einwanderer und der südamerikanische Raum ein potenzielles Publikum darstellten und ließ mit einem Minimalbudget (70.000 Dollar) Regisseur George Melford den Tod Browning-Film mit mexikanischen Schauspielern nachdrehen. Nach Drehschluss der amerikanischen Crew übernahm das hauptsächlich mexikanische Team den Set, und produzierte in derselben Kulisse die erste spanische Version von *Dracula*, mit Carlos Villarias in der Hauptrolle. Melfords Version wurde vor der englischen fertig gestellt und zunächst in Mexico aufgeführt. Während der vierziger Jahre ging der Film verloren. Erst in den siebziger Jahren wieder gefundenes Material ließ eine Rekonstruktion zu.

1922 Nosferatu – Eine Symphonie des Grauens
D, R: F. W. Murnau, D: Max Schreck, Gustav von Wangenheim
»Ein Häusermakler verkauft einem geheimnisvollen Grafen eine Reihe verlassener Gebäude. Sein Gehilfe reist nach dessen Schloss, um das Geschäft abzuschließen, kommt aber bald zu der Überzeugung, dass dieser ein vampyrartiges Wesen ist, das sich vom Blute der Menschen nährt. Er eilt heim, seine Mitbürger zu warnen, doch der Vampyr trifft noch vor ihm ein, allnächtlich seine Opfer wählend ... Das Spiel ist spannend gearbeitet und lässt die Geschehnisse bis zum Schlusse im mystischen Dunkel, was die Wirkung des Ganzen sehr unterstützt. Die Darstellung ist ausgezeichnet, desgleichen die Aufmachung, besonders zu erwähnen die schönen Motive der Außenaufnahmen. Die Photographie hält sich auf anerkennenswerter Höhe. Alles in allem Leistungen, die das vorwiegend auf eine reifere Geschmacksrichtung eingestellte Bild über den Durchschnitt heben.« *(Painmann's Filmlisten, Wien)*

»Alle sind immer in Bewegung, keinen hält es an seinem Platz. Ein road-movie, würde man heute sagen. Nicht mal der Vampir möchte da in seiner Gruft vertrocknen, er nimmt seinen Sarg unter den Arm und tippelt durch die nächtliche Stadt.« (Enno Patalas)

BRAM STOKER'S LEGEND OF THE MUMMY
USA 1997, R: Jeffrey Obrow, D: Louis Gossett jr., Amy Locane, Eric Lutes, Mark Lindsay Chapman, Lloyd Bochner, Mary Jo Catlett, Aubrey Morris, Laura Otis, Julian Stone, Richard Karn
Ein älterer Archäologe versucht, die Mumie einer ägyptischen Pharaonin zum Leben zu erwecken. Doch die Sache geht insofern daneben, als er durch die von den Toten auferstandene Dame schwer verletzt wird. Seine Tochter setzt trotzdem seine Bemühungen fort, denn sie selbst ist die Reinkarnation der vor vielen Jahrtausenden verstorbenen Herrscherin. Bram Stokers Roman entstand 1903 und inspirierte viele Filmemacher zu Mumienfilmen. Der Roman selbst wurde 1971 von Hammer Films zum ersten Mal verfilmt.

1980 Das Erwachen der Sphinx
The Awakening, GB/USA, R: Mike Newell, D: Susannah York, Charlton Heston

1971 Das Grab der blutigen Mumie
Blood From The Mummy's Tomb, GB, R: M. Carreras, Seth Holt, D: Valerie Leon

Nosferatu – Eine Symphonie des Grauens (1922, R: F. W. Murnau): Draculas Begierde

DIE BRAUT

The Bride, GB 1985, R: Franc Roddam, D: Sting, Jennifer Beals, Anthony Higgins, Clancy Brown, Geraldine Page, David Rappaport, Alexei Sayle, Phil Daniels, Veruschka von Lehndorff, Quentin Crisp, Carey Elwes, Tim Spall, Ken Campbell, Guy Rolfe, Andy de la Tour

Nach einem Roman von Mary Wollstonecraft Shelley: Baron Frankenstein erschafft eine Frau für seine erste Kreatur Victor. Fasziniert von der Schönheit seines Geschöpfes, beansprucht er sie selbst und stirbt im Kampf mit Victor.

Philip Siegel *(Kölner Stadt-Anzeiger)*: »Unter den puppigen Emanzipationsversuchen einer Jennifer Beals und der öden Arroganz des als Arzt-Akademikers fehlbesetzten Sting verkommt diese zwischen Whales Original und Warhols Pop-Version bemüht pendelnde ›Braut‹ zu narkotisierender Eleganz. Nur die Reise eines Zwerges und des männlichen ›Monsters‹ durch das Mutanten-Milieu der Jahrmärkte vermitteln noch etwas vom Charme verstoßener Randexistenzen.«

1935 Frankensteins Braut

The Bride Of Frankenstein, USA, R: James Whale, D: Boris Karloff, Elsa Lanchester

BRENNENDES GEHEIMNIS

Burning Secret, GB/USA/BRD 1988, R: Andrew Birkin, D: Faye Dunaway, Klaus Maria Brandauer, David Eberts, Ian Richardson, John Nettleton

Nach einer Novelle von Stefan Zweig: Die Amerikanerin Sonya Tuchman und ihr an Asthma leidender Sohn Edmund verbringen den Winter 1919 in einem österreichischen Kurort. Der kranke Junge langweilt sich schrecklich, bis er die Bekanntschaft des einheimischen Barons von Hauenstein macht. Umso größer ist die Enttäuschung, als er erkennt, dass das Interesse des geheimnisumwitterten Mannes doch eher seiner attraktiven Mutter gilt. Die anfängliche Zuneigung des Kindes schlägt in Hass um.

Hedemarie Strauch *(Zitty)*: »*Brennendes Geheimnis* spielt direkt nach dem Ersten Weltkrieg über einen Jungen am Rande der Pubertät, der in einem Kurort sein Asthma kurieren soll, unvermittelt mit den Intrigen der Erwachsenen konfrontiert wird, um am Ende selbst lügen zu lernen. Keine neuartige, aber eine stimmungsvolle und in sich stimmige Literaturverfilmung.«

1932/33 Brennendes Geheimnis

D, R: Robert Siodmak, D: Alfred Abel, Hilde Wagener, Willi Forst, Lucie Höflich

EIN BRIEF
MIT KONSEQUENZEN

A Letter To Three Wives, USA 1985, R: Larry Elikann, D: Loni Anderson, Michele Lee, Stephanie Zimbalist, Ben Gazzara, Charles Frank

Drei Feundinnen bekommen von derselben Frau einen Brief, in dem diese ankündigt, mit einem der drei Ehemänner durchzubrennen. In mehreren Rückblenden werden alle drei Ehen und die ängstliche Überprüfung derselben durch die betrogenen Frauen in spe geschildert.

Lexikon des internationalen Films: »Uninspiriertes (Fernseh-)Remake der Filmkomödie *Ein Brief an drei Frauen* (1949).«

1949 Ein Brief an drei Frauen

A Letter To Three Wives, USA, R: Joseph L. Mankiewicz, D: Jeanne Crain

BROADWAY-ZAUBER

Anything Goes, USA 1955, R: Robert Michael Lewis, D: Bing Crosby, Donald O'Connor, Zizi Jeanmaire, Mitzi Gaynor, Phil Harris

Die beiden amerikanischen Broadwaystars Bill Benson und Ted Adams finden auf einer Europatournee sowohl für die neue Revue, als auch fürs Leben die richtigen Partnerinnen in Gestalt von Patsy Blair und Gaby Duval.

1936 Anything Goes

USA, R: Lewis Milestone, D: Bing Crosby, Ethel Merman, Charles Ruggles

Frankensteins Braut (1935, R: James Whale): Boris Karloff ist entzückt von seiner Gefährtin

DIE BRÜDER KARAMASOW

Bratja Karamasowy, UdSSR 1968, R: Iwan Pyrjew, D: Michail Uljanow, Lionella Pyrjewa, Kirill Lawrow, Andrej Mjagkow, Mark Prudkin, Pavel Pavlenko, Andrei Abrikosov, Gennadi Yukhtin, Anatoli Adoskin, Rada Volshaninova, Tamara Nosova, Nikita Podgornyj, Ivan Lapikov

Nach einem Roman von Fjodor M. Dostojewski: Der geizige Karamasow will seinen verhassten Sohn Dimitri, der hohe Schulden bei ihm hat, mit einer List ins Gefängnis bringen. Er gibt der Gastwirtin Gruschenka die von Dimitri unterzeichneten Schuldscheine, die sie umgehend einlösen soll. Doch die Rechnung geht nicht auf – Gruschenka und Dimitri verlieben sich ineinander, obwohl Dimitri der jungen Katja versprochen ist. Als der alte Karamasow ermordet wird, klagt man Dimitri als Mörder an.

Lexikon des internationalen Films: »Trotz aufwendiger formaler Mittel und guter Darstellung ist keine vollauf überzeugende filmische Umsetzung des Klassikers gelungen.« 1976 drehte Edison Braga unter dem Titel O *Julgamento* in Brasilien eine TV-Serie nach dem Dostojewski-Roman, die Hauptrollen spielten Eduardo Abbas, Lélia Abramo und Gésio Amadeu.

1957 Die Brüder Karamasow
The Brothers Karamazov, USA, R: Richard Brooks, D: Yul Brynner, Maria Schell

1947 I Fratelli Karamazoff
I, R: Giacomo Gentilomo, D: Andrea Checchi, Carlo Conso, Giulio Donnini

1930/31 Der Mörder Dimitri Karamasoff
D, R: Fedor Ozep, D: Fritz Kortner, Anna Sten, Bernhard Minetti, Fritz Rasp

1918 Die Brüder Karamasoff
D, R: Dimitri Buchowetzki, Carl Froelich, D: Dimitri Buchowetzki, Emil Jannings

1915 Bratya Karamazovy
RUS, R: Viktor Tourjansky

BRUSTBILD BITTE!

Watch The Birdie, USA 1950, R: Jack Donohue, D: Red Skelton, Arlene Dahl, Ann Miller, Leon Ames, Pam Britton, Richard Rober, Dick Wessel

Nach einer Erzählung von Marshall Neilan jr.: Ein verkaufsuntüchtiger Fotohändler und übereifriger Filmreporter verwickelt sich hoffnungslos in Schwierigkeiten, ehe er ein reiches Mädchen aus den Klauen eines Bösewichts befreien kann.

Dr. F. E. Olimsky *(Filmblätter)*: »Red Skelton kommt uns in seiner neuesten Bombenrolle als Inhaber eines schlecht gehenden Photogeschäfts. Um seinen mehr als kümmerlichen Verdienst etwas aufzubessern, versucht er sich als Wochenschaureporter. Was es dabei immer wieder für verrückte Zufälligkeiten gibt, ist kaum zu beschreiben. Das Publikum kommt aus dem Lachen nicht mehr heraus und man weiß nicht, wen man mehr bewundern soll: den grotesken Hauptdarsteller oder die Drehbuchautoren, die sich so viele zündende Gags einfallen ließen. Red Skelton tritt zeitweise gleich dreifach in Erscheinung, er spielt nämlich auch noch die Rolle seines Vaters und seines Großvaters als vollendeter Meister der Charakterisierungskunst.«

1928 The Camera Man
USA, R: Edward Sedgwick, D: Buster Keaton, Marceline Day, Harold Goodwin

BUCK ROGERS

Buck Rogers In The 25th Century, USA 1978, R: Daniel Haller, D: Gil Gerard, Pamela Hensley, Erin Gray, Tim O'Connor, Henry Silva, Felix Silla, Duke Butler, Joseph Wiseman

Cap Kennedy, 1987: Ein Meteoritenschwarm wirft das Raumschiff des Astronauten Buck Rogers aus der Bahn. Als er wieder zu sich kommt, befindet er sich in der Gewalt von Prinzessin Ardala, der 29. Tochter des Weltraumherrschers Draco, die mit einem Superraumschiff zur Erde unterwegs ist. Dort sind inzwischen 500 Jahre vergangen, ein Atomkrieg hat nur noch eine ein-

Die Brüder Karamasow (1957, R: Richard Brooks): Yul Brynner und Maria Schell

zige Stadt übrig gelassen. Da man Buck weder bei den Draconiern noch auf der Erde glaubt, dass er 500 Jahre lang bewusstlos war, gerät er zwischen die Fronten. Ein Wissenschaftler und ein Computer versuchen ihm auf die Schliche zu kommen, aber Ardala und ihr finsterer Vasall Kane bestreiten nun, dass sie ihn im Weltraum aufgelesen haben. Buck wird verbannt, rettet Commander Wilma Deering das Leben und kann sich endgültig rehabilitieren, als er die geheimen Pläne der Draconier, die die Erde unterwerfen wollen, offen legt und die Selbstvernichtungsanlagen der Invasorenflotte aktiviert.

Lexikon des Science Fiction Films: »Der 1928 von Philip Francis Nowlan erfundene US-Heldencharakter Buck Rogers war ursprünglich zwar eine Figur des gedruckten Worts, erhielt jedoch eine unglaubliche Popularität durch einen von Richard W. Calkins gezeichneten Comicstrip, der bis 1967 lief und in den USA ebenso bekannt ist wie Donald Duck und Superman. Eine erste Verfilmung des Stoffes wurde 1939 als serial von Ford Beebe und Saul A. Goodkind realisiert, die Hauptrolle spielte der auch als Flash Gordon aufgetretene Larry ›Buster‹ Crabbe. Daniel Hallers Version, die sich nur in dem Punkt an die Originalvorlage hält, dass sein Buck Rogers ebenfalls nach mehreren Jahrhunderten in einer veränderten Umwelt erwacht, entbehrt nicht gewisser komödiantischer Effekte, die ganz im Gegensatz zu Nowlans Hurra-Patriotismus stehen: Sowohl in Nowlans Text als auch im Comicstrip kommt Rogers in einer irdischen Höhle wieder zu sich, sieht die USA von Mongolen regiert und nimmt den Kampf gegen die ›gelbe Gefahr‹ auf. Diese Version wurde ursprünglich als Pilotfilm für eine TV-Serie gemacht, die man dann, aus welchen Gründen auch immer, doch nicht realisierte.«

1939 Buck Rogers
USA, R: Ford Beebe, Saul A. Goodkind, D: Larry ›Buster‹ Crabbe, Constance Moore

BUDDENBROOKS

BRD/PL 1978, R: Franz Peter Wirth, D: Carl Raddatz, Katharina Brauren, Martin Benrath, Ruth Leuwerik, Armin Pianka, Michael Keschull, Claudius Kracht, Alexander Stölze, Melanie Pianka, Marion Kracht
Nach dem gleichnamigen Roman von Thomas Mann: Die Chronik vom Verfall der Budden-

brooks streift zwar vier Generationen, spielt sich aber doch in nur etwa 40 Jahren (1835–1877) ab. Jede dieser Generationen spiegelt den Untergang des Bürgertums – der zu Beginn des Werkes 70-jährige Großvater Johann verkörpert das unerschütterliche Lebensgefühl dieser Gesellschaftsschicht, seinem Sohn Johann, dem Konsul, gelten die gleichen Traditionen, wenn er auch schon mehr auf praktische Ideale schaut. In den Charakteren seiner vier Kinder treten die unterschiedlichsten Verfallserscheinungen dann zu Tage – der neurotische Christian führt in Boheme-Kreisen ein Clownleben, die Tochter Tony ist auch nach zwei Ehen unreif und naiv, die junge Clara stirbt an einem Tumor, allein der Sohn Thomas ist bei äußerster Anspannung in der Lage, das Erbe zu verwalten. Der Sohn aus seiner Ehe mit der exotischen Holländerin Gerda indes repräsentiert mit seinen künstlerischen Neigungen schließlich den endgültigen Prozess der Entbürgerung. »Ich hatte persönlich-familiäre Erfahrungen zum Roman stilisiert, mit der Empfindung zwar, dass etwas Literarisches, das heißt Geistiges, das heißt allgemein Gültiges daran sei, aber doch eigentliches Bewusstsein davon, dass ich, indem ich die Auflösung eines Bürgerhauses erzählte, von mehr Auflösung und Endzeit, einer weit größeren kulturell-sozial-geschichtlichen Zäsur gekündigt hatte«, resümierte Thomas Mann als 75-Jähriger über jenes Werk, das seinen Weltruhm begründete und ihm 1929 den Literatur-Nobelpreis einbrachte: die Chronik vom Verfall der Familie Buddenbrook, ein »als Familiensaga verkleideter Gesellschaftsroman« und die »Seelengeschichte des deutschen Bürgertums«, von der Literaturkritik als Jahrhundertwerk eingestuft.

Klaus Wienert *(Tagesspiegel)*: »Zwei Versuche gab es bisher, diese Chronik des Untergangs zu verfilmen, 1923 von Gerhard Lamprecht als Stummfilm und 1959 von Alfred Weidenmann als Zweiteiler mit Liselotte Pulver, Nadja Tiller, Hansjörg Felmy und Hanns Lothar. Beide Kino-Adaptionen begnügten sich mit stark verkürzten Roman-Ausschnitten und beschränkten sich unter Verzicht auf Außenwelt und Nebenlinien auf die reine Familiengeschichte. Den Versuch, die Buddenbrooks von der ›ersten bis zur letzten Seite‹ zu verfilmen, unternahm mit großem Aufwand der Hessische Rundfunk. Der Redakteur und Drehbuchautor Bernt Rhotert meint dazu:

›Wer den Einsturz eines Gebäudes zeigen will, muss den Mut haben, Fundamente und Giebel zu beschreiben.‹ Der Mut der Frankfurter Sendeanstalt, diese Lübecker Familientragödie in eine elfteilige Serie umzuformen, kostete einen enormen Aufwand an Geld, Zeit, Geduld und Ausdauer; das Unternehmen, das elf Millionen DM beanspruchte, begann bereits 1973 und führte über sechs Jahre durch eine Ansammlung von Schwierigkeiten und Krisen, die manchmal (wie zum Beispiel beim Ausscheiden des zuerst vorgesehenen Regisseurs Tom Toelle) fast zur Aufgabe gezwungen hätten. Franz Peter Wirth, im Umgang mit großen Projekten geübt (er brachte auch die ZDF-Verfilmung von Golo Manns *Wallenstein* über die Bühne), schaffte dann doch das (zumindest organisatorische) Kunststück, Thomas Manns Roman in über 150 Drehtagen als Film fertig zu stellen.«

Ponkie *(Abendzeitung)*: »Ahnten wir's doch dunkel: Nun, da wir den ersten Montag im Hause der *Buddenbrooks* in der Mengstraße (ARD) verleben durften, wurde offenbar, dass auch die allerfeinste Nachbildung altehrwürdiger Lübecker Kaufherren-Wohnkultur und bilanzsicherer Konversations-Gesittung von Thomas Mann'schem Zungenschlag nur eine Art von gehobenem Wachsfigurenkabinett ergeben könnte – höchst dekorativ, versteht sich, höchst dekorativ und ›allerliebst‹. Aber doch eher dem geschmerzten Seufzer einer Ruth Leuwerik angemessen als Thomas Manns Ironie (wenngleich Carl Raddatz und Martin Benrath ihren Text in vorzüglicher Contenance zu zelebrieren wissen). ›Das putzt ungemein‹, pflegt Bendix Grünlich, der in der nächsten Generation einheiratet, zu sagen. Aber außer ungemein putzen tut es denn, allem Anschein nach, wohl weiter nichts.«

1959 Buddenbrooks
BRD, R: Alfred Weidenmann, D: Liselotte Pulver, Nadja Tiller, Hansjörg Felmy

1923 Die Buddenbrooks
D, R: Gerhard Lamprecht, D: Alfred Abel, Ralph Arthur Roberts, Mady Christians

BUDDY, BUDDY
USA 1981, R: Billy Wilder, D: Jack Lemmon, Walter Matthau, Paula Prentiss, Klaus Kinski, Dana Elcar, Miles Chapin

Killer Trabucco hat im Auftrag eines Syndikats bereits zwei Männer umgebracht, als er im Ramona-Hotel von Riverside absteigt. Dort bezieht er ein Zimmer gegenüber dem Gerichtsgebäude, wo in einigen Stunden der letzte Zeuge gegen seine Auftraggeber aussagen soll. Trabucco ist sich sicher, einem Riesenaufgebot von Polizei zum Trotz vom Fenster aus auch diesen Mann mit einem gezielten Schuss umbringen zu können, wenn er ins Gericht gebracht wird. Der Killer hat die Rechnung allerdings ohne Victor Clooney gemacht, der sich zur selben Zeit im Hotelzimmer nebenan eine Schlinge um den Hals legt. Clooney leidet erbärmlich darunter, dass seine Frau Celia an dem obskuren Sex-Doktor Zuckerbrot mehr Gefallen findet als an ihm, darum will er sich das Leben nehmen. Tollpatschig, wie er nun einmal ist, demoliert er jedoch nur die Wasserleitung, als er sich im Bad aufzuhängen versucht. Ein entsetzter Hotelboy will die Polizei holen, aber das ist verständlicherweise nicht im Sinne Trabuccos. Er versichert salbungsvoll, Clooney brauche keine Polizei, sondern menschliche Wärme. Dadurch sieht er sich allerdings gezwungen, fortan den Samariter zu spielen. Das ist nicht nur ziemlich nervenaufreibend für den Killer, es kostet vor allem auch Zeit. Und so droht die Frist für den Mordanschlag abzulaufen, während Trabucco alle Hände voll zu tun hat ...

Hellmuth Karasek *(Billy Wilder)*: »Auch in der Besetzung des ungleichen Paares habe er sich geirrt: Es war wohl falsch, zwei Komiker zu nehmen. Nach zwei Wochen Drehen habe ich gemerkt, dass man den Killer mit einem Hitman statt mit einem Komiker hätte besetzen müssen.

Buddy, Buddy (1981, R: Billy Wilder):
Happy End für Buddies

127

Mit Clint Eastwood statt mit Walter Matthau. Es wäre eine größere Spannung zwischen Lemmon und seinem Partner entstanden. Vielleicht, so überlegt Wilder, seien die beiden auch zu eingespielt aufeinander gewesen, sodass der Ekel und Hass, den der eine für den anderen empfinden musste, sich dem Zuschauer nicht mitteilen konnte. Das nimmt auch der paradoxen Schlussvolte die Kraft: wo Clooney, der die Attentatsvorbereitungen stört, durch seine Schusseligkeit, durch sein Einmischen im falschesten Augenblick dem Killer zum Erfolg verhilft. Jedenfalls fiel die Kritik über Wilder her. ›Es sei die traurigste Episode in Wilders Karriere‹, befand Richard Combs in *MFB*.«

Claudius Seidl (*SZ*): »In bester Form aber präsentiert sich ihr Regisseur; so als wollte er gerade erst seine Karriere starten, als wollte er sich als junger, frischer Regisseur in Hollywood etablieren, so schnell, so witzig und einfallsreich erzählt Wilder die Geschichte.«

1973 Die Filzlaus

L'emmerdeur, F/I, R: Edouardo Molinaro, D: Lino Ventura, Jacques Brel

BUNDLES – EIN HUND ZUM VERLIEBEN

The Shaggy Dog, USA 1994, R: Dennis Dugan, D: Ed Begley jr., Sharon Lawrence, Jon Polito, Jordan Blake Warkol, Scott Weinger, James Cromwell
Ein Junge hat Probleme, bei Mädchen Anklang zu finden. Unter dem Einfluss eines Zauberringes verwandelt er sich in einen Hund. Mit einem Schlag ändert sich sein Leben ...

Lexikon des internationalen Films: »Anspruchslose Familienunterhaltung.«

Zotti, das Urviech (1977) und *Zottis tolle Abenteuer* (1987) waren zwei fürs US-Fernsehen gedrehte Fortsetzungen des Disney-Klassikers von 1959.

1959 Der unheimliche Zotti

The Shaggy Dog, USA, R: Charles Barton, D: Fred MacMurray, Jean Hagen

BURIED ALIVE – LEBENDIG BEGRABEN

Buried Alive, USA 1990, R: Frank Darabont, D: Tim Matheson, Jennifer Jason Leigh, William Atherton, Hoyt Axton, Jay Gerber, Wayne Grace, Donald Hotton, Brian Libby, Peg Shirley
Remake des Corman-Films um den vergifteten und lebendig begrabenen Ehemann, der sich mit Mühe aus dem Sarg retten kann und der untreuen Gattin den Garaus macht.

MovieLine: »Die Effekte sind eine ganze Spur moderner, aber Ray Milland und den kranken AIP-Nebeln kann diese Poe-Renaissance trotzdem nicht das Wasser reichen.«

1989 Lost Girls

Buried Alive, USA, R: Gérard Kikoïne, D: Robert Vaughn, Donald Pleasence, Karen Witter

1961 Lebendig begraben

The Premature Burial, USA, R: Roger Corman, D: Ray Milland, Hazel Court

Links: Die Filzlaus (1973, R: Edouardo Molinaro): Jacques Brel schleppt Lino Ventura
Unten: Der unheimliche Zotti (1959, R: Charles Barton): Mecky freut sich über seinen hündischen Bruder

C

DIE CAINE – MEUTEREI VOR GERICHT

The Caine Mutiny Court-Trial, USA 1988, R: Robert Altman, D: Brad Davis, Eric Bogosian, Jeff Daniels, P. Gallagher

Nach einem Stück von Herman Wouk: Schuldig oder nicht? Leutnant Maryk muss sich wegen Meuterei vor einem Kriegsgericht verantworten. Als sein Vorgesetzter Queeg, Kapitän des Minensuchers »Caine«, während eines Taifuns durchzudrehen schien, hatte Maryk ihn kurzerhand des Kommandos enthoben. Im Gerichtssaal muss dessen Anwalt die Geschworenen davon überzeugen, dass Maryk Queeg zu Recht als unzurechnungsfähig eingestuft hat ...

TV Today: »Psychologisch ausgefeiltes, fesselndes Gerichtsdrama.«

1954 Die Caine war ihr Schicksal

The Caine Munity, USA, R: Edward Dmytryk, D: Humphrey Bogart, José Ferrer

CAMELOT – DER FLUCH DES GOLDENEN SCHWERTES

Sword Of The Valiant: The Legend Of Sir Gawain And The Green Knight, GB 1982, R: Stephen Weeks, D: Thomas Heathcote, Miles O'Keeffe, Leigh Lawson, Trevor Howard, Sean Connery, Emma Sutton, Douglas Wilmer, Cyrielle Claire, Lila Kedrova

Während des Weihnachtsgelages an König Artus' Tafelrunde erscheint der sagenumwobene und allmächtige Grüne Ritter auf seinem prachtvollen Hengst. Er stellt den Anwesenden ein schier unlösbares Rätsel und fordert einen Mutigen auf, gegen ihn anzutreten: Der junge Sir Gawain macht sich auf eine abenteuerliche Reise, die Lösung eines mystischen Rätsels zu suchen ...

Die Caine war ihr Schicksal (1954, R: Edward Dmytryk): Fred McMurray, Humphrey Bogart und Robert Francis

1973 Gawain And The Green Knight

GB, R: Stephen Weeks, D: Murray Head, Nigel Green, Ciaran Madden

CAPONE

USA 1975, R: Steve Carver, D: Ben Gazzara, Susan Blakely, Harry Guardino, John Cassavetes, Sylvester Stallone, Peter Maloney, Frank Campanella, Royal Dano, Dick Miller, John Davis Chandler, John Orchard, Mario Gallo, Tommy Cook, George Milan, Russ Marin, Joe de Nicola, Tony Giorgio

Das Leben des Gangsters Al Capone von den Anfängen in Brooklyn 1920 bis zu seinem Tod 1947: 1920 beginnt Al Capone seine Karriere als Rausschmeißer für den Spielhöllenbesitzer Johnny Torrio. Als O'Banion, Weiss und Moran, Gangster aus Chicagos Norden, sich mit Torrio und Capone zur Übernahme der Herrschaft in Chicagos Unterwelt verabreden, lässt Capone seinen Gönner, den Paten der Italo-Gangster Big Jim Colosimo, und dessen Leibwächter Flannery ermorden. Er besitzt die Frechheit, Flannerys junger Witwe daraufhin Avancen zu machen; fliegt aber bei ihr raus. Dafür blüht jetzt das kriminelle Geschäft: Alkohol, Prostitution, Glücksspiel, Wahlschiebung, »Schutzgebühren« und Mord. Dies alles abgesichert über die Bestechung von Polizei und Politikern. Al Capone aber will Maureen. Er lässt vor ihren Augen einen willkürlich aufgegriffenen Mann halb tot prügeln, bis dieser den Mord an Flannery »gesteht«. Maureen erliegt Capones List, seinem Charme und wird seine Frau. Al Capone will auch ganz Chicago. Es kommt zum berüchtigten St.-Valentins-Massaker, das seine Konkurrenten mehrheitlich nicht überleben. Polizeichef Schaefer hat jedoch im Stillen die Treibjagd auf Capone eröffnet und bringt ihn vor Gericht, nicht wegen der Morde,

Capone (1975, R: Steve Carver): Ben Gazzara als Gangsterkönig

sondern wegen Steuerhinterziehung. Er wird 1931 schließlich zu elf Jahren Zuchthaus verurteilt, die er auf Alcatraz absitzen muss, wo ihn Mithäftlinge zum Krüppel prügeln. Sieben Jahre später wird er, unheilbar krank, entlassen. Er stirbt 1947.

Die Zeit: »Im Gegensatz zu den Versionen von Howard Hawks, Richard Wilson und Roger Corman bleibt die Figur Capone bei Carver ein konturloses Wesen, weder psychologisch noch historisch vertieft.«

1967 Chicago-Massaker
The St. Valentine's Day Massacre, USA, R: Roger Corman, D: Jason Robards

1959 Al Capone
USA, R: Richard Wilson, D: Rod Steiger, Fay Spain, Martin Balsam

CAPTAIN AMERICA
USA 1989, R: Albert Pyun, D: Matt Salinger, Kim Gillingham, Ronny Cox, Ned Beatty, Scott Paulin, Melinda Dillon, Michael Nouri, Mario Kovac, Darren McGavin, Francesca Neri, Mill Mumy
Captain Americas größter Widersacher ist der ebenfalls zum Übermenschen gewordene Hitler-Sympathisant Red Skull. Dessen Plan, das Weiße Haus mit einer Rakete zu vernichten, scheitert zwar, doch der Captain friert in der nach Alaska umgeleiteten Rakete im Eis ein. 50 Jahre später wird er im Eis gefunden. Red Skull hat die Zeiten überstanden und den Präsidenten Kimball entführt, um ihn zu einer willenlosen Marionette zu machen. Mit seiner Enkelin macht sich Captain nach Italien auf, wo man den Präsidenten in einer alten Burg festhält. Captain America befreit ihn und schickt seinen Rivalen mit seinem Wurfschild von den Burgzinnen in die Tiefe.

Lexikon des Science Fiction Films: »Der Film erzählt von amerikanischen Tugenden. Das Drehbuch ist einfältig, die Schauspieler sind blass. Da verwundern auch nicht mehr die zahlreichen Sprünge in der Story.«

1979 Captain America
USA, R: Rod Holcomb, D: Reb Brown, Len Birman, Heather Menzies

1944 Captain America
USA, R: John English, Elmer Clifton, D: Dick Purcell, Lorna Gray, Lionel Atwill

CARDILLAC
BRD 1968, R: Edgar Reitz, D: Hans-Christian Blech, Catana Cayetano, Rolf Becker, Liane Hielscher, Werner Leschhorn, Urs Jenny, Gunter Sachs, Heidi Stroh
Nach der Erzählung *Das Fräulein von Scuderi* von E. T. A. Hoffmann: Der Goldschmied Cardillac schließt sich von der Welt ab und widmet sich ganz seiner Arbeit. Die einzigen Menschen, mit denen er verkehrt, sind sein Gehilfe Olivier und seine dunkelhäutige Tochter Madelon, die aus seiner gescheiterten Ehe mit einer Lateinamerikanerin stammt. Die schöne Madelon muss ihrem Vater in einem eigens dafür hergerichteten Raum die von ihm gefertigten Schmuckstücke vorführen. Cardillac liebt seine Werke dermaßen, dass er sie nur ungern verkauft. Zwingen ihn die Umstände, eines seiner Schmuckstücke zu verkaufen, so tötet er später den Kunden und holt sich die Stücke zurück. Immer tiefer in die Welt seines Wahns versunken, bringt er sich schließlich mit einem selbstkonstruierten elektrischen Stuhl um.

Edgar Reitz: »Ich habe mir bei meinem ersten Spielfilm eingebildet, absolut frei zu sein. Und ich habe gedacht, dass das Geld eine Chance ist, das zu machen, was ich will. Heute weiß ich: wenn ich in einem Land gelebt hätte, in dem eine blühende Filmwirtschaft verbunden mit einer blühenden Filmkultur herrschte, dann wäre ich mit meinem Drehbuch zu einer wirklich florierenden Produktion gekommen. Die hätten kalkuliert und gesagt, der Film kostet zweieinhalb Millionen. Und es wäre ein völlig anderer Film geworden. Bei meinem zweiten Film, *Cardillac*, waren mir die Zusammenhänge schon klar geworden, und da habe ich sie ja regelrecht zum Thema genommen. Ich habe versucht, den Künstler als Einzelexistenz in seiner ganzen Absurdität zu porträtieren, also daraus ein Thema zu machen. Aber das Ergebnis ist natürlich auch hier: Man sieht diesem Film an, dass er von einem deutschen Filmemacher in seiner spezifischen Klemme handelt.«

Thomas Elsaesser (*Der Neue Deutsche Film*): »Die Parabel der Geschichte ist offensichtlich: der Künstler und Handwerker, zwischen Selbstverwirklichung und Förderung hin und her gerissen, weigert sich anzuerkennen, dass seine Werke Objekte der Gier nach Luxus und Prunk seitens der herrschenden Klasse werden. Er geht bis zum Mord bei seinem vergeblichen und pathetischen Versuch, dem Werk wieder seine Aura zu geben, wird aber dafür mit einem Revolutionär verwechselt ... *Cardillac* ist fast wie eine Anthologie der Motive, die um das Selbstverständnis des Neuen Deutschen Films gelagert sind: die Spaltung von Kunst und Handwerk, die Übertragung des feudalen Mäzenatentums auf das westdeutsche Show-Business, die Umsetzung romantischer Literatur, und alles in einem dramatischen oder allegorischen Kontext, der zeitgenössische Verweise erlaubt.«

1955 Das Fräulein von Scuderi

DDR/S, R: Eugen York, D: Henny Porten, Willy A. Kleinau, Anne Vernon

CARMEN

Frankreich/Italien 1984, R: Francesco Rosi, Drb: Francesco Rosi, Tonino Guerra nach der Novelle von Prosper Mérimée und der Oper von Georges Bizet, K: Pasqualino de Santis, M: Georges Bizet, S: Ruggero Mastroianni, Colette Semprun, D: Julia Migenes-Johnson (Carmen), Placido Domingo (Don José), Ruggero Raimondi (Escamillo), Faith Esham (Michaela), Susan Daniel (Mercedes)

»Carmen – und kein Ende?«, fragt der *Fischer Film Almanach* 1985: »Saura, Brooks und Godard inszenierten sehr unterschiedliche Bearbeitungen des Stoffes. Rosi, Spezialist für Polit-Thriller und sensible Porträts aus der italienischen Gesellschaft, verfilmte werkgetreu die Bizet-Oper nach der Novelle von Prosper Mérimée.«

Carmen bleibt bei Rosi eine Zigeunerin, und die Zigeuner wurden bekanntlich verfolgt. Um 1820 hatten sie gerade eine besonders schlimme Periode jener Verfolgung hinter sich, unter der, im 17. und 18. Jahrhundert, in Spanien die Juden und die Zigeuner zu leiden hatten. Carmen besitzt alle Eigenschaften einer Außenseiterin, die ihre Würde und ihre Freiheit verteidigt. Sie geht so weit, den Tod zu akzeptieren, um, gegenüber dem Mann, der sie liebt, ihre Liebe zu einem anderen Mann nicht zu verraten. Sie stirbt, um sich die Freiheit zu bewahren, frei ihre Gefühle zu leben.

Francesco Rosi hat sich die Oper von Bizet unzählige Male angesehen: »Bis ich sie völlig auswendig konnte, und dabei, Sequenz für Sequenz, eine visuelle Interpretation erarbeitet. Ich wollte erreichen, dass jede Note einem bestimmten, dem Zuschauer richtig und natürlich erscheinenden Bild entspricht. Außerdem habe ich Bizets Originalpartitur mit allen Dialogen und Regieanweisungen studiert und dann, zusammen mit Tonino Guerra, die filmische Abfolge der Szenen, also das Drehbuch geschrieben.« *Carmen* ist für den italienischen Regisseur »das filmischste aller lyrischen Werke. Basierend auf meinen Spanien-Kenntnissen haben wir bestimmte Situationen in Dekors gestellt, die in der Oper nicht vorgesehen sind, wobei wir gleichzeitig versuchten, Bizets Absichten treu zu bleiben. Zum Beispiel habe ich den Chor dazu benutzt, mich von ihm in die Tabakmanufaktur führen zu lassen, um dort Dinge zu zeigen, wie sie in der Oper so nie zu sehen sind. Ich habe es so weit es nur möglich war vermieden, den singenden Chor ins Bild zu bringen; es sei denn, es war der Erzählstruktur wegen unumgänglich. Was die gesprochenen Dialoge angeht, so existierten sie bereits in der ersten Ausgabe von Bizets Oper. Wir haben lediglich einige von ihnen korrigiert und gekürzt. In der Originalausgabe von 1875 waren einige Dialoge viel zu lang; ich habe sie auf das Wesentliche reduziert und gleichzeitig ihre Originalstruktur wieder hergestellt. Denn bekanntlich wurden die Rezitative, also die zur Musik gesprochenen Dialoge, erst später von einem Freund Bizets, Ernest Guiraud, geschrieben. Die gesprochenen Dialoge sind Teil der Originalstruktur der Opéra Comique, für die *Carmen* geschrieben wurde und die solche Dialoge verlangt.«

Um das allzu Opernhafte, Plüsch, Pomp und Staffage, zu vermeiden, drehte Rosi seine *Carmen* vor Ort, dort wo der Dichter Prosper Mérimée seine Novelle angesiedelt hat und nach ihm der Komponist Bizet seine Opéra Comique – in Andalusien, unter freiem Himmel: »Und statt der heute in der Oper üblichen Rezitative – erst nach Bizets Tod für die Wiener Premiere geschrieben – lässt er wie in der Urfassung Prosa sprechen. Dennoch ist seine *Carmen* mehr Oper denn Kino, mehr Bizet als Mérimée, dessen Novelle sich um vieles dramatischer, vielschichtiger und weniger klischeehaft liest als die musikalische Umsetzung«, meint Georg Schmidt im *tip*. »Francesco Rosi gelang das Meisterstück, soziale und sozialkritische Elemente der Vorlage zu entromantisieren und unaufdringlich in den Vordergrund zu stellen, ohne in die Partitur einzugreifen«, erläutert der *Fischer Film Almanach*: »Die natürliche, realistische Atmosphäre spanischer Fabriken, Dörfer und Landschaften des vergangenen Jahrhunderts fügt sich in der Regie Rosis bruchlos in Opernhandlung und -musik. Typische Fallen für Opernverfilmungen – das sind etwa die weitaufgerissenen Mäuler fetter Tenöre, eine unfilmische, an Arien orientierte Szenenabfolge, die Unvereinbarkeit opernhafter Gefühle mit realistischer Darstellungsweise – vermeidet Rosi völlig. Ein guter Film und eine gute Operninszenierung gleichzeitig, das ist fast so etwas wie die Quadratur des Kreises. Rosi hat sich der Vollkommenheit im Rahmen des Möglichen so weit genähert wie kein Regisseur vor ihm.«

1989 Carmen On Ice

BRD, R: Horant H. Hohlfeld, D: Katarina Witt, Brian Boitano, Brian Orser

Carmen (1983, R: Carlos Saura): Laura Del Sol

»Das Eifersuchtsdrama um die Zigeunerin Carmen mit der Musik von Georges Bizet, von drei Eiskunstlauf-Weltmeistern sportlich glanzvoll interpretiert, ansonsten aber ohne künstlerische Bedeutung.« *(Lexikon des internationalen Films)*

»Nach Carlos Sauras getanzter Fassung nun die geschlitterte Version des unverwüstlichen Stoffes. Katarina Witt, die Eisheilige des DDR-Sports, schlüpft hier in das knappe Kostüm einer Eishure. Ihr künstliches Profi-Lächeln stellt von vornherein klar, dass die Liebe dieser Frau nicht echt sein kann.« *(tip)*

1984 Carmen

F/I, R: Francesco Rosi, D: Julia Migenes-Johnson, Placido Domingo

1984 Carmen Baby – Die wilde Lust

F, R: Albert Lopez, D: Pamela Prati, Lorenzo Santamaria – Sexfilm

1983 Carmen

E, R: Carlos Saura, D: Antonio Gades, Laura Del Sol, Paco de Lucia

Carmen (1984, R: Francesco Rosi):
Die eifersüchtigen Arbeiterinnen der Tabakmanufaktur

Carlos Saura verbindet als berühmte Ballettversion den klassischen Stoff von Prosper Mérimées Novelle und Georges Bizets Oper mit einer aktuellen, modernen und feurigen Liebesgeschichte. Das Ergebnis ist ein Augen- und Ohrenschmaus der Extraklasse: Brillante, choreografisch und hinreißend gestaltete Tanzszenen werden durch die Gitarrenmusik Paco de Lucias zu den Wurzeln der spanischen Volkskultur zurückgeführt.

»Die Tanzszenen gehören zum Brillantesten, was an Blicken in die Hexenküche der Tanzkunst durch ein Objektiv gelungen ist.« *(Film-Dienst)*

»So mitreißend hat man die ewige Geschichte von Liebe, Leidenschaft und zerstörerischer Eifersucht selten gesehen. Der Tänzer und Choreograf Antonio Gades und die schöne Laura del Sol sind ein Traumpaar abgründiger Gefühle.« *(Abendzeitung München)*

Carmen ist der preisgekrönte (Bester künstlerischer Beitrag 1983 beim Filmfestival in Cannes) und legendäre Überraschungserfolg des Kinojahres 1983.

1967 Carmen
A, R: *François Reichenbach, D: Grace Bumbry, John Vickers*
Aufzeichnung der berühmten Oper anlässlich der Salzburger Festspiele (unter der Leitung von Herbert von Karajan).

1966 Carmen-Baby
USA, R: Radley Metzger, D: Uta Levka, Claus Ringer, Walter Wilz – Sexfilm

1963 Carmen 63
Carmen di Trastevere, F/I, R: Carmine Gallone, D: Giovanna Ralli, Lino Ventura
Der Roman von Prosper Mérimée als zeitgenössische Kriminalgeschichte aufbereitet.

1954 Carmen Jones
USA, R: Otto Preminger, D: Dorothy Dandridge, Harry Belafonte, Olga James
Otto Preminger verlegte die Handlung der Bizet-Oper in die vierziger Jahre und in das Milieu der Schwarzen im Süden der USA sowie nach Chicago. Carmen Jones arbeitet in einer Fallschirmfabrik und Joe ist Soldat. Der Film mit einem völlig veränderten und dem Südstaaten-Slang angepassten Text wirkt heute zwar weit weniger revolutinär, doch zeichnet er sich durch seine Ei-

genständigkeit und durch die sehr überzeugende Darstellung der differenziert spielenden Dorothy Dandridge als Carmen aus.

So urteilt die Presse: »Ein Film, den man gesehen haben muss!« *(Der Abend)* »Insgesamt also ist die Carmen Jones ein grandios gelungenes Experiment, weil bei aller kühn entfesselten Veränderung der äußeren Schauplätze Bizet seinen Schmerz und seine Leidenschaft sinnfälliger wie je entfaltet.« *(Hamburger Echo)* »Man wird eine ähnlich atemverschlagend erotische Carmen auf der Bühne vergeblich suchen.« *(Kölner Stadtanzeiger)*

1948 The Loves Of Carmen
USA, R: Charles Vidor, D: Rita Hayworth

1943 Carmen
F, R: Christian-Jaque, D: Viviane Romance, Jean Marais

1940 Carmen
E

1933 Carmen
D, R: Lotte Reiniger – Animation

1932 The Idol Of Seville
USA, R: Howard Higgin

1931 Carmen
GB, R: Cecil Lewis, D: Marguerite Namara

Carmen Jones (1954, R: Otto Preminger): Dorothy Dandridge

1927 Carmen
GB, R: H. B. Parkinson, D: Zeda Pascha
1927 The Loves Of Carmen
USA, R: Raoul Walsh, D: Dolores del Rio
1926 Carmen
F
1922 Carmen
G, R: George Wynn, D: Patricia Fitzgerald
1918 Carmen
D, R: Ernst Lubitsch, D: Pola Negri, Harry Liedtke, Grete Diercks

Diese Verfilmung von Ernst Lubitsch, einem der erfolgreichsten Komödienregisseure *(Ninotschka, Sein oder Nichtsein)*, verhalf der damals noch weitgehend unbekannten Pola Negri zu Starruhm.

1916 Burlesque On Carmen
USA, R: Charles Chaplin, D: Charlie Chaplin
1915 Carmen
USA, R: Cecil B. DeMille, D: Geraldine Farrar
1915 Carmen
USA, R: Raoul Walsh, D: Theda Bara
1914 Carmen
E
1913 Carmen
USA, D: Marion Leonard
1912 Carmen
USA
1910 Carmen
E, D: MIle. Victoria Lepanto

CARNIVAL OF SOULS
USA 1998, R: Adam Grossman, D: Bobbie Phillips, Shawnee Smith, Larry Miller, Paul Johansson, Cleavant Derricks, Henry G. Sanders, Brendan Thomas Dillion, Anna K. McKown, Raquel Beaudene, Tiffanie Ann Taylor, Joseph S. Griffo

Alex musste als Kind miterleben, wie ihre Mutter brutal ermordet wurde. Durch ihre Zeugenaussage brachte sie den Killer hinter Gitter. 20 Jahre später kommt der Mörder zurück, um sich an Alex rächen: Zu ihrem Entsetzen sitzt der Psychopath plötzlich in ihrem Auto. *ComputerBild:* »Eine Warnung vorweg: Auch wenn Wes Craven seinen Namen für dieses Werk hergab und das Original von 1962 ein Kultfilm ist, lassen Sie die Finger davon. Es gibt nahezu keine Handlung – irrer Killer mit Clownsmaske jagt Teenager – und es dauert eine Stunde, bevor etwas passiert. Gruselig sind allein die Darstellerleistungen.«

1962 Carnival Of Souls
USA, R: Herk Harvey, D: Candace Hilligoss, Sidney Berger, Frances Feist

CAROLINE CHÉRIE
BRD/F/I 1967, R: Denys de la Patellière, D: France Anglade, François Guerin, Karin Dor, Gert Fröbe, Bernard Blier, Vittorio de Sica, Charles Aznavour

Nach einem Roman von Cécil Saint-Laurent: Frankreich zur Zeit der Revolution. Während es im Land überall brodelt, brodelt es auch in Caroline, allerdings aus anderen Gründen: Sie möchte endlich einmal in die starken Arme eines Mannes sinken. Anlässlich eines ländlichen Festes tut sie es denn auch. Dann heiratet sie einen Bürger mit Ansichten, die den ihren nicht ganz gleichen. Glücklicherweise betätigt er sich politisch, sodass er in der wirren Zeit bald verfolgt wird und seine Frau von ihm befreit ist. Leider wird sie aber ebenfalls mit auf die Suchliste gesetzt, und diese Sippenhaftung setzt eine Flucht in Gang, die von einem Bett ins andere führt. Immer wieder muss sich die Arme erkenntlich zeigen für getreue Hilfe oder sie mit ihren Reizen erkaufen. Schließlich landet sie doch im Gefängnis, wird jedoch von ihrem Erstliebhaber Gaston in ein Etablissement geschafft, das gegen hohe Kosten vor den Häschern Zuflucht bietet. Als kein Geld mehr da ist, soll sie es bei reichen Kunden verdienen; sie jedoch schenkt ihre Gunst uneigennützig einem armen todgeweihten Schlucker. Solcher Edelsinn wird belohnt, die Flucht gelingt, und Caroline landet in den Armen Gastons, der inzwischen von Napoleon höchstselbst zum Colonel befördert

Carmen (1918, R: Ernst Lubitsch):
Lockvogel Pola Negri und Opfer Harry Liedtke

wurde. Statt in den Krieg ziehen die beiden in den Wald.

Filmbeobachter: »Mühsam hangelt sich der Film von einem Fall zum anderen, seine Heldin kann sich nicht recht zwischen einer verfolgten Unschuld à la de Sade und einer Nymphomanin entscheiden.«

1950 Im Anfang war nur Liebe

Caroline Chérie, F, R: Richard Pottier, D: Martine Carol, Jacques Dacqomine

CASBAH – VERBOTENE GASSEN

Casbah, USA 1948, R: John Berry, D: Yvonne de Carlo, Tony Martin, Peter Lorre, Marta Toren, Hugo Haas, Thomas Gomez, Douglas Dick, Katherine Dunham, Herbert Rudley, Gene Walker, Curt Conway, André Pola, Barry Bernard, Virginia Gregg, Will Lee, Harris Brown, Houseley Stevenson, Robert Kendall

Nach dem Roman *Pépé le Moko* von Detective Ashelbe: Pépé le Moko, Chef einer Verbrecherbande, hat sich – von den Bewohnern bewundert und geschützt – in der maurischen Altstadt von Algier verborgen. Als die Liebe zu einer Frau ihn alle Vorsicht vergessen lässt, ereilt ihn sein Schicksal.

Lexikon des internationalen Films: »Romantisches Gangsterdrama. Schwächeres Remake der klassischen französischen Kriminaltragödie *Pépé le Moko*.« Das erste US-Remake hieß *Algiers*, mit diesem Film wurde die Welt überschwemmt, während der Jean Gabin-Klassiker jahrelang nur in Frankreich gezeigt werden durfte.

1938 Algiers

USA, R: John Cromwell, D: Charles Boyer, Sigrid Gurie, Hedy Lamarr

1937 Pépé le Moko – Im Dunkel Algiers

Pépé le Moko, F, R: Julien Duvivier, D: Jean Gabin, Mireille Balin, Line Noro

CESIRA – EINE FRAU BESIEGT DEN KRIEG

La ciociara, I/BRD/E 1989, R: Dino Risi, D: Sophia Loren, Sydney Penny, Andrea Occhipinti, Leonardo Ferrantini, Dario Ghirardi

Nach einem Roman von Alberto Moravia: 1943 flüchtet die verwitwete Lebensmittelhändlerin

Oben: *Pépé le Moko – Im Dunkel Algiers* (1937, R: Julien Duvivier): Jean Gabin und Gabriel Gabrio
Unten: *Pépé le Moko – Im Dunkel Algiers* (1937): Mireille Balin und Jean Gabin

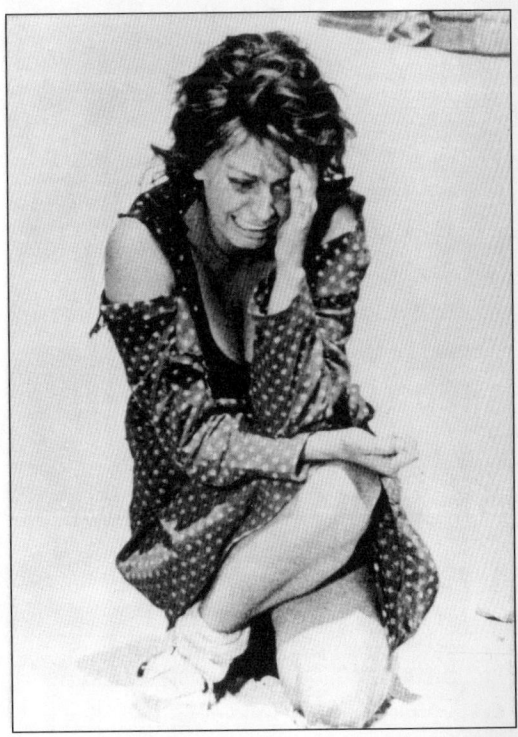

Und dennoch leben sie
(1960, R: Vittorio De Sica): Sophia Loren

Cesira mit ihrer Tochter aus Rom in ein abgelegenes Dorf in den Bergen. Die Tochter verliebt sich in den Sohn der Gastfamilie, einen überzeugten Antifaschisten, doch der interessiert sich für die Mutter. Italo Moscati *(Sophia Loren)*: »Auch ein Remake von *La ciociara*, 1989, erwies sich als keine gute Idee. Cesira war nicht mehr die kraftvolle, leidenschaftliche Sophia von einst, sondern eine müde Interpretin, die nicht viel mehr als guten Willen einbrachte. Der Film, zum Ge- und Verbrauch des Fernsehens hergestellt, lebte nur von den Erinnerungen.«

1960 Und dennoch leben sie

La ciociara, I/F, R: Vittorio de Sica, D: Sophia Loren, Jean-Paul Belmondo

DER CHAMP

The Champ, USA 1978, R: Franco Zeffirelli, Drb: Walter Newman nach dem Film The Champ (1931), geschrieben von Leonard Praskins und Frances Marion, K: Fred J. Koenekamp, M: Dave Grusin, S: Michael J. Sheridan, D: Jon Voight (Billy Flynn), Faye Dunaway (Annie), Rick Schroder (T. J.), Jack Warden (Jackie), Arthur Hill (Mike Phillips), Strother Martin (Rilley), Joan Blondell (Dolly)

Mehr schlecht als recht kratzt sich Billy Flynn, 37 Jahre alt und ein ehemaliger Box-Champion, als Arbeiter auf der Pferderennbahn das Geld zum Leben zusammen. Zwar trainiert er regelmäßig, doch im Grunde hat er den Glauben an sich und an ein glanzvolles Comeback längst aufgegeben. Nur einer hat Vertrauen in ihn: sein Sohn T. J., der den Vater glühend verehrt und sehnlichst auf den großen Tag wartet, an dem sein Dad wie früher als strahlender Sieger im Ring stehen wird. Seine Mutter hat T. J. nie gekannt. Und als er eines Tages auf der Rennbahn eine elegante Dame trifft, die entzückt ist von dem blonden Knirps, der sich so sachverständig mit ihr über den Rennsport unterhält, wissen zunächst weder sie noch er, dass sie in Wirklichkeit Mutter und Sohn sind. Annie, die inzwischen einen renommierten und distinguierten Gerontologen namens Phillips geheiratet und sich selbst eine internationale Reputation als Modeschöpferin erworben hat, wird durch diese Begegnung an ihren Sohn erinnert und hat von dem Tag an nur noch ein Ziel im Auge: Sie will ihn wiederhaben. Es kommt zum Zusammenstoß mit Flynn, der nicht gewillt ist, seinen T. J. herzugeben. Ein erbitterter Kampf um das Kind entbrennt und endet erst, als der Champ schließlich doch noch in den Ring zurückkehrt, wo er gewinnt – und verliert.

1931 machte ein Film von King Vidor den neunjährigen Jackie Cooper zum Star: *The Champ*, die Geschichte eines ehemaligen Boxchampions, der ein Comeback versucht, um seinen Sohn nicht zu enttäuschen. In seinem ersten Hollywood-Film drehte der italienische Regisseur Franco Zeffirelli 1978 ein Remake. Auf einer großen Party vor Beginn der Dreharbeiten trafen sie zusammen: Jackie Cooper, der 1931 den kleinen Jungen spielte, und Ricky Schroder, der die gleiche Rolle übernehmen sollte. Unter 2000 Kandidaten hatte man den blonden Jungen ausgesucht. King Vidor, einer der großen alten Männer des amerikanischen Stumm- und Tonfilms, der Klassiker drehte wie *The Crowd* (1928), *Billy The Kid* (1930) und *Duel In The Sun* (1940), war ebenfalls erschienen, um Franco Zeffirelli, dem neuen Regisseur des alten Stoffs, Glück zu wünschen.

Als Franco Zeffirelli verkündete, dass er endlich einen Film in Amerika drehen werde, frag-

Der Champ (1978, R: Franco Zeffirelli)

ten sich viele, was ihn dazu veranlasst, einen Film über einen verkrachten Ex-Box-Champion zu drehen. Zeffirellis lakonische Antwort: »Ich spezialisiere mich auf das Remake von Klassikern.« Denn andere Filme von ihm wie *Jesus von Nazareth*, *Der Widerspenstigen Zähmung* oder *Romeo und Julia* gehen alle auf klassische Quellen zurück, seien es nun Shakespeare oder die Bibel. Ein anderer Grund, warum sich Zeffirelli den *Champ* ausgesucht hat, reicht zurück in seine Kindheit. Als er den King Vidor-Film mit Wallace Beery und Jackie Cooper zum ersten Mal sah, war er ein kleiner Junge, der schwer unter dem gestörten Familienleben litt. Das Ergebnis: Der Film hinterließ bei ihm ein Trauma. »Noch viele Wochen später weinte ich, wenn ich nur an den Film dachte. *Der Champ* ist eine Geschichte ohne einen Fehler, und es ist mir unbegreiflich, dass in 47 Jahren niemand auf die Idee gekommen ist, eine modernisierte Version zu machen.« Hier irrt Zeffirelli allerdings, denn 1952 hat es bereits mit *Die Tränen des Clowns* ein Remake des Stoffes gegeben.

Regisseur Zeffirelli hat sich das Original-Drehbuch von Fances Marion und King Vidor genommen und es 47 Jahre später weiterentwickelt: »Die Frau war im Originalfilm eine sehr flüchtige Figur, niemand fand viel über sie heraus. Doch in der heutigen Zeit der befreiten Frau müssen wir die Geschichte auch aus ihrer Sicht beleuchten. Wir versuchten nach einem halben Jahrhundert in etwa denselben Weg zu gehen, vor allem nach diesem halben Jahrhundert. Das alles war geschehen: ein Weltkrieg, die Frauenbewegung, die neue Beziehung zwischen Eltern und Kindern, die Veränderung der familiären Beziehungen. Alles das musste berücksichtigt werden, und dennoch sollte es ein Film über eine legendäre Vater-Sohn-Liebe bleiben. Zum Glück konnten wir der Mutter-Rolle mehr Kontur verleihen, sodass Faye sie annahm. Nach meiner Version ist *The Champ* nun die Geschichte einer zerbrochenen Ehe, die sich vor dem Hintergrund von Pferderennen und Boxringen abspielt.

Als »Tränendrücker« bezeichnet Helmut W. Banz Zeffirellis *Champ* in der *Zeit*: »Die Tränen fließen reichlich. Aber nur auf der Leinwand.« Auch der Kritiker Ulrich Hetscher kommt zu einem ähnlichen Schluss: »Zeffirellis nur unwesentlich verändertes Remake des 1931 entstandenen gleichnamigen Films von King Vidor stellt weder in seiner Karriere noch in der seiner Darsteller ein Ruhmesblatt dar. Das rührselige, musikalisch entsprechend untermalte Melodram schildert die tragischen Versuche eines Ex-Boxers, an seine Jahre zurückliegende Karriere und Ehe wieder anzuknüpfen. Das erfolgreiche Comeback im Boxring jedoch kostet ihn sein Leben. Ein Übermaß an Sentimentalität, Romantik, Tränen und Edelmut – das Ergebnis ist wenig ergreifend bis schlichtweg langweilig.«

1952 Die Tränen des Clowns
The Clown, USA, R: Robert Z. Leonard, D: Red Skelton, Tim Considine, Jane Greer

Nachdem ihn seine Frau verlassen hat, ist ein einst gefeierter Clown zum »dummen August« in einem Vergnügungspark abgesunken und dem Alkohol verfallen. Die Versuche seines kleinen Sohnes, ihn wieder aufzurichten, scheitern zunächst, bis endlich ein triumphales Comeback gelingt. Doch mitten in der Fernsehübertragung ereilt ihn der Tod.

»Tragikomödie, ganz zugeschnitten auf den Komiker Red Skelton, der weit über das hinauswächst, was er in früheren Filmen zu bieten hatte, und seiner Rolle glaubhafte, teilweise sogar ergreifende Züge verleiht. Er allein gibt dem Film, der ansonsten im sentimental-seichten Fahrwasser üblicher Hollywood-Produkte stecken bleibt, menschliche Qualitäten.« *(Lexikon des internationalen Films)*

1931 The Champ
USA, R: King Vidor, D: Wallace Beery, Jackie Cooper

CHARLEYS TANTE
BRD 1996, R: Sönke Wortmann, D: Thomas Heinze, Anya Hoffmann, Horst Krause, Max Raabe, Dorkas Kiefer, Kerstin Landsmann, Heinrich Eyerund, Niels Ruf, Hans-Georg Gregor, Hardi Sturm, Raidar Müller-Elmau, Andreas Borcherding, Andreas Günther, Chris Hohenester, Carin C. Tietze

Nach einem Theaterstück von Brandon Thomas: Wie das Theater hat auch der Film *Charleys Tante* zu einem Repertoire-Stück gemacht. Jede Generation hat ihre eigene Tante. Paul Kemp war 1934 die erste deutsche Film-Tante, Heinz Rühmann 1955 die zweite und Peter Alexander 1963 die dritte. Und in den German Classics von Bernd Eichinger für SAT.1 schlüpfte 1996 Thomas Heinze in die Titelrolle, Regisseur Sönke Wortmann modernisierte in seinem Remake die alte Story: Der windige Anlageberater Stephan hat fünf Millionen Mark des Schlachtermeisters Pückler veruntreut. Um den Verlust wieder auszugleichen, versucht der Metzger mit Rinderbaronin Lucia anzubändeln. Die reiche Lady wohnt im gleichen Hotel wie Stephan, der prompt seinen Gläubiger trifft. Um Pücklers Nachstellungen zu entgehen, verkleidet sich der Yuppie als Frau. Doch Pückler verliebt sich in die herbe Schönheit.

1981 La Tía de Carlos
E, R: Luis María Delgado, D: Paco Martínez Soria, Rafael Alonso, Luis Barbero

1975 Zdravstvujte, ya vasha tyotya!
UdSSR, R: Viktor Titov, D: Aleksandr Kalyagin, Tamara Nosova, Valentin Gaft

1969 Das bumsfidele Internat
CH, R: Norbert Terry, D: Vincent Gauthier, Barbro Hedström – Sexfilm

1963 Charleys Tante
A, R: Géza von Cziffra, D: Peter Alexander, Maria Sebaldt, Peter Vogel

1959 Charles' tante
DK, R: Poul Bang, D: Dirch Passer, Ove Sprogøe, Ghita Nørby

1959 La Marraine de Charley
F, R: Pierre Chevalier, D: Annie Auberson, Pierre Bertin, Jean-Pierre Cassel

1955 Charleys Tante
BRD, R: Hans Quest, D: Heinz Rühmann, Hertha Feiler, Claus Biederstaedt

1952 Where's Charley
GB, R: David Butler, D: Ray Bolger, Horace Cooper, Mary Germaine

1946 La Tía de Carlos
RA, R: Leopoldo Torres Ríos, D: Gogó Andreu, Pedro Maratea, Alejandro Maximino

Von links oben nach rechts unten:
- *Charleys Tante (1996, R: Sönke Wortmann): Thomas Heinze tanzt als Tante mit Horst Krause*
- *Charleys Tante (1963, R: Géza von Cziffra): Peter Alexander lässt sich von Fritz Eckhardt umwerben*
- *Charleys Tante (1955, R: Hans Quest): Heinz Rühmann singt »Am Ama-am Ama-Amazonas Amazonas tanz' ich den Mambo, Mambo he!«*

Charleys Tante (1934, R: Robert A. Stemmle):
Paul Kemp als falsche Lady

1945 Fram för lilla Märta
S, R: Hasse Ekman, D: Stig Järrel, Hasse Ekman, El-sie Albiin

1941 Charley's Aunt
USA, R: Archie Mayo, D: Jack Benny, Kay Francis, James Ellison

1940 Charley's Big-Hearted Aunt
GB, R: Walter Forde, D: Arthur Askey, Richard Mur-doch, Moore Marriott

1934 Charleys Tante
D, R: Robert A. Stemmle, D: Paul Kemp, Fita Benk-hoff, Carola Höhn

1930 Charley's Aunt
USA, R: Al Christie, D: Charles Ruggles, June Col-lyer, Doris Lloyd

1926 Charleys tant
S, R: Elis Ellis, D: Elis Ellis, Ralph Forbes, Olav Rié-go

1925 Charley's Aunt
USA, R: Scott Sidney, D: Ethel Shannon, James E. Page, Lucien Littlefield

CHARLIE CHAN AUF KREUZFAHRT

Charlie Chan's Murder Cruise, USA 1940, R: Eu-gene Forde, D: Sidney Toler, Victor Sen Yung, Don Beddoe, Lionel Atwill, Marjorie Weaver, Robert Lo-wery, Leo G. Carroll, Cora Witherspoon, Kay Lina-ker, Harlan Briggs, Charles Middleton, Claire du Brey, Leonard Mudie, James Burke, Richard Keene
Basierend auf den Romanen von Earl Derr Big-gers: Scotland Yard beauftragt Charlie Chan, ei-nen Mord zu untersuchen, der auf einem Schiff begangen wurde, das von England nach New York unterwegs war. Bevor Chan mit seinen zwei Söhnen den Mord aufklären kann, fällt erneut ein Scotland Yard-Inspektor dem maskierten Würger zum Opfer.

Meinolf Zurhorst *(Lexikon des Kriminalfilms):* »Der Film war ein Remake von *Charlie Chan Car-ries On* (1931), dem ersten der Reihe, in dem Chan noch eine Nebenfigur war. Doch der Er-folg, nicht zuletzt dem damaligen Darsteller Warner Oland zu verdanken, ließ Chan zur wirk-lichen Hauptfigur werden.«

1931 Charlie Chan Carries On
USA, R: Hamilton MacFadden, D: Warner Oland, John Garrick, Marguerite Churchill

CHARLIE CHAN IN RIO

USA 1941, R: Harry Lachman, D: Sidney Toler, Mary Beth Hughes, Cobina Wright, Ted North, Vic-tor Jory, Harold Huber, Victor Sen Yung, Richard Derr, Jacqueline Dalya, Kay Linaker
Charlie Chan reist in Begleitung seines Sohnes Lee nach Rio, um dort eine Nachtklub-Sängerin zu verhaften, die in Honolulu des Mordes ver-dächtigt wird. Gerade erst hat die Sängerin die Verlobung mit einem reichen Junggesellen be-kannt gegeben, da wird sie auch schon ermordet. Charlie Chan ermittelt und entlarvt ihren Mör-der mittels einer »Wahrheits«-Zigarette.

Lexikon des Kriminalfilms: »Zwar ist der Schauplatz exotisch, doch ungeheuer künstlich und nur auf wenige Szenen beschränkt. Das Bud-get war ebenso gering wie der inszenatorische Aufwand.«

1931 Charlie Chan: Der Tod ist ein schwarzes Kamel
The Black Camel, USA, R: Hamilton MacFadden, D: Warner Oland, Bela Lugosi

CHARLIE CHAN: MORD ÜBER NEW YORK

Murder Over New York, USA 1940, R: Harry Lach-man, D: Sidney Toler, Marjorie Weaver, Robert Lo-wery, Ricardo Cortez, Donald MacBride, Melville Cooper, Joan Valerie, Kane Richmond
Während eines Polizeikongresses in New York wird wieder ein Scotland Yard-Inspektor umge-bracht, diesmal mittels Giftgases. Chan beginnt zu ermitteln und wird dabei von seinem Sohn, der eigene detektivische Absichten hat, mehr be-hindert als unterstützt. Dennoch kommt er einer Bande von Saboteuren in der Luftfahrt auf die Spur und entlarvt den Anführer während des Flu-ges mit einem Bomber.

Lexikon des Kriminalfilms: »Konventionell inszeniert und kaum originell in Plot und Figuren. Die Reihe erwies sich als reichlich eingefahren, ihr Höhepunkt war zu dieser Zeit schon überschritten.«

1932 Charlie Chan's Chance

USA, R: John G. Blystone, D: Warner Oland, Alexander Kirkland, Ralph Morgan

1929 Behind That Curtain

USA, R: Irving Cummings, D: Warner Baxter, Lois Moran, Philip Strange

CHRISTINE

F/I 1958, R: Pierre Gaspard-Huit, D: Romy Schneider, Alain Delon, Micheline Presle, Karl Lange, Fernand Ledoux, Jean-Claude Brialy, Josef Egger, Sophie Grimaldi

Nach einem Bühnenstück von Arthur Schnitzler: Franz, der ein Verhältnis mit Baronin Eggersdorf hat, ist ihrer müde geworden. Er verliebt sich in Christine, wird aber bei seinem letzten Treffen mit der Baronin von deren Mann überrascht. Beim nachfolgenden Duell wird Franz erschossen, Christine springt aus dem Fenster.

Hans Capito (Filmblätter): »Schnitzlers Liebelei, 1933 unvergesslich mit Magda Schneider und Luise Ullrich von Ophüls verfilmt, wurde hier in französischer Regie und in (übrigens hervorragenden) Eastmancolorfarben neugestaltet. Um es vorwegzunehmen: Die bezaubernde Liebesgeschichte um vier junge Menschen wurde mit viel Takt und Liebe zum Detail angefasst – dank wohl einer Wesensverwandtheit von Wien und Paris. Ensemblespiel liefern die vier jungen Menschen. Romy lebt das Wiener Mäderl aus vollem Herzen, ihr Partner Alain Delon zeichnet den jungen Liebhaber feinnervig-sentimental, frivolen Charme strahlt der wienerische Frechdachs der Grimaldi aus und ein waschechter ebenso lustiger wie beherzter k.u.k. Leutnant ist Brialy.«

1933 Liebelei

D/F, R: Max Ophüls, D: Magda Schneider, Luise Ullrich, Gustaf Gründgens

1927 Liebelei

D, R: Jacob und Luise Fleck, D: Fred Louis Lerch, Henry Stuart

CHRISTINES SCHWESTER

BRD 1983/84, R: Silke Lähndorf, D: Angela Stresemann, Maria Hartmann, Sigrid Schütrumpf, Knut Koch, Thomas Meinhard

Eine durch den Tod der Mutter aus ihrem gewohnten Lebenszusammenhang gerissene sensible junge Frau aus der Provinz lernt die Hektik und Oberflächlichkeit menschlicher Beziehungen in der Großstadt kennen.

Lexikon des internationalen Films: »Beachtlicher Erstlingsfilm, der in ruhigen Szenenfolgen den Versuch der Selbstfindung eines Menschen beschreibt. Wegen Mängeln im Dialog und der Dramaturgie nur eine schwächere deutsche Version von Claude Gorettas Die Verweigerung.«

1980 Die Verweigerung

La provinciale, F/CH, R: Claude Goretta, D: Nathalie Baye, Bruno Ganz

CHRISTMAS IN CONNECTICUT

Christmas In Connecticut, USA 1992, R: Arnold Schwarzenegger, D: Dyan Cannon, Kris Kristofferson, Tony Curtis, Kelly Cinnante, Richard Roundtree, Gene Lythgow, Jimmy Workman, Vivian Bonnell, David Arnott

Die Fernsehköchin Elizabeth Blane kann in Wirklichkeit weder kochen, noch hat sie jene Familie, von der sie ihren Zuschauern allwöchentlich erzählt. Als ihr Produzent auf die Idee kommt, eine Liveweihnachtssendung mit ihr und dem urigen Parkranger Jefferson, der als mehrfacher Lebensretter zum Nationalhelden aufgestiegen ist, zu drehen, bricht Chaos aus ...

Lexikon des internationalen Films: »Wenig überzeugendes (Fernseh-)Remake der romantischen Komödie Weihnachten nach Maß (1945); Regiedebüt von Action-Star Schwarzenegger.«

Christine (1958, R: Pierre Gaspard-Huit): Romy Schneider und Alain Delon

1945 Weihnachten nach Maß

Christmas In Connecticut, USA, R: Peter Godfrey, D: Barbara Stanwyck

CIMARRON

USA 1960, R: Anthony Mann, D: Maria Schell, Glenn Ford, Anne Baxter, Arthur O'Connell, Russ Tamblyn, Mercedes McCambridge, Vic Morrow, Robert Keith, Charles McGraw, Henry Morgan, David Opatoshu, Edgar Buchanan, Mary Wickes, Royal Dano, L. Q. Jones, Vladimir Sokoloff

Nach einem Roman von Edna Ferber: Die opulente Western-Familiensaga *Cimarron* schildert das Pionierleben von Oklahoma zwischen 1889 und 1915. Yancey Cravet und seine Braut Sabra beteiligen sich an dem Wettrennen um freies Land in Oklahoma. Unter den Bekannten am Start befinden sich Cherokee Kid, an dem Yancey einst Vaterstelle vertreten hat und der jetzt Anführer einer rauflustigen Bande ist, und Yanceys Ex-Freundin, die Abenteurerin Dixie Lee. Bei dem Rennen um das beste Stück Land kommt es zu zahlreichen Zwischenfällen. Yancey wird von Dixie Lee mit einem üblen Trick betrogen. Er lässt sich mit Sabra in der aufblühenden Stadt Osage nieder und wird Herausgeber der neuen Zeitung Oklahoma Wigwam. Sein Mut und sein Sinn für Gerechtigkeit verschaffen ihm Ansehen, aber sein Eintreten für die Rechte der Indianer auch viele Feinde. Dixie Lee eröffnet in der Stadt ein beliebtes Etablissement; Cherokee Kid und seine Freunde werden zu Outlaws und finden ein blutiges Ende. Der rastlose Yancey verlässt seine Familie und zieht in den Spanisch-Amerikanischen Krieg. Er kehrt noch einmal zu Sabra zurück, die inzwischen die Leitung der Zeitung übernommen hat, aber als er den Posten des Gouverneurs ablehnt, kommt es endgültig zum Bruch. Als Sabra mit Freunden das 25-jährige Bestehen ihrer Zeitung feiert, bricht der Weltkrieg aus. Bald darauf erfährt sie, dass Yancey unter den ersten Gefallenen ist ...

Anthony Manns aufwendig ausgestattetes Pionier-Abenteuer beschreibt ein Kapitel aus der nordamerikanischen Geschichte: Die großen Abenteuer der Landnahme neigen sich dem Ende zu, an ihre Stelle treten der Aufbau wirtschaftlicher und publizistischer Macht.

Cimarron (1960, R: Anthony Mann):
Maria Schell und Glenn Ford

Herbert Spaich *(Maria Schell)*: »Dabei bedient Mann den Zuschauer im ersten Drittel seines Films mit allem Guten, das dieses Genre von jeher zu bieten hat: Optischer Höhepunkt ist der Aufbruch der Siedler, gedreht als furioses Western-Panorama, ein Meisterwerk der Montage und inneren Filmdramaturgie. Diese Sequenz erinnert daran, über welche Qualitäten der Regisseur Anthony Mann verfügt. Da zeigt sich der Macher von Filmen wie *Winchester 73* (1950) oder *The Man From Laramie (Der Mann von Laramie*, 1955). Als die Pionierzeiten entschwunden sind, scheint auch Mann das Interesse an dem Film verloren zu haben. *Cimarron* war Anthony Manns letzter im Westen spielender Film ... Dass Maria Schell mit *Cimarron* – einem objektiv teilweise misslungenen Film – in der Bundesrepublik wenig Ehre einlegte, ist verständlich. Außerdem wurde er in der Bundesrepublik nur in einer wesentlich gekürzten und schlecht synchronisierten Fassung gezeigt.«

1931 Cimarron

USA, R: Wesley Ruggles, D: Richard Dix, Irene Dunne, Estelle Taylor

CISKE, DER HALUNKE

Ciske de Rat, NL 1984, R: Guido Pieters, D: Danny de Munk, Willeke van Ammelrooy, Herman van

Veen, Willem Nijholt, Peter Faber, Rijk de Gooyer, Linda van Dyck, Carolien van den Berg, Adriaan Olree, Ingeborg Uyt den Boogaard

Die Eltern des elfjährigen Ciske leben getrennt, die Mutter hat mehr Interesse an Männerbekanntschaften als an ihren Kindern. Die Zusammenstöße mit Lehrern, Polizei und Jugendbehörden sind vorhersehbar. Ciske ist einsam. Und nur die Hoffnung, eines Tages mit seinem Vater und dessen Freundin zusammenleben zu können, gibt ihm Halt. Als der Junge bei einem heftigen Streit den Tod der Mutter verschuldet, scheint alles zu Ende zu sein. Aber allen Hindernissen zum Trotz und mit Hilfe seines Vormundes findet Ciske den Weg in eine glückliche Zukunft.

Carla Rhode *(Der Tagesspiegel)*: »Ein schweres Schicksal hat der kleine Ciske zu tragen. Er ist Hauptfigur des niederländischen Films *Ciske, der Halunke* von Guido Pieters, ein Remake des Wolfgang-Staudte-Films *Ciske, ein Kind braucht Liebe*. Pieters Film merkt man leider zu deutlich an, dass er für eine vierteilige Fernsehfassung gedreht worden ist, denn die Schicksalsschläge treffen den Jungen in wohldosierten Episoden. Die Mutter – sie ist rothaarig, stark geschminkt, ungeduldig und arbeitet im anrüchigen Kneipen-

milieu – wird gegen die zukünftige Stiefmutter ausgespielt. Sie ist Wäscherin, lebt in blitzsauberer Umgebung und ist stets sanft und freundlich. Trotz dieser Klischees ist dieser Film überwiegend realistisch und sogar mit einigem Aufwand inszeniert. Die aufregenden Szenen des Muttermordes und der langen Haftzeit Ciskes in einem Jugendgefängnis wird man nicht so leicht vergessen.«

1955 Ciske, ein Kind braucht Liebe
Ciske de Rat, NL/BRD, R: Wolfgang Staudte, D: Jenny Van Maerlant, Kees Brusse

CLAUDIA UND DAS GEHEIMNIS DES ENGELS
From The Mixed-up Files Of Mrs. Basil E. Frankweiler, USA 1995, R: Marcus Cole, D: Lauren Bacall, Jean-Marie Barnwell, Jesse Lee, M. Emmet Walsh, Devon Gummersall

Nach einem Roman von E. L. Konigsburg: Ein 12-jähriges Mädchen reißt mit seinem Bruder nach New York aus, wo sie im Metropolitan Museum übernachten. Das Mädchen ist fasziniert von der Skulptur eines Engels, die von Michelangelo stammen soll. Die Kinder lernen eine kunstinteressierte alte Dame kennen, die sie in das Geheimnis dieser wunderschönen Engelsstatue einweiht.

1973 Der geheimnisvolle Engel
The Hideaways, USA 1973, R: J. Fielder Cook, D: Ingrid Bergman, Sally Prager

CLEOPATRA
Cleopatra, USA 1999, R: Franc Roddam, Drb: Stephen Harrigan und Anton Diether nach einem Buch von Margaret George, K: David Connell, M: Trevor Jones, London Symphony Orchestra, S: Peter Coulson D: Leonor Varela (Cleopatra), Timothy Dalton (Julius Caesar), Billy Zane (Marcus Antonius), Rupert Graves (Octavian), John Bowe (Rufio), Art Malik (Olympos), Nadim Sawalha (Mardian), Owen Teale (Grattius), Philip Quast (Cornelius), Daragh O'Malley (Ahenobarbus), Bruce Payne (Cassius), Sean Pertwee (Marcus Brutus), David Schofield, Kassandra Voyagis, Caroline Langrishe, Ralph Brown, James Cosmo, Ashley Clark, Mark Delafield, Michael Francis-Lynch, Trevor Jones

Cleopatras Schicksal war verbunden mit zwei Männern, die sie in ihren Bann und in ihr Bett

Cleopatra (1999, R: Franc Roddam): Leonor Varela

gezogen hat. Im Jahre 51 v. Chr. begegnet sie Julius Caesar, der von ihrer Schönheit betört ist, der ihr zu ihrem Thron verhilft und dem sie einem Sohn schenkt. Später, nach Caesars Tod in den Iden des März im Jahr 44, verliebt sie sich in Marcus Antonius, einen glühenden Anhänger Caesars, der zusammen mit Caesars Neffe Octavian die Mörder Caesars zur Strecke bringt und das Römische Weltreich regiert. Als Marcus Antonius ebenfalls Cleopatras Schönheit verfällt, nutzt Octavian diese Angriffsfläche und brandmarkt ihn als Verräter Roms. Im anschließenden Krieg haben Antonius' und Cleopatras Streitkräfte keine Chance gegen Octavians Legionen. Marcus Antonius zieht sich eine tödliche Wunde auf dem Schlachtfeld zu, Cleopatra scheidet durch Gift aus dem Leben.

Die 30 Millionen Dollar teure Neuverfilmung der Geschichte um die ägyptische Königin, die vom deutschen Fernsehsender RTL koproduziert wurde, stellt vom Aufwand her alle bisherigen Remakes in den Schatten: In Marokko wurde auf einer Fläche von über 33.500 Quadratmetern das alte Rom im Wüstensand originalgetreu nachgebaut. Keine noch so perfektionierte Studiokulisse, keine Computeranimation und virtuelle Spielerei kann eine vergleichbare Authentizität erreichen. Entsprechend gewaltig sind Zeit- und Materialaufwand: Sechs Monate dauerte die Errichtung des neuen alten Rom und kostete über 2,5 Millionen Dollar. 20.000 Statisten arbeiteten am Set. Als die größten Massen- und Kriegsszenen gefilmt wurden, waren täglich 1000 von ihnen im Einsatz, außerdem bis zu 600 Pferde. »Wir haben Cleopatra in zwölf Wochen abgedreht. Für einen Kinofilm braucht man normalerweise mindestens zwanzig Wochen. Wir hatten ein Tempo von drei Skriptseiten pro Tag; das ist dreimal schneller als bei Kinofilmen«, sagt Regisseur Franc Roddam.

Seit der ersten Verfilmung 1899 gab es mehr als dreißig Filme über den monumentalen Stoff. Die populärste Fassung schuf Joseph L. Mankiewicz 1963 mit Elisabeth Taylor, Richard Burton und Rex Harrison. Regisseur Franc Roddam: »Interessanterweise hatten einige Leute sogar Angst, sich an dieses Projekt heranzuwagen, weil Cleopatra mit Liz Taylor und Richard Burton so ein einmaliger und großartiger Film ist. Aber das sind revisionistische Gedanken. Die Wahrheit ist, dass Cleopatra anfangs gar nicht so erfolgreich war.

Der Film war das Heaven's Gate seiner Zeit. Und die Kritiker haben ihn zerrissen. Dabei ist Cleopatra mit Liz Taylor und Richard Burton eigentlich ein ziemlich interessanter Film, aber ich glaube nicht, dass er die ultimative Cleopatra war. Auch unser Film wird das nicht sein, aber ich denke, dass wir die Version von Taylor und Burton verbessern können.«

Inwiefern die Geschichte auch heute noch relevant ist, erläutert Franc Roddam so: »Interessant an Cleopatra ist zum Beispiel, dass sie in der Vergangenheit – auch bei Shakespeare – immer als ränkeschmiedende, intrigante Verschwörerin dargestellt wurde. Wenn eine Frau Macht hatte, bedeutete das automatisch, dass sie sie durch unsaubere Methoden bekommen hat. Und das halte ich für eine ziemlich altmodische Ansicht. Heute gilt es als relativ normal, wenn eine Frau Macht hat. Frauen leiten Firmen und sie sitzen in Regierungen und arbeiten als Ärztinnen, Rechtsanwältinnen und in leitenden Positionen. Die bisherig gezeigten Cleopatras sind meiner Meinung nach daher passé. Unsere Cleopatra ist eine Frau mit Macht, aber auch mit klar definierten und rechtschaffenen Zielen. Cleopatra war eine sehr gebildete Frau. Sie war eine große Patriotin. Sie sprach zehn Sprachen. Sie führte die Anlage von Bewässerungssystemen ein, wodurch mehr und öfter geerntet werden konnte, was damals überlebenswichtig war. Sie hat unglaubliche Dinge für ihr Land getan. Sie war eine sehr interessante Frau.«

Die Modernität von Cleopatra war für die Autorin Margaret George der Impuls, die Romanvorlage (Kleopatra – Der Roman ihres Lebens) in der Ichform zu schreiben: »Sie war viel mehr als nur hübscher Zierrat. Sie war die Antithese zu dem Frauenbild, mit dem ich in den 50er-Jahren aufgewachsen bin. Ich nehme an, dass ich deshalb schon vor fast vierzig Jahren mit den Recherchen für dieses Buch angefangen habe. Ihr Lebensziel war es, dafür zu kämpfen, dass Ägypten ein unabhängiges Land blieb. Und ihr war jedes Mittel recht, um dieses Ziel zu erreichen. Sie war ungeheuer einfallsreich, eine große Politikerin und Staatsmännin. Sie mag am Ende gescheitert sein, aber es war ein glorreiches Scheitern. Sie war eine Legende – und hinterließ ein Erbe – die wir nie vergessen werden.«

TV direkt: »Opulentes Sandalen-Epos mit toller Newcomerin.«

1986 Die Orgien der Cleopatra
Cleopatra – regina d'egitto, I/F, R: Cesar Tod, D: Marcella Petri – Sexfilm

1983 Sogni erotici di Cleopatra
F/I, R: Rino Di Silvestro, D: Laura Angeli, Flo Astair, Paul Branco Sex-Komödie

1983 Antony And Cleopatra
USA, R: Lawrence Carra, D: James Avery, Sharon Barr, Michael Billington

1972 Antonius und Cleopatra
Antony And Cleopatra, GB/E/CH, R: Charlton Heston, D: Charlton Heston

1971 Cleo und die tollen Römer
Cleopatra, Queen Of Sex, J, R: Osamu Tezuka, Eiichi Yamamoto – Animation

1970 Geheime Perversionen der Cleopatra
The Notorious Cleopatra, USA, R: Arthur P. Stootsberry, D: Jay Edwards – Sexfilm

1968 Asterix und Kleopatra
Asterix et Cleopatre, F/B, R: René Goscinny, Albert Uderzo – Animation

1964 Der Sohn von Cäsar und Cleopatra
Il figlio di Cleopatra, I, R: Ferdinando Baldi, D: Mark Damon

1964 Cleopatra era Cándida
R: Julio Saraceni, D: Niní Marshall

1964 Cleo, Liebe und Antike
Carry On Cleo, GB, R: Gerald Thomas, D: Kenneth Williams, Sidney James

1963 Cleopatra's Daughter
F/I, R: Fernando Cerchio, Richard McNamara, D: Debra Paget

1962 Cleopatra
USA, R: Joseph L. Mankiewicz, D: Elizabeth Taylor, Richard Burton
Cleopatra sorgte zu Beginn der sechziger Jahre für Schlagzeilen. Zuerst entzog die Produktions-

firma 20th Century Fox Rouben Mamoulian nach zwei Monaten Drehzeit die Regie und übertrug sie auf Wunsch der Hauptdarstellerin, Elizabeth Taylor, im Januar 1961 Joseph L. Mankiewicz. Dann verzögerten sich immer wieder die geplanten Aufnahmen. Nach zwei Jahren, bei der Uraufführung am 12. Juni 1963, blieb von dem großen Werk jedoch nur ein Torso. Das Abenteuer *Cleopatra* erntete bei der Premiere im New Yorker Rivoli Theatre nur Hohn und Spott. Das Publikum, nach den monatelangen Presseberichten zur Liaison von Taylor und Burton begierig auf die Liebesszenen, reagierte gelangweilt ob der schamhaften Bilder. Noch während der Erstaufführung fielen 22 Minuten, später weitere 35 Minuten des Films der Schere zum Opfer. Die vierstündige rekonstruierte Fassung enthält 44 zusätzliche Szenen, deren Länge von fünf Sekunden bis siebeneinhalb Minuten reicht. In der vervollständigten Version zeigte das ZDF den Film: Mankiewicz zeichnet Cleopatra als eine Repräsentantin der Macht, deren Allianz mit Cäsar und Marc Anton durch ihren Wunsch motiviert war, eine neue Weltordnung zu begründen.

1962 Cleopatra, die nackte Königin
F/I, R: Piero Pierotti, Viktor Tourjansky, D: Nando Angelini

1961 Herkules im Netz der Cleopatra
Sansone, I, R: Gianfranco Parolini, D: Brad Harris, Mara Berni
Muskelprotz Herkules verhilft mit Kraft und List einer rechtmäßigen Königin zu ihrem Thron und stellt sich gegen Cleopatra und einen sie unterstützenden Usurpator.

1959 Die Legionen des Cäsaren
Le legioni di Cleopatra, I/F/E, R: Vittorio Cottafavi, D: Linda Cristal, Andrea Aureli

1954 Zwei Nächte mit Cleopatra
Duo notti con Cleopatra, I, R: Mario Mattoli, D: Sophia Loren, Alberto Sordi
Als Parodie gedachte Verwechslungsburleske im alten Ägypten mit einer Doppelrolle für Sophia Loren.

1953 Die Schlange vom Nil
The Serpent From The Nile, USA, R: William Castle, D: Rhonda Fleming
»Cleopatra als Pin-up-Girl und Marc Anton als Muskelprotz durchleiden ihre historische Ro-

Cleopatra (1962, R: Joseph L. Mankiewicz): Richard Burton und Elizabeth Taylor

manze in diesem unfreiwillig komischen Kostümfilm. Die B- Produktion wurde in den stehen gebliebenen Kulissen von Dieterles *Salome* (1953) lieblos heruntergedreht.« *(Lexikon des internationalen Films)*

1951 Antony And Cleopatra
GB, D: Pauline Letts, Robert Speaight

1946 Caesar und Cleopatra
Cesar And Cleopatra, GB, R: Gabriel Pascal, D: Claude Rains, Vivien Leigh

1946 La Vida íntima de Marco Antonio y Cleopatra
MEX, R: Roberto Gavaldón, D: Rafael Banquells, José Baviera

1934 Cleopatra
USA, R: Cecil B. DeMille, D: Claudette Colbert, Warren William

Regisseur und Produzent Cecil B. DeMille (1881–1959), der nach Western und erotischen Gesellschaftsdramen die Bibel und die Weltgeschichte für Inszenierungen prunkvoller Massentableaux entdeckt hatte, bescherte den Paramount Pictures einige ihrer größten Kassenerfolge. Für *Cleopatra* benötigte er ein ganzes Jahr Produktionszeit, 8.000 Darsteller, 75 Tonnen Waffen für 5.000 Krieger und massive Bauten auf einer Fläche von 120.000 Quadratmetern. Er zeigte in einem gewaltigen antiken Bad 100 leicht bekleidete »Römer« und gab auf einer Liebesbarke von 150 Meter Länge einer ganzen Heerschar ägyptischer Sklavenmädchen Raum für exotische Tänze. DeMille war ein Verfechter »komprimierter« Geschichte: »Zuschauer sind nicht an Jahreszahlen interessiert, sondern an Ereignissen und ihrer Bedeutung. Sie wollen nicht

Cleopatra (1934, R: Cecil B. DeMille): Antikes Badeleben mit Sklavenmädchen

Cleopatra (1934, R: Cecil B. DeMille): Claudette Colbert

belehrt oder gebildet, sondern unterhalten werden.« (NDR) Diesem Rezept folgte er von 1914 bis 1956 in siebzig abendfüllenden Spielfilmen.

1931 Oh! Oh! Cleopatra
USA, D: Tyler Brooke, Dorothy Burgess, Max Davidson, William Farnum

1923 Cleopatra And Her Easy Mark
USA

1921 Cleopatra, die Herrin des Nils
D: Asta Nielsen

1920 Cleopatra
USA, R: Bud Fisher

1917 Cleopatra
USA, R: J. Gordon Edwards, D: Theda Bara, Fritz Leiber, Thurston Hall

1913 Marcantonio e Cleopatra
I, R: Enrico Guazzoni, D: Amleto Novelli

1912 Cleopatra
USA, R: Charles Gaskill, D: Helen Gardner, Mr. Sindelar, Harley Knoles

1910 Antoine et Cléopâtre
F, R: Henri Andréani, D: Madeleine Roch

1908 Antony And Cleopatra
USA, R: J. Stuart Blackton, Charles Kent, D: Maurice Costello, Florence Lawrence

1899 Cléopâtre
F, R: Georges Méliès

THE CLIMAX
USA 1944, R: George Waggner, D: Susanna Foster, Boris Karloff, Turhan Bey, Gale Sondergaard, Thomas Gomez, June Vincent, George Dolenz, Ludwig Stossel (i.e. Stoessel), Jane Farrar, Erno (i.e. Ernö) Verebes, Lotte Stein, Scotty Beckett, William Edmunds, Maxwell Hayes, Dorothy Lawrence

Nach einem Schauspiel von Edward Locke. Drehbuchautor Curt Siodmak (in seinem Buch *Unter Wolfsmenschen*): »In *The Climax* tötet Boris Karloff (William Henry Pratt) in einem Eifersuchtsanfall seine Geliebte, eine Opernsängerin mit außergewöhnlichem Stimmumfang. Eines Tages, bei einem Besuch in der Musikhochschule, hört er die Stimme der Toten wieder. Ein junges Mädchen, dargestellt von Susan Foster, Studentin am Konservatorium, ist mit ähnlichen Stimmbändern gesegnet. Für Karloff ist das die Wiederkehr der Toten. Er versucht, sich Susans zu entledigen, weil sie sein schlechtes Gewissen verkörpert.«

1930 The Climax

USA, R: Renaud Hoffman, D: Jean Hersholt, Kathryn Crawford, LeRoy Mason

CODENAME: NINA

The Assassin, USA 1992, R: John Badham, D: Bridget Fonda, Gabriel Byrne, Dermot Mulroney, Harvey Keitel, Anne Bancroft, Miguel Ferrer, Olivia D'Abo

Die drogensüchtige Maggie erschießt einen Polizisten. Sie wird festgenommen und vor die Wahl gestellt: Todesstrafe oder Spezialausbildung zur Geheimagentin mit der Lizenz zum Töten? Maggie wählt das Leben – ein Doppelleben. Als sich Maggie aber in den Fotografen J. P. verliebt, trifft sie eine Entscheidung, die sie teuer bezahlen muss.

Film-Dienst: »In der Welle amerikanischer Neuverfilmungen jüngerer europäischer Produktionen nimmt *Codename: Nina* eine Sonderstellung ein: vergliche man den Film mit einem Mu-

sikstück, so hätte John Badham das Werk seines französischen Kollegen Luc Besson, *Nikita*, fast notengetreu nachgespielt – es dabei allerdings in eine andere Tonart transponiert und das Orchester vergrößert. Selten jedenfalls ist ein Remake seiner Vorlage inhaltlich so treu geblieben.«

1991 Black Cat

Hak Mau, HK, R: Stephen Shin, D: Jade Leung, Simon Yam, Thomas Lam

1990 Nikita

F, R: Luc Besson, D: Anne Parillaud, Jean-Hugues Anglade, Tchéky Karyo

DIE CONEHEADS

Coneheads, USA 1993, R: Steve Barron, D: Dan Aykroyd, Jane Curtin, Michelle Burke, Michael McKean, Jason Alexander, Lisa Jane Persky, Chris Farley, David Spade, Phil Hartman, Dave Thomas, Sinbad, Jan Hooks, Robert Knott, Eddie Griffin, Michael Richards, Ellen DeGeneres

Diese Außerirdischen mit der etwas anderen Kopfform und der sehr eigenwilligen Sprechweise, von ihren Fortpflanzungstechniken ganz zu schweigen, versuchen, unter den flachschädeligen Erdbewohnern nicht weiter aufzufallen.

Unten: Black Cat (1991, R: Stephen Shin): Jade Leung
Rechts: Nikita (1990, R: Luc Besson)

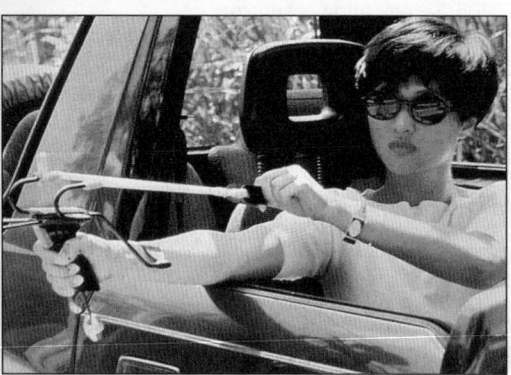

Sie hat keine Angst!
Sie tötet. Sie liebt...

NIKITA

Lexikon des internationalen Films: »Alberne Fantasy-Komödie um die bizarren Charaktere eines uralten Fernseh-Sketches, die ihre aktuellen Themen (Einwanderung, Fremdenfeindlichkeit u.a.) zu Gunsten flauer und missverständlicher Scherze verschenkt.«

1983 The Coneheads

USA, R: Jules Bass, Arthur Rankin jr., D: Dan Aykroyd, Jane Curtin

CONFESSION

USA 1937, R: Joe May, D: Kay Frances, Ian Hunter, Basil Rathbone, Jane Bryan, Donald Crisp, Mary Maguire, Dorothy Peterson, Laura Hope Crews, Robert Barrat

Die Story beginnt harmlos. Ein drängelnder, alternder Don Juan macht sich an eine unschuldige Musikstudentin heran. Bei einem heimlichen Treffen des ungleichen Paares in einem Cabaret wird er von einer Varietékünstlerin erschossen. Nach anfänglicher Aussageverweigerung setzt die Mörderin zum aufwühlenden Erzählen an. Ihre Lebensgeschichte wird in Rückblenden aufgerollt. Allmählich enthüllt sich das tragische Beziehungsnetz zwischen dem Toten, dem Mädchen und der Mörderin.

MovieLine: »Dieser packende Film ist ein Remake von Willi Forsts Melodram *Mazurka*, 1935 mit Pola Negri gedreht ... Wohl Joe Mays bester Film, mit einer überzeugenden Kay Frances in der Hauptrolle.«

1935 Mazurka

D, R: Willi Forst, D: Pola Negri, Albrecht Schoenhals, Ingeborg Theek

COOL AND CRAZY

The Cool And The Crazy, USA 1994, R: Ralph Bakshi, D: Jennifer Blanc, Matthew Flint, Jared Leto, Alicia Silverstone, Bradford Tatum, Christine Harnos, Tuesday Knight, Christian Frizzell, John Hawkes, John Kapelos, Marianne Bergonzi

Rock'n'Roll tanzen, Eis auf der Rückbank eines Cadillacs essen und wilde erotische Abenteuer im Autokino. Das ist die Zeit der jungen Wilden. Roslyn und ihr Mann Michael, die zu früh geheiratet und ein Baby bekommen haben, leben so. Roslyns erster Seitensprung endet in einer Katastrophe. Michael ist grenzenlos eifersüchtig und fordert seinen Rivalen zu einer mörderischen Verfolgungsjagd auf. Sie rasen den Highway entlang, bis zum bitteren Ende.

1958 Die Drogenfalle

The Cool And The Crazy, USA, R: William Witney, D: Scott Marlowe

COOL BREEZE

USA 1972, R: Barry Pollack, D: Thalmus Rasulala, Judy Pace, Jim Watkins, Lincoln Kilpatrick, Raymond St. Jacques

Nach nach dem Roman *The Asphalt Jungle* von William R. Burnett: Ein Team farbiger Krimineller stiehlt Diamanten, gerät jedoch durch andere schwarze Gauner und rücksichtslose Polizisten in Bedrängnis.

Lexikon des internationalen Films: »Übertragung eines klassischen Kriminalstoffs in das Milieu schwarzer Krimineller; routiniert angelegt, jedoch allzu bemüht nach Erfolgsmustern schielend, um wirklich originell und spannend zu sein.«

1962 Kairo – null Uhr

Cairo, USA, R: Wolf Rilla, D: George Sanders, Richard Johnson, Faten Hamama

1958 Geraubtes Gold

The Badlanders, USA, R: Delmer Daves, D: Alan Ladd, Ernest Borgnine, Katy Jurado

1950 Asphalt Dschungel

The Asphalt Jungle, USA, R: John Huston, D: Sterling Hayden, Jean Hagen

CRIME AND PUNISHMENT

Crime And Punishment In Suburbia, USA 2000, R: Rob Schmidt, D: Monica Keena, Ellen Barkin, Michael Ironside, James Debello, Vincent Kartheiser, Jeffrey Wright

Nach dem Roman *Schuld und Sühne* von Fjodor Michailowitsch Dostojewskij: Eine typische amerikanische Vorstadt. Das Leben der Teenager an der High School dreht sich in erster Linie um gute Laune, Partys und erste sexuelle Erfahrungen. Man will von seinen Altersgenossen anerkannt und gemocht werden. Das sorglose High School-Sweetheart Rosanne gibt den Ton an, in ihrer Clique und auch in der Beziehung zu Jimmy, dem gut aussehenden Footballstar und Schwarm aller Mädchen. Auch der introvertierte Außenseiter Vincent kann sich dem Charme Rosannes nicht entziehen. Er ist ihr in stiller Verehrung ergeben und verfolgt das Objekt seiner Begierde auf Schritt und Tritt mit seiner schussbereiten Kamera. Zwar ist die Ehe ihrer Mutter Maggie mit ihrem Stiefvater Fred längst zerbrochen, doch

Rosanne kümmert das wenig – bis die Situation eskaliert, als der völlig betrunkene Fred seine Frau bei einem Rendezvous mit ihrem farbigen Liebhaber Chris ertappt. Die darauf folgende Auseinandersetzung endet in einer wüsten Schlägerei, die erst durch die Ankunft der Polizei beendet wird. Auf der Rückfahrt vom Kino wird Rosanne Zeugin des Polizeieinsatzes gegen ihre Eltern. Der Riss in der heilen Welt ist nun nicht mehr zu verheimlichen: ihre Familie als Zentrum des Kleinstadttratsches, ihr Stiefvater ein Schläger, die Mutter eine verheiratete Frau, die sich mit jüngeren schwarzen Männern herumtreibt. Der nächste Schultag ist eine einzige Qual. Aber es kommt noch schlimmer: Zu Hause teilt ihr Maggie mit, dass sie Fred verlassen wird und zu Chris zieht. Rosanne soll beim aggressiven Stiefvater wohnen bleiben. Nach einem seiner üblichen Besäufnisse vor der Glotze explodiert Fred: Als Strafe für die Untreue seiner Frau vergewaltigt er Rosanne brutal. Als Rosanne Jimmy beim Football trifft, offenbart sie ihm den Plan zur Rettung ihrer heilen Welt: Fred soll sterben. Und Jimmy soll beim Mord an Rosannes Stiefvater helfen. Es soll am Abend einer Party des Footballteams geschehen. Wenn alle betrunken sind, wird niemand merken, dass Jimmy und Rosanne für kurze Zeit verschwinden ...

Drehbuchautor Larry Gross, bekannt als Ko-autor Walter Hills (*Nur 48 Stunden*, *Streets Of Fire*), schrieb eine lose Adaption des Romanklassikers *Schuld und Sühne* als jugendliches Vorstadtdrama in acht Akten. Statt Dostojewkijs *Raskolnikow* ist es bei Gross die junge High School-Schönheit Rosanne Skolnik, die in einen Strudel aus Gewalt und Gewissensqualen gerät. Auch bei den anderen Figuren nahm Gross Geschlechts- und Rollenwechsel vor. So ist es im Film Vincent,

ein jugendlicher Außenseiter, der die Funktion des moralischen Katalysators übernimmt. Erzählt aus seiner Perspektive seziert der Film die scheinbar wohl behütete und unbeschwerte Oberfläche eines amerikanisches Teenagers. Fjodor Michailowitsch Dostojewskij (1821–1881) ist einer der bedeutendsten russischen Schriftsteller. Seine Romane (neben *Schuld und Sühne* z. B. *Der Spieler*, *Der Idiot*, *Die Dämonen*) zählen zu den überragenden Werken der Weltliteratur. Besonders *Schuld und Sühne* hat zahlreiche Schriftsteller und ihr Werk beeinflusst, u.a. Hermann Hesse, Albert Camus und Jean Paul Sartre. *Schuld und Sühne* erschien 1866 erstmals als Fortsetzungsroman in acht Folgen in der Zeitschrift *Der russische Bote*. Der zeitkritische Roman liest sich als überaus packender psychologischer Bericht eines Verbrechens und seiner Sühne. Im Zentrum steht der Student Raskolnikow und der von ihm begangene Mord an einer Geldverleiherin. Dostojewskij erforscht die Motivation für das sinnlose Verbrechen ebenso wie die daraus folgenden Seelenqualen Raskolnikows, die daraus entstehende Isolation, seine schrecklichen Albträume. Erst in Sonja Marmeladowa findet er einen Menschen, der Zugang zu ihm und seinem Gewissen findet. Mit ihrer Güte und ihrem tiefen christlichen Glauben kann sie den Mörder schließlich überzeugen, seine Tat als Sünde, die gesühnt werden muss, zu begreifen. Am Ende stellt sich Raskolnikow, der nie des Mordes verdächtigt wurde, den Behörden und büßt seine Tat in einem sibirischen Sträflingsbergwerk. Erst durch die Annahme der Schuld wird ihm der Weg zur Läuterung und zurück in die Gesellschaft wieder eröffnet.

2000 Crime And Punishment

PL/R/USA, D: Theodore Bikel, Avital Dicker, Crispin Glover

1998 Schuld und Sühne

Crime And Punishment, USA, R: Joseph Sargent, D: Patrick Dempsey, Julie Delpy

1988 Schuld und Sühne

Crime et châtiment, BRD/A, R: Andrzej Wajda, D: Udo Samel, Jutta Lampe

1983 Crime And Punishment

Rikos ja Rangaistus, FIN, R: Aki Kaurismäki, D: Markku Toikka

Schuld und Sühne (1956, R: Georges Lampin): Jean Gabin und Robert Hossein

1974 Jurm Aur Sazaa
IND, R: Nisar Ahmad Ansari

1970 Schuld und Sühne
Prestuplenje i nakasanje, UdSSR, R: Lew Kulidsha-now

1959 Crime and Punishment USA
USA, R: Denis Sanders, D: George Hamilton, Mary Murphy, Frank Silvera

1956 Schuld und Sühne
Crime et châtiment, F, R: Georges Lampin, D: Jean Gabin, Marina Vlady

1948 Crime And Punishment
S, R: Hampe Faustman, D: Hampe Faustman

1946 Fear
USA, R: Alfred Zeisler, D: Peter Cookson

1935 Schuld und Sühne
Crime And Punishment, USA, R: Josef von Sternberg, D: Peter Lorre

1935 Crime et châtiment
F, R: Pierre Chenal, D: Harry Baur

1929 Crime And Punishment
USA

1926 Crime And Punishment
RUS

1923 Raskolnikov
D, R: Robert Wiene, D: Grigori Khmara

1922 Crime And Punishment
RUS

1917 Crime And Punishment
USA, D: Derwent Hall Caine

1913 Prestupleniye i nakazaniye
RUS

DIE CSARDASFÜRSTIN

H/BRD 1971, R: Miklós Szinetár, Drb: Miklós Szinetár, Mischa Mleinek nach der gleichnamigen Operette von Emmerich Kálmán, K: Miklós Bíró, M: Emmerich Kálmán, D: Anna Moffo (Sylva Varescu), René Kollo (Fürst Edwin), Sándor Németh (Graf Boni), Dagmar Koller (Anastasia), Zoltán Latinovits (Oberkellner Miksa)

Die faszinierende Sylva Varescu wird überall nur Csardasfürstin genannt. Die Budapester Männer liegen ihr zu Füßen. Dann verliebt sich ausgerechnet Prinz Edwin Weylerstein in die Sängerin. Als sich der Vater des Prinzen mit aller Gewalt gegen die nicht standesmäßige Verbindung auflehnt und die Hochzeit seines Sohnes mit Komtesse Planitz forciert, will Sylva nach Amerika auswandern. Doch durch die Flucht der Komtesse mit dem verliebten Graf Boni, einem früheren Verehrer der Csardasfürstin, ist der Prinz wieder frei. Er eilt zum Bahnhof, um Sylva aufzuhalten. Mit der *Csardasfürstin* konnte der Komponist Emmerich Kálmán den größten Erfolg seines Lebens erringen und einen der bedeutendsten Erfolge in der Geschichte der Operette. Ursprünglich hieß der Stoff *Es lebe die Liebe*. Das Werk bekam seinen endgültigen Titel, als das vorgesehene Uraufführungstheater im November 1914 die Oscar Straus-Operette *Rund um die Liebe* herausbrachte, die beinahe dreihundertmal hintereinander aufgeführt wurde und für Kálmáns Operette eine Änderung des ähnlich klingenden Titels erforderlich machte.

»Schwunglos und bieder inszenierte Verfilmung der Operette von Emmerich Kálmán«, registriert der *Katholische Film-Dienst*. Differenzierter behandelt der *Filmspiegel* das Werk: »Die liebe, alte Operette ist nicht totzukriegen. Nun tönt's und flimmert's auch noch von der Leinwand herunter. Aber was soll diese Hochnäsigkeit, Herr Schreiber? Haben Sie vergessen, dass Kálmáns Melodien unsterblich sind? *Ganz ohne Weiber geht die Chose nicht*, das trällern auch heutzutage nicht nur die Großmütter. Zugegeben. Die Handlung ist nicht von allerbester Güte, aber macht die Musik nicht alles wieder wett? So jedenfalls müssen die Filmschöpfer gedacht haben, als sie diese Operette als Kinostück arrangierten. Viel änderten sie dabei nicht. Die Autoren Mischa Mleinek und Miklós Szinetár hielten sich bei ihrer Bearbeitung sehr an die Vorlage. Nun, ein paar ironische Lichterchen sind nicht zu übersehen, aber sonst ist der Dame Sylva Varescu und all den anderen kaum Gewalt angetan worden. Man erkennt das Geschichtchen aufs i-Tüpfelchen wieder. Nun muss man auch zugestehen, dass weder Mühe noch Kosten gescheut wurden, um 1a-Darsteller zu verpflichten. Da wäre erst einmal Frau Anna Moffo zu nennen, deren gesangliche Qualitäten allerorts gerühmt werden. Dazu kommen dann noch der Kollo-Sohn René sowie die Herren Schönböck und Latinovits. Und auch Frau Dagmar Koller aus Wien verfügt über beste Referenzen. Da kann dann eigentlich nichts schief gehen mit den Englein und Schwalben des Emmerich Kálmán.«

1951 Csardasfürstin
BRD, R: Georg Jacoby, D: Marika Rökk, Johannes Heesters, Franz Schafheitlin

Der Autor Bobby E. Lüthge wollte mit der Wiederverfilmung des Stoffes nach eigenen Worten etwas wirklich Neues schaffen. Die als Vorlage dienende Ursprungsoperette von Stein und Jenbach stammte bereits aus dem Jahre 1915 und spielte zurzeit der K.u.k.-Monarchie vor 1914, vorwiegend in Wien und Budapest. Der Schwarzweißfilm von 1934 hatte sich noch in den örtlichen und zeitlichen Vorgaben an die Vorlage gehalten. In dem Remake sollte nun der Stoff in modernisierter, gegenwartsnaher Form gestaltet werden. Bobby E. Lüthge, Anfang der fünfziger Jahre »mit rund 200 verkauften und verfilmten Drehbüchern der erfolgreichste deutsche Drehbuchfabrikant«, lieferte hierfür die Idee: »Da es sich herausgestellt hat«, so Lüthge, »dass Filme, auch wenn sie noch so gut gemacht werden, wenn sie im Kostüm von etwa 1912 spielen, vom Publikum abgelehnt werden, schlug ich vor, die Neufassung ganz modern und als zeitgemäßen Film, im Jahre 1951 spielend, zu machen. Anstatt der gräflichen Nichtstuer und liebenswürdigen Bummler mussten moderne Typen geschaffen werden.«

Die Csardasfürstin (1934, R: Georg Jacoby):
Martha Eggerth

Die Wahl der lokalen Gegebenheiten fügt sich in das Bild der »zeitgemäßen« Modernisierung, über die Peter Stettner in seinem Buch *Vom Trümmerfilm zur Traumfabrik* schreibt: »In der Operettenvorlage spielte die Handlung vornehmlich in Wien und Budapest. Doch diese beiden Städte waren durch die jüngste Vergangenheit belastet. War die eine Metropole von den Alliierten besetzte Sektorenstadt gewesen, so lag die andere jetzt sogar hinter dem ›eisernen Vorhang‹. Stattdessen spielt die Handlung der Neuverfilmung zunächst auf Sizilien, dann in Rom und schließlich in Paris. Die Hauptfiguren bewegen sich als gut betuchte Reisende an diesen Orten. Diese ›Westverschiebung‹ findet – obwohl der Film natürlich alle direkten historisch-politischen Zeitbezüge vermeidet – ihre Entsprechung in der bundesdeutschen Realität der fünfziger Jahre: zum einen in der Westorientierung und -integration im Rahmen der ›großen‹ Politik, zum anderen in einer Alltagsorientierung der Bundesbürger, die auf eine Flucht aus dem ärmlichen Leben gerichtet war. Statt in Trümmern, notdürftigen Wohnungen und überfüllten Zügen bewegen sich die Menschen in traumhaften Villen und prächtigen Theatern, sie geben rauschende Feste, fahren elegante Autos und genießen eine schöne Postkarten-Landschaft. All das, was das reale Leben vermissen ließ, wurde in der Filmwelt ausgiebig dargestellt ...«

1945 Die Czardasfürstin
UdSSR, R: Alexander Iwanowski, D: S. Smirnowa-Nemirowitsch, N. Dautow

1934 Die Csardasfürstin
D, R: Georg Jacoby, D: Martha Eggerth, Hans Söhnker, Paul Kemp

CURDLED – DER WAHNSINN
Curdled, USA 1996, R: Reb Braddock, D: Angela Jones, William Baldwin, Bruce Ramsay, Lois Chiles, Barry Corbin, Mel Gorham, Daisy Fuentes, Carmen López, Vivienne Sendaydiego
Eine schöne junge Frau gibt sich allzu sehr ihrer Faszination für einen Serienkiller hin. Sie findet den idealen Job in einer Putzkolonne, die auf die Aufräumarbeiten nach blutigen Morden spezialisiert ist. Für Nachschub an Arbeit sorgt ein Psychopath. Die Schöne setzt alles daran, diesem

Biest irgendwann Auge in Auge gegenüberzustehen.

Monika van Vanecek *(Kurier, Wien)*: »Wo Tarantino draufsteht, muss noch lange keiner drinnen sein. Zu dieser bitteren Erkenntnis kommt man hier: der Kultfilmer, der seit *Pulp Fiction* nichts mehr gedreht hat, zeichnet zwar als Produzent. Doch von liebenswerten Verschrobenheiten und skurrilem Witz keine Spur. Dieser Serien-Killer-Thriller ist gründlich misslungen. Ursprünglich ein Kurzfilm, fühlt man sich bei der Langfassung wie in der Warteschleife der Inlandsauskunft. Wer sich noch an Harvey Keitel als peniblen ›Cleaner‹ erinnert, wird der Inhalt mehr als vertraut erscheinen. Diesmal ist der Cleaner weiblich, rassig und knackig. Eine mörderische Bodenkosmetikerin, die nach den Verbrechen Blut und Beuschel beseitigt – und eine etwas eigenwillige Vorliebe für den ›Blauen Mörder‹ pflegt ... William Baldwin guckt zwar ausreichend killermäßig und hinterhältig, doch die Dialoge zwischen ihm und der Cleaning Lady sind so dilettantisch und kümmerlich, als hätten beide zwei verschiedene Skripts auswendig gelernt. Mord, mehr flau als blau «

1991 Curdled
USA, Kurzfilm, D: Angela Jones

CYBORG FIGHTER
Circuit Breaker, USA 1997, R: Victoria Muspratt, D: Corbin Bernsen, Robin Gammell, Richard Grieco, Lara Harris, Brittany Ashton Holmes, Edie McClurg, Ilia Volokh
Die kleine Familie Carver erhält ein Notsignal. Sie dockt an das beschädigte Raumschiff an und nimmt den geheimnisvollen Androiden Adam bei sich auf. Der will die junge Frau für sich gewinnen und kennt keine Skrupel.

1989 Todesstille
Dead Calm, AUS/USA, R: Phillip Noyce, D: Nicole Kidman, Sam Neill, Billy Zane

CYRANO VON BERGERAC
Cyrano de Bergerac, F 1990, R: Jean-Paul Rappeneau, Drb: Jean-Claude Carrière, Jean-Paul Rappeneau nach einem Theaterstück von Edmond Rostand, K: Pierre Lhomme, M: Jean-Claude Petit, S: Noëlle Boisson, D: Gérard Depardieu (Cyrano de Bergerac), Anne Brochet (Roxane), Vincent Perez (Christian de Neuvilette), Jacques Weber (Comte de Guiche), Roland Bertin (Ragueneau)
Cyrano von Bergerac ist ein Edelmann, dessen schlagfertiges Mundwerk ebenso gefürchtet ist wie sein Degen. Er ist unglücklich verliebt in seine Jugendfreundin Roxane, hat jedoch nicht den Mut, ihr seine Gefühle zu gestehen, da er sich seiner überdimensionalen Nase schämt. Um wenigstens indirekt seine Liebe zum Ausdruck zu bringen, bietet er seinem Nebenbuhler, dem hohlköpfigen Schönling Christian, an, in dessen Namen die amouröse Korrespondenz mit ihr zu erledigen. Auch als die beiden Männer in den Krieg ziehen, schreibt Cyrano weiterhin Liebesbriefe. Erst Jahre später entdeckt die Angebetete die Wahrheit ...

Die Premiere in Cannes 1990 ist ein Triumph, der sich an den Kinokassen fortsetzt. Regisseur Jean-Paul Rappeneau äußert sich über die Faszination *Cyranos* so: »Wie viele meiner Generation bin ich das erste Mal ins Theater gegangen, um eine Aufführung von *Cyrano de Bergerac* zu sehen. Das war in der Comédie Française, während des Krieges. Der kleine Provinzler, der ich war, entdeckte so gleichzeitig Paris, das Theater und *Cyrano*. Das war die Art von Schock, von der man sich niemals vollkommen erholt. Wieder zu Hause lernte ich alle Bravourstücke des Textes auswendig. Später habe ich erfahren, dass ich nicht der Einzige war. *Cyrano* übte auf andere die gleiche Faszination aus. Die Dreharbeit an *Cyrano* ließ mich dieses Staunen, diesen Zauber, diese Emotion wiederfinden, die meine Kindheit so tief geprägt hatten.« Bei den Vorbereitungen zu seinem Film hat sich Rappeneau alle Verfilmungen des Stoffs angesehen: »Zwei italienische Stummfilme, einer davon von Augusto Genina, einen Nachkriegsfilm von Fernand Rivers mit

Cyrano von Bergerac (1990, R: Jean-Paul Rappeneau): Gérard Depardieu und Anne Brochet

Claude Dauphin, einen amerikanischen Film von Michael Gordon mit José Ferrer, eine fürs Fernsehen gefilmte Theaterinszenierung mit Daniel Sorano, die in den sechziger Jahren ganz Frankreich gesehen hat. Keiner dieser Filme hat mir wirklich gefallen: alle waren sie erstarrt in einer übertriebenen Vorlagentreue und vor allem schrecklich unbeweglich. *Cyrano*, das ist Action, Rhythmus, Bewegung, Dynamik, Glanz! Doch diese Filme sind statisch. Wenn eine Figur spricht, rührt sie sich nicht mehr. Die Umstehenden hören dabei regungslos zu, als würden sie insgeheim auf ihre Armbanduhr sehen.«

Und Jean-Paul Rappenau erinnert sich auch daran, dass Orson Welles den *Cyrano* verfilmen wollte: »Das hat mich in meinem Vorhaben bestärkt. Wenn jemand vom Format eines Welles einen solchen Wunsch hegte und davon träumte, die Titelrolle selbst zu übernehmen, dann weil es möglich ist, die Bewegung und Größe des Stücks umzusetzen. Es war also möglich, den Film zu machen. Deswegen stellte ich mich der Herausforderung. Zu jener Zeit hatte der englische Produzent Alexander Korda die Rechte an dem Stoff. Welles war auf dem Höhepunkt seiner Karriere. Der berühmte Dekorateur Alexandre Trauner arbeitete über ein Jahr lang an den Vorbereitungen für den Film. Währenddessen hatte sich Welles mit seinem Drehbuchschreiber in einem Pariser Hotel verschanzt. Ich weiß, dass er das Stück zerlegen und auf seine Art wieder zusammenbauen wollte. Ich kann mir vorstellen, wie er an *Cyrano* herangegangen wäre: direkt und ohne Umschweife. Ich habe auch Trauners Modelle gesehen. Davon und von meiner Bewunderung für Welles ausgehend stellte ich mir den Film vor, den sie gemacht hätten. Eines Tages beschloss

Cyrano von Bergerac (1990, R: Jean-Paul Rappeneau): Aufwendige Dekors und Kostüme

Alexander Korda, das Projekt aufzugeben und verkaufte die Rechte an eine amerikanische Firma, die dann den Film von Michael Gordon produzierte. Welles war enttäuscht und wechselte von Rostand zu Shakespeare. Im folgenden Jahr drehte er *Othello*.«

Bei einer Umfrage nach der bevorzugten literarischen Figur oder der Figur, die man gerne gewesen wäre, nannte eine überwältigende Mehrheit der Franzosen Cyrano, gefolgt von Jean Valiean und d'Artagnan. Alle drei lagen weit vor anderen literarischen Helden, unter ihnen Romeo. Die Popularität und Beliebtheit des Rostand'schen Helden reicht über die Grenzen Frankreichs hinaus. Seit seiner Entstehung im Jahr 1898 ist *Cyrano von Bergerac* weltweit eines der meistgespielten Repertoirestücke. Sein Erfolg hat nie nachgelassen. Abgesehen von der Anekdote und Intrige, die immer noch jedes Publikum begeistern, ist der turbulente Cyrano, eine ungeheuer pittoreske und sympathische Figur, selbst zur Legende geworden.

Savinien Cyrano de Bergerac wurde 1619 in der Gegend von Chevreuse geboren. Seine Nase war völlig normal dimensioniert und er verbrachte seine Zeit weder damit, seine persönlichen Feinde mit dem Degen zu kitzeln, noch verfasste er Liebesbriefe, aber er ist Soldat gewesen und war bei der Belagerung von Arras dabei. Doch Bergerac war vor allem Schriftsteller. Seine satirische Komödie *Der gespielte Pedant* wurde zum Modell für viele Nachahmer. Seine Tragödie *Agrippina* ist sein berühmtestes und vielleicht auch bestes Werk. Er war der inspirierte Vorläufer einer Literaturgattung, die sich erst Jahrhunderte später entwickeln sollte: die Science-Fiction. Cyrano de Bergerac kannte Molière und Descartes. Er nahm an der freigeistigen Philosophiebewegung des 17. Jahrhunderts teil. Als Freidenker verwarf er den christlichen Glauben und setzte sein Vertrauen in die Wissenschaft. Antikonformist und Atheist, griff er die Theorien Pascals an, als Feind jeglicher Zwänge und Pflichten bereitete er den Weg für Diderot, Voltaire und die Evolutionstheorien Darwins. Seine philosophischen Schriften beweisen, dass er mehr als ein liebenswerter Possenreißer war. Cyrano de Bergerac starb im Alter von 36 Jahren unter mysteriösen Umständen, vielleicht, wie in Rostands Stück, durch einen Racheakt seiner Feinde.

Für die *Rheinische Post* wirkt dieser Film gerade durch die Stiltreue in Bild- und Verssprache »weit beschwingter, weit gründlicher vom Bildungsballast der literarischen Vorlage befreit als die bisher populärste *Cyrano*-Verfilmung mit Mel Ferrer aus dem Hollywood der fünfziger Jahre. Dieser *Cyrano* ist aufwendiges Kino pur, ist so sehr Action und Liebesromantik, dass sich die Frage nach der Aktualität dieser volkstümlichen Figur gar nicht mehr stellt.« Über den Hauptdarsteller schrieb die Kritikerin Gabriele Meierding in der *Szene Hamburg*: »Depardieu hat den Widerstreit zwischen der grobschlächtigen Gestalt und der empfindsamen Seele voll im Griff. Obwohl sich bei ihm Routine und Ausstrahlung zu einem sicher ungewöhnlichen Kapital vereinen, wird man aber den Eindruck nicht los, dass Depardieu schon wieder zur nächsten Rolle hetzt. Trotzdem trägt er, sozusagen als Anführer des Teams, dazu bei, dass dieses Stück auf der Leinwand seine Bühnenstarre verliert. Die imposante Ausstattung, die an keiner Stelle die Originalität der Texte überblendet, ist ein zusätzlicher Reiz. Das Team Rappeneau/Carrière hat Rostands Intrigenspiel um die Magie und die Gewalt des Wortes eine süffisante Aktualität beigemischt. Die lockere Inspiration im Umgang mit dem klassischen Stoff macht sich bezahlt, ebenso der smarte Opportunismus in Bezug auf die mundgerechte Präsentation.«

Noch um einiges euphorischer ist die Kritik der französischen Filmzeitschrift *Premiere*: »Noch nie wurde der *Cyrano* des guten alten Rostand so durchgeschüttelt und entstaubt, vom Sockel genommen und in ein neues Licht gerückt. Lassen Sie alles stehen und liegen, um Depardieu auf die Nase zu küssen, die nun für immer seine Karriere überragen wird. Laufen Sie los, um den Film zu umarmen, denn er lässt die Szenen, das Licht, die Schauspieler und die Handlung tanzen, im exaltierten Rhythmus eines wunderbaren Regisseurs: Jean-Paul Rappeneau. Ein Meisterwerk, in dem sogar das Licht zur Musik wird, ein Film, in dem sich alles im Einklang bewegt. Wenn man herauskommt, fragt man sich, warum nicht alle Filme in Versen sind.«

1987 Roxanne

USA, R: Fred Schepisi, D: Steve Martin, Daryl Hannah, Rick Rossovich

»Kein Mensch käme auf die Idee, Steve Martin und Daryl Hannah als Traumpaar zu bezeichnen. Und schon gar nicht unter der Voraussetzung, dass eine zehn Zentimeter lange Nase das Gesicht des US-Komikers verunziert. Aber, so belehrt uns diese Komödie, damit sind wir auf dem Holzwege. Auf die inneren Werte kommt es an, und so kriegen sie sich am Ende eben doch, die

Rechts: Roxanne (1987, R: Fred Schepisi)
Unten: Roxanne (1987): Steve Martin und Daryl Hannah

Der letzte Musketier (1950, R: Michael Gordon):
José Ferrer

attraktive Studentin Roxanne und der Feuer-
wehrmann mit der poetischen Ader. Steve Martin schrieb das Drehbuch, Regie führte Fred Schepisi, und Pate stand bei diesem Lustspiel Edmond
Rostands Verskomödie *Cyrano de Bergerac*. Verlegt wurde sie in den Winterurlaubsort Nelson in
British Columbia, wo während des Sommers der
Hund begraben ist. Es gibt eine Kneipe, in der
man sich trifft, und zum Glück auch noch C. D.
Bales, den Mann mit der langen Nase. Hin und
wieder findet sich immer noch einer, der sich zu
einer unvorsichtigen Bemerkung hinreißen lässt,

und dann kommt Stimmung auf ... Der Film an
sich ist harmlos, ein freundlicher Rahmen für einfach nur lustige und auch ein paar zündende Einlagen ... Das ganz große Feuerwerk geht auch in
diesem Steve-Martin-Film nicht los, wer aber
gern mal wieder unbefangene Lacher loswerden
will, kommt hier mehr als einmal auf seine Kosten.« (Gabriele Meierding, *Szene Hamburg*)

1986 Wimps

*USA, R: Chuck Vincent, D: Louie Bonanno, Debo-
rah Blaisdell, Jim Abele*

»Ein tumber Footballspieler will eine schöne Studentin verführen, die aber mehr für geistige als
für körperliche Qualitäten übrig hat. Er erpresst
seinen mickrigen, aber hochintelligenten Zim-
mergenossen dazu, ihm literarische Ergüsse in
den Computer zu diktieren, mit denen er der
Holden imponieren kann. Der arme Souffleur
leidet dabei Todesqualen, denn er hat sich in dasselbe Mädchen verliebt. Die Cyrano-de-Berge-
rac-Geschichte vom Mann mit der langen Nase
wurde für eine dürre College-Klamotte missbraucht. Nur ganz selten schimmert zwischen all
dem nackten Fleisch und den geistlosen Späßen
so etwas wie Sensibilität auf.« (*Lexikon des internationalen Films*)

1950 Der letzte Musketier

*Cyrano de Bergerac, USA, R: Michael Gordon, D:
José Ferrer, Mala Powers, William Prince*

1946 Cyrano de Bergerac

F, R: Fernand Rivers, D: Claude Dauphin

1922–25 Cyrano von Bergerac

*I/F, R: Augusto Genina, D: Pierre Magnier, Linda
Moglia*

Ein volkstümliches Melodram, das in einem aufwendigen Verfahren von Hand koloriert wurde.
Die farbliche Nachbereitung des in Schwarz-
Weiß gedrehten Films nahm zur Entstehungszeit
drei Jahre in Anspruch.

1909 Cyrano de Bergeracs Adventures

F

D

DADDY COOL

My Father, The Hero, USA 1993, R: Steve Miner, D: Gérard Depardieu, Katherine Heigl, Dalton James, Lauren Hutton, Faith Prince, Emma Thompson

Jahrelang hat André nur wenig Kontakt zu seiner 14-jährigen Tochter Nicole gehabt. Nun freut er sich auf den ersten gemeinsamen Urlaub, bei dem sie zwei erholsame Wochen auf den Bahamas verbringen wollen. Doch die vernachlässigte junge Dame ist fest entschlossen, die Reise scheußlich zu finden und ihrem Vater eine schwere Zeit zu bereiten. Dass André sie noch wie ein kleines Mädchen behandelt, macht die 14-Jährige noch wütender, denn sie fühlt sich schon wie eine kleine Lady. Als solche zieht sie im Hotel gekonnt die Blicke der Männerwelt auf sich – auch die des smarten Ben. Und sie verliebt sich Hals über Kopf in ihn. Um erwachsen und erfahren zu wirken, ersinnt Nicky eine haarsträubende Geschichte: André gebe sich nur als ihr Vater aus und sei in Wirklichkeit ihr Liebhaber und ein internationaler Spion. Als Nicole ihrem Vater das Lügengespinst gesteht, gibt es längst kein Zurück mehr: Andrés Ruf auf der Insel ist längst ruiniert, und Ben will mit ihm um die Ehre Nicoles kämpfen. Aus Gutwilligkeit und Liebe zu seiner Tochter macht André gute Miene zu Nicoles bösem Spiel ...

Die Woche: »Beim Recycling erfolgreicher Stoffe aus der Alten Welt kommt oft nur Müll zu Stande ... Die pubertären Fantasien und komischen Verstrickungen in immer groteskere Lügen hatten im Original ihren Reiz. Doch Steve Miner hat die Vorlage nur von Mauritius auf die Bahamas verlegt und Szene für Szene brav nachgedreht – so bleibt das Verwechslungsspiel farblos und fade.«

Daddy Cool (1993, R: Steve Miner): Lauren Hutton, Gérard Depardieu und Katherine Heigl

1991 Mein Vater, der Held
Mon père, ce héros, F, R: Gérard Lauzier, D: Gérard Depardieu, Marie Gillain

DÄMONEN

BRD 2000, R: Frank Castorf, D: Kathrin Angerer, Hendrik Arnst, Herbert Fritsch, Sir Henry, Henry Hübchen, Astrid Meyerfeldt, Kurt Naumann, Milan Peschel, Sylvia Rieger, Sophie Rois, Bernhard Schütz, Jeanette Spassowa, Joachim Tomaschewsky, Ulrich Voß, Martin Wuttke

Eine Gruppe hitziger Anarchisten in einer russischen Kleinstadt redet sich die Köpfe heiß. Die Gruppe droht zu zersplittern. Iwan Schatow will den harten Kurs nicht länger mittragen und erhofft sich Unterstützung von dem dekadenten Adeligen Nicolai Stawrogin. Doch der ist mehr mit seinem Liebesleben beschäftigt. Die Revolution ist längst verraten und pervertiert zum Machtrausch eines Einzelnen. Frank Castorf, Intendant der Volksbühne Berlin, bekannt als Theatererneuerer und Stückezertrümmerer, hat seinen ersten Film gedreht. Mit Kameramann Andreas Höfer und dem Ensemble und Team der Volksbühne am Rosa-Luxemburg-Platz hat er seine zum Berliner Theatertreffen 2000 eingeladene Inszenierung *Dämonen* in Mecklenburg-Vorpommern verfilmt. Schon bei den Wiener Festwochen 1999 hatte Frank Castorf mit seiner Umsetzung von Dostojewskis Roman *Dämonen* beeindruckt.

TV direkt: »Mischung aus Seifenoper und Dogma-Film ... Der historische Stoff wird bei Castorf zur zeitlos-genialen Vision.«

Fjodor M. Dostojewskij über *Die Dämonen*: »Ich setze große Hoffnungen auf das, was ich jetzt für den ›Russki westnik‹ schreibe, doch nicht in

künstlerischer, sondern in tendenziöser Beziehung; ich möchte ein paar Gedanken äußern, auch wenn das Künstlerische darunter leidet. Aber mich lockt, was sich in meinem Verstand und Herzen angesammelt hat; selbst wenn ein Pamphlet daraus wird, will ich mich doch aussprechen. Ich will gleich einschränken: Weder von Netschajew noch von Iwanow oder den Mordumständen weiß ich aus anderen Quellen als Zeitungen. Und selbst wenn, hätte ich einfach kopiert. Ich nehme nur die vollendete Tatsache. Vielleicht weicht meine Fantasie in höchstem Maße von der damaligen Wirklichkeit ab, und mein Piotr Werchowenski braucht Netschajew nicht im Geringsten zu ähneln; doch wie mir scheint, ist durch die Fantasie in meinem angeregten Geist die Gestalt, der Typ entstanden, der dieser Missetat entspricht. Die Teufel sind aus dem russischen Menschen in eine Herde von Säuen gefahren, das heißt in Netschajews, Serno-Solowjewitschs und andere. Sie sind ersoffen oder werden gewiss noch ersaufen. Der geheilte Mensch aber, aus dem die Teufel ausgefahren sind, sitzt zu Füßen Jesu. So musste es kommen. Russland hat den Schmutz ausgespien, mit dem man es gefüttert hatte, und natürlich gibt es in

diesem ausgespienen Abschaum nichts Russisches mehr. Und beachten Sie eins, teurer Freund: wer sein Volk und seine Volksverbundenheit verliert, verliert auch den Glauben seiner Väter und seinen Gott. – Nun ... es ist das Thema meines Romans. Er heißt *Die Dämonen*, und ich beschreibe darin, wie die Dämonen in die Herde Säue fahren.«

1988 Die Dämonen

Les Possédés, F, R: Andrzej Wajda, D: Bernard Blier, Philippe Chambon

DANTON

L'affaire Danton, F/PL/BRD 1982, R: Andrzej Wajda, D: Gérard Depardieu, Wojciech Pszoniak, Patrice Chéreau, Boguslaw Linda, Angela Winkler, Emmanuelle Debever, Anne Alvaro, Roland Blanche, Krzysztof Globisz, Ronald Guttman, Gérard Hardy, Tadeusz Huk, Stéphane Jobert, Marian Kociniak, Marek Kondrat, Bernard Maître, Lucien Melki, Serge Merlin, Erwin Nowiaszak, Leonard Pietraszak, Roger Planchon

Man schreibt das Jahr 1793. Anfang November kehrt Danton von seinem Zufluchtsort auf dem Land nach Paris zurück, nachdem er erfahren hat, dass dort der Aufruhr brodelt und der Wohlfahrtsausschuss Massenexekutionen vornehmen lässt – aufgehetzt von Dantons früherem Gefährten Robespierre. Dantons Popularität ist ungebrochen, er erhebt überall seine Stimme und legt mit Hilfe seiner treuen Freunde sein Programm dar: den äußeren Frieden durch Verhandlung, den inneren durch Versöhnung. Doch Robespierre will die Fortsetzung der Revolution durch die Beseitigung jener Kräfte, die sie immer noch behindern. Die beiden Männer, die wie Feuer und Wasser sind, versuchen, einen Kompromiss zu finden, doch zwischen dem Unbestechlichen und dem Freund des Volkes ist nichts mehr möglich. Sie trennen sich, um sich nie wieder zu sehen. Ende März werden Danton und seine Freunde verhaftet. Während des Prozesses vor dem Revolutions-Tribunal erhebt er zum letzten Mal seine Stimme – am 5. April 1794 wird Danton auf dem Platz der Revolution guillotiniert. Kurz vor seinem Tod sagte er das nahe Ende von Robespierre voraus – das zwei Monate später tatsächlich eintritt.

Die Dämonen (1988, R: Andrzej Wajda)

Danton (1982, R: Andrzej Wajda): Gérard Depardieu

Rheinische Post: »Ein mitreißendes Drama, von Wajda (möglicherweise nicht ohne Bezüge zu den politischen Zuständen in Polen) mit heißem Temperament in Szene gesetzt.« 1978 entstand in Großbritannien *Danton's Death* mit Ian Richardson und 1989 drehte Guy Séligmann die TV-Produktion *La mort de Danton*.

1970 Danton

GB, R: *John Howard Davies*, D: *Anthony Hopkins, Alan Dobie*

1939 Danton

F, R: *André Roubaud*, D: *Andrée Ducret, Jacques Dumesnil, Jacques Grétillat*

1931 Danton

D, R: *Hans Behrendt*, D: *Gustaf Gründgens, Fritz Kortner, Lucie Mannheim*

1921 Danton

D, R: *Dimitri Buchowetzki*, D: *Charlotte Ander, Maly Delschaft, Emil Jannings*

DAS WAR ROY BEAN

The Life And Times Of Judge Roy Bean, USA 1972, R: *John Huston*, D: *Paul Newman, Roy Jenson, Gary Combs, Fred Brookfield, Bennie E. Dobbins, Richard Farnsworth, Leroy Johnson, Fred Krone, Victoria Principal, Stephanie Epper*

Texas 1890. Das Städtchen Vinegaroon wird völlig von Outlaws beherrscht, und der wegen etlicher Delikte gesuchte Roy Bean glaubt deshalb, dort eine sichere Zuflucht zu finden. Stattdessen wird er von den örtlichen Banditen halb tot geschlagen. Nachdem er mit Hilfe der Mexikanerin Maria Elena wieder zu sich gekommen ist, schlägt er zurück. Unter Assistenz des Wander-

predigers LaSalle gibt er seinen Opfern eine christliche Beerdigung, ernennt sich dann zum Richter und gelobt, Recht und Gesetz in Vinegaroon durchzusetzen. Ein Saloon wird sein Gerichtshof, ohne seine Eigenschaft als Kneipe zu verlieren; Judge Roy Bean widmet diesen seinen Amtssitz der von ihm angebeteten Schauspielerin Lily Langtry, der zuliebe er auch Vinegaroon in Langtry umtauft. Bean ernennt fünf Outlaws zu seinen Marshals. Das erste Opfer seiner Leidenschaft für das Aufhängen von Leuten wird ein gewisser Sam Dodd. Unter Beans Herrschaft blüht der Ort auf, wird aber auch bürgerlich und respektabel, was Bean anödet.

Die Zeit: »Vor 35 Jahren verfilmte William Wyler die Geschichte des selbst ernannten Richters Roy Bean, der sich selbst ›das Gesetz westlich des Pecos‹ nannte, mit Walter Brenann und Gary Cooper. Hustons Version, geschrieben von Hollywoods Wunderknaben John Milius *(Dillinger, Der Wind und der Löwe)*, hält dem Vergleich mit Wylers *Der Westerner* kaum stand. Huston interessiert sich weniger für den Charakter des kauzig-blutrünstigen Titelhelden (Paul Newman), eines texanischen Idi Amin, als für die spektakulären Auftritte seiner Gaststars Ava Gardner, Stacy Keach, Anthony Perkins, Jacqueline Bisset und – John Huston. Die episodisch zersplitterte Ballade schwankt konzeptionslos zwischen raubeinigem Humor, elegischem Romantizismus und koketter Ironie.«

1940 In die Falle gelockt

The Westerner, USA, R: *William Wyler*, D: *Gary Cooper, Walter Brennan*

DÄUMELINE

Thumbelina, IR/USA 1994, R: *Don Bluth, Gary Goldman* – Animation:

Nach einem Märchen von Hans Christian Andersen. Auf einem idyllischen Bauernhof lebt die winzige Däumeline mit vielen Tieren und einer liebevollen Mutter. Sie sehnt sich nach jemandem, der genauso klein ist wie sie und mit dem sie ihr Leben teilen könnte. Ihr Wunsch geht in Erfüllung, als sie eines Nachts den Elfenprinzen Cornelius trifft. Die beiden verlieben sich ineinander. Doch da wird Däumeline von einer Krötenbande entführt, und so beginnt für das Mädchen eine lange, gefahrvolle Odyssee. Wird Däumeline jemals zu ihrem Elfen-Prinz zurückkehren? *MovieLine*: »Schwülstig-kitschige Zeichentrickversion, die ihre Geschichte ohne jede ironische Brechung erzählt.«

1977 Däumelinchen

Oya-yubi hime, J, R: Yugo Serikawa – Animation

1970 Thumbelina

USA, R: Barry Mahon, D: Shay Gardner, Sue Cable, Heather Grinter

1954 Thumbelina

GB, R: Lotte Reiniger – Animation

1924 Thumbelina

USA, R: Herbert M. Dawley – Animation

DAVID COPPERFIELD

USA 2000, R: Peter Medak, D: Hugh Dancy, Max Dolbey, Michael Richards, Sally Field, Anthony Andrews, Eileen Atkins, Frank MacCusker, Edward Hardwicke, Emily Hamilton, Julie Cox, Sarah Smart
Nach einem Roman von Charles Dickens: David hat seinen Vater verloren. Und eines Tages entschließt sich seine Mutter, erneut zu heiraten, damit David wieder einen Vater bekommt. Doch David spürt sehr deutlich, wie seine sensible Mutter an der seelischen Grausamkeit seines tyrannischen Stiefvaters Mr. Murdstone leidet. Vom Kummer geschwächt, stirbt sie bei der Geburt ihres zweiten Kindes. Nun ist David ganz allein. Sein Stiefvater bemächtigt sich des gesamten Erbes des Jungen und hat nichts Eiligeres zu tun, als den ihm lästigen Jungen in die Schule eines sadistischen Privatlehrers abzuschieben. David muss Furchtbares erdulden. Aber es kommt noch schlimmer: Als knapp 10-Jähriger muss er in einer Fabrik seines Stiefvaters unter erbärmlichsten Bedingungen arbeiten. Seine Unterkunft ist zwar dürftig, aber die Familie des Mr. Micawber meint es gut mit ihm. Doch als Mr. Micawber die Stadt verlassen muss, läuft David davon. Völlig abgerissen und erschöpft kommt er bei seiner Tante Betsey in Dover an. Sie kümmert sich rührend um den Jungen und sorgt dafür, dass er eine Ausbildung an einer guten Schule in Canterbury bekommt. Eine erste Stellung erhält David schließlich in der Kanzlei des Anwalts Mr. Wickfield. In seiner Tochter Agnes findet David bald eine Schwester. Nach einigen Jahren hat David sich so an ihre Gegenwart gewöhnt, dass er gar nicht merkt, wie sehr Agnes ihm zugetan ist. Er verliebt sich in die kapriziöse Dora und heiratet sie. David muss in der Ehe viel Geduld aufbringen, denn der Alltag der Ehe sieht ganz anders aus, als der junge Mann sich dies vorgestellt hat. Doch als Dora schwer erkrankt und stirbt, stürzt für David eine Welt zusammen. Nicht nur Freunde helfen ihm über den Kummer hinweg, auch Agnes ist für ihn da. Sie hatte Dora versprechen müssen, einmal ihre Stelle neben David einzunehmen.

1999 David Copperfield

GB/USA, R: Simon Curtis, D: Bob Hoskins, Maggie Smith, Daniel Radcliffe

1993 David Copperfield

CDN, R: Don Arioli – Animation

1974 David Copperfield

GB, R: Joan Craft, D: Anthony Andrews, Timothy Bateson, Patience Collier

1970 David Copperfield

GB, R: Delbert Mann, D: Richard Attenborough, Laurence Olivier, Edith Evans

1935 David Copperfield

USA, R: George Cukor, D: Freddie Bartholomew, Elizabeth Allan, Basil Rathbone

1922 David Copperfield

DK, R: A. W. Sandberg, D: Gorm Schmidt, Martin Herzberg, Margarete Schlägel

1911 David Copperfield

USA, R: Theodore Marston, D: Flora Foster, Ed Genung, Anna Seer

David Copperfield
(1935, R: George Cukor): W. C. Fields

DAVY CROCKETT, KÖNIG DER TRAPPER

Davy Crockett, King Of The Wild Frontier, USA 1954, R: Norman Foster, D: Fess Parker, Buddy Ebsen, William Bakewell, Basil Ruysdael, Pat Hogan, Mike Mazurki

Davy Crockett arbeitet 1813 als Scout in dem Creek Indian War gegen die Indianer. Weil er sich mit den Indianern anfreundet, statt sie zu bekämpfen, wird er entlassen. Zusammen mit seinem Freund George Russel, der ihre gemeinsamen Taten in Groschenheften beschreibt und Davy dadurch berühmt macht, zieht er im Westen umher. Nachdem er ein Dorf von einem Störenfried befreit hat, erringt er politische Prominenz und wird zuerst Friedensrichter, dann Abgeordneter im Staatsparlament und schließlich Kongress-Abgeordneter. Als Präsident Andrew Jackson indianerfeindliche Gesetze durchbringen will, legt er sein Mandat nieder. Davy und George gehen nach Texas und machen die Verteidigung des Alamo bis zum Schluss mit. 1956 drehte Norman Foster die Fortsetzung *Davy Crockett und die Flusspiraten*.

Western-Lexikon: »Die Fortsetzung von Walt Disneys *Davy Crockett*-Erfolgsstory, *Davy Crockett And The River Pirates*, wurde aus den zwei 60-Minuten-Fernsehfilmen *Davy Crockett's Keelboat Race* und *Davy Crockett And The River Pirates* zusammengeschnitten; der erste Teil bietet mehr Comedy und Slapstick, der zweite Action und Dramatik. Da Davy jetzt ein populärer Held ist, gibt er sich nicht mehr so rüpelhaft wie in *Davy Crockett, King Of The Wild Frontier*, sondern lebt nach der reinen Pfadfinder-Lehre.«

1916 Davy Crockett

USA, R: William Desmond Taylor, D: Dustin Farnum, Winifred Kingston

DEATH ON SAFARI

Ten Little Indians, USA 1989, R: Alan Birkinshaw, D: Donald Pleasence, Brenda Vaccaro, Frank Stallone, Herbert Lom, Sarah Maur Thorp, Yehuda Efroni, Paul Smith, Moira Lister, Warren Berlinger, Neil McCarthy

Nach einem Roman von Agatha Christie: Afrika in den 30er-Jahren. Auf Einladung des mysteriösen Mr. Owen treffen sich zehn ehrenwerte Bürger der besten Gesellschaft zu einer Safari ins Landesinnere. Doch statt des Gastgebers empfängt sie nur eine Schallplatten-Stimme: Sie bezichtigt jeden der Anwesenden eines Verbrechens. Panik macht sich breit, als die ersten Toten gefunden werden. Die Verbindung zur Außenwelt ist unterbrochen. Wer wird das nächste Opfer?

MovieLine: »Neuverfilmung des Agatha Christie-Romans *Zehn kleine Negerlein*, diesmal anlässlich einer Safari im afrikanischen Busch der Dreißiger. Harry Allan Towers dritter (!) Versuch an der inzwischen sehr vertrauten Geschichte ist zugleich sein schlechtester.«

Über die zweite Verfilmung des Stoffes hieß es im *Filmbeobachter*: »René Clairs kunstreiche Regie schuf nach dieser Vorlage 1945 in den USA seinen Film *Das letzte Wochenende* ... Allerdings überzog er Agatha Christies scharfsinnig-schauerliche Konstruktion mit einem Hauch makabrer Ironie und gab der Geschichte einen versöhnlichen Schluss. Das Kinderlied von den *Zehn kleinen Negerlein*, nach dessen Strophen sich die Mordserie getreulich abspielt, musste allerdings dem in Amerika gebräuchlichen *Zehn kleine Indianer* weichen. George Pollock, Regisseur der ebenfalls auf Agatha-Christie-Romanen fußenden *Miss Marple*-Filme, hat Clairs Konzeption in dieser Zweitverfilmung arg vergröbert übernommen. Unnötigerweise verlegt er aber den Schauplatz in ein Alpenschloss, dessen großzügige Anlage mitsamt breiter Wagenanfahrt in krassem Widerspruch zu der vorgeblichen Unzugänglichkeit steht. Aus diesem Wechsel ergeben sich weitere ungeschickte Abwandlungen, die die Glaubhaftigkeit der ursprünglich doch so durchdachten Kriminalstory gewaltig untergraben. Leider sollen dann diese Schwächen durch Zugeständnisse an den vermeintlichen Publikumsgeschmack aufgewogen werden. Eine alte Jungfer wurde zu einem attraktiven Filmstar, es gibt eine Ausziehszene, eine Liebesnacht und eine wilde Schlägerei, einen Absturz am Fels und eine herunterkrachende Seilbahn.«

1987 Das letzte Weekend

Desjat negretjat, UdSSR, R: Stanislaw Goworuchin, D: Wladimir Seldin

1974 Ein Unbekannter rechnet ab

Dix petits negres, BRD/F/E/I, R: Peter Collinson, D: Oliver Reed, Gert Fröbe

1965 Geheimnis im blauen Schloss

Ten Little Indians, GB, R: George Pollock, D: Hugh O'Brian, Mario Adorf, Daliah Lavi

1945 Das letzte Wochenende

And Then There Were None, USA, R: René Clair, D: Barry Fitzgerald, Walter Huston

THE DEEP END – TRÜGERISCHE STILLE

The Deep End, USA 2000, R: Scott McGehee, David Siegel, D: Tilda Swinton, Goran Visnjic, Jonathan Tucker, Peter Donat, Josh Lucas, Raymond Barry, Tamara Hope, Jordan Dorrance

Nach dem Roman *The Blank Wall* von Elizabeth Sanxay Holding: Bisher verlief das Leben von Margaret Hall in geregelten Bahnen. Drei Kinder, der kranke Schwiegervater und das große Haus wollen versorgt werden, während ihr Mann monatelang auf See ist. Es ist ein einsames Leben, das aus der Bahn gerät, als Margaret hinter dem Haus den Geliebten ihres Sohns findet. Er ist tot, und Margaret weiß, was sie zu tun hat. Alles scheint noch einmal gut gegangen zu sein ...

Marli Feldvoss (*Neue Zürcher Zeitung*): »Die blasse Frau im farblosen Trench mit dem störrischen rotblonden Haar steht gleich in der ersten Einstellung wie ein unverrückbarer Fremdkörper im blaustichigen, trotzdem schwülen Bar-Ambiente. Sie ist als Kämpferin ins nahe Spielerparadies Reno gekommen, um ihren Sohn einem Verführer abzujagen ... Sie wird – über alle Zweifel erhaben – durch die Niederungen einer schmutzigen Erpressungsgeschichte schreiten, eine wahre Heilige, die mit schlaglichtartigen weissen Abblenden zur Hauptdarstellerin oder auch zur Haupttäterin in einem Psychothriller gekürt wird, der genauso gut *Es geschah am helllichten Tag* heissen könnte. Sie verweigert von Anfang an das Klischee der bösen Frau des Film noir: Tilda Swinton als Margaret Hall transzendiert von vornherein das Genre. Von der Romanvorlage *The Blank Wall* von Elizabeth Sanxay Holding aus dem Jahr 1947 abweichend – damals ein Bestseller, den Max Ophüls als *The Reckless Moment* (1949) mit Joan Bennett und James Mason verfilmte –, ersetzt das Remake die frühreife

Tochter durch einen schwulen Sohn, die verräterischen Liebesbriefe durch ein Video von schwuler Liebe, die kalifornische Küste durch einen abgeschiedenen, glasklaren See. Das Verbrechen, das keines ist, lässt sich hier nicht einmal so richtig verbergen. Trotzdem ist *The Deep End* – verwunderlich genug – ein ›schwarzer‹ Thriller und ein Woman's Picture geblieben.«

1949 Schweigegeld für Liebesbriefe

The Reckless Moment, R: Max Ophüls, D: Joan Bennett, James Mason, Geraldine Brooks

DEM HIMMEL SO NAH

A Walk In The Clouds, USA 1995, R: Alfonso Arau, Drb: Robert Mark Kamen, Mark Miller, Harvey Weitzman, K: Emmanuel Lubezki, M: Maurice Jarre, S: Don Zimmerman, D: Keanu Reeves (Paul Sutton), Aitana Sanchez-Gijon (Victoria Aragon), Anthony Quinn (Don Pedro Aragon), Debra Messing (Betty Sutton), Angelica Aragon (Marie Aragon)

San Francisco, kurz nach dem Ende des Zweiten Weltkriegs. Der junge Ex-Soldat Paul Sutton freut sich auf das Leben als Zivilist. Doch nichts ist mehr wie früher: Seine Frau behandelt ihn wie einen Fremden, und die Aussicht, wieder in seinem alten Beruf als Vertreter für Schokolade und Pralinen zu arbeiten, begeistert ihn auch nicht besonders. Da begegnet Paul der wunderschönen Victoria. Die Tochter eines reichen Winzers aus dem nordkalifornischen Napa Valley hat sich während des Studiums mit einem Kommilitonen eingelassen und ist jetzt schwanger. Aus Angst vor ihrem strengen Vater traut sie sich nun nicht nach Hause. Kurzentschlossen bietet Paul ihr an, sie zu begleiten und für einen Tag ihren Ehemann zu spielen.

Victorias Vater begegnet dem vermeintlichen Schwiegersohn misstrauisch und mit unverhohlener Abneigung. Doch vom Rest der Familie, besonders vom Großvater Don Pedro, wird Paul mit offenen Armen empfangen. Auf dem idyllisch gelegenen Weingut The Clouds ist die Traubenernte in vollem Gang: ein alljährlich wiederkehrendes Ritual aus harter Arbeit, ausgelassener Lebensfreude und Sinnlichkeit. Während Paul und Victoria, von allen beobachtet, ein glückliches Paar spielen, wird unter der heißen Sonne Kali-

Dem Himmel so nah
(1995, R: Alfonso Arau): Keanu Reeves

forniens aus der Maskerade, die nur einen Tag dauern sollte, Ernst: Die beiden verlieben sich ineinander ...

Sieben Jahre hat es gedauert, bis die Produzenten David Zucker, Jerry Zucker und Gil Netter ihr Projekt realisieren konnten. Bereits 1987 hatte Netter die Remake-Rechte an dem italienischen Film *Lüge einer Sommernacht* (1942) gekauft: »Die Geschichte zeichnete sich durch eine Moral aus und vertrat gesellschaftliche Werte, wie wir sie in all unseren Filmen ausdrücken möchten«, sagt Netter. Er war überzeugt, dass Alfonso Arau »die richtige Einstellung und genug Leidenschaft« mitbrachte, um etwas ganz Besonderes aus dem Remake zu machen. Obwohl Arau den Originalfilm bewunderte, wollte er eine Geschichte erzählen, die sich stärker mit seinen eigenen Erfahrungen deckte. Er informierte die Zucker-Brüder darüber, dass er aus der italienischen eine mexikanische Familie machen wollte – von dieser Idee war das Produzenten-Duo begeistert.

Als Drehbuchautor engagierte der Regisseur Robert Mark Kamen *(Karate Kid, Im Glanz der Sonne)*, um sicherzustellen, dass das Skript ein authentisches mexikanisches Flair haben würde, lud Arau Kamen nach Mexico City ein, damit er vor Ort die Lebensweise wohlhabender Mexikaner aus erster Hand studieren konnte. Die Reise nach Mexico half Kamen, Araus Vision des Films besser zu verstehen. »Alfonso hatte sich von meinem Besuch erhofft, dass er die Kluft zwischen unseren beiden Kulturen überbrücken würde«, sagt Kamen. »Ich war hingerissen von der Unwirklichkeit der Orte, die wir besuchten, und der Vielfalt der mexikanischen Kultur.«

Der Kritiker Günter H. Jekubzik bezeichnet den Film als »nette Romanze mit schmalzigen Serenaden, kitschigen Sonnenuntergängen und was sonst so das Film-Glück ausmacht. Wer allerdings die *Bittersüße Schokolade*, Araus letzter Leckerbissen, kostete, wird etwas enttäuscht sein. Die Magie der Liebe, die Genüsse für Augen, Ohren und die Geschmacksnerven bleiben unnachahmlich und *Dem Himmel so nah* ist nur ›Schokolade light‹, spürbar ein Remake des alten Films *Lüge einer Sommernacht* aus dem Jahre 1942, an dem auch Schmachtregisseur Zavattini mitarbeitete.« Auch für Henning Brüns ist der Film eine »mexikanische Seifenoper auf einem kalifornischen Landgut«, bei der die Story »hätte die Ba-

sis sein können für eine wundervoll altmodische Liebeskomödie. Die italienische Kinovorlage *Lüge einer Sommernacht* von 1942 bot dazu alle Möglichkeiten: Präzise Milieu- und Charakterstudien grundierten die tragikomischen Ereignisse vor dem Hintergrund eines düsteren Kriegsalltags. Das Remake dagegen gibt sich hemmungsloser Schönfärberei hin. Etwaig kritisch dissonante Zwischentöne bleiben gänzlich ausgespart. Dies ist weniger ein Film als ein in Zelluloid verpacktes Sahnetörtchen. Es gelingt ihm nur eine der handelsüblichen Bilderbuch-Schmonzetten, in der nicht nur das amouröse Geschehen überhaupt stark enttäuscht. Unentschlossen schwankt die Liebelei zwischen halbherziger Komik und pathetischem Ernst, während die anvisierte Romantik förmlich erstickt unter einem viel zu aufdringlich ins Bild gesetzten Schwulst folkloristisch-chauvinistischer Attitüden: Wein, Weib und Gesang.« In Indien entstand im Jahr 2000 unter dem Titel *Dhai Akshar Prem Ke* ein weiteres Remake, Regie führte Raj Kanwar und die Hauptdarsteller waren Abhishek Bachchan, Sonali Bendre und Salman Khan.

1956 Vater wider Willen

Sous le ciel de provence, F/I, R: Mario Soldati, D: Fernandel, Andrex, Alberto Sordi

»Diese französisch-italienische Neuverfilmung hat all die liebenswerten Vorzüge des Stoffes behalten. Ein Schokoladevertreter erlebt eines Tages eine unfreiwillige Abwechslung im Einerlei häuslicher Verdrießlichkeiten: Da sammeln sich die Tücken des Objekts, der Zug wird verpasst, der Omnibus hat Verspätung, weil der Chauffeur abwarten will, ob sein Erstling ein Junge oder ein Mädchen ist (wir sind in Südfrankreich!), der Anschluss ist weg, und da ist ein junges, Mädchen, das sich nicht heimtraut in die stolze bäuerliche Familie, weil es ein uneheliches Kind erwartet. Absonderliche, jedoch gescheit ausgeleuchtete Situation: Der biedere Familienvater und Handlungsreisende spielt aus Gutmütigkeit der Familie den vermeintlichen Ehemann vor, um das arme Ding fürs erste vor dem Sippenunheil zu schützen. Eine Geschichte, die ganz aus den Details lebt, aus Kleinmalerei von Land und Leuten, aus besinnlichen Randlichtern und köstlicher Typenkomik. Fernandel spielt die Prachtrolle in vollen Zügen aus, ohne turbulenten komödiantischen Wind, ganz Herz und innere Heiterkeit.« (Ponkie, *Filmblätter* 1957)

1942 Lüge einer Sommernacht

Quatro passi fra le nuvole, I, R: Alessandro Blaset-
ti, D: Adriana Benetti, Gino Cervi

»Die Tragikomödie eines gutmütigen Handlungsreisenden, der durch seine Hilfsbereitschaft
gegenüber einem verlassenen Mädchen in
schwierige Situationen gerät. Im Stil des Neorealismus inszenierte, lebendig gespielte Alltags-
geschichte von menschlicher Gesinnung.« *(Lexi-*
kon des internationalen Films)

DEN AASGEIERN EISKALT SERVIERT

Callan, GB 1973, R: Don Sharp, D: Edward Wood-
ward, Carl Möhner, Catherine Schell, Eric Porter, Pe-
ter Egan, Russell Hunter, Kenneth Griffith, Michael
Da Costa, Veronica Lang, Clifford Rose, David
Prowse, Don Henderson, Nadim Sawalha, David
Graham, Yuri Borionk

Nach dem Roman *A Red File For Callan* von
James Mitchell: Der ehemalige Topagent David
Callan wird überraschend mit einem neuen Job
betraut: Er soll den deutschen Waffenhändler
Schneider aus dem Weg räumen. Als Callan in
Schneiders Haus eingedrungen ist, wird ihm klar,
dass er das Opfer einer Intrige ist: Seine eigenen
Leute wollen ihn nach dem Anschlag wegen Mor-
des verhaften lassen ...

Lexikon des internationalen Films: »Agenten-
Thriller herkömmlicher Machart, der dem Thema keine wesentlich neuen Aspekte abgewinnt.
In der Personenzeichnung zu schablonenhaft,
setzt sich der Film zu wenig von dem dargestellten Weltbild ab.«

1967 A Magnum For Schneider

GB, R: Bill Bain, D: Edward Woodward, Joseph
Fürst, Ronald Radd

DEN TOD ÜBERLISTET

The Man Who Could Cheat Death, GB 1959, R:
Terence Fisher, D: Anton Diffring, Hazel Court,
Christopher Lee, Arnold Marle, Delphi Lawrence,
Francis de Wolff

Nach einem Bühnenstück von Barre Lyndon:
Junger und erfolgreicher Arzt ist, wie sich herausstellt, auf Grund einer Drüsenoperation in
Wahrheit weit über hundert Jahre alt. Zusätzlich
muss er auch noch ein Lebenselexier einnehmen,
um nicht zu altern. Doch dieses Elexier weckt ungeheure Mordinstinkte in ihm und so entwickelt
er sich zum ungezügelten Massenmörder.

Filmblätter: »Seit Professor Bondi reißt die
Kette der Grusel-Arzt-Stories nicht mehr ab. Hier
eine mittelprächtige Variante. Unheimlicher
Doktor.«

1944 The Man In Half Moon Street

USA, R: Ralph Murphy, D: Nils Asher, Helen Wal-
ker, Brandon Hurst

DES KAISERS NEUE KLEIDER

BRD 1993, R: Juraj Herz, D: Harald Juhnke, Cars-
ten Voigt, Jan Kalous, Andréa Ferréolm, Therese
Herz, Annelie Herz, Juraj Herz, Andrej Hryc

Das Volk stöhnt unter dem Modefimmel Seiner
Majestät, denn der Kaiser ist so eitel, dass er nur
eines im Sinn hat: sich in immer prachtvollere
Kleider zu hüllen. Um sich all den Luxus leisten
zu können, müssen ihm seine Untertanen für viel
Geld Kleidermarken abkaufen. Eines Tages wird
es dem Straßenjungen Tobias zu bunt. Zusammen
mit dem Hofschneider bringt der Junge den
Herrscher mit einem Trick zur Vernunft ...

Zitty: »In der gedehnt-betulichen Verfilmung
von Juraj Herz aus dem Jahr 1993 meistert Harald Juhnke den Part des Kaisers, allerdings
behält er die langen Unterhosen an und nimmt
nur seine Perücke vom Kopf.«

1993 The Emperor's New Clothes

USA, R: Michael Sporn, D: Peggy Cass, Barnard
Hughes, Regis Philbin

1992 Des Kaisers neue Kleider

AUS, R: Richard Slapczynski, D:

1987 Des Kaisers neue Kleider

Emperor's New Clothes, USA, R: David Irving, D:
Sid Caesar, Robert Morse

1984 Des Kaisers neue Kleider

The Emperor's New Clothes, USA, R: Peter Medak,
D: Art Carney, Alan Arkin

1966 The Emperor's New Clothes

USA, R: Bob Clark, D: John Carradine, Lila Lee

1961 Das Kleid

DDR, R: Konrad Petzold, D: Wolf Kaiser, Horst Drin-
da, Eva-Maria Hagen

1953 The Emperor's New Clothes

USA, R: Ted Parmelee – Animation

1919 Novoye platye korolya

RUS, R: Yuri Zhelyabuzhsky

DESPERADO

USA 1995, R: Robert Rodriguez, D: Antonio Bande-
ras, Steve Buscemi, Quentin Tarantino

Ein Mariachi wandert mit einem Gitarrenkoffer voller Waffen durchs Land, um den Drogenhändler, der seine Freundin erschossen hat, zu finden und zu töten.

Niko Schmidtke *(Hamburger Morgenpost)*: »Wem diese Geschichte vertraut vorkommt, erlebt kein Déja-vu. Regisseur Robert Rodriguez hat sie tatsächlich schon mal verfilmt, für eine Hand voll Pesos. Nun durfte das Wunderkind aus Mexiko den gleichen Film noch mal machen, mit einem Millionenbudget und Antonio Banderas in der Hauptrolle und Steve Buscemi und Quentin Tarantino in Nebenrollen. Obst- und Gemüsehändlern wird wieder warm ums Herz. Futterte Banderas in *Assassins* Äpfel und Aprikosen, vernascht er als Desperado zuckersüße Früchtchen, verteilt reichlich blaue Bohnen und pustet Bösewichtern die Birnen weg. Denn das Motto lautet: Rübe runter. Und schon beißen die Fiesen ins Gras. Dass man diese Ballerorgie, gewürzt mit gepfefferten Salven aus dem Gitarrenkasten, nicht so ernst nehmen darf, versteht sich von selbst. Dieser *Desperado* ist eine Karacho-Parodie auf Karamba-Filme. Capito Amigos!«

1992 El Mariachi
USA, R: Robert Rodriguez, D: Carlos Gallardo, Consuelo Gómez, Jaime de Hoyos

DESTRY RÄUMT AUF

Destry, USA 1954, R: George Marshall, Drb: Edmund H. North, D. D. Beauchamp nach dem Roman von Max Brand, K: George Robinson, M: Joseph Gershenson, Arnold Hughes, Frederick Herbert, S: Ted J. Kent, D: Audie Murphy (Tom Destry), Mari Blanchard (Brandy), Lyle Bettger (Decker), Lori Nelson (Martha Phillips), Thomas Mitchell (Rags Barnaby), Edgar Buchanan (Bürgermeister Sellers), Wallace Ford (Doc Curtis), Mary Wickes (Bessie Mae Curtis), Alan Hale jr. (Jack Larson), Lee Aaker (Eli Skinner), Trevor Bardette (Sheriff Joe Bailey), Walter Baldwin (Henry Skinner), George Wallace (Curley), John Doucette (Cowhand)

Der alte Sheriff Barnaby, der mit den schlimmen Jungens von Restful nicht mehr fertig werden kann, lässt zu seiner Unterstützung Tom Destry kommen, den Sohn des besten Sheriffs, den die Stadt jemals erlebt hat. Tom Destry macht zunächst den Eindruck, als sei er ein harmloser Trottel, aber dann zeigt er, dass er auch mit Pistolen und sogar mit Frauen umgehen kann.

»Die dritte von insgesamt vier Verfilmungen von Max Brands *Destry Rides Again*«, notiert Joe Hembus in seinem *Western-Lexikon*, »gedreht vom Regisseur der definitiven Version *Destry Rides Again (Der große Bluff)* von 1939, aber besetzt mit Audie Murphy, der ganz hilflos in den Fußspuren von James Stewart herumtaumelt.« Hans-G. Berthold hält *Destry räumt auf* in den *Filmblättern* trotzdem für »ein rundes Vergnügen«, denn »das ist mit einer Perfektion gemacht, die Bewunderung verdient, obwohl jeder weiß, wie es ausgeht, lässt die Spannung keinen aus, und das dramaturgische Gerüst dieses Films ist ein Musterbeispiel solider Handwerksbeherrschung.« Der *Film-Dienst* bescheinigt »immer noch durchschnittliche Unterhaltung, aber ohne die Spitzenbesetzung und Friedrich Hollaenders Songs vergleichsweise enttäuschend.«

Was George Marshall für Joe Hembus im *Western-Lexikon* »zum König der Western-Komödie macht, ist sein Informationsvorsprung vor den vielen anderen amerikanischen und europäischen Regisseuren, die sich an ›lustigen Western‹ versuchen; er weiß, dass man sich dazu nicht außerhalb des Genres begeben, sondern das Gen-

Destry räumt auf (1954, R: George Marshall): Audie Murphy als Sheriff Tom Destry

163

re von seinen Quellen her kurieren muss. Denn die Mythologie, auf der der Western beruht, ist wesentlich eine komische Mythologie (was die Western-Literatur des 19. und frühen 20. Jahrhunderts mit ihrem aberwitzigen Humor durchgehend besser kapiert hat als der Film, und was die Volksballaden des Westens ohnehin wussten).«

Über Western-Komödien schreibt Max Eastman: »Alle anderen mythischen Helden waren ernst gemeint gewesen; unsere waren zu spät gekommen, um ernst zu sein, und darin bestand ihr Reiz. Sie wurden aus dem Gelächter geboren, sie sind bewusst albern; es sind komische Halbgötter. Das ist das eigentümlich Amerikanische daran – nicht, dass ihr primitiver Humor übertrieben wäre, sondern ihre primitive Übertreibung ist humoristisch.«

Der Film von Marshall ist das Remake eines Remakes, denn der erste *Destry Rides Again*, 1931 von Ben Stoloff inszeniert, war der erste Tonfilm mit Tom Mix. Eine weitere Fassung ist ein nicht als solches ausgewiesenes Remake, das sich völlig auf den weiblichen Helden konzentriert, *Revolverlady*, 1950 mit Shelley Winters als Frenchie.

1950 Revolverlady
Frenchie, USA, R: Louis King, D: Joel McCrea, Shelley Winters, Paul Kelly

1939 Der große Bluff
Destry Rides Again, USA, R: George Marshall, D: Marlene Dietrich, James Stewart
Marlene Dietrich startete mit diesem Film eine zweite Karriere. Nach ihrer Trennung von Sternberg (1935) war die Popularität der Schauspielerin auf den Nullpunkt gesunken; zwei Jahre lang war sie in keinem Film mehr aufgetreten und soll diese Rolle für fünfzigtausend Dollar, ein Zehntel ihrer früheren Bezüge, gespielt haben. Nach dem großen Erfolg, den dieser Film hatte, war Marlene Dietrich wieder ganz oben.

»Ich glaube, es war Lord Beaverbrook, der gesagt hat, Marlene Dietrich, wie sie in ihren schwarzen Strümpfen auf der Theke steht und *See What The Boys In the Backroom Will Have* schmettert, sei ein größeres Kunstwerk als die Venus von Milo. Ob man dem nun zustimmen will oder nicht – *Destry Rides Again* war der Start einer neuen Dietrich: rau, laut und komisch« (Kenneth Tynan, *NFT*-Programmschrift 1965).

1931 Tom rechnet ab
Destry Rides Again, USA, R: Ben Stoloff, D: Tom Mix, Claudia Dell
Tom Mix musste Erfahrungen machen wie viele andere Stars des Stummfilms, über die neue Zeit des Tonfilms schreibt er in der Zeitschrift *Variety*: »Heute wechseln ständig die Gesichter, es darf kein überflüssiges Wort gesprochen werden, damit die Arbeit möglichst rasch abgewickelt wird und keine Überstunden entstehen. Aber die Arbeit ist dadurch nicht besser, die Theater sind nicht voller geworden. Es gibt heute kein wirkliches Leben mehr im Film. Von der ersten Vorbereitung bis zur letzten Aufnahme ist alles ein maschinenfertiges Katalog-Produkt. Alles ist mechanisiert wie in der Autoindustrie.«

Dennoch verpflichtete ihn 1932 die Universal für fünf weitere Western. »Zumindest die ersten beiden Filme waren nicht ohne Qualitäten. In Ben W. Stoloffs *Destry Rides Again (Tom rechnet ab!)* spielte er den Sheriff Tom Destry, der sieben Jahre später in George Marshalls Komödie *Destry Rides Again (Der große Bluff)* durch James Stewart zu einer der populärsten Western-Figuren jener Jahre gemacht wurde.« (Michael Hanisch, *Western*)

DIE DEUTSCHMEISTER
A 1955, R: Ernst Marischka, D: Romy Schneider, Magda Schneider, Siegfried Breuer jr., Hans Moser, Gretl Schörg, Paul Hörbiger, Wolfgang Lukschy, Adrienne Gessner, Susi Nicoletti, Josef Meinrad, Gunther Philipp, Fritz Imhoff, Heinz Conrads, Richard Eybner, Karl Schwetter

Der große Bluff (1939, R: George Marshall):
James Stewart und Marlene Dietrich

Nach dem Buch *Frühjahrsparade*: Weil »sie« den feschen Pauken-Korporal liebt, backt sie im Bäckerladen ihrer Tante die Noten seiner neuesten Komposition in ein Salzstangerl ein, das für das Frühstück Ihrer höchsten Majestät bestimmt ist. Was Wunder, dass der Marsch zur Frühjahrsparade aus der Taufe gehoben wird.

Afra v. Boxberger *(Filmblätter)*: »In heiterer Wiener Operettenseligkeit und reizvollen Farben wird eine herzige Geschichte hingetupft, wohl eingebettet in weinfrohe Heurigenstimmung ... Romy Schneider, zauberhaft anzuschauen, fügt ihren bisherigen Erfolgen einen neuen hinzu, und ihr G'spusi Siegfried Breuer, tapsig jung, hält tapfer durch. Mit weanerischem Charme verteidigt Magda Schneider Selbstständigkeit und Bäckerladen, um zuletzt doch erleichtert in die Arme des schüchtern-liebenswürdigen Hofrates Josef Meinrads zu sinken ... Die Regie legt eine Deutschmeister-Frühjahrs-Parade comme il faut hin und weiß nette Gags und muntere kleine Schlenker treffend anzubringen.«

1935 Frühjahrsparade
D, R: Géza von Bolváry, D: Paul Hörbiger, Franziska Gaál, Theo Lingen

THE DEVIL AND DANIEL WEBSTER
USA 2001, R: Alec Baldwin, D: Anthony Hopkins, Alec Baldwin, Jennifer Love Hewitt, Dan Aykroyd, Gregg Bello, Kim Cattrall, Bill Corsair, Jonathon Gentry, Darrell Hammond, John Hines, Alice Johnson, Julie Lamb, Marni Lustig
Schon vor Jahren begeisterte sich Alec Baldwin für den Kino-Klassiker *Der Teufel und Daniel Webster*, in dem 1941 unter der Regie von William Dieterle ein Mann einen Pakt mit dem Teufel schloss. Die Handlung der von Stephen Vincent verfassten Geschichte wurde beim Remake ins New York unserer Tage verlegt und Satan (gegenüber der ersten Verfilmung) einer Geschlechtsumwandlung unterzogen: So spinnt Jennifer Love Hewitt *(Ich weiß, was du letzten Sommer getan hast)* als Teufelin die Intrigen. Ihr Opfer findet sie in dem erfolglosen Autor Jabez Stone, der sich nach Anerkennung und beruflichen Triumphen sehnt. Ihm kommt das diabolische Angebot gerade recht: Reichtum und Glorie für die Dauer von zehn Jahren im Austausch gegen seine Seele. So verkauft ein Schriftsteller für den Erfolg seine Seele an den Teufel. Einmal beim Wort genommen, bleibt die leichtfertige

Seelenveräußerung aber nicht ohne Spätfolgen. In seiner Verzweifelung bittet er Daniel Webster, den einflussreichsten Mann in der New Yorker Verlegerwelt, um Hilfe. Der wortgewandte Webster stimmt zu, in einem Prozess den Vertrag mit dem Teufel anzufechten.

1941 Der Teufel und Daniel Webster
The Devil And Daniel Webster, USA, R: William Dieterle, D: Edward Arnold

DEXTER RILEY –
TOTAL VERKABELT UND NICHTS BEGRIFFEN
The Computer Wore Tennis Shoes, USA 1995, R: Peyton Reed, D: Kirk Cameron, Anne-Marie Tremko, Larry Miller, Jeff Maynard
Medfield College ist eine langweilige Schule voller mittelmäßig begabter Teenager. Niemand ist bereit, Geld in die Schule zu investieren, und so gammelt sie vor sich hin. Bis Dexter Riley, der bisher immer hart am Sitzenbleiben vorbeischrammte, eines Tages für eine Sensation sorgt. Nach einem durch Blitzschlag verursachten Kurzschluss wird der gesamte Inhalt der gerade installierten Online-Enzyklopädie in Dexters Gehirn geladen. Die hübsche Sarah, die Dexter bisher keines Blickes würdigte, ist nunmehr begeistert und der Schuldirektor Valentine sieht mit Wohlgefallen, wie sein College dank Dexters Superhirn einen Preis nach dem anderen in der Fernsehshow *The Knowledge Bowl* abräumt. Medfield wird zur nationalen Berühmtheit, aber der Erfolg ruft auch Neider auf den Plan. Das Nobel-College »Hale« zum Beispiel, von wo aus sich ein Hacker in Dexters Systeme einschaltet und einen zerstörerischen Virus in sein Hirn lädt.

1970 Superhirn in Tennisschuhen
The Computer Wore Tennis Shoes, USA, R: Robert Butler, D: Kurt Russell

DIABOLISCH
Diabolique, USA 1996, R: Jeremiah Chechik, D: Sharon Stone, Isabelle Adjani, Chazz Palminteri, Kathy Bates
Nicole und Mia sind so verschieden wie Tag und Nacht. Nur eines haben sie gemeinsam: Beide teilen sie das Bett mit Guy Baran – und sie haben es beide satt, sich von ihm herumkommandieren zu lassen. Die attraktive und selbstsichere Nicole ist Guys Mätresse. Hin- und hergerissen zwischen hemmungsloser Gier und tödlichem Frust, kann sie Guy nicht verlassen. Aber sie erträgt es eben-

Diabolisch (1996, R: Jeremiah Chechik):
Sharon Stone und Isabella Adjani

so wenig, mit ihm zusammen zu sein. Mia Baran ist Guys Frau. Die ehemalige Nonne leidet unter ihrer Schüchternheit und einem schwachen Herzen. Der höhnische Guy macht keinerlei Anstalten, seine offensichtliche Untreue zu verbergen. Ständig wird Mia von ihm auf grausame Weise gedemütigt, immer wieder muss sie sich im Bett seinen Macho-Allüren fügen. Aber irgendetwas an Guy ist unwiderstehlich: Sie fühlt sich zu ihm hingezogen, obwohl er sie mit Füßen tritt. Doch eines Tages beschließen Nicole und Mia gemeinsam, sich ein für alle Mal aus Guys sadistischem Würgegriff zu befreien: Die hilflose Ehefrau und die wütende Geliebte wollen Guy ermorden und damit seine unheilvolle Macht über sie endgültig brechen. Nicole schmiedet einen tödlichen Plan, und Mia gelingt es trotz ihrer Angst und ihrer schwachen Konstitution, durchzuhalten und mitzumachen. Der Mord läuft praktisch genauso ab wie geplant. Kurz nach dem Mord kommt es jedoch zu beunruhigenden Zwischenfällen. Offensichtlich versucht irgendjemand, die Mörderinnen zu erpressen. Dann erscheint auch noch die ebenso resolute wie unkonventionelle Detektivin Shirley Vogel auf der Bildfläche, die sich für den spurlos verschwundenen Guy interessiert. Schließlich erhärten immer neu auftauchende Indizien den schrecklichen Verdacht, dass Guy vielleicht gar nicht tot ist ...

Für Annette Kilzer *(Berliner Zeitung)* »ist die neue Fassung alles andere als ein plattes Plagiat.

Die Teuflischen (1954, R: Henri-Georges
Clouzot): Vera Clouzot, Simone
Signoret und Inspektor Charles Vanel

Denn statt vorzutäuschen, hier werde eine nie zuvor gehörte Story erzählt, verweist *Diabolisch* immer wieder bewusst auf *Die Teuflischen*. Es schafft eine ganz eigentümliche Atmosphäre, wenn die Kostüme, inspiriert von der *Vogue* aus den Fünfzigern, vor das moderne Setting des Schulalltags gesetzt werden. Und in ihrer ersten Einstellung gibt Sharon Stone ein so überzeichnetes, so comichaftes Abziehbild von Simone Signoret, dass sich in ihr alle Vorstellungen konzentrieren, die Amerikaner über französische Bohemiens haben. Mit brennender Zigarette im Mundwinkel, die Augen wegen des Qualms zu schmalen Schlitzen verengt, im Morgenmantel und mit wild toupiertem Haar scheint sie die Inkarnation der Lasterhaftigkeit.«

1954 Die Teuflischen

Les Diaboliques, F, R: Henri-Georges Clouzot, D: Simone Signoret, Vera Clouzot

DIE EINE WILL'S, DIE ANDERE NICHT

Some Will, Some Won't, GB 1970, R: Duncan Wood, D: Ronnie Corbett, Thora Hird, Michael Hordern, Leslie Phillips, Barbara Murray, Wilfrid Brambell, Dennis Price, James Robertson Justice, Sheila Steafel, Eleanor Summerfield, Arthur Lowe

Die Zeiger von Big Ben stehen auf Mitternacht. Londons berühmtes Wahrzeichen beginnt zu läuten – und hört nicht mehr auf. Auf dem schmalen Sims unter dem Uhrenblatt freut sich Henry Russel ausgiebig über seinen neuesten Schabernack. Aber die körperliche Anstrengung ist zu viel für den alten Mann. Doch selbst nach seinem Tod wirkt Henrys Geist unermüdlich weiter. In seinem Testament erklärt er den vier überraschten Hinterbliebenen, dass sie sich die 15.000 Pfund, die er hinterlässt, erst verdienen müssen. Agnes,

Simon, Herbert und Deniston müssen daraufhin kuriose Aufgaben bewältigen ...

Lexikon des internationalen Films: »Seichtes Remake von Mario Zampis Farce *Wer zuletzt lacht* (1951), die nie an den Humor des Vorgängers heranreicht.«

1951 Wer zuletzt lacht
Laughter In Paradise, GB, R: Mario Zampi, D: Alastair Sim, Fay Compton

DER DIEB DER MONA LISA
Il ladro della gioconda, I/F 1966, R: Michel Deville, D: Marina Vlady, George Chakiris, Margaret Lee, Gianrico Tedeschi, Alberto Bonucci, Umberto D'Orsi
Paris im Jahr 1911. Einem gewitzten Dieb gelingt der Diebstahl des berühmten Mona Lisa-Gemäldes aus dem Louvre. Der Tat verdächtigt und von Polizei und Gaunern verfolgt wird jedoch eine junge Frau, die der Mona Lisa zum Verwechseln ähnlich sieht und in die sich der Dieb verliebt hat.

Lexikon des internationalen Films: »Charmant inszenierte und gespielte Gaunerkomödie, die, ohne jeglichen Wirklichkeitsanspruch, ein ausgelassenes Loblied auf Fantasie und Einfallsreichtum anstimmt.«

1931 Der Raub der Mona Lisa
D, R: Géza von Bolváry, D: Willi Forst, Trude von Molo, Gustaf Gründgens

DER DIEB VON BAGDAD
The Thief Of Baghdad, GB/USA 1978, R: Clive Donner, Drb: A. J. Carothers, Andrew Birkin, K: Denis Lewiston, M: John Cameron, D: Roddy McDowall (Hassan), Kabir Bedi (Taj von Sakhar), Peter Ustinov (Kalif), Marina Vlady (Parizadah), Terence Stamp (Jaudur), Pavla Ustinov (Yasmine), Frank Finlay (Abu Bakar), Ahmed El Shenawi (Kanishka), Daniel Emilfork (Genie), Ian Holm (Torwächter), Neil McCarthy (Jaudurs Diener), Yashaw Adem, Michael Chesdon, Geoffrey Cheshire, Arnold Diamond, Leon Greene, Marina Sirtis, Kenji Tanaki
Der Dieb namens Hassan trifft bei einem Streifzug durch den Basar von Bagdad auf den ausgeplünderten und zerschlissenen Kronprinzen Taj von Sakhar. Dessen Geschichte klingt zwar reichlich abenteuerlich, aber Hassan beschließt, dem

sympathischen Fremden zu helfen. Er stattet ihn mit prächtigen – selbstverständlich gestohlenen – Gewändern aus und schmuggelt ihn in den Palast des Kalifen, wo der Prinz um die Hand der schönen Yasmine anhalten will. Bei der Brautwerbung aber stellt sich unverhoffte Konkurrenz ein. Jaudur, der hinterlistige Wesir, schwebt auf einem fliegenden Teppich ein, was den Hofstaat natürlich fasziniert. Zwischen Jaudur und Taj kommt es zum Duell, aber der Kampf geht unentschieden aus, denn Jaudur kann nur getötet werden, wenn man seine Seele trifft. Und die befindet sich natürlich gut versteckt auf einem fernen Berg.

Der alte Kalif folgt dem Rat der Hofdame Parizadah und stellt den beiden Bewerbern ein Rätsel. Wer sein wertvollstes Gut an den Hof bringt, soll die Hand der Prinzessin gewinnen. Da die Liebe sich aber auch im Orient nicht nach Rätseln orientiert, helfen die Prinzessin und ihre Hofdame dem Glück ein wenig auf die Sprünge. Jaudurs Teppich wird gestohlen, der schöne Taj und sein Freund Hassan werden mit einigen guten Tipps ausgestattet – und ab geht die Reise zum Tempel der Wahrheit. Es versteht sich von selbst, dass auch Herr Jaudur nicht untätig bleibt. So versenkt er den Teppich, klaut auch noch das allwissende Auge und sperrt den Kalifen im eige-

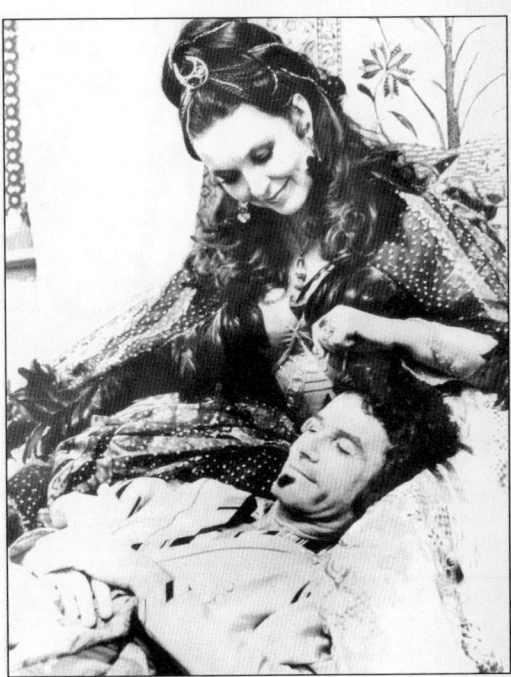

Der Dieb von Bagdad
(1978, R: Clive Donner): Auch Diebe müssen ruhen

nen Haus ein, als der ihm seine Tochter verweigert. Die Lage sieht für Taj und Hassan einigermaßen schwierig aus. Ein Flaschengeist hilft den beiden aus der Patsche, Jaudurs Seele wird kurzerhand zu Staub gemacht, der Kalif aus seinem Kerker befreit, und dann steigt eine berauschende Doppelhochzeit: Taj heiratet die schöne Yasmine. Und Hassan, der den Beruf des Diebes endgültig an den Nagel hängt, wird mit der klugen Parizadah vermählt.

Für Regisseur Clive Donner ist die Verfilmung die Verwirklichung eines Kindertraumes: »In *Der Dieb von Bagdad* mussten wir glücklicherweise, nicht auf ein Märchen zurückgreifen, sondern konnten uns aus dem reichen Schatz der Erzählungen aus 1001 Nacht bedienen. Der ganze Zauber des Orients konnte vor den Kameras aufblühen. Wir zeigen eine bildhübsche Prinzessin und einen mutigen Prinzen, einen schurkischen Wesir, einen verschlagenen Kalifen, einen raffinierten Dieb – gewissermaßen einen ›Robin Hood des Orients‹ – und die ganze Pracht eines orientalischen Palastes mit Harem und Dienern. Das Ganze garniert mit aktionsreichen Abenteuer-Szenen, einem fliegenden Teppich und einem Flaschengeist, der Wunder tun kann. Kurzum wir zeigen all das, was Märchenerzähler des Orients seit Jahrtausenden in den Bazaren erzählten und noch heute erzählen. Dank der modernen, hoch

entwickelten Tricktechnik machten wir einen farbenprächtigen Film, der seinesgleichen sucht. Wer sich noch ein Quäntchen Erinnerung an die Erzählungen aus 1001 Nacht bewahrt hat, wird hier voll auf seine Kosten kommen. Dafür verbürge ich mich bei Jung und Alt.«

Der später als Schauspieler erfolgreiche Helmut Fischer *(Monaco Franze)* schreibt 1979 in seiner Filmkritik für die *Münchener Abendzeitung*: »Beim Barte des Propheten: Die Farb- und Prachtentfaltung in dem Film und der orientalische Zauber am Hofe des Kalifen von Bagdad sind atemberaubend (der Kalif: ein Komödiantenspaß für Peter Ustinov). Und sonst: Eine ungemein schöne Prinzessin kriegt am Ende – trotz aller perfidester Intrigen – den durch und durch edlen und tapferen Kronprinzen von Sakhar zum Gemahl. Und der schurkische Großwesir mit dem martialischen Krummsäbelgemüt zerfällt schließlich – es ist Allahs Wille – zu Staub. Man errät vielleicht, die Geschichte ist simpel. Dem fantasievollen Regisseur Clive Donner allerdings ist mit diesen Träumereien aus 1001 Nacht (mit verblüffenden Trickaufnahmen!) eine blendende Banalunterhaltung geglückt. Für Kinder und Erwachsene. Salem aleikum.« Dagegen findet der auch als Filmregisseur tätige Kritiker des *Tagesspiegel*s Rudolf Thome die Tricks »nur mäßig«, vor allem »der fliegende Teppich ist allzu leicht als Trickszene identifizierbar. Doch wenn Prinz Taj und Yasmine sich zum ersten Mal in die Augen sehen, werden die Augen der Zuschauer feucht.«

2002 Return Of The Thief of Baghdad
R: Dutchen Gersh – in Produktion
1978 Der Dieb von Bagdad
The Thief Of Baghdad, GB/USA 1978, R: Clive Donner, D: Kabir Bedi, Peter Ustinov
1977 Thief Of Baghdad
IND, R: Ravikant Nagaich
1961 Der Gauner von Bagdad
The Thief Of Baghdad, I/USA, R: Arthur Lubin, Bruno Vailati, D: Steve Reeves
1940 Der Dieb von Bagdad
The Thief Of Baghdad, USA, R: L. Berger, T. Whelan, M. Powell, D: Sabu
»Immer wieder hat die Märchenwelt aus *Tausendundeiner Nacht* amerikanische und englische

Der Dieb von Bagdad (1940, R: L. Berger, T. Whelan, M. Powell): Sabu und Morton Selten

Der Dieb von Bagdad (1924, R: Raoul Walsh)

Filmproduzenten fasziniert und zu verschwenderischen Ausstattungsfilmen inspiriert. In den Stummfilmjahren 1923/24 hatte Douglas Fairbanks sen. nach Motiven aus *Tausendundeiner Nacht* selbst ein Drehbuch geschrieben und den ersten *Dieb von Bagdad* gedreht. Manche Szenen erinnerten dabei an Fritz Lang und seinen Film *Der müde Tod*; es wurde einer der teuersten und längsten (fast drei Stunden) Stummfilme. 15 Jahre später begann Alexander Korda in den Studios der London Films ein prunkvolles Remake in Farben und teuren Ausstattungen. Außenaufnahmen sollten in Bagdad gedreht werden, doch der Ausbruch des Krieges verhinderte das, und Vincent Korda ließ in der Mojave-Wüste das alte Bagdad rekonstruieren. Alexander Korda hatte die Regie für das Projekt dem aus Deutschland emigrierten Ludwig Berger übertragen. Berger (1892–1969), gleichermaßen Theater – als auch einer der vielseitigsten und technisch brillantesten Filmregis-

Diebe haben's schwer – Zwanzig Jahre danach (1985, R: Amanzio Todini): Marcello Mastroianni

seure, machte sich in den zwanziger Jahren mit dem Märchenfilm *Der verlorene Schuh* und mit *Ein Walzertraum* einen Namen. Korda zog später noch den Routinier Michael Powell, der mit Emeric Pressburger zahlreiche Ausstattungsfilme gemacht hatte, für die Regie hinzu. Die Außenaufnahmen in den USA schließlich drehte der Amerikaner Tim Whelan. Kameramann war der Franzose Georges Périnal, der 1933 von Alexander Korda nach England eingeladen worden war und seither häufig für dessen Produktionsgesellschaft arbeitete; amerikanischer Co-Produzent war William Cameron Menzies.« (*Kinderfilme in Großbritannien*, 1987)

1924 Der Dieb von Bagdad
The Thief Of Baghdad, USA, R: Raoul Walsh, D: Douglas Fairbanks, Snitz Edwards

DIEBE HABEN'S SCHWER – ZWANZIG JAHRE DANACH

I Soliti Ignoti – Vent'anni Dopo, I 1985, R: Amanzio Todini, D: Marcello Mastroianni, Vittorio Gassman, Tiberio Murgia, Francesco de Rosa

Nach 20 Jahren Haft wird der Gauner Tiberio aus dem Gefängnis entlassen. Er ist entschlossen, den Rest seines Lebens frei und in geordneten Bahnen zu verbringen. Doch der Rückkehrer findet die Außenwelt sehr verändert vor: Die alte Wohnung im Grünen ist inzwischen von einer tristen grauen Vorstadtsiedlung aufgesogen worden, den Platz bei seiner Frau hat ein muskulöser Untermieter eingenommen, sein Sohn kennt ihn kaum. Die Chancen, ein ehrlicher Mensch zu werden, stehen schlecht, und so kehrt Tiberio, gelockt von haltlosen Versprechungen seines früheren Komplizen Peppe »der Panter«, dessen Machenschaften ihn überhaupt erst ins Gefängnis gebracht hatten, in sein vertrautes Milieu zurück. Als Tiberio unabsichtlich seinen Freund

außer Gefecht setzt, bietet sich ihm eine einmalige Chance, schnell zu Wohlstand zu kommen. Ohne dass seine Auftraggeber davon wissen, übernimmt Tiberio an Peppes Stelle einen Job für die Mafia: Es geht darum, Devisen ins Ausland zu schleusen. Getarnt als Familienausflug, scheint die Reise – zum ersten Mal in Tiberios Karriere – reibungslos zu laufen. Zu spät merkt der Gauner, dass er von der Mafia als Drogenschmuggler missbraucht wurde und wieder einmal in Schwierigkeiten steckt ... Amanzio Todinis Film, eine Mischung aus Sequel, Remake und wehmütiger Hommage, geht zurück auf Mario Monicellis *Diebe haben's schwer* aus dem Jahre 1958, einem Klassiker der italienischen Komödie. Das Original erzählte in einer *Rififi*-Parodie von fünf dilettantischen Verlegenheitsdieben, die vom großen Coup träumen, aber auf groteske Weise immer wieder scheitern. Todini, der seinerzeit Monicellis Regieassistent war, hat drei Darsteller der alten Besetzung verpflichtet: Tiberio Murgia, der mit *Diebe ...* sein Leinwanddebüt gegeben hatte, sowie die späteren Weltstars Vittorio Gassman und Marcello Mastroianni.

Film-Dienst: »Insbesondere Mastroianni steht die Rolle des alten Gauners, dem das Pech an den Händen klebt ... gut zu Gesicht ... In ihm und Gassman findet diese kleine Gaunerkomödie mit balladesken Tönen ihren großen Halt.« In den Film, der auch unter dem Titel *Big Deal* lief, sind übrigens einige Schwarz-Weiß-Szenen aus dem Original eingearbeitet, die die Wirkung der Zeit auf die Helden und den Schauplatz Rom unterstreichen.

1982/83 Fünf Gauner machen Bruch

Crackers, USA, R: Louis Malle, D: Donald Sutherland, Jack Warden, Sean Penn

1958 Diebe haben's schwer

I soliti ignoti, I, R: Mario Monicelli, D: Vittorio Gassman, Marcello Mastroianni, Toto

DIEBE WIE WIR

Thieves Like Us, USA 1973, R: Robert Altman, D: Keith Carradine, Shelley Duvall, John Schuck, Bert Remsen, Louise Fletcher, Ann Latham, Tom Skerritt, Al Scott, John Roper, Mary Waits, Rodney Lee jr., William Watters, Joan Tewkesbury, Edward Fisher, Josephine Bennett, Howard Werner, Eleanor Mathews, Suzanne Majure, Walter Cooper, Lloyd James

Nach einem Roman von Edward Anderson: Drei »Lebenslängliche« flüchten aus dem Staatsgefängnis von Mississippi. Es sind T-Dub, der Halbindianer Chicamaw und Bowie Bowers. Bowie ist mit 23 Jahren der Jüngste von ihnen; er war ursprünglich sogar zum Tode verurteilt, weil er einen Mann erschossen hatte, als er nach dem Tod seines Vaters auf die schiefe Bahn geraten war. Zunächst tauchen die drei bei einem Verwandten von Chicamaw unter. Dort lernt Bowie das Mädchen Keechie kennen, dann zieht er mit den beiden anderen los, um eine ländliche Bank auszurauben. Es ist T-Dubs dreißigste Bank, wie er stolz verkündet. Nach einem weiteren geglückten Überfall versteckt man sich bei T-Dubs Schwägerin Mattie, wo T-Dub hinter der kleinen Lula her ist. Wenn die nächsten Beutezüge auch gelingen, will er sich auf eine kleine Farm zurückziehen. Er wüsste ohnehin Besseres, als Geld mit dem Revolver zu kassieren, aber er hat eben nichts anderes gelernt. Bei einem Autounfall verletzt, kuriert Bowie sich bei Keechie aus. Ein paar Tage lang sind die beiden glücklich miteinander, dann trifft sich Bowie erneut mit seinen Gefährten. Auch der nächste Überfall klappt, aber noch am selben Abend wird T-Dub von Polizisten erschossen und Chicamaw erneut festgenommen. Bowie fährt mit Keechie in das Motel, das T-Dub für Mattie gekauft hat, um dort gelegentlich untertauchen zu können. Von dort bricht er zu seinem gewagtesten Unternehmen auf ...

1947 wurde der Anderson-Roman schon einmal verfilmt – von Nicholas Ray unter dem Titel *They Live By Night*. Die sentimentale Romanze

Fünf Gauner machen Bruch (1982/83, R: Louis Malle): Donald Sutherland, Sean Penn, Trinidad Silva, Wallace Shawn und Jack Warden

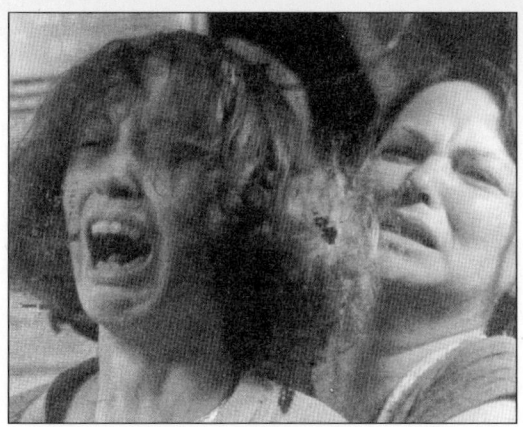

Diebe wie wir (1973, R: Robert Altman):
Ein Schrei von Shelley Duvall

eines »outlaw couple«, damals stimmten die Genres noch, sie waren ungebrochen, und der Zuschauer wusste also, was er von einer Romanze zu erwarten hatte. Inzwischen sind die Genres erheblich durchgeschüttelt, angezweifelt und aufgebrochen worden. Die Erwartungen des Zuschauers und die vielfachen Beispiele eindeutiger früherer Film-Romanzen werden heute in das spielerische Kalkül einer neuen Romanze wandlungsvoll mit einbezogen. Robert Altman hat mehrere Genres auf diese Weise spielerisch verwandelt: das phatnastische in *Auch Vögel können töten*, den Western in *McCabe and Mrs. Miller*, den Kriegsfilm in *Mash*, das psychologische Melodrama in *Images*, den Thriller in *The Long Goodbye* und schließlich die Gangster-Romanze in *Diebe wie wir*. Es sind sämtlich Filme mit doppeltem Boden, deren Genre-Zugehörigkeit mehr vorgegeben als bestätigt wird. Ein Kriegs- und Arzt-Film erscheint dann bis zum Zynismus komisch, ein fantastischer Film destruktiv und ein Gangsterfilm glatt und schön bis zur Verkehrung in die häusliche Idylle. *Diebe wie wir* ist ein solcher irritierend schöner Film, unter dessen ruhiger Oberfläche der südlichen Mississippi-Landschaft allenthalben die zerstörerischen Signale der Depression (dreißiger Jahre) und des beinahe zwangsläufigen Verbrechertums aufscheinen. *Diebe wie wir* – das meint für die armen ver-

zweifelten Glücksträumer beides: zu sein wie ein streunender Hund, der niemandem gehört, und sich nicht schlechter zu fühlen als die »kapitalistischen Kameraden … sie sind nicht besser als wir. Sie bestehlen das Volk. Wir brauchen Geld, also stehlen wir's von den Banken. Alles in allem sind sie Diebe wie wir.«

Regisseur Robert Altman hat seine Figuren so charakterisiert: »Diese Menschen waren nicht schlecht. Sie waren keine Bösewichte. Wer zu dieser speziellen Zeit der amerikanischen Geschichte, der Depression während der dreißiger Jahre, arm war, der war eben arm, da half nichts. Banken auszurauben, war alles, was diese armseligen Verzweifelten mit einiger Aussicht auf Erfolg tun konnten. Sie wollten und brauchten Geld. Sie glaubten wirklich, dass Stehlen nur dann schlimm wäre, wenn sie geschnappt würden.«

ARD: »Eine Bonnie-und-Clyde-Geschichte, aber viel selbstverständlicher, weniger balladesk verklärt und noch weniger spektakulär. Bowie ist ein glücksuchender Träumer, der zerstörerisch wirkt, obwohl er sich mit seinen häuslichen und erotischen Haltungen überaus durchschnittlich ausnimmt. Altman sucht das Widersprüchliche in

Diebe wie wir (1973, R: Robert Altman):
Shelley Duvall und Keith Carradine

jedem Bild und jeder Sequenz. Noch die Aktionen, die Banküberfälle, sind – so weit sie überhaupt gezeigt werden – Nebenereignisse, die ihre Brisanz erst über die Vermittlung durch die Medien erhalten. Es ist die Zeit des Radios, das beinahe jede Szene akustisch begleitet – mit Gangsterserien, romantischen Hörspielen à la Romeo und Julia, religiösen Heilsrednern und allgegenwärtiger Werbung.«

Im Gegensatz zu Altman hat Nicholas Ray den Stoff unreflektiert, sentimental und romantisch verfilmt. Bei ihm stand das gesetzlose Liebespaar im Mittelpunkt. Altman verwandelt distanziert jenes Film-Genre, für dessen perfekte Form Ray mit seinem Film ein Beispiel liefert.

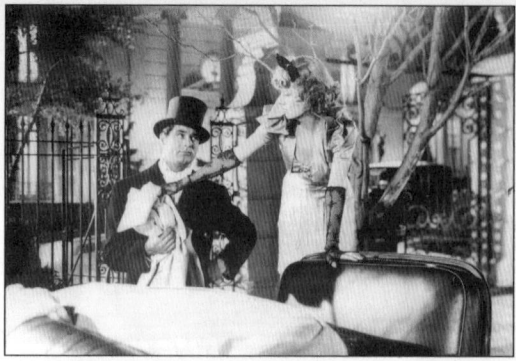

Die schreckliche Wahrheit (1937, R: Leo McCarey): Irene Dunne und Cary Grant

1949 Sie leben bei Nacht

They Live By Night, USA, R: Nicholas Ray, D: Farley Granger, Cathy O'Donnell

DIESE FRAU VERGISST MAN NICHT

Let's Do It Again, USA 1953, R: Alexander Hall, D: Jane Wyman, Ray Milland, Aldo Ray, Leon Ames, Valerie Bettis, Tom Helmore, Karin Booth, Mary Treen, Richard Wessel

Nach einem Schauspiel von Arthur Richman: Ein Komponist und seine Frau planen die Scheidung, aber die Versuche, sich gegenseitig eifersüchtig zu machen, führen letztlich zur Erkenntnis, dass man sich noch immer liebt.

Hans-G. Berthold *(Filmblätter)*: »Das ist großartig und zeigt Jane Wyman *(Schweigende Lippen)* von einer überraschend neuen Seite. Im übrigen spielte die Regie geschickt auf der bekannten Lustspiel-Tastatur: In bunter Technicolorbilderfolge wird eine Fülle publikumssicherer Operettenakkorde angeschlagen. Nette Origi-

nalschlager versöhnen mit der nicht immer glücklichen Synchronisation. Gute Abendentspannung.«

1937 Die schreckliche Wahrheit

The Awful Truth, USA, R: Leo McCarey, D: Cary Grant, Irene Dunne, Ralph Bellamy

1929 The Awful Truth

USA, R: Marshall Neilan, D: Ina Claire, Henry Daniell, Theodore von Eltz

1925 The Awful Truth

USA, R: Paul Powell, D: Warner Baxter, Agnes Ayres, Phillips Smalley

DIESER VERFLIXTE KATER

That Darn Cat, USA 1997, R: Bob Spiers, D: Christina Ricci, Doug E. Doug, Dean Jones, George Dzundza, Peter Boyle, Michael McKean, Bess Armstrong, Dyan Cannon, John Ratzenberger

Patti ist 16 Jahre alt, lebt in einer Kleinstadt in den USA und langweilt sich schrecklich. Sie ist stolze Besitzerin eines Katers, der ihr eines Tages eine Uhr heranschleppt, die die Aufschrift »Help« trägt. Patti findet heraus, dass die Eigentümerin entführt worden ist. Sie ist wild entschlossen, Detektivin zu spielen und den Fall aufzuklären.

Film-Jahrbuch 1999: »Überflüssiges Remake des Disney-Klassikers von 1965 im sterilen Look der neunziger Jahre.«

1965 Alles für die Katz

That Darn Cat!, USA, R: Robert Stevenson, D: Hayley Mills, Dean Jones

Die schreckliche Wahrheit (1937, R: Leo McCarey): Cary Grant vertraut seiner Frau Lucy

DILLINGER – STAATSFEIND NR. 1

Dillinger, USA 1991, R: Rupert Wainwright, D: Mark Harmon, Sherilyn Fenn, Will Patton, Bruce Abbott, Tom Bower, Patricia Arquette, Xander Berkeley, Yvonne Suhor, John Philbin, Amy Yasbeck, David Neidorf, Vince Edwards, Lawrence Tierney

John Herbert Dillinger (1903–1934), der als Volksheld gefeierte Gangster der Depressionszeit, versetzte 1933/34 die Banken und die Polizei des Mittelwestens der USA in Angst und Aufruhr und beschäftigte die Behörden und die Presse des Landes. Nachdem er die Staatengrenzen überquerte, konnte sich das FBI einschalten. Durch eine Informantin konnte die Bundespolizei ihn in Chicago am 22.07.1934 auf offener Straße erschießen.

MovieLine: »Die Neuverfilmung ist lasch und verbreitet gepflegte Langeweile. Die authentische Geschichte von John Dillinger, dem einstigen Staatsfeind Nr. 1 der USA, beginnt mit der blutigen Befreiung des legendären Bankräubers durch seine Bande. Dabei wird ein Sheriff erschossen. Nun wird Dillinger auch vom FBI gejagt. Nach und nach verliert er alle seine Leute, und schließlich auch seine Freundin Billy.«

1973 Jagd auf Dillinger

Dillinger, USA, R: John Milius, D: Warren Oates, Ben Johnson, Michelle Phillips

1964 Staatsfeind Nr. 1 – John Dillinger

Young Dillinger, USA, R: Terry O. Morse, D: Nick Adams, Mary Ann Mobley

1945 Jagd auf Dillinger

Dillinger, USA, R: Max Nosseck, D: Edmund Lowe, Anne Jeffreys, Eduardo Ciannelli

DAS DING AUS DEM SUMPF

Swamp Thing, USA 1981, R: Wes Craven, D: Adrienne Barbeau, Louis Jourdan, Ray Wise, David Hess, Nicholas Worth, Dick Durock, Don Knight, Al Ruban

Alice Cable wird mit einem Regierungsauftrag in die Sumpfwälder South Carolinas eingeflogen. Dort arbeitet Dr. Alec Holland, sorgfältig abgeschirmt von der Außenwelt, an einem streng geheimen Projekt. Er will durch die Neukombination pflanzlicher und tierischer Erbsubstanz Pflanzen entwickeln, die die Überlebenskraft von Tieren haben. Alice Cable soll den jungen Wissenschaftler und sein Team nach Washington zurückholen. Die Regierung befürchtet nämlich, dass der exzentrische Millionär Arcane von dem Projekt erfahren hat und versuchen könnte, sich Alec Hollands zu bemächtigen, um das Ergebnis der Forschungen für seine abstrusen Machtpläne zu missbrauchen. Als die junge Frau eintrifft, ist dem Forscher gerade der entscheidende wissenschaftliche Durchbruch gelungen. Arcane und seine Leute haben sich jedoch heimlich schon Zugang zum Laboratoriumsgelände verschafft; beim Versuch der Eindringlinge, Dr. Hollands brisante Substanz an sich zu bringen, kommt der Wissenschaftler in fatalen Kontakt mit dem gefährlichen Mittel. Das hat schreckliche Folgen. Zwar kann er in den Sumpfwald flüchten, aber durch die Einwirkung der Substanz verwandelt er sich in ein Monster, halb Tier, halb Pflanze, das allerdings immer noch menschlich fühlt. Zwischen ihm und Arcanes Bande, die Alice in ihrer Gewalt hat, kommt es bald zu einem erbitterten Kampf ...

Zoom: »Der unbeholfen inszenierte Film macht Anleihen bei diversen Horrorklassikern und verzichtet auf Blutbäder und übertriebene Schockelemente. Das triviale Märchen wurde einem Comic Strip nachempfunden und hat manchmal gar Anflüge von stiller (aber ungelenkter) Poesie.«

Regisseur Jim Wynorski drehte 1989 die persiflierende Fortsetzung *Das grüne Ding aus dem Sumpf* mit Heather Locklear.

1956 Das Ungeheuer ist unter uns

The Creature Walks Among Us, USA, R: Jack Arnold, D: Jeff Morrow, Rex Reason

1955 Die Rache des Ungeheuers

Return Of The Creature, USA, R: Jack Arnold, D: Ricou Browning, John Agar

1954 Der Schrecken vom Amazonas

Creature From The Black Lagoon, USA, R: Jack Arnold, D: Richard Carlson

DAS DING AUS EINER ANDEREN WELT

The Thing, USA 1981, R: John Carpenter, D: Kurt Russell, A. Wilford Brimley, Richard Dysart, Richard Masur, Donald Moffat, T. K. Carter, David Clennon, Keith David

Im Winter 1982 werden zwölf Männer von der Nationalen Wissenschaftsstiftung der Vereinigten Staaten in die Antarktis geschickt, um dort physikalische und naturwissenschaftliche Daten zu sammeln. Im ewigen Eis unweit des Südpols machen sie einen ebenso faszinierenden wie grausigen Fund. Die zweite Verfilmung des Romans

Who Goes There? von John W. Campbell, die erste aus dem Jahre 1951 stammt von Howard Hawks.

John Carpenter: »Meine Version von *The Thing* ist vollkommen verschieden von seiner. Aber es gibt etwas, was seine Version und meine gemein haben: Seine zeigt Ängste der Menschen seiner Zeit – die Menschen, die in der Arktis herumirren und ihre Konflikte untereinander austragen. Ich transportierte meine Version in die 80er und versuchte, meine Gruppe so wahr in ihrer Zeit zu machen, wie er es mit seiner Gruppe tat. Ich finde seinen Film immer noch fantastisch. Eines der Hauptthemen bei Hawks ist Professionalismus. Das bedeutet, dass Hochhinauswollen ein Zeichen für Unreife ist. Was immer du auch tust, es bleibt immer ein unwägbares Moment; man kann alles immer vorausplanen – und doch bleibt immer eine kleine Unwägbarkeit. Wenn bei Hawks ein Held stirbt, sagt der andere: Er war nicht gut genug. Am Ende seines Weges entdeckt der Held die Wahrheit, aber dann ist es schon zu spät. So habe ich mich immer selbst betrachtet: Ich bin ein professioneller Geschichtenerzähler, ein professioneller Regisseur. Gib mir das Script für ein Remake von *Singing In The Rain*, und ich mach's. Ich mach Ihnen einen Western, einen Horrorfilm, eine Komödie, alles was Sie wollen. Was aus mir geworden ist, ist mehr oder weniger mein Schicksal. Hawks machte nur zwei Arten von Filmen: Abenteuerfilme und Komödien – aber beide waren in ihrem Innersten sehr bitter. Die Komödien erzählten von der vollkommenen Beherrschung eines Menschen durch einen anderen, über die vollkommene Unterdrückung der modernen Welt. In seinen Abenteuerfilmen waren die Hauptfiguren in meinen Augen Existenzialisten, die nicht für Gott, König und Vaterland, für Ruhm und Geld kämpften, lebten, sondern: sie waren Professionals. Ich übernahm für meine eigene Lebensphilosophie viel von ihnen.«

Manfred Riepe *(taz)*: »Als Howard-Hawks-Fan wollte Carpenter kein simples Remake der 1951er-Version von Christian Nyby drehen und hielt sich lieber genau an die zugrunde liegende Kurzgeschichte *Who Goes There?* von John W. Campbell. Im Packeis der Antarktis tauen Forscher ein eingefrorenes Raumschiff auf. Ein Wesen erwacht damit, dessen unangenehme Eigenschaft es ist, jede organische Form adaptieren zu können und dabei einfach nicht kleinzukriegen

ist. Es ist böse und metzelt. Dass, wie Karasek damals schrieb, sich das Innerste des Menschen als blutige Schlachtplatte nach außen kehrt, ist mehr biederes Buhlen um den Sprachwitz-geilen *SPIEGEL*-Leser denn korrekte Beschreibung des Films. *The Thing* ist kein Splatter-Movie. Und dass die dominierenden Spezialeffekte von Maskenbildner Rob Bottin den Film erschlagen würden, ist auch so eine borniert Dummheit, an der wie immer die ›Spezialisten‹ schuld sind. Sicher, Carpenter schöpft das Potenzial der situativen Spannung nicht aus, wie das etwa sein Kollege Scott in *Alien* tat. Dafür hat der Film, auf den zweiten Blick, etwas ungeheuer Entlarvendes. Auf der Polarstation gibt es keine einzige Frau, also auch nichts ›Positives‹. Die Männer, allesamt abgebrühte Zyniker, machen die Sache unter sich aus. Einer nach dem anderen wird ›umgedreht‹, plötzlich kennt keiner mehr den anderen: ›Verbrenn ihn, wenn er rüberkommt‹, lautet eine von vielen mitleidslosen Anweisungen. Aus Forschern werden Metzger, übergangslos.«

1951 Das Ding aus einer anderen Welt

The Thing, R: Howard Hawks, D: Kenneth Tobey, Margaret Sheridan

DAS DING MIT DEN ZWEI KÖPFEN

The Thing With Two Heads, USA 1972, R: Lee Frost, D: Ray Milland, ›Rosie‹ Grier, Don Marshall, Roger Peny Chelsea Brown, Kathy Bauman

Ray Milland spielt den Wissenschaftler (und Rassisten), der plant, seinen Kopf auf einen gesunden Körper zu transplantieren, doch als er ins Koma fällt, wird sein Kopf auf einen Schwarzen verpflanzt, der irrtümlich wegen Mordes verurteilt wurde.

Die Science Fiction Filmenzyklopädie: »Dieser Film lehnt sich stark an *Der Mann mit den zwei Köpfen (The Incredible Two-Headed Transplant*, 1970) an, bei dem zahlreiche auch an diesem Film Beteiligte mitwirkten, aber *Das Ding mit den zwei Köpfen* kann sich durch seinen Humor retten ... Ab hier wimmelt es von wilden Gags, weil beide Köpfe die Kontrolle über Griers Körper gewinnen wollen und versuchen, den anderen Kopf loszuwerden. Die Regie ist schlaff, aber die witzigen Darstellungen von Milland und Grier retten den ganzen Film.«

1970 Der Mann mit den zwei Köpfen

The Incredible Two-Headed Transplant, USA, R: Anthony M. Lanza, D: Bruce Dern

DIPLOMAT IN SACHEN LIEBE

Indiscreet, USA 1988, R: Richard Michaels, D: Lesley-Anne Down, Robert Wagner, Maggie Henderson, Robert McBain, Jeni Barnett

Das Drehbuch basiert auf dem Bühnenstück *Kind Sir* von Norman Krasna: Als eine englische Schauspielerin einen amerikanischen Finanzfachmann kennen lernt, gibt er vor, verheiratet zu sein, um sein sorgloses Junggesellenleben nicht zu gefährden. Trotzdem lässt er sich auf eine heiße Affäre ein. Als Anna seine Lüge entdeckt, plant sie, es ihm mit gleicher Münze heimzuzahlen ...

Lexikon des internationalen Films: »Glanzlose Neuverfilmung von Stanley Donens *Indiskret* (1958).«

1958 Indiskret

Indiscreet, USA, R: Stanley Donen, D: Cary Grant, Ingrid Bergman, Cecil Parker

DNA – DIE INSEL DES DR. MOREAU

The Island Of Dr. Moreau, USA 1996, R: John Frankenheimer, Drb: Richard Stanley, Ron Hutchinson nach einem Roman von H.G. Wells, K: William A. Fraker, M: Gary Chang, S: Paul Rubell, D: Marlon Brando (Dr. Moreau), Val Kilmer (Montgomery), David Thewlis (Edward Douglas), Fairuza Balk (Aissa), Daniel Rigney (Hyena-Swine), Temuera Morrison (Azazello), Ron Perlman (Sayer of the Law), Marco Hofschneider (M'Ling), William Hootkins (Kiril)

Edward Douglas überlebt einen Flugzeugabsturz und wird von dem Wissenschaftler Montgomery gerettet, der ihn auf eine paradiesisch schöne Insel führt. Es scheint, als wäre dieser herrliche Fleck mitten im Pazifik die ideale Umgebung, um sich von dem schrecklichen Erlebnis zu erholen und schnellstmöglich nach Hause zu kommen. Doch der Schein trügt. Douglas spürt, dass die Idylle ein dunkles Geheimnis birgt. Kein Mensch ist zu sehen, als er von seinem Lebensretter durch das Lager im Dschungel geführt wird. Allein die schöne, aber äußerst seltsame Aissa lernt er kennen, die sich ihm als Tochter des Besitzers der Insel, des Genetikers Dr. Moreau, vorstellt.

Als der unfreiwillige Gast am Abend von Montgomery in seinem Zimmer eingesperrt wird, ist sich Douglas sicher: Eine eigenartige Gefahr lauert auf ihn. Er bricht aus und erkundet die Insel. Ein entsetzlich klingender Schrei, der kaum menschlicher Natur sein kann, führt ihn in Richtung des Labors von Dr. Moreau – wo er Zeuge der grauenhaften Geburt eines nicht zu identifizierenden Wesens wird. Panisch ergreift er die Flucht, doch er wird von Aissa aufgehalten. Sie bietet ihm ihre Hilfe an und zeigt ihm einige der Insulaner, deren Anblick Douglas das Blut in den Adern gefrieren lässt: merkwürdige Wesen – halb Mensch, halb Tier – stehen ihm gegenüber. In dem Moment taucht Montgomery mit Dr. Moreau auf. Der ebenso geniale wie bizarre Genetiker lädt den entsetzten Besucher zu einem Abendessen ein, bei dem er ihm alles zu erklären verspricht. So erfährt Douglas, dass die beastmen, die Moreau zärtlich »Kinder« nennt, das Resultat genverschmelzender Experimente des Wissenschaftlers sind, um eine perfekte Menschenrasse heranzuzüchten: gütige Wesen, frei von allen bösen Impulsen.

Bereits am nächsten Tag jedoch zeigt sich, dass der fanatische Wissenschaftler sein Ziel verfehlte: eine der Kreaturen bringt einen Artgenossen aus Rache um und löst damit einen Massenaufstand aus. Als die beast-men dabei entdecken, dass ihr Verhalten von Dr. Moreau mittels eingepflanzter Mikrochips kontrolliert und manipuliert wird, richtet sich ihre nun zum Leben erweckte Aggression gegen den Schöpfer: Dr. Moreau bezahlt seinen Größenwahn mit dem Leben. Aissa, die nicht Dr. Moreaus leibliche Tochter, sondern seine vollkommenste Schöpfung ist, bittet daraufhin Douglas verzweifelt um Hilfe. Denn Montgomery hat unter Schock über Dr. Moreaus Tod die Flaschen mit dem Anti-Regressions-Serum zerschlagen, welches notwendig ist, um eine Rückverwandlung in den animalischen Ursprung der Kreaturen zu verhindern. Douglas macht sich auf die Suche nach möglichen Resten der Human-Substanz. Und er findet ein Fläschchen, dessen Etikett ihm deutlich macht: Er selbst ist tiefer als befürchtet in diesen unfassbaren Albtraum verstrickt ...

Die Insel des Dr. Moreau, einer der kontroversesten und einflussreichsten Science-Fiction-Romane aller Zeiten, kann sowohl als actionreicher Abenteuerfilm als auch hochaktuelle Parabel interpretiert werden, die eindrucksvoll demonstriert, wie weit die moderne Wissenschaft die Visionen des Romanautors H. G. Wells bestätigt. Der Drehbuchautor Richard Stanley hatte die Idee, die Möglichkeiten der Gentechnologie zu Moreaus Werkzeug zu machen und ließ ihn auf dieser Basis seine Monster erschaffen. »Der Bezug zur Gegenwart, der durch den immensen

Fortschritt der Gentechnologie entstanden ist, gibt dem Film eine völlig neue Dimension,« sagt Produzent Edward Pressman. »John Frankenheimer verstand es, auf brillante Art und Weise zu zeigen, welche verheerenden Auswirkungen diese Veränderungen auf die Aktionen der von Marlon Brando und Val Kilmer gespielten Figuren haben.« Marlon Brando interessierte dieses Projekt, »weil ich dadurch die Chance hatte, vielen Leuten das brisante Thema Gentechnik auf packende Weise nahe zu bringen. Schließlich wird die weitere Entwicklung der Menschheit davon entscheidend beeinflusst.«

Für Regisseur John Frankenheimer besitzt die Geschichte »eine enorme Relevanz für die Welt von heute. Kürzlich veröffentlichte das *Time Magazine* eine Titelgeschichte über die neuesten Entwicklungen auf dem Gebiet der Gentechnik. In Laboratorien wird bereits mit künstlichen Skeletten experimentiert. Wells war ein unglaublich prophetisch veranlagter Mensch und dieser Film verdankt ihm alles. Wir haben deshalb unermüdlich daran gearbeitet, den Roman so originalgetreu wie nur möglich zu verfilmen. In dem Buch geht es um die menschliche Natur, wie auch im Film. Während der Rest der Welt noch darüber diskutierte, ob die Evolutionstheorie wahr sei, machte Wells sich bereits Gedanken über deren Auswirkungen auf unser alltägliches Leben. Ende des letzten Jahrhunderts kam es nicht so oft vor, dass jemand dreist behauptete, der Mensch habe Gott erschaffen und nicht umgekehrt.«

Am 19. Januar 1895 erschien in dem englischen Magazin *The Saturday Review* ein kurioser Artikel mit dem Titel »Die Grenzen der menschlichen Formbarkeit«. Hier versuchte der Verfasser zu beweisen, dass es der modernen Chirurgie möglich sein müsste, animalische Gewebeteile zu transplantieren. Ziel der Operation sei es, so fuhr er fort, die genetischen Strukturen von Tieren zu verändern. Am Schluss seines Artikels schrieb er einen heute geradezu prophetisch klingenden Satz: »Dieser künstliche Umgang mit lebenden Wesen, dieses Modellieren des gemeinen Individuums zu einer grotesken oder schönen Kreatur, ist so unrealistisch, dass dieser Fantasie ein Platz in unserem Bewusstsein als eines derjenigen Dinge gebührt, die eines fernen Tages wahr zu werden versprechen.« H. G. Wells benutzte diesen Aufsatz als wissenschaftliche Grundlage für einen Roman, an dem er zu der

Zeit gerade schrieb. Das Buch erschien 1896. Anders als sein Erstlingswerk *Die Zeitmaschine* wurde *Die Insel des Dr. Moreau* sofort wegen der darin beschriebenen Schreckensvisionen kritisiert. Wells verteidigte seinen Roman als »das Beste, was ich jemals geschrieben habe«.

Franz Everschor bezeichnet im *Film-Dienst* diese Fassung des Stoffes als »eine pompöse Kreuzung aus *Planet der Affen* mit *Apocalypse Now*«, doch Freunde des fantastischen Films sind mit mindestens zwei der früheren Fassungen besser bedient: »In knappen 67 Minuten spielte 1933 kein Geringerer als Charles Laughton den Dr. Moreau, der durch Genmanipulationen aus Tieren Halbmenschen macht *(Island Of Lost Souls)*. Er tat es mit der Virtuosität des großen Bühnenschauspielers, der jede Nuance zwischen Genialität und Wahnsinn auszukosten verstand. Nach einer billigen US-philippinischen Neuverfilmung aus dem Jahre 1959 *(Terror Is A Man)* verlieh dann Burt Lancaster 1977 dem Wissenschaftler die Züge eines ernsthaften Forschers, der zum Opfer seiner Kreaturen wird. Schon vor den Dreharbeiten des neuen Films verbreitete sich Schlimmes. Val Kilmer war nicht bereit, die Rolle zu spielen, für die er unter Vertrag genommen worden war, und bestand darauf, Moreaus zwielichtigen Assistenten darzustellen. Der ursprüngliche Regisseur, Richard Stanley, warf das Handtuch, und John Frankenheimer übernahm die Regie im letzten Augenblick. Das Drehbuch wurde täglich umgeschrieben, sodass schließlich niemand mehr genau wusste, wohin die Story eigentlich laufen sollte. Die chaotischen Drehbedingungen haben sich im fertigen Film niedergeschlagen. Wells' Geschichte ist zwar auch hier nicht totzukriegen, doch sie nimmt eine paradoxe und lächerliche Gestalt an.«

Auch Kritiker Lars-Olav Beier hält den Film für eine Katastrophe: »Mit Brando, der sich träge durch die Gegend schleppt und ständig geistig abwesend wirkt (die Nennung eines speziell für den Schauspieler zuständigen ›dialogue coordinators‹ im Nachspann spricht Bände), geht nur überflüssiger Ballast über Bord. Der Mischung aus Perversion und Forschungsdrang, die Charles Laughton dieser Figur einst gab, weiß Brando nur jene Gleichgültigkeit und Langsamkeit entgegenzusetzen, die er seit nunmehr zwei Jahrzehnten kultiviert. Als Inkarnation der Stagnation gibt er dem Film den Ton vor: Würde das Pu-

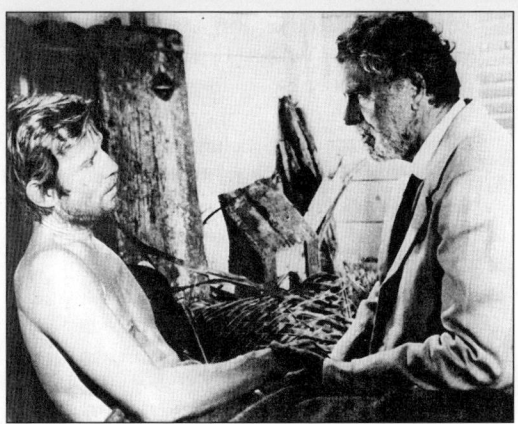

Die Insel des Dr. Moreau (1977, R: Don Taylor):
Michael York und Burt Lancaster

blikum durch Gary Changs Musik nicht immer wieder in die Gegenwart zurückgeholt, könnte er das Gefühl haben, sich in einem Film aus den siebziger Jahren zu befinden, als eine mehr oder weniger bewusste Arme-Leute-Ästhetik zahllose schmuddelige Filme mit wackligen und schlecht kadrierten Bildern hervorbrachte.« *TV direkt* hält dagegen: »Zu Unrecht von der Kritik geschmähter Super-Trash.«

Der Film lief auch unter dem Titel *D.N.A. – Experiment des Wahnsinns.*

1977 Die Insel des Dr. Moreau

The Island Of Dr. Moreau, USA, R: Don Taylor, D: Burt Lancaster, Michael York

»Allzuviel Glück mit seinen Filmregisseuren hat er ja nie gehabt, der Herbert George Wells. Aus seinem Werk hat man für die Leinwand immer nur die Anfänge des Science Fiction-Genres herausgefischt, die Kulturkritik aber außer Acht gelassen. Und je weiter wir von Wells' Zeit wegrücken, desto mehr macht ihn der Film zum bloßen Unterhaltungsautor. So auch Don Taylor in *Die Insel des Dr. Moreau* nach einem Roman, der nach der Verantwortung des Wissenschaftlers fragt. Hier wird eine schaurige Horrorgeschichte aus dem Thema, in der der Maskenbildner Triumphe feiert. Burt Lancaster mimt nach bekannter Manier amerikanischer Science-Fiction-Filme den wahnsinnigen Wissenschaftler, der Tiere in Menschen verwandelt.« *(Hannoversche Allgemeine Zeitung)*

1959 Terror Is A Man

USA, R: Gerardo de Leon, D: Francis Lederer

1932 Insel der verlorenen Seelen

Island Of Lost Souls, USA, R: Erle C. Kenton, D: Charles Laughton, Bela Lugosi

D.O.A. – BEI ANKUNFT MORD

D.O.A., USA 1988, R: Rocky Morton, Annabel Jankel, Drb: Charles Edward Pogue, Russell Rouse, Clarence Greene nach einem Drehbuch von Russell Rouse und Clarence Greene, K: Yuri Neyman, M: Chaz Jankel, S: Michael R. Miller, Raja Gosnell, D: Dennis Quaid (Dexter Cornell), Meg Ryan (Sydney Fuller), Charlotte Rampling (Mrs. Fitzwarning), Daniel Stern (Hal Petersham), Jane Kaczmarek (Gail Cornell)

Der Countdown zum Tod läuft unaufhaltsam. Maximal 48 Stunden bleiben dem zynischen Universitätsprofessor und Schriftsteller Dexter Cornell, um herauszufinden, wer ihm das langsam wirkende Gift verabreicht hat. Zusammen mit der Studentin Sydney Fuller versucht er verzweifelt, seinen Mörder und dessen Motive zu finden und gerät dabei in ein beängstigendes Geflecht aus Skandalen, Intrigen und Machtkämpfen. Das Remake von Rudolph Matés Schwarze-Serie-Klassiker *D.O.A.* ist die erste amerikanische Produktion des britischen Regieteams Rocky Morton und Annabel Jankel. Der mit viel schwarzem Humor gewürzte Thriller ist ein Krimi besonderer Art. Das 1949 gedrehte Original wurde seinerzeit schnell ein Kultfilm, der vor allem im Spätprogramm des Fernsehens gezeigt wurde. Bei einer dieser Gelegenheiten sah auch die Produzentin Laura Ziskin, damals noch ein Kind, den Streifen und war von ihm fasziniert: »Die Idee, dass ein Mann seine eigene Ermordung aufklären muss, fand ich einfach wahnsinnig.«

Über all die Jahre glaubte Ziskin an das noch unausgeschöpfte Potenzial, das in dieser Geschichte steckt und schließlich gelang es ihr, zusammen mit ihrem Produzentenpartner Ian Sander eine moderne Version von *D.O.A.* zu verwirklichen. »Der zentrale Punkt von *D.O.A.*«, betont Sander, »ist zeitlos. Sobald der Zuschauer weiß, dass die Erzählperson gleichzeitig auch das Mordopfer ist, kann er sich der Geschichte kaum noch entziehen.« Um die Geschichte zu modernisieren, wandten sich Morton und Jankel an Charles Edward Pogue *(Die Fliege, Psycho III)*, einen Drehbuchautor, der bekannt dafür ist, dass er Klassiker auffrischen kann. Pogue war von der

Heráusforderung begeistert: »Es hätte keinen Sinn, etwa *Casablanca* oder *The Wizard Of Oz* verbessern zu wollen, aber in diesem Fall sah ich einige Möglichkeiten für dramaturgische Verbesserungen.«

Claudius Seidl findet in der Zeitschrift *Tempo*, dass die Handlung des Films absurd klingt, »und ist doch eine der besten Filmstorys überhaupt. Irgendwer hat Dexter Cornell vergiftet. Er hat noch maximal 48 Stunden zu leben. Und er hat keine Ahnung, wer der Mörder ist und welches Motiv er hatte. Ein Kriminalfilm, ein Albtraum, eine Reise an die Grenzen der menschlichen Existenz: Was macht einer, der nur noch zwei Tage zu leben hat? Und was ist sein bisheriges Leben wert? *D.O.A. – Bei Ankunft Mord* ist bereits das zweite Remake eines Films von Rudolph Maté aus dem Jahre 1949. Damals war alles sehr dunkel, schwarz-weiß und existenzialistisch. Der neue Film ist bunt und grell und schnell geschnitten. Die Wirkung aber bleibt beklemmend: Die Menschen sind nur Tote auf Urlaub.«

Nach einer Idee von Ernst Neubach und dem Roman *Les Tribulations d'un Chinois en Chine* (1879) von Jules Verne drehte Robert Siodmak 1930 *Der Mann, der seinen Mörder sucht*, das Drehbuch verfassten Ludwig Hirschfeld, Kurt Siodmak und Billie Wilder. Es war die erste Version des Stoffes über einen jungen Menschen, der nicht den Mut zum Selbstmord hat und sich für 1.500 Mark einen Verbrecher mietet, der ihn bis zu einem bestimmten Termin umbringen soll. In dieser Zeit aber verliebt er sich, sein Lebenswille erwacht. Das erste Remake der Geschichte inszenierte Rudolph Maté 1949 unter dem Titel *D.O.A.*; 1952 gab es Remake Nummer zwei unter dem Titel *Man lebt nur einmal* (Regie: Ernst Neubach); 1969 bearbeitete Eddie Davis in Australien den Stoff als *Der leuchtende Tod*, 1981 spielte Dieter Hallervorden in *Didi – Alles im Eimer* (Regie: Ralf Gregan) einen weiteren Mann, der seinen Mörder sucht und 1987 folgte dann *Ein Chinese sucht seinen Mörder*.

1987 Ein Chinese sucht seinen Mörder

VRC/BRD, R: Wu Yigong, Zhang Jianya, D: Chen Peisi, Rolf Hoppe

»Ein junger chinesischer Millionenerbe in den USA steht nach einem Bankkonkurs plötzlich mittellos dar. Er beauftragt seinen früheren Lehrer, ihn umzubringen, da er glaubt, ein Leben in Armut nicht ertragen zu können. Als er erfährt, dass er keineswegs verarmt ist, will er den fatalen Auftrag rückgängig machen, was aber nicht einfach ist. Eine Komödie mit Spaß an schwankhaftem Klamauk, wie man ihn aus asiatischen Slapstick-Filmen kennt, garniert mit dementsprechenden Plattitüden, Verkleidungswitz und Prügeleien; brillant: Rolf Hoppe in einer Dop-

Links: D.O.A. – Bei Ankunft Mord
(1988, R: Rocky Morton, Annabel Jankel)
Unten: D.O.A. – Bei Ankunft Mord (1988):
Meg Ryan und Dennis Quaid

DENNIS QUAID · MEG RYAN · CHARLOTTE RAMPLING

D.O.A
BEI ANKUNFT MORD

pelrolle, der von der Chinesischen Mauer aus die Ereignisse kommentiert, aber den bescheidenen Anspruch des Films nicht zu heben vermag.« *(Lexikon des internationalen Films)*

1981 Didi – Alles im Eimer

BRD, R: Ralf Gregan, D: Dieter Hallervorden, Rainer Brandt, Dirk Dautzenberg

»Neuauflage einer Geschichte, die vor 50 Jahren mit Heinz Rühmann verfilmt wurde: Dieter Hallervorden spielt den Erfinder, der seinen Mörder sucht, weil er nun weiterleben will. Mit dieser bewährten UFA-Idee, die auch heute noch funktioniert, und einer Mischung aus seichten Kalauern, Slapstick-Gags und Verwechslungskomik kommt recht nette Unterhaltung zu Stande.« *(Zitty)*

1969 Der leuchtende Tod

Color Me Dead, AUS, R: Eddie Davis, D: Rick Jason, Carolyn Jones, Tom Tryon

Im Wettlauf mit der Zeit stößt ein Anwalt in Sidney bei seinen Nachforschungen auf ein illegales Geschäft mit Uran.

1952 Man lebt nur einmal

BRD, R: Ernst Neubach, D: Theo Lingen, Paul Hörbiger, Rudolf Platte

»Deutsche Filmstars wie Theo Lingen bürgen für gute Unterhaltung.« *(TV Spielfilm)*

1949 Opfer der Unterwelt

DOA, USA, R: Rudolph Maté, D: Edmond O'Brien, Pam Britton, Luther Adler

»Vor Jahren hieß ein Rühmann-Film *Der Mann, der seinen Mörder sucht*; dieser Titel hätte hier auch gepasst: Ein Unglückswurm, dem ein Unbekannter in einem Getränk ein in wenigen Tagen unfehlbar tödlich wirkendes Gift einflößte, sucht in dieser letzten Frist, immer den sicheren Tod vor Augen, seinen Mörder. Es gibt Verfolgungen, Raufereien, Schießereien und eine ansehnliche Zahl von Leichen. Schließlich klären sich die völlig ungeahnten Hintergründe der Vergiftung, und der Vergiftete bricht nach seinem Bericht vor dem Kriminalkommissar tot zusammen. Der Hauptschauplatz der Geschehnisse, San Franzisco, bildet mit brillant fotografierten Straßenaufnahmen der abendlichen Großstadt einen fesselnden Rahmen. Zur Erzielung des größtmöglichen Realismus hat die im Wochen-

schaustil arbeitende Regie, abgesehen von ein paar weiblichen Nebenfiguren, bewusst auf schöne Schauspieler verzichtet. Edmond O'Brien vermittelt als der gehetzte Mensch, der die Letzten ihm noch vergönnten Lebensstunden zur Aufklärung des Verbrechens ausnutzt, eine überzeugende Charakterleistung. Die Freunde des Gangsterfilms kommen voll auf ihre Kosten.« *(Oly, Filmblätter)*

1930 Der Mann, der seinen Mörder sucht

D, R: Robert Siodmak, D: Heinz Rühmann, Lien Deyers, Raimund Janitschek

Unter dem Titel *Jim, der Mann mit der Narbe* kam auch eine auf 52 Minuten gekürzte Fassung in den Verleih. Nur diese Fassung ist erhalten.

»Siodmak ist bereits ein großer Könner. Es gibt kaum eine Lücke. Alles ist zwanglos übersteigert. Also vom Film aus ein großer Fortschritt, der nicht genug gelobt werden kann. Von Siodmak aus: Warum knüpft er nicht an den einfachen Stil von *Menschen am Sonntag* an? Diesen für den Tonfilm zu entwickeln wäre, glaube ich, fruchtbarer gewesen, als den ›Operettenstil‹ zu übernehmen und besser und ausgezeichnet zu machen. Ich kann nicht lachen, wenn der Verbrecherklub der ›Weißen Weste‹ Gesangübungen macht und Friedrich Hollaender mit Dolch und

Der Mann, der seinen Mörder sucht (1930, R: Robert Siodmak): Heinz Rühmann und Lien Deyers

Revolver dirigiert. Ein billiger Humor. Requisiten, die die Genies des Groteskfilms, Chaplin und Keaton, verwenden können, die aber läppisch wirken, wenn sie Regienuancen und Programm werden. Davor muss man sich hüten. Die Darstellung war ausgezeichnet. Heinz Rühmann, der im Tonfilm nahe daran war, sich an zappelige Operettennuancen zu verlieren, ist hier von einer reizenden Ruhe, von einem köstlichen Phlegma. Das ist seine Natur! Herrlich! Lien Deyers stört nicht. Raimund Janitschek als Mörder und Speelmans als Jim sind kostbar. Die Musik ist von Friedrich Hollaender (der auch mitspielt). Sie ist, für meinen Eindruck, zu bewusst stilisiert, zu bewusst karikaturistisch.« (Herbert Jhering, *Berliner Börsen-Courier*, 6. Februar 1931)

DR. DOLITTLE

USA 1998, R: Betty Thomas, D: Eddie Murphy, Kristen Wilson, Oliver Platt

Tierarzt Dr. Dolittle hatte als Kind eine besondere Begabung: Er konnte mit Tieren sprechen. Doch sein Vater verbot ihm, es zu tun, worauf er dies verlernte. Als er eines Tages einen Hund anfährt, kann er diesen plötzlich verstehen. Damit verändert sich sein Leben kolossal, denn nun muss er den Tieren helfen. Aber nicht nur die klassischen Haustiere stürmen seine Praxis, sondern auch Tiger und sonstiges Getier.

Bernhard Lichtenberger (*OÖNachrichten*): »Obwohl hin und wieder wirklich lustige Szenen aufblitzen, ist diese Version alles andere als eine Familienunterhaltung. Die animalischen Stars reden nämlich zumeist schweinisch, die Probleme, die sie plagen, drehen sich um Körperöffnungen und deren Verwendung.«

Chris Lofting erinnerte sich so an seinen Vater Hugh Lofting, den Schöpfer des *Dr. Dolittle*: »Mein Vater wurde nur zornig, wenn er sah, dass Tiere oder Kinder schlecht behandelt wurden. Kindern gegenüber war er nie ungeduldig oder herablassend. Wenn ich etwas getan hatte, womit er nicht einverstanden war, bemühte er sich, mir das Fehlerhafte meines Betragens zu erklären. Seine große Liebe zu Tieren führte dazu, dass ich mir keine Tiere halten durfte. Er stand auf dem Standpunkt, dass Kinder und Tiere nicht zusammenpassen. Er duldete keine kindlichen Grausamkeiten, nicht einmal an Stofftieren. Wenn er verletzte Tiere fand, brachte er sie nach Hause, um sie gesund zu pflegen. Wenn eine Katze ihr Wochenbett an einem ungeeigneten Ort errichtet hatte, sorgte er für ›Komfort‹ der Wöchnerin. Bemühte sich ein brütender Vogel vergeblich, Nachwuchs aus sterilen Eiern zu erhalten, so tauschte mein Vater die Eier aus und freute sich wie eine Vogelmutter über den Erfolg. Die Behauptung, er hätte sich in der Figur des Doctor Dolittle selbst geschildert, hat er immer verneint. Dolittle ist eine fiktive Persönlichkeit, dessen einzige Realität sein Name ist, der sich aus ›Do‹ und ›little‹ zusammensetzt, wie Vater meinen Bruder zärtlich nannte, weil er angeblich ›wenig tat‹. Allerdings wäre es falsch, daraus Schlüsse auf Dolittles Charakter zu ziehen, denn Dolittle ist sehr aktiv. Mein Vater muss eine sehr glückliche Kindheit auf einem Landgut inmitten vieler Tiere verbracht haben. Obwohl er in England geboren wurde und aufwuchs, verbrachte er später die meiste Zeit in Amerika. Er starb 1947 ... Seine Dolittle-Geschichten waren ursprünglich Briefe, die er während des Ersten Weltkrieges von den Schlachtfeldern Frankreichs an seine Kinder schrieb. Das Leiden, das ihn umgab, gerade auch der Tiere, die schwerverletzt ihrem Schicksal überlassen wurden, veranlasste ihn, sich in eine Welt zu flüchten, die besser und schöner war als die Wirklichkeit. Diese Briefe wurden dann später durch neue Geschichten erweitert und fanden ihren Niederschlag in den bekannten Büchern.«

1967 Dr. Dolittle

Doctor Dolittle, USA, R: Richard Fleischer, D: Rex Harrison

1928 Dr. Dolittle und seine Tiere

D, R: Lotte Reiniger – Animation

DOKTOR KNOCK

BRD 1996, R: Dominik Graf, D: Gert Voss, Veronica Ferres, Sophie Rois, Martin Feifel, Christa Berndl, Fred Stillkrauth, Agathe Taffertshofer, Christoph Krix, Martin Flörchinger

Neuverfilmung eines satirischen Volksstücks von Jules Romains: »Gesunde Menschen gibt es nicht«, lautet das Credo von Doktor Knock – bis er in Mariengrün eine Praxis eröffnet. Die Provinzler dort scheinen mit einer schier unverwüstlichen Konstitution gesegnet zu sein: In Knocks Wartezimmer herrscht gähnende Leere. Doch der Arzt ist nicht auf den Kopf gefallen. Mit Raffinesse, Witz und untrüglicher Menschenkenntnis gelingt es ihm langsam, aber sicher, selbst hart gesottene Zweifler von ihren versteckten Krankheiten zu überzeugen und sie zu teuren Heilkuren zu überreden. Mit der Zeit verwandelt sich Mariengrün in einen florierenden Krankenhausbetrieb mit lauter glücklichen Patienten. Denn jedes Mal wenn die Ernte ansteht, lösen sich sämtliche Gebrechen wie durch ein Wunder in Luft auf. Nur eine steht den Heilungen skeptisch gegenüber: Tierärztin Kai hält Knock für einen Quacksalber und beginnt, in dessen Vergangenheit zu stöbern. Die verschwundene ärztliche Zulassung gibt ihren Zweifeln dabei ebenso Nahrung wie die mysteriösen Briefe, die Knock regelmäßig bekommt und die im ganzen Dorf für Gesprächsstoff sorgen.

Lexikon des internationalen Films: »Eine bayerntümelnde Groteske, die als Persiflage gedacht sein mag, die Zuschauer jedoch in jeder Hinsicht unterfordert.«

1966 Doktor Knock
S, R: Stig Törnroos, D: Silvija Bardh, John Elfström, Erik Hell

1966 Doctor Knock
GB, R: Herbert Wise, D: Renee Houston, John Le Mesurier, Leonard Rossiter

1951 Knock
F, R: Guy Lefranc, D: Louis Jouvet, Jean Brochard, Yves Deniaud

1933 Dr. Knock
Knock, ou le triomphe de la médecine, F, R: Louis Jouvet, D: Louis Jouvet

DR. MED. HIOB PRÄTORIUS
BRD 1964, R: Kurt Hoffmann, Drb: Heinz Pauck, Istvan Bekefi nach dem Bühnenstück von Curt Goetz, K: Richard Angst, M: Franz Groth, S: Dagmar Hirtz, D: Heinz Rühmann (Dr. med. Hiob Prätorius), Liselotte Pulver (Violetta Höllriegel), Fritz Rasp (Shunderson), Fritz Tillmann (Dr. Klotz), Werner Hinz (Höllriegel, Violettas Vater), Peter Lühr (Professor Speiter), Claus Schwarzkopf (Dr. Watzmann), Robert Klupp (Rektor), Käthe Itter (Oberschwester), Maria Ferron, Tatjana Sais, Lisa Helwig, Sigrid Pawlas

Der Medizinprofessor Dr. med. Prätorius genießt den Ruf eines hervorragenden Arztes, der von seinen Patienten geliebt und von seinen Kollegen

geschätzt wird. Sein Lebensziel ist es, den »Bazillus der Dummheit« zu besiegen. Doch das einzig taugliche Mittel, das Prätorius bislang erfolgreich anwenden konnte, ist der Humor. Eines Tages sucht die schwangere Patientin Violetta Höllriegel den Rat des Professors. Sie hat sich von ihrem Geliebten getrennt, doch Prätorius beschwört sie, das Kind trotzdem auszutragen. Beim Verlassen der Klinik erleidet Violetta einen Unfall, der verdächtig nach einem Selbstmordversuch aussieht. Die junge Frau wird in Prätorius' Klinik eingeliefert. Trotz des Altersunterschiedes verlieben die beiden sich ineinander und heiraten bald darauf.

Der private und der berufliche Erfolg des angesehenen Professors erregen den Neid und die Missgunst des Kollegen Professor Speiter. Mit Hilfe einer Detektei findet Speiter heraus, dass Prätorius zu Beginn seiner Laufbahn als Kurpfuscher gearbeitet und somit die Würde des Arztberufes verletzt hat. Die Kollegen sind entsetzt, und Prätorius wird vor das Ehrengericht der Ärztekammer zitiert. Doch als er sich in seiner unnachahmlichen Art rechtfertigt, weicht das Entsetzen einem Gelächter. Als junger Arzt hat Prätorius in einem Dorf gearbeitet. Um die Vorurteile der Landbevölkerung gegenüber der Schulmedizin zu unterlaufen, hat er sein Diplom geheim gehalten und sich als Schuster niedergelassen, der

Dr. med. Hiob Prätorius (1964, R: Kurt Hoffmann): Heinz Rühmann und Liselotte Pulver

nebenher den Ruf eines sehr erfolgreichen »Wunderheilers« genoss.

Mit siebzehn Jahren schon wurde Curt Goetz (1888–1960) Schauspieler und war bald sowohl auf der Bühne als auch im Film erfolgreich. Gleichzeitig bewies er sein Allroundtalent: Er schrieb pointenreiche Ein- und Mehrakter, die von einem ganz speziellen Goetz'schen Sarkasmus geprägt waren und eroberte damit auch Bühne und Film. Sein erster eigener Spielfilm, ein Autorenfilm im wahrsten Sinn des Wortes, war *Napoleon ist an allem schuld* (1938). Aber Curt Goetz' Denkweise passte nicht in die Zeit, und so verließ er Nazi-Deutschland 1939 auf ein Angebot der MGM hin. Doch die amerikanische Filmmetropole war nicht der richtige Nährboden für seine Individualität. Deshalb kehrte Goetz nach dem Krieg mit seiner Frau und Partnerin Valerie von Martens wieder nach Deutschland zurück. »Ich habe mich immer bemüht«, sagte Curt Goetz einmal, »ein Niveau zu wahren, das an die Stelle von Mord und Gräuel die Appetitlichkeit des Denkens setzt!« Deshalb hat Curt Goetz auch so gegen die Dummheit gekämpft und seinen *Dr. med. Hiob Prätorius* nach dieser Mikrobe, die den misslichen Zustand erzeugt, fahnden lassen. Produzent Hans Domnick und Regisseur Kurt Hoffmann wehrten sich gegen Formulierungen wie: Ist es gut, *Dr. med. Hiob Prätorius* wieder zu verfilmen? Denn es war die dritte Prätorius-Verfilmung innerhalb von 15 Jahren: Produzent Hans Domnick fertigte 1949 *Frauenarzt Dr. Prätorius*, bei dem noch Curt Goetz für Hauptrolle, Drehbuch und Regie zeichnete. Die amerikanische 20th Century Fox drehte 1951 *People Will Talk* mit Cary Grant in der Hauptrolle. Der Film, der übrigens sehr gut

gewesen sein soll, wurde jedoch niemals in Deutschland gezeigt, da der ebenso geistvolle wie geschäftstüchtige Autor die Filmrechte einzeln und nach Vorführungsgebieten getrennt vergab. Zusätzlich sendete das Deutsche Fernsehen das Goetz-Stück mit Carl Heinz Schroth als Regisseur und Hauptdarsteller.

Bei der dritten Verfilmung handelt es sich, laut Produzent Domnick, zu 98 Prozent um Goetz. Hans Domnick, ein persönlicher, sehr guter Freund des verstorbenen Curt Goetz, kennt die Wünsche und Absichten des Autors so genau, dass er sagen kann: »Wir haben noch zu seinen Lebzeiten so oft und viel über Neugestaltungen, besonders des *Prätorius* gesprochen, dass ich sicher bin, Curt würde auch zu dieser Arbeit ja sagen.«

Kurt Hoffmann erklärte überzeugend seine Einstellung zu *Dr. Prätorius*: »Man muss solch großartige Stoffe immer wieder verfilmen, sozusagen als Variationen. Wir machen diesen Film ja nicht aus Mangel an anderen Ideen, sondern aus der Überzeugung, dass diese wirklich menschliche, von weisem Humor getragene Geschichte den Menschen immer wieder etwas gibt. Man hört ja auch schöne Musikstücke stets gern aufs Neue und mit anderen Interpreten. Ich würde sicherlich nicht zum zweiten Mal *Charleys Tante* verfilmen – diesen Stoff aber mit dem größten Vergnügen.«

Die Tageszeitung *Die Welt* findet, Heinz Rühmann »hat hier ohne Zweifel eine seiner großen und schönsten Rollen gefunden, ohne dass er zum unbescheidenen Solisten wurde.« Der *Evangelische Filmbeobachter* kommt zu dem Schluss, dass Kurt Hoffmann es versteht, »Goetz noch zu verflachen, indem er der angeblich deutschen Mentalität seinen Tribut zollt. Nicht nur, dass das 1934 entstandene Stück in die Gegenwart verlegt wird (diese Gegenwart bleibt auch nur vage), dass aus der Pfarrerstochter Violetta eine Gutsbesitzerstochter wird und dass man zahllose Dialoge vermisst – bezeichnend scheint auch das Weglassen der Rahmenhandlung. In ihr tragen Sherlock Holmes und Dr. Watson alles Wissenswerte über den Professor zusammen, der ein Leben lang auf der Suche nach einem Serum gegen die menschliche Dummheit war und schließ-

Dr. med. Hiob Prätorius (1964, R: Kurt Hoffmann):
Wenn Männer zu Kindern werden

lich in einem Lachanfall sich und seine Frau gegen einen Baum fährt. (Holmes: ›Er ist wie jeder Prophet an seiner Lehre gestorben! ... Ich möchte nicht, Watson, dass du etwa um eines Happy Ends willen auf diesen Ausgang verzichtest.‹) In dieser souverän mit dem eigentlichen Geschehen verbundenen Rahmenhandlung wird die Tendenz von Goetz zur Ironisierung und Desillusionierung deutlich. Solche Elemente vertragen aber Hoffmanns Ideen nicht (die Autoren seien nicht ausgenommen). Und so entpuppen sich dann die fleißig nach den Rezepten der Traumfabrik schielenden Interieurs als Wohlstandsextrakte. Die gediegene Eleganz paart sich mit einigen netten, nicht gerade sehr geistreichen, geschweige denn originellen Einfällen, deren Krönung das Happy End darstellt.«

Und für Dietrich Kuhlbrodt in der Zeitschrift *Filmkritik* versammelt der Film »in ärgerlicher Weise die sattsam bekannten Untugenden des westdeutschen Films«, die Neuverfilmung »zeigt sich hoffnungslos infiziert von der Mikrobe, die der Autor zu bekämpfen hoffte. Aber nicht nur Unverständnis: Verlogenheit regiert. In einer bunten lackierten Scheinwelt, in der unsere Studenten sich auf Posaunen Gaudeamus igitur vorblasen, entlarvt sich die Sorge vor dem dritten Weltkrieg, beim Toaströsten vorgetragen, als permanente Lüge. So verfehlt wie Bauten und Farbe ist die Besetzung der Hauptrollen. Dem kleinen Pfiffikus glaubt man den Dr. med. Hiob Prätorius nicht, und das Liselotte-Pulver-Lachen verträgt sich nicht mit der Patientin, die am Leben verzweifelt.«

1951 People Will Talk

USA, R: *Joseph L. Mankiewicz*, D: *Cary Grant, Jeanne Crain, Hume Cronyn*

Zwei Jahre nach *Frauenarzt Dr. Prätorius* ein anderer C. G. in der Curt-Goetz-Rolle: Cary Grant! »Diese kinematographische Kuriosität – eine nicht sehr homogene, aber auf eigenartige Weise faszinierende Kombination von Komödie, Satire, Drama, Farce und Gespenstergeschichte – wurde für die Leinwand geschrieben und inszeniert von Joseph L. Mankiewicz ... Bei *People Will Talk* war seine Vorlage ein Bühnenstück des deutschen Autors Curt Goetz, *Dr. med. Hiob Prätorius*, die Geschichte eines kämpferischen Profes-

sors, der sich mit professoralen Vorurteilen, der akademischen Reaktion, der bürgerlichen Bigotterie und schlechthin mit der menschlichen Dummheit anlegt, was ihm den Hohn der Öffentlichkeit und die Feindschaft seiner Kollegen einbringt. Das mag ein seltsames Thema für eine Komödie sein, aber Mankiewicz hat daraus eine temperamentvolle, weise und witzige Geschichte über die Herren Mediziner und ihre Schwächen und Marotten gemacht, das Ganze angereichert mit Wartezimmer- und Krankenhaus-Humor, den Ironien, die zwischen Ärzten und Patienten ausgetauscht werden, sowie einer amüsanten, wenn auch unkonventionellen Liebesgeschichte.« (*Cue Magazine*).

1949 Frauenarzt Dr. Prätorius

BRD, R: *Curt Goetz*, D: *Curt Goetz, Valerie von Martens, Erich Ponto*

»Altmodische, aber menschlich sympathische Filmkomödie mit geistreichen Dialogen, die Curt Goetz nach seinem eigenen Bühnenstück in Szene setzte.« (*Film-Dienst*)

DER DOKTOR UND DAS LIEBE VIEH

All Creatures Great And Small, GB 1978–1990, TV-Serie: 90 Folgen, R: Christopher Baker, Rod Daniel, D: Christopher Timothy, Robert Hardy, Peter Davison, Lynda Bellingham, Carol Drinkwater, Fred Feast, Andrea Gibb, James Grout, Jean Heywood, Mary Hignett, Alison Lewis, Paul Lyon, John McGlynn, Pamela Salem

Der frisch gebackene Veterinär James Herriot wird Assistent in der Landpraxis von Siegfried Farnon. Künftig behandeln die beiden Ärzte die erkrankten Tiere aus Yorkshire und Umgebung. Mit seinem klapprigen Auto fährt Herriot über die holprigen Feldwege der englischen Graf-

Frauenarzt Dr. Prätorius (1949, R: Curt Goetz): Curt Goetz und Albert Florath

schaft Yorkshire, um auch auf den entlegensten Farmen die Tiere zu behandeln. Ob Kühe, Schafe, Pferde, Ziegen und natürlich auch Haustiere vom Hundemischling bis zur Rassenkatze, alle Tiere liegen ihm am Herzen. Auch vom Krieg und anderen Unwidrigkeiten lassen sich Herriot und Farnon nicht davon abbringen, sich um das Wohl der Vierbeiner zu kümmern.

Jovan Evermann (*Der Serien-Guide*): »Nach dem Zweiten Weltkrieg bekommen die Ärzte einen neuen Assistenten. Die neueren Geschichten spielen bis in die fünfziger Jahre hinein und zeigen die Begegnung von Tradition und Moderne. Die Geschichten beruhen auf den Erinnerungen des echten Tierarztes James Herriot. Folge 40 (1985 *Christmas Special*) lief nur am 24.12.1986 auf ORF1. Folge 90 wurde ebenfalls nicht in Deutschland ausgestrahlt.«

1974 All Creatures Great And Small

GB, R: *Claude Whatham*, D: *Brenda Bruce, Christine Buckley, John Collin*

DON CARLO

BRD 1986, R: *Herbert von Karajan*, D: *José Carreras, Ferruccio Furlanetto, Piero Cappuccilli, Agnes Baltsa, Matti Salminen, Antonella Bandelli, Fiamma Izzo d'Amico, Franco de Grandis*
Nach einem Libretto von François Joseph Méry und einem Drama von Friedrich Schiller: Der Kronprinz Don Carlos verzehrt sich in heimlicher Liebe zu seiner Stiefmutter Elisabeth, die ihm einst versprochen war, aber mit seinem Vater, König Philipp, vermählt wurde. Philipp, angeekelt von der verlogenen Atmosphäre an seinem Hof, stößt auf der Suche nach einem »Menschen« auf den Marquis Posa, den besten Freund von Carlos. Posa will mit Hilfe seiner erlangten Vertrauensstellung die Befreiung der Niederlande von Spanien durchsetzen. Bei dem Versuch, von Carlos die drohende Gefahr der Entdeckung von Liebesbriefen, die dieser einst Elisabeth geschrieben hat, zu verhindern, verstrickt er sich in ein heilloses Intrigengewirr. Posa sieht nur noch die Möglichkeit, sein Leben für Carlos' Rettung zu opfern und wird auf Veranlassung Philipps erschossen. Elisabeth drängt Carlos, dessen politische Entwürfe weiterzuführen und seiner Liebe zu entsagen. Der von Posa enttäuschte Philipp liefert seinen Sohn dem Großinquisitor aus. Gegensätze prallen aufeinander: Der Enthusiast Posa trifft auf seinen Freund Carlos, der alle politi-

schen Pläne vergessen hat und nur noch an sein privates Elend denkt, später auf den zynischen Machtpolitiker König Philipp, dieser zum Schluss auf die leidenschaftslose Autorität von Gesetz und Ordnung, den Großinquisitor.

1983 Don Carlo

USA, R: *Brian Large*, D: *Plácido Domingo, Mirella Freni, Grace Bumbry*

1960 Don Carlos

A, R: *Alfred Stöger*, D: *Ewald Balser, Walter Reyer, Aglaja Schmid*

DON GIOVANNI

I/F/BRD 1979, R: *Joseph Losey*, D: *Ruggero Raimondi, John Macurdy, Edda Moser, Kiti Te Kanawa, Kenneth Riegel, José van Dam, Teresa Berganza, Malcolm King, Eric Adjani*
Für den reichen Edelmann Don Giovanni zählt nur das eigene Amusement. Über seine zahlreichen Liebesaffären hat er sorgfältig Buch geführt, was Donna Anna erzürnt. Darüber kann Don Giovanni nur lachen, woraufhin er von ihrem Vater zum Duell gefordert wird. Don Giovanni tötet den Mann und flieht mit seinem Diener. Donna Anna schwört Rache, kann den jungen Taugenichts aber nicht von neuen Abenteuern zurückhalten, für die er allerdings am Ende grausam bestraft wird.

TV Spielfilm Lexikon: »Ingmar Bergman war der erste, der den Versuch wagte, die traditionelle Oper filmisch umzusetzen. Er produzierte *Die Zauberflöte*, ein Vorhaben, zu dem allgemein nur der Kopf geschüttelt wurde. Ein finanzielles Desaster wurde dem Schweden prophezeit, ein phänomenaler Erfolg wurde daraus. Allein in Paris besuchten mehr als 350.000 Film- bzw. Opernfans die Vorführung, und nicht zuletzt durch diesen Film gelang Bergman etwas, was Kulturschaffenden vor ihm verwehrt blieb: zahlreiche Menschen erstmals mit der Oper zu konfrontieren. Dass sich hierbei das Medium Film als ein neues, sehr taugliches Mittel erwies, um ein breites Publikum in ungewohnter Weise an die Oper heranzuführen, erkannte auch Rolf Liebermann. Er trat an Regisseur Losey heran und konnte ihn für die Realisation der Mozart-Oper gewinnen. Losey zu seinen Zielen: ›Die Aufgabe des Filmes ist in erster Linie das Erzählen der Geschichte mit filmischen Mitteln ... Eines der großen Anliegen dieses Unternehmens ist es, diese Musik einem möglichst großen, weit gestreuten Publikum nahe zu bringen, all jenen, die Oper lieben, es aber nicht wissen, weil sie bisher keine Gelegenheit hatten, sie zu sehen und zu hören.‹ Die 1787 in Prag uraufgeführte Oper erlebte mit dem Beginn der Dreharbeiten 1978 quasi eine zweite Premiere. Loseys Werk beeindruckte vor allem durch den Einbau der Dekoration in die Handlung und die Interpretation von Don Giovanni als alternden Helden, der die Niederlage sucht, überzeugte viele Kritiker.«

In Kanada entstand 2000 unter der Regie von Barbara Willis Sweete eine weitere Verfilmung: *Die Masken des Don Giovanni (Don Giovanni Leporello's Revenge).*

1955 Don Giovanni

GB, R: Paul Czinner, D: Lisa Della Casa, Elisabeth Gruemmer, Cesare Siepi

1955 Don Juan

Don Giovanni, A, R: H. W. Kolm-Veltée, D: Cesare Danova, Josef Meinrad

DON QUICHOTTE

Don Quixote, USA 2000, R: Peter Yates, D: John Lithgow, Bob Hoskins, Isabella Rossellini, Vanessa L. Williams, Lambert Wilson, Amelia Warner, Tony Haygarth, Peter Eyre, Lilo Baur, James Purefoy, Trevor Peacock, Linda Bassett, Barry Stanton, Alun Raglan, Michael Feast

Nach dem Roman *Don Quijote de la Mancha* von Miguel de Cervantes: Spanien im 19. Jahrhundert. Alonso Quixada, ein Mann in den besten Jahren, lebt in einer Traumwelt. Er liebt Rittergeschichten. Gemeinsam mit dem Nachbarsburschen Sancho Pansa und seinem ausgemergelten Pferd Rosinante zieht er schließlich aus. Auf dem Weg ins Abenteuer begegnet er dem Bauernmädchen Adonza, das ihn von nun an als Rittersfrau Dulcinea begleitet. Die tragikomischen Abenteuer des Ritters von der traurigen Gestalt stammen von Miguel de Cervantes (1547–1616) und gelten noch heute als Spaniens bedeutendster Beitrag zur Weltliteratur.

1996 Don Kikhot vozvratshchayetsya

RUS/BG, R: Oleg Grigorovich, Vasili Livanov, D: Armen Dzhigarkhanyan

1992 Don Quixote

E/I/USA, R: Jesus Franco, Orson Welles, D: Patricia McCormack

1991 Don Quijote

El Quijote, E, R: Manuel Gutiérrez Aragón, D: Fernando Rey, Alfredo Landa

1988 Tskhovreba Don Kikhotisa da Sancho Panchosi

GE/E, R: Rezo Chkheidze, D: Kakhi Kavsadze, Mamuka Kikaleishvili

1984 Don Quixote

USA, D: Mikhail Baryshnikov, Cynthia Harvey

1983 Die Abenteuer des blauen Ritters

Przygody blekitnego zolnierzyka, PL, R: Lechosaw Marszalek – Animation

1976 The Amorous Adventures Of Don Quixote And Sancho Panza

USA, R: Raphael Nussbaum, D: Corey John Fisher, Hy Pyke, Shmuel Livneh

1976 Don Quixote

AUS/GB, R: Rudolf Nurejew, Robert Helpmann D: Ray Powell, Francis Croese

1972 Der Mann von La Mancha

Man Of La Mancha, USA/I, R: Arthur Hiller, D: Peter O'Toole, Sophia Loren

1972 Don Quixote

The Adventures Of Don Quixote, USA/GB, R: Alvin Rakoff, D: Rex Harrison

1965 Deti Don-Kikhota

UdSSR, R: Yevgeni Karelov, D: Anatoli Papanov, Vera Orlova, Vladimir Korenev

Don Quichotte (1957, R: Grigori Kosinzew): Nikolai Tscherkassow und Juri Tolubejew

1964 In The Land Of Don Quixote
I, R: Orson Welles, D: Arnoldo Foà, Paola Mori, Beatrice Welles
1962 Don Quixote
FIN
1959 I, Don Quixote
USA, R: Karl Genus, D: Lee J. Cobb, Eli Wallach, Colleen Dewhurst
1957 Don Quichotte
Don Kikhot, UdSSR, R: Grigori Kosinzew, D: Nikolai Tscherkassow, Juri Tolubejew
1952 Don Quixote
USA, R: Sidney Lumet, D: Boris Karloff, Grace Kelly
1956 Dan Quihote V'Sa'adia Pansa
IL, R: Nathan Axelrod, D: Shimson Bar-Noy, Sara Benvenisti, Aliza Cohen
1947 Don Quijote de la Mancha
E, R: Rafael Gil, D: Rafael Rivelles, Juan Calvo, Sara Montiel
1934 Don Quixote
USA, R: Ub Iwerks – Animation
1933 Don Quichotte
F/GB, R: Georg Wilhelm Pabst, D: Feodor Schaljapin, Donnio Dorville, C. Martinelli
1926 Pat und Patachon:
    Der Ritter von der traurigen Gestalt
Don Quichote, DK, R: Lau Lauritzen, D: Carl Schenström, Harald Madsen
1923 Don Quixote
GB, R: Maurice Elvey, D: Jerrold Robertshaw, George Robey, Marie Blanche
1915 Don Quixote
USA, R: Edward Dillon, D: De Wolf Hopper, Fay Tincher, Max Davidson
1909 Don Quichotte
F, R: Émile Cohl – Animation
1908 Don Quixote
F, R: George Méliés

DIE DOPPELTE NUMMER
Double Take, USA 2001, R: George Gallo, D: Orlando Jones, Eddie Griffin, Gary Grubbs, Daniel Roebuck, Sterling Macer jr., Benny Nieves, Garcelle Beauvais, Andrea Navedo, Edward Herrmann, Shawn Elliott, Brent Briscoe, Donna Eskra, Frank Pesce

Damit hat der nette Investmentbroker Daryl nicht gerechnet: Ohne sein Tun hält man ihn plötzlich für einen Polizistenmörder und Geldwäscher. Um unterzutauchen, nimmt er die Identität des gerissenen Kleingangsters Freddy an. Aber auf der Flucht nach Mexiko erweist sich der neue Name jedoch als ebenso gefährlich wie der eigene: Denn Freddy soll den mexikanischen Gouverneur ermordet haben ...

Prisma-Online: »Eine Typen-Komödie wie andere auch: übertriebene Gags, alberne Slapstick und typisches Buddy-Verhalten. Regisseur George Gallo schrieb einst das Drehbuch zu der Actionkomödie Midnight Run – Fünf Tage bis Mitternacht. Doch davon ist dieser Film weit entfernt.«

1957 Die Brücke der Vergeltung
Across The Bridge, GB 1957, R: Ken Annakin, D: Mark Baker, Faith Brook

DAS DORF DER VERDAMMTEN
Village Of The Damned, USA 1995, R: John Carpenter, D: Christopher Reeve, Kirstie Alley, Linda Kozlowski, Michael Paré, Karen Kahn, Peter Jason, Constance Forslund, Meredith Salenger, Pippa Pearthree

Das Küstendorf Midwich in Kalifornien ist ein ganz normales Örtchen für Leute, die das Leben auf dem Land dem in der Stadt vorziehen. Reisende lassen Midwich meist links liegen – ein Umstand, der den Bewohnern des Dorfes nur allzu recht ist, denn sie schätzen die ungestörte Idylle, die genau richtig ist, um ein Familie zu gründen und Kinder großzuziehen. Doch eines Tages fällt ein dunkler Schatten über den Ort. An einem unruhigen stürmischen Herbsttag geschieht etwas sehr Seltsames: Alle Einwohner des Ortes fallen gleichzeitig in eine unerklärliche Ohnmacht, und danach stellt sich heraus, dass alle gebärfähigen Frauen des Dorfes plötzlich wie von Geisterhand schwanger sind – eine von ihnen ist sogar noch Jungfrau! Der örtliche Mediziner Alan Chaffee untersucht die schwangeren Frauen, zu denen auch seine eigene Gattin gehört, und stellt bei keiner irgendwelche Komplikationen fest. Allerdings ist er nicht in der Lage, einen Grund für das merkwürdige und beängstigende Vorkommnis zu finden. Auch der Pfarrer von Midwich, Reverend George, kann keine Erklärung für die Schwangerschaften liefern. Um dem Geschehen auf den Grund zu gehen, wird die Wissenschaftlerin Dr. Susan Verner nach Midwich entsandt, die das Phänomen ergründen soll. Doch auch ihr gelingt es zunächst nicht, Licht ins Dunkel um die rätselhafte Fruchtbarkeit der Frauen zu bringen. Schließlich kommt der Tag, an dem die Frauen gebären. Sie bringen nahezu zeitgleich zehn Kinder zur Welt, eines überlebt die Geburt nicht. Alle neun Kinder haben seltsam helles, fast weißes Haar und kobaltfarbene Augen. Zu Dr. Chaffees und Dr. Verners Erstaunen ist das Wachstum der Kinder stark beschleunigt. Zudem zeigt es sich, dass sie über außergewöhnliche übernatürliche und telephatische Kräfte verfügen, die schon bald fatale Folgen für die Einwohner von Midwich haben ...

Das Dorf der Verdammten ist ein Remake des gleichnamigen Gruselklassikers von 1960. Wurde in der damaligen Rezeption die Geschichte von der schleichenden Invasion der Erde durch die übernatürlich entstandenen Schwangerschaften als Parabel auf die Gefahr des Kommunismus verstanden, so sieht Christopher Reeve, der Darsteller des Alan Chaffee, die Geschichte heute als eine Warnung vor der Macht der Gewalt und der Gefühllosigkeit, die in der heutigen amerikanischen Jugend immer mehr an Einfluss gewinne.

Blickpunkt: Film: »Leider hat Carpenter nur selten die adäquaten Schreckensbilder parat, um der potenten Grundlage einen atemberaubenden Schocker zu entlocken. Mit seiner umständlichen und wenig eleganten Exposition (erst nach 40 Minuten werden die Kinder überhaupt geboren), seinem verschleppten Tempo und der drögen Synthiemusikbegleitung verdient Christopher Reeves Gedankenkampf mit der emotionslosen Satansbrut bestenfalls das Prädikat New-Age-Horror.«

1963 Children Of The Damned
USA, R: Anton M. Leader, D: Ian Hendry, Alan Badel, Barbara Ferrid
1960 Das Dorf der Verdammten
Village Of The Damned, USA, R: Wolf Rilla, D: George Sanders

DORIAN GRAY IM SPIEGEL DER BOULEVARDPRESSE

BRD 1983/84, R: Ulrike Ottinger, Drb: Ulrike Ottinger, K: Ulrike Ottinger, M: Peer Raben, S: Eva Schlensag D: Veruschka von Lehndorff (Dorian Gray/Don Luis de la Cerda), Delphine Seyrig (Dr. Mabuse/Großinquisitor), Tabea Blumenschein (Andamana), Toyo Tanaka (Hollywood/Erzähler), Irm Hermann (Passat/Norne), Magdalena Montezuma (Golem/Norne), Barbara Valentin (Susy/Norne), Else Nabu (1. Sängerin)

Frau Dr. Mabuse, Chefin eines internationalen Pressekonzerns, hat einen skrupellosen Plan zur weiteren Expansion erdacht: »Unser Konzern wird einen Menschen schaffen, den wir nach unseren Vorstellungen formen und nach unserem Belieben führen. Dorian Gray – jung, reich, schön. Wir werden ihn aufbauen, verführen, vernichten.« In einer albtraumhaften Nachtfahrt durch die Großstadt zeigt und erklärt sie ihm die Welt: »Wir lassen ihn all das erleben, was unsere Leser nicht wagen zu träumen.« In einer Opernpremiere begegnet der Narziss als Zuschauer seinem Spiegelbild auf der Bühne in der Zeit der spanischen Conquistadores – und seiner großen Liebe Andamana: »Ich, Don Luis de la Cerda, Infant von Spanien, mit Recht genannt der Glücksprinz.«

Die Berliner Regisseurin Ulrike Ottinger kollagierte eine mythische Metaphern-Oper von der Macht der Medien: *Dorian Gray im Spiegel der Boulevardpresse*, nach Motiven von Oscar Wildes berühmter Romanfigur Dorian Gray, bei der weder Ausschweifung noch Alter Spuren hinterlassen, verbunden mit der klassischen Stummfilmfigur Dr. Mabuse, die alle Moralgesetze wegen ihrer überragenden Intelligenz außer Kraft gesetzt sehen möchte. »Dorian Gray steht natürlich für die Novelle von Oscar Wilde, die ich aber nicht einfach verfilme. Hinter dem Namen verbirgt sich ein Dandy, ein Narziss. Ich verbinde das mit einigen ironischen Assoziationen, die amüsant sind. Sicher auch für die Kenner der Novelle. Und im Spiegel der Boulevardpresse soll das Bildnis des Dorian Gray sichtbar werden.« Veruschka, Gräfin von Lehndorf, ein ausgesprochen androgyner Typ, ist ihr Dorian Gray, der Dandy, der in sich ja männliche und weibliche Merkmale vereinigte. Das ist für die Autorin und Regisseurin eine erregende, spannende Figur: »Denn die Dandys, das waren sozusagen die ersten Männer, die ganz bewusst eine weibliche Komponente in die Kunst eingebracht haben.«

Ponkie nennt Ulrike Ottinger »Symbol-Hexe des Films«, die hier »wieder einen Gifttrank gebraut« hat, bei dem sie »neue Kunstgebilde von Welt-Erfahrung durch Spiegel und Köpfe« jagt: »Die Bilder der Bilder der Bilder, schillernd im Doppelsinn und Hinter(treppchen)sinn – ein Pandämonium des Lebens aus zweiter Hand. Frau Dr. Mabuse, die Schöne und Böse (Delphine

Seyrig – eine gleißende Königin der Nacht) rationalisiert das an der Wachstumsgrenze angelangte Schlagzeilen-Unterhaltungsgeschäft: Ihr Konzern schafft sich Prominente und Sensationen nach Maß. Als perfektes Vermarktungsgeschöpf wird ein etwas törichter Blond-Narziss erwählt, so schön und leer wie Oscar Wildes *Dorian Gray* (›wir werden ihn aufbauen, verführen, vernichten‹). Veruschka von Lehndorff, makellos von Gestalt, markiert den feinen Tropf mit der Eckigkeit einer Marionette am Schnürl. So simpel das scheint: Die Ottinger-Phantasie lockt diese Kunstfiguren in ein surrealistisches Labyrinth! Tausend Verwirrungs-Assoziationen nisten im Gebälk aus Zeitungspapier, verdoppeln sich im Fin-de-siècle-Guckkastenrahmen einer exaltierten Opera als Spiel im Spiel (Dorian als Premierengast – und als Prinz auf der Bühne, der sich in Prinzessin Andamana verliebt!). Immer neue Fährten im bizarren Dekor, in Musik, Kostümen, Gestik. Am Ende haben alle Chefredakteure Gockelköpfe. Und bei Frau Mabuses Beerdigung trägt jeder seinen Gockelkopf als Firmenhut in der Hand. Jedes Detail im Bild ist von außerordentlicher Wichtigkeit, sagt Ulrike Ottinger: Total geplättet ringt man um Erkenntnis. Und drei Computer-Nornen weisen den Weg durch die superbe elektronische Ausstattungs-Orgie.«

2001 Dorian

CDN/GB, R: Allan A. Goldstein, D: Victoria Sanchez, Karen Cliche

1983 Die Morde des Dorian Gray

The Sins Of Dorian Gray, USA, R: Tony Maylam, D: Anthony Perkins

»Um sich das jugendliche Aussehen zu bewahren, lässt sich ein Fotomodell ein Videoband herstellen, das an seiner Stelle altert. Unfreiwillig komische Grusel- und Liebesmär, sehr frei nach Oscar Wilde fürs Fernsehen inszeniert.« *(Lexikon des internationalen Films)*

1973 Das Bildnis des Dorian Gray

The Picture Of Dorian Gray, USA, R: Glenn Jordan, D: Shane Briant

»Breit angelegte Verfilmung des Oscar-Wilde-Klassikers. Kann aber weder dramaturgisch noch darstellerisch mit der ersten Version von 1945 mithalten.« *(TV Spielfilm)*

1969 Das Bildnis des Dorian Gray

I/BRD, R: Massimo Dallamano, D: Helmut Berger, Richard Todd, Herbert Lom

»Der Roman Oscar Wildes wurde 1890/91 in Fortsetzungen veröffentlicht. *Dorian Gray* ist Wildes einziger Roman. Autobiografisches lässt sich nicht leugnen. Lord Henry und Wilde sind über Strecken eins: bedingungslose Ästheten, geistreiche Dandies, exaltierte Lebenskünstler. Dorian Gray ist eine Projektion, mit aller Intensität zu Ende gedacht. Ein Klassiker, der immer wieder neue Weisheiten und Bonmots bereithält. Dallamano hat den Film in die 70er-Jahre verlegt, darunter hat der Stoff merklich gelitten. Wilde und britischer Salon-Verbalismus lassen sich eben nicht transferieren. Die geistreich-zugespitzten Dialoge gehen unter im lärmenden Großstadt-Chaos von London. Cabriolets, Klappen, Kellerkneipen können Wildes Ambiente nicht treffen. Dennoch: Helmut Berger reißt Dallamanos Schwachstellen souverän heraus. Er, der seine erste große Rolle spielt, brilliert. Sein Ego, seine Mimik, sein makelloser Körper machen Berger zur Idealbesetzung. Er spielt selbst Star Herbert Lom (Lord Henry) an die Wand. Der österreichische Hotelierssohn (Jahrgang 1944) machte seiner Filmrolle später alle Ehre. Von seinen Extravaganzen, Verführungskünsten (mal Mick, mal Bianca Jagger), Drogen- und Alkohol-Eskapaden quillt seither die Weltpresse über. Berger: ›Ich lebe mich zutode!‹ Als Dorian Gray hat er den stilvollen Grundstein gelegt.« (Hermann J. Huber, *Gewalt und Leidenschaft*)

1945 Das Bildnis des Dorian Gray

The Picture Of Dorian Gray, USA, R: Albert Lewin, D: George Sanders, Donna Reed

»Statt seiner soll das gemalte Porträt von ihm altern, so will es Dorian Gray. Das führt bald zu schrecklichen Konsequenzen. Trotz Sanders und aller Sorgfalt enttäuscht diese Wilde-Adaption in

Das Bildnis des Dorian Gray (1969, R: Massimo Dallamano): Helmut Berger und Richard Todd

Das Bildnis des Dorian Gray (1945, R: Albert Lewin): Hurt Hatfield

ihrer sterilen Nüchternheit.« (W. O. P. Kistner, *Movieline*)

»Die US-Produktion ist allzu hausbacken, ein bedächtiges Familienspektakel.« (Hermann J. Huber, *Gewalt und Leidenschaft*)

1918 Az Élet királya
H, R: *Alfréd Deésy*, D: *Norbert Dán, Bela Lugosi, Lajos Gellért*

1917 Das Bildnis des Dorian Gray
D, R: *Richard Oswald*, D: *Bernd Aldor, Ernst Pittschau, Ernst Ludwig*

1916 The Picture Of Dorian Gray
USA, R: *Fred W. Durrant*, D: *Henry Victor, Pat O'Malley, Sydney Bland*

1915 Portret Doryana Greya
RUS, R: *Mikhail Doronin, Vsevolod Meyerhold Meyerhold*, D: *P. Belova*

1913 The Picture Of Dorian Gray
USA, R: *Phillips Smalley*, D: *Wallace Reid, Lois Weber, Phillips Smalley*

1910 Dorian Grays Portræt
DK, R: *Axel Strøm*, D: *Henrik Malberg, Clara Pontoppidan*

DORNRÖSCHEN
Sleeping Beauty, USA 1994, R: Toshiyuki Hiruma Takashi, Drb: Larry Hartstein, M: Andrew Dimitrow – Animation

Die böse Fee Odelia ist verärgert, weil sie nicht zu den Festivitäten anlässlich der Geburt von Prinzessin Felicity eingeladen wurde. Sie belegt die Prinzessin mit einem Zauber. Eine Woche nach ihrem 16. Geburtstag soll Felicity sich an der Spindel eines Spinnrades stechen und sterben. Die gute Fee Primrose besitzt nicht genügend Macht, um den Zauber zu bannen. Sie kann ihn nur abmildern. Felicity wird nicht sterben, sie wird in einen 100-jährigen Schlaf fallen. Der König und die Königin versuchen, dem Unheil vorzubeugen. Sie lassen alle Spinnräder aus dem Königreich entfernen. Vergeblich. Genau eine Woche nach ihrem 16. Geburtstag trifft Felicity in einem verlassenen Turm des Palastes auf eine alte Frau an einem Spinnrad. Gerne lässt die Frau die neugierige Prinzessin an das Spinnrad und das Unglück nimmt seinen Lauf. Als die gute Fee bemerkt, was geschehen ist, nimmt sie all ihre Macht zusammen und lässt den gesamten Palast in tiefen Schlaf fallen. Auf diese Weise wird Felicity nach dem Aufwachen nicht alleine auf der Welt sein. Primrose kann einen weiteren Zauber aussprechen: Sobald es einem Prinzen gelingt, Felicity aus dem Schlaf zu erwecken, soll die böse Fee Odelia sterben. Odelia lässt vorsorglich eine gewaltige Dornenhecke um den Palast wachsen, an der so mancher Jüngling scheitert. Erst dem Königssohn Richard gelingt es unter Aufbietung all seiner Tapferkeit, zum Palast vorzudringen. Die böse Odelia erwartet den Prinzen. Sie will ihn in Stein verwandeln. Doch die gute Fee Primrose zeigt Richard, wie er den Zauber ein für alle Mal bannen kann.

Dornröschen ist ein Zeichentrickfilm, der das gleichnamige Volksmärchen auf liebevolle Weise variiert. Das Märchen von der schönen Königstochter, die sich an einer Spindel sticht und in einen hundertjährigen Schlaf fällt, bevor sie von einem Prinzen wachgeküsst wird, ist weltbekannt. Seinen Ursprung hat es im romanischen Raum, wo das Motiv im 14. Jahrhundert erstmals auftaucht; es lässt sich aber auch in nordischen Heldensagen nachweisen. Bis heute gibt es unzählige Variationen jener wunderschönen Erzählung, die vom Sieg der Liebe über das Böse, ja sogar über den Tod handelt. Denn der hundertjährige

Schlaf Dornröschens dient als Metapher für den Tod, den ewigen Schlaf.

»Wer den Namen Dornröschen ausspricht, weckt Erinnerungen. Ein Hauch ewiger Jugend und Schönheit weht uns an. Die Beliebtheit und die lange Überlieferungskette des Dornröschen-Themas ist in jedem Fall beachtlich. Die Brüder Grimm griffen das Märchen aus mündlicher Überlieferung auf, bearbeiteten es und schmückten es nach ihrer Facon aus. Sie deuteten das Dornröschenmärchen als einen stets wiederkehrenden Naturvorgang. Darüber hinaus interpretierten sie ein mythisches Geschehen, in dem die Rosenhecke dem Flammenwall vergleichbar wird, hinter dem die germanische Brunhilde schläft. Vor den Grimms hielt bereits der neapolitanische Schriftsteller Giambattista Basile das Märchen zu Beginn des 17. Jahrhunderts in seiner Sammlung fest. Dort finden sich weder ein weissagender Frosch noch die Wünsche der Feen. Charles Perrault schlägt im ältesten Märchenbuch Frankreichs 1697 ironische Töne an. *La belle au bois dormant (Die schlafende Schöne im Walde)* bringt am Schluss noch zwei Kinder auf die Welt, die Aurore et Jour (Morgenröte und Tag).

So lassen sich bei verschiedenen Völkern – in verschiedenen Zeiten – recht verschiedene Varianten auffinden, denen jedoch ein fester Kern bei aller Verschiedenheit des frei variierbaren fantastischen Gehäuses gemeinsam ist. Die Variationen in der Überlieferung, im Buch und im Film sind dem Zeitgeist unterworfen und ihre Bearbeiter bringen dies zum Ausdruck. Die ständige Veränderbarkeit, Bearbeitung und multimediale Umsetzung gehört zur Märchentradition und ergreift heute verstärkt den Film. Wie Schneewittchen, Aschenputtel, Rotkäppchen oder Frau Holle ist Dornröschen eine allgemeine, isolierte und herausragende Leit- und Identifikationsfigur. Zur Konstanz der Volksmärchen gehört der Zug, dass die Helden keinen realistischen, ausgeprägten Charakter haben, sondern erfundene, mit relativ wenigen Attributen versehene Personen sind.« (Helmut Kommer, *Kinder- und Jugendfilm-Korrespondenz*, Nr.29/1987)

1992 Sleeping Beauty
R: Joan Sugarman, D: Helmi Sirkiä

1990 Dornröschen
ČSSR/BRD, R: Stanislav Párnicky, D: Danka Dinková, Gedeon Burkhard

»Der Versuch, das Märchen von dem Fluch und seinen Folgen auch visuell neu umzusetzen, gelang nur bedingt. Auch wenn der Film hohes Einfühlungsvermögen in den Stoff beweist, so steht er sich mit seiner angestrengten Suche nach ›schönen‹ Bildern bisweilen selbst im Weg.« (*Lexikon des internationalen Films*)

1989 Sleeping Beauty Aroused
D: Tori Welles – Sexfilm

1986 Dornröschen
USA/IL, R: David Irving, D: Morgan Fairchild, Tahnee Welch

»Sehr amerikanisch empfundene, aufwendig als eine Art Show-Musical angelegte Verfilmung des Grimm'schen Volksmärchens, die der Produktionskosten wegen in Israel realisiert wurde und trotz Ankündigung nie in unsere Kinos gekommen ist.« (*Lexikon des internationalen Films*)

1983–1986 Dornröschen
BRD, R: Helmut Magnussen – Animation

»Helmut Magnussen hat nach dem Tod von Lotte Reiniger (19.6.81) sich in die Welt der Schatten und der Silhouetten, der Kunst des Scherenschnitts, Schattenspiels gewagt. Er widmete seinen Film der großen Dame des Silhouettenfilms, als jemand, der vor ihr den Hut zieht. Magnussen hat in Kenntnis der Werke Reinigers sich vor der Realisation seiner *Dornröschen*-Verfilmung bewusst jene von ihr nicht angesehen, um nicht in Versuchung einer Nachahmung zu kommen. Ihn störte bei allen neueren Märchenverfilmungen, dass partout der Inhalt verändert und

Dornröschen (1983-1986, R: Helmut Magnussen)

verfremdet werden muss, um daraus ein Kunstwerk zu machen. Sein Film entstand nach einem Märchenbuch aus dem Jahre 1910, das als Textvorlage diente ... Dieser farbige Silhouettenfilm entstand nicht wie bei Reiniger nach dem Prinzip der Durchleuchtung, sondern mit den dramaturgischen Möglichkeiten des Auflichts.« *(AV-Film)*

1983 Sleeping Beauty

USA, R: Jeremy Paul Kagan, D: Rene Auberjonois, Carol Kane, Beverly D'Angelo

1977 Wie man Dornröschen wachküsst

ČSSR, R: Václav Vorlicek, D: Jiri Sovac, Milena Dvorska, Vladimir Mensik

1970 Dornröschen

DDR, R: Walter Beck, D: Juliane Korén, Vera Oelschlegel, Helmut Schreiber

Walter Beck hat in diesem DEFA-Märchenfilm die Geschichte von der schlafenden Prinzessin bearbeitet. So ist der Prinz nicht nur tapfer, sondern muss auch eine Prüfung ablegen. Und die 13. Fee ist nicht einfach nur böse, sondern wird zur Hüterin des Fleißes ernannt. Deshalb laden Prinz und Prinzessin das Volk auch zur Hochzeit ein und geben das Versprechen, das Land weise und gerecht zu regieren und Arbeit und Fleiß nicht zu verachten.

1969 Dornwittchen und Schneeröschen

BRD, R: Erwin Klein, D: Monika Strauch, Nera Nicol – Sexfilm

Sexbesessenheit im deutschen Märchenwald: Zwei Prinzen sind kaum im Stande, den Anforderungen der weiblichen Märchenfiguren nachzukommen.

1967 Dornröschen

DDR, R: Heide Draexler-Just, D: Anita Hütter, Norbert Thiel, Gisela Wehle

Klassisches Märchenballett.

1964 Dornröschen

UdSSR, R: Apollinari Dudko, Konstantin Sergejew, D: Alla Sisowa

Das Dornröschen-Ballett Tschaikowskis.

1958 Dornröschen und der Prinz

Sleeping Beauty, USA, R: Clyde Geronimi – Animation

»Das hat Disney grell bunt, lieblich, mit bildlichen und dramatischen Ideen angereichert. Von unserem klassischen Märchen ist das weit entfernt. Dennoch eine Augenweide für (nicht allzu junge!) Kinder und Erwachsene. Liebliches Röschen mit einigen Dornen.« *(Filmblätter)*

Wie man Dornröschen wachküsst (1977, R: Václav Vorlicek): Liebe, Neid und gute Geister

»Fast sämtliche Disney-Filme zeichnen sich durch eine fast akribische Liebe zum Detail aus, die oft die lange Produktionsdauer der Filme erklärt. So gingen auch von der Idee bis zum fertigen *Dornröschen*-Film sieben Jahre ins Land (1951–58), davon waren allein zwei nötig, um die Idealgestalt des Prinzen zu finden. Doch nicht nur bei der Produktionszeit waren die Disney-Studios führend, auch die Kosten setzten für damalige Verhältnisse Maßstäbe: sechs Millionen Dollar musste Disney zur Realisierung eines seiner aufwendigsten Filme aufbringen. Ähnlich wie bei *Cinderella* stützte sich das Zeichentrick-Genie auch diesmal wieder auf die historische Märchensammlung des Franzosen Perrault. Und genau wie bei seinem amerikanischen Aschenputtel beließ es Disney nicht bei der Originalvorlage, sondern fügte noch einige Personen und Handlungsstränge zusätzlich ein ... Für den ›klassischen‹ Status dieser *Dornröschen*-Version sorgt neben dem gewohnt perfekten handwerklichen Können der Zeichner auch die hervorragende Musikauswahl. Aus Tschaikowskys *Dornröschen*-Ballett wurden die schönsten Melodien ausgewählt, teilweise gekürzt, um sie den einzelnen Szenen anzupassen. Nur das heitere Trinklied beim königlichen Festmahl stammt aus der Feder von George Bruns, dem die musikalische Leitung und Bearbeitung der klassischen Vorlagen anvertraut wurde.« *(TV Spielfilm Lexikon)*

1955 Dornröschen

BRD, R: Fritz Genschow, D: Karin Hardt, Elfe Schneider, Angela von Leitner

»Vor allem fehlt es einem Großteil dieser Filme, die sich vergeblich bemühen, die klassischen

Märchen-Illustrationen Ludwig Richters zum Leben zu erwecken, an Spaß und Tempo. Gags wie in der Erwachen-Szene des erstarrten Schlosspersonals in Genschows *Dornröschen* (1955) sind selten. Viel häufiger beschränkten sich die Regisseure auf die betulichen Holzhammer-Späße des Kasperltheaters, die für Poesie und Fantasie nur noch wenig Raum ließen.« (Rainer Heinz: *Aufruhr im Schlaraffenland – Anmerkungen zum Genre des west-deutschen Märchenfilms*)

1954 The Sleeping Beauty
GB, R: Lotte Reiniger – Animation

1951 Prinzessin Dornröschen
Prinsessa Ruusunen, FIN, R: Edvin Laine, D: Aarne Laine, Mirjam Novero

1936 Dornröschen
D, R: Aloys Alfons Zengerling

»Einer der produktivsten Hersteller von Märchenfilmen, der Regisseur und Produzent Alf Zengerling, ließ fortan seine Werke von diesem Unternehmen vertreiben. Zengerling (1894–1961) stellte neben Kultur-, Bildungs- und Dokumentarfilmen für das Kinovorprogramm seit 1923 ›Märchen- und Jugendfilme‹ her. Er gilt als erster deutscher Filmemacher, der den Versuch machte, ›Märchen- und Kinderfilme von Niveau herzustellen, ein Unternehmen, das zu den diffizilsten Aufgaben überhaupt gehört. Er verfuhr dabei nach dem Grundsatz, die Texte der Märchen unverändert in seine Filme zu übernehmen, um damit den Kindern die aus den Märchenbüchern vertraut gewordenen Worte leichter in die Bildsprache zu übersetzen‹ (*Der neue Film*, 1949). Seine damaligen Filme wurden in der Regel in einer stummen und einer Tonfassung vertrieben, etwa *Aschenbrödel*, *Hänsel und Gretel* sowie *König Drosselbart* (alle 1934). *Der gestiefelte Kater* (1935) war der erste Märchenfilm mit realen Schauspielern, der in Farbe gedreht wurde. Zum Teil waren diese um Originaltreue bemühten Filme bis in die Nachkriegszeit zu sehen, wobei beispielsweise *Dornröschen* (1936) erheblich unter der allzu oberflächlichen Orientierung am reinen Handlungsfaden litt und den tieferen, moralisierenden Sinngehalt ignorierte.« (Rainer Heinz: *Aufruhr im Schlaraffenland – Anmerkungen zum Genre des west-deutschen Märchenfilms*)

1935 The Sleeping Beauty
USA, R: George Pal

1935 La Belle au bois dormant
F, R: Alexander Alexeieff

1934 Dornröschen
D – verboten

1930 Spyashchaya krasavitsa
UdSSR, R: Georgi Vasilyev, Sergei Vasilyev

1929 Dornröschen
D, R: Karl Heinz Rudolph

1924 Sleeping Beauty
USA, R: Herbert M. Dawley – Animation

1922 Dornröschen
D, R: Lotte Reiniger – Animation

»Kein Zweifel, dass auch Lotte Reiniger ganz aus der märchenhaften Stimmung heraus ihren Silhouettenfilm gemacht hat. *Dornröschen* gehörte mit zu ihren ersten Versuchen. 1922 wurde ihr heute verschollener Film gedreht. 1954 ist Reinigers erneute Silhouettenverfilmung entstanden.« (Ewald Heller, *Kinder- und Jugendfilm-Korrespondenz*)

1917 Dornröschen
D, R: Paul Leni

»Als Paul Leni 1917 seine aufwendige *Dornröschen*-Verfilmung ins Kino brachte, waren Märchen keineswegs ›Kindersache‹, sondern allgemeines literarisches Kulturgut. Entsprechend waren die Filme ebenso sorgfältig inszeniert wie alle anderen auch. Schon früh hatten sich Filmpioniere der Märchenstoffe angenommen.« (Rotraut Greune, *Lexikon des Kinder- und Jugendfilms*)

1903 Sleeping Beauty
F

DOWN
NL/USA 2001, R: Dick Maas, D: James Marshall, Naomi Watts, Eric Thal, Michael Ironside, Edward Herrmann, Dan Hedaya, Ron Perlman, Kathryn Meisle, Martin McDougall, John Cariani, Daniel Rabin, Ruurt de Maesschalck, David Kennedy, René Retèl, Cynthia Abma

Das Millennium Building, der 102 Stockwerke hoch in den Himmel ragende architektonische Stolz von New York, wird zum Schauplatz unerklärlicher Todesfälle, in denen ein defekter Aufzug eine zentrale Rolle zu spielen scheint. Doch obwohl Mark und Jeffrey, zwei Topmechaniker des Herstellers Meteor Elevators, keine technischen Mängel entdecken können, setzt sich die brutale Kette von tödlichen Unglücksfällen fort. Erst der Journalistin Jennifer gelingt es, Mark von einem unbegreifbaren Phänomen zu überzeugen. Während die Cops sich hinter ihrer These vom Phantom-Psychopathen verschanzen und der Manager des Gebäudes sich in Verdrängung flüchtet, fördern die Recherchen des neugierigen Duos Unglaubliches zu Tage. Hartnäckig kämpft es sich zur Schaltzentrale des Bösen durch, zu einem genialen Kopf, dessen Lebenswerk völlig außer Kontrolle geraten ist.

»Mit einem unheimlichen, aufregenden, aber auch selbstironischen Thriller beweist sich Hollands Multitalent Dick Maas nach *Verfluchtes Amsterdam* und *Do Not Disturb* erneut als Meister des Spannungskinos. In der internationalen, mit namhaften Darstellern wie James Marshall (*Eine Frage der Ehre*), Naomi Watts (*Mulholland Drive*), Michael Ironside (*Der Sturm*) oder Dan Hedaya (*Shaft*) besetzten Produktion inszeniert Maas mit größerem Budget und modernster Tricktechnik eine neue Version seines sensationellen Debüts *Fahrstuhl des Grauens*, das ihn 1983 schlagartig berühmt machte.« (Verleihmitteilung)

1982 Fahrstuhl des Grauens

De Lift, NL, R: Dick Maas, D: Huub Stapel, Willeke van Ammelrooy, Piet Roemer

DRACULA IM SCHLOSS DES SCHRECKENS

Nella stretta morsa del ragno, F/I/BRD 1970, R: Antonio Margheriti, D: Anthony Franciosa, Michèle Mercier, Klaus Kinski, Peter Carsten, Silvano Tranquilli, Karin Field, Raf Baldassarre, Irina Maleeva
England im 19. Jahrhundert: Der amerikanische Journalist Alan Foster gilt als Realist und glaubt nicht an übersinnliche Phänomene. Der Gruseldichter Edgar Allan Poe und sein Freund Lord Blackwood schließen mit dem Skeptiker daher eine seltsame Wette ab: Foster soll eine Nacht in der Villa Providence verbringen, einem Besitz Lord Blackwoods, von dem es heißt, dass noch niemand lebend seine Mauern verlassen hat. In einer Gewitternacht setzen Poe und Blackwood den Journalisten vor dem düsteren Gebäude ab. Als Foster eintritt, erklingt Spinettmusik, und eine junge Frau tritt auf ihn zu. Sie erklärt, ihr Name sei Elisabeth, die Schwester Lord Blackwoods, der sie im Schloss gefangen hielt. Foster ist von Elisabeths Charme bezaubert und schließt

sie in seine Arme. Julia, ein anderes Mädchen, gibt mittlerweile dem Gärtner den Befehl, Foster zu töten. Doch der Dolch trifft Elisabeth. Da taucht der Biochemiker Dr. Carmus auf, der vom Geiste Draculas beherrscht wird. Carmus erklärt, die Bewohner des Hauses seien vor langer Zeit gestorben und müssten nach ihrem gewaltsamen Tod alle Vorgänge noch einmal wiederholen. Nach weiteren Bluttaten versucht Foster zu fliehen, doch düstere Gestalten versperren ihm den Weg. Durch einen Geheimgang gelingt es Elisabeth, ihn ins Freie zu bringen. Als er seine Retterin umarmen will, umklammern seine Hände nur ein verstaubtes Skelett ... Nach Motiven des amerikanischen Schriftstellers Edgar Allan Poe inszenierte Regisseur Antonio Margheriti (alias Anthony M. Dawson) einen spannenden Horrorfilm, der seinen Charme auch aus klassischen Zutaten bezieht, wie Spinnweben, knarrenden Treppen, scheppernden Ritterrüstungen.

Filmecho/Filmwoche: »... in der Inszenierung, in der Ausstattung und Kamera steht der Film über dem Durchschnitt.«

1964 La Danza macabra

I/F, R: Antonio Margheriti, D: Georges Rivière, Barbara Steele, Henry Kruger

3 ENGEL FÜR CHARLIE

Charlie's Angels, USA 2000, R: Joseph McGinty Nichol, D: Cameron Diaz, Drew Barrymore, Lucy Liu, Bill Murray, Sam Rockwell, Tim Curry, Kelly Lynch, Crispin Glover, John Forsythe, Matt LeBlanc, Tom Green
Die blonde Natalie, die rothaarige Dylan und die schwarzhaarige Alex bilden das schlagkräftige Trio, das für den exzentrischen Millionär Charlie arbeitet. Zusammen mit Bosley haben sie den Auftrag, den entführten Informatiker Eric Knox aus den Fängen von Roger Corwin zu befreien.

Dracula im Schloss des Schreckens (1970, R: Antonio Margheriti): Michèle Mercier und Anthony Franciosa

Dieser will offenbar mit Knox' Software und seinem eigenen Satellitennetz die Weltherrschaft erlangen. Die Software kann bereits aus wenigen Sprachfetzen einen DNS-gleichen Code bilden, sodass jeder Mensch auf der Erde eindeutig identifiziert werden kann. In Verbindung mit Corwins Kommunikationssatelliten könnte somit jedes Handy auf der Welt in Minuten auf den Meter genau geortet werden. Um Knox befreien zu können, müssen sie ihre besten Eigenschaften einsetzen: Charme, Intuition und Schlagkraft ebenso wie Intelligenz und Konsequenz. Als dieser Auftrag erfüllt ist, besteht Charlies Klientin Vivian Wood, die gleichzeitig die Partnerin von Knox ist, darauf, dass die Engel überprüfen, ob der Entführer Corwin noch in Besitz der Software ist. Doch was sich einfach anhört, ist schwieriger als bei *Mission Impossible*: Fingerabdruck- und Netzhautscanner, Videokameras und Drucksensoren in einem luftleeren Raum gilt es zu überwinden ... Im Gegensatz zu den TV-Engeln aus der 70er-Serie können die neuen *Charlie's Angels* wirklich fliegen. Sie segeln als akrobatische Martial-Arts-Spezialistinnen beim Angriff durch die Luft auf ihre Gegner zu und weichen den Patronenkugeln aus wie Keanu Reeves im Sci-Fi-Thriller *Matrix*. Cameron Diaz, Drew Barrymore und Lucy Liu treten in die Fußstapfen der 70er-Pop-Ikonen Farrah Fawcett, Jaclyn Smith und Kate Jackson. Sie sind die neuen Sex-Bomben der Townsend Detective Agency, jener Detektiv-Agentur, die vom geheimnisvollen Mister Charlie geleitet wird.

Julia Marx *(Züritipp/Tages-Anzeiger)*: »Selbst wer keine bewusste Erinnerung an die Siebzigerjahre besitzt und auch nicht die späten Nachmittagsstunden mit Wiederholungen oller Fernsehserien verbringen mag, dürfte mit dem Konzept der längst legendären *3 Engel für Charlie* nicht ganz unvertraut sein. Drei junge, gut aussehende Ladys legen im Auftrag ihres nur per Gegensprechanlage in Erscheinung tretenden Brötchengebers Charlie reihenweise Kriminelle aufs Kreuz, während Charlies männlicher Erfüllungsgehilfe Bosley nur komische Randfigur bleibt. Das muss einst ein provokativer Rollentausch gewesen sein, auch wenn es anderswo bereits eine Emma Peel gab. Dennoch ist über die emanzipatorischen Meriten des Quotenhits aus dem Jahrzehnt der feministischen Revolte vielfach gestritten worden angesichts der Tatsache, dass die Engel häufig Bikinis, Bauchtanzkostüme und dergleichen trugen. Gerade glaubte man den Fall endgültig unter dem Aktenvermerk ›nostalgischer Trash‹ abgelegt, da wird er als Spielfilm-Remake wieder aufgenommen. Charlies Stimme dringt noch immer aus der genau gleichen Lautsprecherbox, aber die Engel werden nun von Drew Barrymore, Cameron Diaz und Lucy Liu *(Ally McBeal)* verkörpert. Die Neuausgaben weisen jedoch nur rudimentäre Charakterisierungen zwischen ›Zuckerpuppe‹, ›Dumpfbacke‹ und ›Zicke‹ auf; meist sind sie einfach alberne Gören ... Weil sich das alles aber sowieso keine Sekunde lang ernst nimmt und mit McG (bürgerlich: John McGinty Mitchell) wieder einmal ein Werbeclip- und Musikvideoregisseur sein Spielfilmdebüt gibt, der ganz auf den visuellen Bilderrausch abzielt, ist *Charlie's Angels* einer jener Fälle, die zwar in der Erinnerung als schiere Idiotie erscheinen, beim Sehen aber durchaus amüsieren können. Dazu trägt vor allem die furiose, aus Hongkong importierte Kampfkunst bei: elegantes Treten und Rotieren am Draht. Einzig Bill Murrays Bosley wirkt nun überflüssig, denn ein Film voller Witzfiguren braucht keinen zusätzlichen Pausenclown.«

1976 Drei Engel für Charlie
Charlie's Angels, USA, R: John Llewellyn Moxey, D: *Kate Jackson, Farrah Fawcett*

DREI FREMDENLEGIONÄRE
The Last Remake Of Beau Geste, USA 1977, R: Marty Feldman, Drb: Marty Feldman, Chris Allen nach dem Roman von Percival Christopher Wren, K: Gerry Fisher, M: John Morris, S: Jim Clark, Arthur Schmidt, D: Marty Feldman (Digby Geste), Ann-Margret (Flavia Geste), Trevor Howard (Sir Hector Geste), Michael York (Beau Geste), Peter Ustinov (Sgt. Markov), James Earl Jones (Scheich Abdul)

»Ich rief ›Action!‹ und dann sprang ich durch ein Spiegelglas-Fenster, rollte ein Dach hinunter und hing an einer Dachrinne dreizehn Meter über den Pflastersteinen.« So schildert Marty Feldman den Beginn der Dreharbeiten zu dem Film *Drei Fremdenlegionäre*, bei dem der britische Komiker erstmals selbst Regie führte. Und Regisseur Feldman forderte seinem Star Feldman, der übrigens auch das Drehbuch verfasst hatte, allerhand akrobatische Übungen ab. Wie der Originaltitel *The Last Remake Of Beau Geste* schon andeutet, handelt es sich um einen Film über Filme. Das glorreiche

Mantel-und-Degen-Kino mit seinen unerschrockenen Helden und lieblichen Damen nimmt sich fröhlich selbst auf die Schippe. Da begegnet Fremdenlegionär Feldman etwa mitten in der Wüste dem legendären Gary Cooper, dem Original-Beau-Geste der Filmversion von 1939, der seinem Nachfolger eine Prise Haschisch anbietet, oder Rudolph Valentino taucht auf und entführt einen Scheich ins Hollywood der beginnenden Stummfilm-Ära.

Wichtiger als die Story sind die Gags: Da kam der froschäugige Marty Feldman etwa auf die Idee, sich Michael York, den schönen, strahlenden Briten-Star, als eineiigen Zwillingsbruder zuzulegen, da wird die attraktive Ann-Margret, die in achter Ehe einen senilen Sir heiratet und den alten Lüstling alsbald an den Rand des Todes bringt, zur Stiefmutter der ungleichen Zwillinge, da mimt Peter Ustinov einen sadistischen Sergeanten, in dessen Holzbein ein herausklappbares Schwert versteckt ist, der auf einem holzbeinigen Ross reitet und mit seinem einbeinigen Teddybär schläft, da gibt es einen anglophilen Araberscheich, der unter seiner Wüstengewandung Tweed trägt und Tee bevorzugt, und da läuft ein dreihöckriges Kamel durch die Wüste. Als roter Faden zieht sich die Jagd nach einem Saphir von unermesslichem Wert durch sämtliche Eskapaden dieser Geschichte, bei der Marty Feldman am Ende mit seiner großen, einzigen Liebe vereint ist und Michael York über die Maßen die skandalöse Liaison mit seiner schönen Stiefmutter genießt.

Regie-Neuling Marty wurde von seinem Kollegen Ustinov mit dem Spitznamen Ingmar Feldman belegt: »Es ist so ähnlich wie beim Dirigieren eines Orchesters. Man spielt vielleicht nicht so gut wie der erste Geiger, aber man bestimmt das Tempo.« Im Übrigen entwickelt Buster Keaton-Bewunderer Feldman keinen besonderen Ehrgeiz. »Ich will nicht besser sein als irgendwer sonst«, sagt er bescheiden. »Ich will nur besser sein als ich.« Jörg Altendorf schreibt in *Filmecho/Filmwoche*: »Er hat nicht nur die schönsten Glubsch-Augen der Welt – er ist neben Woody Allen auch der intelligenteste Gagfilmmacher unseres nicht besonders lustigen Planeten. Zum ersten Mal ist Marty in einem Film nicht nur der

Star, sondern auch Regisseur (das Drehbuch hat er mitverfasst), und was dabei herausgekommen ist, kann man mit dem schönsten Kompliment versehen, das es in diesem Genre gibt: Es hat Spaß gemacht. Feldman beschränkt sich nicht darauf, die Story von Sir Hector Geste, seinen beiden Söhnen Beau und Digby, dem Blauwasser-Saphir und den diversen Abenteuern, die damit verbunden sind, zu erzählen, sondern karikiert so ziemlich alle gängigen Klischees klassischen Hollywood-Kinos. Die schönsten Szenen gelingen ihm, wenn er das legendäre Hollywood der Gründerjahre zu neuem Leben erweckt. So, wenn Marty beim Marsch durch die Wüste plötzlich vor einem Schild mit der Aufschrift ›Achtung, Beginn der Fata-Morgana-Zone‹ stutzt und dann Gary Cooper, dem Original-Beau Geste der Version des Jahres 1939, gegenübersteht, der ihm freundlich einen Hasch-Joint anbietet. Ein andermal ist es Rudolph Valentino, der mit süßeckigen Stummfilm-Untertiteln einen Scheich, dem die Truppe davongelaufen ist, zur Abreise nach Hollywood bezirzt.«

Über die dem Original gegenüber weitgehend veränderte Geschichte notiert Heiko R. Blum in der *Rheinischen Post*: »Sarkastisch-erheiternd ist auch die Art, wie der arabische Scheich hinter den Linien mit den gegnerischen Franzosen die Anzahl der Opfer für den nächsten Tag ausmacht, und Peter Ustinov, als einbeiniger Sergeant Markov, in dessen Holzbein ein raffiniertes Waffenarsenal versteckt ist ... Einen unfreiwilligen Gag freilich leistet sich der deutsche Verleih mit dem Titel: von den *Drei Fremdenlegionären* des Romans (es gibt ursprünglich drei Brüder Geste) hat Feldman in seinem Drehbuch einen weggelassen, sodass man sich fragt, was der Titel dann noch soll.«

1966 Drei Fremdenlegionäre

Beau Geste, USA, R: Douglas Heyes, D: Telly Savalas, Leslie Nielsen

*Drei Fremdenlegionäre (1977, R: Marty Feldman):
Marty Feldman, Ann-Margret und Michael York*

»Universal hielt mittlerweile die Rechte an Percival Christopher Wrens berühmtem Roman und plante ein Remake als zugkräftiges Vehikel für eine Mannschaft populärer Fernseh-Stars. Glücklicherweise versuchte man gar nicht erst, an den Klassiker von 1939 heranzukommen, sondern setzte andere Prioritäten. Regisseur/Autor Douglas Heyes nahm einige Änderungen gegenüber der Vorlage vor; so machte er aus den Geste-Brüdern Amerikaner, und außerdem gibt es hier nur ihrer zwei – Guy Stockwell als Beau und Doug McClure als John. Telly Savalas ist als sadistischer Kommandant Markoff zur Stelle. Ansonsten blieb alles beim alten. Hatte die zweite Version gegenüber der ersten den Ton als Vorteil, konnte man hier mit Farbe und Breitwandformat aufwarten – angesichts des Wüstenschauplatzes ein nicht unwesentliches Plus. Sonst stellt Heyes' Fassung in keiner Hinsicht eine Verbesserung dar, im Gegenteil: Im direkten Vergleich ist sie unterlegen. Trotzdem erfüllt der Film seinen Anspruch und bietet spannende Abenteuerunterhaltung im klassischen Stil. Die Höhepunkte sind zwei aufregend gestaltete Kampfszenen.« *(TV Spielfilm Lexikon)*

1939 Drei Fremdenlegionäre

Beau Geste, USA, R: William A. Wellman, D: Gary Cooper, Ray Milland

»Die drei Fremdenlegionäre, an der Spitze Gary Cooper (der den Saphir aus reinen Motiven verwahrt hatte, wie sich zum Schluss herausstellte) werden in blutige Araberschlachten verwickelt. Gary drosselt die dramatisch inszenierte Meuterei im Wüstenfort, schießt aus den Luken und passt auf den kleinen Bruder auf, bis der Heldentod ihn hinwegrafft. Gespenstisches Wikingerbegräbnis im ausgestorbenen, leichenbesäten Fort – nur einer der drei Brüder bleibt übrig, um nach England zurückzukehren und der heldischen Zeiten zu gedenken. – Abgesehen von der mangelhaften Konstruktion des sentimental-heroischen Mannesdramas sind die Details voll straffer Spannung, und die staubige afrikanische Fremdenlegionärs-Atmosphäre mit allerlei verwegenen Charakteren birgt aufregend-unterhaltsamen Reiz. Außerdem macht Gary Cooper den Kassenbraten fett: Mit jungenhafter Bärentapsigkeit, souveränem Edelmut und untadeliger Treue befriedigt er sein Publikum als ein wahrer Held. Ein kriegerischer Abenteuerfilm, der ankommt.« (Ponkie, *Filmblätter*)

1926 Beau Geste

USA, R: Herbert Brenon, D: Ronald Colman

DREI GEHEIMNISSE – KAMPF UM EIN VERSCHWUNDENES KIND

Three Secrets, USA 1999, R: Marcus Cole, D: Jaclyn Smith, Daly Tyne, Nicole Forester, Kathy Boyer, Jason Brooks, John O'Hurley, Scott Plank, Robert Curtis-Browne, Kevin Brief, Cameron Finley, Steve Eastin, Burt Bulos, Matt Carmody

Ein Flug mit einer Privatmaschine – damit überraschen die Eltern des kleinen Spencer ihren Sohn zum achten Geburtstag. Doch die Maschine stürzt ab, der Pilot und Spencers Eltern überleben das Unglück nicht. Ein Suchtrupp bricht auf, um Spencer, dessen Hilfeschreie über Funk zu hören sind, zu retten. Eine schwierige Aufgabe, da das Flugzeug in den verschneiten Bergen verschollen ist. Drei Frauen verfolgen die groß angelegte Rettungsaktion mit enormem Interesse. Sie hegen die Hoffnung, dass Spencer ihr Sohn ist. Denn jede dieser drei Frauen hat vor acht Jahren ihr Baby zur Adoption freigegeben. Während nach dem Kind gesucht wird, schalten sich die Medien ein. Sie hoffen auf eine Super-Story ...

TV direkt: »Unglaubwürdige Story, von C-Darstellern versenkt.«

1950 Frauengeheimnis

Three Secrets, USA, R: Robert Wise, D: Eleanor Parker, Patricia Neal, Ruth Roman

DREI LAHME ENTEN

Brain Donors, USA 1992, R: Dennis Dugan, D: John Turturro, Bob Nelson, Mel Smith, George De La Pena, John Savident, Spike Alexander, Juliana Donald, Nancy Marchand, Teri Copley, Irene Olga López, Warren Thomas, Dick Monday, Katherine Heard, Michael Ciotti

Der dahingeschiedene Mr. Oglethorpe will wenigstens nach seinem Tod einen großen Traum verwirklichen: Von einem Teil seines beträchtlichen Vermögens möchte er ein Ballett-Theater einrichten lassen. Zum Chef dieses ambitionierten Unternehmens ist der aufstrebende Junganwalt Roland T. Flakfizer vorgesehen, dem es aber leider an Kunstverständnis völlig fehlt.

1935 Die Marx Brothers in der Oper

A Night At The Opera, USA, R: Sam Wood, D: Groucho Marx, Chico Marx

DREI MÄDELS VOM RHEIN

BRD 1955, R: Georg Jacoby, D: Gardy Granass, Margit Saad, Fita Benkhoff, Topsy Küppers, Siegfried Breuer jr., Angelika Meissner, Heinz Hilpert, Wolfgang Wahl, Robert Meyn, Frank Holms, Paul Henckels

Der traditionsreiche Rheingauer Gasthof ›Zur Linde‹ steht wegen der Konkurrenz des neuerbauten Palasthotels vor der Pleite. Die Lindenwirtin Therese Hübner kann von ihrem Jugendfreund Paul Schulenburg keine Hilfe erwarten, denn er hat als Bankier das Palasthotel finanziert. Ihre drei Töchter bescheren Therese zusätzliche Aufregung. Die 15-jährige Katrin will nach Amerika und hält verzweifelt Ausschau nach der ersten Liebe. Ihre Schwester Susanne möchte während der Semesterferien ihren Verlobten Werner Schulenburg vorstellen. Als sie hört, dass dessen Vater im Streit mit ihrer Mutter liegt, schmuggelt sie Werner heimlich als neuen Hilfskellner Otto in die Linde ein. Dort spürt ihn die kapriziöse Gutsbesitzerstochter und Malerin Kitty Drechsler auf und stellt ihm nach – was Werner nicht ganz unangenehm ist. Dessen schlagfertiger Studienfreund Fritz hat derweil selbst ein Auge auf Kitty geworfen, doch sie ärgert sich nur über den Zynismus des Theaterstudenten. Unterdessen ist Jack, der amerikanische Neffe von Weingutsbesitzer Drechsler, auf der Suche nach dem deutschen Fräuleinwunder. Er entdeckt es in Gestalt von Susannes Schwester Sabine. Die Lindenwir-

tin hat indes ganz andere Sorgen. Erstmals soll die Wahl der Weinkönigin nicht in ihrem Gasthaus stattfinden. Doch ihre drei Mädels und deren Freunde sorgen mit einer ziemlich bombigen Aktion dafür, dass der Winzer-Festzug zufällig wieder in der Linde landet. Und das bleibt für Therese nicht die einzige Überraschung ... Georg Jacoby inszenierte mit *Drei Mädels vom Rhein* eine Neuverfilmung des 1952 entstandenen Films *Einmal am Rhein*.

Filmecho: »Dass ein versierter Filmhase wie Georg Jacoby diesen leichten Stoff mit leichter Hand in Szene setzte, versteht sich von selbst. Und dass sich seine Vorliebe für Revueszenen in einer schwungvollen Tanznummer äußert, ist ebenso verständlich.«

1952 Einmal am Rhein

BRD, R: Helmut Weiß, D: Paul Henckels, Maria Paudler, Trude Haefelin

DREI MANN AUF EINEM PFERD

BRD 1957, R: Kurt Meisel, D: Walter Giller, Nadja Tiller, Gardy Granass, Theo Lingen, Kurt Meisel, Walter Gross, Walter Müller, Carla Hagen, Willy Millowitsch

Nach einem Bühnenstück von John Cecil Holm und George Abbott: Erwin Tucke, ein liebens-

Unten: Drei Mädels vom Rhein (1955, R: Georg Jacoby): Angelika Meissner, Gardy Granass und Margit Saad
Rechts: Drei Mann auf einem Pferd (1957, R: Kurt Meisel): Theo Lingen, Kurt Meisel und Walter Gross

würdig weltfremder Dichter, arbeitet als Reime-schmied bei einem Postkartenverlag. Seinem Chef Direktor Körber bringt er viel Geld ein, für ihn reicht es knapp zum Überleben. Um seiner geliebten Frau Ulla etwas Schönes zum ersten Hochzeitstag schenken zu können, erklärt er sich bereit, für die Nachtklubschönheit Kitty einen Schlager zu texten. Bei seinem Besuch in Kittys Bar stellt sich heraus, dass Erwin nicht nur dich-ten, sondern auch Pferdewetten todsicher vor-aussagen kann – ein Hobby, dem er seit langem frönt, ohne es je in die Praxis umgesetzt zu ha-ben. Mäcki, Freddy und Felix, Kittys Gangster-freunde, sind begeistert. Sie wittern das große Geschäft. Und während Ulla im Restaurant ver-geblich auf ihren Mann wartet, zockt der ver-führte Erwin mit den schweren Jungs die ganze Nacht durch. Außerdem findet Ulla am Morgen Lippenstift auf seiner Wange ...

Prisma-Online: »Turbulente Gaunerkomödie nach einem erfolgreichen Broadway-Stück, das 1936 in Hollywood schon einmal verfilmt wur-de. In den Hauptrollen: das prominenteste deut-sche Schauspielerehepaar der Nachkriegszeit Nadja Tiller/Walter Giller, unterstützt von einem halben Dutzend bewährter deutscher Filmkomi-ker wie Theo Lingen und Willy Millowitsch.«

1936 Three Men On A Horse

USA, R: Mervyn Le Roy, D: Frank McHugh, Sam Le-vene, Joan Blondell

DREI MANN IN EINEM BOOT – VOM HUNDE GANZ ZU SCHWEIGEN

GB 1975, R: Stephen Frears, D: Tim Curry, Stephen Moore, Michael Palin, Herbert Tucker, Harry Mark-ham, Tony Rohr, Stephen Moore, Bill Stewart, Mi-chael Elphick, John Blain, George Innes, Russel Dixon, Mary MacLeod, Luciano Pigozzi, Clifford Kershaw, Eileen Helsby

Nach einer Erzählung von Jerome K. Jerome: Die Geschichte spielt in der guten alten Zeit im Eng-land der Königin Victoria, als die Sommer noch alle sonnig und warm und das Wasser der Them-se noch sauber war. Drei Junggesellen beschlie-ßen, dem langweiligen Londoner Alltag zu ent-fliehen und eine Kahnpartie flussaufwärts zu un-ternehmen. Die drei sind: Harris, der Organisa-tor, George, der Faulpelz, der Autor sowie ein Terrier namens Montmorency, der lieber zu Hau-se geblieben wäre. Die komischen Abenteuer der drei Helden, ihre Streiche und Missgeschicke verbindet Jerome K. Jerome mit einer bildhaften Beschreibung der lieblichen und geschichtsträch-tigen Landschaft am Oberlauf der Themse.

Das Buch wurde ein Welterfolg und der Autor schrieb verblüfft: »Ich hätte mich nie für einen Humoristen gehalten, Rudern auf der Themse war schon immer mein Lieblingssport, und ich habe einfach niedergeschrieben, was passiert ist.«

Der Regisseur Stephen Frears hat aus der hei-teren nostalgischen Geschichte einen Fernseh-film gemacht, der die Stimmung und das Le-bensgefühl jener Epoche heraufbeschwört. Der Film wurde im Juni 1975 gedreht, einem der son-nigsten seit vielen Jahren. Die historischen Stät-ten und Landschaften entlang der Themse zwi-schen Henley und Oxford sehen aus, als hätte sich seit 1889 nichts verändert. Auch auf der Leinwand trat das muntere Herrentrio nebst Hund mehrfach zur Schiffsreise an – dreimal in England (1920, 1933 und 1956) und 1961 dann schließlich in Deutschland. Regisseur Helmut Weiss und Drehbuchautor Wolf Neumeister nah-men dabei einen Schauplatzwechsel vor: Die *Drei Mann in einem Boot* fahren nun den wunder-schönen Rhein hinauf. Unter dem Titel *Troye v lodke, ne schitaya sobaki* entstand 1979 in der UdSSR ein TV-Musical nach Jeromes Erzählung mit Andrei Mironov, Aleksandr Shirvindt, Mik-hail Derzhavin und Larisa Golubkina.

1961 Drei Mann in einem Boot

BRD/A, R: Helmut Weiss, D: Hans-Joachim Kulen-kampff, Heinz Erhardt

Drei Mann in einem Boot (1961, R: Helmut Weiss): Walter Giller, Heinz Erhardt und Hans-Joachim Kulenkampff

1956 Three Men In A Boat

GB, R: *Ken Annakin, D: Jimmy Edwards, David Tomlinson, Laurence Harvey*

1933 Three Men In A Boat

GB, R: *Graham Cutts, D: William Austin, Edmund Breon, Davy Burnaby*

1920 Three Men In A Boat

GB, R: *Challis Sanderson, D: Lionelle Howard, H. Manning Haynes, Johnny Butt*

DREI MÄNNER IM SCHNEE

BRD 1973, R: *Alfred Vohrer,* Drb: *Manfred Purzer nach dem Roman von Erich Kästner,* K: *Charly Steinberger,* M: *Peter Thomas,* S: *Ingeborg Taschner,* D: *Klaus Schwarzkopf (Otto Tobler), Roberto Blanco (Titus Solsona), Thomas Fritsch (Boris Dorfmeister), Grit Boettcher (Frau Casparius), Fritz Tillmann (Hoteldirektor Kühne), Herbert Fleischmann (Hotelportier Zenkel), Susanne Beck (Susanne Tobler), Elisabeth Volkmann (Frau Mallebré), Gisela Uhlen (Frau von Wolzogen), Lina Carstens (Mutter Tobler), Ingrid Steeger (Gundula von Wolzogen), Klaus Grünberg (Ferty), Franz Muxeneder (Kriminalkommissar), Dieter und Hans Jürgen Bollmann (Zwillinge), Max Strecker (Eduard Schulze), Bruno W. Pantel (Richter), Ulrich Beiger (Staatsanwalt), Rainer Basedow (Oberkellner), Joachim Hackethal, Ernst Kuhr, Edgar Wenzel, Benno Hoffmann, Ursula Reit, Shogi Nomura, Rolf Castell, Dieter Augustin*

Der mittellose Boris Dorfmeister gewinnt beim Preisausschreiben einen Winterurlaub im Grand-Hotel, wo man ihn als vermeintlichen Millionär, der nicht erkannt werden will, hofiert. Grund dafür ist, dass der echte Millionär Otto Tobler dort ebenfalls als »armer Mann« und Zweiter seines eigenen Preisausschreibens Urlaub macht, was diesem Hotel durch Indiskretion bekannt wurde. Tobler aber, begleitet von seinem Leibwächter, dem ehemaligen Boxer Titus Solsane, wird wie er es wünscht, als »armer Schlucker« behandelt und genießt dies in vollen Zügen. Boris, der prompt von den urlaubenden Damen umworben wird, Solsane und Tobler, der sich Schulze nennt, freunden sich an. Die Verwechslungen nehmen kein Ende, bis Oma Tobler und Tochter Susanne schließlich anreisen, um alles ins rechte Lot zu bringen. Die Dinge klären sich am Ende überraschend zu einem für alle Beteiligten glücklichen Ausgang.

Das vor allem durch seine Simmel-Verfilmungen bekannte Team Alfred Vohrer, Regie und Manfred Purzer, Drehbuch, hat für den Autor Ingo Tornow *(Erich Kästner und der Film)* richtig erkannt, »dass Kästners Geschichte in ihrer ursprünglichen Form nicht mehr in die Zeit Mitte der siebziger Jahre passte. Das galt übrigens 1973 auch für den arbeitslosen Akademiker. Arbeitslos wurde gestrichen, Akademiker überflüssigerweise auch. Hagedorn (im Film Boris Dorfmeister) wurde zum Automechaniker gemacht. Hätte man mit dem Remake noch ein paar Jahre gewartet, so hätte das bei Kästner so wichtige Motiv des arbeitslosen Akademikers traurige Aktualität bekommen. Regisseur und Drehbuchautor haben allerdings die Geschichte so stark verändert, dass sie alles verloren hat, was wesentlich an ihr war. Weniger schlimm ist der Verzicht auf Kästners obligate Mutter im Falle Hagedorn/Dorfmeister und die Umdeutung Hagedorns. Schwerer wiegt der Ersatz der Haushälterin Kunkel durch eine weitgehend funktionslose, allenfalls einer Portion Vulgärpsychologie bei der Charakterisierung des Millionärs dienende Mutter Tobler. Noch gravierender ist der Austausch des rührend ergebenen Dieners Johann gegen einen Boxer als Leibwächter, der im Film prompt recht blass bleibt (nicht zuletzt wegen der schwachen darstellerischen Leistung des Schlagersängers Roberto Blanco, ein Fall von Darstellerwahl ausschließlich nach dem Popularitätsprinzip). Eigentlich ist die Figur nur für einige überflüssige Schlägerszenen gut.«

Beim Vergleich der verschiedenen Verfilmungen kommt Ingo Tornow zu dem Schluss: »Trotz der vorzüglichen Leistung Kurt Hoffmanns und der passablen von Tancred Ibsen und Ragnar Arvedson, den Regisseuren der schwedischen Version, muss man sagen, dass *Drei Männer im Schnee* unter Kästners Werken in der Welt des Films das traurigste Schicksal hatte.«

Die Filmkritikerin Elvira Reitze schreibt in der Berliner Mittagszeitung *Der Abend*: »Wenn's nach Erich Kästner geht, dann wird es ein bisschen besinnlich und sehr herzlich und natürlich vorwiegend heiter. Das ist auch bei seinem im Film strapazierten Stoff von den drei ›Schneemännern‹ der Fall. Diesmal hat Alfred Vohrer sie kundig und publikumswirksam in Szene gesetzt, dass die Lacher im Parkett prompt und laut funktionierten ... Kästners Stoff ist hier ein bisschen modernisiert und umgemodelt worden. Kaputtzukriegen wäre er ohnehin nicht. Die lustige Verwechslungsklamotte machte zusätzlich turbulent durch Gepurzel im Schnee, viele alberne Situationen und die erprobten Slapstick-Möglichkeiten, über Gänge zu huschen und plötzlich in Hotelzimmern zu erscheinen.«

Als »deutschen Filmeinheitsverschnitt« bezeichnet der Kritiker des *Spandauer Volksblatts* den Film: »Wenn gelacht wird, dann amüsiert man sich auf Kosten der ›Kleinen‹, deren Tölpelhaftigkeit eine ständige Quelle der Heiterkeit ist. Bei Vohrer sind Millionäre allemal souverän. Vor einer Schneelandschaft, unter ewig blauem Himmel, quält sich der ›Spaß‹ bis zum unerbittlichen Happy End: Zwei Liebende sitzen im trauten Glück vereint vor dem Wasserschlösschen des Millionärs – ›glücklich sein ist keine Schande‹ – Thomas Fritsch strahlt dazu die Faszination einer ständig lächelnden Kleiderpuppe aus. Ein verfälschter Kästner macht indes noch keinen Simmel; so pendelt der Film ständig zwischen Kästner-Moral und Simmel-Seligkeit. Was bei Vohrers Vorstellungen von Unterhaltung herauskam, ist eine Zumutung.«

1955 Drei Männer im Schnee
A, R: *Kurt Hoffmann*, D: *Paul Dahlke, Claus Biederstaedt, Günther Lüders*
»Kurt Hoffmann verfilmte 1955 in Österreich Erich Kästners Roman. Paul Dahlke, Claus Biederstaedt und Günther Lüders spielen die Titelhelden, die sich völlig albern, aber durchaus sympathisch im Schnee wälzen. Eine Komödie im typischen, unschuldig-anspruchslosen Stil der fünfziger Jahre.« *(TV Spielfilm)*

Unten: Drei Männer im Schnee (1955, R: Kurt Hoffmann): Claus Biederstaedt und Nicole Heesters
Rechts: Drei Männer im Schnee (1955)

Zu dieser Fassung hat Erich Kästner selbst das Drehbuch geschrieben.

1938 Drei Männer im Paradies
Paradise For Three, USA, R: *Edward Buzzell*, D: *Robert Young, Mary Astor*

1936 Stackars miljonärer
S, R: *Tancred Ibsen, Ragnar Arvedson*, D: *Adolf Jahr, Anna Olin*

1936 Tri muzi ve snehu
ČSSR, R: *Vladimir Slavinsky*, D: *Hugo Haas, Jindrich Plachta, Vladimir Borsky*

1935 Un Oiseau rare
F, R: *Richard Pottier*, D: *Max Dearly, Pierre Brasseur, Pierre Larquey*

DREI MATROSEN IN PARIS
So This Is Paris, USA 1954, R: *Richard Quine*, D: *Tony Curtis, Gloria DeHaven, Gene Nelson, Corinne Calvet, Paul Gilbert, Mara Corday, Allison Hayes, Christiane Martel, Myrna Hansen, Roger Etienne*

Drei amerikanische Matrosen suchen ein kleines Abenteuer an der Seine: Herzensbrecher Joe Maxwell, der humorvolle Dawey Jones und der verträumt-unternehmungslustige Al Howard. Sie finden es in einem kleinen Bistro, deren Besitzerin Charmaine, Janie genannt, Joe für sich ge-

winnt. Dawey bekommt die Kassiererin Yvonne und Al wird unversehens Beschützer der schicken Susanne Monet, welche ihn in ihre Villa einlädt. Bei dieser Gelegenheit interessiert sich Joe scheinbar mehr für Susanne als für Janie, die für sechs Kriegswaisen zu sorgen hat. Nach Überwindung von allerhand Schwierigkeiten, verschiedenen Eifersuchts-, Gesangs- und Tanzszenen finden sich aber doch die bestimmten Paare.

1949 Heut' gehen wir bummeln
On The Town, USA, R: Gene Kelly, Stanley Donen, D: Gene Kelly, Frank Sinatra

DIE DREI MUSKETIERE

The Three Musketeers, USA 1993, R: Stephen Herek, Drb: David Loughery nach dem Roman von Alexandre Dumas d.Ä., K: Dean Semler, M: Michael Kamen, S: John F. Link, D: Charlie Sheen (Aramis), Kiefer Sutherland (Athos), Chris O'Donnell (D'Artagnan), Oliver Platt (Porthos), Tim Curry (Kardinal Richelieu), Rebecca De Mornay (Gräfin de Winter), Gabrielle Anwar (Königin Anne), Michael Wincott (Graf von Rochefort), Paul McGann (Girard), Julie Delpy (Constance), Hugh O'Conor (König Ludwig XIII.)

Frankreich, im Jahre 1626. Ein junger Heißsporn namens D'Artagnan macht sich nach Paris auf, um dort den Musketieren, der legendären Leibgarde von König Ludwig XIII, beizutreten. Leider muss er feststellen, dass die Musketiere per Dekret aufgelöst worden sind. Nur drei – nämlich Aramis, Athos und Porthos – stehen noch loyal zur Krone. Nach einigen Missverständnissen – die dazu führen, dass sich D'Artagnan mit allen dreien am selben Tag duellieren will – schließt er sich zu guter Letzt den drei Musketieren an. Und die können Verstärkung gut gebrauchen, denn der König und die Königin sind in höchster Gefahr. Der intrigante Kardinal Richelieu will den König durch einen seiner Mitverschwörer, den Grafen von Rochefort, ermorden lassen, um selbst den Thron besteigen zu können. Mit Mut, Schlagfertigkeit und viel Geschick versuchen D'Artagnan und die drei Musketiere die Gegner des Königs unschädlich zu machen. Selbst die gefährliche Spionin Gräfin de Winter können sie, nach einer gefährlichen Verfolgungsjagd, ausschalten. Doch als Ludwig XIII. sich bei seinem Geburtstag auf dem Balkon seines Schlosses vom Volk feiern lässt, kracht plötzlich ein Schuss! In einem großen, letzten Kampf müssen D'Artagnan und seine drei Freunde beweisen, ob sie wirklich die tolldreisten Kerle sind, für die man sie hält.

Mit seinem Roman *Die drei Musketiere*, veröffentlicht 1844, hat Alexandre Dumas ein Stück unvergänglicher Weltliteratur geschrieben, einen historischen Roman, der sich an Beliebtheit und Erfolg nur mit Daniel Defoes' *Robinson Crusoe* vergleichen lässt. Bereits ein Jahr nach Erscheinen kam das Buch nicht nur als deutsche Übersetzung auf den Markt – und in der Folge dann in allen Kultursprachen der Erde, – sondern auch als Bühnenstück, uraufgeführt in Paris, wo es vom Publikum als Riesenerfolg gefeiert wurde. *Die drei Musketiere* war außerdem Thema einer gleichnamigen Oper und mehrerer Operetten, am bekanntesten die Vertonung von Ralph Benatzky, die 1930 in Berlin auf die Bretter kam.

Natürlich waren die packenden Abenteuer von D'Artagnan, Aramis, Athos und Porthos geradezu für das Kino geschaffen und erlebten im Laufe der Jahre zahlreiche Verfilmungen. Stephen Hereks Film ist die fünfte amerikanische Version seit dem Auftritt Douglas Fairbanks, der den D'Artagnan, 1921, in einem Stummfilm spielte. »Wir haben uns wirklich alle Mühe gegeben, dass unsere Version auf der Leinwand gut herüberkommt,« meint Produzent Joe Roth: »Es ist das erste Mal, dass D'Artagnan und die Musketiere von Schauspielern gespielt werden, die im selben Alter sind, das Dumas für seine Helden vorgegeben hatte. Auch haben wir große Mühen darauf verwandt, dem Zuschauer das Frankreich des 17.

Die drei Musketiere (1993, R: Stephen Herek): Chris O'Donnell und Charlie Sheen

Jahrhunderts so authentisch wie möglich zu präsentieren. Aber unser Film ist natürlich alles andere als ein Historienschinken, sondern hat genau die moderne Sensibilität, die dem Kinogänger von heute gerecht wird.« Regisseur Stephen Herek über die Unterschiede zu anderen Verfilmungen: »Wir hielten uns viel strikter an die Romanvorlage als manche Produktion zuvor. Wir waren sehr darauf bedacht, die Musketiere so zu zeigen, wie sie tatsächlich waren. Damals hatte man schon in jungen Jahren viel mehr Lebensverantwortung zu tragen, als das heute der Fall ist. Aber vor allem wollten wir das Publikum auf eine abenteuerliche Zeitreise mitnehmen.«

Über 30 Millionen Dollar ließ Disney sich die Neuauflage kosten. Gedreht wurde das Kostümepos großteils in und um Wien: Die Hofburg mutierte zum Pariser Louvre und war bei der entscheidenden Schluss-Fechtszene groß im Bild. »So ein Prachtbau wie die Hofburg beflügelte unsere Fantasien als Schauspieler natürlich«, schwärmt Charlie Sheen. Bis zu 1.000 Statisten tummelten sich zwischen den Mauern und Balustraden des Burggartens, wo die meisten Szenen aus dem königlichen Leben gefilmt wurden. Größte Herausforderung für die vier Jungstars waren die vielen Fechtszenen, für die hart trainiert werden musste. Laut Bob Anderson, ehemaliger aktiver Fechter und Fechttrainer bei den Olympischen Spielen, entwickelte dabei jeder Schauspieler seinen persönlichen Stil: »Chris O'Donnell war sehr energisch und extrem beweglich. Oliver Platt war voller Finten und Tricks und liebte es, damit seinen Gegner zu foppen. Kiefer Sutherland war ein sehr kämpferischer Fechter, der nie einen Meter zurückwich, und Charlie Sheen war technisch sehr gut, sehr präzise und flink.« Sutherland wundert sich, dass die Szenen so glimpflich verlaufen sind: »Kein einziger Mensch wurde verletzt. Und das bei 600 Degen und Schwertern, die zeitweise durch die Luft wirbelten.« Auch die atemberaubenden Stunts liefen ohne Zwischenfälle ab. Chris O'Donnel musste gar in 30 Meter Höhe, von einem Palastdach hängend, mit einem Gegner fighten. Für Charlie Sheen lagen die Probleme eindeutig auf den Rücken der Pferde: »Die Pferde und ich kommen einfach nicht miteinander aus. Das sind richtig unberechenbare Viecher.«

Während der Film für *TV-Movie* ein »fetziges Remake« ist, bemerkt Peter Strotmann im *Film-Dienst*: »Nun reiten sie wieder. Wieder ist Frankreich in Gefahr, dem bösen Kardinal Richelieu zum Opfer zu fallen, wieder machen sich Heißsporn D'Artagnan und seine Kampfgefährten daran, die Pläne des intriganten Geistlichen zu durchkreuzen. Erneut fangen sie Richelieus Spionin ab, die mit dem verfeindeten England konspirieren soll, erneut retten sie König und Königin in letzter Sekunde vor dem sicheren Tode. Und wieder heißt es am Ende: ›Alle für einen – einer für alle!‹ Das war nicht immer so. Vor 20 Jahren hat Richard Lester eine ganz andere Verfilmung des Stoffes auf die Leinwand gebracht, die wesentlich mehr Distanz zur Geschichte zeigte. Die definitive, endgültige Version des Stoffes, jede weitere Adaption wurde damit im Grunde überflüssig. Bei Lester waren die Helden zwar immer noch Helden, aber etwas müde und widerwillig. Für sie hatte das Leben entschieden angenehmere Seiten, als ständig für die Krone zu kämpfen. Hier legen sie wieder einen durch nichts gebremsten jugendlichen Tatendrang an den Tag, in bedenklicher Weise moralisch aufgerüstet.« Lediglich Tim Curry zeige Beachtliches: »Als schmierig grinsender Richelieu legt er einen Sarkasmus und boshaften Witz an den Tag, der an diesen Film glatt verschenkt ist. Ansonsten: Ungebrochene – und als solche absolut überflüssige – Heldenbilder aus einem Guss.«

2001 D'Artagnan

USA, R: Peter Hyams, D: Jean-Pierre Castaldi, Justin Chambers

1993 Die drei Musketiere

The Three Musketeers, USA, R: Stephen Herek, D: Charlie Sheen, Tim Curry

1978 D'Artanyan i tri mushketyora

UdSSR, R: Georgi Yungvald-Khilkevich, D: Mikhail Boyarsky, Veniamin Smekhov

1975 Die vier Musketiere – Die Rache der Milady

The Four Musketeers, USA, R: Richard Lester, D: Michael York

Produzent Ilya Salkind drehte 1973 zusammen mit dem Film *Die drei Musktiere* gleichzeitig die Fortsetzung *Die vier Musketiere*, ohne den Schauspielern davon zu erzählen, um nur eine Gage zahlen zu müssen. Er wurde verklagt und zur Nachzahlung gezwungen, sparte dabei aber trotzdem noch Geld.

1974 Hilfe, mein Degen klemmt

Les Quatre Charlots mousquetaires, F, R: André Hunebelle, D: Jean-Guy Fechner

1973 Die drei Musketiere

The Three Musketeers, PA/F/GB, R: Richard Lester, D: Michael York

»Lester hat sich in dieser zweiteiligen Version von Alexandre Dumas' berühmtem und oft verfilmten Roman voll Vergnügen ganz auf die abenteuerlichen Aspekte verlegt und sich nicht um Zeitsatire gekümmert. Wenn man das akzeptiert, kann man sein Vergnügen an dem turbulenten Kinospaß haben. Allerdings ist Michael York als d'Artagnan ein bisschen blass.« *(Rheinische Post)*

1973 Drei glorreiche Musketiere

The Three Musketeers, I/GB, R: John Halas – Animation

1962 Le Masque de fer

F/I, R: Henri Decoin, D: Claudine Auger, Jean Davy, Jean Marais

1961 Die drei Musketiere – 1. Teil: Haudegen der Königin / Die drei Musketiere – 2.Teil: Ohne Furcht und Tadel

Les trois mousquetaires, F, R: Bernard Borderie, D: Gérard Barray

»Um Alexandre Dumas' abenteuerlichen Roman in voller Länge auf die Leinwand übertragen zu können, wurde das Material dieser französischen

Version zu zwei Filmen montiert, die dann kurz nacheinander in die Kinos kamen. Eine Spieldauer von über drei Stunden mochte man den Zuschauern nicht zumuten. Diese Politik erwies sich als erfolgreich – nicht zuletzt durch die verdoppelten Einnahmen – und wurde von Regisseur Bernard Borderie bei den ersten beiden Teilen seiner *Angélique*-Serie und auch von Richard Lester in seinen 1973er-Dumas-Bearbeitungen wiederholt. Ansonsten bot diese x-te Verfilmung des Stoffes … keine Überraschungen.« *(TV Spielfilm Lexikon)*

1957 Os Três Mosqueteiros

BR, D: Vida Alves, Fernando Baleroni, Astrogildo Filho, Flora Geny

1957 Los Tres mosqueteros y medio

MEX, R: Gilberto Martínez Solares, D: Luis Aldás, Rosa Arenas, Armando Arriola

1955 Abenteuer der vier Musketiere

I cavalieri della regina, I, R: Mauro Bolognini, D: Jeffrey Stone, Domenico Modugno

»Frei nach Motiven von Alexandre Dumas gestalteter Historienfilm, in dem die wackeren Musketiere die kleine spanische Infantin aus der Gefangenschaft eines machtgierigen Prinzen befreien. Farbenprächtige Unterhaltung mit einigen Fechtkunststückchen, listigen Abenteuern und Intrigen.« *(Lexikon des internationalen Films)*

Von links oben nach rechts unten:
- *Die vier Musketiere – Die Rache der Milady (1975, R: Richard Lester): Oliver Reed, Richard Chamberlain, Michael York und Frank Finlay*
- *Die drei Musketiere (1973, R: Richard Lester): Oliver Reed, Frank Finlay, Richard Chamberlain und Michael York*
- *Die drei Musketiere – 1. Teil: Haudegen der Königin (1961, R: Bernard Borderie): Mylène Demongeot*

*Die Abenteuer der drei Musketiere
(1953, R: André Hunebelle)*

1954 Der Graf und die drei Musketiere
*Il visconte di Bragelone, F/I, R: Fernando Cerchio,
D: Georges Marchal*
»Der Graf von Bragelonne, seine große Liebe zu
Hélène de Winter, die Zänkereien zwischen Mazarin und Louis XIV., höfische Intrigen und Spanier gegen Engländer – diese bunten Abenteuer
nach einem der zahlreichen Nebenromane des
fruchtbaren Musketierschreibers Alexandre Dumas hat der Regisseur zum gelungenen Anlass für
einen naiv-lächerlich-unterhaltsamen Film genommen, der spektakulär einherkommt und eine amüsante Mantel- und-Degen-Illustrierte bebildert.« *(Lexikon des internationalen Films)*

1953 Die Abenteuer der drei Musketiere
*Les trois mousquetaires, F/I, R: André Hunebelle, D:
Georges Marchal, Gino Cervi*
»Auf Ausstattung und Farbenpracht setzender
Mantel-und-Degen-Film, der durch Wortwitz,
Tempo und sarkastischen Humor auffällt.« *(Lexi-
kon des internationalen Films)*

1952 Anna und der Henker
*Il boia di lilla, I, R: Vittorio Cottafavi, D: Yvette Le-
bon, Rossano Brazzi*
»Die Geschichte von der Klostermagd, die zur
politisch einflussreichen Kurtisane am französischen Hof aufsteigt und als Lady de Winter ein
unrühmliches Ende findet. Frei nach Motiven
von Alexandre Dumas d.Ä. gestaltet, bereitet der
Film allenfalls anspruchslosen Liebhabern wallender Kostüme und blitzender Degen Vergnügen.« *(Lexikon des internationalen Films)*

1948 Die drei Musketiere
*The Three Musketeers, USA, R: George Sidney, D:
Gene Kelly, Lana Turner*
»Dies ist einer der schönsten und vergnüglichsten
Abenteuerfilme aus dem alten Hollywood der
Mantel-und-Degen-Ausstattungsfilme. Mit einem ausgezeichneten Schauspielerteam und seltener Lockerheit im Inszenierungsstil hat George Sidney die Romanfolge von Alexandre Dumas
in ein farbenprächtig-fantasiereiches Kinoaben-
teuer verwandelt.« *(Rheinische Post)*

1945 Los Tres mosqueteros
*RA/ROU, R: Julio Saraceni, D: Roberto Airaldi, Pe-
dro Becco, Armando Bo*

1942 Los Tres mosqueteros
*MEX, R: Miguel M. Delgado, D: Janet Alcoriza, José
Arjona, Alfonso Bedoya*

1939 The Three Musketeers
USA, R: Allan Dwan, D: Don Ameche

1935 The Three Musketeers
USA, R: Rowland V. Lee, D: Walter Abel

1933 Les Trois mousquetaires
*F, R: Henri Diamant-Berger, D: Jean-Louis Allibert,
Henri Baudin, Harry Baur*

1921 Les Trois mousquetaires
*F, R: Henri Diamant-Berger, D: Armand Bernard,
Charles Dullin, Pierre de Guingand*

1921 The Three Musketeers
*USA, R: Fred Niblo, D: Douglas Fairbanks, Léon
Bary, George Siegmann*

1916 D'Artagnan
USA, R: Thomas Ince, D: Orin Johnson

1914 The Three Musketeers
F, D: M. Dehelly

1913 The Three Musketeers
USA, R: Edward Lurrillard

*Die drei Musketiere (1948, R: George Sidney):
Gene Kelly und Lana Turner*

DREI TAGE MITTELARREST

BRD 1955, R: Georg Jacoby, D: Ernst Waldow, Grethe Weiser, Erwin Strahl, Maria Litto, Walter Müller, Eva Probst, Ruth Stephan, Elfie Pertramer, Ilse Petri, Willy Fritsch, Willi Rose, Franz Muxeneder, Klaus Günther Neumann, Charles Palent, Günther Jerschke, Joachim Teege, Heinz Erhardt, Manfred Steffen

Nach einem Schwank von Bobby E. Lüthge und Karl Noti: Seit die kleine Stadt Garnisonstadt wurde, ist der Bürgermeister nicht wieder zu erkennen. Schon immer kein besonderer Freund des Militärs, wird er durch den Wirbel, in den seine Stadt durch die Soldaten versetzt wurde, zum ausgesprochenen Militärgegner. Seine Frau, die ihren Stammbaum von alten Militärs ableitet, versucht immer wieder, aber stets vergebens, einzulenken und auszugleichen. Nicht nur ihren militärischen Urahnen zuliebe, auch aus Gründen der Familienplanung. Da ist nämlich der fesche Oberleutnant von Feldern, der ihr so gut gefällt, dass sie ihn gern zum Schwiegersohn hätte. Und auch ihr Töchterchen Grete sieht den schneidigen Offizier gern. Als sich herausstellt, dass des Bürgermeisters Köchin Auguste heimlich ein uneheliches Kind geboren hat und der Vater unter den Soldaten zu suchen ist, geht der Bürgermeister zum offenen Kampf gegen das Militär über ...

Berliner Morgenpost: »Wie beglückend, den ranzigen ›Humor‹ der alten Militärschwänke endlich wieder einmal aus dem verdienten Grab gerissen zu sehen! Bobby E. Lüthge, unvermeidlicher Altmeister deutscher Heimatfilme, hat mit seiner nimmermüden Feder den Text geschrieben, beseligt durch den bejahrten Schmiss, der aus dem alten Soldatenlied klingt: ›Wenn die Soldaten durch die Stadt marschieren ...‹ Der Film spielt um die Jahrhundertwende, wohin er auch geistig gehört, und er geht in seiner exakt historischen Treue unter der Regie von Georg Jacoby so weit, dass er von seinem vor über fünfundzwanzig Jahren gedrehten Vorbild kaum zu un-

terscheiden ist. Man benötigt dringend etliche Mollen, um den penetrant-muffigen Militärklamottenstaub hinunterzuspülen, den sich da alte und junge Filmhasen nicht entblödeten, mühsam eineinhalb Stunden aufzuwirbeln.«

Der Abend: »Der Major hat einen Bart, und der Spieß und der Musketier Plettke – den längsten Bart aber haben hier die Witze. Die gehen etwa so: Was soll ich denn mit der Dame machen, Herr Oberleutnant? – Mann, fragen Sie nicht so dumm, spielen Sie von mir aus Schach mit ihr. – Ich kann aber nicht Schach. Darf ich vielleicht Domino spielen? So lustig war's bei Preußens. Und so fröhliche Lieder sang man: ›Und im Grase sang eine Grille, und da hab' ich meinen Schatz geküsst‹. Männer in Unterhosen und Frauen in Unterhosen, Männer in Frauenkleidern und krachende Betten, ein uneheliches Kind und drei falsche Väter – aus Bobby E. Lüthges Kalauerfabrik kamen diese Einfälle. Ruth Stephan bringt einige menschliche Züge in diesen Film, der eine Neuauflage des 25 Jahre alten Militärschwanks ist. Nun: aufgewärmter Kohl ist Geschmackssache. Manchem schmeckte er.«

DIE DREI VON DER TANKSTELLE

BRD 1955, R: Hans Wolff, D: Germaine Damar, Adrian Hoven, Walter Müller, Walter Giller, Willy Fritsch, Claude Farrell, Oskar Sima, Wolfgang Neuss, Hans Moser, Rudolf Vogel, Fritz Imhoff, Hilde Hildebrandt

Peter, Robert und Fritz sind gemeinsam durch dick und dünn gegangen, doch so tief wie jetzt saßen sie noch nie in der Tinte: Die Jobs sind futsch, die auf Raten gekauften Möbel damit un-

Die Drei von der Tankstelle (1955, R: Hans Wolff): Walter Müller, Walter Giller und Adrian Hoven

weigerlich auch. Doch die drei bleiben Optimisten. Als sie auf eine verlassene Tankstelle an einer belebten Landstraße stoßen, wittern sie ein gutes Geschäft. Schon kurz darauf eröffnen sie dort ihre Tankstelle zum Kleeblatt und richten eine nahe gelegene Wohnlaube als Junggesellenheim ein. Da sorgt ein hübsches Mädel plötzlich für Wirbel unter den Jungunternehmern – ausgerechnet die Tochter des Besitzers jener Benzinfirma, die den drei Freunden beim Aufbau ihrer Tankstelle schwere Steine in den Weg legte. Während Robert und Fritz gleich Feuer fangen, bleibt Peter ihrem Charme gegenüber resistent. Er hat nichts übrig für Luxusweibchen! Komplikationen im Liebesleben der drei jungen Männer folgen Probleme auf geschäftlicher Ebene. Vor allem Dr. Calmus, der ebenfalls zur besagten Benzinfirma gehört, spielt ein undurchsichtiges Spiel ...

Regisseur Hans Wolff: »Nun gut, dieser Film ist ein Remake. Aber es gibt Stoffe, die *müssen* immer wieder neu verfilmt werden, weil nur ihre Interpretierung, nicht aber ihr Unterhaltungswert veraltet. *Die Drei von der Tankstelle* des Jahres 1930 waren bezaubernd, aber der heutigen Generation könnte man sie nicht mehr als kon-

kurrenzfähigen Film vorsetzen. Eine Neuverfilmung schmälert nicht den Wert des ersten Films. Ob wir sie besser machen können, wissen wir nicht. Aber auf jeden Fall können wir sie moderner machen.«

Filmecho: »Das Ärgernis begann im Atelier oder eigentlich schon im Produktionsbüro. Es begann bei der unglücklichen Idee, den Film in einem gemalten Wald spielen zu lassen. Das ist eine Sünde gegen ein filmisches Grundgesetz ... Das Ärgernis wurde fortgesetzt durch den Regisseur Hans Wolff, dem ganz einfach das Gefühl für das Nette, das Leichte, das Beschwingte, und das – wenn nötig – Leise abgeht, das allein eine Handlung wie diese akzeptabel machen kann. Es kommt so vieles, was von dem Autor gut gemeint war, nicht an, weil Wolff zwar für einzelne Szenen Witz und Einfälle aufwendet, diesen Witz aber nicht über die lange Distanz zu steuern vermag ... Dass Germaine Damar tanzen und nett aussehen kann, wissen wir, ihre schauspielerische Schwäche wird aber in der einzigen Szene, in der sie mehr zu geben hat als konventionelles Geplauder, etwas roh entlarvt.«

Liebe, Tanz und 1000 Schlagerfilme: »Ein Remake des Films *Die Drei von der Tankstelle* drehte Hans Wolff 1955 unter der künstlerischen Oberleitung von Willi Forst mit Adrian Hoven, Walter Müller, Walter Giller und Germaine Damar; Willy Fritsch spielte den Konsul Coßmann.

Links: Die Drei von der Tankstelle (1955, R: Hans Wolff): Germaine Damar und ihre Männer
Unten: Die Drei von der Tankstelle (1930, R: Wilhelm Thiele): Heinz Rühmann, Oskar Karlweis und Willy Fritsch

206

Augenzwinkernd darf er sich daran erinnern, etwas Ähnliches schon einmal vor 25 Jahren erlebt zu haben. Die knallig-Agfacolor-bunte Verfilmung protzt in Ausstattung und großen Tanzszenen, ohne auch nur annähernd den Charme der Vorlage zu erreichen. Interessant sind da eher kleine, zeitgeisttypische Veränderungen in den Dialogen des Drehbuches: Im Original meint Lilian Harveys Vertraute noch, dass ›drei Männer so klug sind wie eine Frau‹; ein Vierteljahrhundert später sind ›drei Männer fast so klug wie eine Frau‹.«

1930 Die Drei von der Tankstelle

D, R: *Wilhelm Thiele, D: Lilian Harvey, Willy Fritsch, Heinz Rühmann, Oskar Karlweis*

Drei Mäderl um Schubert (1936, R: E.W. Emo): Maria Andergast, Gretl Theimer und Else Elster

DAS DREIMÄDERLHAUS

A 1958, R: Ernst Marischka, D: Karlheinz Böhm, Gustav Knuth, Magda Schneider, Ewald Balser, Johanna Matz, Rudolf Schock, Helga Neuner, Gerda Siegl, Richard Romanowsky, Helmuth Lohner, Erich Kunz, Albert Rueprecht, Eberhard Wächter, Else Rambausek, Edith Elmay, Liselotte Bav, Lotte Lang
Nach einem Bühnenstück von A. M. Willner und einem Roman von Rudolf Hans Bartsch: Der arme Franz Schubert hat ein bisschen Glück mit seinen herrlichen Liedern und kein bisschen mit seinen Sinfonien und seiner Liebe. Denn die Reizendste aus einem Schwesterntrio, zu der ihn seine Freunde und gewisse, sauber eingefädelte Umstände hinbugsieren, fällt bei seinem musikalischen Um-die-Hand-Anhalten in aller Unschuld einem andern um den Hals.

Ingeborg Donati *(Filmblätter):* »Nach seinem Spezial-Rezept – viel Gefühl und Heiterkeit, ein bisserl Melancholie und ein Schuss Poesie – hat Ernst Marischka auch dieses Schmankerl zubereitet und es mit der Schubert-Musik auf einem respektablen Niveau serviert. Denn wenn auch die Handlung vom Drehbuch aufs leichte Dahinplätschern gestellt ist, bei der Musik verzichtet die Regie auf die belanglosen Chansons des zu Grunde liegenden Singspiels und gibt dem Film durch die organisch einbezogenen Werke von Schubert und Beethoven ein Gewicht, das auch auf das Darsteller-Ensemble wirkt: Mit sicherem Einfühlungsvermögen folgt Böhm der Lebenslinie des jungen Schubert, die sich zwischen übermütigem Bohemien und resignierender Eigenbrötelei hinzieht; Schneider und Knuth sind als altgedientes Ehepaar fein aufeinander

eingespielt; Johanna Matz nimmt es mit ihrer Zuständigkeit für Wiener Charme und Fröhlichkeit sehr genau ... Dass die Kamera die verspielte Romantik an der schönen blauen Donau noch zusätzlich in farben- und bewegungsfreudigen Bildern preist, lenkt den Film vollends auf die Seite freundlicher Unterhaltung mit einigen Ansprüchen.«

1936 Drei Mäderl um Schubert

D, R: *E. W. Emo, D: Maria Andergast, Gretl Theimer, Else Elster, Paul Hörbiger*

1918 Das Dreimäderlhaus

D, R: *Richard Oswald, D: Conrad Veidt, Julius Spielmann, Sybille Binder*

13 GEISTER

13 Ghosts, USA 2001, R: Steve Beck, D: Tony Shalhoub, Kathryn Anderson, Shannon Elizabeth, Alec Roberts, Embeth Davidtz, Matthew Lillard, Rah Digga, F. Murray Abraham, JR Bourne, Jacob Rupp
Der verwitwete Familienvater Arthur Kriticos und seine beiden Kinder Kathy und Bobby können ihr Glück kaum fassen: Ihr exzentrischer Onkel Cyrus hat ihnen ein riesiges geheimnisvolles Haus vererbt, ein Glanzstück moderner Architektur aus Glas und Stahl. Doch kaum beginnen sie ihr neues Heim zu erkunden, müssen sie feststellen, dass das Haus ein gefährliches Eigenleben führt: Wände bewegen sich wie von Geisterhand und halten alle Insassen darin gefangen. Im Haus treiben ebenso mächtige wie rachsüchtige Kreaturen ihr Unwesen, die jeden, der sich ihnen in den Weg stellt, töten wollen. Als sie mit Hilfe eines Hellsehers versuchen, dem Spuk ein Ende zu machen, tritt zu Tage, dass das Haus ein

einziges labyrinthisches Rätsel ist, von dessen Lösung Leben oder Tod abhängt.

André Grzeszyk *(artechock film)*: »Gilbert Adler, Joel Silver und Robert Zemeckis haben *13 Ghosts* produziert, ihrerseits auch verantwortlich für *House On Haunted Hill* und die Filme gleichen sich wie ein Ei dem Anderen. Mit dem Eintritt ins Haus beginnt die klaustrophobe Situation, Mechanismen verschließen die Ausgänge, die Fluchtmöglichkeiten, und setzen die Geister im Keller frei. Gleichzeitig verschwindet jede Spur von filmischer Dramaturgie, die Charaktere schlagen sich von einer Aufregung zur nächsten mehr schlecht als recht durch, Entwicklungen gibt es keine mehr, der Rest der brüchigen Narration beschränkt sich darauf, Situationen zu produzieren, in denen der Horror der Geister möglichst effektiv in Szene gesetzt werden kann. Ein Spiel der Masken, des Artifiziellen. Wie eine Fahrt durch die Geisterbahn.«

Elmar Krekeler *(Die Welt)*: »Besonders Gruselwilligen wurden im Kino anno 1960 zu William Castles Original übrigens Spezialbrillen gereicht. Mit denen konnten sie – wie die Insassen von Becks Spukhaus – selbst die schlimmsten Geister sehen. Im Fall seines Remakes empfiehlt sich die umgekehrte Taktik: Brillen ablegen an der Kasse. Wer trotzdem noch was sieht, decke sich unbedingt mit Augenbinden ein.«

1999 Haunted Hill
House On Haunted Hill, USA, R: William Malone, D: Geoffrey Rush, Famke Janssen

1958 Das Haus auf dem Geisterhügel
House On Haunted Hill, USA, R: William Castle, D: Vincent Price, Carol Ohmart, Richard Long

DAS DSCHUNGELBUCH

The Jungle Book, USA 1994, R: Stephen Sommers, Drb: Ron Yanover, Mark D. Geldman nach den Romanen von Rudyard Kipling, K: Juan Ruiz Anchia, M: Basil Poledouris, S: Bob Ducsay, D: Jason Scott Lee (Mogli), Cary Elwes (Captain Boone), Lena Headey (Kitty), Sam Neill (Colonel Brydon), John Cleese (Dr. Plumford), Jason Felmyng (Wilkins), Stefan Kalipha (Buledo), Ron Donachie (Harley), Anirudh Agrawal (Tabaquo), Faran Tahir (Nathoo), Gerry Crampton (Sgt. Major), Amrik Gill (Butler), Rick Glassey (Sgt. Claibourne)

Tief im indischen Dschungel ist der mächtige Tiger Shir Khan der Herr über Leben und Tod. Als Shir Khan eines Nachts das Camp eines britischen Soldatentrupps angreift, kommt es zu einer großen Panik, bei der ein kleiner Inderjunge namens Mogli aus der schützenden Gemeinschaft gerissen wird und im Dschungel verschwindet. Doch entgegen allen Erwartungen kommt Mogli nicht im feindlichen Urwald ums Leben, sondern findet bei einem Rudel Wölfe ein neues Zuhause. Mit seinen Freunden, dem Bären Balu und dem Panter Baghira, lebt er über 15 Jahre fernab jeder Zivilisation.

An Abenteuern fehlt es Mogli, der inzwischen zu einem jungen Mann herangereift ist, wahrlich nicht. So entdeckt er eines Tages die halbverfallene Stadt Monkey City, wo der Orang Utan-König Louis und die Riesenschlange Kaa einen legendären Schatz bewachen. Nach einem furchtbaren Kampf mit Kaa kommt Mogli in den Besitz eines juwelenbesetzten Dolches, der sein weiteres Schicksal entscheidend beeinflussen wird. Ebenso wie die Begegnung mit der schönen Kitty, die Mogli zufällig über den Weg läuft. Kitty überredet ihren Vater Colonel Brydon und ihren Lehrer Doktor Plumford, Mogli in die britische Garnison zurückzuholen, um aus ihm einen zivilisierten Menschen zu machen. Zu ihrer großen Überraschung entdecken Kitty und Mogli, dass sie schon als Kinder zusammen gespielt haben und erst durch den Überfall Shir Khans voneinander getrennt wurden.

Tage eines unbeschwerten Lebens beginnen. Als jedoch Mogli erfährt, dass Kitty bald mit dem brutalen Captain Boone verheiratet werden soll, kehrt er traurig in den Dschungel zurück. Jetzt ist für Captain Boone die Stunde gekommen, einen teuflischen Plan in die Tat umzusetzen. Seit er nämlich bei Mogli dessen kostbaren Dolch gesehen hat, ist Boone besessen davon, den sagenumwobenen Schatz von Monkey City zu finden. Und Mogli soll ihm den Weg dorthin zeigen. Um dies zu erreichen, lockt Boone die ahnungslose Kitty und ihren Vater in eine Falle und nimmt sie als Geiseln. Als Mogli das sieht, stellt er sich – aus Liebe zu Kitty – dem Entführer und seiner Bande zur Verfügung. Doch in Monkey City warten nicht nur unermessliche Reichtümer, sondern auch die Schlange Kaa – und der mächtige Shir Khan.

Der gebürtige Engländer und Nobelpreisträger Rudyard Kipling (1865–1936) verbrachte einen Großteil seines Lebens in Indien. Ende des 19. Jahrhunderts schuf er mit den Erzählungen und

Kurzgeschichten, die später unter dem Namen *Das Dschungelbuch* bekannt wurden, einen Klassiker der Weltliteratur. Sein Thema – das Gesetz des Dschungels gegen die Gesetze der Zivilisation – wurde mehrmals in sehr unterschiedlichen Versionen verfilmt. Die erste *Dschungelbuch*-Verfilmung stammt aus dem Jahre 1942. Die Hauptrolle spielte damals Sabu unter der Regie von Zoltan Korda. Im Jahre 1967 kam schließlich der berühmte Walt Disney-Zeichentrickfilm (Regie: Wolfgang Reithermann) in die Kinos. Er wurde zu einem Kultfilm und sprach mit seinem zeitlosen Charme weltweit ein Publikum aller Altersstufen an. Die Realverfilmung der Brüder Korda ist heute weniger bekannt als Walt Disneys Zeichentrickversion vom *Dschungelbuch* aus dem Jahre 1967. Doch die Verfilmung von 1942 war ein enormer Erfolg, zu dem sicherlich der große Aufwand, der für die Ausstattung des Films betrieben wurde, beitrug: In einem mehrere Hektar großen Waldstück wurden für diesen Film tropische Pflanzen herangeschafft, ein Fluss angelegt und Leoparden, Wölfe, Affen, ein Python, Elefanten und viele andere Tiere ausgesetzt. Wo keine echten Tiere eingesetzt werden konnten, wurden mit großem technischen Aufwand künstliche gebaut. So bestand beispielsweise die Wasserschlange Kaa aus einem langen, gummiüberzogenen Gliedergerüst, das mit einer Drahtkonstruktion unter Wasser bewegt werden konnte.

Ähnlich fantastisch wie die Beschreibungen der Dreharbeiten zu diesem Film hört sich die Biografie des Hauptdarstellers Sabu (Selar Shaik Sabu, 1924–1963) an. Er wurde nach dem frühen Tod seiner Eltern Elefantentreiber eines Maharadschas und fiel 1935 zufällig einem Filmteam auf, das in Indien Recherchen zu dem Film *The Elephant Boy* machte. Nachdem er in diesem Film und in *Der Dieb von Bagdad* die Hauptrolle gespielt hatte, schloss sich eine steile Hollywoodkarriere an; die Sabu-Mode ging so weit, dass er ein gefragtes Modell für Maler und Bildhauer wurde. Erst in den 50er-Jahren nahm die Qualität seiner Rollenangebote ab. Sein früher Tod durch eine Herzattacke bildete den »pressegerechten« Abschluss einer filmreifen Lebensgeschichte vom Elefantentreiber zum Hollywoodstar.

Das Dschungelbuch
(1967, R: Wolfgang Reithermann): Mowglis Tanzeinlage

Der Produzent und Verleiher Mark Damon las 1993 ein neues Drehbuch für Rudyard Kiplings *Das Dschungelbuch*, das der indische Produzent Raju Patel in dreijähriger Arbeitszeit entwickelt hatte. Damon war begeistert: »Das 100-jährige Jubiläum der ersten Buchausgabe von Kiplings *Das Dschungelbuch* steht vor der Tür – jetzt ist genau der richtige Zeitpunkt, das Projekt noch einmal aufleben zu lassen.« Regisseur Stephen Sommers meint: »Wir sind so nahe wie möglich an der Buchvorlage geblieben. Man muss aber wissen, dass Kipling in Wirklichkeit nur eine Reihe von Kurzgeschichten, ohne viel Beschreibungen oder Ausschmückungen, in seinem *Dschungelbuch* gesammelt hat. Seine Geschichten schreiben nur einige wenige Charaktere fest, und so haben wir auch neue Elemente eingefügt. Ich habe zu allen Tieren aus den Geschichten sozusagen ›menschliche‹ Gegenstücke kreiert: Plumford zum Beispiel, der von John Cleese gespielt wird, ist der Balu-Mann; Colonel Brydon (Sam Neill) benimmt sich wie der aufgeblasene Elefant; und Captain Boone (Cary Elwes) ist genau wie Kaa, diese schlüpfrige, finstere Schlange.«

Für *USA Today* ist dieses »blendende Epos ein ungeschminktes 19. Jahrhundert-Melodram, aber ein unwiderstehliches. Und Kiplings Thema vom Respekt vor dem Gesetz des Dschungels (töte nur, um zu überleben) ist ohne viel Federlesens in eine starke ökologische Botschaft des späten 20. Jahrhunderts übersetzt worden.« *Newsweek* hält es für schwer vorstellbar, »dass es irgendjemanden gibt, der sich dem Zauber von Disneys neuer Live-Action-Verfilmung des *Dschungelbuchs* entziehen könnte.« Und für die *New York Times* ist »die Vision des Films vom Dschungel als eines friedvollen Königreiches, das von sei-

Das Dschungelbuch (1942, R: Zoltan Korda,
André De Toth): Sabu als Mowgli

nem eigenen ewigen, majestätischen und unver-
letzlichem Gesetz beherrscht ist, immer noch
voller mystischer Kraft.« Nach Motiven von Rudyard Kipling drehte Michael McGreevey 1998 in
den USA *Moglis große Abenteuer.*

1994 Das Dschungelbuch
The Jungle Book, USA, R: Toshiyuki Hiruma – Ani-
mation
»Eine um Werktreue bemühte weitere Zeichentrickversion des Klassikers von Rudyard Kipling
um das Menschenkind Mogli, das in Indien bei
einem Wolfsrudel aufwächst.« *(Lexikon des in-*
ternationalen Films)

1992 UFA's Dschungelbuch – Der Film
J – Animation
»Die Geschichte des kleinen Mogli, der sich im
Dschungel verläuft und fortan von einem Wolfs-
rudel aufgezogen wird. Zeichentrickversion der
bekannten Abenteuererzählung von Rudyard
Kipling, die trotz einiger Längen mit ihrem
freundlich gestimmten Grundton kindgerechte
Unterhaltung bietet.« *(Lexikon des internationa-*
len Films)

1970 Das Dschungelbuch –
Die Abenteuer des Mowgli
UdSSR, R: R. Davidov – Animation

1967 Das Dschungelbuch
The Jungle Book, USA, R: Wolfgang Reitherman –
Animation
Diese wunderbare Trickfilmversion der Aben-
teuer des Wolfsjungen Mogli und des anarchi-
stisch singenden Bären Balu: »Probier's mal mit

Gemütlichkeit, mit Ruhe und Gemütlichkeit!«,
ist der letzte Film, an dem Walt Disney (1901–
1966) noch persönlich mitgewirkt hat.

1942 Das Dschungelbuch
Jungle Book, USA, R: Zoltan Korda, André De Toth,
D: Sabu, Joseph Calleia
»Sabu hat offensichtlich viel Spaß als Mogli – er
schwingt von Baum zu Baum wie ein Kindergar-
ten-Tarzan. Im tiefgrünen Dschungel dieser eleganten Produktion von Alexander Korda hat Mogli mehr mit den Menschen zu tun als in Kiplings
Buch, aber die Geschichte um einen Schatz, einen Python und eine Ruinenstadt ist unterhaltsam genug. Kinder werden diesen Film wohl immer noch lieben, und Erwachsene werden mehr
Spaß als erwartet haben.« (Pauline Kael)
»Diesen Sabu muss man gern haben. Immer
wieder verblüfft seine Gewandtheit und artistische Körperbeherrschung. Aber auch menschlich
ist er erstaunlich wahr an der Glaubhaftmachung
des Schicksals Moglis, den die Wölfe großgezogen und der nach einem kurzen Besuch bei den
Menschen sich wieder im Dschungel verliert.«
(Wiesbadener Tageblatt)

DER DUFT DER FRAUEN
Scent Of A Woman, USA 1992, R: Martin Brest, D:
Al Pacino, Chris O'Donnell, James Rebhorn, Gabri-
elle Anwar, Philip S. Hoffman, Richard Venture,
Bradley Whitford, Rochelle Oliver, Margaret Egin-
ton
Ein Internatsschüler begleitet einen erblindeten
Ex-Offizier während einiger Tage in New York
und kann ihn schließlich vom geplanten Selbstmord abbringen.
Fischer Film Almanach: »Bill Clinton hätte seine helle Freude an der Geschichte um die mar-
kige Männerfreundschaft zwischen Lieutenant

Der Duft der Frauen (1992, R: Martin Brest):
Gabrielle Anwar, Al Pacino und Chris O'Donnell

Colonel Frank Slade (Al Pacino im Durchriecher-look für alle Jahreszeiten gewann dafür den Os-car) und dem Stipendiaten Charlie ... Was man vor allem vermisst: Frauen, von denen perma-nent geredet wird, die aber nur als Staffage vor-kommen und die der Colonel durch ihr Parfüm zielsicher erriecht (wie Tony Roberts in Woody Allens *Eine Sommernachts-Sexkomödie*). Schön, dass es Frauen nach dem Kino gibt.«

1974 Der Duft der Frauen
Profumo di donna, I, R: Dino Risi, D: Vittorio Gass-man, Alessandro Momo

DUNE – DER WÜSTENPLANET

Dune, USA/BRD/CDN 2000, R: John Harrison, D: Alec Newman, William Hurt, Saskia Reeves, Ian McNeice, Barbara Kodetová, Karel Dobry, Julie Cox, Robert Russell, Matt Keeslar, P. H. Moriarty, Gian-carlo Giannini, Drahomira Fialkova, Christopher Lee Brown, Uwe Ochsenknecht

Im 11. Jahrtausend wird das Galaktische Impe-rium der Menschheit – ein Zusammenschluss mehrerer tausend besiedelter Planeten – von dem Imperator Shaddam beherrscht. Auf Anraten des tückischen Barons Harkonnen schickt Shaddam den immer beliebter werdenden Herzog Leto, um ihn auszuschalten und später zu töten, auf den Wüstenplaneten Arrakis. Arrakis, ein endlo-ses Sandmeer, von Stürmen gepeitscht und völ-lig ausgetrocknet, wird von den Fremen be-wohnt, deren Überlebenswille von der Prophe-zeiung, eines Tages käme ein Messias, um sie zu retten, genährt wird. Arrakis birgt ein Geheim-nis, das von grundlegender Bedeutung für das Im-perium ist. In der Wüste leben bis zu mehreren 100 Metern große Sandwürmer, die das »Spice« absondern. Dessen Genuss verleiht starke men-tale Fähigkeiten, die es erlauben, in die vierte Di-mension vorzudringen. Wer das »Spice« hat, hat die Macht. Nach Herzog Letos Ermordung flie-hen dessen Sohn Paul und seine Mutter in die Wüste. Paul wird von den Fremen als der erwar-tete Messias anerkannt. Mit Hilfe der Fremen ge-lingt es Paul Atreides, den mächtigen Imperator Shaddam zu stürzen und selbst zum mächtigsten Mann des Universums zu werden.

Prisma-Online: »Frank Herberts Romanzyklus *Der Wüstenplanet* ist bei Science-Fiction-Freun-den nicht unumstritten. Für die einen ein gran-dioser Entwurf, für andere ein zäher Langweiler.

So oder so: Ein Klassiker ist es auf jeden Fall, und nach David Lynchs unbefriedigender Kinofas-sung von 1984 ist diese TV-Miniserie bereits die zweite Verfilmung des Stoffes. Doch das Ergeb-nis ist auch nicht mehr als akzeptabel: Compu-ter-Animation, Dekor und Masken können sich sehen lassen, doch die Story ist hier noch lang-atmiger als in Lynchs stark komprimierter Fas-sung.« David Lynch selbst gestand ein, dass sein Film ein gescheiterter Versuch sei, Frank Her-berts ökologisch angehauchtes Science-Fiction-Epos filmisch umzusetzen. Er schob die größte Schuld dem Produzenten Dino de Laurentiis in die Schuhe. In den USA existiert eine 190-minü-tige TV-Version, mit der Lynch ebenfalls nicht einverstanden ist, obwohl sie mit *Director's Cut* betitelt ist.

1984 Der Wüstenplanet
Dune, USA, R: David Lynch, D: Kyle MacLachlan, Max von Sydow, Sting

DUNE WARRIORS – BLUT FÜR WASSER

Dune Warriors, PHI/USA 1990, R: Cirio H. Santia-go, D: David Carradine, Rick Hill, Luke Askew, Jil-lian McWhirter, Blake Boyd, Val Garay, Joseph Zucchero, Joanne Griffin, Ned Hourani, Isabel Lo-pez

Kalifornien im Jahre 2046: Nach der atomaren Katastrophe sind um die wenigen Wasservorräte blutige Schlachten entbrannt. Als eine Bande ein friedliches Dorf wegen seiner Wasservorräte übernehmen will, mobilisiert sich der Wider-stand. Mit Hilfe einiger Söldner, unter ihnen ei-ne Frau, können die Angreifer vernichtet wer-den.

Lexikon des internationalen Films: »*Die sieben Samurai* als triviales Endzeit-Spektakel in einer verwässerten und in allen Belangen bestenfalls mittelmäßigen Inszenierung.«

Remake des Remakes: Die Story der *glorrei-chen Sieben* dient vielen Filmen als Vorlage, aber dieser Film ist selbst bereits ein Remake des Ku-rosawa-Werks *Die sieben Samurai*. Das Grund-muster der Handlung ließ sich sowohl in den We-stern als auch ins Science-Fiction-Genre übertra-gen. *Die glorreichen Sieben* war das erste We-stern-Remake eines Filmes von Akira Kurosawa: Später wurden noch *Rashomon* als *Carrasco, der Schänder* und *Yojimbo* als *Für eine Hand voll Dollar* adaptiert. Für Yul Brynner war es die erste Westernrolle, und Horst Buchholz kam mit seinem ersten Amerika-Film gleich groß heraus. Die eingängige Musik von Elmer Bernstein, heute noch in der Marlboro-Werbung zu hören, tat ein Übriges, um dem Film zum Erfolg zu verhelfen. Später entstanden drei weitere Western um *Die glorreichen Sieben*, die jedoch in keiner Weise an den Vorgänger heranreichten: *Die Rückkehr der glorreichen Sieben* (1966), *Die Rache der glorreichen Sieben* (1968) und *Der Todesritt der glorreichen Sieben* (1972).

»Das populärste Filmgenre Japans stellt ohne Zweifel das Jidai-geki dar«, bemerkt Jochen Manderbach in seiner Broschüre *Das Remake – Studien zu seiner Theorie und Praxis*: »Alle Filme dieser Gattung sind in den Jahren zwischen 1603 und 1867 angesiedelt, in der Togukawa- und Edo-Ära, jener Zeit, in der sich Japan noch nicht den westlichen Einflüssen geöffnet hat. Erzählt wird zumeist die Geschichte der Samurais, ausgeschmückt mit teils realistischen, teils blutrünstigen Details. Akira Kurosawa, ein glühender Bewunderer der Filme von John Ford, erkennt die enge Verwandtschaft des Jidai-geki, vor allem dessen beliebtester Form, des Chambara (Schwertkampf), mit dem Western. Sein 1954 gedrehter Samurai-Film *Shichinin no samurai* ist zwar einerseits der japanischen Tradition verhaftet, bezieht sich aber andererseits sowohl in der Wahl seiner Motive als auch der Dramaturgie (Zweikampf-Konstellation) auf den Western. Die Parallelitäten zwischen den beiden Genres erweisen sich in der Tat als so weitgehend, dass der amerikanische Regisseur John Sturges bei seinem Remake *The Magnificent Seven* (1960) weder inhaltliche noch dramaturgische Veränderungen am Drehbuch Kurosawas vornehmen muss. Lediglich in der Exposition, der Rekrutierung der sieben Gunfighter, in der Charakterisierung des Banditenchefs als eigenständige Persönlichkeit und in der Kombination zweier Samurai-Figuren in der Rolle des jugendlichen Heißsporns Horst Buchholz, weicht Sturges von der Vorlage ab. Die Geschichte selbst, der aufopferungsvolle Kampf von sieben käuflichen Waffenexperten, die, aus unterschiedlichen Motiven, der Bevölkerung eines kleinen und armen Dorfes gegen eine zahlenmäßig weit überlegene Banditenbande beistehen, bleibt unverändert. Auch wenn *The Magnificent Seven* nicht mit jener virtuosen und vitalen Kameratechnik aufwarten kann, die den film-ästhetischen Ruhm des Originals begründet, so ist doch die entscheidende Bedeutung des Films für das Western-Genre unumstritten.«

1987 Lost World – Die letzte Kolonie

World Gone Wild, USA, R: Lee H. Katzin, D: Bruce Dern, Michael Pare

»Ein weiteres Remake von *Die glorreichen Sieben* (*The Magnificent Seven*, 1961) vor Science-Fiction-Kulissen: Allerdings hat man das Space-Opera-Setting von *Sador – Herrscher im Weltraum* (*Battle Beyond The Stars*, 1980) durch ein eher an *Mad Max 2* (*Mad Max 2*, 1981) erinnerndes, postnukleares Brachland ersetzt. Im Jahr 2087 – 50 Jahre nach dem Dritten Weltkrieg – ist die Welt eine dürregeplagte Einöde. Der weiß gekleidete Guru Derek (Ant), der seinen Jüngern aus dem Buch Klugheit und Weisheit Charles Mansons predigt, terrorisiert die Kommune von Lost Wells ... Auch wenn es sich um eine amerikanische Produktion handelt, die in Arizona gedreht wurde, erinnert der Film doch sehr an italienische Action-Filme wie *Metropolis 2000* (*I Nuovi Barbari*, 1983) und den thematisch verwandten Film *Barabari 3000* (1983), in dem sich ebenfalls alles ums Wasser dreht ... Die schmerzlose Gewalt und die vielen Explosionen geben dem Film jedoch den Anstrich einer Episode aus *The A-Team*, angereichert mit ein paar Kastrationen, durchgeschnittenen Kehlen und spöttischen Sprüchen im Kugelhagel. Zum Schluss lösen sich alle Probleme in Luft auf, weil ein Wolkenbruch die Dürreperiode beendet; ein vorhersehbarer Schluss, der an *Regenmacher* (*The Rainmaker*, 1956) und *Zähl bis Drei und bete* (*3:10 To Yuma*, 1957) erinnert.« (*Die Science-Fiction Filmenzyklopädie*)

1986 Drei Amigos

Three Amigos!, USA, R: John Landis, D: Chevy Chase, Steve Martin, Martin Short

Im Glauben, für eine Western-Show angeheuert zu sein, kommen drei soeben von ihrem Boss gefeuerte Stummfilm-Westernstars in ein armes mexikanisches Dorf, das von ihnen jedoch die Befreiung von wirklichem Banditenterror erwartet. Von echten Kugeln zu Tode erschreckt, suchen die drei das Weite, fangen sich aber wieder und es gelingt ihnen, die Banditen zu überlisten und unschädlich zu machen.

MovieLine: »Etwas langatmige, aber stellenweise sehr amüsante und groteske Westernparodie.«

1980 Sador – Herrscher im Weltraum

Battle Beyond The Stars, USA, R: Jimmy T. Murakami, D: Richard Thomas

»Der friedliche Planet Akir wird von den galaktischen Sturmtruppen des Eroberers Sador bedroht. Der junge Shad sucht sich eine Truppe von Abenteurern zusammen, um den Finsterling Mores zu lehren. Nachdem fünf der sieben Weltraumheroen ins Gras gebissen haben, dringt die Walküre St. Extnin in Sadors Höhle ein und jagt sie in die Luft. Shad ist der Held des Tages, der Planet Akir gerettet. – Der Film klaut seine Idee von John Sturges' *Die glorreichen Sieben* (1961), und sogar Robert Vaughn, der damals schon dabei war, lässt sich wieder zur Schnecke machen. Ansonsten im Fokus des Geschehens: ›John-Boy‹ Walton (alias Richard Thomas). Der Streifen ist nicht ernst gemeint; man sollte diesen Scherz aus der Roger-Corman-Factory deswegen auch nicht ernst nehmen.« *(Lexikon des Science-Fiction Films)*

1978 Sternenkrieg im Weltall

Uchu Kara No Messeji, J, R: Kinji Fukasaku, D: Vic Morrow, Shinichi Chiba

»Wie Fukudas *Nakusei Daisenso* (1977) wird auch dieser Film allgemein als Variante von *Krieg der Sterne* (Star Wars, 1977) angesehen. Die Handlung leiht sich viele Details aus dem amerikanischen Film aus, darunter einen lustigen Roboter, Verfolgungsjagden durch enge Canyons und eine Reihe bizarrer Kreaturen. Trotzdem wurde behauptet, dass es Fukasakus für das japanische Fernsehen produzierte Science-Fiction-Filme waren, die Lucas' Film teilweise inspirierten. Des Weiteren lehnt sich der Plot auch an *Die glorreichen Sieben* (The Magnificient Seven, 1961) an und fügt den sieben geächteten Helden noch einen achten hinzu. Die Story dreht sich um den Planeten Jilluca, den das Reich der Gavanas auslöschen will. Acht nicht-konforme Helden werden zur Unterstützung des Planeten herbeigerufen und besiegen das Imperium. Der Film kombiniert Zauberei mit an Jules Verne erinnernden Bildern (ein Raumschiff, das wie ein echtes Segelschiff aus dem 19. Jahrhundert aussieht, ist auf dem Weg zu einer Art geheimen Insel) sowie mit *Krieg der Sterne*-Elektronik und ist voll-er Ideen, die unbefangen mit den Werten moderner Pop-Kultur spielen. Das visuelle Konzept ist ebenso erfreulich, es erinnert oftmals an Karel Zeman, den großartigen Interpreten von Verne. Die temporeiche Handlung wird von Fukasaku mit ungewöhnlichem Geschick geführt, und die Leitung der Spezialeffekte übernahm ein Schüler von Tsuburaya.« *(Die Science-Fiction Filmenzyklopädie)*

1961 Die glorreichen Sieben

The Magnificent Seven, USA, R: John Sturges, D: Yul Brynner, Horst Buchholz

Alljährlich nach der Ernte wird das mexikanische Dorf Ixcatlan von Bandenboss Calvera und seinen Halunken heimgesucht, die alles wegschleppen und sich kostenlos mit den nötigen Vorräten versorgen. Um diesen Raubzügen endgültig einen Riegel vorzuschieben, opfern die Bewohner ihr Bares. Eine Abordnung soll an der Grenze Waffen kaufen und möglichst auch die dazugehörigen fähigen Schützen engagieren. Die Summe, die sie zusammengekratzt haben, ist nicht allzu hoch, doch schließlich finden sie sieben Glücksritter, die sich für sie in die Bresche werfen wollen. Es ist ein bunter Haufen, der sich unter dem Anführer Chris zusammengetan hat. Mit ihm reiten Vin, der bärenstarke O'Reilly, der elegante Revolverheld Lee, der Goldsucher Harry Luck, der wortkarge Britt und der blutjunge unerfahrene Chico. Die sieben verwandeln das Dorf in eine Festung und bringen den Bewohnern das Schießen bei. Bei einer Fiesta tauchen Kundschafter Calveras auf. Man tötet sie, auch die erste Auseinandersetzung mit der Bande verläuft erfolgreich. Doch dann stellt der listige Calvera Chris und seinen Leuten eine Falle, in die sie blindlings hineintappen. Großspurig lässt Cal-

Die Sieben Samurai (1954, R: Akira Kurosawa): Angriff im strömenden Regen

Die Sieben Samurai (1954, R: Akira Kurosawa):
Toshirô Mifune

vera, der sich zum Herrn über Ixcatlan aufge-
schwungen hat, die Besiegten ziehen mit der Warnung, Mexiko nie mehr zu betreten. Aber die
glorreichen Sieben denken nicht daran, die Niederlage einzustecken ...

»Remakes werden selten Klassiker, *Die glor-*
reichen Sieben aber bilden eine Ausnahme von
dieser Regel. John Sturges hat das zu Grunde liegende Samurai-Epos des japanischen Jahrhun-
dert-Regisseurs Akira Kurosawa *(Die sieben Sa-*
murai) kongenial in den Western übersetzt. An
Stelle der fernöstlichen Kasten-Krieger übernehmen hier sieben Pistoleros (Yul Brynner, Horst
Buchholz, Steve McQueen, James Cobum, Brad
Dexter, Robert Vaughn und Charles Bronson) die
Verteidigung eines alljährlich von Banditen heim-
gesuchten Bauerndorfes in Mexiko. Die verzweifelten Einwohner haben Chris (Brynner),
dem Anführer der Gruppe, als Entlohnung alles
angeboten, was das Dorf geben kann – und er hat
eingewilligt: ›Mir ist schon oft viel geboten worden, aber alles noch nie.‹ – ›Die Einsamkeit des
Antihelden, die Faszination der amoralischen Attitüde‹ (Joe Hembus) machen den Reiz dieses
Films aus, der als Wegbereiter für die Italo-Western gilt. Einer der Western, die man einfach gesehen haben muss.« *(TV Today)*

1954 Die Sieben Samurai

Shichinin no samurai, J, R: Akira Kurosawa, D: To-
shirô Mifune, Takashi Shimura
Der Film handelt von der Bevölkerung eines kleinen Bauerndorfes, die von Banditen erpresst und

um die Früchte ihrer Arbeit betrogen wird. Nach
langer Suche gelingt es ihnen, in der Stadt sieben
Samurai gegen Kost und Logis anzuheuern, um
sich mit ihrer Hilfe der Banditen zu entledigen,
ein bunter Haufen verschiedenster Charaktere,
aber alle verschworen unter dem Ehrenkodex der
Samurai. Sie befestigen das Dorf und bereiten die
Bauern auf den Kampf vor. Schließlich gelingt es
ihnen in einer wilden Schlacht in strömendem
Regen, die Räuber bis auf den letzten Mann zu
töten, wobei aber vier Samurai ebenfalls den Tod
finden.

»Akira Kurosawas brillantes, im Japan des 16.
Jahrhunderts angesiedeltes Epos kassierte einen
Oscar und inspirierte Hollywood 1960 zu einem
nicht minder gelungenen Remake.« *(TV Today)*

DUNJA

A 1955, R: Josef von Baky, D: Eva Bartok, Ivan Des-
ny, Walter Richter, Karlheinz Böhm, Maria Litto, Eva
Zilcher, Otto Wögerer, Ernst Jäger, Lotte Medelsky,
Waldemar Leitgeb, Hannes Schiel, Bruno Dallans-
ky, Otto Schenk, Ernst Meister, Jörg Liebenfels
Nach der Novelle *Der Postmeister* von Alexander S. Puschkin: Die schöne Dunja ist die Tochter eines rechtschaffenen Postmeisters, der Reisende auf einer abgelegenen Station mit frischen
Pferden versorgt. Einer der Reisenden ist der

Dunja (1955, R: Josef von Baky):
Ivan Desny und Eva Bartok

wohlhabende Rittmeister Minski, der von Dunjas Charme sofort fasziniert ist. Mit einem Heiratsversprechen lockt Minski die bezaubernde junge Frau nach Petersburg, wo sie bald ernüchtert feststellen muss, dass sie nur ein Spielball seiner Launen ist. Zur Mätresse erniedrigt, verkehrt Dunja fortan in einschlägigen Etablissements und lässt sich von verschiedenen Männern aushalten. Doch als sie den jungen Fähnrich Mitja kennen lernt und sich in ihn verliebt, beschließt Dunja, ihr Leben zu ändern. Unglücklicherweise erfährt Dunjas Vater die Wahrheit über den Lebenswandel seiner Tochter und reist nach Petersburg, um in seiner Raserei Minski und seine Tochter zu erschlagen. Als Dunja den Rittmeister warnen will, schlägt der ihr vor, den naiven Vater mit einer inszenierten Hochzeit zu täuschen. Aus Liebe zu ihrem Vater willigt Dunja in das falsche Spiel ein. Unglücklicherweise zählt Dunjas große Liebe Mitja zu den geladenen Hochzeitsgästen ...

Jochen Leu *(Filmblätter)*: »Dies ist ein starker, ein bezwingender Film, der durch die Kraft der darstellerischen Leistungen beeindruckt – trotz des großen Vorbildes, das Gustav Ucicky vor 15 Jahren geschaffen hat. Baky musste bei der Neuverfilmung voraussetzen, dass das Thema allgemein bekannt ist; er konnte andererseits den Inhalt nicht willkürlich ändern, er konnte ihn lediglich nach seiner Auffassung neu ausdeuten. So konzentrierte sich das Können Bakys völlig auf die Schauspielerführung. Dieser Film ist die filmische Geburtsstunde des bühnenerprobten Walter Richter. Wie er den Postmeister formt, diesen ›Vater aller Reußen‹, den einfältig liebenden Toren mit der Kraft und Stärke eines Bären, ist eine Leistung, die Jahre überdauern wird. Dieser Film ist die Bewährungsprobe Eva Bartoks.

Der Postmeister (1940, R: Gustav Ucicky):
Hilde Krahl und Heinrich George

Anfangs trägt sie eine kühle Pikanterie zur Schau, die zweifeln lässt, dass sie so schnell dem Zauber der Montur erliegt. Wenn sie jedoch später Dunjas Liebe zum Vater offenbaren, den Schmerz der Sehnsucht nach dem kleinen Glück in der fernen Heimat kundtun darf, wird sie stark und groß, echt im Gefühl und glaubhaft im Aufbegehren.«

1940 Der Postmeister
D, R: Gustav Ucicky, D: Heinrich George, Hilde Krahl, Siegfried Breuer, Hans Holt

DUNKLE TAGE IN ST. PETERSBURG
A Játékos, GB/NL/H 1997, R: Károly Makk, D: Michael Gambon, Jodhi May, Polly Walker, Dominic West, Louise Rainer, John Wood
Basierend auf dem Roman *Igrok* (1867) von Fjodor Michailowitsch Dostojewski: St. Petersburg im Jahr 1866. Fjodor Dostojewski arbeitet fieberhaft an seinem neuen Roman, um die Frist beim Verleger einhalten zu können. Hilfe wird ihm von seiner neuen Sekretärin zuteil, die ihm nicht nur zur Hand geht und ihn inspiriert, sondern auch von unüberlegten Ablenkungen fern hält. Der Termin kann gehalten werden, der Dichter nimmt seine Sekretärin zur Frau, gegen seine Spielsucht kann sie allerdings auch nicht viel ausrichten.

Lexikon des internationalen Films: »Szenen aus dem Leben des Dichters Dostojewski, bei denen sich Dichtung und Wahrheit die Waage halten. Eine aufwendig produzierte internationale Produktion.«

Der Postmeister (1940, R: Gustav Ucicky):
Heinrich George, Hilde Krahl und Siegfried Breuer

1972 Igrok

UdSSR/ČSSR, R: Aleksei Batalov, D: Nikolai Burlya-yev, Lyubov Dobrzhanskaya

1971 Gambler

IND, R: Amarjeet, D: Dev Anand

1958 Das Spiel war sein Fluch

Le Joueur, F/I, R: Claude Autant-Lara, D: Gérard Philipe, Liselotte Pulver

1948 Der Spieler

The Great Sinner, USA, R: Robert Siodmak, D: Gregory Peck, Ava Gardner

1938 Roman eines Spielers

D, R: Gerhard Lamprecht, D: Lida Baarová, Albrecht Schoenhals, Hannes Stelzer

1919 Die rollende Kugel

D, R: Rudolf Biebrach, D: Rudolf Biebrach

E

ED TV

USA 1999, R: Ron Howard, D: Matthew McConaughey, Jenna Elfman, Woody Harrelson, Sally Kirkland, Martin Landau, Ellen DeGeneres, Rob Reiner, Dennis Hopper, Elizabeth Hurley, Adam Goldberg, Viveka Davis, Clint Howard

Der 31-jährige Videothekenangestellte Ed Pekurny wird von dem Fernsehsender True TV als Star eines neuen Programmes auserkoren, das seinen Hauptdarsteller rund um die Uhr bei seinem ganz normalen Leben verfolgt. Für Ed ist das nur kurze Zeit witzig: Nachdem er seinem Bruder vor laufender Kamera die Freundin ausgespannt hat und andere Familienprobleme der Pekurnys in aller Öffentlichkeit diskutiert werden, wandelt sich der anfängliche Segen alsbald zum nimmerendenden Albtraum.

Francesco Tornabene *(WDR 2)*: »Die Geschichte eines Mannes, dessen Leben live 24 Stunden am Tag im Fernsehen übertragen wird, ruft natürlich Erinnerungen wach an Peter Weirs Meisterwerk *Die Truman Show*. Auch wenn die beiden Filme thematisch vergleichbar sind, setzen sie ihre TV-Schelte doch sehr unterschiedlich um. Während *Die Truman Show* Voyeurismus, Reality-TV und Quotengeilheit eher poetisch und philosophisch behandelt, kommt *Ed TV* wie eine turbulente Familienkomödie daher. Hier wird jede Menge schmutzige Familienwäsche gewaschen, und die Fernseh-Kamera hält gnadenlos drauf. In seiner witzigen Überdrehtheit erinnert *Ed TV* oft an die brillante Fernseh-Satire *Lieblingsfeinde – eine Seifenoper*. Dabei löst Ron Howard mit leichter Hand das ein, was ein Helmut Dietl mit seiner völlig missglückten *Late Show* versprochen hat: Ganz ohne pädagogischen Zeigefinger

Der Edelweißkönig (1975, R: Alfred Vohrer): Robert Hoffmann und Monika Löffler

rechnet er mit einem Medium ab, das immer seltsamere Blüten treibt.«

1994 Louis 19, le roi des ondes
CDN/F, R: Michel Poulette, D: Martin Drainville, Zhenhi Han, Chantal Fontaine

DER EDELWEISSKÖNIG

BRD 1975, R: Alfred Vohrer, D: Robert Hoffmann, Adrian Hoven, Ute Kittelberger, Werner Umberg, Monika Dahlberg, Kristina Nel, Alexander Stephan, Gisela Uhlen, Frithjof Vierock, Monika Löffler, Hans Vonderthann

Nach einem Roman von Ludwig Ganghofer: Der Finkenbauer möchte, dass seine Schwester Hanni zurückkehrt, um ihm bei der Bewirtschaftung des Hofs zu helfen. Doch Hanni lebt in München und erwartet vom jungen Grafen Luitpold ein Kind. Der kann sie jedoch nicht heiraten, weil er es nicht wagt, gegen seine herrische Mutter aufzubegehren. Verzweifelt stürzt Hanni sich in die Isar. Außer sich vor Zorn und Schmerz stellt ihr Bruder Ferdl den jungen Grafen zur Rede. Es kommt zu einer handgreiflichen Auseinandersetzung, in der Luitpold unglücklich stürzt und bewusstlos liegen bleibt. Von der Gendarmerie gejagt, stürzt Ferdl auf der Flucht durch die Ber-

ge in eine Schlucht und wird vom reißenden Gebirgsbach davongerissen. Man hält ihn für tot. Der Finkenbauer, vom Unglück verfolgt, wird indes immer wortkarger und sucht die Einsamkeit in den Bergen – wo er heimlich seinen Bruder versorgt. Als Ferdl eines Tages die kleine Liesl aus schwerer Bergnot rettet und in einer Tropfsteinhöhle gesund pflegt, ist sie überzeugt davon, dem legendären Edelweißkönig begegnet zu sein. Schließlich erfahren die Gendarmen von Ferdls Verbleib und jagen ihn erneut. Nur der junge Graf, mittlerweile genesen, könnte Ferdls Unschuld beweisen, was seine Mutter jedoch nicht zulässt. Da beschließt die junge Magd Veverl, die Ferdl schon immer geliebt hat, auf eigene Faust zu handeln ...

Filmecho/Filmwoche: »Auch die Zuschauer nördlich der vielzitierten Main-Linie kommen auf ihre Kosten ... Alfred Vohrers Action-Erfahrungen kommen dem Stoff zweifellos zugute. *Der Edelweißkönig* hat Tempo, besitzt filmische Attraktion und ist immer interessant.«

1957 Der Edelweißkönig

BRD, R: Gustav Ucicky, D: Rudolf Lenz, Attila Hörbiger, Christiane Hörbiger

1938 Der Edelweißkönig

D, R: Paul Ostermayr, D: Hansi Knoteck, Paul Richter, Gustl Stark-Gstettenbaur

EDGAR WALLACE: DER GORILLA VON SOHO

BRD 1968, R: Alfred Vohrer, D: Horst Tappert, Uschi Glas, Uwe Friedrichsen, Albert Lieven, Herbert Fux, Hubert von Meyerinck

Nach dem Roman *Die toten Augen von London* von Edgar Wallace: Eine Reihe geheimnisvoller Morde führen Scotland Yard-Inspektor Perkins auf die Spur einer Wohltätigkeitsorganisation, die sich Love and Peace for People nennt. Deren Chef Henry Parker scheint jede Menge Dreck am Stecken zu haben. Zunächst tappen Perkins und sein Assistent Sergeant Pepper im Dunkeln – bis sie durch die junge Susan MacPherson entscheidende Hinweise auf den Mörder bekommen, der seine Bluttaten im Gorillakostüm begeht. Erstmals verfilmt wurde die Geschichte 1939 mit Bela Lugosi. Produzent Horst Wendlandt und Regisseur Alfred Vohrer ließen 1961 eine Schwarz-Weiss-Fassung unter dem Romantitel *Die toten Augen von London* folgen. 1968 entstand das Farbfilm-Remake *Der Gorilla von Soho*. Alfred Vohrer verzichtete weitgehend auf die Stammbesetzung der Edgar Wallace-Reihe. Die Rolle des Inspektors bekam Horst Tappert, der später als *Derrick* eine Fernsehkarriere startete. Neu dabei ist auch Uwe Friedrichsen. Uschi Glas besaß damals schon Wallace-Erfahrung. Horst Wendlandt hatte sie 1965 in der Schule entdeckt und ihr eine Rolle in *Der unheimliche Mönch* gegeben. Ingrid Steeger läuft in einer Statistenrolle als Barmädchen durchs Bild.

Meinolf Zurhorst *(Lexikon des Kriminalfilms)*: »Der Film ist das nahezu wortgetreue Remake des 1961 entstandenen *Die toten Augen von London*, der ebenfalls unter der Regie von Alfred Vohrer gedreht wurde. Wie bei fast allen Neuverfilmungen zeichnet sich auch diese aus durch ein (noch) geringeres Niveau. Die wenigen Änderungen tragen nicht dazu bei, die Qualität zu heben, sie wirken schlicht lächerlich.«

1961 Die toten Augen von London

BRD, R: Alfred Vohrer, D: Joachim Fuchsberger, Karin Baal, Dieter Borsche

1939 Der Würger

The Dark Eyes Of London, GB, R: Walter Summers, D: Bela Lugosi, Hugh Williams

EDGAR WALLACE: DER MÖNCH MIT DER PEITSCHE

BRD 1967, R: Alfred Vohrer, D: Joachim Fuchsberger, Uschi Glas, Grit Boettcher, Konrad Georg, Harry Riebauer, Siegfried Schürenberg

Nach einem Roman von Edgar Wallace: In einem Mädchenpensionat werden einige der jungen Damen durch ein geruchloses Giftgas ermordet. Gleichzeitig gibt es männliche Opfer, die von einem unheimlichen Mönch in roter Kutte mit einer Peitsche getötet werden. Scotland Yard-Inspektor Higgins tappt im Dunkeln – bis er auf ein mögliches Mordmotiv stößt: Die Schülerin Ann Portland wird bald volljährig und erhält ein riesiges Vermögen. Fieberhaft versucht Higgins, den Killer zu entlarven – bevor der ein weiteres Mal zuschlagen kann. Bis heute ist Edgar Wallace (1875–1932) einer der populärsten Kriminalschriftsteller. Er arbeitete zunächst als Kriegsberichterstatter, dann als Reporter, bevor er begann, Romane zu schreiben. 1965 inszenierte Harald Reinl mit *Der unheimliche Mönch* die letzte Edgar Wallace-Verfilmung der Berliner Rialto Film in Schwarzweiß. 1967 beauftragte Produzent Horst Wendlandt den Regisseur Alfred Vohrer mit der Inszenierung eines Remakes in Farbe. Das Drehbuch zu *Der Mönch mit der Peitsche* schrieb Herbert Reinecker *(Derrick)* unter dem Pseudonym Alex Berg. Joachim Fuchsberger und Siegfried Schürenberg spielen wieder das beliebte Duo Inspektor Higgins und Sir John.

Süddeutsche Zeitung: »Seitdem die Edgar Wallace-Filme in Farbe gedreht werden, ist ihre handwerkliche Qualität erheblich gestiegen.«

Meinolf Zurhorst *(Lexikon des Kriminalfilms)*: »Das Remake von Reinls *Der unheimliche Mönch* übertrifft seinen Vorgänger an konfusen Verwirrspielen bei weitem. Höhepunkt ist dabei die Einführung eines Doppelgängers des verbrecherischen Drahtziehers.«

1965 Edgar Wallace: Der unheimliche Mönch
BRD, R: Harald Reinl, D: Siegfried Lowitz, Harald Leipnitz, Karin Dor, Uschi Glas

1938 The Terror
GB, R: Richard Bird, D: Bernard Lee, Linden Travers, John Turnbull

1934 The Terror
GB, R: Howard Bretherton

1928 The Terror
USA, R: Roy Del Ruth, D: May McAvoy, Louise Fazenda, Edward Everett Horton

EDIPO RE – BETT DER GEWALT
Edipo re, I/MA 1967, R: Pier Paolo Pasolini, D: Silvana Mangano, Franco Citti, Alida Valli, Carmelo Bene, Luciano Bartoli, Julian Beck, Ninetto Davoli, Pier Paolo Pasolini

Die Sage vom König Ödipus, der unwissend seinen Vater Laios tötet und seine Mutter Iocaste zur Frau nimmt, hat der Pier Paolo Pasolini zu einem modernen Erzählstoff verarbeitet. Laios ist ein faschistischer Offizier, seine Frau Iocaste eine elegante Dame im Charlestonkleid. Ödipus ist ihr einsamer, Liebe entbehrender Sohn, der nicht aus inzestuöser Begierde, eher aus mangelnder Zuneigung zum Schuldigen wird.

TV Spielfilm: »Pasolinis moderne Fassung der *Ödipus*-Tragödie interpretiert den antiken Mythos vor dem Hintergrund gesellschaftlicher Fehlentwicklung.«

Weitere Verfilmungen sind: *Oedipus The King* (1968, R: Philip Saville), *Oedipus The King* (1984, R: Don Taylor) und *Edipo alcalde* (1996, R: Jorge Alí Triana).

Effi Briest (1972-1974, R: Rainer Werner Fassbinder):
Wolfgang Schenck und Hanna Schygulla

1957 Oedipus Rex
CDN, R: Tyrone Guthrie, D: Naomi Cameron, Douglas Campbell, Donald Davis

EFFI BRIEST
BRD 1972–1974, R: Rainer Werner Fassbinder, Drb: Rainer Werner Fassbinder nach dem Roman von Theodor Fontane, K: Jürgen Jürges, Dietrich Lohmann, M: Camille Saint-Saëns (Motive), S: Thea Eymèsz, D: Hanna Schygulla (Effi), Wolfgang Schenck (Baron Geert von Innstetten), Ulli Lommel (Major Crampas), Irm Hermann (Johanna), Karlheinz Böhm (Geheimrat Wüllersdorf), Lilo Pempeit (Luise von Briest), Herbert Steinmetz (Herr von Briest), Hark Bohm (Apotheker Gieshübler), Ursula Strätz (Roswitha), Andrea Schober (Annie)

Die siebzehnjährige Effi Briest wird von ihren Eltern mit dem um rund zwanzig Jahre älteren Baron von Instetten verheiratet. Instetten ist eine »gute Partie«; er ist Landrat in dem pommerschen Städtchen Kessin, und sein Ehrgeiz lässt vermuten, dass er es noch weit bringen wird. Aber die Ehe zwischen den beiden Partnern, dem kühl korrekten Beamten und der verträumten jungen Frau, bleibt unausgefüllt. Und natürlich bietet auch Kessin wenig Anregung und Abwechslung

für die »Frau Landrätin«. Im Winter wird von den »besseren Kreisen« Kessins eine Aufführung des Theaterstücks *Ein Schritt vom Wege* einstudiert. Effi übernimmt die Hauptrolle und lernt bei den Proben den attraktiven Major Crampas kennen. Aus dieser Begegnung wird eine kurze Liebesbeziehung, ein Fehltritt Effis, der jedoch unentdeckt bleibt. Wenig später wird Instetten zum Ministerialrat befördert und nach Berlin versetzt. Effi ist erleichtert und befreit, dass dieser Einschnitt sie nun endgültig von ihrer unseligen Affäre mit Crampas trennt.

Sechs Jahre sind vergangen, als Instetten, während Effi in Bad Ems zur Kur weilt, in ihren Sachen zufällig ein Bündel mit alten Briefen von Crampas findet, die ihm die Wahrheit über das Verhältnis zwischen dem Major und seiner Frau enthüllen. Obwohl er intelligent und menschlich genug ist, um zu wissen, dass diese Angelegenheit längst vergessen ist, glaubt er es seiner Ehre und seinem Stand schuldig zu sein, Crampas zum Duell zu fordern. Instetten tötet Crampas, rettet damit seine »Ehre« und verspielt sein Glück. Nach diesem gesellschaftlichen Skandal nämlich wird die Ehe geschieden. Das einzige Kind, die kleine Annie, wird natürlich dem Vater zuge-

sprochen und von diesem bewusst zur Verachtung ihrer Mutter erzogen. Und da auch die Eltern die »Ehebrecherin« nicht aufnehmen mögen, lebt Effi mit einer treuen Dienerin in beengten Verhältnissen in Berlin. Ein Nervenleiden zehrt an der Gesundheit der unglücklichen jungen Frau; und auf Bitten des Arztes holen ihre Eltern sie schließlich heim. In der vertrauten Umgebung ihres Elternhauses blüht Effi noch einmal auf. Aber wenig später stirbt sie – an ihrer Krankheit und an ihrer Verzweiflung.

Als der deutsche Schriftsteller Theodor Fontane 1898 im Alter von 78 Jahren starb, da war seine berühmteste Romanfigur *Effi Briest* schon vier Jahre tot, gestorben an gebrochenem Herzen. Aber nur im Buch, denn die wahre Effi, deren Lebensgeschichte Fontane als Vorlage zu seinem Roman diente, überlebte die Erzählfigur um 58 Jahre – sie starb erst 1952 und wurde stolze 99 Jahre alt. Ihr Name: Elisabeth (Else) Baronin von Ardenne. Von der Schicksalsgeschichte dieser schönen, adeligen Gutsbesitzertochter aus dem Magdeburgischen, einer geborenen Freiin von Plotho, erfuhr Fontane eher zufällig bei einem Besuch Emma Lessings, der Gattin des Verlegers der *Vossischen Zeitung*, für die der Autor damals Theaterkritiken schrieb. Innerhalb von sechs Jahren brachte Fontane die Geschichte der Else von Ardenne zu Papier – in abgewandelter Form.

Seiner Titelheldin gab er den Namen Effi von Briest. Aus ihrem Ehemann, der in Wahrheit Annand von Ardenne hieß, und der zum Zeitpunkt der Heirat mit der 18-jährigen Elisabeth ein 23-jähriger Husarenoffizier war, machte Fontane den 42-jährigen Landrat Geert Baron von Innstetten, der die 17-jährige Effi nach der Hochzeit aus dem Märkischen in die pommersche Einöde verpflanzt (ursprünglich spielte sich die Geschichte am Rhein in der Nähe von Bonn ab). Den Schluss der Dreiecksgeschichte hat Fontane im Vergleich zur wahren Begebenheit dabei entscheidend verändert: Elisabeth von Ardenne hat für ihren Fehltritt nicht mit dem Leben büßen müssen, sondern lebte noch lange munter und zufrieden als Krankenpflegerin in Lindau am Bodensee. Marianne Hoppe, die erste Film-Effi, hat Elisabeth von Ardenne kennen gelernt: »Das war am Bodensee, nach dem Film. Sie hatte unseren

Effi Briest (1972–1974, R: Rainer Werner Fassbinder)

Film auch sehr gemocht. So etwas Großartiges musste sie einfach mögen.«

Rainer Werner Fassbinder hat die Umsetzung des Romans ins Bild mit strenger Konsequenz betrieben. Er zeichnet die Zeit und das Milieu in einer sehr nuancierten und eigenartig getönten Schwarz-Weiß-Fotografie. Er erschlägt den Zuschauer nicht mit suggestiven Bildern, sondern berichtet behutsam und gründlich in einem Film von rund 130 Minuten Dauer. Und er versucht keine Aktualisierung der literarischen Vorlage, bekennt sich vielmehr durch Schriftinserts und einen kommentierenden Erzähler zu ihr und macht dabei durch seine einfühlsame Interpretation des Romans seine überzeitliche Wirkung sichtbar. Dazu Fassbinder: »Ich meine, man soll an dem fertigen Film ganz klar merken, dass das ein Roman ist, und dass an dem Roman nicht das wichtigste ist, dass er eine Geschichte erzählt, sondern wie er sie erzählt. Die bisherigen Effi-Briest-Verfilmungen zeigen sehr wenig von der Zeit und von Fontanes Sicht dieser Zeit. Ich finde das verkehrt, es sollte immer spürbar sein, dass das eine von jemand einmal erzählte Geschichte ist. Wie und warum die Geschichte so erzählt worden ist, das muss sich durch den Film übertragen.«

Diesem Bemühen Fassbinders attestierte Kurt Habernoll in seiner Kritik in *Film International*: »Er hat diesen Fontane aus dem Bücherregal geholt, behutsam abgestaubt, ohne die edle Patina des 19. Jahrhunderts zu entfernen oder zu verletzen, und einen historisch getreuen und dennoch modernen Film geschaffen.« Fassbinder auf die Frage, warum er seinen Film in Schwarz-Weiß gedreht habe: »Ich finde, dass Schwarz-Weiß die schönsten Farben sind, mit denen man Filme machen kann. Der Umgang mit dem Medium Film ist in Schwarz-Weiß ein viel ernsthafterer als in Farbe, weil man sich in Schwarz-Weiß wirklich was überlegen muss, was man mit Licht und was man mit Bildern macht. Das ist in Farbe nicht so sehr nötig, weil die Farben an sich schon eine Wirkung hergeben.« Über Fontane und Fassbinder sagte Fassbinder: »Fontane hat, ähnlich wie ich, so eine Sicht der Welt, die man sicher verurteilen kann, nämlich: dass die Sachen so sind, wie sie sind, und dass man sie so schwer verändern kann. Obwohl man begreift, dass man sie verändern müsste, setzt irgendwann einmal die Lust aus, sie zu verändern, und man beschreibt sie

dann nur noch ... Das ist das, was mich an Fontane so fasziniert, dass das jemand ist, der ganz genau weiß, was alles nicht stimmt an seiner Gesellschaft, in der er lebt und die ihn auch bestätigt hat als Dichter, und der trotzdem nicht umhin kann, diese Gesellschaft, deren Formen er als falsch begriffen hat, zu akzeptieren. Und nichts anderes tue ich, oder tun wir heute, mehr oder weniger bewusst.«

Das *rororo-Filmlexikon* bemerkt: »Fassbinders *Effi Briest*-Verfilmung ist eine genaue und werkgetreue Arbeit, in der es ihm gelingt, die Figuren zu überzeugenden Charakteren zu verdichten, die sich in einer erschreckend nüchternen Szene bewegen. Psychologisch fundiert in der Inszenierung, gelingt es Fassbinder sehr überzeugend, Effi als eine Frau darzustellen, die unschuldig schuldig wird, weil für sie die Konventionen ihrer Zeit keine Gültigkeit haben, deren Maßstäbe dennoch auf sie angewandt werden.« Und *TV Spielfilm* notiert: »Rainer Werner Fassbinder verteilte 58 Drehtage auf 2 1/2 Jahre. Er reduzierte Fontanes Roman auf die wichtigsten Schlüsselszenen, hielt sich in diesen aber sehr eng an die literarische Vorlage.« Und *Cinema* hält fest, Fassbinder war »der erfindungsreichste, produktivste und künstlerisch bedeutendste Regisseur des neuen deutschen Films. Seit seinen ersten langen Spielfilmen *Liebe ist kälter als der Tod* und *Katzelmacher* (1969) drehte er vierzig Filme, Fernsehfilme und -serien bis zu seinem Tod 1982. Fassbinder verschaffte zusammen mit Wenders, Schlöndorff und Herzog dem deutschen Film in den siebziger Jahren wieder internationale Anerkennung. Seine letzte Arbeit war *Querelle* nach Jean Genet.«

1968–70 Effi Briest

DDR, R: Wolfgang Luderer, D: Angelica Domröse, Horst Schulze

»Seine liebenswerteste Gestalt, sagen manche Kenner des dichterischen Werks von Theodor Fontane, und gemeint ist: liebenswert in Erscheinung und Wesen, liebenswert in der Geschlossenheit ihres Inneren und Äußeren. Effi von Briest, verehelichte Baronin von Innstetten, Tochter aus altem märkischen Adel, Gattin eines preußischen Ministerialbeamten, ist ein weibliches Sinnbild ihrer Klasse und Zeit, des Bismarckschen Preußen-Deutschlands, wie Flauberts *Madame Bovary* und Tolstois *Anna Karenina* Sinnbilder ihrer Zeit sind. Dauerhaft und gültig vorgezeichnet durch die Literatur, sind diese Gestalten durch den Film einem Millionenpublikum nahe gekommen. Angelica Domröses Effi-Darstellung hat Liebreiz und Charakter. Diese Effi ist das Mädchenbild unbeschwerter Lebensheiterkeit und natürlicher Lebensfreude, das Frauenbild gelähmten Lebensdranges und tragischer Opferung an den ›Götzen‹, die Moral der herrschenden Klasse, deren blinder Teil sie war.« *(Treffpunkt Kino)*

1955 Rosen im Herbst
BRD, R: Rudolf Jugert, D: Ruth Leuwerik, Bernhard Wicki, Carl Raddatz
»Kurz vor Schluss, nachdem er den sechs Jahre alten Brief von Major Crampas an Effi gefunden hat, spielt Wicki für einen kurzen Augenblick eine andere Rolle: Er sitzt an seinem Schreibtisch, die Hände vors Gesicht geschlagen, sonst nichts. Von draußen aus dem Salon hört man die laute Männergesellschaft, zu der er ja gehört. Wer Fontanes Roman nicht kennt, wird sich sehr wundern, wenn anschließend Instetten wiederum nur von Ehre und Karriere spricht, und Crampas zum Duell fordert. Wicki hat in diesem Moment etwas anderes gespielt: die Verzweiflung über ein verpfuschtes Leben, die Ahnung, die Liebe verloren, sie vielleicht nie gehabt zu haben.« (Wilhelm Roth, *Bernhard Wicki, Regisseur und Schauspieler*)

»Bernhard Wicki spielt den Instetten, den korrekten preußischen Beamten mit der dürren Seele. Er macht das großartig – schließlich ist es nicht seine Schuld, dass er kein blutarmer Preuße ist.« (Franziska Violet, *Süddeutsche Zeitung*)

1939 Der Schritt vom Wege
D, R: Gustaf Gründgens, D: Marianne Hoppe, Karl Ludwig Diehl

»Unter allen Filmen, die er machte, wurde eigentlich nur der *Effi Briest*-Film etwas wahrhaft Künstlerisches. Er wurde im Februar 1939 fertig und kam unter dem Titel *Ein Schritt vom Wege* heraus – Worte, die in dem Roman von Fontane fallen. Überhaupt hielt sich das Drehbuch streng an den Roman. Fast alle Dialoge stammen von Fontane. Durch seine Regieführung machte Gründgens das Versprechen ... wahr, dass nämlich die Hauptrolle in diesem Film ›die Mark Brandenburg im Frühling, Sommer, Herbst und Winter, mit ihren Gütern und kleinen Schlössern, ihren Menschen und Tieren spielen würde‹ ... Neben Marianne Hoppe spielten mit Karl Ludwig Diehl, als der verbohrte Beamte, den sie heiratet und der sie verstößt, Paul Bildt und Käte Haack als ihre Eltern, Paul Hartmann als der Mann, der ihr gefährlich wird, und neben anderen Renée Stobrawa in einer kleinen Rolle ... Eine Anzahl von Außenaufnahmen wurde in Zeesen, ja, im Haus von Gustaf Gründgens gedreht ... Der Film wurde ein echtes Kammerspiel. Zum ersten und auch zum letzten Male gelang es Gründgens, in einem Film die Schauspieler so zu führen, wie er sie auf der Bühne führte, sacht und behutsam, ihnen immer wieder ihre innere und ihre äußere Situation erklärend.« (Curt Reiss, *Gustaf Gründgens – Eine Biografie*)

EHEBRUCH
The Unfaithful, USA 1947, R: Vincent Sherman, D: Ann Sheridan, Zachary Scott, Lew Ayres, Eve Arden, Steven Geray
Nach einem Bühnenstück von William Somerset Maugham: Eine Frau wird während der Abwesenheit ihres Mannes in einen Mord verwickelt.

Lexikon des internationalen Films: »Gut gespieltes, niveauvolles Kriminaldrama; freie Neuverfilmung des Films *Das Geheimnis von Malampur* nach einer Vorlage von Somerset Maugham.«
1940 Das Geheimnis von Malampur
The Letter, USA, R: William Wyler, D: Bette Davis, Herbert Marshall, Bruce Lester

EHEKOMÖDIE
That Uncertain Feeling, USA 1941, R: Ernst Lubitsch, D: Merle Oberon, Melvyn Douglas, Burgess

Effi Briest (1968-70, R: Wolfgang Luderer): Horst Schulze und Angelica Domröse

Meredith, Alan Mowbray, Olive Blakeney, Eve Arden, Harry Davenport

Durch den Psychiater Dr. Vengard, den Gill Baker wegen eines Schluckaufs aufsucht, wird sie in ihrem Glauben, ihre Ehe sei glücklich, schnell verunsichert. Als sie im Wartezimmer den exzentrischen Pianisten Alexander Sebastian kennen lernt, sieht der Ehemann Lawrence seine Ehe in Gefahr und versucht mit allen Tricks, seine Frau zurückzugewinnen, was ihm auch gelingt.

MovieLine: »*That Uncertain Feeling* ist ein Film über das glücklichste Paar der Park Avenue, über das glücklichste Paar weit und breit. Wie meist bei ›glücklichen Paaren‹ ist die Frau vernachlässigt. Er ist gehobener Versicherungsmakler, sie die repräsentative Frau an seiner Seite, immer bemüht, ihren Mann in seinem Fortkommen zu unterstützen. Sie ist attraktiv, aber nicht raffiniert genug, den Mann an sich zu binden. Sie ist keine Frau, die sich dem Mann gegenüber rar macht; doch selbst das fiele ihm gar nicht auf. Ihm fällt auch nicht auf, dass seiner Frau etwas fehlt: sie ist neugierig darauf, was das Leben noch zu bieten hat außer abendlichen Geschäftsessen ... *That Uncertain Feeling* ist ein Film über den ›Hicks‹ – den Schluckauf einer vernachlässigten Hausfrau. Es ist Lubitschs Geschick, das Triviale so zu veredeln, dass man von dem Glanz geblendet ist. Das Triviale zeigt seine Wahrheit.«

1927 Don't Tell The Wife
USA, R: Paul L. Stein, D: Irene Rich, Huntley Gordon, Lilyan Tashman

1925 Kiss Me Again
USA, R: Ernst Lubitsch, D: Marie Prevost, Monte Blue, John Roche

1918 Let's Get A Divorce
USA, R: Charles Giblyn, D: Billie Burke, John Miltern, Pinna Nesbit

1915 Divorcons
USA, D: Gertrude Bambrick, Dell Henderson, Florence Lee

DER EHESTREIK
BRD 1953, R: Joe Stöckel, D: Erich Auer, Lore Frisch, Wastl Witt, Elise Aulinger, Georg Bauer, Elfi Pertramer, Gustl Gstettenbaur, Ellen Hille, Beppo Brem, Maria Stadler, Erna Singerl, Willy Rösner, Dely Drexler, Barbara Gallauner, Harry Hertzsch, Gustav Waldau, Hans Fitz, Walter Sedlmayr, Gabriele Reismüller, Franz Loskarn

Nach einem Bühnenstück von Julius Pohl: Kellnerin Hanni sorgt für Eifersucht der Frauen aus dem Dorf, angestiftet von Apollonia, einer Witwe, streiken die Ehefrauen und versperren die Schlafzimmertüren, der Streik misslingt und die Aggression richtet sich gegen Apollonia. Als ein Mann und ein Kind Apollonias auftauchen, gibt es einen Skandal, doch der Mann rettet ihre Ehre, indem er sie heiratet und sich als Vater des Kindes bekennt.

Ponkie *(Filmblätter)*: »Ein deftiges Bauernschwänkerl also, nach Ostermayr'scher Art auch im ländlich-anzüglichen Schlafkammerwitz stets harmlos-derb, nie frech-zweideutig – eine bravsaftige Dorfposse mit bäurisch-bayrischer Typenkomik und zünftigem Ehestandsgeläster. Regisseur Stöckel ließ sich, lobend sei ihm das vermerkt, nicht auf die billig-massive Tour des primitiven Klamauks ein. Er spitzte alles auf das giftzüngige Weibsbild zu, die Barbara Gallauner in bravouröser Bissgurken-Technik herunterzischt. Um diese schwarze Geifer-Seele schart sich einfältiges verheiratetes Weibervolk und die schimpfende männliche Gegenphalanx. Sie tyrannen und pantoffeln sich alle wieder zusammen, vor allem der großartige Wastl Witt, der schlaue Altbauer, und seine resolute Hälfte Elise Aulinger. Die Alten sind in dieser Filmgattung immer die Besten: So auch Gustl Waldau als schlagfertiger Hochwürden und Willy Rösner als Bürgermeister. Aber auch mit Erich Auer als jugendlichem Liebhaber hat der Ostermayrfilm endgültig einen guten Fang getan. Als weiblicher Nachwuchs stellt sich, wohl noch ein bisserl lampenscheu, Lore Frisch vor. Das übrige Chargen-Ensemble stimmt bis aufs Töpferl. Fürs Publikum was zum Lachen, für den Theaterbesitzer nicht minder.«

1935 Ehestreik
D, R: Georg Jacoby, D: Trude Marlen, Paul Richter, Heli Finkenzeller

EINE WIE KEINE
She's All That, USA 1999, R: Robert Iscove, D: Freddie Prinze jr., Rachael Leigh Cook, Matthew Lillard, Paul Walker, Jodi Lyn O'Keefe, Kevin Pollak, Anna Paquin, Kieran Culkin, Elden Ratliff, Usher Raymond, Kimberly ›Lil Kim‹ Jones

Der Highschool-Übermacker Zack bekommt von seiner Freundin einen Laufpass und wettet mit seinen Kumpels, er könne jedes auch noch so hässliche Mädchen zur Promqueen der Schule verwandeln. Um die Wette einzulösen, macht er sich an die ungeschickte Brillenschlange Laney heran und verliebt sich in sie, nachdem einige kleine Schwierigkeiten aus dem Weg geräumt werden können.

Blickpunkt: Film: »In Ermangelung ernst zu nehmender Konkurrenz hat die gute, alte Teenagerkomödie zum ersten Mal in diesem Jahrzehnt Hochkonjunktur. Hielt sich die vergangenen beiden Wochenenden die fröhlich-besinnliche Footballdramedy *Varsity Blues* an vorderster Boxoffice-Front, konnte jetzt die herzig-formelhafte Highschool-Lovestory *She's All That* mit beeindruckenden 16,8 Mio. Dollar an die Spitze schnellen. Regisseur Robert Iscove darf sich für sein Debüt auf bekannte Komponenten verlassen. So stehen ihm neben einer jungen Besetzung eine bewährte Storyline – man denke an eine Verquickung aus *My Fair Lady*, *Breakfast Club*, *Clueless – Was sonst?* und ein Hauch *Carrie* – und ein laut plärrender Soundtrack von aktuellen Alternative-Hits zur Verfügung ... Für Humor sorgen in diesem allzu durchschaubaren Szenario Zacks ekelhafte Exfreundin und ihre neue Flamme Brock Hudson (Matthew Lillard), der als narzisstisches Besetzungsmitglied der MTV-Serie *The Real World* eine herrlich bissige Parodie abliefert. Zwei kurze Fantasysequenzen verulken diese und eine weitere MTV-Produktion. Ansonsten bedient sich *She's All That* penibel bei den Formeln von Komödien der 80er-Jahre: So wird auf sozialen Rang übertriebener Wert gelegt, und auch die Anpassung der Protagonistin von der eigenständigen Individualistin zur angepassten Konformistin passt ins Bild einer Jugend, die Rebellion und Fun längst hinter sich gelassen hat und einzig an Karriere interessiert scheint. Positiv bleibt Freddie Prinze jr. in Erinnerung, der eine an sich nicht übermäßig ausgereifte Rolle mit viel Charme und einigen Facetten zu versehen weiß.«

1991 Lola – jung und wild
Lola Zipper, F/CDN, R: Ilan Duran Cohen, D: Judith Reval, Arielle Dombasle

1970 Pigmalião 70
BR, R: Régis Cardoso, D: Sérgio Cardoso, Tônia Carrero, Ednei Giovenazzi

1968 Pygmalion
S, R: Kåre Santesson, D: Harriet Andersson, Renée Björling, Gunnar Björnstrand

1963 My Fair Lady
USA, R: George Cukor, D: Rex Harrison, Audrey Hepburn, Stanley Holloway

1951 Kanske en gentleman
S, R: Ragnar Frisk, D: Helga Brofeldt, Gösta Cederlund, John Elfström

1938 Pygmalion
(Der Roman eines Blumenmädchens)
Pygmalion, GB, R: Anthony Asquith, Leslie Howard, D: Leslie Howard, Wendy Hiller

1937 Pygmalion
NL, R: Ludwig Berger, D: Lily Bouwmeester, Willy Chanson, Johan De Meester

1935 Pygmalion
D, R: Erich Engel, D: Jenny Jugo, Gustaf Gründgens, Anton Edthofer

EINE ZUVIEL IM BETT
Move Over, Darling, USA 1963, R: Michael Gordon, D: Doris Day, James Garner, Polly Bergen, Thelma Ritter, Fred Clark, Chuck Connors

Ellen Arden ist seit fünf Jahren verschollen und ihr Mann Nick, ein erfolgreicher Rechtsanwalt, ist der Meinung, sie sei bei einem Flugzeugabsturz über der Südsee ums Leben gekommen. An dem Tag, als er sie für tot erklären lässt und sich zum zweiten Mal verheiratet, kehrt Ellen quicklebendig zurück – mit einem U-Boot, das sie von einer einsamen Insel rettete, auf der sie die letzten Jahre verbracht hat. Sie nistet sich in dem Luxushotel ein, in dem Nick und seine frischangetraute Bianca die Flitterwochen verbringen wollen ...

George Morris *(Doris Day)*: »Die Handlung dieser Komödie ist so alt wie D. W. Griffiths *Enoch Arden* von 1911. Arden basiert auf einer Figur in einem Gedicht von Alfred Lord Tennyson und ist ein Mann, der zu seiner Familie zurückkehrt, nachdem man ihn jahrelang für tot gehalten hat. Diese Story war die Grundlage für zahllose Filme und wurde in Garson Kanins *My Favourite Wife* besonders bemerkenswert verarbeitet. *Move Over, Darling* ist ein genaues Remake von Kanins Film mit Doris Day in der Rolle von Irene Dunne, James Garner als Ersatz für Cary Grant und Polly Bergen in dem Part, der ursprünglich mit Gail Patrick besetzt war ... Regisseur Gordons schwerfällige Ausführung dieser delikaten Vorlage gestaltet die Figuren sentimental und verhindert jeden Anflug von Charme und Humor ... Die Schauspielerin war nie so auf die

Nerven gehend wie in *Move Over, Darling*. Wenn sie ärgerlich wird, springt sie auf und nieder, stampft mit dem Fuß und steht mit geballten Fäusten steif da, während ihr das platinblonde Haar ins Gesicht fällt ... *Move Over, Darling* erwarb sich als das Projekt, an dem Marilyn Monroe gerade mit der Arbeit begonnen hatte, als sie Selbstmord beging, eine tragische Fußnote in der Filmgeschichte. Der Originaltitel lautete *Something's Got To Give*, der Regisseur war George Cukor, und die Besetzungsliste wies neben der Monroe Dean Martin und Cyd Charisse in den Rollen auf, die später von James Garner und Polly Bergen gespielt wurde.«

1940 Meine liebste Frau
My Favourite Wife, USA, R: Garson Kanin, D: Irene Dunne, Cary Grant

DER EINGEBILDETE KRANKE

Il malato imaginario, 1979, R: Tonino Cervi, D: Alberto Sordi, Laura Antonelli, Giuliana De Sio, Stefano Satto Flores, Marina Vlady, Bernard Blier, Carlo Ragno, Vittorio Caprioli, Christian De Sica, Laura Lattuada, Eros Pagni, David Pontremoli, Veronica Zinny, Ettore Manni

Die abgeänderte Filmversion von Molières Komödie erzählt die Geschichte eines Mannes, der sich vor den Gewalttätigkeiten seiner Umwelt hinter einer Krankheit verschanzt. Schließlich erkennt er, dass jeder Einzelne verantwortlicher Teil der Gesellschaft ist und sich nicht in die vier Wände zurückziehen kann.

Helmut W. Banz *(Die Zeit)*: »*Der eingebildete Kranke* von Tonino Cervi ist nach dem *Geizkragen* von und mit Louis de Funès ein weiteres filmisches Molière-Massaker: eine ›freie Bearbeitung‹ seines letzten Lustspiels, das Tonino Cervi *(Die heißen Engel)* und Alberto Sordi (Hauptdarsteller und Mitautor des Drehbuchs) von Paris ins päpstliche Rom des 17. Jahrhunderts verlegt und mit aktuellen Anspielungen (Korruption, Terroranschläge) versehen haben. Die wesentlichste Neuerung besteht darin, dass Alberto Sordi als Argante keine Gelegenheit auslässt, seinen Winden hemmungslos freien Lauf zu lassen. Das ist auch der einzige ›Gag‹ dieser Klassiker-Verballhornung, die Molières drastischen Witz zur vulgären Zote verkommen lässt.«

1952 Der eingebildete Kranke
BRD, R: Hans H. König, D: Joe Stöckel, Oskar Sima, Inge Egger, Jupp Hussels

EINLADUNG ZUM MORD

BRD 2000, R: Rainer Matsutani, D: Mira Bartuschek, Miroslav Nemec, Jutta Speidel, Ken Duken, Eva Habermann

Jahrelang wurde Nina von ihren Eltern nur abgeschoben. Nun soll eine gemeinsame Reise nach Südafrika zum Versöhnungsurlaub werden. Schon im Flugzeug wird Nina misstrauisch: Wer ist die Frau, mit der ihr Vater im Dunkeln tuschelt? Und warum ist im Hotel ein Zimmer zu viel gebucht? Betrügt er ihre trinkende Mutter? Tauchlehrer Steve bringt sie auf andere Gedanken, verliebt folgt sie dem Charmeur auf einen Tauchgang zu einem gesunkenen Schiff. Doch Steve entreißt Nina die Atemmaske, schließt sie im Schiff ein. Sie entkommt knapp dem Tod und wird von einem Surfer gerettet. Als sie ins Hotel zurückkehrt, findet sie ihre Eltern beim Frühstück mit Steve vor. Bei ihnen die junge Frau aus dem Flugzeug, die Nina wie aufs Haar gleicht. Warum soll sie ausgetauscht werden? Nina kann fliehen, aber Killer Steve ist ihr dicht auf den Fersen.

TV direkt: »Überzeugend modernisiertes Remake mit tollen jungen Darstellern – spannend bis zum Schluss. Bereits 1975 wurde der Roman von Rainer Erler erstmals verfilmt. Der Autor selbst führte bei *Die letzten Ferien* Regie. Damals wie heute in einer der Hauptrollen: Jutta Speidel. Rannte sie mit 21 Jahren noch in einer ihrer ersten Filmrollen in *Die letzten Ferien* um ihr Leben, ist sie nun, 25 Jahre später, als Ninas Mutter Mitwisserin am Mordkomplott gegen ihre eigene Tochter.«

1975 Die letzten Ferien
BRD, R: Rainer Erler, D: Jutta Speidel, Dieter Laser, Udo Vioff

EINMAL EINE GROSSE DAME SEIN

BRD 1957, R: Erik Ode, D: Gudula Blau, Grethe Weiser, Dietmar Schönherr, Erich Winn, Gustl Weishappel, Walter Feuchtenberger, Kurd Pieritz, Martin Berliner, Hannelore Könemann, Horst Naumann, Peter Jost, Luigi Malipiero, Jupp Flohr, Henry Lorenzen, Olive Moorefield, Wolfgang Müller, Elke Arendt, Renate von Bredow, Margit Jung, Barbara Saade, Heinz Schulz, Monika Peitsch, Werner Stock

An das Talent des beim Nachwuchswettbewerb eines Filmverleihes und einer Zeitschrift für die winzige Rolle als Prinzessin »entdecken« jungen

Mädchens will weder der Regisseur noch der Redakteur-Freund glauben.Und so tritt das blonde Ding wütend auf den Gashebel des Autos, das eigentlich zum Requisit der Filmaufnahme gehört, und braust samt Tante und leeren Koffern davon. Nach Lugano. Ohne Geld. Dort aber findet sich im Grand-Hotel ein nicht sehr sauberer Herr, der ihr, mit dunklen Nebenabsichten, zu hoheitlich-standesgemäßer Garderobe verhilft, und als sie schließlich in einem zweiten Nachwuchswettbewerb einer Schallplattenfirma den ersten Preis gewinnt, ist auch der stracks herbeigeeilte Freund von ihrem Talent und ihrer Zukunft endlich überzeugt.

Gisela Huwe (Filmblätter): »In diesem Film vermerkt man als großes Plus – neben den trockenen Dialogen, mit denen die Weiser wieder herrlich brilliert – einige hübsche und reizvolle Einfälle der Kamera und vor allem die saubere Arbeit Odes. Er hat es verstanden, die vielen jungen Nachwuchskräfte zu lenken, und so spielten – neben Dietmar Schönherr, dem versierten – Gudula Blau das Mädchen, das entdeckt werden will … Ein heiterer Spielfilm, der den Mut hat, neuen Gesichtern eine Chance zu geben, und der durch seine ›märchenhafte‹ Handlung und seine heiße Musik das Publikum in den Parkettsessel locken wird.«

1934 Einmal eine große Dame sein
D, R: Gerhard Lamprecht, D: Käthe von Nagy, Wolf Albach-Retty, Gretl Theimer

EINMAL HIMMEL UND ZURÜCK
Down To Earth, USA 2000, R: Chris und Paul Weitz, D: Chris Rock, Regina King, Eugene Levy, Chazz Palminteri, Frankie Faison, Mark Addy, Greg Germann,

Jennifer Coolidge, Wanda Sykes, John Cho, Mario Joyner, Bryetta Calloway, Martha Chaves, Brian Rhodes, Herb Lovelle

Nach einem Bühnenstück von Harry Segall: Neue Variante des Themas Reinkarnation. Diesmal geht es um einen Schwarzen, der in die Haut eines Weißen schlüpfen muss. US-Comedy-Star Chris Rock (Dogma, 1999) ist der schwarze Amateurkomiker Lance, der nach einem Unfall sehr frühzeitig im Himmel landet. Er bekommt die Erlaubnis, zur Erde zurückzukehren, doch die Auflagen sind hart: Er soll in den Körper eines ermordeten Managers Einzug halten, der nicht nur übergewichtig und alt, sondern vor allem weiß ist. Mit seinem »schwarzen« Verhalten verblüfft er seine Umwelt.

Leif Kramp (AP): »Wer keine neuen Ideen hat, der bedient sich gerne im Fundus des Altbewährten. Auch das Regieduo des Kassenschlagers American Pie durchforstete nach diesem Motto offenbar die Studioarchive. Herausgekommen ist Einmal Himmel und zurück, eine harmlose Komödie über einen erfolglosen Komiker, der vorzeitig im Himmel landet und in Gestalt eines weißen Millionärs wieder auf die Erde geschickt wird … 1940 war es ein Boxer (Urlaub vom Himmel), 1978 ein Footballspieler (Der Himmel soll warten), die auf die Reise ins Jenseits mit Rückfahrkarte geschickt wurden. Im jetzt anlaufenden Remake vom Remake spielt Chris Rock die Rolle, in der zuvor schon Robert Montgomery und Warren Beatty zu sehen waren … Dabei sind es gerade die Szenen, in denen Rocks weißes Pendant über die Leinwand rappt, die dem Zuschauer einige Lacher abringen. Ansonsten herrscht gähnende Langeweile. Rock gibt sich als Lance Burton liebenswürdig und auf unpassende Art nachdenklich. Mit Dackelblick und einem seltsam ausdruckslosen Dauerlächeln vollführt er Slapstick-Einlagen und gewinnt das Herz seiner Angebeteten. Es bleibt unverständlich, wieso sich die als unnahbare Feministin und Kämpferin gegen ›weiße‹ Geschäftspraktiken dargestellte Schönheit in Wellington verlieben kann. Die einfallslose Kombination aus familienfreundlicher Kinounterhaltung und morbidem Humor kann nicht überzeugen.«

Urlaub vom Himmel (1941, R: Alexander Hall): Edward Everett Horton, Robert Montgomery und Claude Rains

IA IN OBERBAYERN

BRD 1955, R: Hans Albin, D: Joe Stöckel, Paul Westermeier, Renate Ewert, Gunther Philipp, Beppo Brem, Harald Juhnke, Hubert von Meyerinck, Elise Aulinger, Maria Stadler, Erika Remberg, Peter Garden, Rudolf Schündler, Walter Buschhoff, Lucie Englisch

Eine reizende junge Berlinerin ist ihrem eigensinnigen Papa davongelaufen und in einem sehr gemütlichen bayerischen Dörfchen eingetroffen. Mit preußischen Reizen bringt sie das bajuwarische Brauchtum durcheinander: Zwei Bräutigam-Anwärter und auch ein Verwandlungs-Detektiv sind hinter dem Mädchen her.

Hans Capito *(Filmblätter)*: »Beppo Brem und Joe Stöckel gebärden sich als ›Urviecher‹ hinterwäldlerisch, Paul Westermeiers Papa passt sich – unter schallenden Lachsalven des Publikums – mit Sepplhose und Sepplhut sehr schnell seiner Umgebung an. Peter Igelhoff träufelt Herzl-Musik ins handfeste Volksfest. Die Regie spickte die Handlung mit erprobter München-Berlin-Komik. Possenreißer in Farbe als leichte Abendunterhaltung.«

DER EISERNE GUSTAV

BRD 1979, R: Wolfgang Staudte, D: Gustav Knuth, Eva Brumby, Rainer Hunold, Volker Lechtenbrink, Michael Kausch, Dagmar Biener, Eos Schopohl, Erika Skrotzki, Manfred Lehmann, Gabriele Schramm, Valerie de Tilbourg

Nach einem Roman von Hans Fallada: Berlin in der Zeit vor dem Ersten Weltkrieg und die Jahre danach. Der Berliner Fuhrunternehmer

Der eiserne Gustav (1958, R: Georg Hurdalek): Lucie Mannheim, Ruth Nimbach, Karin Baal, Ernst Schröder und Heinz Rühmann

Hackendahl muss zwischen 1914 und 1925 Höhen und Tiefen im Beruf und in der Familie durchleben. Zu Beginn ist er mit 58 Jahren noch ein Mann in den besten Jahren, aber starrköpfig und eigensinnig, er führt zu Hause bei Frau und Kindern ein strenges Regiment. Am Ende – als fast Siebzigjähriger – bewahrt er nur noch mit äußerster Willensanstrengung Haltung auf dem Kutschbock. Gustavs Söhne Wilhelm und Erich müssen im Weltkrieg an die Front, Tochter Eva gerät an den Zuhälter Eugen und muss sich als Prostituierte verdingen. Nur Heinz, Gustavs jüngster Sprössling, lebt noch zu Hause. Er selbst verliert durch die Inflation sein Geld. Mit der letzten Pferdedroschke, die ihm geblieben ist, unternimmt er kurz vor seinem Tod eine Fahrt nach Paris, die ihn berühmt macht. Er lässt sich bis zuletzt nicht kleinkriegen. »Nee, klein nicht, da sind wir eisern jewesen!«, lautet einer der letzten Sätze. Hans Falladas Romane schildern die Nöte des kleinen Mannes. *Der eiserne Gustav* wie *Ein Mann will nach oben* entstanden als Spätwerke während des Dritten Reiches 1941 und 1938. Falladas große Zeit war schon vorüber, zudem musste er auf Veranlassung des Propagandaministeriums seine Helden »aufnorden«, was nicht immer gelang. So lässt er im Roman den »eisernen Gustav« am Ende gar in die NSDAP eintreten, ein Schlenker, der recht aufgesetzt wirkt und in einer 1958 erschienenen Bearbeitung wieder rückgängig gemacht wurde.

Schon ehe die ersten Szenen der TV-Serie gedreht waren, ging ein echter Sohn des historischen »eisernen Gustav« vors Berliner Landgericht. Denn einen Droschkenkutscher, der 1928 eine berühmt gewordene Fahrt mit der Pferde-

droschke von Berlin nach Paris und wieder zurück unternahm, hat es wirklich gegeben. Er hieß allerdings Gustav Hartmann und nicht, wie bei Hans Fallada und Drehbuchautor Herbert Asmodi, Gustav Hackendahl. Vor Gericht wollte Otto Hartmann verhindern – oder ging es ihm um eine saftige finanzielle Entschädigung? -, dass das Leben seines Vaters verfälscht und die ganze Familie diffamiert werde. Das Gericht befand jedoch, Fallada habe eine Kunstfigur geschaffen, und eine Verwechslung der Namen Hartmann und Hackendahl sei kaum möglich. Zudem habe der Südwestfunk (als Produzent) in den Drehbüchern den Namen des Sohnes Otto in Wilhelm umgeändert, um vollends jede Ähnlichkeit auszuschließen. Bei Fallada und Asmodi fällt dieser Sohn im Ersten Weltkrieg. Das Gericht wies die Klage zurück.

Hannelore Kelling *(BWZ)*: »Fallada war es seinerzeit nicht um ein Lebensbild des Droschkenbesitzers Hartmann gegangen, sondern um einen zeitgeschichtlichen Roman. Der 1958 uraufgeführte Spielfilm mit Heinz Rühmann als ›eiserner Gustav‹ hat mit Falladas Roman wenig gemein, er rankt sich fast ausschließlich um die le-

gendäre Fahrt nach Paris und malt in breiten Farben das Bild der deutsch-französischen Verständigung bald nach dem Ersten Weltkrieg. Bei Asmodi und Staudte kommt diese Droschkenfahrt im siebenten und letzten Teil der Serie lediglich in zwei kurzen Szenen vor. Dazu Staudte: ›Für mich ist diese Paris-Fahrt völlig unwesentlich, und für Fallada war sie es auch, meine ich.‹«

1958 Der eiserne Gustav

BRD, R: Georg Hurdalek, D: Heinz Rühmann, Lucie Mannheim, Karin Baal

EISKALT UND GEFÄHRLICH

Confessions Of A Sorority Girl, USA 1993, R: Uli Edel, D: Brian Bloom, Jamie Luna, Alyssa Milano, Sadie Kratzig, Lorinne Dills-Vozoff, Peter Simmons, Danni Wheeler, Natalia Nogulich, David Brisbin, Judson Mills, Kevin Gardner, Bette Rae

Sabrina, steinreich und verwöhnt, möchte Studentenführerin werden. Da ihr Intelligenz und Fleiß fehlen, bemüht sie sich, die von ihr erstrebte Position durch Intrigenspiele zu erreichen. Als sie jedoch versucht, ihre Mitkandidatin mit deren Freund zu entzweien, erreicht sie ihre Grenzen. Sie spürt die Stärke eines Zusammenhalts zwischen zwei Menschen, die sie selbst niemals erfahren hat, und begeht fast einen Doppelmord, als sie merkt, dass ihr Spiel sich seinem Ende nähert. Der Film lief auch unter dem Titel *Deadley Red Corvette*.

Prisma-Online: »Vom deutschen Regisseur Uli Edel könnte man mehr erwarten. Seit seinem Drogenthriller *Christiane F. – Wir Kinder vom Bahnhof Zoo* ging es aber stetig bergab: Weder *Letzte Ausfahrt Brooklyn* noch der Film zur Serie *Das Geheimnis von Twin Peaks* und schon gar nicht Madonnas Erotik-Flop *Body Of Evidence* konnten auch nur annähernd das Niveau des Erstlings erreichen. Konnte Edel bei seinen früheren Filmen noch mit einigen klingenden Namen wie Madonna, Anne Archer, Jürgen Prochnow oder Jennifer Jason Leigh aufwarten, so retten den College-Quatsch *Deadly Red Corvette* nicht mal die Akteure.«

Dieses Remake von *Aufruhr im Mädchenheim* ist das Remake eines Remakes, denn schon Roger Corman liebte es, irgendeinen Film quasi noch einmal zu drehen und dabei nur das Ge-

Der eiserne Gustav (1958, R: Georg Hurdalek): Heinz Rühmann als Gustav Hartmann

schlecht der Hauptfigur umzudrehen: Das war eine Nummer, die Roger Corman mehr als einmal abzog. Bei *Confessions Of A Sorority Girl* plündert er Jack Garfeins *The Strange One* (nach Calder Willinghams *End As A Man*), ein packendes Drama über Standesdünkel und Zwangsneurosen in einer hermetisch abgeriegelten Welt, in der eigene Gesetze gelten. Die streng geführte Militärakademie verwandelt sich in das Wohnheim einer Verbindung für Studentinnen, aus dem Sadisten Ben Gazzara wird die verzogene Göre Sabra (Susan Cabot), die ihr Mütchen an den übrigen Mädchen der Universität kühlt, an die sie das Testament ihres Vaters verbannt hat.

1957 Aufruhr im Mädchenwohnheim
Sorority Girl, USA, R: Roger Corman, D: Susan Cabot, Dick Miller, Barboura Morris

1956 Stirb wie ein Mann
The Strange One, USA, R: Jack Garfein, D: Ben Gazzara, Pat Hingle, Mark Richman

EISKALTE ENGEL

Cruel Intentions, USA 1998, R: Roger Kumble, Drb: Roger Kumble nach dem Briefroman Les Liaisons Dangereuses (1782) von Choderlos de Laclos, K: Theo van de Sande, M: Edward Shearmur, S: Jeff Freeman, D: Sarah Michelle Geller (Katherine Merteuil), Ryan Phillippe (Sebastian Valmont), Reese Whitherspoon (Annette Heargrove), Selma Blair (Cecile Caldwell), Louise Fletcher (Helen Rosemond), Joshua Jackson (Blaine Tuttle), Sean Patrick Thomas (Ronald Clifford), Swoosie Kurtz (Dr Greenbaum), Christine Baranski (Bunny Caldwell), Charlie O'Connell (Court Reynolds),

Sebastian Valmont genießt an der High School den Ruf des skrupellosen Verführers. Doch der Ruhm hat seine Schattenseiten: Es gibt keine Herausforderungen mehr für einen Don Juan wie ihn. Auch das Angebot, das ihm seine attraktive Stiefschwester Kathryn Merteuil in den Sommerferien macht, erscheint ihm als zu leicht. Kathryns aktueller Liebhaber, Court Reynolds, hat sie für die naive und sexuell unerfahrene Cecile verlassen. Grund genug, Rache an der Nebenbuhlerin zu nehmen und ihren Bruder auf die Unschuld anzusetzen, um aus ihr ein durchtriebenes Luder zu machen. Doch Sebastian hat eine bessere Idee. Er erzählt Kathryn von Annette Har-

grove, deren Keuschheitsgelübde er jüngst in einem Magazin gelesen hatte. Da sie zufällig die Tochter des neuen Schuldirektors ist, bietet er seiner Stiefschwester eine Wette an: Bis zum Ende der Sommerferien werde er Annette verführt und die Sache mit Cecile ganz nebenbei erledigt haben. Die Stiefschwester willigt ein. Der Einsatz: Sollte Sebastian gewinnen, erhält er eine Nacht mit Kathryn, der einzigen Frau, die er bisher nicht verführen konnte. Sollte er verlieren, muss er ihr sein wertvolles Jaguar Oldtimer-Cabrio überlassen. Sebastian beginnt das gemeine Spiel. Er ist sich seines Sieges sicher – bis er sich in sein Spielzeug verliebt ...

Eiskalte Engel ist bereits die vierte Leinwandadaption von Choderlos de Laclos' Briefroman *Les Liaisons Dangereuses*. Als der Briefroman des Offiziers und Schriftstellers im Jahr 1782 anonym erschien, gab es einen Skandal, öffentliche Verbrennungen und moralische Entrüstungen. Erst später erkannte man, wie präzise er mit seinem Werk die Dekadenz der Aristokratie des Ancien Régime kurz vor Ausbruch der Französischen Revolution erfasst hatte. Der Franzose Roger Vadim übernahm die Regie bei der 1959 entstandenen gleichnamigen Verfilmung. Die Protagonisten seiner damals zeitgemäßen Umsetzung waren Gérard Philipe und Jeanne Moreau. Ende der achtziger Jahre schrieb Christopher Hampton die Handlung für die Bühne um. Die Aufführung der Royal Shakespeare Company wurde mit dem New York Drama Critics Circle Award für das Beste Ausländische Bühnenspiel ausgezeichnet. Hampton war es auch, der das Drehbuch für den britischen Regisseur Stephen Frears verfasste: *Gefährliche Liebschaften* mit John Malkovich, Glenn Close, Michelle Pfeiffer und Uma Thurman in den Hauptrollen wurde mit drei Oscars ausgezeichnet. *Valmont*, ge-

Eiskalte Engel (1998, R: Roger Kumble):
Entjungferung als Wette

schrieben von Jean-Claude Carrière, wurde von Regisseur Milos Forman 1988 in die Kinos gebracht. Die Hauptrollen darin übernahmen Colin Firth, Annette Bening, Meg Tilly und Fairuza Balk.

Regisseur Roger Kumble schwärmte seit jeher für de Laclos' literarisches Werk und verfolgte sehr genau dessen zahlreiche Umsetzungen auf der Bühne und im Film: »Ich hatte schon immer das Gefühl, dass die Geschichte zeitlos und dementsprechend auch für ein jüngeres Publikum geeignet ist. Die Kids an den High Schools kennen heute keine Moral mehr. Als ich das Buch vor ungefähr zweieinhalb Jahren nochmals las, wurde mir klar, wie sehr sich die heutigen Jugendlichen und die Charaktere im Roman ähneln. Die größte Herausforderung bei der Realisierung dieses Films war somit, die Geschichte in der modernen Welt der High School-Kids spielen zu lassen.«

Über die aktuelle Version der gefährlichen Liebschaften in Manhattans High Society-Milieu der Gegenwart meint *Blickpunkt: Film*, dass sich das modernisierte Update von Regisseur und Drehbuchautor Roger Kumble zwar auf de Lac-

los' Vorlage berufen mag, aber es »erinnert mit seinen pornografisch-obzönen Dialogen und seiner reißerischen Darstellung (zum Teil lediglich angedeuteter) sexueller Situationen wie Inzest, Sex zwischen zwei Homosexuellen und einem ausgedehnten Zungenkuss unter Mädchen an den expliziten Thriller *Wild Things*. Ein eben solches ›wildes Ding‹ spielt die bislang als braves Mädchen bekannte Sarah Michelle Gellar aus der Serie *Buffy – Im Bann der Dämonen*, die sich in der Rolle der sexbesessenen Rich Bitch Kathryn Merteuil als eiskalte Intrigantin versucht und mit Ryan Phillippe, ihrem Co-Star in *Ich weiß, was du letzten Sommer getan hast*, als ihrem Stiefbruder Sebastian Valmont anzügliche Rachepläne ausheckt ... Ist das Gros von Kumbles Debüt wie eine genussvoll ausgespielte, schwarze Erotikkomödie angelegt, schlägt der Regienovize im weniger gelungenen letzten Teil den gemahnenden Ton eines traditionellen Moralmelodrams an, womit der anfänglich durchaus hohe Spaßquotient dieses sündigen Vergnügens, das sich in teuren Edeldekors in seiner Verdorbenheit suhlt, beträchtlich gemindert wird.«

Als eine »glatte Unverschämtheit« bezeichnet der *AP*-Kritiker den Film, denn »der junge Drehbuchautor Roger Kumble präsentiert nicht nur einen literarischen Klassiker, den 1782 erschienenen Briefroman *Gefährliche Liebschaften* von Choderlos de Laclos, in einer restlos aktualisierten Leinwand-Version. Kumble hat auch die Stirn, bei seinem Regiedebüt drei vorhergegangene Verfilmungen des faszinierenden Stoffes um den Sittenverfall des Pariser Adels eine höchst eigenwillige vierte hinzuzufügen. Gewiss macht er damit nicht Stephen Frears' Meisterwerk von 1989 mit Glenn Close, John Malkovich und Michelle Pfeiffer vergessen. Doch Kumble sucht und findet durchaus eine eigene Handschrift, das zynische Zusammenspiel der rachsüchtigen Marquise de Merteuil und des abgebrühten Verführers Vicomte de Valmont im Lebensstil und vor den Kulissen unserer Gegenwart zu inszenieren. Nur heißen seine Filmfiguren eben Kathryn Merteuil und Sebastian Valmont, und zu sehen sind nicht französische Paläste, sondern luxuriöse Wohnungen in den teuersten Wohntürmen Manhattans ... Kumble macht Kino mit Teenies für Tee-

Eiskalte Engel (1998, R: Roger Kumble):
Sarah Michelle Gellar als sexbesessene Kathryn

nies aus einem uralten Stoff. Darüber kann man mit guten Gründen entsetzt sein, man kann es sich aber durchaus auch mit einer Mischung aus Belustigung und Respekt vor so viel Respektlosigkeit ansehen.«

1989 Valmont

F/GB, R: Milos Forman, D: Colin Firth, Annette Bening, Meg Tilly

»Die Schwächen des Filmes wären nicht so sehr ins Auge gefallen, hätte nicht Frears' Version bereits derartig hohe Maßstäbe gesetzt. Im Vergleich mit ihm fehlt Valmont der Biss – weder die klirrenden Wortgefechte zwischen Valmont und Merteuil noch die leidenschaftliche Liebe Valmonts zur Tourvel erreichen hier die dramatische Intensität der Vorlage. Da nicht wenige Kritiker genau diese Vergleiche anstellten und sie meist negativ ausfielen, kam der Film verständlicherweise auch an den Kassen schlecht weg.« (TV Spielfilm Lexikon)

1989 Gefährliche Liebschaften

Dangerous Liaisons, USA/GB, R: Stephen Frears, D: Glenn Close, John Malkovich

»... ein vernichtendes Porträt der Dekadenz des französischen Adels kurz vor der Revolution. Regisseur Stephen Frears setzte die 1782 erschienene Romanvorlage von Choderlos de Laclos mit viel Witz und Boshaftigkeit in Szene.« (Süddeutsche Zeitung)

1979 Gefährliche Liebschaften

Les liaisons dangereuses, F, R: Charles Brabant, D: Jean Négroni, Claude Degliame

Der vom Citoyen zum Revolutionär gewordene Choderlos de Laclos kommt 1794 ins Gefängnis. Während er auf den Tod wartet, wird in seine Zelle eine einäugige, blatternnarbige Frau geführt. Hinter diesem Schreckensbild erkennt Laclos die Frau wieder, nach deren Vorbild er die Marquise de Merteuil geschaffen hat. Bei der aufschlussreichen Begegnung wird der Autor von seiner Hauptfigur, die im Werk als Deus ex Machina fungiert, zur Rechenschaft gezogen.

1959 Gefährliche Liebschaften

Les liaisons dangereuses 1960, F, R: Roger Vadim, D: Jeanne Moreau

»Roger Vadim hat den Briefroman von Choderlos de Laclos (1782) in die fünfziger Jahre und einen mondänen Wintersportort übertragen. Die französische Societé des Gens des Lettres bezeichnete den Film als ›Schändung eines klassischen Romans‹ und setzte durch, dass er sich durch die Jahreszahl 1960 von der literarischen Vorlage abhob. ›Der frivolste Film, der je gedreht wurde‹ (Verleihwerbung) durfte einige Zeit nicht aus Frankreich ausgeführt werden – wahrscheinlich, um zu verhindern, dass unbedarfte Kinogänger seelischen Schaden an den Eskapaden ›einer teuflischen Verführerin‹ und eines ›gemeinen Schürzenjägers‹ (O-Ton Evangelischer Filmbeobachter 1961) nehmen, obwohl sich die ›Perversitäten‹ (ebenda) darin erschöpfen, dass Valmont sein Vergnügen daran hat, ein Mädchen zu verderben, indem er ihm vulgäre Ausdrücke beibringt und so tut, als seien sie harmlos: Ihn ergötzt die Vorstellung, wie ihr zukünftiger Gatte reagiert, wenn er sie hört. Vadim galt damals wohl schon deswegen als Ferkel, weil er mit der Sexbombe Brigitte Bardot verheiratet war – und so wurde mit schweren Geschützen auf seine Filme geschossen.« (Armand Dupont, Die 100 besten erotischen Filme)

DER ELEFANTENMANN

The Elephant Man, USA 1982, R: Jack Hofsiss, D: Philip Anglim, Kevin Conway, Penny Fuller, Glenn Close, Richard Clarke, Jarlath Conroy, William Hutt, Rex Everhart, Christopher Hewett, Charlotte Moore, Josephine Nichols, David Rounds, Veronica Castang, William Duff-Griffin, Joe Grifasi

Auf den Aufzeichnungen eines Londoner Arztes beruhende Geschichte eines Ende des 19. Jahrhunderts jung verstorbenen, von Geburt an verunstalteten Mannes: Seit der junge Londoner Chirurg Dr. Frederick Treves im Jahr 1884 bei einem Schausteller erstmals John Merrick gesehen hat, geht ihm das Schicksal des wegen seiner krankhaften Entstellung ›Elefantenmann‹ genannten Exoten nicht mehr aus dem Sinn. Während sich die sensationslüsterne Öffentlichkeit von dem extrem verformten Menschen magisch angezogen fühlt, versucht die Polzei, die spektakulären Auftritte des Elefantenmenschen zu verbieten. So flieht Merrick nach Brüssel, wo er als Zirkusattraktion sein Leben fristet, bis er auch dort am Auftritt gehindert wird. Von seinem Manager Ross in einen Zug nach London gesteckt, wird er am Zielort von einem aufgebrachten Mob empfangen. Ein Polizist kann ihn vor den Übergriffen der Menge retten und übergibt ihn der Obhut von Frederick Treves, der nun mit Merrick eine Reihe wissenschaftlicher Experimente beginnt. Es zeigt sich, dass Merrick hoch-

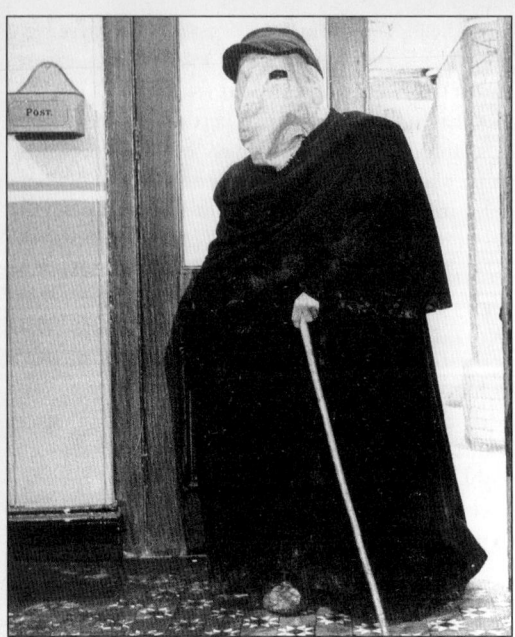

*Der Elefantenmensch (1980, R: David Lynch):
John Hurt als »Elefantenmensch«*

intelligent und ein leidenschaftlicher Leser ist, der sich gar nicht so sehr von seinen Mitmenschen unterscheidet. Treves gelingt es in mühevolle Kleinarbeit, den ›Elefantenmann‹ in die Gesellschaft einzuführen und ihm ein halbwegs würdiges Leben zu ermöglichen. Als Merrick jedoch begehrt, einen nackten Frauenkörper zu betrachten, stößt er auf Ablehnung und moralische Vorbehalte seines Mentors. Angesichts der Erkenntnis, dass ihm ein wirklich menschengleiches Leben auf immer versagt bleiben wird, beschließt er zu sterben.

1980 Der Elefantenmensch

The Elephant Man, USA, R: David Lynch, D: Anthony Hopkins, John Hurt

ELEKTRA 82

BRD 1982, R: Götz Friedrich, D: Leonie Rysanek, Catarina Ligendza, Astrid Varnay, Dietrich Fischer-Dieskau

Nach der Oper von Richard Strauss: Nach seiner Rückkehr aus dem Troyanischen Krieg wird König Agamemnon von seiner Frau Klytemnästra und deren Liebhaber vor den Augen seiner Kinder Orest und Elektra getötet. Orest geht daraufhin ins Exil. Jahre später trifft die inzwischen verheiratete Elektra, die die Gräueltat nie vergessen konnte, ihren Bruder wieder. Sie überredet ihn zum Racheakt. Orest tötet erst Klytemnästras Liebhaber, dann sie selbst. Unter dem Fluch der Atriden und der Last des Gewissens werden Orest und Elektra schließlich getrennt.

Fischer Film Almanach: »Im äußeren Effekt stecken bleibender Opernfilm von Götz Friedrich. Dennoch ein Dokument: Ihm liegt die letzte Schallplattenaufnahme zu Grunde, die Karl Böhm vor seinem Tode gemacht hat.«

1961 Elektra

Electra, GR, R: Michael Cacoyannis, D: Irene Papas, Aleka Catseli, Yannis Fertis

DIE ELIXIERE DES TEUFELS

BRD 1976, R: Manfred Purzer, D: Dieter Laser, Sylvia Manas, Christiane Buchegger, Rudolf Fernau, Horst Frank, Herbert Fux, Ellen Umlauf

Nach einem Buch von E. T. A. Hoffmann: Kurz nachdem er vom Prior als Kurator der Kammer eingesetzt wurde, entdeckt Medardus eine zwielichtige Reliquie aus dem Nachlass des heiligen Antonius: eine alte Weinflasche, die, der Legende zufolge, die berüchtigten Elixiere des Teufels enthält. Medardus kann der Versuchung nicht widerstehen. Mit Hilfe der Elixiere verwirklicht er seinen Wunsch, ein großer Prediger zu werden. Eine junge Baronesse, die sich in den Prediger, der mit ungeheurer Kraft massenhaft Zuhörer in seinen Bann zieht, verliebt, ist für den Prior Anlass und Grund, Medardus auf elegante Weise aus dem Kloster zu entfernen. Medardus erhält den Auftrag, mit einer Botschaft für den Papst nach Rom zu reisen. Die Reise in die Heilige Stadt wird für Medardus zu einer Odyssee des Schreckens. Er begegnet seinem zweiten Ich, von dem er nun ständig verfolgt wird. Ihm werden furchtbare Verbrechen zur Last gelegt. Als Freund und Retter in der Not lernt Medardus eine skurrile Figur kennen: einen Barbier, dem es immer wieder gelingt, das Aussehen des Mönchs zu verändern. Medardus entrinnt dem Galgen und schafft die Reise schließlich bis nach Rom, wo er für die Verbrechen, die sich in seinem Bewusstsein eingeprägt haben, zu büßen beginnt. Die Selbsterniedrigung in den düsteren Stadtvierteln der Armen bringt ihm den Ruf eines Heiligen ein. Der Dominikanerorden sieht dadurch seinen Einfluss beim Papst gefährdet und beschließt, Medardus zu verurteilen und zu liquidieren. Der Barbier rettet seinen Freund auch aus dieser Bedrängnis und bringt ihn zurück nach Bamberg. Dort wird Medardus Zeuge einer Zeremonie, in der seine geliebte Aurelie in den Orden der Zisterzienser-Nonnen aufgenommen wird. In einer dramatischen und mystischen Szene wird Medardus vor dem Altar der Klosterkirche erlöst.

Werner vom Busch *(Filmbeobachter)*: »Ein faszinierender Stoff für einen Film mit enormen Ansprüchen an die gestalterische Kraft des Regisseurs. Manfred Purzer *(Das Netz)*, bislang eher durch ökonomisches Geschick als durch filmisches Genie bekannt geworden, nahm sich die *Elixiere* als Vorlage für seinen neuen Film. Was hat er daraus gemacht? Wo E. T. A. Hoffmann als raunender Beschwörer des Imperfekts die Fantasie des Lesers mit bildhafter Sprache und subtiler Psychologie beflügelt, degradiert Purzer mit oberflächlichen, postkartenkitschigen Bildern den Roman zur banalen Action-Story. Der Streifen nimmt sich nicht die Zeit, Spannung allmählich aufzubauen. Er beginnt mit einem Paukenschlag, und die Pauke bleibt, musikalisch gesprochen, beherrschendes Element. Mit unruhigen Schnitten hastet die Handlung von einer At-

DIE ELIXIERE DES TEUFELS

traktion zur nächsten. ›Liebe und Leid des Bruders Medardus‹ wäre der bessere Titel für dieses Elaborat. Dieter Laser mal mit, mal ohne Bart, müht sich redlich, die Vita des Medardus samt Doppelgänger über die Distanz zu bringen. Ist es sein Fehler, wenn er sein Spiel dem spekulativen Stil des ganzen Films angepasst hat und auf Zwischentöne verzichtete? Die gelingen einzig Peter Broglé in der Rolle des Coiffeurs Peter Schönfeld. Mit Melancholie und leisem Sarkasmus entgeht er der Gefahr, die Rolle zur Knallcharge auszuwalzen. In der facettenreichen Gestaltung dieser Figur zeigt Broglé, was alles in der Romanvorlage steckt.«

1973 Die Elixiere des Teufels
DDR/ČSSR, R: Ralf Kirsten, D: Benjamin Besson, Jaroslava Schallerová

E-M@IL FÜR DICH

You've Got Mail, USA 1998, R: Nora Ephron, Drb: Nora Ephron, Delia Ephron in Anlehnung an Samson Raphaelsons Drehbuch zu Rendezvous nach Ladenschluss nach dem Theaterstück Parfumerie von Nikolaus László, K: John Lindley, M: George Fenton, S: Richard Marks, D: Meg Ryan (Kathleen Kelly), Tom Hanks (Joe Fox), Parker Posey (Patricia Eden), Jean Stapleton (Birdie), Steve Zahn (George Pappas), Greg Kinnear (Frank Navasky), Dabney Coleman (Nelson Fox), Heather Burns (Christina), Dave Chappelle (Kevin), John Randolph (Schuyler Fox), Hallee Hirsh (Annabel)

Es waren einmal zwei Buchhändler: Kathleen Kelly führt ihren kleinen Kinderbuchladen mit Elan und Sendungsbewusstsein. Joe Fox gehört die größte Buchladenkette in Manhattan – mit seiner Macht kann er jede unabhängige Buchhandlung vom Markt drängen. Die beiden sind also von Natur aus die ärgsten Feinde. Joe und Kathleen wohnen nur ein paar Blocks voneinander entfernt an der Upper West Side in New York. Beide kaufen in denselben Geschäften ein, beide fühlen sich in der angenehmen Atmosphäre ihres Viertels sehr wohl. Joe lebt mit der begabten und ewig gestressten Buchlektorin Patricia Eden zusammen. Kathleens Lebensgefährte ist der belesene und engagierte Zeitungsjournalist Frank Navasky. Beide sind mit ihrem Leben und ihren Beziehungen voll zufrieden – bis sie sich eines Ta-

Die Elixiere des Teufels (1973, R: Ralf Kirsten): Benjamin Besson und Jaroslava Schallerová

ges in einem Chatroom des Internets begegnen und einen regen E-Mail-Austausch beginnen.

Unter der Tarnkappe ihrer elektronischen Pseudonyme NY152 und Shopgirl fassen beide sehr schnell Zutrauen zu ihrem Bildschirm-Gegenüber, sie vertrauen einander die intimsten Dinge an – außer ihrem Namen. Während die Internet-Freundschaft sich in tiefe Zuneigung wandelt, eröffnet die landesweit erfolgreiche Fox-Kette ihren neuesten Superstore nur ein paar Straßen von Kathleens kleinem Eckladen entfernt. Angesichts der Discount-Angebote, dem gewaltigen Buchlager und des integrierten Cafés kann man sich an fünf Fingern abzählen, wann Fox Books den kleinen Konkurrenten in den Ruin treiben wird.

Kathleen hat das Geschäft von ihrer Mutter geerbt, seit über 40 Jahren ist der Laden aus dem lebendigen Zentrum des Viertels nicht mehr wegzudenken. Jetzt, wo Kathleens Erbe und ihr Beitrag zur Gemeinschaft auf dem Spiel stehen, erzählt sie ihrem gesichtslosen Freund NY152 von ihrem Kummer, denn sie vertraut ihm und schätzt seinen Rat. Und als Joe unerwartet erfährt, wer seine unbekannte Seelenverwandte ist, fühlt er sich nicht nur auf dem PC-Bildschirm, sondern auch im realen Leben unwiderstehlich von Kathleen angezogen. Aber wie soll er das sympathische Shopgirl mit jener feindseligen Kathleen versöhnen, die den Buch-Tycoon Joe Fox und sein seelenloses Ramsch-Business von ganzem Herzen hasst? Wie kann er sich zu erkennen geben, ohne sie zu verlieren?

Die Idee zu *E-M@il für Dich* stammt von Julie Durk. Als sie sich Ernst Lubitschs Klassiker *Rendezvous nach Ladenschluss* ansah, war ihr klar: Der Film ist reif für ein Remake. Diesen Vorschlag machte sie der Produzentin Lauren Shu-

ler Donner, die sich wiederum die Filmrechte von Turner Pictures sicherte. Als Nächstes kamen als Autorinnen und Filmemacherinnen die Schwestern Nora und Delia Ephron an Bord. Lubitschs Film schätzten sie seit vielen Jahren, und so waren sie sofort von der Idee begeistert, die Story in die Gegenwart zu übertragen. Lauren Shuler Donner schlug vor, den Dreh- und Angelpunkt der Story ins Internet zu verlegen. Im originalen Film korrespondieren James Stewart und Margaret Sullavan per Post, und Lauren Shuler Donner spürte genau: Die moderne Variante des anonymen Briefwechsels muss per E-Mail abgewickelt werden.

Im Internet haben sich sehr klare Regeln etabliert, und die meisten Teilnehmer halten sich daran: »Man verrät nie seinen Namen«, sagt Nora Ephron, »auf diese Weise fühlt man sich sicher und äußerst sich ganz ohne Hemmungen. Niemand kommt auf die Idee, dass der Gesprächspartner vielleicht hässliche Schuhe trägt, oder was immer ihm sonst Albträume bescheren könnte. Das Internet scheint grenzenlos zu sein. Aber wie eine Großstadt besteht es tatsächlich aus einem System von Dörfern, in denen sich Menschen mit ähnlichen Interessen finden und Kontakt aufnehmen.« In einem Interview mit dem Magazin Stern berichtet Nora Ephron über ihre E-Mail-Gewohnheiten: »Ich schreibe allerdings nur Leuten, die ich ohnehin kenne. Einer ist darunter, der einfach nicht zuhören kann. Wahrscheinlich liest er auch nicht, was ich ihm schreibe, aber seine Antworten geben mir den Eindruck, dass ich zu ihm durchgedrungen bin. E-Mails sind unglaublich praktisch – nicht so formell wie Briefe und nicht so flüchtig und zeitaufwendig wie Telefonate. Und ich gehe gern mit Worten um. Mein Film handelt im Grunde von der Magie der Worte.«

Über die Liebe in den Zeiten des Internets schreibt *AP*-Kritiker Wolfgang Hübner zu dem Film *E-M@il für Dich*: »Die Technik ändert sich rasant, aber die dramaturgischen Prinzipien Hollywoods sind ehern ... Keine Gewalt, kein Sex, kein Angstschweiß, Schmunzeln statt Lachstürmen – auch das braucht ab und an der Mensch. ›Mr. US-Jedermann‹ Tom Hanks zeigt sich als grundsolider netter Typ, nur den knallharten Ge-

E-M@il für dich (1998, R: Nora Ephron): Meg Ryan

E-M@il für dich (1998, R: Nora Ephron):
Tom Hanks mit Hund

schäftsmann will man ihm nicht recht abnehmen, macht aber nichts. Meg Ryan profitiert einmal mehr von ihrer natürlichen, immer noch gänzlich unaffektierten Ausstrahlung. Die 38-Jährige verdankt ihren Ruhm der Regisseurin in besonderer Weise, schrieb ihr Ephron doch vor einem Jahrzehnt die weibliche Hauptrolle in *Harry und Sally*, einem modernen Klassiker Hollywoods. Sally ist älter geworden, Meg Ryan viel teurer, der Computer weit wichtiger. Aber am Ende geht es halt doch nur um die Liebe.« Auch Sybille Korte von *dpa* kommt zu dem Schluss, dass die beiden Hauptdarsteller die Irrungen und Wirrungen von Yuppies, die sich schließlich trotz aller Gegensätze finden, »glänzend spielen«. Nora Ephron mache »keine Filme mit Botschaften«, aber eine Botschaft gibt es doch: »Jemand wie Joe Fox kann im Geschäftsleben richtig rücksichtslos und fies sein, doch hinter dieser Fassade ist auch der Kapitalist ein sympathischer Mensch. Und am Ende muss auch die naive Kathleen Kelly einsehen, dass sich Kinder in einem Mega-Store sehr wohl fühlen und viel billiger an ihre Bücher kommen. Hollywood-Liebe in den Zeiten des Internets – ein kapitalistisches Märchen ohne wilde Bettszenen und mit witzigen Dialogen.«

Torbjörn Bergflödt untersucht in der *Neuen Zürcher Zeitung* die Unterschiede zwischen Lubitsch-Film und Remake: »1939 hat Ernst Lubitsch in einem Studiokulissen-Budapest *The Shop Around The Corner* gedreht, wo ein Geschäftsführer und eine Verkäuferin ihre Briefliebschaft zwischen Unbekannten pflegen. Gleichzeitig – und das ist die Pointe – arbeiten sie im selben Laden und haben im wirklichen Leben Streit. Am Schluss obsiegen Liebe und Glück.

Wenn nun in Nora Ephrons Remake von Lubitschs romantischer Komödie Meg Ryan und Tom Hanks einander nicht mehr, wie weiland Margaret Sullavan und James Stewart, auf dem Briefweg schreiben, sondern ihre Laptops anwerfen, um sich ins Internet einzuklinken, wenn sie mit Mausklicks E-Mail-Botschaften tätigen und die Kamera neugierig die Benutzeroberflächen beäugt, liegt eine Verbeugung vor dem Zeitgeist der neunziger Jahre vor, die dramaturgisch nicht zwingend und mitunter auch etwas aufdringlich geraten ist. Andererseits vermittelt der Chatroom des Internet sehr schlüssig zwischen dem Plot bei Lubitsch und Verständigungsformen unserer Gegenwart, wo man, um Inneres nach aussen kehren zu können, sich gleichzeitig die Schutzmaske der Anonymität überstreifen zu müssen glaubt ... Dass Kathleen ihren Laden schliessen muss, der mit seinem Namen ›Shop Around The Corner‹ wörtlich auf Lubitsch verweist, bringt sie in begreifliche Rage. Der Blick auf die unschuldig spielenden Kinder in der Piazza-artig gestalteten Konkurrenz zeigt dann aber, dass selbst im schieren Profitcenter Menschlichkeit zumindest nicht auszuschliessen ist. Der Film behandelt also auch das Thema Vorurteil und verschränkt es – bei mehrfachem Verweis auf Jane Austens Roman *Pride And Prejudice* – mit Kathleens Annäherung an Joe. Aber wo steckt diese deutlich intonierte Wut der wirtschaftlich Unterlegenen am Ende, wenn Kathleen und Joe sich in einem symbolgesättigt blühenden Garten für immer finden und auf der Tonspur von Vögeln gesungen wird, die über den Regenbogen fliegen? Da bleibt, unbeabsichtigt, eine Dissonanz stehen, die zum Genre des Films kaum passen will.«

1949 In The Good Old Summertime
USA, R: Robert Z. Leonard, D: Judy Garland, Buster Keaton

»An der Originalstory wurde so gut wie keine wesentliche Änderung vorgenommen. Die Drehbuchautoren variierten lediglich das vorliegende Material, machten aus einem Kaufmannsladen eine Musikalienhandlung, versahen den Inhaber mit einer romantischen Liebe anstatt mit einer untreuen Ehefrau wie in der Originalversion und sorgten darüber hinaus für eine im Grunde sinnlose und nichts sagende Nebenhandlung, in der ein junger Geiger sich um ein Stipendium an der Musikakademie bemüht. Der Film wurde ein Publikumserfolg – wie praktisch alle Judy-Garland-Filme – jedoch ist er flach und wenig spannend und abwechslungsreich.« (James Juneau, *Judy Garland*)

1940 Rendezvous nach Ladenschluß

The Shop Around The Corner, USA, R: Ernst Lubitsch, D: James Stewart
»Ich habe nie einen Film gemacht, in dem die Atmosphäre und die Gestalten authentischer gewesen wären als in diesem Film«, schrieb Ernst Lubitsch am 10. Juli 1947.

EMIL UND DIE DETEKTIVE

BRD 2001, R: Franziska Buch, Drb: Franziska Buch nach dem gleichnamigen Roman von Erich Kästner, K: Hannes Hubach, M: Biber Gullatz, Eckes Malz, S: Patricia Rommel, D: Tobias Retzlaff (Emil Tischbein), Kai Wiesinger (Herr Tischbein), Rudolf Kowalski (Hummel), Maria Schrader (Pastorin), David Klock (Gustav), Jürgen Vogel (Max Grundeis), Anja Sommavilla (Pony Hütchen), Maximilian Belfort (Gypsi), Sergej Moya (Flügel), Tobias Unkauf (Dienstag), Maurice Kumar (Kebab), Tim Hansen (Krumbiegel), Annika Schulz (Fee), Anita Schulz (Elfe), Thando Walbaum (Hassouna)
Emil Tischbein, ein 12-jähriger Junge aus einer ostdeutschen Kleinstadt, ist überglücklich, als

sein allein erziehender Vater nach langer Arbeitslosigkeit endlich einen Job als Staubsaugervertreter findet. Jetzt fängt ein neues Leben an. Doch dann baut Herr Tischbein einen Autounfall, landet im Krankenhaus und verliert seinen Führerschein. Während Herr Tischbein im Krankenhaus weilt, fährt Emil für zwei Wochen nach Berlin – zur Schwester seines Lieblingslehrers Hummel, einer Pastorin, die mit ihrem Sohn Gustav in einer kleinen Villa wohnt. Im Zug nach Berlin lernt Emil den zwielichtigen Max Grundeis kennen, der dem Jungen vorgaukelt, er könne ihm zu einem neuen Führerschein für seinen Paps verhelfen. Gerade dann, als Emil beginnt, Grundeis zu vertrauen, klaut der ihm 1.500 Mark, die Ersparnisse aus Emils »Zukunftskasse«.

Während Gustav und die Pastorin auf ihn warten, verfolgt Emil den Schurken Grundeis quer durch Berlin. Dabei trifft er auf Pony Hütchen, die draufgängerische Chefin einer bunt zusammengewürfelten Berliner Kinderbande. Die Kinder beschließen spontan, Emil zu helfen. Damit er freie Hand hat, schmuggeln sie das Bandenmitglied Gypsi als »falschen Emil« ins Pastorenhaus ein. Während Gypsi nun also mit Witz und Chuzpe Emils Rolle spielt, das Pastorenhaus auf den Kopf stellt und dabei allmählich das Herz des Einzelgängers Gustav gewinnt, machen sich Emil, Pony und die Detektive auf die Jagd nach Grundeis und den 1.500 Mark. Die Kids verfol-

Links: Rendezvous nach Ladenschluss (1940, R: Ernst Lubitsch): James Stewart und Margaret Sullavan dekorieren weihnachtlich
Unten: Rendezvous nach Ladenschluss (1940): James Stewart und Margaret Sullavan

gen Grundeis in ein Luxushotel und stiften in einem noblen Restaurant Verwirrung. Zwei ausgekochte Führerscheinhändler treiben ihr übles Spiel, Gypsi wird als falscher Emil entlarvt und Grundeis entführt Pony ...

»Erich Kästner hat mich reich beschenkt«, meint Drehbuchautorin und Regisseurin Franziska Buch: »Schon als Kind liebte ich *Emil und die Detektive*. Erich Kästner hat nicht nur das Vermögen, aus der Kinderperspektive lebendig und spannend zu erzählen, sondern er vermittelt auch einen präzisen Eindruck von der Gesellschaft, in der er lebte, und den sozialen Verhältnissen. In *Emil und die Detektive* schafft er außerdem eine Art romantische Utopie. Die Kinder können, wenn sie als Gruppe zusammenhalten, viel bewegen, sogar eine ›feindliche‹ erwachsene Welt besiegen. Dies entspricht natürlich nicht der Realität, ist aber ein Aspekt, den die Kinder lieben, denn er stärkt das Selbstbewusstsein von Kindern und ist damit auch ein Schlüssel zu Kästners Erfolg.«

Für die Neuverfilmung hat Franziska Buch Kästners *Emil und die Detektive* modernisiert und in die heutige Zeit versetzt: »Bei allem Respekt für die literarische Vorlage habe ich mich dafür entschieden, unbefangen mit dem Stoff umzugehen. Den Roman in die heutige Zeit zu versetzen, erfordert, ihn subjektiv neu zu interpretieren. Der Kern der Geschichte ist geblieben: Emil, einem Jungen aus sozial schwachen Verhältnissen, werden auf seiner Reise nach Berlin die Familienersparnisse von dem Schurken Grundeis geklaut. Der Junge beschließt, sich das Geld wieder zurückzuholen. Dabei stößt er zufällig auf eine Gruppe Kinder, die zusammenhalten, Emil helfen und dabei eine Reihe von Abenteuer bestehen. Die erste und wichtigste Änderung ist die Figur von Pony Hütchen, die von einer Nebenfigur zur zweiten Hauptfigur des Filmes geworden ist. An Stelle von Gustav mit der Hupe ist jetzt sie die Anführerin einer Berliner Kindergang, ein starkes, selbstbewusstes und fantasievolles Mädchen, das Emil zupackend zur Seite steht. Ich hatte das Bedürfnis, einem veränderten Rollenbild Rechnung zu tragen und eine Figur zu schaffen, die für die Mädchen von heute eine Identifikationsfigur und ein Rollenvorbild zugleich ist. Die zweite wesentliche Änderung resultierte aus meinem Bedürfnis, Kästners subtilen Sprachwitz in Handlungskomik umzusetzen.

Daraus entstand ein neu erfundener Seitenstrang des Filmes, eine Verwechslungsgeschichte: Der Zigeunerjunge Gypsi wird als Emils Double ins Haus von Emils ahnungsloser Gastfamilie geschmuggelt, während Emil mit den ›Detektiven‹ Grundeis verfolgt. Diese Verwechslung verstärkt den komödiantischen Aspekt und sorgt für weitere dramatische Turbulenzen.«

Spannend an dieser Neuverfilmung des berühmten Kästner-Buches ist für den Kritiker von *Kinofenster.de* allein schon, »ob und wie es Regisseurin Franziska Buch gelingt, die Geschichte aus den 30er-Jahren glaubhaft in die Gegenwart zu verlegen. Nicht alle Details sind dramaturgisch stimmig, vor allem einige Szenen mit den Erwachsenen irritieren. Aber die Idee, unbekümmert über die klassische Romanvorlage hinauszugehen und statt Gustav (mit der Hupe) nun Pony Hütchen als starke Mädchenfigur Emil zur Seite zu stellen (Emilia und die Detektive), spricht nicht zuletzt dank der guten Hauptdarsteller für sich. Neben Freundschaft und Solidarität unter Kindern kommen auf diese Weise auch zeitgemäße Themen, wie Rollenverhalten und die Probleme in (Patchwork) Familien ins Spiel.« Für Rainer Gansera in der *Süddeutschen Zeitung* erobert »Emil das heutige Berlin in einer liebenswerten, spannenden Neuverfilmung, die den Charme des Romans bewahrt und zugleich eine geschickt modernisierende Neuformulierung des Stoffes ist. Emil hat keine Großmutter, Gustav keine Hupe, das schäbige Hotel am Nollendorfplatz wird zum mondänen Adlon, aus den 140 Mark, die Emil im Roman seiner Oma bringen soll, werden 1.500 Mark, mit denen er in Berlin einen gefälschten Führerschein für seinen arbeitslosen Vater kaufen will. Die familiären Verhältnisse der Kinder sind – in knappen, pointierten Andeutungen – prekärer und zerrütteter gezeichnet als im Roman, und die Kinderbande wird deutlicher zu einem Ersatz-Zuhause.«

Hans-Dieter Seidel in der *FAZ* hat mit dem Film so seine Schwierigkeiten: »Woran nur mag es liegen? Bei vergleichbar großem Engagement aller Beteiligten will mit *Emil und den Detektiven* nun nicht so überzeugend aufgehen, was vor drei Jahren mit *Pünktchen und Anton* gelang: die in Erich Kästners Kinderbücher geschickt eingewobene pädagogische Intention bei der filmischen Übertragung des Zeitgeists aus den dreißiger Jahren ins Heute so behutsam und entschieden zugleich zu modernisieren, dass Kästner wiedererkennbar bleibt, die aktuelle Erlebniswelt von Kindern und deren Anspruch an spannende Unterhaltung aber nicht verfehlt wird … Eine Gratwanderung. Kein Absturz – aber das drohende Ausgleiten unentwegt vor Augen.«

Erich Kästner (1899–1974) gehört zu den wenigen deutschen Kinderbuchschriftstellern, die international berühmt wurden. Seine Werke sind in alle Weltsprachen übersetzt worden und werden noch heute an ausländischen Schulen als Lektüre zum Deutschlernen verwendet. Kästner schuf Ende der zwanziger Jahre mit *Emil und die Detektive* eine ganz neue Art der Kinderliteratur. Kästners Kinder-Romanfiguren sind richtige Kinder, die auch schon mal was anstellen, die es verstehen, sich gegen Erwachsene durchzusetzen und deren Welt nach eigenen Regeln organisiert ist. Damit löste er den Typus des braven, gehorsamen Kindes aus der Literatur des 19. und beginnenden 20. Jahrhunderts ab. Im Vordergrund stehen die Wünsche und Sehnsüchte der kleinen Helden, aber Kästners Bücher sind auch immer ein Aufruf zur Zivilcourage und ein Bekenntnis zur Freundschaft. Damit sind seine Bücher zeitlos geblieben. Die Moral seiner Bücher trifft immer mit Humor, nie mit erhobenem Zeigefinger ins Schwarze.

Über seine eigene Kindheit in Dresden gibt Erich Kästner in seinem heiteren Buch *Als ich ein kleiner Junge war* Auskunft. Er war ein lieber Junge, der sehr an seiner Mutter hing und ihr bei der Arbeit half – wie Anton in *Pünktchen und Anton* und wie Emil in *Emil und die Detektive*. Die glückliche Phase der Kindheit und Jugend endet abrupt, als Erich Kästner mit 18 Jahren in den Ersten Weltkrieg eingezogen wird. Herzleidend kehrt er zurück, studiert in Leipzig Germanistik und Theatergeschichte und promoviert 1925 zum Dr. phil. Er arbeitet als Journalist, schreibt satirische Gedichte, politische Glossen und Theaterkritiken. 1927 zieht er nach Berlin, die in jener Zeit lebendigste und aufregendste Großstadt der Welt. Seinen Lebensunterhalt verdient er als Autor in Buch- und Zeitschriftenverlagen, seine Leidenschaft gehört der Schriftstellerei, am liebsten arbeitet er im Café. Die Witwe des Verlegers Siegfried Jacobsohn, die auch einen Kinderbuchverlag übernommen hat, versammelt regelmäßig die Mitarbeiter der berühmten *Weltbühne*, zu denen Kästner gehört, im Teesalon. Her-

mann Kesten erinnert sich an diese Treffen: »Die Witwe trug sich mit der finsteren Absicht, ihren Mitarbeitern neue Ideen einzublasen.« So schlägt sie dem jungen Erich Kästner vor, für ihren Verlag ein Kinderbuch zu schreiben.

Mit seinem ersten Kinderbuch *Emil und die Detektive* wird Kästner mit einem Schlag bekannt. Es folgten weitere zeitkritische Feuilleton-Veröffentlichungen, Gedichte (*Lärm im Spiegel* 1929, *Ein Mann gibt Auskunft* 1930, *Gesang zwischen den Stühlen* 1932), sein Roman *Fabian* (1931) und Kinderbücher (*Pünktchen und Anton* 1930, *Der 35. Mai* 1931, *Das fliegende Klassenzimmer* 1933). Der Bucherfolg *Emil und die Detektive* wird 1930 mit Theo Lingen in der Rolle des Herrn Grundeis für die Bühne inszeniert. Im selben Jahr erwirbt die UFA die Filmrechte an dem Kinderbuch. Neben Erich Kästner wird Emmerich Pressburger als Drehbuchautor engagiert. Die beiden arbeiten mit Enthusiasmus an der Adaption für die große Leinwand. Bei der UFA ist es zu jener Zeit üblich, ungeachtet der Qualität des Drehbuchs, einen weiteren Schreiber zu engagieren. Dieser dritte Mann ist Billie (später Billy) Wilder.

Wilder stand am Anfang seiner Karriere: Seine Mitarbeit bei *Menschen am Sonntag* (1929) hatte ihm den Start als professioneller Drehbuchautor ermöglicht, und *Emil und die Detektive* war der vierte Film, den er für die UFA schrieb. Es gab Mitarbeiter, die aber in der endgültigen Fassung des Drehbuchs nicht genannt werden – auch Erich Kästner: »Bis früh halb fünf Uhr hab ich das Emil-Filmmanuskript gelesen … Das Manuskript ist ekelhaft. Emil klaut in Neustadt einen Blumentopf für die Großmutter. In Berlin, auf der Straßenbahn, klaut er einem Herrn den Fahrschein aus dem Hut und lässt für sich knipsen. Der Herr wird von der Bahn gewiesen. Ein Goldjunge, dieser Emil … Die ganze Atmosphäre des Buchs ist beim Teufel. Und ich werde Anfang der Woche saugrob werden, wenn ich mit Stapenhorst rede …« (Erich Kästner am 16.5.1931). Wenige Tage später: »Früh um 10 Uhr morgen kommen die UFA-Leute in meine Wohnung, schmeißen mich aus dem Bett und beraten weiter. Heute wieder seit 11 Uhr früh in der UFA getextet. Eben nach Haus. Es ist nach 5 Uhr, Kopfschmerzen hab ich … Der Film wird nun ziemlich so wie das Buch. Aber Nerven hat das gekostet und Zeit. Und nun muss ich mir jeden Tag anschauen, was Wilder, so heißt er, aus dem dritten Manuskript macht.« (Erich Kästner am 23.5.1931).

Nach Hitlers Machtergreifung 1933 wurde Kästner mit einem Publikationsverbot belegt, seine Werke wurden öffentlich verbrannt. Zweimal wurde er durch die Gestapo verhaftet (1934 und 1937). Bis 1942 hatte Kästner noch die Möglichkeit, im Ausland zu veröffentlichen. 1934 erschienen das Kinderbuch *Emil und die drei Zwillinge* und die Erzählung *Drei Männer im Schnee* in der Schweiz; 1935 *Die verschwundene Miniatur* und 1938 *Till Eulenspiegel* und *Georg und die Zwischenfälle*. 1942 erteilte man ihm totales Schreibverbot; Kästner hatte anonym das Drehbuch zu dem Film *Münchhausen* geschrieben. Das Kriegsende erlebte er als Begleiter einer Filmexpedition in Tirol.

Nach dem Krieg zog er nach München, gründete dort das Kabarett *Die Schaubude*, wurde Feuilleton-Leiter der ersten überregionalen Tageszeitung nach dem Krieg *Die Neue Zeitung* und gründete die Kinderzeitschrift *Pinguin*. Neben Gedichten, Feuilletons, Theaterstücken und Drehbüchern erschienen seine Kinderbücher *Das doppelte Lottchen* 1949, *Als ich ein kleiner Junge war* 1957, *Der kleine Mann* 1963 sowie die Neubearbeitung klassischer Stoffe *Don Quichotte* 1956 und *Gulliver* 1961. Im Jahr 1951 wurde er Präsident des PEN-Zentrums, 1956 erhielt er den Literaturpreis der Stadt München, 1957 den Georg-Büchner-Preis in Darmstadt und 1960 die Hans-Christian-Andersen-Medaille. Anfang der sechziger Jahre erkrankte er an Tuberkulose und schrieb nur noch gelegentlich. Er befasste sich mit der Neuausgabe seiner Werke und arbeitete an Verfilmungen und Inszenierungen seiner Bücher mit. Am 29.7.74 ist er in München gestorben.

1964 Emil und die Detektive

Emil And The Detectives, USA, R: Peter Tewksbury, D: Walter Slezak, Bryan Russell, Heinz Schubert
»Der Film gibt zwar vor, im Berlin von heute zu spielen, aber er ersetzt das pulsierende Leben einer modernen Großstadt durch die Idylle, die ihrerseits mit dem Ausgangspunkt der Handlung, einer verträumten deutschen Kleinstadt, in der

Emil und die Detektive (1954, R: Robert A. Stemmle): Kurt Meisel als Grundeis versucht seine Unschuld zu beweisen

die Zeit stehen geblieben zu sein scheint, korrespondiert. Unterstützt wird die idyllische Wirkung der Kulissen – ein biederes altdeutsches Wohnzimmer, ein verkommenes altes Hotel, eine malerische Ruine – durch die weiche Töne (vornehmlich rot, gelb und blau) bevorzugende Farbgebung, die den märchenhaften Charakter verstärkt. Dass moderne Fahrräder, Busse, Polizeiautos und S-Bahnen zu diesem Bild nicht passen wollen, stört niemanden. Genauso wenig wie die zur Karikatur neigende, bereits an Kleidung und Gehabe sichtbar werdende Unterscheidung in Gut und Böse. Aber nicht nur die Transponierung der Geschichte aus den zwanziger Jahren in die Gegenwart bleibt eine störende Halbheit, störender noch wirken die Akzentverschiebungen bei der Handlung selbst. Die meisten aus der Vorlage bekannten Figuren müssen sich mit Statistenrollen begnügen: so Emils Mutter, die Großmutter und Ponny Hütchen. Das Schwergewicht liegt nicht mehr auf den Personen selbst, sondern auf der kriminalistischen Handlung, auf der Planung und Durchführung eines Bankeinbruchs im Rififi-Stil, womit Kästner auf den Nenner fast aller anglo-amerikanischen Kinderfilme gebracht worden wäre: Kindliche Superhelden beweisen der Polizei ihre Überlegenheit und stellen eine Verbrecherbande ...« (*Filmbeobachter*)

1958 Pega ladrao!

BR, R: Alberto Pieralisi, D: José de Jesus, Francisco Dantas, Violeta Ferraz

1956 Emil to tantei-tachi

J, R: Mitsuo Wakasugi, D: Ryo Iwashita, Keiko Yuri, Hisaji Komine

1954 Emil und die Detektive

BRD, R: Robert A. Stemmle, D: Peter Finkbeiner, Kurt Meisel, Heli Finkenzeller

»1954, nach einer Reihe höchst erfolgreicher bundesdeutscher Kästner-Verfilmungen, war auch ein, jetzt farbiges, Remake von *Emil und die Detektive* fällig. Zugrundegelegt wurde Billy Wilders Drehbuch. Regie führte R. A. Stemmle, der sich schon Anfang der dreißiger Jahre für eine Verfilmung des *Fliegenden Klassenzimmers* interessiert hatte und der auch das Drehbuch bearbeitete. Die Änderungen sind nicht sehr gravierend. Das Milieu ist deutlich im Nachkriegsdeutschland angelegt; Emils Dummer-Jungen-Streich – er befreit einen jungen Seehund aus einer Tierhandlung und setzt ihn unter Zuhilfenahme eines ›ausgeliehenen‹ Postkarrens im Meer aus – ist zwar mit der sympathischen Aura des Tierschutzes versehen, als – doppeltes – Eigentumsdelikt aber schwerwiegender, sodass das Motiv der Angst vor der Polizei noch mehr ins Gewicht fällt. Zum Geist der Nachkriegszeit mit ihren vielen vaterlosen Familien und zum sedierenden Charakter des deutschen Nachkriegsfilms passt übrigens sehr gut, dass – nur in dieser Version – das Motiv der Wiederverheiratung von Emils Mutter aus dem – nie verfilmten – Nachfolgeroman *Emil und die drei Zwillinge* (1935) übernommen wurde. Und Emil steht der Heirat seiner Mutter – ausgerechnet mit Oberwachtmeister Jeschke, der ihm wegen seines Streiches noch auf die Schliche kommen könnte – längst nicht mit so gemischten Gefühlen gegenüber wie in Kästners Buch.« (Ingo Tornow, *Erich Kästner und der Film*)

1935 Emil And The Detectives

GB, R: Milton Rosmer, D: George Hayes, Mary Glynne, Clare Greet

1931 Emil und die Detektive

D, R: Gerhard Lamprecht, D: Fritz Rasp, Käthe Haack, Rolf Wenkhaus

»Die literarische Figur des Detektivs ist eng mit demokratischen Institutionen verbunden. Durch sein Loblied auf die jugendliche Detektivspielerei suggeriert *Emil und die Detektive* daher eine gewisse Demokratisierung des deutschen Alltags. Diese Folgerung wird sowohl durch die Unabhängigkeit und Selbstdisziplin der Jungen als auch durch dokumentarische Kameraarbeit un-

Emil und die Detektive (1954, R: Robert A. Stemmle)

Emil und die Detektive (1931, R: Gerhard Lamprecht)

Emil und die Detektive (1931, R: Gerhard Lamprecht):
Rolf Wenkhaus als Emil

terstützt. Saubere, unprätentiöse Dokumentaraufnahmen von Berliner Straßenszenen porträtieren die deutsche Hauptstadt als eine Stadt, in der demokratische Grundrechte blühen und gedeihen. Die helle Atmosphäre, die in diesen Passagen herrscht, kontrastiert mit dem Dunkel, das um Fritz Rasp als Dieb unweigerlich herrscht. Er trägt einen schwarzen Mantel und ist jeder Zoll der Bösewicht aus dem Kindermärchen.« (Siegfried Kracauer, *Von Caligari zu Hitler*)

»Das Stück hat etwas Lustiges, Lebendiges in sich. Und etwas hat mir sehr gefallen, das Zusammenhalten der Jungen, denn wenn sie nicht alle dem Dieb nachgerannt wären, dann hätten sie ihn nie gekriegt ... Und dann etwas, was nicht schön ist. Das Stück endet, als wenn es ein Sonntagsmärchen ist, dass der arme Junge tausend Mark Belohnung kriegt, das gefällt mir nicht, da so etwas in unserem Leben gar nicht passiert.« (Kinderkritik von Vera, 11 Jahre, in: *Die Rote Fahne*, Dezember 1931)

»Der UFA-Tonfilm läuft mit unvermindertem Erfolg im UFA-Cosmopolitan New York. Er wurde am Ende der zweiten Woche noch für die dritte Woche prolongiert. Die New Yorker Zeitungen äußern sich äußerst lobend über den Film. So bezeichnet es der ›Herold‹ als einen der vielen Vorzüge des Films, dass er gänzlich von der konventionellen Filmliebe frei bleibt und lobt die große Einfachheit in Motiv und Ausführung, die vollkommene Natürlichkeit und Abkehr von jener besonderen sentimentalen Verlogenheit und Gespreiztheit, die vielfach geradezu als unvermeidliche Voraussetzung eines Filmwerks angesehen werden. Im ›New Yorker American‹ konstatiert Regina Crewe, der Film zeige, dass Amerika kein Monopol auf begabte kindliche Schauspieler und ebenso wenig auf Regisseure besitze, die sie richtig zu behandeln verstehen ... Selbst der Kritiker von ›N.Y.Sun‹, der sich nach seiner eigenen Erklärung aus Kinderfilmen sonst gar nichts macht, muss zugeben, dass ihm dieser Film sehr gefallen hat.« (*Licht Bild Bühne*, Illustrierte Tageszeitung der Filmindustrie, 13.1.1932)

DAS ENDE EINER GROSSEN LIEBE
Elvira Madigan, S 1967, R: Bo Widerberg, D: Pia Degermark, Thommy Berggren, Nina Widerberg, Lennard Malmer
Der verheiratete schwedische Leutnant Sixten verliebt sich um die Jahrhundertwende in die Zirkusartistin Elvira Madigan. Sixten desertiert aus der Armee und flieht mit Elvira nach Dänemark. Das wenige Geld, das Sixten mitgenommen hat, geht bald zu Ende und sie müssen sich im Wald von Pilzen und Beeren ernähren. In dieser aussichtslosen Lage erschießt der Leutnant erst Elvira und dann sich selbst.
1943 Das Ende einer großen Liebe
Elvira Madigan, S, R: Åke Ohberg, D: Eva Henning, Åke Ohberg, Irma Christenson

ENDSTATION PARIS
Back Street, USA 1960, R: David Miller, D: Susan Hayward, John Gavin, Vera Miles, Virginia Grey, Charles Drake, Reginald Gardiner, Tammy Marihugh, Robert Eyer, Nathalie Schafer, Doreen McLean, Alex Gerry, Karen Norris, Hayden Rourke
Nach einem Roman von Fannie Hurst: Paul Saxon, mit der alkoholsüchtigen, exzentrischen Millionärin Liz verheiratet, begegnet seiner früheren Geliebten Rae Smith wieder und gerät damit in schwere Konflikte vor allem seiner beiden Kinder wegen. In einem Anfall von Eifersucht steuert Liz ihren Gatten und sich selbst mit dem Auto in den Tod. Rae kümmert sich daraufhin um die beiden Waisenkinder.
1941 Seitenstraße
Back Street, USA, R: Robert Stevenson, D: Charles Boyer, Margaret Sullavan

ENDSTATION SEHNSUCHT
A Streetcar Named Desire, USA 1995, R: Glenn Jordan, Drb: Glenn Jordan nach dem Bühnenstück von Tennessee Williams, K: Ralf Bode M: David Mansfield, S: David Simons, D: Jessica Lange (Blanche DuBois), Alec Baldwin (Stanley Kowalski), Diana

Lane (Stella Kowalski), Rondi Reed (Eunice Hubbell), John Goodman (Mitch)

Mit der Straßenbahn, die den Namen »Sehnsucht« (Desire) trägt, fährt Blanche DuBois in das alte französische Viertel von New Orleans, wo ihre Schwester Stella und ihr Schwager Stanley in ärmlichen Verhältnissen leben. Stella, die die Schwester lange nicht gesehen hat, ist entsetzt über ihr überspanntes, hysterisches Wesen, und Stan quält sie, ohne es zu wollen, mit Fragen nach ihrer Vergangenheit, die Blanche nur unklar beantwortet. Als er die kostbaren Sachen sieht, die sie in ihrem Koffer hat, wird er ärgerlich und verlangt eine Erklärung dafür, wie sie als arme Schullehrerin zu solchen Wertgegenständen gekommen sei. Blanche erklärt daraufhin, dass sie die Sachen von einem Freund geschenkt bekommen habe. Als Stan bei ihr einige Liebesbriefe findet, reißt Blanche sie ihm weinend fort mit der Bemerkung, es seien Briefe ihres toten Gatten. Stella, die sich sehr um ihre Schwester bemüht, gesteht ihr, dass sie ein Kind erwartet, worüber sich Blanche sehr freut.

Unter Stans Freunden befindet sich auch der ruhige Mitch. Als Blanche und Stella eines Abends dazukommen, wie Stan und seine Freunde Karten spielen, wird der angetrunkene Stan beleidigend Blanche gegenüber, die von Mitch in Schutz genommen wird. Der Abend endet mit einer Auseinandersetzung zwischen Stella und Stan, der sich nicht scheut, seine Frau zu schlagen. Stella verlässt das Haus, kehrt aber doch wieder zu Stan zurück, obwohl ihr Blanche klarzumachen versucht, dass er ein Barbar sei. Blanches undurchsichtige Vergangenheit lässt Stan keine Ruhe, und er beginnt Nachforschungen anzustellen. Dabei erfährt er, dass Blanche in ihrer Heimatstadt wegen einer Liebschaft mit einem

ihrer Schüler ihre Stellung verlor und in einem übel beleumdeten Hotel wohnte.

Mitch und Blanche fühlen sich zueinander hingezogen, beide sind einsame Naturen, die sich nach einem Menschen sehnen, zu dem sie gehören. So ist Mitch auch der einzige, dem Blanche von ihrer kurzen Ehe erzählt, die mit dem Freitod ihres Mannes endete, den sie durch ihre Verständnislosigkeit verschuldete. Dieses Erlebnis überschattete ihr ganzes späteres Leben. Mitch trägt sich mit dem Gedanken, Blanche zu heiraten, aber Stan erzählt ihm in der Fabrik, in der beide arbeiten, Einzelheiten über Blanches zweifelhafte Vergangenheit. Blanches Geist beginnt sich mehr und mehr zu verwirren, nachdem nun auch noch ihre letzte Hoffnung auf ein neues Leben mit Mitch sie verlassen hat. Stan findet an dem Abend, an dem Stella in der Klinik liegt, um ihr Kind zur Welt zu bringen, Blanche betrunken allein, und er rächt sich brutal für die Verachtung, die Blanche ihm immer gezeigt hat. Stan vergewaltigt die hilflose Frau. Blanches Geist verwirrt sich hoffnungslos. Als Stella heimkommt und von der nächtlichen Szene erfährt, gibt es für sie alle nur einen Ausweg: Blanche wird in eine Nervenheilanstalt gebracht. Ihr einziges Glück ist, dass sie den Arzt, der sie abholt, für einen alten – oder neuen – Liebhaber hält ...

Der *Katholische Film-Dienst* lobt die »höchste Werkgenauigkeit« dieser Verfilmung, erstmals in der vollen Länge seiner elf Szenen. Zuvor wurde das berühmte Bühnenstück von Tennessee Williams (1947) schon 1951 fürs Kino unter Elia Kazan und 1983 mit Ann-Margret fürs US-Fernsehen adaptiert: »Blanche, so wird in den langen Dialogen deutlich, hat einst ihren Mann, als sie dessen Homosexualität entdeckte, in den Selbstmord getrieben und danach in nymphomanischer Sehnsucht, bei Männern Halt zu finden, den Bezug zur Realität verloren. Als ihre Lebenslüge in Wahnsinn zu münden droht, lässt Stanley seine Schwägerin von einem Nervenarzt abholen. Jessica Lange spielt die Rolle dieser psychisch Verwundeten überzeugend mitmenschlich. Bemerkenswert auch die filmische Qualität der Musik-, Farb- und Lichtdramaturgie sowie die erlebnis-

Endstation Sehnsucht (1951, R: Elia Kazan):
Kim Hunter und Marlon Brando

steigernde Einbeziehung der realen Umwelt vor der Wohnung Kowalskis der symbolisch ›Ellysäische Gefilde‹ genannten Straße.«

Endstation Sehnsucht von Tennessee Williams gehört zu den Klassikern des modernen Theaters. Für viele Kritiker war es das beste, vollendetste Drama von Williams, dessen Stücke immer wieder von zwei Themenkreisen beherrscht wurden: »Die Sexualität und die Lügenhaftigkeit im Denken und Fühlen einer Gesellschaft. Williams ging es nicht um Liebes- oder Eheprobleme, die auch Autoren vor ihm als Vorwürfe dienten, sondern um die Sexualität als Schicksal« *(Die Welt)*. Der Autor und Regisseur Elia Kazan hat die Inszenierung des 1947 veröffentlichten Stücks am Broadway übernommen und 1951 schließlich auch die filmische Adaption besorgt. Diese legendäre Verfilmung ist einer der wenigen Fälle, wo ein Film erst dem Bühnenstück zum weltweiten Durchbruch verhilft.

Damals drohte die Legion of Decency, ein von Frauenverbänden gesteuerter katholischer Sittenwächterbund, damit, den Film auf ihre schwarze Liste zu setzen; der Filmbesuch wäre damit automatisch für Katholiken zur Sünde geworden. Nach zähen Verhandlungen schnitten Warner Brothers folgende Stellen: Stanleys Satz, bevor er Blanche vergewaltigt: »Wäre vielleicht gar nicht übel, mit ihnen handgemein zu werden.« Aus dem Satz: »Ich würde Sie gern sanft und süß auf den Mund küssen« wurden die Worte »auf den Mund« geschnitten. Aus einer Szene wurde die Musik geschnitten, die als »zu fleischlich« empfunden wurde. Andere Schnitte sollten die Bösartigkeit und Rohheit Stanleys, des Proleten, und die Güte Stellas, seiner Frau, hervortreten lassen. Regisseur Elia Kazan protestierte, aber es half nichts. »*Endstation Sehnsucht* ist der erste unsentimentale Film, der je in Amerika gedreht wurde«, meinte Kazan: »Er ist ein Wegweiser. Die ganze alte Scheiße, auf der die Filmindustrie beruht, ist in diesem Film absent. Es gibt keinen Helden, keine Heldin; die Menschen sind Menschen, manche Dreck, manche Gold, mit Fehlern und Tugenden wie im wirklichen Leben.«

1983 Endstation Sehnsucht

A Streetcar Named Desire, USA, R: John Erman, D: Ann-Margret, Treat Williams

»Diese fast wortgetreue, theaternahe Verfilmung gewinnt dem berühmten Drama weder neue Aspekte oder aktuelle Interpretationsmöglichkeiten ab, noch erlaubt die professionelle, glatte TV-Inszenierung einer erfahrenen Darstellerriege wenig mehr, als ihren Text herunterzusprechen. So wirkt die gelackt dekorierte Fassung als bloßes lehrbuchhaftes Remake unzeitgemäß und überflüssig.« (Alexandra Krings, *Film-Dienst*)

1951 Endstation Sehnsucht

A Streetcar Named Desire, USA, R: Elia Kazan, D: Marlon Brando, Vivien Leigh

»Als Kowalski wirkte Marlon Brando, als würde ein Sturm aufkommen, und er wurde zum meistdiskutierten Schauspieler der Welt. Später sollte er sagen, dass *A Streetcar Named Desire* der einzige Film war, den er mochte. Er muss die Besprechungen geliebt haben. In der *New York Herald Tribune* fand Otis L. Guernsey jr., dass er ›eine bemerkenswerte, ehrliche Darstellung eines muskelbepackten, praktisch-animalischen Mannes‹ bot, ›sorglos in der Normalität seiner Ehe und Freundschaft, schlau, aber unsensibel, sich Blanches Falschheit, nicht aber ihres Leidens bewusst. Die Darstellung ist der Perfektion so nahe, wie man es sich nur wünschen kann.‹ Bosley Crowther von der *New York Times* hielt ihn für nicht weniger brillant als Miss Leigh, da er ›all die Energie und die Eigenschaften einer Stahlfeder in sich hatte. Aber hier, wo wir ihm näher sind, wirkt er viel mehr belastet, seine Verzweiflung scheint viel pathetischer, und seine komischen Momente scheint er viel mehr zu genießen!‹ Die englischen Kritiker, die keine Möglichkeit hatten, Brando als Stanley auf der Bühne zu sehen, waren nicht weniger enthusiastisch. ›Er repräsentiert‹, sagte Milton Shulman im *Londoner Evening Standard*, ›wahrscheinlich den kleinsten menschlichen Nenner, den man noch ernsthaft im Film darstellen kann. Seine grobe, körperliche Grausamkeit ist faszinierend abstoßend. Es ist eine schockierende, unvergleichliche Charakterisierung.‹« (David Shipman, *Marlon Brando*)

ENGEL AUS ZWEITER HAND

Shopworn Angel, USA 1938, R: H.C. Potter, D: Margaret Sullivan, James Stewart, Walter Pidgeon, Hattie McDaniel, Nat Pendleton

Nach dem Theaterstück *Private Pettigrew's Girl* von Dana Burnet: Kurz bevor er im Ersten Weltkrieg nach Europa an die Front geschickt wird, verliebt sich ein junger Freiwilliger aus Texas in einen Broadway-Star. In seinen Augen ist die kapriziöse Schauspielerin die Frau seiner Träume. Als er sie am Abend seiner Abreise um ihre Hand bittet, lässt sie sich aus Mitgefühl tatsächlich mit ihm trauen, weil sie ahnt, dass sie ihn nie wiedersehen wird. *Engel aus zweiter Hand* ist das Remake eines Films aus dem Jahre 1928 mit Gary Cooper und Nancy Caroll in den Hauptrollen.

Howard Thompson *(James Stewart)*: »... ein ziemlich grässlich zusammengeschustertes Remake ... Weder Stewart noch sein Co-Star konnten in dieser tränenreichen Story überzeugen.«

1928 Shopworn Angel

USA, R: Richard Wallace, D: Gary Cooper, Nancy Caroll, Paul Lukas

DER ENTERTAINER

BRD 1989, R: Gerhard Klingenberg, D: Harald Juhnke, Ulrike Jackwerth, Klaus Behrendt, Margret Homeyer, Klaus Hüttmann
Nach einem Theaterstück von John Osborne: Die Glanzzeit von Entertainer Archie Rice ist lange vorbei, er ist ziemlich auf den Hund gekommen, und er weiß das. Ihn kann jedoch nichts mehr erschüttern; jedenfalls behauptet er das, wenn die Zuschauer unten im Saal einschlafen, wenn er versucht, sein spärliches Publikum zum Lachen zu bringen, Erfolg hat er damit höchstens noch bei seiner Frau Phoebe, und der fiel es früher auch leichter, Archie lustig zu finden. Archie hat große Pläne. Er träumt von einem Neuanfang, mit reicher Frau und tollem Programm.

Harald Juhnke *(Meine sieben Leben)*: »Nachdem ich John Osbornes *Entertainer* unter der Regie von Gerhard Klingenberg 1987 bereits auf der Bühne ausprobiert hatte, studierten wir den abgehalfterten Conférencier 1989 auch fürs Fernsehen ein. Ein Tischleindeckdich war die Rolle für mich nicht. Schließlich hatte ich *Entertainer*-Vorbildern wie Sir Laurence Olivier (im Theater) und ›Sir‹ Jack Lemmon (im Film) gerecht zu werden. An diesen Gewichten kann sich jeder Schauspieler verheben. Außerdem hatte ich mit dem armen Schwein Archie Rice einen Kerl zu verkörpern, der ich selber im wirklichen Leben einerseits bin und andererseits überhaupt nicht bin. Archie also ist ein Entertainer. Der bin ich manchmal auch. Archie ist ein Vater, der sei-

ne Familie zur Verzweiflung bringt. Das Talent sagt man auch mir manchmal nach. Während jedoch der bankrotte Archie notorisch seine Steuern hinterzieht, liefere ich sie dem Finanzamt pünktlich ab. Und ein bürgerlich angepasster Hasenfuß wie er ist eine Rebellennatur wie ich nie gewesen. John Osborne will, dass Archie Rice anfangs wie ›tot hinter den Augen‹ ist und nur langsam zu seinen Gefühlen findet. Genauso habe ich den mir ebenso nahen wie fremden Entertainer erfolgreich gespielt.«

1976 Der Entertainer

The Entertainer, USA, R: Donald Wrye, D: Jack Lemmon, Ray Bolger

1960 Der Komödiant

The Entertainer, GB, R: Tony Richardson, D: Laurence Olivier, Joan Plowright

ENTFÜHRT

Kidnapped, GB 1971, R: Delbert Mann, D: Michael Caine, Trevor Howard, Jack Hawkins, Donald Pleasence, Gordon Jackson
Nach einem Roman von Robert Louis Stevenson: Vor dem Hintergrund der Machtkämpfe zwischen Schotten und Engländern im 18. Jahrhundert wird vom Schicksal des Waisenjungen David Balfour berichtet, dessen Leben eng mit dem eines schottischen Rebellen verbunden ist.

Lexikon des internationalen Films: »Vordergründig-spannende Unterhaltung mit etlichen Grausamkeiten.«

1960 Entführt – Die Abenteuer des David Balfour

Kidnapped, USA, R: Robert Stevenson, D: Peter Finch, Peter O'Toole, John Laurie

ERPRESSUNG

A Woman's Face, USA 1941, R: George Cukor, D: Joan Crawford, Conrad Veidt, Melvyn Douglas, Richard Nichols, Reginald Owen, Albert Bassermann, Marjorie Main, Donald Meek
Nach einem Bühnenstück von Francis de Croisset: Anna Holm steht unter Mordanklage vor einem schwedischen Gericht. Von Kindheit an durch eine große Narbe im Gesicht entstellt, hatte sie jahrelang nur Spott und Ablehnung erfahren und sich dadurch in wachsende Menschenfeindschaft hineingesteigert. Der Prozess fördert zu Tage, wie ein skrupelloser Lebemann die psychische Verfassung der jungen Frau für verbrecherische Machenschaften ausnutzte.

Lexikon des internationalen Films: »Packend gespieltes, äußerst dicht inszeniertes Melodram mit Thrillerelementen.«

1938 En Kvinna Ansikte
S, R: Gustav Molander, D: Ingrid Bergman, Anders Henrikson, Georg Rydeberg

DER ERSTE RITTER

First Knight, USA 1995, R: Jerry Zucker, Drb: William Nicholson, K: Adam Greeenberg, M: Jerry Goldsmith, S: Walter Murch, D: Sean Connery (König Arthur), Richard Gere (Lanzelot), Julia Ormond (Lady Ginevra), Ben Cross (Prinz Malagant), Liam Cunningham (Sir Agravaine), Christopher Villiers (Sir Kay), Valentine Pelka (Sir Patrise), Colin McCormack (Sir Mador), Ralph Ineson (Ralf), John Gielgud (Oswald), Stuart Bunce (Peter), Jane Robbins (Elise), Marie Coffey (Petronella), Paul Kynman (Mark), Tom Lucy (Sir Sagramore), John Blakey (Sir Tor)

König Arthurs Reich wird immer wieder von heimtückischen Banden überfallen. Dabei will Arthur nichts anderes, als ruhig seinen Lebensabend auf Schloss Camelot verbringen, an der Seite seiner zukünftigen Frau Ginevra, der edlen Mylady von Leonesse. Fürst Malagant hat seinen Platz an König Arthurs sagenumwobener Tafelrunde verlassen und will, getrieben von Machtgier und Hass, den Thron für sich allein. Als Ginevra nach Camelot reist, um König Arthur zu heiraten, überfallen Malagants Schergen ihren Tross. Doch dank des beherzten Eingreifens des jungen Lanzelot, eines kühnen Draufgängers, der weder Tod noch Teufel fürchtet, schlägt Malagants Plan fehl. Ginevra ist verwirrt, denn obwohl sie den weisen und gütigen Arthur von ganzem Herzen liebt, fühlt sie sich plötzlich auch zu Lanzelot hingezogen. Während der Hochzeitsfeierlichkeiten taucht Lanzelot in Camelot auf. Doch es sind weder Ruhm noch Ehre, noch ein Platz an Arthurs Tafelrunde, was ihn dort hintreibt. Er hat nur Augen für die schöne Ginevra. König Arthur seinerseits ist beeindruckt von dem mutigen Ritter. Aber der Friede auf Camelot ist nicht von langer Dauer, denn Fürst Malagant schmiedet weiter seine düsteren Pläne. Lange wehrt die Königin sich gegen ihre Gefühle für den ersten Ritter, bis Arthur bemerkt, dass er hintergangen wird. Als er Lanzelot und Ginevra für ihren Verrat öffentlich anklagen will, nutzt der Schurke Malagant die günstige Gelegenheit, um den König zu stürzen.

Die zeitlose Legende über das sagenumwobene Camelot hat über Jahrhunderte von ihrer Faszination nichts verloren und immer wieder Dichter, Roman- und Drehbuchautoren und Liedertexter inspiriert. »Die Geschichte hat fast schon biblisches Ausmaß, denn sie ist zur Legende geworden«, erläutert Sean Connery, »sie ist mit dem menschlichen Leben gleichsetzbar, und was wir gerne anstreben würden, ist eine klare Ordnung der Dinge – zu wissen, dass da jemand ist, der über genügend Weisheit und Kraft verfügt, um einen idealen Platz zum Leben zu schaffen.« *Der erste Ritter* bricht bei der Figur des Lanzelot mit der herkömmlichen Umsetzung der Artussage. Drehbuchautor William Nicholson konzipierte Lanzelot nicht als Ritter, sondern als zügellosen Landstreicher mit einer problematischen Vergangenheit. »In diesem Film ist Lanzelot emotional angeschlagen«, erklärt Richard Gere, »man kann ihn mit einem herumziehenden Samurai vergleichen – ohne Bindung, ohne Verantwortung und ohne Angst. Das macht ihn zum perfekten Kämpfer. Warum? Weil es ihm gleichgültig ist, ob er lebt oder stirbt.«

Günter H. Jekubzik von *filmtabs* meint: »Der alte romantische Artus-Stoff kann wohl nur noch von Genies, von Komödianten und von Ewig-Gestrigen verfilmt werden. Jerry Zucker ist eigentlich ein Mann der Parodie, doch entschied er sich für ein aufwendiges Historienspektakel mit Starbesetzung: Richard Gere, er wurde als *Mann für gewisse Stunden* bekannt, macht sich in Ritterverkleidung als strahlender Held Lanzelot lächerlich. Er ersticht oder besticht jeden und jede, liebt aber vor allem Ginevra (Julia Ormond), die Frau seines Königs und Freundes Arthur. Eine missliche Lage, die uns aber nicht zu sehr bekümmert, weil es genug Kämpfe, Hinterhalte und Gemeinheiten gibt. Sean Connery grummelt dauernd mit tiefer Stimme in seinen Bart und wiederholt sicherlich leise die Summe, die ihm das Trauerspiel versüßte. Ein Film aus anderen (Kino-)Zeiten.«

1973 Lancelot, Ritter der Königin
Lancelot du Lac, F/I, R: Robert Bresson, D: Luc Simon, Laura Condominas
»Die Geschichte des Ritters Lancelot aus König Artus' Tafelrunde, der sich vergeblich an der Gralssuche beteiligt, weil seine Liebe zur Köni-

Lancelot, Ritter der Königin (1973, R: Robert Bresson):
Lancelot kämpft für Geneviève

gin Geneviève jedes Maß übersteigt. Der ›unerhörten‹ Liebe wird alles geopfert; selbst Lancelot kommt schließlich um. Bresson schuf keinen Historienfilm, sondern ein filmisches Gedankenmodell bzw. Gleichnis, das sich des Sagenstoffs um seiner Chiffren willen bemächtigt und damit das rigoros fatalistische Trauerbild einer Menschheit zeichnet, die von (Selbst-)Zerstörung, Verhängnis, Tod und dem Scheitern jeglicher Liebesbemühung bestimmt ist.« *(Lexikon des internationalen Films)*

»Der Herbst des Mittelalters, die Fatalität einer ausgehenden Epoche: Nie wurde das künstlerischer ins Bild gesetzt.« *(Münchener Merkur)*

»Selten spürt man in einem Film einen solchen Gegensatz von Eiseskälte und tiefster Emotion.« *(Süddeutsche Zeitung)*

1967 Camelot – Am Hofe König Arthurs

Camelot, USA, R: Joshua Logan, D: Richard Harris, Vanessa Redgrave

»Die Legende von König Arthurs Tafelrunde als amerikanisches Musical. Für viele sicherlich ein geschmackliches Wagnis. Dem ausgezeichnet gespielten Film gelingt sowohl in Bezug auf die Zeichnung der Hauptpersonen als auch hinsichtlich der bildlichen Gestaltung an manchen (nicht allen!) Stellen der Durchbruch vom klischeehaften Kitsch des Genres in der Vergangenheit zum eigenen und originellen künstlerischen Konzept. Hervorragend die Farbdramaturgie, äußerst sorgfältig Kostüme und Ausstattung.« *(Filmbeobachter)*

Der Streifen war Präsident Kennedys Lieblingsfilm.

1962 Lancelot, der verwegene Ritter

Lancelot And Guinevere, GB, R: Cornel Wilde, D: Cornel Wilde, Jean Wallace

Aufwendiger Bilderbuchfilm um die Kämpfe und Abenteuer des Ritters Lancelot und seine Liebe zur Gemahlin des Königs Artus.

ES WAR EINMAL EIN MORD – 7 GAUNER UND EIN DACKEL

Once Upon A Crime, USA 1991, R: Eugene Levy, D: John Candy, James Belushi, Cybill Shepherd, Sean Young, Richard Lewis, Ornella Muti, Giancarlo Giannini, George Hamilton, Roberto Sbaratto, Joss Ackland

Eine junge, sitzen gelassene Frau schließt sich mit einem Junggesellen zusammen, um die Belohnung für die Rückgabe eines entlaufenen wertvollen Dackels zu kassieren. Auf ihrem Weg treffen sie auf einen Herrn, der den Hund erwerben will. Dieser Herr wiederum trifft auf einen alten Freund und Spieler und dessen vernachlässigte Ehefrau. Inmitten des Geschehens wird ein Mord begangen. Der eingeschaltete Polizeiinspektor verdächtigt alle Beteiligten.

Filmecho: »Harmlose Slapstickkomödie.«

1960 Die Leiche ist im falschen Koffer

Crimen, I/F, R: Mario Camerini, D: Silvana Mangano, Alberto Sordi

ESCAPED – RACHE UND GERECHTIGKEIT

Escaped, USA 1996, R: Brent Huff, D: James Brolin, Shawn Huff

Ein Anwalt, der mit seiner hochschwangeren Frau und einigen Freunden einen letzten Abend in seinem Ferienhaus verbringt, muss sich seiner Haut wehren und um das Leben seiner Lieben kämpfen, als die Gesellschaft Opfer einer Gei-

Es war einmal ein Mord – 7 Gauner
und ein Dackel (1991, R: Eugene Levy):
James Belushi und Cybill Shepherd

selnahme wird und sich die Täter als hochgefährliche Psychopathen entpuppen.

Lexikon des internationalen Films: »Remake des William-Wyler-Klassikers *An einem Tag wie jeder andere*, das seine Spannung aus der klaustrophobischen Situation bezieht.«

1990 24 Stunden in seiner Gewalt

Desperate Hours, USA, R: Michael Cimino, D: Mickey Rourke, Anthony Hopkins

1955 An einem Tag wie jeder andere

The Desperate Hours, USA, R: William Wyler, D: Humphrey Bogart, Martha Scott

DER ETAPPENHASE

BRD 1956, R: Wolfgang Becker, D: Beppo Brem, Michael Cramer, Wera Frydtberg, Rainer Penkert, Paul Westermeier, Maria Litto, Ursula Barlen, Willy Millowitsch, Hans Clarin, Rainer Penkert, Franz-Otto Krüger, Eduard Linkers, Bum Krüger, Hans v. Berger, Luise Paichel, Paul Bös

Nach einem Bühnenstück von Karl Bunje: Die drei Musketiere Hein, Franz und Claus kommen im Ersten Weltkrieg von der Front in Flandern in die Etappe und machen dem Kommandantur-Schreiber Hasenbein das Leben schwer. Sie entwenden und verspeisen einen für den Major bestimmten Hasen, während dem Major Katzenfleisch serviert wird, was er gar nicht merkt.

H. J. Helmers *(Filmblätter)*: »Das Remake des auf Bühne und im Film außerordentlich erfolgreich gewesenen Stoffes, der den Gegensatz von Frontschwein und Etappenheini durch eine lustige Spielhandlung entgiftete, bringt vom Buch her wesentliche Erneuerungen und Erweiterungen. Der Hase des Herrn Major, der durch eine Katze ersetzt wird, bleibt zwar nach wie vor Mittelpunkt, doch ein Front-Tingeltangel mit Can-Can und Pleureusen und die durch einen weiteren Weltkrieg vertieften Landsererfahrungen beleben und modernisieren. Die Stärke des Films sind diesmal die schauspielerischen Leistungen. Beppo Brem ist vollkommen frei vom Lüders-Vorbild der ersten Verfilmung. Sein sympathisch anklingender bayrischer Dialekt ist die Grundlage für einen biederen Prachtkerl und Kameraden, der er für den schlicht-natürlichen Michael Cramer und den verfressen-gewitzten Willy Millowitsch ist. Die dankbare Rolle des servilen, ge-

schniegelten Etappengefreiten gab Hans Clarin Gelegenheit zu beweisen, dass hohe Erwartungen an ihn gestellt werden können.«

Zwei Theateraufzeichnungen des Stücks *Der Etappenhase* entstanden 1969 (von und mit Willy Millowitsch) und 1978 (Regie Karl-Otto Ragotzky, mit Edgar Bessen, Jochen Schenck und Jasper Vogt).

1937 Der Etappenhase

D, R: Joe Stöckel, D: Günther Lüders, Leny Marenbach, Erich Fiedler

EVIL DEAD – DIE SAAT DES BÖSEN

The Resurrected, USA 1992, R: Dan O'Bannon, D: John Terry, Jane Sibbett, Chris Sarandon, Robert Romanus, Laurie Briscoe, Ken Camroux, Patrick Pon, Bernard Cuffling, J. B. Bivens, Robert Sidley

In Erfüllung des alten Fluches lauert das Böse darauf, von einer menschlichen Seele Besitz zu ergreifen. Auch Charles Dexter Ward wird seiner Bestimmung nicht entfliehen können. Geheime Formeln aus dem Nachlass seines satanischen Vorfahren üben eine magische Anziehungskraft auf ihn aus. Der Tanz der Teufel beginnt. In seinem unterirdischen Labor führt Ward Experimente durch, die sich keiner vorzustellen wagt.

Der Etappenhase (1956, R: Wolfgang Becker):
Für Beppo Brem ist es Katze wie Hase

Von seinem merkwürdigen Verhalten irritiert, beauftragt Claire einen Privatdetektiv, ihren Mann zu beobachten. Schon bald gerät der Detektiv in einen abgrundtiefen Schlund, der ihn in die pechschwarze, stinkende Finsternis des Grauens zieht.

1963 Die Folterkammer des Hexenjägers
The Haunted Palace, USA, R: Roger Corman, D: Vincent Price, Debra Paget

DAS EWIGE LIED

BRD 1997, R: Franz Xaver Bogner, D: Tobias Moretti, Heio von Stetten, Erwin Steinhauer, Michael Mendl, Hannes Thannheiser, Jörg Hube, Karl Merkatz, Bernadette Heerwagen
Die Entstehungsgeschichte des Weihnachtsliedes *Stille Nacht, Heilige Nacht*. Im Mittelpunkt stehen die mutmaßlichen Erfinder des heiligen Hits: Hilfspfarrer Mohr und Dorflehrer Gruber. Als der junge Hilfspfarrer Joseph Mohr im Frühjahr 1818 nach Oberndorf an der Salzach versetzt wird, ahnt er nicht, dass hier sein Leben eine entscheidende Wende nehmen wird. Bei seinen Bemühungen, die religionsmüden Oberndorfer wieder in die Kirche zu bekommen, gerät er zwischen die Fronten der armen Salzach-Schiffer, die durch den Bau der Eisenbahn arbeitslos werden,

und seines Vorgesetzten, Pfarrer Nöstler. Der zieht es vor, mit den reichen Kaufleuten Geschäfte zu machen, statt sich um seine Schäfchen zu kümmern. Als Mohr von Nöstler aus dem Pfarrhaus geworfen wird, zieht er zu den »gottlosen« Schiffern und nimmt gemeinsam mit Dorfschullehrer Franz Gruber, mit dem er später das berühmte Weihnachtslied schreiben wird, den Kampf gegen den »Teufel im Talar« auf ...

AZ: »Raues Heimatkino mit starken Gefühlen.«

1934 Das unsterbliche Lied
D, R: Hans Marr, D: Paul Richter, Hans Marr, Any Hartmann, Max Weydner

EXCALIBUR

USA 1981, R: John Boorman, D: Nigel Terry, Helen Mirren, Nicholas Clay, Cherie Lunghi, Paul Geoffrey, Nicol Williamson, Robert Addie, Gabriel Byrne, Corin Redgrave, Liam Neeson, Keith Buckley, Katrine Boorman, Niall O'Brien, Patrick Stewart, Clive Stewart, Charley Boorman, Barbara Byrne
Der Ausgangspunkt ist die Sage um König Artus und die tapferen Männer der Tafelrunde. König Artus, der es schafft, Excalibur, das Zauberschwert, aus dem Berg zu ziehen, gewinnt Ruhm und Ansehen. Doch bei der Suche nach dem heiligen Gral sterben die meisten seiner Ritter. König Artus hört nicht auf die Warnung des Zauberers Merlin und stirbt beim Zweikampf mit seinem in einer Inzestnacht gezeugten Sohn. Excalibur versinkt im See.

Links: Excalibur (1981, R: John Boorman):
Robert Addie als Mordred
Unten: Excalibur (1981):
Nicholas Clay und Nigel Terry

*Links: Die Ritter der Tafelrunde (1953, R:
Richard Thorpe): Robert Taylor und Ava Gardner
Oben: Die Ritter der Tafelrunde (1953):
Ava Gardner und Mel Ferrer*

Prisma-Online: »Der Mythos von König Artus, seinem Zauberer Merlin, den Rittern der Tafelrunde, dem sagenumwobenen Schwert Excalibur und der Gralssuche als bildgewaltiges, spannendes, aber auch recht blutiges – deshalb für Kinder nicht geeignetes – Fantasy-Abenteuer, fernab vom kitschigen Pathos Hollywoods. Dem Film liegt Sir Thomas Malorys *Le Morte D'Artur* zu Grunde, dem auch die Sagen von Parzival, Tristan, Lancelot und dem heiligen Gral entstammen. Die wuchtige Musik stammt von Komponist Trevor Jones, der hier auch Wagner-Motive verwendete.«

1953 Die Ritter der Tafelrunde
Knights Of The Round Table, USA, R: Richard Thorpe, D: Robert Taylor, Ava Gardner

F

ser, als er zufällig dem gerade aus dem Knast entlassenen Moose Malloy begegnet. Der will seine frühere Freundin Wilma wiederfinden, von der er seit sieben Jahren nichts mehr gehört hat. Moose ist ein leicht zurückgebliebener Riese, dem man besser nichts abschlägt und so geht der abgehalfterte Privatdetektiv Marlowe auf die Suche nach Wilma. Schnell verstrickt er sich in einen undurchdringlichen Dschungel aus Habgier, Korruption und Mord und verliert den Überblick über die verwirrenden Zusammenhänge seiner Fälle. Nachdem sieben Menschen gestorben sind, ist Marlowe in einem schäbigen Hotelzimmer gestrandet und erzählt einem Polizisten (und dem Kinopublikum) die ganze Geschichte im Rückblick. Harald Keller *(taz)*: »Dick Richards 1975 erstellter Kriminalfilm gilt nicht nur als eine der besten Chandler-Adaptionen aller Zeiten, sondern ist einer der besten Filme überhaupt. Was nicht zuletzt an Robert Mitchum liegt, der den legendären Privatdetektiv Philip Marlowe spielt, als hätte ihm Raymond Chandler die Figur auf den athletischen Leib geschneidert. In dem bis in die Nebenrollen erstklassig besetzten Film glänzt besonders Charlotte Rampling als eiskalter Engel.«

Meinolf Zurhorst *(Lexikon des Kriminalfilms)*: »Die erste Verfilmung des Romans, *The Falcon Takes Over* (1942), war Teil einer erfolgreichen Serie um einen Privatdetektiv namens ›the Falcon‹, gespielt von George Sanders und später von dessen Bruder Tom Conway. Sein Regisseur Irving Reis bediente sich nur grob mancher Motive und des Handlungsrahmens des Romans. Philip Marlowe wurde aus dem Geschehen getilgt. Der Film wies einige ›Film noir‹-Elemente auf, ohne selbst zur Bewegung gezählt werden zu können. Anders Edward Dmytryks *Murder, My*

FABRIK DER OFFIZIERE

BRD 1988, R: Wolf Vollmar, D: Manfred Zapatka, Karl Walter Diess, Thomas Holtzmann, Harald Dietl, Stephan Meyer-Kohlhoff, Sigmar Solbach, Harald Dietl, Kurt Conradi, Christian Rode, Brigitte Karner, Rosel Zech, Hana Hegerova, Wolf Vollmar, Eliska Balzerova, Josef Abrhám

Nach einem Roman von Hans Hellmut Kirst: Ein in einer deutschen Kriegsschule im Jahre 1944 mit der Aufklärung eines scheinbaren Unfalls beauftragter Oberleutnant wird wegen seiner aufrechten Gesinnung Opfer eines Komplotts nationalsozialistischer und karrierebesessener Offiziere.

MovieLine: »Die neuerliche Verfilmung dieses Romans des Bestsellerautors Hans Hellmut Kirst ist zuweilen auf der Spur jener furchtbaren Zeit, doch lenkt sie in ihrer Schwarzweißzeichnung und mit unnötig aufgepfropften Äußerlichkeiten allzu sehr vom Kern des Problems ab.«

1960 Fabrik der Offiziere

BRD, R: Frank Wisbar, D: Carl Lange, Helmut Griem, Horst Frank

FAHR ZUR HÖLLE, LIEBLING

Farewell, My Lovely, USA/GB 1975, R: Dick Richards, D: Robert Mitchum, Charlotte Rampling, Harry Dean Stanton, John Ireland, Sylvia Miles, Anthony Zerbe, Jack O'Halloran, Joe Spinell, Sylvester Stallone, Kate Murtagh

Nach einem Roman von Raymond Chandler: Privatdetektiv Philip Marlowe wird langsam alt. Er hält sich mit kleinen Fällen gerade so über Was-

Fahr zur Hölle, Liebling (1975, R: Dick Richards): Charlotte Rampling und Robert Mitchum

Sweet, nur zwei Jahre später die erste ›richtige‹ Chandler-Verfilmung desselben Romans. Philip Marlowe wurde hier von Dick Powell dargestellt, von vielen übrigens als dessen gelungenste Personifizierung angesehen, trotz eines Humphrey Bogart. Dmytryks Version ist ein archetypischer ›Film noir‹. Starke Kontraste, bedrohliche Schatten, Unterwelt, ein Albtraum, unterschwellige Sexualität und sexuelle Perversion, psychisch gestörte Charaktere – all das macht aus *Murder, My Sweet* die aufregendere Adaption von *Farewell, My Lovely*. Erzählend aus der subjektiven Sicht Marlowes schafft der Film in zahlreichen Rückblenden eine Atmosphäre der Unsicherheit und Verwirrung. Zeitliche und lokale Verweise fehlen mitunter ganz und lassen den Zuschauer, wie auch die Hauptfigur, in einen Reigen verworrener Ereignisse stürzen, in denen man sich kaum noch zurechtfindet. In ganzen Passagen übrigens verwendet Edward Dmytryk den Originaldialog aus dem Roman Raymond Chandlers, die zur visuellen Struktur die kongeniale Entsprechung bilden.«

1944 Mord, mein Liebling

Murder, My Sweet, USA, R: Edward Dmytryk, D: Dick Powell, Claire Trevor

1942 The Falcon Takes Over

USA, R: Irving Reis, D: George Sanders, Lynn Bari, James Gleason

FAIL SAFE – BEFEHL OHNE AUSWEG

Fail Safe, USA 2000, R: Stephen Frears, D: George Clooney, Noah Wyle, Richard Dreyfuss, Hank Azaria, Brian Dennehy, Harvey Keitel, Don Cheadle, James Cromwell, Sam Elliott, John Diehl, Norman Lloyd, William Smitrovich, Doris Belack, Cynthia Ettinger, Tommy Hinkley, Grant Heslov, Thom Mathews

Während des Kalten Krieges erhält ein US-Bomber auf Grund eines technischen Defekts einen fatalen Befehl: Er soll eine Atombombe über Russland abwerfen. Pilot Jack Grady hat bereits den Punkt überflogen, bis zu dem er zurückgerufen werden könnte.

Peter Hossli *(Tages-Anzeiger)*: »Das Fernsehen leidet unter Atemnot. Werbegelder, Publikum und Medientalente wandern weltweit in die Internetindustrie ab. Seit Jahren sinken die Quoten vieler US-Sender. Kritikerinnen wie Zuschauer stellen Verblödungstendenzen fest. Die Schaulust schlafft ab. Was liegt da näher als die Rückbesinnung auf televisionäre Glanzzeiten. Aufs schwarzweisse Damals, als Fernsehsendungen noch Nationen erregten, Kinos räumten und Straßen leer fegten. Wie in den Fünfzigern locken heute abermals dumpfe Quiz- und Spielshows zum Daheimbleiben. Am vergangenen Sonntag langte das US-Network CBS erneut tief in die Fernsehmottenkiste und holte ein längst für tot erklärtes Genre hervor: Das Livedrama. Namhafte Filmstars spielten auf mehreren Bühnen in einem Studio in Los Angeles Kalten Krieg. Sechzehn Kameras übertrugen das Atombombendrama *Fail Safe* von sieben Sets aus direkt in die amerikanischen Stuben. Letztmals führten US-Schauspieler 1961 ein zweistündiges Stück Fiktion live auf. Als ›alte Schule und alte Welt‹ bezeichnete *Fail Safe*-Produzent und Hollywoodstar George Clooney das Livedrama in einem Interview mit der *Washington Post*. Der einflussreiche Clooney, 38, erfüllte sich einen Bubentraum: Er produzierte das Remake seines Lieblingsfilms live fürs Fernsehen ... Trotz packender Story geriet der *Fail-Safe*-Abend reichlich altbacken. TV-Eminenz Walter Cronkite, eine Art Erich Gysling des amerikanischen Fernsehens, leitete mit erhabener Lehrerstimme ein. Die schwarzweissen Bilder wirkten prätentiös und altmodisch. Der Kalte Krieg hat die Halbwertzeit längst hinter sich.«

1963 Angriffsziel Moskau

Fail Safe, USA, R: Sidney Lumet, D: Henry Fonda, Walter Matthau, Dan O'Herlihy

DER FALL MONA – MORDFALL, UNFALL ODER GLÜCKSFALL?

Drowning Mona, USA 2000, R: Nick Gomez, D: Danny DeVito, Bette Midler, Neve Campbell, Jamie Lee Curtis, Casey Affleck, William Fichtner, Marcus Thomas, Peter Dobson, Kathleen Wilhoite, Tracey Walter, Will Ferrell

Eine Tote, 460 Verdächtige: Eine ganze Stadt gerät unter Mordverdacht. Die Trauer hält sich in Grenzen. Als Sheriff Wyatt Rash erfährt, dass Dorfdrache Mona Dearly bei einem motorisierten Sturzflug in den Hudson River das Zeitliche gesegnet hat, wird er kurz blass. Aber nur, weil er weiß, dass ein hartes Stück Ermittlungsarbeit vor ihm liegt. Denn so ziemlich jeder im Hinterwäldlerkaff Verplanck hätte ein Motiv gehabt, an Monas Bremskabeln herumzuschneiden: von der kettenrauchenden Servierschlampe Rona bis zum biederen Sheriffstöchterchen Ellen.

Cinema: »Regisseur Nick Gomez hat bei der preisgekrönten TV-Serie *Die Sopranos* reichlich Erfahrung mit schwarzem Humor und hochkarätigen Schauspielern gesammelt. Seinem illustren Ensemble entlockt er denn auch lauter kleine Glanzleistungen. Jamie Lee Curtis war selten so cool und Neve Campbell selten so niedlich. Danny DeVito, der den Film auch produzierte, gibt als Bulle mit Musical-Tick einen sympathischen Fixpunkt ab. Und Bette Midler faucht in den leider etwas zusammenhanglosen Rückblenden wie in ihren besten Zeiten. Schade, dass das Drehbuch da nicht mithält. Während die Portraits der verschrobenen White-Trash-Gemeinde für ein paar herzhafte Lacher gut sind, plätschert der Krimiplot nur gemächlich vor sich hin, um am Ende im Sande zu verlaufen. Für einen veritablen Komödienhit reicht das nicht. So bleibt *Der Fall Mona* ein klassischer Fall von verschenkter Gelegenheit.«

1994 Ein fast perfektes Verhältnis

Mona Must Die, USA, R: Donald Reiker, D: Debbie Allen, Sheila Kelley

EINE FALLE FÜR DEN KILLER

This Gun For Hire, USA 1990, R: Lou Antonio, D: Robert Wagner, Nancy Everhard, Fredric Lehne, John Harkins

Nach einem Roman von Graham Greene: Ein Profikiller wird von seinem Auftraggeber einem Wirtschaftsboss – hereingelegt und tötet einen einflussreichen US-Senator. Als er von der Polizei gejagt wird, nimmt er eine Stripperin als Geisel. Er freundet sich jedoch mit der Frau an und opfert sich für sie, als sie im Kugelhagel der Polizei verletzt wird.

tip: »Die Story ist trivial und voller Unglaubwürdigkeiten und überraschender Wendungen, dabei stilsicher und atmosphärisch in Szene gesetzt.«

1957 Mit dem Satan auf Du

Short Cut To Hell, USA, R: James Cagney, D: Robert Ivers, Georgann Johnson

1942 Die Narbenhand

This Gun For Hire, USA, R: Frank Tuttle, D: Alan Ladd, Veronica Lake, R. Preston

EINE FALLE FÜR DIE BRAUT

Easy To Wed, USA 1946, R: Edward Buzzell, D: Esther Williams, Van Johnson, Lucille Ball, Keenan Wynn, Cecil Kellaway, Paul Harvey, June Lockhart,

Carlos Ramirez, Ethel Smith, Ben Blue, Grant Mitchell, Jonathan Hale, James Flavin

Nach einer Geschichte von Wallace Sullivan und einem Bühnenstück von Maurice Watkins, Howard Emmett Rogers und George Oppenheimer: Als ein mächtiger Finanzboss eine Boulevardzeitung auf zwei Millionen Dollar verklagt, weil sie in einer Falschmeldung seine Tochter verleumdet hat, inszeniert der Chefredakteur eine Intrige, um die Meldung im Nachhinein bestätigen zu können: Ein Reporter wird kurzerhand mit der Verlobten des Chefredakteurs verheiratet, um sich dann an die reiche Tochter heranmachen zu können.

Fischer Film Almanach: »Tiefe Spuren in der Filmgeschichte hat Buzzell nicht hinterlassen. Seine beiden Filme mit den Marx-Brothers gehören zu den schwächeren des Quartetts. Er war ein Mann des soliden Handwerks – und das wird auch hier geboten. Der Film ist leichteste Sommerkost, nicht nur weil die schöne Esther Williams so oft ins Wasser darf. Ein leicht frivoles Stück um eine Millionärstochter, über die eine Zeitung eine Falschmeldung bringt, worauf der Chefredakteur versucht, doch noch Recht zu behalten.«

1936 Lustige Sünder

Libeled Lady, USA, R: Jack Conway, D: William Powell, Jean Harlow, Spencer Tracy

DIE FALSCHE EVA

The Birds And The Bees, USA 1956, R: Norman Taurog, D: George Gobel, Mitzi Gaynor, David Niven, Reginald Gardiner, Harry Bellaver, Fred Clark

Es hat schon was für sich, Sohn eines reichen Würstchenfabrikanten und überdies ein gerade heimkehrender Schlangenexperte zu sein, denn alle Damen auf dem Überfahrt-Luxusdampfer fliegen auf ihn. Eine aber ist allen an Fangtricks weit überlegen und statt nach ihm gemäß den Wünschen ihres falsch spielenden Vaters die Netze nach lohnenden Spielverlusten auszuwerfen, angelt sie sich Herz und Hand.

Ursula Rumin *(Filmblätter)*: »Mitzi Gaynor veranstaltet eine Privat-Modenschau für den jungen Mann und ist nicht nur eine Augenweide für ihn, sondern auch für alle modeinteressierten Zuschauer. Amüsant und gekonnt ihre Parodie eines Pariser Vamps. In der Rolle des eleganten Spieler-Vaters beeindruckt Niven, und als leichter vertrottelter Schüchterling mit aufregendem

Beruf ist Gobel liebenswert. Die leichte musikalische Gesellschaftskomödie wird für viele erheiternd und spaßig sein.«

1941 Die Falschspielerin
USA, R: Preston Sturges, D: Barbara Stanwyck, Henry Fonda, Charles Coburn

FAME – WEGE ZUM RUHM
Fame, USA 1982–1987, TV-Serie: 136 Folgen, R: Debbie Allen, Allan Arkush, D: Debbie Allen, Albert Hague, Carlo Imperato, Ann Nelson, Gene Anthony Ray, Olivia Barash, Jesse Borrego, Derrick Brice, Carmine Caridi, Michael Cerveris, Loretta Chandler, Lee Curreri, Michael DeLorenzo, Cameron English, Judy Farrell, Elisa Heinsohn, Janet Jackson

Euphorisiert von glamourösen Träumen, strömen die Kids herbei. Aus vornehmen Villen oder den öden Straßenschluchten der Gettos kommend, treffen sie vor einem schäbigen Haus in Manhattan zusammen: Die New Yorker High-School für darstellende Künste gilt für viele Jugendliche als erste Sprosse der Erfolgsleiter. Für die meisten endet die Illusion vom Ruhm abrupt, denn die Aufnahmeprüfung in der Karriereschmiede ist gnadenlos ...

Jovan Evermann *(Der Serien-Guide)*: »Die Serie basiert auf dem US-Sprielfilm *Fame – Der Weg zum Ruhm* aus dem Jahr 1979 (ARD: 11.8. 1984). Viele Charaktere und deren Schauspieler wurden in die Serie übernommen. Die Choreografie der einzelnen Folgen stammt von Debbie Allen (Lydia, der Schwester von Phylicia Rashad). In England und anderen Ländern war die Serie so erfolgreich, dass insgesamt fünf Soundtrack-LPs veröffentlicht wurden und die Kids from Fame sogar auf Tournee gingen. Die Platten mit den Songs aus den einzelnen Folgen *(Hi-Fidelity, Starmaker, Desdemona, Friday Night)* belegten wochenlang Spitzenplätze in den Charts. Der Schauspieler Michael Thoma (Mr. Crandall) starb zu Beginn der zweiten Saison. Die Folge *A Tough Act To Follow* ist ihm gewidmet. ›Leroy‹ Gene Anthony Ray starb 1992 an Aids.«

1979 Fame – Der Weg zum Ruhm
Fame, USA, R: Alan Parker, D: Eddie Barth, Irene Cara, Lee Curreri

FAMILIE SCHIMEK
A 1957, R: Georg Jacoby, D: Theo Lingen, Josef Meinrad, Peer Schmidt, Helga Neuner, Adrienne Gessner, Oskar Sima, Ernst Waldow, Fita Benkhoff,

Lucie Englisch, Cissy Kraner, Helga Martin, Helga Neuner, Rudi Priefer, Günther Fischer, Ernst Waldbrunn, Ernst Meister

Nach einem Bühnenstück von Gustav Kadelburg: Die Witwe und Inhaberin einer Tischlerei in Wien hat einen faulenzenden Halbstarken und einen ungezogenen Zehnjährigen als Söhne sowie eine liebenswerte etwa zwanzigjährige Primaballerina als Tochter. Der Flurnachbar, Nichtstuer von Beruf, spielt sich als juristischer Berater auf und bestimmt einen Ministerialrat als zigsten Vormund. Die Tatsache, dass dieser Herr in besten Jahren in wohlmeinender Absicht sein zukünftiges Mündel vor unerwünschten Kavalieren beschützt, führt zu ausgedehnten Eifersuchtsszenen und zu einer Gerichtsverhandlung, wo sich alle einschließlich der zur Scheidung entschlossenen Ministerialratsfrau sowie der sich liebenden weiteren Paare zum Happy End finden.

H. J. Helmers *(Filmblätter)*: »Die Regie verrät die Hand eines seriösen Routiniers, der diesen Stoff mit bedeutsamer Bühnentradition zu einem Lustspielschwank guten Filmhumors destillierte. Sima profiliert den Charakter des fress- und saufsüchtigen Justizlaien raffiniert-verschlagen und dummdreist, Lucie Englisch paart Resolutheit mit Naivität und Meinrad als eifersüchtiger Tischlergeselle ist ein Polterer, dem man nichts übel nehmen kann. Ganz dezent legte Lingen seinen Ministerialrat in ehelichen Nöten an, wozu ihm Fita Benkhoff als Gattin von echtem Gemüt zur Seite steht ... ein echter, rechter Lustspielschwank ..., der jederzeit ein lachlustiges Publikum voll auf seine Kosten kommen lässt.«

1935 Familie Schimek
D, R: E.W. Emo, D: Hans Moser, Käthe Haack, Hilde Schneider, Grethe Weiser

FANNY
USA 1960, R: Joshua Logan, D: Charles Boyer, Maurice Chevalier, Leslie Caron, Horst Buchholz, Georgette Anys, Salvatore Baccaloni, Lionel Jeffries, Raymond Bussières, Joël Flateau, Victor Francen, Paul Bonifas

Nach den Theaterstücken *Marius, Fanny* und *César* von Marcel Pagnol: Fanny liebt Marius, den Sohn des Marseiller Kneipenwirts César. Doch sein Fernweh ist stärker und er verlässt sie, ohne zu wissen, dass sie ein Kind erwartet. In ihrer Verzweiflung heiratet Fanny den ältlichen Segelmacher Panisse, der nichts gegen den unverhofften

Nachwuchs einzuwenden hat. Doch eines Tages kehrt Marius zurück ...

TV Spielfilm Lexikon: »Marcel Pagnols Marseille-Trilogie, bestehend aus drei Bühnenstücken *(Marius, Fanny und César)*, die alle auch als Filme sehr populär waren, fand Anfang der 50er-Jahre ihren Weg auf amerikanische Musical-Bühnen. Die Filmfassung bleibt dieser Bearbeitung treu, lässt jedoch (aus unverständlichen Gründen) die wunderschönen Songs von Harold Rome weg. Eine Musik wurde von Harry Sukman immerhin als Basis für dessen Soundtrack verwendet. Der Film geht wie das Musical noch über Pagnols Vorlagen hinaus: Neun Jahre, nachdem Marius Fanny und ihrem Mann den Rücken gekehrt hat, kommt es zu einer Wiedervereinigung der beiden, als Panisse im Sterben liegt. Insgesamt leidet der Film natürlich unter der Tatsache, dass er den Inhalt von drei Filmen und sogar noch mehr in 130 Minuten unterbringen muss. Gemäß dem amerikanischen Publikumsgeschmack ist diese Fassung zudem glatter und sentimentaler geraten, obwohl die beiden Charmeure Chevalier und Boyer dem Unternehmen Stil und eine gewisse Klasse geben.«

Während Joshua Logans *Fanny* die Verfilmung der gesamten Trilogie ist, basiert der 1932 in Frankreich entstandene Film *Fanny* nur auf dem ersten Teil. Der Film erwies sich als Riesenerfolg, der gleich dreimal wiederverfilmt wurde: in Italien, in Deutschland und in den USA. Fürs französische Fernsehen inszenierte Nicolas Ribowski im Jahr 2000 mit Roger Hanin, Henri Tisot, Eric Poulain und Gaëla Le Devehat die Trilogie *Fanny*, *César* und *Marius*.

Fanny (1960, R: Joshua Logan):
Horst Buchholz, Charles Boyer und Leslie Caron

Fanny (1932, R: Marc Allégret):
Fernard Charpin, Pierre Fresnay und Orane Demazis

1938 Port Of The Seven Seas
USA, R: James Whale, D: Wallace Beery
1934 Zum schwarzen Walfisch
D, R: Fritz Wendhausen, D: Emil Jannings
1933 Fanny
I, R: Mario Almirante, D: Olga Capri, Alfredo De Sanctis, Mino Doro, Paola Dria
1932 Fanny
F, R: Marc Allégret, D: Raimu, Pierre Fresnay, Fernard Charpin, Orane Demazis

FANNY HILL

Fanny Hill, USA 1995, R: Valentine Palmer, Drb: Valentine Palmer nach dem gleichnamigen Roman von John Cleland, K: Jon Felix, Robert Coles, M: Mick Dorey, S: Clive Muller, D: Cheryl Dempsey (Fanny Hill), James Highton (Charles), Melanie Shepherd (Phoebe), Norbitt), Sidonie Bond (Mrs. Cole), Christine Furness (Mrs. Jones), Keith Drinkel (Mr. Hart), Mary Hudson (Mrs. Brown)

England, Mitte des 18. Jahrhunderts. Frances Hill, ein junges schönes Mädchen, beschließt eines Tages, in London ihr Glück zu suchen. Schon auf dem Weg in die große Stadt erfährt Frances, dass die Welt gar nicht so heil ist, wie sie in ihrem bisherigen Leben geglaubt hat. Allein und ohne einen Penny in der Tasche findet sie Aufnahme im Haus der liebenswürdigen Mrs. Brown. Unerfahren und naiv wie sie ist, merkt die arbeitswillige Dienstmagd nicht, welches Gewerbe hier die Bordellmutter Mrs. Brown mit ihren vielen »Nichten« betreibt. Fanny glaubt, im Paradies zu sein. Sie wundert sich nur über das rege Kommen und Gehen in ihrer neuen Umgebung und den relativ freizügigen Austausch von Zärtlichkeiten zwischen den »Kusinen«, »Vettern« und »Onkeln«. Mrs. Brown ist stolz auf ihre neue Errungenschaft. Phoebe, eines der Liebesmädchen, hat die Aufgabe, Fanny vorsichtig mit dem ›Geschäft‹ bekannt zu machen. Mit dem jungen und attraktiven Charles verbindet sie eine monatelange Liebesaffäre. Doch nachdem dieser von seinem Vater auf Dienstreise geschickt wird, nimmt Fanny ihre Tätigkeit als Nutte wieder auf.

TV 14: »Gefällige Erotik aus der *Playboy*-Schmiede.«

1983 Fanny Hill
GB, R: Gerry O'Hara, D: Lisa Raines, Shelley Winters, Oliver Reed
»Im Gegensatz zu Hurenfilmen wie *Die amourösen Abenteuer der Moll Flanders* (GB 1964; Regie: Terence Young) ist *Fanny Hill* deftige Kost. Zwar hat schon Russ Meyer 1964 eine Story gleichen Titels inszeniert, doch die fiel bieder aus und erwies sich als Flop – nicht zuletzt deswegen, weil man sie leicht im Millowitsch-Theater hätte aufführen können, da die ›Schlüpfrigkeit‹ sich nur im Dialog abspielte. Da war von einem Produzenten wie Harry Alan Towers, auf dessen Konto schon *Venus im Pelz* (1968; Regie: Jess Franco), *Die Karriere der Frances B.* (1983) und *Venus* (1983) gehen, mehr zu erwarten, als er John Clelands Skandalroman von 1747, der im Laufe der Zeit 250 Millionen Exemplare absetzte, auf die Leinwand brachte. Gerry *(Quentin Masters)* O'Hara, der schon *Die Stute* (1977, mit Joan Collins) gedreht hat, legte sich ausstattungsmäßig besonders ins Zeug: Die Kamera schwelgt in plüschigen Puff-Salons, in dem sich dralle Weiber aalen, und die Akteure des Spektakels bemühen sich redlich, ihr Schmutzigstes zu geben. Minuspunkt: die deutsche Synchronisation, die mit sprachlichen Anachronismen aufwartet.« (Armand Dupont, *Die 100 besten erotischen Filme*)

1968 Fanny Hill auf schwedisch
Fanny Hill – Sverige, S, R: Mac Ahlberg, D: Diana Kjaer, Keve Hjelm, Gio Petré
Schwedische Variante des im Zeitalter der Massagesalons angesiedelten »Landmädchens Liebes-Lehre«-Stoffs. Die junge, hübsche und unerfahrene Fanny Hill aus der schwedischen Provinz lernt auf der Fahrt nach Stockholm das Mädchen Monika kennen. Die beiden jungen Frauen

schließen Freundschaft, teilen sich in der Stadt ein möbliertes Zimmer und Fanny ist auch bereit, den gleichen Beruf wie Monika – sie ist ein »leichtes Mädchen« – auszuüben. Zu diesem Zweck vermittelt ihr die Freundin eine Lehrstelle in Frau Schöns exklusivem Salon.

»Das soll betont von heute sein, ist jedoch rührend altmodisch – eine schlichte, liebe Magazin-Geschichte. Die Herren geben gleich die Wohnung frei oder machen ihr Testament. Sie haben noch den Faltenwurf des Kavaliers, nicht die rüde Callgirl-Konsumenten-Geste. Der alte Hollywood-Dauerbrenner hat sein aufgemöbeltes Comeback; so viel saftige Küsse in zäher Großaufnahme sah man selten. Der üppige Mund vom Titelmädchen Diana Kjaer mag den Regisseur dazu inspiriert haben. Diana hält – zwischen traulichen Liebesspielen und lahmen Sexpartys – den Zauber ein bisschen beisammen, weil sie ein ausgefallener Typ ist. Wenn sie nicht so sehr überdrehen müsste, wäre sie sicher noch erfreulicher. Einige liebevoll fotografierte Szenen machen Vergnügen am Rande. Die ›Sünde‹, die so triumphierend ›aufgeschlossen‹ mit Happy End vorgeführt wird, hat einen gemütlichen Bart.« (Elvira Reitze, *Der Abend*)

1967 Und Amor sagt O. K. dazu
The Notorious Daughter Of Fanny Hill, USA, R: Arthur P. Stootsberry, D: Stacy Walker
Die sexuellen Fertigkeiten einer Kokotte um das Jahr 1789. Demonstriert an einem fresssüchtigen Herzog, einem sich an Peitschenhieben labenden »Marquis de Sade«, einem Kühe küssenden Bauernburschen und einer lesbischen Herzogin.

1964 Fanny Hill
Fanny Hill: Memoirs Of A Woman Of Pleasure, BRD/USA, R: Russ Meyer, Albert Zugsmith, D: Leticia Roman, Miriam Hopkins

Fanny Hill (1964, R: Russ Meyer, Albert Zugsmith): Verhandlungen mit dem Freier

Fanny Hill (1964, R: Russ Meyer, Albert Zugsmith):
Leticia Roman

»Fanny Hill ist alles andere als ein Meyer-Film. Es gibt auch nur wenige Nacktszenen, die in der deutschen Fassung aber gar nicht vorhanden sind. Der Zensur zuliebe hat man die Geschichte der Karriere des Freudenmädchens Fanny für die Filmversion ohnehin erheblich verändert. Auf der Leinwand ist sie jetzt eine extrem naive Schönheit vom Lande, die trotz der Bemühungen zahlreicher Freier ihre Unschuld lange behält, bis sie von einem adretten Kadetten (Ulli Lomel) geheiratet wird ... In der Tat wird *Fanny Hill* sowohl in Deutschland als auch in den USA zu einem großen Erfolg – hauptsächlich auf Grund der Romanvorlage von John Cleland, die bis dahin als unverfilmbar galt, und obwohl der Film nur in Schwarz-Weiß gedreht wird, hauptsächlich deswegen, weil keiner der Koproduzenten das zusätzliche Geld für Farbfilmmaterial aufbringen will. Eine US-*Playboy*-Bildgeschichte im März 1965, die sich verständlicherweise auf die wenigen Nacktszenen (der amerikanischen Fassung) konzentriert, tut ein Übriges, die Neugier des Publikums zu wecken.« (Rolf Thissen, *Russ Meyer – Der König des Sexfilms*)

FANTOMAS

F/I 1964, R: *André Hunebelle, D: Jean Marais, Louis de Funès, Mylène Demongeot, Maria Hélène Arnaud, Jacques Dynam, Robert Dalban, Christian Toma, Andrée Tainsy, Gabrielle Doulcet, Anne-Marie Peysson, Pierre Collet, Henri Attal, Dominique Zardi, Michel Duplaix, Gaston Meunier, Bernard Musson*

Nach den Geschichten von Marcel Allain: Der sagenhafte Intelligenz-Verbrecher Fantomas terrorisiert Frankreich so sehr, dass Kriminalkommissar Juve die Bevölkerung in einer Fernsehansprache beruhigen muss. Seinerseits ruft der Journalist Fandor, um die Auflage seines Blattes zu erhöhen, durch ein imaginäres Interview mit Fantomas, in dem dieser lächerlich gemacht wird, den Zorn des Ungeheuers hervor. Fantomas begeht aus Rache mehrere Gewaltverbrechen, und zwar unter der Maske von Fandor und Juve, sodass beide nacheinander als Schuldige bezichtigt werden. Als Fandors Freundin, eine Reporterin, die Unschuld der beiden beweisen kann, werden sie von Fantomas entführt, und eine wilde Verfolgungsjagd auf den raffinierten Bösewicht wird in Szene gesetzt. Fantomas kann aber noch nicht gefangen werden ...

Filmbeobachter: »Bei dem literarischen Verfasser Marcel Allain waren sowohl Fantomas als auch Juve viel grausamer und unerbittlicher. Den Lesern der zwanziger und dreißiger Jahre sollte dabei das Gruseln kommen. Allain erreichte den Zweck; die Serie wurde ein Erfolg und ist vor allem in Frankreich sehr bekannt geworden. Anders im Film: Komik und schwarzer Humor sollten hier die Oberhand gewinnen. Dies ist denn auch der Fall und kann dem Publikum nur recht sein. Fantomas ist auch nicht mehr das ursprüngliche ›Phantom‹ (Name), sondern eine Art Mabuse, der sich der modernsten technischen Mittel bedient. Eine solche Wandlung ist für die Beurteilung aber von grundlegender Bedeutung. Würde eine derartige Publizität über Verbrechen und die Überbewertung ihres Urhebers bei den Originalgestalten zweifellos zu Bedenken Anlass gegeben haben, so kann man bei der gebotenen Form diese Vorbehalte weitgehend ausräumen. André Hunebelle hat den angenehmen farbigen Streifen mit Tempo inszeniert. Die Besetzung ist einfach prächtig. Ein besonderes Lob gebührt den Tricktechnikern. Nur gegen Schluss werden die Verfolgungsjagden ein wenig ausgedehnt: zuerst im Auto, dann im bzw. auf dem Zug, schließlich auf dem Motorrad und zuletzt im Wasser. Sind die anfänglichen guten Einfälle versiegt, oder wollte man ganz einfach das Material für die Fortsetzung(en) sparen?«

1946 Fantômas

F, R: Jean Sacha, D: Simone Signoret, Marcel Herrand, Françoise Christophe

1931/32 Fantômas

F, R: Paul Féjos, D: Tania Fédor, Jean Galland, Jean Worms

1920/21 Fantômas

USA, R: Edward Sedgwick, D: Edna Murphy, Edward Roseman, Eva Balfour

1913/14 Fantômas

F, R: Louis Feuillade, D: René Navarre, Renée Carl, Jane Faber

FANTOMAS BEDROHT DIE WELT

Fantômas contre Scotland Yard, F/I 1966, R: André Hunebelle, D: Jean Marais, Louis de Funès, Mylène Demongeot, Françoise Christophe, Jean-Roger Caussimon

Nach den Romanen von Pierre Souvestre und Marcel Allain: Der neueste Coup, den das Verbrechergenie Fantomas ausgeheckt hat, besteht darin, den reichsten Männern der Welt eine Steuer auf ihr Lebensrecht aufzuzwingen. Und weil nach seiner nicht gerade zimperlichen Theorie Reiche und Verbrecher in einen Topf gehören, werden von dem Steuersystem auch einige Gangster betroffen, die deshalb mit den begüterten Scheichs, Lords und Maharadschas eine Art Interessengemeinschaft bilden. Auf dem Schloss eines schottischen Lords soll die Übergabe der in Diamanten zahlbaren Summe erfolgen. Aus Paris werden wie in den früheren Fällen Kommissar Juve, der Journalist Fandor und seine Verlobte, eine Fotografin, gerufen. Doch Juves kriminalistische Fähigkeiten bestehen praktisch nur aus geistigen Fehlzündungen, die mehr zur allgemeinen Verwirrung als zur Ergreifung von Fantomas beitragen. So verhaftet er am Schluss statt des Verbrechers aus Versehen den Journalisten und sein Mädchen, Fantomas aber kann mit der Beute entkommen ...

Filmbeobachter: »Als Kriminalgroteske ist der Film angelegt, doch stellen weder das kriminalistische noch das komische Element zufrieden. Nachdem die Autoren schon einige *Fantomas*-Drehbücher hinter sich haben, ist ihrem Einfallsreichtum sichtlich die Puste ausgegangen, und zwar gilt dies nicht nur in Bezug auf die Ideen für Handlung und Spannung des Streifens, sondern auch hinsichtlich der raffinierten technischen Ausstattung, mit deren Hilfe Fantomas in den früheren Filmen schalten und walten konnte. So wird die sich allzu lange hinziehende Fuchsjagd geradezu zum Kernstück des Werkes; viel mehr als schöne Farbaufnahmen gibt es dabei jedoch nicht zu erleben. Erst im letzten Drittel werden Rhythmus und Witz dem erwarteten Unterhaltungszweck angemessener. Wo aber die Einfälle großen Teils versiegt sind, kann auch ein urkomisches Talent wie de Funès wenig ausrichten. Welch herzhaftes Lachen dieser Mann hervorrufen kann, zeigen Vergleiche mit anderen seiner Filme. Hier muss er vorwiegend bei Abendempfängen den Kilt verlieren und entsprechend in Unterhosen dastehen, beim spiritistischen Tischrücken Kalauer von sich geben oder sich vor Gespenstern fürchten.«

1979 inszenierte Claude Chabrol die Abenteuer des Gangsterkönigs als Fernsehserie mit Helmut Berger als Fantomas und Jacques Dufilho als Inspektor Juve.

1948 Fantômas contre Fantômas

F, R: Robert Vernay, D: Marcelle Chantal, Maurice Teynac

DIE FARBE DES GELDES

The Color Of Money, USA 1986, R: Martin Scorsese, D: Paul Newman, Tom Cruise, Mary Elizabeth Mastrantonio, Helen Shaver, John Turturro, Bill Cobbs, Robert Agins, Keith McCready, Carol Messing, Steve Mizerak, Forest Whitaker

Nach einem Roman von Walter Tevis: Einst war Eddie Felson ein aufgehender Star unter Billardspielern. Doch den Sprung an die Spitze hat er nie geschafft. Inzwischen ist er Barbesitzer und Spirituosenhändler geworden. Nebenbei protegiert er junge Billardtalente. Vincent Lauria, bald nur noch Vincent the Kid genannt, gehört zu ihnen. Er hat es Eddie besonders angetan. Eddie verspricht Vincent und seiner Freundin, der rassigen Schönheit Carmen, das schnelle Geld. Er trimmt den Grünschnabel für die Meisterschaft in Atlantic City. Knochenarbeit steht bevor. Es gilt, sich mit Schlitzohren und Halbprofis in schummrigen Billard-Salons zu messen. Für Eddie ist es eine Reise in die Vergangenheit. Doch jetzt ist alles anders geworden, und bald ist auch

Vincent kein Anfänger mehr. Je erfahrener der Junge wird, desto größer werden die Spannungen in dem Trio. Schließlich meldet sich auch Eddie zur Meisterschaft in Atlantic City an. Martin Scorsese hat mit *Die Farbe des Geldes* in verrauchten Flüsterkneipen und gestylten Pool-Tempeln ein brillantes, romantisches Spielerdrama gedreht, in dem es erotisch knistert. Paul Newman, der 25 Jahre früher in Robert Rossens Thriller *The Hustler* (1961) auch schon den »Fast Eddie Felson« verkörperte, kehrt nun als Billardmeister auf die Leinwand zurück. Seinen Gegenspieler findet er in Tom Cruise, Mary Elizabeth Mastrantonio erweitert das Duo Newman/Cruise zum pikanten Dreieck. Die Idee, die Geschichte aus Walter Trevis Roman *The Hustler* zu erweitern, erweist sich als Glücksfall. Die Geschichte vom Sieger, in dem alleweil der Verlierer steckt, gewinnt eine neue, dramatische Dimension.

MovieLine: »Martin Scorseses atemberaubend inszenierter Spielerfilm ist zugleich ein moral-philosophischer Diskurs über Korruption und Unschuld, Lebenslust und Resignation, Beobachten und Handeln, Jugend und Alter.«

1961 Haie der Großstadt

The Hustler, USA, R: Robert Rossen, D: Paul Newman, Jackie Gleason, Piper Laurie

FAUST – VOM HIMMEL DURCH DIE WELT ZUR HÖLLE

BRD 1987/88, R: Dieter Dorn, Drb: Dieter Dorn nach einem Bühnenstück von Johann Wolfgang von Goethe, K: Gernot Roll, M: Roger Jannotta, S: Annette Dorn, D: Helmut Griem (Faust), Romuald Pekny (Mephistopheles), Sunnyi Melles (Gretchen), Cornelia Froboess (Marthe), Rolf Boysen (Zuneigung), Maria Nicklisch (Hexe), Peter Lühr (Dichter), Helmut Stange (Direktor/l.Bürger/Brander/Bürger-Dom/Satan), Judit Achternbusch (junge Hexe), Axel Milberg (lustige Person/Wagner), Richard Beek (Raphael), Hans Drahn (Gabriel), Katja Riemann (Hexe)

Faust im Kino – das ist ein schier unerschöpfliches Thema. Seit der Erfindung des Films gehört das *Faust*-Motiv zu den beliebten Themen. Bereits 1896 drehte Louis Lumière den ersten *Faust*-Film; 1897 folgte Georges Méliès, der später noch mehrere andere *Faust*-Filme inszenierte; 1900 entstand der erste amerikanische *Faust*. Unter den zahlreichen späteren Filmen sind besonders bekannt geworden die Filme *Pakt mit dem Teufel* von René Clair, *Die Blume der Nacht* von Claude Autant-Lara und *Faust*, in der von Peter Gorski besorgten Film-Version einer Inszenierung von Gustaf Gründgens am Deutschen Schauspielhaus Hamburg. Die ersten Regisseure mag am *Faust*-Thema das Fantastische fasziniert haben, die Möglichkeit, Filmtricks sinnvoll anzuwenden. Nach dem Stummfilmklassiker von Friedrich Wilhelm Murnau und nach der Kinofassung einer Inszenierung von Gustaf Gründgens hat sich Dieter Dorn an eine neue Verfilmung gewagt. Während Murnau Goethes Drama *Faust I* mit Elementen der mittelalterlichen Volkssage kombiniert hatte, schlug Gründgens einen Mittelweg zwischen Kinofilm- und Bühneninszenierung ein. Dorn lehnt sich in seiner Version eng an die eigene Inszenierung für die Münchner Kammerspiele an.

Goethe hat die Figur des Doktor Faustus wohl als junger Student in Straßburg um 1770 kennen gelernt. Als angehender Doktor der Rechte ergötzte »er sich in einsamen Stunden« an den über-

Die Farbe des Geldes
(1986, R: Martin Scorsese)

lieferten Erzählungen eines Mannes, dessen illustres Leben schon seit 200 Jahren auf Marktplätzen und Jahrmärkten einer staunenden Menge vorgeführt wurde. Faust war noch zu Goethes Jugendzeit ein volkstümlicher Kasperkopf, der zwielichtige Held eines Puppenspiels, das fahrende Komödianten von Dorf zu Dorf trugen. Zur »mythischen Gestalt des Deutschen« wurde er erst im 19. Jahrhundert. 1485 soll Doktor Faustus in Knittlingen in Württemberg geboren sein. Ob er den Doktortitel zu Recht trug, mag ernsthaft bezweifelt werden. Denn obschon er sich mit Vorliebe an den berühmten Universitäten von Wittenberg, Erfurt und Ingolstadt aufgehalten hat, dort wohl auch eine Schar von Studenten an sich zu fesseln vermochte, hat er sich doch seine Doktor- und Magisterwürden je nach Belieben selber vermacht. Faust, über dessen symbolische Gestalt sich die Gelehrten seit 150 Jahren den Kopf zerbrechen, war ein windiger Geselle, ein Lügenbaron und Schürzenjäger. Er war der Abenteurer seiner Zeit: ein Aufschneider, der vorgab, die Zukunft aus den Sternen oder aus glitzernden Kristallen lesen, Kranke mit allerlei Hokuspokus heilen und Tote zum Leben erwecken zu können.

1587 gibt der Frankfurter Buchhändler Johann Spies die *Historia von Dr. Johann Fausten, dem weitbeschreyten Zauberer und Schwarzkünstler* heraus. Interesse wird wohl besonders das Ende gefunden haben: die Höllenfahrt, die vom falschen Gelehrten und ruchlosen Lustmolch nur zerschmetterte Knochen und unappetitlich an der Wand des Studierzimmers vom Satan zerquetschtes Gehirn zurücklässt – der Preis eines Paktes, den Faust für 24 Jahre mit dem Teufel geschlossen haben soll, um seine ausschweifenden Begierden stillen zu können. Bereits ein Jahr nach seinem Erscheinen wurde das deutsche Volksbuch ins Englische übertragen, stilistisch mehr als nur eine Übersetzung, der in der Geschichte der Weltliteratur insofern größte Bedeutung zukommt, als sie zur Verbreitung des *Faust*-Stoffes maßgeblich beitrug. Christopher Marlowe (1564–1593), bedeutendster englischer Dramatiker vor Shakespeare, dramatisierte den *Faust*-Stoff erstmalig für die Bühne (*Tragicall History Of D. Faustus*, erstmals um 1590 aufgeführt). Im Gegensatz zur deutschen »Volkssage« erhält in Marlowes Werk der Typus des Forschers der Renaissance und des nach Lebensgenuss strebenden

Menschen größeren Spielraum. Die Festlegung auf das »warnende Beispiel« entfällt. Faust ist hier bereits in seinem Wissensdrang fast unersättlich. Marlowe lockert zusätzlich das Geschehen auf, indem er Szenen mit Wagner und den Clownsfiguren Robin und Dick einarbeitet. Die antike Frauengestalt Helena vervollständigt das Figurenensemble.

In den folgenden Jahrzehnten wird eine Flut von *Faust*-Büchern publiziert. Und als Goethe, das juristische Abschlusszeugnis in der Tasche, die ersten Entwürfe einer Faustdichtung skizzierte, da war die Geschichte des populären Magiers von den zahlreichen Geschichten, die man sich von ihm erzählte, schon nicht mehr zu trennen. Die erste Euphorie, mit der Goethe die derbe Puppenspieldramaturgie mit der Gretchengeschichte verband, war schnell verflogen. Goethe hat die Anfänge seiner Faustdichtung später vernichtet. Sie mögen ihm wohl zu rau, zu roh, zu sehr dem aufdringlichen Pathos des Sturm und Drang verhaftet vorgekommen sein. Und so wird erst 1887 die Kopie aus der Feder des Fräuleins von Göchhausen wieder gefunden, die man seither als Goethes *Urfaust* bezeichnet. War der *Urfaust* 1775 abgeschlossen, so vergingen noch einmal fünfzehn Jahre, bis Goethe in sein Tagebuch notieren konnte: »Faust abgeschickt«. Abgeschickt an seinen Verleger, der den Band im Sommer 1790 unter dem Titel *Faust. Ein Fragment* publizierte. Weitere achtzehn Jahre benötigt er, um das Fragment in jene Gestalt zu schmieden, die als *der Tragödie erster Teil* bekannt ist. Der *Faust*, den Verleger Cotta 1808 veröffentlicht, ist auch die Vorlage für Dieter Dorns Film.

»Der Faust«, sagt Goethe 1830 zu Eckermann, »ist doch ganz etwas Inkommensurabeles, und alle Versuche, ihn dem Verstand näher zu bringen, sind vergeblich.« Das hat die Nachwelt nicht daran gehindert, sich an ihm abzumühen. Schon zu Goethes Lebzeiten schrieben Maler Müller, Klinger, Chamisso und Grabbe ihren eigenen *Faust*. Louis Spohr und Berlioz ließen sich vom *Faust*-Stoff für ihre Kompositionen inspirieren. Später intonierte Robert Schumann Szenen aus Goethes *Faust*, arbeitete Liszt an einer *Faust*-Symphonie, schrieb Gounod eine *Faust*-Oper und Hanns Eisler ein *Faust*-Libretto. Den Ideologen des Kaiserreiches um 1900 galt der strebsame »faustische« Mensch als ein Wesen, an dem die Welt genesen sollte. Die expressionistische Ästhetik der

Weimarer Republik sah in ihm die langen Schatten des Grauens, die Dämone des Todes, des Krieges, der Hungersnot und der Pest, die Vorboten der Inflation, des kalkulierten Wahns und der »qualgepeitschten Massen«, wie es 1926 in einer Kritik von Friedrich Wilhelm Murnaus *Faust* heißt. Der Faschismus pries Fausts dämonischen Charakter als Zeichen germanischen Tiefsinns.

Und nach dem Krieg schien Faust für Thomas Mann (1875–1955) mit dem Bild eines Deutschland identisch, das »aus Verlangen nach Weltgenuss und Weltherrschaft seine Seele dem Teufel verschreibt« *(Doktor Faustus)*. In seinem 1947 erschienenen Roman *Dr. Faustus – Das Leben des deutschen Tonsetzers Adrian Leverkühn, erzählt von einem Freunde*, verarbeitet er die gesamte literarische Tradition des *Faust*-Stoffes, deutet sie dichterisch gestaltend, formt sie um, »zitiert« sie. Nicht Goethes *Faust*, sondern das Volksbuch von 1587, *Historia von Dr. Johann Fausten,* bildet Grundlage und Ausgangspunkt des Romans, denn Thomas Mann setzt Schicksal und Charakter des modernen Musikers Adrian Leverkühn und zugleich des ganzen deutschen Volkes in Parallele zu denen des Zauberers aus dem Volksbuch. »Der geistige Hochmut des nur mit teuflischen Mitteln sein künstlerisches Ziel erreichenden Tonsetzers, Verschließung gegen das Kreatürliche und gegen die Liebe, Betäubung durch teuflische Musik und schließlich die große Abschieds- und Bekenntnisszene mit ›Dr. Fausti Wehklag‹ und der sich dann anschließende Sturz in teuflische Umnachtung sind aus dem Volksbuch genommene, ins Moderne übertragene Motive, denen auch der Hintergrund eines Zeitenumbruchs nicht fehlt. Faust-Fabel und Faust-Gestalt wurden damit auf ihre ursprüngliche aktuelle, moral- und zeitkritische Bedeutung als symptomatische Krisenerscheinung eines Zeitalters zurückgeführt.« (Elisabeth Frenzel, *Stoffe der Weltliteratur*).

»Dieter Dorn hat in seiner Inszenierung die pathetische Dunstschicht abgekratzt, die sich in den letzten 150 Jahren in einem Phrasengewölk um die Faustfigur gebildet hat«, notiert Reinhard Kloos: »Er hat den *Faust* aus der Sphäre des hehren Geistes, in die ihn die gedankenschwere Luftblasenrhetorik selbst ernannter Schulmeister des deutschen Volkes getragen hatte, auf den Boden jener kleinbürgerlichen Verhältnisse zurückgeführt, aus denen der junge Goethe auszubrechen

wünschte, als er den Entschluss fasste, sich am tragikomischen Helden des populären Puppenspiels zu versuchen. Vor dem Faust des Dorn-Films braucht keiner mehr falschen Respekt zu haben. Mit Dorns *Faust* ist man per du. Dieser Film-Faust ist zum Anfassen. In seine Rolle könnten wir alle schlüpfen. ›Jeder Mensch sollte einen *Faust* schreiben‹, schrieb Heinrich Heine 1824. Denn den *Faust* gibt es nicht. Wenn man ihn schon nicht schreiben kann, so sollte man ihn sehen. Mit eigenen Augen. Für Goethe waren Ideen keine abstrakten Gebilde. Sondern Phänomene zum Anschauen – Schauobjekte. Wo wären sie besser aufgehoben als im Kino?«

DER SPIEGEL ist ganz anderer Meinung: »Was im Theater als Geniestreich durchgehen konnte, der zudem Umbaupausen überflüssig machte, wirkt im Kino lähmend und öde. Zum einen, weil Dorn mit dem Raum nichts anzufangen weiß. Der kommt, von ein paar wenigen Totalen abgesehen, überhaupt nicht vor. Zum anderen jedoch ist die Schwefelfarbe allgegenwärtig – dem Zuschauer, vom Gelb gemartert bis zum Netzhautkollaps, dämmert allmählich die wahre Bedeutung des Bühnen-Einfalls. Nicht das Lebenswerk des Nationaldichters ist hier zu sehen, sondern Goethes kleiner Horrorladen.« Auch Michael Skasa von der Wochenzeitung *Die Zeit* findet den Film sonderbar: »Obwohl Gründgens stets die Bühnenbauten zeigt, den Vorhang, die Kulissen und die Schminke, vergisst man bei ihm das ›Theater‹ zu Gunsten eines fesselnden Stückes, während Dorns Künstlichkeiten und breit ausgespielte Einfälle ständig auf etwas Theatralisches verweisen, das nie eingelöst wird. *Faust – der Film*? Wohl eher ›das Zelluloid‹ (trotz des Anachronismus). Oder ›Faust – die Pappe‹.«

Dagegen empfindet Georg Hensel in der *FAZ*, »was der Film an Horror-Effekten beisteuert, kommt von seiner populären Deponie. Er liefert Volkstheater mit Video-Einschuss, plakativ überzogene Bilder in pastosen Farben, grell und krass, verblüffend kurzweilig und mit der sympathischen Tendenz: Näher, mein Goethe, zu dir!« Und für Daland Segler von der *Frankfurter Rundschau* »erweist sich Dieter Dorn als zeitgenössischer Interpret des Klassikers. Es ist ja auch zeitgemäß, Literatur weniger durch lesendes Erarbeiten als durch Anschauung kennen zu lernen. Und besser als gar kein Goethe ist allemal: *Faust – der Film*.«

2000 Johann Wolfgang von Goethe: Faust

BRD, R: Peter Stein, D: Bruno Ganz, Dorothee Hartinger, Corinna Kirchhoff

1998 Deal Of A Lifetime

USA, R: Paul Levine, D: Kevin Pollack, Shay Astar, Ron Glass

»Das *Faust*-Thema in einer dünnen High-School-Komödie.« (*ComputerBild*)

1996 Faust

S, R: Eva Bergman, D: Puck Ahlsell, Ulf Dohlsten, Alexandra Zetterberg

1994 Faust

CZ/F/GB, R: Ernst Gossner, Jan Svankmajer – Animation

1993 Mne skuchno, bes

RUS, R: Yuri Borisov, D: Oleg Borisov, Yuri Posokhov, Olga Volkova

1987/88 Faust – Vom Himmel durch die Welt zur Hölle

BRD, R: Dieter Dorn, D: Helmut Griem, Romuald Pekny, Sunnyi Melles

1982 Doktor Faustus

BRD, R: Franz Seitz, D: Jon Finch, André Heller, Hanns Zischler

»Nach dem Skilaufen sei er mit Freunden beim Dämmerschoppen zusammen gewesen, merkt Seitz in den Notizen zu seinem ehrgeizigen Projekt an, als sein Blick durch das Fenster auf eine gewaltige Gletscherlandschaft fiel. ›Angesichts dieser imposanten Gebirgsszenerie‹, so Seitz wörtlich, ›kam mir die gletscherhaft verstärkte Welle von Frost in den Sinn, die Adrian Leverkühn beim Teufelsgespräch entgegenschlägt.‹ Für Seitz wurde diese Spontanassoziation zur ›Initialzündung‹, einen der gewaltigsten und anspruchsvollsten Romane, den die Weltliteratur kennt, in Szene zu setzen. Das ist ihm ... nicht nur nicht gelungen, sondern hat auch ausgerechnet jene Szene zur verkitschten Posse degradiert, auf die sein ›Initialzündungserlebnis‹ basiert. Da verabschiedet sich der Teufel nämlich mit einem derart grotesken Diabolo-Lachen, dass man meint, man schaue der Inszenierung einer Schmierenoperette zu. Spätestens hier muss man sich fragen, was Seitz eigentlich aus dem Mann'schen Werk herausgelesen hat. Sind es etwa jene Bildassoziationen von der untergehenden sechsten Armee vor Stalingrad oder von Goebbels' Sportpalast-Proklamation vom totalen Krieg, die neben anderem Dokumentarfilmmaterial penetrant irritierend in den Film einmontiert wurden? Oder sind es Schauspieler, die vergessen haben, dass eine geniale Vorlage nicht gleich bei jeder Geste, bei jedem Blick Bedeutungsschwangeres verlangt? Der Peinlichkeit von Seitz' Verfilmung wird zumindest André Heller gerecht. Er spielt seinen vielgestaltigen Teufel mit jener abgehalfterten Wiener Kaffeehausdekadenz, die ihm schon privat so gequält zu Gesicht steht. Kurz und gut: Seitz hat wie sein Protagonist Leverkühn nach den Sternen gegriffen und dabei die Verhältnismäßigkeit seiner Mittel aus den Augen verloren. Das kostet dann auch Manns feinsinnige Ironie den Kopf!« (J. M. Thie, *Filmbeobachter*).

1967 Doktor Faustus

Doctor Faustus, GB, R: Richard Burton, Nevill Coghill, D: Richard Burton

»Auf keinen Fall wurde bloß abfotografiert oder eine leicht modifizierte Filmversion einer historischen Inszenierung fürs Archiv hergestellt, oder ein Modell für den Export ... (Im) Film sollte kein dramatischer Charakter, keine spezifische Faust-Deutung, sondern der Archetyp vorgestellt wer-

Faust – Vom Himmel durch die Welt zur Hölle (1987/88, R: Dieter Dorn)

Faust (1960, R: Peter Gorski)

den, scharf profiliert gegen den bildgewordenen Hintergrund seiner Träume. Erfahrungen, Leistungen ... Burtons Faustus beherrscht als Gesicht und Halbfigur den Vordergrund der Leinwand, später gesellte sich ihm seitlich manchmal der Kahlkopf des Mephistopheles. Fast alles Übrige spielte im Hintergrund. Reale Umwelt und Traumwelt unterscheiden sich methodisch kaum ... Die Make-up-Metamorphose der Taylor, die immer wieder an strategischen Punkten des Films als bildkräftigende Erinnerung an Faustus' größten Seelenpreis wie eine proteische Vision auftaucht, sind zahllos und reichen von ägyptisch über silbern-statuesk bis zum Evaskostüm von hinten. Miss Taylor hat da offensichtlich ihrer eigenen reichen Fantasie freien Lauf lassen dürfen, wobei eine deutliche Neigung zu hellenistischem Barock, aufs Höchste orientalisch eingefärbt, festzustellen ist, aber auch kräftige Spuren von Hollywood ...« (Gertrud Mander, *Film*).

Der Pakt mit dem Teufel (1949, R: René Clair): Michel Simon als Professor Faust

1966 Faust XX

Dr. Faust XX, RO, R: Ion Popescu-Gopo, D: Emil Botta, Jurie Darie, Jorj Voicu

»Interessanter und künstlerisch eigenwilliger Versuch einer Verlagerung der *Faust*-Thematik ins 20. Jahrhundert. Amüsant-nachdenkliche Unterhaltung, wobei die philosophische Durchdringung des Stoffes nur ansatzweise gelingt.« *(Lexikon des internationalen Films)*

1960 Faust

BRD, R: Peter Gorski, D: Will Quadflieg, Gustaf Gründgens, Heidi Leupolt

Mephisto war für Gründgens die Rolle seines Lebens. Er zeigt den Teufel als einen schalkigen, boshaften Verführer, der einerseits die Menschen und ihre kleinen Schicksale verachtet und mit Gott um ihre Seelen spielt. Andererseits aber leidet er unter seinem Verstoßensein aus dem Kreis der Engel und unter der Verzweiflung der Menschen, die Gott so unvollkommen schuf. Der Film basiert auf der legendären *Faust*-Inszenierung Gründgens' am Hamburger Schauspielhaus. Peter Gorski – ein Schüler Gründgens' – versuchte, die Stilmittel des Theaters und des Films miteinander zu verbinden, dennoch ist *Faust* eine abgefilmte Theaterinszenierung. In den meisten anderen Fällen wirkt das im Kino zäh, langweilig und künstlich, hier allerdings nicht. Die spannende, schnelle und teils effektvolle Inszenierung

mit dem großartigen Schauspiel Gründgens zeigt sowohl die Tiefe und Tragik, aber auch die drastische Komik des Stücks und lässt *Faust* als Film zu einem Kino-Erlebnis werden.

1957 Faustina
E, R: José Luis Sáenz de Heredia, D: Rafael Bardem, Francisco Bernal

1955 Die Blume der Nacht
Marguerite de la nuit, F/I, R: Claude Autant-Lara, D: Michèle Morgan, Yves Montand

»Übertragung der *Faust*-Legende in eine moderne bürgerliche Umwelt, die hier als die wahre Hölle dargestellt ist, in der selbst der Teufel seinen Schrecken verloren hat. Ein faszinierendes, aber stark verschlüsseltes, nicht leicht durchschaubares Drama mit hohem Symbolgehalt.« *(Lexikon des internationalen Films)*

1950 Faust And The Devil
I, R: Carmine Gallone, D: Gino Mattera

1949 Der Pakt mit dem Teufel
La beauté du diable, F, R: René Clair, D: Michel Simon, Gérard Philipe

»René Clairs zweiter Film nach seiner Rückkehr aus Hollywood war eine französisch-italienische Coproduktion. *La beauté du diable* wurde 1949 in den Cinecittà-Studios bei Rom gedreht. Es ist eine südländische Variation der *Faust*-Legende. Während Goethes *Faust* den Glauben an den Fortschritt in seiner Epoche widerspiegelt, zeigt Clairs Bearbeitung dieses Stoffes die Skepsis der Menschen des Atomzeitalters angesichts der Bilder aus Hiroshima.« *(Berliner Morgenpost)*

1936 Faust
GB, R: Albert Hopkins, D: Webster Booth

1932 Walpurgis Night
USA, R: Howard Higgin

1927 Faust
GB, R: H. B. Parkinson, D: Herbert Langley

1925/26 Faust – Eine deutsche Volkssage
D, R: Friedrich Wilhelm Murnau, D: Gösta Ekman, Emil Jannings

»Nach dem berühmten Flug auf Mephistos wehendem Mantel, einer Meisterleistung von Herlth und Röhrig vor der Erfindung des Kamerakrans, gefolgt von einer filmisch uninteressanten Episode am Hof von Parma, steuert Murnau auf die Osterbegegnung zu. Dort, wo die Gretchen-Geschichte zu Courths-Mahler-Visionen mit Spinnrad und Ringelreihen im Blütenkranze abgleitet, hat Murnau einen Kontrapunkt gesetzt: das ›Liebesspiel‹ zwischen Mephisto und Marthe Schwertlein. Mit vulgärem Charme, servil und verschlagen, listig und lüstern offeriert Jannings seine Tartüff-Palette. Die französische Diseuse Yvette Guilbert hat hier fast die einzige

Unten: Faust – Eine deutsche Volkssage (1925/26, R: Friedrich Wilhelm Murnau): Yvette Guilbert und Emil Jannings
Rechts: Faust – Eine deutsche Volkssage (1925/26)

Chance, als liebestolle Vittib ihre schauspielerischen Möglichkeiten anzudeuten ... Als Gretchen debütierte mit mäßigem Erfolg Camilla Horn ... Die Stars des Films waren Jannings, die Bauten und die Kamera.« *(Deutsche Spielfilme von den Anfängen bis 1933)*

1922 Faust
GB, R: Challis Sanderson, D: Dick Webb

1916 Faust
I

1911 Bill Bumper's Bargain
USA, D: Francis X. Bushman, Harry Cashman, Dolores Cassinelli

1911 Faust
F, R: Georges Eagot, M. Andreani

1909 Faust
USA

1909 Faust
F, R: George Méliès

1903 The Damnation Of Faust
F

1898 Faust And Mephistopheles
GB, R: A. A. Smith

FEAR AND LOATHING IN LAS VEGAS

USA 1998, R: Terry Gilliam, D: Johnny Depp, Benicio Del Toro, Tobey Maguire, Ellen Barkin, Gary Busey, Christina Ricci, Mark Harmon, Cameron Diaz, Katherine Helmond, Michael Jeter

Journalist Duke soll für ein Sportmagazin einen Artikel über das Wüstenrennen von Nevada schreiben. Zusammen mit seinem Freund Dr. Gonzo reist er nach Las Vegas. Dort probieren die beiden wahllos jede Art von Drogen aus, die sie in die Finger bekommen. Ihr Trip wird bestimmt von wüsten Drogenfantasien, Albträumen und Ängsten.

Rhein-Zeitung: »Gilliam hat aus dem gleichnamigen Kultbuch von Hunter S. Thompson einen surrealen, bildgewaltigen und drastischen Abgesang auf die wilden 60er-Jahre gemacht.«

AJZ Kino: »Nevada, ›im fauligen Jahr des Herren 1971‹: Mit zwei Tüten voll Gras, 75 Mescalinpillen, fünf Blättern reinsten LSDs, einem halben Salzfass voll Kokain, einer Galaxy von multicolorierten uppers, downers, screamers, laughers, nebst Gallonen von Tequila, Rum und Bier, reinem Äther, und zwei Dutzend Poppersampullen ausgestattet machen sich Raoul Duke und sein Anwalt Dr. Gonzo in einem geliehenen roten Chevy-Cabrio auf den Weg nach Las Vegas. Für ein Magazin sollen sie dort von einem Motorrad-Rennen in der Wüste berichten. Von dem Rennen bekommen die beiden natürlich nur einen rudimentären Eindruck (was weniger am Sandsturm liegt), aber das spielt keine Rolle. In Wirklichkeit nutzen die beiden die Gelegenheit für einen traumatischen Trip in das Herz des American Dreams, bzw. das, was nach Nixon, Vietnam und dem Scheitern der 60er-Bewegung noch davon übrig war. Sie begegnen dabei unter anderem einem bemitleidenswerten Anhalter, einem liebesbedürftigen Highway-Polizisten, einem ›Landei‹ auf der Suche nach spirituellen Erfahrungen (Christina Ricci); sie traktieren unschuldiges Hotelpersonal, begeben sich vollgedröhnt bis zum Gehtnichtmehr zum Kongress der nationalen Drogenkonferenz, ruinieren zwei Hotelzimmer und fordern durch immer extremere Drogenexesse ihre persönlichen Abgründe und die des Post-Hippie-Amerikas ständig heraus. Die amerikanische Kritik hat die Verfilmung von Hunter S. Thompsons Gonzo-Journalismus-Roman fast durchweg nicht verstanden und als geschmacklosen, für Terry-Gilliam-Verhältnisse enttäuschenden Drogen-Klamauk à la Cheech & Chong abgetan. Tatsächlich hat Terry Gilliam es geschafft, alle Hollywood- und Indie-Konventionen auf beinahe anarchistische Weise zu ignorieren und nach *Twelve Monkeys* und *König der Fischer* endlich wieder einen herrlich geschmacklosen, überraschenden Film zu machen. *Fear And Loathing In Las Vegas* funktioniert tatsächlich wunderbar als Drogenslapstick, allein schon wegen der tollen Performance von Johnny Depp ... und Benicio del Torro (bekannt als Fenster in *Die üblichen Verdächtigen*, der sich extra eine Wampe angefressen hat), die einen permanent zum Weinen (diesmal vor Lachen – Taschentücher nicht vergessen!) und zum Würgen bringen. Dabei setzt er aber auch den Gonzo-Geist von Thompsons Roman genial um: es geht hier weder um pseudo-objektive Vermittlung von pseudo-relevanten Informationen noch um pseudo-intellektuelle Unterhaltung, deren Sinn man im Anschluss an den Film hinterfragen muss.«

1980 Blast – Wo die Büffel röhren
Where The Buffalo Roam, USA, R: Art Linson, D: Peter Boyle, Bill Murray

FEGEFEUER

Miss Sadie Thompson, USA 1953, R: Curtis Bernhardt, D: Rita Hayworth, José Ferrer, Aldo Ray, Russell Collins, Diosa Costello, Harry Bellaver, Wilton Graff, Peggy Converse, Henry Slate, Rudy Bond, Charles Bronson, Frances Morris

Unterwegs nach Australien wird Sadie Thompson auf eine Insel verschlagen, wo der Vorsitzende einer Missionsgesellschaft vergeblich versucht, den fröhlichen Eingeborenen die puritanischen Lebensregeln seiner Kirche einzubläuen. Sadie, das muntere Playgirl aus Amerika, wird von den GIs, die auf der Insel stationiert sind, begeistert begrüßt. Sie verliebt sich in einen Sergeanten, mit dem sie ein neues Leben beginnen will. Doch dem Missionar gelingt es, vom Gouverneur einen Ausweisungsbefehl zu erwirken, und Sadie muss fürchten, nach Amerika deportiert und dort mit ihrer dunklen Vergangenheit konfrontiert zu werden. Bei einer heftigen Auseinandersetzung mit dem Missionar erkennt Sadie, dass es nicht um die gefährdete Moral der Inselbewohner geht, sondern um die verdrängte Begierde eines bigotten Heuchlers. Das tragische Ende des Missionars macht den Weg frei für das Happy End.

1946 Dirty Gertie From Harlem U.S.A.

USA, R: Spencer Williams, D: Francine Everett, Don Wilson, Katherine Moore

1932 Rain

USA, R: Lewis Milestone, D: Joan Crawford, Walter Huston, Beulah Bondi

1928 ... aber das Fleisch ist schwach

Sadie Thompson, USA, R: Raoul Walsh, D: Gloria Swanson, Lionel Barrymore

DER FEIND IN DEN EIGENEN REIHEN

The Enemy Within, USA 1994, R: Jonathan Darby, D: Forest Whitaker, Sam Waterston, Dana Delaney, Jason Robards

Die Welt am Ende der 90er-Jahre ist ein Pulverfass: Iran und Irak haben sich verbündet, Nordkorea hat die Atombombe geworfen – und die USA sind pleite. Deren Armee ist nach radikalen Budget-Kürzungen kaum mehr als eine Alibi-Truppe. Der Generalstabsangehörige des Pentagon, Colonel Mac Casey, gerät an Informationen, die bezeugen, dass der radikale General Lloyd einen Staatsstreich vorbereitet. Nach dem Sturz des

Das Fenster zum Hof (1954, R: Alfred Hitchcock)

politisch angeschlagenen Präsidenten William Foster sollen die USA quasi zur Militärdiktatur umgeformt werden. Mac Casey hat nur eine Woche Zeit, um den diabolischen Plan seines Vorgesetzten zu verhindern, doch es fehlen ihm echte Beweise. Für den idealistischen Colonel beginnt ein dramatischer Wettlauf mit der Zeit ...

1963 Sieben Tage im Mai

Seven Days In May, USA, R: John Frankenheimer, D: Burt Lancaster, Kirk Douglas

DAS FENSTER ZUM HOF

Rear Window, USA 1998, R: Jeff Bleckner, D: Christopher Reeve, Daryl Hannah, Robert Forster

Jason Kemp ist nach einem Unfall querschnittsgelähmt und an den Rollstuhl gefesselt. Am Leben um ihn herum nimmt er nur noch durch den Blick aus dem Fenster teil. Und da gibt es durchaus Spannendes zu beobachten: zum Beispiel im Haus gegenüber. Dieser Bildhauer und seine Frau streiten sich wirklich ständig. Eines Tages ist die Frau fort – Jason ist sicher, dass sie ermordet wurde. Die Polizei nimmt seine Aussage nicht ernst – der beschuldigte Bildhauer jedoch sehr wohl. Ein gefährliches Katz-und-Maus-Spiel beginnt.

Christopher Reeve über die Rolle des an einen Rollstuhl gefesselten Photographen: »Wir können den Zuschauern verdeutlichen, was es bedeutet, gelähmt zu werden und dennoch sein Leben neu zu gestalten.«

Robert Fischer *(Zitty)*: »Die beste Szene bleibt auch in diesem entsetzlich überflüssigen Remake die, in der sich die Blicke des Beobachtenden und des Beobachteten zum ersten Mal kreuzen. Aber ›beste Szene‹ ist natürlich relativ: Wo bei Hitchcock buchstäblich das Herz einen Schlag aussetzt, werden bei Reeve nicht mal die Hände feucht.«

1954 Das Fenster zum Hof

Rear Window, USA, R: Alfred Hitchcock, D: James Stewart, Grace Kelly

FERIEN MIT PIROSCHKA

BRD/A/H 1966, R: Franz Josef Gottlieb, D: Marie Versini, Götz George, Liselotte Bav, István Bujtor, Hilda Gobbi, János Görbe, Dietmar Schönherr, Terry Torday, Gisela Uhlen

Thomas Laurends ist ein Playboy aus der Schnöselstadt Hamburg. Seine Freundin heißt Karin und ist Stenotypistin – keine gute Wahl für einen Mann von Welt. Bald ist er Karin denn auch überdrüssig. Da kommt es ihm sehr zupass, dass ihn

sein Vater nach Ungarn schickt, um dort Pferde für das elterliche Gestüt zu kaufen. Aber so einfach lässt sich die anhängliche Karin nicht abwimmeln. Kurzerhand schließt sie sich einer Reisegesellschaft an, die es ebenfalls ins Land der Ziehbrunnen und des Paprikas zieht. Tatsächlich gelingt es Karin, Thomas zu treffen. Der jedoch lässt sie ungerührt abblitzen, hat er doch ein Auge auf Tery, die Tochter seines Gastgebers, geworfen. Aber auch Karin bleibt nicht lange allein. Sie findet Trost beim Reiseleiter.

TV Spielfilm: »Welcher große deutsche Nachkriegs-Kinoerfolg hier Pate stand, ist nicht schwer zu erraten: *Ich denke oft an Piroschka*, Kurt Hoffmanns Film aus dem Jahr 1955, bot mit Liselotte Pulver und Gunnar Möller noch Idealbilder von Liebe und unschuldiger Erotik; Franz Josef Gottlieb setzte, dem ›fortschrittlichen‹ Geist der sechziger Jahre entsprechend, auf zwei Sex-Symbole. Götz George und Marie Versini sind wie das rot-grüne Nationalgemüse: scharf und knackig. Der Film dagegen ist eher weich gekocht. Er versucht sich anspruchsvoll zu geben, indem er Kritik am Massentourismus übt, das Problem der Ost-West-Verständigung anspricht oder pseudophilosophisch über den Sündenfall sinniert. Euro-Unterhaltung: Götz George als Hamburger Playboy, die Französin Marie Versini als Ungarin, und die Puszta als sie selbst.«

1955 Ich denke oft an Piroschka

BRD, R: Kurt Hoffmann, D: Gunnar Möller, Liselotte Pulver, Gustav Knuth

FERIEN VOM ICH

BRD 1963, R: Hans Grimm, Drb: Ilse Lotz-Dupont nach dem gleichnamigen Roman von Paul Keller, K: Dieter Wedekind, M: Rolf Wilhelm, D: Walter Reyer (F. A. Stevenson), Hans Holt (Dr. Schumacher), Geneviève Cluny (Florentine), Elisabeth Flickenschildt (Gräfin Aich), Paul Hörbiger (Blümchen), Thomas Margulies (Nicki), Grethe Weiser (Emma), Monika Dahlberg

Schiffsarzt Dr. Schumacher träumt von einem Sanatorium, in dem man für einige Wochen aus der Alltagshaut schlüpfen und wirklich Abstand von allen Verpflichtungen gewinnen kann. Als er seine Lieblingsidee dem amerikanischen Konzernchef Frank A. Stevenson erzählt, wird dieser

Ferien vom Ich (1952, R: Hans Deppe): Rudolf Prack

hellhörig. Dr. Schumacher hat nämlich den Namen von Schloss Aich erwähnt, wo Mr. Stevensons geschiedene junge Frau Florentine häufig bei ihrer Tante zu Gast ist. Da Stevenson Florentine gern einmal wiedersehen würde, gibt er dem Arzt kurzentschlossen einen Scheck, damit Dr. Schumacher seinen Wunschtraum auf Schloss Aich verwirklichen kann. So hat Stevenson schließlich einen Grund, um dort selber einmal nach dem Rechten (und nach Florentine) zu sehen. Seine Hoffnung erfüllt sich; überdies schließt er dort rasch Freundschaft mit dem kleinen Nicki. Er ahnt allerdings nicht, dass der aufgeweckte Junge sein Sohn ist ...

Das *Lexikon des internationalen Films* schreibt: »Der 1916 erschienene romantisch-versponnene Roman des schlesischen Volksschriftstellers Paul Keller vom Ferienheim, in dem alle alles tun dürfen, nur nicht das, was sie alltags tun, nimmt in dieser dritten Verfilmung die Züge eines Heimatfilms an, voller sehenswerter Landschaft und liebenswürdiger Menschen, mit Musikeinlagen, aber frei von Konflikten. Die aktualisierte Handlung lässt den Stifter des menschenfreundlichen Ferienheims, den Chef eines amerikanischen Flugzeugkonzerns, das Schloss im Salzburgischen einmal in Augenschein nehmen und dort zufällig auf seine geschiedene Frau und Sohn Nicki stoßen. Unverzüglich bemüht er sich, ein guter Mann und Vater zu werden.«

1952 Ferien vom Ich

BRD, R: Hans Deppe, D: Rudolf Prack, Marianne Hold, Willy Fritsch

»Die Idee Paul Kellers von dem Ferienheim, in dem jeder Gast sein altes ›Ich‹ abstreift, wirkt in unserer nervenfressenden Zeit wieder besonders amüsant und geistreich. Hans Deppe schenkt uns mit seiner zweiten Verfilmung dieses Stoffes wiederum ein herzerfrischendes Lustspiel, das alle Voraussetzungen für einen Publikumserfolg besitzt. In einer verträumt-romantischen Landschaft liegt jenes Ferienheim mit seinen liebenswerten und kauzigen Insassen ... Rudolf Prack spielt seinen Millionär im gewohnten Stil, Willy Fritsch ist als Seelendoktor eine sympathische Erscheinung. Eine angenehme Überraschung bietet Marianne Hold, die sich mit naiver Unbestechlichkeit die Herzen der Zuschauer erobert.« (B. Czarnetzky, *Filmblätter*)

1934 Ferien vom Ich

D, R: Hans Deppe, D: Carola Höhn

DIE FESTMUSIK VON GION

Gion bayashi, J 1953, R: Kenji Mizoguchi, D: Michiyo Kogure, Ayako Wakao, Seizaburô Kawazu, Saburo Date, Sumao Ishihara, Midori Komatsu, Kanji Koshiba, Kikue Mori, Chieko Naniwa

Nach einem Roman von Matsutaro Kawaguchi: Eine bekannte Geisha im Gion-Distrikt des modernen Kioto übernimmt die teure Ausbildung eines jungen Mädchens zur Geisha, womit sie und ihr Zögling in die Abhängigkeit von wirtschaftlichen Mechanismen geraten. Dabei entpuppt sich das Bild von der Geisha als einem »Ideal der Schönheit« als Trug.

Lexikon des internationalen Films: »Formvollendeter Mizoguchi-Film, in dem der japanische Regisseur über den Schein und die Trugbilder des konventionellen Lebens reflektiert.«

1936 Die Schwestern von Gion

Gion no shimai, J, R: Kenji Mizoguchi, D: Isuzu Yamada, Yôko Umemura

DIE FEUERZANGENBOWLE

BRD 1970, R: Helmut Käutner, Drb: Helmut Käutner nach dem Roman von Heinrich Spoerl, K: Igor Oberberg, M: Bernhard Eichhorn, S: Jane Sperr D: Walter Giller (Dr. Hans Pfeiffer), Uschi Glas (Eva Knauer), Theo Lingen (Professor Grey), Willy Reichert (Professor Bömmel), Nadja Tiller (Marion Xylander), Fritz Tillmann (Direktor Knauer), Hans Richter (Dr. Brett), Wolfgang Condrus (Husemann), Helen Vita (Frau Windscheid), Alice Treff (Frau Dir. Knauer), Herbert Weißbach (Oberschulrat Hinzelmann), Willi Rose (Klemke), Karl Josef Cramer (Rosen), Hans-Werner Bussinger (Knebel), Gerd Lohmeyer (Luck)

Bei einer abendlichen Feuerzangenbowle erinnern sich sechs ältere Herren an ihre schöne Schulzeit. Nur der jüngste in der Runde, der Schriftsteller Dr. Hans Pfeiffer, ging nie in eine Schule, weil er von einem Privatlehrer erzogen wurde. Es wird beschlossen, dass Dr. Pfeiffer noch einmal die Schulbank drückt, um Erfahrungen aus einer völlig neuen Perspektive zu sammeln. Der Schriftsteller wird zum Pennäler einer Oberprima und stellt mit seinen Streichen nicht nur die Schule auf den Kopf, er verdreht ihn auch der reizenden Eva, die diese romantische Schwärmerei vor dem gestrengen Herrn Papa und Direktor des Gymnasiums verbergen muss. Hat der Vater doch für sie schon längst Professor Grey auserwählt. Nicht einmal die berühmt-berüch-

Die Feuerzangenbowle (1970, R: Helmut Käutner):
Walter Giller und Theo Lingen

tigte Schauspielerin Marion Xylander vermag diese Idylle zu zerstören. Als der Schüler-Spaß auf die Spitze getrieben wird, kommt es zur Sensation in dieser bürgerlichen Kleinstadt: Pfeiffer demaskiert sich. Dafür bekommt er nicht nur Beifall, sondern auch das kesse Töchterlein des Herrn Direktors. Die Träume und Sehnsüchte verschwinden ... und plötzlich befindet man sich wieder in der Herrenrunde bei der zungenlösenden Feuerzangenbowle. Pfeiffer: »Nicht meiner – eurer Erinnerung verdanke ich die Geschichte. Ich habe sie abgeschrieben von eurer Jugend. Und ich nenne sie *Die Feuerzangenbowle*. Prost!«

Über den letzten Kinofilm von Helmut Käutner bemerkt Willibald Eser in seinem Buch *Abblenden*: »Im Juni 1970 betritt der liebenswürdige wie schwierige Querkopf zum letzten Mal als Regisseur ein Filmatelier. Zum Abschluss seines 31-jährigen Filmschaffens setzt er den dritten Aufguss der *Feuerzangenbowle* an. Doch Helmut Käutner wärmt die Spoerl'schen Schulstreiche, mit denen einst Heinz Rühmann in der Paraderolle des Oberprimaners Pfeiffer zum Glückstreffer wurde, nur auf. Er, der sonst seine Themen stets aktualisierte, ironisierte, glossierte, klebt diesmal an der überholten Vorlage aus dem Jahre 1932. So gedeiht die Schulklamotte mit Uschi Glas, Theo Lingen, Walter Giller, Hans Richter, Willy Reichert, Fritz Tillmann und Ex-Miss-Österreich Nadja Tiller nur zu einem sentimentalen, allenfalls lodernden, nicht aber feurigem Remake. ›Dieser jüngste Aufguss der dünnen *Feuerzangenbowle* ist ein Indiz für die Schizophrenie einheimischer Filmpolitik‹, schreibt ein Kritiker. ›Während die Bonner Regierung ei-

ne Bildungsanleihe erwägt und die Bundesländer sich um die Abschaffung der von Spoerl glorifizierten Paukschule kümmern, ist Käutners Propaganda für die gemütliche alte Penne der durch Bundesgesetz installierten Filmförderungsanstalt so gut wie sicher.‹ Der gescholtene Regisseur verteidigt sein antiquiertes, langatmiges Werk. ›Die Feuerzangenbowle und auch vorher schon die Lausbubengeschichten waren für mich rein mechanische Fingerübungen. Aber was ist gegen solche Filme einzuwenden, wenn sie anständig und kultiviert gemacht sind?‹ Sicher nichts, wenn eben nicht der Regisseur Helmut Käutner hieße, von dem man mehr als nur Otto-Normalverbraucher-Kost erwartet.«

Über die Dreharbeiten, die teilweise auch in Berlin stattfanden, berichtete für den *Abend* Klaus Achterberg: »*Die Feuerzangenbowle* wird wieder aufgewärmt. Noch kein Schulbuch gab's, das so populär war wie ebendieses von Heinrich Spoerl: Millionen haben den immer wieder gezeigten gleichnamigen Film mit Heinz Rühmann gesehen. Und jeder, der den Penne-Betrieb aus eigener Erfahrung kennt, hatte wohl auch seinen Spaß daran. Helmut Käutner, in der leichteren Muse ebenso zu Hause wie im ernsten Fach, inszeniert jetzt ein Remake des unsterblichen Streifens. Regisseur Helmut Käutner nennt seinen neuen Film ›einen verspäteten Klassiker‹. Er will mehr auf das Original-Buch zurückgreifen, aber auch Passagen aus dem bereits bestehenden Film übernehmen: ›Keinesfalls kann man die Story modernisieren‹, sagt der Altmeister, ›sie lebt von der Zeit, in der sie spielt.‹ Jahrelang hatte man ihm die Geschichte angeboten; jetzt endlich hat er's sich überlegt und zugegriffen. Lieber würde er ja einen aktuellen Pennäler-Stoff verarbeiten: ›Mit Schüler-Revolte und politischer Problematik. Aber das wollen die Leute ja nicht sehen. Beliebt sind nur Schulfilme im ›klassischen Sinne‹. Und die gehen allesamt auf die *Feuerzangenbowle* zurück; was danach kam, war immer nur ein Abklatsch.‹«

Penne-Filme rollen munter als Erfolgswelle, bemerkte die Kritikerin Elvira Reitze im *Abend* zur Premiere des Films, »wenn auch unerfindlich bleibt, ob das Bedürfnis nach wehmütig heiterem Rückblick oder eher der Wunsch, nachträglich Drangsale von einst schön korrigiert zu sehen, das Publikum an die Kassen treibt ... So lag es wohl in der Luft, dass der fidele Ahn, Heinrich

Spoerls *Feuerzangenbowle*, zum zweiten Mal als Filmvorlage bemüht wurde. Helmut Käutner ging beherzt ans schwierige Werk, gegen verklärte Erinnerungen anzudrehen. Der erfolgreiche Schriftsteller Pfeiffer, der sich für seine Freunde fantasievoll in das Schüler-Unikum einer Provinz-Penne verwandelt, ist nach Heinz Rühmann nun Walter Giller. Er schneidet nicht schlecht ab, hat seinen neuen Spät-Lausbuben ein bisschen mehr zurückgenommen. Der Film spielt, wohin er gehört: gestern. Und auch die Späße sind natürlich von gestern – vertraut bis allzu vertraut. Remakes bringen das nun einmal leicht so mit sich. Aber bunt und lustig in ansehnlicher Besetzung wird auch dieser zweite Schluck vom Erfolgsgebräu serviert. Käutner lässt komödiantisch weniger aufdrehen. Er hält den Spaß eine Spur kühler. Für den, der Erich Pontos Professor Crey im Ohr hat, wird Theo Lingens Tonfall nicht ganz stimmen, und die peinliche Begegnung der beiden Creys – Lingen und Giller – klappt gar nicht. Sie sehen doch trotz der Masken arg verschieden aus. Vom Lehrerkollegium schießt Willy Reichert mit seiner Dampfmaschin' den Vogel ab. Uschi Glas ist Pfeiffers herziges Schätzchen und Nadja Tiller eine wunderhübsche Marion. Ob der zweite Aufguss eines großen Erfolgs nötig war, wäre eine Frage. Dass sich dieses Penne-Stück jedenfalls in der neuen Schulfilm-Welle als Schaumkrone ausmachen lässt, ist gar keine Frage.«

1963 Der Musterknabe

A, R: Werner Jacobs, D: Peter Alexander, Conny Froboess

Den Firmenchef Dr. Fritz Geyer plagt ein Problem: Sein Bruder Benno soll zum dritten Mal ans Abitur, hat jedoch panische Prüfungsangst. Fritz fasst einen verwegenen Entschluss: Wenige Monate vor dem Prüfungstermin schreibt er sich unter Bennos Namen in einem anderen Gymnasium der Stadt ein und führt von nun an ein Doppelleben. Besonders die Mädchen der Klasse, angeführt von Reny, können den Musterknaben nicht ausstehen ... *I'm Yours* sang Elvis Presley, bei Peter Alexander heißt es *Wenn erst der Abend kommt*.

Gong: »Turbulentes Filmlustspiel, dessen Grundeinfall dem mehrmals verfilmten Erfolgs-

Die Feuerzangenbowle (1944, R: Helmut Weiß): Erich Ponto und Heinz Rühmann

roman *Die Feuerzangenbowle* deutlich nachempfunden ist.«

1944 Die Feuerzangenbowle

D, R: Helmut Weiß, D: Heinz Rühmann, Karin Himbolt, Hilde Sessak

Die übermütige Filmkomödie nach dem gleichnamigen Roman von Heinrich Spoerl entstand 1944; neben Heinz Rühmann in seiner Glanzrolle als Pennäler Pfeiffer (»mit drei f«) amüsieren beliebte Schauspieler von damals wie Erich Ponto und Paul Henckels in köstlichen Rollen als »Lehrkörper«. Wie die Erinnerungen an die Schulzeit, die der Film augenzwinkernd beschwört, hat *Die Feuerzangenbowle* selber schon nostalgischen Reiz, was das fortdauernde Vergnügen an dieser fantasievoll aufbereiteten Pennälerwelt nicht mindert, im Gegenteil. Und nach wie vor gilt, was eingangs versichert wird: »Dieser Film ist ein Loblied auf die Schule, aber es ist möglich, dass die Schule es nicht merkt«. *Die Feuerzangenbowle* entstand, als in Deutschland Hunger und Not herrschten, und man begonnen hatte, sich gegenseitig zu versichern, dass »dieser Krieg einmal zu Ende geht«. Zuerst wurde der Film – wegen Pädagogendiffamierung – verboten, bevor man ihn wegen des Unterhaltungswertes wieder erlaubte. Rühmann, sonst in Bezug auf gegen ihn erhobene Diffamierungen sehr zurückhaltend, wandte sich empört an Reichsmarschall Hermann Göring. Der prüfte den Film und bejahte Hitlers Frage, ob er zum Lachen sei. Die abschließenden Worte des Films »Wahr sind nur die Erinnerungen, die wir in uns tragen, die Träume die wir spinnen, und die Sehnsüchte, die uns treiben«, wurden 1944/45 von den Zuschauern gewiss anders verstanden als von ihren Führern.

»Das seltsame Glück dieses Films liegt in der vollständigen Rückkehr des Helden in eine unschuldige Kindheit. Stellvertretend für sein Publikum unternimmt er den Rückzug aus der Wirklichkeit, indem er noch einmal jenen magischen Ort aufsucht, an dem alles noch einmal beginnen und sich vielleicht ganz anders entwickeln könnte. Die Lehrer der *Feuerzangenbowle* sind unheldische, von altmodischer Väterlichkeit bestimmte Vertreter einer vom Nationalsozialismus nicht infizierten Generation.« (Georg Seeßlen, *epd*)

1934 So ein Flegel

D, R: R. A. Stemmle, D: Heinz Rühmann, Ellen Frank, Inge Konradi

»Die Erstverfilmung von Heinrich Spoerls Roman *Die Feuerzangenbowle*, den er Anfang der dreißiger Jahre schrieb und der mittlerweile mit einer Auflage von rund 1,5 Millionen Exemplaren so etwas wie ein deutsches Volksbuch wurde, hat noch am meisten von der ursprünglichen *Feuerzangenbowle*-Saga. Nicht nur, weil die Primaner-Erlebnisse Pfeiffers durch hinzuerfundene, in ihrer spezifischen Komik nur auf der Leinwand denkbare Episoden – wie Pfeiffers Kinobesuch mit der angebeteten Eva und der Pennäler-Tanzunterricht bei Maître Rudolf Platte – wirkungsvoll angereichert sind, sondern vor allem durch die originell angelegte und ausgeschmückte Parallel-Handlung des Pfeiffer-Bruders, des echten Pennälers, der in der Großstadt versucht, den Platz seines Bruders auszufüllen. Diese Doppelrolle wurde für Heinz Rühmann ein

ganz großer Erfolg. Immer wieder klatschte das Publikum spontan in vielen Szenen Applaus, obwohl er in dem von Regisseur Robert A. Stemmle exakt und ohne Übertreibung inszenierten Film durchaus nicht als Star wirkt.« (Gregor Ball/Eberhard Spiess, *Heinz Rühmann und seine Filme*)

Auch die Kritik begeisterte sich an seiner Darstellung: »Heinz Rühmann spielt die beiden Brüder mit einer bezwingenden Zurückhaltung. Er stellt unter Beweis, dass er ein ganz großer Komiker ist, ein nobler Künstler, der jedweden Krampf vermeidet. Gibt es etwas Besseres zu sagen?« (*Berliner Morgenpost*, 1934)

52 PICK-UP

USA 1986, R: John Frankenheimer, D: Roy Scheider, Ann-Margret, Vanity, John Glover, John Clover, Clarence Williams, Robert Trebor, III, Lonny Chapman, Kelly Preston, Doug McClure

Nach einem Roman von Elmore Leonard: Der seit Jahrzehnten verheiratete Unternehmer Harry Mitchell wird bei einem Schäferstündchen von Gangstern gefilmt. Diese wollen 105.000 Dollar von ihm, doch Mitchell lässt sich nicht erpressen. Dann schlagen die Gangster eine härtere Gangart ein und ermorden seine Geliebte ...

Prisma-Online: »Den mitreißenden Thriller drehte John Frankenheimer nach einer Vorlage von Elmore Leonard, nach dessen Geschichten auch Filme wie *Man nannte ihn Hombre* (1967), *Das Gesetz bin ich* (1994), *Short Run – Hexenkessel Miami* (1989), *Schnappt Shorty* (1995), Tarantinos *Jackie Brown* (1997) und *Out Of Sight* mit George Clooney gedreht wurden. Darstellerin Vanity war einst Lebensgefährtin von Popmusiker Prince.«

1984 Ambassador

USA, R: J. Lee Thompson, D: Robert Mitchum, Rock Hudson, Ellen Burstyn

DIE FINANZEN DES GROSSHERZOGS

D 1934, R: Gustaf Gründgens, D: Viktor de Kowa, Hilde Weissner, Heinz Rühmann, Paul Henckels, Theo Lingen, Maria Loja, Hans Stiebner

Nach einem Roman von Frank Heller: Großherzog Ramon XXII., Landesherr über die kleine Insel Abacco im Mittelmeer, steht vor dem Bank-

So ein Flegel (1934, R: R. A. Stemmle): Heinz Rühmann und Jakob Tiedtke

rott, die Staatskasse ist gähnend leer. Zu allem Überfluss plant ein Gauner die Übernahme der Regierung durch einen Umsturz. Die Hochzeit mit der russischen Großfürstin Olga, einer ihm völlig Unbekannten, soll ihn und Abacco retten.

Lexikon des internationalen Films: »Charmante nostalgische Komödie mit Musik, nach einem Roman des Schweden Frank Heller, der 1924 schon von F. W. Murnau als Vorlage für einen Stummfilm benutzt wurde.«

1924 Die Finanzen des Großherzogs
D, R: F. W. Murnau, D: Harry Liedkte, Mady Christians, Guido Herzfeld

FIST OF THE NORTH STAR

USA 1994, R: Tony Randel, D: Gary Daniels, Costas Mandylor, Isako Washio, Melvin Van Peebles, Malcolm McDowell, Downtown Julie Brown
Nach einem Manga (Comic) von Tetsuo Hara: Ölglänzende Muskelprotze kämpfen vor einer Endzeit-Kulisse um die Gunst einer schönen Frau und die Herrschaft der Welt. Der Erfolg des japanischen Manga *Fist Of The North Star* zeigt sich in einer TV-Serie, einem Game-Boy-Spiel und einem Zeichentrickfilm. *MovieLine*: »Wie dermal Endzeitaction nach *Mad Max* Muster. Die Adaption eines japanischen Zeichentrickfilms gleichen Namens dürfte nur ›Heavy User‹ von Billig-Action zufrieden stellen.«

1989 Fist Of The North Star
Hokuto no Ken, J, R: Toyoo Ashida – Animation

FLAMMENDE SINNE

Flame And The Flesh, USA 1954, R: Richard Brooks, D: Lana Turner, Pier Angeli, Carlos Thompson, Bonar Colleano, Charles Goldner
Nach einem Roman von Auguste Bailly: Das Spiel mit der Liebe ist gefährlich. Eine schöne Frau ist sich ihrer Anziehungskraft zwar bewusst, doch sie will sie immer wieder bestätigt sehen. Ein bestechend gut aussehender Barsänger wird ihr zum Verhängnis – aus Koketterie und Flirt wird Liebe, und mit der Überlegenheit ist es vorbei.

Vera L. Scheid (*Filmblätter*). »Lana Turner gibt eine ausgefeilte Studie der männerbetörenden Endzwanzigerin, Carlos Thompson als ihr lässigeleganter Partner ist in seinem Part überzeugend.«

Flash Gordon (1980, R: Mike Hodges): Sam J. Jones und Timothy Dalton

1937 Nächte in Neapel
Naples au baiser de feu, F, R: Auguste Genina, D: Viviane Roamnce, Michel Simon

FLAMMENDER SOMMER

The Long Hot Summer, USA 1985, R: Stuart Cooper, D: Don Johnson, Jason Robards, Judith Ivey, Cybill Shepherd, William Russ
Nach Kurzgeschichten von William Faulkner: Ben Quick ist ein junger Herumtreiber mit dem fragwürdigen Ruf eines Brandstifters. In einer kleinen Stadt am Mississippi, die von dem mächtigen Will Varner gelenkt wird, findet er eine Anstellung bei Varner, der seine 23-jährige Tochter Clara, eine noch ledige Lehrerin, unterdrückt. Da Varners Sohn ein Schwächling ist, sich Varner aber einen fähigen Nachfolger wünscht, beschließt er, dass Clara sich mit Ben Quick verloben und ihn bald heiraten soll – allerdings verweigert Clara ihre Zustimmung ...

Lexikon des internationalen Films: »Ausuferndes, aber gelungenes Fernseh-Remake.«

1958 Der lange heiße Sommer
The Long Hot Summer, USA, R: Martin Ritt, D: Paul Newman, Joanne Woodward

FLASH GORDON

GB 1980, R: Mike Hodges, D: Sam J. Jones, Melody Anderson, Max von Sydow, Chaim Topol, Ornella Muti, Timothy Dalton, Brian Blessed, Peter Wyngarde, Mariangela Melato, Munson, Biro
Der Footballspieler Flash Gordon und die Reiseleiterin Dale Arden fliegen in einem kleinen Jet, als der böse Emperor Ming die Erde als Spielplatz seiner Gemeinheiten aussucht. Es brechen Vulkane aus, Erdbeben beginnen auf der ganzen Welt und der Mond wird aus seiner Bahn ge-

worfen. Der Einzige, der dahinter einen Angriff aus dem All vermutet, ist der Professor Hans Zarkov. Durch Mings Taten verschwinden die beiden Piloten aus dem Jet und Flash muss versuchen, den Flieger irgendwie zu landen. Bei seiner Bruchlandung setzt er genau vor den Türen Zarkovs auf. Dieser zwingt die beiden dazu, mit ihm ins All zu starten und die Zerstörung der Erde zu verhindern. Bei dem recht turbulenten Start verlieren alle ihr Bewusstsein und bemerken nicht, wie sie in die Galaxie Mings reisen. Erst auf dem Heimatplaneten Mings kommen sie wieder zu sich und werden auch sogleich gefangen genommen. In seinem Palast kriegen sie auch sofort mit, was für ein böser Mann hier herrscht. Flash widersetzt sich dem Mann und wird prompt zum Tode durch Gas verurteilt, Dale soll die private Konkubine Mings und Zarkov einer Gehirnwäsche unterzogen werden. Durch sein Auftreten hat Flash die Aufmerksamkeit von Prinzessin Aura auf sich gezogen, die Tochter der Emperors. Durch ihre Hilfe wird Flash nach seiner Hinrichtung wieder belebt und sie bringt ihn zu dem Planeten der Waldmenschen, um ihn dort zu verstecken. Prinz Barin, der aber selber ein Auge auf Aura geworfen hat, passt das gar nicht, dass er auf seinen Konkurrenten aufpassen soll ... Wie so viele seiner Heldenkollegen war auch der athletische Flash ursprünglich eine Comicfigur, entworfen von dem Zeichner Alex Raymond. 1936 wechselte er auf die Leinwand und wurde verkörpert von dem ehemaligen Olympiaschwimmer Buster Crabbe, der auch schon als Tarzan durch die Studiolandschaften abenteuerte.

Wolfgang J. Fuchs *(MovieLine)*: »Dieses spannende Weltraummärchen leugnet nicht seine Herkunft aus den Comics und entführt so in ein farbenfrohes, humorgewürztes Abenteuer, das – trotz einiger Abstriche – den Kinobesucher gut unterhält. Mehr als das will und kann diese Kinoseifenblase nicht leisten, die mit dem Budget eines Großfilms an die Tradition der Film-Serials anknüpft.« 1974 entstand in den USA unter dem Titel *Flesh Gordon* ein abenteuerlicher Trip auf den Planeten Porno, dessen impotenter Herrscher die Erde mit ominösen Sex-Strahlen bedroht.

1979 The New Animated Adventures Of Flash Gordon
USA, R: Hal Sutherland, Don Towsley – Animation

1954 Flash Gordon
USA, R: Wallace Worsley jr., Gunther von Fritsch, D: Steve Holland, Irene Champlin

1936 Flash Gordon
USA, R: Frederick Stephani, D: Charles Middleton – 13 Folgen

FLED – FLUCHT NACH PLAN

Fled, USA 1996, R: Kevin Hooks, D: Laurence Fishburne, Stephen Baldwin, Will Patton, Robert John Burke, Robert Hooks, Victor Rivers, David Dukes, Ken Jenkins, Michael Nader, Brittney Powell

Immer wieder begeben sich in Hollywood-Filmen ein schwarzer und ein weißer Mann zwangsweise gemeinsam in abenteuerliche Situationen. In *Fled – Flucht nach Plan* werden Laurence Fishburne und Stephen Baldwin aneinander gekettet und sowohl von der Polizei als auch von kubanischen Mafia-Killern gehetzt.

Rhein-Zeitung: »Der in den amerikanischen Südstaaten spielende Action-Thriller bietet außer Spannung und Humor reichlich Kugelhagel und Explosionen.«

1985 Flucht in Ketten
The Defiant Ones, USA, R: David Lowell Rich, D: Robert Urich, Carl Weathers

1958 Flucht in Ketten
The Defiant Ones, USA, R: Stanley Kramer, D: Tony Curtis, Sidney Poitier

DIE FLEDERMAUS

A 1961, R: Géza von Cziffra, Drb: Géza von Cziffra frei nach der gleichnamigen Operette von Meilhacs-Halevys, Musik: Johann Strauß, K: Willy Winterstein, M: Johann Strauß, Erich Becht (Bearbeitung), es spielt das Orchester Kurt Edelhagen, D: Pe-

Flucht in Ketten (1958, R: Stanley Kramer): Sidney Poitier und Tony Curtis

ter Alexander (Dr. Gabriel Eisenstein), Marianne Koch (Rosalinde), Marika Rökk (Adele), Hans Moser (Frosch, Gefängniswärter), Willy Millowitsch (Gefängnisdirektor Frank), Gunther Philipp (Pista von Bundassy), Boy Gobert (Prinz Orlofsky), Oskar Sima (Basil Arabayam), Susi Nicoletti (Baronin Martens), Rolf Kutschera (Alfred), Rudolf Carl (Josef), Ballett der Wiener Staatsoper, Ballett der Wiener Volksoper

Der renommierte Rechtsanwalt Dr. Gabriel Eisenstein steckt in Schwierigkeiten: Wegen Beleidigung einer Amtsperson muss er für sieben Tage hinter Gitter. Seine Gattin Rosalinde will für die Zeit verreisen, und Hausmädchen Adele freut sich bereits auf ein paar ungestörte Stunden mit ihrem Verehrer Alfred. Doch dann verlangt Eisensteins ausländischer Auftraggeber, der millionenschwere Basil Arabayam, dass er für ihn einen Ball des Prinzen Orlofsky besucht. Eisenstein drückt sich um seine Gefängnisstrafe und schleicht sich als Marquis Renard auf das Fest. Umso größer ist sein Erstaunen, als er dort seine Frau, die sich als russische Tänzerin ausgibt, und Adele, die sich ausgerechnet als Marquise Renard verkleidet hat, trifft. Der nun folgenden Verwirrung kann Eisenstein kaum Herr werden. Alles verwickelt sich immer mehr, bis der Ball in einem einzigen Gelage endet. Als sich alle Beteiligten am nächsten Morgen in einer Zelle wiederfinden, ist guter Rat teuer ...

Eigentlich sollte Caterina Valente an der Seite von Peter Alexander spielen, doch zwischen der Filmschauspielerin Caterina Valente und der Filmgesellschaft Gloria kam es im Oktober 1961 zu einem Riesenkrach. Unter der Schlagzeile »Caterinas Starlaunen« berichtet der (West-)Berliner Telegraf: »Die Schauspielerin, die laut Vertrag in dem Gloria-Film Fledermaus die Rosalinde als Partnerin von Peter Alexander spielen sollte, hatte sich in einigen Punkten mit dem Drehbuch nicht einverstanden erklärt und Änderungen verlangt, die auch vorgenommen wurden. Ein Sprecher der Gloria erklärte in München, Caterina Valente, hat ohne das geänderte Drehbuch gelesen zu haben, zunächst die Rolle abgelehnt und sei nach Amerika abgereist, wo sie gegenwärtig bei Perry Como arbeitet. Durch ihren Anwalt habe sie jetzt mitteilen lassen, sie sei nach ihrer

Rückkehr aus den USA ›zu weiteren Verhandlungen bereit‹. Nunmehr habe die Gloria die Mitwirkung von Caterina Valente abgelehnt. ›Wir denken nicht daran, uns durch Starlaunen schikanieren zu lassen. Wir können nicht auf Frau Valente warten.‹«

Caterina Valente, ihr Ehemann und Manager Eric van Aro sowie ihr Rechtsanwalt, Dr. Ernst Adler, wehren sich später in Hamburg gegen die Behauptung der Gloria-Film, dass Frau Valente aus schikanösen Gründen vertragsbrüchig geworden sei. Auf einer Pressekonferenz betont die Künstlerin, dass ihre Weigerung, in dem Film Die Fledermaus mitzuwirken, nicht aus schikanösen Absichten, sondern aus künstlerischen Erwägungen erfolgt sei. Van Aro erklärt: »Das ist keine Rolle, in der wir Caterina heute sehen möchten.« Caterina Valente fügt hinzu: »Wir glauben zum Beispiel nicht, dass es gut ist, Johann-Strauß-Musik als Cha-Cha-Cha zu bringen.« An Stelle von Caterina Valente hat in der Fledermaus-Verfilmung dann Marianne Koch die Rolle der Rosalinde übernommen. Einige österreichische Traditionalisten sind bei der Premiere erbost, dass Regisseur von Cziffra manch Walzermelodie in der Musikbearbeitung durch Erich Becht dem damals angesagteren Cha-Cha-Cha opfert.

Filmecho/Filmwoche stellt fest: »Das Publikum lacht, lacht, lacht«, die Münchener Abendzeitung findet es »ganz g'spaßig«, und der Filmbeobachter behauptet: »Etwas weniger Filmklischee und etwas mehr Schwung und Charme wären dem Film gut bekommen.«

1955 Fledermaus 1955

Oh, Rosalinda, GB/BRD, R: Michael Powell, Emeric Pressburger, D: Adolf Wohlbrück

Die Fledermaus (1961, R: Géza von Cziffra):
Peter Alexander und Marika Rökk

Die Fledermaus (1945, R: Géza von Bolváry):
Marte Harell und Dorit Kreysler

»Hoch hinaus will die *Fledermaus 1955*: In Farbe und CinemaScope und in aktueller Umordnung der Handlung: Wien zur Zeit der Besatzungsmächte, nach Art der *Vier im Jeep* oder der *Liebe der vier Obersten*. Nach den unvergessenen Verfilmungen 1931 (Anny Ondra – Iwan Petrovich), 1937 (Lida Baarová – Hans Söhnker), 1945 (Marte Hareil – Johannes Heesters) kommt nun also die berühmteste Operette des unverwüstlichen Strauß-Johann aus London ... Das Ganze ist von stilisierten Wiener Zuckerbäckerbauten eines Meisterarchitekten, mit schmelzendem Walzerklang und ansteckender Spiellaune gewürzt. Freilich: Man erwarte nicht eine klassische, perlende, musikdurchflutete *Fledermaus* – vielmehr bereite man sich darauf vor, ein großes Schaukabarett internationalen Gepräges zu erleben.« (Hans Capito, *Filmblätter*)

1955 Die Fledermaus

DDR, R: E. Wilhelm Fiedler, D: Jarmila Ksirowa, Sonja Schöner, Erich Arnold

»Freut sich nicht die Kinobesucherin Lieschen Würtz darüber, dass sich die albernen ›Probleme‹ dieser Schmarotzer glücklich und endlich in Wohlgefallen auflösen? Werden nicht Neigung und Sehnsucht erweckt nach dieser angeblich ›guten alten Zeit‹, nach dem festlichen Wohlleben, das doch nur für eine Minderheit möglich war, weil die Massen in Not und Armut für sie schuften mussten? ... Es erhebt sich die Frage, ob es überhaupt notwendig ist, Stoffe wie *Die Fledermaus* zu verfilmen.« (Karl-Eduard von Schnitzler, *Filmspiegel*)

Der Film lief auch unter dem Titel *Rauschende Melodien*.

1945 Die Fledermaus

D, R: *Géza von Bolváry,* D: *Johannes Heesters, Marte Harell*

»Die wirre Handlung mit den unsterblichen Melodien in einer vergleichsweise eleganten Verfilmung. Der Film wurde noch während des Zweiten Weltkriegs gedreht, aber erst nach Kriegsende uraufgeführt.« *(Lexikon des internationalen Films)*

1937 Die Fledermaus

D, R: *Paul Verhoeven,* D: *Hans Söhnker, Lida Baarová*

»Die populäre Strauß-Operette und das Leben eines ihrer Hauptakteure ähneln sich zunehmend. Die Grenzen zwischen Traum und Wirklichkeit vermag der Operettentenor Hans Weigel nicht mehr zu erkennen. Heitere, wenn auch allzu moralisierende Geschichte um Kunst und Leben.« *(Lexikon des internationalen Films)*

1931 Die Fledermaus

D, R: *Carl Lamac,* D: *Anny Ondra, Iwan Petrovich*

1922/23 Die Fledermaus

D, R: *Max Mack,* D: *Lya de Putti, Eva May, Paul Heidemann*

DIE FLIEGE

The Fly, USA 1985, R: *David Cronenberg,* D: *Jeff Goldblum, Geena Davis, John Getz, Joy Boushel, Les Carlson, George Chuvalo, Michael Copeman, David Cronenberg, Shawn Hewitt, Carol Lazare*

Nach einer Erzählung von George Langelaan: Ein Systemverarbeitungsexperte macht sich zum Versuchsobjekt für seine Erfindung, mit der er Gegenstände durch computergesteuerte Programme auflösen und transportieren kann. Dabei wird sein Körper mit der Molekularstruktur einer Fliege vermischt, sodass er sich in ein monströses Insektenwesen verwandelt. Seine einzige Rettung sieht er darin, sich mit seiner Freundin zu verschmelzen.

Manfred Riepe *(taz):* »Die literarische Vorlage dieser techno-organischen Symbiose, die dort anknüpft, wo Mary Shellys *Frankenstein* aufhört, stammt von George Langelaan, einem britischen Autor französischer Abstammung. 1962 unter dem Titel *Nouvelles de l'Anti-Monde* veröffentlicht, bildet *Die Fliege* den Auftakt einer Kurzgeschichtensammlung, die die makabre Fragestellung variiert, was vom Menschen übrig bleibt, wenn seine wissenschaftlich-technologischen Krücken Funktionen des Körperlichen durchdringen. Wie bei Poe bleibt die Frage der Technologie eine Metapher für die – physisch erlebte – Zersetzung des Seelischen. Kurt Neumanns Verfilmung von 1958 bleibt zwar dicht am Text, verfälscht jedoch die Intention Langelaans, für den es offen bleibt, ob der ›Materietransmitter‹ am Ende tatsächlich existiert hat oder nur das Hirngespinst einer Ehefrau ist, die ihren Mann mordet, weil der seine Zeit nur im Labor verbringt. Obwohl der psychopathologische Feinmechaniker David Cronenberg in seinem 1985 gedrehten Remake nur das Grundmotiv beibehält, kommt er dem Gehalt der Geschichte näher. Der Kanadier weiß einfach Bescheid über techno-psychotische Konstellationen. In einer beiläufigen Szene will Brundles Freundin ihren aufdringlichen Vorgesetzten loswerden, der ohne zu sie fragen unangemeldet die Dusche ihrer Wohnung benutzt. Verärgert löst sie im Hinausgehen die Klospülung aus, wodurch das kalte Wasser abgezweigt wird und der unter der Dusche stehende Chef sich fürchterlich verbrüht. Später wird ihm der zur Fliege gewordene Brundle den Fuß mit Säure verätzen. Wie nach einer Verbrennung dritten Grades nimmt sich die (nicht ohne Humor) minutiös in Szene gesetzte körperliche Mutation des Wissenschaftlers aus, nachdem sich seine Gene nach erfolgreicher ›Teletransportation‹ mit denen einer Stubenfliege

vermischen. Aus dem Rücken wachsen fette Fliegenborsten, die Fingerkuppen lösen sich ab und bei einem Gespräch mit seiner Freundin (Gena Davis) fällt Brundle einfach das Ohr ab.«

Für die Insekten-Maske von Chris Walas gab es einen Oscar. 1988 fand der Film mit *Die Fliege II* (Regie: Chris Walas) dann eine Fortsetzung, in der Seth Brundles Sohn geboren wird.

1958 Die Fliege
The Fly, USA, R: Kurt Neumann, D: Vincent Price, Al David Hedison, Patricia Owens

DER FLIEGENDE HOLLÄNDER
BRD 1992, R: Henning von Gierke (Bühnenregie), Eckhart Schmidt (Bildregie), D: Julia Varady, Robert Hale, Jakko Ryhänen, Peter Seiffert, Amy Schlemm
Nach der gleichnamigen Oper von Richard Wagner: Der Holländer ist ein düsterer Wanderer des Meeres, auf der Suche nach Erlösung durch eine Frau. Mit seinem Geisterschiff macht er in einem kleinen Hafen fest und begegnet dem Kapitän Daland und dessen Tochter Senta, die aber schon einem anderen versprochen ist. Die Geschichte endet mit dem Freitod Sentas, die dem Seefahrer

Von rechts oben nach rechts unten:
- *Die Fliege (1985, R: David Cronenberg): Jeff Goldblum*
- *Die Fliege (1958, R: Kurt Neumann): Gefährliches Experiment*
- *Die Fliege (1958): Betty Lou Gerson und Patricia Owens*

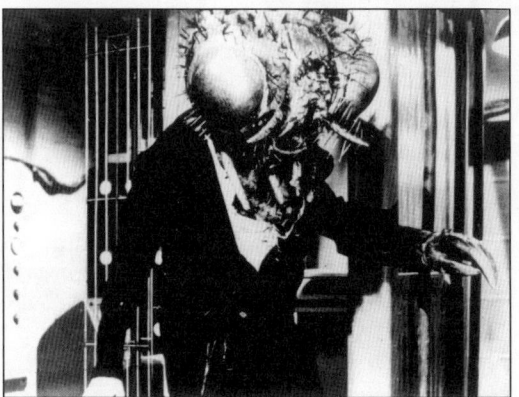

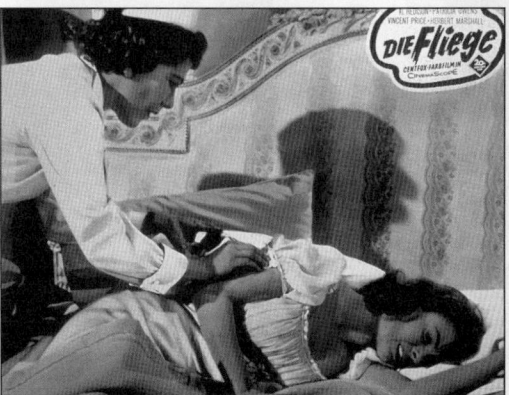

verfallen ist und bei ihrem Sterben im Meer auch das Schiff des Holländers mit in die Fluten zieht.

Lexikon des internationalen Films: »Eine abgefilmte Bühneninszenierung für Opernliebhaber, gespielt von der Bayerischen Staatsoper unter der musikalischen Leitung von Wolfgang Sawallisch.«

1964 Der fliegende Holländer

DDR, R: Joachim Herz, D: Anna Prucnal, Fred Düren, Gerd Ehlers

DAS FLIEGENDE KLASSENZIMMER

BRD 1973, R: Werner Jacobs, D: Heinz Reincke, Joachim Fuchsberger, Diana Körner, Bernd Herzsprung, Walter Richter, Otto Bolesch, Anita Mally, Thomas Eggert, Daniel Müller, Thomas Ecker, Wolfgang Jarczyk, Hans Putz

Nach einem Roman von Erich Kästner: Theodor Laban kommt sich schon sehr erwachsen vor, wenn er Johnny Trotz und dessen Freunde morgens im Internat aus den Betten scheucht. Schließlich ist der »schöne Theodor« Primaner,

Von links nach rechts unten:
* *Das fliegende Klassenzimmer (1973, R: Werner Jacobs): Joachim Fuchsberger will in die Luft*
* *Das fliegende Klassenzimmer (1954, R: Kurt Hoffmann): Auch Papierkörbe können fliegen*
* *Das fliegende Klassenzimmer (1954)*

und die anderen gehen erst in die zweite Klasse. Johnny, Sebastian, Matz und ihre Gefährten nehmen ihm das nicht weiter übel, sie haben ganz andere Sorgen. Da ist zum Beispiel ihr ständiger Kleinkrieg mit den Realschülern, der besonders heftig aufflackert, als diese Rudi Kreuzmann gefangen nehmen. Wie so oft schon zeigt Klassenlehrer Dr. Johannes Bökh auch in diesem Fall Verständnis für die Jungen. Sie schätzen ihn sehr; »Justus«, wie sie ihn nennen, ist ein richtiger Freund für sie, genauso wie der »Nichtraucher«, der diesen Spitznamen bekommen hat, weil er in einem ausrangierten Eisenbahnwagen lebt. Mit

ihm hat es eine besondere Bewandtnis, aber das erfährt die fröhliche Horde erst, als die Ferien nahen und die Jungen eifrig für eine Aufführung bei der Abschlussfeier proben. Das Stück dafür hat Johnny geschrieben, es heißt »Das fliegende Klassenzimmer« und demonstriert, wie aufregend der Erdkundeunterricht sein würde, wenn man ihn mit Hilfe eines Flugzeugs betreiben könnte ...

Rheinische Post: »Erich Kästners pfiffiges Kinderbuch wurde auf das Niveau der Lümmel- und Paukerscherze herabgezogen.«

Die Zeit: »Jacobs verbindet mühelos die inszenatorische Sensibilität seiner Heintje-Filme mit dem diskreten Witz seiner Pauker-Lustspiele.«

1954 Das fliegende Klassenzimmer

BRD, R: Kurt Hoffmann, D: Paul Dahlke, Paul Klinger, Heliane Bei, Erich Ponto

FLINTSTONES – DIE FAMILIE FEUERSTEIN

The Flintstones, USA 1994, R: Brian Levant, D: John Goodman, Rick Moranis, Elizabeth Perkins, Rosie O'Donnell, Kyle MacLachlan, Halle Berry
Steinzeit-Dickkopf Fred Feuerstein kann es kaum fassen, als er von einem Tag auf den anderen vom Dinosaurierführer zum Abteilungsleiter seiner Steinbruch-Firma befördert wird. Dahinter stecken die schmutzigen Pläne des Vize-Bosses Cliff Vandercave, der Fred als Strohmann benutzt. Der plötzliche Aufstieg bringt allerdings auch Freds wohlgeordnetes Privatleben und seine Freundschaft zu seinem Nachbarn Barny in Gefahr. Eine Realfilm-Variante der Zeichentrickkultserie von Hanna-Barbera.

Lexikon des internationalen Films: »Die Serie mit ihren liebenswerten Anachronismen erfährt

Flintstones – Die Familie Feuerstein (1994, R: Brian Levant): Rosie O'Donnell, Rick Moranis, John Goodman und Elizabeth Perkins

Familie Feuerstein (1960, R: Joseph Barbera, William Hanna): Barney, Fred und Grunzo-Saurier

in dieser Real-Version ästhetisch eine kongeniale Umsetzung; doch der bemerkenswerte Einsatz von Ausstattung und Darstellern wirkt angesichts der einfallslosen Handlung eher verschenkt.«

1966 Fred Feuerstein lebt gefährlich

USA, R: Joseph Barbera, William Hanna – Animation

1960 Familie Feuerstein

The Flintstones, USA, R: Joseph Barbera, William Hanna – Animation: 166 Folgen

FLIPPER

USA 1996, R: Alan Shapiro, D: Elijah Wood, Paul Hogan, Jonathan Banks, Chelsea Field, Isaac Hayes
Nach einem Roman von Ricou Browning und Jack Cowden: Es scheint ein langweiliger Sommer für den frechen Teenager Sandy zu werden. Denn er soll die Ferien bei seinem Onkel verbringen. Aber als er sich dort mit dem intelligenten Delfin Flipper anfreundet und gemeinsam mit ihm eine Bande von Umweltverschmutzern entlarven kann, wird es der Urlaub seines Lebens. Schon der Name sagt alles. Flipper. Eine der bekanntesten Titelfiguren, die es seit der Erfindung des Fernsehens gegeben hat. Nicht nur der Name ist bekannt, sondern auch das Strickmuster.

Lexikon des internationalen Films: »Ein naiver, aber vorzüglich fotografierter Familienfilm, der sich der aus einer Fernsehserie und einem früheren Kinofilm (1962) bekannten Tierfigur bedient; attraktiv durch seine Unterwasseraufnahmen.«

1964–1968 Flipper

USA, TV-Serie, 88 Folgen, D: Brian Kelly, Luke Halpin, Tommy Nordon

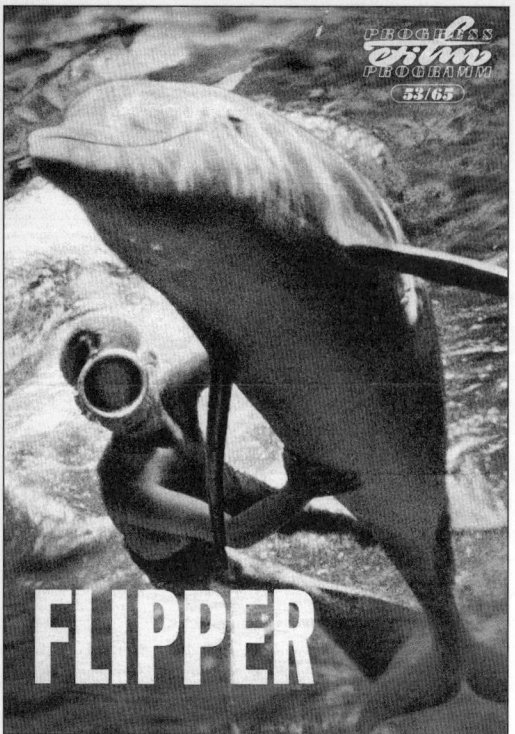

Flipper (1962, R: James B. Clark): Luke Halpin und sein schwimmender Freund

1964 Neues Abenteuer mit Flipper
Flipper's New Adventures, USA, R: Leon Benson, D: Luke Halpin, Pamela Franklin
1962 Flipper
USA, R: James B. Clark, D: Chuck Connors, Luke Halpin, Connie Scott, Jane Rose

DER FLORENTINER HUT

D 1939, R: Wolfgang Liebeneiner, D: Heinz Rühmann, Herti Kirchner, Christl Mardayn, Hans-Georg Laubenthal, Paul Henckels, Viktor Janson, Hansgeorg Laubenthal, Karl Stepanek, Gerda Maria Terno, Hellmut Weiß, Hans Herrmann-Schaufuß, Hubert von Meyerinck, Elsa Wagner, Alexa von Porembsky, Edith Meinhardt, Paul Bildt

Nach einer Komödie von Eugène Labiche: Was für ein Pech, dass Herrn Farinas Kutschpferd unterwegs ausgerechnet einen Florentiner Damenhut anknabbert. Und das am Hochzeitstag. Was wird nur seine Braut Hélène dazu sagen, dass er eine wildfremde Dame mit ins Haus bringt. Und die Schöne besteht obendrein darauf, genau den gleichen Hut ersetzt zu bekommen. Schwierigkeiten über Schwierigkeiten. Schon versammelt sich die Hochzeitsgesellschaft. Ein Königreich für einen Florentiner Hut. Und die Fremde muss verschwinden. Nicht auszudenken, wenn Hélè-

Links: Der Florentiner Hut (1939, R: Wolfgang Liebeneiner): Heinz Rühmann und Herti Kirchner
Umten: Der Florentiner Hut (1939): Heinz Rühmann und Herti Kirchner mit dem Streitobjekt

ne sie entdeckt. Doch der rettende Engel naht in Gestalt eines Onkels von Herrn Farina. Zwölf Jahre nach dem französischen Regisseur René Clair verfilmte Wolfgang Liebeneiner 1939 das Theaterstück *Der Florentiner Hut* von Labiche. Wie bei Clair spielt auch bei ihm Olga Tschechowa die Hauptrolle.

Courtade/Cadars *(Geschichte des Films im Dritten Reich)*: »Der Beginn hat Tempo, und der Film wird erst dann schwächer, wenn Heinz Rühmann die Rückblenden seiner Begegnung mit Hélène in einem direkt zum Publikum gesprochenen Kommentar erläutert. Aber die Rückblenden selbst sind so gut, dass sie dieses altmodische, damals in Deutschland so beliebte Stilmittel wieder erträglicher machen. Gegen die Mitte hin verliert der Film, trotz einiger wiederholter rascher Kamerafahrten, seinen Rhythmus und wird zäh. Liebeneiner plagiiert außerdem ohne jede Skrupel die Dekors von Lazare Meerson aus dem Clair-Film (den Wald beispielsweise und die Fassaden des Hauses, in dem der Verlobte wohnt).«

Kurt Wilhelm inszenierte das Stück *Ein Florentiner Hut* 1967 fürs Fernsehen, die Hauptrollen spielten Karin Anselm, Hannelore Borns, Jürgen Feindt und Benno Hoffmann.

1927 Der Florentiner Hut
Un chapeau de paille d'Italie, F, R: René Clair, D: Olga Tschechowa, Albert Préjean

FLUBBER

USA 1997, R: Les Mayfield, D: Robin Williams, Marcia Gay Harden, Christopher McDonald
Professor Philip Brainard ist so zerstreut, dass er schon zweimal seine eigene Hochzeit vergessen hat. Die sehr geduldige Sara legt zum dritten Mal

Der fliegende Pauker (1960, R: Robwert Stevenson): Fred MacMurray als zerstreuter Professor

einen Termin fest. Sie ist die Präsidentin der in finanziellen Schwierigkeiten steckenden Universität, an der auch Brainard seine Forschungen betreibt. Ausgerechnet am Hochzeitstag macht er eine geniale Erfindung: Eine Gummimasse, die alles zum Fliegen bringt. Bowlingkugeln, Menschen und Autos sausen durch die Lüfte. Da ist natürlich nicht ans Heiraten zu denken. Und erst recht nicht, als zwei Ganoven die Masse klauen.

Dietmar Kanthak *(General-Anzeiger)*: »Im Jahr 1960 ging Fred MacMurray mit einem Ford Model-T in die Luft. Als Wissenschaftler Ned Brainard entdeckte er in dem Disney-Film *The Absent-Minded Professor (Der fliegende Pauker)* eine gummiartige Substanz, die Materie in Flugobjekte verwandelte: ›flying rubber‹. Mit einem Wort: Flubber. Der Film des Regisseurs Robert Stevenson war kommerziell und künstlerisch erfolgreich, drei Oscarnominierungen honorierten Kameratechnik, Ausstattung und Spezialeffekte. Die Fortsetzung indes, *The Son Of Flubber* (1963), ließ das Publikum weitgehend gleichgültig. Mehr als 30 Jahre später hat Disney sich an den Erfolg von einst erinnert und das Naheliegende, ein Remake, in Auftrag gegeben.«

1988 The Absent-Minded Professor
USA, R: Robert Scheerer, D: Harry Anderson, David Paymer, James Noble

1960 Der fliegende Pauker
The Absent-Minded Professor, USA, R: R. Stevenson, D: Fred MacMurray

Flubber (1997, R: Les Mayfield): Robin Williams und seine grüne Gummilösung

FLUCHT AUS L.A.

Escape From L.A., USA 1996, R: John Carpenter, D: Kurt Russell, Steve Buscemi, Peter Fonda, Stacy Keach

Ein Erdbeben hat Los Angeles verwüstet. Die Stadt ist vollkommen zerstört und von Wasser umschlossen. Es herrscht ein diktatorischer Präsident, dem ganz Los Angeles als Gefängnis dient. Dorthin wird jeder verbannt, der gegen die staatliche Ordnung verstößt. Dass sich seine Tochter Utopia nach L.A. absetzt, um sich mit dem Chef-Guerillero Cuervo Jones zu verbünden, stört den Diktator empfindlich. Er schickt den Ex-Elitekämpfer Snake Plissken nach L.A., um die beiden zu töten.

Peter Zander *(Berliner Zeitung)*: »*Die Klapperschlange* war 1981 ein finsteres Großstadt-Märchen, das, gerade weil es in ferner Zukunft spielte, die nahe vorwegnahm. Die Reagan-Ära hatte gerade begonnen. Die soziale Kälte, die mit ihr einherging, wurde im Film konsequent zu Ende gedacht. Von der visionären Kraft ist nichts übrig geblieben. *Flucht aus L.A.* schaut nie nach vorne, sondern stets zurück. Das Original von damals wird leidlich zitiert. Dabei wirkt der Lederlack-Tarzan im Dschungel der Großstadt nun eigentümlich antiquiert und manchmal sogar wie eine ungewollte Selbstparodie. Mit dem Remake seines eigenen Klassikers verspielt der in letzter Zeit etwas glücklose Carpenter wahrscheinlich seinen letzten Kredit. Und der verblüffte Zuschauer muss erkennen, dass auch Endzeit-Visionen veralten können.«

1981 Die Klapperschlange

Escape From New York, USA, R: John Carpenter, D: Kurt Russell, Lee Van Cleef

FLUCHT VOR DEM TODE

The Cimarron Kid, USA 1951, R: Budd Boetticher, D: Audie Murphy, Beverly Tyler, John Hudson, James Best, Leif Erickson, Noah Beery jr., Yvette Dugay, Hugh O'Brian, John Hubbard, Palmer Lee, Roy Roberts, Frank Silvera, Gregg Palmer, Rand Brooks, William Reynolds, Roy Roberts, David Wolfe, John Bromfield

Cimarron Kid hat drei Jahre im Zuchthaus von Kansas gesessen, weil er die Mitglieder der Dalton Gang nicht verraten wollte, die außer ihm bei einem Banküberfall dabei waren. Nach seiner Entlassung nehmen die Daltons ihn wieder auf. Ein Überfall auf zwei Banken gleichzeitig misslingt, mehrere Männer der Bande werden getötet. Cimarron Kid wird zum neuen Anführer gewählt. Auf der Farm des alten Pat Roberts finden sie einen neuen Unterschlupf. Cimarron Kid verliebt sich in Pats Tochter Carrie und spielt mit dem Gedanken, ein ehrlicher Mensch zu werden. Der Plan eines Bankraubs in Oklahoma wird verraten, es kommt zu einer wilden Schießerei zwischen den Outlaws und den Hütern des Gesetzes. Mit dem Rest der Daltons kann sich Cimarron Kid den Weg zur Flucht freischießen. Um sich selbst zu beweisen, dass er das Gewerbe noch beherrscht, unternimmt er einen Eisenbahnüberfall. Diesmal bleibt Cimarron Kid der Einzige, der mit dem Leben davonkommt. Budd Boetticher: »Ich halte mich nicht an geschichtliche Tatsachen, wenn das einem Film nicht gut tut. Bei *Cimarron Kid* habe ich zum Beispiel die ganze Attacke der James- und Dalton-Brüder umgeschrieben; es wäre völlig unmöglich gewesen, die Vorgänge so zu zeigen, wie sie tatsächlich passiert sind. Als der Film den Einwohnern des Ortes gezeigt wurde, wo der Überfall in den achtziger Jahren stattfand, lebten da noch sieben alte Männer, die den Überfall miterlebt hatten und von den Kugeln verschont geblieben waren. Sie erklärten, meine Version der Attacke sei historisch getreu. Sie müssen damals zu jung gewesen sein, oder sie haben den Kopf zu tief in den Sand gesteckt, als die Schießerei losging. Die Stadtverwaltung hat mir eine Medaille verliehen, weil ich die historische Wahrheit so getreu nachgezeichnet hätte. Ich will damit nur sagen, dass das Kino vor allem

Flucht aus L.A. (1996, R: John Carpenter): Valeria Golino und Kurt Russell

Unterhaltung bleiben soll, was es ja heute oft nicht mehr ist. Es ist besser, sich die Dinge ein bisschen hinzubiegen und einen guten Film zu machen, als sich skrupulös an die historischen Fakten zu klammern und einen farblosen, langweiligen Film zu machen – von denen gibt's genug.«

Lexikon des internationalen Films: »Die üblichen Ingredienzen (galoppierende Hufe, rauchende Pistolen, schmetternde Fäuste) und das Pathos verhaltener Männlichkeit würzen den ersten Western von Budd Boetticher.«

1949 Banditen am Scheidewege
The Doolins Of Oklahoma, USA, R: Gordon Douglas, D: Randolph Scott

FLÜCHTIGE BEGEGNUNG
Brief Encounter, GB 1974, R: Alan Bridges, D: Richard Burton, Sophia Loren, Jack Hedley, Rosemary Leach, Anne Firbank, Gwen Cherrell, Benjamin Edney, John Le Mesurier, Jumoke Debayo
Anna Jesson, eine gebürtige Italienerin, ist seit Jahren mit dem englischen Anwalt Graham Jesson verheiratet. Sie führen eine gute Ehe und haben zwei Kinder miteinander. Jeden Mittwoch fährt Anna aus dem kleinen ländlichen Ort, wo ihr Mann seine Anwaltspraxis betreibt, in das nahe Winchester, dort ist sie ehrenamtlich in einer sozialen Beratungsstelle tätig. Eines Tages fliegt ihr auf dem Bahnhof ein Staubkörnchen ins Auge. Dr. Alec Harvey, zufällig zur selben Zeit im Bahnhofsrestaurant, befreit sie davon. In der nächsten Woche begegnen die beiden sich erneut.

Anna erfährt, dass Harvey ebenfalls einmal wöchentlich nach Winchester kommt, um Patienten im dortigen Krankenhaus zu besuchen. Er ist auch verheiratet, aber offenbar nicht glücklich mit seiner Frau Melanie. Beide verabreden sich für den nächsten Mittwoch und treffen sich fortan regelmäßig. Anna spürt mehr und mehr, dass sie Harvey ebenso liebt wie er sie, aber sie leidet darunter, ihren Mann zu hintergehen. Schließlich überredet Harvey sie zu einem Rendezvous in der Wohnung seines verreisten Freundes Stephen. Dort eröffnet er ihr, dass er ein Angebot hat, nach Australien zu gehen; er will es jedoch nur annehmen, wenn sie ihn begleitet. Die vorzeitige Rückkehr des Hausherrn bringt Anna in eine demütigende Situation. Sie flüchtet; als Harvey ihr nacheilt und sie bittet, ihn zu heiraten, sagt sie ihm schweren Herzens, dass sie Schluss machen müssen. Obwohl sie Harvey liebt, wird sie bei ihrem Mann bleiben.

ARD: »Noel Cowards Stück über eine unerfüllte Liebe und die damit verbundenen Gefühlskonflikte wurde von David Lean 1945 mit Trevor Howard und Celia Johnson in den Hauptrollen schon einmal verfilmt. Die Neuverfilmung von Alan Bridges beeindruckt vor allem durch die attraktive Besetzung mit den Stars Richard Burton und Sophia Loren.«

1946 Begegnung
Brief Encounter, GB, R: David Lean, D: Celia Johnson, Trevor Howard

FÖHN – STURM IN DER OSTWAND
BRD 1950, R: Rolf Hansen, D: Hans Albers, Heinrich Gretler, Adrian Hoven, Liselotte Pulver, Lucius Versell, Antje Weissgerber, Ellen Widmann
Vor Jahren hat Dr. Jensen seine Frau bei einem Bergunglück verloren. Als die zwei Verlobten Peter und Marie den Aufstieg ohne Bergführer wagen wollen, warnt er die beiden vor dem gefährlichen Abenteuer. Da sich Peter aber von der Bezwingung des Berges nicht abhalten lässt, begleitet er das junge Paar. Doch schon bald kommt es zum befürchteten Unglück.

1929 Die weiße Hölle vom Piz Palü
D, R: Arnold Fanck, Georg Wilhelm Pabst, D: Gustav Diessl, Leni Riefenstahl

Die weiße Hölle vom Piz Palü (1929, R: Arnold Fanck, Georg Wilhelm Pabst): Gustav Diessl und Leni Riefenstahl

FORBIDDEN BEAUTY

USA 1995, R: Jim Wynorski, D: Jennifer Rubin, Doug Wert, Maria Ford, M. Brasselle

Janice Starlin, Inhaberin einer Kosmetikfirma, trauert um ihre einst makellose Haut. Ein von dem Wissenschaftler Zinthorp entwickeltes Wespenhormon verspricht ihr ewige Jugend. Mit gruseligen Nebenwirkungen. Von Roger Corman produziertes Remake seines eigenen Kultfilms *Die Wespenfrau*.

TV Today: »... glänzt durch miese Tricks und plumpe Mimen. Ein wahres Trashfest.«

1959 Die Wespenfrau

The Wasp Woman, USA, R: Roger Corman, D: Susan Cabot, Fred Eisley

DIE FÖRSTERBUBEN

A 1984, R: Peter Patzak, D: Franco Nero, Georg Friedrich, Thomas Sigwald, Horst Klaus, Hanna Lussnig

Nach Motiven eines Romans von Peter Rosegger: Kurz vor Ausbruch des Ersten Weltkriegs steigen auf einer kleinen Eisenbahnstation in den steirischen Alpen der Gymnasiast Elias und ein Fremder aus dem Zug. Zu diesem Zeitpunkt kann noch niemand ahnen, dass damit schicksalhafte Ereignisse ihren Lauf nehmen: Der labile junge Mann findet weder in seinem Vater noch in seinem Bruder mit ihrer beengten Vorstellungswelt einen Halt; so fühlt er sich zu dem Fremden hingezogen. Zwei Morde verändern schließlich das Leben aller.

Lexikon des internationalen Films: »Tragische Moritat nach Motiven des Romans von Peter Rosegger, hervorragend fotografiert und mit präzisem Blick auf die inneren und äußeren Konflikte.«

1955 Die Försterbuben

BRD, R: Robert A. Stemmle, D: Kurt Heintel, Erich Auer, Annie Rosar

DIE FÖRSTERCHRISTEL

BRD 1962, R: Franz Josef Gottlieb, D: Sabine Sinjen, Peter Weck, Gerlinde Locker, Sieghardt Rupp, Doris Kirchner, Wolf Albach-Retty, Rudolf Vogel, Oskar Sima, Edith Schultze-Westrum, Ernst Waldbrunn, Horst Naumann, Raoul Retzer, Hans Habietinek, Georg Thomalla

Der junge Franz-Joseph ist in einer Kutsche unterwegs zum Grafen Paalen. Nach einer Panne im

Die Försterbuben (1955, R: Robert A. Stemmle): Eva Probst, Kurt Heintel und Erich Auer

staatlichen Wald geht seine Majestät zu Fuß alleine weiter. Die hübsche Försterchristel erkennt den Kaiser nicht und nimmt ihn wegen Wildfrevels fest. Franz-Joseph findet die eintägige Haftstrafe im Försterhaus höchst amüsant. Das Missverständnis klärt sich erst beim kaiserlichen Ball auf, zu dem Christel eine Einladung erhält. Sie möchte mit dem Herrscher sprechen – er soll ihren Liebsten begnadigen, den Schlossverwalter Franz Földessy. Dieser hatte 1848 gegen den Monarchen gekämpft.

TV Spielfilm: »Familienunterhaltung mit romantischem Einschlag.«

1952 Die Försterchristel

BRD, R: Arthur Maria Rabenalt, D: Johanna Matz, Angelika Hauff, Karl Schönböck

1931 Die Försterchristel

D, R: Friedrich Zelnik, D: Irene Eisinger, Paul Richter, Oskar Karlweis

1926 Die Försterchristel

D, R: Friedrich Zelnik, D: Lya Mara, Harry Liedtke, Wilhelm Dieterle

FRANKENSTEINS SCHRECKEN

The Horror Of Frankenstein, GB 1970, R: Jimmy Sangster, D: Ralph Bates, Kate O'Mara, Veronica Carlson, Dennis Price, Jon Finch, Bernard Archard, Graham James, James Hayter, Joan Rice

Victor Frankenstein, Medizinstudent, experimentiert aus Leidenschaft. Nachdem er eine tote Schildkröte zum Leben erweckt hat, plant er Größeres. Er beauftragt einen Schwerverbrecher, Leichen zu besorgen. Da er sehr wählerisch ist, nimmt er sich von Dutzenden von Leichen passende Einzelteile. Der Gehirnspender wird kurzerhand vergiftet. Bei der Operation läuft das Gehirn leider etwas aus, sodass es nicht verwundert, dass das Monster, ein athletischer Muskelprotz mit genieteter Schädeldecke, sich erst einmal an seinem Mörder rächen will. Nach zwei bizarren Morden endet das Monster in einem Säurebad.

Lexikon des Horrorfilms: »Regisseur Jimmy Sangster ist ein Eigengewächs der Hammer-Film. Der 1935 geborene Autodidakt begann seine Karriere bei Hammer als Klappenboy, war mit 19 Jahren bereits Regieassistent, schrieb eine ganze Reihe von Drehbüchern und gilt als anerkannter Horrorspezialist. In *Frankensteins Schrecken* hält er sich, was den Inhalt betrifft, an berühmte Vorbilder, durch absurde Übertreibungen macht er daraus eine makabere, tiefschwarze Horror-Komödie.«

1957 Frankensteins Fluch

The Curse Of Frankenstein, R: Terence Fisher, D: Peter Cushing, Hazel Court

1931 Frankenstein

USA, R: James Whale, D: Colin Clive, Boris Karloff, Mae Clarke

Von links oben nach rechts unten:
* *Frankensteins Fluch (1957, R: Terence Fisher):*
  Peter Cushing und Robert Urquart
* *Frankenstein (1931, R: James Whale):*
  Boris Karloff als Monster
* *Frankenstein (1931):*
  Der Schöpfer hält sein Monster gefangen

FRANZISKUS

Francesco, I/BRD 1988, R: Liliana Cavani, D: Mickey Rourke, Helena Bonham Carter, Andréa Ferreol, Nikolaus Dutsch, Peter Berling, Hanns Zischler, Mario Adorf, Paolo Bonacelli, Fabio Bussotti, Riccardo De Torrebruna, Alekander Dubin, Edward Farrelly, Paolo Proietti, Paco Reconti

Im Jahre 1226 stirbt Franziskus Bernardone (Franz von Assisi). Seine Vertrauten ziehen sich auf ein Feld zurück und wollen ihre Erinnerungen an Franziskus in einem Buch festhalten. Unter ihnen sind die heilige Klara und der langjährige Begleiter von Franziskus, Leone. Die Jünger von Franziskus erinnern sich, wie Franziskus die Tageseinnahmen seines Vates an einen Bettler verschenkte, aber auch, dass Franziskus den irdischen Freuden nicht abgeneigt war: Er besuchte die Bordelle und feierte Gelage. Er half armen Familien und zog selbst in eine Armensiedlung. Schon bald scharte er eine Gemeinschaft von Menschen um sich, die ebenso dachten wie er. Der Vatikan wurde auf ihn aufmerksam und erkannte die Gemeinschaft an. Verdächtigungen der Inquisition, dass die Gruppe um Franziskus ketzerisch sei, wurden zurückgewiesen. Franziskus begann, eine Ordensregel zu entwerfen, und wollte eine Vorschrift durchsetzen, nach der jeder Besitz, auch der von festem Schuhwerk, verboten war. Diese Regeln wurden Gegenstand von Auseinandersetzungen, die den Geistlichen bald ermüdeten. Er zog sich in die unzugängliche Bergwelt Umbriens zurück und flehte Gott um ein Zeichen an. Eines Tages wachte er auf und entdeckte, dass Gott ihm Gnade erwiesen hat.

Die Geschichte des Franz von Assisi hat die Film-Regisseure immer fasziniert, Insgesamt acht Franz von Assisi-Filme wurden zwischen 1911 und 1989 produziert. Liliana Cavani ist die einzige Filmemacherin, die zwei Filme über den heiligen Franz drehte. Liliana Cavani: »Franziskus hat mich immer fasziniert. Er erscheint jeder Epoche als ein hoch moderner Mensch. Das Buch zu meinem Film stützt sich zu 90 Prozent auf die Augenzeugenberichte, die zwei Jahre nach dem Tod von Franziskus von seinen Anhängern aufgeschrieben wurden. Ein Mönch, das erste Oberhaupt des Franziskanerordens, hat diese Berichte gesammelt. Leider konnte ich viele berühmte Geschichten von Franziskus nicht aufnehmen. Zum einen haben viele Regisseure die Szene, in der Franziskus mit den Vögeln spricht, schon gut genug gedreht. Zweitens war ich gezwungen, eine Auswahl zu treffen. Ich nahm die Episoden in den Film auf, die meine Geschichte rasch vorantrieben. Ein religiöser Film ist mein *Franziskus* nicht. Es ist ein Film, der einem religiösen Mann gewidmet ist, nämlich Franziskus, dem religiösen Menschen par excellence.«

Peter Buchka *(Süddeutsche Zeitung)*: »Liliana Cavani hat einen großen Bilderbogen vom Leben des heiligen Franz von Assisi in den Farben des Piero della Francesca entworfen. Nicht um der Liebe, sondern um der eigenen Angst willen, so predigt sie, muss man alles aufgeben. Wer nichts mehr hat, der fürchtet sich auch nicht mehr vor Blamage und Peinlichkeiten und hat damit seine Existenzängste überwunden. Das ist, trotz einer gewissen Maßlosigkeit, ein fesselnder Aspekt.«

1972 Bruder Sonne, Schwester Mond
Brother Sun, Sister Moon, GB/I, R: Franco Zeffirelli, D: Graham Faulkner

1966 Francesco d'Assisi
I, R: Liliana Cavani, D: Lou Castel

1960 Franz von Assisi
Francis Of Assisi, USA, R: Michael Curtiz, D: Bradford Dillman, Stuart Whitman

1950 Franziskus, der Gaukler Gottes
Francesco, Giullare di Dio, I, R: Roberto Rossellini, D: Nazario Gerardi, Aldo Fabrizi

1943 San Francisco de Asis
MEX, R: Alberto Gout, D: José Luis Jiménez

1927 Frate Francesco
I, R: Giulio Altamoro, D: Alberto Pasquali

1911 San Francesco – Il Poverello d'Assisi
I, R: Enrico Quazzoni, D: Emilio Ghione

DIE FRAU DES JAHRES

Woman Of The Year, USA 1975, R: Jud Taylor, D: Renee Taylor, Joseph Bologna, Dick O'Neill, Anthony Holland

Sportreporter Sam Rodino findet die politischen Kolumnen der Sporthasserin Tess Harding furchtbar arrogant. Als sie sich jedoch kennen lernen, funkt es gewaltig bei ihnen. Für beide ist es Liebe auf den ersten Blick. Es kommt zur Blitzhochzeit, aber damit fangen die Probleme erst an ...

Lexikon des internationalen Films: »Enttäuschendes Fernseh-Remake des berühmten Hollywood-Films *Die Frau, von der man spricht* (1942).«

Die Frau des Jahres (1975, R: Jud Taylor):
Joseph Bologna und Renee Taylor

Der Kampf zwischen den Geschlechtern ist das Thema des Films *Die Frau, von der man spricht*, in dem zwischen Katharine Hepburn und Spencer Tracy der berufliche Rivalenkampf im trauten Heim seine Verlängerung erfährt. Die brillante Komödie wurde zugleich zum Beginn einer der erfolgreichsten Starkombinationen der amerikanischen Filmgeschichte: Hepburn/Tracy.

1942 Die Frau, von der man spricht
Woman Of The Year, USA, R: George Stevens, D: Katharine Hepburn

FRAU HOLLE
Perinbaja, BRD/A/ČSSR 1984, R: Juraj Jakubisko, Drb: Lubomír Feldek, Juraj Jakubisko nach einem Märchen der Gebrüder Grimm, K: Dodo Simoncic, M: Petr Hapka, S: Patrick Pass, D: Giulietta Masina (Frau Holle), Petra Vancíková (Goldmarie), Milada Ondrasíková (Pechmarie), Tobias Hoesl (Jacob), Pavol Mikulík (Vater), Vlastimil Drbal, Sona Valentová, Karel Effa, Valerie Kaplanová

Ein kleiner Wanderzirkus zieht im Winter über Land. Eine Lawine begräbt Wagen und Artisten. Nur der kleine Jakob kann entkommen und wird von Frau Holle gerettet, die das Geschehen vom Himmel aus betrachtet hat. Viele Jahre bleibt er bei ihr, ohne zu altern. Eines Tages blickt Jakob in eine Kristallkugel, mit deren Hilfe er auf die Erde schauen kann. Er sieht die kleine Elisabeth, die Tochter des Dorfrichters. Sie wächst heran und Jakob verliebt sich in das Mädchen. Heimlich kehrt er mit einem Bettbezug Frau Holles zur Erde zurück.

Jakob beginnt beim Dorfrichter als Knecht zu arbeiten. Elisabeths böse Stiefmutter wünscht sich Jakob, der sich als sehr geschickt erweist, als Bräutigam für ihre Tochter Dora. Jakob jedoch möchte Elisabeth heiraten. Da schmieden die böse Stiefmutter und Dora einen teuflischen Plan. Nur mit Frau Holles Hilfe wendet sich schließlich alles zum Guten. Als Protagonistin in den Filmen ihres Ehemannes Federico Fellini wurde Giulietta Masina weltberühmt. In diesem Film, der das gleichnamige Märchen der Brüder Grimm sehr frei variiert und üppig mit Motiven aus slawischen Volksmärchen ausschmückt, ist die italienische Schauspielerin als Frau Holle zu erleben. Tilly Lauenstein lieh Giulietta Masina für die deutsche Synchronversion ihre Stimme.

»Ich habe ein Märchen verfilmt, weil dies ein Genre ist, das mir liegt«, erläutert Regisseur Juraj Jakubisko: »In allen meinen bisherigen Filmen, auch jenen mit historischen Themen, habe ich märchenhafte, man könnte auch sagen ›magische‹ Elemente verwendet. Die filmische Gestaltung des Fantastischen war immer ein wichtiger Aspekt meiner Arbeit. So gesehen war mir ein Teil dieses Genres vertraut. *Frau Holle* ist weder ein Kinderfilm noch ein Film für Erwachsene. Ich halte diese Trennung ohnehin für absurd. Ich glaube, Kindern gefallen dieselben Filme wie Erwachsenen, sofern ihnen die dramaturgischen Zusammenhänge begreifbar sind. Kinder haben einen sehr unmittelbaren Filmverstand und Erwachsene sind doch in gewissem Sinn nicht mehr als eine große Ausgabe von Kindern. Manchmal habe ich den Eindruck, dass so genannte Kinderfilme einfach Filme sind, die ihre Zuschauer für besonders dumm halten. Sicher gibt es in *Frau Holle* Ebenen, die Kinder nicht begreifen werden, das ist aber unerheblich, es sind ja auch nicht alle Erwachsenen gleichermaßen und in derselben Sprache zu erreichen.«

Carla Rhode bemerkt im *Tagesspiegel*: »Ebenso bizarr wie die Handlung ist auch die künstlerische Gestaltung dieses Märchenfilms, für die Jakubisko, einst ein subtiler Regisseur, voll in die Kiste tricktechnischer Möglichkeiten gegriffen hat. Auf Erfolge der Fantasy-Filme schielend, hat er sein Filmchen dermaßen mit Effekten überfrachtet, dass das Ergebnis nur noch mit einem Begriff zu bezeichnen ist: Kitsch.« Auch Sebastian Feldmann in der *Rheinischen Post* bemängelt: »Jakubisko hat das Märchen mit viel Nebel, Weichzeichner, flatternden Tauben, sich spreizenden Pfauen, Hohe-Tatra-Holzhäuschen-

Frau Holle – das Märchen von Goldmarie und Pechmarie (1961, R: Peter Podehl)

Kunstgewerbe und anderem Zuckerbäckerzeug so allerliebst hingepinselt, dass einem vor lauter Süßigkeit ganz übel wird.« Dagegen zeigt sich der *Fischer Film Almanach* beeindruckt: »Giulietta Masina als Frau Holle: das ist der Erste von vielen hübschen Einfällen«, denn »das Grimm'sche Märchen ist also nur ein Quelle für Jakubisko, der außerdem voll aus dem Schatz tschechischer Sagen und Märchen und selbst aus dem Alten Testament schöpft und aus den Vorlagen und eigenen Zutaten eine überquellende Fülle von Geschichten, Episoden, Bildern und Motiven fließen lässt. Der Film ist bestes Familienkino ...«

1963 Frau Holle

DDR, R: Gottfried Kolditz, D: Karin Ugowski, Mathilde Danegger

»Auch wenn das Grimm'sche Märchen diese Eindimensionalität vorgibt und das Genre eine solch genügsame Interpretation zuließe, der Film steigert sie ins Unerträgliche ... Bei aller löblichen Absicht einer solchen Gesundheitserziehung: die Suggestion der Kinder durch solch absolute Gegeneinandersetzung von vermeintlich guten und schlechten Werten wünschte man sich in Feder-

bettenwolken erstickt.« *(Zwischen Marx und Muck)*

1961 Frau Holle – das Märchen von Goldmarie und Pechmarie

BRD, R: Peter Podehl, D: Lucie Englisch, Madeleine Binsfeld, Iris Mayer

1954 Frau Holle

BRD, R: Fritz Genschow; D: Renée Stobrawa, Rita-Maria Nowotny

1948 Frau Holle

BRD, R: Harry Grimm, D: Eldie Bayer, Trude Bock, Hertha von Hagen

DIE FRAU IN ROT

The Woman In Red, USA 1984, R: Gene Wilder, D: Gene Wilder, Charles Grodin, Kelly Le Brock, Joseph Bologna, Judith Ivy, Michael Huddleston, Gilda Radner, Sandra Wilder, Kyle T. Heffner, Michael Zorek, Billy Beck, Kyra Stempel

Als der Biedermann Teddy Pierce die hinreißend schöne Charlotte sieht, ist es um ihn geschehen: Fortan denkt der Familienvater nur noch daran, wie er das Fotomodell erobern kann. Auch als die Frau seiner Träume in greifbare Nähe rückt, seine linkischen Annäherungsversuche liebenswert findet, geht für Werbemanager Teddy alles schief – so gründlich, dass er schließlich auf einem Hochhaus-Sims in San Francisco als vermeintlicher Selbstmord-Kandidat von einer Menschenmenge bestaunt wird und dabei viel Muße hat, über eine reumütige Rückkehr zu seiner verständnisvollen Ehefrau nachzudenken. Gene Wilder spielte unter eigener Regie die Abenteuer eines Familienvaters, dem statt erotischer

Die Frau in Rot (1984, R: Gene Wilder): Schampus fürs Schäferstündchen

Abenteuer meist nur Peinlichkeiten beschieden sind. Sein französisches Vorbild Yves Roberts *Ein Elefant irrt sich gewaltig* von 1976 hat er nicht nur durch die Ortsveränderung ins Amerikanische übersetzt. Die Ehebruchsversuche wirken noch frivoler, weil der puritanisch geprägte Held von weit heftigeren Schuldgefühlen geplagt ist.

Bodo Fründt (SZ): »Verliebtheit, das weiß Wilder, macht aus durchaus vernünftigen Menschen Trottel. Gefühle erzeugen destruktives Chaos in unserer sich so um Rationalität bemühenden Gesellschaft. Wo aber der Franzose Yves Robert eher milde Resignation in seinem Film verbreitete, zeigt sich Wilder in seinem Remake positiver: Er identifiziert sich voll und ganz mit allen Trotteleien – gleich, ob sie von älteren Männern, jüngeren Frauen, dicken Punks oder distinguierten Schwulen begangen werden. Und das macht seine Filme so angenehm und fast ungewöhnlich menschlich.«

1976 Ein Elefant irrt sich gewaltig
Un eléphant ca trompe énormement, F, R: Yves Robert, D: Jean Rochefort

Links: Die Frau in Rot (1984, R: Gene Wilder):
Kelly Le Brock und Gene Wilder in berühmter Pose
Oben: Ein Elefant irrt sich gewaltig (1976,
R: Yves Robert)

EINE FRAU IST EINE FRAU
Une femme est une femme, F/I 1960, R: Jean-Luc Godard, D: Anna Karina, Jean-Claude Brialy, Jean-Paul Belmondo, Nicole Paquin, Ernest Menzer, Jeanne Moreau, Catherine Demongeot, Marie Dubois
Angela verdient ihr Geld als Stripteasetänzerin und lebt mit dem Buchhändler Emile glücklich und zufrieden zusammen. Alles läuft bestens, bis Angela ein Kind bekommen will. Emile will das nicht einsehen, vertröstet sie mit »vielleicht später«. Doch Angela ist fest entschlossen. Und will Emile nicht mitziehen, wird sie eben den ersten Besten zum Vater ihres Kindes machen. Der ist ihr dann aber nicht gut genug. Deshalb fällt ihre Wahl auf den gemeinsamen Freund Alfred, der sofort bereit ist, ihr diesen Dienst zu erweisen. Emile ist von dieser Idee nicht gerade angetan, will es aber auf keinen Fall zeigen. Abends geht Emile unruhig in das Tanzlokal, um mit Angela zu sprechen. Sie ist nicht da. Verzweifelt sucht er

sie überall und entdeckt sie, wie befürchtet, bei Alfred.

Prisma-Online: »Godards dritter Spielfilm innerhalb von 14 Monaten ist seine erste Produktion in Farbe, ein spielerisches ›Plagiat‹ der kurz zuvor entstandenen Philippe de Broca-Komödie *Liebesspiele* (gedreht nach einem von Godard in den Cahiers du Cinéma veröffentlichten Treatment). Inspiriert von Hollywoods großen Romanzen und Musicals, setzt Godard hier vor allem seine spätere Ehefrau Anna Karina im CinemaScope-Format ins Bild – in den jede Szene dominierenden Farben Rot, Blau und Weiß. Das Ergebnis ist eine verspielte Nummernrevue voller visueller und verbaler Gags, die von Anfang an auf den nostalgischen Charme einer Hommage setzte und auf ein Genre, das nur als amerikanische Importware auf europäischen Leinwänden wirklich Fuß fassen konnte, während es in Godards Händen allenfalls als ironisches Zitat ›überlebt‹.«

1960 Liebesspiele

Les jeux de l'amour, F, R: Philippe de Broca, D: Jean-Pierre Cassel, Geneviève Cluny

FRAU JENNY TREIBEL

BRD 1981, R: Franz Josef Wild, D: Maria Schell, Rolf Schult, Dietlinde Turban, Ernst Jacobi, Karin Anselm, Hannes Messemer, Hilde Sessak, Rainer Hunold, Christian Berkel

Nach einem Buch von Theodor Fontane: Jenny Treibel, die Tocher eines Kolonialwarenhändlers, ist durch ihre Ehe mit dem Kommerzienrat und Industriellen Treibel nicht nur zu Geld, sondern auch zu gesellschaftlichem Ansehen gekommen. Hinter einer Fassade aus schmalziger Sentimentalität setzt sie ihre Interessen rücksichtslos

durch; da werden Gefühle mit Füßen getreten, Persönlichkeiten zerbrochen und Ehen gestiftet, die nur unglücklich werden können.

Herbert Spaich *(Maria Schell)*: »Für deutsche Fernsehspielverhältnisse gelungen: *Frau Jenny Treibel*. Franz Josef Wilds Film steht am Ende einer ganzen Reihe von Fontane-Verfilmungen in den 70er-Jahren, die von Fassbinders genialer *Effi Briest* angeführt wurde. In feinstem Dekor und schönen Bildern hat Wild die Geschichte der Berliner Kommerzienrätin Treibel inszeniert, die mit Intriganz und Konvention ihre Kinder ruiniert. Ein edles Weihnachtsgeschenk der ARD an die Fernsehnation am 24. Dezember 1982 ... Maria Schell spielt dieses Monstrum als schöne intelligente Frau, die einen bösartigen Feldzug gegen die eigene Familie führt. Sie bedient sich mit Raffinement der gesellschaftlichen Konventionen, um die einmal erkämpfte Machtposition zu erhalten. Eine Rolle, die einer Schauspielerin vom Format Maria Schells alle Möglichkeiten bietet, die Register darstellerischen Könnens zu ziehen. Es ist ein hinreißendes Schwelgen in Zwischentönen; der Zuschauer reibt sich verschreckt die Augen, wenn sich bei dieser patenten Person seelische Abgründe der Gemeinheit öffnen.«

1975 Frau Jenny Treibel

DDR, R: Hartwig Albiro, D: Gisela May, Günter Naumann, Gabriele Heinz

1951 Corinna Schmidt

DDR, R: Artur Pohl, D: Trude Hesterberg, Willi Kleinoschegg, Ingrid Rentsch

EINE FRAU STEHT IHREN MANN

Switching Channels, USA 1988, R: Ted Kotcheff, Drb: Jonathan Reynolds nach dem Bühnenstück The Front Page von Ben Hecht und Charles MacArthur, K: Francois Protat, M: Michel Legrand, S: Thom Noble, D: Kathleen Turner (Christy Colleran), Burt Reynolds (John L. Sullivan IV.), Christopher Reeve (Blaine Bingham), Ned Beatty (Roy Ridnitz), Henry Gibson (Ike Roscoe), George Newbern (Siegenthaler), Al Waxman (Berger), Ken James (Warden Terwilliger), Barry Flatman (Zaks), Ted Simonett (Tillinger), Anthony Sherwood (Carvalho)

Als Erste eine heiße Geschichte exklusiv über den Sender zu schicken, ist das Größte im Leben der Starreporterin Christy Colleran, bis sie im Urlaub

Eine Frau steht ihren Mann (1988, R: Ted Kotcheff): Kathleen Turner

Blaine Bingham kennen lernt. Der ist so ganz anders als die hartleibigen Berufskollegen, ist warmherzig, rücksichtsvoll und ausgesprochen wohlhabend, ein Yuppie mit fast ebenso viel Familien- wie Geschäftssinn. Christy ist jedenfalls fest entschlossen, den Sender zu verlassen und fortan an der Seite von Blaine ein ebenso ruhiges wie luxuriöses Leben zu führen. Doch da ist noch ihr Ex-Ehemann und Chefredakteur Sully. Der weiß zwar nicht so ganz genau, ob es sein privates oder sein berufliches Interesse an Christy ist, das ihn so gegen die Heiratspläne aufbringt; er holt jedenfalls zu einem groß angelegten Gegenschlag aus.

Gegen Christys Traum vom Rückzug ins Private setzt er auf alles, was bisher ihr Leben ausmachte: auf Großstadt, auf Hektik, auf den von Ironie und Direktheit geprägten Umgang mit den Kollegen und auf die Chance, als Reporterin überall dabei zu sein, wo etwas los ist. Sully überredet Christy (»Ich weiß, es ist viel verlangt, seine Hochzeitsreise um einen Tag zu verschieben, nur um das Leben eines Menschen zu retten.«) zu einem letzten Interview mit einem Todeskandidaten, der das Opfer politischer Machenschaften geworden ist. Wie von Sully erhofft, gerät Christy in einen Strudel von Ereignissen, der sie immer weiter von Blaine wegtreibt, zurück in die Arme ihres Exmannes.

»Was mich an dem Projekt gereizt hat«, sagt Produzent Martin Ransohoff, »war die Übertragung der Geschichte auf die elektronischen Medien. Unser Film ist eine zeitgenössische Aufarbeitung von Howard Hughes *The Front Page* und Howard Hawks *His Girl Friday*. Damals war es das Zeitungsmetier. Wir haben das Fernsehen als Medium aufgenommen, um der Thematik einen neuen Background zu geben. Wir haben nur die grundlegende Story übernommen und kein Remake im eigentlichen Sinne gemacht.« Regisseur Ted Kotcheff fügt hinzu, dass »mit diesem Film auch Hollywoods Faszination für die Medien reflektiert wird. Das Nachrichtengeschäft ist ein attraktives Thema, weil man sich hier ständig mit dramatischen, provozierenden und komischen Dingen auseinander setzen muss. Hier ist Potenzial für das Genre Komödie im Überfluss vorhanden.«

Eine Frau steht ihren Mann (1988, R: Ted Kotcheff):
Attacke auf den Todeskandidaten

Mit *Eine Frau steht ihren Mann*, so schreibt der *Hollywood Reporter*, sei eine »substanzielle Verbesserung« eingetreten gegenüber allen bisherigen Versuchen, das Genre der »screwball comedy« wieder zu beleben. Mit seinem schwarzen Humor halte sich der Film enger an das Bühnenstück *The Front Page* von Ben Hecht und Charles MacArthur als *His Girl Friday* von Howard Hawks: »Burt Reynolds, Kathleen Turner und Christopher Reeve spielen nicht einfach Cary Grant, Rosalind Russell und Ralph Bellamy nach, sondern entwickeln ihren eigenen Stil bei der Porträtierung der Figuren.«

Frank Arnold schreibt in der *Szene Hamburg*: »Es ist alles beim Alten geblieben. Die Politiker sind korrupt, die Journalisten zynisch und skrupellos. Aber zumindest einigen von ihnen können wir unsere Bewunderung nicht versagen, dafür steckt zu viel Charme in ihrer Gerissenheit – was nicht weiter verwundern sollte, waren doch Charles MacArthur und Ben Hecht, die 1928 das Bühnenstück *The Front Page* schrieben, selber ehemalige Journalisten. Ein Erfolgsstück, das dank seiner wiederholten Verfilmungen das Bild vom Journalisten nachhaltig geprägt hat: Erstmals inszenierte es Lewis Milestone im Jahre 1931 mit Adolphe Menjou und Pat O'Brien. Wo Billy Wilder 1974 ein Vehikel für sein bewährtes Lieblingsgespann Jack Lemmon (als Reporter) und Walter Matthau (als dessen Chefredakteur) fand, das sowohl als nostalgische Reminiszenz an seine eigene Vergangenheit als Reporter im Wien und Berlin der 20er-Jahre funktionierte wie auch im historischen Gewand mit aktuellen Bezügen zur Watergate-Affäre gespickt war, da hatte Howard Hawks 1940 die Screwballcomedy betont, indem er aus dem Reporter eine Reporterin

Extrablatt (1974, R: Billy Wilder):
Walter Matthau, Jack Lemmon und Susan Sarandon

machte und das Tempo durch sich überlappende Dialoge beschleunigte. Diese Rollenverteilung übernimmt auch die vierte Leinwandversion der Geschichte ... Zeitgemäß wurde die Geschichte diesmal aus dem Zeitungs- ins TV-Milieu verlegt, auch wenn dort die riesigen Empfangsschüsseln fürs Satellitenprogramm nur funktionieren, wenn man ihnen ein paar kräftige Fußtritte versetzt – was dem Film gleich etwas angenehm Altmodisches verleiht.«

1974 Extrablatt

The Front Page, USA, R: Billy Wilder, D: Jack Lemmon, Walter Matthau
»Joseph L. Mankiewicz lehnte das Angebot ab, Billy Wilder griff zu – zumal er eine echte Pechsträhne von sieben schönen, aber nicht sehr einträglichen Filmen hinter sich hatte. Mit *Extrablatt* hat der Regisseur wie mit kaum einem anderen Film sein Genie unter Beweis gestellt: Es stimmt einfach alles, die Dialoge sind brillant, das Timing ist atemberaubend. Vielleicht nicht zuletzt deshalb, weil Wilder das Milieu aus der Innenansicht kannte. Die Tricks und Kniffe der Boulevardpresse waren dem ehemaligen Sensationsreporter aus seiner Wiener und Berliner Zeit geläufig. Und er nutzte das Know-how zu einer grandiosen Abrechnung mit seiner alten Branche.« *(tip 20/87)*

1940 Sein Mädchen für besondere Fälle

His Girl Friday, USA, R: Howard Hawks, D: Cary Grant, Rosalind Russell
»Die Komik beruht nicht zuletzt auf den Dialogen, die sich die Schauspieler in atemberaubendem Tempo um die Ohren schlagen. Hawks ist ein Meister der Dialogführung und wie es ihm gelingt, mehrere Schauspieler gleichzeitig reden zu lassen, ohne dass man den Überblick verliert, das macht ihm so schnell keiner nach ... Cary Grant ist mindestens ebenso komisch wie in *Leoparden küsst man nicht* und Rosalind Russell spielt den Typ Frau, wie man ihn auch aus anderen Hawks-Filmen kennt: intelligent, witzig, selbstbewusst und charmant.« (Hartmann Schmige, *Zitty* 13/77)

1931 The Front Page

USA, R: Lewis Milestone, D: Adolphe Menjou, Pat O'Brien, Mary Brian

DIE FRAU UND DER FREMDE

DDR 1984, R: Rainer Simon, D: Kathrin Waligura, Joachim Lätsch, Peter Zimmermann, Katrin Knappe, Christine Schorn, Siegfried Höchst, Hans-Uwe Bauer, Ulrich Mühe, Herbert Sand, Erhard Marggraf, Mirko Haninger, Reiner Heise, Karl Ernst Horbol, Cornelia Hudl, Gertraut Last
Nach der Erzählung *Karl und Anna* von Leonhard Frank: Zwei Deutsche in russischer Gefangenschaft während des Ersten Weltkriegs bilden zu zweit ein Arbeitskommando, das einen Graben in der Steppe aushebt. Der verheiratete Richard erzählt Karl von seiner Frau Anna. Er erzählt ihm alles, und Anna wird in Karls Gedanken zu seiner Geliebten. Als er fliehen kann, während Richard mit anderen Gefangenen abtransportiert wird, schlägt er sich nach Deutschland durch – zu Anna. Karl gibt sich als Richard aus. Anna weiß, dass er nicht Richard ist, aber es irritiert sie, dass er alles von ihr weiß. Ihr anfänglicher Widerstand legt sich, sie beginnt Karl zu lieben. Eine Liebe, die mit der Lüge lebt. Er gibt sich als Richard, sie nennt ihn Richard. Als der wirkliche

Die Frau und der Fremde (1984, R: Rainer Simon): Kathrin Waligura und Joachim Lätsch

Richard aus der Gefangenschaft heimkehrt, entscheidet sie sich für Karl und geht mit ihm davon.

Das große Lexikon des DEFA-Films: »Nachdem der Stoff am Ende der Stummfilmzeit bereits von Joe May adaptiert worden war, inszenierte Rainer Simon jetzt einen überhöhten, metaphorischen Kammerspielfilm. Auf der Berlinale 1985 erhielt Rainer Simon den Goldenen Bären für den besten Spielfilm, die höchste Auszeichnung, die je ein DEFA-Film auf einem vergleichbaren Festival erhielt.«

Peter Ahrens *(Weltbühne)*: »Wenn aber Karl zu Anna kommt, wenn das Spiel um Lüge und Wahrheit beginnt, wenn die Schauspieler sich der Situation und den Charakteren anvertrauen und sich entfalten können, wenn Kamera, Licht und Bild ganz dem leisen und heftigen Geschehen zwischen zwei Menschen untergeordnet wirken, dann gewinnt der Film eine szenische Intensität und psychologische Tiefe, die der Erzählung Franks gemäß ist und in der die Auszeichnung des Films mit dem Goldenen Bären der diesjährigen Westberliner Berlinale begründet sein dürfte.«

1928 Heimkehr

D, R: Joe May, D: Lars Hanson, Dita Parlo, Gustav Fröhlich

FRAU2 SUCHT HAPPYEND

BRD/CH 2001, R: Edward Berger, D: Nele Mueller-Stöfen, Nicolas von Wackerbarth, Catrin Striebeck, Stefan Kurt, Michael Gwisdek, Ben Becker, Isabella Parkinson, Sabrina Setlur

Als »Frau2« und »HappyEnd« chatten sie im Internet: die romantische Mai und der melancholische Radiomoderator Gregor. Die beiden sind zwei Großstädter auf der Flucht vor ihren Gefühlen und sich selbst. Mai liebt Nick, den Freund ihrer besten Freundin Anne, Gregor kann die Trennung von seiner Freundin, der gefeierten Sängerin Lea, nicht verwinden. Doch selbst in einer Millionenstadt lässt das Schicksal die richtigen Menschen einander über den Weg laufen. Manchmal eben über Umwege – oder über das Internet.

Prisma-Online: »Diese melancholische Romanze spielt im Berliner Nachtleben. Der Film bietet zwar atmosphärisch dichte Bilder mit Jazzklängen, kommt aber über den üblichen Beziehungsschmu selten hinaus. Da nützt auch die Gesangseinlage von Hauptdarsteller Ben Becker wenig.«

1997 Cheob-sok

Südkorea, R: Yoon-Hyun Chang, D: Suk-kyu Han, Do-yeon Jeon, Sang Mi Chu

FRAUEN WAREN SEIN HOBBY

The Man Who Loved Women, USA 1983, R: Blake Edwards, D: Burt Reynolds, Kim Basinger, Julie Andrews, Marilu Henner, Cynthia Sikes, Barry Corbin, Jennifer Edwards, Sela Ward, Ben Powers, Elle Bauer

Links: Frauen waren sein Hobby
(1983, R: Blake Edwards): Kim Basinger
Unten: Frauen waren sein Hobby
(1983): Burt Reynolds

Bildhauer David leidet an dem, was als Sexsucht bezeichnet wird: Er kann keiner Frau widerstehen. Heerscharen schöner Geschöpfe geistern durch sein Bett, und viele beneiden den Frauenhelden um seine erotischen Eroberungen. Doch David wird immer melancholischer. Soll das alles gewesen sein? Allmählich wächst sich die anfängliche Depression zu einer handfesten Lebenskrise aus, die der Künstler alleine nicht mehr bewältigen kann. Hilfesuchend wendet er sich an Psychotherapeutin Marianna, die – wie könnte es anders sein – toller aussieht als alle Ex-Geliebten zusammen. So geht es von der Couch direkt in Davids Kissen, diesmal allerdings mit dem Segen der Wissenschaft. Ein Happy End? Beileibe nicht, denn schließlich ist die Sucht an sich stärker als jede Vernunft der Welt. Beim Blick auf ein paar wohlgeformte Damenbeine rennt der immer bereite Macho vor ein Auto und haucht wenig später im Krankenhaus sein Leben aus.

Bodo Fründt *(SZ)*: »Der Mann leidet an einer gar nicht so seltenen Krankheit: Wann und wo immer sein Blick auf eine attraktive Frau fällt, neigt er zu aberwitzigen bis kindischen Reaktionen, denen nur ein Ziel zu Grunde liegt – er muss die Frau haben. Dieser Sammelwut hat schon François Truffaut 1977 in seinem Film *Der Mann, der die Frauen liebte* ein ebenso persönliches wie gelungenes Denkmal gesetzt. Charles Denner verkörperte damals exemplarisch diesen nervös gehetzten Menschen, der seine Krankheitsgeschichte aus dem Grabe heraus beschrieb, nachdem ihm seine Passion buchstäblich das Genick

gebrochen hatte ... Der deutsche Filmtitel scheint da ausnahmsweise einmal treffender als das Original, das sich unverblümt an Truffauts Original hält: *The Man Who Loved Women*. Aus Leidenschaft wird beim Unterhaltungsroutinier Edwards, dem schon oft zauberhaft spielerische Filme gelungen sind, diesmal wirklich nur die eher öde Beschreibung eines Hobbys. Auch im Kino kann Seelenkunde halt nicht die fehlende Seele ersetzen.«

1976/77 Der Mann, der die Frauen liebte

L'homme qui aimait les femmes, F, R: François Truffaut, D: Charles Denner

FREEZE – ALBTRAUM NACHTWACHE
Nightwatch, USA 1998, R: Ole Bornedal, D: Ewan McGregor, Nick Nolte, Josh Brolin
Der Student Martin Bells ergattert einen Job als Nachtwächter im Krankenhaus. Zu seinen nächtlichen Rundgängen gehören auch der Leichenkeller und der Autopsie-Saal. Doch bald ereignen sich merkwürdige Vorfälle, die seine Nachtwachen mehr und mehr zum Albtraum werden lassen.

Bärbel Schnell *(General-Anzeiger)*: »Bornedal zieht für sein Stelldichein in der Leichenhalle alle Register des Horrors, spielt gekonnt mit den Ängsten seiner Protagonisten, spannt das Publikum auf die Folter. Schade nur, dass es ... letztlich eben doch nicht mehr ist als eine Fingerübung, deren Bedrohlichkeit nicht nachhallt, weil der Film nichts zu sagen hat.«

*Links: Der Mann, der die Frauen liebte (1976/77, R: François Truffaut): Charles Denner und Brigitte Fossey
Unten: Der Mann, der die Frauen liebte (1976/77, R: François Truffaut): Der Anblick von Frauenbeinen treibt das Blut in den Kopf*

1994 Nightwatch – Nachtwache

Nattevagten, DK, R: Ole Bornedal, D: Nikolaj C. Waldau, Sofie Grabol

DER FREMDE IM HAUS

Stranger In The House, GB 1966, R: Pierre Rouve, D: James Mason, Geraldine Chaplin, Paul Bertoya, Ian Oglivy, Bryan Sanyon, Bobby Darin, Jo Christoforides, Pippa Steel, Clive Morton, Moira Lister, James Hayter, Megs Jenkins, Lisa Daniely, Marjie Lawrence, Danvers Walker, Ivor Dean

Der englische Starverteidiger John Sawyer hat vor Jahren ein Todesurteil deshalb nicht verhindert, weil seine Frau ihn eben verlassen hatte und er sich beim Prozess nicht recht konzentrierte. Seither lebt der reiche Mann vergraben in seinem Haus und dem Trunk ergeben. Auch an seiner Tochter Angela, die mit einer Clique von Freunden herumzieht, hat er kein rechtes Interesse mehr. Da aber wird bei ihm im Haus ein von den jungen Leuten dort heimlich untergebrachter Schiffssteward erschossen, der flüchtig ist und den Freundeskreis wegen eines dummen Streiches erpresst. Der Verdacht fällt auf den Zyprianer Christophorides, der wegen seiner bescheidenen Finanzen eigentlich nicht in den wohlhabenden Kreis passt, Angela jedoch am nächsten steht. In Sawyer erwacht nun doch auf die Bitte seiner Tochter hin der alte Ehrgeiz, den Fall zu klären. Und er überführt den wahren Täter.

Filmbeobachter: »Georges Simenons Romane sind zwar meistens Kriminalgeschichten, aber wollen selbst dann mehr sein als gewöhnliche Krimis. So auch hier, wo gesellschaftskritische und vor allem psychologische Linien weit ausgezogen werden. Man kann leider nicht sagen, dass die Verknüpfung besonders glücklich gelang (besser kam die sozialkritische Tendenz vor etwa 30 Jahren heraus, als der Stoff schon einmal mit Louis Jouvet in der Hauptrolle verfilmt wurde). Es ist schon nicht ganz einsichtig, warum der pervers und sadistisch veranlagte Steward die Clique wegen eines durchaus noch reparablen Streiches so sehr in der Hand haben soll. Und es bleibt ziemlich lückenhaft, wie Sawyer den wahren Täter ermittelt, der zu allem Überfluss wieder einmal ein Impotenter sein muss, dessen körperliche Schwäche auf gemeinste Weise verspottet wurde. Geraldine Chaplin und die übrigen jungen Leute spielen nicht schlecht, einsamer Star ist und bleibt aber James Mason, der den Film von Anfang an trägt, wenn nicht sogar rettet.«

1992 L'Inconnu dans la maison

F, R: Georges Lautner, D: Jean-Paul Belmondo, Muriel Belmondo, Mario David

1941 Das unheimliche Haus

Les Inconnus dans la maison, F, R: Henri Decoin, D: Raimu, Juliette Faber

FRIEDRICH SCHILLER – TRIUMPH EINES GENIES

D 1940, R: Herbert Maisch, D: Horst Caspar, Hannelore Schroth, Lil Dagover, Heinrich George, Eugen Klöpfer, Paul Henckels

Die Jugendjahre des Dichters Friedrich Schiller in der Militärakademie und am Hof des Herzogs

Unten: Freeze – Albtraum Nachtwache (1998, R: Ole Bornedal): Ewan McGregor
Rechts: Freeze – Albtraum Nachtwache (1998): Schrei der Verzweiflung

Karl Eugen von Württemberg. Herzog Karl Eugen herrscht despotisch über Württemberg, behandelt seine Untertanen wie sein Eigentum und zieht die begabtesten Söhne des Landes – sogar gegen ihren Willen – in einer Militärakademie zusammen, um sie zu Offizieren, Juristen und Medizinern ausbilden zu lassen. Auch der junge Schiller wurde in diese Dressuranstalt gezwungen. Doch er lehnt sich gegen den Herzog auf, schreibt heimlich seine Räuber und fällt deswegen bei dem rohen Landesfürsten in Ungnade. Nach der Uraufführung in Mannheim kehrt er nach Stuttgart zurück, um vor einem Strafgericht dem Herzog unerschrocken gegenüberzutreten und »Freiheit dem Geist! Freiheit dem Volk!« zu fordern, was seine Situation nur noch verschlimmert und ihm lebenslangen Kerker einbringen soll. Doch noch einmal kann Schiller aus dem Schloss entkommen und sich außer Landes in Sicherheit bringen.

Thomas Kramer *(Reclams Filmlexikon)*: »Ein sorgfältig inszenierter Film über das ›deutsche Genie‹ Friedrich Schiller und seinen freiheitsliebenden Geist. Einer ganzen Reihe von ›Geniefilmen‹ kam die Funktion zu, deutsche Übermenschen zu stilisieren, die in der elitären NS-Ethik Rechte besaßen, die dem Rest der Bevölkerung nicht zustanden. Die dargestellten Ausnahmebegabungen sollten auch Parallelen zur Person Adolf Hitlers evozieren. Durch die differenzierte, auch andere als die erwünschten Charaktereigenschaften hervorkehrende Darstellung u.a. von Klöpfer und Caspar, der Schiller als rebellischen Hitzkopf zeichnete, wurde diese Tendenz hier wiederholt unterlaufen.«

1922/23 Friedrich Schiller

D, R: *Curt Goetz*, D: *Theodor Loos*

FROM HELL

USA 2001, R: The Hughes Brother, D: Johnny Depp, Heather Graham, Ian Holm, Jason Flemyng, Robbie Coltrane, Lesley Sharp, Terence Harvey, Susan Lynch, Katrin Cartlidge, Estelle Skornik
London, 1888. Eine Serie mysteriöser Morde an Prostituierten versetzt das Londoner Armenviertel Whitechapel in Angst und Schrecken. Der Mörder nennt sich Jack The Ripper, er mordet lautlos, unerkannt und ungesehen. Inspektor Abberline und sein Assistent Godley werden mit der Klärung des Falles beauftragt, der längst auch die feine Gesellschaft beunruhigt. Abberlines un-

konventionelle Vorgehensweise führt ihn bald zur Erkenntnis, dass der Wahnsinnige mit Methode mordet. Seine Opfer stammen alle aus dem Freundeskreis der irischen Prostituierten Mary Kelly. Und diese Frauen hüten ein gefährliches Geheimnis, das das gesamte Königreich zum Einsturz bringen könnte … Mehr als 100 Jahre nach seinen unbegreiflichen Bluttaten ist die Faszination für Jack The Ripper ungebrochen. Die Brüder Albert und Allen Hughes (*Menace II Society, Dead Presidents*) haben sich der bis heute unaufgeklärten Mordserie angenommen und präsentieren den realen Kriminalfall als Thriller. Nach Motiven des gleichnamigen Comic-Romans von Alan Moore und Eddie Campbell drehte das Brüderpaar einen Film über eine Verschwörung, die bis in die höchsten Kreise führt.

Lutz Göllner (*SPIEGEL-Online*): »Elf Jahre, vier Verlage, 501 Comicseiten, allein 400 veröffentlichte Textseiten voller Anmerkungen, Skizzen und Fußnoten: Alan Moores Comic-Roman *From Hell* ist ein Mammutwerk, dass alle Dimensionen sprengt. Dabei handelt es sich doch eigentlich nur um eine weitere Spekulation über das Leben und Wirken Jack The Rippers, des ersten Serienmörders der Moderne … Penibel genau – bis hin zu den Wetterverhältnissen im Herbst 1888 – hält sich der Autor an die recherchierten Ergebnisse seiner Vorgänger. Speziell Stephen Knight, der in seinem 1976 erschienenen Ripper-Standardwerk *The Final Solution* zu einem ähnlichen Schluss wie Moore kommt, hat es ihm angetan. Im Mittelpunkt seiner Erzählung stehen der junge Polizeiinspektor Fred Abberline und der Magier und Hellseher Robert Lees, die beide für sich beanspruchten, die Whitechapel-Morde aufgeklärt zu haben.«

S. Staake *(filmszene.de)*: »Dass eine Adaption von *From Hell* nicht einfach werden würde, liegt auf der Hand. 500 Seiten, dutzende Figuren und Erzählstränge, dazu ein hochkomplizierter Plot um die Verschwörung, die die White Chapel-Morde ermöglichte. All dies in einem Zweistundenfilm unterzubringen, ist ein Ding der Unmöglichkeit, weswegen man dies auch tunlichst unterließ. Stattdessen ist der Film From Hell light, quasi – man verzeihe das Wortspiel – ein ausgeweideter Torso der Erzählung und leider ein wenig zu leicht, wie sich herausstellt. Das größte Problem des Films ist – wie nicht anders zu erwarten – das Drehbuch von Terry Hayes und Rafael Yglesias. Dass *From Hell*-Leser weinen werden, ob dessen was die Erzählung war und dieser Film ist, ist die eine Sache. Über die Natur, und vor allem die Problematik von Adaptionen müssen hier keine weiteren Worte verloren werden. Das Dilemma mit diesem Film jedoch ist, dass er auch als Film nicht funktioniert und sich über eine sehr holprige Strecke ins Ziel schleppt.«

1997 Ripper – Der Schlitzer
The Ripper, USA, R: Janet Meyers, D: Patrick Bergin, Gabrielle Anwar, Michael York

1988 Jack The Ripper – Das Ungeheuer von London
Jack The Ripper, GB, R: David Wickes, D: Michael Caine, Jane Seymour

1978 Mord an der Themse
Murder By Decree, GB, R: Bob Clark, D: Donald Sutherland

1976 Jack The Ripper –
Der Dirnenmörder von London
BRD/CH, R: Jess Franco, D: Klaus Kinski, Josephine Chaplin, Herbert Fux

1958 Eine Stadt sucht einen Mörder
Jack The Ripper, GB, R: Robert S. Baker, Monty Berman, D: Lee Patterson

1953 Der unheimliche Untermieter
Man In The Attic, USA, R: Hugo Fregonese, D: Jack Palance

1944 Scotland Yard greift ein
The Lodger, USA, R: John Brahm, D: Laird Cregar, Merle Oberon

1933 The Lodger
GB, R: Maurice Elvey, D: Ivor Novello

1926 Der Mieter
The Lodger, GB, R: Alfred Hitchcock, D: Ivor Novello, Marie Ault

DER FROSCH MIT DER MASKE
BRD/DK 1959, R: Harald Reinl, D: Siegfried Lowitz, Joachim Fuchsberger, Jochen Brockmann, Carl Lange, Eva Anthes, Eddi Arent, Eva Pflug, Fritz Rasp, Ernst Fritz Fürbringer, Reinhard Kolldehoff, Ulrich Beiger, Holger Munk, Carl Ottosen, Michel Hildesheim
Nach der Erzählung *The Fellowship Of The Frog* von Edgar Wallace: Der Frosch mit der Maske, Chef einer großen Gangster-Organisation, terrorisiert ganz London durch seine Aufsehen erregenden Coups. Scotland Yard-Inspektor Elk und Amateurdetektiv Richard Gordon jagen den Verbrecher, dessen Identität niemand kennt. Doch alle Versuche, ihn zu überführen, scheitern – offensichtlich hat der ›Frosch‹ einen Spion bei Scotland Yard sitzen. Und so gibt es bald einen großen Kreis von Verdächtigen, zu denen sogar Elk und Gordon gehören. Über 160 Verfilmungen von Romanen des britischen Krimiautors Edgar Wallace wurden gedreht. Die erfolgreichsten waren die der Berliner Rialto-Film des Dänen Preben Philipsen unter Produzent Horst Wendlandt. Insgesamt entstanden zweiunddreißig deutsche Wallace-Krimis. Der erste ist *Der Frosch mit der Maske* (1959). Die Aufnahmen entstanden an Originalschauplätzen in London und in Studios in Kopenhagen.

Filmbeobachter: »Da das Publikum zusätzlich zu der aktionsreichen Handlung noch an der Frage herumrätselt, welche von den verdächtigen Gestalten nun tatsächlich der ›Frosch‹ ist, reißt die Spannung von Anfang bis Ende nicht ab.«

1928 The Mark Of The Frog
USA, R: Archibald B. Heath, D: Gus De Weil, Helen Greene, George Harcourt

DER FROSCHKÖNIG
Zabi Kral, ČSFR/BRD 1990, R: Juraj Herz, D: Iris Berben, Michael Degen, Linda Rybová, Michal Dlouhy, Therese Herz, Karel Greif, Jiří Sovák
Alle ahnen, dass die schöne Prinzessin und der eitle Prinz füreinander bestimmt sind, nur die beiden selbst wollen es nicht wahrhaben. Die Prinzessin würde am liebsten weiter wie ein Junge herumtollen; der Prinz dagegen den jungen Damen nachstellen und sich amüsieren. Die Fee der Liebe will das nicht länger dulden und nimmt das Schicksal in ihre Hand. Prinz und Prinzessin bekommen einen Denkzettel: Eine hoffnungslose Situation, aus der sie sich nur retten können, wenn sie zu wahrer Liebe fähig sind.

Das neue Lexikon des Fantasy-Films: »Das alte Märchen in ›moderner‹ Aufbereitung.«

1987 Froschkönig
DDR, R: Walter Beck, D: Jana Mattukat, Peter Sodann, Jens-Uwe Bogadtke

1987 Der Froschkönig
The Frog Prince, USA/IL, R: Jackson Hunsicker, D: Aileen Quinn, Helen Hunt

1954 Der Froschkönig
BRD, R: Otto Meyer, D: Stanislav Ledinek, Sieglinde König, Dorothea Wieck

1940 Der Froschkönig
D, R: Alf Zengerling, D: Paul Walker, Erich Vogel, Georg Wilm

FRÜHLING AUF IMMENHOF

BRD 1974, R: Wolfgang Schleif, D: Heidi Brühl, Horst Janson, Franz Schafheitlin, Bettina Westhausen, Birgit Westhausen, Olga Tschechowa, Giulia Follina

Durch das Eingreifen von Kindern kommt es nach einem Zerwürfnis doch noch zur Heirat der Erbin vom Immenhof mit dem Vater von Zwillingstöchtern.

Lexikon des internationalen Films: »Wiederverfilmung eines strapazierten Stoffes *(Ferien auf Immenhof)*, kaum unterhaltsam.«

1957 Ferien auf Immenhof

BRD, R: Hermann Leitner, D: Angelika Meissner, Heidi Brühl, Paul Klinger

FRÜHLINGSERWACHEN

BRD 1989, R: Hannelore Hoger, D: Harald Posch, Eugen Stark, Marianne Nentwich, Gabriela Benesch, Bernhard Schir

Frank Wedekind nannte sein 1890/91 geschriebenes Theaterstück etwas satirisch *Eine Kindertragödie*. Es erzählt von der jungen Wendla, von Moritz und Melchior – von Jugendlichen auf der Schwelle zum Erwachsenwerden, ihren ersten Gefühlsverwirrungen und Konflikten, sexuellen Annäherungen und Fantasien. Mit ihren Problemen von Eltern und Lehrern alleingelassen, scheitern sie an den Verboten und bornierten Moralvorstellungen ihrer Umwelt. Und trotzdem ist *Frühlingserwachen* ein Stück voller Humor und Poesie. In ihm pulsiert das erwachende Leben, dem die jungen Leute mit einem großen moralischen Bewusstsein und einem geschärften Sinn für Verantwortlichkeit begegnen. »Das sind

alles kleine Hamletinos und Faustulusse, junge Kämpfer, die unter den Schlägen des Lebens zusammenbrechen, bevor das Leben für sie überhaupt begonnen hat.« (Walter Kerr) Das Stück, zunächst von der Zensur verboten, wurde erst 1906, fünfzehn Jahre nach seinem Erscheinen, von Regisseur Max Reinhardt an den Berliner Kammerspielen uraufgeführt.

1976 Frühlingserwachen

Voorjaarsontwaken, B, R: Jean-Pierre De Decker

FUHRMANN DES TODES

Körkarlen, S 1958, R: Arne Mattsson, D: Edvin Adolphson, Anita Björk, Bengt Brunskog, George Fant, Ulla Jacobsson, Isa Quensel

Nach einer Erzählung von Selma Lagerlöf: Die Geschichte des Säufers und Gotteslästerers David Holm, der, als junger Familienvater von einem Freund zu Bösem verleitet, nach seinem Tod ein Jahr lang den Totenkarren fahren muss. In der Neujahrsnacht trifft sich David Holm mit seinen Saufkumpanen auf dem Friedhof. Auf einem Grabstein sitzend erzählt er die alte schwedische Legende vom Fuhrmann des Todes, wonach derjenige, der als Letzter in der Neujahrsnacht stirbt, mit einem vom Tod gestellten alten Pferdekarren ein Jahr lang die Verstorbenen ins Jenseits geleiten muss. Bald kommt es zum Streit zwischen den Männern, und kurz vor dem Jahreswechsel stirbt David. Da tritt der Todeskutscher des abgelaufenen Jahres an ihn heran und übergibt dem Unglücklichen die furchtbare Aufgabe.

1939 La Charrette fantôme

F, R: Julien Duvivier, D: Pierre Fresnay, Marie Bell, Micheline Francey

Fuhrmann des Todes (1920)
von und mit Victor Sjöström

Fuhrmann des Todes (1920, R: Victor Sjöström):
Hilda Borgström

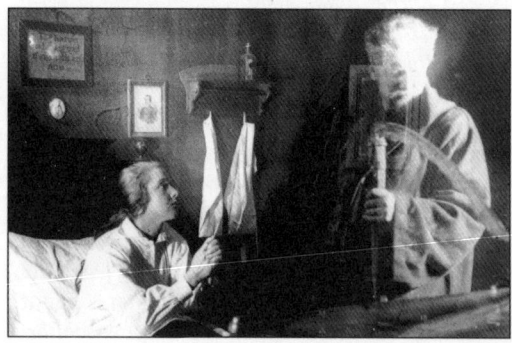

1920 Fuhrmann des Todes

Körkarlen, R: Victor Sjöström, D: Victor Sjöström, Hilda Borgström, Astrid Holm

FÜNF AUF EINEN STREICH

Rock-a-Bye Baby, USA 1958, R: Frank Tashlin, D: Jerry Lewis, Hans Conried, Isobel Elsom, Hope Emerson, Judy Franklin, Reginald Gardiner, Alex Gerry, James Gleason, Marilyn Maxwell, Connie Stevens

Jerry Lewis ist der gutmütige, tollpatschige Clayton Poole, der plötzlich Vater dreier Babys wird, die nicht seine eigenen sind.

Zitty: »Unter der Regie von Frank Tashlin zeigt sich Jerry Lewis von seiner komischsten und seiner rührendsten Seite. Seine Slapstick-Einsätze werden mit parodistischen Seitenhieben auf moderne Zeiterscheinungen wie das Fernsehen angereichert.«

Der Film lief auch unter dem Titel *Der Babysitter*.

1944 The Miracle Of Morgan's Creek

USA, R: Preston Sturges, D: Eddie Bracken, Betty Hutton, Diana Lynn

FÜR DAS LEBEN EINES FREUNDES

Return To Paradise, USA 1998, R: Joseph Ruben, D: Vince Vaughn, Anne Heche, Joaquin Phoenix, David Conrad, Vera Farmiga, Nick Sandow, Jada Pinkett, Ming Lee, Joel de la Fuente

Ein Traumurlaub in Malaysia wird drei jungen Männern zum Verhängnis, denn einer von ihnen wird mit Haschisch erwischt und wandert hinter Gitter. Erst zwei Jahre später erfahren Sheriff und Tony vom Schicksal ihres Ferienfreundes. Nur wenn sie sich bereit erklären, ihren Teil der Verantwortung zu übernehmen, kann Lewis vor der Todesstrafe bewahrt werden.

Rico Pfirstinger *(Focus)*: »Indem sein Moralmelodram aus typisch amerikanischer Perspektive argumentiert, beschert uns Regisseur Joseph Ruben mit *Return To Paradise* einen unangenehm selbstgerechten Anti-Malaysia-Film, der die Zustände in den dortigen Gefängnissen genauso einseitig verteufelt wie vor zwanzig Jahren Alan Parkers *Midnight Express* das Leben in einer türkischen Strafanstalt. *Für das Leben eines Freundes* hat aber auch seine erfreulichen Seiten: Bemerkenswert ist etwa das unkonventionelle Ende des Films, und überzeugend sind auch seine Hauptdarsteller, allen voran Anne Heche und Vince Vaughn, die zuletzt in Gus van Sants belangloser *Psycho*-Kopie zu sehen waren. Schade nur, dass der Plot oft weniger den Gesetzen des Lebens als denen eines konstruierten Drehbuchs gehorcht und die Motivation der in existenziellen Gewissenskonflikten gefangenen Charaktere nicht immer nachvollziehbar ist, zumal der Film über weite Strecken in eine mehr oder weniger abstrakte Ethikdebatte mündet – und das geht zu Lasten der Spannung.«

1989 Der Preis der Freiheit

Force majeure, F, R: Pierre Jolivet, D: Patrick Bruel, François Cluzet

Links: Für das Leben eines Freundes (1998, R: Joseph Ruben): Anne Heche
Unten: Für das Leben eines Freundes (1998): Joaquin Phoenix

FÜR EINE HANDVOLL GELD

The Big Trees, USA 1952, R: Felix Feist, D: Kirk Douglas, Eve Miller, Patrice Wymore, Edgar Buchanan, John Archer, Alan Hale jr., Roy Roberts, Charles Meredith, Harry Cording, Ellen Corby

Nach einer Erzählung von Kenneth Earl: In Kalifornien will der Staat den Siedlern Waldgebiete wegnehmen, die sie aufgrund des Homestead-Gesetzes von 1862 in Besitz genommen und kultiviert haben – es sei denn, sie bezahlen im Nachhinein hohe Summen dafür. Unter den Spekulanten, die diese Gelegenheit nützen wollen, um billig zu großen Ländereien zu kommen, ist Jim Fallon. Er stellt sich zum Schein auf die Seite der Siedler, um sie so leichter übers Ohr hauen zu können. Sein modus operandi: Er bietet den Siedlern an, ihr Holz schnell und günstig zu verkaufen, damit sie die erforderlichen Summen bezahlen können; gleichzeitig baut er flussabwärts einen offiziell seiner Freundin überschriebenen Damm, der den Abtransport der Stämme blockiert – die Stämme können nicht verkauft werden und die Siedler sehen kein Geld und müssen ihr Land räumen. Dann aber gehen einige Posten in Jim Fallons Rechnung nicht auf. Er sieht sein Unrecht ein und schreckt vor nichts zurück, um alles wieder gutzumachen.

Western-Lexikon: »Ein Western von der Holzgrenze, einem selten gezeigten Milieu. Mit schöner Offenheit analysiert der Film das harmonische Zusammenwirken von Staat und Business bei dem Versuch, die Pioniere um den Lohn ihrer Mühe zu bringen. Kirk Douglas in einer seiner gewaltigen Rollen als eiskalter Macker, den eines Tages unter Donner und Blitz die frohe Botschaft trifft, wobei dann so viele Energien frei werden wie bei einem größeren Dammbruch.«

1938 Valley Of The Giants
USA, R: William Keighley, D: Wayne Morris, Claire Trevor, Frank McHugh

1927 The Valley Of The Giants
USA, R: Charles Brabin, D: Milton Sills, Doris Kenyon, Arthur Stone

1919 The Valley Of The Giants
USA, R: James Cruze, D: Wallace Reid, Grace Darmond, William Brunton

FÜR MÄNNER VERBOTEN

Club des femmes, F/I 1956, R: Ralph Habib, D: Nicole Courcel, Dany Carrel, Alta Riba, Noël Roquevert, Jean-Louis Trintignant

Aus Protest gegen ihre Wohnungsnot besetzen Studenten eine Villa, die gerade verkauft werden soll. Allerlei Liebesleid und Ärgernisse mit den Nachbarn komplizieren das Leben, schließlich schreitet die Polizei ein. Doch der Aufkäufer ist so gnädig, dass er die Villa als Studentenheim stiftet und alle Probleme somit aus dem Weg räumt.

Ingeborg Donati *(Filmblätter)*: »Da ist ein Pariser Lokalproblemchen, das der Regie die Möglichkeit gibt, einen ganzen Film mit viel Jugendlichkeit samt dazugehöriger Übermütigkeit, Albernheit und Freizügigkeit auszustaffieren: Die Wohnungsnot in der Seinestadt zwingt ein paar Studentinnen zu einem zivilen Handstreich, indem sie ein unheimlich-altes Gemäuer heimlich beziehen und bewohnen. Und da es – siehe Titel – für Männer verboten ist, können sie sich ganz ungezwungen und in allerlei Arten und Abarten von Dessous bewegen. Das Drehbuch verschafft ihnen genügend Gelegenheiten dazu, aber es verhilft ihnen auch zu einer Reihe hübscher Episoden und zum Sieg über Spießbürgertum und Bürokratismus.«

1936 Club des femmes
F, R: Jacques Deval, D: Danielle Darrieux, Josette Day, Valentine Tessier

DIE FURCHTLOSEN VIER

BRD 1997, R: Eberhard Junkersdorf, Jürgen Richter, Michael Coldewey – Animation

Nach einem Märchen der Gebrüder Grimm. Die Stadtmusikanten geraten in ein finsteres, von einem tryannischen Großkonzern ausgebeutetes Bremen, das sie erst durch ein Freiheitslied befreien können.

Daniel Kothenschulte *(Film-Dienst)*: »Als Walt Disney 1922 seine ersten Filme zeichnete – freche, in die Gegenwart versetzte Märchenadaptionen –, waren auch die *Bremer Stadtmusikanten* darunter. Es ist kaum zu verstehen, warum sein Studio in späteren Jahren der Versuchung widerstand, dieses poesievolle Tiermärchen der Gebrüder Grimm in einen Langfilm zu verwandeln. Überhaupt kennt die an Märchenvariationen so reiche Filmgeschichte nur wenige Adaptionen der Vorlage: Hubert Schongers schon zur Entstehungszeit antiquiert wirkende Version aus den 50er-Jahren scheute sich nicht, die Hauptrollen von mit Tiermasken notdürftig kostümierten Schauspielern verkörpern zu lassen. Abgesehen von einem hübschen kurzen Puppenfilm der Diehl-Brüder entdeckte erst Jim Henson Anfang der 70er Jahre das wahre Potenzial der Geschichte für eine hinreißende Muppet-Fernsehversion. Nun, da erstmals in größerem Umfang in Deutschland abendfüllende Trickfilme produziert werden, erscheint die Wahl des für den Trickfilm reizvollen Stoffs besonders glücklich. Verlegt in die Gegenwart, erlebt man in der Exposition in kurzen Episoden die unterschiedlichen Schicksale der Helden, die es aus verschiedenen Gründen auf Wanderschaft zieht: Buster, der Jagdhund, soll verkauft werden, weil er lieber mit hübschen Füchsinnen tanzt, als sie zu jagen; Fred, der Esel, wird dem Abdecker überstellt, nachdem der Müller zur Automatisierung übergegangen ist; die Katze Gwendolyn, die von ihrer verstorbenen Tante ein Vermögen erbte, soll aus nahe liegenden Gründen aus dem Weg geräumt werden; Gockel Tortellini schließlich wird von seinen weiblichen Artgenossinnen vertrieben, weil inzwischen selbst in Hühnerställen eitles Machogehabe unpopulär geworden ist. Das so aufeinander treffende Quartett entdeckt alsbald seine Liebe zum Gesang, doch erst in der Großstadt gibt es Möglichkeiten, als Straßenmusikanten zu reüssieren. Eigentlich hatte man zu diesem Zweck nach Paris reisen wollen, doch das nahe gelegene Bremen ist verlockend genug – auch wenn auf dem Ort ein Fluch lasten soll ... Eine achtbare deutsche Trickfilmproduktion mit liebenswerten Hauptfiguren, deren sorgfältig erarbeitete Charaktere insbesondere der kindlichen Wahrnehmung sehr entgegenkommen. Das ästhetische Konzept der Kombination von Hand- und Computeranimation geht dagegen nicht auf.«

1989 Los 4 músicos de Bremen

E, R: Palomo Cruz Delgado – Animation

1972 Muppet Musicians Of Bremen

USA, R: Jim Henson – Puppentrickfilm

1968 Die Bremer Stadtmusikanten

BRD, R: Gedeon Kovacs, D: Kurt Dommisch, Ernstwalter Mitulski, Kirsten Dene

1959 Die Bremer Stadtmusikanten

BRD, R: Rainer Geis, D: Peter Thom, Christa Weizmüller, Peter Brand

1935 Die Bremer Stadtmusikanten

The Brementown Musicians, USA, R: Ub Iwerks – Animation

DER FÜRST VON PAPPENHEIM

BRD 1952, R: Hans Deppe, D: Viktor de Kowa, Hannelore Schroth, Grethe Weiser, Georg Thomalla, Ina Halley, Oskar Sima, Käthe Haack, Siegfried Breuer, Edith Schollwer, Victor Janson, Gretl Theimer, Otto Braml, Kurt Vespermann, Walter Gross, Franz-Otto Krüger

Nach einem Bühnenstück von Arnold und Bach: Herr Fürst vom Modehaus Pappenheim kommt dem Hochstapler auf die Schliche, der hinter der Amerika-Erbschaft eines naiven Revuegirls her ist.

Lexikon des internationalen Films: »Kleine schablonenhaft-klamaukige Filmoperette.«

In der ersten Verfilmung war Curt Bois der Mann namens Fürst im Modehaus Pappenheim. Auch musste/durfte Bois in Damengarderobe auftreten. Eine Posse in der Lubitsch-Nachfolge; den Nazis war sie derart zuwider, dass sie im Propaganda-Pamphlet Der ewige Jude (Regie: Reichsfilmintendant Dr. Fritz Hippler) Ausschnitte als Beispiele »entarteter Kunst« zeigten.

1927 Der Fürst von Pappenheim

D, R: Richard Eichberg, D: Curt Bois, Werner Fuetterer, Dina Gralla

F/X 2 – DIE TÖDLICHE ILLUSION

F/X 2 – The Deadly Art Of Illusion, USA 1991, R: Richard Franklin, D: Bryan Brown, Brian Dennehy, Rachel Ticotin, Joanna Gleason, Philip Bosco, Kevin J. O'Connor, Tom Mason, Dominic Zamprogna, Josie DeGuzman, John Walsh

Nach seinen schlechten Erfahrungen mit der Polizei sollte es der Spezial-Effekte-Fachmann Rollie Tyler eigentlich besser wissen, aber er lässt sich von Mike, dem Ex-Mann seiner Freundin Kim, rumkriegen. Mike ist Polizist und hofft, mit Hilfe von Rollies Tricks einen Mörder auf frischer Tat zu ertappen ...

MovieLine: »Brauchbare Krimiunterhaltung mit witzig aufgelockerter Spannung.«

1987 SFX-Man

SFX-Retaliator, USA, R: John Gale, D: Christopher Mitchum, Linda Blair

1985 F/X – Tödliche Tricks

F/X – Murder By Illusion, USA, R: Robert Mandel, D: Bryan Brown, Brian Dennehy

G

GABY

USA 1956, R: Curtis Bernhardt, D: Leslie Caron, John Kerr, Cedric Hardwicke, Taina Elg, Margalo Gillmore, Scott Marlowe, Ian Wolfe, Joe Di Reda, Joseph Corey, James Best, Lisa Montell

1944 lernen sich der amerikanische Fallschirmjäger Greg und die französische Tänzerin Gaby in London kennen. Die beiden verlieben sich ineinander und wollen heiraten. Doch überraschend wird Greg aus dem Urlaub abberufen und muss an die Front. Wenige Tage später erhält Gaby die Nachricht, dass Greg gefallen ist. Jetzt macht sie sich Vorwürfe darüber, dass sie Greg an ihrem letzten gemeinsamen Abend abgewiesen hat. Plötzlich glaubt sie, als eine Art Sühne so viele Soldaten wie möglich glücklich machen zu müssen; sie treibt sich in Soldatenkneipen herum. Als Greg, der doch noch am Leben ist, wider Erwarten zurückkehrt und Gaby nun endlich heiraten will, glaubt sie, dies nicht mehr zu können und beichtet ihm ihren bisherigen Lebenswandel. Sie flieht verzweifelt in einen Bombenhagel, aber Greg folgt ihr und verzeiht.

1940 Abschied auf Waterloo Bridge / Ihr erster Mann
Waterloo Bridge, USA, R: Mervyn LeRoy, D: Vivien Leigh, Robert Taylor

1931 Waterloo Bridge
USA, R: James Whale, D: Mae Clarke, Douglass Montgomery, Doris Lloyd

GALAXY QUEST – PLANLOS DURCHS WELTALL

Galaxy Quest, USA 1999, R: Dean Parisot, D: Tim Allen, Sigourney Weaver, Alan Rickman, Tony Shalhoub, Sam Rockwell, Daryl Mitchell, Enrico Colan-

toni, Robin Sachs, Patrick Breen, Missi Pyle, Jed Rees, Justin Long, Jeremy Howard, Kaitlin Cullum, Jonathan Feyer

Fest davon überzeugt, eine äußerst tapfere Weltraum-Helden-Crew vor sich zu haben, entführen geschickt agierende, echte Außerirdische auf einem Trekkie-Meeting die abgehalfterten Ex-Darsteller der vor 20 Jahren sehr erfolgreichen, aber längst abgesetzten TV-Serie *Galaxy Quest*. Die ehemaligen Stars, deren TV-Episoden von den Außerirdischen als »historische Zeitdokumente« hoch verehrt werden, sollen helfen, den Planeten Klatu Nekula von teuflisch-glibbernden Tyrannen zu befreien. Das TV-Raumschiff NSEA »Protector« wurde dazu von den Aliens naturgetreu und funktionstüchtig nachgebaut. Für den einstigen Kommandanten der pappigen TV-»Protector« und seine TV-Rentner-Crew stellt sich jetzt die Frage, wie man das macht.

Prisma-Online: »Das Ganze entpuppt sich als klamaukige, witzig gespielte Satire auf den übertriebenen *Star Trek*-Rummel. Besonders gut: Alan Rickman als Shakespeare-Mime, der ernst genommen werden will und dem der Kult-Rummel ziemlich auf die Nerven geht.«

1995 The Adventures Of Captain Zoom In Outer Space
USA, R: Max Tash, D: Daniel Riordan, Liz Vassey, Ron Perlman

1954 Die sieben Samurai
Shichinin no samurai, J, R: Akira Kurosawa, D: Toshirô Mifune

GANASHATRU

IND 1988, R: Satyajit Ray, D: Soumitra Chatterjee, Ruma Guhathakurta, Dhritiman Chatterjee, Mamata Shankar, Dipankar Dey, Subhendu Chatterjee, Vischwa Guhathakurta

Nach dem Bühnenstück *Ein Volksfeind* von Henrik Ibsen: Dr. Ashok Gupta, Arzt in der Kleinstadt Chandipur in West-Bengalen, stellt ein verstärktes Auftreten von Gelbsucht, Typhus und anderen durch Wasser übertragbaren Krankheiten fest, besonders in der Umgebung des kürzlich errichteten Heiligen Tempels von Tripureshwar. Eine Analyse bestätigt, dass das Wasser bakteriell verseucht ist. Gupta versucht, seinen Bruder Nishith und den reichen Geschäftsmann Bhargava zu bewegen, den Tempel bis auf weiteres zu schließen, aber beide stellen sich quer. Daraufhin will er in der Lokalzeitung auf den Missstand hinweisen, scheitert aber an der Angst des Verlegers vor der Reaktion der Öffentlichkeit. Eine Diskussionsveranstaltung wird von Nishith und seinen Hintermännern mit Gewalt verhindert. Gupta wird zum Ketzer und Volksfeind erklärt und will schon seinen Heimatort verlassen, als er plötzlich merkt, dass die jungen Leute der Stadt geschlossen auf seiner Seite stehen.

Satyajit Ray: »Mein Ende ist ganz anders als bei Ibsen. Ich bin viel hoffnungsvoller, oder zumindest lässt mein Ende Hoffnung zu. Ich glaube, wenn sich irgendetwas in den letzten hundert Jahren geändert hat, dann die Tatsache, dass junge Leute heute wachsamer sind als früher. Heutzutage würde der Doktor viel mehr Unterstützung gefunden haben, nicht zuletzt von der Jugend. Deshalb denke ich, dass mein Ende recht logisch ist. Ansonsten haben wir die Fünf-Akt-Struktur des Stückes beibehalten und sind seinem Geist treugeblieben. Der Film ist mein Tribut an Ibsen, wenn man so will, aber doch keine Kopie. Was die Zuschauer angeht, so hoffe ich, dass sie das Thema des Films als aktuell empfinden werden. Es brennt auf den Nägeln, oder nicht? Jeder redet von Umweltverschmutzung, nicht nur in Indien. Von daher habe ich nicht gerade einen Kunstfilm gemacht. Eigentlich habe ich meine Werke nie als Kunstfilme betrachtet, sondern einfach als Filme.«

Lexikon des internationalen Films: »Ein überzeugender Film von absoluter Rein- und Klarheit.«

1998 Ein Volksfeind
BRD, R: Andreas Kriegenburg, D: Roland Koch, Sibylle Brunner, Doreen Nixdorf

1990 An Enemy Of The People
USA, D: Christopher Pettiet, William Anton, Anna Gee Byrd, Dawn Didawick

1978 Ein Feind des Volkes
An Enemy Of The People, USA, R: George Schaefer, D: Steve McQueen

1966 An Enemy Of The People
USA, R: Paul Bogart, D: Philip Bosco, James Daly, William Prince

1937 Ein Volksfeind
D, R: Hans Steinhoff, D: Heinrich George, Herbert Hübner, Franziska Kinz

EIN GANZ GEWÖHNLICHER DIEB
Ordinary Decent Criminal, BRD/IRL/GB/USA 2000, R: Thaddeus O'Sullivan, D: Kevin Spacey,

Linda Fiorentino, Peter Mullan, Stephen Dillane, Helen Baxendale, David Hayman, Patrick Malahide, Gerard McSorley, Tim Loane, Gary Lydon
Michael Lynch liebt nicht nur das Leben, Frau und Schwägerin, seine Kinder von beiden Schwestern, sondern auch seinen Job. Er ist Profi-Krimineller, der sich mit seiner Bande auf derbdreiste Raubzüge spezialisiert hat. Bei seiner Finesse wirken die Polizisten meist wie tollpatschige Trottel. So wird Michael bald zum irischen Volkshelden erkoren, zumal er die Justiz häufig kräftig an der Nase herumführt. Doch je dreister seine Raubzüge werden, desto mehr zieht sich die Schlinge zu, die bereits um seinen Kopf gezogen ist. Dann legt sich Michael auch noch mit der IRA an ...

Prisma-Online: »Nach John Boormans hervorragendem Film *Der General*, der kommerziell leider nicht erfolgreich war, ist dies ein weiteres Werk, das sich mit dem Leben des irischen Gangsteridols Martin Cahill beschäftigt. Thaddeus O'Sullivans Version legt kaum Wert auf Authentizität, bearbeitet die Story sehr frei – deshalb auch die Namensänderung – und versteht sich eher als Genre-typische Gangsterfilm-Unterhaltung, denn als anspruchsvolle Biografie. Dank eines wieder einmal glänzend aufgelegten Kevin Spacey in der Hauptrolle gelingt dies auch.«

1998 The General
IRL/GB, R: John Boorman, D: Brendan Gleeson, Adrian Dunbar, Sean McGinley

GANZ NORMAL VERLIEBT
The Other Sister, USA 1999, R: Garry Marshall, D: Diane Keaton, Juliette Lewis, Tom Skerritt, Giovanni Ribisi, Poppy Montgomery, Sarah Paulson, Linda Thorson, Joe Flanigan, Juliet Mills, Tracy Reiner
Der Film erzählt von der Liebe zwischen Carla und Danny – zwei geistig behinderten Menschen. Carla kehrt nach zehn Jahren Aufenthalt in einem Internat zu ihrer Familie zurück. Nach einem heftigen Familienstreit darf sie sich eine eigene Wohnung nehmen und aufs College gehen, wo sie sich in Danny verliebt.

Christoph Meyer *(dpa)*: »In der bitter-süßen Romanze kämpfen die beiden Liebenden um Freiheiten, die für alle anderen selbstverständlich sind. ›Es geht um die Freiheit zu lieben und um das Risiko, dabei einen Fehler zu machen‹, sagt Hauptdarstellerin Juliette Lewis, die vor allem durch den umstrittenen Film *Natural Born Killers* bekannt geworden ist. Sie spielt die schwierige Figur der Carla so einfühlsam, glaubwürdig und charmant, dass der Liebesfilm *Ganz normal verliebt* über seine Gesellschaftskritik hinaus zu einer gelungenen Komödie wird ... Carlas Reifeprozess mit ihren ersten sexuellen Erfahrungen, ihrem ersten Liebeskummer und schließlich ihrer tiefen Beziehung zu Danny ist bewegend und komisch zugleich. Den Kinobesuchern werden alle Emotionen abverlangt.«

1962 David und Lisa

David And Lisa, USA, R: Frank Perry, D: Keir Dullea, Janet Margolin

GAPPA – FRANKENSTEINS FLIEGENDE MONSTER

Daikyoju Gappa, J/USA 1967, R: Haruyasu Noguchi, D: Tamio Kawaji, Yôko Yamamoto, Tatsuya Fuji, Koji Wada, Yuji Okada

Aus einem auf einer Pazifikinsel gefundenen Riesenei entschlüpft nach einem Vulkanausbruch ein Riesenvogel, der – mit nach Japan genommen – von seinen »Eltern« besucht wird, die ganze Städte in Schutt und Asche legen.

1961 Gorgo

GB, R: Eugène Lourié, D: Bill Travers, William Sylvester, Vincent Winter

DER GARTEN ALLAHS

The Garden Of Allah, USA 1936, R: Richard Boleslawski, D: Marlene Dietrich, Charles Boyer, Basil Rathbone, Cyril Aubrey Smith, Tilly Losch, Joseph Schildkraut, John Carradine, Leonid Kinskey, Bonita Granville, Marcia Mae Jones, Lucille Watson, Alan Marshall, Henry Brandon, Charles Waldron, Nigel De Brulier, Pedro De Cordoba, Ferdinand Gottschalk, Eric Alden, Harlan Briggs

Nach einem Roman von Robert Hichens: Domena Enfilden hat ihren Vater gepflegt, bis er starb. Um über seinen Tod hinwegzukommen, reist sie nach Nordafrika; in der Einsamkeit der Wüste hofft die reiche junge Erbin, inneren Frieden zu finden. Zur gleichen Zeit verlässt ein junger Mönch heimlich ein algerisches Trappistenkloster. Boris Androvsky fällt es nicht leicht, sein Gelübde zu brechen, aber die Sehnsucht nach weltlichem Glück ist stärker als seine Skrupel. Das Schicksal führt die beiden Menschen zusammen. Boris ist von der schönen Frau fasziniert, verschweigt ihr jedoch seine Vergangen-

heit, als auch sie sich leidenschaftlich in ihn verliebt. Weder die Prophezeiungen eines Wahrsagers noch die Warnungen eines Priesters können sie davon abhalten zu heiraten. Als sie ihre Flitterwochen in der Wüste verbringen, erkennt der französische Offizier de Trevignac Boris wieder. So erfährt Domena sein Geheimnis. Als Boris ihr gesteht, wie er unter seinen Schuldgefühlen leidet, spürt sie, dass sie ihn nicht halten darf. Sie begleitet ihn zurück zum Kloster, an der Pforte trennen sie sich für immer. *Der Garten Allahs* – der Titel gibt eine arabische Bezeichnung für die Wüste wieder – ist Marlene Dietrichs erster Farbfilm, Regie führte Richard Boleslawski (1889–1937), ein gebürtiger Pole, der in Hollywood mit vielen berühmten Stars gearbeitet hat.

Cinema: »In der Stummfilmzeit war die Geschichte zweimal verfilmt worden. Was der Handlung an Spannung und dramatischen Höhepunkten fehlte, versuchten Produzent Selznick und Regisseur Boleslawski in ihrem Tonfilm-Remake durch Schauwerte in 3-Farben-Technicolor auszugleichen. Die eigentlichen Dreharbeiten waren für alle Beteiligten eine Strapaze: zwar wurde nicht in der Sahara gefilmt, aber auch in der Wüste von Arizona herrschten Temperaturen bis 40 Grad, sodass nur einen halben Tag lang gedreht werden konnte. Vier Monate lang wurden die fertig gestellten Szenen in Handarbeit im Technicolor-Labor überarbeitet. *Der Garten Allahs* präsentierte sich als technische Meisterleistung, die zeigte, dass der Farbfilm seinen Kinderschuhen entwachsen war. Chefkameramann W. Howard Greene und sein Kollege Hal Rosson erhielten von der amerikanischen Filmakademie einen Ehren-Oscar.«

1927 The Garden Of Allah

USA, R: Rex Ingram, D: Alice Terry, Ivan Petrovich

1916 The Garden Of Allah

USA, R: Colin Campbell, D: Tom Santschi, Helen Ware

GASPARONE

BRD 1962, R: Hans Hollmann, D: Ralph Boddenhuser, Walter Gross, Kurt Großkurth, Waltraut Haas, Michael Janisch, Topsy Küppers, Gunnar Möller, Gerhard Riedmann, Eva Sandor, Edd Stavjanik

Millöcker-Operette: In Olivia ist der Teufel los! Gasparone, ein geheimnisvoller Räuber, narrt die Polizei und bringt den dicken Präfekten Nasoni fast zur Verzweiflung. Dabei jagt er einem Phantom nach, denn es gibt Gasparone überhaupt nicht, dafür aber umso mehr Komplikationen, nicht zuletzt in Liebesdingen, bei denen Gasparone natürlich auch seine Hand im Spiel haben soll. Ita ist der Star einer Revue, mit der man sich über die erfolglose Jagd nach Gasparone lustig macht.

1956 Gasparone

A, D: Wolfgang Heinz, Karl Paryla, Kurt Preger, Hortense Raky, Karl Skraup

1937 Gasparone

D, R: Georg Jacoby, D: Marika Rökk, Johannes Heesters, Oskar Sima

DAS GASTHAUS AN DER THEMSE

BRD 1962, R: Alfred Vohrer, D: Joachim Fuchsberger, Brigitte Grothum, Elisabeth Flickenschildt, Richard Münch, Jan Hendriks, Heinz Engelmann, Siegfried Schürenberg, Klaus Kinski, Eddi Arent, Hela Gruel

Nach einem Roman von Edgar Wallace: Die Geschichte über das Themse-Gasthaus ist eine Fortsetzung zu *Der Frosch mit der Maske* und erneut muss der Täter, ein gefährlicher Mörder und Diamantenschmuggler im Taucheranzug, von Inspektor Ward in Polizeikreisen gesucht werden.

1938 Return Of The Frog

GB, R: Maurice Elvey, D: Gordon Harker, Hartley Power, René Ray

GAUNER GEGEN GAUNER

Ripoux conre ripoux, F 1989, R: Claude Zidi, D: Philippe Noiret, Thierry Lhermitte, Guy Marchand, Line Renaud, Grace de Capitani, Michel Aumont, Jean-Pierre Castaldi, Jean-Claude Brialy, Jean Benguigui

Die Abenteuer zweier liebenswert-dreister Pariser Polizisten, die mit Bestechung, Erpressung und anderen Geschäften ihren mageren Lohn aufbessern. Man kommt ihnen aber auf die Schliche, sie werden von ihren »Kunden« verraten und vom Dienst suspendiert. Erst als sich ihre Nachfolger als noch korrupter erweisen, möchte die zerknirschte Klientel die alten »Beschützer« wiederhaben.

Lexikon des internationalen Films: »Neuauflage des Erfolgsfilms *Die Bestechlichen* aus dem Jahr 1984. Trotz einiger inszenatorischer Kabinettstückchen und dem überzeugenden Spiel der Hauptdarsteller wird die Leichtigkeit des Originals nicht mehr erreicht.«

1984 Die Bestechlichen

Les Ripoux, F, R: Claude Zidi, D: Philippe Noiret, Thierry Lhermitte, Regine

DIE GEBROCHENE LANZE

Broken Lance, USA 1954, R: Edward Dmytryk, D: Spencer Tracy, Robert Wagner, Jean Peters, Richard Widmark, Katy Jurado, Hugh O'Brian, Eduard Franz, Earl Holliman, E. G. Marshall, Carl Benton Reid, Philip Ober, Robert Burton, Robert Adler, Russell Simpson, King Donovan, Paul Kruger

Nach dem Roman *I'll Never Go There Any More* von Jerome Weidman: Der tyrannische Viehbaron Matt Devereaux ist ein starrköpfiger Romantiker, der nicht begreifen will, dass die Pioniertage längst vorbei sind. Mit den Söhnen aus seiner ersten Ehe Ben, Mike und Denny liegt er in ständigem Streit. Doch auf seinen Lieblingssohn Joe lässt er nichts kommen. Als Matt mit seinen Leuten die Kupfermine verwüstet, die mit ihren giftigen Abwässern ein großes Viehsterben auslöste, nimmt Joe die Schuld auf sich. Während der Sohn für drei Jahre hinter Gittern sitzt, muss Matt ohnmächtig zusehen, wie seine Söhne den Besitz verkaufen. Ruiniert und mit gebrochenem Stolz stirbt das Familienoberhaupt. Die Jahre vergehen – Joe wird aus der Haft entlassen. Und am Grab seines Vaters stößt Joe eine Lanze zwischen sich und seine Brüder in die Erde – das indianische Symbol der Blutfehde. Es kommt zu einem Kampf auf Leben und Tod. Der Film lief auch unter dem Titel *Arizona*.

Western-Lexikon: »*Arizona* ist die Western-Adaption des Films *Blutsfeindschaft* (*House Of Strangers*), den Joseph Mankiewicz 1949 nach einem Drehbuch von Philip Yordan gedreht hat; die Konflikte des Stoffes waren hier in einer italienischen Einwandererfamilie in New York angesiedelt. Philip Yordan, selbst ein führender Western-Autor, hat dieses Western-Remake hart verurteilt: ›Dmytryk ist eine Pfeife (a bum), und seine Besetzung ist völlig falsch, vor allem, was Widmark betrifft. Spencer Tracy war schlechter als Edward G. Robinson, und die Inszenierung faul und seicht.‹«

Unter dem Titel *Die große Attraktion* drehte James B. Clark 1960 in den USA ein weiteres Remake der Story mit Cliff Robertson, Esther Williams und Robert Vaughn, bei dem die Handlung im Zirkus-Milieu spielt.

1949 Blutsfeindschaft

House Of Strangers, USA, R: Joseph L. Mankiewicz, D: Edward G. Robinson

GEFAHR AUS DEM WELTALL 2

It Came From Outer Space 2, USA 1995, R: Roger Duchowny, D: Brian Kerwin, Elizabeth Pena, Jonathan Carrasco, Bill McKinney, Maria Conchita Alonso

Auf einer Tour in die Wüste geraten der Fotograf Jack Putnam und ein mexikanischer Junge in ein mysteriöses Unwetter, nach dem blauschimmernde Steine auf dem Boden liegen. Es ist unerträglich heiß, die Telefone sind ausgefallen, die Wasserversorgung ist zusammengebrochen, und einige Menschen verhalten sich äußerst merkwürdig. Der Fotograf entdeckt, dass hinter den Bergen ein UFO gelandet ist, dessen Insassen Menschen duplizieren, doch die Behörden zeigen kein Interesse an den Vorfällen.

Lexikon des Science Fiction Films: »Ein ebenso müdes wie überflüssiges Remake des gleichnamigen SF-Klassikers von Jack Arnold.«

1975 Invasion der Liebesdrohnen

Invasion Of The Love Drones, USA, R: Jerome Hamlin, D: Eric Edwards, Viveca Ash

1953 Gefahr aus dem Weltall

It Came From Outer Space, USA, R: Jack Arnold, D: Richard Carlson, Barbara Rush

GEFÄHRLICHE FREUNDSCHAFT

Manpower, USA 1941, R: Raoul Walsh, D: Edward G. Robinson, Marlene Dietrich, George Raft, Alan Hale, Frank McHugh, Eve Arden, Barton MacLane, Ward Bond, Walter Catlett, Joyce Compton

Ein einfacher Techniker heiratet eine Animierdame und Sängerin. Er geht zu Grunde, als er annehmen muss, sie habe ihn mit seinem besten Freund betrogen.

Lexikon des internationalen Films: »Melodramatisches Dreiecksdrama vor dem Hintergrund von Arbeitswelt und Halbwelt. Handwerkliche Perfektion, ernsthafte Darsteller, eine effektvolle Spannungsdramaturgie und die exzellente Fotografie machen den Film zur guten Kinounterhaltung.«

1937 Slim

USA, R: Ray Enright, D: Pat O'Brien, Henry Fonda, Stuart Erwin

GEGEN ALLE GEWALTEN

I Died A Thousand Times, USA 1955, R: Stuart Heisler, D: Jack Palance, Lori Nelson, Lee Marvin, Shelley Winters, Pedro Gonzalez Gonzalez, Lon Chaney

Nach einem Roman von W. R. Burnett: Entlassener Sträfling »dreht sofort wieder ein Ding«: Er plant einen Raub in einem Luxushotel, doch es kommt zu Schwierigkeiten, als seine Leute sich als zu verschieden entpuppen.

Vera L. Scheid (*Filmblätter*): »Jack Palance, der Hollywood-Gangster mit dem bösen Blick, muss gegen sein eigenes Gesicht anspielen, um den brutalen Zuchthäusler menschlich erscheinen zu lassen. Es gelingt schließlich: Er zeigt Herz bei einem gelähmten und bei einem heimatlosen Mädchen samt ausgesetztem Hund. Harte Gangster-Story mit sentimentalen Herz-Tönen.«

1949 Vogelfrei

Colorado Territory, R: Raoul Walsh, D: Joel McCrea, Virginia Mayo, Dorothy Malone

1941 Entscheidung in der Sierra

High Sierra, R: Raoul Walsh, D: Humphrey Bogart, Ida Lupino, Joan Leslie

GEGEN JEDE CHANCE

Against All Odds, USA 1983/84, R: Taylor Hackford, D: Jeff Bridges, Rachel Ward, James Woods, Alex Karras, Jane Greer, Richard Widmark, Dorian Harewood, Swoosie Kurtz, Saul Rubinek, Pat Corley, Bill McKinney

Nach einem Roman von Daniel Mainwaring: Der ambitionierte Footballspieler Terry wird durch intrigante Machenschaften aus seiner Mannschaft entlassen. Um seinen Lebensstandard aufrecht erhalten zu können, nimmt er einen Job seines früheren Freundes Jake an. Jake, mittlerweile Besitzer eines Nachtklubs, beauftragt ihn, seine Freundin Jessie, die ihn verlassen und dabei 50.000 Dollar mitgenommen hat, zurückzuholen. Terry findet Jessie in Mexiko und eine leidenschaftliche Affäre beginnt, doch damit verstrickt sich Terry in ein tödliches Netz aus Lügen und Intrigen.

Lexikon des Kriminalfilms: »Mit der Besetzung der ›Femme fatale‹ aus Tourneurs Original – *Goldenes Gift/Out Of The Past*, Jane Greer, als Jessies Mutter Mrs. Wyler versuchte Regisseur Taylor Hackford eine hilflose Geste der Hommage an jenen klassischen ›Film noir‹. Denn sein eigenes Werk entpuppte sich als atmosphäreloser Schickeria-Bilderbogen von Mexiko und Los Angeles. Erotik verwechselte Hackford mit offen stehenden Blusen, und die mangelnde Stimmung hoffte er in geschmäcklerischer Hochglanz-Farbfotografie zu finden. Die ohnehin nicht unkomplizierte Geschichte von Tourneurs Film wurde hier noch verwickelter durch aufgesetzte gesellschaftskritische Anspielungen wie die Manipulation im Sport- und Immobiliengeschäft. Ebenso irritierend wie überflüssig.«

Phil Collins' Titelsong *Against All Odds (Take A Look At Me Now)* erhielt 1985 eine Oscar-Nominierung und kletterte innerhalb kürzester Zeit an die Spitze der internationalen Charts.

1947 Goldenes Gift
Out Of The Past, USA, R: Jacques Tourneur, D: Robert Mitchum, Jane Greer

DER GEHEIMAGENT
Joseph Conrad's The Secret Agent, USA 1996, R: Christopher Hampton, D: Bob Hoskins, Patricia Arquette, Gérard Depardieu, Robin Williams
Nach einem Roman von Joseph Conrad: Die Geschichte eines anarchistischen Attentäters im England der Jahrhundertwende, der den geistig zurückgebliebenen Bruder seiner Frau für einen Bombentransport benutzt und dessen Tod in Kauf nimmt.

Lexikon des internationalen Films: »Ein allzu theaterhaft bzw. theatralisch geratener Film, der trotz des hochkarätigen Schauspieler-Ensembles hinter der Vorgabe zurückbleibt. Ohne überzeugende Spannungsbögen verbreitet sich schnell gepflegte Langeweile.«

1936 Sabotage
GB, R: Alfred Hitchcock, D: Oskar Homolka, Sylvia Sidney, John Loder

DER GEHEIME GARTEN
The Secret Garden USA/GB 1993, R: Agnieszka Holland, D: Kate Maberly, Heydon Prowse, Andrew Knott, Laura Crossley, Maggie Smith, John Lynch, Walter Sparrow, Irene Jacob, Frank Baker
Nach einer Erzählung von Frances Hodgson Burnett: Mary hat bei einem Erdbeben in Indien ihre Eltern verloren. Nun soll sie in einem düsteren Schloss bei ihrem unnahbaren Onkel Lord Craven aufwachsen. Als sie dort verbotenerweise herumstöbert, entdeckt sie einen verlassenen Garten und lüftet bald noch ein weiteres Geheimnis: Sie ist nämlich nicht das einzige Kind auf dem Schloss. In einem der zahlreichen Zimmer lebt ihr Cousin Colin, von einer dubiosen Krankheit ans Bett gefesselt ...

Gudrun Lukasz-Aden *(Kinder- und Jugendfilm Korrespondenz)*: »Agnieszka Holland, eigenwillige polnische Regisseurin, hat diese märchenhafte Geschichte unheilvoll wie farbenprächtig inszeniert, mit dramatischer, oft in den Vordergrund drängender Musik, mit Kamerafahrten, die an *Shining* erinnern, jedenfalls den erwachsenen Zuschauer, der eigentlich immer darauf gefasst ist, dass der Film in das Horror-Genre gleitet. Tut er aber nicht. Er bleibt konsequent bei Mary (die zehnjährige Kate Maberly verkörpert, was sie spielt) und den anderen Kindern, die sich vom Unheimlichen nicht lähmen lassen, sondern im Gegenteil daraus Stärke und Kraft entwickeln, die durch ihre Freundschaft die düstere und leidvolle Welt der Erwachsenen verändern ... Alles in allem ein ungewöhnlicher Film, der Kinder wie Erwachsene in seinen Bann zieht und der wohl eher die Erwachsenen etwas verwirrt entlässt als die Kinder.«

1987 Der geheime Garten
The Secret Garden, USA, R: Alan Grint, D: Gennie James, Barret Oliver

1949 Der geheime Garten
The Secret Garden, USA, R: Frank M. Wilcox, D: Margaret O'Brien, Herbert Marshall

1919 The Secret Garden
USA, R: G. Butler Clonebaugh, D: Lila Lee

DAS GEHEIMNIS DER DREI DSCHUNKEN
I/BRD 1965, R: Ernst Hofbauer, D: Stewart Granger, Rosanna Schiaffino, Paul Klinger, Margit Saad, Sieghardt Rupp, Helga Sommerfeld, Franco Fantasia, Harald Juhnke, Paul Dahlke, Horst Frank, Chitra Ratana
Ein US-Agent bekämpft in Hongkong eine Bande, die den bösen Roten wichtige Hardware liefert.

MovieLine: »Dutzendabenteuer im Agentenmilieu, in der Hauptrolle ein abgehalfterter Hollywoodstar.«

1956 La Rivière des 3 jonques
F, R: André Pergament, D: Lise Bourdin, Jean Gaven, Howard Vernon

DAS GEHEIMNIS DER ROTEN KATZE
BRD 1949, R: Helmut Weiss, D: Heinz Rühmann, Gustav Knuth, Angelika Hauff, Trude Hesterberg, Jakob Tiedtke, Erich Engels

Der stellungslose Schauspieler André kommt stets auf neue Ideen, um in der harten Nachkriegszeit überleben zu können. Eines Tages nimmt er sogar einen Job im Pariser Vergnügungsetablissement »Rote Katze« an. Er verkleidet sich als Apache, um betuchte Gäste in das Lokal zu locken. Unversehens wird er aber dabei in die Machenschaften einer echten Diebesbande verwickelt. Er zieht sich jedoch pfiffig aus der Affäre und saniert sich durch eine reiche Liebesheirat. *Rhein-Neckar-Zeitung*: »Solange es dieser neue, in Geiselgasteig gedrehte Film mit den stillen Tieren hält, ist er liebenswert. Ansonsten ist er leider Klamauk. Was vom Stoff her eine Komödie hätte werden können, artet zu einem überlauten Schwank aus und im Getöse der Raufereien, Schüsse und knallenden Ohrfeigen bleibt wenig Platz für die temperierte Komik eines Rühmann. Zuweilen denkt man an Chaplin, dem hier, wie es scheint, vergeblich nachgeeifert wurde.«

1931 Das Geheimnis der roten Katze

D, R: *Erich Schönfelder*, D: *Sig Arno, Hans Junkermann*

DAS GEHEIMNIS DER WENDELTREPPE

The Spiral Staircase, GB 1974, R: *Peter Collinson*, D: *Jacqueline Bisset, Christopher Plummer, John Philip Law, Mildred Dunnock, Sam Wanamaker, Gayle*

Hunnicutt, Elaine Stritch, John Ronane, Sheila Brennan, Heather Lowe, Christopher Malcolm
Nach dem Roman *Some Must Watch* von Ethel Lina White: Nach dem Feuertod von Mann und Tochter erlitt Helen Mallory einen Schock, der sie verstummen ließ. In einer Bostoner Klinik soll ihr geholfen werden. Auf dem Weg dorthin macht sie bei den Shermans Halt. Die alte Mrs. Sherman ordnet an, das Haus gut zu verschließen, treibt doch ein Mörder sein Unwesen, dessen Opfer alle ein körperliches Gebrechen hatten. Mit im Haus sind Professor Sherman und dessen jüngerer Bruder Steven, das Haushälterehepaar und Shermans Sekretärin Blanche. Später in einer stürmischen Nacht – der Strom fällt aus – entdeckt Helen die Leichen von Blanche und dem Hausmeister. Sie rennt voller Panik zu ihrem Onkel, dem Professor, und merkt, dass er der Mörder ist. Doch bevor ihr ein Leid angetan werden kann, erschießt die alte Mrs. Sherman ihren Sohn.

Meinolf Zurhorst *(Lexikon des Kriminalfilms)*: »Das Remake von Robert Siodmaks *Die Wendeltreppe* (1945) folgt weitgehend dem Original, ohne aber dessen gruselige Spannung und unheimliche Atmosphäre zu erreichen.«

1945 Die Wendeltreppe

The Spiral Staircase, USA, R: *Robert Siodmak*, D: *Dorothy McGuire, George Brent*

Links: Die Wendeltreppe (1945, R: Robert Siodmak):
Die stumme Helen (Dorothy McGuire) ist in Gefahr
Unten: Die Wendeltreppe (1945): Rhonda Fleming,
Dorothy McGuire und Gordon Oliver

DIE GEIERWALLY

BRD 1988, R: Walter Bockmayer, D: Samy Orfgen, Christoph Eichhorn, Gottfried Lackmann, Ralph Morgenstern, Ortrud Beginnen, Brigitte Janner, Karl-Heinz von Hassel, Elisabeth Volkmann, Sonja Neudorfer, Walter Bockmayer, Barbara Valentin, Stephan Wald

Nach einem Roman von Wilhelmine von Hillern: »... Warum nennst du das Mädchen dort oben die Geier-Wally?«, fragte der Fremde unten im dunklen, feuchtrauschenden Wald. »Herr, weil sie als Kind scho a Geiernest ausg'nommen und mit den alten Geiern g'hakelt hat«, sagte der Tiroler. »S'is das schönste und stärkste Mädel in ganz Tirol.« So dröhnte Wilhelmine von Hillern 1873 in ihrem Bergbauern-Geschichterl *Die Geierwally*, das bereits dreimal, 1921, 1940 und 1956, als Alpen-Drama in der Tradition des pathetischen deutschen Heimatstreifens verfilmt wurde. Regisseur Bockmayer: »Der Roman ist so beknackt und schreit einfach danach, dass man ihn auf den Arm nimmt.« Getreu der Vorlage setzt sich die mollige Komikerin Samy Orfgen als Hoferbin Walburga gegen die vom Vater befohlene Vernunftehe mit dem spitzbäuchigen Großbauer Vinzenz durch. Die dralle Dirn flieht in die Wildnis jenseits der Baumgrenze, bevor sie endlich ihren Schwarm, den schmucken Bärenjoseph, in die Arme schließt.

TV Spielfilm Lexikon: »Die schrille Parodie auf Heimatschinken und Bergromantik wurde komplett im Tiroler Lechtal gedreht. Die dortigen Bergbewohner hatten anfangs einige Schwierigkeiten, sich an Kühe mit Strapsen, Postboten im Ballettröckchen und Männer in Stöckelschuhen zu gewöhnen, am Ende wirkten die meisten von ihnen jedoch als Statisten begeistert mit ... *Geierwally* die Vierte hebt sich, wenn auch streckenweise durch Unprofessionalität und abgedroschene Witzeleien etwas enervierend, von den verknöcherten Vorgängerinnen angenehm ab.«

1956 Die Geierwally

BRD 1956, R: Franz Cap, D: Barbara Rütting, Carl Möhner, Heinrich Hauser

1940 Die Geierwally

D, R: Hans Steinhoff, D: Heidemarie Hatheyer, Sepp Rist, Eduard Köck

1921 Die Geierwally

D, R: E. A. Dupont, D: Henny Porten, William Dieterle, Albert Steinrück

DER GEIGENMACHER VON MITTENWALD

BRD 1950, R: Rudolf Schündler, D: Willy Rösner, Paul Richter, Franziska Kinz, Erika von Thellmann, Ingeborg Cornelius, Erika Remberg, Elise Aulinger, Gustl Gstettenbaur, Heinz-Leo Fischer, Sepp Nigg, Thea Aichbichler

Vitus ist erster Geselle beim reichen Geigenbauer Benedikt Oberbucher. Er liebt Afra, die Tochter der armen Schneiderin Kuni Schlederer. Dies passt jedoch nicht in die Pläne der Posthalterin, die Vitus gern als Schwiegersohn haben möchte. Vitus geht für zwei Jahre nach Italien, um seine Kunst zu vervollständigen. Die Briefe, die er Afra schreibt, werden von der Posthalterin zurückgehalten. Afra, die annimmt, Vitus habe sie in der Fremde vergessen, heiratet Benedikt Oberbucher. Als Vitus zurückkehrt und von der Hochzeit erfährt, ist er sehr verbittert. Am Ende, nach Benedikts Tod, werden Afra und Vitus doch noch ein Paar.

1933 Die blonde Christl

D, R: Franz Seitz, D: Karin Hardt, Theodor Loos, Rolf von Goth

DER GEIST UND DIE DUNKELHEIT

The Ghost And The Darkness, USA 1996, R: Stephen Hopkins, D: Michael Douglas, Val Kilmer, Tom Wilkinson, John Kani, Bernard Hill, Brian McCardie, Emily Mortimer, Om Puri, Henry Cele, Kurt Egelhof

Ein braver Eisenbahningenieur und ein abgewrackter Großwildjäger nehmen es in Afrika mit zwei mysteriösen Killer-Löwen auf. Der Geist und die Dunkelheit, wie die Eingeborenen die mörderischen Tiere nennen, versuchen offenbar, den Bau einer Eisenbahnbrücke in ihrem Revier zu verhindern und machen aus den Jägern Gejagte.

Hanns-Georg Rodek (*Die Welt*): »Mit *Der Geist und die Dunkelheit* werden wir in die gute, alte Kolonialzeit zurückexpediert, und es ist beruhigend zu sehen, dass sich kaum etwas geändert hat. Die Engländer bringen mit einem Brückenbau Zivilisation ins Land, die Neger schleppen Eisenbahnschwellen und rennen in Panik vor den menschenfressenden Löwen davon, und die Weißen schreiten mutig mit der Donnerbüchse zur Jagd. Der Musterschwarze, weise und selbst von den Massas respektiert, wurde nicht vergessen; als Zugeständnis an political correctness versteht er es sogar, Weinflaschen weltmännisch zu entkorken. Drehbuchautor William Goldman gelingt es erschreckenderweise – erschreckend deshalb, weil er für *Zwei Banditen* und *Die Unbestechlichen* zwei verdiente Oscars gewonnen hatte – jeden potenziell interessanten Konflikt allenfalls oberflächlich anzukratzen und postwendend wieder zu vergessen.«

1952 Bwana, der Teufel

Bwana Devil, USA, R: Arch Oboler, D: Robert Stack, Barbara Britton, Nigel Bruce

DER GEIST UND MRS. MUIR

The Ghost & Mrs. Muir, USA 1968-1970, R: David Alexander, Bruce Bilson, D: Hope Lange, Edward Mulhare, Reta Shaw, Charles Nelson Reilly, Kellie Flanagan, Harlen Carraher

Nach einem Roman von R. A. Dick: In England, um die Jahrhundertwende, kauft die allein stehende Mrs. Muir ein altes Landhaus am Meer. Dabei macht sie nach kurzer Zeit Bekanntschaft mit einem echten Geist: Der bärbeißige Geist eines verstorbenen Seefahrers Capitän Gregg versucht, die junge Witwe mit allerlei Spuk aus seinem Haus zu vertreiben. Als dies nicht den gewünschten Erfolg bringt, macht er ihr stattdessen den Hof und es bahnt sich eine ungewöhnliche Freundschaft und Liebe an ... Von September 1968 bis März 1970 wurden 50 Episoden à 30 Minuten der Fernsehserie gedreht.

1947 Ein Gespenst auf Freiersfüßen

The Ghost And Mrs. Muir, USA, R: Joseph L. Mankiewicz, D: Rex Harrison

DAS GEISTERSCHLOSS

The Haunting, USA 1999, R: Jan De Bont, D: Liam Neeson, Catherine Zeta-Jones

Hill House, einst ein stattlicher Herrensitz, wurde vor über hundert Jahren erbaut. Aber im Laufe der Zeit vertrieben seltsame Geschichten alle Bewohner dieses Schlosses und so scheint kein Leben darin mehr stattzufinden. Doch der Schein trügt – denn einsam und allein ist noch immer etwas unterwegs, in den dunklen Gängen und verlassenen Schlafzimmern von Hill House. Ausgerechnet diesen düsteren Ort sucht sich Dr. David Marrow aus, um eine Studie über Schlaflosigkeit durchzuführen. Das zumindest erzählt er seinen

drei Versuchspersonen, der schüchternen und sensiblen Nell, der aufreizenden Theo und dem misstrauischen Zyniker Luke, der schon bald erahnt, dass es bei den Psycho-Spielchen des Wissenschaftlers nicht mit rechten Dingen zugeht. Entgegen aller Warnungen quartieren sich die vier in dem alten Gemäuer ein und sind entschlossen, über Nacht zu bleiben. Hill House selbst scheint zu atmen und zu leben, und schon bald werden die Geister der Vergangenheit geweckt und merkwürdige Visionen und Erscheinungen suchen die Gäste heim. Angsteinflößende Geräusche, Vorhänge und Kopfkissen, die sich in Kinderköpfe verwandeln und ein geheimnisvoller Kaminschacht machen das Hill House zum Geisterschloss. Dabei wird die verletzliche Nell immer mehr zum Zentrum der Ereignisse. Auf seltsame Weise fühlt sie sich zu dem Haus hingezogen, ein Gefühl, das auf Gegenseitigkeit zu beruhen scheint. Im Laufe des mysteriösen Experiments stellt sich immer mehr die Frage, ob Nell wahnsinnig ist und sie langsam den Verstand zu verlieren scheint – oder ob Hill House ein letztes Opfer fordern wird.

Daniel Kothenschulte *(Film-Dienst)*: »Geschmäcklerische Computeranimationen rauben nicht nur dem Spukschloss seine Aura, sondern auch der Schauergeschichte ihr Geheimnis.«

Bis das Blut gefriert (1962, R: Robert Wise): Claire Bloom und Julie Harris

GELD ODER LEBEN

BRD/F/I 1966, R: Jean-Pierre Mocky, D: Heinz Rühmann, Fernandel, Marilu Tolo, Jean Poiret, Michel Galabru, Darry Cowl, Jacques Legras, Christa Nelli, Jean Carmet, André Gabriello, Claude Piéplu, Simone Duhart, Andrex, Francoise Arnoul

Direktor Pelepan, Geschäftsführer der Baufirma Bertiw & Co. in Toulouse, erhält einen dringenden Telefonanruf aus Paris. Die Gebrüder Kahlbauer, die ein von ihm erfundenes Haarwuchsmittel auf den Markt bringen wollen, brauchen schleunigst eine Million, wenn das Projekt nicht platzen soll. Um zu retten, was zu retten ist, entschließt sich Pelepan, das Geld kurzfristig von der Firma »auszuleihen«. Da der Kassenbote verhindert ist, schickt der Direktor Oberbuchhalter Schmidt und Hauptkassierer Migue mit einem Scheck zur Bank. Was er sich damit einbrockt, ahnt Pelepan nicht. Zunächst einmal vergessen die beiden, den Geldkoffer mitzunehmen. So müssen sie zusehen, wie sie auf der Bank die vielen Scheine in ihre Manteltaschen und in Zeitungspapier verstauen können. Ein Wolkenbruch beschwört neue Probleme herauf. Als Schmidt und Migue endlich in die Firma zurückkommen, ist dort schon alles dicht. Pelepan hat ihnen lediglich die Nachricht hinterlassen, er müsse mit dem Abendzug nach Paris und erwarte sie mit dem Geld auf dem Bahnsteig. Natürlich verfehlt man sich dort. Während Schmidt und Migue von Abteil zu Abteil irren, setzt sich der Zug in Bewegung. Die Odyssee der drei Männer und der Million nimmt ihren Lauf, und von Station zu Station wird sie abenteuerlicher ... Heinz Rühmann als Buchhalter und Fernandel als Kassierer, die mit einer Million in bar zwischen Toulouse und Paris hin und her zappeln, um ihrem Chef das Geld zu überbringen. Heinz Rühmann spielte eine Rolle, die er auch schon in der ersten Verfilmung des Komödienstoffs (*Der brave Sünder* von Fritz Kortner) aus dem Jahr 1931 verkörpert hatte. Ponkie hielt den Film für »auserlesen miserabel«. Die *Frankfurter Neue Presse* war anderer Meinung: »Ein wirklich hübscher Jux. Die beiden Komiker bringen ihr Publikum immer wieder zum Schmunzeln.«

GELIEBTE AGENTIN

Notorious, USA 1992, R: Colin Bucksey, D: John Shea, Jenny Robertson, Jean-Pierre Cassel, Marisa Berenson, Paul Guilfoyle, Ronald Guttman, Igor De Savitch, Jean-Pierre Stewart, Albert Pariente

Alicia, Tochter eines verurteilten kommunistischen Spions, lernt auf einer Party den CIA-Agenten Devlin kennen, in den sie sich schnell verliebt. Ihren patriotischen Pflichten als Amerikanerin entsprechend folgt sie Devlin wegen eines Auftrages nach Paris. Dort soll sie sich in den kommunistischen Untergrund einschleusen und dem Chef eines Waffenrings, Alex Sebastian, schöne Augen machen. Der Plan gelingt: Alex verliebt sich in Alicia und heiratet sie. Nun hat Alicia Zugang zu den geheimen Machenschaften ihres Ehemannes. Dieser jedoch kommt dahinter, dass sie eine Agentin ist, und will sie einen qualvollen Gifttod sterben lassen. Währenddessen wird Devlin misstrauisch, da Alicia nicht zu den vereinbarten regelmäßigen Treffen erscheint. Er verschafft sich Einlass in Sebastians Haus und findet Alicia schwer krank. Da auch er sich inzwischen in sie verliebt hat, muss er sie um jeden Preis befreien. Colin Buckseys *Geliebte Agentin* ist ein Remake des bereits 1946 erschienenen Klassikers *Berüchtigt* von Alfred Hitchcock. Bis auf die Tatsache, dass aus den Nazi-Spionen in Brasilien nun kommunistische Waffenhändler in Paris geworden sind, finden sich in diesem Remake sämtliche Handlungsabläufe des berühmten Originals wieder. Denn Bucksey wollte keinen neuen Film drehen, sondern die bekannte Geschichte von Ben Hecht in neuem Gewand erzählen. Dadurch wird *Geliebte Agentin* besonders für Hitchcock-Fans interessant sein, dürfte aber auch jenen Zuschauern gefallen, die mit dem Stoff noch nicht vertraut sind und einen klassischen romantischen Thriller erwarten.

GELIEBTE BESTIE

A, 1958, R: Arthur Maria Rabenalt, D: Gerhard Riedmann, Margit Nünke, Willy Birgel, Mady Rahl, Gustav Knuth, Gretl Schörg, Fred Bertelmann, Sigrid Marquardt, Heinz Moog, Ljuba Welitsch, Leopold Hainisch, Charly Baumann, Emanuel Sackey, Mario Kranz, Karl Kritel, Otto Hejdusek, Hans Kurt, Berta Vitek, Josef Menschik, Massimo Giuliani, Walter Giller

Nach einem Roman von Heinrich Seiler: Zirkusfilm um eine blutjunge Tänzerin, deren gefährliche Karriere hinter Raubtiergittern beginnt und deren persönliches Glück in den starken Armen eines verwegenen Tigerdompteurs Erfüllung findet.

Lieselotte Henckel (Filmblätter): »Die Skepsis, mit der ein Remake im Allgemeinen a priori behaftet ist, erweist sich bei diesem filmischen Double des routinierten Regie-Altmeisters Arthur Maria Rabenalt als unbegründet. Nach der gleichen Romanvorlage seiner um Jahre zurückliegenden Erfolgsinszenierung entstand ein modernes und neues Werk aus der immer wieder fesselnden Welt der Artisten, in der die Brillanz des gekonnten Reißers und echte dramatische Effekte zur spannungsgeballten Unterhaltung verschmelzen. Im faszinierenden Zauber der Manege werden menschliche Schicksale transparent. Liebe, Hass, Intrigen, Eifersucht und Ehrgeiz dirigieren das tempogeballte Geschehen ... Ex-Schönheitskönigin Margit Nünke hat sich im erotischen Flair ihrer ungewöhnlichen Rolle zur beachtlichen Schauspielerin gemausert. Gerhard Riedmann variiert seinen Part des Wildkatzen- und Frauenbändigers zwischen kaltblütigem Fanatismus und sympathischem Draufgängertum. Verbrecherische Dämonie wird von Willy Birgel mit lässiger Kunstschützeneleganz umkleidet.«

1939 Männer müssen so sein

D, R: Arthur Maria Rabenalt, D: Hertha Feiler, Hans Söhnker, Paul Hörbiger

DER GENTLEMAN-KILLER

Kid Glove Killer, USA 1942, R: Fred Zinnemann, D: Van Heflin, Marsha Hunt, Lee Bowman, Samuel S. Hinds, Cliff Clark, Eddie Quillan, John Litel, Catherine Lewis, Nella Walker, Ava Gardner

Ladimer, ein korrupter Anwalt, gibt sich einen biederen Anschein, ist aber eng mit der Unterwelt verbunden. Einem jungen Polizeichemiker gelingt es schließlich, ihn zu entlarven.

1938 They're Always Caught

USA, R: Harold S. Bucquet, D: Stanley Ridges, John Eldredge, Louis Jean Heydt

GEORGE, DER AUS DEM DSCHUNGEL KAM

George Of The Jungle, USA 1997, R: Sam Weisman, D: Brendan Frazer, Leslie Mann, Richard Roundtree

George führt ein geruhsames Leben in den Tiefen des südamerikanischen Dschungels. In seinem Baumhaus lebt er gemeinsam mit dem Gorilla Ape, neben einem Elefanten hat er noch eine Reihe weiterer tierischer Freunde. Die Idylle ist vorbei, als eines Tages die hübsche und reiche Ursula im Urwald landet und prompt von George vor einem Löwen gerettet wird. Sie verliebt sich in ihn und nimmt ihn mit nach Boston. Das Unterfangen, ihn mit der Zivilisation vertraut zu machen, entwickelt sich schwieriger als erwartet.

Jörg Gerle (Film-Dienst): »Dass George Of The Jungle auf einer Comic-Vorlage basiert und in diesem angestammten Genre durchaus komisch zu sein vermag, beweist der Vorspann zu Disneys neuestem Versuch, Unterhaltung für Kinder in den Niederungen des Gaudiums auszuloten. Doch bereits nach einigen Minuten Animation, in dem ein Männchen damit beschäftigt ist, sich mit Lianen gegen Bäume zu schwingen, wird man schnell und endgültig aus dem Reich der Imagination in das der missglückten ›Realsatire‹ gestoßen ... Es ist schon erschreckend, wie wenig Mühe sich Regie und Buch gegeben haben, ein Minimum an Originalität zu produzieren.«

1967–1970 George Of The Jungle

USA, R: Gerard Baldwin, Frank Braxton – Animation

GERMINAL

F 1993, R: Claude Berri, D: Gérard Depardieu, Renaud, Miou-Miou, Jean Carmet, Judith Henry, Jean-Roger Milo, Laurent Terzieff, Bernard Fresson, Jean-Pierre Bisson, Jacques Dacqmine, Anny Duperey, Gérard Croce, Frédéric van den Driessche, Annick Alane, Pierre Lafont

Nach einem Roman von Emile Zola: Während des Zweiten Kaiserreichs, irgendwo im nordfranzösischen Kohlerevier. Der arbeitslose Mechaniker Etienne Lantier findet nach langer Suche wieder Beschäftigung – als ungelernter Bergmann. Das Leben im Umkreis der Voreux-Grube kommt für den jungen Mann einem Abstieg zur Hölle gleich. Lantier wird Zeuge des Elends der Kumpel und ihrer vielköpfigen Familien. Die Menschen, die in der Bergarbeitersiedlung von Montsou leben, sind gefangen in einem Teufelskreis aus miserabel bezahlter Fronarbeit, unmäßigem Alkoholgenuss und moralischer Verwahrlosung. Sie sind die Sklaven des Industriezeitalters und scheinbar auf ewig verdammt. Doch Lantier will sich nicht widerstandslos mit diesem Los abfinden. Unter dem Einfluss des Anarchisten Souvarine beginnt er sozialistische Schriften zu lesen. Lantiers Propaganda fällt bei den meisten seiner neuen Kollegen und Freunde auf fruchtbaren Boden, so bei dem Hauer Toussaint Maheu und seiner Frau. Andere dagegen, wie Chaval, Lantiers Rivale um die Gunst der Maheu-Tochter Catherine, sind gegen Streik. Der wird jedoch unvermeidlich, als die Grubenbesitzer mit allen Mitteln verschleierte Lohnminderungen durchdrücken wollen. Eine Machtprobe beginnt, ein qualvoller Kampf, der für die ausgebeuteten Massen mit einer blutigen Niederlage endet ...

1885 erscheint *Germinal* als dreizehnter Roman von Emile Zolas (1840–1902) Aufsehen erregendem Romanzyklus *Die Rougon-Macquart*. Anfang 1884 schwankt der Schriftsteller noch zwischen drei Projekten: einem Roman über die Bauern (daraus wurde später *Die Erde*), einem weiteren über das Leben der Eisenbahner (später *Bestie Mensch*) und schließlich einem Roman über die Welt der Bergleute (ursprünglich in der Gegend um Saint-Etienne angesiedelt). Zola entscheidet sich dann relativ schnell für das dritte Thema und hat bereits am 10. Februar 1884 eine hundert Seiten starke Synopsis verfasst. »Der Roman handelt vom Aufstand der Arbeiter«, schreibt Zola, »und davon, wie sie der Gesellschaft einen Schuss vor den Bug verpassen, sodass diese einen Moment ins Schwanken gerät. Es geht um den Kampf zwischen Kapital und Proletariat. Ich will, dass der Roman zukunftsweisend ist und eine der wichtigsten Fragen des 20. Jahrhunderts stellt.« Er reist mit einem befreundeten Parlamentsabgeordneten ins nordfranzösische Kohlerevier von Anzin, besucht Bergarbeitersiedlungen und Zechen. Trotz seines Rufs als engagierter und unbequemer Schriftsteller erhält er vom Direktor der Compagnie d'Anzin die Erlaubnis, sich ungehindert überall umzusehen. Unter dem Eindruck eines blutig niedergeschlagenen Bergarbeiterstreiks, der noch während Zo-

las dortiger Anwesenheit im Februar 1884 ausbricht und zwei Monate dauert, beginnt er schließlich mit der Arbeit an *Germinal*. Der Roman zählt bis heute zu seinen populärsten Werken.

Fischer Film Almanach: »Nach Albert Capellani (1913) und Yves Allégret (1963) wagt Claude Berri sich als dritter französischer Regisseur an dieses komplexe Werk, das zu den berühmtesten und meistgelesenen in der Literaturgeschichte der Nation gehört. Der Film erreicht trotz seiner Dauer von fast drei Stunden und einer aus diesem Grunde reduzierten Anzahl von Vorstellungen pro Kino nach *Les Visiteurs* (Jean-Marie Poiré) die höchsten Besucherzahlen der im Jahre 1993 gestarteten französischen Filme und behauptet sich gleichberechtigt auf der Höhe der Hollywood-Hits. Eine Vorlage, die jeder Schuljunge kennt, ein Aufgebot an zugkräftigen Stars, teure Dekors, perfekt ausgeführtes Handwerk, geschickte Public Relations weit im Vorfeld der Uraufführung und eine generalstabsmäßig geplante Lancierung. Ein Unternehmen, wie manche Kritiker Berri vorwerfen, das ein Monument der Kultur ausbeute und mit scharfem Kalkül auf populäre Unterhaltung und Kommerz ziele. Ein Rückfall, so heißt es, in die viel geschmähte Qualité française der 50er-Jahre. Wie auch immer, dieser *Germinal* ist äußerst solide und effizient inszeniert. Er bietet auf höchstem Niveau Unterhaltung für das große Publikum. Sein Drehbuch konzentriert sich auf die zentralen Handlungsstränge der Geschichte. Die repräsentativen Vertreter der konträren sozialen Klassen stehen scharf umrissen vor dem Hintergrund ornamental geführter Volksmassen und pittoresker Dekors. Dies bewirkt besonders bei Figuren wie Chaval und dem Anarchisten Souvarine eine Überzeichnung, die fatal zur Karikatur neigt und damit das Gleichgewicht der Geschichte und der ideologischen Differenzierung gefährdet. Renauds Erscheinung ist der Rolle Lantiers perfekt angepasst, sein schauspielerisches Register allerdings wenig kompatibel mit denen Miou-Mious und Depardieus. In einigen Sequenzen heben sie die Wirkung ihres Spiels gegenseitig auf. Manche Schwächen zugestanden, ist Berris Inszenierung weit über den gigantischen materiellen Aufwand der Produktion hinaus, die zu den teuersten in der französischen Filmgeschichte gehört, ehrgeizig und sehenswert. Man mag streiten, ob hier eine Literaturverfilmung gelungen ist oder nicht. Unbestritten ist, dass in der heißen Phase der GATT-Verhandlungen, in der die französischen Filmschaffenden um die kulturelle Ausnahme im Handelskrieg der Industriegiganten kämpften, mit *Germinal* eine europäische Prestigeproduktion auf die Leinwände kam, die den Kommerzmaschinen Hollywoods Qualität und Quoten entgegensetzen konnte. Der europäische Film braucht Persönlichkeiten wie Berri, die zugleich wagemutige Produzenten und eigenwillige Filmmacher sind.«

1963 Germinal

F, R: Yves Allégret, D: Jean Sorel, Claude Brasseur, Bernard Blier

1913 Germinal

F, R: Albert Capellani, D: Léon Bernard, Paul Capellani, Paul Escoffier

GERONIMO

USA 1939, R: Paul Sloane, D: Preston Foster, Ellen Drew, Andy Devine, William Henry, Ralph Morgan, Gene Lockhart, Marjorie Gateson, Kitty Kelly, Monte Blue, Addison Richards, Pierre Watkin

Geronimo führt die Apachen zum Aufstand. Der junge Leutnant Steele, der eigentlich seine Offizierslaufbahn aufgeben und mit seiner Verlobten weiter in den Westen ziehen wollte, um zu siedeln, gerät in die Gefangenschaft Geronimos, kann mit der Hilfe seines Vorgesetzten, Hauptmann Starrett, entkommen, und rettet seinem Vater, der ein Fort befehligt, das Leben.

Western-Lexikon: »Reines Abfallprodukt.«

1935 Bengali

The Lives Of A Bengal Lancer, USA, R: Henry Hathaway, D: Gary Cooper

EIN GESCHENK DES HIMMELS – VATER DER BRAUT 2

Father of the Bride 2, USA 1995, R: Charles Shyer, D: Steve Martin, Diane Keaton, Martin Short, Kimberley Williams, George Newbern

George und Nina Banks fallen aus allen Wolken, als ihre Tochter ihnen offenbart, dass sie schwanger ist. Vor allem George nimmt der Gedanke ziemlich mit, dass er bald Opa sein wird. Er versucht alles, um wieder jünger zu werden. Haare färben, hip tanzen usw. Als Nina daraufhin auch schwanger wird, bricht seine Welt vollkommen zusammen.

Moviedome: »Nun, dies ist die Fortsetzung eines Remakes, dessen Vorbild eine Fortsetzung erfuhr und diese Fortsetzung ist nun Vorbild für diesen Film, also ist dieser Film auch ein Remake. Verstanden? Nein? Auch nicht weiter schlimm. Dieser Wirrwarr sollte einem nicht den Spaß an dieser wahrlich gelungenen Komödie nehmen. Nachdem Steve Martin im ersten Film seine Tochter an ihren künftigen Ehemann übergeben musste, so sieht er sich jetzt mit einer Schwangerschaft genau derer konfrontiert. Die Turbulenzen vor und während der Geburt sind eine wahre Pracht und bieten zwei Stunden schöner Kinounterhaltung.«

1951 Ein Geschenk des Himmels

Father's Little Dividend, USA, R: Vincente Minnelli, D: Spencer Tracy

GESCHENKT IST NOCH ZU TEUER

The Money Pit, USA 1986, R: Richard Benjamin, D: Tom Hanks, Shelley Long, Alexander Godunow, Maureen Stapleton, Joe Mantegna, Philip Bosco, Josh Mostel, Billy Lombardo, Leslie West

Walter Fielding und Anna Crowley sind seit einiger Zeit ein Paar. Als sie sich in der Wohnung des sich auf Tournee befindenden Ex-Lovers von Anna befinden, kommt dieser unerwartet früher nach Hause und wirft die beiden raus. Ein windiger Freund und Immobilienmakler besorgt den beiden für nicht allzu viel Geld ein Haus, welches auf den ersten Blick verdammt gut aussieht. Leider gehen dabei alle Ersparnisse von Walter und Anna flöten. Zuerst recht glücklich über das neue Eigenheim, blicken sie auch wohlwollend darüber hinweg, dass hier und da ein wenig re-

Ein Geschenk des Himmels – Vater der Braut 2 (1995, R: Charles Shyer): Steve Martin mit Geschenk

noviert werden muss. Doch mit der Zeit wird das Ganze ein Albtraum: Zuerst fällt die Tür mitsamt Rahmen aus dem Haus, die Treppe zerfällt in tausend Einzelteile, das Bett erweist sich als alles verschluckendes schwarzes Loch. Doch damit nicht genug, es kann noch viel schlimmer kommen ...

Alfred Holighaus *(tip)*: »Der Film ist ein neues harmloses, aber durchaus unterhaltsames Produkt ... Als sie endlich einen scheinbar günstigen Kauf tätigen, erweist sich das vermeintliche Traumschloss als baufällige Ruine, was Regisseur Benjamin die Gelegenheit gibt, alle Möglichkeiten des klassischen Slapstick voll auszukosten. Oft mit Erfolg. Sympathisch ist außerdem der männliche Hauptdarsteller Tom Hanks, dessen verbeultes Gesicht so gar nicht in Hollywoods neue Yuppie-Riege passen will.«

1948 Nur meiner Frau zuliebe
Mr. Blandings Builds His Dream House, USA, R: H. C. Potter, D: Cary Grant

GESCHICHTE EINER SÜNDE
Dzieje grzechu, PL 1975, R: Walerian Borowczyk, D: Grazyna Dlugolecka, Jerzy Zelnik, Olgierd Lukaszewicz, Roman Wilhelmi, Marek Walczewski, Karolina Lubienska, Zdzislaw Mrozewski, Mieczyslaw Voit, Marek Bargielowski, Jolanta Szemberg, Zbigniew Zapasiewicz
Zweite Verfilmung des volkstümlichen Romans des um die Jahrhundertwende bekannten polnischen Autors Stefan Zeromski über die tragische Liebe einer jungen Frau, die an den gesellschaftlich-moralischen Verhältnissen ihrer Zeit scheitert. *MovieLine*: »Trotz des sozialkritischen Anliegens liegt das Schwergewicht auf der Darstellung einer melodramatischen Liebesgeschichte.«

1933 Dzieje grzechu
PL, R: Henryk Szaro, D: Karolina Lubienska, Dobieslaw Damieki, Jadwiga Andrzejewska

DIE GESCHICHTE VOM KLEINEN MUCK
DDR 1953, R: Wolfgang Staudte, D: Thomas Schmidt, Johannes Maus, Friedrich Richter, Trude Hesterberg, Alwin Lippisch, Silja Lesny
Nach einem Märchen von Wilhelm Hauff: In einer Stadt im alten Orient lebt der kleinwüchsige Mukrah – von allen nur »der kleine Muck« genannt. Die Kinder der Stadt verfolgen und verspotten ihn, sobald sie ihn erblicken. Eines Tages nun wird ihm das zu viel. Er lockt die Kinder in die Töpferwerkstatt, in der er arbeitet, ver-

schließt die Türen, hockt sich ganz oben auf ein Regal und zwingt sie, seine Geschichte anzuhören: Nach dem Tod des Vaters verlässt der kleine Muck seine Vaterstadt, in der ihn alle nur für nutzlos halten, um den Kaufmann zu suchen, der das Glück verkauft. Nach einigen Irrwegen kommt er in der Wüste an ein Haus, das eine alte Frau mit vielen Katzen bewohnt. Die Frau stellt Muck als Katzenpfleger ein, doch die Katzen tanzen ihm auf der Nase herum und er bekommt die Schuld für alles, was sie anrichten. Schließlich beschließt Muck fortzugehen. Und weil die alte Frau seine Schuhe und seinen Stock verbrannt hat, nimmt er ein Paar wunderliche Pantoffeln und einen Spazierstock mit. Als er die seltsamen Pantoffeln anzieht, merkt er, dass sie ihn von allein in Windeseile an das Ziel seiner Wünsche tragen. Also lässt er sich zum Sultanspalast bringen, wo er sich um die Stelle des Oberleibläufers bewirbt. Zunächst ausgelacht, bekommt er die Stelle und gewinnt außerdem die Freundschaft der Prinzessin, die sein gutes Herz erkennt. Am Hofe herrschen Diebstahl und Bestechlichkeit, die Schatzkammern leeren sich auf seltsame Weise. Muck, der zum Schatzmeister befördert worden ist, findet zufällig mit seinem Spazierstock im Garten vergrabene Schätze. Er verschenkt alles großzügig, weil er meint, so Freunde gewinnen zu können. Doch das Gegenteil ist der Fall: Der Neid wächst und schließlich zeigen die Höflinge Muck beim Sultan als Dieb an. Seine Pantoffeln und das Stöckchen werden ihm weggenommen und er wird fortgejagt. Traurig legt er sich unter zwei Feigenbäume. Da er Hunger hat, isst er eine Feige – und zu seinem Entsetzen wachsen ihm Eselsohren. Als er von dem anderen Baum jedoch ebenfalls eine Feige verspeist, verschwinden sie wieder. Da kommt ihm eine gute Idee: Als Feigenhändler verkleidet macht er sich auf zum Hofe des Sultans ...

Rotraut Greune *(Lexikon des Kinder- und Jugendfilms)*: »*Die Geschichte vom kleinen Muck* ist ein Märchenfilmklassiker. Ein Beweis für die Tiefe, die Märchenverfilmungen erreichen können. Dass ein namhafter Regisseur sich eines Märchenstoffes annimmt und allergrößte Sorgfalt auf seine Umsetzung verwendet, setzt ein Zeichen für die Bedeutung, die das Genre haben kann. Staudte gelingt es, Kindern und Erwachsenen gleichermaßen die Aussagekraft und Bedeutung des Märchens nahe zu bringen. Der Film besticht durch die Sorgfalt in Figurenentwicklung, Kameraeinsatz, Dramaturgie und Gestaltung. Die märchenhafte Ausstattung und der eindrucksvolle Einsatz damaliger Tricktechnik faszinieren heute noch ebenso wie Farbgestaltung und Musik. Wolfgang Staudte veränderte Teile des Hauff'schen Stoffes, und hob Mucks Erlebnisse dadurch auf eine realistischere Ebene. Der Märchencharakter blieb dennoch erhalten. Staudte gelang eine Verfilmung des Märchens von psychologischer Tiefe und gesellschaftskritischer Ironie. Seine Inszenierung lässt weder mythische noch philosophische Ebenen außer Betracht, sie vermittelt Werte, ohne zu moralisieren. Die Entwicklung der Hauptperson ist eng verwoben mit einem Erkenntnisgewinn der Kinder in der Rahmenhandlung. Diese Rahmenhandlung schlägt den Bogen zum Zuschauer, wie diese Kinder sitzt er und lauscht den Erlebnissen des ›kleinen Muck‹, wie sie begreift er den Sinn des Geschehens.«

1944 Der kleine Muck
D, R: Franz Fiedler, D: Willi Puhlmann, Christa Berndl, Ernst Martens

1921 Der kleine Muck
D, R: Wilhelm Prager

DIE GESCHICHTE VON DER GÄNSEPRINZESSIN UND IHREM TREUEN PFERD FALADA
DDR 1988, R: Konrad Petzold, D: Dana Moravková, Michaela Kuklová, Alexander Höchst, Eberhard Mellies, Regina Beyer, Peter Zimmermann, Gerry Wolff, Karsten Janzon, Marylu Poolman, Anne Kasprik, Silvia Mißbach
Nach einem Märchen der Gebrüder Grimm: Prinzessin Aurinia ist mit ihrer Magd Liesa und ihrem Pferd Falada auf dem Weg zum Schloss des Königs Ewald, dessen Sohn Ivo sie zur Frau versprochen wurde. Unterwegs zwingt Liesa die Prinzessin zum Rollentausch, sie selbst will Königin werden. Im Schloss angekommen, versucht Falada die falsche Braut zu entlarven. Liesa lässt Falada köpfen, den Kopf über dem finsteren Tor aufhängen, und Aurinia muss als Gänsemagd dienen. König und Prinz werden misstrauisch angesichts der Grausamkeit der vermeintlichen Prinzessin, und Ivo verliebt sich in die freundliche Magd Aurinia.
Das große Lexikon des DEFA-Films: »Regisseur Konrad Petzold kehrte mit seinem letzten Film an seine Anfänge als Kinderfilmregisseur zurück und drehte einen schwelgerischen, opulent ausgestatteten Märchenfilm, in dem die Handlung durch Hinzufügung einiger Figuren kräftiger akzentuiert war als in der Vorlage.«

Birgit Galle (*Neues Deutschland*): »Zu artig wird das Märchen um die schöne Königstochter gespielt, die zur Gänsemagd wird, täglich unterm finstren Tor dem sprechenden Haupt des treuen Pferdes Falada ihr Leid klagt. Schöne Bilder, die doch wieder einen Zipfel der gestrichenen Poesie erhaschen, fand der Kameramann Hans Heinrich; vor allem die mittelalterliche Burg Schönfels hatte da einiges zu bieten.«

1957 Die Gänsemagd
BRD, R: Fritz Genschow, D: Fritz Genschow, Renée Stobrawa, Günter Hertel

GESCHICHTEN AUS DEM WIENERWALD
BRD/A 1978, R: Maximilian Schell, D: Birgit Doll, Hanno Pöschl, Helmut Qualtinger, Jane Tilden, Adrienne Gessner, Götz Kauffmann, André Heller, Norbert Schiller, Eric Pohlmann, Robert Meyer, Martha Wallner, Walter Schmiedinger, Lil Dagover
Nach einem Bühnenstück von Ödön von Horváth: Die »Geschichten« gipfeln im vorbedachten Mord an einem unschuldigen kleinen Kinde. Sie enthalten alles, was den Menschen glücklich machen und über sich hinausheben kann: die Familie, die Liebe, die Mutterschaft, die Religion und auch die Liebe zum Vaterland. Und sie sind mit alledem eine düstere Schau dessen, was Menschen einander, ohne es eigentlich zu wollen, antun können, nur weil sie kleinlich, dumm, in sich selbst und in den Umständen ihrer Umgebung gefangen sind. Zur Verdeutlichung seiner Absicht, in den engstirnigen, bösen und trotzdem bemitleidenswerten Geschöpfen die Perversion des Menschenbildes zu zeigen, braucht Horváth eine moritatenhafte und mitunter schockierende Handlung, wie sie der Schicksalsablauf des Mädchens Marianne darstellt.
MovieLine: »Maximilian Schells adäquate Verfilmung des Bühnenstücks von Ödön von Horváth nutzt dessen Geschichten aus dem Wienerwald zu einer tragikomischen ›Revue‹ eines politisch wie moralisch verkommenen Kleinbürgertums. In ruhigen, stimmig eingefangenen Bildern, ganz auf das ›Innere‹ hin inszeniert und von einem bis in die kleinste Nebenrolle sicher ge-

führten und hervorragend interpretierenden Schauspielerensemble gespielt, ist der Film ein sehenswertes Kino-Ereignis.«

A, R: Erich Neuberg, D: Walter Kohut, Johanna Matz, Hans Moser

GESCHÖPF DER ZERSTÖRUNG

Creature Of Destruction, USA 1968, R: Larry Buchanan, D: Les Tremayne, Aron Kincaid, Pat Delaney, Scotty McKay

Dem Hypnotiseur Dr. Lombardi gelingt es über die medialen Kräfte seiner jungen Assistentin, ein seit Jahrhunderten auf dem Grund eines Sees ruhendes Monster zum Leben zu erwecken. Ein furchtloser Air-Force-Psychologe, der sich in die Assistentin verliebt hat, schreitet ein, als Monster und Mädchen für schurkische Zwecke missbraucht werden sollen.

Lexikon des internationalen Films: »Remake des Horror-Klassikers Geschöpf des Schreckens (USA 1956, Regie: Edward L. Cahn), das sich mit schlechten Darstellern, unlogischer Handlung und unmotivierten Musikeinlagen lächerlich macht.«

Creature Of Destruction, USA, R: Edward L. Cahn, D: Chester Morris, Marla English

DAS GESPENST VON CANTERVILLE

The Canterville Ghost, USA 1995, R: Syd Macartney, D: Patrick Stewart, Neve Campbell, Edward Wiley, Cherie Lunghi, Daniel Betts

Nach einer Erzählung von Oscar Wilde: Trotz aller Warnungen ist der amerikanische Wissenschaftler Hiram Otis mit seiner Familie in das englische Schloss Canterville gezogen, in dem es nach Auskunft der Bewohner des Dorfes Ascott spuken soll. Tatsächlich macht die Familie Otis schon bald die Bekanntschaft mit Sir Simon, dem sie allerdings mit amerikanischem Sportsgeist gegenübertreten. Der arme Geist, der seit 400 Jahren dazu verdammt ist, mit der Kette zu rasseln, wird fast zur Verzweiflung getrieben, bis endlich Tochter Virginia Mitleid empfindet und um Erlösung für das Gespenst betet.

TV direkt: »Ausgelassenes Gruselvergnügen für die ganze Familie.«

The Canterville Ghost, USA, R: Paul Bogart, D: John Gielgud, Ted Wass

The Canterville Ghost, USA, R: Jules Dassin, D: Charles Laughton, Robert Young

DER GESTIEFELTE KATER

Puss In Boots, USA/IL 1987, R: Eugene Marner, D: Christopher Walken, Jason Connery, Carmela Marner, Yossi Graber, Elki Jacobs, Amnon Meskin

Nach dem gleichnamigen Märchen der Gebrüder Grimm: Der arme Müllerssohn Heinrich erbt den sprechenden Kater Hinz. Um seinem Herrn zu Glück und Reichtum zu verhelfen, begibt er sich in die Dienste des Königs Wonnebald. Mit Charme und List gaukelt er ihm und Prinzessin Rosine vor, dass sein Herr ein schöner und reicher Graf sei. Als sie jedoch den ahnungslosen Heinrich besuchen wollen, versucht der gestiefelte Kater, ihm rechtzeitig ein standesgemäßes Quartier zu besorgen – in der Raubritterburg des bösen Zauberers.

Das neue Lexikon des Fantasy-Films: »Dies ist eine in Israel aufgenommene US-Variante der Geschichte, produziert von der im Genre des Märchenfilms sehr rührigen, aber nur selten wirklich originellen Cannon-Produktion.«

Nowyje Pochoshdenija kota w sapogach, UdSSR, R: Alexander Rou

BRD, R: Herbert B. Fredersdorf, D: Margitta Sonke, Harry Wüstenhagen

D, R: Alfons Zengerling

GESTOHLENES LEBEN

Schinjel, UdSSR 1959, R: Alexej Batalow, D: Roland Bykow, Juri Tolubejew, Jelena Ponsowa, A. Jokshina, G. Teich

Nach einer Erzählung von Nikolaj Wassiljewitsch Gogol: Ein kleiner Büroangestellter, der lange Zeit für einen neuen Mantel gespart hat, stellt plötzlich fest, dass Kleider (wirklich) Leute machen, denn fortan ist ihm nicht nur das Glück hold, sondern auch sein Selbstbewusstsein passt sich der neuen Lage an. Tragisch wird sein Leben erst, als ihm ein Räuber zu nächtlicher Stunde den kostbaren Besitz entreißt: Seine Lebenskraft sinkt rapide, er stirbt. Doch bald lassen unerklärliche Ereignisse die Stadt aufhorchen: Der Geist des Gedemütigten ist zurückgekehrt, um sich an all jenen Menschen zu rächen, die ihn im Laufe seines Lebens erniedrigt haben ...

Filmblätter: »Am Beispiel eines simplen Mantels schuf Gogol ein Symbol zertretenen Menschenrechts und verlegenen Repräsentationsdünkels. Denn erst ›neu bemantelt‹ erkennt die Mitwelt das Männlein an. Bühne und Film – hier als Inszenierung von bitterer Groteske – nahmen sich seither die soziale Anklageschrift vor. Die Regie pflegt bevorzugt den Dialog auf Kosten der optischen Aussage. Den Amtsstuben-Gnom verkörpert Bykow von erschütternder Fadenscheinigkeit. Eindrucksvoll verfilmte Meistererzählung.«

Das neue Lexikon des Fantasy-Films: »Die erste Filmversion der Gogol-Geschichte stammte aus dem Jahr 1926 und war von Grigori Kosinzew und Leonid Trauberg, die zweite, eine Modernisierung unter der Regie von Alberto Lattuada, entstand 1952 unterm italienischen Neorealismus.«

1952 Der Mantel

Il cappotto, I, R: Alberto Lattuada, D: Renato Rascel, Ivonne Sanson, Giolio Stival

1926 Der Mantel

Schinjel, UdSSR, R: Grigori Kosinzew, Leonid Trauberg, D: Sergei Gerasimov

GET CARTER – DIE WAHRHEIT TUT WEH

Get Carter, USA 2000, R: Stephen T. Kay, D: Sylvester Stallone, Miranda Richardson, Rachael Leigh Cook, Rhona Mitra, Johnny Strong, John C. McGinley, Alan Cumming, Michael Caine, John Cassini, Mickey Rourke

Als Geldeintreiber kehrt Jack Carter in seine Heimatstadt Seattle zurück, um seinen Bruder zu beerdigen. Er beginnt Nachforschungen anzustellen, denn er befürchtet, sein Bruder sei ermordet worden. Die Spuren führen ihn zu seinem ehemaligen Kollegen Cyrus Paice, der inzwischen ein erfolgreiches Pornogeschäft im Internet führt. Carter will den Tod seines Bruders rächen ...

Claus-Peter Tiemann *(AP)*: »Stallone versucht, der Gestalt des einsamen Rächers so etwas wie Verzweiflung zu verleihen, scheitert aber auf der ganzen Linie. Dankbar nimmt der Zuschauer die kurzen Szenen etwa mit dem grandiosen Michael Caine an, der selbst beim Schleppen einer Whiskykiste noch mehr Ausstrahlung hat als Stallone. Für Caine ist es eine Wiederbegegnung mit dem Stoff, 1970 hat er in einer britischen Verfil-

mung des gleichen Romans Carter verkörpert. Ebenso ärgerlich wie die Holterdipolter-Geschichte sind die ewigen Spielereien von Regisseur Stephen Kay. In einer Szene fährt Carter auf eine Brücke, plötzlich dreht sich das Bild um 180 Grad, der Wagen fährt über Kopf. Soll das uns sagen: Auch in Carters Leben geht alles drunter und drüber? Außerdem nerven hektische Schnitte, weiße Blitze und anderer Schnickschnack.«

1970 Jack rechnet ab

Get Carter, GB, R: Mike Hodges, D: Michael Caine, Ian Hendry, Britt Ekland

THE GETAWAY

USA 1993, R: Roger Donaldson, D: Alec Baldwin, Kim Basinger, Michael Madsen, James Woods, Jennifer Tilly, David Morse

Nach einem Roman von Jim Thomson: Um ihren Geschäfts- und Lebenspartner Doc aus dem Knast zu bekommen, nimmt Carol Kontakt zu dem einflussreichen Geschäftsmann Benyon auf, der einen Raubüberfall auf eine große Hunderennbahn plant und dafür Spezialisten sucht. Alles läuft nach Plan, der Coup gelingt. Dann erfährt Doc, womit Carol für seine Freilassung bezahlt hat.

MovieLine: »Das mit einer widerlichen Mischung aus Sex und brutalster Gewalt ›aufgeladene‹ Remake von Sam Peckinpahs gleichnamigem Roadmovie-Thriller von 1972 sucht vergeblich, echte Spannung durch eine Unzahl von Schießereien zu erzeugen.«

1972 Getaway

USA, R: Sam Peckinpah, D: Steve McQueen, Ali MacGraw, Sally Struthers

GEWITTER IM MAI

BRD 1987, R: Xaver Schwarzenberger, D: Gabriel Barylli, Claudia Messner, Michael Greiling, Michel Robin, Maria Emo, Gerti Gordon, Bert Breit, Andrea Heuer, Wolfram Kunkel, Peter Gerhardt

Nach einer Erzählung von Ludwig Ganghofer: Ein Offizier der Handelsmarine kehrt um die Jahrhundertwende zum Urlaub in sein bayerisches Heimatdorf zurück, wo er die Liebe seiner Jugendfreundin gewinnt, die jedoch mit dem Rivalen bei einer Naturkatastrophe umkommt.

Ponkie *(AZ)*: »Mit dem Ganghofer ist das wie mit der Courths-Mahler: Wenn einer diese süffig erfundenen Sozial-Melodramen mit Kennerauge neu entdeckt und inszeniert, dann sind die richtig schön. Xaver Schwarzenberger hat das Drehbuch von Jörg Graser (nach dem Ganghofer-Roman *Gewitter im Mai*) mit sicherem Instinkt verfilmt: Die Berg-Idylle wird gebrochen durch die Armut der Bergbauern – aber die Schönheit von Natur und junger Liebe wird in vollen Zügen bis zum lustvoll photographierten Wasserpritschelkitsch (Paarung im Prasselregen!) ausgekostet. Die Geschichte hat, jenseits des trivialen Schmachtfetzens, eine starke psychologische Spannung: Die warme Zuneigung, die den hinkenden Schmied (Erfinder, Elektrizitätsbastler und Unternehmer voll rauer Romantik: Michael Greiling) mit der blonden Weber-Dorle verbindet, wird an dem Tag zunichte, als sein Freund, der lange zur See fuhr, ein schmucker Mensch in schmucker Uniform, zurückkehrt. Gegen den Liebesrausch des zueinander treibenden Traumpaars hat er keine Chance. Über der Dreieckstragödie hängt die verzweifelte Existenznot der Bergbauern zu Beginn der Industrialisierung. Und mit Donner, Blitz und Schicksalstod beendet der elektrische Strom das Feuerwerk der Gefühle: Ein starker Abgang der Naturgewalten. Und ein Triumph des Kino-Melodrams.«

1937 Gewitter im Mai

D, R: Hans Deppe, D: Hansi Knoteck, Viktor Staal, Hans Richter, Anny Seitz

1919 Gewitter im Mai

D, R: Ludwig Beck, D: Conrad Veidt

GIGI

USA 1958, R: Vincente Minnelli, D: Leslie Caron, Maurice Chevalier, Louis Jourdan, Hermione Gingold, Eva Gabor, Jacques Bergerac, Isabel Jeans, John Abbott, Monique Van Vooren, Lydia Stevens, Edwin Jerome, Dorothy Neumann, Marilyn Sims, Richard Bean, Pat Sheahan, Leroy Winebrenner, Marya Ploss, Jack Trevan

Nach dem gleichnamigen Roman von Colette: Gigi ist ein junges Mädchen, das im Paris des Jahres 1900 lebt. Sowohl ihre Großmutter Inez Alvarez als auch ihre Tante Alicia bemühen sich darum, Gigi zu erziehen und ihr zu einer guten Partie zu verhelfen. Die Besuche des reichen Honoré Lachaille sowie die seines Neffen Gaston sorgen für ein wenig Abwechslung in Gigis Leben und bringen einen Hauch des mondänen Pariser Lebens in den kleinbürgerlichen Haushalt. Gaston, der auf Grund seines Lebenswandels regelmäßig für Schlagzeilen in den Klatschspalten der Pariser Boulevardpresse sorgt, genießt die Stunden, die er bei Gigi und ihrer Tante verbringt. Während einer Reise in den Badeort Trouville, zu der Gaston Gigi und ihre Tante einlädt, erkennt Gaston, dass aus Gigi inzwischen eine junge Dame geworden ist. Da er eine feste Bindung scheut, will er Gigi zu seiner Geliebten machen. Tante Alicia und Großmutter Inez sind damit einverstanden. Sie handeln ohne Gigis Wissen einen offiziellen Vertrag aus, in dem sowohl der finanzielle Aspekt dieser Liaison als auch Gigis zukünftige Ansprüche geregelt werden. Als Gigi von diesem Vertrag erfährt, lehnt sie ab. Gaston fühlt sich in seiner Ehre verletzt. Als er schließlich jedoch erkennt, dass Gigi ihn liebt, ist er bereit, sie zu heiraten.

Zitty: »Vergessen wir den Inhalt, erfreuen wir uns lieber an einem farbenprächtigen, kitschigen Musical vom Meister des Musicals. Mit Leslie Caron, der nettesten Französin, seit es Hollywood gibt, und Maurice Chevalier, dem bekanntesten Franzosen, seit es Hollywood gibt – der außerdem das Liedchen ›Liddel Görls‹ so singt wie es hier geschrieben steht.«

Über die Anfänge der berühmten französischen Schriftstellerin Colette (1873–1954) drehte Danny Huston, ein Sohn des berühmten Regisseurs John Huston, 1991 den Film *Colette* mit Klaus Maria Brandauer, Mathilda May und Virginia Madsen in den Hauptrollen. Danny Huston entfaltet ein schillerndes Bild Pariser Lebens zur Zeit der Belle Époque und huldigt damit demselben heiter-sinnlichen Geist, der das Werk der großen französischen Schriftstellerin Colette bestimmt.

1948 Gigi

F, R: Jacqueline Audry, D: Danièle Delorme, Gaby Morlay, Yvonne de Bray

GIRLS IN PRISON

Girls In Prison, USA 1994, R: John McNaughton, D: Bahni Turpin, Ione Skye, Missy Crider, Anne Heche, Nicolette Scorsese

Wegen eines Mordes verurteilt, den sie nicht begangen hat, und unschuldig ins Gefängnis gesteckt, beginnt für die junge Aggie ein Leidensweg, der sie sadistischen Wärtern und dem Terror von Gefängnisbanden ausliefert. Ein engagierter Detektiv kann jedoch ihre Unschuld beweisen. Der Film lief auch unter dem Titel *Kampf der Hyänen*.

MovieLine: »Die Plünderung von Genre-Motiven für billige Kino- oder Videoproduktionen – von den Beteiligten fälschlicherweise als ›Hommage‹ etikettiert – schreitet voran. Warum sich ein so angesehener Regisseur wie John McNaughton *(Sein Name war Mad Dog)* für einen Ramschfilm aus dem Frauengefängnis hergibt, bleibt unverständlich.«

1956 Girls in Prison
USA, R: Edward L. Cahn, D: Richard Denning, Joan Taylor, Adele Jergens

DAS GLAS WASSER
DDR 1962, R: Helmut Schiemann, D: Christine Gloger, Inge Keller, Eva-Maria Hagen, Ferdy Mayne, Claus Jurichs
Nach dem Bühnenstück *Le verre d'eau ou les effets et les causes* von Augustin Eugène Scribe: Eine Hofintrige im alten England (1710) – Die Gattin des führenden Militärpolitikers Marlborough, die schwache Königin, ein listiger Zeitungsverleger der Opposition und ein bedrängtes Liebespaar bestreiten das scherzhafte Ränkespiel, das auf das Stichwort »Ein Glas Wasser!« der Königin zu ihrem Traumgeliebten verhelfen und den Sturz der Marlborough-Politik einleiten soll.

1960 Das Glas Wasser
BRD, R: Helmut Käutner, D: Gustaf Gründgens, Hilde Krahl, Liselotte Pulver

1923 Ein Glas Wasser
D, R: Ludwig Berger, D: Lucie Höflich, Mady Christians, Hans Brausewetter

DER GLÄSERNE SCHLÜSSEL
The Glass Key, USA 1942, R: Stuart Heisler, D: Alan Ladd, Brian Donlevy, Veronica Lake, Bonita Granville, Joseph Calleia, Richard Denning, Moroni Olsen, William Bendix
Nach einem Roman von Dashiell Hammett: Gegen den Rat seines Freundes und Mitarbeiters Ed Beaumont bricht der politische Aufsteiger Paul Madvig mit dem mächtigen Gangsterboss und Wahlmanipulator Nick Varna, für den er bislang gearbeitet hat. Weil er sich in Janet, die Tochter des neuen Bürgermeister-Kandidaten Ralph Henry, verliebt hat, wechselt er das Lager allen Warnungen zum Trotz. Janet hält ihn allerdings nur hin, um ihren Vater zu unterstützen. Eigentlich liebt sie Beaumont, der sich aber aus Loya-

lität zu seinem Chef nicht auf ihre Avancen einlässt. Als Janets Bruder eines Tages ermordet aufgefunden wird, hat das dunkle Spiel mit persönlichem Opportunismus und Verrat, mit politischer Feigheit und Korruption bereits begonnen. Beaumont und Madvig geraten immer tiefer in den Strudel des Verbrechens. *The Glass Key* ist ein Klassiker der Schwarzen Serie Hollywoods, jener besonderen Gangster- und Kriminalfilme, die ihre Blütezeit in den frühen vierziger Jahren, den Kriegsjahren, erlebt haben. Sie schildern eine Welt, in der sich Großstadt und Gesellschaft – meistens die bessere – als Dschungel der Kriminalität und Gewalttätigkeit erweisen, wo Korruption und Unmoral zwar von Einzelnen noch bekämpft werden, aber mit den gleichen Mitteln der Korruption und Unmoral. Die einfache Gegenüberstellung von Gut und Böse, die gängige Krimi-Moral, ist hier nicht mehr möglich.

Die zweite Verfilmung des Romans von Dashiell Hammett legt im Gegensatz zur ersten (1935) mehr Wert auf die Stars als auf die kritische Konstruktion der Geschichte: »Ein spannender Gangsterfilm« *(Film-Dienst).* Anders als in der ersten Verfilmung, aus der Frank Tuttle einen harten Gangsterfilm machte, rückte Stuart Heisler ein Traumpaar des »Film noir«, Veronica Lake und Alan Ladd, in den Mittelpunkt seiner Arbeit. Sein Remake brillierte durch erotische Wortspielereien und sexuelle Andeutungen. Neben Raymond Chandler zählt der Amerikaner Dashiell Hammett (1894–1961) zu den einflussreichsten Kriminalautoren des Jahrhunderts. Von seinen fünf Romanen wurden alleine drei äußerst erfolgreich verfilmt: *The Maltese Falcon, The Thin Man* und *The Glass Key.* Hammetts Karriere endete 1951 mit einem Prozess wegen »antiamerikanischer Tätigkeiten« und einer anschließenden halbjährigen Gefängnisstrafe. Er hatte sich geweigert, vor dem Untersuchungsausschuss gegen andere auszusagen.

TV Spielfilm: »Tatsächlich ist in diesem Fall aber das Remake, also Heislers Version, der gelungenere, weil spannendere Film. Cineastische Fußnote: Der japanische Regisseur Akira Kurosawa ließ sich angeblich von diesem Film zu seinem Klassiker *Yojimbo – der Leibwächter* inspirieren, der wiederum Sergio Leone zu seinem Spaghettiwestern *Für eine Handvoll Dollar* animierte.« Zwei weiteren Filmen diente Dashiell Hammetts Kriminalroman als Vorlage: *Chronik der laufen-*

den Ereignisse (BRD 1970, R: Peter Handke) und
Die Bande (UdSSR 1986, R: Arwo Kruusement).

1935 Der gläserne Schlüssel
*The Glass Key, USA, R: Frank Tuttle, D: George Raft,
Edward Arnold, Claire Dodd*

DIE GLASMENAGERIE
*The Glass Menagerie, USA 1986, R: Paul Newman,
D: Joanne Woodward, John Malkovich, Karen Allen,
James Naughton*

Nach einem Theaterstück von Tennessee Williams: Amanda Wingfield lebt mit ihrem Sohn
Tom und Tochter Laura in einer kleinen Wohnung in der Industriestadt St. Louis. In Wirklichkeit aber lebt sie in und von der Erinnerung
an vergangene Zeiten – als sie noch eine strahlende Südstaaten-Schönheit war, der die Söhne
reicher Pflanzer den Hof machten. Geheiratet
aber hat sie einen Mann von der Telefongesellschaft, und der hat sie und ihre Kinder vor langen Jahren verlassen. Tom arbeitet in einem Lagerhaus und schreibt Gedichte. Um sich aus der
Umklammerung seiner Mutter zu lösen, hat er
sich zur Handelsmarine gemeldet. Seine Schwester Laura lebt völlig in sich zurückgezogen. Von
einer Kinderkrankheit hat sie ein verkürztes Bein
zurückbehalten, und sie leidet extrem unter diesem physischen Defekt. Ihre Sammlung delikater Glasfiguren ist für sie das Wichtigste in ihrem
Dasein. Amanda meint, die einzig mögliche Rettung für Laura bestehe darin, sie so bald wie möglich zu verheiraten. Auf ihr Drängen hin lädt Tom
seinen Arbeitskollegen Jim ein. Im Laufe des
Abends stellen Laura und Jim fest, dass sie sich
schon von der Schule her kennen. Sie kommen
sich näher, sie tanzen. Jim küsst Laura. Doch
gleich darauf erklärt er, dass er Laura nicht mehr
wird besuchen können. Er heirate in Kürze. Beim
Tanzen sind Jim und Laura gegen einen Tisch gestoßen, und dabei ist das kostbarste Stück der
Glasmenagerie, ein Einhorn, zerbrochen. Laura
schenkt es Jim zum Abschied – als Souvenir ...

MovieLine: »Paul Newmans Filmversion des
Erfolgsstücks von Tennessee Williams überzeugt
in der Wahl der Schauspieler, die ihren Rollen vibrierende Intensität verleihen. Weniger gelungen
ist die filmische Umsetzung des Dramas; das na-
turalistische Dekor und die statische Kameraarbeit distanzieren den Zuschauer unnötigerweise
von der emotionalen Spannung der existenziellen Konflikte. Mit der Beschränkung auf den Originaltext des Theaterstücks und dem Verzicht auf
hollywoodkonforme Zugaben hat Newman aber
eine der unverfälschtesten Tennessee-Williams-Adaptationen für den Film geschaffen.«

1973 Die Glasmenagerie
The Glass Menagerie, R: Anthony Harvey, D: Katharine Hepburn, Sam Waterston

1950 Die Glasmenagerie
The Glass Menagerie, R: Irving Rapper, D: Jane Wyman, Kirk Douglas

DER GLÖCKNER VON NOTRE DAME
*The Hunchback Of Notre Dame, USA 1997, R: Peter Medak, Drb: John Fasano nach dem Roman von
Victor Hugo, K: Elemer Ragalyi, M: Ed Shearmur,
S: Jay Cassidy, D: Salma Hayek (Esmeralda), Mandy Patinkin (Quasimodo), Richard Harris (Dom
Frollo), Edward Atterton, Jim Dale*

Paris anno 1482. Eine dunkle Zeit des blinden
Hasses und der verbotenen Leidenschaft. Quasimodo, der bucklige Glöckner von Notre Dame,
liebt die schöne Zigeunerin Esmeralda. Sein
Herr, der düstere Domprobst, fühlt sich ebenfalls
zu dem Mädchen hingezogen. Zerrissen zwischen Gottesfurcht und Begierde verleumdet er
Esmeralda als Hexe, um sie zu vernichten. Quasimodo rettet Esmeralda im letzten Moment vor

*Der Glöckner von Notre Dame (1996,
R: Gary Trousdale, Kirk Wise):
Quasimodo als König der Narren*

dem Galgen und bringt sie in den Glockenturm – koste es auch sein eigenes Leben.

Für Oliver Rahayel vom *Film-Dienst* kennzeichnen »viele Massenszenen und Kamerafahrten sowie unausgegorene Dialoge diese blutleere Neuverfilmung des Romans von Victor Hugo.« Über die ganz auf eine häppchenweise Fernsehausstrahlung hin konzipierte Dramaturgie schreibt er: »Eine gute Stunde vergeht, in der der Glöckner von Notre Dame, auf gewohnte Weise mit rechtslastiger Entstellung gestaltet, kaum ein Wort herausbringt. Stattdessen beherrscht der düstere Dompropst Frollo die Szenerie, was sicherlich als Tribut an die Besetzung der Rolle mit dem Altstar Richard Harris zu sehen ist, der, kahl geschoren und schmallippig, sein Spiel mit großen theatralischen Gesten zelebriert. Esme-

ralda, die schöne Zigeunerin, die er fatalerweise begehrt, bestreitet mit ihren Tänzen ebenfalls einen Großteil des Beginns, während Quasimodo all dem weiterhin nur grunzend zuschauen darf.« Die populärste Verfilmung des historischen Romans von Victor Hugo aus dem Jahr 1956 ist mit Anthony Quinn und Gina Lollobrogida besetzt. Unter Kennern gilt aber die frühere Fassung mit Charles Laughton in der Rolle des Glöckners, seinen Massenszenen und der sorgfältigen Kameraarbeit als die werkgetreueste, historisch genaueste und zugleich filmisch beste Version. In eindringlichen Bildern, ähnlich den deutschen Stummfilmen, schuf Dieterle ein Meisterwerk, das die frühere Fassung von Wallace Worsley, 1923, und die nachfolgende Verfilmung von Jean Delannoy, 1956, überragt.

Von links oben nach rechts unten:
- *Der Glöckner von Notre Dame (1982, R: Michael Tuchner): Anthony Hopkins*
- *Der Glöckner von Notre Dame (1956, R: Jean Delannoy): Gina Lollobrigida*
- *Der Glöckner von Notre Dame (1956): Esmeralda voller Mitleid für den gefolterten Quasimodo*

Der französische Dichter Victor Hugo (1802–1885) fand auf einer Mauer der Kirche von Notre Dame eine Inschrift: das griechische Wort für »Verhängnis«, und über dessen Bedeutung nachsinnend, erfand er die Geschichte Quasimodos und Esmeraldas. Der Wortführer der französischen Romantik schrieb nicht nur einen der bedeutendsten historischen Romane, »der spätere Victor Hugo, der humanistische Kämpfer, der aufrechte Demokrat, der mutige Verteidiger der Ideale des Fortschritts und der Revolution, der wortgewaltige Feind der Reaktion, kündigt sich auch hier schon an«, notiert Christian Thurm 1972 in *Film für Sie*: »Sein Bild des Mittelalters ist keine Verherrlichung der Vergangenheit, der Weg der dichterischen Fantasie zurück in die Historie ist keine Flucht vor der eigenen Zeit. Deren progressive Ideen durchziehen die pralle Lebensfülle des Romans. Ein erhabener Gedanke bestimmt den Gang der Handlung. Die Zigeunerin Esmeralda und der Glöckner Quasimodo, diese ›zwei Wesen, deren eines von der Gesellschaft, deren anderes von der Natur gezeichnet war‹ (so der Dichter selbst), verkörpern das Menschentum. Bei den Entrechteten und Armen, den Unglücklichen und Ausgestoßenen, im Volk finden sich Güte, Dankbarkeit, Liebesfähigkeit und der Mut, Bedrängten zu helfen.«

1996 Der Glöckner von Notre Dame

The Hunchback Of Notre Dame, USA, R: Gary Trousdale, Kirk Wise – Animation

Unten: Der Glöckner von Notre Dame
(1939, R: William Dieterle):
Charles Laughton und Maureen O'Hara
Rechts: Der Glöckner von Notre Dame (1939)

Aus dem düsteren Roman von Victor Hugo macht der 34. Zeichentrickfilm von Walt Disney eine familienfreundliche Abenteuergeschichte. An der zeichnerischen Fantasie und Qualität gibt es jedoch nichts auszusetzen: »Die mittelalterliche Optik gipfelt in einer fast hypnotischen Prachtentfaltung, deren imposanter Höhepunkt – ein Gauklerfest vor der Kathedrale – alles übertrifft, was man in diesem Genre je gesehen hat« *(Filmecho)*.

1995 Quasimodo

F, R: Bahram Rohani – Animation

1982 Der Glöckner von Notre Dame

The Hunchback Of Notre Dame, USA, R: Michael Tuchner, D: Anthony Hopkins

Fürs Fernsehen entstandene Neuverfilmung des klassischen Stoffes.

1956 Der Glöckner von Notre Dame

Notre Dame de Paris, F, R: Jean Delannoy, D: Gina Lollobrigida, Anthony Quinn

»Das unglückliche Ende des Dramas – sowohl Esmeralda als auch Quasimodo finden den Tod – entspricht der Romanvorlage Hugos. Die Inszenierung des in CinemaScope gedrehten Kostümschinkens geriet oberflächlicher und seichter als

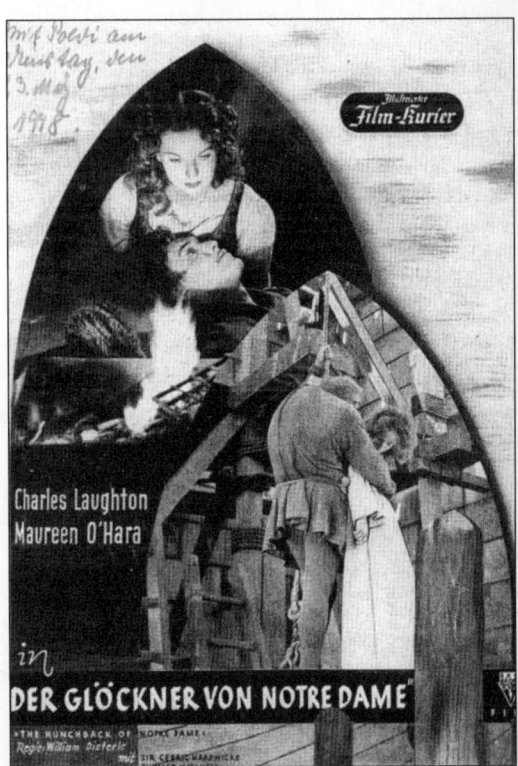

die Verfilmung von Dieterle, weil das Schwergewicht weniger auf der Darstellung der Charaktere, sondern auf Massenszenen und Spektakel lag. Anthony Quinn indes stand in seiner Rolle als Glöckner seinem filmischen Vorgänger Charles Laughton kaum nach.« *(TV Spielfilm Lexikon)*

1939 Der Glöckner von Notre Dame
The Hunchback Of Notre Dame, USA, R: William Dieterle, D: Charles Laughton

Der erfolgreiche Hollywood-Klassiker von William (Wilhelm) Dieterle regte Generationen von Regisseuren und Autoren zur Nachahmung an. Die Verfilmung des bekannten Romans von Victor Hugo war einer der aufwendigsten und besten Filme des RKO-Studios der 30er-Jahre. *Der Glöckner von Notre Dame* kostete knapp zwei Millionen Dollar, spielte aber schon bald über drei Millionen ein; und das trotz des sensationellen Erfolgs von *Vom Winde verweht*, der gleichzeitig in die Kinos kam. Die Verfilmung, in der Bearbeitung von Sonya Levien und des 1933 aus Deutschland emigrierten Schriftstellers Bruno Frank, spart auch nicht mit Anspielungen auf die tagespolitische Aktualität: *Der Glöckner von Notre Dame* schildert in kontrastreichem Helldunkel den Kampf zwischen brutalem Okkultismus (der Nazi-Barbarei) und dem Vermächtnis der Kultur; nicht umsonst handelt das Buch des Dichters Gringoire von der Meinungsfreiheit. Und der schönen Tänzerin Esmeralda, den Angehörigen der »minderwertigen« Zigeunerrasse und der schönen Tänzerin Esmeralda, drohen die planmäßige Ausrottung.

1923 Der Glöckner von Notre Dame
The Hunchback Of Notre Dame, USA, R: Wallace Worsley, D: Lon Chaney

»Bei weitem die beste Verfilmung. Star Lon Chaney schlägt Charles Laughton ... und über Antho-

ny Quinn – den Dritten – muss man nichts sagen.« (Christa Maerker, *Spandauer Volksblatt*)

1917 Darling Of Paris
USA, R: Gordon Edwards, D: Theda Bara

1911 Notre Dame de Paris
F, D: Henri Krauss

1906 Esmeralda
F, R: Alice Guy, D: Henri Vorins

GLORIA
USA 1998, R: Sidney Lumet, D: Sharon Stone, Jean-Luke Figueroa

Gloria hat drei Jahre für ihren Ex-Freund Kevin im Gefängnis gesessen. Kaum auf freiem Fuß, geht für sie der Ärger mit dem Gangster weiter. Er und seine Freunde jagen einen sechsjährigen Jungen, der eine wichtige Diskette besitzt. Gloria hilft dem Jungen – ein Wettlauf um Leben und Tod quer durch New York beginnt.

Thomas Rehmet *(Stuttgarter Nachrichten)*: »Ohne die Vorlage zu kennen ist die neue *Gloria* durchaus sehenswert. Lumet erzählt sehr gemächlich die Geschichte von der Gangsterin und dem kleinen Jungen, die sich näher kommen. Er nimmt sich Zeit für die Figuren und ihre Wandlungen. *Gloria* wirkt damit irgendwie altmodisch in Zeiten, in denen das Kino immer effektreicher und aufgeblasener wird.«

1980 Gloria, die Gangsterbraut
Gloria, USA, R: John Cassavetes, D: Gena Rowlands, John Adames

GODZILLA
USA 1998, R: Roland Emmerich, D: Matthew Broderick, Jean Reno, Hank Azaria

Durch einen Nukleartest entsteht eine riesige Mutanten-Bestie, die den Tiefen des Ozeans entsteigt und sich von der Küste Amerikas ihren zerstörerischen Weg nach New York bahnt, wo sie hunderte von Eiern legt. Natürlich gibt es nur einen Mann, der schon vor dem Test gewarnt hatte, und der weiß, wie man das Schlimmste verhindern kann ...

Rupert Koppold *(Stuttgarter Zeitung)*: »Während die japanischen Monsterfilme in all ihrer trashigen Optik und netten Puppenhaftigkeit auf ihre Art immer wieder Ängste vor atomarer Ver-

Godzilla (1954, R: Inoshiro Honda):
Kein Zug ist vor ihm sicher

seuchung und Umweltzerstörung widerspiegelten, ... ist Emmerichs *Godzilla* bloß ein plumpes Trampeltier. Ein Monster ohne Mythologie, ohne Charme. Ein extrem langweiliges Monster also.«

1984 Godzilla – Die Rückkehr des Monsters
Gojira, J, R: Koji Hashimoto, D: Keiju Kobayashi, Ken Tanaka, Yasuko Sawaguchi

1954 Godzilla
Gojira, J, R: Inoshiro Honda, D: Momoko Kochi, Akihiko Hirata

DIE GOLDENE GANS
DDR 1964, R: Siegfried Hartmann, D: Kaspar Eichel, Karin Ugowski, Uwe-Detlev Jessen, Peter Dommisch, Heinz Scholz, Gerd E. Schäfer, Katharina Lind, Fritz Schlegel, Gerhard Rachold, Fritz Decho, Jochen Thomas, Joachim Fuchs, Renate Usko, Walter E. Fuß

Nach einem Märchen der Gebrüder Grimm: Klaus lebt mit seinen beiden faulen Brüdern in einer Schusterwerkstatt. Er muss alle Arbeit allein machen. Eines Tages trifft er beim Holzfällen im Wald eine alte Frau, die ihm seine Freundlichkeit mit einer goldenen Gans vergilt. Die hat eine besondere Eigenschaft: Alle Neugierigen, Neidischen, Habgierigen bleiben an ihr hängen. Auf seiner Wanderschaft sammelt Klaus so ein buntes Gefolge, selbst ein Müller mit seinem Esel ist kleben geblieben. In der nächsten Stadt bringt er damit die aus Langeweile in Schwermut verfallene Königstochter zum Lachen. Der König, der demjenigen seine Tochter als Lohn versprach, der dies schafft, stellt angesichts des armen Klaus neue Bedingungen. Klaus löst sie jedoch mit viel Geschick und bekommt die Königstochter.

Das große Lexikon des DEFA-Films: »Siegfried Hartmanns zweite Märchenadaption entstand überwiegend im Atelier und geriet theatralischer als sein *Feuerzeug*. Komödiantische Leistungen der Darsteller und eine zauberhafte Ausstattung machten den Mangel wett.«

1953 Die goldene Gans
BRD, R: Walter Oehmichen, D: Ina Peters, Jochen Hauer, Werner Lieven

GOLDGRÄBER VON 1933
Gold Diggers Of 1933, USA 1933, R: Mervyn LeRoy, D: Warren William, Joan Blondell, Aline MacMahon, Ruby Keeler, Dick Powell, Guy Kibbee, Ned Sparks, Ginger Rogers

Als am Vorabend der Premiere eine Broadway-Show aus finanziellen Gründen auffliegt, wissen die Revue-Girls Carol, Polly und Trixie wieder einmal nicht mehr, wie sie die Miete für die gemeinsame Wohnung bezahlen sollen. Man schreibt das Jahr 1933 und viele Leute in New York liegen auf der Straße. Zum Glück beschafft ihr freundlicher Nachbar Brad dem Produzenten Barney die 15.000 Dollar, die Barney braucht, um eine neue Show herauszubringen. Brad stellt allerdings eine Bedingung: Polly, in die er sich verliebt hat, muss darin die Hauptrolle spielen. Die Musik und die Songs komponiert der hoch begabte junge Mann selber, allerdings weigert er sich zunächst standhaft, auch als Sänger aufzutreten. Bei der Premiere muss Brad dann doch einspringen, und so erfährt sein Bruder J. Lawrence Bradford von Brads Romanze mit Polly. Als hochnäsiger Geldaristokrat aus Boston will er die beiden unbedingt auseinander bringen und gerät dabei an Pollys Kollegin Carol, was überraschende Folgen hat ... Busby Berkeley arbeitete bei seinen Choreografen mit einem zuvor nie gesehenen Aufwand, seine Genialität äußerte sich in völlig filmisch erdachten Erfindungen. Der geradezu surreale Überfluss seiner Inszenierungen steht häufig in spektakulärem Kontrast zur Massenarmut der großen Depression der dreißiger Jahre, auf die in den Filmen angespielt wird. So auch in *Goldgräber von 1933*: *We're In The Money* singen die mit riesigen Münzen bekleideten Showgirls zu Beginn des Films, müssen dann aber ihr »Schwimmen in Geld« abbrechen, weil der Finanzier ihrer Show pleite ist. Die Schlussnummer ist ein pathetisches Monument für die arbeitslosen Veteranen des Ersten Weltkrieges; zwischendurch glänzt Busby Berkeley mit Einfällen, wie dem *Shadow Waltz*, getanzt im Dunkeln von Mädchen mit leuchtenden Violinen.

1929 Gold Diggers Of Broadway
USA, R: Roy Del Ruth, D: Nancy Welford, Conway Tearle, Winnie Lightner

1923 The Gold Diggers
USA, R: Harry Beaumont, D: Hope Hampton, Wyndham Standing, Louise Fazenda

GOLDTRANSPORT DURCH ARIZONA
Arizona Raiders, USA 1965, R: William Witney, D: Audie Murphy, Michael Dante, Ben Cooper, Buster Crabbe, Gloria Talbott, Ray Stricklyn, George Keymas, Fred Krone, William Willingham

Arizona, 1865. Die Guerilla-Truppe von Quantrill wird von den Arizona Rangers aufgerieben. Quantrill selbst wird getötet. Neben vielen anderen seiner Guerillas wird Clint Stuart gefangen genommen und zu 20 Jahren Zwangsarbeit verurteilt. Er kann sich aber rehabilitieren, indem er die Festnahme eines ehemaligen Freundes ermöglicht, der dabei war, die Bande neu aufzubauen. Jetzt steht ihm eine Karriere als Arizona Ranger offen.

Western-Lexikon: »Konfuser Film mit viel dumm herumstehenden Komparsen und einem Audie Murphy voll schwitzender Beflissenheit.«

1951 Grenzpolizei in Texas
The Texas Rangers, USA, R: Phil Karlson, D: George Montgomery, Gale Storm

DER GOLEM, WIE ER IN DIE WELT KAM

D 1920, R: Carl Boese, Paul Wegener, D: Paul Wegener, Albert Steinrück, Lyda Salmonova, Ernst Deutsch, Hans Stürm, Max Kronert, Otto Gebühr, Dore Paetzold, Lothar Müthel, Greta Schröder
16. Jahrhundert. Rabbi Löw, geistiger Führer der jüdischen Gemeinschaft in Prag und Meister der schwarzen Kunst, haucht dem Golem, einer Lehmstatue, Leben ein, worauf der Koloss dem Kaiser das Leben rettet. Doch der Golem wendet sich gegen seinen Schöpfer.

Rheinische Post: »Die expressiven Bauten der Architekten Poelzig und Gliese erinnern an einen untergegangenen Aspekt der Filmkunst; der Golem wurde zum Urbild zahlreicher Filmmonster.«

1915 Der Golem
D, R: Henrik Galeen, Paul Wegener, D: Paul Wegener, Rudolf Blümner, Carl Ebert

GOODBYE, MR. CHIPS

USA/GB 1969, R: Herbert Ross, D: Peter O'Toole, Petula Clark, Sir Michael Redgrave, George Baker, Siân Phillips, Michael Bryant, Michael Culver, Clinton Greyn, Jack Hedley
Nach einer Novelle von James Hilton: Der kauzige Lehrer Arthur Chipping unterrichtet in England an einem Knaben-Internat und hat sein Leben der Förderung seiner Schüler verschrieben. Als er im Urlaub die reizende Revuesängerin Katherine kennen lernt und sich in sie verliebt, ändert sich Arthurs beschauliche Welt von einem Tag auf den anderen. Bei seiner Rückkehr ans Internat hat »Mr. Chips«, wie er von den Jungs genannt wird, eine höchst attraktive und gleichzeitig ziemlich »unstandesgemäße« Braut vorzuweisen. Das bringt ihm zwar beruflich einige Schwierigkeiten ein, macht ihn aber bei seinen Schülern umso beliebter. Dank der warmherzigen und couragierten Katherine blüht der schüchterne Arthur zunehmend auf und findet zu sich selbst. *Goodbye, Mr. Chips* beruht auf einer Novelle von James Hilton, die bereits 1939 mit Robert Donat und Greer Garson in den Hauptrollen verfilmt wurde. Die Adaption von Herbert Ross erhielt zwei Oscar-Nominierungen in den Kategorien Bester männlicher Hauptdarsteller und Beste Filmmusik. Peter O'Toole gewann einen Golden Globe und den NBR (National Board Of Review) Award für seine Rolle. Einen National Society Of Film Critics Award als beste Nebendarstellerin erhielt Siân Phillips.

TV Spielfilm Lexikon: »Ein weiterer Musical-Schiffbruch aus den pleitengeplagen 60er-Jahren ... Mit dem wunderbaren Original kann dieser Film, der das Regiedebüt von Herbert Ross dar-

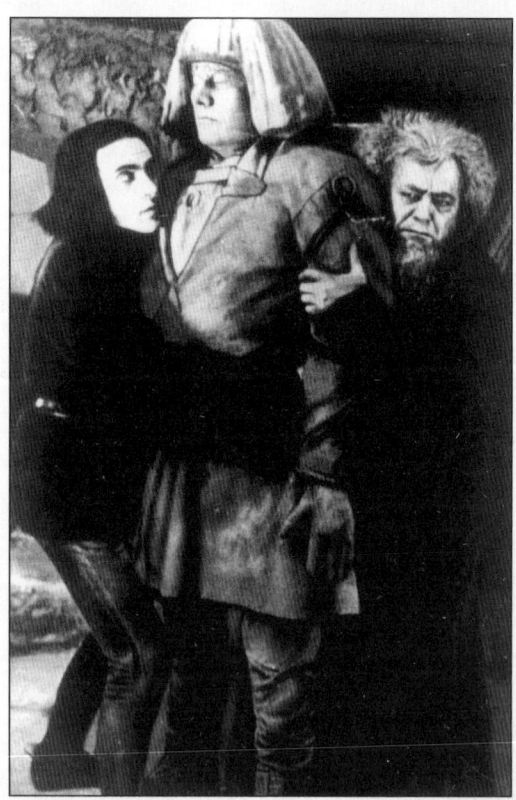

*Der Golem, wie er in die Welt kam
(1920, R: Carl Boese, Paul Wegener): Paul Wegener*

stellt, nicht konkurrieren, da helfen auch die eher mittelmäßigen Songs nichts. O'Toole gibt sich alle Mühe, doch die Rolle von Popsängerin Clark ist schwach geschrieben und unglaubwürdig.«

1939 Goodbye, Mr. Chips
USA, R: Sam Wood, D: Robert Donat, Greer Garson, Paul Henreid

GOSFORD PARK
USA/GB 2001, R: Robert Altman, D: Michael Gambon, Kristin Scott Thomas, Camilla Rutherford, Maggie Smith, Charles Dance, Geraldine Somerville, Tom Hollander, Natasha Wightman, James Wilby, Claudie Blakley, Laurence Fox, Trent Ford, Jeremy Northam, Bob Balaban, Alan Bates

England, 30er Jahre des 20. Jahrhunderts: Auf dem herrschaftlichen Landsitz in Gosford Park laden Sir William McCordle und seine Frau Lady Sylvia eine illustre Gesellschaft zur Jagd. Die feinen Herrschaften haben natürlich ihre Diener mitgebracht, die streng getrennt im Dienstbotentrakt untergebracht sind. Während im Salon parliert wird, tauschen die Dienstboten den neuesten Klatsch aus. Der auf Umwegen natürlich auch seinen Weg in den Salon findet. Auf dem Jagdausflug wird Sir William McCordle leicht angeschossen, am Abend kommt er nicht mehr so glimpflich davon: Er wird tot in seiner Bibliothek aufgefunden und fast jeder im Haus hätte einen Grund für die Tat ...

Andreas Maurer (Neue Zürcher Zeitung): »Mit Gift indes soll eine menschliche Bestie erlegt werden. Penetrant rücken die Fläschchen mit Mitteln zur Schädlingsbekämpfung in den Vordergrund. Verwunderlich ist, dass Altman das Leiche-zum-Dessert-Rezept nicht schon früher ausprobiert hat: Fast alle haben ein Motiv, den Hausherrn, einen senilen Satyr, zu meucheln, anfangs aber heucheln fast alle; die meisten der Gäste sind – auch moralisch – bankrotte Verwandte der unterkühlten Gattin von Sir William (Kristin Scott Thomas). Aber Altmeister Altman schuldet sich mehr als eine Runde Rätselraten. Wenngleich Altman nur zweimal scharfer Satiriker war, 1969 und 1991 (M*A*S*H bzw. The Player): Wer will, sieht in Gosford Park eine fast beiläufige Hommage an La règle du jeu und im pastoralen Intrigieren die Miniatur des Klassensystems, der perversen Symbiose von verkommener Aristokratie in Salons, Plüsch und Leder und entpersönlichter Dienerschaft (darunter Alan Bates, Helen Mirren, Emily Watson, Derek Jacobi) in den Katakomben.«

Andrea Bleuler (Bluewin/Cinergy): »Jean Renoirs La règle du jeu (1939) und Agatha Christies Whodunits haben laut Robert Altman das Filmprojekt inspiriert. Dass der eigentliche Mord nicht als Höhepunkt des Spektakels gesetzt ist, versteht sich von selbst. Die zahlreichen, endlos verworrenen Handlungsstränge liefern die eigentliche Substanz der Geschichte – die abschliessenden Ermittlungen des trotteligen Zweimeter-Sherlock-Holmes (Stephen Fry) sind entsprechend zweitrangig ... BBC's legendäres Haus am Eaton Place – die endlos wiederholte Seifenoper aus den siebziger Jahren – droht neben Altmans kompaktem Zweistünder über die Welten below- und above-stairs und die ergänzenden Hierarchien innerhalb der Hierarchien kläglich zu verblassen. Da kein Wort an Belanglosigkeiten vergeudet wird oder gar überflüssig ist, empfiehlt sich übrigens auf jeden Fall ein wiederholter Filmbesuch – der Genuss steigert sich im Quadrat.«

1939 Die Spielregel
La règle du jeu, F, R: Jean Renoir, D: Nora Gregor, Paulette Dubost, Mila Parély

GÖTZ VON BERLICHINGEN MIT DER EISERNEN HAND
BRD 1978, R: Wolfgang Liebeneiner, D: Raimund Harmstorf, Klausjürgen Wussow, Michèle Mercier, Silvia Reize, Hans Holt, Reiner Schöne, Joachim Hansen, Adrian Hoven

Nach dem gleichnamigen Drama von Johann Wolfgang von Goethe: Götz von Berlichingen ist der unbeugsame und kämpferische Ritter mit der eisernen Faust. Im Deutschland des 16 .Jahrhunderts gehören Berlichingens Fehde mit dem Bischof von Bamberg, die Auseinandersetzungen mit seinem ehemaligen Freund und späteren Todfeind Adalbert von Weislingen sowie sein Kampf gegen die kaiserlichen Landsknechthaufen ebenso zu seinen Abenteuern wie die Intrigen der verführerischen Adelheid von Walldorf und Franz von Sickingens Liebe zu Götzens Schwester Maria.

Regisseur Wolfgang Liebeneiner: »Ich möchte nicht den Klassiker darstellen, sondern das wilde echte Stück herausholen, das Goethes Zeitgenossen durch seine ungebärdige Lebensechtheit hinriss, durch sein jugendliches Feuer. Aber so weit wie der *Götz von Berlichingen* in Wahrheit von klassischer Gemessenheit entfernt ist, die Goethe verachtete, so weit ist er auch von jenem Getüftel und Diskussionstheater entfernt, mit dem man heute die klassischen Stücke auf der Bühne verfälscht, weil man sie vor lauter Vorurteilen nicht versteht und glaubt, man müsse sie rabiat machen. Sie sind viel rabiater als jeder moderne Krimi oder Western, man muss sie nur zu lesen verstehen. Mein Ehrgeiz ist es, mit ausgezeichneten Schauspielern, und die haben wir, Goethes Text so zu bringen, dass er sich anhört, als wäre er von heute. Die Überraschung wird wahrscheinlich darin liegen, dass wir die bei Goethe reichlich vorhandenen Thrillereffekte so erschreckend und spannend ins Spiel bringen, wie der Dichter sie beschrieben hat, Goethes Stück ist heißblütig, spannend, roh, derb, humorvoll, komisch und tragisch.«

Lexikon des internationalen Films: »Der biederkonventionelle Film ist weniger an einem politischen und sozialen Zeitbild des Mittelalters als an aufwendigen Actionszenen interessiert.«

1955 Götz von Berlichingen
A, R: *Alfred Stöger, Josef Gielen, D: Ewald Balser, Albin Skoda, Raoul Aslan*

DER GRAF MIT DER EISERNEN FAUST
Les Mystère de Paris, F/I 1962, R: André Hunebelle, D: Jean Marais, Dany Robin, Raymond Pellegrin, Jill Haworth, Noel Roquevert
Nach dem Roman *Die Geheimnisse von Paris* von Eugène Sue: Ein Marquis steigt auf der Suche nach einem verschwundenen Mädchen in die Pariser Unterwelt hinab, lernt Diebe und Huren kennen und befreit die Gesuchte aus den Klauen übler Halunken.

Der Graf mit der eisernen Faust (1962, R: André Hunebelle): Dany Robin und Jean Marais

Lexikon des internationalen Films: »Historischer Abenteuerfilm ganz unterhaltsamer Machart.«

1957 Die Bestie von Paris
Les Mystère de Paris, I/F, R: Fernando Cerchio, D: Frank Villard, Yvette Lebon

DER GRAF VON MONTE CHRISTO
Le Comte De Monte Christo, BRD/I/F 1998, R: Josée Dayan, Drb: Didier Decoin nach dem gleichnamigen Roman von Alexandre Dumas, K: Willy Stassen, M: Bruno Coulais, S: Pauline Caralis, Dominique Roy, Marie-Josèphe Yoyotte, D: Gérard Depardieu (Edmond Dantès alias Graf von Monte Christo), Ornella Muti (Mercédès), Sergio Rubini (Bertuccio), Guillaume Depardieu (Edmond Dantès, jung), Jean Rochefort (Fernand de Morcerf), Constanze Engelbrecht (Hermine Danglars), Georges Moustaki (Abbé Faria), Naike Rivelli (Mercédès, jung), Stanislas Merhar (Albert de Morcerf), Serge Merlin (Noirtier), Pierre Arditi (de Villefort), Michel Aumont (Baron Danglars), Thierry de Peretti (Toussaint)
Seit beinahe 20 Jahren sitzt Edmond Dantès unschuldig wegen angeblichen Hochverrats im Kerker des berüchtigten Felsengefängnisses Château d'If. Falsche Freunde haben ihn damals angezeigt: Fernand Mondego, der sich Edmonds Verlobte Mercédès zur Frau wünschte, Eugène Danglars, der ihm seine Stelle als Kapitän neidete, und de Villefort, der Anwalt der Krone, ließen ihn damals ohne Prozess ins Gefängnis werfen, damit sein Vater Noirtier nicht als Verschwörer entlarvt wird. Als sein alter Zellennachbar Abbé Faria stirbt, lässt sich Edmond statt seiner im Leichensack verschnüren und ins Meer werfen. Endlich frei! Und durch den Schatz seines verstorbenen Freundes, den er auf der Mittelmeerinsel Monte Christo hebt, avanciert Edmond zu einem reichen Mann. Von nun an gibt er sich als Graf von Monte Christo aus und verfolgt ein einziges Ziel: Rache an den Menschen, die einst sein Leben zerstörten. Danglars ist inzwischen als Bankier zu Wohlstand gekommen, Mondego trägt nun den Titel Graf de Morcerf und hat tatsächlich Dantès' frühere Verlobte Mercédès geheiratet.

Als Edmond Albert, Fernands und Mercédès' Sohn, aus den Händen von Banditen befreien kann, wird er aus Dankbarkeit von seinen ärgsten, aber nichts ahnenden Feinden nach Paris eingeladen. Der Pariser Adel ist fasziniert von dem geheimnisvollen Grafen und seinem unermesslichen Reichtum, doch nicht einmal Mercédès erkennt ihren früheren Verlobten wieder, auch wenn irgendwas an dem mysteriösen Grafen die sonst so beherrschte Frau verwirrt. - Monte Christo hat den geldgierigen Bankier Danglars zu seinem ersten Opfer auserkoren und treibt ihn geschickt in den finanziellen Ruin. Danach sucht er die Gesellschaft von de Villefort und erfährt, dass dessen illegitimer Sohn Toussaint bei einem Dieb aufgewachsen ist. Auf einem Sommerfest in dem Landhaus will Monte Christo de Villefort mit seiner Vergangenheit konfrontieren. Eingeladen sind auch alle anderen, die den jungen Dantès vor 20 Jahren ins Unglück stürzten ...

Der Romanklassiker *Le comte de Monte Christo* von Alexandre Dumas erschien erstmals 1845/46 als Fortsetzungsroman im *Journal des débats* und hat immer wieder die Fantasie der Kinoregisseure angeregt. Robert Vernay verfilmte den romantischen Abenteuerstoff gleich zweimal (1942 und 1953), 1961 adaptierte ihn Claude Autant-Lara und 1974 inszenierte David Greene den *Dornenvögel*-Star Richard Chamberlain in der Titelrolle des von Rache besessenen Grafen. Die 30-Millionen-Dollar-Produktion unter der Regie von Josée Dayan entstand an historischen Schauplätzen in Paris, dem Teatro di San Carlo in Neapel und auf Malta: Depardieus Sohn Guillaume und Ornella Mutis Tochter Naike Rivelli verkörpern Edmond Dantès und Mercédès in jungen Jahren; die hübsche Valentine de Villefort wird von Depardieus Tochter Julie gespielt. »Und so begleiten wir den Rächer mit Stil vier Folgen

lang auf dem Weg, den sich der populäre Bestsellerproduzent Alexandre Dumas (bzw. einer seiner über 70 Mitarbeiter, die unter seinem Namen schrieben) 1845/46 ausdachte«, heißt es im *Stern-TV-Magazin*: »Allemal ein Werk wie fürs Kino gemacht und nicht weniger fürs Fernsehen, das hier nun aber in einer Appretur-Version mit gestärkten Kragen und perfekt sitzenden Gehröcken zu sehen ist.«

2002 Montecristo

The Count Of Monte Cristo, USA/GB, R: Kevin Reynolds, D: Jim Caviezel, Guy Pearce, Richard Harris, James Frain, Dagmara Dominczyk

»Jede Generation von Kinogängern bekam ihren eigenen *Grafen von Montecristo*, manche sogar mehrere. Die letzte Filminkarnation erlebte Alexandre Dumas' Romanklassiker allerdings als TV-Mehrteiler mit Gérard Depardieu in der Titelrolle – auch eine Möglichkeit, nicht allzu viel streichen zu müssen von der dickleibigen Vorlage. Einen in gewisser Weise gegenteiligen Weg schlägt Kevin Reynolds' jüngste Verfilmung ein: Sie setzt auf erzählerische Dichte und verzichtet auf Ausstattungsorgien, betont vielmehr die Psychologie der beiden Kontrahenten Edmond Dantes und Fernand Mondego. Die werden hier zu Jugendfreunden – was das Schurkenhafte Mondegos noch unterstreicht ... Kevin Reynolds, der vor Jahren die *Robin Hood*-Legende (mit Kevin Costner) gnadenlos modernisiert hatte, erzählt hier angenehm altmodisch. Er bleibt ernsthaft in der Zeichnung der Hauptfiguren und fokussiert die (wohldosierte) Komik in der Figur des Anführers der Piraten und vor allem von dessen ungehorsamem Gefolgsmann Jacopo.« (Frank Arnold, *Kölner Stadt-Anzeiger*)

1998 Der Graf von Monte Christo

Le Comte de Monte Christo, BRD/I/F, R: Josée Dayan, D: Gérard Depardieu

1988 Uznik zamka If

UdSSR, R: Georgi Yungvald-Khilkevich, D: Viktor Avilov, Mikhail Boyarsky

1979 Der Graf von Monte Christo

F/BRD, R: Denys de la Patellière, D: Christine Kaufmann, Jacques Weber

»Der Sechsteiler mit internationaler Besetzung begann nicht allzu vielversprechend. Ein wenig hölzern und blutleer agierte Hauptdarsteller Jac-

Der Graf von Monte Christo (1974, R: David Greene): Donald Pleasence und Richard Chamberlain

ques Weber ... Ein etwas steifer Auftakt für diese fesselnde Abenteuergeschichte ...« (*Der Abend*)

1974 Der Graf von Monte Christo

The Count Of Monte Christo, GB, R: David Greene, D: Richard Chamberlain

»*Der Graf von Monte Christo* von David Greene besitzt die bescheidenen Tugenden des Schmierentheaters: falsche Bärte, falsche Gefühle, treuherzige Posen, unbeirrbare Naivität. Konsequent altmodisch hat Greene das Abenteuer inszeniert, ganz ohne die parodistischen Arabesken von Lesters *Drei Musketieren*. Richard Chamberlain spielt den Rächer Edmond Dantès so frisch und

forsch wie John Gilbert 1923 in der bekanntesten Stummfilmversion; Tony Curtis und Louis Jourdan, der vor 14 Jahren selber noch unter der Regie von Claude Autant-Lara den Grafen spielen durfte, liefern als Erzschurken Mondego und Villefort dröhnende Chargen, Greenes atemberaubend biederes Werk ist nicht ohne einen gewissen perversen Charme: ein gutmütiger Spaß fern allen prätentiösen Spielereien.« (*Die Zeit*)

1968 Der Rächer aus dem Sarg

Sous le signe de Monte Cristo, F/I, R: André Hunebelle, D: Paul Barge, Claude Jade

»19. Verfilmung des Romans *Der Graf von Monte Christo* von Alexandre Dumas, ins 20. Jahrhundert übertragen. Zähflüssig und ohne Spannung.« (*Lexikon des internationalen Films*)

1966 Eu Compro Esta Mulher

BR, R: Régis Cardoso, Henrique Martins, D: Carlos Alberto, Paulo Araújo

Von links oben nach rechts unten:
- *Der Graf von Monte Christo*
  (1961, R: Claude Autant-Lara): Louis Jourdan
- *Der Graf von Monte Christo*
  (1953, R: Robert Vernay): Jean Marais
- *Der Graf von Monte Christo*
  (1953): Jean Marais

1961 Der Graf von Monte Christo

Le Comte de Monte Christo, F/I, R: Claude Autant-Lara, D: Louis Jourdan

»Die 15. Verfilmung des Abenteuerromans von Alexandre Duma ... Mit aller Pracht und Raffinesse des großen Ausstattungskinos inszeniert, wobei die menschlichen Werte der Vorlage gegenüber der äußerlichen Opulenz zurückbleiben.« *(Lexikon des internationalen Films)*

Der aufwendige Abenteuerfilm soll, so Kritiker, auch Anspielungen auf die damalige gaullistische Gegenwart der Herstellungszeit enthalten.

1958 The Count Of Monte Christo

USA, R: Sidney Lumet, D: Max Adrian, Ina Balin, Douglas Campbell

1955 Le Comte de Monte Cristo

F, D: Pierre Wilm

1953 Der Graf von Monte Christo

Le Comte de Monte Cristo: Edmond Dantes, F/I, R: Robert Vernay, D: Jean Marais

Robert Vernays Remake seines eigenen Schwarz-Weiß-Klassikers von 1942. Diesmal bunt.

1953 Das Testament des Grafen von Monte Christo

El Condo de Monte Christo, RA, R: Léon Klimovsky, D: Jorge Mistral, Elina Colomer

1952 Das Schwert von Monte Christo

The Sword Of Monte Christo, USA, R: Maurice Geraghty, D: George Montgomery

1946 Die Gräfin von Monte Christo

The Wife Of Monte Christo, USA, R: Edgar G. Ulmer, D: John Loder, Lenore Aubert

»Der Graf von Monte Christo muss im Verlauf seines Einsatzes gegen die Korruption und den staatlich sanktionierten Verkauf giftiger Medikamente untertauchen, seine Frau setzt den mutigen Kampf fort. Flotter, romantischer Reißer im historischen Gewand; ein Abenteuerfilm der B-Kategorie, der sich an die Erfolge der Dumas-Verfilmungen ›anhängte‹.« *(Lexikon des internationalen Films)*

1943 El Conde de Monte Cristo

MEX, R: Chano Urueta, D: Arturo de Cordova

1942 Der Graf von Monte Christo

Le Comte de Monte Cristo, F/I, R: Robert Vernay, D: Pierre-Richard Willm

1940 Die Stunde der Vergeltung

The Son Of Monte Christo, USA, R: Rowland V. Lee, D: Louis Hayward

»Der Sohn des Grafen von Monte Christo kämpft 1865 als maskierter Racheengel gegen den Diktator eines Fantasielandes. Flott gefilmtes Mantel-und-Degen-Abenteuer mit angedeuteten Parallelen zum Kampf gegen die Diktatur des NS-Staats.« *(Lexikon des internationalen Films)*

1934 Das Rätsel von Monte Christo

The Count Of Monte Christo, USA, R: Rowland V. Lee, D: Robert Donat, Elissa Landi

1929 Monte-Cristo

F, R: Henri Fescourt, D: Jean Angelo, Pierre Batcheff, Lil Dagover

*Unten: Der Graf von Monte Christo
(1942, R: Robert Vernay)
Rechts: Der Graf von Monte Christo (1942)*

1922 Monte Cristo
USA, R: Emmett J. Flynn, D: John Gilbert

1917 Monte Cristo
F

1917 A Modern Monte Cristo
USA, R: Eugene Moore, D: Vincent Serrano, Helen Badgley, Thomas A. Curran

1915 The Count Of Monte Cristo
I

1912 The Count Of Monte Cristo
USA, R: Edwin S. Porter, D: James O'Neill

1912 The Count Of Monte Cristo
USA, R: Colin Campbell, D: Hobart Bosworth

1911 The Count Of Monte Cristo
USA

1910 The Count Of Monte Cristo
USA

1908 The Count Of Monte Cristo
USA, R: Francis Boggs

GRÄFIN MARIZA
BRD 1958, R: Rudolf Schündler, D: Christine Görner, Rudolf Schock, Renate Ewert, Gunther Philipp, Hans Moser

Nach der gleichnamigen Operette von Emmerich Kálmán: Um lästige Verehrer loszuwerden, kündigt die ungarische Gräfin Mariza ihre Verlobung mit einem gewissen Koloman Zupan an. Sie ahnt nicht, dass tatsächlich ein Mann dieses Namens existiert. Der Bräutigam steht bald vor der Tür und stört Marizas Liebe zum Gutsverwalter.

Filmblätter: »Alle Jahre wieder kommt eine Operettenverfilmung daher, mit Sang und Klang und der bescheidenen Handlung eines leichten Musenkindes ... in treuer Anhänglichkeit an das Puszta-Opus von Emmerich Kálmán.«

1932 Gräfin Mariza
D, R: Richard Oswald, D: Dorothea Wieck, Hubert Marischka, Charlotte Ander

DAS GRAUEN AUS DER TIEFE
Humanoids From The Deep, USA 1996, R: Jeff Yonis, D: Emma Samms, Robert Carradine, Justin Walker, Mark Rolston, Danielle Weeks, Clint Howard, Kaz Garas, Warren Burton, Bert Remsen

Grauenhafte Unterwasser-Mutanten, die durch militärische Versuche entstanden sind, entführen an der amerikanischen Westküste Frauen, um sich fortpflanzen zu können. Als sie die Tochter eines Fischers entführen, macht der sich daran, die Bestien auszuschalten.

MovieLine: »Jeff Yonis' deftiger Unterwasser-schocker wurde vom legendären Viel- und Billig-Filmer Roger Corman produziert, der von Fans als Großmeister des B-Movies verehrt wird. *Das Grauen aus der Tiefe* ist ein Remake, denn der Stoff wurde bereits 1980 von Corman verfilmt. Während der Film sich damals großzügig bei *Der weiße Hai* bediente, gibt es in dieser Neuauflage einige Anspielungen auf *Alien*.«

1980 Das Grauen aus der Tiefe
Humanoids From The Deep, USA, R: Barbara Peters, D: Doug McClure, Ann Turkel

DER GREIFER
BRD 1957, R: Eugen York, D: Hans Albers, Hansjörg Felmy, Susanne Cramer, Ernst Stankovski, Werner Peters, Mady Rahl, Agnes Windeck, Horst Frank, Siegfried Lowitz, Bärbel Wycisk, Fritz Wagner, Reinhard Kolldehoff, Karl Hellmer, Lia Eibenschütz, Herbert Hübner

Oberkommissar Dennert kann auf eine stolze Erfolgsbilanz zurückblicken und wird nicht ohne Grund der »Greifer« genannt. Doch kurz vor der Lösung seines größten Falls, der Überführung ei-

Der Greifer (1957, R: Eugen York):
Susanne Cramer und Hans Albers

nes Frauenmörders, soll er pensioniert werden! Der alte Dennert will das nicht wahrhaben und beginnt, auf eigene Faust zu ermitteln. Dabei gerät er in Konflikt mit seinem Sohn Harry, der als Kriminalassistent den Fall übernommen hat. Als Harry sich in Ursula, die enttäuschte Verlobte des Gauners, verliebt, ist der »Greifer« entsetzt. Doch im letzten Moment kann Ursula den Mörder überführen, nachdem sie von Harry gerettet wurde. Auch der »Greifer« ist nun mit seiner zukünftigen Schwiegertochter einverstanden.

1930 Der Greifer

D/GB, R: Richard Eichberg, D: Hans Albers, Charlotte Susa, Margot Walter

GRENZBANDITEN

Whistlin' Dan, USA 1932, R: Phil Rosen, D: Ken Maynard, Joyzelle Joyner, Georges Renavent, Harlan Knight, Don Terry

Dan ist ein friedliebender Cowboy und deshalb nicht zu bewegen, sich ein ansehnliches Kopfgeld zu verdienen, das auf einen Bandenführer ausgesetzt ist. Als sein bester Freund von dieser Bande ermordet wird, schmuggelt er sich als Bankräuber in die Bande ein. Seine Tapferkeit siegt über Gemeinheit und rohe Gewalt. 1934 entstand ein weiteres Remake unter dem Titel The Fighting Ranger (R: George B. Seitz, D: Buck Jones, Dorothy Revier und Frank Rice).

1931 Border Law

USA, R: Louis King, D: Buck Jones, Lupita Tovar, Jim Mason

DER GRIFF
AUS DEM DUNKEL

Night Must Fall, GB 1964, R: Karel Reisz, D: Albert Finney, Mona Washbourne, Susan Hampshire, Sheila Hancock, Michael Medwin, Joe Gladwin, Martin Wyldeck, John Gill

Danny wird in das abgelegene Waldhaus der alten Mrs. Bramson gerufen. Sie will ihm die Leviten lesen, weil er ihr Dienstmädchen geschwängert hat. Äußerlich ist Danny ein sympathischer, aber auch leichtfertiger junger Mann, der die Herzen vieler im Sturm erobert. Er will stets Mittelpunkt des Interesses sein. Fühlt er sich übergangen, bevormundet oder gedemütigt, schlägt er mittels einer Axt zu. Von all dem nichts ahnend, verhätschelt Mrs. Bramson Danny schon bald wie ihren eigenen Sohn. Als Mrs. Bramson eines Tages nicht so will wie er, greift er erneut zur Axt.

Lexikon des Horror-Films: »Das Theaterstück Night Must Fall von Emlyn Williams wurde bereits 1936 unter dem Originaltitel in den USA verfilmt ... Diese Erstverfilmung gilt trotz mäßiger Kritiken (Filmkritiker Graham Greene: ›Aus dem gefälligen, kleinen Mörderspiel ist ein langer, matter Film geworden.‹) als Klassiker, eben wegen der großartigen schauspielerischen Leistungen vor allem Robert Montgomerys, dem man bis dahin die Verkörperung eines wahnsinnigen Mörders nicht zugetraut hatte und der für diesen Film immerhin eine Oscar-Nominierung erhielt. Dieses Original kam im Gegensatz zu dem Remake von Karel Reisz nie in die deutschen Kinos. Aus dem Thriller von 1936 wird bei Reisz die klinische Studie eines Psychopathen.«

Filmbeobachter: »Die psychologisch genau umrissenen Charaktere der Frauen, der im Interesse der Spannung gebotene Verzicht auf das Ausspielen der Szenen, die psychisch hervorragende Studie des Albert Finney schließlich, über den gegen allen inneren Widerstand doch die Nacht des Wahns fällt und der sich dem Griff aus dem Dunkel seines verwüsteten Unterbewusstseins nicht zu entziehen vermag, ergeben einen Psycho-Schocker von Rang.«

1936 Night Must Fall

USA, R: Richard Thorpe, D: Robert Montgomery, Dame May Whitty

DER GRINCH

How The Grinch Stole Christmas, USA 2000, R: Ron Howard, D: Jim Carrey, Rachel Bailit, Jeffrey Tambor, Christine Baranski, Taylor Momsen, Anthony Hopkins, Bill Irwin, Molly Shannon

Das Remake ist wie das Original nach den Motiven des Kinderbuchautors Dr. Seuss entstanden. Jim Carrey ist in der Rolle des Grinch fast nicht zu erkennen. Er ist ein bösartiger Mutant ohne Herz und Gefühl. Am Weihnachtsabend begeht er in der Kleinstadt Whoville mehrere Einbrüche. Aber eigentlich plant er den ganz großen Coup – er will Weihnachten stehlen. Zunächst klappt alles bestens, doch dann wird der Grinch von der kleinen Cindy entdeckt. Und die zwingt ihn, sich mit seinen eigenen Ängsten zu beschäftigen.

Birgit Heidsiek (dpa): »In dem bitter-bösen Weihnachts-Märchen Der Grinch des amerikanischen Regisseurs Ron Howard (*Eine Wahnsinns-familie, Apollo 13*) brilliert der Vollblut-Komiker Jim Carrey als ein pelziges, penetrantes Höhlenmonster, das auszieht, um das Weihnachtsfest zu stehlen: griesgrämig, gemein, grinchig. Die Geschichte vom Grinch basiert auf dem amerikanischen Kinderbuch-Klassiker von Dr. Seuss, der mit seinen skurrilen Storys schon seit 1937 ganze Generationen begeistert. Die Bücher von Theodor Seuss Geisel avancierten allesamt zu Bestsellern und wurden weltweit in achtzehn Sprachen übersetzt. Obwohl Hollywood den Erfolgsautor regelrecht bekniete, gab er jahrzehntelang keines seiner Werke zur Verfilmung frei. Nach seinem Tod gelang es dem Regisseur Ron Howard und seinem Produzenten Brian Grazer, die Witwe Audrey Geisel von einer Leinwand-Adaption zu überzeugen – auch mit den Möglichkeiten der modernen Computertechnik ... In seiner abenteuerlichen Weihnachtskomödie *Der Grinch* gelingt es Ron Howard, die fantastische Zauberwelt von Dr. Seuss mit Hilfe moderner Tricktechnik zum Leben zu erwecken. Für Jim Carrey, dessen unverwechselbare Mimik sogar durch die Gummi-Maske plastisch zum Ausdruck kommt, erweist sich *Der Grinch* als eine echte Paraderolle. Und wie es sich im politisch-korrekten Hollywood-Kino gehört, transportiert der Film zwischen den überzogenen Slapstick-Einlagen natürlich auch eine Botschaft, indem er die Frage nach der wirklichen Bedeutung des Weihnachtsfestes aufwirft.«

1966 How The Grinch Stole Christmas!
USA, R: Chuck Jones – Animation

GRIPSHOLM

BRD/CH/A 2000, R: Xavier Koller, D: Ulrich Noethen, Heike Makatsch, Jasmin Tabatabai, Marcus

Thomas, Sara Föttinger, Inger Nilsson, Anette Felber, Katharina Blaschke, Leif Liljeroth, Rudolf Wessely, Horst Krause

1932 – Kurt, der kämpferische Publizist und ironische Schriftsteller, dank seiner frechen Chansontexte auch ein gefeierter Star so mancher Revue, reist mit seiner Geliebten Lydia nach Schweden, um auf Schloss Gripsholm den Sommer zu verbringen. Zwei Freunde, die mondän-laszive Varieté-Sängerin Billie und der leidenschaftliche Flieger Karlchen, folgen dem Paar vorübergehend in den Urlaub nach Schweden. Damit sind erotische Turbulenzen vorprogrammiert. Bald wird die Stimmung durch die politischen Ereignisse in Nazi-Deutschland getrübt, denn Karlchen und Kurt haben sehr unterschiedliche Ansichten. »Man denkt oft, die Liebe sei stärker als die Zeit. Aber immer ist die Zeit stärker als die Liebe«, schrieb Tucholsky in seinem berühmten Roman. Das müssen sich auch die vier Sommergäste Kurt, Lydia, Karlchen und Billie auf ihrer ausgelassenen und sinnlichen wie melancholischen Reise in den Norden eingestehen. Heike Makatsch: »Der Film will aufzeigen, dass sich auch Liebe nicht loslösen kann von politischen Strömungen und gesellschaftlichen Tendenzen. Selbst als Liebespaar lebt man nicht isoliert in einer Oase, wo die Welt drum herum stehen bleibt. *Gripsholm* ist eine tragische Liebesgeschichte in Zeiten, in denen Liebe nicht funktionieren kann.«

Jörg Schurig (dpa): »Eine ›kleine Sommergeschichte‹ sollte Kurt Tucholsky (1890–1935) auf Wunsch seines Verlegers Ernst Rowohlt schreiben, ›nicht zu umfangreich, etwa 15 bis 16 Bogen, zart im Gefühl, kartoniert, leicht ironisch und mit einem bunten Umschlag‹. So ist das Entstehen von Tucholskys *Schloss Gripsholm* im Prolog des Bandes selbst beschrieben. In seinem Film *Gripsholm* hat Oscar-Preisträger Xavier Koller die Sommergeschichte mit Motiven aus dem Leben Tucholskys verknüpft und gibt der Vorlage damit einen politischen Anstrich. Als *Schloss Gripsholm* im Mai 1931 als Buch erschien, machte Tucholsky schon lange einen großen Bogen um seine Heimatstadt Berlin. Deutschland stand vor seiner dunkelsten Epoche. Auch Tucholsky befand sich im Visier reaktionärer Kräfte. Die

Schloss Gripsholm (1963, R: Kurt Hoffmann):
Walter Giller und Hanns Lothar

Schloss Gripsholm (1963, R: Kurt Hoffmann):
Küsschen, Küsschen für Jana Brejchová

Flucht in die Sommeridylle macht Koller zum Ausgangspunkt seines Filmes ... In Berlin sind ›schwarze Listen‹ aufgetaucht, auf denen der Name Tucholsky ganz oben steht. Wegen seiner Formulierung ›Soldaten sind Mörder‹ wollen ihm die Rechten den Prozess machen ... Schauspielerisch vermag vor allem Heike Makatsch zu überzeugen, die offensichtlich zur Charakterdarstellerin reift. Auch Ulrich Noethen spielt Tucholsky als nachdenklichen Dichter glaubhaft. Jasmin Tabatabai beweist in *Gripsholm* erneut ihre Qualitäten als Sängerin. Einige Filmsongs sind Vertonungen berühmter Tucholsky-Gedichte.«

1963 Schloss Gripsholm
BRD, R: Kurt Hoffmann, D: Jana Brejchová, Walter Giller, Hanns Lothar

GROSSE ERWARTUNGEN

Great Expectations, USA 1997, R: Alfonso Cuarón, Drb: Mitch Glazer in Anlehnung an den gleichnamigen Roman von Charles Dickens, K: Emmanuel Lubezki, M: Patrick Doyle, S: Steven Weisberg, D: Ethan Hawke (Finnegan Bell), Gwyneth Paltrow (Estella), Anne Bancroft (Miss Dinsmoor), Robert De Niro (Gefangener Lustig), Hank Azaria (Walter Plane), Chris Cooper (Joe), Josh Mostel (Jerry Ragno), Kim Dickens (Maggie), Nell Campbell (Erica Thrall), Gabriel Mick (Owen), Jeremy James Kissner (Finnegan mit 10 Jahren), Raquel Beaudene (Estella mit 10 Jahren)

Die beiden zehnjährigen Waisen Finnegan und Estella lernen sich Ende der siebziger Jahre kennen. Der Junge lebt bei seiner Schwester und ihrem Freund, einem Fischer, das Mädchen dagegen bei seiner steinreichen Tante. Obwohl die höchst exzentrische alte Lady prophezeit, dass Estella Finn das Herz brechen wird, verliebt er sich rettungslos in seine Märchenprinzessin und vergisst dadurch auch die dramatische Begegnung mit einem Sträfling, dem er auf der Flucht helfen musste. Über nasse Küsse an einem Springbrunnen entwickelt sich die Beziehung von Finn und Estella allerdings nie hinaus, denn während es ihm ernst ist, spielt sie nur mit seinen Gefühlen. Jahre später begegnen sie sich in New York wieder. Finn, der diesen Aufbruch in eine neue Welt der Laune eines anonymen Kunstmäzens zu verdanken hat, hofft hier darauf, mit seiner Malerei die Galerien von Manhattan zu erobern, während Estella daran denkt, den wohlhabenden Architekten Walter Plane zu heiraten. Als der mittellose Künstler aus Florida tatsächlich zum umschwärmten Star der Szene aufsteigt und ihm seine Werke aus der Hand gerissen werden, scheint auch ein Happy End mit Estella greifbar nahe ...

Ein modernes Remake der zeitlosen Geschichte von Charles Dickens (erschienen 1860/61): »Die Handlung in die Gegenwart zu verlegen, schien mir zunächst eine unlösbare Aufgabe«, erzählt Produzent Art Linson. »Doch nachdem ich mir David Leans Verfilmung (von 1946) angesehen und Dickens' Roman erneut gelesen hatte, wurde mir klar, dass sein Buch einige faszinierende Themen behandelt, die nicht zeitgebunden sind, wie die Rolle des Zufalls, das Verlangen nach Dingen, die man nicht haben kann oder das Streben nach Anerkennung. Diese Elemente boten die Voraussetzung, um einen Klassiker in eine zeitgenössische, moderne Story verwandeln zu können.« Linson wandte sich an den Autor Mitch Glazer, der am Anfang keine Vorstellung hatte, wie man die Handlung aktualisieren kann: »Sie schien so eng mit Dickens' Zeit und ihren Konflikten zwischen Aristokratie und Arbeiterklasse verknüpft. Aber je länger ich darüber nachdachte, desto deutlicher wurde mir, dass sich unser Film auf die Klassen-Thematik überhaupt nicht einlassen musste. Ich kam auf die Idee, aus Dickens' Hauptfigur Pip den Neffen eines Fischers zu machen, der zufällig dieser exzentrischen Matrone aus Palm Beach über den Weg läuft. Meine Familie machte früher regelmäßig Urlaub in Palm Beach, und ich erinnere mich noch gut an diese ehemaligen Showgirls, mittlerweile Millionärsgattinnen, die in ihren riesigen Anwesen wie in einem Gefängnis lebten. Sie sahen aus wie 18 – bis sie sich umdrehten. Diese Ladys schienen mir überzeugende Nachkommen von Dickens Miss Havisham zu sein. Nachdem ich auf diese Ausgangssituation gekommen war, ergab sich der Rest der Geschichte beinahe von allein.«

Daniel Haas von der *Hamburger Morgenpost* findet den gesamten Film farblos: »Cuarón treibt seine Figuren durchs New York der Neunziger, stattet sie aber mit viktorianischer Verklemmtheit aus. Statt Dickens' Romanwelt an die Jetztzeit anzuschließen, degradiert er die Helden zu verwirrten Modepüppchen. Der Film als Laufsteg: vorgeführt werden Designer-Klamotten, schicke Drehorte, der eigentliche Konflikt kommt da nur noch als lästiges Accessoire zur Geltung.« Für den *dpa*-Kritiker dagegen reicht das Remake zwar nicht an die Verfilmung von David Lean mit Alec Guinness und Jean Simmons heran, aber »dass der Film dennoch sehenswert ist, liegt vor allem an den schauspielerischen Leistungen der beiden Altstars Anne Bancroft und Robert De Niro in Nebenrollen, dazu an den wunderschön eingefangenen Stimmungsbildern aus Florida und New York.« Auch Josef Lederle vom *Film-Dienst* meint, dass unter den diversen Adaptionen David Leans epischer Klassiker hervorragt, »an dessen hoher Qualität seither jede Neuinszenierung gemessen wird. Wohl auch deshalb haben die Produzenten der jüngsten Version auf eine radikale Transformation gesetzt, die den historischen Ballast des 19. Jahrhunderts zu Gunsten einer tief greifenden Modernisierung über Bord wirft ... Man muss Dickens und Lean vergessen, um für Alfonso Cuaróns Film schwärmen zu können. Als Literaturverfilmung schei-

tert das Werk des mexikanischen Regisseurs auf der ganzen Linie, weil er und Buchautor Mitch Glazer sich weder für eine werkgetreue Interpretation entscheiden noch eine wirkliche Übersetzung in ein anderes Zeitalter wagen.«

Stefan Grissemann kommt in der Wiener Zeitung *Die Presse* zu dem Schluss »Große Erwartungen, kleine Resultate«, der Film scheitert, »ohne viel zu tun, gleich zweimal an seinen Vorgaben: Charles Dickens' berühmten Roman transplantiert Cuarón in die amerikanische Gegenwart, wo die Geschichte vom kindlichen Blick auf das mythisch-angsterfüllte Landleben überhaupt keinen Sinn mehr ergibt; und über David Leans souveräne Version des Jahres 1946 blickt der Regisseur so leger hinweg, dass man meinen könnte, Cuarón habe möglicherweise gar keine Ahnung, dass diesen Stoff schon Filmemacher vor ihm in den Händen hatten.« Und der Kritiker des *Wiener Kurier* ist überzeugt, Charles Dickens »würde an diesem langweiligen Machwerk wohl nur zwei Dinge lieben: Anne Bancroft als verschrobene Tante und Robert de Niro als der liebe Gott – äh ... nein, als entflohener Sträfling natürlich – er sieht hier nur aus wie der liebe Gott ...«

1974 Die großen Erwartungen
Great Expectations, GB, R: Joseph Hardy, D: Michael York, James Mason
»Exzellente Schauspieler und genau nachkonstruierte Dekors eines englischen Landstädtchens und Londons zwischen 1830 und 1850 verleihen dieser Verfilmung ... besonderen Reiz ... Die Dickens'schen Lebensweisheiten, die schönen Aufnahmen und das nuancierte Spiel betonen mehr den gefühlvoll-idyllischen Charakter des Werkes als Dickens' Sozialkritik.« *(Lexikon des internationalen Films)*

1946 Geheimnisvolle Erbschaft
Great Expectations, GB, R: David Lean, D: John Mills, Valerie Hobson, Bernard Miles
»Weite Marschlandschaften im Mondlicht, nebelverhangene Friedhöfe und düstere Wolkenhimmel werden kontrastiert mit Glanz und Elend des viktorianischen London, mit großen Ballsälen und funkelnden Kronleuchtern, dunklen Gassen, gaslichtbeleuchteten Straßen und überladenen, spinnwebverhangenen Interieurs. *Great*

Große Erwartungen (1997, R: Alfonso Cuarón): Robert De Niro und Ethan Hawke

Geheimnisvolle Erbschaft (1946, R: David Lean):
Valerie Hobson und John Mills

Expectations ist eine Huldigung an ein London, das es so wohl nie gegeben hat, das für die meisten Briten aber die gute alte Zeit verkörpert. Damit erklärt sich auch sein Erfolg. Ein Aspekt jedoch geht bei dieser, fast nur aufs Pittoreske bedachten Sicht der Dickens'schen Welt verloren: seine Kritik an der zunehmenden Industrialisierung der Städte und der damit verbundenen Verelendung eines Großteils der Bevölkerung. James Agee spricht in diesem Zusammenhang von einem ›eher zufälligen Marxismus‹ der beiden Lean'schen Dickens-Adaptionen, ein Problem, das in der nur noch aufs Skurrile reduzierten Welt der Armen in *Oliver Twist* noch stärker zum Tragen kommt; was bleibt, ist der Konflikt des Einzelnen mit der Gesellschaft.« (Andreas Missler, *Alec Guinness*)

1934 Great Expectations
USA, R: Stuart Walker, D: Phillips Holmes
1922 Great Expectations
DK, R: A. W. Sandberg
1917 Great Expectations
USA, R: Paul West, D: Jack Pickford

DIE GROSSE LÜGE

A Stolen Life, USA 1945, R: Curtis Bernhardt, D: Bette Davis, Glenn Ford, Dane Clark, Charles Ruggles, Walter Brennan

Nach einem Roman von Karel J. Benes: Kate, eine Künstlerin, lernt Bill kennen, einen stattlichen Leuchtturmwärter auf einer Küsteninsel vor New England. Als die lebhaftere Pat auftaucht, gelingt es ihr, Bill der ruhigeren Schwester abspenstig zu machen. Pat und Bill heiraten. Kate tröstet sich mit dem auf derbe Art attraktiven Karnok. Später, als Bill einmal fort ist, machen die beiden Mädchen einen Segelausflug. Sie geraten in einen Sturm. Pat wird über Bord gerissen und findet den Tod. Als Kate verzweifelt versucht, die Schwester zu retten, streift sie deren Trauring ab und behält ihn in der Hand. Da beschließt Kate, Pats Stelle bei Bill einzunehmen. Sie versucht, dieses »gestohlene« Leben zu führen. Aber als Bill zurückkehrt, muss Kate feststellen, dass ihre Beziehungen höchst explosiv sind. Schuld daran ist Pats Treulosigkeit. Natürlich braucht Bill nicht sehr lange, um herauszufinden, dass Pat in Wirklichkeit Kate ist. Der Film lief auch unter dem Titel *Träumende Augen*.

Jerry Vermilye *(Bette Davis)*: »Dann wurde Bette Davis mit teilweiser Kooperation von Warner Brothers zum ersten und einzigen Male auch Produzentin. Sie suchte sich dafür *A Stolen Life* (*Träumende Augen*, 1946) aus; ein Remake eines populären Elisabeth-Bergner-Films, der 1939 in England gedreht worden war. Unter der Obhut ihrer Produktionsfirma A.B.D., Inc. ließ sie sich von Catherine Turney ein gefühlvoll-romantisches Drehbuch schreiben, das ihr Gelegenheit verschaffte, ihre erste Doppelrolle als identische Zwillinge namens Pat und Kate Bosworth zu spielen ... Die Story war geradezu ideal für einen ›Frauen-Film‹ ... *A Stolen Life (Träumende Augen)* ist ganz zweifellos nichts weiter als ein glänzendes Rührstück, aber doch so gut gemacht, dass der Film mit Erfolg unterhaltsam ist. Curtis Bernhardts Regie war es entschieden gelungen, das Beste aus Miss Turneys Script herauszuholen. Die von Bette Davis ausgesuchte Besetzung (einschließlich Charlie Ruggles und Walter Brennan) und Rudi Fehrs erfahrenes Editing trugen wesentlich dazu bei, die perfekte optische Illusion von zwei Bette Davis zu schaffen. Eine Szene ist besonders beeindruckend: Eine Bette Davis zündet der anderen eine Zigarette an. Der winzige

Ruck bei dieser gekonnten Trickaufnahme ist kaum wahrnehmbar. Durch die kombinierte Kameraarbeit von Sol Polito und Ernest Haller wirkt die Davis in diesem Film vielleicht am attraktivsten; sie trägt ihr Haar in dieser langen Pagen-Frisur, die ihr stets am besten gestanden hat. Trotz ungünstiger Reaktion der Kritiker erwies sich *A Stolen Life (Träumende Augen)* als sehr populär.«

1939 Träumende Augen

Dreaming Lips, GB, R: Paul Czinner, D: Elisabeth Bergner, Romney Brent

DER GROSSE REGEN

The Rains Of Ranchipur, USA 1955, R: Jean Negulesco, D: Lana Turner, Richard Burton, Fred MacMurray, Joan Caulfield, Michael Rennie, Eugenie Leontovich

Nach einem Roman von Louis Bromfield: Aus millionenschwerem Hause stammend, hat sich eine Frau durch ihre Heirat mit einem ungeliebten Lord den Nimbus des Adels erkauft. Während eines Besuchs bei einer indischen Fürstin wird sie von einer tief gehenden Zuneigung zu einem jungen einheimischen Arzt erfasst. Er entdeckt ihr besseres Ich. Trotz des skeptischen Widerstandes der Umwelt hoffen die Liebenden auf eine gemeinsame glückliche Zukunft. Dann aber setzt die melancholische Regenzeit ein; anlässlich einer tumultösen Erdbebenkatastrophe lernt die Dame von ihrem tadellosen Geliebten, dass der opfervolle Dienst an der leidenden Menschheit höher zu werten ist als das eigensüchtige Glück des Einzelnen. Erschüttert, innerlich gewandelt und nunmehr beinahe ladylike verlässt die Liebende an der Seite ihres treu ergebenen Gatten das Katastrophengebiet.

Edmund Luft *(Filmblätter)*: »Sehr frei nach Louis Bromfields beliebtem Roman wird hier von der seelischen Läuterung einer haltlosen Dame berichtet ... Das farbige Schauspiel hat Dialoge von edel gleißendem Pathos, die Regie bevorzugt theatralische Arrangements und erweist sich als meisterhaft trickreich in der fesselnden Darstellung des hervorragend schlechten Wetters und der gewaltigen Erdbebenkatastrophe (Cinema-Scope!) mit ihren tosenden Wasserfluten und den verzweifelt um ihr Leben kämpfenden Eingeborenen. Mit erotischem Chic durchschreitet Lana Turner ihr schicksalhaftes Fegefeuer, Richard Burton gibt mit geziemendem Anstand den vorbildlichen Aeskulapjünger, Michael Rennie ist ein

Lord, wie er im Buche steht. Ein unterhaltsames Spiel für weite Kreise.«

1938 Nacht über Indien

The Rains Came, USA, R: Clarence Brown, D: Myrna Loy, George Brent

DIE GRUFT MIT DEM RÄTSELSCHLOSS

BRD 1964, R: Franz Josef Gottlieb, D: Judith Dornys, Rudolf Forster, Klaus Kinski, Harald Leipnitz, Werner Peters, Siegfried Schürenberg, Ernst Fritz Fürbringer, Vera Tschechowa, Eddi Arent

Nach dem Roman *Angel Esquire* von Edgar Wallace: Vor Jahren wurde Kathleen Kents Vater von dem skrupellosen Spielhöllenbetreiber Real wegen Verschuldung in den Selbstmord getrieben. Doch nun setzt bei dem alt gewordenen Gangster die späte Reue ein: Er macht das verarmte Mädchen zur Alleinerbin seiner Reichtümer, die in einem raffiniert gesicherten Safe in der Gruft seines Hauses liegen. Doch Reals kriminelle Croupiers wollen sich nicht so einfach um ihren Anteil bringen lassen und entführen Kathleen.

Meinolf Zurhorst *(Lexikon des Kriminalfilms)*: »Der Film, nach einem bereits 1908 entstandenen Roman gedreht, zählt zu den schwächeren Wallace-Adaptionen der Rialto, was bei den insgesamt recht dürftigen Inszenierungen der gesamten Serie einiges über die ›Qualitäten‹ dieses Films aussagt. Für Regisseur F. J. Gottlieb, der in den siebziger Jahren mit diversen Sex-Klamotten auf den Markt kam und sich anschließend in TV-Serien breit machte, blieb *Die Gruft mit dem Rätselschloss* der einzige Beitrag zur Rialto-Serie. 1919 war übrigens der gleiche Stoff von Will P. Kellino in Großbritannien schon einmal verfilmt worden.«

1919 Angel Esquire

GB, R: Will P. Kellino, D: Aurele Sydney, Gertrude McCoy, Dick Webb

GRÜN IST DIE HEIDE

BRD 1972, R: Harald Reinl, D: Roy Black, Monika Lundi, Peter Millowitsch, Jutta Speidel, Viktoria Brams, Eddi Arent, Rainer Rudolph, Renée Hepp, Jean-Claude Hoffmann, Heidi Kabel, Rut Rex, Günther Schramm, Henry Vahl, Agnes Windeck, Ralf Wolter

Norbert hat ein Haus in der Lüneburger Heide geerbt. Zusammen mit seinen Freunden Möps und Bernie möchte er dort einen naturverbundenen Urlaub verbringen. Für drei Wochen soll auf Alkohol und Nikotin verzichtet werden. Am Reiseziel angelangt, müssen die Freunde enttäuscht feststellen, dass Norbert eine Scheune geerbt hat. Da muss zunächst einmal aufgeräumt und renoviert werden, um wenigstens halbwegs komfortabel wohnen zu können. Sonne in die trübe Stimmung bringt schließlich die holde Weiblichkeit. Norbert lernt Ursula, die in dem Schickeria-Sanatorium von Dr. Velten arbeitet, kennen und lieben. Für Bernie hängt der Himmel voller Geigen, als plötzlich seine Freundin Anita, mit der er sich zerstritten hatte, vor ihm steht. Sie ist ihm nachgereist, um sich mit ihm auszusprechen. Aber auch Möps wird bald von Amors Pfeilen getroffen. Nachdem er sich eine gehörige Portion Mut angetrunken hat, landet er in den Armen des bildhübschen Heidehofmädchens Hanna. Der österreichische Regisseur Harald Reinl machte sich vor allem durch zahlreiche publikumswirksame Filme der Edgar Wallace- und Karl May-Welle einen Namen. Seine Regiekarriere begann er 1949 mit dem Heimatfilm *Bergkristall*. Dieses Genre blieb auch weiterhin sein filmisches Terrain, in dem er sich immer wieder gern bewegte. Filme wie *Der Herrgottschnitzer von Oberammergau* (1952), *Johannisnacht* (1956), *Die Fischerin vom Bodensee* (ebenfalls 1956) und andere bezeugen dies. Mit *Grün ist die Heide* gelang es Reinl, Anfang der 70er-Jahre eine kurze Heimatfilm-Renaissance einzuleiten. Der Film konnte allerdings nicht den eminenten Erfolg des berühmten gleichnamigen von Hans Deppe 1951 inszenierten Vorläufers verbuchen.

Karena Niehoff *(Der Tagesspiegel)*: »Norbert, der Programmierer, durcheilt beschwingt seine Berliner Wohnung, ein ansehnliches, stäubchenfreies Apartment; jedoch in keiner Einzelheit zu effektvoll; nichts Indezentes, nichts vom Teuersten. Die Filmhersteller wissen, dass die Roy-Black-Fans, vor allem die weiblichen, nicht verschreckt werden dürfen; der singende Sonny-Boy muss – zumindest seelisch – erreichbar bleiben; eine Traumfigur, doch handlich, auch sauber (dieses ebenfalls seelisch). Während er nicht in Kampen, geschweige denn auf den Bermudas, nein, schlicht und überaus gesund in deutscher Heide Urlaub machen will, hat er sich unausgesetzt an Wohnungstür und Telefon sehnsüchtiger Freundinnen zu erwehren. Er strebt nach einem Busen, doch nur dem der Natur, und als die Ka-

mera sich mit großem Blick einem Hermann-Löns-Bändchen zuwendet, vertieft sich das innige Lächeln auf Roys Unterlippe. Und zu all der Vorfreude schmettert und schmust von der Platte mit hallendem Chor ein neues Black-Lied: *Ich liebe die Welt*, was ja noch nicht so schlimm wäre, aber alsbald sind wir auch schon beim *Grün ist die Heide, die Heide ist grün*, und zu dem flotten Marsch über selbige haben sich nun zu Norbert auch noch schnell entschlossen die Freunde Möps und Bernie gesellt: der eine ist seines Jobs als Ingenieur gerade verlustig gegangen, den anderen quält die Sorge, es könne ihn mit seiner stets gerade nach Paris oder London aufbrechenden Karriere-Gattin ähnlich ergehen. Die technischen Berufe und emanzipierten Frauen sind überhaupt wohl einer der wesentlichen Unterschiede zu dem gleichnamigen Film der fünfziger Jahre, der seinerzeit dem Bedürfnis des deutschen Menschen nach Tiefe und Trost, nach Wurzel und Weihe geradezu überwältigend entsprach: damals war der Held Rudolf Prack schon von Natur ein Naturmensch, nämlich ein Förster, und für den Beruf der liebenden Maid (Sonja Ziemann) hat sich vermutlich keiner interessiert. Die jungen Männer von heute sind hier nicht mehr ganz so ehern, kennen auch kleine Anfechtungen, müssen die frohe Einfalt des Natürlichen erst wieder lernen, ein Vorgang, der vom Regisseur Harald Reinl mit verwegenen Späßen und linder Lebenshilfe stetig vorangetrieben wird: die drei müssen statt mit dem erwarteten Komfort-Landhaus mit einem leeren Stall vorlieb nehmen. Und da stolpern die Tollpatsche mit Bündeln Stroh auf dem Kopf über ihre Beine.«

1951 Grün ist die Heide
BRD, R: Hans Deppe, D: Sonja Ziemann, Rudolf Prack, Maria Holst

1932 Grün ist die Heide
D, R: Hans Behrendt, D: Paul Beckers, Alfred Beierle, Gerhard Bienert

DAS GRÜNE BLUT DER DÄMONEN

Quatermass And The Pit, GB 1967, R: Roy Ward Baker, D: James Donald, Andrew Keir, Barbara Shelley, Julian Glover, Duncan Lamont, Bryan Marshall, Edwin Richfield, Grant Taylor, Maurice Good, Robert Morris, Sheila Staefel, Peter Copley, Hugh Futcher, Keith Marsh, James Culliford, Bee Duffell, Thomas Heathcote

Auf einer BBC-Serie basierende utopische Trilogie: Bei einem Londoner U-Bahn-Bau stößt man auf einen geheimnisvollen Gegenstand, der von den Militärs als deutsche Geheimwaffe aus dem Zweiten Weltkrieg, von einem Raketen-Professor dagegen als Raumschiff vom Mars identifiziert wird. Der Professor erhält Recht; denn als man dem Ding mit Bohrer und Strom zu Leibe rückt, gewinnt es Eigenleben. Es strömt gewaltige Eigenenergie aus, zerplatzt und gibt insektenartige Lebewesen frei, die dort bereits seit fünf Millionen Jahren gesteckt haben.

Harald Keller (Schräg, schrill, scharf und schundig): »Keine Erfindung der Neuzeit, Kinohits zu Serien zu machen – Titel wie Barfuß im Park, Männerwirtschaft, M*A*S*H belegen es. Auch der umgekehrte Weg wurde in der Frühzeit des Fernsehens bereits praktiziert. Da machten die Produzenten der britischen Hammer Studios aus dem TV-Mehrteiler The Quatermass Experiment das (Zwie-)Lichtspiel Quatermass Xperiment.«

AJZ Kino: »Dieses kleine Juwel der Hammer Film Productions ist unter dem unsäglichen Titel Das grüne Blut der Dämonen in die Kinos gekommen; da werden Verleiher zu Dichtern. Die Quatermass-Filme gelten im Ausland als echte Klassiker, die sich auf sehr intelligente Weise mit außerirdischer Invasion befassen; in Deutschland wurden sie von der evangelischen und katholischen Filmkritik zerrissen, die ein Vergehen gegen den Menschen festgestellt haben wollen. Man muss Teil 1 und 2 nicht kennen, um Teil 3 zu verstehen; Professor Quatermass funktioniert nur als formales Bindeglied dieser Filme. Um es vorweg zu sagen: Quatermass And The Pit verbindet Elemente des SF-Films mit klassischen Horrorelementen, insbesondere mit Teufelsglauben; mir ist kein weiteres Beispiel mit dieser Mischung bekannt ... Quatermass entdeckt, dass das Raumschiff unter einem Haus liegt, das seit dem Mittelalter schon als Ort des Bösen gilt. Trotzdem fördert man drei erstarrte Rieseninsekten aus dem Raumschiff zu Tage, man tippt auf Marsianer. Jedoch zeigt sich, dass die Marsianer nicht wirklich tot sind: eine grauenvolle Macht schickt sich an, die Gewalt über London zu übernehmen; diese Gewalt ist nicht physischer Natur, sondern wie ein hypnotisches Kraftfeld: Über London zeigt sich das wabernde riesenhafte Bild des ›Satans‹ ... hingehen, hingehen, hingehen! Und wer

beim Auftauchen der Insekten lachen muss (tricktechnisch absolut nicht gelungen) wird des Saales verwiesen ...«

1958 Quatermass And The Pit
GB, TV-Serie: 6 Folgen, R: Rudolph Cartier, D: André Morell, Cec Linder

1957 Feinde aus dem Nichts
Quatermass II – Enemy From Space, GB, R: Val Guest, D: Brian Donlevy

1955 Schock
Quatermass, GB, R: Val Guest, D: Brian Donlevy, Jack Warner, Margia Dean

DER GRÜNE BOGENSCHÜTZE

BRD 1960, R: Jürgen Roland, D: Gert Fröbe, Karin Dor, Klausjürgen Wussow, Eddi Arent, Harry Wüstenhagen, Wolfgang Völz, Charles Pallent, Stanislav Ledinek, Hans Epskamp, Edith Teichmann, Georg Lehn, Heinz Weiss, Helga Feddersen, Karl Heinz Peters

Nach dem Roman The Green Archer von Edgar Wallace: Der wohlhabende amerikanische Ex-Gangster Abel Bellamy erwirbt ein finsteres Schloss in der Nähe von London. Das »Hausgespenst« wird »grüner Bogenschütze« genannt. Selbiger ist nun auch bald fleißig am Werk. Er spukt nicht nur herum, sondern erledigt mit Pfeil und Bogen auch allerlei Gesindel, das sich auf dem Schlossgrundstück herumtreibt. Die junge Valerie Howett, die davon überzeugt ist, dass ihr Onkel, der Schlossbesitzer Bellamy, ihre angeblich gestorbene Mutter in den Gewölben seines Besitzes gefangen hält, betätigt sich als Detektivin. Der grüne Bogenschütze ist, wie sich herausstellt, ein Mann, den Valerie kennt: Bellamy hat ihn einst unschuldig ins Gefängnis gebracht, dafür soll er nun zahlen.

Meinolf Zurhorst (Lexikon des Kriminalfilms): »Der grüne Bogenschütze stammt aus der Frühphase der deutschen Wallace-Verfilmungen und zählt zu den schwächeren, dennoch bekannteren Beispielen. Spannung versuchte Regisseur Jürgen Roland, dessen zweiter Wallace-Film dies war, durch den Einbezug von Elementen des Horrorfilms zu erreichen. Etwa das düstere Schloss und die geheimnisvoll umherspukende Figur des Bogenschützen. Doch seine Anstrengungen waren vergebens. Sehenswert bleibt einzig Gert Fröbe, trotz einer Routinedarbietung. In den USA wurde der gleiche Stoff 1925 und 1940 jeweils als mehrstündiges Serial verfilmt.«

1940 The Green Archer
USA, R: James W. Horne, D: Victor Jory, Iris Meredith, James Craven
1925 The Green Archer
USA, R: Spencer Gordon Bennet, D: Allene Ray, Walter Miller, Dorothy King

DIE GRÜNE MINNA
Two Way Stretch, GB 1960, R: Robert Day, D: Peter Sellers, David Lodge, Bernard Cribbins, Wilfrid Hyde-White, Maurice Denham, Lionel Jeffries, Irene Handl, Liz Fraser, Beryl Reid, Noel Hood
Drei Gangster sitzen in einem englischen Gefängnis und haben genügend Muße, über ihre Missetaten nachzudenken. Aber den dreien fehlt jegliches Gefühl der Reue. Ihnen geht es ausgezeichnet hinter den schwedischen Gardinen. Sie dürfen pokern, lange schlafen, und der Gefängniswärter klopft jedes Mal an, wenn er eintreten möchte. Auch der Pfarrer der Anstalt ist liebenswürdig und nett. Oft sitzt er mit dem Gefängnistrio in trautem Gespräch vereint. Dabei geht es aber nicht um die Reue eines armen Sünders, sondern um wertvolle Edelsteine. Die vier wollen nämlich einen Diamantentransport überfallen. Der Plan ist perfekt. Doch kurz vorher macht ein neuer Gefängniswärter den Gaunern einen gewaltigen Strich durch die Rechnung. Aber die Gangster wären keine Gangster, wenn sie nicht einen genialen Einfall hätten: die grüne Minna. Der Überfall gelingt, doch am Ende stehen die vier mit leeren Händen dar.
1939 Convict 99
GB, R: Marcel Varnel, D: Will Hay, Moore Marriott, Graham Moffatt

G – SILENT PARTNER
The Silent Partner, CDN 1978, R: Daryl Duke, D: Elliott Gould, Christopher Plummer, Susannah York, Céline Lomez, Michael Kirby, Sean Sullivan, Ken Pogue, John Candy, Gail Dahms, Michael Donaghue
Nach einem Banküberfall gibt der Hauptkassierer Miles Cudlen eine weit größere Summe als gestohlen an: Er hat durch einen Zufall das Verbrechen vorausgesehen und einen Teil der Beute privat auf die Seite gebracht. Doch lange hat er nicht Glück: Nach einem Jahr kommt sein »stiller Teilhaber« aus dem Knast und möchte abkassieren. Doch jetzt plötzlich erweist sich der bislang friedliche kleine Bankmann als recht geschickter Amateur. Der Film lief auch unter dem Titel *Give – Dein Partner ist der Tod.*

Heiko R. Blum *(Rheinische Post)*: »Faszinierend an dem einfach gestalteten Thriller *Give – Dein Partner ist der Tod* ist der Gegensatz zwischen dem etwas linkisch wirkenden Gould und dem eiskalten Christopher Plummer, die sich zusammen aber auf die Dauer als gleichwertige Partner erweisen. Daryl Duke erregte bei uns Aufmerksamkeit mit seinem Drogenfilm *God Bless The Children* (*Die Süchtigen*) und *Payday*, dem Porträt eines nach Erfolg jagenden Folksängers ... Wenngleich G nicht die Eindringlichkeit von *Zahltag* hat und auch mehr an der Oberfläche bleibt, ist dies ein realistisch und spannend gemachter Film, mit ausgezeichneten Spielern, bestens fotografiert von Billy Williams, und mit der Musik Oscar Petersons. Das Einzige, was man diesem raffinierten Psychokrimi anlasten könnte, ist seine in einigen Szenen ungewöhnliche und unnötige Brutalität.«
1969 Geld zum zweiten Frühstück
Tænk på et tal, R: Palle Kjærulff-Schmidt, D: Henning Moritzen, Bibi Andersson

GULLIVERS REISEN
Gulliver's Travels, GB 1995, R: Charles Sturridge, D: Ted Danson, Mary Steenburgen, James Fox, Ned Beatty, Geraldine Chaplin, John Gielgud, Omar Sharif, Peter O'Toole
Nach einem Roman von Jonathan Swift: Richtig bekannt sind eigentlich nur Gullivers Abenteuer in Liliput und im Land der Riesen. In Jonathan Swifts Buch gelangt der Reisende aber auch auf eine fliegende Insel und in ein Land, in dem die Pferde die Menschen beherrschen. Als Gulliver erlebt Ted Danson diese Abenteuer: Nach acht Jahren kehrt er in die Heimat zurück. Als der zerzauste Abenteurer von seinen Erlebnissen erzählt, will ihm sein Publikum nicht so recht glauben. Dr. Bates lässt ihn sogar in eine geschlossene Anstalt einweisen. Mit immer neuen Erzählungen versucht der verzweifelte Gulliver, die Ärzte davon zu überzeugen, dass er die Wahrheit schildert ...

Hollywood Reporter: »Mitreißend, erfinderisch, durch und durch fesselnd.«
1995 Gullivers Reise
BRD, R: Kattrin Michel, Klemens Kühn
1983 Gullivers Reisen
E, R: Cruz Delgado – Animation

1976 Gullivers Reisen

Gulliver's Travels, GB/B, R: Peter Hunt, D: Richard Harris, Catherine Schell

1960 Herr der drei Welten

The Three Worlds Of Gulliver, USA, R: Jack Sher, D: Kerwin Mathews

1939 Gullivers Reisen

Gulliver's Travels, USA, R: Dave Fleischer – Animation

1935 Der neue Gulliver

Nowy Gulliwer, UdSSR, R: Alexander Ptuschko, D: W. Konstantinow, I. Bobrow

GUNCRAZY – JUNGE KILLER

Guncrazy, USA 1992, R: Tamra Davis, D: Drew Barrymore, Robert Greenberg, Rodney Harvey, Jeremy Davies, Dan Eisenstein, Joe Dallesandro, Willow Tipton, James LeGros, Ione Skye, James Oseland, Thomas E. Weyer, Billy Drago, Tom Smith-Alden, James Wheaton

Die 16-jährige Anita ist eine einsame Highschool-Studentin, die von ihren Klassenkameraden verlacht wird. Auf Anraten ihres Lehrers nimmt Anita eine Brieffreundschaft mit Howard Hickock auf, einem Jungen, der seit Jahren im Gefängnis sitzt und sich sehr für Schusswaffen interessiert. Als Anita vergewaltigt wird, erschießt sie ihren Peiniger. Inzwischen hat sie Howard lieben gelernt und teilt seine Leidenschaften. Das Problem beginnt, als Howard entlassen wird. Die beiden ziehen durchs Land und werden zu Killern.

1949 Gefährliche Leidenschaft

Deadly Is the Female, USA, R: Joseph H. Lewis, D: Peggy Cummins, John Dall

GUTEN MORGEN

Ohayo, J 1959, R: Yasujirô Ozu, D: Masahiko Shimazu, Chishu Ryu, Kuniko Miyake, Koji Shidara

»Guten Morgen!«, »Ohayo« rufen Minoru und Isamu, die beiden Söhne von Keitaro und seiner Frau Tamiko allen zu, denen sie in der Vorstadt von Tokio, in der sie wohnen, begegnen. Ohne sich dessen bewusst zu werden, sind sie Auslöser eines nachbarlichen Streits. Weil ihr Vater sich weigert, ihnen einen Fernsehapparat zu kaufen, haben sie nämlich Krach mit ihren Eltern, die ihnen entnervt befehlen, den Mund zu halten. Die beiden Jungs nehmen dies wörtlich und beschließen, mit keinem mehr zu reden. Selbst kein »Guten Morgen« mehr. Die verdutzten Nachbarn glauben, dass die Mutter Tamiko dahinter steckt, was Missstimmung unter den Familien auslöst. Erst als der Vater seinen Söhnen nachgibt, geben diese ihr Schweigen auf und grüßen wieder freundlich alle Nachbarn.

Lexikon des internationalen Films: »Liebevoll gezeichnetes Bild des Alltags einer japanischen Familie; psychologisch einfühlsam, genau beobachtet und mit Humor beschrieben.«

1932 Ich wurde geboren, aber ...

Umarete wa mita keredo, J, R: Yasujirô Ozu, D: Tatsuo Saito, Mitsuko Yoshikawa

H

kleiner Teil der jungen Leute sei so verkommen wie die Halbstarken im Film – darauf wurde im Vorspann ausdrücklich hingewiesen. Vierzig Jahre später spart sich Urs Egger derartige moralisch wertende Statements. Horst Buchholz wurde durch seine Rolle als Anführer einer Jugendbande zum Star.

1956 Die Halbstarken
BRD, R: Georg Tressler, D: Horst Buchholz, Karin Baal, Christian Doermer

DIE HALBSTARKEN

BRD 1996, R: Urs Egger, D: Til Schweiger, Sandra Speichert, Roman Knizka, Frank Giering, Johann von Bülow, Boris Aljinovic
Köln, in den 50er-Jahren: Die Wirren des Krieges sind vergessen, man tanzt Rock'n'Roll, die Frauen tragen Nylonstrümpfe, und die Jugend hat den Kopf voller Rosinen. So auch Freddy, der den spießigen Kleinbürgermief und vor allem die Nörgeleien seines Vaters satt hat und versucht, mit Hilfe seiner Kumpels und einem Überfall auf einen Postwagen, seinen Traum vom besseren Leben zu realisieren ...

Lexikon des internationalen Films: »Die Zündkraft von einst ist verpufft, was nicht nur am zeitlichen Abstand, sondern auch an einem blassen Hauptdarsteller und an der nur auf Nostalgie bedachten Inszenierung liegt. So ist die in kriminelle Gewalt umschlagende Rebellion nie nachvollziehbar, bleibt bloße Behauptung.«

1956 sorgte die Geschichte um eine Bande rebellierender Jugendlicher für Aufsehen. Nur ein

Rechts: Die Halbstarken (1956, R: Georg Tressler)
Unten: Die Halbstarken (1956):
Horst Buchholz und Karin Baal

HAMLET

Hamlet, USA 2000, R: Michael Almereyda, Drb: Michael Almereyda nach dem gleichnamigen Schauspiel von William Shakespeare, K: John de Borman, M: Carter Burwell, S: Kristina Boden, D: Ethan Hawke (Hamlet), Kyle MacLachlan (Claudius), Sam Shepard (Ghost), Diane Venora (Gertrude), Bill Murray (Polonius), Liev Schreiber (Laertes), Julia Stiles (Ophelia), Karl Geary (Horatio), Paula Malcomson (Marcella), Steve Zahn (Rosencrantz), Dechen Thurman (Guildenstern), Rome Neal, Jeffrey Wright, Paul Bartel, Casey Affleck
New York 2000: Der Präsident und Vorstandsvorsitzende der Denmark Corporation ist tot. Ausgerechnet sein Bruder Claudius, der des Mor-

des verdächtigt wird, hat seinen Posten übernommen und nach nur zweimonatiger Trauerzeit die Witwe Gertrude geheiratet. Ihr Sohn Hamlet, der in die hübsche Ophelia verliebt ist – eine Liebe, die verboten ist – leidet sehr unter der Situation. Als Hamlet erkennt, dass er dafür bestimmt ist, den Tod seines Vaters zu rächen, beginnt eine unheilvolle Serie von Entdeckungen, Lügen und Intrigen, die das Leben aller Beteiligten zerstören wird. Für seine moderne Verfilmung von Shakespeares *Hamlet* nennt Regisseur Michael Almereyda Orson Welles als wesentliche Inspiration: »Welles, der *Macbeth* in 21 Tagen drehte, beschrieb seinen Film als grobe Kohlezeichnung des Stückes. Ich wollte Shakespeare in diesem Geist, mit derselben Rohheit und Energie verfilmen. Ich schlich um einige Möglichkeiten herum – etwa, eines der unbekannteren Stücke zu wählen – und wehrte mich strikt gegen *Hamlet*. Denn das Stück ist zu bekannt, zu unverkennbar, und es wurde bereits 43 Mal verfilmt. T. S. Eliot verglich es mit der Mona Lisa, die so populär ist, dass man sie kaum mehr sehen mag. Ich erinnerte mich an meine ersten Eindrücke von dem Stück, an den Einfluss und die Bedeutung, die es für mich hatte, und fragte mich, warum bloß alle Hamlets im Film von älteren Schauspielern dargestellt wurden. Die Rolle birgt eine große Herausforderung, aber ich war überzeugt, dass auch ein jüngerer Mensch mit ihr fertig würde und beim Publikum ankäme.«

Film.de stellt die Frage: »Um Gottes willen bloß nicht schon wieder *Hamlet*?« Und gibt als Antwort: »Über 40 größere Verfilmungen des Shakespeare-Stoffes haben das Licht der Leinwand bereits erblickt, zuletzt hat 1997 Kenneth Branagh die berühmteste Tragödie der Welt auf Zelluloid gebannt. Obwohl sich die Berge der *Hamlet*-Verfilmungen bereits zum Himmel stapeln, hat die Neuauflage von Michael Almereyda ihre Daseinsberechtigung. Denn mit seiner Interpretation des 400 Jahre alten Trauerspiels könnten auch vehemente Feinde klassischer Stoffe begeistert werden.« Thomas Willmann von *arteschock* bemerkt: »Selten war so klar, dass der heilige Shakespeare auch nur Text in einer Welt voller Texte ist, tausendfach rekombiniertes Geflecht aus Verweisen auf stets andere Dinge, korallenartiges Gewächs endloser Sinnablagerungen. Und selten hat es jemand geschafft, diesen Text dennoch so lebendig an unsere heutige Welt zu verknüpfen.

Hamlet (1996) von und mit Kenneth Branagh

›The time is out of joint‹ – einer dieser ewig gültigen Sätze.«

Seit Erfindung des Kinos sind seine Shakespeare-Tragödien und -Komödien immer wieder für die Leinwand adaptiert worden, *Hamlet* ist mit seiner spannenden Story, Komplexität und Widersprüchlichkeit mit fast fünfzig Versionen das meistverfilmte Stück. Allein in der Stummfilmära wurde das Drama um den Dänenprinzen 17-mal fürs Kino produziert, wobei zweimal weibliche Stars in der Titelrolle agierten: Sarah Bernhardt (1900) und Asta Nielsen (1928). Nach seinem Triumph mit *Henry V.* (1944) inszenierte sich Laurence Olivier vier Jahre später selbst als Hamlet in einer schattenreichen Schwarz-Weiß-Produktion mit rasanten Kran-Shots und wilden Schnitten (Rosenkranz und Güldenstern sind in dieser Fassung schließlich nicht einfach bloß tot, sondern werden förmlich ausgetilgt). Für seine darstellerische Leistung mit einem Academy Award ausgezeichnet, schien Oliviers brodelnd-blonde Hamlet-Inkarnation so unübertrefflich, dass sich für die nächsten 15 Jahre kein Regisseur an eine neue Verfilmung wagte.

Kaum ein anderer Kinostoff wurde in so vielen Ländern und aus so unterschiedlichen Perspektiven verfilmt wie *Hamlet*. Herausragend sind dabei vor allem Grigori Kosinzews russische Fassung (UdSSR 1964), Tony Richardsons britische Version aus dem Jahr 1969 mit Nicol Williamson in der Hauptrolle sowie Franco Zeffirellis Fassung mit Mel Gibson (1990). Doch insbesondere Kenneth Branaghs kühne und ungekürzte Umsetzung von Shakespeares längstem Stück, bei dem er selbst in der Titelrolle spielte und ein Star-gespicktes Ensemble dirigierte, hat

in letzter Zeit den Standard für folgende Inszenierungen gesetzt. Dennoch fühlt sich Michael
Almereyda mit seiner collagenhaften Low-Bud-
get-Bearbeitung weniger in der Tradition dieser
Kinoklassiker als vielmehr durch exzentrischere
Umsetzungen des Themas beeinflusst wie *Hamlet Goes Business* (1987) von Aki Kaurismäki, in
dem sich herausstellt, dass Hamlet, ein verzoge-
ner Möchtegern-Geschäftsmann, seinen eigenen
Vater vergiftet hat. Die Liste der wichtigsten
Hamlet-Verfilmungen wäre unvollständig ohne
einen Hinweis auf Werke, die das Schicksal des
melancholischen Prinzen auf ganz eigene Weise
variieren, ohne dabei direkte Umsetzungen zu
sein, etwa Akira Kurosawas *Warui yatsu hodo yoku nemuru* (1960), Tom Stoppards *Rosencrantz
And Guildenstern Are Dead* – eine Theatersensa-
tion in den späten 60ern, die es 1991 auch auf
die Kinoleinwand schaffte – und nicht zuletzt
Disneys Hamlet-inspirierte Geschichte von *The
Lion King* (König der Löwen, 1995).

1996 Hamlet

*USA, R: Kenneth Branagh, D: Kenneth Branagh, Ju-
lie Christie, Derek Jacobi*

Kenneth Branagh spielte den Hamlet rund 300
Mal auf der Bühne, bevor er ihn als pralles, geist-
reiches und virtuoses Ereignis verfilmte. Er verlagerte die Handlung vom düsteren Mittelalter
in den hellen, kalten Prunk des 19. Jahrhunderts,
wo Helden und Ehrentaten zynischer Machtpo-
litik gewichen sind. Im Gegensatz zu den fünf bisherigen Adaptionen wurde erstmals das gesamte
Stück mit einer Laufzeit von knapp vier Stunden
im opulenten Cinemascope-Format und mit einer All-Star-Besetzung verfilmt. *Hamlet* ist in
Branaghs Version ein athletischer, atemloser
Spötter in einem mit wuchtigen Bildern illu-
strierten Endspiel um verlorene Moral und Vergänglichkeit. Mit bitter-beißendem Spott beschwört es die Ohnmacht der Vernunft, die Dämonie der Machtstrategen und die unfreiwillige
Komik des Mitläufertums.

1995 Green Eggs And Hamlet

*USA, R: Mike O'Neal, D: Ronald H. Cohen, Allen
Corcorran, Richard E. Doherty*

1995 The Fifteen Minute Hamlet

*USA, R: Todd Louiso, D: Austin Pendleton, Ernest
Perry jr., Philip Seymour Hoffman*

*Hamlet (1990, R: Franco Zeffirelli):
Mel Gibson*

1994 Hamlet – Der Prinz von Jütland

*The Prince Of Jutland, NL/GB/DK/F/BRD, R: Ga-
briel Axel, D: Gabriel Byrne*

Das Drehbuch basiert nicht auf dem Trauerspiel
Shakespeares, sondern auf einer von dem Historiker Saxo Grammaticus Anfang des 13. Jahrhunderts niedergeschriebenen Legende.

1992 Hamlet

RUS/GB, R: Natalya Orlova – Animation

1990 Hamlet

*USA/GB, R: Franco Zeffirelli, D: Mel Gibson, Alan
Bates, Glenn Close*

In seiner vierten Shakespeare-Adaption konzentriert sich Regisseur Franco Zeffirelli auf die Rache seines Helden für den ermordeten Vater und
den daraus resultierenden Konflikt. Zwar mein-
ten einige Kritiker, dieser schnörkellose *Hamlet*
sei unpoetisch und banal, doch »genau das«, so
die *FAZ*, »hat man vor vierzig Jahren auch über
Laurence Oliviers *Hamlet* gesagt, der heute als
klassisch verehrt wird.«

1990 Gamlet iz Suzaka

UdSSR, R: Satibaldi Narymbetov

1990 Rosenkranz & Güldenstern sind tot

*Rosencrantz And Guildenstern Are Dead, GB, R:
Tom Stoppard, D: Gary Oldman*

»Shakespeares Königsdrama *Hamlet* wird erzählt
aus der Perspektive von Rosenkranz und Güldenstern, den beiden Jugendfreunden des Prinzen. In Stoppards Version übernehmen sie die
Funktion der reinen Toren, die, obwohl mitten
im Geschehen, nichts begreifen, keine Zusammenhänge und keinen Bezug zur Welt herstellen
können. Ihr Scheitern ist folglich keine Tragödie,
sondern eine Farce. Opulent ausgestattetes Film-
vergnügen, das die Vorgabe einfallsreich variiert
und auf vielfältige Weise die Rolle des Menschen
in der Welt reflektiert; hervorragend gespielt.«
(Lexikon des internationalen Films)

1989 Gamlet

UdSSR, R: Gleb Panfilov, D: Inna Churikova

1989 Angstzustand

Stan Strachu, PL, R: Janusz Kijowski, D: Wojciech Malaikat, Anna Majcher

Unter Verwendung von Fragmenten aus *Hamlet* von William Shakespeare.

1987 Hamlet

GB, R: Roland Kenyon, Rod MacDonald, D: Trisha Hitchcock, Melanie Revell

1987 Hamlet Goes Business

Hamlet Liikemaailmassa, FIN, R: Aki Kaurismäki D: Pirkha-Pekka Petelius

Aki Kaurismäki greift hier den Stoff der Shakespeare'schen Tragödie um den Prinzen von Dänemark auf, die er zu einer modernen Ballade umformt. In seiner Adaption wurde der marode Staat Dänemark von einst durch das Finnland von heute ersetzt: Der König ist nunmehr Präsident eines Konzerns, Hamlet sein Haupterbe, Polonius ein Grundstücksverwalter, Laertes ein Marketing-Spezialist usw. In Aki Kaurismäkis Bearbeitung des Shakespeare'schen Dramas bleibt demnach wenig übrig vom Pathos oder von der Erhabenheit des ursprünglichen *Hamlet*. Der fin-

nische Regisseur setzt eher auf eine humorvolle Version des Klassikers, die an die Thriller der Schwarzen Serie Hollywoods angelehnt ist.

1977 Intikam Melegi – Kadin Hamlet

TR, R: Metin Erksan, D: Fatma Girik, Reha Yurdakul, Sevda Ferdag

1976 Hamlet

GB, R: Celestino Coronado, D: Anthony Meyer, David Meyer, Helen Mirren

1973 Un Amleto di meno

I, R: Carmelo Bene, D: Carmelo Bene, Luciana Cante, Sergio Di Giulio

1973 Hamlet

CDN, R: René Bonnière, Stephen Bush, D: James Bearden, Stephen Bush

1969 Hamlet

GB, R: Tony Richardson, D: Nicol Williamson, Anthony Hopkins

1968 Quella sporca storia nel west

I, R: Enzo G. Castellari, D: Andrea Giordana, Gilbert Roland, Gabriella Grimaldi

1964 Hamlet

USA, R: Joseph Papp, D: Howard Da Silva, Julie Harris, Nan Martin

1964 Hamlet

USA, R: John Gielgud, D: Richard Burton

1964 Hamlet

Gamlet, UdSSR, R: Grigori Kosinzew, D: Innokenti Smoktunowski

»Kosinzew grenzt sich bei seiner Verfilmung eindeutig von der bürgerlichen Interpretation die-

Von links oben nach rechts unten:
- *Rosenkranz & Güldenstern sind tot (1990, R: Tom Stoppard): Hamlet-Variante*
- *Rosenkranz & Güldenstern sind tot (1990): Gary Oldman und Tim Roth*
- *Hamlet Goes Business (1987, R: Aki Kaurismäki): Pirkha-Pekka Petelius und Kati Outinen*

ses Stoffes ab. Ihm geht es nicht so sehr um die Herausstellung nur-psychologischer Konflikte. Er zeigt seinen tragischen Helden als einen Menschen, der sein Wissen und seine Erkenntnisse nicht in seiner Gesellschaftsordnung verwirklichen kann.« (*Filmspiegel* 4/1970)

1962 Ophelia

F, R: *Claude Chabrol*, D: *André Jocelyn, Juliette Mayniel*

»Die Idee des Films – der (halb-verrückte) Sohn projiziert *Hamlet* in die in der Eingangsszene angedeutete Situation (der Bräutigam ist sein Onkel) – enthält große Möglichkeiten. Aber die meisten dieser Möglichkeiten werden nur schematisch verwirklicht, und im Vergleich zu anderen mehr persönlichen Filmen Chabrols ist *Ophelia* ziemlich misslungen.« (Michael Walker, *Claude Chabrol*)

1960 Hamlet

BRD, R: *Franz Peter Wirth*, D: *Maximilian Schell*

1960 Die Bösen schlafen gut

Warui yatsu hodo yoku nemuru, J, R: *Akira Kurosawa*, D: *Toshirô Mifune*

1959 Der Rest ist Schweigen

BRD, R: *Helmut Käutner*, D: *Hardy Krüger, Peter van Eyck, Ingrid Andree*

Ein Kriminalfilm von Helmut Käutner, der die Handlung aus Shakespeares *Hamlet* in die industrielle Welt des Ruhrgebiets zu übertragen versucht, über den der *SPIEGEL* schreibt: »Zweifellos qualifizieren in diesem Film viele bestechend inszenierte Passagen den 51-jährigen Helmut Käutner als markantesten Regisseur, den die Film-Industrie in der Bundesrepublik vorzuweisen hat. ›Wenn der Film die Hoffnungen des Drehbuchs erfüllt‹, notierte vor der Premiere der Feuilletonist Wilhelm Ringelband, ›kann er Käutners Denkmal werden.‹ Nach der Uraufführung erwies sich, dass *Der Rest ist Schweigen* zwar als Monument untauglich ist, aber immerhin als Meilenstein gelten kann, an dem Käutner die Distanz zwischen sich und den übrigen deutschen Filmregisseuren abzustecken vermag.«

1954 Hamlet

IND, R: *Kishore Sahu*, D: *Venus Banerji, Kishore Sahu, Mala Sinha*

1952 Io, Amleto

I, R: *Giorgio Simonelli*, D: *Rossana Podestà, Erminio Macario, Guglielmo Barnabò*

1948 Hamlet

GB, R: *Laurence Olivier*, D: *Laurence Olivier, Jean Simmons*

»Wie man weiß, endet *Hamlet* mit einem wahren Blutbad. Sämtliche Hauptfiguren sterben eines jähen Todes. Um dieses Spektakel den Zuschauern in glaubwürdiger Weise zu präsentieren, bedurfte es einer sehr geschickten Regieführung.

Unten und rechts: Hamlet (1948)
von und mit Laurence Olivier

345

Dem Film ist dies vollkommen gelungen. Der Film *Hamlet* wurde bei Publikum und Kritikern ein großer Erfolg. Mehrere Oscars wurden verliehen: an Laurence Olivier für die Regie und seine Verkörperung der Titelrolle, an Carmen Dillon für die Bauten und an Roger Furse für die künstlerische Leitung und die Kostüme. Bei der Biennale von Venedig im Jahre 1948 wurde dem Film der Grand Prix International zuerkannt, während Jean Simmons den Preis für die beste Darstellerin und Desmond Dickenson den Preis für die beste Kameraführung erhielten.« (Raymond Lefèvre, *Sir Laurence Olivier*)

1935 Khoon Ka Khoon
IND, R: Sohrab Modi, D: Sohrab Modi, Naseem Banu, Shamshadbai

1933 Hamlet – Act I: Scene V
USA, D: John Barrymore, Donald Crisp

1932 Han, hun og Hamlet
DK, R: Lau Lauritzen, D: Johannes Andresen, Christian Arhoff, Harald Madsen

1923 So This Is Hamlet
USA, R: Gregory La Cava

1922 Han, hun og Hamlet
DK, R: Lau Lauritzen, D: Harald Madsen, Alice O'Fredericks, Hans W. Petersen

1920 Edgar's Hamlet
USA, R: E. Mason Hopper, D: Edward Peil jr.

1920 Hamlet
D, R: Sven Gade, Heinz Schall, D: Asta Nielsen, Paul Conradi

Die deutsche Stummfilm-Adaption des Shakespeare-Klassikers um den Dänenprinzen Hamlet bietet eine reizvolle Variante unter den zahlreichen Verfilmungen: Der eigenwilligen Interpretation Asta Nielsens nach war Hamlet eine Frau, die aus Gründen der Staatsräson als Prinz ausgegeben werden musste. Die unterschwelligen ödipalen Konflikte, die Shakespeare seinem melancholischen Hamlet zuschreibt, verlagern sich im Film auf die Konflikte einer jungen Frau, die ihre heimlichen Leidenschaften nicht ausleben darf.

1917 Amleto
I, R: Eleuterio Rodolfi, D: Ruggero Ruggeri, Helena Makowska, Mercedes Brignone

1916 Pimple As Hamlet
GB, D: Fred Evans

1916 Colonel Heeza Liar Plays Hamlet
USA, R: John Randolph Bray

1914 Hamlet
USA, R: James Young, D: James Young

1913 Hamlet
GB, R: E. Hay Plumb, D: Johnston Forbes-Robertson

1912 Hamlet
GB, R: Charles Raymond, D: Charles Raymond

1911 Hamlet
DK, D: Alwin Neuss

1910 Hamlet
F, R: Henri Desfontaines, D: Jacques Grétillat, Colanna Romano

Links: Hamlet (1920, R: Sven Gade, Heinz Schall): Asta Nielsen
Unten: Hamlet (1920):
Die Prinzessin hat die Hosen an

1910 Hamlet

GB, R: William G. B. Barker, D: Charles Raymond

1910 Amleto

I, R: Mario Caserini, D: Dante Cappelli, Maria Caserini

1910 Hamlet

DK, R: August Blom, D: Aage Hertel, Ella La Cour, Alwin Neuß

1907 Hamlet

F, R: Georges Méliès, D: Georges Méliès

1900 Hamlet

F, R: Clément Maurice, D: Sarah Bernhardt, Pierre Magnier

DIE HAND AM COLT

Law And Order, USA 1953, R: Nathan Juran, D: Ronald Reagan, Dorothy Malone, Preston Foster, Alex Nicol, Ruth Hampton, Russell Johnson, Dennis Weaver, Barry Kelley, Chubby Johnson, Tristram Coffin, Gregg Barton, Jack Kelly, Valerie Jackson, Wally Cassell, Harry Harvey, Martin Garralaga, Buddy Roosevelt

Nach einem Roman von William R. Burnett: Frame Johnson ist ein angesehener Ex-Marshal, der früher einmal Tombstone, Arizona, aufgeräumt hat und nun friedlich auf einer Ranch leben möchte. Seine Verlobte Jennie, die den von ihrem Vater ererbten Saloon betreibt, ist damit ganz einverstanden. Mit seinen Brüdern Lute und Jimmy und seinem Freund Denver geht Frame nach Cottonwood, um sich dort anzusiedeln. Der große Mann von Cottonwood aber ist leider Kurt Durning, der Frame hasst, denn dieser hat ihn bei einer früheren Begegnung zum Krüppel geschossen. Die Bürger von Cottonwood bitten Frame, ihr Marshal zu werden und sie von Durning zu befreien. Frame lehnt ab, aber sein Bruder Lute nimmt an, was ihm alsbald das Leben kostet: Er wird von einem der Söhne Durnings erschossen. Jetzt nimmt Frame doch das Ordnungsamt an und bereitet der Durning'schen Schreckensherrschaft ein Ende.

Tony Thomas *(Ronald Reagan und seine Filme)*: »In den letzten Jahren seiner Karriere bekam Ronald Reagan schließlich doch noch einige dankbare Rollen in ganz anständigen Western, aber diese Glücksfälle reichten nicht aus, seiner Karriere eine neue Wendung zu geben. Das Angebot, die Star-Rolle in *Law And Order* zu übernehmen, nahm er freudig an; diese freie Bearbeitung der Wyatt-Earp-Geschichte war schon bei einer früheren Verfilmung ein großer Erfolg gewesen, und ohnehin hing ja sein Herz am Western: ›Die Storys sind neu genug, um wahr zu sein, und alt genug, um romantisch zu sein. Nimmt man dazu noch Pferde, Action, ein bisschen Liebe und eine Menge Geld, dann kann nichts mehr schief gehen.‹ *Law And Order* gehört zu den Western der ›retired gunfighter‹-Kategorie.«

Western Lexikon: »Das *Law And Order*-Remake von 1953 lässt von der Qualität des Originals nichts ahnen; bezeichnend ist, dass dieser Film zwei Heldinnen verbraucht, während es in dem Film von 1932 überhaupt keine Frauenrollen gab. Für den neuen *Law And Order*-Star Ronald Reagan ist der Filmtitel freilich programmatisch: Reagan hat seine Filmkarriere aufgegeben, um Gouverneur von Kalifornien zu werden; jetzt macht er sich Hoffnung, 1976 Präsident der USA zu werden.«

1932 Gesetz und Ordnung

Law And Order, USA, R: Edward L. Cahn, D: Walter Huston, Harry Carey

HANDELSMANN AUS LIEBE

Arschin-mal-alan, UdSSR 1965, R: Tofik Tagi-Sadeh, D: Hassan Mamedow, Leila Schichlinskaja, Safura Ibragimowa, Churaman Gadshijewa, Gadshi Murat
Als Straßenhändler getarnt begibt sich der junge Kaufmann Asker auf Brautschau. Entgegen allen überlieferten Traditionen will er nichts riskieren und daher das Gesicht der künftigen Ehefrau bereits vor der Ehe sehen.

1947 Handelsmann aus Liebe

Arschin-mal-alan, UdSSR, R: R. Tachmasib, U. Lerchtschenko, D: R. Beibutow

EINE HANDVOLL HELDEN

Per un pugno di eroi, BRD/I 1967, R: Fritz Umgelter, D: Horst Frank, Valeria Ciangottini, Karl-Heinz Fiege, Volker Kraeft, Rolf Becker
Eine Gruppe deutscher Soldaten leistet 1806 den überlegenen französischen Truppen heroischen Widerstand, um den geordneten Rückzug der preußischen Regimenter zu ermöglichen.

Jochen Manderbach *(Das Remake: Studien zu seiner Theorie und Praxis)*: »1930 inszeniert Kurt Bernhardt den Film *Die letzte Kompagnie*, ein Durchhalteepos über den aufopferungsvollen Kampf einer kleinen Einheit preußischer Soldaten gegen die Übermacht der napoleonischen

Streitkräfte – ganz im Sinne der nationalsozialistischen Ideologen. Ironie des Schicksals: Als diese drei Jahre später an die Macht kommen, müssen Kurt Bernhardt, der Drehbuchautor Hermann Kosterlitz (der sich später Henry Koster nennt) und Hauptdarsteller Conrad Veidt das Land verlassen. Die heiklen Begleitumstände des Originalfilms ignorierend, bringt 1967 der Regisseur Fritz Umgelter ein Remake in die Kinos, dessen Titel *Eine Handvoll Helden* bereits deutlich macht, dass er das soldatische Ideal der Opferbereitschaft nicht demontiert, sondern diesem vielmehr ein pathetisches Denkmal setzt.«

1930 Die letzte Kompagnie

D, R: *Kurt Bernhardt, D: Conrad Veidt, Karin Evans, Paul Henckels*

HANS IM GLÜCK

BRD 1998, R: *Rolf Losansky, D: Andreas Bieber, Rolf Hoppe, Karl Dall*

Ost meets West: Der erfolgreiche DDR-Kinderfilmer Rolf Losansky *(Moritz in der Litfaßsäule)* und Onkel-Tobias-Sohn Gabriel Genschow *(Schneeweißchen und Rosenrot)* realisierten zehn Jahre nach der Wende einen deutsch-deutschen Märchenfilm, der leider nicht die Stärken der unterschiedlichen Traditionen vereint, sondern in seiner idyllisch-naiven Betulichkeit nur als Summe der Schwächen erscheint. *Marienhof*-Soap-Star Andreas Bieber gibt den unbedarften Müllerburschen, der mit einem Goldklumpen beschenkt wird, aber nach etlichen Tauschaktionen mit Nullkommanix nach Hause kommt; Karl Dall spielt den Dieb Grabsch als perfekte *Räuber*

Unten: Hans im Glück (1998, R: Rolf Losansky): Karl Dall schielt aufs Gold
Rechts: Hans im Glück (1998): Marienhof-Star Andreas Bieber

Hotzenplotz-Kopie und Rolf Hoppe ist als goldgieriger Reiter so lahm wie sein Gaul. Weil es an jeglicher Ironie und auch echtem Witz mangelt, lässt das Interesse bald nach und so verliert sich am Ende sogar die moralische Botschaft, dass kein Gold der Welt das Glück aufwiegen kann.

1976 Hans im Glück

BRD, R: *Wolfgang Petersen, D: Jürgen Prochnow, Tilo Prückner, Ingmar Zeisberg*

1949 Hans im Glück

BRD, R: *Peter Hamel, D: Gunnar Möller, Erich Ponto, Jakob Tiedtke*

HÄNSEL UND GRETEL – THE MAGIC FOREST

BRD 1998, R: *Volker Collmann – Animation*
Nach einem Märchen der Gebrüder Grimm.
Das neue Lexikon des Fantasy-Films: »Der erste im Babelsberger Filmstudio hergestellte abendfüllende Zeichenfilm. Eine mit Techno-Sound modernisierte Version des Grimm'schen Märchens von Hänsel und Gretel. Drei in Teufel verwandelte Reiher schützen die beiden Kinder, die sich im Wald verlaufen haben, vor der Gier einer kurzsichtigen Hexe.«

1992 Hänsel und Gretel

International Family Classics II: Hänsel And Gretel, AUS, R: Richard Slapczynski – Animation

1986 Hänsel und Gretel

Hansel And Gretel, IL/I/USA, R: Len Talan, D: Hugh Polland, Nicola Stapleton – Musical

1981 Hänsel und Gretel

BRD, R: August Everding, D: Edita Gruberova, Brigitte Fassbaender, Hermann Prey

1970 Hänsel und Gretel verliefen sich im Wald

BRD, R: Franz Josef Gottlieb, D: Barbara Klingered, Francy Fair – Sexfilm

1969 Hansel y Gretel

E, R: Manuel Gutiérrez Aragón, D: Mari Carmen Cruz, Ricardo Palacios, María Rus

1954 Hänsel und Gretel

BRD, R: Walter Janssen, D: Jürgen Miksch, Maren Bielenberg, Jochen Diestelmann

1954 Hänsel und Gretel

BRD, R: Fritz Genschow, D: Fritz Genschow, Renée Stobrawa, Erika Kruse

1954 Hänsel und Gretel

Hansel And Gretel, USA, R: John Paul – Puppenfilm

1923 Hansel And Gretel

USA, R: Alfred J. Goulding, D: Baby Peggy, Jack Earle, Buddy Williams

1917 The Babes In The Woods

USA, R: Chester M. Franklin, Sidney Franklin, D: Francis Carpenter

HANUSSEN

BRD/H 1988, R: István Szabó, D: Klaus Maria Brandauer, Erland Josephson, Walter Schmidinger, Grazyna Szapolowska, Adriana Biedrzynska, György Cserhalmi, Ildikó Bánsági, Károly Eperjes, Colette Pilz-Warren, Adriana Biedrzynska, Péter Andorai
Filmbiografie nach Erik Jan Hanussen: Vom unbekannten Illusionisten ist Klaus Schneider Ende der 20er-Jahre zum weltberühmten Hellseher und Magier Erich Jan Hanussen aufgestiegen, dem die Prominenz aus Kultur und Politik in Berlin zu Füßen liegt. Zunächst bleibt er neutral, doch die Verführung, selbst Macht zu haben, ist zu stark. Hanussen fordert die Nationalsozialisten heraus – ein Spiel, das er verlieren muss. Nach *Mephisto* (1981) und *Oberst Redl* (1984) zeigen Regisseur István Szabó und der Titelheld Klaus Maria Brandauer mit dem Porträt *Hanussen* zum dritten Mal einen Film um ein menschliches Schicksal in den Zeiten großer politischer Umwälzungen. Genial interpretiert Brandauer die Figur des Hanussen, eines Mannes zwischen Streben nach Macht und Moral, zwischen Politik und Mystik. Die historisch zwielichtige Gestalt des Magiers Hanussen, eine »bis heute rätselhafte, sagenumwobene Randfigur der ausge-

Hanussen (1988, R: István Szabó)

Hanussen (1988): Klaus Maria Brandauer

henden Weimarer Republik und des beginnenden Dritten Reiches«, verkörpert bei Szabó »das Bild des scheinbar unabhängigen Intellektuellen, der sich geschickt über dem Getümmel bewegen will und trotz aller Hellsicht zum Spielball der politischen Gewalten wird« *(Fischer Film Almanach)*.

1955 Hanussen

BRD, R: O. W. Fischer, Georg Marischka, D: O. W. Fischer, Liselotte Pulver

HAPPY NEW YEAR

USA 1986, R: John G. Avildsen, D: Peter Falk, Charles Durning, Tom Courtenay, Wendy Hughes, Joan Copeland, Tracy Brooks Swope, Daniel Gerroll, Bruce Malmuth

Nick und Charlie sind zwei Ganoven alter Schule: Bei ihren Coups setzen sie eher auf Raffinesse und Taktik als auf rohe Gewalt, die Beute, die sie machen, ist kein ganz unverdientes Geld. Die beiden planen einen Überfall auf ein exklusives Juweliergeschäft im kalifornischen West Palm Beach, und um das Vertrauen des Besitzers zu gewinnen, lässt Nick sich einiges einfallen. Von Charlie im gemieteten Rolls Royce chauffiert, tritt er in wechselnden Verkleidungen als reicher Greis und als dessen exzentrische Schwester auf. Alles scheint reibungslos zu laufen, und auch die Tatsache, dass Nick sich in die schöne Antiquitätenhändlerin Carolyn verliebt, stellt zunächst kein größeres Problem dar. Carolyn ahnt nicht, dass ihr neuer Freund ein Dieb ist – bis der Coup misslingt und Nick verhaftet wird. Wahre Liebe erweist sich in der Gefahr: Carolyn hält auch dann noch zu Nick, als der in einem New Yorker Gefängnis festgesetzt wird. Die Polizei hofft, über das Paar an Charlie heranzukommen, der mit der Beute untergetaucht ist. Doch das Team ist bereits gut eingespielt ...

Der Film ist ein Remake der Komödie *Ein glückliches Jahr* von Claude Lelouch aus dem Jahre 1973. Ähnlich wie das Vorbild bezieht *Happy New Year* seinen entspannten Witz aus der Mischung von Gangstergeschichte und Romanze: Entstanden ist so ein Film von fast altmodischer Liebenswürdigkeit, der dem Regisseur John G. Avildsen Gelegenheit gibt, sich von seiner versöhnlicheren Seite zu zeigen. In der Hauptrolle, die eine Reihe hochkomischer Verkleidungs-Nummern vorsieht, glänzt Peter Falk.

Variety: »Leichtfüßige Buddy-Komödie.«

Hanussen (1955, R: O.W. Fischer, Georg Marischka): O.W. Fischer

Katholischer Film-Dienst: »Witzig-ironisch inszeniert, gut gespielt.«

1973 Ein glückliches Jahr

La bonne année, F/I, R: Claude Lelouch, D: Lino Ventura, Francoise Fabian

HARRY UND SALLY

When Harry Met Sally ..., USA 1989, R: Rob Reiner, D: Billy Crystal, Meg Ryan, Carrie Fisher, Bruno Kirby, Steven Ford, Lisa Jane Persky, Michelle Nicastro, Gretchen Palmer, Robert Alan Beuth, David Burdick, Joe Viviani, Harley Jane Kozak

»Männer und Frauen können keine richtigen Freunde sein, denn immer kommt der Sex dazwischen«, postuliert der frisch gebackene Jurist und Soft-Macho Harry. Die angehende Journalistin Sally ist da ganz anderer Meinung. Bald ist klar, dass die beiden sich nicht ausstehen können. Doch das Schicksal hat andere Pläne. Harry und Sally laufen sich in den folgenden elf Jahren immer wieder über den Weg. So treffen sich die beiden nach fünf Jahren – Harry steht kurz vor der Hochzeit, Sally hat die Journalistenschule absolviert und ist verlobt – zufällig im Flugzeug wieder. Erst die dritte zufällige Begegnung nach wiederum fünf Jahren steht unter einem günstigeren Stern: Beide haben sich inzwischen von ihren Partnern getrennt, sind reifer geworden und werden Freunde. Es sieht beinahe so aus, als sei Harrys These widerlegt – bis der Sex dazwischen kommt: die Freundschaft zerbricht. Dennoch gibt es ein Happy End, das die beiden Extreme, Freundschaft und Sex, vereinigt: Harry und Sally werden ein glückliches Ehepaar.

tip: »Eine der schönsten Liebesgeschichten der letzten Kinojahre.«

1979 Manhattan
USA, R: Woody Allen, D: Woody Allen, Diane Keaton, Michael Murphy

HARTE JUNGS
BRD 2000, R: Marc Rothemund, D: Tobias Schenke, Axel Stein, Luise Helm, Nicky Kantor, Tom Lass, Mina Tander, Björn Kirschniok, Sissi Perlinger, Stefan Jürgens, Andrea Sawatzki, Christian Schneller, Tina Ruland, Ludger Burmann, André Kaminski, Katharina Blaschke

Als der Jugendliche Florian eines Morgens aufwacht, wird er von seinem Glied angesprochen. Da das Ding fortan nicht mehr schweigen will, gerät Florian von einer kuriosen Szene in die Nächste. Red Bull erteilt dem jungfräulichen Flo einen Crashkurs in Sachen Sex, vom Studium des Kamasutra über ein BH-Geschicklichkeitstraining bis hin zu Telefongesprächen mit Sex-Line-Ladys.

Prisma-Online: »Alles, aber auch wirklich alles, was in diesem Pubertätsstreifen vorkommt, hat man schon anderswo gesehen. Viele Momente erinnern natürlich an Doris Dörries Alberto-Moravia-Verfilmung *Ich und Er*, einiges lässt an die israelische *Eis am Stiel*-Reihe denken und die Kondom-Nummer kennt man bereits aus Blake Edwards' *Skin Deep – Männer haben's auch nicht leicht*. So ist dies ein Film, der außer unfreiwilligen Peinlichkeiten – etwa wenn Florians Eltern die Fortpflanzungsmechanismen bzw. Sex erklären wollen – und unterirdisch schlechtem Witz nichts zu bieten hat.«

1987 Ich und Er
USA/BRD, R: Doris Dörrie, D: Griffin Dunne, Ellen Greene, Kelly Bishop

HARVEY UND DER KÄPT'N
Captains Courageous, USA 1996, R: Michael Anderson, D: Robert Urich, Kenny Vadas, Kaj-Erik Erik-

sen, Robert Wisden, Duncan Fraser, Sandra Nelson, Terence Kelly, Colin Cunningham, Robert Thurston, Roger R. Cross, Eric Schneider, Lane Campbell, Kevin Hansen

Der 14-jährige Harvey schickt sich an, sein geerbtes Vermögen zu verprassen. So fährt er mit einem Luxusliner über den Atlantik. Ohne zu merken, wie unbeliebt er sich als »Großkotz« macht, lädt er sich sogar selbst bei Crewmitgliedern zum Kartenspielen ein. Seine Arroganz verleitet einen Mitspieler, Harvey eine Zigarre anzubieten, von der er weiß, dass sie dem Jungen nicht bekommen wird. Harvey, derweil ohnehin schon etwas seekrank, taumelt zur Reling, verliert die Balance und fällt über Bord! Vom Fischer Matt und dessen Sohn Dan aufgesammelt, bietet er ihnen eine Riesensumme Geld, wenn sie ihn nach New York zurückbringen. Es wird eine Reise voller Abenteuer.

1977 Junge über Bord
Captains Courageous, USA, R: Harvey Hart, D: Karl Malden, Jonathan Kahn

1937 Manuel
Captains Courageous, USA, R: Victor Fleming, D: F. Bartholomew, Spencer Tracy

HASCH MICH, ICH BIN DER MÖRDER!
Jo, F 1971, R: Jean Girault, D: Louis de Funès, Claude Gensac, Michel Galabru, Bernard Blier, Guy Tréjan, Ferdy Mayne, Yvonne Clech, Florence Blot, Micheline Luccioni, Christiane Muller, Paul Préboist

Antoine Brisebard stürzt das Dienstmädchen Mathilde in eine längere Ohnmacht, als die brave Perle ihn bei einem kaltblütigen Mord überrascht. Erst die glaubwürdige Versicherung, Antoine und sein Freund und Anwalt Adrien hätten lediglich eine Szene für Antoines neues Theaterstück durchgespielt, ruft Mathilde wieder ins Bewusstsein zurück. In Wirklichkeit verfolgt der erfolgreiche Lustspielautor einen sehr realen Mordplan. Er will nämlich einen Mann beseitigen, der ihn seit kurzem erpresst. Als ihn ein ungewöhnliches Geburtstagsgeschenk seiner Frau Sylvie auch noch auf die Idee bringt, wo er die Leiche verschwinden lassen kann, schreitet Antoine tatsächlich zur Tat. Zu nächtlicher Stunde trifft er sein Opfer mit tödlicher Sicherheit, wenn auch nur aus Versehen. Fatalerweise stellt sich bald heraus, dass Antoine den falschen Mann erschossen hat. Noch schlimmer für ihn: Das Versteck der Leiche erweist sich als äußerst unge-

eignet. Und so hat der völlig entnervte Autor neben Kriminalinspektor Ducres bald auch noch die
verflixte Leiche im Haus und kann beide einfach
nicht loswerden ... Frankreichs Starkomiker Louis de Funès (1914–1983) stolpert hier auf seine
bewährte Weise von einer komischen Kalamität
in die andere, bedrängt von einem nicht übermäßig hellen Kriminalinspektor und einer fatal
anhänglichen Leiche. Regie führte der 1982 verstorbene Jean Girault, spezialisiert auf Komödi-
en und Farcen; er war vor allem durch die *Gen-
darm*-Filmserie mit Louis de Funès bekannt geworden.

TV direkt: »Allerlei Klamauk und Karambola-
gen ... Turbulentes Lustspiel mit einigen Längen.«

1959 Die Nervensäge
*The Gazebo, USA, R: George Marshall, D: Glenn
Ford, Debbie Reynolds, Carl Reiner*

DER HAUPTMANN VON KÖPENICK

*BRD 1997, R: Frank Beyer, Drb: Wolfgang Kohlhaase
nach dem Theaterstück von Carl Zuckmayer, K:
Eberhard Geick, M: Peter Gotthardt, S: Clarissa Am-
bach, D: Harald Juhnke (Wilhlem Voigt), Udo Samel
(Bürgermeister Obermüller), Elisabeth Trissenaar
(Mathilde Obermüller), Hermann Beyer (Friedrich
Hoprecht), Katharina Thalbach (Marie Hoprecht),
Rolf Hoppe (Zuchthausdirektor), Götz Schubert
(Hauptmann von Schlettow), Sophie Rois (Mieze),
Reiner Heise, Hark Bohm, Klaus Piontek, Gerry
Wolff*
Der gerade aus dem Gefängnis entlassene Schu-
ster Wilhelm Voigt kann im Berlin der vorver-
gangenen Jahrhundertwende keine Arbeit fin-

*Der Hauptmann von Köpenick
(1997, R. Frank Beyer): Harald Juhnke*

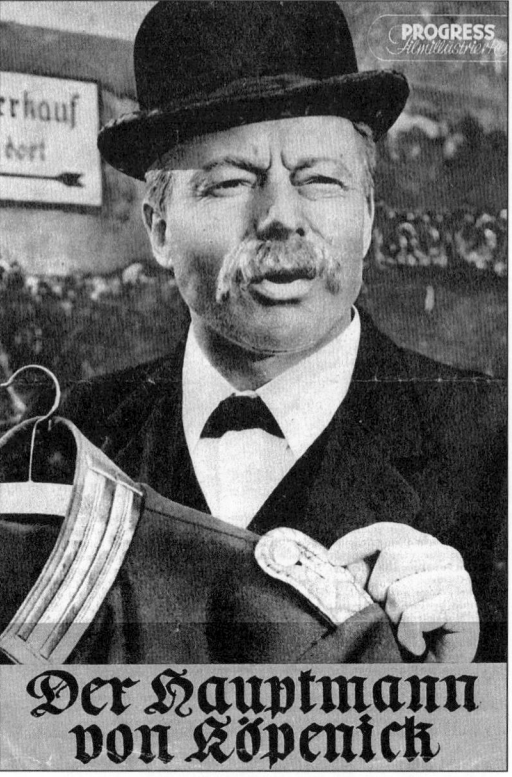

*Der Hauptmann von Köpenick (1956, R: Helmut
Käutner): Heinz Rühmann in zivil als Schuster*

den, weil er keinen Paß besitzt. Doch ohne Paß
gibt es keine Arbeit. Ein Dilemma, was ihn bald
wieder hinter Gitter bringen soll. Der Versuch,
sich im Potsdamer Polizeirevier eigenhändig und
verbotenerweise einen Paß auszustellen, scheitert
kläglich. Voigt und sein Kumpel Kalle werden zu
zehn Jahren Haft verurteilt. Nach seiner Entlassung findet Voigt Unterschlupf bei seiner Schwester Marie und ihrem Mann Friedrich Hoprecht.
Doch obwohl er eine Unterkunft hat, weisen ihn
die Behörden aus Berlin nebst Randbezirken aus
– ein Zustand, den Voigt so nicht länger hinneh-
men will.

Inspiriert durch den militärischen Drill, den er
im Gefängnis kennen gelernt hat, hat er eine unglaubliche Idee: Er begibt sich in »Krakauers Klei-
derladen« und ersteht dort die getragene und aus-
gebesserte Hauptmannsuniform des aus den
Nähten geplatzten Bürgermeisters von Köpenick, Dr. Obermüller. Auf der Straße unterstellt
der frisch gebackene »Hauptmann« einige Sol-

daten seinem Kommando und befiehlt ihnen, ihm nach Köpenick zu folgen. Hier besetzt er das Rathaus, lässt kurzerhand Bürgermeister Dr. Obermüller verhaften und schickt ihn, samt Gattin, nach Berlin. Dann fordert er die Stadtkasse an und verschwindet spurlos. Den Ausweis, den er mit seiner Aktion eigentlich ergaunern wollte, bekommt er leider nicht: Die Paßbehörde sitzt nicht im Rathaus. Als der Schwindel auffliegt, amüsiert sich ganz Berlin königlich. Voigt stellt sich der Polizei. Sein Angebot: Wenn man ihm endlich seinen heiß ersehnten Paß gibt, veranlasst er die Auslieferung der Stadtkasse. Gesagt, getan: Zwar muss Voigt erneut hinter »eiserne Gardinen«, doch der Kaiser lacht über derart viel preußische Tugend und begnadigt ihn.

Für Harald Juhnke ist der Voigt »ein Mann, der immer wieder den Mut hat, gegen Mauern anzurennen. Das gibt ihm etwas Tragisch-Verzweifeltes, ohne dass er dabei seinen Mutterwitz verliert. Die Rolle des Voigt ist für mich immer eine große Herausforderung gewesen. Emotional konnte ich alles aus mir herausholen.« Regisseur Frank Beyer war es wichtig, »einen erstklassigen Autor zu finden, der einerseits behutsam, anderseits aber auch radikal mit Zuckmayers Theatertext umgeht. Wolfgang Kohlhaase hat sich dieser Aufgabe gestellt. Der Originaltext musste stark gekürzt werden. Wir brauchten Erfindungen, die die Fabel an manchen Stellen neu verknüpfen und – im Sinne Zuckmayers – zuspitzen. Schließlich hat der Film einen anderen Schluss als das Stück. Natürlich ist das Stück von Zuckmayer auch zeitnah. Es behandelt unter anderem das Problem der Bürokratie – wie ein Mensch zwischen den Mühlsteinen der Ämter langsam zermahlen wird. Arbeitslosigkeit, Aufenthaltsgenehmigung, Ausweisung, Abschiebung, das sind die Reizworte

des Stückes, die ihre Aktualität bis heute behalten haben. Die preußische Bürokratie, die in dem *Hauptmann von Köpenick* aufs Korn genommen wird, ist ganz offensichtlich sehr langlebig und reicht auch in die heutigen, demokratischen Zeiten hinein. Aber ich will das nicht überbewerten. Der spielerische Umgang mit dieser Materie macht das Stück zu einer großen Komödie. Das ist der Hauptreiz gewesen, da ist es dann gleichgültig, ob es in der Vergangenheit oder in der Gegenwart spielt.«

Eine Meldung in der *Täglichen Rundschau* vom 17. Oktober 1906: »Ein als Hauptmann verkleideter Mensch führte gestern eine von Tegel kommende Abteilung Soldaten nach dem Köpenicker Rathaus, ließ den Bürgermeister verhaften, beraubte die Gemeindekasse und fuhr in einer Droschke davon.«

24 Jahre später hatte Fritz Kortner die Idee, den Geniestreich des Schusters Wilhelm Voigt, der sich als Hauptmann ausgegeben und damit alle zum Narren gehalten hatte, als Vorlage für einen Film zu nehmen. Für die Hauptrolle wollte er den Komiker Erich Carow. Kortner erzählte seinem Freund Carl Zuckmayer von dieser Idee, die diesen sofort begeisterte. Zuckmayer hatte Wilhelm Voigt 1910 in Mainz erlebt, wie dieser signierte Postkarten mit seinem Konterfei als Hauptmann verkaufte. Als 1931 die Nationalsozialisten als zweitstärkste Partei in den Reichstag eingezogen waren und in Deutschland die Uniformen populärer wurden, sah Zuckmayer nun einen guten Zeitpunkt, die Eulenspiegelei niederzuschreiben. Dennoch dauerte es noch eine ganze Weile, bis Zuckmayer durch die Inspiration Max Reinhardts das Stück strukturieren und schreiben konnte. Am 5. März 1931 erlebte das Stück im Deutschen Theater in Berlin seine Uraufführung. Regie führte Heinz Hilpert, die Hauptrolle spielte in fast 100 Vorstellungen Werner Krauß. Die Hauptrolle in der ersten Verfilmung des Stückes, Regie: Richard Oswald, spielte 1931 Max Adalbert. 1956 folgte die bislang bekannteste Verfilmung von Helmut Käutner mit Heinz Rühmann in der Rolle des Wilhelm Voigt. 1960 spielte Rudolf Platte den Hauptmann in einer Fernsehinszenierung des Stückes.

Der Hauptmann von Köpenick
(1956, R: Helmut Käutner): Die Kasse stimmt

1960 Der Hauptmann von Köpenick

BRD, R: Rainer Wolffhardt, D: Rudolf Platte, Alexander Kerst, Joachim Teege

»Langatmige Parodie auf wilhelminischen Mief.« (TV direkt)

1956 Der Hauptmann von Köpenick

BRD, R: Helmut Käutner, D: Heinz Rühmann, Hannelore Schroth, Martin Held

»Deutscher Mythos: Das ist die gespenstische Macht der Uniform, dieses pseudo-großartigen Requisits einer Staatsordnung, die der Schuster Wilhelm Voigt mit einem genialen Karnevalstrick besiegt, bevor sie ihn überwältigt: das ist die traditionelle Borniertheit und Arroganz des Uniformierten, der sich anmaßt, die Obrigkeit in hochsteigener Person zu sein. Deutsche Wirklichkeit: Das ist der Sisyphuskampf des kleinen Normalverbrauchers um seine amtlich anerkannte Existenz, die Jagd nach den unauffindbaren ›Zuständigkeiten‹ und die Ohnmacht der Einzelmenschen gegenüber dem Fanatismus einer mechanischen Bürokraten-Diktatur.« (Der Tagesspiegel)

1941 The Captain Of Koepenick /I Was A Criminal

USA, R: Richard Oswald, D: Albert Bassermann, Else Bassermann, Herman Bing

»Von allen Verfilmungen des Zuckmayer'schen Stücks ist die 1941 von Richard Oswald in Hollywood gedrehte amerikanische Version die unbekannteste geblieben und nahezu in Vergessenheit geraten. Zu Unrecht, denn zwar konnte bei den schwierigen Produktionsbedingungen kein Meisterwerk gelingen, doch setzten sich die bei diesem Film mitwirkenden Exilanten, allen voran Albert Bassermann in der Hauptrolle, kritisch mit der deutschen Vergangenheit und der deutschen Mentalität auseinander, wobei sie ihre persönlichen Exil-Erfahrungen in den Film einbrachten, und sie reflektierten auch die eigene frühere Arbeit ... Der Film, der unter verschiedenen Titeln aufgeführt wird – die von mir gesichtete Kopie heißt I Was A Criminal, weitere Titel sind Passport To Heaven und Captain Of Koepenick –, ist ein Remake des Films von 1931 und keine Neuverfilmung des Theaterstücks, jedoch mit signifikanten Veränderungen gegenüber der früheren Version. Zu Beginn werden zum besseren Verständnis die amerikanischen Zuschauer von einem Sprecher über die Ereignisse in Köpenick und über Wilhelm Voigts Schicksal unterrichtet, dazu sieht man Bilder marschierender deutscher Soldaten, und der Sprecher artikuliert deutliche Kritik an der Obrigkeits- und Uniformgläubigkeit der Deutschen ... Carl Zuckmayer, der 1931 gemeinsam mit Albrecht Joseph das Drehbuch geschrieben hatte und später bei der Neuverfilmung durch Käutner mitwirkte, war hier nicht beteiligt, sondern hat im Gegenteil alles versucht, den Film zu verhindern. Ebenfalls seit 1939 im amerikanischen Exil, hoffte er, sein Stück in den USA auf dem Theater erfolgreich herauszubringen und den Stoff an ein großes Studio zu verkaufen. Er sah diese Pläne durch Oswalds Remake gefährdet. Der wiederum wollte sich in Hollywood etablieren, indem er an den amerikanischen Erfolg seines deutschen Films anknüpfte ...« (Helmut G. Asper, Film-Dienst)

1931 Der Hauptmann von Köpenick

D, R: Richard Oswald, D: Max Adalbert, Paul Wagner, Hermann Vallentin

»Es muss angesichts der zahlreichen Filme der letzten Zeit, die sich mit den preußischen Ge-

Der Hauptmann von Köpenick
(1931, R: Richard Oswald)

*Der Hauptmann von Köpenick
(1931, R: Richard Oswald): Max Adalbert*

danken auseinander zu setzen versuchten, noch einmal deutlich erklärt werden: Preußentum ist nicht totzukriegen! Auch wenn sich Herr Zuckmayer darum bemüht ... dieser kleine Schuster Voigt, der diesen Streich ausheckte, nur um einen Paß zu ergattern, nur um in deutscher Erde begraben zu werden, ist uns durchaus nicht unsympathisch.« *(Der Angriff)*

»Das nennt man auf gut Deutsch: Unterhöhlung und Zerschlagung des deutschen Sittlichkeitsbegriffes.« *(Völkischer Beobachter)*

DAS HAUS DER BLUTIGEN HÄNDE

The Mad Room, USA 1968, R: Bernard Girard, D: Stella Stevens, Shelley Winters, Skip Ward, Carol Cole, Severn Darden, Beverly Garland, Michael Burns, Barbara Sammeth, Jennifer Bishop, Gloria Manon, Lloyd Haynes, Lou Kane
Nach einem Stück von Reginald Denham und Edward Percy: Auf dem weitläufigen Besitz der Generalswitwe Mrs. Armstrong an der Pazifikküste Kanadas lebt Ellen Hardy als Gesellschafterin und Sekretärin. Sie soll ihre jüngeren Geschwister, die aus einer Nervenheilanstalt entlassen worden sind, bei sich aufnehmen. Seit die Eltern auf bestialische Weise ermordet wurden und der Verdacht auf Bruder George und Schwester Mandy fiel, sind die beiden zur Beobachtung in der Anstalt gewesen. Ellen verschweigt ihrer Arbeitgeberin zunächst die wahren Hintergründe, doch als durch einen Zufall die Wahrheit ans Tageslicht kommt, sieht sich Mrs. Armstrong außerstande, die Geschwister weiter zu beherbergen. Wenig später liegt sie zerstückelt in einem Dachzimmer. Ellen, die die Tote angeblich gefunden hat, täuscht mit Hilfe des Bruders einen Sturz von den Klippen vor, doch sie hat die Rechnung ohne den Hund gemacht. Der hat sich nämlich eine abgetrennte Hand der Toten geschnappt und läuft damit durch das Anwesen. Das ist zu viel für Ellen. Mit dem Säbel, mit dem sie auch die Generalswitwe tranchiert hatte, geht sie auf den Hund los.

Lexikon des Horrorfilms: »Das Remake *The Mad Room* verdankt seinen Titel der Tatsache, dass im Film die Geschwister George und Mandy einen Raum fordern, in dem sie ihre Aggressionen abreagieren können. Diese unsinnige Titelfindung wird allerdings durch die deutsche um ein VSielfaches übertroffen. *Das Haus der blutigen Hände* ist ein Machwerk minderer Qualität. Was früher nur in Dialogen beschrieben wurde, dafür aber die Spannung steigerte, wird jetzt dem Zuschauer real präsentiert. Die Spannung ist damit hin, Schockeffekte überwiegen. Die Anhäufung solcher Elemente lässt den Zuschauer abstumpfen, sodass er am Ende nur ein Gähnen für den Film übrig hat.«

1941 Das Geheimnis der drei Schwestern
Ladies In Retirement, USA, R: Charles Victor, D: Ida Lupino, Isobel Elsom

DAS HAUS DER LADY ALQUIST

Gaslight, USA 1943, R: George Cukor, D: Charles Boyer, Ingrid Bergman, Joseph Cotten, May Whitty, Barbara Everest, Angela Lansbury, Eustace Wyatt, May Whitty, Emile Rameau, Edmund Breon, Halliwell Hobbes, Tom Stevenson, Heather Thatcher, Lawrence Grossmith, Jakob Gimpel
Nach dem Bühnenstück *Angel Street* von Patrick Hamilton: Der charmante Pianist Gregory Anton heiratet die viel jüngere Paula Alquist und zieht mit ihr in das alte Haus ein, das Paula von ihrer Tante, einer bekannten Sängerin, geerbt hat. Da selbige Tante vor Jahren einem grauenhaften

Mord zum Opfer fiel (der Täter wurde nie gefasst), hat Paula natürlich ungute Erinnerungen an das Gebäude: Gregory, ganz Kavalier, sorgt dafür, dass sämtliche Möbel, die der Toten gehört haben, auf den Dachboden gebracht und dort eingeschlossen werden. Aber bald spielen sich unter dem Dach des Ehepaares mysteriöse, Furcht erregende Dinge ab. Vom Dachboden her erklingen Schritte, dann und wann flackert das Gaslicht. Und nur Paula nimmt all diese Erscheinungen wahr. Als sie Gregory von ihren Ängsten berichtet, reagiert dieser auf eine seltsame Weise: Er redet ihr ein, dass sie krank sei, sehr krank. Durch den Polizeibeamten Cameron erfährt Paula schließlich, dass der Mord an ihrer Tante wahrscheinlich ein (erfolgloser) Raubmord gewesen ist; dass sich der wertvolle Schmuck der Toten möglicherweise immer noch im Haus befindet. Und dass jemand nachts heimlich danach sucht ...

Curtis F. Brown *(Ingrid Bergman: Ihre Filme – ihr Leben)*: »Wenn man den Film gesehen hat, ist es fast unmöglich, sich andere Schauspieler in den Rollen vorzustellen, die von Ingrid Bergman und Charles Boyer gespielt werden. Er, der am Anfang noch verbindlich und fürsorglich ist, wird allmählich dämonisch, und schließlich kriecherisch und verachtungswürdig. Sie, die am Anfang noch zaghafter, zitternd und verwundbar ist, beginnt allmählich an ihrer eigenen geistigen Gesundheit zu zweifeln und kehrt schließlich triumphierend den Spieß gegen den Mann um, der sie vernichten will.« Dieses Hollywood-Remake gilt als die bekanntere Version: Als 1943 Ingrid Bergman im *Haus der Lady Alquist* in den Wahnsinn getrieben werden sollte, ließ MGM-Chef Louis B. Mayer nämlich sämtliche Kopien der drei Jahre zuvor entstandenen englischen Fassung aufkaufen und verbrennen – allerdings entging ein Exemplar seinem Feuereifer, sodass sich das MGM-Remake mit dem englischen Film vergleichen lässt.

1940 Gaslicht
Angel Street, GB, R: Thorold Dickinson, D: Adolf Wohlbrück, Diana Wynyard

DAS HAUS DER TAUSEND SCHREIE
The Tell Tale Heart, GB 1960, R: Ernest Morris, D: Laurence Payne, Adrienne Corri, Dermot Walsh
Nach der Erzählung *Das verräterische Herz* von Edgar Allan Poe: Ein sexuell verklemmter Mann ermordet seinen Freund, weil der ihm sein Mädchen abspenstig machen wollte. Er versteckt die Leiche unter den Fußbodendielen, aber der Herzschlag des Opfers verfolgt den Täter bis ins Grab.

Filmbeobachter: »Poe schildert in *Das verräterische Herz* den Mord an einem alten Mann, der dadurch entdeckt und gesühnt wird, dass dem Täter der Herzschlag des Toten unablässig weiter in den Ohren dröhnt. Hier dagegen ermordet ein frauenscheuer Sonderling seinen Freund, weil er an ein Mädchen geraten ist, das sich gleich dem anderen Mann an den Hals geworfen hat. Er verbirgt den Toten unter Bodendielen, aber dessen Herz schlägt hörbar und sichtbar (!) weiter. Sogar dann noch, als der Mörder es herausschneidet und im Garten vergräbt! Das Mädchen schöpft Verdacht und liefert ihren ehemaligen Galan der Polizei aus. Der Mörder erleidet einen Nervenzusammenbruch und stürzt sich zu Tode. Am Ende ist alles nur ein böser Traum gewesen. Durch diesen bewährten Kniff besteht natürlich die Möglichkeit, die vorher gebotene Gruselrealistik zu entschuldigen.«

1956 Aasgeier
Manfish, USA, R: W. Lee Wilder, D: John Bromfield, Lon Chaney jr.

DAS HAUS IN MONTEVIDEO
BRD 1963, R: Helmut Käutner, D: Heinz Rühmann, Ruth Leuwerik, Paul Dahlke, Ilse Pagé, Michael Verhoeven, Doris Kiesow, Hanne Wieder, Victor de Kowa, Fritz Tillmann, Herbert Kroll, Georg Gütlich, Elfie Fliegert
Nach einem Bühnenstück von Curt Goetz: »Die Sitten müssen gewahrt bleiben!« Das ist das Motto des tugendsamen Professor Traugott Nägler – streng und pedantisch herrscht er über seine Familie. Eines Tages taucht ein Testament seiner verstorbenen Schwester auf, die wegen eines »Fehltritts« aus der Familie verstoßen worden war. Sie vermacht ihrem Bruder ihr Haus in Montevideo. Mit einem Pastor und seiner ältesten Tochter reist Nägler nun dorthin: Die Erbschaft bringt ihn in arge Bedrängnis. Der Moralapostel muss in seiner Familie ein uneheliches Kind nachweisen, sonst verfällt das Erbe. Späte Rache seiner Schwester ...

Gregor Ball *(Heinz Rühmann)*: »Das Publikum hatte über Heinz Rühmann eine bestimmte Vorstellung. Spielte er ernste Rollen, wollten sich die

Kinos einfach nicht füllen. Rühmann mochte man am liebsten kreuzfidel. Egal, ob er mit Torten warf oder am Kronleuchter schaukelte. Zwei Filme kamen in diesen Jahren solchen Publikumswünschen entgegen, waren trotzdem blitzgescheit und fanden im Nachhinein auch in Rühmanns Augen Gnade. Es waren *Das Haus in Montevideo* und *Dr. med. Hiob Prätorius* und entstammten beide der geschliffenen Feder des Curt Goetz. Rühmann zögerte lange, bevor er sich entschloss, diese beiden Rollen in den Neuverfilmungen zu übernehmen. Denn der Schatten von Curt Goetz machte Rühmann unschlüssig. Als er aber durch Zufall erfuhr, dass Goetz zu seinen Lebzeiten bereits eine dieser Rollen ihm anvertrauen hatte wollen, griff er zu. In einem Brief schrieb Valerie von Martens, Goetz' Frau und seine gleichzeitig so liebenswerte Partnerin, dem Produzenten Hans Domnick: ›Als Rühmann nämlich aufkam, wurde er von uns schon der kleine Goetz genannt. Eine sehr tiefe Verbundenheit und Gleichgesinntheit band meinen Mann an seinen kleinen Rühmann – wie er ihn vertraut nannte.‹«

1951 Das Haus in Montevideo
BRD, R: Curt Goetz, D: Curt Goetz, Valerie von Martens, Ruth Niehaus

DER HAUSTYRANN
BRD 1958, R: Hans Deppe, D: Heinz Erhardt, Grethe Weiser, Peter Vogel, Willy Hagara, Else Quecke, Helga Martin, Stefan Schwartz, Rudolf Platte, Ernst Waldow, Hans Leibelt, Eduard Linkers, Beppo Brem, Arnulf Schröder, Dietrich Toms, John Schapar
Nach einem Bühnenstück von Toni Impekoven und Hans Reimann: Paul Perlacher, Besitzer eines schlecht gehenden Cafés, tyrannisiert seine gesamte Umgebung. Geradezu grotesk sind die Kontroversen mit Amalie Hartung, die zusammen mit ihrem Neffen Hannes im ersten Stock von Perlachers Haus wohnt. Diese Mieter möchte Perlacher mit aller Gewalt aus dem Haus ekeln, aber Amalie hat ein dickes Fell. Sie provoziert ihren Hausherrn sogar, wo sie nur kann. Als ein Gericht Perlachers Antrag auf Ausweisung dieser Mietpartei kostenpflichtig abweist, schreibt er einen so wütenden und beleidigenden Brief an

den zuständigen Amtsrichter, dass es zu einer Anklage kommt. Mittlerweile haben sich Inge Perlacher und Hannes ineinander verliebt. Aber wie sollen sie das der streitenden Verwandtschaft erklären? Da beide in einer Jazzkapelle spielen, träumen sie von einem guten Engagement, um dann heiraten zu können. Als sich der bekannte Schlagersänger Willy Hagara der Band anschließt, scheint ihr Traum in greifbare Nähe zu rücken. Am Tag der Gerichtsverhandlung gegen Paul Perlacher geschieht etwas Überraschendes. Amalie Hartung setzt sich jetzt lautstark für ihn ein. Doch ohne Erfolg – beide erhalten eine kurze Haftstrafe. Als die beiden Streithähne zur selben Stunde entlassen werden, finden sie auf dem Heimweg sogar Gefallen aneinander. Hannes und Inge aber waren in der Zwischenzeit auch nicht untätig. Sie haben das unrentable Café Perlacher kräftig aufgemöbelt und dürfen nachdem die Alten sich ja nun vertragen – auch heiraten.

Film ab: Heinz Erhardt: »Heinz Erhardt erscheint diesmal als nörgelnder Hausbesitzer, den jede Fliege stört und ganz besonders seine zwangsweise eingewiesene Untermieterin Grethe Weiser. W. P. Zibaso hat nach dem Bühnenstück *Das Ekel* von Toni Impekoven und Hans Reimann, das nach dem Ersten Weltkrieg ein Theatererfolg war, ein auf Heinz Erhardt und Grethe Weiser zugeschnittenes, der Gegenwart des Jahres 1958 angepasstes Drehbuch geschrieben, das Hans Deppe (1897–1969) inszenierte. Hans Deppe war auch der Regisseur der ersten Verfilmung aus dem Jahr 1939, bei der er angeblich gern einen realistischen Schluss gedreht hätte, sich aber für ein versöhnliches Ende entschied. Knapp zwanzig Jahre später standen solche Überlegungen wohl nicht mehr zur Debatte: Das Hap-

Das Ekel (1939, R: Hans Deppe): Kurt Meisel und Else von Möllendorf sind heimlich verlobt

py End des Wirtschaftswundermärchens erscheint von Anfang an schier unausweichlich. Was für den ›personifizierten‹ Unmut-Komiker Hans Moser 1939 in dem Film *Das Ekel* geradezu eine Paraderolle war, rutscht bei Heinz Erhardt in der Neuauflage von 1958 bisweilen in die Unglaubwürdigkeit ab.«

1939 Das Ekel

D, R: *Hans Deppe*, D: *Hans Moser, Kurt Meisel, Hans Holt, Josefine Dora*

HEATHCLIFF – THE MOVIE

CDN/F 1986, R: Bruno Bianchi – Animation
Episoden-Zeichentrickfilm mit Comic-Kater Heathcliff in der Hauptrolle. An einem regnerischen Tag beschließt Heathcliff, dass es nichts Besseres zu tun gibt, als seinen kleinen Neffen aus seinem abenteuerlichen Leben zu erzählen. Er erinnert sich u.a. daran, wie er zum Fernsehstar wurde, wie er einen Krieg mit dem Nachbarshund Spike ausfocht und an die schreckliche Zeit auf der Militärschule, wo er Gehorsam lernen sollte, um in einem Werbespot mitzuspielen.

1980–1987 Heathcliff

USA, TV-Serie, Animation

HEDDA GABLER

Hedda, GB 1975, R: Trevor Nunn, D: Glenda Jackson, Peter Eyre, Timothy West, Patrick Stewart, Jennie Linden, Constance Chapman, Pam St. Clement
Nach dem gleichnamigen Schauspiel von Henrik Ibsen: Drama einer mit einem hausbackenen, ungeliebten Mann verheirateten Frau, die ihren genialen, aber labilen Jugendverehrer in Ruin und Tod treibt.

Lexikon des internationalen Films: »Eine um Werktreue bemühte Adaption, die nicht alle Dimensionen des Stückes auszuschöpfen vermag.

Die Gepflegtheit der Inszenierung in Darstellung und Bildarbeit führt zur Verflachung.«

Weitere Verfilmungen – hauptsächlich fürs Fernsehen – entstanden 1978 in Belgien (R: Jan Decorte, D: Bert André, Jos van Gorp, Jan Pauwels), 1979 in Italien (R: Maurizio Ponzi) und 1993 in Schweden (R: Margareta Garpe, D: Lars-Erik Berenett, Lena Endre, Gunnel Lindblom) und in Großbritannien (R: Deborah Warner, D: Fiona Shaw, Brid Brennan, Susan Colverd).

1975 Hedda Gabler

N, R: *Arild Brinchmann*, D: *Evy Engelsborg, Ada Kramm, Henny Moan*

1972 Hedda Gabler

GB, R: *Waris Hussein*, D: *Tom Bell, Ian McKellen, Janet Suzman*

1963 Hedda Gabler

USA, R: *Alex Segal*, D: *Ingrid Bergman, Dilys Hamlett, Trevor Howard*

1961 Hedda Gabler

YU, R: *Marko Fotez*, D: *Marija Crnobori, Irena Kolesar, Nevenka Mikulic*

1924 Hedda Gabler

D, R: *Franz Eckstein*, D: *Asta Nielsen*

1919 Hedda Gabler

I, R: *Giovanni Pastrone*, D: *Italia Almirante-Manzini*

1917 Hedda Gabler

USA, R: *Frank Powell*, D: *Nance O'Neil, Aubrey Beattie, Lillian Paige*

HEIDESCHULMEISTER UWE KARSTEN

BRD 1954, R: Hans Deppe, D: Barbara Rütting, Claus Holm, Hans Quest, Carola Höhn, Wolfgang Lukschy, Josef Sieber, Katharina Mayberg, Herbert Hübner, Günther Lüders, Käthe Itter, Franz Schafheitlin, Mary Bekker, Lotte Brackebusch, Josef Sieber, Carsta Löck, Richard Drosten, Käthe Haack, Helmut Peine, Heidi Brühl, C.-D. Schmoller
Nach einem Roman von Felicitas Rose: Die Geschichte einer Hamburger Patriziertochter, die liebesenttäuscht Vergessen in einem stillen Heidedorf sucht und dort einem armen Dorflehrer begegnet, in den sie sich verliebt. Zwar stören Klatsch und Standesdünkel der Patrizierfamilie zunächst das Herzensidyll, doch als der Schulmeister bei einer Rettungstat in der brennenden Scheune verletzt wird, bekennt sich die Tochter

Das Ekel (1939, R: Hans Deppe):
Hans Moser als Karl Sträubler

aus reichem Hause zu dem Geliebten und dem einfachen Leben. Auch bei der schweren Krankheit der inzwischen angetrauten Schulmeistersgattin erweist sich die Liebe als die beste Medizin. Die Patriziertochter wird wieder gesund, und ein glückliches Paar blickt zur Einweihung des neuen Krankenhauses verträumt über die Heide.

Heidi Ritter (Filmblätter): »Zum zweiten Male (die erste Verfilmung des bekannten Buches erschien 1933) erlebt der Romanheld unserer Mütter und Großmütter auf der Leinwand die Romanze mit der Hamburger Patriziertochter ... Jubiläumsregisseur Hans Deppe (es ist sein 50. Film) gibt dem Streifen, was des Themas ist: kalten Patrizierglanz, Kinderchöre mit Blumensträußen, Rührung, deutsche Verträumtheit, heimelige Heidehausatmosphäre und naturverbundene Sauberkeit. Mit schauspielerischer Sauberkeit finden sich auch die Darsteller in ihre Rollen hinein ... Ein Film für das Gemüt. Sehr publikumsstark.«

1933 Heideschulmeister Uwe Karsten

D, R: Carl Heinz Wolff, D: Marianne Hoppe, Brigitte Horney, Wolfgang Lohmeyer

HEIDI

CH/F 2001, R: Markus Imboden, Drb: Jasmine Hoch, Martin Hennig frei nach dem Kinderbuch von Johanna Spyri, K: Peter Indergand, M: S: Bernhard Lehner, D: Cornelia Gröschel (Heidi), Paolo Villaggio (Großvater), Marianne Denicourt (Dete), Aaron Arens (Peter), Nadine Fano (Clara), Valentine Varela (Adelheid), Babett Arens (Frau Müller), Sabina Schneebeli (Frau Geissler), René Schnoz (Herr Geissler), Josef Bierbichler (Mann in Milchladen), Herbert Leiser, Anne-Marie Kuster, Andrea Zogg, Klaus Knuth, Alice Bruengger, Paul-Felix Binz, Shelley Kästner, Andrea Eckert, Elena Meissner, Marius Fischer, Jurij Kramer, Ralph Misske, Alice Deekeling, Peggy Lukac, Manfred Möck, Uwe Steimle, Robert Stadlober, Julia Hummer, Charlotte Mellahn, Carl-Heinz Choynski, Torsten Ranft, Roland Scheer, Valea Scalabrino, Andreas Heinzel, Nadja Petri, Jef Bayonne

Die Geschichte des Schweizer Mädchens ist so einfach wie rührend. Heidi wächst bei ihrem Großvater, dem Alm-Öhi, auf. Durch ihren Freund, den Geißen-Peter, lernt sie die Natur lieben, geht später nach Frankfurt, um dort der gelähmten Klara Gesellschaft zu leisten. Das letzte Kapitel der Geschichte endet in einer Sinfonie des Kitsches: Klara lernt mit Hilfe Heidis wieder laufen. In 50 Sprachen wurde der Roman aus dem Jahr 1880 übersetzt, die Weltauflage hat die 20 Millionen überschritten. 1920 entstand in den USA der erste (noch stumme) Heidi-Film, 1937 wurde das Rührstück von Regisseur Allan Dwan mit Shirley Temple zum zweiten Mal verfilmt. 1952 folgte eine Fassung unter der Regie von Luigi Comencini. Zwei Jahre später wurde von Regisseur Franz Schnyder eine Fortsetzung des schweizerischen Films unter dem Titel Heidi und Peter gedreht. Neu verfilmt wurde das Kinderbuch 1965 von Werner Jacobs als österreichische Produktion und 1967 von Regisseur Delbert Mann als deutsch-amerikanische Gemeinschaftsproduktion unter dem Titel Heidi kehrt heim.

Weitere Neuauflagen gab es 1958 (A Gift For Heidi), 1974, 1975, 1978 (Heidi in Town, Heidi In The Mountains, Heidi Comes Home, The New Adventures Of Heidi), 1979, 1982 (Heidi's Song) und 1995. Mit einer 52-teiligen japanischen Multimedia-Produktion überrundete Heidi 1978 sogar ihre Erzkonkurrentin, die Biene Maja. Eine Ko-Produktion von Disney und Berlusconi Communications war 1994 für den Golden Globe als beste Miniserie nominiert: Jason Robards, der als junger Mann dem mürrischen Großvater von Heidi für die Schweizer Verfilmung bei der Synchronisation in den USA seine Stimme lieh, spielte 40 Jahre später selbst den Alm-Öhi. 1989 drehte Christopher Leitch Courage Mountain, der in Deutschland unter den Titeln Nightwalker, Heidi auf der Flucht und Heidi wird erwachsen zu sehen war: Eine vor dem Hintergrund des ersten Weltkrieges spielende Weiterentwicklung der Alpensaga.

Eigentlich müsste man in Anbetracht der zahlreichen Heidi-Verfilmungen, insbesondere wegen der ausgiebigen Fernsehserie und des inzwischen durch und durch bekannten Inhalts des Romans von Johanna Spyri davon Abstand nehmen, einen weiteren Heidi-Film herauszubringen. Viele Veränderungen und Wandlungen hat der Originalstoff für Film und Fernsehen in der Vergangenheit bereits erfahren, der erste Heidi-Film des neuen Jahrtausends ist dabei sicher einer der radikalsten, da er nur frei nach Motiven des Romans gestaltet wurde: Clara ist nicht mehr gelähmt, kein Konsul Sesemann ist mit von der Partie, Geißen-Peter heißt nur noch Peter und kommt nicht aus den Bergen, sondern aus Bo-

Heidi kehrt heim (1967, R: Delbert Mann):
Maximilian Schell, Jennifer Edwards und
Jean Simmons

ston – das Einzige, was ihn mit den Bergen verbindet, ist ein Mountainbike. Und aus Fräulein Rottenmeier ist eine nervige Französisch-Lehrerin geworden. Tante Dete lebt in Berlin statt in Frankfurt und ist eine allein erziehende Mutter, die über den Beruf als erfolgreiche Modeschöpferin ihre Tochter Clara vernachlässigt. Heidis Mutter leitet eine Pension.

Anderes ist geblieben: Heidi erlebt den tragischen Tod ihrer Mutter und als Waise wird sie zu ihrem Großvater, einem geheimnisumwitterten Einsiedler, gebracht, der so gar nicht davon begeistert ist, sich um seine Enkelin kümmern zu müssen. Aber selbstverständlich kann sie ihren kauzigen Großvater nach und nach für sich einnehmen. Kaum haben die beiden zueinander gefunden, muss sie nach Berlin zu ihrer Tante Dete ziehen, um deren Tochter Clara, einem schwierigen Einzelkind, Gesellschaft zu leisten. Traurig bleibt der Großvater zurück. Die Stadtzicke Clara ist alles andere als erfreut über ihre neue »Schwester« Heidi. In der Großstadt klettert Heidi aufs Dach, um die Sterne am Himmel zu sehen, denn der am stärksten leuchtende Stern ist für sie ihre Mutter – nur der Himmel über Berlin ist wolkenverhangen. Auch erträgt Heidi nur schwer Claras feindselige Attacken, mit denen Clara aber eigentlich um die Aufmerksamkeit ihrer Mutter buhlt.

Heidi reißt aus, ihre Sehnsucht nach den Bergen ist so groß, dass sie nur ein Ziel hat, sie will zurück zu ihrem Großvater. Ihr Ausbruchsversuch schlägt fehl, verschafft ihr jedoch Respekt

von Clara. Heidi unterstützt Clara und überzeugt Dete, mit ihrer Tochter zum Konzert von Claras Lieblingsgruppe zu gehen. Dete vergisst allerdings das Konzert, ein Geschäftsessen ist ihr mal wieder wichtiger. Am gleichen Abend steigt Heidi in den Zug Richtung Schweiz, zurück zum Großvater. Clara, zutiefst enttäuscht von ihrer Mutter, läuft ebenfalls davon. Schließlich findet Dete die verzweifelte Clara allein auf dem Bahnsteig. Endlich reden Mutter und Tochter miteinander, Dete will sich in Zukunft mehr um Clara kümmern. Und Heidi ist auf dem Weg zu ihrem Großvater – dummerweise ist Heidi im Zug eingeschlafen, Peter ist aber zur Stelle, um sie zu wecken und in Empfang zu nehmen.

Heidi ist längst ein Mythos: Die Berge und die Großstadt sind immer noch ein Gegensatz, allerdings werden sie nicht mehr gegeneinander ausgespielt, beide haben sie ihre Berechtigung, beide sind aber weder nur gut noch nur schlecht. Regisseur Markus Imboden und seine beiden Autoren Jasmine Hoch und Martin Hennig liefern eine rundum schlüssige Neuinterpretation des Klassikers: Alle Modernisierungen, die sie vorgenommen haben, strafen der Ansicht Lügen, dass Remakes per se gegenüber den berühmten Vorgänger-Versionen den Kürzeren ziehen müssen. Die Magie der Geschichte mit ihren Gefühlen von Trauer nach dem Tod der Mutter und dem Wunsch eines Kindes, sein Leben selbst in die Hand zu nehmen, lebt noch immer davon, das Herz eines alten Mannes zu erobern, der sich in der modernen Heidi-Story schuldig fühlt, weil er seine beiden Töchter vernachlässigt hat, um sich seinen Traum von Amerika zu erfüllen.

Heidi (1965, R: Werner Jacobs):
Eva Maria Singhammer und Jan Koester

Die kleine Heidi hat noch immer das Herz auf dem rechten Fleck, aber sie weiß sich auch zu wehren, ist längst nicht mehr nur das naive Mädel aus den Bergen. Und wenn sie ein paar Schwierigkeiten hat, eine E-Mail zu versenden, findet sie stets Menschen, die ihr helfen. Die Spannung, ob Heidi es schafft, wieder in ihre geliebten Berge zurückzukehren, wird durch den ersten gescheiterten Ausbruchsversuch geschickt gesteigert. Selbstverständlich muss auch *Heidi* anno 2001 ein Happy End haben, bei dem die Erwachsenen erkennen, dass die Verantwortung für Kinder wichtiger ist als alles andere: Der Großvater kehrt aus den Bergen ins Dorf zurück und übernimmt die Pension seiner verstorbenen Tochter – und Tante Dete schafft es tatsächlich, Urlaub mit Clara zu machen, ganz ohne Handy.

Über seine 18. Verfilmung des Kinderbuchs von Johanna Spyri im Vergleich zu anderen *Heidi*-Filmen äußert sich Regisseur Markus Imboden im Interview: »Ich habe mir einige angeschaut: es gibt zum Beispiel mit Jason Roberts eine amerikanische Verfilmung, natürlich die beiden Schweizer Filme von Luigi Comencini und Franz Schnyder, der noch eine Fortsetzung gemacht hat mit *Heidi und Peter*. Dann den deutschen Film von Werner Jacobs und den japanischen Zeichentrickfilm. Für meinen Film ist es mir vollkommen egal, was aus dem Stoff schon alles gemacht wurde. Es ist in keiner Weise ein Anspruch da, einen Roman zu verfilmen. Ganz simpel gesagt, wollten wir, dass Kinder heute, die die Geschichte gar nicht kennen, diesen Film sehen können. Ursprünglich spielt die Geschichte vor 120 Jahren. Erstens gibt es solche Konstellationen gar nicht mehr, es ist heute nicht mehr erklärbar, dass jemand im Rollstuhl ist und dann plötzlich aufstehen und gehen kann, nur weil die Luft in den Bergen so gut ist. Heute weiß man einfach, es gibt solche Formen von Hysterie, das ist ein Krankheitsbild, bei dem jemand nicht mehr gehen kann. Nur kennt man das eben und man wüsste heute auch, wie man das zu behandeln hat. Und wenn man querschnittsgelähmt ist, dann steht man nicht so leicht auf. Das kann man einfach nicht mehr machen, das ist schon eine Art der Verklärung bei der Frau Spyri. Denn es ist ein sehr ideologisches Buch, bei dem die Berge gut

sind und die Stadt schlecht ist: Man wird krank in der Stadt, in den Bergen wird man gesund. Aus der heutigen Sicht ist das einfach Schwachsinn, es wäre auch ein Affront gegen alle Leute, die in der Stadt leben. Wir haben uns innerlich von dem Anspruch befreit, eine Verfilmung des Buches zu machen. Ich habe mir meine Tochter vorgestellt, die geht jetzt ins Kino, die kennt die alten Verfilmungen, die vor zwanzig, dreißig oder vierzig Jahren gedreht wurden, nicht.«

1995 Heidi

USA, R: Toshiyuki Hiruma Takashi – Animation

1993 Heidi

USA/I, R: Michael Ray Rhodes, D: Noley Thornton, Jason Robards, Jane Seymour

Als Jason Robards als junger Mann dem mürrischen Großvater von Heidi für eine Schweizer Verfilmung seine Stimme lieh, wusste er noch nicht, dass er den »Alm-Öhi« 40 Jahre später im Film spielen würde. Die Arbeit mit der damals zehnjährigen Noley Thornton machte ihm besonders viel Spaß: »Mit wem man spielt und die Qualität des Drehbuchs ist ausschlaggebend für die Arbeit am Set. Bei *Heidi* war das so – es war eine wunderbare Erfahrung für mich.«

Heidi und Peter (1955, R: Franz Schnyder): Isa Günther und Elsbeth Sigmund

1990 Heidi, Heida 1

BRD, R: Gunter Otto, D: Tanja Fielmann, Georg Fischer, Josef Hellmann

Johanna Spyris Klassiker in einem neuen, knappen Gewande. Regisseur Gunter Otto drehte mehrere *Liebesgrüße aus der Lederhose*-Filme.

   TV-Movie: »Autsch! Unsäglich und überflüssig.«

1989 Nightwalker

Heidi auf der Flucht/Courage Mountain, F/USA, R: Christopher Leitch, D: Charlie Sheen, Leslie Caron, Juliette Caton, Joanna Clarke, Nicola Stapleton

Über die Neuverfilmung waren die Schweizer weniger glücklich. Monatelang hatte die Kanton-Nation auf eine Weltkarriere gehofft. »Traum-Chance für alle kleinen Schweizer-Mädchen: Hollywood-Star Michael Douglas sucht für seine Neu-Verfilmung von Heidi noch immer die Hauptdarstellerin«, schrieb das Zürcher Boulevardblatt *Blick*. Doch die Wahl zur Miss Heidi wurde ein Desaster. Produzent Douglas nahm kein Schweizer Mädel für die Rolle, sondern eine 14-jährige Engländerin namens Juliette Caton. Die Erregung der Eidgenossen wuchs. Und dann das Drehbuch. »Was dem Fass den Boden ausschlägt: Das neue *Heidi* (in der Schweiz ist Heidi Neutrum) muss als Rambo über den Berg der Bewährung«, empörte sich *Blick*. »Wir haben die Originalstory weiterentwickelt«, verteidigte Michael Douglas das Drehbuch, nach dem sich Heidi in den Wirren des Ersten Weltkriegs bewährt. »Muss *Heidi* aber wirklich von Hollywood vergewaltigt werden?« resignierte der *Blick*.

1982 Heidi's Song

USA, R: Robert Taylor – Animation

1978 The New Adventures Of Heidi

USA, R: Ralph Senensky, D: Charles Aidman, Walter Brooke, Katy Kurtzman

1974 Heidi

Arupusu no shoujo Haiji, J, R: Isao Takahata – Animation, TV-Serie

1974 Heidi

GB, R: June Wyndham-Davies, D: Flora Robson, Emma Blake, Kathleen Byron

1967 Heidi kehrt heim

BRD/USA, R: Delbert Mann, D: Jennifer Edwards, Maximilian Schell, Jean Simmons

Heidi (1952, R: Luigi Comencini):
Elsbeth Sigmund und Theo Lingen

1965 Heidi

A/BRD, R: Werner Jacobs, D: Eva Maria Singhammer, Michaela May, Gustav Knuth

1960 Heidi

TV-Serie, D: Vera Lúcia

1958 A Gift For Heidi

USA, R: George Templeton, D: Sandy Descher, Douglas Fowley, Van Dyke Parks

1956 Heidi

TV-Serie

1955 Heidi und Peter

CH, R: Franz Schnyder, D: Heinrich Gretler, Elsbeth Sigmund, Thomas Klameth

1954 Heidi und ihre Freunde

BRD, R: Hans Albin, D: Martin Andreas, Oliver Grimm, Elisabeth Lauber

1952 Heidi

CH, R: Luigi Comencini, D: Elsbeth Sigmund, Thomas Klameth, Isa Günther

1937 Heidi

USA, R: Allan Dwan, D: Shirley Temple, Jean Hersholt, Sig Ruman

1920 Heidi

USA

DIE HEILIGE UND IHR NARR

A 1957, R: Gustav Ucicky, D: Gerhard Riedmann, Gudula Blau, Hertha Feiler, Willy Birgel, Heinrich Gretler, Franca Parisi, Alma Seidler, Hugo Gottschlich, Karl Skraup, Elisabeth Epp, Auguste Ripper, Ruth Scheerbarth, Brigitte Stanzel

Nach einem Roman von Agnes Günther: Die unheilbar kranke Rosmarie von Brauneck lebt mit ihrem Vater, Fürst von Brauneck, und ihrer Stiefmutter, Charlotte von Brauneck, so recht und schlecht zusammen. Der Konflikt zwischen der verbitterten Stiefmutter und der gebrechlichen Rosmarie eskaliert, als der Maler Harro Thornstein nach langer Studienreise seinen Freund Fürst von Brauneck besucht. Wie sich herausstellt, war Harro, den Rosmarie heimlich liebt, vor Jahren mit Rosmaries Stiefmutter liiert. Harro erkennt seine Liebe zu dem Mädchen. Rosmarie ist selig. Aber die Eifersucht der Stiefmutter verfolgt weiterhin das Glück der beiden Liebenden ...

Heidi Ritter *(Filmblätter)*: »Nachdem Agnes Günthers Taschentücher bewegender Liebesroman vom ›Seelchen‹ zur Zeit unserer Mütter ein Bestseller war und später zweimal verfilmt wurde, kommt die Story nun in Agfacolor. Nach einem etwas verwirrenden Handlungssprung steuert Ucicky mit Gefühl, Rührung und Noblesse bewusst in Richtung modernes Märchen um Prinzesschen und edlen Malersmann, wobei ihn die stimmungsmalende Kamera trefflich unterstützt. Dass Anders sie überdies als Handlungselement einzusetzen weiß, beweist die Todesfahrt des auf den dramatischen Höhepunkt zurasenden Autos. Gudula Blau, die ihre Kamerascheu offensichtlich überwunden hat, steht an der Seite des sympathische Ausstrahlung verbreitenden Riedmann den Seelchen-Part recht passabel durch. Eine prächtige Leistung liefert Gretler als Hausarzt. Den fürstlichen Papa zeichnet Birgel mit nobler Zurückhaltung und liebenswerter Großvaterfreude, während Hertha Feiler die eifersüchtige Stiefmutter streckenweise etwas überzieht. Ein reizendes und erfreulich ungekünstelt spielendes Mädchen Brigitte Stanzel, ein treu-biederer Hausgeist: Hugo Gottschlich. Soweit man nach dem Uraufführungserfolg urteilen kann, werden vor allem die Frauen und ältere Kinobesucher Seelchens Glück und Leid mitempfinden wollen.«

1935 Die Heilige und ihr Narr
D, R: Hans Deppe, D: Hansi Knoteck, Hans Stüwe, Lola Chuld, Friedrich Ulmer

1928 Die Heilige und ihr Narr
D, R: William Dieterle, D: William Dieterle, Lien Deyers, Gina Manès, Felix P. Soler

HEINRICH VIII. UND SEINE SECHS FRAUEN

Henry VIII And His Six Wives, GB 1972, R: Waris Hussein, D: Keith Michell, Donald Pleasence, Charlotte Rampling, Jane Asher, Frances Cuka, Lynne Frederick, Jenny Bos, Barbara Leigh-Hunt, Michael Gough

Er war eine der schillerndsten Figuren der englischen Geschichte: Heinrich VIII. (1491–1547) brachte im Inselreich mit seinen Liebes- und Heiratsgeschichten einiges durcheinander. 1547 liegt König Heinrich VIII. auf dem Sterbebett: Sein Leben läuft noch einmal vor seinem inneren Auge ab. Die Hauptrollen darin spielen seine sechs Frauen. Die erste, Katharina von Aragon, bekommt keinen Sohn und Thronfolger. Als der Papst dem königlichen Paar die Scheidung verweigert, gründet Heinrich kurzerhand seine eigene Kirche, macht sich selbst zum Oberhaupt und gestattet sich die Scheidung. Danach heiratet er die schöne Anna Boleyn; auch sie schenkt ihm »nur« eine Tochter. Als er sie satt hat, lässt er Anna köpfen, ebenso seine spätere Frau Catharine. Sein Ruf als Monster beginnt sich zu festigen.

Ponkie *(Abendzeitung)*: »Englands blühende Mord-und-Totschlags-Geschichte verhalf wieder einmal zu einer fetten Kino-Völlerei samt königlichem Sterbebett. Ehen vor Gericht im 16. Jahrhundert: *Heinrich VIII. und seine sechs Frauen* (1972, Regie: Waris Hussein, als deutsche Erstaufführung im ZDF) hatte den Saft eines prallen Historienschinkens, mit Kemenaten-Psychologie gewürzt und weltpolitischer Petersilie garniert – ein Fressen für kostümrauschende Renaissance-Mimen. Geliebt, geköpft und geröchelt für England!«

Die Gestalt Heinrichs VIII. von England, dem auch Shakespeare eines seiner Dramen widmete, reizte Filmemacher schon mindestens ein dutzend Mal zur Darstellung auf der Kinoleinwand, erstmals 1911 (mit Sir Herbert Beerbohm Tree), danach 1913 (*Tudor Princess* mit einem Schauspieler namens Robert Bower als Heinrich). Die bekanntesten Stars, die den Monarchen danach verkörperten, waren Emil Jannings (*Anna Boleyn*, 1920), Charles Laughton (*Das Privatleben Heinrichs VIII.*, 1933, und gut zwanzig Jahre später auch in *Die Thronfolgerin*, 1953), James Robertson Justice (*Eine Prinzessin verliebt sich*, 1953) sowie Richard Burton (*Königin für tausend Tage*, 1969). In dem englischen Spielfilm *Heinrich VIII. und seine sechs Frauen* spielte der Australier Keith Michell die Titelrolle. Heinrich VIII. verkörperte er zum ersten Mal 1966, allerdings in einem weniger bekannten Stück. Nach einer BBC-Radio-Produktion von Shakespeares *Heinrich VIII.* wurde er für die Rolle des Königs in der BBC-Fernsehserie *The Six Wives Of Henry VIII.* ausgewählt. Diese Serie ist in mehr als 30 Ländern gezeigt worden. Michell selbst erhielt dafür 1970 den begehrten Preis der Society Of Film And TV Arts als bester Fernsehdarsteller. Seine Leistung in der Serie brachte ihm schließlich auch die Hauptrolle in dem 1972 produzierten Spielfilm *Heinrich VIII. und seine sechs Frauen* ein. Der Film basiert weder auf Shakespeares Theaterstück, noch versucht er der Position Heinrichs VIII. in der politischen Landschaft seiner Zeit nachzuforschen. Regisseur Waris Hussein und sein Autor Ian Thorne haben vielmehr den Schwerpunkt auf die menschliche Seite des Monarchen gelegt. Dieser Heinrich ist nicht in erster Linie Staatsmann, sondern ein Mann, der sein Schicksal eher wie eine Bürde trägt, der lange und glücklos auf einen Thronerben hofft und ebenso wenig Glück in der Wahl seiner – zuweilen überaus attraktiven – Frauen hat. 1979 entstand in der Reihe BBC Television Shakespeare eine weitere Fassung von *Henry VIII.*, Regie führte Kevin Billington, die Hauptdarsteller dieser britisch-amerikanischen Koproduktion waren Claire Bloom, Julian Glover, Barbara Kellerman und Timothy West.

1971 Carry On Henry
GB, R: Gerald Thomas, D: Sid James, Kenneth Williams, Charles Hawtrey

1971 The Six Wives Of Henry VIII.
GB, R: Naomi Capon, John Glenister, D: Keith Michell, Annette Crosbie

1970 The Undercover Scandals Of Henry VIII.
USA, R: Charlton De Serge, D: Lawrence Adams, Elizabeth Ada, Dee Lockwood

1969 Königin für tausend Tage
Anne Of The Thousand Days, GB, R: Charles Jarrott, D: Richard Burton

1953 Eine Prinzessin verliebt sich
The Sword And The Rose, USA, R: Ken Annakin, D: Richard Todd, Glynis Johns

1953 Die Thronfolgerin
Young Bess, USA, R: George Sidney, D: Jean Simmons, Stewart Granger

1933 Das Privatleben Heinrichs VIII.
The Private Life Of Henry VIII, GB, R: Alexander Korda, D: Charles Laughton

1920 Anna Boleyn
D, R: Ernst Lubitsch, D: Henny Porten, Emil Jannings, Paul Hartmann

1913 A Tudor Princess
USA, R: J. Searle Dawley, D: Mary Fuller, Ben F. Wilson, Robert Brower

1911 Henry VIII
GB, R: William G. B. Barker, D: Sir Herbert Beerbohm Tree, Arthur Bourchier

HEIRATSSCHWINDLER
D 1938, R: Herbert Selpin, D: Harald Paulsen, Viktoria v. Ballasko, Hilde Körber, Fita Benkhoff, Elisabeth Flickenschildt, Kurt Waitzmann, Eduard v. Winterstein

Nach dem Roman *Die rote Mütze* von Gertrud von Brockdorff: Ein soeben aus dem Gefängnis entlassener Krimineller fällt sofort wieder in Betrügereien, Erpressung und Diebstahl zurück. Er bringt als Heiratsschwindler mehrere Menschen in Bedrängnis, bis er vom Vater eines Opfers, einem Eisenbahner, im Bahnhof überwältigt und der Polizei übergeben wird.

Thomas Kramer *(Reclams Filmlexikon)*: »Diese Studie über weibliche Sehnsüchte und ihre Ausnutzung durch einen skrupellosen Mann enthält eine Darstellung kleinbürgerlichen Lebens, wie es sie ähnlich realistisch im deutschen Film sonst kaum gab. Die Kluft zwischen Wünschen und Wirklichkeit im Leben von Frauen im mittleren Alter – durch Körber, Benkhoff und Flickenschildt eindringlich aufgezeigt – wird kenntlich als Folge einer von Männern geprägten Gesellschaft.«

1925 Heiratsschwindler –
Ein Spiel von Liebe und Hochstapelei
D, R: Carl Boese, D: Reinhold Schünzel, Erna Morena, Evi Eva

HEISS WAR MEINE SEHNSUCHT
Sången om den eldröda blomman, S 1956, R: Gustaf Molander, D: Jarl Kulle, Anita Björk, Ulla Jacobsson,

Ann-Marie Gyllenspetz, Marianne Bengtsson, Linnéa Hillberg, Gunnel Lindblom, Fylgia Zadig, Monica Nielsen, Edvin Adolphson, Axel Slangus, Olof Bergström, Erik ›Bullen‹ Berglund, Ingvar Kjellsson, Sven-Eric Gamble

Nach einem Roman von Linnenkoski: Die Heldentaten eines Bauernsohnes, die er vorwiegend in den Kammern ständig wechselnder Mädchen besteht. Als ihm jedoch eine Ehemalige die Schuld an ihrem moralischen Abrutsch zudiktiert, kehrt er geläutert zu Haus und Hof und der einzig Geliebten zurück.

Ingeborg Donati *(Filmblätter)*: »Diese amouröse Odyssee hat die Regie nicht nur in die grandiose, von der Kamera in Motiv und Farbe romantisierte Landschaft Schwedens gepackt, sie hat überdies drei Asse der schwedischen Besetzungskarte ausgespielt: Ulla Jacobsson ist mit gleicher Intensität ein leichtsinniges junges Ding wie eine verkommene Attrappe, Anita Björk hält sich meisterlich auf dem kargen Terrain bürgerlicher Konventionen, Jarl Kulle jedoch als unentwegter Kammer-Jäger wirkt ob seiner billigen Tricks und kaltschnäuzigen Eitelkeit nicht so sympathisch wie eigentlich erforderlich.«

1934 Sången om den eldröda blomman

S, R: Per-Axel Branner, D: Edvin Adolphson, John Ekman

1919 Sången om den eldröda blomman

S, R: Mauritz Stiller, D: Greta Almroth, Lillebil Christensen, Arvid Dahlberg

HELDEN

BRD 1958, R: Franz Peter Wirth, D: O. W. Fischer, Jan Hendriks, Liselotte Pulver, Kurt Kasznar, Ellen Schwiers, Ljuba Welitsch, Manfred Inger

Nach einem Stück von George Bernard Shaw: Der Artillerie-Hauptmann Bluntschli wird im Kriege auf der Flucht vor feindlichen Verfolgern von dem Mädchen Raina in deren Schlafzimmer versteckt, obwohl sie die Tochter des gegnerischen Majors Petkoff und die Verlobte jenes »Helden« ist, der Bluntschlis Artillerie-Stellung erobert und mit dieser Heldentat den Ausgang des Krieges entschieden hat. Von Bluntschli erfährt sie, dass dieser Sieg nur deshalb möglich war, weil seine Kanone infolge falscher Munition versagte. Obgleich Raina ihm im Einverständnis mit ihrer Mutter Nachtquartier anbietet, verdrückt er sich heimlich, bevor der Tag anbricht – kommt jedoch im Anschluss an die Friedensverhandlungen wieder, um sich für die damalige Hilfe zu bedanken. Sergius Saranoff, der »Held«, ist auf Bluntschli eifersüchtig. Es kommt zu einem Duell, bei dem der überlegene Bluntschli seinem Gegner den Degen aus der Hand schlägt. Sergius erkennt, dass er Raina verloren hat und nimmt mit der Magd Louka vorlieb. Raina und ihre Eltern verzichten umso lieber auf ihren »Helden«, als Bluntschli nachweisen kann, dass er Erbe einiger gut gehender Hotels ist.

TV Spielfilm Lexikon: »Franz Peter Wirth drehte mit der Starbesetzung O. W. Fischer und Lilo Pulver einen der erfolgreichsten deutschen Filme der fünfziger Jahre. Zwar gelang es ihm nicht, alle Feinheiten und Anspielungen des Bühnenstücks zu übernehmen, trotzdem führte dieser Streifen auf unterhaltsame Weise den Begriff ›Held‹ ad absurdum.«

1932 Arms And The Man

GB, R: Cecil Lewis, D: Barry Jones, Anne Grey, Maurice Colbourne

HELEN WALKER – SCHATTEN DES BÖSEN

The Haunting Of Helen Walker, USA 1995, R: Tom McLoughlin, D: Valerie Bertinelli, Florence Hoath, Aled Roberts, Michael Gough, Paul Rhys, Christopher Guard, Diana Rigg, Elizabeth Morton, Tricia Thorns

Im England des 19. Jahrhunderts wird eine junge Witwe Erzieherin für zwei Waisenkinder auf

Helden (1958, R: Franz Peter Wirth):
O.W. Fischer

dem Landsitz von deren Onkel. Bald häufen sich mysteriöse Vorkommnisse, und die Frau erfährt, dass ihre Vorgängerin unter ungeklärten Umständen zu Tode gekommen ist.

Lexikon des internationalen Films: »Gruseldrama.« 1898 veröffentlichte der amerikanisch-britische Schriftsteller Henry James (1843–1916) seine Geschichte *The Turn Of The Screw*, die dem Regisseur Tom McLoughlin als Vorlage diente. 1999 entstanden zwei weitere Remakes: *Presence Of Mind* in Spanien, unter Regie von Antonio Aloy spielten Sadie Frost, Lauren Bacall und Harvey Keitel, sowie die britisch-amerikanische Koproduktion *The Turn Of The Screw* von Ben Bolt, mit Jodhi May, Pam Ferris und Colin Firth.

1992 Obsession – Besessene Seelen
GB/F, R: Rusty Lemorande, D: Patsy Kensit, Stephane Audran, Julian Sands

1990 The Turn Of The Screw
USA, R: Claus Viller, D: Phyllis Cannan, Menai Davies, Helen Field

1990 The Turn Of The Screw
USA, R: Graeme Clifford, D: Amy Irving, David Hemmings, Micole Mercurio

1985 Otra vuelta de tuerca
E, R: Eloy de la Iglesia

1974 Dem Bösen widerstehen
The Turn Of The Screw, USA, R: Dan Curtis, D: John Barton, Eva Griffith

1971 Das Loch in der Tür
The Nightcomers, GB, R: Michael Winner, D: Marlon Brando, Thora Bird

1961 Schloss des Schreckens
The Innocents, GB, R: Jack Clayton, D: Deborah Kerr, Pamela Franklin

1959 The Turn Of The Screw
USA, R: John Frankenheimer, D: Ingrid Bergman, Isobel Elsom, Laurinda Barrett

HELLO, DOLLY!

USA 1969, R: Gene Kelly, D: Barbra Streisand, Walter Matthau, Michael Crawford, Marianne McAndrew, Danny Lockin, E. J. Peaker, Joyce Ames, Tommy Tune, Judy Knaiz, David Hurst, Fritz Feld, Louis Armstrong

Um 1890, in New York: Die fröhliche Witwe Dolly Levi schlägt sich mit Heiratsvermittlungen und allerlei anderen Dienstleistungen durchs Leben. Der mürrische und geizige Junggeselle Horace Vandergelder, ein reicher Getreidehändler, be-

auftragt sie, seine Nichte Ermengarde von ihrem Verehrer, dem armen Künstler Ambrose, wegzulotsen. Er selbst wandelt allerdings auch auf Freiersfüßen, und Dolly entschließt sich spontan, ihn für sich selbst zu gewinnen. Umso mehr erschrickt sie, als sie erfährt, dass Horace um die Hand der Putzmacherin Irene anhalten will. Seine beiden Angestellten Cornelius und Barnaby wollen derweil die Abwesenheit ihres Dienstherrn nutzen, um sich in schöner Begleitung zu amüsieren. Nicht ohne Dollys Zutun geraten sie dabei aber just an Irene und deren Assistentin Minnie. Als Horace die beiden im Laden seiner angebeteten Irene versteckt findet, sucht er empört das Weite. Dolly überzeugt Cornelius und Barnaby, die beiden Damen in ein teures Tanzlokal auszuführen. Dorthin hat sie heimlich auch Ermengarde und Ambrose gelockt – und auch Horace selbst, dem sie dort eine neue Heiratskandidatin präsentieren will: sich selbst!

Gleich drei Oscars konnte dieses Hollywood-Musical 1969 für sich verbuchen, in acht Kategorien war es nominiert. Der Hauptverdienst am Erfolg gebührt sicherlich der Hauptdarstellerin Barbra Streisand, die in ihrem zweiten Leinwandauftritt nach dem Debütfilm *Funny Girl* Publikum und Kritik zu Begeisterungsstürmen hinriss. *Hello, Dolly!*, ein Nachkömmling der großen Hollywood-Musicals, hat selbst einen beachtlichen Stammbaum zu bieten: 1835 war die Geschichte unter dem Titel *A Day Well Spent* erschienen, sie stammt aus der Feder des Engländers John Oxenford. Johann Nestroy formte die Story zu seiner Posse *Einen Jux will er sich machen* um, die Thornton Wilder wiederum zunächst zu *Merchant Of Yonkers*, später zu *Die Heiratsvermittlerin* umarbeitete, wobei er diese Titelgestalt neu einfügte. Daraus formte Michael Stewart sein erfolgreiches Musical, das Gene Kelly dann auf die Leinwand brachte. 1958 war bereits eine Filmversion des Stoffes mit Shirley Booth als Dolly und Shirley MacLaine als Irene erschienen. In dieser Fassung mit Barbra Streisand hatte die atemberaubend opulente Ausstattung schon zuvor für Schlagzeilen gesorgt. 20th Century Fox hatte fast zwei Millionen Dollar allein auf das Set verwendet, das die Fifth Avenue, Broadway und Mulberry Street in New York um 1890 darstellte. Diese Dekoration, die zunächst nur stehen blieb, weil das Studio die teuren Abrisskosten nicht mehr aufbringen konnte, diente in den folgenden Jahren als Kulisse für eine ganze Reihe von Film- und Fernsehproduktionen, darunter *New York, New York, Starsky und Hutch* und *Drei Engel für Charlie*.

Monthly Film Bulletin: »Die Sets sind kolossal, die Extras zahllos und die Kostüme eine wahre Farbenpracht.«

Die Weltwoche: »Sensationell perfekt.«

Süddeutsche Zeitung: »*Hello Dolly* ist das entscheidende bisschen mehr als ein perfekt gemachter Musik- und Tanzfilm: ein Film von Könnern, denen auch noch etwas eingefallen ist.«

1958 Die Heiratsvermittlerin

The Matchmaker, USA, R: Joseph Anthony, D: Shirley Booth, Anthony Perkins

1953 Einmal keine Sorgen haben

A/BRD, R: Georg Marischka, D: Walter Müller, Hans Moser, Nadja Tiller

HELLS ANGELS IN VIETNAM

Nam Angels, USA 1988, R: Cirio H. Santiago, D: Archie Adamos, Frederick Bailey, Rick Dean, Romy Diaz, Kevin Duffis, Tonichi Fructuoso, Jeff Griffith, Eric Hahn, Geronimo Holandez

Ein texanischer Offizier holt vier gewalttätige »Hell's Angels« aus dem Gefängnis in Saigon. Auf schweren Motorrädern braust der Stoßtrupp in den Dschungel, um zwei GIs aus vietnamesischer Gefangenschaft zu befreien. Dabei werden aus den goldgierigen Ganoven einsatzfreudige Kämpfer.

Lexikon des internationalen Films: »Krieg einmal mehr als männerformendes Actionspiel, bei dem in skandalösem Übermaß auf die üblichen fragwürdigen ›Unterhaltungsmittel‹ zurückgegriffen wird.«

1970 Nam's Angels

USA, R: Jack Starrett, D: William Smith, Bernie Hamilton, Adam Roarke

HEMMUNGSLOSE MANON

Manon 70, F/I/BRD 1967, R: Jean Aurel, D: Catherine Deneuve, Jean-Claude Brialy, Sami Frey, Elsa Martinelli, Robert Webber, Paul Hubschmid, Claude Génia, Jean Martin, Manuela von Oppen, Christina Ohlson

Nach dem Roman *Histoire du Chevalier Des Grieux et de Manon Lescaut* von Abbé Prévost (1697–1763): Eine in die Gegenwart gesetzte Geschichte über François und die wunderhübsche Manon. Als sie sich begegnen, fühlen beide,

dass sie füreinander geschaffen sind, und nichts kann ihre Liebe beeinträchtigen, auch die Machenschaften von Manons gewissenlosem Bruder nicht, der von dem Geld lebt, das sie von ihren reichen Freunden erhält. Obwohl es zu einigen dramatischen Zwischenfällen kommt, lernt François dabei, dass es ihm durchaus möglich ist, die geliebte Frau mit anderen zu teilen.

Filmbeobachter: »*Manon Lescaut* heißt eine von dem französischen Abbé Prévost erfundene Frauengestalt. Sie ist der Prototyp der koketten, verführungssüchtigen Frau, die ihrem ewig verschuldeten Bruder, aber auch der eigenen Sucht nach Geld und Wohlstand zuliebe von einem Mann zum andern springt und den Mann, der sie wirklich liebt, damit moralisch zugrunde richtet. Das moderne Abbild von *Manon Lescaut* soll die *hemmungslose Manon* sein, um die es hier geht ... Der Film endet damit, dass Manon einen ihrer Liebhaber nach einem Skandal verlässt, zu dem es kommt, weil der Liebhaber, der sich als Einziger in der Gunst Manons wähnt, deren Verhältnis zu François entdeckt. Wie es weitergehen wird, lässt der Film offen. Doch ist dies nicht alles, was offen bleibt. Drehbuch und Dialoge bleiben völlig an der Oberfläche, charakterisieren das Mädchen nur unzureichend, lassen es an der psychologischen oder psychiatrischen Motivierung fehlen. Wie viel ist bei Manon einer Nymphomanie, Perversion zuzuschreiben, wie sehr ist sie nur Kokotte? Wie erklärt sich das Verhältnis Manons zu ihrem Bruder? Wie muss die Liebe dieser Frau beschaffen sein, dass sie neben sich all die anderen Gefühle duldet? Nichts darüber im Film; stattdessen eine ziemlich lustlose Aneinanderreihung der auf Grund ihrer mangelhaften Motivierung zuweilen unfreiwillig komisch wirkenden Episoden.«

Henri-Georges Clouzot verlegte 1949 die Liebesgeschichte der Manon Lescaut in die Zeit der deutschen Okkupation Frankreichs und der ersten Jahre nach der Befreiung. Zwischen 1975 und 1999 entstanden sechs weitere Verfilmungen des Stoffes, ausschließlich fürs Fernsehen: 1975 von Sandro Bolchi, 1980 von Kirk Browning, 1990 von Pierre Jourdan und 1999 von Liliana Cavani sowie 1983 und 1997 von Humphrey Burton.

1949 Manon

F, R: Henri-Georges Clouzot, D: Cécile Aubry, Michel Auclair, Michel Bouquet

1940 Manon Lescaut

I, R: Carmine Gallone., D: Guglielmo Barnabò, Lola Braccini, Carlo Bressan

1927 When a Man Loves

USA, R: Alan Crosland, D: John Barrymore, Dolores Costello, Warner Oland

1926 Manon Lescaut

D, R: Arthur Robison, D: Sig Arno, Lya De Putti, Marlene Dietrich

1914 Manon Lescaut

USA, R: Herbert Hall Winslow, D: Lina Cavalieri, Lucien Muratore

1911 Manon Lescaut

I, D: Francesca Bertini

HENRY V.

GB 1989, R: Kenneth Branagh, D: Kenneth Branagh, Derek Jacobi, Simon Shepherd, James Larkin, Emma Thompson, Ian Holm, Brian Blessed, Paul Scofield, Robbie Coltrane, Michael Maloney, Alec McCowen, Geraldine McEwan, John Sessions, Christian Bale, Richard Briers, Judi Dench

Nach einem Theaterstück von William Shakespeare: London im Jahre 1415. Vor dem versammelten Thronrat übergibt der junge König Heinrich V. dem französischen Gesandten die Kriegserklärung, um seine Erbfolge gegenüber der Krone Frankreichs geltend zu machen. Ein weiteres dunkles Kapitel im hundertjährigen Krieg zwischen den verfeindeten Nationen wird aufgeschlagen. Vom Kriegsglück begünstigt, stößt Heinrich zunächst weit nach Frankreich vor. Doch dann stellen sich ihm die Franzosen mit zehnfacher Übermacht bei Azinourt entgegen. Heinrich braucht seinen ganzen Mut und Gottes Hilfe, um die Krone Frankreichs und die Hand der Königstochter Katharina zu erringen.

Kenneth Branagh: »Ich wollte die nackte Wahrheit hinter Shakespeares wundervollen Versen zeigen, beweisen, dass er auch für das heutige Publikum aktuell ist. Jungen Leuten, die von *Batman, Rambo, Platoon* begeistert sind, zeigen, dass, wenn man den Text in größtmöglicher realistischer Weise bringt, ohne seinen Reichtum, seine Vielschichtigkeit und seine dramatische Kraft zu verneinen, sich einem die Nackenhaare sträuben.«

Mara Harlan *(tip)*: »Die Verfilmung eines der anstößigsten Stücke des britischen Barden durch den hoch begabten jungen Kenneth Branagh, dessen Darstellung dem rabiaten Monarchen erschütternde Züge abgewinnt. Close-ups und Regen überwiegen. Ein Fest für den Shakespeare-Fan.«

1943/44 Heinrich V.

Henry V., GB, R: Laurence Olivier, D: Laurence Olivier, Robert Newton, Leslie Banks

DER HERR DER FLIEGEN

Lord Of The Flies, USA 1988, R: Harry Hook, D: Balthazar Getty, Chris Furrh, Daniel Pipoly, Gary Rule, Badge Dale, Terry Wells, Andrew Taft

Nach einem Roman von William Golding: Zwei Dutzend acht- bis zwölfjährige Jungen landen nach einem Flugzeugabsturz auf einer tropischen Insel. Was zuerst wie ein Abenteuer aussieht, das trotz aller Nöte Spaß macht, entwickelt sich schnell zu einem makabren Chaos: Die Knaben spalten sich in zwei feindliche Lager und beginnen sich zu bekriegen.

J. F. Sebastian *(taz)*: »Der Engländer Peter Brook verfilmte den Abenteuer-Stoff 1963 schon einmal, hart an der Vorlage, spärlich ausgestattet und beklemmend in der Aussage: In jeder von uns steckt eine UnterdrückerIn, wenn es um die nackte Haut geht. Der Existenzkampf der ausschließlich aus Jungen bestehenden Gruppe, ihr Wille, sich zu organisieren und die spätere Spaltung in Krieger und Sammler, sind auch heute noch Themen. Intoleranz, Verfolgung, Diktatur und bestialischer Mord vermochte Golding schon 1954, also kurz nach dem Zweiten Weltkrieg, besonders jungen Menschen mit seiner eindringlichen Sprache nahe zu bringen. Der neuerliche Versuch des Regisseurs Harry Hook, Goldings Inhalte auf die Leinwand zu bringen, ist völlig daneben gegangen. Hooks Filmsprache bleibt an der Oberfläche. In seinem Remake von *Herr der Fliegen* hat er sich ganz an die Bedürfnisse des amerikanischen Filmmarktes angelehnt. So zwingt er die literarische Vorlage erbarmungslos in die Knie. Nach der Ankunft der Bubi-Kadetten auf der Insel hätte Hook auf die psychologische Einführung seiner Charaktere nicht verzichten dürfen. Alle weiteren Aktionen der Kids bleiben somit diffus, die bunten Bilder taugen gerade mal zum Action-Film.«

Die Science Fiction Filmenzyklopädie: »Während Peter Brooks Verfilmung von Goldings Zukunftsallegorie aus dem Jahr 1963 extrem holprig war, so bleibt sie doch gegenüber diesem amerikanischem Remake in ihrer künstlerischen

Weise die bessere Filmversion. Goldings Knabenchor, der auf einer Insel ausgesetzt wird und in die Wildheit zurückfällt, wird hier durch ein Kader Bälger aus einer amerikanischen Militärschule ersetzt. Das Leinwandimage dieser Kinder, angefangen von *End As A Man* (1959) bis zu *Verflucht sei, was stark macht* (*The Lords Of Discipline*, 1982) war schon immer so brutal und gewalttätig, dass sie sich kaum in die Steinzeit zurückentwickeln müssen. In dieser Verfilmung ist Getty der vom Gewissen geplagte, jugendliche Held – ein schmollender Schönling. Der Rest der Kadetten wirkt wie Flüchtlinge aus Kings *Kinder des Zorns* (*Children Of The Corn*, 1983) ... Typisch für die schlampige Aktualisierung und Amerikanisierung des Romans ist beispielsweise die Umdichtung von Pipolys Spitznamen ›Piggy‹ zu ›Miss Piggy‹. Weiterhin ragen Dialogreferenzen zu *Rambo* und *ALF* aus der unveränderten und überbekannten Geschichte unangenehm heraus ... Eine geplatzte Verfilmung von Goldings Roman – mit einem Drehbuch von Nigel Kneale, produziert von Kenneth lynan und unter der Regie von Seth Hold – hätte vielleicht einen besseren Film ergeben.«

1963 Der Herr der Fliegen
GB, R: Peter Brook, D: James Aubrey, Tom Chapin

DER HERR DER RINGE: DIE GEFÄHRTEN

The Lord Of The Rings: The Fellowship Of The Ring, USA 2001, R: Peter Jackson, D: Elijah Wood, Cate Blanchett, Christopher Lee, Liv Tyler, Ian McKellen, Viggo Mortensen

Hobbit Frodo soll den »Einen Ring« vor Sauron, dem Dunklen Herrscher von Mordor, in Sicherheit bringen. Am Hofe von Elrond, dessen Weisheit überall in Mittelerde bekannt ist, treffen sich Botschafter jener Länder, die noch nicht unter Saurons Herrschaft stehen. Es wird darüber beraten, wie man sich der zunehmenden Macht Saurons entziehen könne. Man beschließt zu tun, was Sauron am wenigsten erwarten würde: den »Einen Ring«, einst geschmiedet von Sauron und Inbegriff seiner Stärke, heimlich ins Land Mordor weit im Süd-Osten zu tragen und im Schmiedefeuer des Schicksalsbergs zu vernichten. Für 130 Millionen Dollar entsteht eine Filmtrilogie von J. R. R. Tolkiens Fantasy-Klassiker, Regie führt der neuseeländische Regisseur und Produzent Peter Jackson, für den es die Computertechnik möglich macht, den *Herrn der Ringe* zu verfilmen, ohne auf den Zeichentrick der Fassung aus den Siebzigern zurückgreifen zu müssen: »Zu Recht ist es eines der Bücher, die als ›unverfilmbar‹ gelten, aber wir haben hier in Neuseeland wirklich alles, es ist beinahe so, als ob Tolkien es eines Tages im Urlaub hier so aufgeschrieben hätte.« *Der Herr der Ringe* ist eines der beliebtesten Bücher auf der ganzen Welt und ist mehr als 50 Millionen Mal in 25 Sprachen verkauft worden. Für 2002 ist *The Lord Of The Rings: The Two Towers* angekündigt, für 2003 *The Lord Of The Rings: The Return Of The King*.

Dieter Oßwald (*Programmkino.de*): »Mit spektakulärem Pomp hat Jackson eine spezialeffektvollen Wunderwelt geschaffen, die das Fantasy-Genre neu definiert. 900 Rüstungen, 2.000 Waffen, 20.000 Requisten-Teile, 1.600 Masken sowie 550 jener berühmten CGI's (computer generated images) vermeldet die Statisik stolz. Das Ergebnis sind atemberaubende Bauten, spektakuläre Monster und grandiose Massenszenen, wie sie so noch nie zu sehen waren. Vor allem aber: in dieser digitalen Fantasywelt agieren keine kalten Computerspiel-Figuren, sondern märchenhafte Gestalten mit Seele. Die enorme Leinwandpräsenz der Darsteller sorgt hier für den gelungenen Kontrast zum Action-Sperrfeuer. Allen voran Elijah Wood als fast kindlicher Hobbit-Held Frodo, der mit großen blauen Augen jenen geheimnisvollen Ring der Macht vor den Bösen retten muss. An seiner Seite Shakespeare-Mime Ian McKellen als charismatischer Zauberer Gandalf mit Rauschebart ... Auf diesem Jackson-Jahrmarkt wird die Geisterbahn zur rasanten Achterbahn. Als kleine Erholungspausen gibt es Kaspertheater von tollpatschigen Hobbits und einem vorwitzigen Zwerg. Selbst die Moral von der Geschicht' kommt nicht zu kurz: Macht macht böse und gemeinsam sind wir stark. Kino zum Bauklötze staunen und dennoch mit sehr viel Liebe zum Detail. So verblüffend kurzweilig die dreistündige, spektakuläre Bilderflut ausfällt, so überraschend der Schluss – völlig unvermittelt fällt hier der Vorhang: Fortsetzung folgt. Nicht nur Fans werden sich das Werk wohl mehrfach ansehen.«

1980 The Return Of The King
USA, R: Jules Bass, Arthur Rankin jr. – Animation
1978 Herr der Ringe
The Lord Of The Rings, USA, R: Ralph Bakshi – Animation

DER HERR DER SIEBEN MEERE

The Sea Hawk, USA 1940, R: Michael Curtiz, D: Errol Flynn, Brenda Marshall, Claude Rains, Donald Crisp, Flora Robson, Alan Hale, Henry Daniell, Una O'Connor, James Stephenson, Gilbert Roland

Geoffrey Thorpe ist der Kapitän des »Seefalken«, der als ein »Robin Hood der Meere« auf eigene Faust einen Kampf gegen die mächtige Flotte Spaniens führt. Die Beute, die dem »Seefalken« auf seinen Kaperfahrten zufällt, füllt die Schatzkammern Englands. Auf einer dieser Fahrten begegnet Geoffrey Thorpe dem stolzen Schiff des spanischen Gesandten Don Jose de Cordoba, der in Begleitung seiner Nichte, der schönen Donna Maria, auf dem Wege nach England ist, um die Königin in die Netze der spanischen Weltpolitik zu verstricken. Es kommt zu einer Schlacht zwischen dem »Seefalken« und dem Spanier, der ausmanöviert, kampfunfähig geschossen und geentert wird. Der spanische Gesandte und die schöne Donna Maria beenden ihre Reise nach England an Bord des »Seefalken«. Kapitän Thorpe verliebt sich in die schöne Spanierin. Während die Königin von England den kühnen Abenteurer für seine verwegenen Fahrten, die den Zorn Spaniens heraufbeschwören, vor aller Öffentlichkeit zur Verantwortung zieht, erliegt sie dennoch den Einflüsterungen des eleganten und charmanten Geoffrey Thorpe, ihn erneut auf die Meere zu schicken, um Gold für Englands Schatzkammer zu erbeuten. Aber die Spanier erfahren durch Lord Wolfingham, der an England zum Verräter wird, von Geoffrey Thorpes Plan. Es gelingt ihnen, den Kapitän des »Seefalken« und seine Männer gefangen zu nehmen. Sie werden in Eisen gelegt und erleiden das grausame Schicksal von Galeerensklaven auf einem spanischen Schiff. Thorpe gelingt es, sich und seine Männer zu befreien, die Spanier zu überwältigen und England im letzten Augenblick vor Spaniens Überfall zu bewahren. Der Kapitän wird für seine kühne Tat von der Königin zum Ritter geschlagen, und die Zukunft wird die schöne Donna Maria mit ihm teilen.

ARD: »Michael Curtiz' *Der Herr der sieben Meere* ist ein aufwendig ausgestatteter, schwungvoll und aktionsreich inszenierter Klassiker des Piratenfilms, der im Zusammenspiel zwischen Errol Flynn als unwiderstehlichem Gentleman-Piraten und Flora Robson als Königin Elisabeth einige humorvolle Akzente setzt.«

1924 The Sea Hawk

USA, R: Frank Lloyd, D: Milton Sills, Enid Bennett, Lloyd Hughes

DER HERR IM HAUS BIN ICH

Hobson's Choice, GB 1954, R: David Lean, D: Charles Laughton, John Mills, Brenda De Banzie, Daphne Anderson, Prunella Scales, Richard Wattis, Derek Blomfield, Helen Haye, Joseph Tomelty, Julien Mitchell, Gibb McLaughlin, Philip Stainton, Dorothy Gordon, Madge Brindley

London gegen Ende des 19. Jahrhunderts: Der tyrannische Witwer Henry Hobson ist Inhaber eines Schuhgeschäfts und Vater von drei Töchtern. Er ordnet an, dass seine älteste Tochter Maggie auf eine Heirat verzichten soll, damit sie sich um ihn kümmern kann. Doch die resolute Maggie widersetzt sich seinem Wunsch und heiratet kurzerhand Mossop, den schüchternen Gesellen ihres Vaters. Als Hobson ihr die Mitgift verweigert, eröffnet Maggie zusammen mit ihrem Mann ein eigenes Schuhgeschäft. Dank ihrem Ehrgeiz wird das Geschäft erfolgreich und macht bald dem ihres Vaters Konkurrenz. Als Hobson krank wird, bittet er Maggie, wieder zu ihm zurückzukommen. Sie willigt ein, allerdings nur unter der Bedingung, dass Mossop ein vollwertiger Partner ihres Vaters wird ...

Kurier (Wien): »Turbulente Komödie.«

Eine weitere Verfilmung entstand 1983 in den USA, unter der Regie von Gilbert Cates spielten Lenore Banks, Matt Borel und Barbara Chaney.

1931 Hobson's Choice

GB, R: Thomas Bentley, D: Marie Ault, Reginald Bach, Belle Chrystall

1920 Hobson's Choice

GB, R: Percy Nash, D: Joe Nightingale, Joan Ritz, Arthur Pitt

DER HERRGOTTSCHNITZER VON AMMERGAU

BRD 1952, R: Harald Reinl, D: Erich Auer, Elise Aulinger, Willy Rösner, Ingeborg Cornelius, Paul Richter, Elfie Pertramer, Sepp Rist, Heinrich Hauser, Ludwig Schmid-Wildy, Walter Sedlmayr

Dramatischer Heimatfilm nach einem Ganghofer-Stück: Loni soll den reichen Bauernsohn Muckl heiraten. Da sie aber Holzschnitzer Pauli liebt, gibt es Ärger mit ihrem Ziehvater. Eine Reihe von Missverständnissen macht es Loni nicht leicht sich zu entscheiden.

1930 Herrgottschnitzer von Ammergau
D, R: Franz Seitz

DIE HERRIN VON ATLANTIS

L'Atlantide, I/F 1960, R: Frank Borzage, Edgar G.
Ulmer, Giuseppe Masini D: Haya Harareet, Rad Ful-
ton, Jean-Louis Trintignant, Georges Rivière, Ama-
deo Nazzari, Giuliana Rubini, Gianmaria Volonté,
Gabriele Tinti, Ignazio Dolce
Nach einem Roman von Pierre Benoit: Abenteuer in einem unterirdischen Fantasiereich, wo jeder Fluchtversuch mit Sklavenarbeit oder tödlicher Folter bezahlt wird. Hierhin sind drei junge Leute geraten, die mit ihrem Privathubschrau-
ber notlanden mussten.

Lexikon des internationalen Films: »Der teils
blutige, teils halb nackte Unsinn soll zur Zeit des
ersten französischen Atomversuchs in der Sahara spielen, was in seiner primitiven Idee eher unfreiwillig erheiternd als glaubwürdig wirkt. Der
Film wurde von Frank Borzage begonnen, den
dann E. G. Ulmer und Giuseppe Masini ablö-
sten.«

1948 Die Herrin von Atlantis
Siren Of Atlantis, USA, R: Gregg G. Tallas, D: Ma-
ria Montez

1932 Die Herrin von Atlantis
D, R: Georg Wilhelm Pabst, D: Brigitte Helm, Gus-
tav Diessl, Tela Tschai

1920/21 Die Herrin von Atlantis
L'atlantide, F, R: Jacques Feyder, D: Stacia Napier-
kowska, Jean Angelo

HERRSCHER EINER VERSUNKENEN WELT

La Isla misteriosa y el capitán Nemo, E/F/I 1973, R:
Juan Antonio Bardem, Henri Colpi, D: Omar Sha-
rif, Ambroise Bia, Jess Hahn, Philippe Nicaud, Gé-
rard Tichy, Rafael Bardem Jr., Gabriele Tinti, Vidal
Molina, Rik Battaglia
Nach einem Roman von Jules Verne: Ein Orkan
weht über Amerika. Städte und Wälder werden
zerstört. In dieser Zeit gelingt es fünf Nordame-
rikanern sich mit einem Ballon aus der Kriegsgefangenschaft zu befreien. Sie landen am 23.
März gegen 16 Uhr 11.000 Kilometer entfernt
auf einer Vulkaninsel im Pazifik. Eine Robinsonade beginnt. Keiner ahnt, dass das Atoll von Kapitän Nemo regiert wird, der auf seiner »Nautilus« residiert. Von den fünf Abenteurern unentdeckt, auf dem unterirdischen See, liegt die Nau-

tilus. Immer wenn Gefahr droht, greift er in das
Leben der Insulaner ein.

Lexikon des Science Fiction Films: »Diese Version des Jules-Verne-Stoffes hat einige Längen, ist
aber ansehbar.«

Eine weitere Verfilmung fürs amerikanische
Fernsehen entstand 1975 und 1995 wurde in den
USA die TV-Serie *Mysterious Island* mit John
Bach, C. David Johnson und Stephen Lovatt pro-
duziert.

1969 L'ile mystérieuse
F, R: Claude Santelli

1962 L'ile mystérieuse
F, R: Pierre Badel

1961 Die geheimnisvolle Insel
USA/GB, R: Cy Endfield, D: Michael Craig, Beth Ro-
gan, Michael Callan

1951 Mysterious Island
USA, R: Spencer Gordon Bennet, D: Richard Crane,
Marshall Reed

1941 Die geheimnisvolle Insel
Tainstvennyj ostrov, UdSSR, R: B. M. Chelintsev,
Eduard Pentslin, D: A. Andriyenko

1929 The Mysterious Island
USA, R: Lucien Hubbard, D: Lionel Barrymore, Jac-
queline Gadsdon, Lloyd Hughes

HERRSCHERIN DER WÜSTE

SHE, GB 1964, R: Robert Day, Drb: David T. Chant-
ler nach einem Roman von H. Rider Haggard, K:
Harry Waxman, M: James Bernard, S: James Needs,
D: Ursula Andress (Ayesha), Peter Cushing (Major
Holly), Christopher Lee (Billali), John Richardson
(Leo Vincey), Rosenda Monteros (Ustane), Andre
Morell (Hausmeid), John Maxim (Captain der
Wachen), Bernard Cribbins (Job)
Nach Ende des Palästina-Kriegs von 1918 ver-
treiben sich die beiden entlassenen britischen Soldaten Vincey und Holly die Zeit in den Jerusa-
lemer Bars. Von der schönen Araberin Ustane ins
Freie gelockt, wird Vincey niedergeschlagen und
erwacht in den Armen der noch schöneren Ayesha, die ihm einen Ring schenkt und ihn bittet,
zu ihr in die versunkene Stadt Kuma zu kommen.
Der archäologisch beschlagene Holly träumt, als
er den Ring sieht, sofort von unermesslichen
Schätzen, denn Kuma ist ein mythischer Ort,
nach dem man schon immer gesucht hat. Zusammen mit einem Diener brechen sie auf, Ayesha zu
suchen. Unterwegs kommt es zu Auseinandersetzungen mit dem Stamm der schönen Ustane,

aber Ayeshas Leute befreien die Abenteurer und bringen sie in ihre versunkene Stadt. Ayesha entpuppt sich als grausam und rücksichtslos. Sie glaubt, in Vincey ihren ermordeten Liebhaber Kalfikrates wieder zu erkennen. »Sie« – die Königin des Volkes, das noch existiert – hat vor 2000 Jahren den Mord begangen. Dank eines »kalten Feuers« ist sie seitdem unsterblich. Um zu beweisen, dass er die Reinkarnation des Priesters ist, zeigt sie ihm seine eigene Mumie. Vincey gerät in ihren Bann. Als er durch eine Feuerprobe Unsterblichkeit gewinnen soll, kommt er um. Seine Gefährten entgehen nur knapp dem Tod und entfliehen.

Von »oberflächlicher Diskussion unter den Kameraden, ob ewiges Leben wünschenswert ist oder nicht«, schreibt der *Evangelische Filmbeobachter*, »dann Zusammenbruch: Ein Helotenvolk erhebt sich und stürzt alles, was der Wüstenkönigin zugehört, in einen Feuerschlund. Diese selber geht noch mal ins kalte Feuer und wird vor den Augen des Betrachters 2000 Jahre alt. Das ist nicht die einzige Horror-Einlage ... ›Sie‹, das könnte auch die überhöhte Geschichte des Ewig-Weiblichen, übertragen ins Zeitlose untergegangener Kulturen sein. Aber wer mag einen routiniert abgedrehten Hollywood-Schinken auf so etwas untersuchen?«

Für das *Lexikon des Science-Fiction Films* gehört der Film in die »Qualitätsgruppe B/C um die Themenkreise ›Unsterblichkeit‹ und ›Versunkene Kulturen‹, der weniger durch schauspielerische Leistungen als den Kurvenreichtum der Ursula Andress und einer Oben-Ohne-Tanzszene besticht.«

1935 SHE – Herrscherin einer versunkenen Welt
She, USA, R: Irving Pichel, Lansing C. Holden, D: Helen Gahagan, Randolph Scott
»Eine Gruppe von Forschern gerät im polaren Eis auf der Suche nach dem sagenhaften Königreich Kor, das von einer unsterblichen Königin beherrscht wird, in gefährliche Abenteuer. Ansehnlicher utopischer Abenteuerfilm mit zahlreichen, heute recht verstaubt anmutenden Trickaufnahmen, nach dem fantastischen Roman von H. Rider Haggard mit großem Aufwand produziert. Das für Freunde des fantastischen Films vor allem aus historischer Sicht nicht uninteressante Werk galt längere Zeit als verschollen.« *(Lexikon des internationalen Films)*
1925 She
GB, R: Leander de Cordova, D: Betty Blythe
1917 She
USA, R: Kenear Buel, D: Valesha Suratt
1916 She
GB, R: Will Barker, H. Lisle Lucoque, D: Henry Victor
1911 She
USA, D: James Cruze
1908 She
USA

EIN HERZ AUS GOLD

So Big, USA 1953, R: Robert Wise, D: Jane Wyman, Sterling Hayden, Nancy Olson, Richard Beymer, Steve Forrest, Elizabeth Fraser
Nach einem Roman von Edna Ferber: Lebensweg und Lebensinhalt eines verwöhnten, früh verwaisten Mädchens bis zur alternden Frau. Direkt aus dem exklusiven Pensionat heraus auf ein Dorf als Lehrerin verschlagen, steht sie konsequent und zäh zu den übernommenen Aufgaben; und nach der Heirat mit einem jungen Farmer verliert sie bei aller harten Arbeit nie die Schönheiten des Lebens aus den Augen.

Alfra v. Boxberger *(Filmblätter)*: »Haargenau auf die Wandlungsfähigkeit einer Jane Wyman zugeschnitten ... Mit viel Geschmack und ohne Übersteigerungen lässt Jane Wyman alle Phasen lebendig werden: den unbekümmerten Backfisch, die junge, weltfremde Lehrerin; die glückliche Mutter und die Frau, die hart ihren Mann unter Männern steht, den kargen Boden meistert

Herrscherin der Wüste
(1964, R: Robert Day): Ursula Andress

und den eigenwilligen Sohn schließlich auf den rechten Weg bringt ... Ein Film, der ans Gemüt geht.«

1932 So Big!
USA, R: William A. Wellman, D: Barbara Stanwyck, Bette Davis, George Brent

1924 So Big
USA, R: Charles Brabin, D: Colleen Moore, Joseph De Grasse, John Bowers

HERZ DER FINSTERNIS

Heart Of Darkness, USA 1994, R: Nicolas Roeg, D: Tim Roth, John Malkovich, Isaach De Bankolé, James Fox, Morten Faldaas, Patrick Ryecart, Michael Fitzgerald, Geoffrey Hutchings, Peter Vaughan, Phoebe Nicholls, Allan Corduner, Jan Triska, Alan Scarfe

Nach einem Roman von Joseph Conrad: Charles Marlow transportiert als britischer Kapitän die verschiedensten Güter durch den afrikanischen Dschungel. Seine Vorliebe gilt dabei dem Elfenbein, das man billig von den Eingeborenen erstehen und dann teuer auf dem europäischen Markt verkaufen kann. Bei seinen Touren hört Marlow immer wieder – mit einer Mischung aus Faszination, Angst und Hass – den Namen ›Kurtz‹. Eines Tages stößt Marlow auf die Behausung des geheimnisvollen Kurtz, eine gigantische Hütte, geschmückt mit menschlichen Schädeln und bewacht von grimmigen Eingeborenen. Einst träumte Kurtz davon, ein großer Führer zu werden, sah sich als Herrscher des Dschungels. Doch mit den Jahren befiel ihn eine Geisteskrankheit. Seinen großen Plan, die totale Ausrottung aller Eingeborenen, kann Kurtz nicht mehr verwirklichen – er stirbt vorher, von Gier und Verachtung für alles Menschliche zerfressen. Marlow, selbst immer ein Zyniker gewesen, erkennt erst durch seine Begegnung mit Kurtz, wie wertlos und verachtungswürdig sein bisheriges Leben war. Als er aus dem Dschungel heimgekehrt, bringt er nicht einmal das wertvolle Elfenbein mit. Denn an diesem Schatz klebt Blut.

Prisma-Online: »Nicolas Roeg entwickelt die Story in dieser Joseph-Conrad-Verfilmung recht breit und unspektakulär. Er legt großen Wert darauf, die psychologischen Abgründe in den Hauptcharakteren auszuloten. In einer Nebenrolle taucht Fotomodell Iman auf, die Gattin von Rockstar David Bowie. Die bekannteste Verfilmung des Conrad-Romans stammt übrigens von Francis Ford Coppola. Der transportierte die Handlung einfach in den Vietnamkrieg und nannte das Stück Apocalypse Now.«

1979 Apocalypse Now
USA, R: Francis Ford Coppola, D: Marlon Brando, Robert Duvall, Martin Sheen

DAS HERZ EINER MUTTER

The Blue Veil, USA 1951, R: Curtis Bernhardt, D: Jane Wyman, Charles Laughton, Cyril Cusack, Richard Carlson, Joan Blondell, Agnes Moorehead, Audrey Totter, Don Taylor, Everett Sloane, Natalie Wood, Warner Anderson, Alan Napier, Henry Morgan, Vivian Vance, Les Tremayne, Dan O'Herlihy, Carleton G. Young, Dan Seymour

Nach einer Erzählung von François Campaux: Die Lebensgeschichte der Gouvernante Louise Mason, die während des Ersten Weltkrieges ihren Mann und ihr Kind (es stirbt kurz nach der Geburt) verliert. Sie nimmt ihr Schicksal in die eigenen Hände und bringt von nun an als Säuglingsschwester etwas Sonnenschein in die Häuser ihrer verschiedenen Arbeitgeber. Darunter ist

Das Herz einer Mutter
(1951, R: Curtis Bernhardt): Jane Wyman

auch ein verwitweter Augenarzt, der sich in sie verliebt und sie heiraten will.

TV Spielfilm Lexikon: »Curtis Bernhardts gefühlsseliges Melodram zielt ungeniert auf die Tränendrüsen der Zuschauer, auch wenn der Regisseur später meinte, er habe versucht, die allzu rührigen Szenen zu vermeiden. Nichtsdestotrotz ist der Film ein gelungenes Beispiel eines Frauenfilms, dem von einer kompetenten Besetzung Leben und Wärme eingehaucht wird. Natürlich ist Jane Wyman der Star der Show, da sie in fast jeder Szene zu sehen ist, während die anderen sich mehr oder weniger mit Cameo-Auftritten bescheiden mussten. Für ihre Darstellung erhielt die Schauspielerin eine Oscar-Nominierung, ebenso wie Joan Blondell als Beste Nebendarstellerin.«

1942 Der blaue Schleier
Le voile bleu, F, R: Jean Stelli, D: Gaby Morlay, Pierre Larquey, Fernand Charpin

EIN HERZ GEHT VERLOREN

Carnival, GB 1946, R: Stanley Haynes, D: Sally Gray, Michael Wilding, Stanley Holloway, Bernard Miles, Michael Clarke, Hazel Court, Brenda Bruce, Jean Kent, Catherine Lacey, Nancy Price, Anthony Holles, Ronald Ward, Mackenzie Ward, Bruce Winston, Dennis Arundell
Nach einem Roman von Compton Mackenzie: Um die Jahrhundertwende heiratet eine junge

Ballett-Tänzerin einen Farmer in Cornwall und wird von diesem erschossen, als sie sich scheinbar einem früheren Liebhaber und Kollegen zuwendet.

Lexikon des internationalen Films: »Psychologisch unglaubwürdiges Ehedrama.«

1932 Dance, Pretty Lady
GB, R: Anthony Asquith, D: Ann Casson, Carl Harbord, Michael Hogan

HERZ IN DER HOSE

Fancy Pants, USA 1950, R: George Marshall, D: Bob Hope, Bruce Cabot, Lucille Ball, Jack Kirkwood, Lea Penman, Hugh French
Nach einer Novelle von Harry Leon Wilson: Ein englischer Schmierenkomödiant posiert um die Jahrhundertwende als Butler bei einer neureichen Dame im Wilden Westen, die ein britischer Glücksjäger zu heiraten gedenkt und ihr deshalb einen adeligen Hintergrund vorgaukelt. Der vermeintliche Butler gerät in allerlei Verwicklungen und wird gar US-Präsident Roosevelt als Graf vorgestellt.

Lexikon des internationalen Films: »Ein amüsantes Nonsense-Grotesk-Lustspiel, ganz zugeschnitten auf die gut aufgelegten Komödianten Bob Hope und Lucille Ball.«

1935 Ein Butler in Amerika
Ruggles Of Red Gap, USA, R: Leo McCarey, D: Charles Laughton, Mary Boland

1923 Ruggles Of Red Gap
USA, R: James Cruze, D: Edward Everett Horton, Ernest Torrence, Lois Wilson

1918 Ruggles Of Red Gap
USA, R: Lawrence C. Windom, D: Taylor Holmes, Frederick Burton

EIN HERZ WIRD WIEDER JUNG

A 1997, R: Heide Pils, D: Otto Schenk, Annika Pages, Tobias Moretti, Gerhard Zemann, Franz Robert Wagner, Marianne Nentwich, Senta Wengraf
Die Geschichte des mürrischen Fabrikanten Friedrich Hoffmann, der mit Hilfe seiner beiden ungeliebten Neffen die Konditoreikette »Mona« betreibt. Als er eine zusätzliche Firma, die defizitäre Fabrik »Schokospaß«, kauft, betraut er einen weitsichtigen Verwandten mit der Geschäfts-

Altes Herz wird wieder jung
(1943, R: Erich Engel): Emil Jannings

führung. Eines Tages taucht seine erwachsene Enkeltochter Susanne auf, von der Hoffmann bis dahin nichts wusste. Damit beginnt ein neuer Abschnitt in seinem Leben. Doch die liebe Verwandtschaft ist alarmiert. Schließlich geht es um das spätere Erbe.

Regisseurin Heide Pils, die auch das Drehbuch neu schrieb, hielt sich in den Grundzügen an die alte Vorlage von Charlotte Diller und Walter Wassermann, veränderte aber den Zeitgeist von damals ganz wesentlich: »Vielen ist ja noch der Titel des Films von 1943 in Erinnerung. *Altes Herz wird wieder jung* spielte damals in Berlin und war ein typisches Unterhaltungsprodukt der Nazi-Zeit. Da waren stramme Heil Hitler-Grüße zu sehen und die weibliche Hauptfigur kam gerade vom Arbeitsdienst. Im neuen Plot lebt die Enkelin Susanne in einer Wohngemeinschaft und ist eine selbstbewusste junge Frau.«

TV direkt: »Wiener Charme mit gut gelaunten Darstellern.«

1958 Man müsste nochmal zwanzig sein

A, R: *Hans Quest*, D: *Karlheinz Böhm, Johanna Matz, Ewald Balser*

1943 Altes Herz wird wieder jung

D, R: *Erich Engel*, D: *Emil Jannings, Viktor de Kowa*

HERZBUBE MIT ZWEI DAMEN

Three's Company, USA 1977–1984, TV-Serie: 169 Folgen, R: *Bill Hobin, Don Nicholl*, D: *John Ritter, Joyce DeWitt, Suzanne Somers, Priscilla Barnes, Norman Fell, Audra Lindley, Don Knotts, Richard Kline, Jenilee Harrison, Ann Wedgeworth, Paul Ainsley, Brad Blaisdell, Jordan Charney, Gino Conforti, William Pierson*

Janet und Chrissy haben ein Problem. Sie können die Miete für ihre gemeinsame Wohnung nicht aufbringen. Deshalb suchen sie eine Mitbewohnerin. Nach einem rauschenden Fest in ihrer Wohnung machen die beiden eine sonderbare Entdeckung: Ein Mann liegt in ihrer Badewanne. Weder Janet noch Chrissy kennen ihn. Es ist Jack Tripper, der nicht mehr nach Hause gefunden hat. Als er den beiden Damen als Dankeschön ein Frühstück serviert, bieten sie ihm an, bei ihnen einzuziehen. Es gibt nur ein kleines Problem: den strengen Hausmeister Stanley Roper. Er lässt sich schließlich überzeugen, dass Jack von den beiden Frauen nicht mehr will, als bei ihnen zu wohnen. Die Frauen sind begeistert: Jack kann gut kochen! Es gibt nur von Zeit zu Zeit ein Problem: Sobald die Frauen einen Freund oder Jack eine Freundin mitbringen wollen, müssen die andersgeschlechtlichen Mitbewohner verschwinden, damit kein falscher Verdacht aufkommt.

Jovan Evermann (Der Serien Guide): »*Herzbube mit zwei Damen* ist die US-Adaption der britischen Sitcom *Ein Mann im Haus* von 1973 ... Die Ropers steigen nach zwei Produktionsjahren aus und bekommen ihre eigene Serie *(Zwei schräge Vögel)*. Auch Chrissy verschwindet, dafür kommt ihre Schwester Cindy in die Wohngemeinschaft. Als Cindy schließlich auch auszieht, stößt Terri Alden zu Jack und Janet. Die Serie wurde 1984 unter dem Titel *Jacks Bistro* fortgesetzt.«

1996 enstand in Schweden unter dem Titel *En Fyra för tre* (R: Sven Strömersten-Holm, D: Göran Gillinger, Lina Perned, Anna Jacobsson) ein weiteres Remake der TV-Serie.

1973–1976 Ein Mann im Haus

Man About The House, GB, 13 Folgen, R: *Peter Frazer-Jones*, D: *Richard O'Sullivan*

HEXEN GESCHÄNDET UND ZU TODE GEQUÄLT

BRD 1972, R: *Adrian Hoven*, D: *Erica Blanc, Anton Diffring, Percy Hoven, Adrian Hoven, Rosemarie Heinikel, Astrid Kilian, Karl Ferth, Reggie Nalder, Lukas Ammann, Jean Pierre Zola, Ellen Umlauf, Harry Hardt, Dietrich Kerky, Johannes Buzalski*

1780, irgendwo im deutschen Lande: Der kaiserliche Hexenjäger Balthasar von Ross nutzt seine privilegierte Stellung aus, um sich persönlich zu bereichern und sich hübsche Frauen sexuell gefügig zu machen. Wer nicht nach seiner Pfeife tanzt, landet im Kerker und anschließend auf dem Scheiterhaufen. Er begeht jedoch einen nicht wieder gutzumachenden Fehler, als er – mehr versehentlich – den beliebten Edelmann Alexander von Salmenau ermorden lässt ...

Lexikon des Horror-Films: »Nach *Hexen bis aufs Blut gequält* (BRD 1969; Regie: Michael Anderson) versuchte sich Produzent / Regisseur / Drehbuchautor / Darsteller Adrian Hoven diesmal persönlich an der Realisation dieses Plagiats eines Plagiats. Vergebens, denn das (kommerziell übrigens ziemlich erfolgreiche) Gebräu aus seiner Hexen-Schnellküche ist nicht besser genießbar – dafür aber noch abscheulicher, einfallsloser und exploitativer angelegt.«

Rolf Giesen *(Vampir)*: »Gerade die selbstzweckhafte Darstellung des Sadismus, der in seiner Intensität wahrscheinlich viel stärker war als der Film vermutet, macht das Produkt unerquicklich.«

1969 Hexen bis aufs Blut gequält
BRD, R: Michael Anderson, D: Herbert Lom, Olivera Vuco, Udo Kier

HEXENJAGD
The Crucible, USA 1996, R: Nicholas Hytner, D: Winona Ryder, Daniel Day-Lewis, Paul Scofield, Joan Allen, Bruce Davison, Rob Campbell
Dramatisierung der Hexenprozesse von 1692 in dem kleinen nordamerikanischen Ostküstenort Salem: Initiiert von einem Mädchenstreich und der Rachsucht einer jungen Frau, gerät die Welt des Dorfes aus den Fugen, greift tödlicher Hexenwahn um sich. Bei der Veröffentlichung des Stückes 1953 war klar, dass sich hinter der Darstellung der historischen Ereignisse eine unverhohlene Allegorie auf die Kommunistenjagd des »Kommitees für unamerikanische Aktivitäten« unter der Leitung des Senators McCarthy verbarg. »Das Stück *Hexenjagd* wurde zu einem Symbol für die antikommunistische Hysterie und zugleich zu einem der meistgespielten Dramen der Moderne«, notiert Oliver Rahayel im *Film-Dienst*: »Der Engländer Nicholas Hytner vermied Bezüge zur Gegenwart, anders als Rouleau und Sartre in der Verfilmung von 1957, beließ es bei der Zeitbestimmung der Vorlage und hielt sich auch sonst sehr eng an den Text, bis hin zu einzelnen Szenenanweisungen. Dies hat sicher etwas damit zu tun, dass es Hytner gelungen war, den 81-jährigen Arthur Miller zum Verfassen des Drehbuchs zu bewegen.«

1957 Hexenjagd
Les sorci-res de Salem, F/DDR, R: Raymond Rouleau, D: Yves Montand

DER HEXENTÖTER VON BLACKMOOR
Night Of The Blood Monster, I/GB/E/BRD 1969, R: Jesus Franco, D: Christopher Lee, Leo Genn, Maria Schell, Maria Rohm, Margaret Lee, Hans Hass jr., Howard Vernon, Diana Lorys, José María Prada, Pietro Martellanza, José María Blanco, John Thompson, Vicente Roca
England im Jahre 1685: James II. hat den Thron bestiegen, sehr zum Unwillen vieler Untertanen. Man hofft auf den Herzog von Monmouth, der

zu Hilfe kommen soll. Inzwischen aber lässt der Oberste Richter, George Jeffreys, seinen sadistischen Instinkten freien Lauf. So hat er das Mädchen Alicia als Hexe verhaften lassen. Ihre Schwester Mary versucht Alicia zu retten, aber da sie Jeffreys nicht zu Willen sein will, droht er Alicia zu verbrennen. Da landet der Earl of Wessex mit Monmouth auf der Insel und nimmt den Kampf mit dem Herzog auf. Nun kommt Prinz William, rechtmäßiger Erbe der Krone, selbst nach England. Jeffreys entzieht sich seinen irdischen Richtern.

TV Spielfilm: »Schmuddelfilmer Jess Franco kupferte bei Michael Reeves Meisterwerk *Der Hexenjäger* ab und serviert seine typische Melange aus Gewalt und Sex.«

1968 Der Hexenjäger
Witchfinder General, GB, R: Michael Reeves, D: Vincent Price, Ian Ogilvy

DER HEXER
BRD 1964, R: Alfred Vohrer, D: Joachim Fuchsberger, Heinz Drache, Sophie Hardy, Siegfried Lowitz, Margot Trooger, Carl Lange, Jochen Brockmann, Siegfried Schürenberg, Karl John, Kurt Waitzmann, Ann Savo, Hilde Sessak, Petra von der Linde, Eddi Arent
Nach dem Roman *The Ringer* von Edgar Wallace: Als die Schwester des internationalen Meisterverbrechers Arthur Milton, genannt der »Hexer«, ermordet aufgefunden wird, bekommt Scotland Yard-Inspektor Bryan Edgar Higgins den Auftrag, sowohl den Mörder zu finden als auch eine mögliche Rache des Hexers zu verhindern. Zahlreiche Verdächtige machen die Arbeit nicht leichter und auch Miltons Frau Cora Ann versteht immer wieder, den Inspektor zu täuschen. Mit Hilfe des australischen Inspektors Wesby gelingt es schließlich doch noch, den Mörder zu stellen und den Hexer zu enttarnen, der in der Maske eines pensionierten Kommissars die Polizeiarbeit unauffällig verfolgen konnte. Im letzten Augenblick aber kann der Hexer samt Frau und Sekretär Finch entwischen.

Meinolf Zurhorst *(Lexikon des Kriminalfilms)*: »Wengleich *Der Hexer* dem herkömmlichen Wallace-Schema mit seinen falschen Verdächtigen und ablenkenden Indizien folgte, das zu dieser Zeit dem Publikum schon vertraut sein musste, so wurde der Film doch zu einem der bekanntesten der Serie. Überhaupt zählte Wallace Roman *The Ringer* zu seinen populärsten. Für die erste Verfilmung schrieb er das Drehbuch sogar selbst. Und der britische Slapstick-Mime und spätere Regisseur Walter Forde war derart von dem Stoff angetan, dass er die Geschichte gleich zweimal auf die Leinwand brachte. In seiner Version von 1931 *(The Ringer)* sorgte der spätere Hitchcock-Berater Angus McPhail als Drehbuchautor für die nötige Spannung. Ähnlich 1938 Sidney Gilliat, der ein Jahr vor Fordes eigenem Remake *The Gaunt Stranger* an Hitchcocks Spionage-Thriller *Eine Dame verschwindet* (1937) mitgewirkt hatte. Diese wie auch weitere Verfilmungen von Carl Lamac (1932; mit Fritz Rasp) und dem James-Bond-Regisseur Guy Hamilton (1952) hielten sich eng an die Romanvorlage. Einzig der deutsche Autor Herbert Reinecker fühlte sich bemüßigt, in seiner Version den Stoff um einige modische Mätzchen (wie den Mädchenhandel) aufzuwerten. Dadurch aber komplizierte er den ohnehin verwirrenden Stoff noch weiter zu Lasten kriminalistischer oder psychologischer Wahrscheinlichkeit.«

1953 The Ringer

GB, R: Guy Hamilton, D: Herbert Lom, Donald Wolfit, Mai Zetterling

1938 The Gaunt Stranger

GB, R: Walter Forde, D: Patrick Barr, Wilfrid Lawson, Louise Henry

1938 The Ringer

GB, R: Sidney Gilliat, D: Gina Malo, Garry Marsh, Henry Oscar, Cecil Parker

1932 Der Hexer

D, R: Carl Lamac, D: Fritz Rasp

1932 The Ringer

GB, R: Walter Forde, D: Dorothy Bartlam, Patric Curwen, Franklin Dyall

1928 The Ringer

GB, R: Arthur Maude, D: John F. Hamilton, Hayford Hobbs, Muriel Angelus

EIN HIMMELHUND VON EINEM SCHNÜFFLER

Oh, Heavenly Dog!, USA 1980, R: Joe Camp, D: Chevy Chase, Jane Seymour, Omar Sharif, Robert Morley, Alan Sues, Donnelly Rhodes, Stuart Germain, John Stride, Barbara Leigh Hunt, Margaret Courtenay

Privatdetektiv Benjamin Browning erhält von dem mysteriösen Malcolm Bart den Auftrag, ei-

ne junge Dame zu beschützen. Doch kaum hat er sie in ihrem Appartement aufgesucht, wird er mit ihr zusammen ermordet. Im Himmel gibt man ihm jedoch die Chance, in Gestalt eines Hundes zur Erde zurückzukehren, um seinen eigenen Tod aufzuklären. Als »Benji« heftet er sich beharrlich an die Fersen der Journalistin Jackie, die den Fall untersucht. Zu zweit decken sie ein Drama politischen Ehrgeizes auf, hinter dem niemand anderes als der skrupellose Mr. Bart steckt ...

Das neue Lexikon des Fantasy-Films: »Dritter Film mit dem sprichwörtlichen Underdog Benji, der sich in erster Linie auf die (gelungene) Tierdressur und die (weniger gelungenen) Clownerien des *Saturday Night Live*-Stars Chevy Chase konzentriert. Was die Parodie angeht, die sich an so ziemlich allem zwischen *Lassie* und dem *Krieg der Sterne* versucht, umschreibt der Begriff hit or miss die Taktik dieser Neuauflage von *You Never Can Tell* (USA 1951; Regie: Lou Breslow) vielleicht am besten. Merkwürdig nur, dass die Autoren ausgerechnet vor der sich anbietenden Persiflage des Detektivfilms zurückschrecken.«

1951 You Never Can Tell

USA, R: Lou Breslow, D: Dick Powell, Peggy Dow, Joyce Holden

HIMMLISCHE GESCHWISTER

Escape To Witch Mountain, USA 1995, R: Peter Rader, D: Beth Colt, Brad Dourif, Henry Gibson, Sam Horrigan, Jeffrey Lampert, Daniel Lavery, Ray Lykins, Lynne Moody, Elisabeth Moss

Ein seltsames violettes Leuchten führt den Einsiedler Bruno zu dem Berg Witch Mountain, dem von der Bevölkerung magische Kräfte zugeschrieben werden. Am Fuße des Berges findet er zwei Babys – Zwillinge. Die beiden Kinder wachsen getrennt auf: Danny im Waisenhaus und Anna in Ashlands Kinderheim. Doch nach neun Jahren treffen die Kinder aufeinander. Sofort wissen sie um ihre magischen Kräfte. Der reichste Mann des Dorfes, der skrupellose Geschäftemacher Edward Bolt, will sich diese Kräfte zu Nutze machen. Er adoptiert die Geschwister. Mit ihrer Hilfe will er nun das im Berg befindliche Uran abbauen. Doch die Kinder kommen ihm bald auf die Schliche und setzen alles in Gang, um seine geplanten Untaten zu vereiteln.

1975 Die Flucht zum Hexenberg

Escape To Witch Mountain, USA, R: John Hough, D: Eddie Albert, Ray Milland

DER HOCHTOURIST

BRD 1961, R: Ulrich Erfurth, D: Willy Millowitsch, Claude Farell, Marlies Behrens, Peter Nestler, Charlotte Krekel, Franz Schneider, Beppo Brem, Helen Vita

Nach einem Schwank von Curt Kraatz und Max Neal: Ein Kölner Sektfabrikant gibt seiner Frau vor, auf Bergtour zu sein, um sich in Wirklichkeit seiner eigentlichen Passion, dem Theater, widmen zu können. Später gibt es Verwicklungen, als seine Frau ihn auf seiner »zweiten« Reise begleitet.

Lexikon des internationalen Films: »Anspruchsloser Klamaukfilm ohne jeden Esprit, ganz nach Art der Fernsehdarbietungen des Millowitsch-Theaters.«

1942 Der Hochtourist

D, R: Adolph Schlyßleder, D: Joe Stöckel, Trude Hesterberg, Alice Treff

1931 Der Hochtourist

D, R: Alfred Zeisler, D: Otto Wallburg, Maria Solveg, Erika Glässner

HOCHZEIT AUF ITALIENISCH

Matrimonio all'italiana, I/F 1964, R: Vittorio de Sica, D: Sophia Loren, Marcello Mastroianni, Aldo Puglisi, Tecla Scarano, Vito Morriconi, Generoso Cortini, Giovanni Ridofi, Marilù Tolo, Pia Lindström, Vincenza Di Capua, Raffaelo Rossi Bussola, Vincenzo Aita

Filumena Marturano, eine temperamentvolle Schöne aus dem neapolitanischen Gunstgewerbe, bringt ihren geliebten Domenico mit einem Trick dazu, sie endlich zu heiraten. Ihre Rechnung scheint allerdings nicht aufzugehen, denn der düpierte Bräutigam erzwingt wutschnaubend eine Annullierung der Ehe. Filumena denkt jedoch nicht daran, den Mann ihre Träume aufzugeben.

A. E. Hotchner *(Sophia Loren)*: »Eine warme und wortreiche Filmkomödie. Sophia erhält, neben anderen Preisen, eine russische Auszeichnung als beste ausländische Schauspielerin.«

1950 Filomena Marturano

RA, R: Luis Mottura, D: Tito Alonso, Guillermo Battaglia, Gloria Ferrandiz

HOCHZEIT AUF REISEN

BRD 1953, R: Paul Verhoeven, D: Gardy Granass, Karlheinz Böhm, Susi Nicoletti, Walter Janssen, Joachim Teege, Erwin Linder, Ilse Bally, Paul Klinger, Walter Gross, Doris Kiesow, Gert Fröbe, Günther Jerschke, Dorle Rath

Ilse hat den festen Vorsatz, Pitt mit in die Ehe zu bringen. Pitt, das ist ihr Hund. Und Pitt hat den deutlichen Eindruck, dass der frisch gebackene Ehemann, der »fremde Kerl«, seinem Frauchen zu nahe kommt. So bellt Pitt eben immerzu. Darum gibt es schon nach eintägiger Ehe Krach, und das Ende vom Lied ist: Die junge Frau Delius geht mit ihrem Vater zu einem Anwalt. Nicht um sich scheiden zu lassen, sondern um ihrem Walter mal juristisch die Meinung sagen zu lassen. Und auch Walter Delius geht zum Anwalt. Die Versöhnung scheint fern. Das Beste wäre, zu verreisen und Gras über die Sache wachsen zu lassen – denkt die junge Frau und entschließt sich zu einer Omnibusgesellschaftsreise. Und genau dasselbe denkt auch der junge Ehemann, und so kommt es, dass sie beide in ein und demselben Omnibus landen – er vorn rechts und sie links hinten. Die Reisegesellschaft amüsiert sich köstlich über die beiden, ohne die genauen Zusammenhänge zu ahnen ... Und am Ende der Reise sind sie wieder ein Herz und eine Seele.

Friedemann Beyer *(Karlheinz Böhm)*: »Seine Sensibilität – genauer: seine Hundephobie – wird Karlheinz Böhm in Paul Verhoevens *Hochzeit auf Reisen* zum Verhängnis. Die Komödie (nach einem Roman von Heinrich Spoerl) handelt von einem jungen Mann, der mit dem Hund, den seine Frau (Gardy Granass) in die Ehe mitgebracht hat, nicht leben möchte. Es kommt zur Trennung, und als jeder der beiden eine Urlaubsreise bucht, um den Kummer zu vergessen, buchen sie beide zufällig die gleiche Passage, sodass es zuletzt doch noch – samt Hund – zur Versöhnung kommen kann. Auch dieser Stoff war bereits vor dem Krieg unter dem Titel *Scheidungsreise* und unter der Regie von Hans Deppe verfilmt worden. Die Hauptrollen in dieser weitaus witzigeren Fassung von 1938 spielten Viktor de Kowa und Heli Finkenzeller.«

1938 Scheidungsreise

D, R: Hans Deppe, D: Viktor de Kowa, Heli Finkenzeller

HOCHZEIT IM GRÜNEN

Le jour des noces, CH/F/B/CDN 1971, R: Claude Goretta, D: Arnold Walter, Dora Doll, André Schmidt, Maurice Garrel, Jean-Luc Bideau

Nach der Novelle *Une Partie de Campagne* von Guy de Maupassant: Ein junger Städter fährt widerwillig mit seiner Familie zum sonntäglichen Picknick aufs Land. Er trifft auf eine bürgerliche Hochzeitsgesellschaft und verliebt sich spontan in die Braut, die weniger aus Neigung heiratet als von den Umständen gezwungen. Zum Entsetzen der Familien suchen sie gemeinsam das Weite.

Lexikon des internationalen Films: »Subtil und mit feinem Witz inszenierte, sehr freie Verfilmung der Maupassant-Novelle *Eine Landpartie*, die durchaus neben Renoirs legendärer Adaption von 1936 bestehen kann. Stilsicher zwischen burlesker Komödie und gesellschaftskritischer Allegorie angesiedelt.«

1936 Eine Landpartie

Une partie de campagne, F, R: Jean Renoir, D: Sylvia Bataille, Georges Saint-Saëns

HOCHZEITSNACHT IM PARADIES

A 1962, R: Paul Martin, D: Marika Rökk, Peter Alexander, Waltraut Haas, Gunther Philipp, Hubert von Meyerinck, Fred Liewehr

Nach der Operette von Heinz Hentschke und Friedrich Schröder: Obwohl Operettenstar Ulrich Hansen gerade die hübsche Regine geheiratet hat, wird er seine Ex-Freundin und Bühnenpartnerin Ilonka einfach nicht los. Sie verfolgt ihn mit ihrer Eifersucht und legt durch hinterhältige Intrigen die unerfahrene Regine herein. Doch damit noch nicht genug: Ilonka reist dem jungen Paar sogar bis Venedig nach. Und so stehen noch vor der Hochzeitsnacht im venezianischen Paradies in der jungen Ehe die Zeichen bereits auf Sturm. Die Operette *Hochzeitsnacht im Paradies* von Heinz Hentschke wurde von Ernst Marischka (Drehbuch) und Paul Martin (Regie) umgearbeitet.

Filmbeobachter: »Regisseur Paul Martin hat ein paar wohltuend menschliche Szenen eingerichtet und die Übergänge zu den musikalischen Darbietungen fließend gehalten.«

1950 Hochzeitsnacht im Paradies

BRD, R: Géza von Bolváry, D: Johannes Heesters, Fritz Remond, Claude Farell

HOFFMANNS ERZÄHLUNGEN

*DDR 1970, R: Walter Felsenstein, Georg F. Mielke, D: Hanns Nocker, Sylvia Kuziemski, Melitta Mus-*zely, Werner Enders, Rudolf Asmus, Heinz Kögel, Uwe Kreyssig, Helmut Sommerfeldt, Erik Nissen, Vladimir Bauer, Horst-Dieter Kaschel

Die Tänzerin Stella liebt den Dichter Hoffmann und bittet ihn nach ihrem Opernauftritt zu einem Stelldichein. In der Pause erzählt Hoffmann in Lutters Weinlokal von seinen früheren drei Geliebten, deren Züge er in Stella vereint zu sehen glaubt: Die Erste war Olympia, ein Meisterwerk des Pariser Puppenfabrikanten Spalanzani. Zu spät merkt Hoffmann, dass er eine Puppe liebt. Die Zweite ist die glutvolle Kurtisane Giulietta, die ihm jedoch die Erfüllung seiner Träume schuldig bleibt. Die Dritte schließlich ist die zarte Antonia, die durch eine teuflische Tat des Dr. Mirakel zu Grunde geht.

Prisma-Online: »Wie zahlreiche andere Werke ist die Oper *Hoffmanns Erzählungen* von Jacques Offenbach unvollendet. Beim Tode des Komponisten 1880 lag nur der Klavierauszug mit einigen Instrumentationsangaben vor, was jeglicher Bearbeitung Tür und Tor öffnete. Selbst bei der Pariser Uraufführung 1881 gab es schon Streichungen und ungerechtfertigte Umstellungen. Die Berliner Komische Oper kann für sich in Anspruch nehmen, *Hoffmanns Erzählungen* bereits 1905 nahezu in Originalgestalt aufgeführt zu haben. Einen Schritt weiter ging 1958 Walter Felsenstein. Er entwickelte eine Neufassung, die auf dem der Oper zu Grunde liegenden Schauspiel basiert. Hoffmann ist nicht mehr der unglückliche Mensch, der an seinen Leidenschaften scheitert, sondern ein genialer Dichter, der sich seiner künstlerischen Berufung bewusst wird und die Liebschaften, die seiner nicht wert sind, überwindet.«

Lexikon des Science Fiction Films: »E. T. A. Hoffmann (1776–1822) lässt in seiner Erzählung *Der Sandmann* (1816) den Protagonisten Dr. Coppelius einen menschenähnlichen Automaten bauen. Er greift damit als einer der Ersten das Roboterthema auf. Motive und Szenen dieser Erzählung bilden die Grundlage für Leo Delibes' Ballett *Coppélia* (1870), für Jacques Offenbachs Oper *Hoffmanns Erzählungen* (1881) und bereits in der Stummfilmzeit für verschiedene Bearbeitungen. Georges Méliès nannte 1900 sein 2-Minuten-Opus *Coppélia ou la poupée animée*, eine englische Produktion brachte es 1906 auf 10 Minuten: *The Doll Maker's Daughter*; 1907 folgten in den *USA The Mechanical Statue And The In-*

genious Servant (7 Min.) und An Animated Doll (12 Min.), und 1909 versuchte sich Méliès erneut an dem Thema, La poupée vivante. Diese Filme beschränkten sich wegen ihrer Kürze nur auf das Motiv der lebensechten mechanischen Puppe. In der Folgezeit wurden stets die drei Geschichten miteinander verknüpft, die bereits Offenbach zu seiner Oper inspirierten. Die erste Filmversion von Hoffmanns Erzählungen entstand 1911 in Wien, bestand aus der bloßen Verfilmung von Szenen direkt von der Opernbühne ... Erster ›abendfüllender‹ Spielfilm mit großer Besetzung war die freie Bearbeitung des Opernstoffes durch Richard Oswald im Jahre 1916.«

1967 Coppelia
A, R: Truck Branss, D: Susanne Kirnbauer, Karl Musil, Willy Dirtl

1966 Dr. Coppelius
USA, R: Ted Kneeland, D: Walter Slezak, Claudia Corday, Eileen Elliott

1951 Hoffmanns Erzählungen
The Tales of Hoffmann, GB, R: Michael Powell, E. Pressburger, D: Moira Shearer

1924 Hoffmanns Erzählungen
A, R: Max Neufeld, D: Max Neufeld, Dagny Servaes

1916 Hoffmanns Erzählungen
D, R: Richard Oswald, D: Werner Krauss, Lupu Pick, Paula Ronay

1911 Hoffmanns Erzählungen
A/H, R: Jacob Fleck, Luise Fleck

DER HOFRAT GEIGER
A 1996, R: Peter Weck, D: Peter Weck, Christiane Hörbiger, Birgit Stauber, Otto Tausig, Jane Tilden, Christine Ostermayer, Wolfgang Hübsch

Hofrat Geiger ist pensioniert. Sein Hobby ist es, in alten Akten rumzustöbern. Durch Zufall erfährt der Junggeselle auf diese Art, dass er Vater einer 17-jährigen Tochter ist. Er macht sich auf die Suche nach ihr.

Der Standard: »Im Fall des neuen Hofrat Geiger ist ein beträchtlicher Synergie-Effekt aus Risikoscheu und Sicherheitsdenken auszunehmen, der bei den österreichischen Werten (wie bei den Höllenstrafen) zwischen ewigen und zeitlichen unterscheidet und erstere forciert: Die Wachau, der Veltliner, das Hausfrauliche und das Hofrätliche werden bleiben, der Rest wird sich geben.«

Der Film lief auch unter dem Titel Alte Liebe – neues Glück.

1961 Mariandl
A, R: Werner Jacobs, D: Conny Froboess, Rudolf Prack

1947 Hofrat Geiger
A, R: Hans Wolff, D: Paul Hörbiger, Maria Andergast, Hans Moser

DAS HOHE LIED
The Song Of Songs, USA 1933, R: Rouben Mamoulian, D: Marlene Dietrich, Brian Aherne, Lionel Atwill, Alison Skipworth, Hardie Albright, Helen Freeman

Ein einfaches Bauernmädchen, das sich in einem Buchladen verdingt, erregt die Aufmerksamkeit eines Bildhauers. Sie steht ihm nackt Modell und verliebt sich in ihn, doch ein kunstliebender Baron hat seinerseits Interesse an der naiven Schönheit gefunden und versucht alles, sie in seine Fänge zu locken ...

TV Spielfilm Lexikon: »Hermann Sudermanns Roman hatte mit Elsie Ferguson bzw. Pola Negri in den Hauptrollen bereits zweimal das Licht der Leinwand erblickt, als sich Paramount entschloss, den Stoff für seinen neuen Star Marlene Dietrich aufzubereiten. Da Josef von Sternberg, der bislang jeden amerikanischen Film der Schauspielerin inszeniert hatte, nach Auseinandersetzungen mit dem Studio nicht zur Verfügung stand, übernahm Rouben Mamoulian die Regie. Die Dietrich war jedoch von dem vorliegenden Drehbuch derart entsetzt, dass Paramount sie unter Androhung einer Konventionalstrafe förmlich zur Arbeit zwingen musste ... Ein kitschiges Melodram, das allein durch die Präsenz der Dietrich gerettet wird, die als Unschuld vom Lande ebenso überzeugt wie als Bardame ... Das hohe Lied wurde übrigens in Deutschland verboten, da die Oberprüfstelle eine Entscheidung der Filmprüfstelle bestätigte, nach der der Film, der in Berlin spielt, angeblich ›Deutschland verzerrt und in einer Weise entstellt, dass die Welt ein völlig falsches und unsachliches Bild von Deutschland erhält. Ein solches gegen Deutschland gerichtetes Machwerk in Deutschland vorzuführen wäre würdelos und würde eine Gefährdung des deutschen Ansehens bedeuten.‹ Die Dietrich wurde als deutsche Schauspielerin, die sich in Amerika mit Vorliebe in Dirnenrollen gefällt, bezeichnet.«

1924 Lily Of The Dust
USA, R: Dimitri Buchowetzki, D: Pola Negri, Ben Lyon, Noah Beery

1918 The Song Of Songs
USA, R: Joseph Kaufman, D: Elsie Ferguson, Frank Losee, Crauford Kent

HOKUSPOKUS – ODER: WIE LASSE ICH MEINEN MANN VERSCHWINDEN?

BRD 1965, R: Kurt Hoffmann, D: Heinz Rühmann, Liselotte Pulver, Richard Münch, Fritz Tillmann, Joachim Teege, Stefan Wigger, Käthe Braun Klaus Miedel

Nach einer Komödie von Curt Goetz: Die reizende Agda ist angeklagt, ihren Ehemann umgebracht zu haben, der ein erfolgloser Maler war. Der gewiefte Kunsthändler Amundsen organisiert rasch eine Ausstellung, auf der die Bilder des Toten plötzlich sehr gefragt sind. Vor Gericht verwickelt Agda sich in immer neue Widersprüche, und als ihr Verteidiger sein Mandat niederlegt, scheint ihre Verurteilung auf Grund eindeutiger Indizienbeweise nur noch eine Formsache zu sein. Am Tag der Hauptverhandlung erscheint jedoch ein gewisser Peer Bille als Agdas neuer Verteidiger im Schwurgerichtssaal, dessen blendende, ironische Diktion und Beweisführung das Publikum mitreißen und dem Staatsanwalt und dem Richter schwer zu schaffen machen.

Heinz Hofmann *(Film für Sie)*: »Natürlich ist dieses *Hokuspokus* für den Film ein bisschen verändert und frisiert worden. Vor- und Nachspiel auf dem Theater entfallen. Die Komödie der Kierulfs wird von vornherein als Komödie gezeigt. Das Snob-Appeal der kapitalisierten bürgerlichen Kunstwelt wird direkter anvisiert und entblättert. Aber bei genauerem Hinsehen und Hinhören wird man wieder den ganzen Ur-Goetz entdecken, der erklärte: ›Ich habe mich immer bemüht, ein Niveau zu wahren, das an die Stelle von Mord und Gräuel die Appetitlichkeit des Denkens setzt.‹ Sein Anliegen war es, die Menschen durch Lachen ›nicht gerade bessern‹ zu wollen, aber sie dem Schönen und Wahren in den verschiedensten Bereichen des Menschlich-Allzumenschlichen näher zu bringen. Diesem Meister der heiteren menschlichen Miniatur wurde der Regisseur Kurt Hoffmann ein schöpferischer Partner. Kurt Hoffmann hat sich in den mehr als fünfundzwanzig Jahren seines filmischen Wirkens immer produktiv um das Vergnügen seiner Zeitgenossen bemüht und verdient gemacht. Das Lustspiel ist ihm wirklich lustvolles Spiel, das Weisheit und Lebensernst miteinander verbindet. Lang ist die Reihe der Titel, die diesen Weg belegen, den er über weite Strecken mit den Schauspielern Heinz Rühmann und Liselotte Pulver zurückgelegt hat ... Nach dem Kriege verfilmte Kurt Hoffmann schon einmal *Hokuspokus*, dem später *Dr. med. Hiob Prätorius* und jetzt das neue *Hokuspokus* folgten ... Kurt Hoffmann wirkte und wirkt immer als ein Verbündeter des Guten und Schönen, klug und voller Herzensgüte, wie es Curt Goetz gefordert und formuliert hat.«

1953 Hokuspokus
BRD, R: Kurt Hoffmann, D: Curt Goetz, Valerie von Martens, Hans Nielsen

1930 Hokuspokus
D, R: Gustav Ucicky, D: Lilian Harvey, Willy Fritsch, Gustaf Gründgens

HÖLLENJAGD NACH SAN FRANCISCO

Vanishing Point, USA 1996, R: Charles Robert Carner, D: Viggo Mortensen, Christine Elise, Steve Railsback, Jason Priestley, Keith David

Ein ehemaliger Rennfahrer, der für Werkstätten Autos überführt, löst durch ein Missverständnis eine Verfolgungsjagd mit der Polizei und dem FBI quer durch die Vereinigten Staaten aus.

Lexikon des internationalen Films: »Fernseh-Remake eines Films von 1970, durch einige aktuelle Bezüge in die 90er-Jahre verfrachtet, doch fast ausschließlich an der kompetent inszenierten Verfolgungsjagd interessiert. Ein Versuch über die verlorene Freiheit und den flüchtigen amerikanischen Traum, der seine Zivilisationskritik immer wieder durch ironische Brechungen mildert.«

Hokuspokus – Oder: Wie lasse ich meinen Mann verschwinden? (1965, R: Kurt Hoffmann): Liselotte Pulver und Heinz Rühmann

TV-Movie: »*Fluchtpunkt San Francisco* wurde wie *Easy Rider* ein Klassiker des Road-Movies. Im Original fährt Newman zwar dasselbe Auto (einen 1970er Dodge Challenger), sein Motiv ist aber keine kranke Frau, sondern sein Freiheitsdrang.«

1970 Fluchtpunkt San Francisco
Vanishing Point, USA, R: *Richard C. Sarafian*, D: *Barry Newman, Dean Jagger*

HONDO
Hondo And The Apaches, USA 1966, R: *Lee H. Katzin*, D: *Ralph Taeger, Kathie Browne, Robert Taylor, Michael Rennie, Noah Beery jr., Gary Clarke, Gary Merrill, John Smith, Michael Pate, Victor Lundin, William Bryant*
Nach einer Erzählung von Louis L'Amour: Der Trapper Hondo war einst der beste Scout der Armee und hatte eine Indianerin geheiratet. Nachdem sie bei einem Überfall der Weißen umgebracht wurde, ist er zum Einzelgänger geworden, auf den die Südstaaten-Armee bereits ein Kopfgeld ausgesetzt hat. Colonel Crook ist jedoch davon überzeugt, dass nur Hondo einen neuen Indianerkrieg verhindern kann. Hondo soll seinen Schwiegervater, den Apachen-Häuptling Vittoro, zu Friedensverhandlungen bewegen. Auf seiner Reise kann Hondo gerade noch verhindern, dass Apachen die Siedlerin Angie Dow und ihren Jungen Johnny überfallen. Er bringt sie in das nahe gelegene Fort Lowell. Nur der Minenbesitzer Gallagher unterstützt seine Versöhnungsmission, während Captain Richards gegen die Indianer kämpfen will. Auf seinem Weg in das Indianerlager wird Hondo von Angies eifersüchtigem Mann Ed gejagt, weil er glaubt, auf Hondo sei noch ein Kopfgeld ausgesetzt. Es kommt zu einem tödlichen Duell, das von dem Apachen Silva beendet wird. Er will sich für den Tod seines Bruders rächen. In letzter Sekunde wird Hondo von seinem Schwiegervater Vittoro gerettet. Vittoro ist zu Gesprächen mit den Weißen bereit, doch der abtrünnige Silva versucht, seine Pläne zu durchkreuzen. Mit einer Gruppe von Kriegern greift er eine Armee-Patrouille an. Das ist für Captain Richards das Signal, um eine Strafaktion gegen die Apachen zu starten. Hondo und Vittoro bleibt nicht mehr viel Zeit, um die Schlacht doch noch zu verhindern.

Western-Lexikon: »Kümmerliches Remake des John Farrow-Films *Hondo* von 1953.«

Der 1969 gestorbene Robert Taylor ist in einem seiner letzten Filmauftritte zu sehen.

1953 Man nennt mich Hondo
Hondo, USA, R: *John Farrow*, D: *John Wayne, Geraldine Page, Ward Bond*

HONGKONG WAR IHR SCHICKSAL
The Seventh Sin, USA 1957, R: *Ronald Neame*, D: *Eleanor Parker, George Sanders, Bill Travers, Jean-Pierre Aumont, Francoise Rosay, Ellen Corby*
Nach dem Roman *Der bunte Schleier* von W. Somerset Maugham: Ein Arzt nimmt gewaltsam seine Frau in ein von Cholera heimgesuchtes Gebiet mit und rächt sich so für ihren Ehebruch. Sie revanchiert sich, indem sie ihm verheimlicht, von wem das zu erwartende Kind ist.

Hilde Bold *(Filmblätter)*: »Der Schwerpunkt des Films liegt, unter Einschaltung vieler Dialoge Maughams, mehr auf einer psychologischen Auseinandersetzung als auf der Schilderung des Aufruhrs in China ... In langen, oft quälenden Gesprächen rollt das Drama ab. Eleanor Parker übernahm die einstige Garbo-Rolle *(Der bunte Schleier)*, sie spielt sie lebhafter, vielleicht derber und weniger tragisch umschattet, wie der Film überhaupt immer wieder erfolgreich versucht, der Gefahr des leicht sentimentalen Pathos zu entgehen.«

1934 Der bunte Schleier
The Painted Veil, USA, R: *Richard Boleslawski*, D: *Greta Garbo, Herbert Marshall*

HOOK
USA 1992, R: *Steven Spielberg*, D: *Dustin Hoffman, Robin Williams, Julia Roberts, Bob Hoskins, Maggie Smith, Caroline Goodall, Charlie Korsmo, Amber Scott, Laurel Cronin, Phil Collins, Arthur Malet*
Nach dem Kinderbuch und dem Bühnenstück von Sir James M. Barrie: Peter Pan – der Junge, der nicht erwachsen werden kann – ist doch gealtert und Manager geworden. Als Käpt'n Hook, sein alter Gegner auftaucht und seine Kinder entführt, muss er noch einmal hinaus in die Märchenwelt. Glöckchen, ein Wesen der Fantasie, lässt Peter sein junges Herz wieder entdecken. Im Nimmerland bringt ihn die Bande der ›Lost Boys‹ wieder auf Vordermann. Denn der entscheidende Kampf mit Kapitän Hook steht bald bevor.

TV Movie: »Peter Pan meets Disneyworld – ein Riesenspaß!«

Peter Pan's heitere Abenteuer (1953, R: Wilfried Jackson, Clyde Geronomi, Hamilton Luske)

Eine Fortsetzung des Walt Disney-Zeichentrickfilmes *Peter Pan* ist für 2002 angekündigt: In *Peter Pan 2 – Neue Abenteuer im Nimmerland (Return To Neverland)* wird Wendys Tochter Jane von Captain Hook gekidnappt. Peter Pan eilt natürlich zur Hilfe herbei.

1953 Peter Pan's heitere Abenteuer
Peter Pan, USA, R: Wilfried Jackson, Clyde Geronomi, Hamilton Luske – Animation

1924 Peter Pan
USA, R: Herbert Brenon, D: Betty Bronson, Mary Brian, Ernest Torrence

HOPPLA, HIER KOMMT MERTON!
Merton Of The Movies, USA 1947, R: Robert Alton, D: Red Skelton, Virginia O'Brien, Gloria Grahame, Leon Ames, Hugo Haas, Alan Mowbray, Charles D. Brown, Douglas Fowley
Nach einem Bühnenstück von George S. Kaufman und Marc Connelly sowie einem Roman von Harry Leon Wilson: Beim Stummfilm werden quasi über Nacht aus hungrigen Komparsen Lieblinge der Nation, die mit wild rollenden Augen heiße Gefühle zum Besten geben. Auch der junge Merton hofft auf eine solche Karriere. In der Vorführkabine eines Kinos kommt er zwar seinen Lieblingen täglich recht nahe, aber er glaubt, dass ihm Schauspielunterricht per Fernkurs den Weg nach Hollywood ebnen wird.

Fischer Film Almanach: »*Merton Of The Movies* wurde insgesamt dreimal verfilmt ... Der Stoff basiert auf einem Roman von Harry Leon Wilson, der 1922 veröffentlicht wurde und sich sehr gut verkaufte; auch als Broadway-Komödie war er erfolgreich. Red Skelton konnte sich für seine vergnüglichen Ausflüge in die Stummfilmära auf Ratschläge aus berufenem Munde stützen: Buster Keaton, damals als Gag-Mann für MGM tätig, gab ihm viele gute Tipps. Die anderen Verfilmungen stammen aus den Jahren 1924 (Regie: James Cruze, mit Glenn Hunter) und 1932 (Regie: William Beaudine, mit Stuart Erwin). Amerikanische Filmkritiker sind der Ansicht, dass die Verfilmung aus dem Jahre 1932 von den dreien die gelungenste sei.«

1932 Make Me A Star
USA, R: William Beaudine, D: Stuart Erwin, Joan Blondell, Zasu Pitts

1924 Merton Of The Movies
USA, R: James Cruze, D: Glenn Hunter, Charles Sellon, Sadie Gordon

DIE HOSE
BRD 1987, R: Otto Schenk, D: Angelica Domröse, Peter Matic, Friedrich Karl Praetorius, Sabine Sinjen, Hilmar Thate
Die spitzenverzierte Unterhose, die Luise beim sonntäglichen Kirchgang auf dem Marktplatz in aller Öffentlichkeit verliert, rückt die Frau des subalternen Beamten Theobald Maske in den Mittelpunkt des männlichen Interesses. Die beiden Untermieter – der romantische Barbier Mandelstam und der eitle Hofpoet und Philosoph Scarron – machen Frau Maske eifrig den Hof. Ihre Tugend gerät aber erst dann ernstlich in Gefahr, als der Duodezfürst selbst sich für sie interessiert und ein intimes Souper auf dem Schloss arrangiert. Aber Ordnung und Seelenfrieden werden bald wiederhergestellt, als der Fürst bei Herrn Maske seinen »Dank« mit Orden und Beförderung abstattet.

1927 Die Hose
D, R: Hans Behrendt, D: Veit Harlan, Jenny Jugo, Werner Krauß

HOTEL ZUR HÖLLE

Motel Hell, USA 1980, R: Kevin Connor, D: Rory Calhoun, Paul Linke, Nancy Parsons, Nina Axelrod, Jack Wolfman, Elaine Joyce, Dick Curtis, Monique St. Pierre, Rosanne Katon, E. Hampton Beagle, Everett Creach, Michael Melvin, Marc Silver, Gwil Richards, John Ratzenberger, Toni Gillman, Shayllin Hendrixson, Heather Hendrixson, Barbara Goodson, Margot Hope, Kim Fowler

Der Name des Motels lautet eigentlich »Hello«; da jedoch der letzte Buchstabe der Neonreklame ständig flackert, wird es zu »Hell« (= Hölle). Das vergammelte Unternehmen wird von Vincent und seiner lesbischen Schwester Ida betrieben: Jeder, der sich ihnen nähert, wird umgebracht. Die Leichen ihrer Opfer verfüttern sie dann an Schweine, die sie halten ...

Otto Kuhn *(Filmbeobachter)*: »Zum Glück ist der Film vorbei, bevor einem endgültig speiübel wird.«

Lexikon des Horror-Films: »Und außerdem ist diese Geschichte natürlich ein flink gemachtes Plagiat von Tobe Hoopers *Blutgericht in Texas* (USA 1973).«

1973 Blutgericht in Texas
The Texas Chain Saw Massacre, USA, R: Tobe Hooper, D: Marilyn Burns

THE HOUSE OF USHER

The Fall Of The House Of Usher, USA 1988, R: Alan Birkinshaw, Gérard Kikoïne, D: Oliver Reed, Donald Pleasence, Romy Windsor, Rufus Swart, Norman Coombes, Anne Stradi, Carole Farquhar, Philip Godewa

Nach einer Kurzgeschichte von Edgar Allan Poe: Bevor er sich lebendig begraben lassen möchte, will der letzte Spross einer degenerierten Familie die Freundin seines Neffen zur Mutter seines Stammhalters machen.

MovieLine: »Knallbunter, aber vergeblicher Versuch an einer Neuauflage von Roger Cormans unerreichten Poe-Verfilmungen.«

Ken Russell inszenierte 2001 in Großbritannien eine neue Verfilmung *The Fall Of The House Of Usher* mit James Johnson, Tulip Junkie und Ken Russell in den Hauptrollen.

1986 Los Crímenes de Usher
E, R: Jesus Franco, D: Howard Vernon, Lina Romay, Ana Galán, Jesus Franco

1982 The Fall Of The House Of Usher
USA, R: James L. Conway, D: Martin Landau, Charlene Tilton, Ray Walston

1981 Zánik domu Usheru
ČSSR, R: Jan Svankmajer – Animation

1960 Die Verfluchten
House Of Usher, USA, R: Roger Corman, D: Vincent Price, Mark Damon

1950 The Fall Of The House Of Usher
GB, R: George Ivan Barnett, D: Kay Tendeter, Gwen Watford, Irving Steen

1928 The Fall Of The House Of Usher
USA, R: John S. Watson, Melville Webber, D: Melville Webber, Dorthea House

1927 Der Untergang des Hauses Usher
La chute de la maison usher, F, R: Jean Epstein, D: Marguerite Gance

HUDSUCKER – DER GROSSE SPRUNG

The Hudsucker Proxy, GB/BRD/USA 1994, R: Joel Coen, D: Tim Robbins, Jennifer Jason Leigh, Paul Newman, Charles Durning, John Mahoney, Jim True, Bill Cobbs, Bruce Campbell, Harry Bugin, John Seitz

Nachdem sich Firmengründer Hudsucker in einem Anfall euphorischer Hysterie mit einem Sprung aus dem 44. Stock von seiner Firma verabschiedet hat, setzt der intrigante Vize Mussburger den unerfahrenen Norville Barnes als Marionette an die Firmenspitze. Doch Norville entwickelt ungeahnte Kreativität: Entgegen allen Erwartungen erfindet er einen Knüller: den Hula-Hoop-Reifen, und durchkreuzt Mussburgers Pläne. Woraufhin dieser erst richtig gemein wird.

MovieLine: »Eine rasante Komödie im Stil der Screwball Comedies der dreißiger und vierziger Jahre, die vor erfrischendem Wortwitz sprüht. Unerwartete Ideen, imposante Kulissen und eine optisch außergewöhnliche Bildkraft erzeugen eine unterhaltende Mischung, die manchmal ans Absurde grenzt.«

1967 Wie man Erfolg hat, ohne sich besonders anzustrengen
How to Succeed In Business Without Really Trying, USA, R: David Swift, D: Robert Morse, Michele Lee, Rudy Vallee, Maureen Arthur

HUMORESKE

Humoresque, USA 1946, R: Jean Negulesco, D: Joan Crawford, John Garfield, Oscar Levant, J. Carrol

Naish, Joan Chandler, Tom D'Andrea, Peggy Knudsen, Ruth Nelson, Craig Stevens, Paul Cavanagh

Der ehrgeizige, junge Violinist Paul Boray wird von seinem Freund und Lehrer Sid Jeffers auf eine mondäne Party eingeladen, wo die reiche Helen Wright sich für das Talent interessiert. Helen ist unglücklich verheiratet mit dem stillen, duldsamen Victor und ertränkt ihren Kummer im Alkohol. Aber sie hat ein Ohr für talentierte Solisten. Durch Helens Unterstützung wird Pauls Debüt als Konzertviolinist ein beachtlicher Kritikererfolg. Der berühmte Dirigent Anatol Hagerström nimmt das aufstrebende Talent in sein Orchester auf, Pauls Karriere schreitet voran. Helens Interesse an Paul ist nicht nur künstlerischer Natur, auch Paul verliebt sich in die attraktive Frau. Als Victor von der Affäre seiner Frau erfährt, lässt er sich scheiden. Paul und Helen heiraten, doch ihre ohnehin schon schwierige Beziehung wird dadurch nicht einfacher. Helen kann es nicht ertragen, dass Paul voller Ehrgeiz steckt und seine ganze Erfüllung in seiner Musik findet, neben der sie in seinem Leben nur die zweite Geige spielt. Während Paul auf der Konzertbühne einen seiner größten Triumphe feiert, nimmt Helen sich das Leben.

Abendzeitung: »Ein echtes Hollywood-Melodram aus den vierziger Jahren.« Für seine anspruchsvolle Musikzusammenstellung (Interpret: Isaac Stern) erhielt Fred Waxman 1947 einen Oscar.

1920 Humoresque
USA, R: Frank Borzage, D: Gaston Glass, Vera Gordon, Alma Rubens

DER HUND VON BASKERVILLE
The Hound Of The Baskervilles, GB 1988, R: Brian Mills, Drb: nach dem Roman von Sir Arthur Conan Doyle, D: Jeremy Brett (Sherlock Holmes), Edward Hardwicke (Dr. John Watson), Kristoffer Tabori (Sir Henry Baskerville), Ronald Pickup (Barrymore), James Faulkner (Stapleton), Rosemary HcHale (Mrs. Barrymore), Neil Duncan (Dr. Mortimer)

Ein seltsamer Fluch liegt über dem Geschlecht der Herren von Baskerville. Der Legende zufolge durchstreift ein Hund, groß wie ein Kalb, das Moor und tötet die Abkömmlinge eines verruchten Vorfahren der Familie. Sherlock Holmes

schickt Dr. Watson auf den Landsitz, um die Umstände des Todes von Sir Charles Baskerville aufzuklären, der unlängst einem Schlaganfall erlegen war. Nur hatte Dr. Mortimer, der Arzt der Familie, neben dem Toten die Spuren eines Hundes gefunden. Auch der junge Sir Henry erhält, kaum aus Amerika angereist, um sein Erbe auf Baskerville anzutreten, eine anonyme Warnung. Überdies soll sich ein gefährlicher Massenmörder im Moor versteckt halten. Dr. Watson und Sir Henry verfolgen, ungeachtet der Gefahr, ein nächtliches Licht im Moor und lauschen dem grausigen Geheul. Eine andere Spur führt zu Laura Lyons, einer unglücklichen Frau, die Sir Charles am Abend seines Todes vergeblich draußen erwartete. Ist sie in ein Komplott verwickelt? Sir Henry hat sich unterdessen in Beryl Stapleton, die Schwester eines Nachbarn, verliebt. Ihr Bruder überrascht die beiden in inniger Umarmung und reagiert ungewöhnlich heftig. Die ganze Zeit über war auch Holmes nicht untätig. Er hat einen riskanten Plan, den Mörder von Sir Charles zu überführen.

1877 erschien mit *Study In Scarlet* eine erste Sherlock Holmes-Geschichte, der 55 Erzählungen und vier Romane folgen sollten. *Der Hund von Baskerville*, 1902 in England in Fortsetzungen erschienen, ist der berühmteste von Conan Doyles vier Sherlock Holmes-Romanen und wurde wiederholt verfilmt. »Die Zahl der Holmes-Filme geht in die Hunderte«, bemerkt Meinolf Zurhorst im *Lexikon des Kriminalfilms*: »Der erste, *Sherlock Holmes Baffled*, datiert aus dem Jahre 1903. Seitdem riss die Reihe der Verfilmungen nicht mehr ab. Nur die wenigsten indes waren in Deutschland zu sehen. Im Jahr 1939 begann die 20th Century-Fox eine Serie von Sherlock-Holmes-Filmen, die zu den erfolg-

Der Hund von Baskerville (1983, R: Douglas Hickox): Ian Richardson und Donald Churchill

reichsten zählt und teilweise auch in Deutschland zu sehen war. Hauptdarsteller waren Basil Rathbone und Nigel Bruce. Nach acht Jahren Laufzeit wurde die Reihe eingestellt. Die Geschichten wiesen immer mehr ins Fantastische oder näherten sich dem Horrorfilm, und Rathbone fürchtete (zu Recht), von seinem Holmes-Image nicht mehr loszukommen. Erst Ende der fünfziger Jahre kam dann wieder ein Sherlock-Holmes-Film in die Kinos, mehr Horror- als Kriminalfilm (*The Hound Of The Baskervilles*; 1959; R: Terence Fisher), produziert von Hammer Films. Analog den deutschen Edgar-Wallace-Filmen gelangte 1962 mit *Sherlock Holmes und das Halsband des Todes* eine deutsche Version in die Kinos, nicht die schlechteste übrigens. In den siebziger Jahren wurde der britische Meister-Detektiv dann endgültig zum Gegenstand mehr oder weniger beißender Persiflagen.«

1983 Der Hund von Baskerville
The Hound Of The Baskervilles, GB, R: Douglas Hickox, D: Ian Richardson

1981 Der Hund von Baskerville
Prikljutschenija Scherloka Cholmsa I Doktora Watsona Sobaka Baskerville, UdSSR, R: Igor Maslennikow, D: Wassili Liwanow, Witali Solomin

1977 Der Hund von Baskerville
The Hound Of The Baskervilles, GB, R: Paul Morrissey, D: Dudley Moore

Diese elfte Verfilmung des gleichnamigen Romans von A. Conan Doyle ist eine Parodie auf ihre sämtlichen Vorläufer: »Natürlich ist das ein glänzender Stoff für eine Persiflage ... aber Paul Morrissey liefert ein so öde langweiliges Kino-

stück ab, dass der einzige originelle Einfall, die Geschichte in einer latent homoerotischen Atmosphäre anzusiedeln ... rasch seinen Reiz verliert und sich als bloße Masche totläuft.« *(Film-Dienst)*

»Zu derb sind Witze und Dialoge, zu oberflächlich die meisten Effekte. Als Drehbuchautoren zeichneten Peter Cook und Dudley Moore verantwortlich, zwei britische Komiker, die im dortigen Fernsehen einen Beliebtheitsgrad erreicht haben wie bei uns etwa ein Dieter Hallervorden oder die *Klimbim*-Familie. Und man ahnt, dass viele der albernen, seichten Gags im TV durchaus anders, besser vielleicht angekommen wären. Im Kino-Spielfilm wirken sie dagegen schlaff und werden auch durch permanente Wiederholung nicht besser. In Ansätzen, versteckt hinter den tumben Witzchen, sind die Bemühungen erkennbar, mehr zu machen als nur plumpen Klamauk. Da gibt's beispielsweise eine herrlich komische Parodie auf den *Exorzisten*, und wenn die Besessene auf ihrem Bett reitet oder kopfrotierend wie eine Sprenkleranlage grüne Soße speit, dann ahnt man, was das Team eigentlich wollte: differenzierten englischen Humor zwischen Scherz und Grauen, eingewoben in Slapstick und Parodie. Als Vorbilder dienten da un-

Unten: Der Hund von Baskerville (1958, R: Terence Fisher): Peter Cushing und Francis De Wolff
Rechts: Der Hund von Baskerville (1958)

übersehbar Mel Brooks, Marty Feldmann oder Gene Wilder, vor allem aber Monty Python und seine Crew, die mit *Die Ritter der Kokosnuss* und *Jabberwocky* Maßstäbe für diese Genre gesetzt haben.« (Reinhard Krüger, *Filmecho/Filmwoche*)

1972 Der Hund von Baskerville
The Hound Of The Baskervilles, USA, R: Barry Crane, D: Stewart Granger
Stewart Granger und Bernard Fox verkörpern das unsterbliche Paar in bester englischer Krimi-Manier mit Witz und Würde.

1958 Der Hund von Baskerville
The Hound Of The Baskervilles, GB, R: Terence Fisher, D: Peter Cushing
»Wer immer die Entscheidung getroffen hat, den *Hund von Baskerville* in strahlendem Technicolor in einem bestens ausgeleuchteten Studio zu verfilmen, das nicht die geringste Ähnlichkeit mit den nebeligen englischen Mooren aufweist, hat völlig außer Acht gelassen, welcher Atmosphäre eine alte Mystery Story wie diese bedarf. Darüber hinaus wird die für den Film lebenswichtige Bedrohung durch den draußen im Moor heulenden Hund beinahe völlig vergessen. Abgesehen von dem einen oder anderen Hinweis auf die Existenz dieser Kreatur, sehen wir bis zum Ende nichts von ihr. Und als wir sie dann kurz erblicken, ist es eine Dogge, die so aussieht wie Nachbars Fifi.« (Bosley Crowther, *The New York Times*).

1939 Sherlock Holmes – Der Hund von Baskerville
The Hound Of The Baskervilles, USA, R: Sidney Lanfield, D: Basil Rathbone
Mit diesem Film begann für Basil Rathbone die Serie der Sherlock Holmes-Filme: Bis 1946 spielte er in insgesamt 16 Filmen den berühmten Meisterdetektiv.

1937 Murder At The Baskervilles
GB, R: Thomas Bentley, D: Arthur Wontner

1936 Der Hund von Baskerville
D, R: Carl Lamac, D: Bruno Güttner, Fritz Rasp, Peter Voss
»Aber das Beste an diesem Film ist eben nicht die Geschichte (und auch nicht Sherlock Holmes), sondern die Regie, die mit Geschmack und Geschick ihre Unheimlichkeiten arrangiert, das düstere englische Schloss, das schaurige, nebelverhangene Moor und der Geisterhund. Eine Gru-

selszenerie für Genießer des Absonderlichen, in der sich das treffliche Ensemble schrulliger Originaltypen recht wirkungsvoll umhertreiben kann.« *(Filmbeobachter)*

1931 The Hound Of The Baskervilles
GB, R: V. Gareth Gundrey, D: Robert Rendel

1929 Der Hund von Baskerville
D, R: Richard Oswald, D: Carlyle Blackwell, Alexander Murski, Fritz Rasp

1921 The Hound Of The Baskervilles
GB, R: Maurice Elvey, D: Ellie Norwood

1915 Die Sage vom Hund von Baskerville
D, R: Richard Oswald, D: Alwin Neuß, Friedrich Kühne, Erwin Fichtner

1915 The Hound Of The Baskervilles
F

1914 Der Hund von Baskerville
D, R: Rudolf Meinert

101 DALMATINER
One Hundred And One Dalmatians, USA 1996, R: Stephen Herek, D: Glenn Close, Jeff Daniels, Joely Richardson, Joan Plowright, Hugh Laurie, Marc Williams, John Shrapnel
Realfilm-Remake von Disneys Zeichentrickfilm: Pongo, ein stattlicher Dalmatiner-Rüde, hat alles, einschließlich seines etwas trotteligen Herr-

101 Dalmatiner/Pongo und Perdita (1960, R: Wolfgang Reitherman, Clyde Geronimi): Bei Teufelsweib Cruella sträuben sich die Haare

chens Roger, bestens unter Kontrolle. Doch als Hund und Herrchen an einem sonnigen Herbsttag in einem Londoner Park Gassi gehen, schlägt das Schicksal in Form der attraktiven Menschendame Anita und ihrer wunderschön gefleckten Dalmatinerhündin Perdy zu. Sofort ist es um das Quartett geschehen, das sich nach einer turbulent-amourösen Verfolgungsjagd nie mehr aus den Augen lassen will. Nach der Hochzeit lässt der Nachwuchs des Hundepärchens nicht lange auf sich warten. Anita und Roger lassen sich zwar noch etwas Zeit, doch dafür sorgen Pongo und Perdy dafür, dass das Haus alsbald von 15 süßen Welpen bevölkert wird. Die allgegenwärtige Freude wird durch das Auftauchen von Anitas ehemaliger Chefin, der Mode-Zarin und Pelz-Fanatikerin Cruella DeVil, getrübt. Die fiese Hexe hat einen Traum: Ein eleganter, schneeweißer Pelz mit schwarzen Flecken soll sie schmücken. Anita und Roger scheinen die finsteren Pläne von Cruella zu erahnen und weigern sich, die Welpen zu verkaufen. Doch Cruella lässt die Welpen kurzerhand von dem Gangsterduo Jasper und Horace entführen, die nicht nur ihnen, sondern 84 weiteren Babys das Fell über die Ohren ziehen sollen. Aber Cruella hat nicht mit Pongo und Per-

dy gerechnet, die eine abenteuerliche Suche nach ihrem Nachwuchs starten. Bei der turbulenten Rettungsaktion hilft ihnen alles, was im vereinigten Königreich auf vier Beinen läuft oder Flügel hat ...

Video Woche: »Bei seinem Spielfilm-Remake des Disney-Zeichentrickklassikers von 1961 konnte sich Regisseur Stephen Herek auf zwei Elemente verlassen. Zum einen auf eine entfesselnd aufspielende Glenn Close als Cruella, zum anderen auf 99 süße Welpen. Die Abenteuerkomödie ist bestes Family Entertainment.«

Blickpunkt: Film: »Besonders ins Auge sticht das hervorragende, durchgestylte Produktionsdesign – ein optischer Hochgenuss.«

Stefan Grissemann *(Die Presse)*: »Regisseur Stephen Herek hält sich dabei auftragsgemäß aus allem heraus, was man Handschrift nennen könnte, während Superstar Glenn Close, tatsächlich amüsant, die erste Geige spielt: In einer deftigen Selbstpersiflage demontiert sie hier – makellos arrogant – sich bis ins finale Jauchebad selbst, flankiert von zwei Gangstertrotteln, die direkt aus *Home Alone* stammen könnten. Wenn die Neufassung von *101 Dalmatiner* etwas zeigt, dann wenigstens die Tatsache, dass Disneys Süßstoff längst ganz Hollywood infiziert hat: So künstlich, so familiär und so berechenbar wie dieser Film hat heute eben alles auszusehen, was die US-Weltfilmindustrie, Abteilung Jugendfrei, en gros zu bieten hat.«

1960 101 Dalmatiner (Pongo und Perdita)
101 Dalmatians, USA, R: Wolfgang Reitherman, Clyde Geronimi – Animation

HURRA – DIE FIRMA HAT EIN KIND

BRD 1956, R: Hans Richter, D: Wera Frydtberg, Kurt Großkurth, Loni Heuser, Karl Schönböck
Nach dem Bühnenstück *Bichon* von Jean de Lefraz: Wolfchen – ein reizendes kleines Baby, ist der Hauptgrund dafür, dass in der Familie des gestrengen Haushaltmaschinen-Fabrikanten Emil Weininger plötzlich alles drunter und drüber geht. Das Baby wurde ganz einfach in Weiningers Wohnung abgeliefert und Weiningers Sohn Karl von einer resoluten Zimmervermieterin der Vaterschaft bezichtigt. Der verzweifelte Junge, der eigentlich nur Motorräder im Kopf hat, sucht bei

101 Dalmatiner/Pongo und Perdita (1960, R: Wolfgang Reitherman, Clyde Geronimi): Kennenlernphase

Hurricane (1978, R: Jan Troell):
Dayton Ka'ane angekettet an einen Pfahl

seiner Schwester Erika Rat. Prompt fällt der auch etwas ein, denn für sie ist dieses Baby »ein Geschenk des Himmels«. Endlich hat das Mädchen etwas in der Hand, das den Plan ihres tyrannischen Vaters, sie mit dem arroganten Fabrikanten Gottlieb Lampe zu verheiraten, durchkreuzt. Erika nämlich hasst diesen Lampe – verständlich –, denn sie liebt Hartmut Stolzenberg, einen schüchternen jungen Mann, der als Prokurist und »Mädchen für Alles« bei Emil Weininger arbeitet und von diesem schon jahrelang unterdrückt und schikaniert wird. Als Emil Weininger erfährt, dass seine Tochter bereits ein Kind mit Stolzenberg hat, ist er dem Zusammenbruch nahe ...

1947 Bichon

F, R: René Jayet, D: André Alerme, Armand Bernard, Georges Briquet

HURRICANE

The Hurricane, USA 1978, R: Jan Troell, D: Jason Robards, Mia Farrow, Dayton Ka'ane, Max von Sydow, Timothy Bottoms, Trevor Howard

Nach einem Roman von Charles B. Nordhoff und James N. Hall: Samoa um 1920. Captain James Bruckner, der amerikanische Gouverneur, nimmt mit seiner 18-jährigen Tochter Charlotte an der Krönung des jungen Häuptlingssohnes Matangi teil. Bald verlieben sich die Kunststudentin und der Eingeborene ineinander. Matangi will für sie sogar die ihm zugesprochene Braut Moana verlassen. Da die Liebe der beiden mehr als nur eine flüchtige Romanze zu sein scheint, wächst Bruckners Widerstand gegen die Beziehung. Der Gouverneur hat seine Tochter eigentlich seinem Adjutanten Sanford zugedacht. Aus Verzweiflung und Eifersucht lässt sich die schöne Moana von Matangis Rivalen verführen und begeht dann Selbstmord. Das gibt Bruckner Gelegenheit, gegen Matangi vorzugehen. Er lässt ihn festnehmen, nimmt ihm die Häuptlingswürde und verurteilt ihn zu vier Jahren Zwangsarbeit, weil er ein nach amerikanischem Gesetz verbotenes Ritual nicht verhinderte. Charlotte verhilft ihrem Geliebten zur Flucht. Trotz eines aufziehenden Orkans fliehen sie, verfolgt vom Kanonenboot des Gouverneurs, in einem Rettungsboot auf die Insel Alava, über die bald ein alles verschlingender Hurrikan fegt ...

TV Today: »Mehr frischer Wind hätte dem einschläfernden Melodram gut getan.«

1937 ... dann kam der Orkan

The Hurricane, R: John Ford, D: Dorothy Lamour, Jon Hall, Mary Astor

I

Ganze eine meistenteils recht nette Albernheit, flott synchronisiert.«

Der Film lief auch unter dem Titel *Das gewisse Etwas*.

1943 Sweet Rosie O'Grady
USA, R: Irving Cummings, D: Betty Grable, Adolphe Menjou, Robert Young

1937 Der Liebesreporter
Love Is News, USA, R: Tay Garnett, D: Tyrone Power, Loretta Young, Don Ameche

ICH BIN DU
Vice Versa, USA 1988, R: Brian Gilbert, D: Judge Reinhold, Fred Savage, Corinne Bohrer, Swoosie Kurtz, Jane Kaczmarek, David Proval, William Prince, Gloria Gifford

Mit Hilfe von Magie schlüpft der arbeitswütige Vizepräsident einer exklusiven Kaufhauskette in den Körper seines 12-jährigen Sohnes und umgekehrt, woraus sich zahlreiche Verwicklungen und Verwechslungen ergeben.

MovieLine: »Eine weitere amerikanische Rollentausch-Komödie, bescheiden im Unterhaltungswert und mit leicht durchschaubarer moralischer Absicht.«

1948 Vice Versa
GB, R: Peter Ustinov, D: Roger Livesey, Kay Walsh, Petula Clark

ICH HEIRATE DICH DOCH
That Wonderful Urge, USA 1948, R: Robert B. Sinclair, D: Tyrone Power, Gene Tierney, Reginald Gardiner, Arleen Whelan, Lucile Watson, Gene Lockhart, Lloyd Gough, Porter Hall, Taylor Hohnes, Richard Gaines, Chill Wills, Hope Emerson

Nach einer Erzählung von William R. Lipman: Eine Konservenmillionärin ärgert sich über die Klatschartikel, die ein böser Pressemann über ihr Privatleben loslässt, doch als er ihr unter die Finger kommt, verliebt sie sich in ihn. Sodann entdeckt sie seine Hinterlist und frönt der Rache.

Ponkie (Filmblätter): »Sie fangen ganz banal an, diese amerikanischen Salon-Gesellschaftskomödien – aber auf einmal kommt das gewisse Etwas durch und schon sind sie auf dem Niveau gepflegt albernen Vergnügens angelangt ... Tyrone Power wehrt sich mit Löwenmut, Temperament und jugendlich frischen Lausebengel-Einfällen und beendet den Ringkampf zwischen Hass und Liebe mit einer Heirat. Gene Tierney ist die attraktive und kaktusstachelige Beute und das

ICH WEISS, WAS DU LETZTEN SOMMER GETAN HAST
I Know What You Did Last Summer, USA 1997, R: Jim Gillespie, D: Jennifer Love Hewitt, Sarah Michelle Gellar, Ryan Phillippe, Freddie Prinze jr., Johnny Galecki, Bridgette Wilson, Anne Heche, Muse Watson

Zwei Pärchen überfahren nach einer Party einen Mann und laden die Leiche in einem See ab. Ein Jahr danach bekommt eines der beteiligten Mädchen die mysteriöse Nachricht: »Ich weiß, was du letzten Sommer getan hast.« Die Botschaft liefert den Auftakt zu einer Reihe grausamer Morde.

Michaela Pieler *(AP)*: »Mit *Ich weiß, was du letzten Sommer getan hast* feiert der schottische Regisseur Jim Gillespie sein Hollywood-Debüt. Das Drehbuch stammt von Kevin Williamson, der im vergangenen Jahr die Vorlage für Wes Cravens Horrorschocker *Scream – Der Schrei* lieferte. Die Verwandtschaft der beiden Filme ist unverkennbar: Attraktive US-Teenies werden von unvorhersehbarem wie unausweichlichem Schrecken aus ihrer heilen Welt gerissen. Blut, Ekel und Gewalt nehmen dabei viel Raum ein ... Den Zuschauer von *Ich weiß, was du letzten Sommer getan hast* erwartet zwar kein besonders hintergründiger Thriller. Doch verspricht der Film 100 Minuten spannender Unterhaltung mit einem überraschungsreichen Finale – wenngleich dieses unnötig blutig ausfällt.«

1995 Suspicions
USA, R: Michael Sperrazza, D: Eric Breien, Catherine Curtain, Thomas Fattaruso

ICH, DER RICHTER
I, The Jury, USA 1981, R: Richard T. Heffron, D: Armand Assante, Barbara Carrera, Laurene Landon, Alan King, Paul Sorvino, Geoffrey Lewis, Judson Scott, Barry Snider

Nach einem Roman von Mickey Spillane: Privatdetektiv Mike Hammer kennt nur ein Ziel; er will den Mord an seinem besten Freund Jack rächen, der in seiner Wohnung erschossen wurde. Hammer entdeckt: Jack war zuletzt wegen sexueller Probleme in einer Spezialklinik in Behandlung. Die Chefärztin Dr. Bennett ist Mitarbeiterin des FBI. Sie hat dafür zu sorgen, dass Leute, die zu viel wissen, für immer schweigen. Hammer erschießt die Lady.

Meinolf Zurhorst *(Lexikon des Kriminalfilms)*: »Das Remake des Harry-Essex-Films *Der Richter bin ich* entspricht in einer Hinsicht eher dem Roman als der erste Film: es setzt auf pure Action, deren Gewalttätigkeit zum reinen Selbstzweck wird. Mike Hammer, der Privatdetektiv des Zeugen Jehova Mickey Spillane kommt dabei über die Schurken wie das Letzte Gericht – mit Blitz und Donner sorgt er für deren Himmelfahrt. Destruktive Kraft und Sexismus des Super-Machos Hammer schaffen eine apokalyptische Vision der Gewalt – er bringt die Strafe Gottes. Ein wahrhaft zynischer Film.«

1953 Der Richter bin ich
I, The Jury, USA, R: Harry Essex, D: Biff Elliot, Preston Foster, Peggie Castle

IHR ERSTES RENDEZVOUS
BRD/A 1955, R: Axel von Ambesser, D: Adrian Hoven, Nicole Heesters, Paul Dahlke, Karl Schönböck, Erika von Thellmann, Wera Frydtberg, Lucie Neudecker, Lola Urban-Kneidinger, Theodor Danegger, Hilde Schreiber, Hans Fitz, Peter Vogel, A. E. von Richthofen, Fritz Grieb, Karl Haberfellner, Franz Fröhlich, Heli Lichten, Karl Ehmann, Heinz Rohn, Michael Janisch

Ein im kargen Waisenhaus aufwachsendes Mädchen beginnt einen Briefwechsel mit einem Unbekannten. Ohne Absicht stolpert sie bei einem Spaziergang aus der Waisenhaus-Uniform in ein chices Kleid und – in ihr erstes Rendezvous. Ihr Unbekannter enttäuscht sie, da er das Alter von Wunschprinzen überschritten hat und sie sich besser zur Tochter als zur Lebensgefährtin eignet. Ehe sie wieder entfliehen kann, täuscht er vor, nur Stellvertreter des verreisten Neffen zu sein und nimmt sie mit in sein Junggesellenheim. Der tatsächlich vorhandene Neffe kommt, sieht und siegt! Das Waisenhaus macht gute Miene zum nicht allzu bösen Spiel, Onkel adoptiert, Neffe startet Richtung Ehehafen.

Hans Capito *(Filmblätter)*: »Nicole Heesters spielt und singt das alles sehr natürlich und frisch, Adrian Hoven ist auf nette männliche Art verliebt. Wera Frydtberg gibt ein reizendes flügge gewordenes Waisenmädchen, die Thellmann eine skurrile (etwas typisierte) Lehrerin. Ambessers flotte Regie bewährt sich besonders in den Kammerspielszenen. Einprägsame Musik untermalt den farblich gut gelungenen Film. Eine nette Feierabendunterhaltung für jedermann.«

1941 Ihr erstes Rendezvous
Premier rendez-vous, F, R: Henri Decoin, D: Danielle Darrieux, Sophie Desmarets

IHR SEHR ERGEBENER ...
Sincerely Yours, USA 1955, R: Gordon Douglas, D: George Liberace, Joanne Dru, Dorothy Malone, Alex Nichol, William Demarest, Lori Nelson, Lurene Tuttle

Nach dem Stück *The Man Who Played God* von Jules Eckert Goodman: Der so sehr ergebene amerikanische Pianist eilt von Erfolg zu Erfolg, was sowohl seine beruflichen Darbietungen wie seine privaten Empfindungen betrifft, bis eine vorübergehende Taubheit sein Lebenssteuer jählings herumwirft.

Hans Capito *(Filmblätter)*: »Liberace mit der Rattenfänger-Anziehungskraft auf weibliches Publikum, die zweifellos in das weite Feld der Massensuggestion gehört, gibt sich hier überaus seriös und sentimental und daher werden auch die geschäftlichen Chancen bei seinen Anhängern liegen.«

Lexikon des internationalen Films: »Harmloser, sentimentaler Kitsch, der dem Piano-Exzentriker Liberace die Gelegenheit gibt, seinem Exhibitionismus zu frönen.«

1932 The Man Who Played God
USA, R: John W. Adolfi, D: George Arliss, Bette Davis, Violet Heming

1922 The Man Who Played God
USA, R: F. Harmon Weight, D: George Arliss, Ann Forrest, Ivan F. Simpson

1915 The Silent Voice
USA, R: William Bowman, D: Frank Bacon, Francis X. Bushman, William Clifford

IM BANNE DER VERGANGENHEIT
Smilin' Through, USA 1942, R: Frank Borzage, D: Jeanette MacDonald, Gene Raymond, Brian Aherne, Ian Hunter, Frances Robinson, Patrick O'Moore,

Jackie Horner, Eric Lonsdale, David Clyde, Frances Carson, Ruth Rickaby

Nach einem Bühnenstück von Jane Cowl und Jane Murfin: Ein englischer Landedelmann trauert seit vielen Jahren um die geliebte Frau, die an ihrem Hochzeitstag getötet wurde. Als ihre Nichte sich in den Sohn des Mannes verliebt, der ihre Tante seinerzeit aus Eifersucht erschoss, will er die beiden jungen Leute unbedingt auseinander bringen.

Lexikon des internationalen Films: »Bonbonbuntes Remake eines romantischen Melodrams mit demselben Titel (1932), angereichert mit Sentimentalitäten und Gesangseinlagen.«

1932 Smilin' Through

USA, R: Sidney Franklin, D: Norma Shearer, Leslie Howard, Fredric March

1922 Smilin' Through

USA, R: Sidney Franklin, D: Norma Talmadge, Wyndham Standing, Harrison Ford

IM DUNKEL DER NACHT

Nightmare, USA 1956, R: Maxwell Shane, D: Edward G. Robinson, Kevin McCarthy, Connie Russell, Virginia Christine, Rhys Williams, Gage Clarke, Barry Atwater

Nach einer Kurzgeschichte von Cornell Woolrich: Ein Jazzmusiker, der ein Doppelleben führt, hat in Hypnose einen Mord an einem Unbekannten ausgeführt. Weil ihm im wachen Zustand seine Tat gar nicht bewusst ist, versucht er, den Fall zu klären. Er bemüht sich, das Motiv herauszufinden und bricht in Erkenntnis des wahren Sachverhalts zusammen.

Hilde Bold *(Filmblätter)*: »Edward G. Robinson zeigt eine brillante Charakterstudie. Noch brillanter aber ist die Kameraarbeit, die mit kühnen Kontrastwirkungen von Licht und Schatten arbeitet. Auch die gespenstische Musik ist auf- und anregend. Jeder Freund von Kriminalfilmen kann hier Höhepunkte erleben.«

1947 Angst in der Nacht

Fear In The Night, USA, R: Maxwell Shane, D: Paul Kelly, DeForest Kelley

IM REICHE
DES GOLDENEN CONDOR

Treasure Of The Golden Condor, USA 1953, R: Delmer Daves, D: Cornel Wilde, Constance Smith, Finlay Currie, Walter Hampden, Anne Bancroft, George Macready, Fay Wray, Leo G. Carroll

Vom alten Marquis wird der junge französische Landadelige Jean-Paul um sein rechtmäßiges Erbe gebracht und als Leibeigener unterjocht. Eines Tages gelingt ihm die Flucht nach Guatemala, wo er mit dem Schotten MacDeugal und dessen Tochter Clara dem sagenhaften Schatz des goldenen Condor auf der Spur ist. Die drei finden nach vielen lebensgefährlichen Abenteuern im Dschungel den Schatz tatsächlich. Doch während MacDeugal und Clara sich entschließen, das einfache Leben bei den Indianern weiterzuführen, kehrt Jean-Paul als reicher Mann nach Frankreich zurück, um seine Erbansprüche durchzusetzen.

Variety: »Daves inszenierte einen Film, der in seinen herrlichen Farbaufnahmen überdurchschnittlich gut ist.«

1942 Abenteuer in der Südsee

Son Of Fury, USA, R: John Cromwell, D: Tyrone Power, Frances Farmer

IM SCHATTEN DES HERZENS

Always In My Heart, USA 1942, R: Jo Graham, D: Kay Francis, Walter Huston, Gloria Warren, Patti Hale, Frankie Thomas, Una O'Connor, Sidney Blackmer, Armida, Frank Puglia

MacKenzie Scott bestand darauf, sich von seiner Frau Marjorie scheiden zu lassen, als er vor Jahren verurteilt wurde und ins Staatsgefängnis musste. Seine Kinder Victoria und Martin sollten glauben, er sei tot. Doch Marjorie blieb ihm immer treu. Eines Tages macht Philip Ames Marjorie einen Heiratsantrag. Unschlüssig, ob sie ihn annehmen soll, geht sie ins Staatsgefängnis, um MacKenzie über ihre Zukunft entscheiden zu lassen. Er gibt ihr den Rat, Ames zu heiraten und verschweigt ihr, dass er begnadigt wurde. Am nächsten Tag geht MacKenzie an seinem alten Haus vorüber und trifft seine Tochter Victoria, gibt sich aber nicht als Vater zu erkennen. Von Leuten in der Stadt hört er, dass sich sein Sohn Martin nachteilig gewandelt hat, seit Ames ihn mit Geldgeschenken verwöhnt. MacKenzie entschließt sich zu bleiben. Er und Victoria werden bald gute Freunde. Als Marjorie ihn in der Stadt entdeckt, bittet sie ihn, zu ihr zurückzukommen. Doch er lehnt ab und redet ihr zu, Ames zu heiraten. Inzwischen entdeckt Victoria, dass er ihr Vater ist und noch in der gleichen Nacht mit dem Schiff nach San Diego abreisen will. Sie nimmt heimlich Martins Motorboot, um ihn einzuholen. Doch MacKenzie hat sein Schiff verpasst, da er Martin bei einer Schlägerei beistehen musste. Jemand im Hafen ruft den beiden zu, dass Victoria mit dem Motorboot in Richtung der gefährlichen Sturzwellen hinausgefahren ist. Vater und Sohn fahren ihr nach, um sie zu retten. Spät in der Nacht ist die Familie Scott dann wieder für immer vereint.

1939 Vier Töchter räumen auf
Daughters Courageous, USA, R: Michael Curtiz, D: Priscilla Lane, John Garfield

IM SCHATTEN DES TRIUMPHBOGENS
Arch Of Triumph, USA 1984, R: Waris Hussein, D: Anthony Hopkins, Donald Pleasence, Lesley-Anne Down, Frank Finlay, Richard Pasco
Nach einem Roman von Erich Maria Remarque: Chirurg Dr. Ravic, ein renommierter Münchner Arzt, ist vor den Nazis geflohen und hat nun keine andere Wahl, als Frauen aus dem Pariser Rotlichtbezirk medizinisch zu versorgen, um sich seinen Lebensunterhalt zu verdienen. Eines Abends trifft er eine angehende junge Diseuse auf einer Seine-Brücke, wie sie voller Todessehnsucht ins Wasser starrt. Die beiden beginnen zögernd eine jener unvermeidlich zum Scheitern verurteilten Kriegsliebesgeschichten, die im Tod enden.

Quentin Falk *(Anthony Hopkins – Der Mann, der Hannibal Lecter war)*: »*Arch Of Triumph* wurde in Paris gefilmt, von CBS und Harlech TV. Es war ein elegantes, wenn auch etwas überflüssiges Remake des schmalzigen Rührstücks mit Charles Boyer und Ingrid Bergman, das 1948 nach dem Roman von Erich Maria Remarque gedreht worden war.«

1948 Triumphbogen
Arch Of Triumph, USA, R: Lewis Milestone, D: Charles Boyer, Ingrid Bergman

IM SCHATTEN DES ZWEIFELS
Shadow Of A Doubt, USA 1991, R: Karen Arthur, D: Mark Harmon, Margaret Welsh, Norm Shaggs, William Lanteau, Diane Ladd, Rick Lenz
Nach einem Roman von Gordon McDonell: Die junge Charlie gerät in Lebensgefahr, als sie Nachforschungen über die Vergangenheit ihres Lieblingsonkels anstellt, von dem sie glaubt, dass er ein Mörder ist.

Der schwarze Spiegel (1946, R: Robert Siodmak): Olivia De Havilland und Lew Ayres

tip: »Solide inszeniert, überraschend aufwendig und sorgfältig ausgestattet, und dennoch nicht einmal ein Schatten von Hitchcocks Meisterwerk.«

1958 Step Down To Terror
USA, R: Harry Keller, D: Charles Drake
1943 Im Schatten des Zweifels
Shadow Of A Doubt, USA, R: Alfred Hitchcock, D: Joseph Cotten, Teresa Wright

IM SPIEGEL DES TODES
Dark Mirror, USA 1984, R: Richard Lang, D: Jane Seymour, Vincent Gardenia, Stephen Collins, Hank Brandt, Ty Henderson, Jack Kruschen, Bill Quinn
Als der prominente Rechtsanwalt Frank Peralta ermordet wird, scheint Lieutenant Al Church leichtes Spiel zu haben: Die mutmaßliche Täterin, die attraktive Erica Cullen, ist schnell gefunden und kann von mehreren Zeugen identifiziert werden. Doch dann stellt sich heraus, dass Erica, die in Wirklichkeit Leigh heißt, eine Zwillingsschwester hat, die ihr wie aus dem Gesicht geschnitten ist.

Lexikon des internationalen Films: »Enttäuschendes (Fernseh-)Remake von Robert Siodmaks Psychothriller *Der schwarze Spiegel* (1946).«

1946 Der schwarze Spiegel
The Dark Mirror, USA, R: Robert Siodmak, D: Olivia De Havilland, Lew Ayres

IM WEISSEN RÖSSL

A 1960, R: Werner Jacobs, D: Peter Alexander, Karin Dor, Waltraut Haas, Adrian Hoven, Gunther Philipp, Erik Jelde, Werner Finck, Hugo Lindinger, Estella Blain, Frithjof Vierock, Hanita Hallan

Eine modernisierte Kinoversion der bekannten Operette von Ralph Benatzky: Das »Weiße Rössl« am Wolfgangsee ist eine österreichische Touristenattraktion. Entsprechend turbulent ist der Betrieb in der Saison. Das macht den Oberkellner Leopold natürlich nervös. Aber diese Nervosität ist nichts gegen die Qualen, die ihm seine Zuneigung zu seiner Chefin einbringen. Denn die schöne Josepha liebt ihren Sommerstammgast Dr. Siedler, auch wenn diese Liebe nicht ernsthaft erwidert wird. Eines Tages lässt Leopold seiner Chefin heimlich einen Rosenstrauß zukommen, den sie für ein Präsent von Dr. Siedler hält. Leopold klärt den Irrtum auf, mit dem Erfolg, dass er sich einen Verweis von Josepha einhandelt: Er solle, bitteschön, als Angestellter nicht persönlich werden. Das ist zu viel für den Oberkellner, doch sein Rachefeldzug bringt ihm nur die fristlose Entlassung ein. Nicht lange danach kehrt Leopold als Gast zurück und kann die Ereignisse aus gewisser Distanz betrachten und zum Teil auch steuern. Mit Genugtuung sieht er, dass im »Weißen Rössl« nichts mehr richtig läuft. Josepha bleibt nichts anderes übrig, als Leopold zu bitten, wieder für sie zu arbeiten. Am Ende

Von links oben nach rechts unten:
- *Im weißen Rössl (1960, R: Werner Jacobs):*
  Waltraut Haas und Gunther Philipp
- *Im weißen Rössl (1960):*
  Waltraut Haas und Peter Alexander
- *Im weißen Rössl (1952, R: Willi Forst):*
  Johanna Matz

entlässt Josepha ihren Oberkellner ein zweites Mal, um ihn stattdessen als Ehemann zu »engagieren«.

Filmblätter: »Die Story wurde ganz auf die Jetzt-Zeit gestellt und auf ›Musical‹ getrimmt ...«

1952 Im weißen Rössl

BRD, R: Willi Forst, D: Johannes Heesters, Johanna Matz, Walter Müller

1935 Im weißen Rössl

D/A, R: Carl Lamac, D: Christl Mardayn, Hermann Thimig, Theo Lingen

IM WESTEN NICHTS NEUES

All Quiet On The Western Front, GB 1980, R: Delbert Mann, D: Richard Thomas, Ernest Borgnine, Donald Pleasence, Ian Holm, Patricia Neal, Mathew Evans, Mark Drewry

Nach einem Roman von Erich Maria Remarque: »Dieses Buch soll weder eine Anklage noch ein Bekenntnis sein. Es soll nur den Versuch machen, über eine Generation zu berichten, die vom Kriege zerstört wurde – auch wenn sie seinen Granaten entkam.« Deutschland 1915. Der Gymnasiast Paul Bäumer meldet sich mit seinen Klassenkameraden freiwillig zum Militär, vom Klassenlehrer Kontareck mit pathetischen Phrasen vom süßen und ehrenvollen Tod fürs Vaterland ermuntert. Nach einer oberflächlichen Ausbildung durch den einst so freundlichen Briefträger und nun so sadistischen Rekrutenschinder Himmelstoß kommt die Gruppe an die Front. Die Schüler werden dort von erfahrenen Soldaten empfangen und auf den Alltag in vorderster Linie vorbereitet: auf das Trommelfeuer ohne Ende, auf die Grabenkämpfe, den Hunger, die Ratten, das Töten und das keineswegs so süße Sterben.

TV Spielfilm: »Dieses Remake braucht den Vergleich mit Lewis Milestones Meisterwerk (1930) nicht zu scheuen. Zur Belohnung erhielt der erschütternde Film über die Grausamkeit des Krieges 1980 den Golden Globe.«

Der Antikriegsroman *Im Westen nichts Neues* – Ende 1928 in der *Vossischen Zeitung* vorabgedruckt, am 31. Januar 1929 als Buch erschienen, bis heute in zweiunddreißig Sprachen übersetzt und mit zwölf Millionen Exemplaren weltweit vertrieben – ist einer der größten Bucherfolge.

Im Westen nichts Neues (1980, R: Delbert Mann):
Richard Thomas und Ernest Borgnine

Zu einer Zeit, da nationalistische Autoren in einer Flut von Büchern den Krieg als Schule der Nation oder seelisches Stahlbad verherrlichten, musste pazifistisches Engagement so namhafter Literaten wie Ernst Jünger, Arnold Zweig, Bernhard Kellermann, Adam Scharrer, Ludwig Renn oder Remarque wie ein rotes Tuch wirken. *Im Westen nichts Neues* wurde zwar enthusiastisch gefeiert, mehr aber noch in Satiren, Glossen oder Schmähschriften verunglimpft. »Hier sind Maulwürfe am Werk, die in geschickt getarnter Weise das wahre Kriegserlebnis fälschen *(Völkischer Beobachter)*«. So landete auch dieser Roman am 10. Mai 1933 schließlich wegen »literarischen Verrats am Soldaten des Weltkriegs« auf dem Scheiterhaufen der Nazis. Am 11. November 1929 – elf Jahre nach dem Abschluss der Waffenstillstandsverhandlungen und dem Ende des Ersten Weltkriegs – begann der aus Russland stammende Regisseur Lewis Milestone (1885–1980) mit den Dreharbeiten zur bis dahin größten Produktion der Universal Pictures Corp. Der aus Schwaben stammende Hollywood-Pionier und Universal-Präsident Carl Laemmle hatte zuvor die Rechte an dem Roman erwerben können, in siebzehn Wochen entstanden zwei Versionen – eine für die Stummfilmkinos und eine als Tonfilm.

Der Film wurde ein Welterfolg – ausgezeichnet mit zwei Oscars (bester Film und beste Regie), begeistert aufgenommen und hart bekämpft. Joseph Goebbels am 3. Dezember 1930: »Am Freitag (den 5. Dezember) gehen wir in den Film *Im Westen nichts Neues*. Da soll den Eunuchen Mores beigebracht werden.« Die Krawallaktion der Nazis am Tag nach der deutschen Erstaufführung im Berliner Mozartsaal verfehlte ihre Wirkung nicht. Augenzeuge Géza von Cziffra:

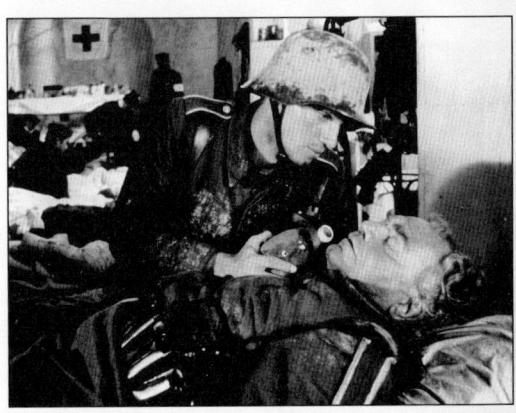

»Wie die Partei es befohlen hatte, ließen die Nazis weiße Mäuse im Zuschauerraum los, das Publikum flüchtete kreischend und schreiend ... Als auch noch Stinkbomben geworfen wurden, leerte sich das Kino. Die Polizei griff nicht ein.« Und Goebbels am 6. Dezember 1930: »Wir haben gewonnen.« Der Film wurde verboten. »Heute hat der Faschismus einen Film erlegt, morgen wird's was anderes sein.« (Carl von Ossietzky) Dem Verbot in Deutschland folgten auch die Zensoren anderer Länder wie Österreich oder (bis 1963) Frankreich, und die Universal selbst brachte immer neue und kürzere Versionen heraus: 1934 ohne fast alle Schleiferszenen; 1939 mit Dokumentaraufnahmen durchsetzt und von einem Sprecher aktuell kommentiert, 1951 in der deutschen Fassung ohne den Mittelteil der Kasernenhofszene, das Gebet im Lazarett und ohne die gesamte Bäumer/Duval-Sequenz im Granattrichter. Bild- und Tonveränderungen der US-Fassung (110 Minuten) ließen im Zeichen des Koreakriegs einen reinen Kriegsfilm entstehen; ohne pazifistische Anklänge, Rekrutenschleiferei oder Hinweise wie auf den Gaseinsatz an der Front. So verblasste die Erinnerung an ein großes Filmwerk. Das Urnegativ des Klassikers, die US-Premierenkopie von rund 139 Minuten Länge, Drehbuch und Montageliste blieben verschollen. Im November 1984 erregte die Premiere einer rekonstruierten Fassung weltweit Aufsehen: Während der dreijährigen Rekonstruktionsarbeit wurde Szene für Szene verglichen und ausgemessen, ein Montageplan erstellt, der Film neu

Unten: Im Westen nichts Neues
(1930, R: Lewis Milestone):
Lew Ayres und Ben Alexander
Rechts: Im Westen nichts Neues
(1930): Lew Ayres

geschnitten und entsprechend einer zeitgenössischen Kopie verschieden viragiert: So wechseln im Verlauf der Handlung die Farben von Goldgelb bei Kriegsbeginn über eine breite Skala bis zum blassen Grau der Schlusssequenz.

1930 Im Westen nichts Neues
All Quiet On The Western Front, USA, R: Lewis Milestone, D: Lew Ayres

IM ZEICHEN DER VIER
The Sign Of Four, GB 1983, R: Desmond Davis, D: Ian Richardson, David Healy, Thorley Walters, Terence Rigby, Joe Melia, Cherie Lunghi, John Pedrick, Clive Merrison, Richard Heffer, Joe Melia, Terence Rigby

Nach einem Roman von Sir Arthur Conan Doyle: Vor Jahren erhielten Major Sholto und sein Kollege Morstan in Indien, wo sie ein Militärgefängnis zu überwachen hatten, den Lageplan für einen gestohlenen Schatz. Dafür sollten sie vier Gefangene befreien und später den Schatz mit ihnen teilen. Sholto jedoch hatte sich alleine mit den Juwelen aus dem Staub gemacht. Eine Tat, die nach Rache schreit. Jahre später ist es so weit. Mary, die Tochter vom inzwischen verstorbenen Morstan, Sholtans Söhne Thaddeus und Bartholomew sowie Jonathan Small, der als Einziger von den Gefangenen überleben konnte, sind darin verwickelt. Mysteriöse Todesfälle, ein Furcht er-

regender Zwerg, der zweitwertvollste Diamant der Welt, ein vergilbtes Pergament mit vier rätselhaften Unterschriften, der Mann mit dem Holzbein – aus dieser explosiven Mischung besteht Holmes' Fall, den er, wie immer, gemeinsam mit Dr. Watson und Bravour lösen wird.

Fischer Film Almanach: »Der von dem ehemaligen Kameramann Desmond Davis routiniert inszenierte Film lebt vor allem von Ian Richardsons süffisanter Interpretation des Meisterdetektivs.«

Weitere Verfilmungen entstanden 1983 in den USA unter dem Titel *Sherlock Holmes And The Sign Of Four* (R: Ian Mackenzie, Alex Nicholas, D: Peter O'Toole), 1987 in Großbritannien (R: Peter Hammond, D: Jeremy Brett, Edward Hardwicke, Robin Hunter) und 2001 wiederum in den USA (R: Rodney Gibbons, D: Matt Frewer, Kenneth Welsh, Sophie Lorain), jeweils unter dem Titel *The Sign Of Four.*

1932 The Sign Of Four

GB, R: *Graham Cutts, Rowland V. Lee,* D: *Arthur Wontner, Isla Bevan, Ian Hunter*

1923 The Sign Of The Four

GB, R: *Maurice Elvey,* D: *Eille Norwood, Isobel Elsom, Fred Raynham*

1913 The Sign Of Four

USA, D: *Harry Benham*

IMMER ÄRGER IN DER ARMY

Up The Creek, GB 1958, R: Val Guest, D: Peter Sellers, David Tomlinson, Wilfrid Hyde-White, Liliane Sottane, Lionel Jeffries

Nach einer Erzählung von Frank Launder: Um einen Leutnant, der stets für Ärger sorgt, kalt zu stellen, wird dieser abkommandiert und zum Kapitän eines ausgemusterten Zerstörers befördert. Das löst bei den Besatzungsmitgliedern Panik aus, da sie ihre illegalen Geschäfte mit der Bevölkerung des Dorfes, vor dessen Küste das Schiff ankert, gefährdet sehen.

Lexikon des internationalen Films: »Eine vergnügliche, mit einer gehörigen Portion Selbstironie inszenierte Komödie, die auf gute Darsteller zurückgreifen kann. Eine Abwandlung der Groteskkomödie *Otto, zieh' die Bremse an!* (1937), an deren Drehbuch bereits Val Guest mitarbeitete.«

1937 Otto, zieh' die Bremse an!

Oh, Mr. Porter!, GB, R: Marcel Varnel, D: Will Hay, Moore Marriott, Graham Moffatt

IMMER ÄRGER MIT BERNIE

Weekend At Bernie's, USA 1988, R: Ted Kotcheff, D: Andrew McCarthy, Jonathan Silverman, Catherine Mary Stewart, Terry Kiser, Don Calfa, Catherine Parks, Eloise Broady, Gregory Salata, Louis Giambalvo, Ted Kotcheff

Nach einem Roman von Jack Trevor Story: Als die beiden kleinen Versicherungsangestellten Larry und Richard eines Tages in ihrer Firma einem sorgfältig durchgeführten Schwindel auf die Spur kommen und ihren Chef Bernie Lomax informieren, glauben sie, der großen Karriere etwas näher gekommen zu sein. Larry und Richard ahnen nicht, dass Lomax selbst hinter dem Firmenbetrug steckt. Um die lästigen Mitwisser bequem aus dem Weg räumen zu können, lädt er die beiden zu einer Jetset-Party in sein Strandhaus in Long Island ein. Als die beiden naiven Yuppies voller Vorfreude in dem edlen Wochenenddomizil eintreffen, finden sie ihren Chef tot auf der gestylten Wohnzimmergarnitur vor. Was nun?

MovieLine: »Turbulente, makabre bis geschmacklose Komödie, die in keinem Augenblick an Hitchcocks ›Leichenspaß‹ *The Trouble With Harry* (1955) herankommt.«

1955 Immer Ärger mit Harry

The Trouble With Harry, USA, R: Alfred Hitchcock, D: Shirley MacLaine

THE IMPORTANCE OF BEING EARNEST

The Importance Of Being Earnest, GB/USA 2002, R: Oliver Parker, D: Rupert Everett, Colin Firth, Judi Dench, Reese Witherspoon, Frances O'Connor, Tom Wilkinson, Anna Massey, Edward Fox

Nach einem Theaterstück von Oscar Wilde: Zwei junge Herren, Dandys par excellence, haben sich zwei Fantasiegeschöpfe für ihre amourösen Eskapaden ausgedacht: Algernon den kränkelnden Freund »Bunbury« auf dem Lande und John den leichtlebigen Bruder »Ernest« in der Stadt. Da Cecily, Johns Mündel, und Gwendolen, Algernons Cousine, außerordentlichen Wert auf den Namen Ernst legen, machen sie schließlich auch die Wahl ihrer Ehekandidaten davon abhängig. Daraus entwickeln sich Wirrnisse ...

Oscar Wilde: »Der erste Akt ist genial, der zweite schön, der dritte ungeheuer geistreich.«

1992 The Importance Of Being Earnest

USA, R: *Kurt Baker,* D: *Obba Babatundé, Wren T. Brown, CCH Pounder*

1992 The Importance Of Being Earnest
AUS, D: Gordon Chater, Andrew Tighe, Jonathan Biggins, Ruth Cracknell

1986 The Importance Of Being Earnest
GB, R: Stuart Burge, D: Joan Plowright, Paul McGann, Amanda Redman

1981 The Importance Of Being Earnest
USA, R: Michael Attenborough, Michael Lindsay-Hogg, D: Wendy Hiller, Gary Bond

1974 The Importance Of Being Earnest
GB, D: Celia Bannerman, Michael Jayston

1952 The Importance Of Being Earnest
GB, R: Anthony Asquith, D: Michael Redgrave, Richard Wattis, Michael Denison

IN 80 TAGEN UM DIE WELT
Jules Verne's Around The World In 80 Days, USA 1988, R: Buzz Kulik, D: Pierce Brosnan, Eric Idle, Peter Ustinov, Julia Nickson-Soul, Robert Morley, Lee Remick, Roddy McDowall, Patrick MacNee, Robert Morley, Simon Ward, Stephen Nichols, Darren McGavin, Pernell Roberts, James B. Sikking, Anna Massey

Nach einem Roman von Jules Verne: England, 1872 – Sir Phileas Fogg schließt eine ungeheuerliche Wette über 20.000 Pfund ab: In 80 Tagen will er die Welt umrunden – ein unmögliches Unterfangen? Am 2. Oktober tritt er mit seinem Diener Passepartout die Reise an, die sie durch alle Kontinente, in unglaubliche Abenteuer und lebensgefährliche Situationen bringt. Nachdem Phileas Fogg Abenteuer in Italien, Frankreich und Indien bestanden hat, konnte er auf der Schiffsreise nach Hong Kong den Prinzen von Burma aus der Hand von Banditen entführen. Endlich geht es wieder Richtung Heimat, da wartet auch schon ein neues Problem, vielleicht das bisher größte, auf den englischen Gentleman: Auf dem Dampfschiff, das Phileas Fogg und seinen Diener Passepartout in die Heimat bringen soll, herrscht Kohlemangel! Kann Fogg seine Wette noch gewinnen?

Karsten Prüßmann (Pierce Brosnan – Mehr als James Bond): »Drehbuchautor John Gay hat sich gegenüber der Romanvorlage einige Freiheiten herausgenommen. So lässt er die Reisenden einige der bekanntesten Persönlichkeiten ihrer Zeit treffen, z. B. Sarah Bernard, Victor Hugo, Louis Pasteur, Jesse James ... Die Fernsehproduktion ist das Remake des großen Cinemascope-Vorbilds

von Michael Anderson aus dem Jahre 1956. Der elegante und intelligente Schotte David Niven (1909–1983) war damals die Idealbesetzung des Phileas Fogg, an dem sich Pierce Brosnan messen lassen muss, den er aber nicht kopiert, was er auch gar nicht erst versucht.«

1956 In 80 Tagen um die Welt
Around The World In Eighty Days, USA, R: Michael Anderson, D: David Niven

IN DEN FÄNGEN DER BESTIE
Perfect Prey, USA 1998, R: Howard McCain, D: Kelly McGillis, Bruce Dern, D. W. Moffett, David Keith, Joely Fisher, Richard Riehle, Gregg Daniel, Mike Kennedy, Tichina Arnold, Marklen Kennedy

Die Polizeipsychologin Audrey will endlich ausspannen. Doch daraus wird nichts. Ein Frauenmörder treibt in Texas sein Unwesen und lockt die Kriminalistin auf seine Fährte. Während Audrey dem Serienkiller nachspürt, wird sie von traumatischen Erinnerungen heimgesucht. Bald erkennt sie, dass es sich bei dem Täter um denselben Mann handelt, der sie einst entführte und quälte ...

TV direkt: »Souveräne Lektion in Sachen Spannungskino.«

1993 Ermordet am 16. Juli
When The Bough Breaks, USA, R: Michael Cohn, D: Ally Walker, Martin Sheen

IN GEHEIMER MISSION
The Great Locomotive Chase, USA 1956, R: Francis D. Lyon, D: Fess Parker, Jeffrey Hunter, Jeff York, John Lupton, Eddie Firestone, Kenneth Tobey, Don Megowan, Claude Jarman jr., Harry Carey jr., Leonard P. Geer

Im Bürgerkrieg dringt der Nordstaaten-Agent Andrews tief in Feindesland ein, kapert die schnellste Lokomotive des Südens, den »General«, und zerstört auf seinem Rückweg in den Norden möglichst viel von dem Schienensystem des Südens. Der überrumpelte Zugschaffner des »General«, Fuller, setzt ihm mit der zweitschnellsten Lokomotive, der »Texas«, nach und kann Andrews schließlich einholen und gefangen nehmen und den »General« zurückholen.

Western-Lexikon: »Eine Walt-Disney-Produktion, auf ihre Weise unterhaltsam, aber in der Strategie des Witzes dem General von Buster Keaton weit unterlegen.«

1927 Der General

The General, USA, R: Clyde Bruckman, Buster Keaton, D: Buster Keaton

IN HIMMLISCHER MISSION

Clarence, CDN 1990, R: Eric Till, D: Robert Carradine, Kate Trotter, Jamie Rainey, Nicholas Van Burek, Richard Fitzpatrick, Louis Del Grande, Barbara Hamilton, Jason McSkimming, Larry Aubrey

Ein Schutzengel nimmt sich der Witwe eines seiner Mitengel an, die mit ihrer Firma vor der Pleite steht und deren Sohn von der Schule suspendiert zu werden droht. Vorher aber musste der Wohltäter das Versprechen ablegen, sich auf Erden nicht als Engel zu offenbaren.

Lexikon des internationalen Films: »Fürs Fernsehen produziertes Drama, das das Thema aus Frank Capras Komödie *Ist das Leben nicht schön?* von 1947 aufgreift.«

1997 inszenierten Matthew Diamond und Rae Kraus *Merry Christmas, George Bailey*, ein weiteres Remake mit Casey Kasem, Bill Pullman, Penelope Ann Miller und Sally Field.

1977 It Happened One Christmas

USA, R: Donald Wrye, D: Marlo Thomas, Orson Welles, Wayne Rogers

1973 Charley und der Engel

Charley And The Angel, USA, R: Vincent McEveety, D: Fred MacMurray

1947 Ist das Leben nicht schön?

It's A Wonderful Life, USA, R: Frank Capra, D: James Stewart, Donna Reed

IN LOVE AND WAR

USA 1996, R: Richard Attenborough, D: Sandra Bullock, Chris O'Donnell, MacKenzie Astin, Emilio Bonucci, Ingrid Lacey, Margot Steinberg, Colin Stinton, Ian Kelly, Tara Hugo, Rocco Quarzell

Mit 18 Jahren meldet sich der draufgängerische Ernest Hemingway im April 1918 als freiwilliger Helfer des Roten Kreuzes in Italien. Nur kurze Zeit darauf wird er bei einem Einsatz an der österreichischen Grenze, wo er einem verwundeten Soldaten das Leben rettet, schwer verletzt. Er wird in ein Krankenhaus hinter der Front gebracht, wo sich die aufopferungsvolle Schwester Agnes um seine schweren Verletzungen kümmert. Dank ihres Einsatzes und der Bemühungen des Oberarztes Dr. Caracciolo kann sein verletztes Bein gerettet werden. Der genesende Ernest verliebt sich in die Krankenschwester, die er immer mehr umwirbt. Doch während Ernest heiß verliebt ist, braucht die acht Jahre ältere Agnes einige Zeit, um ihre Gefühle zu ordnen. Es ist ihr als Krankenschwester streng untersagt, sich mit Patienten einzulassen, auch macht ihr der Altersunterschied zu schaffen. Nichtsdestotrotz kann sie sich ihrer Gefühle nicht erwehren und verbringt mit dem Geliebten eine gemeinsame Nacht. Als Agnes unvermittelt mit Dr. Caracciolo an die Front versetzt wird, versprechen sich die Verliebten die Heirat. Doch der Kriegsalltag holt Agnes schnell wieder ein. Obwohl sie ihrem Geliebten täglich schreibt, ist sie hin- und hergerissen zwischen ihren Gefühlen und ihrem Verstand, der ihr sagt, dass eine Beziehung zu einem jüngeren Mann zum Scheitern verurteilt sei. Schließlich erhört sie die Avancen des ihr ebenfalls zugetanen Chirurgen Caracciolo und beschließt, ihrem jungen Geliebten einen letzten Brief zu schreiben. Sie kann nicht wissen, dass sich ihre Wege noch einmal kreuzen werden ... Die Vorlage zum Film stammt von Ernest Hemingways Freund und Kriegsbegleiter Henry Villard: *Hemingway In Love And War: The Lost Diary Of Agnes von Kurowsky*. Hemingway selbst schilderte diese Episode aus seinem Leben übrigens ganz kurz und anders in dem Roman *In einem anderen Land*.

1961 Hemingways Abenteuer eines jungen Mannes

Hemingway's Adventures Of A Young Man, USA, R: Martin Ritt, D: Arthur Kennedy

1957 In einem anderen Land

A Farewell To Arms, USA, R: Charles Vidor, D: Jennifer Jones, Rock Hudson

1951 Keinen Groschen für die Ewigkeit

Force Of Arms, USA, R: Michael Curtiz, D: William Holden, Nancy Olsen, Gene Evans

1932 In einem anderen Land

A Farewell To Arms, USA, R: Frank Borzage, D: Helen Hayes, Gary Cooper, Adolphe Menjou

IN VERDACHT

Suspicion, USA 1987, R: Andrew Grieve, D: Anthony Andrews, Jane Curtin, Ron Pember, Martin Clunes, Jonathan Lynn, Sally Home, Cory Pulman, Melissa Simmonds, Penn Ashton, Betsy Blair

Die reiche Lina McLaidlaw heiratet gegen den Willen ihrer Eltern den windigen Playboy Johnnie Aysgarth. Entgegen Linas Hoffnungen ändert der frisch gebackene Ehemann seine von Alkoholexzessen, Glücksspiel und Frauengeschichten geprägten Lebensgewohnheiten zunächst keineswegs. Als Johnnies Partner Beaky bei einer Geschäftsreise im Ausland auf mysteriöse Weise ums Leben kommt und Lina zufällig auf Finanzbetrügereien in Johnnies Grundstücksfirma stößt, keimt in ihr ein schrecklicher Verdacht. Linas Angst schlägt in Verfolgungswahn um, als sie entdeckt, dass Johnnie eine hohe Lebensversicherung auf sie abgeschlossen hat und im Falle ihres Todes ein reicher Mann wäre. Als Johnnie und Lina nachts auf dem Weg zu ihren Eltern einen Autounfall haben, nimmt die Geschichte eine überraschende Wendung ...

Der englische Schauspieler Jonathan Lynn wollte eigentlich Anwalt werden und machte zunächst sein Examen in Jura. Die Liebe zur Schauspielerei brachte den Amateurjazzer in den 60er-Jahren auf die Bühnen des Broadways. Zurück in England produzierte er zahlreiche Theaterstücke sowie Musicals für Londons renommierte Bühnenhäuser. Einen Namen machte sich Lynn auch als Spielfilm-Regisseur und Buchautor. Er führte Regie in *Alle Mörder sind schon da* (1985), *Nonnen auf der Flucht* (1990), *Mein Vetter Winnie* (1991) mit Joe Pesci und *Ein ehrenwerter Gentleman* (1992) mit Eddie Murphy. Für *In Verdacht* schrieb er zusammen mit Produzent Barry Levinson das Drehbuch und stand als Johnnie Aysgarths Geschäftspartner Beaky selbst vor der Kamera.

TV-Movie: »Miese Hitchcock-Kopie. Wer Meister Hitch verhunzt, ist verdächtig.«

1941 Verdacht

Suspicion, USA, R: Alfred Hitchcock, D: Cary Grant, Joan Fontaine

INCIDENT ... UND SIE KANNTEN KEIN ERBARMEN

The Incident, USA 1967, R: Larry Peerce, D: Tony Musante, Martin Sheen, Beau Bridges, Brock Peters, Ruby Dee, Jack Gilford, Thelma Ritter, Ed McMahon, Diana Van der Vlis

Spät am Abend sind noch einige Fahrgäste im Wagen einer New Yorker U-Bahn auf dem Weg nach Hause. Da sind Felix Teflinger, ein einfacher junger Soldat mit gebrochenem Arm, und sein Kamerad Philip Carmatti. Tony Goya und seine Freundin Alice Keenan, ein junges Pärchen. Bill und Helen Wilks mit ihrer kleinen Tochter. Sie haben finanzielle Sorgen. Ähnlich geht es dem Ehepaar Sam und Bertha Beckerman, deren Sohn

ihnen die weitere finanzielle Unterstützung versagt hat. Beide sind sehr aufgeregt. Außerdem sind noch Harry Purvis, ein von seiner Frau gegängelter Mann, der betrunkene Douglas McCann, der homosexuelle Kenneth Otis und der die Weißen hassende Schwarze Arnold Robinson mit seiner Frau Joan im Zug. In der nächsten Station steigen Joe Ferrone und Artie Conners, zwei jugendliche Gewalttäter, die zuvor aus purem Sadismus einen alten Mann ermordet haben, zu den Fahrgästen ins Abteil. Sie tyrannisieren alle Insassen, lassen niemanden aussteigen. Ihr Terror versetzt alle in Angst, und niemand wagt es, die beiden zu hindern. Erst als Joe und Artie das schlafende Kind der Wilks misshandeln wollen, geht Felix Teflinger auf die beiden los. Er schlägt Joe, der ihn mit einem Messerstich schwer verletzt, mit dem Gipsarm nieder und setzt Artie mit einem Tritt in den Unterleib außer Gefecht. Niemand kommt ihm zu Hilfe, nicht einmal sein bester Freund. Als der Zug in die Central Station einläuft, ist Teflinger tot. Joe und Artie werden in der Grand Central Station von Polizisten abgeführt.

1963 Ride With Terror

USA, R: Ron Winston, D: Frieda Altman, John Connell, Tony Musante

DIE INDIANER VON CLEVELAND

Major League, USA 1989, R: David S. Ward, D: Tom Berenger, Charlie Sheen, Corbin Bernsen, Margaret Whitton, James Gammon, Rene Russo, Wesley Snipes, Charles Cyphers, Chelcie Ross, Dennis Haysbert

Nach dem Tod des Managers des Baseballteams »Cleveland Indians«, will seine Frau, die Baseball hasst und lieber in Miami leben möchte, die legendär erfolglose Mannschaft loswerden, indem sie die miesesten Spieler des Landes engagiert. Der neue Trainer aber schweißt die Versager und Chaoten zusammen und führt sie schließlich von Triumph zu Triumph.

MovieLine: »Typisch amerikanische Erfolgsstory, nicht ohne Tempo, Ironie und Witz inszeniert – aber man muss wohl Baseballfan und Amerikaner sein, um sich dafür wirklich begeistern zu können.«

1977 Schlappschuss

Slap Shot, USA, R: George Roy Hill, D: Paul Newman, Strother Martin

DAS INDISCHE GRABMAL
DER TIGER VON ESCHNAPUR (1.TEIL),
DAS INDISCHE GRABMAL (2. TEIL)

BRD/F/I 1958, R: Artur Brauner, Fritz Lang, D: Debra Paget, Paul Hubschmid, Claus Holm, Sabine Bethmann, Walther Reyer, Jochen Brockmann, Valery Inkijinoff, Guido Celano, René Deltgen, Jochen Blume, Angela Portaluri, Richard Lauffen, Helmut Hildebrand, Panos Papadopoulos, Victor Francen
Nach einem Buch von Thea von Harbou.

Der Tiger von Eschnapur (1.Teil)

Auf dem Weg in die Hauptstadt des Fürstentums Eschnapur begegnet der deutsche Ingenieur Harald Berger der indischen Tempeltänzerin Seetha. Er rettet sie und ihre Dienerin Bharani vor einem gefährlichen Tiger. In der Hauptstadt wird Berger von Maharadscha Chandra mit großem Prunk empfangen. Er soll zusammen mit seinem Schwager Walter Rhode die Reformpläne des Herrschers in die Tat umsetzen und Schulen und Krankenhäuser bauen. Chandra dankt Berger bewegt für die Rettung der Tänzerin; so erkennt der Ingenieur bedrückt, dass sie beide diese faszinierende Frau lieben. Auf Befehl des Maharadschas muss Seetha in den Inselpalast übersiedeln. Fürst Ramigani, Chandras Halbbruder, kommt dessen Liebe zu der Tänzerin sehr gelegen, er hofft, sie für seine Umsturzpläne einspannen zu können. Als Chandra entdeckt, dass Seetha den Ingenieur ihm vorzieht und dieser sie heimlich in den Frauengemächern des Palastes aufsucht, zwingt er Berger, mit seinem wildesten Tiger zu kämpfen. Berger bleibt Sieger und soll daraufhin die Stadt ungehindert verlassen dürfen. Er denkt jedoch nicht daran, Seetha in der Gewalt des Maharadschahs zurückzulassen, sondern nutzt eine Chance, um mit ihr gemeinsam zu fliehen. Unter unsäglichen Strapazen entkommen sie vorerst ihren Verfolgern.

Stuttgarter Zeitung: »Rund vierzig Jahre alt ist Regisseur Fritz Langs Liebe zu dem *Tiger von Eschnapur* und die Hoffnung, diesen Stoff drehen zu dürfen. Damals – 1921 – musste Lang auf die Regie dieser Monumentalfabel zu Gunsten von Joe May verzichten. Was aber allzu lange währt, das wird durchaus nicht immer gut, wie dieses indische Remake zeigt. Man wundert sich, dass der nunmehr berühmt gewordene Regisseur nichts Besseres zu Wege brachte, als einen recht biederen exotischen Mummenschanz, dessen einzige Attraktion die weitgehend entmummte Debra Paget als umworbene Tempeltänzerin ist. Auf den Spuren Lya de Puttis und La Janas verrenkt die bewegliche Paget als Dienerin eines erotisch habhaften Fruchtbarkeitskultes ihren expressiven Körper. Dass der Architekt des indi-

Unten: Der Tiger von Eschnapur (1958, R: Arthur Brauner, Fritz Lang): Debra Paget und Walther Reyer
Rechts: Der Tiger von Eschnapur (1958)

schen Fürsten, Paul Hubschmid, trotz seiner alemannischen Solidität Gefallen an und Hintertreppchen zu der frommen Schönheitstänzerin und ihrer ›Liturgie‹ findet, verwundert nicht. Aber sowohl seine Bemühungen als auch landesübliche Intrigen, Tigerkämpfe und allerlei Gruselgeschichten werden von dem Diamanten, den Debra Paget im Nabel trägt, überstrahlt. Sehenswert an diesem Ausstattungsfilm sind einige Naturaufnahmen, mit denen Richard Angst seine Kamerakunst an lohnendem Objekt zeigt.«

ARD: »Langs exotischer Zweiteiler, 1958 in Berliner Studios und an Originalschauplätzen in Indien gedreht, entstand als üppige Neuverfilmung eines Stummfilmstoffs von Thea von Harbou, an dessen Skript Fritz Lang fast 40 Jahre zuvor mitgeschrieben hatte. Das Remake wurde ein großer Kassenerfolg, fand bei der Kritik jedoch zunächst wenig Anklang. Seither hat sich das Urteil allerdings gründlich gewandelt, und es gab hymnische Lobgesänge auf die künstlich arrangierte Bilderwelt, die das Geschehen bewusst in den Bereich der Fabel verweist. Lang präsentiert alle Elemente eines abenteuerlichen Kolossalfilms in fantastischen Räumen, in denen nichts unmöglich erscheint, in denen Säulen, Wände,

Treppen mit pittoresken Farben ins Magische verwandelt werden. Selbst Sand und Wind in der Fluchtwüste gehorchen den Gesetzen des Bildarrangements, nicht der Natur, damit die gewünschte Kunstwelt entsteht.«

Das indische Grabmal (2. Teil)

Als der Ingenieur Harald Berger und die Tempeltänzerin Seetha aus Eschnapur geflüchtet sind, treffen Bergers Schwager Walter Rhode und dessen Frau Irene dort ein. Sie wundern sich, dass sie Berger nicht vorfinden; noch größer aber ist ihr Befremden, als Maharadscha Chandra von Rhode verlangt, an Stelle von Schulen und Krankenhäusern ein riesiges Grabmal zu bauen. Um Zeit zu gewinnen und Bergers Schicksal aufzuklären, geht der Architekt zum Schein auf die Forderung des Fürsten ein. Als Chandras Häscher die beiden Liebenden in den Bergen stellen, benutzt Fürst Ramigani, der Halbbruder des Maharadschas, die Gefangenen für seine Umsturzpläne. Um Berger zu retten, erklärt Seetha sich bereit, den Maharadscha zu heiraten, obwohl sie anschließend lebendig in dem gewaltigen Grabmal begraben werden soll. Während der Trauungszeremonie erreicht Ramiganis Intrigenspiel seinen Höhepunkt. Entgegen seinen Versprechungen soll auch Berger zu den Opfern seiner heimtückischen Machenschaften gehören ...

Martin Schlappner *(Neue Zürcher Zeitung)*: »Noch mehr als im *Tiger von Eschnapur* hat in dessen Fortsetzung, im *Indischen Grabmal*, der schwarzlockige Maharadscha Gelegenheit, sich

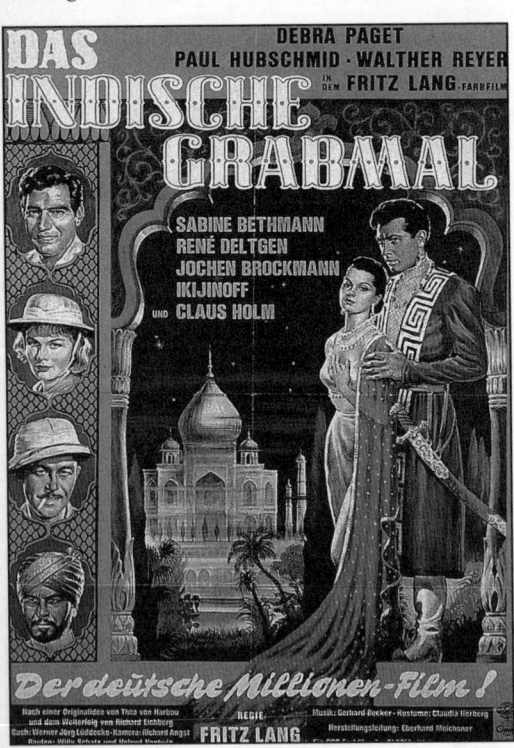

Rechts: Das indische Grabmal (1958, R: Arthur Brauner, Fritz Lang) Unten: Das indische Grabmal (1958): Paul Hubschmid und Debra Paget

Das indische Grabmal (1938, R: Richard Eichberg):
Kitty Jantzen und Fritz van Dongen

in den augenrollenden Posen eines Othello zu üben. Die schöne Tänzerin, der er in seinem Herzen eine Andachtsstätte errichtet hat, macht ihm die Liebe schwer, und sein intriganter Bruder samt der schlimmen Hofkamarilla sorgt dafür, dass auch sein übriges Leben nicht aus den Sorgen herauskommt. Klug, wie er ist, entsagt zum Schluss der Herrscher von Eschnapur dem Reichtum, der Macht und der irdischen Liebe, er begibt sich auf den Pfad Buddhas und lässt sich einen langen Bart wachsen. Die Tänzerin, die vorher noch bei einem Gottesurteil Tempelstriptease tanzen musste, aber bettet sich zuletzt in die starken Arme des deutschen Ingenieurs, den die Schergen des eifersüchtigen Maharadschas unterdessen arg drangsaliert hatten. Doch treu und deutsch, wie der Ingenieur ist, hegt er keinen Groll, sondern bricht, just zur rechten Zeit, aus seinem tiefen Verlies aus und tritt als ein Held vors königliche Angesicht. Welch Glück, dass Paul Hubschmid, der dem heroisch liebenden Ingenieur den hochgewölbten Brustkasten und die langgestelzten Beine leiht, ein Schweizer ist – denn nur ein Schweizer versteht mit so viel Kenntnis und so viel Ingrimm die Hellebarde zu schwingen. Jeder Gegner weicht vor ihm, und

wer nicht weicht, dem wird der Schädel aufgespalten. Des Maharadschas frevlerischer Bruder, den René Deltgen mit slawischen Backenknochen spielt, rutscht dabei geradewegs ins zähnefletschende Krokodilmaul hinein; ein Gurgeln ist sein Abschied von der Welt. Ein Abschied ist der ganze Film: wie traurig, dass Fritz Lang, der Künstler, in den feuchten unterirdischen Gängen unterm Palast von Eschnapur sein ganzes Talent hat vermodern lassen. Das viel geschmähte Hollywood, mit welchem Geschmack, mit welcher Geschicklichkeit und welchem technischen Können bewältigt es solche exotische Schauergeschichten. Wie hilflos nimmt sich daneben aber diese deutsche Produktion aus: viel Aufwand, billig vertan, und eine orientalische Traumwelt, in welcher jeder Inder ein Germane ist.«

Der aufwendig ausgestattete Abenteuerfilm, den Altmeister Fritz Lang während seiner kurzzeitigen Rückkehr aus Hollywood 1958 in Deutschland realisierte, basiert auf einem Buch von Thea von Harbou. Es ist nach Joe Mays Erstverfilmung aus dem Jahre 1921und Richard Eichbergs Remake von 1938 die dritte Verfilmung des exotisch-romantischen Stoffes. Der Traum des Produzenten Artur Brauner von einem deutschen Welterfolg erfüllte sich jedoch nicht: In den USA brachte man den Film in einer rigo-

Das indische Grabmal (1938, R: Richard Eichberg)

ros gekürzten, einteiligen Fassung heraus, die kaum Beachtung fand.

1951 Indische Rache

BRD, Zusammenschnitt der beiden Teile von Das indische Grabmal (1938)

1938 Das indische Grabmal

Der Tiger von Eschnapur (1.Teil), Das indische Grabmal (2. Teil), D, R: Richard Eichberg, D: Fritz van Dongen, Alexander Golling, Kitty Jantzen

1921 Das indische Grabmal

Die Sendung des Yoghi (1.Teil), Der Tiger von Eschnapur (2.Teil), D, R: Joe May, D: Conrad Veidt, Erna Morena, Olaf Fönss, Mia May, Lya de Putti

INFAM

The Children's Hour, USA 1962, R: William Wyler, D: Audrey Hepburn, Shirley MacLaine, James Garner, Miriam Hopkins, Fay Bainter, Veronica Cartwright, Karen Balkin

Nach einem Theaterstück von Lillian Hellman: Die beiden jungen Lehrerinnen Karen Wright und Martha Dobie haben im New England der späten fünfziger Jahre im Alleingang ein privates Mädchenpensionat aufgebaut. Nach einigen Anlaufschwierigkeiten macht die Schule endlich Gewinn, und Karen denkt daran, den Arzt Joe Cardin zu heiraten. Martha ist nicht glücklich über diesen Entschluss, denn sie befürchtet, dass sie die Schule nach Karens Heirat allein führen muss. Marthas Tante Lily Mortar, eine arbeitslose, exaltierte Schauspielerin, die gelegentlich als Lehrkraft aushilft, macht ihrer Nichte Vorhaltungen: Es sei »nicht normal«, wenn eine junge Frau keine Beziehung zu einem Mann habe. Die boshafte, frühreife Schülerin Mary Tilford wird Zeugin des Streits. Um sich an Karen und Martha für eine Bestrafung zu rächen, erzählt Mary ihrer Großmutter Amelia, ihre beiden Lehrerinnen seien ein Liebespaar, worauf alle Eltern ihre Kinder von der Schule nehmen. Der Film wurde für insgesamt fünf Oscars nominiert.

Zitty: »Mach's noch einmal, das haben sich in der Filmgeschichte schon oft berühmte Regisseure gesagt und das Remake eines Films selbst in die Hand genommen. So auch der perfekte Hollywood-Handwerker William Wyler bei seinem 1962 entstandenen Werk *The Children's Hour* (Infam) mit Shirley MacLaine und Audrey Hepburn in den Hauptrollen. Das gleichnamige Theaterstück von Lillian Hellman hatte Wyler bereits 1936 unter dem Titel *These Three* (*Infame Lügen*) verfilmt: Es gehört zu den bekannten Frühwerken des Regisseurs und gilt als die klassische filmische Interpretation dieses Stoffes. Eine Geschichte aus den dreißiger Jahren über zwei Lehrerinnen, die in einer neuenglischen Gemeinde ein Mädchenpensionat eröffnen und sich gerade über ihren mäßigen Erfolg freuen, als sie durch ein Netzwerk von Intrigen, Verleumdungen und Missverständnissen in einen Skandal verwickelt werden. In der ersten Version (nach einem Drehbuch von Lillian Hellman) bestand der Vorwurf gegen die Lehrerinnen darin, dass eine von ihnen ein Verhältnis mit dem Verlobten der anderen hat. Ein Vierteljahrhundert später war

Links: Der Tiger von Eschnapur (1938, R: Richard Eichberg)
Unten: Das indische Grabmal (1921, R: Joe May): Dreharbeiten in Woltersdorf bei Berlin

eine Anpassung an die strengen Zensurvorschriften nicht mehr nötig und das tatsächliche Motiv musste nicht mehr verschleiert werden: Das rachsüchtige Gerede des frühreifen Mädchens mit viel Fantasie (ein durch und durch böses Geschöpf ohne Moral) bringt die beiden Frauen in den Verdacht, Lesbierinnen zu sein. Doch das wird auch Anfang der sechziger Jahre nie richtig ausgesprochen: *The Children's Hour* ist zwar der erste amerikanische Spielfilm, der das Thema der lesbischen Liebe aufgreift, aber alles geschieht hinter vorgehaltener Hand und Umschreibungen wie ›unnatürliches Verhältnis‹ oder ›sündige sexuelle Betätigung‹ wirken heute geradezu lächerlich. Obwohl sich William Wyler im zweiten Streich Hellmans Stück stärker näherte, hielten Kritiker den Film schon bei seiner Premiere für antiquiert. Das betrifft sowohl den umständlichen Umgang mit dem ›schmutzigen Gerücht‹, als auch die Erzählperspektive: Nicht die gesellschaftliche Ächtung schlechthin wird als Grundübel erfasst, sondern die Verdammung auf Grund infamer Lügen (ein Film gegen Vorurteile bedient sie letztlich). Am Ende werden die Verleumdungen entlarvt, doch in der Lüge verbarg sich Wahrheit – Leben und Glück sind zerstört. Regisseur William Wyler setzte mit seinem Gespür für räumliche Wirkung einmal mehr auf Tiefenschärfe, die er mit dem berühmten Kameramann Gregg Toland schon in den vierziger Jahren entwickelt hatte. Solche melancholisch-theatralischen Filme sind immer Stunden der Schauspielkunst mit starken Anklängen an die Bretter, die die Welt bedeuten: Shirley MacLaine mit Wutausbrüchen gegen ihre Tante oder im Geständnis ihrer Liebe und Audrey Hepburn als herb-scheues Opfer auf dem Rückzug. Miriam Hopkins, die in der ersten Version die Rolle von Shirley MacLaine spielte, übernahm im Remake den Part von Shirleys Tante.«

1936 Infame Lügen
These Three, USA, R: William Wyler, D: Miriam Hopkins, Joel McCrea, Merle Oberon

INSEL DER ZORNIGEN GÖTTER
Bird Of Paradise, USA 1951, R: Delmer Daves, D: Jeff Chandler, Louis Jourdan, Debra Paget, Maurice Schwartz, Everett Sloane, Jack Elam
Nach einem Bühnenstück von Richard Walton Tully: In Polynesien verursachen Liebe und Heirat eines europäischen Abenteurers und einer

Insel der zornigen Götter (1951, R: Delmer Daves): Debra Paget und Jeff Chandler

Häuptlingstochter Unruhen unter den Eingeborenen.

MovieLine: »Farbremake des King Vidor-Films von 1932 mit noch weniger Handlung. Der ansehnlich gestaltete Film leidet unter seiner unglaubwürdigen Besetzung.«

1932 Bird Of Paradise
USA, R: King Vidor, D: Dolores del Rio, Joel McCrea, John Halliday

INSPEKTOR GADGET
Inspector Gadget, USA 1999, R: David Kellogg, D: Matthew Broderick, Rupert Everett, Joely Fisher
Realverfilmung eines TV-Trickserienklassikers über den braven Nachtwächter Brown, der dem Milliardär Sanford beim Stehlen einer Erfindung in die Quere kommt. Dabei wird er tödlich verletzt. Wissenschaftlerin Brenda flickt seine Einzelteile wieder zusammen: Brown wird zum Supercop Inspektor Gadget mit übermenschlichen Fähigkeiten, der nun als unbesiegbarer Polizist unterwegs ist. Sein Ziel ist die Jagd auf den finsteren Dr. Claw.

TV-Movie: »Matthew Broderick kaspert sich als Kommissar Gaga durch einen mäßig komischen Film. Slapstick und Spezialeffekte en masse, nur eine echte Story fehlt.«

1983–1985 Inspektor
Inspector Gadget, USA – Animation

INVADERS – INVASION AUS DEM ALL
The Invaders, USA 1995, R: Paul Shapiro, D: Scott Bakula, Elizabeth Pena, Roy Thinnes, DeLane Matthews, Terence Knox, Shannon Kenny, Raoul Trujillo, Richard Belzer, Richard Thomas, Mario Yedidia,

Jon Polito, Erik King, Debra Jo Rupp, Channon Roe, Jack Kehler, John Cypher, Todd Susman

Vor dreißig Jahren fand der junge Architekt David Vincent zufällig heraus, dass feindliche Außerirdische auf der Erde gelandet waren und in die Gestalt von Menschen schlüpften. Doch niemand glaubte David seine Entdeckung. Nun, drei Jahrzehnte später, wird Ex-Pilot Nolan Wood, der damals ebenfalls Ufos gesehen hatte, in der Wüste erneut Zeuge einer Ufo-Landung. Gemeinsam mit David Vincent beginnt er nun einen mörderischen Kampf gegen die bedrohlichen Aliens.

Prisma-Online: »1995 schuf Paul Shapiro mit *Invaders – Invasion aus dem All* einen faszinierenden Science-Fiction-Film, der auf der gleichnamigen Kultserie aus den 60ern basiert und da anfängt, wo die Story damals aufgehört hatte. Scott Bakula, Elizabeth Pena und Roy Thinnes, der auch in der Originalserie mitgewirkt hatte, agieren in dem spannenden Streifen.«

1967–1968 The Invaders

USA, TV-Serie: 43 Folgen, R: Lewis Allen, Richard Benedict, D: Roy Thinnes

INVASION VOM MARS

Invaders From Mars, USA 1985, R: Tobe Hooper, D: Hunter Carson, Karen Black, Timothy Bottoms, Laraine Newman, James Karen, Bud Cort, Louise Flet-

cher, Eric Pierpoint, Christopher Allport, Donald Hotton, Kenneth Kimmins, Charlie Dell, Jimmy Hunt

Eines Nachts beobachtet der 12-jährige David die Landung eines Raumschiffes. Vater George, ein Raketeningenieur, will der Sache auf den Grund gehen. Kurz danach bewegt er sich völlig steif und spricht wie ein Fremder. David macht eine schaurige Entdeckung: Außerirdische Monster verwandeln die Menschen in bösartige Marionetten – so auch seinen Vater. Mit Hilfe von Linda Magnusson, der einzigen Erwachsenen, der er noch vertraut, will David den Horror stoppen.

Rolf Giesen *(tip)*: »Der Film ist ein werkgetreues Remake eines wegen seiner bizarren Gestaltung vielzitierten utopischen B-Films von 1953 (Regie: William Cameron Menzies): Die Neuverfilmung ist natürlich aufwendiger in Szene gesetzt als das Original und mitunter ganz lustig anzusehen, doch das über ihr schwebende Vorbild des 50er-Jahre-Dampfkinos kann sie nicht verleugnen.«

Horror-Spezialist Tobe Hooper drehte dieses Remake: Den Kampf gegen die Aliens tritt Hauptdarstellerin Karen Black an – zusammen mit dem jungen Hunter Carson, der im Privatleben ihr Sohn ist.

1953 Invasion vom Mars

Invaders From Mars, USA, R: William Cameron Menzies, D: Jimmy Hunt, Helena Carter

Links: Invasion vom Mars (1985, R: Tobe Hooper): Raumschiff gesichtet
Unten: Invasion vom Mars (1985): Karen Black und Hunter Carson

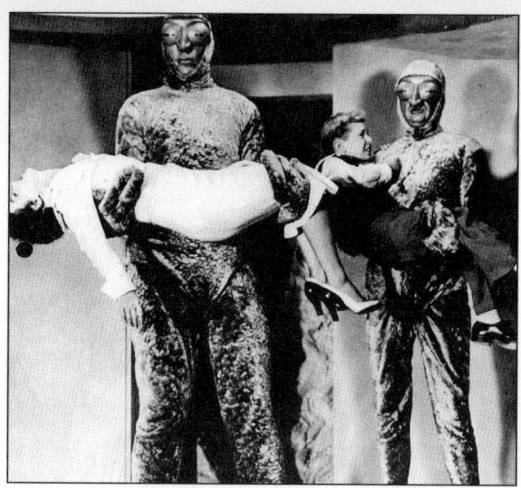

Invasion vom Mars (1953, R: William Cameron Menzies): Helena Carter und Jimmy Hunt

ISHTAR

USA 1985/86, R: Elaine May, D: Warren Beatty, Dustin Hoffman, Isabelle Adjani, Charles Grodin, Jack Weston, Tess Harper, Carol Kane, Aharon Ipale, David Margulis, Julie Garfield, Rose Arrick, Christine Rose

Das Musik-Duo Rogers und Clarke versucht sich in New York erfolglos als unsägliche Simon & Garfunkel-Kopie und nimmt deshalb ein Engagement in Marokko an. Im nahen Wüstenreich Ishtar geraten die beiden naiven Amerikaner durch eine Revolutionärin und einen CIA-Agenten jedoch in Umsturzaktivitäten und landen mit einem blinden Kamel in der Wüste.

MovieLine: »Die aufwendige Star-Komödie hat zwar einige wenige brillante Szenen, so etwa wenn Dustin Hoffman auf arabisch Waffen versteigern soll, doch im Ganzen bleibt der Film durch die eher angestrengt wirkende Komik ein mäßig lustiges Vergnügen. Einige ironische politische Anspielungen gehen in der unsorgfältig aufgebauten Handlung unter.«

1942 Der Weg nach Marokko

Road To Morocco, USA, R: David Butler, D: Bing Crosby, Bob Hope

ISTANBUL

USA 1957, R: Joseph Pevney, D: Errol Flynn, Cornell Borchers, John Bentley, Torin Thatcher, Leif Erickson, Peggy Knudsen, Nat ›King‹ Cole

Abenteuerliche Liebesgeschichte im alten Istanbul: Es geht um geschmuggelte Diamanten, die zufällig ein amerikanischer Pilot und seine Zukünftige besitzen, die aber sowohl für die Polizei als auch für eine orientalische Gangsterbande von höchstem Interesse sind. Die Jagd ist hart und unerbittlich, die Frau verliert bei einer Brandkatastrophe das Gedächtnis, und als sie der Pilot nach Jahren gerade in Istanbul wiedertrifft, ist sie mit einem britischen Ingenieur verheiratet. Ein neuer, diesmal von dem Amerikaner entfesselter Brand schenkt ihr das Erinnerungsvermögen wieder ...

Vera L. Scheid *(Filmblätter)*: »Mit dem Charme und der Würde des reifen Mannes macht Errol Flynn seine Rolle als Pilot glaubhaft. Vor allem aber gibt Cornell Borchers durch ihr differenziertes, sensibles Spiel der handfesten Story den Glanz echten Gefühls. Nat ›King‹ Cole singt und spielt sich mit zwei Blues und einer winzigen Rolle in die Sympathie des Publikums.«

1947 Singapur

USA, R: John Brahm, D: Fred MacMurray, Ava Gardner, Roland Culver

IVANHOE, DER JUNGE RITTER

Young Ivanhoe, CDN/F/GB 1994, R: Ralph L. Thomas, D: Stacy Keach, Margot Kidder, Nick Mancuso

Ein bunter Kostümfilm, der Sir Walter Scotts Romanfigur wieder aufleben lässt. Während König Richard Löwenherz auf einem Kreuzzug ist, sichert sich Count de Bourget die Macht. Der Schurke hat aber nicht mit dem jungen Ivanhoe gerechnet. »Nicht schlecht, aber mit Robert Taylor war's schöner.« *(Fernsehwoche)* »Unterhaltsames Kostümabenteuer, das die Legende über den von Sir Walter Scott ersonnenen Ritter fortspinnt.« *(Lexikon des internationalen Films)*

1982 Ivanhoe

USA/GB, R: Douglas Camfield, D: Anthony Andrews, James Mason

1952 Ivanhoe, der schwarze Ritter

Ivanhoe, USA, R: Richard Thorpe, D: Robert Taylor, Elizabeth Taylor

1913 Ivanhoe

GB, R: Herbert Brenon, D: King Baggot

1913 Ivanhoe

GB, R: Leedham Bantock, D: Lauerdale Maitland

1911 Ivanhoe

USA

J

JACK IM REICH DER RIESEN

*Jack And The Beanstalk, GB 2000, R: Martin Gates
– Animation*

Jack und seine Mutter sind bettelarm. Nur eine Kuh ist ihnen noch geblieben. Als Jack die Kuh seiner Mutter verkauft, wird er übers Ohr gehauen: Statt Geld bekommt er eine Hand voll Bohnen. Aber die haben es in sich. Am nächsten Morgen ist eine Wunderranke in den Himmel gewachsen – und Jack macht sich auf den Weg nach oben und landet im Reich der zwergenhaften Bohnenmenschen. Dort wird das Volk von den Dark Riders, Gefolgsleuten eines bösen Riesen, unterdrückt und tyrannisiert. In letzter Sekunde retten Jack und Esel Ambrose das Leben der armen Dilly. Die Geschichte basiert auf einem englischen Volksmärchen aus dem 18. Jahrhundert.

TV Today: »Rasanter Trickfilm mit viel Musik: nette Unterhaltung für die ganze Familie.«

Ebenfalls im Jahr 2000 wurde eine Realfilm-Version mit Deva Nicole gedreht, und 2001 entstand fürs Fernsehen unter der Regie von Brian Henson die Mini-Serie *Jack And The Beanstalk: The Real Story*, die Hauptrollen spielen Matthew Modine, Vanessa Redgrave und Daryl Hannah.

1998 Jack And The Beanstalk
GB, R: John Henderson, D: Paul Merton, Neil Morrissey, Adrian Edmondson

1994 Der kleine Gigant
Beanstalk, USA, R: Micael Paul Davis, D: J. D. Daniels, Amy Stock-Poynton

1982 Jack And The Beanstalk
USA, R: Lamont Johnson, D: Dennis Christopher, Elliott Gould, Jean Stapleton

1976 Jack And The Beanstalk
J/USA, R: Peter J. Solmo – Animation

1974 Jack And The Beanstalk
GB, D: Peter Jeffrey

1970 Jack And The Beanstalk
USA, R: Barry Mahon, D: Renato Boracherro, Christopher Brooks, John Loomis

1967 Jack und die Wunderbohnen
Jack And The Beanstalk, USA, R: Gene Kelly, D: Gene Kelly – Animation/Real

1967 Shonen jakko to mahotsukai
J, R: Gisaburo Sugii – Animation

1955 Jack And The Beanstalk
GB, R: Lotte Reiniger – Animation

1952 Jack und die Bohnenstange
Jack And The Beanstalk, USA, R: Jean Yarbrough, D: Bud Abbott, Lou Costello

1924 Jack And The Beanstalk
USA, R: Herbert M. Dawley, Alfred J. Goulding – Animation

1922 Jack And The Beanstalk
USA, R: Walt Disney – Animation

1917 A Modern Jack And The Beanstalk
USA, Chester M. Franklin, Sidney Franklin, D: Francis Carpenter, Virginia Lee Corbin

JACOBOWSKY UND DER OBERST

BRD 1967, R: Rainer Wolffhardt, D: Helga Anders, Alfred Balthoff, Horst Bollmann, Kurt Condé, H. G. Eichholz, Karin Eickelbaum, Rosemarie Fendel, Lisa Helwig, Hannes Kaetner, Stanislav Ledinek

Nach einem Stück von Franz Werfel: 1940. Oberst Stjerbinsky und der Jude Jacobowsky sind zwei grundverschiedene Typen. Die Abenteuer, die die beiden in Frankreich auf der gemeinsamen Flucht vor den Deutschen erleben, schmieden sie schließlich zusammen.

TV direkt: »Franz Werfel schrieb diese Komödie 1944 und beschrieb in der Figur Jacobowskys sein selbst erlebtes Schicksal. Bezeugt den Humor und die Reife eines großen Literaten.«

1958 Jakobowsky und der Oberst
Me And The Colonel, USA, R: Peter Glenville, D: Curd Jürgens, Danny Kaye

JAGD AUF EINEN UNSICHTBAREN

Memoirs Of An Invisible Man, USA 1992, R: John Carpenter, D: Chevy Chase, Daryl Hannah, Sam Neill, Michael McKean, Stephen Tobolowsky, Jim Norton, Pat Skipper, Paul Perri, Richard Epcar, Steven Barr

Chevy Chase spielt den Börsenmakler Nick Halloway, der eines Tages verkatert und gelangweilt durch ein nukleares Forschungszentrum streift, einschläft und samt Gebäude unsichtbar wird.

Schon bald hat das Phantom aus Luft skrupellose CIA-Söldner auf den Fersen ...

Prisma-Online: »Die Story ist schon alt, bereits 1933 schuf James Whale die erste Verfilmung des Fantasy-Romans *Der Unsichtbare* und mit ihr einen Klassiker des Grusel-Genres. In den 80er-Jahren schrieb der Autor Harry F. Saint die *Memoiren des unsichtbaren Mannes*. Hollywoods Spaßvogel Chevy Chase erwarb die Filmrechte und machte sich unter der Regie von John Carpenter 1992 ans Werk. Tolle Tricks und gute Darsteller sorgen für kurzweilige Unterhaltung.«

1933 Der Unsichtbare

The Invisible Man, USA, R: James Whale, D: Claude Rains, Gloria Stuart

DER JÄGER VON FALL

BRD 1974, R: Harald Reinl, D: Alexander Stephan, Gerlinde Döberl, Hansi Knoteck, Siegfried Rauch, Klaus Löwitsch, Viktor Staal, Rudolf Prack

Nach einem Roman von Ludwig Ganghofer: Der schönen Sennerin Modei fällt bei den Männern die Auswahl schwer. Da gibt es den Huisentoni, einen gewissenlosen Wilderer, von dem sie ein Kind hat, und den pflichtbewussten Jäger Friedl, der beharrlich um sie wirbt. Zusätzlichen Zündstoff erhält die Geschichte daraus, dass die beiden Kontrahenten über die strengen bayerischen Jagdgesetze aneinander geraten. Nur gut, dass die Modei recht bald erkennt, wen sie liebt.

TV Spielfilm: »Schwarzweißmalerei, possierliche Tiere und sentimentale Naturschwärmerei – die Dramaturgie ist noch dieselbe in dieser Ludwig-Ganghofer-Verfilmung ›der dritten Generation‹ in Farbe und Breitwand-Format. Sentimentales Bergdrama, mit viel Kitsch und Happy End.«

Lexikon des internationalen Films: »Die fünfte Verfilmung des Ganghofer-Romans nutzt die Möglichkeiten des Scope-Formats.«

Hier irrt das Lexikon, die fünfte Verfilmung entstand erst 1993, als Bernhard Helfrich den Ganghofer-Stoff mit Sabine Oberhorner, Hans Stadlbauer und Andreas Kern fürs Fernsehen in Szene setzte.

1956 Der Jäger von Fall

BRD, R: Gustav Ucicky, D: Rudolf Lenz, Erwin Strahl, Heinrich Hauser

1936 Der Jäger von Fall

D, R: Hans Deppe, D: Paul Richter, Georgia Holl, Hans Adalbert Schlettow

1926 Der Jäger von Fall

D, R: Franz Seitz, D: William Dieterle, Fritz Kampers, Grete Reinwald

DER JAGERLOISL

BRD 1982, R: Stephan Rinser, D: Caspar Hirtreiter, Resi Stuffer, Fritz Strassner, Michael Gahr, Marion Kracht, Jörg Hube

Nach einem Roman von Ludwig Thoma: So ein Försterleben ist nicht leicht. Der Jagerloisl kann ein Liedchen davon singen. Ein Wilderer streift durch sein Revier und legt Schlingen aus. Steckt der Berliner Kommerzienrat und Hobbyjäger Fehse dahinter? Oder ist es ein armer Teufel, den der Hunger seiner Familie treibt?

TV Today: »Leider lahmer Alpenschwank.«

1951 Der Jagerloisl vom Tegernsee

BRD, R: Hermann Kugelstadt, D: Adrian Hoven, Hansi Knoteck, Ernst Waldow

JAKOB DER LÜGNER

Jacob The Liar, USA 1998, R: Peter Kassovitz, D: Robin Williams, Alan Arkin, Bob Balaban

Nazis stecken den jüdischen Kaffeehausbesitzer Jakob ins Getto, wo er zufällig Teile der Radionachrichten mithört, als er zum Kommandanten zitiert wird. Er kehrt zu seinen Leidensgenossen zurück und schürt ihre Hoffnungen, als er erzählt, er habe gehört, die Russen seien auf dem Vormarsch. Danach wird Jakob immer wieder um Nachrichten gebeten, während die Nazis nach dem vermeintlichen Besitzer des geheimen Radios fahnden.

Blickpunkt: Film: »Neuverfilmung von Jurek Beckers vor 30 Jahren erschienenem Roman, der als Star-Vehikel für einen zurückhaltend agierenden Robin Williams konzipiert ist. Nicht immer wirkt die Geschichte aus einem polnischen Getto anno 1944 übermäßig realistisch.«

1975 Jakob der Lügner

DDR/ČSSR, R: Frank Beyer, D: Vlastimil Brodsky, Erwin Geschonneck

JANE AUSTENS EMMA

Emma, GB/USA 1996, R: Douglas McGrath, D: Gwyneth Paltrow, James Cosmo, Greta Scacchi, Alan Cumming, Denys Hawthorne, Sophie Thompson, Jeremy Northam, Toni Collette, Kathleen Byron, Phyllida Law, Edward Woodall, Brett Miley, Brian Capron, Karen Westwood

England im frühen 19. Jahrhundert: Emmas Leben entspricht den Regeln der besseren Gesellschaftsschicht. Sie nimmt an Festen teil, beschenkt die Armen, zeichnet und stickt. Probleme gibt es keine, doch dann entdeckt Emma ihr Talent als Heiratsvermittlerin. Um jeden Preis will sie ihre Freundin Harriet an den Mann bringen. Vier Männer sind im Spiel und auf einen von ihnen hat Emma selbst eine Auge geworfen. Ausgerechnet den verwechselt Harriet mit einem ihrer Heiratskandidaten und so kommt es zu unvorhergesehenen Komplikationen, die schließlich in ein Happy End münden.

Prisma-Online: »Die Liebeskomödie ist eine leichthändig und selbstironisch inszenierte Verfilmung des gleichnamigen Erfolgsromans von Jane Austen. Rachel Portman wurde für ihre Filmmusik mit dem Oscar ausgezeichnet. Im gleichen Jahr entstand eine TV-Serie, die ebenfalls auf Austens Roman beruht, nachdem Regisseurin Amy Hackerling die 1816 erschienene Geschichte bereits 1995 mit *Clueless – Was sonst!* ins moderne Kalifornien verlegt hatte. Seinerzeit spielte Alicia Silverstone die Hauptrolle.«

1995 Clueless – was sonst!

Clueless, USA, R: Amy Heckerling, D: Alicia Silverstone, Stacey Dash

1972 Emma

GB, R: John Glenister, D: Raymond Adamson, John Alkin, Norman Atkyns

JANE EYRE

Jane Eyre, GB/I/USA 1996, R: Franco Zeffirelli, Drb: Hugh Whitemore nach einem Roman von Charlotte Brontë, K: David Watkin, M: Alessio Vlad, Claudio Capponi, S: Richard Marden D: William Hurt

(Rochester), Charlotte Gainsbourg (Jane), Joan Plowright (Mrs. Fairfax), Anna Paquin (die junge Jane), Elle Macpherson (Blanche Ingram), Maria Schneider (Bertha)

Das junge Leben der Jane Eyre verspricht keine gute Zukunft. Mitte des 19. Jahrhunderts lebt sie als ungeliebte Waise im Haushalt ihrer Tante. Von dort aus bringt man sie ins Waisenhaus, in dem sie mit ihren Mitschülerinnen unter dem strengen und entbehrungsreichen Leben leidet. Janes Leidenschaft ist das Zeichnen, das ihr über die vielen traurigen Tage hinweghilft. Als junge Frau findet sie eine Anstellung als Erzieherin im Schloss Thornfield. Zum ersten Mal in ihrem Leben fühlt sie sich frei und glücklich. Rochester, der Schlossherr von Thornfield, ist ein schroffer, mit seinem Schicksal unzufriedener Mann. Die zurückhaltende Jane Eyre übt auf ihn eine unerklärliche Anziehungskraft aus. Jane ist zu einer Frau herangereift, die Fragen stellt und Antworten weiß. Sie ist anders als die Damen, die sich vorgenommen haben, Herrin von Thornfield zu werden. Entgegen aller gesellschaftlichen Konventionen hält Rochester schließlich um ihre Hand an. Jane willigt ein. Doch bevor die Trauung vollzogen werden kann, wird ein düsteres Geheimnis enthüllt.

»Als man mich fragte, ob mich *Jane Eyre* interessieren würde, war es Jahre her, dass ich das Buch gelesen hatte«, sagt Drehbuchautor Hugh Whitemore. »Ich las es an einem Wochenende und fand es fesselnd, ergreifend, spannend ... eine wunderbare Geschichte und das ist ein guter Grund, einen Film zu machen. *Jane Eyre* ist auch ein Thriller, ein Aspekt, der gerne ignoriert wird. Ich las das Buch zum ersten Mal, als ich zehn oder elf Jahre alt war und woran ich mich am besten erinnerte, war dieses seltsame und unheimliche Gelächter in den Korridoren und diese unbekannte Existenz im Turm. Aber es ist auch eine Liebesgeschichte, und das macht das Buch so unglaublich erfolgreich. Der Dialog ist ziemlich oft von mir, nicht weil ich denke, dass meiner besser ist, sondern weil Charlotte Brontës häufig recht literarisch ist. Manche Wörter sind dem heutigen Publikum nicht sofort verständlich. Das Publikum hört den Dialog nur einmal, deshalb muss er sofort klar sein.«

Jane Eyre (1996, R: Franco Zeffirelli): Charlotte Gainsbourg

Für Robert Buchschwenter (in der Wiener Zeitung *Die Presse*) fällt Charlotte Brontës viel gelesener Jungmädchen-Roman bei der Neuverfilmung »der Altmänner-Romantik des Regisseurs und Parlamentariers Franco Zeffirelli zum Opfer ... Anna Paquin, die in *The Piano* gute Figur im Puritaner-Kostümchen gemacht hat, gibt in *Jane Eyre* die kleine Widerspenstige, die von der bösen Tante in ein Mädchenpensionat gesteckt wird ... Um möglichst viel Historien-Ausstattung ins Bild zu bringen, lässt Zeffirelli per Weitwinkel durch kontrastreich ausgeleuchtete Räume fuchteln. Und weil die angeblich brennenden Emotionen auf den Gesichtern sowie in den auf Plot-Tauglichkeit hin abgeschlankten Dialogen nur matte Schimmer sind, ertränkt der Regisseur sein halb gares Spiel noch musikalisch, in einer Streicherflut, die dem pampigsten Melodram zu viel wäre. Mit dieser Version der *Jane Eyre* könnte es Zeffirelli gelingen, dass künftige Generationen Charlotte Brontë endgültig ins Antiquariat umsiedeln.«

Ein Schmalztopf voll Melodramatik, ergreifende Schicksale und Tränenmeere verspricht die Kritikerin Monika van Vanecek im *Wiener Kurier*: »Mimosen und Romantiker können sich in dieser bitter-süßen Lovestory genüsslich streicheln lassen. Denn hier wird für die Liebe so richtig schön gelitten ... Gefährlich, das Buch zum Film zu machen: was geschrieben schon oberkitschig klingt, wird auf der Leinwand leicht ein Lachschlager ... Zeffirelli bringt das Buch beinahe auf den Punkt. Doch knapp daneben ist auch vorbei. Er tappt zwar nicht in die Kitschfalle und umgeht den Schmus souverän. Aber aus Feigheit erstickt Zeffirelli die wirklich großen, echten Emotionen. Die schwanenhaft blasse Charlotte Gainsbourgh gibt ihrer Figur gefährliche Untiefen, doch sie und William Hurt sehen so aus, als würden sie sich voreinander genieren. Ein bisschen mehr Rosarot hätte der Romanze schon gut getan.«

Als *Jane Eyre* in London am 16. Oktober 1847 in drei Bänden erschien, war ein Bestseller der Weltliteratur geboren. Der Roman ist seither millionenfach gedruckt, in nahezu alle Sprachen übersetzt und vor allem von Leserinnen »verschlungen« worden. Zunächst waren die konservativen Kreise schockiert, denn sie sahen ihre unschuldigen Töchter in Gefahr, durch diese Lektüre verführt zu werden. Doch selbst Queen Victoria las 1858 das Buch mit Genuss ihrem »lieben Albert« laut vor, und zum zweiten Mal 1880 mit neuem Vergnügen. Der zeitgenössische Dichter William M. Thackeray schrieb an die Autorin: »Ich wünschte, du hättest es mir nicht geschickt. Es interessierte mich so sehr, dass ich einen ganzen Tag verloren (oder wenn du willst, gewonnen) habe, um es zu lesen.« *Jane Eyre* war unter dem Pseudonym Currer Bell erschienen, denn es wäre sehr unschicklich gewesen, wenn sich die Tochter eines Geistlichen als wahre Verfasserin »geoutet« hätte. Der *Economist* traf die viktorianische Doppelmoral wahrscheinlich am besten und lobte das Buch, sollte es von einem Mann geschrieben worden sein, verdammte es aber für den Fall, dass sich hinter dem Pseudonym eine Frau verbergen sollte. Bereits ein Jahr nach dem Erscheinen des Romans gab es eine Dramatisierung, weitere folgten. Und es war nicht verwunderlich, dass sich seit 1910 immer wieder Filmemacher für diesen faszinierenden Stoff begeisterten. Interessanterweise stammte die erste Verfilmung von dem Italiener M. Caserini. 1934 spielten Virginia Bruce als Jane und Colin Clive als Rochester in einem Film, der als »billige, düstere Version von Brontës Roman« beschrieben wurde. Sensationeller war die Verfilmung von 1943 mit Orson Welles, Joan Fontaine und der sehr jungen Elizabeth Taylor als die dem Untergang geweihte Helen Burns.

1996 Jane Eyre

GB, R: Robert Young, D: Samantha Morton, Ciaran Hinds, Gemma Jones

Jane Eyre (1996, R: Franco Zeffirelli): Charlotte Gainsbourg und William Hurt

»Bewegende Literaturverfilmung in düster-kunstvollen Bildern.« *(Hollywood Reporter)*

1970 Jane Eyre – eine Frau kämpft um ihr Glück

Jane Eyre, GB, R: Delbert Mann, D: Susannah York, George C. Scott

»Äußerlich gefällig, inhaltlich dürftig.« *(Fischer Film Almanach)*

1944 Die Waise von Lowood

Jane Eyre, USA, R: Robert Stevenson, D: Joan Fontaine, Orson Welles

»Der Streifen, der denn auch von mehr Menschen gesehen wurde als *Citizen Kane* zur damaligen Zeit, bot Welles jene vollsaftige, melodramatische Rolle, wie sie beim Publikum Eindruck machen musste. Er lieh Charlotte Brontës ›stolzer, satanischer und herrischer‹ Gestalt, jenem von romantischer Bedrohlichkeit umwitterten Mr. Rochester, am Radio zweimal seine Stimme, bevor David O. Selznick ihm den Filmpart anbot.« (Joseph McBride, *Orson Welles*)

1934 Jane Eyre

USA, R: Christy Cabanne, D: Virginia Bruce, Colin Clive

1921 Jane Eyre

USA, R: Hugo Ballin, D: Mabel Ballin

1918 Woman and Wife

USA, R: Edward Jose, D: Alice Brady

1915 Jane Eyre

USA, D: Louise Vak

1914 Jane Eyre

USA, D: Ethel Grandin

1910 Jane Eyre

USA

1909 Jane Eyre

I

JASON UND DER KAMPF UM DAS GOLDENE VLIES

Jason And The Argonauts, USA 2000, R: Nick Willing, D: Jason London, Jolene Blalock, Dennis Hopper, Frank Langella, Derek Jacobi, Natasha Henstridge, Angus MacFadyen, Olivia Williams, Brian Thompson, Diana Kent, Adrian Lester, Mark Lewis Jones, Olga Sosnovska, David Calder, Rhys Miles Thomas, Omid Djalili, John Sharian, Kieran O'Brien, Tom Harper

Abenteuerliches aus der griechischen Sagenwelt: 20 Jahre, nachdem Pelias seinen Vater ermordet und den Thron von Thessalien erobert hat, kehrt der rechtmäßige Thronerbe Jason zurück, um Rache zu nehmen. Pelias überlistet Jason und redet ihm ein, dass er erst einmal das Goldene Vlies aus dem Lande Kolchis beschaffen muss. Jason stellt sich eine schlagkräftige Truppe, die Argonauten, zusammen und segelt schließlich mit der »Argo« los. Nach einer Flaute auf einer Insel angekommen, stoßen die Argonauten zufällig auf die Schatzkammer der Götter. Als sie eine überdimensionale Haarnadel mitnehmen, erwacht Talos, der bronzene Hüter des Schatzes, zum Leben. Mit Hilfe der Göttin Hera gelingt es Jason, dessen Achillesferse ausfindig zu machen und den Riesen zu töten. Jason und die Argonauten befreien den blinden Propheten Phineas und erhalten zum Dank ein Amulett, das sie sicher durch die Symplegaden bringen soll. Nachdem sie dort mit angesehen haben, wie ein Schiff zwischen den Felsen zerquetscht wird, wirft Jason das Amulett ins Wasser. Der Meeresgott taucht auf und gewährt den Argonauten sichere Durchfahrt. Sie bergen aus einem Schiffswrack eine Überlebende, Medea. Endlich in Kolchis angekommen, werden die Argonauten von Medeas Vater Aietes in den Kerker geworfen, als ihm ein Verräter, Pelias' Sohn Acastos, deren wahre Motive enthüllt. Dank Medea gelingt den Argonauten die Flucht. Jason erschlägt die siebenköpfige Hydra, die das Vlies bewacht, und lenkt gemeinsam mit zwei anderen Argonauten die Verfolger auf sich. Aietes beschwört aus den sieben Zähnen der Hydra sieben Skelette herauf, die sich auf die Argonauten stürzen. Nur Jason überlebt und kann am Ende mit Medea davonsegeln.

Prisma-Online: »Regisseur Nick Willing inszenierte den aufwendigen und trickreich gestalteten TV-Zweiteiler als fantastisches Abenteuer mit reichlich viel computer-animierten Monstern und Ungetümen. Dabei orientierte er sich weniger an der Sage aus der griechischen Mythologie als an Don Chaffeys Film *Jason und die Argonauten* von 1963, bei dem Stop-Motion-Großmeister Ray Harryhausen für die beeindruckenden Tricks und Altmeister Bernard Herrmann für die Musik zuständig waren.«

1963 Jason und die Argonauten

Jason And The Argonauts, USA, R: Don Chaffey, D: Todd Armstrong, Nancy Kovack

THE JAZZ SINGER

USA 1981, R: Richard Fleischer, D: Neil Diamond, Laurence Oliver, Lucie Arnaz, Catlin Adams, Franklin Ajaye, Paul Nicholas, Sully Boyar

Nach einem Stück von Samson Raphaelson: Den jüdischen Kantor Rabinovitch schmerzt es sehr, dass sein Sohn Yossele ins Show-Business überwechselt anstatt in der Synagoge zu singen. Als der junge Mann als Popstar dann auch Karriere macht und seine Ehe mit Rivka aufs Spiel setzt, kommt es zu einem schweren Zerwürfnis zwischen Vater und Sohn.

MovieLine: »Dritte Verfilmung eines Bühnenstücks über einen Kantor-Sohn, der die Synagoge mit dem Showbusiness vertauscht. Vater-Sohn-Konflikt und die Verwirklichung des amerikanischen Traums – von den religiösen Gesängen zum umjubelten Pop-Star – stehen im Mittelpunkt des Films, der nicht überzeugen kann: *The Jazz Singer*, der mit Jazz nichts zu tun hat, dient als Vehikel, um zehn Songs von Neil Diamond zu präsentieren. Der banale Streifen setzt auf falsche Gefühle und einlullende Musik, doch auch Rührkisten wollen gekonnt sein: Ein Star und seine Schnulzen reichen da nicht aus.«

Die erste Verfilmung von 1927 war eine Revolution der Filmtechnik und -ästhetik, denn Regisseur Alan Crosland inszenierte nicht nur den ersten amerikanischen Tonfilm, sondern auch das erste Musical. Gebannt verfolgte das Publikum die wenigen gestelzten Dialoge. Eingeblendete Zwischentitel sollten zusätzlich den Verlauf der Handlung um den Werdegang eines jüdischen Sängers verdeutlichen.

1953 The Jazz Singer
USA, R: Michael Curtiz, D: Danny Thomas
1927 The Jazz Singer
USA, R: Alan Crosland, D: Al Jolson, May McAvoy, Warner Oland, Otto Lederer

JEANNIE SUCHT IHREN MEISTER
I Still Dream Of Jeannie, USA 1991, R: Joseph L. Scanlan, D: Barbara Eden, Christopher Bolton, Bill Daily, Al Waxman, Peter Breck, Brent Stait, Jason Schombing, Gary Chalk, Henry Crowell jr., Ken Kercheval, J. J. McColl, Robert Metcalfe, Jackson Davies
Jeannies Meister ist wochenlang in geheimer Mission unterwegs. Das bringt den Geist in die Bredouille denn nach zwei Monaten ohne Meister muss er zurück nach Bagdad.

Das Messer (1985, R: Richard Marquand): Schuldig oder unschuldig?

Fernsehwoche: »Verspätete Fortsetzung der Erfolgsserie *Bezaubernde Jeannie* mit Barbara Eden. Sie spielte den Dschinn 1996 noch mal in der Komödie *Die Brady Family 2*.«
1985 I Dream Of Jeannie: 15 Years Later
USA, R: William Asher, D: Barbara Eden, Wayne Rogers, Bill Daily
1973–1975 Jeannie
USA, TV-Serie: 16 Folgen, R: Charles A. Nichols – Animation
1965–1970 Bezaubernde Jeannie
I Dream Of Jeannie, USA, TV-Serie: 139 Folgen, R: Jon Anderson, Michael Ansara, D: Barbara Eden, Larry Hagman, Bill Daily

JENSEITS DER UNSCHULD
Guilty As Sin, USA 1993, R: Sidney Lumet, D: Rebecca DeMornay, Don Johnson, Stephen Lang, Jack Warden, Dana Ivey, Ron White, Norma Dell'Agnese, Sean McCann, Luis Guzman, Robert Kennedy
Jennifer Haines ist eine attraktive, selbstbewusste und erfolgreiche Anwältin. Eines Tages übernimmt sie die Verteidigung des Playboys David Greenhill, der des Mordes an seiner Ehefrau angeklagt ist. Wie die Motte vom Licht fühlt sich Jennifer von Davids verführerischem Charme angezogen. Aber je besser sie ihn kennen lernt, desto stärker werden ihre Zweifel an seiner Unschuld. Zu spät durchschaut sie den raffinierten Plan ihres Klienten und ist inzwischen so sehr in den Fall verstrickt, dass sie ihn nicht mehr abgeben kann. Sie ist gezwungen, Davids Unschuld zu beweisen ...

Sidney Lumet: »Ein Thriller ist für mich nur dann gut, wenn er einen genialen Plot besitzt, wenn es unmöglich ist vorauszusehen, wie die Figuren im nächsten Moment handeln werden.

Und diese Geschichte ist eine der besten, die ich je vorgelegt bekommen habe.«

Manchmal gleichen sich Filme wie ein Ei dem anderen, ohne sich zu einem Remake zu bekennen. Zum Beispiel die Geschichte der blonden Verteidigerin, die sich in ihren Klienten verliebt, der seine Ehefrau ermordet haben soll: Der Thriller *Das Messer* (USA, 1985, Regie: Richard Marquand) und der höchst ähnlich gelagerte Streifen *Jenseits der Unschuld.*

Wolf Donner *(tip)*: »Ein Frauenmörder und seine Verteidigerin, der schmierige Gigolo und die kühle, kluge Blondine. Lumet mag Gerichtsfilme und sein Autor hat Vorbilder wie *Zeugin der Anklage* oder *Das Messer* offensichtlich genau studiert. Aber Rebecca DeMornay und Don Johnson agieren wie synthetische Kleiderständer, der Plot bleibt vorhersehbar, die kalte Pracht der Ausstattung scheint die wahre Botschaft zu sein. Gestylte Welten, designte Kunstwesen, Gefühle aus der Retorte.«

1985 Das Messer

Jagged Edge, USA, R: Richard Marquand, D: Jeff Bridges, Glenn Close

DIE JETSONS – DER FILM

The Jetsons – The Movie, USA 1989, R: William Hanna und Joseph Barbera – Animation

George wird mit seiner Familie – Gattin Jane, Kinder Judy und Elroy, Hund Astro, Hausmädchen Roboter-Rosie – auf einen fernen Planeten geschickt. Er soll herausfinden, warum im dortigen Erzbergwerk ständig die Produktion zum Stillstand kommt und Leute auf mysteriöse Weise verschwinden.

Prisma-Online: »Mit ihren Trickserien *Familie Feuerstein* und *Tom und Jerry* wurden William

Hanna und Joseph Barbera weltbekannt. Bereits seit den 30er-Jahren arbeiteten die beiden als Trickfilmautoren, bevor sie 1940 die Produktionsgesellschaft Hanna-Barbera gründeten. Der Film *Die Jetsons* basiert auf der gleichnamigen Erfolgs-Serie aus den 60ern und ist ein Ebenbild der *Familie Feuerstein* – eben nur im 21. Jahrhundert. In der Serie arbeitet George Jetson in einer Firma, die Kernenergie produziert, Sohn Elroy wird jeden Morgen vom Hausroboter zur Schule gebracht und die hippe Tochter Judy ist den ganzen Tag damit beschäftigt, den neuesten Trend und Tanz zu erlernen. Der tollpatschige Köter Astro verbringt den ganzen Tag bei Hausfrau Jane.«

In dem 1987 entstandenen Film *Die Jetsons treffen die Flintstones* reisen die Jetsons per Zeitmaschine in die Vergangenheit und schicken ihre Vorfahren, die Flintstones, in die Zukunft.

1962 Die Jetsons

The Jetsons, USA, TV-Serie, R: Joseph Barbera, William Hanna – Animation

JIN ROH

J 1998, R: Hiroyuki Okihura – Animation

Nach einem Märchen der Gebrüder Grimm, allerdings mit stark veränderter Handlung: Japan beginnt sich gerade von Krieg und Faschismus zu erholen, Terror und Gegen-Terror halten sich die Waage. Rotkäppchen huscht als Kurier mit Bombensätzen durch die Gassen und der »Wolf« lauert ihr in menschlicher Gestalt als Mitglied einer gleichnamigen Polizeibrigade auf. Bei ihrer Begegnung im Untergrund sprengt sich die kleine Botengängerin in furchtsamer Entschlossenheit selbst in die Luft ...

Michael Kohler *(Berliner Zeitung)*: »Der Mensch ist dem Menschen ein Wolf, heißt es, und fragte man ein kleines Kapuzen-Mädchen nach seiner Meinung, es hätte wohl nichts dagegen einzuwenden. Seit seiner literarischen Geburt geht das *Rotkäppchen* unverdrossen den Pfad des Symbolisch-Imaginären, nur der Wald drum herum ändert von Mal zu Mal seine Gestalt. In *Jin Roh*, einem von Mamoru Oshii *(Ghost In The Shell)* erdachten Anime, wird die labyrinthische Kanalisation einer japanischen Großstadt zum Ort jenes märchenhaften Zusammentreffens,

Das Messer (1985, R: Richard Marquand): Jeff Bridges und Glenn Close

wobei die Grimm'sche Metaphorik von Verstellung und Verkennung derart lückenlos in einer durch und durch pessimistischen Weltsicht aufgeht, dass es schon wieder zum Verzweifeln ist. Weil nämlich Oshii ein und dasselbe Motiv solange wendet und dreht, bis auch die Geduld eines wohlmeinenden Publikums zu Ende ist, und weil er dies in einem Genre tut, dem mit dem Adjektiv ›spröde‹ sicher kein Unrecht geschieht, führt die anfänglich noch imposante Geschlossenheit des ganzen ästhetischen Gebildes unweigerlich zur Übersättigung.«

1987 Rotkäppchen
Red Riding Hood, USA, R: Adam Brooks, D: Craig T. Nelson, Isabella Rossellini

1962 Rotkäppchen
DDR, R: Götz Friedrich, D: Blanche Kommerell, Helga Raumer, Horst Kube

1954 Rotkäppchen
BRD, R: Walter Janssen, D: Maren Inken Bielenberg, Peter Lehmann

1953 Rotkäppchen
BRD, R: Fritz Genschow, D: Daniela Maris, Werner Stock, Fritz Genschow

1931 Rotkäppchen
Red Riding Hood, USA, R: Harry Bailey, John Foster – Animation

JOES APARTMENT – DAS GROSSE KRABBELN
Joe's Apartment, USA 1996, R: John Payson, D: Jerry O'Connell, Megan Ward, Billy West, Reginald Hudlin, Jim Turner, Sandra ›Pepa‹ Denton, Robert Vaughn, Don Ho, Jim Sterling, Shiek Mahmud-Bey, David Huddleston, Frank Bello, Lord Kayson, Alejandro Molina

Joe, ein Junge aus der Provinz, lebt in einer Abbruchruine in New York. Ein böser Immobilienagent will ihn aus seinem Zuhause vertreiben. Joe bekommt Hilfe von Lily und von einer Schar Kakerlaken, die sprechen, singen und tanzen können.

Prisma-Online: »Diese vergnüglich-skurrile Komödie von John Payson basiert auf einem Videoclip und war 1996 die erste Spielfilmproduktion des Musiksenders MTV. Hier wird mit Effekten und Tricks nicht gespart, wobei sich die Bandbreite zwischen niedlich und eklig bewegt. Auch wenn die Story dünn ist und sich etwas ab-

nutzt, hat der Film doch genügend Lacher auf seiner Seite.«

1992 Joe's Apt.
USA, R: John Payson

JOHANNA VON ORLEANS
The Messenger: The Story Of Joan Of Arc, F/USA 1999, R: Luc Besson, Drb: Andrew Birkin, Luc Besson, K: Thierry Arbogast, M: Eric Serra, S: Sylvie Landra, D: Milla Jovovich (Johanna von Orleans), John Malkovich (Karl VII), Faye Dunaway (Yolande von Aragon), Dustin Hoffman (das Gewissen), Pascal Greggory (Herzog von Alençon), Vincent Cassel (Gilles de Rais), Tchéky Karyo (Dunois), Desmond Harrington (Aulon), Pascal Greggory (Duke of Alecon); Timothy West (Jean Cahuchon), Andrew Birkin (Talbot)

Sie gehört zu den Ikonen der französischen Geschichte: Johanna von Orleans. Mystische Figur, Mädchen, Märtyrerin: Für ihre Anhänger war sie eine Heilige, für ihre Feinde eine Hexe. In einer der dunkelsten Epochen Frankreichs, dem Hundertjährigen Krieg, erhält sie die göttliche Botschaft, ihr Land von den Engländern zu befreien, in Gottes Hände zurückzuführen und den Dauphin Charles VII. zur Krönung nach Reims zu geleiten. Das ungebildete Bauernmädchen führt die französische Armee in der blutigen Schlacht von Orleans zum fulminanten Sieg über die englischen Besetzer. Nachdem Charles VII. zum französischen König gekrönt ist und Johanna damit ihre Schuldigkeit getan hat, wird sie entmachtet, vor ein klerikales Gericht gestellt, als Ketzerin verurteilt und von den Engländern am 30. Mai 1431 auf dem Scheiterhaufen verbrannt. Sie wurde nur 19 Jahre alt ... Fünfundzwanzig Jahre später wurde sie für unschuldig erklärt und 1920 als Heilige deklariert. Sie gehört zu den

Johanna von Orleans (1999, R: Luc Besson): Milla Jovovich

Johanna von Orleans (1999, R: Luc Besson):
Ein Bauernmädchen führt den Widerstand an

großen Ikonen der Geschichte, deren Taten heute noch Gegenstand heftiger Debatten bilden.

»Achtzig Millionen Dollar kostete dieser Film über ein französisches Bauernmädchen, das seit über 500 Jahren tot ist«, bemerkt Silke Schütze in der Zeitschrift *Cinema*: »80 Millionen für eine Story, die bereits mehr als 40 Leinwandaufgüsse verkraften musste und die jeder Besitzer eines Fernsehers auf Zuruf runterleiern kann ... zuletzt als Zweiteiler auf RTL zu sehen ... Besson ist zu klug, um eine Heldin unter dem versöhnlichen Prädikat ›Die siegreiche Feldherrin mit dem reinen Antlitz‹ die Leinwände des Jahres 2000 erobern zu lassen – selbst wenn sie ein schneeweißes Banner trägt. Denn neben aller visuellen Rasanz versteht sich Besson als objektiver Historiker, der uns weder Johanna von Orleans' kitschig-beseelte Heiligenverehrung erspart noch ihren besessenen Nationalismus, den Blutrausch im Kampfgemetzel oder ihre religiöse Abneigung gegen soldatische Flüche. Und damit endet seine Demontage des französischen Nationalmythos noch lange nicht. Mit leisen Zwischentönen meldet er sogar Zweifel an Johannas Höchstem an – ihrem missionarischen Glauben. Wenn im Kerker ihr von Dustin Hoffman eindringlich gespieltes Gewissen fragt: ›Wie kann es Gott gefallen, dass wir Menschen einander töten?‹, schwingt sich Besson in Hoffmans Antwort zu einer Botschaft auf, der auch Atheisten zustimmen könnten: ›Nicht Gott tötet die Menschen. Menschen töten einander.‹ Die katholische Kirche mag Johanna heilig gesprochen haben, Besson tut es nicht.«

Als poppiges Schlachtengemälde beschreibt Nathalia Lettenewitsch *(der Schnitt)* den Film des amerikanischsten aller französischen Regisseure: »Besson, bekanntlich dem dekorativen Oberflächenreiz junger und jüngster Frauen mit Waffen verfallen, interessiert sich nicht für tiefgründiges religiöses Mysterienspiel wie einst Dreyer oder differenziert Episches wie Rivette. Er macht aus der heiligen Heroine eine infantile, schizophrene, hysterische Nervensäge ... Zwischen der braven linearen Erzählung eines Historienschinkens, Actiongetümmel und relativ plattem Humor, der irgendwie besser zu den SciFi-Dekors von *Fifth Element* passte, hat er letztlich nicht viel mehr zu sagen als ein Fernsehzweiteiler. Dass Jeanne d'Arc zu Tode nervt, mag Programm sein – aber kein sehr kluges, da es Besson und Jovovich nicht erreichen, die Figur dennoch liebenswert zu machen, und sich zum Schluss eher Erleichterung ausbreitet, wenn sie endlich zu *Carmina Burana*-mäßigem Gedröhne auf dem Scheiterhaufen lodert.«

Für Andrea Dittgen im *Film-Dienst* ist Bessons Johanna vor allem ein Mensch: »Ein Mensch, der von seiner Vision und Mission überzeugt ist, später sogar richtig besessen, und der auch von Hassgefühlen geleitet wird. Keine der bisherigen Jeanne d'Arc-Verfilmungen (auch nicht die beeindruckendste und strengste von Carl-Theodor Dreyer mit Renée Falconetti aus dem Jahr 1928) versucht, die Entwicklung von der ungebildeten Bäuerin zur ungestümen Kriegerin für seine Generation so nachfühlbar zu machen wie Besson. Mit Milla Jovovich hat er eine geniale Darstellerin gefunden. Anfangs durchaus weiblich, später in schwerer männlicher Rüstung mit kurzgeschnittem blondem Haar, später mit Frauenkleidern im Kerker, wirkt sie über weite Strecken wie ein androgynes Wesen, das sich den herrschenden Männern anpasst und den weiblichen wie den männlichen Kinozuschauern die Identifikation leicht macht. Sie hat überhaupt nichts von der Sanftmut und verklärten Weiblichkeit, die alle bisherigen Darstellerinnen der Jeanne d'Arc kennzeichneten, von Geraldine Ferrar (Cecil B. DeMille, 1916), über Ingrid Bergman (Victor Fleming, 1948, und Roberto Rossellini, 1954), Michèle Morgan (Jean Delannoy, 1954), Jean Seberg (Otto Preminger, 1957), Hedy Lamarr (Irwin Allen, 1957) bis zu Florence Carrez (Robert Bresson, 1961), Sandrine Bonnaire (Jacques Rivette, 1993) oder zuletzt im Fernsehfilm Leelee Sobieski (Christian Duguay, 1999), um die wichtigsten zu nennen.«

1999 Jeanne d'Arc – Die Frau des Jahrtausends
Joan Of Arc, USA, R: Christian Duguay, D: Leelee Sobieski, Jaqueline Bisset
»Vor allem auch dank der jungen Hauptdarstellerin ein durchaus anregender Film.« *(Lexikon des internationalen Films)*

1993 Johanna, die Jungfrau
Jeanne La Pucelle, F, R: Jacques Rivette, D: Sandrine Bonnaire, André Marcon
»Auch den zahlreichen Verfilmungen des Jeanned'Arc-Stoffes – von Carl Theodor Dreyers legendärer Stummfilmversion aus dem Jahr 1928 bis zu Jacques Rivettes Zweiteiler *Johanna, die Jungfrau* (1993) – ist gemeinsam, dass die Heldin außerhalb der damals gültigen Normen steht, von der herrschenden Männerclique als Hexe diffamiert und in die traditionelle weibliche Opferrolle gedrängt wird.« (Reinhard Kleber, *kino-fenster.de*)

1993 The Maid Of Orleans
RUS, R: Brian Large, D: Anatoly Babykin, Maria Gavrilowa, Pyotr Gluboky

1989 Giovanna d'Arco
I, R: Werner Herzog, D: Susan Dunn, Vincenzo La Scola, Renato Bruson

1961 Der Prozess der Jeanne d'Arc
Le procès de Jeanne d'Arc, F, R: Robert Bresson, D: Florence Carrez
»Ein Werk Robert Bressons, das auf den Akten des Prozesses von 1431 in Rouen fußt. Die Vielfalt der filmischen Ausdrucksmöglichkeiten wird auf ein Minimum zurückgenommen. Das lässt fragen, ob dieser Streifen noch dem Wesen des Films entspricht. Doch kann in dieser Selbstbeschränkung der Film zum zutreffenden Bild der Unverfügbarkeit der Gnade Gottes werden, auf deren Gegenwart im Leben der Jeanne d'Arc Bresson hinweist.« *(Filmbeobachter)*

1957 Die heilige Johanna
Saint Joan, USA, R: Otto Preminger, D: Jean Seberg, Richard Widmark
»Es ist ein Film der Großen: Graham Greene schrieb das Drehbuch nach Shaws Schauspiel und Amerikas Schriftsteller von Rang und Namen war klug – und bescheiden – genug, den Worten des geistreichen Spötters – hier allerdings mehr von scharfsinniger Weisheit als ironischer Bosheit – nicht mehr als unumgänglich notwendig hinzuzufügen und selbst die Sprachbrücken so shawgerecht zu bauen, dass nirgendwo ein Bruch entsteht. Ein grandioser Einfall voll tiefen filmischen Verständnisses, der wohl auch auf das Konto Premingers gehen dürfte, ist die Aufgliederung des Bühnen-Epilogs in drei Teile, die das Jungfrauen-Drama einklammern und es als Traumvision König Karls VII. nach der Heiligsprechung Johannas erscheinen lassen. Mit feinem Einfühlungsvermögen und respektvoller Unterordnung

Unten: Johanna, die Jungfrau (1993, R: Jacques Rivette): Sandrine Bonnaire
Rechts: Johanna, die Jungfrau (1993): Jeanne führt die Franzosen in den Kampf

unter den Shaw'schen Geist schuf der Regisseur ein optisches Werk, das als Ideal-Verfilmung eines Bühnenwerkes gelten kann.« (Ingeborg Donati, *Filmblätter*)

1957 The Story of Mankind

USA, R: Irwin Allen, D: Peter Lorre, Hedy Lamarr, Charles Coburn

1954 Giovanna d'Arco al Rogo

I, R: Roberto Rossellini, D: Ingrid Bergman, Tulli Carminati, Aldo Tenossi

»Gestatten Sie, mich darüber zu wundern, dass unser Jahrhundert, das sich sonst durch nichts schockieren lässt, so tut, als ob es sich darüber aufregen müsste, wenn ein Cineast es wagt, unverhohlen über sich selbst zu sprechen; es stimmt, dass Rossellini immer mehr richtige Amateurfilme macht, Familienfilme; *Johanna auf dem Scheiterhaufen* ist nicht die filmische Übertragung des berühmten Oratoriums, sondern einfach der Erinnerungsfilm von einer Aufführung, an der seine Frau mitwirkte, wie *Die menschliche Stimme* vor allem die Aufzeichnung einer schauspielerischen Leistung von Anna Magnani war (das Eigenartige ist, dass sowohl *Johanna auf dem Scheiterhaufen* wie *Die menschliche Stimme* dennoch richtige Filme sind, in denen die Emotion nichts Theatralisches hat).« (Jacques Rivette, *Cahiers du Cinema*)

1954 Jeanne

F, R: Jean Delannoy, D: Michèle Morgan

1948 Johanna von Orleans

Joan Of Arc, USA, R: Victor Fleming, D: Ingrid Bergman, José Ferrer, Ward Bond

Victor Fleming, der Regisseur von *Vom Winde verweht* und dem früheren Bergman-Erfolg *Dr. Jekyll und Mr. Hyde*, gab sich die größte Mühe, weil er, wie in den Bergman-Memoiren nachzulesen, heillos verliebt in seinen Star war. Das fertige Produkt konnte niemand recht begeistern: »Ingrid Bergman verleiht Joan die ungeschminkte Würde und geistige Überzeugungskraft, nach denen die Story verlangt. Und immer, wenn Hollywood alles in Glamour taucht, um das Publikum daran zu erinnern, dass es eine sehr kostspielige Filmdekoration ist, die ihm da vorgesetzt wird, ist es die leidenschaftliche Treue der Bergman zu ihrem Part, die den Tag rettet.« *(Time)*

1935 Das Mädchen Johanna

D, R: Gustav Ucicky, D: Angela Salloker, Gustaf Gründgens

»Episoden vom Leben und Sterben der Jungfrau von Orléans in einem attraktiv besetzten Ausstattungsfilm, der die Historie des 15. Jahrhunderts in Beziehung zur Gegenwart und zur nationalsozialistischen Ideologie setzt: Ein blutendes Volk wird durch den Siegesglauben einer schlichten Volksgenossin aus schmachvoller Unterdrückung zur nationalen Wiedergeburt geführt. Wie unstimmig diese Konstruktion geriet, zeigt sich nicht zuletzt in der Rolle, die Gustaf Gründgens zu spielen hatte – er gibt den König Karl als zynischen Realpolitiker, der sogar Johannas Rehabilitierung nach 25 Jahren aus persönlicher Eitelkeit betreibt. Während der NS-Zeit mit den Prädikaten ›staatspolitisch und künstlerisch besonders wertvoll‹ ausgezeichnet, wurde der Film nach 1945 von den Alliierten Militärregierungen verboten.« (*Lexikon des internationalen Films*)

1928 Die Passion der Jungfrau von Orleans

La Passion de Jeanne d'Arc, F, R: Carl Theodor Dreyer, D: Maria Falconetti

*Johanna von Orleans
(1948, R: Victor Fleming)*

»Der überhöhte Stil der Regie und die Kameraführung zeigen von vornherein, dass Dreyer nicht eine Wiederholung der zahlreichen Schauspiele um die heilige Johanna, sondern ein Mysterienspiel ihres Martyriums filmen wollte.« (*Filmbewertungsstelle*, Prädikat: Besonders wertvoll)

1916 Joan The Woman
USA, R: Cecil B. DeMille, D: Geraldine Farrar

1913 Joan Of Arc
I, R: Nino Oxilia, D: Maria Jacobini Savoia

1909 Joan Of Arc
F, R: Georges Méliès

1908 Giovanna d'Arco
I, R: Mario Caserini

1908 Jeanne d'Arc
F, R: Albert Cappellani

JOHANNISNACHT
BRD 1956, R: Harald Reinl, D: Willy Birgel, Hertha Feiler, Erik Schumann, Sonja Sutter, Wolfgang Gruner, Ingrid Simon, Wolfgang Preiss, Lucie Englisch, Paul Esser, Carla Rust, Kurt Heintel, Carola Höhn, Evi Kent

Gutsbesitzer Christian von Hergeth ist ein eigenwilliger Mann. Seine zweite Ehe mit der gefeierten Sängerin Martina Lynn scheiterte, weil sie ihre Karriere dem Hausfrauendasein vorgezogen hatte. Daraufhin untersagte Christian ihr jeglichen Kontakt zu dem gemeinsamen Kind, der kleinen Tochter Micky, und Micky hatte sie auf eine einsame Almhütte geschickt, wo das Mädchen die meiste Zeit in der Obhut der Sennerin Liesl verbringt, in dem Glauben, ihre Mutter sei tot. Mickys engster Freund in der einsamen Bergwelt ist ein kleines Rehkitz. Doch eines Tages kehrt Martina zurück. Heimlich besucht sie Micky, ohne sich jedoch zu erkennen zu geben. Christian trägt sich unterdessen mit Plänen, eine dritte Ehe einzugehen; seine Auserwählte ist die etliche Jahre jüngere Irene Hofmann. Unterdessen kommen sich Martina und Micky immer näher; besonders, nachdem Martina das Kind beherzt aus den Fluten eines reißenden Bergstroms gerettet hatte, in den Micky bei der Verfolgung ihres Rehkitzes Hansi gefallen war.

Johannisnacht (1956, R: Harald Reinl): Willy Birgel, Sonja Sutter und Hertha Feiler

1933 Johannisnacht
D, R: Willy Reiber, D: Lil Dagover, Alfons Fryland, Hans Stüwe

JOHN WOO'S THE THIEF
Once A Thief: Brother Against Brother, CDN 1996, R: Allan Kroeker, John Woo, D: Sandrine Holt, Ivan Sergei, Nicholas Lea, Jennifer Dale, Robert Ito, Michael Wong, Scott J. Ateah, Mark Brandon, Greg Chan, Garvin Cross, Nathaniel DeVeaux, Jim Dunn, Russell Jung

Ein junger Amerikaner, Adoptivsohn eines mächtigen Gangsterbosses in Hongkong, ist seiner gefährlichen Raubzüge überdrüssig und will aussteigen. Gemeinsam mit seiner Partnerin und Geliebten flieht er in die USA, wo er verhaftet und von einer geheimen Spezialabteilung des FBI für ein Sonderteam rekrutiert wird, um gegen die Triaden zu operieren. Dabei begegnet er dem leiblichen Sohn seines Ziehvaters wieder, einst ebenfalls sein Freund und Partner, nun aber ein erbitterter Gegner. Zugleich wird der Kampf der Sondereinheit durch interne Rivalitäten und Misstrauen erschwert.

Lexikon des internationalen Films: »John Woo drehte nach einem eigenen Sujet aus dem Jahr

419

1991 diesen Pilotfilm für eine Fernsehserie als komödiantisch akzentuierten Actionstoff, der zwar gelegentlich durch seine Rasanz und Akrobatik besticht, im Kern aber eine eher seelenlose Reproduktion seines vertrauten Filmkosmos ist.«

Ab 1997 entstand in den USA die TV-Serie *Once A Thief* (R: Peter D. Marshall, T. J. Scott) mit den Hauptdarstellern des Films (Sandrine Holt, Ivan Sergei und Nicholas Lea).

1990 Killer Target

Zong sheng si hai, HK, R: John Woo, D: Leslie Cheung, Yun-Fat Chow, Kong Chu

JOHNNY BELINDA

USA 1982, R: Anthony Page, D: Rosanna Arquette, Richard Thomas, Dennis Quaid, Candy Clark, Roberts Blossom, Fran Ryan

Nach einem Bühnenstück von Elmer Harris: In einer amerikanischen Kleinstadt rächt sich ein taubstummes Mädchen an einem Weiberhelden, der sie vergewaltigte.

Lexikon des internationalen Films: »Fürs Fernsehen entstandene Neuverfilmung eines Bühnenstücks, das Jean Negulesco bereits 1947 adaptierte *(Schweigende Lippen)*, verlegt in die Gegenwart; ein nur bedingt gelungener Versuch, das Drama von Einsamkeit und Anteilnahme, Gefühl und Gewalt für heutige Sichtweisen zu aktualisieren.«

1947 Schweigende Lippen

Johnny Belinda, USA, R: Jean Negulesco, D: Jane Wyman, Lew Ayres

JUDEX

F/I 1963, R: Georges Franju, D: Channing Pollock, Francine Bergé, Edith Scob, Michel Vitold, Sylva Koscina, Jacques Jouanneau, Théo Serapo, Benjamin Boda

Der skrupellose Bankier Favraux will seine zarte Tochter Jacqueline mit einem Mann vermählen, den sie nicht liebt. Favraux' Verbrechen aber werden noch überboten von der kriminellen Energie seiner Geliebten Marie, die den ganzen Reichtum des Bankiers an sich reißen will. Da tauchen zwei Männer auf: der komische Detektiv Cocantin und ein Unbekannter, der unter dem Namen »Judex« zum Rächer der Enterbten wird, das Herz Jacquelines gewinnt und mit unglaublichem Geschick und geradezu magischen Kräften alles zu einem guten Ende führt.

Georges Franju: »*Judex* ist ein Film der reinen Form und, ich hoffe, der formalen Reinheit. Es geht darin um Gefühlsdinge, aber vor allem um Illusion.«

MovieLine: »Der Magier Judex bereitet den finsteren Machenschaften eines reichen Bankiers und den Mordanschlägen eines geldgierigen Kinderfräuleins ein Ende. Neuverfilmung einiger Episoden aus dem gleichnamigen populären Stummfilmserial, das Louis Feuillade während des Ersten Weltkrieges inszenierte. Franju zeigt sich vor allem von der naiven, düster-romantischen Poesie dieser ›Mysteres‹ fasziniert; seine Version ist liebevolle Hommage und witzige Parodie zugleich.«

1934 Judex

F, R: Maurice Champreux, D: Paule Andral, René Ferté, Louise Lagrange

1917 La Nouvelle mission de Judex

F, R: Louis Feuillade, D: Bout-de-Zan, René Creste, Louis Leubas

1916 Judex

F, R: Louis Feuillade, D: René Cresté, Yvette Andréyor, Bout-de-Zan

JUGEND OHNE GOTT

Jeunesse sans Dieu, F 1995, R: Catherine Corsini, D: Marc Barbe, Roland Amstutz, Samuel Dupuy, Martin Amic, Estelle Peron

Nach einem Roman von Ödön von Horváth: Ein junger humanistisch gesinnter Lehrer erfährt den herrschenden rassistischen Geist am Vorabend des Faschismus in seiner Schulklasse am eigenen Leibe. Unversehens findet er sich verstrickt in Streitereien unter den Schülern und in einen Mord ...

*Johnny Belinda (1982, R: Anthony Page):
Rosanna Arquette*

Lexikon des internationalen Films: »Ohne auf konkrete historische Zusammenhänge einzugehen, will der Film den Ungeist von Faschismus und Rassismus bloßstellen und auf die Gefahren hinweisen, die bei politischen Umbrüchen eintreten können. Der löblichen Absicht stehen jedoch deutliche inszenatorische Schwächen im Wege.«

1990 Jugend ohne Gott

DDR, R: Michael Knof, D: Ulrich Mühe, Klaus Piontek, Peter Sodann

JULIUS CÄSAR

GB 1970, R: Stuart Burge, D: Charlton Heston, Jason Robards, John Gielgud, Diana Rigg, Richard Johnson, Robert Vaughn, Richard Chamberlain, Christopher Lee, Jill Bennett, Derek Godfrey, David Dodimead, Michael Gough, David Neal, Preston Lockwood, John Moffatt

Nach einem Bühnenstück von William Shakespeare: Rom im Jahre 44 v.Chr. Es gärt in der Stadt, da sich Cäsar zum Kaiser ausrufen lässt. Der Verschwörer Cassius und seine Freunde, unter ihnen Brutus, erdolchen Cäsar. Auch Mark Anton soll ihnen zum Opfer fallen, doch Brutus

schützt ihn. Bei der Todesrede für den Ermordeten reißt Mark Anton die Bürger zum Racheschwur hin. Die Verschwörer verlassen Rom. Mark Anton und Octavius reißen die Macht an sich und durchsuchen die Stadt nach politischen Feinden. Bürgerkrieg bricht aus. Im Lager der Verschwörer in Mazedonien kommt es zum Streit zwischen Brutus und Cassius. Doch sie raufen sich zusammen und treten Mark Antons Truppen auf der Ebene von Philippi entgegen. Cassius' Truppen werden geschlagen, er selbst begeht Selbstmord mit demselben Dolch, mit dem er auf Julius Cäsar einstach. Auch Brutus' Armee unterliegt der von Octavius. Er selbst stürzt sich in das Schwert eines Dieners. Mark Anton findet den toten Freund und zollt ihm öffentlich Tribut.

1962 Julius Cäsar, der Tyrann von Rom

Giulio Cesare, il conquistatore delle Gallie, I, R: A. Anton, D: Cameron Mitchell

1960 An Honourable Murder

GB, R: Godfrey Grayson, D: Norman Wooland

1953 Julius Caesar

USA, R: Joseph L. Mankiewicz, D: Marlon Brando, James Mason, John Gielgud

1950 Julius Caesar

USA, R: David Bradley, D: Charlton Heston, Harold Tasker, Robert Holt

1918 Julius Caesar

USA

1914 Cajus Julius Caesar

I, R: Enrico Guazzoni, D: Amleto Novelli, Lea Orlandini, Gianna Terribili Gonzales

1913 Giulio Cesare

I, R: Giovanni Pastrone

Links: Julius Cäsar, der Tyrann von Rom (1962, R: A. Anton): Cameron Mitchell
Unten: Julius Caesar (1953, R: Joseph L. Mankiewicz): Louis Calhern, Marlon Brando und Greer Garson

1911 Julius Caesar
GB, R: Sir Francis Robert Benson, D: Francis Robert Benson

1910 Brutus
I, R: Giuseppe de Liguoro

1909 Giulio Cesare
I, R: Giovanni Pastore

1908 Julius Caesar
USA, R: William V. Ranous

1908 Julius Caesar
USA, R: Sigmund Lubin

1907 La mort de Jules César
F, R: Georges Méliès, D: Georges Méliès

EIN JUNGE SCHRIE MORD

Decak vikao ubistvo, YU/BRD/GB 1965/66, R: George P. Breakston, D: Frazer ›Fizz‹ MacIntosh, Veronica Hurst, Phil Brown, Beba Loncar, Tim Barret, Edward Steel, Anita Sharp-Bolster, Sonja Hlebs, Alex MacIntosh, Vuka Dundjerovic

Nach einer Kurzgeschichte von Cornell Woolrich: Familie Dörner aus Düsseldorf verbringt ihre Ferien an der jugoslawischen Adria. Doch die Freude, den Ort der vorjährigen Hochzeitsreise wieder zu sehen, wird getrübt durch den Sprössling Jonno, das Kind aus erster Ehe der Frau, der mit dem Stiefvater nicht so richtig auskommt und seine Mutter eifersüchtig liebt. Immer wieder versucht er, ihre Aufmerksamkeit auf sich zu konzentrieren. Als auf dem Schiff ein Mann über Bord geht, erklärt der Junge, der in Wahrheit Betrunkene sei gestoßen worden, und im Ferienort lässt er einen dressierten Bären auf die Urlauber los mit der Erläuterung, das Tier habe sich selbst losgerissen. Eine väterliche Tracht Prügel ist die Folge, worüber es wieder zwischen den Eltern Krach gibt. Unter den Urlaubern befindet sich auch ein Gauner mit Tätigkeiten wie Zuhälterei und Heiratsschwindel. Als eines seiner früheren Opfer die friedliche Ferienarbeit stören will und droht, zur Polizei zu gehen, bringt er die Dame um. Jonno beobachtet den Mord, rennt zu den Eltern, erzählt – aber niemand glaubt ihm, nur der Mörder: Und damit beginnt die Jagd. Während sich die Eltern auf einer Kahnpartie verlustieren, begibt sich der Mörder Mike auf die Suche nach Jonno ...

Filmbeobachter: »Mit netter und rührender Einfalt ist die Story vom Knaben, dem man nach mehrmaligem Lügen nicht mehr glaubt, abgedreht. Es wimmelt von bekannten Klischees über Urlaubsfrohsinn und Bösewichte, die ihre Bösartigkeit durch schauerliche Mimik demonstrieren. Die Ausländer sind kauzig verschroben oder verbrecherisch, die Absichten der Düsseldorfer über Erziehung entsprechen dem Volksempfinden: Eine Tracht Prügel habe noch nie geschadet, das wollten einem nur die Psychologen einreden.«

Regisseur Ted Tetzlaff hat 1949 in seinem preisgekrönten Film *Das unheimliche Fenster* die Angst des bedrohten Kindes in eindringlichen Bildern eingefangen. Bevor er 1941 selbst zu inszenieren begann, war er jahrelang als Kameramann tätig, unter anderem für Alfred Hitchcock. 1984 inszenierte Richard Franklin in den USA unter dem Titel *Ein tödliches Spiel* (*Cloak & Dagger*) mit Henry Thomas, Dabney Coleman und Christina Nigra ein weiteres Remake.

1949 Das unheimliche Fenster
The Window, USA, R: Ted Tetzlaff, D: Bobby Driscoll, Arthur Kennedy, Barbara Hale

JUNGFER, SIE GEFÄLLT MIR

DDR 1969, R: Günter Reisch, D: Wolfgang Kieling, Monika Gabriel, Jan Spitzer, Rolf Ludwig, Marianne Wünscher, Herbert Köfer, Horst Schulze
Nach dem Schauspiel *Der zerbrochene Krug* von Heinrich von Kleist: 1792 im Sächsischen. Dorfrichter Adam hat es auf Jungfer Ev abgesehen, und deshalb ist ihm der Schmied Ruprecht, der sie heiraten will, ein Dorn im Auge. Beim nächtlichen Fensterln wird er von Ruprecht überrascht, bekommt zwar von diesem einen Krug auf den Kopf, kann aber unerkannt entkommen. Evs Mutter verklagt Ruprecht wegen des zerbrochenen Krugs beim Richter Adam, der in arge Verlegenheit gerät. Trotz seiner Intrigen kommt die Wahrheit an den Tag. Justizrat Walter aus Dresden rettet das Ansehen der Obrigkeit und sperrt Ruprecht wegen Körperverletzung ein. Da er es aber auch auf Ev abgesehen hat, geht auf seinem Kopf ebenfalls ein Krug zu Bruch, während Adam von durchziehenden preußischen Soldaten als einstiger Dieb ihrer Regimentskasse wiedererkannt und festgesetzt wird.

F.-B. Habel (*Das große Lexikon der DEFA-Spielfilme*): »Der Film, der, wie von den Machern selbstironisch bemerkt, ›unter sträflich freier Verwendung‹ seiner literarischen Vorlage entstand, machte aus dem klassischen Lustspiel eine derbe Bauernposse, an der kleine erotische Zutaten vielleicht noch das Beste waren.«

Der zerbrochene Krug (1937, R: Gustav Ucicky):
Angela Salloker und Paul Dahlke

Manfred Jelenski *(Filmspiegel)*: »Die Turbulenz des in Farbe gedrehten Films ist nicht nur den wildbewegten Aktionen, sondern auch der virtuosen Kameraführung von Otto Hanisch und der oft sehr schnellen Schnittfolge zu verdanken ... Helles Vergnügen bereitend, spielt Rolf Ludwig den Licht als köstlich sächselnde Type. Dieser Licht ist kein eiskalter Rechner, sondern folgt mehr spontan seinen Einfällen, was ihm dann immer wieder zu schaffen macht.«

Für den Hessischen Rundfunk bearbeitete Heinz Schirk 1990 das Lustspiel, die Hauptrollen spielten Ezard Haußmann, Günter Strack und Witta Pohl.

1937 Der zerbrochene Krug

D, R: Gustav Ucicky, D: Emil Jannings, Friedrich Kayßler, Elisabeth Flickenschildt

DER JUNGFRAUENKRIEG

A 1957, R: Hermann Kugelstadt, D: Oskar Sima, Mady Rahl, Kurt Heintel, Armin Dahlen, Lucie Englisch, Rudolf Carl, Heinrich Gretler, Gerlinde Locker, Lotte Ledl, Gustl Gstettenbaur, Walter Janssen, Sepp Rist, Walter Varndal, Brigitte Antonius, Ruth Winter

Im verträumten St. Waltraut verlangt der ehrgeizige Gastwirt Rössmayer ein Komödienfestival und spaltet den Ort damit in zwei Lager. Der Jungfrauenbund um Frau Aicher und Bürgermeister Kaslatterer sind aus moralischen Gründen dagegen, die Bauern begrüßen die zusätzlichen Einnahmen durch die Theatergäste. Rössmayer lässt den literarisch angehauchten Schnei-

Der Jungfrauenkrieg (1957, R: Hermann
Kugelstadt): Mady Rahl und Oskar Sima

der Andergasser ein Theaterstück verfassen. Weil seine fesche Kellnerin Monika darin nicht die Hauptrolle spielen darf, läuft sie zur Fraktion des Bürgermeisters über. Den Widerstand des Frauenvereins bricht der gewiefte Rössmayer unterdessen, indem er Frau Aichers Sohn Tobias einen großen Part verspricht. Als die Theaterproben jedoch amouröse Verwicklungen provozieren und manch einer sich als Spanner versucht, reicht es den engagierten »Jungfrauen«: Sie rauben kurzerhand die Kostüme ...

Filmblätter: »Mit deftigem Humor, der niemals primitiv ist, rollt eine moderne Bauernkomödie ab. Sima setzt sein ›Köpfchen‹ erfolgreich gegen den polternden Bürgermeister von Gretler durch, Mady Rahl bietet als Kellnerin Sex, Gesang und Temperament, Dahlen ist mit sympathischen Mitteln der vielbegehrte Landstraßenkapitän, der nicht nein sagen kann. Kurt Heintel und Gerlinde Locker spielen die Lyrik ihres Liebespaares ohne Sentimentalität, Lucie Englisch als verheiratete Oberjungfrau hat in Rudolf Carl einen braven Ja-sage-Schluff. Die Kamera bezieht die landschaftlichen Schönheiten unauffällig in die Handlung mit ein. Das Heimatfilm-Genre mit kräftiger Lustspiel-Injektion.«

1937 Spiel auf der Tenne

D, R: Georg Jacoby, D: Heli Finkenzeller, Richard Häußler, Joe Stöckel

DER JUNGGESELLE

The Bachelor, USA 1999, R: Gary Sinyor, D: Chris O'Donnell, Renée Zellweger, Hal Holbrook, James Cromwell, Peter Ustinov, Mariah Carey, Brooke Shields, Artie Lange, Edward Asner, Marley Shelton, Katharine Towne, Rebecca Cross, Stacy Edwards, Sarah Silverman, Jennifer Esposito

Jimmy Shannon, Junggeselle aus Überzeugung, steht kurz vor einer Erbschaft von 100 Millionen Dollar. Doch sein Großvater hat eine Bedingung, Jimmy muss ihm eine Braut präsentieren. Zunächst versucht der Enkel, seine Ex-Freundinnen zu motivieren. Als das nicht klappt, schaltet er die Presse auf seine Weise ein. 27 Stunden bleiben dem »Erben«, um an sein Ziel zu kommen. Dabei begegnet ihm eine Heerschar heiratswütiger Damen, die sämtlich mit dem Lasso auf Männerjagd zu sein scheinen. Ein ebenso überzeichnetes Klischee wie das der freiheitsliebenden Männer. Der geldgierige Egoist ist Jimmy allerdings nicht: er will mit dem Vermögen seine Firma und damit 200 Arbeitsplätze retten. Ende gut, alles gut?

Wolfgang Hübner (AP): »Vor nun 75 Jahren stand der legendäre Komiker Buster Keaton in seinem Klassiker *Seven Chances* vor der gleichen Situation. Der von Regisseur Gary Sinyor auf die Leinwand gebrachte *Junggeselle* ist nämlich eine Neuauflage des Streifens von damals. Statt des kleinen Mannes, der nie lachte, sehen wir allerdings nun den glattgesichtigen Chris O'Donnell, der unserem Schwiegermutter-Liebling Oliver Bierhoff zum Verwechseln ähnlich sieht. Dass der Film von mäßigem Unterhaltungswert bleibt und nicht entfernt ans turbulent-witzige Original heranreicht, liegt allerdings nicht nur an der sterilen Ausstrahlung dieses Schauspielers. Es ist auch in einer wenig inspirierten Inszenierung begründet, die es doch wirklich schafft, das eigentlich spektakuläre Potenzial der Szene mit den vielen Bräuten auch nicht annähernd visuell oder dramaturgisch auszureizen. Welch ein Aufwand für so wenig Ertrag!«

1925 Buster Keaton, der Mann
**   mit den 1000 Bräuten**

Seven Chances, USA, R: Buster Keaton, D: Buster Keaton, Ruth Dwyer, T. Roy Barnes

1904 Personal

USA

JUST VISITING

F/USA 2001, R: Jean-Marie Poiré, D: Jean Reno, Christian Clavier, Christina Applegate, Matt Ross, Tara Reid, Bridgette Wilson, John Aylward, George Plimpton, Malcolm McDowell, Sarah Badel

Wir befinden uns mitten im Mittelalter. Graf Thibault Malfete und sein getreuer Knappe Andrä sind auf dem Weg zu Malfetes Hochzeit mit Lady Rosalind. Doch jemand im Staate gönnt ihm dieses Glück nicht und versucht, die Hochzeit durch einen giftigen Cocktail zu vereiteln. Das Ende vom Lied – Thibault ist am Leben, doch seine geliebte Rosalind ist tot. Der gewiefte Hof-Zauberer sieht Licht am Ende des Tunnels. Durch einen Spezialtrunk will er seinen Herrn in der Zeit zurückschicken, damit er so das Geschehene ungeschehen machen kann. Doch statt dem Rückwärtsgang hat der zauselige Magier den Vorwärtsgang eingelegt. Thibault und Andrä landen im Chicago des Jahres 2000 – mitten in einer historischen Ausstellung. Dort treffen sie Julia Malfete, eine Verwandte Thibaults. Kurzerhand nimmt sie das merkwürdige Duo mit nach Hause, wovon ihr Verlobter Hunter gar nicht begeistert ist. Doch die Neuzeit hat so ihre Tücken, wenn man gerade aus der Vergangenheit kommt. Die technischen Errungenschaften des 21. Jahrhunderts lösen bei den Zeitreisenden großes Erstaunen aus. Und auch mit den Tischmanieren hapert es noch ein wenig. Die beiden Zeitreisenden stellen Chicago und das Leben der Nachfahrin gehörig auf den Kopf.

Claus Wecker (AP): »Nach *Die Besucher* von 1993 und *Die Zeitritter* von 1998 pendeln Jean Reno als Ritter und Christian Clavier als sein Knappe nun schon zum dritten Mal zwischen Mittelalter und Gegenwart. Waren die beiden Vorgänger mit ihrer spezifisch französischen Art des Klamauks nur im Herstellungsland erfolgreich, so zielt die amerikanisch-französische Koproduktion *Just Visiting* auf Akzeptanz in den USA und damit auch in anderen Ländern. Die Handlung ähnelt der des ersten Films ... Motor der Komödie ist natürlich das Aufeinandertreffen von zwei Kulturen. Es ist sympathisch, dass die technisch unbedarften Zeit-Touristen nicht gegen die aufgeklärten modernen Amerikaner ausgespielt werden. Jeder bekommt sein Fett weg. Doch mit ihrer bedingungslosen Ritterlichkeit gegenüber den holden Damen sammelt das Zeitreise-Duo fleißig Punkte ... *Just Visiting* ist natürlich kein Film für Kritiker. Wer jedoch beim amerikanischen Remake einer französischen Klamotte seine Ansprüche dementsprechend herunterschraubt, verlässt dann doch recht amüsiert das Kino.«

1993 Die Besucher

Les Visiteurs, F, R: Jean-Marie Poiré, D: Christian Clavier, Jean Reno

K

KABALE UND LIEBE

BRD 1976, R: Gerhard Klingenberg, D: Erich Auer, Klaus Maria Brandauer, Gertraud Jesserer, Johanna Matz, Alexander Trojan

Nach einem Drama von Friedrich Schiller: Ferdinand von Walter, der Sohn des Präsidenten von Walter, liebt Luise, die Tochter des Stadtmusikanten Miller. Doch diese Liebe ist nicht »standesgemäß« und steht in jeder Hinsicht den hochfliegenden Plänen des Präsidenten im Wege. Aus Gründen der Etikette will gerade der Herzog seine Mätresse Lady Milford verheiraten. Deshalb bietet ihm von Walter seinen Sohn Ferdinand an. Für sich selbst erhofft er sich dadurch weit größeren Einfluss bei Hofe. Aber Ferdinand sträubt sich. Er liebt Luise zu sehr, um eine erzwungene Heirat mit der Lady auch nur zu erwägen. Des Präsidenten rechte Hand, der Schreiber Wurm, gleichfalls in Luise verliebt, ersinnt mit seinem Herrn eine Intrige. Luises Eltern werden verhaftet und das Mädchen wird gezwungen, einen falschen Liebesbrief zu schreiben. Diesen spielen sie geschickt Ferdinand in die Hände. Enttäuscht und aus verletztem Stolz beschließt er ihrer beider Tod ... Erst 24 Jahre alt war Friedrich Schiller, als er 1784 sein »bürgerliches Trauerspiel«, heute ein Meisterwerk deutscher Klassik, schrieb. Er schildert darin nicht nur das individuelle Drama von Luise und Ferdinand, deren Liebe an der patriarchalischen Enge der bürgerlichen Familie scheitert, sondern prangert zugleich das korrupte Feudalsystem und die gängige Praxis seines Landesfürsten an, der für seine opulente Hofhaltung seine Landeskinder als Soldaten nach Amerika verkauft.

Kabale und Liebe (1959, R: Martin Hellberg)

1959 Kabale und Liebe
DDR, R: Martin Hellberg, D: Martin Hellberg, Wolf Kaiser, Willi Schwabe

DAS KABINETT DES DR. CALIGARI

The Cabinet Of Caligari, USA 1961, R: Roger Kay, D: Dan O'Herlihy, Glynis Johns, Dick Davalos, Lawrence Dobkin, Constance Ford, J. Pat O'Malley, Vicky Trickett, Estelle Winwood, Doreen Lang, Charles Fredericks, Phyllis Teagarden

Während einer abendlichen Fahrt über eine finstere Landstraße hat der Wagen der hübschen jungen Jane Lindström eine Reifenpanne. Als sie in einem unheimlich wirkenden Landhaus um Hilfe nachsucht, wird sie von einem gewissen Dr. Caligari hereingebeten, der ihr vorschlägt, die Nacht unter seinem Dach zu verbringen. Nachdem Jane einige bizarr wirkende Gäste Caligaris kennen gelernt hat, wird sie vom Herrn des Hauses jedoch immer seltsamer behandelt: Er stellt ihr »unsittliche« Fragen, zeigt ihr zweideutige Fotos und beobachtet sie durch ein kleines Dachfenster heimlich beim Baden. Als auch noch einer seiner weiblichen Gäste gewaltsam zu Tode gebracht wird, erkennt Jane, dass sie Caligaris Gefangene ist: Sämtliche Türen des Anwesens

425

sind verschlossen. Der einzige Mensch, dem sie vertrauen kann, ist der sympathische Mark, der ihr jedoch auch nicht zur Flucht verhelfen will. Wie die anderen »Gäste« wird schließlich auch Jane einer schmerzhaften Folter unterzogen. Dann kümmert sich Dr. Paul um sie, ein sympathischer Arzt, der dem unheimlichen Caligari jedoch frappierend ähnlich sieht. Jane wird plötzlich klar, dass sie von einer schweren Geisteskrankheit genesen ist: das gruselige Haus des Dr. Caligari entpuppt sich als freundliches Sanatorium, der Hausherr und Dr. Paul sind ein und dieselbe Person; Jane ist in Wirklichkeit eine an starken sexuellen Komplexen leidende Dame in den mittleren Jahren und Mark ihr sie liebevoll umsorgender Sohn: Er hat ihr deshalb nicht zur Flucht verholfen, weil er der Meinung war, sie benötige dringend ärztliche Hilfe.

Lexikon des Horrorfilms: »Die reale (›normale‹) Welt, gesehen durch die Augen einer ›Irren‹, das ist das Thema dieses Films, der auf einem der wenigen wirklichen deutschen Klassiker basiert: In Robert Wienes *Das Cabinet des Dr. Caligari* (1920), einem Stummfilm, der zu den besten Lichtspielen aller Zeiten gehört, ist der Protagonist nicht nur männlichen Geschlechts, sondern auch die Handlung – bis auf die Pointe am Schluss – eine andere. Dass man in der Neuverfilmung sämtliche Ereignisse einer Frau hat widerfahren lassen, mag daran liegen, dass man eine Möglichkeit sah, ein bisschen lauwarmen ›Sparsex‹ (oder was immer man 1961 für ›Sex‹ hielt) in die Geschichte einzubringen: Glynis Johns ist einmal in der Badewanne, dann in einem schwarzen Höschen zu bewundern. Harmlosigkeiten heute – aber von der kirchlichen Filmkritik seinerzeit als ›erhebliche Überdosis an Perversitäten ... spekulative Sex-Szenen‹ (*Film-Dienst*) und ›starke Schlagseite zur Erotik‹ (*Filmbeobachter*) gebrandmarkt.«

Arthur Knight (*Saturday Review*): »Sämtliche Ähnlichkeiten zwischen *Das Kabinett des Dr. Caligari* und dem verehrungswürdigen Klassiker, mit dem dieser Film verwandt zu sein behauptet, beschränken sich auf den Fakt, dass beide die Welt durch die Augen eines Wahnsinnigen (oder in diesem Fall: einer Wahnsinnigen) sehen. Roger Kays Psychiatrie mag zwar in Ordnung sein – wenn auch etwas simpel: seine Kur heilt die Patientin in nur zweieinhalb Tagen –, aber für den Betrachter ist dies eher belehrend als fesselnd – zumal die Welt, wie sie die unglückliche Glynis Johns sieht, ebenso verdächtig nach Studiodekoration riecht wie jedes x-beliebige andere Bühnenbild, das man auf dem Gelände der Twentieth Century Fox je errichtet hat.«

1920 Das Cabinett des Dr. Caligari

D, R: Robert Wiene, D: Werner Krauss, Conrad Veidt, Lil Dagover, Friedrich Feher

DAS KABINETT DES PROFESSOR BONDI

House Of Wax, USA 1953, R: André De Toth, D: Vincent Price, Frank Lovejoy, Phyllis Kirk, Carolyn Jones, Paul Picerny, Roy Roberts, Angela Clarke, Paul Cavanagh, Dabbs Greer Charles Buchinsky (d.i.: Charles Bronson), Reggie Rymal, Philip Tonge, Richard Benjamin, Ned Young, Frank Ferguson

Nach einem Bühnenstück von Charles Welden: Ein Bildhauer verliert beim Brand seiner Wachsfigurensammlung, die sein Geschäftspartner aus Geldgier angezündet hat, nicht nur das Gesicht, sondern auch den Verstand. Indem er sich durch Mord oder Leichenraub menschliche Körper beschafft, sie mit Wachs überzieht und als historische Figuren präpariert, baut er ein neues, makabres Wachsfigurenkabinett auf.

Walter Ruggle (*Tagesanzeiger Zürich*): »Eine Blondine fliegt durch den Kinosaal und wird verfolgt von einem bösen Monster. Das ist kein Witz, das ist das Bild auf einem Filmplakat. ›Schönheit und Terror treffen sich auf deinem Sitz‹, steht darauf geschrieben, ›jeder Schauer der Geschichte kommt von der Leinwand direkt zu dir herab in natural vision dreidimensional!‹ Schon die Wer-

Das Cabinett des Dr. Caligari (1920, R: Robert Wiene): Werner Krauss

bung zum 3-D-Kabinettstück *House Of Wax* von André De Toth versucht sich in Tiefenwirkung. Direkt zu dir, das heisst nicht weniger als ›der Kuss sitzt auf deiner Lippe‹ und ›die Hand legt sich an deinen Hals‹. Die dritte Dimension war das magische Wort im Kino der 50er-Jahre ... Schuld am damaligen Boom der 3-D-Filme hatte – wie an allem, seit es ihn gibt – der Fernseher. Um 1950 herum fegte das Miniaturkino für den Hausgebrauch die grossen Säle in den USA landesweit leer. Die Filmbranche machte sich Gedanken, wie sie auf die unbestellte Ablenkung reagieren könnte (damals schluckte man Konkurrenten noch nicht einfach an der Börse). Man sagte sich: Wir begegnen der kleinen Kiste ganz einfach mit ihrem Gegenteil, mit Grösse. Und so entstanden Bildformate für Schlangen (Cinemascope) und Halsmuskelübungen (Cinerama). Darüber hinaus besann man sich auf das seit den 20er-Jahren bearbeitete Feld des dreidimensionalen Films ... Mit dem plastischen Remake des Erfolgsfilmes *House Of Wax* aus dem Jahr 1932 versprach sich Warner aber ein Ende seiner wirtschaftlichen Krise. Und mit André De Toth wurde ausgerechnet ein Einäugiger mit der Regie betraut – der Mann konnte die beeindruckende Wirkung seiner Arbeit selber gar nie nachvollziehen und gab lediglich zu Protokoll: ›Beethoven konnte ja auch keine Musik hören, nicht wahr!‹ Sein Film wurde zum Kassenschlager, und er scheint mir heute noch eine der überzeugendsten 3-D-Produktionen zu sein.«

1933 Das Geheimnis des Wachsfigurenkabinetts

Mystery Of The Wax Museum, USA, R: Michael Curtiz, D: Lionel Atwill, Fay Wray

KALLE BLOMQUIST – SEIN NEUESTER FALL

Kalle Blomkvist och Rasmus, S 1997, R: Göran Carmback, D: Malte Forsberger, Josefin Arling, Totte Steneby

Kalle und seine Freunde beobachten eine Entführung, drei Männer kidnappen ihren fünfjährigen Freund Rasmus und dessen Vater. Da muss Kalle natürlich etwas unternehmen und schwingt sich auf das Motorrad des Vaters und verfolgt die Entführer.

Stuttgarter Zeitung: »Bevor die Entführungsgeschichte um einen Wissenschaftler und seinen kleinen Sohn, die durch das Trio wieder befreit werden, erst mal in Gang kommt, müssen wir den altklugen Kindern erst mal viel zu lange bei ihrer Fehde mit der Nachbarsbande zuschauen. Vielleicht ist den jugendlichen Darstellern in dieser Astrid-Lindgren-Verfilmung der Spaß bei den Dreharbeiten abhanden gekommen. Wahrscheinlicher ist aber, dass sich der Dialogautor einfach nicht vorstellen konnte, was Kinder außer dem Austausch von Befehlen sonst noch zu sagen hätten.«

1953 Kalle Blomquist lebt gefährlich

Mästerdetektiven och Rasmus, S, R: Rolf Husberg, D: Eskil Danelius

KALTBLÜTIG

In Cold Blood, USA 1996, R: Jonathan Kaplan, D: Anthony Edwards, Eric Roberts, Sam Neill, Kevin Tighe

Ausgerechnet an einem Freitag den 13. machen sich Dick Hickock und Perry Smith auf die Reise nach Kansas, wo die beiden Ex-Sträflinge einen vermeintlich todsicheren Coup landen wol-

Unten: Kalle Blomquist – Sein neuester Fall (1997, R: Göran Carmback): Kampf der Bande
Rechts: Kalle Blomquist – Sein neuester Fall (1997): Sprachlose Freude

len. Ziel der Reise ist das Haus des geradlinig lebenden Farmers Herb Clutter, der nach Aussagen eines Bekannten der beiden Ganoven eine große Menge Bargeld im Haus aufbewahren soll. Dass die todsichere Angelegenheit sich nicht nur einfach so abspulen wird, wie es die beiden Ganoven wohl geplant haben, versteht sich von selbst.

Lexikon des internationalen Films: »Kriminalfilm nach einem authentischen Fall, dem weniger an der Schilderung des Verbrechens, sondern an der psychologischen Studie der Täter gelegen ist. Der bereits 1967 von Richard Brooks verfilmte Stoff basiert auf einem Schlüsselroman von Truman Capote, der neue Weichen für die amerikanische Literatur stellte.«

1967 Kaltblütig

In Cold Blood, USA, R: Richard Brooks, D: Robert Blake, Scott Wilson

DAS KALTE HERZ

DDR 1950, R: Paul Verhoeven, D: Lutz Moik, Hanna Rücker, Paul Bildt, Erwin Geschonneck, Lotte Loebinger, Paul Esser, Hansgeorg Laubenthal, Walter Tarrach, Alexander Engel, Herbert Kiper, Karl Hellmer, Karl-Heinz Deickert, Eva Probst, Egon Bro-

sig, Hein Förster-Ludwig, Bernhard Goetzke, Peter Hein, Viktor Janson, Walter Klam, Wolfgang Erich Page, Eva Probst, Klaus Kinski

Nach einem Märchen von Wilhelm Hauff: Dort, wo der Schwarzwald am dichtesten und dunkelsten ist, lebt der junge Köhler Peter Munk. Peter glaubt, nur wenn er reich und angesehen ist, kann er die schöne Tanzbodenkönigin Lisbeth für sich gewinnen. Deshalb bittet der Köhlerbursche das Glasmännlein, den guten Geist des Waldes, um Hilfe. Dieses hat Mitleid mit dem jungen Mann und gewährt ihm drei Wünsche. Doch Peter wählt nicht etwa Weitsicht und Klugheit, nein, er will reich und ein guter Tänzer sein. Seine Wünsche werden erfüllt, auch wenn das Männlein sie für unvernünftig hält. Peter kauft sich eine Glashütte und lebt fortan in Saus und Braus. Als am Tag der Hochzeit mit Lisbeth der Verlust der Glashütte droht, wendet er sich nun an den bösen Waldgeist, den Holländer-Michel, mit der Bitte um weiteren Reichtum. Aber der hässliche Riese will für seine Hilfe Peters Herz und gibt ihm dafür eins aus Stein. Mit dem kalten Herzen erlischt das Gefühl für die Mitmenschen, auf grausame Art wird der Köhlerbursche immer reicher. Eines Tages erschlägt er sogar Lisbeth aus Wut über ihre Gutmütigkeit. Erst jetzt kommt Peter zur Besinnung. In seiner Not wendet er sich noch einmal an das Glasmännlein. Doch Hoffnung gibt es nur für ihn, wenn er sein warmes Herz zurückgewinnen kann. Das Glasmännlein weiß wie.

Zitty: »Dass am Ende alle guten Kräfte zusammenwirken, ist für ein Märchen selbstverständ-

Links: Das kalte Herz (1950, R: Paul Verhoeven)
Unten: Das kalte Herz (1950): Lutz Moik
und Erwin Geschonneck

lich, aber in diesem DEFA-Film scheinen alle gemeinsam aufzubrechen, um eine neue Welt zu zimmern – ein deutlicher Verweis auf die Entstehungszeit des Films.«

Das kalte Herz war der erste deutsche Farbfilm nach 1945, in Karlovy Vary wurde er 1951 als bester Farbfilm ausgezeichnet.

1923 Das kalte Herz

D, R: *Fred Sauer*, D: *Fritz Schulz, Grete Reinwald, Frieda Richard, Heinrich Peer*

DIE KAMELIENDAME

BRD 1986, R: John Neumeier, Drb: John Neumeier nach dem Roman von Alexandre Dumas d.J., K: Ingo Hamer, M: Frédéric Chopin, S: Marina Runne D: Marcia Haydée (Marguerite Gautier), Ivan Liska (Armand Duval), François Klaus (Monsieur Duval), Colleen Scott (Prudence Duvernoye), Vladimir Klos (Gaston Rieux)

Die Kameliendame ist ein Leben und ein Mythos, den Verdi mit *La Traviata* auch für die Musikwelt unvergessen gemacht hat. Sie wurde geboren aus einem »undurchsichtigen Abenteuer« – schon diese Tatsache musste das Interesse des 19. Jahrhunderts wecken. Sie starb mit 23, und Begriffe wie »Liebe und Geld«, »junges, verdorbenes Blut« oder »Vergnügen und Tod« scheinen auf ihr Leben zu passen. Begriffe, die eher an kitschige Romane erinnern – konkret ruft *Die Kameliendame* die Erinnerung wach an das Leben der Alphonsine Plessis, der berühmten Kurtisane, die von Alexandre Dumas d. J. geliebt wurde und durch ihn als Romanfigur Marguerite Gautier unsterblich geworden ist. Der Ballettfilm von John Neu-

Die Kameliendame (1986, R: John Neumeier)

Die Kameliendame (1986, R: John Neumeier)

meier ist mehr als die Aufzeichnung seiner berühmten Choreografie. Der junge Bürger Armand und die Kurtisane Marguerite lieben sich. Um Armands Ansehen nicht zu schaden, verzichtet Marguerite auf eine gemeinsame Zukunft.

»Zeitkritisches Drama, graziös dargeboten«, heißt es in *TV Movie* und das *Lexikon des internationalen Films* schreibt: »Das berühmte Liebesschicksal der Pariser *Kameliendame* als lyrisch-morbides Ballett von exemplarischer künstlerischer Geschlossenheit. Durch Ästhetisierung und Romantisierung wird der gesellschaftliche Kontext des sozial bedingten Seelendramas jedoch unangemessen abgeschwächt. Eindrucksvoll vor allem wegen der meisterhaften Choreografie und der tänzerischen Glanzleistungen.«

Die Bühnenfassung, die zunächst auf Zensurwiderstand stieß, erlebte 1852 ihre triumphale Uraufführung. Von Paris aus trat sie einen unvergleichlichen Siegeszug über die Bühnen der Welt an. Fast ein Jahrhundert lang spielte jede große Diseuse wenigstens einmal diese Rolle. Heute ist das Theaterstück aus der Mode gekommen, aber Giuseppe Verdis Oper *La Traviata*, 1852/53 nach dem Dumas'schen Stoff entstanden, gehört nach wie vor zu den beliebten Werken des Opernrepertoires. Auch der Film nahm sich des Schicksals der *Kameliendame* wiederholt an. Stummfilme mit Sarah Bernardt und Norma Talmadge entstanden in Frankreich und Amerika, das Tonfilmdebüt übernahm wieder eine Französin, Yvonne Printemps, bis schließlich die Garbo in ihrem Hollywood-Film 1936 der betörenden Lebedame zu einem überwältigenden Kinoerfolg verhalf. George Cukors Fassung gilt als die gelungenste. Das liegt zum großen Teil natürlich an seiner Kameliendame, die von Greta Garbo hingebungsvoll gespielt wird. Ihrem Partner Robert Taylor, gerade 25-jährig, der hier seine fünfzehnte Filmrolle hatte, gelang als Armand der Durchbruch.

1984 Die Dame mit den Kamelien

Camille, GB/USA, R: Desmond Davis, D: Greta Scacchi, John Gielgud
»Blutleere Fernseh-Verfilmung.« *(Lexikon des internationalen Films)*

1982 La Traviata

I, R: Franco Zeffirelli, D: Teresa Stratas, Placido Domingo, Cornell MacNeil
»Die Oper ist von allen Kunstformen die absurdeste – ihr eigentlicher Reiz enthüllt sich nur demjenigen, der bereit ist, alle Ansprüche an Realistik von Handlung und Darstellungsweise hintanzustellen und sich ganz der artifiziellen Totalität Oper hinzugeben. Opernverfilmungen sind daher immer so eine Sache: Zu realistisch inszeniert, wirkt das outrierte Gehabe der Sänger und die oftmalige Banalität der Handlung ausgesprochen lächerlich, die puristische Abfilmung des Bühnengeschehens aber langweilt die Zuschauer allzu rasch. Da hilft dann auch nicht mehr die noch so schmelzende Musik, der noch so bekannte Name von Werk und Komponist. Der Film wird zur Tortur für Opernfreunde wie normale Kinozuschauer – man erinnere sich nur an Syberbergs den besten Willen zermürbenden *Parsifal* oder Joseph Loseys nichts sagend-schönen *Don Giovanni*. Umso erstaunlicher, dass das an filmischen Großtaten eher arme Jahr 1983 gleich

Die Kameliendame
(1980, R: Mauro Bolognini): Isabelle Huppert

Die Kameliendame (1980, R: Mauro Bolognini): Bruno Ganz und Isabelle Huppert

mit zwei mehr als gelungenen Opernverfilmungen aufwarten kann: Nach der unkonventionellen *Carmen*-Bearbeitung von Carlos Saura nun die eher konventionelle, dafür mit prachtvollen Ausstattungen, großen Namen und Verdi'schem Belcanto protzende *La Traviata*-Verfilmung von Franco Zeffirelli. Dem erfahrenen Bühnenregisseur und gelegentlichen Kinokitscher *(Endlose Liebe)* Zeffirelli stand diesmal alles zur Verfügung, was Opernfreunden wie Kinobesuchern gleichermaßen Freude macht ... *Die Kameliendame* von Alexandre Dumas gehört ebenso wie *Die drei Musketiere* seines gleichnamigen Vaters zu den Klassikern der Unterhaltungsliteratur, die immer wieder bearbeitet, auf die Bühne gebracht und verfilmt wurden und werden. So erzählt denn der Film von Zeffirelli auch keine aufregend neue Geschichte, sondern eine hinlänglich bekannte so gekonnt und farbenprächtig, dass man glaubt, dies alles zum ersten Mal zu sehen. Die Welt der eleganten Salons, schwülen Boudoirs und stuckverzierten Theater, in denen die Menschheit ausschließlich befrackt und mit Zylinder oder in bauschigen Abendroben existiert, wird ebenso treffsicher beschworen wie die gewollt künstlichen Landschaften der Genremalerei jener Tage. Einziger Schwachpunkt des Ganzen sind die nicht stimmlichen, wohl aber schauspielerischen Schwächen vor allem Placido Domingos. Was die große Opernbühne gnädig verdeckt, zeigt der Film mit seinen Nahaufnahmen leider etwas zu deutlich: Ein Schauspieler ist der Tenor wirklich nicht. Aber wer würde so etwas auch schon ernsthaft in einer Oper erwarten?« (Hans-Joachim Neumann, *Filmbeobachter)*

1980 Die Kameliendame

La Dame aux Camelias, F/I/BRD, R: Mauro Bolognini, D: Isabelle Huppert

Im Gegensatz zu den rund 20 anderen Verfilmungen der Kameliendame orientiert sich Bologninis Adaption nicht nur an der Vorlage Alexandre Dumas', sondern auch an dem wirklichen Leben der Kurtisane Alphonsine Plessis, die sich später den Namen Marie Duplessis zulegte. »Es ging mir in erster Linie darum, die Chronik dem Mythos und die Realität der Fakten der Legende von Dumas gegenüberzustellen ... Meine Alphonsine ist entstanden aus Dokumenten, Briefen, ärztlichen Anweisungen, Rechnungen der Schneider und Rechenschaftsberichten der Versteigerungen über den Verkauf ihrer Möbel ... Wir haben Unmengen von Material verwendet, das noch niemals ausgewertet wurde«, beschreibt Bolognini seine Motivation. »In seinem opulenten Kostümfilm schildert er das Schicksal Alphonsines, die 1824 in einer kleinen französischen Stadt zur Welt kommt und später in Paris den Aufstieg von der Prostituierten zur Kurtisane schafft. Bolognini inszenierte seine *Kameliendame* in überladenen Kulissen und mit einem europäischen Staraufgebot, für das die Kritik voll des Lobes war.« *(TV Spielfilm Lexikon)*

1969 Kameliendame 2000

Camille 2000, USA, R: Radley Metzger, D: Danièle Gaubert, Nino Castelnuovo

»Vulgäre Version des Romans von Alexandre Dumas, voll verlogener Worte, falscher Gefühle und künstlicher Bilder.« *(Lexikon des internationalen Films)*

1967 Camille

I/F, R: Mario Lanfranchi, D: Anna Moffo

1962 Camille

I/F/E, R: Alfonso Balcazar, D: Sarita Montiel

1953 La Mujer de las Camellias

RA

1953 Camille

MEX, R: Roberto Calvadon, D: Maria Felix

1953 Camille

I, R: Vittorio Cottafavi, D: Barbara Laage

1952 La Traviata

I

1952 La Dame Aux Camelias

F, R: Raymond Bernard, D: Micheline Presle

1948 The Lost One

USA, R: Carmine Callone, D: Nelli Coradi, Massimo Serato

1944 La Dama de las Camelias

MEX, R: Gabriel Soria, D: Lina Montes

1941 Camille

ET, R: Kamal Selim, D: Leilah Mourad

1936 Die Kameliendame

Camille, USA, R: George Cukor, D: Greta Garbo, Robert Taylor, Lionel Barrymore

»Lehnen Sie sich nur zurück, nehmen Sie eine Hand voll Taschentücher mit, und lassen Sie sich von Greta und Robert und Henry und all den anderen in eine Zeit zurückversetzen, als die Filme noch von Menschen handelten und nicht von Cyborgs, Androiden, Chrom und Stahl.« *(Motion Picture Guide)*

1934 La Dame Aux Camelias

F, R: Abel Gance, D: Yvonne Printemps

1927 Camille

USA, R: Fred Niblo, D: Norma Talmadge

1925 Camille

S, R: Olaf Molander, D: Tora Teje

1921 Camille

USA, R: Ray C. Smallwood, D: Alla Nazimova

1920 Die Kameliendame

D, R: Ernst Lubitsch, D: Pola Negri

Die Kameliendame (1936, R: George Cukor)

1917 Camille
USA, R: J. Gordon Edwards, D: Theda Bara
1915 Camille
USA, R: Albert Capellani, D: Clara Kimball Young
1915 Camille
I, R: B. Negroni, D: Hesperia
1914 Camille
I, R: G. Serena, D: Francesca Bertini
1912 La Dame Aux Camilas
F, R: André Calmettes
1912 Camille
USA, R: Irving Cummings, D: Gertrude Shipman
1909 Camille
I, R: Ugo Falena, D: Victoria Lepanto
1908 Camille
F, R: Louis Mercanton, D: Sarah Bernhardt
1907 The Lady With The Camellias
S, R: Viggo Larsen, D: Olda Alstrup

KAMPF IN DEN BERGEN

The Trail Of The Lonesome Pine, USA 1936, R: Henry Hathaway, D: Sylvia Sidney, Fred MacMurray, Henry Fonda, Fred Stone, Nigel Bruce, Beulah Bondi, Robert Barrat, George ›Spanky‹ McFarland, Fuzzy Knight

Nach einem Roman von John Fox jr.: Ein junger Mineningenieur, der eine Eisenbahnlinie ins unberührte Bergland der Blue Ridge Mountains von Virginia vorantreiben soll, gerät in die seit Generationen andauernde Familienfehde zweier Familien, die, fernab jeglicher Zivilisation, immer noch dem Faustrecht folgen und an ihren überkommenen Gewohnheiten festhalten. Erst nach tragischen Ereignissen gelingt es ihm zu vermitteln.

Lexikon des internationalen Films: »Heimat-Melodram mit Western-Elementen, sentimental und kantig zugleich inszeniert. Einer der ersten Farb-Tonfilme, der an Originalschauplätzen entstand.«

1923 The Trail Of The Lonesome Pine
USA, R: Charles Maigne, D: Mary Miles Minter, Antonio Moreno, Ernest Torrence
1916 The Trail Of The Lonesome Pine
USA, R: Cecil B. DeMille, D: Charlotte Walker, Thomas Meighan, Earle Foxe
1914 The Trail Of The Lonesome Pine
USA, R: Frank L. Dear, D: Dixie Compton, Mrs. Stuart Robson

KAP DER ANGST

Cape Fear, USA 1991, R: Martin Scorsese, D: Robert De Niro, Nick Nolte, Jessica Lange, Juliette Lewis, Joe Don Baker, Robert Mitchum, Gregory Peck, Martin Balsam

Nach dem Roman *The Executioners* von John D. MacDonald: Nach 14 Jahren Knast entlassen, will Max Cady sich an seinem Anwalt rächen, weil dieser beim Prozess strafmildernde Unterlagen verschwiegen hatte. Er verfolgt Bowden, des-

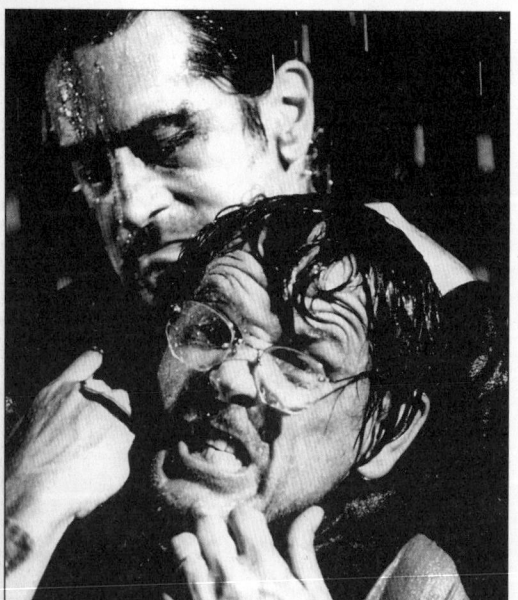

Links: Kap der Angst (1991, R: Martin Scorsese):
Robert De Niro und Nick Nolte
Unten: Kap der Angst (1991):
Nick Nolte und Jessica Lange

sen Frau und Tochter mit subtilem Terror und brutalster Gewalt ...

Christine Kruttschnitt *(Stern-TV-Magazin)*: »Mit 34 Millionen Dollar ist *Cape Fear* Scorseses teuerster, mit 70 Millionen US-Einnahmen prompt sein erfolgreichster Film. Und dabei nicht sein bester. Das Remake des Schwarz-Weiß-Schockers *Ein Köder für die Bestie* von 1961 mit Robert Mitchum ist Scorseses siebte Zusammenarbeit mit Robert de Niro. Er wirkt als Cady wie eine monströse Karikatur aller Verrückten und Verlorenen, die er vom *Taxi Driver* bis zum *Raging Bull* zeigen durfte ... Cady schließt um sie einen Kreis der Bedrohung – vergiftet den Hund, verstört die Frau, verführt die Tochter. Eine Szene lohnt den ganzen Film: De Niros Begegnung mit der jungen Juliette Lewis im Schülertheater. Er gibt sich als ihr Lehrer aus, plaudert mit ihr über Henry Miller, schiebt ihr, der Gebannten, langsam den Zeigefinger zwischen die Lippen – schrecklicher wird Erotik, erotischer wird Schrecken selten offenbar. Insgesamt jedoch ist *Kap der Angst*, wenn man so will, ›überinszeniert‹. Scorseses aberwitziger Formalismus mit extremen Großaufnahmen und künstlerischen, verkünstelten Kamera-Einstellungen lenkt von der Handlung ab. Das macht den Film bemerkenswert, in Details geradezu gelehrt, aber grandios verfehlt ist halt auch grandios daneben.«

Thierry Chervel *(taz)*: »Der flambierte de Niro, der Wangenbiss, der Ausrutscher in der Blutlache: Statt den Schock der Gewalt in Scorseses *Cape Fear* mit dem Argument abzuwehren, dass das Original Gewalt nur suggerierte und trotzdem spannend war, sollte man in dem Film eher Scorseses eigene Traditionen suchen. Mit Suggestion, eben Vermittlung, arbeitet auch Scorsese. *Cape Fear* ist furchtbar spannend, trotz einiger Schwächen – da schweigen die Lämmer.«

1962 Ein Köder für die Bestie
Cape Fear, USA, R: *J. Lee Thompson*, D: *Gregory Peck, Robert Mitchum*

DER KAPITÄN

BRD 1971, R: Kurt Hoffmann, D: Heinz Rühmann, Johanna Matz, Ernst Stankovski, Horst Tappert, Jane Hempel, Horst Janson, Hans Korte, Carl Lange, Monika Lundi, Joseph Offenbach, Günter Pfitzmann, Margrit Rainer, Terry Torday, Irina von Bentheim

Statt die Kündigung des Frachter-Kapitäns Ebbs anzunehmen, übergibt Reeder Anderson dem verdienten Seebären das Kommando auf dem Luxusdampfer »Julia«. Die Kreuzfahrt bringt Probleme: Rivalitäten unter den Offizieren, liebestolle Frauen, kritische Passagiere, aber auch eine große Liebe ... Lange bevor das ZDF-*Traumschiff* über die Bildschirme dampfte, fuhr Heinz Rühmann mit einer Crew populärer Schauspieler als Kapitän eines Luxusschiffes über die Meere. Leider ist auch das Drehbuch nicht sonderlich seetauglich. Rühmann, schon sichtbar der feineren

Unten: Der Kapitän
(1971, R: Kurt Hoffmann): Heinz Rühmann
Rechts: Der Kapitän
(1971): Traumschiff auf Kurs

Charakterkomik zugewandt, steht deshalb nicht nur als Kapitän mitunter ganz allein an Deck.

FAZ: »Hier wird vieles aus früheren Rollen vorgebracht: Das verschmitzte Augenzwinkern, die schüchterne Standhaftigkeit vor der Versuchung der Fleischeslust, das goldene Herz unter der Schale der Unbeholfenheit.«

Münchner Merkur: »Dabei strotzt die Story dieser Kreuzfahrt, sucht man nach wirksamen Episoden, nicht gerade von neuen Einfällen. Und wer auf Dialogscherze wartet, wird auch nicht gerade überfüttert.«

1959 Der Luxus Käpt'n

The Captain's Table, GB, R: Jack Lee, D: John Gregson, Peggy Cummins

KARUSSELL

Carousel, USA 1956, R: Henry King, D: Gordon MacRae, Shirley Jones, Barbara Ruick, Cameron Mitchell, Claramae Turner

Nach dem Musical von Richard Rodgers und Oscar Hammerstein II. und dem Theaterstück *Liliom* von Franz Molnar: Die fantastische Liebestragikomödie eines sympathischen Tunichtguts vom Rummelplatz, der fünfzehn Jahre nach seinem Tod aus dem Jenseits beurlaubt wird, um seine Familienangelegenheiten in Ordnung zu bringen.

Ponkie *(Filmblätter)*: »Das Karussell war der eigentliche Lebensinhalt eines nichtsnutzigen Jahrmarktsrufers, der einst, ein frecher Weiberheld und arbeitsscheuer Vagabund, von einer reinen Seele geliebt – und geheiratet wurde. Na, und dann kam die Raubmordgeschichte, wobei er in sein eigenes Messer fiel ... und nun ist er seit 15 Jahren im Himmel. Im Himmel beginnt die-

ses sehr amerikanische, bildprächtig aufgeblähte Super-Sentiment-Musical, durchstreift in Rückblende des Vagabunden schandbares Leben, und dann darf dieser für einen Tag auf die Erde zurück, um zu sehen, dass es für seine eben 15-jährige Tochter nicht einfach ist, eine solche Niete von Vater gehabt zu haben. Dieses attraktive Welttheater auf CinemaScope-Luxusformat (das System CinemaScope 55 erweist sich in einigen Bildern von gestochener Tiefenschärfe) bringt ab und zu Höhepunkte, und in den Tanzwirbeln beim Hummernfest zieht die Regie alle Register des großen Hollywood-Operetten-Stils. Aber stellenweise erlahmt der Schwung in gefühlvollen Duetten. Das letzte Drittel packt wieder durch handlungsstarke Intensität, da in einer großen Tanzpantomime die seelische Einsamkeit der Vagabundentochter inmitten gesitteter Spießerkinder dargestellt wird: Hier konzentrieren sich blendende choreografische Einfälle und meisterhafte Tanzsymbolik. Gordon McRae und Shirley Jones sind typgerecht das ungleiche Liebespaar, sie sanftäugig klar, er rüde, verschlampt, und ein spießbürgerliches Buffo-Gespann gibt den auflockernden Kontrast dazu. Unterschiedliche Seelen-Revue mit üppigen Augen- und Ohren-Effekten bei einwandfreier Sychronisation.«

1934 Liliom

F, R: Fritz Lang, D: Charles Boyer, Madeleine Ozeray, Odette Florelle

KASPAR HAUSER

BRD 1992/93, R: Peter Sehr, D: André Eisermann, Katharina Thalbach, Uwe Ochsenknecht, Udo Samel, Jeremy Clyde, Hermann Bayer, Cécile Paoli

Am Pfingstmontag des Jahres 1828 taucht in

Kaspar Hauser (1992/93, R: Peter Sehr): André Eisermann

Kaspar Hauser (1992/93): Jeremy Clyde und André Eisermann

Der Wolfsjunge (1969, R: François Truffaut): Jean-Pierre Cargol und François Truffaut

Der Wolfsjunge (1969): Fluchtversuch

Nürnberg ein Jugendlicher auf, angstschlotternd, halb blind und unfähig zu sprechen. Professor Daumer nimmt sich seiner an und fördert allmählich eine haarsträubende Geschichte ans Licht: Kaspar scheint der badische Erbprinz zu sein, der im Netz höfischer Intrigen beiseite geschafft wurde ...

Wolf Donner *(tip)*: »Der Findling, der ein verleugneter, verfolgter Prinz war und zwölf Jahre lang in einem Kerker gehalten wurde, ein authentischer Fall und bis heute nicht ganz geklärter Politthriller, ist auch nach Herzogs und Truffauts Filmversionen eine rührende, romantische und spannende Geschichte. Peter Sehr erzählt sie chronologisch, detailliert, mit vielen Aspekten der neuen Hauser-Forschung. Stärkster Trumpf seines Films ist das prominente Ensemble, angeführt von einem Glücksfall, André Eisermann in der Titelrolle. Mit Sehr ist der arme deutsche Film um eine Hoffnung reicher.«

1974 Jeder für sich und Gott gegen alle
BRD, R: Werner Herzog, D: Bruno S., Walter Ladengast, Brigitte Mira

1969 Der Wolfsjunge
L'enfant sauvage, F, R: François Truffaut, D: Jean-Pierre Cargol, François Truffaut

KATHARINA DIE GROSSE
BRD 1995, R: Marvin J. Chomsky, John Goldsmith, D: Catherine Zeta-Jones, Paul McGann, Ian Richard-

Katharina die Große (1995, R: Marvin J. Chomsky, John Goldsmith): Catherine Zeta-Jones

son, Brian Blessed, John Rhys-Davies, Craig McLachlan, Hannes Jaenicke, Agnès Soral, Mark McGann, Karl Johnson, Veronica Ferres, Mel Ferrer, Jeanne Moreau, Omar Sharif

Auf Geheiß Zarin Elisabeths erhält die 15-jährige gebürtige deutsche Prinzessin Sophia von Anhalt-Zerbst einen neuen Namen und einen Ehemann: Sie heißt nun Katharina, ihr Gatte ist der russische Thronfolger Peter. Die Ehe steht unter keinem guten Stern: Beide betrügen sich gegenseitig, und die gebildete Frau verachtet ihren plumpen Ehemann – am Hof ist sie isoliert. Als Elisabeth stirbt, ohne die Thronfolge geregelt zu haben, entbrennt ein erbitterter Kampf.

TV Today: »So machen Historienschinken Spaß.«

1991 Die junge Katharina
Young Catherine, USA, R: Michael Anderson, D: Julia Ormond, Vanessa Redgrave

1982 Katharina – Die nackte Zarin
BRD, R: Alois Brummer, D: Sandra Nova, Nadja Boyer – Sexfilm

1968 Die Große Katharina
Great Catherine, GB, R: Gordon Flemyng, D: Peter O'Toole, Jeanne Moreau

1962 Katharina von Rußland
Caterina di russia, I/F, R: Umberto Lenzi, D: Hildegard Knef, Sergio Fantoni

1934 Die scharlachrote Kaiserin
The Scarlett Emperess, USA, R: Josef von Sternberg, D: Marlene Dietrich, John Lodge

1934 Katharina die Große
Catherine The Great, GB, R: Paul Czinner, D: Elisabeth Bergner, Douglas Fairbanks

KATJA, DIE UNGEKRÖNTE KAISERIN
Katia, F 1959, R: Robert Siodmak, D: Romy Schneider, Curd Jürgens, Pierre Blanchar, Antoine Balpêtré, Monique Mélinard, Françoise Brion, Margo Lion, Hans Unterkirchner, Helene Lauterböck, Egon von Jordan, Heinz Czeike, Alain Saury, Michel Bouquet, Jacqueline Marbaux, Bernard Dhéran, Hubert Noël, Gabrielle Dorziat, Yves Barsacq, Paul Mercey, Germaine Delbat, László Szabo, Claude Carliez, Georgey Lycan, Pierre-Jean Montcorbier, Jacques Bertrand, Senta Berger

Nach dem Roman *Katia. Le démon bleu du Tsar Alexandre* (1938) von Lucile Decaux (i.e. Prinzessin Marthe Lucie Bibesco): Das Schicksal führt die junge Gräfin Katja Dolgoruki und Zar Alexander II. zusammen. Als ihre Liebe zum offenen Geheimnis wird, muss Katja nach Frankreich. Zwei Jahre später sieht sie Alexander in Paris wie-

Unten: Katharina die Große (1995, R: Marvin J. Chomsky, John Goldsmith): Mel Ferrer, Brian Blessed, Hannes Jaenicke, Catherine Zeta-Jones und Omar Sharif Rechts: Katharina von Russland (1962, R: Umberto Lenzi): Hildegard Knef

der und kehrt mit ihm nach Petersburg zurück. Der Tod der Zarin scheint den Liebenden den Weg zu ebnen. Doch bevor er Katja zur Kaiserin krönen kann, wird der inzwischen reformwillige Alexander Opfer eines Bombenanschlags.

Erika Müller *(Die Zeit)*: »Zehnmal mindestens sagt der gute Zar ›Ich liebe dich‹, umarmt die junge, arme Prinzessin feurig, obwohl er doch schon etwa 60 Jahre ist, ein alter Mann am Ende des vorigen Jahrhunderts – aber er sieht natürlich gar nicht so aus. Es beginnt alles wie im Märchen, mit blauem Samt und Purpur und Doppeladlern, Uniformen, Palästen, Hofschranzen, Revolutionären, und der Kaiser ist wie du und ich, weil's ein modernes Märchen ist. Das Publikum sieht es gern. Damit der Erfolg sicher ist, werden ein reiches Maß an Erotik und Grausamkeit mitgeliefert. Und zwei Publikumslieblinge. Nun sissit unsere liebe Romy wieder, diesmal als russische Katja, die ungekrönte Kaiserin mit Alexander II., und das ist Curd Jürgens. Warum soll er nicht, da er schon des *Teufels General* und der *Kurier des Zaren* war und demnächst Wernher von Braun sein wird? Jeder Zoll kein Kaiser. Die anspruchslose, talmihafte Volksunterhaltung, in ei-

ner spannenden Bildersprache dargeboten, hätte noch einmal den Hang zu schönem Kitsch befriedigt und niemandem wehgetan, wenn der Regisseur Robert Siodmak, Bundesfilmpreisträger von 1958 *(Nachts, wenn der Teufel kam)* nicht so viel könnte und hier den Ehrgeiz hätte, leichthin Geschichtsunterricht zu erteilen. Tatsächlich bricht er aus dem Märchen aus und will uns weismachen, dieser Alexander II. habe so wirklich gelebt, ein treffliches Reformwerk geschaffen und die Russen von der Leibeigenschaft befreit. Ist es schon misslich, Geschichte auf eine Liebesromanze mit politischen Einlagen zu reduzieren, so ist das Dilemma, mit diesen Hauptdarstellern historischen Realismus anzustreben, besonders arg. Während Jürgens über immerhin etwa fünf Variationen mimischen Ausdrucks verfügt, bleibt das sehr hübsch zurechtgemachte Gesicht der Romy Schneider allzu oft einfach leer, wo es Betroffenheit, Wandlung, Intelligenz zeigen sollte. Die arme, märchenhafte Schaubild-Kaiserin wird zu sehr strapaziert. Und die Weltgeschichte wird zum Schmarr'n. Dabei hagelt es verblüffende Kernsätze, die auf die gängigen Vorstellungen abgestimmt sind, wie ›Kaiser arbeiten wie jeder andere‹, ›Revolutionäre sind für die Todesstrafe‹ (sie töten den Kaiser durch ein Attentat) und so weiter.«

1938 Katja, die ungekrönte Kaiserin

Katia, F, R: Maurice Tourneur, D: Danielle Darrieux, John Loder, Aimé Clariond

DIE KATZE UND DER KANARIENVOGEL

The Cat And The Canary, GB 1979, R: Radley Metzger, D: Honor Blackman, Michael Callan, Edward Fox, Wendy Hiller, Olivia Hussey, Carol Lynley, Peter McEnery, Wilfrid Hyde-White

Nach einem Theaterstück von John Willard: In einem abgelegenen englischen Landsitz sieht sich die Alleinerbin eines vor dreißig Jahren Verstorbenen nach der Testamentseröffnung Nachstellungen und Anschlägen ausgesetzt.

MovieLine: »Britisches Remake der alten Gruselmär von der Testamentseröffnung und dem entsprungenen Geisteskranken, der sich durch die Erben meuchelt. Leidlich unterhaltsam, aber kein Vergleich mit der köstlichen Bob Hope-Version.«

Katzenmenschen (1982, R: Paul Schrader): Geheimnisvolles Geschlecht

1961 Katten och kanariefågeln

S, R: Jan Molander, D: Märta Dorff, Lena Granhagen, Inger Juel

1939 Erbschaft um Mitternacht

The Cat And The Canary, USA, R: Elliott Nugent, D: Bob Hope, John Beal

1930 La Voluntad del muerto

USA, R: George Melford, Enrique Tovar Ávalos, D: Conchita Ballesteros

1930 The Cat Creeps

USA, R: Rupert Julian, John Willard, D: Helen Twelvetrees, Raymond Hackett

1927 The Cat And The Canary

USA, R: Paul Leni, D: Laura La Plante, Creighton Hale, Forrest Stanley

KATZENMENSCHEN

Cat People, USA 1982, R: Paul Schrader, D: Nastassja Kinski, Malcolm McDowell, John Heard, Annette O'Toole, Ruby Dee, Ed Begley jr., Scott Paulin, Frankie Faison, Ron Diamond, Lynn Lowry

Nach einer Story von DeWitt Bodeen: Irene besucht ihren Bruder Paul in New Orleans. In seinem Haus spürt sie eine unheimliche Atmosphäre. In der Nacht ihrer Ankunft wird eine Prostituierte grausam verstümmelt aufgefunden. Paul eröffnet Irena, dass er und sie dem Geschlecht der Katzenmenschen angehören: Sie verwandeln sich während des Liebesaktes in mörderische Raubtiere. Paul schlägt seiner Schwester vor, miteinander Erlösung in der Liebe zu suchen. Davor scheut sie zurück; sie verliebt sich stattdessen ausgerechnet in einen Zoodirektor, Paul muss also weiter seine Blutspur allein durch die Stadt ziehen, bis man ihn erlegt; Irena wird von ihrem Geliebten gefangen und gezähmt.

1942 inszenierte Jacques Tourneur den Horrorfilm *Katzenmenschen*, der zum Kultfilm des Genres wurde. Genau 40 Jahre später griff Paul

Schrader diese Abhandlung des Werwolf-Themas auf. Während Jacques Tourneur in der ersten Verfilmung die Obsessionen nur andeutete und die Verwandlung zur Bestie der Fantasie des Zuschauers überließ, zieht Paul Schrader alle Register des Horrorgenres, bis hin zu aufwendigen Spezialeffekten. Er spinnt den mythologischen Faden weiter und betont noch deutlicher die erotischen Aspekte. Das erotische Knistern verdankt der Film weitgehend der gekonnten Darstellung Nastassja Kinskis.

Rolf Giesen *(Der Phantastische Film)*: »In Paul Schraders Remake von *Katzenmenschen* macht nicht mehr nur ein symbolischer Kuss, sondern erst der Geschlechtsakt selbst Irena Gallier zur reißenden Raubkatze. Und am Ende steht nicht die Triebtötung, sondern der Triebverzicht: Nach dem finalen Beischlaf sperrt Zookurator Oliver Yates die zum Panter gewordene Irena in einen ausbruchssicheren Käfig.«

Von links unten nach rechts unten:
- *Katzenmenschen (1982,*
  R: Paul Schrader): Nastassja Kinski
- *Katzenmenschen (1942, R: Jacques Tourneur):*
  Oliver, Irina und Alice stoßen auf
  eine gemeinsame Zukunft an
- *Katzenmenschen (1942)*

1942 Katzenmenschen
Cat People, USA, R: Jacques Tourneur, D: Simone Simon, Kent Smith, Tom Conway

DER KATZENSTEG
D 1937, R: Fritz Peter Buch, D: Else Elster, Brigitte Horney, Hannes Stelzer, Otto Wernicke, Eduard von Winterstein, Fritz Reiff, Willy Schur, Rudolf Klein-Rogge, Karl Dannemann, Paul Westermeier
Der franzosenfreundliche Baron Schranden zwingt seine Hausangestellte Regine, bonapartistische Truppen über den Katzensteg in den Rücken eines preußischen Freikorps zu führen, dessen Angehörige dadurch alle ums Leben kommen. Der Sohn des Barons, Boleslav, überwirft

sich mit seinem Vater, tritt unter falschem Namen in die preußische Armee ein und zeichnet sich aus. Nach dem Krieg tritt er das Erbe des inzwischen gestorbenen und geächteten Vaters an, bekennt sich zu seinem alten Namen und wird für seine Kriegsverdienste ausgezeichnet. Er und Regine verlieben sich ineinander, leben trotz der Verachtung der Dörfler zusammen. Als erneut Truppen gegen die Franzosen ausgehoben werden, erhält er das Kommando, das die Dorfbewohner widerwillig akzeptieren. Bei einer letzten Begegnung zwischen ihm und Regine wird diese von ihrem Vater, der Schranden treffen wollte, erschossen. *Berliner Tageblatt* (1938): »Die Zeit des preußischen Niederbruches um 1807 wird ausgezeichnet vom Regisseur Fritz Peter Buch in knappe Bilder gefasst ... Es ist kein Zufall, dass man den *Katzensteg* so oft verfilmte. Denn schon bei Sudermann ist er eine Schwarz-Weiß-Zeichnung, bei der selbst die guten Schatten eben Schatten sind.«

Völkischer Beobachter (1938): »Ein Film, sehr frei nach Sudermann ... H. Zerlett ... schrieb die Filmfabel und bevorzugte die Methode der lockeren Darstellung. Aus einem Problem wurde ein Histörchen: und die Gestalten erhielten risikolose Gesichter.«

1927 Der Katzensteg
D, R: *Gerhard Lamprecht*, D: *Gustav Rodegg, Jack Trevor, Lissi Arna*

1915 Der Katzensteg
D, R: *Max Mack*, D: *Käthe Haack, Wilhelm von Muhr, Paul Leni*

KAUF DIR EINEN BUNTEN LUFTBALLON
BRD/A 1960, R: *Géza von Cziffra*, D: *Ina Bauer, Toni Sailer, Gunther Philipp, Heinz Erhardt, Paul Hörbiger, Oskar Sima, Walter Gross, Ruth Stephan, Ralf Wolter, Ernst Stankovski, Katharina Mayberg, Fritz Muliar, Karl W. Fernbach, Peter Parak, Ernst Waldbrunn*

Hans hat sich in die Eislauflehrerin Inge verliebt. Er gibt sich als Schlittschuhlaie aus und nimmt bei ihr Unterricht. Als Inge erfährt, dass Hans am Theater arbeitet, sieht sie das als ihre große Chance. Tatsächlich wird sie engagiert: Direktor Knapp verwechselt sie mit dem Liebchen seines Geldgebers ... Eine Neuverfilmung des UFA-Erfolgs *Der weiße Traum* (1943), aus dem auch der bekannte Schlager *Kauf Dir einen bunten Luftballon* stammt. Zusammen mit Ina Bauer und Toni Sailer drehte Géza von Cziffra die beiden Eislauffilme *Kauf Dir einen bunten Luftballon* (1960) und *Ein Stern fällt vom Himmel* (1961), die den ungeheuren Erfolg von *Der weiße Traum* aber nicht annähernd erreichten: »Inzwischen waren ja die Sonja-Henie-Filme bei uns gelaufen«, schreibt Géza von Cziffra in seiner Autobiografie, »Jahre hindurch gastierten in allen größeren Städten deutsche, österreichische und amerikanische Eisrevuen. Mit einem Wort, das Publikum war übersättigt, so war der Erfolg der Filme mittelmäßig, und bald bekamen auch die Eisrevueveranstalter kalte Füße und machten Pleite.«

Wiesbadener Kurier: »Der Schlagertext wurde zum Titel des Remakes. Wie einst führt auch diesmal Géza von Cziffra Regie. Wie einst stehen die Schlittschuhe, das spiegelnde Eis und das prächtig ausgestattete Eisballett im Mittelpunkt. Star ist die weltbekannte Wiener Eisrevue. Da wird dem Auge etwas geboten an Kostümen, an romantisch-exotischer Szenerie und vortrefflichen Eislauf-Leistungen. Ina Bauer weiß zu bezaubern, und Toni Sailer findet sich auf dem Eis ebenfalls recht gut zurecht. Die Eisprinzessin aus Krefeld, die sozusagen eine Minute vor der Olympiade vom Amateur zum Profi wechselte, steht im Gegensatz zu Toni Sailer zum ersten Mal vor der Kamera. Sie gibt sich Mühe und sieht nett aus ... Die Farbkamera (Willi Winterstein) verfolgt die schwelgerischen Eisballett-Szenen. Cziffra, der auch das Drehbuch schrieb, spart nicht mit Tur-

Kauf Dir einen bunten Luftballon (1960, R: Géza von Cziffra): Ina Bauer, Heinz Erhardt und Toni Sailer

bulenz. Außer den beiden Prominenten des weißen Sports sorgen Oskar Sima, Heinz Erhardt, Walter Gross, Gunther Philipp, Ruth Stephan und viele andere für Situationskomik.«

Über den *weißen Traum* aus dem Jahr 1943 notierte Karsten Witte *(Wir tanzen um die Welt)*: »Der Entertainer im Eisstadion rät seinem Publikum, mit Lachen statt mit Kohlen zu heizen. Hier gibt die Filmindustrie einen Rat im weißen Albtraum: dem Winter von Stalingrad.«

Schon 1952 war der Film *Der bunte Traum* laut *Film-Dienst* »einer der zahlreichen, vergeblichen Versuche Cziffras, den großen Erfolg seines hübschen Eisrevuefilms *Der weiße Traum* (1943) zu wiederholen.«

1943 Der weiße Traum

D, R: Géza von Cziffra, D: Olly Holzmann, Wolf Albach-Retty, Lotte Lang

DER KAUFMANN VON VENEDIG

BRD 1990, R: Peter Zadek, D: Ignaz Kirchner, Pavel Landovský, Paulus Manker, Eva Mattes, Gert Voss Shakespeare schrieb *The Merchant Of Venice* 1597 und verband zwei italienische Vorlagen: die Geschichte von einem bösen Wucherer und die von der reichen Erbin, deren Freier unter drei Kästchen wählen müssen. Der Jude Shylock, der von dem stolzen Venezianer Antonio ein Pfund seines Fleisches an Stelle der verfallenen Leihsumme fordert, scheint zu Shakespeares Zeiten als komische Figur dargestellt worden zu sein. Erst gegen Ende des 19. Jahrhunderts wurde *Der Kaufmann von Venedig* durch den großen Schauspieler Henry Irving als tragische Rolle gespielt. In Deutschland ist die Darstellung Fritz Kortners unvergessen. Während der Nazi-Zeit inszenierte man das Werk als antisemitisches Propaganda-Stück. Im Jahr 2001 wurde erstmals ein Shakespeare-Stück in der Sprache der neuseeländischen Maori verfilmt: Rund 400 Schauspieler, fast ausschließlich Maori, haben an dem Film *Der Kaufmann von Venedig* mitgewirkt.

1980 The Merchant Of Venice

GB, R: Jack Gold, D: Warren Mitchell, Gemma Jones, Susan Jameson

1968 Der Kaufmann von Venedig

A, R: Otto Schenk, D: Franz Schafheitlin, Fritz Kortner, Kurt Heintel

1923 Der Kaufmann von Venedig

D, R: Peter Paul Felner, D: Hans Brausewetter, Werner Krauss, Harry Liedtke

1914 Der Kaufmann von Venedig

The Merchant Of Venice, USA, R: Phillips Smalley, Lois Weber, D: Phillips Smalley

1913 Shylock

F, R: Henri Desfontaines, D: Harry Baur, Pépa Bonafé

1910 Il mercante di Venezia

I, R: Gerolamo Lo Savio, D: Ermete Novelli, Francesca Bertini

KEAN – GENIE UND WAHNSINN

Kean – Genio e sregolatezza, I 1956, R: Vittorio Gassman, Francesco Rosi, D: Armando Annuale, Cesco Baseggio, Roberta Benedetti, Nerio Bernardi, Massimo Buzzelli, Alberto Carloni, Mario Carotenuto, Nada Cortese, Helmut Dantine, Bianca Maria Fabbri, Anna-Maria Ferrero, Vittorio Gassman, Amedeo Girardi, Gérard Landry, Hedda Linton, Carlo Mazzarella, Jean Mollier, Mario Passante, Claudio Perone, Winni Riva, María Luisa Rolando, Eleonora Rossi Drago, Dina Sassoli

Nach einer Komödie von Alexandre Dumas: Von Frauen und Theater gleichermaßen magnetisch angezogen, dem Wahnsinn ebenso vertraut wie dem Genie, stürmt und drängt Englands berühmter Schauspieler und Shakespeare-Interpret Kean durch ein triumph- und skandalreiches Leben, um sich vom Ruhmes-Gipfel auf die bis dato so verspottete Ebene und an die Seite eines Käsehändlertöchterleins aus der Spießer-Atmosphäre zu begeben.

Ingeborg Donati *(Filmblätter)*: »Als Regisseur und Hauptdarsteller kann Gassmann diesem Leben echte Komödiantenseele einhauchen und vom Drehbuch unterstützt, dem man Sartres letzten Schliff auch noch in der Synchronisation anmerkt, aus monströser Eitelkeit, aus herrlichem Leichtsinn und schnödem Egoismus ein Komödiantentum par excellence aufbauen. Ihre weiblichen Attribute findet die Kean-Rolle in Eleonora Rossi-Drago als Dame der Gesellschaft, bildhübsch und ladylike, in Anna Maria Ferrero, die als lustige und listige kleine Hexe ihr Netz um den Berühmten sehr fein zu spinnen weiß. Das faszinierende Milieu des Theaters und seiner Menschen hat noch immer sein interessiertes Publikum gefunden, besonders, wenn eine wendig geführte Kamera es so eindringlich darbringt wie hier.«

Eine Aufzeichnung des Theaterstücks *Kean* inszenierte James Cellan Jones 1978 mit Anthony

Hopkins, Adrienne Corri und Barrie Ingham für die BBC.

1940 Kean
I, R: Guido Brignone, D: Rossano Brazzi, Mariella Lotti, Germana Paolieri

1929 Die Königsloge
The Royal Box, USA, R: Bryan Foy, D: Alexander Moissi, Camilla Horn

1929 Der Mann, der nicht liebt
D, R: Guido Brignone, D: Carla Barthell, Alexander Bondireff, Valery Boothby

1923 Kean
F, R: Alexandre Volkoff, D: Ivan Mozzhukhin, Nathalie Lissenko, Pauline Po

1922 A Stage Romance
USA, R: Herbert Brenon, D: William Farnum, Peggy Shaw, Holmes Herbert

1921 Kean
D, R: Rudolf Biebrach, D: Heinrich George

DIE KEHRSEITE DER MEDAILLE
The Underneath, USA 1995, R: Steven Soderbergh, D: Peter Gallagher, Alison Elliott, William Fichtner, Adam Trese, Joe Don Baker

Michael Chambers ist nach Austin, Texas, heimgekehrt. Heim zu der Mutter, die gerade ein neues Leben beginnen möchte, und zu dem Bruder, der immer noch alten Eifersüchteleien nachhängt. Heim zu den Stätten, an die er sich so gut erinnert, und heim zu den Erinnerungen, die er nicht loswurde. Heim zu Rachel, der Frau, mit der er einmal verheiratet war und die er später betrogen hat, betrogen mit seiner Leidenschaft fürs Biertrinken und Spielen. Rachel, so scheint es, wird er nie aus seinem Kopf bekommen. Aber sie lebt jetzt mit einem anderen zusammen. Tommy Dundee ist ein Mann, der keinen Spaß versteht. Er sorgt für Rachel mit einem materiellen Aufwand, den sich Michael nie leisten könnte. Aber natürlich verlangt er seinen Preis dafür. Und Rachel kennt ihn. Michael entwickelt einen Plan, wie er Rachel der Kontrolle Tommys entziehen kann. Und sie verstricken sich in einem Netz aus Intrigen, Gefahr und Begierde, aus dem sich keiner ungeschoren befreien kann ...

Steven Soderbergh: »Was mich reizte, war eine Figur, die von der Idee besessen ist, eine Beziehung wieder aufzunehmen, die nicht funktio-

niert hat. Was man sich wünscht, ist nicht notwendigerweise gut für einen. Und diese Weigerung loszulassen, bringt ihm die Probleme.«

Hamburger Abendblatt: »Ganz in der Tradition des Films, der ihn zum Shooting-Star werden ließ – *Sex, Lügen und Videos* – hat Regisseur Steven Soderbergh *The Underneath* gedreht: düster, langatmig und trotzdem spannend. Ein absolutes Muss für alle Fans von Peter Gallagher, der diesmal statt des Yuppies den Sonderling mimt.«

1948 Gewagtes Alibi
Criss Cross, USA, R: Robert Sidomak, D: Burt Lancaster, Yvonne de Carlo

KEINER HAUT WIE DON CAMILLO
Don Camillo, I 1983, R: Terence Hill, D: Terence Hill, Colin Blakely, Mimsy Farmer, Lew Ayres, Cyril Cusak, Andy Luotto, Frank Diogene, Joe Raeno

Nach dem Roman von Giovanni Guareschi: Eine Komödie um die Rivalität zwischen dem streitbaren Gemeindepfarrer Don Camillo und dem kommunistischen Bürgermeister Peppone in einer kleinen Stadt in der Po-Ebene. Terence Hill, in Jeans und Soutane, verkörpert einen ganz und gar modernen Priester, der schlagkräftig und liebenswürdig seine Gemeinde zusammenhält. Und da Don Camillos Glaubensausübung viel mit praktischer Politik zu tun hat, und Peppones »linke« Intrigen gar nicht weit vom »rechten« Glauben entfernt sind, kommen die beiden Kontrahenten letztlich doch immer wieder zusammen. Terence Hill spielt nicht nur die Hauptrolle, sondern hat auch Regie geführt und den Film produziert.

TV Spielfilm: »Früher beharkten sich die Kontrahenten mit subtilen Bosheiten und gewitzten Intrigen, der ›moderne‹ Don Camillo langt lieber mal schlagkräftig hin. Außerdem fährt er Roller-

Keiner haut wie Don Camillo (1983) von und mit Terence Hill

skate und Motorrad. Ein bisschen weniger Action wäre mehr gewesen, aber einige amüsante Nebenfiguren peppen die alte Geschichte doch noch einmal etwas auf.«

In den fünfziger Jahren musste Regisseur Julien Duvivier seine Roman-Verfilmung verteidigen: »Unser Film ist keineswegs Herausforderung zu neuem Widerspruch, sondern Aufruf zur Brüderlichkeit!« Dieser Interpretation wollte sich die Kommunistische Partei Italiens, obwohl selbst Vorreiter der Brüderlichkeit, nicht anschließen – fühlte sie sich doch von dem Streifen, der katholische Kirche und rote Partei gleichermaßen auf die Schippe nahm, reichlich veräppelt. Schon während der Dreharbeiten ging sie mit Protesten und massiven Drohungen gegen das »Machwerk« vor. Allerdings vergeblich: Sämtliche Don Camillo-Filme, bis 1965 insgesamt fünf, wurden weltweit zu Publikumsrennern. Hintergrund der Filme ist der ewige Machtkampf zwischen dem Dorfpriester Don Camillo und seinem Widersacher Peppone, roter und hitzköpfiger Bürgermeister einer italienischen Kleinstadt an den Ufern des Pos. Beide haben ein gemeinsames Ziel: Sie wollen ihre Schäfchen glücklich machen und dem Einfluss des jeweils anderen entziehen; der eine mit Hilfe des Allmächti-

gen, der andere unter Berufung auf Lenin und Konsorten. Wenn notwendig, bedienen sich beide auch mal des Faustrechts. Im gleichen Jahr wie Keiner haut wie Don Camillo entstand auch der Film Don Camillo und das Schlitzohr (Regie: Bruno Corbucci), den das Lexikon des internationalen Films als »Remake eines Don Camillo-Films« bezeichnet, während der Fischer Film Almanach zu dem Schluss kommt: »Mit dem hintergründigen Witz der Don Camillo und Peppone-Filme hat dieses peinliche Machwerk allerdings genauso wenig gemein wie die Kunst mit dem Kunstdünger.«

1952 Don Camilio und Peppone
Le petit monde de Don Camillo, F/l, R: Julien Duvivier, D: Fernandel, Gino Cervi

KESS UND KOKETT
The Girl Most Likely, USA 1957, R: Mitchell Leisen, D: Jane Powell, Cliff Robertson, Keith Andes, Kaye Ballard, Tommy Noonan, Una Merkel, Kelly Brown, Judy Nugent, Frank Cady

Dodie, eine kleine Angestellte, die mit ihrer Familie am Millionärsstrand von Balboa lebt, möchte sich gern mal einen Millionär angeln. Sie verlobt sich nacheinander mit dem Hausmakler Buzz, dem Monteur Peter und schließlich mit dem Millionär Neil. Trotz ihrer Gefühle für den armen Peter entscheidet sich Dodie zunächst für den reichen Neil. Doch als sie sich von Peter verabschieden will, merkt sie, dass sie nur ihn wirklich liebt.

»Reichlich mit Schmalzliedern versehen«, tadelte der Katholische Film-Dienst, während die

Links: Keiner haut wie Don Camillo
(1983, R: Terence Hill): Ganz tiefer Kniefall
Unten: Don Camilio und Peppone
(1952, R: Julien Duvivier): Gino Cervi und Fernandel

Filmblätter die amerikanische Komödie als »leichte Kost« bezeichneten.

1941 Tom, Dick And Harry
USA, R: Garson Kanin, D: Ginger Rogers, George Murphy, Allan Marshal

KID GALAHAD –
HARTE FÄUSTE, HEISSE LIEBE
Kid Galahad, USA 1961, R: Phil Karlson, D: Elvis Presley, Gig Young, Charles Bronson, Lola Albright, Joan Blackman, Ned Glass, Robert Emhardt, David Lewis

Nach der Entlassung aus seinem Wehrdienst kommt Walter Gulick in seinen Heimatort Cream Valley zurück. Auf der Suche nach Arbeit landet er zufällig in dem bisher wenig erfolgreichen Boxtrainingscamp von Willy Grogan, der bei dem Gangster Otto Danzig hohe Wettschulden hat. Grogan bietet ihm einen Job als Sparringspartner des gefürchteten Schlägers Shakes an. Obwohl Walter keine Ahnung vom Boxen hat, steigt er tatsächlich in den Übungsring – und sorgt für eine gewaltige Überraschung: Mit seiner Rechten streckt er Shakes zu Boden. Grogan sieht plötzlich seine große Chance; er erkennt das Talent von Walter und lässt ihn von seinem Trainer Lew Nyack ausbilden. Schon aus den nächsten Kämpfen geht Walter als Sieger hervor, seine stahlharte Rechte bringt ihm den Spitznamen Kid Galahad ein. Grogan liebt zwar die Erfolge seines Boxers, weniger erfreut ist er jedoch darüber, dass sich seine Tochter Rose und Walter ineinander verliebt haben und früher oder später heiraten wollen. Doch Grogan wird noch von ganz anderen Sorgen geplagt – und die bereitet ihm der Gangster Otto Danzig. Der nämlich will einen großen Kampf manipulieren, bei dem Walter Gulick zwar als Favorit gehandelt wird, durch üble Tricks jedoch verlieren soll. Danzig versucht zuerst, Trainer Nyack zu bestechen; und als der ablehnt, lässt er ihm von seinen Leibwächtern beide Hände brechen. Doch plötzlich kommen Grogan und Walter dazu. Die beiden setzen die Gangster außer Gefecht, wenig später steht Walter im Ring ... Elvis Presley spielte zwischen 1956 und 1968 in insgesamt 31 Filmen. Seine Gagen betrugen Mitte der sechziger Jahre zwischen 600.000 bis eine Million Dollar plus 50 Prozent des Einspielergebnisses. Damit war er Mitte der sechziger Jahre der höchstbezahlte Star Hollywoods. 1961 stand er für das Remake von *Kid Galahad* vor der Kamera. Die Story von Francis Wallace wurde erstmals 1937 mit Humphrey Bogart verfilmt. Elvis Presley spielt das Boxtalent Walter Gulick und interpretiert sieben Songs.

1941 Von Stadt zu Stadt
The Wagons Roll At Night, USA, R: Ray Enright, D: Humphrey Bogart, Sylvia Sidney

1937 Kid Galahad
USA, R: Michael Curtiz, D: Bette Davis, Edward G. Robinson, Humphrey Bogart

DER KILLER AUS DER WILDNIS
In The Blue Ground, CDN 1999, R: Alan Simmonds, D: Tina Keeper, Tracey Cook, Robert Bockstael, Peter Kelly Gaudreault, Dakota House, Lorne Cardinal, Peter LaCroix, Michael Horse

Vor der rauen, wilden Kulisse der nordkanadischen Wildnis treffen drei Cops – zwei Männer und eine Frau – aufeinander, deren Bestreben nicht unterschiedlicher sein könnte: Einer kämpft für Gerechtigkeit, einer für seine Rache und eine um ihr Leben ... Als Vorlage diente den Produzenten Doug MacLeod und Tom Dent-Cox die kanadische TV-Serie *North Of 60* mit ihren Geschichten um den isoliert liegenden Ort Lynx River und seine Bewohner.

Fernsehwoche: »Thriller mit einer geballten Ladung Spannung – fesselnd bis zum Schluss.«

1992 North Of 60
CDN, TV-Serie, R: Stacey S. Curtis, Ken Jubenvill, D: Tina Keeper, Tracey Cook

KILLER MCCOY
USA 1947, R: Roy Rowland, D: Mickey Rooney, Brian Donlevy, Ann Blyth, James Dunn, Tom Tully, Sam Levene, Walter Sande, Michey Knox, James Bell, Gloria Holden, Eve March, June Storey, Douglas Croft, Bob Steele, David Clarke

Der junge Boxprofi Tommy McCoy trifft im Ring einen Gegner tödlich. Er will daraufhin die Boxhandschuhe an den Nagel hängen, gerät durch seinen Vater aber zu einem dubiosen Buchmacher, der ihn zum Weitermachen überredet, um an ihm zu verdienen. Als Gangster Tommys Freundin und seinen Vater entführen und von ihm verlangen, dass er sich in einem wichtigen Kampf schlagen lässt, kommt es zu einem dramatischen Finale.

Lexikon des internationalen Films: »Eine ansehnliche Darstellerleistung von Mickey Rooney.«

The Crowd Roars, USA, R: Richard Thorpe, D: Robert Taylor, Maureen O'Sullivan

KIM

GB 1984, R: John Howard Davies, D: Peter O'Toole, Bryan Brown, John Rhys-Davies, Ravi Sheth, Julian Glover, Lee Montague, Alfred Burke, Mick Ford, Bill Leadbitter, Sneh Gupta

Die ganzen Ferien verbringt Kim bei Mr. Lurgan in den Bergen, der ihn für die Tätigkeit im Geheimdienst trainiert – zum Beispiel in Gedächtnistraining, Disziplin, Willenskraft, um Indien zu helfen, gegen einen Überfall des russischen Zaren. In dieser Zeit lernt Kim auch Harry Babu kennen, der ebenfalls für die Sache Indiens kämpft. Doch noch ist Kim nicht so weit, um eingesetzt zu werden – er muss zurück in die Schule. Nach endgültigem Schulabschluss hält Mahbub Ali jedoch die Zeit für reif, Kim in das »große Spiel« einzuweihen. Das Gewand eines Lama-Schülers wird Kims Tarnung. Und er trifft auch seinen Lama wieder und beide machen sich gemeinsam auf den Weg in die Berge. Allerdings weiß der Lama nichts von Kims gefährlicher Mission. Unterwegs werden sie in Zusammenstöße der Inder und Engländer mit den Leuten des Zaren verwickelt. Der Lama wird dabei verwundet, und Kim macht sich Gewissensbisse, dass er ihn in diese Lage gebracht hat. So beschließt er, mit dem Lama in die Ebenen zurückzuziehen. Der Lama spürt, dass er »seinen Fluss« bald finden wird. Und so lange will Kim ihn begleiten. *Kim* ist neben dem *Dschungelbuch* einer der bekanntesten Romane des englischen Schriftstellers Rudyard Kipling. Seit seinem Tod im Jahre 1936 haben seine Werke nichts von ihrer Spannung und Anziehungskraft verloren. In Brasilien entstand 1955 eine TV-Serie nach dem Buch von Rudyard Kipling

Kim, USA, R: Victor Saville, D: Errol Flynn, Dean Stockwell, Paul Lukas

DIE KINDER VON DEN BLAUEN BERGEN

Barna från Blåsjöfjället, S 1980, R: Jonas Sima, D: Carl Billquist, Halvar Björk, Ulf Brunnberg, Yvonne Danielsson, Anders Edvinsson, Moltas Eriksson, Kent Ivar Fredriksson

Die gesellschaftliche Forderung heißt, dass jedes Kind zwei Elternteile, eine saubere, ordentliche Wohnung und alles zusammen in sozial hübsch überschaubare Verhältnisse eingebettet haben sollte. Nun gibt es tausende und abertausende von Kindern, die nie im Leben auch nur einen Teil all dieser Herrlichkeiten für sich in Anspruch nehmen durften. Um die sich auch keine soziale Behörde kümmert und die halt sehen müssen, wie sie zurechtkommen. Aber so etwas gibt es natürlich nicht in einem Land, das den höchsten Lebensstandard zu verzeichnen hat. Da drohen Kindern ganz andere Gefahren, z. B. dass man sie, weil die Mutter gestorben und der auf Montage befindliche Vater nicht sofort erreichbar ist, in verschiedenen Heimen unterbringen will, sie gar aus behördlichem Übereifer mit der Polizei jagt, weil sie sich durchaus in der Lage fühlen, so lange allein zu leben, bis der Vater benachrichtigt werden kann.

IFB: »Die vielen gefährlichen Momente, denen die fliehenden Kinder sich ausgesetzt finden, sind durch Willkür erzeugt, durch den Übereifer der Behörden also, die partout ihrer Aufsichtspflicht nachkommen wollen, ohne aber auf die speziellen Bedingungen dieser sechs selbstständigen Kinder Rücksicht zu nehmen. Es bietet sich beinahe von selbst an, dass die Kinder auf ihrer Flucht deshalb auch nur ziemlich verschrobene Figuren treffen. Manche hilfreich, manche bedrohlich. Es bietet sich deshalb an, weil jeder vernünftige Mensch die Idee absurd finden muss, Jugendliche absolut und in jedem Moment als hilflos zu empfinden. Kindern für einen begrenzten Zeitraum die Verantwortung für sich selbst zu überlassen, könnte sie ja in ihrem Selbstwertgefühl so stärken, dass sie auch im Erwachsenenalter, im Gegensatz zu vielen Charakteren, denen sie begegnen, mehr eigenständige Entscheidungsfähigkeit hätten, als allgemein für gut erachtet wird.«

S, R: Rolf Husberg, D: Hans Lindgren, Siv Hansson, Anders Nyström

KING KONG

USA 1976, R: John Guillermin, D: Jeff Bridges, Charles Grodin, Jessica Lange, John Randolph, René Auberjonois, Jack O'Halloran, Julius Harris, Ed Lauter, Mario Gallo, Jorge Moreno, John Lone, Dennis Fimple, Garry Walberg

Auf einer Insel im Stillen Ozean verschleppt ein riesiger Gorilla das von einer Ölbohr-Expedition aufgegriffene Starlet Dwan. Der Menschenaffe hegt und pflegt die weiße Frau und verliebt sich schließlich in sie. Doch der Gorilla wird eingefangen und für eine gigantische PR-Aktion nach Manhattan geschafft. Dann die Katastrophe: Der Gorilla bricht aus Liebe zu Dwan aus und läuft in der Großstadt Amok.

taz: »1933 verfilmten die Hollywood-Regisseure Merian C. Cooper und Ernest B. Schoedsack erstmals die Geschichte des urzeitlichen Riesenaffen. Der Film *King Kong und die weiße Frau* steht ganz in der Tradition der amerikanischen Expeditionsfilme, in denen der weiße zivilisierte Mensch unerforschte, urweltliche Gebiete betritt, um nach übrig gebliebenem Urzeitgetier zu suchen. Als erster Tonfilm dieser Art ist er noch immer eines der bedeutendsten Beispiele für dieses Genre. Die Tricktechnik von damals ist selbst nach über fünfzig Jahren noch bemerkenswert. Der Hollywood-Meistertrickser Willis H. O'Brien entwickelte eine 45 Zentimeter hohe King-Kong-Puppe, deren Skelett mit Gummimuskeln versehen wurde, die sich spannen und strecken ließen. Der Körper wurde mit Baumwolle umkleidet, in der Form des Tieres modelliert und anschließend mit Kaninchenfell überzogen. Jeder Finger hatte einzelne Gelenke. Das Gesicht verfügte über einen beweglichen Mund, bewegliche Lippen, Nase, Augen und Augenbrauen. Auf Grund der technischen Präzision war es möglich, dass Kong seine Angebetete, die etwas furchtsam auf seinen Riesenpatschen steht, mit einmalig treudoof-lüsterndem Blick anhimmeln konnte. Alle Tricks waren ›echt‹, das heißt sie wurden nachgestellt. Niemals hätten die beiden Regisseure einen Mann in das Kostüm des Übergorillas gesteckt, um ihn als King Kong agieren zu lassen. Daher dauerte es fast eineinhalb Jahre, bis der Film fertig gestellt war. Doch *King Kong* wurde ein so überragender finanzieller Dauererfolg, dass er die Produktionsfirma RKO vor dem sicheren Untergang rettete. Die Deutschen bekamen die Originalversion jedoch erst viel später und in gereinigter Fassung zu sehen. 1938 wurde der Film ein Opfer verschärfter Zensurbedingungen. Kong durfte keine Menschen mehr zertrampeln oder fressen und vor allem der weißen Frau (Fay Wray) nicht mehr die Kleider vom Leib reißen. Die nachträglichen Schnitte veränderten den Grundton völlig, ließen King Kong viel schlapper und weicher wirken, kappten die dra-

stischen, albtraumhaften Seiten seiner oft übermütigen Brutalität. Die entschärfte Fassung kam 1952 in die deutschen Kinos. Nachdem sich die Japaner des King Kong-Stoffes schon ausgiebig bedient hatten – sie degradierten Kong in ihren B- und C-Pictures zu einer reinen Kampfmaschine gegen alle Monster und Gräuel dieser Welt und ließen seine sexuellen Ambitionen völlig außer Acht –, plante der gewiefte Hollywood-Produzent Dino de Laurentiis in den siebziger Jahren ein spektakuläres Remake des Klassikers. Diese Neuverfilmung erhielt seinerzeit in der amerikanischen Öffentlichkeit eine Vorabpresse, wie sie kaum ein Film zuvor verzeichnen konnte. Gleichwohl war das Ergebnis so enttäuschend, dass SF-Fans und Kritiker unisono in Tränen ausbrachen. Die *Sience Fiction Times* höhnte: ›Um der ganzen Sache den richtigen Schwung zu geben, verarschte de Laurentiis das Publikum mit einem Riesenroboter, der angeblich den liebenswürdigen Affen spielen sollte, im Film jedoch nur für drei Sekunden zu sehen war und ansonsten von einem Mann im Affenkostüm ersetzt wurde.‹ Rich Baker hieß dieser Mann, aber auch er konnte den Film nicht vor dem Flop retten.«

1976 A. P. E.
USA/Korea, R: Paul Leder, D: Rod Arrants, Joanna de Varona, Alex Nicol

1933 King Kong und die weiße Frau
King Kong, USA, R: Merian C. Cooper, Ernest B. Schoedsack, D: Fay Wray

KING LEAR

F 1987, R: Jean-Luc Godard, D: Peter Sellars, Burgess Meredith, Molly Ringwald, Jean-Luc Godard, Woody Allen, Norman Mailer, Kate Mailer, Leos Carax, Julie Delpy, Michele Halberstadt

Nach einem Bühnenstück von William Shakespeare: In der Nach-Tschernobyl-Ära, konstatiert Shakespeare, gibt es kein Kino und keine Kunst mehr, beides muss neu erfunden werden. William Shakespeare der Fünfte ist Vizepräsident von Cannon Cultural Division und schaut sich in Europa nach lukrativen Projekten um. Er ist nach Nyon, Schweiz, gekommen, um sich von einem menschenscheuen Filmemacher die Bedeutung von Kunst und Leben erklären zu lassen. Während er in einem Luxus-Hotel diniert, fühlt er sich magisch angezogen von einem verrückten alten Amerikaner und seiner ergebenen, verschlossenen Tochter, die er gerne in einer Hauptrolle auf der Leinwand sähe. Shakespeare bemüht sich, Mr. Lear und seine Tochter Cordelia in einem Film unterzubringen, doch das ist nicht so einfach.

Piers Handling: »Die Entstehungsgeschichte von Godards neuestem Film begann vor einigen Jahren beim Festival in Cannes. Damals soll er auf einer Serviette Menahem Golan und Yoram Globus von der Firma Cannon Films schriftlich bestätigt haben, für sie nach Shakespeares Stück einen Film zu drehen, in dem Norman Mailer den Lear spielt. Jeder, der Godards Werk kennt, weiß, dass bei ihm zwischen Konzeption und Realisation ein weiter Weg und viele Interpretationsmöglichkeiten liegen, und das ist ganz sicher hier der Fall. Bei der Pressekonferenz nach der Uraufführung seines Films in Cannes behauptete Godard, dass er das Stück nie gelesen habe, und viele, die es gelesen haben, werden von der Handlung völlig überrascht sein.«

Variety: »Wie schon in seinen letzten Filmen *Detective* und *Je vous salue Marie* verwendet Godard voneinander losgelöstes Bildmaterial und Tonschleifen-Effekte, um Bilder und Worte zu Gunsten eines anarchischen Bombardements der Sinne ihrer oberflächlichen Bedeutung zu entkleiden.«

1970 King Lear

GB, R: Peter Brook, D: Paul Scofield, Irene Worth, Jack MacGowran

1970 Karol Lear

UdSSR, R: Grigorij Kosinzew, D: Yuri Jarvet

1935 The Yiddish King Lear

USA, R: Harry Thomashefsky, D: Maurice Krohner, Jeanette Paskewitsch

1912 Re Lear

I, R: Gerolamo Lo Savio, D: Ermete Novelli, Giannina Chiantoni, Francesca Bertini

1911 Le roi Lear au village

F, R: Louis Feuillade

1910 Re Lear

I, R: Giuseppe de Liguoro, D: Giuseppe de Liguoro

1909 Shakespeare's Tragedy King Lear

USA, R: J. Stuart Blackton, D: Thomas H. Ince, Florence Auer

KIRSCHEN IN NACHBARS GARTEN

BRD 1956, R: Erich Engels, D: Grethe Weiser, Oskar Sima, Helen Vita, Ursula Herking, Gundula Korte, Paul Henckels, Carsta Löck, Peter Carsten, Albert Florath, Gerty Godden, Peter Garden, Wolfgang Völz, Robert Fackler, Hannes Schiel, Nora Minor, Mario Adorf, Bruno Hübner

In drei komfortablen Einfamilienhäusern mit den dazugehörigen Familien, Bediensteten, Kindern und Hunden ist gut nachbarlicher Streit ausgebrochen. Und nur darum, weil ein Versicherungsvertreter seine Frau ohne Führerschein ans Steuer lässt, wobei sie denn auch prompt einen Miniatur-Verkehrsunfall inszeniert und sich und ihrem Mann einige Monate Kittchen einhandelt. In dieser Zeit passieren in Garten und Haus merkwürdige Dinge, die eine Auseinandersetzung geradezu herausfordern. Alle Beteiligten müssen erst vor den Kadi zitiert werden, ehe die Wiederversöhnten ihren gewohnten Sonntagsnachmittags-Skat trommeln können.

Erich Marten (*Filmblätter*): »Erich Engels serviert mit Geschick die Kirschen, die Anlass zu den zahlreichen sich schnell und zügig wachsenden Missverständnissen sind. Vor allem aber macht eine Garde bekannter und bewährter Komiker das Spielchen zu einer Attacke auf das Zwerchfell: Grethe Weiser mit gewohnter Forschheit und Schnauze lässt sich auch im Gefängnis nicht die Butter vom Brot nehmen. Oskar Sima verleiht ihrem mit Duldermiene aus dem Blechnapf löffelnden Ehemann fülliges und komisches Format. Köstlich Robert Fackler als stotternder Gefängniswärter. Als verführerisches Dienstmädchen gibt Helen Vita eine gelungene Studie. Ein Sommerfilm, der überall sein Publikum zufrieden stellen wird, das Heiterkeit und Lachen liebt.«

1935 Kirschen in Nachbars Garten

D, R: Erich Engels, D: Adele Sandrock, Karl Valentin, Liesl Karlstadt

KISS OF DEATH

USA 1995, R: Barbet Schroeder, D: David Caruso, Nicolas Cage, Samuel L. Jackson, Helen Hunt, Kathryn Erbe, Stanley Tucci, Michael Rapaport, Ving Rhames

Der Kleinkriminelle Jimmy lässt sich von seinem Vetter zu einem letzten großen Coup überreden. Der Überfall misslingt. Wieder einmal landet Jimmy als unschuldiger Prügelknabe im Gefängnis. Doch der Mann von Ehre hält dicht. Als seine Frau Bev bei einem Autounfall ums Leben kommt, hegt Jimmy einen schlimmen Verdacht. Da bietet ihm ein skrupelloser Staatsanwalt die

Möglichkeit zur bitteren Rache. Er schleust Jimmy als Polizeispitzel in die Szene ein.

epd-film: »Als Richard Widmark eine alte Dame im Rollstuhl die Treppe hinabstieß und dazu sein hysterisches, helles Lachen erklingen ließ, verlor der Gangsterfilm seine Unschuld. Henry Hathaways *Kiss Of Death* von 1947 markiert die Geburt des modernen psychopathischen Killers. In Barbet Schroeders Remake stemmt Nicholas Cage schwer an dem Part, den sein Vorgänger Widmark so überzeugend gespielt hat. Sein breitschultriger, kindisch-labiler ›heavy‹ kommt nicht aus der Vorhölle, sondern vom Discounter – ein Charakter von der Stange. Die Abkehr vom gestylten Thriller der letzten Jahre war längst überfällig, aber hier ist sie noch nicht recht gelungen.

Zwischen der eigenwilligen Visualität von Hathaways Original und dem vorgefertigten Look des aktuellen Kinos findet dieser *Kiss Of Death* nur den Weg des Mittelmaßes.«

1958 Der Killer mit der sanften Stimme
The Fiend Who Walked The West, USA, R: Gordon Douglas, D: Hugh O'Brian

1947 Der Todeskuss
Kiss Of Death, USA, R: Henry Hathaway, D: Richard Widmark, Victor Mature

KITTY UND DIE GROSSE WELT

BRD 1956, R: Alfred Weidenmann, D: Romy Schneider, Karlheinz Böhm, O. E. Hasse, Ernst Schröder, Paul Dahlke, Alice Treff, Peer Schmidt, Charles Regnier, Ernst Waldow, Ina Peters, Rainer Penkert, Wolf-

Von links oben nach rechts unten:
- *Kiss Of Death (1995, R: Barbet Schroeder):*
  Samuel L. Jackson
- *Kiss Of Death (1995):*
  Nicolas Cage und David Caruso
- *Der Todeskuss (1947, R: Henry Hathaway):*
  Der kleine Gangster Nick
- *Der Todeskuss (1947):*
  Victor Mature und Richard Widmark

gang Völz, Hans Hermann Schaufuss, Heini Göbel, Fritz Lafontaine, Willy Rösner, Sammy Drechsel, Eduard Linkers, Michael Andreas

Nach einem Theaterstück von Stefan Donat: In Genf soll ein großes Treffen der Außenminister verschiedener Länder stattfinden. Die ganze Stadt befindet sich in Aufruhr. Im eleganten Frisiersalon M. Jeannots geht es zu wie in einem Hexenkessel. Die beiden Maniküren, Kitty und Jeannette, sind drauf und dran, im allgemeinen Durcheinander die Nerven zu verlieren. Als Kitty nach Feierabend auf die Straße tritt, begegnet sie einem distinguierten Herrn, der sie fragt, ob sie ein diskretes Restaurant wüsste. Kitty schlägt »Le Paradiso« am Seeufer vor. Sie begleitet den Fremden, um ihm den Weg zu weisen, und nimmt schließlich seine Einladung an, mit ihm zu speisen. Es wird ein wunderbarer Abend, und Kitty weiß sich gar nicht zu fassen, als sie erfährt, wer ihr neuer Freund ist: Sir William Ashlin, britischer Außenminister. Am nächsten Morgen erscheint in allen Zeitungen ein Bild von Kitty und Ashlin, das heimlich aufgenommen wurde. Das ist ein peinlicher Vorfall, und Crawford, Sekretär der britischen Delegation, macht Ashlin heftige Vorwürfe. Ashlins Neffe, Robert, wird mit der Bereinigung der Affäre betraut. Es gelingt ihm, M. Jeannot davon zu überzeugen, dass man Kitty der Meute der Reporter entziehen muss, die über den Frisiersalon hergefallen ist. Er fährt mit ihr in die Berge um den Genfer See. Nach einem Telefonanruf bei Kittys Onkel lädt dieser sie zu einer Dampferfahrt ein. Sir William, dem der Sinn nach Entspannung steht, hat sich ein Boot gemietet, aber nicht genügend Geld bei sich, um den Bootsführer zu entlohnen, worauf dieser ihn auf dem See seinem Schicksal überlässt. Die Konferenz beginnt ohne Sir William, dessen Karriere gefährdet scheint, dessen Fehlen sich aber insofern günstig auswirkt, als seine Kollegen zu Konzessionen bereit sind. Robert nimmt mit Freuden den Auftrag an, noch weitere vierzehn Tage in Genf zu bleiben. Dieser verlängerte Aufenthalt wird ihm – mit Kitty – die Verwirklichung zarter Pläne ermöglichen.

Erich Marten (Filmblätter): »Mehr noch als das einst gängige Lustspiel Kitty und die Weltkonferenz bietet der Film mit seiner Glossierung der

Genfer Konferenzen amüsante Unterhaltung ... Dass der Brite zum Schluss wegen seines ›diplomatischen Geschicks‹ noch groß gefeiert wird, ist eine köstliche Satire auf die hohe Politik, die jeden zu vergnügtem Schmunzeln anregt. Weidenmann und seine Darsteller haben genau den Ton zwischen heiterem Lustspiel und leiser Satire getroffen.«

1939 Kitty und die Weltkonferenz

D, R: Helmut Käutner, D: Paul Hörbiger, Hannelore Schroth, Fritz Odemar

KLEIN DORRIT

Little Dorrit, GB 1987, R: Christine Edzard, D: Alec Guinness, Derek Jacobi, Cyril Cusack, Sarah Pickering, Joan Greenwood, Max Wall, Amelda Brown, Daniel Chatto, Miriam Margolyes, Bill Fraser, Roshan Seth, Roger Hammond, Sophie Ward, John Savident, Edward Burnham, Eleanor Bron, Michael Elphick, Robert Morley, Alan Bennett

Nach einem Roman von Charles Dickens: Der Anwalt und Geschäftsmann Clennam hilft dem einstmals angesehenen William Dorrit und dessen Tochter Amy – »Klein Dorrit«-- aus dem Gefängnis und zu neuem Wohlstand. Als Opfer betrügerischer Spekulationen landet er bald darauf selbst im Schuldturm. Dort trifft ihn »Klein Dorrit« wieder. Gemeinsam beginnt das ungleiche Paar ein neues Leben.

Lexikon des internationalen Films: »Charles Dickens' 1857 erschienener sozialkritischer Roman in einer überlangen, detailgenauen Filmversion, die den kapitalismuskritischen Kern der Vorlage unangetastet lässt ... Die im ersten Teil noch etwas schleppende, im zweiten immer intensiver werdende Geschichte verdeutlicht die gesellschaftlichen Zustände der viktorianischen Zeit an einer Reihe grotesk überzeichneter, phy-

*Kitty und die Weltkonferenz
(1939, R: Helmut Käutner): Hannelore Schroth*

sisch wie seelisch-geistig deformierter Figuren, die den Schauspielern Gelegenheit zu eindrucksvollen Glanzauftritten geben.«

1934 Klein Dorrit
D, R: Carl Lamac, D: Gustav Waldau, Anny Ondra, Hilde Hildebrandt, Kurt Meisel

DAS KLEINE HOFKONZERT

D 1945, R: Paul Verhoeven, D: Elfie Mayerhofer, Erich Ponto, Hans Nielsen, Hans Leibelt, Paul Henckels, Harald Paulsen

Nach einer Komödie von Paul Verhoeven und Toni Impekoven: Biedermeierzeit. Eine Postkutsche trifft in einem kleinen Fürstentum ein. Bei der Passrevision lernen die Sängerin Christine Holm und Leutnant von Arneck einander näher kennen. Als Christine angibt, auf der Suche nach der Identität ihres Vaters zu sein, kommt es zum Skandal. In kürzester Zeit weiß die ganze Stadt davon, auch der Hofmarschall, Arnecks Vater. Auf sein Betreiben soll Christine ausgewiesen werden, doch zuvor muss sie auf allerhöchsten Befehl die erkrankte Sängerin beim Hofkonzert vertreten. Unterdessen hat Christine in dem schrulligen Poeten Knips einen Verbündeten gefunden. Ein bestimmtes Lied führt Knips auf die Spur des Vaters, und bald ist sich Knips sicher: Nur der Landesfürst kann es sein. Als auch der Fürst in Christine seine Tochter erkennt, hat sie beides gefunden – ihren Vater und Leutnant von Arneck als Ehemann.

Reclams Lexikon des deutschen Films: »Die musikalische Komödie wurde als aufwendige Farbproduktion in der letzten Phase des Zweiten Weltkriegs begonnen, jedoch nicht mehr fertig gestellt. (Der Film kam erst 1949 in die Kinos.) Verhoeven schildert mit leiser Ironie und starker Sehnsucht nach der Vergangenheit die Folgen einer ›Jugendsünde‹. Weniger temperamentvoll als die erste Verfilmung des Stoffes – *Das Hofkonzert* (1936, Sierck) –, ist Verhoevens Film doch durch seine besonders gediegene Ausstattung und die Qualität seiner Bilder, die teils an Gemälde von Spitzweg erinnern, bemerkenswert.«

1936 Das Hofkonzert
D, R: Detlef Sierck, D: Johannes Heesters, Martha Eggerth, Otto Treßler

DER KLEINE HORRORLADEN

Little Shop Of Horrors, USA 1986, R: Frank Oz, D: Rick Moranis, Ellen Greene, Vincent Gardenia, Steve

Das Hofkonzert (1936, R: Detlef Sierck): Martha Eggerth und Hans Richter

Martin, Jim Belushi, John Candy, Bill Murray, Tichia Arnold, Tisha Campell, Michelle Weeks

Der unscheinbare Angestellte eines dahinwelkenden Blumenladens entdeckt eine seltsame Pflanze, dank der er das Geschäft wieder auf Hochtouren bringt. Audrey II, so benannt nach seinem heimlichen Schwarm, der wasserstoffblonden naiven Blumenverkäuferin, entpuppt sich als blutgieriges, rasch wachsendes Monstrum.

tip: »Uriges Grusical, in dem ausgiebig gerockt und herumgetollt wird. Schräger Spaß mit Kultambitionen.«

1960 Kleiner Laden voller Schrecken
Little Shop Of Horrors, USA, R: Roger Corman, D: Jonathan Haze, Jackie Joseph

DER KLEINE LORD

Il Piccolo Lord, BRD/I 1994, R: Gianfranco Albano, Drb: Sergio Donati, Lorenzo Donati nach einer Erzählung von Frances Hodgson Burnett, K: Franco Lecca, M: Carlo Siliotto, D: Mario Adorf (Carl Schneibel), Marianne Sägebrecht (Klara), Antonella Ponziani (Gioia), Francesco de Pasquale (Christian), Giovanni Mauriello (Don Gennaro)

Mit seiner Mutter lebt der elfjährige Christian in Italien. Sein Vater starb vor seiner Geburt. Als der bayerische Brauereibesitzer Schneibel erfährt, dass er einen Enkel hat, lässt er ihn auf sein Schloss bringen. Das unbeschwerte Naturell des kleinen Italieners verleiht dem griesgrämigen Schneibel neue Lebensfreude. Der Junge seinerseits fühlt sich hin- und hergerissen zwischen seiner Mutter und dem Großvater. Als Gioia ihren Sohn nach Hause holen will, kommt es am Weihnachtsabend zum Eklat. Eine moderne Interpretation der Erzählung *Little Lord Fauntleroy*, seit 1886 eines der beliebtesten Bücher für Jung und Alt und bereits viermal verfilmt. Mario Adorf verwandelt den strengen englischen Lord in einen knorrigen bayerischen Patriarchen.

»Vergnügliche Neuverfilmung des Jugendromans«, bemerkt *TV direkt*, während das *Lexikon des internationalen Films* urteilt: »Betulich-träge Neuverfilmung des klassischen Jugendromans, die nicht im viktorianischen England, sondern vor alpenländischer Kulisse angesiedelt wurde. Inszenatorisch allenfalls gängiges Fernsehspiel-Niveau.«

Im Jahr 2000 entstand die Fortsetzung *Der kleine Lord – Retter in der Not*: Eine Betrügerin bringt Brauereibesitzer Schneibel um seinen Besitz, Enkel Christian, mittlerweile 15, muss ihm helfen.

1994 Der kleine Lord

Little Lord Fauntleroy, GB, R: Andrew Morgan, D: Michael Benz, George Baker
Zweiteiliger Fernsehfilm.

1980 Der kleine Lord

Little Lord Fauntleroy, GB, R: Jack Gold, D: Alec Guinness, Ricky Schroder
»Ein bezauberndes Rührstück, auf liebenswerte Art naiv-romantisch, aber nie triefend. Ein wunderschöner Weihnachtsfilm.« (*Abendzeitung*, München)

»Ricky Schroder war die ideale Besetzung für das pragmatische und optimistische Kind, das keine Probleme hat, die New Yorker Hester-Street mit einem englischen Herrschaftssitz zu vertauschen. Und Alec Guinness hielt mit leicht bewegten Gesichtsmuskeln eindrucksvoll die Balance zwischen zur Schau gestellter Hartherzigkeit und den vergrabenen Empfindungen, die sein Enkel mutig aus ihm herauskitzelte.« (*Süddeutsche Zeitung*)

Von links oben nach rechts unten:
- *Der kleine Lord (1980, R: Jack Gold):*
  Ricky Schroder
- *Der kleine Lord (1980):*
  Alec Guinness und Ricky Schroder
- *Der kleine Lord (1936, R: John Cromwell):*
  Freddie Bartholomew

1936 Der kleine Lord
Little Lord Fauntleroy, USA, R: John Cromwell, D: Freddie Bartholomew
1921 Little Lord Fauntleroy
USA, R: Alfred E. Green, Jack Pickford, D: Mary Pickford
1914 Little Lord Fauntleroy
GB, R: F. Martin Thornton, D: Gerald Royston

DER KLEINE PRINZ
BRD 1990/97, R: Theo Kerp, Jaroslav Jakuba – Animation
Nach der Erzählung von Antoine de Saint-Exupéry: Die Geschichte vom Kleinen Prinzen, der vom fernen Planeten auf die Erde kommt, sich mit einem notgelandeten Piloten anfreundet und sterben muss, ehe er in die Heimat und zu seiner geliebten Blume zurückkehren kann.

Lexikon des internationalen Films: »Literarisch hält sich der Film eng an den Text, leider aber auch zeichnerisch. Man orientiert sich an den Zeichnungen von Saint-Exupéry, der seinen Text selber illustriert hat, und nimmt sich damit jede dynamische Gestaltungsmöglichkeit. So bleibt der Film ohne überzeugenden Rhythmus und ohne eigenständige Form; das Ergebnis ist ein bebildertes Hörspiel, das vor allem jüngere Zuschauer überfordern wird.«

1975 Der kleine Prinz
Le petit prince, F, R: Jean Louis Guillermou, D: Guy Gravis, Alexandre Warner
1974 Der kleine Prinz
The Little Prince, USA, R: Stanley Donen, D: Richard Kiley, Steven Warner
1966 Der kleine Prinz
Malinkij Princ, UdSSR, R: Arunas Shebrunas, D: Evaldas Mikalajunas
1966 Der kleine Prinz
DDR, R: Konrad Wolf, D: Christel Bodenstein, Inge Keller

DER KLEINE VAMPIR
The Little Vampire, BRD/NL/USA 2000, R: Ulrich Edel, D: Jonathan Lipnicki, Richard E. Grant, Jim Carter, Alice Krige, Pamela Gidley, Tommy Hinkley, Anna Popplewell, Dean Cook, Rollo Weeks
Der neunjährige Tony zieht mit seinen Eltern in ein schottisches Dorf, wo Vater Bob für Lord McAshton ein Golfzentrum aufbauen soll. Tony gewöhnt sich nur schwer an die neue Umgebung, zumal er von Vampir-Albträumen heimgesucht

Der kleine Prinz (1966, R: Arunas Shebrunas)

wird. Eines Nachts flattert der ebenfalls neunjährige Vampirjunge Rüdiger in Tonys Zimmer – Rüdigers Familie lebt seit Jahrhunderten in der Gegend und ernährt sich heutzutage von Rinderblut. Ein alter Fluch lastet auf den Vampiren: Sie benötigen ein geheimnisvolles Amulett, um erlöst zu werden – das ist nur alle 300 Jahre möglich, wenn nämlich der Komet Attamon am Mond vorbeizieht. Das Erscheinen des Kometen steht unmittelbar bevor, und tatsächlich hat Tony das Amulett in seinen Träumen erkannt. Aber wo steckt es? Und wie sollen die Jungen den berüchtigten Vampirjäger Geiermeier aufhalten, der Rüdigers Sippe mit seinen schrecklichen Vampir-Vertilgungsmaschinen ausrotten will?

Zitty: »Was kann schief gehen, wenn zwölf Millionen Bücher von Angela Sommer-Bodenburg verkauft wurden, wenn Kinderstar Jonathan Lipnicki, bekannt aus *Stuart Little*, die Hauptrolle bekommt und wenn Larry Wilson *(Beetlejuice)* und Karey Kirkpatrick *(James und der Riesenpfirsich)* das Drehbuch verfassen: Eine Nummer-Sicher-Produktion ist das Ergebnis, bei der aus dem deutschen Einzelkind Anton ein kalifornischer Tony wird, bei der der naive Charme der Vorlage hinter bombastischen Special Effects verschwindet und sich die Synchronisation erblödet, mit Werbe-Deutsch (›Nicht immer, aber immer öfter‹) auf Kinderfang zu gehen. Wer sich an die TV-Serien mit Gert Fröbe (1986) und Dietrich Mattausch (1992) als Vampirjäger Geiermeier erinnert, kann von Jim Carter mit seiner gigantischen Vampir-Vertilgungsmaschine nur enttäuscht sein: Lauter und größer muss nicht besser sein. Uli Edel *(Body Of Evidence)* durfte 22 Millionen Dollar einsetzen, damit Außenseiter Tony und Vampir Rüdiger nach einem Amulett suchen, um Rüdigers Familie vom Vampirfluch zu befreien. Dass es unvermittelt eine Rückblende in die Zeit vor 300 Jahren gibt, gehört zu den wenigen Überraschungen des so gradlinigen Films, der die Frage ›Können Kühe fliegen?‹ mit einem eindeutigen ›Ja‹ beantwortet – zumindest hier schimmert Humor auf, der dem Unternehmen sonst so sehr fehlt.«

1993–1994 Der kleine Vampir
BRD, TV-Serie, R: Christian Görlitz, D: Lena Beyer, Nadja Engelbrecht

1986 Der kleine Vampir
The Little Vampire, TV Serie, CDN/GB/BRD, R: René Bonnière, D: Gert Fröbe

DIE KLEINE ZAUBERFLÖTE
BRD 1998, R: Curt Linda – Animation
Nach dem Zaubermärchen von Emanuel Schikaneder und Wolfgang Amadeus Mozart. Der kleine Prinz Tamino erhält von der Königin der Nacht den Auftrag, ihre Tochter Pamina aus den Fängen von Sarastro zu befreien. Begleitet vom Vogelmenschen Papageno bricht er ins Königreich des Tages auf und macht sich auf die Suche. Doch je mehr er erfährt, desto mehr zweifelt er an der Königin der Nacht.

Ponkie *(AZ)*: »Ein Kinderfilm, dessen ästhetische Qualitäten auch für Erwachsene offensichtlich sind und der trotzdem Kinder nie überfordert. Kunst und Volksvergnügen zugleich. Lindas Opern-Pop *Die kleine Zauberflöte* ist Höhepunkt seines Gesamtwerks (Marksteine: 1969 *Die Konferenz der Tiere*, 1982 *Shalom Pharao*, 1992 *Das kleine Gespenst*) und mischt die vom Disney-System eingeebneten Sehgewohnheiten durch eine skurrile Komik auf, die auf biedere Niedlichkeit pfeift und Abstraktion mit Einfachheit koppelt. Dazu kommt die Märchenfrechheit auf Kulturheiligtümern herumzuhüpfen: Servus Mozart ... Abseits von allen Hollywood-Klischees einer der wenigen Fantasy-Zeichentrickfilme, die sich für die ganze Familie lohnen – nicht zuletzt als Einstieg in die große Mozart-Oper.«

1994 Die Zauberflöte
La Flûte enchantée, F, R: Ariane Adriani, D: Rosa Mannion, Hans Peter Blochwitz

1991 Die Zauberflöte
USA, R: Brian Large, D: Kurt Moll, Francisco Araiza, Andreas Schmidt

1989 Die Zauberflöte
S, R: Thomas Olofsson, D: László Polgár, Ann Christine Biel, Inger Blom

1983 Die Zauberflöte
BRD, R: Peter Windgassen, D: Kurt Moll, Francisco Araiza, Jan-Hendrik Rootering

1975 Die Zauberflöte
Trollflöjten, S, R: Ingmar Bergman, D: Ulrik Cold, Jane Darling, Elisabeth Erikson

DIE KLEINEN SUPERSTROLCHE
The Little Rascals, USA 1994, R: Penelope Spheeris, D: Travis Tedford, Bug Hall, Brittany Ashton Holmes, Kevin Jamal Woods, Zachary Mabry, Ross Elliot Bagley, Sam Saletta, Blake Jeremy Collins, Blake McIver Ewing, Jordan Blake Warkol, Courtland Mead, Juliette Brewer, Heather Karasek, Petey, Mel Brooks, Whoopi Goldberg, Daryl Hannah, Reba McEntire
Neuverfilmung der Hal Roach-Serie *Die kleinen Strolche*. Als das Clubhaus der Gang abbrennt, ist guter Rat teuer: Wie kann der Wiederaufbau finanziert werden? Die Kinder entscheiden sich für ein Gokart-Rennen ...

Die kleinen Superstrolche
(1994, R: Penelope Spheeris): Bug Hall

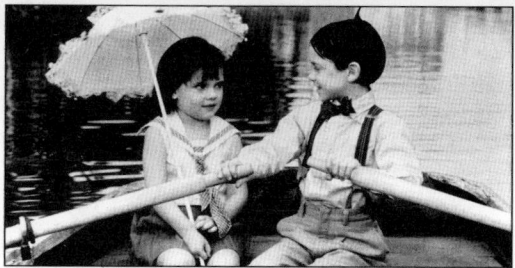

Die kleinen Superstrolche (1994, R: Penelope Spheeris): Brittany Ashton Holmes und Bug Hall

Rolf-Ruediger Hamacher *(Film-Dienst)*: »Wie so oft bei Remakes fragt man sich, ob das Ergebnis den Aufwand gelohnt hat. Um es vorwegzunehmen: Die Neu-verfilmung erreicht nie die Frische des Originals, schon gar nicht dessen Charme und Humor, vor allem, weil das Buch mit oft zweideutigen Dialogen allzu sehr mit auf ein erwachsenes Publikum schielt und die jungen Darsteller sich weniger wie Kinder verhalten sondern wie Erwachsene in Kindergestalt. Hinzu kommt, dass eine Mini-Handlung, die gerade ausgereicht hätte, eine Episode der legendären *Our Gang*-Serie zu füllen, hier auf Spielfilmlänge gestreckt wird.«

1922–1944 Die kleinen Strolche
Our Gang, USA, R: Robert F. McGowan, D: Richard Daniels – 221 Episoden

1922–1927 Die kleinen Strolche sind zurück
Our Gang, USA, R: Robert F. McGowan, D: Richard Daniels, Mary Kornmann

KLEINER MANN – WAS NUN?
DDR 1967, R: Hans-Joachim Kasprzik, D: Gerhard Bienert, Jutta Hoffmann
Nach einem Roman von Hans Fallada: Der arbeitslose Johannes Pinneberg findet eine Stellung im Warenhaus. Mit seiner Frau Lämmchen zieht er nach Berlin. Das Geld ist knapp, doch nach der Geburt von Murkel scheint das Glück vollkommen – bis Pinneberg gekündigt wird. Für ihn und seine Familie bricht eine Welt zusammen.

TV Today: »Detailgetreuer und sensibler Rückblick auf die 30er-Jahre.« Nach der Inszenierung des Bochumer Schauspielhauses (1973, Regie: Peter Zadek) entstand eine Fernsehversion.

1933 Kleiner Mann – was nun?
D, R: Fritz Wendhausen, D: Fritz Kampers, Theo Lingen, Hertha Thiele

DER KLOSTERJÄGER
BRD 1953, R: Harald Reinl, D: Erich Auer, Marianne Koch, Paul Hartmann, Paul Richter, Karl Skraup, Margarete Haagen, Joe Stöckel, Kurt Heintel, Willy Rösner, Rudolf Vogel
Haymo, der mittelalterliche Klosterjäger, hegt in den Alpen das Wild. Auf einem seiner seltenen Gänge ins Tal verliebt er sich in die schöne Gittli. Sie ist die Schwester des armen Bauern Wolfrat, der den Lehnszins nicht zahlen kann. Der hartherzige Klostervogt gewährt keine Stundung, obwohl er weiß, dass Wolfrats Kind schwer krank ist. In seiner Not wird der Bauer zum Wilddieb und erlegt den schönsten Steinbock im Gebiet des Propstes. Da Wolfrat kein geübter Wilddieb ist, wird er von Haymo gestellt. In panischer Angst sticht Wolfrat den Klosterjäger nieder und flieht. Gittli pflegt den Verletzten, und dieser verspricht, Gittlis Bruder nicht zu verraten. Doch der Propst leitet von sich aus eine Untersuchung ein. Im Laufe der Untersuchungen kommen erstaunliche Dinge zu Tage, die die Liebenden auseinander zu bringen drohen ...

1935 Der Klosterjäger
D, R: Max Obal, D: Friedrich Ulmer, Paul Richter, Josef Eichheim

1920 Der Klosterjäger
D, R: Franz Osten

KNIGHTSKATER – RITTER AUF ROLLERBLADES
A Kid in King Arthur's Court, USA/H 1995, R: Michael Gottlieb, D: Thomas Ian Nicholas, Joss Ackland, Art Malik, Paloma Baeza, Kate Winslet, Daniel Craig, David Tysall, Ron Moody, Barry Stanton, Michael Mehlmann, Melanie Oettinger, Rebecca Denton, Michael Kelly, Louise Rosner, Paul Rosner
Nach einem Roman von Mark Twain: Der amerikanische Junge Calvin, der beim Baseball versagt, rehabilitiert sich während einer Zeitreise, indem er König Artur zur Seite steht und Camelot rettet.

Annette Kilzer *(tip)*: »Durch eine Erdspalte purzelt der Teenager Calvin ins legendäre Camelot und trifft dort auf einen König Artus, der längst nicht mehr der Held von Excalibur ist, sondern ein besorgter Vater, den ein Hauch von Senilität streift. Calvin obliegt es nicht nur, Big Mac, Chewing Gum und Rollerblades bei Hofe einzuführen, sondern auch, Artus' Kräfte noch einmal gegen einen bösen Lord zu mobilisieren. Ein niedlicher Kinderfilm, der aber zu vorhersehbar ist, um auch ohne Blagenbegleitung Spaß an diesem inszenierten Kulturschock zu haben.«

1994 Mit Vollgas in die Tafelrunde

A Young Connecticut Yankee In King Arthur's Court, USA, R: Ralph Thomas, D: Michael York, Theresa Russell, Nick Mancuso

1989 Zeitsprung in die Tafelrunde

A Connecticut Yankee In King Arthur's Court, USA, R: Mel Damski, D: Michael Gross

1988 Ein Yankee aus Connecticut an König Arthurs Hof

A Connecticut Yankee In King Arthur's Court, USA – Animation

1979 König Artus und der Astronaut

The Spaceman And King Arthur, GB, R: Russ Mayberry, D: Dennis Dugan, Jim Dale

1978 A Connecticut Rabbit In King Arthur's Court

USA, R: Chuck Jones – Animation

1949 Ritter Hank, der Schrecken der Tafelrunde

A Yankee In King Arthur's Court, USA, R: Tay Garnett, D: Bing Crosby

1931 Ein Radiotraum

A Connecticut Yankee, USA, R: David Butler, D: Will Rogers, Maureen O'Sullivan

1921 Ein Radiotraum

A Connecticut Yankee, USA, R: Emmett J. Flynn, D: Harry Myers, Pauline Starke

KOHLHIESELS TÖCHTER

BRD 1962, R: Axel von Ambesser, D: Liselotte Pulver, Heinrich Gretler, Helmut Schmid, Dietmar Schönherr, Adeline Wagner, Peter Vogel, Renate Kasche, Gudrun Genest
Nach einem Bühnenstück von Hanns Kräly: Als die hübsche, freche und überaus charmante Liesel nach bestandener Hotelfachschule in ihr Heimatdorf im Berner Oberland zurückkehrt, möchte sie endlich ihren Bräutigam, den feschen Toni, heiraten. Doch Liesels Vater hat seiner sterbenden Frau einst einen Schwur getan: Erst wenn ihre Schwester Susi, ein ebenso hässlicher wie männerfeindlicher Trampel, verheiratet ist, dann dürfen auch für Liesel die Hochzeitsglocken läuten. Doch welcher Mann könnte sein Herz wohl für die garstige Susi erwärmen? Zu allem Überfluss erwächst dem frustrierten Toni in dem Studenten Günter ein ernst zu nehmender Rivale, und auch der Mitgiftjäger Rolf schleicht um das Haus der Kohlhiesels. Schließlich offeriert Günter dem Toni einen Plan: Toni soll zuerst die hässliche Susi heiraten, sich aber wieder von ihr scheiden lassen, um dann endlich sein Herzblatt Liesel zu ehelichen. Dem Toni sagt dieser Plan zwar nicht gerade zu, aber eine bessere Idee hat er leider nicht. So steht er schon bald mit der zänkischen Susi vor dem Traualtar. Womit die Probleme eigentlich erst richtig losgehen ... Dreh- und Angelpunkt des Films ist die Doppelrolle von Liselotte Pulver, die als geborene Bernerin keine Probleme mit dem schweizerischen Dialekt ihrer beiden Filmfiguren hatte, sie musste sich auch nicht erst mit ihrem Filmbräutigam Helmut Schmid (1925–1992) anfreunden – denn der war zu den Dreharbeiten bereits seit 1959 auch im wahren Leben ihr Ehemann. Axel von Ambessers Version aus dem Jahre 1962 war bereits die fünfte Verfilmung dieses bekannten Bauernschwanks, der erstmals 1920 mit Henny Porten auf die Leinwand gebannt wurde. Heli Finkenzeller übernahm die Hauptrolle in der dritten Fassung, und in der vierten Adaption (unter dem Titel *Ja, ja, die Liebe in Tirol*) spielte Doris Kirchner das ungleiche Zwillingspaar.

Süddeutsche Zeitung: »Für die Zuschauer ergibt sich ein unkomplizierter Spaß, dessen Hauptattraktion Liselotte Pulvers polternder Trampel ist.«

Stuttgarter Zeitung: »Ein sehr vergnüglicher Ulk ...«

Münchner Merkur: »Selbst robuste Szenen sind niemals frei von Witz ... vieles ist wirklich heiter und einiges sogar herzhaft und fröhlich. Zumal Liselotte Pulver prächtig gelaunt am witzigen Werk ist ...«

Berliner Kurier: »Die Susi Kohlhiesel der Lilo Pulver muss man gesehen haben.«

1978 drehte Kenneth Howard mit Christa Abel den Sexfilm *Kohlpiesels Töchter*, der die Geschichte von der hübschen Tochter, die sich als hässliches Entlcin verkleidet, variiert: Um seine zwei hässlichen Töchter auch unter die Haube zu bringen, lässt der Vater seine zwei hübschen und bereits verlobten Töchter mit zwei Männern ins Bett gehen, die er dann in flagranti ertappt und zur Heirat zwingt.

1955 Ja, ja, die Liebe in Tirol

BRD, R: Géza von Bolváry, D: Gerhard Riedmann, Hans Moser, Doris Kirchner

1942 Kohlhiesels Töchter

D, R: Kurt Hoffmann, D: Heli Finkenzeller, Eduard Köck, Oskar Sima

1930 Kohlhiesels Töchter

D, R: Hans Behrendt, D: Henny Porten, Heinz Leo Fischer, Fritz Kampers

1920 Kohlhiesels Töchter

D, R: Ernst Lubitsch, D: Henny Porten, Emil Jannings, Gustav von Wangenheim

DER KONGRESS TANZT

A 1955, R: Franz Antel, D: Johanna Matz, Rudolf Prack, Oskar Sima, Karl Schönböck, Gunther Philipp, Hannelore Bollmann, Marte Harell, Hans Moser, Jester Naefe, Paul Westermeier, Ernst Waldbrunn, Ilse Peternell, Carl W. Fernbach, Raoul Retzer, Karl Fochler, Peter Czeike

Der Wiener Kongress ist Anlass für einen Zarenbesuch in der österreichischen Metropole. Als die junge Handschuhmacherin Christl ihm aus der Menschenmenge heraus einen Blumenstrauß in die Kutsche wirft, hält sie die Polizei für eine Attentäterin und schreitet zur Verhaftung. Zar Alexander hilft der Unschuldigen, ohne im Gefängnis seine wahre Identität preiszugeben. Nun beginnt eine Romanze mit zahlreichen Verwechslungen, denn der Zar hat für lästige Staatsaufgaben einen Doppelgänger engagiert. Doch die junge Liebe ist zum Scheitern verurteilt, als dringende Staatsangelegenheiten den Monarchen wieder in die Realität beordern ...

Gerhard Roger (Filmblätter): »Den vielleicht glanzvollsten Erfolg, den die selige UFA jemals hervorgebracht hat, nochmals verfilmen: Das muss ein Stück vom Himmel sein. Die Wiener G'schichte von dem süßen Maderl, in die sich der russische Zar verliebt, darob den Wiener Kongress vernachlässigend, ging ja – wir erinnern uns – nicht ganz unkompliziert vonstatten, da Österreichs Metternich seine Ränkefäden gesponnen hat und der Zar seinerseits einen Gutteil der diplomatischen Obliegenheiten durch einen leicht angetrottelten Doppelgänger besorgen lässt. Diese liebe Romanze wird dieses Mal in einem eindrucksvollen CinemaScope-Rahmen munter gespielt, voller buntbelebter Massenszenen, farbenprächtiger Uniformen und einer samt- und seideglitzernden Ausstattung. Neben Romanze und Ausstattung trägt den Film ein drittes Element: zeitbezogene kabarettistische Spitzen, vor allem auf Kosten der Ruskis. Buch und Regie haben diese drei einander konträren Ambitionen temperamentvoll zusammengefügt. Ein besonderes Lob gilt dem modernisierten Vortrag der alten Musik Heymanns: Das ist wirklich eine Heymann-Renaissance. Wie dezent und mit welcher Behutsamkeit die filmklassischen Lieder Das gibt's nur einmal und Das muss ein Stück vom Himmel sein vorgetragen werden – darin liegt vielleicht die größte Leistung dieses Films ... Es liegt auf der Hand, dass Der Kongress tanzt 1955 in jeder Szene fast zu Vergleichen mit Der Kongress tanzt 1931, dem unvergesslichen unvergessenen, herausfordert. Bewusst haben wir uns hier allein mit der neuen, der vorliegenden Fassung beschäftigt. Es sei uns immerhin der Hinweis gestattet, dass diejenigen, die noch die alte Fassung sahen und bejubelten, manches kritische Wort für den neuen Film finden, aber auch zahlreiche echte Verbesserungen nicht werden abstreiten können. Die junge Generation, der jenes walzerselige Traumspiel nicht mehr gegenwärtig ist, wird sich von dem nun bescherten Farben- und Melodienrausch umhüllen lassen. Das gesteckte Ziel wurde auch 1955 erreicht: Traumfabrik.«

Max Reinhardts Oberspielleiter Eric Charell, der sich in Berlin durch zahlreiche Revue-Inszenierungen einen Namen gemacht hatte, brachte 1931 seine Erfahrungen auch in seinen ersten Spielfilm Der Kongress tanzt ein. Berühmteste Sequenz des Films: Lilian Harveys Kutschfahrt, bei der sie das inzwischen legendäre Lied »Das gibt's nur einmal!« singt. In den Hauptrollen das Traumpaar des damaligen deutschen Films: Lilian Harvey und Willy Fritsch. Mit Conrad Veidt, Lil Dagover, Otto Wallburg und Carl Heinz Schroth ist Der Kongress tanzt auch in den Nebenrollen prominent besetzt. Eric Charells Filmoperette Der Kongress tanzt ist ein aufwendiger Ausstattungsfilm, in dem Politik Nebensache und Walzerseligkeit alles war. In drei Sprachversionen gedreht, avancierte Der Kongress tanzt auf Anhieb zum Welterfolg der UFA, bis Goebbels Charell und Pommer ins Exil zwang und den Film 1937 aus dem Verkehr zog.

1931 Der Kongress tanzt

D, R: Eric Charell, D: Lilian Harvey, Willy Fritsch, Otto Wallburg, Conrad Veidt

KÖNIG DER FREIBEUTER

The Buccaneer, USA 1958, R: Anthony Quinn, D: Yul Brynner, Charlton Heston, Charles Boyer, Claire Bloom, Inger Stevens, Henry Hull, E. G. Marshall, Lorne Greene, Ted de Corsia, Douglas Dumbrille

Nach einem Roman von Lyle Saxon: Der Englisch-Amerikanische Krieg geht seinem Ende zu, aber für die Vereinigten Staaten ist die Gefahr noch nicht ausgestanden: Die Briten versuchen, die bedeutende Hafen- und Handelsstadt New Orleans in ihren Besitz zu bringen. Wie ein ungekrönter König der Freibeuter herrscht dort Jean Lafitte, der sich bisher aus allen militärischen Konfrontationen herausgehalten hat. Die Engländer versuchen, ihn und seine kampferprobten Leute als Verbündete zu gewinnen, aber Lafittes Herz schlägt für die junge Republik ... *König der Freibeuter* war der letzte Film, bei dem Cecil B. DeMille Hand anlegte – der Meister des Monumentalkinos *(Die zehn Gebote, Samson und Delilah)* zeichnet als Supervisor verantwortlich. Aus gesundheitlichen Gründen hatte DeMille die Regie an den Schauspieler Anthony Quinn abgegeben, der ihn hinter der Kamera durchaus würdig vertrat: *Variety* lobte an dem Film vor allem den Sinn für Farbgebung. Die Frei-

beuter-Geschichte bekommt hier eine etwas andere, historisch-politische Note: Nicht in einem klassischen Seegefecht kulminiert die Handlung, sondern in einer Schlachtsequenz auf dem Lande, in der die Piraten an der Seite der US-Truppen kämpfen und die Technicolor-Panavision-Technik ihren ganzen Glanz entfaltet. Yul Brynner, seinerzeit noch im Vollbesitz seiner Haare, gibt den »Swashbuckler« als kosmopolitischen Gentleman, der sich auf glattem Parkett ebenso wohlfühlt wie auf der Kommandobrücke eines Seglers.

Filmblätter: »Allzu heroisch, daher naiv, sind die Dialoge angelegt. Schöne Farbaufnahmen, teilweise aber von Pappglanz. Seestück als Sehstück.«

1938 Der Freibeuter von Louisana
The Buccaneer, USA, R: Cecil B. DeMille, D: Fredric March, Franziska Gaal

DER KÖNIG DER LÖWEN
The Lion King, USA 1994, R: Roger Allers, Rob Minkoff – Animation
Es geht um die erstaunlich ernsthaft aufbereitete Saga vom jungen Löwenkönig Simba, der sich am Tod seines Vaters schuldig fühlt, ins Exil flüchtet, dann zurückkehrt, um sein Steppenreich vom Terror-Regime seines Onkels Scar zu befreien.

MovieLine: »Der 32. lange Animationsfilm aus dem Hause Walt Disney ist der erste, der nicht einer bestehenden literarischen Vorlage folgt und total auf Menschenfiguren oder -symbole verzichtet ... Brillante Mischung aus konventioneller Zeichentrick-Artistik und Computeranimation, mit Verweisen auf New Age-Philosophien und umweltbewusstes Denken.«

1966–1978 Kimba, der weiße Löwe
Kimba The White Lion, USA, TV-Serie

KÖNIG DROSSELBART
Král drozdi brada, ČSSR/BRD 1983, R: Miloslav Luther, D: Adriana Tarábková, Gerhard Olschewski, Lukáš Vaculík, Marian Labuda, Maria Schell
Nach einer Erzählung von Jacob Ludwig Karl und Wilhelm Karl Grimm: Eine schöne Prinzessin soll verheiratet werden, aber hochmütig weist sie alle Bewerber ab. Ein junger König wirbt um

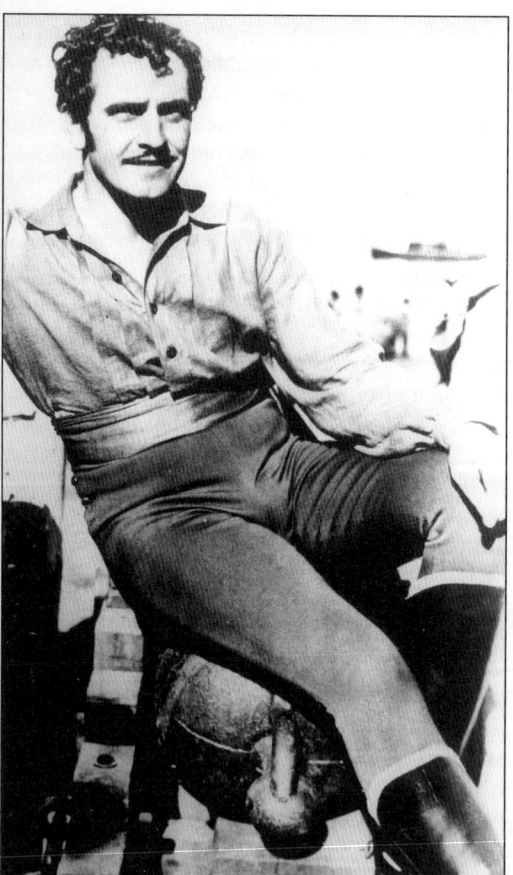

*Der Freibeuter von Louisana
(1938, R: Cecil B. DeMille): Fredric March*

sie, sie nennt ihn König Drosselbart und verkündet, dass sie eher einen Bettler heiraten werde als diesen König. Sie verlässt die elterliche Burg und lebt fortan mit ihrem Mann in einer kleinen ärmlichen Hütte. Im Laufe der Zeit wird die hochmütige Prinzessin bescheiden und am Ende liebt sie ihren Bettler sogar. Einen Bettler, der gar keiner ist, sondern in Wirklichkeit der König.

Angelika Mihan *(77 Märchenfilme)*: »Viele Motive des Märchens der Brüder Grimm sind in dieser Filmversion erhalten geblieben, ordnen sich organisch in den neu organisierten Fabelablauf ein. Einzelne Motive werden anders und originell umgedeutet. So hat König Jan kein spitzes Kinn oder – wie im DEFA-Film *König Drosselbart* – einen spitzen Bart. Hier lugt Jan heimlich ins Fenster der schlafenden Prinzessin, öffnet es, und zufällig fliegt eine Drossel hinein, weckt die Schöne, die den heimlichen Späher so bemerkt. Darauf bezieht sich ihr Spott und der demütigende Name. Die ursprünglichen Motive werden anders miteinander verwoben. Sie erhalten mehrere Ebenen, die ineinander greifen. So wird aber auch die im Original leicht überschaubare Fabel komplizierter. Das birgt Nachteile für das Verständnis, beispielsweise stets zu erkennen, wer an einer bestimmten Stelle der Handlung wirklich wer ist. Der Zuschauer teilt nämlich manchmal den Blickpunkt desjenigen, der alles inszenierte, den des Königs Jan; dann wird der Spielcharakter deutlich. Doch meist ›sieht‹ er mit den Augen Annas, und aus dem Spiel wird Ernst, der Ernst des Lebens, in dem sie sich zurechtfinden und ihren Hochmut abstreifen muss ... Eines noch ist an dieser Verfilmung augenfällig: die Einbeziehung der Natur in das märchenhafte Geschehen, die Fülle bildhafter Eindrücke. An keiner Stelle wurde verknappt oder etwa stilisiert. Es herrscht Überfluss, Sinnlichkeit bis ins letzte Detail.«

König Drosselbart gehört zu den häufiger verfilmten Märchen aus der Grimm'schen Sammlung. Bereits 1954 entstand eine dicht an der Originalvorlage bleibende Version, in der unter der Regie von Herbert B. Fredersdorf übrigens der heute ebenfalls als Regisseur tätige Ottokar Runze *(Die Hallo-Sisters)* die Titelrolle spielte. *König Drosselbart* unter der Regie von Miloslav Luther, als Koproduktion zwischen dem Slowakischen Filmstudio Bratislava und der Münchner Omnia

Film gedreht, nutzte die Märchenfabel als Ausgangspunkt für freies Fabulieren: nicht nur der Prinz spielt hier eine Rolle, mit Hilfe einer Schauspielertruppe organisiert er als Lehre für die Prinzessin die ganze Spielmanns-Welt. Der DEFA-Film aus dem Jahre 1965 wählt für die Bearbeitung der Vorlage eine andere Variante, die nicht einfach ein Mittelweg ist. Die Situationen der Urfabel wurden nur unwesentlich verändert – die bedeutendste Ergänzung ist die Einleitungssequenz mit der ersten Begegnung Drosselbarts und der Prinzessin im Wald –, stattdessen wurden die Charaktere der ursprünglich märchentypisch einschichtigen Figuren vertieft, die Motivation ihres Tuns neu gedeutet. Dafür war der *Drosselbart*-Stoff, in dem das Märchenhafte nicht in Zauber und Wunder, sondern in ungewöhnlichen Begebenheiten besteht, zum einen von vornherein geeignet. Zum anderen war die Moral des Märchens auch zur Entstehungszeit des Films nicht annehmbar: denn die Prinzessin des Märchens muss ja nicht nur Standesdünkel aufgeben – sie wird letztlich auch dazu »erzogen«, sich dem (Ehe-)Mann unterzuordnen und so die Frauenrolle jener Zeit auszufüllen.

Im Film dagegen geht es nicht mehr um die einfache »Zähmung einer Widerspenstigen«, sondern um eine Liebesgeschichte. Darum ist auch der Hochmut der Prinzessin neu gestaltet: bei ihrem Grimm'schen Vorbild sind es tatsächlich überhebliche Launen, sie findet an allen Freiern Mängel in der äußeren Erscheinung. Roswitha dagegen hat mit ihrer »Dickköpfigkeit« nicht selten Recht: wenn sie sich weigert, das geschmacklose Prunkgewand und die Perücke, die ihr schönes rotes Haar verbergen soll, zu tragen: wenn sie ihre unsympathischen Freier wegen ihrer Charakterfehler ablehnt. Aber ihr Widerstand schlägt immer wieder in Übermut und Ungezogenheit um, zum einen, weil sie keine wirkliche Alternative zum sie bedrückenden Hofleben sieht, und zum anderen Roswitha natürlich ihre privilegierte Stellung kennt und, z. B. dem Kutscher und ihrer Hofdame gegenüber, weidlich ausnutzt. Darum ist die hinzuerfundene Anfangsszene wichtig: Drosselbart hat unerkannt Gelegenheit, die guten wie weniger sympathischen Seiten der Prinzessin kennen zu lernen. Und aus dieser ersten Begegnung resultiert eine gegenseitige, wenn auch uneingestandene, Liebe auf den ersten Blick.

1965 König Drosselbart

DDR, R: *Walter Beck*, D: *Karin Ugowski, Manfred Krug, Martin Flörchinger*

1961 König Drosselbart

BRD, R: *Fritz Genschow*, D: *Fritz Grimm, Gudrun Gonnermann*

1954 König Drosselbart

BRD, R: *Herbert B. Fredersdorf*, D: *Ottokar Runze, Georg Gütlich, Gisela Fritsch*

KÖNIGIN DER BANDITEN

Belle Starr, USA 1980, R: *John A. Alonzo*, D: *Elizabeth Montgomery, Cliff Potts, Michael Cavanaugh, Fred Ward, Jesse Vint, Gary Comby, Geoffrey Lewis, Peter Hobbs, Alan Vint, David Nell*

Belle Starr hat nach dem Tod ihres Bruders gemeinsame Sache mit Banditen wie Jesse James, Cole Younger und Jim Reed gemacht. Jetzt ist sie mit dem Indianer Blue Duck verheiratet und lebt mit ihm und ihrem heranwachsenden Sohn Ed in der Nähe einer kleinen Stadt in Texas. Die dortigen Bürger hassen die »Banditenbraut« und wollen sie vertreiben. Als sie ihr das Haus niederbrennen, lässt sich Belle Starr mit ihren alten Freunden wieder auf neue Raubzüge ein und gerät dadurch in wachsenden Konflikt mit ihrem Sohn und ihrem Mann.

Lexikon des internationalen Films: »Äußerlich reizvolle, dramaturgisch jedoch leere, feministisch ›getönte‹ (Fernseh-) Neuverfilmung der Western-Ballade um *Belle Starr* (1941 verfilmt von Irving Cummings).«

1948 entstand in den USA der Film *Tochter der Prärie* über Belle Starrs Tochter.

Joe Hembus im *Western Lexikon*: »Belle Starr war eine notorische Pferdediebin, und auch ihre Tochter war nicht das Schneewittchen, als das der Film sie beschreibt; sie setzte die Familientradition fort und ging in die Geschichte ein, als sie den letzten Postkutschenüberfall des Westens beging, eine Tat, für die sie zu fünf Jahren Haft im Yuma Territorial Prison verurteilt wurde. Wie schon ihre Mutter zuvor führte sie dann ihre Taten in Zirkusveranstaltungen vor. Als alte Dame kam sie 1924 noch einmal nach Yuma, um sich ihre Zelle anzuschauen.«

Auch der Italowestern nahm sich der Geschichte von Belle Starr an: 1967 drehte Nathan Wich *Mein Körper für ein Pokerspiel* mit Elsa Martinelli als Belle Starr.

1941 Belle Starr

USA, R: *Irving Cummings*, D: *Randolph Scott, Gene Tierney, Dana Andrews*

KÖNIGIN LUISE

BRD 1956, R: *Wolfgang Liebeneiner*, D: *Ruth Leuwerik, Dieter Borsche, Bernhard Wicki, René Deltgen, Hans Nielsen*

Lebenslegende der populären Königin Luise (1776–1810), Gattin von Friedrich Wilhelm III. von Preußen: 1806 wird Preußen das Opfer der Auseinandersetzungen zwischen Frankreich und Russland, sein König versagt, die Königin tut ihr Äußerstes und demütigt sich vor Napoleon für ihr Land. Es bleibt alles vergebens. Luise kehrt heim und stirbt.

Der Abend: »Der deutsche Streifen *Königin Luise* gehörte als simplifizierendes, historisch zumeist kaum haltbares Politiker-Porträt im Dritten Reich *(Der Choral von Leuthen, Die Entlassung oder Ohm Krüger)* zum Kino-Alltag und wurde auch vom deutschen Nachkriegsfilm *(Stresemann)* noch vereinzelt produziert. Wolfgang Liebeneiner (den Goebbels für den 1940 entstandenen ›staatspolitisch und künstlerisch besonders wertvollen‹ Film *Bismarck* zum Professor ernannte) schildert hier – nach einem Drehbuch von Georg Hurdalek *(Ludwig II.)* – das Leben der Ehefrau Friedrich Wilhelms III., die zwischen 1805 und 1810, so impliziert die Dramaturgie, mit ›weiblicher Intuition‹ und ohne das Geringste von Politik zu verstehen, Geschichte in Preußen machte. Das aufwendig ausgestattete und prominent besetzte Opus (Ruth Leuwerik, Dieter Borsche, Bernhard Wicki, René Deltgen, Hans Nielsen, Charles Regnier, Joseph Offenbach) erwies sich seinerzeit als großer Publikumserfolg, wurde indes von der seriösen Kritik weithin negativ beurtcilt. Dem Regisseur (der später mit *Auf Wiedersehen, Franziska, Immer wenn der Tag beginnt* und *Taiga* weitere populäre Leuwerik-Lichtspiele drehte) warf das Fachblatt *Filmkritik* vor, er verbreite eine ›Kaffeekränzchen-Ideologie‹, die ›im weiteren Sinne politisch wirkt, indem sie die unklare Emotion zum Leitfaden des politischen Handelns macht‹.«

1931 Luise, Königin von Preußen

D, R: *Carl Froelich*, D: *Henny Porten, Gustaf Gründgens, Ekkehard Arendt*

1927 Königin Luise

D, R: Karl Grune, D: Mady Christians, Mathias Wieman, Anita Dorris

KÖNIGSWALZER

BRD 1955, R: Victor Tourjansky, D: Marianne Koch, Michael Cramer, Joe Stöckel, Linda Geiser, Hans Fitz, Hans Leibelt, Sabine Hahn, Ellen Frank, Harry Hardt, Willy Rösner, Willem Holsboer, Klaus Havenstein, Harry Halm, Theodor Danegger, Walter Sedlmayr

Im Jahr 1852 schickt Kaiser Franz Joseph seinen Freund Leutnant Graf Ferdinand Tettenbach als Sonderkurier nach München. Er soll inoffiziell beim bayerischen König um dessen Nichte Elisabeth, genannt Sissi, werben, obwohl seine gestrenge Mutter, eine Prinzessin von Bayern, dagegen ist und alles daran setzt, diese Verbindung zu hintertreiben. Das Warten auf eine Audienz beim König vertreibt sich der fesche Wiener mit Spaziergängen durch den Englischen Garten und dem Betrachten der schönen Münchnerinnen. Eine davon ist besonders liebreizend. Anni, die jüngere Tochter des Hofkonditors Tomasoni, bezaubert ihn so, dass er ihr in aller Öffentlichkeit einen Kuss raubt. Die Münchner Bürger sind empört über diese Attacke eines Österreichers. Tomasoni wendet sich um der Ehrenrettung seiner Tochter willen direkt an seinen König. Und Max II. weiß, was er seinem Konditor und den Münchnern schuldig ist. Er fordert Ferdinand auf, diese Schmach durch eine schnelle Heirat zu tilgen. Nur auf diese Weise können Vater- und Volkszorn zugleich gemildert werden. Ferdinand ist verzweifelt, hat er doch gerade erst seine große Liebe für Theres, die andere Tomasoni-Tochter, entdeckt ...

Ponkie *(Filmblätter)*: »Die mit zaghaft ironischem Anflug hingezuckerte Liebesromanze erhielt durch teils deftige, teils heiter blinzelnde, oft mit aktuellem Seitenblick feixende königlich-bayerische Regierungs-Gags einen etwas derben, aber durchaus vergnüglichen Possen-Anstrich. Diese prall ausgespielten Volksspäße gelangen weitaus am nettesten, während sich die Regie ansonsten auf die Eigenwirkung strahlender Schauplatz-Augenweiden verließ: Star des Films ist ›CinemaScope‹, die große Zauberin, und wenn der Nymphenburger Park romantisch dahinträumt, weißblaue Fahnen wehen, Uniformen glitzern und Krinolinen wippen, dann ist das Wohlgefallen im Parkett gar groß. Leider bemühte sich die Regie nicht genügend um die Führung der jungen Nachwuchsdarsteller. So geriet Michael Cramer, als Typ durchaus geeignet, neben der feinen, schauspielerisch fundierten Grazie der bezaubernden Marianne Koch in seinem Bemühen um Wiener Charme in die Nähe des Gigerls. Linda Geiser als Sissy ist ein bildhübsches Kostümgemälde. Sabine Hahn gelang die Rolle der spinnerten Backfisch-Schwester recht gut. Dafür waren die ›Alten‹ eine Pracht: Voran Hans Fitz als König Max, jovialer Landesvater wie aus dem bayerischen Bilderbüchl; dann Joe Stöckel, der mimgewaltige Konditor-Papa; Willy Rösner, der giftig-wendige Landtagswühler; Hans Leibelt, der pfiffige preußische Finanzminister ... man sah vorzüglich besetzte Chargen. Fazit: Ein kunterbuntes Münchner Biedermeier-Volksromanzerl. Volle Kassen sind garantiert (auch im Ausland dürfte dies Prunk-Remake Chancen haben).«

1935 Königswalzer

D, R: Herbert Maisch, D: Willi Forst, Heli Finkenzeller, Paul Hörbiger, Curd Jürgens

KOPF ÜBER WASSER

Head Above Water, USA 1996, R: Jim Wilson, D: Harvey Keitel, Cameron Diaz, Craig Sheffer, Billy Zane, Shay Duffin

George und Nathalie treffen im Ferienhaus am Strand ein, nebenan wohnt Lance – der ist Nathalies Sandkastenliebe und für sie wie ein Bruder. George ist merklich eifersüchtig, um sie zu verbrüdern, schickt sie die beiden zusammen auf einen Angelausflug. Als George und Lance am nächsten Tag zurückkommen, hat Nathalie ein Problem, denn in ihrem Ehebett liegt ihr Exliebhaber Kent: nackt und tot, anscheinend Herzversagen. Alle panischen Versuche, den toten Körper zu entsorgen, scheitern ...

Annette Kilzer *(Berliner Zeitung)*: »Wie einst in Hitchcocks *Immer Ärger mit Harry* taucht der Leichnam ständig wieder auf. Bald glaubt Nathalie nicht mehr, sie selbst habe den Mord begangen und die Tat bloß verdrängt oder vergessen. Irgendjemand spielt ihr einen bösen Streich. Doch wer? George oder Lance? Bald misstraut auf der kleinen Insel jeder jedem ... Die Inszenierung ist lahm, das Darsteller-Ensemble lustlos, von Komik ist kaum etwas zu spüren. Das einzig wirklich Faszinierende an *Kopf über Wasser* ist die rabenschwarze, bis zum Exitus durchdachte Grundidee. Und die ist, wie so oft in Hollywood, nicht einmal original. Das Drehbuch basiert auf dem norwegischen Film *Hodet over vannet*, den Nils Gaup 1993 inszenierte. Doch die bittere Erfahrung lehrt, das noch das uninspirierteste US-Remake meist erfolgreicher läuft als das europäische Original.«

1993 Ferien mit einer Leiche

Hodet over vannet, N, R: Nils Gaup, D: Lene Elise Bergum, Svein Roger Karlsen

KOPFGELD

Ransom, USA 1996, R: Ron Howard, D: Mel Gibson, Gary Sinise, Rene Russo, Delroy Lindo
Tom Mullen ist ein Erfolgsmensch. Vom Kampfpiloten hat er es zum Airline-Besitzer gebracht. Doch während einer Wohltätigkeitsveranstaltung holt ihn das Unglück ein. Sein kleiner Sohn wird entführt. Der Kidnapper fordert zwei Millionen Dollar Lösegeld. Zuerst lässt sich Mullen auf die Forderung und aufs Feilschen ein. Dann beschleicht ihn die schreckliche Ahnung, dass der ruchlose Erpresser den Jungen nach der Übergabe des Lösegelds auf jeden Fall ermorden wird. In spontaner Entscheidung wandelt Mullen vor laufenden TV-Kameras das Lösegeld in ein Kopfgeld um.

Angie Dullinger *(Münchner Abendzeitung)*: »Regisseur Ron Howard stilisiert den Nervenkrieg zwischen allen Beteiligten mit Tempo, dramaturgischer Bravour und feinem psychologischen Gespür zum klassischen Film-noir. Der Zuschauer hat keine Chance, diesem aufregenden Wechselbad der Gefühle zu entkommen.«

1956 Menschenraub

Ransom, USA, R: Alex Segal, D: Glenn Ford, Donna Reed, Leslie Nielsen

1954 Fearful Decision

USA, R: Alex Segal

DAS KORN IST GRÜN

The Corn Is Green, USA 1978, R: George Cukor, D: Katharine Hepburn, Patricia Hayes, Toyah Wilcox, Bill Fraser, Ian Saynor, Anna Massey
Nach einem Theaterstück von Emlyn Williams: Eine etwas altjüngferliche Dame aus London gründet in einem Bergarbeiterdorf in Wales eine Schule, um den Kindern der armen und rückständig lebenden Menschen zu helfen. Nach Jahren wird ihre Arbeit durch einen begabten Schüler belohnt, der ein Stipendium für Oxford erhält.

Lexikon des internationalen Films: »TV-Film nach einem Theaterstück, das bereits 1945 mit Bette Davis in der Hauptrolle verfilmt wurde. George Cukors vorletzte Regiearbeit.«

1945 Das grünende Korn

The Corn Is Green, USA, R: Irving Rapper, D: Bette Davis, John Dall

DIE KORSISCHEN BRÜDER

I fratelli corsi, I/F 1961, R: Anton Giulio Majano, D: Geoffrey Horne, Valérie Lagrange, Gérard Barray, Amedeo Nazzari, Mario Feliciani, Emma Danieli, Jean Servais, Nerio Bernardi, Alberto Farnese, Raul Grassilli, Franco Graziosi, Germano Longo, Sandro Moretti, Paola Patrizi, Aldo Pini, Laura Solari, Nando Tamberlani, Luigi Vannucchi, Lia Zoppelli
Nach einem Roman von Alexandre Dumas: Korsika ist das Land der Blutrache. Nach dem Zusammenbruch der Herrschaft Napoleons gibt es keine Macht mehr, die Familienstreitigkeiten Einhalt gebietet. Blutige Fehden brechen aus. Zwillingsbrüder, auf Korsika vor der Blutrache gerettet, lernen sich erst als Erwachsene in ihrer Heimat kennen und schwören Rache für die Ermordung ihrer Familie.

Lexikon des internationalen Films: »Handfeste, bunt-abenteuerliche Neuverfilmung des bekannten Romans.«

Drei weitere Verfilmungen des Stoffes entstanden in den USA: Eher parodistisch waren die Filme von Bud Yorkin *(Die Französische Revolution fand nicht statt*, 1970) und von Tommy Chong (*Cheech & Chong's The Corsican Brothers*, 1984), ganz klassisch dagegen die TV-Version von Ian Sharp (*The Corsican Brothers*, 1985) mit Trevor Eve, Geraldine Chaplin und Olivia Hussey.

1966 Os Irmãos Corsos

BR, R: José Parisi, Juca de Oliveira, D: Norma Blum, Teresa Campos, Dirceu Conte

1952 Banditen von Korsika

The Bandits of Corsica, USA, R: Ray Nazarro, D: Richard Greene, Raymond Burr

1941 Blutrache

The Corsican Brothers, R: Gregory Ratoff, D: Douglas Fairbanks, Akim Tamiroff

1920 The Corsican Brothers

USA, R: Colin Campbell, Louis J. Gasnier, D: Dustin Farnum

1917 Les frères corses

F, R: André Antoine, D: Jacques Grétillat, Romuald Joubé, Henry Krauss

1898 The Corsican Brothers

GB, R: George Albert Smith

KRACH IM HINTERHAUS

BRD 1949, R: Erich Kobler, D: Traute Rose, Gisela v. Jagen, Bruni Löbel, Paul Dahlke, Ursula Herking, Fita Benkhoff, Carl Kuhlmann, Ilse Melcher, Bum Krüger, Ernst v. Klipstein, Friedrich Domin

Nach einem Bühnenstück von Maximilian Böttcher: In einem Hinterhaus eines Berliner Wohnblocks geben wiederholte Kohlendiebstähle Anlass zu allerlei Verdächtigungen und Verwicklungen, bis endlich der Übeltäter entlarvt und der Weg für zwei junge Brautpaare frei ist.

Lexikon des internationalen Films: »Übermütige Komödie mit viel Situationskomik, die trotz einiger Längen und Geschmacklosigkeiten für Unterhaltung sorgt.«

1935 Krach im Hinterhaus

D, R: Veit Harlan, D: Henny Porten, Else Elster, Rotraut Richter, Berthold Ebbecke

KRACH UM JOLANTHE

BRD 1955, R: Rudolf Schündler, D: Carl Hinrichs, Hannelore Bollmann, Gerhard Riedmann, Gardy Granass, Peter Carsten, Carla Hagen, Günther Lüders, Paul Westermeier, Charlott Daudert, Ernst Waldow, Georg Pahl, Hansjörg Böger, Otto Schröder

Nach einem Bühnenstück von August Hinrichs: Aufregungen und Streit um »Jolanthe«, die preisgekrönte Zuchtsau eines norddeutschen Dorfes.

Afra von Boxberger (Filmblätter): »Saftigderb, mit dreidimensionaler Behäbigkeit und epischem Phlegma wühlt das wacker bewährte Schwein Jolanthe die Lustspieleinfälle um den polternden Bauern auf, der partout schlauer als das Finanzamt sein wollte, und seine appetitlich fixe Tochter, die alles wieder ins rechte Gleis rücken muss ... Und die unverwüstliche Story von der preisgekrönten Sau, die man aus Angst vor dem Zugriff des Gerichtsvollziehers vorbeugend schlachtete, schaukelt wohlig auch auf den aus-

geleiertsten Lachmuskeln ... Ein schmunzelndes Vergnügen fürs breite Publikum.«

Filmhistorisch interessant als erster deutscher CinemaScope-Farbfilm. Der Film lief auch unter dem Titel *Das fröhliche Dorf.*

1934 Krach um Jolanthe

D, R: Carl Froelich, D: Marianne Hoppe, Olaf Bach, Albert Lieven

KRAMBAMBULI

A 1998, R: Xaver Schwarzenberger, D: Gabriel Barylli, Tobias Moretti

Ende des 19. Jahrhunderts in Mähren. Ein neuer Oberjäger kommt mit seiner Frau, um den gräflichen Forstbesitz gegen Wilderer zu verteidigen. Er handelt einem Betrunkenen im Wirtshaus dessen Hund ab, der so heißt wie des Mannes Lieblingsschnaps: Krambambuli.

Der Standard: »Die Geschichte, die der Film aus seiner Vorlage gewinnt, ist ziemlich alt: Zwischen zwei Männern tobt ein Kampf und alles ist darin Beiwerk oder Unterpfand. Es geht um den Hund, ums Revier, um die Frau – um die Ehre natürlich auch.«

Vorlage zu diesem Film war die berühmte Erzählung *Krambambuli* aus dem Zyklus der Dorf- und Schlossgeschichten, die Marie von Ebner-Eschenbach zwischen 1883 und 1886 veröffentlichte. 1940 wurde sie von Karl Köstlin zum ersten Mal verfilmt – mit Rudolf Prack (1905–1981) in der Rolle des Hans Bachinger, die Franz Antel 15 Jahre später dem 17 Jahre jüngeren Adrian Hoven gab, während Prack sich diesmal mit der Rolle des Braven und Soliden zufrieden geben musste. 1971 inszenierte Franz Antel mit *Was geschah auf Schloss Wildberg,* der auch unter dem Titel *Sie nannten ihn Krambambuli* gezeigt wurde, das Remake seines Remakes, nach-

Ruf der Wälder (1965, R: Franz Antel):
Terence Hill und Johanna Matz

461

Ruf der Wälder (1965, R: Franz Antel):
Hans-Jürgen Bäumler

dem er bereits 1965 mit *Ruf der Wälder* ein verkapptes Remake des Stoffes gedreht hatte.

1971 Was geschah auf Schloss Wildberg
A/BRD, R: Franz Antel, D: Michael Schanze, Christian Wolff, Fritz Wepper

1965 Ruf der Wälder
A, R: Franz Antel, D: Hans-Jürgen Bäumler, Terence Hill, Johanna Matz

1955 Heimatland
A, R: Franz Antel, D: Rudolf Prack, Adrian Hoven, Marianne Hold

1940 Krambambuli
D/A, R: Karl Köstlin, D: Rudolf Prack, Viktoria von Ballasko, Paula Pfluger

DIE KREUTZERSONATE

Krejzerowa sonata, UdSSR/BRD 1987, R: Michail Schweizer, Sofia Milkina, D: Oleg Jankowski, Irina Selesnjowa, Alexander Trofimow, Dimitri Pokrowski, Alla Demidowa, Alexander Kaljagin, Michail Glusski
Nach der gleichnamigen Erzählung von Leo Tolstoi: Der Rechtsgelehrte und Gutsbesitzer Posdnyschew hat, nachdem er sich – wie in seinen Kreisen üblich – im Bordell und bei kurzlebigen Liebschaften »die Hörner abgestoßen« hat, eine tugendsame Frau geheiratet. Sie erscheint ihm als Inbegriff von Reinheit und Schönheit. Doch die Ernüchterung folgt schon in den Flitterwochen. Beide beschuldigen einander des Egoismus, verkrallen sich in Selbstmitleid. Die beiden nun Aneinandergeketteten arrangieren sich in einem Lü

gengespinst von Gewohnheit und gesellschaflichen Zwängen. Das Erscheinen des Geigers Truchatschewski entlädt die hochgeheizte Spannung. In seiner Person und der sensibilisierenden Wirkung der Musik bündeln sich alle inzwischen verschütteten, nie ausgelebten Gefühle und Lebenserwartungen der unverstandenen Frau.
   Filmspiegel: »Wie es Michail Schweizer gelingt, untergründig lauernde destruktive Mechanismen aufzublättern, das lässt an Ingmar Bergman denken.«

1969 Kreitserova sonata
YU, R: Jovan Konjovic, D: Vera Cukic, Jovan Milicevic, Mirko Milisavljevic

1936/37 Kreutzersonate
D, R: Veit Harlan, D: Lil Dagover, Paul Bildt, Wolfgang Kieling, Hilde Körber

1914 Kreitserova sonata
RUS, R: Vladimir Gardin, D: Boris Orsky, Yelizaveta Uvarova, Lidiya Sychyova

1911 Kreitserova sonata
RUS, R: Pyotr Chardynin, D: Pyotr Chardynin, Ivan Mozzhukhin

DER KRIEG DER KNÖPFE

The War Of The Buttons, GB/F 1994, R: John Roberts, D: Liam Cunningham, Gregg Fitzgerald, Colm Meaney, John Coffey, Eveanna Ryan
Zwei Dörfer – zwei Kinderbanden – ein erbitterter Krieg. Warum die Jungen gegeneinander kämpfen, wissen sie selbst nicht so genau. Nur eines steht fest: Die jeweils anderen sind die Feinde, denen man mit allen Mitteln eine Niederlage beizubringen versucht. Und wehe dem, der als Kriegsgefangener ins feindliche Lager gerät. Ihm droht der Verlust von Knöpfen, Gürtel, Krawatte, Schnürsenkel. Eine fürchterliche Erniedri

Der Krieg der Knöpfe (1961, R: Yves Robert):
Kampf bis auf den Hosenknopf

Der Krieg der Knöpfe (1961, R: Yves Robert):
Petit Gibus

gung und dazu noch das Gejohle der Gegner, wenn er wieder in die Freiheit entlassen wird. Zum Waffenstillstand kommt es höchstens einmal, wenn ein unbeteiligter Dritter, zum Beispiel ein verletztes Kaninchen, zwischen die Fronten gerät ...

Fischer Film Almanach 1996: »Das Remake braucht den Vergleich mit seinem großen Vorläufer nicht zu scheuen.«

1961 Der Krieg der Knöpfe
La guerre des boutons, F, R: Yves Robert, D: Pierre Trabaud, Jean Richard

KRIEG UND FRIEDEN
War And Peace, UdSSR 1968, R: Sergej Bondartschuk, D: Igor Alekseyev, A. Bakhar, Jean-Claude Ballard, Sergej Bondartschuk, L. Borisenko, Aleksandr Borisov, Stanislav Chekan, Yuri Chekulayev, Giuli Chokhonelidze, Dzhemma Firsova, Kira Golovko, Yuri Grigoryev, Irina Gubanova, Galina Kravchenko

Leo Tolstois (1828–1910) monumentaler Buch-Klassiker *Krieg und Frieden* über das Russland zur Zeit von Zar Alexander I. wurde (neben einer 20-teiligen Fernseh-Fassung der BBC aus dem Jahr 1973 mit Anthony Hopkins) insgesamt fünfmal verfilmt, wobei im Westen hauptsächlich King Vidors 1955er-Adaption mit Audrey Hepburn, Henry Fonda, Mel Ferrer und Vittorio Gassman beim breiten Publikum Beachtung fand. Zwei sowjetische Stummfilme über den Stoff entstanden bereits im Jahr 1915, und von 1963 bis 1967 schließlich realisierte Sergej Bondartschuk seinen 70-mm-Großfilm in Sovcolor, der Tolstois Roman auf einer Gesamtlänge von beachtlichen

507 Minuten umsetzt. Die einzelnen Teile sind nach den im Vordergrund stehenden Helden benannt: *Andrej Bolkonski* (die Ereignisse des Jahres 1805), *Natascha Rostowa* (1807/1812), *Das Jahr 1812* (Beginn des Vaterländischen Krieges und die Schlacht von Borodino) und *Pierre Besuchow* (Vertreibung der Interventen aus Russland). Das Hauptthema ist der Patriotismus: Die Liebe zur Heimat ist die Triebkraft allen Handelns der Haupt- und Nebenfiguren. Interessant ist Bondartschuks Versuch, die philosophischen Exkurse des Romans mit filmischen Mitteln wiederzugeben, sowohl durch den poetischen, verallgemeinerten Bildcharakter (zum Beispiel die Landschaft mit der alten Eiche auf dem Gut Bolkonskis) als auch durch die breiten Panoramaaufnahmen.

Die ARD präsentierte 1979 erstmals Bondartschuks Fassung in der Bundesrepublik, wo seinerzeit nur eine stark verstümmelte Version zum Einsatz kam, eine längere, von der DEFA synchronisierte Fassung. »Wir wollten nichts erfinden und nichts hinzufügen«, erklärte Bondartschuk damals, »Tolstoi ist der Autor des Films.« Dennoch hegte die Kritik vor allem in westlichen

Krieg und Frieden (1968, R: Sergej Bondartschuk)

Krieg und Frieden (1968, R: Sergej Bondartschuk): Ljudmila Saweljewa

Ländern einige Zweifel an der Qualität des gigantischen Projekts mit umgerechnet 192 Millionen Mark Produktionskosten. Zwar bescheinigte man Bondartschuks Film weitaus größere Treue zur literarischen Vorlage als Vidors opulentem Schlachtengemälde, das *Krieg und Frieden* weitgehend auf den Krieg reduzierte und die psychologische Ausleuchtung der Figuren auf dem niedrigen Niveau gängiger Hollywood-Melodramen betrieb. Doch etliche Kritiker, wie etwa der kanadische Filmhistoriker Peter Morris, hielten das Bondartschuk-Werk für eine »allzu pedantische Umsetzung, die gleichwohl nichts von Tolstois erzählerischer Wucht und dem Geist des Romans wiedergibt«.

1956 Krieg und Frieden
War And Peace, USA, R: King Vidor, D: Audrey Hepburn, Henry Fonda, Mel Ferrer

Unten: Krieg und Frieden (1956, R: King Vidor): Audrey Hepburn, May Britt und Jeremy Brett
Rechts: Krieg und Frieden (1956)

1915 Natasha Rostova
RUS, R: Pyotr Chardynin, D: Vera Coralli, P. Lopukhin, Ivan Mozzhukhin
1915 Vojna i mir
RUS, R: Vladimir Gardin, Yakov Protazanov, D: Vladimir Gardin, Osip Runich

KRIMINALTANGO

A 1960, R: Géza von Cziffra, D: Peter Alexander, Vivi Bach, Rudolf Vogel, Günther Lüders, Boy Gobert, Fritz Muliar

Der verarmte Sonnyboy Peter Martens bricht in seine zum Verkauf stehende Villa ein, in der sich bereits die Einbrecher Boxer-Franz, Taschen-August und Klau-Maxe einquartiert haben. Er gibt sich ihnen gegenüber als Kollege aus. Dem später eintreffenden Haushüter Albert und dessen reizender Nichte Inge spielt er jedoch den wohlhabenden Gentleman vor. Inge verliebt sich darauf in ihn ...

TV Spielfilm: »Das Remake seines eigenen Films *Gefährliche Gäste* (1949) inszenierte Géza von Cziffra fast gänzlich gag- und niveaufrei. Harm- und charmeloses Komödchen ohne Witz.«

1949 Gefährliche Gäste
BRD, R: Géza von Cziffra, D: Wolf Albach-Retty, Vera Molnar, Paul Kemp

DER KÜHNE SCHWIMMER

BRD 1957, R: Karl Anton, D: Gunther Philipp, Susanne Cramer, Gunnar Möller, Ruth Stephan, Boy Gobert, Walter Gross, Ursula Herwig, Elsie Attenhofer, Franz Muxeneder, Hanita Hallan, Franz Fröhlich, Hilde Berndt

Otto von Senff, Fabrikant von Damenwäsche, und sein Freund, der Tierarzt Dr. Sommer, machen Urlaub an einem Bergsee. Dr. Sommer möchte dem Nichtschwimmer Otto sowohl das Schwimmen als auch die Grundbegriffe des Flirtens beibringen. Gelegenheit bietet sich dazu, als die beiden unterwegs zwei hübsche Mädchen kennen lernen.

H. J. Helmers *(Filmblätter)*: »Die Regie betont das Schwankhafte der Vorlage und ließ den unzähligen Einfällen Philipps dementsprechend freien Lauf. Gross assistiert dabei treuherzigblubberig und verliebt in die zurückhaltend komische Sekretärin von Ruth Stephan, der Susanne Cramer schlacksig blond und kauderwelschend ein sanfter Chef ist. Ein sympathisches Paar am Rande ist Möller als hyperkorrekter Doktor der Philosophie und Ursula Herwig in angenehmer Lieblichkeit. Das Publikum lacht oft und laut, und wo man lacht, da füllen sich mit Sicherheit die Kassen.«

1967 entstand eine TV-Inszenierung des Bühnenstücks mit Willy Millowitsch, Lotti Krekel und Helga Kruck.

1934 Der kühne Schwimmer

D, R: Georg Jacoby, D: Eric Ode, Ralph Arthur Roberts, Susi Lanner, Ida Wüst

DER KURIER DES ZAREN

Il corriere dello zar, BRD/I 1999, R: Fabrizio Costa, Drb: Enrico Medioli, Patrizia Pistagnesi nach dem Roman von Jules Verne, K: Giancarlo Ferrando, M: Marco Frisina, S: D: Paolo Seganti (Michael Strogoff), Lea Bosco (Nadja), Hardy Krüger jr. (Iwan Ogareff), Esther Schweins (Sangarra), Heio von Stetten (Jules Vermont), Daniel Ceccaldi (Graf Krasow), Giovanni Lombardo Radice (Feofar Khan), Lorenzo Mattei (Boris), Siegfried Rauch (Zar), Jana Kolesarova (Olga), Juraj Rasla (Peter), Imre Boraros (Pater Sergej)

Hauptmann Michael Strogoff, der beste Offizier des Zaren, wird für seinen Mut im Kampf gegen die Tataren mit dem Andreasorden ausgezeichnet. Strogoff hat den Verräter Iwan Ogareff enttarnt, der sich bitter rächt, indem er Strogoffs Frau Olga tötet. Für Strogoff bricht eine Welt zusammen. Nur mühsam kann der innerlich Gebrochene seine Kräfte sammeln, als er einen neuen, wichtigen Auftrag erhält. Strogoff soll den jungen Thronfolger Boris beschützen, der auf dem sibirischen Schloss des Grafen Krasow und dessen Tochter Nadja versteckt gehalten wird. Der Tatarenfürst Feofar Khan will in Russland die Macht an sich reißen und hat Ogareff befohlen, den Thronfolger zu töten. Bevor Ogareff durch seine Spione die Zuflucht des Thronfolgers ausfindig machen kann, lässt Krasow Boris in Sicherheit bringen. Ogareff zwingt den Grafen, das neue Versteck des Jungen preiszugeben, doch der Graf weigert sich. Um das Leben ihres Vaters zu retten, unterbreitet Nadja dem Verräter das Angebot, den unter falschem Namen anreisenden Kurier des Zaren zu enttarnen. Als sie herausfindet, dass Strogoff der Kurier ist, verliebt sie sich in ihn. Um ihn nicht zu verraten, heckt sie einen geschickten Plan aus, um Ogareff zu täuschen. Der Verräter ist von Nadja fasziniert und will sie zu seiner Geliebten machen. Obwohl

*Der Kurier des Zaren
(1970, R: Eriprando Visconti): J. Phillip Law*

Ogareffs Begleiterin, die Zigeunerin Sangarra, eifersüchtig ist, hilft sie der Rivalin, Ogareff zu entkommen ...

Strogoff soll den Verräter Ogareff verhaften, der in den Diensten des Tatarenfürsten Feofar Khan steht. Als Strogoff sich an das Lager Khans heranpirscht, ahnt er nicht, dass Nadja den Fürsten aufgesucht hat, um die Freilassung ihres Vaters, Graf Krasows, zu erbitten. Khan ist beeindruckt von Nadja, verweigert jedoch die Freilassung des Grafen, worauf Nadja mit Hilfe der Zigeunerin Sangarra ihren Vater aus dem Kerker befreien kann. Doch die Flucht misslingt, der Graf wird erschossen, und Strogoff fällt in die Hände Feofar Khans. Der Tatarenfürst will den russischen Offizier zur Kooperation bewegen und bietet ihm sogar an, sich an seinem Erzrivalen Ogareff zu rächen. Als Strogoff ablehnt, lässt Khan ihn mit einem glühenden Schwert blenden. Mit Entsetzen hat Nadja dem grausigen Spektakel beigewohnt und nimmt sich jetzt des hilflosen Strogoffs an. Nadja gesteht Strogoff ihre Liebe. Den beiden gelingt die Flucht, worauf sie sich besorgt nach Irkutsk aufmachen, nicht wissend, dass Ogareff und seine Schergen ihnen heimlich folgen. Als Nadja und Strogoff das Kloster betreten, in dem sich der Thronfolger versteckt hält, hat Ogareff dort längst ein Massaker angerichtet. Um seinen Triumph voll auszukosten, schreckt Ogareff nicht davor zurück, den blinden Strogoff zu einem ungleichen Duell herauszufordern ...

Das *Lexikon des internationalen Films* schimpft: »Eine Garde junger (Fernseh-)Schauspieler wird mit einem enttäuschenden bis desaströsen Ergebnis ins Feld geführt: Kaum ein Darsteller verleiht seiner Rolle Profil und verschwindet im Pomp einer extrem aufwendigen Inszenierung, die nur an Kulissen und Kostümen, nicht aber am Profil der Figuren interessiert ist.«

Dagegen hält die *Fernsehwoche* den historischen Zweiteiler für einen »ziemlich verwegenen Trip für alle Nostalgie-Fans.« Und weiter: »Kabarettistin Esther Schweins spielt die rassige Zigeunerin in diesem spannenden Film. Und unser TV-Sonnyboy Hardy Krüger jr. mimt den großen Fiesling. Seien Sie versichert: Die beiden sind einfach Spitze in diesem rasanten Abenteuer!«

1999 Der Kurier des Zaren

Il corriere dello zar, BRD/I, R: Fabrizio Costa, D: Hardy Krüger jr., Esther Schweins

1976 Michael Strogoff

Michel Strogoff, BRD/F, R: Jean-Pierre Decourt, D: Raimund Harmstorf

»Jules Vernes Roman gedieh zu einem Action-gespickten Spektakel voll atemberaubender Spannung. Und Raimund Harmstorf ist auch als Strogoff in Top-Form.« *(Main-Post)*

*Unten: Der Kurier des Zaren
(1956, R: Carmine Gallone): Curd Jürgens
Rechts: Der Kurier des Zaren (1956)*

1970 Der Kurier des Zaren

Michel Strogoff, le courrier du Tsar, BRD/I/F, R: Eriprando Visconti, D: J. Phillip Law

»Trotz hübscher Kostüme und aufwendiger Schlachten ist von dem vom Verleih versprochenen ›faszinierenden Kinoerlebnis‹ nichts zu spüren.« *(TV Spielfilm)*

1961 Oberst Strogoff

Le Triomphe de Michel Strogoff, F/I, R: Viktor Tourjansky, D: Curd Jürgens

1956 Der Kurier des Zaren

Michel Strogoff, F/I/JUG/BRD, R: Carmine Gallone, D: Curd Jürgens

»Ein fantasievolles farbiges Breitwand-Kolossalgemälde vom Tatarenaufstand gegen Russland. Mehr Quantität als Qualität. Wer weit weg vom Leben und der Wirklichkeit sich einmal an Abenteuern, Attacken und Gefechten schadlos halten will, kann es hier tun.« *(Evangelischer Filmbeobachter)*

Von links nach rechts unten:
- *Der Kurier des Zaren*
  (1935, R: Richard Eichberg): Adolf Wohlbrück
- *Kuss vor dem Tode (1991, R: James Dearden):*
  Matt Dillon und Sean Young
- *Kuss vor dem Tode (1991):*
  Sean Young und Matt Dillon

1935 Michel Strogoff/Le courrier du tzar

F, R: Jacques de Baroncelli, Richard Eichberg, D: Adolf Wohlbrück

Im Juni 1934 gelingt es Richard Eichberg, mit der Societé International Paris einen Vertrag über eine Serie von deutsch-französischen Co-Produktionen abzuschließen. 1935 entsteht *Michel Strogoff* (Regie mit Jacques de Baroncelli), dessen deutsche Version *Der Kurier des Zaren* von Eichberg allein verantwortet wird.

1935 Der Kurier des Zaren

D, R: Richard Eichberg, D: Adolf Wohlbrück, Lucie Höflich

KUSS VOR DEM TODE

A Kiss Before Dying, USA 1991, R: James Dearden, D: Sean Young, Matt Dillon, Max von Sydow, Diane Ladd, James Russo, Joy Lee, James Bonfanti, Sarah Keller, Martha Gehman, Lia Chang, Yvette Edelhart, Jim Fyfe

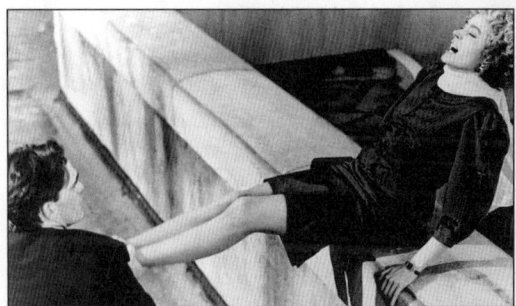

Kuss vor dem Tode (1956, R: Gerd Oswald):
Robert Wagner und Virginia Leith

Nach einem Roman von Ira Levin: Zielstrebig lernt der besitzlose Jonathan Corliss die junge Sozialarbeiterin Ellen in New York kennen. Ellen findet den jungen Mann unwiderstehlich, mag die Art, wie er sich um junge Ausreißer und Drogensüchtige kümmert. Was sie nicht ahnt: Jonathan, der sich als ihr Kollege vorstellt, ist in Wirklichkeit der Mörder ihrer Zwillingsschwester Dorothy.

Frank Schnelle *(tip)*: »Eine weitere Neubearbeitung eines kleinen Films aus Hollywoods großer Zeit: das Remake des gleichnamigen Films von Gerd Oswald aus dem Jahr 1956. Matt Dillon spielt einen Psychopathen mit Milchbubigesicht, der einen Lebensplan verfolgt. Um in die Vorstandsetage eines Kupfer-Konzerns zu gelangen, bringt er zunächst die Tochter des Firmenbosses um und heiratet dann deren Schwester. Ein passabler Thriller, dem man jedoch sein knappes Budget und das Tempo, mit dem er gedreht wurde, ansieht. Sean Young (in einer Doppelrolle) ist eine Augenweide.«

1956 Kuß vor dem Tode

A Kiss Before Dying, USA, R: Gerd Oswald, D: Robert Wagner, Jeffrey Hunter

L

LADY CHATTERLEY

GB 1995, R: Ken Russell, D: Joely Richardson, Sean Bean, James Wilby, Shirley Ann Field, Hetty Baynes, Ken Russell

Nach dem Roman von D. H. Lawrence: Eine fürs Fernsehen entstandene Verfilmung des bei seinem Erscheinen im Jahr 1928 als Pornografie geschmähten Romans, der in England bis 1959 und in den USA bis 1960 als obszön verboten war. England kurz nach dem Ersten Weltkrieg. Die Ehe von Lady Chatterley und Sir John steht unter einem bösen Stern, weil er auf Grund einer Kriegsverletzung impotent ist. Lady Chatterley gibt sich schließlich dem Wildhüter Oliver Mellors hin ...

Lexikon des internationalen Films: »Eine um Werktreue bemühte Adaption, mit der sich Ken Russell gegen borniertes Klassendenken, Standesdünkel und Prüderie wendet. Die ›skandalösen‹ Liebesszenen bescherten dem Film in England höchste Einschaltquoten.«

1989 Lady Chatterley Story
I, R: Lawrence Webber, D: Malù, Maurice Poll, Micaela, Carmen Di Pietro

1981 Lady Chatterleys Liebhaber
Lady Chatterley's Lover, GB/F, R: Just Jaeckin, D: Sylvia Kristel, Shane Bryant

1955 Die Liebe der Lady Chatterly
L'amant de Lady Chatterly, F, R: Marc Allégret, D: Danielle Darrieux, Leo Genn

LADY HAMILTON – ZWISCHEN SCHMACH UND LIEBE

Les Amours de Lady Hamilton, F/I/USA/BRD 1969, R: Christian-Jaque, D: Richard Johnson, Michèle Mercier, John Mills, Harald Leipnitz, Boy Gobert, Gabriella Giorgelli, Venantino Venantini, Dieter Borsche, Mario Pisu, Gisela Uhlen, Nadja Tiller

Sir William Hamilton, seines Zeichens Botschafter im Königreich Neapel, ist entzückt von der jungen Emma Hart, als diese im Frühjahr 1786 in seinem Palast eintrifft. Er hat sie zusammen mit ihrer Mutter nach Neapel kommen lassen, um zu verhindern, dass Emma seinen Neffen heiratet, denn ihre Herkunft lässt zu wünschen übrig. Ihre Schönheit und ihr Charme faszinie-

Links: Lady Chatterleys Liebhaber (1981, R: Just Jaeckin): Sylvia Kristel
Unten: Lady Chatterleys Liebhaber (1981): Sir oder Wildhüter?

ren den reichen Kunstfreund jedoch derart, dass aus Emma Hart Lady Hamilton wird. Als Vertraute der Königin spielt die junge Frau des Botschafters auch politisch in Neapel bald eine Rolle. So kann sie Kapitän Horatio Nelson helfen, als er im Kampf gegen die Franzosen die Unterstützung des Herrscherhauses braucht. Jahre vergehen, bis die beiden sich wieder sehen. Nelsons Siege haben ihn nicht nur bei seinen Landsleuten berühmt gemacht, aber auch gezeichnet. Auf Lady Hamilton wirkt der ungewöhnliche Mann noch stärker als bei ihrer ersten Begegnung, und so wird sie seine Geliebte. Nicht zuletzt ihretwegen riskiert Nelson viel, als in Neapel die Revolution ausbricht. Dafür muss er sich in London verantworten. Lady Hamilton begleitet ihn dorthin und wird so Zeugin des triumphalen Empfangs, den ihm seine Landsleute bereiten. Als Nelson 1805 in der Schlacht von Trafalgar fällt, bedeutet das für Lady Hamilton nicht nur den Verlust ihres kurzen privaten Glücks. Auch ihre ungewöhnliche gesellschaftliche Karriere geht ihrem Ende zu.

TV Spielfilm Lexikon: »Der Film kann nicht als ernst zu nehmende Biografie einer historischen Persönlichkeit gelten, sondern allenfalls als unterhaltsames Kostüm-Drama auf *Angélique*-Niveau. Mercier ist als Emma wunderschön und darf ihre körperlichen Reize mehr als einmal zur Schau stellen, doch nimmt auch ihre Darstellung dem ganzen Unternehmen nicht den Eindruck des Oberflächlichen, Spekulativen. Wesentlich besser ist da schon John Mills als ihr gehörnter Ehemann, während Nadja Tillers lesbische Königin von Neapel sich hart an der Grenze zur Karikatur bewegt. Lady Hamilton entstand aus Kostengründen in den Budapester Mafilm-Studios, doch trotzdem verschlangen die aufwendigen Dreharbeiten noch 5,3 Millionen DM.«

Als Sir Alexander Korda 1941 diese historische Lovestory mit opulenter Ausstattung und großer Besetzung drehte, hatte der Film zu seiner Entstehungszeit auch große propagandistische Wirkung und galt als Lieblingsstreifen Winston Churchills, der in Nelson-Zitaten wie »Man kann mit Diktatoren nicht Frieden schließen, man muss sie vernichten« deutliche Parallelen zu seinem Krieg gegen Hitler sah.

1941 Lord Nelsons letzte Liebe
Lady Hamilton, GB, R: Alexander Korda, D: Vivien Leigh, Laurence Olivier

1929 Die ungekrönte Königin
The Divine Lady, USA, R: Frank Lloyd, D: Corinne Griffith, Victor Varconi
1926 Nelson
GB, R: Walter Summers, D: Cedric Hardwicke, Gertrude McCoy, Frank Perfitt
1918 Nelson
GB, R: Maurice Elvey, D: Donald Calthrop, Malvina Longfellow, Ivy Close

DIE LADY OHNE ERINNERUNG
The Lady Forgets, USA 1989, R: Bradford May, D: Donna Mills, Greg Evigan, Roy Dotrice, Lon Katzman, Andrew Robinson

Nach einem Roman von Cornell Woolrich: Ein durch einen Sturz ausgelöster Gedächtnisverlust konfrontiert eine junge Frau mit ihrer zweiten Identität. Sie scheint für zwei Jahre von der Bildfläche verschwunden gewesen zu sein, ihre Arbeitsstelle ist neu besetzt, ihr Mann hat eine Geliebte. Gemeinsam mit einem Freund, einem Maler, stellt sie Nachforschungen an und findet heraus, dass sie offensichtlich in einen Mord verwickelt ist.

Lexikon des internationalen Films: »Ein geschickt verrätselter (Fernseh-)Film in Anlehnung an den reizvollen Kriminalroman Der schwarze Vorhang von Cornell Woolrich.«

Im Roman ist die Hauptfigur ein Mann, der für lange Zeit sein Gedächtnis verloren und offensichtlich während dieser Zeit eine andere Identität hatte.

1942 Der schwarze Vorhang
Street Of Chance, USA, R: Jack Hively, D: Burgess Meredith, Claire Trevor

LADY WINDERMERES FÄCHER
D 1935, R: Heinz Hilpert, D: Lil Dagover, Paul Dahlke, Ilse Fürstenberg, Karl Günther, Ernst Karchow, Ilse Mengel, Fritz Odemar, Walter Rilla, Heinz Salfner, Karl Ludwig Schreiber, Hanna Waag, Grethe Weiser

Nach einer Komödie von Oscar Wilde: Wegen ihrer unziemlichen Lebensweise wurde Mrs. Erlynne von der feinen Londoner Gesellschaft verstoßen. Ihre Tochter Lady Windermere hat ihre totgeglaubte Mutter zum Ideal erhoben, als diese 20 Jahre später zurückkehrt, sich aber nicht zu erkennen gibt.

Lexikon des internationalen Films: »Kultivierte Verfilmung des Bühnenstücks von Oscar Wilde durch einen prominenten Theaterregisseur, der – trotz häufigeren Szenenwechsels und eingestreuter Außenaufnahmen – dem Stil der Bühne treu bleibt.«

Frieda Grafe: »In Hollywood verfilmte Lubitsch 1925 *Lady Windermere's Fan*. Der Film bewies, dass Oscar Wildes berühmte Epigramme sehr wohl auch ohne Sprache existieren können. Er ist die reine Augenweide, auch heute noch.«

Otto Preminger drehte 1949 in den USA unter dem Titel *The Fan* ein Remake, die Hauptrollen spielten Jeanne Crain, Madeleine Carroll und George Sanders.

1925 Lady Windermeres Fächer

Lady Windermere's Fan, USA, R: Ernst Lubitsch, D: *May McAvoy, Wilson Benge*

LAILA – LIEBE UNTER DER MITTERNACHTSSONNE

S/BRD 1958, R: Rolf Husberg, D: Erika Remberg, Edvin Adolphson, Isa Quensel, Birger Malmsten, Joachim Hansen, Ann-Marie Gyllenspetz, Alfred Maurstad, Anna-Lisa Wenström, Rune Ottoson, Birger Lensander, Bengt Eklund
Während eines wütenden Sturms und von Wölfen verfolgt, finden der Lappenkönig Aslak und seine Frau mitten im Schnee ein kleines Mädchen. Ihr Kinderwunsch blieb bisher unerfüllt. Deshalb nehmen sie die kleine Laila zu sich und ziehen sie wie ihre eigene Tochter auf. Sie lehren sie mit dem Lasso umzugehen und Wild zu jagen. Aber Laila möchte viel lieber lesen und lernen. Als sie sich in einen jungen Mann verliebt und ihn heiraten will, gerät sie mit ihrem Vater in Konflikt. Er hat sie bereits einem reichen Kaufmann versprochen ...

1937 Laila

S/DK, R: George Schnéevoigt, D: Carl Deurell, Peter Höglund, Otto Landahl

1929 Laila

N, R: George Schnéevoigt, D: Mona Mårtenson, Tryggve Larssen

LAND DER GESETZLOSEN

The Virginian, USA 2000, R: Bill Pullman, D: Bill Pullman, Diane Lane, John Savage, Dennis Weaver, James Drury, Harris Yulin, Gary Farmer, Colm Feore, Brent Stait, Mark Anderako, Maureen Rooney, Jessica Blatt, Arnold Lawson
Nach einem Roman von Owen Wister: Die hübsche Molly Wood kommt als junge Lehrerin nach Wyoming, wo sich gleich zwei nette Cowboys um sie bemühen. Virginia, Vormann auf einer Ranch, hat nach anfänglichen Schwierigkeiten mehr Erfolg als sein Freund Steve; als er Steve bei einem Viehdiebstahl erwischt und mit seinen Männern Selbstjustiz übt, droht er Molly jedoch zu verlieren. Erst durch eine dramatische Konfrontation mit einem gefürchteten Revolverhelden finden die beiden wieder zusammen.

ComputerBild: »Ein klassischer Westernstoff, von Pullman solide umgesetzt.«

Owen Wisters 1902 erschienener Roman *The Virginian*, beispielhaft für die Mythenbildung um den Wilden Westen, wurde in Amerika zuvor schon viermal verfilmt: 1914 von Cecil B. DeMille, 1923 von Tom Forman, 1929 von Victor Fleming, 1946 von Stuart Gilmore. 1929 spielte Gary Cooper die Titelrolle, es war sein erster Western-Erfolg in einer Rolle, die die berühmte Figur des Sheriffs in *High Noon* in entscheidenden Punkten vorwegnahm.

1946 Der Mann aus Virginia

The Virginian, USA, R: Stuart Gilmore, D: Joel McCrea, Brian Donlevy

1929 Trampas – Der Viehdieb

The Virginian, USA, R: Victor Fleming, D: Gary Cooper, Walter Huston, Mary Brian

1923 The Virginian

USA, R: Tom Forman, D: Kenneth Harlan, Florence Vidor, Russell Simpson

1914 The Virginian

USA, R: Cecil B. DeMille, D: Dustin Farnum

DAS LAND DES LÄCHELNS

BRD 1961, R: Kurt Wilhelm, D: Gerhard Riedmann, Wera Frydtberg, Gerlinde Locker, Ernst Stankovski, Herbert Kersten, Erich Nikowitz, Kurt Großkurth, Toni Brinkmeyer, Elisabeth Stiepl, Christine Buchegger, Gerda Maren
Der indonesische Prinz Sou lernt am Wiener Konservatorium Professor Lichts Nichte Lissy kennen und lieben und nimmt sie mit in seine Heimat, wo die beiden heiraten. Auf Druck des konservativen Staatsrates muss er noch eine zweite Frau – eine Einheimische – heiraten und entfremdet sich dadurch seiner Frau Lissy. Nach langen Kämpfen gibt er ihr schließlich wieder die Freiheit, und sie kehrt nach Hause zurück. 1973 entstand eine TV-Fassung der Operette *Das Land des Lächelns* mit René Kollo in der Hauptrolle.

1952 Das Land des Lächelns

BRD, R: Hans Deppe, Erik Ode, D: Martha Eggerth, Jan Kiepura, Walter Müller

1930 Das Land des Lächelns

D, R: Max Reichmann, D: John Georg, Bruno Kastner, Hella Kürty

LANDRU

F 1962, R: Claude Chabrol, D: Charles Denner, Danielle Darrieux, Michèle Morgan, Juliette Mayniel, Catherine Rouvel, Mary Marquet, Hildegard Knef, Stéphane Audran, Denise Provence, Françoise Lugagne, Serge Bento, Diana Lepvrier, Gisèle Sandre, Jean-Louis Maury, Raymond Queneau, Jean-Pierre Melville

Während des Ersten Weltkriegs sucht der unscheinbare Möbelhändler Landru per Heiratsannonce die Bekanntschaft vermögender, nicht mehr ganz junger Frauen. Sie erliegen seinem überwältigenden Charme und seiner Fähigkeit, sich auf jede dieser unterschiedlichen Damen einstellen zu können. Er führt sie nacheinander in sein Landhaus, lässt sich von den schmachtenden Frauen das Vermögen überschreiben, bringt sie um und verbrennt die Leichen im Küchenofen. Mit Ende des Krieges stellt auch er das Morden ein – eingeblendete Weltkriegsszenen stellen den Bezug zu den Schlachtfeldern her –, widmet sich wieder seiner Familie und der Geliebten Fernande, wird eines Tages aber von Madame Laporte, Schwester der verschwundenen Célestine Buisson, erkannt, dann verhaftet und vor Gericht ge-

Unten: Der Tag bricht an
(1939, R: Marcel Carné): Jean Gabin und Arletty
Rechts: Der Tag bricht an
(1939): Was für ein Schwamm

stellt. Landru ist ein Pedant, in seinem Notizbuch finden sich genaue Angaben zu den verschwundenen Frauen. Er wird zum Tode verurteilt und hingerichtet, ohne die Morde gestanden zu haben.

Rheinische Post: »Françoise Sagan schrieb das Drehbuch ... Charlie Chaplins *Monsieur Verdoux* behandelte das gleiche Thema.«

1947 Monsieur Verdoux

Monsieur Verdoux – A Comedy Of Murder, USA, R: Charlie Chaplin, D: Charlie Chaplin, Mady Correll, Allison Roddan

DIE LANGE NACHT

The Long Night, USA 1947, R: Anatole Litvak, D: Henry Fonda, Vincent Price, Barbara Bel Geddes, Ann Dvorak, Howard Freeman, Moroni Olsen, Elisha Cook jr.

In den Stunden vor seiner Verhaftung denkt ein Mann noch einmal über die einzelnen Stationen seines Lebens nach. Er sieht sich wieder als jungen Arbeiter, der ein eintöniges, aber friedliches Dasein führte, der sich eines Tages in ein junges Mädchen verliebte, bis dieses Glück durch einen zynischen Nebenbuhler zerbrochen wurde. Er erinnert sich an die furchtbare Stunde, als er zum Mörder wurde und durchlebt noch einmal alle

Qualen der Eifersucht, die ihn zu seiner Tat hingerissen hat.

Hilde Bold *(Filmblätter)*: »Anatole Litvak hat den ehemaligen Carné-Stoff 1947 noch einmal verfilmt. Er ist dabei härter und vordergründiger vorgegangen, drückt sehr auf Tempo, ist scharf in der Milieuzeichnung. Die lyrische Melancholie des französischen Vorbildes fehlt – dafür ist die psychologische Exaktheit amerikanischer Kriminalreißer gewonnen worden. Fonda in der Rolle Jean Gabins hebt durch die Qualität seiner Darstellung den Film weit über das Niveau der üblichen Thriller.«

1939 Der Tag bricht an
Le jour se lève, F, R: Marcel Carné, D: Jean Gabin, Arletty, Jules Berry

LASSIE
USA 1994, R: Daniel J. Petrie, D: Tom Guiry, Helen Slater, Jon Tenney, Brittany Boyd, Frederic Forrest, Richard Farnsworth, Michelle Williams, Joe Inscoe, Charlie Hofheimer

Steve Turner kehrt nach dem Tod seiner Frau mit Sohn Matt der Großstadt den Rücken, um auf dem Land als Schafzüchter ein neues Leben zu beginnen. Vor allem Matt fühlt sich anfangs sehr allein in der neuen Umgebung. Doch dann läuft den Turners Lassie, eine Collie-Hündin, zu, die bald zu Matts treuer Begleiterin wird. Als schließlich die Streitereien mit den unliebsamen Nachbarn, denen Turners Schafzucht ein Dorn im Auge ist, eskalieren, beweist Lassie ihre Qualitäten. Als Star von neun abendfüllenden Filmen und mehr als 600 TV-Episoden gilt *Lassie* auf der ganzen Welt als Symbol für Liebe, Mut und Treue. *Lassie* war ursprünglich eine Kurzgeschichte von Eric Knight, die 1938 in der *Saturday Evening Post* erschien. Bald danach kam der ausgedehnte Roman *Lassie Come Home* und darauf basierte der klassische MGM-Film *Heimweh* mit Roddy McDowell und der jungen Elizabeth Taylor. »Wie der erste Lassie-Film *Heimweh (Lassie Come Home)* ist *Lassie* wieder die Geschichte der Bindung eines Jungen zu seinem Hund«, sagt Regisseur Daniel Petrie.

taz: »Billy Wilder hat mal gesagt, das Breitwandformat sei ideal dazu, das Liebesleben eines Dackels zu verfilmen. Auf diesen Film warten wir leider immer noch vergebens, aber jetzt können wir immerhin den berühmtesten Collie der Welt dabei erleben, wie er auf der großen Leinwand mit dem Schwanz wedelt. Nie war die Welt heiler als in den schwarz-weißen Fernsehabenteuern von Lassie, und so verspricht auch dieses Hollywood-Produktion schönsten Eskapismus für die ganze Familie.«

1978 Unsere Lassie
The Magic Of Lassie, USA, R: Don Chaffey, D: James Stewart, Michael Sharrett

Links: Lassie (1994, R: Daniel J. Petrie):
Tom Guiry, Helen Slater, Jon Tenney,
Brittany Boyd und Richard Farnsworth
Unten: Lassie (1994, R: Daniel J. Petrie):
Lassie will einen Job als Kameramann

1943 Heimweh

Lassie Come Home, USA, R:, D: Roddy McDowall, Elizabeth Taylor

LASSITER – ERBARMUNGSLOS UND GEFÄHRLICH

Riders Of The Purple Sage, USA 1996, R: Charles Haid, D: Ed Harris, Amy Madigan, Henry Thomas, Robin Tunney

Jane betreibt in einem Tal des US-Westens eine große Ranch. Obgleich umworben, will sie von den Männern nichts wissen. Das schafft ihr Feinde. Der Pastor und seine Schafe schikanieren Jane. Doch da kommt ihr ein Fremder zu Hilfe. Im Tal heißt es bald, der geheimnisvolle Fremde mit schulterlangem Haar sei ein Killer. Ist das wahr? Die Neuverfilmung von Zane Greys romantischer Westernstory wird zu einer Saga mit Frauenpower.

1941 Riders Of The Purple Sage

USA, R: James Tinling, D: George Montgomery, Mary Howard, Robert Barrat

1931 Riders Of The Purple Sage

USA, R: Hamilton MacFadden, D: George O'Brien, Marguerite Churchill, Noah Beery

1925 Riders Of The Purple Sage

USA, R: Lynn Reynolds, D: Tom Mix, Mabel Ballin, Beatrice Burnham

1918 Riders Of The Purple Sage

USA, R: Frank Lloyd, D: William Farnum, William Scott, Marc Robbins

LAST EXIT RENO

Sydney, USA 1996, R: Paul Thomas Anderson, D: Philip Baker Hall, John C. Reilly, Gwyneth Paltrow, Samuel L. Jackson, F. William Parker, Philip Seymour

Hoffman, Nathanael Cooper, Wynn White, Robert Ridgely, Kathleen Campbell

Der alternde Profispieler Sydney nimmt sich des heruntergekommenen Joes an. Der braucht 6.000 Dollar für die Beerdigung seiner Mutter. Die kann Sidney ihm zwar nicht bieten, aber 50 Dollar und eine Fahrt nach Las Vegas. Dort weiht er Joe in die Finessen des professionellen Spiels ein. Aus der ›Zufalls‹-Bekanntschaft wird ein Vater-Sohn-ähnliches Team, das erst durch die Casinoangestellte und Hobbynutte Clementine auseinander gerissen wird. Die Geiselnahme eines nicht zahlenden Freiers ist der Anfang vom Ende...

VideoWoche: »Atmosphärisch dichtes Spielerdrama, das einzelne Längen mit exzellenten Darstellerleistungen ausgleicht. Die ruhig erzählte Geschichte um Mord und (mehr oder weniger) Sühne hält einige überraschende Thrillermomente sowie eine Portion Witz parat. Samuel L. Jackson *(Tödliche Weihnachten)* als großspuriger Spieler und aufsteigender Stern am Hollywood-Himmel Gwyneth Paltrow als Clementine liefern ansprechende Performances. Drama-Thriller-Mix der etwas anderen Art.«

1993 Cigarettes And Coffee

USA, R: Paul Thomas Anderson, D: Kirk Baltz, Scott Coffey, Miguel Ferrer

LAST MAN STANDING

USA 1996, R: Walter Hill, D: Bruce Willis, Christopher Walken, Bruce Dern, William Sanderson, Karina Lombard

Jericho ist ein gottverlassenes Nest im Niemandsland an der mexikanischen Grenze, die meisten Einwohner haben den unwirtlichen Ort

Last Man Standing (1996, R: Walter Hill): Bruce Willis

Last Man Standing (1996, R: Walter Hill): Brutstätte der Kriminalität

Rechts: Für eine Handvoll Dollar
(1964, R: Sergio Leone): Clint Eastwood

längst verlassen. Man schreibt das Jahr 1931, und die Prohibition macht aus Jericho eine Brutstätte für Korruption und Kriminalität. Zwei rivalisierende Gangs bekriegen sich im Kampf um die Kontrolle über das florierende Schwarzbrennergeschäft. Wenn die Anführer der Banden die Kugeln pfeifen lassen, schaut Sheriff Ed Galt gerne weg – solange seine Taschen gefüllt bleiben. In die mörderische Tristesse bricht eines Tages ein Fremder ein. Der wortkarge Mann, der sich John Smith nennt, scheint kein spezielles Ziel zu kennen, erfaßt aber sofort, was in der Stadt gespielt wird.

Cinema: »Einer gegen alle: Kühl durchdachter Neo-Western mit spröder Atmosphäre.«

Filmecho/Filmwoche: »Düstere Ballade zwischen trügerischer Ruhe und plötzlich eruptiven Gewaltausbrüchen, zwischen klaustrophobischen halbdunklen Innenräumen und weiten, hellen Landschaften.«

Yojimbo – Der Leibwächter
(1960, R: Akira Kurosawa): Toshirô Mifune

Akira Kurosawas *Yojimbo – Der Leibwächter* (1960) inspirierte 1964 Sergio Leones Western-Remake *Für eine Handvoll Dollar*, das Clint Eastwood zum Star machte. Walter Hill griff in *Last Man Standing* den von Kurosawa erstmals inszenierten Plot des umherziehenden Söldners, der sich zwischen alle Fronten begibt, wieder auf. Und 1999 drehte John G. Avildsen mit Jean-Claude van Damme den Film *Inferno* (*Coyote Moon*), dessen Handlung ebenfalls auf *Yojimbo* basiert: Das Dorf Inferno in der Wüste von Nevada trägt seinen Namen nicht grundlos, kämpfen doch zwei Gangsterbanden um die Vorherrschaft auf diesem kargen Fleck Erde. Der Kriegsveteran Eddie Lomax macht sich den Zwist zunutze, indem er die Parteien sukzessive gegeneinander ausspielt. Verstärkung erhält er von einem netten Indianer und der adretten Diner-Unternehmerin Rhonda.

1964 Für eine Handvoll Dollar
Per un pugno di dollari, BRD/E/I, R: Sergio Leone, D: Clint Eastwood, Marianne Koch

1960 Yojimbo – Der Leibwächter
Yojimbo, J, R: Akira Kurosawa, D: Toshirô Mifune, Eijirô Tono, Kamatari Fujiwara

LAURA
BRD 1962, R: Franz Josef Wild, D: Hildegard Knef, Hellmut Lange, Nora Minor, Wolfgang Schmidtholstein, Anton Walbrook
Nach einem Roman von Vera Caspary: Ein Mord ist geschehen, dessen Motive ebenso mysteriös sind wie die Umstände, die ihn begleiteten. Von den Menschen, die der Getöteten nahe standen, hatte jeder gleich viel und auch gleich wenig Grund, ihr nach dem Leben zu trachten. Infolgedessen gibt es keinen Hauptverdächtigen. Ebenso wenig aber kann eine der beteiligten Per-

sonen aus dem Kreis der möglichen Täter ausscheiden. Ist es der leichtsinnige Shelby Carpenter, der mit der Ermordeten verlobt war, trotzdem aber noch eine andere Freundin hatte und sich am Vorabend ihres Todes im Streit von ihr trennte? Ist es ihr väterlicher Freund Waldo Lydecker, ein Kunstsammler und Ästhet, dem Waffen nur als Sammelobjekt ein Begriff sind? Ist es Denny Dorgan, Dennys Mutter, die diese häufigen Besuche eifersüchtig machten und die darin eine Gefahr für die Zukunft ihres Sohnes sah? Ist es Bessie, die Hausgehilfin? Oder ist es die junge Frau, die Kommissar McPherson eines Abends allein in der Wohnung der Ermordeten überrascht und deren Verwicklung in die Morduntersuchungen zu den besonderen Seltsamkeiten des Falles gehört? Kriminalkommissar Mark McPherson, der sich zunächst über den Bagatellfall, den man ihm zumutet, geärgert hat, empfindet schon nach kurzer Einarbeitung eine über das rein berufliche Interesse hinausgehende Anteilnahme am Schicksal der Ermordeten. Das verleitet ihn dazu, sich näher mit ihrem Charakter zu beschäftigen und auf dem Wege der Psychologie einen Fall anzugehen, dem mit den üblichen Recherchen zunächst nicht beizukommen ist. In der Literatur der Kriminalromane hat *Laura* von Vera Caspary von jeher einen hervorragenden Platz eingenommen. Sowohl der dargestellte »Fall« als auch seine Lösung weichen von der üblichen Linie ab und vermitteln dem Leser nicht nur die unerlässliche Spannung der Nerven, sondern auch eine lebhafte Spannung des Geistes. Eine Verfilmung unter der Regie von Otto Preminger entstand 1944. Als Bühnenstück lief *Laura* im Jahr 1945 in zwei Londoner Theatern. Tournee-Unternehmen spielten das Stück von 1945 bis Ende 1946 in verschiedenen Städten der Vereinigten Staaten. 1947 lief es als Serienvorstellung ein halbes Jahr lang am Broadway.

1944 Laura

USA, R: Otto Preminger, D: Gene Tierney, Dana Andrews, Clifton Webb

LAUREL & HARDY – DIE WÜSTENSÖHNE

Sons Of The Desert, USA 1933, R: Lloyd French, William A. Seiter, D: Stan Laurel, Oliver Hardy, Charley Chase, Mae Busch, Dorothy Christy, Lucien Littlefield, John Elliott, William Gillespie
Weil Laurel und Hardy unbedingt am Stiftungsfest der »Wüstensöhne« teilnehmen wollen, aber genau wissen, dass sie die Erlaubnis hierzu nur über die Leichen ihrer geliebten Ehefrauen kriegen würden, schwindeln sie ihren besseren Hälften vor, eine Erholungsreise Richtung Honolulu zu machen. Doch eben jener Dampfer versinkt im Meer und Laurel und Hardy erwartet bei ihrer Rückkehr die Hölle. *Sons Of The Desert* amüsiert über die volle Distanz mit großartigem Mienenspiel der Hauptdarsteller, haarsträubenden Slapstick-Momenten und zügelloser Lust an der Schadenfreude. Einer der besten Langfilme der sympathischen Chaoten Laurel und Hardy enthält alle Elemente, die das ungleiche Paar zum erfolgreichsten Komikerduo aller Zeiten machten. 1999 drehte Dan Pascoe unter dem Titel *Ambrose In Trouble* in den USA ein weiteres Remake.

1928 We Faw Down

USA, R: Leo McCarey, D: Oliver Hardy, Stan Laurel, Kay Deslys

1914 Ambrose's First Falsehood

USA, R: Dell Henderson, D: Phyllis Allen, Cecile Arnold, Charley Chase

LAUREL & HARDY – IN DER FREMDENLEGION

The Flying Deuces, USA 1939, R: A. Edward Sutherland, D: Stan Laurel, Oliver Hardy, Jean Parker, Reginald Gardiner, Charles Middleton, James Finlayson
Statt des erwarteten Sanatoriumsaufenthaltes finden Stan und Ollie in der Fremdenlegion exerzierwütige Vorgesetzte und strenge Strafen. Im letzten Augenblick gelingt ihnen die Flucht – in einem wild gewordenen Flugzeug.

Lexikon des internationalen Films: »Laurel und Hardy nutzen ihre ›Dienstzeit‹ zu amüsant-anarchistischen Spitzen gegen den soldatischen Drill.«

1931 Beau Hunks

USA, R: James W. Horne, D: Stan Laurel, Oliver Hardy, James W. Horne

DAS LEBEN DER BOHÈME

Boheemielämää, F/I/S/FIN 1992, R: Aki Kaurismäki, D: Gilles Charmant, Kenneth Colley, Evelyne Didi, Philippe Dormoy, Samuel Fuller, Laika, Jean-Pierre Léaud, Louis Malle, Christine Murillo, Matti Pellonpää, André Penvern, Kari Väänänen, André Wilms
Nach einem Roman von Henri Murger erzählt Aki Kaurismäki die Geschichte dreier Bohèmien-Künstler, die im Paris des 19. Jahrhunderts mit

Pfiff gegen Hunger, Kälte und Einsamkeit ankämpfen. Für den französischen Schriftsteller Henri Murger (1822–1861) war die Bohème, in der er selbst zu Hause war, »Probezeit des Künstlerdaseins«. Streng, aber nicht ohne Sentimentalität urteilte er in seinem Roman *Scènes de la bohème* über diese Lebensform, diesen dauernden fröhlichen Kampf gegen Schulden, Hunger und Kälte. Für Murger ist die Bohème eine Sackgasse, aus der man sich retten muss durch Flucht, Tod oder Erfolg.

Aki Kaurismäki: »Ich habe drei Entschuldigungen (würde ein Unschuldiger es für nötig halten, sich zu verteidigen?): 1. konnte ich Jacques Prévet nicht haben aus Gründen höherer Gewalt, 2. hatte ich bereits Meisterwerke von Dostojewski und Shakespeare so rüpelhaft verunstaltet, dass ich dachte, man würde mir sowieso nie mehr verzeihen, und 3. wollte ich mich an Puccini rächen, der von der Allgemeinheit für den Vater dieser großartigen Geschichte gehalten wird. Meine Rache folgt einem diabolischen Plan: Indem ich ein schlechtes Drehbuch und einen entsprechenden Film mache, empöre ich die großen Massen zunächst und treibe sie dann zur Raserei. Die Empörung richtet sich natürlich gegen den Dilettantismus des Filmautors, und normalerweise wären Gleichgültigkeit, Ablehnung und Vergessen die Folgen. Doch abgefeimterweise – und das ist von größter Wichtigkeit – habe ich in den Film ein paar Szenen geschmuggelt, die durch alle visuelle Unbeholfenheiten hindurch ahnen lassen, dass sie aus der Feder eines Größeren stammen müssen. Die engagiertesten – die wütendsten – der insgesamt vierzig Zuschauer werden das Original ausgraben, dessen Originalität erkennen, neue Ausgaben werden gedruckt werden, Murgers Name wird in aller Munde sein, Mimi wird neu erstehen ...«

MovieLine: »In gewohnt lakonischer Würze setzt der eigensinnige Finne die sentimentale Vorlage des Dichters Henri Murger in traurig-schöne Schwarz-Weiß-Bilder um. Er beruft sich dabei in zahlreichen Zitaten und respektvoller Nostalgie auf (französische) Filme der dreißiger Jahre.«

1993 La Bohème
AUS, R: *Geoffrey Nottage*, D: *Cheryl Barker, David Hobson, Roger Lemke*

1988 La Bohème
USA, R: *Brian Large*, D: *Mirella Freni, Luciano Pavarotti, Gino Quilico*

1988 La Bohème
F/I, R: *Luigi Comencini*, D: *Barbara Hendricks, Luca Canonici, Angela Maria Blasi*

1986 La Bohème
I, D: *Luciano Pavarotti, Fiamma Izzo d'Amico, Madelyn Renée*

1982 The Royal Opera – La Bohème
GB, R: *Brian Large*, D: *Ileana Cotrubas, Neil Shicoff, Marilyn Zschau*

1982 La Bohème
USA, R: *Kirk Browning*, D: *Teresa Stratas, Renata Scotto, José Carreras*

1980 La Bohème
D: *Wilhelmenia Fernandez*

1974 Bohème
S, R: *Jonas Cornell*, D: *Helena Döse, Loa Falkman*

1965 La Bohème
I/CH, R: *Wilhelm Semmelroth, Franco Zeffirelli*, D: *Gianni Raimondi, Mirella Freni*

1961 Bohème
S, R: *Göran Gentele*, D: *Christina Gorne, Margareta Hallin, Uno Stjernqvist*

1949 Ihre wunderbare Lüge
Addio mimi, USA/I, R: *Carmine Gallone*, D: *Martha Eggerth, Jan Kiepura*

1942 La Vie de Bohème
F/I, R: *Marcel L'Herbier*, D: *Maria Denis, Gisèle Pascal, Louis Jourdan*

1937 Zauber der Bohème
A, R: *Géza von Bolváry*, D: *Martha Eggerth, Jan Kiepura, Paul Kemp*

1935 Mimi
GB, R: *Paul L. Stein*, D: *Douglas Fairbanks jr., Richard Bird, Patric Curwen*

1926 Mimi
La Bohème, USA, R: *King Vidor*, D: *Lillian Gish, John Gilbert, Renée Adorée*

1923 Bohème
D, D: *Wilhelm Bendow*

1923 Bohème – Künstlerliebe
R: *Gennaro Righelli*, D: *William Dieterle, Maria Jacobini, Elena Lunda*

1916 La Vie de Bohème
USA, R: *Albert Capellani*, D: *Alice Brady, Paul Capellani, June Elvidge*

DAS LEBEN STINKT
Life Stinks, F/USA 1991, R: *Mel Brooks*, D: *Mel Brooks, Lesley Ann Warren, Jeffrey Tambor, Stuart Pankin, Howard Morris, Rudy De Luca, Teddy Wilson, Michael Ensign, Matthew Faison, Billy Barty,*

Das Leben stinkt (1991, R: Mel Brooks):
Teddy Wilson, Mel Brooks und Lesley Ann Warren

Brian Thompson, Raymond O'Connor
Aus Geldgier geht der Immobilienhai und Milliardär Goddard Bolt eine Wette mit seinem Konkurrenten Crasswell ein: Wenn er dreißig Tage als Penner auf der Straße überlebt, bekommt Bolt das Grundstück, um das sich die beiden streiten. Bolt plant, die Slums von Los Angeles aufzukaufen, um dort eine Stadt der Zukunft hochzuziehen. Schlimme Zeiten brechen an – Bolt trennt sich von Geld, Kreditkarten, Auto und Badewanne und stürzt sich in eine unbekannte Welt, die ihn das Fürchten lehrt. Den Kampf im Großstadtdschungel überlebt er nur mit Hilfe seiner neuen Freunde – und der reizenden Leidensgenossin Molly.

Zoom: »Mel Brooks, einer von Hollywoods Besten, spielt die Hauptrolle selber und legt eine amüsante Kür aufs Parkett. Eine charmante Sozialkomödie, ohne Rührseligkeiten und peinliche Abstürze. Wieder ein Geniestreich.«

Die Idee zu *Das Leben stinkt* lieh sich Mel Brooks bei Preston Sturges: Der schickte schon 1941 in seinem Klassiker *Sullivans Reisen* einen Regisseur zwecks Recherche mit nur 10 Cents auf die Straße.

1942 Sullivans Reisen
Sullivan's Travels, USA, R: Preston Sturges, D: Joel McCrea, Veronica Lake

DER LEBENDE LEICHNAM
BRD 1981, R: Otto Schenk, D: Lukas Ammann, Hartmut Becker, Bruno Dallansky, Anita Lochner, Helmut Lohner, Karl Merkatz, Jennifer Minetti, Lola Müthel, Marianne Nentwich, Dieter Rupp, Angela Salloker

Die Geschichte von Fjodor Protassow, der einen Selbstmord vortäuscht, um seiner Frau Lisa die Ehe mit dem von ihr geliebten Karenin zu ermöglichen. Als herauskommt, dass Protassow nicht tot ist, wird Lisa als Bigamistin angeklagt. Protassow erschießt sich nun tatsächlich, um Lisa zu helfen. Die berühmteste Verfilmung des Stoffes stammt aus dem Jahr 1928: Das seinerzeit populäre Drama (1911) von Tolstoi bot die Vorlage für eine internationale Produktion in der Regie von Fedor Ozep (1895–1949), der in Deutschland vor allem durch seine Dostojewski-Adaption *Der Mörder Dimitri Karamasoff* (1931; mit Fritz Kortner) bekannt geworden ist; der spätestens seit *Die letzten Tage von Sankt Petersburg* (1927) und *Sturm über Asien* (1929) weltbekannte Regisseur, Cutter, Filmtheoretiker und Schauspieler Wsewolod Pudowkin (1893–1953) spielte die Hauptrolle. Aber auch die übrige Besetzung lässt die große Zeit des Stummfilms lebendig werden: Julia Serda, Maria Jacobini, Gustav Diessl und – in ihrer ersten Rolle – Carola Höhn. An der Kamera standen Anatoli Golownja, der fast alle Pudowkin-Filme fotografierte, und Piel Jutzi, der mit seinem Film *Mutter Krausens Fahrt ins Glück* (1929) Geschichte gemacht hat.

1968 Zhivoj trup
UdSSR, R: Vladimir Vengerov, D: Aleksei Batalov, Alla Demidova

1952 Zhivoj trup
UdSSR, R: Vladimir Vengerov, D: A. Dubensky, Galina Inyutina, Olga Lebzak

1937 Nuits de feu
F, R: Marcel L'Herbier, D: Paule Andral, René Bergeron, Victor Francen

Sullivans Reisen (1942, R: Preston Sturges):
Veronica Lake und Joel McCrea

1930 Redemption
USA, R: Fred Niblo, D: John Gilbert, Renée Adorée, Conrad Nagel

1928 Der lebende Leichnam
Shiwoi trup, D/UdSSR, R: Fedor Ozep, D: Wsewolod Pudowkin, Maria Jacobini

1919 Atonement
USA, R: William Humphrey, D: Grace Davison, Conway Tearle, Huntley Gordon

1918 Zhivoj trup
RUS, R: Cheslav Sabinsky, D: Vera Kholodnaya, V. Maximov, Osip Runich

1911 Zhivoj trup
RUS, R: Boris Chaikovsky, V. Kuznetsov, D: Mariya Blyumental-Tamarina

LEDERSTRUMPF: DER WILDTÖTER
Vinatorul de cerbi, BRD/F/I 1969, R: Pierre Gaspard-Huit, D: Hellmut Lange, Pierre Massimi, Thekla Carola Wied, Sophie Agacinski, Patrick Peuvion, Charles Moulin, Jackie Lombard, Colea Rautu

Nach einem Roman von James Fenimore Cooper: Der weiße Jäger Nat Bumppo, den man wegen seiner Lederkleidung »Lederstrumpf« nennt, hat das Tal, in dem er aufgewachsen ist, verlassen, weil ihn die unbekannten Wälder und Seen anziehen. Die grenzenlose Freiheit reizt ihn mehr, als die Gefahren der Wildnis ihn schrecken könnten. Sein erstes Abenteuer, ein lebensgefährliches Zusammentreffen mit einer Gruppe Mohikaner, beschert ihm nicht nur die Begegnung mit der Weisheit eines uralten sterbenden Indianers, sondern auch einen Freund, den jungen Chingachgook. Die beiden erleben den Kampf zwischen weißen Siedlern und den Indianern, denen dieses Land gehört hat. Sie geben ein Beispiel für ein einfaches und brüderliches Leben. Aber immer wieder geraten sie in den mörderischen Hass der Gegner, in dem die Indianer tragisch unterliegen. In Europa begann die Französische Revolution, in Amerika wurde George Washington der erste Präsident der unabhängigen Vereinigten Staaten, als James Fenimore Cooper am 15. September 1789 in New Jersey geboren wurde. Jahrzehnte vor Lincolns Kampf gegen die Sklaverei schrieb Cooper seine fünf Lederstrumpf-Erzählungen: Die Ansiedler (1823), Der letzte Mohikaner (1826), Die Prärie (1827), Der Pfadfinder (1840) und Der Wilderer (1841), mit denen er seinen Lesern Verständnis für die Eigenart und das Lebensrecht der Indianer und

für die Schönheit der Landschaft abzuringen versuchte. Cooper hat am Rande der Wildnis gelebt, die er beschreibt. Vertrautheit mit dem Stoff, ein unbestechliches, manchmal utopisches Engagement und ein großes Erzähltalent machten Cooper zum ersten amerikanischen Schriftsteller, der Themen seines Landes in die Weltliteratur einführte.

Rhein-Zeitung: »Man darf schon nach dem ersten Teil sagen, dass diese Verfilmung gelungen ist, besser gelungen als vieles, was der Kinofilm an Wildwest- und Indianerromantik zur aufwendigen Leinwandschau stilisiert. Hellmut Lange ist die ideale Verkörperung des Waldläufers.«

1978 The Deerslayer
USA, R: Richard Friedenberg, D: John Anderson, Alma Beltran, Betty Ann Carr,

1966 Chingachgook, die große Schlange
DDR, R: Richard Groschopp, D: Gojko Mitic, Rolf Römer, Lilo Grahn

1957 Lederstrumpf – Der Wildtöter
The Deerslayer, USA, R: Kurt Neumann, D: Lex Barker, Carlos Rivas, Rita Moreno

1943 The Deerslayer
USA, R: Lew Landers, D: Bruce Kellogg, Jean Parker, Larry Parks, Warren Ashe

1923 Lederstrumpf
The Deerslayer, USA, R: Arthur Wellin

1920 Lederstrumpf, 1. Teil:
Der Wildtöter und Chingachgook
D, R: Arthur Wellin, D: Bela Lugosi, Emil Mamelok, Herta Heden

1913 The Deerslayer
USA, R: Hal Reid, D: Wallace Reid, Florence Turner, Hal Reid, Harry T. Morey

DIE LEGENDE VOM EINSAMEN RANGER
The Legend Of The Lone Ranger, USA 1981, R: William A. Fraker, D: Klinton Spilsbury, Michael Horse, Christopher Lloyd, Jason Robards, Matt Clark, Juanin Clay, John Bennett Perry, John Hart, Richard Farnsworth, Lincoln Tate, Ted Flicker, Marc Gilpin, Patrick Montoya, Rick Traeger, James Bowman

John Reid hatte einst seine Heimatstadt verlassen, um eine Ausbildung zum Anwalt zu absolvieren. Nun kehrt er zurück – maskiert, unter dem Decknamen »Lone Ranger«. Er will sich an Cavendish rächen, einem skrupellosen, habgierigen Mann, der vor Jahren Johns Familie vertrieben hatte. Cavendish ist immer noch der Alte: rücksichtslos und mordlüstern. Aber Lone Ranger und dessen treuer Freund Tonto setzen alles daran, dem Menschenfeind das Handwerk zu legen ... Die Abenteuer des Helden mit der schwarzen Maske, der an seinen Gesinnungsgenossen Zorro erinnert, basieren auf einer Radioserie der dreißiger Jahre von Fran Striker, 1939 erlebten sie als Serial unter der Regie von William Witney und John English die erste Verfilmung. 1949 wurde aus den Storys um den *Lone Ranger* fürs Fernsehen eine der ersten und langlebigsten amerikanischen TV-Serien; 1981 schuf William A. Fraker sein Remake. Es gibt noch zwei Stummfilme gleichen Titels, die mit dem Stoff von Fran Striker nichts zu tun haben.

1966–1969 The Lone Ranger
USA, R: Joy Batchelor, John Halas – Animation

1956 Der weiße Reiter
The Lone Ranger, USA, R: Stuart Heisler, D: Clayton Moore, Jay Silverheels

1949–1957 The Lone Ranger
USA, R: George Archainbaud, Earl Bellamy, D: Clayton Moore – 221 Folgen

1938 The Lone Ranger
USA, R: John English, William Witney, D: Lee Powell, Lynne Roberts – 15 Folgen

DIE LEGENDE VON PINOCCHIO
The Legend Of Pinocchio, USA 1996, R: Steve Barron, D: Jonathan Taylor Thomas, Martin Landau, Geneviève Bujold, Udo Kier

Nach dem Roman *Pinocchio* von Carlo Collodi: Geppetto, dem alten, schwermütigen, einsamen Holzschnitzer und Puppenmacher, gelingt ein Meisterwerk: die fast vollkommene Marionette Pinocchio. Als der kleine Kerl auch noch beginnt,

Pinocchio und der Herrscher der Nacht
(1987, R: Hal Sutherland)

Pinocchio (1940, R: Giuliano Cenci, Ben Sharpsteen): Puppenspieler Stromboli und das hölzerne Bengelchen

sich wie ein echter Junge zu bewegen, zu sprechen und die Welt zu erkunden, verändert sich nicht nur Geppettos Leben von Grund auf. Nachdem der hölzerne Knabe jedoch allerlei Dummheiten anstellt und sein Papa deswegen ins Gefängnis geworfen wird, kommt er in die Obhut eines bösen Jahrmarktschaustellers. Der aufwendig ausgestattete Märchenfilm erweist sich als »schöner Kinderfilm, in dem auch Erwachsene nicht gähnen müssen.« *(Westfälische Rundschau)*

1987 Pinocchio und der Herrscher der Nacht
Pinocchio And The Emperor Of The Night, USA, R: Hal Sutherland – Animation

1984 Die Abenteuer des Pinocchio
The Adventures Of Pinocchio, USA, R: Jim Terry, Ippei Kuri – Animation

1976 Pinocchio
Pinocchio yori Piccolino no Booken, J/A, R: Marty Murphy – Animation, 52 Folgen

1976 Pinocchio
USA, R: Ron Field, Sid Smith, D: Danny Kaye, Sandy Duncan

1972 Pinocchio
I/F/BRD, R: Luigi Comencini, D: Nino Manfredi, Andrea Balestri, Gina Lollobrigida

1972 Pinocchio
Un burattino di nome Pinocchio, I, R: Giuliano Cenci – Animation

1966/67 Turlis Abenteuer
DDR, R: Walter Beck, D: Martin Flörchinger, Alfred Müller, Vera Oelschlegel

1947 Die Abenteuer des Pinocchio
Le avventure di Pinocchio, I, R: Gianni Guardone, D: Vittorio Gassman

Pinocchio (1940, R: Giuliano Cenci, Ben Sharpsteen):
Wenn Pinocchio lügt, wachsen im Eselsohren

1940 Pinocchio
USA, R: Giuliano Cenci, Ben Sharpsteen – Animation (Disney-Produktion)
1939/47 Das goldene Schlüsselchen
Solotoi klutschik, UdSSR, R: Alexander Ptuschko – Puppentrickfilm

LENZ
USA 1981, R: Alexandre Rockwell, D: Cody Maher, Kim Radonovich, Alexandre Alexeieff
Nach einer Novelle von Georg Büchner: Am 20. Januar 1778 wanderte ein 25-jähriger Mann über stürmisches Gebirge und kam in ein kleines Dorf namens Waldbach. Er hieß Jakob Michael Reinhold Lenz. Seine Zeitgenossen in Deutschland hielten ihn für einen Exzentriker. Er fand sich in scharfem Gegensatz zur herrschenden Ästhetik, die den Naturalismus ad absurdum geführt hatte. Manchmal fühlte er »die Harmonie aller Dinge«, dann stürmte die Welt des Körperlichen wieder feindselig auf ihn ein. »Die Luft stößt an meine Arme und Beine.« Man schickte ihn nach Waldbach, in die Obhut von Pastor Oberlin (1740–1826), dem man nachsagte, dass er »unruhige Geister beruhigen« könne. Die einzige Auskunft über Lenzens Aufenthalt in Waldbach gibt Pastor Oberlins Tagebuch. Der deutsche Dichter Georg Büchner ließ sich von der Geschichte Lenzens inspirieren und schrieb eine fragmentarisch gebliebene Novelle über seinen Aufenthalt bei Pastor Oberlin.

Alexandre Rockwell: »Ich wählte diese Novelle, weil Kunst und Stil darin vermieden werden. *Lenz* ist ein Dokument. Es handelt von einem Menschen, der von jeglicher Umgebung entfremdet lebt, auch von seinem eigenen Körper. Büchners dokumentarischer Annäherungsversuch an Lenzens Leben diente mir als Rahmen, innerhalb dessen ich eine Geschichte filmisch dokumentieren konnte, statt sie theatralisch zu inszenieren. Ich fand die Leute, die die Geschichte spielen sollten, auf der Straße. New York sehe ich als prähistorische Umgebung. Prähistorisch im Sinn von Zeitlosigkeit und Bewusstlosigkeit. Lenz sollte die Kamera sein, die ich in die Wildnis von New York trage. Ich fand ein Team. Ein Team, das heißt – Leute, die umsonst arbeiten. Ich hielt sie mit Hamburgern und Filmtheorie beisammen. Ich arbeitete hinter ihnen. In den Schwierigkeiten, in der Erschöpfung fanden wir unsere Grenzen. Das war die gemeinsame Basis, der Boden, aus dem Lenz wachsen sollte.«

The Soho News: »Die neuen deutschen Filmemacher (Fassbinder, Herzog, Wenders u.a.) haben einen starken Einfluss auf das junge, unabhängige amerikanische Erzähl-Kino gehabt ... Lenz entstammt dem gleichen Quellenmaterial wie Herzogs *Kaspar Hauser*. Rockwell scheint entschlossen, Herzogs Exzesse zu übertreffen, bringt aber einzigartige und elegante Szenen. Eugene Lynchs flexible und sichere Kamera und ein paar fantastische Darsteller kommen ihm zur Hilfe. Ich weiß nicht, ob Rockwell selbst sicher ist, wohin er will. Aber er gehört zu den wenigen jungen Filmemachern in New York, von denen man noch hören wird.«

1969/71 Lenz
BRD, R: George Moorse, D: Michael König, Louis Waldon, Sigurd Bischof

DER LETZTE APACHE
Gunsmoke: The Last Apache, USA 1990, R: Charles Correl, D: James Arness, Amy Stock-Poynton, Joe Lara, Richard Kiley, Michael Learned, Geoffrey Lewis, Peter Murnik, Hugh O'Brian, Joaquin Martinez, Sam Vlahos
Nach einem Roman von Alan LeMay: Als Matt Dillon, der ehemalige Marshall von Dodge City, erfährt, dass die Tochter seiner Ex-Freundin Mike von Apachen verschleppt wurde, schwingt er sich zur Rettungsaktion auf. Noch mehr beflügelt ihn die Tatsache, dass er der Vater ist.

Lexikon des internationalen Films: »Für den zweiten Spielfilm, der die zentrale Figur aus der erfolgreichen Fernsehserie *Rauchende Colts*

(Gunsmoke) wieder aufnimmt, wurde die Handlung aus John Fords klassischem Western *Der schwarze Falke* überarbeitet, ohne allerdings qualitativ in die Nähe des Vorbilds zu kommen. Immerhin brauchbare Western-Unterhaltung mit ansehnlichen Darstellerleistungen.«

1956 Der schwarze Falke
The Searchers, USA, R: John Ford, D: John Wayne, Jeffrey Hunter, Vera Miles

DIE LETZTE ETAPPE

Le grand jeu, F/I 1953, R: Robert Siodmak, D: Gina Lollobrigida, Jean-Claude Pascal, Arletty, Raymond Pellegrin, Peter van Eyck, Jean Temerson, Jean Hebey, Odette Laure, Leila Farida, Margo Lion, Gabrielle Fontan, Gérard Buhr, Lila Kédrova, Paul Amiot, Bernard Musson, Jo Dest, Odette Barencey, Alix Mahieux, Marcel Rouzé, Umberto Melnatti
Ein Anwalt wird von seiner Frau in den Ruin getrieben. Er schließt sich der Fremdenlegion an und trifft auf eine Hure, die seiner Frau täuschend ähnlich sieht.

Kölner Stadtanzeiger: »In der Wirtin erkennt man mit einigen Mühen die Arletty wieder, die hier als Mutter der Soldaten sozusagen waltet. Schlapp vor Hitze, erledigt außerdem durch das ewige Pillenschlucken, hat sie doch ein Herz, gewährt ein bisschen Heimat und sagt aus den Karten wahr. Wie sie's gesagt hat, kommt's. Fred (Peter van Eyck) stirbt wirklich, ›ohne Waffe in der Hand‹, als sie ein verseuchtes Dorf evakuieren. Der einzige Schuss, der fällt, gilt ihm. Als sie seinen Koffer aufmachen, den er seit Jahren nicht mehr geöffnet hat, kommt da die sorglich vergessene Vergangenheit ans Licht: die Bilder der Eltern, eine Nummer des *Berliner Tageblatts* und das Foto eines Rennpferdes. Und was Mario betrifft – Raymond Pellegrin –, so wird er, wie es in den Karten stand, erschlagen, weil er sich zu Pierres Mädchen geschlichen hatte. Und Pierre? Der kundige Kinobesucher weiß, was es bedeutet, wenn als Schlussbild zwei Spielkarten gezeigt werden, Pik- und Karo-Neun, die ›Todeskarten‹.«

1934 Die letzte Etappe
Le grand jeu, F, R: Jacques Feyder, D: Marie Bell, Françoise Rosay, Charles Vanel

DER LETZTE INDIANER

The Vanishing American, USA 1955, R: Joseph Kane, D: Scott Brady, Audrey Totter, Forrest Tucker, Gene Lockhart, Jim Davis, John Dierkes, Gloria Castillo, Julian Rivero, Lee Van Cleef, George Keymas, Charles Stevens, Jay Silverheels, James Millican, Glenn Strange
Nach einem Roman von Zane Grey: Marian Warner kommt nach Oljato, wo sie von ihrem Onkel eine Ranch geerbt hat. Sie lernt den Navajo Blandy kennen, der alle Weißen hasst und ihren typischen Vertreter in dem Unternehmer Morgan sieht, der ständig unter Anwendung aller krimineller Methoden versucht, den Indianern ihr Land wegzunehmen. Aber auch seinem Stamm ist Blandy entfremdet. Marian rettet die von Morgans Leuten verschleppte Tochter des Häuptlings Etenia, Yashi. Zum Dank verpflichtet Etenia sich ihr zu jeder gewünschten Hilfeleistung. Marian entdeckt, dass Morgan für den Tod ihres Onkels verantwortlich ist. Außerdem versucht er, sie mit erpresserischen Methoden dahin zu bringen, ihm ihre Ranch zu verkaufen. Als Morgan ein Feuer legen lässt, in dem Schafherden der Indianer umkommen, wagen die Indianer den Kampf gegen ihn. Etenia richtet einen Hilferuf an die weißen Behörden. Er wird von dem Apachenhäuptling Coshonta, der für Morgan arbeitet, ermordet.

Western-Lexikon: »Ein kleiner B-Western mit den besten Absichten als Remake eines Monumental-Western von 1925, der ein Klassiker der Stummfilmzeit ist und trotz noch besserer Absichten eine fatale Geschichtsbetrachtung popularisiert. Der erste *The Vanishing American*, von George B. Seitz mit Richard Dix als Blandy und Lois Wilson als Marian inszeniert, entwarf ein gewaltiges historisches Fresko. Er beginnt in grauer Vorzeit, als die Höhlenbewohner des Südwestens von den Korbflechtern abgelöst werden und diese von den Klippenbewohnern, die schließlich von den Indianern ausgelöscht werden. Mit diesem groß angelegten und poetisch gestalteten Prolog ist bereits die Weiche für die faschistische Philosophie des Films gestellt, der in aller Unschuld verkündet, dass eine Rasse die andere ablöst und eine neue, stärkere Rasse die jeweils schwächere auslöscht – weil das eben der Gang der Geschichte ist. Die eigentliche Handlung des Films spielt nach dem Ersten Weltkrieg. Hier wird der Film ehrlich und bösartig: Der Held hat im Krieg für sein Vaterland gekämpft, bei seiner Heimkehr muss er feststellen, dass seine weißen Landsleute seine und die seiner Brüder Abwesenheit benutzt haben, um sich das Land der Indianer anzueignen. Nachdem der Film uns erklärt hat, dass der Indianer die größere und edlere Rasse ist und die stärkere Rasse der Weißen moralisch verderbt, kehrt er zu seiner schlimmen Philosophie zurück und meint, da der Indianer ohnedies verschwinden müsse, sei es für ihn am besten, wenn er einen christlichen Abgang findet: Der sterbende Navajo lässt sich aus der Bibel vorlesen, und seine letzten Seufzer lauten: ›I ... think ... I understand!‹ Das Remake ist in seinen Ambitionen und Dimensionen sehr viel bescheidener als die Erstverfilmung und weicht die Konflikte des Stoffes völlig auf, indem es aus dem Sterben eines großen Volkes einen kleinen, nach allen Klischeeregeln des B-Western ablaufenden Streit ums Land macht und indem es vor allem die Problematik dadurch relativiert, dass der Schurke des Stücks die Rechte der Roten wie der Weißen vergewaltigt und nach bewährtem Rezept das Pech der Indianer darin sieht, dass sie untereinander uneins sind: Die Apachen leisten dem bösen Morgan Gefolgschaft. Das unausbleibliche Happy End wird nicht besser dadurch, dass es aus einer gemischtrassigen Vermählung besteht (für 1955 aber immerhin noch eine kühne Idee).«

1926 The Vanishing American

USA, R: George B. Seitz, D: Richard Dix, Lois Wilson

DER LETZTE MANN

BRD 1955, R: Harald Braun, D: Hans Albers, Romy Schneider, Rudolf Forster, Joachim Fuchsberger, Michael Heltau, Camilla Spira, Willy Stettner, Franz Essel, Walter Gross, Karl M. Schley, Karl-Georg Saebisch, Paul Dahlke, Michael Gebühr, Peter Lühr, Ursula von Reibnitz, Heini Goebel, Charlotte Witthauer, Heinrich Hauser

Karl Knesebeck ist seit Jahrzehnten Oberkellner im Hotel Hövelmann. Als die Besitzerin stirbt, interessiert ihre Familie nur der Profit. Da Knesebeck ihre Pläne durchkreuzt, degradieren ihn die Erben zum Toilettenpfleger. Hier lernt der selbstsichere Mann die Kälte des Verlassenseins, der Einsamkeit in der Not kennen. Erst der reiche Herr Claassen steht ihm bei – die Freundschaft zwischen zwei alternden Männern – dem Kellner und einem Hotelgast – führt zum Happyend.

Gerhard Roger (Filmblätter): »Ein gediegener Unterhaltungsstoff also, nicht mehr – aber auch nicht weniger. Offenbar bewusst hat man den avantgardistischen Anspruch der Stummverfilmung von Der letzte Mann mit Emil Jannings (UFA 1925) hier nicht angesteuert. So neigt auch das Drehbuch zum Kompromiss und bietet nicht nur dem Star Albers starke und publikumsnahe Stichworte und Spielmomente, sondern auch einem liebevoll ausgewählten Ensemble. Da ist vor allem die Glanzleistung Forsters zu nennen, der den reichen Gast (der selbst Hotelbesitzer ist) knurrig, aber letzten Endes beherzt glaubhaft macht. Romy Schneider spielt das Hotelbesitzer-Töchterlein – liebreizend, bezaubernd anzusehen und modisch ausstaffiert, noch immer die bestechende Natürlichkeit ausstrahlend, durch die sie so schnell zum Spitzenstar wurde. Ihre Partner sind Heltau als blonder Jüngling voll Sturmes und Dranges und Fuchsberger, zwar pfiffig und lebenstüchtig wie oft, hier aber mit neuer leicht brutaler Spiel-Nuance. Noch hervorzuheben: Walter Gross als Kellner-Kollege mit Schnauze und Michael Gebühr als Hotel-Page mit Herz. Ein neues Filmgesicht in der Schar der Kellner ist Karl M. Schley – ein diszipliniert souveräner Darsteller, den man sich merkt. – Der Film ist technisch sauber gemacht, allenfalls in der musikalischen Unterlegung ein wenig überdreht. Alles in allem spricht der routiniert regierte Film, der einen tiefen menschlichen Kern besitzt, ein breites Publikum an.«

Frauke Hank/Alfred Nemeczek/Pit Schröder (Romy Schneider und ihre Filme): »Harald Braun, der dieses verheerende Remake des deutschen Stummfilmklassikers Der letzte Mann (1924, Regie F. W. Murnau) verschuldet hat, war eine typische Figur unter den als anspruchsvoll geltenden deutschen Regisseuren der fünfziger Jahre: ein reaktionärer Langweiler mit dem verlogenen Anliegen ›reiner Menschlichkeit‹. Wie er hier die Talente von Hans Albers und Romy Schneider, zwei der vitalsten Darsteller zweier Generationen, vergeudet, ist gerade tragisch. Tragisch auch, in der Stabliste den Namen des großen Filmarchitekten Robert Herlth zu finden, dem Murnaus Letzter Mann viele seiner Qualitäten verdankt.«

Hans-Christoph Blumenberg (In meinem Herzen, Schatz ...): »Der letzte Mann: vom Chef-Portier zum Toiletten-Wärter. Die Geschichte eines Abstiegs. Das war einmal, 1924, einer der berühmtesten deutschen Stummfilme. Jannings spielte den Letzten Mann, F. W. Murnau führte

Regie. Jetzt ist Albers dran. Der Film ist hübsch und harmlos und hat mit dem Original kaum mehr als den Titel gemeinsam. Die halbzarte Vollwaise, die das große Hotel jetzt ganz alleine führen muss, spielt – mit herzerweichendem Backfisch-Charme – Romy Schneider. Der jugendliche Joachim Fuchsberger (damals, vor Edgar Wallace, wahrhaft noch ein ›Blacky‹: schmallippig, mit schwarzem Haar und schwarzer Seele) will ihr ans Vermögen und die Figur. Das sieht man gerne, das vergisst man schnell. Aber da ist dieser starrsinnige alte Mann, der fassungslos die eigene Katastrophe beobachtet: den freien Fall ins Nichts. Da sitzt er, ganz unten, in seinem Waschraum und sinniert vor sich hin: ›Alles geht weiter, als ob man niemals da gewesen wäre.‹ Spricht so nicht der Star, der das Ende nahen fühlt? Dieser Film, wie auch der nächste, sieht aus wie ein Stück nur halb fiktionalisierter Autobiografie. Man spürt bei Albers einen sehr direkten Schmerz. Aber 1955 gönnt man ihm noch ein glückliches Ende. Der letzte Mann wird Generaldirektor.«

1924 Der letzte Mann

D, R: Friedrich Wilhelm Murnau, D: Emil Jannings, Maly Delschaft, Max Hiller

DER LETZTE MOHIKANER

The Last Of The Mohicans, USA 1992 R: Michael Mann, Drb: Michael Mann, Christopher Crowe nach einem Roman von James Fenimore Cooper und einem Drehbuch von Philip Dunne (1936), K: Dante Spinotti, M: Trevor Jones, Randy Edelman, S: Dov Hoenig, Arthur Schmidt, D: Daniel Day-Lewis (Hawkeye), Madeleine Stowe (Cora), Russell Means (Chingachgook), Eric Schweig (Uncas), Jodhi May (Alice), Steven Waddington (Major Duncan Heyward), Wes Studi (Magua), Patrice Chéreau (General Montcalm)

Amerika im Jahr 1757. Der siebenjährige Krieg greift auch auf die Neue Welt über. In den undurchdringlichen Wäldern an der Ostküste liefern sich Engländer und Franzosen blutige Schlachten, an denen auch die mit ihnen verbündeten Indianerstämme teilnehmen. Nathaniel Poe, genannt Hawkeye, war als Kind von dem Mohikaner Chingachgook adoptiert worden. Auf ihrem Weg zwischen den Kriegsfronten werden Hawkeye, Chingachgook und dessen leiblicher Sohn Unkas Zeugen eines von dem Huronen-Krieger Magua angeführten Überfalls. Durch ihr beherztes Eingreifen können die drei Männer das Schlimmste verhindern und sowohl die beiden Offizierstöchter Cora und Alice Munro als auch den sie begleitenden Major Duncan Heyward retten.

Hawkeye und seine Freunde wollen die Geretteten mitten durch den Urwald ins sichere Fort William Henry führen, das vom Vater der Mädchen, Colonel Munro, befehligt wird. Doch schon bald müssen sie erfahren, dass das Fort von

Links: Der letzte Mohikaner
(1992, R: Michael Mann): Daniel Day-Lewis
Unten: Der letzte Mohikaner (1992):
Daniel Day-Lewis als Hawkeye

den Franzosen belagert wird. Als Hawkeye, Chingachgook und Uncas die Gruppe schließlich doch noch sicher ins Fort bringen, kommt es zum Konflikt zwischen dem Colonel und Hawkeye. Der Waldläufer soll angeblich zur Desertion aufgerufen haben. Ihm droht die Todesstrafe. Doch unter dem Druck der französischen Belagerung muss Colonel Munro das Fort aufgeben. Die Briten kapitulieren und machen sich auf den Weg in die Wälder. Während eines Überfalls durch Maguas Huronen kann sich Hawkeye befreien. Cora, die sich schon während der ersten Reise in den freiheitsliebenden Jäger verliebt hat, folgt ihm und seinen indianischen Brüdern. Auf einer Felsenklippe kommt es zum finalen Kampf zwischen Maguas Männern und Hawkeyes Gruppe...

Der amerikanische Schriftsteller James Fenimore Cooper (1789–1851) gelangte durch seine *Lederstrumpf*-Romane, die von seinen Lesern im 19. Jahrhundert gierig verschlungen wurden, zu absolutem Weltruhm. Auch im 20. Jahrhundert war der märchenhafte Stoff beliebt, sodass er mehrfach auf die Leinwand projiziert wurde: 1920, 1936 und zuletzt 1992 von Michael Mann. Der zweite Roman der Reihe, *Der letzte Mohikaner* (1827), diente Michael Mann als Vorlage für seinen gleichnamigen Film, in dem er neben aufwendig inszenierten Schlachtengemälden vor allem auf die schon bei Cooper vorhandene Zivilisationskritik setzt. Im Mittelpunkt seiner Adaption steht jedoch nicht *Der letzte Mohikaner*, sondern eine Nebenfigur der Erzählung: der von Indianern großgezogene Weiße Hawkeye (Falkenauge), gespielt von Daniel Day-Lewis. Regisseur und Produzent Mann löste sich dabei stark von der Vorlage.

Zur Authentizität des Films trugen auch die originalgetreuen Bauten bei. So ließ Mann das historische Fort William Henry nach alten Plänen vollständig neu aufbauen. Rund 130 Zimmerleute bedienten sich dabei der im 18. Jahrhundert gebräuchlichen Techniken. Auch die Schauspieler bemühten sich um absolute Authentizität. So lebten Mann und sein Hauptdarsteller Daniel Day-Lewis mehrere Wochen lang in der Wildnis. Sie lernten, ohne Streichholz und Feuerzeug Feuer zu machen und gingen mit Tomahawk und Vorderlader auf Jagd nach essbarem Wild. Daniel Day-Lewis: »Ich spielte meine Rolle nicht, ich lebte sie.«

Der letzte Mohikaner (1965, R: Harald Reinl): Dan Martin und Karin Dor

Das *Heyne Filmjahrbuch 1994* urteilt: »Die Neuverfilmung der berühmten Erzählung kontrastiert die Liebesgeschichte mit der brutalen Gewalt, die durch die Kolonialmächte ausgelöst wird, wobei auch die zivilisationskritischen Aspekte der Vorlage sehr konsequent umgesetzt werden. Ein formal durchaus bemerkenswerter, gut fotografierter und ausgezeichnet gespielter Film.«

1977 Uncas, der letzte Mohikaner

The Last Of The Mohicans, USA, R: James L. Conway, D: Steve Forrest

»Fürs Fernsehen entstandene Neuverfilmung ... Leidlich unterhaltsam thematisiert sie jenseits der bekannten Aktionen die Kluft zwischen Zivilisation und Wildnis im damaligen Bereich der ›Frontier‹ Nordamerikas.« *(Lexikon des internationalen Films)*

1976 The Last Of The Mohicans

USA, R: Michael Winner, D: Charles Bronson

1969 Der letzte Mohikaner

Bas de Cuir, F/BRD, R: Jean Dreville, D: Hellmut Lange, David Alexandru

Teil zwei des TV-Vierteilers *Die Lederstrumpf*-Erzählungen.

1965 Der letzte Mohikaner

La valle delle ombre rosse, BRD/E/I, R: Harald Reinl, D: Joachim Fuchsberger

»Die Handlung von Coopers Roman ist von den fünfziger Jahren des 18. Jahrhunderts in die sechziger Jahre des 19. Jahrhunderts verlegt worden und der Schauplatz vom Osten des French and Indian War in einen spanischen Sand- und Felswesten, der vielleicht Arizona darstellen könnte. Die Irokesen und die Mohikaner passen da nicht ganz hin, aber diese Cooper-Verfilmung ist in

Der Letzte der Mohikaner (1936, R: George B. Seitz):
Randolph Scott

Wirklichkeit ohnehin ein weiterer Karl-May-Film, und Falkenauge und Uncas, die Vorbilder von Shatterhand und Winnetou, sind ihre Nachfolger. Regisseur Harald Reinl hat seine ganze *Winnetou*-Mannschaft auf diesen Seitensprung mitgenommen, und wie seine *Winnetou*-Filme ist dies eine liebevolle, kompetente Arbeit.« (Joe Hembus, *Western-Lexikon*)

1965 Lederstrumpf – der letzte Mohikaner

L'ultimo die mohicani, I/E, R: Matteo Cano, D: Jack Taylor, Barbara Loy, Paul Muller

1947 Uncas, der Letzte seines Stammes

The Last Of The Redmen, USA, R: George Sherman, D: Jon Hall, Michael O'Shea

1936 Der Letzte der Mohikaner

The Last Of The Mohicans, USA, R: George B. Seitz, D: Randolph Scott

»Das Massaker von Fort William Henry ist das blutigste und skalpfreudigste Schlachtengemälde, das die Kinematographie bislang hervorgebracht hat.« *(New York Times)*

1922 Der Letzte der Mohikaner

D, D: Bela Lugosi

1920 The Last Of The Mohicans

USA, R: Maurice Tourneur, Clarence L. Brown, D: Wallace Beery, Albert Roscoe

»Wallace Beery spielt den Schurken Magua im reinsten Comic-Stil. Seine indianischen Gefährten springen mit Messern in den Zähnen einher wie in Steinzeitfelle eingekleidete Piraten. Die Massakerszenen waren sorgsam von Griffith abgeschaut. Allüberall wüten betrunkene Indianer, und während der ganzen Sequenz sieht man wieder und wieder und wieder dieselben Indianer

mit denselben Frauen rangeln. Die beiden Heldinnen indessen wandeln ungeschoren und unbekümmert durch das Schlachten, bis sie von Beery gefangen genommen werden.« (Ralph E. und Natasha Friar, *The Only Good Indian*)

1911 The Last Of The Mohicans

USA

DER LETZTE WALZER

BRD 1953, R: Arthur Maria Rabenalt, D: Eva Bartok, Curd Jürgens, O. E. Hasse, Christl Mardayn, Anneliese Kaplan, Erni Mangold, Erika Beer, Rudolf Schündler, Siegfried Breuer, Hermann Pfeiffer, Jaspar v. Oertzen, Ferdinand Anton, Arno Ebert, Hans Elwenspoek, Carl Heinz Peters, Alexander Cant, Fritz Lafontaine, Ernst Rotmund, Jochen Diestelmann, Ernst Bröder, Irene Mann

Zwei Liebende aus russischen Adelskreisen verlieren sich durch die Revolution aus den Augen und finden sich in der Emigration wieder. 1973 entstand eine Inszenierung mit Ivan Rebroff, Marika Rökk und Fritz Tillmann fürs Fernsehen.

1936 Der letzte Walzer

The Last Waltz, GB, R: Gerald Barry, Leo Mittler, D: Jarmila Novotna

1934 Der letzte Walzer

D, R: Georg Jacoby, D: Ernst Dumcke, Maja Feist, Tibor Halmay, Camilla Horn

1927 Der letzte Walzer

D/USA, D: Liane Haid, Willy Fritsch

DAS LETZTE WORT HAT TILBY

The Red Pony, USA 1973, R: Robert Totten, D: Henry Fonda, Maureen O'Hara, Ben Johnson, Clint Howard, Jack Elam, Richard Jaeckel, Julio Rivero

Das letzte Wort hat Tilby
(1973, R: Robert Totten): Ben Johnson

Nach einer Kurzgeschichte von John Steinbeck: Der Konflikt zwischen einem Farmer, der im kalifornischen Salinas-Tal einen harten, die ganze Familie fordernden Existenzkampf führt, und seinem ungestümen 12-jährigen Sohn löst sich in der Zusammenarbeit bei der risikoreichen Geburt eines Fohlens.

MovieLine: »Bemerkenswerte Neuverfilmung (die erste inszenierte Lewis Milestone 1949) der Erzählung von John Steinbeck durch einen Spezialisten für Siedlergeschichten. Beeindruckend Henry Fonda als verschlossener Farmer, der sich selbst und seine Familie bis an die Grenze des Erträglichen strapaziert, um einen Zipfel seiner Individualität und Selbstständigkeit zu wahren.«

1949 Gabilan, mein bester Freund
The Red Pony, USA, R: Lewis Milestone, D: Myrna Loy, Robert Mitchum, Peter Miles

DIE LETZTEN TAGE VON POMPEJI
The Last Days Of Pompeii, USA/I/GB 1984, R: Peter Hunt, D: Ned Beatty, Joyce Plair, Franco Nero, Linda Purl, Nicholas Clay, Lesley-Ann Down, Duncan Regehr, Tony Anholt, Brian Blessed, Ernest

Borgnine, Peter Cellier, Willoughby Goddard, Stephen Greif, Olivia Hussey, Malcolm Jamieson, Sidney Kean, Catriona MacColl, Siobhan McKenna, Laurence Olivier, Donald Pleasence, Anthony Quayle, David Robb, Barry Stokes, Gerry Sundquist, Benedict Taylor, Marilù Tolo

Nach einem Roman von E. Bullwer-Lytton: Rom ist unbesiegbar. Das Imperium Romanum beherrscht die Welt. Im Zeichen des Friedens blüht die Wirtschaft. Doch die glänzende Fassade bröckelt bereits. So auch in Pompeji im Jahr 79 nach Christus: Unter falschen Anschuldigungen werden die Christen verfolgt. Ein römischer Offizier bewahrt in dieser Situation eine junge Frau, die sich zu dem neuen Glauben bekennt, vor einem grausamen Tod in der Arena. Als die antike Stadt durch einen Ausbruch des Vesuvs verschüttet wird, entkommen beide der schrecklichen Katastrophe.

1975 Last Days Of Pompeii
D: Uschi Digard, Christopher Ellison, Candy Samples

1962 Die letzten Stunden von Pompeji
Anno 79 – La distruzione die ercolano, I/F, R: Gianfranco Parolini, D: Brad Harris

1959 Die letzten Tage von Pompeji
Gli ultimi giorni di Pompeii, BRD/I/E, R: M. Bonnard, Sergio Leone, D: Steve Reeves

1949 Die letzten Tage von Pompeji
Dernier jours de pompeji, R: Marcel L'Herbier, D: Georges Marchal, Micheline Presle

1935 The Last Days Of Pompeii
USA, R: Ernest B. Schoedsack, D: Preston Foster

Links: Die letzten Tage von Pompeji (1984, R: Peter Hunt): Linda Purl
Unten: Die letzten Tage von Pompeji (1984): Ned Beatty und Joyce Plair

1926 Die letzten Tage von Pompeji
I, R: Carmine Galline, Amleto Palermi, D: Victor Varconi, Rina De Liguoro

1913 Die Letzten Tage von Pompeji
Gli Ultimi giorni di Pompeii, I, R: Mario Caserini, D: Fernando Negri, Ubaldo Stefani

1908 Die letzten Tage von Pompeji
Gli ultimi giorni di Pompeii, I, R: Arturo Ambrosio, L. Maggi, D: Bartolomeo Pagano

1900 The Last Days Of Pompeii
GB

1897 The Last Days Of Pompeii
GB

LEVIATHAN

USA 1989, R: George P. Cosmatos, D: Peter Weller, Richard Crenna, Amanda Pays, Daniel Stern, Ernie Hudson, Michael Carmine, Lisa Eilbacher, Hector Elizondo, Meg Foster

5000 Meter unterm Meeresspiegel schürft eine Crew amerikanischer Kumpel nach Silber und anderen Edelmetallen. Sie findet dabei ein russisches Schiffswrack. Kurz darauf bricht eine Krankheit aus, die die Menschen genetisch verändert und zu Monstern macht.

Kai Niemeyer (AZ): »Am Ende der Untertagearbeit entdecken sie das russische Wrack Leviathan. Mit ihm beginnt das gruselrekordverdächtige Spektakel erst sanft thrillernd, um sich dann aber zu einem geradezu kreislauf- und magenschädigenden Horrorfestival auszuwachsen. Erst scheint einer der Kameraden am lebendigen Leib zu verfaulen, dann wuchert aus ihm ein fischähnliches Missgeschöpf, das sich von den Kollegen und Blutkonserven ernährt. Hoch entwickelt, mit Computern und Supertechnik voll gestopft, ist die Unterwasserstation als Wissenschafts- und Informationsmonster geradezu gleichnishaft dem fleischgewordenen Gen-Koloss hilflos ausgeliefert. Da helfen nur noch amerikanischer Wagemut und die Missachtung vorhandener Dienstvorschriften. Und wenn sich kein neuer Drehbuchautor erbarmt, dann beißt und sabbert das Biest bis in alle Ewigkeit.«

Die Science-Fiction Filmenzyklopädie: »Eine Handlung, die von dem Billigfilmchen Deep Star Six (1988) abgekupfert ist. Trotzdem muss man sagen, dass es sich bei Cunninghams Film bloß um ein Unterwasser-Remake von Alien – Das unheimliche Wesen aus einer fremden Welt (1979) handelt.«

1988 Deep Star Six
USA, R: Sean S. Cunningham, D: Taurean Blacque, Nancy Everhard, Nia Peeples

1981 Samen des Bösen
Horror Planet, USA, R: Norman J. Warren, D: Robin Clarke, Jennifer Ashley

1979 Alien – Das unheimliche Wesen aus einer fremden Welt
Alien, USA, R: Ridley Scott, D: Sigourney Weaver, Tom Skerritt, John Hurt

DER LIEBE AUGUSTIN

BRD 1959, R: Rolf Thiele, D: Matthias Fuchs, Nicole Badal, Veronica Bayer, Ina Duscher, Rudolf Forster, Dietmar Schönherr

Nach einem Roman von Horst Wolfram Geißler: Der Spieldosenmacher Augustin Sumser ist ein regelrechter Träumer, der für das weibliche Geschlecht sehr viel übrig hat. Sein Problem ist, dass er sich ständig verliebt. Eine englische Lady, die am Bodensee Halt macht, liebt er ebenso wie die junge Fürstenäbtissin eines freiweltlichen Damenstiftes. Auch lässt die Bürgerstochter Susan-

Links: Die letzten Tage von Pompeji
(1959, R: M. Bonnard, Sergio Leone):
Christine Kaufmann und Steve Reeves
Unten: Die letzten Tage von Pompeji
(1959): Christine Kaufmann

ne Augustins Herz höher schlagen, und sie ist es schließlich auch, die er zum Altar führen wird.

Ingeborg Donati *(Filmblätter)*: »Die Bestseller-Figur des *Lieben Augustin* ist so zu ihrem heiteren Filmleben erwacht, wie sie in der Fantasie der Romanleser bisher herumgespukt haben dürfte. Dass die hochromantische Angelegenheit nicht in Gefühl und Überschwang versackte, sondern in lächelnder Ironie und zärtlicher Frechheit schillert, ist der sicheren, leichten, souveränen Regie zu danken, die außer ihrer Mitarbeit an einem frischen, mitunter kecken, manchmal lächelnden oder weinenden Buch eine Garde junger Darsteller zu glänzenden Leistungen dirigierte ... Verliebte Abenteuer eines jungen Träumers zwischen Poesie und Ironie.«

1940 Der liebe Augustin

D, R: E. W. Emo, D: Paul Hörbiger, Maria Andergast, Rudolf Prack

LIEBE AUS TRÄUMEN GEBOREN

Indiscretion Of An American Wife, USA 1997, R: George Kaczender, D: Anne Archer, Michael Murphy, Andrea Occhipinti, Belinda Sinclair, Elizabeth Page
Eine vernachlässigte amerikanische Diplomatengattin lernt in Rom einen verwitweten Winzer kennen und erliegt nach anfänglichem Zögern seinem Liebeswerben. Ihr Mann toleriert zunächst die Affäre, doch als er in die Staaten zurückbeordert wird, stellt er sie vor eine folgenschwere Entscheidung.

Lexikon des internationalen Films: »Gefühlvolles Melodram, dessen Geschichte sich an Vittorio de Sicas Film *Rom, Station Termini* anlehnt.«

1953 Rom, Station Termini

Indiscretion Of An American Wife, I/USA, R: Vittorio de Sica, D: Jennifer Jones

LIEBE HAT ZWEI GESICHTER

The Mirror Has Two Faces USA 1996, R: Barbra Streisand, D: Barbra Streisand, Jeff Bridges, Lauren Bacall, Pierce Brosnan, George Segal
Eine allein lebende Literaturdozentin und ein Mathematikprofessor, der seiner perspektivlosen erotischen Beziehungen müde ist, treffen ein Abkommen: Sie heiraten, wollen ihre Ehe jedoch lediglich auf Respekt, Freundschaft und intellektuellen Gedankenaustausch bauen.

Simone Mahrenholz *(FAZ)*: »So bleibt ein altmodisches Märchen im teuersten Upside Man-hattan übrig: mit allerdings herrlichem Dialogwitz. Trendgemäß finden Schlüsselmomente auf der Toilettenbrille statt, und die dominierende Mutter ist natürlich schuld an allem. Immerhin wird der alten Lauren Bacall der erschütterndste Satz in den Mund gelegt: Die Kehrseite der Schönheit sei, nie wirklich geliebt zu haben: ›Ich hatte immer das Gefühl, ich hatte mehr Zeit.‹«

1958 Der Tag und die Nacht

Le miroir a deux faces, F, R: André Cayatte, D: Michèle Morgan, Bourvil

LIEBE IM FINANZAMT

BRD 1952, R: Kurt Hoffmann, D: Paul Dahlke, Carola Höhn, Christiane Jansen, Margaret Cargill, Stig Roland
Nach *Weekend im Paradies* von Franz Arnold und Ernst Bach: Ein verwitweter Finanzbeamter sucht eine neue Ehefrau.

Lexikon des internationalen Films: »Eine übermütige Alltagskomödie mit zeitkritischen, persiflierenden Seitenhieben auf Bürokratie, Kleinstadtspießertum und die Amerikanisierung der Jugend nach dem Zweiten Weltkrieg.«

1931 Weekend im Paradies

D, R: Robert Land, D: Trude Berliner

LIEBE IM QUARTETT

Three For The Show, USA 1954, R: Henry C. Potter, D: Betty Grable, Marge Champion, Gower Champion, Jack Lemmon, Myron McCormick
Nach einem Bühnenstück von W. Somerset Maugham: Von einem Männerharem träumt ein umschwärmter Revuestar, als unvermutet ihr totgesagter erster Mann aus dem Kriege heimkehrt und Rechte verlangt, die längst ihrem zweiten Mann, seinem früheren Freund und Kollegen, gehören.

Hans-G. Berthold *(Filmblätter)*: »Eine Weile spielen sie mit, die Männer, dann hat es gebumst: Mit Turbulenz und Schwung wird der bigamistische Knoten zu allseitiger Befriedigung gelöst. Das geht wohl nur in Hollywood: einen im Grunde tragischen Konflikt in ein buntbewegtes, spritziges Show-Musical zu verwandeln und zum bunten Luftballon der Lebensfreude zu machen. Die effektsichere Regie, zündende Musik, der Farbenrausch des Dekors und die artistische Perfektion von Tanz und Gesang setzen Höhepunkt neben Höhepunkt und haben immer neue Überraschungen bereit. Man unterhält sich trefflich ...«

USA, R: Wesley Ruggles, D: Jean Arthur, Fred Mac-Murray, Melvyn Douglas

LIEBE UNTER SCHWARZEN SEGELN

Fortunes Of Captain Blood, USA 1950, R: Gordon Douglas, D: Louis Hayward, Patricia Medina, George Macready, Alfonso Bedoya, Dona Drake, Lowell Gilmore, Wilton Graff, Curt Bois, Lumsden Hare, Billy Bevan, Harry Cording, Duke York, Swen Hugo Borg, James Fairfax, Martin Garralaga, Charles Irwin, Terry Kilburn

Nach einem Roman von Rafael Sabatini: Ein irischer Wundarzt wird aus Empörung über ihm zugefügtes Unrecht zum Piraten und beteiligt sich am Kampf gegen spanische Unterdrücker im Karibischen Meer.

Lexikon des internationalen Films: »Kampffreudige Seeabenteuer, routiniert in Szene gesetzt; insgesamt ein schwächeres Remake von Michael Curtiz' *Unter Piratenflagge* (USA 1935).«

Zwei weitere Remakes enstanden 1960 unter dem Titel *Le Capitan* (F/I, R: André Hunebelle, D: Annie Anderson, Jean Berger, Bourvil) und 1991 als *Odisseya Kapitana Blada* (UdSSR/F, R: Andrei Prachenko, D: Leonid Yarmolnik, Valérie Jeannet, Yves Lambrecht).

Captain Blood, USA, R: Michael Curtiz, D: Errol Flynn, Olivia de Havilland

USA, R: David Smith, D: J. Warren Kerrigan, Jean Paige, Charlotte Merriam

LIEBESGRÜSSE AUS DEM JENSEITS

Kiss Me Goodbye, USA 1982, R: Robert Mulligan, D: Sally Field, James Caan, Jeff Bridges, Paul Dooley, Claire Trevor, Mildred Natwick, Dorothy Fielding, William Prince

Drei Jahre nach dem Tod ihres Mannes Jolly kehrt Kay in ihr verlassenes Haus zurück. Sie hat die schwere Zeit endlich überwunden und in Rupert einen Mann gefunden, mit dem sie nun ein neues Leben beginnen will. Doch kaum angekommen, erscheint ihr plötzlich Jollys Geist, den nur sie wahrnehmen kann. Jolly ist immer noch der alte Charmeur, der jetzt allerdings eine unangenehme Eigenschaft hat: Er mischt sich mit Vehemenz in ihr Leben ein. Trotzdem ist Kay zunächst überwältigt und verliebt sich erneut in Jolly. Rupert wiederum kommt das Verhalten von Kay, die immer wieder zu irgendeinem Unsichtbaren spricht, äußerst merkwürdig vor – bis er von Kay selbst über ihr seltsames Gebaren aufgeklärt wird. Für Rupert steht fest: Er muss den ›unfassbaren‹ Nebenbuhler loswerden, denn der Hochzeitstermin mit Kay rückt immer näher! Doch wie beseitigt man einen Geist? Die aberwitzige Situation eskaliert, als Kay, Rupert und Jolly einen Wochenendausflug zu dritt unternehmen. Jolly nervt ungemein – und plötzlich geht der Geist auch Kay auf den Geist ...

FAZ: »Das Vergnügen am Stakkato der Komödie, an Sally Fields atemlosem, rotwangigem Feuereifer und an James Caans unverschämt durchgeistigtem Grinsen ...«

Dona Flor e sus duos naridos, BR, R: Bruno Barreto, D: Sonia Braga, José Wilker

LIEBESLEID

The Constant Nymph, USA 1943, R: Edmund Goulding, D: Charles Boyer, Joan Fontaine, Alexis Smith, Brenda Marshall, Charles Coburn

Nach einem Roman von Margaret Kennedy: Geschichte der verhängnisvollen Liebe zwischen einem verheirateten Komponisten und einem jungen Mädchen, das ihn künstlerisch inspiriert, aber durch ihren frühen Tod von ihm getrennt wird.

Lexikon des internationalen Films: »Liebesdrama nach einer larmoyanten Vorlage, das durch professionelle Regie und vorzügliche Besetzung zur überdurchschnittlichen Unterhaltung wird.«

GB, R: Basil Dean, D: Brian Aherne, Victoria Hopper, Leonora Corbett

GB, R: Adrian Brunel, D: Ivor Novello, Mabel Poulton

EIN LIED GEHT UM DIE WELT

BRD 1958, R: Géza von Bolváry, D: Hans Reiser, Sabina Sesselmann, Theo Lingen, Karl Lieffen, Ruth Stephan, Annie Rosar, Max Strassberg, Lotte Ledl, Susanne Kraetsch, Johanna Hofer, Jaspar von Oertzen, Wolf Petersen, Hans Hais

Berlin, 1933: Der jüdische Tenor Joseph Schmidt, seit seinem Rundfunkdebüt 1929 Deutschlands umschwärmtester Radio- und Plattenstar, darf aus »rassischen« Gründen seine Liebe Brigitte von Hilden nicht heiraten. Vor dem »Anschluss« Österreichs ans Reich findet er für eine Zeit mit ihr Unterschlupf in Wien. Als ihm die Nazis erneut auf die Spur kommen, muss er in die Schweiz zu fliehen.

Hans Capito *(Filmblätter)*: »Dem glanzvoll-tragischen Lebensschicksal des Tenors Joseph Schmidt, der als rassisch Verfolgter die Höhepunkte seiner Karriere in der Emigration erlebte und nach der gnadenlosen Verfolgung der NS-Schergen in einem Schweizer Internierungslager ein unrühmliches Ende fand, wurde von seinen Freunden ein filmbiographisches Denkmal gesetzt. Es ist als besonders glücklicher Umstand zu werten, dass die Stimme des Sängers, den seine Bewunderer wegen seiner Differenziertheit zwischen lyrischem Grundton und metallischem Glanz einen deutschen Caruso nannten, auf originalen und unversehrten Aufnahmen die Jahrzehnte makellos überdauerte. Nur so war es möglich, ihr in über zwanzig Liedern den Mittelpunkt des Geschehens einzuräumen, der ihr gebührt. Die Synchronisation war dank des musikalischen Einfühlungsvermögens von Hans Reiser ein technisches Bravourstück, das einige Erdbeben im Playback verzeihlich macht. Man möchte diesem hochwertigen Charakterdarsteller, der seiner Titelrolle viel menschliche Wärme und ergreifende Überzeugungskraft mitgab, baldmöglichst neue Entfaltungsmöglichkeiten wünschen. In einer etwas unergiebigen Liebesgeschichte waltete Sabina Sesselmann dezent und herzig. Die skurrile Gestalt Karl Lieffens, der den treuen Begleiter und Pianisten verkörperte, prägte sich viel versprechend ein. Die lustspielroutinierte Hand des Regisseurs brachte die komischen Seiten des Managers Theo Lingen und der Sekretärin Ruth Stephan zur heiteren Entfaltung, ließ aber eine straffe Zusammenfassung der dramatischen Passagen vermissen. Der politische Hintergrund wird als eindringliche Rückblende in das damalige Zeitgeschehen betont sachlich und ohne peinliche Tendenz sichtbar gemacht.«

Der Film lief auch unter den Titeln *Die Joseph-Schmidt-Story* und *Ein Lied erreicht die Sterne*.

Ernst Neubach, Ideenlieferant des Films von 1933, produzierte und schrieb das Drehbuch für dieses Remake von 1958, nachdem die Schmidt-Biografin Gertrud Ney-Nowotny wegen Neubachs starker »Annäherung an den Publikumsge-

schmack« ihren Namen als Autorin zurückgezogen hatte. Wolf-Rüdiger G. Hegerding schreibt in einer Kurzbiografie des Sängers Joseph Schmidt: »Die Einführung des Radios kommt Schmidt entgegen, er singt dem Leiter der Musikabteilung des Berliner Rundfunks, Kammersänger Cornelis Bronsgeest, vor und gibt im VOX-Haus am 18. April 1929 sein Debüt als Rundfunktenor. Diesem Triumph folgen in kurzer Zeit über 80 von ihm gesungene Opernarien im Berliner Sender. Schnell ergreifen auch Schallplatte und Tonfilm die Chance, von dem neuen Mediendienstar zu profitieren. Nach zwei kleinen Rollen wird ihm der Film *Ein Lied geht um die Welt* geradezu auf den Leib geschrieben. Nach der Uraufführung am 9. Mai 1933, dem Abend vor der Bücherverbrennung in Deutschland, flieht Schmidt nach Wien, wo er an weiteren Filmen mitwirkt. Er unternimmt zahlreiche Tourneen, singt vor fast allen europäischen Königshäusern, bereist 1934 Palästina und 1937 die USA. Am 24. Januar 1937 tritt er zum letzten Mal in Deutschland auf (im Berliner Bach-Saal) – Zutritt haben nur Juden. Von Wien aus flieht er 1938 nach dem ›Anschluss‹ Österreichs nach Brüssel ... Aus Brüssel flieht Schmidt über Paris in den unbesetzten Teil Frankreichs, wo er interniert wird. Seinen letzten öffentlichen Auftritt hat er am 14. Mai 1942 in der Oper von Avignon vor Gefangenen. Im Oktober des Jahres erreicht er die Schweiz und hofft auf Rettung. Er wird jedoch zwangsinterniert und stirbt am 16. November 1942 im Lager Girenbad.«

1933 Ein Lied geht um die Welt

D, R: Richard Oswald, D: Joseph Schmidt, Charlotte Ander, Viktor de Kowa

LIFESAVERS – DIE LEBENSRETTER

Mixed Nuts, USA 1994, R: Nora Ephron, D: Steve Martin, Madeline Kahn, Robert Klein, Anthony LaPaglia, Juliette Lewis, Rob Reiner, Adam Sandler, Liev Schreiber, Rita Wilson, Parker Posey, Jon Stewart

Der Lebensretter Philip unterhält in Venice Beach einen Telefondienst für Selbstmordkandidaten. Während die meisten Menschen ihre Weihnachtseinkäufe erledigen, herrscht in den Räumen der Lebensretter Hochkonjunktur. Der Ukulele spielende Botenjunge Louie will seine Angebetete mit selbstgedichteten Versen beeindrucken. Ein mysteriöser »Strandwürger«, ein schießwütiger Weihnachtsmann, ein toter Hausmeister, ein obszöner Anrufer, ein liebeskranker Transvestit und ein längst vertrockneter Früchtekuchen stürzen Philip und seine Crew in ein großes Chaos.

MovieLine: »Leicht absurd angehauchte Komödie mit zahlreichen zündenden Gags und einem Ensemble in bester Spiellaune.«

1982 Le Père Noël est une ordure

F, R: Jean-Marie Poiré, D: Anémone, Josiane Balasko, Marie-Anne Chazel

LISELOTTE VON DER PFALZ

BRD 1966, R: Kurt Hoffmann, D: Heidelinde Weis, Harald Leipnitz, Karin Hübner, Hans Caninenberg, Robert Dietl, Gunnar Möller, Erwin Linder, Joachim Teege, Else Quecke, Karla Chadimová, Friedrich von Thun, Andreas Blum, Dana Smutná, Anton Smida, Gisela Fackeldey

Liselotte von der Pfalz, Tochter des Kurfürsten Karl Ludwig, wird mit dem Herzog Philipp I. von Orléans, dem Bruder von König Ludwig XIV., vermählt. Schon kurz nach der Trauung lässt Philipp seine junge Frau spüren, dass er sich lediglich einem Wunsch seines Bruders gebeugt hat, als er sie heiratete. Während einer Jagd lernt Ludwig XIV. seine Schwägerin kennen. Er ist von ihr entzückt und versucht, selbst mit ihr anzubandeln. Auf Liselottes Bitte hin bekommt ihr Mann endlich das langersehnte Truppenkommando und geht nach Holland. Seine Frau hat längst erkannt, dass sie in der französischen Prinzessin Palatine eine Nebenbuhlerin hat, und gibt dies der Rivalin auch deutlich zu verstehen. Diese wiederum ist nicht bereit, den Herzog kampflos freizugeben; ihre Intrigen gegen Liselotte steigern sich bis zu einem Mordkomplott. Als die Herzogin daraufhin mit dem jungen Grafen von Hessen nach Deutschland fliehen will, werden die beiden gefasst und geraten in eine missliche Situation, ehe Liselotte den Herzog endgültig für sich gewinnt.

1935 Liselotte von der Pfalz

D, R: Carl Froelich, D: Michael Bohnen, Maly Delschaft, Else Ehser

LITTLE KIDNAPPERS

The Little Kidnappers, CDN 1990, R: Donald Shebib, D: Charlton Heston, Bruce Greenwood, Patricia Gage, Leo Wheatley, Leah Pinsent, Charles Miller, Richard Donat, Dan MacDonald, Amos Crawley

Nach einem Buch von Neil Paterson: Kurz nach der Jahrhundertwende in Kanada. Zwei Waisenkinder wachsen im Haus ihres Großvaters auf, der von seinem unbändigen Hass gegen die Buren erfüllt ist. Die Kinder ihrerseits suchen Anschluss an die burischen Nachbarn und tragen zur Verschärfung der Situation bei.

MovieLine: »Ansehnliche Neuverfilmung eines britischen Kinderfilms aus dem Jahr 1953. Regisseur Donald Shebib siedelt seine einfühlsame Geschichte um Toleranz und Nächstenliebe zur Zeit der Jahrhundertwende in Kanada an, als in der Neuen Welt die alten Streitparteien des Burenkrieges aufeinander prallten.«

1953 Besiegter Hass

The Kidnappers, GB, R: Philip Leacock, D: Duncan Macrae, Jean Anderson

LITTLE PRINCESS

A Little Princess, USA 1994, R: Alfonso Cuarón, D: Eleanor Bron, Liam Cunningham, Liesel Matthews, Rusty Schwimmer, Arthur Malet, Vanessa Lee Chester, Errol Sitahal, Heather DeLoach, Taylor Fry

Nach einem Roman von Frances Hodgson Burnett: Sara kehrt mit ihrem Vater aus Indien nach New York zurück. Ihr Vater muss in den Krieg. Er bringt Sara schweren Herzens im Internat unter, in dem auch schon ihre verstorbene Mutter groß geworden ist. Miss Minchin leitet dieses Internat mit Strenge und Disziplin – da haben Fantasie und Magie wenig Platz. Doch Sara ist ein selbstbewusstes Mädchen und lässt sich auch nach ihrer Verbannung auf den Dachboden nichts von ihrem Mut nehmen. Die schwarze Dienstmagd Betty und ihre Fantasie helfen ihr dabei.

MovieLine: »Stimmiges Drama, bei dem Kinder wie Erwachsene auf ihre Kosten kommen.«

1939 Die kleine Prinzessin

The Little Princess, USA, R: Walter Lang, D: Shirley Temple, Ian Hunter

LOCKRUF DER WILDNIS

Lure Of The Wilderness, USA 1951, R: Jean Negulesco, D: Jean Peters, Jeffrey Hunter, Walter Brennan, Constance Smith, Jack Elam, Tom Tully, Harry Shannon, Pat Hogan, Al Thompson, Robert Adler

Nach einer Geschichte von Vereen Bell: 1910. Ben Tyler erkundet aus Abenteuerlust das Dschungel-Gebiet von Okefenokee in Süd-Georgia. In der finsteren Wildnis findet er Jim Harper und Laurie, einen alten Mann und seine Tochter, die sich hier verborgen halten, seit vor vielen Jahren Harper einen Menschen in Notwehr getötet hat. Laurie war noch ein Kind, als sie die Zivilisation zum letzten Mal sah. Ben Tyler überredet die beiden mitzukommen. Er betreibt erfolgreich die Rehabilitierung des alten Mannes und gewinnt Laurie für sich, obwohl seine Zivilisationsbraut Noreen alles tut, um die Wilde wieder in den Sumpf zu jagen.

Western-Lexikon: »Ein dampfender Post-Western beziehungsweise Southern, inszeniert von Jean Negulesco, der sich später mit so erdnahen Geschichten nicht mehr die Hände schmutzig machte, sondern so feine Sachen wie *How To Marry A Millionaire* und *Daddy Long Legs* drehte. Starke Leistungen von Walter Brennan und der schönen Jean Peters.«

1941 In den Sümpfen
Swamp Water, USA, R: Jean Renoir, D: Walter Brennan, Dana Andrews

LOCKRUF DES GOLDES
BRD/RO 1975, R: Wolfgang Staudte, Sergiu Nicolaescu, D: Françoise Arnoul, Rüdiger Bahr, Arthur Brauss, Christine Kaufmann, Ferdy Mayne, Pierre Rousseau, Emmerich Schäffer, Constantin Baltaretu, Constantin Rautchi, Werner Bernd
Nach einem Roman von Jack London: Elam Harnish ist ein junger Anwalt im San Francisco der vorvorigen Jahrhundertwende. Eines Tages wird er aufs Land gerufen, wo der alte Tarwater entmündigt werden soll, weil er seine Farm verkaufen und mit dem Erlös nach Alaska ziehen will, um nach Gold zu graben. Elam Harnish gerät in die Brandung des Aufbruchs zahlloser Menschen, die durch die Nachricht neuer Goldfunde in Alaska alarmiert wurden. Auch Elam Harnish verlässt San Francisco, doch zunächst eher aus Neugier. Unterwegs trifft er den alten Tarwater wieder. Mit ihm und einem gewissen alten Charles Clayton, der cleverer ist als die meisten, zieht er weiter.

Frankfurter Neue Presse: »Der Bearbeiter Walter Ulbrich erfand Personen hinzu, die zwar gelebt haben, nicht aber im Roman *Lockruf des Goldes* in Erscheinung treten, wie z. B. die Sängerin Cad Wilson. Auch Labiskwee sucht man vergeblich im Buch. Selbst die Hauptfigur ist ruiniert. An Elam Harnish stimmt nur der Name, nicht der Charakter. Um der Langeweilerei auszuhelfen, dichtete der Bearbeiter Brutalität, Mord und Totschlag hinein.«

Unter dem Titel *Flucht aus dem Goldland* drehte Franek Chmiel für das tschechoslowakische Fernsehen eine siebenteilige Serie nach Motiven des Romans *Lockruf des Goldes*.

1974 Kit & Co
DDR, R: Konrad Petzold, D: Dean Reed, Renate Blume, Rolf Hoppe

LOLITA
USA 1996, R: Adrian Lyne, D: Jeremy Irons, Dominique Swain, Melanie Griffith, Frank Langella
Nach dem Roman von Vladimir Nabokov: Sommer 1947. Der College-Professor Humbert Humbert bezieht ein Zimmer bei der allein stehenden Charlotte Haze. Von Beginn an ist er dem Reiz von deren zwölfjähriger Tochter Lolita verfallen. Dennoch heiratet er Charlotte. Unter Gewissensqualen versucht er mit allen Kräften sein stilles Verlangen zu zügeln. Doch Humbert ist der tragischen Liebe zu dem frühreifen Mädchen nicht gewachsen.

Martin Walder *(Neue Zürcher Zeitung)*: »*Lolita* selbst war bei Kubrick gänzlich unerotisch – die inzwischen klassische Ikone der auf dem Rasen ihren Lollipop lutschenden Sue Lyon mit Sonnenbrille eine Humbert'sche Anti-Phantasmagorie zu ihrer biederen Erscheinung im ganzen Rest des Films. Kubricks Kühnheit von damals, die das Publikum selber Stellung zu nehmen zwang, mag nun erst ganz deutlich werden im Vergleich mit Lynes Film, der die erotischen Erwartungen dezent und gekonnt bedient; beide können sie Nabokovs halsbrecherisch spielerischem Universum nicht gerecht werden, aber beide sind sie gewissermassen redlich in ihrem Bemühen. Was beim Kaliber dieses Romans nicht wenig ist.«

1962 Lolita
USA, R: Stanley Kubrick, D: Shelley Winters, James Mason, Sue Lyon

LORD JIM
GB 1964, R: Richard Brooks, D: Peter O'Toole, James Mason, Curd Jürgens, Eli Wallach, Daliah Lavi, Jack Hawkins, Serge Reggiani, Akim Tamiroff, Paul Lukas
Nach dem Roman von Joseph Conrad: Jim hatte einst als Marineoffizier gedient und sich etwas zu Schulden kommen lassen, was im Ehrenkodex

der Offiziere zur See als unvorstellbar gilt: Unter dem Einfluss eines liederlichen Kapitäns hatte er sich von einem in Seenot geratenen Schiff in Sicherheit gebracht und die Passagiere, neunhundert Mekka-Pilger, ihrem Schicksal überlassen. Aber das Schiff war nicht gesunken, und von Gewissensbissen geplagt hatte sich Jim als einziges Mitglied der Besatzung einem Gericht gestellt und den Schuldspruch auf sich genommen. Später irrte er zwei Jahre anonym in Südostasien umher, bis sich ihm durch die Befreiung der Einwohner der Insel Patusan von der Schreckensherrschaft eines »Generals« die Gelegenheit bot, seine verlorene Ehre wiederherzustellen. Wenig später ließ er sich trotz der Warnung der ihn verehrenden Bewohner Patusans noch einmal von Betrügern täuschen, und diesen Fehler sühnte er dann mit seinem Leben.

Filmbeobachter: »Vorlage ist der gleichnamige Roman von Joseph Conrad (1857–1924). Eine Untersuchung des literarischen oder ethischen Wertes des Buches würde notwendigerweise den Rahmen einer Filmbesprechung sprengen, es kann hier nur von der filmischen Transposition dieses Themas von der Bewährung des Menschen und seinem Versagen gegenüber der Verantwortung die Rede sein. Um es gleich vorweg zu nehmen: Die Antwort, die am Schluss der Handlung Buch und Film geben, ist zumindest problematisch. Es kann sich höchstens in den Augen der Eingeborenen um eine Sühne handeln, dem gläubigen Christen steht ein weniger nihilistischer Weg offen. Im Übrigen ist Conrads Werk vor allem ein Abenteuerroman, und dasselbe gilt auch für die Verfilmung: *Lord Jim* ist ein Action-Film mit Anspruch. Regisseur Brooks, der auch für das Drehbuch verantwortlich zeichnete, übernahm ganze Dialogpassagen des Romans, sodass in dieser Hinsicht ein gewisses Niveau garantiert ist. Monatelang bereiste er die südostasiatische Inselwelt, um die Atmosphäre des Conrad'schen Buches später mit 70-mm-Kamera und gutem Farbmaterial richtig zu treffen. Auf diese Weise konnte rein äußerlich ein für die Handlung typischer und zuweilen grandioser Rahmen geschaffen werden, der die Unterhaltung und die Spannung kaum einmal abreißen lässt. Schon allein das Bilderbuch, das dieser Film darstellt, ist eindrucksvoll. Auf der anderen Seite zeigt sich, dass die Vielfalt der Eindrücke (an einigen Stellen wurde des Guten zu viel getan) für den Zuschauer

leicht zur Strapaze wird, obwohl der Roman so gekürzt wurde, dass im Film Handlungsablauf und -motive manchmal schwer verständlich wirken.«

1925 Lord Jim

USA, R: Victor Fleming, D: Percy Marmont, Shirley Mason, Noah Beery

LOST IN SPACE

USA/GB 1998, R: Stephen Hopkins, D: Gary Oldman, William Hurt, Matt LeBlanc

Die natürlichen Ressourcen der guten alten Erde neigen sich dem Ende zu, also schicken »die Guten« eine Familie mit einem Raumschiff los, um einen nahen Planeten bewohnbar zu machen. Doch der böse Dr. Smith hat sich als blinder Passagier an Bord geschmuggelt. Ein Roboter macht sich daran, das Schiff auseinander zu nehmen. Als letzte Ausflucht bleibt nur der Sprung durch ein Hypergate. Die Robinsons landen irgendwo in den Weiten des Weltalls ...

Oliver Rahayel *(Film-Dienst)*: »Spezialeffekte plus Disney-Familie plus konfuser Science-Fiction-Motivmix, so lässt sich das Ergebnis des Versuchs zusammenfassen, aus der 60er-Jahre-Fernsehserie ein zeitgenössisches, massen- und familientaugliches Kinostück zu formen.«

ComputerBild: »Neuauflage einer alten TV-Serie, die seinerzeit mit der größten Anzahl von Computer-Tricks der Filmgeschichte protzte. Was verschwiegen wurde: Sie hatte auch das dünnste Drehbuch.«

1965–1968 Lost in Space

USA, R: Jus Addiss, Irwin Allen, D: Guy Williams, June Lockhart

LUCKY LUKE

USA/I 1991, R: Terence Hill, D: Terence Hill, Nancy Morgan, Fritz Sperberg, Dominic Barto, Bo Gray, Arsenio ›Sonny‹ Trinidad, Mark Hardwick, Neil Summers, Ron Carey, Buff Doutritt, Sky Fabin, Marc Mouchet, Radha Delamarter, Robin Westphal, Deborah Mansy

Daisy Town ist für Verbrecher eine Hochburg, weil es keinen Sheriff gibt. Die berüchtigte Dalton-Bande drangsaliert die Stadt. Lucky Luke, der schneller als sein Schatten den Colt ziehen kann, soll mit dem Unwesen aufräumen. Mit seinem sprechenden Pferd Jolly Jumper schafft er das zunächst auch, aber eine so friedvolle Stadt ist den Bürgern einfach zu »geschäftsschädigend«. So freuen sie sich, als die Daltons die Indianer gegen die Weißen aufhetzen, denn dann kommt ja wieder Leben in die Stadt. So viel Skrupellosigkeit ist auch Lucky Luke zu viel. Enttäuscht quittiert er seinen Job. 1947 erfand der belgische Comiczeichner Morris die Figur des *Lucky Luke*. Die flotten Sprüche stammen von Asterix-Schöpfer René Goscinny. Das Filmdrehbuch schrieb Terence Hills Frau Lorri.

TV-Movie: »Im Comic wird galoppiert, hier nur getrabt.«

1971 Lucky Luke
B/F, R: René Goscinny – Animation

LUCREZIA BORGIA – DIE TOCHTER DES PAPSTES

Lucrezia, A/I 1968, R: Osvaldo Civirani, D: Olinka Berová, Gianni Garko, Lou Castel, Nina Sandt, Leon Askin

Eine abenteuerliche Lovestory aus einer Zeit, in der die Päpste noch Kinder hatten: Nach der Annullierung ihrer Ehe lernt Lucrezia Borgia, Tochter des Papstes Alexander VI., in einem Kloster den Rebellen Fabrizio kennen. Zwischen den beiden entbrennt eine heftige Leidenschaft. Lucrezia verschweigt ihm, wer sie wirklich ist, denn sie weiß, dass Fabrizio die Borgias hasst. Um sein Leben zu retten, schließt Lucrezia schweren Herzens mit ihrem Bruder Cesare einen Pakt: Für die Sicherheit Fabrizios will sie der Heirat mit Alfons von Aragon zustimmen. Viermal wurde die Geschichte der Tochter des Renaissance-Papstes Alexander VI. (1492–1503) verfilmt: 1922 von Richard Oswald, 1935 von Abel Gance, 1952 von Christian-Jaque und 1968 von Osvaldo Civirani. Der italienische Regisseur, vorher hauptsächlich mit Italo-Western (*Der Sohn des Django*)

beschäftigt, fuhr ausstattungsmäßig alles auf, was Cinecittà zu bieten hatte.

Lexikon des internationalen Films: »Das Remake des Films von 1952 erinnert an eine mittelmäßige Freilichtbühnen-Inszenierung: die Reit-, Fecht- und Massenszenen sind bar jeder Dramaturgie.«

1952 Lucrezia Borgia
Lucrèce Borgia, F/I, R: Christian-Jaque, D: Martine Carol, Valentine Tessier

1935 Lucrezia Borgia
Lucrèce Borgia, F/I, R: Abel Gance, D: Edwige Feuillère, Gabriele Gabrio, Roger Karl

1922 Lucrezia Borgia
D, R: Richard Oswald, D: Liane Haid, Albert Bassermann, Conrad Veidt

LUCY & DESI – BLICK HINTER DIE KULISSEN

Lucy & Desi: Before The Laughter, USA 1991, R: Charles Jarrott, D: Frances Fisher, Maurice Benard, Robin Pearson Rose, John Wheeler, Bette Ford, Edith Diaz, Matthew Faison, Liane Langland

Der Film erzählt die Geschichte einer legendären Hollywood-Ehe: Die unbekannte Schauspielerin Lucille Ball, die in den 50er-Jahren zur beliebtesten Komikerin Amerikas emporsteigt, verliebt sich in den kubanischen Musiker Desi Arnaz.

1951–1957 I Love Lucy
USA, TV-Serie: 179 Folgen, R: W. Asher, Marc Daniels, D: Lucille Ball, Desi Arnaz

LUDWIG & RICHARD

BRD 1995, R: Dieter Olaf Klama – Puppentrickfilm

»Der Film erzählt mit den neuartig eingesetzten Mitteln der Zeichnung und des Puppenspiels die für die europäische Kulturgeschichte so bedeutsame Begegnung zwischen dem bayerischen Märchenkönig Ludwig II. und dem sächsischen Magier des Musiktheaters Richard Wagner. Die weltberühmten Werke der beiden Protagonisten, die Musikdramen Wagners und die Bauten Ludwigs, spiegeln die Entwicklung der Freundschaft wider und stehen darum im Zentrum der Handlung.« (Produktionsmitteilung) – Einen dankbaren Stoff für sieben Verfilmungen bot das Leben des Königs Ludwig II., der Millionen für schwelgerische Märchenschlösser verschwendete, ein Königreich der Künste aufbauen wollte und kost-

Ludwig II. (1972, R: Luchino Visconti):
Romy Schneider und Helmut Berger

Ludwig II. (1972, R: Luchino Visconti):
Helmut Berger

bare Dekorationen für seine Auftritte anfertigen ließ. Er galt als einsam und menschenscheu, doch die Bayern liebten ihn. Seine Abdankung und sein geheimnisvoller Tod im Starnberger See schürten die Fantasien.

Ludwig II. von Luchino Visconti (1972) ist sicher der bedeutendste Film über das Leben des Bajuwarenkönigs. Er beginnt mit der Thronbesteigung Ludwig II. und beschäftigt sich mit der rauschhaften Sucht des Königs nach Kunsterlebnissen, insbesondere nach der Musik Richard Wagners, von der Ludwig schon als Knabe fasziniert war, nachdem er eine Lohengrin-Aufführung miterlebt hatte. Visconti beleuchtet besonders die problematische Freundschaft zwischen dem großzügigen König und dem hemmungslos egoistischen Komponisten, die ohne Zweifel entscheidend zum Ruin des Monarchen beigetragen hat. Wagner wäre ohne das Mäzenatentum Ludwigs nie zu einem Komponisten mit derart eminenter Reputation geworden. Ludwig selbst flüchtet sich in eine manische Verschwendungssucht. Der exzessive Hang des Monarchen zum Grandiosen führt zum Bau immer prunkvollerer Schlösser, bis die königlichen Finanzen völlig erschöpft sind. Diese »Bauwut«, die Weigerung, politische Realitäten anzuerkennen, das »Skandalon« der Freundschaft mit Wagner und das Eingeständnis des Königs seiner sexuellen Vorliebe für körper- und stimmschöne Lakaien führen schließ-

Ludwig II. (1955, R: Helmut Käutner):
O.W. Fischer und Rolf Kutschera

lich dazu, dass er für geisteskrank und paranoid erklärt, abgesetzt, verhaftet und im Schloss Berg am Starnberger See eingesperrt wird. 48 Stunden später wird er zusammen mit seinem Arzt Dr. von Gudden im See ertrunken aufgefunden.

»Wer den Film in der Bundesrepublik gesehen hat, hat ihn nicht gesehen«, schrieb Wolfram Schütte 1975 über Viscontis Film, ausgehend von der gekürzten Drei-Stunden-Fassung. Denn jener Torso ließ nur in Ansätzen die ganze Meisterschaft Viscontis, die subtile Metapher von Ludwig erkennen. Denn nicht umsonst bildet dieser Film den krönenden Abschluss der so genannten »Deutschen Trilogie« – nach dem bösen Familiendrama *Die Verdammten* und dem Künstlerporträt *Tod in Venedig*. Die vollständige Fassung von *Ludwig II.* ist ein anderer, ein neuer Film. Der Facettenreichtum der visuellen und musikalischen Motive lässt die Gegensatzpaare Kunst und Politik, Eros und Pathos, Schönheit und Tod, die historische Vermittlung von Subjekt und Objekt zum ersten Mal in all ihrer obsessiven Hoffnungslosigkeit, in dem visionären Einfordern einer möglichen, besseren Welt als Utopie, als Desiderat der Kunst und des Lebens aufscheinen. *Ludwig II.* ist damit auch notwendigerweise die Kapitulation, das Scheitern einer Gesellschaft, einer überholten Tradition. Visconti beschreibt mit dieser Welt und Zeit im Untergang, im Übergang auch die im Keim angelegten Formen und Auswüchse des Wahnsinns, die sich in der deutschen Geschichte nur wenige Jahrzehnte später so nachhaltig bestätigten.

1993 Ludwig 1881

BRD/CH, R: Fosco Dubini, Donatello Dubini, D: Helmut Berger, Max Tidof

1972 Ludwig II.
Ludwig, I/F/BRD, R: Luchino Visconti, D: Helmut Berger, Trevor Howard

1972 Ludwig – Requiem für einen jungfräulichen König
BRD, R: Hans Jürgen Syberberg, D: Harry Baer, Ingrid Caven, Hanna Köhler

1955 Ludwig II.
BRD, R: Helmut Käutner, D: O. W. Fischer, Ruth Leuwerik, Marianne Koch

1930 Ludwig II. – König von Bayern
D, R: William Dieterle, D: William Dieterle, Rina Marsa, Theodor Loos, Eugen Burg

Ludwig II. (1955, R: Helmut Käutner): Paul Bildt und O.W. Fischer

DIE LÜGNERIN

Harriet Craig, USA 1950, R: Vincent Sherman, D: Joan Crawford, Wendell Corey, Lucile Wartson, Allyn Isolyw, William Bishop

Nach dem Schauspiel *Craig's Wife* von George Kelly: Die hochgradig neurotische Harriet Craig tyrannisiert mit ihrem Ordnungs- und Sauberkeitswahn, mit ihrem Perfektionismus, vor allem aber mit ihrer Herrschsucht ihre gesamte Umgebung und besonders Ehemann Walter, der nur langsam den wahren Charakter seiner Gattin erkennt. Die sabotiert sogar seine Beförderung, weil sie zu viele Veränderungen in ihrem durchgeplanten Leben mit sich bringen würde.

TV Spielfilm Lexikon: »George Kellys Theaterstück war 1925 mit dem Pulitzerpreis ausgezeichnet worden und hatte bereits zweimal das Licht der Leinwand erblickt: 1928 und 1936 (mit Rosalind Russell). Doch es bedurfte erst einer Joan Crawford, um die Monstrosität der Titelfigur konsequent glaubhaft zu machen. Wenn Walter seine Frau am Schluss verlässt, schluchzt und heult Rosalind Russell in der früheren Version herzzerreißend und hat ihre Lektion gelernt, während die Crawford nur ihre hervorgepressten Tränen trocknet, unten das Licht löscht und dann königlich die Treppe hinaufschreitet: Endlich hat sie das Haus für sich allein. Besonders aus heutiger Sicht ist die bravouröse Darstellung der Schauspielerin interessant, da die Figur der Harriet ziemlich genau dem Bild der Crawford entspricht, das ihre Adoptivtochter Christina in einem Aufsehen erregenden Buch von ihr zeichnete und das dann so spektakulär von Faye Dunaway in *Meine liebe Rabenmutter* auf die Leinwand gebracht wurde.«

1936 Craig's Wife
USA, R: Dorothy Arzner, D: Rosalind Russell, John Boles, Billie Burke

1928 Craig's Wife
USA, R: William DeMille, D: Irene Rich, Warner Baxter, Virginia Bradford

LULU

BRD/F/I 1979, R: Walerian Borowczyk, D: Anne Bennent, Michele Placido, Jean-Jacques Delbo, Hans-Jürgen Schatz, Bruno Hübner, Carlo Enrici, Beate Kopp, Pierre Saintons, Udo Kier, Heinz Bennent

Nach einem Theaterstück von Frank Wedekind: Vier Männer spielen in dem Leben des narzisshaften Kindweibes Lulu eine Rolle: Medizinalrat Goll, der Ehemann des Nymphchens; Dr. Schön, Lulus Liebhaber, der ihre Ehe mit Dr. Goll vermittelt hat; Dr. Schöns Sohn, der als Schriftsteller und Theaterregisseur arbeitet; und der Maler Walter, der Lulu porträtieren soll. Alle Männer werden durch das verführerische Wesen in den Untergang getrieben. Am Ende fällt Lulu selbst einem abartigen Mörder zum Opfer.

Leo Phelix/Rolf Thissen *(Pioniere und Prominente des modernen Sexfilms):* »Borowczyks Adaption des Wedekind-Stücks, in dem die Nymphe Lulu ein Symbol für sexuelle Freiheit war, wurde von der Kritik fast ausnahmslos verrissen. Zwar nahmen manche daran Anstoß, dass Heinz Bennent, Vater der 16-jährigen Anne, die die Titelrolle spielte, im Film ihren Liebhaber mimte, doch setzte der Schwerpunkt der Kritik an anderen Stellen an. ›Borowczyks Inszenierung ist theaterhaft, einfallslos und manchmal bloß blöd‹, meinte *Variety*. Und Urs Jenny schrieb im *SPIEGEL*: ›Die Hauruck-Fassung von Wedekinds Monstertragödie, die Borowczyk mit glatter und flinker Kunstfertigkeit exekutiert hat, interessiert sich – auch wenn sie geschmäcklerisch in Fin-de-siècle-Dekors aast – keinen Augenblick für die Gewalt unterdrückter Sexualität, für Tabu-Brüche, für das Innenleben einer Gesellschaft, die aus Verdrängung, Verhüllung, Verleugnung des Fleischs ihre kaputte Lust zieht.‹«

1985 entstand für das Schweizer Fernsehen eine weitere Fassung des Stücks mit Patricia Wise, Yvonne Minton und Franz Ferdinand Netwig.

1975–77 Lulu

USA, R: Ronald Chase, D: Elisa Leonelli, Paul Shenar, John Roberdeau

1962 Lulu

A, R: Rolf Thiele, D: Nadja Tiller, O. E. Hasse, Hildegard Knef, Mario Adorf

1929 Die Büchse der Pandora

D, R: Georg Wilhelm Pabst, D: Louise Brooks, Fritz Kortner, Francis Lederer

1923 Erdgeist

D, R: Leopold Jessner, D: Asta Nielsen, Albert Bassermann, Carl Ebert

LUMPACIVAGABUNDUS

BRD 1956, R: Franz Antel, D: Paul Hörbiger, Gunther Philipp, Waltraut Haas, Joachim Fuchsberger, Hans Moser, Jester Naefe, Renate Ewert, Günther Lüders, Jane Tilden, Werner Finck, Fritz Muliar, Hugo Gottschlich, Fritz Imhoff, Rudolf Carl
Nach dem Volksstück von Johann N. Nestroy: Der listige Lumpaci-Beelzebub und die Fee Fortuna stellen drei Handwerker auf die Probe. Sie handeln in höherem Auftrag, denn es geht um die entscheidende Untersuchung, ob der Mensch im Kern seines Wesens gut oder schlecht ist. Rasch sind die Auserkorenen in Marsch gesetzt, Schneider Zwirn, Tischler Leim und Schuster Knierim treffen auf der Landstraße aufeinander. Nach durchzechtem Abend, berauscht vom Wein und von Lumpacis Lied vom »göttlichen Leichtsinn« nächtigen alle drei in der Wirtsstube und träumen von der gleichen Lotterie-Glücksnummer, die sofort mit Kreide auf den Wirtstisch geschrieben wird. Als Fortuna den drei armen Gesellen das große Los zuspielt, geht ein jeder aufs Ziel seiner Sehnsucht los. Der Schreiner Leim bewährt sich am besten. Er kehrt zur heimatlichen

Werkstatt zurück, verwandelt mit seinem Geld Sorge in Freude, freit die geliebte Meisterstochter und beginnt ein braves, arbeitsames Leben. Zwirn, der Schneider, lässt sich zwar auf Eskapaden ein, er folgt einer verführerischen Schönen nach Paris und verjuxt seine Taler in Saus und Braus, aber letztlich wird er von einer treuliebenden Wirtstochter doch auf den rechten Weg gebracht. Und nur Knierim, der Schuster, ist nicht zu retten, er sucht das Datum des Weltunterganges auf dem Grunde der Weinflaschen.

Edmund Luft *(Filmblätter)*: »Johann Nestroys berühmte, witzvolle ›Zauberposse‹ von Glück und Verhängnis des Menschendaseins wird hier als süße Humoreske dargeboten, als ein sehr gefälliges und idyllisches Biedermeier-Märchen. Da tippeln drei Handwerker durch einen bunten und lieblichen Frühling. Versucher Lumpazi und die holdselige Frau Fortuna streiten um ihre Seelen ... Fazit: 2 zu 1 und die Moral, dass der Mensch von Natur weder gut noch böse ist und das Leben als eine Aufgabe zu betrachten hat, die es zu meistern gilt. Drehbuchautor Nachmann und Regisseur Antel betonen auf Kosten der Satire die drolligen und spaßigen Momente, das Ganze ist auf den versöhnlichen Humor abgestimmt. Entsprechend den allerlieblichsten Wachau-Landschaftsmotiven und Trachtenkostümierungen ertönt eine sehr gefühlvolle Musik, die in operettenhaft arrangierten Piecen wie *Wozu ist die Straße da* und *Ein Tag so schön wie heute* ihre Höhepunkte findet.«

In Österreich entstand 1965 eine weitere Verfilmung, unter der Regie von Edwin Zbonek spielten Helmut Qualtinger, Kurt Sowinetz und Alfred Böhm.

1937 Lumpacivagabundus

A, R: Géza von Bolváry, D: Paul Hörbiger, Heinz Rühmann, Hans Holt, Hilde Krahl

1923 Der böse Geist

D, R: Carl Wilhelm, D: Hans Albers, Hans Brausewetter, Josefine Dora

1919 Lumpazivagabundus

A, R: Jacob Fleck, Luise Fleck

DIE LUSTIGE WITWE

A 1962, R: Werner Jacobs, D: Peter Alexander, Karin Hübner, Gunther Philipp, Maurice Teynac, Geneviève Cluny, Germaine Montero, Ernst Waldbrunn, Harald Maresch, Herbert Kersten, Helmut Lex, Darío Moreno

Danilo ist der leichtlebige Neffe des Sektkönigs André Napoleon Renard. Anstatt das Geld, das er von seinem Onkel erhält, in dessen Pariser Filiale zu investieren, unterstützt Danilo lieber das Kabarett der Tänzerin Valencienne. Immer mit von der Partie ist sein Freund Hugo. Um Danilo endlich zur Geschäftsübernahme und zu einem soliden Lebenswandel zu bewegen, schmiedet André einen cleveren Plan: Er fingiert eine Hochzeit mit seiner Sekretärin Hanna, täuscht anschließend seinen Tod vor und lässt die »Witwe« als Alleinerbin in Paris aufkreuzen. Danilo, plötzlich ohne Geld, muss zum ersten Mal in seinem Leben arbeiten. Doch immer, wenn er einen Job gefunden hat, sorgt Hanna mit den nötigen Summen dafür, dass er ihn schnell wieder verliert. So hat Danilo bald die unterschiedlichsten Berufe durchlaufen. Und je schwieriger sich seine Existenz gestaltet, desto mehr kommt sein guter Kern zum Vorschein. Langsam beginnt der Geläuterte, Hanna zu verachten, weil sie das Geld des Onkels sinnlos verschleudert und den Toten nicht in Ehren hält. Hanna wiederum hat sich längst in Danilo verliebt. Eine verwickelte Geschichte bahnt sich an ...

Die lustige Witwe ist eine freie Adaption des gleichnamigen Operettenstoffs von Franz Lehár. Aus den Adeligen der Vorlage wurde eine reiche Familie zur Zeit des Wirtschaftswunders. Und mit der Verwandlung der kleinen Sekretärin in eine Dame von Welt mischte Musikfilm-Spezialist Werner Jacobs *(Conny und Peter machen Musik, Im weißen Rössl)* noch ein bisschen *My Fair Lady* dazu. *Ja, das Studium der Weiber ist schwer* und *Zwei Königskinder* sind nur einige der bekannten Operettenlieder, die in aufgepeppten Fassungen zu Gehör kommen. Ihr Interpret ist Peter Alexander, der hier eine seiner Paraderollen spielt: den charmanten und eigentlich grundsoliden Playboy.

Filmecho: »Die Inszenierung steckt voller netter Einfälle, verquickt mit großem Geschick die Musiknummern mit der Handlung, vermeidet Längen und bringt die verschwenderische Aufmachung voll zur Geltung.«

1952 Die lustige Witwe
The Merry Widow, USA, R: Curtis Bernhardt, D: Lana Turner, Fernando Lamas

1934 Die lustige Witwe
The Merry Widow, USA, R: Ernst Lubitsch, D: Maurice Chevalier

Die lustige Witwe (1952, R: Curtis Bernhardt):
Lana Turner und Robert Coote

Die lustige Witwe (1934, R: Ernst Lubitsch):
Jeanette MacDonald und Maurice Chevalier

Die lustige Witwe (1925, R: Erich von Stroheim):
Mae Murray und John Gilbert

1925 Die lustige Witwe

The Merry Widow, USA, R: Erich von Stroheim, D:
Mae Murray, John Gilbert

DIE LUSTIGEN WEIBER VON WINDSOR

A/GB 1965, R: Georg Tressler, D: Norman Foster,
Colette Boky, Charles Igor Gorin, Mildred Miler, Lu-
cia Popp, John Gittings, Rosella Hightower, Edmond
Hurshell, Marshall Reynor
Zwei lebenslustige Handwerkerfrauen, Frau
Fluth und Frau Reich, führen den aufgeblasenen
und zudringlichen Schwerenöter Sir John Falstaff
an der Nase herum und heilen gleichzeitig ihre
Ehemänner von der Eifersucht.

 Lexikon des internationalen Films: »In bäuer-
lich-derbem Stil gehaltene, weitgehend gelungene Verfilmung von Otto Nicolais Oper.«

1950 Die lustigen Weiber von Windsor

DDR, R: Georg Wildhagen, D: Sonja Ziemann, Ri-
ta Streich, Camilla Spira

1936 Die lustigen Weiber

D, R: Karl Hoffmann, D: Magda Schneider, Leo Sle-
zak, Ida Wüst

LUXUS, SEX UND LOTTERLEBEN

Scenes From The Class Struggle In Beverly Hills, USA
1989, R: Paul Bartel, D: Jacqueline Bisset, Ray Shar-
key, Mary Woronov, Robert Beltran, Ed Begley jr.,
Wallace Shawn, Arnetia Walker, Paul Bartel, Paul Ma-
zursky, Edith Diaz, Rebecca Schaeffer, Barret Oliver,
Jerry Tondo, Susan Saiger
Schön, reich und unzufrieden sind die beiden
Mittvierzigerinnen Clare und Lisabeth, die Haus
an Haus im kalifornischen Nobelviertel Beverly
Hills wohnen. Während Clare sich gerade vom
Tod ihres allzu wollüstigen Ehemanns erholt und
ein Comeback als Serienstar plant, feiert Lisabeth
ihre soeben erfolgreich vollzogene Blitzschei-
dung. Der ideale Zeitpunkt, nach Ansicht der beiden Hausdiener Frank und Juan, sich ein wenig
um die männerlosen Ladys zu kümmern und endlich auf die Sonnenseite des Lebens zu wechseln.
So schließen sie eine Wette ab, jeweils die Arbeitgeberin des anderen zu verführen. Wer zuerst
im Bett landet, hat gewonnen. Kein besonders
schweres Unternehmen, würden nicht plötzlich
übers Wochenende noch andere männliche Konkurrenten auftauchen. Der sexlüsterne, geschiedene Ehemann, ein talentloser Möchtegern-
Dramatiker samt kurvenreicher Gattin und ein
quick-lebendiger, geiler Geist: Das sind nur einige Gäste, die für ein total frivoles Wochenende
in Beverly Hills sorgen. Frech, geschmacklos, dekadent – kurz der schrillste Albtraum vom American Way Of Life,– auf diese Formel lässt sich
Paul Bartels Komödie *Luxus, Sex und Lotterle-*
ben bringen. Mit bissigem Witz und absurdem
Klamauk werden die »oberen Zehntausend« Hollywoods durch den Kakao gezogen, Sexverses-
senheit, Diätwahn und Künstlereitelkeiten
genüsslich attackiert. Klassenkampf in Beverly
Hills, so lehrt uns der Regisseur, ist der harte
Kampf um jeden Körperzentimeter. Wer die
Schlafzimmertür hinter sich lässt, ist Sieger nach
Punkten.

 Variety: »*Scenes From The Class Struggle In Be-*
verly Hills ist eine herrliche Offenbarung, er hat
stürmisches Tempo, ist listig und spitzfindig. Eine verrückte Farce. Eine Sex-Komödie mit brillanter Besetzung.«

1939 Die Spielregel

La règle du jeu, F, R: Jean Renoir, D: Nora Gregor,
Marcel Dalio, Roland Toutain

M

M

USA 1951, R: Joseph Losey, D: David Wayne, Howard da Silva, Luther Adler, Martin Gabel, Glenn Anders, Steve Brodie, Raymond Burr

Hollywood-Remake des berühmten Films von Fritz Lang aus dem Jahre 1931, produziert wie bereits das Original von Seymour Nebenzal (Lang lehnte die angebotene Regie ab). Von Berlin nach New York verlegte Joseph Losey die Handlung: Eine Stadt wird von einem unbekannten Kindermörder terrorisiert. Während er sein fünftes Opfer wegführt, um es zu töten, spielt der Killer Harrow, der früher Insasse eines Irrenhauses war, auf seiner Spielzeugflöte eine seltsame Melodie, die von einem blinden Straßenverkäufer gehört wird. Die Polizei geht jedem möglichen Verdacht nach und nimmt Kontakt mit Marshall auf, dem Haupt eines Unterweltringes, der beschließt, sein kriminelles Netz nach dem Mörder auszuwerfen. Dann spielt Harrow zum sechsten Mal auf seiner Flöte und wird von dem Blinden gehört, der Marshall informiert. Die Gang stellt den Mörder in einem Lagerhaus, rettet das Kind und bringt Harrow in eine Garage, wo man ihm den Prozess macht. Marshall will ihn der Polizei übergeben und beauftragt Langley – der früher ein brillanter Anwalt war und jetzt ein dem Trunk ergebener Angestellter von Marshall ist –, den Killer zu »verteidigen«. Harrow aber bittet darum, für seine Taten bestraft zu werden, und in der Verwirrung, die dadurch entsteht, erschießt Marshall Langley. Die Polizei kommt und verhaftet Harrow und Marshall.

Joseph Losey, der, bevor er wegen McCarthys Kommunistenhetze nach England emigrierte, als aufstrebender B-Film-Regisseur galt, war nie sonderlich zufrieden mit dieser Auftragsarbeit: »Das ist ein Sujet, das ich unter normalen Umständen nicht übernommen hätte. Ich hatte es auch zweimal abgelehnt. Ja gesagt habe ich schließlich aus zwei Gründen: David Wayne übernahm die Hauptrolle – es war eine Idee von Nebenzal, ihm die Rolle anzuvertrauen –, und dann war es für mich angesichts der zunehmenden politischen Pressionen wichtig, meine Arbeit fortzusetzen. Die Gründe, weshalb ich zuerst *M* abgelehnt habe, liegen im Film von Lang: zu wissen, dass im Originalfilm der ›Sexkiller‹ ein Monstrum war, eine Bestie, die es verdiente, auf den Tod verfolgt zu werden, und sei es durch den Pöbel. Der Film von Lang war im Wesentlichen die Verfolgung eines Wildes, auf das man die Jagd freigegeben hatte. Wir hatten einen vollkommen anderen Zugang und eine andere Haltung: Wie konnte ein solcher Mensch nur geboren werden; für mich war das ein ganz gewöhnlicher Mensch, ein kleiner einsamer Mann, der unter der übermäßigen Autorität seiner Mutter gelitten hatte und unter einem grausamen Vater, ein Mensch, der niemals wahrhaftig Kontakt mit anderen gehabt hatte. Die Szene, in der er Flöte spielt, ist wichtig, weil er für sich selbst spielt, in seiner Einsamkeit. Er tötet nicht aus Grausamkeit, er liebt die Kinder, die er tötet. Leider hätte die Zensur niemals das Skript akzeptiert, das ich gern gehabt hätte. Deshalb mussten wir dem Buch des originalen *M* folgen, das als klassisch anerkannt war und deshalb eine gewisse Liberalität genoss – es war ein Skript, das meinen Intentionen fremd war.«

André Bazin: »Joseph Losey, so scheint es, hat den Stil nach der Mode des Neorealismus modernisieren wollen. Während Fritz Lang alles im Studio gemacht hatte, benutzt Losey weitgehend Exteriors. Das sind übrigens, wenn man sie aus dem Zusammenhang löst, die guten Teile des Films, mit denen der junge und kraftvolle Regisseur beweist, dass er ein besseres Schicksal verdient hätte. Man spürt, dass er – wenn ihm das Drehbuch das erlaubt hätte – nach nichts anderem verlangt, als einen guten und persönlichen Film zu machen. Doch gleichzeitig verpflichten ihn die Bedingungen des Remakes zu absurden Rückgriffen auf den Expressionismus, auf einen fälschlich deutschen Stil des Dekors und der Fotografie, vollkommen im Widerspruch zum Neorealismus ... Doch die Amerikanisierung der Details bewirkt die Desintegration des Films vollends durch die Einführung der Psychoanalyse. Die Untersuchung der Polizei und vor allem die Parodie des Prozesses am Ende, in der Garage, bieten tatsächlich Gelegenheit, die Verbrechen mit einer Verwirrung des Oedipuskomplexes zu erklären. Man hätte Unrecht, darüber nur zu lächeln. Wenn Freud der Deus ex Machina par excellence der amerikanischen Filme geworden ist ..., dann ist das sehr viel mehr als eine etwas kindische Modeerscheinung ... Nicht die psychologische Wahrheit Freuds steht zur Debatte, sondern nur der Sinn ihres permanenten und systematischen Gebrauchs in der Auflösung des Knotens bei neun von zehn amerikanischen Filmen. Wichtiger noch als der Triumph der Justiz ist heute die Negation des menschlichen Mysteriums geworden, das im Verbrechen aufscheint. Das wahre Verbrechen des Verbrechers – das, was vor allem anderen erstickt werden muss –, ist: anders zu sein als der normale und durchschnittliche amerikanische Mensch.« In Argentinien drehte Roman Vinoly Barreto 1957 den Film *Der Würger geht durch die Stadt (El vampiro negro)*, den das *Lexikon des Horror-Films* als »offensichtliches Plagiat von Fritz Langs Nervenkitzler M« bezeichnet.

1931 M – Eine Stadt sucht einen Mörder
D, R: Fritz Lang, D: Peter Lorre, Gustaf Gründgens, Theo Lingen, Paul Kemp

MACHEN WIR'S IN LIEBE
Let's Make Love, USA 1960, R: George Cukor, D: Marilyn Monroe, Yves Montand, Tony Randall, Frankie Vaughan, Wilfrid Hyde-White, David Burns, Michael David, Oscar Beregi jr., Richard Fowler, John Gatti

Jean-Marc Clement, der Siebente seines Namens, weiß als vielfacher Multimillionär nicht recht, wohin mit seinen Millionen, aber das ist auch seine einzige Sorge. Eines Tages erfährt er von einer Revue, die demnächst in einem kleinen New Yorker Theater Premiere haben soll. Der Produzent hat sich dafür etwas Besonderes einfallen lassen: Er will einige Prominente auf der Bühne karikieren lassen, darunter auch Jean-Marc. Verständlich, dass dieser sich dafür interessiert und die Dinge einmal näher in Augenschein nehmen will. Er kommt gerade rechtzeitig ins Theater, um die aufregende Ramona Dell proben zu sehen. Sie interessiert ihn sofort noch viel mehr als die ganze Revue. Da die Theaterleute Doppelgänger für jene Herrschaften suchen, die man durch den Kakao ziehen will, steht auch Jean-Marc plötzlich auf der Bühne, sozusagen in eigener Rolle, wenn auch inkognito. Alle finden ihn fantastisch ähnlich, nur der Witz, den er vorträgt, kommt nicht an. Jean-Marc ist jedoch entschlossen, vor Ramona zu glänzen, zumal er meint, in dem jungen Sänger Tony einen gefährlichen Rivalen zu haben. So legt er sich mächtig ins Zeug, um Tony auch künstlerisch auszustechen. Frank Sinatra wird als Gesangslehrer, Gene Kelly als Tanzmeister engagiert: Geld spielt überhaupt keine Rolle. Da kann Tony natürlich nicht mithalten, und so droht er tatsächlich ausgebootet zu werden, obwohl er der bessere Künstler ist. Und da Ramona das weiß, beschwört sie einige Komplikationen herauf, zumal sie einfach nicht glauben will, dass Jean-Marc Clement tatsächlich Jean-Marc Clement ist.

ARD: »Hollywood-Altmeister George Cukor, mit Stoffen aus dem Show-Business stets besonders erfolgreich (*Die ist nicht von gestern, Ein neuer Stern am Himmel*), hat diese Filmkomödie mit viel Witz und Tempo und manchen amüsanten Seitenhieben auf amerikanische Geldaristokraten inszeniert. *Machen wir's in Liebe* gehörte zu den letzten Filmen Marilyn Monroes und enthält einige ihrer populärsten Gesangs- und Tanzauftritte.«

1937 On The Avenue
USA, R: Roy Del Ruth, D: Dick Powell, Madeleine Carroll, Alice Faye

MACK THE KNIFE
USA 1989; R: Menahem Golan, D: Raul Julia, Richard Harris, Julia Migenes, Roger Daltrey, Julie Walters, Rachel Robertson, Clive Revill, Bill Nighy, Erin Donovan, Julie T. Wallace, Louise Plowright, Elisabeth Seal

Nach der *Dreigroschenoper* von Bertolt Brecht und Kurt Weill: Während im Hafenviertel ein Straßensänger von Mackie Messer singt, macht sich der Gangster an Polly heran. Es ist Liebe auf den ersten Blick. Noch in der Nacht findet an Stelle eines Bankeinbruchs die Hochzeit statt. Der Kampf des Londoner Bettlerkönigs Peachum gegen den verhassten Mackie Messer ist ein Spiel um Macht, Verrat, Korruption und Korrumpierbarkeit.

Lexikon des internationalen Films: »An äußeren Schauwerten reiche Neuverfilmung der *Dreigroschenoper* von Brecht/Weill, die den gesellschaftspolitischen Ansatz der Vorlage beibehält. Ein musikalisches Lehrstück über eine verrottete Gesellschaft, die vom Unrecht regiert wird; in-

Die Dreigroschenoper (1963, R: Wolfgang Staudte):
Curd Jürgens und Hildegard Knef

teressant besetzt, aber eher den populären ›Highlights‹ verpflichtet.«

1963 Die Dreigroschenoper

BRD/F, R: Wolfgang Staudte, D: Curd Jürgens, Hildegard Knef, Lino Ventura

1953 The Beggar's Opera

USA, R: Peter Brook, D: Laurence Olivier, Stanley Holloway, Mary Clare

1930 Die Dreigroschenoper

D, R: G. W. Pabst, D: Rudolf Forster, Lotte Lenya, Ernst Busch

MAD MISSION

Zuijia Paidang, HK 1982, R: Eric Tsang, D: Lindzay Chan, Sylvia Chang, Sing Chen, Tat-wah Cho, Carroll Gordon, Sam Hui, George Lam, Karl Maka, Dean Shek, Hark Tsui, Raymond Wong

Ein kleiner Gauner, der die Mafia um Geld und Diamanten geprellt hat, verbündet sich mit der Polizei, um sich der Gangster zu erwehren, die auf seine Haut aus sind.

Otto Kuhn *(Filmjahr 1984)*: »Turbulente Gangsterfilm-Parodie: Ein mit Gags, Slapstick-Komik und großzügigen Anleihen bei anderen Filmen gespickter Spaß für anspruchslose Gemüter.«

1972 Ooh, You Are Awful

USA, R: Cliff Owen, D: Dick Emery, Derren Nesbitt, Ronald Fraser

MADAME BOVARY

Madame Bovary, F 1991, R: Claude Chabrol, Drb: Claude Chabrol, K: Jean Rabier, M: Matthieu Chabrol, S: Monique Fardoulis, D: Isabelle Huppert (Emma Bovary), Jean-François Balmer (Charles Bovary), Christophe Malavoy (Rodolphe Boulanger), Jean Yanne (Herr Homais), Lucas Belvaux (Léon Dupuis), Christiane Minazzoli (Witwe Lefrancois), Jean-Louis Maury (Lheureux), Florent Gibassier (Hippolyte), Jean-Claude Bouillaud (Vater Rouault), Sabeline Campo (Felicite), Marie Mergey (Mutter Bovary), Francois Maistre (Lieuvain)

Die wohlerzogene Landwirtstochter Emma heiratet den fürsorglichen Provinzarzt Charles Bovary, um der Enge ihres Dorfes zu entfliehen. An der Seite des fleißigen, aber fantasielosen Charles langweilt sich die sensible Emma erneut. Sie entflicht dem monotonen Alltag in schwärmerische Träume von einem romantischen Leben in Anmut und Eleganz. Charles bleibt die melancholische Stimmung seiner Frau nicht verborgen und er zieht ihr zuliebe in eine größere Stadt um. Dort begegnet Emma dem jungen Léon Dupuis, mit dem sie ihre Liebe zu romantischen Gedichten teilt. Als Dupuis nach Paris zieht, wendet sich Emma demutsvoll ihrer Ehe zu, sie bekommt eine Tochter und versucht, ihren Mann zu umsorgen. Ihre Gelassenheit ist aber nur Fassade, was der Gutsbesitzer Rodolphe Boulanger ausnutzt. Leidenschaftlich beginnt er eine Affäre, doch als Emma mit ihm entfliehen will, verlässt er sie. Emma bricht ohnmächtig zusammen und erkrankt. Bei einem Konzertbesuch treffen sie Léon wieder, mit dem Emma eine heftige Affäre beginnt. Der junge Mann ist ihr verfallen, doch die schwärmerische Emma spürt in dem zur Routine gewordenen Verhältnis erneut die Enge und Leere ihres Lebens. Längst steht sie unter dem Einfluss des skrupellosen Händlers Lheureux, der ihren Wunsch nach luxuriöser Garderobe beflissen erfüllt. Sie verschuldet sich, bis Lheureux den Hausstand pfänden lässt. Da begeht Emma aus Furcht vor der öffentlichen Bloßstellung eine Verzweiflungstat.

Gustave Flaubert (1821–1880) gelang mit seinem Roman *Madame Bovary*, der bis heute sein bekanntester geblieben ist, 1857 der Durchbruch als Schriftsteller. Claude Chabrol verfilmte Gustave Flauberts Roman als werkgetreues und scharfgestochenes Gesellschaftsdrama: »In diesem Roman ist alles, was für mich von Bedeutung ist, in Vollendung dargestellt: die menschliche Unzufriedenheit ganz allgemein, die unerfüllte Liebe, einschließlich einer großartigen Studie der mit ihr verbundenen Gefühle, die sie in uns auslöst – Wünsche, Verlangen, Reue, Sehnsucht, Träume.« Der Roman, entstanden zwischen September 1851 und April 1856, orientierte sich an einer authentischen Ehebruchsaffäre aus den 40er-Jahren des 19. Jahrhunderts. Der Sanitätsoffizier Delamare, ein Bekannter der Familie Flaubert, heiratete in zweiter Ehe die junge Delphine Couturier, die ihn betrog, sein Vermögen durchbrachte und vermutlich Selbstmord beging. Ein eher banales Geschehnis, aus dem der Schriftsteller mit akribischer Stilversessenheit sein Tableau über die »Sitten der Provinz«, so der Untertitel des Romans, kreierte.

»Gut 100 Jahre später gestaltete ein Meister der 7. Kunst in seinen wichtigsten Werken eine

vergleichbare Thematik aus demselben Geist heraus. Die Wahlverwandtschaft zwischen Flaubert und Chabrol ist in diesem Punkt offensichtlich«, heißt es im *Fischer Film Almanach 1992*: »Flaubert zeigt die dumpfe Mittelmäßigkeit der Provinz. Die modernen geistigen und gesellschaftlichen Entwicklungen der Zeit erreichen das platte Land in unzureichender Weise, werden nur unvollkommen von den Menschen verarbeitet ... Konzentriert auf die Figur der Emma, bemüht er sich recht erfolgreich, den Stil Flauberts in die Grammatik und den Rhythmus der Bildsprache zu übertragen, zum Teil mit visuellen Taktiken, die sich erst bei mehrfachem Hinsehen in ihrer Bedeutung entschlüsseln. Was den Zuschauer anfangs irritiert, ist einerseits das Weglassen vertrauter Bestandteile des Romans. Eine vollständige Übertragung hätte indes mehr als sechs Stunden Dauer in Anspruch genommen. Andererseits verbindet sich die absolute Werktreue der verarbeiteten Sequenzen mit Chabrols typisch undramatischer, nahezu chirurgischer Sektion der Psychologie der Charaktere, wie sie aus seinen direkt für die Leinwand konzipierten Stoffen vertraut ist. *Madame Bovary* mag getrost, auch wegen der Leistung der Schauspieler, der Kamera und nicht zuletzt der Ausstattung, als eine seiner großen Realisationen angesehen werden, die bruchlos an die zentralen Gesellschaftsbilder anschließt, die er als Regisseur und Drehbuchautor kontinuierlich zu einer unverwechselbaren Filmographie fügte.« Für die Schweizer Filmzeitschrift *Zoom* ist diese »anspruchsvolle Verfilmung eines der wichtigsten Romane des 19. Jahrhunderts streckenweise wie ein sorgfältig zusammengestellter *Reader's Digest*. Hervorragend Isabelle Huppert in der Titelrolle.«

1949 Madame Bovary und ihre Liebhaber

Madame Bovary, USA, R: Vincente Minnelli, D: Jennifer Jones, James Mason

»Vincente Minelli brachte den Stoff mit viel Aplomb auf die Leinwand, wenn auch Robert Ardreys Drehbuch nicht der optischen Brillanz der Produktion gerecht wird. So hatte er eine merkwürdige Rahmenhandlung erdacht, in der James Mason als Flaubert sich nach dem Erscheinen des Buches vor Gericht verantworten muss und diesem (und dem Zuschauer) die Vor-

Madame Bovary (1991, R: Claude Chabrol)

Madame Bovary (1991, R: Claude Chabrol):
Isabelle Huppert und Christophe Malavoy

gänge darin detailliert schildert – mit dem Ergebnis, dass eine unbeabsichtigte Distanz zu der von Jennifer Jones gespielten Heldin entsteht. Abgesehen davon handelt es sich um eine durchaus akzeptable Literaturverfilmung, ganz sicher jedoch – lässt man die Vorlage beiseite – um ein vorzügliches Kostüm-Drama. Die Ballsequenz mit ihrem großen Komparsenheer und ihrer komplizierten Choreografie ist zurecht berühmt geworden und gilt als eine der besten Szenen in Minnellis Karriere.« *(TV Spielfilm Lexikon)*

1937 Madame Bovary

D, R: Gerhard Lamprecht, D: Pola Negri, Aribert Wäscher, Werner Scharf

»Die atmosphärisch dichte Verfilmung vermag Flauberts berühmten Roman durch exakte Zeichnung der gegensätzlichen Charaktere und ihrer inneren Motivationen ins Filmische zu übertragen. Wäschers betrogener Kleinbürger steht dem elegant-tragischen Liebespaar in nichts nach, dessen Verführungsreigen zu den raffiniertesten erotischen Szenen des deutsche Films gehört.« *(Reclams Lexikon des deutschen Films)*

1934 Madame Bovary

F, R: Jean Renoir, D: Valentine Tessier, Pierre Renoir, Alice Tissot

»Einer der fünf oder sechs Romane der Weltliteratur, die sich einer treuen Adaption am entschiedensten widersetzen. Renoir lässt nicht ab von der striktesten Treue dem Buchstaben der Dialoge und der Szenen gegenüber, aber er lässt sich auch nicht einschüchtern von der goldenen Feder Flauberts (die ursprüngliche Fassung, die aber nie zur Aufführung kam, dauerte drei Stunden). Fest entschlossen, sich nicht um die schwerfällige Kunst der Entsprechungen zu kümmern, fasst er eigenwillig die Figuren so zusammen, wie sie durch die Nachwelt verändert wurden, ausschließlich darum bemüht, dem nur halb erfüllten Wunsch ihres Erfinders zu entsprechen und diese Antiromanwesen für immer der Literatur entkommen zu lassen.« (Eric Rohmer)

1932 Unholy Love

USA, R: Albert Ray, D: Lila Lee

MADAME BUTTERFLY

F 1995, R: Frédéric Mitterrand, D: Ying Huang, Richard Troxell, Ning Liang, Richard Cowan, Jing Ma Fan

Nach der gleichnamigen Oper von Giacomo Puccini: Nagasaki, Japan, Ende des 19. Jahrhunderts. Pinkerton, ein Offizier der amerikanischen Marine, erwirbt ein Haus samt Bediensteten und einer Ehefrau, der 15-jährigen Butterfly. Der amerikanische Konsul Sharpless weist Pinkerton darauf hin, dass er die Beziehung zu der jungen Frau nicht nur als exotische Affäre begreifen sollte; für sie ist die Hochzeit eine sehr ernste Angelegenheit, um derentwillen sie mit ihrer Familie, ihrer Kultur und ihrer Religion brechen musste. Als Pinkertons Landaufenthalt beendet ist, geht er zurück auf sein Schiff. Drei Jahre vergehen. Madame Butterfly wartet treu und hoffnungsvoll auf ihn und lehnt den Antrag eines reichen Ehrenmannes ab. Als Pinkerton schließlich zurückkehrt, bringt er eine neue Ehefrau mit. Die Tragödie nimmt ihren Lauf ...

Lorenz Winter *(Filmecho/Filmwoche)*: »*Madame Butterfly* wurde für 35 Millionen Francs in Tunesien gedreht, nur die Musikaufnahmen entstanden in den Pariser Studios von Radio France. Vom Typ her handelt es sich bei Mitterrands Werk genau wie im Fall *Don Giovanni* nicht um eine verfilmte Oper, sondern um einen echten Opernfilm – vergleichbar mit Ingmar Bergmans *Zauberflöte*, Francesco Rosis *Carmen* oder auch *Carmen Jones* von Otto Preminger.«

1954 Madame Butterfly

I/J, R: Carmine Gallone, D: Kaoru Yachigusa, Michiko Tanaka, Nicola Filacuridi

1939 Premiere der Butterfly

D/I, R: Carmine Gallone, D: Maria Cebotari, Fosco Giachetti, Paul Kemp

MADAME X

USA 1966, R: *David Lowell Rich*, D: *Lana Turner, John Forsythe, Constance Bennett, Ricardo Montalban, Burgess Meredith, Keir Dullea, Viginia Grey, Teddy Quinn, John Van Dreelen, Warren Stevens, Carl Benton Reid, Frank Maxwell, Kaaren Verne, Joe De Santis, Frank Marth, Bing Russell, Teno Pollick*

Nach einem Stück von Alexander Bisson: Holly, ehemals Verkäuferin, zieht als Ehefrau des reichen und ehrgeizigen Diplomaten Clayton Anderson auf den Familienlandsitz in Connectitut, misstrauisch beäugt von Claytons Mutter Estelle. Schon nach einem Jahr wird der Stammhalter geboren, aber das Familienglück leidet etwas unter Claytons wiederholt längerer Abwesenheit. So verstrickt sich Holly in eine Liebesaffäre mit Phil Benton, der sich auf einer Treppe das Genick bricht, als Holly ihm den Laufpass gibt. Für Estelle ist das die erhoffte Gelegenheit, die Schwiegertochter loszuwerden: Nach Estelles Plan steigt Holly nachts von der Privatjacht auf einen Dampfer um, mit einem Schweizer Pass und ausreichender Rente versehen, während alle Welt sie ertrunken wähnt. Ruhelos und trauernd durchstreift sie zwanzig Jahre lang die Welt, schlägt das glänzende Heiratsangebot eines dänischen Pianisten aus und wird absinthsüchtig. Ausgerechnet einem Erpresser gegenüber plaudert sie dann im Suff ihre Vergangenheit aus. Der will Hollys Mann, inzwischen zum Gouverneur avanciert, um einige Millionen erleichtern, wird aber vorher von Holly erschossen, die jede Spur ihrer Identität verwischt und als unbekannte Mörderin »Madame X« ihr Todesurteil erwartet. Als Pflichtverteidiger hält ihr eigener Sohn sein erstes Plädoyer: »Vor einer solchen Mutter würde ich als Sohn niederknien!«, ohne um seine unmittelbare Betroffenheit zu wissen. Noch vor dem in Aussicht stehenden Freispruch stirbt Holly an Herzschwäche, von ihrem jungen Anwalt zärtlich geküsst. Als *Madame X* 1965 in die Kinos kam, riet ein New Yorker Kritiker den Leserinnen, statt Taschentücher besser gleich Strandtücher mitzubringen. Denn Lana Turner hat in dem Melodram reichlich Gelegenheit, auf die Tränendrüse zu drücken.

Filmbeobachter: »Der Inhalt dürfte für sich sprechen. Zugegeben: wir könnten uns durchaus vorstellen, dass der Stoff in den Händen eines guten Regisseurs, vor jedem falschen Sentiment bewahrt, eine gewisse Dramatik aufzuweisen hätte. Das Drehbuch Jean Holloways ist aber unter D. L. Rich zu einer wahren Schmalzfabrik geworden!«

1981 inszenierte in den USA Robert Ellis Miller fürs Fernsehen eine weitere Verfilmung des Stoffs mit Edward Anhalt, Raleigh Bond und Jeremy Brett in den Hauptrollen.

1966 A Ré Misteriosa

BR, R: *Geraldo Vietri*, D: *Laerte Aparecido, Maria Célia Camargo*

1954 I Agnostos

GR, R: *Orestis Laskos*, D: *Madame Kyveli, Vana Filippidou, Giorgos Pappas*

1948 The Trial of Madame X

GB, R: *Paul England*, D: *Hamilton Deane, Paul England, Frank Hawkins*

1939 A Woman Is the Judge

USA, R: *Nick Grinde*, D: *Mayo Methot, Arthur Loft, Gordon Oliver*

1937 Madame X

USA, R: *Sam Wood*, D: *Gladys George, John Beal, Warren William*

1931 La Mujer X

USA, R: *Carlos F. Borcosque*, D: *Rafael Rivelles, María Ladrón de Guevara*

1929 Madame X

USA, R: *Lionel Barrymoore*, D: *Lionel Barrymore, Ruth Chatterton, Ralph Forbes*

1920 Madame X

USA, R: *Frank Llyod*, D: *Pauline Frederick, William Courtleigh, Casson Ferguson*

1916 Madame X

USA, R: *George F. Marion*, D: *Dorothy Donnelly, John Bowers, Edwin Forsberg*

1910 Who Is She?

USA

DAS MÄDCHEN AUS DER FEENWELT ODER DER BAUER ALS MILLIONÄR

BRD 1988, R: *Jürgen Flimm*, D: *Otto Schenk, Lena Stolze, Wolfgang Böck, Robert Grass, Gertraud Jesserer, Karl Paryla, Karl Merkatz*

Die gute Fee Zufriedenheit muss gegen die Dämonen Neid und Hass kämpfen, damit ihre Tochter Lottchen den armen Fischer Karl heiraten kann ...

1963 Der Bauer als Millionär

BRD, R: *Kurt Wilhelm*, D: *Paul Hörbiger, Karl Paryla, Carl Wery*

1961 Der Bauer als Millionär

A, R: Rudolf Steinböck, D: Käthe Gold, Christiane Hörbiger, Renate Holm

MÄDCHEN IN UNIFORM

Jeunes filles en uniforme, BRD/F 1958, R: Géza von Radványi, D: Lilli Palmer, Romy Schneider, Therese Giehse, Blandine Ebinger, Adelheid Seeck, Sabine Sinjen, Christine Kaufmann

Nach dem Theaterstück *Gestern und Heute* von Christa Winsloe: Das Mädchenstift in Potsdam wird von seiner Oberin streng im »preußischen Geist« geleitet. Die Schülerinnen aber verehren alle die junge, verständnisvolle Lehrerin, Fräulein von Bernburg – besonders die empfindsame Manuela von Meinhardis ist ihr zugetan. Nach Meinung der Oberin hat Manuela anlässlich einer Theateraufführung die Regeln des Anstandes verletzt; ihre Bestrafung und Isolierung führen zu einer Auseinandersetzung zwischen der Oberin und der jungen Lehrerin. Nach einem gerade noch abgewendeten Selbstmordversuch Manuelas bleiben die Schülerinnen geschlossen bei ihrer Lehrerin, während die Oberin »erhobenen Hauptes« den Saal verlässt. Jugendprotokoll des Arbeitsausschusses der FSK: »Der tragische

Schluss gehört als Nachklang der Unerbittlichkeit Kleists diesem Film zu. Ihn auf ein verwaschenes Happy End umzubiegen, nahm dem Remake die entscheidende Wirkungspointe. Der Originalfassung war Haltung und negative Größe nicht abzusprechen, die Neufassung hingegen gewann kein Gesicht. Das Preußische bleibt unterspielt in der Geschichtsgroteske stecken, tragische Momente werden unehrlich angespielt und wirken daher nicht mehr glaubwürdig.«

Rhein-Neckar-Zeitung: »... mit spürbarer Lebensnähe und stilistisch hervorragender Milieuzeichnung erlebt man, frei von allen Peinlichkeiten, die tiefe Problematik eines ausgefallenen Themas.«

Gunter Groll *(Süddeutsche Zeitung)*: »Der Film, wiewohl achtbar gemacht, erweckt nicht den Eindruck, irgendetwas ernstlich attackieren zu wollen; das Ende ist versöhnlich und überhaupt ist hier alles nicht so schlimm ... Bilanz: Üb immer Treu und Niedlichkeit.«

1931 Mädchen in Uniform

D, R: Leontine Sagan, Carl Froehlich, D: Dorothea Wieck, Hertha Thiele

DAS MÄDCHEN MIT DEN WUNDERHÖLZERN

Little Match Girl, USA 1987, R: Michael Lindsay-Hogg, D: Keshia Knight Pulliam, Rue McClanahan, William Daniels, John Rhys-Davies, William B. Davis, Maryedith Burrell, Hallie Foote, Jim Metzler, Robyn Stevan, William Youmans

Nach einem Märchen von Hans Christian Andersen: 1920 in Neuengland. Ausgerechnet zur

Links: Mädchen in Uniform
(1958, R: Géza von Radványi)
Unten: Mädchen in Uniform
(1931, R: Leontine Sagan, Carl Froehlich):
Unterricht im Stift für adelige Mädchen

Weihnachtszeit setzt der profitgierige Häuserbesitzer Haywood Dutton mit Hilfe eines korrupten Polizisten seine armen Mieter per Räumungsbefehl auf die Straße. Sein Sohn Joe, ein sozial engagierter Journalist, der mit seinem Vater wegen dessen Skrupellosigkeit gebrochen hat, will gegen diese Ungerechtigkeit mit einem flammenden Artikel protestieren. Doch noch bevor die Zeitung gedruckt werden kann, kommt er wegen Aufwiegelung ins Gefängnis. Verständigt durch die kleine Streichholzverkäuferin Molly, kann Joes Mutter mit einer Kautionszahlung seine Freilassung erwirken. Inzwischen haben sich die Obdachlosen vor Duttons Haus zum Protest versammelt. Auf wundersame Weise kann Molly mit ihren Streichhölzern den drohenden Gewaltausbruch verhindern. Zum ersten Mal seit langem sprechen Vater und Sohn wieder miteinander. Es wird für alle ein glückliches Weihnachtsfest.

Das neue Lexikon des Fantasy-Films: »Routiniert in Szene gesetztes, rührseliges Familienfilmchen.«

Eine weitere Verfilmung entstand 1991 in den USA, unter der Regie von Michael Sporn spielten F. Murray Abraham, Perry Kiefer und Theresa Smythe.

1987 Das Mädchen mit den Feuerzeugen
BRD, R: Ralf Huettner, D: Enrico Böttcher, Arnold Frühwald, Rupert Seid

1987 The Little Match Girl
GB, R: Michael Custance, D: Christina Avery, Fanny Carby, Roger Daltrey

1983 The Little Match Girl
GB, R: Wally Broodbent, Mark Hoeger, D: Nancy Duncan, Dan Hays

1953 Das Mädchen mit den Schwefelhölzern
BRD, R: Fritz Genschow, D: Johanna Wichmann, Fritz Genschow

1928 La Petite marchande d'allumettes
F, R: Jean Renoir, Jean Tédesco, D: Catherine Hessling, Manuel Raaby

DAS MÄDCHEN ROSEMARIE

BRD 1996, R: Bernd Eichinger, D: Nina Hoss, Til Schweiger, Mathieu Carrière, Heiner Lauterbach, Katja Flint, Hannelore Elsner

Fünfziger Jahre, Zeit des Wirtschaftswunders: Rosemarie Nitribitt lebt in Frankfurt als Edelprostituierte, bis sie den wohlhabenden Hartog kennen lernt, der sie sich als Exklusiv-Geliebte hält. Doch als sie sich in sein Privatleben drängt, lässt er sie einfach sitzen und Hartogs französischer Geschäftsfreund bietet ihr einen Deal an: Für gutes Geld soll sie mit seinen deutschen Geschäftspartnern ins Bett steigen, Informationen sammeln und Tonbänder mitlaufen lassen. Bis Rosemarie auf die Idee kommt, die Bänder für sich selbst zu nutzen ...

Frank Junghänel *(Berliner Zeitung)*: »Der bekannten Geschichte der Rosemarie hat Eichinger

*Links: Das Mädchen Rosemarie
(1996, R: Bernd Eichinger): Nina Hoss
Unten: Das Mädchen Rosemarie (1958, R:
Rolf Thiele): Nadja Tiller und Peter van Eyck*

Das Mädchen Rosemarie
(1958, R: Rolf Thiele): Nadja Tiller

nichts hinzufügen. Er begräbt den Skandal unter Geigengewimmer und so gerinnt der Gesellschaftsroman in seinen Händen zum großen Schicksalsroman. Ein leeres Hochglanzprodukt. Wäre da nicht die Hauptdarstellerin Nina Hoss. Sie stellt die schauspielernden Männer von Lauterbach bis Schweiger tatsächlich in die zweite Reihe. Nur Horst Krause als fetter Industrieller mit Strauß-Appeal kann mithalten. Ihre besten Szenen hat Nina Hoss, wenn Roscmarie die Kerle nach getaner Arbeit abserviert. Die Härte im Gesicht steht ihr gut.«

TeleVisionen: »*Das Mädchen Rosemarie* war der Skandalfilm der späten 50er-Jahre, gerügt vom Fraktionsvorsitzenden der CDU im Bundestag, boykottiert von den UFA-Kinos, kritisiert von den Zeugen Jehovas: Die Ermordung der Frankfurter Prostituierten Nitribitt war vor allem für Industrie- und Bankkreise ein sehr heikles Thema. Erich Kuby schrieb das Drehbuch zu diesem von Rolf Thiele inszenierten, von Luggi Waldleitner produzierten Kassenschlager, er erzählt, wie sich's abgespielt haben könnte – und nimmt dabei Auswüchse des Wirtschaftschaftswunders aufs Korn. Bernd Eichingers Neu-Verfilmung war der Quoten-Hit unter den *German Classics*: Achteinhalb Millionen Zuschauer sahen Eichingers Regie-Debut mit Nina Hoss in der Hauptrolle. Aus diesem abgeschmackten, halb garen Illustrierten-Stoff hat Eichinger ein erbarmungslos geradliniges, bestechend klares Melodram im Geiste von Douglas Sirk, Harald Braun und Rainer Werner Fassbinder herauspräpariert: die Tragödie eines gierigen Kindes, das daran zu Grunde geht, dass es haben will, was es nicht kriegen kann.«

1958 Das Mädchen Rosemarie
BRD, R: Rolf Thiele, D: Nadja Tiller, Peter van Eyck, Carl Raddatz, Gert Fröbe

DAS MÄDCHEN VOM MOORHOF

BRD 1958, R: Gustav Ucicky, D: Maria Emo, Claus Holm, Wolfgang Lukschy, Werner Hinz, Eva-Ingeborg Scholz, Horst Frank, Joseph Offenbach, Hilde Körber, Alice Treff, Berta Drews, Leonard Steckel, Inge Meysel, Josef Dahmen

Nach der Novelle von Selma Lagerlöf: Vor den Schranken des Things einer schwedischen Kreisstadt steht der Gutsbesitzer Per Eric Martinsson. Vor dem Richter soll er bekennen, dass er in der Mittsommernacht des Jahres 1882 seine Magd Helga Nilsson verführte und nun die Verantwortung für das Kind auf sich nehme. Gelassen will er beeiden, dass er nicht der Vater sei, da klingt mitten hinein in die Eidesformel Helgas entsetzte Warnung: »Du darfst den Eid nicht schwören!« Sie will nicht, dass sich der Vater ihres Kindes durch einen Meineid unglücklich macht. Helga zieht ihre Klage zurück. Dann sucht sie im Fluss alles Irdische von sich zu werfen, aber der alte Erlandsson, Mutter Ingeborg und deren Sohn Gudmund geben dem von zwei Holzfallern aus dem Fluss gezogenen Mädchen neuen Lebensmut. Als Haustochter Mutter Ingeborgs hat Helga sich so weit gefasst, dass sie selbst die Nichtachtung zu ertragen vermag, die ihr Frau Lindgren bei der Verlobung ihrer Tochter Hildur mit Gudmund Erlandsson offen bekundet. Hildur ist schön, aber kalt und berechnend. »Michaeli soll Hochzeit sein«, berichtet Gudmund Helga, während sie mit seinem Messer grobes Holz zu Spänen schneidet. In der Schenke »Zum roten Mohren« feiert Gudmund mit seinen Freunden Abschied vom Junggesellendasein. Er sucht Vergessen im Alkohol, denn das, was er tun will, seine Hochzeit, ja selbst Hildur, steht noch fremd und ungreifbar vor ihm. Mit fortschreitender Nacht tritt Per Martinsson an den Tisch der Zechenden. Jan Lindgrens zynische Bemerkungen beschwören eine Schlägerei herauf, die alle Gäste erfasst.

Am nächsten Morgen findet man Per Martinsson mit einer abgebrochenen Messerklinge tot auf dem Hof der Schenke. Als Gudmund – noch ganz verschlafen – von diesem Mord hört, zieht er sein Messer. Die Klinge ist abgebrochen. Er kann sich an nichts erinnern. Die Hochzeit fällt natürlich ins Wasser. Für Amtmann Lindgren ist damit diese Bindung seiner Tochter gelöst. Als Helga von dem Mordverdacht hört, eilt sie zu Hildur und erzählt ihr, sie, Helga; habe Gudmunds Messer beim Spänemachen abgebrochen, er könne gar nicht der Mörder sein. Während Hildur zu Gudmund fährt, trifft ihr Bruder Jan im Hause seines Vaters Helga, der er schon vor dem Gutsherrn Martinsson nachstellte. Als er erneut von dem Mädchen abgewiesen wird, gesteht er seinem Vater den Mord an Martinsson. Hildur gibt Gudmund endgültig frei, und er weiß nun endlich, dass Helga an seine Seite gehört.

Berliner Morgenpost: »Was sich da anhört wie eines der typischen Wald-und-Flur-Dramen des deutschen Heimat-Kinos, wurde 1958 von Gustav Ucicky nach einer Novelle der nordischen Nobelpreisträgerin Selma Lagerlöf (1858–1940) zu einer sentimentalen Schnulze hergerichtet. Der filmende Sohn des berühmten Wiener Malers Gustav Klimt war in der Nazi-Zeit einer der führenden UFA-Regisseure. Nach dem Krieg drehte er Heimatfilme wie *Der Jäger vom Fall* oder *Das Erbe des Björndal*.«

ZDF: »*Das Mädchen vom Moorhof* ist eine gelungene Verfilmung ... dieser deutsche Spielfilm ist gleichzeitig ein positives Beispiel des Heimatfilms der fünfziger Jahre.«

1947 Das Mädchen vom Moorhof
Tösen fran stormytorpet, S, R: Gustaf Edgren, D: Margareta Fahlén, Alf Kjellin
1935 Das Mädchen vom Moorhof
D, R: Detlef Sierck, D: Hansi Knoteck, Ellen Frank, Kurt Fischer-Fehling

MÄDCHENJAHRE EINER KÖNIGIN
A 1954, R: Ernst Marischka, D: Romy Schneider, Adrian Hoven, Magda Schneider, Karl Ludwig Diehl, Christl Mardayn, Paul Hörbiger
Am Vorabend ihres 18. Geburtstages ist Victoria, die junge Königin von England, spurlos aus dem Palast verschwunden. Um den Heiratsplänen ihrer Mutter zu entkommen, ist sie inkognito nach Paris unterwegs, nur von ihrer Erzieherin und ihrem Diener begleitet. Sturm und schlechtes Wetter verhindern die Überfahrt, und so bleibt die kleine Reisegesellschaft in der Hafenstadt Dover hängen. In einer Hafenkneipe lernt Victoria einen deutschen Studenten kennen – den ebenfalls unerkannt reisenden Prinzen Albert von Sachsen-Coburg. Die beiden verlieben sich ineinander, ohne die wahre Identität des anderen zu kennen. Der Berater des Prinzen wendet sich daraufhin an Victoria und bietet ihr 100 englische Pfund, wenn sie ihren Verehrer freigibt. Glücklich nimmt Victoria an und reist zurück nach London. So findet das Geburtstagsfest doch noch pünktlich statt. Und Prinz Albert ist hoch erfreut, als er seine Geliebte aus Dover erblickt ... Regisseur Ernst Marischka, der schon für die erste Verfilmung das Drehbuch geschrieben hatte, gelang eine humorvolle Liebesgeschichte, die sich an historischen Tatsachen orientiert. Nach dem Tode König Wilhelm IV. bestieg die 18-jährige Victoria 1837 den britischen Thron und steuerte 64 Jahre lang die Geschicke des Empire. Dank tief greifender Reformen und wichtiger historischer Entscheidungen zählt sie zu den großen Persönlichkeiten der Geschichte. Aus Liebe heiratete sie den deutschen Prinzen Albert von Sachsen-Coburg. Romy Schneider in der Rolle, die ihr den Durchbruch bescherte und programmatisch für die nächsten Sissi-Jahre sein sollte.

Variety: »Die Story ist exzellent.«

Das Mädchen vom Moorhof (1958, R: Gustav Ucicky): Maria Emo, Claus Holm, Horst Frank und Wolfgang Lukschy

Filmwoche: »Komödienhaft heiter und beschwingt ging Ernst Marischka an seine Aufgabe heran, aber auch sichtlich bemüht, den historischen Rahmen der anekdotenhaften Handlung stilgetreu zu zeichnen. Das gelang ihm so gut, dass jeder Betrachter nur seine helle Freude an diesem Agfacolor-prächtigen Film haben wird.«

New York Times: »Fräulein Schneider spiegelt professionell kindlichen Schwung und jugendliche Vitalität wider sowie die Verwirrung einer behüteten Jugendlichen, die plötzlich mit der ehrfurchtsgebietenden Verantwortung der Regentschaft leben muss.«

1936 Mädchenjahre einer Königin

D, R: Erich Engel, D: Jenny Jugo, Friedrich Benfer, Paul Henckels

MAIGRET UND DIE AFFÄRE SAINT FIACRE

Maigret et l'affaire Saint-Fiacre, B/F/CH 1995, R: Denys de La Patellière, D: Bruno Cremer, Jacques Spiesser, Anne Bellec, Claude Winter, Jacques Sereys, Pierre Gérard, Arno Chevrier, Jacques Giraud, Nicolas Moreau, Maria Verdi, Morgan Fornes, Brigitte Defrance, Céline Duhamel, Béatrice Michel

Krimi nach Georges Simenon: Kommissar Maigret besucht zusammen mit seiner Frau den Ort Saint Fiacre, wo er seine Kindheit verbracht hat und seine Eltern begraben sind. Er erinnert sich daran, wie er als Junge in der Kirche von Saint Fiacre im Chor gesungen hat. Seine Reise in die Vergangenheit wird unterbrochen durch einen Mord, bei den Ermittlungen ist Maigret ganz auf sich gestellt. Seine Frau versucht ihm zwar beizustehen, doch ohne großen Erfolg. Bei seiner Arbeit trifft Maigret auf die Gräfin des Schlosses von Saint Fiacre, die vor seinen Augen stirbt, ihren Sohn, ihren Arzt, ihren Liebhaber und die Hausangestellten. Sie alle unterscheiden sich ebenso wie die Einwohner des Ortes erheblich von Maigrets üblichen Verdächtigen. Durch den Mord scheint Saint Fiacre wie verwandelt und nichts erinnert den Kommissar mehr an den Ort seiner Kindheit.

TV Spielfilm: »In der Neuverfilmung von *Maigret kennt kein Erbarmen* (1959) kann sich Bruno Cremer ohne weiteres in der Nachfolge von Jean Gabin behaupten. Gelungene Adaption eines erstklassigen Krimis.«

1959 Maigret kennt kein Erbarmen

Maigret et l'affaire Saint-Fiacre, F/I, R: Jean Delannoy, D: Jean Gabin, Robert Hirsch

MALICE – EINE INTRIGE

Malice, CDN/USA 1993, R: Harold Becker, D: Alec Baldwin, Nicole Kidman, Bill Pullman, Bebe Neuwirth, George C. Scott, Anne Bancroft, Peter Gallagher, Josef Sommer, Tobin Bell, William Duff-Griffin

Eben noch herrschte im verschlafenen Kaff Westerly, Massachusetts, eitel Wonne. Doch nun wird das Städtchen von einem brutalen Vergewaltiger heimgesucht. Der erst seit wenigen Stunden in Westerly tätige Arzt Dr. Jed Hill rettet einem geschändeten College-Mädchen das Leben und trifft dabei im Spital auf den stellvertretenden Rektor, seinen alten Schulkollegen Andy Safian ...

Frank Schnelle *(tip)*: »Nichts ist, wie es scheint in diesem seltsamen Genre-Bastard. Zunächst steht ein Serienkiller im Mittelpunkt, wird aber schnell links liegen gelassen, scheinbar zu Gunsten eines tragischen Ehedramas. Hinter dieser doppelten Täuschung kommen ein raffiniertes Intrigenspiel, ein clever eingefädelter Betrug und eine fast perfekte Maskerade zum Vorschein. Die Inszenierung, die Fotografie und die souveränen Darsteller lassen zwar nichts zu wünschen übrig, auf den überflüssigen Nebenplot hätte Becker aber besser verzichtet.«

1990 Die Operation

The Operation, USA, R: Thomas J. Wright, D: Joy Arron, Jason Beghe, Kara Benser

MAME

USA 1974, R: Gene Saks, D: Lucille Ball, Beatrice Arthur, Robert Preston, Bruce Davison, Kirby Furlong, Jane Connell, Joyce van Patten, Doria Cook, Don Porter, Audrey Christie, John McGiver

Das sieben Jahre nach der Bühnen-Premiere produzierte Lichtspiel erzählt von einer temperamentvollen Dame mittleren Alters, die das Leben im Amerika der »Roaring Twenties« in vollen Zügen genießt. Erst als Mame ihren elternlosen Neffen Patrick bei sich aufnimmt, ändert sie ihren aufwendigen Lebensstil. Hartnäckig versucht sie, sich und ihren Pflegesohn durch die harten Jahre der Depression zu bringen, wobei all ihre Ersparnisse draufgehen. Neue Hoffnung schöpft sie, als ihr der steinreiche Gutsbesitzer Beauregard begegnet. Die unkonventionelle und extravagante Amerikanerin Mame, Titelfigur eines Romans von Patrick Dennis, erblickte bereits 1958 das Licht der Leinwand; in Morton DaCostas *Die tolle Tante* verkörperte Rosalind Russell jene Tante, die ihrem Neffen nach dem Tod seiner Eltern eine ungewöhnlich progressive Erziehung angedeihen lässt. Jerome Lawrence und Jerry Herman schrieben in Anlehnung an das Theaterstück von Robert E. Lee und Lawrence das Musical *Mame*, dem am Broadway ein großer Erfolg beschieden war, den es im Kino aber nicht wiederholen konnte. Die US-Kritik zerriss *Mame* in der Luft: »Wieder mal ein Beweis dafür, dass ein Maximum an Aufwand nicht ein Minimum an Einfällen wettmacht«, hieß es, und »Die Darsteller scheinen ausschließlich danach ausgewählt worden zu sein, wie unmusikalisch sie sind.«

Lothar Lambert *(Der Abend)*: »Nicht gerade das schwungvollste Musical der Fimgeschichte, aber gute Laune macht es dennoch.« In den USA ist für 2002 ein TV-Remake angekündigt.

1958 Die tolle Tante
Auntie Mame, USA, R: Morton DaCosta, D: Rosalind Russell, Forrest Tucker

MAN EATER 2000
BRD 1999, R: Andreas Schnaas, D: Achim Kohlhase, Andre Sobottka, Dirk Thies, Joe Neumann, Jens Bauhuf, Bernd Meißner, Carsten De Jonge, Andreas Schnaas, Karl-Heinz Geisendorf, Sybille Kohlhase, Cordula Krüger, Sandra Berg, Maja Carstens
Nikos Karamanlis und seine Familie geraten während eines Bootsausflugs in ein Unwetter, in dessen Verlauf die Tochter Vicky stirbt. Im Rettungsboot allein und ohne Proviant auf hoher See wird Nikos zum Kannibalen an seiner eigenen Familie. Es gelingt ihm dadurch zu überleben und das Festland zu erreichen. Doch sein Appetit ist unstillbar. Eine Gruppe Urlauber gerät in seinen blutigen Bannkreis ...

Haiko Herden *(Haiko's Filmseiten)*: »Die Geschichte kommt einem mehr als bekannt vor, aber das ist nicht verwunderlich, denn Andreas Schnaas hat ein handfestes Remake des Joe D'Amato-Klassikers *Man-Eater* gedreht. Mit mehr Power (sprich: nicht so vielen Längen) und mit mehr Gore-Gehalt. Gerade letztere Effekte sind supergut gelungen und durch geschickte Schnitte unglaublich realistisch in Szene gesetzt worden, was wohl auch daran liegt, dass nicht übertrieben viel Blut aus den Wunden rauskommt, sondern eine Menge, die durchaus glaubhaft ist.«

1980 Man-Eater
Antropophagus, I, R: Joe D'Amato, D: Tisa Farrow, Saverio Vallone, Serena Grandi

MAN IST NIEMALS ZU JUNG
You're Never Too Young, USA 1955, R: Norman Taurog, D: Jerry Lewis, Dean Martin, Diana Lynn, Nina Foch, Raymond Burr, Mitzi McCall
Nach einem Bühnenstück von Edward Childs Carpenter: Friseurlehrling Wilbur Hoolick ist ein reiselustiger junger Mann. Da ihm aber das Kleingeld für größere Reisen fehlt, verkleidet er sich als Halbwüchsiger, um die Hälfte des Fahrpreises zu sparen. Im Zug sind auch die beiden Lehrer Bob und Nancy. In Bobs Koffer hat ein Raubmörder seine Beute, einen wertvollen Diamanten, versteckt. Durch viele Zufälle gelangt der Stein in Wilburs Hosentasche. Der Gangster setzt nun Wilbur nach, der sich auch noch des Schaffners erwehren muss, der zwischenzeitlich seine Maskerade durchschaut hat.

Variety: »Dies ist Lewis' Show, und die derben Possen sind von nicht zu überbietender Kunst, eine höchst erheiternde Darbietung ..., Martin bekommt schließlich das Mädchen ..., aber es ist Lewis, der das Publikum gewinnt.«

Klaus Stawecki *(Jerry Lewis – Sein Leben, seine Filme)*: »Die *New York Times*, wieder vertreten durch den Lewis-Spezialisten Bosley Crowther, misst auch dieses Remake an seinem Original, spricht von konfuser Handlung und plumpen Darstellern und zeigt sich insgesamt unbefriedigt. Der zweifellos vorhandene Unterhaltungswert bleibt zwar Mr. Crowther verborgen, nicht aber Millionen von Kinozuschauern, die sich in ausverkauften Häusern wieder königlich amüsieren.«

Der Film wurde mehrfach umgetitelt: *Der Gangsterschreck, Jerry Lewis und Dean Martin als Gangsterschreck* und *Jerry total verrückt*.

1942 Der Major und das Mädchen
The Major And The Minor, USA, R: Billy Wilder, D: Ginger Rogers, Ray Milland

MAN SOLL NICHT MIT DER LIEBE SPIELEN
Young At Heart, USA 1954, R: Gordon Douglas, D: Doris Day, Frank Sinatra, Gig Young, Dorothy Malone, Ethel Barrymore
Doris Day spielt die Tochter eines Musiklehrers, die an der nicht ganz standesgemäßen Liebe zu dem desillusionierten Barmusiker Barney festhält

und ihn zum glücklichen Ehegatten und Vater domestizieren will.

Zoom: »Dass die Handlung eine etwas abrupte Wendung zum Guten nimmt, hat seinen Grund in der Besetzung, genauer in der beharrlichen Weigerung Frank Sinatras, als Barney drehbuchgemäß Selbstmord zu begehen.«

George Morris *(Doris Day)*: »*Young At Heart (Man soll nicht mit der Liebe spielen*, 1954) sollte die Brücke schlagen zwischen den sorglosen Musicals, die Doris Day bis dahin gedreht hatte, und den anspruchsvolleren, herausfordernden Rollen, die Marty Melcher für ihre Zukunft ins Auge gefasst hatte. In diesem so genannten Musical-Remake von Michael Curtiz' *Four Daughters* (1938) spielt Frank Sinatra die Rolle des Barney Sloan, die John Garfield in der ersten Verfilmung Starruhm eingebracht hatte. Barney Sloan ist ein selbstmitleidiger Klavierspieler, der von Doris Days Bräutigam und Komponist (Gig Young) angeheuert wird, um seine Songs für eine bevorstehende Broadwayshow zu orchestrieren. Als Doris Day feststellt, dass eine ihrer Schwestern (Elizabeth Fraser) hoffnungslos in Gig Young verliebt ist, verlässt sie ihn vor dem Altar und geht mit Sinatra durch. Nach einem Jahr der Entfremdung von ihrer geliebten Familie kehren sie und Sinatra zu Weihnachten nach Hause zurück. Seine mysteriöse Hoffnungslosigkeit hat sich jedoch nach einem Ehejahr verstärkt. Sinatra borgt sich das Auto seines Schwagers bei einem tobenden Schneesturm, demontiert die Scheibenwischer, lässt die Windschutzscheibe zufrieren und tritt dann das Gaspedal voll durch ... Als sie Sinatra in seinem Krankenzimmer in der Klinik besucht, gesteht sie ihm nicht das Recht zu, sie zu verlassen. Als ihre dringenden Bitten keinen Erfolg zeigen, sagt sie ihm, sie sei schwanger. Er erlebt plötzlich einen Sinneswandel, überlebt die Operation, und eins, zwei, drei sind alle wieder lachend und singend um das Klavier versammelt. *Young At Heart* ist ein eigenartiger Film. Alle Szenen, die sich um Doris Day und ihre Musik liebende Familie drehen, kollidieren mit den dunklen Aspekten rund um Sinatra. Ein Teil des Problems liegt an dem Versagen der Autoren Julius J. Epstein und Lenore Coffee, die besondere Natur von Sinatras Krankheit herauszuarbei-

ten. Er scheint nur ein langweiliger Verlierer zu sein, der sich an seinem eigenen Unglück weidet. Ein weiterer Mangel liegt in der Unfähigkeit von Regisseur Gordon Douglas, die unvereinbaren Elemente des Dialogs zu einem zusammenhängenden Ganzen zu integrieren. Das Fehlen jeglicher Beziehung zwischen Doris Day und Frank Sinatra wirkt sich sogar noch schädlicher aus. Die beiden scheinen in zwei verschiedenen Filmen zu spielen. Im Drehbuch gibt es für sie auch keine richtige Liebesszene. Sie reden eine ganze Menge darüber, wie viel sie sich gegenseitig bedeuten, doch sie berühren sich nie, küssen und umarmen sich nicht. Es gibt zwischen diesen zwei Figuren keine Leidenschaft oder Bindung, und zusammen mit der kaum verschleierten Abneigung, die Doris Day und Frank Sinatra gegeneinander als Schauspieler entwickelten, ist die Beziehung mehr als nur ein wenig unangenehm.«

1938 Vater dirigiert

Four Daughters, USA, R: Michael Curtiz, D: Claude Rains, John Garfield

MANCHE MÖGEN'S HEISS

Some Like It Hot, USA 1959, R: Billy Wilder, D: Jack Lemmon, Tony Curtis, Marilyn Monroe, George Raft, Pat O'Brien, Joe E. Brown, Nehemiah Persoff, Billy Gray, Joan Shawlee, George E. Stone, Dave

Manche mögen's heiß (1959, R: Billy Wilder): Tony Curtis und Marilyn Monroe

Barry, Mike Mazurki, Harry Wilson, Beverly Wills, Barbara Drew

Nach einer Erzählung von R. Thoeren und M. Logan: Die Barmusiker Joe und Jerry waren zur falschen Zeit am falschen Ort, haben zu viel gesehen und jetzt die Killer auf den Fersen. Sie finden in Frauenkleidern Unterschlupf bei einer Damenkapelle, die gerade den Zug nach Florida besteigt. Ihr Gastspiel wird durch diverse Verwirrungen und amouröse Abenteuer aufgemischt. An letzteren ist vor allem die Sängerin und Ukulele-Spielerin Sugar schuld, in die sich Joe unsterblich verliebt. Billy Wilders unwiderstehlich verrückte Komödie, die mit dem grimmigen St. Valentin-Massaker in Chicago »wie ein Feuerwerk beginnt und bis zum Schluss die tollsten Funken sprüht« (*Variety* zur Uraufführung 1959), endet mit einem der berühmtesten Schlussworte der Filmgeschichte: »Nobody is perfect«, antwortet vergnügt der alte Satyr Osgood auf die Eröffnung seiner Herzensdame Daphne, dass sie in Wirklichkeit ein Mann sei. Und Marilyn Monroe als »Sugar« spielt die Ukulele und haucht *I Wanna Be Loved By You* ins Mikro.

MovieLine: »Wilders Verdienst ist es, einen der intelligentesten Filme zum Thema männlich/ weiblich überhaupt gedreht zu haben, denn wenn sich bei Jack Lemmon alias Jerry-Daphne langsam die männliche Identität verliert und er schon gar keinen Grund mehr weiß, warum er Osgoods Werben nicht nachgeben sollte, dann ist das nicht nur einer der Höhepunkte des Films und der amerikanischen Filmkomödie überhaupt, sondern auch eine echte Auseinandersetzung mit stereotypen und geschlechtsspezifischen Vorurteilen, die den Zuschauer ins Grübeln bringt.« Acht Jahre vor Lemmon/Curtis zogen Georg Thomalla/Dieter Borsche in *Fanfaren der Liebe* schon Frauenfummel an. Der Film war der absolut größte deutsche Lustspiel-Erfolg der unmittelbaren Nachkriegszeit: 1953 drehte Hans Grimm mit *Fanfaren der Ehe* eine Fortsetzung.

1951 Fanfaren der Liebe

BRD, R: Kurt Hoffmann, D: Dieter Borsche, Georg Thomalla, Inge Egger

EIN MANN FÜR MEINE FRAU

BRD 1993, R: Hartmut Griesmayr, D: Robert Atzorn, Iris Berben, Jennifer Nitsch, Ursela Monn, Siegfried Kernen, Matthias Ponnier, Lisa Martinek

Nach einem Bühnenstück von Zoch und Lerbs: Zwanzig Jahre sind Robert und Susanne verhei-

Links: Manche mögen's heiß (1959, R: Billy Wilder)
Unten: Fanfaren der Liebe (1951, R: Kurt Hoffmann): Dieter Borsche und Georg Thomalla

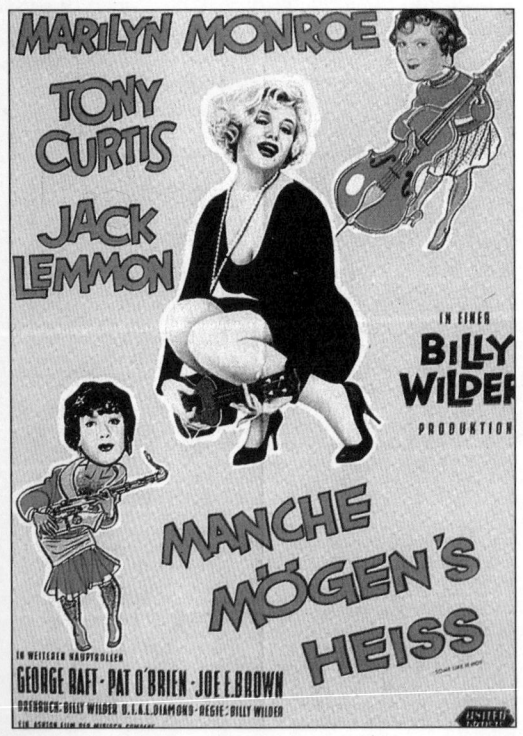

ratet. Die Beziehung ist in Belanglosigkeit erstarrt. Robert hat eine Geliebte. Susanne willigt in die Scheidung ein – unter einer Bedingung: wenn er ihr einen neuen Mann besorgt.

TV direkt: »Mit viel Spiellaune in Szene gesetzt.«

1943 Ein Mann für meine Frau

D, R: Hubert Marischka, D: Magda Schneider, Johannes Riemann, Clementia Egies

EIN MANN À LA CARTE

Making Mr. Right, USA 1986, R: Susan Seidelman, D: John Malkovich, Ann Magnuson, Glenne Headly, Ben Masters, Laurie Metcalf, Polly Bergen
Frankie Stone leitet mit Erfolg eine Werbeagentur. Steve Marcus, der für den Kongress kandidiert, lässt sich von ihr betreuen; privat haben die beiden neuerdings aber Probleme miteinander. In dieser Situation bekommt Frankie einen Auftrag der Chemtec Corporation. Dort hat Dr. Jeff Peters einen Androiden entwickelt, der äußerlich das Ebenbild seines Schöpfers ist. Ulysses soll in Kürze an Stelle eines Astronauten zu einer langen Reise ins All starten. Der Kongress will allerdings die Mittel für das Projekt streichen; darum muss Frankie mit gekonnter Öffentlichkeitsarbeit die Abgeordneten überzeugen, wie wertvoll Ulysses ist. Als sie den Androiden kennen lernt, stellt sie fest, dass dessen Umgangsformen ebenso viel zu wünschen übrig lassen wie das Benehmen seines muffligen Schöpfers. Um das zu ändern, nimmt Frankie sich Ulysses vor, der sich das von der hübschen jungen Frau gern gefallen lässt. Mehr noch, er steigt ihr nach, und das führt zu aufregenden Abenteuern, die den überraschenden Verdacht nahe legen, dass der künstliche Mensch mehr »Herz« hat als sein geistiger Vater Dr. Peters ...

Die schwungvoll inszenierte Komödie ist eine vergnügliche Lektion über die Liebe im Zeitalter der Roboter. Susan Seidelman (*Susan ... verzweifelt gesucht*) stellt mit der witzigen Satire über Männer und Frauen in den achtziger Jahren herkömmliche Verhältnisse ironisch auf den Kopf. In John Malkovich hat sie einen Star, der die beiden Figuren der Doppelrolle pointiert gegeneinander ausspielt – so fällt der Heldin die Wahl zwischen einem verkniffenen Tüftler und einem liebenswert-naiven Roboter nicht schwer.

Die *Science Fiction Filmenzyklopädie*: »Mit einer ähnlichen Prämisse wie *Tobor The Great*

(1954) wirkt der Film doch eher wie eine Aktualisierung von Roboter-Komödien wie *Geliebte nach Maß* (*The Perfect Woman*, 1949). Magnusson und der Androide verlieben sich ineinander, und die unschuldige Frankenstein'sche Kreatur (Magnussons Name im Film lautet Frankie Stone) wird in die komplizierten Bäumchenwechsel-dich-Beziehungen der Familie, Liebhaber und Freunde der Protagonistin verstrickt.«

1949 Geliebte nach Maß

The Perfect Woman, USA, R: Bernard Knowles, D: Patricia Roc, Stanley Holloway

EIN MANN GEHT DURCH DIE WAND

BRD 1959, R: Ladislao Vajda, D: Heinz Rühmann, Rudolf Vogel, Anita von Ow, Nicole Courcel, Hubert von Meyerinck, Henry Vahl, Günter Gräwert, Lina Carstens, Rudolf Rhomberg, Peter Vogel, Michael Burk, Hans Pössenbacher
Herr Buchsbaum ist ein kleiner Finanzbeamter. Er ist allgemein beliebt, und wer von ihm einen Mahnbrief bekommt, traut seinen Augen nicht, so freundlich ist dieses amtliche Schreiben abgefasst. Das geruhsame Leben des sanften Junggesellen ändert sich von heute auf morgen, als der neue Bürochef Pickler sein Amt antritt. Er hält Höflichkeit im Umgang mit Steuerzahlern für unangebracht, darum zerreißt er Buchsbaums Briefe und schreit mit ihm herum. Und nach Feierabend sieht der Ärmste sich auch noch von stümpernden Klavierschülern belästigt, seitdem eine Klavierlehrerin in die Nachbarwohnung eingezogen ist. Eines Tages trifft er seinen alten Lehrer wieder. Dieser moniert seinen Mangel an Selbstvertrauen, und offenbar hat er Recht, denn kurz darauf entdeckt Buchsbaum durch Zufall, dass er durch jede Wand gehen kann. Zunächst ist er sehr erschrocken und stürzt zum Arzt. Als Pickler ihn jedoch mehr und mehr schikaniert, macht der gequälte kleine Steuerbeamte zum ersten Mal von seiner unglaublichen Fähigkeit gezielt Gebrauch und stellt fest, dass er dem üblen Tyrannen durchaus gewachsen ist. Fortan hat Buchsbaum wieder Spaß am Leben, zumal sich die Klavierlehrerin von nebenan als eine reizende junge Witwe entpuppt, in die er sich Hals über Kopf verliebt. Und da er nun einmal sehr schüchtern ist, kommt es ihm auch hier zustatten, dass er durch die Wand gehen kann ...

Zitty: »Heinz Rühmann als geduckter Finanzbeamter, der plötzlich bemerkt, dass er durch

515

Wände gehen kann. Sein tyrannischer Chef Pickler (Hubert von Meyerinck) bekommt diese unheimliche Fähigkeit als Erster zu spüren. Eine märchenhafte Komödie, bei der Rühmann eine ganze Stadt in Atem hält, aber nur um berufliches und privates Glück zu finden.«

1951 Le Passe-muraille

F, R: Jean Boyer, D: Bourvil, Joan Greenwood, Nicolas Amato

DER MANN IM DUNKEL

Man In The Dark, USA 1953, R: Lew Landers, D: Edmund O'Brien, Audry Totter, Ted De Corsia, Horace McMahon, Nick Dennis, Dayton Lummis, John Harmon, Ruth Warren, Dann Riss, Shepard Menken
Der Gangster Steve lässt sich per Operation ein neues Gesicht und neue Erinnerungen verpassen, weil er seine kriminelle Vergangenheit vergessen will. Seine alten Komplizen wollen von ihm wissen, wo er 130.000 ergaunerte Dollars versteckt hat, an die Steve sich nicht mehr erinnert.

Lexikon des Science-Fiction Films: »Die Drehzeit betrug elf Tage, und das wundert einen nicht.«

1936 The Man Who Lived Twice

USA, R: Harry Lachman, D: Ralph Bellamy, Marian Marsh, Thurston Hall

DER MANN MIT DER EISERNEN MASKE

The Man In The Iron Mask, USA 1997, R: Randall Wallace, Drb: Randall Wallace nach Alexandre Dumas' Musketiere-Romanen, K: Peter Suschitzky, M: Nick Glennie-Smith, S: William Hoy D: Leonardo DiCaprio (Ludwig XIV./Philippe), Jeremy Irons (Aramis), John Malkovich (Athos), Gérard Depardieu (Porthos), Gabriel Byrne (D'Artagnan), Judith Godrèche (Christine Bellefort), Anne Parillaud (Königin Anne), Edward Atterton (Leutnant Andre), Peter Sarsgaard (Raoul), Brigitte Boucher (Madame Rotund), Karine Belly (Wench), Hugh Laurie, David Lowe, Matthew Jocelyn, Emmanuel Guttierez
Im Jahr 1638 schenkt Königin Anne Frankreich einen Thronerben, aber in dieser schicksalhaften Nacht wird – was nur einige wenige wissen – ein zweiter Junge geboren. 22 Jahre später hat Ludwig XIV. den Thron bestiegen und übt die alleinige Macht über ein Land aus, das durch die Kosten für den Krieg und die königliche Verschwendungssucht ausgezehrt ist. Von den Musketieren, die seinem Vater Ludwig XIII. treu ergeben waren, ist nur noch einer an seiner Seite:

Der Mann mit der eisernen Maske
(1997, R: Randall Wallace): Gérard Depardieu

d'Artagnan, der legendäre Capitain der Königlichen Garde. Seine drei alten Kampfgefährten Aramis, Athos und Porthos haben ihre Uniformen schon lange an den Nagel gehängt und sich – mit unterschiedlichem Erfolg – ins zivile Leben zurückgezogen.

Aramis, der Priester geworden ist, wird während der Vorbereitungen zu einer besonders ausschweifenden Feier, die in den königlichen Gärten abgehalten werden soll, zum König gerufen. Es ist eine Feier, die zu einem denkbar ungünstigen Zeitpunkt stattfindet, denn in den Straßen von Paris verhungern und rebellieren die Menschen. Die Jesuiten greifen öffentlich die Regentschaft von Ludwig an, da sie seine Politik und seine ständige Kriegszüge missbilligen. Der König bittet Aramis, die Identität des Jesuiten-Generals herauszubekommen bzw. ihm dessen Kopf zu bringen. Offenbar nimmt Aramis die Mission an und die Feier beginnt. Unter den Gästen befindet sich auch der Sohn von Athos, Raoul, der auf Urlaub vom Militär ist, zusammen mit seiner Verlobten, der hübschen Christine. Als er sie sieht, ist der junge König völlig von ihrer Schönheit verzaubert. Damit er selbst ihr den Hof machen kann, fasst er den Plan, Raoul wieder an die vorderste Front zu schicken. Als Athos davon hört, wird er in seiner ablehnenden Haltung gegenüber dem König nur noch bestärkt, obwohl ihm d'Artagnan verspricht, seinen Sohn zu beschützen.

Währenddessen siecht in einer verlassenen Festung vor der Küste der Bretagne ein maskierter Gefangener in einer schmutzigen Zelle dahin. Nachdem Raoul einen tragischen, aber vorhersehbaren Tod auf dem Schlachtfeld stirbt, schwört Athos, seinen Sohn zu rächen und den tyrannischen König zu töten. Aramis plant, den König mit dem mysteriösen Gefangenen zu vertauschen, dessen Schicksal in jener Nacht vor 22 Jahren so grauenvoll besiegelt wurde. Für sein gefährliches Unterfangen versichert er sich der Hilfe von Athos. Zu den beiden gesellt sich bald auch Porthos, dem der Sinn nach Abwechslung steht. Schnell jedoch müssen sie feststellen, dass der Plan, ihr Land vor dem Verderben zu retten, womöglich zur Zerstörung des Thrones führt ...

Als »zähes Historical« bezeichnet *DER SPIEGEL* den Film: »Bei *Titanic* war das Eis sein Schicksal, jetzt spielt Leonardo DiCaprio selbst einen Eisberg: den jugendlichen Louis XIV., der – Harry, hol schon mal die Kutsche – seinen Hofstaat demütigt, das Volk hungern lässt und diverse Hofdamen flachlegt. Schlimm, schlimm, findet Übervater d'Artagnan (Gabriel Byrne), und prompt erwachen auch die anderen Musketiere aus dem Vorruhestand. Zwar sagen sie weiter brav ihre Kalendersprüche auf (›Einer für alle‹), ersinnen aber den Plan, den bösen König gegen dessen Zwillingsbruder (DiCaprio zum zweiten) auszutauschen.« Birgit Heidsiek von *dpa* hält dagegen: »Herausgekommen ist jedoch kein Mantel-und-Degen-Film, sondern ein unterhaltsames Kino-Abenteuer mit geballter Star-Power.«

Und Robert Weixelbaumer schreibt in der Wiener Zeitung *Die Presse*: »Als die *Drei Musketiere* 1844 zum Verkaufshit avancierten, machte sich Dumas gleich an die Fortsetzung. Die Serienarbeit hatte nachhaltige Wirkung: Im Kino bildet sie seit einhundert Jahren die Basis für populäre Nachbearbeitungen. Randall Wallace, Regisseur und Autor der jüngsten *Musketier*-Variante, *Der Mann in der eisernen Maske*, wühlt sich mit seinem Starensemble noch einmal quer durch Dumas. Und es riecht zwischen Ehrenhändeln und Fechterei hier tatsächlich manchmal wieder nach Kindheit. *Der Mann in der eisernen Maske* ist ein Remake von Remakes, die Neuauflage der Neuauflage. Der Story steht das nicht schlecht, dreht sich doch darin alles um den Tausch von Originalen (König) gegen Kopien (Maskenmann). In Wallaces Epos steckt Filmgeschichte, der *Gefangene von Zenda* lässt grüßen, und natürlich die klassischen Bearbeitungen aus den dreißiger

(Douglas Fairbanks) oder sechziger Jahren (Jean Marais). Hinter der Eisernen Maske steckt diesmal Goldkind Leonardo DiCaprio. Er lässt sich gleich zweifach bewundern: mit Krone, Zepter und Hermelin als Ludwig XIV. – und, leicht angemoost, als Maskenmann im feuchten Kerker schmachtend ... Der Film operiert bedauerlicherweise ohne die Lässigkeit, mit der 1973 Richard Lester *Die drei Musketiere* in die Gegenwart geleitet hatte. Seit er den Mantel-und-Degen-Film mit zeitgemäßen Komödianten bevölkert hat, wird im Hollywood-Abenteuer nicht mehr vornehmes Duellieren geübt, sondern ordentlich gerüpelt und geschubst. Da kann Wallace zwar noch mithalten – auch bei ihm sind Kopfstöße erlaubt. Aber wenn auch bei Gelegenheit ein Degen in Hongkong-Manier durch die Luft wirbelt, wirkt das dann doch seltsam verkrampft.«

Als Sohn eines der tapfersten Generäle Napoleons wurde Alexandre Dumas 1802 im Nordosten Frankreichs geboren. Sein Vater starb, als er fünf Jahre alt war. Der Junge wuchs als Landkind auf, ohne rechte Schulbildung, wild und mit 20 Jahren noch fast ein Analphabet. Adolphe de Leuven, ein junger Grafensohn, hielt ihn zum Lesen an, vertiefte sein Wissen und nahm ihn mit nach Paris. Alexander avancierte zum Sekretär beim Herzog von Orleans. Sein Zusammentreffen mit jungen Leuten der literarischen Welt machte ihn zum begierigen Leser. 1825 schrieb er zusammen mit seinem Freund Adolphe sein erstes erfolgreiches Stück *Le chasse et l'amour*. Im Alter von 22 Jahren zog Dumas nach Paris: Von einer jungen Frau, mit der er zusammenlebte, bekam er den ersten Sohn. Ein zweites Kind, eine Tochter, wurde ihm bald darauf von einer anderen Geliebten geboren. Seine Ehe mit der Schauspielerin Ida Ferrier, die er im Jahre 1825 heiratete, war nur von kurzer Dauer. Alexandre Dumas' Liebschaf-

Der Mann mit der eisernen Maske
(1997, R: Randall Wallace): Leonardo DiCaprio

ten kannten keine Zahl. Er war von der Liebe ebenso besessen wie von seiner Arbeit. Frauen und Schreiben waren sein Lebensinhalt.

277 Bände zählte nach seinem Tode seine Hinterlassenschaft. Alexandre Dumas machte ein Riesenvermögen mit seinen beiden Werken *Die drei Musketiere* und *Der Graf von Monte Christo*. Beide Romane entstanden zur gleichen Zeit, nebeneinander. Sie wurden 1844 erstmals veröffentlicht und auf Anhieb Welterfolge. Dumas eroberte sich einen Platz an der Spitze der französischen und auch in der Weltliteratur. Seine Rivalen Musset und Victor Hugo gaben sich verbittert geschlagen. Balzac hasste ihn. Obwohl allgemein bekannt ist, dass viele seiner Romane das Ergebnis von Zusammenarbeit waren oder aus der Produktion einer »Schriftsteller-Schmiede« stammten, die von Dumas angeheuert worden war, um seine Ideen zu Papier zu bringen, so ist sein Talent, seine Vorstellungskraft und seine Begabung, Geschichte in romantische Abenteuer umzuwandeln, unbestritten.

Das Geld, das Dumas verdiente, gab er auch mit beiden Händen wieder aus. Und so verbrachte er die letzten Jahre seines Lebens in zunehmenden finanziellen Schwierigkeiten und nachlassender gesundheitlicher Konstitution. Seiner Leidenschaft zu schreiben blieb er bis zum Tode treu. Kurz bevor er am 5. Dezember 1870 im Hause seines Sohnes in Dieppe im Alter von 68 Jahren starb, hatte er sein letztes Werk vollendet – ein Kochbuch ... Zu allen Zeiten hat der Film die großen Romane von Alexandre Dumas aufgegriffen. Seine *Drei Musketiere* und *Der Graf von Monte Christo* erlebten mannigfache Verfilmungen seit Beginn des Films. *Der Mann mit der eisernen Maske* wurde u.a. von den Altmeistern Allan Dwan und James Whale in Amerika verfilmt.

Der Mann mit der eisernen Maske
(1976, R: Mike Newell): Mit Mantel und Degen

1998 The Man In The Iron Mask
USA, R: William Richert, D: Edward Albert, Dana Barron, Timothy Bottoms

1997 Der Mann mit der eisernen Maske
The Man In The Iron Mask, USA, R: Randall Wallace, D: Gérard Depardieu

1979 Das Geheimnis der eisernen Maske
The Fifth Musketeer, A/USA, R: Ken Annakin, D: Beau Bridges, Sylvia Kristel

1976 Der Mann mit der eisernen Maske
The Man In The Iron Mask, GB, R: Mike Newell, D: Richard Chamberlain

»Der Schmöker von einst gerät zum unterhaltenden Kasperletheater – fantastisch bunt, manchmal ulkig und ziemlich unglaubwürdig.« *(Spandauer Volksblatt)*

1961 Der Gefangene der eisernen Maske
La vendetta della maschera di ferro, I/F, R: Francesco de Feo, D: Michel Lemoine

1954 Der geheimnisvolle Gefangene
Il prigionero del re, I, R: Richard Pottier, D: Pierre Cressoy, Andrée Debar, Luigi Tosi

»Mit italienischer Freude am farbigen Geschehen wird viel historische Pracht entfaltet, gewandt gefochten und eine zarte Liebesgeschichte mit einer tapferen Adeligen hineinverwoben. Ein Serienfilm auf der Linie der Musketiere, der jederzeit sein Publikum finden wird.« (H. J. Helmers, *Filmblätter*)

1952 Die Frau mit der eisernen Maske
The Lady In The Iron Mask, USA, R: Ralph Murphy, D: Patricia Medina

Ralph Murphy machte aus dem Mann eine Damenrolle. Genauer gesagt, handelt es sich um Zwillingsschwestern. »Flott und turbulent im Ablauf, wie man das von den Dumas'schen Musketieren kennt, ist der Film ein neues Kapitel für die zahlreichen Freunde dieser Helden.« (Hans-G. Berthold, *Filmblätter*)

1943 El Hombre de la máscara de hierro,
MEX, R: Marco Aurelio Galindo, D: Victoria Argota, Roberto Cañedo, José Cibrián

1939 Der Mann mit der eisernen Maske
The Man In The Iron Mask, USA, R: James Whale, D: Louis Hayward, Joan Bennett

»Überlanger, zähflüssiger Abenteuerfilm nach historischem Vorbild. Um einen gefährlichen Rivalen, seinen Zwillingsbruder Philippe de Gas-

*Der Mann mit der eisernen Maske (1976,
R: Mike Newell): Richard Chamberlain im Kerker*

cogne, auszuschalten, lässt Ludwig XIV. dem
Widersacher eine eiserne Maske auf den Kopf
schmieden und ihn in der Bastille einkerkern.
Doch die ehemaligen *vier Musketiere* kommen
dem Gefangenen zu Hilfe.« *(Lexikon des internationalen Films)*

1929 Die eiserne Maske
*The Iron Mask, USA, R: Allan Dwan, D: Douglas
Fairbanks, Marguerite de la Motte*
»Mantel-und-Degen-Film um die berühmten vier
Musketiere, die in dieser dramatischen Geschichte in den Kampf um die Thronfolge Ludwigs XIII. eingreifen und die finsteren Machenschaften machtlüsterner Politiker durchkreuzen.
Seine allegorisch-pathetischen Verbrämungen
machen den mittelmäßigen Film auch als filmhi-
storisches Anschauungsmaterial nicht lohnen-
der.« *(Lexikon des internationalen Films)*

1928 The Man In The Iron Mask
GB, R: George J. Banfield, D: G. H. Mulcaster

DER MANN VOM EIFFELTURM
*The Man On The Eiffel Tower, USA 1949, R: Bur-
gess Meredith, D: Charles Laughton, Franchot Tone,
Burgess Meredith, Robert Hutton, Jean Wallace, Patricia Roc, Belita, George Thorpe, William Phipps*
Nach dem Roman *La tête d'un homme* von Georges Simenon: Radek, ein intelligenter, unheilbar manisch-depressiver ehemaliger Medizinstudent, hat einen Doppelmord begangen. Kommissar Maigret überführt ihn, indem er seinen
krankhaften Geltungstrieb provoziert. Als der
Täter sein Spiel verloren sieht, will er sich vom
Eiffelturm stürzen, was Kommissar Maigret verhindert. Er endet auf der Guillotine.

Lexikon des internationalen Films: »Gekonnter Thriller mit erstklassigen Darstellern.«
1933 La Tête d'un homme
*F, R: Julien Duvivier, D: Harry Baur, Valéry Inkiji-
noff, Gina Manès*

DER MANN, DER 1000 KETTEN SPRENGTE
*The Man Who Broke 1.000 Chains, USA 1987, R:
Daniel Mann, D: Sonia Braga, Clancy Brown, Eli-
sha Cook jr., Charles Durning, James Keach, Val Kil-
mer, Taj Mahal, William Sanderson, Kyra Sedgwick,
Billy Bob Thornton*
Die authentische Geschichte von Robert Elliott
Burns, der in den 20er-Jahren unschuldig zu
Zwangsarbeit verurteilt wurde. Sein Buch über
die in einem Arbeitslager erlittenen Qualen führ-
te zur Abschaffung der »Kettengangs«. 1944 wur-
de Burns begnadigt.

Lexikon des internationalen Films: »Eine eindringliche Anklage gegen eine brutale Form des
Strafvollzugs; mitunter zwiespältig in der Ge-
waltdarstellung.«
1932 Jagd auf James A.
*I Am A Fugitive From A Chain Gang, USA, R: Mer-
vyn LeRoy, D: Paul Muni*

DER MANN, DER AUF DIE ERDE FIEL
*The Man Who Fell To Earth, USA 1987, R: Bobby
Roth, D: Lewis Smith, James Laurenson, Robert Picardo, Bruce McGill, Wil Wheaton, Annie Potts, Beverly D'Angelo, Henry G. Sanders, Bobbi Jo Lathan*
Der Planet Anterus wurde radioaktiv verseucht
und die Lebensumstände seiner Bewohner werden immer bedrohlicher. Deshalb reist John
Dory, der auf Anterus zu Hause ist, mit einer
Mannschaft auf die Erde, um sich dort die nötigen Kenntnisse zur Rettung seines Planeten anzueignen. Bei der Landung des Raumschiffes
kommt es zu einem Unfall, den Dory als Einziger überlebt. Auf der Erde trifft er auf Eva Milton und ihren Sohn Billy, die von seinem enormen technischen Wissen beeindruckt sind. Dory
gelingt es bald, sehr reich zu werden, doch damit
erweckt er den Neid einiger Männer, die ihm bei
der Rettung seines Planeten helfen sollen. So
steht der Außerirdische schließlich völlig alleine
vor seiner schwierigen Aufgabe.
1976 Der Mann, der vom Himmel fiel
*The Man Who Fell To Earth, GB, R: Nicolas Roeg,
D: David Bowie, Rip Torn*

DER MANN, DER ZUVIEL WUSSTE

The Man Who Knew Too Much, USA 1956, R: Alfred Hitchcock, D: James Stewart, Doris Day, Bernard Miles, Brenda de Banzie, Daniel Gélin, Ralph Truman, Mogens Wieth, Alan Mowbray

Nach einer Erzählung von Charles Bennett und D. B. Wyndham-Lewis: Der amerikanische Arzt Ben McKenna macht mit seiner Frau Jo und seinem siebenjährigen Sohn Hank Ferien in Marrakesch. Zufällig wird das Paar eines Nachmittags im Basar Zeuge, als ein französischer Geheimagent erstochen wird. Sterbend berichtet er Ben von einem geplanten Attentat, dem in London ein ausländischer Premierminister zum Opfer fallen soll. Noch ehe Ben die Polizei benachrichtigen kann, finden die Verschwörer einen Weg, ihn zum Schweigen zu bringen: Sein Sohn wird nach London entführt. Ben versucht nun auf eigene Faust, die Verschwörung aufzudecken. Sein einziger Hinweis sind die letzten Worte des Ermordeten: Ambrose Chapel. Aber Ben verfolgt in London zunächst eine falsche Spur. Die fieberhafte Suche endet schließlich in der Royal Albert Hall. Dort ist der Premierminister, auf den das Attentat verübt werden soll, Ehrengast eines Symphoniekonzerts. Aber Ben und Jo kennen weder den Zeitpunkt des Mordes noch den Mörder. Und sie dürfen nicht erkannt werden, um das Leben ihres Sohnes nicht zu gefährden. Mit einem Schrei im entscheidenden Moment kann Jo das Attentat verhindern, dafür ist Hank jetzt in höchster Gefahr. Als Ben erfährt, dass sein Sohn in der Botschaft des geretteten Ministers gefan-

gen gehalten wird, sind ihm die Zusammenhänge klar: Der Minister soll auf Betreiben seiner eigenen Regierung umgebracht werden. Während eines feierlichen Empfangs in der Botschaft versucht Jo verzweifelt, Hank, der ganz in der Nähe sein muss, ein Signal zu geben. Voller Inbrunst singt sie immer wieder ihr Lieblingslied: *Que sera, sera, whatever will be, will be ...*

Die Geschichte des Films *Der Mann, der zuviel wusste* beginnt schon im Jahr 1934. Damals drehte Alfred Hitchcock diesen Streifen mit Leslie Banks, Peter Lorre und Edna Best in den Hauptrollen und hatte damit den größten Erfolg seiner Zeit in England. 22 Jahre später faszinierte ihn die Geschichte noch immer so, dass er ein Remake des eigenen Films drehte – ebenfalls unter dem Titel *Der Mann, der zuviel wusste*. Diesmal konnte sich der inzwischen arrivierte Hitchcock einen viel aufwendigeren Produktionsstil leisten, die zweite Version wurde auch sehr viel länger als das – damals noch schwarz-weiße Original. In jeder Minute dieser packenden Handlung wird Hitchcocks Könnerschaft deutlich. Ob es nun die souveräne Spannungssteigerung bis zum berühmten Beckenschlag während des Konzerts in der Londoner Albert Hall ist, bei dem der Attentäter seinen tödlichen Schuss abgeben soll, oder die geschickt in die Handlung eingebaute Melodie des Schlagers von Doris Day.

Rechts: Der Mann, der zuviel wusste (1956, R: Alfred Hitchcock): Doris Day und James Stewart
Unten: Der Mann, der zuviel wusste (1956): Daniel Gélin und James Stewart

taz: »Ein einziges Mal ließ sich Alfred Hitchcock darauf ein, ein Remake zu drehen. 1956 verfilmte der Master of Suspense noch einmal die Agentenstory *The Man Who Knew Too Much*, die er bereits 1934 auf Zelluloid gebannt hatte – diesmal in Farbe und Vistavision. Was ursprünglich in der Schweiz und England handelte, wurde jetzt als Vor-Bond-Treff in Casablanca, Marrakesch und London angesiedelt ... Musik als Spannungsmotiv spielt in diesem Thriller eine überragende Rolle. Bernard Herrmann, der die meisten Filmmusiken zu Hitchcock-Filmen schrieb, besorgte die Neu-Orchestrierung der *Storm Cloud*-Kantate, die dem Meister so gut gefiel, dass er die Opern-Szene entscheidend ausbaute. Überraschend schien die Wahl von Doris Day als Partnerin von James Stewart. Hitchcock hat ihr schrulliges Hausfrauenimage glücklicherweise ignoriert und so überzeugt sie in einer durchaus ernst zu nehmenden Rolle. Das Remake des spleenigen Engländers mit den großen Zigarren und dem kalkulierten Horror ist mindestens so gut wie das Original.«

1934 Der Mann, der zuviel wusste
The Man Who Knew Too Much, USA, R: *Alfred Hitchcock*, D: *Peter Lorre*

MANNEQUIN

USA 1986, R: *Michael Gottlieb*, D: *Andrew McCarthy, Kim Cattrall, Estelle Getty, James Spader, G. W. Bailey, Carole Davis, Meshach Taylor, Stephen Vinovich, Christopher Maher, Phyllis Newman, Phil Rubenstein, Jeffrey Lampert*
Der Dekorateur Jonathan Switcher verliebt sich in eine Schaufensterpuppe, die in Wirklichkeit eine 4000 Jahre alte, aus Ägypten stammende Jungfrau ist und in einem amerikanischen Kaufhaus ihre Wiedergeburt erlebt. Nur für Jonathan ist »Emmy« lebendig – denn sobald sich Fremde nähern, wird sie wieder zu Plastik. Jonathan und Emmy arbeiten sich nun allnächtlich zusammen durch die Schaufenster des Kaufhauses und lassen sensationell neue Dekorationen zurück, die die Konkurrenz allmählich in Konkurs treiben. Diese kommt Jonathan schließlich auf die Schliche, entführt die Puppe, um sie in einer Müllpresse einstampfen zu lassen. Jonathan hat nun alle Hände voll zu tun, Emmy vor diesem Schicksal zu bewahren ...

Prisma-Online: »Regisseur Michael Gottlieb inszenierte eine dramaturgisch zerfahrene, aber unterhaltsame Komödie um Leistungs- und Karrieredruck.«

1991 drehte Stewart Raffill eine Fortsetzung der Fantasykomödie: *Mannequin II – Der Zauber geht weiter (Mannequin II – On the Move).*

1955 One Touch Of Venus
USA, R: *George Schaefer*, D: *Janet Blair, Russell Nype, George Gaynes*

1948 Venus macht Seitensprünge
One Touch Of Venus, USA, R: *William A. Seiter*, D: *Robert Walker, Ava Gardner*

MÄNNER MACHEN MODE

Lovely To Look At, USA 1952, R: *Mervyn LeRoy*, D: *Kathryn Grayson, Red Skelton, Howard Keel, Ann Miller, Marge Champion, Gower Champion*
Vergeblich versuchen drei Freunde, finanzkräftige Mäzene für eine Broadway-Revue aufzutreiben. Als einer von ihnen einen Modesalon in Paris erbt, reist das Trio hoffnungsfroh in die Stadt an der Seine. Doch die Enttäuschung ist groß, denn der Laden steht kurz vor dem Ruin. Eine rettende Idee muss her.

»Die aufwendig produzierte Hollywoodunterhaltung« *(Lexikon des Internationalen Films)* ist ein echter Genuss für Auge und Ohr, denn MGM bot alles auf, was Rang und Namen hatte – so neben dem Starkomiker Red Skelton und der populären Sängerin und Schauspielerin Kathryn Grayson das beliebte Tanzpaar der 50er-Jahre Marge und Gower Champion, den Choreografen und Oscargewinner Hermes Pan, wichtiger Mitarbeiter von Fred Astaire, und als Bühnenbildner Cedric Gibbons. Dass das Thema Mode auf reizvolle Weise dargeboten wurde, dafür sorgte »Adrian« (Gilbert A. Adrian), der sich hier selbst spielt, die Kostüme entwarf und die Modenschau glanzvoll bestückte. Adrian (1903–1959) studierte an der New Yorker School For Applied And Fine Arts, bevor er nach Hollywood ging und sich bald einen Namen als Kostümdesigner für Rudolph Valentino und DeMille machte. MGM ernannte den Künstler 1927 zum Chefdesigner, und in dieser Funktion schuf er das glamouröse Image einer Greta Garbo, einer Joan Crawford oder Jean Harlow. 1942 entschloss er sich, MGM zu verlassen und ein eigenes Atelier zu eröffnen. Sein letzter Film im Auftrag der MGM war der Katharine-Hepburn-Klassiker *Die Frau, von der man spricht. Männer machen Mode* ist das Remake des Fred-Astaire-

Musicals *Roberta* aus dem Jahr 1935, der ersten Leinwandadaption eines Broadway-Erfolgs von Jerome Kern. Zu den Songs, die hier präsentiert werden, gehört u. a. der Evergreen *Smoke Gets In Your Eyes*.

1935 Roberta

USA, R: William A. Seiter, D: Irene Dunne, Fred Astaire, Ginger Rogers

MANONS RACHE

Manon des sources, F/I 1985, R: Claude Berri, D: Yves Montand, Daniel Auteuil, Emmanuelle Béart, Hippolyte Girardot, Elisabeth Depardieu, Gabriel Bacquier

Nach einem Roman von Marcel Pagnol: Am Schluss von *Jean de Florette* hatte die von Gérard Depardieu gespielte Titelfigur sich das Leben genommen – in den Tod getrieben vom habgierigen Papet und seinem Neffen Ugolin. Zehn Jahre später haben sie auf Florettes Grund und Boden eine florierende Nelkenzucht aufgebaut. Seine Tochter Manon, inzwischen erwachsen und als Ziegenhirtin in den Bergen lebend, ist besessen davon, den Tod ihres Vaters zu rächen und bedient sich des gleichen Tricks wie einst Papet und Ugolin: Sie verschließt die verborgene Quelle, die das Dorf mit dem lebensnotwendigen Wasser versorgt. So ereilt Ugolin das Schicksal, das auch dem buckligen Jean widerfahren war, mit einem feinen Unterschied: Dieses Mal ist die Existenz des ganzen Dorfes bedroht. Schnell bricht die Solidarität der dickschädligen Dörfler auseinander, sie wenden sich gegen Papet und Ugolin, die dem zugewanderten Städter das Wasser verweigert hatten ...

Zitty: »Filme, die sich viel Zeit nehmen, eine Geschichte zu erzählen, sind selten geworden im Kino. *Jean Florette* und *Manons Rache*, zusammen fast ein vierstündiges Epos von Claude Berri, liegen quer zu allen modischen Trends des Fast-Food-Kinos, wirken fast ein wenig antiquiert (weshalb wohl KritikerInnen schnell zu dem Etikett ›Kino der fünfziger Jahre‹ greifen), aber die poetisch-idyllischen Bilder aus der Provence sind ein ausgeklügeltes Täuschungsmanöver, denn dahinter lauert ein dramatischer Kampf zwischen Mensch und Natur: Das Besiegenwollen der Natur rächt sich, die Gefühle der Menschen werden verletzt, die Täter werden zu Opfern und der Tod ist der einzige Ausweg für Menschen, die sich voller Gier um Geld und Macht gegen die Natur und die eigenen Gefühle stellen. Eine Reise in die Provence und in die Abgründe menschlichen Fehlverhaltens – ein Genuss für Liebhaber des klassischen Erzählkinos.«

TV Spielfilm Lexikon: »Marcel Pagnols Roman *L'eau des collines*, den er nach seinem 1952 gedrehten, vierstündigen Film *Manon des sources* schrieb, wurde vom ehemaligen Produzenten Claude Berri zu einem zweiteiligen Meisterwerk verarbeitet, das besonders in Frankreich und den USA mit Begeisterung aufgenommen wurde ... Sowohl technisch als auch inhaltlich steht *Manons Rache* seinem zur gleichen Zeit gedrehten Vorbild in nichts nach, obwohl das Fehlen der lebendigen Präsenz von Gérard Depardieu sich durchaus bemerkbar macht.«

Le Figaro: »Ein faszinierender Film, zärtlich und voller Gier.«

1985 Jean Florette

Jean de Florette, F/I, R: Claude Berri, D: Yves Montand, Gérard Depardieu

1952 Manon des sources

F, R: Marcel Pagnol, D: Jacqueline Pagnol, Edmond Ardisson, Henri Arius

MARIA STUART, KÖNIGIN VON SCHOTTLAND

Mary, Queen Of Scots, GB 1971, R: Charles Jarrott, D: Vanessa Redgrave, Glenda Jackson, Patrick McGoohan, Timothy Dalton, Nigel Davenport, Trevor Howard, Daniel Massey, Ian Holm, Andrew Keir, Tom Fleming

Maria Stuart, in Frankreich aufgewachsen und seit 1548 mit dem französischen Thronfolger vermählt, verliert ihren königlichen Gemahl schon nach kurzer Regierungszeit. Ihre Schwiegermutter Katharina von Medici ist ihr feindlich gesonnen; so folgt Maria nicht ungern dem Ruf ihres Halbbruders James Stuart, nach Schottland zurückzukehren, wo Aufruhr unter den Clans herrscht. Königin Elizabeth I. von England verweigert Maria die gewünschte Durchreise. Maria Stuart betrachtet sich als rechtmäßige Erbin des englischen Throns; in ihren Augen ist Elizabeth nur eine Usurpatorin. Diese wiederum fordert, dass Maria auf ihren Thronanspruch verzichtet; so besteht eine heftige Rivalität zwischen den beiden Frauen. Nach ihrer Landung in Schottland gerät Maria in die erbitterten Auseinandersetzungen zwischen Katholiken und Reformierten und in ein politisches Ränkespiel, in dem auch Elizabeth ihre Fäden zieht. Sie heiratet den eitlen Lord Darnley; die Ehe steht von Anfang an unter einem Unstern. Darnley lässt Marias Sekretär und Vertrauten David Riccio umbringen; er selber wird später ein Opfer des Earl of Bothwell. Marias Heirat mit Bothwell bringt Darnleys Parteigänger noch mehr gegen sie auf, sie wird gestürzt und flieht nach England in der vergeblichen Hoffnung, ausgerechnet bei ihrer Rivalin Elizabeth Hilfe zu finden.

TV Spielfilm Lexikon: »Nach *Becket* und *Königin für 1000 Tage* war dies bereits der Dritte von Hal B. Wallis produzierte Rückblick auf die englische Geschichte, doch im Gegensatz zu seinen Vorgängern funktioniert der Film besser als Kostümdrama denn als akkurate historische Konstruktion ... Obwohl diese beiden faszinierenden Frauengestalten sich in Wirklichkeit niemals begegnet sind, erfand Drehbuchautor John Hale der Dramatik wegen einige Szenen dazu, um die Aktricen Redgrave und Jackson direkt miteinander zu konfrontieren. Beide machten das Beste aus ihren ›saftigen‹ Rollen, wobei interessanterweise Redgrave gegen die Erinnerung an Katharine Hepburn in *Maria von Schottland* ankämpfen musste, während über Jackson der Schatten von Bette Davis aus gleich zwei Filmen schwebte: *Günstling einer Königin* und *Rebell ihrer Majestät*. Jackson hatte zudem Elizabeth bereits in einer BBC-Serie dargestellt.«

Das Schicksal der Maria Stuart, Königin von Schottland, ihr Leben voller Dramatik, Liebe, Hass und Verrat, ist ein Stoff, der für das Kino wie geschaffen scheint. Literarisch wurde die unglückliche Königin unter anderen von den beiden großen Dramatikern – dem Spanier Lope de Vega und dem Deutschen Friedrich Schiller – besungen, Stefan Zweig schrieb über sie einen Roman. Nach etlichen Stummfilmversionen ihres Lebens lieferte Katharine Hepburn Maria Stuart unter der Regie von John Ford als eine grandiose Charakterstudie ab. Danach war es Zarah Leander, die Maria Stuart in *Das Herz der Königin* lebendig werden ließ. Carl Froelich setzte in seiner Biografie ganz auf das Gesicht seiner Heldin Zarah Leander und ließ seine »Königin« sogar singen. Zarah Leander war die ganz große Liebende und Leidende des deutschen Kinos der UFA-Zeit. Niemand konnte so schön traurig sein: »Sie war alles in allem: das Weib, die Frau, die Dame, die Treue, die Untreue, die Liebesschmerzensreiche. In ihren Augen war sowohl die Ver-

führung wie das Flehen.« (Günther Rühle) Maria Stuart war die ideale Zarah Leander-Figur.

1940 Das Herz der Königin
D, R: Carl Froelich, D: Zarah Leander, Maria Koppenhöfer, Willy Birgel

1936 Maria von Schottland
Mary Of Scotland, USA, R: John Ford, D: Katharine Hepburn, Fredric March

MARIE ANTOINETTE

USA 1938, R: W. S. van Dyke, D: Norma Shearer, Tyrone Power, John Barrymore, Robert Morley, Gladys George, Alma Kruger, Anita Louise, Joseph Schildkraut, Henry Stephenson, Cora Witherspoon, Barnett Parker, Reginald Gardiner, Henry Daniell

Nach einer Erzählung von Stefan Zweig: Kaiserin Marie Theresia geht es vor allem um gute Beziehungen zu Frankreich, als sie ihre hübsche Tochter Marie Antoinette im Jahre 1770 mit dem Dauphin und späteren König Ludwig XVI. verheiratet. Die anfängliche Freude der jungen österreichischen Prinzessin weicht bald herber Enttäuschung, als ihr schwerfälliger Gemahl ihr nach der Hochzeit erklärt, von sich aus hätte er sie nie zur Frau genommen. Ihn zieht es auch nicht auf den Thron, viel lieber arbeitet er in seiner Schlosserwerkstatt. Marie Antoinette bekommt bald die Intrigen des Hofes zu spüren, wo Madame Dubarry, die Geliebte König Ludwig XV., den Ton angibt. Marie Antoinette amüsiert sich gern auf ihre Weise; dabei lernt sie den jungen schwedischen Grafen Axel von Fersen kennen, der ihr sehr gefällt. Als Ludwig XV. 1774 stirbt, folgt ihm sein Enkel Ludwig XVI. auf den Thron. In Frankreich beginnt es politisch zu gären, eine Affäre um ein kostbares Halsband schadet dem Ruf der ungeliebten Königin Marie Antoinette noch mehr. Nach dem Ausbruch der Revolution wird das Königspaar zu Gefangenen der Revolutionäre, ein Fluchtversuch, von Axel von Fersen vorbereitet, scheitert. Ludwig XVI. wird vom Nationalkonvent zum Tode verurteilt und im Januar 1793 hingerichtet, zehn Monate später stirbt auch Marie Antoinette unter der Guillotine. In Frankreich entstanden 1955 und 1975 zwei Filme über Marie-Antoinette: Jean Delannoy war 1955 der Regisseur des Films *Marie-Antoinette reine de France* mit Michèle Morgan, Richard Todd und Jacques Morel; 1975 inszenierte Guy-André Lefranc die TV-Mini-Serie *Marie-Antoinette* mit Geneviève Casile, François

Dyrek und Régine Blaess. 1995 drehte Irma Achten in einer belgisch-holländischen Koproduktion die TV-Serie *Marie Antoinette is niet dood* mit Antje de Boeck, Gilda De Bal und Michel van Dousselaere in den Hauptrollen.

1922 Marie Antoinette – Das Leben einer Königin
D, R: Rudolf Meinert, D: Diana Karenne, Maria Reisenhofer, Gustav May

DIE MARQUISE VON O.
BRD 1989, R: Hans Jürgen Syberberg, D: Edith Clever
Nach der Novelle von Heinrich von Kleist: Die Geschichte der jungen Adligen, die sich plötzlich und für sie unerklärlich mit einer Schwangerschaft konfrontiert sieht.

Lexikon des internationalen Films: »Heinrich von Kleists Novelle in einer Mischform aus Theater und Film ... ist als Einpersonenstück in sparsamer Ausstattung in Szene gesetzt, illustriert durch eingeblendete Landschaftsbilder und ein Streichquartett von Beethoven. Die eindrucksvoll als Tour de Force angelegte Hauptrolle spielt Edith Clever, die schon 1975 in Eric Rohmers Verfilmung als Marquise zu sehen war.

1975 Die Marquise von O.
La marquise d'O, BRD/F, R: Eric Rohmer, D: Edith Clever, Bruno Ganz, Peter Lühr

MARY & TIM – WIRD DIE LIEBE SIEGEN?
Mary & Tim, USA 1996, R: Glenn Jordan, D: Candice Bergen, Richard Kiley, Thomas McCarthy, Louise Latham, Kelli Williams, Debra Mooney, Sean O'Bryan, Shirley Knight, Rosemary Dunsmore
Mary ist eine jung gebliebene Buchhändlerin um die 40. Sie führt ein ausgefülltes Leben in dem schönen Haus ihrer Mutter, das sie nach deren Tod übernommen hatte. Inzwischen aber wächst ihr die Gartenarbeit buchstäblich über den Kopf,

und sie beschließt, den Nachbarsjungen Tim aushilfsweise anzustellen. Er ist ein Bild von einem Mann, engagiert sich vorbildlich, doch ist er offensichtlich geistig zurückgeblieben. In einer Mischung aus erotischer Anziehung und Helferinstinkt nimmt sich Mary seiner an. Sie bringt ihm das Lesen bei und kümmert sich auch um seine Familie, als Tims Mutter plötzlich stirbt. In ihrer eigenen Sippschaft findet Mary kein Verständnis für die ungewöhnliche Liaison. Misstrauisch wird beobachtet, dass die Bindung umso stärker wird, als Tims verwitweter Vater Ron Mary um ihre Fürsorge für Tim bittet. Gleichzeitig sucht er für den Jungen einen Heimplatz. Doch so einfach will sich der naive junge Mann nicht abschieben lassen. In seiner Verzweiflung macht er Mary einen Heiratsantrag, den diese nach langem Hadern annimmt.

1979 Tim
AUS, R: Michael Pate, D: Piper Laurie, Mel Gibson, Alwyn Kurts

MARY REILLY
Mary Reilly, USA 1995, R: Stephen Frears, Drb: Christopher Hampton nach einem Roman von Valerie Martin, K: Philippe Rousselot, M: George Fenton, S: Lesley Walker, D: Julia Roberts (Mary Reilly), John Malkovich (Dr.Jekyll/Mr. Hyde), Glenn Close (Bordellwirtin Mrs. Farraday), George Cole (Mr. Poole, der Butler), Michael Gambon (Marys Vater)
Das Leben war bislang eine schwere Last für Mary Reilly – eine junge Frau, die hinter ihren sanften Zügen Erinnerungen an eine traumatische Vergangenheit verbirgt. Im Jahre 1885 scheint sie im Hause Dr. Jekylls Zuflucht und Frieden gefunden zu haben. Mit Engagement verrichtet sie unter den strengen Augen des Butlers Mr. Poole ihre Aufgaben als Dienstmädchen. Aber weniger ihrer häuslichen Fähigkeiten wegen ist sie ihrem Arbeitgeber unentbehrlich geworden. Mary ist die Einzige, der sich der einsame, verschlossene Mann anzuvertrauen wagt, sieht er doch in ihr eine verwandte Seele. Er bewundert Marys Gelassenheit und ist entschlossen, das Geheimnis, das diese bemerkenswerte Frau umgibt, zu lüften. Doch zunächst gilt es, eines der großen Rätsel der Schöpfung, die Schat-

Mary Reilly
(1995, R: Stephen Frears): Julia Roberts

tierungen des menschlichen Charakters, das Wechselspiel von Gut und Böse zu erforschen. Als Hilfe für die hinter den Türen seines unheimlichen Kellerlabors stattfindenden Experimente stellt Dr. Jekyll Mr. Hyde ein – einen, wie er sagt, bemerkenswerten jungen Mann, dem er im Freudenhaus von Mrs. Farraday Unterkunft verschafft.

Schon bald verändert sich die friedliche Atmosphäre in Jekylls Haus, machen sich Verstörung und Furcht breit. Immer wieder dringen Schreie aus dem Labor, schleicht der gewalttätige, unberechenbare Mr. Hyde durch die Schatten der Nacht, gedeckt von Jekyll, der die Bluttaten seines Assistenten mit Geld vertuscht. Ratlos steht Mary den unheimlichen Ereignissen gegenüber, beobachtet, wie sich ihr Dienstherr, sichtlich schwächer werdend, zunehmend zurückzieht und das Haus Mr. Hyde überlässt. Ohne die Zwangsjacke eines Gewissens und gesellschaftlicher Regeln lebt Hyde sich aus, zeigt offen seine Leidenschaft für Mary, die davon gleichermaßen abgestoßen wie angezogen wird. Sie erfährt schließlich als Einzige das Geheimnis von Jekylls Bewusstseinsexperimenten und deren fatale Konsequenzen. Als schließlich ein abscheulicher Mord die Polizei in Dr. Jekylls Haus führt und der Arzt immer mehr die Kontrolle über Mr. Hyde verliert, ist es Marys Zärtlichkeit, die einer gequälten Seele endlich den ersehnten Frieden bringt.

Valerie Martin wählte sich Robert Louis Stevensons Romanklassiker *Dr. Jekyll und Mr. Hyde* als Ausgangspunkt für ihren Roman *Mary Reilly*, in dem sie die berühmte Geschichte des Arztes mit den zwei Gesichtern erstmals aus der Perspektive einer Frau erzählt. Über die verschiedenen Versionen von *Jekyll & Hyde* äußert Regisseur Stephen Frears in einem Interview: »Das ist kein Remake. Und es ist kein Horrorfilm. Ich fand es interessant, diese Geschichte einmal aus der Sicht des Hausmädchens zu erzählen. Wenn meine Fantasie animiert wird, wird ein Drehbuch interessant. Und diese Story bietet die Gelegenheit, das Publikum zu fesseln und gleichzeitig zu erschrecken. Robert Stevenson schrieb seinen Roman zu jener Zeit, als Freud seine Theorien entwickelte. Damals war diese Gut-und Böse-

Spaltung in einer Person ganz neu. Heutzutage hingegen ist es für uns selbstverständlich, dass Menschen eine komplexe Psyche haben. Das klassische Jekyll-und-Hyde-Thema bietet also nicht mehr viel; deshalb hier die Perspektive des Hausmädchens. Der Film handelt von Unterdrückung – die gibt es bekanntlich noch heute. Und zwar nicht nur die Unterdrückung von Arm durch Reich: Alle unterliegen bestimmten Normen. Deshalb versucht der reiche Mr. Jekyll ja, sich zu befreien.«

Hanns-Georg Rodek bemerkt in der Tageszeitung *Die Welt*: »Wie fast die gesamte heutige Kultur recycelt auch Regisseur Stephen Frears nur eine bewährte alte Geschichte, doch die Menge frischen Safts, die er der vertrockneten Zitrone (der klassischen Novelle von Robert Louis Stevenson) abpresst, ist erstaunlich. *Mary Reilly* (nach dem gleichnamigen Roman von Valerie Martin) verdoppelt die gespaltene Persönlichkeit des Dr. Jekyll. Zwei Seelen wohnen nicht nur in des Doktors Brust; sein Hausmädchen hat seit einer traumatischen Kindheitserfahrung ein zwiespältiges Verhältnis zu Männern. Diese innere Zerrissenheit zieht die beiden, trotz des Klassenunterschieds, gegenseitig an. Eine Faszination, die für Mary noch verstärkt wird, als sie außer dem verstörten Jekyll auch den selbstbewussten Hyde kennen lernt, sehr physisch, aggressiv und geil – alle ihre Ängste und Wünsche bezüglich Männern verkörpert in (was sie nicht weiß) einem einzigen Menschen. Eine vorzügliche Konstruktion für ein packendes Drama von Liebe und Enttäuschung, Begehren und Frustration. Doch Regisseur Frears benimmt sich wie Butler Poole im Film: Er erstickt jeden Anflug von Unbotmäßigkeit, jeden Funken Gefühls im Keim.« Auch für K. H. Schäfer von *TV Today* steht der gewaltige Aufwand, mit dem Regisseur Stephen Frears

Mary Reilly (1995):
Julia Roberts und John Malkovich

das berühmte Werk von Robert Louis Stevenson aus der Perspektive einer Nebenfigur erzählt, in keinem Verhältnis zum filmischen Ergebnis: »Statt auf viktorianischen Nervenkitzel setzt der Brite auf prätentiöse Psychologie und bedeutungsschwangere Dialoge. Wenn die fahlgesichtige Julia Roberts und der gespreizte John Malkovich durch die düsteren Gassen Londons hetzen, ist Mitfiebern unmöglich. Dieser grau in grau gehaltene Möchtegern-Schocker feiert nur in Sachen Ausstattung und Kostüm Triumphe. Gruselromantik, Leidenschaft und Schrecken werden auf dem Altar der Bedeutsamkeit geopfert. Bonjour tristesse!« Jutta Lehmer von *dpa* schreibt: »Die Titelfigur hat Frears mit der sonst ewig strahlend lachenden *Pretty Woman* Julia Roberts besetzt. Als *Mary Reilly* kommt ihr großer Mund einmal nicht zur Geltung. Diesmal scheint Roberts vor allem aus riesigen braunen Augen zu bestehen, die verängstigt in die nebligtrübe Düsternis dieses Films schauen. Und sie macht das gut.«

Zum Mythos des in seiner Persönlichkeit gespaltenen verrückten Wissenschaftlers heißt es im *Lexikon des Horrorfilms*: »Stevensons Erzählung steht, literaturhistorisch betrachtet, in der Tradition des Schauerromans des ausgehenden 18. Jahrhunderts und der Romantik, zu dessen Motiven und Klischees halbwissenschaftliche Experimentierfreude, Doppelgängertum und Persönlichkeitsspaltung sowie die Vorliebe für nächtlich-düstere Szenerien gehören. Das Doppelgängermotiv ist von jeher eines der bedeutendsten Themen der Fantastischen Literatur gewesen (z. B. bei E. T. A. Hoffmann, Edgar A. Poe, Oscar Wilde). Daraus entwickelt sich das dualistische Weltbild, das alle Erscheinungen der Wirklichkeit in seine gute und seine böse, seine männli-

che und weibliche, seine körperliche und seine geistige Seite teilt. Den Gedanken, gut und böse in einer Person zu trennen, ist bei Stevenson die Folge eines wissenschaftlichen Versuchs mit einer Droge. Die Abspaltung des bösen, unberechenbaren, tierischen Mr. Hyde ist auf den Forscherdrang des guten Dr. Jekyll zurückzuführen, der jedoch die Kontrolle über seinen Selbstversuch verliert. Neben *Frankenstein* verkörpert Jekyll/Hyde das klassische Motiv des verrückten Wissenschaftlers, des *mad scientist*. Wie *Frankenstein* von Mary W. Shelley ist auch die Erzählung Stevensons ein Vorläufer der Science-Fiction. Stevensons Erzählung ist mit Abstand die meistverfilmte literarische Vorlage. Nur Filmfiguren wie *Sherlock Holmes* oder *Dracula* haben es auf der Grundlage verschiedener Bücher und Episoden zu höheren ›Stückzahlen‹ gebracht.«

1995 Der verrückte Professor
The Nutty Professor, USA, R: Tom Shadyac, D: Eddie Murphy, Jada Pinkett
»Wo Jerry Lewis den herzensguten, aber unansehnlichen Wissenschaftler mit vorstehenden Zähne mimte, trägt Murphy etwas dicker auf: Sein Professor wiegt stolze 400 Pfund, eckt mit seiner Leibesmasse überall an und braucht für den Spott nicht zu sorgen. Nebenbei zitiert Murphy auch Lewis *Familienjuwel* aus dem Jahr 1965 und schlüpft wie dieser in sieben unterschiedliche Rollen: als Bruder, Eltern und Großmama des Professors, die alle ebenfalls schwergewichtig sind, sowie als weißer (!) Aerobiclehrer, der im Fernsehen allezeit das Hohelied auf den schlanken Körper preist. Eddie Murphy wird dabei vom Maskenbildner so überzeugend verwandelt, dass er stellenweise nur noch an der Stimme zu erkennen ist. Dennoch gelangt er an die Kunst des Originals nicht heran. Jerry Lewis parodierte im *Verrückten Professor* den klassischen *Jekyll-&-Hyde*-Stoff, im *Familienjuwel* den allzeit wandlungsfähigen Kollegen Alec Guinness. Murphy dagegen parodiert nicht, er imitiert nur ... In allen bisherigen Varianten war der Star Dr. Jekyll und wurde erst per Maske zum Mr. Hyde. Bei Eddie Murphy ist nun der Star das Monster, das erst durch den Makel sympathisch wird. Auf diese Weise definiert der Komiker das Genre neu: Er verspottet nicht mehr die anderen, sondern

Der verrückte Professor (1995, R: Tom Shadyac):
Eddie Murphy als Dickerchen

Der verrückte Professor (1995, R: Tom Shadyac):
Eddie Murphy und Jada Pinkett

sich selbst. Ausgerechnet der Dicke ist Murphy in der Light-Version: gemäßigter, liebenswerter, politisch korrekt. Der gebeutelte Star läuterte sich so durch Jerry Lewis, was dieser, als ausführender Produzent des Films, ausdrücklich billigte.« (Peter Zander, *Berliner Zeitung*)

1995 Dr. Jekyll und Ms. Hyde

Dr. Jekyll And Ms. Hyde, USA, R: David F. Price, D: Sean Young, Timothy Daly
»Bei Tag komponiert Dr. Jacks Duftwässerchen, bei Nacht forscht er – zum Unwillen seiner Verlobten – an Bedeutenderem. Als er die Forschungsunterlagen seines Vorfahren Dr. Jekyll erbt, geht's einen großen Schritt voran. Die Transformation gelingt, und er verwandelt sich in Sean Young. Die verhält sich, ganz wie einstmals Mr. Hyde, überaus eigensinnig, kennt Skrupel nicht einmal vom Hörensagen und wird nicht nur in beruflichen Belangen zur ärgsten Konkurrentin ihres Alter Ego. Es entbrennt ein heftiger Kampf zwischen den beiden Identitäten, Verfasser und Regisseur lassen sie einige ausgemacht bösartige Streiche verüben.« (Harald Keller, *Schräg, schrill, scharf und schundig*)

1989 Jekyll und Hyde

Dr. Jekyll And Mr. Hyde, GB, R: David Wickes, D: Michael Caine, Cheryl Ladd

1986 Der seltsame Fall des Dr. Jekyll und Mr. Hyde

Strannaja istorija Doktora Dschekila i Mistera Chajda, UdSSR, R: Alexander Orlow, D: Innokenti Smoktunowski, Alexander Feklistow

1981 Jekyll und Hyde –
Die schärfste Verwandlung aller Zeiten

Jekyll And Hyde ... Together Again, USA, R: Jerry

Belson, D: Mark Blankfield, Bess Armstrong, Krista Errickson
»Die Parodie des Stoffes ließ nicht lange auf sich warten, doch erst 1963 gelang Jerry Lewis mit *The Nutty Professor* eine überzeugende Version. Zwanzig Jahre später nun versucht sich der bislang unbekannte Regisseur Jerry Belson an einer weiteren Parodisierung des Stoffes. Bei ihm ist Dr. Jekyll der trottelige Chirurg eines Krankenhauses (Zur Mutter von Schmerz und Leiden), der allerdings am liebsten irgendwelche obskuren Forschungen betreibt. Als er darüber einmal einschläft, schnüffelt er unfreiwillig ein weißes Pülverchen, das aussieht wie Kokain – mit sofortiger Wirkung. Aus dem unscheinbaren Doktor wird ein zappeliges Sex-Monster, das aus dem Laboratorium direkt in einen chinesischen Punk-Club stürmt, wo er sich sofort auf die Bandsängerin stürzt. Auf dieser Ebene bewegt sich denn auch der restliche Streifen, dessen Gags offensichtlich einem durch Kokain beflügelten Brainstorming der Autoren entsprungen scheinen, sind sie doch vulgär und zotig, albern und klamottig. Subtilität ist bei dieser Art von Haudrauf-Komik ein Fremdwort. Stevensons Schizophrenie-Roman bleibt reduziert auf Sexualität, und so wer-

Jekyll und Hyde – Die schärfste Verwandlung aller Zeiten (1981, R: Jerry Belson): Krista Errickson

den vor allem die lüsternen Abenteuer des Freaks Hyde erzählt, in einer konfusen Geschichte, die auf einem Londoner Friedhof endet, wo – der einzige unfreiwillige Gag des Films – das Gerippe des alten Stevenson sich im Grab vor lauter Gram über das Geschehen gleich mehrfach dreht. Hoffentlich bleibt er vor weiteren Verballhornungen dieser Art verschont, seine Ruhe hätte er allemal verdient.« *(Filmbeobachter)*

1980 Dr. Jeckyll et les femmes

F, R: Walerian Borowczyk, D: Udo Kier, Marina Pierro

»Bisher war Borowczyks freie Bearbeitung des klassischen Stevenson-Romans *Dr. Jekyll And Mr. Hyde* in der Bundesrepublik noch nicht zu sehen. Die Veränderungen, die Borowczyk gegenüber der Vorlage unternahm, deuten aber auf ein interessantes Experiment hin. Ursprünglich wollte Borowczyk den Film nennen *Der merkwürdige Fall des Dr. Jeckyll und der Miss Osborne*. Dem angesehen-ehrenwerten Dr. Jeckyll, der mit einem Elixier experimentiert, das ihn in einen triebhaften ›Un‹-Menschen verwandelt, stellte er dessen Verlobte Fanny Osborne an die Seite. Um seine Liebe nicht zu verlieren, nimmt Fanny Osborne an den Experimenten teil, wird also ein weiblicher Hyde. Die Verwandlung zeigt Borowczyk im Gegensatz zur Tradition nur daran, dass sich die Augenfarbe der beiden verändert.« (Leo Phelix/Rolf Thissen: *Pioniere und Prominente des modernen Sexfilms*)

1980 Dr. Jekylls unheimlicher Horrortrip

Dr. Jekyll e gentile signora, I, R: Steno, D: Edwige Fenech, Paolo Villaggio

1980 Dr. Heckyl und Mr. Hype

Dr. Heckyl And Mr. Hype, USA, R: Charles B. Griffith, D: Oliver Reed

»Bei all diesen nebelumwaberten Geschehnissen, deren detaillierte Wiedergabe jeglichen Rahmen sprengen würde, haben die Farben eine derartige Knalligkeit, dass man sich fast in einem Corman-Film wähnt. Des Rätsels Lösung liegt natürlich in der Person des Regisseur-Autors: Wie schon in seinem Skript für *Kleiner Laden voller Schrecken*, jenem Kultfilm über eine sprechende Pflanze, mixt Charles B. Griffith auch hier Witziges und Witzig-Sein-Sollendes, Irrelevantes und völlig Abwegiges zu einem eigentümlichen Humorbrei zusammen, der sicher nicht jedem schmecken wird. Im Gegensatz zum *Dracula*-Mythos ... bietet das *Jekyll/Hyde*-Schema aber bei weitem nicht so viel parodiegeeignete Grundschemata. So schleicht sich zwischendrin eben beharrlich Leerlauf ein, der dann prompt durch eine witzige Situation oder Dialoggags wieder wettgemacht wird.« (Norbert Stresau, *Filmbeobachter*).

1976 Das Monster von London

Dr. Black And Mr. Hyde, USA, R: William Crain, D: Bernie Casey, Rosalind Cash

»Eine Blaxploitation-Version von Robert Louis Stevensons klassischer Geschichte, bei der Crain (der auch schon 1972 *Blacula* gedreht hatte) eine schwungvolle Regie führt – einer der besseren Blaxploitation-Filme der siebziger Jahre. Der Autor LeBron verlegt die Handlung vom London des 19. Jahrhunderts in das gegenwärtige Watts-Ghetto von Los Angeles und macht den von Casey gespielten Arzt (originellerweise mit Namen Pride) zu einem führenden Mitglied der schwarzen Gemeinde, der sich wohltätigen Aufgaben widmet. Die Rolle ist gut besetzt, und Crains Regie betont die Action (deren Höhepunkt die Jagd in und um die Watts-Towers ist), ohne dabei die Charaktere zu Statisten zu reduzieren. Das Ergebnis ist ein zwar unbedeutender, aber unterhaltsamer Film.« *(Die Science Fiction Filmenzyklopädie)*

Der verrückte Professor (1962, R: Jerry Lewis): Jerry Lewis und Stella Stevens

1973 Dr. Jekyll und Mr. Hyde

Dr. Jekyll And Mr. Hyde, GB, R: David Winters, D: Kirk Douglas, Susan Hampshire

Musical-Version: »Die nicht sonderlich mitreißend vertonte Geschichte wurde von Regisseur David Winters mit schöner London-im-Nebel-Nostalgie und dem Singsang entsprechend verharmlost.« (Lothar Lambert, *Der Abend*)

1971 Ich, ein Monster

I, Monster, GB, R: Stephen Weeks, D: Christopher Lee, Peter Cushing

»Leider wird die Filmerzählung weder ihrer literarischen Vorlage gerecht, noch kann man sie guten Gewissens als kompetent gemachtes Remake ... bezeichnen.« *(Lexikon des Horror-Films)*

1971 Dr. Jekyll und Schwester Hyde

Dr. Jekyll And Sister Hyde, GB, R: Roy Ward Baker, D: Ralph Bates

»Wenn Sister Hyde förmlich hervorspringt aus dem Mann in Gestalt Martine Beswicks, ist dies wie eine sexuelle Befreiung. In einen Traum von Rot ist sie dann gekleidet – Rotkäppchen als zornige, selbstbewusste Frau, die unbedarften Mädchen und geilen Böcken gefährlich wird. Der Film ist exzellent besetzt mit Raph Bates, den Michael Weldon mit Ray Davies von den Kinks verglichen hat, und mit Martine Beswick, der Schönheitskönigin von Jamaika, die Bond-Girl war und bei Hammer prähistorische Frauen gespielt hat.« (Hans Schifferle, *Die 100 besten Horror-Filme*)

1968 Die seltsame Geschichte
von Dr. Jekyll und Mr. Hyde

The Strange Case Of Dr. Jekyll And Mr. Hyde, USA, R: Charles Jarrott, D: Jack Palance, Leo Glenn, Oskar Homolka

1962 Der verrückte Professor

The Nutty Professor, USA, R: Jerry Lewis, D: Jerry Lewis, Stella Stevens, Del Moore

»Nicht der erfolgreichste, aber wohl einer der typischsten Filme des Komikers Jerry Lewis, der hier auch als Co-Autor und Regisseur fungiert. Die Parodie auf Stevensons *Dr. Jekyll und Mr. Hyde* gab ihm reichlich Gelegenheit zu jener grimassierenden, drastischen Groteskkomik, die ihn berühmt, aber auch umstritten gemacht hat. Daneben gibt es jedoch auch Szenen, die deut-

Der verrückte Professor (1962)
von und mit Jerry Lewis

lich machen, dass Lewis' Talent sich nicht in vordergründiger Blödelei erschöpft. Er bewährt sich hier nicht nur als routinierter Entertainer; es gibt auch gute Beobachtungen und treffsichere, entlarvende Pointen, die weit über den bloßen Klamauk hinausweisen.« (Dieter Krusche, *Reclams Filmführer*)

1960 Schlag 12 in London

The Two Faces Of Dr. Jekyll, GB, R: Terence Fisher, D: Christopher Lee

»*Schlag 12 in London* – war der erste ernsthafte Versuch der Hammer-Produktion, Robert Louis Stevensons Roman zu verfilmen. Der Drehbuchautor Wolf Mankowitz gab der bekannten Story eine neue und erfindungsreiche Wendung, indem er aus Hyde eine glattrasierte, umgängliche und gelassen sadistische Figur machte, statt des haarigen Ungetüms früherer Filmversionen.« *(The House Of Horror)*

1959 Das Testament des Dr. Cordelier

Le testament du docteur Cordelier, F, R: Jean Renoir, D: Jean-Louis Barrault

»Der berühmte Regisseur Jean Renoir drehte diese moderne *Dr. Jekyll-Mr. Hyde*-Variante für das französische Fernsehen; der Film erlebte zwei Jahre nach seiner Fertigstellung in den Kinos sei-

Das Testament des Dr. Cordelier
(1959, R: Jean Renoir): Jean-Louis Barrault

ne deutsche Erstaufführung. In genialer Weise spielt Jean-Louis Barrault die Doppelrolle des Arztes Dr. Cordelier und des Monsters Opale ... Gemäß dem Arbeitstempo beim Fernsehen drehte Renoir diesen effektreichen Gruselfilm innerhalb von 16 Tagen, denen eine Probezeit von zwei Wochen vorausgegangen war. Raffiniert war ferner Renoirs Arbeitsmethode; mit mehreren Kameras und Mikrofonen ließ er simultan das Geschehen aufzeichnen, um aus dem abgedrehten Material anschließend eine faszinierende Mischung der verschiedensten Einstellungen zusammenzumixen.« *(TV Spielfilm Lexikon)*

1941 Arzt und Dämon

Dr. Jekyll And Mr. Hyde, USA, R: Victor Fleming, D: Spencer Tracy, Lana Turner

Victor Fleming konnte trotz der Top-Besetzung mit Spencer Tracy, Ingrid Bergman und Lana Turner nicht an Mamoulians Fassung heranreichen. Obwohl MGM extra die Rechte an dem alten Film erworben und ihn aus dem Verleih genommen hatte, wurde *Arzt und Dämon* ständig mit ihm verglichen und für eindeutig schlechter befunden.

1931 Dr. Jekyll und Mr. Hyde

Dr. Jekyll And Mr. Hyde, USA, R: Rouben Mamoulian, D: Fredric March

Die bisherigen Verfilmungen hatten sich in erster Linie darauf beschränkt, die Geschichte von *Dr. Jekyll und Mr. Hyde* nachzuerzählen. Mamoulians Version blieb es vorbehalten, den Stoff der

Erzählung nicht einfach nur ins Medium Film zu übertragen, sondern ihn auch zu interpretieren und seine psychologischen und kulturellen Beziehungen deutlich zu machen. Was die erotischen Beziehungen betraf, so hatte die Barrymore-Verfilmung 1920 darin »vorgearbeitet«, dass sie die Figur des Jekyll/Hyde mit den erotischen Reizen zweier Frauenfiguren konfrontierte. Diesen Gedanken baute Mamoulian aus, sodass »Jekyll zu einem etwas zivilisierten Kong wurde, der sich um die Erfüllung seiner sexuellen Wünsche geprellt sieht und sie erst als der deformierte Hyde befriedigen kann.« (Franz Schöler, *Film*)

1920 Dr. Jekyll und Mr. Hyde

Dr. Jekyll And Mr. Hyde, USA, R: John S. Robertson, D: John Barrymore

»Einer der wenigen großen Horror-Stummfilme, gleichzusetzen mit denen von Lon Chaney! Der Film von Regisseur Robertson wird trotz einiger gravierender Abweichungen der literarischen Vorlage durchaus gerecht. Die Änderungen sind wirkungsvoll und treffend. So übernimmt das Filmskript die Figur des Lord Henry aus Oscar Wildes *Das Bildnis des Dorian Gray*, was wegen des Doppelgängermotivs beider Stoffe durchaus nahe liegt. Verführt in Oscar Wildes Roman der geistreich-zynische Lord Henry den unverdorbenen und faszinierend schönen Dorian Gray zum rücksichtslosen Ausleben seiner Jugend, so treibt der ähnlich veranlagte Sir George Carew den attraktiven jungen Wissenschaftler Dr. Jekyll zu immer neuen bio-chemischen Versuchen an.« *(Lexikon des Horror-Films)*

1920 Dr. Jekyll And Mr. Hyde

USA, D: Sheldon Lewis, Alexander Shannon, Dora Mills Adams

1920 Dr. Jekyll And Mr. Hyde

USA, D: Hank Mann

Arzt und Dämon (1941, R: Victor Fleming):
Spencer Tracy und Ingrid Bergman

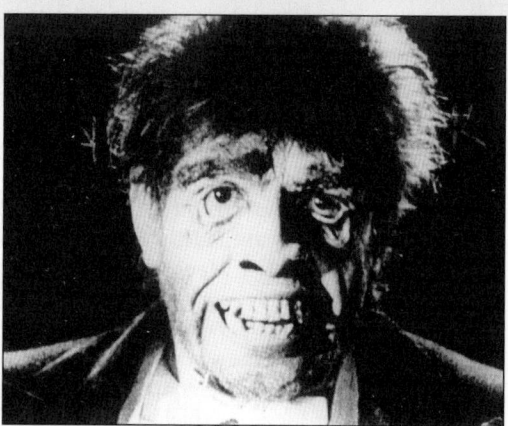

Dr. Jekyll und Mr. Hyde
(1931, R: Rouben Mamoulian): Fredric March

1920 Der Januskopf
D, R: Friedrich Wilhlem Murnau, D: Conrad Veidt, Bela Lugosi
»Zunächst wollte Murnau den Stevenson-Stoff Dr. Jekyll und Mr. Hyde ganz offiziell verfilmen. Er erhilet jedoch nicht die rechte. So ließ er die Namen ändern, das Buch etwas bearbeiten und drehte den Film trotzdem, unter anderem Titel.«
(Lexikon des Horror-Films)

1913 Der Andere
D, R: Max Mack, D: Albert Bassermann, Emmerich Hanus, Rely Ridon

1913 Dr. Jekyll And Mr. Hyde
GB

1913 Dr. Jekyll And Mr. Hyde
USA, R: Herbert Brenon, D: King Baggott, Jane Gail, Matt Snyder
»Es ist schon sehr selten, dass ein Mann einen Film absolut beherrscht. Baggott ... übertrifft sich selbst. Eine kraftvolle Interpretation ...« *(Moving Picture World)*

1912 Dr. Jekyll And Mr. Hyde
USA, R: Lucius Henderson, D: James Cruze, Harry Benhani

1909 Den Skaebnesv angre opfindelse
Dänemark, R: Viggo Larsen, D: Alwin Neuss, Oda Alstrup, August Blom

1909 The Duality Of Man
GB

1909 A Modern Dr. Jekyll
USA

1908 Dr. Jekyll And Mr. Hyde
USA

MARY SHELLEY'S FRANKENSTEIN

Mary Shelley's Frankenstein, USA 1994, R: Kenneth Branagh, Drb: Steph Lady, Frank Darabont nach dem Roman Frankenstein von Mary Shelley, K: Roger Pratt, M: Patrick Doyle, S: Andrew Marcus, D: Robert De Niro (Die Kreatur), Kenneth Branagh (Victor Frankenstein), Tom Hulce (Henry), Helena Bonham Carter (Elizabeth), Ian Holm (Victors Vater), Richard Briers (Großvater), John Cleese (Prof. Waldman), Aidan Quinn (Kapitän Walton), Cherie Lunghi (Victors Mutter)

Wir schreiben das Jahr 1794. Kapitän Walton ist von der Idee besessen, den Nordpol zu erreichen. Bei seiner dramatischen Odyssee durch das Eismeer stößt er auf einen seltsamen Mann: den verstörten, erschöpften Victor Frankenstein, der auf einer Insel wie aus dem Nichts auftaucht und ihm seine unglaubliche Geschichte erzählt: Er lebte einst in Genf und in wohlhabenden Verhältnissen. Als seine geliebte Mutter stirbt, nimmt die Idee von ihm Besitz, künstliches Leben zu erschaffen. Um Medizin zu studieren, reist er nach Ingolstadt. Seine Adoptivschwester Elizabeth, die er nicht nur platonisch liebt, lässt er zurück. An der Universität von Ingolstadt lernt er schnell den lebensfrohen Kommilitonen Henry kennen. Zudem macht er eine erstaunliche Entdeckung: Sein Professor Waldman träumte einst denselben Traum wie er. Und er war sehr nah daran, ihn zu verwirklichen.

Als Waldman stirbt, bemächtigt sich Frankenstein dessen Notizen und macht das Wunder wahr: Er erschafft einen künstlichen Menschen. Die Kreatur, die nie einen Namen bekommen wird, weckt nach seiner Belebung prompt moralische Skrupel in dem fanatischen Wissenschaftler. Er beschließt, sie am nächsten Tag zu töten. Da ist die Kreatur allerdings spurlos verschwunden. Frankenstein ist bald fest davon überzeugt, dass sie der grassierenden Cholera-Epidemie anheim fiel und reist beruhigt in seine Heimat zurück. Doch das Wesen hat überlebt und versteckt sich zunächst in unmittelbarer Nähe einer Bauernfamilie in einem Stall. Die stark entstellte Kreatur lernt dort lesen und, nachdem sie Frankensteins Tagebuch studiert hat, Zusammenhänge zu begreifen, erkennt, welch grauenhaftes Dasein ihr Schöpfer ihr zugemutet hat. So macht sie sich auf die Suche nach Frankenstein. Entweder, so der Plan, erschafft Frankenstein ihr eine künstliche Geliebte – ein artverwandtes Wesen, das bei dem Anblick der Kreatur nicht vor Schreck erstarren würde – oder Frankenstein muss sterben ...

Regisseur und Hauptdarsteller Kenneth Branagh beschreibt seinen ernsthaften Versuch, Mary Shelleys Roman *Frankenstein* werkgerecht zu verfilmen, wie folgt: »Diese Story erschreckte Mary Shelley zutiefst, als sie in ihren Träumen auftauchte. Dieser Schrecken stimuliert auch heute noch unsere Vorstellungskraft. Sie ist ein großartiges Schauer-Epos, ein nervenzermürbender Schocker, gleichzeitig aber auch eine wunderbare und bewegende Geschichte über menschliches Miteinander und eine groß angelegte, leidenschaftliche Lovestory. Ich wollte die grundlegende Leidenschaft Frankensteins zeigen – sowohl die zu seiner außergewöhnlichen Arbeit als auch die zu Elizabeth. Diese Leidenschaft bewirkt all die Tragik und Spannung der Erzählung. Für mich ist dies weniger eine Horrorgeschichte als vielmehr ein überlebensgroßes Gruselmärchen. Es ist voller psychologischer Einblicke in das Wesen der Familie. Es handelt von Elternschaft, Verantwortung, Geburt und Tod, Arroganz des Menschen gegenüber der Natur und Unmenschlichkeit an sich. Ich hatte bei der ganzen Geschichte eine spezielle Vorstellung: Ein Kind, das im Kreißsaal die Augen aufmacht und dann verlassen wird, das zappelt und schreit. Frankenstein verlässt sein Kind und muss später die Konsequenzen dieser Tat ertragen.«

Mary Shelley schrieb *Frankenstein* während der Zeit der industriellen Revolution, von der sich die Gesellschaft eine bedeutende Verbesserung der Lebensqualität erhoffte. Ihre düstere Vorstellungskraft deckt sich mit der Befürchtung und der Angst des modernen Menschen, dass Forschung und Wissenschaft immer öfter Wege beschreiten, die ethische und moralische Grundsätze infrage stellen und letztendlich großen Schaden über die Menschheit bringen könnten. Mary Shelleys Roman ist angesichts künstlicher Befruchtung, Retortenbabys, Genmanipulation am ungeborenen Menschen und der Entwicklung künstlicher Intelligenz aktueller denn je, wenn es um die Frage geht, ob der Mensch das Recht hat, in den Lauf der Natur einzugreifen. Kenneth Branagh: »Der ganze Film ist ebenso wahrhaftig, wie er überlebensgroß ist: Es wird eine überlebensgroße Kreatur erschaffen, er handelt von einer überlebensgroßen Liebe, er spielt in den Alpen – einer überlebensgroßen Landschaft. Und auch alle Gefühle sind hier größer, als sie es im wirklichen Leben sind. Diese Geschichte kombiniert das Einfache mit dem Wesentlichen.«

Hans Schifferle bemerkt in *epd-Film*: »Branaghs Film ist ein Spektakel zum Ende des Jahrhunderts. Was steckt nicht alles in diesem tempogeladenen Film, der selbst ein Patchwork ist, ein schillerndes Monster: Mary Shelley vielleicht, vor allem aber all die Theaterversionen und Filmfassungen, die perverse ›sophistication‹ von James Whale, die knallbunte Subtilität von Terence Fisher, der ›body horror‹ von Stuart Gordon, der Klamauk von Monty Python und Mel Brooks, die Aktualisierungen von Roger Corman.« Auch das *TV Spielfilm Lexikon* findet, dass Branagh die Geschichte »wirklich mit Raffinesse umgesetzt« hat: »Er hielt sich sehr eng an die Vorlage von Mary Shelley, stattete aufs Opulenteste aus, schnitt rasant und virtuos (ein Highlight: die Erweckungsszene der Kreatur) und hielt die Balance zwischen Spannung, Schauer und Romantik. Durchaus vermittelt wird auch die Botschaft von menschlicher Verantwortungslosigkeit, Egomanie und Megalomanie. Dem Letzteren aber scheint Regisseur und Darsteller Branagh selbst ein wenig zum Opfer gefallen zu sein. Er inszeniert und spielt wie ein Berserker, will etwas zu viel des Guten hineinpacken und ausdrücken, als es der Zuschauer wegstecken mag. Bei solch einer Masse von Kraft und schönen Bildern wirkt das Einzelne oft beliebig. Doch trotz dieses schwer verdaulichen Übermaßes bleibt Branaghs

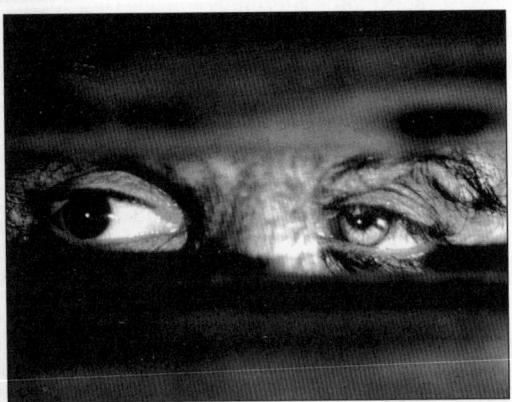

Mary Shelley's Frankenstein
(1994, R: Kenneth Branagh):
Aufmerksam beobachtet die Kreatur das Familienleben

Frankenstein-Version eine beeindruckende und vor allem werktreue Adaption der wundersamen Schauermär.«

Mary Shellys Buch *Frankenstein* zur Grundlage gescheiter Drehbücher zu machen, bereitete immer wieder Schwierigkeiten, sodass Roman und Film oft nur noch wenige Leitmotive und handelnde Personen gemeinsam haben. »Die Vorlage wurde konsequent trivialisiert«, stellen Ronald M. Hahn und Volker Jansen in *Die 100 besten Kultfilme* fest: »Der wichtigste Unterschied zwischen dem Roman und den meisten Verfilmungen ist Shelleys völliges Desinteresse am Werdegang der Kreatur. Deren Geburt, willkommener Anlass im Film, sich pyrotechnisch auszutoben, nimmt im Roman gerade einen Absatz ein. Für die Erklärung der ›Bildung‹ des Wesens hat der Roman eine zugegebenermaßen skurrile Erklärung: Das ›Ungeheuer‹ versteckt sich in einer Hütte, nimmt heimlich an Englischlektionen einer aus ihrem Heimatland vertriebenen arabischen Prinzessin teil und eignet sich schließlich dank einiger zufällig herumliegender Werke von Milton, Plutarch und Goethe (!) im Alleingang ein ungeheures Wissen an. Shelleys Victor Frankenstein will nicht nur einfaches Leben aus dem Tode, er will eine ganz bestimmte Art von Leben erschaffen, einen Doppelgänger seiner selbst, mit seinen intellektuellen Fähigkeiten (insofern ist der mad scientist Victor Frankenstein eher ein Vorgänger von Dr. Jekyll). Ein solcher Denkansatz lässt sich dramaturgisch bestenfalls als Dokumentarfilm verarbeiten. Daher war es nahezu zwingend, den Mythos für das Kino neu zu definieren. Und hierin liegt die Bedeutung der James-Whale-Verfilmungen *Frankenstein* (1931) und *Frankensteins Braut* (1935), in denen das Monster vom intellektuell ebenbürtigen Doppelgänger des Romans auf die Stufe eines anfangs unschuldigen überdimensionalen Kindes gedrückt wird. Whale benutzt im Wesentlichen nur die handelnden Personen und einige Motive, der Handlungsablauf ist anders, sogar konträr zur literarischen Vorlage.«

1992 Dr. Frankenstein

Frankenstein, USA, R: David Wickes, D: Patrick Bergin, Randy Quaid,Fiona Gilles

»Noch 'ne *Frankenstein*-Verfilmung, allerdings nur ein fader Neuaufguss der klassischen Geschichte. Boris Karloff bleibt unerreicht.« *(TV Today)*

Mary Shelley's Frankenstein (1994, R: Kenneth Branagh): Helena Bonham Carter und Robert De Niro

1990 Roger Cormans Frankenstein

USA, R: Roger Corman, D: Raul Julia, John Hurt, B. Fonda

1984 Frankenstein 2000

Frankenstein 90, F, R: Alain Jessua, D: Jean Rochefort, Eddy Mitchell, Herma Vos

»Neue Version des unverwüstlichen *Frankenstein-Stoffes*, in der sich komische und eher traurige Momente die Waage halten. Die unspektakuläre Machart verleiht dem Film trotz einiger Längen einen sympathischen Reiz; gelungene Unterhaltung.« *(Lexikon des internationalen Films)*

1984 Seelenlos – Ein Mann spielt Gott

Frankenstein, GB, R: James Ormerod, D: Robert Powell, John Gielgud

»Fernsehbearbeitung des klassischen Schauerromans von Mary W. Shelley, die der sattsam bekannten Geschichte um die Erschaffung eines künstlichen Menschen keine neuen Aspekte abgewinnt und auch nicht zu einer beachtenswerten visuellen Gestaltung findet.« *(Lexikon des internationalen Films)*

1974 Andy Warhol's Frankenstein

Flesh For Frankenstein, F/I/USA, R: Paul Morrissey, D: Udo Kier, Joe Dallesandro

1974 Frankenstein Junior

Young Frankenstein, USA, R: Mel Brooks, D: Gene Wilder, Marty Feldman

»Eine dank vieler geistreicher Einfälle recht gelungene Parodie des *Frankenstein*-Mythos.« *(Lexikon des internationalen Films)*

1973 Frankenstein '80

I, R: Mario Manzini, D: John Richardson, Renato Romano, Xiro Papas

Frankensteins fehlerhaftes Monstrum muss ständig mit frischen Organen versorgt werden.

1973 Frankenstein

Frankenstein, USA, R: Glenn Jordan, D: Robert Foxworth, Susan Strasberg

Die Neuverfilmung ist spürbar um größere Treue gegenüber der Romanvorlage aus dem Jahre 1818 bemüht. Sie präsentiert Frankensteins Kreatur weniger als das Monster früherer Filme, sondern als ein unglückliches Geschöpf. Es leidet unter den Schrecken, die es verursacht, und vor allem auch darunter, nicht lieben zu dürfen. Auch in der Dimension kritischer Nachdenklichkeit gegenüber einer allzu unbekümmerten Nutzung riskanter naturwissenschaftlicher Möglichkeiten entspricht die Neuverfilmung besser dem Roman.

1973 Frankenstein, wie er wirklich war

Frankenstein: The True Story, GB, R: Jack Smight, D: James Mason

»Nach dem Tod seines Bruders ist Victor Frankenstein von dem Gedanken besessen, Leben zu schaffen. Er pflanzt einer leblosen Kreatur das Gehirn eines toten Arztes ein. Bald entzieht sich das künstlich geschaffene Wesen seiner Kontrolle. Zweiteilige, eher melodramatische Verfilmung des Romans von Mary Wollstonecraft Shelley.« *(Lexikon des internationalen Films)*

1970 Frankensteins Schrecken

The Horror Of Frankenstein, GB, R: Jimmy Sangster, D: Ralph Bates, Kate O'Mara

»Regisseur Jimmy Sangster ist ein Eigengewächs der Hammer-Film. Der 1935 geborene Autodidakt begann seine Karriere bei Hammer als Klappenboy, war mit 19 Jahren bereits Regieassistent, schrieb eine ganze Reihe von Drehbüchern und gilt als anerkannter Horrorspezialist. In *The Horror Of Frankenstein* hält er sich, was den Inhalt betrifft, an berühmte Vorbilder, durch absurde Übertreibungen macht er daraus eine makabere, tief schwarze Horror-Komödie.« *(Lexikon des Horror-Films)*

1969 Frankenstein muss sterben

Frankenstein Must Be Destroyed, GB, R: Terence Fisher, D: Peter Cushing

»Vierter Frankenstein-Film aus der Hammer-Werkstatt mit nur wenigen Gruselüberraschungen, die an die Nieren gehen.« *(Lexikon des Horror-Films)*

1967 Frankensteins Monster-Party

Mad Monster Party, USA, R: Jules Bass – Puppentrickfilm

»Dr. Frankenstein beruft alle bekannten Monster auf sein Inselschloss, um ihnen mitzuteilen, dass er den Vorsitz der Zunft an seinen Neffen abtreten will. Graf Dracula und ein weibliches Monster beschließen, den ungeliebten Nachfolger umzubringen ... eine originelle Persiflage auf die Horrorfilm-Gattung, streckenweise recht witzig, durch viele Längen jedoch zunehmend ermüdend«. *(Film-Dienst)*

1966 Frankenstein schuf ein Weib

Frankenstein Created Woman, GB, R: Terence Fisher, D: Peter Cushing

1963 Frankensteins Ungeheuer

The Evil Of Frankenstein, GB, R: Freddie Francis, D: Peter Cushing

»Im Gegensatz zu den anglo-amerikanischen Vorläufern zeigt Regisseur Francis seinen *Frankenstein* als einen von seiner Idee überzeugten, ernsthaft forschenden Wissenschaftler. Nicht Frankenstein ist verrückt, sondern diejenigen, die seine Forschungsergebnisse ausnutzen wollen. Der Film gilt – sicher auch wegen der überzeugenden schauspielerischen Leistung Peter Cushings – als

Frankenstein (1973, R: Glenn Jordan): Robert Foxworth

Frankenstein (1973, R: Glenn Jordan): Bo Svenson

der Beste der englischen *Frankenstein*-Serie.« *(Lexikon des Horror-Films)*

1958 Frankensteins Rache

The Revenge Of Frankenstein, GB, R: Terence Fisher, D: Peter Cushing

»Einer der naiv-schönen Horrorfilme aus England ... voller romantischer und aufklärerischer Motive. In seinem schaurigen Labor verpflanzt Dr. Viktor Stein alias Frankenstein das Gehirn seines verwachsenen Gehilfen in den Kopf eines makellos schönen Mannes. Damit sind die Kräfte des Bösen frei.« *(Rheinische Post)*

1957 Frankensteins Fluch

The Curse of Frankenstein, GB, R: Terence Fisher, D: Peter Cushing, Hazel Court

»Da auch Christopher Lee, der Darsteller des Monsters, damals so gut wie unbekannt war, man aber einen Darsteller herausstellen wollte, der durch seinen Bekanntheitsgrad für Zugkraft sorgen sollte, konzentrierte sich Hammer – im Gegensatz zu den alten Universalstreifen – auf Frankenstein selbst und seinen Darsteller Peter Cushing.« *(Lexikon des Horror-Films)*

1939 Frankensteins Sohn

Son Of Frankenstein, USA, R: Rowland V. Lee, D: Boris Karloff, Bela Lugosi

»1938 wurde die Wiederaufführung von *Frankenstein* (in einem Programm mit *Dracula*) noch einmal ein großer finanzieller Erfolg. Das veranlasste die Produktionsfirma Universal, einen dritten *Frankenstein*-Film zu produzieren. Nicht zuletzt die Starbesetzung Karloff, Lugosi, Rathbone und Atwill (vielleicht die beste, die je für einen Horrorfilm vor der Kamera stand), aber auch die gleich bleibende Atmosphäre der Bedrohung und die stark stilisierten, an den deutschen expressionistischen Film erinnernden Dekors verhalfen den Film zu seinem außergewöhnlichen Erfolg.« (Georg Seeßlen, *Der Horror-Film*)

1935 Frankensteins Braut

USA, R: James Whale, D: Boris Karloff, Colin Clive, Valerie Hobson

Mit *Frankensteins Braut* schuf James Whale ein interessantes Gegenstück zu seinem *Frankenstein* von 1931. Formal übertrifft der zweite Film den Vorläufer deutlich, besonders wirkungsvoll ist die eindringliche Darstellung der Monster-Figur durch Boris Karloff. Abstoßend in ihrer Hässlichkeit, flößt sie zugleich doch Mitleid ein, wenn sie von den Verfolgern gepeinigt wird und vergeblich auf ein Wesen hofft, das den allgemeinen Hass gegen sie nicht teilt.

1931 Frankenstein

USA, R: James Whale, D: Boris Karloff, Colin Clive, Mae Clarke

Das Frankenstein-Monster in diesem Film war die erste Hauptrolle von Boris Karloff, die ihn mit einem Schlag berühmt machte. Regisseur James Whale (1896–1957) hat sich sichtlich von deutschen Stummfilmen wie *Das Kabinett des Dr. Caligari* und *Der Golem* inspirieren lassen, bei aller Dramatik kommt auch der Humor nicht zu kurz. Whale kam aus England nach Hollywood, wo er mehrere, inzwischen als Klassiker des Genres geltende, Horrorfilme drehte.

1920 Il Mostro di Frankenstein

I, R: Eugenio Testa, D: Umberto Guarracino

1915 Life Without Soul

USA, R: Joseph W. Smiley, D: Percy Darrel Standing

1910 Frankenstein

USA, R: J. Searle Dawley, D: Charles Ogle

DIE MASKE DES ZORRO

The Mask Of Zorro, USA 1998, R: Martin Campbell, Drb: John Eskow, Ted Elliott, Terry Rossio basierend auf der Figur von Johnston McCulley, K: Phil Meheux, M: James Horner, S: Thom Noble, D: An-

tonio Banderas (Alejandro Murrietta), Anthony Hopkins (Don Diego de la Vega), Catherine Zeta-Jones (Elena), Stuart Wilson (Don Rafael Montero), Matt Letscher (Capt. Harrison Love), Julieta Rosen (Esperanza), Tony Amendola (Don Luiz)

1821 ist die spanische Vorherrschaft in Mexiko gebrochen. In der Revolutionsnacht lässt der scheidende Gouverneur Montero Zorros Frau töten, dessen Töchterchen rauben und den Volkshelden ins Verlies werfen. 20 Jahre später kehrt Montero zurück, um Kalifornien mit gestohlenem Gold aufzukaufen. Zur gleichen Zeit entkommt der gealterte Don Diego de la Vega alias Zorro aus dem Kerker. Er trifft den Straßenräuber Alejandro, den er im Umgang mit Degen und Peitsche unterrichtet. Alejandro lässt in der Maske des Zorro den Mythos wieder aufleben. Montero hat allerdings einen Trumpf: Seine Tochter Elena ist in Wirklichkeit Don Diegos entführtes Kind. Alejandro und Don Diego können die junge Frau von ihrer wahren Herkunft überzeugen. Zu dritt bezwingen sie Montero und dessen Schergen bei der Goldmine. Die alten Rivalen de la Vega und Montero finden dabei den Tod.

Mit dem Hieb eines stählernen Degens und dem Zeichen »Z« verteidigt er die Schwachen und Ausgebeuteten und rächt die Ungerechtigkeiten, die gegen sie verübt wurden: Der Charakter Zorro hat seit seinen bescheidenen Anfängen auf den Seiten eines Romanheftchens im Jahr 1919 die Fantasie jeder Generation erobert. Seit Jahrzehnten sind Jung und Alt auf der ganzen Weit gleichermaßen fasziniert von dem berühmten galanten Fechter. Die Maske des Zorro basiert auf der Figur von Johnston McCulley, einem Polizeireporter, der nebenher fiktionale Kitschromane schrieb, McCulleys Zorro (spanisch: Fuchs) war eine Zusammenstellung der englischen Fantasiegestalt Scarlet Pimpernel und notorischer Realfiguren wie zum Beispiel dem kalifornischen Banditen Joaquin Murrieta, der gegen Goldgräber kämpfte, die die Siedlungen in Mexiko überrannten. Oder Salomon Maria Sinneon Pico, ein Straßenräuber, der halb Bösewicht, halb Robin Hood war. Und José Maria Avila, ein Bandit und leidenschaftlicher mexikanischer Revolutionär.

Zorro tauchte das erste Mal in McCulleys Serienroman The Curse Of The Capistratio (Der Fluch der Capistran) auf. Wenig später wurde der schwarz maskierte Rächer zur Leinwandlegende: Douglas Fairbanks Sen. stellte ihn 1920 in dem Stummfilm The Mark Of Zorro (Das Zeichen des Zorro) dar. Zwei Jahrzehnte später spielte Tyrone Power in dem erfolgreichen Remake The Mark Of Zorro mit Basil Rathbone und Linda Darnell. Republic Pictures brachte den Charakter 1937 außerdem in fünf Filmserien mit je 12 Staffeln heraus, begonnen mit Zorro Rides Again (Zorro reitet wieder). 1957 stellte Walt Disney seine Zorro-Fernsehserie mit Guy Williams vor, 1975 er-

Links: Die Maske des Zorro (1998, R: Martin Campbell): Antonio Banderas und Catherine Zeta-Jones
Unten: Die Maske des Zorro (1998): Antonio Banderas

schien der französische Schauspieler Alain Delon als berühmter maskierter Fechter in einer weiteren Leinwand-Adaption.

Obwohl *Die Maske des Zorro* auf McCulleys wohl bekannter Figur basiert, unterscheidet er sich sehr von früheren Interpretationen der Erzählung. »Unsere Version ist nicht die traditionelle Story von Zorro als Sohn eines Ehrenmannes«, sagt Regisseur Martin Campbell. »Unsere Geschichte nähert sich viel eher dem Typ der Merlin-König-Artus-Beziehung, denn hier trainiert ein alternder Zorro einen jüngeren Mann, um ihn zu seinem Nachfolger zu machen. Zorro ist der perfekte Held: von der moralischen Seite betrachtet, weil er nicht hinausgeht, um so viele Verbrecher wie möglich umzubringen. Schlauerweise macht er sie untauglich, stellt sie bloß und macht sie zu Narren. Ich dachte, es sei interessant, solch einen Charakter heutzutage auf die Leinwand zu bringen. Ich wollte, dass dieser Film wie eines dieser großen Hollywood-Epen mit ungeheurer Action, Romantik und Spaß wird, Douglas Fairbanks sen. hatte diesen fantastischen Sinn für Humor gekoppelt mit Persönlichkeit, wirklicher joie de vivre. Das wollte ich für unseren Film.«

Peter Hasenberg bemerkt im *Film-Dienst*: »Mehr als zwei Dutzend Filme um den maskierten Rächer hat es bisher gegeben, von denen allerdings nur die Filme mit Douglas Fairbanks (*Das Zeichen des Zorro*, USA 1920) und mit Tyrone Power (*Im Zeichen des Zorro*, USA 1940) das Genre der Mantel-und-Degenfilme um klassische Beispiele bereichert haben. Die meisten Zorro-Filme, ob die Republic-Serials der 30-er und 40-er-Jahre oder die italienischen und spanischen Kopien der 50er und 60er-Jahre, sind wenig bemerkenswert. Die starbesetzte Neuauflage Zorro (1974) von Italo-Western-Regisseur Ducio Tessari mit Alain Delon in der Titelrolle scheiterte kläglich. Campbell setzt nun ganz auf die bewährten klassischen Hollywoodmuster, und diese funktionieren erstaunlich gut. Sein Film ist pralles Abenteuerkino mit prachtvoller Ausstattung, eleganten Fechtszenen und der notwendigen Mischung aus Spannung, Humor und Herz, wobei durch die Doppelung der Zorro-Rolle ein besonderer Reiz entsteht.«

Auch *Sneak Review – Der Kinokult im Saarland* lobt den Film: »In der von effektgeladenen Monster- und Actionkrachern überladenen Filmindustrie fristet das gute alte Heldenabenteuer – wenn überhaupt – nur ein Schattendasein. Umso erfreulicher, wenn ein maskierter Reiter dem kränkelnden Genre wieder Leben einhaucht, indem er gekonnt die leicht angegrauten Tugenden wie Leidenschaft, Mut und Degenkämpfe hochhält und sie mit einer gehörigen Prise Selbstironie auffrischt.« Und Ulrike Steiner schreibt in den *Ober-Österreich Nachrichten*: »Zick, zack, zisch ritzt der blanke Degen das Logo des Helden in die Filmleinwand, in Männerwangen, Frauenwäsche. Das Z für Zorro ist ein Markenzeichen, das dem Zeitgeist zu widersprechen scheint. Wer will im Kino noch Duelle nach klassischen Fechtregeln sehen? Wer ritterliche Mannsbilder und beim Tanz dahinschmelzende Damen? Ganz schön mutig, sich in Zeiten von *Godzilla* und *Pulp Fiction* an einen Mantel-und-Degen-Film zu trauen. Dreamworker Spielberg vertraute auf seine traumwandlerische Fähigkeit zu ahnen, was beim Publikum ankommen kann – und er behält Recht. Anthony Hopkins mimt mit Lust und Liebe jenen Don Diego de la Vega, dessen zweites Ich die schwarze Maske trägt. Er tut dies aber nur in der Einleitungssequenz, übergibt die Maske des Zorro dann an seinen gelehrigen Schüler Alejandro, dem Antonio Banderas sein appetitanregendes Exterieur leiht. Zwei Zorros also, heller und dunkler Nougat, wie ein Ildefonso. Großartige Pferde- und Kampf-Stunts, üppige Romantik und ein kräftiger Schuss Ironie machen den neuen Zorro insgesamt zum Genussbonbon in Goldpapier.«

1980 Zorro mit der heißen Klinge

Zorro, The Gay Blade, USA, R: Peter Medak, D: George Hamilton, Lauren Hutton

»Als Don Diego Vega einen Unfall hat, muss sein homosexueller Bruder bei der Befreiung eines armen Dorfes einspringen. Nach der gelungenen *Dracula*-Parodie *Love At First Bite* eine vulgäre, geschmacklose Selbstdarstellung von George Hamilton, die sich auf bekannten Schwulenwitzen ausruht.« *(Western-Lexikon)*

1975 Zorro

I, Regie: Duccio Tessari, Darsteller: Alain Delon, Stanley Baker, Ottavia Piccolo

»Der ansonsten eigentlich sehr genrebewusste Duccio Tessari ist sich hier nicht ganz klar geworden, wie man heutzutage eine solche Geschichte angehen soll, zumal wenn sie als Vehikel für einen Star wie Alain Delon bestimmt ist.

Im Zeichen des Zorro (1940, R: Rouben Mamoulian):
Tyrone Power kämpft mit Basil Rathbone

Unschlüssig, ob er den Weg des lustvollen Infantilismo gehen oder sich lieber auf raffinierte Formen der Sophistikation kaprizieren soll, tritt der Regisseur auf der Stelle, was natürlich auch den Film nie richtig in Bewegung kommen lässt.« (Western-Lexikon)

1972 Zorro und seine lüsternen Mädchen

The Erotic Adventure Of Zorro, USA/BRD, R: Robert Freeman, D: Douglas Frey

Der Film existiert in zwei Fassungen: als reine Komödie für die USA, für den europäischen Kontinent als Sexfilm.

1966 Das Finale liefert Zorro

Zorro il rebelle, I, R: Piero Pierotti, D: Howard Ross, Dina de Santis

1962 Zorro, der schwarze Rächer

L'ombra di Zorro, E/I, R: José Romero Marchent, D: Frank Latimore, Marco Tulli

Fortsetzung von Zorro – Das Geheimnis von Alamo

1962 Zorro, der Mann mit den zwei Gesichtern

Il Signe di Zorro, I/F/E, R: Mario Caiano, D: Sean Flynn, Folco Lulli

Schauplatz Mexiko: Bei einer Abendgesellschaft lernt der baskische Edelmann Don Ramon die hübsche Manuela kennen. Von ihr erfährt er, dass sein Vater von dem habgierigen und korrupten Gouverneur falsch beschuldigt und ermordet wurde. Don Ramon schwört Rache; als geheimnisvoller Zorro kämpft er mit einer Gruppe jun-

Im Zeichen des Zorro
(1940, R: Rouben Mamoulian)

ger Verschwörer gegen den grausamen Gouverneur ...

1961 Zorro – das Geheimnis von Alamo

La espada del Zorro, E, R: José Romero Marchent, D: Frank Latimore

»Die europäischen Zorro-Filme gehören zu den Vorläufern der Italo-Hispano-Westernwelle. Als spanisch-mexikanische Produktion zeigt sich Zorro – Das Geheimnis von Alamo patriotisch, indem es die üblicherweise im mexikanischen Kalifornien spielende Handlung in die Zeit nach dem Anschluss des Landes an die USA legt, was ihr die Möglichkeit gibt, aus Zorros Erzfeind, dem tyrannischen Gouverneur, einen Yankee zu machen.« (Western-Lexikon)

1958 Zorro räumt auf

The Sign Of Zorro, USA, R: Norman Foster, Lewis R. Foster, D: Guy Williams

Kinofassung einer Walt Disney-Fernsehserie.

1952 Zorro, der Held

Il sogno di Zorro, I, R: Mario Soldati, D: Walter Chiari, Delia Scala, Vittorio Gassman

Italienische Parodie auf Zorro-Filme.

1944 Zorros Rückkehr

Zorro's Black Whip, USA, R: Spencer G. Bennet, W. Grissell, D: George J. Lewis

Zusammenschnitt aus der 40er-Jahre-Republic-Serie (1. *Der Rächer mit der Maske*; 2. *Sein wahres Gesicht*).

1940 Im Zeichen des Zorro
The Mark Of Zorro, USA, R: Rouben Mamoulian, D: Tyrone Power

»In seinem Remake verlagerte Mamoulian das Schwergewicht auf eine für das Mantel-und-Degen-Genre ungewöhnlich intensive romantische Atmosphäre, da ihm statt des quirligen Fairbanks der eher ruhige, elegante Power (Kritiker nannten seinen Stil auch ›hölzern‹) zur Verfügung stand.« *(Cinema)*

1939 Zorros Geisterreiter
Zorro's Fighting Legion, USA, R: William Witney, John English, D: Reed Hadley

Zweiteiliger Abenteuerfilm (1. *Zorros Geisterreiter*; 2. *Zorros Rache*), Zusammenschnitt aus einer Republic-Serie der späten 30er-Jahre.

1939/47 Zorros Sohn
Son Of Zorro, USA, R: Spencer G. Bennet, Fred C. Brannon, D: George Turner

Ein zweiteiliges Westernprogramm (1. *Das Geheimnis der schwarzen Maske*; 2. *Schneller als der Tod*) aus der Zorro-Serie.

1937 Zorros schwarze Peitsche
Zorro Rides Again, USA, R: Fred C. Brannon, D: John Carrol, Helen Christian

Der zweiteilige Western (1. *Zorro der Rächer*; 2. *Zorro schlägt zu*) stammt aus der Republic-Serie der 30er-Jahre.

1936 Zorro, der blutrote Adler
The Vigilantes Are Coming, USA, R: M. V. Wright, Ray Taylor, D: Robert Livingston

»Eines der besten Republic-Serials der dreißiger Jahre, voller Action und Tempo. Der Erbfeind ist diesmal nicht der Spanier, sondern der Russe.« *(Western-Lexikon)*

1936 Zorro – der tollkühne Caballero
The Bold Caballero, USA, R: Wells Root, D: Robert Livingston, Sig Rumann

»Ein schwärmerischer *Zorro*-Film, der sein sehr elegantes und komödiantisches Heldenpaar mit einem Ensemble umgibt, das sich in den urigsten Traditionen des Bauerntheaters suhlt: Am ungeniertesten gebärdet sich der aus Lubitschs *Sein oder Nichtsein* bekannte Sig Rumann als liebes- und machttoller Kommandant. Robert Livingston trägt mit Grazie die malerischsten Kostüme, die man je an einem Zorro sah. Auf dem Höhepunkt der Ereignisse bewährt er sich als tollkühner Stierkämpfer.« *(Western-Lexikon)*

1920 Das Zeichen des Zorro
The Mark of Zorro, USA, R: Fred Niblo, D: Douglas Fairbanks

MASKE IN BLAU
BRD 1952/53, R: Georg Jacoby, D: Marika Rökk, Paul Hubschmid, Wilfried Seyferth, Walter Müller, Ernst Waldow, Annie Rosar, Fritz Odemar

Nach einer Operette von Fred Raymond und Heinz Hentschke: *Maske in Blau! Maske in Blau! In meinem Herzen trag ich dein Bild ...* Marika Rökk in einer Liebesstory um die Herzensverwirrungen eines erfolgreichen Malers und eines verwöhnten Revuestars. »Du warst nie berückender«, hieß es in den *Filmblättern*. Der Düsseldorfer *Mittag* meldete: »50-mal prasselte der

Maske in Blau (1952/53, R: Georg Jacoby):
Marika Rökk zwinkert

Maske in Blau (1942, R: Paul Martin):
Hans Moser hinter Gittern?

Beifall mitten in die Szenen. Eine Welturaufführung mit Jubelstürmen. Das Ganze ist eine Wucht!« Und die *Frankfurter Rundschau* meinte: »Die Agfacolorfarben schaffen frische, nutzbare Wirkungen. Um den Publikumserfolg braucht man nicht bange zu sein!«

1942 Maske in Blau

D, R: Paul Martin, D: Clara Tabody, Wolf Albach-Retty, Hans Moser

DER MASSENMÖRDER VON LONDON

Tower Of London, USA 1962, R: Roger Corman, D: Vincent Price, Michael Paté, Joan Freeman, Robert Brown, Bruce Gordon, Donald Losby, Joan Camden, Richard Hale, Sandra Knight, Charles Macaulay, Justice Watson

Als König Edward IV. im Sterben liegt, ersticht sein Sohn Richard von Gloucester seinen Bruder Clarence im Weinkeller des Schlosses, um alleiniger Herrscher zu werden. Da der König ihn zu seinem Nachfolger erklärt, berät sich die Königin mit ihren Vertrauten Tyrus und Sir Justin, sowie mit ihrer Hofdame Lady Margaret. Alle sind sich einig, dass Richard für das Land und ihr eigenes Leben eine Gefahr darstellt. Nachdem König Edward IV. gestorben ist, besteigt Richard den Thron und lässt alle ermorden, die sich ihm in den Weg stellen könnten. Lady Margaret wird als Geisel in den Tower geworfen, aus dem sie jedoch Tyrus und Justin wieder befreien können. Daraufhin stellt ihr Vater Lord Stanley eine Armee zusammen und marschiert gegen Richard. Plötzlich erscheinen diesem die Geister der Menschen, die er ermorden ließ und sein Pferd scheut. Richard wird abgeworfen, fällt auf die Streitaxt eines toten Soldaten und stirbt. Packender Horrorfilm mit einem Schuss Selbstironie.

1939 Der Henker von London

Tower Of London, USA, R: Rowland V. Lee, D: Basil Rathbone, Boris Karloff

MATA HARI

USA 1984, R: Curtis Harrington, D: Sylvia Kristel, Christopher Cazenove, Oliver Tobias, Gaye Brown, Gottfried John

Die Holländerin Sylvia Kristel (*Emmanuelle*, 1974) spielt eine berühmte Landsmännin: die legendäre Nachtklub-Tänzerin Mata Hari, deren Schicksal zur Zeit des Ersten Weltkriegs die Welt faszinierte. Mata Hari liebt das Leben und die Liebe. Kein Wunder, wenn man in der Stadt der

Mata Hari (1984, R: Curtis Harrington): Christopher Cazenove und Sylvia Kristel

Liebe wohnt, in Paris. Im Trubel der Großstadt und in den Wirren jener Zeit lässt sich Mata Hari auf ein gefährliches Unternehmen ein: Sie spioniert. Geschickt setzt sie dafür die Waffen ein, die ihr von Natur aus mitgegeben wurden: die Waffen einer Frau. Doch Mata Hari legt sich nicht fest; sie arbeitet für Frankreich ebenso wie für Deutschland – und landet schließlich vor einem französischen Exekutionskommando.

TV Spielfilm: »Einen ihrer frühen Erfolge verbuchte bereits Greta Garbo mit ihrer Interpretation der *Mata Hari* (1932). Ihre exotische Tanzdarbietung begeisterte das damalige Publikum. Ansonsten hielt sich ihre Freizügigkeit in engen Grenzen. Sylvia hat es viel einfacher: Pausenlos lässt sie die Hüllen fallen. Den besseren Film ergibt das aber noch lange nicht. Zeitgeschichte als wohlfeile Kulisse für soften Sex.«

Horst Schäfer/Wolfgang Schwarzer *(Top secret, Agenten- und Spionagefilme – Personen, Affären, Skandale)*: »Eine Legende wie *Mata Hari* ist von zeitloser Faszination und Popularität. Auch wenn sie in der Realität nicht so erfolgreich war, wie es ihr Nachruhm wahrhaben will, forderte und fordert sie immer wieder Autoren, Darstellerinnen und Publikum heraus, sich mit ihr zu beschäftigen. Eine der ersten Verfilmungen war *Mata Hari – Die rote Tänzerin* (D 1927, Regie: Friedrich Feher) mit Magda Sonja in der Titelrolle und Fritz Kortner ... Mehr an den amourösen Affären interessiert als an der Kunst der Spionage zeigt sich die auf Action- und B-Pictures spezialisierte Golan-Globus-Produktion *Mata Hari* (USA 1994, Regie: Curtis Harrington) mit Sylvia

Kristel in der Titelrolle. Hier wird sie als Spielball geheimdienstlicher Strategien dargestellt, die sich in diversen gepflegten Salons in Paris, Berlin und Madrid mit häufig wechselnden Liebhabern aller Stände einlässt. Eine überzeugendere Annäherung gelang dagegen Jean-Louis Richard (Buch und Regie) und François Truffaut (Buch) mit dem auf einem ersten Höhepunkt des Ruhms stehenden Antistar Jeanne Moreau in der Titelrolle: *Mata Hari, Agent H. 21* (F/I 1964). Mitte der sechziger Jahre, zur Blütezeit aufwendiger, aufgeblasener Agenten- und Spionagefilme, verzichtete diese Adaption des Stoffes auf einschlägige Sex-und Action-Versatzstücke. Truffauts und Richards vorrangiges Interesse bestand darin, Mythos und Dämonisierung der Spionin aufzuheben und zu zeigen, dass sie zuerst und vor allem eine Frau wie jede andere war, menschlich und anrührend, ein Opfer des Lebens und der Kriegsereignisse. Die Autoren setzten sich über die historische Realität hinweg und verwandelten die Legende in eine Figur aus Fleisch und Blut, die alles von ihrer Interpretin Moreau hat und Truffauts spezifische Sensibilität für Frauengestalten zum Ausdruck bringt. Die einerseits gegen den Mythos, andererseits gegen den Trend der sechziger Jahre inszenierte Geschichte konnte jedoch kein großes Publikum erreichen. Truffaut, der meinte, ein ›starkes, witziges und trauriges Drehbuch‹ geschrieben zu haben, glaubte lange Zeit an diesen Film, war aber von der Resonanz nach der Premiere tief enttäuscht.«

1964 Mata Hari, Agent H. 21
F/I, R: Jean-Louis Richard, D: Jeanne Moreau, Jean-Louis Trintignant, Claude Rich

1954 Die Tochter der Mata Hari
La fille de Mata Hari, I/F, R: Renzo Merusi, D: Ludmilla Tscherina, Erno Crisa

1932 Mata Hari
USA, R: George Fitzmaurice, D: Greta Garbo, Ramon Novarro, Lionel Barrymore

1927 Mata Hari – Die rote Tänzerin
D, R: Friedrich Feher, D: Magda Sonja, Fritz Kortner

MATHILDE MÖHRING
DDR 1983, R: Karin Hercher, D: Renate Krößner, Christine Gloger, Martin Seifert, Michael Gerber, Petra Cammin, Wolfram Handel, Peter Kalisch, Marga Legal

Unten: Mata Hari (1932,
R: George Fitzmaurice): Greta Garbo
Rechts: Mata Hari (1932):
Ramon Novarro und Greta Garbo

Nach einem Roman von Theodor Fontane: Berlin, um die Jahrhundertwende. Hugo Großmann, ein begabter, aber leichtfertiger Student, rasselt durch das Referendarexamen; trotzdem versteht er seinen Freund Ribbeck nicht, der alles fürchterlich ernst nimmt. Hugo findet ein neues Zimmer bei Familie Möhring, die ein Gemüsegeschäft betreibt. Mutter Möhring betreut Hugo mütterlich, Tochter Mathilde in einer zarter werdenden Beziehung, die Hugos gute Seiten fördert. Nach seinem Examen trägt Mathilde dazu bei, dass er Bürgermeister von Woldenstein wird. Er heiratet Mathilde, zieht dorthin und leistet gute Arbeit. Er verfolgt seine Pläne mit Ausdauer, aber gerade, als die neue Eisenbahn eingeweiht wird, die Woldenstein künftig mit der Welt verbinden soll, stirbt Hugo. Mathilde ist plötzlich mit den Kindern allein. Bei der Mutter in Berlin trifft sie auf Ribbeck, der sich ihrer annimmt und sie auf ihren neuen Beruf als Erzieherin vorbereitet.

1945 Mein Herz gehört Dir

D, R: Rolf Hansen, D: Heidemarie Hatheyer, Viktor Staal, Paul Klinger

MATROSE
WIDER WILLEN

Flottans kavaljerer, S 1948, R: Gustaf Edgren, D: Åke Söderblom, Egon Larsson, Elisabeta von Gersdorff, Edvin Adolphson, Naima Wifstrand, Robert Peiper, Fritiof Billquist, Allan Bohlin, Marianne Löfgren

Am Abend vor seiner Hochzeit erhält Baron Crusenhjelm im Stockholmer Tivoli versehentlich einen allzu heftigen Schlag mit einem Golfschläger auf seinen Kopf und wird so seines Gedächtnisses beraubt. Er erwacht als Matrose 325 auf einem schwedischen Kriegsschiff, das sich auf einer Reise nach Korsika befindet. Mancherlei Abenteuer und ein erneuter Schlag mit dem Golfschläger sind zu überstehen, ehe Crusenhjelm wieder der wird, der er war. Immerhin hat ihm der ganze Aufstand die Liebe der schönen Lukretia eingebracht.

Lexikon des internationalen Films: »Komödie mit verspielten Einfällen, aber ohne zündenden Witz.«

1927 Spökbaronen

S, R: Gustaf Edgren, D: Anita Brodin, Oscar Byström, Weyler Hildebrand

MATTO REGIERT

CH/BRD 1980, R: Wolfgang Panzer, D: Hans Heinz Moser, Fritz Lichtenhahn, Carmen Klug, Paul Bühlmann, Hans-Joachim Frick

Nach dem Roman von Friedrich Glauser: In einer Nervenheilanstalt haben sich Ärzte, Pfleger, Patienten und Honoratioren zu einem festlichen Abend versammelt. Aber die arrangierte Fröhlichkeit kann nicht darüber hinwegtäuschen, dass zwischen dem Anstaltsdirektor Borstli und seinem Stellvertreter Dr. Laduner tief greifende medizinisch-therapeutische Meinungsverschiedenheiten herrschen. Zu offensichtlich legt es der erzkonservative Direktor darauf an, die modernen Methoden des Dr. Laduner als Scharlatanerie zu disqualifizieren ... Am nächsten Morgen ist Borstli spurlos verschwunden. Und als er schließlich im Liftschacht tot aufgefunden wird, gibt es nur eine Alternative zur Unfall-Theorie: Mord. Wachtmeister Studer, von der Kantonspolizei zur Klärung des Falles herbeigeeilt, findet sich sehr bald in einem schier unauflöslichen Knäuel von Verdachts- und Motivmomenten, das umso verwirrender ist, als die beklemmende Atmosphäre der Nervenheilanstalt überall Irrationales in den Vordergrund rückt und logische Schlussfolgerungen fast unmöglich erscheinen lässt. Dennoch gelingt es Studer schließlich, den Fall aufzuklären.

Lexikon des internationalen Films: »Nach Leopold Lindtbergs Film von 1946 die zweite Adaption des abgründigen Kriminalromans von Friedrich Glauser ... Glausers Kritik an Unterdrückungsmechanismen einer biederen Gesellschaft kommt in dem nach konventionellen Fernsehmustern inszenierten Film nicht zum Tragen.«

1946 Matto regiert

CH, R: Leopold Lindtberg, D: Heinrich Gretler, Heinz Woester, Irene Naef

DER MAULKORB

BRD 1958, R: Wolfgang Staudte, D: Hertha Feiler, Hansjörg Felmy, O. E. Hasse, Corny Collins, Robert Meyn

Nach einem Roman und Theaterstück von Heinrich Spoerl: Ein Staatsanwalt, der im Zustand der Volltrunkenheit dem Denkmal seines Landesherrn einen Maulkorb umgehängt hat, übernimmt die Ermittlung des Falles, ohne zu ahnen, dass er selbst der gesuchte Täter ist. Frau und Tochter durchschauen die Situation. Ein Augenzeuge, der Kunstmaler Rabanus, schweigt, weil er in die Tochter verliebt ist. Durch ihr gemeinsames Eingreifen kann der Staatsanwalt gerade noch vor einer Blamage bewahrt werden. Am Ende akzeptiert er den Maler, gegen dessen Lebenswandel er früher Vorbehalte hatte, als Schwiegersohn.

Film-Dienst: »Aus einer tragikomischen Figur, wie sie Spoerl im Sinne hatte, ist eine schnarrende Parodie auf preußisches Junkertum geworden. Dass es Staudte vor allem auf eine Zeitsatire mit aktuellen Perspektiven angekommen ist, beweist er durch viele Dialoganspielungen, die manchmal nicht ohne Witz sind, aber doch auch oft so platt, wie es sich für ein filmisches Unternehmen, das doch mehr sein will als bloßes Possenspiel, nicht gehört. Dem Film fehlt die Diskretion, mit der ein psychologisch so fein gesponnener Vorgang, wie es diese sonderbare Maulkorbaffäre ist, auch als Hinweis auf wirkliches Leben darzustellen wäre.«

Erich Brandt *(Filmblätter)*: »Mit viel Fingerspitzengefühl und vernüglicher Hintergründigkeit setzte Staudte den prächtigen Stoff fast unverändert ins Bild und zauberte eine spritzige Per-

Der Maulkorb
(1958, R: Wolfgang Staudte): O.E. Hasse

siflage auf das Spießbürger- und Muckertum, heiter und liebenswürdig auch heute noch gültig.«

1938 Der Maulkorb
D, R: Erich Engel, D: Ralph Arthur Roberts, Hilde Weissner, Will Quadflieg

MAVERICK
USA 1994, R: Richard Donner, D: Mel Gibson, Jodie Foster, James Garner, Graham Greene, Alfred Molina, James Coburn, Dub Taylor, Geoffrey Lewis, Paul L. Smith, Dan Hedaya, Dennis Fimple, Denver Pyle

Brett Maverick gilt als smarter Berufsspieler und schnellster Schütze des Wilden Westen – auch wenn er keiner Fliege etwas zu Leide tun kann. Er befindet sich auf dem Weg nach St. Louis, wo auf einem Schaufelraddampfer ein großes Pokerturnier stattfinden soll. Bei der ereignisreichen Reise trifft Maverick in der schönen Diebin Annabelle und dem schlitzohrigen Sheriff Cooper auf Gleichgesinnte. Auf seinem Weg muss er allerlei Hindernisse überwinden, bösen Buben entkommen und vor allem Geld auftreiben. Und am Pokertisch wird sich erweisen, wer der Gerissenste von allen ist.

VideoWoche: »Diese Filmadapation einer alten Fernsehserie mit James Garner – der hier in einer grandiosen Nebenrolle auftritt – ist eines der Filmhighlights des Jahres, in dem Mel Gibson *(Lethal Weapon 1–3)* unter der Regie von Richard Donner *(Lethal Weapon 1–3)* all seinen Charme ausspielen kann. Selbst Jodie Foster *(Sommersby)* nimmt befreit an der bestechend gefilmten Alberei aus dem Wilden Westen teil, die mit einem der pfiffigsten Clous der Filmgeschichte aufwarten kann. Perfekte Unterhaltung voller Action, Gags und zündenden Einfällen.«

1978 Die Rückkehr der Mavericks
The New Maverick, USA, R: Hy Averback, D: James Garner, Charles Frank

1957–1962 Maverick
USA, TV-Serie: 120 Folgen, R: Franklin Adreon, John Ainsworth D: James Garner

MAYERLING
F/GB 1968, R: Terence Young, D: Omar Sharif, Catherine Deneuve, James Mason, Ava Gardner, James Robertson Justice, Geneviève Page, Andréa Parisy,

Mayerling (1968, R: Terence Young):
Catherine Deneuve und Omar Sharif

Ivan Desny, Maurice Teynac, Mony Delmes, Moustache, Fabienne Dali, Roger Pigaut, Bernard La Jarrige, Véronique Vendell

Nach den Romanen *Mayerling* von Claude Anet und *The Archduke* von Michael Arnold – Der habsburgische Kronprinz Rudolf ist durch die Etikette des Hofes, die Kälte seines Vaters und durch seine unglückliche Ehe ein sehr einsamer Mensch. Er verliebt sich in Maria Vetsera, siebzehnjährige Tochter aus neureichem Hause, doch sein Vater Franz Josef lehnt sie wegen ihrer bürgerlichen Herkunft ab. Als die Liebenden erkennen, dass sie nie gemeinsam glücklich werden können, töten sie sich selbst mit einer Pistole.

TV Spielfilm Lexikon: »Die tragische Liebe des habsburgischen Kronprinzen Rudolf zu einer Bürgerlichen war von Anatole Litvak bereits 1936 in Frankreich mit Charles Boyer und Danielle Darrieux für die Leinwand aufbereitet worden, doch das außerordentlich gelungene Ergebnis erreichte niemals deutsche Kinos. Youngs Remake, das in der Tradition internationaler Großproduktionen reichlich große Namen und eine prächtige Ausstattung aufbietet, schafft es zu keiner Zeit, an dieses Vorbild heranzukommen. Omar Sharif spielt Rudolf, der nicht nur ein Sympathisant ungarischer Separatisten ist, sondern auch über seine lieblose, aus politischen Gründen arrangierte Ehe verzweifelt ist und des Öfteren dem Morphium zuspricht ... Dieser altmodische, romantische und nichtsdestotrotz auf Tatsachen beruhende Stoff wurde mit etwas zu viel Pomp in Szene gesetzt und lässt außerdem das Knistern zwischen den Hauptdarstellern vermis-

sen. Statt die historischen Hintergründe überzubetonen, hätte man lieber mehr Wert auf die Romanze legen sollen. Sharif ist gut, doch Catherine Deneuve gibt eine absolut seelenlose Maria – die schlechteste Vorstellung ihrer Karriere. Mason und Gardner (als Elisabeth) sind da schon wesentlich interessanter als alterndes Kaiserpaar, obwohl die mit 47 immer noch schöne Aktrice als Sharifs Mutter (!) arg die Glaubwürdigkeit strapaziert.«

1955 Kronprinz Rudolfs letzte Liebe
A, R: Rudolf Jugert, D: Rudolf Prack, Christiane Hörbiger, Winnie Markus

1948 Das Geheimnis von Mayerling
Le Secret de Mayerling, F, R: Jean Delannoy, D: Dominique Blanchar

1936 Mayerling
F, R: Anatole Litvak, D: Charles Boyer, Danielle Darrieux, Marthe Régnier

McHALE'S NAVY

USA 1997, R: Bryan Spicer, D: Tom Arnold, Dean Stockwell, Debra Messing, David Alan Grier, Tim Curry, Ernest Borgnine, Bruce Campbell, French Stewart, Brian Haley, Tommy Chong

Der soeben pensionierte, etwas faule Soldat Lt. McHale kommandiert einen verlotterten Haufen von Soldaten, die auf einer abgelegenen karibischen Insel stationiert sind. Hier haben McHale und seine Männer es sich recht hübsch eingerichtet, fern von allen Krisenherden dieser Welt. Doch plötzlich platzen zunächst ein neuer Chef und dann der Top-Terrorist Vladokov in diese Idylle. Letzterer nistet sich auf dem ruhigen Eiland ein. Dem schleunigst reaktivierten McHale bleibt nichts anderes übrig, als seinen lahmen Kampfverband auf Vordermann zu bringen, um dem Terroristen und dessen Helfershelfern Paroli bieten zu können. *McHale's Navy* beruht auf einer erfolgreichen amerikanischen Fernsehserie aus den sechziger Jahren, in der Hollywoodstar Ernest Borgnine die Hauptrolle spielte. Borgnine spielt auch in diesem Film eine kleine Gastrolle.

1962–1966 McHale's Navy
USA, TV-Serie, 138 Folgen, R: Norman Abbott, Charles Barton, D: E. Borgnine, Joe Flynn

MEDEA

DK 1987, R: Lars von Trier, D: Udo Kier, Kirsten Olesen, Henning Jensen, Solbjørg Højfeldt, Preben

Leidorff Rve, Baard Owe, Ludmilla Glinska, Vera Gebuhr, Jonny Kilde, Richard Kilde

Der Film beginnt mit der Jugend des kleinen Jasons, Medeas späterem Ehegatten. Er lebt in einer streng abgeschlossenen Stammesgesellschaft, die als höchste kultische Handlung noch das Menschenopfer kennt. Der Junge wird in den verschiedenen Altersstufen in die mythische Welt eingeweiht. Da stiehlt er mit Hilfe Medeas das goldene Vlies und flieht. Nachdem Jason Medea geheiratet und zwei Kinder von ihr hat, wird er ihrer überdrüssig und wendet sich einer jüngeren Frau zu. Medea wird von barbarischer Wut gepackt, tötet die Rivalin, schlachtet ihre eigenen Kinder und verbrennt sich schließlich selbst.

TV 14: »Lars von Triers filmisches Kunst- und Meisterwerk: Die Euripides-Tragödie um Eifersucht, tiefe Trauer und unbändige Wut einer gedemütigten Frau.«

Unter der Regie von Jose Pavon entstand 1989 in Spanien eine Inszenierung fürs Fernsehen mit Montserrat Caballé, José Carreras und Elena Obraztsova.

1982 Medea
USA, R: Mark Cullingham, D: Zoe Caldwell, Judith Anderson, Mitch Ryan

1970 Medea
F/I/BRD, R: Pier Paolo Pasolini, D: Maria Callas, Laurent Terzieff, Massimo Girotti

1963 Medea
S, R: Keve Hjelm, D: Margaretha Krook, Holger Löwenadler, Ove Tjernberg

Rechts: Medea (1970, R: Pier Paolo Pasolini):
Maria Callas
Unten: Medea (1970)

1959 Medea
USA, R: Wes Kenney, José Quintero, D: Judith Anderson, Henry Brandon

MEIN FREUND HARVEY
BRD 1985, R: Wolfgang Spier, D: Harald Juhnke, Elisabeth Wiedemann, Ute Willing, Peter Schiff, Corinna Genest, Hans Hessling, Ilja Richter, Christine Schild, Harald Dietl

Andere Menschen haben einen Saufkumpan, Alkoholiker Elwood P. Dowd hat Harvey einen zwei Meter großen unsichtbaren Hasen, der ihn in jede Kneipe der Stadt begleitet, wenn er einen »lüpfen« geht. Weil niemand außer Elwood den Hasen sehen kann, soll der »Spinner« in ein Sanatorium. Doch leider sperrt man dort statt ihm seine weibliche Begleitung ein – und, Elwood zieht weiter fröhlich mit seinem Spleen durchs Land, denn in der Heilanstalt überzeugt er sogar einige Menschen von der Existenz des unsichtbaren Mümmelmanns. 1997 inszenierte Cordula Trantow *Mein Freund Harvey* fürs Fernsehen mit Siegfried Lowitz und Cordula Trantow.

1950 Mein Freund Harvey
Harvey, USA, R: Henry Koster, D: James Stewart, Josephine Hull, Peggy Dow

MEIN GROSSER FREUND JOE
Mighty Joe Young, USA 1998, R: Ron Underwood, D: Charlize Theron, Bill Paxton, Rade Serbedzija, Peter Firth, David Paymer

Joe und Jill spielen am liebsten Verstecken – Joe allerdings hat einige Mühe, einen geeigneten Unterschlupf zu finden, denn er ist ein vier Meter großer Gorilla. Gemeinsam wachsen der sanftmütige Affe und die junge Jill Young in den Bergen Zentralafrikas auf. Ihre Mütter haben sie verloren, als skrupellose Wilderer Jagd auf die Gorillas machten. Zwölf Jahre später machen zwielichtige Tierjäger erneut Jagd auf Joe, der durch seine Größe Seltenheitswert besitzt.

Blickpunkt: Film: »Ron Underwood inszeniert routiniert die gefühlvollen Szenen zwischen der schönen Charlize Theron und dem tierischen Bruder als auch den von der bombastischen Musik James Horners begleiteten Amoklauf des Gorillas durch L.A.«

1949 Panik um King Kong
Mighty Joe Young, USA, R: Ernest B. Schoedsack, D: Terry Moore

MEIN MANN GOTTFRIED
My Man Godfrey, USA 1957, R: Henry Koster, D: June Allyson, David Niven, Eva Gabor, Jessie Royce Landis, Robert Keith, Jay Robinson, Martha Hyer

Rein aus Jux und Tollerei betätigen sich die New Yorker Börsianer und ähnliche große Tiere als Lumpensammler, und bei diesem leicht blödsinnigen Gesellschaftsspielchen fischt sich eine junge Dame als »animalische Trophäe« ein höchst verdächtiges männliches Individuum, das sich jedoch bald als Schatz herauskristallisiert, als nahezu vollendeter Butler mit europäischer Adelsvergangenheit nämlich, der neben Frühstück und Gentleman-Manieren jedem das Seine serviert: der Mama wunderwirkende Komplimente, dem Vater eine geschäftsrettende Anleihe, der Tochter eine Lektion in Fairness, seiner Entdeckerin zuallerletzt sogar sein Herz. Ursprünglich war diese Rolle dem Schauspieler O. W. Fischer als Hollywood-Chance zugedacht.

Filmblätter: »... beweisen alle nur denkbaren Komödien Aktiva: Ein bestgelauntes Drehbuch, gescheit in der Handlungsführung und im Dialog, eine lustig und amüsant in die Farbwelt guckende Kamera, eine lockere Musik. Und selbst wenn Passiva da gewesen wären – June Allyson hätte sie hinweggefegt mit ihrer quirligen Spielfreude und ihrem unvergleichlichen Wirbelwind-Temperament, wie sie Niven nonchalant und geschmeidig hinauskomplimentiert hätte. Mit Schwung und Sonntagslaune brachte Koster auch die anderen Darsteller zu Glanz- und Höchstleistungen auf dem Sektor Jubel, Trubel, Heiterkeit und machte damit eine Lustspiel-Rechnung auf, die bis zum letzten Leinwandzipfel aufgeht.«

1936 Mein Mann Godfrey
My Man Godfrey, USA, R: Gregory L Cava, D: Carole Lombard, William Powell

MEIN OPA IST DER BESTE
A 1995, R: Helmut Lohner, D: Otto Schenk, Tobias Moretti, Annika Pages, Rebecca Horner, Michael Menger, Hemma Clementi, Mercedes Echerer, Heinz Petters, Teddy Podgorsky, Cornelius Obonya

Der pensionierte, konservative Wiener Caféhausbesitzer Franz Sedlak ist ein Hypochonder wie er im Buche steht. Und nach einem Arztbesuch denkt er fälschlicherweise, er sei todkrank. Deshalb will er sich mit seiner Tochter Johanna aussöhnen, zu der er seit Jahren keinen Kontakt mehr hat. Franz malt sich aus, dass sie in geordneten Verhältnissen lebt. Dass dem nicht so ist, bemerkt er anfangs gar nicht: Sie ist inzwischen Mutter eines dunkelhäutigen Mädchens, dessen Vater das Weite gesucht hat.

TV-Movie: »Otto Schenk in den Fußstapfen von Hans Moser: Er nörgelt, er versteht alles falsch, und er sorgt für Chaos. Das Opfer: seine Tochter ... War 1995 eine der erfolgreichsten Sendungen des österreichischen Fernsehens ... Simpel erzählt, geht aber doch zu Herzen.«

1940 Meine Tochter lebt in Wien
A/D, R: E. W. Emo, D: Hans Moser, O. W. Fischer, Elfriede Datzig

MEIN OPA UND DIE 13 STÜHLE
A 1996, R: Helmuth Lohner, D: Otto Schenk, Rebecca Horner, Tobias Moretti, Thaddäus Podgorski, Adelheid Picha

Die siebenjährige Samantha verbringt die Ferien bei ihrem Opa Franz in Wien und erfährt, dass sie eine Erbschaft gemacht hat. Enttäuscht stellt Franz fest, dass es sich nur um ein paar alte Stühle handelt, die er auf einer Auktion versteigern lässt. Als Samantha aus einem Brief erfährt, dass die verstorbene Tante drei Millionen Schilling in eines der Stuhlpolster eingenäht hat, beginnt eine komplizierte Jagd nach den Sitzmöbeln, die inzwischen die unterschiedlichsten Besitzer gefunden haben.

TV-Movie: »Harmlos-heiterer Verwechslungsreigen.«

1977 12 stulyev
UdSSR, R: Mark Zakharov, D: Andrei Mironov, Anatoli Papanov, Rolan Bykov

1971 12 stulyev
UdSSR, R: Leonid Gaidai, D: Archil Gomiashvili, Sergei Filippov, Mikhail Pugovkin

1970 Zwölf plus eins
USA, R: Nicolas Gessner, D: Vittorio Gassman, Sharon Tate, Orson Welles

1970 Zwölf Stühle
USA, R: Mel Brooks, D: Ron Moody, Frank Langella, Petar Banicevic

1962 Las Doce sillas
C, R: Tomás Gutiérrez Alea, D: Max Beltrán, Idalberto Delgado

1957 Das Glück liegt auf der Straße
BRD, R: Franz Antel, D: Walter Giller, Georg Thomalla, Doris Kirchner

1954 Sju svarta be-hå
S, R: Gösta Bernhard, D: Dirch Passer, Annalisa Ericson, Åke Grönberg

1945 13 stolar
S, R: Börje Larsson, D: Åke Söderblom, Ludde Gentzel, Lillebil Kjellén

1945 It's in the Bag!
USA, R: Richard Wallace, D: Fred Allen, Jack Benny, Don Ameche

1938 Dreizehn Stühle
D, R: E. W. Emo, D: Heinz Rühmann, Hans Moser, Rudolf Carl

1937 The Thirteenth Chair
USA, R: George B. Seitz, D: Lewis Stone, Madge Evans, Dame May Whitty

1936 Keep Your Seats, Please
GB, R: Monty Banks, D: George Formby, Florence Desmond, Gus McNaughton

1929 The Thirteenth Chair
USA, R: Tod Browning, D: Conrad Nagel, Leila Hyams, Margaret Wycherly

1919 The Thirteenth Chair
USA, R: Léonce Leonce Perret, D: Creighton Hale, Marie Shotwel, Ivonne Delva

MEINE BRAUT, IHR VATER UND ICH

Meet The Parents, USA 2000, R: Jay Roach, D: Robert de Niro, Ben Stiller, Teri Polo, Blythe Danner, Nicole DeHuff, Jon Abrahams, Thomas McCarthy, Phyllis George, James Rebhorn, Owen Wilson, Kali Rocha, Bernie Sheredy, Judah Friedlander, Peter Bartlett, John Elsen

Greg ist überzeugt, dass er den Rest seines Lebens mit Pam verbringen will. Deshalb will er vorher in aller Form um die Hand der Tochter bei ihrem Vater anhalten. Was Greg nicht weiß, ist die Tatsache, dass Jack ein Ex-CIA-Agent ist, und dass man dessen aufgestellte Regeln voll beachten muss. Der Antrittsbesuch fängt schon gut an. Ohne Gepäck und mit einem auferlegten Rauchverbot kommt er im Hause der Byrnes an. Das ist allerdings nur der Beginn von 72 weiteren Stunden, in denen Greg in jedes der zahlreich herumstehenden Fettnäpfchen tritt. So überflutet er ungewollt das Grundstück mit übel riechender Flüssigkeit, indem er die falsche Toilette benutzt, er entzündet das Haus, er setzt die Schwester seiner Pam schachmatt und zu allem Überfluss vertreibt er auch noch Mr. Jinx, Jacks über alles geliebten Kater, aus dem Haus. Doch Greg gibt nicht auf, einen guten Eindruck auf seine Schwiegereltern in spe zu machen. *Meet The Parents* war eigentlich ein Kurzfilm eines jungen Komödianten und Regisseurs namens Greg Glienna. Es war die Low Budget-Produktion einer lustigen Geschichte eines jungen Mannes, der ein Desaster beim Antrittsbesuch der Eltern seiner Freundin erlebte.

Prisma-Online: »*Austin Powers*-Regisseur Jay Roach begab sich hier fernab der schrillen Klamotte auf eher traditionelles Comedy-Terrain. Robert De Niro glänzt als skeptischer Vater, Ben Stiller schlägt wieder über die Stränge und die Story gerät ab und an freilich völlig aus den Fugen. So sind viele Szenen nicht mehr lustig, sondern einfach nur grottenpeinlich, etwa wenn Greg mit dem Sektkorken die Urne der Großmutter abschießt oder die Klärgrube zum Überlaufen bringt, sodass fast alle durch ein festgefahrenes Auto mit stinkendem Moder besprengt werden. Wer allerdings deftig-überzogenen Humor à la *Verrückt nach Mary* mag, der könnte bei dieser Aneinanderreihung aberwitziger Fauxpas und überdrehter Slapstick nach der Holzhammermethode voll auf seine Kosten kommen.«

1992 Meet The Parents
USA, R: Greg Glienna, D: Jacqueline Cahill, Mary Ruth Clarke, John Dacosse

MEINE HELDIN

L'ennui, F 1998, R: Cedric Kahn, D: Charles Berling, Arielle Dombasle
Im Kampf gegen seine Langeweile gerät der alternde Philosoph Martin in den Strudel neuer Leidenschaften. Er verfällt der 17-jährigen, scheinbar naiven Cecilia und verstrickt sich mehr und mehr in seine Obsession – bis sein Leben völlig aus den Fugen gerät.

Wolfgang Hübner *(AP)*: »Neuerdings kann man sich im Kino auf nichts mehr verlassen. Noch nicht einmal darauf, dass ein erotischer Film aus Frankreich den Zuschauern Lustgewinn schenkt.«

1963 Die Nackte
La Noia, I/F, R: Damiano Damiani, D: Horst Buchholz, Bette Davis

MEINE LIEBE ROSE

The Children, GB/BRD 1989, R: Tony Palmer, D: Geraldine Chaplin, Ben Kingsley, Joan Collins, Joe Don Baker, Siri Neal, Kim Novak, Britt Ekland, Donald Sinden, Karen Black, Robert Stephens, Rupert Graves
Nach dem Roman *The Children* von Edith Wharton: Verfilmung eines Gesellschaftsromans von 1928.

Lexikon des internationalen Films: »Auf der Schiffsreise zu seiner langjährigen Brieffreundin, die er nach dem Tod ihres Ehemannes heiraten möchte, lernt ein pensionierter britischer Ingenieur die sieben Stiefkinder einer alten Bekannten kennen, darunter die 15-jährige Judith, von der er ganz besonders angetan ist. Da das Wiedersehen mit seiner Braut kühler als erwartet ausfällt, bemüht sich der Mann um die Vormundschaft über die sieben Scheidungswaisen und verbringt mit ihnen einen Sommer in den Bergen. Aus der Nähe zu seiner angenommenen Tochter entwickelt sich ein nicht eingestandenes Gefühl für sie, das die Pläne und Perspektiven aller Beteiligten durchkreuzen wird.«

1929 The Marriage Playground
USA, R: Lothar Mendes, D: Mary Brian, Fredric March, Lilyan Tashman

MEINE LIEDER – MEINE TRÄUME

The Sound Of Music, USA 1965, R: Robert Wise, D: Julie Andrews, Christopher Plummer, Eleanor Parker, Peggy Wood, Richard Haydn, Anna Lee, Doris Lloyd, Charmian Carr, Heather Menzies, Nicolas Hammond, Duane Chase, Angela Cartwright, Debbie Turner, Kym Karath, Portia Nelson, Ben Wright, Daniel Truhitte, Norma Varden, Gilchrist Stuart, Marni Nixon, Evadne Baker
Nach den Lebenserinnerungen von Maria Augusta Trapp: Das Musical von Richard Rogers und Oscar Hammerstein II schildert die Geschichte der jungen Postulantin Maria, die von der Äbtissin des Salzburger Nonnenbergklosters beauftragt wird, für die Erziehung der sieben Kinder des verwitweten Baron Trapp, eines ehemaligen U-Boot-Offiziers, zu sorgen. Mit Leidenschaft und Liebe widmet Maria sich dieser Aufgabe und hat bald die Herzen der Sprösslinge erobert. Aber nicht nur auf den Nachwuchs des Barons macht sie Eindruck, sondern auch auf diesen selbst. So kommt es, nachdem die geplante Verlobung mit der Baronesse Schroeder gescheitert ist, zur Hochzeit zwischen Trapp und Maria. Dem jungen Glück stellen sich doch bald die politischen Verhältnisse in den Weg.

Durch den Einmarsch Hitlers in Österreich 1938 gerät der Baron zunehmend unter Druck, und so entschließt sich das Paar, mit den Kindern nach Amerika auszuwandern, um dort ein neues Leben zu beginnen. Der Film spielte innerhalb kürzester Zeit über 42 Millionen Dollar ein und auch bei der Oscar-Verleihung war der Streifen mit fünf gewonnenen Academy Awards überaus erfolgreich.

Filmbeobachter: »Das bekannte Musical über das Schicksal der singenden Trapp-Familie bis zur Flucht aus Österreich 1938. Das gewaltige Todd-A0-Format versöhnt nur unvollkommen mit den oft unpassend platzierten Liedteilen und der in solchem Rahmen peinlichen Benutzung des ernsten Zeithintergrundes.«

Vorlage für Musical und Film war der deutsche Film *Die Trapp-Familie*, der mit *Die Trapp-Familie in Amerika* (1958, R: Wolfgang Liebeneiner) eine Fortsetzung hatte: Auch dieser Film basiert auf den Lebenserinnerungen von Maria Augusta Trapp, diente allerdings nicht mehr dem Musical als Vorlage. Mit der Fortsetzung des autobiografischen Familienfilms *Die Trapp-Familie in Amerika* gelang dem Regisseur Wolfgang Liebeneiner sein kommerziell erfolgreichster Film, der sich auch in den USA behaupten konnte.

Martin Uitz *(Salzburger Land)*: »Maria Augusta verkauft ihre 1949 geschriebenen Memoiren um wenig Geld an eine deutsche Filmproduzentin, die Mitte der fünfziger Jahre zwei Kinofilme über die Trapp-Familie produziert. Diese Rechte werden später an Robert Wise weiterverkauft, der den Filmwelterfolg *The Sound Of Music* produziert, ohne dass die Trapp-Familie davon finanziellen Nutzen zieht. Seither erfahren Millionen von Zusehern aus dem Film, dass es 1938 auch Österreicher gab, die nicht bereit waren, mit dem Nazi-Regime zu leben oder gar am Aufbau der Kriegsmaschinerie mitzuwirken. In der kleinen Familienchronik, die in den Hotelzimmern der Trapp Family Lodge in Vermont/USA aufliegt, steht als Einleitung: ›Wir verließen 1938 unsere Heimat Österreich, weil wir unser seelisches Wohl nicht für unseren materiellen Besitz opfern wollten.‹«

1956 Die Trapp-Familie
BRD, R: Wolfgang Liebeneiner, D: Ruth Leuwerik, Hans Holt, Maria Holst

MEINE SCHWESTER ELLEN
My Sister Eileen, USA 1955, R: Richard Quine, D: Janet Leigh, Betty Garrett, Jack Lemmon, Robert Fosse, Kurt Kasznar, Dick York, Thomas Rall, Lucy Marlow, Horace McMahon, Alberto Morin
Nach einem Bühnenstück von Joseph Fields und Jerome Chodorov nach Erzählungen von Ruth McKenney: Zwei junge Schwestern aus Ohio kommen nach New York, um hier ihr Glück zu machen – Ruth als Schriftstellerin, Ellen auf der Bühne. Ihre Erlebnisse in einer wackeligen Kellerwohnung und ihre Suche nach Verlegern und Theaterdirektoren bilden den Kern der Hand-

lung, die nach turbulenten Umwegen auf ein Happy End zusteuert.

1942 Meine Schwester Ellen
My Sister Eileen, USA, R: Alexander Hall, D: Rosalind Russell, Janet Blair

MEINE SCHWESTER UND ICH
BRD 1954, R: Paul Martin, D: Sonja Ziemann, Herta Staal, Adrian Hoven, Paul Hörbiger, Werner Fuetterer, Licci Balla, Rudolf Platte, Hans Stiebner, Franz-Otto Krüger, Stanislav Ledinek, Willy Trenk-Trebitsch, Walter Werner
Nach einem musikalischen Lustspiel von Verneuil Berr und Ralph Benatzky: Die junge Prinzessin Christine soll standesgemäß verheiratet werden. Aber leider liebt sie den Ingenieur Rudi Becker. Der Einfall, in die Rolle einer Schuhverkäuferin zu schlüpfen, um dem Glück nachzuhelfen, führt allerdings zu einem solchen Durcheinander, dass das erhoffte Ziel beinahe verfehlt wird.

Hans-G. Berthold *(Filmblätter)*: »Das liebenswürdige Operettchen Ralph Benatzkys bezauberte von der Bühne aus schon unzählige Male sein Publikum. Musikalisch aufgefrischt und mit (nicht immer glücklich) aktualisiertem Witz wird dieser flott inszenierte Film es leicht haben, den Bühnenerfolg fortzusetzen. Die Rolle der ›Zwillingsschwester‹ ist ein Paradestück für Publikumsprinzessin Sonja Ziemann, neben der vor allem Herta Staal als kleine Schuhverkäuferin, Paul Hörbiger als bienenzüchtender Graf, Rudolf Platte, Adrian Hoven und Werner Fuetterer gut gefallen. Herzlicher Premierenbeifall.«

1933 Ihre Durchlaucht, die Verkäuferin
D, R: Karl Hartl, D: Willi Forst, Liane Haid, Paul Kemp, Theo Lingen

DER MEINEIDBAUER
BRD 1956, R: Rudolf Jugert, D: Heidemarie Hatheyer, Carl Wery, Hans von Borsody, Christiane Hörbiger-Wessely, Attila Hörbiger, Heino Hallhuber, Joseph Offenbach, Hans Hermann Schaufuß, Hans Baur, Bobby Todd, Robert Freitag, Jenny Dreher, Wolfgang Völz, Matthias Fuchs, Franz Fröhlich, Margitta Scherr, Peter Fischer
Nach einem Theaterstück von Ludwig Anzengruber: Sein Leben lang hat Mathias Ferner im

Die Trapp-Familie (1956, R: Wolfgang Liebeneiner): Hans Holt und Ruth Leuwerik

Schatten seines Stiefbruders Jakob gestanden: Diesem gehört der Hof, auf dem sich Mathias abrackert, und er lebt mit Paula zusammen, der Frau, die Mathias heimlich liebt. Als Jakob tödlich verunglückt, vernichtet Mathias dessen Testament, um den Hof zu erben. Die betrogene Paula wartet jahrelang auf Rache ...

Ponkie *(Filmblätter)*: »Die dramatische Geschichte vom Bauern, der sich durch einen Meineid den Hof erschleicht und der Magd mit den unehelichen Kindern die Heimat nimmt, ist nicht mehr so hartkantig und anzengruberisch düster wie in der Erstverfilmung – der neue Farbfilm ist undämonischer, realistischer, glatter und moderner. Rudolf Jugert schälte mit sicherem Griff den Gewissenskonflikt heraus, den der Bauer, von einem Erpresser immer an seine Schuld gemahnt, ein Jahrzehnt mit sich herumschleppt, vermied aber einseitige Akzente und schaffte sich so eine tragfähige psychologische Basis: Die böse Tat des Bauern wird verständlich aus seiner Knechtsituation und der schroffen Art der Magd, die ihn unbewusst kränkt. Die stolze Unnachgiebigkeit der vom Hof vertriebenen Magd erhält ihre Motive aus dem Bewusstsein, das ganze Leben betrogen worden zu sein. Der effektsicher fotografierte Film bezieht seine Wirkung vor allem aus der erstklassigen Besetzung: Für die triebhafte, in Hass und Rachsucht erstarrte Magd hat Heidemarie Hatheyer alle Register vielgestaltig schillernder, vollblütiger Weiblichkeit gezogen ... Eine prägnante Randstudie liefert Joseph Offenbach als Erpresser mit moralischen Hemmungen.«

In Österreich inszenierte 1990 Jürgen Kaizik mit Adolf Laimböck, Manuela Denz und Christian Fischer eine weitere Verfilmung des Theaterstücks.

1941 Der Meineidbauer

D, R: Leopold Hainisch, D: Eduard Köck, O. W. Fischer, Anna Exl, Isa Exl

1915 Der Meineidbauer

A, R: Jacob Fleck, Luise Fleck

MEISTER DES GRAUENS

The Pit And The Pendulum, USA 1990, R: Stuart Gordon, D: Lance Henriksen, Rona De Ricci, Jonathan Fuller, Jeffrey Combs, Tom Towles, Stephen Lee, Frances Bay, Oliver Reed

Nach der Erzählung *Die Schlangengrube und das Pendel* von Edgar Allan Poe: Spanien im 15. Jahrhundert – Eine schöne Frau fällt in die Hände des Großinquisitors und wird zum Objekt seiner sexuellen Begierde. Ihr Mann, der ebenfalls eingekerkert wurde, kann dem messerscharfen Todespendel entkommen und den Peiniger seiner Frau zur Rechenschaft ziehen.

Lexikon des internationalen Films: »Horrorfilm, frei nach einer Kurzgeschichte von Edgar Allan Poe, der die Motive des Irrsinns, der sexuellen Gewalt und des religiösen Wahns recht geschickt in seine Geschichte einbindet. Der rabenschwarze Humor mildert die dargestellten Grausamkeiten allerdings kaum.«

1967 Die Schlangengrube und das Pendel

BRD, R: Harald Reinl, D: Lex Barker, Karin Dor, Christopher Lee

1961 Das Pendel des Todes

The Pit And The Pendulum, USA, R: Roger Corman, D: Vincent Price, John Kerr

MEISTERDETEKTIV
KALLE BLOMQUIST LEBT GEFÄHRLICH

Kalle Blomqvist – Mästerdetektiven lever farligt, S 1996, R: Göran Carmback, D: Malte Forsberg, Josefin Årling, Totte Steneby, Victor Sandberg, Bobo Steneby

Kalle, Anders und Eva-Lotta sind Mitglieder der Weißen Rose und kämpfen gegen die Bande der Roten Rose um den geheimnisvollen Stein Großmummrich. Als Eva-Lotta den Stein in Sicherheit bringen will, stolpert sie über eine Leiche. Es ist der alte Kredithai Gren. Das ist natürlich ein Fall für Meisterdetektiv Kalle Blomquist.

Meisterdetektiv Kalle Blomquist lebt gefährlich (1996, R: Göran Carmback): Malte Forsberg

Meisterdetektiv Kalle Blomquist lebt gefährlich
(1996, R: Göran Carmback): Die Roten Rosen

Zitty: »Äußerst bieder und langweilig geratenes Remake des Kinderkinokrimis *Kalle Blomquist – sein schwerster Fall* von Olle Hellbom aus dem Jahr 1957. Während damals Astrid Lindgren noch selbst das Drehbuch aus ihrem Kinderroman entwickelte, zeichnet dieses Mal Johanna Hald, die schon die herrlich frechen *Lotta*-Filme schrieb und inszenierte, dafür verantwortlich. Doch frischen Wind bringt sie nicht in diese Geschichte, die zwar mit Kindern der neunziger Jahre besetzt ist, aber so wirkt, als habe sich im schwedischen Lindgren-Universum absolut nichts verändert: Regisseur Göran Carmback kann in seinem Debütfilm, dem man deutlich anmerkt, dass er aus einer mehrteiligen TV-Serie zusammengeschnitten ist, zweierlei unter Beweis stellen: Mit Kinderdarstellern kommt er hervorragend zurecht und einem Krimi lässt sich jegliche Spannung austreiben.«

1957 Kalle Blomquist – sein schwerster Fall
Mästerdetektiven Blomquist lever farligt, S, R: Olle Hellbom, D: Leif Nilsson

MÉLO
F 1986, R: Alain Resnais, D: Sabine Azéma, Fanny Ardant, Pierre Arditi, André Dussollier, Jacques Dacqmine, Hubert Gignoux

Der berühmte Violinist Marcel Blanc ist zu Gast bei Pierre Belcroix, einem Freund aus der Zeit des Konservatoriums, und dessen Frau Romaine. Romaine verliebt sich in Marcel und beginnt ein Verhältnis mit ihm. Als der Violinist zu einer zweimonatigen Tournee aufbricht, drängt er die Frau, sich von Pierre zu lösen und nach seiner Rückkehr nur noch für ihn da zu sein. Romaine versucht, Pierre zu vergiften. Aber bevor sie den Plan zu Ende führt, begeht sie Selbstmord. Christiane, eine alte Freundin, nimmt sich des kranken Pierre an und heiratet ihn später. Pierre aber kann sich über Romaines Tod nicht hinwegtrösten und greift Marcel an, den er als Liebhaber verdächtigt. Marcel, selbst tief getroffen und noch immer eifersüchtig, lässt den leidenden Freund in dem Glauben, Romaine habe nur ihn geliebt.

Fischer Film Almanach: »*Mélo*, Henry Bernsteins 18. Theaterstück, hat am 19. März 1929 in Paris Premiere. Mit Gaby Morlay, Pierre Blanchar, Charles Boyer und Maria Froment in den Hauptrollen steht es bis zum 6. Mai 1930 erfolgreich auf dem Spielplan. Mit dem Tonfilm bricht zu dieser Zeit auch die Ära der Theaterverfilmungen an. Die Berliner Matador-Film erwirbt zusammen mit Pathé-Natan die Rechte an *Mélo*. Carl Mayer, Autor des *Caligari*, schreibt das Drehbuch, Paul Czinner beginnt mit den Regiearbeiten im Mai 1932. Es entstanden, wie zu dieser Zeit üblich, parallel eine deutsche und eine französische Version. *Der träumende Mund* mit Elisabeth Bergner läuft bereits in Deutschland, als Bernstein gegen die französische Version mit Gaby Morlay vor Gericht zieht: Czinner habe keinen Film, sondern ein abgefilmtes Theaterstück produziert, das mit seiner Vorlage nicht übereinstimme. 1937 drehen Czinner und die Bergner im englischen Exil ein Remake der deutschen Fassung: *Dreaming Lips*. Josef von Baky verfilmt den Stoff, diesmal mit Czinner als Co-Autor, 1952 erneut unter dem alten deutschen Titel mit Maria Schell und O. W. Fischer. Bereits 1934 hatten Robert Land und Georgio C. Simonelli eine italienische Version gedreht: *Melodramma*. Am 20. Januar 1986 beendet Alain Resnais die Dreharbeiten zur sechsten Verfilmung des Stückes, die den Text der Vorlage Bernsteins Wort für Wort respektiert und dennoch lupenreines Kino bleibt ... Resnais hält den Rahmen des Theaters aufrecht, indem er die Aktaufteilung beibehält und mehrfach Szenenvorhänge andeutet. Bis auf Romaines Selbstmord spielt sich die Inszenierung in künstlichen Dekors ab. Darüber hinaus ist alles vermieden, was an abgefilmtes Theater erinnern könnte. Dramaturgie und Erzählstruktur sind filmtypisch und schließen an Techniken an, die Resnais von *Mein Onkel aus Amerika* (1980) über *Das Leben ist ein Roman* (1983) bis *L'amour à mort* (1984) konsequent fortentwickelte. Mit vergleichsweise geringem Budget entstand *Mélo* in nur 23 Drehtagen, was vor allem von den Schauspielern außergewöhnliche Disziplin verlangte.«

Frauke Hanck (*tz*): »Alain Resnais hat das Kino im Kopf. Seine Filme sind immer eher Gedanken, Betrachtungen zu einem Thema als eine handfeste, konkrete, sinnliche Geschichte, in deren Verlauf sich das Thema erst herauskristallisiert. Diesmal inszeniert er, intellektuell verspielt und mit elegantem Charme, eine Szenenfolge zum Genre-Stichwort Melodram. Das klassische Dreieck: ein Solo-Violinist zu Gast bei seinem Freund und Kollegen sowie dessen Ehefrau. Es kommt, was kommen muss – der Gast beginnt eine Affäre mit der Ehefrau, und das Ende ist, wie es sich für ein Melodram gehört, tragisch. Aber weil es ein Film von Resnais ist, ist es auch ein raffiniertes Konversationsstück, das noch raffinierter mit einer großen Lüge endet. Ein Film für intellektuelle Gourmets.«

1952 Der träumende Mund
BRD, R: Josef von Baky, D: Maria Schell, O. W. Fischer, Frits van Dongen

1937 Dreaming Lips
GB, R: Paul Czinner, D: Elisabeth Bergner, Romney Brent, Raymond Massey

1934 Melodramma
I, R: Robert Land, Giorgio Simonelli, D: Renato Cialente, Elsa Merlini, Corrado Racca

1932 Der träumende Mund
D/F, R: Paul Czinner, D: Elisabeth Bergner, Anton Edthofer, Rudolf Forster

MELODIE DES HERZENS
BRD 1950; R: Wolfgang Liebeneiner, D: Hilde Krahl, Johannes Heesters, Mathias Wieman, Wilfried Seyferth, Gusti Wolf, Fritz Rémond, Ursula Herking, Peter Zlonitzky, Clemens Wilmenrod, Arno Hassenpflug, Hans Mahnke

Nach einem Bühnenstück von Charlotte Rissmann: Der Maler Martin Pratt ist mit Monika glücklich verheiratet, doch die beiden haben Geldsorgen, denn zum Verkauf seiner Bilder kann er sich nicht entschließen. Sie verkauft ihren Schmuck, versetzt ihre Garderobe und wehrt Gläubiger ab, ohne dass Martin etwas merkt. Als rettende Idee sucht sie den Kunsthändler Felder auf, und bietet ihm die Bilder als ihre eigenen an. Der Erfolg bei einer Ausstellung ist so durchschlagend, dass sie einen beträchtlichen Vorschuss auf den Verkauf erhält. Doch die Freude ist getrübt: Monika erhält den Auftrag, ein großes Fresko für die neue Sporthalle zu malen. Martin amüsiert sich – und stellt sich heimlich aufs Gerüst, während Monika die Farbtöpfe rührt. Kurz vor der Fertigstellung kommt es zum Zerwürfnis, denn Martin ist eifersüchtig auf Felder. Monika gelingt es dennoch, alles aufzuklären. Den Preis, den sie für das Fresko bekommen soll, lehnt sie ab mit der Begründung, er gehöre schließlich ihrem Mann. Und sie verzeiht – als liebende Frau – alle seine Schwächen.

Lexikon des internationalen Films: »Gelungene Neuverfilmung der erfolgreichen Vorkriegskomödie *Versprich mir nichts*.«

Der Film lief auch unter dem Titel *Wenn eine Frau liebt ...*

1937 Versprich mir nichts
D, R: Wolfgang Liebeneiner, D: Luise Ullrich, Viktor de Kowa, Heinrich George

MEMORY OF LOVE
Baksmälla, S 1973, R: Jörn Donner, D: Christine Jyhagen, Jörn Donner, Diana Kjaer, Lisbeth Westergaard, Roffe Bengtson, Jacqueline Laurent, Anita Ericsson, Berit Agedahl, Monica Andersson, Sven Andersson, Jim Steffe, Irene Lindholm, Marie Ekorre, Göran Karlsson, Dennis Andersson

Ein vor der Scheidung stehendes schwedisches Ehepaar findet wieder zueinander, nachdem sich die Partner ihre Seitensprünge gestanden haben.

Lexikon des internationalen Films: »Remake eines vom gleichen Regisseur bereits 1971 in Finnland produzierten Films, mit ausgespielten Sexszenen.«

1972 Hellyys
FIN, R: Jörn Donner, D: Kirsti Wallasvaara, Jörn Donner, Meri Oravisto

MENSCHEN IM HOTEL

Grand Hotel, BRD/F 1959, R: Gottfried Reinhardt, D: Michèle Morgan, O. W. Fischer, Heinz Rühmann, Gert Fröbe, Sonja Ziemann, Wolfgang Wahl, Dorothea Wieck, Friedrich Schönfelder, Jean-Jacques Delbo, Reginald Pasch, Siegfried Schürenberg

Nach dem Roman von Vicki Baum: Der Film spielt in der mondänen Welt eines Luxus-Hotels, wo sich innerhalb von 48 Stunden das Schicksal ganz unterschiedlicher Menschen entscheidet, die sich dort zufällig treffen. Da ist der charmant-windige Hochstapler Baron von Gaigern, der im Auftrag von Gangstern eine kostbare Perlenkette der berühmten Tänzerin Grusinskaja stehlen soll. Während er sich in ihrem Appartement zu schaffen macht, kommt die Tänzerin überraschend zurück. Von der Angst besessen, nicht mehr tanzen zu können, will sie sich umbringen. Doch von Gaigern, der sie aus einem Versteck beobachtet hat, rettet sie. Beide verlieben sich ineinander – und er gesteht ihr seinen Diebstahl.

Generaldirektor Preysing hat sich einen Millionenkredit erschwindelt. Sein Oberbuchhalter Kringelein, der sich in die hübsche Sekretärin Flämmchen verliebt, verschweigt die Urkundenfälschungen seines Chefs. Nur von Gaigern, mit dem er sich angefreundet hat, verrät er dessen Betrügerei. Der erpresst Preysing, wird aber im Zorn von ihm erschlagen. Kringelein kommt dazu, alarmiert die Hotelleitung ...

TV Today: »Gottfried Reinhardt war der Sohn des legendären Theaterregisseurs Max Reinhardt. Gepflegtes, unterhaltsames Starkino, das sich allerdings nicht mit der psychologisch weit überzeugenderen Hollywood-Verfilmung (1932) des Vicky-Baum-Romans messen kann.«

1945 Weekend im Waldorf
Weekend At The Waldorf, USA, R: Robert Z. Leonard, D: Ginger Rogers

1932 Menschen im Hotel
Grand Hotel, USA, R: Edmund Goulding, D: Greta Garbo, John Barrymore

Von links unten nach rechts unten:
- *Menschen im Hotel (1959, R: Gottfried Reinhardt): Heinz Rühmann*
- *Menschen im Hotel (1959): Siegfried Schürenberg und Michèle Morgan*
- *Menschen im Hotel (1932, R: Edmund Goulding): Greta Garbo und John Barrymore*

MERLIN

USA 1998, R: Steve Barron, D: Sam Neill, Isabella Rossellini, Helena Bonham Carter, Miranda Richardson, Martin Short, Rutger Hauer, Paul Curran, James Earl Jones, Jeremy Sheffield, John Gielgud, Nicholas Clay, Lena Heady, Mark Jax, John McEnery, Thomas Lockyer, Rachel Colover, Sebastian Roche, Justin Gurdler, Billie Whitelaw, Jason Done, Timothy Bateson, Emma Lewis, Alice Hamilton, Daniel Brocklebank, Angniezka Koson

Die mittelalterliche Geschichte von Merlin, dem größten und wohl legendärsten Zauberer aller Zeiten, und seinem Kampf gegen finstere Könige, untreue Ritter, hinterhältige Dämonen und die schwarze Königin Mab, die ihn erschaffen hat und ihn sein Leben lang verfolgt. Als Merlin Artus zum König von Britannien macht, führt Mab ihm seine Halbschwester zu, mit der der König ein Kind zeugt, das seine Herrschaft beenden wird und gegen das auch Merlins Zauberkunst nichts ausrichten kann.

Prisma-Online: »Das zweiteilige, starbesetzte Fantasy-Spektakel wurde von Regisseur Steve Barron effektvoll und düster inszeniert. Bei seiner US-Premiere im April 1998 verfolgten 56 Millionen Amerikaner das finstere Geschehen um den mächtigen Zauberer. Der Film wurde komplett in Großbritannien gedreht. Die meisten Außenaufnahmen entstanden im Nationalpark Snowdonia in Wales. Als Studios mussten einmal mehr die berühmten Londoner Pinewood-Studios herhalten. An den Tricks arbeitete auch die Firma von Muppets-Erfinder Jim Henson.«

1989 Merlin und der Zaubertrank
Dragon And Slippers, H, R: Tibor Hernádi – Animation

1983 Merlin und das Schwert
Arthur The King, USA, R: Clive Donner, D: Malcolm McDowell, Candice Bergen

1979 Merlin – Das Geheimnis eines Magiers
BRD, TV-Serie: 13 Folgen, R: Armin Dahlen, D: Thomas Ohrner, Ekkehardt Belle

1963 Merlin und Mim (Die Hexe und der Zauberer)
The Sword In The Stone, USA, R: Wolfgang Reitherman – Animation

MESSALINA – KAISERIN UND HURE

Messalina, Messalina, I 1980, R: Bruno Corbucci, D: Anneka di Lorenza, Vittorio Caprioli), Giancarlo Prete, Lory Kay Wagner, Tomas Milian, Lino Toffolo, Lory Kay Wagner, Raf Luca, Bombolo, Pino Ferrara, Sal Borgese, Alessandra Cardini, Luca Sportelli, Ombretta di Carlo, Primo Marcotulli, Sandra Cadini, Viviana Larice

Messalina benutzt die Macht ihres Mannes ausschließlich zur Befriedigung ihrer Lüste und verwandelt den römischen Hof in einen Sumpf des Lasters.

MovieLine: »Ein Film, der die *Toll trieben es die alten Römer*-Vorurteile bis zum letzten Lotterbett ausschlachtet und der, statt historische Fakten oder zumindest gesellschaftskritische Ansätze zu vermitteln, auf peinlichen und sterbenslangweiligen Klamauk setzt.«

1981 entstand mit *Messalina 2. Teil – Poppea, die Hure von Rom* eine Fortsetzung, über die J. M. Thie im Filmjahr 82/83 bemerkte: »Eindeutig: die Römer treiben es immer noch toll, diesmal zu Neros dekadenten Zeiten. Allerdings ist dieser Billigstreifen, der die Kulissen durch wallende Vorhänge und Pappmaschee-Säulen ersetzt, so aufregend wie eine Kanne Baldriantee.«

1959 Messalina
Messalina venere imperatrice, I, R: Vittorio Cottafavi, D: Belinda Lee

1951 Messalina
F/I, R: Carmine Gallone, D: Memo Benassi, Maria Félix, Georges Marchal

1930 Messalina
BR, R: Luiz de Barros, D: Greta Walkyria

1922 Messalina
I, R: Enrico Guazzoni, D: Calisto Bertramo, Gildo Bocci, Bruto Castellani

1910 Messalina
I, R: Enrico Guazzoni

MEXIKO IN FLAMMEN
1. TEIL: MEXIKO IN FLAMMEN/ 2. TEIL: ZEHN TAGE, DIE DIE WELT ERSCHÜTTERTEN

1. Teil: *Meksika w ogne – krasnyje kolokola*, UdSSR/MEX/I 1982, 2. Teil: *Krasnyje kolokola – ja widel roshdenije nowowo mira*, R: Sergej Bondartschuk, Antonio Saguera, D: Franco Nero, Ursula Andress, Eraclio Zepeda, Pedro Armendáriz jr., Jorge Luke, Sydne Rome, Anatolij Ustiugianinow, Bogdan Stupka, Alessandro Sajko

Nach einem Buch von John Reed: Zweiteiliger Monumentalfilm um den amerikanischen Journalisten John Reed (1887–1920), der in den USA für mehr soziale Gerechtigkeit kämpft, sich gegen den Eintritt seines Landes in den Ersten Weltkrieg wendet, in Russland Augenzeuge der Revolution wird, darüber ein Buch schreibt und bei einer späteren Reise in die UdSSR die langsame Desillusionierung seiner revolutionären Ideen erleben muss. Eine wichtige Rolle spielt dabei die Liebe zu seiner Freundin Louis Bryant. 33-jährig stirbt Reed in Moskau an einem Schlaganfall und wird an der Kreml-Mauer begraben.

Lexikon des internationalen Films: »Der Versuch, zwei epochale Ereignisse der Weltgeschichte lebendig werden zu lassen, beeindruckt allenfalls in den kunstvoll arrangierten Massenszenen. Die skizzenhaft gezeichneten Personen reihen sich lediglich als Staffage in den historischen Bilderbogen ein. Ansatzpunkte zur Charakterisierung und Situationsschilderung verlieren sich in der Unübersichtlichkeit des Gesamtgemäldes.«

Fischer Film Almanach: »Bondartschuk hat anderes im Sinn als Warren Beatty, für dessen Film *Reds* die Revolution nur noch folkloristischer Hintergrund der privaten Liebesgeschichte Reeds war. Trotzdem und trotz des gigantischen Aufwandes, den er treibt, bleibt auch Bondartschuk im Vordergründigen stecken, bringt nicht mehr zu Wege als riesenhafte Bilderbögen, die von einem Kommentar unterlegt sind.«

1981 Reds
USA, R: Warren Beatty, D: Warren Beatty, Diane Keaton, Jack Nicholson

MILLENNIUM – DER JÜNGSTE TAG/GEHENNA
Millennium – Pilot/ Gehenna, USA 1996, R: David Nutter, D: Lance Henriksen, Megan Gallagher, Don MacKay, Mike Puttonen, Jim Thorburn, George Josef, Stephen Holmes
Ein Sonderermittler des FBI, der über telepathische Fähigkeiten verfügt, im Einsatz gegen Serienkiller und sadistische Mörder, die die nahende Jahrtausendwende zur Rechtfertigung ihrer Untaten nutzen.

Lexikon des internationalen Films: »Zwei Folgen einer neuen Fernsehserie des *Akte X*-Machers Chris Carter, die recht geschickt die Angst vor der Zeitenwende zu nutzen versteht, letztlich jedoch nur – bis in die kleinsten Einstellungen hinein – einen Filmstoff von 1986 (*Blutmond*) aufwärmt und in bescheidenem Maß variiert. Eine

erfolgreiche Serie, die vom Gespür ihrer Macher und der Vergesslichkeit der Zuschauer lebt.«
1986 Blutmond
Manhunter, USA, R: Michael Mann, D: William Petersen, Kim Greist, Joan Allen

EINE MILLION FÜR JUAN
A Million To Juan, USA 1994, R: Paul Rodriguez, D: Paul Rodriguez, Jonathan Hernandez, Polly Draper, Pepe Serna, Edward James Olmos
Nach einer Erzählung von Mark Twain: Der mexikanische Einwanderer Juan, der keine Arbeitserlaubnis hat, bekommt von einem Unbekannten einen Scheck über eine Million Dollar mit der schriftlichen Auflage, das Geld einen Monat lang nicht anzutasten. Trotzdem öffnen sich dem mittellosen Mann nun alle Türen und er hat viele neue »Freunde«.

Lexikon des internationalen Films: »Komödie um die Macht des Geldes.«

John Landis inszenierte 1983 mit der Komödie *Die Glücksritter* eine moderne Variation zu Mark Twains *Die Eine-Million-Pfund-Note*: Aus

Sein größter Bluff (1954, R: Ronald Neame):
Gregory Peck mit der Million

Sein größter Bluff (1954, R: Ronald Neame):
Gregory Peck und Jane Griffith

einer Laune heraus starten die Duke-Brüder, zwei zynische Geschäftsmänner, ein soziales Experiment, natürlich verbunden mit einer Wette. Mit einem faulen Trick bringen sie ihren Juniorpartner Louis Winthorpe um Job, Geld und Wohnung und verurteilen ihn so zu einem Leben auf der Straße. Gleichzeitig setzen sie den schwarzen Obdachlosen Billy Valentine auf Louis Posten. Per Zufall treffen sich die beiden und ziehen gemeinsam gegen die Dukes.

1954 Sein größter Bluff

The Million Pound Note, GB, R: Ronald Neame, D:
Gregory Peck, Jane Griffith

EINE MILLION JAHRE
VOR UNSERER ZEIT

One Million Years B. C., GB 1965, R: Don Chaffey,
D: John Richardson, Raquel Welch, Robert Brown,
Percy Herbert, Martine Beswick, Malya Nappi, Jean
Wladon, Lisa Thomas, William Lloyd Brown, Anne
Trevor, Richard James, Frank Hayden, Terence Maidment, Micky De Rauch, Yvonne Horner

Rings um einen Feuer speienden Vulkan lebt in grauer Vorzeit ein wilder Stamm unter der Führung seines Häuptlings Akhoba, der zwei Söhne hat: den brutalen, rücksichtslosen Sakana und den jüngeren, intelligenteren Tumak. Zwischen Akhoba und Tumak entbrennt ein heftiger Streit, bei dem der Sohn in einen Abgrund gestoßen wird. Mit viel Glück überlebt er, erreicht nach langer Wanderung das Meer – und trifft hier auf den Stamm der Muschelmenschen. Die reizende Loana pflegt ihn gesund; die beiden verlieben sich ineinander. Das wiederum passt dem jungen Stammeshäuptling Ahot nicht, der die hübsche Loana selbst begehrt. Zwischen den beiden Männern kommt es zwangsläufig zu einem erbitterten Kampf, den Ahot gewinnt. Er schenkt Tumak zwar das Leben, verweist ihn aber aus dem Gebiet der Muschelmenschen. Loanas Liebe gehört jedoch dem geliebten Tumak, den sie fortan begleitet. Sakana plant inzwischen die Ermordung seines Vaters Akhoba, um selbst Häuptling zu werden – eine blutige Stammesfehde beginnt, in die auch die Muschelmenschen verwickelt werden ...

Don Chaffey inszenierte mit *Eine Million Jahre vor unserer Zeit* das Remake eines Hal Roach-Films von 1939 für die legendäre britische Hammer Film. Gedreht wurde auf Teneriffa. Für die Eröffnungsszene, die Erschaffung der Erde, standen den Tricktechniker Les Bowie nur 1.100 Pfund zur Verfügung. Er half sich, indem er an Stelle echter Lava englisches Porridge fließen ließ. Danach übernahm Ray Harryhausen, Meister der Stop Motion, das Special Effects-Kommando. Neben seiner hervorragenden Modell-Animation setzte er einen raffinierten Trick ein. Echte Schildkröten und Eidechsen kriechen vor Hintergrundprojektionen und verwandeln sich durch Überblendung in Urzeitwesen. *Eine Million Jahre vor unserer Zeit* war ein echter Kassenknüller. Dazu trug auch Hauptdarstellerin Raquel Welch bei. Auf den Kinoplakaten war sie, nur mit ein paar Fellstücken bekleidet, großformatig abgebildet.

1939 Tumak, der Herr des Urwalds

USA, R: Hal Roach, D: Victor Mature, Carole Landis, Lon Chaney jr., Mamo Clarke

MING GHOST –
GESPENSTER DER VERGANGENHEIT

Ming Ghost, Taiwan 1991, R: Chiu Kang-Chien, D:
Wang Tsu-Hien, Kao Chieh, Shan Li-Wen, Huang
Yao-Ming, Kao Yi-Cheng

Ah Ying, gerade mit Huo Sang vermählt, reist mit ihrem Ehemann zum Grab ihrer Mutter. Ihr Vater erwartet sie und ist beunruhigt, als sie nicht eintreffen. Polizisten finden die Leiche Huos in einem Wald, Ah Ying ist verschwunden. Die Spuren führen zu einem Händler, der eingesperrt wird. Ah Ying wird bewusstlos in einem Stall gefunden. Der eine Polizist verliebt sich sofort in die schöne Frau und bringt sie zu ihrem Vater. Sie erzählt, dass ein Räuber ihren Mann getötet habe und sie vergewaltigen wollte. Sie habe ihre Ehre bewahrt und den Räuber verletzt. Als der Täter gefasst wird, erzählt er eine ganz andere Geschichte: Mit dem Mord habe er nichts zu tun, und die Frau habe sich ihm freiwillig angeboten. Auch er wird ins Gefängnis geworfen; am Morgen nach einer finsteren Nacht findet der Richter drei Tote vor: den Polizisten, den Händler und den Räuber. In Panik sucht er bei einem Priester Hilfe; der beschwört die Seelen der Toten, um so die Wahrheit herauszufinden.

Lexikon des internationalen Films: »Als großes Kostümdrama angelegtes Remake von Akira Kurosawas *Rashomon* (1950), das die Relativität der Begriffe ›Wahrheit‹ und ›Wirklichkeit‹ thematisiert.«

1990 drehte Hirokai Yoshida mit *Iron Maze – Im Netz der Leidenschaft* einen Krimi nach einer Kurzgeschichte von Ryonosuke Akutagawa, die teilweise auch die Vorlage für *Rashomon* bildete.

1990 Iron Maze – Im Netz der Leidenschaft

Iron Maze, USA/J, R: Hirokai Yoshida, D: Jeff Fahey, Bridget Fonda

1964 Carrasco, der Schänder

The Outrage, USA, R: Martin Ritt, D: Paul Newman, Laurence Harvey, Claire Bloom

1950 Rashomon

J, R: Akira Kurosawa, D: Toshirô Mifune, Machiko Kyô, Masayuki Mori

MINNA VON BARNHELM
ODER DAS SOLDATENGLÜCK

DDR 1962, R: Martin Hellberg, D: Marita Böhme, Otto Mellies, Christel Bodenstein, Johannes Arpe, Manfred Krug, Herwart Grosse, Gerhard Vogt, Fred Düren, Helga Göring, Alexander Papendiek, Karl-Helge Hofstadt, Fritz-Otto Giese, August Holler, Jochen Diestelmann, Georg Helge, Erika Preuß, Hans Feldner

Nach einem Lustspiel von Gotthold Ephraim Lessing: Während des Siebenjährigen Krieges hatte sich der preußische Major von Tellheim mit dem sächsischen Fräulein von Barnhelm verlobt. Nach dem Krieg vom König ungerechterweise seiner Ehre beraubt und verarmt, bricht er die Verbindung zu Minna aus Scham ab. Nun wird er von seinem Berliner Wirt, dem er einige Monatsmieten schuldet, in ein schäbiges Dachzimmer umquartiert. Grund: Zwei wohlhabende Damen suchen ein Zimmer. Es handelt sich um niemand anders als Minna und ihre Zofe Franziska. Mit List gelingt es Minna, den Major zu bewegen, ihr erneut seine Liebe zu erklären und der eine Notsituation vortäuschenden Frau Hilfe anzubieten. Sie lässt den inzwischen vom König Rehabilitierten noch eine Weile zappeln, bevor es zur glücklichen Wiedervereinigung kommt. Unterdessen hat auch Franziska ihr Glück gefunden – in Werner, dem ehemaligen Wachtmeister des Majors.

Lexikon des internationalen Films: »DEFA-Verfilmung von Lessings klassischer Liebeskomödie, 1962 inszeniert und verfilmt vom damaligen Schweriner Generalintendanten Martin Hellberg. Ein bestenfalls auf Werktreue setzender, musealer Film, der das ›Lustspiel in fünf Akten‹ um den preußischen Major von Tellheim, den nur eine List seiner ehemaligen Verlobten wieder in ihre Arme locken kann, durch seinen akademisch-filmwidrigen Regiestil zur Anstrengung macht. In Bezug auf die Ausstattung lässt Hellbergs Inszenierung allerdings nichts zu wünschen übrig, und dass der Film jetzt zumindest wieder als Video zur Verfügung steht, wird filmhistorisch Interessierte doch freuen.«

1763 schreibt der Dichter, Kritiker und Philosoph Gotthold Ephraim Lessing (1729–1781) sein Lustspiel *Minna von Barnhelm* – eine höchst aktuelle Geschichte, denn der Siebenjährige Krieg ist gerade zu Ende gegangen. Die zeitlose Story vom Sieg der Liebe über den (männlichen) Stolz, von Rollenspiel und Rollenverhalten im Kampf der Geschlechter wird bis heute auf den deutschsprachigen Bühnen gespielt. Dreimal kam die Komödie auf die Leinwand: 1940 inszenierte Hans Schweikart *Das Fräulein von Barnhelm* mit der Käthe Gold in der Titelrolle, zwei Jahre vor der DEFA-Version von Martin Hellberg entstand Dietrich Haugks Version. Die »sehr freie« Adaption von Charlotte Kerr ist die vergnüglichste Kinovariation des Klassikers – »dank der dramaturgischen Gestaltung und komödiantischer Schauspielerleistungen unterhält sie auf unbeschwert-heitere Weise« *(Lexikon des internationalen Films)*.

Und 1964 spielten Martin Benrath, Alexander Kerst und Bum Krüger unter der Regie von Ludwig Cremer in einer TV-Inszenierung des Stücks.

1960 Heldinnen

BRD, R: Dietrich Haugk, D: Marianne Koch, Paul Hubschmid, Johanna von Koczian

1940 Das Fräulein von Barnhelm

D, R: Hans Schweikart, D: Käthe Gold, Ewald Balser, Fita Benkhoff, Theo Lingen

LES MISÉRABLES –
GEFANGENE DES SCHICKSALS

Les Misérables, Frankreich/BRD 2000, R: Josée Dayan, D: Gérard Depardieu (Jean Valjean), John Malkovich (Inspektor Javert), Virginie Ledoyen (Cosette), Christian Clavier (Thénardier), Enrico Lo Verso (Marius), Veronica Ferres, Steffen Wink, Charlotte Gainsbourg, Otto Sander

Frankreich zu Beginn des 19. Jahrhunderts: Weil er Brot für hungrige Kinder geklaut hat, wandert Jean Valjean für 20 Jahre hinter Gitter. Dort tyrannisiert ihn Inspektor Javert, der Valjean für Abschaum hält. Nach seiner Entlassung beginnt Valjean als Monsieur Madeleine ein neues Leben und gelangt mit den Jahren zu Reichtum und Ansehen, setzt sich aber weiterhin für die Schwachen der Gesellschaft ein. Er befreit die junge Waise Cosette aus den Fängen geldgieriger Wirtsleute und nimmt sie zu sich. Doch sein alter Feind Javert ist ihm immer noch auf den Fersen, Valjean und Cosette flüchten nach Paris und finden Unterschlupf in einem Kloster. Nach Jahren stehen sich Valjean und Thénardier wieder gegenüber – als Monsieur Favre und Monsieur Jondette. Eine Katastrophe: Falls Valjeans Identität als Ex-Zuchthäusler aufgedeckt wird, ist seine bürgerliche Existenz zum Teufel. Das weiß auch der skrupellose Wirt Thénardier und erpresst von seinem alten Kumpan einen Batzen Geld. Nicht nur das: In der Person Jondette will er den reichen Favre bei seiner Rückkehr überwältigen und ausrauben.

Zum Glück wird Revoluzzer Marius Zeuge des Plans. Er will verhindern, dass dem Vater seiner Geliebten Cosette ein Unheil geschieht. In seiner Panik informiert Marius die Polizei und ruft ausgerechnet Inspektor Javert auf den Plan. Die pfiffige Spürnase weiß bald, dass es sich bei dem vermeintlichen Opfer um seinen alten Feind Valjean handelt. Vor dem Hintergrund der Pariser Revolution von 1832 nimmt eine aufwendig inszenierte Verfolgungs- und Liebesgeschichte ihren Lauf. Weil er Cosette verloren glaubt, stürzt sich Marius in die Revolutionskämpfe. Valjean beobachtet den Jungen. Plötzlich will er sich nicht länger der Liebe der beiden in den Weg stellen. Javert fällt den Aufständischen in die Hände. Sein Schicksal scheint besiegelt, da taucht Valjean auf und befreit ihn. Kurz darauf treffen beide Männer noch einmal aufeinander ...

Nach *Der Graf von Monte Christo* und *Balzac* der dritte TV-Mehrteiler mit Gérard Depardieu. Die 55-Millionen-Dollar-Produktion entstand größtenteils in Prag. »Packender und detailverliebter Abenteuerstreifen ohne die üblichen Gut-und-Böse-Klischees«, notiert *TV direkt*. Der Roman *Les Misérables* von Victor Hugo (1802–1885) wurde 1862 ein Bestseller, am Erscheinungstag wurden 48.000 Bücher verkauft. Seit 1985 ist die Geschichte von Valjean weltweit als Musical ein Erfolg: 42 Millionen Zuschauer sahen die Produktion in 29 Ländern und 18 Sprachen. »Solange die drei Probleme des Jahrhunderts – die Entwürdigung des Mannes durch das Proletarierdasein, die Erniedrigung der Frauen durch den Hunger, die Verkümmerung des Kindes durch die geistige Finsternis – nicht bewältigt sind, ... solange es also auf Erden Unwissenheit gibt und Elend, können Bücher wie *Les Misérables* nicht ohne Wert sein,« erklärte Victor Hugo, der mit Unterbrechungen 18 Jahre an seinem Werk geschrieben hat. Als das Werk erschien, befand sich der französische Dichter und Romancier Hugo im Exil: Dem demokratischen Abgeordneten und Opponenten gegen Napoleon III. war Paris zu gefährlich geworden, weshalb er 1851 nach Belgien floh und sich erst 1870 an die Seine zurückwagte.

Obwohl als Sohn eines Generals geboren, fühlte sich Hugo zeitlebens zum Anwalt der Armen berufen. Durchdrungen vom sozialistischen Gedankengut des 19. Jahrhunderts, schuf er mit seinem monumentalen Hauptwerk einen Roman, in dem sich detailreiche Alltagsbeobachtungen, Sozialkritik und ein universalistisches Pathos mit packenden Charakteren, farbigen Szenerien und einem episch-dramatischen Erzählstil vereinen. Das Buch zählte bald zur Weltliteratur und hat auch die cineastische Fantasie nachhaltig beflügelt: »Sieht man einmal von den Stummfilmen ab, fällt eine gewisse zeitliche Bündelung ins Auge«, erläutert Josef Lederle im *Film-Dienst.* »Nach ersten Versuchen des jungen Tonfilms (Raymond Bernard, Frankreich 1934; Richard Boleslawski, USA 1935) flammte das Interesse kurz nach Ende des Zweiten Weltkriegs wieder auf (Riccardo Freda, Italien 1947; Lewis Milestone, USA 1952). In den 70er-Jahren bemächtigte sich das Fernsehen des Romans, während die momentane Renaissance bis hin zu Bille Augusts Inszenierung mit dem weltweiten Erfolg des gleichnamigen Musicals zusammenfällt. Es drängt sich die Vermutung auf, dass der jeweilige Entwicklungsstand des Mediums an Hugos monumentalem Roman ein ideales Übungsfeld erkannte, das sich, mit dem Gütesiegel des Klassikers versehen, für technische oder erzählerische Neuerungen besonders eignete.«

Für die politische Brisanz seines Werkes, der Schriftsteller sah die Beseitigung des Elends nicht nur von einer Umkehr des Herzens, sondern auch und vor allem von tief greifenden Reformen der Gesellschaft abhängig, fehlt in den meisten Adaptionen jedes Gespür. »Wie erfrischend anders eine Literaturverfilmung auch gestaltet sein kann, die Figuren, Motive und Struktur der Vorlage ernst nimmt und dennoch frei damit umzugehen vermag, demonstriert die raffinierte Anverwandlung von Claude Lelouch (1995), die in Deutschland nie zu sehen war«, behauptet Josef Lederle im *Film-Dienst*: »Hugos Roman kommt vielfach ins Spiel: als Verfilmung (stumm und mit Ton), als Lektüre, Identitätsmuster und, je länger desto mehr, als Hintergrundfolie für die Handlung. Denn Henri (Jean-Paul Belmondo in einer Dreifachrolle als Sohn, Vater und literarische Figur Valjean), den die Nazis hinter Gitter stecken, wird wegen seiner Selbstlosigkeit und Körperkraft ›Valjean‹ gerufen und lässt sich bei jeder Gelegenheit Hugos Buch erzählen oder vorlesen. Mit atemberaubender Unverfrorenheit versteht es Lelouch, die Zeit- und Realitätsebenen durch-

einander zu wirbeln und dennoch den märchenhaften roten Faden zu wahren, der Roman und Gegenwart, literarischen Text und Henris Rezeption miteinander zu einem transparenten Ganzen verschmilzt, das schlitzohrig, spannend und reich an Assoziationen von Hugos Werk, Résistance, Kollaboration, Krieg und vielen anderen Themen handelt. Lelouchs Geniestreich ist damit Hugos Roman nicht nur viel näher als alle vermeintlich werkgetreuen Umsetzungen, sondern diesem auch formal verwandt: Wie der Romancier benützt Lelouch vielfältige Formen von der Groteske bis zur Satire, um lebendig und anschaulich davon zu reden, dass eine Welt im Argen liegt, in der Männer stehlen und Frauen ihren Körper verkaufen müssen, um ihre Kinder nicht hungern zu lassen.«

1998 Les Misérables

BRD/GB, R: Bille August, D: Liam Neeson, Geoffrey Rush, Uma Thurman

»Die Herausforderung einer Literaturverfilmung kann zur Bürde werden, wenn die Vorlage bereits oft und meist trefflich adaptiert wurde. Victor Hugos *Les Misérables* – auch unter dem Titel *Die Elenden* bekannt – verlangt nicht unbedingt nach

Unten: Les Misérables
(1998, R: Bille August): Liam Neeson
Rechts: Les Misérables (1998):
Liam Neeson und Uma Thurman

einer Neuverfilmung, zumal das Sujet seit nunmehr elf Jahren durch Assoziationen mit einem Musical-Spektakel besetzt sind ... Victor Hugos Roman ist die erschütternde Charakterstudie eines Gehetzten vor dem schillernden Hintergrund sozialen Elends und weltbewegender politischer Umwälzungen. Die mittlerweile zwanzigste (!) Verfilmung des Stoffes seit 1909 wird vom Verleih beworben als ›Die Liebesgeschichte, die als Musical über 40 Millionen Menschen verzaubert hat‹, was dreister Augenwischerei gleichkommt. Weder steht eine Romanze im Zentrum des Films, noch handelt es sich um eine Leinwandversion von Claude-Michel Schönbergs Musicalerfolg. Es ist zu verzeihen, dass der Film einschlägigen Erwartungen nicht huldigt, aber es ist ausgesprochen erbärmlich, dass es nicht einmal eine anständige Literaturverfilmung wurde.« (Charlotte Becker, *General-Anzeiger*)

1995 Les Misérables

Les Misérables du vintième siècle, F, R: Claude Lelouch, D: Jean-Paul Belmondo

1982 Die Legion der Verdammten

Les Misérables, F/I, R: Robert Hossein, D: Lino Ventura, Michel Bouquet

»Die x-te Verfilmung des berühmten Romans von Victor Hugo *(Die Elenden)*, des französischen Gesellschafts- und Sittenbildes aus dem letzten Jahrhundert also ... Ein typischer Vertreter des Genres ›verfilmter Roman‹, ein ›Schinken‹ mit Qualitäten, besonders auch in der Person des Hauptdarstellers (Lino Ventura), aber auch ein Werk, das ausnahmslos traditionelle, also wenig neue, originelle Stilmittel anwendet. Etwas penetrant wird es dort, wo, wohl dem heutigen Zeitgeist in Frankreich folgend, Revolutionsethos und -pathos überbetont werden.« (Thomas Engel, *Gildedienst*)

1978 Die Elenden

Les Misérables, GB, R: Glenn Jordan, D: Anthony Perkins, Richard Jordan

1958 Die Elenden

Les Misérables, F/DDR, R: Jean-Paul Le Chanois, D: Jean Gabin, Bernard Blier

»Die deutsche Premiere des Films *Die Elenden* war ein großes Ereignis – wenn auch der Film dem Werk und der Aussage Victor Hugos vieles schuldig blieb und sich nur wenige Beziehungen zur Gegenwart finden ließen. Die Kritik in der DDR würdigte vor allem Jean Gabins Leistung als Jean Valjean in der Koproduktion: ›... so konzentriert sich das Interesse der Zuschauer hauptsächlich auf die schauspielerische Gestaltung. Unzweifelhaft ist hier in erster Linie der bekannte französische Darsteller Jean Gabin (durch Johannes Arpe hervorragend synchronisiert) in der Rolle des ehemaligen Bagnosträflings Jean Valjean zu nennen. Mit knapper, gelassener Gestik zeichnet er das abenteuerliche und wechselhafte Schicksal eines Mannes nach, der eine Ba-

Links: Die Legion der Verdammten (1982, R: Robert Hossein): Lino Ventura und Christiane Jean
Unten: Die Legion der Verdammten
(1982): Bereit zum Aufstand

gnostrafe verbüßte, nur unter einem fremden Namen in der Gesellschaft seiner Zeit wieder festen Fuß fassen kann, der sich entdeckt sieht und bis zum Tode auf der Flucht vor der Preisgabe seines Geheimnisses und vor der Vergangenheit ist.‹« (Jürgen Reitz, *Jean Gabin*)

1952 Legion der Verdammten

Les Misérables, USA, R: Lewis Milestone, D: Michael Rennie, Debra Paget

»Mit wohlgezielten, wirkungsvollen Worten hat Victor Hugo oft gegen Unrecht, Willkür und Unmenschlichkeit protestiert und der Heuchelei und Machtgier die Maske vom Gesicht gerissen. Diese Literaturverfilmung zeigt eine bemerkenswerte Bildstärke, so etwa bei den eindrucksvollen Kameraszenen im Ruderraum des Sklavenschiffes. Man ›sieht‹ die Ketten klirren, so intensiv klammert sich das Objektiv an die Leiden der Unglücklichen. Die Regie nützt spannungstreibende Reißereiemente vom Würgegriff bis zur unterirdischen Kanalisationsvrfolgungsjagd.« (Hans-G. Berthold, *Filmblätter*)

1950 Re mizeraburu

J, R: Daisuke Itô, Masahiro Makino

1947 Les Misérables

I, R: Riccardo Freda, D: Gino Cervi

1944 El Boassa

ET, R: Kamal Selim

1943 Los Miserables

MEX, R: Fernando A. Rivero

1935 Die Elenden

Les Misérables, USA, R: Richard Boleslawski, D: Fredric March, Charles Laughton

1934 Die Verdammten

Les Misérables, F, R: Raymond Bernard, D: Harry Baur, Charles Vanel

»Zweiteilige Verfilmung (1. *Ewige Fesseln*, 2. *Heimatlos*) des Romans von Victor Hugo: Ein in eindrucksvollen Kulissen angesiedeltes Melodram, das besonderen Wert auf die sozialkritischen Aspekte der Vorlage legt.« (*Lexikon des internationalen Films*)

1929 Bishop's Candlesticks

USA, D: Walter Huston

1925 Les Misérables

F, R: Louis Manpas, D: Gabriel Gabrio

1922 Tense Moments with Great Authors

GB, D: Lymm Harding

Die Elenden (1958, R: Jean-Paul Le Chanois)

Die Elenden (1958)

1917 Les Misérables
USA, R: Frank Lloyd, D: William Farnum
1911 Les Misérables
I, R: Albert Capellani, D: Henri Krauss
1909 Les Misérables
USA

MISSION: IMPOSSIBLE

USA 1996, R: Brian De Palma, D: Tom Cruise, Jon Voight, Emmanuelle Béart, Henry Czerny, Jean Reno, Ving Rhames, Kristin Scott-Thomas, Vanessa Redgrave, Dale Dye, Marcel Iures

Die Spezialagenten der IMF-Einheit (Impossible Missions Force) erhalten von ihrem Chef Jim Phelps einen brisanten Auftrag. Das Team, darunter der junge Agent Ethan Hunt, wird nach Prag beordert, um hier den Diebstahl einer vollständigen Liste mit sämtlichen Namen aller US-Geheimagenten zu verhindern. Doch die Aktion endet im Desaster. Hunt muss miterleben, wie sämtliche Kollegen zu Tode kommen und wie sein Chef Phelps blutüberströmt von der Karlsbrücke stürzt. Nur Hunt und die schöne Ehefrau von Phelps, Claire, überleben. Bald ist klar, dass ein Verräter aus den eigenen Reihen ein perfides Doppelspiel getrieben hat.

Mission Impossible ist das Kino-Remake der gleichnamigen US-Fernsehserie, die in Deutschland unter dem Namen *Kobra, übernehmen Sie!* lief. 1988 gab es eine Neuauflage der Serie. Eineinhalb Jahre arbeiteten Brian De Palma und Tom Cruise an der Spielfilmversion der Kult-TV-Serie der 60er. Der Erfolg war vorprogrammiert: Der rasante Action-Thriller erreichte seinerzeit das beste Startergebnis in der amerikanischen Filmgeschichte. Höhepunkt des Kinofilms ist der Einbruch von Ethan Hunt in die hermetisch abgeriegelte Computerzentrale des CIA, der von Bri-

an De Palma in einer zehnminütigen Sequenz furios in Szene gesetzt wird. Während des finalen Showdowns jagt schließlich ein Hochgeschwindigkeitszug mit einem angeleinten Hubschrauber durch den Euro-Tunnel.

TV direkt: »Hochglanz-Remake ... Stilvoll in Szene gesetzt, knifflig und actionreich.«

1988–1990 In geheimer Mission
Mission: Impossible, USA, TV-Serie: 35 Folgen, R: Cliff Bole, Colin Budds, D: Peter Graves, Thaao Penghlis, Antony Hamilton
1966–1973 Kobra, übernehmen Sie!
Mission: Impossible, USA, TV-Serie: 169 Folgen, R: Lewis Allen, Reza Badiyi, D: Steven Hill, Peter Graves, Martin Landau

MISSISSIPPI

USA 1935, R: A. Edward Sutherland, D: Bing Crosby, W. C. Fields, Joan Bennett, Gail Patrick, Queenie Smith, Claude Gillingwater, John Miljan, Fred Kohler, Edward Pawley, Theresa Maxwell Conover, Paul Hurst

Der Sänger Tom Grayson kommt eines Tages nach Dixieland, um seine Braut Elvira abzuholen. Dort ist es Landessitte, sich wegen kleiner Meinungsverschiedenheiten zu duellieren. Weil er nicht an den läppischen Auseinandersetzungen teilnehmen will, wird er als Feigling beschimpft und verjagt. Mit Hilfe des Mississippi-Dampfer-Kapitäns Jackson erreicht er nach manchen Schwierigkeiten doch noch sein Ziel.

1929 River Of Romance
USA, R: Richard Wallace, D: Charles ›Buddy‹ Rogers, Mary Brian, June Collyer
1924 The Fighting Coward
USA, R: James Cruze, D: Ernest Torrence, Mary Astor, Noah Beery

MISSISSIPPI BURNING – DIE WURZELN DES HASSES

Mississippi Burning, USA 1988, R: Alan Parker, D: Gene Hackman, Willem Dafoe, Frances McDormand, Brad Dourif, R. Lee Ermey, Gailard Sartain, Stephen Tobolowsky, Michael Rooker, Pruitt Taylor Vince

Im Jahre 1964 werden in Mississippi drei Menschen nach einer Polizeikontrolle vermisst. Um zu überprüfen, ob der Ku-Klux-Klan etwas da-

Mississippi Burning – Die Wurzeln des Hasses (1988, R: Alan Parker): Gene Hackman und Willem Dafoe

*FBI – Kampf dem Terror
(1975, R: Marvin J. Chomsky): Ned Beatty*

mit zu tun hat, schickt das FBI zwei Männer dort-hin, um den Fall zu überprüfen. Jedoch schweigen die Einwohner des Ortes. Der Fall beruht auf einer wahren Begebenheit.

Wolf Donner *(tip)*: »Ein fragwürdiges Opus: Die Schwarzen im Film bleiben reine Statisten und stumme Opferlämmer; das FBI wird, historisch genauso unwahr, als Hort liberalen Denkens idealisiert, die dirty tricks der Agenten werden durch den Sympathieträger Hackman sanktioniert; die weißen Helden und das abgenudelte Buddy-Modell, kulinarisch zubereitete Gewalt und Macho-Spielchen sind Parker offensichtlich wichtiger als das brisante Thema.«

1990 Murder In Mississippi
USA, R: Roger Young, D: Tom Hulce, Jennifer Grey, Blair Underwood

1975 FBI – Kampf dem Terror
Attack on Terror: The FBI Vs. The Ku Klux Klan, USA, R: Marvin J. Chomsky, D: Ned Beatty, John Beck, Billy Green Bush

MISSISSIPPI-MELODIE
Show Boat, USA 1951, R: George Sidney, D: Kathryn Grayson, Ava Gardner, Howard Keel, Joe E. Brown, Agnes Moorehead, Marge Champion, Gower Champion, William Warfield, Robert Sterling, Leif Erickson

Nach dem Stück *Magnolia* von Booth Tarkington: Der Glücksspieler Gaylord Ravenal verliebt sich in Magnolia Hawks, die Tochter des Kapitäns eines Mississippi-Show-Dampfers. Ihre besten Freundin, der Showstar Julie LaVerne, muss das Showboat verlassen, da bekannt ge-

worden ist, dass schwarzes Blut in ihren Adern fließt und sie mit einem Weißen verheiratet ist. Magnolia und Gaylord heiraten, und Gaylord entführt seine Frau auf luxuriöse, fast ein Jahr währende Flitterwochen. Aber dem Spiel kann er nicht fernbleiben. Als das Glück ihn verlässt, entschließt er sich, zu ihrem eigenen Besten sich von seiner Frau abzuwenden, ohne zu wissen, dass sie schwanger ist. Jahre später treffen die beiden sich wieder ...

Hessischer Rundfunk: »*Mississippi-Melodie* ist die dritte Verfilmung des populären Musicals von Jerome Kern und Oscar Hammerstein II. Um die zu Herzen gehende Liebesgeschichte zwischen einer Sängerin und einem leidenschaftlichen Spieler ranken sich vorzügliche Musiknummern und Tanzeinlagen. Der bekannteste Song aus *Mississippi-Melodie* ist *Ol' Man River*, gesungen von William Warfield.«

1989 inszenierte Robert Johanson fürs amerikanische Fernsehen eine Version mit Eddie Bracken, Rebecca Baxter und Richard White.

1936 Show Boat
USA, R: James Whale, D: Irene Dunne, Allan Jones, Charles Winninger

1929 Show Boat
USA, R: Harry A. Pollard, D: Laura La Plante, Joseph Schildkraut, Otis Harlan

MIT DEM TOD VERBUNDEN
Sorry, Wrong Number, USA 1989, R: Tony Wharmby, D: Loni Anderson, Carl Weintraub, Patrick MacNee, Diane D'Aquila, Miguel Fernandes, Barry Flatman, Helen Hughes, Hal Holbrook, Alan Jordan

Durch Zufall gerät die herzkranke, ans Bett gefesselte Madelyn Stevenson in ein Telefonat zweier Männer, die einen Mord planen. Entsetzt stellt sie fest, dass sie selbst das Mordopfer sein soll. Nur durch das Telefon mit der Außenwelt verbunden, kämpft sie verzweifelt um ihr Leben – und um ihre Ehe mit Charles.

Lexikon des internationalen Films: »Enttäuschendes Fernseh-Remake des ausgeklügelten Psychothrillers *Du lebst noch 105 Minuten* (1948); hoffnungslos überforderte Schauspieler können dem Spiel mit dem Terror keine Glaubwürdigkeit verleihen.«

Zwischen 1943 und 1947 wurde Lucille Flechters Hörspiel acht Mal ausgestrahlt, ein außergewöhnlicher Erfolg. *Sorry, Wrong Number* ist

Mit dem Tod verbunden (1989, R: Tony Wharmby):
Loni Anderson

ursprünglich ein 22-minütiger, von einer Kranken gesprochener Monolog. Für den Film erweiterte Lucille Flechter die Rolle des Ehemannes mit Hilfe von Rückblenden.

1948 Du lebst noch 105 Minuten

Sorry, Wrong Number, USA, R: Anatole Litvak, D: Barbara Stanwyck, Burt Lancaster

MIT ROHER GEWALT

The Spoilers, USA 1955, R: Jesse Hibbs, D: Anne Baxter, Jeff Chandler, Rory Calhoun, Ray Danton, Barbara Britton, John McIntire, Carl Benton Reid, Wallace Ford, Raymond Walburn

Alaska, 1898. Cherry Malotte ist die Chefin des führenden Saloons von Nome und eigentlich bei Glennister in festen Händen. Aber da Glennister neuerdings zu viel Interesse für Helen Chester, die Nichte von Richter Stillman, zeigt, muss sie ihm die kalte Schulter zeigen und sich ein bisschen mit dem neuen Goldkommissar McNamara beschäftigen. Glennister zerstreitet sich mit seinem Partner Dextry, mit dem er bislang die reiche Midas-Mine ausgebeutet hat. Die Mine wird bis zur Klärung der Besitzverhältnisse von McNamara versiegelt und mit Barrikaden abgesperrt. Auch an ihr Bankdepot lassen McNamara und Stillman die Eigentümer nicht mehr heran. Offensichtlich wollen sie die Männer um den Lohn ihrer Mühen bringen. Glennister und Dextry wollen die Bank sprengen, aber Blacky, ein abgewiesener Liebhaber von Cherry, kommt ihnen in die Quere.

Western Lexikon: »Die fünfte und schlechteste Verfilmung des klassischen Alaska-Abenteuerromans ... Die vierte und bekannteste Version drehte 1942 Ray Enright mit John Wayne, Randolph Scott und Marlene Dietrich. Den Produzenten der fünften Fassung war der berühmte Stoff nur noch einen Routine-B-Western wert.«

1942 Die Freibeuterin

The Spoilers, USA, R: Ray Enright, D: Marlene Dietrich, Randolph Scott

1930 The Spoilers

USA, R: Edward Carewe, D: Gary Cooper, Kay Johnson, Betty Compson

1923 The Spoilers

USA, R: Lambert Hillyer, D: Milton Sills, Anna Q. Nilsson, Barbara Bedford

1914 The Spoilers

USA, R: Colin Campbell, D: William Farnum, Kathlyn Williams, Tom Santschi

MIT SCHIRM, CHARME UND MELONE

The Avengers, USA 1998, R: Jeremiah S. Chechik, D: Ralph Fiennes, Uma Thurman

Der teuflische Wissenschaftler August de Wynter hat eine Maschine erfunden, mit der er das Wetter manipulieren kann. Der Geheimdienst beauftragt die Spezialagenten John Steed und Emma Peel, den exzentrischen Erpresser zu stoppen.

Mit Schirm, Charme und Melone (1998, R: Jeremiah S. Chechik): Im Kampf gegen die Wetter-Manipulationen

Neue Zürcher Zeitung: »Der Charme der Vorbilder und das Flair der sechziger Jahre gehen im Getöse der Spezialeffekte unter. Das Nachfolgepaar Ralph Fiennes und Uma Thurman, stromlinienförmig und cool, gehört eher in einen Comicstrip. Nur Sean Connery als Bösewicht beweist loderndes Charisma.«

1961–69 Mit Schirm, Charme und Melone

The Avengers, GB, D: Patrick Macnee, Diana Rigg

MOBY DICK

USA/GB/AUS/BRD 1997, R: Franc Roddam, D: Patrick Stewart, Henry Thomas, Hugh Keays-Byrne, Norman D. Golden II, Kee Chan, Ted Levine, Piripi Waretini, Gregory Peck

Nach dem Roman von Herman Melville: Im Jahre 1814 läuft das Walfangschiff Pequod unter dem Kommando des einbeinigen Kapitäns Ahab zu einer verhängnisvollen Reise aus. Ahab hat nur ein Ziel. Den weißen Wal zu jagen, der ihn zum Krüppel machte. Besessen von dem Gedanken, sich an dem Tier zu rächen, stellt er den Wal zu einem mörderischen Kampf ...

Stern-TV-Magazin: »Gregory Peck, der in John Hustons Kino-Klassiker 1956 den Captain Ahab spielte, gibt hier den charismatischen Prediger Father Mapple. Für diesen Part wurde er als bester Nebendarsteller in einer Miniserie mit dem Golden Globe ausgezeichnet. In der Rolle des fanatischen Ahab, der im Kampf mit dem weißen Wal ein Bein verlor und Moby Dick nun endlich zur Strecke bringen will, ist Patrick Stewart zu sehen – bekannt geworden als Kapitän in der Science-Fiction-Reihe *Star Trek – The Next Generation*.«

Herman Melvilles *Moby Dick*, 1851 erschienen, gehört zu den großen Romanen der Weltliteratur. Der amerikanische Schriftsteller schuf damit ein vieldeutiges Gleichnis menschlichen Scheiterns.

1956 Moby Dick

GB, R: John Huston, D: Gregory Peck, Leo Genn, Orson Welles, Richard Basehart

MOD SQUAD – COPS AUF ZEIT

The Mod Squad, USA 1999, R: Scott Silver, D: Claire Danes, Giovanni Ribisi, Omar Epps, Dennis Farina, Josh Brolin

Drei junge Kriminelle erhalten die Chance, sich in der Clubszene von Los Angeles als Undercover-Aushilfen zu bewähren. Als ihr väterlicher Freund, ein gutmütiger Polizist, unerwartet stirbt, räumen sie im Drogenhandel und unter korrupten Polizisten auf.

ComputerBild: »Hoffnungsvolle Jungdarsteller (Claire Danes, Omar Epps) in der hoffnungslosen Verfilmung einer alten TV-Serie.«

1968–1973 The Mod Squad

USA, TV-Serie: 124 Folgen, D: Michael Cole, Clarence Williams, Peggy Lipton

MOGAMBO

USA 1953, R: John Ford, D: Clark Gable, Ava Gardner, Grace Kelly, Donald Sinden, Philip Stainton, Eric Pohlman, Laurence Naismith, Dennis O'Dea

Nach einem Stück von Wilson Collison: Die attraktive Tänzerin Ellinor Kelly folgt der Einladung eines reichen Maharadschas, landet aber schließlich mittellos auf einer Tierfängerstation

Unten: Moby Dick
(1956, R: John Huston): Gregory Peck
Rechts: Moby Dick (1956):
Verbissene Jagd auf den weißen Wal

in Kenia. Herr über dieses einsame Refugium ist Victor Marswell, der Tiergärten in Europa und Amerika mit Nachschub beliefert. Er bietet Ellinor Unterschlupf, und sie verliebt sich in den attraktiven Mann. Die hemmungslose Art aber, wie sie das zeigt, irritiert Marswell. Er möchte die Tänzerin loswerden. Doch der Flussdampfer, mit dem er sie wegschickt, bleibt stecken. So kommt Ellinor umgehend dahin zurück, wo sie ohnehin gern geblieben wäre. Zur kleinen Gruppe gesellt sich in der Folge der englische Anthropologe Donald Nordley mit seiner jungen Frau Linda. Nordley will das Leben der Gorillas studieren. Marswell wiederum interessiert sich bald rege für die unnahbare blonde Linda. Deren Zurückhaltung schmilzt im selben Maße, wie Ellinors Eifersucht wächst ...

MovieLine: »Die psychologisch etwas holzschnitthafte Dreiecksgeschichte ist eingebettet in eine abenteuerliche Urwaldatmosphäre und angereichert mit hervorragenden Tieraufnahmen.«

Der stimmungsvolle Abenteuerfilm aus dem Jahr 1953 ist ein Remake des Streifens *Dschungel im Sturm* (1932), in dem ebenfalls Clark Gable die Hauptrolle gespielt hatte.

1940 Congo Maisie
USA, R: H. C. Potter, D: Ann Sothern, John Carroll, Rita Johnson

Mogambo (1953, R: John Ford):
Grace Kelly und Clark Gable

1932 Dschungel im Sturm
Red Dust, USA, R: Victor Fleming, D: Clark Gable, Jean Harlow, Mary Astor

MOMO
I/BRD 2002, R: Enzo D'Alò – Animation
Nach einer Geschichte von Michael Ende. Das Remake von *Momo* entstand in dem Genre, das sich wie kein anderes für die fantastische Welt von Autor Michael Ende anbietet: Als Animationsfilm kann diese fantasievolle Geschichte über Mut und Freundschaft und die Frage, wie viel Zeit wir uns für die wirklich wichtigen Dinge nehmen, ihren ganzen Reichtum entfalten: Momo ist ein rätselhaftes, kleines Mädchen, das in ein geheimnisvolles Abenteuer gezogen wird. Sie muss gegen die Grauen Herren antreten, die den Menschen ihre Zeit stehlen. Während rings um sie die Welt immer grauer wird, führt die weise Schildkröte Kassiopeia das kleine Mädchen in das Reich des Meister Hora, des Hüters der Zeit. Hier wird Momo auf ihre große Aufgabe vorbereitet, doch als sie zu den Menschen zurückkehrt, scheint es fast schon zu spät: Die Grauen Herren

Mogambo (1953, R: John Ford):
Grace Kelly, Clark Gable und Ava Gardner

haben die Welt bereits fest im Griff. Aber Momo gibt nicht auf und stellt sich listig und geschickt den mächtigen Zeitdieben entgegen. Michael Ende ist der erfolgreichste deutschsprachige Autor der Nachkriegszeit. Seine Bücher wurden in vierzig Sprachen übersetzt und erreichten weltweit eine Auflage von über zwanzig Millionen Exemplaren. Seine poetischen Visionen und fantastischen Entwürfe erlangten Kultstatus: *Momo* wurde allein in Deutschland über drei Millionen Mal verkauft.

Autor Michael Ende kam 1929 in Garmisch-Partenkirchen als Sohn des Malers Edgar Ende zur Welt. Er starb 1995 in Stuttgart. Auf dem Schlossplatz von Palermo ist er im Jahr 1956 zum Geschichtenerzähler geworden. Dort lauschte er den Cantastorie, den traditionellen Barden Siziliens, und wenig später schrieb er seinen ersten Satz als Schriftsteller. 1971 entdeckte Michael Ende 25 Kilometer von Rom in Genzano die Villa Casa Liocorno (sein »Haus Einhorn«) mitten in einem Olivenhain. Hier wohnte er mit seinen Tieren: Hunde, Katzen und Schildkröten. Bereits vor seinem Umzug nach Genzano hatte Ende mit den Entwürfen zu *Momo* begonnen. Der größte Teil aber entstand in der neuen Heimat und wurde stark von der römischen Kultur und Lebensweise beeinflusst. Michael Ende über die Entstehung von *Momo*: »Ich hatte fast alle einzelnen Szenen aus *Momo* schon fertig. Ich hatte die Figuren, ich hatte auch schon einzelne Kapitel geschrieben, konnte das Buch aber sechs Jahre nicht fertig schreiben, weil mir eine einzige Regel noch fehlte. Die Frage hieß ganz einfach: ›Wenn die Zeitdiebe, die Grauen Herren, allen Menschen ihre Zeit stehlen können, warum können sie sie von Momo nicht stehlen?‹ Eines Morgens beim Frühstück sagte ich plötzlich zu meiner Frau: ›Jetzt hab' ich es!‹ Ganz einfach: Zeit stehlen kann man nur demjenigen, der Zeit spart, und jemand wie Momo, durch die die Zeit sozusagen immer hindurchfließt, die hat ja gar keine, die man ihr stehlen könnte. Damit war die Idee der Zeitsparkasse geboren.«

Reinhard Kleber *(Programmkino.de)*: »Mit ihren Kulleraugen, dem Wuschelschopf und dem übergroßen Mantel wird die kleine Momo die Herzen nicht nur der jungen Zuschauer im Handumdrehen erobern. Erwachsene Begleitpersonen können sich darüber hinaus an der ebenso fantasievollen Reflexion über das Phänomen der

Zeit erfreuen, das unseren postindustriellen Lebensalltag so stark beherrscht ... Im Vergleich zu seinen bisherigen Animationsfilmen Der blaue Pfeil und Wie Kater Zorbas der kleinen Möwe das Fliegen beibrachte hat Regisseur D'Alò, der übrigens an einer neuen Pinocchio-Version arbeitet, das Tempo deutlich angezogen: In den dramatischen Passagen wird der achterbahnartige Wettstreit zwischen Momo und den Herren sogar unnötig turbulent. Dafür wird die Farbenpracht des italienischen Ambientes mit der hektisch-grauen Welt der Zeitdiebe wirkungsvoll kontrastiert. Seinen unverkennbaren konturbetonten Zeichenstil, der sich bei klarer Linienführung auf das Wesentliche konzentriert, hat D'Alò demgegenüber in der deutsch-italienischen Koproduktion beibehalten, bei der auf deutscher Seite Michael Schaacks Trickfilmschmiede TFX mitwirkte.«

1986 Momo
BRD/I, R: Johannes Schaaf, D: Radost Bokel, Mario Adorf, Armin Mueller-Stahl

MOND ÜBER PARADOR
Moon Over Parador, USA 1988, R: Paul Mazursky, D: Richard Dreyfuss, Raul Julia, Sonia Braga, Jonathan Winters, Fernando Rey, Sammy Davis Jr., Michael Greene, Polly Holliday, Milton Gonçalves, Marianne Sägebrecht
Ein bisher nicht sonderlich erfolgreicher amerikanischer Schauspieler wird während Dreharbeiten in einer karibischen Bananenrepublik vom dortigen Polizeichef gezwungen, die »Rolle seines Lebens« zu verkörpern. Er muss wegen seiner Ähnlichkeit mit dem plötzlich verstorbenen Diktator des Landes diese Figur weiterspielen, um Unruhen zu verhindern.

MovieLine: »Eine etwas unausgewogene Unterhaltungsmischung mit ironischen Spitzen gegen amerikanische Außen- und Medienpolitik.«

1939 The Magnificent Fraud
USA, R: Robert Florey, D: Abner Biberman, Mary Boland, Ernest Cossart

MONDO BRUTALE
Last House On The Left, USA 1972, R: Wes Craven, D: Sandra Cassel, Lucy Grantham, David Hess, Fred J. Lincoln, Jeramie Rain, Marc Sheffler, Gaylord St. James, Cynthia Carr, Ada Washington
Mari und Phyllis haben sich vorgenommen an Maris Geburtstag auf ein Rockkonzert in New

York zu gehen. Vorher wollen sie sich noch ein bisschen Gras beschaffen. Sie sprechen einen jungen Mann, der sie in seine Wohnung lockt. Dort angekommen sitzen die beiden in der Falle, ist der Junge doch der Sohn von Krug Stillo, einem frisch aus dem Gefängnis entflohenen Schwerverbrecher. Zusammen mit Fred ›Weasel‹ Bodowski, einem perversen Messerschlitzer, und seiner Freundin Sadie bedrängen sie die zwei Mädchen – sie werden vergewaltigt und getötet. Zufällig treffen die Verbrecher auf die Eltern eines der beiden Mädchen. Die allerdings verstehen es, sich zur Wehr zu setzen und schlagen mit Brutalität und Härte zurück. Das Gute siegt, das Schlechte wird vernichtend geschlagen – beziehungsweise mittels einer Motorsäge ins Jenseits befördert.

Spandauer Volksblatt: »Einer jener Sado-Thriller also, wie sie leider üblich geworden sind. Dieser allerdings mit einem moralischen Feigenblatt; soll er uns doch aus der ›... Lethargie gegenüber dem Grauen in unserer Zeit wachrütteln‹. (Aus dem Pressematerial.) In der Publikums-Werbung liest sich das dann allerdings so: ›Dieser Film ist so kompromisslos realistisch, dass man sich immer wieder sagen muss: Es ist ja nur Kino.‹ Was denn nun? Realismus oder Kintopp? Doch wohl beides: Realistische Spekulation auf einen ›Genuss‹ ohne Reue ...«

1960 Jungfrauenquelle
Jungfrukällan, S, R: Ingmar Bergman, D: Max von Sydow, Birgitta Valberg

MONTY PYTHONS WUNDERBARE WELT DER SCHWERKRAFT
And Now For Something Completely Different, GB 1971, R: Terry Gilliam, Ian MacNaughton, D: Graham Chapman, John Cleese, Eric Idle, Terry Jones, Michael Palin, Terry Gilliam, Carol Cleveland, Connie Booth

Sir George Head ist ein ungewöhnlicher Alpinist. Für seine nächste Expedition sucht er Männer seines Schlages, die das Zeug haben, mit ihm gleichzeitig beide Gipfel des Kilimandscharo zu besteigen. Sir Georges erstaunliche Fähigkeit erklärt sich aus seinem Vermögen, einfache Dinge doppelt zu sehen. Der ehrenwerte Gentleman ist ein Geschöpf der berühmten englischen Komikertruppe Monty Python, die hier ein funkelndes Feuerwerk schwarzen Humors entfacht und in diesem bunten Kaleidoskop von Sketchen und Zeichentricks die Welt noch verrückter darstellt, als sie ohnehin schon ist. Monty Python – das sind Graham Chapman, John Cleese, Terry Gilliam, Eric Idle, Terry Jones und Michael Palin, die sich alle irgendwann und irgendwo an der Universität trafen, in Hochschulklubs mit Sketchen begannen und dabei einen anarchischen Humor entwickelten, mit dem sie schließlich auf britischen Bildschirmen Furore machten. Die besten Gags und Sketche des Films stammen aus ihrer erfolgreichen Fernseh-Serie *Monty Pythons Flying Circus* und sind hinreißende Attacken auf Zwerchfell und Lachmuskeln, von den beängstigenden Auftritten der Höllen-Omas bis zur erregenden Reportage über die Wettkämpfe um den begehrten Titel »Trottel des Jahres« in der englischen Oberklasse. Als einzige »richtige Frau« ist Carol Cleveland mit von der Partie, die anderen »Frauen« im Film spielt das Männer-Sextett, das nach seinen legendären Fernseherfolgen mit Kino-Komödien wie *Die Ritter der Kokosnuss* und *Das Leben des Brian* beträchtlichen Wirbel machte.

1969–1974 Monty Pythons Flying Circus
GB, TV-Serie: 45 Folgen, R: John Howard Davies, Terry Gilliam, D: John Cleese, Graham Chapman, Terry Gilliam

DIE MORAL DER FRAU DULSKA
Dulscy, PL 1976, R: Jan Rybkowski, D: Alina Janowska, Barbara Wrzesinska, Irena Karel, Kazimierz Witkiewicz, Jerzy Matalowski

Nach dem Bühnenstück von Gabriela Zapolska: Die ehrenwerte Besitzerin eines hochherrschaftlichen Hauses im Krakow der Jahrhundertwende ist als Haupt einer »wohlanständigen« bürgerlichen Familie sorgsam bemüht, allen moralischen Konventionen zu entsprechen und Skandale zu vermeiden. Als das Dienstmädchen von ihrem Sohn ein Kind erwartet, scheint eine Katastrophe über das Haus hereinzubrechen.

Lexikon des internationalen Films: »Ästhetisch herausragende Verfilmung eines gesellschaftskritischen Meisterwerks der polnischen Dramatik.«

1958 Die Moral der Frau Dulska
Moralka pani dulske, ČSSR 1958, R: Jirí Krejcík, D: Zdenka Baldová, Marie Tomásová

MORD IN DER RUE MORGUE
Murders In The Rue Morgue, USA 1986, R: Jeannot Szwarc, D: George C. Scott, Rebecca De Mornay,

Val Kilmer, Maxence Malifort, Patrick Floersheim, Roger Lumont

Nach der Erzählung von Edgar Allen Poe: Der bestialische Mord an zwei älteren Damen stellt die Polizei vor ein Rätsel, ehe ein Privatdetektiv die verblüffende Lösung des Falles findet.

Lexikon des internationalen Films: »Weitgehend gelungene, atmosphärisch fotografierte Verfilmung der Edgar-Allan-Poe-Erzählung.«

1971 Mord in der Rue Morgue
Murders In The Rue Morgue, USA, R: Gordon Hessler, D: Jason Robards

1954 Der Würger von Paris
Phantom Of The Rue Morgue, USA, R: Roy Del Ruth, D: Karl Malden

1932 Mord in der Rue Morgue
Murders In The Rue Morgue, USA, R: Robert Florey, D: Bela Lugosi

1914 Murders In The Rue Morgue
USA, R: Sol A. Rosenberg

MORD UM MITTERNACHT
Turn Back The Clock, USA 1989, R: Larry Elikann, D: Connie Sellecca, David Dukes, Jere Burns, Wendy Kilbourne, Gene Barry, Dina Merrill, Joan Leslie, Frank Luz, Pat Cupo, Kim Terry Costin, Frank Coppola

Mord um Mitternacht (1989, R: Larry Elikann): David Dukes und Connie Sellecca

Ein Mann fällt einem Mord um Mitternacht zum Opfer – um gleich darauf wieder putzmunter an einer Party teilzunehmen. Seine Ehefrau hat ihn gerade erschossen, doch ihr verzweifelter Wunsch, alles ungeschehen zu machen, hat sich auf mysteriöse Weise erfüllt.

AZ: »Schicksalsdrama als reißerische Silvester-Einstimmung.«

1933 Turn Back The Clock
USA, R: Edgar Selwyn, D: Lee Tracy, Mae Clarke, George Barbier

MR. MAGOO
USA 1997, R: Pal Proft, D: Leslie Nielsen, Kelly Lynch, Nick Chinlund, Matt Keeslar

Mr. Magoo hat zwar ein millionenschweres Konto, aber extrem schlechte Augen. Durch etliche dumme Zufälle kommt der kurzsichtige Multimillionär in den Besitz eines kostbaren Diamanten, auf den es eigentlich ein Gaunerpärchen abgesehen hat. Doch Mr. Magoo, der verfolgt wird, ohne es zu wissen, tappt an den aufgestellten Fallen immer knapp vorbei ...

Für den Kritiker des Wiener *Kurier* ist die Story »mindestens so kurzsichtig wie ihr Held. Auch fehlt der richtig fiese Fiesling als Gegenpol zu Nielsens wirklich liebenswertem Magoo, der, würde er endlich seine Schwachsichtigkeit zugeben, sicher eine rosarote Brille hätte. Leider hat man vergessen, ihm gute Gags zu schreiben, die über die sehfehlerbedingten Fettnäpfchen hinausreichen (na gut, sieben bis vier witzige sind hier aber dabei).«

1964–1965 Mister Magoo
USA R: Pete Burness – Animation

MRS. WINTERBOURNE
USA 1996, R: Richard Benjamin, D: Shirley MacLaine, Ricki Lake, Brendan Fraser, Miguel Sandoval, Peter Gerety, Loren Dean

Nach einem Roman von Cornell Woolrich: Das moderne Aschenputtel Connie Doyle, hochschwanger, ohne Geld und von ihrem Freund auf die Straße gesetzt, will New York verlassen. Zufällig bekommt sie ein Bahnticket geschenkt und trifft im Zug die frisch verheiratete, ebenfalls schwangere Patricia. Sie ist mit ihrem Mann, dem Millionenerben Hugh Winterbourne, auf dem

Weg zu ihrer neuen Familie, die sie noch nicht kennt. Die überglückliche Patricia lässt Connie ihren Ehering anprobieren. Da passiert ein schreckliches Zugunglück. Als Connie in einer Klinik erwacht, ist sie Mutter eines gesunden Buben, und man hält sie wegen ihres Ringes für Patricia, die gemeinsam mit ihrem Ehemann bei dem Unfall verstarb. Mit offenen Armen wird Connie samt Baby in der Luxusvilla ihrer angeblichen Schwiegermutter Grace Winterbourne empfangen. Als vermeintliche Schwiegertochter findet Connie eine zweite Identität und besteht in der für sie ungewohnt noblen und feinen Gesellschaft einige brenzlige Situationen, immer der Gefahr der Entlarvung ausgesetzt. Besonders Bill, der Zwillingsbruder des verstorbenen Hughs, hegt Zweifel, die aber durch den natürlichen Charme der jungen Hochstaplerin bald vom Tisch sind. Doch bevor er und Connie, die sich ineinander verlieben, heiraten, droht Connies Lügengebäude einzustürzen. Steve, Kleinverbrecher und leiblicher Vater von Connies Sohn, will am Kuchen mitnaschen.

Lexikon des internationalen Films: »Ein etwas unentschlossen zwischen Psychothriller um vertauschte Identitäten und handfester Komödie pendelnder Film, der später in eine achtbar gespielte Liebesgeschichte einmündet. Die bedrohliche Atmosphäre der literarischen Vorlage wird freilich in eher unverbindliche Unterhaltung abgewandelt.«

1982 Verheiratet mit einem Toten
J'ai épousé une ombre, F, R: Robin Davis, D: Nathalie Baye, Francis Huster

1950 Entgleist
No Man Of Her Own, USA, R: Mitchell Leisen, D: Barbara Stanwyck, John Lund

MS. SCROOGE – EIN WUNDERVOLLER ENGEL
Ms. Scrooge, USA/CDN 1997, R: John Korty, D: Cicely Tyson, Michael Beach, John Bourgois, William Greenblatt, Ashley Brown
Nach der Erzählung *A Christmas Carol* von Charles Dickens: In dieser Verfilmung der klassischen Weihnachtsgeschichte ist die Hauptfigur als Frau dargestellt und in der Medienwelt beheimatet. Auch ihre Hartherzigkeit wird angesichts der Geister dreier Weihnachtsabende und ihres vor

hergesehenen einsamen Todes in Güte umgewandelt.

Lexikon des internationalen Films: »Eine Fernsehverfilmung, die den moralischen Pathos der Erzählung etwas dick aufträgt, dennoch beschauliche Unterhaltung liefert, weil alle Gefahren allzu großer Gefühlsseligkeit vermieden werden.«

2001 Christmas Carol: The Movie
GB, R: Jimmy T. Murakami – Animation

1999 A Christmas Carol
USA, R: David Hugh Jones, D: Patrick Stewart, Richard E. Grant, Joel Grey

1997 Die Weihnachtsgeschichte
A Christmas Carol, USA, R: Stan Phillips – Animation

1994 Bah, Humbug!: The Story of Charles Dickens' ›A Christmas Carol‹
GB/USA, R: Derek Bailey, D: James Earl Jones, Robert MacNeil, Martin Sheen

1992 Die Muppets – Weihnachtsgeschichte
The Muppet Christmas Carol, USA, R: Brian Henson, D: Michael Caine

1988 Eine Weihnachtsgeschichte
Animated Classics: A Christmas Carol, USA – Animation

1988 Die Geister, die ich rief ...
Scrooged, USA, R: Richard Donner, D: Bill Murray, Karen Allen

1988 Blackadder's Christmas Carol
GB, R: Richard Boden, D: Rowan Atkinson, Tony Robinson, Miranda Richardson

1984 Geistertreffen um Mitternacht
Le chant de noel, F, R: Pierre Boutron, D: Michel Bouquet, Georges Wilson

1984 Charles Dickens' Weihnachtsgeschichte
A Christmas Carol, GB/USA, R: Clive Donner, D: George C. Scott, Nigel Davenport

*Charles Dickens' Weihnachtsgeschichte
(1984, R: Clive Donner)*

1979 An American Christmas Carol
CDN/USA, R: Eric Till, D: Brett Matthew Davidson, Dorian Harewood, Susan Hogan

1978 Scrooge
USA, D: Warren Graves

1978 The Stingiest Man In Town
USA, R: Jules Bass, Arthur Rankin jr. – Animation

1977 A Christmas Carol
GB, D: Michael Hordern, John Le Mesurier, Bernard Lee

1976 A Christmas Carol
D: Patricia Quinn

1972 A Christmas Carol
USA, R: Richard Williams, D: Alastair Sim, Michael Hordern, Melvyn Hayes

1970 Scrooge
GB, R: Ronald Neame, D: Albert Finney, Alec Guinness, Edith Evans

1964 Carol For Another Christmas
USA, R: Joseph L. Mankiewicz, D: Sterling Hayden, Peter Fonda, Ben Gazzara

1964 Mr. Scrooge
D: Cyril Ritchard

1960 A Christmas Carol
GB, R: Robert Hartford Davis, D: John Hayter

1954 Shower of Stars
USA, D: Jack Benny, William Lundigan, Fredric March

1954 A Christmas Carol
USA, R: Ralph Levy, D: Fredric March, Ray Middleton, Basil Rathbone

1953 Es ist nie zu spät
Non mai è troppo tardi, I, R: Filippo Walter Ratti, D: Marcello Mastroianni

1951 Eine Weihnachtsgeschichte
Scrooge, GB, R: Brian Desmond Hurst, D: Alastair Sim, Kathleen Harrison

1949 The Christmas Carol
GB, R: Arthur Pierson, D: Taylor Holmes, Vincent Price, Robert Clarke

1947 Leyenda de Navidad
E, R: Manuel Tamayo, D: Jesús Tordesillas, Lina Yegros, Fernando Aguirre

1947 A Christmas Carol
USA, D: John Carradine

1938 A Christmas Carol
USA, R: Edwin L. Marin, D: Reginald Owen, Gene Lockhart, Kathleen Lockhart

1935 Scrooge
GB, R: Henry Edwards, D: Seymour Hicks, Donald Calthrop, Robert Cochran

1928 Scrooge
GB, R: Hugh Croise, D: Bransby Williams

1923 Scrooge
GB, D: Russell Thorndike, Nina Vanna, Jack Denton, Forbes Dawson

1922 Scrooge
GB, R: George Wynn, D: H. V. Esmond

1916 The Right To Be Happy
USA, R: Rupert Julien, D: Rupert Julian, John Cook, Claire McDowell

1914 A Christmas Carol
GB, R: Harold Shaw, D: Charles Rock

1913 A Christmas Carol
GB, R: Leedham Bantock, D: Leedham Bantock, Seymour Hicks, William Lugg

1910 A Christmas Carol
USA, D: William Bechtel, Viola Dana, Carey Lee

1908 A Christmas Carol
USA

1901 Scrooge
GB, R: Walter R. Booth

DER MÜDE THEODOR

BRD 1957, R: Géza von Cziffra, D: Heinz Erhardt, Renate Ewert, Peter Weck, Loni Heuser, Karin Baal, Kurt Großkurth, Albert Rueprecht, Ralf Wolter, Werner Finck, Horst Beck, Wolfgang Neuss, Hubert von Meyerinck, Josef Offenbach, Wolfgang Heyer, Elfie Pertramerl, Franz Otto Krüger, Wolfgang Müller

Nach einem Schwank von Max Neal und Max Ferner: »In seiner ersten Film-Hauptrolle spielt Heinz Erhardt den herrlich vertrottelten Fabrikanten Hagemann, der bei der Wahl zwischen Marmelade und Muse sich immer für die Muse entscheidet. Das wiederum ist der gestreng-tyrannischen Gattin ein Dorn im Auge: Sie achtet auf Erhalt und Mehrung der Penunse, während Kunstmäzen Theodor schon mehr als Kleingeld verteilt. Die Konten werden gesperrt und die Kassen verschlossen: Theodor muss auf geheime Weise Geld verdienen – als Zimmerkellner in einem Hotel. Viel Porzellan wird zerschlagen, zur Freude von Direktor Noll: Er kann endlich das altmodische Geschirr durch neues ersetzen. Zur Durchsichtigkeit der Handlung bei Komödien der fünfziger Jahre gehört es, dass am Ende jedes Töpfchen sein Deckelchen findet. Tochter Jenny den komponierenden Keksfabrikanten-Sohn Harald und Vetter Felix die junge Sängerin Lilo. Absolute Krönung ist allerdings der Rollentausch im Hause Hagemann: Theodor führt jetzt das Marmeladen-Regiment, Ehefrau Rosa kehrt an den häuslichen Herd zurück. Dass der Zuschauer immer schon weiß, wie das Ende wohl aussehen wird, kann häufig den Spaß trüben: Noch 'ne Verwicklung und noch 'ne Verwicklung. *Der müde Theodor* ist da eine Ausnahme, die Komödie hat ein wahnsinniges Tempo und die witzigen Sketcheinlagen mit Werner Finck, Hubert von Meyerinck und Ralf Wolter tun ein Übriges: Die eigentlich banale Filmstory wird zur Nebensache.« *(Film ab: Heinz Erhardt)*

Die Qualität dieser westdeutschen Filmkomödie überzeugte auch die Einkäufer des Filmverleihs Progress im Arbeiter- und Bauernstaat DDR, sie brachten den *müden Theodor* 1957 in die Kinos.

Kölnische Rundschau: »Noch 'ne Hauptrolle für Heinz Erhardt. Der Chef-Kalauer unter den deutschen Komikern ist mitneffen – mitnichten! – für diesen Film verantwortlich zu machen. Heinz-Theodor ist müde (an dieser Stelle mag der Leser einmal gähnen) – sein Regisseur Géza von Cziffra auch (hier nach Bedarf zweimal gähnen). Im Film hält man viel von Marmelade. Zur Marmelade kommen dann noch Kekse und zwei Brautpaare. Der gelegte Neiser – der geneigte Leser – wird wohl schon gemerkt haben, dass diese Konstellation eine ausgesprochene Rarität ist, was die Neuartigkeit der Idee an geht. Als besonderen Gag möge man es betrachten, dass der glatzköpfige Hubert von Meyerinck eine an den Haaren herbeigezogene Rolle spielt. Komiker vom Dienst Erhardt dürfte nach diesem Film der erste Anwärter auf die Rettungsmedaille für ein-

heimische Lustspiele sein; denn allein ihm ist es zu verdanken, dass die Müdigkeit des Theodors nicht auch aufs Parkett übergreift. Karin Baal ist zwar vom Halbstarkenkeller in solidere Filmdekorationen gewechselt, hat aber bei diesem Stellungswechsel scheinbar auch den Rest ihrer Begabung eingebüßt. Fällt aber gar nicht auf, die anderen sind auch nicht besser.«

1936 Der müde Theodor
D, R: Veit Harlan, D: Weiß Ferdl, Erika Glässner, Gertrud Boll, Gretl Theimer

DIE MUMIE
The Mummy, USA 1999, R: Stephen Sommers, D: Brendan Fraser, Rachel Weisz, John Hannah

Das Epos spielt im Jahre 1925 in der Wüste Sahara. Eine Expedition schatzsuchender Archäologen stolpert fast zufällig über ein uraltes Grab, das ein todbringendes Geheimnis birgt. Das Öffnen der Kammer erweckt ein 3000 Jahre altes Horrorvermächtnis zum Leben: die Reinkarnation eines rachsüchtigen, altägyptischen Priesters, der verurteilt wurde, auf ewig ein Untoter zu sein ...

Peter Körte *(Frankfurter Rundschau)*: »Sein Remake ... hat alles, was das Kinderherz im Kri-

Unten: Die Mumie (1999, R: Stephen Sommers): Rachel Weisz und Brendan Fraser
Rechts: Die Mumie (1999): Hohepriester Imhotep

Die Mumie (1932, R: Karl Freund):
Boris Karloff als Hohepriester Imhotep

tiker ersehnt. Ein untoter Priester, lebendig mumifiziert und fluchbeladen, goldgierige Forscher und Glücksritter der zwanziger Jahre. Es gibt auch Kamele und romantische Liebe, edle Tuareg und einen fiesen, verräterischen Feigling ...«

1993 Mumie – Tal des Todes

The Mummy Lives, USA, R: Gerry O'Hara, D: Tony Curtis, Leslie Hardy

1959 Rache der Pharaonen

The Mummy, USA, R: Terence Fisher, D: Christopher Lee

1932 Die Mumie

The Mummy, USA, R: Karl Freund, D: Boris Karloff

MUPPETS – DIE SCHATZINSEL

Muppet Treasure Island, USA 1996, R: Brian Henson, D: Tim Curry, Kevin Bishop, Billy Connolly, Miss Piggy, Kermit, Great Gonzo, Rizzo, Fozzie
Nach der Erzählung von Robert Louis Stevenson: Im 18. Jahrhundert gerät der Waisenjunge Jim Hawkins in den Besitz einer geheimnisvollen Schatzkarte. Sie verweist auf eine ferne Insel in der Südsee. Unter Führung von Captain Smollet alias Kermit segelt Jim über die Ozeane. Gefahren drohen von allen Seiten. Denn die Piraten von Long John Silver haben sich auf dem Schiff eingeschlichen. Und auf der Schatzinsel regiert eine resolute Sau, die sich unsterblich in Kapitän Smollet verliebt.
Cinema: »Johohoo und 'ne Buddel voll Rum: Jim Hensons Plüschpiraten stechen in See – un-

ter dem Kommando von Tim Curry ... Der typisch freche Humor der skurrilen Puppen macht *Die Schatzinsel* ebenso wie die obligatorischen Musical-Einlagen zu einem Stück purem Family Entertainment.«

Die Schatzinsel wird Disney einen abendfüllenden SF-Zeichentrickfilm mit dem Titel *Der Schatzplanet (Treasure Planet)* in die Kinos bringen. Es ist der erste Zeichentrickfilm von Disney, der im Weltraum spielen wird. Der Film dreht sich um »Jim Hawkings«, einen jungen Mann, der nach einem verlorenen Schatz des »Captain Flint« sucht. Ihm im Weg ist dabei »Long John Silver«, der den Schatz auch haben will. Der Film wird unter der Regie von John Musker und Ron Clements entstehen.

1999 Treasure Island

USA, R: Peter Rowe, D: Jack Palance, Kevin Zegers, Patrick Bergin

1997 Treasure Island

GB, R: Dino Athannassiou – Animation

1994 Treasure Island: The Adventure Begins

USA, R: Scott Garen, D: James V. Hart, Jason Beghe, Corey Carrier

1993 Zhi yao wei ni huo yi tian

RC, R: Kuo-fu Chen, D: Veronica Yip

1990 Die Schatzinsel

Treasure Island, GB, R: Fraser Clarke Heston, D: Charlton Heston, Christian Bale

1987 Space Pirates

BRD/I, R: Antonio Margheriti, D: Anthony Quinn, Itaco Nardulli

1985 Treasure Island

F/GB/USA, R: Raoul Ruiz, D: Melvil Poupaud, Martin Landau, Vic Tayback

1975 Insula comorilor

RO, R: Gilles Grangier, Sergiu Nicolaescu

Die Schatzinsel (1990, R: Fraser Clarke Heston):
Charlton Heston und Christian Bale

Die Schatzinsel (1972, R: Andrew White):
Kim Burfield

Die Schatzinsel (1950, R: Byron Haskin):
Walter Fitzgerald, Bobby Driscoll und Denis O'Dea

1973 Piraten vor der Schatzinsel
Treasure Island, USA, R: Hal Sutherland – Animation

1972 Jim Hawkins wundersame Abenteuer
Ostrow sokrowistsch, UdSSR, R: Jewgeni Fridman, D: Boris Andrejew

1972 Die Schatzinsel
L'ile au tresor, E/I/F/BRD, R: Andrew White, D: Orson Welles, Kim Burfield
Parallel wurde eine englische Version mit denselben Darstellern unter der Regie von John Hough gedreht, an dessen Drehbuch auch Orson Welles unter dem Pseudonym O. W. Jeeves mitarbeitete.

1972 Scalawag
USA, R: Kirk Douglas, D: Kirk Douglas, Neville Brand, Danny DeVito

1971 Ostrov sokrovishch
UdSSR, R: Yevgeni Fridman, D: Boris Andreyev

1971 Jolly Joker
Dobutsu takarajima, J, R: Hiroshi Ikeda – Animation

1964 Treasure Island
VCR, R: Xinyan Zhang

1960 Treasure Island
USA, R: Daniel Petrie, D: Max Adrian, Douglas Campbell, Tom Clancy

1950 Die Schatzinsel
Treasure Island, USA, R: Byron Haskin, D: Robert Newton, Bobby Driscoll

1937 Ostrov sokrovishch
UdSSR, R: David Bradley, Vladimir Vajnshtok, D: Kapitolina Pugachyova

1934 Die Schatzinsel
Treasure Island, USA, R: Victor Fleming, D: Wallace Beery, Jackie Cooper

1920 Treasure Island
USA, R: Maurice Tourneur, D: Lon Chaney, Sydney Deane, Shirley Mason

1918 Treasure Island
USA, R: Chester M. Franklin, Sidney Franklin, D: Francis Carpenter, Violet Radcliffe

1912 Treasure Island
USA, R: J. Searle Dawley, D: Addison Rothermel, Mary Fuller

1908 Treasure Island
USA

N

NA, NA, FRÄULEIN MUTTI!

*Bundle Of Joy, USA 1956, R: Norman Taurog, D:
Eddie Fisher, Debbie Reynolds, Adolphe Menjou,
Tommy Noonan, Melville Cooper, Una Merkel, Ni-
ta Talbot, Howard McNear*

Nach einem Buch von Felix Jackson: Die

Verkäuferin eines Warenhauses gerät in Verwicklungen, als sie ein Baby findet, denn jeder
nimmt an, dass der Sohn des Chefs der Vater sei.
Und da der Chef glücklich ist, endlich einen Enkel zu haben, wird das Findelkind Stifter einer
Liebesheirat.

H. J. Helmers *(Filmblätter):* »Zwischen Musical und Revue mit viel Gesangseinlagen, die
Eddie Fisher und Debbie Reynolds mit Broad-
wayroutine absolvieren, bewegt sich der Film auf
der Linie eines leichten Lustspielschwanks.
Tommy Noonan sorgt als jugendlicher Komiker
für quirligen Klamauk und Adolphe Menjou verbreitet als Warenhauschef seriöse Eleganz und
strahlenden Großvaterstolz. Ein Publikum, das
gedanklich unbelastete leichte Unterhaltung mit
musikalischem Einschlag sucht, wird mit diesem
Film ohne weiteres zufrieden zu stellen sein.«

1939 Die Findelmutter

*Bachelor Mother, USA, R: Garson Kanin, D: Ginger
Rogers, David Niven*

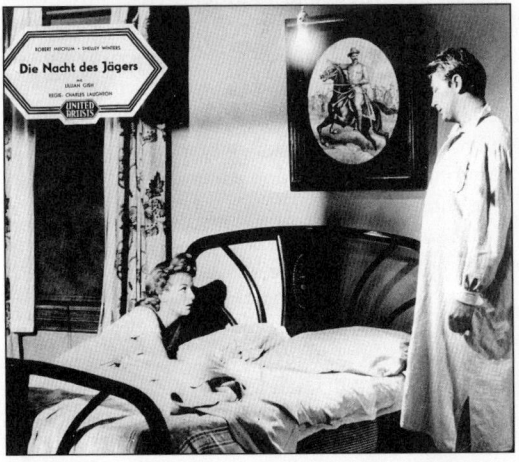

Von links oben nach rechts unten:
- *Die Nacht des Jägers (1991, R: David Greene):
  Amy Bebout, Richard Chamberlain und Reid Binion*
- *Die Nacht des Jägers (1955, R: Charles Laughton):
  Shelley Winters und Robert Mitchum*
- *Die Nacht des Jägers (1955): Robert Mitchum*

DIE NACHT DES JÄGERS

The Night Of The Hunter, USA 1991, R: David Greene, D: Richard Chamberlain, Diana Scarwid, Amy Bebout, Reid Binion, Ray McKinnon, Mary Nell Santacroce, Burgess Meredith, Ed Grady

Nach dem gleichnamigen Roman von Davis Grubb: Der Mann von Willa wurde bei einem Raubüberfall verletzt. Harry Powell macht sich in Verkleidung eines Wanderpredigers an die Witwe heran, um die versteckte Beute zu ergattern. Doch Willas Sohn John durchschaut das Spiel.

MovieLine: »Entgegen seinen sonstigen Rollen ist *Dornenvogel* Richard Chamberlain hier ein bestialischer Krimineller. Im Kostüm eines Wanderpredigers terrorisiert er ein Kind, um die Lage eines Geldverstecks zu erfahren. Mittelmäßiges Remake des Kino-Klassikers von 1955.«

1955 Die Nacht des Jägers

The Night Of The Hunter; USA, R: Charles Laughton, D: Robert Mitchum

DIE NACHT IN VENEDIG

D 1942, R: Paul Verhoeven, D: Lizzi Waldmüller, Heidemarie Hatheyer, Hans Nielsen, Harld Paulsen, Erich Ponto, Paul Henckels, Erika von Thellmann

Nach einer Operette von Johann Strauß: Die Primadonna Vilma Berner will ihren Jugendfreund Dr. Nikolaus Roll heiraten. Da trifft sie ihren geschiedenen Mann Peter Laurentz wieder, der gerade der Stenotypistin Annemarie den Hof macht. Eine Situation, die der Eifersucht Tür und Tor öffnet.

Lexikon des internationalen Films: »Die frisch und charmant gespielte Liebeskomödie benutzt die Melodien, nicht aber die Handlung der gleichnamigen Strauß-Operette. Angenehme musikalische Unterhaltung.«

1933 Eine Nacht in Venedig

D/H, R: Robert Wiene, D: Tino Pattiera, Ludwig Stössel, Tina Eilers, Oskar Sima

DIE NACHT VON SAN LORENZO

La Notte di San Lorenzo, I 1982, R: Paolo Taviani, Vittorio Taviani, D: Margarita Lozano, Claudio Bigagli, Miriam Guidelli, Massimo Bonetti, Enrica Maria Modugno, Sabina Vannucchi, Giorgio Naddi, Renata Zamengo, Micol Guidelli

Der Film erzählt aus der Sicht eines kleinen Mädchens über eine Welt im Aufruhr, über den Zweiten Weltkrieg in einem toskanischen Städtchen. Hier in San Lorenzo hat sie die sechs Jahre ihres Lebens verbracht. Nun beherrschen die Deutschen und die Faschisten Italien, aber die amerikanischen Befreier sind schon auf dem Vormarsch. Ein Teil der Bewohner versucht, sich zu den heranrückenden Truppen durchzuschlagen – und das kleine Mädchen ist dabei. Was in dieser Nacht passiert – aus Verzweiflung, Angst, Hoffnung, Sehnsucht – ist das Thema des Films. *Die Nacht von San Lorenzo* ist die Nacht der Wünsche, die in Erfüllung gehen, wenn man eine Sternschnuppe sieht. Damals hieß das: überleben. Sämtliche erzählten Begebenheiten besitzen eine dokumentarische Grundlage, sind aber nicht rein realistisch dargestellt. »Als wir in der Toskana Zeugenaussagen von Überlebenden sammelten«, erklären die Brüder Taviani, »bemerkten wir, dass jeder Einzelne die Geschichte auf seine Weise sah. Das versuchten wir ästhetisch so umzuformen, dass man die Spur wieder findet, die die Tatsachen in den verschiedenen Erinnerungen hinterlassen haben.«

Bodo Fründt (*Der Stern*): »Über einen märchenhaft schimmernden Abendhimmel fällt eine Sternschnuppe. Eine Mutter erzählt ihrem Kind eine ungewöhnliche Gutenachtgeschichte über die letzten Kriegstage des Sommers 1944 in einem Städtchen der Toskana: Der Frontenlärm wird immer lauter. Noch fürchten alle die deutschen Besatzer und die heimischen Faschisten, doch die Amerikaner, die Befreiung versprechen, sind nah. Gleich zu Beginn ihres 9. Spielfilms wechseln die Regisseurbrüder Paolo und Vittorio Taviani zwischen Legendenstil und Groteske, die schnell wieder in blutigen Ernst umschlägt: Ein deutscher Soldat ist erschossen aufgefunden worden. Jetzt sollen sich alle Italiener in der Kirche zusammenfinden. Ein Racheakt der Deutschen, eine Geislerschießung, scheint bevorzustehen. Im Schutz der Nacht flieht ein Teil der Bewohner den rettenden Amerikanern entgegen. Die Odyssee dieser Menschen zwischen den Fronten schildern die Tavianis aus der Sicht eines siebenjährigen Mädchens. Das ist die heute erwachsene Erzählerin des Films. Damals war der Krieg für sie eine willkommene Aufregung, schrecklich, aber manchmal auch schrecklich komisch ... Die zugleich gefühlsgeladene und distanziert-gebrochene Erzählung ist tragisch und erheiternd, zärtlich und brutal – wie das Leben.

Besseres lässt sich über einen Film wohl kaum sagen.«

1954 San Miniato, luglio '44
I, R: Paolo Taviani, Vittorio Taviani

DIE NACHT VON SOHO
Night And The City, USA 1992, R: Irwin Winkler, D: Robert De Niro, Jessica Lange, Alan King, Jack Warden, Cliff Gorman, Eli Wallach, Jack Warden, Barry Primus, Gene Kirkwood, Pedro Sanchez
Der smarte Rechtsanwalt Harry Fabian will ins Boxgeschäft einsteigen, um es zu etwas zu bringen, stolpert aber über seine eigenen Ambitionen und landet geradewegs in den Armen eines rivalisierenden Box-Promoters, der wenig Verständnis für seinen Konkurrenten zeigt.

Rolf-Ruediger Hamacher *(Film-Dienst)*: »Der im Gegensatz zum tödlichen Ende des Originals offen gelassene Schluss symbolisiert den Knackpunkt von Winklers Remake. Wie in seinem Regiedebüt *Schuldig bei Verdacht*, in dem er die Kommunistenhatz der McCarthy-Ära nur als Schablone für einen unpolitischen Gerichtsfilm missbrauchte, bleibt Winklers Inszenierungsstil auch hier an der Oberfläche. Weder versteht er es, die düsteren Ecken des Molochs New York atmosphärisch als Handlungsträger zu nutzen und auch nur ansatzweise die morbide Stimmung eines ›Film noir‹ auferstehen zu lassen, noch gewinnen seine Charaktere Konturen: in der Kommunikation mit anderen fast völlig reduziert auf den Zwei-Sätze-Wortschatz ›Fuck me‹ und ›Fuck you‹, hampelt De Niro ständig monologisierend und hypernervös durch die Szenerie.«

Nacht von Soho (1992, R: Irwin Winkler): Robert De Niro und Jessica Lange

1949 Die Ratte von Soho
Night And The City, USA/GB, R: Jules Dassin, D: Richard Widmark, Gene Tierney

NACHTASYL
Donzoko, J 1957, R: Akira Kurosawa, D: Toshirô Mifune, Isuzu Yamada, Ganjirô Nakamura, Kyôko Kagawa
Nach dem Theaterstück *Na dne* von Maxim Gorki: In einem armseligen Obdachlosenasyl leben ein Dieb, eine Prostituierte, ein arbeitsloser Kesselflicker und seine todkranke Frau, ein ehemaliger Samurai, ein gescheiterter Schauspieler, ein entlassener Sträfling; und vorübergehend gesellt sich ein alter Pilger zu ihnen. Unterdrückt, gedemütigt und um das letzte Geld gebracht werden sie von dem raffgierigen Wirt und seiner jähzornigen, falschen Frau. Doch auch untereinander herrschen Streit, Hass, Eifersucht; das gemeinsame Elend verbindet nicht, sondern führt zu Rivalität und Intrigen. Nur das allgemeine Saufgelage führt zur Gemeinsamkeit, selten wird die Hoffnungs- und Trostlosigkeit durchbrochen.

Jochen Brunow *(Hobo)*: »Zu den wohl bekanntesten Stücken Maxim Gorkis gehört sein 1902 entstandenes Drama *Nachtasyl*, in dem er die Erfahrungen seiner Wander- und Vagabundenzeit unter Gaunern, Landstreichern und Abenteurern verarbeitet. Während dieser Jahre dienten billige, schäbige Herbergen, wie die im Stück beschriebene, dem Autor selbst als Unterkunft und Zufluchtstätte. 1957 verfilmte Kurosawa das Drama und übertrug hierfür die Handlung ganz auf die Verhältnisse in der japanischen Gesellschaft ... Kurosawa hat sich eng an die dramatische Form des Stücks gehalten und nicht krampfhaft versucht, es in eine besonders handlungsreiche, ›filmerische‹ Form zu pressen. Wie bei einer Theateraufführung wurden die Szenen gründlich geprobt, dann in einem Zuge durchgespielt und dabei von mehreren Kameras gleichzeitig aufgezeichnet. Selten wird dabei der Raum, in dem die Obdachlosen hausen, verlassen. In streng geometrischen Bildern fängt Kurosawa diese wie ein Viehstall in Pferche unterteilte Unterkunft ein. Die räumliche und geistige Enge und Stickigkeit

des Zimmers findet in den Bildern ihren adäquaten Ausdruck. Die Eindringlichkeit der Bilder wäre nicht möglich ohne die großartige Leistung der japanischen Schauspieler und ihre beklemmend realistische Spielweise. Kongenial –
diese in letzter Zeit für viele Literaturverfilmungen verwendete Bezeichnung – für Akira Kurosawas *Nachtasyl* trifft sie wirklich zu.«

1936 Nachtasyl

*Les bas-fonds, F, R: Jean Renoir, D: Louis Jouvet,
Jean Gabin, Suzy Prim*

NACHTS UNTERWEGS

*They Drive By Night, USA 1940, R: Raoul Walsh,
D: George Raft, Ann Sheridan, Ida Lupino, Hum-
phrey Bogart, Gale Page, Alan Hale, Roscoe Karns,
John Litel, George Tobias*

Nach dem Roman *Long Haul* von A. I. Bezzeri-
des: Joe Fabrini und sein Bruder Paul sind Fern-
fahrer, die sich mit einem auf Kredit gekauften
Lastwagen selbstständig machen wollen. Als sie
kurz vor ihrem geschäftlichen Durchbruch stehen, schläft Paul aus Übermüdung am Steuer ein
und verursacht einen schweren Unfall. Der LKW
ist Schrott, und Paul verliert einen Arm. Joe
nimmt einen Job als Fahrer bei seinem alten
Freund Ed Carlsen an, der sich erfolgreich selbstständig gemacht hat und einen beachtlichen
Fuhrpark unterhält. Mit Eds Frau Lana hatte Joe
eine flüchtige Affäre vor ihrer Heirat. In der
Hoffnung, dass Joe hinter dem Rücken ihres
gutmütigen Mannes die alte Affäre wieder auf-
flammen lässt, fördert Lana nach Kräften Joes
Karriere. Als Joe all ihre Avancen zurückweist,
bringt Lana ihren Mann mit Autoabgasen um und
täuscht erfolgreich einen Unfall vor. Sie spielt die
trauernde Witwe und überschreibt Joe die Hälfte der Firma, die unter seiner Leitung bald flo-
riert. Doch als Joe die rothaarige Cassie Hartley
heiraten will, gesteht Lana den Mord an ihrem
Mann und beschuldigt Joe, er habe sie aus Habgier zu dieser Tat gezwungen ... *Nachts unterwegs*
beginnt mit der spannenden und realistischen
Schilderung des Fernfahrermilieus, um mit einer
düsteren Kriminalgeschichte zu enden. Dieser
Film von Raoul Walsh ist ein stilbildender Vorläufer der »Schwarzen Serie« mit George Raft,
Humphrey Bogart und Ida Lupino in den Hauptrollen. Der Film lief auch unter dem Titel *Sie führen bei Nacht.*

1935 Stadt an der Grenze

*Bordertown, USA, R: Archie Mayo, D: Paul Muni,
Bette Davis, Margaret Lindsay*

DIE NACKTE BOMBE

*The Nude Bomb, USA 1980, R: Clive Donner, D:
Don Adams, Sylvia Kristel, Rhonda Fleming, Dana
Elcar, Pamela Hensley, Andrea Howard, Norman
Lloyd, Bill Dana, Gary Imhoff, Vittorio Gassman,
Robert Karvelas, Sarah Rush, Thomas Hill, Joey For-
man*

Das Verbrechersyndikat KAOS (die internationale Organisation für das Böse und Tyrannei) hat
eine so genannte Nacktbombe entwickelt: Wird
sie gezündet, ist das Zeitalter der Textilfreiheit
gekommen. Da KAOS die Welt mit diesem
Schrecknis erpressen will, setzt die Abwehroga-
nisation PITS (Provisional Intelligence Tactical
Service) den Agenten Maxwell Smart und sein
Team auf den Fall an, der mit Hilfe zahlloser technischer Gadgets – wie einem fahrbaren Schreibtisch – den Chef der Bande entlarven und das
Schlimmste verhindern kann.

Martina Borger *(Filmbeobachter)*: »Der englische Regisseur Clive Donner hat mit diesem Film
die Fortsetzung einer amerikanischen TV-Serie
der sechziger Jahre versucht. Seine Parodie auf
Agentenfilme ist ein albernes und langweiliges
Machwerk um einen tollpatschigen Superagen-
ten und seine Abenteuer mit einer Organisation
von Bösewichtern. Auch einige wenige gute Gags
und viele hübsche Mädchen bewahren den Klamauk nicht vor dem großen Gähnen.«

1989 entstand die Fortsetzung *Die nackte
Bombe 2.*

1965–1970 Mini-Max

*Get Smart, USA, TV-Serie: 138 Folgen, R: N. Ab-
bott, Don Adams, D: Don Adams*

DIE NACKTE KANONE

*The Naked Gun, USA 1988, R: David Zucker, D:
Leslie Nielsen, Priscilla Presley, Ricardo Montalbán,
George Kennedy, Nancy Marchand, O. J. Simpson,
John Houseman, Raye Birk, Ed Williams, Joe Grifa-
si, Reggie Jackson, Charlotte Zucker*

In Beirut hecken Castro, Gaddafi, Khomeini, Idi
Amin und Gorbatschow eine Verschwörung gegen die Amerikaner aus. Sie haben allerdings
nicht mit Polizei-Leutnant Frank Debrin gerechnet, der diese illustre Runde aufmischt. Von seinem Auftrag nach Los Angeles zurückgekehrt,

nimmt er seine neue Aufgabe in Angriff, nämlich Königin Elisabeth von England bei ihrem Besuch in den USA vor einem Attentat zu schützen. Sein Gegenspieler ist der mysteriöse Mr. Ludwig, der Personen mittels elektronischer Hypnose zu roboterhaften Killern umfunktionieren kann. Ludwigs Sekretärin Jane findet Gefallen an dem rauen Cop und gerät unwissentlich zwischen die Fronten. Während eines Baseballspiels, bei dem die Queen anwesend ist, findet der große Showdown statt.

Prisma-Online: »Ein komödiantisches Feuerwerk aus Slapstickszenen und absurden Gags von dem Filmemacher-Trio David/Jerry Zucker und Jim Abrahams, kurz ZAZ. Die Komödie um den chaotischen Cop Frank Drebin alias Leslie Nielsen war 1988 ein Kassenschlager. Nielsen hatte diese Rolle zuvor schon in *Police Squad* (1982), der Comedy-Serie der Brüder Zucker, übernommen. Doch die Serie floppte im US-Fernsehen. Dem Kinoschlager hingegen folgten zwei Fortsetzungen (1991 *Die nackte Kanone 2 1/2*, 1994 *Die nackte Kanone 33 1/3*), in denen Nielsen ebenfalls die Hauptrolle übernahm. Der Plan zu einem vierten Teil wurde schließlich fallen gelassen, nachdem sich Ex-Football-Star O. J. Simpson, der als Cop Nordberg erheblich zum Erfolg der verrückten Slapstick-Filme beigetragen hatte, in einem Aufsehen erregenden Prozess wegen Doppelmordes verantworten musste. In einer weiteren Rolle: Elvis Presleys schöne Witwe Priscilla.«

1982 Die nackte Pistole
Police Squad!, USA, TV-Serie, R: *Jim Abrahams, Reza Badiyi*, D: *Leslie Nielsen*

NADJA
USA 1994, R: *Michael Almereyda*, D: *Elina Löwensohn, Nic Ratner, Karl Geary, Peter Fonda, Martin Donovan, Jack Lotz, Galaxy Craze, David Lynch, Isabel Gillies, José Zúñiga, Bernadette Jurkowski*
New York City, 1995. Die Vampir-Zwillinge Nadja und Edgar versuchen auf getrennten Wegen ihren monströsen Erbanlagen zu entrinnen, nachdem Dr. Van Helsing den obligatorischen Holzpflock durch das Herz ihres Vaters Dracula getrieben hat. Van Helsing verwickelt seinen Neffen Jim in seine Versuche, die Zwillinge aufzuspüren und zu beseitigen. Aber Jims Ehefrau Lucy ist Nadja bereits verfallen. Auch des kränkelnden Edgars Krankenschwester Cassandra wird in die Vampir-Handlung gezogen, die sich von Brooklyn nach Rumänien verlagert, einem Transsylvanien der Psyche.

Michael Almereyda: »Dieser Film wäre weniger interessant geworden – und sogar nicht realisierbar – ohne die Zeit sparende Instant-Poesie, die uns die Fisher Price PXL 2000 gab, eine Spielzeugkamera aus Plastik, die nicht mehr auf dem Markt ist. Diese Kamera verwandelt die Realität in ein Feld fiebriger schwarz-weißer Punkte. Wir haben da eine technische Neuheit eingeführt, weil niemand vor uns Pixelvision auf 35-mm-Film tranferiert hat.« David Lynch: »Ich habe diesen Film wegen Michael Almereyda produziert. Ich glaube an sein Talent und seine Ideen. Für mich ist er einer der besten unabhängigen Regisseure der neuen amerikanischen Welle.«

1936 Dracula's Daughter
USA, R: *Lambert Hillyer*, D: *Otto Kruger, Gloria Holden, Marguerite Churchill*

NANA
USA/I 1982, R: *Dan Wolman*, D: *Katya Berger, Jean-Pierre Aumont, Mandy Rice-Davies, Debra Berger, Shirin Taylor, Yehuda Efroni*
Nach dem Roman von Emile Zola: Eine ebenso charmante wie attraktive junge Pariser Prostituierte steigt zur begehrten Lebedame auf und lässt sich von verschiedenen Männern sexuell und finanziell verwöhnen, die sie schließlich in den Ruin oder in den Selbstmord treibt.

Lexikon des internationalen Films: »Zolas Roman in einer weiteren Verfilmung, die der Vorlage Gewalt antut: Nana als vulgäres Rührstück mit miserablen Schauspielern.«

1970 Nana
S/F, R: *Mac Ahlberg*, D: *Anna Gael, Keve Hjelm, Hans Ernback*

1955 Nana
F/I, R: *Christian-Jaque*, D: *Martine Carol, Charles Boyer, Dora Doll*

1926 Nana
F, R: *Jean Renoir*, D: *Catherine Hessling, Jean Angelo, Werner Krauss*

NAPOLEON
F/BRD 2002, R: *Yves Simoneau*, D: *Anouk Aimée, Marie Bäumer, Christian Clavier, Gérard Depardieu, John Malkovich, Isabella Rossellini*
Das bewegte Leben des Napoleon in einem ZDF-Vierteiler: Der Film zeigt das Leben des mächti-

gen Kaisers (1769-1821) von seinem glorreichen Aufstieg über seinen Zwangsaufenthalt auf Elba bis zu seinem Tod auf der Insel St. Helena. Mit 80 Millionen Mark Budget ist das Mega-Projekt die bisher teuerste europäische TV-Produktion.

Martina Tabak (*Bild am Sonntag*): »Mit der hochkarätigen Besetzung kann *Napoleon* getrost in die Quotenschlacht ziehen: Gérard Depardieu (52), Isabella Rossellini (50), John Malkovich (47, *Gefährliche Liebschaften*) und Heino Ferch (38, *Comedian Harmonists*) spielen die Hauptrollen. Napoleon wird vom französischen Star Christian Clavier (49, *Asterix und Obelix*) dargestellt. Er könnte ein später Bruder des Feldherrn sein, ist mit überschaubaren 1,68 Metern auch genauso klein. ›Ich habe extra zehn Kilo für die Rolle abgenommen‹, sagt er der *BamS*-Reporterin. In den kurzen Drehpausen muss er den Dorfbewohnern immer wieder Autogramme geben. Auch Dusán Zavodny (36) aus Mikulov will eins. Er ist einer der insgesamt 20.000 Statisten, die im Vierteiler (wird in sechs Ländern gedreht) mitspielen.«

1955 Napoleon
F, R: *Sacha Guitry, D: Daniel Gélin, Raymond Pellegrin, Michèle Morgan*
1929 Napoleon auf St. Helena
D, R: *Lupu Pick, D: Werner Krauss, Albert Bassermann*
1925/27 Napoleon
Napoleon – vu par Abel Gance, F, R: Abel Gance, D: Vladimir Roudenko

NARROW MARGIN – ZWÖLF STUNDEN ANGST
USA 1990, R: Peter Hyams, D: Gene Hackman, Anne Archer, James B. Sikking, J. T. Walsh, M. Emmet Walsh, Susan Hogan, Nigel Bennett, J. A. Preston
Für die geschiedene Verlegerin Carol Hunnicut sieht es zum ersten Mal wieder viel versprechend aus. Ihr Blinddate erweist sich als der charmante Anwalt Michael Tarlow. Doch der gesprächige Herr steht auch auf der Abschussliste des Mobs, wie Carol noch am gleichen Abend zu ihrem Schrecken erfahren muss. Von einem Nebenzimmer aus beobachtet sie, wie Tarlow brutal exekutiert wird von den Schergen des Mafia-Bosses. Das macht sie für den ehrgeizigen Staatsanwalt Robert Caufield sehr wichtig, denn mit ihrer Augenzeugen-Aussage kann er die Kriminellen hinter Gitter bringen. Unwillentlich lockt Caufield aber die Mafia-Killer zum Versteck von Carol, der schließlich nichts anderes übrig bleibt, als mit ihm zu flüchten. Gemeinsam besteigen sie den Zug Richtung Vancouver. Ein Unterfangen, das von den cleveren Mafiosi schnell durchschaut wird. In der Eisenbahn entspinnt sich ein Kampf auf Leben und Tod, und längst nicht jeder Passagier spielt mit offenen Karten, wie Caufield bald herausfindet.

MovieLine: »Der ambitionierte Routinier Peter Hyams beweist in diesem Remake eines B-Krimiklassikers von 1952 sowohl als Regisseur wie auch als Kameramann die Fähigkeit, einen Suspence-Thriller auf engstem Raum effektvoll in Szene zu setzen. Figuren mit tiefergehendem Charakter hätten der Spannung wohl Abbruch getan und bleiben so weitgehend auf der Strecke.«
1952 Um Haaresbreite
Narrow Margin, USA, R: Richard Fleischer, D: Charles McGraw, Marie Windsor

Narrow Margin – Zwölf Stunden Angst (1990, R: Peter Hyams): Anne Archer und Gene Hackman

*Narrow Margin – Zwölf Stunden Angst (1990,
R: Peter Hyams): Anne Archer und Gene Hackman*

NATIVE SON –
IM NAMEN DER GERECHTIGKEIT

Native Son, USA 1986, R: Jerrold Freedman, D: Carroll Baker, Arell Blanton, Jim Boyett, William Boyett, Robert Alan Browns, Akosua Busia, Adrienne Cook, Matt Dillon, Art Evans, Adam Gregor, Elizabeth McGovern

Ein neunzehnjähriger farbiger Chauffeur aus den Slums ermordet unabsichtlich seine betrunkene weiße Chefin.

MovieLine: »Mittelprächtiges Remake von Pierre Chenals Film aus dem Jahre 1950, das Richard Wrights kompromisslose Buchvorlage in etlichen Punkten etwas abmildert.«

1950 Native Son

RA/USA, R: Pierre Chenal, D: Richard Wright, Gloria Madison, Willa Pearl Curtis

NEON CITY

USA 1991, R: Monte Markham, D: Michael Ironside, Lyle Alzado, Valerie Wildman, Nick Klar, Juliet Landau, Vanity, Arsenio ›Sonny‹ Trinidad, Richard Sanders

Nordamerika 2053, nach der Zerstörung der Ozonschicht: Ein Kopfgeldjäger muss die Mörderin Reno in die Stadt Neon City bringen und schließt sich deswegen einem bunt zusammengewürfelten Haufen anderer Abenteurer an, um gemeinsam mit ihnen das Land der »Skins« zu durchqueren.

Lexikon des internationalen Films: »Endzeit-Fantasie, deren Kostüme und Design an *Mad Max* und *Blade Runner* erinnern, deren Geschichte sich jedoch als ein aktualisiertes Remake von John Fords Western *Stagecoach* erweist. Auch wenn das große Vorbild nie erreicht wird, hat der Film doch einige eigenständige Reize vorzuweisen.«

1986 Stagecoach

USA, R: Ted Post, D: Willie Nelson, Kris Kristofferson, Johnny Cash

1966 San Fernando

Stagecoach, USA, R: Gordon Douglas, D: Alex Cord, Ann-Margret, Red Buttons

1939 Ringo

Stagecoach, USA, R: John Ford, D: John Wayne, Claire Trevor, John Carradine

NEUES VON
UNS KINDERN AUS BULLERBÜ

Mer om oss barn in bullerbyn, S/BRD/I 1987, R: Lasse Hallström, D: Linda Bergström, Anna Sahlin, Ellen Demerius, Crispin Dickson-Wendenius, Hendrik Larsson, Harald Lönnbro, Tove Edfeldt, Sören Pettersson

Nach den Erzählungen von Astrid Lindgren: Bullerbü – das ist ein kleiner Ort in Schweden, ein paar Häuser, etliche Felder, Wälder und Seen. Und die Kinder aus Bullerbü – das sind natürlich Lisa, Inga, Britta, Ole, Bosse, Lasse und, nicht zu vergessen, die kleine Kerstin. Der Film beginnt am ersten Schultag nach den Sommerferien. Schrecklich lang scheint die Zeit bis zu den nächsten Ferien zu sein, denn die sind erst zu Weihnachten. Doch schneller als gedacht ist der Winter da: Plätzchen backen, Würste und Schinken machen, Geschenke basteln, den Weihnachtsbaum im Wald schlagen und dann schmücken – es gibt auch jetzt viel zu tun in Bullerbü. Die Kinder machen bei allem mit: sie füttern die Tiere und helfen in der Küche, und manchmal müssen Lisa und Inga auch auf die vierjährige Kerstin aufpassen – was nicht immer ganz einfach ist. Jeder von Astrid Lindgrens ›Helden‹ führt sein eigenes

Leben: Alle denken und handeln ganz so, wie sie es für richtig halten; geradlinig und ohne Hintergedanken. Die Eltern vertrauen ihren Kindern, sie schenken ihnen Zärtlichkeit und Geborgenheit und vor allem genug Zeit und Raum zu spielen und zu träumen. Und sie stehen ihnen zur Seite, wenn die Kinder von den Nöten des Alltags bedrängt werden.

Hans Ulrich Pönack *(tip)*: »Ein unbeschwert heiterer Kinderfilm über das (von Astrid Lindgren erinnerte und aufgezeichnete) Leben und Treiben in einem kleinen schwedischen Dorf Ende der zwanziger Jahre. Natur und gesunde Umwelt spielen eine wesentliche Rolle. Sympathischer Film aus einer noch intakten kleinen Welt.«

1961/62 Ein Wiedersehen auf Bullerbü

Alla vi barn i bullerbyn, S, R: Olle Hellbom, D: Kaj Andersson, Jan Erik Husbom

39 STUFEN

The Thirty-Nine Steps, GB 1978, R: Don Sharp, D: Robert Powell, David Warner, Eric Porter, Karen Dotrice, John Mills, George Baker, Ronald Pickup

Nach einem Roman von John Buchan: Kurz vor Ausbruch des Ersten Weltkrieges kehrt Ingenieur Hannay aus Südafrika in seine englische Heimat zurück. Er trifft zufällig auf den britischen Geheimdienstmann Scudder, der in seinem Beisein von deutschen Agenten erdolcht wird. Hannay, der vorher noch von Scudder in ein geplantes Attentat eingeweiht wurde, gerät unter Mordverdacht. Und plötzlich ist er nicht nur vor Scotland Yard auf der Flucht – auch die Deutschen verfolgen ihn in dem Glauben, er sei im Besitz eines wichtigen Geheim-Codes. Der Roman *Die 39 Stufen* war ein Bestseller von John Buchan (1875–1940), dem früheren Generalgouverneur

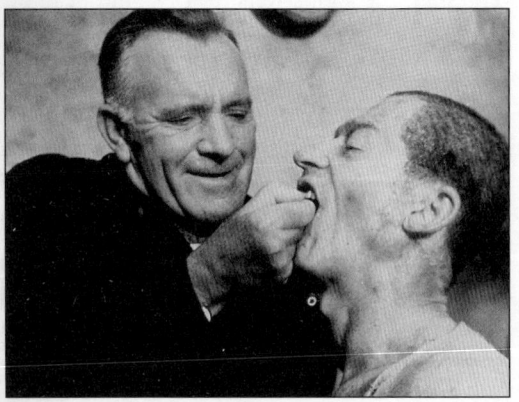

von Kanada. Erstmals verfilmt wurde der Thriller von Alfred Hitchcock. 1959 entstand ein Remake von Ralph Thomas. Die vorerst letzte Filmfassung inszenierte Don Sharp.

Cinema: »Sharp hält sich präzise an die Originalvorlage. Sorgfältig rekonstruiert er hier das politische Klima in Europa kurz vor Ausbruch des Zweiten Weltkriegs.«

1959 39 Stufen

The Thirty-Nine Steps, GB, R: Ralph Thomas, D: Kenneth More, Taina Elg

1935 39 Stufen

The Thirty-Nine Steps, GB, R: Alfred Hitchcock, D: Madeleine Carroll, Robert Donat

1984

GB 1984, R: Michael Radford, D: John Hurt, Suzanna Hamilton, Richard Burton, Cyril Cusack, Phyllis Logan

Nach einem Roman von George Orwell: 1984 ist die Welt totalitär. Gedanken, Gefühle und Absichten der Menschen stehen unter der vollkommenen Überwachung und Kontrolle. In dieser Welt arbeitet Winston Smith als kleiner Angestellter im »Wahrheitsministerium«, wo die herrschende Diktatur die Nachrichten im Sinne der jeweiligen Tagespropaganda umschreiben lässt. Apathisch nimmt er an den Massenaufmärschen teil, doch innerlich hat er sich längst distanziert. Heimlich schreibt er ein Tagebuch, um die Erinnerung gegen das befohlene Vergessen zu konservieren. Es gelingt ihm, diese verbotene Tätigkeit vor dem riesigen Teleschirm zu verbergen, durch den der »Große Bruder« die gesamte Bevölkerung überwacht. Das Regime verbietet neben der Gedankenfreiheit aber auch jegliche privaten Gefühle. Dennoch lässt sich Winston auf eine rebellische Liebesaffäre mit der jungen Dissidentin Julia ein. Er mietet bei dem Pfandleiher Charrington ein Liebesnest, in dessen schäbiger Atmosphäre die beiden zum ersten Mal ein schwaches Gefühl von Individualität erleben. Winston fühlt auch eine Wahlverwandtschaft mit dem gebildeten Parteifunktionär O'Brien, in dem er einen Sympathisanten der Widerstandsbewegung zu erkennen glaubt. Winston trifft sich mit ihm zu Gesprächen in dessen Wohnung und bekommt ein Buch des verfemten Oppositionellen

1984 (1984, R: Michael Radford):
Richard Burton und John Hurt

Goldberg geschenkt. Winston fühlt sich sicher, doch plötzlich liefert Charrington ihn und Julia der brutalen Gedankenpolizei ans Messer. Der entsetzte Winston wird von seinem vermeintlichen Freund O'Brien einer grausamen Gehirnwäsche unterzogen, um nicht nur seine Erinnerung, sondern auch seinen Geist zu brechen. Winston widersteht der Folter – bis O'Brien ihn in den berüchtigten Raum 101 bringen lässt, wo sein schlimmster Albtraum zur Realität wird.

Norbert Stresau (Filmecho/Filmwoche): »Ein sehr vorlagengetreuer Film ist es geworden, ein ungeheuer pessimistischer also, den man optisch vielleicht am besten als Schwarzweißfilm in Farbe umschreiben könnte. Mit kaum variabler Leidensmiene schleicht da John Hurt durch eine triste Trümmerhaufen-Zukunft aus Gedankenpolizei, Anti-Sex Liga, Massenkundgebungen im The Wall-Stil und dem Großen Bruder alias BB, bevor er nach einer verbotenen Liebelei von Richard Burton auf der Streckbank und anschließend im Raum 101 mit Ratten traktiert wird. Gerade

1984 (1984, R: Michael Radford)

diese Bilder aus der Folterkammer sind ungeheuer intensiv, überbordend von Qual und Leid – eine Tour de Force sowohl von John Hurt als auch von Richard Burton. Just diese eindrucksvollen Bilder hinterlassen einen bitteren Nachgeschmack: Im Zeitalter der Computermanipulation und Psychopharmaka, wie 1984 nurmehr als Alternativrealität gelten kann, wirken Streckbänke u. ä. wie Relikte aus der Inquisitionszeit; die Mechanismen totalitärer Macht (und insbesondere einer zukünftigen, denn 1984 ist Projektion, nicht Zustandsbeschreibung) funktionieren heute ungleich subtiler, gefährlicher. Das muss schließlich auch Radford klar geworden sein. Sein Film geht in Ansätzen thematisch über Orwell hinaus, denn er schildert nicht nur das Leben in einem solchen anachronistisch totalitären System, sondern fokussiert sich in etlichen Traumsequenzen eher auf die privaten, sehr gegenwartsbezogenen Sehnsüchte seines Protagonisten. Beides zu einem geschlossenen Film zu vereinen, gelingt Radford indes nicht, zu willkürlich pendelt dafür sein Blickwinkel zeitlich zwischen einst und heute, zwischen 1948, als der Roman entstand, und 1984. Wer daher vom neuen 1984 über eine bloße Literaturverfilmung hinaus die Gestaltwerdung seiner diffusen, vom konkreten Hier und Heute erzeugten Zukunftsängsten erwartet, wie der Titel, bzw. der Mythos um den Film suggeriert, den wird dieser Film doch arg enttäuschen.«

George Orwells Witwe Sonia erlaubte Radford nur eine naturalistische Inszenierung ohne Science-Fiction-Effekte. Das entsprach der Intention Orwells, der seinen Roman nicht als futuristische Prognose, sondern als grimmige Satire auf seine Entstehungszeit sah. Kameramann Roger Deakins gab den Bildern des zerstörten Nachkriegs-Londons mit silbrig gebleichten Farben einen unwirklichen Stil. Richard Burton starb wenige Wochen nach dem Ende der Dreharbeiten.

1956 1984

GB, R: Michael Anderson, D: Edmond O'Brien, Jan Sterling, Michael Redgrave

DIE NIBELUNGEN
1. TEIL: SIEGFRIED VON XANTEN,
2. TEIL: KRIEMHILDS RACHE

BRD 1966, R: Harald Reinl, D: Uwe Beyer, Rolf Henniger, Maria Marlow, Karin Dor, Hans von Borsody,

Siegfried Wischnewski, Mario Girotti, Fred Willams, Herbert Lom, Skip Martin, Hilde Weissner, Dieter Eppler, Christian Rode, Barbara Bold

Eine Verfilmung der mittelalterlichen Nibelungensage: Der erste Teil erzählt vom Werben Siegfrieds um Kriemhild, die Tochter des burgundischen Königs, schildert beider Vermählung und Siegfrieds Tod durch Hagen. Gleichzeitig wird davon berichtet, wie König Gunther die gleichermaßen schöne wie starke Brünhild gewinnt und ehelicht. Der zweite Teil beschreibt Kriemhilds mit Hilfe des Hunnenkönigs Etzel (Attila) vollzogene Rache für den Tod ihres Mannes, die letztlich zum Untergang des Burgunderreiches führt.

»Einen Regisseur vom Range Fritz Langs hatte Produzent Artur Brauner zwar nicht aufzuweisen,« heißt es im *neuen Lexikon des Fantasy-Films*, »als er sich entschloss, nach einer Allensbach-Umfrage (›35 % der Deutschen kennen Siegfried‹) acht Millionen Mark in sein Remake-Projekt zu stecken, aber immerhin eine Otto-Gewinnerin (8. Platz) namens Karin Dor, die zufällig auch die Gattin seines Regisseurs Harald Reinl war (eines Ex-Assistenten Leni Riefenstahls, der sich wiederum einen Namen als Verfilmer deutschen und britischen Kolportage-Literaturgutes einen Namen gemacht hatte). In der Rolle Siegfrieds allerdings (wusste man von Allensbach) sollte ein unverbrauchtes Film-Talent glänzen, das man in dem Sportler Uwe Beyer (der, nach Abschluss des ersten Teils: ›Ich bin fürs Erste ganz froh, tot zu sein‹) dann auch gefunden zu haben glaubte. Der Film indes wurde zu einem cineastischen Fiasko, was jedoch nicht allein der Kamera-Unerfahrenheit seines Hauptdarstellers anzulasten war, der während der Aufnahmen jeden Take mehrfach schmiss, sondern auch der Blutleere der Inszenierung und der Dialogpassagen ...«

DER SPIEGEL: »So geriet ... das gereimte Heldenepos ... zum kindlichen Heroen-Kino: Siegfried spielt mit den Muskeln, ein hydraulisch betriebener Drache pufft Feuer aus der Düsen-Nase, Damen in Glanzpapier-Gotik schneiden Gesichter und Burgunds wortkarger Kriegerverein blickt tiefernst in die Runde.«

Die Nibelungen von Fritz Lang entstanden ab 1922 in zehnmonatiger Drehzeit während der inflationsgeschüttelten Frühphase der Weimarer Republik auf dem Neubabelsberger Gelände. Der mit einem Budget von acht Millionen Reichsmark inszenierte Film wurde bei Publikum und Kritik zum überwältigenden Erfolg. »Lange Zeit wurden *Die Nibelungen* als ein von nationalistischer, ja präfaschistischer Ideologie kontaminiertes Werk betrachtet«, bemerkt Josef Nagel im *Film-Dienst*, »da Hitler und Goebbels sich über die Wirkung des deutschnationalen Stoffes und dessen virtuos-suggestiver Umsetzung durch den später als Filmminister in Betracht gezogenen Regisseur einig waren. Doch der aufwendige Exportschlager, mit dem die UFA auf den europäischen Absatzmärkten verlorenen Boden wieder gutmachen wollte, war nur kurz in seiner intendierten Fassung zu sehen. 1924 präsentierte der 33-jährige Fritz Lang im Abstand von zehn Wochen *Siegfried* und *Kriemhilds Rache* mit einer Gesamtdauer von fünf Stunden. Doch schon im gleichen Jahr wurde für Amerika eine stark gekürzte Exportversion hergestellt. *Die Nibelungen* mutierten zum Torso. 1933 schließlich brachten die Nazis unter dem Titel *Siegfrieds Tod* eine Tonfassung des ersten Teils mit Theodor Loos als Sprecher (›völkisch korrekt‹) in die Kinos. Erst durch den Fund einer nahezu vollständigen Kopie des ersten Teils im Moskauer Filmarchiv Gosfilmofond – mit wunderschönen gotischen Zwischentiteln – konnte das Münchner Filmmuseum eine rekonstruierte Fassung realisieren. Auch *Kriemhilds Rache* stand auf Grund einer abgespielten, aber wesentlich längeren russischen Verleihkopie zur Verfügung. 1986 wurde das Epos mit der Originalmusik von Gottfried Huppertz wieder aufgeführt. 1990 bezeichnete die *Le Monde* die Präsentation in Paris als ›Renaissance eines Mythos‹ ... Lang reflektiert die symbolische Bürde des deutschen Mythos, den er filmisch durchaus respektiert, aber nicht verherrlicht. Er platziert den Film in ein ›gottloses‹ Niemandsland, ganz im Gegensatz zum Geist der Vorlage. *Die Nibelungen* als nazistischen Film zu bezeichnen, wie Siegfried Kracauer, der in ihm eine Parallele zu Riefenstahls *Triumph des Willens* sah, ist nur vordergründig möglich. Lang geht es um die Decouvrierung eines krankhaften, überholten Heroismus, um die Analyse eines Volkes, das vom Untergang gezeichnet ist.«

1970 Siegfried und das sagenhafte Liebesleben der Nibelungen

BRD, R: Adrian Hoven, D: Raimund Harmstorf, Heidy Bohlen – Sexfilm

1957 Siegfried – Die Sage der Nibelungen
Sigfrido, la leggenda di nibelunghi, I, R: Giacomo Gentilomo, D: Sebastian Fischer
1924 Die Nibelungen
1. Teil: Siegfried, 2. Teil: Kriemhilds Rache, D, R: Fritz Lang, D: Paul Richter, Margarete Schön, Hanna Ralph, Bernhard Goetzke

NICHT SO SCHNELL, MEIN JUNGE

Walk Don't Run, USA 1965, R: Charles Walters, D: Cary Grant, Samantha Eggar, Jim Hutton, John Standing, Miiko Taka
Tokio 1964: Während der Olympischen Spiele sind in der japanischen Metropole alle Hotels belegt. Der englische Industrielle Sir William Rutland hat eine geschäftliche Besprechung, und da er verfrüht eintrifft, ist für ihn kein Hotelzimmer frei. Mit unbekümmerter Dreistigkeit erobert er sich aber ein Bett bei der amerikanischen Botschaftsangestellten Christine Eaton, die eigentlich nur an weibliche Einquartierung gedacht hat. Nicht genug, dass solches nun einen auf Sekunden abgestimmten Terminkalender für getrennte Morgentoilette erfordert: Rutland nimmt auch noch den amerikanischen Studenten Steve als Unter-Untermieter bei sich auf, der sich am 50-km-Wettgehen beteiligt. Von diesem Augenblick an leistet sich Rutland das Hobby, die beiden jungen Leute miteinander zu verkuppeln, was ihm am Ende auch gelingt. Allerdings muss er dazu erst

Christines Verlobten Haversack, einen überstrebsamen Botschaftskollegen, ausbooten, womit er das Mädchen zweifellos vor einer Fehlheirat bewahrt.

Filmbeobachter: »Am Anfang scheint die Idee gestanden zu haben, auf Biegen und Brechen das Tokioter Olympiade-Milieu als fotogenen Hintergrund irgendeiner Filmhandlung auszunutzen. Da den Produzenten ein Originalstoff nicht einfiel oder einfallen wollte, wandelte man kurzerhand den alten Film *The More, The Merrier* von George Stevens aus dem Jahr 1943 entsprechend modern ab … Kurz gesagt: das unter solchen Vorbedingungen gestartete Unternehmen misslang. Nicht einmal einem bewährten Charmeur wie Cary Grant war es möglich, diese auf Olympia-Reportage aufgepfropfte Reprise über das Niveau einer ganz durchschnittlichen Unterhaltungsware zu heben.«
1943 Immer mehr, immer fröhlicher
The More, The Merrier, USA, R: George Stevens, D: Jean Arthur, Joel McCrea

DIE NICHTEN DER FRAU OBERST

CH 1979, R: Michael Thomas (d. i. Erwin C. Dietrich), D: Simone Sanson, Nadine Pascal, Brigitte Lahaie, Celina Mood, Hansruedi Isler, France Lomay, Cathy Stewart
Nach Guy de Maupassant: Die Frau Oberst will ihre Nichten verheiraten, und da sie sie sehr liebt,

Unten: Nicht so schnell, mein Junge
(1965, R: Charles Walters): Badefreuden auf japanisch
Rechts: Nicht so schnell, mein Junge (1965):
Jim Hutton und Cary Grant

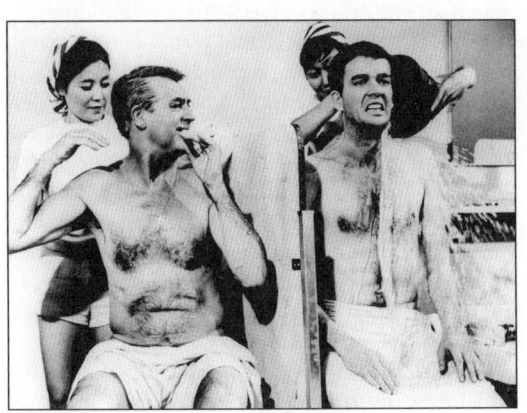

natürlich nur mit Männern, die sie selbst schon getestet hat. Und weil die erste Verfilmung aus dem Jahr 1968 so gut lief, gab es noch im gleichen Jahr die Fortsetzung *Die Nichten der Frau Oberst – 2. Teil: Mein Bett ist meine Burg* – und elf Jahre später ein Remake des ersten Teils.

Pioniere und Prominente des modernen Sexfilms: »So bleiben letztendlich nur die Feststellungen, dass Dietrich damals rechtzeitig auf die anrauschende Sexfilmwelle draufhüpfte und es als Surfer zu einer beachtlichen Dauerleistung brachte, dass er geschickt den einst im bundesdeutschen Film herrschenden Trend zu Literaturverfilmungen ausnützte – in seinem Sinne ...«

1968 Die Nichten der Frau Oberst

BRD/I, R: Michael Thomas (d. i. Erwin C. Dietrich), D: Kai Fischer, H. van Hoven

NICK KNATTERTON – DER FILM

BRD 2001, R: Niki List, Markus Rosenmüller, D: Wolfram Berger, Jeanette Hain, Kordula Kohlschmidt, Axel Milberg, Jens Schäfer, Johannes Silberschneider, Gina Wild

Nick Knatterton, Deutschlands Meisterdetektiv aus den 50er-Jahren, kehrt zurück und trifft in der Welt von heute noch einmal auf seine alte Feindin Virginia Peng, die gerade plant, die gesamten deutschen Goldreserven zu stehlen, um ein Serum herstellen zu lassen, das ihr ewige Jugend schenkt. Kombiniere! Der Meisterdetektiv mit dem markanten Kinn und der obligaten Pfeife im Mund kommt als Realverfilmung auf die Kinoleinwand.

1958 Nick Knattertons Abenteuer

BRD, R: Hans Quest, D: Karl Lieffen, Susanne Cramer, Gert Fröbe

NIGHT OF THE LIVING DEAD – DIE RÜCKKEHR DER UNTOTEN

Night Of The Living Dead USA 1990, R: Tom Savini, D: Tony Todd, Patricia Tallman, Tom Towles, McKee Anderson, William Butler, Katie Finnerman, Bill Mosley, Heather Mazur, David Butler, Zachary Mott

Auf einem Friedhof wird Barbara mit ihrem Bruder Johnny von einer Horde Zombies angefallen. Mit letzter Kraft rettet sie sich in ein entlegenes Farmhaus. Dort trifft sie auf Ben. Weitere fünf Menschen halten sich im Keller verschanzt. Im schier aussichtslosen Kampf gegen die Untoten brechen Hass und Streitigkeiten in der Gruppe offen hervor.

Karl Wegmann *(taz):* »Die Neuverfilmung, diesmal natürlich in Farbe, hält sich weitgehend an das Original. Inzwischen ist das Thema jedoch x-mal variiert worden und damit völlig ausgelutscht. Savini und Romero versuchen zwar dem Zeitgeist zu huldigen, indem sie die ehemals hilflose weibliche Haupdarstellerin diesmal zur Heldin aufbauen, aber auch das erinnert nur an Sigourney Weavers Rolle der Ripley in *Alien*. Warum also ein schlechtes Remake eines Klassikers? Im *Wall Street Journal* gab George A. Romero noch während der Dreharbeiten eine verblüffend ehrliche Erklärung. Das Plagiat seines Kultfilms würde einzig und allein ›aus finanziellen Gründen‹ gemacht, gab er freimütig zu.«

George A. Romero über die weiteren Gründe des Remakes: »Die Gesellschaft Image Ten Production, die den Originalfilm produzierte, existiert heute immer noch. Niemand, der damals an der Produktion Beteiligten hat mit dem Film auch nur einen Pfennig verdient. Die Probleme begannen schon bei der Copyright-Frage. Als Continental den Film herausbrachten, änderten sie den Originaltitel *Night Of The Flesh Eaters* in *Night Of The Living Dead* und versäumten dabei, den neuen Schriftzug mit dem Copyright-Zeichen zu versehen. Seit dieser Fehler aufgefallen war, wurde vor Gericht um das Copyright gestritten. Es erschienen nämlich in der Folgezeit einige Kopien ohne autorisiertes Urheberrecht. Image Ten entschied sich letztendlich dazu, einen richterlichen Beschluss zu kaufen, der ihnen das alleinige Copyright zusprach. Um die entstandenen Verluste ein wenig auszugleichen, entschlossen sie sich anschließend, die offizielle Fassung erneut zu veröffentlichen. Schließlich kündigten sie auch ein offizielles Remake an, bevor jemand anderes auf diese Idee kommen würde. Als ich das Drehbuch las, wusste ich, dass Tom Savini der richtige Mann dafür sein würde. Ich halte seine Regiearbeit auch durchaus für gelungen. Unter den gegebenen Umständen kann ich auf jeden Fall die Realisierung dieses Projekts nachvollziehen. Zudem hatte Tom damit eine Möglichkeit, sich wieder ins Gespräch zu bringen. Hoffentlich verhilft ihm diese Arbeit zu weiteren Angeboten. Der Film selbst ist schon ganz in Ordnung.«

Die Science Fiction Filmenzyklopädie: »Geschickterweise reproduzieren Romero und Savini nicht die exakten Schockmomente des Originals: Der auf dem Friedhof herumwatschelnde Penner in der ersten Szene des Originals ist genau das, wofür man ihn hält und damit kaum mehr als ein Vorläufer des unerwarteten Auftauchens des ersten angreifenden Zombies, welcher aus einer anderen Ecke der Leinwand hervorschnellt. Trotz allem besitzt der Film zu viele Schockeffekte, die sich weitestgehend auf plötzlich durch das Fenster greifende Zombiehände erstrecken. Wie jedes potenzielle Remake eines *Die Dämonischen* (*Invasion Of The Body Snatchers*, 1956), *Außer Atem* (*A bout de souffle*, 1959) oder *Die Stunde, wenn Dracula kommt* (*La Maschera del Demonio*, 1960) war das Original immer beides, ein Kind seiner Zeit und ein wichtiges, wegweisendes, exzellentes Stück Arbeit, das den Prüfungen der Zeit widerstanden hat, sodass jedes potenzielle Remake, so gut es auch sei, dazu verdammt ist, nur eine Fußnote zu bleiben.«

1968 Die Nacht der lebenden Toten
Night Of The Living Dead, USA, R: George A. Romero, D: Judith O'Dea

NINE MONTHS

USA 1995, R: Chris Columbus, D: Hugh Grant, Julianne Moore, Tom Arnold, Jeff Goldblum, Joan Cusack, Robin Williams
Durch eine unerwartete Schwangerschaft gerät das Leben eines jungen Paares in San Francisco gehörig durcheinander.

Günter H. Jekubzik *(Filmtabs):* »Wer vor neun Monaten die überdrehte Komödie *Neuf mois* miterleben musste, wird sich die unnötige Nachgeburt *Nine Months* ersparen. Doch dem Kritiker bleibt ja nie etwas erspart, dafür erfuhr er beim Hollywood-Remake, wie dumm Hollywood sein Publikum einschätzt. *Nine Months* wiederholt die Kehrtwende Dr. Samuel Faulkners

Nine Months (1995, R: Chris Columbus):
Hugh Grant und Julianne Moore

zum liebenden Vater. Anfangs hasste der Psychologe kinderreiche Leute und hatte mächtig komisch Angst vor einem eigenen Kind. Doch dann schlägt das Sentiment in diesem Film zu und die letzten Lacher nieder. Die nachgemachte Komödie bringt weniger Klamauk als das Original, ist viel langsamer, weniger spielerisch und vor allem überdeutlich. Wie eine Lahm-Version für Begriffsstutzige und Gefühlstaube wird jede Emotion extrabreit ausgewalzt. Die originellere Form des Franzosen ist reduziert auf wenige Momente herausgepresster Wirkung.«

1994 Neun Monate
Neuf mois, F, R: Patrick Braoudé, D: Philippine Leroy-Beaulieu, Patrick Braoudé

NO WAY OUT – ES GIBT KEIN ZURÜCK

No Way Out, USA 1987, R: Roger Donaldson, D: Kevin Costner, Gene Hackman, Sean Young, Will Patton, Howard Duff, George Dzundza, Jason Bernard, Iman, Fred Dalton Thompson, Leon Russom, Dennis Burkley, Marshall Bell
Tom Farrell, ein auf den Philippinen stationierter US-Marine-Offizier, wird nach einer Heldentat, die Schlagzeilen machte, ins Washingtoner Verteidigungsministerium berufen. Dort soll er dem Verteidigungsminister David Brice als Mittelsmann zum Kongress und zur CIA dienen. Als Tom Farrells Geliebte Susan Atwell, die gleich-

Nine Months (1995, R: Chris Columbus):
Tom Arnold, Hugh Grant und Joan Cusack

zeitig auch die Geliebte von David Brice war, tot aufgefunden wird, beauftragt Brice seinen neuen Mitarbeiter mit der Suche nach dem Mörder: angeblich ein Sowjetspion namens Juri. Nur Tom weiß, dass Brice der wahre Täter ist. Bei seinen Nachforschungen muss er nicht nur sich selbst schützen, sondern möglichst schnell einen eindeutigen Beweis für die Täterschaft von Brice erbringen. Ein Wettlauf mit der Zeit beginnt, der nicht nur Tom Farrell in tödliche Gefahr bringt.

Prisma-Online: »Ein Remake des film noir *The Big Clock/Spiel mit dem Tod* aus dem Jahre 1947. Der neuseeländische Regisseur Roger Donaldson *(Getaway, Species)* sorgt mit einer furiosen Inszenierung und einem überraschender Schluss für spannende, gut inszenierte und gespielte Unterhaltung.«

1947 Spiel mit dem Tode
The Big Clock, USA, R: John Farrow, D: Ray Milland, Charles Laughton

NOCH DREI MÄNNER, NOCH EIN BABY

Three Men And A Baby USA 1987, R: Leonard Nimoy, D: Tom Selleck, Steve Guttenberg, Ted Danson, Nancy Travis, Margaret Colin, Alexandra Amini, Philip Bosco, Barbara Budd, Michael Burgess, Derek de Lint, David Foley, Cynthia Harris, Jacqueline Murphy, Thomas Quinn

*Noch drei Männer, noch ein Baby
(1987, R: Leonard Nimoy): Schnulleralarm
für Steve Guttenberg, Tom Selleck und Ted Danson*

Drei eingefleischte Junggesellen müssen sich unversehens um ein Baby kümmern und entwickeln langsam Vatergefühle.

MovieLine: »Was die Franzosen können, können wir besser, dachte Leonard Nimoy alias Mr. Spock. In Bezug auf die Kasse behielt er Recht, was die künstlerische Qualität anbelangt, griff er daneben. Denn sein Film hat nichts vom witzigen Charme des französischen Vorbildes *Trois hommes et un couffin* von Coline Serreau. Da wird ein Erfolgsrezept recht lieblos abgespult: Nach gewissen Anlaufschwierigkeiten werden drei eingefleischte Junggesellen zu liebenden Vätern. Tom Selleck als Softie ist zwar eine reizvollkomische Idee. Doch dem Film fehlt die ironische Basis, die in Anbetracht des Themas bei einer Regisseurin offenbar weit besser zum Tragen kommt.«

Erst lief in Deutschland mit großem Erfolg *Drei Männer und ein Baby* (F, 1985, Regie: Coline Serreau), mit drei unbekannten französischen Darstellern. Eins zu eins kopierte 1987 die Disney-Firma Touchstone das Junggesellentrio, das einem Kleinkind die Mutter ersetzen muss – mit Tom Selleck, Steve Guttenberg und Ted Danson. Titel der Hollywoodfassung: *Three Men And A Baby*. Um beim deutschen Publikum den Eindruck zu erwecken, eine Fortsetzung des Originals anzubieten, versah der Verleih hier zu Lande das Remake mit dem trügerischen Titel *Noch*

*Noch drei Männer, noch ein Baby
(1987, R: Leonard Nimoy): Steve Guttenberg,
Tom Selleck und Ted Danson*

drei Männer, noch ein Baby. Davon gab es dann tatsächlich einen zweiten Teil: *Drei Männer und eine kleine Lady* (USA, 1990, Regie: Emile Ardolino).

1985 Drei Männer und ein Baby
Trois hommes et un couffin, F, R: Coline Serreau, D: André Dussolier

NORA HELMER
BRD 1973, R: Rainer Werner Fassbinder, D: Margit Carstensen, Joachim Hansen, Barbara Valentin, Ulli Lommel, Klaus Löwitsch, Lilo Pempeit, Irm Hermann

Nach einem Schauspiel von Henrik Ibsen: Nora Helmer hatte einen die Gesundheit ihres Mannes Torvald rettenden Italienaufenthalt nur dadurch ermöglichen können, dass sie von Krogstad, einem Mann, der früher einmal einen Wechsel gefälscht hatte und danach in undurchsichtige Geschäfte verwickelt war, Geld geliehen hat, wobei sie die Unterschrift ihres Vaters auf der Bürgschaft fälschte. Als Torvald Direktor jener Bank wird, an der Krogstad jetzt angestellt ist, und Krogstad wegen seiner Vergangenheit sogleich entlassen will, erpresst Krogstad Nora, indem er ihr droht, ihre Verfehlung Torvald preiszugeben. Noras Versuche, ihren Mann umzustimmen, schlagen fehl. Als Torvald durch einen Brief Krogstads die Wahrheit erfährt, will er seine Frau verstoßen, weil er seine Karriere gefährdet sieht. Ein zweiter Brief Krogstads, in dem er mitteilt, dass er auf die Enthüllung verzichtet, veranlasst Torvald, seiner Frau zu verzeihen. Nora aber akzeptiert nun seine Milde nicht: Sie verlässt ihren Mann, weil er sie nicht liebt, weil er die Motive ihres Handelns nicht verstanden hat, weil er nicht bereit war, die Schuld für jenes Vergehen auf sich zu nehmen.

Wilhelm Roth *(Rainer Werner Fassbinder)*: »Wie in *Martha* und *Effi Briest*, Filmen, die etwa zur gleichen Zeit entstanden, geht es auch in Fassbinders Ibsen-Adaption um eine Ehe, in der der Mann seiner Frau kaum Liebe entgegenbringt, sondern sie erziehen will. Während in den beiden anderen Filmen die Frau in dem Kampf mit ihrem Mann unterliegt, erringt sie hier einen (allerdings teuer erkauften Sieg). Obwohl also *Nora Helmer* durchaus in einem Zusammenhang mit anderen Fassbinder-Werken steht, scheinen mir das Interesse, das Fassbinder an dem Stoff gehabt hat, und die Arbeitsintensität, die er in das Werk

investierte, weit geringer als bei *Martha* und *Effi Briest*. In erster Linie haben Fassbinder offensichtlich die Möglichkeiten fasziniert, die eine Studio-Produktion mit fünf elektronischen Kameras bot, so sehr, dass darüber das Interesse an der Geschichte fast verloren ging. In einem leicht braungetönten Spiegelkabinett bewegen sich die Personen wie Marionetten. Zahlreiche weiche Überblendungen verstärken noch den Eindruck, dass hier Spiegelbilder und Schatten von Menschen in gleichmäßigem Tonfall Texte rezitieren, die bei Ibsen einmal große Sprengkraft hatten. Um dieser optisch-akustischen Monotonie wenigstens für Augenblicke zu entkommen, hat Fassbinder sich auf der anderen Seite einige interpretatorische Kraftakte geleistet, die Ibsens Stück vollends umbringen: Krogstad, der Erpresser, muss Nora umarmen, als hätten sie früher was miteinander gehabt; Nora muss von Anfang an ganz cool und emanzipiert sein, wodurch die dramaturgische Kurve des Stücks zusammenbricht.«

Fürs Fernsehen inszenierte David Thacker 1992 *A Doll's House* mit Juliet Stevenson, Trevor Eve und Geraldine James. In Israel drehte Dariush Mehrjui 1993 mit *Sara* eine weitere Version.

1973 Ein Puppenheim
A Doll's House, GB, R: Patrick Garland, D: Claire Bloom, Anthony Hopkins

1972 Nora
A Doll's House, GB/F, R: Joseph Losey, D: Jane Fonda, David Warner, Tone Floor

1970 Ett Dockhem
S, R: Per Sjöstrand, D: Solveig Ternström, Olof Bergström, Ann-Mari Adamsson

1958 Ett Dockhem
S, R: Åke Falck, D: Herman Ahlsell, Gun Arvidsson, Dagmar Bentzen

1953 Casa de muñecas
MEX, R: Alfredo B. Crevenna, D: Eduardo Alcaraz, Ernesto Alonso

1943 Nora
D, R: Harald Braun, D: Luise Ullrich, Viktor Staal, Gustav Diessl, Albert Florath

1943 Casa de muñecas
RA, R: Ernesto Arancibia, D: Olga Casares Pearson, Delia Garcés, Angelina Pagano

1922 A Doll's House
USA, R: Charles Bryant, D: Alla Nazimova, Alan Hale, Nigel De Brulier

1918 A Doll's House

USA, R: *Maurice Tourneur,* D: *Elsie Ferguson, Holmes Herbert, Alex Shannon*

1917 Yeyo zhertva

RUS, R: *Cheslav Sabinsky,* D: *Vladimir Gajdarov, Olga Gzovskaya*

1917 A Doll's House

USA, R: *Joseph De Grasse,* D: *Dorothy Phillips, William Stowell, Lon Chaney*

1911 A Doll's House

USA

NOT OF THIS EARTH

USA 1995, R: *Terence H. Winkless,* D: *Michael York, Elizabeth Barondes, Parker Stevenson, Richard Belzer, Mason Adams*

Weil seine eigene Rasse unter einer seltenen, aber tödlichen Blutkrankheit leidet, wird ein Außerirdischer auf die Erde geschickt, um zu untersuchen, ob es dort ein Gegenmittel gibt. Unter dem Namen Paul Johnson schaut sich der Alien auf der Erde um und entdeckt dabei, dass regelmäßige Infusionen mit Menschenblut das Fortschreiten der Krankheit vorübergehend stoppen können ...

Lexikon des internationalen Films: »Nachdem zu Beginn die differenzierte Darstellung des Außerirdischen überrascht, versinkt der Science-Fiction-Horrorfilm bald in grellen Effekten und mündet in ein ebenso banales wie militantes Finale.« Eine Wette zwischen Roger Corman und Jim Wynorski, den Stoff *Not Of This Earth* im gleichen Zeitraum und mit gleichem Budget neu zu drehen, führte 1988 zur Produktion des ersten Remakes.

MovieLine: »Jim Wynorski übt sich – wie stets – an einem halbironischen Ansatz, wozu wohl auch die Besetzung der Krankenschwester mit Porno-Star Traci Lords zu zählen ist.«

1988 Der Vampir aus dem All

Not Of This Earth, USA, R: *Jim Wynorski,* D: *Traci Lords, Ralph Arthur Roberts*

1957 Gesandter des Grauens

Not Of This Earth, USA, R: *Roger Corman,* D: *Paul Birch, Beverly Garland*

NUR DU ALLEIN

Never Say Goodbye, USA 1956, R: *Jerry Hopper,* D: *Rock Hudson, Cornell Borchers, George Sanders, Shelley Fabares, Ray Collins, David Janssen, Helen Wallace, John Wengraf, Raymond Greenleaf*

In einem Lokal in Chicago trifft ein amerikanischer Arzt seine Frau, die er für tot hielt. Sie läuft vor ihm davon, kommt unter ein Auto und wird durch seine ärztliche Kunst am Leben erhalten. Die Genesung bietet Gelegenheit, die Geschichte dieser Ehe zu erzählen. Sie begann in Wien, wo der Mann als Militärarzt eine junge Österreicherin, die Darbietungen eines Schnellzeichners auf dem Klavier begleitete, lieben lernte und bald heiratete. Heftige Eifersucht des Mannes belastete die Ehe. Das Kind, das dem jungen Paar geboren wurde, minderte die Spannungen nicht. Nach einem Ohrfeigen-Wechsel suchte die Frau bei ihrem im Sowjetsektor lebenden Vater Hilfe und wurde von einer sowjetischen Streife verhaftet. In der Annahme, seine Frau sei tot, ging der Arzt zurück nach Amerika, machte dort Karriere und ließ es zu, dass seine Tochter einen merkwürdigen Kult um die Tote aufbaute. Als nun die Wiedergefundene einwilligt, in vorgetäuschter zweiter Ehe zu Mann und Kind zurückzukehren, muss sie erleben, dass sie von der Tochter scharf abgelehnt wird. Erst dem Eingreifen des Schnellzeichners gelingt es, das Lügengewebe zu zerstören und die Tochter zur Annahme der Mutter zu bewegen.

Nur du allein (1956) ist das Remake eines Films von William Dieterle: *This Love Of Ours* (1945) mit Merle Oberon, Charles Korvin und Claude Rains in den Hauptrollen. Die Neuverfilmung des Familienmelodrams um Ehe- und Kinderprobleme, nach einem Bühnenstück von Luigi Pirandello, war ursprünglich Douglas Sirk zugedacht, der bei Universal in Hollywood mit einer Serie klassischer Melodramen zum Spezialisten für gefühlvolle Familiengeschichten mit Widerhaken geworden war, die längst zu den großen Leistungen des Kinos der fünfziger Jahre gehören. 1956 warf der gestrenge *katholische Film-Dienst* dem Melodrama vor, es sei unklar in seiner Haltung zur Ehe: »Alle Personen stecken voller Komplexe, keiner reagiert normal. Das Einzige in diesem Film, das richtig gesehen ist, ist das gespannte Verhältnis zwischen Mutter und Kind.«

Douglas Sirk über seinen Arbeitsanteil an diesem Film mit Sirk-Besetzung: »Ich brachte Cornell Borchers von Deutschland nach Hollywood und hatte mit der Vorbereitung des Films zu tun. Doch dann musste ich die Arbeit niederlegen, weil ich *Written On The Wind* drehen sollte. Später kam ich dann zurück und beendete den Film, so gut ich konnte. Ich denke, Regisseur Jerry Hopper hat in dem Film einige sehr gute Sachen gemacht.«

Rock Hudsons idyllisches Einfamilienhaus ist übrigens das gleiche, in dem kurz zuvor schon eine andere Familiengeschichte spielte – William Wylers *An einem Tag wie jeder andere*. Dort hatte der entflohene Zuchthäusler Humphrey Bogart mit seinen Kumpanen der Familie von Frederic March einige »verzweifelte Stunden« bereitet.

1945 Die Liebe unseres Lebens
This Love Of Ours, USA, R: William Dieterle, D: Merle Oberon, Claude Rains

1932 As You Desire Me
USA, R: George Fitzmaurice, D: Greta Garbo, Melvyn Douglas, Erich von Stroheim

NUR NOCH 60 SEKUNDEN
Gone In Sixty Seconds, USA 2000, R: Dominic Sena, D: Nicolas Cage, Giovanni Ribisi, Angelina Jolie, T. J. Cross, William Lee Scott, Scott Caan, James Duval, Will Patton, Delroy Lindo, Timothy Olyphant, Chi McBride, Robert Duvall, Christopher Eccleston, Vinnie Jones

Vor sechs Jahren hatte der brillante Autodieb Memphis Raines Los Angeles verlassen. Doch jetzt steckt sein kleiner Bruder mächtig in der (Auto-)Klemme und Memphis muss zurück in die große Stadt. Ein Dealer erpresst ihn, innerhalb kürzester Zeit Luxuskarossen für ihn zu stehlen. So vereint der Meisterknacker seine alte Bande

Nur noch 60 Sekunden (2000, R: Dominic Sena): ...harte Kämpfe

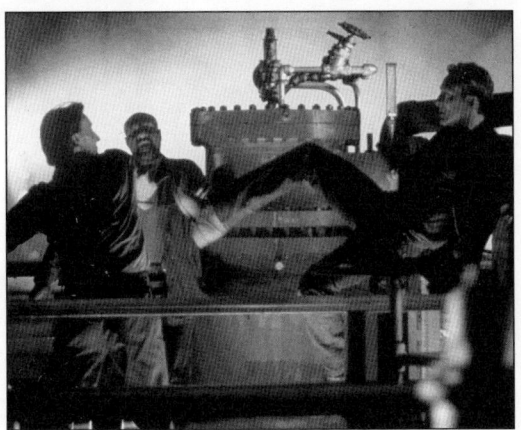

Nur noch 60 Sekunden (2000, R: Dominic Sena): Nicolas Cage und Angelina Jolie

um sich und versucht, innerhalb dreier Tage die 50 angeforderten Wagen zu klauen ...

Prisma-Online: »Leider hat es Produzent Jerry Bruckheimer *(Con Air, Armageddon)* hier mal wieder nur auf tumbe Action abgesehen. Die Story ist Müll, die Darsteller waren auch schon besser und filmisch ist das Ding auch nicht gerade imposant. Trotzdem wird der Film sein Publikum finden. Denn viele stehen auf blöde, unrealistische Stunts, Hauptsache die Motoren dröhnen und ab und zu explodiert mal was!«

1974 Die Blechpiraten
Gone In 60 Seconds, USA, R: H. B. Halicki, D: H. B. Halicki, Marion Busia

NUR VAMPIRE KÜSSEN BLUTIG
Lust For A Vampire, GB 1971, R: Jimmy Sangster, D: Ralph Bates, Barbara Jefford, Suzanna Leigh, Michael Johnson, Yutte Stensgaard, Helen Christie, Pippa Steel, David Healy, Harvey Hall, Mike Raven, Michael Brennan, Jack Melford, Christopher Cunningham

Niemand vermag sich der anmutigen und hübschen Diana in dem Gymnastik-Institut am Schloss Karnstein zu entziehen. Bewusst spielt sie beim Tanz oder Baden im See die Reize ihres nackten Körpers aus und lockt so ihre Opfer an. Keine der beteiligten Mitschülerinnen kehrt nach diesen Liebesabenteuern ins Schloss zurück. Als auch der Lehrer Giles Barton spurlos verschwindet, beschließt der Schriftsteller Richard Lestrange Dianas Geheimnis zu lüften; er findet heraus, dass Diana die tote, zum Vampir gewordene Carmilla Karnstein verkörpert, verliebt sich aber gleichzeitig in sie. Nach einer Serie weiterer

Morde zünden die ratlosen Dorfbewohner Schloss Karnstein an. Richard stürzt hinein, um Diana zu retten, und findet sie dort mit ihren Vorfahren unverletzt inmitten der Flammen. Bei dem Versuch, ihn zum Vampir zu machen, wird Diana von einem herabstürzenden Balken aufgespießt. Benommen, aber unverletzt, taumelt Richard Lestrange ins Freie. Weitere Verfilmungen des Stoffes: *La Novia ensangrentada* entstand 1972 in Spanien unter der Regie von Vicente Aranda und Gabrielle Beaumont inszenierte 1990 in den USA den Film *Carmilla* mit Roy Dotrice, Roddy McDowall und Meg Tilly.

1970 Gruft der Vampire
The Vampire Lovers, GB, R: Roy Ward Baker, D: Ingrid Pitt, Peter Cushing

1963 La Maldición de los Karnstein
E/I/USA, R: Camillo Mastrocinque, D: Adriana Ambesi, Ignazio Balsamo, Carla Calò

1960 Und vor Lust zu sterben
Et mourir de plaisir, F, R: Roger Vadim, D: Mel Ferrer, Elsa Martinelli, Annette Vadim

O

DIE OBEREN ZEHNTAUSEND

High Society, USA 1956, R: Charles Walters, D: Bing Crosby, Grace Kelly, Frank Sinatra, Louis Armstrong, Sidney Blackmer, Louis Calhern, Richard Garrick, Margalo Gillmore, Celeste Holm, John Lund, Lydia Reed, Gordon Richards
Nach einem Theaterstück von Philip Barry: Zwei Ereignisse halten die vornehme und verwöhnte Gesellschaft des eleganten Newport auf Rhode Island in Atem: das bevorstehende Jazz-Festival und die Heirat der bezaubernden, jungen Daisy Cord mit dem reichen George Kittredge. Das sensationslüsterne Publikum kommt auch sehr bald auf seine Kosten, insbesondere soweit es die

Hochzeit von Daisy betrifft: Daisy war nämlich schon einmal verheiratet, und ihr erster Ehemann Dexter Haven ist überraschend in Newport aufgetaucht. Das Festival mit den Auftritten der berühmtesten Jazzer ist nur der vorgeschobene Grund für die Anwesenheit des millionenschweren Sportsmannes, der viel Zeit mit der Komposition von Schlagern verbringt. In Wirklichkeit treibt ihn der Wunsch um, das Herz seiner verflossenen Ehefrau Daisy zurückzuerobern.

Cinema: »Einer der großen Filmerfolge von 1942 war die frivole Komödie *Die Nacht vor der Hochzeit* mit Katherine Hepburn, Cary Grant und James Stewart. 14 Jahre später wagte man eine Neuverfilmung, diesmal in Farbe und als Musical. Zwar fand die neue Version bei den Kritikern nicht so viel Gefallen, aber das Publikum zeigte sich begeistert. Hauptattraktion des Films war die erste Zusammenarbeit der ›Schlagerkönige‹ Bing Crosby und Frank Sinatra, die auch ein Duett, *Well, Did You Eva?*, zum Besten gaben. Das Lied *True Love*, interpretiert von Bing Crosby und Grace Kelly, wurde ein Welthit. Für Grace Kelly war es ihr Abschied von Hollywood: Sie heiratete im April 1956 Fürst Rainier von Monaco und gab das Filmen auf. Bing Crosby (1901–1977), bereits in den dreißiger Jahren ein populärer Schlagerinterpret, setzte sich in den 40ern auch beim Film als Star durch, als er für seine Rolle als singender Pater in *Der Weg zum Glück* (1944) einen Oscar erhielt. Grace Kelly

Links: Die oberen Zehntausend (1956, R: Charles Walters): Grace Kelly und Frank Sinatra
Unten: Die oberen Zehntausend (1956): Grace Kelly, Frank Sinatra und Celeste Holm

Die Nacht vor der Hochzeit (1940, R: George Cukor): James Stewart, Katharine Hepburn und John Howard

(1928–1982) drehte von 1951 bis 1956 elf Spielfilme, die fast alle zu Klassikern wurden, darunter *12 Uhr mittags*, *Das Fenster zum Hof* und *Über den Dächern von Nizza*.«

1940 Die Nacht vor der Hochzeit

The Philadelphia Story, USA, R: George Cukor, D: Katharine Hepburn, Cary Grant

OBERST REDL

Redl ezredes, Ung/BRD/A 1985, R: István Szabó, D: Klaus Maria Brandauer, Gudrun Landgrebe, Hans-Christian Blech, Jan Niklas, Armin Müller-Stahl, László Ménsáros, Dorottya Udváros, László Gálffy
Begabung und ungeheurer Fleiß machen aus Alfred Redl, dem Sohn eines Eisenbahners, einen Studenten an der Militär-Unterrealschule der österreichisch-ungarischen Monarchie. Redl macht Karriere und bleibt auch als Oberst dem Kaiserhaus gegenüber loyal, während seine Offizierskameraden längst den Zerfall des Vielvölkerstaates herbeisehnen. Zum mächtigen Chef des militärischen Geheimdienstes berufen, kollidiert Redls Pflichtauffassung allerdings mit den ehrgeizigen Plänen des Thronfolgers Franz Ferdinand. Resigniert gibt er seinen latenten homosexuellen Neigungen nach, und Franz Ferdinand findet in Redl den lang gesuchten Sündenbock, der der Staatsräson geopfert wird. Mit der Spionagegeschichte aus der österreichisch-ungarischen Monarchie ist es Klaus Maria Brandauer gelungen, einen spektakulären Filmerfolg zu landen, der bei den Filmfestspielen von Cannes 1985 mit dem Preis der Jury ausgezeichnet wurde und das Prädikat »besonders wertvoll« erhielt. In zwei Filmversionen kam die Affäre Redl schon

ins Kino, ehe Klaus Maria Brandauer 1984 »des Kaisers Rock« anzog und unter der Regie von István Szabó vor die Kamera trat. Er setzte damit die überaus erfolgreiche Zusammenarbeit mit dem ungarischen Regisseur fort, deren bisheriger Höhepunkt das Oscar-gekrönte Filmmeisterwerk *Mephisto* war.

Klaus Maria Brandauer über die Rolle des *Oberst Redl*: »Ich lebe den Oberst Redl. Der Film handelt davon, wie der Sohn eines Eisenbahners zum Oberst der Monarchie wird. Es geht uns nicht darum, mit historischer Genauigkeit zu zeigen, wer der ›richtige‹ Redl war. Wir versuchen, einen Lebensweg in unserer Interpretation aufzuzeichnen.«

Kai Niemeyer *(Abendzeitung)*: »Als sich Österreichs Geheimdienstchef Oberst Redl im Mai 1913 in den Kopf schoss, hatte sich der Kaiserwalzer schon fast ausgetanzt: Die K.-u.-K.-Donau-Monarchie war nach Erschütterungen und Auszehrungen am Ende. Die Spionageaffäre eines ehrgeizigen Offiziers wäre an sich spannend genug, doch Autor und Regisseur István Szábo wollte mehr zeigen: das warme Klima der Ver-

Oberst Redl (1985, R: István Szabó)

594

wesung, das über der brutalen Härte der aristo-
kratischen Kaste eines Vielvölkerstaats hing. Und
Redls ganz persönlicher Hochverrat. Klaus Maria Brandauer ist der aus kleinen Verhältnissen
kommende, von Internatsdressuren geprägte
Emporkömmling, der zum Vehikel für eine überwiegend erfundene Geschichte über die psychologischen Motive des Untergangs wird: Die Monarchie intrigiert sich selbst zu Tode, das Offizierskorps krepiert an der Unbeweglichkeit seiner
Grundsätze, die menschlichen Bindungen gehen
in Egozentrik zu Grunde. Dass mit Redls homosexueller Veranlagung kaum spekuliert wird,
macht das außerordentlich vielschichtige Todes-
bild besonders faszinierend. Im Finale erschießt
sich Brandauer: Startheater und Meisterszene in
einem. Er zieht alle Register des desillusionierten
Sadomasochisten und unfreiwilligen Tagträu-
mers. Die politisch und menschliche Ambivalenz
bekommt ihre Quittung. Sarajewo ist nicht mehr
weit.«

1955 Spionage
A, R: Franz Antel, D: Ewald Balser, Oskar Werner,
Rudolf Forster, Attila Hörbiger

1931 Der Fall des Generalstabs-Oberst Redl
D, R: Karl Anton, D: Lil Dagover, Otto Hartmann,
Theodor Loos

OBERWACHTMEISTER BORCK
BRD 1955, R: Gerhard Lamprecht, D: Wolfgang
Neuss, Ingrid Andrée, Gerhard Riedmann, Hilde Ses-
sak, Annemarie Düringer, Reinhard Koldehoff, Ralph
Lothar, Bum Krüger, Carsta Löck, Rudolf Fernau, Ja-
ne Tilden, Günther Pfitzmann, Fritz Wagner, Karl
Klüsner, Erik v. Loewis, Otz Tollen, Arthur Schrö-
der, Wolf Harnisch, Erwin Mosblech, Kurt Rackel-
mann, Ralf Wolter, Margarete Schön, Manny Ziener,
Helmut vom Hofe

Oberst Redl (1985, R: István Szabó):
Gudrun Landgrebe und Klaus Maria Brandauer

Nach Motiven des Romans *Oberwachtmeister
Schwenke* von Hans Joachim Freiherr von Reit-
zenstein: Oberwachtmeister Borck empfindet für
die heimatvertriebene Hausangestellte Erna
große Zuneigung. Allerdings ahnen beide nicht,
dass man im Hause von Ernas Brötchengebern in
eine Metallschmuggel-Affäre verwickelt ist, die
dem Dienstmädchen schließlich zum Verhängnis
wird. Ein Bekannter aus der Heimat erweist sich
als Erpresser und treibt Erna in den Tod. Aber
auch Oberwachtmeister Borck gerät in den
Dunstkreis der Verbrecher.

Edmund Luft *(Filmblätter)*: »Dieses routinierte Dessin ist so patent gestrickt, dass man sein
Vergnügen daran hat, wie hier für jedes Ja, aber!
eine Motiv-Masche bereit gehalten wird. Die Regie zeichnet Milieubilder, in denen der kame-
radschaftliche Geist, der Pflichteifer und die
schlichte Biederkeit der Ordnungshüter vor-
schriftsmäßig mit der Vagabondage der Gesetzlosen kontrastiert. Gerhard Riedmann gibt der
Titelrolle die klobige Bravheit eines bärenstarken
Beamten und Annemarie Düringer ist mit see-
lenvollem Augenaufschlag ein rührendes Minne-
dienstmädchen. Die gewandteste Leistung zeigt
Wolfgang Neuss, der einen überraschend sympathischen Filou porträtiert. Die moderne Moritat dürfte dem Unterhaltungsbedürfnis breiter
Publikumskreise entgegenkommen.«

1935 Oberwachtmeister Schwenke
D, R: Carl Froelich, D: Gustav Fröhlich, Marianne
Hoppe, Emmi Sonnemann

Oberst Redl (1985, R: István Szabó):
Jan Niklas feiert ausschweifend

OBSESSION –
DIE DUNKLE SEITE DES RUHMS
Svengali, USA 1982/83, R: Anthony Harvey, D: Peter O'Toole, Jodie Foster, Elizabeth Ashley, Larry Joshua, Pamela Blair, Barbara Byrne, Ronald Weyand, Robin Thomas, Brian Carney, Madeline Potter, Holly Hunter, Vera Mayer

Nach einem Roman von George Louis du Maurier: Die zweiundzwanzigjährige Zoe Alexander arbeitet tagsüber als Kellnerin und tritt abends in kleinen Musikschuppen als Rocksängerin auf. Die Plattenagentin Eve Swiss wird auf Zoes Talent aufmerksam und überredet den flamboyanten Gesangslehrer Anton Bosnyak, dem Mädchen auf Eves Kosten Unterricht zu erteilen. Anfangs ärgert sich Zoe über Antons arrogante, tyrannische Art und ist drauf und dran, alles hinzuschmeißen. Aber je näher sie Anton kennen lernt, desto mehr ist sie von seiner schillernden Persönlichkeit fasziniert. Der harte, unerbittliche Unterricht trägt Früchte: Zoe bekommt einen Plattenvertrag, das erste Album wird ein Riesenerfolg und erobert sogar Platz eins der Charts. Zoe wird zum gefeierten Star. Inzwischen hat sie sich in Anton, der dreißig Jahre älter ist als sie, verliebt, und ihre Auftritte kann sie nur dann absolvieren, wenn sie ihn in der Nähe weiß ...

Robert Fischer (*Jodie Foster*): »In *Bugsy Malone* sah man Jodie Foster singen, hörte aber ihre Stimme nicht; in *Moi, fleur bleue* durfte sie zwar einen Song für den Soundtrack singen, aber eben nur im Off. In diesem fürs Fernsehen gedrehten kleinen Film kann sie endlich vor der Kamera beweisen, dass sie wahrhaftig das Zeug zur Sängerin hat: Drei Softrock-Stücke von James-Bond-Komponist John Barry darf sie mit ihrer tiefen, kehligen Stimme vortragen, und man sieht ihr an, mit wie viel Spaß und Hingabe sie sich dieser Aufgabe gestellt hat. Neben den Musikpartien sind es vor allem die langen, schlagabtauschartigen Dialogszenen zwischen Jodie Foster und Peter O'Toole, die den Film zu einem Vergnügen machen ... Mit Georges Louis du Mauriers klassischer Trilby-Geschichte hat dieser Film nur oberflächliche Ähnlichkeit, eine Tatsache, über die sich Regisseur Harvey sogar lustig macht, wenn er Zoe in der allerersten Einstellung des Films in Trance präsentiert, sich dann aber herausstellt, dass sie sich von einem Hypnotiseur nur das Rauchen abgewöhnen lassen will. Das Abhängigkeitsverhältnis zwischen Bosnyak und Zoe ist psychologischer und sinnlicher Natur, nicht psychedelischer und übersinnlicher wie zwischen Svengali und Trilby.«

1954 Svengali
GB, R: Noel Langley, D: Hildegard Knef, Donald Wolfit, Terence Morgan

1931 Svengali
USA, R: Archie Mayo, D: John Barrymore, Donald Crisp, Marian Marsh

OCEAN'S ELEVEN
USA 2001, R: Steven Soderbergh, D: George Clooney, Brad Pitt, Julia Roberts, Matt Damon, Andy Garcia, Vladimir Klitschko, Bernie Mac

Danny Ocean lässt nichts anbrennen. Vor nicht einmal 24 Stunden ist der charismatische Gauner auf Bewährung aus dem Gefängnis in New Jersey entlassen worden, und schon plant er seinen nächsten Coup. Dabei befolgt er drei Regeln: Es fließt kein Blut; niemand wird beklaut, der es nicht auch verdient hat; spiele deinen Einsatz, als ob du nichts zu verlieren hast. Nach diesem Motto inszeniert Danny den raffiniertesten Casino-Raub der Geschichte. Danny hat sein elfköpfiges Spezialistenteam handverlesen – dazu gehören das Kartenspieler-Ass Rusty Ryan, der meisterhafte Taschendieb Linus Caldwell und der geniale Pyrotechniker Basher Tarr. Gemeinsam wollen sie drei Las Vegas-Casinos in nur einer Nacht um 150 Millionen Dollar erleichtern. Alle drei Casinos gehören dem ebenso eleganten wie ruchlosen Unternehmer Terry Benedict, der kürzlich ein Auge auf Dannys Ex-Frau Tess geworfen hat. Zufall oder Motiv? Danny lässt sich nicht in die Karten schauen. Um die Millionen einzusacken, riskiert er sein Leben – und seine letzte Chance auf eine Versöhnung mit Tess. Doch falls Dannys ausgefeilter, fast unmöglicher Plan tatsächlich funktionieren sollte, dann wird er sich gar nicht zwischen seinem Beuteanteil und Tess entscheiden müssen. Oder doch? In dem Thriller sollte es eine Sequenz geben, in der ein Spielcasino gesprengt wird. Wegen der Ereignisse vom 11. September 2001 in New York wurden diese Szenen ersetzt.

Norbert Raffelsiefen (*Programmkino.de*): »Steven Soderbergh hat das mittelmäßige Original aus dem Jahre 1960 bis auf den Grundplot entkernt und in perfektes Popkornkino verwandelt. Damals stolzierte das ›Rat Pack‹ um Frank Sinatra, Dean Martin und Sammy Davis Jr. wie eitle

Gockel durch einen Film, dessen Krimihandlung nur als Vorwand diente, um Frankie und seine Spießgesellen (so der deutsche Titel) ins rechte Licht zu rücken. Diesmal führt Sinatras inoffizieller Erbe George Clooney seine Jungs an die Fleischtöpfe von Las Vegas ... Die ebenso originellen wie abgezockten Methoden, mit denen Ocean und Rusty die übrige Crew rekrutieren, geben dem ersten Drittel des Films die nötige Würze. Trotz der Menge an Akteuren gelingt es Soderbergh, mit nur wenigen Strichen jedem einzelnen Crewmitglied ein unverwechselbaren Charakter zu verleihen. Hat sich das Team erst einmal gefunden, wird dem Zuschauer ein tollkühner Plan präsentiert, der einen so manchen lahmen Gangsterplot der letzten Zeit vergessen lässt. Gegen Ende der ausgetüftelten Vorbereitungsphase ist es dann an der Zeit, den obligatorischen Sand ins perfekt funktionierende Getriebe zu kippen. Die Profis erweisen sich als Menschen mit Macken, allen voran Danny Ocean höchstpersönlich, dessen Motive an dem Raubzug plötzlich nicht mehr eindeutig zu bestimmen sind.«

1960 Frankie und seine Spießgesellen
Ocean's Eleven, USA, R: Lewis Milestone, D: Frank Sinatra, Dean Martin

DER OCHSENKRIEG
BRD 1987, R: Sigi Rothemund, D: Stefan Behrens, Massimo Girotti, Robert Hoffmann, Karl Merkatz, Christian Spatzek, Denise Virieux, Rolf Zacher
Bauernaufstand im bayerischen Land im 15. Jahrhundert. Der Amtmann des Stiftsherrn Pienzenauer von Berchtesgaden erfährt durch die zufällige Einkehr seines Sohnes Lampert bei Runotters Tochter Jula auf der Hängmoos-Alm, dass dort außer Ochsen auch Kühe weiden. Auf dem halbverfallenen Weidebrief, der den Ramsauer Bauern das Recht gibt, dort auch Kühe weiden zu lassen, fehlen leider Unterschrift und Siegel. Dies gibt den Anlass zum Streit zwischen dem Fürsten Pienzenauer und Runotter, der sich nun mit den Fürsten von Reichenhall zusammenschließt. Es kommt zum Kampf und später zum Friedensschluss. Die Verbindung von Jula Runotter mit einem Mann der »Gegenseite« besiegelt die Versöhnung.

Lexikon des internationalen Films: »Aufwendige Fernsehverfilmung eines Romans von Ludwig Ganghofer.«

1942 Der Ochsenkrieg
D, R: Hans Deppe, D: Friedrich Ulmer, Ernst Sattler, Thea Aichbichler
1920 Der Ochsenkrieg
D, R: Franz Osten

OH, JONATHAN – OH, JONATHAN!
BRD 1973, R: Franz Peter Wirth, D: Heinz Rühmann, Peter Fricke, Franziska Oehme, Paul Dahlke, Marlis Schoenau, Astrid Meyer-Gossler, Henning Gissel, Ingeborg Lapsien, Wega Jahnke, Kurt Buechler, Wilfried von Aacken, Willy Semmelrogge, Horst Jankowski, Jean-Pierre Zola, Paul Neuhaus, Beppo Brem, Jürgen Scheller, Günther Becker, Erich Fritze, Paul Bürks, Paul Verhoeven
Der schwerreiche, leider aber auch schwer kranke Konsul Jonathan Reynold hat nur noch einen Wunsch: Er möchte seine Schwiegertochter kennen lernen. Die jedoch ist gerade nicht erreichbar, weshalb sich Sohn Tobias genötigt sieht, seinem Vater eine andere als seine zukünftige Frau vorzustellen. Es scheint auch zu klappen, der Alte schöpft keinen Verdacht und schließt zufrieden die Augen – um am nächsten Morgen gesund wieder aufzuwachen! Was nicht zuletzt an der reizvollen und sympathischen Erscheinung der »Ersatzverlobten« liegt. Jetzt ist guter Rat teuer. Denn Jonathan will Eva unbedingt wieder sehen, er hat sich – Alter schützt vor Liebe nicht – in das Mädchen verknallt. Daraus ergeben sich zahlreiche Verwicklungen, zu denen auch Gloria, die echte Verlobte, nach Kräften beiträgt.

Lothar Lambert *(Der Abend)*: »Wohl einer seiner schwächsten Filme ist *Oh, Jonathan, oh, Jonathan* (1973), aber selbst die gestreckte Familien-Serien-Situation der altbackenen Art füllte Heinz Rühmann mit seiner kauzig herausgeputzten Persönlichkeit, sodass man der Unterschiebung einer falschen Schwiegertochter trotz klamottiger Einfälle und hölzerner Regie durch Franz Peter Wirth einigermaßen amüsiert bis zum fröhlichen Ende folgte.«

1964 So bändigt man Eva
I'd Rather Be Rich, USA, R: Jack Smight, D: Sandra Lee, Maurice Chevalier
1941 Die ewige Eva
It Started With Eve, USA, R: Henry Koster, D: Charles Laughton, Deanna Durbin

OLIVER TWIST

The Adventures Of Oliver Twist, USA 1991, R: Fernandez Ruiz, Drb: Fernandez Ruiz nach dem Roman von Charles Dickens, K: Fernando Franco, Victor Peña, M: Placido Domingo jr. – Animation.

Der Waisenjunge Oliver Twist flieht nach langen Jahren der Ausbeutung und Misshandlungen aus dem Waisenhaus, doch er gerät in die Fänge des skrupellosen Hehlers Fagin, dem Handlanger des habgierigen, brutalen Bill Sikes, und wird zum Mitglied seiner aus armen Kindern rekrutierten Diebesbande. Auch Sikes kann er entkommen, muss aber dafür seine neue Freundin Nancy zurücklassen. Bei dem freundlichen Mr. Brownlow findet er zum ersten Mal ein Zuhause. Bevor Brownlow jedoch erfährt, dass Oliver in Wirklichkeit sein verschollener Enkel ist, verschleppen Sikes' Helfer den unbequemen Mitwisser ihrer Untaten.

1839 veröffentlichte der englische Schriftsteller Charles Dickens (1812–1870) seine bewegende und spannende Geschichte um den Waisenjungen Oliver Twist und die grandiosen Schurkengestalten Fagin und Sikes – neben *David Copperfield* wohl der populärste unter seinen Romanen, in denen er »voll Liebe und groteskem Humor die Welt der kleinen Leute und Sonderlinge darstellte und eine aus Mitleid erwachsende Kritik an den sozialen Missständen übte« *(Brockhaus)*. Wegen seiner Kritik an den herrschenden sozialen Verhältnissen erregte *Oliver Twist* in England großes Aufsehen. Oliver Twist ist darüber hinaus einer der meistverfilmten literarischen Helden: Nach etlichen Stummfilmadaptionen entstand in den USA 1933 eine erste Tonfilmversion, der unter anderen der Klassiker *Oliver Twist* von David Lean (1948), die exzellente Musicalfassung *Oliver* von Carol Reed

(1967) oder Clive Donners Verfilmung *Oliver Twist* (1982) folgten. Auch der amerikanische Zeichentrickfilm *Oliver Twist* von Fernando Ruiz hatte Vorgänger, so den amerikanischen Animationsfilm *Oliver Twists Abenteuer* aus dem Jahr 1974, die Hanna-Barbera-Version *Olivers großer Traum* (1980) und die Walt Disney-Adaption *Oliver & Co.* von 1989. Über den Trickfilm von Fernando Ruiz urteilt das *Lexikon des internationalen Films*: »Wenn auch der große erzählerische Atem der Vorlage verloren geht, bietet der Film immerhin angenehme Familienunterhaltung.«

1989 Oliver & Co.

Oliver & Company, USA, R: George Scribner – Animation

»Die liebevoll gezeichneten Helden der Geschichte und seine flotte Musik machen diesen Zeichentrickfilm zu einem einzigartigen Erlebnis.« *(Hamburger Abendblatt)*

1985 Der Kleine mit dem großen Herzen

Lost In London, USA, R: Robert Lewis, D: Emmanuel Lewis, Basil Hoskins

»In die Gegenwart verlegte (Fernseh-)Verfilmung des *Oliver Twist*-Stoffes, deren thematisch interessantes Anliegen in erzählerischen Klischees und Oberflächlichkeiten versandet.« *(Lexikon des internationalen Films)*

1982 Oliver Twist

GB, R: Clive Donner, D: Richard Charles, Tim Curry, George C. Scott

»Die dreizehnte Filmadaption des Charles-Dickens-Märchens um den edlen Fürsorgezögling, dem weder die Erfahrung mit bürgerlicher Doppelmoral im weißen Haus noch die Begegnung mit großstädtischer Armut und Verbrechen das wohlerzogene Benehmen, die reine Gesinnung nehmen können ... Clive Donner nun illustriert bieder die wichtigsten Handlungsstränge. Seine Bilder strahlen, selbst wo sie das Schmutzige zeigen, noch jene klinische Reinheit aus, die Literaturbebilderungen im Fernsehen oft kennzeichnen. Alles ist fein säuberlich und ohne doppelten Boden für einen einzigen, schnellen Blick arrangiert. Armut ist erkennbar an zerrissenen Kleidern und schlechten Zähnen, Laster an Sau-

Oliver Twist (1982, R: Clive Donner): Richard Charles und Martin Tempest

Oliver Twist (1982, R: Clive Donner):
Richard Charles

fen und Huren auf der Straße. Und den Figuren ist ihr Charakter deutlich ins Gesicht geschrieben. Für Nuancen in der Darstellung gibt es keinen Raum. So wirkt selbst der große George C. Scott, ausgestattet mit einem verdreckten Wollmantel, mit Vollbart und langen Haaren, seltsam fahrig und wenig präsent. Für die Darstellung des Fagin, des bösen Hehlers und Oberhaupts einer Bande jugendlicher Taschendiebe, dem er Züge von Weisheit und sogar Güte verleiht, hätte Scott schon einen Otto Preminger gebraucht.« (Norbert Grob, *Die Zeit*)

1980 Olivers großer Traum
Oliver And The Artful Dogger, USA, R: William Hanna, Joseph Barbera – Animation

1974 Oliver Twists Abenteuer
Oliver Twist, USA, R: Hal Sutherland – Animation

1967 Oliver
Oliver!, GB, R: Carol Reed, D: Ron Moody, Oliver Reed, Harry Secombe
Nach diversen Leinwandadaptionen des berühmten Dickens-Romans *Oliver Twist* nahm sich der Komponist Lionel Bart Ende der fünfziger Jahre des Stoffes an und schuf das Musical *Oliver!* Am 30. Juni 1960 wurde es in London uraufgeführt und erlebte innerhalb von elf Jahren 2.618 Vorstellungen in der britischen Metropole. 1967 folgte die Verfilmung von Carol Reed.

1948 Oliver Twist
GB, R: David Lean, D: Alec Guinness, Robert Newton, Kay Walsh
»Als Fagin, der Anführer der Taschendiebe, lieferte Guinness eine umstrittene Leistung ab. In den USA kritisierte die ›Jewish Anti-Diffamation League‹ antisemitische Tendenzen, die durch die negative Charakterisierung des Juden Fagin zum Ausdruck kämen. In einer geschnittenen Fassung, die auf Bestreben der Vereinigung zu Stande kam, erreichte *Oliver Twist* mit dreijähriger Verspätung die amerikanischen Kinos.« *(TV Spielfilm Lexikon)*

1933 Oliver Twist
USA, R: William J. Cowen, D: Irving Pichel

1922 Oliver Twist
USA, R: Frank Lloyd, D: Lon Chaney

1921 Oliver Twist, Jr.
USA, R: Millard Webb, D: Wilson Hummell

1916 Oliver Twist
USA, D: Tully Marshall

1912 Oliver Twist
GB, R: Thomas Bentley, D: John McMahon

1912 Oliver Twist
USA, D: Nat C. Goodwin

1910 Oliver Twist
F

1909 Oliver Twist
USA, D: Elita Otis

DER OMEGA-MANN

The Omega Man, USA 1971, R: Boris Sagal, D: Charlton Heston, Anthony Zerbe, Rosalind Cash, Paul Koslo, Eric Laneuville, Lincoln Kilpatrick, Jill Giraldi, Anna Aries, Brian Tochi, DeVeren Bookwalter

Nach einem bakteriologischen Krieg ist fast die ganze Menschheit ausgerottet. Bakteriologe Robert Neville konnte sich als Einziger mit einem Anti-Serum retten. Ebenfalls zu den Überlebenden gehört der religiöse Fanatiker Matthias mit seinen Anhängern, bei denen die Seuche zu Mutationen geführt hat. Eines Tages gerät Neville in eine Falle der Sektierer und soll auf dem Scheiterhaufen verbrannt werden. Doch er wird durch eine Gruppe weiterer Unverseuchter befreit. Fesselnde und zugleich erschreckende Endzeitvision von Boris Sagal nach einem Roman von Richard C. Matheson *(I Am Legend)*. Glaubt man der *Enzyklopädie des phantastischen Films*, so ist der *Omega-Mann* »einer der gelungensten und spannendsten SF-Filme überhaupt«.

1967 Soy leyenda
E, R: Mario Gómez Martín, D: Ana Castor, Moisés Menéndez, Ricardo Palacios

1964 L'Ultimo uomo della Terra
I/USA, R: Ubaldo Ragona, Sidney Salkow, D: Vincent Price, Franca Bettoia

ON THE ROAD AGAIN

USA 1980, R: Jerry Schatzberg, D: Willie Nelson, Dyan Cannon, Amy Irving, Slim Pickens, Emmylou Harris, Mickey Rooney jr., Joey Floyd, Charles Levin, Pepe Serna

Buck, ein erfolgreicher Countrymusiker, liebt das Leben »on the road«. Mit seiner Band tourt er durch Texas und genießt das ungebundene Männerleben mit seinen exzessiven Partys. Sehr zum Leidwesen seiner attraktiven Frau Viv, mit der er früher gemeinsam auf der Bühne stand. Viv hat genug vom Herumtouren ihres Mannes und drängt auf eine Entscheidung – Musik oder Ehe.

Lexikon des internationalen Films: »Country & Western-Star Willie Nelson in einem größtenteils gelungenen, semi-autobiographischen Musikfilm über einen erfolgreichen, aber unglücklichen Sänger. Hin- und hergerissen zwischen der Liebe zu seiner Familie und der Begeisterung für seine Karriere greift er immer öfter zur Schnapsflasche. Hinzu kommt eine Affäre mit der Tochter eines früheren Bandmitglieds. Interessante, im amerikanischen C-&-W-Milieu angesiedelte Neuverfilmung des klassischen schwedischen Melodrams *Intermezzo* (1936).«

Nachdem sie bereits 1932 ihren ersten Leinwandauftritt hatte, schaffte Ingrid Bergman (1915–1982) mit ihrem Auftritt in Gustaf Molanders *Intermezzo* (1936) ihren Durchbruch. Durch diese Rolle wurden amerikanische Filmproduzenten auf sie aufmerksam. 1938 erhielt sie von David O. Selznick einen Vertrag und ging nach Hollywood. Ihr erster amerikanischer Film war 1939 *Intermezzo*, ein Remake des Molander-Films von 1936.

Graham Greene, damals Filmkritiker von *Spectator*, schrieb im Januar 1940: »Den Film sollte man unbedingt gesehen haben, um Ingrid Bergman kennen zu lernen, den neuen Star, der so natürlich ist wie sein Name.« Ingrid Bergman war dabei, Hollywood zu erobern. *Intermezzo* wurde ein Welterfolg. *New York Daily News*: »Ingrid Bergman ist das Beste, was Hollywood aus welcher Himmelsrichtung auch immer seit langem widerfahren ist ... Diese Kombination von seltener Schönheit, Frische, Vitalität und Talent ist so selten wie eine Jahrhundertpflanze bei ihrem ersten Erblühen.« *Intermezzo* gehört zu den berühmt-berüchtigten Dreiecksgeschichten, in denen die Wünsche eines Millionenpublikums auf geradezu ideale Weise erfüllt werden, ohne die herrschende Moral allzu sehr zu schädigen. Regisseur Gustav Molander – er gilt als Entdecker der Bergman – sagte später lakonisch: »Schön, ich habe *Intermezzo* für sie geschrieben, aber sie war es, die den Film zum Erfolg führte. Sie konnte sprechen, sich bewegen, sie füllte die Leinwand mit Leben. Die Wahrheit ist, dass niemand sie entdeckt hat, sie hat sich selbst entdeckt.« Die amerikanische *Variety* schrieb über den schwedischen Film: »Miss Bergmans Stern ist für Hollywood bestimmt.«

1939 Intermezzo

USA, R: Gregory Ratoff, D: Ingrid Bergman, Leslie Howard, Edna Best

1936 Intermezzo

S, R: Gustaf Molander, D: Gösta Ekman, Ingrid Bergman, Inga Tidblad

ONEGIN – EINE LIEBE IN ST. PETERSBURG

Onegin, GB 1999, R: Martha Fiennes, D: Ralph Fiennes, Liv Tyler, Toby Stephens, Lena Headey, Martin Donovan, Alun Armstrong, Harriet Walter, Irene Worth, Jason Watkins, Francesca Annis, Gwenllian Davies, Simon McBurney, Geoffrey McGivern, Margery Withers, Tim McMullan

Der adlige Onegin ist ein Zyniker und hat sein Vermögen verjubelt. Da kommt ihm eine Erbschaft, ein Landsitz, gerade recht. Dort angekommen, freundet sich Onegin mit seinem Nachbarn Lensky an und lernt bald Tatyana, die Schwester von Lenskys Verlobten, kennen. Als diese ihm ihre Liebe gesteht, kommt der Zyniker wieder durch ...

Prisma-Online: »Dieses Familienunternehmen der Fiennes (Martha führte Regie, Bruder Ralph spielt die Hauptrolle und war Produzent und die Musik komponierte Bruder Magnus) erweist sich als lahme Melo-Romanze in historischem Gewand. In dieser Alexander-Puschkin-Verfilmung erstaunt höchstens der Hauptdarsteller mit seiner treffsicheren Mimik eines gelangweilten Adligen. Der Rest ist einfach nur gepflegte Langeweile, die mit tollen Bilder vor sich hinplätschert ohne zu packen.«

1994 Jewgenji Onegin

GB, R: Humphrey Burton, D: Wojcie Drabowicz, Ludmilla Filatova, John Fryatt

1988 Eugen Onegin

UdSSR, R: Petr Weigl, D: Magda Vašáryová, Emil Horvath, Kamila Magálová

1984 Eugene Onegin
USA, R: Kirk Browning, D: Mirella Freni, Sandra Walker, Wolfgang Brendel

1958 Eugen Onegin
Jewgenji Onegin, UdSSR, R: Roman Tichomirow, D: Vadim Medvedev, Y. Kibkalo

1911 Jewgenji Onegin
RUS, R: Vasili Goncharov, D: Aleksandr Gromov

DER ONKEL AUS AMERIKA

BRD 1952/53, R: Carl Boese, D: Hans Moser, Arno Paulsen, Grethe Weiser, Waltraud Haas, Joe Stöckel, Georg Thomalla, Ethel Reschke, Ruth Stephan, Walter Gross, Wolfgang Neuss, Joe Furtner, Herbert Kiper, Gert Kollat, Ernst Sattler, Herbert Weissbach, Erhard Ey-Steineck

Nach dem Theaterstück *Man braucht kein Geld* von Ferdinand Altenkirch: Der hoffnungslos verschuldete Unternehmer Hermann Hartung steht kurz vor der Pleite. Das verschlägt für kurze Zeit seiner Frau Gertrud die Sprache und vermasselt seiner Tochter Elisabeth die Heiratsaussichten. Hartung hat sein gesamtes Vermögen in ein ebenso fragwürdiges wie erfolgloses Ölbohr-Projekt in Groditzkirchen gesteckt. Da kündigt Onkel Th. Th. Hoffmann aus Amerika seinen Besuch an.

Edith Hamann *(Filmblätter)*: »Das ist ein Stoff, der die Möglichkeiten zu einer kräftigen Satire in sich hat. Aber weder der Autor des Theaterstückes noch die Drehbuchverfasser Flatow-Paulsen ließen sich in dieses Extrem locken. Viel-

mehr begnügten sie sich mit den Gegebenheiten sicherer Situationskomik, die ein Onkel aus Amerika bietet, durch den die liebe Verwandtschaft sich zu sanieren gedenkt, obwohl er gerade nur zehn Golddollar besitzt. Held der Geschichte ist aber nicht der Onkel, sondern der smarte junge Bankbeamte, der die Wahrheit des Originaltitels *Man braucht kein Geld* beweist – weder um ›glücklich und verliebt‹ zu sein, noch um Geschäfte zu machen und die Wirtschaft anzukurbeln. Dieser liebenswürdige, hochstapelnde, fest zu seinem Glück entschlossene junge Mann ist Georg Thomalla, und er spielt das auf eine so reizende, diskret-komische Weise, auf jeden Klamauk verzichtend, dass man seinen ungetrübten Spaß haben kann. Wie überhaupt auch Carl Boese, durch gut pointierte Dialoge und sichere Schauspieler unterstützt, geschickt um die Klamotte herumsteuert und erfreuliches Niveau hält ... wird der hübsche Film ein gut gelauntes Publikum finden, und er erweist, dass man kein Geld sprich: keine Unsummen – braucht, um anständige Filme zu machen.«

1931 Man braucht kein Geld
D, R: Carl Boese, D: Heinz Rühmann, Hans Moser, Ida Wüst, Hedy Lamarr

*Rechts: Der Onkel aus Amerika
(1952/53, R: Carl Boese)
Unten: Der Onkel aus Amerika (1952/53):
Hans Moser und Georg Thomalla*

ONKEL TOMS HÜTTE

Uncle Tom's Cabin, USA 1987, R: Stan Lathan, D: Avery Brooks, Edward Woodward, Bruce Dern, Paula Kelly, Jenny Lewis, Jim Williamson, Troy Beyer, Kate Burton, Frank Converse, Shirley Jo Finney, Samuel L. Jackson

Nach einem Roman von Harriet Beecher-Stowe: Der weltberühmte Roman um das wechselhafte Schicksal des Sklaven Tom bei verschiedenen Herrschaftsfamilien, der seinerzeit wesentlich zur Meinungsbildung gegen das System der Sklavenhaltung in Amerika beitrug, wurde zur Vorlage dieses Films. Ein tiefgläubiger Farbiger wird an einen brutalen Sklavenhändler verkauft. Während des Transportes auf einem Mississippi-Dampfer rettet er einem weißen Mädchen das Leben und gewinnt dessen Herz. Als das Kind - erkrankt und stirbt, scheint auch die Hoffnung auf eine Änderung seines Sklavendaseins zu erlöschen.

Lexikon des internationalen Films: »Im Mittelpunkt das prototypische Bild des grenzenlos liebenden und leidenden Schwarzen, das gegen die Sklaverei emotionalisierte.«

1965 Onkel Toms Hütte
La capanna dello zio Tom, BRD/I/F/YU, R: Géza von Radványi, D: Herbert Lom, O. W. Fischer, Olive Moorefield

1927 Uncle Tom's Cabin
USA, R: Harry A. Pollard, D: George Siegmann, James B. Lowe, Virginia Grey

1926 Dinky Doodle In Uncle Tom's Cabin
USA, R: Walter Lantz – Animation

1923 Colonel Heeza Liar In Uncle Tom's Cabin
USA, R: Vernon Stallings – Animation

1920 Uncle Tom's Cabin
USA, R: J. Searle Dawley, D: Marguerite Clark, Sam Hardy, Frank Losee

1919 Uncle Tom Without A Cabin
USA, R: Edward F. Cline, Ray Hunt, D: Ben Turpin, Chester Conklin, Marie Prevost

1918 Uncle Tom's Cabin
USA, R: J. Searle Dawley, D: Marguerite Clark, Jack W. Johnston

1914 Uncle Tom's Cabin
USA, R: William Robert Daly, D: Marie Eline, Sam Lucas, Walter Hitchcock

1913 Uncle Tom's Cabin
USA, R: Otis Turner, D: Harry A. Pollard, Edward Alexander, Margarita Fischer

1913 Uncle Tom's Cabin
USA, R: Sidney Olcott, D: Anna Q. Nilsson

1910 Uncle Tom's Cabin
USA, R: J. Stuart Blackton, D: Florence Turner, Mary Fuller, Edwin R. Phillips

1910 Uncle Tom's Cabin
F

1903 Uncle Tom's Cabin
USA, R: Siegmund Lubin

1903 Uncle Tom's Cabin
USA, R: Edwin S. Porter

DER ONKEL VOM MARS

My Favorite Martian, USA 1999, R: Donald Petrie, D: Christopher Lloyd, Jeff Daniels, Elizabeth Hurley

Kino-Remake einer TV-Serie über einen ehrgeizigen Fernsehjournalisten, der seinen Job verloren hat und plötzlich Zeuge einer UFO-Landung wird. Völlig unerwartet hat er einen Marsianer als Hausgenossen, der sich den Nachbarn gegenüber als »Onkel Martin« vorstellt.

Premiere-World: »Aberwitzige Komödie im Stil von *Zurück in die Zukunft*.«

1963–1966 Mein Onkel vom Mars
My Favorite Martian, USA, D: Ray Walston, Bill Bixby

OPERNBALL

A 1956, R: Ernst Marischka, D: Sonja Ziemann, Adrian Hoven, Hertha Feiler, Johannes Heesters, Dorit Kreysler, Josef Meinrad, Fita Benkhoff, Rudolf Vogel, Frances Martin, Theo Lingen, Hans Moser

Nach der gleichnamigen Operette von Richard Heuberger: Zwei lebenslustigen Ehemännern gelingt es mit List und Tücke, heimlich und allein

Onkel Toms Hütte (1965, R: Géza von Radványi): John Kitzmiller und Gertraud Mittermayr

Opernball (1939, R: Géza von Bolváry):
Fita Benkhoff und Paul Hörbiger

auf den Wiener Opernball zu gehen. Sie ahnen nicht, dass auch ihre Frauen – allerdings kokett maskiert – auf dem Ball zugegen sind. So stürzen alle vier Beteiligten von einem Abenteuer ins andere. Heftig wird nach rechts und links geflirtet. Da sich aber alle Beteiligten so ausgezeichnet amüsiert haben, endet der Ball nicht in einer »Katastrophe«, sondern mit herzlicher Versöhnung.

Hilde Bold *(Filmblätter)*: »Auch die dritte Verfilmung der Heuberger-Operette amüsiert wieder ungemein. Unter der Regie des bewährten Ernst Marischka brillieren Wiener Walzer und Czárdás. Wieder nuschelt Moser als Oberkellner, der den Sekt in Strömen schäumen lässt, und näselt Lingen als verärgerter Kammerdiener. Faustdick hinter den Ohren hat es Johannes Heesters und seine zauberhaft aussehende Film-Gattin Hertha Feiler steht ihm darin nicht nach ... Fast ›beschwipst‹ gleiten die bunten, großartig fotografierten Bilder vorüber und versetzen den Zuschauer in die munterste Stimmung.«

1939 Opernball
A/D, R: Géza von Bolváry, D: Marte Harell, Hans Moser, Heli Finkenzeller

1931 Opernredoute
F, R: Max Neufeld, D: Georg Alexander, Betty Bird, Liane Haid

ORFEU NEGRO
BR/F/I 1959, R: Marcel Camus, D: Breno Mello, Marpessa Dawn, Lourdes de Oliveira, Léa Garcia, Adhémar da Silva, Alexandro Constantino, Waldemar da Souza, Jorge Dos Santos, Aurino Cassanio, Modesto De Souza

Nach einem Bühnenstück von Vinitius de Moraes: Orfeo ist ein junger Straßenbahnschaffner in Rio. Wo immer er auftaucht, drehen die Mädchen die Köpfe nach ihm um. Auch mit seiner Gitarre weiß er die Menschen zu bezaubern. Die Kinder sagen sogar, mit seinem Spiel bringe er es fertig, die Sonne aufgehen zu lassen. Die temperamentvolle Mira hat sich in den Kopf gesetzt, den dunkelhäutigen jungen Mann zu heiraten. Orfeo scheint auch nicht abgeneigt zu sein, mit ihr zum Standesamt zu gehen. Das ändert sich jedoch, als plötzlich ein junges schwarzes Mädchen vom Lande in der ärmlichen Siedlung auftaucht. Sie heißt Eurydike und sucht bei ihrer Cousine Serafina Zuflucht vor einem Mann, der sie hartnäckig verfolgt. Orfeo ist entzückt von Eurydike; noch in derselben Nacht wird sie seine Geliebte. Während des Karnevaltrubels verleben die beiden glückliche Stunden. Dann taucht der Verfolger erneut auf, in der Maske des Todes bedrängt er Eurydike. Sie flieht vor ihm in das Straßenbahndepot, wo sie Orfeo zum ersten Mal sah; bei seinem Versuch, ihr zu helfen, tötet er sie. Verzweifelt irrt er später durch die Nacht und

Orfeu Negro (1959, R: Marcel Camus)

fragt nach der Verschwundenen. Als er die tote Eurydike endlich gefunden hat und in seine Hütte tragen will, stürzt ihn die rasende Mira in den Abgrund. Im Tode sind Orfeo und Eurydike damit wieder vereint. 1999 drehte Carlos Diegues in Brasilien mit *Orfeu* eine weitere Version, Toni Garrido, Patrícia França und Murilo Benício spielten die Hauptrollen.

1949 Orpheus

Orphée, F, R: Jean Cocteau, D: Jean Marais, Maria Déa, Maria Casarès

ORIGINAL SIN

Péché originel, F/USA 2001, R: Michael Cristofer, D: Antonio Banderas, Angelina Jolie, Thomas Jane, Jack Thompson, Gregory Itzin, Allison Mackie, Joan Pringle, Cordelia Richards, James Haven, Pedro Armendáriz Jr., Mario Iván Martínez, Harry Porter, Fernando Torre Laphame, Shaula Vega, Lisa Owen

Nach einem Roman von Cornell Woolrich: Luis Antonio Vargas, ein wohlhabender kubanischer Kaufmann, versucht mit einer Vernunftheirat seiner Einsamkeit zu entfliehen. Über eine Anzeige lernt er die Amerikanerin Julia Russell kennen. Sie korrespondieren miteinander und Vargas verlobt sich mit ihr, ohne sie je gesehen zu haben. Als er Julia dann endlich gegenüber steht, ist sie eine völlig andere Person, als er erwartet hat. Bereits auf den ersten Blick verfällt er der erotischen Schönheit mit Haut und Haaren. Während er versucht, ihr Herz zu erobern, sorgt die ebenso bezaubernde wie gewiefte Femme fatale in kürzester Zeit dafür, dass sein Leben vollkommen aus den Fugen und in einen Strudel von List, Betrug und Mord gerät.

Rüdiger Rapke *(TV Movie)*: »Der schöne Antonio Banderas und *Lara Croft*-Darstellerin Angelina Jolie sind zwar ein aufregendes Paar mit gehörigem Sex-Appeal – vom erhofften erotischen Feuer fehlt dennoch jede Spur. Das liegt nicht zuletzt an der ziemlich langatmigen und konstruierten Story. Obwohl vom Filmverleih als Erotik-Thriller angepriesen, erweist sich die Geschichte denn auch als eher spannungslos. Und das Schlimmste: Das Ende entlässt den Zuschauer völlig ratlos aus dem Kino. Kurzum: Wer großes Hollywood-Gefühlskino erwartet, wird enttäuscht.«

Prisma-Online: »1969 drehte bereits François Truffaut nach der gleichen Romanvorlage von Cornell Woolrich den Film *Das Geheimnis der falschen Braut* mit Jean-Paul Belmondo und Catherine Deneuve. Regisseur Michael Christofer *(Body Shots)* machte aus der Story einen zähen Erotik-Käu, bei dem weder das historische Ambiente noch die an sich guten Darsteller viel reißen können. Wer Truffauts Fassung kennt, wird hier bald einschlafen. Da nützen auch die Nacktaufnahmen von Angelina Jolie nichts.«

1969 Das Geheimnis der falschen Braut

La Sirène du Mississippi, F/I, R: François Truffaut, D: Jean-Paul Belmondo, Catherine Deneuve

ORLANDO

GB/RUS/F/I/NL 1992, R: Sally Potter, D: Tilda Swinton, Billy Zane, Lothaire Bluteau, John Wood, Charlotte Valandrey, Heathcote Williams, Quentin Crisp, Dudley Sutton, Thom Hoffman, Anna Healy, Jimmy Somerville, Simon Russel Beale, Matthew Sim, Victor Stepanov, John Bott, Elaine Banham, Peter Eyre, Ned Sherrin, Roger Hammond, Kathryn Hunter, Jessica Swinton

Nach einem Roman von Virginia Woolf: Als junger Edelmann schlägt Orlando sich durch die Zeit der Königin Elizabeth I. Der rothaarige Mann ist der königliche Favorit einer ganzen Generation. Aber er darf nicht altern, deshalb bleibt er ewig jung und verbringt seine Zeit mit diversen Vorlieben. Ehemann, Liebhaber, Dichter und schließlich Botschafter in Asien. Der nahende Krieg zwingt ihn dazu, sein Geschlecht zu wechseln. Um die unruhigen Zeiten des 18. Jahrhunderts zu überstehen, durchlebt er als Frau den Emanzipationswandel bis ins 20. Jahrhundert. So lebt er 400 Jahre.

MovieLine: »Seine geschlechtsgebundenen Erfahrungen sind ein ironisch-kritisches Spiegelbild der gesellschaftlichen Vorherrschaft des Mannes und des wachsenden emanzipatorischen Bewusstseins der Frau. Mit ästhetischen Bildkompositionen und großer Schauspielkunst gestaltet, ist die Romanverfilmung in der Veranschaulichung der Woolfschen Mann-Frau-Dialektik gelungener als in der Übernahme der Zeitverschachtelungstechnik.«

1981 Freak Orlando

BRD, R: Ulrike Ottinger, D: Magdalena Montezuma, Delphine Seyrig, Albert Heins

OSCAR – VOM REGEN IN DIE TRAUFE

Oscar, USA 1991, R: John Landis, D: Sylvester Stallone, Ornella Muti, Don Ameche, Peter Riegert, Tim

Curry, Vincent Spano, Marisa Tomei, Eddie Bracken, Linda Gray, Chazz Palminteri

Angelo ›Snaps‹ Provolone ist einer der mächtigen Gangsterbosse, die zur Zeit der Prohibition ihr Unwesen treiben. Am Sterbebett seines Vaters muss er diesem jedoch schwören, seine kriminelle Karriere aufzugeben und ehrlich zu werden. Snaps beschließt, ein seriöser Bankier zu werden. Dabei stehen dem Besserungswilligen jedoch zahlreiche familiäre Probleme im Weg. Die wenigsten Schwierigkeiten bereitet ihm da noch seine Ehefrau. Die gemeinsame Tochter will lieber heute als morgen das elterliche Heim verlassen und gibt vor, schwanger zu sein. Deshalb möchte sie sofort den vermeintlichen Vater des Kindes heiraten, der Snaps an krimineller Energie um nichts nachsteht. Als dann auch Provolones Ex-geliebte Roxanne plötzlich auftaucht und diesen mit einem »Andenken« aus vergangenen Tagen überrascht, ist das Chaos perfekt. Eduard Molinaro verfilmte das gleichnamige Original 1967 mit Louis de Funès in der Hauptrolle. Einziger Unterschied: Frankreichs Starkomiker spielte damals keinen Gangsterboss, sondern einen korrupten Unternehmer.

1967 Oscar

F, R: Eduard Molinaro, D: Louis de Funès, Bernard Blier, Folco Lulli

OTHELLO

Othello, GB 1995, R: Oliver Parker, Drb: Oliver Parker nach einem Bühnenstück von William Shakespeare, K: David Johnson, M: Charlie Mole, S: Tony Lawson, D: Laurence Fishburne (Othello), Kenneth Branagh (Jago), Irène Jacob (Desdemona), Nathaniel Parker (Cassio), Michael Maloney (Rodrigo), Anna Patrick (Emilia)

Venedig um 1570: Desdemona, die Tochter des venezianischen Senators Brabantio, heiratet heimlich den maurischen Feldherrn Othello. Sein langjähriger Weggefährte Jago fühlt sich durch die Berufung von Cassio zu Othellos rechter Hand übergangen und sinnt auf Rache. Zuerst hetzt er durch den von Desdemona verschmähten Rodrigo Brabantio gegen Othello auf. Als die Intrige misslingt, spinnt er auf Zypern sein Ränkespiel weiter, denn der maurische Feldherr Othello wird vom Senat in das von den Türken bedrohte Zypern gesandt. Fähnrich Jago redet Othello ein, seine Frau Desdemona betrüge ihn. Er erweckt den Verdacht, dass Cassio der Liebhaber Desdemonas ist. Rasend vor Eifersucht tötet Othello seine Frau und erkennt erst durch die »Beichte« von Jagos Frau Emilia sein Unrecht. Jago, der schon seinen Mitwisser Rodrigo aus dem Weg geräumt hat, ersticht auch Emilia, während Othello sich selbst das Leben nimmt und sich sterbend neben Desdemona legt.

Rolf Ruediger Hamacher stellt im *Film-Dienst* Vergleiche mit anderen Adaptionen an: »Während die bisherigen Verfilmungen des *Othello*-Stoffes mit Sergej Bondartschuk, Orson Welles, Laurence Olivier, Placido Domingo immer einen auf ›Mohr‹ geschminkten weißen Schauspieler in der Hauptrolle präsentierten, wagt es Oliver Parker in seinem Spielfilm-Debüt, den schwarzen Hollywood-Star Laurence Fishburne auf unbekanntes schauspielerisches Terrain zu schicken. Tatsächlich strahlt der vornehmlich durch Ac-

Oscar – Vom Regen in die Traufe
(1991, R: John Landis): Sylvester Stallone

tionfilme (u. a. *Boyz'n The Hood, Im Sumpf des Verbrechens*) bekannt gewordene Fishburn eine ungeheure Leinwandpräsenz aus, scheint mit seiner geballten erotischen Ausstrahlung genau ins Regie-Konzept Parkers zu passen und der Shakespeare'schen Vorlage jenen ›modernen‹ Touch zu geben, den das heutige Publikum offensichtlich braucht, um sich mit klassischen (Helden-)Figuren identifizieren zu können. Aber man darf diesen ›Kick‹ nicht nur durch Äußerlichkeiten wie einen kahlrasierten Kopf mit ›erotisierendem‹ Ohr-Geschmeide, das genüssliche Abfilmen einer muskelbepackten Männerbrust oder von weichzeichnerischem Sex-Gerangel erreichen wollen, wie Parker es tut. So als sei das Wissen um die Psyche des Menschen auf dem Wissensstand des 16. Jahrhunderts stehen geblieben, präsentiert er Shakespeares heute recht eindimensional wirkende Sichtweise von der zerstörerischen Macht der Eifersucht, die zwei Personen vorstellt, die sich so dumm benehmen, dass man schon gar nicht mehr hinsehen mag. Dem cool und clever wirkenden Othello kommen nicht die geringsten Zweifel bei der durchsichtigen Intrige Jagos ... Ganz zu schweigen von der heute doch sehr unglaubhaft wirkenden Beziehung zwischen Othello und Desdemona, die als die Erfüllung großer Liebe und Leidenschaft hingestellt wird, aber in der die Partner überhaupt nicht miteinander kommunizieren. So gesehen hat dieses Stück Shakespeares heute nicht mehr allzu viel zu sagen.«

Über Kenneth Branagh als eifersüchtigen Jago notiert Thomas Soltau in der *Hamburger Morgenpost*: »Dabei verkörpert er den Teufel höchst-

Othello (1995, R: Oliver Parker):
Kenneth Branagh

Othello (1995, R: Oliver Parker):
Lawrence Fishburne und Kenneth Branagh

persönlich: Jede Gestik und jedes Wort scheint direkt aus dem Schlund der Hölle zu kommen. So einen bitterbösen Schurken, der mit übermächtiger Präsenz alle in seinen Bann zieht, hat es lange nicht gegeben. Regisseur Parker ist es gelungen, mit Mini-Budget ein Optimum an Klasse zu erreichen: Keine großen Bombast-Kulissen lenken ab. Und die Angst vor ungelenker Sprache ist auch überflüssig. Frank Günthers zeitgemäße Übersetzung verleiht dem Klassiker ungeahnte Frühlings-Frische.«

2001 O

USA, R: Tim Blake Nelson, D: Julia Stiles, Martin Sheen, John Heard, Mekhi Phifer

Die klassische Geschichte von *Othello* auf dem Basketballplatz einer amerikanischen High School: Odin ist am Ziel seiner Wünsche. Der junge Schwarze ist der neue Star im Basketballteam und glücklich verliebt in seine Mitschülerin Desi. Doch mit Hugo erwächst ihm ein Feind. Denn dieser war der ehemalige Starspieler und wird eifersüchtig auf Odin. Sein Neid und seine Rachsucht lassen ihn einen teuflischen Plan ersinnen ...

2000 Jago

A, R: Stephanus Domanig, D: Michael Rotschopf, Roman Frankl, Nicole Ansari

Jago wurde als Diplomarbeit an der Wiener Filmakademie realisiert und gewann beim Niederösterreichischen Kulturwettbewerb in der Kategorie Spielfilm den ersten Preis. Der Film basiert auf Verdis nach Shakespeare entstandenem *Othello* und stellt den spannenden Versuch dar, dem heutigen Publikum einen der großen Opern- und Theaterstoffe über eine moderne Erzähl-

Othello (1985/86, R: Franco Zeffirelli):
Placido Domingo und Katia Ricciarelli

weise und zeitgemäße Filmsprache nahe zu bringen. Der Film verwendet eine legendäre Aufnahme von Verdis *Othello* aus dem Jahre 1974. Unter der Leitung von Herbert von Karajan singen und spielen Mirella Freni, Jon Vickers, Peter Glossop und die Berliner Philharmoniker.

1985/86 Othello

USA/Italien, R: Franco Zeffirelli, D: Placido Domingo, Katia Ricciarelli
Nach der Oper von Giuseppe Verdi und dem Libretto von Arrigo Boito, basierend auf einem Drama von William Shakespeare.

»Wie verraten wird sich fühlen, wer nach einem (gut fotografierten) ›Action‹-Film in einem Opernhaus erwacht und ›nur‹ Musik zu hören bekommt, kein Brandungsrauschen, Möwengekreisch, Schwerterklirren. Musik- und Opernfreunde beleidigt dieser dröhnende Luxusschinken mit unverantwortlichen Kürzungen auch.« *(Die Zeit)*

1969 Othello

DDR, R: Georg F. Mielke, Walter Felsenstein (Theaterregie), D: Hanns Nocker

Othello (1985/86, R: Franco Zeffirelli):
Placido Domingo

Fürs DDR-Fernsehen produzierte Verfilmung der Oper *Othello* in einer Inszenierung der Komischen Oper Berlin.

1965 Othello

GB, R: Stuart Burge, D: Laurence Olivier, Frank Finlay, Maggie Smith
»Als Burges Film beim Festival von San Sebastian im Jahr 1966 vorgestellt wurde, reagierten Publikum und Kritiker sowohl verärgert als auch gelangweilt. Natürlich konnte man sich auch nicht von der Erinnerung an Orson Welles' berühmte Filmversion des *Othello* freimachen, die dreizehn Jahre zuvor erschienen war. Die interpretatorischen Leistungen von Laurence Olivier, von Maggie Smith als Desdemona und von Frank Finlay in der Rolle des Jago blieben natürlich trotzdem eine unbestreitbare Tatsache. Alles andere ließ jedoch sehr zu wünschen übrig, wie etwa die Beleuchtungstechnik oder Othellos Bühnenmaske, die in Großaufnahme auf der Leinwand ziemlich unecht wirkte, wodurch auch jene Szenen an Glaubwürdigkeit verloren, in denen Olivier-Othello sich den heftigsten Gemütsbewegungen hingab. Mittlerweile verstaubt der Film in den Archiven und stellt allenfalls für künftige Ethnologen ein interessantes Dokument dar.« (Raymond Lefèvre, *Sir Laurence Olivier*)

1960 Der Mohr von Venedig

Wenezianskij Mawr, UdSSR, R: Wachtang Tschabukiany, D: Wachtang Tschabukiany, Wera Signadse – Ballettfilm

607

1955 Der Mohr von Venedig

Othello, UdSSR, R: Sergej Jutkewitsch, D: Sergej Bondartschuk, Andrej Popov

»Bildkompositorisch exzellente, überaus sorgfältige *Othello*-Verfilmung mit einem in Pathos und Gebärde überragenden Hauptdarsteller ... Obwohl die Adaption also nicht sehr dicht an Shakespeare herankommt – Othellos Schicksal lässt den Zuschauer letztlich kalt –, verdient die künstlerische Gesamtleistung hohen Respekt.« (*Lexikon des internationalen Films*)

1949–52/91 Orson Welles' Othello

Othello, MA, R: Orson Welles, D: Orson Welles, Micheál MacLiammóir

Vier Jahre seines Lebens verbrachte Orson Welles damit, diesen Film herzustellen. Gedreht wurde in ganz Europa, und finanziert hat Welles die Produktion aus seinen Schauspielergagen. Schauspieler und Techniker wurden weiterbeschäftigt und blieben am Drehort, während Orson Welles in Filmen wie Carol Reeds *Der dritte Mann* oder Henry Hathaways *Die schwarze Rose* spielte, um das nötige Geld für die Fortsetzung der Arbeit zu beschaffen. Für *Der dritte Mann* bekam Welles seine Gage im Voraus, statt die ihm angebotene prozentuale Beteiligung zu akzeptieren, die ihn für den Rest seines Lebens reich gemacht hätte. Beim Festival in Cannes 1952 wurde *Othello* als Abschlussfilm gezeigt und erhielt die Goldene Palme als bester Spielfilm. Trotzdem hatte der Film nur einen kleinen Start in den USA. 1955 wurde er von United Artists herausgebracht. Danach war er nur noch gelegentlich zu sehen. 1992 wurde eine restaurierte Fassung aufgeführt.

1922 Othello

D, R: Dimitri Buchowetzki, D: Emil Jannings, Werner Krauss

»Man muss Othello, man muss Shakespeare vergessen. Keine Angst, sein Geist ist gegenwärtig. Diesen Film sollte man sich ansehen, wie man eine Sinfonie hört: Er ist eine Bildsinfonie, nach einem Shakespeare'schen Thema ... *Othello*, kongeniale Verfilmung und zugleich Film, ist wohl im Stande, Zaudernde für eine Sache zu gewinnen, die an sich verfehlt ist.« (René Clair)

1914 Othello

I

OUTLAND – PLANET DER VERDAMMTEN

Outland, GB 1980, R: Peter Hyams, D: Sean Connery, Peter Boyle, Frances Sternhagen, Kika Markham, James Sikking, Clarke Peters, Steven Berkoff, Nicholas Barnes, John Ratzenberger, Manning Redwood

Einige Jahrzehnte in der Zukunft: Der amerikanische Bergwerkskonzern Con-Am betreibt auf dem Jupitermond Io eine ertragreiche Mine. Als der Polizeioffizier O'Niel nach Io versetzt wird,

Links: Orson Welles' Othello (1949-52/91, R: Orson Welles): Orson Welles und Suzanne Cloutier
Unten: Orson Welles' Othello (1949-52/91) von und mit Orson Welles

stellt er fest, dass sehr viele Con-Am-Arbeiter sterben, bevor ihr Kontraktjahr abgelaufen ist: Sie begehen Selbstmord oder werden ermordet. O'Niel erkennt, dass die Arbeiter unter leistungssteigernden Drogen stehen. Gleichzeitig zersetzen diese aber auch das Gehirn. Als er dem Bergwerksmanager Sheppard auf die Schliche kommt – dieser lässt die Droge aus reiner Profitgier verteilen –, wird es gefährlich für ihn. Nachdem ein Bestechungsversuch Sheppards keinen Erfolg gebracht hat, lässt der Manager mit der wöchentlichen Nachschubrakete zwei Berufskiller einfliegen, die O'Niel zum Schweigen bringen sollen. O'Niel ist fast völlig auf sich allein gestellt: Die verängstigten Arbeiter wollen ihm nicht helfen. Unterstützung findet er nur bei der Ärztin Dr. Lazarus. Aber als die von Sheppard gemieteten Killer auftauchen, steht er ihnen völlig allein gegenüber ...

Rolf Giesen *(Der Phantastische Film)*: »Dass Weltraumopern nicht nur Sternenkriege mit ständigen Raumschlachten sein müssen, stellte der Film unter Beweis. Nach den Ausflügen James Bonds ins Weltall ist hier Ex- und Wieder-Bond Sean Connery ein Weltraummarshall, der im All sein *High Noon* erlebt. Gewürzt ist die Mixtur zusätzlich mit einigen vertrauten Krimieinsprengseln.«

1952 Zwölf Uhr mittags

High Noon, USA, R: Fred Zinnemann, D: Gary Cooper, Grace Kelly, Thomas Mitchell

OXFORD BLUES – HILFE, DIE AMIS KOMMEN

Oxford Blues, USA 1984, R: Robert Boris, D: Rob Lowe, Ally Sheedy, Amanda Pays, Julian Sands, Julian Firth, Alan Howard, Michael Gough, Aubrey Morris, Cary Elwes

Der junge und ungestüme Amerikaner Nick sorgt als neuer Schüler mit seinem leuchtend roten 57er-Thunderbird für gewaltiges Aufsehen an der feinen, altehrwürdigen Oxford-Universität. Als er sich Hals über Kopf in die junge Aristokratin Lady Victoria verliebt, versucht Nick mit allen Mitteln, das Herz der Angebeteten zu erobern. Doch dann taucht plötzlich die hübsche Amerikanerin Rona auf, und Victorias Freund Colin fordert Nick zu einem spektakulären Ruderduell heraus.

Fischer Film Almanach: »Rob Lowe, eines der neuen Gesichter Hollywoods, ›der Schönste weit und breit‹, spielt ein amerikanisches Ruder-Talent, das einer englischen Traumfrau wegen sein Studium in Oxford beginnt. Die selbstgefällige Überheblichkeit des Traumjungen stößt auf britisches Understatement und Teamgeist. Nach und nach lernt der Sonnyboy, seinen Egoismus zu überwinden. Lady Victoria heiratet zwar einen anderen Ruderer, aber der Junge aus den Staaten gleicht die private Enttäuschung durch sportliche Erfolge aus. Und: nette Mädchen gibt's in Oxford genug. Sympathisches Remake des Films *A Yank At Oxford* (Großbritannien 1938, Regie: Jack Conway), in dem Robert Taylor solche Lebenserfahrungen machen durfte.«

1938 Der Lausbub aus Amerika

A Yank At Oxford, GB, R: Jack Conway, D: Robert Taylor, Lionel Barrymore

OZ – EINE FANTASTISCHE WELT

Return To Oz, USA 1985, R: Walter Murch, D: Fairuza Balk, Nicol Williamson, Jean Marsh, Piper Laurie, Matt Clark, Emma Ridley, Sophie Ward, Fiona Victory, Pons Maar

Sechs Monate nach der Rückkehr aus Oz kann Dorothy nachts nicht schlafen. Zwecks Elektroschocktherapie verfrachten Tante Em und Onkel Henry sie in die Klinik Dr. Worleys, die sich als rechtes Gruselkabinett entpuppt. Kurz bevor der sinistre Doktor den Schock appliziert, fährt ein Blitz in den Generator. Ein seltsames Mädchen befreit Dorothy; auf der Flucht stürzt sie in einen reißenden Fluss. Am nächsten Morgen wacht sie mit ihrem plötzlich sprechenden Huhn Billina in der Todeswüste von Oz wieder auf. Doch das zauberhafte Land liegt in Schutt und Asche ...

Helmut W. Banz *(Kölner Stadt-Anzeiger)*: »Der neue OZ-Film ist ein Triumph der Tricktechnik (mit Anleihen von Cocteau über Méliès bis zur *Unendlichen Geschichte*) – doch den mechanischen und mitunter auch erschreckenden Effekten fehlt der Zauber des Märchenhaften. Ein Sprung über den Regenbogen ist es jedenfalls nicht.«

1974 Rückkehr nach Oz

Journey Back To Oz, USA, R: Hal Sutherland – Animation

1964 Return To Oz

USA, R: F. R. Crawley, Thomas Glynn, D: Larry D. Mann, Alfie Scopp, Carl Banas

P

DER PAGE VOM PALAST-HOTEL

A 1957, R: Thomas Engel, D: Erika Remberg, Rudolf Prack, Mady Rahl, Charles Regnier, Mara Lane, Heinz Conrads, Rudolf Carl, Michael Cramer, Egon von Jordan, Sylvia Lydi, Fritz Friedl, Klaus Löwitsch, Leo Selenko, Janos Hoszu, Teddy Palatzky, Ernst Waldbrunn, Hans Ziegler, Raoul Retzer, Rudi Priefer, Karli Fukatsch, Peter Frick, Ernst Track, Gucki Löwinger

Nach dem Roman *Der Page vom Dalmasse-Hotel* von Maria Peteani: Sie: Kesse kleine Medizinerin und Chansonnette einer Studenten-Band. Er: Bestseller-Autor mit Charme und Luxuswagen. Die Per-Anhalter-Bekanntschaft findet zunächst nur einseitige Fortsetzung, denn die muntere junge Dame kann ihr Inkognito nicht lüften. Aber eine Zeitungsannonce und ihre schlagfertige Intelligenz verhelfen ihr zum livrierten Hosen-Job in einem eleganten Wintersport-Hotel, das ebenfalls Reiseziel des sympathischen Schriftstellers ist, und der aus humorvoll-triftigen Gründen den flinken Boy ahnungslos für seine persönlichen Dienste beansprucht. Bis er die Maskerade durchschaut, durchkreuzt sie das gefährliche Spiel einiger recht fragwürdiger Gäste. So werden ein von ihr argwöhnisch beobachteter Flirt vereitelt, ein Schmuckdiebstahl verhindert, ein Versicherungsschwindel aufgedeckt und last but not least lacht das Glück ...

Filmblätter: »Die Geschichte ist nach bewährtem Lustspiel-Erfolgsrezept unterhaltsam angerichtet, mit komischen Gags deftig garniert und frisch serviert von einem Ensemble, bei dem sich Erika Remberg als reizend anzuschauender Fratz mit charmanter Drollerie die meisten Sympathien sichert. Prack bleibt als distinguierter Liebhaber wie immer seinem Typ treu. Mady Rahl und Mara Lane kontrastieren in Blond und Schwarz mondäne Eleganz. Hans Conrads als muskulöser Ganove in Frauenkleidern ist schon vom Drehbuch her stark überzeichnet, sorgt aber immerhin für einige quietschende Lacher im Parkett.«

1933 Der Page vom Dalmasse-Hotel
D, R: Viktor Janson, D: Dolly Haas, Harry Liedtke, Trude Hesterberg

PANIK IN DEN WOLKEN

Terror In The Sky, USA 1971, R: Bernard L. Kowalski, D: Doug McClure, Roddy McDowall, Lois Nettleton, Kenneth Tobey, Sam Melville

Nach dem Hörspiel und dem Roman *Flight Into Danger* von Arthur Hailey: Auf dem Flug nach Seattle fallen der Pilot und der Kopilot einer vollbesetzten Chartermaschine wegen einer Lebensmittelvergiftung aus. Für sie muss ein Passagier einspringen. Als ehemaliger Hubschrauberpilot hat er zwar etwas Flugerfahrung, aber noch nie eine mehrmotorige Maschine geflogen. Seine Chance, über 40 Menschen an Bord lebend zur Erde zurückzubringen, ist daher nicht groß.

Frankfurter Rundschau: »*Panik in den Wolken* wurde 1971 von Bernard Kowalski für das US-Fernsehen inszeniert und basiert auf einer Story des vielfach verfilmten Bestseller-Autors Arthur Hailey *(Airport)*, die hier bereits aus einer deutschen TV-Produktion bekannt ist: In den sechziger Jahren strahlte die ARD wiederholt das Fernsehspiel *Flug in Gefahr* (mit Hanns Lothar) aus. Die Adaption von Kowalski *(Die letzte Mahnung war aus Blei)* zeigt Doug McClure in der Rolle des Hubschrauberpiloten Spencer, der sich als Passagier eines Charterflugzeugs vor eine riskante Aufgabe gestellt sieht: Da der Pilot und der Kopilot der vollbesetzten Maschine an einer Lebensmittelvergiftung erkrankt sind, wird ihm die Aufgabe übertragen, das Flugzeug sicher nach Seattle zu bringen ... Neben McClure sind in der solide spannenden, nach üblichem US-Strickmuster gefertigten Story vom einsamen Helden in weiteren Rollen Roddy McDowall, Lois Nettleton, Sam Melville und der einstige *High-Chaparral*-Potentat Leif Erickson zu sehen.«

1964 Flug in Gefahr
BRD, R: Theo Mezger, D: Hanns Lothar, Ingmar Zeisberg, Benno Sterzenbach

1957 714 antwortet nicht
Zero Hour!, USA, R: Hall Batlett, D: Dana Andrews, Linda Darnell, Sterling Hayden

PARISER LEBEN

La vie parisienne, F/BRD 1977, R: Christian-Jaque, D: Bernard Alane, Jean-Pierre Darras, Martine Sarcey, Evelyne Buyle, Claire Vernet

Nach einer Operette von Meilhac und Halévy: 1866 wollen ein schwedischer Baron und seine Frau das vielgerühmte Pariser (Nacht-)Leben kennen lernen. Ein junger Lebemann, der Abenteuer sucht und es auf die Eroberung der Baronin abgesehen hat, führt sie eine Weile an der Nase herum.

Lexikon des internationalen Films: »Konventionell inszenierter Kostümfilm, der an Jacques Offenbachs witzig-spritzige Satire auf das frivole Paris jener Zeit nicht heranreicht.«

Fred Marey *(Pariser Tageblatt)* im August 1935 über die Dreharbeiten von *La vie parisienne* und den Regisseur Robert Siodmak: »Seinen letzten deutschen Film *Brennendes Geheimnis* konnten auch die mittlerweile zur Macht gekommenen Nazis nicht um den Erfolg bringen, den er in Deutschland und im gesamten Ausland errang. Im vergangenen Jahr folgte *La crise est finie*, mit dem Siodmak erstmals einen heiteren Stoff gestaltete. Der Erfolg, den dieser Film besonders auch in den englischsprachigen Ländern errang, war der eigentliche Anlass, einen schon lange bestehenden Plan – die Verfilmung *von La vie parisienne* – in die Tat umzusetzen. Seit einigen Wochen schon ist Robert Siodmak mit den Aufnahmen zu diesem Film beschäftigt. Man hat keine Kosten gescheut, um *La vie parisienne* zu einem der repräsentativsten Filme der neuen Saison zu machen. Es ist der erste Film, den die United Artists in zwei Versionen – französisch und englisch – in Europa herstellen lassen, ein Beweis für das Vertrauen, welches man Siodmak hier entgegenbringt.«

1935 La vie parisienne

F, R: Robert Siodmak, D: Max Dearly, Conchita Montenegro, Georges Rigaud

PARSIFAL

BRD 1999, R: Horant H. Hohlfeld, D: Falk Struckmann, Matthias Hölle, Hans Sotin, Poul Elming, Ekkehard Wlaschiha, Linda Watson

Amfortas, der Gralskönig, leidet an einer Wunde in seiner Seite, die nicht heilen will. Weder die Kräuter Gawains noch die Tränke der Zauberin Kundry bringen ihm Linderung; nur der vom verräterischen Magier Klingsor geraubte heilige Speer könnte die Wunde wieder schließen. Den Speer aus dessen Zauberschloss gewinnen und damit Amfortas zu erlösen, so weissagt eine Prophezeiung, könne jedoch nur einem ›reinen Toren‹ gelingen. Da fällt ein von einem Pfeil durchbohrter Schwan herab. Der Schütze ist ein junger Mann, den Kundry als Parsifal erkennt. Nachdem er Zeuge der Enthüllung des Grals geworden ist, zieht Parsifal aus, den Speer zu beschaffen. Klingsor erweckt Kundry aus ihrem Schlaf und zwingt sie dazu, den anrückenden Toren zu verführen. Von den Blumenmädchen verzaubert, verfällt Parsifal beinahe Kundrys Verführungskünsten. Bei ihrem innigen Kuss jedoch durchfährt ihn die Erinnerung an seine Mission: Klingsors Macht ist gebrochen, der Speer gehört Parsifal. Nach einer längeren Odyssee kehrt er am Karfreitag in die Gralsburg zurück. Amfortas bittet gerade seine Ritter um den Gnadentod, als Parsifal hervortritt und mit dem heiligen Speer die Wunde schließt.

1992 Parsifal

BRD, R: Hans Hulscher, D: John Tomlinson, Waltraud Meier, Falk Struckmann

1902 Parsifal

BRD, R: Hans-Jürgen Syberberg, D: Edith Clever, Stephanie Corler, Miriam Feldman

1981 Parsifal

BRD, R: Hans Hulscher, D: Bernd Weikl, Matti Salminen, Hans Sotin

PAT GARRETT JAGT BILLY THE KID

Pat Garrett And Billy The Kid, USA 1973, R: Sam Peckinpah, D: James Coburn, Kris Kristofferson, Bob Dylan, Jason Robards, Richard Jaeckel, Barry Sullivan, Slim Pickens, Katy Jurado, Harry Dean Stanton, Chill Wills, R. G. Armstrong, John Beck, Rita Coolidge, Jack Elam, Sam Peckinpah, Luke Askew, Richard Bright, Matt Clark, L. Q. Jones

New Mexico 1881. Der Wilde Westen befindet sich im Umbruch. Es wird investiert, die reichen Rinderbarone wollen ihre politischen Interessen schützen. Sie befördern den Gesetzlosen Pat Garrett zum Sheriff von Eaton County. Der wohlhabende Rancher Chisum will, dass Pat seinen früheren Freund William Bonney alias »Billy The Kid« unschädlich macht. Der umtriebige Revolverheld bedeutet in den Augen des Ranchers eine Gefahr für den wirtschaftlichen Aufschwung. Pat reitet nach Fort Summer und gibt seinem Freund fünf Tage Zeit, um zu verschwinden. Billy bedauert, dass Pat die Seiten gewechselt hat. Er glaubt jedoch nicht daran, dass Pat Ernst machen wird und lässt das Ultimatum verstreichen. Darauf lässt der Sheriff Billy verhaften, doch es gelingt ihm zu fliehen. Die meisten seiner Freunde sind inzwischen tot. Nur der schweigsame Messerwerfer Alias ist auf Billys Seite. Billy begreift, dass seine Zeit abgelaufen ist und reitet davon. Unterwegs muss er erleben, wie gesetzlose Strolche harmlose Siedler töten. Sie werden von den wohlhabenden Ranchern bezahlt, die das Land unter sich aufteilen. Billy kehrt um und stellt sich dem Zweikampf mit Pat. Doch er wird verraten und gerät in einen Hinterhalt. Pat lässt Billy keine Chance. Wenig später sinkt auch der Sheriff im Kugelhagel von Chisums Männern in den Staub. Sam Peckinpahs melancholischer Spätwestern *Pat Garrett jagt Billy The Kid* kam zunächst in einer gekürzten Fassung ins Kino, in der die Hintergründe der Jagd auf den Gesetzlosen nicht ersichtlich wurden. Der damalige Cutter Roger Spottiswoode rekonstruierte den Film und stellte die Rahmenhandlung mit ihren historischen Fakten und politischen Details wieder her. So wird der Film zum wehmütigen Abgesang auf den alten Westen. Regisseur Peckinpah tritt in dem Film in der symbolträchtigen Rolle des Sargmachers auf.

Colin MacArthur (*Focus On Film*): »Die Helden dieses Films sind statische Figuren in einer Landschaft der abgeschlossenen Möglichkeiten.«

Die erste Verfilmung des 1926 erschienenen *Billy The Kid*-Buches von Walter Noble Burns entstand 1930. Das Buch kümmerte sich nur wenig um historische Wahrheit: »Als Burns nach Billy-the-Kid-Country kam, waren die meisten, die ihn gekannt hatten, schon tot. Die wenigen, die noch lebten, hatten die Geschichte schon so oft

den aus dem Osten anreisenden Schreibern erzählen müssen, dass sie der Wahrheit müde waren und lieber große Lügenmärchen berichteten, um die an sie herangetragene Neugier zu befriedigen.« (R. A. Adams, *Burs Under The Saddle*)

Über die verschiedenen Verfilmungen bemerkt Jack Nachbar in *Focus On The Western*: »King Vidors *Billy The Kid* von 1930, David Millers *Billy The Kid* von 1941, Arthur Penns *The Left Handed Gun* von 1958 und Sam Peckinpahs *Pat Garrett And Billy The Kid* von 1973 verfälschen sämtlich den historischen William Bonney, aber die Beschäftigung mit diesen Filmen hilft, den sich wandelnden Mythos des Rebellen-Helden zu verstehen, der seine Rolle in einer Landschaft spielt, die das Beste und das Schlimmste an der dialektischen Persönlichkeit des Rebellen-Held zu umfassen in der Lage ist.«

1989 inszenierte William A. Graham mit Val Kilmer, Wilford Brimley und Julie Carmen den Film *Billy The Kid: Gejagt bis in den Tod*, über den es im *Western Lexikon* heißt: » Es wird empfohlen, sich lieber noch einmal *Pat Garrett And Billy The Kid* oder *Young Guns* aus der Videothek zu holen.«

1958 Billy The Kid
The Left Handed Gun, USA, R: Arthur Penn, D: Paul Newman, Lita Milan

1941 Der letzte Bandit
Billy The Kid, USA, R: David Miller, D: Robert Taylor, Ian Hunter, Brian Donlevy

1930 Billy The Kid
USA, R: King Vidor, D: Wallace Beery, Johnny Mack Brown, Kay Johnson

PAYBACK
USA 1998, R: Brian Helgeland, D: Mel Gibson, Gregg Henry, Maria Bello
Ein Räuber wird von seiner Frau und seinem Partner nach einem Coup verraten und niedergeschossen. Als er sich wider Erwarten erholt und bei seiner Frau auftaucht, nimmt sie sich das Leben. Den Dritten im Bunde jagt der Betrogene unerbittlich, samt der Unterweltbosse, für die er arbeitet.

Michael Meier (*Nürnberger Nachrichten*): »Welten liegen jedoch zwischen Boormans düsterem, in seiner Paranoia delirierenden Thriller

Payback (1998, R: Brian Helgeland):
Mel Gibson, Gregg Henry und Lucy Alexis Liu

und dem rüden Killer-Comic Helgelands, dessen überzogene Action von niemand ernst genommen werden kann ... Der schnoddrige Totschläger, den Mel Gibson in *Payback* (unangemessen charmant) spielt, ist dagegen so eindimensional flach gezeichnet, dass man ihm beim besten Willen weder Vergangenheit noch Zukunft zutraut.«

1967 Point Blank

USA, R: John Boorman, D: Lee Marvin, Angie Dickinson

PEE-WEE'S IRRE ABENTEUER

Pee-Wee's Big Adventure, USA 1985, R: Tim Burton, D: Pee Wee Herman, Paul Reubens, Elizabeth Daily, Mark Holton, Diane Salinger, Judd Omen, Jon Harris

Pee Wee Herman ist ein naiver Mensch mit einem kindlichen Gemüt und dem überzeugenden Auftreten einer Naturkatastrophe. Der Diebstahl seines heiß geliebten Fahrrads führt den weltfremden Pee-Wee auf eine chaotische Suche, die schließlich in Hollywood glücklich endet.

Zitty: »»Als Kind kommt dir alles sonderbar vor, und du denkst, weil du ein Kind bist, ist alles um dich herum so merkwürdig. Wenn du älter bist, merkst du: das meiste ist wirklich sonderbar. Merkwürdig, unglaublich – und faszinierend‹, hat Regisseur Tim Burton einmal gesagt. In seinem Debütfilm *Pee Wee's irre Abenteuer* spielt der Komiker Pee Wee Herman einen Erwachsenen, der noch immer in den Kinderschuhen steckt – und dort auch gerne bleiben möchte: Ein bisschen erinnert er dabei an seinen britischen Kollegen Mr. Bean. Tim Burton, der zuvor an Trickfilmen mitgearbeitet hatte, inszenierte diese sehr freie Adaption der *Fahrraddiebe* wie einen Comic-Strip: Die Darsteller bewegen sich zappelig durch eine knallig-bunte Welt,

Von links oben nach rechts unten:
- *Payback (1998, R: Brian Helgeland): Lucy Alexis Liu und Mel Gibson*
- *Point Blank (1967, R: John Boorman): Angie Dickinson und Lee Marvin*
- *Point Blank (1967): Handfeste Auseinandersetzung zwischen Angie Dickinson und Lee Marvin*

bei der schwer zu entscheiden ist, ob hier Kitsch parodiert oder zelebriert wird. Geheimnisvolle Maschinen spielen in Burtons Filmen immer wieder eine Rolle: wie jener komplizierte Toaster, den Vincent Price als greiser Erfinder in *Edward mit den Scherenhänden* bedient und dessen Prototyp bereits in *Pee Wee's irre Abenteuer* zu sehen ist. Die Suche nach seinem gestohlenen Rad führt Pee Wee von L.A. nach Texas und zurück, am Ende gibt es eine bizarre Verfolgungsjagd durch die Warner Bros. Studios in Hollywood, bei der sämtliche Genres durchkreuzt und vermengt werden – mehr als eine Film-im-Film-Geschichte, denn auch Pee Wees Abenteuer werden verfilmt. Sehen will er den Film dann allerdings nicht: ›Ich hab's erlebt.‹«

1948 Fahrraddiebe

Ladri di biciclette, I, R: Vittorio De Sica, D: Lamberto Maggiorani, Enzo Stoiola

PEER GYNT

D, 1934, R: Fritz Wendhausen, D: Hans Albers, Lucie Höflich, Marieluise Claudius, Ellen Frank, Olga Tschechowa, Lizzi Waldmüller, Zehra Achmed, Richard Revy, Hans Schultze, F. W. Schröder-Schrom, Leopoldine Sangora, Friedrich Kayßler, Otto Wernicke, Fritz Odemar, Alfred Döderlein

Nach Motiven des Dramas von Henrik Ibsen: Peer Gynt, der auf dem väterlichen Hof in Norwegen lebt, ist ein Träumer und Fantast. Er lässt den Bauernhof verkommen, was ihn wenig bekümmert: Will er doch lieber in die weite Welt hinaus, um dort sein Glück zu machen. Mutter Aase sieht das mit Besorgnis. Bei der Hochzeit der Ingrid, die auch mal den stattlichen Peer Gynt liebte, lernt er Solveig kennen, die ihm auf den Hof folgt. Als aber Mutter Aase stirbt, hält Peer Gynt nichts mehr in Norwegen. Er verabschiedet sich von Solveig, die auf ihn warten soll, und folgt einer schönen Baronin, die ihn als Goldtaucher eingestellt hat, eifersüchtig beobachtet von einem gewissen Parker, der die Baronin liebt. Peer Gynt macht schnell sein Glück, bald beteiligen ihn die Baronin und Parker aus taktischen Gründen an ihren Geschäften – und schließlich bootet Gynt seine beiden Partner, deren er überdrüssig geworden ist, aus. Er ist jetzt ein reicher Mann, hat Goldminen, Ölquellen und Banken. Da erfährt er eines Tages, dass in Arabien ein Aufstand stattfindett, der seine dortigen Niederlassungen bedroht. Er reist sofort hin, wird in

Kämpfe verwickelt und kann erst nach Jahren sein altes geschäftliches Ansehen zurückgewinnen. Zwei seiner Lieben – die Tänzerin Tatjana und die Eingeborene Anitra – erleiden Schiffbruch. Gerade als Gynt zu sich selbst findet und den Arabern seine Unternehmen überschreiben will, wird er überfallen und ausgeraubt. Mit letzter Kraft kann er ein norwegisches Schiff erreichen, das ihn in Richtung Heimat bringt ...

Uwe-Jens Schumann (*Hans Albers*): »Viele Kritiker beanstandeten damals, dass Ibsens Drama in dieser Filmfassung eine ›unwürdige Auslegung‹ erfahren habe – und tatsächlich kann man dieses Vom-Bauernbub-der-auszog-die-Welt-zu-erobern-Spektakel nicht gerade als eine der Ibsen'schen Vorlage gerechte Verfilmung bezeichnen. Zu tief griff Regisseur Dr. Fritz Wendhausen (der später vor den Nazis nach England emigrierte) in die Seelen-und-Schmerz-Kiste, zu wenig war Albers ein Schauspieler, der sich in das Schema eines dramatischen Stoffes pressen ließ. Da war ein Peer Gynt, der mehr Albers'sche Züge trägt als diejenigen, die ihm Ibsen gab. Es blieben: das ›große Lied der Heimat‹ und verwegene Abenteuer im Hans-Albers-Format.«

Lexikon des internationalen Films. »Sehr freie Verfilmung des Bühnenstücks (1876) von Henrik Ibsen, das der Vorliebe des beginnenden ›Dritten Reiches‹ für den ›nordischen Menschen‹ entgegenkam ... nur ein klischeehafter Abenteuerfilm.«

Weitere Verfilmungen – fast ausschließlich fürs Fernsehen – entstanden 1972 (mit Colin Blakely) und 1976 (mit Patrick Mower) in Großbritannien, 1981 in Frankreich (R: Bernard Sobel) und 1993 in Norwegen (R: Bentein Baardson, D: Paul-Ottar Haga).

1941 Peer Gynt

USA, R: David Bradley, D: Charlton Heston, Betty Hanisee, Mrs. Hubert Hyde

1918 Peer Gynt

D, R: Richard Oswald, D: Heinz Salfner, Ilka Grüning, Lina Lossen

1915 Peer Gynt

USA, R: Oscar Apfel, D: Cyril Maude, Myrtle Stedman, Fanny Stockbridge

PEKING-EXPRESS

USA 1951, R: William Dieterle, D: Joseph Cotten, Corinne Calvet, Edmund Gwenn, Marvin Miller, Benson Fong, Soo Yong

Nach einer Story von Harry Hervey: Die Reise des amerikanischen Arztes, der im UN-Auftrag einen rotchinesischen Politiker operieren und sich über den Gesundheitszustand der Bevölkerung informieren soll, trifft auf der Bahnreise nach Peking mit einer in Paris verschmähten Spionin, einem irischen Pater, einem fanatischen Jungkommunisten und einem als Geschäftsmann getarnten mörderischen Gegenrevolutionär zusammen.

Filmblätter: »Schon im Peking-Expreß macht er unangenehme Bekanntschaft mit kommunistischen Parteiphrasen, Fanatismus und Gewalt (der politische Dialog zwischen ihm und dem rotchinesischen Parteijüngling ist hervorragend). Nicht ganz gelang William Dieterle aber Rollenzeichnung und Milieuschilderung. Ein abenteuerlich verpackter politischer Stoff.«

1932 Shanghai Express
USA, R: Josef von Sternberg, D: Marlene Dietrich, Clive Brook, Anna May Wong

PELLE, DER EROBERER
Pelle Erobreren, DK/S 1987, R: Bille August, D: Max von Sydow, Pelle Hvenegaard, Morten Jørgensen, Erik Paaske, Kristina Törnqvist, Björn Granath, Lars Simonsen, Axel Strøbye
Nach einem Roman von Martin Andersen Nexö: Der Film erzählt die Geschichte des sieben Jahre alten Pelle und seines Vaters. Sie ziehen Ende des 19. Jahrhunderts auf Grund der schwierigen wirtschaftlichen Lage von Schweden nach Dänemark, um Arbeit zu finden. Für einen kümmerlichen Lohn und unter demütigenden Bedingungen kommen sie auf einem Hof in Bornholm unter. *Pelle, der Eroberer* wurde für Bille August zu einem internationalen Erfolgsfilm. Unter anderem wurde er mit dem Oscar für den besten ausländischen Film und der Goldenen Palme in Cannes ausgezeichnet.

Lexikon des internationalen Films: »Episch breite Romanverfilmung, in der Kritik an der zeitgenössischen dänischen Gesellschaft in einigen Szenen allzu klischeehaft. Der Film beeindruckt durch menschlich dicht gezeichnete, hervorragend gespielte Hauptfiguren und unpolemische Ehrlichkeit.«

1984/85 Pelle der Eroberer
DDR, R: Christian Steinke, D: Stefan Schrader, Martin Trettau, Klaus Manchen

PENSION SCHÖLLER
BRD 1960, R: Georg Jacoby, D: Theo Lingen, Christa Williams, Rudolf Vogel, Ann Smyrner, Helmuth Lohner, Ursula Herking, Rainer Bertram, Boy Gobert
Nach dem gleichnamigen Lustspiel von Wilhelm Jacoby und Carl Lauff: Peter Klapproths Traum ist ein Jazzlokal mit eigener Band. Um von seinem Onkel Geld dafür zu bekommen, gibt er sich als junger Arzt aus, der eine Nervenheilanstalt übernehmen will. Peters Freund Tommy hat den Einfall, die Pension des Musikprofessors Schöller als Heilanstalt für »leichte Fälle« zu deklarieren ...

Lexikon des internationalen Films: »Krampfhaft-komische Neuverfilmung der alten Posse, diesmal mit zahlreichen Schlagernummern aufgemöbelt. Georg Jacobys dritte Filminszenierung der Posse seines Vaters.«

Fürs Fernsehen entstanden 1993 (mit Willy Millowitsch) und 1997 (mit Herbert Köfer) Aufzeichnungen von Theaterinszenierungen des Lustspiels.

1952 Pension Schöller
BRD, R: Georg Jacoby, D: Ludwig Schmitz, Fita Benkhoff, Rudolf Platte

1930 Pension Schöller
D, R: Georg Jacoby, D: Truus van Aalten

PENTHESILEA
BRD/A/F 1988, R: Hans Jürgen Syberberg, D: Edith Clever
Nach dem Theaterstück von Heinrich von Kleist: Die tragische Liebe der Amazonenkönigin Pen-

Pension Schöller (1960, R: Georg Jacoby):
Theo Lingen und Rudolf Vogel

thesilea zum griechischen Helden Achill, die sich auf dem Schlachtfeld vor Troja gegenüberstehen.

Lexikon des internationalen Films: »Die Videofassung einer Theaterinszenierung, die das Drama zwischen den beiden Protagonisten als Monolog einer einzigen Schauspielerin interpretiert.«

1983 Heinrich Penthesilea von Kleist
BRD, R: Hans Neuenfels, D: Elisabeth Trissenaar, Hermann Treusch

PERFECT LOVE AFFAIR

Love Affair, USA 1994, R: Glenn Gordon Caron, D: Warren Beatty, Annette Bening, Katharine Hepburn, Pierce Brosnan, Kate Capshaw

Ein ehemaliger Footballcrack und Playboy lernt bei einer Flugreise eine erfolglose Sängerin kennen. Nach einer Notlandung beginnen sie auf einer tropischen Insel eine romantische Affäre. Nach der Reise verabreden sie sich zu einem Rendezvous drei Monate später. Die Sängerin verpasst den Termin, weil sie auf dem Weg dorthin verunglückt ...

René Classen *(Film-Dienst)*: »Nachdem *Die große Liebe meines Lebens* in dem Kassenerfolg *Schlaflos in Seattle* als der romantische Film schlechthin gepriesen wurde, hat Hollywood nun ein zeitgenössisches Remake produziert. Allerdings war Leo McCareys Film von 1957 bereits eine Neuauflage seines eigenen Werks *Ruhelose Liebe* (1939), auf dem diese Neuverfilmung basiert. Tatsächlich erweist sich die Story als so stark, dass sie auch in der aktuellen Version kaum an Attraktivität einbüßt.«

1957 Die große Liebe meines Lebens
An Affair To Remember, USA, R: Leo McCarey, D: Cary Grant, Deborah Kerr

1939 Ruhelose Liebe
Love Affair, USA, R: Leo McCarey, D: Irene Dunne, Charles Boyer

EIN PERFEKTER EHEMANN

An Ideal Husband, GB 1999, R: Oliver Parker, D: Cate Blanchett, Rupert Everett, Minnie Driver, Julianne Moore, Jeremy Northam, John Wood, Lindsay Duncan, Peter Vaughan, Jeroen Krabbé

Nach dem gleichnamigen Stück von Oscar Wilde: Arthur, der perfekte Junggeselle, gerät in ein Komplott, in dem es auch mit größtem Fingerspitzengefühl – mit dem der Held wie sein Autor bestens ausgestattet ist – unmöglich scheint, das

›Gesicht‹ zu wahren. Oscar Wilde nutzt die Gelegenheit zu einem Sittenporträt der gehobenen Londoner Gesellschaft am Ende des 19. Jahrhunderts.

Lexikon des internationalen Films: »Sein inneres Ringen im Zwiespalt zwischen Macht- und Moralanspruch entzündet ein komplexes amouröses Intrigenspiel mit vielen Beteiligten. Gelungene, kinogerechte wie zeitgemäße Adaption des gleichnamigen Bühnenstücks von Oscar Wilde, die sowohl dessen einzigartige Sprachkunst (im englischen Original) als auch die zeitlose Gesellschaftskritik transportiert und dabei glänzend unterhält. Hervorragend besetzt und gespielt.«

1998 An Ideal Husband
GB, R: William P. Cartlidge, D: Tamara Beckwith, Tyler Butterworth, Sadie Frost

1980 Idealnyj muzh
UdSSR, R: Viktor Georgiyev, D: Yuri Yakovlev, Lyudmila Gurchenko

1947 Ein idealer Gatte
An Ideal Husband, GB, R: Alexander Korda, D: Paulette Goddard, Michael Wilding

1935 Ein idealer Gatte
D, R: Herbert Selpin, D: Karl Ludwig Diehl, Brigitte Helm, Sybille Schmitz

EIN PERFEKTER MORD

A Perfect Murder, USA 1998, R: Andrew Davis, Drb: Patrick Smith Kelly nach dem Bühnenstück Dial M for Murder von Frederck Knott, K: Dariusz Wolski, M: James Newton Howard, S: Dennis Virkler, D: Michael Douglas (Steven Taylor), Gwyneth Paltrow (Emily Bradford Taylor), Viggo Mortensen (David Shaw), David Suchet (Mohamed Karaman), Sarita Choudhury (Raquel Martinez)

Eine reiche Frau. Zwei dubiose Männer. Liebe, Hass und Geldgier. Die Millionenerbin Emily Bradford Taylor langweilt sich in ihrer lieblosen Ehe mit dem Industriellen Steven Taylor. Abwechslung findet sie in den Armen des Malers David Shaw, der ihr ungekannte Aufmerksamkeit und Zärtlichkeit schenkt. Doch ihr Mann hat längst von der heimlichen Affäre Wind bekommen. Er stellt Nachforschungen über die Vergangenheit von Emilys Lover an und erpresst den ehemaligen Knastbruder und Heiratsschwindler. Steven schmiedet einen perfiden Plan: Für 500.000 Dollar soll David seine Geliebte aus dem Weg räumen. Doch ein perfekter Mord ist wohl genauso illusorisch wie eine perfekte Liebe. Das fein ausgeklügelte Komplott verläuft nicht nach Plan: Emily überlebt die Attacke auf ihr Leben. Und der hoch verschuldete Steven setzt nun alles daran, um nicht mit der Tat in Verbindung gebracht zu werden.

Der unabhängige Filmproduzent Christopher Mankiewicz interessierte sich schon immer für *Bei Anruf Mord*, er hat den Stoff außerordentlich gemocht: »Doch ich spürte gleichzeitig, dass hier ungenutztes Potenzial zu entdecken war. Ich fand, dass zentrale Motive wie Habgier, Eifersucht und Betrug bemerkenswert zeitlos sind. Wir wollten auch die restlichen Aspekte in die 90er übertragen und einen spannenden neuen Film drehen.« Zur gleichen Zeit sah sich Produzent Arnold Kopelson *Bei Anruf Mord* auf Laser Disc an und entschied, dass er ein Remake des Films drehen wollte. Als Kopelson erfuhr, dass Christopher Mankiewicz bereits an einer Neuverfilmung arbeitete, taten sich die Produzenten zusammen.

»Es gibt ein altes Sprichwort«, erklärt Kopelson. »Es besagt, dass es auf dieser Welt nur ungefähr zwei Dutzend Geschichten gibt, und die werden in sämtlichen Kulturen wieder und wieder erzählt. Eine wirklich gute Story steckt voller Möglichkeiten. Dies ist eine erstklassige Geschichte. Sie besitzt Glamour, Dramatik, interessante Figuren, unerwartete Verwicklungen – und sie erzeugt Nervenkitzel. Nachdem ich *Bei Anruf Mord* gesehen hatte, wusste ich, dass wir eine provokante Neuversion dieser Geschichte drehen können, die dem Publikum gefällt. Wir nahmen den Drehbuchautor Patrick Smith Kelly an Bord und entwickelten eine Story, die die klassischen Thriller-Elemente von Frederick Knotts Bühnenstück mit denen der Hitchcock-Verfilmung

Bei Anruf Mord (1954,
R: Alfred Hitchcock): Ray Milland

verband. Gleichzeitig aktualisierten wir die Figuren und ihre Lebensumstände. Wir versuchten, die Geschichte aufzubrechen, denn wir wussten, dass sie einen starken Bühnencharakter besitzt. Ganz gravierend veränderten wir die Rolle des Liebhabers, der in unserem Film einen weitaus aktiveren Part einnehmen sollte. Patrick Smith Kelly hat das Material modernisiert, neu zugeschnitten und uns ein punktgenaues Skript abgeliefert.«

Für den Kritiker des *Trierischen Volksfreunds* kam Hitchcocks Film »gut über die Runden, weil er die kniffflige Intrige möglichst einfach erzählte. *Ein perfekter Mord* versucht den umgekehrten Weg und hat dabei selbst die Orientierung verloren. Und dabei spielt der Film im Wesentlichen doch nur wieder in einer Wohnung.« Und Uwe Künzel entdeckt in der *Badischen Zeitung* »logische Löcher«, findet den Film »aber unterhaltsam«, denn »Regisseur Andrew Davis (*Auf der Flucht*) beweist fast zwei Stunden lang, dass sich auch dem ältesten Genre der Kinogeschichte noch Überraschungen abtrotzen lassen ...« Für Rico Pfirstinger in *Focus* ist das Werk »kein bemühtes Remake, sondern ein solider, unsentimentaler, durchweg spannender und zeitgemäßer Thriller, bei dem nur der Schluss enttäuscht. Statt eines psychologischen Schachmatts bemühte Drehbuchautor Patrick Smith Kelly nämlich die plumpeste aller Varianten: Er lässt eine Figur zur Waffe greifen.«

In einem Interview mit der Zeitung *Der Standard* erinnert sich Michael Douglas an Hitchcock: »Als Teenager habe ich meinen Vater, der von meiner Mutter geschieden war, im Sommer immer besucht. Meistens bei Dreharbeiten, daher habe ich diese Besuche immer mit Ferienjobs verbunden: Bei *Spartacus* war ich etwa Regieassistent. Und 1962 habe ich im späteren Lieblingsfilm meines Vaters mitgearbeitet – *Lonely Are The Brave*. Nebenan wurde *Psycho* geschnitten. Wir sind zur Jausenzeit immer 'rübergegangen, um erste Rohschnitte der Duschszene mit Janet Leigh anzusehen. Da war noch mehr von ihrem Körper zu sehen. So viel zu Hitchcock ... Unsere ›Vorlage‹ *Dial M For Murder* zählt nicht gerade zu Hitchcocks großen Würfen: Ein verfilmtes Theaterstück, in dem die bedrohte Frau ausschließlich ›Opfer‹ ist und sonst völlig unselbstständig. Mich hat eigentlich nur der uralte, einfallsreich variierte Konflikt interessiert und amüsiert: Ein gehörnter Ehemann benutzt die Untreue seiner Frau für eigene Interessen. Hitchcock dabei zitieren? Ich gebe zu: Ich gehe nicht allzu oft ins Kino.«

Stefan Grissemann meint in der Zeitung *Die Presse*: »Und Michael Douglas als Killer in einem Remake von Hitchcocks *Dial M For Murder*, das ist ja auch nicht unbedingt das, was man schon immer sehen wollte. *Ein perfekter Mord* ist exakt gleich originell wie sein Titel: die Geschichte einer Bosheit gegen Gwyneth Paltrow, gegen Hitchcock, gegen das Kino.« Dagegen zeigt Regisseur Andrew Davis für Michael Sennhauser in der *Neuen Zürcher Zeitung* »wieder einmal eindrücklich, wie ein über seinen Ruf strapazierter Klassiker wenigstens kurzfristig aufgepeppt werden kann. Aus Hitchcocks statischem Kammerspiel wird unter Davis' Regie eine gefällige Abfolge urbaner Szenen in gut ausgestatteten Büros, einem atemberaubenden Appartement und einem modisch chaotischen Loft. Logische Schwachstellen des ursprünglichen Plots werden raffiniert konterkariert. Schlüsselszenen aus Hitchcocks Film, etwa der Moment, in dem der Ehemann die Fingerabdrücke des zu Erpressenden nonchalant ergattert, indem er einen Brief zu Boden gleiten und von diesem zuvorkommend aufheben lässt, übernimmt Davis fast bildgleich, setzt diesen ›McGuffin‹ dann aber viel überzeugender und beiläufiger ein. Auch den Clou mit dem verwechselten Schlüssel, der im Original schliesslich den mordlustigen Ehemann überführt, dreht *A Perfect Murder* gekonnt über ein paar Ecken mehr. Und schliesslich trägt der Film

der technischen Entwicklung eher ironisch Rechnung, indem das titelgebende, ursprünglich stationäre Telefon durch diverse Handys und automatische Auskunftssysteme in verwirrender Abfolge ersetzt wird – aber nur am einen Ende der Verbindung.«

1981 Bei Anruf Mord

Dial M For Murder, GB, R: Boris Sagal, D: Christopher Plummer, Angie Dickinson

»Ein ehemaliger Tennisstar plant die Ermordung seiner Frau und nutzt einen Kunstfehler, um sie als Mörderin erscheinen zu lassen. Das 1954 von Hitchcock verfilmte Kriminalstück in einem Remake nach Fernsehmanier.« *(Lexikon des internationalen Films)*

1954 Bei Anruf Mord

Dial M For Murder, USA, R: Alfred Hitchcock, D: Grace Kelly, Ray Milland

»Der erste Film von Alfred Hitchcock, in dem seine Lieblingsschauspielerin Grace Kelly eine Rolle übernommen hatte. In ihr hatte er eine Darstellerin gefunden, die sich noch formen ließ – er suchte sogar ihre Garderobe aus – und zudem sein (erotisches) Wunschbild einer Traumfrau verkörperte. Hitchcock hielt dennoch nicht viel von seinem Film – eine Auftragsproduktion, die er in 3-D drehen musste, einer ziemlich komplizierten Aufnahmetechnik, die seiner visuellen Kreativität enge Grenzen setzte. Weitgehend auf einen einzigen Schauplatz, die Wohnung der Wendices, konzentriert, entwickelte der nach einem erfolgreichen Theaterstück entstandene Film doch ein gehöriges Maß an Spannung, vor allem in der ausführlich geschilderten Mordszene mit ihrer blitzenden Schere.« (Meinolf Zurhorst, *Lexikon des Kriminalfilms*)

PETER DER GROSSE

USA 1986, R: Marvin J. Chomsky, Lawrence Schiller, D: Maximilian Schell, Vanessa Redgrave, Omar Sharif, Trevor Howard, Laurence Olivier, Helmut Griem, Jan Niklas, Elke Sommer, Renée Soutendijk, Ursula Andress, Mel Ferrer, Hanna Schygulla, Mike Gwilym, Günther Maria Halmer, Jan Malmsjö

Russland 1682. Nach dem Tod Fjodors III. wird das Land von Unruhen erschüttert. Aus dem Streit um die Thronfolge geht Natalja als Regentin hervor. Die gestürzte Sophia wird in ein

Bei Anruf Mord (1954, R: Alfred Hitchcock): Anthony Dawson und Grace Kelly

Kloster verbannt. Peter, an der Regierung, setzt mit jugendlicher Tatkraft Reformen durch. Catherine, ein Bauernmädchen, wird seine Geliebte. Inkognito ist Peter der Große nach Europa gereist. In England trifft er König Wilhelm III. und Sir Isaac Newton. Ein Aufstand ruft ihn jedoch nach Russland zurück. Alexei, Peters einziger Sohn, wird von seinem Vater zur Hochzeit mit Prinzessin Louise gezwungen. Der Krieg gegen Schweden ist nun unvermeidlich.

Gong: »Hochkarätige Darsteller, bestechend schöne Kostüme und russisches Ambiente: ein Kolossal-Historienfilm der Spitzenklasse.«

1938 Peter der Große
Pjotr welikij, UdSSR, R: Wladimir Petrow, D: Nikolai Simonow, Nikolai Tscherkassow

1924 Peter der Große
D, R: Dimitri Buchowetzki, D: Emil Jannings, Bernhard Goetzke, Walter Janssen

PETER GUNN, PRIVATDETEKTIV
Peter Gunn, USA 1989, R: Blake Edwards, D: Peter Strauss, Peter Jurasik, Jennifer Edwards, Barbara Williams, Charles Cioffi, Richard Portnow, Debra Sandlund, Leo Rossi, Tony Longo, Pearl Bailey, David Rappaport, Andre Rosey Brown, Jeffrey Alan Chandler, Vito D'Ambrosio

Peter Gunn, der smarte Privatdetektiv mit dem schicken Wagen und Outfit, wird von Gangsterboss Tony Amatti angeheuert, um herauszufinden, wer den Bruder seines Rivalen ermordet hat. Dabei gerät er zwischen die Fronten eines Bandenkriegs.

Prisma-Online: »Amüsante Krimikomödie um einen berühmten Schnüffler mit Ladykiller-Charme.«

1967 Gunn
USA, R: Blake Edwards, D: Craig Stevens, Laura Devon, Edward Asner

1958–1961 Peter Gunn
USA, TV-Serie: 114 Folgen, R: Robert Altman, Alan Crosland Jr., D: Craig Stevens

PETER VOSS, DER MILLIONENDIEB
BRD 1958, R: Wolfgang Becker, D: O. W. Fischer, Ingrid Andree, Margit Saad, Mara Lane, Peter Mosbacher, Peter Carsten, Boy Gobert, Hans Leibelt, Ludwig Linkmann, Henri Cogan, Franz-Otto Krüger, Walter Giller

Nach einem Roman von Ewald G. Seeliger: Peter Voss ist ein Mann mit Einfällen. Er täuscht einen Einbruch in der Bank seines Schwiegervaters in spe vor, um dessen vollkommene Kassenebbe zu verschleiern, die durch eine verlustreiche Juwelentransaktion im Fernen Osten entstanden ist. Bei seinem nächtlichen Unternehmen findet er Ganovengesellschaft, die er während seiner Flucht um den halben Erdball nicht mehr los wird, weil sie fette Beute in seinem Besitz vermuten. Bei den tolldreisten Abenteuern zu Lande, zu Wasser und in der Luft mischen außerdem das Bankierstöchterlein und der staksige Privatdetektiv Bobby Dodd munter mit, bis Schwiegervaters Juwelen endlich in Hongkong sichergestellt sind.

Dr. L. Henckel *(Filmblätter):* »Wohl selten hat ein Remake so überzeugend seine Berechtigung nachgewiesen: Der deutsche Film hat hier endlich wieder einmal eine repräsentative, farbenfrohe und vergnügliche Visitenkarte abgegeben, die sich auch in internationaler Gesellschaft sehen lassen kann. Die abwechslungsreiche Story, prächtig zwischen profilierter Komik und krawallgestimmter Kriminalistik skizziert, führt an

Peter Voss, der Millionendieb (1958, R: Wolfgang Becker): O.W. Fischer

die Originalschauplätze vier verschiedener Erd-
teile, die leider etwas zu sehr in den Hintergrund
der Handlung gedrängt wurden.« Nach dem
großen Erfolg des Films drehte Georg Marischka 1959 den Fortsetzungsstreifen *Peter Voss, der
Held des Tages*, wieder mit O. W. Fischer als Tau-
sendsassa und Frauenheld. Und Walter Giller
schlüpfte 1959 in *Bobby Dodd greift ein* noch einmal in die Rolle des Privatdetektivs. Und in einer
TV-Serie von Peter Lodynski spielte Wolf Roth
den Pseudo-Ganoven Peter Voss.

1945 Peter Voss, der Millionendieb

D, R: Karl Anton, D: Viktor de Kowa, Karl Schönböck, Else von Möllendorff

1932 Peter Voss, der Millionendieb

D, R: Ewald André Dupont, D: Willi Forst, Alice
Treff, Paul Hörbiger, Ida Wüst

1921 Der Mann ohne Namen

D, R: Georg Jacoby, D: Harry Liedke – sechsteilige
Verfilmung

PETRUS

F 1946, R: Marc Allégret, D: Fernandel, Simone Simon, Marcel Dalio, Pierre Brasseur, Dominique Bre-
van, Corinne Calvet, Cora Camoin, Jean-Roger
Caussimon, François Deschamps

Nach einem Bühnenstück von Marcel Achard:
Dramatische Liebesverwirrungen um einen töl-
pelhaften Fotografen, eine Tingeltangeltänzerin
und deren treulosen Liebhaber.

Lexikon des internationalen Films: »Trotz der
renommierten Darsteller ein Film von lächerli-
cher Dürftigkeit.«

Unten: Peter Voss, der Millionendieb
(1945, R: Karl Anton): Werner Stock,
Else von Möllendorff und Karl Schönböck
Rechts: Peter Voss, der Millionendieb (1945):
Karl Schönböck und Else von Möllendorff

1939 I dag börjar livet

S; R: Schamyl Bauman, D: Sture Lagerwall, Sonja
Wigert, Nils Ohlin

DER PFARRER VON KIRCHFELD

BRD 1955, R: Hans Deppe, D: Ulla Jacobsson, Claus
Holm, Annie Rosar, Heinrich Gretler, Elise Aulinger,
Kurt Heintel, Hansi Knoteck, Helen Vita, Fritz Genschow, Hans Reiser, Franz Schafheitlin, Olga Limburg, Peter Feldt

Nach einem Volksstück von Ludwig Anzengruber: Der junge Dorfpfarrer soll strafversetzt werden, weil er eine Kriegerwitwe traut, die wegen
des sonst drohenden Rentenverlustes von der
standesamtlichen Heirat absah. Aus seiner Zuneigung zur Hausgehilfin, einem Flüchtling mit
Kind, findet der Geistliche heraus, indem er ihre Vermählung mit dem ungeliebten Dorf-
schmied fördert.

Lexikon des internationalen Films: »Neuverfilmung des Volksstücks, die den Nachkriegsver-
hältnissen Rechnung trägt ... Im Stil eines Heimatfilms inszeniert.«

Im selben Jahr wie Hans Deppe inszenierte
auch Alfred Lehner den Stoff. Im Gegensatz zu
Deppe, der sein Gewicht auf die Dramaturgie einer verbotenen Liebe legt, pflegt Lehner viel stärker den Stil des Heimatfilms mit schönen Land-

schaftsaufnahmen, buntem Dorftreiben und sentimentaler Ursprünglichkeit.

1955 Das Mädchen vom Pfarrhof
A, R: Alfred Lehner, D: Erich Auer, Waltraut Haas, Attila Hörbiger

1937 Der Pfarrer von Kirchfeld
A, R: Jacob Fleck, Luise Fleck, D: Fritz Diestl, Fred Hülgerth, Hans Jaray

1926 Der Pfarrer von Kirchfeld
D, R: Jacob Fleck, Luise Fleck, D: William Dieterle, Fritz Kampers, Margarete Lanner

1914 Der Pfarrer von Kirchfeld
A, R: Jacob Fleck, Luise Fleck, D: Ludwig Trautmann

DIE PFINGSTORGEL
BRD 1965, R: Kurt Wilhelm, D: Rudolf Vogel, Maxl Graf, Konstantin Delcroix, Margarete Haagen, Ludwig Schmid-Wildy, Michl Lang, Gerlinde Locker, Max Grießer, Carl Baierl, Ernst Schönle, Alfred Pongratz, Paula Braend, Karl Tischlinger, Steffi Freund, Erni Singerl, Hans Fitz, Georg Blädel, Fritz Straßner, Roider-Jackl, Käthe Tellheim, die Dellnhauser Musikanten, die Tanzgruppe Eberwein

Jahrmarkt in Straßlach: Mit dem Wanderzirkus Brummel kommt auch der junge Musikant Peter wieder zu seiner heimlichen Geliebten, der Gertrud, Tochter des Bürgermeisters vom Nachbarort Rott. Bürgermeister Zirngiebel ist aber ein rechter Geizkragen, und genauso, wie er die Ausgaben für eine Kirchenorgel scheut, denkt er – trotz aller Bitten – nicht im Traum daran, seine Tochter mit einem Bettelmusikanten zu verheiraten. Der Dorfpfarrer listet dem Geizkragen das Versprechen der Zustimmung ab, wenn ohne Zutun der Gemeinde zu Pfingsten die lang ersehnte Orgel in der Kirche stehe.

TV direkt: »Altbackener Schwank um ein abgedrehtes Dörfchen.«

1939 Die Pfingstorgel
D, R: Franz Seitz, D: Willy Rösner, Maria Andergast, Hannes Stelzer

DAS PHANTOM DER OPER
Il Fantasma dell'Opera, I/H 1998, R: Dario Argento, Drb: Dario Argento, Gerard Brach, nach dem gleichnamigen Roman von Gaston Leroux, K: Ronnie Taylor, M: Ennio Morricone, S: Anna Napoli, D: Julian Sands (das Phantom), Asia Argento (Christine), Andrea di Stefano (Raoul de Chagny), Coralina Cataldi Tassoni (Honorine), Nadia Rinaldi (Carlotta), Lucia Guzzardi (Madame Giry)

1877. Das große Opernhaus von Paris. Es hält sich das Gerücht, ein Phantom hause in den Gängen. Niemand hat es je gesehen, und doch weht seine Anwesenheit wie ein eisiger Lufthauch durch jeden Winkel des Opernhauses. Einige Handwerker, die in den unterirdischen Kanälen beschäftigt sind, werden von einem mysteriösen Wesen zerfleischt. Auf der Bühne des menschenleeren Theaters studiert die junge Sopranistin Christine die Rolle der Julia ein. Im Dunkeln verborgen lauscht das Phantom und ist von Christines Schönheit und ihrem Talent hingerissen. Ein Rattenfänger wird in den Gewölben von einer unsichtbaren Macht dazu gezwungen, sich selbst zu verstümmeln.

Obwohl sie sich in Gesellschaft des charmanten und aufrichtigen Vicomte Raoul de Chagny wohl fühlt, ist Christine von der geheimnisvollen Persönlichkeit des Phantoms wie berauscht. Sie lässt sich auf metaphysische Weise in sein verborgenes Zuhause leiten und gibt sich ihm leidenschaftlich hin. Weitere Menschen verschwinden in den labyrinthischen unterirdischen Gängen. Das Phantom ist entschlossen, aus Christine die größte Sopranistin von Paris zu machen. Dazu muss allerdings die resolute Primadonna Carlotta auf ihren Auftritt verzichten. Diese lässt sich aber nicht einschüchtern. Die fortschreitende Dominanz des Phantoms erzeugt in Christine Faszination und Abscheu zugleich. Sie bittet Raoul, der ihr inzwischen hoffnungslos verfallen ist, um Beistand. Endlich hat Christine ihren Auftritt, doch da wird ihr Geheimnis öffentlich aufgedeckt und die Entscheidung zwischen dem Phan-

Das Phantom der Oper (1998, R: Dario Argento): Julian Sands und Asia Argento

tom und Raoul zerreißt sie. Nur einer kann überleben.

Asia Argento sagt über ihre Rolle der Christine: »Meine erste Berührung mit der *Phantom*-
Geschichte war der Film *Phantom Of Paradise*
von Brian De Palma. Als mein Vater mir dann von
dem Projekt erzählt hat, habe ich mir den ersten
Film mit Lon Chaney angeschaut. Ich wollte auch
alle anderen sehen, aber das hat mein Vater mir
verboten, damit ich nicht beeinflusst werde. An
Christine finde ich ihre zwei Seiten interessant:
Nach Außen ist sie die unschuldige, niedliche, immer lächelnde junge Dame. Aber auch sie hat ihre gemeinen, berechnenden und hemmungslosen
Seiten, was sie sehr verwirrt.«

Dario Argento ist nicht an einem Remake von
Rupert Julians Version interessiert, meint Daniel Kothenschulte im *Film-Dienst*: »Was freilich
auch nicht heißt, dass ihm an einer Modernisierung gelegen wäre. (Diese gab es von ihm bereits
zu Heavy-Metal-Klängen unter dem Titel *Opera*.) Argento hat ganz im Gegenteil den altmo-
dischsten Film des ausgehenden Jahrhunderts gedreht. Trotz seiner wie immer bei diesem Regisseur mit allen technischen Raffinessen ausgetüftelten Tonspur muss man seinen Film dramaturgisch weit zurückdatieren. Es ist ein Film wie aus

dem 19. Jahrhundert, anzusiedeln etwa 20 Jahre bevor das Kino überhaupt erfunden worden
ist ... Nicht nur die flachen künstlichen Kulissen,
auch das Drama selbst, das sich nicht schert um
Psychologie oder Plausibilität, entstammt der
Vorform des Kinos, dem Melodrama. Argento
hat seine Filme seit jeher wie Opern aufgebaut,
deren konventionelle Plots die Rezitative und deren orgiastischen Bluttaten die kunstvoll inszenierten Arien darstellten. Eigentlich war es nur
die mondäne Eleganz der Ausstattung, die Argentos Gegenwartsfilme der 70er-Jahre modern
erscheinen ließen; die Geschichten dahinter waren stets eher etwas Edgar Wallace oder Doktor
Mabuse – angereichert mit einem Mystizismus an
der Grenze zur Esoterik ... Jeder andere Regisseur hätte das Phantom wohl als tragische, gebrochene Figur gezeigt. Argento präsentiert ein
liebloses Monster, das sich den ganzen Film über
nicht weiter entwickelt ... Argentos Film wird es
nicht leicht haben, er schenkt dem Zuschauer
nichts vom schmalzigen Pomp des Musicals von
Andrew Lloyd Webber. Dafür bietet er aber eine
vollkommen von der Gegenwart gelöste Kinoerfahrung und eine intime Innenansicht in die Gei-
steswelt des späten 19. Jahrhunderts.«

Der Schrifsteller Frederick Forsyth schreibt
über den Roman des Franzosen Gaston Leroux
(1868–1927): »Was für uns zur Legende des
Phantoms der Oper geworden ist, begann im Jahr
1910 in der Fantasie eines heute fast völlig in Vergessenheit geratenen französischen Autors. Wie
Bram Stoker bei *Dracula*, Mary Shelley bei *Frankenstein* und Victor Hugo bei *Notre-Dame de Paris* stieß Gaston Leroux zufällig auf eine eher vage Volkssage und sah darin den Kern einer wahrhaft tragischen Geschichte. Daraus entwickelte
er seine Erzählung. Als sein schmales Buch 1911
erschien, erregte es in Frankreich für kurze Zeit
Aufsehen und wurde in einer Zeitung sogar als
Fortsetzungsroman veröffentlicht, bevor es in
Vergessenheit geriet. Elf Jahre später, fünf Jahre
vor dem Tod des Autors, gelangte seine Geschichte durch einen Zufall zu neuer Popularität.
Dieser Zufall kam in Gestalt eines zwergenhaft
kleinen, jovialen, ehemals deutschen Juden namens Carl Laemmle daher, der als Junge nach
Amerika ausgewandert war und es 1922 zum Prä-

*Das Phantom der Oper (1998, R: Dario Argento):
Asia Argento*

sidenten der Filmgesellschaft Universal Motion Pictures in Hollywood gebracht hatte.«

Carl Laemmle und Gaston Leroux trafen sich in Paris: Zum Abschied schenkte Leroux Laemmle ein Exemplar seines Buchs aus dem Jahr 1911. Laemmle, der gerade den Schauspieler Lon Chaney entdeckt hatte, war auf der Suche nach Stoffen und begeisterte sich sofort für das *Phantom* – er erwarb die Rechte und produzierte mit Lon Chaney die erste Verfilmung des Stoffes. Lon Chaney spielte erst die Hauptrolle in *Der Glöckner von Notre-Dame* und anschließend in *Das Phantom der Oper*. Beide Filme wurden Kassenschlager und machten Chaney unsterblich. Das Phantom erschreckte die Zuschauer so, dass Frauen kreischten und sogar in Ohnmacht fielen – worauf in einem meisterhaften PR-Coup an den Kinokassen kostenlos Riechsalz ausgegeben wurde. »Es war mehr dieser Film als Leroux' wenig beachtetes und weitgehend in Vergessenheit geratenes Buch, das die Fantasie des breiten Publikums anregte und die Phantomsage erst entstehen ließ«, notiert Frederick Forsyth: »Seit damals ist die Geschichte des *Phantoms der Oper* mehrmals neu verfilmt worden, aber in den meisten Fällen wurde die Story so verändert, dass sie kaum wieder zu erkennen war, und die Filme hatten wenig Erfolg. Universal Pictures drehten 1943 ein Remake ihres 20 Jahre alten Stoffs mit Claude Rains in der Rolle des Phantoms, und 1962 versuchten Hammer Films in London, eine auf Horrorfilme spezialisierte Filmgesellschaft, sich mit Herbert Lom in der Hauptrolle erneut an diesem Stoff. 1983 folgte ein Fernsehfilm mit Maximilian Schell in einer ›Rock‹-Version, die Brian De Palma 1974 gedreht hatte. Und 1984 brachte ein junger britischer Regisseur in einem kleinen Theater in East London eine spritzige, ziemlich ausgeflippte Version der Geschichte heraus – diesmal als Musical. Zu den Leuten, die damals die Rezensionen lasen und sich das Stück ansahen, gehörte Andrew Lloyd Webber. Das sollte ein weiterer Meilenstein in der Entwicklung von Leroux' alter Geschichte werden.«

1990 Das Phantom der Oper

Phantom Of The Opera, F/I/USA/BRD, R: Tony Richardson, D: Burt Lancaster

Das Phantom der Oper (1989, R: Dwight H. Little): Robert Englund und Jill Schoelen

»Eine gegenüber der ursprünglichen Romanvorlage reichlich abgewandelte Theaterverfilmung des klassischen Stoffes. Darstellerisch eindrucksvoll, aber teils klischee- und kulissenhaft ins Groteske überzogen, wird der (Fernseh-)Film zunehmend psychopathologischer und damit unglaubwürdiger und abgeschmackter.« *(Lexikon des internationalen Films)*

1989 Das Phantom der Oper

Phantom Of The Opera, USA, R: Dwight H. Little, D: Robert Englund, Jill Schoelen

»Plumper, effekthascherischer Gruselfilm von abstoßender Vordergründigkeit, der kaum noch etwas mit der literarischen Vorlage gemein hat.« *(Lexikon des internationalen Films)*

1988 Terror in der Oper

Terror At The Opera, USA, R: Dario Argento, D: Cristina Marsillach, Ian Charleson

»Bei Gourmets des Horrorfilms hat Dario Argento eine zumindest ebenso hartnäckige Anhängerschaft wie beispielsweise Wim Wenders bei cinephilen Sozialpädagogen. Als Filmkritiker fing der 1940 geborene Italiener an, half Sergio Leone bei *Spiel mir das Lied vom Tod*, schrieb Drehbücher und filmte schließlich in eigener Regie. *Suspiria, Tenebrae* oder *Horror Infernal* lauten die klangvollsten seiner Titel. Sieht man sich

Argentos neuestes Horror-Spiel *Terror in der Oper* an, mag man dem Regisseur formale Virtuosität nicht absprechen. Da lässt er einen ganzen Theatersaal im dunklen Auge eines Raben spiegeln, da kreist die Kamera atemberaubend über einem aufgescheuchten Opernpublikum. Doch wozu das alles? Argentos Storys sind ein einziger Witz. Diesmal geht es um eine junge Opernsängerin (Cristina Marsillach), die an der Mailänder Scala die Lady Macbeth gibt, während ein geistesgestörter Bewunderer vor ihren Augen Leute qualvoll tötet. Weil man jedoch weiß, dass die Diva niemals gefährdet ist, und man die diversen Opfer kaum kennt, lässt einen das herzlich kalt.« *(Stern-TV-Magazin)*.

1983 Das Phantom von Budapest

Phantom Of The Opera, USA, R: Robert Markowitz, D: Maximilian Schell

1974 Phantom im Paradies

Phantom Of The Paradise, USA, R: Brian De Palma, D: Gerrit Graham

Schallplattenproduzent Swan klaut dem Komponisten Winslow Leach die Partitur für eine Faust-Kantate. Er will sie zur Eröffnung seines neuen Musikpalastes *Paradise* einsetzen. Bei dem Versuch, aus Rache für diesen Diebstahl Swans Plattenfirma zu verwüsten, wird Winslow Opfer eines Unfalls. Er gerät in eine Plattenpresse, sein Gesicht wird verunstaltet. Von der Öffentlichkeit für tot gehalten, treibt er – das Gesicht hinter ei-

ner Vogelmaske verborgen – im *Paradise* als Phantom sein Unwesen. Thrillerexperte Brian de Palma *(Dressed To kill)* vereint in seinem Musikfilm klassische Motive des *Faust*-Themas mit dem alten Gruselstoff von Gaston Leroux' *Phantom der Oper*. Eine fesselnd inszenierte Persiflage auf die Musikindustrie der 70er-Jahre.

1974 Das Phantom von Hollywood

The Phantom Of Hollywood, USA, R: Gene Levitt, D: Jack Cassidy, Peter Lawford

»Phantome gehen nicht nur in der Oper um. Manche sind Filmfans und hausen in der verschachtelten Kulissenwelt des weitläufigen MGM-Geländes. Freilich gleicht die Geschichte erkennbar dem Roman von Gaston Leroux und den darauf basierenden Film- und Musicalversionen: Ein junger Schauspieler wird durch einen Unfall entstellt und lebt fortan weltabgewandt inmitten von ausrangierten Studiodekors. Als der Betrieb eingestellt und der Fundus aufgelöst werden soll, fallen mehrere Arbeiter mysteriösen Unfällen zum Opfer. Dann wird auch noch die Tochter des Studiochefs verschleppt.« (Harald Keller, *Schräg, schrill, scharf und schundig*)

1962 Das Rätsel der unheimlichen Maske

The Phantom Of The Opera, GB, R: Terence Fisher, D: Herbert Lom, Heather Sears

»*Das Phantom der Oper* ist auch nicht mehr das, was es einmal war.« (Howard Thompson, *The New York Times*)

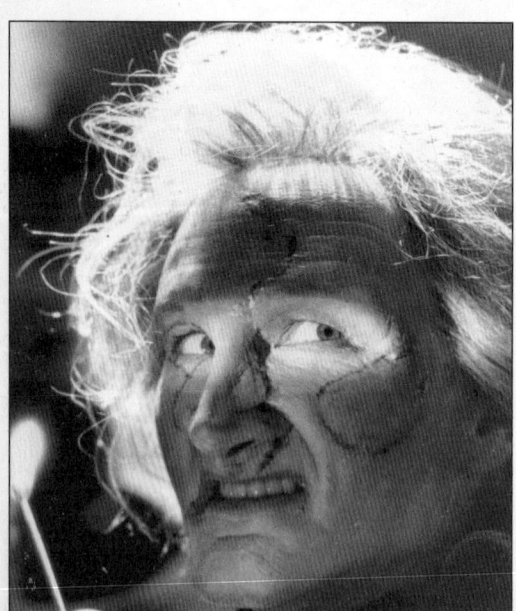

Links: *Das Phantom der Oper*
(1989, R: Dwight H. Little): Robert Englund
Unten: *Phantom der Oper* (1943, R: Arthur Lubin):
Claude Rains und Susanna Foster

1943 Phantom der Oper

The Phantom Of The Opera, USA, R: Arthur Lubin, D: Claude Rains, Nelson Eddy

»Arthur Lubins farbiges Remake aus dem Jahr 1943 war dann mehr ein musikalisches Drama als ein Grusel-Thriller, denn der Einsatz von Technicolor wurde vor allem dazu benutzt, die Gesangsdarbietungen auf der Bühne in einem bunten Fresko darzustellen.« *(TV Spielfilm Lexikon)*

»Obwohl kein ausgesprochener Spezialist für den Horror-Film, gelangen Rains doch einige seiner eindrücklichsten Darstellungen in diesem Genre: Niemand anderer als er konnte so deutlich machen, dass das *Phantom der Oper* ... selbst ein gehetztes Wesen ist ... Seine Schöpfungen waren die Karikaturen eines an Nietzsche erinnernden, unabdingbaren Willens zur Macht, der keine Grenzen in der Wahl seiner Mittel kennt. Da dieser Wille zur Macht immer verbunden ist mit der Form des Sendungsbewusstseins, die in Besessenheit umgeschlagen ist, bleibt dem Scheitern des von Claude Rains dargestellten Verbrechers ein Hauch von Trauer.« (Georg Seeßlen, *Der Horrorfilm*)

1925/29 Das Phantom der Oper

The Phantom Of The Opera, USA, R: Rupert Julian, D: Lon Chaney

Der frühe Abenteuerroman von Gaston Leroux fand in dem Stummfilm von 1925 eine ideale filmische Umsetzung. Regisseur Rupert Julian inszenierte eine Reihe von Höhepunkten – der Fall eines Lüsters, der Abstieg in die Unterwelt der Oper, der Maskenball –, die er im Stil späterer Cliffhanger aneinander reihte. Aktion ersetzt hier die Psychologie, wie sie in anderen Verfilmungen des gleichen Stoffes zur Beschreibung und Erklärung des Phantoms benutzt wurde. Der Film von 1925, der 1929 um einige neu gedrehte Tonszenen verändert wurde und der im Original einige Farbsequenzen enthielt, blieb eng an der Romanvorlage. Der absolute Höhepunkt des Films aber ist die Demaskierung des Phantoms: »Diese eine Szene muss sicherlich als einer der besten Momente des Leinwandterrors bezeichnet werden. Sie ist mehr als nur eine gelungene Schock-Szene, denn an dieser Stelle des Films ist das Publikum längst so weit, Sympathie für das Phantom zu empfinden. Die Zuschauer zittern, hegen aber zwiespältige Gefühle: Identifikation mit der Heldin in einer prekären Situation und Mitleid mit dem Phantom. Keine andere Auf-

Phantom der Oper (1943, R: Arthur Lubin): Claude Rains, Nelson Eddy, Susanna Foster und Edgar Barrier

trittsszene oder Demaskierung eines Film-Monsters – nicht einmal der sorgfältig aufgebaute erste Auftritt von *King Kong* oder die berühmte Demaskierung gegen Ende von *The Mystery Of The Wax Museum* – hat jemals die Wirkung dieser bemerkenswerten Szene erreicht.« (William K. Everson, *Klassiker des Horrorfilms*)

PHOENIX – LUST UND SCHMERZ

Phoenix, USA 1991, R: Paul Thomas, D: Jamie Summers, Jon Dough, Easy Rider, Mickey Ray, Kathy O'Dell – Sexfilm

Eine junge Frau, die sich auf Wunsch ihres Geliebten tätowieren lässt, lernt die ungewöhnlichen Arbeitsmethoden des Künstlers kennen.

Lexikon des internationalen Films: »Pornografisches Plagiat von *Irezumi – Die tätowierte Frau* (1981).«

1981 Irezumi – Die tätowierte Frau

Irezumi, J, R: Yoichi Takabayashi, D: Masayo Utsunomiya, Yuhsuke Takita

PICKNICK

Picnic, USA 2000, R: Ivan Passer, D: Gretchen Mol, Josh Brolin, Bonnie Bedelia – Nach einem Bühnenstück von William Inge

Madge Owens, jung und bildhübsch, ist mit einem gut situierten Mann verlobt. Dann allerdings verliebt sie sich Hals über Kopf in dessen Freund, den mittellosen Hal Carter. Trotz der Einwände vieler Stadtbewohner will sie mit ihm ein neues Leben beginnen.

1955 Picknick

Picnic, USA, R: Joshua Logan, D: William Holden, Kim Novak, Rosalind Russel

PIPPI LANGSTRUMPF

Pippi Longstocking, S/BRD/CDN 1997, R: Clive A. Smith – Animation

Pippi war mit ihrem Vater, dem berühmten Kapitän Langstrumpf, auf einer langen Seereise. Nach einem schweren Unwetter geht sie von Bord und zieht wieder in die verlassene Villa Kunterbunt ein. Sehr zur Freude der beiden Nachbarsgeschwister Tommy und Annika.

Monika Osberghaus *(FAZ):* »So öde kann es ausgehen, wenn alle es allen recht machen wollen. Für einen halbherzigen Kompromiss zwischen zwei Konzepten, wie er hier offenbar gefunden wurde, ist die Figur der Pippi zu stark. Der Film trägt sie nicht. Mag diese Pippi von Anfang bis Ende singen, flüstern, beschwören, dass sie wieder da sei – sie ist es nicht.«

1987 Pippi Langstrumpfs neueste Streiche

The New Adventures Of Pippi Longstocking, USA, R: Ken Annakin

1968 Pippi Langstrumpf

S/BRD, R: Olle Hellbom, D: Inger Nilsson, Pär Sundberg

PIPPI LANGSTRUMPF IN DER SÜDSEE

Pippi Longstocking, S/BRD/CDN 1999, R: Paul Riley – Animation

Pippi Langstrumpf, die freche Erfindung der berühmten Astrid Lindgren, zum zweiten Mal als Zeichentrickfilm. In diesem Remake von *Pippi*

Von links oben nach rechts unten:
- *Pippi Langstrumpf (1997, R: Clive A. Smith): Pippi sorgt für Schwung*
- *Pippi Langstrumpfs neueste Streiche (1987, R: Ken Annakin): Tami Erin und Kleiner Onkel*
- *Pippi Langstrumpf (1997): Herr Nilsson muss bei der Körperpflege helfen*
- *Pippi Langstrumpf (1968, R: Olle Hellbom): Inger Nilsson*

Pippi im Taka-Tuka-Land (1969, R: Olle Hellbom): Inger Nilsson (mitte)

im Taka-Tuka-Land ist Pippi mit ihrem Vater Kapitän Langstrumpf und ihren Freunden Tommy und Annika auf großer Fahrt, bei der es Piraten auf das Segelschiff Hoppetosse abgesehen haben ... Bereits in den sechziger Jahren wurden Pippis Abenteuer auf Zelluloid gebannt. Das sommersprossige Gesicht von Inger Nilsson flimmerte bis heute in mehr als 30 Ländern von Fernsehschirmen und Kinoleinwänden. In der Zeichentrickversion von Paul Riley sollen ihre Streiche jetzt noch wilder und lustiger sein, doch die klaren und einfachen Zeichnungen erinnern deutlich an japanische Billig-Animationen.

1969 Pippi im Taka-Tuka-Land

Pippi Långstrump på de sju Haven, BRD/S, R: Olle Hellbom, D: Inger Nilsson

PIRANHAS

Piranha, USA 1995, R: Scott Levy, D: Alexandra Paul, William Katt, Darleen Carr, Soleil Moon Frye, Monte Markham

Nach dem Original-Drehbuch von John Sayles: Auf einem stillgelegten Testgelände der US-Armee existieren in einem Becken immer noch Piranha-Mutanten, die im Auftrag der Regierung gezüchtet worden sind. Als eine Privatdetektivin bei der Suche nach einer vermissten Frau Wasser und Fische in einen Fluss ablässt, ist die Katastrophe vorprogrammiert.

René Claßen *(Film-Dienst)*. »Immerhin versucht der Regisseur anzudeuten, dass Geldgier und Korruption mit der gleichen Erbarmungslosigkeit am Gerüst der amerikanischen Gesellschaft nagen wie Piranhas an ihren Opfern. Angesichts der spekulativen Machart fällt es jedoch schwer, diese kritischen Zwischentöne ernst zu nehmen.«

1978 Piranhas

Piranha, USA, R: Joe Dante, D: Bradford Dillman, Heather Menzies, Kevin McCarthy

DER PIRAT DES KÖNIGS

The King's Pirate, USA 1966, R: Don Weis, D: Doug McClure, Jill St. John, Guy Stockwell, Mary Ann Mobley, Kurt Kasznar

Anfang des 18. Jahrhunderts werden immer häufiger europäische Handelsschiffe von Piraten überfallen, die ihren Unterschlupf auf Madagaskar haben. Der junge Offizier Brian Fleming gehört zu den Männern, die den Hafen der Freibeuter stilllegen sollen. Die reichen europäischen Handelsnationen England, Frankreich, Portugal und Holland versprechen ihm dafür eine reiche Belohnung.

Filmbeobachter: »Englischer Seeoffizier schmuggelt sich unter Madagaskar-Piraten und legt mit Hilfe einer Gaukler-Truppe die Verteidigung lahm. Operettenhafter Kostümfilm mit einigen Längen, doch etwas besser als das sonstige Serienangebot.«

1953 Gegen alle Flaggen

Against All Flags, USA, R: George Sherman, D: Errol Flynn, Maureen O'Hara

PLANET DER AFFEN

Planet Of The Apes, USA 2001, R: Tim Burton, D: Mark Wahlberg, Tim Roth, Helena Bonham Carter, Michael Clarke Duncan, Paul Giamatti, Estella Warren, Cary-Hiroyuki Tagawa, David Warner, Erick Avari, Luke Eberl, Evan Dexter Parke, Glenn Shadix, Kris Kristofferson, Freda Foh Shen, Chris Ellis

Nach einem Science-Fiction-Roman von Pierre Boulle: Astronaut Leo Davidson landet mit seinem Raumschiff auf einem fremden Planeten. Hier entdeckt er zwar Menschen, doch die werden von einer Affen-Zivilisation, die alles beherrscht, als Sklaven gehalten oder als Jagdbeute verfolgt. Mit diesen Verhältnissen sichtlich unzufrieden, zettelt Davidson einen Aufstand an. Dabei bekommt er bald tatsächlich nicht nur Hilfe von den etwas minderbemittelten Menschen, sondern auch von intelligenten Affen, die das diktatorische Verhalten des bösen Generals Thade leid sind ...

Tim Burton sagt zu seinem Remake: »Das Original hat sein eigenes Leben und wir versuchen das zu respektieren. Wir hoffen, das Beste zu übernehmen und der Geschichte gleichzeitig

neue Charaktere und andere Elemente hinzuzufügen, aber so, dass wir zwar das Wesentliche des
Originals beibehalten, aber diese Welt trotzdem
auf neue Weise erobern.«

Ulrike Cordes *(dpa)*: »Doch anders als etwa die
Star-Wars-Reihe machte der *Planet der Affen*
schon vor 30 Jahren (Regie: Franklin J. Schaffner) nicht mit gedanklichem Feinsinn oder schauspielerischen Spitzenleistungen Furore, sondern
wegen der Ausstattung und sensationeller Masken. Genau darauf konzentriert sich auch Tim
Burton und übertrifft dabei seine Vorgänger-
Streifen dank der technischen Innovationen der
letzten Jahrzehnte um Längen.«

Thomas Willmann in *Ticket/Tagesspiegel*: »Als
1968 Franklin J. Schaffners berühmte Verfilmung in die Kinos kam, traf sie genau den Nerv
einer Zeit, die keinem über 30 mehr traute. Es
war ein paranoider Anti-Establishment-Rund-
umschlag, gegen Atomrüstung, Tierversuche,
Rassenkonflikte und Religion. Nun also das Update für die Generation Genua. Regisseur Tim
Burton hat kein Remake im engeren Sinne geschaffen, eher einen Dialog mit dem Vorbild: Die
vielen bewussten Parallelen und Abweichungen
sagen auch etwas über den Wandel der Welt seit
1968 ... Tim Burtons Blick auf die Welt – und insbesondere die USA – bleibt gewohnt düster: Die
Befreiung der Unterdrückten ist in Wirklichkeit
nichts als die Erschließung neuer Märkte. Der
wahre Sieger ist die Wirtschaft – spätestens das
perfide Schlussbild sagt es klar: Wir bleiben alle
Sklaven.«

Hans-Joachim Neumann *(Zitty)*: »Primaten
plus Action. Nicht viel mehr schwebte Produzent
Arthur P. Jacobs vor, als er Mitte der sechziger
Jahre an seinem Affenprojekt zu arbeiten begann.
Aus einem einige Zeit erwogenen Remake des

Klassikers *King Kong* wurde zwar nichts (das
drehte erst ein Jahrzehnt später John Guillermin), dafür fiel dem Produzenten der Roman *La
planète des singes* (1963) von Pierre Boulle in die
Hände. Ein viel versprechender Fang, hatte Boulle doch bereits die Romanvorlage zu David Leans
Megahit *Die Brücke am Kwai* geliefert. Um aus
dem Stoff einen publikumsträchtigen Film machen zu können, galt es jedoch, zwei Probleme
zu lösen. Erstens zielte Boulles Roman weniger
auf Action, vielmehr auf Satire. Mit dem *Planet
der Affen* wollte der Autor menschliche Verhaltensweisen karikieren. Zweitens, und von den
Hollywood-Machern für gravierender gehalten:
Anders als *King Kong*, dessen sprachliche Fähigkeiten sich auf ›Grummpfff‹ beschränkt hatten,
bedienten sich die Affen eines ausgefeilten Englisch. Würden die Zuschauer sprechende, manns-
hohe Schimpansen in einer Art Mittelalterko-
stüm akzeptieren? Sie taten es. Als *Planet Of The
Apes* 1968 in die Kinos kam, war er ein über-
wältigender Erfolg. Unter der Regie von Franklin
J. Schaffner und mit Charlton Heston in der Rolle des notgelandeten Astronauten beeindruckte
der Film nicht zuletzt durch seine Tricktechnik:
Die Affenmasken wirkten überraschend wirk-
lichkeitsgetreu, der Film wurde sogar mit einem
Oscar für die Make-up-Technik ausgezeichnet.
Im Nachhinein allerdings kann die Maskentech-
nik nicht mit der etwa zeitgleich entstandenen,
berühmten Affensequenz aus Stanley Kubricks
2001 mithalten. Auch mit der Satire war es nicht
mehr weit her: Die Affen spiegelten weniger
menschliche Unzulänglichkeiten, sie waren vielmehr in klassischer Hollywood-Manier zu Wi-
dersachern mutiert, gegen die sich der Held
durchsetzen musste. Verglichen mit Tim Burtons
Neuverfilmung allerdings wirkte die erste Version in mancherlei Hinsicht differenzierter: Der
Affenstaat trägt sozialutopische Züge. Die Menschen auf dem Planet der Affen können nicht
sprechen. Schließlich erweist sich der Planet gar
als die ehemalige Erde, deren menschliche Bewohner sich einst durch einen umfassenden
Atomkrieg selbst auf Unter-Affenniveauzurück
gebombt haben. Das Original bot damit ganz dem
damaligen Zeitgeist entsprechende ›Gesellschaftskritik‹, angereichert mit dem wichtigsten

Planet der Affen (1968, R: Franklin J. Schaffner):
Roddy McDowall und Kim Hunter landen auf der Erde

Planet der Affen (1968, R: Franklin J. Schaffner): Roddy McDowall und Charlton Heston

Thema der SF seit den 50er-Jahren: der Furcht vor dem atomaren Overkill. Wer's noch ein bisschen zeitgeistiger wollte, konnte in der Fabel von den zivilisierten Affen als Herrscher über sprachlose und barbarische Weiße sogar die Erfüllung der Emanzipationsträume schwarzer Amerikaner erkennen.«

Dem ersten *Planet der Affen* folgten vier Sequels: *Rückkehr zum Planet der Affen* (1970), *Flucht vom Planet der Affen* (1971), *Eroberung vom Planet der Affen* (1972) und *Die Schlacht um den Planet der Affen* (1974). Charlton Heston verabschiedete sich bereits nach Teil 1, im Teil 2 ging die Affenwelt ebenfalls atomar unter. Danach verlagerte sich das Geschehen zunehmend in die Jetztzeit der frühen 70er-Jahre Kaliforniens. 1974 war dann die Luft raus aus dem Affenunternehmen. Eine 1974 in den USA ausgestrahlte TV-Serie, die sich inhaltlich wieder stärker an der Erstverfilmung orientierte, erwies sich als Flop. In Japan entstand 1987 unter dem Titel *3001 – Die Zeit der Affen (Time Of The Apes)* eine Billig-Variante.

1974 Planet der Affen

Planet Of The Apes, USA, TV-Serie, R: Alf Kjellin, Arnold Laven, D: Roddy McDowall

1968 Planet der Affen

Planet Of The Apes, USA, R: Franklin J. Schaffner, D: Charlton Heston

DER PLANET SATURN LÄSST SCHÖN GRÜSSEN

The Incredible Melting Man, USA 1977, R: William Sachs, D: Alex Rebar, Burr DeBenning, Myron Healey, Michael Alldredge, Ann Sweeny, Lisle Wilson, Cheryl Smith, Julie Drazen, Stuart Edmond Rodgers, Chris Witney

Ein Astronaut kehrt von einer Saturn-Expedition zurück und hat sich dabei eine Krankheit zugezogen, wobei er ständig nach menschlichem Fleisch giert. Eine Nacht lang terrorisiert er eine Stadt, bis er erschossen wird und zu einer glibberigen Masse zerschmilzt.

MovieLine: »Um den völligen Zerfall seines Leibes aufzuhalten, fällt er Menschen an, um sich an ihrem Fleisch zu laben, was Anlass für einige Horrorszenen gibt, die den eindösenden Zuschauer wach halten. Billig gemachte Mischung aus Horrorfilm und Science-Fiction, wobei die Autoren jede Logik außer Acht lassen mussten, damit der Streifen Kinolänge erreichen konnte.«

1959 Rakete 510

First Man Into Space, USA, R: Robert Day, D: Marshall Thompson, Marla Landi

1959 The Hideous Sun Demon

USA, R: Tom Boutross, Robert Clarke, D: Robert Clarke, Patricia Manning

EIN PLATZ AN DER SONNE

A Place In The Sun, USA 1951, R: George Stevens, D: Elizabeth Taylor, Montgomery Clift, Shelley Winters, Herbert Hynes

Nach einem Roman von Theodore Dreiser: George Eastman, Spross einer armen Predigerfamilie, verdiente sich seinen Unterhalt bisher in einem kleinen Hotel in Chicago. Aber das genügt ihm nicht, er will »weiterkommen«, und sein Onkel, der reiche Fabrikbesitzer Charles Eastman, soll ihm dabei helfen. Onkel Charles' Familie lebt in luxuriösen Verhältnissen und ist über den unerwarteten Besuch des »armen Verwandten« unangenehm berührt. Onkel Charles hilft trotzdem, wenngleich nicht so, wie George sich das erträumt hat: Der Neffe soll die Arbeit in der Fabrik von der Pike auf durchmachen. George legt sich ins Zeug, entwickelt Ideen und steigt bald eine kleine Stufe nach der anderen auf. Die junge Fabrikarbeiterin Alice, deren Zuneigung ihm in den ersten harten Wochen über manche Krise hinweghalf, ist für ihn fast schon eine Episode der Vergangenheit, als er die schöne, reiche Angela Vickers kennen lernt, die ihn offensichtlich favorisiert und George heiraten möchte. George sieht sich am Ziel seiner Wünsche. Mit Angela wäre der Aufstieg in die »Oberschicht«, zu der ihn sein Onkel noch immer nicht rechnet, perfekt. Aber Georges Verhältnis zu Alice ist nicht ohne Folgen geblieben, und Alice besteht auf einer Heirat. Diese Situation bringt George, von Natur aus nervös-sensibel, in ein echtes Dilemma. Als er keinen anderen Ausweg mehr sieht, sein Glück mit Angela zu retten, denkt er an Mord. Er macht mit Alice einen Wochenendausflug zu einem See, auf dem es schon wiederholt Bootsunfälle gegeben hat. Alice, die nicht schwimmen kann, hat Angst vor dem düster wirkenden See, den sie überqueren wollen. Eine falsche Bewegung der bereits unbeholfenen Schwangeren – und schon kentert das Boot. Hat Georges Wunsch den »Unfall« ausgelöst oder hat er tatsächlich nachgeholfen? Und warum hat er Alice nicht sogleich gerettet? Diese Frage versucht die Gerichtsverhandlung zu klären, deren Indizien ganz gegen George sprechen. Und er selbst kann nicht leugnen, dass er zumindest mit dem Gedanken an Mord spielte. George wird zum Tode verurteilt.

Ein Platz an der Sonne, 1951 von George Stevens inszeniert, zählt zu den erfolgreichsten amerikanischen Filmen seines Entstehungsjahres. Er erhielt sechs Oscars – für die Regie, das Drehbuch (Michael Wilson, Harry Brown), die Musik (Franz Waxmann), die Schwarz-Weiß-Kamera (William C. Mellor), für die Kostüme und den Filmschnitt und stand beim Umfrageergebnis an der Spitze der »zehn besten Filme des Jahres 1951«. Die Besetzung ist beachtlich: Elizabeth Taylor, bis dahin erst als Teenager-Star bekannt, hatte gerade den Zwei-Folgen-Film *Vater der Braut (Father Of The Bride,* 1950) und *Ein Geschenk des Himmels (Father's Little Divident,* 1951) abgedreht. Montgomery Clift, der als Partner von Olivia de Havilland in der *Erbin (The Heiress)* 1949 zu erstem Ruhm kam, und schließlich die ausdrucksstarke Shelley Winters. Auch in

der Bundesrepublik lief *Ein Platz an der Sonne* 1952 mit Erfolg in den Kinos und erlebte später noch einmal eine Wiederaufführung.

Die Evangelische Filmgilde empfahl ihn im Februar 1952 als »monatsbesten Film«. Kurt Habernoll *(Der Abend)*: »Als ein bedeutender, als einer der besten Filme galt – zumindest in den USA – die erneute Verfilmung des nun tatsächlich bedeutenden Romans von Theodore Dreiser *Eine amerikanische Tragödie*, die George Stevens mit ausgeprägtem Sinn für den feuchten Taschentuch-Effekt eines kühl kalkulierten Hollywood-Melodrams unter dem Titel *Ein Platz an der Sonne* 1951 in Szene setzte. Man sieht heute jedoch noch schärfer als gestern, dass von der Gesellschaftskritik der literarischen Vorlage nur noch routiniert am Rande die Rede ist. Präzisen Ausdruck findet sie allein im Filmtitel ... Der Film reduziert die Geschichte freilich fast ganz auf die ›moralische Schuld‹ des jungen Mannes, die seine Hinrichtung fromm rechtfertigt. Heuchelei.«

1931 Eine amerikanische Tragödie
An American Tragedy, USA, R: Josef von Sternberg, D: Philips Holmes, Silvia Sidney

EIN PLAYBOY NAMENS SHANE

Citizen Shane, F 1994, R: Marc Dorcel, D: Anita Rinaldi, Christophe Clark, Draghixa, Paul Beauvais – Sexfilm
Ein bekannter Playboy stirbt in den Armen eines Callgirls. Auf der Grundlage seiner geheimnisvollen letzten Worte beginnt sie, das Leben des Mannes zu erforschen.

Lexikon des internationalen Films: »Triviale Erotik-Version von Orson Welles' *Citizen Kane*.«

1941 Citizen Kane
USA, R: Orson Welles, D: Orson Welles, Joseph Cotten, Agnes Moorehead

POCAHONTAS

USA 1995, R: Mike Gabriel, Eric Goldberg – Animation
Als im Jahr 1607 britische Kolonialisten in Amerika landen, gelingt es der Indianerin Pocahontas, den Abenteurer John Smith für die Schönheit der Natur und den Frieden zwischen allen Menschen zu begeistern.

Pocahontas (1995, R: Mike Gabriel, Eric Goldberg): Pocahontas und John Smith begegnen dem alten Geist von Großmutter Weide

Pocahontas (1995, R: Mike Gabriel, Eric Goldberg): Pocahontas und ihr Waschbär-Freund Meeko

Patrick Bahners *(FAZ)*: »In diesem Film bleibt Amerika ein Paradies. Das ist das eigentliche Wunder. Seit Jahrhunderten ist an diesem Stoff die Zivilisierung erzählt worden. Hier aber endet die Geschichte Amerikas, bevor sie begonnen hat. Die Engländer verlassen die Küste des Landes wieder, dessen Jungfräulichkeit intakt bleibt. Pocahontas schaut ihnen vom höchsten Punkt aus nach. Man erwartet, dass sie ins Wasser springt und dem Geliebten nachschwimmt und noch einmal eine Linie zieht, diesmal die der linearen Geschichte, des Fortschritts. Die reale Pocahontas war mit ihrem Gatten nach England gefahren und dort bald gestorben. Aber diesmal bleibt sie stehen. Jahrhundertelang stand einer Romantisierung ihrer Geschichte entgegen, dass sie John Smith rettete, aber einen anderen heiratete. Hier heiratet sie niemanden: die unabhängige junge Frau der neunziger Jahre opfert sich nicht.«

1995 Pocahontas
CDN, R: Danièle J. Suissa, D: Sandrine Holt, Miles O'Keefe, Tony Goldwyn

1994 Pocahontas
USA, R: Toshiyuki Hiruma Takashi – Animation

POLLY
USA 1989, R: Debbie Allen, D: Keshia Knight Pulliam, Phylicia Rashad, Dorian Harewood, Barbara Montgomery, T.K. Carter, Vanessa Bell Calloway, Ken Page, Brandon Adams, Larry Riley, Butterfly McQueen
Nach einer Erzählung von Eleanor H. Porter: Das zwölfjährige Waisenkind Polly kommt in die klei-

Pocahontas (1995, R: Danièle J. Suissa): Sandrine Holt und Miles O'Keefe

ne Stadt Harrington, um von nun an bei seiner strengen und sehr einflussreichen Tante zu leben. Polly ist ein außergewöhnlich warmherziges und liebevolles Kind, das sehr schnell begreift, wie einsam und unglücklich viele der Menschen in der Kleinstadt Harrington sind. Mit unerschütterlichem Optimismus geht das Mädchen auf die Menschen seiner Umgebung zu und beeinflusst auf diese Weise ihre scheinbar festgefahrenen Schicksale.

Lexikon des internationalen Films: »Gut gelauntes (Fernseh-)Remake des Disney-Musicals *Alle lieben Pollyanna* (1960).«

1960 Alle lieben Pollyanna
Pollyanna, USA, R: David Swift, D: Hayley Mills, Jane Wyman, Karl Malden

POLONAISE
A Song To Remember, USA 1945, R: Charles Vidor, D: Paul Muni, Cornel Wilde, Merle Oberon, Stephen Bekassy, Nina Foch, George Coulouris, Sig Arno, Howard Freeman
Leben und Sterben des polnischen Komponisten Frédéric Chopin (1810–49): Chopin trennt sich von der Gönnerin George Sand, um auf Konzertreisen, die ihn überanstrengen, Mittel zur Befreiung seines Vaterlandes von der russischen Herrschaft zu sammeln.

Lexikon des internationalen Films: »Publikumswirksam inszeniert und gespielt, wobei auch Chopins Musik nicht zu kurz kommt.«

1934 Abschiedswalzer
D, R: Géza von Bolváry, D: Wolfgang Liebeneiner, Sybille Schmitz

DER POSTMANN
Il Postino, F/I/B 1994, R: Michael Radford, D: Philippe Noiret, Massimo Troisi, Maria Grazia Cuci-

notta, Renato Scarpa, Linda Moretti, Sergio Solli, Carlo Di Maio, Nando Neri, Vincenzo Di Sauro
Sommer 1952: Auf einer kleinen italienischen Mittelmeerinsel fristet der melancholische Mario ein tristes Dasein mit seinem wortkargen Vater. Ihre Hütte hat kein fließendes Wasser, und Mario weigert sich, mit seinem Vater auf Fischfang zu gehen – er wartet darauf, dass etwas in seinem Leben geschieht. Als der chilenische Dichter Neruda auf seine Insel ins Exil kommt, setzt dieser eine Kettenreaktion von Ereignissen in Bewegung. Durch Neruda lernt Mario nicht nur Worte lieben, sondern findet auch den Mut, seine große Liebe Beatrice zum ersten Mal in seinem Leben anzusprechen. Später gewinnt er ihr Herz mit – etwas von Neruda inspirierter – Poesie.

Filmtips: »Der bedächtige Rhythmus des Films, die langen Kamerafahrten und eindringlichen Großaufnahmen lassen nie Sentimentalität aufkommen, sondern vermitteln die ambivalenten Gefühle der Filmemacher, denen es gelungen ist, ein Stück Wirklichkeit poetisch einzufangen.«

Antonio Skarmeta hat seine Erzählung über die Freundschaft des chilenischen Dichters Pablo Neruda zu einem Dorfbriefträger auch selbst verfilmt *(Mit brennender Geduld)*. In der Verfilmung von Michael Radford lebt Neruda im italienischen Exil.

1983 Mit brennender Geduld
Ardiente paciencia, RCH, R: Antonio Skármeta, D: Roberto Parada, Óscar Castro

PRETTY POISON
CDN 1996, R: David Burton Morris, D: Grant Show, Michelle Phillips, Wendy Benson, Lynne Thigpen

Nach einem Roman von Stephen Geller: Nach einem langjährigen Haftaufenthalt in einer psychiatrischen Anstalt gerät ein junger Mann unter den Einfluss einer kriminellen Cheerleaderin.

Lexikon des internationalen Films: »Fürs Fernsehen entstandene Neuverfilmung von *Der Engel mit der Mörderhand* (1967).«

1967 Der Engel mit der Mörderhand
Pretty Poison, USA, R: Noel Black, D: Anthony Perkins, Tuesday Weld

PRINZ BAJAJA
Princ Bajaja, ČSSR 1971, R: Antonín Kachlík, D: Karel Augusta, Vladimír Hlavatý, Karel Hábl, Vlasta Jelínková, Josef Kubicek, Gustav Opocensky, Ivan Palúch, Jirí Ptácník, Josef Stehlík, Fero Velecky, Miroslav Vlcek, Magda Vásáryová

Der Märchenfilm erzählt die bekannte Geschichte vom holden Jüngling, der in die Welt zieht, um sein Glück zu finden. Als er die schöne Slavena trifft, meint er schon, dass sein Wunsch Wirklichkeit wird. Doch leider ist die Königstochter einem anderen versprochen. An ihrem 18. Geburtstag soll ein Drache mit drei Köpfen auftauchen, um sie zur Frau zu nehmen. Klar, dass der Prinz dies verhindert ...

Das Lexikon des internationalen Films verreißt das Märchen auf Grund seiner spektakulären Kampfszenen. *TV Today* meint: »Hier ist alles drin – Herz, Schmerz und dies und das.«

1950 Prinz Bajaja
Princ Bajaja, ČSSR, R: Jiri Trnka – Puppenfilm

PRINZ EISENHERZ
Prince Valiant, BRD/GB/IRL 1996, R: Anthony Hickox, D: Stephen Moyer, Katherine Heigl, Thomas Kretschmann, Joanna Lumley, Edward Fox, Udo Kier

Nach den Comics von Harold R. Foster: Während König Arthur auf Camelot zur Feier der Verlobung seiner Tochter Ilene mit Prinz Arn ein Turnier austragen lässt, hat seine abtrünnige Schwester Morgan Le Fey im Bund mit den Wikingern einen finsteren Plan ausgeheckt. Nachdem sie sich bereits in den Besitz des Buches Merlin gebracht hat, fehlt ihr nur noch die Macht des magischen Schwertes Excalibur, um mit Sligon,

*Prinz Eisenherz (1996, R: Anthony Hickox):
Am Hofe des Königs*

Prinz Eisenherz (1996, R: Anthony Hickox):
Stephen Moyer

dem unrechtmäßigen Herrscher von Thule, das
Reich der Finsternis unbesiegbar zu machen.
Durch seinen Kampfesmut erweckt der Knappe
Eisenherz nicht nur die Anerkennung von König
Arthur, sondern auch die Aufmerksamkeit der
Prinzessin.

Monika van Vanecek (*Kurier*, Wien): »Ein Mär-
chen-Film aus einer Zeit, als es noch echte Männer, echte Jungfrauen und richtig böse Buben gab.
Aber rostige Rüstungen, Blech-Eidechsen und ein
paar edle Jungfern sind noch lange kein Grund,
ins Kino zu gehen. Mit solchem Klimbim lockt
diese Ritter-Saga nur einschlägige Fans an. Wobei nicht ganz klar ist, ob der Film ausschließlich
für Kinder oder auch für Erwachsene bestimmt
ist. Denn einerseits ist er recht unkeusch – Jungfern zeigen Busen und Bein, und die nordischen
Fieslinge tragen keine Unterhosen; andererseits
ist die Erzählung so infantil inszeniert, dass ihr
nicht einmal Kinder auf den Leim gehen werden.«

1954 Prinz Eisenherz
*Prince Valiant, USA, R: Henry Hathaway, D: Robert
Wagner, James Mason*

DER PRINZ UND DER BETTELKNABE
*The Prince And The Pauper, USA 2000, R: Giles Fo-
ster, D: Aidan Quinn, Alan Bates, Jonathan Hyde*
Nach einem Roman von Mark Twain: Straßen-
junge Tom läuft von zu Hause weg und landet im
königlichen Palast. Er sieht dem Prinzen so ähn-

Prinz Eisenherz (1954, R: Henry Hathaway):
Robert Wagner, James Mason,
Debra Paget, Janet Leigh und Barry Jones

lich, dass die beiden beschließen, ihre Leben zu
tauschen.

ComputerBild: »Diese neueste Version ist eine
der besten.«

Der amerikanische Autor Mark Twain
(1835–1910) hat mit einigen seiner Romane
nicht nur Literaturgeschichte geschrieben, sein
Hauptwerk *Abenteuer und Fahrten des Huckleberry Finn* und dessen Fortsetzung *Die Abenteuer Tom Sawyers*, der Zeitsprungroman *Ein Yankee am Hof des Königs Artus* und *Der Prinz und
der Bettelknabe*, die 1882 erschienene Erzählung
für junge Leute jeden Alters, sind mehrmals auf
die Leinwand und den Bildschirm gebracht worden: Spannende Handlungsstränge, interessante
Zeitläufe und Schauplätze, farbige Charaktere
und die humoristische Grundhaltung, versetzt
mit Ironie, machten und machen ihre Anziehungskraft aus. In den USA entstanden 1909 und
1915 erste Stummfilmfassungen von *The Prince
And The Pauper*, 1920 drehte Alexander Korda
seine Version. Nach dem Hollywoodklassiker
von William Keighley, in den deutschen Kinos
unter dem Titel *Mit eiserner Faust* gelaufen, folgten eine russische Adaption, die Walt-Disney-
Produktion *Der Prinz und der Bettelknabe* von
1962 und Richard Fleischers aufwendige Verfilmung *Der Prinz und der Bettler* aus dem Jahr
1977.

1995 Der Pizza-Prinz
*The Prince And The Pizza Boy, USA, R: Corey Blech-
man, D: Joey Lawrence*

1990 The Prince And The Pauper
USA, R: George Scribner – Animation

1977 Der Prinz und der Bettler
*The Prince And The Pauper, PA, R: Richard Fleischer,
D: Oliver Reed, Raquel Welch*

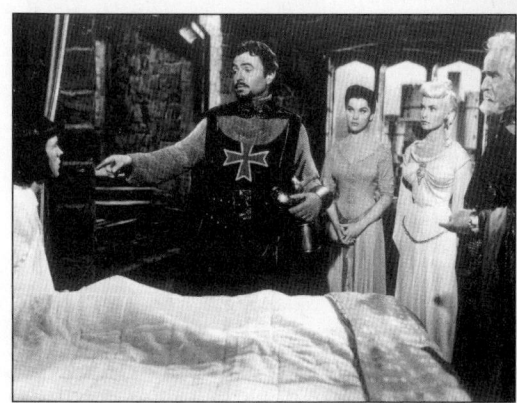

Mit eiserner Faust (1937, R: William Keighley):
Errol Flynn, Claude Rains und Billy Mauch

1972 O Príncipe e o Mendigo
BR, R: Dionísio Azevedo, D: Fernando Baleroni, Adoniran Barbosa, Wilma Chandler

1972 Prints i nishchij
UdSSR, R: Vadim Gauzner, D: Viktor Smirnov, Yuri Astafyev, Ivan Krasko

1965 The Prince And The Pauper
GB, R: Elliot Geisinger, D: Kenny Morse, Barry Pearl, Gene Bua

1962 Der Prinz und der Bettelknabe
The Prince And The Pauper, USA, R: Don Chaffey, D: Sean Scully, Jane Asher

1960 O Príncipe e o Pobre
TV-Serie

1937 Mit eiserner Faust
The Prince And The Pauper, USA, R: William Keighley, D: Errol Flynn, Claude Rains

1920 Prinz und Bettelknabe
A, R: Alexander Korda, D: Franz Everth, Franz Herterich, Lilly Lubin

1915 Prinz und Bettelknabe
The Prince And The Pauper, USA, R: Hugh Ford, Edwin S. Porter, D: Marguerite Clark

1909 The Prince And The Pauper
USA, R: J. Searle Dawley, D: Charles Ogle, Cecil Spooner

DER PRINZ VON ÄGYPTEN
Prince Of Egypt, USA 1997/98, R: Brenda Chapman, Steve Hickner, Simon Wells, Animation
Die Geschichte des biblischen Moses, der das jüdische Volk aus der Sklaverei der Ägypter befreit hat.

Elisabeth Schwind (*Badische Zeitung*): »Man könnte sich fragen, warum überhaupt ein Teil der Bibel als Drehbuch herhalten muss, denn eines möchte dieser Film ganz sicher nicht: emphatisches Glaubensbekenntnis sein. Dennoch geht er respektvoll mit seiner Vorlage um, die er behutsam modernisiert. Aber eben nicht, wie man erwarten könnte, durch ein actionmäßiges Aufmischen der Handlung – das Wagenrennen zwischen Moses und Ramses bleibt einzige Ausnahme – und auch nicht durch ein Auskosten von Horrorszenarien, zu denen die Vorlage (man denke an die zehn Plagen!) genügend Anlass geboten hätte. Modernisiert sind vielmehr die Moralvorstellungen, die sich inzwischen doch ein wenig geändert haben. Fokussiert wird der Konflikt zwischen einem Unterdrückervolk – den Ägyptern – und einem unterdrückten Volk – den Hebräern –, das sein Recht auf ein selbstbestimmtes Leben einfordert.«

1995 Die Bibel – Moses
Moses, BRD/I/USA, R: Roger Young, D: Ben Kingsley, David Suchet

1975 Moses
GB/I, R: Gianfranco De Bosio, D: Burt Lancaster, Anthony Quayle

Die Bibel – Moses (1995, R: Roger Young):
Ben Kingsley auf dem Berg Sinai

1957 Die zehn Gebote
The Ten Commandments, USA, R: Cecil B. DeMille,
D: Charlton Heston
1923 Die zehn Gebote
The Ten Commandments USA, R: Cecil B. DeMille,
D: Theodore Roberts

DIE PRIVATSEKRETÄRIN
BRD 1953, R: Paul Martin, D: Rudolf Prack, Sonja Ziemann, Gerty Godden, Paul Hörbiger, Werner Fuetterer, Else Reval, Ruth Stephan

Die junge Gerda Weber, ebenso hübsch wie resolut, kommt aus Grünberg nach Berlin. Gegenüber den anderen Damen in der Pension von Fräulein Schott macht sie keinen Hehl daraus, dass sie von einem leibhaftigen Direktor als künftigem Ehemann träumt. Zunächst einmal muss sie jedoch eine Stellung finden. Das gelingt ihr, weil sie den alten Julius, seines Zeichens Portier im Bankhaus Delbrück & Sohn, für sich einzunehmen weiß. Bürochef Ostermann ist dort sofort hinter ihr her, aber Gerda lässt den eitlen Casanova zur Freude ihrer neuen Kolleginnen gekonnt abblitzen. Zur Strafe muss sie Überstunden machen, und dabei lernt Gerda einen vermeintlichen Kollegen kennen, der ihr gut gefällt. Sie ahnt nicht, dass es sich um Bankdirektor Erich Delbrück höchstpersönlich handelt. Er ist ebenfalls sehr angetan von der kessen jungen Dame, obwohl sie ihm gegenüber mit ihrer wenig schmeichelhaften Meinung über ihren Chef nicht hinter dem Berg hält. Gemeinsam kehrt man in die »Traube« ein, wo Portier Julius seinem großen Hobby, der Musik, frönt. Delbrück vergattert ihn rasch, ihn ja nicht zu verraten, und so verbringen

Unten: Die zehn Gebote
(1957, R: Cecil B. DeMille): Charlton Heston
Rechts: Die zehn Gebote (1957)

beide einen fröhlichen, unbeschwerten Abend. Kompliziert wird es erst, als Gerda tags darauf entdeckt, in wen sie sich wirklich verliebt hat.

ARD: »Amüsante Verwechslungskomödie. Rudolf Prack, 1981 in Wien verstorben, und Sonja Ziemann waren Anfang der 50er-Jahre das populärste Liebespaar des deutschen Kinos. Traumpaare wie sie, von Lilian Harvey und Willy Fritsch bis Maria Schell und O. W Fischer, waren damals große Publikumserfolge; aus heutiger Sicht vermitteln sie nicht nur ein Wiedersehen mit den Stars von damals, sondern spiegeln zugleich ein Stück Zeitgeist jener Jahrzehnte im Medium populärer Kino-Unterhaltung.«

1931 Die Privatsekretärin
D, R: Wilhelm Thiele, D: Felix Bressart, Renate Müller, Ludwig Stössel
1931 La segretaria privata
I, R: Goffredo Alessandrini, D: Elsa Merlini, Nino Besozzi, Sergio Tofano

PROFESSOR MAMLOCK
DDR 1961, R: Konrad Wolf, D: Doris Abeßer, Ursula Burg, Harald Halgardt, Wolfgang Heinz, Manfred Krug, Günter Naumann, Lissy Tempelhof, Hilmar Thate

Professor Mamlock ist Chefarzt der Chirurgischen Klinik einer deutschen Universitätsstadt. Die Handlung des Films beginnt Silvester 1932/33. Professor Mamlock gehört zu den deutschen Intellektuellen, für die der Staat etwas Absolutes, Unwandelbares, Heiliges ist. Aber nicht nur der Staat, auch die Familie, die Wissenschaft, die Gerechtigkeit sind für ihn unwandelbare, ewige Werte. Aus diesem Grunde glaubt er nicht, dass er nach der Machtergreifung der Nazis als Jude nicht mehr Deutscher sein darf. Nach wie vor vertraut er seinen Freunden, die mit den Nazis einen Kompromiss geschlossen haben unter dem Motto »Es kann so schlimm nicht werden«. Sein Sohn Ralf, Student der Medizin, erkennt die Gefahren des Faschismus und zieht daraus die Konsequenzen. Professor Mamlock will nur Arzt sein. Sein Zusammentreffen mit den Geschehnissen außerhalb seines Krankenhauses und seiner Familie bedeuten für ihn den Zusammenbruch seiner Welt. Die Entlassung des Juden Mamlock und der damit in Zusammenhang stehende Verrat seiner Freunde lassen ihn erkennen, dass es unter dem Faschismus keine Humanität geben kann. Er erkennt weiter, dass er den Weg zu den Menschen, die ihm helfen könnten, zu den Freunden seines Sohnes, nicht gefunden hat. In dieser ausweglosen Situation sucht er den Freitod.

Professor Mamlock beschäftigt sich mit den Themen Antisemitismus und Faschismus und basiert auf dem 1935 entstandenen Theaterstück des Vaters von Konrad Wolf, das auch schon 1938 in der UdSSR verfilmt worden war. Dieses Theaterstück stellt eines der wenigen politischen Dramen dar, die sich unter dem direkten Eindruck aktueller Ereignisse engagiert mit dem National-

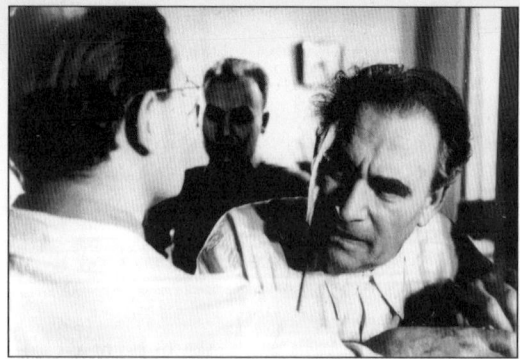

Professor Mamlock (1961, R: Konrad Wolf):
Wolfgang Heinz

sozialismus auseinander setzten; die drei Premieren – 1935 in Warschau und Zürich, 1946 im Berliner Hebbel-Theater – sind Theatergeschichte. Konrad Wolf versuchte nun 1961 dieses Theaterereignis in die adäquate filmische Version zu übertragen: »Wir mussten also mehr geben als das Stück, um vom Kammerspiel wegzukommen.« Durch verschiedene und sehr unterschiedliche Porträts sowie vorzügliche Photographie, mit Stilmitteln früher Orson Welles-Filme, erreicht der Film »einen nüchternen Realismus, der auf pathetische Effekte ganz verzichtet und die Atmosphäre jener Zeit überzeugend einfängt« (*Reclams Filmführer*).

BZ: »Trotz Überbetonungen und Ausrutschern ins Pathetische beeindruckt der Film von 1961 durch die darstellerischen Leistungen: Hilmar Thate als Sohn, der die patriotische Blindheit des Vaters nicht begreift.«

1938 Professor Mamlok

UdSSR, R: *Adolf Minkin, Gerbert Rappaport, D: Sergei Mezhinsky*

PROSPEROS BÜCHER

Prospero's Books, F/J/I/NL/GB 1991, R: Peter Greenaway, D: John Gielgud, Michael Clark, Michel Blanc, Erland Josephson, Isabelle Pasco, Tom Bell, Kenneth Cranham, Mark Rylance, Gerard Thoolen, Pierre Bokma, Jim van der Woude

Prosperos Bücher basiert auf William Shakespeares letztem Drama *The Tempest (Der Sturm)* und wird allgemein auch als Selbstreflexion des Mei-

Professor Mamlock (1961, R: Konrad Wolf):
Hilmar Thate und Doris Abeßer

Prosperos Bücher (1991, R: Peter Greenaway):
Gerard Thoolen, Tom Bell, Michel Blanc,
Erland Josephson und Kenneth Cranham

ster-Dramatikers gesehen. Es erzählt von dem abgesetzten Mailänder Gelehrten und Herzog Prospero, der zwischen 1599 und 1611 im Exil auf einer kleinen Insel lebte und einen Racheplan für seine Abschiebung ersponn. Mit der Wissensmacht von 24 Büchern, die Prospero von seinem Freund Gonzalo ins Fluchtboot gelegt kam, gelingt es dem Meister, magische Kräfte zu entwickeln und seine Rachefantasien in Realität umzuwandeln. So ersinnt er unter anderem, dass seine Tochter Miranda eine Liebesbeziehung mit dem (von Prospero erfundenen) Sohn seines Widersachers Alonso eingeht, damit seine Familie über Mirandas Kinder wieder an die Macht kommt. Schließlich aber erschrickt Prospero vor der Herzlosigkeit seiner immer niederträchtiger werdenden Fantasien.

Paul Werner *(Stern-TV-Magazin)*: »Ein gutes Jahrzehnt nach Derek Jarmans wildem *Tempest* hat sich wieder ein Brite an eine *Sturm*-Verfilmung gewagt: Peter Greenaway. *Prosperos Bücher* nennt er seinen Film, und genau 24 davon hat er seinem Helden zugeeignet. Kostbar gebundene, gewaltige Folianten, in denen das Wissen der ausgehenden Renaissance versammelt ist; über Natur und Mythen, über die Wissenschaften und die Künste, über Utopien, Spiele und erotische Wirrungen ... Die Initiative zu diesem Film-Sturm ging von John Gielgud aus, dem 87-jährigen großen Theatermimen, der nach vier Bühnen-Prosperos diesen Charakter auch auf die Leinwand bringen wollte. Green-

away lässt den begnadeten Rezitator nicht nur die Verse Prosperos, sondern gleich die aller Figuren deklamieren. Erst als Prospero seinen Vergeltungswünschen abschwört, erhalten seine Fantasiegeschöpfe – dargestellt von Erland Josephson als Gonzalo und Michel Blanc als Alonso – ihr Eigenleben und ihre eigenen Stimmen. Seine ganze Imaginationskraft verwendet Greenaway, der auch Maler und Romancier ist, auf die Ausgestaltung der Bücher. Nicht nur sind diese verschwenderisch illustriert, sie sind wahrhaft animierend ... Der Regisseur erzeugte solche Bilderstürme mit Hilfe hochauflösender HDTV-Technik und digitaler Computermanipulation – deren spielerischer Faszination Greenaway zuweilen erlegen scheint wie ein Kind einem Videospiel. Sein oft strapaziertes Apercu – das Medium Kino sei zu reich, um es den Geschichtenerzählern zu überlassen – hat er hier endgültig zum Arbeitsprinzip erhoben. Greenaway entwickelt seinen Stoff nicht, er reiht aneinander.«

1992 entstand in Schweden unter Regie von Göran Stangertz eine weitere Verfilmung mit Staffan Göthe, Sara Lindh und Simon Norrthon.

1989 Die Reise nach Melonia
Resan till Melonia, N/S, R: Per Åhlin – Animation

1986 The Tempest
USA, R: Julie Taymor

1982 Der Sturm
Tempest, USA, R: Paul Mazursky, D: John Cassavetes, Gena Rowlands

1980 The Tempest
USA, R: Audrey E. Stanley, D: Peter Fitzsimmons, Julián López-Morillas

1980 The Tempest
GB/USA, R: John Gorrie, D: Michael Hordern, Derek Godfrey, David Waller

Prosperos Bücher
(1991, R: Peter Greenaway): John Gielgud

Der Sturm (1982, R: Paul Mazursky):
Gena Rowlands, John Cassavetes und Molly Ringwald

1980 Der Sturm – The Tempest
The Tempest, GB, R: Derek Jarman, D: Peter Bull, David Meyer, Neil Cunningham

1968 The Tempest
GB, R: Basil Coleman, D: Jonathan Dennis, Keith Michell, Ronald Pickup

1960 The Tempest
USA, R: George Schaefer, D: Paul Ballantyne, William Bassett, Richard Burton

1956 The Tempest
GB, R: Ian Atkins, Robert Atkins, D: Robert Atkins, Anna Barry, Patti Brooks

1955 Alarm im Weltall
Forbidden Planet, USA, R: Fred M. Wilcox, D: Walter Pidgeon, Leslie Nielsen

1948 Herrin der toten Stadt
Yellow Sky, USA, R: William A. Wellman, D: Gregory Peck, Anne Baxter

1939 The Tempest
GB, R: Dallas Bower, D: John Abbot, Richard Ainley, Peggy Ashcroft

1911 The Tempest
USA, R: Edwin Thanhouser

DER PROZESS

The Trial, GB 1992, R: David Jones, D: Kyle Mac Lachlan, Anthony Hopkins, Jason Robards, Juliet Stevenson, Polly Walker, Alfred Molina, Michael Kitchen, Catherine Neilson, Patrick Godfrey
Nach dem Roman von Franz Kafka: Der Bankbeamte Josef K., der vor einem obskuren Gericht

Der Prozess (1992, R: David Jones):
Polly Walker und Kyle MacLachlan

angeklagt wird, versucht vergeblich, Anklage und Ankläger in Erfahrung zu bringen. In einem Steinbruch wird er hingerichtet.

MovieLine: »Von Harold Pinter mit großer Werktreue dramaturgisch umgesetzte und von Kyle MacLachlan eindringlich gespielte Verfilmung des Romans von Franz Kafka.«

Orson Welles hatte 1962 in seinem Film *Der Prozess* die kafkaeske Welt des unterschwelligen Grauens, der entnervenden Angst vor dem seelenlosen autoritären Staatsmechanismus in imponierende Bilder gefasst. Es gelang ihm, mit expressiven Kameraeinstellungen, mit Weitwinkelobjektiv und Tiefenschärfe eine Atmosphäre der Unsicherheit und Bedrückung zu schaffen, die den Visionen Kafkas eine filmische Entsprechung gegenüberstellt.

André Simonoviescz *(tip)*: »Für Welles war *Der Prozess* 1962 ein barock-impressionistisches Symbolspiel, in dem die Moderne allenfalls als Hintergrund einen Platz hatte. Welles bevorzugte konfrontierendes Schatten- und Lichtspiel, dunkle Räume, hohe Torbögen, chaotische Menschenansammlungen und dumpfe Gefühlsausbrüche. Anthony Perkins, Neurotiker par excellence, spielt Josef K. fast wollüstig leidend als Opfer einer Verschwörung. Eine sehr kongeniale apokalyptische Inszenierung.«

1962 Der Prozess
Il processo, BRD/F/I, R: Orson Welles, D: Anthony Perkins, Romy Schneider

PSYCHO

USA 1998, R: Gus Van Sant, D: Vince Vaughn, Julianne Moore, Viggo Mortensen
Die schnellen Messer- und Filmschnitte unter der Dusche, das Pärchen vor dem Schlagschatten der

Der Prozess (1962, R: Orson Welles):
Anthony Perkins

Jalousie und das gespenstische Haus hinter dem Bates-Motel sind Ikonen unserer visuellen Kultur. Norman Bates betreibt ein kleines Motel. Unter mysteriösen Umständen kommen dort mehrere Frauen ums Leben.

Frank Noack *(Der Tagesspiegel)*: »Den Kulturschock, den Hitchcock damals ausgelöst hat, konnte niemand von Gus Van Sants Remake erwarten. Dennoch hätte sein Film besser sein müs-

sen, schließlich fasziniert auch das Original beim wiederholten Sehen, wenn man längst weiß, was passiert. Van Sant scheitert an seiner Halbherzigkeit: Er hat einiges exakt übernommen, anderes wieder nicht. Dadurch treten Unstimmigkeiten auf. Das Remake spielt, wie uns ein Titel informiert, im Jahr 1998. Doch die leise Tragik, die das heimliche Treffen der kleinen Sekretärin Marion Crane mit ihrem Liebhaber Sam Loomis begleitet, war nur in einer Gesellschaft möglich, die außereheliche Geschlechtsverkehr noch heftig sanktionierte oder zumindest missgünstig beobachtete.«

1960 Psycho
USA, R: Alfred Hitchcock, D: Anthony Perkins, Vera Miles

PÜNKTCHEN UND ANTON
BRD 1999, R: Caroline Link, D: Elea Geissler, Max Felder, Benno Fürmann
Das aufgeweckte Chirurgentöchterchen Luise – auch Pünktchen genannt – und der ruhige Anton sind dicke Freunde und würden am liebsten ihre ganze Freizeit zusammen verbringen. Doch Antons Leben ist nicht so unbeschwert. Er lebt mit

Von links oben nach rechts unten:
- *Psycho (1998, R: Gus Van Sant): Anne Heche*
- *Psycho (1960, R: Alfred Hitchcock):*
  Anthony Perkins und Janet Leigh
- *Psycho (1960): Anthony Perkins*

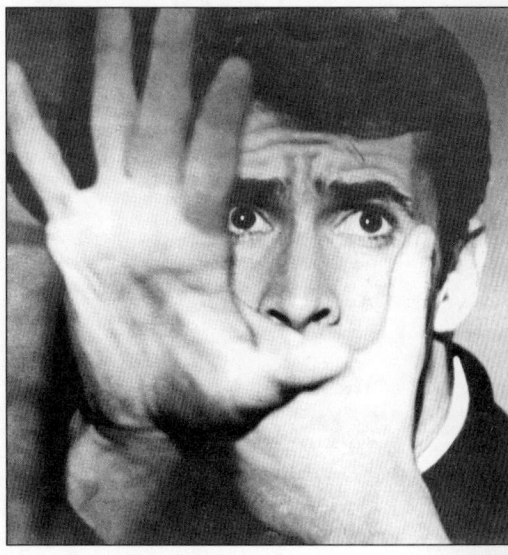

seiner allein erziehenden Mutter in einfachen Verhältnissen und hat, seitdem diese krank im Bett liegt, heimlich ihren Kellnerjob in einer Eisdiele eingenommen, um zu verhindern, dass sie gefeuert wird.

Ludwig Heinrich *(OÖNachrichten)*: »Die äußerliche Leichtigkeit des Sujets mag täuschen, in Wirklichkeit war die Aktualisierung ganz bestimmt eine Heidenarbeit, zumal es galt, den ganzen Staub abzuwischen, der sich seit Veröffentlichung des Buches angesammelt hatte.«

1960 Pünktchen und Anton
BRD, R: Udo Langhoff, D: Reinhold Nietschmann, Ursual Liederwald

1958 Pünktchen und Anton
CH, R: Jörg Schneider, D: Gerd Rist, Rainer Günther

1953 Pünktchen und Anton
BRD/A, R: Thomas Engel, D: Sabine Eggerth, Paul Klinger

DIE PURPURROTE MASKE
The Purple Mask, USA 1955, R: H. Bruce Humberstone, D: Tony Curtis, Colleen Miller, Gene Barry, Dan O'Herlihy, Angela Lansbury, George Dolenz, John Hoyt, Myrna Hansen, Paul Cavanaugh, Robert Cornthwaite

Ein Marquis narrt in der Doppelfunktion als maskierter Held und geckenhafter Stutzer seine Widersacher; schließlich rettet er sich und einige eingekerkerte Adlige vor dem Schafott.

Lexikon des internationalen Films: »Ziemlich dreistes, wenn auch munteres Plagiat von *Das scharlachrote Siegel*, aus der Zeit der französischen Revolution, verlegt ins Jahr 1803 der Herrschaft Napoleons I., dem die Verschwörung von Royalisten gilt ... Knallbuntes Filmabenteuer mit ausgiebigen Fechtszenen und witzigen Dialogen.«

Hans-G. Berthold *(Filmblätter)*: »Die Maske ist mitnichten rot, sondern blau. Aber viel wich-

Von links oben nach rechts unten:
- *Pünktchen und Anton (1999, R: Caroline Link):*
  Max Felder und Elea Geissler
- *Pünktchen und Anton (1999):*
  Gudrun Orkas und Elea Geissler
- *Pünktchen und Anton (1953, R: Thomas Engel)*

tiger ist, was der Maskenträger alles anstellt: Meisterlich fechtend, in jeder Lage charmant lächelnd, foppt er die nachrevolutionäre Republikgarde in Frankreich, befreit gefangene Adelige und geht aus den brenzligsten Situationen als klarer Sieger hervor. Niemand wundert sich, dass er eine charmante Grafentochter am Ende für sich gewinnt. Tony Curtis ist jener Allerweltskerl mit spürbarer Lust am farbigen Abenteuerspaß. Seine Bravourstückchen beherrschen den Film, der sich, wie es scheint, hier und da selbst nicht recht ernst nimmt. In jedem Falle aber wird die bunte Turbulenz, dank auch der vorzüglichen Synchronisation, das Bedürfnis nach spannender Unterhaltung vollauf befriedigen.«

1982 inszenierte Clive Donner *The Scarlet Pimpernel* in Großbritannien mit Anthony Andrews, Jane Seymour und Ian McKellen fürs Fernsehen und 1999 entstand ebenfalls in England die TV-Mini-Serie *The Scarlet Pimpernel* (R: Patrick Lau, D: Richard E. Grant, Elizabeth McGovern, Martin Shaw).

1954 The Scarlet Pimpernel
GB, R: Michael McCarthy, Wolf Rilla, D: Marius Goring, Lucie Mannheim

1950 Das dunkelrote Siegel
The Elusive Pimpernel, GB, R: Michael Powell, E. Pressburger, D: David Niven

1950 Pimpernel Svensson
S, R: Emil A. Lingheim, D: Edvard Persson, Ivar Wahlgren, Aurore Palmgren

1941 Pimpernel Smith
GB, R: Leslie Howard, D: Leslie Howard, Francis L. Sullivan, Mary Morris

1934 Das scharlachrote Siegel
The Scarlet Pimpernel, GB, R: Harold Young, D: Leslie Howard, Merle Oberon

1929 The Scarlet Daredevil
GB, R: T. Hayes Hunter, D: Matheson Lang

1919 The Elusive Pimpernel
GB, R: Maurice Elvey, D: Cecil Humphreys

1917 The Scarlet Pimpernel
USA, R: Richard Stanton, D: Dustin Farnum, Winifred Kingston, William Burress

PUSSYCAT, PUSSYCAT – I LOVE YOU
USA 1969, R: Rodney Amateau, D: Ian McShane, Anna Calder-Marshall, John Gavin, Severn Darden, Joyce Van Patten, Beba Lonar, Samy Favel

Nach dem Drehbuch *Was gibt's Neues Pussy?* von Woody Allen: Ein Schriftsteller und Frauenheld gerät durch seine Amouren und seinen Komplex, an Haarausfall zu leiden, in haarsträubende Situationen.

Lexikon des internationalen Films: »Misslungener Versuch einer Parodie auf Sexfilme und Filmindustrie, derb und ohne Ironie: einfallsloser Klamauk auf den Spuren des gelungeneren *Was gibt's Neues, Pussy?*«

1965 Was gibt's Neues, Pussy?
What's New, Pussycat?, USA/F, R: Clive Donner, D: Peter O'Toole, Peter Sellers

Q

QUATERMAIN – AUF DER SUCHE NACH DEM SCHATZ DER KÖNIGE

King Solomon's Mines, USA 1985, R: J. Lee Thompson, D: Richard Chamberlain, Sharon Stone, Herbert Lom, John Rhys-Davies, Ken Gampu, June Buthelezi, Sam Williams, Shai K. Ophir

Nach einem Roman von Henry Rider Haggard: Die hübsche Jessie Huston heuert den Abenteurer Allan Quatermain an, ihren in Afrika vermissten Vater aufzuspüren. Begleitet von seinem Freund Umbopo finden sie den entführten Professor in der Nähe des legendären Schatzes der Könige.

Ponkie *(AZ)*: »Richard Chamberlain, der schöne Schwarze von den *Dornenvögeln*, turnt als Dynamit-Quatermain eine muntere Comicmärchen-Variation der *Jagd auf den grünen Diamanten* in den Dschungel: Abwechselnd mit einer boxtüchtigen Archäologenmaus (Sharon Stone) versaut er einem wilhelminischen Pickelhauben-

Unten: Quatermain – Auf der Suche nach dem Schatz der Könige (1985, R: J. Lee Thompson): Sharon Stone und Richard Chamberlain
Rechts: Quatermain – Auf der Suche nach dem Schatz der Könige (1985)

Plumpsack (Herbert Lom) die Freude an König Salomons Raffgut. Fescher Fangermandl-Kintopp mit viel Pulverdampf und einer spaßigen Schwimmübung im Kannibalenkochtopf – aber so witzig dann auch wieder nicht, dass man sich dafür von den Krokodilen fressen lassen möchte.«

1978 König Salomons Schatz
King Solomon's Treasure, CDN, R: Alvin Rakoff, D: David McCallum, Patrick Macnee

1958 Watusi – Auf der Jagd nach König Salomons Diamanten
Watusi, USA, R: Kurt Neumann, D: George Montgomery, Taina Elg, David Farrar

1950 König Salomons Diamanten
King Solomon's Mines, USA, R: Compton Bennett, Andrew Marton, D: Deborah Kerr

1937 King Salomon's Mines
GB, R: Robert Stevenson, D: Cedric Hardwicke, Paul Robeson, Cedric Hardwicke

QUO VADIS

USA 1951, R: Mervyn LeRoy, D: Robert Taylor, Deborah Kerr, Peter Ustinov, Leo Genn, Patricia Laffan, Abraham Sofaer, Finlay Currie, Buddy Baer, Marina Berti, Felix Aylmer, Nora Swinburne

Nach einem Roman von Henryk Sienkiewicz: Im Frühjahr '64 kehrt der Kommandant Marcus Vinicius mit seiner siegreichen Legion aus Britannien nach Rom zurück. Sein Onkel Petronius genießt das Vertrauen Kaiser Neros, der seine erste Gemahlin beseitigen ließ, um die buhlerische Poppäa heiraten zu können. Nero hält sich für einen großen Künstler, und Petronius lässt ihn in dem Glauben. Als Marcus Vinicius der schönen Lygia begegnet, ist er fasziniert von ihr. Die lygische Königstochter lebt als Geisel in Rom und gehört zu einer Gemeinde von Gläubigen um Paulus von Tarsus und Simon Petrus, die sich Christen nennen. Auch Lygia fühlt sich zu Marcus Vinicius hingezogen, aber ihr Glaube steht zwischen ihnen. Der junge Römer weiß mit der christlichen Liebesbotschaft nichts anzufangen. Er erreicht zwar, dass Nero ihm die schöne Sklavin schenkt, aber Ursus, ihr bärenstarker Beschützer, wacht tatkräftig über sie. Der eitle Kaiser lässt sich unterdessen zu immer schlimmeren Machenschaften hinreißen. Als Rom in Flammen steht, wendet sich Petronius entsetzt von ihm ab und geht freiwillig in den Tod. Auf den Rat der rachsüchtigen Kaiserin wälzt Nero die Schuld am Brand der Hauptstadt auf die Christen ab. Im Circus Maximus erwartet sie ein schreckliches Schicksal; dort soll der inzwischen ebenfalls festgenommene Marcus mitansehen, wie seine Geliebte von einem wilden Stier getötet wird ... *Quo vadis?*, in über 30 Weltsprachen übersetzt, ist der berühmteste Roman des polnischen Schriftstellers Henryk Sienkiewicz (1846–1916) und trug ihm 1905 den Literatur-Nobelpreis ein.

ARD: »Der lateinische Titel (deutsch: Wohin gehst du?) bezieht sich auf eine legendäre Vision des Apostels Petrus vor seinem Märtyrertod in Rom. Mervin LeRoys aufwendige Verfilmung nutzt vor allem die spektakulären Elemente des Romans, der die wollüstige Welt des römischen Hofes unter Nero mit der geistigen und sittlichen Kraft des jungen Christentums konfrontiert.«

Der Film ist ein Remake eines Stummfilmklassikers von Enrico Guazzoni aus dem Jahre 1912. Das Drei-Stunden-Monumentalspektakel wurde mit riesigem Aufwand inszeniert: Zwei Jahre Drehzeit in Cinecittà, 8 Millionen Dollar Produktionskosten, 30.000 Statisten- darunter auch

Sophia Loren –, 29 Hauptdarsteller, 105 riesige Dekorationen, ausgestattet mit 150.000 Requisiten, 63 Löwen, 7 Stiere, 85 Tauben, 450 Pferde und zwei Geparden. 180.000 Meter Material wurden verbraucht, 50.000 für die endgültige Kinofassung verwendet. Der Kolossalfilm sprengte alle bisherigen Maßstäbe und fand schon vor der Uraufführung großes Medieninteresse. Überragend Peter Ustinov in der Rolle des verrückten Kaisers Nero, der Rom abbrennen lässt und seine vergossenen Tränen darüber in einem Gefäß sammelt. Für Peter Ustinov markierte die Rolle des machtgierigen Psychopathen Nero den Beginn einer glanzvollen internationalen Karriere. Dabei hatte MGM trotz überzeugender Probeaufnahmen lange gezögert, ihm den Part zu geben. Doch das Argument, er sei zu jung, widerlegte Ustinov intelligent und geistreich mit dem historischen Faktum: »Wenn Sie noch länger warten, bin ich zu alt.« Ustinov war zu Beginn der Dreharbeiten 30, Nero starb mit 31 Jahren. Er bekam seine erste Oscar-Nominierung, verlor aber gegen Karl Malden, drei weitere sollten folgen, davon zwei gewonnene mit *Spartacus* und *Topkapi*. *Quo vadis?* war der Unglücksrabe der 24. Oscarverleihung. Das Epos war sieben Mal nominiert, darunter in den Kategorien »bester Film« und »beste Musik«, doch nicht ein ein-

Quo vadis (1951, R: Mervyn LeRoy): Robert Taylor und Deborah Kerr

Quo vadis (1951, R: Mervyn LeRoy):
Peter Ustinov, Patricia Laffan und Robert Taylor

ziger Oscar wurde gewonnen. Franco Rossi drehte 1985 eine sechsteilige TV-Serie *Quo Vadis?* mit
Klaus Maria Brandauer, Barbara De Rossi und
Gabriele Ferzetti. Die bisher letzte Verfilmung
stammt von Jerzy Kawalerowicz (Polen 2001, mit

Pawel Delag, Magdalena Mielcarz und Boguslaw
Linda).
1924 Quo Vadis
I, R: Arturo Ambrosio, D: Emil Jannings, Elga Brink,
Rina De Liguoro
1912 Quo Vadis
I, R: Enrico Guazzoni, D: Amelia Cattaneo, Carlo
Cattaneo, Lea Giunghi

QUOTENKÖNIG IM AFFENSTALL
The Barefoot Executive, USA 1995, R: Susan Seidel-
man, D: Jason London, Eddie Albert, Michael Ma-
rich, Terri Ivens, Jay Mohr
Der kleine Angestellte eines nationalen Fernseh-
senders findet einen Schimpansen, der Erfolg und
Misserfolg von neuen Sendungen vorhersehen
kann. Der Angestellte avanciert dadurch schnell
zum Programmdirektor – für manche zu schnell.
1971 Der barfüßige Generaldirektor
The Barefoot Executive, USA, R: Robert Butler, D:
Kurt Russell, Joe Flynn

R

DER RABE – DUELL DER ZAUBERER

The Raven, USA 1963, R: Roger Corman, D: Vincent Price, Peter Lorre, Boris Karloff, Hazel Court, Olive Sturgess, Jack Nicholson, Connie Wallace, William Baskin

Nach einer Ballade von Edgar Allan Poe: England im 16. Jahrhundert. Durch den in einen Raben verwandelten Dr. Bedlo erfährt der verzweifelte Magier Dr. Craven, dass seine über alles geliebte Frau Eleonore noch leben soll – und zwar ausgerechnet im Schloss seines Erzfeindes Dr. Scarabus. Nachdem er Dr. Bedlo wieder die menschliche Gestalt zurückgegeben hat, macht sich Craven mit einer Schar getreuer Helfer zum Schloss seines Kontrahenten auf, um sich dort mit Scarabus ein Duell auf Leben und Tod zu liefern.

TV Spielfilm Lexikon: »*Der Rabe* war der insgesamt fünfte Film, den Roger Corman in seiner Reihe mit Poe-Adaptionen herstellte. Hatte er die vorherigen Streifen noch binnen weniger Tage heruntergekurbelt, so benötigte er hier die für ihn ungewohnt lange Drehzeit von drei Wochen. Am Ende kostete das Projekt 350.000 Dollar und war damit der teuerste Film der ganzen Serie. Angesichts der trickreichen Ausstattung, in der ein wahres Sammelsurium von Kopier-, Farb- und Spezialeffekten aufgefahren wird, erscheint dieses Budget allerdings noch verhältnismäßig gering ... Obgleich es sich bei *Der Rabe* wiederum um eine Billigproduktion handelte, gelang es Corman, eine einmalige Besetzung am Set zu versammeln, deren größte Perle der rührend agierende Peter Lorre ist. Dieser selbst hatte bei den Dreharbeiten einen solchen Spaß, dass er gar nicht daran dachte, die ihm vorgesetzten Dialogsätze zu berücksichtigen, sondern wild drauflos improvisierte und mit Vorliebe lateinische Sprichwörter daherplapperte, womit er das gesamte Team in amüsiertes Staunen versetzte.«

1935 Der Rabe
The Raven, USA, R: Louis Friedlander, D: Bela Lugosi, Boris Karloff

1926 Der Rabe von London
The Black Bird, USA, R: Tod Browning, D: Lon Chaney, Renée Adorée, Owen Moore

RABID – DER BRÜLLENDE TOD

Rabid, CDN 1977, R: David Cronenberg, D: Marilyn Chambers, Frank Moore, Joe Silver, Howard Ryshpan, Patricia Gage, Susan Roman, J. Roger Periard

Montreal. An der jungen Frau Rose, die bei einem Unfall schwer verletzt wurde, nimmt der Schönheitschirurg Dr. Keloid eine verbotene Gewebetransplantation vor, die in ihr vampirartige Kräfte erweckt, sodass sie Menschen anfällt. Die Opfer werden von einer tollwutartigen Epidemie erfasst.

Die Science Fiction Filmenzyklopädie: »Der Film ist praktisch ein Remake von Cronenbergs *Parasiten-Mörder* (*The Parasite Murders*, 1974), ihm fehlt aber trotz seines ähnlich apokalyptischen Endes die Kraft seines Vorgängers. An Stelle der Sex-Parasiten des früheren Films setzt Cronenberg hier das einfachere Bild einer Horde von tollwütigen Vampiren ein, die aus Versehen entstanden sind, als ein plastischer Chirurg die verunstaltete Chambers (der Star vieler Hardcore-Pornos) wiederherstellt, sie aber mit einer unstillbaren Gier nach Blut und einem ›Phallus‹ unter ihrem Arm versieht, mit dem sie dieser Gier nachgehen kann. Das Ergebnis ist ein Film voller Schocks, denn Cronenberg ändert oftmals spielerisch die Richtung seiner Erzählweise. Zwar ist *Rabid* im Vergleich zum *Parasiten-Mör-*

Der Rabe von London (1926, R: Tod Browning): Renée Adorée und Lon Chaney

der besser gedreht, aber er ist auch weniger risikofreudig.«

1974 Parasiten-Mörder
The Parasite Murders, CDN, R: David Cronenberg, D: Paul Hampton, Lynn Lowry

DIE RACHE DER PHARAONEN
The Mummy, GB 1959, R: Terence Fisher, D: Peter Cushing, Christopher Lee, Yvonne Furneaux, Eddie Byrne, Felix Aylmer, Raymond Huntley, George Pastell, Michael Ripper, George Woodbridge, Denis Shaw

Für den englischen Archäologen Stephen Banning ist es die Krönung langjähriger Forschung, als er um die Jahrhundertwende in Ägypten auf das Grab der Prinzessin Ananka stößt. Eine dringende Warnung, die Totenruhe nicht zu stören, beachtet er nicht. In der geöffneten Grabkammer findet Stephen Banning eine geheimnisvolle Schriftrolle. Als er den Text entziffert, geschieht etwas Schreckliches, worüber der Archäologe den Verstand verliert. Sein Sohn John muss ihn in eine englische Nervenklinik bringen lassen. Als John Banning und sein Onkel Monate später nach erfolgreichem Abschluss der Ausgrabungen nach England zurückkehren, folgt ihnen der Ägypter Mehemet, der den Frevel, den die Forscher in seinen Augen an der Grabstätte begangen haben, sühnen will. Sein Rachewerkzeug ist die Mumie des Kharis, der Ex-Geliebte der Prinzessin Ananka, der er zu neuem Leben erweckt. Die Mumie tötet nacheinander die Forscher, verliebt sich aber in John Bannings Gattin Isobel, die der Prinzessin wie aus dem Gesicht geschnitten ist, und entführt sie. Von der Polizei gejagt und angeschossen, versinkt die Mumie schließlich in einem Sumpf, Isobel wird gerettet.

Gong: »Effektvoller Gruselschocker.«

1940 The Mummy's Hand
USA, R: Christy Cabanne, D: Dick Foran, Peggy Moran, Wallace Ford

DIE RACHE EINER FRAU
La vengeance d'une femme, F 1988, R: Jacques Doillon, D: Isabelle Huppert, Béatrice Dalle, Jean-Louis Murat, Laurence Cote, Sébastian Roche, Albert Leprince

Frei nach *Der ewige Gatte* von Fjodor Dostojewskij: Zwischen zwei Frauen, der Witwe und der ehemaligen Geliebten eines Verstorbenen, entwickelt sich ein gefährliches Spiel zwischen Anziehung und Abstoßung, Liebe und Hass.

Ponkie (AZ): »Das, was einen etwa bei Rohmer stundenlang mit Begeisterung festhält (das Geschwätz, die Gefühle, das tragikomisch banale Nichts), das versteift sich hier zum artifiziellen Langweiler-Spiel im Niemandsland: leeres Ästhetengewölk. Stilvoll, versteht sich: Die Witwe Cécile und Suzy, die Ex-Geliebte ihres Seligen rennen in diversen Zimmern hin und her und

Links: Die Rache der Pharaonen (1959, R: Terence Fisher): Christopher Lee als Kharis
Unten: Die Rache der Pharaonen (1959): Christopher Lee

dösen sich gegenseitig ihre Monologe ins wunde Herz.«

Weitere Verfilmungen des Stoffes: 1992 inszenierte Zivojin Pavlovic in Jugoslawien den Film *Dezerter* mit Mirko Babic, Rados Bajic und Branko Cvejic; 1993 drehte Denys Granier-Deferre fürs französische Fernsehen *L'éternel mari* mit Roger Hanin, François Marthouret und Macha Méril; 1999 entstand *The Eternal Husband* in Kanada mit Paul Babiak und Richard Hughes

1946 Der ewige Gatte
L'homme au chapeau rond, F, R: Pierre Billon, D: Raimu, Aimé Clariond

RACHE OHNE GNADE

Fury At Furnace Creek, USA 1948, R: H. Bruce Humberstone, D: Victor Mature, Coleen Gray, Glenn Langan, Reginald Gardiner, Albert Dekker, Fred Clark, Robert Warwick, George Cleveland, Roy Roberts, Willard Robertson
Zwei Söhne betreiben die posthume Rehabilitierung ihres Vaters, der als verantwortlich dafür galt, dass 1880 eine Kavallerie-Einheit bei Furnace Creek von Indianern aufgerieben wurde.

1938 Four Men And A Prayer
USA, R: John Ford, D: Loretta Young, Richard Greene, David Niven

RÄCHER DER ENTERBTEN

The True Story Of Jesse James, USA 1956, R: Nicholas Ray, D: Robert Wagner, Jeffrey Hunter, Hope Lang, Agnes Moorehead, Alan Hale, Biff Elliot, Anthony Ray, Alan Baxter, John Carradine, Rachel Stephens, Frank Overton, Barry Atwater, Chubby Johnson, John Doucette, Robert Adler, Clancy Cooper
1864, Missouri. Auf der Suche nach Frank James, der auf Seiten der Südstaaten-Partisanen kämpft, überfallen Jayhawkers, die Nordstaaten-Guerillas, die Farm der Familie James. Unter diesem Eindruck verlässt der sechzehnjährige Jesse James in der Nacht die Farm und schließt sich den Partisanen an. Monate später ist der Krieg beendet, aber die Südstaatler unterliegen in Missouri Diskriminierungen. Der verwundete Jesse wird zur Familie Copp gebracht. Er verliebt sich in Zee, Copps junge Schwägerin. Als die Erntearbeiten im Gange sind, wobei Jesse zur Hand geht, wird ein Überfall auf die Farm verübt. Felder und Scheunen stehen in Flammen. Jesse und seine Freunde begehen einen Raubüberfall. Von der Polizei gesucht, müssen sie fliehen. Jesse nimmt Zee mit, die Bedenken Cobbs zerstreut er durch einen Sack Geld.

Western-Lexikon: »Am Anfang steht die Frage eines Reporters: ›What makes him Jesse James?‹ Die gleiche Frage stellt sich Nicholas Ray; die ›wahre Geschichte von Jesse James‹ interessiert ihn nur so weit, als sie die Entwicklung der Legende erklärt. Als Bedingung der Legende entdeckt seine Recherche den von vornherein zum Scheitern verurteilten Versuch eines Einzelnen, das Glück außerhalb einer rigoros repressiven Gesellschaft zu finden. Das macht thematisch die Modernität von Rays Film aus. Formal hätte der Film seiner Zeit um 15 Jahre voraus sein können, hätte die Produktion sein Konzept nicht zerstört. So, wie der Film jetzt vorliegt, ist er im Prinzip das, was Welles' *Citizen Kane* wäre, wäre Welles gezwungen worden, seine Erzählstruktur zu vernichten und den Film streng chronologisch zu schneiden.«

Drehbuchautor Walter Newman: »Wir hatten große Hoffnungen in den Film gesetzt, wir versuchten, ein paar Sachen zu machen, die damals noch nicht üblich waren. Nick Ray und ich waren sehr an Psychoanalyse interessiert, und bei unseren Recherchen waren wir sehr verblüfft festzustellen, dass Jesse zweifellos ein selbstzerstörerischer Charakter war. Seine Unternehmungen wurden immer selbstmörderischer, und er machte – wahrscheinlich unbewusst – fürchterliche Fehler. Zum Beispiel schenkte er dem Mann, der ihn umbrachte, die Waffe, mit der er dann getötet wurde: Es war wie eine Einladung, ihn zu erschießen. Um es dem Mann noch einfacher zu machen, drehte er ihm den Rücken zu und richtete eine ›God bless our home‹-Tafel an der Wand. Das war für uns eine neue Perspektive, die Geschichte anzugehen. In der Erzählstruktur sprangen wir zeitlich vor und zurück – so wie es einige Jahre später verschiedene Leute in ihren Filmen taten. Das war Nicks Konzeption. Damals war Buddy Adler Produktionschef der Fox, und als Nick ihm den Rohschnitt zeigte, sagte Buddy: ›Ich verstehe überhaupt nichts.‹ Wir waren beide überrascht und sagten: ›Was gibt's da zu verstehen? Das ist doch alles ganz einfach und klar.‹ Aber er ordnete an, den Film auf die konventionelle Weise zu schneiden. Also schnitt Nick ihn um, brachte alles in chronologische Reihenfolge, und das machte die ganze Sache sinnlos und ruinierte den Film.«

1979 drehte Walter Hill mit *Long Riders* seine Sicht der Legende Jesse James. Und mit *American Outlaws* soll 2002 ein weiteres Mal die wahre Geschichte des Banditen Jesse James in die Kinos kommen, die Hauptrollen spielen Timothy Dalton und Kathy Bates.

1939 Jesse James – Mann ohne Gesetz
Jesse James, USA, R: Nunnally Johnson, D: Tyrone Power, Henry Fonda

RASMUS UND DER VAGABUND

Rasmus på luffen, S 1981, R: Olle Hellbom, D: Eric Lindgren, Allan Edwall, Emy Storm, Lena Brogren, Pal Stehen, Lars Amble, Lena Nyman, Rolf Larsson, Olof Bergström, Svea Holst, Haakan Serner, Jarl Kulle

Rasmus und der Vagabund (1981, R: Olle Hellbom): Allan Edwall und Eric Lindgren

Nach einem Buch von Astrid Lindgren: Der Waisenjunge Rasmus sehnt sich wie alle anderen Kinder im Waisenhaus nach Vater und Mutter. Doch die Chance, dass sein Wunsch in Erfüllung geht, verringert sich von Mal zu Mal, wenn adoptionswillige Paare vorsprechen. Es ist immer das Gleiche: Sie wollen blond gelockte kleine Mädchen, vielleicht auch mal einen blond gelockten kleinen Jungen, aber niemals einen Glatthaarigen wie Rasmus. In kindlichem Trotz kehrt er

dem Waisenhaus den Rücken und begibt sich selber auf die Suche nach einer passenden Familie. Nach einer ersten Nacht im Heu macht Rasmus die Bekanntschaft mit Oskar, einem Vagabunden; ein fröhlicher Kerl, mit der Ziehharmonika in der Hand und einem lustigen Lied auf den Lippen. Um die Arbeit macht Oskar lieber einen Bogen. Rasmus ist beeindruckt von diesem heiteren Leben zur Sommerzeit und hat sofort den Wunsch, mit Oskar durch die Lande zu streifen. Versuche, unterwegs geeignete Eltern für Rasmus zu finden, scheitern. Verzwickt wird es, als der große und der kleine Vagabund unfreiwillig Zeugen eines Diebstahls werden und selbst in Verdacht geraten ...

Zitty: »Eine Astrid-Lindgren-Story wie sie im Buche steht, sie beginnt traurig und wird dann spannend ... Olle Hellbom hat in 25 Jahren 21 Bücher von Astrid Lindgren verfilmt: *Rasmus und der Vagabund* war 1981 der letzte Film dieser Zusammenarbeit, ein Jahr später – bei den Vorbereitungen zu *Ronja Räubertochter* – verstarb der Regisseur. In den letzten fünfzehn Jahren sind Remakes seiner Filme von *Bullerbü* bis *Langstrumpf* entstanden, auch *Rasmus und der Vagabund* ist ein Remake, das einzige von Olle Hellbom. Zum ersten Mal wurde das Kinderbuch 1955 von Rolf Husberg verfilmt: Obwohl auch alle Hellbom-Filme immer in einer romantischen Landschaft angesiedelt sind und eine heile Welt propagieren, setzt Hellbom hier deutlich mehr auf Realismus und Psychologie – ein Remake,

Rasmus und der Vagabund (1981, R: Olle Hellbom): Allan Edwall und Eric Lindgren

nicht nur als Wiederholung, sondern auch als zeitgemäße Variante.«

1955 Rasmus und der Vagabund

Luffaren och Rasmus, S, R: Rolf Husberg, D: Åke Grönberg, Eskil Dalénius

DIE RATTEN

BRD 1969, R: Peter Beauvais, D: Inge Meysel, Reinhard Kolldehoff, Dirk Dautzenberg, Uwe Friedrichsen, Hildegard Krekel, Oscar Sabo, Sabine Sinjen, Gisela Trowe, Paul Verhoeven

Berliner Tragikomödie von Gerhart Hauptmann: Der Schauplatz ist eine verkommene Mietskaserne und dessen Dachboden, auf dem der Theaterdirektor Hasenreuther seinen gesamten Kostümfundus untergebracht hat. In der ehemaligen Kavalleriekaserne wohnen auch das schwangere Dienstmädchen Pauline Piperkarcka, Henriette John, die Reinemachefrau Hassenreuthers und ihr Mann Paul, der am Anfang des Dramas in dem entfernten Altona arbeitet. Da Piperkarcka von ihrem Liebhaber ausgenutzt und verlassen wurde und ein Kind erwartet, will sie Selbstmord begehen. Da aber Frau Johns Kind früh gestorben ist, und sie und ihr Mann sich sehnlichst ein Kind wünschen, kauft sie das Kind von ihren Ersparnissen (123 Mark) Pauline ab und trägt dieses auf dem Standesamt als ihr eigenes ein. Nach einiger Zeit will aber Pauline ihr Kind wiederhaben, um ihren treulosen Bräutigam dazu zu bringen, dass er sie heiratet. Sie meldet das Kind ebenfalls beim Standesamt an und bezeichnet Frau John dabei als Pflegemutter. Diese wird von Panik ergriffen, als sich ein Vertreter der Fürsorge um das Kind kümmern möchte. Schließlich verlässt sie mit dem Säugling das Haus. Es kommt zu einer Verwechslung, als Pauline ihr Kind abholen möchte, da sich das Kind der Nachbarin Knobbe in Johns Wohnung befindet. Schließlich entbrennt ein Streit zwischen Frau Knobbe und Pauline, die glaubt, es handle sich um ihr Kind. Während sich die beiden Frauen streiten, stirbt das Kind. Unterdessen hat Henriette John ihren düster gesinnten Bruno losgeschickt, um Piperkarcka einzuschüchtern. Dieser erschlägt aber aus Versehen Piperkarcka und flüchtet nach einem kurzem Wiedersehen mit seiner Schwester. Als Paul John freudestrahlend heimkehrt, kommt es zunächst zu Missverständnissen: Er glaubt, dass es sich bei dem toten Kind von Frau Knobbe um das von Pauline handelt,

und dass Bruno und Pauline ein Verhältnis hatten, da er die beiden zuvor zusammen in der Stadt gesehen hatte. Schließlich erfährt er aber die gesamte Wahrheit. Das Kind soll nun in einem Heim aufwachsen, worauf sich Frau John aus dem Fenster stürzt. Parallel zu dieser Handlung wird die Geschichte von Hassenreuther erzählt, der es schafft, vom Verwalter des Kostümfundus zum Theaterdirektor aufzusteigen. Seine Tochter Walburga hat ein Verhältnis mit dem ehemaligen Theologiestudenten Spitta und jetzigen Schüler Hassenreuthers. Robert Siodmak hat 1955 in seiner Verfilmung die Geschichte im geteilten Berlin angesiedelt.

1955 Die Ratten

BRD, R: Robert Siodmak, D: Maria Schell, Curd Jürgens, Heidemarie Hatheyer

DER RATTENFÄNGER

Pied Piper, USA/GB 1989, R: Norman Stone, D: Peter O'Toole, Alastair Haley, Clare Drummond, Susan Wooldridge, Mare Winningham, Michael Kitchen, Juliette Mole, Ron Donachie, James Gaddas

Nach einem Roman von Nevil Shute: Ältlicher englischer Rechtsanwalt findet sich zu Beginn des Zweiten Weltkriegs in der Rolle des Führers eines Trecks von Kindern auf der Flucht durch das besetzte Frankreich wieder. Bei der Ankunft an der bretonischen Küste wird der hilfreiche Gentleman von einem Gestapo-Offizier für einen Spion gehalten.

1942 The Pied Piper

USA, R: Irving Pichel, D: Monty Woolley, Roddy McDowall, Anne Baxter

DER RATTENFÄNGER VON HAMELN

International Family Classics II: The Pied Piper Of Hamlin, AUS 1992, R: Richard Slapczynski – Animation

Als die Stadt Hameln von einer Rattenplage heimgesucht wird, bietet sich ein fremder Flötist an, dem Problem auf seine Weise zu Leibe zu rücken. Die Stadtväter stellen ihm eine große Belohnung in Aussicht, doch nachdem er mit Hilfe seiner Flöte das Nagetier aus der Stadt gelockt hat, will man ihn um die Früchte seiner Arbeit betrügen. Der Rattenfänger rächt sich, indem er sämtliche Kinder der Stadt mit seinem Flötenspiel dazu verlockt, ihm ins Unbekannte zu folgen.

1982 Der Rattenfänger von Hameln

The Pied Piper Of Hameln, GB, R: Mark Hall – Puppenfilm

1972 Der Rattenfänger von Hameln

The Pied Piper, GB/BRD, R: Jacques Demy, D: Donovan Leitch, Donald Pleasence

1918 Der Rattenfänger

D, R: Paul Wegener, D: Paul Wegener, Elsa Wagner, Märte Rassow

DER RAUB DER SABINERINNEN

BRD 1953/54, R: Kurt Hoffmann, D: Paul Hörbiger, Gustav Knuth, Loni Heuser, Fita Benkhoff, Bully Buhlan, Anneliese Kaplan, Ernst Waldow, Ruth Stephan, Hans Stiebner, Willy Rose, Jakob Tiedtke, Wolfgang Müller, Edith Hancke, Herbert Weißbach
Nach einem Theaterstück von Franz und Paul Schönthan: Die kleine Schauspieltruppe von Emanuel Striese gastiert im Kurort Gundelbach. Von Rosa, dem Dienstmädchen von Professor Gollwitz, erfahren die Komödianten von einem Römerdrama, das dieser in seiner Jugend geschrieben hat. Striese erwirbt das Opus unter der Bedingung, dass der wahre Autor auf keinen Fall genannt wird. Schließlich steht die Premiere bevor. Professor Gollwitz droht, die Nerven zu verlieren, sodass ihn Striese im Spritzenhaus einsperren muss, um die Vorstellung nicht zu gefährden. Schließlich entpuppt sich der Abend aber glücklicherweise als ein Riesenerfolg.

F. E. Olimsky *(Filmblätter)*: Das tragikomische Schicksal des Schmierendirektors Striese, der nach vielen Schiffbrüchen endlich einen, wenn auch unfreiwilligen, Publikumserfolg erringt, gehört schon seit fast 70 Jahren zum klassischen Schwankrepertoire der deutschen Bühnen. Die filmischen Bearbeiter schufen nun zu den Geschehnissen des Theaterstücks eine wirksame Rahmenhandlung: Da will ein weltverlorener Kurort einen großen Besucherstrom auf sich lenken und veranstaltet deshalb nach bewährtem Rezept ›Festspiele‹ unter Mithilfe von Strieses Wanderschmiere. Zu der geschickten Bearbeitung kommt ein ausgezeichnetes Ensemblespiel, sodass man von einem ausgesprochenen Schauspielerfilm in doppelter Beziehung sprechen kann. Einmal vom Thema her und sodann von der Darstellung, Knuth macht seine Sache als sächselnder Striese so grandios, dass er bei seinem großen Monolog, einem Höhepunkt des ganzen Films, Applaus bei ›offener Leinwand‹ erhielt. Durch seine brillante Leistung kann man das ganze Werk wohl am treffendsten als ein filmisches Denkmal für das schicksalhafte, echte Komödiantentum bezeichnen. Die Gestalt des Striese erscheint bei aller Komik stets von leiser Tragik umwittert und greift oft stark ans Herz. Rührend im besten Sinne z.B. ist jene Szene, in der er sich in überschwänglicher Freude über das erste ausverkaufte Haus seines Lebens mit der ganzen Familie unter dem Schild ›Ausverkauft‹ fotografieren lässt ... Die Regie hütet sich wohlweislich vor nahe liegenden Überbetonungen des Komischen und arbeitet den tieferen Sinn des Stückes kräftig heraus. Eine einfühlsame Musik unterstreicht unaufdringlich den Stimmungsgehalt der einzelnen Szenen, Fotografie und Bauten sind Meisterklasse. Wenn nicht alles täuscht, dürfte der große Serienerfolg, den das Theaterstück eben wieder in Berlin erlebte, auch dieser erneuten Verfilmung allenthalben beschieden sein.«

1936 Der Raub der Sabinerinnen

D, R: Robert A. Stemmle, D: Bernhard Wildenhain, Max Gülstorff, Maria Koppenhöfer

RAVE MACBETH

BRD 2001, R: Klaus Knoesel, D: Michael Rosenbaum, Nicki Lynn Aycox, Kirk Baltz, Jamie Elman, Marguerite Moreau, Jim Yee, Anna Thalbach, Annette von Klier, Jeannette Hain
Nach einem Drama von William Shakespeare: Die Freunde Marcus und Troy leben für den Rave, die tanzende Masse und deren wogende Körper. Sie lassen keinen Event aus und sind mit ihren Freundinnen Lidia und Helena auch allabendlich zur Stelle, wenn im angesagtesten Club der Stadt wieder die Post abgeht. Das gilt auch für den heutigen Abend. Als die beiden Pärchen ankommen, ist die Stimmung bereits auf dem Siedepunkt. Alles scheint in Ordnung – bis Drogenzar Dean, der unangefochtene »König des Raves«, die zwei Jungs in sein Büro kommen lässt. Nervös leisten Marcus und Troy der Aufforderung Folge. Wohl fühlen sie sich nicht, denn am Abend zuvor war Dean verantwortlich für den Mord an seinem Freund TC. Ihre Furcht erweist sich als unbegründet: Vielmehr ist Dean dankbar, dass sie TC beseitigt haben, bevor er Dean hintergehen und seine Machtposition schwächen konnte. Als Belohnung bietet er Marcus und Troy den verwaisten Posten an. Ihre Hauptaufgabe ist es, so viel

Ecstasy und Proben neuer Stoffe wie nur möglich unter die tanzende Menge zu bringen und die Stimmung damit noch weiter anzuheizen.

Euphorisiert von der Entwicklung der Dinge kehren Marcus und Troy auf den Dancefloor zu ihren Freundinnen zurück. Nur Marcus verspürt eine gewisse Zurückhaltung: Nur zu deutlich erinnert er sich an ebenso finstere wie viel verheißende Vorahnungen der drei »Petrie Girls«, die ihm fortan nicht mehr aus dem Kopf gehen: Sie hatten angekündigt, dass Marcus und Troy selbst eines Tages Könige des Raves sein würden. Marcus versucht die »Weissagung« als Zufall abzutun, aber seine Freundin Lidia hat längst ihre eigenen Pläne: Sie ist fest davon überzeugt, dass Marcus zu Höherem berufen ist, sein Potenzial aber noch nicht erkannt hat. Geschickt gelingt es ihr, einen Keil zwischen ihn und Troy zu treiben und Marcus am Wert ihrer Freundschaft zweifeln zu lassen. Unzweifelhaft deutet sie an, Troy sei scharf auf sie und mache zudem gemeinsame Sache mit Dean, um ihn, Marcus, aufs Abstellgleis zu befördern. Marcus, der trotz der Warnungen von Dean die eigenen Drogen eingeworfen hat, die seine Paranoia zusätzlich steigern, ist verwirrt ...

Kino News Online: »Goethe erklärte Shakespeares *Macbeth* einst für sein bestes Theaterstück ... Shakespeares Werke vermitteln kontinuierlich ihre Botschaften. So hielt er in dem Drama *Macbeth* die Lupe besonders auf den Machtmissbrauch und die stetig wachsenden Gier nach mehr, was letztendlich zur Selbstzerstörung führen kann. Der Regisseur Klaus Knoesel siedelte die dramatische Schlacht um Macht aus dem alten Schottland in der Münchener Raveszene an. Er besetzte das Drama teilweise mit amerikanischen Nachwuchsstars, um seinen Spielfilm für den internationalen Markt interessant zu machen. Zudem verzichtete Knoesel auf die Worte Shakespeares, weil diese die Glaubwürdigkeit der Clubszene infrage stellen und zu einer unnötigen Distanz führen würde. Damit bleibt offensichtlich ein wichtiges Relikt Shakespeares auf der Strecke. Dagegen spricht das Neuzeitdrama mit dem Techno-Hintergrund ein breites Publikum an ... Der erste Kinospielfilm, der mit Digitalkameras gedreht wurde, überzeugt

durch die real entstandenen Bilder. Beatkräftige Unterstützung erhält der Film von internationalen DJs wie Tom Novy, DJ Tomcraft und Phil Fuldner.«

Über Roman Polanskis Verfilmung des Shakespeare-Dramas zeigten sich die Kritiker 1971 begeistert von der absoluten Werktreue in den Dialogen, umso verstörter waren sie über die teilweise drastische Darstellung der Macbeth'schen Gewaltexzesse. Paul Werner *(Roman Polanski)*: »Polanskis Version hebt sich wohltuend von den meist als ausgesprochene ›Schauspielerfilme‹ gestalteten *Macbeth*-Adaptionen ab, denen es in den seltensten Fällen gelingt, schwülstige Theatralik zu vermeiden.«

1988 Macbeth

USA, D: Michael Jayston, Barbara Leigh-Hunt

1987 Macbeth

FIN, R: Pauli Pentti, D: Pirkko Hämäläinen, Sakke Järvenpää, Antti Litja

1986 Macbeth

F/BRD, R: Claude D'Anna, D: Leo Nucci, Shirley Verrett, Johan Leysen

1971 Macbeth

GB, R: Roman Polanski, D: Jon Finch, Francesca Annis, Martin Shaw

Macbeth
(1971, R: Roman Polanski)

651

1960 Macbeth
USA, R: George Schaefer, D: Maurice Evans, Malcolm Keen, Jeremy Brett

1957 Das Schloss im Spinnwebwald
Kumonosu-djo, J, R: Akira Kurosawa, D: Toshiro Mifune, Isuzu Yamada

1951 Macbeth
USA, R: Katharine Stenholm, D: Bob Jones jr., Barbara Hudson Sowers

1948 Macbeth – Der Königsmörder
Macbeth, USA, R: Orson Welles, D: Orson Welles, Jeanette Nolan, Dan O'Herlihy

1946 Macbeth
USA, R: Thomas A. Balir, D: David Bradley, Louis Northrop, Ralph Beebe

1922 Macbeth
GB, R: H. B. Parkinson, D: Russell Thorndike

1922 Macbeth
D, R: Heinz Schall, D: Fritz Kaufmann, Eugen Klöpfer

1916 Macbeth
GB, R: John Emerson, D: Sir Herbert Beerbohm Tree, Constance Collier

1913 Macbeth
D, R: Arthur Bouchier, D: Arthur Bouchier, Violet Vanbrugh

1911 Macbeth
GB, R: Frank R. Benson, D: Frank R. Benson

1910 Macbeth
F, R: Henri Andréani

1909 Macbeth
F, R: André Calmettes, D: Paul Mounet-Sully, Jeanne Delvair

1909 Macbeth
I, R: Mario Caserini, D: Dante Cappelli

1908 Macbeth, Shakespeare's Sublime Tradegy
USA, R: J. Stuart Blackton, D: Maurice Costello, Florence Auer, Thomas H. Ince

Rebecca (1940, R: Alfred Hitchcock):
Joan Fontaine und Judith Andrson

REBECCA
GB 1997, R: Jim O'Brien, D: Charles Dance, Diana Rigg, Faye Dunaway, Emilia Fox, Geraldine Jems, Timothy West, Anthony Bate, John Branwell, Lucy Cohu

Nach einem Roman von Daphne du Maurier: Monte Carlo 1927, Maxim De Winter will im mondänen Umfeld die Erinnerung an den Tod seiner Frau Rebecca verdrängen. Er verliebt sich in eine junge Frau und heiratet sie. Doch als das Paar nach den Flitterwochen auf dem Landsitz der De Winters in England ankommt, gibt es die ersten Trübungen des Glücks: Die neue Mrs. De Winter fühlt sich nicht wohl, sie leidet unter den Intrigen der Haushälterin Danvers. Das Schloss Manderley ist beherrscht von der Erinnerung an die ertrunkene Rebecca. Eines Tages findet man vor der Küste ein gesunkenes Segelboot mit einem Skelett. Maxim macht seiner Frau ein furchtbares Geständnis: Bei der Leiche handelt es sich um Rebecca, er selbst habe sie aus Eifersucht umgebracht ...

Fernsehwoche: »Hervorragendes Remake des Hitchcock-Klassikers.«

Der psychologische Thriller Rebecca war 1940 Hitchcocks erster Film seit seiner Übersiedlung nach Hollywood, der mit zwei Oscars ausgezeichnet wurde.

1978 Rebecca
GB, R: Simon Langton, D: Jeremy Brett, Joanna David, Elspeth March

Rebecca (1940, R: Alfred Hitchcock): Hitchcocks kurzer Auftritt in einer stummen Nebenrolle

1962 Rebecca
D: James Mason
1940 Rebecca
USA, R: Alfred Hitchcock, D: Laurence Olivier, Joan Fontaine, George Sanders

REBELLEN DER SCHWARZEN BERGE

The Torch, USA 1950, R: Emilio Fernandez, D: Paulette Goddard, Pedro Armendariz, Gilbert Roland, Walter Reed, Julio Villareal, Carlos Muzquiz, Margarita Luna, José Torvay, Garcia Pena

Der Rebellengeneral José Juan Reyes erreicht eine Stadt, aber bevor er noch dazu kommt, den Klerus und die Besitzenden erschießen zu lassen, erkennt er in dem Ortspriester Pater Sierra einen Jugendfreund wieder und verliebt sich in die Tochter eines Glasfabrikanten, Maria Dolores. Sie weist ihn ab, das ungleiche Paar wechselt wiederholt Ohrfeigen. In der Stadt bricht eine Seuche aus. Der General wird immer friedlicher. Als die Regierungstruppen anrücken, will er kampflos das Feld räumen, um der Bevölkerung Kampfhandlungen zu ersparen. Maria Dolores sagt im letzten Augenblick ihre schon lange anstehende Heirat mit einem Arzt ab und verlässt mit dem Rebellengeneral die Stadt.

Western-Lexikon: »Der große mexikanische Regisseur Emilio Fernandez *(Maria Candelaria, La Perla, La Red)* drehte *The Torch* als amerikanisches Remake seiner mexikanischen Produktion *Enamorada* (1946). Im Original spielte Maria Felix das Mädchen aus der Besitz-Bourgeoisie, das sich in den General der Revolution verliebt und ihm folgt; Pedro Armendariz spielte den

Red River (1948, R: Howard Hawks):
Montgomery Clift und John Wayne

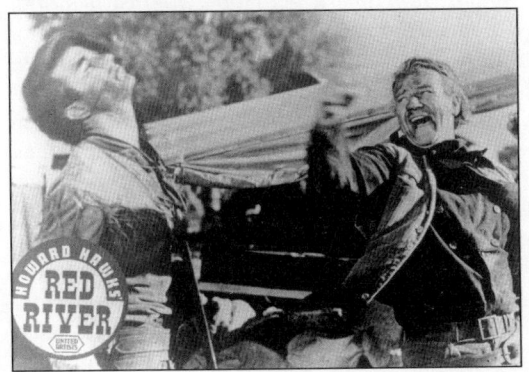

Red River (1948, R: Howard Hawks):
John Wayne und Walter Brennan

General in beiden Versionen. In der ersten wie in der zweiten Fassung ist der Film ›eine Art dialektischer Enquete über die Liebe und den Krieg, die Revolution und die Ungerechtigkeit, die Notwendigkeit und Opportunität der Gewalt sowie eine leidenschaftliche Verherrlichung des Revolutionskämpfers und der Tugenden, die er verkörpert‹ (Roger Boussinot, *L'encyclopédie du cinema*). Poesie und Humor des Originals wirken im Remake natürlicherweise etwas aufgewärmt.«

1946 Die Verliebte
Enamorada, MEX, R: Emilio Fernandez, D: Maria Felix, Pedro Armendariz

RED RIVER

USA 1988, R: Richard Michaels, D: James Arness, Bruce Boxleitner, Gregory Harrison, Ray Walston, Laura Johnson, Zachary Ansley, L. Q. Jones, Stan Shaw, Jerry Potter, Burton Gilliam

Nach einem Roman von Borden Chase: Der Rancher Tom Dunson treibt eine Herde Rinder nach Norden. Seine Cowboys stöhnen unter seinem harten Regiment, bis sein Ziehsohn Matt die Leitung des Trecks übernimmt und Dunston zurücklässt. Dunston holt die Herde wieder ein und prügelt sich solange mit Matt, bis die beiden sich wieder vertragen.

tip: »Je weiter sich dieser Film dem Original annähert, desto offensichtlicher wird die Kluft zwischen beiden Werken ... Erschwerend kommt hinzu, dass der bei Hawks zentrale Vater-Sohn-Konflikt abgeschwächt wird, weil immer wieder marginale Auseinandersetzungen in den Vordergrund treten: Ein schwarzer Ex-Sklave sorgt für ständige Streitigkeiten unter den Viehtreibern, und um die einzige Frau im ganzen Film entbrennt eine Rivalität um Leben und Tod. Drehbuch und Inszenierung dieses Films sind ein erschreckender Beleg dafür, wie ein Filmklassiker mit den Mitteln einer saft- und kraftlosen Fernsehästhetik heruntergewirtschaftet werden kann.« Der Film lief auch unter dem Titel *Treck nach Missouri*.

1948 Red River

USA, R: Howard Hawks, D: John Wayne, Montgomery Clift, Joanne Dru

DER REGENMACHER

BRD 1980, R: Ludwig Cremer, D: Rolf Becker, Cornelia Froboess, Götz George, Günter Lamprecht, Walter Richter, Jochen Schröder

Die Handlung spielt vor dem Hintergrund einer Farm in Kansas während eines heißen Sommers und bringt einen herumreisenden Scharlatan mit der Curry-Familie in Verbindung. Starbuck ist eine Art hausierender Medizinmann, der mit einem vierrädrigen, von einem Pferd gezogenen leichten Wagen durch die Lande reist und den Leuten verspricht, dass er ihnen und dem ausgedörrten Boden für ein paar hundert Dollar den notwendigen Regen machen kann. Mit seinen Trommeln und Maschinen und allerlei Palaver bringt er tatsächlich Regen, allerdings rein zufällig. Durch seine Dreistigkeit gewinnt er sehr bald die Zuneigung der Curry-Familie, insbesondere die der altjüngferlichen Tochter Lizzie. Er erweckt ihr Selbstvertrauen und schmeichelt ihr, indem er ihr sagt, sie sei sehr schön.

1956 Der Regenmacher

The Rainmaker, USA, R: Joseph Anthony, D: Burt Lancaster, Katharine Hepburn

REGINE

BRD 1955, R: Harald Braun, D: Johanna Matz, Erik Schumann, Horst Buchholz, Viktor Staal, Käthe Dorsch, Rudolf Forster, Gustav Knuth, Uschi Lingen, Ernst Waldow, Siegfried Lowitz, Herbert Hübner, Peter Arens, Ursula v. Reibnitz, Gerd Seid, Peter Baalcke, Manfred Schäffer

Nach einer Novelle von Gottfried Keller: Ein junger Fabrikbesitzer heiratet eine Werkmeisterstochter, die im Herrschaftshaus als Dienstmädchen arbeitet. Aus dem sozialen Unterschied ergeben sich verschiedene Konflikte.

Gerhard Roger *(Filmblätter)*: »Ein uraltes Thema, hier ebenso elegant wie exakt neu abgewickelt, mit einigen sozialkritischen und politischen Akzenten versehen – und vor allem: Von einem vorzüglichen Ensemble dargestellt. An der Spitze ›die Alten‹: Forster als Stahlmagnat – Gentle- und Businessman in einer überragenden Studie, wir sahen ihn seit Jahren nicht so faszinierend diszipliniert. Ihm ebenbürtig durchwirbelt die Dorsch den Plüschstaub der anfänglichen 1900er-Jahre mit einer Brise gesunden Menschenverstandes. Und als Dritter im Bunde verleiht Knuth Regines Vater rheinisch Saft und Herz. Aber auch dem jungen Trio gelingen Glanzleistungen: Hannerl Matz als Regine beweist erneut, dass der Vergleich mit der jungen Wessely nicht ganz unberechtigt ist: man glaubt ihr gern, dass ihr naturhafter Charme alle Widerstände überwindet – die des Magdseins und die der ›großen Gesellschaft‹. Der junge Industrieherr ist Erik Schumann, nobel in der Haltung und doch jungenhaft geradezu. Buchholz (in früheren Filmen bereits aufgefallen) spielt den klassebewussten Stahlarbeiter, Regines Bruder, überzeugend und temperamentvoll ... Alles in allem: Hier wurde ein Film nach dem alten UFA-Typ gedreht, mit den Schwächen und Stärken der alten UFA-Filme, vor allem mit den so gern zitierten Stärken. Ein Vergleich mit Waschnecks *Regine* (1934 mit Luise Ulrich, Adolf Wohlbrück) zeigt: Damals faszinierte die dichterische Aussage (der Film spielte ausschließlich im Land- und Gutshofmilieu); heute liegt das Schwergewicht auf Unterhaltung, Tempo und Spannung.«

1934 Regine

D, R: Erich Waschneck, D: Luise Ulrich, Adolf Wohlbrück, Olga Tschechowa

DAS REHKITZ

The Yearling, USA 1994, R: Rod Hardy, D: Peter Strauss, Jean Smart, Wil Horneff, Jarred Blancard, Philip S. Hoffman

Nach dem Roman von Marjorie Kinnan Rawlings: Die Farmersfamilie Baxter fristet in der Wildnis Floridas ein kärgliches Leben. Der dem Urwald abgerungene Boden bringt noch keinen ausreichenden Ertrag, und die Natur zerstört gelegentlich, was gerade zu wachsen anfing. Penny Baxter nimmt seinen elfjährigen Sohn Jody häufig in den Wald mit, obwohl das seiner Frau gar nicht passt. Eines Tages wird Penny von einer Klapperschlange gebissen. Um sich zu retten, erschießt der Farmer ein Reh, denn Herz und Leber des Tieres ziehen das Gift aus der Wunde. Jody ist traurig, weil das Kitz ohne Mutter in der Wildnis eingehen wird. Baxter gibt schließlich dem Bitten seines Sohnes nach, und Jody darf das junge Reh aufziehen. Doch das heranwachsende Reh frisst eines Tages die jungen Getreidetriebe ab – ein schwerer Schlag für den Vater ...

Lexikon des internationalen Films: »Gut gespielter, gefühlvoll-realistischer Abenteuerfilm.«

1975 Das Rehkitz

Fawn Story, USA, R: Larry Elikann, D: Kristy McNichol, Larry Poindexter

1947 Die Wildnis ruft

The Yearling, USA, R:, D: Gregory Peck, Jane Wyman, Claude Jarman jr.

REICH MIR DIE HAND, MEIN LEBEN

A 1955, R: Karl Hartl, D: Oskar Werner, Johanna Matz, Erich Kunz, Gertrud Kückelmann, Nadja Tiller, Angelika Hauff, Grégoire Aslan, Chariklia Baxevanos, Erika Köth, Annie Rosar

»Hofkompositeur« ist zwar ein schöner Titel, aber man kann sich nichts dafür kaufen. Niemand weiß das besser als Wolfgang Amadeus Mozart. Als man ihn 1791 wieder einmal an den Wiener Hof bestellt, lässt man ihn dort spüren, dass man an allerhöchster Stelle nicht viel von seiner Musik hält; ja, man glaubt, ihm Vorschriften machen zu können, wenn man ihm gnädigst wieder einen Auftrag zukommen lässt. Da arbeitet Mozart entschieden lieber mit dem Theaterdirektor Schikaneder zusammen, der ihm auch gleich einen Vorschuss gibt, sodass Frau Constanze ins Bad zur Kur fahren kann. Ihr Mann stürzt sich derweilen in die Arbeit. *Die Zauberflöte* soll die neue Oper heißen. Für die Rolle der Pamina ist die junge Sängerin Anni Gottlieb vorgesehen. Annie verehrt Mozart schon seit langem, bei den Proben finden die beiden zueinander. Ausgerechnet da taucht ein namhafter Impresario auf, der Anni zu einer großen Tournee verpflichten will, sie aber entscheidet sich dafür, bei Mozart zu bleiben, als sie erfährt, wie es um ihn steht. In Josefsdorf verbringen die beiden Liebenden ein paar glückliche Tage, dann kehrt Mozart an die Arbeit zurück. Constanze kommt ebenfalls heim, die *Zauberflöte* wird vollendet. Bald darauf ist Mozarts Zeit abgelaufen. An einem kalten Dezembernachmittag fährt man seinen Leichnam zum Friedhof, dort findet er seinen Platz in der »all-gemeinen Grube«. Mozarts Werk aber lebt und sichert seinem Namen Unsterblichkeit.

1942 Wen die Götter lieben

A/D, R: Karl Hartl, D: Hans Holt, Winnie Markus, Rosa Albach-Retty

REICH UND BERÜHMT

Rich And Famous, USA 1981, R: George Cukor, D: Jacqueline Bisset, Candice Bergen, David Selby, Hart Bochner, Steven Hill, Meg Ryan, Matt Lattanzi, Daniel Faraldo, Nicole Eggert, Joe Maross, Kres Mersky, Cloyce Morrow, Cheryl Robinson

Liz Hamilton und Merry Noel Black kennen sich seit ihrer College-Zeit und haben sich ihre stürmische Freundschaft über lange Jahre bewahrt. Liz wird eine von der Kritik gefeierte New Yorker Schriftstellerin, deren Werk sich allerdings nicht verkauft, während Merry Noel mit ihrem Mann in Malibu das ereignislose Dasein einer Hausfrau führt. Bei einem von Liz' Besuchen an der Ostküste liest Merry Noel ihrer Freundin aus einem selbstverfassten Roman über ihren Nachbarn vor und bittet sie, das Buch ihrem Verleger zu zeigen. Es wird ein Bestseller und Merry Noel eine Autorin, die einen schundigen Schmöker nach dem anderen produziert. Liz dagegen, die ständig unter Schreibhemmungen leidet, arbeitet immer noch an ihrem zweiten Buch ...

TV Spielfilm Lexikon: »Obwohl George Cukor es immer abgelehnt hat, sich als ›Frauenregisseur‹ bezeichnen zu lassen, bestätigt sein letzter Film ironischerweise dieses oft gebrauchte Attribut: *Reich und berühmt* ist das Remake eines alten Bette Davis/Miriam Hopkins-Vehikels von 1943, *In Freundschaft verbunden*. Cukor hatte die Regie von Robert Mulligan übernommen, dessen Arbeit nach vier Tagen vom Schauspielerstreik des Jahres 1980 unterbrochen worden war und der bei Wiederaufnahme der Arbeiten andere Verpflichtungen hatte ... Der Film deckt einen Zeitraum von über zwanzig Jahren ab, und eine seiner größten Schwächen ist, dass man das nicht auch sieht. So trägt Jackie Bisset immer die gleiche Frisur, und das Flugzeug, in dem sie mit ihrem Sitznachbarn (Michael Brandon in einem unangekündigten Gastauftritt) schnellen Sex auf der Toilette hat, eine 747, gab es 1969 noch gar nicht. Doch abgesehen davon bietet die Schauspielerin eine exquisite, vielschichtige Darstellung und schuf eine der interessantesten Frauenfiguren der jüngeren Vergangenheit. Im Vergleich dazu hat

Candice Bergen weniger zu tun, da ihre Rolle ein-dimensionaler angelegt ist, doch gibt sie sie mit dem gleichen komischen Aplomb, der schon *Auf ein Neues* zum Genuss machte. Sowohl Bisset als auch Bergen starteten ihre Karrieren in den späten 60ern, als Frauen zunehmend nur noch als dekoratives Beiwerk für männliche Abenteuer- und Action-Geschichten herhalten mussten, und wurden auf Grund ihrer Schönheit niemals als fähige Schauspielerinnen ernst genommen. Wenn *Reich und berühmt* auch sonst keinen bleibenden Eindruck hinterlässt, mit diesem Vorurteil räumt er entschieden auf.«

1943 In Freundschaft verbunden

Old Acquaintance, USA, R: Vincent Sherman, D: Bette Davis, Miriam Hopkins

DER REIGEN

BRD 1973, R: Otto Schenk, D: Helmut Berger, Maria Schneider, Sydne Rome, Peter Weck, Erika Pluhar, Gertraud Jesserer, Helmuth Lohner, Michael Heltau, Hans Brenner, Senta Berger

Nach einem Bühnenstück von Arthur Schnitzler: Wien Ende des 19. Jahrhunderts. Wie durch einen Reigen sind repräsentative Personen der k. u. k. Monarchie durch ihre Liebesverhältnisse miteinander verknüpft. Während sich ein Soldat mit einer Dirne vergnügt, verführt seine Freundin, ein Stubenmädchen, den Sohn ihrer Herrschaft. Der wiederum hat eine Affäre mit einer verheirateten Frau, die von ihrem Mann mit einer armen Arbeiterin betrogen wird.

Kurt Habernoll *(Der Abend)*: »Man hatte nicht mit einer glänzenden Neuauflage des unvergesslichen Ophüls-Films gerechnet, eine authentische Schnitzler-Interpretation durfte man jedoch von dem renommierten Wiener Bühnen-Regisseur Otto Schenk erwarten. Tatsächlich hielt sich Schenk wortgetreu an Schnitzlers Text. Er ließ so wienerisch sprechen, dass man anfangs einige Verständnisschwierigkeit hatte. Doch dort, wo Meister Schnitzler nur Gedankenstriche gesetzt hatte, da rückte die Kamera den sich entblätternden Darstellern auf den Leib. Zu Beginn – wenn die Dirne mit dem Soldaten, dann der Soldat mit dem Stubenmädchen in den nächtlichen Park gehen – nahm man's noch hin als angemessen derbe Pointe. Aber dann ging es immer so – penetrant gleichförmig – weiter. Man fürchtete sich vor dem nächsten ›Akt‹ – stupide in Angriff genommen, veranstaltet wie in einem Brummer-

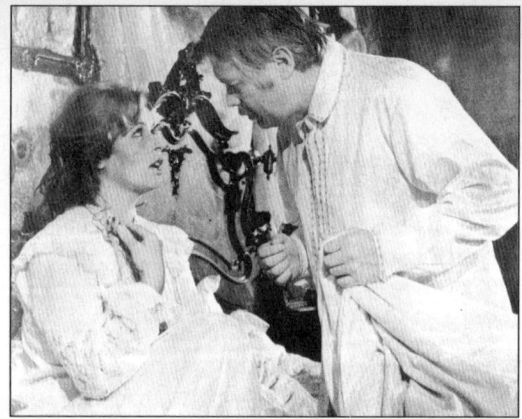

Der Reigen (1973, R: Otto Schenk):
Senta Berger und Peter Weck

Film. ›Man muss die Erotik auch zeigen‹, hat Schenk gesagt. Welch Missverständnis! Eben die Erotik kam zu kurz, wurde nur sekundenlang spürbar. Etwa wenn Senta Berger den Helmut Berger sanft ermutigte. Oder beim ›süßen Mädel‹, der Maria Schneider: frech und selbstbewusst, ausgeliefert und wurstig. Da wurde momentweise unaufdringlich Schnitzlers resignative Gesellschaftskritik lebendig. Erst ganz zum Schluss war Schnitzler noch einmal nicht nur verbal im Bild: Helmut Lohner brachte jene Grazie, jenes schreckliche Gefühl des Einsamseins ins Spiel, das man fast zwei Stunden lang vermisst hatte. Ansonsten war gut besetztes Fernseh-Theater zu sehen, im Gesamteindruck deprimierend. Otto Schenk meinte: ›Grad so hab ich's haben woll'n!‹ Da kann man nichts machen. Selbst die Musik des *Lovestory*-Komponisten Francis Lai war der tristen Stimmung sanft angepasst.«

Der Wiener Arzt und Dramatiker Arthur Schnitzler (1862–1931) ist in seinen wesentlichen Bühnenstücken und Erzählungen immer als Anwalt und Verteidiger der Frauen in Erscheinung getreten. Unter dem Einfluss der Freudschen Psychoanalyse wurden seine Stücke, die oft aus in sich geschlossenen und doch fest miteinander verknüpften Einaktern bestehen, zu Spiegelbildern menschlicher Schicksale, die er anhand erotischer Probleme gestaltete: »Soziales Mitgefühl, Sehnsucht nach einem menschenwürdigen Leben und tiefes Wissen um die Fragwürdigkeit der bürgerlichen Moral zeichnen diese Stücke aus«, bemerkt Heinz Hofmann in *Film für Sie*, »*Liebelei* (1896) und *Reigen* (1900) stehen insofern in einem direkten Zusammenhang, als sie beide die Brüchigkeit, den Zynismus und die Überlebtheit der bürgerlichen Moral und der Offizierskaste enthüllen. Schnitzlers große Erzählkunst bestätigte sich in den sozialkritischen Novellen *Leutnant Gustl* (1901) und *Therese* (1928). Das fein abgetönte, impressionistische Gesamtwerk Arthur Schnitzlers hat durch diese bleibenden, kritisch-realistischen dichterischen Leistungen seinen Platz in der Weltliteratur gefunden. Die Szenenfolge *Reigen* ist nach einem idealen dramaturgischen Prinzip aufgebaut: Ein Partner aus jeder Episode wechselt in die nächste über, wird mit einem neuen Partner zusammengeführt. Das Thema wird beibehalten, aber die menschlichen Ebenen und die Milieu-Details wechseln. Und mit jeder Episode erfährt man etwas mehr von der Absicht des Dichters, die Stellung der Frau in jener Gesellschaft genau zu bestimmen, in der sie nur das erotische Spielzeug und die hörige ›Dienerin‹ des Mannes zu sein hat, der sie gelegentlich auch zu Zwecken der gesellschaftlichen ›Repräsentanz‹ vorführen darf, um als ›guter Ehemann und Staatsbürger‹ akzeptiert zu werden. Es ist verständlich, dass dieser demaskierende Reigen auf eisige Ablehnung und Gegenwehr der betroffenen Bürgerwelt stoßen musste. Und es ist ein bitterer Treppenwitz der Historie, dass dem feinfühligen Dichter und leidenschaftlichen Anwalt der in jener Gesellschaft um ihre Grundrechte betrogenen Frauen absur-

derweise von obszönen Spießern ›Obszönität‹ vorgeworfen wurde. Arthur Schnitzler hat die Frauen wirklich geliebt. Deshalb konnte er so ehrlich und – auch als Mann – selbstkritisch über sie schreiben.«

1995 entstand mit Karina Fallenstein, Jessica Früh, Jutta Masurath und Katharina von Bock der TV-Film *Der reizende Reigen nach dem Reigen des reizenden Herrn Arthur Schnitzler.*

1964 Der Reigen
La ronde, F/I, R: Roger Vadim, D: Jean-Claude Brialy, Jane Fonda, Anna Karina

1950 Der Reigen
La ronde, F, R: Max Ophüls, D: Adolf Wohlbrück, Simone Signoret

1920 Der Reigen – Ein Werdegang
D, R: Richard Oswald, D: Asta Nielsen, Conrad Veidt, Theodor Loos

REINE GLÜCKSSACHE
Pure Luck, USA 1991, R: Nadia Tass, D: Martin Short, Danny Glover, Sheila Kelley, Sam Wanamaker, Scott Wilson, Harry Shearer
Millionärstochter Valerie verschwindet spurlos in Mexiko. Auf der Suche nach ihr stolpern Privatdetektiv Campanella und Eugene von einer haarsträubenden Situation in die nächste. Ihre

Rechts: Der Reigen (1950, R: Max Ophüls): Daniel Gelin und Danielle Darrieux
Unten: Der Reigen (1950): Simone Signoret und Gérard Philippe

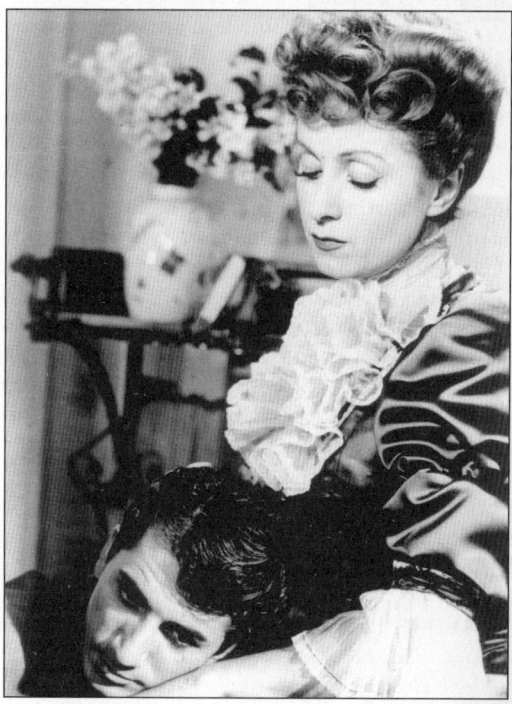

Odyssee durch Mexiko führt sie in eine Dschungelmission, in der sie Valerie tatsächlich finden.

Lexikon des internationalen Films: »Ziemlich schwaches Remake der französischen Komödie *Der Hornochse und sein Zugpferd*.«

1981 Der Hornochse und sein Zugpferd
Le chèvre, F, R: Francis Veber, D: Pierre Richard, Gérard Depardieu

REISE IN DIE VERGANGENHEIT
D 1943, R: Hans H. Zerlett, D: Olga Tschechowa, Margot Hielscher, Ferdinand Marian, Hilde Hildebrand, Will Dohm, Hans Leibelt, Rudolf Prack, Theodor Loos, Fritz Odemar, Eva Tinschmann, Josef Offenbach, Oscar Sabo, Georg Mittelhaus, Arthur Wiesner

Die verwitwete Marianne von der Halden ist mit der Herzenswahl ihrer Tochter Anita, einer begabten Pianistin, nicht einverstanden. Um ihr zu beweisen, dass die erste Passion nicht immer gleich das Schicksal ist, stellt sie ihr auf einer Reise die Männer vor, die einst in ihrem Leben eine Rolle spielten: den zweitklassigen Tenor mit Herz Paul Schneider, der nur noch sich selbst den Schwerenöter vorspielt; den arrivierten Tierarzt Dr. Werner Birkner, der gerade sein Glück mit einer späten Ehe versuchen will; den kranken, heruntergekommenen Herrenreiter Carlo Ernst, der sich nach seiner Wiederbegegnung mit der glanzvollen Vergangenheit das Leben nimmt. Den Mann, den ihr ihre Mutter auf der Reise unterschlagen hat, lernt Anita bei ihrem ersten Konzert kennen, es ist der Generalmusikdirektor Elmers. Marianne erkennt, dass er die Liebe ihres Lebens war. Da auch Anita auf der Reise den jungen Mann Michael Brantner und das wahre Glück gefunden hat, landen Mutter und Tochter im Hafen der Ehe.

ZDF: »Liszts *Liebestraum* ist nicht zufällig das musikalische Leitmotiv dieses Films, der in gepflegter Gefühlsseligkeit schwelgt. Kleine Dosen von Humor und weiblicher Lebensklugheit sorgen für ein wohltuendes Gegengewicht. Der Film, dessen darstellerische Qualitäten sich sehen lassen können, entstand nach einem Drehbuch von Gerta Ital, das sich an Julien Duviviers 1937 gedrehten meisterhaften Film *Le carnet du bal (Spiel der Erinnerung)* anlehnt.«

1941 Ein Frauenherz vergisst nie
Lydia, USA, R: Julien Duvivier, D: Merle Oberon, Joseph Cotten, Alan Marshal

1937 Spiel der Erinnerung
Le carnet de bal, F, R: Julien Duvivier, D: Fernandel, Louis Jouvet, Marie Bell, Raimu

REISE INS ZENTRUM DER ZEIT
Journey To The Center Of Time; USA 1967, R: David L. Hewitt, D: Scott Brady, Anthony Eisley, Gigi Perreau, Abraham Sofaer, Austin Green, Poupée Gamin, Tracy Olsen, Andy Davis, Lyle Waggoner

Dr. Steiner wird mit seiner Mannschaft zuerst in das Jahr 6968 verschlagen, in dem die Erde von Kriegen verwüstet ist. Nach einer weiteren Zeitmaschinen-Panne muss die Gruppe auch noch in prähistorischen Zeiten alle möglichen Gefahren bestehen.

Lexikon des internationalen Films: »Billig produzierter Science-Fiction-Film nach einem haarsträubenden Drehbuch.«

1964 2071: Mutan-Bestien gegen Roboter
The Time Travelers, USA, R: Ib Melchior, D: Preston Foster, Philip Carey, John Hoyt

DIE REISE NACH TILSIT
D 1939, R: Veit Harlan, D: Frits von Dongen, Kristina Söderbaum, Anna Dammann, Wolfgang Kieling, Joachim Pfaff, Manny Ziener, Ernst Legal, Eduard von Winterstein, Albert Florath

Nach einer Novelle von Hermann Sudermann: Der Fischer Endrik Settegast verliebt sich in die schöne Polin Madlyn, obgleich er Frau und Kind hat. Elske versucht verzweifelt, ihren Mann zurückzugewinnen, doch ist dieser bereits völlig in Madlyns Bann geraten. Als Elskes Vater die Polin mit der Reitpeitsche vertreiben will, erwägt Endrik ernsthaft, sich seiner Frau auf gewaltsame Weise zu entledigen, um mit Madlyn glücklich werden zu können. Während einer Reise nach Tilsit kann Elske jedoch ihren Mann zurückerobern und sich mit ihm am Bett des Kindes aussöhnen, während Madlyn geknickt die Rückreise nach Polen antritt. Zu diesem Harlan-Film gab es einen berühmten Vorgänger. 1927 drehte F. W. Murnau in Hollywood seinen Stummfilm-Klassiker *Sunrise*, der allerdings in Amerika und nicht vor der herben Landschaftskulisse Ostpreußens angesiedelt war. Harlan ließ sich, entgegen späterer Äußerungen, doch von Murnaus visueller Kraft beeinflussen, auch wenn er Zugeständnisse an die gesellschaftlich-politische Realität des Nationalsozialismus macht. Harlan unterschätzte Murnaus Film, gegenüber dem Filmhistoriker Hull hat er sein Remake mit den Worten verteidigt: »*Sunrise* von Murnau war ein poetisches Werk, aber, nehmen Sie es mir nicht übel, mein Film war wirklich ein Film.«

TV Spielfilm Lexikon: »Kristina Söderbaum hatte trotz des Happy Ends auch hier in einer Traumsequenz eine Wasser-Szene zu bewältigen. In einer Vision stellt sich Endrik vor, wie er seine Frau ertränkt. Harlan, der den Film zu einem Großteil an der Kurischen Nehrung realisierte, siedelte mit dem Drehteam für diese kurze Bildfolge in ein Wellenbad nach Leipzig um, wo er die kranke Kristina Söderbaum, die an einer Nierenbeckenentzündung litt, unerbittlich in die Fluten scheuchte. *Die Reise nach Tilsit*, wie alle Harlan-Filme jener Zeit mit den typischen rassistischen Entgleisungen ausgestattet, wurde nach seiner Fertigstellung erst einmal auf Eis gelegt. Zur selben Zeit war bereits an die Öffentlichkeit gedrungen, dass Propagandaminister Goebbels mit der tschechischen Filmschauspielerin Lida Baarova ein Verhältnis hatte. Goebbels schäumte vor Wut, als er das erste Mal den fertigen Streifen sah und fürchtete, jedermann würde angesichts der Handlung Parallelen zu seiner eigenen Liaison ziehen. Der Film kam so erst im November 1939 zur Aufführung, als die Bevölkerung durch den Kriegsausbruch bereits ganz andere Sorgen hatte.«

1927 Sunrise

Sunrise – A Song Of Two Humans, USA, R: Friedrich W. Murnau, D: George O'Brien

REISE ZUM MITTELPUNKT DER ERDE

Journey To The Center Of The Earth, USA 1999, R: George Miller, D: Tushka Bergen, Treat Williams, Jeremy London, Joe Bugner, Bryan Brown, Hugh Keays-Byrne

Nach einem Roman von Jules Verne: Geologe Theodore Lytton und sein Assistent und Neffe Jonas sollen der wohlhabenden Alice bei der Suche nach ihrem verschollenen Mann Casper helfen. Zusammen mit dem Raufbold McNiff machen sie sich auf die Reise, die sie schließlich durch die Höhlen eines neuseeländischen Vulkans zum Mittelpunkt der Erde führt. Regisseur George T. Miller fügte der Geschichte einen neuen, fantasievollen Plot hinzu. Am tiefsten Punkt der Reise beginnt erst das eigentliche Abenteuer: Bizarre Saurier-Menschen erwarten dort die Abenteurer ...

Tom Peuckert *(Der Tagesspiegel)*: »Jules Verne in den Fängen der amerikanischen Fernsehindustrie. Das schöne Märchen von der Welt im Inneren der Welt, neu nacherzählt aus dem Geist der Computeranimation, mit schielendem Blick auf Spielbergs Dinosaurier und ähnlich fantastische Kassenschlager. In George Millers Neuverfilmung mutiert Vernes verschrobener Professor zu einem jugendlich-smarten Draufgänger, den nicht die Wissenschaft, sondern ein Engagement als Detektiv in den Bauch der Erde führt. Dort wartet eine opulente Fantasia-World auf die Reisenden. Alles, was via Hollywood schon einmal die Herzen des märchensuchenden Kinopublikums erobert hat, wird aufgefahren: Saurier aller Art, aber auch Aliens, Menschenfresser, innerirdische Indianervölker. Muss man erwähnen, dass es nicht sehr sublim, sondern eher krachledern zugeht? Im Grunde steht das Fernsehen diesem Stoff ja hilflos gegenüber. Wie soll man die majestätischen Räume der Unterwelt sinnlich erfahrbar machen? Vernes Geschichte verlangt nach einer Überwältigung durch das Bild, für die der Fernsehschirm zu winzig bleibt. Die leere Mitte ist hier mit einschlägiger Psychodramatik gefüllt. Der egozentrische Professor erlernt das Lieben, sein kränklicher junger Neffe reift zum tatkräftigen Mann. Der Rest ist Action nach immergleichem Muster: Eine Horde bissiger Flugsaurier kommt angeflattert, alle laufen schreiend davon. Die Frau in der Gruppe stürzt. Es kommt zum Kampf Mann gegen Ungeheuer, am Ende liegt das Ungeheuer zerschmettert am Boden. Die Gruppe verschnauft

Reise zum Mittelpunkt der Erde (1989, R: Rusty Lemorande): Nicola Cowper, Ilan Mitchell-Smith und Paul Carafotes

und hat Beziehungsprobleme. Das nächste Ungeheuer wartet hinter einem Felsen. Alle laufen schreiend davon. Die Frau stürzt. Es kommt zum Kampf.«

Als sich die Dreharbeiten zu Cannons teurem Remake von *Die Reise zum Mittelpunkt der Erde* (*Journey To The Center Of The Earth*, 1989) an den Drehorten in Südafrika und Zimbabwe hinauszögerten, erlaubte die Produktionsfirma Cannon Albert Pyun mit *Alien From L. A.* eine Variante der Jules Verne-Vorlage abzudrehen. Auf diese Art und Weise wollte man Kulissen der aufwendigen Produktion verwerten und die Darsteller weiterbeschäftigen.

Die Science Fiction Filmenzyklopädie: »Die mausgraue Heldin Kathy Ireland, ein kalifornisches Flittchen mit einer nervtötenden Stimme (der ausgelutschte Running-Gag besteht darin, dass jeder, der ihr zuhört, Migräne bekommt) verreist Richtung Afrika. Während der Reise kommt der Forschungsreisende und Vater Irelands (Richard Haines) abhanden und stürzt in ein Loch, das direkt in die versunkene Stadt Atlantis führt. Etwa am Mittelpunkt der Handlung legt Covergirl Ireland ihre Brille und ihre Frisur ab und entwickelt ihr glamouröses Selbst, ohne

dadurch auch nur einen Deut anziehender zu werden. Bei den Atlantern handelt es sich wie in *Tauchfahrt des Schreckens* (*Warlords Of Atlantis*, 1978) um Emigranten aus dem Weltall mit einwandfreier britischer Aussprache: Ihre Gesellschaftsform ist ein Unterdrückungsstaat, der sich gerne mit pechschwarzen Punk-Accessoires präsentiert. In einer hanebüchenen Handlungswendung erweist sich das Ganze als Traum. Ireland taucht in der gleichen Rolle in der Endfassung von *Die Reise zum Mittelpunkt der Erde* wieder auf, sodass das Remake gleichzeitig die Fortsetzung dieses Traumes wurde.«

Ein weiteres Remake ist angekündigt: Travis Wright und John Glenn sollen für 20th Century Fox eine neue Fassung der Jules Verne-Story *Reise zum Mittelpunkt der Erde* als Drehbuch entwickeln. Die Story soll dieses Mal die Reisenden nicht nur zum Erdmittelpunkt führen, sondern auch die Ursprünge der Vampir-Mythologie enthüllen.

1993 Gefährliche Reise zum Mittelpunkt der Erde
Journey To The Center Of The Earth, USA, R: William Dear, D: F. Murray Abraham
1989 Reise zum Mittelpunkt der Erde
Journey To The Center Of The Earth, USA, R: Rusty Lemorande, D: Nicola Cowper
1977 Phantastische Reise zum Mittelpunkt der Erde
The Fabulous Journey To The Center Of The Earth, E, R: Juan Piquer Simon, D: Kenneth More, Frank Brana, Pep Munne, Ivonne Sentis

Links: Die Reise zum Mittelpunkt der Erde
(1959, R: Henry Levin)
Unten: Die Reise zum Mittelpunkt der Erde
(1959): James Mason, Pat Boone,
Arlene Dahl und Peter Ronson

Ein reizender Fratz (1979, R: Walter Bernstein):
Sara Stimson

1959 Die Reise zum Mittelpunkt der Erde
Journey To The Center Of The Earth, USA, R: Henry Levin, D: Pat Boone
1951 Unknown World
USA, R: Terry O. Morse, D: Bruce Kellogg, Marilyn Nash, Jim Bannon

EIN REIZENDER FRATZ
Little Miss Marker, USA 1979, R: Walter Bernstein, Drb: Walter Bernstein nach einer Story von Damon Runyon, K: Philip Lathrop, M: Henry Mancini, S: Eve Newman, D: Walter Matthau (Sorrowful Jones), Julie Andrews (Amanda), Tony Curtis (Blackie), Bob Newhart (Regret), Lee Grant (Richterin), Sara Stimson (»die Kleine«), Brian Dennehy (Herbie), Kenneth McMillan (Brannigan), Andrew Rubin (Carter), Joshua Shelley (Benny), Nedra Volz (Mrs. Clancy), Jacquelyn Hyde (Lola)

1934 in New York. Sorrowful Jones ist ein nicht ganz sauberer Buchmacher, der seine illegalen Wettgeschäfte im Hinterzimmer eines Süßwarenladens abwickelt, assistiert von Regret, der nicht gerade das Pulver erfunden hat. Da hat Blackie, ein geschniegelter und gebügelter Ganove, schon mehr auf dem Kasten. Er ist ebenso gewitzt wie gefährlich. Trotzdem widersetzt sich Sorrowful mannhaft, als Blackie vom Buchmacher die Kleinigkeit von 50.000 Dollar verlangt, um einen unautorisierten Spielklub in einer Villa einzurichten. Der nächste Bittsteller im Hinterzimmer ist ein Vater mit seiner sechsjährigen Tochter. Der Mann überredet Sorrowful, ihm zehn Dollar für eine Wette zu leihen. Er lässt die Kleine als Pfand zurück, während er angeblich

das Geld holen geht. Doch Sorrowful wartet vergeblich auf seine Rückkehr. Er, der zwar viel von Pferden und Wetten, aber nichts von Kindern versteht, hat nun die Kleine am Hals. Notgedrungen nimmt er sie zu sich nach Hause, füttert sie und legt sie schlafen.

Zuerst wird er ein ungutes Gefühl nicht los, dass dieses lebendige Pfand Teil eines Gangsterkomplotts gegen ihn sein könnte. Doch allmählich entwickelt sich so etwas wie Zuneigung zu der Kleinen, deren kindlichem Charme er sich nicht entziehen kann. Als er dann durch den Polizisten Brannigan erfährt, dass der Vater Selbstmord begangen habe und man jetzt auf der Suche nach der Kleinen sei, um sie in ein Waisenhaus zu bringen, verschweigt Sorrowful ihre Anwesenheit. Die Kleine wird nun seine »ständige Begleiterin« bei Pferde- und Hunderennen, in Kneipen und in seinem Hinterzimmerbüro. Schließlich steigt Sorrowful widerwillig mit 50.000 Dollar als Partner in Blackies illegalen Spielklub ein.

In Begleitung der Kleinen will er sich den Laden mal selbst ansehen und trifft dort Amanda. Es stellt sich heraus, dass die Villa ihr gehört bzw. der Bank, deren Schuldnerin sie ist, seit ihr Mann

Ein reizender Fratz (1979, R: Walter Bernstein):
Walter Matthau und Sara Stimson

Ein Rucksack voller Ärger (1962, R: Norman Jewison):
Tony Curtis, Claire Wilcox und Suzanne Pleshette

ihr Vermögen verspielte und dann aus dem 23. Stock sprang. Sie braucht Geld, um ihren Besitz zurückzuerhalten. Das Letzte, was ihr noch gehört, ist das Rennpferd Sir Galahad, das aber leider bisher nicht über »ferner liefen« hinausgekommen ist. Da Amanda meint, dass ein Spielcasino, ein Wettbüro und Rennplätze keine Aufenthaltsorte für ein kleines Mädchen seien, entschließt sich Sorrowful eine neue Wohnung zu nehmen und Personal zu engagieren. Eines hat die neue Crew gemeinsam – sie alle stecken bei Sorrowful mit Wettschulden tief in der Kreide.

Blackie passen die guten Beziehungen zwischen seinen beiden Partnern Amanda und Sorrowful ganz und gar nicht. Er warnt Sorrowful, sich mit Amanda näher einzulassen. Doch dann bricht das Unglück über den Spielklub herein, als ein Spieler die Bank sprengt und kein Cent mehr in der Kasse übrig bleibt. Um wieder zu Geld zu kommen, entwickelt Blackie einen teuflischen Plan. Ein Rennen soll manipuliert werden und Amandas Liebling, der arme Sir Galahad, soll dabei sein Leben lassen. Sorrowful durchkreuzt diesen Plan und bekommt es nun mit Blackie zu tun. Die große Auseinandersetzung »auf Leben und Tod« endet mit einem unfreiwilligen kalten Bad. Zuguter Letzt taucht das Kleeblatt Sorrowful, Amanda und die Kleine vor einer wohlwollenden Familienrichterin auf, wo die Adoption der Kleinen zur Sprache kommt. Ehe es sich Sorrowful versieht, ist plötzlich auch die Rede von einer Heirat zwischen ihm und Amanda, denn die Kleine soll ja schließlich in einer richtigen Familie aufwachsen.

Als Damon Runyon 1932 seine Kurzgeschichte *Die kleine Miss Marker* in *Collier's Magazine*

veröffentlichte, konnte er nicht ahnen, dass dieser Stoff in den darauffolgenden 47 Jahren insgesamt viermal Drehbuchvorlage für Kinofilme sein würde. Bei der Erstverfilmung war Shirley Temple als *Little Miss Marker* der (Kinder-)Star, den Sorrowful Jones spielte Adolphe Menjou. 1949 hieß der Hauptdarsteller Bob Hope und 14 Jahre später hat sich Norman Jewison der Story angenommen und mit Tony Curtis im Titelpart *Ein Rucksack voller Ärger* inszeniert. Walter Matthau fand, dass die Rolle des Sorrowful Jones wie maßgeschneidert für ihn sei und hatte dieses Projekt schon seit sage und schreibe zwanzig Jahren im Auge gehabt. Auf der Suche nach einem Drehbuchautor meldete er sich bei Walter Bernstein: »Wenn es irgendjemanden gibt, der an Damon Runyon noch irgendetwas verbessern kann, dann ist das Walter Bernstein. Sorrowful Jones ist wie für mich gemacht. Das ist klassischer Skeptizismus, knallharte Lebenserfahrung gegen Liebe und Unschuld und wie Liebe und Unschuld obsiegen.«

Für Walter Bernstein, einen der erfolgreichsten Drehbuchautoren Hollywoods *(Der Mann, der herrschen wollte, Die Dame und der Killer)*, der in den Jahren 1950–58 auf der »schwarzen Liste« stand (und seine Erfahrungen aus dieser Zeit in dem Woody Allen-Film *Der Strohmann* zusammenfasste), ist *Ein reizender Fratz* sein Debüt als Regisseur. Hauptdarsteller Matthau war so sehr vom Erfolg überzeugt, dass er Koproduzent des Films wurde. Aber diese zusätzliche Funktion gefiel ihm ganz und gar nicht: »Ich bin nur dem Namen nach Produzent. Ich hasse Macht.

Ein Rucksack voller Ärger (1962, R: Norman Jewison):
Claire Wilcox und Tony Curtis

Ich schätze es einfach nicht, dass ich bei den Vorgängen hier irgendetwas zu sagen habe. Aber ich bin froh, dass ich arbeite. Arbeiten ist viel leichter, als nicht zu arbeiten. Und Walter Bernstein ist ein guter Regisseur. Er ist ein hochkarätiges Talent mit einem hochkarätigen Hirn. Und ich, ich bin ein hochkarätiges Talent mit einem halbkarätigen Hirn. Zumindest nehme ich an, dass ich ein hochkarätiges Talent bin, wo sie mir doch so viel Geld geben. Sonst wäre ich sicher nicht so eingebildet. Da schlägt dann das Selbstabscheu-Syndrom voll durch.«

Der Film war erstaunlicherweise kein Erfolg: »Diese gute, sogar altmodische und sentimentale Familienkomödie schien wie gemacht für ein Jahr, dessen Stimmung in den USA mit dem Blick zurück beschrieben werden kann, in dem man die Werte einer anderen Zeit wieder aufleben lassen wollte«, schreibt Matthau-Biograf Allan Hunter, »dass Unschuld und Güte über das Böse und Niederträchtige triumphieren, schien genau der richtige Stoff für Leute zu sein, die Ronald Reagan zum Präsident wählten. Stattdessen kreidete man dem Film an, dass er ein alter Hut sei, langatmig und öde. Julie Andrews war fehl am Platze, Sara Stimson war nicht Shirley Temple, und jedermann erwartete die Feuerwerke von *The Empire Strikes Back (Das Imperium schlägt zurück)*.« In Großbritannien waren die Kritiker freundlicher, das Magazin *Films Illustrated* bemerkte: »Genießen wir es doch einfach wegen des soliden Handwerks und wegen der guten Vorstellungen. Matthau war selten besser: Obwohl der Drehbuchautor Walter Bernstein (der hier zum ersten Mal Regie führte) ihn offenbar dazu eingeladen hat zu überspielen, hat der Schauspieler dieser Versuchung weitgehend widerstehen können.«

Das *TV Spielfilm Lexikon* fragt, »warum sich Drehbuch-Veteran Bernstein ausgerechnet eine solche Geschichte für sein Regiedebüt aussuchte, wird wohl eines der ungelösten Rätsel der Traumfabrik bleiben. Kein Geheimnis allerdings ist die Tatsache, dass sich der altmodische Film trotz der hochkarätigen Besetzung als Kassenflop entpuppte. Langweilig, sentimental und selten komisch.« Auch die *Stuttgarter Zeitung* kommt zu dem Schluss: »Leider lässt es der Film an Komik fehlen.« Viel gnädiger ist dagegen die *Berliner Morgenpost*: »Ein harmlos-heiterer Film im amerikanischen Unterhaltungsstil, schon wegen der Darsteller wundervoll.«

1962 Ein Rucksack voller Ärger
40 Pounds Of Trouble, USA, R: Norman Jewison, D: Tony Curtis, Phil Silvers
»Rührselige Hollywood-Unterhaltung.« *(Lexikon des internationalen Films)*

1949 Der besiegte Geizhals/
    Kindermädchen wider Willen
Sorrowful Jones, USA, R: Sidney Lanfield, D: Bob Hope, Lucille Ball
»Eine freundliche und optimistische Komödie mit Rennplatzatmosphäre.« *(Lexikon des internationalen Films)*

1934 Little Miss Marker
USA, R: Alexander Hall, D: Adolphe Menjou, Shirley Temple

RENDEZVOUS MIT EINEM ENGEL
The Preacher's Wife, USA, 1996, R: Penny Marshall, D: Denzel Washington, Whitney Houston, Courtney B. Vance, Gregory Hines, Jenifer Lewis, Loretta Devine

In Reverend Biggs beruflichem und privatem Leben scheint alles schief zu laufen. Da schickt ihm der liebe Gott einen Engel zur Unterstützung, der sich aber besonders gerne um Biggs Ehefrau Julia kümmert.

Marion Löhndorf (*FAZ*): »Denzel Washington spielt den Engel nett und mit samtiger Entspanntheit. An seinen Vorgänger Cary Grant erinnert nur noch der Anzug, von dem Tom Wolfe einmal schrieb, er sei ›kostbar und schlicht wie ein Bratschenensemble‹. Mit Rat und Hilfe steht er Reverend Biggs, dessen Frau und dem kleinen

Rendezvous mit einem Engel (1996, R: Penny Marshall): Whitney Houston und Denzel Washington

Rendezvous mit einem Engel (1996, R: Penny Marshall): Henry (Courtney B. Vance) ist vom Kirchenmodell begeistert

Jede Frau braucht einen Engel (1947, R: Henry Koster): Cary Grant, David Niven und Loretta Young

Sohn zur Seite. Das heißt, er wickelt jeden um den Finger, ist allgemein ganz reizend, und alles läuft plötzlich wieder wie von allein. Die Geschichte wird unterbrochen von etwas, das der wesentliche Anlass des Films gewesen zu sein scheint: Whitney Houston, die Frau des Priesters, singt. Sie singt in der Kirche, dass es ihr den Schweiß auf die Stirn und den Zuhörern die Tränen in die Augen treibt. Zur Ehre von *Rendezvous mit einem Engel* lässt sich sagen, dass der Film keine Minute lang verbirgt, was er ist: ein Rührstück.«

1947 Jede Frau braucht einen Engel

The Bishop's Wife, USA, R: Henry Koster, D: Cary Grant, Loretta Young

RENDEZVOUS MIT JOE BLACK

Meet Joe Black, USA 1998, R: Martin Brest, D: Brad Pitt, Anthony Hopkins, Claire Forlani

In einem Café begegnet die attraktive Susan Parrish eines Morgens einem unbekannten, gut aussehenden jungen Mann. Die zwei unterhalten sich miteinander, merken, dass sie sich äußerst sympathisch sind, verabschieden sich jedoch und gehen getrennter Wege. Kurze Zeit später ist der junge Mann tot – von einem Auto überfahren. Susan hat von dem Unfall nichts mitbekommen. Am gleichen Morgen erleidet Susans Vater, der Medienmogul William Parrish, in seinem Büro einen Herzinfarkt. Plötzlich wird ihm seine Vergänglichkeit bewusst. Er, der Machtmensch, der sonst immer das Sagen hat, ist plötzlich dem Tod furchtbar nah. Doch er springt dem Tod von der Schippe. Anstatt Parrish ins Reich der Toten mitzunehmen, erscheint ihm der Sensenmann persönlich und gewährt ihm eine Gnadenfrist. Der Tod bietet Parrish ein Tauschgeschäft an: Der Medienmogul darf noch bis zu seinem kurz bevorstehenden 65. Geburtstag auf Erden weilen, im Gegenzug soll William ihn in das Leben im Diesseits einführen. Parrish willigt ein. Noch am selben Abend taucht der Tod im geliehenen Körper des durch den Autounfall verstorbenen jungen Mannes in Parrishs Villa auf. Der Medienmogul bittet seinen »Gast« zu Tisch und stellt ihn als Joe Black vor. Susan ist vom Anblick des Besuchers überrascht, da sie in ihm ihre Café-Bekanntschaft des Vormittags wieder erkennt. Joe jedoch kann sich an die Begegnung nicht erinnern. Parrishs ältere Tochter Allison sowie deren Ehemann sind dem Fremden gegenüber äußerst misstrauisch, da sie seine Verbindung zu Parrish nicht einschätzen können – der seltsame junge Mann nimmt auch an allen geschäftlichen Terminen Parrishs teil. Der charmante Joe fühlt sich sichtlich wohl unter den Lebenden. Nicht nur die Gaumenfreuden der diesseitigen Küche haben es ihm angetan, sondern auch Susan, in die er sich verliebt, und die ihn bisher unbekannten Freuden nahe bringt. Und so beschließt Joe, Susan ebenfalls mit ins Jenseits zu nehmen. Verzweifelt versucht Parrish seine Tochter davon abzuhalten, sich mit dem Tod einzulassen. Auch gegen sein eigenes Schicksal – seinen Tod in wenigen Tagen – beginnt er anzukämpfen, doch er erkennt, dass weder Geld noch Macht das Schicksal wenden können ...

Fast zwanzig Jahre lang gärte die Idee zu diesem Film bei Martin Brest. Inspiriert wurde er von Mitchell Leisens Film *Death Takes A Holiday*. Brest wollte jedoch nur die Aspekte der Geschichte, die ihn am tiefsten berührt hatten, zu einer neuen Story ausbauen. *TV Movie*: »Aus einer guten, einfachen Geschichte ist ein feiner, romantischer, sehr großzügiger Film entstanden, der sich für die Bilder und Dialoge viel Zeit nimmt. Gekrönt wird alles durch eine Top-Besetzung.«

Blickpunkt: Film: »Martin Brests opulentes Drei-Stunden-Werk ist eine auf Hollywood getrimmte Reflexion über Leben und Tod, mit philosophischem Anspruch. Der hochambitionierte Film präsentiert sich über weite Strecken als slowburn Inszenierung, die sich behutsam dem Grande Finale nähert. Anthony Hopkins als Todeskandidat begeistert ...«

Claus Philipp *(Der Standard)*: »So erzählt der Film, der sein Publikum erschlägt, wenn er es nicht zu fesseln vermag, über 90 Millionen Dollar, die teure Stars und Dante Ferrettis Ausstattung verschlungen haben. Er erzählt über Manierismen von vier Drehbuchautoren und davon, wie schmal der Grat zwischen dem Schmerz und der Lächerlichkeit ist.«

1971 Death Takes A Holiday

USA, R: Robert Butler, D: Yvette Mimieux, Monte Markham, Myrna Loy

1934 Death Takes A Holiday

USA, R: Mitchell Leisen, D: Fredric March, Evelyn Venable, Guy Standing

Rechts: Rendezvous mit Joe Black (1998, R: Martin Brest): Brad Pitt und Anthony Hopkins
Unten: Rendezvous mit Joe Black (1998): Claire Forlani und Brad Pitt

REVOLTE IN BLOCK A

House Of Women, USA 1961, R: Walter Doniger, D: Shirley Knight, Andrew Duggan, Constance Ford, Barbara Nichols, Margaret Hayes

In einem amerikanischen Frauengefängnis, das auch die Kinder der Sträflinge beherbergt, treibt ein sadistischer Direktor die Frauen zum Aufstand.

Lexikon des internationalen Films: »Bescheidener Gefängnisfilm nach einem Drehbuch von Crane Wilbur, dem Spezialisten für ›Häftlingsschicksale‹ im amerikanischen Film der 50er-Jahre *(Rebellion im grauen Haus, Ins Leben entlassen, Meuterei im Morgengrauen)*. Hier hat Wilbur bei sich selbst abgeschrieben: Der Film wirkt wie ein Remake des Ida-Lupino-Dramas *Revolte im Frauenzuchthaus* (1955).«

1955 Revolte im Frauenzuchthaus

Women's Prison, USA, R: Lewis Seiler, D: Ida Lupino, Jan Sterling, Cleo More

Rheinsberg (1967, R: Kurt Hoffmann):
Cornelia Froboess und Christian Wolff

RHEINSBERG

DDR 1990, R: Klaus Gendries, D: Wolfgang Dehler,
Silke Klan, Peter-René Lüdicke, Franziska Matthus,
Dietlind Stahl

Nach einem Roman von Kurt Tucholsky: Berlin
1912. Wolf, der junge progressive Redakteur,
und die Kommerzienratstochter Claire lernen
sich am Wannsee kennen. Um zu testen, ob ihre
Liebe Bestand hat, verbringen sie ein Wochenende im Schloss Rheinsberg und entfliehen so den
Zwängen der Großstadt.

Gong: »Reizende Liebegeschichte.«

1967 Rheinsberg

BRD, R: Kurt Hoffmann, D: Cornelia Froboess,
Christian Wolff, Werner Hinz

RICHARD III.

USA/GB 1995, R: Richard Loncraine, D: Ian McKel-
len, Annette Bening, Jim Roadbent, Maggie Smith,
Robert Downey jr.

Nach einer Bühnenadaption von Shakespeares
gleichnamigem Drama: Auch nach dem Ende des
englischen Bürgerkriegs zwischen den Familien
derer von York und Lancester kommt das Land
nicht zur Ruhe, weil Richard, der jüngste, körperlich wie moralisch verunstaltete York, selbst
den Thron besteigen will.

Harald Eggebrecht *(Süddeutsche Zeitung):*
»Auch die heiligen Monster William Shakespeares präsentieren sich in neuen Kleidern und Dekors. Richard Loncraine, bisher vor allem als
Fernsehregisseur tätig, hat den konsequentesten
der Tyrannen, *Richard III.*, in die dreißiger Jahre
unseres Jahrhunderts verlegt. Richards mörderischer Aufstieg und Fall, schon bei Shakespeare
eine Tour de force, wird in dieser Adaption so
heftig beschleunigt, dass einem die Luft weg-
bleibt. Zwar meinen Loncraine und sein brillanter Hauptdarsteller Sir Ian McKellern, die Monologe unmittelbar in die Kamera sprechen zu
müssen, um das Publikum zum Komplizen zu machen. Aber davon abgesehen verliert dieser *Ri-*
chard III. alles Theatralische durch sein katastro-
phisch-unausweichliches Tempo. Dem schnellen,
zynischen Charme dieses elegant humpelnden
Faschisten, seiner raschen Entschlusskraft, jede
erdenkliche Schandtat zu begehen, um König zu
werden, entspricht eine sich geradezu wild ver-
ändernde Gesellschaft, deren dekadenter Wirbel
Richard zu immer rasenderem Drehen in Krieg
und Untergang peitscht. Es eilt und hetzt ein jeder in diesem Film, denn kein Platz ist von Dauer, kein Ort sicher.«

1996 Looking For Richard

USA, R: Al Pacino, D: Al Pacino, Aidan Quinn, Alec
Baldwin, Winona Ryder

1955 Richard III.

GB, R: Laurence Olivier, D: Laurence Olivier, John
Gielgud, Ralph Richardson

Richard III. (1995, R: Richard Loncraine):
Ian McKellen

Richard III. (1995, R: Richard Loncraine):
Annette Bening und Kate Steavenson-Payne

1914 Richard III.
F
1913 The Life And Death Of King Richard III.
USA, Regie: M. B. Dudley, Darsteller: Frederick War-de
1912 Richard III.
F, R: André Calmettes, D: Philippe Garnier
1911 Richard III.
GB, R: Francis Robert Benson, D: James Berry, Francis Robert Benson
1908 Richard III.
USA, R: J. Stuart Blackton, D: Thomas H. Ince, Florence Auer

DER RICHTER UND SEIN HENKER

BRD/I 1976, R: Maximilian Schell, D: Jon Voight, Jacqueline Bisset, Martin Ritt, Robert Shaw, Helmut Qualtinger, Gabriele Ferzetti, Rita Calderoni, Friedrich Dürrenmatt, Donald Sutherland, Lil Dagover, Willy Hügli, Norman Schiller, Guido Cerniglia, Otto Ryser, Margarete Schell Noé
Nach einem Roman von Friedrich Dürrenmatt: Kurz nach dem Zweiten Weltkrieg in Istanbul. Polizeikommissar Bärlach und der Industrielle Gastmann schließen eine Wette ab: Gastmann behauptet, ein Verbrechen begehen zu können, ohne dass man ihm die Tat wird nachweisen können. Kurz danach stößt er tatsächlich vor den Augen Bärlachs das Mädchen Nadine, das beide lieben, von einer Brücke; die Untersuchung der türkischen Polizei ergibt Selbstmord. 30 Jahre später wird der Polizist Schmied, ein Assistent Bärlachs, erschossen aufgefunden. Alle Spuren weisen auf Gastmann hin. Bärlach setzt nun seinen neuen Assistenten Tschanz auf Gastmann an, der aber von der Regierung gedeckt wird. Von dem

Schriftsteller Friedrich erfährt Tschanz die Geschichte der Istanbuler Wette und beginnt, gegen seinen Chef Misstrauen zu hegen. Bei einer dramatischen Auseinandersetzung zwischen Bärlach und Gastmann kündigt dieser weitere Verbrechen an; tatsächlich wird kurz darauf der Anwalt von Schwendi ermordet. Bärlach provoziert Tschanz, Gastmann aus dem Weg zu räumen. Bei einem gespenstischen Abendessen enthüllt Bärlach, dass Tschanz Robert Schmied umgebracht habe, um zum einen dessen Posten und zum anderen dessen Mädchen Anna zu bekommen. Tschanz sei nicht mehr als sein Werkzeug, um Gastmann zu richten. Bärlach hat also Gastmann für das einzige Verbrechen, das er nicht begangen hat, zur Strecke gebracht ...

TV Spielfilm Lexikon: »Der ambitioniert umgesetzte Thriller trifft nur zu einem Teil den Gehalt von Dürrenmatts Vorlage, bleibt aber durch seine interessante Besetzung, bei der auch für den Autor eine Rolle abfiel, bemerkenswert. Donald Sutherland hat hier als Leiche einen kleinen Cameo-Auftritt.«

1957 Der Richter und sein Henker
BRD, R: Franz Peter Wirth, D: Karl-Georg Saebisch, Robert Meyn, Maria Körber

RINDVIEH NR. 1

Public Pigeon No. One, USA 1956, R: Norman Z. McLeod, D: Red Skelton, Vivian Blaine, Janet Blair, Benny Baker, Milton Frome, Jay C. Flippen, Allyn Joslyn
Dieses zweibeinige Rindvieh ist tatsächlich dümmer als die Polizei erlaubt. Nicht nur, dass er sich von zwei gerissenen Gaunern um seine gesamten Ersparnisse bringen lässt – dieselben Gangster verpflichten ihn auch noch als »Geheimagenten«, der unwissentlich die anderen erschwindelten Gelder eintreibt. Dass er die Sache wieder ins rechte Lot und die Verbrecher zur Strecke bringt, ist mehr Zufall als Absicht ...

Timm Wolf *(Filmblätter)*: »... und gibt dem Titelhelden Skelton Gelegenheit, einen tollen Gag-Wirbel zu entfachen, an dem die Zuschauer hörbares Vergnügen haben. Höhepunkt: Sein tollpatschiger Ausbruch aus dem Gefängnis, der wahre Lachsalven auslöst. Durch ein ideenreiches Drehbuch, zügige Schlagermusik und eine auffallend gute Synchronisation wurde es ein rundum glattes, typisch amerikanisches Lustspiel ...«

1947 Dieser verrückte Mr. Johns!
The Fuller Brush Man, USA, R: S. Sylvan Simon, D: Red Skelton, Janet Blair

RIPTIDE

The Masque Of The Red Death, USA 1989, R: Alan Birkinshaw, D: Frank Stallone, Brenda Vaccaro, Herbert Lom, Michelle McBride, Christine Lundé
Nach einer Kurzgeschichte von Edgar Allen Poe: Im Schloss des mysteriösen und reichen Ludwig kommt es auf einem Maskenball zu blutigen und grausamen Morden. Die Journalistin Rebecca wittert die Story ihres Lebens.

Lexikon des internationalen Films: »Konzeptionsloser Horrorfilm in Anlehnung an die Geschichte von Edgar Allan Poe, der weder gruselig noch amüsant zu unterhalten versteht. Ein einfältiges Werk, das sich mühsam seinem absehbaren Ende entgegenschleppt.«

1989 Die Maske des roten Todes
Edgar Allan Poe's Masque Of The Red Death, USA, R: L. Brand, D: Patrick MacNee
1969 Im Todesgriff der roten Maske
The Oblong Box, USA, R: Gordon Hessler, D: Vincent Price, Christopher Lee
1964 Satanas – Das Schloss der blutigen Bestie
The Masque Of The Red Death, GB/USA, R: Roger Corman, D: Vincent Price

RITTER DER NACHT

Le bossu, F/I 1959, R: André Hunebelle, D: Jean Marais, Sabina Sesselmann, François Chaumette, Bourvil, Hubert Noël, Paul Cambo, Edmond Beauchamp
Nach einem Roman von Paul Féval: Ritterfehden, Ritter-Freuden im alten Frankreich. Am Hofe nimmt sich ein Edler des verwaisten Töchterchens eines Verwandten an, der dem Meuchelmord zum Opfer fiel.

Filmblätter: »Die teils romantische, teils aktionsfreudige Handlung ist vor allem auf die Schönheit der Bilder, Landschaften mit märchenhaften Schlössern, gestellt. Marais füllt eine divergierende Doppelrolle interessant: Als edler Ritter, zugleich als buckliger Intrigant. Ebenfalls in Doppelrolle die Sesselmann, die ihre großen Augen und ihren schönen Wuchs in glanzvollen Kostümen voll und ganz ausspielen darf. Triviale Dialoge. Ritter-Romantik auf alter Welle.«

1945 Ritter der Nacht
Le bossu, F, R: Jean Delannoy, D: Pierre Blanchar, Yvonne Gaudeau, Paul Bernard

ROAD TO NOWHERE

Detour, USA 1992, R: Wade Williams, D: Tom Neal jr., Lea Lavish, Susanna Foster, Erin McGrane, Duke Howze, Brad Hittiker
Ein junger Tramper übernimmt nach dem Tod eines Autofahrers dessen Identität und stolpert dadurch in ungeahnte Schwierigkeiten.

MovieLine: »Remake des amerikanischen B-Films *Umleitung* von Edgar G. Ulmer.«

1945 Umleitung
Detour, USA, R: Edgar G. Ulmer, D: Tom Neal, Ann Savage, Claudia Drake

ROB ROY

USA 1994, R: Michael Caton-Jones, D: Liam Neeson, Tim Roth, Eric Stoltz, Jessica Lange, John Hurt, Andrew Keir, Brian Cox, Brian McCardie
Nach einem Roman von Walter Scott: Eine Art RobinHood-Geschichte – aber aus den schottischen Highlands. Roy McGregor leiht sich von einem Lord viel Geld, um damit auf dem Viehmarkt ein gutes Geschäft zu machen und das Elend in seinem Dorf zu beenden. Doch da wird der Geldbote überfallen und Roy hat Schulden und den Lord auf dem Hals, nun muss er selbst für Gerechtigkeit sorgen ...

Steffen Jacobs (*FAZ*): »Interessant ist jedoch, wie der Film den Begriff des Abenteuerlichen für die späten neunziger Jahre aktualisiert. Waren Abenteuerfilme – etwa *Robin Hood, Prince Of The Thieves* mit Kevin Costner im Jahre 1991 – letzthin nur noch mit parodistischem Unterton denkbar, so erzählt *Rob Roy* seine schlichte Fabel ohne jede Selbstironie. Stattdessen versucht sich der Regisseur Michael Caton-Jones an einem Realismus, der im Gegensatz zu den Filmen der fünfziger Jahre das Körperliche dem Kostümierten vorzieht. Zeitweise entwickelt der Film dabei ein etwas zotiges Interesse an Nachttöpfen und deren Inhalt. Der historischen Wahrheit, wenn es sie denn gibt, ist damit nur bedingt gedient. Bunt und wild ist *Rob Roy* aber schon.«

1953 Rob Roy
Rob Roy, The Highland Rogue, USA, R: Harold French, D: Richard Todd
1922 Rob Roy
GB, R: W. P. Kellino, D: David Hawthorne, Roy Kellino
1913 Rob Roy
USA, D: Robert Frazer

1911 Rob Roy
GB, R: Arthur Vivian, D: John Clyde

ROBERT UND BERTRAM
BRD 1961, R: Hans Deppe, D: Willy Millowitsch,
Vico Torriani, Trude Herr, Marlies Behrens, Helen Vi-
ta, Hubert von Meyerinck

Nach einer Posse von Gustav Raeder: Yvonne
Berger ist Werbechefin einer Schuhfabrik. Sie hat
die passende Werbeidee, um die Haltbarkeit und
Güte der Wanderstiefel ins Licht der Öffentlichkeit zu rücken: Die Schuhfabrik lädt zu einem
Wander-Wettbewerb ein. Doch nur zwei wan-
derfreudige Herren melden sich auf das Inserat
in der Zeitung, obwohl für alle Teilnehmer außer
Spesen täglich 30 Mark ausgesetzt wurden. Der
eine von ihnen ist Robert Ziegel, der es satt hat,
von seinen Kegelbrüdern dauernd wegen der fünf
Mark Taschengeld, die ihm seine Frau gibt, verlacht zu werden. Der zweite Wanderer ist, zu
Yvonnes größtem Erstaunen, Bertram Weiler, ihr
geschiedener Mann, der sie immer noch liebt.
Robert und Bertram marschieren los und entdecken die Schönheit der Natur und all die kleinen Dinge am Wege – hübsche Mädchen inbe-
griffen. Es könnte die erholsamste Ferienwande-
rung sein, wenn den beiden unterwegs nicht Geld
und Ausweise gestohlen würden, und wenn es
sich Roberts Ehefrau Klara nicht in den Kopf gesetzt hätte, den Ehemann wieder nach Hause zu
holen.

Filmblätter: »Kokulores mit Pep.«

Lexikon des internationalen Films: »Die Neuverfilmung des gleichnamigen Bühnenschwanks
hat mit der Vorlage kaum noch etwas zu tun. Ei-

Robert und Bertram (1961, R: Hans Deppe):
Trude Herr und Willy Millowitsch

ne betuliche und belanglose Komödie mit Hei-
matfilmelementen.«

1939 Robert und Bertram
D, R: Hans Heinz Zerlett, D: Rudi Godden, Kurt
Seifert, Carla Rust

1915 Robert und Bertram oder:
    Die lustigen Vagabunden
D, R: Max Mack, D: Ferdinand Bonn, Eugen Burg,
Wilhelm Diegelmann

ROBIN HOOD –
HELDEN IN STRUMPFHOSEN
*Robin Hood: Men In Tights, USA 1993, R: Mel
Brooks, Drb: Mel Brooks, Evan Chandler, J. David
Shapiro, K: Michael D. O'Shea, M: Hummie Mann,
S: Stephen E. Rivkin, D: Cary Elwes (Robin Hood),
Richard Lewis (Prinz John), Roger Rees (Sheriff von
Rottingham), Amy Yasbeck (Maid Marian), Isaac
Hayes (Asneeze), Mark Blankfield (Blinkin), Tracey
Ullman (Latrine), Eric Allan Kramer (Little John),
Mel Brooks (Rabbi Tuckman), Dom DeLuise (Don
Giovanni)*

Im Jahre 1125 wird der pfiffige Robin von Lox-
ley auf einem Kreuzzug im fernen Orient gefangen genommen. Gemeinsam mit dem edelmüti-
gen Mauren Asneeze gelingt ihm jedoch die
Flucht aus dem Kerker und die Rückkehr in seine geliebte Heimat Britannien. Daheim aber
muss Robin mit Schrecken erfahren, dass seine
Familie von dem tyrannischen Prinz John getötet wurde und dass das väterliche Schloss sich nun
im Besitz des neuen Herrschers befindet. Robin
schart einen mutigen Trupp von Rebellen um
sich, um John vom Thron zu stürzen. Als dem

Robert und Bertram (1961, R: Hans Deppe):
Willy Millowitsch, Vico Torriani und Trude Herr

Tyrannen dies zugetragen wird, beauftragt er den bösartigen Sheriff von Rottingham, Robin eine tödliche Falle zu stellen. Doch der junge Freiheitskämpfer vom Sherwood Forest ist cleverer, als die Unterdrücker vermuten. Jedweder Versuch, seiner habhaft zu werden, scheitert an immer neuen, irrwitzigeren Einfällen Robins. Doch eines Tages beschließt Robin, sich seinem Widersacher zu stellen – und Prinz Johns letztes Stündlein hat geschlagen ...

Ein ewiges Denkmal des Widerstands, eine immer während Legende, der größte Held aller Zeiten, der Inbegriff von Edelmut, Standhaftigkeit und Selbstaufgabe, der die Reichen ausraubte, um die Armen zu beschenken – das war Robin Hood. So wurde uns zumindest immer weisgemacht. 1922 war es Douglas Fairbanks, 1938 Errol Flynn, 1958 Lex Barker, 1973 ein Walt Disney-Geschöpf und 1991 gleich zwei Stars, Kevin Costner und Patrick Bergin, die uns alle überzeugten, wie mutig, weise und stark der gute Robin war. Da musste erst Mel Brooks kommen, um uns Gutgläubigen die Wahrheit über den bemützten Waldschrat zu offenbaren. Den kümmerte

nämlich weniger der Sturz des skrupellosen Prinz John als vielmehr das Knacken des komplizierten Keuschheitsgürtels der jungfräulichen Maid Marian. Statt Bryan Adams' zartschmelzender Liebesballade *Everything I Do* (wie bei Costner) erklingen hier mittelalterlicher Rap und Breakdance. Überhaupt geht alles bedeutend weniger edelmütig zu, als man vermutet. *Robin Hood – Helden in Strumpfhosen* ist die vielleicht größte Enthüllungsgeschichte der Neuzeit.

Variety jubelt: »Eine Rückkehr zu den wilden, anarchischen und schamlosen Komödien, die Mel Brooks zum Aushängeschild in der ganzen Welt werden ließen ...« Der *Film-Dienst* entdeckt »wirklich originelle und geistvolle Einfälle und Gags ...«, *epd film* erkennt eine »hemmungslose Genreparodie ...«, und die *Hamburger Morgenpost* behauptet: »Kein Zweifel: Brooks is back – so gnadenlos albern, wie wir ihn lieben ...« Und die *Neue Kronenzeitung* kommt zu dem Schluss: »Da gibt's brillante verbale Pointen und deftigen Slapstick-Blödsinn, eine wilde Mischung eben, gekrönt von Brooks selbst, der sich einen frechblinzelnden Auftritt als Rabbi im Sherwood-Forest gibt.«

1991 Robin Hood – Ein Leben für Richard Löwenherz
Robin Hood, USA, R: John Irvin, D: Patrick Bergin, Uma Thurman, Jürgen Prochnow
Regisseur John Irvin: »Die Leute sind übersättigt von Special-effects-Filmen, erwarten die Rückkehr zu gut erzählten Geschichten und faszinierenden Figuren. Robin Hood ist Material wie aus

Links: Robin Hood – Helden in Strumpfhosen (1993, R: Mel Brooks): Cary Elwes
Unten: Robin Hood – Helden in Strumpfhosen (1993): Robin Hood kehrt vom Kreuzzug zurück

einem Western: es gibt Outlaws, einen Sheriff, ein hübsches Mädchen und wilde Verfolgungsjagden.«

»Man spürt deutlich die Bemühungen der Filmemacher, die alte Legende in Bezug zur modernen Welt zu setzen (Marian als frühe Emanze) und machte den besseren – weil ehrlicheren und mutigeren – Film, doch unglücklicherweise war die Konkurrenz des ungleich spektakuläreren (und naiveren) Costner-Films so übermächtig, dass man in den Staaten vor einer Kinoauswertung zurückschreckte und *Robin Hood* im Fernsehen uraufführte. Nur in Europa erreichte er die Leinwände.« *(TV Spielfilm Lexikon)*

Von links oben nach rechts unten:
- *Robin Hood – Ein Leben für Richard Löwenherz (1991, R: John Irvin): Uma Thurman und Patrick Bergin*
- *Robin Hood – Ein Leben für Richard Löwenherz (1991, R: John Irvin): Patrick Bergin*
- *Robin Hood – König der Diebe (1991, R: Kevin Reynolds): Morgan Freeman und Kevin Costner*
- *Robin Hood – König der Diebe (1991, R: Kevin Reynolds): Kevin Costner*

1991 Robin Hood – König der Diebe
Robin Hood: Prince Of Thieves, USA, R: Kevin Reynolds, D: Kevin Costner
1991 buhlten gleich zwei Produzenten mit einer Robin-Version um die Zuschauergunst: 20th Century Fox und Warner Brothers. Das Rennen machte Warner, nicht zuletzt wegen Publikumsliebling Kevin Costner als Titelheld.

1983 Die verrückten Abenteuer des Robin Hood
The Zany Adventures Of Robin Hood, USA, R: Ray Austin, D: George Segal

1976 Die Pfeile des Robin Hood
Strely Robin Guda, UdSSR, R: Sergej Tarassow, D: Boris Chmelnizki

»Der englische Volksheld Robin Hood steht im Kampf gegen grausame Feudalherren und heimtückische Kleriker seinen Mann. Langatmiger, teils zusammenhanglos wirkender Abenteuerfilm im historischen Gewand. Eine dialogüberfrachtete Mixtur aus Romantik, Raufereien und antiklerikalen Tendenzen.« (Katholischer Film-Dienst)

1975 Robin und Marian

Robin And Marian, GB, R: Richard Lester, D: Sean Connery, Audrey Hepburn

»Die minderglückliche Heimkehr des Robin Hood nach Sherwood Forest oder der Tod einer Legende. Zwanzig Jahre danach sind Robin und Little John nur noch müde Krieger, hat sich Lady Marian längst ins Kloster zurückgezogen, stirbt König Richard Löwenherz im Wahnsinn ... Nach dem parodistischen Glanz seiner Musketier-Filme müht sich der Regisseur hier redlich um Stimmungsmalerei, doch ernsthafte Götterdämmerungen waren noch nie seine Sache. So erstickt das Drama des alternden Helden in hilfloser Sentimentalität, die gelegentlich unverhofft durch einige hübsche ironische Arabesken aufgebrochen wird.« (Die Zeit)

1973 Robin Hood

USA, R: Wolfgang Reitherman – Animation

Walt Disneys Robin Hood spielt in der Welt der Tiere: »Sie produzierten einen soliden Trickfilm mit allem, was dazu gehört: schöne Zeichnungen und reichlich singende Tiere. Die Kleinen werden's mögen, zum Klassiker reicht es nicht ganz.« (ComputerBild)

1970 Robin Hood und die Dämonen des Satans

Una spada per brando, I, R: Alfio Caltabiano, D: Paul Winston, Karin Schubert

»Man kann sich nicht helfen, aber nach Sherwood Forest sieht diese Landschaft nun gar nicht aus. Auch alles andere erinnert nur von ferne an die britische Heldensage. Totenköpfige Dämonen steigen aus Grüften und Gräbern und machen Jagd auf tief – sehr tief – dekolletierte Dirnen wie Karin Schubert. Auch entführen sie Robin Hood, der sich ihnen wacker entgegenstellte. Ein Konvent rustikaler und schlagkräftiger Mönche mit Namen wie ›Pater Homunculus‹ steht ihm aber bei, und es ist schon eine Pracht, wie die rauflustigen Gottesmänner die stieren Dämonen Mann für Mann verlässlich erledigen.« (Harald Keller, Schräg, schrill, scharf und schundig)

1969 Robin Hood und seine lüsternen Mädchen

The Ribald Tales Of Robin Hood, USA/BRD, R: Richard Kanter, D: Ralph Jenkins Sexfilm

1967 Robin Hood, der Freiheitsheld

A Challenge For Robin Hood, GB, R: C. M. Pennington-Richards, D: Barrie Ingham

»Ein unterhaltsamer Abenteuerfilm guter Qualität.« (Filmbeobachter)

Links: Robin und Marian (1975, R: Richard Lester)
Unten: Robin und Marian (1975): Sean Connery

Robin Hood (1973, R: Wolfgang Reitherman):
Schildkröte Toby und Hasenkind Skippy
mit Robin-Hood-Hut

1962 Robin Hood – der Löwe von Sherwood

Il Trionfo di Robin Hood, I, R: Umberto Lenzi, D:
Don Burnett, Gia Scala
»Mantel-und-Degen-Abenteuer im gewohnten
Stil, doch handwerklich auf bescheidenem Niveau und wenig originell: Robin Hoods Bande
besteht diesmal aus lauter Muskelprotzen, Dep-
pen und tumben Schlägern.« (*Lexikon des internationalen Films*)

1960 Das Schwert des Robin Hood

Sword Of Sherwood Forest, GB, R: Terence Fisher,
D: Richard Greene

1955–59/91 Robin Hood – Die größten Abenteuer

*Robin Hood's Greatest Adventures, GB, R: P. Sea-
bourne, B. Knowles, Terry Bishop*
Dritter und letzter Zusammenschnitt einer englischen Fernsehserie mit Richard Greene.

1955-59/91 Robin Hood – Die Rückkehr

*Robin Hood – Quest For The Crown, GB, R: L. An-
derson, P. Seabourne, B. Knowles*
Weiterer Zusammenschnitt der englischen Fernsehserie mit Richard Greene.

1955-59/91 Robin Hood – Der Film

Robin Hood – The Movie, GB, R: Ralph Smart,
Terence Fisher, D: Richard Greene
Zusammenschnitt einer englischen Fernsehserie.

1954 Robin Hood, der rote Rächer

The Men Of Sherwood Forest, GB, R: Val Guest, D:
Don Taylor, Eileen Moore
»Unsterblich für die Leinwand ist der legendäre
Bogenschütze. Immer wieder entdecken und er-

Robin Hood (1973, R: Wolfgang Reitherman):
Prinz John und sein Gold

finden die Drehbuchautoren neue Abenteuer und
neue Darsteller, um den edlen Recken lieben, leben und leiden zu lassen. Diesmal ist die Story
mit Witz und Mut zur Parodie angelegt, sodass
es mehr Lacher als Seufzer auf und vor der Leinwand gibt. Besonders gut geglückt ist in diesem
Fall der Bruder Tuck, die klassische Figur aus
Schotts Roman. Don Taylor spielt mit federnder
Kühnheit die Titelrolle.« (*Hilde Bold, Filmblätter*)

1952 Robin Hood und seine tollkühnen Gesellen

The Story Of Robin Hood And His Merrie Men, USA,
R: Ken Annakin, D: Richard Todd, Joan Rice, James
Hayter
»Ein Geheimnis für sich ist es, wo man die romantischen Landschaften hernahm, die zu dem
Charakter dieser einem Märchenbuch für große
Kinder entnommenen Handlung so vortrefflich
passen. Dieser Robin Hood, ein großer Bogenschütze, entwickelt sich während des Kreuzzuges
seines Landesvaters, des Königs Richard Löwenherz, zum charmanten Rebellen, er sagt den
selbstsüchtigen königlichen Stellvertretern mit
seinen tollkühnen Gesellen den Kampf an und ist
ein gefeierter Volksheld ganz nach dem Ge
schmack von Hollywood.« (*Filmblätter*)
Der Film lief auch unter dem Titel *Robin Hood,
Rebell des Königs*.

1950 Robin Hoods Vergeltung

*Rogues Of Sherwood Forest, USA, R: Gordon
Douglas, D: John Derek, Diana Lynn*

1948 Robin Hoods große Liebe

The Prince Of Thieves, USA, R: Howard Bretherton,
D: Jon Hall, Patricia Morison

1946 Der Bandit und die Königin

*The Bandit Of Sherwood Forest, USA, R: G. Sher-
man, H. Levin, D: Cornel Wilde*

1938 Robin Hood, König der Vagabunden

The Adventures Of Robin Hood, USA, R: Michael Curtiz, W. Keighley, D: Errol Flynn

Der farbenprächtige *Robin Hood*-Film, von Michael Curtiz und William Keighley humorvoll und spannend in Szene gesetzt, erhielt seinerzeit drei Oscars. Die Hauptrolle spielte Errol Flynn, einst der Superstar von Hollywood; von seinen 55 Filmen hat Regisseur Michael Curtiz allein zwölf inszeniert, häufig mit Olivia de Havilland als Partnerin (sie und Flynn galten als »Traumpaar«). Herzensbrecher Errol Flynn war Liebling der Frauen einiger Generationen; Erich Kästner schrieb über ihn: »Die Backfische jeden Alters stürzen sich auf Flynn, um ein Autogramm oder wenigstens ein Kind von ihm zu kriegen.« Er starb 1959 im Alter von 50 Jahren an einem Herzinfarkt.

1922 Robin Hood

USA, R: Allan Dwan, D: Douglas Fairbanks, Enid Bennett, Wallace Beery

Douglas Fairbanks in einer Paraderolle des »edlen Schurken«, der dem Film mit seiner Vitalität

Robin Hood, König der Vagabunden (1938, R: Michael Curtiz, W. Keighley)

Robin Hood, König der Vagabunden (1938, R: Michael Curtiz, W. Keighley): Olivia de Havilland und Errol Flynn

und seinen artistischen Kunststücken eine starke Ausstrahlung verleiht. Er wirkte auch am Drehbuch mit und sorgte für die opulente Ausstattung. Allan Dwans Streifen wurde zum Prototyp des neuen Ritterfilm-Genres, an dem sich andere Regisseure orientieren.

1913 Robin Hood

USA, R: Theodore Marston, D: William Russell, Gerda Holmes, Harry Benham

1912 Robin Hood

USA, R: Etienne Arnaud, D: Alec B. Francis

1912 Robin Hood Outlawed

GB, R: Charles Raymond, D: Brian Plant

1908 Robin Hood And His Merry Men

GB, R: Percy Stow

ROBINSON CRUSOE

Daniel Defoe's Robinson Crusoe, USA 1996, R: Rod Hardy, George Miller, Drb: Christopher Lofton, Tracy Keenan Wynn, Christopher Canaan nach dem Roman von Daniel Defoe, K: David Connell, M: Jennie Muskett, S: Craig Featherman, Kevin Stitt, Richard Bracken, D: Pierce Brosnan (Robinson Crusoe), William Takaku (Freitag), Polly Walker (Mary McGregor), Ian Hart (Daniel Defoe), James Frain (Verleger), Damian Lewis (Patrick O'Connor), Bob Robertson (Patricks Bruder), Tim McMulian (Crusoes Sekundant), Martin Grace (Kapitän Brags), Sean Brosnan (Schiffsjunge)

Schottland 1703. Robinson Crusoe hat vor, seine langjährige Freundin Mary McGregor zu heiraten, doch sie wird mit seinem wohlhabenden Freund Patrick O'Connor verlobt. So kommt es zu einem Degenduell der beiden Männer im Wald, bei dem Robinson den Freund zunächst verschont, dann aber doch in Notwehr tötet. Er bittet Gott um Vergebung, muss aber nun vor der Rache der Brüder von Patrick fliehen. Seiner Braut Mary verspricht er, in einem Jahr zurückzukehren, um sie zu heiraten. Er sticht von Edinburgh aus auf einem Handelsschiff in See. Die Reise dokumentiert er auf die Bitte des Kapitäns hin in einem Bericht. Bei einem Unwetter kentert das Segelschiff. Robinson wird am 30.9.1705 als einziger Überlebender auf eine ihm unbekannte, einsame Insel gespült. Nachdem er seine toten Gefährten beerdigt hat, fragt er sich, wie lange er wohl überleben würde ohne Nahrung, ohne Waffen, ohne menschliche Gesellschaft. Doch auf dem Schiffswrack findet er Vorräte, Werkzeug, Bauholz und Skipper, den Hund des Kapitäns. Allmählich richtet sich Robinson ein und findet überdies Gefallen daran. Seine Sehnsucht nach Mary gibt ihm die Kraft, nicht zu resignieren. An einem Holzkreuz kerbt er jeden Tag und Monat ein.

Als er nach mehr als einem Jahr Zeuge davon wird, wie ein Kannibalenstamm die eigenen Mitglieder hinmetzelt, kann er einen Todgeweihten retten, indem er seine Schusswaffen einsetzt. Die beiden essen gemeinsam erlegte Vögel, und Robinson gibt dem Wilden den Namen Freitag, während er sich als Master bezeichnet. Er kettet ihn vorübergehend fest und behandelt ihn als Untertan. Als die Kannibalen wieder auf die Insel zurückkehren, vertreibt sie Robinson mit einer Explosion, bei der aber auch Skipper umkommt. Nach einem Streit mit Freitag wird ihm klar, dass er ihn hochmütig zum Sklaven degradiert hat, und erneut verlässt Freitag ihn, während Robinson sich ein Boot baut. Doch sie versöhnen sich und werden Freunde, bevor ein heftiger Sturm aufzieht und das Boot zerstört. Als die Kannibalen wieder auftauchen, werden sie mit geschickt vorbereiteten Waffen geschlagen, doch Robinson wird schwer verletzt und von Freitag gepflegt. Mit einem neuen Boot segeln die beiden zu Frei-

tags Heimatinsel, wo Robinson zwar geheilt, doch für einen Sklavenhändler gehalten wird. Er muss gegen Freitag zum Schaukampf auf Leben und Tod antreten, doch er kann ihn nicht töten und bittet Freitag darum, ihn umzubringen. Bevor das geschieht, wird Freitag von weißen Sklavenhändlern rücklings erschossen. Robinson wird über Portugal nach Schottland gebracht und kann schließlich seine Mary heiraten. Seinen Freund Freitag wird er nie vergessen.

Zum Film bemerkt Karsten Prüßmann in seinem Buch *Pierce Brosnan – Mehr als James Bond*: »Der Film wurde in zweimonatiger Drehzeit Mitte 1994 in Papua-Neuguinea gedreht. (William ›Friday‹ Takaku stammt von dort.) Der Originaltitel *Daniel Defoe's Robinson Crusoe* täuscht ungerechtfertigterweise vor, dass diese aufwendige Verfilmung des Klassikers von Defoe (1660–1731) der Vorlage eng verpflichtet sei. Dem ist nicht so. Sie weist auch keine erkennbare neue Auslegung des hinlänglich bekannten Stoffs auf. Sie wirkt eher wie das Abschreibungsprojekt eines gealterten Produzenten, der seine Kindheitserinnerungen an die unverwüstliche Story erneut auf die Leinwand gebannt sehen wollte. Das geschah jedoch nicht, da dem Film nur die Videoauswertung beschieden war. Als Kinderfilm wurde er wohl wegen brutaler Szenen auch nicht freigegeben. Defoe, der sich selber eher als Politiker und Journalist denn als Literat einstufte, schrieb mit seinem Roman einen ›Bestseller‹, der die Fortschrittsgläubigkeit und Zivilisationskritik des Philosophen und Pädagogen Jean-Jacques Rousseau vorwegnahm. Defoe wurde wegen seiner Überzeugungen verfolgt und inhaftiert. Der Film stutzt diese komplexe Per-

Robinson jr. (1976, R: Sergio Corbucci): Paolo Villaggio und Zeudi Araya

675

sönlichkeit allerdings auf den Auswerter eines Tagebuchs zurück, ohne den Kunstgriff des Drehbuchs zu erhellen, dass das ›authentische‹ Werk nur Erfindung sei. Außerdem reduziert der Film Defoes wunderbare Sprache und seine zahlreichen Vergleiche und Assoziationen auf wenige ›Off‹-Kommentare. So fallen die Gedanken zur Nutzlosigkeit des Geldes ebenso flach aus wie die zur sinnlosen Anhäufung von Vergänglichem. Auch wird die Länge der vergehenden Zeit (im Roman 37 Jahre!) nicht dargestellt, die hier auf etwas mehr als zwei Jahre zusammenschrumpft. Zudem wurde die Rahmenhandlung völlig verändert und Freitag vorzeitig getötet. (Dem geneigten Leser sei die Lektüre des vielschichtigen und erbauenden Romans ans Herz gelegt, der nicht nur ein erstklassiges ›Jugendbuch‹ ist.)«

Es gibt wohl nur wenige Werke in der Weltliteratur, denen ein so weit reichender und andauernder Erfolg beschieden ist, wie Daniel Defoes Roman *Das Leben und die seltsamen Abenteuer des Robinson Crusoe, eines Seemannes aus York* (1719). Nicht nur, dass er eine Flut von Nachahmungen und damit die literarische Mode der Robinsonaden auslöste und die Überset-

zer immer wieder zu neuen Versuchen reizte, er fand in zahlreichen Bearbeitungen auch Eingang in die Welt des Kinderbuches, wo er einer der Klassiker geblieben ist. Als Reaktionen auf das Werk lassen sich zum Beispiel frühe deutsche Nachahmungen, wie Johann Gottfried Schnabels *Insel Felsenstein* (1731–1743), nennen oder auch das Libretto des erfolgreichsten Operntexters im 18. Jahrhundert, Metastasio. Seine Version der Robinson-Geschichte, *L'isola disabitata*, wurde allein von elf Komponisten vertont, wobei heute nur die Fassung von Joseph Haydn erhalten ist. Der Stoff selbst geht auf das Schicksal des Seemannes Alexander Selkirk zurück, der allein auf einer Insel vor der Küste Südamerikas gestrandet war und erst nach viereinhalb Jahren gerettet wurde. Seine Geschichte wurde 1712 von seinem Retter Kapitän Rogers veröffentlicht.

Defoe greift Selkirks Geschichte auf und zeigt anhand der extremen Ausnahmesituation, wie es einem ganz auf sich gestellten Menschen gelingen kann, durch Vernunft und unbedingtes Gottvertrauen alle Schwierigkeiten zu meistern. Insofern spiegeln sich in dem Roman für das 18. Jahrhundert typische Überzeugungen: die Vorstellung, dass der Mensch im Grunde »gut« sei und durch entsprechende Prüfungen auf den rechten Weg gebracht werden könne. Dies wird sowohl an Robinson selbst als auch an der Erziehung des Eingeborenen Freitag zu einem treuen Diener und Christen bewiesen; der zur Zeit der Aufklärung geprägte Fortschrittsglaube, der davon ausgeht, dass jedes Problem und auch die Unbilden der Natur mit Vernunft und gutem Willen überwunden werden können; und der von der kalvinistischen Prädestinationslehre angeregte Kaufmannssinn, der im irdischen (finanziellen) Gelingen bereits eine Art Anzahlung Gottes auf das Paradies sieht. Der Erfolg des *Robinson Crusoe* erklärt sich damit sowohl aus seinem Beispiel- und Lehrcharakter als auch aus der in ihm steckenden Exotik und Abenteuerlust. Machte der erste Aspekt ihn zu einem Kinderbuch, so garantierte der zweite auch den Erwachsenen spannende Unterhaltung – als Buch und schon sehr früh auch als Film.

1988 Crusoe

GB, R: Caleb Deschanel, D: Aidan Quinn, Ade Sapara, Elvis Payne

Robinson Crusoe (1972, R: Stanislaw Goworuchin)

»Es sind nicht nur die Bilder, die in dem Film des ehemaligen Kameramannes Caleb Deschanel faszinieren. Seine Verfilmung des *Robinson-Crusoe*-Stoffes wartet außerdem mit einem neuen Ansatz auf. Crusoe ist ein Sklavenhändler aus Virginia, dessen Wertsystem durch das einsame Inselleben und die Bekanntschaft mit einem schwarzen ›Krieger‹ von Grund auf verändert wird. Die Figur des Freitag rückte in den Hintergrund, stärker akzentuiert wurde vielmehr die Psychologie von Crusoe. Deschanels Interpretation lässt den Stoff in einem neuen, durch die Erfahrungen der 60er-Jahre veränderten Licht erscheinen – ein interessanter Versuch, einer vielfach verfilmten Vorlage neues Leben einzuhauchen.« *(Fischer Film Almanach)*

1981 Die wundersamen Abenteuer des Robinson Crusoe

Zivot a podivuhodna dobrodruzstvi Robinsona Crusoe Namornika z yorku, ČSSR/BRD, R: Stanislav Látal – Puppentrickfilm

1980 Die erotischen Abenteuer des Robinson Crusoe

The Erotic Adventures Of Robinson Crusoe, I, R: Ken Dixon, D: Lawrence Casey, Dan Harrison, Eva Carson – Sexfilm

»Sie wollen keine Schokolade. Sie wollen lieber einen Mann. Schiffbrüchiger von Kannibalinnen vernascht ... So schön kann Schiffbruch sein. Und so blöd ein Film!« *(TV Spielfilm)*

1976 Robinson jr.

I, R: Sergio Corbucci, D: Paolo Villaggio, Zeudi Araya, Anna Nogara

»Unterhaltsame, dramaturgisch geschickte Komödie frei nach Daniel Defoe.« *(Lexikon des internationalen Films)*

1975 Freitag und Robinson

Man Friday, GB, R: Jack Gold, D: Peter O'Toole, Richard Roundtree, Peter Cellier

»In dem klassischen Abenteuerroman nimmt die Episode der Beziehung zwischen dem schiffbrüchigen bürgerlichen Abenteurer und dem farbigen Eingeborenen etwa ein Viertel der beschriebenen Geschehnisse ein. Ausgesuchte Motive, die Selbstherrlichkeiten, die doppelte Moral, der hemmungslose Mord an ›Wilden‹, die bedenkenlose Geschäftemacherei mit Sklaven, die in dem Buch in naiver Unschuld zu Tage treten, ahnungslosen Kindern zumeist durch den Pioniergeist in einer im biblischen Sinne urbar zu machenden Welt schmackhaft gemacht, dienen im Film als Basis für eine saftige Satire von Swift'schem Zuschnitt. Unterstützt durch die hervorragend agierenden Richard Roundtree und Peter O'Toole als das so ungleiche Paar. Ergo: Eine Parabel, mit viel Witz und voller Leichtigkeit, die dafür sorgt, dass man das Buch nicht mehr anfassen wird.« (Hans-Ulrich Pönack, *tip*)

1973 Robinsons tollste Abenteuer

Il Racconto della giungla, I, R: Gibba – Animation

1972 Robinson Crusoe

Robinsona Kruso, UdSSR, R: Stanislaw Goworuchin, D: Leonid Kurawljow

»Sorgfältig in der Ausstattung, mit schönen Landschaftsaufnahmen, aber dilettantisch inszeniert – nicht mehr als ein farbenprächtiger Bilderbogen.« *(Lexikon des internationalen Films)*

1969 Robinson Crusoe und der Tiger

Robinson Crusoe And The Tiger, MEX, R: René Cardona jr., D: Hugo Stiglitz

»Die Geschichte von Robinson (17 Jahre nach Bunuel) zum zweiten Mal à la mexicaine ... eine mittelprächtige Abenteuergeschichte.« *(Fischer Film Almanach)*

1966 Robin Crusoe, der Amazonenhäuptling

Lt. Robin Crusoe, U.S.N., USA, R: Byron Paul, D: Dick van Dyke, Nancy Kwan

Das amüsante Remake der klassischen *Robinson Crusoe*-Geschichte aus den Disney-Studios schildert auf etwas andere Weise die Insel-Abenteuer eines modernen »Schiffbrüchigen«. Die Hauptrolle spielt der amerikanische Komiker Dick van Dyke.

1964 Notlandung im Weltraum

Robinson Crusoe On Mars, USA, R: Bron Haskin, D: Paul Mantee, Vic Lundin

»Als ihm ein Meteorit entgegenrauscht, kann Colonel MacReady zwar das Steuer herumreißen, die Notlandung auf dem Mars aber nicht verhindern. Der Colonel findet den Tod, Kopilot Draper und das Äffchen Mona überleben. Draper hat das Glück, sich in einer Fantasiewelt zu bewegen und schafft sich nicht nur Luft zum Atmen, sondern entdeckt auch Trinkwasser und essbare Pflanzen auf der Oberfläche des Planeten, leidet aber schwer unter der Einsamkeit. Samt und sonders geht alles defoegetreu seinen Gang, wobei einige Außerirdische recht artig die Piraten ersetzen.« (Harald Keller, *Schräg, schrill, scharf und schundig*)

1954 Miss Robin Crusoe

USA, R: Eugene Frenke, D: Amanda Blake

1952/54 Robinson Crusoe
Adventures OfRobinson Crusoe,USA/
Mexiko, R: Luis Buñuel, D: Dan O'Herlihy
»In seiner Adaption folgt Buñuel in weiten Teilen der literarischen Vorlage von Daniel Defoe, durchbricht jedoch dessen moralisierenden Realismus durch poetisch verdichtete Bilder. Dan O'Herlihy spielt den Gestrandeten, der sich vor Angst und Einsamkeit fast verzehrt. Als er jedoch den ›Wilden‹ Freitag (Jaime Fernández) rettet, ist er nicht in der Lage, in ihm einen gleichberechtigten Partner zu sehen.« *(Stern-TV- Magazin)*

1946 Robinson Crusoe
RUS
1936 Robinson Grusoe
USA, R: M. A. Wetherall
1932 Mr. Robinson Crusoe
USA, R: Edward Sutherland, D: Douglas Fairbanks
1927 Robinson Crusoe
GB, R: M. A. Wetherell, D: M. A. Wetherell
1924 Robinson Crusoe
USA, D: Harry C. Myers
1922 Adventures of Robinson Crusoe
USA, R: R. F. Hill
1917 Robinson Crusoe
USA

Robinson Crusoe (1952/54, R: Luis Buñuel):
Dan O'Herlihy

1916 Robinson Crusoe
R: Henry Savage
1913 Robinson Crusoe
USA, R: Otis Turner, D: Robert Leonard
1910 Robinson Crusoe
DK, R: A. Bloom
1903 Robinson Crusoe
USA
1902 Robinson Crusoe
F

ROCKETEER
The Rocketeer, USA 1991, R: Joe Johnston, D: Bill Campbell, Jennifer Connelly, Timothy Dalton, Alan Arkin, Terry O'Quinn, Paul Sorvino, Ed Lauter
Der draufgängerische Stunt-Pilot Cliff gerät 1938 aus Versehen in den Besitz eines gefährlichen, von Howard Hughes entwickelten Raketen-Rucksacks, mit dessen Hilfe Menschen fliegen können. Nazi-Spion Neville Sinclair will das Gerät stehlen und wird von einer Rowdy-Gang und einem schwerfälligen Monster unterstützt ...

Die Science Fiction Filmenzyklopädie: »Der Film basiert auf dem Comic von Dave Stevens aus dem Jahr 1981, der wiederum von *Der König der Raketenmänner* (*King Of The Rocket Men,*

Robinson Crusoe (1952/54, R: Luis Buñuel)

1949) inspiriert wurde. *Rocketeer* fehlt der verspielte, selbstbewusste Ton, der Filmen wie *Dick Tracy* (*Dick Tracy*, 1989) und *Shadow und der Fluch des Khan* (*The Shadow*, 1994) dabei schadete, die Atmosphäre von Fortsetzungsfilmen wiederherzustellen. Die Einrichtung der dreißiger Jahre wird hier gelungen dargestellt (typische Imbissstände und Flugshows), und der Film bietet mit Campbell einen strammen Helden, dessen leichte Trägheit stark an Buster Crabe erinnert. Der von Dalton dargestellte Bösewicht ist witzig, aber er reißt den Film niemals an sich, wie es Jack Nicholsons Joker oder Alan Rickmans Sheriff von Nottingham taten. Mit viel Action, die in einem Kampf auf und in einem Zeppelin ihren Höhepunkt findet, und mit flotten Dialogen schafft es der Film auf perfekte Weise, die Unschuld und den Schwung der Abenteuerfilme aus den dreißiger Jahren zu inszenieren.«

1949 Der König der Raketenmänner

King Of The Rocket Men, USA, R: Fred C. Brannon, D: Tristram Coffin, Mae Clarke

ROLLERBALL

USA 2002, R: John McTiernan, D: Chris Klein, Jean Reno, LL Cool J, Rebecca Romijn-Stamos, Mike Dopud, Naveen Andrews, Christian Breivik, Andrew Bryniarski, Barney Cheng, Kata Dobó, Paul Heyman, Alecia Moore, Paulino Nunes, Philippe Soucy, Corey Taylor

Ein Blick in die Zukunft, und die Zukunft ist grausam: Rollerball ist mehr als ein Sport, es ist ein riesiges Spektakel und ein noch größeres Geschäft – brutal, schnell und beliebt. Überall auf der Welt füllen sich gigantische Arenen mit Fans, die den modernen Gladiatoren bei ihren gefährlichen Wettkämpfen huldigen. Unter ihnen sind

Rocketeer (1991, R: Joe Johnston):
Bill Campbell

die Spieler Jonathan Cross, Marcus Ridley und die aufreizende Aurora, die auf Rollerskates und Motorrädern alles riskieren, um ihre Gegner aus dem Feld zu schlagen. Doch die wahre Gefahr lauert am Rande der Spielbahn. Teambesitzer Petrovich setzt skrupellos das Leben seiner Stars aufs Spiel, um die Einschaltquoten in die Höhe zu treiben ...

Käte Infektiös (*Queer View*): »Für sich allein vermag *Rollerball* durchaus zu bestehen, erweist sich der SportActionKracher ein wenig komplexer als das Genre erwarten lässt – nur spätestens im Vergleich zum Original hapert es an vielen Stellen. Die Aufpolierung des Spieles war dringend notwendig, hatte bereits die Realität der 80er die Zukunftsvisionen von 1975 überholt. Einen gestandenen Muckimann von 35 (James Caan) gegen einen 22-jährigen *American Pie*-Sprössling in der Titelrolle auszutauschen sei Geschmackssache. Den zentralen Konflikt umzukehren – dieses Mal will Jonathan nicht im Spiel bleiben, sondern dringend aussteigen – bringt willkommene Abwechslung. Die Philosophie des bedrückenden Science-Fiction Stoffes neu zu gestalten sei nach dem Triathlon der Körperfresser respektiert. Nur mussten es erneut die Medien sein? Zwar benutzte das Original ebenfalls eine Art Fernsehen zur massenhaften Beliebtheitsverbreitung des Sportes, aber der Gedanke hinter der ursprünglichen Kurzgeschichte von William Harrison entsprach einer gänzlich anderen.

Rocketeer (1991, R: Joe Johnston):
Bill Campbell und Jennifer Connelly

Waren es einst in einer scheinbar friedvollen Gesellschaft der Konzerne, nicht Nationen gezielte extrem-sportliche Ablenkungsmanöver, die aber weder Helden noch allumfassende Informationen duldeten, so bleiben wir heute auf den flatliner Einschaltquote reduziert. Abgesehen von dieser inhaltlichen Verflachung, so wirkt selbst das deutlich angestaubte Original inspirierender als die abgedroschene Medienleier ... Natürlich ist nicht alles gülden, was einmal war. Der Original-*Rollerball* gibt sich sowohl in seinen philosophischen Anflügen als auch teilweise in seinen Spielsequenzen recht langatmig, beides glücklicherweise unbekannte Koordinaten im Remake.«

1975 Rollerball
USA, R: Norman Jewison, D: James Caan, John Houseman, Maud Adams

ROMAN HOLIDAY
USA 1987, R: Noel Nosseck, D: Tom Conti, Catherine Oxenberg, Christopher Munke, Paul Daneman, Eileen Atkins

Nach einer Erzählung von Ian McLellan Hunter: Prinzessin Alica, die charmante Repräsentantin eines alten Herrscherhauses, erlebt auf einer Europa-Reise eine romantische Liebesgeschichte, als sie eines Nachts in Rom heimlich aus der Botschaft ihres Landes ausreißt. Ein amerikanischer Journalist liest sie auf, ohne zu ahnen, wer das hübsche Geschöpf ist. Als er am nächsten Morgen dahinterkommt, erhofft er sich die Chance seines Lebens, wenn er seine Begegnung mit der reizenden Prinzessin journalistisch nutzt.

Lexikon des internationalen Films: »Fürs Fernsehen entstandene Neuverfilmung eines Hollywood-Klassikers (*Ein Herz und eine Krone* von William Wyler) auf biederstem Standard. Charme und Einfühlungsvermögen des Vorgängers werden nie erreicht.«

1982 Gib dem Affen Zucker
Innamorato Pazzo, I, R: Castellano & Pipolo, D: Adriano Celentano, Ornella Muti

1953 Ein Herz und eine Krone
Roman Holiday, USA, R: William Wyler, D: Audrey Hepburn, Gregory Peck

ROSE BERND
BRD 1956, R: Wolfgang Staudte, D: Maria Schell, Raf Vallone, Käthe Gold, Leopold Biberti, Hannes Messemer, Arthur Wiesner, Christa Keller, Siegfried Lowitz, Helmut Brasch

*Ein Herz und eine Krone
(1953, R: William Wyler)*

Rose Bernd ist mit ihrem Vater durch den Krieg von Schlesien nach Westdeutschland verschlagen worden und verdingt sich jetzt als Magd für den Gutsherrn Christoph Flamm und dessen gelähmte Frau. Rose fühlt sich von dem stattlichen Mann angezogen und gibt sich ihm hin. Als sie schwanger wird, drängt er auf Abtreibung, doch sie will das Kind bekommen. Da verführt Streckmann sie und erzählt alles ihrem Vater und ihrem Verlobten Keil. Empört reicht der Vater eine Klage ein, so dass sie einen Meineid schwört. Rose weiß nicht mehr ein noch aus und bekommt ihr Kind auf einem Feld ...

Zitty: »Um die Jahrhundertwende schrieb Gerhart Hauptmann sein Drama, das Wolfgang Staudte 1956 für den Film aktualisierte, in dem er die tragische Geschichte der verführten Bauernmagd in die Zeit der fünfziger Jahre in der deutschen Provinz verlegte. Es war Staudtes erster Film im Westen nach der Übersiedlung aus der DDR. Seelchen Maria Schell spielt die Hauptrolle, die zeitgenössische Kritik befand, sie macht viel zu viel.«

1919 Rose Bernd

D, R: Alfred Halm, D: Paul Bildt, Henny Porten, Emil Jannings

ROSE MARIE

USA 1954, R: Mervyn LeRoy, D: Ann Blyth, Howard Keel, Fernando Lamas, Bert Lahr, Marjorie Main, Joan Taylor, Roy Collins, Chief Yowlachie, Al Ferguson, Marshall Reed, Sheb Wooley, Dabbs Greer, John Pickard

Nach dem Musical *Rose Marie* von Otto A. Harbach, Oscar Hammerstein II, Rudolf Friml, Herbert Stothart: Einem wilden, widerspenstigen Mädchen wird von einem schneidigen Sergeanten die Zivilisation beigebracht. Aber das Liebeslied eines Abenteurers zieht es in die heimischen Wälder zurück.

Hans Capito *(Filmblätter)*: »Die liebe, alte Operette *Rose Marie* findet hier filmische Auferstehung. Ihre Lebens- und Leidensgeschichte ist noch wirksam wie am ersten Tag ... Ann Blyth und Fernando Lamas beleben die panoramische Gebirgswelt durch ihr intensives Spiel, und berühmte Sänger singen für sie die weltbekannten Schlager von Prärie und Liebe. Feierabendliche Unterhaltung.«

1936 Rose Marie

USA, R: W. S. van Dyke II, D: Jeanette MacDonald, Nelson Eddy, James Stewart

1928 Rose Marie

USA, R: Lucien Hubbard, D: Joan Crawford, James Murray, House Peters

DER ROSENKAVALIER

GB 1960, R: Paul Czinner, D: Elisabeth Schwarzkopf, Otto Edelmann, Sena Jurinac, Erich Kunze, Anneliese Rothenberger

Nach einem Opernlibretto von Hugo von Hofmannsthal: Melodrama von der Liebe einer alternden Marschallin zu einem jungen Höfling und vom Versuch eines verarmten alten Barons, ein junges und reiches Mädchen zu heiraten.

Lexikon des internationalen Films: »Herbert von Karajan dirigiert die Oper von Richard Strauss bei den Salzburger Festspielen 1960. Eine Filmdokumentation von mehr als dreistündiger Dauer, in der die wenig überzeugende Schnitttechnik die eindrucksvollen Leistungen der Musiker etwas beeinträchtigt.«

Robert Wienes nach dem Krieg verschollene *Rosenkavalier*-Verfilmung, realisiert mit ungeheurem Aufwand und über 10.000 Statisten, wurde am 10. Januar 1926 in der Dresdener Staatsoper unter stürmischen Ovationen für den Regisseur und für den Komponisten Richard Strauss, der selbst dirigierte, uraufgeführt. Die rekonstruierte und restaurierte Urfassung wurde erstmals 1979 in Europa wieder aufgeführt. Im Fernsehen war der Film in einer von Armin Brunner 1986 vorgenommenen neuen musikalischen Bearbeitung zu sehen.

1926 Der Rosenkavalier

A, R: Robert Wiene, D: Michael Bohnen, Huguette Duflos, Paul Hartmann

ROSENMONTAG

BRD 1955, R: Willy Birgel, D: Ruth Niehaus, Dietmar Schönherr, Elma Karlowa, Willy Birgel, Heinrich Gretler, Rolf Kutschera, Friedrich Domin, Gerty Godden, Maria Krahn, Reinhard Glemnitz, Hans Zesch-Ballot, Claudia Gerstäcker, Petra Unkel

Obwohl standesgemäß mit der Tochter eines Kommerzienrats verlobt, verliebt sich der junge Leutnant Hans Rudloff in die Blumenbinderin Anna. Für sie ist er sogar bereit, den Dienst zu quittieren. Doch Klatsch und Intrigen untergraben sein Vertrauen in das Mädchen. Nach seiner Versetzung will sie sich das Leben nehmen ...

1930 Rosenmontag

D, R: Hans Steinhoff, D: Karl Ludwig Diehl, Hubert von Meyerinck

ROSMERSHOLM

BRD 2001, R: Peter Zadek, D: Angela Winkler, Gert Voss, Peter Fitz, Otto Schenk, Klaus Pohl

Rosmersholm gilt als das geheimnisvollste unter Ibsens Stücken. Bekannt wurde es vor allem durch eine Reihe von Inszenierungen, in denen große Darsteller brillante Rollengestaltungen lieferten: August Lindberg, Albert Bassermann, Will Quadflieg, Eleonora Duse, Johanne Dybwad und Olga Knipper-Tschechowa, Maria Becker ...

Bei der Arbeit an *Rosmersholm* stand Ibsen in seinem selbst gewählten Münchner Exil in mehrfacher Hinsicht unter dem Eindruck seiner Erlebnisse in Norwegen, das er nach langen Jahren zum ersten Mal wieder besucht hatte. Die Landschaft seiner Heimat, besonders das Meer, hatten ihn tief bewegt. Vielleicht regte diese Wiederbegegnung ihn an, Motive aus der Märchen- und Liederwelt des Nordens in sein Stück aufzunehmen; die Sehnsüchte der Figuren und ihre

Schicksale sind verwoben mit den Geschichten der alten heidnischen Geister, der Seejungfrauen, Nöcke und weißen Pferde. Zutiefst enttäuscht von den politischen Zuständen in seiner Heimat, von der Borniertheit seiner konservativen Freunde und dem Opportunismus der regierenden »so genannten Fortschrittsmänner« (Ibsen), verwarf Ibsen bald die Vorstellungen, die er kurz nach seiner Ankunft in Norwegen entwickelt hatte: Hatte er anfangs in einer öffentlichen Ansprache gefordert, es müsse zuerst »ein adliges Element« in das gesellschaftliche Leben einziehen, »ehe wir von uns sagen können, dass wir zu einer wirklichen Freiheit gelangt sind«, so gab er nach kurzem Aufenthalt bei seinen Landsleuten den Traum von der »Adelung des Willens und der Gesinnung« ebenso auf wie sein Vorhaben, dauerhaft in seine Heimat zurückzukehren. Übrig blieb die vage Hoffnung auf ein menschenwürdiges Zusammenleben in ferner Zukunft. Es scheint, als hätten Ibsens eigene Erfahrungen in seiner alten Heimat – er selbst beschrieb sie als »verstörend und abstoßend« – ihren Widerhall in den Erwartungen und Enttäuschungen von Rebekka West und Johannes Rosmer, den Hauptfiguren von *Rosmersholm*, gefunden. Ihre Geschichte ist eine der seltsamsten Liebesgeschichten der Weltliteratur.

Peter Zadek: »Zwei Menschen lösen sich durch eine gemeinsame Utopie aus dem Leben der Gesellschaft heraus, die sie verändern möchten; sie vereinsamen und zwingen einander zu extremen Entscheidungen.«

2001 Rosmersholm
N, R: *Terje Mærli*, D: *Wenche Foss, Laila Goody, Bjørn Skagestad*

1984 Rosmersholm
S, R: *Jonas Cornell*, D: *Axel Düberg, Agneta Ekmanner, Per Myrberg*

1966 Rosmersholm
N, D: *Henny Moan*

1965 Rosmersholm
GB, R: *Michael Barry*, D: *Peggy Ashcroft, Angela Baddeley, Mark Digham*

DER ROTE ENGEL
Scarlet Angel, USA 1952, R: *Sidney Salkow*, D: *Yvonne De Carlo, Rock Hudson, Richard Denning, Whitfield Connor, Bodil Miller, Amanda Blake, Henry O'Neill, Henry Brandon, Maude Wallace, Dan Riss, Tol Avery*

Der »Rote Engel« ist eine der zwielichtigen Kneipen von New Orleans, in denen am Ende des amerikanischen Bürgerkrieges den Gästen mit plumpen Tricks das Geld aus der Tasche gezogen wird. Hauptattraktion des Ladens ist die schöne Roxy McClanahan. Doch bei Kapitän Frank Truscott hat sie kein Glück. Dass sie ihm nicht gleichgültig ist, zeigt sich, als ein engstirniger Sheriff Roxy festnehmen will: Frank verhilft ihr zur Flucht. In einem kleinen Hotel finden Roxy und ihr Beschützer Unterschlupf. Dort treffen sie eine junge, todkranke Kriegswitwe mit ihrem Baby. Die Frau möchte die Familie des Mannes, die sie nicht kennt, besuchen. Aufopferungsvoll bemüht sich Roxy um Kind und Mutter. Auf dem Sterbebett bittet die junge Frau Roxy, das Kind zu seiner Familie, den reichen Caldwells in San Francisco, zu bringen. Roxy wittert eine Chance zum gesellschaftlichen Aufstieg. Sie schnappt sich die Papiere der Toten, das Baby und den Geldbeutel Franks und verschwindet nach San Francisco. Dort hat sie nichts dagegen, dass die Caldwells sie als vermeintliche Schwiegertochter und das Enkelkind überglücklich in die Arme schließen. Aber so manches Mitglied der Familie Caldwell fürchtet um sein sicher geglaubtes Erbe. Auch Frank sitzt Roxy bald im Nacken und versucht sie zu erpressen.

Lexikon des internationalen Films: »Eine abenteuerliche Story, mit Geschick und Tempo verfilmt.«

1941 Die Abenteurerin
The Flame of New Orleans, USA, R: *René Clair*, D: *Marlene Dietrich, Bruce Cabot*

DER ROTE KREIS
BRD 1959, R: *Jürgen Roland*, D: *Karl-Georg Saebisch, Renate Ewert, Klausjürgen Wussow, Thomas Alder, Alfred Schlageter, Erica Beer, Eddi Arent, Fritz Rasp, Ernst-Fritz Fürbringer, Edith Mill, Richard Lauffen, Heinz Klevenow, Ulrich Beiger, Albert Watson, Panos Papadopoulos, Richard Grupe, Karl Heinz Peters*

Nach dem Roman *The Crimson Circle* von Edgar Wallace: Eine missglückte Hinrichtung im Zuchthaus von Toulouse wirft elf Jahre später ihre Schatten auf London. Der »rote Kreis« geht um, eine Verbrecherorganisation, die ihre Opfer gnadenlos richtet, sofern sie nicht die geforderten Geldsummen zahlen. Schließlich wird Derrick Yale, der beste Privatdetektiv von London, eingeschaltet. Er nimmt Kontakt zu allen Bedrohten und Verdächtigen auf. Da ist der Neffe Jack Beardmore, der in Thalia Drummond verliebt ist, sein Onkel stirbt und der undurchsichtige Mr. Froyant, der auf eigene Faust die Vorgeschichte des »roten Kreis« aufdeckt. Dieses Wissen kostet Froyant sowie Detektiv Yale beinahe das Leben ...

Meinolf Zurhorst (Lexikon des Kriminalfilms): »Der rote Kreis, insgesamt bereits viermal verfilmt, das erste Mal schon im Jahr 1922, zählt zu den frühen Beispielen der bis in die siebziger Jahre währenden Wallace-Serie der Rialto-Film. Produzent Horst Wendlandt, der das Gesicht der Reihe prägte, war hier noch nicht am Werke. Und doch ist dieser Film typisch für die Kriminalfälle à la Wallace. Die vielen falschen Fährten, auf die Zuschauer wie Inspektor immer wieder geführt werden, bauen falsche Verdächtige auf und lenken von den eigentlichen Tätern ab. Die Lösung kommt am Ende ziemlich plötzlich und – mit Ausnahme dieses Films – überraschend. Um Glaubwürdigkeit oder Logik der Konstruktion hat sich dabei keiner geschert – auch das ein Merkmal der meisten Edgar Wallace-Romane und ihrer deutschen Verfilmungen.«

1936 The Crimson Circle
GB, R: Reginald Denham, D: Hugh Wakefield, Alfred Drayton, June Duprez

1929 Der rote Kreis
D/GB, R: Frederic Zelnik, D: John Castle, Hans Albers, Lya Mara

1922 The Crimson Circle
GB, R: George Ridgwell, D: Clifton Boyne, Lawford Davidson, Rex Davis

DIE ROTE SCHLUCHT
Red Canyon, USA 1949, R: George Sherman, D: Ann Blyth, Howard Duff, George Brent, Edgar Buchanan, John McIntire, Chill Wills, Jane Darwell, Lloyd Bridges, James Seay, Edmund MacDonald, David Clarke, Denver Pyle, Hank Patterson, Ray Bennett
Utah. Die Tochter eines Ranchers hilft dem Sohn eines Outlaws, ein Wildpferd zuzureiten, und gewinnt mit diesem Pferd gegen ihren Vater ein Pferderennen.

1922 When Romance Rides
USA, R: Jean Hersholt, Eliot Howe, D: Claire Adams, Carl Gantvoort, Jean Hersholt

DIE ROTHSCHILDS
D 1940, R: Erich Waschneck, D: Erich Ponto, Carl Kuhlmann, Albert Lippert, Ludwig Linkmann, Michael Bohnen, Herbert Hübner, Albert Florath, Herbert Wilk, Bernhard Minetti
Auf der Flucht vor Napoleon übergibt Kurfürst Wilhelm IX. 1806 in Frankfurt seinem jüdischen Agenten Mayer Amschel Rothschild Obligationen im Wert von 600.000 Pfund mit dem Auftrag, sie sicher nach England zu schaffen. Dieser benutzt das ihm anvertraute Geld, um damit innerhalb eines Jahrzehnts für sich selbst ein Vermögen von elf Millionen Pfund zu erwirtschaften. Schlüsselrollen fallen dabei seinen Söhnen zu, dem in der Londoner City operierenden Nathan und dem zum Ausbau des Finanzimperiums nach Paris entsandten James. Nathan, der sich vergeblich um Anerkennung in der britischen Gesellschaft bemüht, landet den größten Coup. Er lässt das Gerücht verbreiten, Napoleon habe bei Waterloo gesiegt, und kauft die daraufhin ins Bodenlose fallenden Aktien zu Spottpreisen. Schließlich verbündet er sich mit dem Kommissar des britischen Schatzamtes, um ganz Europa finanziell in seine Gewalt zu bringen.

Reclams Lexikon des deutschen Films: »Der erste von drei antisemitischen Hetzfilmen, die 1940 Stimmung für die Vertreibung und Ermordung der jüdischen Bevölkerung machen sollten. Die in dem Machwerk ebenfalls enthaltene antibritische Propaganda verweist auf das Dilemma seiner staatlichen Auftraggeber, die 1940 noch auf eine Einigung mit den Engländern hofften. So erscheint das englische Volk als Opfer korrupter, wider besseres Wissen mit dem jüdischen Kapital paktierender Plutokraten. Da das Drehbuch keine eindeutige Zuweisung von Sympathien und Antipathien zulässt, dürfte die Propaganda bei den meisten Zuschauern verpufft sein.«

Das Schlusstableau des Films schildert sechs Jahre nach dem amerikanischen Vorläufer The House Of Rothschild den Aufstieg der jüdischen Bankiersfamilie. Doch nicht Mischehe und Identifikation mit patriotischen Zielen beschließen wie bei Werker den Film – der »Sieg über die Welt« wird vielmehr grafisch durch die lineare Verbindung der Firmensitze zu einem Davidsstern verdeutlicht. Mit der Überblendung des Sterns von der Geographie der Landkarte in den Himmel setzt der Film die Propaganda-These von der »jüdischen Weltverschwörung« um. Seine simple Dramaturgie und theatralische Form lässt ihn jedoch deutlich hinter dem amerikanischen Vorläufer zurückbleiben und, wie Gertrud Koch schreibt, »... in doppelter Hinsicht scheitern, nicht nur in seinen immanenten Propagandaabsichten, über deren Scheitern sich die Propagandisten der Propaganda selbst im Klaren waren, sondern auch als Film, der eine historische Geschichte als stilisiertes morality play erzählt.«

1934 The House Of Rothschild
USA, R: Alfred Werker, D: George Arliss, Loretta Young, Boris Karloff

DIE RÜCKKEHR DER MUSKETIERE

The Return Of The Musketeers, GB/F/E 1988, R: Richard Lester, D: Michael York, Oliver Reed, Frank Finlay, C. Thomas Howell, Kim Cattrall, Richard Chamberlain, Philippe Noiret, Roy Kinnear, Geraldine Chaplin, Christopher Lee, Eusebio Lazaro, Jean-Pierre Cassel, David Birkin, Alan Howard
Nach dem Roman *Twenty Years After* von Alexandre Dumas: Zwanzig Jahre nach ihren ersten Abenteuern raufen sich die Musketiere – die Helden sind etwas müder geworden – zusammen, um erneut im Dienste ihres Königs zu kämpfen. Man schreibt das Jahr 1649. In Frankreich sitzt der kleine Louis XIV. auf dem Thron, regiert wird jedoch von seiner Mutter und dem geldgierigen Kardinal Mazarin. In England ist Oliver Cromwell an der Macht und schickt sich an, König Charles köpfen zu lassen ...

Variety: »Vor 15 Jahren konnte Richard Lester mit seinen Musketier-Filmen seine Karriere in Schwung bringen. Sein neuer Film ist aber leider nur ein schwacher Abklatsch, der mitnichten an die Hits von damals anknüpfen kann. Die kom-

plizierte und zuweilen schwer verständliche Handlung lässt die vier Musketiere – nur drei von der alten Crew; der Vierte mag nicht mehr so recht – wieder antreten, um für Recht und Gerechtigkeit zu streiten. Obwohl der Film voll gepackt ist mit Action, ist er bis zum eigentlichen Höhepunkt selten wirklich aufregend, sondern wirkt eher krampfhaft bemüht. Die großzügige Ausstattung kann nicht darüber hinwegtäuschen, dass hier gerade die Mischung aus Abenteuer und komischen Elementen fehlt, die den Charme der Vorgänger ausmachte. Der Film ist Roy Kinnear gewidmet, der während der Dreharbeiten ums Leben kam, und vielleicht hat ja auch dieses Unglück die ganze Produktion so merklich gelähmt.«

Ponkie (AZ): »Fortsetzung der ersten beiden *Musketier*-Filme: Nach der misslungenen Vereitelung der Hinrichtung König Karls I. geraten D'Artagnan, Porthos, Athos und Aramis mit der Tochter ihrer ehemaligen Rivalin aneinander, die den zehnjährigen König Frankreichs entführt hat. Opulentes Kostümdrama mit dem Richard Lester eigenen Sinn für Slapstick. Einen Rheumatismus-Jux gönnte sich Richard Lester mit seinem Alexandre-Dumas-Nachschlag *Die Rückkehr der Musketiere.* Er ließ Athos, Porthos, Aramis und D'Artagnan bei Justine, Athos' böser Tochter von der bösen Lady de Winter, in einen Falltürenzirkus der frühen James-Bond-Klasse (Rokoko-Technik) geraten und animierte zwischen den Degenraufereien zu der Nörgelei, der Lester sei auch schon mal munterer gewesen und seine ollen Hau-zu-Rüpel hätten ein wenig Rost in den Scharnieren. Aber Lesters Nonsens-Historie ist immer noch spaßiger als das meiste, was im Fernsehen komisch gemeint ist.«

Regisseur Georgi Yungvald-Khilkevich drehte 1992 in Russland *Mushketery 20 let spustya* mit Viktor Avilov, Vladimir Balon und Sergej Bondartschuk.

1952 Die Söhne der drei Musketiere
At Sword's Point, USA, R: Lewis Allen, D: Cornel Wilde, Maureen O'Hara
1939 The Man In The Iron Mask
USA, R: James Whale, D: Louis Hayward, Joan Bennett, Warren William

Die Rückkehr der Musketiere (1988, R: Richard Lester): Richard Chamberlain, Oliver Reed, Michael York und Frank Finlay

DIE RÜCKKEHR DES IDIOTEN

Návrat idiota, CZ 1999, R: Sasa Gedeon, D: Pavel Liska, Anna Geislerová, Tatiana Vilhelmová, Jirí Langmajer, Jirí Machácek

Nach Motiven des Romans *Der Idiot* von Fjodor M. Dostojewskij: Nach Jahren in der Psychiatrie kehrt ein Mann in die böhmische Provinz zurück, wo er unfreiwillig die amourösen Verwicklungen zwischen zwei Brüdern und zwei Schwestern aufdeckt.

Lexikon des internationalen Films: »Lakonisch-melancholische, märchenhafte Komödie nach Motiven von Dostojewskijs Roman *Der Idiot*, die aus der kunstvollen Variation minimalistischer Mittel ein Höchstmaß an cineastischer Wirkung erzielt. Von einem starken Stilwillen getragen und hervorragend besetzt, bezieht der Film bei der Reflexion über das Verhältnis von Selbsttäuschung und Projektion auch das Medium Kino mit ein.« In Russland drehte im Jahr 2000 Roman Kachanov eine weitere Adaption des Romans mit Aleksandr Bashirov, Fyodor Bondarchuk und Barbara Brylská.

1994 Nastasja
PL/J, R: Andrzej Wajda, D: Tamasaburo Bando, Toshiyuki Nagashima

1991 Idiot
IND, R: Mani Kaul, D: Vasudeo Bhatt, Babulal Bora, Meenakshi Goswami

1985 Liebe und Gewalt
L'amour braque, F, R: Andrzej Zulawski, D: Francis Huster, Sophie Marceau

1966 The Idiot
USA, D: David Buck, Anthony Bate

1958 Der Idiot
Nastasja Filippowna, UdSSR, R: Iwan Pyrjew, D: Julia Borissowa, Juri Jakowlew

1951 Der Idiot
Hakuchi, J, R: Akira Kurosawa, D: Eijirô Yanagi, Minoru Chiaki, Chieko Higashiyama

1946 Der Idiot
L'idiot, F, R: Georges Lampin, D: Gérard Philipe, Edwige Feuillère, Lucien Coedel

DIE RÜCKKEHR DES SANDOKAN

I 1996, R: Enzo G. Castellari, D: Kabir Bedi, Mandala Tayde, Mathieu Carrière, Tobias Hoesl, Friedrich von Thun, Romina Power, Franco Nero

Sandokan, einziger Überlebender eines indischen Fürstenstammes, ist Pirat geworden, um sich an den Engländern zu rächen, die seine Angehöri-

gen auf dem Gewissen haben. Als die junge britische Journalistin Dora über Leben und Abenteuer des legendären Freibeuters berichten soll, erlebt sie, wie der rachsüchtige indische Aristokrat Raska und ein intriganter Kolonialherr ihm jede Chance zur Versöhnung mit den Engländern vereiteln wollen ...

Süddeutsche Zeitung: »20 Jahre ist es her, dass der gebürtige Inder seine Triumphe als unerschrockener Freiheitskämpfer feierte. Nun hat Sat 1 nach *Winnetou* auch *Sandokan* reanimiert. An Originalschauplätzen in Indien inszenierte Enzo G. Castellari vier 90-minütige Spielfilme. Es geht um Altbekanntes: Gut gegen Böse, Mut gegen Feigheit – und am Ende siegt die Gerechtigkeit.«

Der Schriftsteller Emilio Salgari (1862–1911) gilt als der italienische Karl May. Seiner Lieblingsfigur *Sandokan*, eine Art indischer Robin Hood, widmete der Literat insgesamt elf Romane, die rasch zu Bestsellern avancierten und mehrmals verfilmt wurden.

1995 Sandokan
Sandokan – The TV-Movie, USA, R: Claudio Biern Boyd – Animation

1976 Il Tigre
Sandokan – Il Tigre, I/F/BRD, R: Sergio Sollima, D: Kabir Bedi

1964 Sandokan und der Leopard
Sandokan contro il leopardo di Sarawak, I, R: Luigi Capuano, D: Ray Danton

1964 Die Meute der Verdammten
I pirati della malesia, I/F/E, R: Umberto Lenzi, D: Steve Reeves

1963 Sandokan
Sandokan, la tigre di mompracem, I/E/F, R: Umberto Lenzi, D: Steve Reeves

DIE RÜCKKEHR ZU DEN 36 KAMMERN DER SHAOLIN

Shao-Lin ta-p'eng hsiao-tzu, Hongkong 1980, R: Liu Chia-Liang, D: Liu Jia Hui, Chen Szu-Chia, Hui Ying-Hung

Ein junger Draufgänger wird Zeuge der despotischen Herrschaft der Mandschu-Dynastie und flieht in ein Shaolin-Kloster. Dort wird er von den Mönchen zum Meister des Kung-Fu ausgebildet, ohne seine Fähigkeiten zu begreifen. Doch angesichts des Elends der von den Mandschus ausgebeuteten Menschen führt er das Volk zum Widerstand ...

Lexikon des internationalen Films: »Weniger eine Fortsetzung als ein vergröbertes, komödiantisches Remake von *Die 36 Kammern der Shaolin*: eine sehr bescheidene, wenn auch unblutige Easternkomödie.«

Die 36 Kammern der Shaolin war ein perfekt inszenierter Martial Arts-Film, der neben Einblicken in die Philosophie des Kung Fu auch Anmerkungen zur chinesischen Innenpolitik der späten 70er-Jahre zu bieten hatte.

1978 Die 36 Kammern der Shaolin
Shao-Lin san-shih-liu fang, Hongkong, R: Liu Chia-liang, D: Liu Yu-Te, Chung Mi-Lu

RÜCKKEHR ZUR BLAUEN LAGUNE
Return To The Blue Lagoon, USA 1990, R: William H. Graham, D: Milla Jovovich, Brian Krause, Lisa Pelikan, Courtney Phillips, Garette Patrick Ratliff, Emma James, Jackson Barton, Nana Coburn
Ein Segelschiff entdeckt auf dem offenen Meer ein Ruderboot, darin einen zweijährigen Jungen und seine toten Eltern. Die verwitwete Sarah, Passagierin auf dem Segelschoner, nimmt sich des kleinen Richard an, zumal ihre eigene Tochter

Lilli im selben Alter ist. Als an Bord eine Epidemie ausbricht, rettet sich Sarah mit den beiden Kindern in ein Beiboot und strandet auf einer kleinen Fidschi-Insel – genau jener Insel, auf der einst Richards Eltern lebten. Als Richard und Lilli zu jungen Erwachsenen heranreifen, stirbt Sarah. Allein gelassen, durchleben die beiden alle Ängste und Wirren der Pubertät, bevor sie ihre Liebe füreinander entdecken. Als Lilli ein Kind erwartet, legt ein Schiff an, um seine Vorräte aufzufüllen. Mit der Mannschaft betreten auch Missgunst, Neid und Eifersucht die paradiesische Insel und drohen, das Liebesglück von Lilli und Richard zu zerstören ... Einerseits eine Fortsetzung des Films *Die blaue Lagune* (1980) nach dem im Jahre 1908 erschienenen Roman von Henry de Vere Stacpoole, in dem Richard als Sohn der ursprünglichen Charaktere fungiert, andererseits rekapituliert er die Handlung aber auch, weil Richard dieselbe emotionale und sexuelle Entwicklung nimmt wie einst sein Vater.

The Times: »Milla Jovovich verkörpert ihre Rolle mit größerer Autorität als seinerzeit Brooke Shields.«

Süddeutsche Zeitung: »Hauptdarsteller wie zwei Schokoriegel: süß.«

1980 Die blaue Lagune
The Blue Lagoon, USA, R: Randal Kleiser, D: Brooke Shields, Christopher Atkins

1948 Die blaue Lagune
The Blue Lagoon, GB, R: Frank Launder, D: Jean Simmons, Donald Houston

RUF DER WILDNIS
The Call Of The Wild, USA 1996, R: Peter Svatek, D: Rutger Hauer, Bronwên Booth, Charles Powell, Burke Lawrence, Luc Morissette
Nach dem Roman von Jack London: Buck ist ein prächtiger kalifornischer Hofhund, der seine Jugend unbeschwert auf einer Ranch verbringt. Als er eines Tages in die Schlinge eines Hundefängers gerät, wird Buck für eine Spielschuld verschachert und kommt nach Kanada. Dort dressiert man ihn zum Schlittenhund. Doch als Buck von Goldgräbern beinahe getötet wird, eilt ihm der Einzelgänger John Thornton zu Hilfe.

Lexikon des internationalen Films: »Erneute Verfilmung der berühmten Novelle von Jack

*Die blaue Lagune (1980, R: Randal Kleiser):
Christopher Atkins und Brooke Shields*

London, deren Poesie jedoch durch den nüchternen Off-Ton manches Mal auf darwinistische Plattitüden reduziert wird. Obwohl der Film die Atmosphäre und Dramatik des unerbittlichen Existenzkampfes nur unzureichend wiedergeben kann, liefert er gediegene Fernsehunterhaltung mit sympathischen Darstellern, bewunderswerten Dressurleistungen und einer familiengerechten Grundstimmung.«

2000 Jack London's Call Of The Wild
USA, R: Zale Dalen, Gary Harvey, D: Shane Meier, Nick Mancuso, Rachel Hayward

1992 Der Ruf der Wildnis
Call Of The Wild, USA/I, R: Michael Toshiyuki Uno, D: Rick Schroder, Mia Sara

1976 Der Ruf der Wildnis
The Call Of The Wild, USA, R: Jerry Jameson, D: John Beck, Bernard Fresson

1972 Ruf der Wildnis
La selva blanca, BRD/E/I/F, R: Ken Annakin, D: Charlton Heston, R. Harmstorf

1935 Goldfieber in Alaska
The Call Of The Wild, USA, R: William Wellman, D: Clark Gable, Loretta Young

Ruf der Wildnis (1972, R: Ken Annakin): Hunderennen

1923 The Call Of The Wild
USA, R: Fred Jackman, D: Jack Mulhall, Walter Long, Sidney D'Albrook

1908 The Call Of The Wild
USA, R: D. W. Griffith, D: Charles Gorman, Charles Inslee, Florence Lawrence

RUMPELSTILZCHEN & CO.

RumplCimprCampr, CZ 1997, R: Zdenek Zelenka, D: Ivan Hora, Andrea Elnserová, Andrea Elsnerová, Julius Satinsky, Julius Satinský, Jirina Bohdalová, Ruzena Merunková, Jaroslav Kepka, Ladisloav Potmesil, Ladislav Potmesil, Simona Postlerova
Nach einem Märchen der Gebrüder Grimm: Es war einmal ein kleines Königreich, das von König Valentin und seiner klugen Frau regiert wurde. Ihr Sohn, Prinz Hubert, kam in das Alter, in dem er heiraten und sich auf die Übernahme der Herrschaft vorbereiten sollte. Doch wo war die reiche Braut von hohem Stand für ihn zu finden? Der Prinz hatte sich in eine arme Bauerntochter verliebt. Aber das musste ein Geheimnis bleiben. Denn der König bestand auf einer standesgemäßen Heirat. Auch Schwindlerinnen, die sich in das Schloss einschlichen, hatten bei ihm keine Chance. Sie wurden zur Strafe in Mäuse verwandelt. Also beschloss die Königin zu handeln. Und auch ein geheimnisvolles Männlein bot dem jungen Liebespaar seine Hilfe an. Allerdings forderte Rumpelstilzchen, wie das Märchen es verlangt, eine außergewöhnliche Belohnung ...

Fernsehwoche: »Wunderbarer Märchenfilm.«

Ruf der Wildnis (1972, R: Ken Annakin): Raimund Harmstorf und Charlton Heston

Rumpelstilzchen (1961, R: Fritz Genschow):
Werner Krüger und Liane Croon

1987 Rumpelstilzchen
Rumpelstiltskin, USA/IL, R: David Irving, D: Amy
Irving, Clive Reville, Priscilla Pointer

1961 Rumpelstilzchen
BRD, R: Fritz Genschow, D: Ulrike Teichmann, Gerd
Hauke, Werner Krüger

1960 Das Zaubermännchen
DDR, R: Christoph Engel, Erwin Anders, D: Karl-
Heinz Rothin, Karin Lesch

1955 Rumpelstilzchen
BRD, R: Herbert B. Fredersdorf, D: Werner Krüger,
Liane Croon, Wilhelm Grote

1940 Rumpelstilzchen
D, R: Alf Zengerling, D: Paul Walker

THE RUNNING MAN
USA 1987, R: Paul Michael Glaser, D: Arnold
Schwarzenegger, Maria Conchita Alonso, Yaphet
Kotto, Jim Brown, Jesse Ventura, Erland van Lidth,
Marvin J. McIntyre, Gus Rethwisch, Mick Fleet-
wood, Dweezil Zappa, Richard Dawson, Karen
Leigh Hopkins

Im Jahre 2019 werden die USA von einem totalitären Regime beherrscht. Damit die Menschen nicht auf dumme Gedanken kommen und rebellieren, werden sie mit einer Art *Aktenzeichen XY* der Zukunft bei Laune gehalten: In der populären Lifeshow *Running Man* werden Kriminelle oder Regimegegner in einer Todeszone von monströsen Kopfjägern zur Strecke gebracht, bis ein Ex-Cop sich als stärker erweist, die Manipulation des Millionenspiels aufdeckt und dem bösen Spuk ein Ende macht.

MovieLine: »Vom Thema her weder neu noch originell, gefällt sich dieser aufwendige Streifen im Zelebrieren brutalster Action.«

Lexikon des Science Fiction Films: »Die Story stammt von Richard Bachmann (d. i. Stephen King), und geklaut hat er sie bei Robert Sheckley (*Das Millionenspiel* und *Kopfjagd – Preis der Angst*). Man soll es nicht für möglich halten.«

1983 Kopfjagd – Preis der Angst
Le prix du danger, F/YU, R: Yves Boisset, D: Jean-
Pierre Bagot, Julien Bukowski

1970 Das Millionenspiel
BRD, R: Tom Toelle, D: Dieter Hallervorden, Arnim
Basche, Ralf Gregan

S

SAAT DES BÖSEN

The Bad Seed, USA 1985, R: Paul Wendkos, D: Carrie Wells, Blair Brown, David Carradine, David Ogden Stiers, Lynn Redgrave, Richard Kiley

Nach einem Bühnenstück von Maxwell Anderson und einem Roman von William March: In einer jungen Witwe und Mutter keimt allmählich der schreckliche Verdacht, dass ihre neunjährige Tochter nicht nur Zeugin, sondern Ursache einer Reihe von unerklärlichen Todesfällen sein könnte.

Lexikon des internationalen Films: »Annehmbares Fernseh-Remake des Thrillers *Böse Saat*.«

1956 Böse Saat

The Bad Seed, USA, R: Mervyn Le Roy, D: Nancy Kelly, Patty McCormack

SABOTAGE IM ALL

Lifepod, USA 1993, R: Ron Silver, D: Robert Loggia, Jessica Tuck, Stan Shaw, Adam Storke, Kelli Williams, Ed Gale, CCH Pounder, Ron Silver, Lisa Waltz, Sam Whipple, Cork Hubbert

Kurz vor der Explosion ihres Raumschiffes können sich neun Menschen in einer Rettungskapsel abstoßen. Hilflos driften sie durchs All; Energie, Sauerstoff und Nahrung gehen langsam zur Neige. Und während sie ums Überleben kämpfen, wird eines zur furchtbaren Gewissheit: Der Saboteur, der das Schiff sprengte, ist mitten unter ihnen.

1944 Das Rettungsboot

Lifeboat, USA, R: Alfred Hitchcock, D: Tallulah Bankhead, Walter Slezak

Sabrina (1995, R: Sydney Pollack):
Julia Ormond und Harrison Ford

SABRINA

USA 1995, R: Sydney Pollack, D: Julia Ormond, Harrison Ford, Greg Kinnear, Nancy Marchand, John Wood, Angie Dickinson, Richard Crenna, Fanny Ardant

Die Geschichte einer Chauffeurstochter, die sich heillos in einen Millionärssohn verliebt, schließlich aber in dessen Bruder die dauerhafteren Qualitäten entdeckt.

Matthias Matussek *(DER SPIEGEL)*: »Pollack hält seine Komödie meisterhaft in der Schwebe. Er spielt mit der Form, ohne das Märchen zu verletzen. Irgendwann sagt Linus: ›Sabrina, wach auf, es sind die neunziger Jahre.‹ Sie erwidert, mit einem versonnenen Zweifel: ›Das wird zumindest behauptet.‹ Pollacks meisterhafter Dreh ist, dass wir am Ende nicht an dem Märchen zweifeln, sondern an unserer Abgebrühtheit. Damit ist seine *Sabrina* auch eine Verbeugung vor Altmeister Billy Wilder, der das Märchen erfand, und vor dem Hollywood der fünfziger Jahre, das es ermöglichte. Pollack traf Wilder und führte ihm das fertige Ergebnis vor. Wie Wilder reagierte? ›Sagen wir's so: Er hat nicht versucht, mich zu erwürgen. Und ich bezahlte anschließend das Dinner.‹«

Sabrina (1954, R: Billy Wilder):
Audrey Hepburn

Sabrina (1954, R: Billy Wilder):
Humphrey Bogart und Audrey Hepburn

1954 Sabrina
USA, R: Billy Wilder, D: Audrey Hepburn, Humphrey Bogart, William Holden

SAFIA, DAS MÄDCHEN VON UNTEN
La Maison du Maltais, F 1938, R: Pierre Chenal, D: Raymond Aimos, Marcel Dalio, Fréhel, Jany Holt, Louis Jouvet, Gina Manès, Florence Marly, Pierre Renoir, Viviane Romance

Ein arabischer Märchenerzähler versteckt die Prostituierte Safia vor der Polizei, verliebt sich in sie, wird zum Schmuggler und von der Polizei gefasst. Darauf verschwindet Safia mit einem Architekten. Der verlassene Geliebte findet Safia Jahre später als verheiratete Pariser »grande dame«, was zu einem dramatischen Konflikt führt.

MovieLine: »Seinerzeit als ›schmuddeliger Dirnenfilm‹ geschmäht und als ›meisterhafter Sittenfilm‹ gepriesen, vermag Pierre Chenals Remake der Romanverfilmung durch Henri Fescourt (1927) heute immerhin noch durch die prachtvollen Bilder und das hochkarätige Quartett der Hauptdarsteller zu interessieren.«

1927 La Maison du Maltais
F, R: Henri Fescourt, D: Sylvio De Pedrelli, Paul Francheschi, Jean Godaret

SAG NIEMALS NIE
Never Say Never Again, USA 1982, R: Irvin Kershner, D: Sean Connery, Klaus Maria Brandauer, Max von Sydow, Barbara Carrera, Kim Basinger, Bernie Casey, Edward Fox, Alec McCowen, Pamela Salem, Saskia Cohen Tanugi

Die Terroristen des gefährlichen Verbrechers Ernst Stavro Blofeld haben zwei Cruise Missiles mit atomaren Sprengköpfen an sich gebracht und erpressen nun die Regierungen aller Nationen mit der Drohung, die Atombomben zu zünden, falls ihre Forderungen nach Geld und Macht nicht erfüllt werden. Daraufhin wird James Bond aus dem Ruhestand zurückgeholt und beauftragt, die von Blofelds Agenten Largo versteckten Bomben zu finden, ehe das Ultimatum abläuft. Noch bevor James Bond jagt Dr. No in die Kinos kam, schrieb Ian Fleming zusammen mit Kevin McClory und Jack Whittingham ein Drehbuch mit dem Titel Latitude 78 West. Darin kam zum ersten Mal die Verbrecherorganisation SPECTRE vor und der Figur des James Bond wurde ein leinwandgerechteres Auftreten verpasst. Aus dem Film wurde nichts und Fleming verwendete die Story für seinen Roman Feuerball. Da er das ohne Rücksprache mit McClory und Whittingham tat, wurde er von diesen verklagt. Ein dreijähriger Gerichtsstreit war die Folge, den McClory gewann. McClory und Whittingham mussten als Co-Autoren angeführt werden und McClory erhielt darüber hinaus die Film- und TV-Rechte an Feuerball und sämtlichen früheren Drehbuchentwürfen. Da Albert R. Broccoli und Harry Saltzman zu diesem Zeitpunkt bereits Dr. No, Liebesgrüße aus Moskau und Goldfinger produziert und Sean Connery als James Bond etabliert hatten, fand McClory keine Geldgeber für einen Konkurrenzfilm. Also machte er mit Broccoli und Saltzman gemeinsame Sache und *Feuerball* wurde ein Film aus der offiziellen Bond-Serie.

McClory war mit 20 Prozent am Gewinn beteiligt und musste versprechen, mindestens zehn Jahre mit einem Remake zu warten. Nach Ablauf dieser Frist bemühte sich McClory um eine Neuverfilmung. Keines der großen Filmstudios wagte sich jedoch an dieses Projekt, weil Broccoli, der sich mittlerweile die Exklusivrechte an der Bond-Figur gesichert hatte, mit rechtlichen Schritten drohte. 1981 erwarb der Rechtsanwalt Jack Schwartzman von McClory die Filmrechte. Er brachte das Kunststück fertig, das Projekt durch alle juristischen Fallen zu lavieren, Sean Connery zu einem Comeback als Bond zu bewegen und mehr als 30 Millionen Dollar für die Realisierung des Films aufzubringen.

Frauke Hanck *(tz)*: »Der neue alte James Bond ist der Bessere. Sean Connery, seit seinem ersten Kino-Abenteuer als Doppelnullsieben um zwei Jahrzehnte gealtert, selbstbewusster, selbstverständlicher, gelassener und gewitzter. Er spielt mit souveräner Selbstironie sich selbst – als den Schauspieler, der einmal zehn Jahre lang James Bond war und heute mit entsprechend wertbeständigen Jahresringen von Kopf bis Bauch zeigt, dass es anders, aber immer noch ganz toll geht. Die perfekte Mechanik des Supermanns ist dahin – 007 ist jetzt menschlicher und identifizierbarer, zeigt Schwächen, Anstrengungen, Mühen – um dann umso strahlender als triumphierender Dennoch-Sieger über die jeweils supergefährlichen Situationen dazustehen. Drehbuchautor Lorenzo Semple und Regisseur Irvin Kershner *(Das Imperium schlägt zurück)* haben für die Gebrochenheit dieses Kino-Agenten ein Ambiente gefunden, in dem Handlung und Action immer mit einem kleinen ironischen Fragezeichen versehen sind. Da sind sie dem Bond-Roman-Autor Ian Fleming im Zeitgeist der achtziger Jahre bestens auf der Spur. Auch die Damen, die dem selbst noch sein Toupet ironisch mitspielenden Midlife-Agenten kino-attraktiv beigegeben sind, haben Esprit und Format, Barbara Carrera als killende Gegenspielerin mit explosivem Ende hat Geheimnis und Intelligenz. Kim Basinger ist, voller Vitalität und Eigensinn, mehr als eine Blondine. Bei diesem Bond macht Kino wieder Spaß.«

1965 James Bond – Feuerball

Thunderball, GB, R: Terence Young, D: Sean Connery, Claudine Auger, Adolfo Celi

SAHARA

AUS 1995, R: Brian Trenchard-Smith, D: James Belushi, Alan David Lee, Simon Westaway, Mark Lee, Michael Massee, Robert Wisdom, Jerome Ehlers, Angelo D'Angelo, Paul Empson, William Upjohn

1942 sind die Alliierten Truppen während des Wüstenfeldzuges in der Sahara mit ihren Kräften am Ende. Mitten in der Wüste, umgeben von feindlichen Truppen, befindet sich Sergeant Joe Gunn mitsamt seinem geliebten Panzer Lou la Belle und einer Gruppe zusammengewürfelter Soldaten. Mit ihnen will er sich in Richtung Süden durchschlagen. Doch der größte Feind in der Wüste ist der Durst. Um ihn zu bekämpfen, wird ein Brunnen gesucht, mit dessen Hilfe den Deutschen ein heftiger Schlag versetzt werden soll.

VideoWoche: »James Belushi *(Red Heat)* spielt die Hauptrolle in dieser Neuverfilmung des gleichnamigen Humphrey Bogart-Klassikers aus der Werkstatt von Regisseur Brian Trenchard-Smith. Belushi überzeugt als raubeiniger Kriegsheld, der stark an John Wayne in seinen militärischen Rollen erinnert. Trotz eindimensionaler Handlung und ebensolcher Charakterzeichnung weiß der Film auf Grund seiner ansprechenden Photografie und der gekonnt inszenierten Kriegsgefechte zu gefallen.«

1952 Der lange Marsch durch die Wüste

Last Of The Comanches, USA, R: André De Toth, D: Broderick Crawford

1943 Sahara

USA, R: Zoltan Korda, D: Humphrey Bogart, Bruce Bennett, Lloyd Bridges

1936 Trinadtsat

UdSSR, R: Mikhail Romm, D: Ivan Novoseltsev, Yelena Kuzmina, Aleksandr Chistyakov

THE SAINT –
DER MANN OHNE NAMEN

The Saint, USA 1996, R: Phillip Noyce, D: Val Kilmer, Elisabeth Shue, Rade Serbedzija

Schon als Kind hat Simon Templar gelernt, nichts und niemandem zu vertrauen. Seitdem lebt er nach dem Motto: Gib dich niemals zu erkennen, offenbare niemals deine Schwächen, zeige niemals deine Gefühle. Damit ist er immer gut gefahren und mittlerweile so etwas wie der Superstar unter den Dieben geworden. Es gibt nichts, was er nicht besorgen könnte. Alles nur eine Frage des Geldes. Doch bei seinem neuen Auftrag ist alles ein bisschen schwieriger ...

Robert Weixelbaumer *(Die Presse)*: »Ob der Brite Leslie Charteris sich wohl ausgemalt hat, dass Simon Templar eines Tages so aussehen würde? Aus dem Zwanziger-Jahre-Dandy ist ein Blondschopf geworden, der Körper bis zum Hals durchtrainiert, mit himmelblauen Augen und einem sinnlichen Mund. Val Kilmer, der jüngste Simon Templar, macht auf den ersten Blick einen weniger gewitzten Eindruck als sein TV-Vorgänger Roger Moore. Wie einen Berliner Bauarbeiter, der einen Privat-Jet bar bezahlen könnte, wollte Kilmer die Figur aussehen lassen. Das kommt dem Ergebnis ziemlich nahe. Der neue Simon Templar ist ein sympathischer Zwangsneurotiker, ein Tatmensch, der seit seiner Kindheit besessen davon ist, eine traumatische Schuld auszugleichen.«

Die Serie *Simon Templar* beruht auf den Romanen des Schriftstellers Leslie Charteris, der am 12. Mai 1907 als Sohn eines wohlhabenden Chinesen und einer Engländerin in Singapur geboren wurde und 1993 in England starb. Er schrieb über hundert Bücher und Kurzgeschichten über die Abenteuer der von ihm kreierten Figur Simon Templar, einen Mann, der als eine Art moderner Ritter auf der einen Seite »gentlemanlike« das Leben mit schönen Frauen und schnellen Autos genießt und auf der anderen Seite gegen das Unrecht kämpft, wo immer es ihm begegnet. Niemand weiß so recht, wer er ist und woher seine finanzielle Unabhängigkeit kommt. Am liebsten arbeitet er allein. Simon Templar verabscheut Gewalt und wendet sie nur im äußersten Notfall an. Nach der ersten *Simon Templar*-Serie mit Roger Moore folgten in den 70-er und 80-er-Jahren weitere mit Ian Ogilvy und später Simon Dutton in der Hauptrolle. Außerdem wurden Simon Templars Abenteuer auch in Radio-Hörspielen und Comic Strips verarbeitet. Selbst nach dem Tod von Leslie Charteris brauchen die Fans nicht auf neue Bücher zu verzichten: Noch zu Lebzeiten suchte sich der Schriftsteller Kollegen aus, die sein Lebenswerk fortführen.

1989 Simon Templar
The Saint, GB, TV-Serie: 6 Folgen, D: Simon Dutton

1978–79 Simon Templar – Ein Gentleman mit Heiligenschein
The Return Of The Saint, GB, TV-Serie: 24 Folgen, D: Ian Ogilvy

1962–69 Simon Templar
The Saint, GB, TV-Serie: 118 Folgen, D: Roger Moore, Allan Gifford

SAINT CLARA
Clara Hakedosha, IL 1996, R: Ari Folman, Ori Sivan, D: Lucy Dubinchik, Halil Elohev, Ronny Bachar, Tal Ben-Bina, Israel Damidov, Maya DeFries, Jenia Doudina, Joe El Dror, Tal Feigenboim, Ronald Hilovsky, Maya Mayron

1999. Die Welt steht am Rande des Chaos. In einer israelischen Industriestadt in der Mitte des Nichts zeigen sich bei Clara, der dreizehnjährigen Tochter einer Familie russischer Bärenjäger, übernatürliche Kräfte und stürzen die ganze Stadt in Anarchie. Die Schule brennt, Claras Klassenkameraden planen die Revolution, Lehrer träumen von wilden Nächten mit Edith Piaf, und ein Erdbeben droht, alles zu zerstören. Gerade als Clara zur Heiligen erhoben werden soll, sieht sie sich vor die Wahl gestellt, ihre magischen Kräfte zu behalten oder sich zu verlieben und sie zu verlieren.

Zitty: »Eine kleine, surrealistisch-verrückte Geschichte über die 13-jährige Clara, die mit ihren magischen Kräften in post-apokalyptischen Zeiten an der Golda Meir-Oberschule für Unruhe sorgt, da sie Fragen und Antworten der Klassenarbeiten vorhersehen kann. Lehrer und Schuldirektor wittern Betrug ... Liebe, Angst und Identitätssuche: Als Clara zur Heiligen erhoben werden soll, siegt die Romantik über Frust, Ärger und Einsamkeit. Die anfangs befremdliche Science-Fiction-Story wandelt sich zum Liebesfilm – und wem es bekannt vorkommt: Pavel Kohout hat sie geschrieben und fürs Fernsehen entstand 1980 die Verfilmung *Die Einfälle der heiligen Klara* mit Katharina Böhm.«

1980 Die Einfälle der heiligen Klara
BRD/A, R: Vojtech Jasny, D: Katharina Böhm, Dieter Kirchlechner, Relja Basic

SAISON IN SALZBURG
A 1961, R: Franz Josef Gottlieb, D: Peter Alexander, Gunther Philipp, Waltraut Haas, Ingeborg Schöner, Gunnar Möller, Peter Vogel, Beppo Brem, Helli Servi, Sissi Löwinger

Nach der gleichnamigen Operette von Max Wallner und Kurt Feltz: Da ihre Engagements am Theater ausgelaufen sind, machen sich die drei jungen Schauspieler Heinz, Toni und Hans auf den Weg nach Salzburg, um dort in einem Gasthof als Aushilfen zu arbeiten. Nachdem sie unterwegs fast zu Hühnerdieben geworden sind, kommen sie im »Blauen Enzian« an, wo sie ihre früheren Bühnenrollen als Kellner, Portier und Liftboy so gut spielen, dass sie eine Dauerstellung erhalten. Zudem scheint jeder von ihnen auch die geeignete Partnerin gefunden zu haben. Zur Auswahl stehen die Wirtin Theres, das Stubenmädchen Vroni und Köchin Walpurga. Doch da taucht unvermittelt Theres' schöne Stieftochter Annemarie auf, in die sich Heinz prompt verliebt ...

Lexikon des internationalen Films: »Farbiges Remake von Marischkas gleichnamigem Film von 1952, trotz Peter Alexander auch nicht erheiternder.«

1952 Saison in Salzburg

A, R: *Ernst Marischka*, D: *Adrian Hoven, Walter Müller, Johanna Matz*

1943 Und die Musik spielt dazu

D, R: *Carl Boese*, D: *Maria Andergast, Vivi Gioi, Georg Alexander*

SALOMES LETZTER TANZ

Salome's Last Dance, GB 1987, R: *Ken Russell*, D: *Imogen Millais-Scott, Stratford Johns, Glenda Jackson, Douglas Hodge, Nickolas Grace, Denis Uill, Russell Lee Nash, Alfred Russell, David Doyle, Warren Saire, Paul Clayton, Tim Potter, Kenny Ireland*
Nach einem Theaterstück von Oscar Wilde: 1882, in einem Londoner Bordell, lässt sich Oscar Wilde sein verbotenes Schauspiel *Salome* vorführen. Auf Seidenkissen und Leopardenfell gelagert verfolgt der dichtende Dandy die biblische Geschichte der grausamen Prinzessin Salome. Wildes junger Geliebter Bosie spielt im Stück den Propheten Johannes. Seinen Kopf fordet die Prinzessin von Herodias als Preis für ihren Tanz der sieben Schleier. Ihr letzter Tanz besiegelt Wildes bürgerliches Ende: Er wird wegen Unzucht mit Minderjährigen von der Polizei verhaftet.

Christl Stadler *(multimedia)*: »Von Oscar Wildes (der in der Rahmenhandlung sehr blass bleibt) boshaftem Esprit ist bei dieser in ein Bordell verlegten Aufführung seines Theaterstücks kaum etwas zu spüren. In einer maniriert-üppigen Szenerie lässt Ken Russell ein Schauspiel von etwas angestaubt wirkender Verderbtheit abrollen, nur mäßig gewürzt mit einigen deftigen Details und viel homosexuellem Getue. Einzig Glen-

da Jackson als Herodias und Imogen Millais-Scott als Salome sorgen für ein paar interessante Momente.«

1986 Salome

I/F, R: *Claude d'Anna*, D: *Tomas Milian, Pamela Salem, Tim Woodward*

1974 Salome

BRD, R: *Goetz Friedrich*, D: *Teresa Stratas, Astrid Varnay, Hans Beirer, Bernd Weikl*

1972 Salome

I, R: *Carmelo Bene*, D: *Carmelo Bene, Luciana Cante, Marco Carelli*

1971 Salome

BRD, R: *Werner Schroeter*, D: *Mascha Elm-Rabben, Magdalena Montezuma*

1970 Salomé

E, R: *Rafael Gassent*, D: *Francisco Ballester, José Cardona, Rosendo Carlos*

1952 Salome

USA, R: *William Dieterle*, D: *Rita Hayworth, Stewart Granger, Charles Laughton*

1923 Salome

USA, R: *Charles Bryant*, D: *Alla Nazimova, Rose Dione, Mitchell Lewis*

1920 A Modern Salome

USA, R: *Léonce Perret*, D: *Hope Hampton, Sidney Mason, Percy Standing*

1918 Salome

USA, R: *J. Gordon Edwards*, D: *Theda Bara, G. Raymond Nye, Alan Roscoe*

1908 Salome

USA, R: *J. Stuart Blackton*, D: *Florence Lawrence, Maurice Costello*

SALOMON
UND DIE KÖNIGIN VON SABA

Solomon And Sheba, USA 1959, R: *King Vidor*, D: *Yul Brynner, Gina Lollobrigida, George Sanders, Marisa Pavan, David Farrar, John Crawford, Finlay Currie, Harry Andrews, José Nieto, Maruchi Fresno, William Devlin*
Nach seiner Berufung zum König von Israel errichtet Salomon den heiligen Tempel, baut Jerusalem auf und übergibt seinem älteren Bruder Adonijah, der ihm den Thron neidet, den Oberbefehl über die Armee. Als er gegen den Widerstand der Hohen Priester die Königin von Saba nach Jerusalem einlädt, verfällt er ihrem verführerischen Charme. Wegen der religiösen Unterschiede weigert sie sich allerdings, ihn zu heiraten. Als er ihr erlaubt, mit ihrem Gefolge in der

Salomon und die Königin von Saba (1959,
R: King Vidor): Gina Lollobrigida und Harry Andrews

heiligen Stadt ein heidnisches Fest abzuhalten, kommt es zur Katastrophe.

1952 La Regina di Saba
I, R: Pietro Francisci, D: Leonora Ruffo, Gino Leurini, Franco Silva

1921 The Queen Of Sheba
USA, R: J. Gordon Edwards, D: Betty Blythe, Fritz Leiber, Claire de Lorez

SALTO MORTALE
D 1931, R: Ewald André Dupont, D: Reinhold Bernt, Kurt Gerron, Anna Sten, Anton Walbrook, Otto Wallburg

Die Geschichte des Gefangenen Nr. 28, der sie dem Zuchthausdirektor erzählt: Früher nannte man ihn Boss; er war Besitzer einer Schaubude in St. Pauli. Dort nimmt er eines Tages ein exotisches Mädchen auf, dessen Mutter bei der Überfahrt auf dem Schiff gestorben ist. Er verliebt sich besinnungslos in die Fremde und verlässt ihretwegen Frau und Kind. Die beiden schlagen sich als Luftakrobaten auf dem Rummelplatz durch und werden von einem Impresario entdeckt, der für den weltbekannten Trapezkünstler Artinelli einen neuen Partner sucht. Boss wird Fänger und genießt für eine Weile Ruhm und Reichtum. Eines Tages erfährt er, dass seine Geliebte ihn mit seinem Partner betrügt, worauf er den Rivalen ersticht.

Reimar Hollmann (Circus-Filme): »Um Irrtümern zu begegnen, wie z.B. eine Albers-Biographie sie verbreitet: Der 1925 gedrehte Stummfilm Varieté von E. A. Dupont hat nicht in dem gleichnamigen Tonfilm von Nikolas Farkas (1938) sein Remake gefunden; nur der Titel ist gemeinsam. Wohl aber hat Dupont 1931 mit Salto Mortale sich selbst zu kopieren versucht, aber nicht mehr Felix Hollaenders Eid des Stephan Huller benutzt, sondern eine französische Vorlage (wie Farkas).«

1925 Varieté
D, R: Ewald André Dupont, D: Emil Jannings, Maly Delschaft, Lya De Putti

1921 Der Eid des Stephan Huller
D, R: Reinhard Bruck, D: Anton Edthofer, Hanni Weisse, Alexander Areuss

1912 Der Eid des Stephan Huller
D, R: Viggo Larsen, D: Viggo Larsen, Wanda Treumann, Fritz Schroeter

SALZBURGER GESCHICHTEN
BRD 1956, R: Kurt Hoffmann, D: Marianne Koch, Paul Hubschmid, Peter Mosbacher, Richard Romanowsky, Helmuth Lohner, Adrienne Gessner, Anneliese Egerer, Eva-Maria Meinecke, Frank Holms, Theodor Danegger, Vera Comployer, Franz Lang, Michl Lang, Liesl Karlstadt, Otto Storr, Franz Otto Krüger, Claire Reigbert, Petra Unkel, Karl Hanft, José Held

Nach dem Roman Georg und die Zwischenfälle von Erich Kästner: Zur Zeit der Geldsperre zwischen Deutschland und Österreich, nicht einmal ein Taschengeld darf der wohlhabende Georg Rentmeister mit nach Salzburg nehmen. Nachdem er seinen österreichischen Freund verpasst hat, muss er die junge Konstanze bitten, ihm die Melange zu bezahlen. Sie nimmt sich des charmant-hilflosen jungen Mannes an und gesteht ihm, sie sei ein Stubenmädchen. In Wirklichkeit ist sie eine richtige Komtesse und ihr Vater der Graf von Raitenau. Nebenbei schreibt er Lustspiele, doch mangels neuer Einfälle verkleidet er sich als Haushofmeister und mischt sich ins turbulente Treiben, was naturgemäß zu allerlei Verwirrungen führt. Ein gewisser Berthold Bürger schrieb 1943 nach Erich Kästners Roman Georg und die Zwischenfälle das Skript zum Film Der kleine Grenzverkehr mit Willy Fritsch und Hertha Feiler. Bürger war indes Kästners Pseudonym, das er nach der NS-Zeit für die Arbeit am Drehbuch der Salzburger Geschichten nicht mehr benötigte. In den Festspielszenen tanzt das New York City Ballet.

Ingo Tornow (Erich Kästner und der Film): »1956 wurde ein farbiges Remake des Films gedreht nach dem vom Autor überarbeiteten, nur wenig veränderten Drehbuch Kästners. Die Farbe war das Alibi für dieses Remake, der Mangel an guten Stoffen und guten Einfällen im deutschen Film der fünfziger Jahre wohl der eigentliche Grund. Kurt Hoffmann, der schon zwei sehr inspirierte Kästner-Verfilmungen gemacht hatte, führte Regie. Auch dieser Film ist handwerklich einwandfrei und sehr atmosphärisch inszeniert. Dennoch fehlt ihm etwas vom Charme der Erstverfilmung ... Das dürfte hauptsächlich an den Hauptdarstellern liegen, dem hölzernen Paul Hubschmid und der trockenen Marianne Koch. Die übrigen Darsteller sind ebenso solide wie in der Erstverfilmung ... Irritierend wirkt schließlich, dass die Ausgangssituation – Geldmangel wegen Devisenrestriktionen und Behördenschlamperei – nicht recht überzeugend in einen Film übernommen wurde, der deutlich erkennbar in den weniger restriktiven fünfziger Jahren spielt (auch wenn in den Eingangsszenen so getan wird, als spiele er kurz nach 1935, es sei denn, man interpretiert Georgs Äußerung, sein Smoking sei ›Baujahr 1935‹, dahingehend, dass er ein Erbstück ist). Zur Entstehungszeit der Erstverfilmung konnte man sich sicher noch besser in die Situation der Devisenrestriktionen hineinversetzen, auch wenn sie im Vorspann des Films – um nicht die Zensur auf den Plan zu rufen, bewusst vage – wie ein Märchen aus böser, alter Zeit aufgetischt wird. Tatsächlich hatte es sich ja um eines von vielen Druckmitteln der Nazis gegen das unbotmäßige Österreich gehandelt.«

Unten: Samson und Delilah (1948, R: Cecil B. DeMille): Hedy Lamarr und Victor Mature
Rechts: Samson und Delilah (1948)

1943 Der kleine Grenzverkehr
D, R: Hans Deppe, D: Willy Fritsch, Hertha Feiler, Hilde Sessak

SAMSON UND DELILAH

Samson And Delilah, USA 1948, R: Cecil B. DeMille, D: Hedy Lamarr, Victor Mature, George Sanders, Angela Lansbury, Henry Wilcoxon, Olive Deering, Fay Holden, Julia Faye, Russ Tamblyn, William Farnum, Lane Chandler, Moroni Olsen, Francis McDonald, William Davis, John Miljan

Die Handlung des Films lehnt sich an die alttestamentarische Überlieferung an: Um das Jahr 1000 v. Chr. ist der israelitische Stamm der Daniter von den Philistern unterjocht. Der rebellische Daniter Samson kann nicht nur einen Löwen mit bloßer Hand töten, sondern besiegt allein auch ein Heer von 1000 Philistern. Erst durch eine List Delilahs, die er einst verschmähte, wird er seiner Kraft beraubt und überwältigt: sie schneidet ihm seine Locken ab. Als er seine Kraft wieder erlangt, zerstört er den Philistertempel.

TV Spielfilm Lexikon: »Cecil B. DeMille, Liebhaber biblischer Stoffe, schuf mit *Samson und Delilah* ein Alterswerk, mit dem er all seine vorhergehenden Filme weit in den Schatten stellte.«

A, R: Alexander Korda, D: Maria Corda, Franz Herterich, Paul Lukas

SASS

BRD 2001, R: Carlo Rola, D: Ben Becker, Jürgen Vogel, Henry Hübchen, Julia Richter, Jeanette Hain, Karin Baal, Otto Sander, Frank Sieckel, Traugott Buhre, Miguel Herz-Kestranek, Martin Feifel, Lars Rudolph, Detlef Bothe, Jockel Tschiersch, Lutz Mackensy, Sophie Rosentreter, Andreja Schneider, Peter Roggisch, Robert Kreis

Berlin in den 20er-Jahren: Zwei maskierte Männer sind mit einem Schweißgerät zugange. Ein dicker Safe soll geknackt werden. Dann Geräusche von draußen. Panik macht sich breit. Die beiden nehmen gerade noch rechtzeitig Reißaus, denn Polizisten sind ihnen dicht auf den Fersen. Wenn auch der Raub missglückte; die Flucht gelingt. Das Brüderpaar Sass merkt schnell, dass in dieser Zeit mit ehrlicher Arbeit nicht viel zu machen ist. Also entschließt man sich, das Geld da zu holen, wo es liegt: Finanzamtkassen und Banken. Mit ausgeklügelten Plänen und – als erste Räuber überhaupt – mit Schweißbrenner ausgerüstet geht's an die Arbeit ...

Anke Sterneborg (Focus): »Dabei schlingern sie auf einem schmalen Grat zwischen Komödien-Slapstick und Heldenverklärung: Da passiert es schon mal, dass die Fluchtseile reißen oder dass sie ein paar Hunderter mitnehmen und den Sack mit den Tausendern unterwegs verlieren. Der Vater soll Regisseur Carlo Rola erzählt haben, wie die beiden in den Berliner Nachtklubs und Cabarets mit großem Hallo und Tusch begrüßt wurden. Volkshelden waren sie, die den Schweißgeruch des Moabiter Arbeitermilieus mit dem Duft der weiten Welt verbanden und so die Nöte des kleinen Mannes mit dessen Sehnsüchten verschmolzen. Sie waren Stars, die sich nahtlos in das Showbiz der Roaring Twenties einfügten, in Berlins vor Lebensgier und Vergnügungslust flirrende Atmosphäre. Mit dieser Mischung aus Glamour, Liebe und Verbrechen knüpft Sass an Filme wie Ein Lied von Liebe & Tod, Comedian Harmonists oder Aimée und Jaguar an – und auch hier legen sich bald die Schatten der Nazis über die nostalgisch sepiabraunen Szenerien. Carlo Rola, der bisher vor allem fürs Fernsehen gearbeitet und dort unzählige Rosa Roth-Folgen inszeniert hat, kokettiert in Rhythmus und Tonfall mit amerikanischen Gangster-Epen. Auch das Räuberduo spielen Jürgen Vogel und Ben Becker entsprechend – mit einer wunderbaren Mischung aus Berliner Proleten-Charme und Brooklyn'scher Gangster-Chuzpe. Mühelos schlagen sie eine Brücke zwischen den Unsicherheiten des kleinen Mannes der Weimarer Republik und den Ritualen legendärer US-Mobster. Dazu gehört natürlich auch, dass die Realitäten der Biografien auf Kinoformat gebracht wurden. So entwickelt sich zwischen dem jahrelang ermittelnden Kommissar und Franz Sass fast so etwas wie Freundschaft – was wiederum wie ein Zitat der grandiosen Geliebter Feind-Szene von Al Pacino und Robert De Niro in Heat wirkt. Und wenn am Ende im feinen Schneegestöber zwei Schemen auf der steinernen Treppe vor der Berliner Traditionskneipe ›Mulackritze‹ von Nazi-Schergen niedergestreckt werden, dann ist das purer Kinomythos. Und allemal leinwandlegendenträchtiger als der kläglich reale Tod der beiden Brüder im Konzentrationslager.«

Der spektakuläre Bankeinbruch der Berliner Brüder Sass im Jahre 1929 inspirierte Werner Klingler und Drehbuchautor Herbert Reinecker 1957 zu Banktresor 713.

1957 Banktresor 713

BRD, R: Werner Klingler, D: Martin Held, Hardy Krüger, Hildegard Grethe

SCAMPOLO

BRD 1957, R: Alfred Weidenmann, D: Romy Schneider, Paul Hubschmid, Georg Thomalla, Eva Maria Meinecke, Viktor de Kowa, Franca Parisi, Peter Carsten, Wolfgang Wahl, Elisabeth Flickenschildt, Willy Millowitsch, Stanislaus Ledinek, Arno Paulsen, Walter Rilla

Nach einem Theaterstück von Dario Niccodemi: Capris Nachbarinsel Ischia in der Bucht von Neapel besitzt nur einen Reichtum, die Fremden. Scampolo heißt »Restchen« und »Restchen« weiß nicht so recht, wo sie hingehört. Das hübsche Waisenmädchen von achtzehn Jahren betätigt sich auf Rundfahrten, die ihr Freund Baptista als Chauffeur organisiert, als Fremdenführerin. Das reicht gerade zum Leben. Scampolo ist ganz allein auf der Welt und besitzt nur eine Freundin, Marietta, die Wäscherin, die sie lehrt, vor den Männern auf der Hut zu sein. Cesare, ein junger Karabinieri, ist sehr in Scampolo verliebt, sie aber betrachtet ihn sorglos als Kameraden. Als eines Tages der Architekt Roberto Costa seine Wäscherechnung nicht zahlen kann, hilft ihm das gutherzige »Restchen« heimlich mit ihrem wenigen Geld aus. Aus Dankbarkeit lädt dieser das Mädchen zum Essen ein und gibt ihm zum Abschied einen Kuss. Sehr bald fühlt sich Scampolo zu ihrem neuen Freund hingezogen und vergisst Mariettas Warnungen. Costa ist von ihrer Frische und Aufrichtigkeit bezaubert. Er kann sich aber über seine Gefühle nicht klar werden, was die schöne und reiche Sabina Falconi irritiert, die eifersüchtig auf die niedliche Scampolo ist. Scampolo erobert das Herz des Ministers Galeni, der mit Sabina befreundet ist. Mit Energie und Geistesgegenwart verhilft das junge Mädchen Costa zu einem 1. Preis für architektonische Gestaltung und zu interessanten Aufträgen. Costa beschließt, Scampolo zu heiraten. *Scampolo*, ein erfolgreiches Stück des italienischen Bühnenautors Dario Niccodemi, war schon 1932 von Hans Steinhoff mit Dolly Haas und Karl-Ludwig Diehl in den Hauptrollen verfilmt worden. Das Drehbuch hatte Billy Wilder geschrieben. In Alfred Weidenmanns Neuverfilmung wollte die 19-jährige Romy Schneider ihrem *Sissi*-Image entfliehen und lehnte einen vierten Monarchen-Film ab, obwohl ihr eine Gage von einer Million Mark angeboten wurde; eine Revolte, die sie zeitweise die Gunst des deutschen Publikums kostete.

Filmblätter: »Das ist zwar nicht der alte Theater-Kobold Scampolo (denn die alte Scampolo lebte viel mehr aus dem Straßendreck) – aber ein gefälliges, liebenswürdiges Lustspiel mit Akzenten von Italienreise oder *Kitty und die große Welt*. Romy Schneider verkörpert die Titelrolle erfrischend-fröhlich und von kindlichem Charme, wenn auch in dieser Rolle etwas mehr Pfeffer und Drollerie wünschenswert gewesen wäre. Hubschmid ist der Architekt in Große-Jungen-Manier. Nach langer Zeit findet man Thomalla wieder in einer ihm angemessenen Rolle – kurios und doch nicht überdreht. Eine erfreuliche Überraschung ist Eva Maria Meinecke, eine Cocktailfreundin von damenhafter Pikanterie ... Die Stärke des erfolgsgewohnten Regisseurs liegt bei diesem Film mehr in der tadellosen Schauspielerführung als in der filmgerechten Handlungsbereitung. Dem liebenswürdig-gefälligen Spiel wünschte man ein wenig mehr Temperament ... Alles in allem ein sauberes, vorzüglich ausgestattetes Lustspiel, das ganz und gar auf Romy zugeschnitten ist.«

Frauke Hanck/Alfred Nemeczek/Pit Schröder *(Romy Schneider und ihre Filme)*: »Einer der Filme, in denen alle Darsteller wie verrückt ›all'italiana‹ spielen, deren einzige wirkliche Existenzberechtigung aber darin lag, dass die Mitwirkenden während der ausgedehnten Außenaufnahmen (milde Nachsaison in Ischia) eine schöne Zeit hatten.«

1932 Scampolo, ein Kind von der Straße
D, R: Hans Steinhoff, D: Dolly Haas, Karl-Ludwig Diehl, Oskar Sima, Paul Hörbiger
1928 Scampolo
D, R: Augusto Genina

SCARAMOUCHE, DER GALANTE MARQUIS
Scaramouche, USA 1952, R: George Sidney, D: Stewart Granger, Eleanor Parker, Mel Ferrer, Janet Leigh, Henry Wilcoxon, Nina Foch, Richard Anderson, Robert Coote, Lewis Stone, Elisabeth Risdon, Howard Freeman, Curtis Cooksey, John Dehner, John Litel, Jonathan Cott
Nach einem Roman von Rafael Sabatini: Der lebenslustige Frauenheld André Moreau hat dem degengewandten Marquis de Maynes Rache geschworen. Der hochmütige Aristokrat hatte seinen engen Freund Philippe de Valmorin umgebracht. Bevor André allerdings zum entscheidenden Kampf antreten kann, muss er die Fechtkunst erlernen und sich so lange bei einer Truppe fahrender Komödianten verstecken.

TV Spielfilm: »Die Rachesequenz im Theater gehört zu den aufwendigsten und längsten Fechtszenen der Filmgeschichte. Über sechs Minuten lang demonstrieren Stewart Granger und Mel Ferrer die Hohe Schule der Fechtkunst. Granger wäre dabei fast ums Leben gekommen, als ein Kronleuchter von der Decke stürzte, der eigentlich durch Seile über den Kämpfenden rechtzeitig abgefangen werden sollte ... Spannender und sehr bunter Mantel- und-Degen-Film.«

In Brasilien entstand 1956 nach dem Buch von Rafael Sabatini eine TV-Serie.

1923 Scaramouche
USA, R: Rex Ingram, D: Ramon Novarro, Alice Terry, Lewis Stone

SCARLET STREET

USA 1945, R: Fritz Lang, D: Edward G. Robinson, Joan Bennett, Dan Duryea, Margaret Lindsay, Rosalind Ivan, Jess Barker, Arthur Loft, Samuel S. Hinds, Jess Barker, Vladimir Sokoloff, Charles Kemper, Russell Hicks, Anita Bolster

Nach dem Roman *La Chienne* von George De La Fouchardière: Christopher Cross arbeitet als schlichter Verkäufer in einem großen New Yorker Warenhaus. Sein ohnehin recht eintöniges Leben wird von seiner miesepetrigen Ehegattin Adele zusätzlich erschwert. Den einzigen Trost findet Cross in der Malerei und bei dem leichten Mädchen Kitty, das ihm eines Abends über den Weg läuft und in das er sich Hals über Kopf verliebt. Kitty versteht es, seine Zuneigung auszunutzen. Als sie eines Tages per Zufall erfährt, dass sich ein reicher Kunstliebhaber für Cross' Bilder interessiert, fälscht sie mit Hilfe ihres Zuhälters Johnny die Signatur und setzt ihre Unterschrift darunter. Als Christopher davon erfährt, wird aus dem braven Verkäufer ein rasender Rächer. Im Affekt rammt er Kitty einen Eispickel ins Herz und schiebt Johnny den Mord in die Schuhe, der unschuldig auf dem elektrischen Stuhl landet. Cross selbst ist durch die Geschehnisse allerdings endgültig aus der Bahn geworfen ...

Telegraf: »Der amerikanische Streifen ist nicht mehr der jüngste. Inzwischen wurde der regelmäßige Kinogänger mit dem Milieu so vertraut gemacht, dass er den Ausgang solcher Entwicklungen voraussieht. Umso mehr kann er seine Aufmerksamkeit dem psychologischen Fundament widmen, das hier, mit nur gelegentlicher Abtrift ins Kolportierte, sehr solide gelegt wurde. Fritz Langs differenzierte Regiehand ist allenthalben zu spüren. Ihm gelangen mitunter Szenen von französischem Verdichtungsgrad. Gewicht gewinnt der Film vor allem durch Edward G. Robinson, der der männlich-infantilen Mauerblume eine ausgezeichnete Charakterisierung verleiht. Joan Bennett spielt das Mädchen mit einer schlampigen Kaltschnäuzigkeit, die selbst ihren Kolleginnen eine Gänsehaut verschaffen dürfte. Ihren unappetitlichen Spiritus Rector gibt Dan Duryea mit dem anscheinend unvermeidlichen Requisit eines Strohhuts.«

Die im Film gezeigten Gemälde stammen von John Decker, der in den 40-er und 50-er-Jahren die Größen Hollywoods porträtierte und von Stars wie Errol Flynn, John Barrymore und W. C. Fields originelle Bilder malte.

1931 Die Hündin

La Chienne, F, R: Jean Renoir, D: Michel Simon, Janie Marèze, Georges Flamant

DER SCHÄFER VOM TRUTZBERG

BRD 1959, R: Eduard von Borsody, D: Heidi Brühl, Franziska Kinz, Karl Skraup, Hans von Borsody, Herbert Tiede, Josef Sieber, Walter Sedlmayr, Angelika Hauff, Elisabeth Wischert, Paul Richter, Ulrich Beiger, Hans Stadtmüller, Anton Färber

Nach einem Roman von Ludwig Ganghofer: Die achtzehnjährige Hilda von Puechstein liebt ihren Jugendgespielen, den Schäfer Lienhard, obwohl sie schon als Kind dem Sohn Eberhard des Burgherrn Melchior von der Trutzburg anverlobt wurde. Als sich bei einer Fehde gegen die räuberischen Seeburger herausstellt, wie tapfer Lienhard ist, während der Feigling Eberhard bei der Flucht aus der Kammer der Magd Pernella tödlich vom Dach stürzt, nimmt Herzog Albrecht von Bayern den Schäfer in seinen Dienst. Er wird Lienhard zum Hauptmann der Trutzburg erziehen lassen – und Hilda verspricht, auf seine Rückkehr zu warten.

1921 Trutze von Trutzberg

D, R: Peter Ostermayr, D: Victor Gehring, Curd Gerdes, Carl Dalmonico

SCHÄM' DICH, BRIGITTE!

A 1952, R: E. W. Emo, D: Heinz Rühmann, Hans Moser, Theo Lingen, Hilde Berndt, Brigitte Ratz, Annie Rosar, Lotte Lang, Margarete Slezak, Nadja Tiller, Gusti Wolf, Egon von Jordan, Fritz Heller

Der sittenstrenge Mathematikprofessor Stieglitz besucht die Eltern der Schülerin Brigitte Schneider, weil er bei ihr einen Liebesbrief gefunden hat. Das Dienstmädchen Maria verwechselt den Brief mit einem anderen, und so landet er in der Tasche von Vater Schneider. Seine Frau glaubt an einen Seitensprung, stellt ihren Mann zur Rede, und der glaubt nun, dass sein Freund Fellmeier ihm das Schriftstück versehentlich gegeben hat. Er bittet ihn, den Irrtum klarzustellen. Fellmeier ist bereit dazu, schwört aber, mit dem Liebesbrief nichts zu tun zu haben. Dieses Gespräch belauscht Olga, Fellmeiers Frau, die nun ihrerseits glaubt, ihr Mann habe ein Verhältnis. Beide Ehen stehen auf dem Spiel, das durch dumme Lügen der Ehemänner noch komplizierter wird.

Schließlich klärt Brigitte ihre Eltern und die Fellmeiers auf: Den Brief hat die Großmutter des Mädchens vor mehr als 50 Jahren geschrieben. Der Film lief auch unter dem Titel *Wir werden das Kind schon schaukeln*. Es ist Heinz Rühmanns fünfte Arbeit mit dem Wiener Komödienspezialisten Emo. Mit ihm hatte er in den dreißiger Jahre bereits drei erfolgreiche Komödien mit Hans Moser und Theo Lingen gedreht.

Film-Echo: »Das Trio Rühmann-Moser-Lingen schob sich mit diesem Wurf Emos auf Anhieb wieder in die erste Reihe der Kassenpferde und ließ selbst die ungewöhnlich schlechte Besetzung der Chargenrollen, die unverkennbare Enge des Handlungsrahmens und die zum Teil schlechte Atelierausleuchtung übersehen.«

1943 Geliebter Schatz

D, R: Paul Martin, D: O. E. Hasse, Ursula Herking, Dorit Kreysler

DER SCHAKAL

The Jackal, USA/BRD 1997, R: Michael Caton-Jones, D: Bruce Willis, Richard Gere, Sidney Poitier

Er ist der gefährlichste Killer der Welt, in Insiderkreisen heißt er nur *Der Schakal*. Und diesmal hat er es auf einen der prominentesten Politiker der USA abgesehen. Sein Auftraggeber: die russische Mafia. FBI Deputy Director Carter Preston und seine russische Kollegin Valentina Koslova stellen eine globale Einsatztruppe zusammen, die den Schakal kreuz und quer über den Globus jagen und stellen soll.

Martin Schlappner *(Neue Zürcher Zeitung)*: »Das Gesicht von Fred Zinnemanns *Schakal* liess sich zuletzt nicht mehr identifizieren. Hier nun hat der Unbekannte ein Gesicht, das massive von Bruce Willis, der ein guter, aus der Energie seiner proletarischen Erscheinung schöpfender Schauspieler ist. Im Unterschied etwa zu seinen Rollen als Cop McLane in *Die Hard* und *Die Harder*, wo er als Mann des Gewissens sowohl wie der Gewalt auftrat, ist er hier in der Rolle eines Bösen zu sehen. Dass das Publikum den Schakal nun leicht identifizieren kann, erleichtert zwar das Verständnis der Handlung, entkleidet jedoch andererseits die Figur des Killers ihres Geheimnisses.«

1972 Der Schakal

The Day Of The Jackal, GB, R: Fred Zinnemann, D: Edward Fox

Von links oben nach rechts unten:
- *Der Schakal (1997, R: Michael Caton-Jones): Mathilda May und Richard Gere*
- *Der Schakal (1997): Bruce Willis*
- *Der Schakal (1972, R: Fred Zinnemann): Der Schakal reist mit falschem Paß nach Frankreich ein*

SCHAKALE DER UNTERWELT

Illegal, USA 1955, R: Lewis Allen, D: Edward G. Robinson, Nina Foch, Jayne Mansfield, Hugh Marlowe, Albert Dekker, Howard St. John, Ellen Corby, Robert Ellenstein, Jan Merlin, Edward Platt

Staatsanwalt Victor Scott fühlt sich schuldig für den Tod eines Mannes, der das Opfer eines Justizirrtums wurde. Darum quittiert er den Staatsdienst und wird Strafverteidiger. Fortan kämpft er vor Gericht mit allen Mitteln und Tricks, wie er sie aus langjährigen Erfahrungen kennt, für seine Klienten. Bald glaubt ein mächtiger Unterweltboss, ihn für seine Zwecke einspannen zu können.

Prisma-Online: »Edward G. Robinson brilliert in dem spannenden Krimi mit der überzeugenden Charakterstudie eines abgedankten Staatsanwalts.«

1940 The Man Who Talked Too Much

USA, R: Vincent Sherman, D: George Brent, Virginia Bruce, Brenda Marshall

1932 The Mouthpiece

USA, R: James Flood, Elliott Nugent, D: Warren William, Sidney Fox, Celia Farraday

DER SCHANDFLECK

BRD/A 1999, R: Julian Roman Pölsler, D: Bernadette Heerwagen, Hans-Michael Rehberg, Christine Buchegger, Manfred Zapatka, Lisa Kreuzer, Francis Fulton-Smith, Simon Schwarz, Fritz Egger, Petra Berndt, Julia Gschnitzer

Nach einem Roman von Ludwig Anzengruber: Der Schandfleck ist Leni, die Tochter der Reindorfer-Bäuerin, deren Vater jedoch nicht der Reindorfer, sondern der Müller Florian Hertinger ist. Josef Reindorfer lehnt das Kind ab, doch Leni ringt um die Zuneigung des Stiefvaters, denn »ein Vater ist nicht der, der es einmal war, sondern der, der's immer geblieben ist.« Flori, der Sohn des Müllers, und Leni verlieben sich, und Leni ahnt nicht, dass der Angebetete ihr Halbbruder ist. Als sie die Wahrheit erfährt, verlässt sie den elterlichen Reindorferhof und verdingt sich beim Grasbodenbauern als Betreuerin der kranken Tochter Burgl. Nach dem Tod der Mutter und ihres geliebten Flori, der in einer brutalen Rauferei umkommt, findet Leni ihr Glück an der Seite des Grasbodenbauern als allseits geachtete Bäuerin und Mutter des Hoferben. Der alte Reindorfer hat seiner Frau am Totenbett den Seitensprung verziehen. Als er von Sohn Leo und Schwiegertochter Seffert vom Hof gejagt wird, ist Leni die Einzige, die den geliebten Vater bei sich aufnimmt.

BR: »Julian Roman Pölsler erzählt diese Geschichte in gefühlvollen Bildern, gedreht vor großartiger Naturkulisse, ohne falsche Sentimentalität.«

Ludwig Anzengruber (1839–1889) besuchte die Realschule, die er wegen Geldmangels 1854 vorzeitig verlassen musste. Auch eine Buchhändlerlehre brach er frühzeitig ab, denn der Lehrling war mehr am Lesen von Büchern interessiert als an deren Verkauf. Nach einer schweren Typhuserkrankung wandte er sich ab 1859 dem Schauspielberuf zu. Von 1860 bis 1868 war Anzengruber Schauspieler bei verschiedenen Wandertruppen, 1869 musste er dann auf Grund finanzieller Schwierigkeiten eine Kanzleipraktikantenstelle bei der Polizeidirektion Wien annehmen. 1870 gelang ihm unter dem Pseudonym L. Gruber der Durchbruch. Sein Stück *Pfarrer von Kirchfeld*, das am Theater an der Wien uraufgeführt wurde, kam bei Publikum und Presse gleichermaßen gut an. Er gab seine Stelle als k. u. k. Polizeioffizial 4. Klasse, die ihm ein Jahresgehalt von 500 Gulden einbrachte, auf und unmittelbar danach entstanden viele berühmte Stücke wie zum Beispiel *Der Meineidbauer* (1871), *Die Kreuzlschreiber* (1872) oder *Der G'wissenswurm* (1874), die alle im bäuerlichen Milieu spielen. Seit 1871 arbeitete er als freier Schriftsteller u. a. als Theaterdichter am Theater an der Wien, später am Volkstheater. In zwei Jahrzehnten schrieb Anzengruber rund 20 Bühnenwerke, zwei große Romane und ungezählte kleine Novellen. Im Frühjahr 1884 übernahm er die Leitung des politischen Witzblattes *Figaro* in Wien. In den folgenden Jahren entstanden die Romane *Der Schandfleck* (1876) und *Der Sternsteinhof* (1885). Der Volksdichter nannte sich selbst einen »Realistiker«, dessen aufklärerischer Ernst die tiefe Sehnsucht nach Wahrheit war.

Regisseur und Drehbuchautor Julian Roman Pölsler zur Frage, ob *Der Schandfleck* ein Heimatfilm ist: »Naja, da muss man zuerst einmal den Begriff ›Heimat‹ definieren: Meine Großmutter hat immer gesagt: ›Daheim sind wir, wo die Liebe wohnt.‹ Nachdem jeder Film von mir ein Liebesfilm ist, ist jeder Film von mir auch irgendwie ein Heimatfilm. Ich nenne sie ›dunkelgraue‹ Heimatfilme. Vielleicht liegt das daran, weil ich die Liebe versuche nicht mit einer rosaroten, sondern einer dunkelgrauen Brille zu sehen. Meiner Meinung nach geht es Anzengruber in seinem Roman um das Thema ›Verzeihen‹ und ich glaube, dieses Thema ist in unserer heutigen Zeit aktueller denn je.«

1956 Der Schandfleck
A, R: Herbert B. Fredersdorf, D: Heinrich Gretler, Gerlinde Locker, Harry Fuss

DER SCHARLACHROTE BUCHSTABE
The Scarlett Letter, USA 1995, R: Roland Joffé, D: Demi Moore, Gary Oldman, Robert Duvall, Joan Plowright, Lisa Jolliff-Andoh, Edward Hardwicke
Nach dem gleichnamigen Roman von Nathaniel Hawthorne: Neuengland, 1666. Die allein lebende, aber verheiratete Hester verliebt sich in den Dorfpfarrer. Sie wird von ihm schwanger, verrät der Gemeinde aber nicht, wer der Kindsvater ist. Hester wird geächtet. Dann kehrt ihr totgeglaubter Mann zurück.

Alexander Hosch *(dpa)*: »Regisseur Roland Joffe *(Killing Fields, The Mission)* hat sich mit Nathaniel Hawthornes *Der scharlachrote Buchstabe* einen Klassiker der amerikanischen Roman-Literatur aus dem Jahr 1850 vorgenommen ... In den Vereinigten Staaten war *The Scarlet Letter* an den Kinokassen trotz der Starbesetzung ein Flop. Schuld mag die enttäuschend oberflächliche Umsetzung des Buchstoffs sein – mit indianischer Folklore, Hexenzauber und viel mehr Sex

Der scharlachrote Buchstabe (1995, R: Roland Joffé): Gary Oldman und Demi Moore

Der scharlachrote Buchstabe (1995, R: Roland Joffé): Demi Moore

and Crime, als die stille Romanvorlage verträgt. Der Film-Arthur erscheint als recht seltsamer Held, ewig hadernd, zwischen Bekennermut und Priestereifer zaudernd. Ein Erlebnis ist Robert Duvall, der als allmählich dem Wahnsinn verfallender Rachegeist Roger Prynne für die Story aus der Klischee-Küche und die mäßigen Darsteller-Leistungen von Demi Moore und Gary Oldman entschädigt.«

Franz Everschor *(Film-Dienst)*: »Es ist kaum zu glauben, aber der Regisseur dieses unsäglichen Schinkens ist Roland Joffé – derselbe, der einst *The Killing Fields* gemacht hat. Er schämt sich nicht einmal, in den Anfangsszenen eine plumpe Kopie seines ungleich fesselnderen Historienfilms *Mission* abzuliefern und anschließend ungeniert in ein unausgegorenes Gemisch aus Soap Opera und Pseudo-Historizität zu verfallen. Wie penetrant und unsensibel das alles gemacht ist, demonstriert nicht nur die Tatsache, dass sich Joffé nicht einmal die Einstellung auf Demi Moores sattsam bekannte Playboy-Pose versagt, sondern auch, dass er Hawthornes Symbol der Versündigung noch ein weiteres in Form eines scharlachroten Vogels aufpfropft: neckischer Kundschafter und Ausrufer unzüchtiger Dinge.«

1974 Der scharlachrote Buchstabe
The Scarlet Letter, USA, R: Rick Hauser, D: Meg Foster, John Heard
1972 Der scharlachrote Buchstabe
BRD, R: Wim Wenders, D: Senta Berger, Hans Christian Blech, Lou Castel

Der scharlachrote Buchstabe (1972, R: Wim Wenders):
Senta Berger

1934 The Scarlet Letter
USA, R: Robert G. Vignola, D: Colleen Moore

1926 The Scarlet Letter
USA, R: Victor Seastrom, D: Lillian Gish

1917 The Scarlet Letter
USA, R: Carl Harbaugh, D: Mary Martin

SCHERBEN BRINGEN GLÜCK
A 1957, R: Ernst Marischka, D: Adrian Hoven, Gudula Blau, Gunther Philipp, Alice Kessler, Ellen Kessler, Richard Romanowsky, Klaus Löwitsch, Rozsi Barsony, Chariklia Baxevanos, Franz Böheim, Peter Carsten, Richard Eybner, Carla Hagen, Klaus Knuth, Olive Moorefield, Helmut Qualtinger, Annie Rosar, Ernst Waldbrunn, Mario del Marius

Vor sechs Jahren und elf Monaten zerbrach der junge Komponist Heinz Kersten einen Spiegel. Als er auf der Fahrt zur Premiere seiner neuen Revue die bezaubernde Gerti kennen lernt, traut er sich nicht, ihr einen Antrag zu machen. Abergläubisch wie er ist, glaubt er, ohnehin einen Korb zu ernten. Doch um für die kommenden vier Wochen ein Auge auf Gerti haben zu können, bittet er seinen besten Freund Paul um einen Gefallen: Er soll sich als Diener ausgeben und im Hause von Gertis Vater, dem Tierarzt Dr. Teisinger, eine Anstellung übernehmen und mögliche Konkurrenten in die Flucht schlagen. Doch damit nehmen die Verwicklungen erst ihren Anfang ...
Die Komödie mit viel Musik ist ein Remake von Marischkas Kinoerfolg *Sieben Jahre Pech* aus dem Jahre 1940. Damals spielten Theo Lingen, Hans Moser und Wolf Albach-Retty die Hauptrollen.

Filmecho: »Melodienseliger, bunter Wirbel.«

Neue Filmwoche: »Ein bunter, turbulenter Musikfilm, der in der deutschen Nachkriegsproduktion einen bevorzugten Platz einnimmt.« Der Film lief auch unter dem Titel *Sieben Jahre Pech* in den Kinos.

1940 Sieben Jahre Pech
D, R: Ernst Marischka, D: Theo Lingen, Hans Moser, Wolf Albach-Retty

DER SCHIMMELREITER
DDR/PL 1984, R: Klaus Gendries, D: Silvester Groth, Jolanda Grsznic, Hansjürgen Hurrig, Fred Düren
Nach einer Novelle von Theodor Storm: Hauke Haien, der Sohn eines Kätners in Nordfriesland, fällt durch seine Intelligenz auf, als sein Vater ihn

Sieben Jahre Pech (1940, R: Ernst Marischka):
Theo Lingen und Hans Moser

Sieben Jahre Pech (1940, R: Ernst Marischka):
Theo Lingen und Clara Tabody

als Kleinknecht bei dem alten Tede Volkerts verdingt. Hauke gefällt Elke, Volkerts junger Tochter, viel besser als der bullige Großknecht Ole Peters, der ihr nachstellt. Volkerts ist Deichgraf, interessiert sich jedoch mehr für einen guten Braten als für sein Amt. Er hat nichts dagegen, dass Hauke ihm bald alle Pflichten abnimmt. Nach dem Tode des alten Volkerts fällt dem zielstrebigen jungen Mann durch die Heirat mit Elke auch offiziell das Amt des Deichgrafen zu, das er seit Jahren ohnehin schon erfolgreich geführt hat. So kann er endlich einen neuen Deich bauen lassen, der seinen Vorstellungen von Sicherheit entspricht. Dabei muss er sich gegen Schlendrian, Neid und Missgunst durchsetzen, aber auch gegen manchen Aberglauben, der die Leute hinter seinem Rücken unheimliche Geschichten über den Schimmel erzählen lässt, auf dem der junge Deichgraf zu reiten pflegt. Mit der Hilfe ihres Mannes übersteht Elke eine schwere Geburt. Der neue Deich ist Haukes ganzer Stolz. In einer schlimmen Sturmnacht muss er jedoch erleben, dass die Männer des Dorfes ihn durchstechen wollen, um den alten Deich zu entlasten. Als er das zu verhindern versucht, überstürzen sich die Ereignisse ...

ARD: »Der DDR-Fernsehfilm aus dem Jahre 1984, eine Gemeinschaftsproduktion mit dem Polnischen Fernsehen, entstand nach der Meisternovelle von Theodor Storm ... *Der Schimmelreiter*, 1888 vollendet, ist Theodor Storms

großes Alterswerk. Angeregt wurde er zu der dramatischen Erzählung durch eine Geschichte über einen ›gespenstigen Reiter‹, die er als Rahmenhandlung nutzte.«

1977/78 Der Schimmelreiter

BRD, R: Alfred Weidenmann, D: Gert Fröbe, Lina Carstens, John Philipp Law

1933 Der Schimmelreiter

D, R: Curt Oertel, Hans Deppe, D: Marianne Hoppe, Mathias Wieman, Ali Ghito

DER SCHINDERHANNES

BRD 1958, R: Helmut Käutner, D: Curd Jürgens, Maria Schell, Günther Jerschke, Paul Esser, Joseph Offenbach, Eva Pflug, Siegfried Lowitz, Fritz Tillmann, Regine Burghardt, Arnim Dahl, Edgar O. Faiss, Bum Krüger

Gefürchtet von den Reichen, geliebt von den Armen, denen er gegen ihre Unterdrücker hilft, treibt Schinderhannes zu Beginn des 19. Jahrhunderts im Hunsrück sein verwegenes Spiel. Bei einem tollkühnen Streich in Mainz begegnet er Julchen, die seine letzte Geliebte wird; dort auch endet er später mit seinen Gefährten auf dem öffentlichen Richtplatz. Curd Jürgens und Maria Schell spielen die Hauptrollen in dieser volks-

Unten: Der Schinderhannes
(1958, R: Helmut Käutner): Curd Jürgens
Rechts: Der Schinderhannes (1958):
Curd Jürgens, Maria Schell und Walter Buschhoff

tümlichen Räuberballade, die Helmut Käutner 1958 frei nach dem gleichnamigen Bühnenstück von Carl Zuckmayer drehte. Für das deutsche Fernsehen war bereits im gleichen Jahr mit Hans-Christian Blech und Agnes Fink eine Bühneninszenierung produziert worden. Mit einem deutlichen Blick auf das Ausland besetzte Käutner seine Kinoversion mit den zugkräftigen Stars Curd Jürgens und Maria Schell. *Der Schinderhannes* war ein Film, der an Material- und Komparsenaufwand fast in die Nähe eines Hollywood-Streifens rückte. Auf dem Studiogelände der Real-Film in Hamburg-Wandsbek ließen die beiden Filmarchitekten Herbert Kirchhoff und Albrecht Becker den Marktplatz von Mainz errichten und bevölkerten ihn mit einem 4.000-köpfigen Statistenheer. Ebenfalls mit Tausenden von Komparsen entstanden an Originalschauplätzen im Hunsrück die Außenaufnahmen.

Helmut Käutner hat das erste Exposé bereits acht Jahre zuvor geschrieben: »Wie in der Literatur gibt es auch im Film Stoffe, die erst zu einer gewissen Zeit wirksam werden. Ich bin überzeugt, hätte ich den *Schinderhannes* sagen wir 1953 aufgegriffen, dann wäre er ganz einfach nicht angekommen. Damals standen wir alle noch zu sehr unter dem Eindruck des Zusammenbruchs 1945. Heute wird es jedem sensibleren Betrachter unserer Zeit trotz der einschläfernden Atmosphäre im wirtschaftswunderlichen Deutschland immer mehr klar, dass wir in einer Zeit des Übergangs leben, in einer ähnlichen Übergangszeit, wie es damals die napoleonische Ära war. Ich will aber auch keinen deutschen Robin-Hood-Film drehen, es geht mir ganz einfach darum, eine nachrevolutionäre Zeit und ihre Auswirkungen am Beispiel eines Mannes zu zeigen, der sich aus einer egoistischen, beinahe dumpfen Geisteshaltung zu einem Menschen wandelt, der die praktischen Konsequenzen aus einer Übergangszeit zieht, zu den falschen Mitteln greift und zuletzt scheitert.«

Georg Ramsegger *(Die Welt)*: »Er ist unpräzise. Gut. Er ist – wenn ich so sagen darf – mit der heißen Kamera gemacht. Gut. Der Regisseur – er heißt in diesem Fall Helmut Käutner – war wohl nicht ganz bei der Sache. Gut. Oder zu sehr bei den großen Sachen: den Massenszenen, den Volksaufläufen. Gut. Wie immer auch, schließlich und endlich: der Film ist langweilig ... *Der Schinderhannes* darf keiner Fliege etwas zu Lei-

de tun. Raubeinig, aber anständig, stampft er durchs bläulich-grünliche Gelände, breit und haarbrüstig mit einem sehr neckischen Julchen an der Seite ... Schließlich hat die Dame doch einige Jahre hindurch in den damaligen Kneipen getingelt, ehe sie eines kreuzbraven, nur etwas heiserem Räubers Braut wurde. Nichts davon bei Maria Schell ... Einige Szenen und Gesichter haften ... in den Gewölben des Leyendecker geht es durch Offenbachs schauspielerische Kraft hinreichend packend zu ... Fritz Tillmann, Paul Esser und Siegfried Lowitz enttäuschen nie ...«

1957 Schinderhannes
BRD, R: Peter Beauvais, D: Hans Christian Blech, Agnes Fink, Wolfgang Preiss
1928 Schinderhannes
D, R: Curtis Bernhardt, D: Hans Stüwe, Frida Richard, Bruno Ziener

DIE SCHLACHT IN DEN WOLKEN
Aces High, GB 1976, R: Jack Gold, D: Malcolm McDowell, Christopher Plummer, Simon Ward, Peter Firth, David Wood, John Gielgud, Trevor Howard, Richard Johnson, Ray Milland, Christopher Blake, Gilles Béhat, Elliott Cooper, David Daker

Im Oktober 1916 ist Stephen Croft unter den begeisterten Zuhörern, als der Leiter seiner Schule eine patriotische Ansprache über den Krieg hält und als Illustration des Heldentums einen ehemaligen Schüler präsentiert, John Gresham, der im britischen Royal Flying Corps eine Staffel an der Westfront führt. Im Oktober 1917 ist es Croft gelungen, sich zu Greshams Staffel nach Frankreich schicken zu lassen, um bei den Einsätzen seines Idols mitzufliegen. Gresham aber ist entsetzt über die Naivität des unreifen Jungen. Er selbst ist durch die Erfahrungen des Krieges trotz seines jugendlichen Alters schnell erwachsen geworden, wenn auch nicht stark genug, um seine Ängste nicht mit Alkohol zu betäuben. Trotz seiner Skepsis und seinem Unwillen beginnt Gresham sich um Croft zu kümmern. Auch Sinclair, der stellvertretende Kommandeur, beobachtet Crofts Zusammenstoß mit der Realität. Croft sieht die lähmende Angst, die den jungen Piloten Crawford zur Meuterei treibt, er spürt selber Todesangst, als Gresham ihn im ersten Luftkampf vor dem Absturz rettet, und er wird mit dem Tod konfrontiert, als Sinclair bei einem Aufklärungsflug umkommt. Es schockiert Croft aber auch, als er feststellt, dass ein vorausgeplantes Fest trotz

Sinclairs Tod wie beabsichtigt gefeiert wird. Die Aufgaben, die ihm die Realität in aller Härte stellen, werden immer mörderischer.

ARD: »Der kritische und aktionsreiche Film des vielseitigen Film- und Fernsehregisseurs Jack Gold schildert illusionslos die Schrecken des Krieges. Hauptdarsteller sind Malcolm McDowell, Christopher Plummer und Peter Firth.«

Günter Knorr *(Filmbeobachter)*: »In das Fliegermilieu verlegte Neuverfilmung eines Theaterstückes von R. C. Sheriff über einige britische Soldatenschicksale im Ersten Weltkrieg. Der Film bleibt in vielem nur Staffage, die eher kraftlose Inszenierung verträgt sich schlecht mit dem Engagement der Vorlage.«

1930 Journey's End

USA, R: James Whale, D: Robert Adair, Billy Bevan, Anthony Bushell

SCHLAFE, MEIN KIND, SCHLAFE EIN

The Sitter, USA 1991, R: Rick Berger, D: Kim Myers, Brett Cullen, Susan Barnes, Kimberly Cullum, Susanne Reed, James McDonnell, Eugene Roche, Patricia George

Der Erfolgsautor Alan begibt sich mit seiner Frau und seiner 5-jährigen Tochter Melissa auf eine Werbetour. Zeitprobleme zwingen das Elternpaar, ihre Tochter der Nichte eines Hotelbesitzers als Babysitter anzuvertrauen. Was die Eltern nicht wissen ist: Die Babysitterin leidet unter Verfolgungswahn.

1952 Herein ohne anzuklopfen

Don't Bother To Knock, USA, R: R. W. Baker, D: Richard Widmark, Marilyn Monroe

SCHLAFLOS IN NEW YORK

The Out-Of-Towners, USA 1999, R: Sam Weisman; D: Steve Martin, Goldie Hawn, Mark McKinney, John Cleese, Oliver Hudson, Valerie Perri, Steve Mittleman, Randall Arney, Carlease Burke, William Duell, J. P. Bumstead, Peggy Mannix, Anne Haney, Charlie Dell, Jordan Baker, Tom Riis Farrell

Nach einer Komödie von Neil Simon: Seit 25 Jahren sind Henry und Nancy Clark verheiratet. Nachdem auch ihr ältestes Kind aus dem Haus ist, stellen sie fest, dass sie sich nichts mehr zu sagen haben. Ein Vorstellungsgespräch bei einer Werbeagentur in New York für Henry kommt da gerade richtig, hat er doch erst kürzlich seinen Job verloren. Schon der Weg in die Großstadt stellt sich als Hindernislauf heraus – eine Nacht lang muss sich das Ehepaar aus der Provinz im feindseligen New York rumschlagen.

Thomas Waitz *(der Schnitt)*: »Ein Film, in dem New York zu einem Ansichtskartenmotiv degeneriert ist. In dem selbst Handtaschendiebe sauber und korrekt sind. In dem alles so falsch, so künstlich, so verlogen ist, dass das, was bleibt, eine qualvoll erzählte, vermasselte Aneinanderreihung von Witzen ist – ohne ... nun ja: ohne den eigentlichen Witz.«

ComputerBild: »Die besten Lacher liefert John Cleese als fieser Hotelier.«

1969 Nie wieder New York

The Out-Of-Towners, USA, R: Arthur Hiller, D: Jack Lemmon, Sandy Dennis

SCHLAFWAGEN NACH TRIEST

Sleeping-Car To Triest, GB 1948, R: John Paddy Carstairs, D: Albert Lieven, Jean Kent, David Tomlinson, David Hutcheson, Rona Anderson

Nach einem Roman von Clifford Grey: Die Jagd verschiedener Agenten auf politische Geheimdokumente und die Jagd eines Detektivs auf die Agenten im Orientexpress.

Lexikon des internationalen Films: »Anlass für einen kleinen Nervenkitzel mit schwarzem Humor. Remake des berühmten englischen Spionagethrillers *Rome Express* aus dem Jahr 1932, bemerkenswert durch seine ironische Menschenzeichnung.«

1932 Rom-Expreß

Rome Express, GB 1932, R: Walter Forde, D: Conrad Veith, Esther Ralston

DAS SCHLOSS

A/BRD 1997, R: Michael Haneke, D: Ulrich Mühe, Susanne Lothar, Frank Giering, Felix Eitner, Dörte Lyssewski

Nach dem Romanfragment von Franz Kafka: Ein Landvermesser begibt sich in ein fremdes Dorf, um dort seine Arbeit auszuüben. Schnell stellt er fest, dass sich das gesamte Leben der Einwohner nach dem Schloss, das hoch oben über dem Dorf thront, und dessen Vorschriften richtet. Der Landvermesser ist es jedoch nicht gewohnt, sich undurchsichtigen Gesetzen zu beugen, und so gerät er sofort in Konflikte mit der Bevölkerung. Um endlich mit seiner Arbeit beginnen zu können, möchte er im Schloss vorsprechen, von wo seine Dienste schließlich angefordert wurden. Er bekommt zwar zwei Assistenten, die ständig dümmlich kichern, aber eine Audienz im Schloss wird ihm nicht gewährt. Stattdessen verweist man ihn an immer neue Personen, an die er sich wenden soll. Auf seiner Odyssee durch das Labyrinth der willkürlichen Vorschriften geht der Landvermesser eine Liaison mit einer Tresenbedienung ein, von der er sich Kontakte zu den hohen Herren verspricht. Doch er stößt überall nur an Grenzen und auf Unverständnis. Schließlich will Brunswick, einer der wohlhabendsten Männer des Dorfes, seine Identität mit ihm tauschen ...

Lexikon des internationalen Films: »Intensive Verfilmung des Romans von Franz Kafka, die den Schwerpunkt auf die zunehmende Resignation und Vereinsamung der – von Ulrich Mühe eindringlich gespielten – Hauptfigur legt. Die angestrebte Werktreue erfährt durch eine Erzählerstimme Unterstützung, die Stellen aus Kafkas Text vorliest und zum Filmgeschehen in ein Spannungsverhältnis setzt.«

Franz Kafka über den Film und das Kino: »Es ist zwar ein großartiges Spielzeug. Ich vertrage es aber nicht, weil ich vielleicht, zu ›optisch‹ veranlagt bin. Ich bin ein Augenmensch. Das Kino stört aber das Schauen. Die Raschheit der Bewegungen und der schnelle Wechsel der Bilder zwingen den Menschen zu einem ständigen Überschauen. Der Blick bemächtigt sich nicht der Bilder, sondern diese bemächtigen sich des Blickes. Sie überschwemmen das Bewusstsein. Das Kino bedeutet eine Uniformierung des Auges, das bis jetzt unbekleidet war.«

Das Schloss (1968, R: Rudolf Noelte):
Cordula Trantow und Maximilian Schell

Das Schloss (1968, R: Rudolf Noelte):
Maximilian Schell

1994 Schloss

Samok, RUS/BRD/F, R: Aleksei Balabanov, D: Nikolai Stotski, Viktor Suchorukov

1968 Das Schloß

BRD/CH, R: Rudolf Noelte, D: Maximilian Schell, Cordula Trantow, Trudik Daniel

SCHLOSS HUBERTUS

BRD 1973, R: Harald Reinl, D: Karlheinz Böhm, Evelyn Opela, Karl Lange, Ute Kittelberger
Nach einem Roman von Ludwig Ganghofer: Er ist hartherzig, ungerecht, starrsinnig, geizig, launisch und herrschsüchtig, der alte Graf Egge Sennefeld. Er hat sich mit seiner Familie überworfen, sein Stammschloss Hubertus mit einer einsamen Jagdhütte vertauscht und führt dort eine erimitische Existenz. Allein die Jagd vermag ihn zu begeistern. Seine Besuche auf dem von Geheimnissen umwitterten Schloss Hubertus werden immer seltener. Hier lebt des Grafen einzige Tochter, die Komtess Kitty. Zwischen dem alten Grafen und seinem ältesten Sohn Tassilo, der in München als Anwalt lebt, kommt es zum Streit, als Tassilo seine Verlobung mit Anna Herwegh ankündigt, Kurz nach der Hochzeit verunglückt Tassilos Bruder Willy tödlich ... Wie der störrische Aristokrat doch noch zur Vernunft gebracht wird, sich mit den Seinen und dem Leben aussöhnt und seinen Frieden findet, das schilderte Heimatdichter Ludwig Ganghofer (1855-1920) in seinem 1895 erschienenen Alpen-Drama *Schloss Hubertus*, das zu den meistverkauften Bestsellern der Jahrhundertwende gehörte.

Berliner Morgenpost: »Die Geschichte ist voller Tragik, Romantik, Liebe, Leidenschaft und Naturverbundenheit. Keine Frage, eine Mischung direkt fürs Kino: Deshalb ist es kein Wunder, dass Ganghofers Grafen-Geschichte dreimal verfilmt wurde: 1934 von Hans Deppe, 1954 von Helmut Weiß und 1973 von Harald Reinl ... Reinl als Ganghofer-erfahrener Regisseur wusste, wie solche edel-bitteren Trivialstoffe zuschauergerecht in Szene zu setzen sind. Die Kritik streckte angesichts akzeptabler Schauspielerleistungen und einer Bilderbuchlandschaft schnell die Waffen.«

1954 Schloss Hubertus

BRD, R: Helmut Weiss, D: Lil Dagover, Marianne Koch, Friedrich Domin

1934 Schloß Hubertus

D, R: Hans Deppe, D: Hansi Knoteck, Paul Richter, Friedrich Ulmer

SCHLOSS VOGELÖD

D 1936, R: Max Obal, D: Carola Höhn, Hans Stüwe, Hans Zesch-Ballot, Käthe Haack, Walter Steinbeck
Nach einem Roman von Rudolf Stratz: Von zwei feindlichen Brüdern einer gräflichen Familie eignet sich der ältere Braut und Erbteil des ausgewanderten jüngeren an. Nach dessen Rückkehr verschwindet der Schlossherr auf rätselhafte Weise. Der Verdacht fällt auf den Heimkehrer, der nunmehr um seine Rehabilitierung kämpft.

Lexikon des internationalen Films: »Schwaches Remake des gleichnamigen Stummfilms von

Von links oben nach rechts unten:
- *Schloss Hubertus (1973, R: Harald Reinl):*
  Karlheinz Böhm und Evelyn Opela
- *Schloss Hubertus (1973):*
  Karlheinz Böhm und Karl Lange
- *Schloss Hubertus (1954, R: Helmut Weiss)*

Schloss Vogelöd (1936, R: Max Obal):
Graf Andreas (Hans Stüwe) möchte seine geliebte
Marianne (Carola Höhn) mit nach Brasilien nehmen,
doch Marianne ist bereits mit seinem Bruder Leopold
(Walter Steinbeck) verheiratet.

Murnau (1921) ... Endloses Gerede im Papier-
deutsch von Heftchenromanen; dazu noch hölzern gespielt.«

1921 Schloss Vogelöd

D, R: Friedrich Wilhelm Murnau, D: Paul Bildt, Ol-
ga Tschechowa, Paul Hartmann

SCHNAPPT DEN DOPPELGÄNGER!

The Prisoner Of Zenda, Inc, USA 1996, R: Stefan
Scaini, D: Jonathan Jackson, William Shatner, Jay
Brazeau, Richard Jackson

Obwohl er erst vierzehn Jahre alt ist, bekleidet
das Computergenie Rudy Gatewick in der höchst
erfolgreichen Computerfirma seines Vaters den
Posten des Chefprogrammierers. Als der Industrielle stirbt, sorgt sein Testament für eine Überraschung: Gatewick empfiehlt, seinen Sohn Rudy und seinen Vertrauten Professor Wooley zu
Vorstandsvorsitzenden zu wählen – ein schwerer
Schlag für Michael Gatewick, den machthungrigen Bruder des Verstorbenen ... Im klassischen
Mantel-und-Degen-Roman von Anthony Hope
spielt ein Londoner Droschkenkutscher den
Doppelgänger eines Kronprinzen, dem in seiner
Heimat ein böser Halbbruder die Thronfolge
streitig macht. Anthony Hopes 1864 erschienener Roman wurde zwischen 1913 und 1978 nicht
weniger als sechsmal verfilmt, aber immer als
Mantel-und-Degen-Geschichte. Richard Thorpes Version aus dem Jahre 1952 ist die glanz-
vollste und farbenprächtigste, in der sich Stewart
Granger in einer reizvollen Doppelrolle von sei-

ner besten Seite zeigen konnte. 1978 war Peter
Sellers in der Doppelrolle als vertrotteler Thron-
folger des Königreichs Ruritanien zu sehen. Die
Drehbuchautoren Richard Clark und Rodman
Gregg übertrugen für *Schnappt den Doppelgän-*
ger! die Geschichte in die Gegenwart.

1978 Der Gefangene von Zenda

The Prisoner Of Zenda, USA, R: Richard Quine, D:
Peter Sellers, Elke Sommer, Lionel Jeffries

1952 Der Gefangene von Zenda

The Prisoner Of Zenda, USA, R: Richard Thorpe, D:
Stewart Granger

1937 Der Gefangene von Zenda

The Prisoner Of Zenda, USA, R: John Cromwell, D:
Ronald Colman

1922 The Prisoner Of Zenda

USA, R: Rex Ingram, D: Lewis Stone, Ramon No-
varro, Alice Terry

1915 The Prisoner Of Zenda

GB, R: George Loane Tucker, D: Henry Ainley, Ge-
rald Ames, George Bellamy

1913 The Prisoner Of Zenda

USA, R: Hugh Ford, Edwin S. Porter, D: James
Hackett, Beatrice Beckley

DIE SCHNEEKÖNIGIN

The Snow Queen, GB 1995, R: Martin Gates – Ani-
mation

Nach dem Märchen von Hans Christian Andersen: Die herzlose Schneekönigin plant, die
Weltherrschaft zu erringen. Mit einem Spiegel
will sie das Sonnenlicht reflektieren und so die
ganze Erde eineisen, doch ihr Zauberspiegel
bricht und zwei Splitter dringen einem Jungen
in Auge und Herz, der fortan magisch von ihr
angezogen wird ...

Lexikon des internationalen Films: »Eine sehr
freie Adaption des Märchens, die dennoch dem
Weltbild des Dichters treu bleibt, und unterhaltsame Charaktere hinzuaddiert, um dem Unterhaltungsbedürfnis auch kleinerer Kinder gerecht
zu werden. Ein anmutiger Zeichenstil, die gelungene Synchronisation und fröhliche Lieder
verbreiten Kurzweil und tragen dazu bei, dass das
tiefsinnige Märchen für Erwachsene auch Kindern Freude bereiten dürfte.«

Martin Gates drehte 1996 die Fortsetzung *Die*
Schneekönigin II: Die Rückkehr in den Eispalast.

1986 Die Schneekönigin

FIN, R: Päivi Hartzell, D: Satu Silvo, Outi Vainion-
kulma, Sebastian Kaatrasalo

1966 Die Schneekönigin
Sneschnaja korolewa, UdSSR, R: Gennadi Kasanski, D: W. Nikitenko

1957 Die Schneekönigin
Sneschnaja korolewa, UdSSR, R: L. Atamanow – Animation

SCHNEEWEISSCHEN UND ROSENROT

BRD 1982–84, R: Gabriel Genschow, D: Inge Landgut, Marina Genschow, Madeleine Stolze, Santiago Ziesmer, Karl-Josef Hering

Nach dem gleichnamigen Märchen der Brüder Grimm: Der Märchenwald wird von vielen bösen Zwergen bewohnt, die Gold, Perlen und Edelsteine suchen und auch stehlen. Am Waldesrand wohnt eine Witwe mit ihren beiden Töchtern Schneeweißchen und Rosenrot. An einem Winterabend bittet ein Bär um Einlass. Er wird bald zum besten Freund der zwei Schwestern, bis er sie im Frühling wieder verlässt. Als sie ihn suchen, sehen sie, wie er einem Zwerg hinterherrennt. Nachdem er diesen überwältigt hat, verwandelt er sich wieder in Prinz Goldhaar, denn der Zwerg hatte ihn in den Bären verwandelt. Prinz Goldhaar heiratet Schneeweißchen, und sein Bruder Prinz Rittersporn heiratet Rosenrot.

Gabriel Genschow: »Es gibt mehrere Aspekte des Märchens, es gibt viele Märchen voller Grausamkeiten, Totschlägereien, Inzucht, und es kommt jetzt darauf an, welche Aspekte man betont. Die Märchen haben natürlich mit der zunehmenden Humanisierung des Menschen, indem man Wertbegriffe gebildet hat, Staatsbegriffe usw. eine Wandlung erfahren, um dem Menschen zu zeigen, dass er friedlich mit anderen Wesen zusammenleben soll, damit er für den Staat oder die Religion etwas Gutes tut. Ich würde sagen, dass er für sich selbst etwas Gutes tut und innere Zufriedenheit erlangt. Und diesen Aspekt versuchen wir jetzt bei *Schneeweißchen und Rosenrot* herauszukehren: Die beiden Schwestern sind zufrieden und glücklich, weil sie das tun, was die Situation erfordert. Sie helfen anderen in einer Notsituation, nicht weil sie Anerkennung oder Geld erwarten – und siehe da, diese Wesen sind zufrieden. Und in ihrer Zufriedenheit lösen sie die Probleme, die sie innerlich beschäftigen. Und das wird den Kindern vermittelt: Ein bestimmtes Problem taucht auf, wird in die Entscheidungsphase getrieben – also ob sie dem Zwerg helfen oder nicht helfen, ob sie dafür eine Belohnung erhalten oder nicht. Das Problem wird gelöst: Der Bär wird in den Prinzen zurückverzaubert.«

Silvia Lisse *(Filmecho/Filmwoche)*: »Wo die erwachsenen Zuschauer Längen – und auch Plattitüden entdecken konnten, waren die Kinder eigentlich rundum glücklich. Das spricht eigentlich für den Film, obwohl man sich schon eine zeitgemäßere Inszenierung hätte vorstellen können. Hier scheinen 25 Jahre spurlos vorübergegangen zu sein.«

1978 Schneeweißchen und Rosenrot
DDR, R: Siegfried Hartmann, D: Julie Juristová, Katrin Martin, Pavel Travnicek

1955 Schneeweißchen und Rosenrot
BRD, R: Erich Kobler, D: Rosemarie Seehofer, Ursula Herion

SCHNEEWITTCHEN

The Grimm's Brothers' Snow White In The Black Forest, GB 1996, R: Michael Cohn, D: Sigourney Weaver, Sam Neill, Gil Bellows, Monica Keena, Taryn Davis, Brian Glover, David Conrad, Anthony Brophy, Frances Cuka

Bei einem Unfall wird die hochschwangere Frau von Frederick Hoffman getötet, und er muss seine Tochter Lilli selbst durch einen grausamen Kaiserschnitt zur Welt bringen. Sieben Jahre später will der Witwer die schöne Lady Claudia heiraten. Doch seine neue Frau und Lilli verstehen

Schneeweisschen und Rosenrot (1978, R: Siegfried Hartmann): Hans-Peter Minetti (als Berggeist), Julie Juristová und Katrin Martin

sich nicht, und als Claudia sieben weitere Jahre später ein totes Kind zur Welt bringt, bricht ihr abgrundtiefer Hass gegen ihre Stieftochter aus: Lilli flüchtet in den düsteren Schwarzwald, wo sie zu einer Bande politisch Verfolgter stößt ... Wegen eines Streits mit dem Disneykonzern über die Verwertungsrechte durfte der Film nicht im Kino gezeigt werden.

Fernsehwoche: »Gruselig-düstere Version des alten Volksmärchens.«

Maltin's Movie & Video Guide: »Überdurchschnittlich.«

2001 Snow White
USA, R: Caroline Thompson, D: Miranda Richardson, Kristin Kreuk, Karin Konoval

2000 Branca de Neve
Portugal, R: João César Monteiro, D: Maria Do Carmo, Reginaldo da Cruz

1994 Schneewittchen und die sieben Zwerge
Snow-White And The Seven Dwarfs, USA, R: Toshiyuki Hiruma Takashi – Animation

1992 Schneewittchen und das Geheimnis der sieben Zwerge
BRD, R: Ludvík Ráza, D: Natalie Minko, Gudrun Landgrebe, Eberhard Feik

1987 Schneewittchen
Cannon Movie Tales: Snow White, GB/USA, R: Michael Berz, D: Diana Rigg

1980 Snow White Live
USA, R: Kirk Browning, D: Mary Jo Salerino, Richard Bowne, Thomas Ruisinger

1979 Snow White And 7 Wise Men
I, R: Mario Bianchi, D: Michela Miti

1970 Pamuk Prenses ve 7 cüceler
TR, R: Ertem Göreç, D: Zeynep Degirmencioglu, Salih Güney, Suna Selen

1969 Grimms Märchen von lüsternen Pärchen
BRD, R: Rolf Thiele, D: Kitty Gschöpf, Gaby Fuchs, Walter Giller – Sexfilm

1961 Schneewittchen
DDR, R: Gottfried Kolditz, D: Doris Weikow, Marianne-Christina Schilling

1961 Schneewittchen
BRD, R: Fritz Genschow, D: Gisela Reißmann, Kurt Mühlhardt

1955 Schneewittchen und die sieben Zwerge
BRD, R: Erich Kobler, D: Elke Arendt, Addi Adametz, Nils Clausnitzer

1939 Schneewittchen
D, R: Hubert Schonger, D: Marianne Simon, Elisabeth Wendt

1937 Schneewittchen und die sieben Zwerge
Snow-White And The Seven Dwarfs, USA, R: David Hand – Animation (Disney)

Von links oben nach rechts unten:
- *Schneewittchen (1961, R: Gottfried Kolditz): Marianne-Christina Schilling und Doris Weikow*
- *Schneewittchen und die sieben Zwerge (1937, R: David Hand): Die Prinzessin mit den sieben Zwergen*
- *Schneewittchen und die sieben Zwerge (1937): Der vergiftete Apfel*

1933 Snow-White
USA, R: Dave Fleischer – Animation
1916 Snow White
USA, R: J. Searle Dawley, D: Marguerite Clark,
Creighton Hale, Dorothy Cumming

DIE SCHÖNE UND DAS BIEST

The Beauty And The Beast, USA 1991, R: Gary
Trousdale, Kirk Wise, Drb: Linda Woolverton nach
einem Märchen von Madame Leprince de Beaumont,
K: Joe Juliano, James Baxter, M: Alan Menken, S:
John Carnochan, Animation
Die Schöne und das Biest, eines der bekanntesten
und beliebtesten romantischen Abenteuer der
Weltliteratur, spielt in dem Disney-Zeichentrickfilm während des ausgehenden 18. Jahrhunderts
in und um ein kleines französisches Städtchen
herum. Das Märchen erzählt die fantastischen
Abenteuer der ebenso schönen wie klugen Belle,
die in ihren Büchern Zuflucht findet, um so ihrem
provinziellen Alltag und den aufdringlichen
Annäherungsversuchen ihres gut aussehenden
aber flegelhaften Verehrers Gaston zu entfliehen.
Als Belles Vater, der Erfinder Maurice, in ein un-
heimliches Schloss gerät und dort von einem
scheußlichen Biest gefangen genommen wird, eilt
ihm Belle zu Hilfe und bietet sich selbst im Austausch für den alten Mann an. Mit Unterstützung
der verzauberten Dienstboten des Schlosses – einer Teekanne, einem Kerzenleuchter, einer Kaminuhr und vielen anderen – erkennt Belle schon
bald, dass hinter dem hässlichen Äußeren des Bies-
tes die Seele und das Herz eines menschlichen
Prinzen verborgen liegen. Auf der anderen Seite
zeigt der vor Eifersucht tobende Gaston sein wahres Gesicht: Vor Wut schäumend führt er, in einem hochdramatischen Finale, eine aufgebrachte Menge zum Schloss, um das Glück der beiden
Liebenden zu zerstören.

Die Geschichte von *Die Schöne und das Biest*
ist »so alt wie die Zeit« und ihr zentrales Thema,
das vielfach variiert wurde, lässt sich bis zur griechischen Mythologie zurückdatieren. 1550
schrieb der italienische Autor Giovan Straparalo
eine erste Fassung der Geschichte auf, so wie sie
heute allgemein bekannt ist. Das Märchen selbst
wurde während des 18.Jahrhunderts durch die
Bücher der französischen Autorinnen Madam
Leprince de Beaumont und Madame Gabrielle di
Villeneuve berühmt. 1946 machte der bekannte
französische Regisseur Jean Cocteau die Ge-

Die Schöne und das Biest (1991,
R: Gary Trousdale, Kirk Wise):
Das Mädchen Belle und der verwunschene Prinz

schichte unter dem Titel *La Belle et la bête* für
die Leinwand populär. Andere Filminterpreta-
tionen folgten, ebenso wie die Fernsehserie von
1987, die die Handlung in das heutige New York
übertrug. »Jede Generation und Kultur überträgt
diese Geschichte auf seine eigenen Gegebenheiten. Die darin vorkommenden Themen, ›du sollst
nicht nur nach Äußerlichkeiten gehen‹ und
›Schönheit ist nur oberflächlich‹, sind heute noch
genauso relevant wie eh und je,« erläutert der
Produzent Don Hahn. Und die Drehbuchautorin
Linda Woolverton bekräftigt: »Die Aussagen dieser Geschichte sind absolut zeitlos; ganz besonders für Kinder, die in den 90er-Jahren aufwachsen. Sie lernen, außerhalb der Oberfläche
und des Materialismus zu schauen und zu begreifen, dass nur die Dinge zählen, die in ihren
Herzen und Seelen wohnen.«

Das *Lexikon des internationalen Films*
schreibt: »Das Märchen von der inneren Schönheit, die es hinter einer abstoßenden Maske zu
entdecken gilt, dient als Vorlage für einen bewegenden Zeichentrickfilm, der vergnügliche, aber
auch nachdenklich stimmende Unterhaltung bietet. Auch in diesem Disney-Film sind es die Randfiguren, die zu Sympathieträgern auch für jüngere Zuschauer werden.« Auch das *TV Spielfilm
Lexikon* erwähnt die Moral »Wahre Schönheit
kommt von innen« des aus dem 16. Jahrhundert
überlieferten Märchens: »Mag es daran gelegen
haben, dass in Zeiten von Schlankheitskult und
Schönheitsoperationen diese Botschaft besonders viel Anklang oder auch Amüsement hervor-

gerufen hat – der 30. Disney-Zeichentrickfilm wurde ganz schnell wieder zum erfolgreichsten. Über 600 Zeichner, und zum ersten Mal auch Computergrafiker, verwandelten das uralte Märchen in einen der besten Disney-Filme. Dank sind die Mäuse-Macher nicht zuletzt der Drehbuchautorin Linda Woolverton schuldig. Die kreierte nämlich endlich mal eine starke, intelligente, ja nahezu moderne Frau, die zwar ›Belle‹ heißt, aber mehr zu bieten hat, als Kulleraugen und Küchenkünste.«

1997 Die Schöne und das Biest – Weihnachtszauber

The Beauty And The Beast – Enchanted Christmas, USA, R: Andy Knight, Keith Ingham – Animation: Zeichentrickfilm, der das klassische Kunstmärchen der Madame de Beaumont fortschreibt und auf die Figuren der Disney-Produktion von 1991 aufbaut.

1997 Belles zauberhafte Welt

The Perfect World, USA, R: Cullen Blaine, Mitch Rochon, Dale Case
»Episodenfilm, der das Personal des Disney-Zeichentrickfilms *Die Schöne und das Biest* wieder belebt. Wieder zieht es die anmutige Belle zum Schloss des verwunschenen Prinzen, um diesem drei Lektionen beizubringen ... Trotz erzählerischer Kurzatmigkeit ein vergnügliches Filmprogramm in guter Animation, das nicht nur Kinder sinnvoll zu unterhalten versteht.« *(Lexikon des internationalen Films)*

1992 Die Schöne und das Biest

Beauty And The Beast, GB, R: David Thwaytes – Animation
»Zeichentrickfilm in Anlehnung an den klassischen Märchenstoff: Die Tochter eines Juweliers zieht nach einem Austauschgeschäft ihres Vaters in das Schloss des schrecklich hässlichen Unge-

heuers und entwickelt wider Erwarten zärtliche Gefühle für das Biest.« *(Lexikon des internationalen Films)*

1991 Die Schöne und das Biest

The Beauty And The Beast, USA, R: Gary Trousdale, Kirk Wise – Animation

1991 Das scharlachrote Blümchen

Skazka o kupecheskoy dochezy i trainsvennom csvetke
UdSSR, R: Wladimir Grammatikow, D: Ekaterina Temnikowa, Juliana Iwanowa

1986 Die Schöne und das Biest

The Beauty And The Beast, IL/USA, R: Eugene Marner, D: Rebecca De Mornay
»Verfilmung des kunstvollen, poetischen Märchens von Leprince de Beaumont aus der Reihe der Cannon-Kinderfilm-Produktionen, die mehr auf äußere Schauwerte setzt als auf den Gehalt der Fabel.« *(Lexikon des internationalen Films)*

1985 Underworld

USA, R: George Pavlou, D: Denholm Elliott, Steven Berkoff
»Ein um ästhetisch konsequente Gestaltung bemühter Horrorfilm um das Motiv der Beziehung zwischen der ›Schönen‹ und dem ›Biest‹. Nur in wenigen Momenten atmosphärisch dicht und in der Handlung allzu durchsichtig.« *(Lexikon des internationalen Films)*

1983 Skønheden og udyret

DK, R: Nils Malmros, D: Line Arlien-Søborg, Jesper Klein, Merete Voldstedlund

1983 Die Schöne und das Tier

DDR, R: Rainer Bär, D: Annegret Siegmund, Volkmar Kleinert, Annekathrin Bürger

1981 Tanya's Insel

Tanya's Island, CDN, R: Alfred Sole, D: D. D. Winters, Don McCloud, Richard Sargent
»Mäßige Variante des alten *Die Schöne und das Biest*-Themas, die den Mythos mit populär-voyeuristischer Haltung präsentiert.« *(Lexikon des internationalen Films)*

1978 Die Schöne und das Ungeheuer

Panna a netvor, ČSSR, R: Juraj Herz, D: Zdena Studénková, Vlastimil Harapes
»Neuverfilmung des klassischen Märchens im Stil einer Parabel von der Kraft der Liebe, wobei die romantischen Züge abgeschwächt wurden und

Die Schöne und das Biest (1991, R: Gary Trousdale, Kirk Wise): Vorwitziger Kerzenleuchter, mütterlicher Teekessel und singende Kaminuhr

*Es war einmal ... Die Schöne und die Bestie
(1946, R: Jean Cocteau): Jean Marais*

der Horrorcharakter hervortritt.« *(Lexikon des internationalen Films)*

1978 Die feuerrote Blume
Alenki Zwetotschek, UdSSR, R: Irina Powolozkaja, D: Marina Iljitschowa

1976 Die Schöne und das Biest
Beauty And The Beast, USA, R: J. Fielder Cook, D: George C. Scott, Trish Van Devere, Bernard Lee
Fernseh-Verfilmung

1962 Die Schönheit und das Ungeheuer
Beauty And The Beast, USA, R: Edward L. Cahn, D: Joyce Taylor, Mark Damon

1946 Es war einmal ... Die Schöne und die Bestie
La Belle et la bête, F, R: Jean Cocteau, D: Josette Day, Jean Marais, Marcel André
»Vielleicht der schönste Film Cocteaus ... Eine melancholische Parabel von der Kraft der Liebe.« *(Reclams Film Führer)*
»Unvergängliches Meisterwerk voller Poesie.« *(TV Movie)*
»Am beeindruckensten ist ... das hündisch-rührende Untier. Die Sehnsucht des Raubtiers nach Gefühlen ist auch heute noch herzzerreißend.« *(tip)*

1934 Beauty And The Beast
USA, R: Friz Freleng – Animation

1922 Beauty And The Beast
GB, R: Guy Newall, D: Guy Newall, Ivy Duke, Douglas Munro

1913 Beauty And The Beast
USA, R: H. C. Mathews, D: Elsie Albert

*Es war einmal ... Die Schöne und die Bestie
(1946, R: Jean Cocteau): Josette Day*

1905 Beauty And The Beast
GB, R: Percy Stow
1903 Beauty And The Beast
USA

DIE SCHÖNSTE VON NEW YORK

The Belle Of New York, USA 1952, R: Charles Walters, D: Fred Astaire, Vera-Ellen, Marjorie Main, Keenan Wynn, Alice Pearce, Clinton Sundberg, Gale Robbins

Nach einem Bühnenstück von Hugh Morton: New York Ende des 19. Jahrhunderts: Charlie Hill ist ein genusssüchtiger Müßiggänger und berüchtigter Playboy. Nur widerwillig finanziert seine reiche Tante das Faulenzerleben ihres Neffen. Als Charlie nach einer durchzechten Nacht mit zwei reizenden Showgirls im Arm aus einer luxuriösen Bar stolpert, trifft er auf Angela. Sie singt auf New Yorks Straßen für die Heilsarmee. Für beide ist es Liebe auf den ersten Blick. Charlie ist überzeugt, dass Angela nur einen rechtschaffenen und fleißigen Mann lieben könne. Deshalb geht er tags darauf zum Erstaunen seiner Tante auf Arbeitssuche. Unterdessen versucht Angela, sich ein wenig von dem verruchten Charme der Barmädchen anzueignen, um Charlie zu gefallen ...

Lexikon des internationalen Films: »Unterhaltsames, inszenatorisch freilich nur durchschnittliches Musical ... Einziger Höhepunkt der Show-

nummern: ein Tanz auf einem Triumphbogen hoch über der Stadt.«

1919 The Belle Of New York
USA, R: Julius Steger, D: Marion Davies, Etienne Girardot, L. Rogers Lytton

SCHRECKENSNACHT AM BLACK RIVER
Sunset Trail, USA 1932, R: B. Reeves Eason, D: Ken Maynard, Ruth Hiatt, Frank Rice, Philo McCullough, Buddy Hunter, Richard Alexander
Cowboy Ken und sein Wunderpferd Tarzan helfen einer schönen Waise, ihr väterliches Erbe gegen Spitzbuben zu verteidigen.

Lexikon des internationalen Films: »Verstaubter Western für Anspruchslose, der aus zwei alten Serials zusammengeschnitten wurde.«

1930 Shadow Ranch
USA, R: Louis King, D: Buck Jones, Marguerite De La Motte, Kate Price

SCHREI DER GROSSSTADT
Cry Of The City, USA 1948, R: Robert Siodmak, D: Victor Mature, Richard Conte, Shelley Winters, Mimi Agulia, Tommy Cook, Fred Clark, Betty Garde, Debra Paget, Hope Emerson, Roland Winters, Walter Baldwin, Tito Vuolo
Nach dem Roman *The Chair For Martin Rome* von Henry Edward Helseth: Nach einer Schießerei bei einem Überfall wird der Gangster Martin Rome lebensgefährlich verletzt ins Krankenhaus eingeliefert. Noch in der Nacht erhält er Besuch von seiner Freundin Teena, der er rät, sich sofort zu verstecken. Wenig später versucht der Winkeladvokat Niles, Martin zu überreden, die Schuld an einem Juwelenraub auf sich zu nehmen und damit seinen Klienten zu entlasten. Niles spekuliert auf Martins baldigen Tod, doch dessen Zustand bessert sich nach einer Operation. Nachdem Niles droht, Teena etwas anzutun, bittet Martin die Krankenschwester Pruett, seine Freundin bei sich zu verstecken. Dem Polizisten Candella, mit dem zusammen Martin in Little Italy aufgewachsen ist, verheimlicht er seine Verwicklungen. Candella vermutet nämlich, dass Martin an dem Juwelenraub beteiligt war. Als Rome sich etwas erholt hat und ins Gefängnis überführt werden soll, ergreift er die Gelegenheit zur Flucht. Als erstes geht er zu Niles, in dessen Safe er die Juwelen findet. Er erpresst den Namen von Niles' Komplizen: Rose Given. Dann bringt er den Advokaten um. Währenddessen ist Candella auf Martins Spuren und folgt ihm bis in dessen Elternhaus, wohin sich Rome begeben hatte, als seine Wunden wieder aufbrachen. Doch Candella riskiert keine Schießerei, und Martin entkommt erneut. Er bietet Rose die Juwelen im Tausch gegen 5000 Dollar und ein Ticket nach Südamerika an. Rose und Martin fahren gemeinsam zum Versteck der Beute, über das Martin inzwischen Candella informieren konnte. Als Rose die Polizei sieht, kommt es zu einem Schusswechsel, bei dem Candella verletzt wird und Martin erneut entkommen kann. Von der Krankenschwester erfährt Candella, dass Martin sich mit Teena in einer katholischen Kirche treffen will. Candella fährt dorthin und beschwört Teena, nach Hause zu gehen. Als er Martin abführen will, unternimmt dieser erneut einen Fluchtversuch, wird aber von dem Polizisten in den Rücken geschossen und stirbt.

Hans Schwab-Felisch *(Neue Zeitung/Berliner Blatt)*: »Robert Siodmak, der in diesem Film Regie führt, ist ein Meister psychologischer Effekte. Er lässt die Kamera behutsam und doch mit kräftiger innerer Dynamik immer auf den Punkt hinarbeiten, Überflüssiges rigoros übergehend und so die kurzen Einstellungen immer wieder zu Höhepunkten auflaufen lassend. Alles ist sauber und intensiv er- und gearbeitet, durchdacht und von überredender Akkuratesse. Dazu das geschlossene und adäquate Drehbuch, das niemals Unwahrscheinliches von Zuschauern und Schauspielern verlangt, das nahtlos und logisch ist und das trotz des von Anbeginn unzweifelhaften Endes immer die Spannung wach hält. Denn der charmante Berufsgangster, der einen Polizisten umgebracht hat, wird am Ende untergehen, das ist unausweichlich und schon in den ersten hundert Metern feststehend. Doch wie er gejagt wird, und wie er, im armen, düsteren Italienerviertel New Yorks, auf seiner Flucht noch weitere Verbrechen begeht – den Gesetzen des fliehenden Verbrechers folgend, begehen muss –, das ist immer plausibel, niemals künstlich arrangiert. Zudem sind die beiden Gegenspieler, der Jagende und der Gejagte, psychologisch richtig erfasst; ebenso die Reihe der belebenden und gut gewählten Randfiguren. Der Film ist eher ein Sittenbild als ein reiner Kriminalstreifen; er hat eine unaufdringliche Moral, die Entheroisierung des Verbrechers, und er bleibt sich bei seinem Sujet sowohl in den Stilmitteln als auch in der Milieuschilderung, bei der der Kamera mitunter Bilder von überraschender Wirkung und Eindringlichkeit gelingen, stets treu.«

1934 Manhattan Melodrama
USA, R: W. S. Van Dyke, D: William Powell, Clark Gable, Myrna Loy

SCHREI IN DIE VERGANGENHEIT
The Browning Version, GB 1994, R: Mike Figgis, D: Albert Finney, Greta Scacchi, Matthew Modine, Julian Sands, Michael Gambon

Nach einem Bühnenstück von Terence Rattigan: Andrew Crocker-Harris, der strenge Latein-Lehrer einer englischen Eliteschule, steht am Ende seiner Laufbahn. Illusionen macht er sich keine mehr: Die Schüler fürchten und hassen ihn, seine attraktive junge Frau betrügt ihn mit dem beliebten amerikanischen Chemie-Lehrer, und seine Vorgesetzten versagen ihm nach 20-jähriger Tätigkeit die wohlverdiente Pension. Mehr schlecht als recht versucht Crocker-Harris, während der letzten Tage des ausgehenden Schuljahres die Form und das Gesicht zu wahren.

Angie Dullinger *(Abendzeitung)*: »Figgis inszenierte mit äußerster Sorgfalt ein faszinierendes Porträt um die Vereinsamung eines Menschen, den Finney mit sensationeller Feinnervigkeit und grandioser Intensität interpretiert ... Was bleibt, ist nur das Geschenk eines kleinen Schülers, die Browning-Version, die Übersetzung eines Aischylos-Dramas. Ein kluger, emotionaler Film.

1951 Konflikt des Herzens
The Browning Version, R: Anthony Asquith, D: Michael Redgrave, Jean Kent

Schuld daran ist Rio (1983, R: Stanley Donen): Michael Caine und Michelle Johnson

Schuld daran ist Rio (1983, R: Stanley Donen): Michelle Johnson

SCHULD DARAN IST RIO
Blame It On Rio, USA 1983, R: Stanley Donen, D: Michael Caine, Michelle Johnson, Joseph Bologna, Valerie Harper, Demi Moore, Tessy Callado, Nelson Dantas, José Lewgoy, Lupe Gigliotti, Michael Menaugh, Tessy Callado

Die Väter Matthew und Victor sind mit ihren Töchtern Nicole und Lolly in Rio. Die Affäre zwischen Matthew und Lolly sorgt für Komplikationen.

Helmut W. Banz *(Kölner Stadt-Anzeiger)*: »Sehenswert ist nur Michael Caine, der mit zunehmendem Alter immer besser wird. Sein Schwanken zwischen Furcht, Schuld und Selbstvorwürfen, zwischen träumerischer Lässigkeit, reuevollem Stoizismus und schmerzlicher Sehnsucht lässt die Illusion aufkommen, als sei diese Dreigroschengeschichte eine subtile, wehmütige, ironisch gebrochene Komödie. Dabei ist es nur ein anzügliches Spektakel für süffisante Spießer: clever kalkulierter Zynismus am Zuckerhut Copacabana, Lolita-Komödie.«

1977 Aller Anfang macht Spaß
Un moment d'egarement, R: Claude Berri, D: Jean-Pierre Marielle, Victor Lanoux

SCHULE DES VERBRECHENS
Crime School, USA 1938, R: Lewis Seiler, D: Humphrey Bogart, Gale Page, Billy Halop, Bobby Jordan, Huntz Hall, Leo Gorcey, Bernard Punsly, Gabriel Dell, George Offerman, Weldon Heyburn, Cy Kendall

Der neue New Yorker Bezirksbeauftragte für Erziehungswesen gewinnt als Leiter einer Besserungsanstalt das Vertrauen einer Jugendbande aus einem sozialen Spannungsgebiet. Als seine progressiven Erziehungsmethoden erste Früchte tragen, zettelt der wegen Unfähigkeit entlassene frühere Anstaltsdirektor eine Intrige gegen den neuen Chef an, um seine Jahrzehnte währenden Veruntreuungen zu vertuschen. *Schule des Verbrechens* zeigt Humphrey Bogart in der ungewöhnlichen Rolle eines menschenfreundlichen Sozialreformers. Schon ein Jahr später entstand unter der Regie von Ewald André Dupont und Lewis Seiler ein weiteres Remake unter dem Titel *Hell's Kitchen*, die Hauptrollen spielten Billy Halop und Ronald Reagan.

1933 The Mayor Of Hell
USA, R: Archie Mayo, D: James Cagney, Madge Evans, Arthur Byron

DAS SCHWACHE GESCHLECHT
The Opposite Sex, USA 1956, R: David Miller, D: June Allyson, Joan Collins, Dolores Gray, Ann Sheridan, Agnes Moorehead, Ann Miller, Joan Blondell, Leslie Nielsen

Nach einem Theaterstück von Claire Boothe-Luce: Der Konflikt eines Ehepaares, das sich nach der Untreue des Mannes scheiden lässt, sich aber nach Jahr und Tag versöhnt, als Anlass, um die Damen der New Yorker High Society mit ihrem Klatsch, ihren Intrigen, Hysterien und Leichtfertigkeiten ironisch zu beleuchten und bloßzustellen. Als sich jedoch die erste aber auch allerbeste Gelegenheit ergibt, dreht sie den Spieß um und lässt die anderen in die eigene Grube stolpern.

Hans Capito *(Filmblätter)*: »Mit auflockernden Musikeinlagen wird diese Satire eine halb amüsante, halb sozialkritische Angelegenheit, die gelegentlich in Richtung Hysterie etwas überschwappt. Überwiegend ist es jedoch spaßig, der skrupellosen Frechheit der bildhübschen Joan Collins, der hirnlosen Aufgeblasenheit von Dolores Gray und ihrer diversen Kolleginnen beim ruchlosen Klatschgeschäft zuzuschauen. Alle Sympathien sichert sich June Allyson, die personifizierte Mustergattin in der Schlangengrube, deren Spielfreude so voller Charme und Frische ist, dass selbst ein plötzliches Happy End ihr keineswegs etwas an Wirkung nehmen kann.«

128 Minuten Frauenpower am Stück – 144 Damen in einem Film und kein einziger Mann: *Die Frauen* von 1939 ist ein Kleinod der Filmgeschichte. Mit allen Diven Hollywoods, die damals Rang und Namen hatten (u.a. Joan Craw-

ford, Norma Shearer und Rosalind Russell), gelang Regisseur George Cukor ein Feuerwerk der Gemeinheiten unter den Damen der besten Gesellschaft New Yorks. George Cukor (1899–1983) drehte mit den Hollywoodgrößen seiner Zeit und wurde selbst zu einer.

1939 Die Frauen
The Women, USA, R: George Cukor, D: Norma Shearer, Joan Crawford

DER SCHWAN
The Swan, USA 1956, R: Charles Vidor, D: Grace Kelly, Alec Guinness, Louis Jourdan, Agnes Moorehead, Jessie Royce Landis, Brian Aherne, Leo G. Carroll, Estelle Winwood, Van Dyke Parks, Christopher Cook, Robert Coote, Doris Lloyd, Edith Barrett

Kronprinz Albert kommt auf Brautschau in das Schloss, in dem Prinzessin Alexandra mit ihren Angehörigen lebt. Ihre ehrgeizige Mutter Beatrix möchte sie unbedingt an Alberts Seite auf dem Thron sehen. Um den hohen Herrn, der sich anscheinend mehr für Fußball und Melkmaschinen interessiert, aus der Reserve zu locken, drängt die

Der Schwan (1956, R: Charles Vidor): Alec Guinness und Grace Kelly

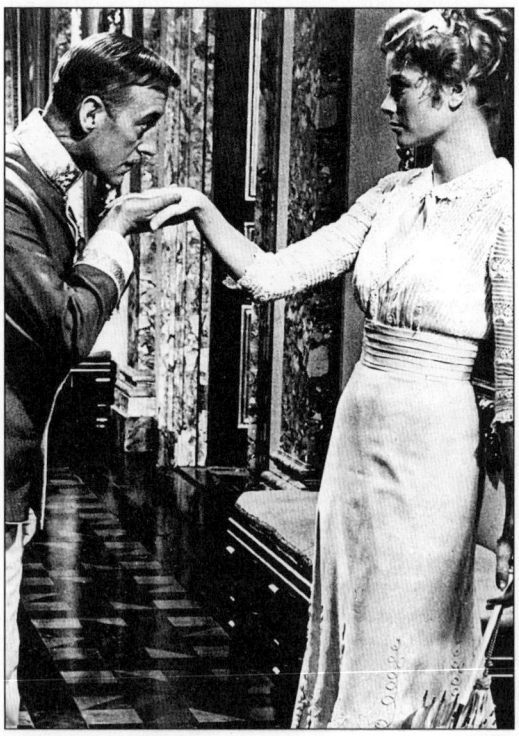

Mama ihre reizende Tochter, beim festlichen Ball Interesse für den jungen Hauslehrer Nicholas zu zeigen. Sie ahnt nicht, dass Nicholas längst in Alexandra verliebt ist und Alexandra – enttäuscht über das Desinteresse des Prinzen – diese Gefühle zu erwidern beginnt und schließlich sogar mit Nicholas heimlich abreisen will. Als jedoch Nicholas die wahren Zusammenhänge erfährt, kommt es zu einer heftigen Auseinandersetzung, in deren Verlauf er Alexandra demütigt und Prinz Albert beleidigt. Dieser aber erkennt endlich, wie liebenswert die jetzt so verzweifelte Alexandra ist, und tröstet sie, indem er sie doch noch heiratet.

MovieLine: »Das heiter melancholische Bühnenwerk des ungarischen Komödienspezialisten als geschmackvoller CinemaScopefilm. Die verhaltene Liebesgeschichte in Hochadelskreisen wird getragen von vorzüglichen Darstellern: Grace Kelly agiert als zarte und kühle Prinzessin neben dem unübertrefflich diskreten Charakterschauspieler Alec Guinness. Der Film ist dort am ansprechendsten, wo Ironie am Werk ist.«

1930 One Romantic Night
USA, R: Paul L. Stein, D: Lillian Gish, Rod La Rocque, Conrad Nagel

1925 The Swan
USA, R: Dimitri Buchowetzki, D: Frances Howard, Adolphe Menjou, Ricardo Cortez

SCHWANENSEE
Lebedinoje osero, UdSSR 1968, R: Apollinari Dudko, Konstantin Sergejew, D: Elena Ewtejewa, John Markowsky, Mahmud Essambajew, Valeri Panow, W. Rjasanow

Der junge Prinz Siegfried ist in die anmutige Prinzessin Odette verliebt. Aber Odette ist in einen Schwan verzaubert worden und darf nur wenige Stunden zwischen Mitternacht und Morgengrauen menschliche Gestalt annehmen. Siegfried will Odette zu seiner Braut machen; das würde sie von ihrem Fluch erlösen. Aber der Zauberer Rotbart, der Herrscher über die Schwäne, verhindert das Happy End.

Lexikon des internationalen Films: »Eine in der Farb- und Bildgestaltung ausgezeichnete Verfilmung des Ballettklassikers von Peter Tschaikowski, hervorragend interpretiert vom Kirow-Ballett Leningrad.«

Richard Rich ließ sich 1994 für seinen Zeichentrickfilm *Die Schwanenprinzessin* von

Schwanensee inspirieren, ebenfalls Anleihen machte Václav Vorlicek 1998 für seinen Märchenfilm *Die Seekönigin*.

1966 Schwanensee
BRD, R: Truck Branss, D: Rudolf Nurejew, Margot Fonteyn, Uli Wührer

1957 Schwanensee
Lebedinoje osero, UdSSR, R: Soja Tulubjowa, D: Maja Plissezkaja, N. Fadejetschew

DER SCHWARZE KORSAR
Il corsaro nero, I 1976, R: Sergio Sollima, D: Kabir Bedi, Carole André, Mel Ferrer, Angelo Infanti, Sonja Jeanine, Sal Borgese, Dagmar Lassander, Eddy Fery, Jackie Baseheart, Niccolo Piccolomini, Guido Alberti, Mariano Rigillo, Tony Renis

Um den Tod seiner Familie zu rächen, kämpft ein adliger Pirat gegen den hartherzigen spanischen Gouverneur von Maracaibo, dessen Ziel es ist, die Korsaren und Indianer in den fernen spanischen Provinzen auszurotten – er kapituliert indes vor der Liebe zur Tochter des Bösewichts.

MovieLine: »Psychologisch eigenwilliger Abenteuerfilm, der seinen reinen Spektakelwert durch einen leichten übersinnlichen Touch aufbessern will.«

1948 Der schwarze Korsar
Il corsario nero, MEX, R: Chano Urueta, D: Pedro Armendáriz, Maria Luise Zea

DIE SCHWARZE PERLE
All The Brothers Were Valiant, USA 1953, R: Richard Thorpe, D: Robert Taylor, Stewart Granger, Ann Blyth, Betta St. John, Keenan Wynn, James Whitmore, Kurt Kasznar, Lewis Stone, Robert Burton, Peter Whitney, John Lupton

Joel Shore segelt bei seiner ersten Reise als Kapitän der Nathan Ross in die Südsee. Auf einer der Inseln begegnet er seinem verschollenen Bruder Mark. Die alten Spannungen leben wieder auf. Als Mark kostbare Perlen vom Grund einer Lagune holen möchte, weigert sich Joel, bei dieser riskanten Unternehmung mitzumachen. Um seinen Plan doch durchzusetzen, sorgt Mark für eine Meuterei auf dem Schiff.

1928 Across To Singapore
USA, R: William Nigh, D: Ramon Novarro, Joan Crawford, Ernest Torrence

1923 All The Brothers Were Valiant
USA, R: Irvin Willat, D: Malcolm McGregor, Billie Dove, Lon Chaney

DAS SCHWARZE SCHAF

BRD 1960, R: Helmuth Ashley, D: Heinz Rühmann, Karl Schönböck, Maria Sebaldt, Siegfried Lowitz, Lina Carstens Fritz Rasp, Rosel Schäfer, Herbert Tiede, Friedrich Domin, Hans Leibelt

Nach den Erzählungen von Gilbert K. Chesterton: Pater Brown, Seelenhirt einer kleinen irischen Gemeinde, hat eine Leidenschaft für Kriminalromane. Die einschlägige Lektüre genügt ihm allerdings nicht, er nimmt auch noch jede Gelegenheit wahr, seinem Steckenpferd in der Praxis nachzugehen. Als ausgerechnet während des Gottesdienstes vor der Kirche ein Mord geschieht, hält Inspektor Graven den Schmied Barnes für den Täter. Pater Brown denkt anders darüber, und tatsächlich gelingt es ihm, den wirklichen »Hammermörder« ausfindig zu machen. So kommt er auf die Titelseiten der Boulevardpresse, was der Herr Bischof gar nicht gern sieht. Darum versetzt er das schwarze Schaf unter seinen Geistlichen in eine Gemeinde, wo Pater Brown seiner Ansicht nach mit seinem kriminalistischen Eifer keinen Schaden anrichten kann. Das letzte Verbrechen geschah dort vor acht Monaten und war ein simpler Fahrraddiebstahl. Kaum hat Pa-

Die seltsamen Wege des Pater Brown (1954, R: Robert Hamer): Alec Guinness

ter Brown seine ersten Antrittsbesuche gemacht, wird in dem sonst so friedlichen Ort ein Bankier unter ungewöhnlichen Umständen umgebracht. Die Polizei steht vor einem Rätsel, im Kopf des Paters beginnt es erneut heftig zu arbeiten. Vorerst hält er sich allerdings noch zurück, bis dann aufregende Dinge geschehen, die es ihm unmöglich machen, seinen kriminalistischen Tatendrang weiterhin zu zügeln.

Münchner Merkur: »Pater Brown verfügt über drei Dinge: Herzensgüte, Mutterwitz und Gottvertrauen. Und eben diese drei Dinge weiß Heinz Rühmann außerordentlich überzeugend darzustellen. Er ist nicht der erste Pater Brown im Film, aber bei weitem der humorigste; das Vergnügen, das er bereitet, erwächst aus lächelnder Weisheit.«

Diese Darstellung des Paters brachte Heinz Rühmann den Bundesfilmpreis 1961 als bester Darsteller ein. Einen weiteren Rühmann-Brown-Film drehte Axel von Ambesser 1962: *Er kann's nicht lassen.*

1954 Die seltsamen Wege des Pater Brown

Father Brown, GB, R: Robert Hamer, D: Alec Guinness, Joan Greenwood

Das schwarze Schaf (1960, R: Helmuth Ashley): Heinz Rühmann und Maria Sebaldt

SCHWARZE SONNE

Cerne slunce, ČSSR 1979, R: Otakar Vávra, D: Rudolf Hrusínský, Günther Naumann, Vladimír Smeral, Jiri Thomas, Magda Vásáryová

Der Erfinder Prokop hat einen Sprengstoff namens Krakatit erfunden, um den sich mächtige, rücksichtslos vorgehende internationale Konzerne balgen, da sie die Weltherrschaft anstreben. Trotz seiner Genialität kann Prokop sich nicht gegen ihre Ränke behaupten: Eine auf ihn angesetzte Agentin verstrickt ihn in die Machenschaften des Kapitals, dann wird er von einem Botschafter namens D'Emon in einem fliegenden Auto entführt.

1948 Krakatit
ČSSR, R: Otakar Vávra, D: Karel Höger, Florence Marly, Frantisek Smolik

SCHWARZE TULPE

La Tulipe noire, F/I/E 1963, R: Christian-Jaque, D: Alain Delon, Virna Lisi, Dawn Addams, Akim Tamiroff, Francis Blanche, Robert Manuel, Adolfo Marsillach, Laura Valenzuela, Georges Rigaud

Nach einem Roman von Alexandre Dumas: Im Revolutionsjahr 1789 macht in der Nähe des Dorfes Roussillon ein Bandit namens *Die schwarze Tulpe* die Gegend unsicher. Die Bevölkerung verehrt ihn als eine Art Robin Hood, der die Ideale der Revolution vertrete, aber in Wirklichkeit handelt es sich um den Grafen Guillaume de Saint Preux, einen zynischen Frauenhelden, der nur auf seine eigene Bereicherung aus ist. Bei einem Kampf mit dem Polizeiminister La Mouche, der ahnt, wer hinter der schwarzen Maske steckt, wird er an der Wange verwundet. Da die Verletzung ihn verraten würde, bittet er seinen Bruder Julien, der ihm aufs Haar gleicht, aber ansonsten ein nobler, den Gedanken der Revolution verteidigender Jüngling ist, ihn für einige Tage zu vertreten. Verschiedene Verwicklungen führen schließlich zur Verhaftung Juliens, der gehängt werden soll. Sein Bruder aber opfert sich für ihn und wird an seiner Stelle hingerichtet.

Filmbeobachter: »Ansätze zur Ironie und Parodie auf das Genre sind vorhanden, doch erreicht Christian-Jaque nicht die Schärfe und den Pointenreichtum seines bekannten *Fanfan, der Husar* ... Alain Delon, als Verbrecher und Draufgänger und als vor Edelmut triefender Adliger, hält dem sich aufdrängenden Vergleich zu Gérard Philipe nicht stand, spielt aber munter und betont sport-

lich, wenngleich er auch gegen Ende die Doppelrolle nicht mehr ausreichend differenziert.«

Franco Cristofani drehte 1988 in Australien unter dem Titel *Black Tulip* eine weitere Fassung, Hauptdarsteller waren Brian Anderson, Phillip Hinton und Paul Johnstone.

1937 The Black Tulip
GB, R: Alex Bryce, D: Patrick Waddington, Ann Soreen, Campbell Gullan

SCHWARZWALDMÄDEL

BRD 1950, R: Hans Deppe, D: Sonja Ziemann, Rudolf Prack, Fritz Kampers, Paul Hörbiger, Gretl Schörg, Walter Müller, Kurt Seifert, Lucie Englisch, Fritz Kampers, Hans Richter

Nach Motiven der gleichnamigen Operette von August Neidhardt und Leon Jessel: Der Maler Hans ist mit dem begehrten Revuestar Malwine befreundet. Sie erscheint auf einem Faschingsball mit teurem Schmuck von Juwelier Bussmann. Durch Zufall nimmt das Schwarzwaldmädel Bärbele ihn an sich. Plötzlich sind verschiedene Leute hinter ihr her. Der erste westdeutsche Farbfilm nach dem Krieg war zugleich der erste von fast 300 Heimatfilmen, die in den Jahren 1950 bis 1959 produziert wurden: 16 Millionen Zuschauer wollten das Traumpaar Sonja Ziemann und Rudolf Prack im Kino sehen.

Gerhard Bliersbach *(So grün war die Heide)*: »Liebe und Schuld im ödipalen Dreieck in einem Schwarzwald-Dorf.«

1933 Schwarzwaldmädel
D, R: Georg Zoch, D: Walter Janssen, Maria Berling, Hans Söhnker

DAS SCHWEIGEN IM WALDE

BRD 1976, R: Alfred Vohrer, D: Alexander Stephan, Evelyn Opela, Belinda Mayne, Ferdy Mayne, Walter Buschhoff, Sepp Loeffler, Bernd Helfrich, Marius Aicher, Sky Dumont, Georg Einerdinger, Ludwig Schmid-Wildy, Erni Singerl, Hans Vonderthann, Kathi Leitner, Edwige Pierre

Nach einem Roman von Ludwig Ganghofer: Die Gründerzeit vor dem Ersten Weltkrieg mit ihrer ichbezogenen Oberflächlichkeit hat auch auf den jungen Grafen Ettingen abgefärbt. Reich, verwöhnt und nach dem Tod seiner Eltern unabhängig, weiß er nicht, wofür er sich einsetzen soll. Sein Onkel führt die Verwaltung der Güter – wozu also selbst etwas leisten? Als er in die Hände einer karrieresüchtigen Frau gerät, wirft er das

Geld mit vollen Händen hinaus und lässt, als das Geld knapp wird, auf seinen oberbayerischen Besitzungen ganze Wälder kahl schlagen. Die Enttäuschung bleibt nicht aus. Verbittert und innerlich zerrissen, zieht er sich in die Einsamkeit seines Jagdhauses zurück. Eine neue Welt tut sich ihm auf, mit einfachen Menschen, die im Einklang mit sich und der Natur leben – Jäger, Bauern, Holzknechte. Dann löst die Begegnung mit einem jungen, unberührten Mädchen, das eine Blockhütte an einem Gebirgssee bewohnt, in ihm einen Konflikt aus, der schließlich zur inneren Umkehr führt. Der Vater des Mädchens war durch einen Bergrutsch getötet worden, und an diesem Tod trägt indirekt der Graf Schuld; erst durch das rücksichtslose Abholzen des Waldes war dieser Bergrutsch ausgelöst worden. Zum ersten Mal ist Ettingen gefordert – er weiß, dass er die Vergangenheit nur überwinden kann, wenn er sich die Liebe des jungen Mädchens verdient. Ein verheerender Waldbrand, bei dem er unter Einsatz seines Lebens das junge Mädchen rettet, ist nicht nur eine Bewährungsprobe, sondern der erste Schritt in eine neue Zukunft.

Rheinische Post: »Der Prototyp des fleißigen Regie-Routiniers im Nachkriegsdeutschland, der sich von Wallace über Simmel bis zu diesem Heimatfilm-Nachzügler der Illustrierten- und Unterhaltungsliteratur angenommen hat, ohne je den Qualitätsstandard der vergleichbaren amerikanischen Dutzendregisseure erreicht zu haben, lieferte hier eine stilistisch unsichere Ganghofer-Verfilmung mit ziemlich unprominenter Besetzung.«

1955 Das Schweigen im Walde
BRD, R: Helmut Weiss, D: Rudolf Lenz, Sonja Sutter, Angelika Hauff, Käthe Haack

1937 Das Schweigen im Walde
D, R: Hans Deppe, D: Paul Richter, Hansi Knoteck, Hans Adalbert Schlettow

1929 Das Schweigen im Walde
D, R: William Dieterle, D: Emmerich Albert, Gretel Berndt, Julius Brandt

DER SCHWEIGENDE MUND
A 1951, R: Karl Hartl, D: Oskar Homolka, Gisela Uhlen, Curd Jürgens, Albin Skoda, Gusti Wolf, Edith Mill, Hans Thimig, Alfred Neugebauer, Gustav Dieffenbacher, Martha Hartmann, Hans Rüdgers

Durch seine krankhafte Eifersucht macht Dr. Hirth, ein angesehener Anwalt, seiner wesentlich jüngeren Frau Stella das Leben unnötig schwer. Er hat Stella, die vor ihrer Heirat als Tänzerin auftrat, systematisch von der Außenwelt isoliert und ihr jeden Kontakt mit ehemaligen Kollegen untersagt. Eines Tages aber, während seiner Abwesenheit, begegnet Stella zufällig einigen alten Freunden, mit denen sie einen anregenden Abend verbringt. Anschließend lädt sie die fröhliche Gesellschaft – unter ihnen der Architekt Reinhold, der Stella verehrt – noch in ihre Wohnung ein. Nachdem der letzte Besucher gegangen ist, entdeckt Stella in ihrem Schlafzimmer eine Leiche. Aus Angst vor ihrem Mann verwischt sie alle Spuren. Doch ausgerechnet Dr. Hirth wird mit der Aufklärung des Verbrechens beauftragt ...

1936 Es geht um mein Leben
D, R: Richard Eichberg, D: Karl Ludwig Diehl, Kitty Jantzen, Theo Lingen

SCHWEJKS FLEGELJAHRE
A 1963, R: Wolfgang Liebeneiner, D: Peter Alexander, Rudolf Prack, Gunther Philipp, Lotte Ledl, Hannelore Auer, Susi Nicoletti

Das Schweigen im Walde (1955, R: Helmut Weiss): Paul Richter, Sonja Sutter und Rudolf Lenz

Nach einem Roman von Jaroslav Hasek: Alle Versuche, seine Einberufung zu verhindern, haben versagt, und der eigenbrötlerische Böhme Schwejk wird eingezogen. Trotz größter Anstrengungen, es allen recht zu machen, verbringt Schwejk die meiste Zeit beim Kartenspielen im Arrest. Erst durch die unfreiwillige Verstrickung in eine Herzensangelegenheit seines Vorgesetzten kann er endlich unter Beweis stellen, dass seine Schlitzohrigkeit auch nützlich sein kann. Bevor sich auch für ihn ein Happy End abzeichnet, muss er noch ins Manöver, wo es ihm fast gelingt, die österreichische Armee sich selbst vernichtend schlagen zu lassen. Danach mag niemand mehr die Verantwortung für ein weiteres Verbleiben Schwejks in einem so anfälligen Organismus wie der Armee übernehmen, und Schwejk darf wieder ins Zivilleben zurückkehren.

Lexikon des internationalen Films: »An Jaroslav Haseks literarischen Vorlagen vorbeiinszenierter, stilistisch uneinheitlicher, jedoch überwiegend unterhaltsamer Militärschwank.«

1960 Der brave Soldat Schwejk

BRD, R: *Axel von Ambesser*, D: *Heinz Rühmann, Ernst Stankowski, Senta Berger*

1956/57 Der brave Soldat Schwejk in Prag

Dobry vojak svejk, ČSSR, R: *Karel Stekly*, D: *Rudolf Hrusínsky, Milos Kopecky*

1954/55 Der brave Soldat Schwdejk

Dobry vojak svejk, ČSSR, R: *Jirí Trnka* – Puppentrickfilm

1952 Die gute alte Zeit ...

Haskovy povidky ze stareho mocnarstvi, ČSSR, R: *M. Hubácek*, D: *Jaroslav Vojta*

DAS SCHWERT DES KÖNIGS

Siege Of The Saxons, USA 1963, R: *Nathan Juran*, D: *Ronald Lewis, Janette Scott, Ronald Howard, Mark Dignam, John Laurie, Jerome Willis, Richard Clarke, Charles Lloyd Pack, Francis De Wolff, John Gabriel, Peter Mason*

König Arthur lädt am 20. Jahrestag seiner Herrschaft zu einem Fest nach Camelot ein. Da er krank ist und befürchtet, das Reich könne nach seinem Ableben auseinander brechen, ernennt er den Edelmann Edmund und seine Tochter Katherine zu seinen Nachfolgern. Der intrigante Edmund hat jedoch nichts Eiligeres zu tun, als Arthur zu ermorden. Ein Bauernsohn namens Robert beschützt die von nun an gefährdete Ka-

therine vor den Nachstellungen Edmunds. Der Adel hält dem Usurpator die Stange, weil dieser behauptet, König Arthur habe ihm sein magisches Schwert persönlich übergeben. So sehen Katherine, Robert und der greise Zauberer Merlin keine andere Möglichkeit, als Edmunds Krönung mit einem Trick zu verhindern: Katherine zieht dem König in spe frech das Schwert aus der Scheide – eine Tat, die nur ein rechtmäßiger Herrscher vollbringen kann. Edmund sucht wütend das Weite, fällt später an der Spitze der Sachsen in Britannien ein und holt sich eine blutige Abfuhr.

Lexikon des internationalen Films: »Farbenfroher Kostümfilm mit einem listenreichen Helden.«

1954 Unter schwarzem Visier

The Black Knight, USA, R: *Tay Garnett*, D: *Alan Ladd, Peter Cushing*

DIE SCHWESTER DER BRAUT

Holiday, USA 1938, R: *George Cukor*, D: *Katharine Hepburn, Cary Grant, Doris Nolan, Lew Ayres, Edward Everett Horton, Henry Kolker, Binnie Barnes, Jean Dixon, Henry Daniell, Charles Trowbridge, George Pauncefort, Charles Richman, Mitchell Harris, Marion Ballou, Mabel Colcord, Margaret McWade, Frank Shannon*

Als zukünftiger Ehemann der Tochter Julia kommt Johnny Case in das Haus der reichen Familie Seton. Für Johnny ist die Umstellung von seinen liebenswerten Freunden Potter auf die Setons ziemlich leicht zu bewältigen, denn er weiß genau, was er will. Und gerade damit bringt er die Setons völlig durcheinander. Johnny ist nämlich eisern entschlossen, den allgemeinen Kampf um Karriere und Geld nicht mitzumachen. Er will ein paar Jahre ins Geschäftsleben einsteigen, um dann anschließend nur noch zu tun, was ihm Spaß macht. Als Johnny das Haus der Setons wieder verlässt, ist er zwar immer noch ein zukünftiger Schwiegersohn, aber statt Julia geht deren Schwester Linda, das schwarze Schaf der Familie, mit ihm.

1930 Holiday

USA, R: *Edward H. Griffith*, D: *Ann Harding, Mary Astor, Edward Everett Horton*

SCUM – ABSCHAUM

Scum, GB 1979, R: *Alan Clarke*, D: *Ray Winstone, Mick Ford, Martin Philips, John Blundell, Phil Da-*

niels, Tony London, Ray Burdis, Patrick Murray, Trevor Butler

Der wegen Diebstahls verurteilte Carlin und einige Leidensgenossen kommen in ein berüchtigtes Erziehungsheim irgendwo auf dem Lande in Mittelengland. Bereits die entwürdigende Prozedur der Personalienaufnahme weist auf die Struktur dieser geschlossenen Anstalt hin, der es nicht um Resozialisierung geht. So ist es kein Wunder, dass die Gefangenen reagieren, wie es die unverständigen Vertreter der Anstaltsleitung ohnehin von ihnen erwarten: Bereits in der Anstalt planen sie ihren nächsten Coup. Von den Wärtern und Aufsehern werden die jugendlichen Straftäter provoziert, fortwährend physisch und psychisch drangsaliert.

Andreas Obst *(FAZ)*: »Schon die Geschichte der Entstehung dieses Films belegt die Brisanz des Themas: Ursprünglich als dokumentarisches Fernsehspiel für das britische Fernsehen inszeniert, wurde es von der Direktion der BBC kurzfristig aus dem Programm genommen und kommt nun als halbdokumentarischer Spielfilm ins Kinoprogramm ... Häufig ist das Leben in Strafanstalten in Literatur und Film dargestellt worden: Alan Sillitoes *Die Einsamkeit des Langstreckenläufers*, Heinz Sobotas *Der Minus-Mann* oder Burkhard Driests *Die Verrohung des Franz Blum* (von Reinhard Hauff verfilmt) sind bekannte Beispiele. Keinem dieser Werke ist es jedoch gelungen, jene Atmosphäre der absoluten Ohnmacht zu beschwören, die *Scum* so beklemmend macht. Ebenso hilflos wie die jugendlichen Gefangenen ist der Zuschauer den mit krassem Naturalismus gezeichneten Vergewaltigungs- und Selbstmordszenen ausgeliefert. Dennoch geraten solche Sequenzen nie zum Selbstzweck wie in so zahlreichen anderen Filmen sondern ergänzen nur diese erschütternde Vision sinnloser Gewalt und Brutalität.«

1977 Scum

GB, R: Alan Clarke, D: Ray Winstone, David Threlfall, Julian Firth

SECHS TAGE, SIEBEN NÄCHTE

Six Days Seven Nights, USA 1998, R: Ivan Reitman, D: Harrison Ford, Anne Heche, David Schwimmer, Jacqueline Obradors, Temuera Morrison, Allison Janney, Douglas Weston, Cliff Curtis, Danny Trejo, Ben Bode

Ein raubeiniger Frachtpilot und eine ehrgeizige New Yorker Journalistin sitzen auf einer unbewohnten Südseeinsel fest. Das ungleiche Duo muss sich zusammenraufen, um zu überleben. Es kommt, wie es kommen muss: Der alternde Pilot und die junge Powerfrau kommen sich näher.

Christiane Hellwege *(dpa)*: »Das ist der Stoff, aus dem das Sommerkino ist. In dem Film *Sechs Tage, sieben Nächte* mit Harrison Ford und Anne Heche in den Hauptrollen fährt Regisseur Ivan Reitman alles auf, was das klassische Hollywood zu bieten hat: Liebe, Abenteuer, einen Schuss Humor und berauschende Südseewelt ... Insgesamt bietet *Sechs Tage, sieben Nächte* unterhaltsames Kino mit guten Schauspielern. Der 56-jährige Harrison Ford mimt souverän das Raubein mit weichem Kern. Ihm zur Seite gestellt ist mit Anne Heche ein noch relativ neues Gesicht: Bekannt wurde die 29-Jährige durch ihren Auftritt als Präsidentenberaterin in Barry Levinsons Satire *Wag The Dog* – und durch ihr lesbisches Coming-out kurz nach Unterzeichnen ihres Vertrages für den Reitmann-Film. Das Zittern der Produzenten, ob die amerikanischen Kinogänger wohl eine Frau, die Frauen liebt, als Partnerin des Superstars Ford sehen wollen, war jedoch unbegründet: Der Film spielte nach Berechnungen der *New York Times* gleich am ersten Wochenende knapp 29 Millionen Mark in die Kassen und landete damit auf Platz zwei.«

1975 Hingerissen von einem ungewöhnlichen Schicksal im azurblauen Meer im August

Travolti da un insolito destino nell'azzurro mare d'Agosto, I, R: Lina Wertmüller, D: Giancarlo Giannini, Mariangela Melato, Riccardo Salvino

SEEMANN, PASS AUF!

Sailor Beware, USA 1951, R: Hal Walker, D: Dean Martin, Jerry Lewis, Corinne Calvet, Marion Marshall, Robert Strauss, Leif Erickson, Don Wilson, Vince Edwards, Dan Barton, Mike Mahoney, Mary Treen, Betty Hutton, Dick Stabile, Donald MacBride, Louis Jean Heydt

Melvin hat ein großes Problem: Er ist allergisch auf Frauen, genauer: auf ihr Make-up, das bei ihm schreckliche Hustenanfälle auslöst. Also geht Melvin zur Navy, wo er den Nachtklubsänger Al Crowthers kennen lernt, der ebenfalls nicht aus Vaterlandsliebe bei der Marine gelandet ist. Der tollpatschige Melvin wird schnell zum Albtraum seiner Vorgesetzten. Als er die Krankenschwester Hilda kennen lernt, ist es um ihn geschehen: Sie benutzt kein Make-up! Als Melvin jedoch zum Schiedsrichter in einem Kuss-Wettbewerb ernannt wird und die Bewerberinnen förmlich über ihn herfallen, lässt Hilda den vermeintlichen Frauenhelden fallen. Als wäre das nicht Kummer genug, wird Melvin von seinen Kameraden auch noch zu einer fast unmöglichen Wette überredet: Er soll in Honolulu einen Kuss von Corinne Calvet ergattern, dem Schwarm aller Matrosen. Das ist umso schwieriger, als Corinne mit Seemännern nichts im Sinn hat ...

1942 The Fleet's In
USA, R: Victor Schertzinger, D: Dorothy Lamour, William Holden, Eddie Bracken

1936 Lady Be Careful
USA, R: Theodore Reed, D: Lew Ayres, Mary Carlisle, Benny Baker

1928 The Fleet's In
USA, R: Malcolm St. Clair, D: Clara Bow, James Hall, Jack Oakie

SEEMANNSLOS
Down To The Sea In Ships, USA 1949, R: Henry Hathaway, D: Richard Widmark, Lionel Barrymore, Dean Stockwell, John McIntire, Harry Davenport, Cecil Kellaway, Gene Lockhart, Berry Kroeger, Harry Morgan, Paul Harvey, Jay C. Flippen, Dorothy Adams, Arthur Hohl, Fuzzy Knight
1887. Ein alter Seebär, Kapitän Bering Joy, der trotz einer Lähmung noch sein Walfang-Schiff führt, will seinen kleinen Enkel Jed zu einem tüchtigen Seemann machen. Neben der seemännischen Ausbildung soll ihm der junge Steuermann Dan Lunceford auch die notwendige Schulbildung vermitteln. Der Junge schließt sich seinem Lehrer bald schwärmerisch an. Als Jed in Lebensgefahr ist, rettet ihn Dan, ohne allerdings den Befehl dazu erhalten zu haben. Da der Kapitän den Steuermann deshalb wegen Ungehorsams degradiert, kommt es zum Bruch zwischen Enkel und Großvater. Die beiden einsamen Männer kämpfen erbittert um die Zuneigung des Jungen. Seine schwere Erkrankung zwingt den Kapitän schließlich, Dan die Schiffsführung zu überlassen. Als jedoch das Schiff mit einem Eisberg zusammenstößt, rettet der Alte unter Aufbietung der letzten Kräfte das Schiff und bricht tot zusammen.
Hohe Wellen schlägt das Schicksal an Bord eines Walfangschiffs in Henry Hathaways *Seemanns-*los von 1948. An diesem Remake des 26 Jahre älteren Stummfilms *Down To The Sea In Ships* lobte die Kritik vor allem die halbdokumentarischen, technisch aufwendigen Sequenzen von der oft lebensgefährlichen Arbeit der Walfänger.

1922 Down To The Sea In Ships
USA, R: Elmer Clifton, D: Marguerite Courtot, Raymond McKee, William Walcott

DER SEEWOLF
A/F/RO/BRD 1971, R: Wolfgang Staudte, D: Raimund Harmstorf, Edward Meeks, Mircea Albulescu, Beatrice Cardon, Boris Ciornei, Dana Comnea, H. Czeck, Omar Islau, Peter Kock, Willi Kowalj, Sergiu Nicolaescu, H. Pomarius, Sandu Popa, Colea Rautu, Dieter Schidor, Emmerich Schäffer, Franz Seidenschwan, Septimiu Sever, Sanda Toma, Lydia Tomescu
Nach einem Roman von Jack London: Der berüchtigte psychopathische Kapitän Wolf Larsen rettet in der San Francisco Bay Schiffbrüchige, um sie dann auf seinem Frachtschiff gefangen zu halten. Kinofassung einer mehrteiligen ZDF-Serie.

Oliver Kellner/Ulf Marck (*Seewolf & Co.*): »Der ›Siegeszug‹ des *Seewolfs* war nach den überwältigenden einstimmigen Urteilen von Fernsehpublikum und Presse aber noch nicht beendet. Dass er der bis heute am häufigsten im ZDF ausgestrahlte Mehrteiler der Ulbrich-Reihe ist, verwundert nicht mehr. Dem *Seewolf* gelang jedoch ein Kunststück, das kaum einem Fernsehfilm geglückt ist: der Sprung auf die Kinoleinwand! ›Der *Seewolf* kommt ins Kino‹ oder ›Das große Jack-London-Abenteuer als fesselndes Kino-Erlebnis‹ (*Film-Echo*, 1. Dezember 1972) hieß es in großen Lettern. Ab dem 22. Dezember 1972 hatten alle, die den großen Fernseherfolg verpassten, aber auch diejenigen, die das Abenteuer ein zweites Mal erleben wollten, die Gelegenheit dazu. Doch der Film floppte. Einer der Gründe dafür war, dass in der 96-minütigen-Constantin-Fassung, die ohne Staudtes Mitarbeit zusammengeschnitten wurde, die für das Verständnis des Ganzen unerlässlichen Rückblenden völlig fehlen. Staudte selbst war von dem Ergebnis enttäuscht: ›Die Transformation ist schlecht geworden. Aber einen für das Fernsehen gemachten Film für die Kino-Leinwand aufzubereiten, ist eigentlich bisher niemals gelungen. Und das ist auch sehr, sehr schwer.‹ Später entstand, ebenfalls ohne Staud-

Der Seewolf (1941, R: Michael Curtiz):
John Garfield, Ida Lupino und Edward G. Robinson

tes Mitwirken, noch eine eigene, vom DDR-Fernsehen hergestellte Fassung in acht Teilen, die im Februar/März 1974 ausgestrahlt wurde.«

Giuseppe Vari, bekannt durch seinen Film *Tote faulen in der Sonne*, inszenierte 1975 mit Chuck Connors eine weitere Adaption des Jack London-Romans.

Hollywood plant erneut eine Verfilmung: Drehbuchautor David Koepp (*Jurassic Park*) ist von Imagine Entertainment für das Projekt bereits engagiert worden. Eine Sprecherin von Columbia Pictures sagte der Zeitschrift *Daily Variety*, dass die neue Produktion zwar Jack Londons Segelschiff-Schauplatz des späten 19. Jahrhunderts respektieren werde, aber um einige moderne Elemente ergänzt werde, um nicht »staubig« zu wirken. Als Regisseur für die neueste Version ist Ron Howard vorgesehen.

1975 Il Lupo dei mari
I, R: Giuseppe Vari, D: Chuck Connors, Barbara Bach, Renato Baldini

1958 Der Seewolf
Wolf Larsen, USA, R: Harmon Jones, D: Barry Sullivan, Peter Graves, Gita Hall

1950 Barricade
USA, R: Peter Godfrey, D: Dane Clark, Raymond Massey, Ruth Roman

1941 Der Seewolf
The Sea Wolf, USA, R: Michael Curtiz, D: Edward G. Robinson, John Garfield

Seidenstrümpfe (1956/57, R: Rouben Mamoulian):
Joseph Buloff als neuer Mann im
sowjetischen Kulturkommissariat

1930 The Sea Wolf
USA, R: Alfred Santell, D: Milton Sills, Jane Keithley, Raymond Hackett

1925 The Sea Wolf
USA, R: Ralph Ince, D: Ralph Ince, Claire Adams, Theodore von Eltz

1920 The Sea Wolf
USA, R: George Melford, Frank Reicher D: Noah Beery, James Gordon

1913 The Sea Wolf
USA, R: Hobart Bosworth, D: Viola Barry, Hobart Bosworth, J. Charles Haydon

SEIDENSTRÜMPFE
Silk Stockings, USA 1956/57, R: Rouben Mamoulian, D: Fred Astaire, Cyd Charisse, Janis Paige, Peter Lorre, George Tobias, Jules Munshin, Joseph Buloff, Wim Sonneveld

Nach einer Story von Melchior Lengyel: Die linientreue sowjetische Kommissarin Ninotschka soll in Paris den abtrünnigen Komponisten Boroff sowie drei ihrer Genossen zur Heimkehr bewegen. Der amerikanische Filmproduzent Canfield, der aber nicht auf Boroffs Dienste als Filmmusiker verzichten will, versucht Ninotschka auf andere Gedanken zu bringen und verliebt sich in die kühle Russin. Ninotschka beginnt seinem

Charme zu erliegen. Als sie aber in der Premiere von Canfields Musical-Film hört, was der Produzent aus Boroffs Liedern machen ließ, ist sie in ihrer russischen Seele so tief gekränkt, dass sie über Nacht abreist.

Stephen Harvey *(Fred Astaire)*: »Das Drehbuch parodiert die Bolschewisten mit der Zartheit eines Vorschlaghammers, und wird noch grober von der erstaunlich statischen Regie Rouben Mamoulians behandelt. Zu anderer Zeit war Mamoulian für die Grazie und Leichtfüßigkeit seiner Filme bekannt gewesen, doch *Silk Stockings* ist auffallend unangenehm anzusehen, da die CinemaScope-Kamera wie festgenagelt an einer Stelle steht, um die Schauspieler aufzuzeichnen, wie sie witzlose Dinge hersagen, während sie in eintönigen Dekorationen eingepfercht sind. Es überrascht nicht, dass die schauspielerischen Leistungen unter diesen Umständen beträchtlich leiden. Astaire tut sein Äußerstes, um sich beliebt zu machen, doch sein flotter Yankee im Ausland, aus den dreißiger Jahren, ist zu dem hässlichen Amerikaner der fünfziger Jahre erstarrt – etwas zu unverschämt, um geliebt zu werden, etwas zu selbstgefällig in seinem Verhalten zu Fremden und Frauen und gegenüber seiner eigenen Anziehungskraft. Cyd Charisses übliche schmerztötende Lesart passt oberflächlich zu der schwermütigen Ninotschka, doch trotz eines edlen Versuchs wird sie von der Virtuosität der Rolle besiegt. Jedoch wenn die beiden tanzen, werden sie wunderbarerweise noch einmal zu dem siegreichen Paar von früher, und die Sinnlichkeit dieser Intervalle übermittelt alles, was ihre Figuren mit Worten nicht mitteilen können. Astaires pulsierend gesungenes *All Of You* erlangt vortrefflich die aufgeladene Erotik seines *Night And Day* wieder, das er vor fast einem Vierteljahrhundert ge-

Ninotschka (1939, R: Ernst Lubitsch): Melvyn Douglas und Greta Garbo

sungen hat ... Trotzdem kann die verblüffende Finesse dieser Nummern nicht die Tatsache verschleiern, dass Astaire und Charisse wirklich auf der Totenfeier des musikalischen Genres tanzen, bei dessen Schöpfung Astaire mitgeholfen hatte. Sogar solche Meisterwerke wie *Band Wagon* und *Funny Face* hatten die finanziellen Erwartungen nicht erfüllen können, und im Jahre 1957 war der Publikumsgeschmack unwiderlegbar vom Tanzmusical abgewandert und bevorzugte einerseits die Prachtwerke von Rodgers und Hammerstein und am anderen Ende der Skala die anzüglichen Kreisbewegungen von Elvis und seinen Nachahmern. *Silk Stockings* markierte nicht nur das Ende von Astaires zweiter großer Musicalperiode, sondern gleichzeitig auch von Cyd Charisses Karriere im Tanzfilm. Gene Kelly produzierte 1957 mit *Les Girls* die letzte Anstrengung auf diesem Gebiet. Astaire akzeptierte diesen Zusammenbruch philosophisch. Er passte seine Talente einfach dem Fernsehen an und schuf einige preisgekrönte Sendungen, in denen er mit der graziösen Barrie Chase tanzte. Wie seine Kollegen Kelly und Charisse, verlängerte Astaire seine Leinwandkarriere, indem er sporadisch dramatische Aufgaben übernahm, doch das milderte in Wirklichkeit nur den Schlag ab. Nachdem *Silk Stockings* 1957 kam und ging, war etwas Besonderes und Geschätztes für immer aus den Kinos verschwunden.«

1939 Ninotschka

Ninotchka, USA, R: Ernst Lubitsch, D: Greta Garbo, Melvyn Douglas

Seidenstrümpfe (1956/57, R: Rouben Mamoulian): Stepptanz mit Fred Astaire

SEIN BESTER FREUND

D 1936/37, R: Harry Piel, D: Harry Piel, Edna Greyff, Hans Lorenzen, Alfred Haase, Jochen Hauer, Ernst Legal, Trude Hesterberg, Lissy Arna, Paul Westermeier, Willi Schur, Erich Teske, Eva Tinschmann, Gerhard Dammann, Gertrud Wolle, Otto Stoeckel, Philipp Manning, Aribert Grimmer

Als Kriminalassistent Harry Peters eines Abends vom Dienst heimkehrt, folgt ihm ein Schäferhund bis in seine Wohnung. Der tierliebende Peters spürt sofort die ungewöhnliche Klugheit und Anhänglichkeit des Vierbeiners, den er unter dem Namen »Greif« kurz darauf von einem Tierhändler rechtmäßig erwirbt. Greif wird zum Polizeihund ausgebildet und macht seinen Herrn zu einem der berühmtesten Kriminalisten Berlins. Eines Tages aber, als ein gefährliches Verbrecherpaar gejagt werden soll, verschwindet Greif spurlos, nachdem er einen Polizeibeamten übel zugerichtet hat. Harry Peters steht vor einem Rätsel. Endlich erkennt er, dass sein bester Freund in einen nahezu unlösbaren Treuekonflikt geraten ist.

Lexikon des internationalen Films: »Geradlinig, aber recht schlicht entwickelter Kriminalfilm in sorgfältiger Inszenierung; anspruchslose Unterhaltung mit sentimentalem Einschlag. Remake von Harry Piels eigenem Stummfilm aus dem Jahre 1929.«

1929 Sein bester Freund

D, R: Harry Piel, D: Harry Piel, Ernst Behmer, Charly Berger

SEIN NAME WAR GANNON

A Man Called Gannon, USA 1968, R: James Goldstone, D: Tony Franciosa, Michael Sarrazin, Judy West, Susan Oliver, John Anderson, David Sheiner, James Westerfield, Eddie Firestone, Harry Davis, Robert Sorrells, Terry Wilson

Nach einem Roman von Dee Linford: Der Stacheldraht verfolgt Gannon, den Cowboy, seit jenem Tag, an dem sein Bruder wegen dem Draht unter die Hufe einer ausbrechenden Rinderherde geriet. Gannon erlöste das blutige Bündel Fleisch mit zwei Schüssen aus seinem Colt; dann erschoss er sechs Männer, denen er die Schuld an Jims Tode gab. Seitdem aber hasst er Stacheldraht und das tödliche Spiel mit dem Colt. Die Erinnerung an Texas bringt ihn jedoch dazu, einem Greenhorn aus Philadelphia beizustehen, das er als blinden Passagier auf der Kansas-Pazific-Eisenbahn aufliest. Gemeinsam heuern sie auf einer Ranch an, wo aus Jess dank Gannon ein guter Cowboy wird. Aber dann holt der Stacheldraht auch hier Gannon ein. Um eine unnötige Menschenschlächterei zu verhindern, stellt sich Gannon seinem Freund Jess in den Weg ...

Filmbeobachter: »King Vidor drehte 1955 schon einmal einen Film nach Dee Linfords Roman – *Man Without A Star* hieß der Streifen (deutscher Titel: *Mit stahlharter Faust*), und Kirk Douglas spielte den Burschen mit den vom Stacheldraht gerissenen Narben auf dem Rücken. Diesmal ist Tony Franciosa der Einzelgänger auf der Flucht vor der fortschreitenden ›Zivilisation‹; ein harter Mann mit einem strahlenden Lächeln auch er, doch Regisseur Goldstone stellt ihn in einen Rahmen, dessen Stuck gelegentlich lächerlich wirkt. Dass Gannon kurz nacheinander im Bett erst neben dem Schankmädchen Mattie, dann neben der Rancherin Bess aufwacht – na schön, die Italiener verdarben eben die Sitten im Wilden Westen! Aber die unaufhörlichen Überblendungen ohne dramaturgischen Zweck und das stark nach Symbolik schmeckende Spiel der Lichtreflexe (aufgehende Sonne, Lampen) weichen die Story auf und provozieren Gelächter im Publikum.«

1954 Mit stahlharter Faust

Man Without A Star, USA, R: King Vidor, D: Kirk Douglas, Jeanne Crain

SEIN ODER NICHTSEIN

To Be Or Not To Be, USA 1983, R: Alan Johnson, D: Mel Brooks, Anne Bancroft, Tim Matheson, Charles Durning, Jose Ferrer, Christopher Lloyd, James Haake, George Gaynes, George Wyner, Jack Riley

*Sein oder Nichtsein (1983, R: Alan Johnson):
Jose Ferrer und Mel Brooks*

Sein oder Nichtsein (1983, R: Alan Johnson): Anne Bancroft und Mel Brooks als Anna und Frederick Bronski

Warschau, 1939. »Hamlet« Bronski wundert sich, warum während seines großen Monologes »Sein oder Nichtsein« jedes Mal ein junger Offizier den Zuschauerraum verlässt. Er ahnt nicht, dass dieser sich mit seiner schönen Frau Anna trifft. Als die Deutschen einmarschieren, muss die polnische Theatertruppe in Warschau den Betrieb einstellen. Als das Ensemble wegen der amourösen Affäre ihrer Hauptdarstellerin Anna mit dem polnischen Piloten in eine Spionageaffäre hineingezogen wird, nutzen die Schauspieler ihre Fähigkeiten, um die Deutschen immer wieder an der Nase herumzuführen.

Unten: Sein oder Nichtsein (1942, R: Ernst Lubitsch): Mit dem satirischen Stück Gestapo reagiert das Ensemble des Teatr Polski auf die politischen Entwicklungen
Rechts: Sein oder Nichtsein (1942): Carole Lombard und Jack Benny

Filmjahr 1985: »Im Vergleich zu dem Lubitsch-Klassiker des Jahres 1942 kann Brooks' Version nicht bestehen. In seinem Film, den er vom Choreografen inszenieren ließ, kopiert er zu platt, bis in die Dialoge, das Original.«

Volker Gunske *(taz)*: »Das ist einsame Spitzenklasse, die oft in der BRD, dem Rechtsnachfolger des Dritten Reiches, auf Unverständnis stieß. Als Mel Brooks zum Beispiel 1983 das kongeniale Remake von Ernst Lubitschs *Sein oder Nichtsein* drehte, komponierte er dafür den Hitler-Rap (*Don't be stupid, be a smarty, come and join the Nazi Party! Wo gonna make it to the top. I said Heil -- Heil myself*) – unterlegt mit Disko-Marschrhythmus und der Deutschlandhymne, fand der Hitler-Rap in den USA großen Anklang, musste aber bei der deutschen Betroffenheitslinken auf scharfe Ablehnung stoßen (wg. Zynismus etc.). Über Hitler darf man nicht lachen. Weil Mel Brooks Jude ist, billigte man ihm hierzulande dann aber doch mildernde Umstände zu. Wenn das der Führer wüsste.«

1942 Sein oder Nichtsein

To Be Or Not To Be, USA, R: Ernst Lubitsch, D: Carole Lombard, Jack Benny

SEINE TOCHTER IST DER PETER

A 1955, R: Gustav Fröhlich, D: Sabine Eggerth, Wolf Albach-Retty, Gretl Schörg, Josef Meinrad, Ruth Johansson, Lucie Englisch, Rudolf Carl, Harry Kratz, Walter Stumvoll, Felicitas Ruhm, Michael Janisch, Erik Frey, Hans Thimig, Hans Putz, Renate Boucek, Jenny Liese

Nach dem Roman *Und seine Tochter ist der Peter* von Edith Zellwecker: Die Eltern sind geschieden. Zuerst ist das Mädchen, das unbedingt eine Mutti haben will, mit dem Vater allein, dann kommt Mutti überraschend aus Wien. Die Liebe des Kindes zur Mutter siegt, sie entführt das Kind und bringt es zum Film. Dann aber kehrt das Mädchen wieder zum Vater zurück, der inzwischen auch eine neue Mutti für sein Töchterchen gefunden hat.

Erich Marten *(Filmblätter)*: »Das spielt sich – ein wenig sentimental, aber nett arrangiert – in Zell am See und in Wien ab, wobei die herrliche österreichische Urlaubslandschaft keine Nebenrolle spielt. Sabine Eggerth spielt nett und geschickt das Peterle, mit viel Können und lieblichen Kulleraugen. Als Vater sehen wir Albach-Retty. Für den Humor sorgen Rudolf Carl und der kleine Harry Kratz, burschikos in seiner Kindlichkeit, wenn auch der Dialekt nicht ganz zur Landschaft passt. Das Publikum weinte und lachte. Nette schmissige Melodien heben die Stimmung. Ein echter Publikumsfilm.«

1936 Seine Tochter ist der Peter

D, R: Heinz Helbig, D: Karl Ludwig Diehl, Traudl Stark, Paul Hörbiger

SEITE AN SEITE

Stepmom, USA 1998, R: Chris Columbus, D: Julia Roberts, Susan Sarandon, Ed Harris, Jena Malone, Liam Aiken, Lynn Whitfield, Darrell Larson, Mary Louise Wilson, Andre B. Blake, Russell Harper, Jack Eagle

Als Werbefotografin setzt Julia Roberts ihre Karriere aufs Spiel, um sich um die beiden Kinder ihres Lebensgefährten zu kümmern. Denn deren leibliche Mutter ist an Krebs erkrankt und hat sich als finales Ziel gesetzt, ihre einst verhasste Konkurrentin auf ihre künftige Rolle als Mutter vorzubereiten.

Wolfgang Hübner *(AP)*: »Eine Reihe teurer Drehbuchautoren haben an dieser Geschichte um Mutterglück und Kinderleid gebastelt. Es ist also ein wohlkalkuliertes Stück Gefühlskino, mit dem Hollywood die Herzen der Welt anzurühren versucht. Nicht immer bleibt das Kalkül dem Betrachter verborgen, zumal Regisseur Columbus als ausgewiesener Kinokonfektionär seine kreativen Grenzen hat. Aber das Hauptereignis des Films sind ohnehin seine Darsteller.«

1995 Kinder, ich muss sterben –
   Abschied einer Mutter

The Other Woman, USA, R: Gabrielle Beaumont, D: Jill Eikenberry, Laura Leighton

SEITENSPRÜNGE

Cousins, USA 1988, R: Joel Schumacher, D: Ted Danson, Isabella Rossellini, Sean Young, William Petersen, Lloyd Bridges, Keith Coogan, Norma Aleandro, Gine de Agelis

Das Brautpaar ist schon etwas älter: Vince Kozinksi und Edie Costello haben die Midlife Crisis längst mit Erfolg durchschritten und blicken auf eine beachtliche Schar von Söhnen, Töchtern und sogar schon Enkeln. Es ist für beide, das versteht sich, nicht der erste Schritt zum

Seitensprünge (1988, R: Joel Schumacher):
Sean Young und William Petersen

728

Seitensprünge (1988, R: Joel Schumacher):
Lloyd Bridges und Norma Aleandro

Traualtar. Auf der Hochzeitsfeier beschnuppern sich zwei Großfamilien zum ersten Mal – und einige finden auf Anhieb besonderen Gefallen aneinander. Wie etwa Tish Kozinski und Tom Hardy. Tish ist eigentlich mit Larry Kozinski, dem Neffen des Bräutigams, und Tom mit Maria, der Tochter der Braut, verheiratet. Ihr Seitensprung bleibt mithin in der Familie. Und er ist ansteckend: Bald tun es ihnen ihre betrogenen Partner gleich. Auch aus Larry Kozinski und Maria Hardy, plötzlich Cousin und Cousine geworden, wird ein Paar ...

Robert Fischer *(Isabella Rossellini):* »Jean-Charles Tacchellas französischer Film *Cousin, Cousine* aus dem Jahre 1975 zählte damals zu den erfolgreichsten europäischen Filmen in den USA und erhielt drei Oscar-Nominierungen: als bester Auslandsfilm, für das beste Originaldrehbuch und für Marie-Christine Barrault als beste Hauptdarstellerin. Ein amerikanisches Remake war deshalb wohl unvermeidlich. Isabella Rossellini kannte das Original und mochte es sehr; sie war mit Marie-Christine Barrault, deren Rolle ihr nun angeboten wurde, eng befreundet und hatte anfangs verständlicherweise Skrupel, sich an der Amerikanisierung dieses so durch und durch französischen Stoffes zu beteiligen. Aber als sie Stephen Metcalfes neue Drehbuchfassung in die Hand bekam, fand sie daran so viel Gefallen, dass sie schließlich doch zusagte.«

1975 Cousin, Cousine

F, R: Jean-Charles Tacchella, D: Marie-Christine Barrault, Victor Lanoux

DIE SELTSAMEN ABENTEUER DES HERRN FRIDOLIN B.

DDR 1948, R: Wolfgang Staudte, D: Egon Brosig, Ilse Petry, Axel von Ambesser, Hubert von Meyerinck, Aribert Wäscher, Ruth Lommel, Paul Henckels
Ein anständiger Kleinstadtbürger namens Fridolin Biedermann fährt nach Berlin und möchte endlich einmal etwas erleben. Das gelingt ihm auch. Zuerst fällt er einem Gaunerpärchen in die Hände, das ihn fürchterlich ausnimmt, und – wieder zu Hause – der Justiz. Denn mit den gestohlenen Papieren hat der Gauner in Fridolins Namen nicht nur eine Ehe geschlossen, sondern auch noch anderen Betrug betrieben. Der Biedermann landet als Sträfling erneut in der Hauptstadt, wo er auf einer abenteuerlichen Reise durch die Klippen von Bürokratie und Paragrafen schließlich den Polizeipräsidenten doch noch von seiner Unschuld überzeugen kann.

F.-B. Habel *(Das große Lexikon des DEFA-Films):* »Das erste Beispiel einer Satire bei der DEFA war eigentlich ein Remake. Der gleiche Stoff wurde 1944 bereits einmal von Wolfgang Staudte verfilmt. Diese Arbeit, *Der Mann, dem man den Namen stahl*, blieb unvollendet, nach verschiedenen Aussagen wurde er verboten. (Erst 1996 konnte eine rekonstruierte Fassung dieses Films zur Uraufführung kommen.) Nur wenige Teile des ursprünglichen Films, so eine Gesangsszene mit komplizierten Montagen, wurden in die Neufassung übernommen. Das wurde möglich, weil z.T. die erste Besetzung (Axel v. Ambesser, Ruth Lommel, Hubert von Meyerinck, Aribert Wäscher, Paul Henckels) noch einmal verpflichtet werden konnte. Dass Staudte seinen stilistisch nicht ganz sauberen Film in einem Fantasieland und nicht deutlich in der deutschen Gegenwart ansiedelte, wurde ihm von den meisten Kritikern übel genommen. Leider wurden dabei meist auch die unbestreitbaren filmischen Vorzüge seiner Satire übersehen.«

Fred Gehler *(Filmblatt):* »Elemente der Groteske mischen sich mit herkömmlichsten Lustspieleffekten, schöne überhöhende Metaphern mit kabarettistischem Kleinulk. Gesangseinlagen im antiquierten UFA-Revue-Stil kommen dazu. Aber immer wieder versöhnen filmische Einfälle. Optische Details werden zum expressiven Symbol. Staudte führt schon hier – Jahre vor dem Untertan – einen intensiven Dialog mit den Objekten. Er denunziert den Bürokratismus filmisch, durch Bildsegmente, durch eigenwillige visuelle Perspektiven, durch glossierendes Dekor oder auch durch Ansätze einer satirischen Bewegungs-Choreografie beim ›Über‹-Zeichnen der Beamten.«

1944 Der Mann, dem man den Namen stahl

D, R: Wolfgang Staudte, D: Ruth Buchardt, Elisabeth Flickenschildt, Paul Henckels

SEX WORLD

USA 1978, R: Anthony Spinelli, D: Annette Haven, John Leslie, Leslie Bove, Sharon Thorpe, Desiree West, Amber Hunt, Johnny Keyes
Ein Trupp sexuell Frustrierter besucht einen futuristisch ausgestatteten Ferienpark, um sich dort auszutoben, wobei allerdings sämtliche Akteure insgeheim beobachtet und gleichzeitig auch noch gefilmt werden.

Lexikon des Science Fiction Films: »Ein pornographischer Film, dessen Idee bei *Futureworld – Das Land von Übermorgen* (USA 1976; Regie: Richard T. Heffron) geklaut wurde. Der Streifen protzt zwar mit allerlei SF-Gadgets, ist aber in erster Linie für die Fraktion der Regenmantelträger interessant.«

1976 Futureworld – Das Land von Übermorgen

Futureworld, USA, R: Richard T. Heffron, D: Peter Fonda, Yul Brynner

SHADOW UND DER FLUCH DES KHAN

The Shadow, USA 1994, R: Russell Mulcahy, D: Alec Baldwin, John Lone, Penelope Ann Miller, Peter Boyle, Ian McKellen, Tim Curry, Jonathan Winters, Sab Shimono, Andre Gregory, Brady Tsurutani
Niemand ahnt, wer sich hinter seiner Maske verbirgt. Niemand käme auf den Gedanken, dass Shadow, der ultimative Held der dreißiger Jahre, eine ebenso bewegte wie finstere Vergangenheit hat. Vor gar nicht allzu langer Zeit hieß er noch Ying Ho, war ein tyrannischer tibetanischer Drogenbaron, und machte vor nichts und niemandem Halt. Als Ying Ho eines Tages in den prunkvollen Tempel der Cobras entführt wird, trifft er dort auf den Malp Tulku, einen weisen, mutigen, alten und zugleich jugendlichen Mann. Tulku will Ying Ho dazu bewegen, seine dunklen Kräfte zu nutzen, um das Böse zu bekämpfen. Der weigert sich, doch wie sich in einem Kräftemessen herausstellt, ist ihm Tulku an Macht und Willensstärke deutlich überlegen. Ying Hos Schicksal scheint besiegelt. Die dreißiger Jahre in New York. Ying Ho lebt nunmehr als millionenschwerer Playboy Lamont Cranston in der Metropole. Sein Alter Ego ist ein Wesen der Nacht, der Shadow, der es sich zur Aufgabe gemacht hat, Unrecht und Verbrechertum zu bekämpfen. Shadow alias Cranston befindet sich – nach seiner bewegenden Vergangenheit – noch immer im Konflikt mit seinem vorherigen Leben. Als Shiwan Khan, der letzte Nachfahre des legendären Eroberers Dschinghis Khan, sich auf den Weg nach New York macht, um mit seinen Helfershelfern neues Land zu erobern, ist in New York plötzlich nichts mehr so, wie es zu sein scheint. Khans übernatürliche Kräfte sind ebenso ausgeprägt und mächtig wie die des Shadow. Und Khan will die Welt erobern ...

MovieLine: »Weitere Verfilmung eines amerikanischen Trivialmythos, der es trotz großem technischemnAufwand an Tempo und Regiewitz mangelt. Die renommierten Darsteller(innen) verkaufen sich in diesem Spektakel weit unter Wert.«

1933 The Shadow

USA, R: George A. Cooper, D: Henry Kendall, Elizabeth Allan, Sam Livesey

SHAFT – NOCH FRAGEN?

Shaft, USA 2000, R: John Singleton, D: Samuel L. Jackson, Vanessa L. Williams, Jeffrey Wright, Christian Bale, Busta Rhymes, Dan Hedaya, Toni Collette, Richard Roundtree, Ruben Santiago-Hudson, Josef Sommer, Lynne Thigpen, Philip Bosco, Pat Hingle, Lee Tergesen, Daniel von Bargen
Widerwillig übernimmt der farbige New Yorker Privatdetektiv John Shaft den Auftrag, Marcy, die entführte Tochter des verachtungswürdigen Gangsterbosses Bumpy Jonas, zu suchen. Dabei gerät er mitten in einen Bandenkrieg zwischen Jonas Organisation, die die italienische Mafia aus dem Geschäft drängen will, und den militanten Truppen des Schwarzenführers Ben Buford, die sich Waffen besorgen wollen. Polizeidetektiv John Shaft verhaftet den weißen Collegestudenten Walter Wade, der einen Schwarzen brutal ermordet hat. Doch dieser kann sich gegen Kaution freikaufen und taucht in Europa unter. Nach zwei Jahren kehrt er zurück, um die einzige Zeugin des Mordes Diane zu töten. Shaft heftet sich an die Fersen des Psychopathen. Ein gefährliches Katz-und-Maus-Spiel beginnt.

Mathias Heybrock *(züritipp/Tages-Anzeiger)*: »Der gleichnamige Film ist das Remake eines Streifens, mit dem 1971 die Geschichte des Black Cinema begann. Damals war Shaft (gespielt von Richard Roundtree) ein cooler Kerl, der seinen schwarzen Brüdern zum Sound von Isaac Hayes Titelsong aus der Patsche half, von den Sisters als Sexmaschine angebetet wurde und mit seinem Auftritt ein neu erwachtes schwarzes Selbstbewusstsein verkörperte. Seitdem sind dreißig Jahre vergangen, in denen sich Schwarze in Hollywood durchsetzen konnten und beim Publikum längst ebenso beliebt sind wie ihre weissen Kollegen. Gerade deshalb bleibt es fraglich, ob der Stolz auf das Erreichte notwendig dazu führen muss, das Mackertum von 1971 noch einmal auf die Leinwand zu bringen, und zwar in einer verschärften Form. Denn in der aktuellen Version hat sich Shaft von einer Sex- in eine Kampfmaschine verwandelt, die nach jedem keilt, der gegen das Gesetz verstösst. Dabei ist der Hass auf einen rassistischen weissen Mörder (Christian Bale) noch lebhaft nachvollziehbar; Shafts Aktionen gegen drogendealende Hispanos und schwarze Kleinkriminelle dagegen grenzen an brutale Selbstjustiz und gehen darüber hinaus. Dass inzwischen auch ein Schwarzer diese selbstgefällige, lange Zeit weissen Saubermännern vorbehaltene Pose einnehmen darf, mag ein Zeichen von Emanzipation sein. Cool, wie uns der Film glauben machen möchte, ist es sicherlich nicht.«

Zu Beginn der 60er-Jahre wurde der Wunsch der farbigen Bevölkerung Amerikas, Kino von Schwarzen für Schwarze zu machen, immer stärker. Sidney Poitier, geboren auf den Bahamas, konnte sich 1967 in dem Krimi *In der Hitze der Nacht* behaupten und erhielt für seine schauspielerische Leistung auch den Oscar. Erstmals wurde in einem Hollywood-Film ein Schwarzer nicht als Sklave oder Verbrecher gezeigt. Das Blaxploitation-Genre war geboren. In Folge präsentierten sich dunkelhäutige Darsteller vor allem im typischen James Bond-Stil *(The Lost Man)*, in komödiantischen Rollen (Filme mit Bill Cosby) oder als schwarzes Pendant zu »weißen« Horrorfilmen *(Blacula)*. War die Handlung auch nicht immer innovativ, der musikalische Rahmen hatte es stets in sich. Musiker wie James Brown,

Marvin Gaye, Curtis Mayfield oder Willie Hutch trugen mit Funk, Soul und Jazz zu hochkarätigen Soundtracks bei. Die unglaubliche Resonanz bereitete den Boden für ein breiteres Publikum. So feierte 1971 das Blaxploitation-Genre mit *Shaft* seinen größten Erfolg. Wie kaum eine andere Filmfigur spiegelte Detektiv John Shaft die Mode und Trends der frühen 70er wider. Die Titelmelodie von Isaac Hayes wurde mit dem Oscar ausgezeichnet. Der Oscar-gekrönte Streifen *Shaft* sowie seine Sequels *Liebesgrüße aus Pistolen* und *Shaft in Afrika* bestimmten den Stil der folgenden Blaxploitation-Filme. Auch in einer TV-Serie wurde der Marktwert des schwarzen Supermannes ausgereizt. Viele Filme mit coolen schwarzen Helden wurden produziert, einer der besten war *Superfly* aus dem Jahr 1972.

»Dieses Publikum hatte ein Recht auf Rache«, schrieb Greil Marcus einmal über die innerstädtischen afroamerikanischen Kinogänger der Post-Civil-Rights-Ära. Malcolm X war tot, Martin Luther King auch, der Black Panther Huey P. Newton und viele seiner Genossen saßen im Knast, in Vietnam tobte ein Krieg und auf den Straßen der Riot, den Sly Stone besang. Und nicht nur in Francis Ford Coppolas *Der Pate* hatten die Dons die Entscheidung getroffen, die

Shaft – Noch Fragen?
(2000, R: John Singleton): Samuel L. Jackson

schwarzen Gettos mit billigem Heroin zu überfluten. Über die Bilder, die Hollywood diesem schwarzen Publikum anzubieten hatte, notiert Tobias Nagl in der *jungle world*, dass sie zum größten Teil beleidigend waren und in einer langen Kinotradition standen – »besorgte Hausmütterchen, Onkel Toms und ständig grinsende Chauffeure. Im besten Falle waren es schwarze Stars wie Harry Belafonte oder Sidney Poitier, die den amerikanischen Liberalismus der Fünfziger verkörperten, deren Minen aber mit jeder Bewegung sagten: erdulden, erdulden, moralisch stärker sein, better must come one day. Trotz ihrer Attraktivität auf der Leinwand wirkten sie angesichts der Radikalisierung des politischen Diskurses plötzlich unzeitgemäß und wie Gestalten eines vergangenen Traums: passiv und desexualisiert. Die Rache kam in Gestalt eines neuen schwarzen Helden. Er hörte auf Namen wie Sweetback, John Shaft oder einfach Black Caesar, sah glamourös aus, sprach einen authentischen Slang und bewegte sich – statt durch idealisierte enthistorisierte Südstaaten-Idyllen mit ihren Herrenhäusern – souverän durch Gegenden, in denen tatsächlich Afro-Amerikaner wohnten. Und vor allem war er nicht mehr auf den Whitey angewiesen, sondern kehrte dessen paternalistische Spielregeln zum ersten Mal um.«

Bis 1975 wurden etwa 200 Blaxploitation-Filme produziert. Als diese im Laufe der 80er-Jahre zunehmend ins Lächerliche abdrifteten, starb das Genre ebenso schnell wieder, wie es entstanden war. Ende der neunziger Jahre wurde das Blaxploitation-Kino vor allem durch Regisseur Quentin Tarantino wieder belebt. In seinen erfolgreichen Filmen *Pulp Fiction* und *Jackie Brown* griff er auf zahlreiche Motive aus Blaxploitation-Klassikern zurück.

1971 Shaft

USA, R: Gordon Parks, D: Richard Roundtree, Moses Gunn, Charles Cioffi

DER SHERIFF SCHIESST ZURÜCK

Gunfight In Abilene, USA 1966, R: Billy Hale, D: Bobby Darin, Emily Banks, Leslie Nielsen, Donnelly Rhodes, Michael Sarrazin, Don Galloway, Barbara Werle, John Seven, William Phipps, William Mims
Nach einem Roman von Clarence Upson Young: Der Sheriff von Abilene fasst keinen Colt mehr an, weil er im Bürgerkrieg versehentlich seinen

besten Freund erschossen hat. Als in der Stadt die Auseinandersetzungen zwischen den ansässigen Farmern und den zugewanderten Viehzüchtern zu heftig werden, lässt er es auf einen toten Freund mehr oder weniger nicht mehr ankommen.

Filmbeobachter: »Man atmet beinahe auf: endlich mal wieder ein normaler, vernünftiger Wildwestfilm. Er kommt aus den Staaten, dem Mutterland der Gattung. Und so hat er weniger Perfektion, dafür mehr Farbe, weniger Härte, dafür mehr Abwechslung, weniger diffuse Charaktere und komplizierte juristische Verhältnisse, dafür mehr Einfachheit, Geradlinigkeit und Moral. Bobby Darin, bekannter amerikanischer Show-Mann und erstmalig im Western, zog sich mit viel Anstand aus der Affäre.«

1956 Schüsse peitschen durch die Nacht

Showdown At Abilene, USA, R: Charles Haas, D: Jock Mahoney, Martha Hyer

SHOOT OUT –
ABRECHNUNG IN GUN HILL

Shoot Out, USA 1971, R: Henry Hathaway, D: Gregory Peck, Robert F. Lyons, Susan Tyrrell, Jeff Corey, James Gregory, Rita Gam, Dawn Lyn, Pepe Serna, John Davis Chandler, Paul Fix, Arthur Hunnicutt, Nicolas Beauvy, Patricia Quinn
Nach einem Roman von Will James: Ein Cowboy, soeben aus dem Gefängnis entlassen, macht sich verbissen daran, den Verbrecher aufzuspüren, der ihn hereingelegt hat. Der Verbrecher heuert ein paar junge Schützen an, um sich den Rächer vom Leib zu halten, aber die Gerechtigkeit nimmt schließlich doch ihren Lauf.

Charles Champlin *(The Los Angeles Times)*: »Ein unausgeglichener, kleiner Film mit dem Titel *Shoot Out* dient in der Hauptsache als düstere Erinnerung daran, wie unzulänglich in letzter Zeit die Filmindustrie von einer ihrer Hauptpersönlichkeiten, nämlich von Gregory Peck, Gebrauch macht. Peck schreitet durch diesen mit nur sehr niedrigem Budget hergestellten Universal-Western wie ein Riese übers abgemähte Kornfeld. Er ist um Klassen besser als der Stoff und die Nebendarsteller. Aber er wirkt mit Geschick und Intensität in dieser Charade mit und beherrscht die Leinwand mit dieser zwingenden Gewalt, die Stars auszeichnet. Er ist gut ... so wie er ja auch gut (oder besser als gut) war als ehrenhafter Sheriff, der von der eigenen Leidenschaft zerstört wird, in John Frankenheimers Melodrame *I Walk The Line (Der Sheriff)*. Dieser Film ist hier spurlos versunken und war ganz gewiss nicht ohne Schwächen, aber in Europa hat er nun die bewundernden Kritiken erhalten, die er verdient zu haben scheint.«

1934 Lone Cowboy

USA, R: Paul Sloane, D: Jackie Cooper, Lila Lee, Barton MacLane

SHOOTER

USA 1988, R: Gary Nelson, D: Jeffrey Nordling, Alan Ruck, Helen Hunt, Noble Willingham, Carol Huston, Rosalind Chao, Kario Salem, Jeffrey Allan Chandler, Cu-Ba Nguyen

Nach einem Buch von David Hume Kennerly: Ein Kriegsberichterstatter in Vietnam, der seinen Job als Zwischenstation für eine Karriere beim *Life*-Magazin ansieht, bleibt, als er sein Ziel erreicht hat, an der Front und dokumentiert den Irrsinn des Krieges.

Lexikon des internationalen Films: »Keine Kritik am Vietnam-Krieg und keine Ursachenforschung, sondern ein solides Denkmal für Reporter, die in diesem Krieg starben. Interessant, doch wegen seiner Nähe zu Barry Levinsons Film *Good Morning, Vietnam* nicht mehr als die Neuverfilmung eines bekannten Themas.«

1987 Good Morning, Vietnam

USA, R: Barry Levinson, D: Robin Williams, Forest Whitaker, Tung Thanh Tran

SIE TÖTETE IN EKSTASE

Mrs. Hyde, BRD/E 1970, R: Frank Hollmann (= Jess Franco), D: Susan Korda, Fred Williams, Paul Müller, Howard Vernon, Ewa Stroemberg, Horst Tappert

Gut gebaute Medizinergattin beginnt blutigen Rachefeldzug gegen die Ärztekammer, nachdem diese ihren Ehemann (der Embryonal-Experimente durchgeführt hat) in den Selbstmord getrieben hat.

Film-Dienst: »Geschmacklose und langweilige Mischung aus Sex- und Gruselfilmelementen.«

Lexikon des Horror-Films: »Der Film weist vom Inhalt her eine frappierende Ähnlichkeit mit dem Streifen *Le Diabolique Docteur Z* (Frankreich/Spanien 1965, dt. Titel *Das Geheimnis des Dr. Z*) auf, der jedoch eher ins Science-Fiction-Genre gehört. Auch für dessen Inszenierung war Jess Franco verantwortlich.«

1965 Das Geheimnis des Dr. Z

Le Diabolique Docteur Z, F/E, R: Jess Franco, D: Estella Blain, Mabel Karr

DIE SIEBEN RABEN

Sedmero krkavcu, CS 1993, R: Ludvik Ráza, D: Mária Podhrdská, Michael Dlovhy, Ivana Chylková, Boris Rösner

Nach einem Märchen der Gebrüder Grimm: Sieben Brüder, die für ihr neugeborenes Schwesterlein Taufwasser holen sollen, bummeln so lange herum, bis ihr Vater sie verflucht, woraufhin sie sich in Raben verwandeln. Als das Mädchen älter wird und vom Schicksal seiner Brüder erfährt, will es sich auf die Suche machen. Von einer Fee erfährt es, es müsse sieben Jahre schweigen und sieben Gewänder weben, um den auf den Brüdern lastenden Fluch aufzuheben.

1937 Die sieben Raben

D, R: Ferdinand Diehl – Puppentrickfilm

DIE SIEBEN TODSÜNDEN

Isette peccati capitali, F/I 1961, R: Sylvain Dhomme, Max Douy, Edouard Molinaro, Philippe de Broca, Jacques Demy, Jean-Luc Godard, Roger Vadim, Claude Chabrol, D: Eddie Constantine, Marie-José Nat, Jean-Louis Trintignant, Jean-Marc Tennberg, Dany Saval, Georges Wilson, Jean-Claude Brialy, Claude Brasseur, Geneviève Casile, Laurent Terzieff, Nicole Mirel, Marina Vlady

Episodenfilm der Filmautoren der französischen »Nouvelle Vague« über die sieben Sünden Zorn, Neid, Gefräßigkeit, Luxus, Faulheit, Hochmut und Geiz.

Lexikon des internationalen Films: »Aus filmhistorischer Sicht hat die Kompilation durchaus ihren Reiz, da seltene frühe Arbeiten später überwiegend berühmter Regisseure versammelt sind; außer den Episoden von Dhomme (nach Ionesco) und Godard (immerhin ein witziger Kommentar zum Filmgeschäft) sind freilich die Beiträge im Einzelnen sehr oberflächlich und entweder allzu konventionell oder gar angestrengt originell.«

1952 Die sieben Sünden

Les sept peches capitaux, F/I, R: Georges Lacombe, E. de Filippo, Jean Dréville

DIE SIEGREICHEN DREI

Sergeants Three, USA 1961, R: John Sturges, D: Frank Sinatra, Dean Martin, Sammy Davis jr., Peter

Aufstand in Sidi Hakim (1939, R: George Stevens):
Ann Evers, Cary Grant, Joan Fontaine
und Douglas Fairbanks jr

Lawford, Joey Bishop, Henry Silva, Ruta Lee, Michael Pate, Buddy Lester, Richard Simmons, Richard Hale, Dorothy Abbott, Walter Merrill
Nach Kurzgeschichten von Rudyard Kipling: 1870. Drei trinkfeste Sergeanten und ein schwarzer Trompeter ersparen ihrem Regiment eine empfindliche Niederlage durch die Indianer und sichern sich dadurch eine narrenfreie Zukunft in der Armee.

Western Lexikon: »Nach einem brillanten Anfang übernimmt der Sinatra-Klan das Kommando und verwandelt das Schlachtfeld in eine Comedy-Show. Erst in der finalen Schlacht von Medicin-Bend darf John Sturges wieder zeigen, dass man die Spannung, den Spaß und das Spektakuläre auch integrieren kann. Eine Produktion von Frank Sinatra.«

1951 Drei auf Abenteuer
Soldiers Three, USA, R: Tay Garnett, D: Stewart Granger, David Niven

1939 Aufstand in Sidi Hakim
Gunga Din, USA, R: George Stevens, D: Cary Grant, Douglas Fairbanks jr.

SIERRA

USA 1950, R: Alfred E. Green, D: Wanda Hendrix, Audie Murphy, Burl Ives, Dean Jagger, Richard Rober, Tony Curtis, Houseley Stevenson, Elliott Reid, Griff Barnett
Als angehende Anwältin hilft Riley Martin Vater und Sohn Hassard aus der Klemme, die sich seit 15 Jahren in den Bergen der Sierra Nevada versteckt halten und dort Wildpferde fangen und zähmen. Der Grund für ihre Einsiedelei: Jeff Hassard, zu Unrecht in Mordverdacht geraten, konn-

te sich nur durch Flucht einer Verurteilung entziehen. Nach einem Arbeitsunfall des Vaters muss der Junior in die Stadt reiten, um ärztliche Hilfe zu holen. Dabei wird er das Opfer von Pferdedieben und gerät – wieder unter Menschen – seinerseits in schlimmen Verdacht und schließlich ins Gefängnis.

1938 Forbidden Valley
USA, R: Wyndham Gittens, D: Noah Beery jr., Frances Robinson, Robert Barrat

SINDBAD, HERR DER SIEBEN MEERE

Sindbad Of The Seven Seas, USA 1989, R: Enzo G. Castellari, D: Lou Ferrigno, John Steiner, Roland Wybenga, Ennio Girolami, Haruhiko Yamanouchi
Frei nach einer Kurzgeschichte von Edgar Allan Poe: Orientmärchen um den Helden Sindbad aus *Tausendundeine Nacht*, der sich aufmacht, um an den gefährlichsten Orten der Welt vier Edelsteine zu suchen, die ein machtgieriger Zauberer versteckt hat und die Frieden, Glück, Wohlstand und Gerechtigkeit symbolisieren.

Lexikon des internationalen Films: »Fantasy-Abenteuerfilm, der sich vom schön kostümierten, bestens ausgestatteten Kindermärchen zu einer tricktechnisch bemerkenswerten, im Ge-

Sindbads gefährliche Abenteuer
(1973, R: Gordon Hessler): Caroline Munro

Sindbads gefährliche Abenteuer (1973, R: Gordon Hessler): In den Felsgewölben der Insel Lemuria liefern sich Vogel Greif und der gewaltige Kentaur einen Kampf um Leben und Tod

waltpotenzial aber unsensiblen Kampfshow entwickelt.«

Als erster schwang Douglas Fairbanks jr. 1947 den Enterhaken, als kühner Seefahrer und leichtfertiger Vagabund gelingt es ihm, ein gestrandetes, herrenloses Schiff zu bergen, auf dem er eine Karte mit dem Seeweg nach Deryabar findet, wo der sagenhafte Schatz Alexander des Großen verborgen sein soll. 1958 unternahm Kerwin Mathews *Sindbads siebente Reise*, um das Ei des Vogels Rock zu finden, damit er seine Braut Parisa vom Däumling zurückverwandeln kann. John Phillipp Law bestand 1973 *Sindbads gefährliche Abenteuer*: Der machtgierige Prinz Koura hat es auf ein geheimnisvolles Amulett abgesehen, das der tapfere Sindbad an Bord seines Schiffes gefunden hatte. In *Sindbad und das Auge des Tigers*

Unten: Sindbads siebente Reise (1958, R: Nathan Juran): Alec Mango, Harold Kasket, Kathryn Grant und Kerwin Mathews
Rechts: Sindbad, der Seefahrer (1947, R: Richard Wallace): Douglas Fairbanks jr. und Maureen O'Hara

wird Sindbad von einer machthungrigen Zauberin verfolgt, denn er sucht eine geheimnisvolle Kraft, die dem in einen Affen verwandelten rechtmäßigen Kalifen wieder menschliche Gestalt verleihen soll. Alle diese Geschichten (und noch einige mehr) finden sich in der japanischen Trickfilmserie von 1976, die Motive aus der arabischen Sammlung *Tausendundeine Nacht* mit vielen anderen Fantasy-Elementen kombiniert.

1976 Sindbad
Arabian Knight Sindbad no bôken, TV-Serie: 42 Folgen, J, R: Fumio Kurokawa, Shinichi Tsuji – Animation

1976 Sindbad und das Auge des Tigers
Sinbad And The Eye Of The Tiger GB, R: Sam Wanamaker, D: Patrick Wayne

1973 Sindbads gefährliche Abenteuer
The Golden Voyage Of Sindbad, USA, R: Gordon Hessler, D: John Phillip Law

1958 Sindbads siebente Reise
The Seventh Voyage Of Sindbad, USA, R: Nathan Juran, D: Kerwin Mathews

1947 Sindbad, der Seefahrer
Sindbad The Sailor, USA, R: Richard Wallace, D: Douglas Fairbunks jr.

SISI UND DER KAISERKUSS

BRD 1991, R: Christoph Böll, D: Vanessa Wagner, Nils Tavernier, Sonja Kirchberger, Jean Poiret, Bernadette Lafont

Der vierzehnjährigen Prinzessin Elisabeth in Bayern geht es gut. Zu Recht, denn auf Grund einer speziellen Familienkonstellation genießt sie alle erdenklichen Freiheiten: Ihre Mutter, Herzogin Ludovika, kümmert sich nur um ihre ältere Tochter Prinzessin Helene, deren Ziel es ist, Kaiserin von Österreich zu werden, und Elisabeths Vater, Herzog Max, kümmert sich einzig und allein um sich, d.h. entweder reist er durch die Welt, oder er genießt in seiner bayerischen Heimat Possenhofen im Kreis seiner Freunde das Leben in tiefen Zügen, die er aus einer orientalischen Wasserpfeife zu sich nimmt. Eigentlich geht es der ganzen herzoglichen Familie in Bayern gut, jedes Familienmitglied hat seine Aufgabe. Aufgaben genug gibt es natürlich auch in Wien, aber hier in der Wiener Hofburg werden diese Aufgaben zu Pflichten, die unbedingt zu erfüllen sind. Nur so lässt sich erklären, dass für den Kaiser Franz Joseph z.B. der nächtliche Besuch seiner Mätresse Baronin von Wrangel zur reinen Pflichtübung verkommt, bei der jeder Genuss auf der Strecke bleibt. Doch viel mehr als der von Wrangel hat sich der Kaiser seiner machtbewussten Mutter, Erzherzogin Sophie, ergeben, die die Machtbefugnisse ihres Sohnes dermaßen gestutzt hat, dass dessen schlaffer Muskeltonus durchaus seiner rein proklamatorischen Machtausübung entspricht. Völlig zu Recht geht dieser Erzherzogin Sophie der Ruf voraus, an diesem an Schwächlingen reichen Wiener Hof der einzige »Mann« zu sein. Völlig ergeben ist ihr auch der Generaladjutant des Kaisers Graf Carl Gustav Grünne, den sie mit der Aussicht auf eine Liebesaffäre an sich gebunden und gefügig gemacht hat. Als dieser ihr in einer schwachen Minute verspricht, zur Verlobung des Kaisers ein Liebesgedicht zu schreiben, legt Sophie kurzerhand einen Termin für die Verlobung ihres Sohnes fest. Ohne Kaiser Franz Joseph zu fragen, bestellt sie über Herzogin Ludovika, ihre leibliche Schwester, deren Tochter Prinzessin Helene zur Verlobung nach Bad Ischl. Mehr aus familiärer Rücksicht denn aus Überzeugung tritt diese Reise auch Prinzessin Elisabeth mit an.

Wolfgang Brenner *(tip)*: »Eine Satire auf den Adelskalender und Sissi-Mythos, die unterwegs

Sissi, die junge Kaiserin
(1956, R: Ernst Marischka): Romy Schneider

unversehens zur Hommage umschlägt. Böll erzählt die unendliche Geschichte neu: schwülstiger, dekadenter, besser besetzt und mit der Historie verschämt kokettierend. Ein beachtlicher Schauspielerfilm. Eine laue Parodie. Deshalb werden *Sissi*-Fans von *Sisi* nicht enttäuscht sein.« *Lexikon des internationalen Films*: »Satirische Nachzeichnung der Heiratspläne am Wiener Hof für Kaiser Franz Joseph, der sich nicht der von der Kaiserin-Mutter ausgesuchten Braut, sondern deren jüngerer Schwester Elisabeth von Bayern zuwendet. Eine zum Teil in theatralischer Verfremdung vorgenommene Ironisierung von Historiengestalten, verbunden mit frivol-sarkastischen Erläuterungen von weiblicher Dominanz und männlicher Traumatisierung nach Sigmund Freuds psychoanalytischen Aufklärungsmodellen.«

Christa Bandmann/Joe Hembus (*Klassiker des deutschen Tonfilms*): »Der erste *Sissi*-Film, *Prinzessin Sissy*, hat im Grunde mit den späteren *Sissi*-Filmen außer der Heldin wenig gemein, ist aber ein sehr einnehmender kleiner Film, der als lehrreiches Prequel (wie man heute sagen würde: Film mit der Vorgeschichte eines Falles, im Unterschied zur Fortsetzung = Sequel) zu der Marischka-Trilogie dient. Gezeigt werden die Kinderjahre einer Kaiserin, angefüllt mit Episoden und eingebettet in ein Milieu, die die einnehmenden, unkaiserlichen Züge der späteren Herrscherin begründen. Vor allem der Sissi-Vater ist hier noch viel entschiedener als die bei Marischka von Gustav Knuth gespielte Figur der fidele Freak, der sich um Konventionen und angemessene Verhaltensweisen so wenig schert, dass er gar straffällig wird, eine durchaus dem Ungehörigen zuneigende Type, scharf abgesetzt gegen seinen Schwager, den König, an dem eine Filmwelt-Atelierreportage vom Juni 1938 vor allem ›seine nationale, ja großdeutsche Gesinnung‹ zu schätzen weiß. Die Marischka-Trilogie von Ernst Marischka mit Romy Schneider ist das große, perfekte deutsch-österreichische Melodram, verfertigt von einem mit allen Wassern gewaschenen Routinier, den aber vor allem seine Qualität auszeichnet, dass er einen starken Glauben hat, einen Glauben an seine echten und noch mehr an seine falschen Gefühle; weil er sein Metier so gut beherrscht, kann er sie dann auch dem Publikum glaubhaft machen.«

Kraft Wetzel (medium): »Schon in den 50er-Jahren, die hier zu Lande im Zeichen des großväterlichen Patriarchen Konrad Adenauer standen, konnte diese für den CDU-Staat konstitutive Sehnsucht nur mit historischem Stoff genährt werden: Die *Sissi*-Filme, in den Jahren 1955–57 entstanden, spielen Mitte des 19. Jahrhunderts, und zwar weitgehend am Hof der Habsburger Monarchie in Wien. Dass dies, obwohl österreichische Produktionen, dennoch deutsche Geschichten sind, unterstreicht nicht nur die – uns längst als bundesdeutsche geläufige – Nationalhymne, die Besetzung mit vielen bundesdeutschen Darstellern und der enorme Erfolg, den diese Filme bei uns hatten (und immer noch haben: die Einschaltquoten bei der weihnachtlichen TV-Ausstrahlung waren ungewöhnlich hoch). Sissi ist ja bayrische Prinzessin, bevor sie österreichische Kaiserin (und ungarische Königin) wird, und als die bringt sie jene unverdorbene Menschlichkeit mit an den Wiener Hof, von deren wundersamen Wirkungen auf politische Konflikte und familiäre Intrigen die Filme berichten. Vom elterlichen Stammsitz in Possenhofen am Starnberger See, der weit mehr von einem Großbauernhaushalt hat als von einem feudalen Hofstaat, von hier aus, wo Familienbande und romantische Naturliebe mustergültig gepflegt werden, zieht Sissi aus und erobert die Herzen ganzer Völker, wie am deutschen Wesen die Welt doch noch, diesmal mit den ›Waffen einer Frau‹, genesen könne, hier wird das noch einmal mit emphatischer Inbrunst vorgeführt. Typologisch betrachtet, ist die *Sissi*-Trilogie eine Kreuzung der beiden populärsten Kinogenres dieser Jahre, des Heimat- und des High Society-Films; beide Genres wurden bruchlos vom NS-Kino übernommen, beide sind längst aus dem Kino verschwunden, fristen heute bei uns nurmehr ein Schattendasein in der Trivialliteratur und der Regenbogen-Presse. Diese Kreuzung verdankte sich nicht bloß kommerzieller Cleverness, sie hat ideologischen Charakter: Dem tendenziell libertär-frivolen High Society-Film wird mit dem solid gezimmerten Werte-Kodex des Heimatfilms ein moralisches Rückgrat eingezogen; an den Maximen des Försters vom Silberwald sollen sich auch die Mächtigen – hier: die gekrönten Häupter – ein Beispiel nehmen, Staatspolitik soll also wie Familienpolitik betrieben werden.«

1957 Sissi – Schicksalsjahre einer Kaiserin
A, R: Ernst Marischka, D: Karlheinz Böhm, Romy Schneider, Gustav Knuth

1956 Sissi, die junge Kaiserin
A, R: Ernst Marischka, D: Romy Schneider, Karlheinz Böhm, Magda Schneider

Sissi (1955, R: Ernst Marischka)

Sissi (1955, R: Ernst Marischka):
Romy Schneider und Karlheinz Böhm

1955 Sissi

A, R: Ernst Marischka, D: Romy Schneider, Karl-heinz Böhm, Magda Schneider

1938 Prinzessin Sissy

A, R: Fritz Thiery, D: Traudl Stark, Paul Hörbiger, Hansi Knoteck

SKANDAL BEI HOFE

A Royal Scandal, USA 1945, R: Otto Preminger, D: Tallulah Bankhead, Charles Coburn, Anne Baxter, William Eythe, Vincent Price

Die Unzufriedenheit im zaristischen Russland ist groß, zudem droht der Staatsbankrott. Dennoch gibt Katharina die Große rauschende Feste und verschleißt einen Liebhaber nach dem anderen. Die Staatsgeschäfte überlässt sie weitgehend ihrem persönlichen Vertrauten und Kanzler. Dieser ist zwar ein liebenswürdiger und geschickter Intrigant, doch in der harten Tagespolitik zeigen sich seine Grenzen. Eines Tages begegnet Katharina dem jungen Offizier Alexei, den sie sofort zu ihrem Liebhaber machen will. Das ist gar nicht so einfach, denn der schwärmerische Alexei ist zwar voller Respekt für seine Kaiserin, doch seine wahre Liebe gilt dem Schicksal der armen Bauern. Um den Hofklatsch im Zaum und Alexei bei der Stange zu halten, befördert sie ihn zum General. Nun beginnen die Komplikationen erst richtig. Obwohl Alexei seiner Zarin zu Willen ist, liebt er deren Kammerfrau. Die Ereignisse überstürzen sich, als der naive junge Mann auf Be-

treiben unzufriedener Generäle einer Palastrevolution Vorschub leistet. Dank der Dummheit der Putschisten und der Schlitzohrigkeit der Zarin kommt es jedoch nach zahlreichen Verwicklungen zum Happy End.

1924 Forbidden Paradise

USA, R: Ernst Lubitsch, D: Pola Negri, Rod La Rocque, Adolphe Menjou

DIE SKANDALÖSEN ABENTEUER DER MOLL FLANDERS

The Fortunes And Misfortunes Of Moll Flanders, GB 1996, R: David Attwood, D: Alex Kingston, Daniel Craig, Diana Rigg, Ronald Fraser, Dallas Campbell, James Bowers, Colin Buchanan, Ian Driver, James Fleet

Nach einem Roman von Daniel Defoe: England 18. Jahrhundert. Auf der Suche nach einem reichen Ehemann gerät das Waisenmädchen Moll Flanders in turbulente Abenteuer. Im Dienste einer Gräfin gibt es sich in ihrer Abwesenheit als reiche Lady aus und angelt sich einen Admiral. Dieser ist aber ein Hochstapler.

1996 Moll Flanders

USA/IRL, R: Pen Densham, D: Robin Wright, Morgan Freeman, Stockard Channing

1975 Moll Flanders

GB, D: Julia Foster, Kenneth Haigh, Ian Ogilvy, Diana Fairfax

1965 Die amourösen Abenteuer der Moll Flanders

The Amorous Adventures Of Moll Flanders, GB 1965, R: Terence Young, D: Kim Novak, Richard Johnson, Angela Lansbury, Vittorio De Sica, Lilli Palmer

DIE SKLAVEN ROMS

La rivolta degli schiavi, BRD/I/E 1960, R: Nunzio Malasomma, D: Rhonda Fleming, Lang Jeffries, Gino Cervi, Dario Moreno, Fernando Rey, Serge Gainsbourg, Ettore Manni, Wandisa Guida

Nach einem Roman von Kardinal Wiseman: Für Fabiola, Tochter eines vermögenden Patriziers, ist der christliche Glaube, der im Römischen Reich immer wieder zu Verfolgungen führt, etwas völlig Unbegreifliches, das dem Imperium mehr schadet als nützt. Als ihr Vater einen christlichen Sklaven kauft, der sich weigert, als Ringkämpfer aufzutreten, peitscht ihn Fabiola aus. Doch plötzlich geht eine Wandlung in ihr vor – sie verliebt sich in den Sklaven und merkt auf einmal, wie unmenschlich die Christen, die für ihren

Glauben sogar zu sterben bereit sind, behandelt werden. Fabiola entdeckt aber auch, dass immer mehr Leute in ihrer Umgebung, wie etwa ihr Cousin, Christen werden ...

Der historische Roman *Fabiola* von Kardinal Wiseman wurde mehrfach verfilmt. Die erste Fassung brachte Enrico Guazzoni 1917 auf die Leinwand. 1949 schuf Alessandro Blasetti ein Remake. Nunzio Malasomma inszenierte 1960 mit *Die Sklaven Roms* die vorerst letzte Version. Am Drehbuch schrieb der Regisseur Duccio Tessari (*In Ketten zum Schafott*) mit. Die weibliche Hauptrolle spielt die Amerikanerin Rhonda Fleming. Sie war hauptsächlich in Western wie *Das Teufelsweib von Montana* oder *Sein letzter Verrat* zu sehen.

Lexikon des internationalen Films: »Im wild bewegten Serienstil des italienischen Historienkinos.«

1949 Fabiola

F/I, R: Alessandro Blasetti, D: Michèle Morgan, Michel Simon, Henri Vidal

1917 Fabiola

I, R: Enrico Guazzoni, D: Giulia Cassini-Rizzotto, Bruto Castellani, Giorgio Fini

DIE SKLAVENKARAWANE

Caravana de esclavos, BRD/E 1958, R: Georg Marischka, Ramón Torrado, D: Viktor Staal, Georg Thomalla, Theo Lingen, Mara Cruz, Fernando Sancho, Rafael Luis Calvo, José Guardiola, Julio Nunez, Antonio Casas-Arenzana, Angel Alvarez

Nach einem Roman von Karl May: Kara Ben Nemsi reitet, begleitet von seinem mohammedanischen Diener Hadschi Halef Omar, durch das Niltal, das von Sklavenjägern terrorisiert und verwüstet wird. Abu el Mot, »Vater des Todes«, ist der Anführer der Horde. Kara Ben Nemsi gerät in heftige Kämpfe mit seinen Feinden, entkommt ihnen aber immer wieder. In einem tollen Handstreich entführt er die schöne Senitza, die Gefangene eines der Sklavenhändler, und bringt sie zu ihrem Freund Hamid zurück. Beim Überfall Abu el Mots auf ein Dorf kommt Kara Ben Nemsi in höchste Lebensgefahr. Schließlich aber können Abu el Mot überwältigt und die gefangenen Sklaven gerettet werden.

Die Beschäftigung des Kinos mit Karl May reicht zurück bis in die Stummfilmzeit. Michael Petzel (*Karl May im Film*): »Die ersten Filmprojekte waren – selten genug in der Branche – weniger kommerziell orientiert, sondern entstanden mit der Absicht, einen originalen, stilechten Karl May zu präsentieren. Spiritus Rector des ehrgeizigen Unternehmens war – auch dies ein Unikum – eine Frau: die engagierte May-Verehrerin Marie Luise (›Lu‹) Droop. 1920 gründete sie in Berlin die Produktionsfirma Ustad-Film, an der übrigens auch der damals in Radebeul ansässige Karl-May-Verlag beteiligt war. Die Gesellschaft sollte sich überwiegend mit der Herstellung von Filmen nach May-Stoffen befassen (darauf deutete auch schon der Firmenname hin: ›Ustad‹ ist eine Romanfigur, die eine Maysche Selbstspiegelung darstellt). Es erschienen dann auch drei Filme, die durchweg orientalische Stoffe zur Vorlage hatten: *Auf den Trümmern des Paradieses*, *Die Todeskarawane* und *Die Teufelsanbeter*. Die Außenaufnahmen fanden unter anderem bei Lübars in der Mark

Die Sklaven Roms (1960, R: Nunzio Malasomma): Rhonda Fleming

Brandenburg statt – dort hatte man eine Landschaft entdeckt, die der nordafrikanischen Wüste verblüffend ähnlich sah. Die Resonanz beim Publikum war gut, bei der Kritik jedoch geteilt. Schon bald wurde offenkundig, dass man sich bei der Finanzierung des Unternehmens übernommen hatte. Die Firma ging in Konkurs, weitere schon geplante Filme (*Vom Stamme der Verfluchten*, *Old Shatterhand*) konnten nicht mehr realisiert werden ... Jene drei Stummfilme jedoch gelten heute als verschollen – für die Karl-May-Forschung wäre ihre Wiederentdeckung ein großes Geschenk. Es dauerte 15 Jahre, bis sich die Filmindustrie erneut an Karl May heranpirschte – diesmal unter völkischen Vorzeichen. 1935 drehte die Berliner Lothar-Stark-Film den Streifen *Durch die Wüste*, nach einem Drehbuch von Carl Junghans und unter der Regie von Johann Alexander Hübler-Kahla. Der beachtliche Aufwand (die Außenaufnahmen fanden in Ägypten statt) konnte jedoch über die Schwächen des Films nicht hinwegtäuschen; den Zuschauern war er schlicht zu langweilig, der erhoffte Erfolg blieb aus.«

Die Sklavenkarawane war die erste Karl May-Verfilmung nach dem Zweiten Weltkrieg, nachdem bereits zu Beginn der fünfziger Jahre Produktionen nach Orient-Vorlagen geplant worden waren. Geistige Väter dieses neuen Anlaufs waren der Münchener Produzent Heinz Ewert und der mit ihm zusammenarbeitende Drehbuchautor Erich Kröhnke – mit der Realisierung des Projekts *Die Sklavenkarawane* hatten sie allerdings nichts mehr zu tun. In einem Exposé von Kröhnke heißt es: »Karl May ... ist für die deutsche Filmindustrie ein ungehobener Schatz. Dabei bietet er sich wie kein anderer zur Herstellung einer für lange Zeit laufenden Serie – ähnlich den Ganghofer-Filmen – ganz von selbst an«. Da Regisseur Georg Marischka mit seiner auf komisch frisierten Machart geschäftlich erfolgreich war, machten sich die Produzenten an die Verfilmung eines weiteren Karl May-Stoffes: 1959 kam *Der Löwe von Babylon* in die Kinos, diesmal allerdings blieb der Erfolg aus. Erfolge mit Stoffen des Romanciers aus Radebeul stellten sich dann erst ein, als Horst Wendlandt auf Indianer-Stoffe setzte und mit den *Winnetou*-Filmen einen wahren Kult auslöste. So bewahrheitete sich doch noch die Einschätzung, dass sich Karl May für eine Film-Serie eignet.

1936 Durch die Wüste
D, R: *J. A. Hübler-Kahla*, D: *Fred Raupach, Heinz Evelt, Erich Haußmann*
1920 Die Teufelsanbeter
D, R: *Marie Luise Droop*, D: *Carl de Vogt, Meinhart Maur, Bela Lugosi*

SLEEPY HOLLOW

USA 1999, R: Tim Burton, D: Johnny Depp, Christina Ricci, Mianda Richardson, Michael Gambon, Christopher Lee, Christopher Walken
Nach der Novelle *The Legend Of Sleepy Hollow* von Washington Irving: 1799 soll der ganz auf die Methoden der modernen Wissenschaft vertrauende Polizist Ichabod Crane aus New York in der Kleinstadt Sleepy Hollow in einer so rätselhaften wie grausigen Mordserie ermitteln. Drei Menschen wurden bisher enthauptet; von ihren Köpfen fehlt jede Spur.

Lexikon des internationalen Films: »Stimmungsvolle Adaption der klassischen Grusel-Kurzgeschichte von Washington Irving, in der ein ortsfremder Aufklärer mit den schaurigen Taten eines kopflosen Reiters konfrontiert wird, der die Einwohner einer Kleinstadt köpft. Tim Burton verdichtet die makabre Fabel zu einem intensiven Stimmungsbild in finsteren Tönen. Ohne Stilbrüche entstand ein Märchen- und Ausstattungsfilm von außergewöhnlicher ästhetischer Homogenität, der freilich in seinem Ausdrucksspektrum entsprechend reduziert bleibt und somit das bislang am wenigsten eigenständige und bewegende Werk Burtons ist.«

Hinter dem Titel *Die Abenteuer von Ichabod und Taddäus Kröte* versteckt sich ein in Deutschland lange unbekannt gebliebenes Trickfilmjuwel von 1949. Das Besondere: Neben Kenneth Grahames klassischer Fabel *Der Wind in den Weiden* enthält dieser zweigeteilte Episodenfilm auch die Erstverfilmung von *Sleepy Hollow*. Tim Burton ist selbst der größte Bewunderer von Disneys Original: »Dieser Cartoon war es, der mich einst dazu brachte, bei Disney zu arbeiten. Ich liebe diese Verbindung von Humor und Horror, Bewegung, Design und Energie. Daran habe ich mich immer erinnert.«

Die TV-Produktion *Die Legende von Sleepy Hollow* wollte sich an den Erfolg des Films anhängen. Sie hält sich genauer an die Vorlage von Washington Irving.

1999 Die Legende von Sleepy Hallow
Legend Of Sleepy Hallow, USA/CDN, R: Pierre Gang, D: Brent Carver

1949 Die Abenteuer von Ichabod
     und Taddäus Kröte
Ichabout And Mr. Toad, USA, R: James Algar, C. Geronimi, Jack Kinney – Animation

SMOKY, FREUND AUS DER WILDNIS

Smoky, USA1966, R: George Sherman, D: Fess Parker, Diana Hyland, Robert Wilke, Hoyt Axton, Ted White, Katy Jurado, Armando Silvestre, Jorge Martínez de Hoyos, Chuck Roberson, Jose Hector Galindo, Bob Terhune, Jack Williams

Nach einem Roman von Will James: Als Clint Barkley auf der Ranch von Julie Richards auftaucht, zeigt er gleich, dass er einiges von Pferden versteht. Er hat einen wilden jungen Hengst überlistet, den Miss Richards Vormann Jeff und seine Männer bisher nicht einfangen konnten. Da Clint offenbar Arbeit sucht, stellt Miss Richards ihn ein, obwohl ihr Vormann ihm mit Misstrauen begegnet. Sie behält ihn auch, als Jeff erfahren haben will, dass Clint in Laredo in eine Gaunerei verwickelt gewesen sein soll; sie kann sich einfach nicht vorstellen, dass er ein schlechter Kerl ist.Tatsächlich hat Clint in Texas im Gefängnis gesessen, schuld daran war jedoch sein Bruder Fred, der schon einiges auf dem Kerbholz hat. Dennoch lässt Clint sich überreden, ihm noch eine Chance zu geben, als Fred ebenfalls auf der Ranch erscheint und als Cowboy eingestellt wird. Clint schafft es, den temperamentvollen Mustang zu zähmen und als Cowboypferd auszubilden. Smoky – so nennt er ihn – duldet nur ihn im Sattel. Als Mr. Abbott den Hengst kaufen will, schlägt Miss Richards sogar ein Höchstgebot aus, weil sie weiß, wie Clint an Smoky hängt. Dennoch werden die beiden getrennt, und wiederum ist Fred schuld daran. Er bezahlt dafür schwer; Clint versucht vergeblich, seinen vierbeinigen Freund wieder zu finden. Erst nach Jahren, die er beim Militär verbracht hat, gibt es für ihn und Smoky ein überraschendes Wiedersehen.

In der UdSSR entstand 1985 unter dem Titel *Dymka* (Regie: Igor Negrescu) mit Valeriya Tsoj, Algis Arlauskas und Aleksandr Timofeyev eine weitere Verfilmung der Geschichte.

1946 Smoky, König der Prärie
Smoky, USA, R: Louis King, D: Fred MacMurray, Anne Baxter, Burl Ives

1933 Smoky
USA, R: Eugene Forde, D: Victor Jory, Irene Bentley, Frank Campeau

SO EIN MUSTERGATTE

CH 1959, R: Karl Suter, D: Walter Roderer, Sylvia Frank, Hannes Schmidthauser, Olga Gebhardt, Max Haufler

Nach einem Lustspiel von Avery Hopwood: Ein biederer Ehemann versucht, seine Frau durch Seitensprünge wieder an sich zu fesseln.

Filmblätter: »Die bühnenbewährte Komödie vom *Mustergatten* wurde schweizerisch verfilmt. Der Komödie wurde hier ihre trockenste Seite abgewonnen. Möglich, dass die Verhochdeutschung des urtümlich Schwyzer Spieles den Ur-Eindruck verwischt. Das Hübsch-Frivole des Bühnenstückes wirkt auf diese Weise trivial. Hilflose Regie, schwaches Schauspiel. Missglückte Verfilmung eines Bestsellers.«

1956 Kann ein Mann sooo treu sein
BRD, R: Erik Ode, D: Harald Juhnke, Inge Egger, Theo Lingen

1937 Der Mustergatte
D, R: Wolfgang Liebeneiner, D: Heinz Rühmann, Leny Marenbach, Hans Söhnker

SO WEIT DIE FÜSSE TRAGEN

BRD 2001, R: Hardy Martins, D: Bernhard Bettermann, Michael Mendl, Irina Pantaeva, André Hennicke

Nach einem Roman von Josef Martin Bauer: Der Film schildert die Flucht eines deutschen Soldaten aus sowjetischer Kriegsgefangenschaft. In Güterwagen fahren 3.000 Kriegsgefangene, die zu fünfundzwanzig Jahren Zwangsarbeit verurteilt wurden, im Winter 1945 nach Sibirien. Ziel der monatelangen Reise sind die Stollen eines Bleibergwerks am Ostkap des Polarkreises. Unter den Gefangenen bricht schon bald Typhus aus. Viele, die vorher auf dem Weg nur knapp dem Tode entronnen sind, fallen nun der Seuche zum Opfer. Der ehemalige Oberleutnant Clemens Forell zählt zu den Überlebenden. Sein Fluchtversuch misslingt. Die eigenen Kameraden, seinetwegen auf halbe Ration gesetzt, lassen ihn Spießruten laufen. Forell resigniert. Doch der Arzt Dr. Stauffer bestärkt ihn, die Hoffnung nicht aufzugeben. Erneut plant Forell den Ausbruch.

Ein ehemaliger Kriegsgefangener gab mit seinen Berichten den Anstoß zu einer romanhaften

Schilderung der Flucht durch die Weiten Russlands. 1955 erschienen, wurde das Buch in der Bundesrepublik ein großer Erfolg. Jener Heimkehrer, der Josef Martin Bauer von seinem Fluchtabenteuer berichtete, blieb unbekannt. In einem Nachwort zu seinem Roman schrieb der Autor: »Dies mag aus der Furcht verstanden werden, die diesen Mann noch Jahre später beherrschte, und aus der heraus er seinen wirklichen Namen nicht genannt wissen will.«

Der TV-Mehrteiler ist schon fast legendär: Im Frühjahr 1959 zum ersten Mal gesendet, war er die erste Großproduktion des Deutschen Fernsehens. Über fünf Monate dauerten die Dreharbeiten. Nicht zuletzt aus finanziellen Gründen wurden fast alle Außenaufnahmen in Bayern gedreht. Das ganze sibirische Bleibergwerk, seine Baracken und unterirdischen Stollen entstanden in den Bavaria-Studios bei München. Für wenige Außenaufnahmen fuhr ein kleines Team mit dem Hauptdarsteller Heinz Weiss in die Schweizer Berge. Andere Einstellungen wurden – ohne Schauspieler – in Finnland gedreht, um Hundeschlitten und Rentierherden zu filmen.

1959 So weit die Füße tragen
BRD, R: Fritz Umgelter, D: Heinz Weiss, Wolfgang Büttner, Edgar Mandel

SOLANGE DIE LIEBE LEBT
Dark Victory, USA 1976, R: Robert Butler, D: Elizabeth Montgomery, Anthony Hopkins, Michele Lee, Janet MacLachlan, Michael Lerner, John Elerick, Herbert Berghof

Nach einem Bühnenstück von George Emmerson Brewer jr. und Bertram Bloch: Katherine Merrill ist eine erfolgreiche Fernsehproduzentin. Seit ihrer Scheidung konzentriert sie sich voll und ganz auf den Beruf. Eine moderne Karrierefrau. Wenn nur neuerdings diese starken Kopfschmerzen nicht wären. Ihre Freundin Dolores drängt sie vergeblich, sich untersuchen zu lassen. Da benutzt Dolores eine List: Sie bringt Katherine mit dem jungen, sympathischen Arzt Dr. Michael Grant zusammen. Er schafft es, Katherine zu einer gründlichen Untersuchung zu überreden. Das Ergebnis ist niederschmetternd: ein bösartiger Gehirntumor. Lebenserwartung: noch ein paar Monate. Einziger Halt für Katherine bleibt jetzt Dr. Grant; beide sind sich inzwischen sehr nahe gekommen. Eine leidenschaftliche Liebe gibt ihr

Solange die Liebe lebt (1976, R: Robert Butler): Elizabeth Montgomery und Anthony Hopkins

die Kraft, die noch verbleibende Zeit voll auszuschöpfen.

Lexikon des internationalen Films: »Gut durchschnittliches Fernseh-Remake eines Hollywood-Melodrams ... Die geflissentlich auf Sentimentalität getrimmte Vorlage wurde durch äußere Modernisierung nicht ergiebiger.«

1962 Das Glück in seinen Armen
Stolen Hours, USA, R: Daniel Petrie, D: Susan Hayward, Michael Craig

1939 Opfer einer großen Liebe
Dark Victory, USA, R: Edmund Goulding, D: Bette Davis, Humphrey Bogart

SOLANGE ES MENSCHEN GIBT
Imitation Of Life, USA 1959, R: Douglas Sirk, D: Lana Turner, John Gavin, Sandra Dee, Robert Alda, Susan Kohner, Dan O'Herlihy, Juanita Moore, Karin Dicker, Terry Burnham

Lora Meredith ist eine Schauspielerin ohne Engagement und lebt allein mit ihrer Tochter Susie. Eines Tages lernen beide die Schwarze Annie Johnson kennen und nehmen sie bei sich auf. Annie hat ebenfalls eine Tochter; die kleine Sarah Jane Johnson schämt sich ihrer farbigen Mutter und möchte als Weiße gelten, zumal sie sehr hellhäutig ist. Annie führt Lora den Haushalt und nimmt sich auch der kleinen Susie an, da Lora kaum Zeit für das Kind hat, weil sie verbissen versucht, Karriere zu machen. Steve Archer, ein junger Fotograf, möchte sie gern heiraten; Lora aber zieht ihre Laufbahn vor und schafft es tatsächlich, ein gefeierter Star zu werden. Jahre vergehen. Die beiden Mädchen sind herangewachsen. Susie besucht die Universität und hat sich ihrer Mutter entfremdet; Sarah Jane tritt als Show-Tänzerin auf und möchte endgültig als Weiße anerkannt werden. Als Annie stirbt und die erträumte große Beerdigung bekommt, treffen Lora, Susie und Sarah Jane noch einmal zusammen.

Douglas Sirks erfolgreichstes und berühmtestes Melodram ist ein Film über Menschen, die sich von ihren Wünschen und Träumen auf falsche Wege locken lassen. »Ein großer, wahnsinniger Film vom Leben und vom Tod und ein Film von Amerika«, so urteilte Rainer Werner Fassbinder 1971 über dieses berühmte Melodram, in dem Sirk auf seine Weise die glamourösen Lebenslügen des American Way of Life darstellte. Bei der deutschen Kinopremiere bemerkte die *Berliner Morgenpost*: »Mutterliebe und Rassenprobleme geben die eilfertige Mischung ab; das Ergebnis ist ein sentimentales Geschehen, über das beide Hauptdarstellerinnen Tränenfluten vergießen. Das Publikum nahm das wohl als staunenswerten Rekord auf; blieb aber sonst arg desinteressiert. Was beweisen dürfte, dass die reine rührselige Kinohandlung wie noch vor Jahren heute kaum Chancen hat.«

Fast dreißig Jahre später notierte dagegen die *Rheinische Post*: »Douglas Sirks letzter Spielfilm, gedreht 1958, gilt als einer seiner besten. Mit Meisterschaft spielt er zwei Problemkreise durch: die Entfremdung einer karrierebewussten weißen Künstlerin von ihrer Familie und die einer farbigen Tochter von ihrer Mutter. Sirk zeigt den Rassismus unter den Bedingungen der fünfziger Jahre, als von black power keine Rede war. Ein Film über den Traum, eine Weiße zu sein, über den Wunsch, auf der Bühne, die Sirk als Imitation des Lebens versteht, Erfolg zu haben. Beide Versuche, das Glück herauszufordern, schlagen fehl. So bleibt das Einzige, was in dieser Geschichte wirklich gelingt, eine Beerdigung.«

Zwei TV-Serien entstanden nach der Geschichte von Fannie Hurst: 1960 von Ciro Bassini unter dem Titel *Imitação da Vida* in Brasilien, 1997 von Otto Sirgo unter dem Titel *El Alma no tiene color* in Mexiko.

1948 Angelitos negros
MEX, R: Joselito Rodríguez, D: Pedro Infante, Emilia Guiú, Rita Montaner

1934 Imitation Of Life
USA, R: John M. Stahl, D: Claudette Colbert, Warren William, Ned Sparks

EINE SOMMERNACHTS-SEXKOMÖDIE
A Midsummer Night's Sex Comedy, USA 1982, R: Woody Allen, D: Woody Allen, Mia Farrow, José Ferrer, Julie Hagerty, Tony Roberts, Mary Steenburgen, Adam Redfield, Moishe Rosenfeld, Timothy Jenkins, Michael Higgins

Drei sehr unterschiedliche Paare verbringen zur Zeit der Jahrhundertwende gemeinsam ein Wochenende auf dem Land. Doch statt die Naturidylle zu genießen, treibt die Ausflügler anderes Interesse: Alte Jugendträume, Liebe, Sex und Eifersucht sorgen für ein erotisches Verwirrspiel, das sich erst gegen Ende in überraschender Weise auflöst.

1977 Das Lächeln einer Sommernacht
BRD/A, R: Harold Prince, D: Elizabeth Taylor, Diana Rigg, Lesley-Anne Down

1955 Das Lächeln einer Sommernacht
Sommarnattens leende, S, R: Ingmar Bergman, D: Ulla Jacobsson, Eva Dahlbeck

EIN SOMMERNACHTSTRAUM
William Shakespeare's A Midsummer Night's Dream, USA/I/GB 1998, R: Michael Hoffman, Drb: Michael Hoffman nach dem gleichnamigen Theaterstück von William Shakespeare, K: Oliver Stapleton, M: Simon Boswel, S: Garth Craven, D: Kevin Kline (Nick Bottom/Zettel), Michelle Pfeiffer (Titania), Rupert Everett (Oberon), Stanley Tucci (Puck), Calista Flockhart (Helena), Dominic West (Lysander), Anna Friel (Hermia), Christian Bale (Demetrius), Bernard Hill (Hermias Vater Egeus), David Strathairn (Fürst Theseus), Sophie Marceau (Hippolytha), Roger Rees (Peter Quince), Max Wright (Starveling), Sam Rockwell (Francis Flute)

Ein Sommernachtstraum (1998, R: Michael Hoffman): Die Liebe macht Narren aus uns allen

Auf der Piazza eines großen Renaissance-Schlosses irgendwo in der Toskana sind die Vorbereitungen für die Hochzeit des Grafen Theseus und seiner Verlobten Hippolyta in vollem Gange. Unbemerkt von allen, haben sich zwei kleinwüchsige Wesen unter die Dorfbevölkerung gemischt und sammeln alles ein, was nicht niet- und nagelfest ist. Dann schaffen sie es an einen unbekannten Ort ... Als wäre er nicht schon genug geplagt mit den Hochzeitsvorbereitungen, muss sich der Graf mit den Beschwerden eines alten Herrn herumschlagen. Der betagte Egeus hat seine Tochter Hermia dem jungen Demetrius versprochen, doch die aufmüpfige junge Frau liebt Lysander und möchte nur ihn heiraten. Der Befehl des Grafen, ihrem Vater zu gehorchen, löst in Hermia einen verwegenen Wunsch aus: Sie will mit Lysander in den nahe gelegenen Wald flüchten. Doch dieses Vorhaben wird von ihrer besten Freundin Helena nicht geheim gehalten. Sie verrät Demetrius, in den wiederum sie verliebt ist, vom Plan seiner Braut. Und so folgt Demetrius seiner großen Liebe Hermia in den Wald, wo er zu seinem Verdruss feststellen muss, dass ihm ebenfalls jemand auf den Fersen ist – nämlich Helena. Ohne es zu merken, gerät das Quartett in die Nähe des geheimen Elfenreichs, wo Wassernymphen und Waldgeister bis in die Nacht ihre Bachanalen feiern. Als Puck im Auftrag des Elfenkönigs Oberon den jungen Leuten heimlich Liebestropfen verabreicht, beginnt ein chaotischer Liebesreigen, in dessen Verlauf sich die vier immer wieder neu verbandeln.

Unterdessen probt eine Hand voll Handwerker im Wald ein Theaterstück, das die Amateurschauspieler zu Ehren der Hochzeit des Grafen aufführen wollen. Doch die Proben werden unterbrochen, als der Hauptdarsteller Nick Bottom, ein Dilettant vor dem Herrn und das Ge-

spött des Dorfes, zum Spielball des Ehekrachs zwischen Oberon, dem König der Elfen, und Titania, seiner wunderschönen Königin, wird. Als dann nach einer lauen Sommernacht ein neuer Tag beginnt, kommt jedoch alles wieder ins Lot, und es läuten die Hochzeitsglocken. Und während Nick Bottom und seine Kumpane ihr Stück aufführen und die Herzen der Zuschauer auf unerwartete Weise anrühren, zeigt sich, dass von Stund' an für alle Beteiligten nichts mehr so ist wie zuvor ...

»Zuerst hatte ich nur dieses Bild von einem kleinen, dicken Puck vor Augen, der auf dem Rücken einer Schildkröte durch die toskanische Landschaft reitet«, sagt Regisseur Michael Hoffman. »Der Rest des Films hat sich dann aus diesem Bild ergeben.« Tatsächlich hegte Hoffman schon lange den Wunsch, Shakespeares *Ein Sommernachtstraum* für die Leinwand zu adaptieren. Er hatte einmal bei einer Inszenierung den Lysander gespielt. Einige Jahre später, als Hoffman Theaterwissenschaften in Oxford studierte, inszenierte er eine weitere Aufführung des Stückes. Diese Bühnenarbeit eröffnete ihm dann auch die Chance, seinen ersten Film zu drehen. »Ich habe immer gespürt, dass dieses Stück für mich ein Segen ist«, sagt er.

Shakespeare hatte die Handlung von *Ein Sommernachtstraum* ursprünglich in einer sehr englischen Deutung des antiken Griechenlands angesiedelt, um den elisabethanischen Zuschauern ein Gefühl von Nähe zu vermitteln. Hoffman lag es ebenfalls am Herzen, dass sein Kinopublikum mit dem Schauplatz vertraut ist. Deshalb verlegte der Italienkenner den Ort der Handlung in die Toskana und siedelte die Geschichte um die Jahrhundertwende an. Eine Zeit, in der die Aristokratie nach klar umrissenen Regeln lebte. Auf Grund seines vollendeten poetischen Stils schätzen Experten, dass William Shakespeare das Stück *Ein Sommernachtstraum* 1595 oder 1596 schrieb – zwei Jahre, in denen der englische Sommer ungewöhnlich verregnet war. Eine meteorologische Besonderheit, auf die das Stück anzuspielen scheint. Man vermutet, dass das Stück erstmals bei einer Adelshochzeit aufgeführt wurde und dass Kinder beider Familien die Elfen spielten.

Ein Sommernachtstraum (1998, R: Michael Hoffman): Christian Bale und Michelle Pfeiffer

Peter Hasenberg bemerkt im *Film-Dienst*: »Michael Hoffman folgt dem Beispiel Kenneth Branaghs, der Shakespeares Komödie *Viel Lärm um Nichts* ebenfalls in die sonnige Kulisse der Toskana verlegte. Die Ausstattung steht dabei ganz im Vordergrund. Den nächtlichen Elfenreigen inszeniert Hoffman in einer üppig ausgestatteten Studiokulisse mit verschwenderischer Detailfülle: janusköpfige Wesen, Elfen mit neckischen Flügelchen, Satyrn mit Hörnern. War Puck in der bekannten Verfilmung von Max Reinhardt (1935) noch ein Lausbub (Mickey Rooney), ist er bei Hoffman ein glatzköpfiger Schalk und Schwerenöter (Stanley Tucci), dessen spitze Ohren auch ganz andere filmische Ahnherren in Erinnerung rufen können. Mit dem 19. Jahrhundert kündigt sich eine neue Epoche der Technik an, die das Reich der nüchternen Rationalität gegen Magie und Verzauberung ausspielt. Neben den Irrlichtern der Elfen schimmern batteriebetriebene Fahrrad-Scheinwerfer durch den Wald, mit denen die Verliebten unterwegs sind. Aber Hoffman vertieft diesen Aspekt der Zeitenwende nicht, sondern gerät mit seinem mit glitzerndem Goldstaub überzogenen Feenreich zunehmend in die Gefilde des Kitsches.«

Für die Zeitschrift *Blickpunkt: Film* ist die Adaption von Shakespeares romantischer Komödie »glänzend besetzt« und »opulent bebildert«. *Ein Sommernachtstraum* gehört zu den populärsten Stücken des Barden, ist aber im Kino nicht ausgespielt: »Max Reinhardts und William Dieterles Verfilmung liegt 64 Jahre zurück und kam wie Peter Halls Adaption von 1968 nie in die deutschen Kinos. ›Drehbuchautor‹ Michael Hoffman, unbeeindruckt von den Erfolgen moderner, freier Shakespeare-Interpretationen *(Romeo & Julia, 10 Dinge, die ich an dir hasse)*, entschied sich für einen traditionellen Ansatz, wenn auch das antike Athen zur Toskana des 19. Jahrhunderts mutierte, die wie schon in *Viel Lärm um Nichts* als atmosphärisch starker Katalysator komplizierter Liebeleien glänzen kann. Wie in Warners Verfilmung von 1935 bleibt der Originaltext gekürzt, der Plot intakt. Im verzaubernden toskanischen Sommer erleben wir die Liebe als Krankheit – bei Sterblichen und Unsterblichen gleichermaßen ... Puristen wird die

Verkürzung des Textes, aber auch der Charakterisierung der Figuren aufstoßen. Neueinsteiger aber werden hier vor allem über optische Reize (die sprachlichen bleiben bei Shakespeare eine Domäne des Papiers) in eine ihnen unbekannte Welt gelockt, die sie verzaubert, wenn auch nicht betört, am Ende verlassen.«

Die erste Verfilmung stammt aus dem Jahr 1909 und wurde von Charles Kent an New Yorker Schauplätzen gedreht. Kent war ein bekannter Bühnenstar, der sich dem Film zuwandte, nachdem er seine Stimme verloren hatte. Im selben Jahr gab es eine französische Version des Stücks, der 1913 eine italienische folgte, in der es so gut wie keine Spezialeffekte gab. Eine deutsche Verfilmung im selben Jahr inszenierte den *Sommernachtstraum* als einen höchst beunruhigenden Albtraum. Diese Interpretation wurde 1925 in einem deutschen Film weiterentwickelt, die auf Doppelbelichtungen, Anachronismen aus der dekadenten Weimarer Republik und einen weiblichen Puck zurückgriff, der so lasziv wirkte, dass man Kindern den Eintritt untersagte. Es war erneut ein deutscher Regisseur, der die erste

Ein Sommernachtstraum
(1998, R: Michael Hoffman): Michelle Pfeiffer

Tonfilm-Version in Spielfilmlänge inszenierte. Der berühmte Theaterregisseur Max Reinhardt, der das Stück zwischen 1905 und 1934 mehrfach in Europa und Amerika inszeniert hatte, führte gemeinsam mit William Dieterle Regie bei einer starbesetzten Version für die Warner Bros. Zur namhaften Besetzung zählten der damals elfjährige Mickey Rooney, James Cagney, Dick Powell und Olivia de Havilland.

Seit Reinhardts Film gab es fünf weitere Kino-Adaptionen, die sehr unterschiedlich ausfielen: Einen tschechischen Stop-Motion-Trickfilm von 1959. Eine Zeichentrickversion aus dem Jahr 1965, in der *Mr. Magoo* den Puck spielt. Peter Halls Film von 1968 mit Diana Rigg, Judi Dench, David Warner und Ian Holm als Puck, in dem kindliche Elfen vorkamen, die an die verlorenen Jungs aus *Peter Pan* erinnerten. 1981 drehte Elijah Moshinsky eine im Reitermilieu angesiedelte Version für die BBC. Und dann sind da natürlich noch die entfernten Verwandten – etwa Woody Allens *Eine Sommernachts-Sexkomödie*, die sich den Geist von Shakespeares Original zu Eigen macht und darüber hinaus Elfen und die Musik von Mendelssohn-Bartholdy benutzt.

Ein Sommernachtstraum (1935, R: Max Reinhardt, William Dieterle): James Cagney und Joe E. Brown

2001 The Children's Midsummer Night's Dream
GB, R: Christine Edzard, D: Jamie Peachey, John Heyfron, Danny Bishop

1999 Ein Sommernachtstraum
William Shakespeare's A Midsummer Night's Dream USA/I/GB, R: Michael Hoffman

1999 Midsummer
USA, R: James Kerwin, D: Domenica Cameron-Scorsese, Bruce DuBose

1996 A Midsummer Night's Dream
GB, R: Adrian Noble, D: Lindsay Duncan, Alex Jennings, Desmond Barrit

1990 En Midsommarnattsdröm
S, R: Eva Bergman, Ann-Ci Lifmark, D: Puck Ahlsell, Carina Dahlgren, Ulf Dohlsten

1989 The Fairy Queen
F, R: Yvon Gérault, D: Paul Greenwood, David Killick, Sylvestra Le Touzel

1983 Ein Sommernachtstraum
I, R: Gabriele Salvatores, D: Gianna Nannini, Flavio Bucci

»Shakespeares *Sommernachtstraum* in einer in die heutige Zeit übertragenen Rock-Musical-Version. Das Traumspiel um mehrere Liebespaare, die erst nach zahlreichen Verwirrungen zueinander finden, gerät in der symbolisch überfrachte-

ten und trotz technischen Aufwands eher fantasielosen, theaterhaften Inszenierung zum filmischen ›Albtraum‹.« *(Lexikon des internationalen Films)*

1981 A Midsummer Night's Dream
GB, R: Elijah Moshinsky, D: Estelle Kohler, Nigel Davenport, Hugh Quarshie

1971 A Midsummer Night's Dream
GB, R: James Cellan Jones, D: Eileen Atkins, Ronnie Barker, Amanda Barrie

1968 A Midsummer Night's Dream
GB, R: Peter Hall, D: Diana Rigg, Judi Dench, David Warner

1967 A Midsummer Night's Dream
USA, R: Dan Eriksen, D: Ballett

1964 A Midsummer Night's Dream
GB, R: Joan Kemp-Welch, D: Patrick Allen, Eira Heath, Cyril Luckham

1958 A Midsummer Night's Dream
GB, R: Rudolph Cartier, D: Robert Fraser, John Justin, Gillian Lynne

1957-59 Ein Sommernachtstraum
Sen noci svatojanske, ČSSR, R: Jirí Trnka – Puppentrick

»Meisterlicher Puppentrickfilm nach Shakespeares Komödie, der fast gänzlich auf Dialoge verzichtet und auf die Poesie seiner Figuren setzt. In Gestaltung und Gehalt gleichermaßen beachtlich, doch wird sich der poetische Gehalt der Fabel kleineren Kindern nicht erschließen.« *(Lexikon des internationalen Films)*

1947 A Midsummer Night's Dream
GB, R: I. Orr-Ewing, D: Iris Baker, Peter Bell, Vivienne Bennett

1946 A Midsummer Night's Dream

GB, R: Robert Atkins, D: Robert Atkins, Vivienne Bennett, John Byron

1935 Ein Sommernachtstraum

A Midsummer Night's Dream

USA, R: Max Reinhardt, William Dieterle, D: James Cagney, Dick Powell

Österreichs Theatergenie Max Reinhardt brachte die Shakespeare-Komödie über Irrungen und Wirrungen der Liebe mehrmals auf deutsche Bühnen. Nach seiner Emigration 1933 inszenierte er den Sommernachtstraum im Freilichttheater Hollywood Bowl mit Olivia De Havilland. In dieser Kinoversion gibt sie ihr Filmdebüt.

1925 Ein Sommernachtstraum

D, R: Hans Neumann, D: Theodor Becker, Hans Albers, Wilhelm Bendow

»Mit der Kamera spielen, wie auf einem Instrument, konnte Guido Seeber übrigens wieder bei Sommernachtstraum. Gedreht wurde in Staaken, also ein Traumatelier mit perfekter Technik. Das Buch frei nach Shakespeare von Hans Behrend, Hans Neumann mit Klabund gemeinsam für den Film konzipiert. Die Regie führte ebenfalls Hans Neumann. Ein Film für Gebildete, voll Satire und Persiflagen, wie auch die Kritik anmerkte.«

(Helmut W. Sontag, *Sidi – Der Kameramann und Filmpionier Guido Seeber*)

1913 Ein Sommernachtstraum in unserer Zeit

D, R: Stellan Rye, D: Carl Clewing, Grete Berger, Jean Ducret

1913 A Midsummer Night's Dream

I, D: Bianca Hubner, Socrate Tommasi

1909 Le songe d'une nuit d'été

F, D: Stacia Napierkowska, George Footit

1909 A Midsummer Night's Dream

USA, R: Charles Kent, D: Maurice Costello, Dolores Costello, William Ranous

SOMMERPARADIES

Paradise, USA, 1991, R: Mary Agnes Donoghue, D: Melanie Griffith, Don Johnson, Elijah Wood, Eve Gordon, Thora Birch

Der zehnjährige Willard kommt in einen kleinen Küstenort North Carolinas, wo er die Sommerferien bei einer Freundin seiner Mutter verbringen soll. Lily Reed quält sich seit dem Tod ihres kleinen Sohnes mit schweren Schuldvorwürfen, das droht die Ehe mit ihrem Mann Ben zu zerstören. Auch der sensible Junge leidet zunächst unter der bedrückenden Atmosphäre im Hause seiner Gastgeber, aber allmählich gelingt es ihm, den beiden verbitterten Menschen näher zu kommen und sie wieder Liebe zum Leben zu lehren.

MovieLine: »Wieder einmal ein amerikanisches Remake eines französischen Erfolgsfilms *(Am großen Weg)*, der jedoch nicht an die psychologische Differenziertheit des Originals heranreicht.«

Links: Sommerparadies (1991, R: Mary Agnes Donoghue): Elijah Wood und Don Johnson
Unten: Sommerparadies (1991): Thora Birch und Elijah Wood

Am großen Weg (1986, R: Jean-Loup Hubert):
Vanessa Guedj und Antoine Hubert

1986 Am großen Weg
Le Grand Chemin, F, R: Jean-Loup Hubert, D: Ane-
mone, Richard Bohringer

SOMMERSBY
USA/F 1993, R: Jon Amiel, D: Richard Gere, Jodie
Foster, Lanny Flaherty, Wendell Wellman, Bill Pull-
man, Brett Kelley, William Windom, Clarice Taylor,
Frankie Faison
Vor sieben Jahren ist Jack Sommersby in den Bürgerkrieg gezogen. Inzwischen sind alle andern
Soldaten längst heimgekehrt, und man hält Jack
für tot. Jacks Frau Laurel wird von ihrem Nachbarn Orin Meecham umworben, aber noch will
sie nicht an den Tod ihres Gatten glauben.

Unten: Sommersby (1993, R: Jon Amiel):
Jodie Foster und Richard Gere
Rechts: Sommersby (1993): Als Jack nach
sieben Jahren aus dem Bürgerkrieg zurückkehrt,
ist dies für die Familie ein dramatisches Ereignis

Tatsächlich taucht zwei Jahre nach Kriegsende in
Vine Hill ein Mann auf, der sich Jack Sommersby nennt. Er ist kaum noch zu erkennen: Laurel
hat ihn als ungehobelten und oft brutalen Lebensgefährten gekannt, und ihre Überraschung
ist groß, als der Heimkehrer sich als aufmerksa-
mer und verständnisvoller Gatte zeigt. Mit seiner Pionierarbeit im Tabakanbau verhilft Sommersby seinem Städtchen zu neuem Wohlstand.
Allmählich fragt sich nicht nur Laurel: Kann das
derselbe Mann sein, der einst in den Krieg gezogen ist? Da erscheint ein Sheriff, der Sommersby
eines Mordes in St. Louis beschuldigt. Jack wird
vor Gericht gestellt ...

Verena Lueken *(FAZ):* »Der französische *Mar-*
tin Guerre, dargestellt von Gérard Depardieu,
war ein Abenteurer, der als Vagabund die Zeichen eines neuen Zeitalters, die Ideen der frühen
Aufklärung in das mittelalterliche Dorf Artigue
in der Nähe von Toulouse brachte. Er lehrte die
Dorfbewohner Lesen und Schreiben, schlug weder seine Frau noch seine Knechte. Durch die
Rückkehr des wirklichen Martin Guerre wurde
er als Hochstapler entlarvt. Artigue fiel zurück in
die Vergangenheit. Jon Amiel und seine Drehbuchautoren Nicholas Meyer und Sarah Kerno-

Die Wiederkehr des Martin Guerre (1982, R: Daniel Vigne): Gérard Depardieu

chan haben die Geschichte emotionalisiert, ihre melodramatischen, am Ende tragischen Züge ins Zentrum gestellt, ohne dabei jedoch ihre kultur-historische Dimension zu beschneiden. Sie verlegten die Handlung nach Amerika in die Jahre nach dem Bürgerkrieg, in die Zeit also, in der sich die amerikanische Nation ein zweites Mal gründete, nicht durch Vater-, sondern durch Bruder-mord.«

1982 Die Wiederkehr des Martin Guerre

Le Retour de Martin Guerre, F, R: Daniel Vigne, D: Gérard Depardieu, Nathalie Baye

DER SONNE ENTGEGEN

USA 1956, R: Roy Boulting, Drb: Dudley Nichols, Roy Boulting nach der Erzählung The most dange-rous Game von Richard Connell K: Joseph LaShelle, M: Fred Steiner, S: Frederic Knudtson, D: Richard Widmark (Mike Latimer), Jane Greer (Katy Con-nors), Trevor Howard (Browne), Peter van Eyck (Van Anders), Carlos Henning (Jan), Juan Garcia (Fernan-dez), Margarito Luna (Hotelbesitzer), Jose Chavez Trowe (Pedro), Guillermo Talles (Paco), Guillermo Bravo Sosa (Kellner), Enedina Diaz De Leon (Pacos Frau)

Nach einer Notlandung im mexikanischen Ur-wald fallen der menschenscheue Schriftsteller Mike L. und die Reporterin Kate S. in die Hän-de von geistesgestörten Nazi-Verbrechern und Waffenschmugglern. Tagelang schweben sie zwi-schen Furcht und Hoffnung, bis sie sich schließ-lich nach einer abenteuerlichen Flucht in Sicher-heit bringen können.

Für Dr. L. Henckel lässt sich dieser abenteuer-liche Technicolor-Streifen in den *Filmbättern*

»wie eine harmlose Zusammenstellung farben-freudiger Ferienpostkarten an, um dann nach atemberaubenden Endspurt durch tropische Dschungel-Visionen den nervengefolterten Zu-schauer schweißgebadet zu entlassen. In der Tat, ein Reisser von großem Format und großen Na-men, der speziell durch seine faszinierende Akti-onssteigerung eine Einstufung in die Sonder-klasse verdient. Widmark entfaltet das Können seines unklischierten Spiels in der Gestalt eines zivilisationsflüchtigen Schriftstellers, der mit ei-ner Reporterin beim Flug über den Urwald not-landen muss und in das Wespennest waffen-schmuggelnder Zuchthaus-Flüchtlinge gerät. Greer in der weiblichen Hauptrolle setzt ihre konkurrenzlosen Reize angenehm sparsam ein, während Howard und van Eyck in versierter Schurkenmanier effektvoll auf die Tube drücken.«

Der *Film-Dienst* bescheinigt auch Spannung, hält das Werk allerdings für einen »völlig unrea-listischen Abenteuerfilm mit Krimi- und Horror-elementen.«

1950 Kill Or Be Killed

USA, R: Max Nosseck, D: Lawrence Tierney, Maris-sa O'Brien, Rudolph Anders

1949 Johnny Allegro

USA, R: Ted Tetzlaff, D: George Raft, Nina Foch, George Macready

1946 A Game Of Death

USA, R: Robert Wise, D: John Loder, Audrey Long, Edgar Barrier

1932 Graf Zaroff – Genie des Bösen

USA, R: Ernest Schoedsack, Irving Pichel, D: Joel McCrea, Fay Wray

Graf Zaroff, der Mann, der die Gefahr liebt, ist eine Figur nach de Sade, wie sie besonders die Surrealisten fasziniert hat. »Der Sadist ist jemand, der sich selbst erschafft durch neue Sensationen, der Gott gleicht und ihn verspottet, indem er beweist, dass es eine Ordnung gibt im Bösen«, schreibt Robert Benayoum in einem Artikel über Zaroff, Fu Man Chu und andere sadistische Horrorfiguren. »Es ist wichtig hinzuzufügen, dass der wahre Sadist Zwang nicht als Instrument der Ungerechtigkeit und Unterdrückung sieht, sondern als einen Test des Charakters.« Zaroff testet sich und seine Opfer: »Für ihn als begeisterten Sportsmann macht es keinen Unterschied, ob er Tiere oder Menschen jagt. Alle Unterscheidungen, die ihm der weltberühmte Jäger Rainsford entgegenhält, tut er als nebulöse Sophismen und humanistisches Geschwafel der Vergangenheit ab. Für ihn zählt nur das Höchstmaß an Lust und Sinnlichkeit. Da der Mensch das einzige vernunftbegabte Tier ist, bringt die Jagd auf ihn das spannendste und lustvollste Pläsier.« (Franz Schöler, Film).

Der Dschungel-Thriller war nicht geplant: Ernest B. Schoedsack und Merian C. Cooper nutzten eine Drehpause zu King Kong und die weiße Frau (USA 1932), um irgendetwas mit den ungenutzt herumstehenden Kulissen anzufangen. »Aufschlussreich für die Kenner des Genres ist der sich in dieser Arbeit dokumentierende Stilwandel des Horrorfilms. Die Statik des epigonalen Spätexpressionismus erscheint durch atemberaubende Bewegungskaskaden aufgebrochen; realistische Kompositionen der Dokumentaristen Schoedsack/Cooper, durchaus noch experi-

mental damals, wirken retrospektiv betrachtet genial, angemessen der Rationalität des Wahnsinns, deren Exekution wir beiwohnen. Im Erscheinungsjahr kommt Hitler an die Macht.« (Andreas Meyer, medium).

DAS SONNTAGSKIND

BRD 1956, R: Kurt Meisel, D: Heinz Rühmann, Hannelore Bollmann, Werner Peters, Günther Lüders, Walter Giller, Carla Hagen, Ellen Waldeck, Carl Napp, Jupp Flohr, Otto Wernicke, Siegfried Lowitz, Lilo Hartmann, Toni Treutler, Emmy Burg, Waltraut Runze, Marina Orschel, Edward Melotte, Hellmut Grube, Kurt Pratsch-Kaufmann, Alexa von Porembsky

Nach einem Theaterstück von Hans Müller-Schlösser: 1948. Der Schwarzmarkt blüht, und auch der rheinische Schneidermeister Wibbel ist unterwegs. Doch bevor er sein Grammophon in Zigaretten tauschen kann, wird er von einem englischen Militärpolizisten erwischt. Anstatt ihn abzuführen, zeigt McMillar selbst Interesse an dem Tauschobjekt. Der Handel wird begossen und anschließend, nach einem Kleidertausch, zieht man auf die Weiberfastnacht. Wibbel fällt auf und wird wegen Tragens einer Uniform verhaftet. Das hat Folgen: Wegen Umformmissbrauchs wird Wibbel zu drei Wochen Gefängnis verurteilt. Wibbel denkt nicht daran, in den Bau zu gehen – er schickt seinen Gesellen Mattes stattdessen. So weit – so gut. Doch leider stirbt dieser in der Haft, und der tote Wibbel muss untertauchen. Hat er anfangs noch seine helle Freude an den Beileidsbezeugungen, vergeht ihm das Lachen, als er zusehen muss, wie seine Frau zur von Männern umschwärmten Witwe geworden ist. Wibbel schlüpft in die Rolle seines Bruders Jimmy aus Amerika und kommt kurzerhand »angereist«. Er heiratet seine eigene Frau noch einmal. Alles könnte fortan so schön sein, wenn die Schwägerin des Gesellen nicht plötzlich Mordverdacht schöpfen und Anzeige erstatten würde.

Helmut Helmers (Filmblätter): »Der Schneider-Wibbel-Stoff ist so unverwüstlich, dass man immer wieder auf ihn zurückkommt. Der Autor verlegte die ursprünglich im napoleonisch besetzten Rheinland spielende Handlung in die Währungsreform und bewies, dass eine zeitliche

Der Sonne entgegen (1956, R: Roy Boulting):
Jane Greer und Richard Widmark

Verpflanzung große Vorteile mit sich bringen kann ... Weit über den Urstoff hinausgehend ist eine Fülle guter neuer Einfälle hinzugekommen, die sowohl Gelächter als auch Rührung steigern. Karnevalstrubel und Rheinlandschaft kommen als weitere Anziehungspunkte hinzu. Rühmann spielt die Titelrolle so liebenswert und schauspielerisch so qualitätsvoll, dass sie als Leistung neben seinem ›Köpenick‹ auf gleicher Höhe steht. In Hannelore Bollmann hat er eine reizend verliebte Jungverheiratete zur Seite. Die beiden Gesellen sind Werner Peters – immer verfressen und faul – und Günther Lüders – kränklich und hilfsbereit. Ein Glanzpunkt ist Walter Giller im Schottenrock und mit brandrotem Haar. Er setzt seine Linie fort, weniger zu ›machen‹ und dadurch stärker zu wirken.«

Zweimal wurde *Schneider Wibbel* fürs Fernsehen aufgezeichnet, 1959 spielten unter der Regie von Peter Hamel Willy Millowitsch, Heinz Bennent und Franz Schneider, 1980 inszenierte Wolf Rathjen das Stück mit Fritz Hollenbeck, Ursula Hinrichs und Jens Scheiblich.

1939 Schneider Wibbel

D, R: *Viktor de Kowa, D: Erich Ponto, Fita Benkhoff, Günther Lüders*

1931 Schneider Wibbel

D, R: *Paul Henckels*

1920 Schneider Wibbel

D, R: *Manfred Noa*

DIE SONNYBOYS

The Sunshine Boys, USA 1995, R: John Erman, D: Peter Falk, Woody Allen, Sarah Jessica Parker, Michael McKean, Liev Schreiber
Nach einem Theaterstück von Neil Simon: Über 40 Jahre lang amüsierten die Komiker Willy Clark und Al Lewis mit ihren turbulenten Sketchen ihr Publikum. Seit elf Jahren sind sie jedoch nicht mehr zusammen aufgetreten und einander spinnefeind. Als sie in einem Film noch einmal ihre Glanznummer vorführen sollen, gibt es ein Fiasko.

Lexikon des internationalen Films: »Vergnügliches Fernseh-Remake eines Films von Herbert Ross, in dem Woody Allen als vermeintlich ungeliebter Komiker und Peter Falk als störrischer Eigenbrötler brillieren können.«

Die Sunny-Boys (1975, R: Herbert Ross): George Burns und Walter Matthau

1975 Die Sunnyboys

The Sunshine Boys, USA, R: Herbert Ross, D: Walter Matthau, George Burns

SOUTH PARK – DER FILM

South Park: Bigger, Longer And Uncut, USA 1999, R: Trey Parker – Animation
Stan, Kyle, Cartman und Kenny sehen sich im Kino einen Film für Erwachsene an, und bald folgt der Rest der Drittklässler nach. Die Eltern sind allerdings wenig begeistert vom Resultat: Die lieben Kleinen haben allerlei Schweinereien aufgeschnappt. Prompt gründen die wütenden Eltern eine militante Bürgerinitiative; aus Wut wird Hass, und aus Hass wird Krieg ...

ComputerBild: »Ein Angriff auf Anstand und den guten Geschmack. Miserabel schön gezeichnet, Dialoge aus dem Gully. Würdige Verfilmung der Kultserie.«

1997 South Park

USA, TV-Serie, R: Trey Parker – Animation

SPACE DEFENDER

Precious Find, USA 1996, R: Philippe Mora, D: Rutger Hauer, Joan Chen, Harold Pruett, Brion James, Morgan Hunter, Don Stroud, Philippe Mora, Aleks Shaklin, Tim De Zarn, Anthony Guidera
Ein bärtiger Spieler gewinnt bei einem Pokerspiel auf dem Mond eine Schatzkarte in Gestalt eines Mikrochips. Zusammen mit einem blonden Jüngling und dem Müllfahrer James fährt er zu einem fernen Asteroiden, um dort nach dem Schatz zu suchen.

Science Fiction Filmenzyklopädie: »Nach der Wiederauflage von *Casablanca* (1943) im Film

Barb Wire (1996) haben wir es diesmal mit einer Science-Fiction-Version von *Der Schatz der Sierra Madre* (1947) zu tun, die – ähnlich wie *Barb Wire* – daran krankt, dass man mit einem bekannten Video-›Star‹ drehen musste, der Humphrey Bogart in keinster Weise gleichwertig ersetzen kann ... Obwohl nachlässig und billig gemacht, verstrahlt der Film einen gewissen Charme, dank einer Joan Chen, die aus der Bruce-Bennet-Rolle eine ausgeschlafene Gespielin macht, und des altgedienten Bösewichts James, der sich darin gefällt, einen liebevollen, engelhaften Walter Huston zu spielen.«

1947 Der Schatz der Sierra Madre
The Treasure Of The Sierra Madre, USA, R: John Huston, D: Humphrey Bogart

SPACE NAVIGATOR
Navigators Of The Space, USA 1993, R: Camillo Teti, D: Jesse Dann, Jeane Belle, Greg Badgewell, Raymond Richard, Christine Keegan, Ashley Sher Shannon, Den Alban, Nicolas Coffman, Matthew Coffman

Der zwölfjährige Bob und sein Vater erleiden Schiffbruch im Sumpf. Als der Junge allein erwacht, beamt ihn eine außerirdische Macht an Bord eines Raumschiffes. Dort trifft er den Roboter Jay 7 und erfährt, dass dieser ihn für eine Rückkehr auf seinen Planeten braucht. Die beiden freunden sich an, das Manöver klappt. Doch zurückgekehrt auf die Erde stellt Bob fest, dass sich in der Zwischenzeit – es sind immerhin sieben Jahre vergangen – vieles zum Schlechteren entwickelt hat.

Videowoche: »Italienisches Quasi-Remake des sympathischen Überraschungshits *Der Flug des Navigators* in einer preisgünstigen, aber unterhaltsamen Inszenierung von Camillo Teti. Dass kaum einer der Beteiligten auf eine größere Filmerfahrung zurückblicken kann, merkt der ... Betrachter in jeder Sekunde.«

1986 Der Flug des Navigators
Flight Of The Navigator, USA, R: Randal Kleiser, D: Joey Cramer, Matt Alder

DIE SPANISCHE FLIEGE
BRD 1954, R: Carl Boese, D: Joe Stöckel, Rudolf Platte, Hans Leibelt, Gretl Schörg, Erika von Thellmann, Holger Hildmann, Elisabeth Flickenschildt, Jester Naefe, Hans Richter, Kurt Großkurth, Paul Henckels, Albert Florath, Lotte Ratisch, Helmut Ahner, Ruth Stephan, Stanislav Ledinek, Elena Luber, Holger Hildmann, Elisabeth Flickenschildt, Ursula Herking, Hans Stiebner

Nach einem Schwank von Arnold und Bach: Vier Kleinstadtbürger entdecken, dass sie 20 Jahre lang für ein und dasselbe Kind Alimente gezahlt haben, die biederen Spießer geraten wegen angeblicher oder wirklicher Seitensprünge in die Bredouille.

G. A. Trumpff *(Filmblätter)*: »Arnold und Bachs erfolgssicherer Schwank um die spanische Fliege, die als gern gesehene Tänzerin im Clou vier prominente Bürger der biederen Kleinstadt Daxburg achtzehn Jahre für einen vermeintlichen Fehltritt zahlen ließ, ist in unsere Zeit verlegt. Der jüngst verstorbene Edgar Kahn hat die Fabel mit einer hübschen Liebesgeschichte angereichert, mit pointierten Dialogen und handfester Situationskomik versehen, die blendend ankommen. So wird ein pralles Leben nachgezeichnet, das diesen Film ohne Längen für heitere, schwerelose Unterhaltung fit macht. Dafür sorgen nicht zuletzt die vier angstvollen Familienväter Stöckel-Platte-Leibelt- Großkurth. Prächtige Typen! Hans Richter wechselt erfolgreich zum pfiffigen Juristen und Liebhaber der reizenden Jester Naefe. Eine Entdeckung: Der unwiderstehlich sächselnde Helmut Ahner, der nach einigem Missgeschick mit Ruth Stephan sein Glück macht ... Ein hübscher Effekt: Die Trennung der Vorgeschichte von der Gegenwartshandlung durch den nachgeholten Vorspann ... Unbeschwerte Feierabendunterhaltung.«

1931 Die spanische Fliege
D, R: Georg Jacoby, D: Fritz Schulz, Oscar Sabo, Julia Serda, Paul Westermeier

SPÄTHERBST
Akibiyori, J 1960, R: Yasujiro Ozu, D: Setsuko Hara, Miyuki Kuwano, Shinichirô Mikami, Kuniko Miyake, Nobuo Nakamura, Mariko Okada, Chishu Ryu, Shin Saburi, Keiji Sada, Sadako Sawamura, Ayako Senno

Ayakos Vater ist seit sieben Jahren tot, die Mutter ist mit ihr allein geblieben. Nun versucht sie, einen Ehemann für die Tochter zu finden. Drei ältere Herren kuppeln dabei heftig mit, versuchen Mutter und Tochter unter die Haube zu bringen, doch die Mutter bleibt am Ende allein, die Tochter folgt einem jungen Mann und die drei alten Herren hatten ihren Spaß.

Süddeutsche Zeitung: »Wie elf Jahre vorher in *Später Frühling* die Bindung der erwachsenen Tochter in den Vater so groß ist, dass sie auf ein eigenes Familienleben verzichten möchte, ist es hier die starke Mutter Tochter-Bindung. Yasujiro Ozu hat den Film 1960 gedreht, traditionell aber dennoch mit dem Gespür für den Einbruch einer neuen Zeit.«

1949 Später Frühling

Banshun, J, R: Yasujiro Ozu, D: Hohi Aoki, Setsuko Hara, Masao Mishima

SPHERE – DIE MACHT AUS DEM ALL

Sphere, USA 1998, R: Barry Levinson, D: Dustin Hoffman, Sharon Stone, Samuel L. Jackson, Peter Coyote, Liev Schreiber, Queen Latifah, Marga Gómez, Huey Lewis, Bernard Hocke, James Pickens jr., Michael Keys Hall, Ralph Tabakin

Nach einem Roman von Michael Crichton: Der Psychologe Goodman und sein Expertenteam tauchen in die Tiefen des Pazifiks. Dort untersuchen sie ein geheimnisvolles untergegangenes UFO. Im Inneren des Raumschiffes stoßen sie auf eine außerirdische Lebensform.

Franz Everschor *(Film-Dienst)*: »Über allem *Jurassic Park*-Rummel hat man beinahe vergessen, dass Michael Crichton einmal ein angesehener Science-Fiction-Autor gewesen ist, dessen *Andromeda* nach wie vor zu den besten Filmen des Genres gehört. Auch der bereits vor einem Jahrzehnt entstandene Roman *Sphere* hat seine Meriten, obgleich der Plot allzu deutlich an ähnliche Vorgänger erinnert. Die derivativen Elemente der Story kommen im Film stärker zum Tragen, da die vielen Drehbuchautoren, die an ihr herumgewerkelt haben, die Psychologie der Personen allzu sehr vernachlässigen. Die Handlung erinnert überdeutlich an einen Klassiker des Genres aus dem Jahr 1956, an *Alarm im Weltall*, der eingestandenerweise selbst bereits Anleihen bei Shakespeares *Der Sturm* gemacht hat ... In *Alarm im Weltall* lieferte der unterbewusste Hass eines Vaters auf alle Männer, die sich seiner Tochter nähern, das Motiv. Die Drehbuchautoren von *Sphere* stochern zwar von Beginn an ein bisschen hier und ein bisschen da (manchmal auch unterhaltsam ironisch) in Vergangenheit und Psyche ihrer Figuren herum, bringen aber keine ausreichenden Anhaltspunkte dafür zu Stande, warum die Leute plötzlich derart destruktive Gedanken und Träume produzieren. Auch Barry Levinson,

der die Story mit viel filmischem Geschick erzählt, konnte nicht verhindern, dass die zweite Hälfte des Films – trotz all ihrer ›schockierenden‹ Ereignisse – weniger fesselnd ausgefallen ist als die erste. Dennoch bleibt für Fans genug übrig, was den Film innerhalb seines Genres interessant macht.«

1955 Alarm im Weltall

Forbidden Planet, USA, R: Fred M. Wilcox, D: Walter Pidgeon, Leslie Nielsen

SPIDER-MAN

USA 2002, R: Sam Raimi, D: Tobey Maguire, Willem Dafoe, Kirsten Dunst, James Franco, J.K. Simmons, Randy Poffo, Michael Papajohn, Joe Manganiello, Rosemary Harris, Ted Raimi, Cliff Robertson, Bill Nunn, Bruce Campbell, Stan Lee

Nachdem der Student Peter Parker bei einer Exkursion in einem Hightechlabor von einer genmanipulierten Spinne gebissen wurde, entwickelt sein Körper plötzlich übermenschliche Kräfte und eine bemerkenswerte Fähigkeit: Er kann senkrecht Wände hinauflaufen und tragfähige Seile »spinnen«. Nachdem Peter diese neu erworbene Kraft anfänglich zu seinem eigenen Vorteil ausnutzt und um seine große Liebe Mary Jane Watson zu beeindrucken, entdeckt er bald auch die damit verbundenen Schattenseiten. Erschüttert durch den Tod seines geliebten Onkel Ben, sieht Peter alias Spider-Man fortan in der Bekämpfung allen Verbrechens seine Berufung und findet in seinem Erzrivalen, dem verrückten Wissenschaftler Grüner Kobold, seine Nemesis ...

V. Robrahn *(filmszene.de)*: »Moderne Tricktechnik, ein mit der Materie vertrauter Regisseur und ein optimal besetzter Hauptdarsteller sorgen dafür, dass mit *Spider-Man* eine Adaption entstand, die sowohl die Fans zufrieden stellen als auch das restliche Publikum unterhalten wird ... Erst als seine Gleichgültigkeit in einer persönlichen Tragödie endet, erkennt Peter, dass er seine Kräfte sinnvoller einsetzen muss. Und ihm wird klar: ›Aus großer Kraft folgt auch eine große Verantwortung‹. Letzteres ist nun schon seit langer Zeit das große Leitmotiv und irgendwo auch eine Art ›moralische Keule‹ der Spider-Man-Serie. Aber selten wurde die Motivation einer Heldenfigur stärker herausgearbeitet als hier durch das traumatische Erlebnis gleich zu Beginn seiner Karriere. Und diese Entwicklung – vom unreifen

Teenager zum verantwortungsvollen Erwachsenen – verkörpert Tobey Maguire mit Bravour, in einem Film, der ihm glücklicherweise auch die Möglichkeit dazu gibt ... Zu bemängeln gibt es eher wenig: Beispielsweise, dass die Action- und Nahkampfszenen zwar überzeugen, die in übertriebenem Tempo ablaufenden Spezialeffekte aus der Luft die Figuren allerdings oft wie Hüpfer aus einem Computerspiel wirken lassen. Und dass der unvermeidliche ›Superschurke‹ nicht wirklich überzeugen kann. Denn leider ist es letztendlich doch nicht ganz gelungen, den ›Grünen Kobold‹ optisch so in Szene zu setzen, dass er möglichst nicht albern wirkt. Wie auch die charakterliche Wandlung und ›Schizophrenie‹ dieses Bösewichts etwas plötzlich und nicht ganz überzeugend daherkommt.«

Dem ersten *Spiderman* von 1977 folgten noch zwei Fortsetzungen, ebenfalls mit Nicholas Hammond in der Hauptrolle: *Spider-Man schlägt zurück* (1978) und *Spider-Man gegen den gelben Drachen* (1979).

1977 Spiderman – Der Spinnenmensch
Spiderman, USA, R: E. W. Swackhamer, D: Nicholas Hammond, Lisa Eilbacher

SPIEL ZU DRITT
Take Me Out To The Ball Game, USA 1949, R: Busby Berkeley, D: Frank Sinatra, Esther Williams, Gene Kelly, Betty Garrett, Edward Arnold, Jules Munshin, Richard Lane, Tom Dugan
Dennis Ryan und Eddie O'Brien kehren zu ihrer Baseball-Mannschaft nach Florida zurück, nachdem sie den Winter über in Vaudeville-Theatern Furore gemacht haben. Künstlerisch und sportlich gleichermaßen talentiert, gehören sie zu den Stützen der »Wolves«, die sich auch in diesem Jahr wieder berechtigte Hoffnungen auf den Gewinn des Pokals machen. Als der Eigentümer des Baseball-Clubs stirbt, bekommt das Team in K. C. Higgins eine neue Chefin. Sie ist nicht nur sehr hübsch, sondern weiß sich auch bei den Stars der Mannschaft Respekt zu verschaffen. Dennis und Eddie verlieben sich gleichermaßen in sie, wobei der eher schüchterne Dennis Miss Higgins allerdings weniger imponiert als Draufgänger Eddie. Dennoch (oder gerade darum) feuert sie Eddie wütend aus dem Team, als sie dahinterkommt, dass er nachts heimlich für den gerissenen Joe Lorgan mit vielen hübschen Girls eine Show einstudiert, was seine sportlichen Leistungen sehr

beeinträchtigt. Im entscheidenden Spiel kommt er zwar wieder auf den Platz, aber nun sorgt Dennis in bester Absicht für neue Aufregungen ...

»Am schönsten wär ein Musical mit fünfzig Girls. Noch besser mit hundert Girls, oh Mann.« So träumt Gene Kelly beim Wechsel vom Vaudeville zum Baseball, und das ist natürlich eine Huldigung an den Regisseur des Films: Busby Berkeley (1895-1976). Sein Name ist untrennbar mit der Entwicklung des amerikanischen Film-Musicals verbunden. Er hatte bereits mit vielen erfolgreichen Musicals am Broadway Karriere gemacht, als er 1930 nach Hollywood kam, um für Samuel Goldwyn in verschiedenen Filmen Musical-Nummern zu arrangieren. Seine Choreografie wirkte in den dreißiger Jahren stilbildend, mit immensem Einfallsreichtum und Sinn für innovative Kameraführung schuf er faszinierende Tanznummern, die den Glanz der alten Revuefilme Hollywoods bis heute ausmachen.

TV Spielfilm Lexikon: »Die Story dieses konventionellen Musicals erdachten sich Gene Kelly und Stanley Donen, dafür machten sie Anleihen in dem Film *They Learned About Women* (1930). Als sie die Idee dem Produzenten Arthur Freed unterbreiteten, beabsichtigten sie, neben der Choreografie auch die Regie zu übernehmen. Doch MGM wollte kein Risiko eingehen und übertrug die Leitung am Set dem Altmeister des Musicals, dem Choreografen und Regisseur Busby Berkeley, der mit *Spiel zu dritt* seine letzte Arbeit ablieferte. Gene Kelly und Stanley Donen gestand man immerhin die Inszenierung der Tanzszenen zu, die Freed derartig imponierte, dass er dem Gespann mit dem im selben Jahr entstandenen *Heut' gehen wir bummeln* die Chance gab, ihren ersten Film hinter der Kamera zu drehen. Der sollte auch die Protagonisten Gene Kelly, Frank Sinatra, Jules Munshin und Betty Garrett wieder zusammenbringen.«

1930 They Learned About Women
USA, R: Jack Conway, Sam Wood, D: Gus Van, Joe Schenck, Bessie Love

DER SPIELGEFÄHRTE
The Toy, USA 1982, R: Richard Donner, D: Richard Pryor, Jackie Gleason, Ned Beatty, Scott Schwartz, Teresa Ganzel, Wilfrid Hyde-White, Annazette Chase, Tony King, Don Hood, Karen Leslie-Lyttle
Der arbeitslose schwarze Journalist Jack Brown arbeitet als Putzhilfe im Kaufhaus des viel be-

schäftigten Millionärs Bates. Zunächst durch einen finanziellen Anreiz lässt er sich darauf ein, den Spielgefährten für Bates' neunjährigen verwöhnten Sohn Eric zu mimen, der im Kaufhaus auf den lebenslustigen Angestellten aufmerksam geworden ist. Anfangs geplagt durch Erics erniedrigende Streiche gelingt es ihm jedoch bald, das Vertrauen des ansonsten eher verschlossenen Jungen zu gewinnen. Eric lernt, dass Freundschaft und Liebe nicht mit Geld zu kaufen sind und erkennt auch, dass sein Vater dies noch lernen muss. Gemeinsam bezähmen sie Bates, Vater und Sohn kommen sich näher und Jack erhält seine lang ersehnte Redakteursstelle bei der konzerneigenen Zeitung.

Helmut W. Banz *(Die Zeit):* »Im Grunde haben Ray Stark (Produktion) und Carol Sobieski (Drehbuch) in *The Toy* nur die Grundsituation ihres Rührstücks *Annie* umgekehrt: nicht ein armes Waisenkind erweicht das Herz eines verhärteten Millionärs, sondern einem verzogenen, unglücklichen Gör wird von einem armen, ehrlichen Erwachsenen die erhebende Lektion erteilt, dass Freundschaft, Liebe und Respekt nicht mit Geld erkauft werden können. Die Darsteller mühen sich vergeblich mit vorhersehbaren Gags und Klischees: Jackie Gleason agiert wie in einer Pantomimenaufführung; Wilfrid Hyde-White trottet als saufender englischer Butler torkelnd durch die Dekors; Scott Schwartz möchte man wünschen, von einem seiner riesigen Stofftiere erdrückt zu werden; und Richard Pryors Ansät-

ze zu anarchischer Komik bleiben kleben im Sirup sentimentaler Mittelklasse-Moralismen.«

1976 Das Spielzeug
Le jouet, F, R: Francis Veber, D: Pierre Richard, Michel Bouquet, Fabrice Gréco

DIE SPUR DES FALKEN

The Maltese Falcon, USA 1941, R: John Huston, D: Humphrey Bogart, Mary Astor, Peter Lorre, Gladys George, Jerome Cowan, Sydney Greenstreet, Barton MacLane, Elisha Cook jr., Ward Bond

Nach einem Roman von Dashiell Hammett: Von einer Mrs. Wonderly werden die Privatdetektive Sam Spade und Miles Archer engagiert, einen gewissen Floyd Thursby zu beschatten. Archer wird dabei erschossen, auch Thursby stirbt noch in der gleichen Nacht. Die Polizei verdächtigt zuerst Sam, da dieser ein Verhältnis mit Archers Frau hatte, doch dem Detektiv kann nichts nachgewiesen werden. Von seiner Klientin erfährt Sam Spade wenig später deren richtigen Namen – Brigid O'Shaughnessy. Für 500 Dollar ist er bereit, sie aus der Affäre herauszuhalten und zugleich nachzuforschen, weshalb ihr Leben bedroht ist, wie sie ihm erzählt. In seinem Büro bekommt Spade dann Besuch von Mr. Cairo, der ihm erst

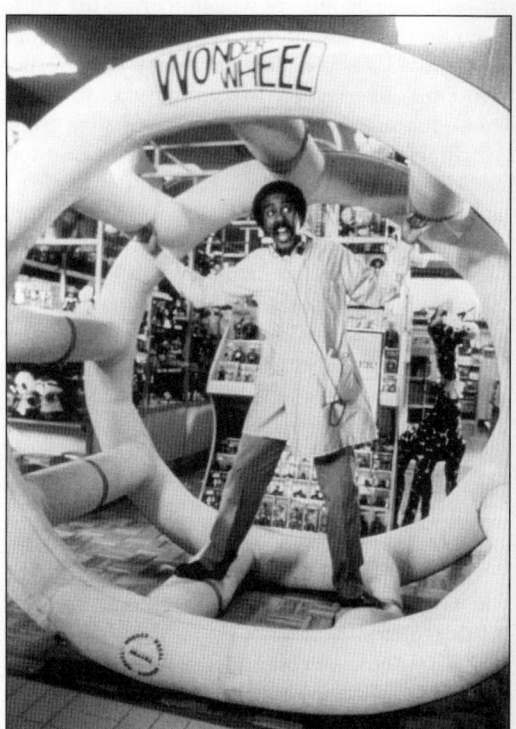

Unten: Der Spielgefährte (1982, R: Richard Donner):
Scott Schwartz
Rechts: Der Spielgefährte (1982): Richard Pryor

5.000 Dollar für die Statue eines schwarzen Falken bietet, dann aber mit gezückter Pistole verlangt, das Büro durchsuchen zu können. Als Spade Brigid davon berichtet, schlägt diese ein Treffen mit Cairo vor, denn auch sie ist an der Statue interessiert.

Meinolf Zurhorst (*Lexikon des Kriminalfilms*): »*The Maltese Falcon*, eines der berühmtesten Werke von Dashiell Hammett, bestimmte wesentlich den Charakter des ›hard boiled‹-Kriminalromans. Schon kurz nach seiner Publikation 1930 gelangte eine erste Verfilmung auf den Markt: *The Maltese Falcon* (1931). Unter der Regie von Roy Del Ruth spielten Ricardo Cortez und das ›Flapper Girl‹ Bebe Daniels die Rollen von Sam Spade und Brigid O'Shaughnessy. Der Film folgte relativ eng der Vorlage und beeinflusste das zehn Jahre später entstandene, berühmtere Remake nicht unwesentlich. Ziemlich daneben ging aber William Dieterles Version von 1936, *Satan Met A Lady*, in dem die Rolle des Oberschurken Gutman von einer matronenhaften Frau dargestellt und der Falke durch ein diamantenbesetztes Horn ersetzt wurde. John Huston, Sohn des Hollywood-Stars Walter Huston, war bislang nur als Drehbuchautor aufgefallen. In sein Regiedebüt – es war immerhin die dritte Adaption der bekannten, erfolgreichen Vorlage und illustrierte die gängige Praxis der Warner Brothers, die eigenen Verfilmungsrechte gleich mehrfach auszuwerten – setzte keiner allzu große Hoffnungen. George Raft, einer der Gangsterstars des Studios, lehnte es ab, unter der Regie eines Neulings zu arbeiten. Huston gewann Humphrey Bogart, der den Regisseur seit Raoul Walshs *High Sierra* schätzte, zu dem Huston das Skript verfasste und der aus Bogart einen Star gemacht hatte. Keiner konnte ahnen, dass *Die Spur des Falken* der erste entscheidende Schritt Bogarts werden sollte auf dem Weg zur Kultfigur. Und mehr noch – einen Zyklus initiierte, der als ›Film noir‹ Filmgeschichte machte und die wohl einzig genuine künstlerische Hervorbringung des kommerziell orientierten Hollywoods war.«

1974 kam es zu einer komödiantischen Fortsetzung *Die Jagd nach dem Malteserfalken* (R: David Giler, D: George Segal, Stéphane Audran, Elisha Cook).

1936 Der Satan und die Lady
Satan Met A Lady, USA, R: William Dieterle, D: Bette Davis, Warren Williams, Marie Wilson

1931 The Maltese Falcon
USA, R: Roy Del Ruth, D: Ricardo Cortez, Bebe Daniels, Dudley Digges

SPUR IN DEN BERGEN
Track Of The Cat, USA 1954, R: William A. Wellman, D: Robert Mitchum, Teresa Wright, Diana Lynn, Tab Hunter, Beulah Bondi, Philip Tonge, William Hopper, Carl ›Alfalfa‹ Switzer

Amerika kurz vor der Jahrhundertwende. Im Norden Kaliforniens lebt die Familie Bridges auf einer abgelegenen Farm. Das Zusammenleben in der Einöde ist nicht unproblematisch: Der 71-jährige Vater ist Alkoholiker, die Mutter eine herrschsüchtige Frau, die in der Bibel Trost sucht. Der älteste Sohn Curt, ein gewalttätiger Angeber, beansprucht die Führungsrolle in der Familie. Vor allem will er die Beziehung seines jüngsten Bruders Harold zu der hübschen Gwen, die auf der Ranch zu Besuch ist, unterbinden, um sie für sich zu gewinnen. Als Harold aufzubegehren versucht, wird er nur vom dritten Bruder Arthur unterstützt. Doch dann kommt Arthur auf der Jagd nach einem Puma, der bereits drei Rinder gerissen hat, ums Leben. Curt findet die Leiche und nimmt die Verfolgung des Tieres auf. Doch er verirrt sich im Schnee und kommt ums Leben, als er einen Abhang hinunterstürzt. Trotz aller Streitigkeiten ist Harold fest entschlossen, den Tod seiner Brüder zu rächen ...

Ein Western mit Hollywood-Star Robert Mitchum, der in seiner Laufbahn in über 80 Filmen mitgewirkte. *Spur in den Bergen* ist eine seiner weniger bekannten Arbeiten. Seine darstellerische Leistung ist darum nicht weniger eindrucksvoll. Immerhin war es für Mitchum die zweite Zusammenarbeit mit dem Regisseur, der ihm zum Durchbruch verholfen hatte. William A. Wellman hatte ihn 1945 für *Schlachtgewitter am Monte Cassino* verpflichtet, und dieser Film hatte ihm professionelle Anerkennung, Starruhm und die einzige Oscar-Nominierung seiner Karriere eingebracht. Seinerzeit hatte Mitchum das in ihn gesetzte Vertrauen gerechtfertigt. Neun Jahre später konnte er sich mit einer weiteren Glanzleistung als herrschsüchtiger Curt revanchieren. Nicht zuletzt sein intensives Spiel verhilft der düsteren Familiensaga zu ihrer beklemmenden atmosphärischen Dichte.

1949 The Big Cat
USA, R: Phil Karlson, D: Lon McCallister, Peggy Ann Garner, Preston Foster

SPUREN IM SAND
The Godchild, USA 1974, R: John Badham, D: Jack Palance, Jack Warden, Keith Carradine, Ed Lauter, Jose Perez, Fionnula Flanuagan, Bill McKinney, Jesse Vint

Nach einem Roman von Peter B. Kynes: Während des amerikanischen Bürgerkrieges brechen zwei Gefangene mit Hilfe eines Mexikaners aus einem Lager der Südstaaten aus. Auf der Flucht vor ihren Verfolgern stoßen die drei Männer in der Wüste auf eine Frau, die in den Wehen liegt. Sie stirbt bei der Geburt; nach ihrem Tod opfern die Männer sich selber, um das ihnen anvertraute Kind zu retten.

Western Lexikon: »Die sechste Verfilmung des Stoffes *Three Godfathers*, die immer noch nicht den Schatten der John-Ford-Verfilmung abschütteln kann.«

Hier irrt Joe Hembus – von der Geschichte vom Bösewicht, der sich zum guten Jungen wandelt, gibt es sieben Versionen, allein zwei von John Ford. *Spuren im Sand* ist damit eine der am häufigsten verfilmten Westernstorys. Seinen Film von 1948 widmete der Regisseur John Ford dem Schauspieler Harry Carey, der zwei Mal die Rolle des Bob Sangster spielte. Sein Sohn Harry Carey jr. ist das Kind, das die drei Bankräuber retten. Über das »Krippenspiel unter den Western« (Joe Hembus) heißt es im *Filmkurier*: »Die folkloristischen Szenen in dem kleinen Wildwestort und in der Wohnung des Sheriffs sind von der

Spuren im Sand (1948, R: John Ford):
Harry Carey jr., John Wayne und Pedro Amendariz

Spuren im Sand (1948, R: John Ford):
Dorothy Ford, John Wayne und Hank Worden

Ford auszeichnenden herzhaften Ironie. Die Bildfolgen in der Wüste sind farblich und in ihrer grafischen Komposition oft von hoher Delikatesse.«

1948 Spuren im Sand
Three Godfathers, USA, R: John Ford, D: John Wayne, Pedro Amendariz

1936 Helden aus der Hölle
Three Godfathers, USA, R: Richard Boleslawski, D: Chester Morris, Lewis Stone

1929 Hell's Heroes
USA, R: William Wyler, D: Charles Bickford

1920 Marked Men
USA, R: John Ford, D: Harry Carey

1916 Three Godfathers
USA, R: Edward J. LeSaint, D: Harry Carey

1909 Broncho Billy And The Baby
USA, D: G. M. Anderson

SPURLOS
The Vanishing, USA 1993, R: George Sluizer, D: Kiefer Sutherland, Jeff Bridges, Nancy Travis, Sandra Bullock, Park Overall, Maggie Linderman, Lisa Eichhorn, George Hearn, Lynn Hamilton

Während ihrer Urlaubsreise verschwindet die junge Diane an einer Raststätte plötzlich spurlos. Drei Jahre lang sucht Jeff vergebens nach seiner Freundin. Da meldet sich ein psychopathischer Lehrer bei ihm und behauptet, Diane wäre in seiner Hand ...

Ein Psychothriller, den der Regisseur und Autor George Sluizer gleich zwei Mal verfilmte. 1988 drehte er in seiner holländischen Heimat *Spurlos verschwunden*, die Geschichte eines Mannes, der wie besessen nach seiner verschwundenen Freundin sucht, um dann selbst das

Spurlos (1993, R: George Sluizer):
Jeff Bridges

Spurlos (1993, R: George Sluizer):
Nancy Travis und Kiefer Sutherland

Opfer des wahnsinnigen Entführers zu werden. Das Gruselerlebnis beeindruckte auch Hollywood – mit dem Ergebnis, dass Sluizer fünf Jahre später sein eigenes Remake drehen durfte.

Abendzeitung: »... bietet dieser atemberaubende Psychokrimi ein Szenario voll überraschender Wendungen und bester Spannung. Jeff Bridges beweist sich als Darsteller von höchstem Rang.«

1988 Spurlos verschwunden
Spoorloos, NL/F, R: George Sluizer, D: Bernard-Pierre Donnadieu, Gene Bervoets

STADT DER ENGEL
City Of Angels, USA 1997, R: Brad Silberling, D: Meg Ryan, Nicolas Cage, André Braugher
Er hat kein Spiegelbild, er hat keinen Schatten. Er fühlt keinen Schmerz, keine Angst. Seth ist kein Mensch, er ist ein Engel. Er lebt auf den Dächern der Stadt, sein Zuhause ist die örtliche Bibliothek geworden. Seine Aufgabe besteht darin, die sterbenden Seelen abzuholen – und in ihr neues »Leben« zu bringen.

Hans-Joachim Neumann *(Zitty)*: »In einem sogar haben die Amerikaner die Vorlage verbessert. Nervte bei Wenders die grässliche, überlange Schlussszene, da sich der Engel so gar nicht zum Kuss an der irdischen Geliebten durchringen konnte, so werden die Erotica hier deutlich amerikanisch-pragmatischer angepackt. Und noch etwas haben die Amis diesmal anders hingekriegt. War Wenders' *Der Himmel über Berlin* einst ausschließlich auf dem deutschen Kinomarkt ein annehmbarer, wenn auch nicht sensationeller Erfolg, so erwies sich das Remake als veritabler Hit in den USA. Es geschehen eben noch Zeichen und Wunder wenn schon nicht im, so doch wenigstens mit dem deutschen Film.«

Stadt der Engel (1997, R: Brad Silberling):
Meg Ryan und Nicolas Cage

Stadt der Engel (1997, R: Brad Silberling):
Nicolas Cage

1986 Der Himmel über Berlin

BRD/F, R: Wim Wenders, D: Bruno Ganz, Solveig Dommartin

STAGECOACH

USA 1987, R: Ted Post, D: Willie Nelson, Kris Kristofferson, Johnny Cash, Waylon Jennings, John Schneider, Elizabeth Ashley, Mary Crosby, Tony Franciosa, Anthony Newley

Nach der Erzählung *Stagecoach To Lordsburg* von Ernest Haycox: Aufregung auf der Post- und Polizeistation des Western-Städtchens Tonto. Der Telegraf meldet neue Überfälle des gefürchteten Apachenführers Geronimo. Und draußen fährt die Kutsche nach Lordsburg ein, die ihren Weg durch das Gefahren-Gebiet nehmen soll. Doch unbeherrschte Räuber und aufgebrachte Indianer gehören um 1880 zum Alltag. Buck, der Postkutscher, lässt sich darum auch wenig beeindrucken. Er wird fahren. Und seine Mitreisenden haben alle guten Grund, nicht umzukehren. Zu ihnen gehören Doc Holliday, der Zahnarzt und legendäre Schütze, der Whisky-Verkäufer Peacock, der Berufsspieler Hatfield, die Prostituierte Dallas, der zwielichtige Bankdirektor Gatewood und die hochschwangere Lucy Mallory. Beifahrer auf dem Kutschbock ist Marshal Wilcox, der hinter dem entflohenen Ringo Kid her ist. Auf der ersten Station schon verlieren die Reisenden ihre Militäreskorte. In Apache Valley, dem zweiten Halt, bringt Lucy Mallory mit Docs Hilfe ihr Kind zur Welt. Und kaum hat die Kutsche das Reststück nach Lordsburg unter den Rädern, greift Geronimo wirklich an.

Western Lexikon: »Die dritte Verfilmung des Romans von Ernest Haycox. Natürlich ist *Stagecoach* immer noch meilenweit von dem John-Ford-Original entfernt ... Leider ist die Synchronisation nicht ganz auf der Höhe des Sujets.«

Ted Post, der amerikanische Kino- und Theaterveteran, hat es 1987 gewagt, die Erzählung *Postkutsche nach Lordsburg* neu zu verfilmen. Im Wettbewerb mit John Fords legendärem Original setzt Post auf eine ungewöhnliche Besetzung. Vier der zentralen Rollen hat er mit renommierten Country-Sängern besetzt. Johnny Cash, Kris Kristofferson, Willie Nelson und Waylon Jennings (ehemals Bassist und einziger Überlebender der Buddy Holly Band) beweisen auch als Darsteller überzeugendes Format. Ted Post seinerseits demonstriert als Regisseur, dass ihm Klassiker nicht einfach heilig sind. Beim Indianer-Überfall auf die Postkutsche hält er sich zwar eng an Fords unnachahmliche Vorlage. Dazwischen aber lässt er Willie Nelson als Doc Holliday mit den Indianern sympathisieren, und das so betont, wie es Altmeister Ford weder auf dem Set noch im Film je geduldet hätte. Der Film lief auch unter dem Titel *Höllenfahrt nach Lordsburg*.

Links: San Fernando (1966, R: Gordon Douglas): Alex Cord und Ann-Margret
Unten: Ringo (1939, R: John Ford): John Wayne und Claire Trevor

1966 San Fernando
Stagecoach, USA, R: Gordon Douglas, D: Alex Cord, Ann-Margret, Red Buttons
1939 Ringo
Stagecoach, USA, R: John Ford, D: John Wayne, John Carradine, Thomas Mitchell

A STAR IS BORN

USA 1976, R: Frank Pierson, Drb: John Gregory Dunne, Joan Didion, Frank Pierson, K: Robert Surtees, M: Paul Williams, Barbra Streisand, S: Peter Zinner, D: Barbra Streisand (Esther), Kris Kristofferson (John-Norman Howard), Paul Mazursky (Brian), Gary Busey (Ritchie), Oliver Clark (Gary), M. G. Kelly u. a.

Die Karriere des Rockstars John Norman Howard scheint ihren Höhepunkt überschritten zu haben. Immer häufiger greift der Sänger zu Alkohol und Drogen, um sich darüber hinwegzutrösten, dass er nicht mehr die unangefochtene Nummer eins ist. Nach einem verpatzten Konzert, bei dem empörte Fans die Bühne stürmen, flüchtet John mit seiner Band in einen Nachtklub. Dort geben gerade die »Oreos« eine Vorstellung – ein unbekanntes weibliches Gesangstrio. Eine der Sängerinnen, Esther Hoffman, fällt John sofort auf: Er glaubt, sie habe das Zeug zum Star. Bei einem seiner nächsten Konzerte holt er Esther auf die Bühne und lässt sie vor zwanzigtausend Zuhörern singen. Für die junge Frau bedeutet der Auftritt einen Durchbruch: Plattenfirmen und Fernsehstationen reißen sich um sie. Auch privat scheint sie glücklich zu sein: John und Esther heiraten, das Paar zieht auf eine Ranch in Arizona. Doch je erfolgreicher Esther

ist, desto stärker geht es mit John bergab. Er beginnt bald, seiner Frau ihre Popularität zu neiden und weigert sich, sie auf ihren Tourneen zu begleiten. Als der Musikmanager Brian Wexler Johns neue Songs ablehnt, bahnt sich eine Tragödie an ...

Der Film ist die vierte Version der Geschichte vom Glanz und Elend eines Showbiz-Paares. George Cukor hatte den Stoff 1932 unter dem Titel *What Price Hollywood* und 1954 als *A Star Is Born* verfilmt. William A. Wellmans Adaption aus dem Jahre 1937 war ebenfalls *A Star Is Born* betitelt. Die bisher letzte Version von 1976 transferiert die ursprünglich in Hollywood angesiedelte Geschichte ins Musikbusiness und eröffnet ihr damit neue Dimensionen.

»Frank Pierson,« schrieb die *Neue Zürcher Zeitung*, »hat grossartige Bilder von Massen-Meetings geschaffen. Bilder, in denen Popmusik, Sound-Hysterie und US-Mentalität zu spektakulärer, unmittelbarer Wirkung kommen.« Das Drehbuch scheint den Protagonisten auf den Leib geschrieben zu sein. Den Rockstar spielt Country-Sänger und Filmdarsteller Kris Kristofferson als »Mischung aus Jim Morrison, Mick Jagger, Bob Dylan und – Kris Kristofferson,« meinte der *Film-Dienst* und bescheinigte der Gestaltung »Glaubwürdigkeit«. Über Barbra Streisand hieß es in der *Basler Zeitung* lakonisch: »Nochmals betonen, dass Streisand blendend singt und ebenso spielt, hiesse Handkameras nach Hollywood einfliegen.«

Oliver Stone hat im Jahr 2000 angekündigt, auch einen Stern aufgehen zu lassen, er will den Filmklassiker neu auflegen – das wäre dann die fünfte Verfilmung.

A Star Is Born (1976, R: Frank Pierson):
Kris Kristofferson und Barbra Streisand

A Star Is Born (1976):
Barbra Streisand

1954 Ein neuer Stern am Himmel

A Star Is Born, USA, R: George Cukor, D: Judy Garland, James Mason, Jack Carson

Seit seiner Uraufführung in einer verstümmelten, von Cukor nicht autorisierten Fassung in den Kinos (120 Minuten), wurde der Film 1983 in den USA von Ron Haver mit verloren geglaubtem Material auf die originale Länge von 177 Minuten vervollständigt: »Das Original legt Zeugnis ab von der künstlerischen Meisterleistung Cukors, von der gelungenen Integration scheinbar unvereinbarer Genres, vom Wagemut im Umgang mit dem damals noch ungewohnten CinemaScope-Format, von einer atemberaubenden Schnitttechnik und dem Gespür für filmischen Rhythmus.« *(Lexikon des internationalen Films)*

1937 Ein Stern geht auf

A Star Is Born, USA, R: William A. Wellman, D: Janet Gaynor, Fredric March

»Obwohl das Remake von 1954 unter der Regie von Cukor größere Popularität genießt, ein sehenswerter Unterhaltungsfilm des klassischen Hollywood-Kinos, mit Sorgfalt und Geschmack inszeniert.« *(Lexikon des internationalen Films)*

1932 What Price Hollywood?

USA, R: George Cukor, D: Constance Bennett

STARR VOR ANGST

Scared Stiff, USA 1953, R: George Marshall, D: Jerry Lewis, Dean Martin, Lizabeth Scott, Carmen Miranda, George Dolenz, Dorothy Malone, William Ching, Paul Marion – Nach dem Bühnenstück Ghost Breakers von Paul Dickey und Charles W. Goddard

Larry Todd hat versehentlich mit der »Puppe« des Clubbesitzers Shorty geflirtet. Jetzt droht ihm ein Zementsmoking und der Tod durch Ertrinken. Sein Freund Myron Myron Mertz will ihm helfen und die Situation mit Shorty klären. Dazu sucht er den Gangster und dessen Bande in ihrem Unterschlupf auf, einem von vielen merkwürdigen Gestalten bevölkerten Hotel am Stadtrand. Auch Mary Carroll hat dort ein Zimmer. Sie hat das Schloss ihres Großvaters auf der kubanischen Insel Lost Island geerbt und will es sich ansehen. Doch der Notar Cortega, der ihr die Erbschaft mitgeteilt hat, will ihr dieses Vorhaben ausreden und sie zu einem schnellen Verkauf an einen anonymen Interessenten überreden. Auf der Insel spuke es, behauptet er, ein »Untoter« treibe sein Unwesen, ein Opfer des Voodoo-Kultes.

Währenddessen wird Myron von Shorty und seiner Bande überwältigt und verhört. Larry wiederum ist Myron, um ihn zu retten, in das Hotel gefolgt und hält sich nach einem Missverständnis für einen Mörder. Mary hilft dem Flüchtigen und versteckt ihn in ihrem Überseekoffer. Myron, dem es gelungen ist zu entkommen, spürt Larry auf, und gemeinsam mit Mary fahren sie auf die kubanische Insel. Da Larry sich in Mary verliebt, betrachtet er es als selbstverständlich, sie beim Besuch ihres Schlosses zu begleiten und sie vor übelmeinenden Mächten zu beschützen. Allerdings begeben sie sich in Lebensgefahr, denn das Schloss verbirgt einen Goldschatz, für den es mehrere Interessenten gibt.

Klaus Stawecki *(Jerry Lewis – Sein Leben, seine Filme)*: »George Marshall, der ›Martin and Lewis‹ bereits aus *My Friend Irma* kennt und seinerzeit an Jerrys begrenzten Fähigkeiten fast verzweifelte, inszenierte bereits die Bob-Hope-Fassung von *Scared Stiff* und erhält auch für das Remake den Zuschlag. Vielleicht auch, weil es schnelle Dreharbeiten und damit niedrige Produktionskosten verspricht, einen Regisseur daran arbeiten zu lassen, der bereits mit der Materie vertraut ist. Die Autoren Simmons und Lear haben sich mit den *Colgate*-Shows bewährt und dürfen daher die Dialoge zum Drehbuch beitragen ... Dorothy Malone, im Film die Darstellerin der ›Gangsterpuppe‹ Rosie, erinnert sich: ›Dean und Jerry schienen nicht mehr richtig miteinander klarzukommen. Es war nicht richtig schlimm, aber Herzlichkeit oder Ähnliches suchte man vergebens. Es war nur diese merkwürdige Aura am Drehort.‹ Wie schon in *Sailor Beware* müssen kritischere Zuschauer den Eindruck bekommen, dass die Handlung eines ›Martin and Lewis‹-Films zweitrangig ist. Die Hauptsache sind Spaß und Musik, also Unterhaltung pur, und dazu möglichst eine leicht zu verstehende Geschichte. Das Publikum verlangt Dean und Jerry und soll daher auch nichts anderes bekommen. Folglich wird im ganzen Film keine Gelegenheit ausgelassen, Songs zum Besten zu geben, egal wie sehr diese die Entwicklung der Story bremsen. Dabei kommt der bewährte Schallplatten-Akt zu neuen Ehren, als Myron in Vertretung für eine mexikanische Sängerin ihr Lied in ihrem Kostüm und mit ihrer Playback-Stimme vorträgt. Allerdings liegt in dieser Szene auch eine der wenigen Stärken von *Scared Stiff*. Eine andere bildet ein

Betrunkener, der Larry für einen perfekten Bauchredner hält, als sich dieser mit dem inzwischen im Überseekoffer steckenden Myron unterhält.«

Variety: »Der typische ›Martin and Lewis‹-Humor kommt früh in Schwung und setzt sich über die Gesamtlänge von 106 Minuten fort. Jede Tempominderung ist so gering, dass sie kaum ins Gewicht fällt und lediglich als Atempause für das Publikum dient; ... Lewis' komödiantische furchtsame Reaktionen auf die übernatürliche Atmosphäre ... lassen die Lacher ineinander übergehen.«

1940 The Ghost Breakers
USA, R: George Marshall, D: Bob Hope, Paulette Goddard, Richard Carlson

1922 The Ghost Breakers
USA, R: Alfred E. Green, D: Wallace Reid, Lila Lee, Walter Hiers

1914 The Ghost Breakers
USA, R: Oscar Apfel, Cecil B. DeMille, D: J. W. Burton, William Elmer

STELLA
BRD 1982, R: Franz Josef Wild, D: Dietlinde Turban, Judy Winter, Robert Atzorn, Ursula Dirichs, Michaela Geuer, Christoph Lindert

Nach einem Schauspiel für Liebende von Johann Wolfgang von Goethe: Der Held Fernando wird nach zwei Seiten gezogen. Zwei Frauen beanspruchen ihn, und mit jeder verbindet ihn Liebe. Nachdem Fernando zunächst das Glück in der Liebe zu Cäcilie erfahren hat, haben Freiheitsdrang und Suche nach einem neuen Glück ihn fortgetrieben, das er dann aber nur in der Bindung an eine neue Liebe zu Stella finden konnte. Aber auch sie hat er verlassen. Als Fernando seine Frau und seine Tochter wieder gefunden hat, da empfindet er freilich die Verpflichtungen als Gatte und Vater als unlösliche Bande, ebenso unlöslich wie die des Geliebten, die ihn an Stella ketten. Die Lösung dieses Zwiespaltes ist eine Konstellation zu dritt.

Bei keinem anderen Werk Goethes treten die persönlichen Bezüge so offen zu Tage. 1775, in der ersten Fassung seines Schauspiels, löste der junge Goethe den Konflikt nach dem legendären Muster des Grafen von Gleichen, der zu seinem ersten Weib ein zweites aus dem Morgenland mitbrachte und mit beiden glücklich lebte. In der ersten Stella-Fassung lässt Goethe zum Schluss Stella und Cäcilie gemeinsam an Fernandos Halse hängen mit dem verzückten Ausruf: »Wir sind dein.« Bei der Hamburger Uraufführung schockierte dieser Schluss die Hanseaten derart, dass der Senat weitere Vorstellungen untersagte. Erst 1803 entschloss sich Goethe auf Betreiben Schillers, den Schluss zu ändern. Kurzerhand lässt er Fernando sich erschießen, Stella nimmt Gift, und Cäcilie mit ihrer halbwüchsigen Tochter Lucie mögen sehen, wo sie als Witwe und Waise nun bleiben. Der Fernsehadaption von Franz Josef Wild liegt die erste – mit dem positiven Ausgang versehene Fassung – des Werkes zu Grunde.

Wolfgang Paul *(Tagesspiegel)*: »Wild ließ sehr verhalten spielen, die leidenschaftlichen Dialoge wurden ausgetrocknet. ›Diese Wonne, die dich zerreißt‹ kam, ›cool‹, unserem Zeitgeschmack entsprechend, auf den Bildschirm.«

1982 Stella
DDR, R: Thomas Langhoff, D: Michael Gwisdek, Jutta Hoffmann, Jutta Wachowiak

STELLA
USA 1990, R: John Erman, D: Bette Midler, Trini Alvarado, Stephen Collins, John Goodman, Marsha Mason, Eileen Brennan, William McNamara, Linda Hart, Ben Stiller, John Bell

Nach einem Roman von Olive Higgins Prouty: Eine durch und durch sentimentale Geschichte. Die allein erziehende Stella kann ihre Tochter nur unter vielen Entbehrungen durchbringen. Mutter und Tochter sind die besten Freundinnen, bis Jenny sich in einen Sohn aus gutem Hause verliebt.

Stella (1990, R: John Erman):
Bette Midler und Trini Alvarado

Stella Dallas (1937, R: King Vidor):
Barbara Stanwyck und Anne Shirley

Der tränenrührende Stoff ist von klassischem Zuschnitt: 1925 adaptierte Henry King den Roman *Stella Dallas* als Stummfilm und 1937 drehte King Vidor ein Remake mit Barbara Stanwyck. Im dritten modernisierten Aufguss spielt der Film zwischen den sechziger und achtziger Jahren: Bette Midler als aufopfernde Mama beim vorgetäuschten Strip in der Bierpinte oder im aufgedonnerten Outfit einer Kosmetikberaterin, immer will sie das Beste für ihre Tochter. Schließlich schleicht sie sich aus dem Leben des Mädchens, um ihr den Aufstieg in die bessere Gesellschaft zu sichern.

Zitty: »Die Komödiantin Bette Midler wandelt hier nach *Beaches/Freundinnen* erneut auf melodramatischen Spuren, allerdings ungleich schwerfälliger: Unter der Regie von John Erman versinken die großartigen Gefühle zwischen Herz und Schmerz, zwischen Bingo-Spiel und Weihnachtslied in einem Meer aus Kitsch und Klischee – ein Film für den Muttertag!«

1937 Stella Dallas
USA, R: King Vidor, D: Barbara Stanwyck, John Boles, Anne Shirley

1925 Stella Dallas
USA, R: Henry King, D: Ronald Colman, Belle Bennett, Alice Joyce

STEPHEN KINGS THE SHINING

Stephen King's The Shining, USA 1997, R: Mick Garris D: D: Steven Weber, Rebecca De Mornay, Courtland Mead, Melvin Van Peebles, Wil Horneff, Elliott Gould, Pat Hingle, Mickey Giacomazzi, Tomas Herrera, Jan Van Sickle

Um ein Haar hätte Autor Jack Torrance durch seinen Alkoholismus seine Karriere zerstört und die Ehe mit Wendy ruiniert. Jetzt hat er sich wieder im Griff, und um sein neuestes Buch fertig zu stellen, zieht er mit Frau und Kind über die Wintermonate in ein abgelegenes Berghotel. Schon beim Eintreffen in der leer stehenden Luxusherberge überkommt die Familie Unbehagen. Insbesondere Sohn Danny, der über seherische Fähigkeiten verfügt, hat albtraumhafte Visionen. Dennoch bleibt das Trio. Doch der Fluch der Vergangenheit holt die Familie ein, und sie durchlebt erneut ein alptraumhaftes Schreckens-Szenario, das sich vor Jahren in dem Hotel zugetragen hat ...

1979 verfilmte Stanley Kubrick die schreckliche Geschichte, Stephen King fand die Verfilmung seines Buches nicht sonderlich gut, die Kritiker und die Zuschauer waren jedoch begeistert. Da das eigenwillige Ergebnis nicht seinen Vorstellungen entsprach, schrieb Stephen King fürs Remake diesmal selbst das Drehbuch.

Prisma-Online: »Eine Neuverfilmung des Stephen-King-Thrillers *Shining*, der bereits 1979 von Stanley Kubrick mit Jack Nicholson und Shelley Duvall verfilmt wurde. Regisseur Mick Garris machte daraus allerdings einen Dreiteiler, dessen Spannung durch viele Längen leidet. Und dass Steven Weber nicht Nicholson ist, ist sowieso

Shining (1979, R: Stanley Kubrick):
Shelley Duvall

klar. Dennoch ist dies eine spannende Variante, die eher der literarischen Vorlage entspricht. Garris ist sozusagen ein Spezialist für Stephen-King-Adaptionen, denn er inszenierte außer *The Shining* auch *Schlafwandler*, *The Stand* und *Quicksilver Highway*.«

TV direkt: »Erreicht nie Stanley Kubricks Geniestreich.«

1979 Shining
The Shining, GB, R: Stanley Kubrick, D: Jack Nicholson, Shelley Duvall

STERBEN ... UND LEBEN LASSEN
Big Trouble, USA 1985, R: John Cassavetes, D: Peter Falk, Alan Arkin, Beverly D'Angelo, Charles Durning, Robert Stack, Paul Dooley, Valerie Curtin, Richard Libertini, Steve Alterman, Jerry Pavlon, Paul La Greca, John Finnegan, Karl Lukas, Maryedith Burrell, Edith Fields

Um seinen Drillingen ein Musikstudium zu ermöglichen, gerät Leonard Hoffman, ein unbescholtener Versicherungsvertreter, in ein Mordkomplott, das wider Willen zur Rettung des Konzerns vor Terroristen beiträgt, den Beteiligten aber gesellschaftlichen Aufstieg sichert.

Fischer Film Almanach: »Was dann aber Cassavetes im Terzett mit Freund Peter Falk und dem Komiker Alan Arkan sichtlich auch zum eigenen Vergnügen angerichtet hat, stellt sich als die Kunst des Sitzens auf zwei Stühlen gleichzeitig heraus. Auf ungemein witzige Weise wird ein Versicherungsvertreter mit unterdurchschnittlicher Abschlussquote dabei beobachtet, wie er durch das verführerische Ange-

Von links oben nach rechts unten:
- *Sterben ... und leben lassen (1985, R: John Cassavetes): Peter Falk und Alan Arkin*
- *Sterben ... und leben lassen (1985): Peter Falk und Beverly D'Angelo*
- *Heißblütig – kaltblütig (1981, R: Lawrence Kasdan): Kathleen Turner und William Hurt*
- *Die Frau ohne Gewissen (1944, R: Billy Wilder): Fred MacMurray, Barbara Stanwyck und Edward G. Robinson*

bot eines schönen Blondchens in einen riesigen Schlamassel gerät. Dabei wollte er doch nur seinen finanziellen und familiären Problemen ein Ende machen. Nach todsicherem Rezept: der Schönen Ehemann, ohnehin sterbenskrank, soll umgebracht und seine Unfallversicherung kassiert werden. Ab sofort folgt die Geschichte, exakt bis in einzelne Einstellungen hinein, einer anderen, die ein anderes hochkarätiges Trio – Billy Wilder (Regie), Raymond Chandler (Drehbuch) und James M. Cain (Romanvorlage) – vor mehr als 40 Jahren bereits erzählten: in dem Film-noir-Klassiker *Frau ohne Gewissen*. Mühelos wird dessen Plot hier parodiert, auf den Kopf gestellt und um einen raffinierten Dreh weitergesponnen, bis Cassavetes ebenso elegant, wie er in ihn hineingeglitten ist, wieder verlässt. Alles endet in einem furiosen Chaos, das aber, wie es augenzwinkernd heißt, genauso gut weitergehen könnte. Warum auch nicht?«

1981 Heißblütig – kaltblütig

Body Heat, USA, R: Lawrence Kasdan, D: Kathleen Turner, William Hurt

Stern von Rio (1955, R: Kurt Neumann):
Johannes Heesters und Maria Frau

Stern von Rio (1955, R: Kurt Neumann):
Maria Frau

1973 Double Indemnity

USA, R: Jack Smight, D: Richard Crenna, Lee J. Cobb, Samantha Eggar

1944 Die Frau ohne Gewissen

Double Idemnity, USA, R: Billy Wilder, D: Fred MacMurray, Barbara Stanwyck

STERN VON RIO

BRD 1955, R: Kurt Neumann, D: Maria Frau, Johannes Heesters, Willy Fritsch, Franco Andrei, Jester Naefe, Folco Lulli, Reinhard Koldehoff, Kathrin Kohner, Stanislav Ledinek, Hans Stiebner, Annaluise Schubert, Roger George, Lilo Herbeth

Die Geschichte eines berühmten Diamanten, der in das Leben zweier Liebender Verwirrung und Unheil trägt, bis sie bereit sind, um ihrer Liebe willen auf ihn zu verzichten, bildete bereits 1940 die Vorlage für einen Musik- und Abenteuerfilm.

Gisela Schmidt *(Filmblätter)*: »Nun beginnt dieser *Stern von Rio*, von der unvergessenen La Jana einst zum Erfolg geführt, als Remake neu zu erstrahlen: Mit bewährten Lieblingen der Leinwand publikumssicher angelegt, und mit modernen Tänzen und beliebten Schlagerrhythmen letzter Saison gefällig serviert. Üppig ausgestattete Ateliergefilde vermitteln brasilianische Atmosphäre, um der attraktiven Maria Frau einen wirkungsvollen Rahmen zu geben. Die Begeisterten von damals werden gewiss zu den Filmbesuchern von heute zählen.«

1940 Stern von Rio

D, R: Karl Anton, D: La Jana, Werner Scharf, Gustav Diessl, Paul Otto

DER STILLE DON

Tikhij Don, UdSSR 1957, R: Sergej Gerassimow, D:
Pjotr Glebow, Sinaida Kirijenko, Alexander Blago-
westow, Elina Bystrizkaja, Danilo Iltschenko, Anas-
tassia Filippowa, Nikolai Smirnow, Alexander Scha-
tow, Igor Dmitrijew, Viliam Schatunowski, Ludmi-
la Chitjajewa, Natalja Arkhangelskaja

1913 im Kosakendorf Tatarsk am Don. Während
der Gutsbesitzer Stepan im Manöver ist, lebt seine Frau Axinja mit dem Nachbarn Grigori zusammen. Grigoris Vater will der Affäre ein Ende
bereiten und verheiratet seinen Sohn mit Natalja, einer reichen Bauerntochter. Grigori und Natalja bleiben sich jedoch fremd, deshalb verlässt
Grigori eines Nachts heimlich mit Axinja das
Dorf. Er findet auf dem Gut des Fürsten Listniz-
ki Arbeit. Als der Erste Weltkrieg ausbricht, muss
Grigori ins Feld. Während seiner Abwesenheit
verführt der Sohn des Gutsbesitzers Axinja. Als
Grigori während eines Genesungsurlaubs davon
hört, schlägt er den jungen Fürsten zusammen
und kehrt zu Natalja zurück. Grigori Melechow
hat sich in vielen Gefechten bewährt und hohe
Tapferkeitsauszeichnungen erhalten. Während
des zermürbenden Stellungskrieges wird das Zarenreich von schweren Unruhen erschüttert. Die
Februarrevolution 1917 zwingt Nikolaus II. zur
Abdankung, die Oktoberrevolution bringt die
Bolschewiki an die Macht. Die russische Front
löst sich zusehends auf, die kriegsmüden Kosaken ziehen heimwärts. Doch auch am Don ent-
brennen die Kämpfe zwischen »Roten« und
»Weißen«. Nach schwerem inneren Ringen
schlägt sich Grigori auf die Seite der Revolutionäre. Bald widert ihn jedoch die Brutalität an,
mit der in beiden Lagern gekämpft wird. Als er
mitansehen muss, wie wehrlose Gefangene nie-
dergemetzelt werden, kehrt er enttäuscht nach
Tatarsk zurück.

Grigori Melechow hofft vergeblich, bei seiner
Landarbeit Ruhe zu finden. Immer wieder flammen im Dongebiet erbitterte Kämpfe auf, in die
auch Grigori hineingerissen wird. Er ist enttäuscht von der roten Regierung, die ihr Versprechen, den Kosaken Land zu geben, nicht hält;
er wehrt sich auch gegen das Ablieferungssoll.
Sein eigener Schwager Mischa zeigt ihn an, Grigori muss fliehen. Während die Auseinandersetzungen immer erbitterter werden, flammt Grigoris alte Leidenschaft für Axinja wieder auf. Als
seine schwangere Frau Natalja davon erfährt,
lässt sie ihr Kind abtreiben und stirbt an den Folgen des Eingriffs. Vor der endgültigen Niederlage der Weißen schließt Grigori sich einer rebel-
lierenden Kosakengruppe an, bis er des Umher-
ziehens müde wird. Er reitet nach Tatarsk zurück,
um Axinja zu holen und sich mit ihr am Kuban
als Landarbeiter zu verdingen. Auf der gemeinsamen Flucht wird seine Geliebte beim Zusammenstoß mit einer Patrouille tödlich verwundet.

Unten: Der stille Don (1957, R: Sergej Gerassimow):
Danilo Iltschenko und Elina Bystrizkaja
Rechts: Der stille Don (1957)

Grigori begräbt Axinja und kehrt resigniert zu seinem kleinen Sohn in die Heimat zurück.

TV Spielfilm Lexikon: »Erfreulicherweise verstand es Regisseur Gerassimow, sich an die Intention der Literaturvorlage zu halten, sodass sein Film in keiner einzigen Szene – und das ist angesichts der damaligen Zeit recht verwunderlich – in das platte Pathos des Partei-Verherrlichungsprinzips abrutscht. Ein ergreifend gestaltetes Panorama voller aufwühlender Szenen und meditativer Landschaftsbeschreibungen.«

1930 Der stille Don
Tikhij Don, UdSSR, R: Ivan Pravov, Olga Preobrazhenskaya, D: Yelena Maksimova

STILLE TAGE IN CLICHY
Jours tranquilles à Clichy, F/I/BRD 1989, R: Claude Chabrol, D: Andrew McCarthy, Nigel Havers, Barbara de Rossi, Stéphane Audran, Stéphanie Cotta, Mario Adorf, Isolde Barth, Eva Grimaldi, Vadim Glowna, Giuditta Del Vecchio, Anna Galiena, Simona Iacovone, Teresa Leopardi, Jacques Brunet, Beatrice Kruger, Henri Attal, Jean-Marie Arnoux, Helene Benayon

Nach einem Roman von Henry Miller. Paris, Anfang der dreißiger Jahre. Joey, ein angehender

Schriftsteller aus Brooklyn, ist seit zwölf Tagen in der Stadt. Sein Freund Carl nimmt ihn mit in ein Bordell. Dort ist die Leiche von Manouche aufgebahrt; sie war die Beste in ihrem Gewerbe. Die Männer gehen mit Manouches Urne in ein Restaurant, von wo aus Carl telefonisch ein Rendezvous mit Yvonne vereinbart. Mit ihr fahren sie zu Sebastian in dessen Bordell. Eine wilde Orgie ist dort im Gange. Später, in der »Melody Bar«, die von Adrienne, der Hure mit dem Holzbein, geführt wird, tanzen Joey und Carl Tango. Schließlich landen sie mit einigen Huren in Manouches Haus. Am nächsten Morgen lernt Carl Colette kennen – eine Reinkarnation von Manouche. Carls Verleger Regentag sieht Colette und ist zum ersten Mal begeistert von einem Modell. Regentag gibt ein großes Fest, auf dem Joey die Freundin von Regentags Frau, Nys, kennen lernt. Zusammen mit ihr geht er in ein Hotel. Wieder zuhause schreibt Joey auf seiner Remington, als Carl betrunken nach Hause kommt, und feststellt, dass sie wegen der minderjährigen Colette Ärger bekommen können. Joey besucht Regentag, der seine Manuskripte gelesen hat, sie aber nicht veröffentlichen will. Colette, Joey und Carl fahren aufs Land. Nach und nach explodieren die Bars von Paris, aus ungeklärter Ursache, immer wenn Joey und Carl gerade Platz nehmen wollen. Als Joey nach Hause kommt, haben sich Adrienne und ihre Mädchen hierhin geflüchtet. Champagnerkorken knallen, Musik ertönt und der Zirkus geht weiter ...

Links: Stille Tage in Clichy (1989, R: Claude Chabrol): Andrew McCarthy hat keinen Mangel an willigen Mädchen
Unten: Stille Tage in Clichy (1989): Das dekadenteste Bordell von ganz Paris

epd-Film: »Chabrols allerpeinlichster Film. Die unsäglichste Literaturverfilmung. Pappiges Euro-Fast-Food. Eine Schändung des Andenkens von Henry Miller.«

1970 Stille Tage in Clichy

Stille dage i Clichy, DK, R: Jens Jørgen Thorsen, D: Paul Valjean, Wayne Rodda

STIMME DER DUNKELHEIT

When A Stranger Calls Back, USA 1993, R: Fred Walton, D: Carol Kane, Charles Durning, Jill Schoelen, Gene Lythgow, Karen Austin, John B. Destry, Deborah Foreman, Duncan Fraser, Terence Kelly, Bobby Stewart, Jerry Wasserman

Die der elfjährigen Julia als Babysitter anvertrauten Kinder werden ermordet. Fünf Jahre später meldet sich der Mörder wieder bei ihr.

Film-Jahrbuch 1995: »Anfangs erstaunlich spannendes Remake des Thrillers *When A Stranger Calls Back*, das leider zunehmend billige Spannungseffekte einer logischen Handlung vorzieht und schließlich nur einen ziemlich unbefriedigenden Schluss zu bieten hat.«

1979 Das Grauen kommt um zehn

When A Stranger Calls Back, USA, R: Fred Walton, D: Carol Kane, Rutanya Alda

STOLZ UND VORURTEIL

Pride And Prejudice, GB 1995, R: Simon Langton, D: Colin Firth, Jennifer Ehle, David Bamber, Crispin Bonham-Carter, Anna Chancellor, Susannah Harker, Barbara Leigh-Hunt, Adrian Lukis, Julia Sawalha, Alison Steadman, Benjamin Whitrow, Roger Barclay, David Bark-Jones, Sam Beazley, Lucy Briers

Nach einem Roman von Jane Austen: Auf Pemberley stellt Darcy Lizzy seine liebenswerte Schwester Georgiana vor. Die beiden Frauen sind einander gleich zugetan, doch die gemeinsame Zeit währt nicht lange. Eine erschütternde Nachricht erreicht Lizzy aus Longbourn: Ihre jüngste Schwester Lydia ist mit Leutnant Wickham auf und davon. Ein Skandal bahnt sich an, der den guten Ruf der gesamten Familie Bennet für immer ruinieren könne. In ihrer Not vertraut Lizzy sich Darcy an, nicht ahnend, dass dieser umgehend nach London reist, um die beiden Entflohenen aufzuspüren. Über Wickham erfahren die Bennets das Schlimmste: Eine Spielernatur mit Spiel- und Kneipenschulden, ein Herzensbrecher und Schwerenöter, dem nicht zu trauen ist, hat die ungestüme Lydia in seinen Bann gezogen.

Nur eine Heirat könnte Lydia vor der Schande bewahren, die ein illegales Verhältnis mit Wickham über sie und ihre Familie bringen würde. Endlich erreicht die ersehnte Nachricht von der Vermählung der beiden die Familie. Als die Jungvermählten in Longbourn eintreffen, erfährt Lizzy von Darcys selbstloser Hilfe in dieser Angelegenheit: Er hat Wickhams Schulden übernommen und damit den Leutnant zur Heirat bewegen können. Peinlich berührt zieht Lizzy sich im Glauben zurück, Darcy nie wieder unter die Augen treten zu können ...

Trudy Baumann *(Tages-Anzeiger)*: »Obwohl es sich bei *Pride And Prejudice* letztlich um eine *Cinderella*-Geschichte handelt, wie so oft bei Austen, ist nicht der Ausgang entscheidend, sondern die Entwicklung der Charaktere: erst wenn sie einem hohen gesellschaftlich-moralischen Anspruch genügen, ist ihnen das Glück hold. Austen ist keine Romantikerin. Ihre Heldinnen und deren Partner vereinigen Vernunft und Gefühl. Die BBC-Adaption vertraut wohlweislich der Vorlage. Nahezu eins zu eins werden die Szenen und Dialoge von *Pride And Prejudice* übernommen – ein Vorgehen, das bei Literaturverfilmungen nicht immer möglich ist. Seit ihrem Erscheinen 1813 hat die Gesellschaftskomödie keinerlei Staub angesetzt. Die klar strukturierte, dramatisch aufgebaute Handlung und die pointierten, witzigen Dialoge vermögen auch ein heutiges Publikum mit Sinn für intelligente Unterhaltung zu begeistern. Eine Reihe von Nebenfiguren, die bereits bei der Autorin karikaturhaft überzeichnet sind, tragen das Ihrige dazu bei ... Für das Fernsehen ist diese vorbildliche Literaturadaption ein absoluter Glücksfall und ein seltener Genuss, den man nicht verpassen sollte.«

1979 Pride And Prejudice

GB, R: Cyril Coke, D: Desmond Adams, Edward Arthur, Shirley Cain

1940 Stolz und Vorurteil

Pride And Prejudice, USA, R: Robert Z. Leonard, D: Edward Ashley, Marten Lamont

DAS STOLZE UND TRAURIGE LEBEN DES MATTHIAS KNEISSL

BRD 1979/80, R: Oliver Herbrich, D: Stephan Becker, Marianne Ploog, Rudolf Eydmann, Elfriede Hildebrand, Helmut Echtler, Joseph Reitinger

Die Geschichte eines jungen Mannes um die Jahrhundertwende, der, durch seine italienische Herkunft von Kind auf in eine Außenseiterrolle gedrängt, mit allen Mitteln um seinen Lebensunterhalt kämpft und schließlich als Räuber hingerichtet wird.

MovieLine: »Das traurige Räuberleben des Matthias Kneissl wird in diesem beachtlichen Debütfilm zu einem in Bild und Geschichte atmosphärisch-stimmigen, pessimistischen Weltbild, das als Film sehens- und diskussionswert ist. Trotz einiger Unebenheiten ist dieser traurige, persönliche Film eine deutliche filmische Zukunftshoffnung.«

1970 Matthias Kneissl
BRD, R: Reinhard Hauff, D: Hans Brenner, Eva Mattes, Hanna Schygulla

STRASSEN DER GROSSSTADT
City Streets, USA 1931, R: Rouben Mamoulian, D: Gary Cooper, Sylvia Sidney, Paul Lukas, William ›Stage‹ Boyd, Guy Kibbee, Wynne Gibson, Stanley Fields, Betty Sinclair, Robert Homans, Terry Carroll, Allan Cavan, William ›Wild Bill‹ Elliott, Bert Hanlon, Matty Kemp, Bob Kortman, Ethan Laidlaw
Nach einer Erzählung von Dashiell Hammett: Ein schießgewandter junger Mann verliebt sich in die Stieftochter eines Ganoven, gerät durch sie in allerlei Schwierigkeiten und schließlich sogar in Mordverdacht. Die Gangsterorganisation will das Paar liquidieren, doch der junge Mann bleibt Sieger. *City Streets* wurde neben Sternbergs *Underworld* zum Vorläufer und Bahnbrecher des klassischen Gangsterfilms. Rouben Mamoulian: »Wissen Sie, es gibt zehn Morde in diesem Film, aber tatsächlich sieht man keinen einzigen davon wirklich.«

Homer Dickens *(Gary Cooper)*: »Seine formalen Experimente brachten natürlich Auseinandersetzungen mit den Studiobossen mit sich, und er musste sich laufend rechtfertigen. Eine der schönsten Szenen des Films wäre fast gestrichen worden: Nan erinnert sich in ihrer Zelle an ihr Gespräch mit Kid, und man hört die Stimmen über ihrem besorgten Gesicht; die Produzenten glaubten, das Publikum werde das nicht kapieren, aber zum Glück wusste Mamoulian sich durchzusetzen, sodass die Szene erhalten blieb. Als Ersatz für Clara Bow, die ursprünglich für die Rolle der Nan vorgesehen war und wegen einer Prozessangelegenheit ausscheiden musste, wurde Sylvia Sidney verpflichtet; nach zwei kleinen Auftritten in *Broadway Nights* (First National,

1927) und *Thru Different Eyes* (Fox, 1929) war dies ihre erste Hauptrolle. Für Gary Cooper bedeutete die facettenreiche Figur des Kid eine Herausforderung, der er sich mit Vergnügen stellte: Zum zweiten Mal nach *Morocco* konnte er beweisen, was wirklich in ihm steckte.«

1928 Ladies Of The Mob
USA, R: William A. Wellman, D: Clara Bow, Richard Arlen, Helen Lynch

STRICH DURCH DIE RECHNUNG
Gunrunners, USA 1958, R: Don Siegel, D: Audie Murphy, Eddie Albert, Patricia Owens, Everett Sloane, Gita Hall, Richard Jaeckel, Paul Birch, Jack Elam, John Harding
Nach dem Roman *Haben und Nichthaben* von Ernest Hemingway: Der junge Sam Martin verdient seinen Lebensunterhalt in Florida, indem er sein Boot von Sportfischern chartern lässt. Als er in finanziellen Schwierigkeiten steckt, gerät er an den zwielichtigen Hanagan und wird durch ihn auf einer Fahrt nach Kuba in einen Mordfall verwickelt. Von Hanagan massiv unter Druck gesetzt, muss er sich schließlich ganz allein auf hoher See gegen eine Bande von Waffenschmugglern behaupten.

Filmblätter: »Babyface Audie Murphy und Fuchsgesicht Eddie Albert liefern sich ein nervenzehrendes Duell. Die Regie erreicht mit knappem Stil die große Linie der Hemingway-Story. Kubanisches Abenteuer à la Hemingway.«

1950 Menschenschmuggel
The Breaking Point, USA, R: Michael Curtiz, D: John Garfield, Patricia Neal

1944 Haben und Nichthaben
To Have And Have Not, USA, R: Howard Hawks, D: Humphrey Bogart

DER STUDENT VON PRAG
D 1935, R: Arthur Robison, D: Adolf Wohlbrück, Theodor Loos, Dorothea Wieck, Erich Fiedler, Edna Greyff, Karl Hellmer, Volker von Collande, Fritz Genschow, Elsa Wagner, Franz Zimmermann, Betty Sedlmayr, Paul Rehkopf, Walter von Allwörden, Fred Goebel
Nach einem Roman von Hanns Heinz Ewers: Der Student Balduin verkauft sein Spiegelbild, um zu Reichtum zu gelangen und die Liebe der von ihm verehrten Julia zu erringen. Zunächst scheinen sich alle seine Träume und Hoffnungen zu erfüllen. Doch bald bestimmen statt des er-

hofften Glücks dunkle Mächte das Leben des Studenten. Balduin wird zu einem gehetzten Menschen, ständig auf der Flucht vor dem anderen Ich, das ihn schließlich sogar in den Tod treibt.

Mit dem Titel *Der Student von Prag* verbindet sich die Erinnerung an eine der wichtigsten Stationen der deutschen Filmgeschichte: Regisseur Stellan Rye, der Autor Hanns Heinz Ewers und der Schauspieler Paul Wegener drehten 1913 die erste Version des romantisch-fantastischen Filmmärchens. Ihr Film galt damals als künstlerisches Ereignis. 1926 inszenierte Henrik Galeen ein Remake des erfolgreichen Films mit Conrad Veidt in der Titelrolle, und 1935 verfilmte Arthur Robison die Ewers-Vorlage mit Adolf Wohlbrück.

Nach der Uraufführung des Films im Jahr 1926 schrieb ein zeitgenössischer Kritiker: »*Der Student von Prag* ist eben kein aus der Konjunktur geborenes Machwerk, wie sie die letzte Saison auf den Markt brachte, sondern ein mehr als gelungener Versuch, das heutige Publikum für den künstlerischen und erfolgssicheren Film wieder zu interessieren.«

Im Tonfilm-Remake von 1935 heißt der Teufel in Menschengestalt Dr. Carpis; die Frau, deren Herz Balduin zu gewinnen trachtet, ist eine Sängerin namens Julia, die sich in der Begleitung des Edelmannes Baron Waldis befindet. Balduin kommt zu Reichtum, indem er den Baron am Spieltisch völlig ausplündert.

Klaus Eder *(Film und Fernsehen)*: »Von den drei Fassungen scheint mir die erste auch die beste zu sein. Die zuletzt gedrehte Version ist die effektvollste, in die die morbide Dekadenz präfaschistischer Zeiten offensichtlich als morbid und krankhaft übersteigerte einging.«

Der Student von Prag
(1913, R: Stellan Rye): Paul Wegener

1926 Der Student von Prag
D, R: *Henrik Galeen*, D: *Conrad Veidt, Werner Krauss, Agnes Esterhazy*
1913 Der Student von Prag
D, R: *Stellan Rye*, D: *Paul Wegener, John Gottowt, Lyda Salmonova*

EINE STUNDE MIT DIR

One Hour With You, USA 1932, R: Ernst Lubitsch, D: Maurice Chevalier, Jeanette MacDonald, Charlie Ruggles, Roland Young, Genevieve Tobin, Charles Ruggles, George Barbier, Charles Boyer, Josephine Dunn, Richard Carle, Barbara Leonard, Charles Judes

Nach der Operette *Nur ein Traum* von Lothar Schmidt: Der Frauenarzt André Bertier führt eigentlich eine untadelige Ehe mit seiner Frau Colette. Doch sein obligater Charme bringt ihn gelegentlich in peinliche Verwicklungen. Mitzi, die beste Freundin seiner Frau, hat es beispielsweise auf einen Flirt mit ihm abgesehen, den die nichts ahnende Colette fröhlich fördert. So zwingt sie Bertier sanft zu einem Krankenbesuch bei Mitzi, vor dem er sich drücken wollte. Immer wieder versucht er krampfhaft, ein Zusammentreffen zu vermeiden und tauscht deshalb auch bei der nächsten von Colette arrangierten Abendgesellschaft Mitzis Tischkarte gegen die von Frau Martel aus. Damit weckt er aber nur die Eifersucht seiner Frau, der Mitzi beistehen will. Also lockt sie den Frauenarzt in den Garten, löst dort beiläufig seinen Querbinder, wohl wissend, dass er ihn selbst nicht wieder in Ordnung bringen kann. Frau Martel leistet erste Hilfe. Colette zerfließt in eifersüchtigen Tränen und macht ihrem André eine Szene. Der weiß sich im Recht, warnt sie eindringlich und verlässt die Uneinsichtige, um Mitzis Einladung zu einem späten Kaffee in ihrer Wohnung zu folgen. Derweil wird Colette von Adolph getröstet, einem begeisterten, aber harmlosen Verehrer. Die Lage kompliziert sich, als Mitzi ihrem Mann durchgeht, der sie bereits seit geraumer Zeit überwachen lässt, um einen plausiblen Scheidungsgrund zu finden. André soll der Retter aus Ehenot werden. Der schwebt auch schon in tausend Ängsten, dass Colette, die ja noch immer die Zeichen der Umstände missdeutet, von seinem Seitensprung erfährt. Schließlich beichtet er, worauf sie sich Adolph an die trostreiche Brust wirft, um ihrem unwiderstehlichen André endlich doch zu verzeihen.

Lewis Jacobs *(The Rise Of The American Film. A Critical History)*: »Mit leichter Hand und kultiviert gemacht, wie nur er es vermochte, wurde *One Hour With You* (1932) seine sprühendste Tonfilmkomödie. Eingedenk seiner *Blue Horizon*-Sequenz in Monte Carlo mit ihrer Integrierung von Musik und Handlung, ging Lubitsch einen Schritt weiter, und gab den Dialogen die Form von Couplets. Der rhythmisierte Dialog verband sich nicht nur besser mit der fließenden Bildfolge (an vielen Stellen reizende Kontrapunkte bildend), sondern gab dem Film auch Frische und Schwung. Im Einklang mit der Ungezwungenheit, die diese Idee zur Folge hatte, ließ Lubitsch die Zuschauer von Chevalier während seiner Liebesbezeugungen immer wieder direkt ansprechen. Dadurch wurde das Publikum ins Vertrauen gezogen und die Intimität des Films erhöht. *One Hour With You* ist vielleicht seit der Entstehung des Tonfilms das für ihn typischste Werk.«

Theodore Huff *(An Index To The Films Of Ernst Lubitsch)*: »Noch reizvoller, gewagter und witziger als das Original. Wahrscheinlich war diese Neufassung die einzige in der Geschichte des Films, die der früheren Version gleichkam oder sie übertraf, ohne das übliche Pech in solchen Fällen zu haben. Die Lieder kamen der Handlung eindeutig zugute, sie störten die Geschichte niemals, sondern förderten sogar den Gang der Handlung.«

1924 Nur ein Traum
The Marriage Circle, USA, R: Ernst Lubitsch, D: Adolphe Menjou, Marie Prevost

STURM IM WASSERGLAS
BRD 1960, R: Josef von Baky, D: Therese Giehse, Ingrid Andree, Hanns Lothar, Peter Lühr, Michl Lang, Erni Mangold, Harry Meyen, Reginald Pasch, Willy Rösner, Werner Oehlschlaeger, Klaus Havenstein, Werner Finck, Franz Fröhlich
Nach dem gleichnamigen Bühnenstück von Bruno Frank: Mit der Tierliebe ist es eine feine Sache. Die ehrenwerte Partei des fast ebenso ehrenwerten Stadtrats Dr. Thoss hat diese Tugend

Sturm im Wasserglas (1960, R: Josef von Baky): Ingrid Andree serviert Häppchen für die Herren

auf ihre Wahlkampffahnen geschrieben. Dr. Thoss, Debütant auf politischer Bühne, stolpert über einen Hund, weil hinter seinen Phrasen keine ehrliche Überzeugung steckt. Toni ist eine höchst abenteuerliche Mischung aus Pekinese und Dackel – er wird zum Hund des Anstoßes, denn er ist mit der diesbezüglichen Steuer im Rückstand. Ein Glück, dass die kommende Partei des Dr. Thoss so tierlieb ist. Von wegen: Diese Entdeckung macht nach der Hundebesitzerin Witwe Vogel auch der fixe Rundfunkreporter Burdach, der sich mit »Originalreportagen aus dem Leben« durch das Leben schlägt. Burdach muss erleben, dass – seltener Fall – der Politiker Dr. Thoss mit zwei Zungen redet. Im Wahlkampf sprach er eben noch von der »erhabenen Liebe des Menschen zur Kreatur als einem Stück bester Politik«, und nun erregt er sich über die »stinkenden Straßenköter alter Vetteln«. – Burdach dankt für dieses Gespräch, das der unentschlossenen Wählerschaft eine seltene Klarheit vermittelt, und schmuggelt es in die abendliche Aktualitätensendung. Und so kommt – angeblasen noch durch den hellen Reporter – der *Sturm im Wasserglas*, der große Wellenschlag um den kleinen Anlass, lautstark ins Strudeln. Das Prestige der Partei ist gefährdet, mit anderen Worten: auf den Hund gekommen. Bürgerkrawall, Parteiskandal – und »alles wegen dem Hund« ...

Lexikon des internationalen Films: »Das Remake von 1960 hat das Volksstück Bruno Franks in die Gegenwart versetzt und kabarettistisch gewürzt.«

1936 Sturm im Wasserglas
Storm In A Teacup, GB, R: Ian Dalrymple, Victor Saville, D: Vivien Leigh

STURM ÜBER DEM NIL

Storm Over The Nile, GB 1955, R: Zoltan Korda, Terence Young, D: Anthony Steel, Laurence Harvey, Christopher Lee, James Robertson Justice, Mary Ure, Ronald Lewis, Jack Lambert, Ferdy Mayne, Ian Carmichael, Geoffrey Keen, Michael Hordern, Sam Kydd, John Wynn, Roger Delgado, Frank Singuineau, Ben Williams, Vincent Holman

Nach einem Roman von A. E. W. Mason: Sudan, um 1895. Weiße Federn schickt man in England einem Feigling als Zeichen der Verachtung. Während ein englisches Regiment nach dem Sudan verladen wird, um dort den Mahdiaufstand niederzuschlagen, betrachtet sich der junge Leutnant Faversham drei dieser zweifelhaften Geschenke seiner Freunde aus dem Offizierskorps. Er hat im letzten Augenblick den Dienst quittiert und ist aus der verhassten Familientradition ausgebrochen. Die vierte Feder fügt seine Braut der Sammlung hinzu. Privat reist Harry Faversham nun nach Ägypten, verkleidet sich als stummer Eingeborener eines geächteten Stammes, lässt sich das vor Entdeckung schützende Brandmal geben und taucht bei den Aufständischen unter. Wirklich gelingt es ihm, einen seiner Kameraden vor dem Tode zu retten und schließlich selbst als Gefangener die beiden anderen zu befreien. Sein Mut ist bewiesen, seine Ehre wiederhergestellt, seiner Ehe steht nichts mehr im Wege.

Don Sharp inszenierte 1977 *The Four Feathers* fürs britische Fernsehen (D: Beau Bridges, Robert Powell, Jane Seymour) und Shekhar Kapur drehte 2001 *Four Feathers* mit Wes Bentley, Lucy Gordon und Djimon Hounsou.

Sturm über dem Nil (1955, R: Zoltan Korda, Terence Young): Anthony Steel und Mary Ure

1939 Vier Federn
The Four Feathers, GB, R: Zoltan Korda, D: John Clements, June Duprez
1929 Vier Federn
The Four Feathers, USA, R: M. C. Cooper, L. Mendes, D: Richard Arlen, Fay Wray
1921 The Four Feathers
GB, R: René Plaissetty, D: Harry Ham, Mary Massart, Cyril Percival
1915 Four Feathers
USA, R: J. Searle Dawley, D: Ogden Childe, Edgar L. Davenport, Howard Estabrook

STURMHÖHE

Wuthering Heights, GB/USA 1998, R: David Skynner, Drb: Neil McKay nach dem Roman Die Sturmhöhe von Emily Brontë, M: Warren Bennett D: Orla Brady (Cathy), Robert Cavanah (Heathcliff), Crispin Bonham-Carter (Edgar Linton), Peter Davison (Joseph Lockwood), Tom Georgeson (Joseph), Matthew Macfadyen (Hareton Earnshaw), Sarah Smart (Catherine Linton), Kadie Savage (junge Cathy), Ken Kitson (Mr. Earnshaw), Kevin Jones (junger Hindley), Terry Clynes (junger Heathcliff), Polly Hemingway (Nelly Dean), Ian Shaw (Hindley), Catherine Chesire (Frances)

Heathcliff liebt seine Ziehschwester Cathy Earnshaw, und sie ihn. Doch wie sollen er, der Findling mit der mutmaßlichen Zigeunerherkunft, und die vermögende Landbesitzerstochter zueinander kommen? Als sein Gönner, der alte Earnshaw, stirbt, ist Heathcliff schutzlos den grausamen Demütigungen von Cathys Bruder ausgeliefert. Er verlässt das Haus seiner Kindheit und sucht mit Erfolg sein Glück in der Welt. Während seiner Abwesenheit heiratet Cathy den wohlhabenden und sanften Edgar Linton, doch nach Heathcliffs Rückkehr flammt die alte Liebe wieder auf.

Wenige Romane der Weltliteratur wurden so oft verfilmt wie Emily Brontës zeitlose Geschichte einer großen Passion, die selbst über den Tod triumphiert. Gleichzeitig wurden wenige literarische Vorlagen so massiv verstümmelt und radikal zusammengestrichen. In der klassischen und vielleicht berühmtesten Verfilmung von William Wyler (1939) mit Merle Oberon und Laurence Olivier fiel eine Generation dem Rotstift zum Opfer, Luis Buñuel verfrachtete die Handlung kurzerhand nach Mexiko (*Abismos de pasion*, 1953), und Jacques Rivette bettete Cathy in die Provence um (*Hurlevent*, 1985). Bei aller Universalität darf nicht vergessen werden, dass Emily Brontë ihre Geschichte in direkter Nähe des väterlichen Pfarrhauses ansiedelte und Brontëaner seit jeher in verlassenen Gehöften in den Mooren von Yorkshire die Originalschauplätze der Geschichte ausgemacht haben. So verwundert es kaum, dass die englische Presse anlässlich der Fernsehpremiere von David Skynners Adaption begeistert konstatierte, endlich wäre man ohne Umschweife und Verfälschungen der Romanvorlage gerecht geworden.

Fast versteckt in der kargen Hügellandschaft Yorkshires im Norden Englands liegt das Städtchen Haworth. Sein graues, etwas tristes Ambiente unterscheidet sich kaum von den Orten ringsum. Allein auf der steilen Main Street im historischen Zentrum pulsiert das Leben. Hier drängt sich Souvenirladen an Souvenirladen, Teestube an Teestube, und ganze Busladungen von Touristen, viele von ihnen aus dem fernen Japan, drängen zielstrebig die schmale Straße hinauf zu der Gemeindekirche St. Michael-And-All-Saints und zu einem unscheinbaren Häuschen hinter dem Friedhof. Seit über hundert Jahren pilgern die Menschen zu dem Ort, an dem drei Schriftstellerinnen lebten, ihr schmales OEuvre verfassten und jung starben: Charlotte, Emily und Anne Brontë.

Neben ihrem Werk, darunter die Longseller *Jane Eyre* und *Sturmhöhe*, sind es vor allem ihre Lebensumstände, die die Fantasie zahlloser Lesergenerationen bewegt haben. Der Nimbus der Frühvollendeten haftet ihnen gleich dreimal an und die Frage, wie sich drei Mauerblümchen – Arno Schmidt nannte sie liebevoll die »taubengrauen Schwestern« –, fernab vom Literaturbetrieb ihrer Zeit und einem Nichts an Lebenserfahrung in die Annalen der Weltliteratur schreiben konnten. Dies trägt seit Charlottes Tod 1856 und der kurz nach ihrem Tod verfassten Biografie *The Life Of Charlotte Brontë* von Elisabeth Gaskell zum Mythos der Brontës bei, wird unreflektiert von Generation zu Generation weitergegeben und ist dennoch nicht wahr. Denn hinter der tradierten Herz-Schmerz-Geschichte der armen, einsamen und lungenkranken Geschwister am Ende der Welt verbergen sich die indivi-

duellen Lebensläufe einer Familie mit geradezu intellektuellem Bildungsdrang, kreativem Gestaltungswillen und einem gerüttelt Maß an Lebensfreude.

Drei arme, leidende Pfarrerstöchter, deren Horizont kaum über ein verschlafenes Kaff in den Mooren Nordenglands hinausreichte und die quasi aus sich Romane voll elementarer Begierden schufen; so werden die Schwestern auch heute noch gerne gesehen. Zu ihrer Zeit galten die Bücher als so schockierend, dass Literaturkritiker und Rezensenten ernsthaft davon abrieten, sie Frauen als Lektüre zuzumuten. Da gab es Bigamisten wie Rochester *(Jane Eyre)*, saufende Ehebrecher wie Arthur Huntington *(Tenant Of Wildfell Hall)* und beinahe nekrophile Dämonen wie Heathcliff und auch die Frauen wie Helen Huntington, die vorsätzlich den gemeinsamen Haushalt verlässt, oder Catherine Earnshaw Linton, die einen anderen begehrt als ihren Ehemann, waren kaum besser. Natürlich stellten sich bereits Zeitgenossen die Frage, woher die drei jungen alten Jungfern diese Detailkenntnis über die Abgründe der menschlichen und vor allem männlichen Seele hatten. Schnell waren der Vater, Reverend Patrick Brontë, der es als Autodidakt aus ärmlichsten irischen Verhältnissen zum Gemeindepfarrer gebracht und der auf dem Weg dorthin seinen angestammten Namen Prunty in die schicke Version umgestaltet hatte, und der alkoholkranke Bruder Branwell als Vorlagen ausgemacht. Der Vater wurde als unberechenbarer und schießwütiger Berserker verleumdet, der Bruder als schwächlicher Betrüger und unerträglicher Aufschneider. Hinter vorgehaltener Hand war sogar vom Inzest im Pfarrhaus die Re-

Sturmhöhe (1985, R: Jacques Rivette): Olivier Torres, Joseph Schillinger, Lucas Belvaux und Fabienne Babe

de. Alles Unsinn, meint die derzeit profundeste Kennerin der Brontës, Juliet Barker, Autorin der umfangreichsten Biografie und Herausgeberin der Briefe. Allein dank ihres höchst unkonventionellen allein erziehenden Vaters konnten die Mädchen sich von klein auf umfassend und ohne Scheuklappen bilden – und der ungemein kreative Bruder stachelte sie zum gemeinsamen Dichten an.

Zeitgenossen erliegen noch immer der Faszination der Brontës: Sir Cliff Richard, der ewige Junge der britischen Popmusik, liebt zwei Bücher: die Bibel und *Wuthering Heights*. Und so investierte er in das Musical *Heathcliff* und übernahm selbst die Titelrolle des satanischen Dämons, klar, dass die Presse mit gewisser Häme reagierte. Die aus Guadeloupe stammende Autorin Maryse Condé hat in ihrem Roman *La migration des cœurs* (*Sturminsel*, 1997) die Handlung der *Sturmhöhe* nach Westindien verlegt, aus Cathy die Mulattin Catherine und aus Heathcliff den Schwarzen Rayzé gemacht. Joan Aiken nahm in ihrem Roman *The Girl From Paris* (1982) starke Anleihen an Charlottes Roman *Villette*, und *Monty Pythons Flying Circus* schufen die wohl komprimierteste Instantfassung von *Sturmhöhe*.

Sturmhöhe (1970, R: Robert Fuest):
Timothy Dalton und Anna Calder-Marshall

1992 Stürmische Leidenschaft
Emily Brontë's Wuthering Heights, GB, R: Peter Kosminsky, D: Juliette Binoche, Ralph Fiennes, Janet McTeer

1991 Hihintayin kita sa langit
PHI, R: Carlos Siguion-Reyna, D: Richard Gomez, Eric Quizon, Dawn Zulueta

1985 Sturmhöhe
Hurlevent, F, R: Jacques Rivette, D: Fabienne Babe, Lucas Belvaux, Olivier Torres
»Regisseur Jacques Rivette hat Emily Brontës *Wuthering Heights*, die Geschichte einer stürmischen Leidenschaft, aus dem Yorkshire der viktorianischen Epoche in das Südfrankreich der 30er-Jahre verlegt. Seine Verfilmung des berühmten Romans sollte im Unterschied zu William Wylers romantisierender Version aus dem Jahr 1939, die bei uns unter dem Titel *Stürmische Höhen* zu sehen war, ein klassisches Werk werden. Entsprechend distanziert läuft die Liebe zwischen Cathy und Heathcliff, die hier Catherine und Roch heißen, ab ... Eine Tragödie widerstreitender Gefühle nimmt ihren Lauf. In Rivettes Inszenierung bleiben die angesprochenen Leidenschaften unterhalb der sichtbaren Oberfläche, sie sind verdrängt, nicht eingestanden.« (TV Spielfilm)

1979 Cumbres borrascosas
TV-Serie, D: Alma Muriel

1978 Wuthering Heights
GB, R: Peter Hammond, D: Kay Adshead, Grant Bardsley, Dennis Burgess

1973 Vendaval
BR, D: Fernando Baleroni, Sebastião Campos, Osmano Cardoso

1970 Sturmhöhe
Wuthering Heights, USA, R: Robert Fuest, D: Timothy Dalton, Anna Calder-Marshall
»Uninspirierte Neuverfilmung eines Klassikers der Weltliteratur, die zwar gediegen fotografiert und gespielt ist, jedoch jedes Gespür für Romantik und Gefühle vermissen lässt.« (Lexikon des internationalen Films)

1967 O Morro dos Ventos Uivantes
BR, D: Carminha Brandão, Íris Bruzzi, Ricardo Campos

1958 Wuthering Heights
USA, R: Daniel Petrie, D: Richard Burton, John Colicos, Patty Duke

1953 Abgründe der Leidenschaft
Abismos de pasion, MEX, R: Luis Buñuel, D: Jorge Mistral, Irasema Dilián
»Anfang der 30er-Jahre hatte Buñuel zusammen mit seinem Szenaristen Pierre Unik den von den Surrealisten wieder entdeckten Roman *Wuthering Heights* vom Emily Brontë verfilmen wollen. Das Projekt konnte erst 1953 realisiert werden, durch die Unterstützung Oscar Dancigers', der

die meisten der mexikanischen Filme Buñuels produzierte ... Im Gegensatz zu den meisten Buñuel-Interpreten, im Gegensatz auch zu Buñuel selbst, der *Abismos de pasion* nicht sonderlich mochte (›Der Film ist so geworden, wie ich ihn mir im Jahre 1930 vorgestellt hatte. Es ist also ein dreiundzwanzig Jahre alter Film.‹), halte ich diesen Film für einen der besten Buñuels, für ein chef d'œuvre. Buñuel hat hier erreicht, was ihm – in den Kritiken, die er schrieb, bevor er Filme machte – am amerikanischen Kino bewundernswert erschien: eine ursprüngliche Unbefangenheit, einen überaus filmischen Charme, einen absolut filmischen Rhythmus. *Abismos de pasion* ist reines Kino, und es ist eine Anthologie des Kinos: des amerikanischen und des mexikanischen Melodrams, des deutschen expressionistischen Films, des Horrorfilms. In seinem thematischen Kern ist *Abismos de pasion* wieder eine amour-fou-Geschichte. Das Motiv des amour fou wird hier romantisiert, im Gegensatz zu den Variationen, die Buñuel zuvor inszeniert hatte, zuletzt in *El.*« (Klaus Eder, *Luis Buñuel*)

1939 Sturmhöhe

Wuthering Heights, USA, R: William Wyler, D: Laurence Olivier, Merle Oberon

»Wenn man *Wuthering Heights* heute wieder sieht, fallen Laurence Oliviers Verdienste um diesen Film sofort ins Auge. Das Werk hat mittlerweile eine Menge Staub angesetzt, doch auch unter dem kritischen Blick unserer Zeit erscheint Olivier als derjenige, der es gerettet hat. Seine Ausdrucksfähigkeit in Mimik und Gestik grenzt

Unten: Sturmhöhe (1939, R: William Wyler):
Laurence Olivier
Rechts: Sturmhöhe (1939):
Laurence Olivier und Merle Oberon

ans Wunderbare, ob er nun den armen Stallknecht verkörpert oder den unerbittlichen reichen Emporkömmling. Die großartigste Szene des Films ist nach wie vor jene, in der Heathcliff plötzlich auf dem Ball erscheint, der gerade im Schloss stattfindet. Hier sieht man wirklich, was Kino bedeuten kann und was Schauspieler zu leisten vermögen.« (Raymond Lefèvre, *Sir Laurence Olivier*)

1920 Wuthering Heights

GB, R: A. V. Bramble, D: Milton Rosmer

STÜTZEN DER GESELLSCHAFT

D 1935, R: Detlef Sierck, D: Heinrich George, Maria Krahn, Horst Teetzmann, Albrecht Schoenhals, Suse Graf, Oskar Sima, Karl Dannemann, Hansjoachim Büttner, Walter Süssenguth, Paul Beckers, Franz Weber, S. O. Schoening, Maria Hofen, Gerti Ober, Tony Tetzlaff

Nach einem Bühnenstück von Henrik Ibsen: In einer kleinen norwegischen Hafenstadt herrscht der Werftbesitzer und Stadtrat Konsul Karsten Bernick uneingeschränkt über die Geschicke der Gemeinde. In zwanzig Jahren hat er sich den Ruf eines ehrenwerten Mannes erworben und großen Reichtum angesammelt. Die Ausweitung seines

Werftbetriebes ging zwar zu Lasten der ohnehin schon armen Fischer, doch darauf achteten die Bürger der Stadt, die Bernick als Vorbild huldigen, nicht. Dieses Idyll einer scheinbar intakten Gesellschaft wird gestört, als eines Tages der amerikanische Zirkus Urbini und mit ihm der Schwager Bernicks, Johann Tönnessen, in der Stadt eintreffen. Vor zwanzig Jahren verließ der temperamentvolle Tönnessen, einer Laune folgend, überraschend die Heimat, um ihrer scheinheiligen Sittenstrenge zu entfliehen. Um diese Zeit gingen die Geschäfte der Werft schlecht. Man munkelte in der Stadt, Johann habe Geld unterschlagen, und er sei auch der Vater der kleinen, unehelichen Dina Dorf. Bernick widersprach diesen Gerüchten nicht, sondern benutzte sie, um die Werft zu retten.

Lexikon des internationalen Films: »Schicksalgetränkes UFA-Drama.«

1920 Pillars Of Society
GB, R: Rex Wilson, D: Ellen Terry, Norman McKinnell, Mary Rorke

1916 Pillars Of Society
USA, R: Raoul Walsh, D: Henry B. Walthall, Mary Alden, Juanita Archer

1911 The Pillars of Society
USA, D: Julia M. Taylor

SÜDSEE-PARADIES
Paradise, Hawaiian Style, USA 1966, R: Michael Moore, D: Elvis Presley, Suzanna Leigh, James Shigeta, Donna Butterworth, Marianna Hill, Irene Tsu, Linda Wong, Julie Parrish, Jan Shepard, John Doucette, Philip Ahn, Mary Treen
Verkehrspilot Rick flirtet und singt gerne. Darum verliert er seinen Job und fliegt als Fahrgast nach Hawaii. Er schlägt seinem Freund Danny ein Geschäft mit zwei Hubschraubern vor, kann ihn aber nicht davon überzeugen. Rick versucht es im Alleingang und besucht ein paar alte Freundinnen. Sie sollen ihm Passagiere für seine Maschinen besorgen. Er verspricht ihnen Prozente und singt als Vorschuss einige Lieder. Die Girls machen ihre Sache gut, Passagiere sind auch da – und Danny steigt nun doch ein. Zur Freude Ricks ›besorgt‹ Danny eine hübsche Sekretärin namens Judy. Das Geschäft läuft so gut an, dass

Das sündige Dorf (1966, R: Werner Jacobs):
Margitta Scherr, Hans Jürgen Bäumler,
Hannelore Auer und Michl Lang

Rick bald überschnappt. Die Luftfahrtsbehörde brummt ihm Startverbot auf. Rick fliegt trotzdem, zum Kummer Dannys, der nun – ebenso wie die Girls – die Nase voll hat. Doch bei einem Fest treffen sich alle, werden dicke Freunde, und Rick singt seiner Judy ein Ständchen.

Lexikon des internationalen Films: »Die nichts sagende Story dient dazu, Schlager von Elvis Presley zu präsentieren.«

1961 Blaues Hawaii
Blue Hawaii, USA, R: Norman Taurog, D: Elvis Presley, Angela Lansbury

DAS SÜNDIGE DORF
BRD 1966, R: Werner Jacobs, D: Hans Jürgen Bäumler, Hannelore Auer, Michl Lang, Margitta Scherr, Thomas Alder, Marianne Lindner, Franz Muxeneder, Ruth Stephan, Beppo Brem, Hubert von Meyerinck, Gunther Philipp
Nach einem Bühnenstück von Max Neal: Der Gemeinderat von X-Hausen ist einberufen, um die Ausweisung des Korbinian Bachmeier zu beschließen. Den Antrag dazu hat der Wegscheidbauer gestellt, über den der Korbinian das Gerücht verstreut hat, dass er der Vater des ledigen Kindes seiner Magd sei. Zunächst steht es schlecht für Korbinian, dessen Klatschsucht alle nicht mögen. Doch zur verlangten Ausweisung kommt es nicht – verschiedene Gemeinderatsmitglieder, von denen der Korbinian zu viel weiß, haben Grund, ihn zu fürchten – und wollen sich durch eine Ausweisung nicht mit ihm anlegen. Ganz besonderen Grund hat Thomas Stangassinger, der Kirchenpfleger: Korbinians Tochter Vevi, ein hübsches Mädchen, ist eigentlich das Kind Thomas Stangassingers und Korbinian gibt es nur als das seinige aus, weil Stangassinger seit

Jahren dafür zahlt. In seiner Ehe steht der Thomas Stangassinger gewaltig unter dem Pantoffel, und er fürchtet die Aufdeckung seines Fehltritts nicht nur durch Korbinian. Vielmehr muss er mit ansehen, dass sein Sohn Toni die Vevi heiraten will. Frau Stangassinger ist sehr für eine solche Heirat, da ihr das tüchtige junge Mädchen gefällt und sie ja von dem Seitensprung ihres Mannes nichts weiß. Vater Stangassinger dagegen beauftragt Korbinian, im Nachbarort eine reiche Partie für den Toni zu finden, da er hofft, dass seine Frau, wenn eine reiche Einheirat in Aussicht steht, von ihrem Plan einer Verbindung zwischen Vevi und Toni abgehen wird.

Evangelischer Filmbeobachter: »Die nicht sanktionierten Verhältnisse führen zu einem erheblichen Wirrwarr, da ausgerechnet die heiraten wollen oder sollen, deren Verwandtschaftsverhältnis eine Ehe ausschließt. Am Ende wird natürlich alles ins rechte Lot gebracht, und gegen die vierfache Hochzeit, die zünftig mit Blasmusi und großem Gelage gefeiert wird, braucht keiner mehr einen Einwand zu erheben. Wir haben hier vor uns die mindestens schon dritte Verfilmung eines Volksstückes, das, wie schon in einer früheren Besprechung erwähnt, zum eisernen Bestand des oberbayerischen Bauerntheaters gehört. Dessen Schwänke eben weithin von derartigen Familienverwicklungen, die, wenn auch

nicht kunstvoll, so doch zuweilen urwüchsig auf knarrenden Bühnenbrettern vorgetragen, zwei Stunden deftigen Spaß für diejenigen bieten, die daran Gefallen haben. In einem Film wie diesem, der nicht mehr Einfühlungsvermögen in alpenländisches Volkstum zeigt als die zahlreichen primitiven Schlagerfilme mit Wörtherseekulisse, wirkt dieser Stoff reichlich abgeschmackt. Chargen wie Gunther Philipp und Hans-Jürgen Bäumler – es ließen sich noch mehr aufzählen – unterstreichen, dass den Herstellern an einer dem Stoffe entsprechenden Besetzung und Aufmachung sehr wenig gelegen war. Für Jugendliche sind die umfangreichen Anspielungen auf außereheliche Verhältnisse in einem Genre, das sonst Musiknummern mit alberner, aber doch harmloserer Handlung verknüpft, schlecht verdaulich. Erwachsenen rät man, sich einen besseren Spaß auszusuchen.«

1954 Das sündige Dorf

BRD, R: Ferdinand Dörfler, D: Joe Stöckel, Elise Aulinger, Thomas Reyer

1940 Das sündige Dorf

D, R: Joe Stöckel, D: Joe Stöckel, Elise Aulinger, Hansi Knoteck

DER SUPERCOP

Poliziotto superpiù, I 1980, R: Sergio Corbucci, D: Terence Hill, Ernest Borgnine, Joanne Dru, Sal Borgese, Charles Buie, Bobby Gale, Herb Goldstein, Julie Gordon

Der ehemalige Polizist Dave Speed soll hingerichtet werden, weil er angeblich einen Vorgesetzten ermordet hat. Dies ist bereits der vierte Versuch, denn Speed hat erst die Gaskammer, dann ein Erschießungskommando und schließlich den elektrischen Stuhl unbeschadet überstanden. Was keiner weiß: Seit Dave ein Atombombenexperiment der NASA überlebte, hat er übermenschliche Kräfte. Nur eine Sache macht dem Cop zu schaffen: Sobald er die Farbe Rot sieht, ist es aus mit seiner Kraft. Davon hat Rosy Wind bekommen und so wohnt sie der geplanten Hinrichtung in einem knallroten Kleid bei: Rosy ist Chefin einer Geldwäscherbande und fürchtet, durch Dave aufzufliegen. Ob er diesmal ins Jenseits befördert werden kann?

Das sündige Dorf (1954, R: Ferdinand Dörfler): Hanna Hutten und Albert Rueprecht

TV Today: »Lustiges und flott inszeniertes Klamaukstück.«

1978 Cops And Robin
USA, R: Allen Reisner, D: Ernest Borgnine, Michael Shannon, Carol Lynley

SUPERMAN
Superman – The Movie, GB 1978, R: Richard Donner, D: Christopher Reeve, Marlon Brando, Gene Hackman, Margot Kidder, Glenn Ford, Maria Schell, Ned Beatty, Trevor Howard, Jack O'Halloran, Marc McClure, Jackie Cooper, Phyllis Baxter, Valerie Perrine, Jeff East, Susannah York, Phyllis Thaxter, Sarah Douglas, Harry Andrews, Terence Stamp, Larry Hagman

Der Planet Krypton droht zu explodieren, darum schickt Ratsherr Jor-El seinen kleinen Sohn Vakuum-verpackt auf die Erde. In den USA wächst der kräftige Junge auf und entfaltet bald übermenschliche Kräfte. Die werden auch dringend gebraucht, denn ein teuflischer Bodenspekulant schickt sich an, halb Kalifornien im Meer zu versenken. Dank Supermans vollem Einsatz zu Wasser, zu Lande und in der Luft wird die Schurkerei verhindert. Und auch in der Liebe gibt es für Superman ein Happy End.

1933 wurde die Figur des *Superman* von Jerome Siegel und Joe Shuster erfunden und 1938 erstmals veröffentlicht. Für 130 Dollar verkauften sie die Rechte an dem Superhelden und verloren Millionen.

Die Science Fiction Filmenzyklopädie: »Der Charakter kam erstmals unter der Kontrolle des pfennigfuchsenden Produzenten Sam Katzman (in *Superman*, 1948) auf die Leinwand. *Superman* (ein Film, der beinahe im Vorfeld als meistbeworbener Film, der es fast nicht bis auf die Leinwand geschafft hätte, in die Annalen eingegangen war) wurde nach seiner Fertigstellung mit dem Slogan ›You'll believe a man can fly‹ beworben. Das war ein Versprechen, was Donner und sein Team für Spezialeffekte wirklich erfüllten. Der Film zieht eine dünne Linie zwischen der nett-schüchternen Originalfigur von Joel Schuster und Jerome Siegel (der von Reeve gespielte *Superman* hat Schwierigkeiten, eine Telefonzelle zu finden, in der er sich umziehen kann, oder sein nicht enden wollender Schwall der nicht allzu ernst gemeinten Ratschläge an Lois Lane) und idealisiert den Mann aus Stahl als Retter, den die moderne Welt so dringend braucht. Dieser letzte Aspekt wird in der schönsten Sequenz des Films noch unterstrichen, die sich auf die Jugend von Superman bezieht und in der sich die Weizenfelder im Mittelwesten in einen Garten Eden verwandeln – ein Motiv, das durch die Referenzen des Films zu den Werken so mannigfaltiger amerikanischer Künstler wie Norman Rockwell und Andrew Wyeth verstärkt wird. Ihre sentimentalen bzw. nüchternen Visionen werden in der prächtigen Kameraarbeit von Unsworth vereint.«

Drei weitere *Superman*-Filme (*Superman II – Allein gegen alle*, 1979; *Superman III – Der stählerne Blitz*, 1983; *Superman IV – Die Welt am Abgrund*, 1987) folgten.

1948 Superman
USA, R: Spencer Gordon Bennet, Thomas Carr, D: Kirk Alyn, Noel Neill

SWEET CHARITY
USA 1969, R: Bob Fosse, D: Shirley MacLaine, John McMartin, Chita Rivera, Paula Kelly, Stubby Kaye, Barbara Bouchet, Ricardo Montalban, Sammy Davis jr., Alan Hewitt, Dante DiPaolo, Bud Vest

Sweet Charity (1969, R: Bob Fosse): Shirley MacLaine und John McMartin

778

Charity, ein kleines Taxigirl im großen New York, sehnt sich nach Liebe und Geborgenheit. Aber ihre Erfahrungen mit Männern sind eher dazu angetan, ihren naiven Glauben an das Gute zu zerstören. Ein Freund, der ihr Liebe und Ehe verspricht, stößt sie von einer Brücke ins Wasser und raubt ihr das Ersparte. Der italienische Filmstar Vittorio Vitale schleppt sie mit in seine Wohnung, schenkt ihr aber nur ein Autogramm und einen alten Zylinder. Dann kommt Oscar, ein junger verklemmter Mann, und will sie heiraten, kriegt aber auf dem Standesamt Bedenken und verduftet. Charity wird weiter hoffen – auf die große Liebe, die doch auch einmal zu ihr kommen muss.

Rheinische Post: »Cy Coleman schrieb die Musik für diese Musical-Version von Fellinis *Die Nächte der Cabiria*. Hier erstmals erwies sich der Choreograf Bob Fosse als versierter Regisseur.«

1957 Die Nächte der Cabiria
Le notti di Cabiria, I, R: Federico Fellini, D: Giulietta Masina, François Périer

Sweet Charity (1969, R: Bob Fosse): John McMartin, Sammy Davis Jr. und Shirley MacLaine

SWEET NOVEMBER

USA 2001, R: Pat O'Connor, D: Keanu Reeves, Charlize Theron, Jason Isaacs, Greg Germann, Liam Aiken, Robert Joy, Lauren Graham, Michael Rosenbaum, Frank Langella, Jason Kravits, Ray Baker, Tom Bullock

Sara Deever scheint für Beziehungen einfach nicht geschaffen: Jeden Monat sucht sich die charmante Chaotin einen neuen Freund, um ihn innerhalb von vier Wochen in einen besseren Menschen zu verwandeln. Ist seine Frist schließlich abgelaufen und ihr Ziel endlich erreicht, erteilt sie ihm dann den Laufpass. Kein Wunder also, dass sie in dem ebenso schönen wie smarten Yuppie Nelson Moss zunächst einmal nur den idealen Anwärter auf den Titel des Mr. November sieht. Doch plötzlich wird aus der vierwöchigen Affäre die ganz große Liebe im Wettlauf gegen die Zeit.

AP: »Wetten, dass es nicht bei einem Monat kuschligen Zusammenwohnens bleibt? Wetten, dass der ›One-Month-Stand‹ in die große Liebe mündet und Nelson das wahre Leben im Falschen erkennt? Das Remake eines Melodrams aus dem Jahre 1968 ist noch schmalziger ausgefallen als das Original. War der Film aus den rebellischen Spätsechzigern eventuell noch als zeitgeistiges Plädoyer für freie Liebe und für ein erfüllteres Dasein genießbar, so versucht das Remake vergeblich, einen Zipfel Hippietum zu erhaschen und tritt dabei in jedes Klischee-Fettnäpfchen. Keanu Reeves, ein anerkannter Nicht-Schauspieler, sieht ziemlich toll aus. Dasselbe lässt sich über seine Partnerin Charlize Theron sagen, die sogar in formlos Selbstgestricktem und Gesundheitssandalen eine gute Figur macht. Die Aussagen dieses Melodrams erschöpfen sich in Äußerlichkeiten: Er hat zackige Designermöbel, sie haust in einer bunten Bohemien-Wohnung. Er ist der archetypische Werbeagentur-Schnösel mit Handy, Mercedes und Ellenbogen bis zur Schulter, wie man ihn aus Hollywood-Filmen halt so kennt. Dieses egozentrische Ekel muss zur Menschlichkeit bekehrt werden – von Sara, ganz weibliche Intuition, impulsiv und stets gut drauf, eine so künstliche Lebenskünstlerin, dass man Charlize Theron die Rolle keine Sekunde lang abnimmt. Sara, die als erwachsene Frau eine penetrante ›Hasch-mich-ich-bin-der-Frühling‹-Nummer gibt, hätte man in der Realität längst zum Psychiater geschickt ... Nicht süß, geradezu klebrig ist dieser November-Schmu, eine späte Rache der Softie-, Müsli- und Selbsterfahrungsfraktion an Hollywoods Machofilmkultur. Aber selbst Keanu Reeves hat eine Rolle als Schmalspursoftie nicht verdient.«

1968 Adieu, geliebter November
Sweet November, USA, R: Robert Ellis Miller, D: Sandy Dennis, Anthony Newley

SWITCH – DIE FRAU IM MANNE
Switch, USA 1991, R: Blake Edwards, D: Ellen Barkin, Jimmy Smits, JoBeth Williams, Lorraine Bracco, Tony Roberts, Perry King, Bruce Payne, Lysette Anthony, Victoria Mahoney, Basil Hoffman
Steve Brooks, ein Macho, wie er im Buche steht, wird von drei seiner Eroberungen, die ihm seine Sünden gegen das schwache Geschlecht nicht länger nachsehen können, während einer Whirlpool-Party ins Jenseits befördert. Im Fegefeuer bekommt Steve noch eine letzte Chance: Sollte es ihm gelingen, auch nur ein einziges weibliches Wesen zu finden, das ihn wirklich liebt, bleibt ihm die Hölle erspart. Der Haken bei der Sache: Er kehrt im Körper einer Frau auf die Erde zurück; ein Blick in den Spiegel und ein Griff zwischen die Beine lassen da keinen Zweifel. Also gibt er sich als Steves aus heiterem Himmel aufgetauchte Halbschwester Amanda aus. Steve/Amanda muss nun nicht nur lernen, mit Busen und hochhackigen Schuhen umzugehen, sondern auch buchstäblich am eigenen Leib erfahren, was es heißt, als Frau unter Männern zu leben.

MovieLine: »Die Komödie, passabel in ihrer ersten Hälfte, wird langweilig und vorhersehbar im zweiten Teil. Die Gags werden bis zum Ermüden wiederholt, die Regie hat keine Handschrift, und das ganze Gewicht des Films liegt auf den Schultern von Ellen Barkin.«

1989 Cleo/Leo
USA, R: Chuck Vincent, D: Veronica Hart, Scott Thompson Baker, Kevin Thomsen

1964 Goodbye Charlie
USA, R: Vincente Minnelli, D: Tony Curtis, Debbie Reynolds, Pat Boone

DER SYMPATHISCHE HOCHSTAPLER
Living It Up, USA 1954, R: Norman Taurog, D: Dean Martin, Jerry Lewis, Janet Leigh, Edward Arnold, Fred Clark, Sheree North, Sammy White, Sid Tomack
Nach dem Musical *Hazel Flagg* von Ben Hecht: Homer Flagg, Stationsvorsteheraspirant in ei-

nem erbärmlichen Nest in der Wüste von Nevada, hat nur einen Wunsch: New York kennen zu lernen. Mit dem nächsten Güterzug begibt er sich in Richtung Osten. Unnachsichtige Bahnpolizisten zwingen ihn allerdings zu Umwegen, und so landet er noch tiefer in der Wüste, mitten im Atomversuchsgelände von Nevada. Nach einer planlosen Odyssee wird er von dem jungen Arzt Steve Harris aufgelesen, der bei dem wackeren New York-Stürmer hochgradige radioaktive Verseuchung diagnostiziert und ihm ein baldiges Ableben prophezeit. Eine große New Yorker Zeitung bekommt Wind von der Sache und beschließt, den Lebenswunsch des jungen Mannes zu erfüllen: einen kostenlosen New York-Aufenthalt mit allen Schikanen. Die clevere Reporterin Wally Cook reist nach Nevada, um Homer zur »letzten Fahrt« abzuholen. Steve Harris hat inzwischen entdeckt, dass seine Diagnose falsch war, kommt aber nicht mehr zu einer Richtigstellung, an der Homer, der die Chance seines Lebens wittert, auch gar nicht interessiert ist.

Die Story der zynischen Komödie stammt von Ben Hecht, der einst selber Journalist war: In der ersten Verfilmung, einer klassischen Screwball Comedy, war es ein Kleinstadt-Mädchen, das angeblich an tödlicher Radiumvergiftung dahinsiecht.

Klaus Stawecki (*Jerry Lewis – Sein Leben, seine Filme*): »Jerry versucht in *Living It Up* erneut, die Beachtung als Sänger zu finden, die seinem Partner bereits zuteil geworden ist. Vorbei scheinen allerdings die Zeiten, in denen er Deans Gesang unterbricht und persifliert. Er gibt sich jetzt beim Singen Mühe und liefert seine eigene Version von Deans *How Do You Speak To An Angel* ab, ohne freilich die Klasse seines Partners zu erreichen. Umso pathetischer wirkt Jerrys Version, mit der er vor seinem Hochzeitstag das Bild seiner Braut anschmachtet. Dean an seiner Stelle hätte ihr frank und frei ins Gesicht gesungen ... Der Rezensent der *New York Times* ist dem Film nicht völlig abgeneigt, doch kommt er nicht umhin, sich permanent an die viel bissigere 37er-Version *Nothing Sacred* zu erinnern. Die Kritik am Großstadtleben und an der Sensationslust der Bevölkerung und der Bereitschaft der Medien, diese Lust zu befriedigen, schreibt er, werde durch die Musiknummern und die Romanze zwischen Dean Martin und Janet Leigh aufgeweicht und verharmlost. Und Carole Lombard und Fre-

Denen ist nichts heilig (1937, R: William A. Wellman):
Sig Ruman, Charles Winninger und Carole Lombard

dric March seien zu glaubwürdigeren Verkörperungen in der Lage gewesen, als Dean, Jerry und Janet Leigh.«

Variety: »Das Drehbuch von Jack Rose und Melville Shavelson lässt das Team etwas weniger hektisch als sonst agieren, aber Lewis ist es nach wie vor erlaubt, durch wilde Extratouren dem stillen Amüsement ein lautes Lachen zu entlocken. Das Paar bringt Komödie und Lieder mit vorzüglicher Wirkung unter Norman Taurogs hoch geschätzter Regie, das Tempo schrei-

tet mit nur wenigen Verzögerungen voran, und alles in allem haben wir 94 Minuten Filmspaß, der in der Paul Jones-Produktion von Experten zum Wohle des Konsumenten bereitet wurde.«

1937 Denen ist nichts heilig

Nothing Sacred, USA, R: William A. Wellman, D: Carole Lombard, Fredric March

DAS SYNDIKAT

The Racket, USA 1951, R: John Cromwell, D: Robert Mitchum, Lizabeth Scott, Robert Ryan, William Talman, Ray Collins, Joyce Mackenzie, Robert Hutton, Virginia Huston, William Conrad, Walter Sande
Nach einem Theaterstück von Bartlett Cormack: Ein Polizeioffizier kämpft erfolgreich und mit unkonventionellen Mitteln gegen eine Gangsterorganisation und gegen Korruption in den eigenen Reihen sowie in Politik und Wirtschaft.

Lexikon des internationalen Films: »Packender, stellenweise melodramatischer Gangster- und Polizeifilm im Stil der ›Schwarzen Serie‹. Mit prägnant gezeichneten Typen nach einem Theaterstück von Bartlett Cormack inszeniert, das bereits 1928 als Vorlage für eine Howard-Hughes-Produktion diente. Einige Passagen wurden von Nicholas Ray inszeniert.«

1928 The Racket

USA, R: Lewis Milestone, D: Thomas Meighan, Marie Prevost, Louis Wolheim

T

und er ist herausragend gut gespielt von Jack Lemmon und Lee Remick, die sich nichts an beschämenden und schmerzlichen Szenen ersparen.«

1958 Days Of Wine And Roses
USA, R: John Frankenheimer, D: Cliff Robertson, Piper Laurie, Charles Bickford

TAGEBUCH EINER KAMMERZOFE
Le journal d'une femme de chambre, F/I 1964, R: Luis Buñuel, D: Jeanne Moreau, Michel Piccoli, Françoise Lugagne, Georges Géret, Daniel Ivernel, Jean Ozenne, Gilberte Géniat, Bernard Musson, Jean-Claude Carrière, Muni, Claude Jaeger, Dominique Sauvage, Dominique Zardi, Madeleine Damien, Reymond Vital, Jean Franval, Marcel Rouzé, Jeanne Perez, Andrée Tainsy, Pierre Collet, Aline Bertrand, Joelle Bernard, Michelle Daquin, Marcel Le Floch, Marc Eyraud, Gabriel Gobin

1928: Die Kammerzofe Célestine kommt aus Paris und beginnt als Zimmermädchen auf dem Landsitz der Familie Rambour-Monteil in der Normandie. Eine wenig angenehme Gesellschaft: Ihre Herrin, Madame Monteil, führt mit ihrem Mann keine gute Ehe. Kein Wunder, dass Monsieur Monteil den Reizen anderer Frauen gegenüber sehr aufgeschlossen ist. Auch Célestine versucht er den Hof zu machen. Aber auch sein

DIE TAGE DES WEINES UND DER ROSEN
Days Of Wine And Roses, USA 1962, R: Blake Edwards, D: Jack Lemmon, Lee Remick, Charles Bickford, Jack Klugman, Alan Hewitt, Tom Palmer, Debbie Megowan, Maxine Stuart, Jack Albertson, Ken Lynch

Es geht um ein Durchschnittsehepaar mit anfangs ganz »normalen«, von der Gesellschaft nicht nur geduldeten, sondern sogar geförderten Trinkgewohnheiten. Vom Alkoholismus werden die beiden gepackt wie von einer schleichenden Krankheit, die Ehe kriselt, es kommt zu handgreiflichen Auseinandersetzungen. Immerhin schafft es Joe, sich zu seiner Abhängigkeit zu bekennen und den Weg zu den Anonymen Alkoholikern zu finden. Kirsten tut sich mit ihrer Sucht (sie war früher schon in krankhafter Weise auf Schokolade versessen) viel schwerer. Am Ende steht die Trennung, die für Joe die einzige Möglichkeit darstellt, nicht wieder zum Trinken verführt zu werden.

Regisseur Edwards – sonst eigentlich eher im Komödienfach beheimatet – geht dieses Problem realistischer an als viele andere Filme zu diesem Thema, in denen der Held sich durch eigene Kraft rettet. Denn dies ist, so die bittere Erkenntnis, in der Praxis kaum möglich. Berühmtestes Beispiel für Hollywood-Filme, die sich mit dem Problem des übermäßigen Alkoholkonsums beschäftigen, war das 1945 entstandene Drama *Das verlorene Wochenende* von Billy Wilder.

New York Times Film Review: »Als eine gradlinige, rückhaltlose Darstellung eines Alkoholikerschicksals ist der Film höchst beeindruckend,

Tagebuch einer Kammerzofe
(1964, R: Luis Buñuel): Jeanne Moreau

Tagebuch einer Kammerzofe (1964, R: Luis Buñuel): Georges Géret und Jeanne Moreau

Schwiegervater, Monsieur Rambour, fühlt eine Schwäche für die neue Hausangestellte. Er lässt sich von ihr Damenstiefel vorführen. Selbst der Hausmeister, Gärtner und Kutscher Joseph, der einzige starke Mann im Haus, bemüht sich um die Gunst der attraktiven Célestine. Während er einerseits mit dem Kirchendiener Ordnung, Vaterland und Religion verteidigen will und antisemitische Flugblätter verteilt, wird er andererseits des Mordes an der 12-jährigen Claire verdächtigt. Ausgerechnet diesem Mann verfällt Célestine. Sie ahnt, dass Joseph der Mörder ist und liefert ihn wenig später der Polizei aus. Durch ihre Heirat mit dem ehemaligen Offizier Mauger gelingt ihr der Aufstieg in die Bourgeoisie. Der Mörder wird mangels genügender Beweise freigelassen und eröffnet in Cherbourg eine Gastwirtschaft. Hier findet er auch neue Gesinnungsgenossen für seine politischen Ziele.

MovieLine: »Renoirs vielschichtige Verfilmung des Romans von Octave Mirbeau wurde ursprünglich als unglückliche Kreuzung zwischen Hollywood und seinem vorherigen sozialkritischen Werk gesehen, hat sich heute aber als zwar grundverschiedene, jedoch keineswegs unterlegene Alternative zu Buñuels Verfilmung des gleichen Stoffes durchgesetzt.«

1946 Tagebuch einer Kammerzofe
The Diary Of A Chambermaid, USA, R: Jean Renoir, D: Paulette Goddard

Das Tagebuch einer Verlorenen (1929, R: Georg Wilhelm Pabst): Louise Brooks und Andrews Engelmann

DAS TAGEBUCH EINER VERLORENEN

D 1929, R: Georg Wilhelm Pabst, D: Louise Brooks, André Roanne, Josef Rovenský, Fritz Rasp, Vera Pawlowa, Franziska Kinz, Arnold Korff, Andrews Engelmann, Valeska Gert, Sybille Schmitz, Edith Meinhard, Sig Arno, Kurt Gerron

Eine Anklage gegen die doppelte Moral der bürgerlichen Gesellschaft: Thymian, die Tochter des Apothekers Henning, wird vom Provisor Meinert verführt und bekommt ein Kind. Die Familie ist um ihren guten Ruf besorgt. Die Schande wird vertuscht: Das Baby kommt zu einer Hebamme, und Thymian verschwindet in einer Erziehungsanstalt für moralisch gefährdete Mädchen. Die Mädchen werden hier nicht nur streng und lieblos behandelt, sondern auch sadistisch gequält. Zusammen mit ihrer Freundin und mit Unterstützung des Grafen Osdorff flieht Thymian. Als sie erfährt, dass ihr Kind tot ist, findet sie in einem Bordell Unterkunft. Hier begegnet sie ihrem Vater, der von diesem Zusammentreffen so erschüttert ist, dass er wenige Tage später stirbt. Thymian verzichtet freiwillig auf ihr Erbe. Als Graf Osdorff, der Thymian liebt, davon erfährt, nimmt er sich das Leben. Thymian lernt den Onkel des Grafen kennen, der sich ihrer annimmt und sie schließlich heiratet. Einer gesellschaftlichen Verpflichtung entsprechend, muss

Thymian eines Tages das Erziehungsheim besichtigen. Sie bekennt sich dort zu ihrer Vergangenheit, um den Mädchen und speziell ihrer wieder eingelieferten Freundin helfen zu können.

TV Spielfilm Lexikon: »*Das Tagebuch einer Verlorenen* bietet wirklich alles, was zu den so genannten ›Sittenfilmen‹ der 20er-Jahre gehörte. Die Handlung liest sich mit ihren verschlungenen, schicksalhaften Wendungen wie ein drittklassiger Groschenheftroman, wurde aber von Pabst nicht ungeschickt in Szene gesetzt und beinhaltet vor allem jene Kritik an den bürgerlichen Moralvorstellungen, die mit Hitlers Machtergreifung vier Jahre später über Nacht wieder eingefroren wurde.«

1918 Das Tagebuch einer Verlorenen

D, R: *Richard Oswald*, D: *Erna Morena, Reinhold Schünzel, Werner Krauss*

DER TALENTIERTE MR. RIPLEY

The Talented Mr. Ripley, USA 1999, R: Anthony Minghella, D: Matt Damon, Gwyneth Paltrow, Jude Law

Tom Ripley ist ein Mann mit vielen Talenten. Die nutzt er, um einen mörderischen Plan in die Tat umzusetzen. Er bringt den schwerreichen Dickie Greenleaf um und nimmt dessen Identität an ...

TV Movie: »Hut ab vor Regisseur und Oscar-Preisträger Anthony Mighella (*Der englische Patient*, 1996). Seine Neuverfilmung hebt sich wohltuend von der Flut meist mittelmäßiger Hollywood-Remakes ab. Ja, sie kommt der düsteren Highsmith-Vorlage sogar näher als das Original *Nur die Sonne war Zeuge* (1960). Kompliment auch an Matt Damon. Als milchgesichtiger Mörder beweist der Jungstar eine Wandlungsfähigkeit, die ihm keiner zugetraut hätte.«

1959 Nur die Sonne war Zeuge

Plein soleil, F/I, R: René Clément, D: Alain Delon, Marie Laforêt, Maurice Ronet

TANZ DER TEUFEL 2 – JETZT WIRD NOCH MEHR GETANZT

Evil Dead II, USA 1987, R: Sam Raimi, D: Bruce Campbell, Sarah Berry, Dan Hicks, Kassie DePaiva, Ted Raimi, Denise Bixler, Richard Domeier, John Peaks, Lou Hancock, Snowy Winters

Ash und seine Freundin Linda wollen ein ruhiges Wochenende in einer heruntergekommenen Waldhütte verbringen. Ahnungslos spielen sie ein Tonband eines Professors ab, welches die dämonischen Geister weckt. Nachdem Linda gestorben ist, trifft die Tochter des Professors ein, um die Forschungen ihres Vaters fortzusetzen. Zu-

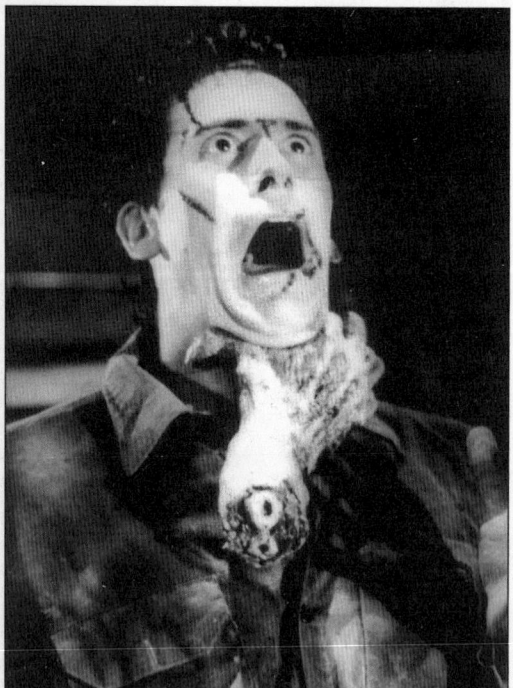

Links: Tanz der Teufel 2 – Jetzt wird noch mehr getanzt (1987, R: Sam Raimi): Letzter Schrei
Unten: Tanz der Teufel 2 – Jetzt wird noch mehr getanzt (1987): Tot oder lebendig?

erst macht sie Ash für den Tod ihres Vaters verantwortlich, muss dann aber erkennen, das er der Einzige ist, der sich den bösen Mächten entgegenstellen kann. Zusammen versuchen sie, die dämonischen Kräfte zu vertreiben. Der zweite Teil der *Evil Dead*-Saga ist mehr Remake als Fortsetzung und enthält trotz zahlreicher harter Splattereffekte eine große Portion schwarzen Humors.

1982 Tanz der Teufel
The Evil Dead, USA, R: Sam Raimi, D: Bruce Campbell, Ellen Sandweiss

1978 Within The Woods
USA, R: Sam Raimi, D: Bruce Campbell, Ellen Sandweiss, Scott Spiegel

TANZ IN DEN WOLKEN
Pennies From Heaven, USA 1981, R: Herbert Ross, D: Steve Martin, Bernadette Peters, Christopher Walken, Jessica Harper, Vernel Bagneris, John McMartin, John Karlen, Jay Garner, Robert Fitch, Tommy Rall, Eliska Krupka

Der junge Arthur Parker flüchtet sich im Chicago der 30er-Jahre aus der deprimierenden Realität einer tristen Ehe und beruflicher Misserfolge in die schöne Scheinwelt der Schlager, deren Noten er verkauft. Während er immer tiefer ins Unglück gerät, verklären sich ihm seine Misserfolge zu glanzvollen Musik- und Tanznummern aus Filmen jener Jahre. Schließlich gerät er sogar fälschlich in Mordverdacht und wird zum Tode verurteilt, aber sogar unterm Galgen überlässt er sich seinen Träumen.

Regisseur Herbert Ross gelang mit dieser musikalischen Tragikomödie eine brillant photographierte Hommage an das Hollywood-Musical der 30er-Jahre und ein intelligenter Filmspaß, der virtuos mit Schein und Wirklichkeit spielt. Gleichermaßen beeindruckend ist Steve Martin in der Rolle des bedauernswerten Helden, der aus der Misere seiner Misserfolge in den schweren Depressionsjahren sich immer wieder in heiter-heile Bild- und Klangwelten »rettet«, wie sie die Traumfabrik produziert. Arthur Parker steht damit für Millionen Menschen jener Zeit, die ins Kino flüchteten, um wenigstens für ein paar Stunden den grauen Alltag zu vergessen.

Lexikon des internationalen Films: »Ein äußerst geschickt zwischen Sozialkritik, melodramatischen Elementen und brillanten Musical-Sequenzen aufgebauter Film.«

1978 Tanz in den Wolken
Pennies From Heaven, GB, R: Piers Haggard, D: Hywel Bennett, Peter Bowles

DAS TAPFERE SCHNEIDERLEIN
Sedem jednou ranou, ČSSR/BRD/I/F/E 1988, R: Dusan ˇTrancík, D: Miroslav Noga, Oldrich Navrátil, Tomas Zilincik, Amanda Sandrelli, Mónica Molina, Peter Simun, Günter Mack, Christopher Greener, Elma Karlowa, Karel Roden, Alexander Sizonenko

Nach dem Märchen der Gebrüder Grimm: Das Schneiderlein muss sich seine Tapferkeit erst durch Angst erwerben. Schon dem Riesen kann es sich nur mit List entziehen. Am Königshof trifft es auf noch schlimmere Gegner, die es in den Kampf mit Wildschwein und Einhorn schicken. Mit des Nachtwächters Hilfe besteht es die Gefahr.

1981 Das tapfere Schneiderlein
DDR 1981, R: Uwe-Detlef Jessen, D: Heinz Rennhack, Horst Weinheimer

1956 Das tapfere Schneiderlein
DDR, R: Helmut Spieß, D: Kurt Schmidtchen, Christel Bodenstein

1942 Das tapfere Schneiderlein
D, R: Hubert Schonger, D: Hans Hessling, Ursula Zeitz, Emil Heß

TARAS BULBA
USA 1961, R: J. Lee Thompson, D: Tony Curtis, Yul Brynner, Christine Kaufmann, Sam Wanamaker, Brad Dexter, Guy Rolfe

Taras Bulba (1961, R: J. Lee Thompson): Yul Brynner

Nach einer Erzählung von Nikolaj Gogol: Der Kosakenführer Taras Bulba schickt seine Söhne Andrei und Ostap auf die polnische Universität nach Kiew, um die polnische Wesensart zu studieren. Andrei tut das auf seine Weise, indem er sich in eine Edelmannstochter verliebt ...

Filmbeobachter: »Ärgerliche Verfälschung der Erzählung von Gogol.«

1936 Taras Bulba

Tarass boulba, F, R: Alexij Granowski, D: Danielle Darrieux, Harry Baur

TARZAN

Tarzan, USA 1999, R: Kevin Lima, Chris Buck, Drb: Tab Murphy, Bob Tzudiker, Noni White, nach dem Roman Tarzan Of The Apes von William Rice Burroughs, M: Mark Mancina, Songs: Phil Collins, S: Gregory Perler – Animation

Der Dschungel ist gnadenlos. In nur einer Nacht nimmt er einer Mutter das Kind und einem Kind die Eltern. Aber der Dschungel schenkt auch Zuflucht: Die Gorilladame Kala nimmt das verwaiste Bündel Mensch als ihr Baby an. Ihr Gefährte Kerchak, der mächtige, umsichtige Anführer der Gorillas, ist jedoch skeptisch – das Kind gehört nicht in die Welt der Affen. Dennoch erlaubt er Kala, das Baby zu versorgen. Kala gibt ihrem neuen Sohn einen Namen: Tarzan. Jahre später ist Tarzan zu einem kräftigen jungen Mann herangewachsen und lebt unter den Gorillas als Gleicher unter Gleichen. Nur um die Anerkennung und den Respekt Kerchaks muss er immer wieder kämpfen – für ihn ist das Menschenkind immer noch ein Außenseiter. Das stört Tarzan jedoch wenig: Mit seinen Freunden, der frechen Äffin Terk und dem ängstlichen Elefanten Tantor, macht er seine Heimat unsicher – den Dschungel. Ein beinahe sorgloses Leben – bis eines Tages die temperamentvolle Engländerin Jane mit ihrem Vater und dem finsteren Expeditionsführer Clayton die Idylle stört, um die Gorillas zu studieren. Mit großen Augen macht Tarzan die ersten Schritte in eine neue Welt – und ist schon bald hin- und hergerissen zwischen seiner »Familie« und der schönen Jane, zwischen dem Dschungel und der Welt, in die er eigentlich seit seiner Geburt gehört. Und als der zwielichtige Clayton die Maske fallen lässt und die Jagd auf die Gorillas eröffnet, ist der Moment der Entscheidung gekommen ...

Tarzan Of The Apes, der Abenteuerklassiker von Edgar Rice Burroughs, lieferte die Vorlage für den Disney-Zeichentrickfilm. Obwohl bereits viele Filme versucht haben, Burroughs' Vision vom geschmeidigen Herrn des Urwalds umzusetzen – mit 47 Kino-Adaptionen ist *Tarzan* nach Bram Stokers *Dracula* der zweitbeliebteste Filmstoff in Hollywood –, ist Disneys *Tarzan* die erste gezeichnete Spielfilmversion über den legendären Lianenschwinger im Lendenschurz. Die Animation erlaubte den Filmemachern, Tarzans Beziehung zu seinen animalischen Zieheltern in einer noch nie da gewesenen Intensität zu zeigen. Gleichzeitig hatten sie alle Möglichkeiten, ihren Helden mit einer Beweglichkeit auszustatten, deren ein Schauspieler niemals fähig wäre und die sich Burroughs dennoch für seinen Herrn des Dschungels vorstellte. Burroughs selbst war es, der zum ersten Mal mit dem Gedanken spielte, dass sein Buch nur als Zeichentrick-Film adäquat umgesetzt werden könne – im Jahr 1936 schrieb er in einem Brief an seinen Sohn: »Der Cartoon muss jedoch gut sein. Er müsste den vorzüglichen Disney-Filmen entsprechen.« Daraufhin wurden diverse Treatments verfasst, aber das Projekt wurde zu Burroughs' Lebzeiten nie realisiert.

»Als wir uns das Buch vornahmen, haben wir uns gefragt, was wir anders machen können als all die anderen *Tarzan*-Filme«, erzählt Regisseur Kevin Lima: »Ein aus heutiger Sicht relevanter Aspekt ist der Begriff der Familie. Was macht eine Familie aus? Sind es die, denen man ähnlich sieht, oder jene, die man liebt? Wir haben uns auch dazu entschlossen, unsere Tiere sprechen zu lassen. Die Zuschauer gehen ins Kino, um in ei-

*Tarzan (1999, R: Kevin Lima, Chris Buck):
Der kleine Freund beobachtet
Jane bei den Zeichenstudien*

ne andere Welt abzutauchen. Warum sollten wir ihnen eine bieten, die sie schon kennen? Sie können auch den Discovery Channel einschalten, wenn sie Gorillas in ihrer natürlichen Umgebung beobachten wollen. Wir wollten etwas anderes schaffen – etwas, das nur die Kunst der Animation bieten kann.«

Für Daniel Kothenschulte im *Film-Dienst* geht der Disney-Film zurück zu den Ursprüngen der *Tarzan*-Geschichte: »Und man sieht, was frühere Filme nur behaupten konnten: wie das Findelkind mit den Affen aufwächst, sich schließlich geradezu fliegend im Lianengeflecht fortbewegt – und dennoch nicht einfach nur ein Mensch ist, der fliegen kann wie Disneys *Peter Pan*; behänder als die Paviane und gefährlicher als ein Gorilla, ist dieser wahre Ape Man, wenn er mit bloßen Händen einen Leoparden erlegt. Man muss Disney den obligatorischen Vater-Sohn-Konflikt nachsehen, der den Affenmenschen lange um die Gunst jenes Menschenaffen buhlen lässt, der ihn großgezogen hat. *Der König der Löwen* ist hier der König der Gorillas. Dafür aber vollzieht sich die Begegnung mit Jane so zärtlich, wie man es sich wünscht, zugleich aber auch kindlich-verspielt. Wenn Disney-Adaptionen populärer Klassiker ein Dschungel sind, in die sich mancher Literaturfreund nur ungern verirrt, hätte es auch für diese nicht besser kommen können: Der 1950 gestorbene Burroughs hätte zufrieden sein können. Nie ist ein Mensch dem Affendasein so nahe gekommen – abgesehen vielleicht von einer kleinen Ausnahme: Mowgli im *Dschungelbuch* – aber das war ja auch schon die Disney-Version.«

Als »visuell faszinierendes Disney-Animationsabenteuer« bezeichnet *Blickpunkt: Film* die 48. Leinwandinkarnation des lendenschürzten und lianenschwingenden Tarzans: »Dabei handelt es sich um die erste Zeichentrickadaption, die es dank ausgefeilter Deep Canvas-Computertechnik erlaubt, den Titelhelden mit einer unvorstellbaren athletischen Agilität auszustatten. Phil Collins' erfrischender Soundtrack ist ein weiteres Trumpfass im Ärmel dieses prächtigen Films, der es mit Disneys größten Animationshits jederzeit aufnehmen kann. So kommt es nicht von ungefähr, dass der Herr des Dschungels bei seinem US-Start mit 34,4 Mio. Dollar nur knapp

hinter dem *König der Löwen* rangierte. Erstmals seit langem wagt das Disney-Studio wieder, ein wenig von seiner eisernen Formel für Familienunterhaltung abzuweichen. So wird hier nicht das übliche Musical mit vielzähligen obligatorischen Gesangs- und Tanzeinlagen geboten, vielmehr wurden die Kompositionen von Mark Mancina und Lieder von Phil Collins angenehm als Hintergrundmusik als eine Art Kommentar in die aufregende Handlung integriert. Die Songs untermalen die Action, ohne sie zu unterbrechen, was dem fließenden und zügigen Erzählrhythmus zugute kommt. Darüber hinaus wurden die typischen Rollen der geschäftig-putzigen Sidekicks erheblich eingeschränkt, ohne natürlich völlig auf diese patentierte Form des comic relief zu verzichten.«

Edgar Rice Burroughs, der geistige Vater von *Tarzan*, wurde 1875 in Chicago geboren. Bis zu seinem Tode im Jahre 1950 schrieb er insgesamt 26 Tarzan-Bücher. Die meisten seiner letzten Bücher hat er gar nicht mehr selbst geschrieben, sondern sie von einer regelrechten Autoren-Fabrik anfertigen lassen. Er gab ein paar richtungweisende Stichworte und ließ schreiben. Er selbst und später seine Erben, waren nie mit den *Tarzan*-Verfilmungen so recht einverstanden. Die 1981er-Version mit Miles O'Keeffe und Bo Derek sollte sogar gerichtlich verhindert werden. Zu seinem größten Erstaunen verkaufte Burroughs seine erste Story *Under The Moons Of Mars* an das *All-Story Magazine* für die unglaubliche Summe von 400 Dollar. Zwar wurde seine zweite Story abgelehnt, aber mit der dritten traf er ins Schwarze: *All-Story Magazine* kaufte die Rechte an *Tarzan Of The Apes* für 700 Dollar und veröffentlichte die Geschichte im Oktober 1912. Aber trotz seines Erfolges vergingen weitere zwei

Tarzan (1999, R: Kevin Lima, Chris Buck):
Du Jane, ich Tarzan

Jahre, bis der frisch gebackene Schriftsteller einen Buchvertrag an Land ziehen konnte. *Tarzan Of The Apes*, 1914 veröffentlicht, wurde ein enormer Bestseller.

Autor Burroughs war, wie sein deutsches Gegenstück Karl May, niemals an den Schauplätzen seiner Geschichten. Klar, dass er nicht auf dem Mars war, worüber er ebenfalls schrieb, aber auch nach Afrika setzte er nie seinen Fuß. So gab es in seinen Büchern kleine Schönheitsfehler wie Tiger (nur in Asien) und Eingeborene, die eher Indianern gleichen als afrikanischen Stämmen. Doch ob der mitreißenden Fantasie der Geschichten sah man gerne über solche Schönheitsfehler hinweg. Die Bücher waren ein großer Erfolg, wurden nach und nach in 57 Sprachen übersetzt und die einsetzende Welle der *Tarzan*-Filme, Radio- und Fernsehserien machte den Urwaldmann bald weltberühmt. Bereits im Jahr 1918 eroberte Burroughs' Dschungelheld zum ersten Mal die Leinwand. In der Stummfilmversion spielte Elmo Lincoln den Herrn des Dschungels. Er gehörte zu den ersten Filmen in Hollywoods Box-office-Geschichte, die mehr als eine Million Dollar einspielten. 1932 schlüpfte der

Tarzan, Herr des Urwalds (1981, R: John Derek): Miles O'Keeffe, Bo Derek und ratlose Schimpansen

Olympiaschwimmer Johnny Weissmuller in den Lendenschurz – von *Tarzan, der Affenmensch* bis hin zu *Tarzan in Gefahr* (1949) spielte Weissmüller Edgar Rice Burroughs' Helden. Christopher Lambert trat 1984 in *Greystoke – Die Legende von Tarzan, Herr der Affen* in Weissmüllers Fußstapfen, und zuletzt mimte Casper van Dien in *Tarzan und die verlorene Stadt* (1998) den Helden. Von 1965–1968 liefen rund um die Welt 57 Folgen der *Tarzan*-Fernsehserie. Ron Ely in der Titelrolle blieb der einzige Tarzan, der nie im Kino zu sehen war, sondern ausschließlich im Fernsehen auftrat. Der unsterbliche *Tarzan*-Stoff von Edgar Rice Burroughs war 2001 wieder einmal die Grundlage für eine neue TV-Serie, nämlich *The Legend Of Tarzan*, die von Steve Loter produziert wurde.

1997 Tarzan und die verlorene Stadt

Tarzan Of The Lost City, BRD/USA, R: Carl Schenkel, D: Casper van Dien

»Mit beachtlichem Aufwand inszenierter Abenteuerfilm, der jedoch an seinem einfältigen Drehbuch, ärmlichen Dialogen und einer wilden Stillosigkeit krankt.« *(Lexikon des internationalen Films)*

1983 Greystoke – Die Legende von Tarzan

Greystoke: The Legend Of Tarzan, Lord Of The Apes, USA, R: Hugh Hudson, D: Ian Holm, Christopher Lambert, Andie MacDowell

Christopher Lambert brillierte als 17. Tarzan der Filmgeschichte. Realistischer als alle seine Vorgänger stellte er den Urwaldmenschen als ein aus seiner Welt herausgerissenes Wesen dar. Für die originalgetreueste und beste *Tarzan*-Verfilmung gab es 1984 drei Oscar-Nominierungen.

Tarzan, Herr des Urwalds (1981, R: John Derek): Bo Derek ist nicht allein

1981 Tarzan, Herr des Urwalds

Tarzan, The Ape Man, USA, R: John Derek, D: Bo Derek, Miles O'Keeffe

»Eine Expedition schlängelt sich durch die Hitze des Dschungels. Zum Elefantenfriedhof ist es noch weit. Zu weit für Jane Parker (Bo Derek): Sie zieht ihren Pulli aus. Der Urwald stöhnt. Und Tarzan fällt fast vom Baum: die erste Frau seit Jahrzehnten ... Regisseur John Derek findet hinter jedem Busch einen Vorwand, seine Gattin hüllenlos zu zeigen.« (*Cinema*)

1959 Tarzan, der Herr des Urwalds

Tarzan, The Ape Man, USA, R: Joseph M. Newman, D: Dennis Miller

Bereits 1913 ließ Edgar Rice Burroughs seine Figur *Tarzan* als eingetragenes Warenzeichen schützen. Das Hollywood-Remake von 1959 betont die exotischen, romantischen und dramatischen Facetten der Legende. Neben dem athletischen Basketball-Star Dennis Miller ist auch der »Original«-Tarzan Johnny Weismüller in nachkolorierten Szenen aus *Tarzan, der Affenmensch* (1932) zu sehen. Die eindrucksvollen Safari-Aufnahmen stammen aus dem Film *König Salomons Diamanten* (1950).

1932 Tarzan, der Affenmensch

Tarzan, The Ape Man, USA, R: W. S. van Dyke, D: Johnny Weissmüller

»Der erste Tonfilm-Tarzan schlug ein wie eine Bombe, obgleich die Dialoge eher karg ausfielen: ›Ich Tarzan – du Jane.‹ Dafür geizte der Schwimm-Superstar Johnny Weismuller nicht mit nackter Haut und tollen Stunts. Publikum und Kritik waren begeistert, wie der Herr des Dschungels im Handumdrehen aus einer wilden Elefantenhorde einen Flohzirkus machte.« (*Cinema*)

1918 Tarzan bei den Affen

Tarzan Of The Apes, USA, R: Scott Sidney, D: Elmo Lincoln

»Vier Jahre nach Erscheinen des ersten *Tarzan*-Romans folgte der Film, der über eine Million Dollar einspielte. Die etwas ungeschliffen wirkende Stummfilm-Adaption gilt bis heute als die getreueste Verfilmung des Buches.« (*Cinema*)

Tarzan, der Herr des Urwalds
(1959, R: Joseph M. Newman): Dennis Miller

Tarzan, der Affenmensch (1932, R: W. S. Van Dyke):
Maureen O'Sullivan und Johnny Weissmüller

TAUGENICHTS

BRD 1977, R: Bernhard Sinkel, D: Jacques Breuer, Mareike Carrière, Matthias Habich, Eva Maria Meineke, Wolfgang Reichmann, Sybil Schreiber

Nach der Novelle *Aus dem Leben eines Taugenichts* von Joseph von Eichendorff: Aus der alten Mühle seines Vaters stolpert der Taugenichts in die »gute, alte, scheußliche« Zeit. Er will in die weite Welt und landet auf dem Schloss einer bankrotten Gräfin, wo er, von den weisen Liebes- und Lebensregeln eines pedantischen Portiers geplagt, schließlich aus Liebeskummer nach Italien flieht. Er wird in ein verwirrendes Intrigenspiel gezogen und gerät gerade in die Gesellschaft, vor der ihn die bürgerliche Moral retten wollte. Die brotlosen Künste, die Maler und die Dichter und ein flirrendes Italien ziehen ihn in ihren Bann, bis seine Sehnsucht nach Freiheit und Glück schließlich doch in den Armen der wunderschönen Aurelie endet.

Alf Brustellin und Bernhard Sinkel über ihr Drehbuch: »Es ist ja in diesem Film nicht einfach Literatur bebildert worden, aber unser Engagement für die Novelle *Aus dem Leben eines Taugenichts* war schon der wesentliche Ursprung dieses Projekts. Natürlich haben wir uns bemüht um ein heutiges Verständnis der Vorlage und ihrer Entstehung. Was im Falle einer klassischen Schullektüre natürlich auch bedeutet, dass man sich unter Zuhilfenahme von Flüchen und Verwünschungen von seinen Deutschlehrern verabschiedet. Wir haben dies also getan und Eichendorff neu gelernt. Diese literarischen Erfahrungen waren nützlich und notwendig, der Film selbst macht sie aber sicherlich vergessen, denn der basiert auf heutigen Erfahrungen und nicht auf denen Eichendorffs. Aber alle Veränderungen oder Verdeutlichungen, die gegenüber der Novelle vorgenommen wurden, sind deshalb nicht etwa gegen Eichendorff gerichtet, sondern wollen nur das Verständnis des Zuschauers für das Taugenichts-Prinzip wecken, das uns heute, wo das Leistungsprinzip immer deutlicher auch schon die Kindheit zu beherrschen beginnt, aktueller denn je erscheint.«

Lexikon des internationalen Films: »Als aktuelle Parabel auf heutige Verhältnisse gedacht, vermag der formal ambitionierte, aber weitgehend temperamentlose Film jedoch nicht, die in der Novelle so faszinierend beschriebene Macht des Traums und der Utopie spürbar werden zu lassen.«

1972/73 Aus dem Leben eines Taugenichts

DDR, R: Celino Bleiweiß, D: Dean Reed, Anna Dziadyk, Monica Bielenstein

1922 Der Taugenichts

D, R: Carl Froelich, D: Erhard Siedel, Julia Serda, Valérie von Martens

TAUSEND GEWEHRE FÜR GOLDEN HILL

The Plainsman, USA 1966, R: David Lowell Rich, D: Don Murray, Guy Stockwell, Henry Silva, Don Joslyn, Simon Oakland, Abby Dalton

Nach einem Roman von Frank J. Wilstach: Wild Bill Hickok wird von Cheyenne gefangen genommen und wieder freigelassen, von der Postkutsche seiner alten Freundin Calamity Jane mit nach Hause genommen und von dem frisch vermählten Buffalo Bill zum Essen eingeladen. Bill Hickok und Buffalo Bill entlarven die Umtriebe eines Waffenhändlers, der in skrupelloser Weise die Indianer versorgt, verhindern eine Schlacht zwischen Weiß und Rot und bekommen zur Belohnung beide einen Marshal-Posten. Alle Anzeichen weisen darauf hin, dass Wild Bill Hickok und Calamity Jane vor den Traualtar treten werden.

Western Lexikon: »Ein Remake des DeMille-Films *The Plainsman*, das sich zum Original verhält wie das im Jahr davor gedrehte *Stagecoach*-Remake von Gordon Douglas zu dem Original von John Ford. Weil Don Murray unmöglich die Tränen provozieren kann, die bei Gary Coopers Ende fließen müssen, ist er zum Happy End verdammt. Als Konzession an die neue Zeit erfand Michael Blankfort die Figur eines Negerpriesters, der Versöhnung zwischen dem roten und dem weißen Mann predigt und deshalb von den Weißen mit Steinwürfen aus der Stadt gejagt und von den Roten mit der Axt erschlagen wird.«

1936 Der Held der Prärie

The Plainsman, USA, R: Cecil B. DeMille, D: Gary Cooper, Jean Arthur

DAS TESTAMENT DES DR. MABUSE

BRD 1962, R: Werner Klingler, D: Gert Fröbe, Senta Berger, Walter Rilla, Helmut Schmid, Charles Regnier, Leon Askin, Wolfgang Preiss

Doktor Mabuse, der als Wahnsinniger in einer Heilanstalt lebt, verbreitet mit Hilfe des von ihm hypnotisierten Arztes Schrecken in der Welt.

Nach seinem Tod wird der Arzt, der sich für seine Reinkarnation hält, von der Polizei zur Strecke gebracht; doch er entzieht sich der Staatsgewalt, indem er wahnsinnig wird.

TV Spielfilm: »Dr. Mabuse, der Ahnherr aller kriminellen Welteroberer der Leinwand, hat eine lange wechselvolle Geschichte. Der Berliner Autor Norbert Jacques schuf die Figur des Falschspielers mit den tausend Masken, der große Regisseur Fritz Lang hauchte ihm 1922 Leben ein. Auf *Dr. Mabuse – Der Spieler* folgte 1933 *Das Testament des Dr. Mabuse*. Beide sind Meisterwerke des deutschen Films, die sich in vollem Umfang nur vor dem historischen Hintergrund der Wirren der Weimarer Republik und der Weltwirtschaftskrise erschließen. Auch wenn Fritz Lang politische Implikationen immer abstritt, wird Mabuse nach wie vor als Allegorie auf den machtgierigen Demagogen Hitler gesehen. Nach dem Zweiten Weltkrieg ging es bergab mit dem Superverbrecher. Im Nachkriegsdeutschland war Mabuse ein Anachronismus: Auf der Leinwand tauchten zeitgemäßere Schurken auf. Mabuse verkam zum Serienhelden des deutschen Kinos, fiel Regisseuren wie Harald Reinl zum Opfer.

Lang selbst versuchte 1960 vergeblich, seine Figur mit neuem Leben zu erfüllen. *Das Testament des Dr. Mabuse* von 1962 ist eine positive Ausnahme. Das Remake erreicht zwar nicht die Kraft des Originals, erzählt aber durchaus spannend noch einmal die Geschichte des größenwahnsinnigen Schurken, der von einer Nervenheilanstalt aus seine willenlosen Komplizen steuert und nach der Weltherrschaft strebt.«

1932 Das Testament des Dr. Mabuse

D, R: Fritz Lang, D: Rudolf Klein-Rogge, Oscar Beregi, Theodor Loos

TEUFEL IM LEIB

Le diable au corps, I/F 1986, R: Marco Bellocchio, D: Maruschka Detmers, Federico Pitzalis, Anita Laurenzi, Ricardo de Torrebruna, Alberto di Stasio, Anna Orso, Claudio Botosso, Lidia Broccolino
Nach einem Roman von Raymond Radiguet: Die Geschichte einer amour fou, eine Liebesgeschichte gegen alle Konventionen – Giulia ist die Verlobte eines geständigen und reuigen Mitglieds der Roten Brigaden, der nichts mehr wünscht, als nach seiner Entlassung aus dem Gefängnis mit ihr ein normales bürgerlichen Leben zu führen. Aber Giulia verliebt sich in Andrea, einen Schüler, der gerade dabei ist, sein Abitur zu machen. Ihre Liebe ist ausschließlich und leidenschaftlich, die Außenwelt hat keinen Platz in ihr. Schließlich versucht Andreas Vater, Psychoana-

Von links oben nach rechts unten:
• *Das Testament des Dr. Mabuse*
  (1962, R: Werner Klingler):
  Helmut Schmid und Charles Regnier
• *Das Testament des Dr. Mabuse (1962):*
  Gert Fröbe und Harald Juhnke
• *Das Testament des Dr. Mabuse*
  (1932, R: Fritz Lang): Oscar Beregi

lytiker, seinen Sohn von dieser verwerflichen Leidenschaft abzubringen. Giulia sei schwer gestört, fast wahnsinnig. Andrea schlägt alle Warnungen in den Wind und feiert mit Giulia ausschweifende Orgien. Beide können nicht mehr voneinander lassen. Eines Tages sperrt Giulia ihren Freund Andrea ein. Man sagt, dass Giulia verrückt ist. Aber vielleicht kann ihre Liebe zu Andrea sie heilen. Am Ende wird sie nicht zur Hochzeit erscheinen. Sie hat sich entschieden.

Raymond Radiguet (1903–1923) entfachte mit seinem kurz vor seinem Tod erschienenen Roman *Den Teufel im Leib* einen Skandal. Zu radikal erschien die Liebesgeschichte eines 16-jährigen Schülers zu einer Frau, deren Mann als Soldat im Ersten Weltkrieg kämpft. Das Pubertätsdrama einer vom Krieg bedrohten Jugend verstieß gegen das sittliche Empfinden seiner Zeit. Auch die heute als Klassiker geltende Verfilmung von Claude Autant-Lara verletzte 1947 die Moral ihrer Zeit, obwohl die Hauptdarsteller Gérard Philipe und Micheline Presle so sittsam ihre Leidenschaften darstellen, wie es niemals mehr danach auf den Kinoleinwänden geschah. Der Italiener Marco Bellocchio hat den Stoff in die Gegenwart verlegt.

Angie Dullinger *(AZ)*: »Ein Wechselbad aus Gleichgültigkeits- und Genießermomenten richtet Regisseur Marco Bellocchio mit seiner Verfilmung von Raimond Radiguets Roman *Le diable au corps* an. Bellocchio hat die Geschichte einer kompromisslosen Leidenschaft von Radiguet, dem Cocteau-Schützling, der 1923 mit 20 Jahren an Typhus starb, geschickt ins heutige Italien verpflanzt. Und dennoch lässt sie so irritierend kalt. Im Gedächtnis bleiben nur perfekt komponierte Bilder – Ästhetik ohne Anteilnahme. Immerhin ist Maruschka Detmers die eleganteste Schizophrene der Filmgeschichte. So schön war Wahnsinn noch nie. Und? Na, nichts. Warum die arme Seele so siecht, bleibt ebenso im gestylten Dunkel wie der Entschluss, den Bräutigam, einen reuigen Terroristen der Roten Brigaden, zu verlassen für die Leidenschaft zu einem Abiturienten (Federico Pitzalis, auch der eine Augenweide, ganz gewiss). Das lüsterne Skandalgeschrei nach der Uraufführung des Filmes in Cannes ist so unerklärlich wie überflüssig. Bellocchio wollte mit seinen Liebesszenen bestimmt nicht spekulieren – aber die Allmacht der Sinne erschließt sich hier nur extrem Gutgläubigen.«

Der ehemalige Filmkritiker Scott Murray verlegte 1985 in seinem Erstlingswerk *Den Teufel im Leib* die Geschichte der leidenschaftlichen Liebe zwischen einem Gymnasiasten und der attraktiven jungen Verlobten eines Terroristen ins ländliche Victoria während des Zweiten Weltkriegs.

Link: Teufel im Leib (1986, R: Marco Bellocchio):
Maruschka Detmers und ihre Liebe
Unten: Teufel im Leib (1986):
Federico Pitzalis und Maruschka Detmers

Teufel im Leib (1946/47, R: Claude Autant-Lara):
Gérard Philipe und Micheline Presle

1985 Den Teufel im Leib
Devil In The Flesh, AUS, R: Scott Murray, D: Katia
Caballero, Keith Smith

1946/47 Teufel im Leib
Le diable au corps, F, R: Claude Autant-Lara, D:
Gérard Philipe, Micheline Presle

DER TEUFEL IN MISS JONAS

CH 1974, R: Michael Thomas (= Erwin C. Diet-
rich), D: Marianne Dupont, Christa Free, Herbert
Fux, Michel Jacot

Miss Jones, Nymphomanin und Lesbierin, wird
irrtümlicherweise zu früh in die Hölle verbannt.
Satan hat ein Einsehen und schickt sie an die
Oberwelt zurück, wo sie sogleich anfängt, ihre
trauernden Freunde zu trösten. Schließlich endet
sie erneut im Reich des Herrn der Finsternis –
aber nur kurz, denn wie sich herausstellt, war alles nur ein sehr exzessiver Traum.

Lexikon des internationalen Films: »Übler por-
nografischer Film.«

Lexikon des Horror-Films: »Dieser Film ist ein
Remake des 1972 entstandenen amerikanischen
Porno-Films *The Devil In Miss Jones* (Regie: Ge-
rard Damiano, der unter anderem auch für *Deep
Throat*, USA 1972, verantwortlich war). Die
Michael Thomas-Version ist jedoch lediglich ein

›Sex‹-Film, und auch der ›Horror‹, den er beinhaltet, ist eher zum Abgewöhnen.«

1972 The Devil In Miss Jones
USA, R: Gerard Damiano, D: Georgina Spelvin, John
Clemens, Harry Reems

DIE TEUFELSBRIGADE

Distant Drums, USA 1951, R: Raoul Walsh, D: Gary
Cooper, Mari Aldon, Richard Webb, Ray Teal, Arthur
Hunnicutt, Robert Barrat

Captain Quiney Wyatt führt seine tapferen
Recken in das unwegige Sumpfgebiet der Ever-
glades/Florida, wo eine Waffenschieberbande
verbotenerweise Gewehre an den Stamm der Se-
minolen verschachert. Die Indianer benutzen die
Schießeisen, um sich damit der drohenden Um-
siedlung in ein Reservat zu widersetzen. Zwar gelingt es Wyatt und seinen Mannen, der Verbre-
chergang den Garaus zu machen, auf dem Rückweg jedoch gerät die Truppe in einen Hinterhalt
der Indianer, aus dem sie in letzter Minute durch
eine Einheit der US-Kavallerie gerettet werden
kann.

TV Spielfilm Lexikon: »Raoul Walsh drehte mit
Distant Drums einen reaktionären Western, der
wieder einmal die Indianer als Wurzel allen Übels
darstellte und diese mit einer Gruppe anständiger, weißer Soldaten konfrontierte ... *Die Teu-
felsbrigade* war eine Art Remake zu Raoul Walshs
martialischem Kriegsfilm *Der Held von Burma*,
nur dass die Geschichte nicht im Zweiten Weltkrieg, sondern im Florida des Jahres 1850 angesiedelt war. In Erinnerung bleibt dieser Streifen
in erster Linie durch den flotten Soundtrack von
Max Steiner und die üppig grünen Bilder der
Everglades, die mit ihrer saftigen Frische und
Buntheit Gary Coopers lahme Darstellung in den
Schatten stellen. Die attraktive Kulisse des bekannten Sumpfgebietes wurde zwei Jahre später
noch einmal von Budd Boetticher in dessen Western *Seminola* verwendet, der gegenüber den
Indianern wesentlich freundlichere Töne an-
schlug.«

1945 Der Held von Burma
Objective, Burma!, USA, R: Raoul Walsh, D: Errol
Flynn, James Brown

TEUFLISCH

Bedazzled, USA 2000, R: Harold Ramis, D: Bren-
dan Fraser, Elizabeth Hurley, Frances O'Connor,
Miriam Shor, Orlando Jones, Paul Adelstein, Toby

Huss, Gabriel Casseus, Brian Doyle-Murray, Jeff Doucette

Elliot Richards hat sich in seine Kollegin Allison verliebt. Unglücklicherweise registriert sie ihn nicht einmal. Verzweifelt schließt Elliot einen Pakt mit dem Teufel – der sich als umwerfende Frau mit einem – wie Elliot bald feststellen muss – skurrilen Sinn für Humor entpuppt. Der Deal zwischen den beiden lautet: Elliots Seele gegen sieben Wünsche. Natürlich wünscht sich Elliot als Erstes, reich, mächtig und mit Alison verheiratet zu sein. Am nächsten Morgen erwacht der Unglücksrabe zwar tatsächlich an der Seite seiner Geliebten – allerdings als kolumbianischer Drogenbaron. Macht nichts, denkt er sich, noch sind ja sechs Wünsche übrig. Wie wäre es beispielsweise der einfühlsamste Mann der Welt zu sein? Das Ergebnis: Elliot ist ein weinerliches, schniefendes Etwas. Oder vielleicht ein 2,10-m-Basketballstar? Kein Problem, der Wunsch wird ebenfalls sofort erfüllt. Doch auch hier gibt es einen peinlichen Haken – nicht alles an Elliot wurde seinen neuen Riesenmaßen angepasst ... Bald heißt es gründlich überlegen, bevor die verbliebenen Wünsche ebenso erfolglos verpulvert werden. Wenn Elliot Erfolg haben will, muss er die schlaue Teufelin überlisten.

Andreas Maurer (*züritipp/Tages-Anzeiger*): »Vom Teufel besessen, allenfalls geschwängert – auf diese Parts beschränkt sich für gewöhnlich in Filmen über den Antichristen die Palette für weibliche Figuren. Dennoch dürfte es manch gestrandeter Existenz auch schon geschwant haben: Der Teufel ist eine Frau ... *Bedazzled*, als Variation der klassischen *Faust*-Legende, ist wenig interessiert am inneren Konflikt des Protagonisten angesichts sündiger Versuchung. Ebenso wenig nutzt er die zeitkritischen Möglichkeiten des Stoffes zur Satire auf Männlichkeitswahn und den American Way of Life. Die Figuren sind zu grotesk, der Ton zu versöhnlich. Vielmehr bescheidet sich *Bedazzled* mit zeitweilig atemlosen Turbulenzen, als deren Motor das Auseinanderklaffen zwischen Elliots Vorstellung und der hinterhältigen Interpretation seiner schlecht formulierten Wünsche durch die Teufelin wirkt. Im Verbund mit den glücklich besetzten Hauptdarstellern wird das ganze Spektrum vom kecken Wortwitz bis zur brachialen Typen- und Situationskomik ausgereizt. Elizabeth Hurley geniesst sichtlich ihre buchstäbliche Verkörperung des gefal-

lenen Engels in der Garderobe einer Park-Avenue-Nutte, während Brendan Fraser – ob als kolumbianischer Drogenbaron mit Lockenpracht, sommersprossiges Weichei oder übergroßer, unterbelichteter Basketball-Star – sich zu einer übermütig komischen Tour de force aufschwingt.«

1967 Mepisto '68
Bedazzled, GB, R: Stanley Donen, D: Peter Cook, Dudley Moore, Raquel Welch

TEXAS CHAINSAW MASSACRE: DIE RÜCKKEHR

Texas Chainsaw Massacre: Next Generation, USA 1995, R: Kim Henkel, D: Renée Zellweger, Matthew McConaughey, Rob Jacks

Die fünf Hippie-Freunde Kirk, Pam, Sally, Jerry und Sallys an den Rollstuhl gefesselter und ängstlicher Bruder Franklin machen eine kleine Spritztour durch das ländliche Amerika. Alle zusammen sitzen in einem stickigen Bus; als ihnen das Benzin ausgeht und der freundliche Tankwart gestehen muss, dass seine Tanksäulen leer sind, wollen sie in einem nahe gelegenen Haus Sprit ausleihen: Dort werden vier der Jugendlichen in rascher Folge von einem Mann mit Ledermaske bestialisch ermordet. Nach einer längeren Verfolgungsjagd kommt die überlebende Sally zu einer Tankstelle, deren Besitzer sich allerdings als Vater von »Lederfratze« als Oberhaupt einer ganzen Familie Irrer herausstellt. Sally, zu etlichen Perversionen gezwungen, gelingt schließlich die Flucht zur rettenden Landstraße ...

Lexikon des internationalen Films: »Unerquicklicher Horrorfilm, der seine Berechtigung aus der Berühmtheit des Vorgängers ziehen will.«

1974 Blutgericht in Texas
The Texas Chain Saw Massacre, USA, R: Tobe Hooper, D: Marilyn Burns

THÉRÈSE RAQUIN

F/I 1953, R: Marcel Carné, D: Simone Signoret, Raf Vallone, Jacques Duby, Maria-Pia Casilio, Marcel André, Martial Rèbe, Paul Frankeur, Alain Terrane, Bernard Véron, Françoise Vernillat, Lucien Hubert

Nach einem Roman von Emile Zola: Lyon im Jahre 1953. Die attraktive Thérèse hat als junges Mädchen ihren Cousin Camille Raquin geheiratet. Sie führt eine Ehe, die sie nicht glücklich macht. Eines Abends wird der betrunkene Camille von einem italienischen Lastwagenfahrer, Laurent, nach Hause gebracht. Für Thérèse eine

Thérèse Raquin (1953, R: Marcel Carné):
Simone Signoret

schicksalhafte Begegnung: Sie beginnt mit Laurent ein Liebesverhältnis. Das bleibt Camille nicht lange verborgen, doch er weigert sich, in die Scheidung einzuwilligen. Dem Liebespaar bleibt nur eine Lösung: Während einer Zugreise kommt es zum Streit zwischen Laurent und Camille, der bei der handgreiflichen Auseinandersetzung aus dem Zug geworfen wird. Die Polizei erkennt auf Unfall.

MovieLine: »Carnés meisterhafte Adaption eines Klassikers von Emile Zola um eine unglücklich verheiratete junge Französin, die sich in eine verhängnisvolle Affäre aus Mord und Erpressung verstrickt. Der Film verlegt die Handlung ins Jahr 1953 und profitiert vom eindrucksvollen Spiel der Darsteller.«

Thomas Crown Affäre (1999, R: John McTiernan):
Pierce Brosnan

1965 inszenierte Håkan Ersgård den Stoff für das schwedische Fernsehen und weitere Verfilmungen entstanden in Großbritannien: 1980 unter der Regie von Simon Langton (mit Brian Cox, Kenneth Cranham und Kate Nelligan) und 2001 drehte David Leveaux mit Kate Winslet und Judi Dench.

1928 Du sollst nicht ehebrechen

Thérèse Raquin, F/D, R: Jacques Feyder, D: Charles Barrois, Gina Manès

1916 The Marble Heart

USA, R: Kenean Buel, D: Violet Horner, Louise Rial, Walter Miller

THE 13TH FLOOR

USA/BRD 1999, R: Josef Rusnak, D: Craig Bierko, Gretchen Mol, Armin Mueller-Stahl

Der Software-Spezialist Hannon Fuller entwickelt eine virtuelle Welt, die im Hollywood der 30er-Jahre angesiedelt ist und deren Bewohner ein scheinbar eigenständiges Leben führen. Als Fuller ermordet wird, verdichtet sich der Verdacht um seinen engsten Mitarbeiter Douglas Hall. Um den Fall zu klären, wagt auch er sich in diese Welt innerhalb der Welt ...

Felix Schnetzer *(Nürnberger Nachrichten)*: »Regisseur Josef Rusnak verbindet in wunderschönen, eleganten Bildern die Science-Fiction-Ästhetik eines futuristischen Los Angeles mit Film-Noir-Elementen der 30er-Jahre und bringt damit auch zwei Hochphasen des Hollywood-Films zusammen.«

Thomas Crown Affäre (1999, R: John McTiernan):
Denis Leary und Rene Russo

Thomas Crown ist nicht zu fassen (1968, R: Norman Jewison): Steve McQueen und Faye Dunaway

Thomas Crown ist nicht zu fassen (1968): Steve McQueen

1973 Welt am Draht
BRD, R: Rainer Werner Fassbinder, D: Klaus Löwitsch

THOMAS CROWN AFFÄRE
The Thomas Crown Affair, USA 1999, R: John McTiernan, D: Pierce Brosnan, Rene Russo, Denis Leary, Ben Gazzara, Frankie R. Faison, Fritz Weaver, Charles Keating, Mark Margolis, Faye Dunaway
Thomas Crown liebt die schönen Seiten des Lebens. Der steinreiche Geschäftsmann hat eine Schwäche für die Kunst, für elegante Damen und für riskante Abenteuer. Vermutlich ist es Langeweile, die ihn auf kriminelle Abwege führt. Mit einem raffinierten Ablenkungsmanöver stiehlt er das wertvollste Gemälde des Metropolitan Museum of Art.

Gerhard Midding *(Tagesanzeiger Zürich):* »The Thomas Crown Affair ist somit der seltene Glücksfall eines Remakes, welches das Original mit kräftigeren und präziseren Pinselstrichen übermalt. Die für jede Wiederverfilmung tückische Frage: ›Warum eigentlich?‹, stellt man sich in diesem Fall nie.«

1968 Thomas Crown ist nicht zu fassen
The Thomas Crown Affair, USA, R: Norman Jewison, D: Steve McQueen

THX 1138
USA 1970, R: George Lucas, D: Robert Duvall, Donald Pleasence, Don Pedro Colley, Maggie McOmie, Ian Wolfe, Marshall Efron, Sid Haig, John Pearce, Irene Forrest, Gary Alan Marsh
THX 1138 ist einer von vielen in einer Computer-Gesellschaft, in der Leben auf bloßes Funktionieren reduziert ist. An Stelle von Namen sind Buchstabenkombinationen und Zahlen getreten; alle Bürger tragen eine weiße Einheitskleidung und sind kahl geschoren. Konsumieren gilt als Pflicht; Sexualität ist streng verpönt; wer die täglichen Drogen nicht nimmt, die alle Triebregungen ersticken, macht sich strafbar. THX 1138 lebt mit LUH 3417 zusammen. Beide haben es gewagt, heimlich auf ihre Drogen zu verzichten. So fühlen sie sich bald unwiderstehlich zueinander hingezogen. Als LUH spürt, dass sie ein Kind erwartet, wird das »Verbrechen« der beiden entdeckt. Für die junge Frau bedeutet das die Vernichtung, THX wird eingekerkert und einer drastischen »Behandlung« unterworfen. In der Haft trifft er SEN wieder, der sich schon vorher um ihn bemüht hat. Eines Tages versuchen die beiden, gemeinsam zu fliehen und aus dem unterirdischen Labyrinth an die Erdoberfläche zu gelangen. Verfolgt von Polizeirobotern, scheinen sie jedoch angesichts einer allgegenwärtigen Überwachungs-Elektronik keine Chance zu haben.

THX 1138 ist der Debütfilm des amerikanischen Regisseurs George Lucas, der mit *American Graffiti* und *Krieg der Sterne* weltbekannt wurde. Sein Film zeigt eindringlich, wie Menschen zum Opfer einer von ihnen selbst geschaffenen Technologie werden können. Schauplatz dieser negativen Utopie ist eine unterirdische Welt voll kalter Weißtöne, beherrscht von einer aufdringlichen Elektronik, die ihre eigenen Geschöpfe, Hologramme in Menschengestalt, hervorbringt, die wirklichen Menschen aber zu Robotern aus Fleisch und Blut erniedrigt.

Der Abend: »Der Streifen ist eine ausgedehnte Fassung des Kurzfilms *THX 1138:4EB*, den Lucas als Student an der Universität im Süden Kaliforniens machte. Er gewann damit den Großen Preis für dramatischen Film auf dem National Student Film Festival ... Die Handlung erinnert sehr an Jean-Luc Godards *Lemmy Caution gegen Alpha 60* und Orwells *1984*. Aber sie enthält eine wichtige Aussage für die junge Generation, die erkannt hat, dass sie in der heutigen Zeit mit dem gleichen Problem fertigwerden muss wie die Hauptperson des Films.«

1967 THX 1138:4EB

USA, R: George Lucas, D: Dan Natchsheim, Joy Carmichael, David Munson

TIEFE DER SEHNSUCHT

Passion Of Mind, USA 2000, R: Alain Berliner, D: Eloise Eonnet, Hadrian Dagannaud-Brouard, Chaya Cuenot, Demi Moore, Julianne Nicholson, William Fichtner, Sinéad Cusack, Joss Ackland, Peter Riegert, Stellan Skarsgård, Gerry Bamman

Marie hat ein großes Problem: Wenn sie in der französischen Provence einschläft, wacht sie als Verlagsagentin Marty in New York auf. Doch Marie weiß nicht, welches der beiden Leben real ist. Lebt sie als allein erziehende Mutter zweier Töchter und Literaturkritikerin in Frankreich oder als New Yorker Workaholic? Mit der Liebe klappt's sowohl in Frankreich als auch in New York. Beiden Liebhabern erzählt sie von ihrer Misere ...

TV Movie: »Demi Moore sucht eine Antwort, der Zuschauer die Spannung.«

TV Today: »Wirr und banal.«

Prisma-Online: »Der Belgier Alain Berliner (*Mein Leben in Rosarot*) drehte hier ein Drama über eine offensichtlich schizophrene Frau, die in ihrer Welt nicht zwischen Traum und Wirklichkeit zu unterscheiden vermag. Doch die durch den Titel suggerierte Tiefe fehlt hier leider. So bleibt das Ganze trotz passabler Darstellerleistungen oberflächliches Psychologie-Geplänkel.«

1991 Die zwei Leben der Veronika

La double vie de Véronique, F/PL/N, R: Krzysztof Kieslowski, D: Irène Jacob

TIERARZT DR. VLIMMEN

Dr. Vlimmen, NL/B 1978, R: Guido Peters, D: Peter Faber, Roger van Hool, Chris Lomme, Hattijin Hallers, Erik van 't Wout, Helmert Woudenberg, Leo Beyers, Wiesje Bouwmeester, Eddie Brugman, Brigitte De Man, Reinhilde Decleir, Manfred de Graaf, Cox Habbema, Michiel Kerbosch

Nach der Roman-Trilogie von A. Roothaert: Ein Tierarzt in Brabant, den seine Frau verließ, wird durch einen Gemeinderat in seiner Karriere behindert. Seine Aussichten verringern sich noch mehr, als eine Schwangere behauptet, der Arzt sei der Vater ihres Kindes.

Lexikon des internationalen Films: »Nach der Romantrilogie von A. Roothaert schildert der Film das Leben eines Landtierarztes in den 20-er und 30-er Jahren, wobei er manche Figur zur Karikatur verzeichnet. Gut gespielt und mit schönen Landschaftsaufnahmen.«

Der *Tierarzt Dr. Vlimmen* begann seine Arbeit in derselben Zeit wie sein Kollege James Herriot (*Der Doktor und das liebe Vieh*) – vor dem Zweiten Weltkrieg. Doch anders als der nette James kratzt Dr. Vlimmen in den drei Romanen Roothearts tüchtig an der spießigen und bigotten Fassade der südniederländischen katholischen Kleinstadt, in der er seine Karriere beginnt. Die niederländisch-belgische Verfilmung von 1978, erstmals 1981 in der ARD gesendet, hatte die antikirchlichen Tendenzen des Romanautoren übernommen. Der deutsche Film aus dem Jahr 1956 betont dagegen die unterhaltsamen Teile der Vorlage: Dr. Vlimmen wird zweiter Schlachthof-Direktor in Dombergen. Sein Handicap: Er lebt in Scheidung und ist gegen die brutalen Schlacht-Methoden des Stadtrates van Heusden. Dieser mobilisiert den Ort gegen den Fremden, als Vlimmens junge Hausangestellte schwanger wird. Man munkelt, Dr. Vlimmen sei der Vater.

1956 Skandal um Dr. Vlimmen

D, R: Arthur M. Rabenalt, D: Bernhard Wicki, Heidemarie Hatheyer

1944 Tierarzt Dr. Vlimmen

D, R: Boleslaw Barlog, D: Hans Brausewetter, Albert Florath, Gustav Knuth

THE TIME MACHINE

USA 2002, R: Simon Wells, D: Guy Pearce, Samantha Mumba, Jeremy Irons, Orlando Jones, Mark Addy, Sienna Guillory, Phyllida Law, Omero Mumba

Der Wissenschaftler und Erfinder Alexander Hartdegen will beweisen, dass Zeitreisen möglich sind. Ein persönlicher Schicksalsschlag verwandelt seinen Ehrgeiz in schiere Verzweiflung: Sie treibt ihn umso unerbittlicher an, seine Erfindung zu vollenden und in die Vergangenheit zu reisen, um dort dem Lauf der Dinge eine neue Wendung zu geben. Als er die von ihm konstruierte Zeitmaschine ausprobiert, wird Hartdegen 800.000 Jahre in die Zukunft katapultiert. Dort muss er entdecken, dass die Menschheit in zwei Lager gespalten ist: die Jäger ... und die Gejagten.

Der Regisseur des Zeichentrickfilms *Der Prinz von Ägypten*, Simon Wells, drehte seinen ersten »Real«-Film. Dazu greift er auf das berühmte Buch seines berühmten Urgroßvaters H.G. Wells, *The Time Machine*, zurück. Die neue Version von *The Time Machine* fühlt sich den Vorlagen verpflichtet, und zwar sowohl ihrem Schöpfer H. G. Wells als auch der ersten Verfilmung durch den verstorbenen George Pal. Über 100 Jahre sind vergangen, seit H. G. Wells sein Buch veröffentlichte, und die Welt hat sich stark verändert. Doch seine Idee einer Zeitmaschine fasziniert die Leser und Zuschauer nach wie vor. Produzent Walter Parkes stellt fest: »Um 1960 regten Filme wie *20.000 Leagues Under The Sea* (*20.000 Meilen unter dem Meer*) und *Journey To The Center Of The Earth* (*Die Reise zum Mittelpunkt der Erde*) unsere Fantasie an. Doch George Pal mit The *Time Machine* (*Die Zeitmaschine*) lief allen den Rang ab. Heute steht uns eine Tricktechnik zur Verfügung, mit der wir H. G. Wells' Visionen wirklich angemessen umsetzen können – das war damals noch nicht möglich. Also machten wir uns begeistert an die Arbeit.«

1978 Die Zeitmaschine

The Time Machine, USA, R: Henning Schellerup, D: *R.G. Armstrong, Parley Baer*

1960 Die Zeitmaschine

The Time Machine, USA, R: George Pal, D: Rod Taylor, Alan Young, Yvette Mimieux

TISCHLEIN, DECK' DICH

BRD 1956, R: Fritz Genschow, D: Rita-Maria Nowottny, Renée Stobrawa, Siegfried Hackenberg, Karola Ebeling, Werner Stock, Horst Keitel, Harald Dietl, Wulf Rittscher
Nach einem Märchen der Gebrüder Grimm: Ein habgieriger Wirt betrügt drei Wandergesellen um einen Wundertisch, der sich selbst deckt, einen Dukaten kackenden Esel und einen mysteriösen Beutel, dessen Inhalt (ein Knüppel) sich in einem

Tischlein, deck' dich (1956, R: Jürgen von Alten): Fritz Wepper

grandiosen Finale als Helfer der Schwachen entpuppt.

Das neue Lexikon des Fantasy-Films: »Eine freie Bearbeitung des bekannten Grimm'schen Märchens, erweitert durch zahlreiche Gesangs- und Tanzeinlagen, wobei sämtliche Dialoge in Reimen gesprochen werden.«

Erika Daub (*Filmblätter*): »Dieser Stoff vermag das kindliche Gemüt nicht so einfach anzusprechen wie die Zauber- und Feenmärchen. Trotzdem wird die Geschichte von den drei Söhnen des Schneiders, die als anständige Burschen ihr Glück machen, nachdem der jüngste durch seine Pfiffigkeit das Missgeschick seiner Brüder wieder zum Guten wendete, mit Vergnügen aufgenommen.«

1956 Tischlein, deck' dich

BRD, R: Jürgen von Alten, D: Bobby Todd, Rolf Bollmann, Fritz Wepper

193? Tischlein, deck' dich

D, R: Hubert Schonger

TITANIC

USA 1997, R: James Cameron, D: Kate Winslet, Leonardo DiCaprio, Billy Zane
James Camerons drei Stunden langes »Titanic«-Epos bietet gleich zwei Filme in einem: Zuerst steht eine wunderschöne Love Story an Bord des Luxusliners im Vordergrund, dann riskieren die jungen Liebenden angesichts der eisigen Fluten des Atlantiks füreinander das Leben. Melodrama und Katastrophenfilm verschmelzen zu einem prächtig ausgestatteten Kinoereignis.

Josef Lederle (*Film-Dienst*): »Eingangs bereits war der Zuschauer mittels Computersimulation der Schatzsucher über die letzten wissenschaftlichen Erkenntnisse informiert worden, warum und wie der Ozeanriese innerhalb von zwei Stunden von der Wasseroberfläche versinken konnte. Dieser Kunstgriff erlaubt Cameron, sich ohne weitere Erklärungen ganz auf die spektakuläre Inszenierung zu stürzen, wie er auch die etwa in Herbert Selpins Version von 1943 (*Titanic*) strikt antisemitisch gewendete Schuldfrage nur am Rande streift: Bruce Ismay, der Besitzer der Reederei White Star Line, macht dem Kapitän klar, dass er durch eine Rekordfahrt Schlagzeilen machen will.«

1980 Hebt die Titanic!
Raise The Titanic, GB, R: Jerry Jameson, D: Jason Robards jr.

1979 S.O.S. Titanic
GB/USA; R: Billy Hale, D: David Janssen, Cloris Leachman

1958 Die letzte Nacht der Titanic
A Night To Remember, GB, R: Roy Ward Baker, D: Kenneth More, Ronald Allen

1952 Der Untergang der Titanic
Titanic, USA, R: Jean Negulesco, D: Barbara Stanwyck, Clifton Webb

1943 Titanic
D, R: Herbert Selpin, Werner Klingler, D: Sybille Schmitz, Kirsten Heiberg

1929 Atlantic
GB/D, R: Ewald André Dupont, D: Fritz Kortner, Elsa Wagner, Heinrich Schroth

TO WONG FOO, THANKS FOR EVERYTHING, JULIE NEWMAR
USA 1995, R: Beeban Kidron, D: Wesley Snipes, Patrick Swayze, John Leguizamo, Stockard Channing, Blythe Danner, Arliss Howard, Jason London, Chris Penn, Melinda Dillon, Beth Grant, Marceline Hugot, Jennifer Milmore, Jamie Harrold, Mike Hodge, Michael Vartan, Ru Paul, Julie Newmar, Robin Williams, Naomi Campbell

Die beiden New Yorker Drag-Queens Noxeema Jackson und Vida Boheme reisen zusammen mit dem jungen Chi Chi Rodriguez in einem alten Cadillac mit einem Autogrammfoto von Julie Newmar, Schutzpatronin aller Tunten, nach Hollywood, zur Endausscheidung bei der Wahl zur Tunte des Jahres, als ihr Auto in Snydersville schlapp macht. Bis die nötigen Ersatzteile eintreffen, bringen die drei Snydersville durcheinander. Da müssen schüchterne Teenager verbandelt, Hausfrauen emanzipiert, prügelnde Ehemänner zur Räson gebracht, Senioren integriert

Von links oben nach rechts unten:
- *Titanic (1997, R: James Cameron): Kate Winslet und Leonardo DiCaprio*
- *Titanic (1997): Kampf gegen die Wassermassen*
- *Titanic (1943, R: Herbert Selpin, Werner Klingler): Fritz Genschow*

Priscilla – Königin der Wüste (1994, R: Stephan Elliott): Tick, Adam und Bernadette im Glitzerfummel

und Dorfmachos erzogen werden. Am Ende revanchieren sich die Provinzlerinnen von Snydersville, deren Schmink- und Frisierlust durch den Besuch der drei Diven erwacht ist, indem sie einen von Vida entworfenen Plan ausführen, um dem Sheriff eine Lektion zu erteilen.

Prisma-Online: »Diesmal wackeln gleich drei männliche Stars auf Stöckelschuhen durchs Bild: Wesley Snipes, Patrick Swayze und John Leguizamo. Als Tunten-Trio mischen sie ein ödes Provinznest im amerikanischen Hinterland auf. Dies ist eine moderne Variante von *Charleys Tante* und die amerikanische Version des australischen Transvestiten-Erfolgsfilms *Priscilla*. Regisseurin Beeban Kidron inszenierte die flippige, zuweilen nervige Komödie mit Cameo-Auftritten von Robin Williams und Naomi Campbell.«

1994 Priscilla – Königin der Wüste
The Adventures Of Priscilla, Queen Of The Desert,
USA, R: Stephan Elliott, D: Terence Stamp, Hugo Weaving, Guy Pearce

DER TOD EINES HANDLUNGSREISENDEN
Death Of A Salesman, USA/BRD 1985, R: Volker Schlöndorff, D: Dustin Hoffman, Kate Reid, John Malkovich, Stephen Lang, Charles Durning, Louis Zorich, David S. Chandler, Linda Kozlowski, Jon Polito
Nach einem Theaterstück von Arthur Miller: Die Tragödie vom kleinen Handelsvertreter, der mit

seinen Träumen, Illusionen und Lebenslügen kläglich an der Wirklichkeit zerbricht.

Frauke Hanck *(tz)*: »Ein Schauspielerfilm mit großen Höhepunkten – nicht nur von Dustin Hoffman in der Titelrolle, auch von Kate Reid als Ehefrau, von John Malkovich als Sohn Biff. Volker Schlöndorff hat die Broadway-Inszenierung für das US-Fernsehen eingerichtet. Arthur Millers Stück, das zu Beginn der fünfziger Jahre den amerikanischen Traum vom Erfolg, an den wir damals begeistert glaubten, heftig kritisierte, hat in der Grundidee nichts an Aktualität verloren. Die Lebenslüge ist vielleicht gerade jetzt wieder ein Thema, nicht nur wendemäßig. Dustin Hoffman macht aus dem Willy Loman einen nervösen, fahrigen Underdog mit tragikomischen Zügen. Aber er spielt auch ganz deutlich einen alten Mann mit allen Theater-Virtuositäten in Mimik, Gestik, Bewegungen. Die Großaufnahmen zeigen erbarmunglos die Arbeit des Maskenbildners. Dennoch schafft es Schlöndorff trotz der Stilisierung durch sichtbare Studiokulissen, emotionale Betroffenheit zu erzeugen. Seine Regie ist überaus sorgfältig. Ein Film ist das für mich nicht so richtig, aber eine bemerkenswerte Dokumentation eines Vermittlungsver-

Der Tod eines Handlungsreisenden (1985, R: Volker Schlöndorff): Louis Zorich und Dustin Hoffman

suchs zwischen Theater und Kino. Ausgezeichnet ist die von Schlöndorff und Florian Hopf gemachte deutsche Synchronisation.«

Im Jahr 2000 entstand in den USA der Fernsehfilm *Death Of A Salesman* (Regie: Kirk Browning) mit Brian Dennehy in der Titelrolle des Willy Loman.

1968 Der Tod des Handlungsreisenden
BRD, R: Gerhard Klingenberg, D: Heinz Rühmann, Käthe Gold, Boy Gobert

1966 Death Of A Salesman
USA R: Alex Segal, D: Lee J. Cobb, Stanley Adams, Edward Andrews

1966 Death Of A Salesman
GB, D: Rod Steiger, Joss Ackland

1963 Der Tod des Handlungsreisenden
BRD, R: Michael Kehlmann, D: Leopold Rudolf, Charlotte Schellenberg, Horst Frank

1958 Der Tod des Handlungsreisenden
BRD, R: Franz Peter Wirth

1951 Der Tod eines Handlungsreisenden
Death Of A Salesman, USA, R: Laslo Benedek, D: Frederic March, Mildred Dunnock

TOD EINES KILLERS
The Killers, USA 1964, R: Don Siegel, D: Lee Marvin, Angie Dickinson, John Cassavetes, Clu Gulager, Ronald Reagan, Claude Akins, Norman Fell, Virginia Christine, Don Haggerty, Robert Philipps, Kathleen O'Malley, Ted Jacques, Irving Mosley, Jimmy Joyce, Scott Hale, Seymour Cassel
Nach der Erzählung von Ernest Hemingway: Die beiden professionellen Killer Charlie und Lee

wundern sich, dass sich der ehemalige Rennfahrer Johnny North von ihnen widerstandslos niederschießen lässt. Ihren Auftraggeber kennen sie nicht, wohl aber wissen sie, dass North an einem Raubüberfall beteiligt war. Die verschwundene Beute in Höhe von einer Million Dollar würden sie gern zusätzlich zu ihrem Honorar kassieren. Auf der Suche nach dem Geld nehmen sich die beiden Killer einige Leute vor, die North kannten. So erfahren sie von seiner Affäre mit der attraktiven Sheilah Farr, einer Freundin des Gangsters Jack Browning. Sie verführte North dazu, bei jenem Überfall mitzumachen. Dabei ahnte er nicht, wie die raffinierte Schöne seine Gefühle missbrauchte ...

Don Siegel hatte bereits 1946 bei Robert Siodmaks Verfilmung der gleichnamigen Short Story von Ernest Hemingway mit Burt Lancaster mitgewirkt. Siegels eigene Version der Geschichte ist strenger und härter, die Hemingway-Vorlage dient ihm nur als Auslöser, das Schwergewicht liegt in der dazu konstruierten Vorgeschichte.

Tony Thomas (*Ronald Reagan und seine Filme*): »1963 projektierten die Universal und ihre Tochtergesellschaft Revue Productions eine *Project 120* genannte Serie, die aus qualitätvollen, für den Bildschirm ebenso wie für das Kino geeigneten Spielfilmen bestehen sollte. Eine derartige Produktion wurde zu dieser Zeit notwendig, da die Produktion von Kinofilmen ständig zurückging und das Fernsehen auch nicht dauernd auf alte und älteste Filme zurückgreifen konnte. *Project 120* kam freilich über die erste

Unten: Tod eines Killers (1964, R: Don Siegel): John Cassavetes, Robert Philipps, Ronald Reagan, Norman Fell und Angie Dickinson
Rechts: Tod eines Killers (1964): Angie Dickinson und Ronald Reagan

Produktion nicht hinaus. Dieser erste Film hieß *Johnny North*; als er fertig war, gaben die Zensoren der NBC den Bescheid, der Film sei für den Bildschirm viel zu roh und gemein. Daraufhin kam das Werk unter dem Titel *The Killers* in die Kinos, obwohl seine Story mit der Hemingway-Geschichte kaum noch etwas zu tun hat. Der führende Kopf der Universal war zu dieser Zeit Lew Wasserman, einst Ronald Reagans Agent. Wasserman hatte Reagan bewogen, mit *The Killers* von seinem bisherigen ›nice guy‹-Image radikal abzurücken; wie Reagan später wiederholt sagte, hat er es noch oft bereut, diesem Rat gefolgt zu sein.«

The Killers, USA, R: Robert Siodmak, D: Burt Lancaster, Ava Gardner

TOD IM WINTER

Dead Of Winter, USA 1987, R: Arthur Penn, D: Mary Steenburgen, Roddy McDowall, Jan Rubes, William Russ, Ken Pogue, Wayne Robson, Mark Malone, Michael Copeman, Pamela Moller

Katie McGovern, eine junge Schauspielerin, wird von dem gemeingefährlichen Psychiater Lewis unter Vortäuschung falscher Tatsachen (angebli-che Probeaufnahmen) engagiert und in einem einsamen Haus gefangen gehalten. Lewis und sein Gehilfe Murray, ein ehemaliger Patient, sind in eine Erpressungsgeschichte zwischen zwei Schwestern verwickelt. Eine von ihnen hat die andere umbringen lassen, und nun soll die Schauspielerin als Doppelgängerin für Verwirrung sorgen. Katie ahnt bald die Hintergründe, kann aber weder fliehen noch die Polizei um Hilfe bitten, da Lewis sie als Geistesgestörte ausgibt. Die dramatischen Ereignisse spitzen sich zu, als die Schwester der Ermordeten auftaucht und einen erneuten Anschlag plant. Unter Aufbietung ihrer letzten Kräfte kann Katie allein die drei Verbrecher töten.

Lexikon des internationalen Films: »Horrorfilm, der vor keinem Klischee des Genres zurückschreckt, um die Spannung hochzutreiben. Dank der optisch dezenten Inszenierung und der herausragenden Schauspielerführung eine spannende Gute-Nacht-Geschichte ohne weitergehende Ambitionen.«

My Name Is Julia Ross, USA, R: Joseph H. Lewis, D: Nina Foch, Dame May Whitty

DIE TODESINSEL

Demon Of Paradise, PHI/USA 1986, R: Cirio H. Santiago, D: Kathryn Witt, William Steis, Laura Banks, Frederick Bailey, Leslie Huntly, Henry Strzalkowski, Nick Nicholson, Liza Baumann

Links: Rächer der Unterwelt (1946, R: Robert Siodmak): Burt Lancaster und Ava Gardner
Unten: Rächer der Unterwelt (1946): Burt Lancaster

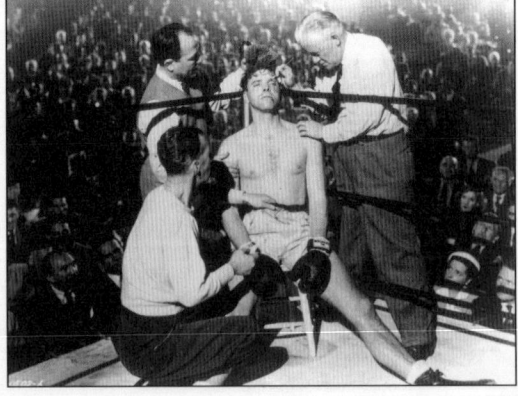

Ein menschenfressendes Echsenmonster wird durch mit Dynamit arbeitende Fischer aus seinem Schlaf in den Tiefen des Meeres aufgeschreckt und terrorisiert die Küste Hawaiis. Während ein Sheriff und eine Reptil-Forscherin vor den Gefahren warnen, versucht eine skrupellose Landbesitzerin, durch die Sensationsgier der Massen das Tourismusgeschäft anzukurbeln.

Lexikon des internationalen Films: »Trivialer Horrorfilm in der Nachfolge des *Weißen Hais*.«

1979 Up From The Depths

PHI/USA, R: Charles B. Griffith, D: Sam Bottoms, Susanne Reed, Charles Howerton

1961 Creature From The Haunted Sea

USA, R: Roger Corman, D: Antony Carbone, Betsy Jones-Moreland, Robert Towne

1957 Naked Paradise

USA, R: Roger Corman, D: Richard Denning, Beverly Garland, Lisa Montell

DIE TODESREITER VON LAREDO

Streets Of Laredo, USA 1948, R: Leslie Fenton, D: MacDonald Carey, William Holden, William Bendix, Mona Freeman, Dick Foote

Nach einer Story von Louis Stevens und Elizabeth Hill: Zwei von drei Banditen, die Postkutschen, Eisenbahnen und Banken überfallen haben, werden Mitglieder der Texas Rangers. Der dritte zieht es vor, das gesetzlose Leben fortzusetzen. Bei der ersten Auseinandersetzung schonen ihn die beiden ehemaligen Gefährten, bei der zweiten bringt er einen von ihnen um.

MovieLine: »Die Wiederverfilmung von King Vidors Starwestern *Texas Rangers* (1936) ist ein unprätentiöser, etwas durchschnittlicher Film über Loyalitätskonflikte«.

1936 Texas Rangers

The Texas Rangers, USA, R: King Vidor, D: Fred MacMurray, Jack Oakie

TODESSPIELE

I Saw What You Did, USA 1988, R: Fred Walton, D: Shawnee Smith, Tammy Lauren, Candace Cameron Bure, Robert Carradine, David Carradine, Rosanna Huffman, Jo Anderson, Bo Brundin, Patrick O'Bryan, Dana Gladstone

Nach einem Roman von Ursula Curtis: Zwei Teenager zetteln ein Telefonspiel an und geraten dadurch in große Schwierigkeiten – ein Mörder glaubt sich erkannt und will die vermeintlichen Mitwisser beseitigen.

Lexikon des internationalen Films: »Ein nachts spielender Thriller mit einigen Horrorfilm-Anleihen. Die geradlinig angelegte Geschichte legt zu offensichtliche Spuren, um mehr als oberflächliche Unterhaltung bieten zu können.«

1965 Es geschah um 8 Uhr 30

I Saw What You Did, USA, R: William Castle, D: Joan Crawford, John Ireland

TODESTROMMELN AM GROSSEN FLUSS

Sanders Of The River, GB 1963, R: Lawrence Huntington, D: Richard Todd, Albert Lieven, Marianne Koch, Walter Rilla, Bill Brewer, Vivi Bach, Robert Arden

Nach einem Roman von Edgar Wallace: Nach der Ermordung eines eingeborenen Polizisten kommt Inspektor Sanders auf die Spur einer Diamantenschmugglerbande. Die Indizien weisen darauf hin, dass das von Dr. Schneider geleitete Urwaldhospital als Umschlagplatz verwendet wird. Sanders bringt eine gerade angekommene deutsche Ärztin zum Hospital, um seine Nachforschungen voranzutreiben. Drei weitere Morde geschehen, ehe der Inspektor im Verlauf einer dramatischen Verfolgungsjagd den Täter ermitteln kann.

Filmbeobachter: »Der mit viel Lärm angekündigte erste Edgar Wallace in Farbe ist nun endlich da. Als Vorlage diente eins der elf Afrika-Bücher des Krimialtmeisters, das die detektivische Story in den schwarzen Kontinent verlegt und seinem ganzen Aufbau nach besser als Abenteuerroman bezeichnet werden sollte. Die prächtige, farbenfrohe und fremde Landschaft Afrikas bietet eine überaus reizvolle Kulisse für das spannungsgeladene Geschehen. Selbst eingefleischten Wallace-Freunden dürfte dieser Wechsel der Schauplätze wohl tun. Man hatte sich die ewig gleichen Figuren und Handlungsabläufe und das meist auch noch schlecht in Szene gesetzte Halbdunkel übergesehen. Für Abwechslung sorgen aber nicht nur neue Gesichter, sondern vor allem auch andere (englische) Drehbuchbearbeiter und ein englischer Regisseur nebst Kameramann. Es erweist sich, dass die Engländer doch immer noch mehr aus den Vorlagen ihres Landsmannes herausholen können, wenngleich auch oft nur die mangelnden Einfälle durch Routine überspielt werden. Immerhin ist die Inszenierung flüssig und sicher. Dass der Kamera einige gute Schnappschüsse von der Landschaft, den Eingeborenen und Tieren gelangen, ist gewiss nicht allein ihr Verdienst, denn die farbenfrohe Atmosphäre bot sich sozusagen von selbst an. Weniger positiv dagegen ist die reichlich sentimentale Liebesgeschichte: hier verpflanzte man die Klischees des deutschen Heimatfilms einfach in den afrikanischen Busch. Trotzdem aber ist dem Unterhaltungsbedürfnis Rechnung getragen: Auge, Herz und Nerven werden gleichzeitig bedient.«

1935 Bosambo
Sanders Of The River, GB, R: Zoltan Korda, D: Paul Robeson, Leslie Banks

TÖDLICHE BOTSCHAFT
The Lady Vanishes, GB 1979, R: Anthony Page, D: Elliott Gould, Cybill Shepherd, Angela Lansbury, Herbert Lom, Ian Carmichael, Arthur Lowe, Gerald Harper, Jenny Runacre, Jean Anderson, Madlena Nedeva, Madge Ryan, Vladek Sheybal, Wolf Kahler, Barbara Markham, John Alkin, Jeremy Bulloch, William Hootkins, Claus-Dieter Reents, Dan van Husen, Pierre Franckh, Edgar Wenzel, Bruno Thost, Claus Fuchs, Peter Schratt

Nach dem Roman *The Wheel Spins* von Ethel Lina White: Amanda Kelly glaubt zu träumen. Da hatte sie sich kurz zuvor im Zug noch mit der reizenden Miss Froy unterhalten; nach einem Nickerchen ist die alte Dame jedoch einfach verschwunden. Mitreisende Passagiere schwören, Miss Froy nie gesehen zu haben. Als Amanda mit Hilfe von Robert Condon der Sache nachgeht, decken die beiden eine atemberaubende Verschwörung auf: Fast alle Passagiere sind ausländische Spione.

Lexikon des internationalen Films: »Die raffinierte Spionagegeschichte wurde von Alfred Hitchcock bereits 1938 verfilmt: *Eine Dame ver-*

schwindet. Diese Fernseh-Version ist weitgehend konventionell und einfallslos inszeniert und setzt allein auf Stars.«

1938 Eine Dame verschwindet
The Lady Vanishes, GB, R: Alfred Hitchcock, D: Margaret Lockwood, May Whitty

TOKIO-STORY
House Of Bamboo, USA 1954/55, R: Samuel Fuller, D: Robert Ryan, Robert Stack, Shirley Yamaguchi, Cameron Mitchell, Brad Dexter, Sessue Hyakawa

Um einer besonders brutalen, aus ehemaligen US-Soldaten bestehenden Unterweltorganisation in Tokio das Handwerk zu legen, wird ein Polizist als Undercover-Agent eingeschleust. Ausgerechnet er genießt beim gnadenlosen Gangsterboss schnell besondere Privilegien.

Wolfgang Ebert *(Filmblätter)*: »Tokio auf Breitwand plus Gangsterstory mit leichtem *Dritter Mann*-Einschlag, das gibt eine gute Mixtur. Vor allem, weil die japanische Atmosphäre geschickt eingebaut und hervorragend fotografiert wurde ... Höhepunkt: Wilde Verfolgungsjagd in einem Kindervergnügungspark und Scharfschießen auf den Boss, der sich in einem Riesenkarussel dreht. Eine kleine US-Japanische Liebeshandlung fügt sich unaufdringlich ein.«

1948 Straße ohne Namen
The Street With No Name, USA, R: William Keighley, D: Richard Widmark

DER TOLLE BOMBERG
BRD 1957, R: Rolf Thiele, D: Hans Albers, Marion Michael, Gert Fröbe, Harald Juhnke, Camilla Spira, Paul Henckels, Hubert von Meyerinck, Wanda Rotha, Herbert Weißbach

Nach einem Schelmenroman von Josef Winckler: Im 19. Jahrhundert haust Baron Gisbert von Bomberg im Westfälischen. Der Baron ist nur als »toller Bomberg« bekannt. Markenzeichen sind sein exzentrischer Lebensstil und der Hang zu tolldreisten Streichen. Damit macht er sich allerdings weder bei seinen dünkelhaften Standesgenossen noch bei den Spießbürgern in der Umgebung Freunde. Um ihn auszuschalten, will die Verwandtschaft den alten Herrn für unzurechnungsfähig erklären lassen. Das passt Baron Gisbert natürlich gar nicht ...

Der tolle Bomberg (1957, R: Rolf Thiele):
Gert Fröbe und Hans Albers

TV Today: »Drei Jahre vor Hans Albers' Tod inszenierte Regisseur Rolf Thiele (*Das Mädchen Rosemarie*, 1958) diesen Film: Ein arg bemühter Versuch, an Albers' großen Erfolg *Münchhausen* anzuknüpfen.«

1932 Der tolle Bomberg

D, R: *Georg Asagaroff*, D: *Hansi Arnstaedt, Georges Boulanger, Vivian Gibson*

EIN TOLLER BURSCHE

Honky Tonk, USA 1974, R: Don Taylor, D: Richard Crenna, Margot Kidder, Will Geer, Stella Stevens, John Dehner, Geoffrey Lewis, John Quade, Gregory Sierra

Johnson und die hübsche Tochter eines korrupten Richters treffen zusammen. Johnson hat sich in dem Ort einen Namen als Wohltäter gemacht. Er hat eine Feuerwehr aufgebaut, ein Schulhaus und natürlich einen eigenen Saloon. Der korrupte Richter, der ihn dabei beschützt hat, besinnt sich plötzlich und will die Machenschaften offen legen. Doch bevor es so weit kommt, erliegt er einer Herzattacke. In der Zwischenzeit hat Johnson die hübsche Tochter des Richters geheiratet. Durch die Vorgänge um ihren Vater verliert die Frau ihr Kind. Johnson verlässt daraufhin die Stadt und will sein bisheriges Leben aufgeben. Seine Frau stellt fest, dass sie ihren Ehemann immer noch liebt, und folgt ihm.

Western Lexikon: »Versuch des *Maverick*-Autors Douglas Heyes, aus dem gleichnamigen Film mit Clark Gable und Lana Turner einen Pilotfilm für eine Fernsehserie zu machen.«

1941 Ein toller Bursche

Honky Tonk, USA, R: Jack Conway, D: Clark Gable, Lana Turner, Frank Morgan

DIE TOLLKÜHNE RETTUNG DER GANGSTERBRAUT HONEY SWANSON

A Song Is Born, USA 1948, R: Howard Hawks, D: Virginia Mayo, Danny Kaye, Benny Goodman, Hugh Herbert, Steve Cochran, J. Edward Bromberg, Ludwig Stösse

Alles dreht sich um eine halbseidene Nachtklubsängerin, die sich bei einer Clique von Musikprofessoren vor der Polizei versteckt und ganz nebenbei die seriösen Herren zum Jazz »verführt« ...

Rolf Thissen (*Howard Hawks*): »*Ball Of Fire* ist eine charmante Komödie mit zwei kompetenten Hauptdarstellern, aber kaum mehr. Das Storymuster, dass sowohl der Mann als auch die Frau ihre anfängliche Ignoranz überwinden müssen, hat Hawks nur noch einmal in einer Komödie verwendet: 1949 in *I Was A Male War Bride* – und dort viel aufregender und witziger. Vielleicht auch aus Wut darüber, dass er genau vor *War Bride* ein Remake von *Ball Of Fire* gedreht hat; denn *A Song Is Born* (1948) hält Hawks für einen seiner schlechtesten und missglücktesten Filme überhaupt. Was er Samuel Goldwyn in die Schuhe schiebt, der auch schon *Ball Of Fire* produziert hat, und mit dem Hawks nie besonders gut klargekommen ist. Weil Hawks keine Lust dazu hat, *Ball Of Fire* neu zu verfilmen, verlangt er ein exorbitant hohes Honorar, was Goldwyn ihm auch zahlt. Doch der Preis ist hoch: Goldwyn drückt Hawks als Hauptdarsteller nicht nur Danny Kaye und Virginia Mayo aufs Auge (zwei krasse Fehlbesetzungen), sondern mischt sich auch dauernd in die Dreharbeiten ein. Hawks hat nachher immer behauptet, er habe den fertigen Film nie gesehen. In der Tat wird *A Song Is Born* überhaupt nur dadurch erträglich, dass eine ganze Reihe berühmter Musiker auftritt, denn diesmal erstellen der Prinz und die sieben Zwerge eine Musikenzyklopädie: Louis ›Satchmo‹ Armstrong, Lionel Hampton, Tommy Dorsey, Mel Powell, das Golden Gate Ouartett. In *Ball Of Fire* tritt nur Gene Krupa mit seinem Orchester mit der Nummer *Drum Boogie* auf, den der begabte Schlagzeuger ohne Orchester dann noch einmal mit zwei Streichhölzern auf einer Streichholzschachtel zum Besten gibt – einmal eine ganz andere Art des Hawksianischen Feuerspiels.«

Die tollkühne Rettung der Gangsterbraut Honey Swanson (1948, R: Howard Hawks): Danny Kaye und Virginia Mayo

**1941 Die merkwürdige Zähmung
der Gangsterbraut Sugarpuss**

Ball Of Fire, USA, R: Howard Hawks, D: Gary Cooper, Barbara Stanwyck

DER TOLLPATSCH UND DIE SCHÖNE

I Dood It, USA 1943, R: Vincente Minnelli, D: Red Skelton, Eleanor Powell, Richard Ainley, Patricia Dane, Sam Levene, Thurston Hall, Lena Horne, Hazel Scott, Jimmy Dorsey, Helen O'Connell

Ein Schneidergehilfe verliebt sich unsterblich in einen Tanzstar und fällt aus allen Wolken, als seine Angebetete ihn aus einer Laune heraus heiraten will. Eine Menge Tanz- und Musiknummern folgen, bis der Traum vom Liebesglück in Erfüllung geht.

Lexikon des internationalen Films: »Eine von Musiknummern durchzogene, weitgehend schwerfällige Komödie, deren anspruchslose Handlung der Musik untergeordnet ist. Dennoch überwiegend routiniert-gefällige Unterhaltung.«

1929 Spite Marriage

USA, R: Edward Sedgwick, D: Buster Keaton, Dorothy Sebastian, Edward Earle

TOM UND HUCK

Tom And Huck, USA 1995, R: Peter Hewitt, Drb.: Stephen Sommers und David Loughery nach Mark Twains The Adventures Of Tom Sawyer, K: Bobby Bukowski, M: Stephen Endelman, S: David Freeman, D: Jonathan Taylor Thomas (Tom Sawyer), Brad Renfro (Huckleberry Finn), Eric Schweig (Injun Joe), Charles Rocket (Richter Thatcher), Amy Wright (Tante Polly), Michael McShane (Muff Potter), Rachel Leigh Cook (Becky)

Tom Sawyer und Huckleberry Finn leben in einer Kleinstadt am Mississippi. Dort geht das Leben einen gemächlichen Gang, und Lausbuben wie Tom haben hier leichtes Spiel. Ewig heckt er neue Streiche aus, dreht langweilige Pflicht-Aufträge seinen Freunden an und besucht sogar einmal seine eigene Beerdigung. Mit der hübschen Becky knüpft er zarte Bande und wäre eigentlich ein glücklicher Bengel, geriete er nicht eines Tages ernsthaft in Schwierigkeiten. Mit seinem besten Freund Huck Finn beobachtet er eines Nachts auf dem Friedhof einen Grabraub. Der dämonische Ganove Injun Joe ersticht seinen Komplizen, nachdem er mit ihm eine Schatzkarte ausgegraben hat. Anschließend lenkt er mit Erfolg den Verdacht auf den stadtbekannten Trin-

Die Abenteuer von Tom Sawyer und Huckleberry Finn (1979, R: Jack Hively): Ian Tracey und Sammy Snyders

ker Muff Potter. Tom und Huck stecken hoffnungslos in der Zwickmühle: Verraten sie Injun Joe, können sie sich dessen brutaler Rache gewiss sein. Behalten sie die Wahrheit für sich, wird Muff Potter zum Tode verurteilt. Tom entscheidet sich schließlich für den »guten« Weg, obwohl er mit Huck dadurch in dramatische Schwierigkeiten gerät. In einer Tropfsteinhöhle kommt es am Ende zum Showdown mit Injun Joe.

Das *Lexikon des internationalen Films* behauptet: »Familiengerechte, aber ein wenig sterile Verfilmung der bekannten Geschichte, die durch einige modische Zutaten auf Zeitgeist getrimmt wurde.«

Mark Twains berühmtes Buch, 1884 als Fortsetzung von *Tom Sawyers Abenteuer* erschienen, wurde oft verfilmt. Etwa ein halbes Dutzend Adaptionen haben Kinobesucher bislang mehr oder weniger gut unterhalten. Nachdem sich schon 1917 W. Desmond Taylor an einer Verfilmung versucht hatte, setzten die großen Produktionsgesellschaften Hollywoods auch namhaftere Regisseure auf Twains Roman an. Norman Taurog inszenierte 1938 *Toms Abenteuer*; nur ein Jahr später spielte unter der Regie von Richard Thorpe Mickey Rooney die Rolle des Titelhelden. Als *Abenteuer am Mississippi* entstand 1959 die Version von Michael Curtiz. Sogar eine Musical-Produktion von 1973 ist zu verzeichnen. Ein weiteres Remake unter dem Titel *Tom Sawyer* (Regie: Phil Mendez und Paul Sabella) entstand 2000 in den USA als Trickabenteuer mit Country-Musik: Kater Tom Sawyer faulenzt lieber mit seinem Freund, dem Fuchs Huck Finn, als in die Schule zu gehen. Eines Tages sehen beide, wie der Grizzly Injurin' Joe ein schreckliches Verbrechen begeht, das er dann einem anderen anhängt. Um den unschuldig Angeklagten vor dem Galgen zu retten, müssen die beiden vor Gericht gegen Joe aussagen.

1993 Die Abenteuer von Huck Finn

The Adventures Of Huckleberry Finn, USA, R: Stephen Sommers, D: Elijah Wood

»Eine weitere Disney-Adaption einer altbekannten Geschichte, diesmal nach Mark Twain. Huck Finn schippert mit dem entflohenen Sklaven Jim den Mississippi herunter und besteht dabei so manches Abenteuer. Zwar ist der Film solide gemacht und die letzte halbe Stunde wird noch mal richtig spannend, aber Woods altkluge Sprüche und sein penetrant-süßlicher Augenaufschlag wirken so störend wie die uneleganten Exkurse zum Thema Sklaverei.« *(tip)*

1985 Huckleberry Finn

The Adventures Of Huckleberry Finn, USA, R: Peter Hunt, D: Patrick Day

1982 Die Abenteuer von Tom Sawyer und Huckleberry Finn

Prikljutschenija Toma Sojera, UdSSR, R: Stanislaw Goworuchin, D: Rolan Bykow

1979 Die Abenteuer von Tom Sawyer und Huckleberry Finn

Adventures Of Tom Sawyer And Huck Finn, CDN/BRD, R: Jack Hively, D: Ian Tracey, Sammy Snyders, Brigitte Horney

1979 Huck und der vergrabene Schatz

Adventures Of Tom Sawyer And Huck Finn, CDN/BRD, R: Ken Jubenville, Rob Williams, D: Ian Tracey, Sammy Snyders

1975 Die Herren Buben

Pani kluci, ČSSR, R: Véra Plívová-Simková, D: Michal Dymek, Magda Reifová

»Nach Motiven aus Mark Twains Jugendbuch-Klassiker entwickelte Lausbubengeschichten: die kleinen ›Taugenichtse‹ Tom Sawyer und Huckleberry Finn hecken in einem verschlafenen mährischen Nest mit Bahnstation zurzeit der k.u.k.-Monarchie um die Jahrhundertwende allerlei Streiche aus, bei denen die meist unverständigen Erwachsenen gar nicht gut aussehen. Eine turbulente, weitgehend vergnügliche Kinderkomödie, die jedoch in ihrer karikaturhaften Bedenkenlosigkeit etwas zwiespältig ist.« *(Lexikon des internationalen Films)*

1973 Tom Sawyers Abenteuer

Tom Sawyer, USA, R: Don Taylor, D: Johnny Whitaker, Jeff East, Jodie Foster

»Mark Twains klassische Geschichte von der Freundschaft zweier Jungen am Ufer des Mississippi in einer Musical-Version. Die Geschichte wird mit hörenswerten Songs angereichert, während der Film etwas unter der wenig inspirierten Regie leidet. Insgesamt sympathische Unterhaltung.« *(Lexikon des internationalen Films)*

1973 Ganz unverbesserlich

Sowset porpastschij, UdSSR, R: Georgij Danelija, D: Roman Madjanow

1968 Tom Sawyers Abenteuer

Aventurile lui Tom Sawyer, RU/F/BRD, R: M. Iacob, W. Liebeneiner, D: Marc Dinapoli

Die Kinofassung basiert auf einer vierteiligen Fernsehserie; Titel auch: *Tom Sawyer und Huckleberry Finns Abenteuer.*

1959 Abenteuer am Mississippi

The Adventures Of Huckleberry Finn, USA, R: Michael Curtiz, D: Eddie Hodges

Abenteuer am Mississippi ist nach Richard Thorpes *Die Abenteuer des Huckleberry Finn* aus dem

Tom Sawyers Abenteuer (1973, R: Don Taylor): Johnny Whitaker und Jeff East

Jahr 1939 die zweite Tonfilm-Adaption des berühmten Romans von Mark Twain. Die meisten Filmversionen berücksichtigten nur die Abenteuer Tom Sawyers, während die im Kontext stehenden Erlebnisse seines Freundes Huckleberry Finn meist vernachlässigt wurden. Dies holte nun Michael Curtiz (*Casablanca*) mit der Filmversion aus dem Jahre 1959, einer seiner letzten Regiearbeiten, nach. Regisseur Curtiz hat die spannende und ereignisreiche Geschichte um die Erlebnisse des kleinen Ausreißers in farbenprächtigen und stimmungsvollen Bildern erzählt. Mit Buster Keaton in einer Nebenrolle als Löwenbändiger.

1939 Die Abenteuer des Huckleberry Finn

The Adventures Of Huckleberry Finn, USA, R: Richard Thorpe, D: Mickey Rooney

»Gut inszenierte, bis heute wohl gelungenste Verfilmung des Schelmenromans von Mark Twain, die in erster Linie vom Spielwitz des jungen Mickey Rooney lebt.« *(Lexikon des internationalen Films)*

1938 Toms Abenteuer

The Adventures Of Tom Sawyer, USA, R: Norman Taurog, D: Tommy Kelly

»Die beiden in Erwägung gezogenen Filmemacher King Vidor und William Wyler sagten ab, sodass William A. Wellman nun drehen sollte. Im letzten Moment jedoch entschloss dieser sich, lieber die Komödie *Denen ist nichts heilig* zu inszenieren. Schließlich wurde Henry C. Potter angeheuert, mit dessen Leistungen Selznick so unzufrieden war, dass er ihn wieder feuerte und durch Norman Taurog ersetzte, der die Dreharbeiten schließlich auch zu Ende führte.« *(TV Spielfilm Lexikon)*

Die Abenteuer des Huckleberry Finn (1939, R: Richard Thorpe): Mickey Rooney, William Frawley, Walter Connolly und Minor Watson

1930 Tom Sawyer

USA, R: John Cromwell, D: Jackie Coogan

1917 Tom Sawyer

USA, R: W. Desmond Taylor, D: Jack Pickford

DAS TOR ZUR HÖLLE

Hellgate, USA 1952, R: Charles Marquis Warren, D: Sterling Hayden, Ward Bond, Joan Leslie, Jim Arness, Peter Coe, John Pickard, Robert Wilkie, Kyle James, Richard Emory, Richard Faxton

Nach der Biografie von Samuel A. Mudd: Ein Tierarzt, gesetzestreu und glücklich verheiratet, wird aufgrund eines falschen Indizienbeweises als vermeintlicher Bandit zu lebenslänglichem Kerker verurteilt. Mit zähem Mut übersteht der unschuldig Verurteilte alle Schikanen eines rachedurstigen Zuchthauskommandanten, zwei missglückte Ausbruchsversuche und eine Typhusepedemie, um am Ende seine Gattin in die Arme zu schließen.

Gero Gandert (*Filmblätter*): »Anno 1867, als sich im Staate Kansas noch Guerillas tummelten, soll diese nervenzerrende Geschichte wirklich passiert sein ... Das eintönige Felsen- und Wüstenpanorama bot der Kamera wenige originelle Blickpunkte. Trotzdem Hochspannung im Zuschauerraum. Routine-Synchronisation.«

1936 Der Gefangene der Haifischinsel

The Prisoner Of Shark Island, USA, R: John Ford, D: Warner Baxter, Gloria Stuart

TOSCA

F/I/BRD/GB 2001, R: Benoît Jacquot, D: Angela Gheorghiu, Ruggero Raimondi, Roberto Alagna

Nach einer Oper von Giacomo Puccini: Der Maler Mario arbeitet in der Kirche Sant'Andrea della Valle, als ein befreundeter politischer Gefangener ihn darum bittet, ihm Unterschlupf zu gewähren. Mario willigt ein, verheimlicht dies jedoch seiner Lebensgefährtin Tosca, einer berühmten, äußerst eifersüchtigen Primadonna, die natürlich sofort »etwas« wittert und Mario der Untreue verdächtigt. Diese Hypothese wird von Scarpia, dem in Tosca verliebten Polizeichef, zu eigennützigen Zwecken missbraucht, indem er versucht, die Primadonna für sich zu gewinnen. Er verhaftet Mario, foltert ihn und konfrontiert Tosca mit einer abscheulichen Erpressung.

Trierischer Volksfreund: »Es war es nur eine Frage der Zeit, bis Puccinis Oper *Tosca* eine filmische Bearbeitung erfuhr. Liebe, Eifersucht, Freiheitsliebe und Mord sind die Ingredienzen der um 1800 angesiedelten Tragödie. In einem totalitären Regime gerät der Maler Cavaradossi in Verdacht, Hochverrat begangen zu haben. Tosca schützt ihren Geliebten. Doch Polizeichef Scarpia will sich die schöne Sängerin zu Eigen machen. Die Ladung an Tragik sowie ihre musikalische Umsetzung haben der Oper den Ruch des Kitsches verliehen – zu Unrecht. Erlangen doch Musik und Text in ihrer Mischung aus Grausamkeit und Süße erstaunliche Homogenität. Doch Benoît Jacquots Versuch, das Bühnenwerk ins filmische Medium zu übersetzen, scheitert an seiner Einfallslosigkeit. Er begnügt sich, Playback singende Opernstars in Großaufnahme abzulichten. Das politische Potenzial wird zugunsten eines Opernevents mit ›beliebten Stars und beliebten Melodien‹ geopfert. Als sei sich Jacquot dieser Probleme bewusst, versucht er, die Handlung durch Bilder von der Aufnahme-Session und gelegentlichen Außenaufnahmen zu brechen. Eine Wirkung verpufft in der Konzeptlosigkeit.«

Weitere Verfilmungen entstanden 1978 mit Bozidara Turzonovová; 1985 in den USA mit Plácido Domingo und 1990 fürs italienische Fernsehen mit Luciano Pavarotti. 1992 inszenierte Giuseppe Patroni Griffi fürs italienische Fernsehen *Tosca: In The Settings And At The Times Of Tosca* mit Catherine Malfitano und Plácido Domingo. Luis Buñuel entlehnte die Grundkonstellation der Oper *Tosca* für sein Politmelodram *Für ihn verkaufe ich mich* (1959).

1984 Tosca
I, R: Brian Large, D: Jaume Aragall, Mario Ferrara, Graziano Polidori

1982 Tosca
F, R: Dirk Sanders, D: Kiri Te Kanawa, Ernesto Veronelli, Ingvar Wixell

1976 Tosca
BRD/I, R: Gianfranco De Bosio, D: Raina Kabaivanska, Plácido Domingo, Salvatore Billa

1973 Tosca
I, R: Luigi Magni, D: Gianni Bonagura, Ninetto Davoli, Marisa Fabbri

1956 Tosca
I, R: Carmine Gallone, D: Franca Duval, Franco Corelli, Afro Poli, Vito de Taranto

1941 Tosca
I, R: Carl Koch, D: Imperio Argentina, Rossano Brazzi, Michel Simon

1922 La Tosca
GB

1921 La Tosca
I

1918 La Tosca
USA; R: Edward José, D: Pauline Frederick, Frank Losee, Jules Raucourt

1918 La Tosca
I, R: Alfredo De Antoni, D: Olga Benetti, Francesca Bertini, Vittorio Bianchi

1911 La Tosca
GB, R: Theo Frenkel

1909 La Tosca
F, R: Charles Le Bargy, D: René Alexandre, Charles Le Bargy, Edouard de Max

TOTE LEBEN LÄNGER

Dead Man Walking, USA 1987, R: Gregory Dark, D: Wings Hauser, Brion James, Jeffrey Combs, Robert Breeze, Leland Crooke, John Walter Davis, Yvonne DePatis, John Durbin, Richard Epcar, Pamela Ludwig, Sy Richardson, Joseph d'Angerio, Tasia Vallenza

Nach der Apokalypse, die die Welt an den Abgrund gebracht hat und als tödliche Viren die Überlebenden bedrohen, dringt John Luger in die pestverseuchte Schurkenfestung ein, um einen Entführten und dessen Tochter zu befreien. Gemeinsam wollen sie aus der Todeszone entfliehen, um ins Land der Gesunden zu gelangen.

VideoWoche: »Actionreicher Zukunftsthriller um Pest-Zonen und eine entführte Industriellentochter, der unverhohlen die Schreckensvisionen in Sachen AIDS als bizarre Kulisse für seine ansonsten nicht übermäßig originelle Krimihandlung nutzt.«

1956 Der schwarze Falke
The Searchers, USA, R: Jon Ford, D: John Wayne, Jeffrey Hunter, Vera Miles

TOTE SCHLAFEN BESSER

The Big Sleep, GB 1978, R: Michael Winner, D: Robert Mitchum, Sarah Miles, Richard Boone, Candy Clark, Joan Collins, Edward Fox, James Stewart, John Mills, Oliver Reed

Nach dem gleichnamigen Roman von Raymond Chandler: Privatdetektiv Philip Marlowe klärt die Erpressungen an den beiden Töchtern eines reichen Generals und den Mord an dessen Schwiegersohn.

Josef Joffe *(Die Zeit)*: »Michael Winners Neuverfilmung von Howard Hawks' legendärem *The Big Sleep* (1946) sollte besser ›Das Große Schnarchen‹ heißen. Raymond Chandlers mythologische Detektivfigur mit Mercedes, Rolex und Maßanzug – das konnte nicht gut gehen. Wo Humphrey Bogart Existenzielles cool verbreitete, hält Robert Mitchum nur ein verkrampft steinernes Gesicht in die Kamera; er wirkt wie ein biederer Statist, dem ein Regiefehler die Hauptrolle zugeschanzt hat. Wo Lauren Bacall noch mit der geringsten Augenbrauenbewegung stählerne Sinnlichkeit verstrahlte, zuckt Sarah Miles nur hysterisch mit den Mundwinkeln. Und wo Bogie wie ein amerikanischer Parzival im korrupten, zynischen Los Angeles der Gründerjahre nach ewiger Gerechtigkeit fahndete, muss Mitchum in einem neuzeitlichen London agieren, das wie eine Doppelseite aus *Schöner Wohnen* aussieht. Raymond Chandlers schwermütig-absurde Schattenwelt ist bei Michael Winner zur vulgären Hochglanz-Kulisse degeneriert, in der Mitchum mit abgespreiztem Finger an der Teetasse nippt. Es wäre zum Heulen – wenn man nicht andauernd gähnen müsste.«

1946 Tote schlafen fest
The Big Sleep, USA, R: Howard Hawks, D: Humphrey Bogart, Lauren Bacall

EIN TOTER SUCHT SEINEN MÖRDER
The Brain, Großbritannien/BRD 1962, R: Freddie Francis, Drb: Philip Mackie, Robert Stewart nach dem Roman Donovan's Brain (1942) von Curt Siodmak, K: Bob Huke, M: Kenneth V. Jones, D: Anne Heywood (Anna), Peter van Eyck (Dr. Corrie),

Von links oben nach rechts unten:
- *Tote schlafen besser (1978, R: Michael Winner): Wer zielt denn da auf Robert Mitchum?*
- *Tote schlafen fest (1946, R: Howard Hawks): Humphrey Bogart gerät in eine Mordaffäre*
- *Tote schlafen fest (1946): Humphrey Bogart und Lauren Bacall*

Cecil Parker (Stevenson), Bernard Lee (Frank Shears), Ellen Schwiers (Ella), Siegfried Lowitz (Walters), Dieter Borsche (Miller), Maxine Audley (Marion), Jeremy Spenser (Martin), Hans Nielsen (Immermann),Jack McGowran (Furber), George A. Cooper (Gabler), Irene Richmond (Mrs. Gabler), Ann Sears (Sekretärin), Frank Forsythe (Francis), Allan Cuthbertson (Dr. Silva), John Watson (Priester), Bryan Pringle (Zeremonienmeister)

Der Wissenschaftler Corrie hat eine Theorie aufgestellt, laut der das menschliche Gehirn auch nach dem Tode noch eine Weile funktioniert. Als der Industriekapitän und Waffenhändler Holt bei einem Attentat ums Leben kommt, sieht Corrie eine Chance, diese Theorie zu beweisen. Mit Hilfe von Holts Sekretärin Ella erweckt er das Gehirn des Toten zu erneutem Leben und nimmt telepathisch Kontakt mit ihm auf. Doch Holts Gehirn ist von Rachedurst beseelt: Es zwingt den Wissenschaftler, seinen Mörder ausfindig zu machen. Es ist ein Schock für Corrie, als er herausfindet, dass ausgerechnet die Frau für Holts Tod verantwortlich ist, auf die er im Laufe seiner Ermittlungen ein Auge geworfen hat: Holts Tochter Anne, die ihrem Vater in punkto Geschäftsgebaren in nichts nachsteht.

»Diese hirnverbrannte Mischung aus Krimi, Horror und Science-Fiction, mit ein oder zwei Schuss Neurose, Kunst und Arztethos, wühlt innerlich auf, trifft unerwartet ins Schwarze. Aber einige totale Ungereimtheiten werden dem kritischen Zuschauer auf die Nerven gehen«, notiert das *Monthly Film Bulletin.* Und der *Katholische Film-Dienst* meint: »Abgesehen von der Unappetitlichkeit eingeweckter, blasenwerfender Gehirne, der unsinnigen Beanspruchung der Telepathie und der schockierenden Rohheit, ist es vor allem der Versuch der geistigen Vertiefung des bös- und abartigen Geschehens im Verein mit dem Infragestellen der menschlichen Leib-Seele-Einheit, was diesen Krimi aus den akzeptablen Bahnen wirft.« Und im *Lexikon des internationalen Films* heißt es entsprechend: »Gerade angesichts der aufgesetzten, recht aufdringlich verwendeten religiös-sittlichen Aspekte der Geschichte stößt das morbide Spiel mit der Menschenwürde doch arg auf.«

Eine Persiflage auf Curt Siodmaks Roman *Donovans Gehirn* drehte Carl Reiner 1982 unter dem Titel *Der Mann mit den zwei Gehirnen*: Steve Martin verkörpert einen Gehirnchirurg, der sich in den Körper einer dummen Blondine und in das Gehirn von Anne verliebt, und der das Problem löst, indem er das Gehirn von Anne in den Körper der Blondine einpflanzt.

1953 Donovans Hirn
Donovan's Brain, USA, R: Felix E. Feist, D: Lew Ayres, Gene Evans, Nancy Davis

Eine recht gut gemachte, abgewandelte Mad Scientist-Geschichte. Hier ist nicht der Wissenschaftler der böse Mann, der mit seinen Kreaturen die Welt erobern will, sondern der Forscher wird zu einem Opfer seiner Wissenschaft. Lew Ayres spielt dabei gekonnt den schizophrenen Dr. Cory, der schon manchmal innerhalb einer Szene sein Verhalten komplett ändern muss. Zwischendurch wird dann eine kleine Gaunergeschichte eingebracht, als Cory für Donovan dessen finanzielle Geschäfte erledigt und dabei diverse Leute mit dubiosen Wechselgeschäften unter Druck setzt. Da kommt dann das klassische Krimikino durch. Als Corys Ehefrau Frau Janice ist übrigens Nancy Davis, auch bekannt als Nancy Reagan, Ehefrau des früheren US-Präsidenten Ronald Reagan zu sehen. »Die originalgetreueste Verfilmung ... mit einigen Spannungseffekten und durchschnittlicher Inszenierung«. *(Halliwell's Film Guide)*

1944 The Lady And The Monster
USA, R: George Sherman, D: Erich von Stroheim, Richard Arlen, Mary Nash

»... leichtgewichtige Unterhaltung.« (Parish/Pitts, *The Great SF Pictures*)

TÖTET MRS. TINGLE!
Teaching Mrs. Tingle, USA 1999, R: Kevin Williamson, D: Helen Mirren, Katie Holmes, Jeffrey Tambor, Barry Watson, Marisa Coughlan, Liz Stauber, Michael McKean, Molly Ringwald

Eine Lehrerin macht ihren Schülern das Leben zur Hölle. Auch Leigh Ann Watson bekommt Ärger mit dem »Schuldrachen«: Mrs. Tingle verhindert, dass Leigh Ann Jahresbeste werden kann und erwischt sie auch noch bei einem Betrugsversuch. Als die Schülerin und zwei Freunde die tyrannische Paukerin besuchen, eskaliert die Situation und ein Psychokrieg beginnt.

Rhein-Zeitung: »In der schwarzen Komödie zeigt vor allem Helen Mirren viel schauspielerische Raffinesse – obwohl sie als Mrs. Tingle die meiste Zeit ans Bett gefesselt ist.« Regiedebüt von

Kevin Williamson, der für Teenie-Horrorfilme wie *Scream* und *Ich weiß was Du letzten Sommer getan hast* die Drehbücher geschrieben hat.

1980 Warum eigentlich ...
       bringen wir den Chef nicht um?
Nine To Five, USA, R: Colin Higgins, D: Jane Fonda, Lily Tomlin, Dolly Parton

TRAFFIC – DIE MACHT DES KARTELLS
Traffic, BRD/USA 2000, R: Steven Soderbergh, D: Michael Douglas, Don Cheadle, Benicio Del Toro, Dennis Quaid, Catherine Zeta-Jones, Clifton Collins jr., Luis Guzmán, Steven Bauer, Benjamin Bratt
An der mexikanischen Grenze geht es vor allem darum, den Drogenhandel zu unterbinden – hier sind die Polizisten Javier Rodriguez und Manolo Sanchez im Einsatz, die Mexikos oberstem Verbrechensbekämpfer, General Salazar, unterstellt sind. Jeden Tag sind die beiden engen Freunde der Versuchung, sich zu bereichern, aufs Neue ausgesetzt. Javier widersteht den Offerten, doch plötzlich findet er sich – und vor allem Manolo – in ein Netz von Korruption verstrickt. In den USA wird Robert Wakefield, Richter am Obersten Gerichtshof in Ohio, vom Präsidenten mit der Aufgabe betraut, die Drogenbekämpfung landesweit zu leiten und mit den mexikanischen Behörden zu kooperieren. Zu Hause müssen der konservative Wakefield und seine Frau Barbara hilflos mit ansehen, wie ihre Tochter immer weiter in Drogenabhängigkeit gerät. In San Diego machen die Fahnder Montel Gordon und Ray Castro Überstunden, um das berüchtigte Oberon-Kartell vor Gericht zu bringen. Ihnen ist es gelungen, Eduardo Ruiz hochzunehmen, der bereit ist, gegen den schwer reichen Drogenbaron Carlos Ayala auszusagen, wenn er dafür mit Strafminderung rechnen kann. Carlos' Festnahme kommt völlig unerwartet für seine schwangere Frau Helena und seinen Sohn, die keine Ahnung von seinen Machenschaften hatten. Helena hat plötzlich nicht nur die Drogenfahndung auf dem Hals, sondern wird auch von Carlos' Geschäftspartnern unter Druck gesetzt. Sie nimmt sich einen erstklassigen Anwalt und schwört, Carlos aus dem Knast zu holen. Doch nicht nur das. Um sich und ihren Kindern Sicherheit zu gewährleisten, ist Helena bereit, alles zu tun – selbst wenn es bedeutet, Carlos' Geschäfte weiterzuführen.

TV Today: »In seinem Drogen-Thriller führt Steven Soderbergh uns einen Mann vor, der glaubt, die Schlacht gegen die Dealer nach der schlichten Strategie ›Wir gegen die‹ schlagen zu können. Gerade deshalb muss Robert Wakefield (Michael Douglas) auf tragische Weise scheitern ... Soderbergh leistet sich noch zwei weitere Handlungsstränge: das Drama eines kleinen Polizisten (Benicio Del Toro) in der mexikanischen Grenzstadt Tijuana, der einem ganz großen Deal auf die Spur kommt, und die Wandlung eines biederen Society-Weibchens (Catherine Zeta-Jones) zur hart gesottenen Geschäftsfrau in Sachen Drogen, nachdem ihr Mann, ein Großdealer, hops genommen wurde. Obwohl Soderbergh die Geschichten lange unverbunden lässt und sachlich statt melodramatisch erzählt, durchdringt Hochspannung den Film, lange bevor der erste Schuss fällt – der erste von vielen ... Stilsicher, spannend, souverän – Soderbergh treibt seine Akteure bis zum letzten Nebendarsteller zu Höchstleistungen. Sehenswert ist dafür gar kein Ausdruck.«

1992 Drogenkrieg
Drug Wars: The Cocaine Cartel, USA, R: Paul Krasny, D: Lewis Arlt, María Díaz
1990 Das Camarena-Komplott
Drug Wars: The Camarena Story, USA, R: Brian Gibson, D: Steven Bauer
1989 Traffik
GB, R: Alastair Reid, D: Linda Bassett, Vincenzo Benestante, Peter Bourke

TRÄUME ZERRINNEN WIE SAND
Splendor In The Grass, USA 1981, R: Richard C. Sarafian, D: Melissa Gilbert, Cyril O'Reilly, Ned Beatty, Michelle Pfeiffer, Eva Marie Saint, Macon McCalman, Richard McKenzie
Nach einem Roman von William Inge: Ein Millionärssohn und die Tochter eines Kolonialwarenhändlers verlieben sich gegen den Widerstand ihrer Umwelt ineinander. Als eine Schulkameradin eine Affäre mit dem jungen Mann beginnt, stürzt sich das Mädchen in einen Fluss. Sie wird gerettet, jedoch in psychiatrische Behandlung geschickt. Als sich das Paar einige Jahre später wieder sieht, sind sie einander fremd geworden.

Lexikon des internationalen Films: »Der Film schildert den Konflikt zwischen Moralvorstellungen und dem Druck der Umwelt auf junge Leute, die den eigenen Bedürfnissen und Empfindungen leben wollen. Eine im Kansas der 20er-

Jahre angesiedelte Neuverfilmung von Elia Kazans *Fieber im Blut* (1961), die wenig neue Akzente zu setzen versteht.«

1961 Fieber im Blut
Splendor In The Grass, USA, R: Elia Kazan, D: Natalie Wood, Warren Beatty

TRISTAN UND ISOLDE – EINE LIEBE FÜR DIE EWIGKEIT
Il cuore e la spada, BRD/I/F 1998, R: Fabrizio Costa, D: Ralf Bauer, Léa Bosco, Joachim Fuchsberger, Mandala Tayde, Cedric Baumier, Pierre Cosso, Pier Paolo Capponi, Adalberto Maria Merti, Bekim Fehmiu, Stefano Corsi, Lorenzo Flaherty, Jacques Fortier, Daniel Ceccaldi, Pierre Franckh, Thure Riefenstein, Francis Fulton-Smith

Als seine Liebe zu Isolde, der Frau seines Königs, entdeckt wird, flieht Tristan an den Hof des bretonischen Herzogs Hoel. Dessen Tochter Isolde Weisshand versucht vergeblich, Tristan für sich zu gewinnen. Enttäuscht sinnt die Zurückgewiesene fortan auf Rache. Als Tristan im Kampf schwer verwundet wird, schickt er nach Isolde. Doch mit einer List verhindert Isolde Weisshand ein Wiedersehen der beiden Liebenden. Zumindest in diesem Leben ...

Stern-TV-Magazin: »Diese tragische Liebesgeschichte haben sich schon die Kelten erzählt, sie wurde in Minnegesängen, Dichtungen, Roman und einer Oper von Richard Wagner verarbeitet. Und jetzt erbarmt sich, es musste so kommen, auch das Fernsehen in einer internationalen Produktion des Schicksals von Tristan und seiner Isolde ... Für Fabrizio Costa, den Regisseur der *Tristan*-Verfilmung, ist der Stoff nicht nur eine hinreißende Lovestory, sondern auch ein prächtiges Porträt des Mittelalters. Letzteres bedeutet jede Menge Ritter, Pferde und den häufigen Einsatz von Schwertern.«

1998 Tristan und Isolde
BRD, R: Brian Large, D: Jon Frederic West, Waltraud Meier, Kurt Moll

1996 Tristan und Isolde
BRD, R: Brian Large, D: Jon Frederic West, Hildegard Behrens, Alan Titus

1995 Tristan und Isolde
BRD, R: Horant H. Hohlfeld, Heiner Müller, D: Siegfried Jerusalem, Matthias Hölle

1983 Tristan und Isolde
BRD, R: Jean-Pierre Ponnelle, D: René Kollo, Matti Salminen, Johanna Meir

1982 Feuer und Schwert – Die Legende von Tristan und Isolde
IR/BRD, R: Veith von Fürstenberg, D: Christoph Waltz, Antonia Preser, Kurt Raab

TRUCKS – OUT OF CONTROL
Trucks, CDN 1997, R: Chris Thomson, D: Timothy Busfield, Brenda Bakke, Aidan Divine, Roman Podhora, Brendan Fletcher, Amy Stewart, Jay Brazeau, Victor Cowie, Sharon Bajer

Nach einer Kurzgeschichte von Stephen King: Als die Erde in den riesigen Schweif des scheinbar harmlosen Kometen Rhea M. gerät, wird der schlimmste Albtraum der von Technologie beherrschten Menschheit wahr: Die Maschinen übernehmen die Kontrolle über ihre Erfinder. Zunächst sind die Probleme noch harmlos, auch im »Dixie Boy Truck Stop«, wo die Treibstoffpumpen der Tankstelle plötzlich den Dienst versagen, die Videospiele unkontrolliert flackern und piepen und der Cola-Automat mit Dosen um sich spuckt. Dann gehen die Maschinen zum Angriff über: Rasenmäher mähen ihre Besitzer nieder, Motorsägen wenden ihre Schneidblätter gegen ihre Benutzer, Kopfhörer werden ebenso zur tödlichen Bedrohung wie Autos und Lastwagen, die versuchen, ihre Eigentümer zu überfahren. Vietnam-erprobte Veteranen können nach einigem Blutvergießen die Invasion der Technik stoppen.

Film-Jahrbuch 1999: »Rachitisches TV-Remake des ohnehin schon unsäglichen Stephen-King-Thrillers *Rhea M*.«

1985 Rhea M ... Es begann ohne Warnung
Maximum Overdrive, USA, R: Stephen King, D: Emilio Estevez, Pat Hingle

TRUE LIES
USA 1993/94, R: James Cameron, D: Arnold Schwarzenegger, Tom Arnold, Jamie Lee Curtis, Bill Paxton, Tia Carrere, Art Malik, Eliza Dushku, Grant Heslov, Charlton Heston

Die Geschichte eines Spions, der seine Tätigkeit für den amerikanischen Geheimdienst seiner Familie verheimlicht, indem er sich als langweiliger Vertreter ausgibt. Als sich seine Ehefrau in ein Liebesabenteuer stürzt, mobilisiert er den gesamten Geheimdienstapparat, um sie zurückzugewinnen. In einem Aufwasch kann der eifersüchtige Spion seine Ehe vor dem Ruin und die Vereinigten Staaten vor fundamentalistischen Fanatikern retten.

Alfred Holighaus *(tip):* »*True Lies* bewegt sich auf dem fast völlig unbekannten Grat zwischen Ehedrama, Spionage-Thriller, Buddy-Film und Action pur.«

W. O. P. Kistner *(AZ):* »Der dekadent gigantische Aufwand mag anfangs noch einige Längen kaschieren, während derer man wohl nach Luft schnappen soll; die Story jedoch zerfällt zusehends zur Attrappe, zur Projektionsfläche schlicht größenwahnsinniger Gewalt- und Actionplakatierungen, die den ohnehin kleinen Raum für Dramatik, Humor und Psychologie gnadenlos zermalmen. Endzeitkino eben.«

1991 La Totale
F, R: Claude Zidi, D: Thierry Lhermitte, Miou-Miou, Eddy Mitchell

DER TUNNEL

GB 1935, R: Maurice Elvey, D: Richard Dix, Magde Evans, Jimmy Hanley, Henry Oscar, Leslie Banks, C. Aubrey Smith, Helen Vinson, Basil Sydney, Cyril Raymond, Hilda Trevelyan, George Arliss, Walter Huston, James Carew, Percy Parsons, Cyril Smith, Helen Haye, Alan Jeaves
Nach einem Roman von Bernhard Kellermann: McAllan, ein junger Ingenieur, kämpft um die Realisierung seines neuesten Projekts, den Bau eines transatlantischen Tunnels. Mit Hilfe seines besten Freundes Robbie gelingt es ihm, die notwendigen finanziellen Mittel tatsächlich zusammenzubringen. Die Arbeit führt dazu, dass er seine Frau Ruth und den gemeinsamen Sohn Geof-

frey vernachlässigt. Ruth arbeitet heimlich als Krankenschwester im Tunnel; sie erkrankt am Tunnelfieber und erblindet. In der Annahme, McAllan sei verliebt in Varlie, die Tochter eines seiner Finanziers, verschweigt sie ihrem Mann ihr Schicksal und verlässt ihn. Intrigen unter den Direktoren und unvorhergesehene Zwischenfälle behindern die Bauarbeiten immer wieder ...

Kurt Siodmak *(Filming The Future, Film Weekly):* »Die Vorstellung eines Tunnels zwischen England und Amerika ist keineswegs neu. Als ich Kind war, war ein derartiger Tunnel Gegenstand eines Romans, der mein besonderes Lieblingsbuch wurde. Vor einiger Zeit wurden die Filmrechte dieses Buches von der Gaumont-British erworben. Was sie hauptsächlich interessierte, war die Grundidee. Es war von vornherein klar, dass für Filmzwecke eine völlig neue Geschichte geschrieben werden musste. Lange Zeit rührte sich nichts, bis Michael Balcon nach Amerika fuhr, um diverse Hollywood-Stars unter Vertrag zu nehmen. Eines Tages erhielt ich ein Telegramm von ihm, in dem er mich bat, unverzüglich die Story zu schreiben, mit Richard Dix und Madge Evans als den beiden Hauptdarstellern im Hinterkopf, und ihm eine kurze Inhaltsangabe nach Hollywood zu telegrafieren. Sie stand am Anfang von *The Tunnel*, dem Film, der auf jenem deutschen Roman basiert, der einst Gegenstand meiner jugendlichen Begeisterung war. Die Story war in vier Tagen geschrieben und die Inhaltsangabe ebenso rasch nach Hollywood telegrafiert. Richard Dix und Madge Evans wurden daraufhin für die Hauptrollen engagiert. Jetzt mussten wir natürlich das Drehbuch im Detail ausarbeiten. Und hier fingen die Schwierigkeiten an. Eine Story oder ein Drehbuch zu verfassen, sind zwei völlig verschiedene Angelegenheiten. Es ist sehr simpel, etwas über den Bau eines transatlantischen Tunnels zu schreiben. Aber auf der Leinwand muss man etwas zeigen, und zwar überzeugend zeigen, was eine Story nur zu beschreiben braucht. Unser Tunnel ist ungefähr 3.000 Kilometer lang und seine Route verläuft von England über die Azoren und die Bermudas nach New York; er besitzt Eingänge an den jeweiligen Zwischenstationen sowie an jedem Ende. Die Eingänge sollen so groß sein

Der Tunnel (1933, R: Kurt Bernhardt):
Paul Hartmann

wie eine geräumige Bahnhofshalle, der Tunnel selbst misst über 16 Meter im Durchmesser. Natürlich mussten wir bei einigen Szenen Miniaturmodelle verwenden. Unser erstes Problem bestand darin, uns eine Maschine auszudenken, die in der Lage wäre, diesen enormen Tunnel zu bohren. Wir stellten uns einen Radiumbohrer vor, einen mächtigen radioaktiven Bohrer, der das Gestein verflüssigen würde, ohne Hitze und ohne Gefahr für die Arbeiter, dafür schnell und so konstruiert, dass die flüssige Schlacke als Teil der Tunnelauskleidung verwendet werden könnte. Auf diese Weise lösten wir auch die Schwierigkeit zu erklären, was mit der ausgehobenen Masse geschieht – in technischer Hinsicht ein gewaltiges Hindernis. Dies alles wird auf der Leinwand ohne jegliche technische Erklärung gezeigt. Wir hielten es aber für notwendig, eine konkrete Vorstellung zu entwickeln, um den Film von allen Seiten her plausibel zu gestalten.«

Alan Frank *(The Science-Fiction Film Handbook)*: »Der Film ist nicht so eindrucksvoll wie das Original von 1933, auf dem er beruht.«

1933 Der Tunnel

D, R: Kurt Bernhardt, D: Paul Hartmann, Olly von Flint, Gustaf Gründgens

DIE TÜR MIT DEN SIEBEN SCHLÖSSERN

BRD 1962, R: Alfred Vohrer, D: Heinz Drache, Sabine Sesselmann, Hans Nielsen, Gisela Uhlen, Werner Peters, Pinkas Braun, Jan Hendriks, Klaus Kinski, Ady Berber, Friedrich Joloff, Siegfried Schürenberg, Eddi Arent

In London geschehen wieder einmal unerklärliche Morde. Auf dem Waterloo-Bahnhof ist ein Geistlicher tot zusammengebrochen und ein hilfreicher Unbekannter versuchte, ihm einen Schlüssel zu entwenden, den der Tote an einem Kettchen bei sich trug. Für den jungen Inspektor Martin von Scotland Yard ist das der erste Anhaltspunkt für seine Untersuchungen. Denn der Tote hatte auch einen Brief bei sich, der ihn zu dem Advokaten und Notar Haveloc bestellte. Haveloc gibt sich Inspektor Martin gegenüber freimütig als Testamentsvollstrecker des verstorbenen Lord Selford zu erkennen. Haveloc weiß auch, dass Lord Selford vor seinem Tode an sieben Auserwählte je einen Schlüssel an einer Kette verschickte, mit denen am Tage der Volljährigkeit seines Sohnes eine geheime Tür mit sieben Schlössern geöffnet werden sollte, hinter der

sich unermessliche Schätze befänden, die sein Sohn erben soll. Der Tag der Volljährigkeit steht bevor, die Besitzer der Schlüssel werden in London erwartet ...

In seiner Wohnung findet Martin den verängstigten Galgenvogel Pheeny vor, der ihm schon manchen guten Tipp gab. Heute bittet er, bei Martin bleiben zu dürfen. Der Inspektor jedoch muss noch einmal weg. Als er nachts zurückkehrt, ist Pheeny ermordet. Vom Täter keine Spur, nur die zerknüllte Zeichnung eines Wappens liegt am Boden. Im Amt für Heraldik kann Martin feststellen, dass es sich dabei um das Wappen der Selfords handelt. Das ist für Martin ein weiteres Signal, sich Schloss Selford einmal genauer anzusehen. Tatsächlich ist es dort nicht geheuer; beinahe kommen Martin und sein Assistent Holms gleich beim ersten Rundgang zu Tode. Aber Inspektor Martin lässt nicht locker. Schließlich lernt er einige zwielichtige Personen kennen, die auf Schloss Selford und in der Nachbarschaft wohnen: den Arzt Dr. Staletti, Mr. und Mrs. Cody und ihren Diener, Tom Cawler. In welchem Zusammenhang diese vier zueinander stehen, was die junge Bibliothekarin Sybil Lansdown, die sich als Nichte Lord Selfords entpuppt, mit ihnen und mit den in London erwarteten Besitzern der sieben Schlüssel zu tun hat, das ist das Rätsel, dem Inspektor Martin auf der Spur ist.

Süddeutsche Zeitung: »Im Gegensatz zu den weniger verstaubten beiden *Hexer*-Filmen hat Alfred Vohrer diesen Edgar-Wallace-Film ohne viel Fantasie, dafür mit einem Sammelsurium von Standardgags aus der Krimi-Kiste inszeniert. Man nehme ein altes Schloss, ergänze es durch eine Gruft, einen düsteren Park, ein bisschen medizinischen Firlefanz aus Frankensteins Hexenküche und stopfe hinein ein paar altgediente Kinostars. Ohne sich anstrengen zu müssen, ist dann der Erfolg schon sicher.«

1940 The Door With Seven Locks

GB, R: Norman Lee, D: Romilly Lunge, Lilli Palmer, Leslie Banks

DER TURM DER VERBOTENEN LIEBE

La tour de nesle, BRD/F 1968, R: François Legrand, D: Terry Torday, Jean Piat, Uschi Glas, Véronique Vendell, Rudolf Forster, Marie-Ange Aniès, Jörg Pleva

Nach einem Roman von Alexandre Dumas: Geheimnisvolle Morde erregen im 13. Jahrhundert die Bevölkerung in der Umgebung von Paris. Immer wieder werden im Morgengrauen tote junge Männer, in der Seine schwimmend, aufgefunden. Keiner ahnt, dass die wollüstig-perverse Königin Marguerite in einem alten Turm am Flussufer nächtens, wenn der König auf Reisen ist, zusammen mit zwei anderen Frauen Orgien feiert – und anschließend die herbeigelockten Kavaliere von ihren Schergen töten lässt. Da bricht der schneidig-tapfere Capitaine Bouridan, eigentlich Lyonnet de Bourvonville, ein Jugendgespiele der Königin, den Bann. Er sprengt die todbringenden Zusammenkünfte, kann aber nicht verhindern, dass seine beiden – mit der Königin vor zwanzig Jahren gezeugten, ihnen jedoch unbekannt gebliebenen – Söhne vorher ebenfalls noch umkommen. Marguerite findet ihr Ende beim Brand des schicksalhaft-unheimlichen Turmes; ihr Günstling, der intrigierende Kanzler, Herzog von St. Lorrain, verliert sein Amt, an seine Stelle tritt, vom heimgekehrten König eingesetzt, Bouridan. Dessen Glück vollendet sich aber erst, als er weiß, dass seine Jugendliebe Blanche de Bois, die später zur Hofdame gepresst und von der Königin gequält wurde, seine Frau werden wird.

Evangelischer Filmbeobachter: »Wie es schon bei einer der früheren Leinwandadaptionen des gleichen Romans von Alexandre Dumas *(Der Turm der sündigen Frauen)* der Fall war, so weist auch diese erneute Farb-Verfilmung um die wollüstig-perverse Königin Marguerite von Frankreich und ihr Ende eine Fülle von grobschlächtigem Sex und Brutalität auf – die heutige Sex-Welle mit ihren Geschmacks-Entgleisungen hat nun auch den braven Mantel-und-Degen-Film erreicht!«

1955 Der Turm der sündigen Frauen
La tour des nesle, F/I, R: Abel Gance, D: Silvana Pampanini, Pierre Brasseur

TWO EVIL EYES
Due occhi diabolici, I 1990, R: George A. Romero, Dario Argento D: Adrienne Barbeau, Ramy Zada, E. G. Marshall, Harvey Keitel, Madeleine Potter, Martin Balsam, Kim Hunter, Sally Kirkland, Bingo O'Malley, Jeff Howell
Zwei Episoden nach Kurzgeschichten von Edgar Alan Poe. In *Der Fall Vladimir* (R: George A. Romero) straft ein Gatte seine untreue Ehefrau und

ihren Liebhaber auch noch nach seinem Ableben. Die zweite Episode (R: Dario Argento) hat *Die schwarze Katze* zum Vorbild und erzählt von einem Pressefotografen, der mit Vorliebe grässlich verstümmelte Leichen fotografiert. Eine Leidenschaft, die sich im Privatleben verhängnisvoll auswirkt.

MovieLine: »Zwei Filme von Horrorexperten für Horrorexperten: Ein Gruselfest für Fans.«

1934 Die schwarze Katze
The Black Cat, USA, R: Edgar G. Ulmer, D: Boris Karloff, Bela Lugosi

TWO MUCH
USA/E 1995, R: Fernando Trueba, D: Antonio Banderas, Melanie Griffith, Daryl Hannah, Danny Aiello, Joan Cusack, Eli Wallach, Gabino Diego, Austin Pendleton, Allan Rich, Phil Leeds, Vincent Schiavelli, Syd Raymond, Louis Seeger
Nach einem Roman von Donald Westlake: Art Dodge hat schon bessere Tage gesehen. Als Maler ist er schon vor Jahren gescheitert, jetzt betreibt er eine schlecht laufende Galerie in Miami. Die Kunden werden immer spärlicher, er und seine Sekretärin Gloria müssen sich einiges einfallen lassen, um die Rechnungen bezahlen zu können. Das geht nicht immer gut: Als Art versucht, Mafioso Gene Paletto Bilder unterzujubeln, die sein gerade verstorbener Vater angeblich bestellt hat, hetzt der seine Männer auf ihn. Auf der Flucht landet Art im Cabriolet von Betty Kerner, Genes Ex-Frau. Sie ist reich, impulsiv, ein bisschen verrückt, zwischen den beiden funkt es sofort. Sie ist von dem Bonvivant derart angetan, dass sie gleich das Aufgebot bestellt. Aber Art verliebt sich in Bettys Schwester Liz. Also erfindet er seinen intellektuellen Zwillingsbruder Bart und verdoppelt so sein Liebesleben. Dabei kommt er als Diener zweier Herrinnen gehörig ins Schwitzen ...

Thomas Engel (*Der Gildendienst*): »Eine Verwechslungskomödie, der es an netten Einfällen, sympathischen Akteuren und vorhersehbarer klamaukiger Turbulenz nicht fehlt. Wenn man's denn einordnen müsste, dann in die Kategorie der künstlerisch nicht sonderlich ehrgeizigen und originellen, dafür umso routinierteren Unterhaltungsprodukte.«

1984 Der Zwilling
Le jumeau, F, R: Yves Robert, D: Pierre Richard, Camilla More, Carey More

U

U-BAHN-INFERNO – TERRORISTEN IM ZUG

The Taking Of Pelham One Two Three, USA 1998, R: Félix Enríquez Alcalá, D: Edward James Olmos, Vincent D'Onofrio, Donnie Wahlberg, Richard Schiff, Lisa Vidal, Tara Rosling, Lorraine Bracco, Ben Cook, Bobby Boriello, Black Katt, Ingrid Veninger, Alisa Wiegers

Nach einem Roman von John Godey: Katastrophen-Alarm in der Leitstelle der New Yorker U-Bahn: Unbekannte haben einen Zug in ihre Gewalt gebracht. Zwischen zwei Stationen, mitten im Tunnelgewirr, halten sie 14 Geiseln – darunter zwei Kinder – fest. Die Forderung, die die Kidnapper per Funk an den Sicherheitschef der U-Bahn, Anthony Prescotti, durchgeben, beträgt fünf Millionen Dollar. Bis zur Übergabe bleiben genau 90 Minuten Zeit. Danach wird jede Minute eine Geisel erschossen. Während über der Erde die Ermittlungen über die Identität der Entführer auf Hochtouren laufen, das vom Bürgermeister abgesegnete Lösegeld beschafft wird und Spezialeinheiten des FBI einen Zugriffsplan ausarbeiten, herrscht in der entführten U-Bahn eine überaus angespannte Stimmung. Nicht nur, dass die Geiseln um ihr Leben fürchten – es kommt auch zu bedrohlichen Querelen zwischen den einzelnen Tätern. Während der eiskalte Mr. Blue das Verbrechen streng nach Plan durchziehen will, möchte sich der psychopathische Mr. Grey zum Beispiel ein wenig mit den weiblichen Geiseln »vergnügen« und schon mal »zum Spaß« irgendjemanden kaltmachen. Mrs. Brown schließlich, die einzige Frau unter den Gangstern, würde am liebsten sofort aussteigen und droht unter der psychischen Belastung dieses brutalen Coups zu zerbrechen. Es kommt zu einem ersten Toten, ein Befreiungsplan scheitert und Mr. Blue scheint mit seinem minutiösen, extrem raffinierten Plan tatsächlich Erfolg zu haben ...

TV Spielfilm: »Wer Walter Matthau und Robert Shaw im Original von 1974 gesehen hat, wird enttäuscht sein. Obgleich die Änderungen moderat ausfallen, bleibt weder die knisternde Spannung noch der rabenschwarze Humor der Vorlage erhalten.«

1974 Stoppt die Todesfahrt der U-Bahn 123
The Taking Of Pelham 123, USA, R: Joseph Sargent, D: Walter Matthau

ÜBERFALL

Robbery, GB 1967, R: Peter Yates, D: Stanley Baker, Joanna Pettet, William Marlowe, George Sewell, Frank Finlay, Anthony Sweeney, James Booth, Barry Foster, Clinton Greyn

Eine Gruppe von englischen Gangstern unter der Führung des eiskalten Paul Clifton will den Postzug zwischen Glasgow und London überfallen. Zur Finanzierung des generalstabsmäßig geplanten Unternehmens wird zuerst ein Diamantenhändler ausgeraubt. Auch der Postraub selbst geht planmäßig über die Bühne und bringt der Bande drei Millionen Pfund ein. Nun startet Scotland Yard die größte Verbrecherjagd aller Zeiten. Zunächst bleiben alle Nachforschungen trotz aller Anstrengungen der Polizei ergebnislos, doch dann geschehen einige Fehler, die zur Festnahme der Verbrecher führen. Nur der Chef der Bande kann entkommen.

Meinolf Zurhorst *(Lexikon des Kriminalfilms)*: »*Überfall* wirkt reichlich lustlos inszeniert. Yates entwickelte weder die Charaktere der Protagonisten hinreichend noch verstand er es, aus der Rekonstruktion des Coups dramaturgisch Spannung zu erzeugen. Tatsächlich war der deutsche Fernsehfilm *Die Gentlemen bitten zur Kasse* von Claus Peter Witt über das gleiche Sujet erheblich aufregender. Yates' Film wurde anscheinend nur gemacht, um seinen Produzenten, darunter Hauptdarsteller Stanley Baker, einen sicheren Profit zu verschaffen.«

1966 Die Gentlemen bitten zur Kasse
BRD, R: John Olden, Claus Peter Witt, D: Horst Tappert, Günther Neutze

ÜBERFALL AUF EXPRESS 44

The Last Bandit, USA 1949, R: Joseph Kane, D: William ›Wild Bill‹ Elliott, Lorna Gray, Forrest Tucker, Andy Devine, Jack Holt, Minna Gombell, Grant Withers, Louise Brissac, Louis Faust, Stanley Andrews, Martin Garralaga, Adrian Booth, Virginia Bris-

sac, Charles Middleton, Rex Lease, George Chesebro, Hank Bell, Jack O'Shea

Zwei als berüchtigtes Banditengespann verfolgte Brüder tauchen 1870 in neuer Umgebung unter. Der eine begleitet als Wachmann einer Eisenbahngesellschaft Goldtransporte und wird bald rückfällig, der andere beginnt ein ehrbares Leben und muss sich im Konflikt mit seinem Bruder bewähren und behaupten.

Lexikon des internationalen Films: »Unterhaltsamer Routine-Western ohne sonderliche inszenatorische Glanzlichter.«

1941 The Great Train Robbery

USA, R: Joseph Kane, D: Bob Steele, Claire Carleton, Milburn Stone

ÜBERFALL AUF SILVER CITY

Texas Gun Fighter, USA 1932, R: Phil Rosen, D: Ken Maynard, Sheila Bromley, Harry Woods, Lloyd Ingraham, Jim Mason, Bob Fleming, Frank Ellis, Jack Ward, Edgar Lewis

Ein Räuber bricht mit seinen ehemaligen Kumpanen, rettet eher zufällig einen Silbertransport vor dem Zugriff der alten Komplizen und wird dafür zum Sheriff gewählt. Noch einmal scheint er kriminell zu werden, kann sich aber rehabilitieren.

Lexikon des internationalen Films: »Kleiner Uralt-Western mit erheblichen Längen, der allenfalls für Liebhaber interessant ist. Hauptdarsteller Ken Maynard ist ein ehemaliger Rodeostar der Wildwest-Show von Buffalo Bill.«

1934 drehte Lambert Hillyer mit *The Man Trailer* ein weiteres Remake, die Hauptrollen spielten Buck Jones, Cecilia Parker und Arthur Vinton.

1930 The Lone Rider

USA, R: Louis King, D: Buck Jones, Vera Reynolds, Harry Woods

ULIISSES

BRD 1982, R: Werner Nekes, D: Volkhart Armin Wölfl, Tabea Blumenschein, Russel Derson, Sherzad Abbas, Arah Antil, Birger Bustorff, Ken Campbell, Suzan Crowley

Ein Mann steht in der Dunkelkammer, zieht das Foto eines Männerkopfes aus der Entwicklerflüssigkeit, schüttelt es, und es fällt zu Staub in sich zusammen. Symbolisch soll das bedeuten, der heimgekehrte Odysseus hat seine Frau Penelope von Freiern umworben vorgefunden und befreit sich von seinen Rivalen, indem er sie auslöscht. Uli alias Odysseus-Bloom trifft Phil alias Telemach-Dedalus und Penelope alias Molly-Bloom. Die achtzehn Episoden des Ulysses tauchen auf.

Hans-Christoph Blumenberg *(Die Zeit)*: »Von Dublin ins Ruhrgebiet, von einem Kino-Ort namens Casablanca zu einer auch nicht wirklichen Stadt namens Poona, führt die bizarrste Kino-Reise der letzten Jahre. Wir begegnen Groucho Marx und Helmut Schmidt, wir treffen das versprengte Personal aus der *Odyssee* des Homer, aus dem *Ulysses* von James Joyce und aus Neil Orams experimentellem Theaterstück *The Warp*. Diese Schichten überlagern, durchdringen einander in einem komplexen Prozess. Aber *Uliisses* (Uli is' es: Uli, der Kohlenpott-Photograph, der Enkel von Leopold Bloom) erweist sich auch als Schelmenstück, als erotisches Abenteuer. Dietrich Kuhlbrodt, der beste Kenner der von Filmförderung und Verleih schnöde im Stich gelassenen deutschen Avantgarde-Film-Szene, merkt zu *Uliisses* an: ›Gegenstand der Odyssee ist die Bildsprache selbst: das Sehenlernen und das Sehenwollen. Das geht von der kinematographischen Archäologie zur spielerischen Innovation der letzten Art.‹ Werner Nekes, ein großer Zauberer und Erfinder, der in seiner Werkstatt in Mülheim an der Ruhr immer neue Maschinen und optische Tricks ersinnt, arbeitet mit Phosphor-Staub, Laser-Strahl und computergesteuerten Bildschaltungen: ›die Welt als kinematographisches Vexierbild‹ (Nekes). Es gibt keine einzige filmische Technik, die in diesem Film nicht vorkäme. Man muss nicht nur sehr genau hinschauen, sondern auch mehrere Male ... Ein ungewöhnliches, bisweilen verwirrendes Vergnügen.«

Eine Neuverfilmung des Buches *Ulysses* von James Joyce ist in Vorbereitung, die Regie wird Scan Walsh führen.

1967 Ulysses

GB, R: Joseph Strick, D: Milo O'Shea, Barbara Jefford, Maurice Roeves

DIE UNBESTECHLICHEN

The Untouchables, USA 1986, R: Brian De Palma, D: Robert De Niro, Sean Connery, Kevin Costner, Charles Martin Smith, Andy Garcia, Billy Drago, Patricia Clarkson, Kaitlin Montgomery, Vito D'Ambrosio, Richard Bradford, Jack Kehoe, Brad Sullivan, Steven Goldstein, Peter Aylward

Chicago 1930/31. Der durch den Alkoholschmuggel in der Prohibitionszeit reich und mächtig gewordene Gangsterboss Al Capone führt sich auf wie ein mittelalterlicher Despot. Das FBI in Washington sieht nur noch eine Möglichkeit: Man setzt den Finanzagenten Eliot Ness auf Capone an, um ihn wenigstens der Steuerhinterziehung zu überführen. Zusammen mit seinen unbestechlichen Mitstreitern, dem alternden Polizisten Jim Malone, einem übereifrigen Buchhalter und einem italienischen Polizeianwärter, macht Ness der Gang den Garaus.

Prisma-Online: »Brian De Palma drehte den brillanten, stellenweise recht blutigen Polizeifilm nach wahren Begebenheiten, die seinerzeit im US-Fernsehen schon die Grundlage für eine langlebige TV-Serie bildeten. Das Drehbuch des späteren Regisseurs David Mamet *(Haus der Spiele, Glengarry Glenn Ross)* spickte De Palma mit vielen Filmzitaten – von Sergej Eisenstein bis Alfred Hitchcock – und selbstironischen Verweisen. Einziger Wermutstropfen des überaus unterhaltsamen Streifens: Sean Connery stirbt leider viel zu früh.«

Nach dem Erfolg des Films *Die Unbestechlichen* entstand 1991 in den USA unter der Regie von James Contner eine Fortsetzung: In dem Film *Die Rückkehr des Unbestechlichen* spielten Robert Stack, Jack Coleman und Philip Bosco die Hauptrollen. Und 1992 folgte eine Neuauflage der Serie (Regie: Tucker Gates, Darsteller: Tom Amandes, Paul Regina, William Forsythe).

1959–1963 Die Unbestechlichen

The Untouchables, TV-Serie, USA, R: L. Benedek, A. Biberman, D: Robert Stack

UND NICHTS ALS DIE WAHRHEIT

BRD 1958, R: Franz Peter Wirth, D: O. W. Fischer, Marianne Koch, Ingrid Andree, Friedrich Domin, Walter Rilla, Paul Verhoeven, Heinrich Gretler, Ettore Cella, Herbert Tiede, Alwin Michael Rueffer, Franziska Kinz, Max Mairich, Ernst Ronnecker, Heinz Leo Fischer, Alexander Hunzinger, Liesl Karlstadt, Georg Lehn, Franziska Liebing, Gabriele Reismüller, Hans Magel, Elisabeth Neumann-Viertel, Toni Treutler, Franz Fröhlich, Franz Loskarn, Rolf Kralovitz

Nach der Novelle *Der Fall Deruga* von Ricarda Huch: Die unheilbar kranke, geschiedene Frau eines Arztes stirbt plötzlich und nachweislich an Gift. Noch an ihrem Todestag hat sie ihr Testament geändert. Unvermutet ist ihr geschiedener Mann der Alleinerbe des großen Vermögens. Eine junge Verwandte der Toten, die ursprünglich vorgesehene Erbin, ficht das Testament an. Der Arzt gerät unter Mordverdacht. Die Indizien sprechen gegen ihn, ein beweiskräftiges Alibi fehlt. Nach langen Verhandlungen sagt er die Wahrheit. Seine einstige Frau, die unter qualvollen Schmerzen auf den Tod wartete, hat von ihm schriftlich seinen Besuch und das erlösende Gift erfleht. Er besuchte sie, versuchte zunächst, ihr das Gift vorzuenthalten, sie entriss es ihm nach einem Erstickungsanfall und schluckte es, ehe er Mut und Kraft aufbringen konnte, sie daran zu hindern. Das Gericht erkennt auf Freispruch, wobei der Richter jedoch betont, dass kein Mensch dem Angeklagten die Last des Gewissens abnehmen kann.

Günther Geisler *(Berliner Morgenpost)*: »Der Titel ist ein prächtiges Produkt jener mit Worten orgelspielenden Mode, die der deutsche Film für Stoffe ernsterer Art neuerdings bevorzugt ... Abgesehen davon, ist der Titel auch unwahr; Filme der durchaus intimen Art, wie dieses Werk sie ganz glücklich verkörpert, leben eben davon, dass sie alles andere als die Wahrheit sagen; und haben damit durchaus recht. Denn das Kino ist nicht nur eine Stätte grimmer Zeitbetrachtung; es ist durchaus und rechtens der Platz auch für die gehobenen Träume, für die Unterhaltungsliteratur, die Edelmut, Leid, Liebe und Verzicht auf geschmackvolle Weise vor unseren Augen aufblättert, umrührt und zum Schluss so glatt auflöst wie eine gelungene Patience ... Eben so ist dieser Film, dem – frei nach dem Roman *Der Fall Deruga* von Ricarda Huch – mehrere Drehbuchautoren zugesetzt haben ... Franz Peter Wirth hat das mit einer angenehm zurückhaltenden, sachlichen Note inszeniert, die mir außerordentlich gefällt. Hier hat jemand den ›Gesellschaftsfilm‹ aller jener weinerlichen Unerträglichkeiten entkleidet, die ihn sonst bei uns verunstaltet haben, und ihm ein passendes, durchaus modernes Gewand geschneidert.«

1938 Der Fall Deruga

D, R: Fritz Peter Buch, D: Willy Birgel, Georg Alexander, Dagny Servaes

UNDER SUSPICION – MÖRDERISCHES SPIEL

Under Suspicion, F/USA 2000, R: Stephen Hopkins, D: Morgan Freeman, Gene Hackman, Thomas Jane,

Monica Bellucci, Nydia Caro, Miguel Ángel Suárez, Pablo Cunqueiro, Isabel Algaze, Jackeline Duprey, Luis Caballero, Patricia Beato, Sahyly Yamile

Puerto Rico, zur Karnevalszeit: Der wohlhabende Anwalt Henry Hearst wird auf dem Weg zu einem Wohltätigkeitsdiner von Captain Benezet zu einer polizeilichen Vernehmung gebeten. Die kleine Formalität artet bald zum erbitterten Psychoduell aus, bei dem Hearst sich in widersprüchliche Aussagen verwickelt und, mit dem Verdacht konfrontiert, zwei Mädchen vergewaltigt und ermordet zu haben, sich peinigenden Fragen über sein Intim- und Eheleben mit seiner wesentlich jüngeren Frau ausgesetzt sieht.

Julia Marx (züritipp/Tages-Anzeiger): »War es Claude Miller vor 20 Jahren mit Garde à vue noch möglich, diese Geschichte ruhig und auf die Darsteller (Lino Ventura und Michel Serrault) konzentriert zu erzählen, ergibt sich der bisherige Actionregisseur Stephen Hopkins in seinem Remake wildem Aktionismus: Von Beginn weg lässt er die Kamera von Einstellung zu Einstellung hasten und bricht die klaustrophobische Stimmung der nächtlichen Polizeistation durch ausufernde Rückblenden und Abstecher zu anderen Schauplätzen auf. Selbst die Besetzung von Freeman hat einen Haken: So sehr ist er auf integre Rollen abonniert, dass Hackman daneben sofort wie ein Ausbund an Schuld wirkt. Diese Reduktion der Ambivalenz führt paradoxerweise dazu, dass das Unerwartete umso erwartbarer wird. Dennoch handelt es sich immer noch um einen Thriller mit überdurchschnittlichen Dialogen und Hauptdarstellern, auch wenn das Ganze weniger ist als die Summe seiner Teile.«

1981 Das Verhör

Garde à vue, F, R: Claude Miller, D: Lino Ventura, Romy Schneider, Michel Serrault

UNDINE

BRD/I/F 1991, R: Eckhart Schmidt, D: Isabelle Pasco, Christopher Buchholz, Ludwig Dornauer, Constanze Lindner, Anouschka Renzi, Theo Rufinatscha, Wolfgang Zimmer, Linda Gögele-Spitaler, Lothar Dellago

Nach einer Erzählung von Friedrich de La Motte Fouqué: In einer idyllischen Alpenregion macht sich Raoul daran, die See-Landschaft und die daran angrenzenden Berge zu vermessen. Das Gelände gehört ihm und seinem Bruder Frank,

und Raouls Ziel ist es, die Natur in ihrer Schönheit zu belassen. Ganz anders Frank, der will eine kommerzielle Attraktion mit Pisten, Liften und Restaurants schaffen, um möglichst viel Geld zu verdienen. Während seiner Arbeit trifft er ein seltsames blondes Mädchen, aber wen er sich angelacht hat, merkt er erst, als sich das Mädchen vor seinen Augen in eine Nixe verwandelt. Undine, halb Fisch, halb Mensch, will ebenfalls wie Raoul die Natur so belassen. Um sein Ziel aber durchzusetzen, steckt Frank sogar den Hof eines Bauern an, den dieser an ihn nicht verkaufen will. Auch Undine kann ihn nicht bremsen. Frank schießt sogar auf sie.

Das neue Lexikon des Fantasy-Films: »Von schwerer Hand inszenierter Unfug mit kaum talentierten Darstellern und einer aufgesetzten Öko-Story, die dazu dienen soll, Undines Titten abzufilmen.«

1973–74 Undine 74

BRD/A, R: Rolf Thiele, D: Angela von Radloff, Ingo Thouret, Gundy Grand

DIE UNENTSCHULDIGTE STUNDE

A 1957, R: Willi Forst, D: Hans Moser, Adrian Hoven, Erika Remberg, Rudolf Forster, Charikliá Baxevanos, Josef Meinrad, Alma Seidler, Ursula Herking, Erik Frey, Elisabeth Epp, Elisabeth Markus, Sylvia Lydi, Kitty Stengel, Harry Payer, Friedrich Jores, Anny Schönhuber

Nach einem Bühnenstück von Stefan Bekeffi und Adorjan Stella: Ja ja, die böse Chemie, die grässlichen Formeln und der wutfunkelnde Herr Studienrat. Vor Prüfungsängsten hilft nur die Flucht in eine fingierte Krankheit. Mit dem Attest angelt sich die schuleschwänzende Primanerin zugleich den charmanten Arzt-Ehemann, der listig hintergangen wird, als seine ebenso verliebte wie gelangweilte kleine Frau heimlich und reuevoll die Klassenbank wieder drückt, um sich ehrgeizig beflissen das Reifezeugnis zu holen. Das geht beinahe schief, weil auch das Lehrerkollegium beschwindelt wird, und findet schließlich das aus Rührung und Humor gemischte versöhnende Finale.

Dr. L. Henckel (Filmblätter): »Forst zügelt die Komödie sehr unterhaltsam mit lockerer Hand, einem verschmitzten Seitenhieb auf verkrampfte Moral und einem goldrichtig angeschirrten Darsteller-Team. Hoven macht blendende Figur in der erfrischenden Ungezwungenheit des eleganten Doktor-Gatten. Temperamentvoll und kulleräugig laviert sich Erika Remberg durch die lustigen Hindernisse ihrer ehelich verbrämten Teenager-Rolle, assistiert von Chariklia Baxevanos, die einem schlagfertigen Pummelchen die komischen Akzente gibt. Zum leisen Schmunzeln verleitet Forster als distinguiert lebenskluger Professor, während die übrigen Darsteller in allen Schattierungen des Humors ihren Typen zum Vergnügen des Publikums prächtig gerecht werden. Für die Älteren bieten sich heitere schulische Reminiszenzen. Die Jugend freut sich über das filmisch konterfeite Pennal.«

1937 Die unentschuldigte Stunde

D, R: E. W. Emo, D: Gusti Huber, Gusti Wolf, Hans Moser, Theo Lingen

UNGEZÄHMTE CATHERINE

Madame Sans-Gêne, F/I/E 1961, R: Christian-Jaque, D: Robert Hossein, Sophia Loren, Julien Bertheau, Marina Berti, Tomás Blanco, Célina Cély, Analía Gadé, Carlo Giuffré, Renaud Mary, Gabriella Pallotta, Gianrico Tedeschi, Laura Valenzuela
Ein ziemlich loses Mundwerk hat Madame Sans-Gêne, wie die bildhübsche Wäscherin Catherine liebevoll von ihren Freunden und Kunden genannt wird. Zu den Letzteren gehört auch der kleine Leutnant Bonaparte. Eines Tages verliebt sich Catherine stürmisch in den Sergeanten Lefèvre, der mit Napoleon in den Krieg zieht. Lefèvre bringt es weit – bis zum Herzog von Danzig. Und Catherine wird seine Herzogin. Allerdings machen ihr bei Hofe ihre lockeren Redensarten wieder arg zu schaffen – unter anderem bei Kaiser Napoleon höchstpersönlich. Es kommt zu einem bösen Eklat.

TV Spielfilm Lexikon: »Ganz auf die Talente der frisch gebackenen Oscar-Preisträgerin Sophia Loren (für ... *und dennoch leben sie*) zugeschnitten, bietet Christian-Jaques farbenprächtiger Kostümfilm 100 Minuten leichtgewichtige, derb-komische Unterhaltung, die zwar keinen bleibenden Eindruck hinterlässt, aber Spaß macht. Sogar der üblicherweise recht hölzerne Robert Hossein erwacht in Gegenwart des Energiebündels Sophia zu etwas mehr Leben. *Madame sans Gêne* ist ein weiteres Projekt, das eigentlich für Lorens Landsmännin und Konkurrentin Gina Lollobrigida vorgesehen war (wie später auch *Lady L.*); Peter Sellers hätte den Napoleon spielen sollen.«

1960 Madame Sans-Gêne

BRD, R: John Olden, D: Inge Meysel, Karl John, Richard Häussler

1945 Madame Sans-Gêne

RA, R: Luis César Amadori, D: Niní Marshall, Eduardo Cuitiño, Adrián Cuneo

1941 Madame Sans-Gêne

F, R: Roger Richebé, D: Arletty, Albert Dieudonné, Aimé Clariond

1925 Madame Sans-Gêne

USA, R: Léonce Perret, D: Gloria Swanson, Emile Drain, Charles De Roche

1911 Madame Sans-Gêne

F, R: André Calmettes, D: Duquesne, Gabrielle Réjane

1909 Madame Sans-Gêne

DK, R: Viggo Larsen, D: Viggo Larsen

DIE UNGLAUBLICHE GESCHICHTE DER MRS. K.

The Incredible Shrinking Woman, USA 1981, R: Joel Schumacher, D: Lily Tomlin, Charles Grodin, Ned Beatty, Henry Gibson, Elizabeth Wilson, Mark Blankfield, Maria Smith, Pamela Bellwood, James McMullan
Nach einem Roman von Richard Matheson: Eine von Werbesprüchen gebeutelte amerikanische Hausfrau schrumpft durch die bei ihrem Lebensmittelkonsum ausgelösten chemischen Prozesse auf Fingerhutgröße. Ihr Ehemann und das Fernsehen reagieren mit Vermarktungsideen. Eine Verbrecherbande entführt sie, um mit ihrem Blut das Trinkwasser zu verseuchen. Ein gutmütiger Gorilla und sein Wärter retten sie aus dem Laborgefängnis.

Lexikon des internationalen Films: »In Anlehnung an Jack Arnolds *Die unglaubliche Geschichte des Mr. C.* (1957) gestaltete unterhaltsame Mischung aus Persiflage und Science-Fiction-Film. Streckenweise grimmig witzig und mit deutlichen Seitenhieben auf die synthetische Konsumwelt und die Entseelung des Menschen.«

Hollywood hat unter der Regie von Peter Segal im Jahr 2001 eine Remake des *Incredible Shrinking Man* angekündigt.

1957 Die unglaubliche Geschichte des Mister C.

The Incredible Shrinking Man, USA, R: Jack Arnold, D: Grant Williams, Randy Stuart

UNHEIMLICHE GESCHICHTEN

D 1932, R: Richard Oswald, D: Paul Wegener, Maria Koppenhoefer, Eugen Klöpfer, Harald Paulsen,

Roma Bahn, Mary Parker, Gerhard Bienert, Paul Henckels, John Gottowt

Nach Kurzgeschichten von Edgar Allan Poe und Robert L. Stevenson: Während eines Ehestreits erschlägt ein Erfinder seine Frau. Danach verschwindet er. Der Reporter Frank Briggs jagt dem Mann hinterher und spürt ihn in einer Irrenanstalt auf. Wieder gelingt dem Mörder die Flucht.

Lexikon des internationalen Films: »Aus Erzählungen von E. A. Poe *(Das Geheimnis der schwarzen Katze)* und R. L. Stevenson *(Der Selbstmörderklub)* destillierter, absurder Horror-Kintopp in der Nachfolge von Paul Lenis *Wachsfigurenkabinett*, interessant als beispieshaftes Stück deutscher Filmgeschichte. Nur in bestimmten Segmenten eine Remake von Oswalds eigenem gleichnamigen Stummfilm von 1919.«

1919 Unheimliche Geschichten

D, R: Richard Oswald, D: Conrad Veidt, Reinhold Schünzel, Anita Berber

UNHEIMLICHE SCHATTENLICHTER

The Twilight Zone – The Movie, USA 1982, R: John Landis, Steven Spielberg, Joe Dante, George Miller, D: Dan Aykroyd, Albert Brooks, Vic Morrow, Doug McGrath, Charles Hallahan, Remus Peets, Kai Wulff, Sue Dugan, Scatman Crothers, Bill Quinn, Martin Garner, Selma Diamond, Helen Shaw, Kathleen Quinlan, Jeremy Licht, Kevin McCarthy, Patricia Barry, William Schallert, John Lithgow, Abbe Lane, Donna Dixon, John Dennis Johnston, Larry Cedar

Vier Geschichten unterschiedlicher Stilart und Qualität, angesiedelt im Grenzbereich von Fiktion und Realität: Ein Rassist, der in der Kneipe über Juden, Schwarze und Asiaten wettert, findet sich im besetzten Paris des Jahres 1941 wie-

der, wo er von den Nazis als Jude verfolgt wird. Ein alter Mann besucht ein Altersheim und rät den Insassen, sich auf ihre Kindheit zu besinnen – die alten Leute werden körperlich jünger. Ein Junge, der von Comics und Fernsehen besessen ist, verfügt über die Macht, seine Wünsche wahr werden zu lassen. Ein Flugpassagier, der zufällig aus dem Fenster sieht, entdeckt auf der Tragfläche ein Ungeheuer ...

Die Idee für den Episodenfilm wurde einer Anfang der sechziger Jahre in den USA sehr erfolgreichen Fernsehserie entlehnt, in der jeweils kleine Horror- und Fantasy-Geschichten in Kurzfilme umgesetzt wurden. Allein John Landis verwendete für Episode eins eine Originalgeschichte, die übrigen drei basieren auf den *Twilight Zone*-Geschichten *Kick The Can* (1962), *It's A Good Life* (1961) und *Nightmare At 10.000 Feet* (1963).

Das neue Lexikon des Fantasy-Films: »Mit Ausnahme des ersten Segments sind die Geschichten dieser Anthologie geringfügig geänderte Remakes von Episoden der TV-Serie *Twilight Zone* (dt. *Geschichten, die nicht zu erklären sind*) ... Wie sein Vorbild deckt auch *Unheimliche Schattenlichter* das gesamte Spektrum des Fantastischen ab. Mit unterschiedlichem Erfolg: Ausgesprochen enttäuschend etwa die platte Rassismusfabel von John Landis, der nur die eingeblendeten Schrifttafeln ›Vorsicht, Moral!‹ fehlen, sowie das *Peter Pan*-Gegenstück, in dem Steven Spielberg auf ungewohnt ungeschickte Weise auf seinem bewährten Manipulationsklavier spielt. Ungleich gelungener sind Joe Dantes knallig-caligaresker Zaubercomic und insbesondere, die von George Miller *(Mad Max)* inszenierte Schlussepisode, die durch ihre meisterhafte Reduktion einschlägiger Grusel-Topoi aufs absolut Essenzielle besticht.«

Jovan Evermann *(Der Serien Guide)*: »Zu der Serie wurde aus der ersten Episode und drei weiteren Folgen der Film *Treasures Of The Twilight Zone* zusammengeschnitten. 1982 gab es ein Spielfilm-Remake unter dem Titel *Unheimliche Schattenlichter* (Pro Sieben: 23.2.1991). Der erneute Erfolg führte zu zwei weiteren Fortsetzungen in Serien-Form: Von 1985 bis 1987 präsentierte Charles Aidman 80 neue Geschichten, wovon teilweise zwei oder drei kurze zu einer Fol-

Unheimliche Geschichten (1919, R: Richard Oswald): Reinhold Schünzel und Conrad Veidt

ge von 45 Minuten Länge zusammengefasst wurden (insgesamt 24 Episoden). 1988 kamen nochmals 49 Episoden im 25-Minuten-Format hinzu, diesmal mit Robin Ward als Präsentator. 1993 wurde die Original-*Twilight Zone* für den Fernsehfilm *Schrecken aus dem Jenseits* (ARD: 11.3.1995) nochmals wieder belebt. Die beiden darin enthaltenen Episoden *Kino des Grauens* und *Insel der Toten* fanden sich im Nachlass von Rod Serling, der 1975 im Alter von 50 Jahren starb.«

Rod Serling war Produzent und Präsentator der ersten 156 Epioden, außerdem schrieb er für 89 Folgen die Storys.

1959–1965 Twilight Zone

The Twilight Zone, TV-Serie, USA, R: Jus Addiss, William Asher, D: Rod Serling

DIE UNHEIMLICHEN HÄNDE DES DR. ORLAK

The Hands Of Orlac, GB/F 1960, R: Edmond T. Gréville, D: Mel Ferrer, Lucille Saint-Simon, Dany Carrel, Felix Aylmer, Christopher Lee, Donald Pleasence, Basil Sydney, Peter Reynolds, Campbell Singer, Sir Donald Wolfit, Mireille Perrey

Nach einem Roman von Maurice Renard: Nach einem Flugzeugunglück werden die halbverbrannten Hände des berühmten Pianisten Orlak durch Hautübertragungen von einem gerade hingerichteten Mörder, des so genannten Würgers, gerettet. Der sensible Künstler erliegt alsbald der fixen Idee, man habe ihm die abgehackten Hände des Verbrechers und damit auch dessen kriminelle Neigungen anoperiert. Da er eine solche Schmach nicht ertragen kann, flieht er vor seiner Braut. Doch Orlak kann aufatmen, denn man hat mittels Justizirrtum den Falschen hingerichtet. Orlak kann in den Schoß der Familie und in die Konzertsäle zurückkehren.

Lexikon des Horrorfilms: »Äußerst schwächliche Neuverfilmung des Romans *Les mains d'Orlac* von Maurice Renard. In keiner Phase auch nur annähernd so gut wie die große Stummfilmversion *Orlacs Hände*, Österreich 1924, und die noch bessere Hollywoodproduktion *Mad Love* aus dem Jahre 1935.«

1935 Mad Love

USA, R: Karl Freund, D: Peter Lorre, Colin Clive, Frances Drake

1924 Orlacs Hände

A, R: Robert Wiene, D: Conrad Veidt, Alexandra Sorina, Fritz Kortner

DIE UNSCHULD VOM LANDE

BRD 1957, R: Rudolf Schündler, D: Theo Lingen, Bibi Johns, Rudolf Platte, Ruth Stephan, Walter Gross, Nadja Regin, Franz Muxeneder, Karl Hellmer, Ernst Sattler

Mitten in das sorgfältig vorbereitete Versöhnungsessen mit der Gattin platzt dem Herrn Theaterdirektor aus Berlin jenes Trampel vom Lande, dem er bei einem unfreiwilligen Aufenthalt während einer Autopanne gönnerhaft seine Unterstützung zugesagt hatte. Besagtes Kind spielte damals bei den alljährlich stattfindenden Ritterspielen die Unschuld und hält nun ihre große Stunde für gekommen. Aus dem höchst unfahrplanmäßigen Besuch ergeben sich Verwicklungen und die damit verbundene Notwendigkeit, die angeblich ramponierte Ehre der Jungfrau aus den Bergen zu reparieren.

Erich Brandt *(Filmblätter)*: »Ein wahres Feuerwerk alter bewährter und treffender neuer Gags ..., dass dem Zuschauer ob der deftigen, saftigen Späße und des sommerlichen Klamauks die Augen übergehen. Ein prachtvoll harmonierendes Ensemble serviert diesen Schwank ... Eine Glanzleistung an Komik bietet aber Ruth Stephan als Unschuld vom Lande. Köstlich die Szene, in der sie die Kaviarschüssel leert und sich einen Sektschwips antrinkt! Es ist nur zu natürlich, dass Bibi Johns und Nadja Regin gegen diese Urwüchsigkeit schlecht aufkommen können.«

1933 Die Unschuld vom Lande

D, R: Carl Boese, D: Lucie Englisch, Ralph Arthur Roberts, Alexa von Engström

UNSCHULDIG! SUSAN RENNT

Macon County Jail, USA 1997, R: Victoria Muspratt, D: Tom Allard, David Carradine, Coco d'Este, Charles Napier, Ally Sheedy, Todd Kimsey, Mark Pellegrino, Don McMillan, Jackie Debatin

Auf ihrem Weg nach New York strandet Susan Reed in Macon County und landet unschuldig im Gefängnis. Als sie sich gegen den zudringlichen Sohn des Sheriffs zur Wehr setzt und ihn dabei tötet, bleibt ihr nur eine Chance zu überleben: Gemeinsam mit einem gesuchten Schwerverbrecher muss sie vor dem rachgierigen Sheriff und seinen Häschern fliehen ...

1978 Gefangen in Jackson County

Outside Chance, USA, R: Michael Miller, D: Yvette Mimieux, John Abbott

1976 Gefangen in Jackson County
Jackson County Jail, USA, R: Michael Miller, D: Yvette Mimieux, Tommy Lee Jones

UNSER LAUTES HEIM – DER FILM
The Growing Pains Movie, USA 2000, R: Alan Metter, D: Alan Thicke, Joanna Kerns, Kirk Cameron, Tracey Gold, Jeremy Miller, Ashley Johnson, Chelsea Noble, Brandon Douglas, Matthew Harbour, Danny Wells, Mike Shute, Peter Colvey, Noël Burton
Acht Jahre sind vergangen und viel hat sich verändert: Mike ist Geschäftsführer einer Werbeagentur, Carol eine unbarmherzige Anwältin und Ben reinigt Pools in Beverly Hills. Zum 30. Hochzeitstag der Eltern vereint sich die Familie widerwillig.

1985–1992 Unser lautes Heim
Growing Pains, TV-Serie, USA, R: Don Amendolia, Burt Brinckerhoff, D: Alan Thicke

1950 Unter Geheimbefehl
Panic In The Streets, USA, R: Elia Kazan, D: Richard Widmark, Paul Douglas

DER UNSICHTBARE
BRD/USA 1963, R: Raphael Nussbaum, D: Ellen Schwiers, Hans von Borsody, Christiane Nielsen, Charles Régnier, Ilse Steppat, Heinrich Gretler, Ema Damia, Harry Fuß, Herbert Stass, Hannes Schmidhauser, Erwin Strahl, Egon Peschka, Bert Klaus, Raoul Retzer, Ivan Desny, Jean Thomé, Herbert Fux
Der ehrgeizige Biochemiker Dr. Max Vogel hat ein Serum entwickelt, mit dem man Lebewesen unsichtbar machen kann. Kurz nach dem entscheidenden Experiment verschwindet der junge Wissenschaftler spurlos. Die Polizei vermutet, er könnte mit Gangstern unter einer Decke stecken. Walter Vogel, der Bruder des Wissenschaftlers, arbeitet als Drehbuchautor und versucht, die Unschuld des Verschwundenen zu beweisen. Gleichzeitig spielen sich in der Stadt unerklärliche Dinge ab: Ein Unsichtbarer stiehlt Dr. Vogels Tonbandgerät und ermordet zwei Menschen. Die Villa einer bekannten Ärztin brennt ab, ein Polizist wird erschossen. Auch Professor Lomm kommt ums Leben. Als ein Geldtransport überfallen wird, hat die Polizei einen ersten Erfolg zu vermelden. Aber der Kopf der Bande ist entkommen. Schließlich beginnt es Walter Vogel zu dämmern, wer der Unsichtbare sein könnte. Zusammen mit der Polizei rast er in das Filmstudio, stellt den Unsichtbaren und macht ihn mit

einer Farbspritze sichtbar. Der Unsichtbare ist nicht sein Bruder Max – dieser wurde ein Opfer seiner Entführer.

TV direkt: »Gelungene Variation eines gern bedienten Filmthemas.«

1940 Der Unsichtbare kehrt zurück
The Invisible Man Returns, USA, R: Joe May, D: Vincent Price, Nan Grey

DER UNSICHTBARE MÖRDER
Killer By Night, USA 1971, R: Bernard McEveety, D: Robert Wagner, Diane Baker, Greg Morris, Theodore Bikel, Robert Lansing, Mercedes McCambridge
In Los Angeles werden zwei Polizisten Opfer eines Mörders, der mit Diphtherie infiziert ist. Ein Arzt und ein Polizist versuchen gemeinsam, ihn zu stellen und damit weitere Ansteckung zu verhindern.

Lexikon des internationalen Films: »Ein solide inszenierter (Fernseh-)Kriminalfilm, der sich – ohne entsprechenden Hinweis – der Geschichte von Elia Kazans *Unter Geheimbefehl* bedient.«

1950 Unter Geheimbefehl
Panic In The Streets, USA, R: Elia Kazan, D: Richard Widmark, Barbara Bel Gedes, Jack Palance

DER UNSTERBLICHE LUMP
BRD 1953, R: Arthur Maria Rabenalt, D: Karlheinz Böhm, Ingrid Stenn, Heliane Bei, Hans Olden, Paul Esser, Elise Aulinger, Sepp Nigg, Bertel Schultes, Hans Hermann Schaufuß, Walter Ladengast, Klaus Pohl, Fritz Lafontaine, Hans Elwenspoek, Erik Frey, Paula Braend, Fred Kallmann, Minna Späth, Peter Carsten, Arno Ebert, Uli Steigberg, Adalbert Fuhlrott, Willy Friedrichs
Nach der Operette Felix Dörmanns mit der Musik von Edmund Eysler: Ein musisch begabter Dorfschullehrer verliert durch eine Intrige seine Stellung, steigt in Wien zum berühmten Komponisten auf – und verliert ebenso schnell die Lust am Leben und an seiner Kunst, als seine daheim gebliebene Geliebte einen anderen heiratet. Johannes Ritter täuscht seinen Unfalltod vor und zieht als Landstreicher namens Petroni umher, bis er eines Tages Luisel wiedertrifft, das Mädchen, derentwegen er damals sein Dorf verlassen musste. Die beiden tun sich zusammen, besuchen seinen Heimatort und erleben – unerkannt – die Einweihung eines Denkmals zu seinen Ehren. Denn durch seinen (vermeintlichen) Tod ist der einst verpönte Künstler plötzlich heilig gewor-

den – doch statt den bigotten Schwindel aufflie-
gen zu lassen, nimmt er Luisel bei der Hand und
verlässt sein Dorf für immer ...

Friedemann Beyer *(Karlheinz Böhm):* »Seine
erste wirkliche Hauptrolle bekam Karlheinz
Böhm 1953 in Arthur Maria Rabenalts *Der unsterbliche Lump,* dem Remake einer Filmoperette, die schon 1930 von Gustav Ucicky mit Gustav Fröhlich verfilmt worden war ... Wo eine böse Satire auf die Verlogenheit von Traditions-
pflege à la Mozartkugeln möglich gewesen wäre, bemüht Rabenalt etwas weinerlich den Mythos vom unerkannten Künstler, der sich mehr
resignierend als souverän der Verehrung falscher
Freunde entzieht. Aber es waren die frühen fünfziger Jahre auch nicht die Zeit kritischer Heimatfilme. Dazu war das Genre noch zu jung, störten keine Dissonanzen das Loblied auf *Die Mühle im Schwarzwäldertal,* den *Herrgottschnitzer
von Ammergau* oder *Das Dorf unterm Himmel.*
Immerhin hatte Karlheinz Böhm mit der ersten
Hauptrolle sein typisches, bestes Rollenfach gefunden, in dem er auch später wiederholt besetzt
werden sollte: das des künstlerisch veranlagten,
sensiblen Einzelgängers, der – wie der *unsterbliche Lump* – gegebenenfalls in eine andere Identität schlüpft.«

1930 Der unsterbliche Lump

D, R: Gustav Ucicky, D: Gustav Fröhlich, Liane
Haid, Paul Hörbiger

UNTER SCHWARZER FLAGGE

*Captain Kidd, USA 1945, R: Rowland V. Lee, D:
Charles Laughton, Randolph Scott, Barbara Britton,
John Carradine, Gilbert Roland, John Qualen, Sheldon Leonard, William Farnum, Henry Daniell, Reginald Owen*

Der berüchtigte Piratenkapitän Kidd erhält durch
allerlei Tricks vom englischen König William III.
den Auftrag, eine königliche Galeone mit reichen
Schätzen aus Indien durch das Piratenmeer vor
Madagaskar zu geleiten. Kidd macht Adam Mercy zum Oberkanonier, ohne zu wissen, dass es
der Sohn eines Admirals ist, den er auf dem Gewissen hat. Mercy wiederum will seinen Vater rehabilitieren, der fälschlich in den Verdacht geraten war, mit den Piraten gemeinsame Sache gemacht zu haben. Kidd lässt die königliche Ga-

leone, die er schützen sollte, in die Luft sprengen. Neben reichen Schätzen fällt dabei die schöne Lady Anne in seine Hände. Mercy bewahrt sie
vor den Nachstellungen des schurkischen Lorenzo und kann schließlich mit ihr entkommen.
Als Kapitän Kidd nach England zurückkehrt und
hofft, vom König als Held gefeiert zu werden, erlebt er eine böse Überraschung.

1953 drehten Derwin Abrahams und Charles
S. Gould in den USA unter dem Titel *The Great
Adventures Of Captain Kidd* eine 15-teilige Serie
mit John Crawford, David Bruce und Eduardo
Cansino Jr. in den Hauptrollen. Ein weiteres Re-
make ist angekündigt: Ridley Scott und Jerry
Bruckheimer werden die Piratenabenteuer des
Captain Kidd unter den Fittichen Disneys ein
weiteres Mal verfilmen.

1938 Captain Kidd's Treasure

*USA, R: Leslie Fenton, D: Stanley Andrews, Wade
Boteler, Leslie Fenton*

DIE UNTEREN ZEHNTAUSEND

*Pocketful Of Miracles, USA 1961, R: Frank Capra,
D: Bette Davis, Glenn Ford, Hope Lang, Arthur
O'Connell, Peter Falk, Thomas Mitchell, Edward
Everett Horton, Ann-Margret, Harry ›Snub‹ Pollard,
Mickey Shaughnessy, David Brian, Sheldon Leonard,
Peter Mann, Barton MacLane, John Litel, Jerome Co-
wan, Jay Novello, Frank Ferguson, Jack Elam, Mike
Mazurki*

Nach der Erzählung *Madame La Gimp* von Damon Runyon: Apfel-Annie ist eine ärmliche
Straßenhändlerin in Brooklyn. Ihrer Tochter im
fernen Europa gaukelt sie in Briefen Wohlstand
und noble Abstammung vor. Eines Tages – oh
Schreck – kündigt Töchterlein überraschend seinen Besuch an: Sie will ihrem spanischen Grafen
die künftige Schwiegermutter vorstellen. Die
Schande scheint unausweichlich zu sein. Doch
Annies Freunde, die einen ansehnlichen Quer-

*Die unteren Zehntausend (1961, R: Frank Capra):
Bette Davis, Peter Falk und Glenn Ford*

Die unteren Zehntausend (1961, R: Frank Capra):
Peter Falk, Hope Lang und Glenn Ford

schnitt des New Yorker Straßengesindels repräsentieren, retten die Familienehre, indem sie eine pompöse Inszenierung herbeizaubern. Federführend agiert dabei der Trickbetrüger Dave the Dude. Aus dem Nichts verwandelt er die ärmliche Annie vorübergehend in eine aparte Lady.

MovieLine: »Capras letzter Film ist ein Remake seines *Lady For A Day* von 1933. Bette Davis als Bettlerin ist die Glücksbringerin des Gangsters Dave. Daher tut dieser alles, um Annies Scheinexistenz als reiche Dame vor ihrer im Ausland lebenden Tochter aufrechtzuerhalten. Für den jungen Peter Falk war seine Rolle als Daves Leibwächter der Durchbruch.«

1933 Lady For A Day
USA, R: Frank Capra, D: Warren William, May Robson, Jean Parker

UNTREU
Unfaithful, USA 2002, R: Adrian Lyne, D: Richard Gere, Diane Lane, Olivier Martinez, Chad Lowe, Kate Burton, Margaret Colin, Erik Per Sullivan, Dominic Chianese, George F. Miller, Myra Lucretia Taylor, Michelle Monaghan
Für Edward und Connie Sumner scheint sich der amerikanische Traum erfüllt zu haben. Mit ihrem achtjährigen Sohn, einem Hund und einer Haushälterin führen sie ein beneidenswertes Leben ohne materielle Sorgen in einem gepflegten Vorort von New York. Doch die Idylle trügt, die glückliche Ehe ist zur Gewohnheit geworden und zerfällt unversehens in ihre Bestandteile, als Connie bei einem Stadtbesuch in Soho den Lebenskünstler Paul kennen lernt. Diese Begegnung erweckt eine völlig neue, nie gekannte Sehnsucht

nach dem Unbekannten, der sie nicht widerstehen kann. Sie beginnt eine Affäre, die zu einer wahren Obsession wird. Zufällig kommt Edward seiner Ehefrau auf die Spur. Gekränkt und erniedrigt konfrontiert der betrogene Ehemann den Liebhaber – ohne das Ausmaß der Konsequenzen vorherzusehen ...

Untreu ist ein Filmprojekt, das Adrian Lyne seit vielen Jahren im Sinn hatte. Sein Ursprung reicht zurück ins Jahr 1968, als *Die untreue Frau* des französischen Regisseurs Claude Chabrol erstmals aufgeführt wurde. »Das war immer einer meiner Lieblingsfilme«, sagt Adrian Lyne. »Das hat etwas von Hitchcock, wenn dem Ehemann mehr und mehr bewusst wird, dass seine Frau eine Affäre hat. Ich habe den Film geliebt und es mir jetzt erlaubt, ihn sehr lose als Grundlage für eine eigene Regiearbeit zu verwenden.« Lyne zeigt in seinen Filmen von jeher ein starkes Interesse an intensiven emotionalen Beziehungen – und vor allem die Konsequenzen von Betrug und Vertrauenskrisen. »Schuld und Sexualität faszinieren mich als Themen«, gesteht der Regisseur. »Ich glaube, jeder von uns hat diesen Knackpunkt, an dem man potenziell jede Rationalität hinter sich lässt. Was treibt uns an diesen Punkt? Ich bin sehr interessiert an den Details, die mit Täuschung und Verdächtigung zu tun haben. Dies ist eine Geschichte, in der es dem Publikum womöglich leichter fällt, einem Mörder zu vergeben als einer Ehebrecherin – was natürlich verrückt ist.«

1968 Die untreue Frau
La femme infidèle, F/I, R: Claude Chabrol, D: Jean-Marie Arnoux, Henri Attal, Stéphane Audran

UNVERSTANDEN
Misunderstood, USA 1983, R: Jerry Schatzberg, D: Gene Hackman, Henry Thomas, Rip Torn, Huckleberry Fox, Maureen Kerwin
Nach einem Roman von Florence Montgomery: Ein in Tunesien lebender Geschäftsmann hat Schwierigkeiten, mit seinen beiden Söhnen über den Tod der Mutter zu reden. Die Kommunikationsprobleme führen zu schmerzhaften Missverständnissen zwischen dem Vater und dem älteren Sohn.

Lexikon des internationalen Films: »Stimmiges, mit fast dokumentarischer Genauigkeit inszeniertes Drama; das Remake einer Romanverfilmung von Luigi Comencini.«

1966 Incompreso

I, R: Luigi Comencini, D: Anthony Quayle, Stefano Colagrande, Simone Grannozzi

EIN URALTES MÄRCHEN

Staraya, staraya skazka, UdSSR 1970, R: Nadezhda Kosheverova, D: Oleg Dal, Marina Neyolova, Georgi Vitsin, Igor Dmitriyev, Vera Titova, Anatoli Abramov, Vladimir Etush, Anatoli Korolkevich

Nach einem Märchen von Hans Christian Andersen: Ein armer Soldat begegnet einer Hexe, die ihm Gold verspricht, wenn er ihr ein altes Feuerzeug aus einem hohlen Baum holt. Er befördert das Gold zu Tage, der Hexe aber händigt er das Feuerzeug wegen eines Streits nicht aus. In der nächsten Stadt richtet er sich gut ein, gibt den Armen von seinem Gold, lässt sich jedoch von den Reichen ausnehmen. Als sein Besitz schwindet, hat er nur noch die Freundschaft der Armen – und das Feuerzeug. Als er es ausprobiert, stehen drei Hunde bereit, seine Wünsche zu erfüllen. Er will zur Prinzessin, die der König gefangen hält, weil sie nur einen einfachen Soldaten heiraten soll. Mit Hilfe der Hunde kann er die Prinzessin befreien und alle Bösewichter davonjagen. Bei seiner Hochzeit mit der Prinzessin feiert das ganze Volk mit.

1959 Das Feuerzeug

DDR, R: Siegfried Hartmann, D: Rolf Ludwig, Heinz Schubert, Rolf Defrank

URLAUB AUF EHRENWORT

BRD 1955, R: Wolfgang Liebeneiner, D: Claus Biederstaedt, Eva-Ingeborg Scholz, Reinhard Kolldehoff, Karl John, Hans Quest, Paul Esser, Gisela von Collande, Rudolf Vogel, Elfie Pertramer, Helen Vita, Fritz Wagner, Willi Rose, Edelweiß Malchin, Edith Hancke, Helmuth Lohner, Wolfgang Neuss, Maria Sebaldt, Ralf Wolter, Herbert Weißbach

Nach der gleichnamigen Novelle von Kilian Koll: Ein Leutnant gibt 1944 während eines Nachschubtransportes durch Berlin seinen Leuten für ein paar Stunden Urlaub auf Ehrenwort. Aus den Episoden, die sich während dieses Urlaubs abspielen, ersteht das Berlin jener Tage, wo Irrsinn und Angst neben Glauben und Mut wohnten, Hass neben Brüderlichkeit, Verzweiflung neben dem Wunder, Todesernst neben Lebenswillen, das Weinen neben dem Lachen.

Filmblätter: »Der erste Film, der 1918 spielte und 1937 gedreht wurde, ist 1944 wegen ›unmilitärischer Haltung‹ und 1945 aus entgegengesetzten Gründen verboten worden. Der neue Film, der 1944 spielt und 1955 gedreht wurde, zieht die Quersumme dieser Jahre und hat infolgedessen mit dem ersten nur noch den Titel gemeinsam. Er ist nicht wie jener ›staatspolitisch‹, sondern menschlich wertvoll und überdies der beste Soldatenfilm, der in den letzten Jahren gedreht worden ist. Darüber hinaus einer der besten Filme seit 1945 im Allgemeinen und einer der besten von Liebeneiner im Besonderen. Hier müsste man einen Traktat über die Begriffe des ›Soldatischen‹ und des ›Militärischen‹ und ihre Wandlungen abhalten, wozu weder Raum noch der rechte Ort ist. Auch über die Wandlungen des Regisseurs sei nicht gesprochen, nur so viel: Sein Urlaub seit *Liebe 47* ist beendet, er hat sich wieder gefunden ... Nichts besteht als der Mensch, in dessen ›kleinen‹ Ängsten und Freuden sich die ›große‹ Zeit spiegelt. Sind diese paar Dutzend Männer noch Soldaten? Es sind Männer in Uniform, die von ihnen abfällt in dem Augenblick, wo sie die Schwelle eines Zuhause betreten. Dass sie zurückgehen in den Wahnsinn eines verlorenen Krieges, hat nichts mehr mit soldatischer Disziplin zu tun. Sie sind Männer, die einem Mann ihr Wort halten.«

1937 Urlaub auf Ehrenwort

D, R: Karl Ritter, D: Ingeborg Theek, Rolf Moebius, Fritz Kampers

USS CHARLESTON –
DIE LETZTE HOFFNUNG DER MENSCHHEIT

On The Beach, AUS/USA 2000, R: Russell Mulcahy, D: Armand Assante, Rachel Ward, Bryan Brown, Jacqueline McKenzie, Grant Bowler, Allison Webber, Tieghan Webber, Steve Bastoni, David Paterson, Todd MacDonald, Joe Petruzzi, Craig Beamer

Drama im Jahr 2006: Die Blockade Taiwans durch die Chinesen eskaliert in einem Atomkrieg. Die Folgen sind katastrophal, die Erde ist verstrahlt. Einzig in Australien sind noch Menschen am Leben – »Es war schön zu wissen, dass das Leben am nächsten Morgen weitergehen würde ...« Geschockt und resigniert stellen die Bewohner von Melbourne/Australien fest: Alles ist vorbei! Nur ein paar Überlebende in Australien hoffen auf ein Wunder, das ihnen ein US-U-Boot bringen soll: Die Crew eines U-Bootes der US-Navy unter Commander Dwight Towers stellt sich nun in den Dienst der australischen Regierung. Der

Auftrag: Die »Charleston« soll herausfinden, ob es in Alaska (USA) womöglich noch einen strahlungsfreien Lebensraum gibt: Aber vor Ort finden die Offiziere Hisch und Towers nur Tote und einen automatischen Sender. Die letzten Bewohner der Erde resignieren ... – Erschütternd anzusehen, wie sich die Menschen auf ihr Sterben vorbereiten. Mit der bitteren Erkenntnis: »Drei Milliarden Jahre haben wir gebraucht, um die Geheimnisse unseres Universums zu lüften. Und was fangen wir mit dem Wissen an? Wir pusten die Erde in die Luft!«

Prisma-Online: »Nach einem Roman von Nevil Shute drehte Russell Mulcahy (2000) diesen spannenden Zweiteiler. Bereits 1959 verfilmte Stanley Kramer *(Wer den Wind sät)* den Katastrophenroman, seinerzeit mit Gregory Peck und Ava Gardner in den Hauptrollen. In Mulcahys Version schlüpfen Armante Assante und Rachel Ward in die Rollen ihrer berühmten Vorhänger.«

1959 Das letzte Ufer

On The Beach, USA, R: S. Kramer, D: Gregory Peck, Ava Gardner, Fred Astaire

V

VAGABUND IN TAUSEND NÖTEN

The Bawdy Adventures Of Tom Jones, GB 1975, R: Cliff Owen, D: Nicky Henson, Trevor Howard, Terry-Thomas, Madeline Smith, Joan Collins
Nach einem Musical von Paul MacPherson und Paul Holden sowie einem Roman von Henry Fielding: Der britische Schriftsteller Henry Fielding schuf im 18. Jahrhundert mit seinem Roman *Tom Jones* einen Klassiker, der Produzenten und Regisseure seit Jahrzehnten fasziniert hat. Der 1963 mit Albert Finney gedrehte Film wurde mit Oscars überschüttet, Anfang der siebziger Jahre wurde der Stoff für ein Musical verwendet. Dieses wurde zur Vorlage für den *Vagabund in tausend Nöten*. Held des überlangen, fast 1.500 Seiten starken und verzweigten Romans von Henry Fielding, den dieser im Jahre 1749 zu Papier gebracht hatte, ist der Taugenichts Tom Jones, der den Frivolitäten und erotischen Laszivitäten der barocken Ära huldigte. Als Findelkind aufgewachsen und – kaum dem Kindesalter entschlüpft – ist er hinter allem her, was Beine hat. Sein Temperament und seine Lebensfreude missfallen allerdings den säuerlich dreinblickenden Nachbarn und Adoptiv-Verwandten.

TV Spielfilm: »Die Abenteuer des jungen Glücksritters sind – dank Joan Collins – freizügi-

Vagabund in tausend Nöten (1975, R: Cliff Owen): Die Herren sind schockiert

ger und erotischer geraten als weiland 1963, ansonsten ist der langatmige Streifen jedoch kaum der Rede wert.«

1969 Dave – Zuhaus in allen Betten
GB,R: John Huston, D: John Hurt, Pamela Franklin, Nigel Davenport, Ronald Fraser
1963 Tom Jones – Zwischen Bett und Galgen
Tom Jones, GB, R: Tony Richardson, D: Albert Finney, Susannah York, Hugh Griffith
1917 Tom Jones
GB, R: Edwin J. Collins, D: Sybil Arundale, Langhorne Burton, Will Corrie

VAN GOGH

F 1991, R: Maurice Pialat, D: Jacques Dutronc, Alexandra London, Bernard Le Coq, Gérard Séty, Corinne Bourdon, Elsa Zylberstein, Jacques Vidal, Chantal Barbarit, Claudine Ducret, Frédéric Bonpart, Leslie Azzoulai, Lise Lamétrie, Maurice Coussonneau, Didier Barbier
Der Film kreist um die letzten Stationen im Leben von Vincent van Gogh: Sein Verhältnis zu seinem Bruder und Gönner Theo, seine Liebe zu Marguerite, die 19-jährige Tochter seines Arztes und Künstlerfreundes Dr. Gachet, seine Ausflüge in die Bordelle von Paris, bis hin zum Todesschuss in den Bauch.

Prisma-Online: »Brillant gespielte Schilderung der letzten zwei Monate im Leben Vincent van Goghs mit faszinierender Fotografie im impressionistischen Stil. Jacques Dutronc erhielt 1992 den César, den französischen Oscar, als bester Hauptdarsteller.«

*Vagabund in tausend Nöten
(1975, R: Cliff Owen): Nicky Henson*

1990 Vincent & Theo
NL/GB/F, R: Robert Altman, D: Tim Roth, Paul Rhys, Jip Wijngaarden

1990 La Passion Van Gogh
F/B, R: Samy Pavel, D: Idit Cebula, Irène Jacob, Jean-Pierre Lorit

1987 Vincent
USA, R: Paul Cox – Animation

1956 Vincent van Gogh – Ein Leben in Leidenschaft
Lust For Life, USA, R: Vincente Minnelli, D: Kirk Douglas, Anthony Quinn

VANILLA SKY

USA 2001, R: Cameron Crowe, D: Tom Cruise, Penélope Cruz, Cameron Diaz, Kurt Russell, Jason Lee, Noah Taylor, Timothy Spall, Tilda Swinton, Michael Shannon, Delaina Mitchell, Shalom Harlow, Oona Hart, Johnny Galecki, Jean Carol, Jennifer Aspen, Jennifer Gimenez, Tara Lipinski

David Aames führt ein beneidenswertes Leben als Playboy; er ist ein erfolgreicher Geschäftsmann und fühlt sich wohl in einer lockeren Beziehung mit der schönen Julie. Als er eines Nachts die bezaubernde Sofia kennen lernt, sieht er die Chance für die echte Liebe gekommen. Aber so einfach will ihn Julie nicht ziehen lassen. Eifersüchtig und verzweifelt, verwickelt sie ihn in einer Kurzschlussreaktion in einen schweren Autounfall, bei dem sein Gesicht völlig entstellt wird. Dadurch wird Davids bisher so perfekte Welt zunächst völlig auf den Kopf gestellt und droht aus den Fugen zu geraten. Dann eröffnet sich die Möglichkeit einer Gesichtsoperation, in deren Folge sich sein Leben wieder normalisieren und seine Beziehung zu Sofia eine neue Chance erhalten könnte. Aber nichts ist mehr so, wie es scheint, und Davids Alltag ist eine Welt, in der Realität und Fantasie verschwimmen.

Henry Taylor (*Neue Zürcher Zeitung*): »Es ist eine verworrene und unterkühlte Geschichte, die der Regisseur und Drehbuchautor Cameron Crowe in seinem Remake von Alejandro Amenábars spanischem Thriller *Abre los ojos* (1997) erzählt. Wie schon in *Jerry Maguire* (1996) verkörpert der Star und Koproduzent Tom Cruise zunächst eine Vom-Saulus-zum-Paulus-Figur, wie sie das amerikanische Kino so liebt ... *Vanilla Sky* operiert als Meta-Film, der sich bereits zu Beginn als Remake zu erkennen gibt und auch sonst zahlreiche Momente der Selbstbezüglichkeit auf-

Von links oben nach rechts unten:
- *Van Gogh (1991, R: Maurice Pialat): Jacques Dutronc*
- *Vincent van Gogh – Ein Leben in Leidenschaft (1956, R: Vincente Minnelli): Kirk Douglas*
- *Vincent van Gogh – Ein Leben in Leidenschaft (1956): Leidvolle Erfahrungen des Malers*

weist. Poster von Godards *A bout de souffle* oder Truffauts *Jules et Jim* sind demonstrative Zitate, ebenso die Kongruenz des innerfilmischen Liebespaars Cruise/Cruz mit dem außerfilmischen (was ist echt, was PR?). Aber in seinem Kern bezieht sich der Film auf seinen Hauptdarsteller. Von den schauspielerischen Fähigkeiten her begrenzt, tendiert Tom Cruise in seinen hysterisch chargierten, vor Adrenalin und Selbstbewusstsein nur so strotzenden Rollen dazu, jede Arbeit zu dominieren, wenn nicht zu sprengen. Dieser Rätselfilm dient daher vor allem als Vehikel für seinen Star, der doch endlich einmal mit dem ersehnten Oscar belohnt werden möchte.«

Heike-Melba Fendel (*epd Film*): »1998 lief auf der Berlinale *Abre los ojos* (*Open Your Eyes*), der zweite Spielfilm von Alejandro Amenábar; sein dritter, *The Others*, ist im Januar 2002 in den Kinos angelaufen. *Abre los ojos*, der bislang nur auf Video verfügbar war, startet – mit wenigen Kopien – zeitgleich mit dem von Tom Cruise produzierten Remake *Vanilla Sky*. Remakes haben wie Literaturverfilmungen ihre Vorlage immer im Nacken der Rezeption aller Kenner eben jener Vorlage, ob deren Anzahl nun tausend- oder zehnmillionenfach zählt. Die TV-Maxime ›Besser gut geklaut als schlecht erfunden‹, auch Formatierung genannt, einfach aufs Kino zu übertragen, dafür ist sich Hollywood zu schade (oder zu gut), wenigstens wenn es sich um Remakes nichtamerikanischer Filme handelt. Fallen also Neuauflagen eigener Filmklassiker – Gus van Sants *Psycho* oder, zuletzt, Soderberghs *Ocean's Eleven* – in die Kategorie ›Hommage‹, so schrumpfen etwa europäische Filmvorlagen auf die Diminutive ›inspired by‹ oder ›(losely) based on‹. Auch die Macher von *Vanilla Sky* verschleiern in ihren Credits die Tatsache, dass der amerikanische Autor und Regisseur Cameron Crowe nahezu Szene für Szene das Buch von *Open Your Eyes* des spanischen Autors und Regisseurs Alejandro Amenábar zwar nicht nachempfunden, aber doch linear nacherzählt hat.«

1997 Open Your Eyes
Abre los ojos, F/E, R: Alejandro Amenábar, D: Eduardo Noriega, Penélope Cruz, Chete Lera

VARIETÉ-PRINZESSIN
Wabash Avenue, USA 1950, R: Henry Koster, D: Betty Grable, Victor Mature, Phil Harris, Reginald Gardiner, James Barton, Barry Kelley, Margaret Hamilton, Jacqueline Dalya, Robin Raymond
Zur Zeit der Weltausstellung in Chicago im Jahr 1892 wetteifern ein Nachtlokalbesitzer und sein Nebenbuhler mit faulen Tricks um die Gunst einer Varieté-Tänzerin.

Lexikon des internationalen Films: »Wenig amüsanter Revuefilm mit flauer Synchronisation der Gesangsnummern; eine enttäuschende Neuverfilmung des Films *Coney Island*, der in den USA sehr erfolgreich war, hier zu Lande aber nicht in die Kinos kam.«

1943 Coney Island
USA, R: Walter Lang, D: Betty Grable, George Montgomery, Cesar Romero

VATER DER BRAUT
Father Of The Bride, USA 1991, R: Charles Shyer, D: Steve Martin, Diane Keaton, Kimberly Williams, Kieran Culkin, George Newbern, Martin Short, B. D. Wong, Peter Michael Goetz, Kate McGregor Stewart, Carmen Hayward

Vater der Braut (1991, R: Charles Shyer): Kimberly Williams und Steve Martin

Vater der Braut (1950, R: Vincente Minnelli):
Elizabeth Taylor und Spencer Tracy

Nach einem Roman von Edward Streeter: Gerade ist Töchterchen Annie von ihrem Auslandsstudium zurückgekehrt, da eröffnet sie ihren Eltern die Neuigkeit: Sie will künftig einem anderen Mann den ersten Platz in ihrem Leben einräumen – für Papa George Banks ein Schlag ins Gesicht. Da kann der Auserwählte noch so sympathisch und vermögend sein, er ist selbstverständlich nicht gut genug für Annie. Mutter Nina ist da entschieden toleranter ...

MovieLine: »Das Remake von Vincente Minellis gleichnamigem Film aus dem Jahre 1950 ist eine aufwendige, turbulente und laute Situationskomödie, deren Witz und Ironie durch Längen und Oberflächlichkeiten beeinträchtigt werden.«

1950 Vater der Braut

Father Of The Bride, USA, R: Vincente Minnelli, D: Spencer Tracy, Elizabeth Taylor

Ein Vater zuviel (1997, R: Ivan Reitman):
Billy Crystal

EIN VATER ZUVIEL

Father's Day, USA 1997, R: Ivan Reitman, D: Robin Williams, Billy Crystal, Nastassja Kinski
Die Suche nach einem kleinen Jungen bringt den erfolgreichen Anwalt Jack Lawrence und den dahinvegetierenden Schriftsteller Dale Putley zusammen: Beide glauben, es handele sich dabei um ihren eigenen Sohn ...

Stefan Grissemann *(Die Presse)*: »So viel immerhin hat dieses neue Epos dann doch zu bieten: lustige Keilereien im Punk-Club, schwule Klamotte im Luxushotel und die wiedergewonnene amerikanische Familie im Finale, die einen erst verstehen lässt, dass in der Flucht die einzig vernünftige Reaktion auf sie besteht. So fließen in *Father's Day* am Ende Reiz und Reaktion, Inhalt und Form doch noch zusammen: Kino vom und zum Davonlaufen.«

1983 Zwei irre Spaßvögel

Les comperes, F, R: Francis Veber, D: Pierre Richard, Gérard Depardieu

VATERTAG

Stepfather III, USA 1992, R: Guy Magar, D: Robert Wightman, Priscilla Barnes, Season Hubley, David Tom, John Ingle
Nach dem Roman *The Payoff* von Ronald T. Owen: Psychopath gewinnt Herz und Bett einer allein erziehenden Mutter. Nur das im Rollstuhl sitzende Kind ahnt Böses, aber wer glaubt schon einem Kind. Der Mann, der schon zwei Familien umbrachte, hegt erneut Mordgedanken.

Lexikon des internationalen Films: »Ein spannender, mitunter recht blutiger Horrorthriller, der geschickt auf seinen beiden Vorgängern aufbaut *(The Stepfather; Stepfather II)* und wütende

Zwei irre Spaßvögel (1983, R: Francis Veber):
Pierre Richard und Gérard Depardieu

Attacken gegen die ›heiligen Kühe‹ der Familie und des bürgerlichen Glücks reitet. Bei aller Spannung wird auch eine Spur grimmigen Humors spürbar.«

1991 Payoff

USA, R: Stuart Cooper, D: Kim Greist, Harry Dean Stanton, Keith Carradine

EINE VERBOTENE LIEBE

Un amour interdite, F/CDN/USA 1983, R: Jean-Pierre Dougnac, D: Brigitte Fossey, Fernando Rey, Saverio Marconi, Agostina Belli, Emmanuelle Béart
Nach der Novelle *Der Findling* von Heinrich von Kleist: Als sein kleiner Sohn an der Pest stirbt, nimmt im späten 18. Jahrhundert ein reicher römischer Bankier einen heimatlosen Straßenjungen auf, der den Familiennamen weitertragen soll. Der seinem Ziehvater in Dankbarkeit zugeneigte Junge wächst im ruhigen Familienhaus heran, bis er, groß geworden, des Müßiggangs müde wird. Als er den Reizen der Stiefmutter erliegt, kommt es zur Katastrophe, die Familie wird zerstört.

Lexikon des internationalen Films: »Thematisch zwischen *Ödipus* und *Les Diaboliques* angesiedeltes Melodram, das die Vorlage Kleists mit schönen Bildern, aber hölzernen, pseudo-literarischen Dialogen entwickelt; ein ebenso schmuck- wie farbloser Film.«

1966 Der Findling

BRD, R: George Moorse, D: Rudolf Fernau, Julie Felix, Titus Gerhardt

VERDAMMT IN ALLE EWIGKEIT

From Here To Eternity, USA 1979, R: Buzz Kulik, D: Steve Railsback, William Devane, Roy Thinnes, Natalie Wood, Joe Pantoliano, Peter Boyle, Kim Basinger
Nach einem Roman von James Jones: Im April 1941 kommt der amerikanische Gefreite Prewitt in die Schofield-Kaserne auf Hawaii. Der junge Berufssoldat, ein ehemaliger Champion im Weltergewicht, hat sich geschworen, nie wieder zu boxen, nachdem ein Gegner nach einem Kampf mit ihm erblindet war. Als Prewitt sich weigert, zum Ruhm seiner neuen Einheit wieder in den Ring zu steigen, lässt sein ehrgeiziger Kompaniechef Captain Holmes ihn ständig malträtieren. Prewitts einziger Freund ist der junge Wehrpflichtige Angelo Maggio. Sergeant Warden, der heimlich ein Verhältnis mit der Frau des Captains

hat, imponiert seine Standhaftigkeit; dennoch kann er nicht verhindern, dass Prewitt wie Maggio ins Militärgefängnis kommt, wo der sadistische Sergeant Judson den Ton angibt. Maggio stirbt bei einem Fluchtversuch aus einem Krankenwagen, nachdem ihn der sadistische Sergeant Judson im Gefängnis halb tot geprügelt hatte. Prewitt bringt Judson daraufhin in einer Messerstecherei um und versteckt sich selber schwer verletzt bei seiner Freundin Lorene. Nach dem japanischen Überfall auf Pearl Harbor versucht er, zu seiner Einheit zurückzukehren, wird auf dem Weg dorthin jedoch irrtümlich von den eigenen Leuten erschossen.

ARD: »Buzz Kuliks Neuverfilmung des preisgekrönten Romans von James Jones, 1951 erschienen und weltweit in Millionenauflage zum Bestseller geworden, kann sich schon wegen der größeren Länge enger an die Vorlage halten. Anders als in Fred Zinnemanns Verfilmung von 1953 wird hier auch nichts beschönigt, das gilt vor allem für die Zustände im Militärgefängnis. So ist die Fernseh-Version des Romans ein ebenso dramatisches wie kritisches Porträt menschlicher Beziehungen in der US-Army vor dem Angriff auf Pearl Harbor. Der Titel des Buchs und des Films stammt übrigens aus einer Ballade von Rudyard Kipling (›Verlorene Söhne durchbummeln die Zeit, verdammt in alle Ewigkeit ...‹).«

1953 Verdammt in alle Ewigkeit

From Here To Eternity, USA, R: Fred Zinnemann, D: Burt Lancaster, Frank Sinatra

DIE VERFLUCHTEN DER PAMPAS

Savage Pampas, RA/E/USA 1966, R: Hugo Fregonese, D: Robert Taylor, Ty Hardin, Ron Randell, Rosenda Monteros, Marc Lawrence, Felicia Roc, Ángel del Pozo, Mario Lozano, Enrique Ávila
Nach dem Roman *Pampa Bárbara* von Ulises Petit de Murat und Homero Manzi: Argentinien 1780. Captain Martin, Kommandant eines heruntergekommenen Forts, und Padrón, Anführer einer Gruppe von Deserteuren, haben eine persönliche Rechnung miteinander zu begleichen. Padrón kann immer mehr müde Krieger um sich scharen, da er den Soldaten Frauen verspricht. Martin, der mit seiner dezimierten Gruppe für Frieden mit den Indianern sorgen soll, weiß schließlich keinen anderen Ausweg, als von der Regierung einen Frauentransport zu beantragen.

Lexikon des internationalen Films: »Brutaler, oberflächlicher Abenteuerfilm, der die angeschnittenen Probleme vergröbert und entstellt.«

1945 Pampa Bárbara

RA, R: *Lucas Demare, Hugo Fregonese, D: Francisco Petrone, Luisa Vehil*

VERGEWALTIGT: EINE STADT UNTER ANKLAGE

USA 1993, R: *Dan Lerner, D: Amanda Donohoe, Dean Stockwell, Fairuza Balk, Shelley Owens, Dan Gauthier, Lee Garlington, Betty Phillips, Scott Bellis*

Die junge Anwältin Diana Cadell verschlägt es in eine amerikanische Kleinstadt. Entsetzt findet sie heraus, dass eine Gruppe junger Männer zwei Teenager vergewaltigt hat. Doch die Mädchen wollen keine Anzeige erstatten. Dianas Recherche ergibt Erschreckendes: Die Täter haben schon vorher andere Frauen missbraucht. Doch nie wurden sie zur Rechenschaft gezogen. Die Juristin überredet ein Opfer, zur Polizei zu gehen. Doch damit setzt sie unfreiwillig eine Welle der Gewalt in Gang.

1988 Schande

Shame, AUS, R: Steve Jordell, D: Deborra-Lee Furness, Simone Buchanan

VERGISS MEIN NICHT

Vento di primavera, BRD/I 1958, R: Arthur Maria Rabenalt, D: Sabine Bethmann, Erich Winn, Ferruccio Tagliavini, Massimo Giuliani, Rudolf Vogel, Lauretta Masiero, Valeria Fabrizzi, Rita Liechti

Eine junge deutsche Firmensekretärin in Rom verliebt sich in ihren Vorgesetzten und wird seine mit einer Luxuswohnung bedachte Geliebte. Als die Beziehung platzt, will die Enttäuschte vergessen und heiratet einen italienischen Tenor, um dessen Kind eine liebevolle Mutter zu sein. Eines

Tages trifft sie den früheren Geliebten wieder, schwankt, bleibt aber ihrer Mutteraufgabe treu.

Gisela Schmidt *(Filmblätter)*: »Die rührende Gigli-Geschichte vom großen Sänger und seinem mutterlosen Söhnchen ... wurde jetzt neu mit dem bekannten Operntenor Tagliavini in Szene gesetzt. In knallbunt-frischen Farben, durch moderne Schauplatz- und Handlungs-Zutaten entstaubt und in den Dialogen etwas anspruchslos, wurde die Story von Regisseur Rabenalt in routinierter Weise inszeniert. Dafür gelang ihm eine großartige Entdeckung in dem kleinen Massimo Giuliani. Ein Filmkind, das in Wort, Mimik, unbekümmerter Frische und Drollerie kaum zu übertreffen ist. Dass es diesem liebenswerten Dreikäsehoch sogar gelingt, von manchen Sentimentalitäten abzulenken und echte Anteilnahme einzuheimsen, ist in diesem Spiel ein rechtes Film-Wunder und das regieliche Trumpf-As. Tagliavini, erstmalig in einem deutschen Film, kämpft mit einem etwas unglücklichen Habitus und der vertrauten Opern-Gestikulation, bietet aber dafür dem Ohr einen starken, volltönenden, strahlenden Tenor.«

1935 Vergiss mein nicht

D, R: *Augusto Genina, D: Benjamino Gigli, Magda Schneider, Kurt Vespermann*

DIE VERKAUFTE BRAUT

Prodana nevesta, ČSSR/BRD 1975, R: Václav Kaslik, D: Petr Skarke, Vanda Svarcová, Cestmír Randa, Václav Sloup, Bedrich Prokos

Nach der gleichnamigen Oper von Bedrich Smetana: Die Geschichte der von äußeren Einflüssen bedrohten Liebe zwischen zwei jungen Dorfbewohnern.

»Der Tscheche lebt in der Musik«, sagte Bedrich Smetana bei der Grundsteinlegung für das Prager Nationaltheater am 15. Mai 1868. Zwei Jahre zuvor hatte er mit seiner Komischen Oper *Die verkaufte Braut* seiner Nation eine musikdramatische Heimat gegeben. In diesem Werk wird die Verwurzelung in der eigenen Herkunft als die Voraussetzung für alles andere beschrieben, für Liebe, Glück und Gesundheit. Als die *Verkaufte Braut* entstand, befand sich das tschechische Volk im Aufbruch. Es galt, sich politisch wie kulturell zu emanzipieren und eine eigen-

Die verkaufte Braut (1932, R: Max Ophüls):
Liesl Karlstadt und Karl Valentin

ständige böhmische Kunst zu entwickeln. Für Smetana waren die Liebe zu Musik, Vaterland und Muttersprache untrennbar miteinander verbunden. Mit seinem Librettisten Sabina wollte er ein wahres Volksstück schaffen, komisch und ernst zugleich, mit heiklen Verwicklungen und heiterer Auflösung. *Die verkaufte Braut* wurde bald zur meistgespielten tschechischen Oper. In der ganzen Welt eroberte sich diese musikalische Komödie einen festen Platz und bewies damit, dass ihr Thema überall Geltung hat: Eine mitreißende Demonstration gemeinschaftlichen Selbstbewusstseins in Polka, Furiant oder Springtanz.

Lexikon des internationalen Films: »Mit großem Aufwand inszeniert, dennoch sehr konventionell anmutende Verfilmung der weltbekannten gleichnamigen Oper.«

Der Handlungsrahmen von Smetanas gleichnamiger Oper und einige Musikstücke daraus wurden 1932 von Max Ophüls zu einem bemerkenswerten filmischen Kunstwerk verarbeitet: »Statt Oper gibt es Zirkus zu sehen, mit Karl Valentin als Prinzipal und Liesl Karlstadt als seine Frau, mit einem sächsischen Indianer namens Leopold, einem echten und einem falschen Braunbären, mit Jarmila Novotna, Otto Wernicke und dem köstlichen Paul Kemp, der ein deutscher Cary Grant hätte werden können ... Unbändige Vitalität und kauzige Valentinaden, eine hinreißende Mischung aus Bauerntheater, ironisch gebrochenem Natur-Lyrismus und Zirkusatmosphäre ... Man sollte sich dieses Vergnügen nicht entgehen lassen.« (Hans C. Blumenberg, *Kölner Stadtanzeiger*)

1932 Die verkaufte Braut
D, R: Max Ophüls, D: Jarmila Novotna, Liesl Karlstadt, Karl Valentin

DER VERKAUFTE GROSSVATER
BRD 1961, R: Hans Albin, D: Hans Moser, Hubert von Meyerinck, Vivi Bach, Beppo Brem, Harald Juhnke

Es steht schlecht um das Anwesen des Bauern Kreithofer. Der rücksichtslose Händler Haslinger, der auf einem Bauernhof in Hochsee sitzt, hat eine Schuld Kreithofers in Höhe von 1000 Mark angekauft und will den Hof an sich reißen. Doch der schelmische Großvater haut den rücksichtslosen Geschäftsmann übers Ohr ...

Karin Wichmann (*Hans Moser*): »*Der verkaufte Großvater* unter der Regie von Hans Albin 1962 gedreht, liegt qualitativ auf der gleichen Höhe wie seine Bühnenrollen. Während andere Darsteller, zum Beispiel Carl Wery, diesen Großvater als gutmütigen, besonnenen Alten darstellten, machte Moser aus ihm einen verkniffenen, verschlagenen Greis, der aus seiner anfänglich ge-

Links: Der verkaufte Großvater (1942, R: Joe Stöckel): Josef Eichheim Unten: Der verkaufte Großvater (1942): Winnie Markus und Josef Eichheim

zeigten Senilität plötzlich zu einer vitalen Aktivität aufblüht. Dieser Sieg des schwachen, kleinen Mannes, der vom Leben benachteiligt sich doch nicht ganz unterkriegen lässt, der seine listige Verschlagenheit dazu benutzt, um zu seinem Recht zu kommen, ist in vielen Figuren Hans Mosers zu erkennen.«

1942 Der verkaufte Großvater

D, R: Joe Stöckel, D: Josef Eichheim, Oskar Sima, Winnie Markus, Elise Aulinger·

DIE VERKAUFTE UNSCHULD

Miseria e nobiltà, I 1954, R: Mario Mattoli, D: Sophia Loren, Totò, Dolores Palumbo, Franco Pastorino, Enzo Turco, Vera Nando

Nach einem Bühnenstück von Eduardo Scarpetta: Zwei arme Familien mimen für einen jungen Adligen, der eine Tänzerin heiraten möchte, die vornehme Verwandtschaft und stiften dabei viel Verwirrung.

Lexikon des internationalen Films: »Eine im Neapel des 19. Jahrhunderts angesiedelte Komödie mit satirischen Untertönen nach einem italienischen Volksstück. Filmisch wenig geschlossen, überzeugt der Film durch komödiantische Glanznummern der Schauspieler. Interessant auch durch die Farbgebung (›Ferrianacolor‹), durch die an Theaterdarstellungen aus dem vorigen Jahrhundert angeknüpft wird.«

1940 Armut und Adel

Miseria e nobiltà, I, R: Corrado d'Errico, D: Vincenzo Scarpetta, Virgilio Riento

VERLOBUNG AM WOLFGANGSEE

A 1956, R: Helmut Weiss, D: Wolf Albach-Retty, Maria Andergast, Michael Cramer, Michael Heltau, Ingrid Andree, Melanie Horeschowsky

Nach einem Theaterstück von Helmut Weiss und Fritz von Woedtke: Der erfolgreiche Schriftstel-

Verlobung am Wolfgangsee (1956, R: Helmut Weiss): Maria Andergast, Silvia Lund und Wolf Albach-Retty

ler Erik Eckberg führt mit seiner Familie ein harmonisches Leben mit der allseitig verehrten Mama, den Dur- und Moll-Zwillingsbrüdern und dem vorwiegend naseweisen Töchterchen. Der Familienfrieden ist dahin, als er seinen Kindern eröffnet, dass sie keine echten Geschwister sind. Es braucht jedoch nur einen Tag, randvoll mit innerfamiliären Verwirrungen, kaltgewordenem Frikassee und philosophischen Betrachtungen über Familie und Poesie, bis sie alle wieder zueinander finden, umso mehr, als die Verlobung zwischen ehemalig Bruder und Schwester auch die Familienverhältnisse in grundsolide Ordnung bringt.

Ingeborg Donati *(Filmblätter)*: »Es ist das alte, liebe *Sophienlund* ... Helmut Weiss ist so erinnerungsfreudig an die Neu- und Selbstinszenierung seiner kleiner Familienphilosophie gegangen, dass er die damalige Filmfassung schmunzelnd und exakt nachzeichnet, von Walter Tuchs Kamera darin schwenkkräftig unterstützt. Bei dem wohl ausgeklügelten Wechsel von vorwitzigheiteren und besinnlichen Szenen, bleiben die Letzteren hauptsächlich Wolf Albach-Retty, der den Dichter-Vater mit ruhiger Überlegenheit profiliert, und Maria Andergast, die sich um eine Betonung charmanter Mütterlichkeit bemüht, überlassen. Die munteren Passagen bestreitet in erster Linie Ingrid Andree, ein quecksilbriger Teenager mit erstaunlich funktionierender Zunge, der tatsächlich einige erheiternde Bemerkungen entschlüpfen. Michael Cramer braucht

Verlobung am Wolfgangsee (1956, R: Helmut Weiss): Michael Cramer, Ingrid Andree und Michael Heltau

nichts weiter als frisch, sympathisch und andeutungsweise dickköpfig zu sein. Dazwischen: Michael Heltau, dem die Mischung zwischen jugendlichem Überschwang und stiller Zartheit vortrefflich gelingt, mit der er die Liebe zur Nicht-mehr-Mama durchschreitet. Er hat hinreißende Momente, wenn er mit dackelähnlicher Tapsigkeit und verschmitzter Cognac-couragierter Komik seine ganz, ganz große Liebe erklärt. Besonders das weibliche Publikum wird das Familienbild mit einem lächelnden und einem von Rührungstränen feuchten Auge gern betrachten.«

1943 Sophienlund

D, R: Heinz Rühmann, D: Harry Liedtke, Käthe Haack, Hannelore Schroth

DIE VERLOBUNG DES MONSIEUR HIRE

Monsieur Hire, F 1989, R: Patrice Leconte, D: Michel Blanc, Sandrine Bonnaire, Luc Thuillier, André Wilms

Nach einem Roman von Georges Simenon: Völlig allein lebt Monsieur Hire in seiner kleinen Wohnung. Die Menschen mögen ihn nicht, meiden ihn, weil er so wenig Kontakte hat und auch offensichtlich keine haben möchte. Auf die Menschen in der Nachbarschaft wirkt der kleine Mann unheimlich. Hires Leben verändert sich, als eines Tages die hübsche Alice in die gegenüberliegende Wohnung einzieht und er sie, hinter dem Vorhang versteckt, allabendlich beobachtet, während er einem Brahms-Quartett lauscht. Als in der Gegend eine Frauenleiche gefunden wird, verdächtigt der Polizeiinspektor zuerst Monsieur Hire, doch der schweigt. Er kennt nämlich den Täter. Eines Tages bemerkt Alice den Voyeur von gegenüber und beginnt mit ihm ein Katz-und-Maus-Spiel, um herauszufinden, wie viel Hire tatsächlich gesehen hat. Sie will ihren Verlobten schützen, den wahren Mörder. Hire aber glaubt nach einigen Treffen mit Alice, dass diese ihn liebt. Er will mit ihr in die Schweiz reisen, um sie vor einer Anklage als Komplizin zu bewahren. Alice indes schiebt ihm einige belastende Beweisstücke unter und verständigt die Polizei ...

Meinolf Zurhorst *(Lexikon des Kriminalfilms)*: »Patrice Leconte, der sich Ende der achtziger Jahre zu einem der originellsten und frischesten Regisseure des französischen Kinos entwickelte und der schon 1985 mit *Die Spezialisten* ein ungewöhnliches Caper-Movie gedreht hatte, inszenierte *Die Verlobung des Monsieur Hire* als ein Kammerspiel verborgener Gefühle und Sehnsüchte. Nicht Räume sind ihm wichtig, sondern Innenleben. Deshalb ist jede Szene und jede inszenatorische Kleinigkeit von psychologischer Bedeutung ... Bemerkenswert ist *Monsieur Hire* nicht allein durch seine exzellenten Darsteller. Er ist vielmehr ein Beispiel für Spannung, die auf Effekte verzichtet und stattdessen eine unterschwellige Bedrohung vermittelt, die Leconte nur in Details, in Gesten, Blicken und seinen verengt-verengenden Kameraperspektiven andeutet. Und wie jeder gute Thriller entpuppt sich *Monsieur Hire* am Ende als ein Diskurs über die menschliche Dichotomie von Gut und Böse, die sich häufig anders präsentiert, als auf den ersten Blick zu vermuten wäre.«

1947 Panik

Panique, F, R: Julien Duvivier, D: Michel Simon, Viviane Romance, Paul Bernard

DER VERLORENE HORIZONT

Lost Horizon, USA 1972, R: Charles Jarrott, D: Peter Finch, Liv Ullmann, Sally Kellermann, George Kennedy, Michael York, Olivia Hussey, Bobby Van, James Shigeta, Charles Boyer, John Gielgud

Nach einem Roman von James Hilton: Es geht um die Besatzung eines Flugzeuges, die nach einer durch einen Schneesturm erzwungenen Notlandung im Himalaya-Gebirge das sagenumwobene Land Shangri-La findet, in dem paradiesische Zustände herrschen. Angereichert wurde die Handlung mit einem Dutzend Songs von Burt Bacharach (Musik) und Hal David (Text).

In den Fesseln von Shangri-La (1937, R: Frank Capra): Ronald Colman und H. B. Warner

Dieser Film heimste »wohl die meisten Verrisse der Filmgeschichte« ein, vermutet das *Lexikon des Science Fiction Films*.

Los Angeles Times: »Schwerfällig, unlyrisch und ermüdend ... eine plattfüßige Enttäuschung!«

The Fifty Worst Films Of All Time: »Jede Hitliste der schlechtesten Filme muss mit Columbias *Lost Horizon* anfangen ... – Spezialpreise der Jury *Die 50 schlechtesten Filme aller Zeiten* ... Einen Tanzbären für den Choreografen Hermes Pan und ein Blechohr für den Komponisten.«

1937 In den Fesseln von Shangri-La

Lost Horizon, USA, R: Frank Capra, D: Ronald Colman, Jane Wyatt, John Howard

VERLORENE LIEBE

The Fixer Uppers, USA 1935, R: Charles Rogers, D: Stan Laurel, Oliver Hardy, Mae Busch, Charles Middleton, Arthur Housman

Die Ehefrau Priscilla Dean fühlt sich von ihrem Ehemann Herbert Rawlinson vernachlässigt und beschließt, ihn eifersüchtig zu machen. Zu diesem Zweck führt sie den Dienstboten Stan Laurel als literarisches Genie bei einer Party ein, mit dem Auftrag, ihr leidenschaftlich den Hof zu machen. Laurel wird nicht nur seinem Ruf als Literat nicht gerecht, sondern hält auch einen anderen Gast für den Ehemann, sodass er sein Liebeswerben völlig falsch ansetzt.

1927 Haltlose Frauen

Slipping Wives, USA, R: Fred Guiol, D: Priscilla Dean, Stan Laurel, Oliver Hardy

VERLORENE LIEBESMÜH'

Love's Labour's Lost, GB 1999, R: Kenneth Branagh, D: Kenneth Branagh, Alicia Silverstone, Alessandro Nivola, Natascha McElhone, Nathan Lane, Matthew Lillard, Richard Briers, Richard Clifford, Carmen Ejogo, Daniel Hill, Adrian Lester, Geraldine McEwan, Emily Mortimer, Anthony O'Donnell, Stefania Rocca, Timothy Spall, Jimmy Yuill

Nach einem Theaterstück von William Shakespeare – Helle Aufregung herrscht am Hof des Königs von Navarra. Der König will sein Reich – so scheint es 1939 – in ein ideales »Oxbridge« verwandeln. Zu diesem Zweck überredet er seine Freunde Berowne, Dumaine und Longaville, vor aller Öffentlichkeit einen Eid abzulegen: Drei Jahre lang wollen sie sich ganz auf ihre Studien konzentrieren, dabei einmal in der Woche fasten, niemals länger als drei Stunden schlafen, und – was das Wichtigste ist – drei Jahre lang soll es keiner noch so charmanten Frau gestattet sein, sie in ihrem Streben nach Wissen zu irritieren. Und das, wo sich die Prinzessin von Frankreich dem Lande nähert. Berowne ist von Anfang an skeptisch, doch wie die anderen fügt er sich dem Edikt. Und so wird die junge Dame, die dem König in offizieller Mission einen Vertragsentwurf ihres Vaters zur wirtschaftlichen Zusammenarbeit zwischen ihren Nationen unterbreiten will, entsprechend kühl empfangen. Doch in ihrem Gefolge stellen sich mit den Hofdamen Katherine, Rosaline und Maria noch drei weitere attraktive Französinnen ein. Anfangs mögen sich die vier jungen Kavaliere gegen die Versuchung, die von ihnen ausgeht, noch sträuben. Aber es dauert nicht lange, und all die guten Vorsätze sind vergessen. Auch wenn es keiner von ihnen zugeben darf ...

Kenneth Branagh: »*Verlorene Liebesmüh'* ist ein Stück, das weniger bekannt ist als die anderen Shakespeare-Stücke, aber dennoch erzählt es eine wunderbare Liebesgeschichte. Die Leute kennen sich besser aus mit *Romeo und Julia*, *Ein Sommernachtstraum*, *Was ihr wollt* oder *Hamlet*, aber über dieses wissen sie nicht besonders viel. Also erschien es mir sehr reizvoll, ein Stück vorzustellen, das meines Erachtens genauso wunderschön ist – wobei ich es als zusätzlichen Vorteil empfunden habe zu wissen, dass das Publikum nicht erwartungsvoll auf ganz bestimmte Dinge, wie beispielsweise die berühmte Balkonszene, wartet oder etwa darauf, wann Hamlet endlich den Schädel herausholt. *Verlorene Liebesmüh'* ist ein sehr witziges, geradezu überschäumendes Stück, das die wunderbar berauschende Wirkung der romantischen Liebe zum Ausdruck bringt. Es ist das Werk eines jüngeren Mannes, ohne den Zynismus über Heirat und Frauen, den man später beispielsweise in *Viel Lärm um Nichts* findet. Shakespeare amüsiert sich, und wir uns mit ihm, über die Tatsache, wie albern Männer werden können, wenn sie sich Hals über Kopf verlieben. In diesem Stück gibt es sehr viele Anspielungen auf Musik und Tanz, und die Eleganz, der Stil und Witz des Stückes scheinen mir sehr gut in einen Kontext zu passen, der dem der fiktiven Welt der Hollywood-Musicals der dreißiger und vierziger Jahre nicht unähnlich ist.«

Prisma-Online: »Und wieder einmal beschäftigt sich Branagh mit William Shakespeare, wenn auch mit einem kaum bekannten Stück. Doch warum dieses Liebesgeplänkel und die Intrigenspielchen als Musical umgesetzt wurden, steht in den Sternen. Denn man war nicht einmal so einfallsreich und hat neue Songs geschrieben. Hier wird die Story in altbewährte Gershwin-, Porter- und Berlin-Nummern eingebettet. Doch das Einzige, was nach Betrachtung des Films sicher ist: heute kann einfach kein Regisseur mehr sehenswerte Musicals inszenieren.«

1985 Love's Labour's Lost

GB, R: Elijah Moshinsky, D: Jonathan Kent, Christopher Blake, Geoffrey Burridge

1975 Love's Labour's Lost

GB, D: Jeremy Brett

1965 Love's Labour's Lost

GB, R: Roger Jenkins, D: Ethne Dunn, Russell Hunter, Barbara Leigh-Hunt

DIE VERLORENE WELT

Sir Arthur Conan Doyle's The Lost World, CDN 1999/2000, R: Richard Franklin, D: Peter McCauley, Rachel Blakely
Basierend auf einem Klassiker der Weltliteratur, Sir Arthur Conan Doyles *The Lost World*, erzählt die Serie *Die verlorene Welt* die Geschichte des Londoner Wissenschafters Dr. Georg Edward Challenger. Durch das Tagebuch eines verstorbenen Forschers neugierig geworden, in dem von gigantischen Unwesen die Rede ist, macht sich eine britische Expeditionsgruppe unter der Führung von Dr. Challenger in das Amazonasgebiet auf, um nach der Verlorenen Welt zu suchen.

1998 Dinosaurs – Die vergessene Welt

Sir Arthur Conan Doyle's Lost World, R: Bob Keen, D: Patrick Bergin, Julian Casey

1992 Die verlorene Welt

The Lost World, USA, R: Timothy Bond, D: John Rhys-Davies, David Warner

1960 Versunkene Welt

The Lost World, USA, R: Irwin Allen, D: Claude Rains, Michael Rennie

1925 Die verlorene Welt

The Lost World, USA, R: Harry Hoyt, D: Wallace Beery, Lloyd Hughes

DER VERRÄTER

The Informer, USA 1935, R: John Ford, D: Victor McLaglen, Heather Angel, Preston Foster, Margot Grahame, Wallace Ford, Una O'Connor, J.M. Kerrigan, Joe Sawyer, Neil Fitzgerald, Donald Meek
Der irische Untergrundkämpfer Gypo hat einen schwerwiegenden Fehler: Er trinkt zu viel, und diese Vorliebe verleitet ihn oft zur Schwatzhaftigkeit – eine Schwäche, die er sich in seiner Position nicht leisten darf. Da er durch sein unüberlegtes Verhalten schon des Öfteren die Untergrundbewegung in Gefahr gebracht hat, wird er aus den Reihen der irischen Freiheitskämpfer ausgeschlossen. Verbittert über diesen Vorgang, verrät er einen ehemaligen Kameraden für 20 Pfund an die Engländer, fällt kurze Zeit später jedoch seinerseits in die Hände der Revolutionäre. Verzweifelt versucht die Geliebte Katy, sein Leben zu retten – vergeblich; bei einem Fluchtversuch wird Gypo von den Männern der IRA erschossen.

TV Spielfilm Lexikon: »John Ford war gegen Mitte der 30er-Jahre zwar ein viel beschäftigter, doch keineswegs bekannter Regisseur. *Der Verräter* sollte ihn in der Riege von Hollywoods Filmschaffenden ganz nach oben bringen und der Produktionsgesellschaft RKO Pictures Millionen von Dollars einbringen, ehe die Firma gegen Ende der 40er-Jahre ihrem Ruin entgegentorkelte. Mit einem minimalen Kostenaufwand von 243.000 Dollar drehte Ford den Streifen innerhalb von 17 Tagen herunter. Das Publikum reagierte zunächst zurückhaltend auf das Drama; als *Der Verräter* jedoch Ende 1935 in der Liste der zehn besten Filme des Jahres aufgeführt wurde, setzte der Run auf die Kinos ein ... *Der Verräter* war die erfolgreichste Produktion bei der Oscar-

Der Verräter (1935, R: John Ford):
Victor McLaglen

Verleihung des Jahres 1935, wo er für Regie, Drehbuch, männliche Hauptrolle und den Soundtrack mit insgesamt vier Oscars ausgezeichnet wurde.«

1929 Die Nacht nach dem Verrat
The Informer, GB, R: Arthur Robison, D: Lya De Putti, Lars Hanson, Warwick Ward

DIE VERRUCHTE LADY
The Wicked Lady, GB 1982, R: Michael Winner, D: Faye Dunaway, Alan Bates, John Gielgud, Denholm Elliott, Prunella Scales, Oliver Tobias, Glynis Barber, Joan Hickson

Nach dem Roman *The Life And Death Of The Wicked Lady Skelton* von Magdalenen King-Hall: Das Leben einer englischen Lady im 17. Jahrhundert, die aus Langeweile nachts als Straßenräuberin ihr Unwesen treibt, einen Spießgesellen kennen und lieben lernt und ihr Doppelleben schließlich mit dem Tod bezahlt.

MovieLine: »Enttäuschendes Remake des gleichnamigen Films aus dem Jahre 1945 ... Eine schwerfällige Mixtur aus Kostümfilm, Sittengemälde und Abenteuergeschichte. Michael Winners prunksüchtiges Ausstattungskino lässt jene schauerlich-romantische Stimmung, die das Original auszeichnet, gar nicht erst aufkommen.«

1945 Die Frau ohne Herz
The Wicked Lady, GB, R: Leslie Arliss, D: Margaret Lockwood, James Mason

EIN VERRÜCKT GENIALER COUP
Quick Change, USA 1990, R: Bill Murray, Howard Franklin, D: Bill Murray, Geena Davis, Randy Quaid, Jason Robards, Bob Elliott, Philip Bosco, Tony Shalhoub, Rob Ryan

Nach einem Roman von Jay Cronley: Mitten in New York gelingt dem Gauner Grimm, seiner Braut Phyllis und ihrem Helfer Loomis der perfekte Coup. Am helllichten Tag und im Clownskostüm rauben sie eine Bank aus. Doch als die drei türmen wollen, drohen sie in dem Hexenkessel unterzugehen: Die Bankräuber werden selbst beraubt, die Mafia ist hinter ihnen her, und der ausländische Taxifahrer versteht statt Flughafen immer nur Bahnhof ...

Variety: »Diese – nach Anlaufschwierigkeiten – gewinnende Mixtur aus Verrücktheit und Realismus könnte, mit der Unterstützung der Warner-Marketingkampagne, zum Senkrechtstarter an den Kinokassen werden. Mag die Story auch nicht besonders originell sein, so ist sie doch mit viel Geschick, Spannung und vor allem spür- und sehbarer Authentizität umgesetzt. Eine sehr witzige, smarte und erfrischend andersartige Liebeserklärung an den morbiden Big Apple.«

1985 Der Boss
Hold Up, F/CDN, R: Alexandre Arcady, D: Jean-Paul Belmondo, Kim Cattrall

DER VERRÜCKTE MIT DEM GEIGENKASTEN
The Man With One Red Shoe, USA 1985, R: Stan Dragoti, D: Tom Hanks, Lori Singer, Dabney Coleman, Charles Durning, Carrie Fisher, Jim Belushi, Edward Herrmann

Als der Geigenvirtuose Richard Drew aus dem Flugzeug steigt, trägt er in seiner Zerstreutheit einen einzelnen roten Schuh – nicht ahnend, dass er damit die Aufmerksamkeit des intriganten CIA-Bosses Cooper erregt. Fälschlicherweise zum Top-Spion erklärt, gerät Richard plötzlich zwischen die Fronten zweier rivalisierender Sektionen der CIA. Er wird abgehört und beschattet – ergebnislos. Und so setzt man die schöne Agentin Maddy auf ihn an. Doch die vergisst bald ihren Auftrag und verliebt sich in den angeblichen Spion. Damit ist auch sie gefährlich geworden; die Geheimdienstler beschließen: Richard und Maddy müssen liquidiert werden. Das wiederum ist leichter gesagt als getan, denn irgendein höheres Wesen scheint Richard in seiner völligen Ahnungslosigkeit zu beschützen: Er entrinnt allen Gefahren, ohne sie überhaupt zu bemerken. Doch dann begreift auch Richard, was die Uhr geschlagen hat. Und nun muss er sich gewaltig anstrengen, um sich und seine

Die verruchte Lady (1982, R: Michael Winner): Denholm Elliott und Faye Dunaway

*Der Verrückte mit dem Geigenkasten
(1985, R: Stan Dragoti): Lori Singer und Tom Hanks*

schöne Geliebte vor den staatlichen Geheimbösewichtern zu retten ...

TV Movie: »Agenten-Posse mit haarsträubender Situationskomik.«

Remake der französischen Erfolgskomödie *Der große Blonde mit dem schwarzen Schuh* (1972), zu deren unvergesslichen Momenten das Liebesgeflüster Pierre Richards in der »Mach mir den Hengst«-Szene gehört. Mit *Der große Blonde kehrt zurück* und *Der große Blonde auf Freiersfüßen* entstanden zwei Fortsetzungen. Weitere Filmkomödien nach ähnlichem Rezept folgten, darunter *Zwei Kamele auf einem Pferd*. Und mit Gérard Depardieu als Filmpartner stand Pierre Richard in den turbulenten Filmspäßen *Ein Tollpatsch kommt selten allein*, *Zwei irre Spaßvögel* und *Zwei irre Typen auf der Flucht* vor der Kamera.

1972 Der große Blonde mit dem schwarzen Schuh
Le grand blond avec une chassure noire, F, R: *Yves Robert*, D: *Pierre Richard*

VERRÜCKTE ZEITEN
Men Don't Leave, USA 1988, R: *Paul Brickman*, D: *Jessica Lange, Chris O'Donnell, Joan Cusack, Arliss Howard, Kathy Bates, Charlie Korsmo, Tom Mason, Belita Moreno, Jim Haynie, Corey Carrier*
Nach dem plötzlichen Unfalltod ihres Mannes muss Beth ihr Leben vollkommen neu organisieren. Sie verkauft ihr Haus in der Provinz und zieht mit ihren Söhnen Chris und Matt nach Baltimore. Die Dinge laufen Beth jedoch völlig aus dem Ruder: Matt hat enorme Schulprobleme, und der 17-jährige Chris zieht mit einer älteren Frau zusammen. Obwohl Beth Unterstützung von dem einfühlsamen Charles erhält, kommt sie mit ihrer Situation überhaupt nicht zurecht und versinkt in Depressionen.

Paul Brickman ließ sich in seinem zweiten Regiewerk von der französischen Produktion *Doch das Leben geht weiter* (1981) inspirieren.

Variety: »Dem moralisierenden Titel und dem verworrenen, melodramatischen Anfang zum Trotz entwickelt sich dieser Film zu einer einfühlsam und lebendig inszenierten Tragikomödie um eine Frau, die nach dem Tod ihres Mannes allein für ihre beiden halbwüchsigen Söhne sorgen muss. Als sie auch noch ihren Arbeitsplatz verliert und daraufhin in geistige Abwesenheit versinkt, holen die gemeinsamen Bemühungen ihrer Söhne und ihres neuen Freundes sie in die Gegenwart zurück. Der Titel bezieht sich dabei auf die Beständigkeit ihres Freundes, die ihn von seinem treulosen Vorgänger aus dem französischen Original *La vie continue* von 1981 unterscheidet. Dem komödiantischen Gespür des Regisseurs und Co-Autors Paul Brickman sowie Jessica Langes fein akzentuierter Darstellung der Protagonistin ist es zu verdanken, dass der Film nicht ins Rührselige abrutscht. Ein Film, der sich einer bequemen Einordnung entzieht, was seine Erfolgsaussichten vermindert, aber gerade diese Widerspenstigkeit verleiht ihm seine ungewöhnliche Vitalität.«

1981 Doch das Leben geht weiter
La vie continue, F, R: *Moshe Mizrahi*, D: *Annie Girardot, Jean-Pierre Cassel*

VERSCHOLLEN –
ALLEIN AUF DER PIRATENINSEL
The New Swiss Family Robinson, USA 1998, R: *Stewart Raffill, Drb: Stewart Raffill nach einem Roman von Johann David Wyss, K: Willy Kurant, M: John Scott, Schnitt: Terry Kelley, D: Jane Seymour (Anna Robinson), James Keach (Jack Robinson), David Carradine (Sheldon Blake), Blake Bashoff (Todd Robinson), Yumi Iwama (Francoise), Jamie Renée Smith (Elizabeth Robinson), John Mallory Asher (Shane Robinson), Billy Bates (Halo Pirate), John Edmondson (Pirat), Simone Griffith (Cynthia), John Harnagel (Pirat), Jaime Irizarry (Pirat)*
Drei Monate haben sich Jack und Anna Robinson mit ihren Kindern vorbereitet, um mit ihrer Yacht von Singapur nach Sydney zu segeln. Auf der Reise werden die Robinsons von Piraten attackiert, und die Familie strandet auf einer

menschenleeren Insel. Dort treffen sie auf das verwilderte Mädchen Francoise und ihren Orang-Utan. Doch dann planen die Seeräuber einen neuen Angriff. Bestimmt nicht ohne Absicht hat Autor-Regisseur Stewart Raffill der Familie den beziehungsreichen Namen Robinson gegeben – seit den Tagen des englischen Dichters Daniel Defoe (1661–1731) und seines berühmten Romans *Life And Strange Surprising Adventures Of Robinson Crusoe* (1719, London) Symbol für Menschen, die ganz allein auf sich gestellt um ihre nackte Existenz, ums Überleben kämpfen müssen.

Daniel Defoe ließ seinem Erstwerk noch zwei Fortsetzungen nachfolgen, da das Thema enormes Aufsehen erregt hatte. Und seine Geschichte fand zahlreiche Nachahmer. Es gab geradezu eine Flut von so genannten »Robinsonaden«: Im Jahre 1822 erschien der *Österreichische Robinson*, G. H. von Schubert schrieb 1848 den *Neuen Robinson*, und es folgten ein italienischer, französischer, sächsischer, schlesischer, schwedischer, kurpfälzischer, ostfriesischer Robinson, sämtlich in deutscher Sprache. Eine ganze Reihe von Robinsonaden wurde beruflich aufgezäumt; es gab einen geistlichen, einen medizinischen, einen jüdischen und einen moralischen Robinson. Keine der Nachbildungen des Defoe-Originalromans, von denen es allein in deutscher Sprache rund 40 gibt, hat so großen Erfolg gehabt wie Campes *Robinson der Jüngere* (1779, Hamburg), 1876 erlebte diese pädagogisch-moralische Fassung ihre 92. (!) Auflage. Robinsonaden sind immer beliebt gewesen und das Geheimnis dieses »Dauerbrenners« muss wohl darin gesehen werden, dass sich hier thematisch individueller Behauptungswille und exotische Romantik auf ein-

malige Weise mischen und dem Leser eine Welt eröffnen, in der er gern selbst leben würde.

Natürlich konnte auch der Film an diesem abenteuerträchtigen Originalstoff nicht vorbeigehen. *Verschollen – Allein auf der Pirateninsel* knüpft aber nicht nur an die klassische Robinson Crusoe-Tradition an, sondern auch an Filme wie *Die Abenteuer der Familie Robinson*, ebenfalls von Stewart Raffill aus dem Jahr 1975: Der junge Bauarbeiter Skip und seine Familie haben die Nase voll vom Großstadtleben. Schon lange leiden sie unter dem stinkenden und dreckigen Moloch Los Angeles, in dem die Menschen brüsk und rücksichtslos miteinander umgehen. Als auch noch Töchterchen Jenny am Smog erkrankt, steht ihr Entschluss fest: Skip, seine Frau Pat, Jenny, Sohn Toby und ihr Hund ziehen in die Wildnis der Rocky Mountains, weit weg von jeglicher Zivilisation. Doch schon bald ist klar, dass ihre Vorstellungen vom Leben in unberührter Natur und einer selbst gebauten Blockhütte blauäugig waren. Überall lauern Gefahren: Wölfe und Pumas streifen durch die Wälder, zudem soll ein Grizzly die Gegend unsicher machen. Als der Bär sie eines Tages angreift, kommen Pat Zweifel an ihrer Entscheidung. Diesmal noch kann Skip das Tier vertreiben. Doch als Jenny krank wird, das Funkgerät ausfällt und Skip mit dem Kanu den Arzt holt, kehrt der Killer zurück ... Dieser Heimatfilm der amerikanischen Art mit seiner Mischung aus Abenteuer- und Familienfilm war so erfolgreich, dass zwei Fortsetzungen entstanden: *Weitere Abenteuer der Familie Robinson in der Wildnis* (1977), *Noch mehr Abenteuer der Familie Robinson in der Wildnis* (1979).

Die Abenteuer der Familie Robinson zeigt deutliche Parallelen auf zu *Dschungel der tausend Gefahren*, der nach einer Geschichte von Johann David Wyss entstand. Wyss war Pfarrer am Berner Münster und schrieb seine Geschichte vom Schweizer Robinson als reizvolle Mischung aus Abenteuern und Belehrungen ursprünglich nur für seine Familie. Sein Sohn gab das Buch mit dem Untertitel *Der schiffbrüchige Schweizer Prediger und seine Familie rund 100 Jahre nach dem Erscheinen von Defoes Werk* heraus; der Erfolg der Geschichte, die das Robinson-Motiv auf ei-

Die Abenteuer der Familie Robinson
(1975, R: Stewart Raffill): Robert F. Logan

ne ganze Gruppe überträgt, war groß. Dreimal wurde die Geschichte verfilmt, bei der Stewart Raffill für seine beiden Streifen *Die Abenteuer der Familie Robinson* und *Verschollen – Allein auf der Pirateninsel* etliche Anleihen machte. Zwischen dem berühmten Schiffbrüchigen des Engländers und den Robinsons der Filmemacher klafft ein Riesenunterschied: Während Defoes Gestrandeter auf einer menschenleeren Insel nahe der Orinoko-Mündung sein Schicksal unfreiwillig erdulden muss, fliehen die Filmfamilien Robinson aus völlig eigenem Entschluss aus den Zwängen der Massengesellschaft in die weite Welt, wo sich die Sehnsucht nach Freiheit und Unabhängigkeit erfüllen soll – wie ihr literarisches Urbild ebenfalls fast schutzlos preisgegeben der Gewalt der Elemente und der Bedrohung durch eine feindliche Tierwelt.

1997 Familie Robinson aus Beverly Hills

Beverly Hills Family Robinson, USA, R: Troy Miller, D: Dyan Cannon, Martin Mull
Um dem Starrummel zu entgehen, macht die populäre Fernseh-Familie Robinson einen Segeltörn, dabei strandet sie wie ihre berühmten Namensvetter auf einer einsamen Insel.

1979 Noch mehr Abenteuer der Familie Robinson in der Wildnis

Mountain Family Robinson, USA, R: John Cotter, D: Robert F. Logan, Susan Damante Shaw, Heather Rattray
Kaum haben die Robinsons den harten Winter in den Rocky Mountains glücklich überstanden, droht neue Gefahr. Das Land ist zum Schürfgebiet erklärt worden, und nun muss Skip innerhalb kürzester Zeit beweisen, dass es tatsächlich irgendein abbaubares Material auf ihrem Besitz gibt – sonst müssen sie ihr Haus verlassen ...

1977 Weitere Abenteuer der Familie Robinson in der Wildnis

Further Adventures Of The Wilderness Family, USA, R: Frank Zuniga, D: Robert F. Logan, Susan Damante Shaw, Heather Rattray
Seit einem halben Jahr leben die Robinsons in der unberührten Natur der Rocky Mountains, jetzt steht ihnen der erste Winter ins Haus. Verzweifelt kämpfen sie gegen Schneestürme, Lawinen und ein ausgehungertes Wolfsrudel ... Gedreht

Die Abenteuer der Familie Robinson (1975, R: Stewart Raffill): Robert F. Logan, Susan Damante-Shaw, Hollye Holmes und Harm Larsen

ausschließlich on location vor der atemberaubenden Naturkulisse von Colorado, findet sich in dem packenden Familienabenteuer »nicht eine einzige falsche Schneeflocke« *(Variety).*

1975 Die Abenteuer der Familie Robinson

The Adventures Of The Wilderness Family, USA, R: Stewart Raffill, D: Robert F. Logan, Susan Damante-Shaw, Hollye Holmes
»Handlung darf man von diesem Film nicht erwarten. Hier wird die ›heile‹ Naturwelt, manchmal im Stil der ›schneller, höher, weiter‹-Werbefilme, arglos vorgezeigt.« *(Berliner Morgenpost)*
»Irgendwo in der Einöde, weit weg von der Zivilisation muss es aber im Wald doch einen Schönheitssalon und eine schicke Boutique gegeben haben, denn die junge Mutti könnte auch nach längerem Aufenthalt in der Wildnis stehenden Fußes für eine Make-up-Reklame einspringen. Immer wenn es dem Quartett besonders wohl ums Aussteigerherz ist, lässt es der Regisseur Stewart Raffill in Zeitlupenaufnahmen durch die Gegend tollen. Streit und Auseinandersetzungen in der Familie sind in kleinen gut zu konsumierenden Dosen beigemengt. Um einen unrealistischeren Film zu finden, muss man auch in Hollywood lange suchen.« *(Tagesspiegel)*
»Walt-Disney-ähnlicher Familienfilm mit schönen Naturaufnahmen und interessanten Tierszenen.« *(Film-Dienst)*

»Spannende, gelegentlich auch sentimentale Familienunterhaltung mit schönen Naturaufnahmen.« *(Lexikon des internationalen Films)*

1960 Dschungel der tausend Gefahren

Swiss Family Robinson, USA, R: Ken Annakin, D: John Mills, Dorothy McGuire
Die Robinsonade einer Familie, die zu Anfang des 19. Jahrhunderts aus der Schweiz auswandert

und durch Schiffbruch auf eine einsame Insel verschlagen wird. Auf der Flucht vor dem sich in Europa ausbreitenden Regime Napoleons wagt eine Schweizer Familie die Auswanderung nach Neuguinea. Die Familie ist den Widrigkeiten der See ausgeliefert, nachdem ihr Schiff von Piraten vom Kurs abgebracht wurde ...

1940 Die Insel der Verlorenen

The Swiss Family Robinson, USA, R: Edward Ludwig, D: Thomas Mitchell

»1813 rettet sich die schiffbrüchige Familie eines Schweizer Uhrmachers auf eine weltabgeschiedene Insel, wo sie fern der Zivilisation ein friedliches und glückliches Robinsonleben führt. Harmlose, altmodische Abenteuer-Unterhaltung mit der Absicht auf erzieherische Nebenwirkung.« *(Lexikon des internationalen Films)*

1925 Perils Of The Wild

USA, R: Francis Ford, D: Joe Bonomo

DAS VERSPRECHEN

The Pledge, USA 2000, R: Sean Penn, Drb: Jerzy Kromolowski nach einem Roman von Friedrich Dürrenmatt, K: Chris Menges, M: Hans Zimmer, S: Jay Cassidy, D: Helen Mirren (Ärztin), Aaron Eckhart (Stan Krolak), Jack Nicholson (Jerry Black), Benicio Del Toro (Toby Jay Wadenah), Vanessa Redgrave (Annalise Hansen)

Reno, Nevada. Als Detective Jerry Black vom Eisangeln auf einem zugefrorenen See in den winterlichen Bergen zurückkehrt, tut Sekretärin Jean überrascht: Sie habe ihn gar nicht mehr erwartet, denn seine Pensionierung steht unmittelbar bevor. Doch dann ist es an Jack, »überrascht« zu sein: Seine Kollegen im Revier haben mehr oder weniger heimlich eine große Abschiedsparty vorbereitet. Jerrys Vorgesetzter Eric Pollack bedankt sich für seine langjährige Mitarbeit und überreicht ihm sein Abschiedsgeschenk: eine Reise

nach Mexiko, wo Jerry einen lang gehegten Traum wahr machen und auf hoher See Speerfische angeln soll. Zur gleichen Zeit bleibt ein Junge mit seinem Schneemobil in einer Schneewehe stecken. Er beobachtet, wie der Indianer Toby Jay Wadenah hastig ein Waldstück verlässt und mit seinem Truck davonfährt. Neugierig schaut der Junge im Wald nach und findet eine grässlich verstümmelte Mädchenleiche. Jerrys Kollege Stan Krolak bekommt den Auftrag, die Ermittlungen zu leiten. Das achtjährige Mordopfer wird als Jenny Larsen identifiziert, ihre Eltern betreiben vor der Stadt eine Truthahn-Farm. Sie wissen noch nichts vom Schicksal ihrer Tochter. Stan reagiert hilflos, als ein Kollege, der die Larsens sogar persönlich kennt, sich weigert, die Unglücksnachricht zu überbringen. Jerry hat Stan bei den ersten Ermittlungen aus professionellem Interesse begleitet – obwohl er nur noch sechs Stunden offiziell im Dienst ist. In dieser traurigen Situation erklärt er sich bereit, die undankbare Aufgabe zu übernehmen und mit den Larsens zu sprechen. Gefasst und mit dumpfer Wut reagieren Jennys Eltern auf den Schicksalsschlag. Margaret Larsen nimmt Jerry persönlich einen heiligen Eid ab, den sie für ihn formuliert: »Bei meinem Seelenheil verspreche ich, Jennys Mörder zu finden.« Er schwört es auf das Kruzifix, das die kleine Jenny einst aus Streichhölzern zusammengeklebt hat.

Jetzt hat der pensionierte Jerry einen Fall, ohne offiziell damit betraut zu sein, denn Stan trägt weiterhin die Verantwortung. Auf Grund der Beschreibung durch den Jungen, der die Leiche entdeckt hat, ist der Indianer Toby Jay schnell gefunden, er wird verhaftet. Es stellt sich heraus, dass er als geistig behindert gilt, außerdem ist er bereits wegen Vergewaltigung einer Minderjährigen verurteilt. Siegesgewiss betritt Stan den Verhörraum, Jerry verfolgt das Verhör über eine Videokamera. Toby Jay bchauptet, Biber gejagt zu haben. Als er ein »Geständnis« ablegt, merkt Jerry sofort, dass er von dem früheren Fall spricht, für den er bereits verurteilt wurde. Toby Jay ist kaum fähig, zusammenhängende Sätze zu formulieren, offensichtlich ist er verstört. Stans insistierende und suggestive Fragen bringen ihn zu der Äußerung: »Ich habe sie getötet.« Wenig

Das Versprechen (2000, R: Sean Penn):
Jack Nicholson und Pauline Roberts

später überwältigt Toby Jay den Polizisten, der ihn abführen soll, steckt sich dessen Pistole in den Mund und drückt ab. Der Mordfall ist offiziell abgeschlossen, Jerry fährt zum Flughafen, um seinen Urlaub in Mexiko anzutreten. Beim Warten auf den Abflug sieht er einen Report über den Mord an der kleinen Jenny im Fernsehen. Jerrys Zweifel an Toby Jays Schuld sind keineswegs ausgeräumt. Er erinnert sich an sein Versprechen und kehrt in die Stadt zurück. Getarnt als Tankstellenbesitzer, nimmt er die Kellnerin Lori und ihr Töchterchen Chrissy bei sich auf. Nicht ohne Hintergedanken: Das Kind passt genau in das Opferraster des Mörders.

»Ich verstehe diese Geschichte als Bewältigung einer Lebenskrise an der Schwelle zur Pensionierung«, sagt Regisseur Sean Penn. »Ein Mann halst sich bewusst eine Mission auf, damit sein Leben einen Sinn behält. Diese Motivation treibt den Film an. Jerry sucht sich seinen Wohnort strategisch am Schnittpunkt zwischen den Tatorten aus, doch im Zuge der sich entwickelnden Beziehung zu Chrissy ist sein Motiv nicht mehr so eindeutig definiert. Mir gefällt die moralische Zweideutigkeit des Versprechens an sich, und wie Jerry sich dazu stellt. In unserem Film geht es nicht um den Killer oder die Verbrechen. Er konzentriert sich auf den Ermittler.«

»Nicholson und sein Regisseur Sean Penn porträtieren aufs Eindrucksvollste einen Mann, der dagegen ankämpft, plötzlich zum alten Eisen zu gehören«, meint Gerald Jung in *Zitty*: »Flankiert von einer Riege sorgfältig ausgesuchter Nebendarsteller (Vanessa Redgrave, Benicio Del Toro, Harry Dean Stanton, Sam Shepard sowie Mickey Rourke geben sich die Ehre) und der herrlich auf hässlich getrimmten Regisseurs-Ehefrau Robin Wright-Penn manövriert sich der alternde Bulle in eine Situation, bei der sich kriminalistischer Spürsinn und berufliche Obsession kaum mehr trennen lassen: Er benutzt die Tochter seiner neuen Lebensgefährtin als Lockvogel. Penns Version von *Es geschah am hellichten Tag* (auf Deutsch 1956 mit Heinz Rühmann und 1996 mit Joachim Król in der Rolle des Kommissars verfilmt) funktioniert wunderbar in der kargen Landschaft Nevadas und besticht nicht zuletzt durch ihr konsequentes, der Romanfassung Dürrenmatts entsprechend ironisches Ende. Wenn der Schauspieler Sean Penn selbst hinter der Kamera steht *(Indian Runner, Crossing Guard)*, schert er sich eben einen Dreck um die Konventionen Hollywoods.« Und Jens Golombek schreibt in *TV Movie*: »Spärlich gesäte Schockeffekte, kaum Action – aber dafür ein zutiefst verstörendes Ende. Keine Übertreibung: Sean Penns Film ist mit Abstand die gelungenste Verfilmung des Dürrenmatt-Stoffes. Ein völlig unamerikanisch wirkender Thriller, düster und voll subtiler Spannung. Für Freunde des anspruchsvollen Krimis eine wahre Offenbarung. Und das ist kein leeres Versprechen. So raffiniert & intelligent wie ein guter Hitchcock.«

Der Schweizer Dramatiker Friedrich Dürrenmatt (1921–1990) war als Prosaschriftsteller vor allem ein begeisterter Krimi-Autor. Neben seinen Dramen *(Der Besuch der alten Dame, Die Physiker)* verbuchte er mit seinem Roman-Erstling *Der Richter und sein Henker* (1952, verfilmt 1976 von Maximilian Schell) einen großen Erfolg. Es folgten *Der Verdacht* (1953) und die Erzählung *Die Panne* (1956). Dürrenmatt schrieb 1958 das Originaldrehbuch *Das Versprechen* für Artur Brauners schweizerisch/deutsch/spanische Kinoproduktion; Regisseur Ladislao Vajda bearbeitete den Stoff (mit Hans Jacoby) und inszenierte ihn unter dem Titel *Es geschah am hellichten Tag*. Heinz Rühmann spielte den Kommissar, Gert Fröbe den Kindermörder (der in Sean Penns Remake nicht auftritt) und Michel Simon den fälschlich beschuldigten Hausierer (die Benicio-Del-Toro-Rolle). In der »entschärften« Drehfassung stellt Rühmann eine erfolgreiche Falle und schnappt den Mörder. Im selben Jahr erschien *Das Versprechen* als Roman. Dass Dürrenmatt damit keinen gewöhnlichen Krimi präsentierte, machte er selbst mit dem Untertitel deutlich: *Re-*

Das Versprechen (2000, R: Sean Penn):
Patricia Clarkson, Michael O'Keefe und Jack Nicholson

quiem auf den Kriminalroman. Ende der fünfziger Jahre näherte sich Friedrich Dürrenmatt mit der Geschichte über einen Mädchenmörder noch einem Tabubruch. Mittlerweile lieferte das Thema Kindesmissbrauch den Stoff zu unzähligen Filmen.

1979 produzierte der italienische Sender RAI mit Schweizer und deutschen Partnern den TV-Film *La promessa (Das Versprechen)*. Alberto Negrin führte Regie, die Hauptrollen übernahmen Rossano Brazzi, Raymond Pellegrin und Macha Méril. 1995 entstand die niederländisch / deutsch / britische Version *The Cold Light Of Day (Tod im kalten Morgenlicht)*, die die Handlung nach Tschechien verlegt. Rudolf van den Berg übernahm die Regie, den Kommissar spielte Richard E. Grant. 1996 bearbeitete Bernd Eichinger Dürrenmatts Originaldrehbuch und produzierte *Es geschah am hellichten Tag* für die SAT.1-Reihe »German Classics«. Regisseur Nico Hofmann drehte das Remake des berühmten Thrillers mit Heinz Rühmann: Joachim Król spielt den Eigenbrötler-Kommissar Matthäus, die einstige Rühmann-Rolle. Diesmal begeht der unschuldig Verdächtige nicht Selbstmord, sondern fällt dem Lynchmord des verzweifelten Kindsvaters zum Opfer.

Der tatsächliche »Mord ohne Leiche und ohne Mörder« ereignete sich am 20. Mai 1949, an einem Freitag. An der Vulkanstrasse hinter dem Bahnhof Zürich-Altstetten schickte eine Mutter ihren Knaben zum Einkaufen. Im nahen Laden sollte Hansli Eichenberger ein Kilo Zitronen kaufen. Der 6-Jährige zog los, in der Hand eine rostrote Basttasche. Zehn Minuten später erschien er im Laden und verließ diesen kurz vor 12 Uhr wieder. Seither wurde er nie mehr gesehen. Das Delikt ist »eines der mysteriösesten und wohl auch grausamsten der Schweizer Kriminalgeschichte«, urteilte später die Tageszeitung *Blick*. Über das mutmaßliche Sexualverbrechen, das die Bevölkerung über Jahrzehnte erregte, schreibt Paul Bösch im Mai 1999 im *Tages-Anzeiger*: »Aus all den Beobachtungen und Funden sowie aus den über tausend Hinweisen aus der Bevölkerung ergab sich keine Spur. Die weit über 10.000 Arbeitsstunden, welche die Polizei auf den Fall verwendete, waren ergebnislos. Ebenso die Ermittlungen, die Ende 1977 angestellt wurden, als bei einem Bau in Altstetten menschliche Knochen zum Vorschein gekommen waren. 900 Dossiers hatten die Ermittler im Laufe der Zeit angelegt. Sie liegen bis 2019 unter Verschluss. 1980 wurde Hansli für verschollen erklärt, seine Eltern waren damals bereits tot. Kurz darauf ging dem *Blick* ein anonymes Schreiben zu, dessen Urheber sich als Mörder Hanslis bezeichnete: ›Ich bin alt und ein Mörder, der nicht zur Ruhe kommt. Bitte helfen Sie mir!‹ Der Fall Hansli Eichenberger steht für die starke Zunahme der Schwerverbrechen nach dem Krieg.«

Das Delikt war einer der »verschiedenen rätselhaften Mordfälle«, welche »der Kriminalstatistik von 1949 das besondere Gepräge« gaben, schrieb die *Schweizer Illustrierte*. Die Öffentlichkeit setzte sich damals außerordentlich stark mit dem Phänomen auseinander, dass ein Sexualtäter Hand an ein Kind legen konnte. Dies zeigen das starke Echo auf den Film *M* von Fritz Lang, für den 1951 ein amerikanisches Remake erschien, sowie der Erfolg der Schweizer Produktion *Es geschah am hellichten Tag* nach dem Drehbuch von Friedrich Dürrenmatt (1958). Bereits die ersten Meldungen über den Fall brachten die Zürcher Bevölkerung ins Fiebern.

Es geschah am hellichten Tag
(1996, R: Nico Hofmann): Joachim Król

»Wir werden ständig mit Anfragen bestürmt, ob Meldungen von der Auffindung der Leiche und der Festnahme des Täters, die im Verlaufe des Montags bald hier, bald dort auftauchten, wirklich zutreffen«, meldete die *Neue Zürcher Zeitung*.

1996 Es geschah am hellichten Tag

BRD, R: Nico Hofmann, D: Joachim Król, Barbara Rudnik, Axel Milberg

»Auch in der Neuverfilmung ist die seelische Befindlichkeit des Fahnders, seine besessene Suche, die ihn vielfach in Konflikt mit seinen Gefühlen und Moralvorstellungen bringt, der interessanteste Aspekt. Intensität und Glaubwürdigkeit gewinnt diese Facette dank der selbstbewussten Darstellung Joachim Króls, der sich gegenüber dem mächtigen Vorbild Heinz Rühmanns kantig und brüchig zugleich behauptet. Über alle weiteren Aspekte des Stoffs haben sich Regisseur und Autoren indes kaum noch Gedanken gemacht, und bereits die für die Balance des Films so wichtige Gegenfigur des Triebtäters verliert deutlich an Nuancen und Konturen. Gert Fröbes beklemmende Studie eines von seinen Trieben beherrschten Bürgers im Schafspelz kann Axel Milberg in keiner Weise wiederholen, da ihm dazu weder der darstellerische Raum noch das soziale Umfeld bereitgestellt werden. So hetzt er mit seiner Handpuppe bis zum bitteren Ende immer häufiger durch einen betont künstlichen, farblich stilisierten Hänsel-und-Gretel-Wald, ein unberechenbarer Verbrecher halt, aber nicht mehr.« *(Film-Dienst)*

»Nico Hofmanns Neu-Verfilmung könnte durchaus ein Klassiker werden.« *(taz)*

»Er hat *Es geschah am hellichten Tag* zwar in der ursprünglichen Zeit belassen, aber in psychologisch moderner und den Zuschauer auf Anhieb packenden Sicht: ein Fernsehfilm, der mit Dürrenmatts Vorlage nur noch das Handlungsgerüst gemein hat. Der wesentlich höhere physische Einsatz der Schauspieler rücken das Geschehen aus der Vorstellung des ›bloß‹ Erzählten in den Bereich des unmittelbar Gegenwärtigen.« (Hans-Dieter Seidel, *FAZ*)

1995 Tod im kalten Morgenlicht

The Cold Light Of Day, NL/BRD/GB, R: Rudolf van den Berg, D: Richard E. Grant

Es geschah am hellichten Tag (1958, R: Ladislao Vajda): Gert Fröbe als Kindermörder

»*Tod im kalten Morgenlicht* braucht sich vor der Erstverfilmung keineswegs zu verstecken: Der Film ist kein blasses Remake, sondern eine eigenständige Adaption, die mit den Mitteln des modernen Action- und Thriller-Kinos eine psychologisch tiefgründige Kriminalgeschichte erzählt. Dabei konnte sich Regisseur Rudolf van den Berg nicht nur auf den Weltklasse-Kameramann Igor Luther *(Die Blechtrommel)* stützen, sondern auch auf eine prominente internationale Besetzung. Der 1957 geborene Brite Richard E. Grant glänzt in der Rolle des fanatischen Polizisten Marek, der bewusst das Leben eines kleinen Mädchens aufs Spiel setzt, um an sein Ziel zu gelangen. Grant wurde durch markante Auftritte in Hollywood-Filmen wie *Bram Stoker's Dracula*, *Hudson Hawk* oder *Zeit der Unschuld* bekannt. An seiner Seite agieren die attraktive Lynsey Baxter *(Das Lustprinzip)* als Milena und der britische Charakterdarsteller Heathcote Williams *(Interview mit einem Vampir)* als Dr. Nuslauer. Der Theaterschauspieler Simon Cadell schließlich zeigt eindrucksvoll, dass zu einem guten Thriller stets auch ein ›guter‹ Bösewicht gehört: Seine suggestive Darstellung des perversen Dr. Kozant verleiht dem Film eine düster-bedrohliche Stimmung permanenter Todesgefahr, die unter die Haut geht.« *(ZDF)*

1979 Das Versprechen

I/CH/BRD, R: Alberto Negrin, D: Rossano Brazzi, Raymond Pellegrin, Macha Méril

»Bei dem Versuch, einen Triebtäter zu überführen, verrennt sich ein Schweizer Kriminalkommissar in seiner eigenen fixen Idee. Was spröde beginnt, entpuppt sich nach und nach als eine faszinierende Studie über die Wandelbarkeit des Menschen. Dabei geht es nicht mehr um die Auf-

*Es geschah am hellichten Tag
(1958, R: Ladislao Vajda): Heinz Rühmann*

klärung eines Verbrechens, sondern um die sozialen und psychologischen Umstände, die aus ihm resultieren. Die daraus gewonnene Stimmung vermag der Film auf den Zuschauer zu übertragen, ohne sich gleich aufdrängen zu wollen.« (J.M.T., *Filmjahr 84*)

1958 Es geschah am hellichten Tag

E/CH/BRD/F, R: Ladislao Vajda, D: Heinz Rühmann
»Gert Fröbe als Kindermörder, in Gestalt eines dämonischen Kasperlespielers. Ein schwarz gekleideter tapsiger Riese, vor dem man Angst haben muss. Er steht total unter dem Pantoffel seiner Frau, ein Feuer speiender Drache, die ihm totale Nichtsnutzigkeit vorwirft. Die beiden Ehebetten sind wie schwarze Kästen, wirken wie Särge. Bei Tisch verschlingt er riesige Portionen. Er ist krank, er ist wie ein angeschossenes wildes Tier. Er vergeudet Benzin durch sinnloses Herumfahren. Er ist unheimlich. Eine Bombe, kleine Mädchen ins Verderben reissend. Und Heinz Rühmann als Kommissar Matthäi. Hilflos dreht er sich im Kreis, hat keine Spur, stochert im Trüben, legt einen Köder aus, macht es zu seiner Lebensaufgabe, den bösen, grossen, schwarzen Mann zur Strecke zu bringen.« *(AJZ Kino)*

VERTRAUTER FEIND

The Devil's Own, USA 1997, R: Alan J. Pakula, D: Harrison Ford, Brad Pitt, Margaret Colin, Rubén Blades, Treat Williams, George Hearn, Mitch Ryan, Natascha McElhone, Paul Ronan, Simon Jones
Dem jungen IRA-Kämpfer Frankie McGuire gelingt bei einem blutigen Ausbruchsversuch die Flucht aus der britischen Gefangenschaft. Unter dem Namen Rory Devaney reist er über New York in die USA ein, wo ein Mittelsmann seine Unterbringung bei der Familie des irischstämmigen Cops Tom O'Meara organisiert hat. O'Meara ahnt nichts von Devaneys Vergangenheit und tut sein Bestes, um dem jungen Mann fern der krisengeschüttelten Heimat zu einem neuen Start zu verhelfen. Doch statt sich einen Job zu suchen, setzt Devaney insgeheim seinen politischen Kampf auf US-Terrain fort. Sein Auftrag: für die IRA eine Ladung Stinger-Raketen auf dem schwarzen Waffenmarkt zu kaufen. Beim Versuch, das Geld für den Deal zu besorgen, überschneiden sich seine Aktionen mit der Polizeiarbeit O'Mearas. Und ohne es zu wollen, zieht Devaney dessen Familie unweigerlich mit hinein in den mörderischen Guerilla-Krieg, der seine Fronten auch weit weg von Irland mitten durch die irische Gemeinde zieht und Opfer auf beiden Seiten fordert ...

Die Woche: »Eigentlich hätte nichts schief gehen dürfen. Regisseur Alan J. Parker bewies in den 70er-Jahren mit *Klute* oder *Die Unbestechlichen* sein Können im Genre des Polit-Thrillers. Vor der Kamera stehen die größten Stars ihrer Altersklassen. Und das Drehbuch bietet Dramatik pur: Die Konfrontation des idealistischen und aus seiner Heimat geflüchteten IRA-Rebellen Rory Devaney (unrasiert: Brad Pitt) mit dem nach Moral und privaten Frieden suchenden New Yorker Cop Tom O'Meara (grauhaarig: Harrison Ford). Leider geht nach gut 60 Minuten doch alles schief. Denn Pakula verrät das sorgfältig aufgebaute Konfliktpotenzial seines Stoffes – hier der Kämpfer gegen Unrecht, dort der Bewahrer der herrschenden Ordnung – an Ideologie und Kitsch.«

1959 Ein Händedruck des Teufels

Shake Hands With The Devil, USA, R: Michael Anderson, D: James Cagney

DER VERUNTREUTE HIMMEL

BRD 1990, R: Ottokar Runze D: Elisabeth Epp, Eugen Stark, Gertraud Jesserer, Bernhard Schir, Nikolaus Paryla
Nach einem Roman von Franz Werfel: Um in den Himmel zu kommen, ist der alten Köchin Teta Linek jedes Mittel recht. So finanziert sie unter persönlichen Opfern das Theologiestudium ihres Neffen. Dafür soll der zukünftige Priester ihr den Eingang ins Paradies sichern. Der Nichtsnutz

nimmt seine Tante allerdings nur aus. Als Teta dahinterkommt, ist sie so schockiert, dass sie nicht mehr beten kann. Ein Priester bringt sie auf die Idee, nach Rom zu pilgern, um ihren Glauben wieder zu finden.

TV Movie: »Tiefsinnige Seitenhiebe auf das Bürgertum.«

1958 Der veruntreute Himmel

BRD, R: Ernst Marischka, D: Annie Rosar, Victor de Kowa, Hans Holt

EIN VERWÖHNTES BIEST

The Girl Who Had Everything, USA 1952, R: Richard Thorpe, D: Elizabeth Taylor, Fernando Lamas, William Powell, Gig Young, James Whitmore
Nach dem Roman *A Free Soul* von Adela Rogers St. John: Die Tochter eines erfolgreichen Anwaltes verliebt sich in einen Gangster. Als ihr Vater die Heirat verhindern will, lässt der Schurke die Maske des aufmerksamen Liebhabers fallen.

Foster Hirsch *(Elizabeth Taylor)*: »Das rücksichtslose Temperament muss gezügelt und korrigiert werden. Am Ende von *The Girl Who Had Everything* muss sie sich von ihrem reichen Va-

Der veruntreute Himmel (1958, R: Ernst Marischka): Annie Rosar und Hans Holt

ter William Powell eine Gardinenpredigt über die Tugenden von Heim und Familie anhören, nachdem sie eine unglückliche Affäre mit einem Mann hatte, der weder ihrer Klasse noch ihrem Charakter entsprach. Liz hört sich diese Vorlesung über die Vorzüge eines ruhigen, häuslichen Lebens geduldig an und beherzigt auch alles; sie verlässt die Großstadt, um wieder nach Hause aufs Land in Virginia zurückzukehren. Es ist anzunehmen, dass sie – nachdem ihr die Federn gestutzt wurden – einen soliden Mann heiratet.«

Fischer Film Almanach: »William Powell, Elizabeth Taylor und Fernando Lamas – eine hervorragende Besetzung in einem schwachen Melodram.«

1931 A Free Soul

USA, R: Clarence Brown, D: Norma Shearer, Lionel Barrymore, Clark Gable

VERZAUBERTER APRIL

Enchanted April, GB 1992, R: Mike Newell, D: Josie Lawrence, Miranda Richardson, Alfred Molina, Neville Phillips, Jim Broadbent, Michael Kitchen, Joan Plowright, Polly Walker, Stephen Beckett
Vier völlig unterschiedliche Frauentypen beschließen, in der harten Zeit nach dem Ersten Weltkrieg, einen Monat im sonnigen Italien zu verbringen – einen bezaubernden April fernab vom tristen, nasskalten und nebligen London. Der unglaublichste Frühling ihres Lebens bahnt sich an, als sie im märchenhaften alten Schloss, idyllisch gelegen zwischen Olivenhainen und Kastanienbäumen, ankommen.

Alexander Musik *(tip)*: »Die verführerisch in Szene gesetzte Landschaft verheißt allzu viel Zauber. Nicht nur die Damen erholen sich, auch die Ehen sind gerettet.«

1935 Enchanted April

USA, R: Harry Beaumont, D: Ann Harding, Frank Morgan, Katharine Alexander

DER VETTER AUS DINGSDA

BRD 1953, R: Karl Anton, D: Vera Molnar, Gerhard Riedmann, Grethe Weiser, Joachim Brennecke, Irene von Meyendorff, Ina Halley, Hans Richter, Gunther Philipp, Paul Westermeier, Kurt Pratsch-Kaufmann, Olga Limburg, Edith Schollwer
Nach einer Operette von Eduard Künneke: Ein Wandergeselle verliebt sich in die soeben volljährig gewordene Tochter eines verschuldeten Gutsbesitzers und kann, als vermeintlicher Vet-

ter aus Batavia, das Gut mit Hilfe seiner reichen Schwester vor dem Ruin bewahren. Der wirkliche Vetter, ein nicht minder reicher Diamantenkönig, verliebt sich obendrein in die Schwester.

Ponkie (*Filmblätter*): »Wenn der vermeintliche *Vetter aus Dingsda*, ein kecker Jüngling aus Rittergutkreisen und eben aus Batavia heimgetrampt, mit Schmelz und heißem Liebesblick singt: *Ich bin nur ein armer Wandergesell ...* – dann ist eitel Wonne im idyllischen Giebelstädtchen der adeligen Operettenmuse, und das romantikfreudige Publikum schwelgt beseligt in alten Künnekeweisen. Dem schwarz-weißen Spiel der Kamera setzen bewährte Komikerkanonen erfolgskräftige Farbtupfer auf: Allen voran Grethe Weiser als blitzzüngige Tante und Paul Westermeier als mieser Onkel Josef, dazu Hans Richter und Gunther Philipp; auch die muntere Ina Halley mimt fröhlich mit, während die Haupt-Dingsdas, Vera Molnar und Gerhard Riedmann, zum allgemeinen Vergnügen beitragen. Reizvoll die schöne Erscheinung Irene von Meyendorffs in adeliger Charme-Charge. Dem Diamantenkrösus aus Batavia leiht Joachim Brennecke seine ansehnliche Fasson.«

1934 Der Vetter aus Dingsda

D, R: Georg Zoch, D: Lien Deyers, Lizzi Holzschuh, Rudolf Platte

VIA MALA

BRD/A/F/I 1983–85, R: Tom Toelle, D: Mario Adorf, Maruschka Detmers, Hans-Christian Blech, Juraj Kukura, Milena Vukotic, Dominique Pinon, Sissy Höfferer, Fritz Eckhardt, Bert Fortell

Nach einem Roman von John Knittel: Der patriarchalische Unhold wird per Mord beseitigt, die Mutter verfällt dem Wahnsinn und die Tochter ehelicht den Aristokratensohn Andreas von Richenau. Der kommt als Untersuchungsrichter hinter die schauerliche Tragödie um den trunksüchtigen Vater, lässt die Akten aber aus Liebe zu seiner Gattin auf Nimmerwiedersehen im Archiv verschwinden.

Klaus Wienert (*Berliner Morgenpost*): »Aus der griechischen Tragödie, aus volkstümlichen Melodramen und aus den Trivial-Romanzen der Courths-Mahler schöpfte John Knittel die literarischen Zutaten, aus denen er sein 1934 veröffentlichtes Familien-Drama *Via Mala* um den Bergtyrannen Jonas Lauretz zusammenbraute: Zwischen donnernden Wasserfällen, wallenden Nebeln, steilen Felswänden und anderen Naturelementen spielt dieses Schweizer Familienmartyrium ... Knittels von der Literaturkritik als zu ›schwerfällig‹ und ›simpel‹ abgetanes Volksstück um einen Vatermord kommt nun in einer äußerst aufwendigen, dreiteiligen Fernsehversion zu neuen Ehren: Tom Toelle, seit dem WDR-*Millionenspiel* einer der begehrtesten Fernsehregisseure überhaupt, konnte dank der großzügigen Beteiligung von ZDF, ORF, TF1 (Frankreich) und RAI (Italien) bei seiner Neuverfilmung aus dem Vollen schöpfen. Ihm standen ein internationales Eliteensemble, reichlich Geld und Drehzeit und mit Ennio Morricone (Musik) und Igor Luther (Kamera) auch zwei Spitzenleute des internationalen Kinogeschäfts zur Verfügung. Der Münchner Filmemacher und Autor Jörg Graser (*Magdalena, Der Mond is nur a nackerte Kugel*)

Via Mala (1961, R: Paul May):
Christine Kaufmann und Anita Höfer

Via Mala (1961):
Gert Fröbe, Christian Wolff und Christine Kaufmann

Via Mala (1943/44, R: Josef von Baky):
Viktor Staal, Karin Hardt und Carl Wery

lieferte das Drehbuch, das den Dialog knapp
hielt, die Bilder sprechen lässt und auch nicht
haargenau der Vorlage folgt (zum Beispiel den
Schluss verändert hat). Mario Adorf, der schon
in Schlöndorffs *Blechtrommel* und Fassbinders
Lola zeigte, dass er mehr drauf hat als kraftvoll-
tumbe Bösewichte, spielt den Jonas Lauretz. Seine liebliche Tochter Sylvie wird von Maruschka
Detmers (bekannt aus Jean-Luc Godards *Prenom
Carmen*) verkörpert.«

1961 Via Mala

BRD, R: Paul May, D: Gert Fröbe, Joachim Hansen,
Christine Kaufmann

1943/44 Via Mala

D, R: Josef von Baky, D: Karin Hardt, Viktor Staal,
Carl Wery

VICTOR/VICTORIA

*USA/GB 1982, R: Blake Edwards, D: Julie Andrews,
James Garner, Robert Preston, Lesley Ann Warren,
Alex Karras, John Rhys-Davies, Graham Stark, Peter
Arne*

Paris, 1934. Die junge Sängerin Victoria Grand
ist in der französischen Metropole gestrandet.
Bei einem abenteuerlichen Versuch, sich auch ohne Geld endlich wieder einmal satt essen zu können, findet sie bei dem charmanten Homosexu-
èllen Toddy willkommene Rückendeckung. Der
alternde Entertainer kennt sich aus im Pariser
Nachtleben. Seine Idee, Victoria zum polnischen
Grafen »Victor Grazinski« umzufunktionieren
und als Europas größten Transvestitendarsteller
auszugeben, erweist sich als Volltreffer. Als
Mann, der vorgibt, eine Frau zu sein, ist Victoria fortan der umjubelte Star des schicksten Pariser Nachtklubs. King Marchan, mit Leibwächter
Squash in das französische Sündenbabel gekommen, will allerdings nicht glauben, dass »Victor«
wirklich ein Mann ist. Seine verliebten Nachforschungen verschaffen ihm bald Gewissheit und
Victorias Gegenliebe, nur ist sie nicht bereit, die
Vorteile der Männerrolle aufzugeben. So gerät
King Marchan bei der abgehalfterten Norma und
bei seinen Gangsterfreunden in fatalen Verdacht,
der ihn fast um Kopf und Kragen bringt ...

Die Musikkomödie *Victor/Victoria* unterhält
mit glänzenden Revue-Nummern und handfester
Komik; zugleich ist der Film ein nachdenklicher
Sittenspiegel, der auf seine Weise für Aufrichtig-

Victor/Victoria (1982, R: Blake Edwards):
Julie Andrews und James Garner

Victor/Victoria (1982, R: Blake Edwards):
Robert Preston und Julie Andrews

keit und Toleranz in sexuellen Dingen plädiert und mit subtilem Witz die Rollenklischees von Mann und Frau infrage stellt. Für die spritzige Musik erhielt Henry Mancini einen Oscar. Der Welterfolg *Victor/Victoria* von Blake Edwards basiert auf der deutschen Verwechslungs-Komödie *Viktor und Viktoria* aus dem Jahre 1933 (Regie: Reinhold Schünzel), mit Renate Müller, Hermann Thimig und Adolf Wohlbrück. Die UFA-Produktion kam 1957 erstmals in einer neuen Version auf die Leinwand: *Viktor und Viktoria* (Regie: Karl Anton) mit Johanna von Koczian, Georg Thomalla und Johannes Heesters.

Otto Kuhn *(MovieLine):* »In einer Doppelrolle als Not leidende Sängerin Victoria und als polnischer Transvestiten-Graf Victor glänzt Julie Andrews unter der Regie ihres Gatten Blake Edwards, der in einem kunstvoll errichteten Art Deco-Paris alle Tunten tanzen lässt. Treffsicher ins Milieu passen Robert Preston als alternder Homophiler Toddy, Lesley Ann Warren als blondes Gangsterliebchen und sogar James Garner als etwas Not leidender Vertreter ›echter‹ Männlichkeit.«

1957 Viktor und Viktoria

BRD, R: Karl Anton, D: Johanna von Koczian, Georg Thomalla, Johannes Heesters

1933 Viktor und Viktoria

D, R: Reinhold Schünzel, D: Renate Müller, Hermann Thimig, Adolf Wohlbrück

VIEL LÄRM UM NICHTS

Much Ado About Nothing, GB/USA 1993, R: Kenneth Branagh, D: Kenneth Branagh, Emma Thompson, Denzel Washington, Michael Keaton, Keanu Reeves, Robert Sean Leonard, Kate Beckinsale, Richard Briers, Brian Blessed, Richard Clifford, Ben Elton, Gerard Horan

Nach der Komödie von William Shakespeare: Auf einem Landsitz in der Toskana kreuzen sich die amourösen Pfade von zwei frisch verliebten Paaren. Das Problem ist: Die Traumpaare wissen teilweise noch gar nichts von ihrem Glück. Statt sich gegenseitig in die Arme zu sinken, verstricken sie sich in raffinierte Intrigen und handfeste Wortgefechte. Werden Claudio und Hero, Beatrice und Benedikt dahin finden, wo sie gemeinsam hingehören – ins Bett und vor den Traualtar? Und welche Rolle spielt der vornehme Don Pedro, der nur scheinbar die Fäden in der Hand hält, tatsächlich aber selbst zu den Düpierten gehört? Kenneth Branaghs zweite Shakespeare-Adaption nach *Henry V.*

Links: Viktor und Viktoria (1957, R: Karl Anton): Johanna von Koczian, Johannes Heesters und Georg Thomalla
Unten: Viktor und Viktoria (1933, R: Reinhold Schünzel): Hilde Hildebrand, Renate Müller, Hermann Thimig und Fritz Odemar

MovieLine: »Kongeniale filmische Umsetzung der Shakespearekomödie aus dem Jahre 1598, stilistisch adäquat und werkgetreu bearbeitet von Kenneth Branagh, und beschwingt gespielt von seiner Company und namhaften US-Kinostars.«

1964 Viel Lärm um nichts
DDR, R: Martin Hellberg, D: Christel Bodenstein, Rolf Ludwig, Wilfried Ortmann

1956 Mnogo schuma is nitschwo
UdSSR, R: L. Samkowoi, D: N. Bubnow, N. Pajitnow, A. Katzynski

1926 Wet Paint
USA, R: Arthur Rossen, D: Raymond Griffith, Bryant Washburn

DIE VIER APOKALYPTISCHEN REITER
Four Horsemen Of The Apocalypse, USA 1961, R: Vincente Minnelli, D: Glenn Ford, Ingrid Thulin, Charles Boyer, Lee J. Cobb, Paul Henreid, Paul Lukas, Yvette Mimieux, Karlheinz Böhm, Harriet E. MacGibbon, Kathryn Givney, Marcel Hillaire

Julio Madariaga war früher selbst ein politisch Verfolgter. Jetzt hat er es zu großem Reichtum und Ansehen gebracht. Auf seinem riesigen Landsitz in Argentinien, der zugleich Zufluchtstätte für alle Verfolgten dieser Welt ist, ruft er seinen Familienclan zusammen. Viele Mitglieder reisen dazu aus Europa an. Zu ihnen gehört auch sein

Neffe Heinrich von Hartrott, der sich als eiskalter Nazi entpuppt. Madariaga hat eine Vision von den »vier apokalyptischen Reitern«, die Eroberung, Pestilenz, Krieg und Tod verkörpern und seine Familie auf schreckliche Weise heimsuchen werden. Er stirbt in den Armen seines Lieblingsneffen Julio, der kurze Zeit später mit der übrigen Schar seiner Verwandten nach Europa zurückkehrt. Dort geraten sie in die Mühlen der Nazi-Invasion, die bald den halben Kontinent überschwemmt.

TV Spielfilm Lexikon: »Einen Film gleichen Titels hatte es schon einmal 1921 gegeben. In ihm trat damals zum ersten Male der italienische Schönling Rudolph Valentino auf. Vincente Minnellis Drama gab sich zwar als ein Remake des Stummfilm-Klassikers aus, hat jedoch mit diesem nur noch wenig zu tun ... Den zahlreichen europäischen Gestalten versuchte Minnelli dahingehend zu entsprechen, dass er sowohl schwedischen, deutschen bzw. österreichischen als auch französischen Darstellern tragende Rollen gab. So spielte Karlheinz Böhm hier das erste Mal in einem amerikanischen Film, nachdem er zuvor schon in dem Thriller *Augen der Angst* Erfahrungen in der englischen Sprache gesammelt hat-

Unten: Viel Lärm um nichts (1993, R: Kenneth Branagh): Kenneth Branagh und Emma Thompson
Rechts: Viel Lärm um nichts (1993): Michael Keaton, Keanu Reeves, Kate Beckinsale, Emma Thompson, Kenneth Branagh und Denzel Washington

te. Mit dieser haperte es bei Ingrid Thulin ganz gewaltig, sodass alle ihre Dialoge später von Angela Lansbury nachsynchronisiert werden mussten. Minnellis Werk geriet zu einem aufgeblasenen Kriegsdrama, das sich mit der Vielzahl seiner zu berücksichtigenden Protagonisten verzettelte und MGM einen Verlust von über 6 Mio. Dollar bescherte.«

1921 Die vier Reiter der Apokalypse
The Four Horsemen Of The Apocalypse, USA, R: Rex Ingram, D: Rudolph Valentino

VIER FÄUSTE – HART WIE DIAMANTEN
Il vangelo secondo simone e matteo, I 1975, R: Giuliano Carmineo, D: Michael Coby, Paul Smith, Dominic Barto, Jacques Herlin, Giuseppe Maffioli, Emilio Messina
Zwei hungernde Freunde werden als vermeintliche Missionare in ein Diamantenschmuggel-Abenteuer verwickelt und behaupten sich mit Schlägereien und Tricks.

Lexikon des internationalen Films: »Prügelklamauk mit geschmacklosen Verulkungen katholischer Riten und einigen Rohheiten, der sich weitgehend als Plagiat des Films *Zwei Missionare* entpuppt.«

1974 Zwei Missionare
I due missionari, I/E/F, R: Franco Rossi, D: Terence Hill, Bud Spencer, Mario Pilar

VIER NÄCHTE EINES TRÄUMERS
Quatre nuits d'un rêveur, F/I 1970, R: Robert Bresson, D: Isabelle Weingarten, Guillaume des Forêts, Jean-Maurice Monnoyer, Jérôme Massart, Patrick Jouanné, Giorgio Maulini, Lydia Biondi
Nach dem Roman *Weiße Nächte* von Fjodor Michailewitsch Dostojewski: Ein träumerischer Maler in Paris glaubt in einem Mädchen, das er vor dem Selbstmord rettet, seine Partnerin gefunden zu haben. Diese aber verlässt ihn, als ihr früherer Geliebter wieder auftaucht.

Lexikon des internationalen Films: »Bressons Essay über die Liebe ist ein Film von äußerst intellektueller Klarheit und gleichzeitig von hohem künstlerischen Rang. Indem Bresson psychische Realität als physische Realität akzeptiert, macht er die Ideen hinter den Erscheinungen sichtbar und öffnet dem Kino neue Dimensionen.«

1960 Weiße Nächte
Belyje notschi, UdSSR, R: Iwan Pyrjew, D: Oleg Strishenow, Ludmilla Matschenko

1957 Weiße Nächte
Le notti bianche, I/F, R: Luchino Visconti, D: Maria Schell, Marcello Mastroianni

24 STUNDEN IM LEBEN EINER FRAU
Vingt-quatre heures de la vie d'une femme, F/BRD 1968, R: Dominique Delouche, D: Danielle Darrieux, Marthe Alycia, Helga Eilendrop, Robert Hoffmann, Romina Power, Léna Skerla, Even de Tissot
An einem Abteilfenster des D-Zuges nach Paris steht Alice und blickt in die laute Geschäftigkeit des Bahnhofs. Alice ist eine Frau in reifen Jahren, aber immer noch von auffallender Schönheit. Am Vorabend hatte sie an einem Wohltätigkeitsfest im Freien teilgenommen, als ein plötzliches Gewitter sie zwang, im nahen Spielcasino Schutz zu suchen. Am Roulette-Tisch beobachtet sie einen jungen Mann, Thomas, der sie im selben Maße beunruhigt wie fasziniert. Er ist völlig im Bann der kleinen weißen Kugel und verspielt seinen letzten Franc. Alice folgt ihm und bietet dem Verzweifelten ihre Hilfe an. Sie bezahlt die Fahrt zu seinem Hotel und die Übernachtungskosten. Doch nicht nur das Geld schenkt sie ihm, sondern auch sich selbst. Am nächsten Morgen verlässt sie den noch Schlafenden. Sie hinterlegt ein paar Zeilen, mit denen sie ihn bittet, sie später zu treffen. Voll überströmender Herzlichkeit erscheint Thomas zu der Verabredung. Er schüttet sein Herz aus und gesteht sein menschliches und berufliches Versagen, seine Spielleidenschaft. Alice gelingt es schließlich, ihm das Versprechen abzunehmen, nie wieder zu spielen und noch am selben Abend zurück in seine Heimat zu fahren. Dafür gibt sie ihm abermals eine größere Summe Geldes. Alice glaubt, Thomas auf Kosten seiner Liebe gerettet zu haben und wähnt ihn auf der Heimreise.

Gedankenverloren schlendert sie durch den Casino-Garten, in den Spielsaal – und erstarrt, als sie Thomas am Roulette-Tisch sitzen sieht. Er spielt mit dem Geld, das sie ihm für die Rückreise gab. Ein Verlorener, der Alice beschimpft, als sie ihm Vorhaltungen macht ... Der Zug nach Paris verlässt den Bahnhof. In einem Abteil sitzt eine Frau, die die letzten 24 Stunden nie vergessen wird. Die in den Ersten Weltkrieg gelegte Filmhandlung basiert auf einer berühmten Novelle von Stefan Zweig. Die reife schöne Frau spielt Danielle Darrieux, den jugendlichen Antihelden Robert Hoffmann.

AZ: »Die französische Regisseurin Dominique Delouche hat *24 Stunden aus dem Leben einer Frau ...* sehr einfühlsam und mit prächtiger Ausstattung in Szene gesetzt.«

Im Jahr 2001 hat Laurent Bouhnik unter dem Titel *24 heures de la vie d'une femme* ein weiteres Remake gedreht.

1961 Twenty-Four Hours In A Woman's Life
USA, R: Silvio Narizzano, D: Ingrid Bergman, Rip Torn, Jerry Orbach

1952 24 Hours Of A Woman's Life
GB, R: Victor Saville, D: Merle Oberon, Richard Todd, Leo Genn

1944 24 horas de la vida de una mujer
RA, R: Carlos F. Borcosque, D: José Maurer, Amelia Bence, Roberto Escalada

1931 24 Stunden aus dem Leben einer Frau
D, R: Robert Land, D: Friedrich Kayßler, Henny Porten, Walter Rilla

1492 – DIE EROBERUNG DES PARADIESES
1492 – The Conquest Of Paradise, GB/USA/F/E 1992, R: Ridley Scott, D: Gérard Depardieu, Sigourney Weaver, Armand Assante, Fernando Rey, Angela Molina, Michael Wincott, Tchéky Karyo
Christoph Columbus träumt von einem westlichen Seeweg nach Indien. Er kann Königin Isabella von Kastilien mit seinem Unternehmungsgeist beeindrucken und für seine Pläne gewinnen. Falls er die »Terra incognita« erreichen sollte, darf er dort als Vizekönig herrschen. Mit drei Karavellen und 88 Mann Besatzung sticht der Abenteurer im August 1492 in See – die ungefähre

Christoph Columbus (1949, R: David MacDonald): Kathleen Ryan und Fredric March

Christopher Columbus – Der Entdecker (1991, R: John Glen): Den Seeweg nach Indien finden

Dauer der Reise hat Columbus seiner Mannschaft allerdings verschwiegen. Der Unmut unter den Männern wächst, eine Meuterei droht auszubrechen.

Fischer Film Almanach: »Gewaltiges und für Produktionen dieser Größenordnung auch kritisches Epos.«

1992 Die Abenteuer von Pico und Columbus
BRD, R: Michael Schoemann – Animation

1991 Christopher Columbus – Der Entdecker
Christopher Columbus: The Discovery, USA, R: John Glen, D: Tom Selleck

1949 Christoph Columbus
Christopher Columbus, GB, R: David MacDonald, D: Fredric March

40 GRAD IM SCHATTEN
Bush Christmas, AUS 1982, R: Henri Safran, D: Nicole Kidman, Mark Spain, Venetta O'Malley, Peter Summer, James Wingrove, Manalpuy, John Ewart, John Howard, Maurice Hughes, Bob Hunt
Im australischen Outback kämpft das Ehepaar Ben und Kate Thompson mit finanziellen Problemen: Auf ihr Haus haben sie eine Hypothek aufgenommen. Auch der Band-Manager Bill und die Sängerin Sly haben kein Geld mehr. So stehlen sie das Rennpferd der Thompsons, um damit bei Rennen Gewinn zu machen. Ben und Kates Kinder Helen und John machen sich zusammen mit ihrem britischen Cousin Michael und dem australischen Ureinwohner Manalpuy, der auf dem Hof ihrer Eltern arbeitet, auf die Suche nach dem geliebten Pferd. Dabei geraten sie in die Wildnis und haben sich bald hoffnungslos verirrt ...

Zitty: »Bei solchen Temperaturen wird Weihnachten gefeiert, nicht in unseren Breiten, sondern im australischen Busch: Drei Kinder und ein Aboriginal jagen zwei Gauner, die drei Pferde gestohlen haben. Bei der Verfolgung geraten sie immer tiefer in die Berge und feiern sogar Weihnachten in freier Natur. Der spannende Kinderfilm aus dem Jahr 1983 von Henri Safran (*Stormboy*) ist ein Remake des Klassikers *Bush Christmas* (1947).«

1947 Die Kinder von Mara-Mara

Bush Christmas, AUS, R: Ralph Smart, D: Chips Rafferty, John Fernside, Pat Penny

DER VOGELHÄNDLER

BRD 1962, R: Géza von Cziffra, D: Conny Froboess, Peter Weck, Maria Sebaldt, Albert Rueprecht, Georg Thomalla, Ruth Stephan, Rudolf Vogel, Oskar Sima Nach einer Operette von Carl Zeller: Kurfürst August reist heimlich nach Paris. Derweil versucht sich Graf Stanislaus als sein Doppelgänger auf Zeit als Schürzenjäger. Als die Postangestellte Christel den vermeintlichen Kurfürsten um einen Job für ihren Geliebten bittet, denkt der, seine Christel hätte ein Verhältnis.

TV Movie: »Conny im Kostüm? Das passt nicht! Verwechslungsklamauk ohne Pfiff.«

1960 Der Vogelhändler

BRD, R: Kurt Wilhelm, D: Wera Frydtberg, Heinz Erhardt, Ursula Herking

1953 Der Vogelhändler

BRD; R: Arthur Maria Rabenalt, D: Ilse Werner, Eva Probst, Erni Mangold

1940 Rosen in Tirol

D, R: Géza von Bolváry, D: Marte Harell, Johannes Heesters, Hans Holt

Der Vogelhändler (1953, R: Arthur Maria Rabenalt): Gerhard Riedmann und Ilse Werner

1935 Der Vogelhändler

D, R: E.W. Emo, D: Wolf Albach-Retty, Georg Alexander, Maria Andergast

DER VOLLTREFFER

The Sure Thing, USA 1984, R: Rob Reiner, Drb: Steven Bloom, Jonathan Roberts, nach einer Kurzgeschichte von Samuel Hopkins Adams, K: Robert Elswit, M: Tom Scott, S: Robert Leighton, D: John Cusack (Walter Gibson), Daphne Zuniga (Alison Bradbury), Anthony Edwards (Lance), Boyd Gaines (Jason), Tim Robbins (Gary Cooper), Lisa Jane Persky (Mary Ann Webster), Viveca Lindfors (Professor Taub), Nicolette Sheridan, Marcia Christie, Robert Anthony Marcucci, Sarah Buxton, Lorrie Lightle Walter ›Gib‹ Gibson begegnet in Ithaca der zielstrebigen Alison, obwohl er sich über seine Gefühle für sie keinesfalls klar ist. Alison hat auch längst einen arrivierten Freund in Kalifornien. Er heißt Jason, und als sie in den Weihnachtsferien mit Gary Cooper und Mary Ann Webster zu ihm fahren will, steigt neben Alison auch Gib ins Auto. Gary, ihrer ständigen Streitereien müde, setzt Gib und Alison kurzerhand an die Luft, und so müssen die beiden zusehen, wie sie ohne Auto nach Kalifornien kommen.

Fischer Film Almanach: »Nicht so grell wie die Schöpfer anderer Teenie-Filme à la *Porky's* arbeitet Rob Reiner, der sich eher an *Ten* und *The Graduate* orientiert – also immer noch sehr amerikanisch ist. Er fordert seine Zuschauer auf, nicht von fernen Liebesidolen zu träumen, sondern die Erfüllung ihrer Träume in der Nähe zu

Der Vogelhändler (1962, R: Geza von Cziffra): Conny Froboess und Albert Rueprecht

suchen. Traumfabrik bleibt's allemal. Denn als *Volltreffer* erweist sich für Gib die im fernen Kalifornien verheißene blonde Bikinischönheit ebenso wenig wie für seine Studienkollegin Alison deren Jugendfreund, von dem sie sich ein Leben in Treue und Kleinbürgerglück erwartet. Es kommt, wie es kommen muss: *Das sichere Ding* (Originaltitel) liegt um die Ecke, und die beiden, die sich zuerst so ablehnen, finden sich; warum denn in die Ferne schweifen. Die Story ist also so konventionell wie die Inszenierung. Es ist schon ein Kreuz: Einmal sind die Filme zu rüde, grob und klamaukig, dann wieder zu flott, nett und keimfrei. Warum ist es so schwer, den goldenen Mittelweg zu finden?«

Mahesh Bhatt drehte 1991 in Indien unter dem Titel *Dil Hai Ki Manta Nahin* ein weiteres Remake, die Hauptrollen spielten Pooja Bhatt, Aamir Khan und Anupam Kher.

1956 Ohne Liebe geht es nicht

You Can't Run Away From It, USA, R: Dick Powell, D: June Allyson, Jack Lemmon
»June Allyson trägt durch reifes Können den Film mit ihrer Rolle des verzogenen, in der Not so zaghaft hilflosen Oberen-Zehntausend-Mädchens, und Jack Lemmon ist ihr herzerfrischend schnoddrig-schüchterner Partner. Beide bewältigen mühelos die oft ins Musikalische gleitenden Übergänge, und die Kessheiten ihrer Dialoge sind auch in deutscher Sprache ein Schmunzel-Vergnügen. Wer problemlose Heiterkeits-Unterhaltung sucht, kommt auf seine Kosten.« (H. J. Helmers, *Filmblätter*)

Unten: Der Volltreffer (1984, R: Rob Reiner): Daphne Zuniga und John Cusack
Rechts: Der Volltreffer (1984): Nicolette Sheridan

»Das Gelände jedes großen Studios ist übersät mit den Leichen erfolgloser Neuverfilmungen alter Erfolge. *You Can't Run Away From It* war ein Paradebeispiel. Inszeniert hatte das armselige Ganze der ehemalige Sänger und Schauspieler Dick Powell, die Hauptrolle spielte seine damalige Frau June Allyson. Powell hatte sich offenbar zur gleichen Zeit über zwei verschiedene Schultern umgesehen – die seiner Frau und die des Originalregisseurs Frank Capra. Er kopierte dessen Szenen bis ins Detail (allerdings ohne jenes gewisse, undefinierbare Etwas), darunter auch die berühmte Sequenz um die ›Mauer von Jericho‹, in der der Reporter (Lemmon) eine Wolldecke zwischen seinem Bett und dem der reichen Erbin (Allyson) aufhängt. Im Original hatte damals Clark Gable Claudette Colbert die Schamröte im Gesicht erspart. Die berühmte Ausnahme von der Regel war, dass Jacks Ruf das Ganze ohne Schaden überstand. Man erlaubte ihm zwar nicht, sich als der brillante Komiker zu profilieren, der er war – das dümmliche Skript und die inkompetente Inszenierung ließen ihm dazu auch nicht die geringste Chance. Dennoch war jedermann gerne bereit, alle Zweifel zu seinen Gunsten auszulegen. Mehr

denn je war nun auch Frank Capra davon überzeugt, dass er in absehbarer Zeit einen Film mit Jack drehen würde. Dennoch sollte alles anders kommen, obwohl der Regieveteran selber eine Regel übertrat und den Set eines Remakes eines seiner eigenen Filme besuchte, um zu sehen, wie der neue Babyface-Star mit Clark Gables Schlafanzug zurechtkam. ›Ich halte Lemmon für einen unserer größten Schauspieler‹, sagte er. ›Seit ich ihn damals auf dem Set erlebte, bin ich mir sicher, dass zumindest das Potenzial dazu in ihm steckt. Aber ich glaube, dass er das ganze Ausmaß seiner Fähigkeiten bis jetzt noch nie voll ausschöpfen konnte. Seither hat er ziemlich viel gedreht, aber ich bin, wie damals, immer noch der Meinung, dass er bisher nicht genügend gefordert wurde.‹ Mit dieser Meinung stand Capra deutlich in der Minderheit. Jeder Journalist, dem Jack 1956 während der Entstehungszeit des Films begegnete, war fest von dessen Fähigkeiten überzeugt.« (Michael Freedland, *Jack Lemmon*)

1946 The Runaround

USA, R: Charles Lamont, D: Ella Raines, Rod Cameron, Broderick Crawford

1945 Eve Knew Her Apples

USA, R: Will Jason, D: Ann Miller, William Wright, Robert Williams

1936 Glückskinder

D, R: Paul Martin, D: Willy Fritsch, Lilian Harvey, Paul Kemp

»Der junge Reporter Gil rettet die hübsche Landstreicherin Ann vor dem Gefängnis, indem er sie als Verlobte ausgibt und nun auf Geheiß des Richters, der das Spiel durchschaut hat, sofort heiraten muss. Alle Zeitungen berichten über diese Geschichte, nur Gil hat seine Reporterpflicht vergessen. Nun hat er eine Frau am Hals und die Entlassung in der Hand. Doch dann gibt's eine tolle Überraschung ... Peter Kreuder komponierte für das deutsche Kinotraumpaar Lilian Harvey und Willy Fritsch die Filmschlager *Ich wollt' ich wär' ein Huhn* und *Fräulein Niemand*. *Berliner Lokal-Anzeiger* (1936): ›Ein Film, erfüllt von Charme, Geist und Musik. Was für eine feine, überlegene, mit knappsten Mitteln große Wirkung erzielende Harvey ist das.‹« (*Liebe, Tanz und 1000 Schlagerfilme*)

1934 Es geschah in einer Nacht

It Happened One Night, USA, R: Frank Capra, D: Clark Gable, Claudette Colbert

VON MÄUSEN UND MENSCHEN

Of Mice And Men, USA 1992, R: Gary Sinise, D: John Malkovich, Gary Sinise, Ray Walston, Casey Siemaszko, Sherilyn Fenn, John Terry, Richard Riehle, Alexis Arquette, Joe Morton, Noble Willingham

Nach einem Roman von John Steinbeck: Zwei kalifornische Landarbeiter träumen während der Weltwirtschaftskrise von 1930 von einer eigenen Farm. Einstweilen müssen der clevere George und der bärenstarke, aber geistig zurückgebliebene Lennie immer wieder die Arbeitsstelle wechseln, weil Lennie seine Kräfte nicht unter Kontrolle halten kann.

Fischer Film Almanach: »Der 1937 geschriebene Roman wurde zwei Jahre später von Lewis Milestone erstmals verfilmt. Während Milestone die Sozialkritik betonte, rückt Theatermann Gary Sinise das private Drama in den Vordergrund ... Das Sozialdrama steigert sich nach eher verhaltenem Beginn zu einem bewegenden Plädoyer für Solidarität und Freundschaft.«

1939 Von Mäusen und Menschen

Of Mice And Men, USA, R: Lewis Milestone, D: Lon Chaney jr., Burgess Meredith

VOR SONNENUNTERGANG

BRD 1999, R: Dagmar Damek, D: Harald Juhnke, Julia Stemberger, Claudine Wilde, Jörg Schüttauf, Susanna Simon, Holger Mahlich, Matthias Fuchs, Erika Skrotzki

Vor Sonnenuntergang (1956, R: Gottfried Reinhardt): Claud Biederstaedt und Hans Albers

Vor Sonnenuntergang (1956, R: Gottfried Reinhardt): Annemarie Düringer und Hans Albers

Drei Jahre nach dem Tod seiner Frau lernt Verleger Dr. Johannes Benning die unkonventionelle Germanistin Rena Kollitz kennen. Obwohl der Altersunterschied mehr als offensichtlich ist, verlieben sich die beiden ineinander. Die Töchter und der Schwiegersohn Bennings halten Rena für eine Erbschleicherin, fürchten um ihren Einfluss und wollen die Beziehung mit alter Gewalt zerstören. Mit Hilfe eines befreundeten Arztes inszenieren sie eine Intrige, die den Senior in Gefahr bringt: Sie versuchen Benning einzureden, dass er bald sterben müsse.

Zu Grunde liegt das gleichnamige Drama von Gerhart Hauptmann (1862–1946). Er bekam 1912 den Nobelpreis für Literatur. Autorin Uli Stephan übertrug das Thema des Dramas in die heutige Zeit.

TV direkt: »Die Liebenden sind lieb, die Erben böse. Platter Plot.«

1956 Vor Sonnenuntergang

BRD, R: Gottfried Reinhardt, D: Hans Albers, Annemarie Düringer, Martin Held

1936 Der Herrscher

D, R: Veit Harlan, D: Emil Jannings, Marianne Hoppe, Harald Paulsen

VOYAGE

USA 1993, R: John Mackenzie, D: Rutger Hauer, Eric Roberts, Karen Allen, Connie Nielsen

Ein Ehepaar in der Krise plant einen einsamen Segeltörn auf dem Mittelmeer, doch zwei ungebetene Gäste auf ihrem Schiff machen die Reise zum Höllentrip.

Daniel Kothenschulte *(Film-Dienst)*: »Der plumpe Versuch eines heimlichen Remakes des Horrorfilms *Todesstille*, aufgepeppt mit einer Prise *Kap der Angst*, gerät allein für den Zuschauer zum Albtraum. Trotz der für eine Billigproduktion relativ prominenten Besetzung scheitern alle Bemühungen, dem Drama einen psychologischen Hintergrund zu geben. So überrascht nichts, verebben beabsichtigte Horroreffekte in mediterraner See. Peinlich auch die Leistung des renommierten Komponisten Carl Davis, der eine denkbar primitive Kopie der Bernard-Herrmann-Partitur für *Kap der Angst* liefert.«

1989 Todesstille

Dead Calm, AUS, R: Phillip Noyce, D: Nicole Kidman, Sam Neill, Billy Zane

W – LE JEUNE WERTHER

Le Jeune Werther, F 1992, R: Jacques Doillon, D: Ismaël Jolé-Ménébhi, Marie-Isabelle Rousseau, Thomas Bremond, Miren Capello, Faye Anastasia, Pierre Mézerette, Sunny Lebrati, Jessica Tharaud, Margot Abascal

Nach dem Jugendroman *Die Leiden des jungen Werther* von Johann Wolfgang von Goethe: Der Selbstmord des 14-jährigen Guillaume löst unter dessen Mitschülern große Betroffenheit aus. Man sucht nach Spuren und Motiven.

Die Zeit: »Doillon versucht das Unmögliche: *Werthers Leiden* als Kindergeschichte, von Dreizehn-, Vierzehnjährigen erzählt und gespielt. Einer von ihnen, Guillaume hat sich umgebracht,

aus unglücklicher Liebe vielleicht, wer weiß. Sie wissen es nicht und werden es nie herausfinden, Ismael, Théo, Mirabelle und die anderen, aber was sie erfahren auf ihrer Suche nach Guillaumes Geheimnis, hat Doillon festgehalten: die kleinen Begegnungen, Blicke, das Zögern und Stocken, die ersten Lügen, die Angst, das Begehren und den Schmerz. Das Ende der Kinderspiele und den Beginn jener Sucht, von der das Kino zehrt: nach dem anderen Gesicht, dem fernen Abenteurer, der angehaltenen Zeit.«

1990 Werther
S, R: Håkan Alexandersson, D: Gert Fylking, Ulrika Hansson, Peter Kneip

1986 Werthers unglückliche Liebe
Werther, E, R: Pilar Miró, D: Féodor Atkine, Emilio Gutiérrez Caba

1976 Die Leiden des jungen Werther
DDR, R: Egon Günther, D: Hans-Jürgen Wolf, Katharina Thalbach, Hilmar Baumann

1949 Begegnung mit Werther
BRD, R: Karl-Heinz Stroux, D: Paul Dahlke, Heidemarie Hatheyer, Paul Klinger

1938 Werther
F, R: Max Ophüls, D: Pierre Richard-Willm, Annie Vernay, Jean Galland

DIE WAHLVERWANDTSCHAFTEN

Le affinità elettive, I/F 1996, R: Paolo und Vittorio Taviani, D: Isabelle Huppert, Jean-Hugues Anglade, Fabrizio Bentivoglio, Massimo Popolizio, Laura Marinoni

Nach einem Roman von Johann Wolfgang von Goethe: Angesiedelt in der Toskana zu Beginn

Links: Die Wahlverwandtschaften (1996, R: Paolo und Vittorio Taviani): Isabelle Huppert und Marie Gillain
Unten: Die Wahlverwandtschaften (1996):
Jean-Hugues Anglade und Fabrizio Bentivoglio

des 19. Jahrhunderts, sind vier Personen so sehr mit sich selbst und ihren Gefühlen beschäftigt, dass sie weder ihre Umwelt noch die gesellschaftlichen Erschütterungen ihrer Zeit wahrnehmen. Doch ihre Suche nach maximaler Harmonie ist zum Scheitern verurteilt.

Hubert Spiegel *(FAZ)*: »Während Chabrol, der die einfache Handlung und die komplizierten Charaktere schätzte, sich streng an die Vorlage hielt und Thome in *Tarot*, seiner sehr freien Bearbeitung der Vorlage, die Handlung in die Gegenwart verlegte, wählten die italienischen Regisseure einen Mittelweg. Die Handlung spielt in der Toskana; die Zeit der Napoleonischen Kriege ist jedoch beibehalten. Nur scheinbar werkgetreu folgt der Film der Romanhandlung, die auf ihr Gerüst reduziert ist. Auch wichtige Figuren wie der fanatische Gesellschaftsverbesserer und Ehetherapeut Mittler und Charlottes Tochter Luciane sind gestrichen. So ist es nicht gerade viel, was übrig bleibt.«

1986 Tarot

BRD, R: *Rudolf Thome*, D: *Vera Tschechowa, Hanns Zischler, Rüdiger Vogler*

1981 Die Wahlverwandtschaften

Les affinités électives, BRD/F/ČSSR, R: *Claude Chabrol*, D: *Helmut Griem*

1975 Die Wahlverwandtschaften

DDR, R: *Siegfried Kühn*, D: *Beata Tyszkiewicz, Hilmar Thate, Gerry Wolff*

WALDRAUSCH

BRD 1977, R: *Horst Hächler*, D: *Alexander Stephan, Uschi Glas, Bernhard Helfrich, Siegfried Rauch, Kristina Nel, Adrian Hoven, Sigfrit Steiner, Gerhard Riedmann, Anton Diffring, Ralf Wolter*

Nach einem Roman von Ludwig Ganghofer: Die Geschichte spielt unter den Bewohnern eines abgelegenen Tales, deren karge Existenzgrundlage jedes Jahr durch die Heimsuchung der Frühjahrsüberschwemmungen aufs Neue bedroht wird. Der junge Ingenieur Ambros Lutz, selbst ein Einheimischer, erkennt nach seinem Studium die Notwendigkeit der Regulierung des Wildbaches. Nach langen Mühen erlangt er die Zustimmung der Landesregierung zum Bau eines Staudammes, um das Dorf vor weiteren Katastrophen zu bewahren. Aus dem jähen Einbruch in die Stille ei-

ner seit Jahrhunderten unberührten Landschaft entstehen schwere Konflikte, deren Ursachen in den überlieferten Traditionen der Dorfbewohner wurzeln. Immer wieder werden die Arbeiten an dem gewaltigen Projekt unterbrochen, da fängt der Wald an zu blühen, ein Naturereignis, das die Nerven und Sinne alter Menschen zum Zerreißen anspannt. Mit übermenschlichen Anstrengungen kann der Bau schließlich vollendet werden. Der Ingenieur steht vor dem fertigen Staudamm, doch sein persönliches Glück bleibt ihm versagt. Die leidenschaftliche Liebe zur schönen jungen Schlossherrin muss an Standesunterschieden scheitern.

Produzent Horst Hächler drehte mit *Waldrausch* seinen fünften Ganghofer-Film: Er hatte das Heft dabei ganz in der Hand, denn er führte auch Regie. Es ist kein Debüt, sondern ein Comeback nach mehr als einem Dutzend Jahren. 1957 hatte der Ex-Assistent Helmut Käutners, der ursprünglich Regisseur werden wollte, *Liebe* und 1959 *Die Raubfischer von Hellas* (beides Filme mit seiner damaligen Frau Maria Schell) inszeniert und später noch zwei Krimis in Brasilien gedreht. Regisseur Hächler über seinen Ganghofer-Film: »Mit 13, 14 Jahren habe ich die Ganghofer-Romane aus dem Bücherschrank meines Vaters verschlungen wie Geschichten aus einem fremden, faszinierenden Land. Diese Faszination üben die Storys immer noch auf mich aus, obwohl ich inzwischen sozusagen ein gestandner Wahlbayer mit 20-jähriger Praxis bin. *Waldrausch* ist ein intensiver Unterhaltungsfilm. Ganghofer liefert alles, was dazu nötig ist. Seine Geschichten sind voller Spannung und voller Sozialkritik, obwohl er nie darauf aufmerksam gemacht hat. Und sie haben absolut Bezug auf die sozialen Zustände von heute. Nehmen wir *Wald-*

Waldrausch (1977, R: Horst Hächler):
Alexander Stephan und Uschi Glas

Waldrausch (1962, R: Paul May):
Gerhard Riedmann und Marianne Hold

rausch: da geht es um Menschen in einem kleinen Dorf, die jahrelang auf den Bau eines Staudamms warten mussten, der sie vor den zerstörerischen Frühlingsfluten schützt. Und dann geht es da um billige Arbeitskräfte aus Kalabrien, die von den Einheimischen als Eindringlinge behandelt werden ... Natürlich wollte ich keinen linkspädagogischen Lehrfilm aus Ganghofers Geschichte machen – ich bin der Meinung, dem Zuschauer Dinge emotional ohnehin besser näher bringen zu können, als wenn ich ihn durch offensichtliche Belehrung zur Ablehnung herausfordere.«

TV Spielfilm: »Romantik, etwas Sozialkritik, ein bisschen Katastrophe: okay.«

1962 Waldrausch

A, R: Paul May, D: Marianne Hold, Gerhard Riedmann, Sieghardt Rupp

1939 Waldrausch

D, R: Paul Ostermayr, D: Paul Richter, Hansi Knoteck, Erika Dannhoff

WALDWINTER

BRD 1956, R: Wolfgang Liebeneiner, D: Rudolf Forster, Helene Thimig, Claus Holm, Sabine Bethmann, Susanne Cramer, Erica Beer, Otz Tollen, Willy A. Kleinau, Ilse Steppat, Gert Fröbe, Klaus Kinski, Beppo Brem, Margarete Haagen, Karl Hellmer, Herbert A. E. Böhme, Uwe Witt, Alexander Engel, Joachim Boldt

Nach einem Roman von Paul Keller: Bei einer Flucht im Januar 1945 geht der schlesische Baron Malte mit seiner Dorfgemeinschaft in den Bayerischen Wald, wo er mit Schloss Falkenstein ein zweites Anwesen besitzt. Zehn Jahre später sind die Schlesier in der neuen Heimat mit dem Existenzaufbau beschäftigt. Der Baron versucht, eine alte Glashütte auszubauen. Enkel Martin, der inzwischen als Geschäftsmann in Frankreich lebt, soll ihm dabei helfen. Doch der an Erfolg und Gewinn orientierte Mann will Malte dazu überreden, das Schloss zu verkaufen und sich zur Ruhe zu setzen. Maltes Pflegetochter Marianne, in die Martin sich verliebt, bewirkt jedoch einen Sinneswandel.

Erich Marten (*Filmblätter*): »Die Zweitverfilmung des gleichnamigen Paul Keller-Romans gleicht – angepasst an die heutige Zeit – einer Liebeserklärung an die schlesische Heimat, aus der im Winter 1944 ein Baron und Gutsbesitzer – ausgezeichnet dargestellt von Forster – mit seiner betagten Frau und seiner Pflegetochter – lieb und anziehend von Sabine Bethmann charakterisiert – in den Bayerischen Wald flüchtet, um hier auf seinem Grundbesitz eine neue Existenz aufzubauen ... Die kultivierte Regie vermeidet alles Kitschige und sorgt für flüssigen Ablauf der Handlung. Die Schlussrede auf die schlesisch-bayerische Freundschaft würde wahrhafter wirken, hätte man sie weniger pathetisch ausgehen lassen. Bezaubernd der landschaftliche Hintergrund mit seinen verschneiten Hochwäldern, denen Igelhoffs Musik dazugehörende Atmosphäre verleiht. Alles in allem ein sauber und anständig gemachter Heimatfilm mit Niveau, der überall seine Freunde finden wird.«

Waldwinter (1956, R: Wolfgang Liebeneiner):
Willy A. Kleinau und Sabine Bethmann

Waldwinter (1936, R: Fritz Peter Buch):
Hansi Knoteck und Viktor Staal

1936 Waldwinter

D, R: Fritz Peter Buch, D: Viktor Staal, Hansi Knoteck, Hans Zesch-Ballot

DIE WARSCHAUER ZITADELLE

D 1937, R: Fritz Peter Buch, D: Werner Hinz, Viktoria von Ballasko, Paul Hartmann, Claire Winter, Peter Elsholtz

Nach dem Bühnenstück *Tamten* von Gabriele Zapolska: Polen, vor dem Ersten Weltkrieg. Der Student Konrad Wielgorski will nicht mehr gegen die russische Offiziers-Herrschaft kämpfen. Er lässt sich aber bekehren und wird zu einem umso glühenderen Anführer des polnischen Freiheitskampfes. Oberleutnant Strelkoff bringt Konrad durch Eifersucht in schweren Verdacht, aber seine Mutter, Frau Wielgorska, nimmt für ihn die Verbannung nach Sibirien auf sich.

Lexikon des internationalen Films: »Nach einem nationalpolnischen Bühnenstück gedreht, das 1930 schon einmal fürs Kino inszeniert worden war, erwies sich der mit dem NS-Prädikat ›staatspolitisch wertvoll‹ bedachte Tendenzfilm trotz guter Besetzung schon zur Entstehungszeit als wenig wirkungsvoll in Konzept und Form.«

1930 Die Warschauer Zitadelle

D, R: Jacob Fleck, Luise Fleck, D: Adam Brodzisz, La Jana, Olga Limburg

WAS GESCHAH WIRKLICH MIT BABY JANE?

What Ever Happened To Baby Jane?, USA 1991, R: David Greene, D: Vanessa Redgrave, Lynn Redgrave, John Glover, Bruce A. Young

Nach einem Roman von Henry Farrell: In David Greenes Remake spielen Lynn und Vanessa Redgrave – erstmals gemeinsam vor der Kamera – zwei Schwestern, die sich gegenseitig am liebsten umbringen wollen, aber auf Gedeih und Verderb aneinander gekettet sind. Eine als Kind berühmte Schauspielerin terrorisiert verbittert ihre beliebtere, nun gelähmte Schwester.

Lexikon des internationalen Films: »Überflüssiges, durchschnittliches (Fernseh-)Remake des Psycho-Thrillers von 1962.«

1962 Was geschah wirklich mit Baby Jane?

What Ever Happened To Baby Jane?, USA, R: Robert Aldrich, D: Joan Crawford

Links: Was geschah wirklich mit Baby Jane?
(1962, R: Robert Aldrich): Joan Crawford
und Bette Davis
Unten: Was geschah wirklich mit Baby Jane?
(1962): Bette Davis

WAS IHR WOLLT

*Twelfth Night: Or What You Will, IR/GB/USA 1996,
R: Trevor Nunn, D: Imogen Stubbs, Steven Mackin-
tosh, Nicholas Farrell, Sid Livingstone, Ben Kingsley, James Walker, Helena Bonham Carter, Nigel
Hawthorne, Mel Smith, Imelda Staunton, Toby Stephens, Alan Mitchell, Peter Gunn, Tim Bentinck*

Bei einem Schiffbruch vor der Küste Illyriens
wird das Zwillingspaar Viola und Sebastian getrennt. Zur Trauer um den vermeintlich toten
Bruder bleibt Viola wenig Zeit, denn kaum der
tobenden See entronnen, findet sich die Hei-
matlose schon im Zentrum heftigster amouröser
Turbulenzen wieder ... Viola legt Männerklei-
dung an, tritt unter dem Namen »Cesario« in die
Dienste des Herzogs Orsino und wirbt in seinem
Auftrag um die Gunst der schönen, aber unzugänglichen Gräfin Olivia. Als diese stattdessen ihr
Herz für den Liebesboten entdeckt, während
Viola selbst ihrem Herrn, Orsino, verfällt, ent-
steht eine beispiellose Verwirrung, in der drei
Menschen scheinbar aussichtslos aneinander
vorbei lieben. Täuschung und Selbsttäuschung,
Sein und Schein sind auch die Zutaten eines
Schelmenstreichs, der gleichzeitig unter Olivias
Dach seinen Lauf nimmt. Zielscheibe ist ihr bla-
sierter Haushofmeister, Malvolio, der Haupt-
verschwörer ihr trinkwütiger Onkel, Sir Toby
Belch, und die Munition ein Liebesbrief an Malvolio mit ihrem Siegel, der zu süßlich klingt, um
wahr zu sein. Stoff in Hülle und Fülle für Olivias
melancholischen Narren, Feste, welcher die Torheiten der Liebenden – ohne Rücksicht auf Rang
und Namen – ebenso weise wie witzig kommentiert. Die Ankunft von Sebastian, seiner Zwillingsschwester Viola bzw. »Cesario« bis in die
Schnurrbartspitzen ähnlich, kündigt schließlich
das stürmische Finale an ...

William Shakespeares romantische Liebeskomödie um Verkennung und Täuschung,
wurde vermutlich am Vorabend des Dreikönigs-
fests (Twelfth Night = 6.Januar) von 1601 oder
1602 uraufgeführt. Zwischen der Aufführungs-
situation und dem Charakter des Stücks als Fast-
nachtsspiel mit Mummenschanz und Schabernack bestand also ein enger Zusammenhang.
Shakespeare variiert meisterlich Motive und Situationen seiner früheren Komödien. So erinnert
Violas Verkleidung als Page Cesario an die Ho-
senrolle Julias in *Die beiden Veroneser (The Two
Gentlemen Of Verona)* und Rosalinds in *Wie es
euch gefällt (As You Like It)*. Potenziert wurde
Violas Rollenspiel noch durch die elisabethanische Bühnenkonvention, nach der Mädchenrol-
len von Knaben gespielt wurden ... Bis heute hat
sich an der Popularität gerade dieses Stücks nichts
geändert. In Deutschland etwa steht es in der Sta-
tistik der Aufführungen mit Abstand an der Spitze aller übrigen Komödien Shakespeares.

»Ich war immer der Ansicht, dass dieses Stück
etwas hat, das für unsere Ohren außerordentlich
modern klingt«, meint Regisseur Trevor Nunn,
»ich meine damit die Betrachtung der Ge-
schlechterrolle als Schlüsselelement einer Liebesgeschichte. Anscheinend spielt Shakespeare in
Was ihr wollt mit der Anziehungskraft der Frau
im Manne und umgekehrt.« Für Nunn bestand
die Herausforderung darin, die psychologische
Stimmigkeit des Stücks deutlich zu machen. »Ich
habe vier oder sogar fünf Anläufe unternommen,
um es zu inszenieren und mir darüber lange den
Kopf zerbrochen. Jedes Mal hatte ich das Bedürfnis, das Geschehen realer zu zeichnen, weniger stilisiert, sodass man die Extreme in einem
echten sozialen Kontext sehen kann. Die Botschaft lautet: ›Wir benehmen uns wirklich so‹; das
Stück sagt die Wahrheit, und wir können uns
nicht aus der Schlinge ziehen, indem wir es einfach als eine unglaubwürdige Komödie abtun.«

TV Today: »395 Jahre alt und noch immer hinreißend komisch ... zauberhafte Atmosphäre ...
beschwingte, werkgetreue Verfilmung des Shake-
speare-Stückes.«

1992 The Twelfth Night
RUS/GB, R: Mariya Muat

1987 Twelfth Night
*AUS, R: Neil Armfield, D: Gillian Jones, Ivor Kants,
Jacquy Phillips*

1980 Twelfth Night
*GB, R: John Gorrie, D: Alec McCowen, Robert Har-
dy, Felicity Kendal*

1974 Twelfth Night
GB, D: Charles Gray

1973 Was Ihr wollt
*BRD, R: Otto Schenk, D: Klaus Maria Brandauer,
Christine Ostermayer, Sabine Sinjen*

1969 Twelfth Night
*GB, R: John Sichel, D: Alec Guinness, Ralph Rich-
ardson, Joan Plowright*

1965 Nichts als Sünde
*DDR, R: Hanus Burger, D: Annekathrin Bürger, Hel-
ga Cockova, Herwart Grollse*

1963 Was Ihr wollt
DDR, R: Lothar Bellag, D: Christel Bodenstein, Johanna Clas, Gerry Wolff

1962 Was Ihr wollt
BRD, R: Franz Peter Wirth, D: Ingrid Andree, Karl Michael Vogler, Fritz Wepper

1957 Twelfth Night
USA, R: David Green, D: Max Adrian, Denholm Elliott, Maurice Evans

1957 Twelfth Night
GB, R: Caspar Wrede, D: Dilys Hamlett, Robert Hardy, James Maxwell

1956 Was ihr wollt
Dvenadtsataya noch, UdSSR, R:Yan Frid, D: Aleksandr Antonov, Sergei Filippov

1950 Twelfth Night
GB, R: Harold Clayton, D: Geoffrey Dunn, John Gatrell, Barbara Lott

1939 Twelfth Night
GB, R: Michel Saint-Denis, D: Peggy Ashcroft, George Devine, George Hayes

1910 Twelfth Night
USA, R: Charles Kent, D: Julia Swayne Gordon, Charles Kent, Florence Turner

WAS NICHT PASST, WIRD PASSEND GEMACHT – DER SPIELFILM

BRD 2001, R: Peter Thorwarth, D: Dietmar Bär, Ralf Richter, Hilmi Sözer, Willi Thomczyk, Peter Thorwarth, Alexandra Maria Lara, Michael Brandner
Das Ruhrgebiet: Zwei Baustellen in einem Neubaugebiet, direkt nebeneinander, zwei konkurrierende Bauunternehmen, die von zwei zerstrittenen Brüdern geführt werden. Während die Firma »Wiesenkamp Hoch & Tief« von Ernst Wiesenkamp gut organisiert und mit modernster Ausrüstung eine geschmacklose Villa hochzieht, baut auf dem Nachbargrundstück »Werner Wiesenkamp Bau« von Bruder Werner mit traditioneller Improvisationstechnik, frei nach dem Motto des Vorarbeiters Horst: »Wat nich' passt, wird passend gemacht«. Zu Werner Wiesenkamps Truppe zählen neben Horst noch Kalle, Frauenheld und »Spezialist für Billigbauweise«, und der Türke »Kümmel«. Die drei sind von ihrem Chef Werner reichlich genervt, denn seine neureiche Lebensweise finanziert er zum größten Teil auf ihre Kosten. So schmieden sie einen perfiden Plan, um ihren Chef um das Geld zu erleichtern, das er ihnen aus unzähligen Überstunden noch schuldig ist ...

Nach der Komödie *Bang Boom Bang – Ein todsicheres Ding* ist dies die zweite Spielfilmarbeit von Regisseur Peter Thorwarth. Die Geschichte, die auf Thorwarths gleichnamigem Kurzfilm aus dem Jahre 1996 basiert, wurde vom Autoren-Team Mathias Dinter und Martin Ritzenhoff (*Fußball ist unser Leben*) zu Papier gebracht.

»*Was nicht passt, wird passend gemacht – Der Spielfilm* ist nicht nur turbulente Komödie mit makabren Zwischentönen, sondern zugleich auch detailgenaue Milieustudie mit skurrilen Charakteren und – für viele überraschend – romantische Love Story. Für die Hauptrollen konnte Thorwarth neben den Ruhrpott-Unikaten Ralf Richter, Willi Thomczyk und Hilmi Sözer auch *Tatort*-Kommissar Dietmar Bär und Nachwuchs-Star Alexandra Maria Lara *(Der Tunnel)* gewinnen. In prägnanten Nebenrollen brillieren Heinrich Schafmeister als spießiger Stadtrat und Stefan Jürgens als arroganter Architekt.« (Verleihmitteilung)

Dieter Oßwald (*Programmkino.de*): »Den putzigen Titel hat sich auch der Jungfilmer Peter Thorwarth zu Eigen gemacht: aus seinem überaus ulkigen Kurzfilm mit Kultstatus hat er nun, sechs Jahre später, einen abendfüllenden Spielfilm gestrickt. So grandios wie der clevere Vorgänger konnte die Langfassung gar nicht werden. Dennoch kann sich das Ergebnis durchaus sehen lassen ... In der letzten Viertelstunde geht der Story mit einer absurden Wendung zwar etwas die Luft aus, als ganz große Trumpfkarte indes bleibt wie schon im Kurzfilm das Ruhrpott-Urvieh Willi ›Wurst‹ Thomczyk. Dessen Präsenz allein ist schon seit je her eine Comedy-Klasse für sich. Einer wie er kann selbst die einfältige Sketch-Parade der RTL-*Camper* noch retten. Hier bekommt er die Rolle, die ihm zusteht: ein spaßiges Sahnehäubchen der unwiderstehlichen Art. Ein Film, ebenso für die Fans der Kurzversion wie für all jene, die sie gar nicht kennen.«

1997 Was nicht passt, wird passend gemacht
BRD, R: Peter Thorwarth, Tim Trageser, D: Diether Krebs, Ralf Richter

WASHINGTON SQUARE

USA 1997, R: Agnieszka Holland, D: Maggie Smith, Ben Chaplin, Jennifer Jason Leigh
Nach einem Roman von Henry James: New York Mitte des 19. Jahrhunderts. Die junge Catherine Sloper kämpft seit ihrer Kindheit vergeblich um

Washington Square (1997, R: Agnieszka Holland): Jennifer Jason Leigh

die Liebe ihres Vaters, dem strengen, wohlhabendes Mediziners Dr. Austin Sloper. Doch Sloper kann nicht verwinden, dass Catherines Mutter bei ihrer Geburt gestorben ist. In dieser lieblosen Atmosphäre ist der charmante Morris Townsend wie eine Lichtgestalt für die unglückliche Catherine. Sie verliebt sich leidenschaftlich in ihn. Ihr Vater aber sieht in dem mittellosen Townsend nichts weiter als einen Mitgiftjäger und verweigert ihm die Hand seiner Tochter. Doch nach einer vom Vater erzwungenen einjährigen Europareise kehrt Catherine als selbstsichere Frau nach New York zurück und ist bereit, ihre gesellschaftliche Stellung und das väterliche Erbe ihrer Liebe zu opfern.

Washington Square, der erstmals 1880 veröffentlichte klassische Roman von Henry James (1843–1916), wurde bereits 1947 von Ruth und Augustus Goetz zu einem gefeierten Broadway-Stück adaptiert. 1949 wurde er von Regisseur William Wyler unter dem Titel *Die Erbin (The Heiress)* verfilmt. In der Rolle der Catherine Sloper erhielt damals Olivia de Havilland einen Oscar. Die neue Version ist dem Original verpflichtet, Produzentin Julie Bergman Sender meint: »Wir greifen für unseren Film auf die ursprüngliche Quelle zurück, auf den Roman. Das Gute an Erzählungen, die so lange Zeit überdauern, ist, dass viele Interpretationen dazu möglich sind.«

Washington Square ist ein tief greifendes Porträt jener Zeit – eine geradezu klinische Studie über die Emotionen einer jungen Frau, die ihre eigene romantische Liebe ausleben wollte, auch entgegen dem väterlichen Verbot. *Washington Square* ist eine Geschichte über viktorianische Konventionen und Unterdrückte. Die Regisseurin Agnieszka Holland war fasziniert von dem Realismus in Henry James' Darstellung der komplexen, altertümlichen europäischen Wertvorstellungen, die von amerikanischem Realismus und Einfachheit überlagert wird: »Diese Doppeldeutigkeit in James' Werk finde ich besonders attraktiv, genauso wie die dynamische Entwicklung der Protagonistin, die ihre Selbstzweifel und Unsicherheit überwindet, um zu einer selbstbewussten Persönlichkeit zu werden.«

Cinema: »Ein Kostümfilm, der nicht in seiner Ausstattung ertrinkt, sondern das Gefühlschaos von Henry James' tragischem Liebesroman bewegend auf die Leinwand überträgt.«

1949 Die Erbin

The Heiress, USA, R: William Wyler, D: Olivia de Havilland, Montgomery Clift

Washington Square (1997, R: Agnieszka Holland): Ben Chaplin und Jennifer Jason Leigh

DAS WASSER DES LEBENS

O zivej vode, BRD/ČSSR 1987, R: Ivan Balada, D: Michael König, Nikolas Vogel, Michele Melega, Assumpta Almirall, Dusan Dorcák, František Velecky, Steva Marsalek, Jozef Skála

Nach einem Märchen der Gebrüder Grimm: Der alte König ist schwer krank, geheilt werden kann er nur durch das Wasser des Lebens, das sehr schwer zu bekommen ist. Die drei Söhne machen sich nacheinander auf den Weg, das Wasser zu holen und der Erbe des Reiches zu werden. Dabei treffen sie auf einen Gnom. Die ersten beiden behandeln den Zwerg hochnäsig und werden gleich von ihm einkassiert. Der dritte ist bescheiden und freundlich zu dem Zwerg, besorgt das Wasser, ergattert ein nie endendes Brot, befreit eine verwunschene Prinzessin, die sich ihm verspricht, bekommt ein unbesiegbares Schwert und legt auf dem Rückweg ein gutes Wort für seine Brüder ein. Der Zwerg entlässt die Brüder aus dem bösen Fluch und warnt den jüngeren vor deren schlechtem Charakter.

1961 The Magic Fountain

E/USA, R: Allan David, D: Peter Nestler, Helmo Kindermann, Joseph Marz

WATERBOY –
DER TYP MIT DEM WASSERSCHADEN

The Waterboy, USA 1998, R: Frank Coraci, D: Adam Sandler, Kathy Bates, Henry Winkler, Fairuza Balk, Jerry Reed, Larry Gilliard jr., Blake Clark, Peter Dante, Jonathan Loughran

Keiner kann ihm das Wasser reichen: Bobby Boucher ist mit 31 Jahren der Wasserträger des College Football-Teams und ansonsten vor allem Mamas Sonnenschein im Sumpfland Louisiana. Leider findet seine Wasserleidenschaft keinen großen Anklang, und so ist Bobby dem Gespött und den groben Späßen der Footballspieler ausgeliefert. Bis er zu Coach Klein kommt, der auf ungeahnte Fähigkeiten des Waterboys stößt. Nun darf Bobby Boucher nicht nur das College besuchen, plötzlich interessiert sich sogar die hübsche Vicki Vallencourt für ihn ...

TV Movie: »Wer hier einen ähnlich witzigen Adam Sandler wie in *Eine Hochzeit zum Verlieben* erwartet, wird enttäuscht: in eher brachialer *Happy Gilmore*-Schmalspurkomik werden hier reichlich infantile Späße gerissen, die aber offensichtlich das footballbesessene Publikum in Amerika begeistern konnten. Neben einigen liebevollen Details und einer hinreißenden Kathy Bates ist zumindest noch Fairuza Balk *(American History X)* als sexy Kleinstadt-Mieze bemerkenswert.«

1925 The Freshman

USA, R: Fred C. Newmeyer, Sam Taylor, D: Harold Lloyd, Jobyna Ralston

WATERLOO

I/UdSSR 1970, R: Sergej Bondartschuk, D: Rod Steiger, Christopher Plummer, Virginia McKenna, Jack Hawkins, Dan O'Herlihy, Orson Welles, Michael Wilding, Isabella Albonico, Terence Alexander, Guglielmo Ambrosi, Antonio Anelli

50.000 Tote, unzählige Verwundete und ein Napoleon, dessen politische Karriere unwiderruflich beendet ist: Das war die blutige Bilanz der Schlacht von Waterloo. Sergej Bondartschuk, russischer Schauspieler, Regisseur und Oscar-Preisträger für seine vierteilige *Krieg und Frieden*-Verfilmung, hat einen Monumentalfilm über den letzten und tiefsten Fall des französischen Kaisers gedreht. Zur Veranschaulichung der letzten 100-Tage-Herrschaft Napoleons wurden in der Ukraine Hügel aufgeschüttet und 5.000 Bäume gepflanzt. Ein Jahr dauerten die Vorbereitungen, bis sich 20.000 Soldaten als Statisten kameragerechte Kämpfe auf dem rekonstruierten Schlachtfeld liefern konnten.

Lothar Lambert *(Der Abend)*: »Ein Film der Superlative, der wehmütig stimmt, weil das Ergebnis in keinem Verhältnis steht zum Aufwand: De Laurentiis und Mos-Film investierten 40 Millionen Dollar. 20.000 Rotarmisten wurden als Statisten eingesetzt. 140 Kilometer Film liefen durch die Kamera – mehr als für vier Teile *Krieg und Frieden* zusammen. Mit jenem Film war der Regisseur Sergej Bondartschuk im Westen bekannt geworden. Die russisch-italienische Coproduktion holte ihn 1969 für *Waterloo*. Dazu Rod Steiger als Napoleon, Christopher Plummer als Wellington und eine Hand voll namhafter Darsteller für die Rollen am Rande. Eine Inhaltsangabe erübrigt sich. Der Film macht sich nicht die Mühe, allgemein verbreitete vage Vorstellungen über die Schicksalsstunde Napoleons zu vertiefen oder gar zu korrigieren. Das Drehbuch lässt keinen Spielraum für eine differenzierte Gestaltung von Schlacht und Schlächter. Schwelgerisch und schön wird gesiegt, verloren und gestorben. Napoleon selbst kratzt man ein bisschen am Lack, aber gerade dieses demonstrative ›Seht, er war auch nur ein Mensch‹ ist geeignet, das Heldenbild zu bestätigen.«

1928 Waterloo
D, R: Karl Grune, D: Otto Gebühr, Charles Vanel, Betty Bird

DER WEIBSTEUFEL
BRD/A 1998, R: Jo Baier, D: Günther-Maria Halmer, Julia Thurnau, Fritz Karl, Josef Wierer, Friedrich von Thun, Johanna Tornek

Nach einem Theaterstück von Karl Schönherr: Eine skrupellose und gerissene Bande von Viehschmugglern treibt schon lange ihr Unwesen im Gebirge nahe der italienischen Grenze. Kopf der Bande ist der alte Bauer Quirin, dem der Kommandant des Dorfes jetzt endgültig das Handwerk legen will. Zur Verstärkung holt er den jungen, ehrgeizigen Grenzbeamten Gröbmayr ins Büro. Sein Plan: Gröbmayr soll Quirins blutjunge und schöne Frau Maria verführen, um dadurch an den alten Fuchs heranzukommen. Gröbmayr ist auf Anhieb von Maria fasziniert. Er beobachtet sie heimlich, und mit einem Trick erschleicht er das Vertrauen der einsamen, kinderlosen Frau in den Bergen. Was er jedoch nicht ahnt: Der gerissene Quirin durchschaut seine Absicht und stiftet nun seinerseits seine Frau an, dem Grenzpolizisten schöne Augen zu machen, um dessen Pläne auszuhorchen. Es beginnt ein äußerst gefährliches Doppelspiel der beiden Männer mit der Frau als Köder. Zunächst scheint der Schachzug zu gelingen. Maria umgarnt den Grenzer mit all ihrer weiblichen Verführungskunst – doch aus dem Spiel mit dem Feuer wird zunehmend Ernst. Obwohl sie sich heftig gegen die aufkeimenden Gefühle wehrt, wird sie mehr und mehr von dem vitalen Mann angezogen, der ihr ihre sexuelle Frustration und die versagten Mutterfreuden erst bewusst macht. Auch für Gröbmayr ist die Grenze zum »dienstlichen Auftrag« längst überschritten – beide verlieben sich rettungslos ineinander. Durch ihre leidenschaftliche Liebe wird der Frau die seltsame Ehe, die sie seit sechs Jahren mit Quirin führt, umso bewusster: Ihren Mann hat sie damals nicht aus Liebe geheiratet, sondern weil er ihr versprochen hat, ein Haus am Marktplatz für sie zu kaufen, sobald er genügend Geld dafür hat. Quirin hingegen vergöttert zwar seine schöne Frau, doch ihren sehnlichsten Wunsch nach Kindern will er ihr nicht erfüllen. Als Quirin jedoch beginnt, den wahren Verlauf der Geschichte zu wittern, und die junge Frau erkennen muss, dass ihr Liebhaber sie ebenfalls als Informantin missbraucht hat, ist die Katastrophe nicht mehr aufzuhalten.

Regisseur Jo Baier: »Als ich den *Weibsteufel* in die Hand nahm, gefiel mir natürlich die geradezu klassische Dreieckskonstellation. Ich habe mich dann dazu entschlossen, das Stück zwar äußerlich in die zwanziger Jahre zu verlegen – nicht, um es historischer, sondern, um es durch die Distanz zeitloser und auch optisch sozusagen ›klassischer‹ zu machen –, aber inhaltlich neu zu betrachten. Im Stück von Karl Schönherr ist es so, dass die Frau eigentlich ein Luder ist und die Männer sind die Dummen, die sie beide an der Nase herumführt. Am Ende triumphiert sie. Das war mir zu sehr schwarz-weiß. Das wollte ich ändern. Am Ende sollte niemand eindeutig schuldig oder nicht schuldig sein. In einer wirklichen Tragödie macht sich auch der Schuldlose schuldig, weil er als Mensch nicht anders kann. Gut und Böse sind nicht so einfach zu trennen. Jeder

Der Weibsteufel (1951, R: Wolfgang Liebeneiner): Hilde Krahl und Kurt Heintel

dieser Menschen ist irgendwo im Käfig seiner Gefühle gefangen, keiner kann heraus. Auch als Zuschauer soll man jeden verstehen können – und auch wieder nicht. Das ist für mich der moderne Ansatz dabei – oder der archaische, wenn man so will.«

Das Originalstück von Karl Schönherr wurde als Drama in fünf Akten am 6. April 1915 im Johann-Strauß-Theater in Wien uraufgeführt, die erste Verfilmung datiert aus dem Jahr 1951.

1966 Der Weibsteufel
A, R: *Georg Tressler*, D: *Maria Emo, Sieghardt Rupp, Hugo Gottschlich*

1951 Der Weibsteufel
A, R: *Wolfgang Liebeneiner*, D: *Hilde Krahl, Kurt Heintel, Bruno Hübner*

WEISSE FRACHT AUS PARIS
Cargaison blanche, F 1957, R: *Georges Lacombe*, D: *Françoise Arnoul, Renée Faure, Jean-Claude Michel, Judith Magre, Michel Salina, Germaine Kerjean, Jean-Claude Brialy*
Nach dem Roman *Le chemin de Rio* von Jean Masson: Ein Journalist, der über Mädchenhandel recherchierte, wird ermordet. Eine junge Kollegin geht seinen Recherchen nach und kommt in einer finsteren Bar einem Mädchenhändlerring auf die Spur. Als man sie und einen Freund beseitigen will, erscheint die Polizei.

Lexikon des internationalen Films: »Mischung aus düsterem Kriminal- und Reportagefilm, die dem Thema ›Mädchenhandel‹ nichts Neues abgewinnen kann. Routiniert inszeniert, erreicht der Film durchaus eine atmosphärische Dichte, die er aber allzu oft nur aufbaut, um eine Plattform für die Hauptdarstellerin zu schaffen, die sich dann im Gegenlicht aus- und umzieht.«

1936 Weiße Fracht für Rio
Cargaison blanche, F, R: *Robert Siodmak*, D: *Kate de Nagy, Jean-Pierre Aumont*

WEISSER TOD IN ALASKA
Alaska Seas, USA 1953, R: *Jerry Hopper*, D: *Robert Ryan, Gene Barry, Jan Sterling, Brian Keith, Richard Shannon, Ralph Dumke*
Nach einem Roman von Barrett Willoughby: In diesem trist-nordischen, prägnant monotonen, eisgekühlten Alaska fängt man Lachse. Das magere Genossenschafts-Fischerleben aber wird von einem bösartigen Konservenkönig bedroht, und der Held der Story, ein Satansbraten und Re-nommee-Lump mit Gauner-Sexappeal, hilft diesem Halsabschneider. Dafür muss er am Schluss ins Gras bzw. in einen massiven Eisberg beißen, der das Gaunerschiff samt Inhalt pulverisiert.

Ponkie *(Filmblätter)*: »Ansätze zu logischer Charakterzeichnung und landschaftlich reizvoll umrahmtes Milieu drängen gelegentlich aus der Schablone, ansonsten aber wird Schuld und Sühne im Nordmeer (sorgfältig synchronisiert) nach bewährtem Abenteuer-Rezept abgehandelt.«

1938 Raubfischer in Alaska
Spawn Of The North, USA, R: *Henry Hathaway*, D: *George Raft, Henry Fonda*

WENN DER POSTMANN ZWEIMAL KLINGELT
The Postman Always Rings Twice, USA 1981, R: *Bob Rafelson*, D: *Jessica Lange, Jack Nicholson, John Colicos, Michael Lerner, Anjelica Huston, John P. Ryan*
Nach einem Roman von James M. Cain: Rumtreiber Frank ist nur einer von vielen, die zur Depressionszeit auf der Suche nach einem Job durch die USA ziehen. Tankstellenbesitzer Nick hat Mitleid und stellt ihn ein. Statt mit der Zapfsäu-

Wenn der Postmann zweimal klingelt (1981, R: Bob Rafelson)

le beschäftigt sich Frank aber lieber mit Nicks heißblütiger Frau Cora. Als der Ehemann ihrer Affäre im Weg steht, beschließt das lüsterne Paar, ihn auszuschalten ...

MovieLine: »In der vierten Verfilmung von James Cains Roman aus der großen Depressionszeit hat sich Regisseur Bob Rafaelson vollkommen auf die Geschichte einer amour fou konzentriert. Das Liebespaar Frank und Cora, die skrupellos und ohne Rücksicht auf Moral ein gemeinsames Leben suchen, wird faszinierend und emotionsgeladen dargestellt von Jack Nicholson und Jessica Lange, die allein diesen Film schon sehenswert machen. Obwohl Rafaelson soziale Hintergründe einer schwarzen Zeit völlig ausgespart hat, ist ihm ein detailliertes, schillerndes und leidenschaftliches Portrait einer Beziehung gelungen.«

1998 entstand in Ungarn unter dem Titel *Szenvedély* (Regie: György Fehér) mit István Lénárt, László Gálffi und Zoltán Bezerédy eine weitere Verfilmung des Romans von James M. Cain.

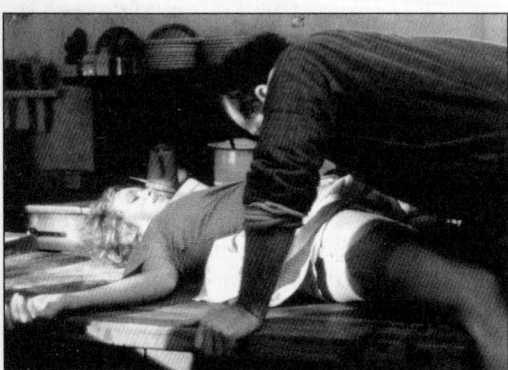

Von links oben nach rechts unten:
- *Wenn der Postmann zweimal klingelt (1981, R: Bob Rafelson): Jessica Lange und Jack Nicholson auf dem Küchentisch*
- *Wenn der Postmann zweimal klingelt (1981): Jessica Lange als Cora*
- *Im Netz der Leidenschaften/Die Rechnung ohne den Wirt (1946, R: Tay Garnett): Cecil Kellaway, John Garfield und Lana Turner*
- *Im Netz der Leidenschaften/Die Rechnung ohne den Wirt (1946): John Garfield, Hume Cronyn und Lana Turner*

Ossessione – Besessenheit (1942, R: Luchino Visconti):
Massimo Girotti und Clara Calamai

Ossessione – Besessenheit (1942):
Massimo Girotti und Elio Marcuzzo

1946 Im Netz der Leidenschaften/
Die Rechnung ohne den Wirt
The Postman Always Rings Twice, R: Tay Garnett,
D: Lana Turner, John Garfield
1942 Ossessione – Besessenheit
Ossessione, I, R: Luchino Visconti, D: Massimo
Girotti, Clara Calamai, Dhia Cristiani
1939 Le dernier tourant
F, R: Pierre Chenal, D: Fernand Gravey, Michel Si-
mon, Corinne Luchaire

WENN DU NOCH EINE MUTTER HAST
A 1954, R: Robert A. Stemmle, D: Paula Wessely,
Stefan Skodler, Erich Auer, Heinrich Schweiger, Al-
bert Rueprecht, Waltraut Haas
Die Geschichte einer Mutter, die durch den plötzlichen Tod ihres allzu leichtsinnig lebenden Mannes aus wohlhabenden Verhältnissen in größte
wirtschaftliche Not gerät und als Inhaberin einer
zunächst sehr kleinen Wäscherei sich durch harte Arbeit mit ihren vier Kindern durchschlägt:
Die Tochter hat eine unglückliche Liaison und
ein Sohn verliert bei einem missglückten Bravourstück das Augenlicht. Schließlich opfert die
schwergeprüfte Mutter ein Auge, um durch
Hornhautübertragung dem blind gewordenen
Sohn wenigstens wieder zu einem gesunden Auge zu verhelfen.

F. E. Olimsky *(Filmblätter):* »In der Mutter-
rolle gibt Paula Wessely eine ihrer bisher stärksten Leistungen; interessant wäre es, jetzt noch
einmal den alten Käthe Dorsch-Film zu sehen,
die Wessely würde dabei gewiss nicht schlecht ab-
schneiden. Als uneigennütziger Freund des Hauses bewährt sich Fritz Schulz im Charakterfach.

Waltraut Haas weiß die dem Ballett verfallene
Tochter glaubhaft zu charakterisieren, der Fortschritt gegenüber ihrem bisherigen ›herzigen Mädel‹ ist unverkennbar. Auch ein paar junge Wiener Nachwuchsschauspieler kommen gut zur
Geltung. Stemmles Regie war ersichtlich bemüht,
dem durch das massierte Unglück nicht sehr überzeugend wirkenden Stoff durch realistische Inszenierung zu mehr Glaubwürdigkeit zu verhelfen. Das Publikum war stark gerührt.«
1939 Mutterliebe
D, R: Gustav Ucicky, D: Käthe Dorsch, Paul Hörbi-
ger, Wolf Albach-Retty

WENN WIR ALLE ENGEL WÄREN
BRD 1956, R: Günther Lüders, D: Dieter Borsche,
Marianne Koch, Hans Söhnker, Fita Benkhoff, Gus-
tav Knuth, Carla Hagen, Erich Ponto
Nach einem Roman von Heinrich Spoerl: Stadt-
bibliothekar Christian Kempenich aus dem Mo-
selstädtchen Weinbach reist nach Düsseldorf vor,
um die Patenschaft für die Zwillinge seiner Cousine zu übernehmen. Kempenichs junge Frau
Elisabeth ist zum ersten Mal in ihrer überaus
glücklichen Ehe allein. Aus lauter Frust unternimmt sie eine kleine Moselfahrt. Auf dem
Dampfer trifft sie den flotten Kammersänger Fa-
lotti, der ihr seit einiger Zeit Gesangsunterricht
gibt. Die Freude ist auf beiden Seiten groß. Es
wird getrunken, geschunkelt und getanzt. Ob so
viel weinseliger Fröhlichkeit vergisst Frau Elisabeth ganz das Aussteigen, bis der Dampfer spät
abends in Koblenz hält. Kein Zug fährt nach
Weinberg, und so muss Elisabeth dem Herrn Fa-
lotti in dessen Hotel folgen. Indessen hat Chris-

tian Kempenich seine familiären Verpflichtungen in Düsseldorf erledigt. Als er zufällig einem alten Schulkameraden begegnet, versäumt er im erinnerungsseligen Gespräch den letzten Zug nach Hause. Man steigt ins Düsseldorfer Nachtleben ein. Total blau beendet Christian seine feuchtfröhliche Tour in einem Hotel zweiten Ranges. Am nächsten Morgen wacht er an der Seite eines ihm wildfremden Mädchens auf. Die beiden Eheleute kommen gleichzeitig am Bahnhof an. Elisabeth gelingt es geistesgegenwärtig, eine Begegnung zu vermeiden und als erste in der Wohnung zu sein. Dort fällt sie ihm in strahlender Wiedersehensfreude um den Hals und übersieht in ihrer Erleichterung, wie zerknittert und mitgenommen ihr Ehemann ist. Der häusliche Frieden bei den Kempenichs ist vollkommener denn je. Es wäre auch so geblieben, wenn nicht zwei amtliche Schreiben das Paradies jäh gestört hätten. In ihnen werden Christian Kempenich und Elisabeth Kempenich aufgefordert, in Sachen Hoteldiebstahl vor der Polizei zu erscheinen.

Vorlage zu dieser heiteren Ehegeschichte um »viel Lärm um nichts« war ein Roman des Schriftstellers und Drehbuchautors Heinrich Spoerl (1887–1955). Fast alle seine Romane wurden verfilmt, so *Die Feuerzangenbowle* (gleich dreieinhalbmal), *Der Gasmann* und *Der Maulkorb* (zweimal). Auch Günther Lüders' Verfilmung war ein Remake: 1936 setzte Carl Froelich den Stoff mit Heinz Rühmann in Szene. Rühmanns Rolle übernahm 20 Jahre später Dieter Borsche, die Nachfolgerin von Leny Marenbach wurde Marianne Koch, Harald Paulsen wurde von Hans Söhnker bestens ersetzt. Vergnügen bereiten beide Versionen.

Wenn wir alle Engel wären (1936, R: Carl Froelich): Leni Marenbach und Heinz Rühmann

Dr. L. Henckel *(Filmblätter):* »Remakes sind stets bemüht, die Schwingen etwas weiter zu spannen als ihr filmisches Vorbild. Beim farbig gefiederten Höhenflug gelingt es Borsche in der heiteren Zwangsjacke linkischer Spießbürgerlichkeit jedoch nicht, den Rühmann-Rekord zu brechen. Marianne Koch demonstriert mit erfrischender Natürlichkeit ihre Begabung für gezügelte Komik. Als abgetakelter Don Juan brilliert Söhnker mit gaggeladener Theatralik. Fita Benkhoff versprudelt klatschsüchtig viel rheinisches Temperament im Dekor hyperverrückter Hüte ... Lüders Regie vermeidet die allzu lauten Töne. Er hat die Tragikomödie im beschaulichen Schmunzelmilieu unterhaltsam angesiedelt und sie damit zweifellos zu einem sicheren Erfolg gebracht.«

1936 Wenn wir alle Engel wären
D, R: Carl Froelich, D: Heinz Rühmann, Leni Marenbach, Harald Paulsen

WER DEN STURM SÄT
Inherit The Wind, USA 1999, R: Daniel Petrie, D: Jack Lemmon, George C. Scott, Beau Bridges, Tom Everett Scott
Nach einem Bühnenstück von Jerome Lawrence: 1925 fand in einer Kleinstadt im US-Bundesstaat Tennessee ein denkwürdiger Prozess statt. Ein Biologielehrer, der Darwins Evolutionstheorie in seinem Unterricht verbreitete, wurde von einem

*Wenn wir alle Engel wären
(1936, R: Carl Froelich): Leni Marenbach*

fanatischen Fundamentalisten vor den Richter gezerrt, wo er seiner Lehre öffentlich abschwören sollte.

ComputerBild: »Eine TV-Produktion der besonderen Art. Eine Super-Besetzung, eine packende Story und eine glaubhafte Wiedergabe der 20er-Jahre. Stark.«

1988 Der Brady Skandal
Inherit The Wind, USA, R: David Greene, D: Kirk Douglas, Jason Robards

1959 Wer den Wind sät
Inherit The Wind, USA, R: Stanley Kramer, D: Spencer Tracy, Gene Kelly

WER IST MR. CUTTY?

The Associate, USA 1996, R: Donald Petrie, D: Whoopi Goldberg, Dianne Wiest, Eli Wallach, Tim Daly, Bebe Neuwirth, Austin Pendleton, Lainie Kazan, George Martin, Kenny Kerr, Lee Wilkof, Helen Hanft, George Morfogen, Zeljko Ivanek

Einer erfolgreichen Wall-Street-Brokerin wird der Aufstieg erschwert, weil sie schwarz und eine Frau ist. Auch als selbstständige Beraterin kommen ihre Geschäfte erst ins Laufen, nachdem sie sich als Mitarbeiterin eines unbekannten Finanzgenies ausgibt, für den sich bald alle Welt interessiert.

Lexikon des internationalen Films: »Überzeichnete Komödie, die weder ihre satirischen Ansätze noch das komische Potenzial ausschöpft. Sie überzeugt nur dort, wo sie die Prozesse beobachtet, die zur öffentlichen Etablierung der fiktiven Figur führen.«

1982 Mein Partner Davis
L'Associé, F, R: René Gainville, D: Michel Serrault, Claudine Auger, Catherine Alric

WER REISST DENN GLEICH VORM TEUFEL AUS

DDR 1978, R: Egon Schlegel, D: Hans-Joachim Frank, Katrin Martin, Rolf Ludwig, Hannjo Hasse, Dieter Franke, Wolfgang Greese, Hans-Peter Reinecke, Fred Ludwig, Peter Köhncke

Nach dem Märchen *Der Teufel mit den drei goldenen Haaren* der Gebrüder Grimm: Jakob ist ein naiver junger Mann, der durch die Lande zieht. Der König möchte seine Tochter vermählen, doch nur derjenige soll sie zur Frau bekommen, der die berühmten drei goldenen Haare vom Kopfe des Teufels zu holen vermag. Jakob, der sich in die Prinzessin verliebt hat, bricht auf, um den Wunsch des Königs zu erfüllen. Unterwegs trifft er in den Dörfern auf Leute in Not und voller Sorge. Er verspricht, sich auch um ihre Probleme zu kümmern. Die Leute sollten nur auf seine Rückkehr warten. In der Hölle angekommen, erfährt Jakob Unterstützung durch des Teufels Frau, die ihrem Mann während des Schlafs die drei goldenen Haare ausreißt und ihn gleichzeitig auch zu den Sorgen der Leute befragt. Jakob, der nun die drei goldenen Haare besitzt und weiß, warum die Leute Not leiden müssen, macht sich eiligst auf den Weg zu seiner Angebeteten ...

Lexikon des Kinder- und Jugendfilms: »Frei und frech erzählt der Streifen die Geschichte vom armen Burschen, der auszog, das Fürchten zu verlernen: ›Wir wollen zeigen, wie der Junge, fast ein Feigling, mit der Angst fertig wird: Denn wer gelernt hat, mit dem Bösen umzugehen, der wird auch bei überraschenden Situationen im Leben damit fertig‹, erklärte der Regisseur Egon Schlegel. Grundmotiv vieler Volksmärchen ist die Sehnsucht nach dem glücklichen Leben und die Hoffnung darauf, dass Ungerechtigkeit bestraft wird. In den meisten DDR-Märchenfilmen werden die Akzente anders gesetzt: Der Held ist nicht strahlend und das Glück fällt ihm nicht so ohne weiteres in den Schoß. Und zu solch einer Akzentverschiebung passt denn auch ein Teufel, der gar nicht unsympathisch wirkt, obwohl er höllisch blöd ist: Rülpsend und Feuer speiend delektiert er sich an der mit Benzin gewürzten Fledermaussuppe und macht kein Hehl daraus, dass er sich gern mit Stromstößen kitzelt und geil auf ein (vorgetäuschtes) Teufelsweib ist. Mit viel Tempo und noch mehr Witz – der König säuft gern Körnchen, aus biederen Handwerkern werden Räuber, weil sie so Steuern sparen können – geht zwar die Grimm'sche Märchenpoesie flöten, aber Spaß und Spannung machen das wieder wett: Der König ist gestürzt, es lebe der (neue) König! Ganz im Gegensatz zum bundesdeutschen Märchenfilm. Bei dem grundsätzlich Inhalte bzw. Figuren wie der König in Wort und Tat verharmlost wurden. H. F. Wilhelm machte z.B. in seinem Film *Der Teufel mit den drei goldenen Haaren* (1955) aus dem bösen König einen biederen, indem er dessen Berater als die Bösen und Intriganten hinstellte.«

1955 Der Teufel mit den drei goldenen Haaren
BRD, R: Hans Fritz Willhelm, D: Alexander Golling, Peter Schreiber, Hans Cossy

WER SIND SIE, DR. SORGE?

La spia del secolo, F/I/J 1960, R: Yves Ciampi, D: Thomas Holtzmann, Hans-Otto Meissner, Keiko Kishi, Mario Adorf, Jacques Berthier, Nadine Basile, Ingrid van Bergen

Japan 1941. Dr. Richard Sorge hat in Japan die Spionageorganisation »Grille« aufgebaut. Er und seine Sekretärin Katharina von Weber, mit der ihn ein Liebesverhältnis verbindet, genießen das Vertrauen des deutschen Militärattachés und späteren Botschafters in Japan. Tatsächlich arbeitet Sorge aber mit den Sowjets und den Alliierten zusammen. Er unterrichtet Moskau über den Zeitpunkt des deutschen Einfalls. Als Katharina durch Geheimpapiere von der wahren Tätigkeit Sorges erfährt, bekommt ihre Liebe einen Riss. Als Sorge verhaftet wird, spielt sie ihm eine Giftampulle zu, um ihn vor dem Tod durch Erhängen zu bewahren.

Lexikon des internationalen Films: »Mittels Wochenschau-Material um eine dokumentarische Sichtweise bemüht, jedoch nicht überzeugend und ungeschickt inszeniert. Durch die bedenkliche Bewunderung seines ›Helden‹ und die unkritische Sicht der Spionagetätigkeit verfehlt der Film die Möglichkeit zur kritischen Auseinandersetzung.«

Fürs Fernsehen inszenierte Hermann Kugelstadt das Dokumentarspiel *Der Fall Sorge* mit Arno Assmann als Meisterspion.

1954 Verrat an Deutschland

BRD, R: Veit Harlan, D: Kristina Söderbaum, Paul Muller, Valerian Inkischinoff

WIE ES EUCH GEFÄLLT

As You Like It, GB 1992, R: Christine Edzard, D: Andrew Tiernan, Emma Croft, Cyril Cusack, James Fox

Der Usurpator Herzog Frederick hat seinen älteren Bruder vom Thron und in die Verbannung gejagt. Im Wald von Arden finden der Geächtete und seine Mitstreiter Unterschlupf. Hier pflegen sie nun – im Rahmen der rustikalen Möglichkeiten – höfische Ideale und »alternativen« Lebensstil. Rosalinde und Celia hingegen, die Töchter der verfeindeten Brüder, sind unzertrennliche Freundinnen. Sie werden am Hof Zeugen eines Kampfes zwischen dem jungen Orlando, Sohn eines früheren Gefolgsmannes des verbannten Herzogs, und dem knochenbrechenden Preisringer Charles. Zur Überraschung aller zwingt Orlando das Kraftpaket auf die Matte und Rosalinde verliebt sich unsterblich in den schönen Jüngling. Das ist für Frederick des Guten zu viel: Er lässt Orlando durch dessen intriganten Bruder Oliver verfolgen, sodass dieser bald darauf ebenfalls in den Wald von Arden flieht. Auch Rosalinde ist jetzt am Hof nicht mehr sicher: gemeinsam mit der treuen Celia ergreift auch sie – kurzerhand verkleidet als Mann – die Flucht. Im (Zauber-)Wald treffen sich alle wieder, und nun beginnt ein scheinbar unauflösbares Verwirrspiel, an dessen märchenhaftem Ende der alte Herzog sein Reich zurück erhält, Frederick und Oliver geläutert werden und sich ganze vier Paare liebend in die Arme schließen können. Shakespeares Spiel mit den Geschlechtern, sein augenzwinkernder Umgang mit (Theater-)Konventionen und die philosophischen Randbemerkungen, die er in diesem Stück erstmals aus dem Munde eines genialen Narren purzeln lässt, haben *Wie es Euch gefällt* mit Recht zu einer der beliebtesten und erfolgreichsten Komödien des englischen Theatergroßmeisters gemacht.

1936 As You Like It

GB, R: Paul Czinner, D: Laurence Olivier, Henry Ainley, Elisabeth Bergner

1915 Love In A Wood

GB, R: Maurice Elvey, D: Elizabeth Risdon

1912 As You Like It

USA, R: J. Stuart Blackton, D: Tefft Johnson, Maurice Costello

1908 As You Like It

USA, R: Sidney Olcott

WILD AT LOVE

Dragstrip Girl, USA 1994, R: Mary Lambert, D: John Bradley, María Celedonio, Frederick Coffin, Luis Contreras, Christopher Crabb, Raymond Cruz, Mark Dacascos, Richard Ehrlich, G. Adam Gifford

Johnny lebt in den Slums von L.A. Ihn faszinieren die Spiele der Reichen, die Leidenschaft, die schnellen Autos, die Gefahr. Durch Autodiebstähle hält er sich über Wasser. Mit seinem gehbehinderten Bruder möchte er von dem »erwirtschafteten« Geld eine Werkstatt eröffnen. Die Frau, in die sich Johnny verliebt, steht auf der anderen Seite des Lebens – sie hat alles: Reichtum, Luxus und einen gut situierten Freund. Für Johnny wird es die Herausforderung seines Lebens. Er wird jede Grenze überschreiten und er wird alles auf eine Karte setzen: Um Laura zu imponieren, stiehlt er ein Auto und zieht damit die Aufmerksamkeit der Polizei auf sich. Auch Lauras Freund gefallen Johnnys Werbungsversuche nicht, denn er fordert ihn zu einem Autorennen auf Leben und Tod heraus.

VideoWoche: »Ein weiteres Remake eines 50er-Jahre-Drive-In-Klassikers aus dem Hause Spelling. Regie führt diesmal Horrorspezialistin Mary Lambert *(Friedhof der Kuscheltiere)*, Martial-Arts-Akteur Mark Dacascos *(Double Dragon)* gibt den rebellischen Westentaschen-Brando Johnny, und seine große Liebe ist Natasha Gregson Wagner *(Buffy, der Vampirkiller)*. Gaststar ist die ehemalige Hardcore-Queen Traci Lords *(Cry Baby)*, die als Prostituierte mit Samariterambitionen glänzt. Für Fans und Nostalgiker.«

1957 Dragstrip Girl
USA, R: Edward L. Cahn, D: Fay Spain, Steven Terrell, John Ashley

WILD IST DER WIND
Wild Is The Wind, USA 1957, R: George Cukor, D: Anna Magnani, Anthony Quinn, Anthony Franciosa, Dolores Hart, Joseph Calleia, Lili Valenty, James Flavin

Nach dem Roman *Furia* von Vittorio Nino Novarese: Die temperamentvolle, lebensprühende Italienerin, die der reiche Schaffarmer als zweite Frau in sein Haus holt, fühlt sich bald zu dessen Pflegesohn hingezogen, weil ihr Mann sie immer wieder mit der viel stilleren ersten Frau vergleicht und sie seine unbeholfen-liebevolle Art nicht versteht. Der Bruch der Ehe scheint unvermeidbar, doch da räumt der Jüngere das Feld, weil er seinem Pflegevater keinen so großen Schmerz zufügen will.

Filmblätter: »Diese Dreiecks-Liebesgeschichte wurde von der Regie – gedehnt wie die endlosen Schafweiden Nevadas – serviert, eine Weitschweifigkeit, die die Kamera noch unterstützt und die Epik der Story ausdrücklich betont. Es blieb der Magnani vorbehalten, dem Film durch ihre ausdrucksstarke und vitale Darstellung ein außergewöhnliches Format zu geben – die gleiche schauspielerische Intensität, die sie schon in anderen Filmen zum Ausdruck brachte und die hier die anderen Darsteller etwas in den Hintergrund drückt: Auch der kraftvoll agierende Quinn kommt nicht ganz dagegen an, obwohl er dem blass wirkenden Franciosa ein ganzes Stück

an geballter Ausdruckskraft voraus hat. Die übrigen Film-Italiener ergehen sich in wort- und gestenreicher Lebensfreude.«

1947 Stürme der Leidenschaft
Furia, I, R: Goffreddo Alessandrini, D: Isa Pola, Rossano Brazzi, Gino Gervi

THE WILD, WILD, WEST
USA 1999, R: Barry Sonnenfeld, D: Will Smith, Kevin Kline, Kenneth Branagh

James T. West und Artemus Gordon sind von der Regierung beauftragt, Dr. Arliss Loveless zu stoppen. Loveless beabsichtigt, den Präsidenten der Vereinigten Staaten mit seiner gewaltigen Roboterspinne »Tarantula« umzubringen.

Cornelia Fleer *(Film-Dienst)*: »*Wild Wild West* ist das Remake einer gleichnamigen TV-Serie aus den 60er-Jahren und Burt Kennedys Kinoversion von 1979. Sonnenfelds Spektakel kocht Western-, Industrie- und Science-Fiction-Romantik mit unbändiger Zitierwut zu einem nur schwer erträglichen Einheitsbrei auf – mit Versatzstücken, hemmungslosen Bildzitaten, Slapstick und Verfolgungsjagden. Nichts und niemand ist ihm dabei heilig.«

1979 Zwei retten die Welt
Wild Wild West Revisited, USA, R: Burt Kennedy, D: Robert Conrad

1965-1970 The Wild, Wild West
USA, TV-Serie, R: Jus Addiss, Leon Benson, D: Robert Conrad, Ross Martin

WILDE TÖCHTER
Runaway Daughters, USA 1994, R: Joe Dante, D: Holly Fields, Julie Bowen, Jenny Lewis, Paul Rudd, Chris Young, Dick Miller, Dee Wallace-Stone, Christopher Stone, Robert Picardo, Wendy Schaal, Joe Flaherty, Belinda Balaski, Roger Corman, Julie Corman, Courtney Gains

Drei Freundinnen, die sich für die Verhältnisse in den USA der fünfziger Jahre recht unkonventionell verhalten, inszenieren eine Entführung und stehlen ein Auto, um sich auf die Suche nach einem jungen Mann zu machen, der sich freiwillig zur Navy gemeldet hat, um sich seinen Vaterschaftspflichten zu entziehen.

Lexikon des internationalen Films: »Turbulentes Roadmovie mit einiger Action vor dem Hintergrund des Erwachsenwerdens. Der Film gehört zu einer Reihe von Produktionen, die als Remakes einer Reihe von B- und C-Filmen der

50er-Jahre eine späte Ehre zuteil werden lassen wollen (*Drive-In Classics*).«

1956 Runaway Daughters

USA, R: Edward L. Cahn, D: Marla English, Gloria Castillo, Mary Ellen Kay

DIE WILDEN SCHWÄNE

Hakuchono oji, J 1978, R: Nobutaka Nishizawa – Animation

Nach Märchen von den Gebrüdern Grimm und Hans Christian Andersen. Die Geschichte von den elf Schwänen, die in Wahrheit von ihrer Stiefmutter, einer Hexe, verwunschene Königssöhne sind. Ihre Schwester näht für sie elf Hemden aus Brennnesseln, ohne ein Wort zu reden.

1963 Die wilden Schwäne

UdSSR, R: Michail Zechanowski, Wera Zechanowski – Animation

DIE WILDENTE

The Wild Duck, AUS 1984, R: Henri Safran, D: Jeremy Irons, Liv Ullmann, Michael Pate, Lucinda Jones, Arthur Dignam, John Meillon, Rhys McConnochie, Colin Croft, Marion Edward, Peter De Salis, Jeff Truman, Clive Marshall, Desmond Tester, Georgie Stirling

Nach einem Theaterstück von Henrik Ibsen: Ein lebensfremder Wahrheitsfanatiker zwingt eine Familie, ihre kleinen persönlichen Lebenslügen aufzugeben, provoziert jedoch statt neuer Lebensenergie nur die Zerstörung der Betroffenen.

Lexikon des internationalen Films: »Australische Adaption von Ibsens gleichnamigem Drama, die Ort und Zeit der Handlung nach Sydney und ins Jahr 1913 verlegt; eine interessante eigene Sichtweise des Stoffes anstrebend, zehrt der Film vor allem von der Präsenz der Schauspieler in einer etwas sterilen Atmosphäre.«

1989 Vildanden

S, R: Bo Widerberg, D: Pernilla August, Mats Bergman, Percy Brandt

1976 Die Wildente

BRD/A, R: Hans W. Geissendörfer, D: Bruno Ganz, Peter Kern, Anne Bennent

1970 The Wild Duck

GB, R: Alan Bridges, D: Jenny Agutter, Mark Dignam, Denholm Elliott

1970 Vildanden

N, R: Arild Brinchmann, D: Mona Hofland, Anne Marit Jacobsen, Espen Skjønberg

1963 Vildanden

N, R: Tancred Ibsen, D: Henki Kolstad, Wenche Foss, Lars Nordrum

1961 Vildanden

S, R: Bengt Lagerkvist, D: Erik ›Bullen‹ Berglund, Birger Malmsten, John Elfström

WILHELM BUSCH – DIE TRICKFILMPARADE: MAX UND MORITZ UND ANDERE STREICHE

BRD 1978, R: Hermann Leitner – Animation

Episoden aus Geschichten von Wilhelm Busch, mit den berühmten Streichen von Max und Moritz und Hans Huckebein im Mittelpunkt. Nichts als Streiche haben die Lausbuben im Sinn. Erst bringen sie die Hühner der Witwe Bolte um, dann stehlen sie die Brathähnchen aus der Pfanne. 1999 drehte Veit Vollmer fürs Fernsehen die Zeichentrickserie *Max und Moritz*.

1977 Max und Moritz

BRD, R: Joy Batchelor, John Halas – Animation

1956 Max und Moritz

BRD, R: Norbert Schultze, Francesco Stefani, D: Edith Elsholtz, Harry Wüstenhagen

1951 Spuk mit Max und Moritz

BRD, R: Ferdinand Diehl – Puppenfilm

WILHELM TELL

A 1956, R: Josef Gielen, Alfred Stöger, D: Raoul Aslan, Ewald Balser, Albin Skoda, Paul Hartmann, Hans Richter, Erich Auer, Judith Holzmeister

Nach einem Drama von Friedrich Schiller: Filmische Dokumentation einer Aufführung des Wiener Burgtheaters über die Taten des Schweizer Nationalhelden im Kampf gegen Willkür und Gewalt anno 1291.

Dietrich Ernst (*Filmblätter*): »Die Burgtheater-Aufführung von Schillers fünfaktigem Freiheitsdrama wurde direkt von der Bühne abfotografiert. Solch ein Unternehmen muss immer problematisch bleiben, weil es zwangsläufig die Gesetze der Bühne respektieren muss, ohne andererseits den Forderungen des Films gerecht werden zu können. So hat die konventionell weiträumige Gestik der Darsteller nicht die erhabene Bühnenwirkung. Der Filmregie gelang es jedoch teilweise, durch starke Kürzungen des Stückes und durch Großaufnahmen, dramatische Spannung zu erzielen.«

In der Schweiz entstand 1960 der Film *Wilhelm Tell – Flammende Berge* (R: Michel Dickoff, D: Robert Freytag, Hannes Schmidhauser, Maria

Becker) nach der Chronik von Tschudi: »Nicht das klassische Drama von Schiller«, bemerkte der *Film-Dienst*, »sondern ein landschaftsschöner ›historischer‹ Film aufwendig-herkömmlicher Machart, dessen Tell-Darsteller über eine treuherzige Tarzanfigur kaum hinausgelangt.«

1990 inszenierte Claus Peymann *Wilhelm Tell* von Friedrich Schiller mit Josef Bierbichler, Gert Voss und Peter Fitz fürs Fernsehen.

1934 Wilhelm Tell

D, R: Heinz Paul, D: Conrad Veidt, Paul Bildt, Maly Delschaft

1923 Wilhelm Tell

D, R: Rudolf Dworsky, Rudolf Walther-Fein, D: Käthe Haack, Fritz Kampers

WILLIAM SHAKESPEARES ROMEO & JULIA

William Shakespeare's Romeo & Julia, USA 1996 R: Baz Luhrmann, Drb: Craig Pearce, Baz Luhrmann nach einer Tragödie von William Shakespeare, K: Donald McAlpine, M: Nellee Hooper, S: Jill Bilcock, D: Leonardo DiCaprio (Romeo), Claire Danes (Julia), Paul Sorvino (Fulgencio Capulet), Brian Dennehy (Ted Montague), Pete Postlethwaite (Pater Laurence), John Leguizamo (Tybalt), Harold Perrineau (Mercutio), Diane Venora, Miriam Margolyes

Verona Beach ist eine dicht besiedelte (latein-)amerikanische Küstenmetropole, in der Angst, Gewalt und Verbrechen die Atmosphäre prägen. Beherrscht wird die Stadt von zwei rivalisierenden Familien, den Montagues und den Capulets. Als sich deren Sprösslinge Romeo und Julia bei einem Maskenball begegnen, ist es Liebe auf den ersten Blick. Die Teenager müssen ihre Beziehung jedoch geheim halten – nicht zuletzt deshalb, weil Julias Vater seine Tochter mit einem reichen Geschäftspartner verheiraten will, für den Julia keinerlei Zuneigung empfindet. Ungeachtet der bitteren Realität schließen Romeo und Julia in einer geheimen Zeremonie, die Romeos alter Freund Pater Laurence vollzieht, den Bund fürs Leben. Als anderntags der Capulet-Neffe Tybalt bei einer blutigen Auseinandersetzung Romeos besten Freund Mercutio tötet, erschießt Romeo seinerseits im Affekt den kaltblütigen Mörder. Gedeckt von Pater Laurence, muss Romeo die Stadt verlassen. Schon nach ein paar Tagen wird die Trennung für Julia so unerträglich, dass sie

Selbstmord begehen will. Pater Laurence bringt das junge Mädchen in letzter Sekunde davon ab und unterbreitet Julia einen Plan, der sie für immer mit Romeo zusammenbringen soll ...

»Schon seit langem wollte ich *Romeo und Julia* inszenieren«, sagt Baz Luhrmann. »Das dem Stück zu Grunde liegende Thema – die Tragik, die in einer Welt voller Hass aus einer verbotenen Liebe entsteht –, gehört zu jenen Mythen, die uns alle tief im Innersten berühren. *Romeo und Julia* bot zu seiner Zeit, wie alle Shakespeare-Stücke, für jeden etwas, vom Straßenkehrer bis hin zur englischen Königin. Shakespeare war ein wilder, verführerischer, unbarmherziger, unterhaltsamer Erzähler. Was wir versucht haben, war, diesen Film so wild, verführerisch, unbarmherzig und unterhaltsam zu drehen, wie Shakespeare es getan hätte, wenn er Filmemacher gewesen wäre.« Obwohl *Romeo und Julia* in erster Linie als die ultimative romantische Tragödie Weltgeltung erfahren hat, zeichnet sich das Stück auch durch komödiantische Aspekte aus, die sich auf das heterogene elisabethanische Publikum zurückführen lassen. Mit seinem Film versucht Luhrmann, Shakespeares Mischung aus Komödie und Tragödie zu reflektieren. »Wir hatten keine Bedenken, niederste Komödie mit höchster Tragödie zu kombinieren«, sagt Luhrmann. »Dass wir die tiefen Gefühle in diesem Stück nachempfinden können, verdanken wir doch in erster Linie seinen humoristischen Aspekten.«

Baz Luhrmann und Drehbuchautor Craig Pearce haben »sich streng an die Textvorlage von Shakespeare« gehalten, so Pearce, und um in ihre zeitgenössisch ausgerichtete Kunst-Welt so viele elisabethanische Gepflogenheiten wie möglich zu übernehmen, »etwa den ausgeprägten Benimm- und Ehrenkodex, auch in Bezug auf die

William Shakespeares Romeo & Julia (1996, R: Baz Luhrmann): Claire Danes und Leonardo DiCaprio

Gewalt.« Dabei entdeckten sie, dass eine der mächtigsten Ikonen des 20. Jahrhunderts, das Kino, ihren Absichten am stärksten entgegenkam. »Grundsätzlich ist unsere Kunst-Welt als eine moderne Welt zu erkennen, die allerdings von beabsichtigten Brüchen und Irritationen lebt. Sie hat etwas von einer Märchenwelt, es ist ein Universum, das 100 Jahre Film widerspiegelt. Abgesehen davon, hat die ›Wirklichkeit‹, die wir im Kino zu sehen bekommen, immer etwas Überlebensgroßes, Magisches, auch wenn sie scheinbar realistisch ist.« Luhrmann ergänzt: »Man könnte sagen, dass wir unsere Geschichte in der Welt des Films spielen lassen. Bestimmte Dinge erwecken den Eindruck, als stammten sie aus den Siebzigern, andere wiederum kommen geradewegs aus den vierziger Jahren. Stilistisch gesehen, finden im Lauf der Handlung viele dramatische Wechsel statt, doch allen ist gemein, dass sie Erinnerungen an ganz bestimmte Filmgenres wachrufen. Manche Passagen unseres Films haben etwas von ... *denn sie wissen nicht, was sie tun*, andere ähneln einem Busby-Berkeley-Musical und wiederum andere erinnern an die *Dirty Harry*-Filme mit Clint Eastwood. Die Mischung dieser

William Shakespeares Romeo & Julia
(1996, R: Baz Luhrmann): Claire Danes

filmischen Stile ergibt unterm Strich den Look von Verona Beach – und mit dem ist jeder Kinogänger mehr oder minder vertraut. Dass er das Fundament unserer Kunst-Welt ist, hat hoffentlich zur Folge, dass Shakespeares stilisierte Sprache in dieses stilisierte Umfeld passt und vom Publikum akzeptiert wird.«

DER SPIEGEL schreibt vom »frechsten, schicksten, schlauesten Shakespeare-Film der letzten Jahre« und *tip* von den »schönsten Liebesszenen, die das Kino seit langem zu bieten hatte«. Ein junger, unersättlicher, bildgewaltiger Regisseur findet in seiner Filmwelt der Äußerlichkeiten, voller reicher, verwöhnter Luxusschnösel mit Ecstasy im Kopf und Schnellfeuerwaffen in der Faust zu Momenten innigsten Gefühls. »In einem optisch übersprudelnden *Pulp Fiction*-Szenario siedelte Baz Luhrmann seine extrem stilisierte Variante des Shakespeare-Klassikers an. Als wirkungsvolles Stilmittel behielt er die Originaldialoge der Vorlage bei«, notiert *Blickpunkt: Film*. Zwei blutjunge, wunderbare Darsteller, deren Charme durch den elisabethanischen Originaltext noch einmal gesteigert wird, spielen die verbotene Liebe so kitschig und so wahr, dass der Kritiker des *Fischer Film Almanach* wünschte, »noch mal ein verliebter Teenie zu sein«. Harry Rowohlt meint in der Wochenzeitung *Die Zeit*: »Als Shakespeare seine Stücke schrieb, war Englisch noch in den Flegeljahren, und wenn ihm ein Wort gefiel, schrieb er es einfach hin, egal, ob es das Wort schon gab oder nicht, und niemand fragte: Wie jetzt ... Bratzgitarre? Und wir merken bald, dass der unverschämte Titel so unverschämt gar nicht ist, sondern dass wir endlich, auf den Tag genau 400 Jahre später, eine werkgetreue Verfilmung zu sehen kriegen, die 400 Jahre später spielt, mit Pumpgun statt Schwertern und mit reichlich Bratzgitarre: elisabethanisch statt viktorianisch.«

Schon der Stummfilm ließ sich von Shakespeares Drama inspirieren: Zwischen 1902 und 1927 hat man 32 Filme verzeichnen können, die mehr oder weniger von *Romeo und Julia* beeinflusst waren. Der erste Auftritt der italienischen Liebenden findet sich in einem Kurzfilm von Georges Méliès, doch für ihn war die Liebesgeschichte nur Vorwand für eine Fantasmagorie mit

*William Shakespeares Romeo & Julia (1996, R:
Baz Luhrmann): Leonardo DiCaprio und Claire Danes*

Trickaufnahmen. »Man muss das Jahr 1908 abwarten, damit Shakespeare seine Kinder wieder erkennt«, erläutert Raymond Lefèvre im *Lexikon des Kinder- und Jugendfilms*, aber diese »sehr kurzen Filme hatten nicht den Anspruch, das Stück vollständig zu übertragen, umso mehr, als das Bild hoffnungslos stumm blieb. Die Autoren wählten einen Höhepunkt aus und der Zuschauer befand sich auf vertrautem kulturellem Terrain. Der Balkon, natürlich. Aber auch das Duell und die Gruft.« Als der Tonfilm 1929 in den USA fest etabliert ist, gibt es in dem Film *Hollywood Revue Of 1929* John Gilbert und Norma Shearer in der Balkonszene zu sehen: »Sieben Jahre später ist Norma Shearer der Star in *Romeo And Juliet*, Superproduktion der Metro Goldwyn Mayer, inszeniert von George Cukor«, bemerkt Raymond Lefèvre: »Die Entwicklung des Stückes wird beibehalten. Der Film beginnt mit dem Streit, der die Montague und die Capulet auf einem Platz in Verona entzweit. Der Prinz tritt zwischen sie. Er beschließt, einen dauerhaften Frieden zu stiften. Die Dreharbeiten im Studio entsprechen genau der Hollywood-Ästhetik der Epoche mit ihren sorgfältig kostümierten Statisten und einem Kampf, der wie ein Ballett choreografiert erscheint ... Wenn man George Cukors Film wieder sieht, bewundert man die Kunst des Chefausstatters Cedric Gibbons, vor allem in der Balkonszene. Aber man kann gegenüber der Naivität einiger Situationen voll unfreiwilligen Humors nicht so recht ernst bleiben.«

Wie jedes berühmte Werk musste sich auch *Romeo und Julia* alle Arten von Parodien, Farcen, Komödien und burlesken Abenteuern gefallen

lassen: Das russische Kino hat Ballettversionen hervorgebracht, auch die Trickfilmfigur *Popeye* schlüpft in die *Romeo*-Rolle, als Film-im-Film-Geschichte entwickelt André Cayatte in *Die Liebenden von Verona* (1948) eine Parallelhandlung zum klassischen Stück, und Hermann Zschoche lässt in seinem Film *Sieben Sommersprossen* (1975) Jugendliche in einen Ferienlager das Stück *Romeo und Julia* aufführen. »Man kann sich auch in Übertragungen auf die tragische Geschichte der Liebenden von Verona beziehen, welche zu politischer oder humanistischer Reflexion einladen. Die Namen ändern sich, ebenso die Orte der Handlung oder die zeitlichen Bezüge, aber der Inhalt bleibt der gleiche,« analysiert Raymond Lefèvre: »In *Rami og Julie* (Dänemark 1987) greift Erik Clausen das aktuelle Thema des Rassismus auf, denn Rami ist ein junger Palästinenser, Immigrant in Dänemark, und Julie eine Kassiererin in einer Tankstelle. Ramis Bande widersetzt sich einer Gruppe junger faschistischer Dänen. Die behinderte Liebe Ramis und Julies endet dramatisch.«

Auch für Herbert Heinzelmann bei *Kinofenster.de* kann das berühmteste Liebespaar der Dramen- und Filmgeschichte wohl durch jede Zeiterscheinung in Tod oder Krise getrieben werden: »durch den Nationalsozialismus (*Romeo, Julia und die Finsternis*; Jiri Weiss, 1959), durch die Klassenlage (*Don Camillo und Peppone*; Jean Duvivier, 1952), durch den Kalten Krieg (*Romanoff und Julia*; Peter Ustinov, 1960). Doch kaum eine zeitgenössische Variation des Shakespeare-Dramas ist so genau gelungen wie Robert Wises Musical-Verfilmung *West Side Story* aus dem Jahr 1961. Die Bühnenvorlage nach dem Buch von Arthur Laurents und mit der Musik von Leonard Bernstein hatte 1957 in New York Premiere, wo auch die Geschichte spielt: Zwei Jugend-Gangs bekämpfen einander, auf der einen Seite unterprivilegierte Weiße, auf der anderen Einwanderer aus Puerto Rico. Feindbilder, Abwehrhaltungen, Integrationsprobleme und Frustrationen artikulieren sich in den Rhythmen von Jazz, Rock und Mambo. Tony, der Amerikaner, und Maria, die Latina, können im brodelnden Gruppen-Hass mit ihrer Liebe nur scheitern.«

Das Filmjahr 1999, das Shakespeare-Jahr, hat das Jahrhundert mit einer sehr schönen Hommage an den Vater *Romeos und Julias* beendet – stellt jedenfalls Raymond Lefèvre fest: »1902 war es Meliès. Ein Jahrhundert später ist es John Madden und sein preisüberhäufter *Shakespeare In Love*. Ein Drehbuch von bemerkenswerter Geschicklichkeit verbindet Augenblicke aus Shakespeares Privatleben mit der Entstehung ebenjenes Stückes, das ihn berühmt machen soll. Man muss das Stück schon bis in seine kleinsten Details kennen, um diese brillante Fingerübung eines Szenaristen so recht genießen zu können. *Shakespeare In Love* beweist, dass die Liebesgeschichte Romeos und Julias die schöpferische Kraft der Filmkunst noch bereichern kann.« Warum sich in den neunziger Jahren so viele Filmemacher von Shakespeares Stoffen inspirieren lassen, erklärt Kenneth Branagh so: »Weil sowohl Shakespeares Geschichten als auch seine Figuren für uns noch eine große Lebendigkeit besitzen, und weil wir spüren, dass Shakespeare mit ihnen etwas ausdrückt, das für alle Menschen zu allen Zeiten Gültigkeit besitzt. Die Shakespeare-Filme der 40er-Jahre – darunter auch diejenigen von Orson Welles und Laurence Olivier – waren noch sehr stark an die Ästhetik des Theaters gebunden. In den Neunzigern entwickelten die Filmemacher dann größere Freiheiten im Umgang mit Shakespeare; diese Filme haben einen viel stärkeren filmischen Ansatz und sie betrachten die Stücke aus einem moderneren Blickwinkel. Baz Luhrmanns Verfilmung von *Romeo und Julia*, die das Stück in einer sehr radikalen Fassung und mit großem Erfolg in die Kinos gebracht hat, ist ein gutes Beispiel hierfür. Und *Shakespeare in Love* vermittelte uns einen wenn auch fiktiven, so doch sehr menschlichen und sympathischen Eindruck vom Leben des Autors selbst. Mit der Zeit wurden Barrieren beiseite geräumt, die uns den persönlichen, direkten Zugang zu den Stücken verwehrten, und das Publikum fühlt sich auf einmal wieder sehr von ihnen angesprochen. Sowohl Regisseure als auch Darsteller haben weniger Angst vor ihnen, und das Publikum signalisiert eine Bereitschaft, die Filme als pure Unterhaltung und nicht als Intelligenztest zu betrachten.«

1996 Romeo & Juliette
I, R: Joe D'Amato, D: Stephanie Sartoli

1987 Rami og Julie
DK, R: Erik Clausen, D: Saleh Malek, Sofie Graaboel

1980 Romeo e Julieta
BR, R: Paulo Afonso Grisolli, D: Lucelia Santos, Fabio Junior

William Shakespeares Romeo & Julia (1996, R: Baz Luhrmann): Harold Perrineau und Leonardo DiCaprio

1978 Romeo And Juliet
USA/GB, R: Alvin Rakoff, R: Patrick Ryecart, Rebecca Saire

1973 Theater des Grauens
Theatre Of Blood, GB, R: Douglas Hickox

1969 The Secret Life Of Romeo And Julia
USA, R: A. B. Stootsberry, D: Forman Shane, Deirdre Nelson

1967 Romeo und Julia
Romeo And Juliet, GB/I, R: Franco Zeffirelli, D: Leonard Whiting, Olivia Hussey

»Dass Shakespeare auch in den jugendorientierten 60er-Jahren noch ein Massenpublikum erreichen konnte, wenn er nur richtig gemacht war, hatte Franco Zeffirelli bereits 1967 mit seiner ebenso amüsanten wie opulenten Verfilmung von *Der Widerspenstigen Zähmung* bewiesen. Unmittelbar im Anschluss daran entstand der nicht minder erfolgreiche *Romeo und Julia* ... des Regisseurs Aufmerksamkeit lag ohnehin weniger auf den Versen als vielmehr auf dem visuellen Gehalt der Geschichte, was sich in Oscars für Kamera und Kostüme niederschlug. *Romeo und Julia* bietet spektakuläre Sets und Massenszenen, aufregend gefilmte Kämpfe und – in der Originalfassung – Sir Laurence Olivier als Erzähler. Gedreht wurde hauptsächlich in toskanischen Städten, darunter Pienza, Gubbio und Artena. Eine weitere Shakespeare-Bearbeitung legte Zeffirelli 1990 mit *Hamlet* vor.« *(TV Spielfilm Lexikon)*

1966 Romeo und Julia
Romeo And Juliet, GB, R: Paul Czinner, D: Rudolf Nurejew, Margot Fonteyn

Dokumentation einer Bühnenaufführung des Balletts *Romeo und Julia* nach der Musik von Prokofjew durch das königliche englische Ballett.

1965 Shakespeare Wallah

IND, R: James Ivory, D: Partap Sharma, Felicity Kendal

1964 Giulietta e Romeo

I/E, R: Riccardo Freda, D: Geronimo Meynier, Rosemarie Dexter, Andrea Bosic

1961 West Side Story

USA, R: Robert Wise, Jerome Robbins, D: Richard Breymer, Natalie Wood

»Das ist die Story von *Romeo und Julia*, in das Milieu jugendlicher Bandenkämpfe übertragen und zu einem hinreißenden Gesamtwerk aus Musik, Szene und Tanz gestaltet. Motor ist die Musik Leonard Bernsteins mit ihrer sich modern gebenden auftrumpfenden Rhythmik und ihrer unverschämten Sentimentalität, die nie süßlich wird. Dieser Motor treibt die Bewegungserfindungen von Jerome Robbins an, der in seinem Tanzstil Alltagsbewegungen, Gesellschaftstanz und Akrobatisches mischt. Seine Ballettszenen sind keine dekorative Show; sie wachsen aus der dramatischen Szene und setzen sie um in mitreißende Ensembles.« (Günter Lebailly, *111 Meisterwerke des Films*)

»Einige konzeptionelle Schwächen des Films liegen in den Produktionsvorgaben, sodass sich der Film ambivalent zwischen einem verfilmten Bühnenmusical und dem Filmmusical als genuine Filmform verhält. Der Film verdichtet in Szenen, Kulissen und Musiknummern seine Theatralik, verweist andererseits durch Originalaufnahmen von den Straßen New Yorks auf den realistischen Schauplatz. Puritanische Filmkritiker

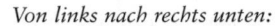

Von links nach rechts unten:
- *West Side Story (1961, R: Robert Wise, Jerome Robbins): Rita Moreno*
- *West Side Story (1961): Tanz den Bandenkrieg*
- *West Side Story (1961): Richard Breymer und Natalie Wood*

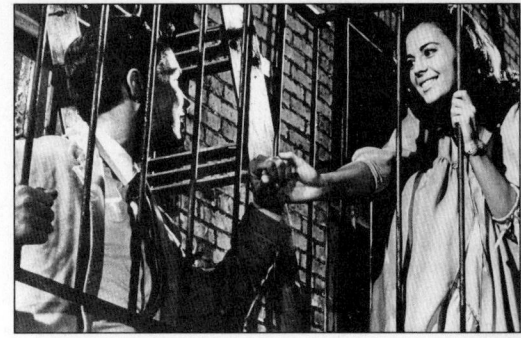

haben dies dem Film angelastet, dennoch aber attestiert, dass es sich um einen ernst zu nehmenden Versuch handelt, ein seit Jahren festgefahrenes Genre – das Musical als typisches Hollywood-Produkt – neu zu beleben. Das Publikum ließ sich dadurch allerdings nicht beirren. Die *West Side Story* konnte durch ihre freche und aufreizende Kombination aus Tanz, Action und Musik in aller Welt überzeugen, da die Story allgemein gültig und verständlich ist. Der kommerzielle Erfolg geht einher mit dem künstlerischen.« (Horst Schäfer, *Lexikon des Kinder- und Jugendfilms*)

1960 Romanoff And Juliet
USA, R: Peter Ustinov, D: John Gavin, Sandra Dee

1955 Romeo und Julia
Romeo i Djuletta, UdSSR, R: Lew Arnschtam, D: Y. Idanov, Galina Ulanowa
Ballettfilm nach Shakespeare mit der Musik von Prokofjew.

1954 Romeo und Julia
Romeo And Juliet, GB/I, R: Renato Castellani, D: Laurence Harvey, Susan Shentall
»William Shakespeares berühmte Tragödie um zwei jugendliche Liebende in Verona, deren Beziehung durch die Feindschaft ihrer Familien zum Scheitern verurteilt ist, hatte bereits diverse Male das Licht der Leinwand erblickt, als der italienische Regisseur Renato Castellani nach zweijähriger Drehbucharbeit mit den Aufnahmen zu seiner opulenten Version begann. Es war sein erster Farbfilm, und er hatte jede Menge Zeit in Museen verbracht, um die Werke klassischer Maler wie Botticelli, Carpaccio und Di Lorenzo zu studieren. Das Ergebnis ist ein visuelles Meisterwerk, vorzüglich photographiert von Robert Krasker, das jede Szene wie ein Gemälde aussehen lässt.« *(TV Spielfilm Lexikon)*

1949 Die Liebenden von Verona
Les Amants de Vérone, F, R: André Cayatte, D: Serge Reggiani, Anouk Aimée

1948 Anjuman
IND, R: Akhtar Hussain, D: Jairaj, Nargis, Durga Khote

1944 Romeo et Juliette
ET, R: Kamal Selim, D: Ibrahim Hamouda, Leila Mourad

1943 Romeo y Julieta
MEX, R: Miguel M. Delgado, D: Mario Moreno Cantinflass, Maria Elena Marqués

1940 Julieta y Romeo
E, R: Jose Marie Castellvi, D: Enrique Guitar, Maria Flores

1936 Romeo And Juliet
USA, R: George Cukor, D: Leslie Howard, Norma Shearer, John Barrymore

1927 Romeo e Giulietta
GB, D: Otakar Marak, Mary Casanova

1926 Romeo And Juliet
GB, Regie: E. A. Dupont; mit André Mattoni, Mary Philbin

1924 Romeo And Juliet
USA, R: Harry Sweet

1920 Romeo und Julia im Schnee
D, R: Ernst Lubitsch, D: Jakob Tiedtke, Marga Köhler, Lotte Neumann
»Frühe Stummfilmgroteske von Ernst Lubitsch, die den Shakespeare-Stoff in den Schwarzwald versetzt und ihn mit Karikaturen aus dem Volksstück belebt. Die Capulethofers verloben ihre Julia mit einem törichten verfressenen Jüngling aus der Nachbarschaft, und der Streit der Familien wird vom Apotheker mit Hilfe von Zuckerwas-

Romeo und Julia (1954, R: Renato Castellani): Susan Shentall und Laurence Harvey

Romeo und Julia (1954, R: Renato Castellani):
Laurence Harvey und Susan Shentall

ser vereitelt. Die Pointen sitzen präzise und akzentuiert.« *(Lexikon des internationalen Films)*

1916 Romeo And Juliet
USA, R: *James Gordon Edwards*, D: *Harry Hilliard, Theda Bara*

1916 Romeo And Juliet
USA, R: *Maxwell Karger*, D: *Francis X. Bushman, Beverly Bayne*

1915 Romeo And Juliet
GB, R: *W. P. Kellino*

1914 Romeo And Juliet
USA

1914 Romeo et Juliette
F

1913 Romeo et Juliette
F

1912 Giulietta e Romeo
I, D: *Armando Falconi*

1911 Romeo e Giulietta
I, R: *Gerolamo Lo Savio*, D: *Gustavo Serena, Francesca Bertini*

1911 Romeo And Juliet
USA, R: *Theodore Marston*, D: *George Lessey, Irma Taylor*

1909 Romeo und Julia
D, D: »*Madame*« *Tetrazini*

1908 Romeo And Juliet
USA, R: *Stuart Blackton*, D: *W. Paul Panzer, Florence Lawrence*

1908 Romeo And Juliet
USA, R: *William V. Ranous*, D: *William V. Ranous*

1908 Romeo And Juliet
GB, R: *William G. Barker*, D: *Godfrey Tearle, Mary Malone*
Verfilmung einer Aufführung im Lyceum-Theatre.

1908 Romeo e Giulietta
I, R: *Mario Caserini*, D: *Francesca Bertini*

1901 Le diable geant ou Le miracle de la madone
F, R: *Georges Méliès*

WILLIE & PHIL
USA 1979, R: *Paul Mazursky*, D: *Michael Ontkean, Ray Sharkey, Margot Kidder, Jan Miner, Tom Brennan, Julie Bovasso, Louis Guss, Kathleen Maguire, Kaki Hunter, Laurence Fishburne*

Eine unmögliche Liebe zu dritt zwischen zwei Freunden aus Greenwich Village und einer jungen Frau, die in unkonventionellen Lebensformen sich selbst und innere Zufriedenheit zu finden versuchen, aber letztlich scheitern.

Paul Mazursky: »Es ist ein Film, der ebenso von Abenteuern – in diesem Fall den zwischenmenschlichen – handelt wie Filme über Astronauten, Piraten oder Kriminelle.«

TV Spielfilm Lexikon: »Nur die Kerngeschichte ist gleich geblieben – zwei Männer, der Lehrer Willie (Ontkean) und der Jazzpianist Ohil (Sharkey), lieben dieselbe Frau, Jeannette (Kidder). Ansonsten hat Mazursky die Vorlage reichlich modifiziert: Schauplatz ist das Amerika der 70-er, nicht mehr das Europa der 20-er-Jahre, am Ende des Films steht zwar auch das Ende der Dreiecksbeziehung, aber nicht durch selbstverschuldeten Tod wie bei Truffaut – Jeannette macht es sich im Remake einfacher, lässt die ausrangierten Liebhaber kurzerhand sitzen und verzichtet darauf, den Film zur Tragödie werden zu lassen. Spielte schließlich bei Truffaut der Bezug der Figuren untereinander und zum damals aktuellen politischen Zeitgeschehen die Hauptrolle, steht bei Mazursky die generationsspezifische Unfähigkeit der Amerikaner zu dauerhaften Bindungen im Vordergrund.«

1961 Jules und Jim
Jules et Jim, F, R: François Truffaut, D: Jeanne Moreau, Oskar Werner, Henri Serre

DER WIND IN DEN WEIDEN

Wind In The Willows, GB/BRD 1995, R: Dave Unwin – Animation

Nach einer Erzählung von Kenneth Grahame. Der Maulwurf macht sich mit seinen Freunden, der verträumten Wasserratte, dem Dachs und der Kröte, auf, um das faszinierende Land am Fluss zu suchen.

Lexikon des internationalen Films: »Ein humorvoller Zeichentrickfilm, der sich dem poetischen Gehalt der Vorlage annähert, doch auch einige Modernismen vorzuweisen hat, so ist z.B. die Kröte ein fanatischer Autofahrer, der dem Geschwindigkeitsrausch erliegt und den Freunden einigen Kummer bereitet.«

Der zweigeteilte Episodenfilm *Die Abenteuer von Ichabod und Taddäus Kröte* enthält neben Kenneth Grahames klassischer Fabel *Der Wind in den Weiden* auch die Erstverfilmung von *Sleepy Hollow*. Tim Burton verarbeitete die berühmte Kurzgeschichte von Washington Irving für seinen Kinofilm.

1981 Der Wind in den Weiden

Wind In The Willows, USA/J, R: Arthur Franklin jr., Jules Bass – Animation

1949 Die Abenteuer von Ichabod und Taddäus Kröte

Ichabout And Mr. Toad, USA, R: James Algar, C. Geronimi, Jack Kinney – Animation

WINNETOU UND OLD SHATTERHAND IM TAL DER TOTEN

L' uomo dal lungo fucile, BRD/JUG/I 1968, R: Harald Reinl, D: Lex Barker, Pierre Brice, Karin Dor, Rik Battaglia, Ralf Wolter, Eddi Arent, Clark Reynolds

Nach Motiven aus Romanen von Karl May: Der Kommandant eines vom Feind erstürmten amerikanischen Forts rettet einen Goldschatz und versteckt ihn in einem unzugänglichen Tal. Dort stirbt er in den Armen Winnetous. Es entsteht der Verdacht, der Offizier habe das Gold veruntreut. Mit Hilfe von Old Shatterhand und Winnetou gelingt es der Tochter, die Ehre des Vaters wieder herzustellen und der Gerechtigkeit zum Sieg zu verhelfen.

Western-Lexikon: »Der in jedem Sinn letzte *Winnetou*-Film, produziert von Artur Brauner. Der Erfinder der Winnetou-Welle, Produzent

Wir Kinder aus Bullerbü (1986, R: Lasse Hallström): Ole und seine kleine Schwester Kerstin

Horst Wendlandt, hatte 1966 seinen letzten Karl-May-Film, *Winnetou und sein Freund Old Firehand*, hergestellt. Brauner, der sich an die Welle angehängt hatte, gab nicht so schnell auf, denn er ist zäh wie der Comanche, von dem John Wayne im *Schwarzen Falken* erzählt: ›Ein Mensch reitet ein Pferd, bis es zusammenbricht. Dann geht er zu Fuß weiter. Dann kommt ein Comanche vorbei. Er nimmt das Pferd und reitet es noch 20 Meilen, dann frisst er es auf.‹«

Ein verkapptes Remake vom *Schatz im Silbersee*: Regisseur Harald Reinl erzählt die Geschichte einfach noch einmal, natürlich schweigt der Plagiator darüber und nennt sein Werk »nach Motiven aus Romanen von Karl May«, auch wenn es nur ein Roman war.

1962 Der Schatz im Silbersee

Blago u srebrnom jezeru, BRD/JUG, R: Harald Reinl, D: Lex Barker, Pierre Brice

WIR KINDER AUS BULLERBÜ

Alla Vi Barn I Bullerbyn, S/BRD/I 1986, R: Lasse Hallström, D: Linda Bergstrøm, Crispin Dickson-Vendenius, Henrik Larsson, Anna Sahlin, Ellen Demerus, Harald Lönnbro

Nach einem Kinderbuch von Astrid Lindgren: Sommerferien in Bullerbü, dem bekannten schwedischen Dorf mit seinen glücklichen Kin-

Wir Kinder aus Bullerbü (1986, R: Lasse Hallström):
Endlich Sommerferien ...

dern. Die achtjährige Lisa wohnt mit ihren etwas älteren Brüdern Lasse und Bosse auf dem Mittelhof. Eine enge Freundschaft verbindet sie mit Inga und Britta vom Nordhof, und dann gibt es noch den Südhof, wo der achtjährige Ole wohnt, der eine vier Jahre alte Schwester hat. Die Sommerferien der Kinder in Bullerbü sind ausgefüllt mit Spielen auf blühenden Wiesen, Helfen beim Rübenziehen und bei der Heuernte, Einkaufen für die Mütter aller drei Höfe (wobei Inga und Lisa den Weg mehrmals gehen müssen, weil ihnen immer an der Wegkreuzung einfällt, was sie noch vergessen haben), der Schatzsuche, die sich die Jungen für die Mädchen als Streich ausgedacht hatten, dann aber von denen selber gefoppt werden, und dem traditionellen Krebsfang vor Schulbeginn.

Eine glückliche und friedliche Kindheit in Süd-Schweden, die Lisa geriet Astrid Lindgren dabei zur autobiografischen Figur: »Ich bin immer ein Bullerbü-Kind geblieben. Und das Wissen, wie es war und wie es mir ging, als ich Kind war, ist mein größter Schatz.«

Zitty: »In der Neuverfilmung von Lasse Hallström aus dem Jahr 1986 werden die Geschichten konsequent aus der Sicht von Lisa erzählt, während Olle Hellbom 1961 eindeutig einen Film über die Kinder von Bullerbü gedreht hat.«

1960/61 Die Kinder aus Bullerbü
Bara roligt i bullerbyn, S, R: Olle Hellbom, D: Kaj Anderson, Jan Erik Husbom

WIR MARSCHIEREN UM MITTERNACHT!
The Road To Glory, USA 1936, R: Howard Hawks, D: Fredric March, Warner Baxter, Lionel Barrymore, June Lang, Gregory Ratoff, Victor Kilian, Paul Stanton, John Qualen, Julius Tannen

Der Film endet, wie er beginnt: mit einer Rede des kommandierenden Offiziers an seine Männer – nur hält anfangs Captain Laroche die Rede, und am Ende Leutnant Denet; dazwischen liegen immer wieder verlustreiche Vorstöße in das Niemandsland zwischen den Schützengräben. Zwei Nebenhandlungen aber bringen zusätzliche Aspekte ins Spiel: eine ödipale Dreieckssituation zwischen dem älteren Laroche, dem jüngeren Denet und der Krankenschwester Monique, und eine Vater-Sohn-Geschichte zwischen Laroche und dem Soldaten Morain – Laroches Vater. Der Vater träumt immer noch von seinen glorreichen Zeiten bei Sedan, erweist sich im Kampf aber als Feigling – und büßt dafür am Ende, als er sich bei einer Selbstmordmission seinem mittlerweile blinden Sohn als »Augen« zur Verfügung stellt ...

Howard Hawks: »Ich benutzte das Thema von *Dawn Patrol* für einen anderen Film, und das Thema ist sehr einfach. Es geht um einen Mann, der das Kommando hat, und der seine Leute in den Tod hinausschickt, und dann wird er selber getötet und ein anderer armer Hund muss die Leute in den Tod schicken.«

Rolf Thissen *(Howard Hawks)*: »Hawks benutzt auch ein Motiv aus *Today We Live*: Wieder erblindet eine der Hauptfiguren im Kampf, und wieder dient ihm ein anderer als ›Augen‹ – hier allerdings der eigene Vater. Wie *Today We Live* wird auch *The Road To Glory* von den meisten Hawksinterpreten übergangen. Beide Filme sind in der BRD nie ins Kino gekommen oder im Fernsehen gezeigt worden. Weil gegen die Deutschen gekämpft wird? Für Donald C. Willis ist *The Road To Glory* sogar ›der langweiligste von Hawks‹ Kriegsfilmen‹, während Leland A. Poague ausführlich nachweist, dass der Film – wie seine Nebenhandlungen zeigen – nicht so fatalistisch ist, wie er auf den ersten Blick aussieht.«

1932 Les Croix de bois
F, R: Raymond Bernard, D: Pierre Blanchar, Gabriel Gabrio, Charles Vanel

WIR SIND KEINE ENGEL

We're No Angels, USA 1989, R: Neil Jordan, D: Robert De Niro, Sean Penn, Demi Moore, James Russo, Ray McAnally, Hoyt Axton, Wallace Shawn, John C. Reilly

Ned und Jim, zwei Kleinkriminelle, die in einem Staatsgefängnis an der kanadischen Grenze einsitzen, werden von dem zum Tode verurteilten Schwerverbrecher Bobby gezwungen, mit ihm zu fliehen. Der Ausbruch gelingt, doch die Brücke am Grenzfluss, die die drei in die Freiheit führen soll, ist stark bewacht. Während Bobby verschwindet, landen Ned und Jim durch einen Zufall in der nahe gelegenen Missionsstation. Dort verwechselt Pater Levesque die beiden mit zwei Priestern, deren Ankunft schon seit langem erwartet wird. Ned und Jim zögern nicht: das Gewand eines Padres scheint die perfekte Tarnung zu sein ...

MovieLine: »Mit hervorragend disponierten Schauspielern besetzte und mit zahlreichen Action-Elementen angereicherte Gaunerkomödie, die vom gleichnamigen Vorgänger aus dem Jahre 1955 lediglich die Ausgangsposition übernommen hat.«

1955 Wir sind keine Engel

We're No Angels, USA, R: Michael Curtiz, D: Humphrey Bogart, Peter Ustinov

DIE WIRTIN AN DER LAHN

BRD 1955, R: J. A. Hübler-Kahla, D: Dorit Kreysler, Oskar Sima, Hanita Hallan, Josef Egger, Ingrid Pan, Werner Fuetterer, Joachim Brennecke, Katharina Mayberg, Irina Garden, Gerda-Maria Klein, Wolf Petersen, Jupp Flohr, Ludwig Schmidseder, Karl Kunst, Otto Clemente, Hella Christ, Karen Nerak

Nach dem Bühnenstück *Meiseken* von Hans Alfred Kihn: Weil die Wirtin an der Lahn des toten Großvaters Rente munter weiterkassiert, bringt sie der Besuch des rentenspendenden Sektfabrikdirektors in die größte Verlegenheit. Und wenn der pfiffige Josef Egger als Aushilfsopa gegen Barzahlung mit seiner geschäftstüchtigen Nichte Ingrid Pan nicht wäre, hätten die Wirtin und das Publikum nichts zu lachen. Mit Hilfe von Hanita Hallans unfreiwillig gezeigten Reizen findet Sektfabrikdirektor Joachim Brennecke die große Liebe.

Vera Kirsten *(Filmblätter)*: »Nach Irrungen und Wirrungen kommt's mit der Wirtin-Nichte zur Verlobung, und Wirt und Wirtin an der Lahn (mit bösartigem Charme: Oskar Sima und Dorit Kreysler) können aufatmen. Ein vergnüglicher Schwank, der sein Publikum finden wird.«

1937 Die Erbschleicher

D, R: Hans Deppe, D: Josef Eichheim, Fritz Kampers, Oskar Sima, Beppo Brem

WO DIE LERCHE SINGT

A 1956, R: Hans Wolff, D: Doris Kirchner, Renate Holm, Lutz Landers, Theo Lingen, Oskar Sima, Nina Sandt, Josef Egger, Klaus Löwitsch, Elisabeth Stiepl, Walter Regelsberger

Links: Wir sind keine Engel (1989, R: Neil Jordan): Sean Penn und Robert De Niro
Unten: Wir sind keine Engel (1955, R: Michael Curtiz): Aldo Ray, Humphrey Bogart und Peter Ustinov

Nach einer Operette von Franz Lehár: Das ländlich-liebliche Singvögelein piepst so herzig in die Gegend, dass allen warm ums Herz wird. Den Feldarbeitern und Dorfbewohnern, ihrem leicht depperten Großvater und zuallerletzt dem feschen Maler aus Wien, dem der Sehnsuchts-Singsang aber ausschließlich und ganz offensichtlich gilt. Kalt wird nur das Fräulein aus der Stadt, das mit dem Maler aufs Land gekommen ist und zornerfüllt ohne ihn zurückfährt. Dafür darf aber die Lerche den angehimmelten Künstler ins Märchenland Großstadt begleiten, und die Seligkeit nimmt fast überhand, bis der arme, kleine Piepmatz merkt, dass er statt in das erhoffte Liebesnest in einen vornehm-vergoldeten Käfig geraten ist, wo er keineswegs mehr so zwitschern darf, wie ihm der Schnabel gewachsen ist.

Ingeborg Donati (Filmblätter): »Mit Operetten-Treue und Detail-Sorgfalt hat die Regie diesen Stoff inszeniert, selbstverständlich modernisiert, doch so sanft, dass Lehárs Melodien sich stilgerecht einordnen lassen. Am prallsten füllt zweifellos Josef Egger die Rolle des senilen Lerchen-Opa mit Feuerwehrhauptmann-Würde, durchtränkt von pfiffiger Bauernschläue und fast parodierendem Landunschuldsgehabe. Herzig und lieb Renate Holm im Titelpart, kühl, zurückhaltend und jeder Zoll eine Lady Doris Kirchners Modezeichnerin. Zwischen den beiden Lutz Landers, der so gut aussieht, wie er es seiner Maler-Rolle schuldig ist ... Der große Kreis der Operetten-Liebhaber wird ein herzliches Leinwand-Wiedersehen mit einem ihrer Traditions-Favoriten feiern können.«

1936 Wo die Lerche singt

D/CH/H, R: Carl Lamac, D: Martha Eggerth, Alfred Neugebauer, Hans Söhnker

WO MÄNNER NOCH MÄNNER SIND

Pardners, USA 1956, R: Norman Taurog, D: Jerry Lewis, Dean Martin, Lori Nelson, Jeff Morrow, Lon Chaney jr., Bob Steele, Lee Van Cleef, Agnes Moorehead, Jack Elam

Wade und Slim Kingsley sind die Nachkommen von glorreichen Pionieren des Westens, führen das Dasein von verweichlichten Zivilisationsmenschen in New York und beschließen eines Tages, sich in der Heimat der Väter als Männer zu bewähren. Im Westen geraten sie sofort mit den Nachkommen der Banditen aneinander, die schon ihren Vorfahren das Leben schwer machten. Um die Gegner einzuschüchtern, gibt Wade sich als »Killer Jones« aus. In einem Anflug von Genialität gelingt es ihm, die Desperados zu überlisten und das Familienerbe zu retten.

Western-Lexikon: »Ein Remake des ebenfalls von Norman Taurog inszenierten Bing-Crosby-Films *Rhythm On The Range* von 1936 und einer der besseren Filme aus der Zeit der Partnerschaft von Jerry Lewis und Dean Martin. Die beiden haben sich nie besonders gut vertragen, und zur Drehzeit dieses Films war ihr Dauerkrach auf dem Höhepunkt angelangt.«

1936 Rhythm On The Range

USA, R: Norman Taurog, D: Bing Crosby, Frances Farmer, Bob Burns

DER WOLF UND DIE SIEBEN GEISSLEIN

DDR 1977, R: Uwe-Detlev Jessen, D: Rosemarie Bärhold, Horst Weinheimer, Willi Scholz, Viktor Deiß, Torsten Unkardt, Rene Barr, Frank Hübinger, Katja Lorenz, Kathrin Mesik, Elke Weißbach, Rainer Scholz

Nach einem Märchen der Gebrüder Grimm: In der kinderreichen Familie der sieben Geißlein hat jedes Mitglied seine Aufgabe. Nur das Jüngste tut sich noch etwas schwer. Als die Mutter eines Morgens das Haus verlässt, erhält unerwartet auch dieses Geißlein die Gelegenheit, sich zu beweisen. Es entgeht als einziges dem Angriff des bösen Wolfes und hilft, seine Geschwister zu retten.

1977 Vom Wolf und den pfiffigen Geißlein

Mama, RO/F/UdSSR, R: Elisabeta Bostan, D: L. Gurtschenko, S. Kramarow

1956 Der Wolf und die sieben Geißlein

BRD, R: Peter Podehl, D: Helmo Kindermann, Harriet Geßner, Jürgen von Alten

WOLFSBLUT

White Fang, USA 1990, R: Randal Kleiser, Drb: Jeanne Rosenberg, Nick Thiel, David Fallon nach einem Roman von Jack London, K: Tony Pierce-Roberts, M: Basil Poledouris, S: Lisa Day D: Klaus Maria Brandauer (Alex), Ethan Hawke (Jack), Seymour Cassel (Shunker), Susan Hogan (Belinda), James Remar (Beauty), Bill Moseley (Luke), Clint B. Youngreen (Tinker), Pius Savaga (Grey Beaver), Aaron Hotch (Little Beaver)

Um seinen Vater zu besuchen, kommt der junge, unerfahrene Jack Conroy in das Alaska des Goldrausches. Zusammen mit dem wildniserprobten Goldsucher Alex bricht Jack auf zu einer beschwerlichen und gefährlichen Reise durch das verschneite Alaska. Im Verlauf der Fahrt überleben sie den Angriff eines Wolfsrudels nur mit knapper Not. Als sie zur Mine von Jacks Vater gelangen, müssen sie feststellen, dass er vor längerer Zeit schon gestorben ist. Doch anstatt umzukehren und in die Zivilisation zurückzukehren, beschließt Jack, die Goldsuche seines Vaters fortzusetzen. Alex kann nicht umhin, den unerfahrenen Jungen dabei zu unterstützen. In einem Indianerdorf hatte Jack zum ersten Mal den gezähmten Wolfshund Wolfsblut gesehen und Freundschaft geschlossen mit diesem geheimnisvollen Tier, das ihn in letzter Sekunde vor einem wütenden Grizzly gerettet hatte. Als er nun lange Zeit später Wolfsblut wieder sieht, ist es an Jack, das Tier aus den Händen des bösartigen Tierquälers Beauty Smith, der das zahme Tier zu einem gefährlichen Kampfhund abgerichtet hatte, zu retten. Jack bringt den in einem brutalen Hundekampf schwer verletzten Wolfsblut in seine Hütte. Mit Entsetzen muss Jack, der inzwischen eine reiche Goldader entdeckt hat, feststellen, dass aus Wolfsblut eine Bestie geworden ist. Es gelingt

Wolfsblut greift ein (1974, R: Tonino Ricci): Gisela Hahn, Renzo Palmer, Matteo Zoffoli und Maurizio Merli

ihm jedoch, das Vertrauen des Tieres zu erwerben und Wolfsblut als einen Freund fürs Leben zu gewinnen.

Der Schauspieler Klaus Maria Brandauer hat sich mit dem Part des wortkargen Naturburschen Alex einen Jugendtraum verwirklicht. Über die Disney-Produktion heißt es im *Lexikon des internationalen Films*, dass »Jack Londons Roman auf die Dimension eines Kinderfilms vor pseudorealistischem Hintergrund reduziert« wird: »Auch von der Machart reicht es nur zu einem mäßig fesselnden Abenteuer vor imposanter Naturkulisse.« Für Raimund Gerz in *epd Film* ist *Wolfsblut* »trotz des furiosen Anfangs kein Abenteuerfilm, sondern ein Märchen, die Geschichte einer Liebe zwischen Mensch und Tier ... In der Beschreibung dieser Annäherung zieht der Regisseur alle bekannten Register der Disney-Ästhetik: *Wolfsblut* ist eine Geschichte mit kalkuliert eingesetzter Spannung und Emotion, die sich vor den gewaltigen Bergpanoramen Alaskas zum Drama steigert, ohne dem Zuschauer je die Gewissheit eines guten Endes zu verweigern ... Gleichwohl reflektiert *Wolfsblut*, ein erfolgreiches Produkt der Populärkultur wie seine Vorlage aus dem Jahr 1905, ein verändertes Naturverständnis. Anders als in Londons Roman zieht der Held am Ende nicht in den urbanen Süden, sondern bleibt mit dem Wolf in der Wildnis zurück: auch dies eine – vielleicht falsche – Versöhnung, aber eine zu den Bedingungen des Wolfs, immerhin.«

Wolfsblut (1990, R: Randal Kleiser): Klaus Maria Brandauer

1974 Wolfsblut greift ein

Zanna bianca alla riscossa, I, R: Tonino Ricci, D: Maurizio Merli, Sergio Smacchi

1974 Die Spur des Wolfes

Il richiamo del lupo, I/E, R: Frank G. Carroll, D: Manuel de Blas, Jack Palance

1973 Jack London: Wolfsblut

Croc-blanc, I/F/E, R: Lucio Fulci, D: Franco Nero, Virna Lisi

»Die Romane von Jack London, zum Beispiel *Der Seewolf* oder *Ruf der Wildnis*, waren spannende Beiträge zum Thema des Kampfes zwischen Mensch und Tier, Zivilisation und Natur, Intellekt und Instinkt. Die Verfilmungen lassen nicht mehr davon übrig als die abenteuerliche Handlung und setzen vielleicht ein paar schöne Landschaftsaufnahmen drauf. Auch bei *Wolfsblut* bleibt die Psychologie von Mensch und Tier weitgehend auf der Strecke. Dafür liefert der Film malerische Bilder, ist in der Geschichte jedoch unnötig brutal. Wen wundert's, wenn der Regisseur Lucio Fulci heißt, der sonst reinrassige Höllenhunde an der Leine führt oder Zombies am Glockenseil.« *(TV Spielfilm)*

1946 Wolfsblut

Belyj klyk, UdSSR, R: Alexander Sguridi, D: Oleg Shakow, Jelena Ismailowa

»Naiv-schlichte Verfilmung der gleichnamigen Erzählung von Jack London ... Bemerkenswert

in den Natur- und Tieraufnahmen.« *(Lexikon des internationalen Films)*

1936 White Fang

USA, R: David Butler, D: Michael Whalen

1935 Goldfieber in Alaska

Call Of The Wild, USA, R: William A. Wellman, D: Clark Gable, Loretta Young

»Nach dem mehrfach verfilmten Roman *Wolfsblut* von Jack London. Geradlinige, altmodische Spannungs-Unterhaltung.« *(Lexikon des internationalen Films)*

1925 White Fang

USA, R: Lawrence Trimble, D: Theodore von Eltz

WOYZECK

H 1994, R: János Szász, D: Lajos Kovács, Diana Vácaru, Alexandr Porohovschjkov, Péter Haumann, Sándor Gáspár

Nach einem Fragment von Georg Büchner: Die Welt des Weichenstellers Woyzeck ist düster und deprimierend. Er muss sich abrackern, um seine Braut und sein uneheliches Kind über Wasser zu halten. Er fristet ein trauriges Dasein und ist der Erniedrigung durch seine Mitmenschen ausgesetzt. Dem Doktor dient er zu physiologischen Experimenten. Als Marie, die anderen Bekanntschaften nicht abgeneigt ist, sich mit einem Mann einlässt, zerbricht Woyzeck. Er ersticht Marie am Teich. Im Wirtshaus sieht man Blutspuren an ihm. Er geht zum Teich, um das Blut abzuwaschen. Aber er hat keinen Lebensmut mehr. Er geht immer tiefer ins Wasser ...

Lexikon des internationalen Films: »Büchners Drama in einer Neuverfilmung. Die Handlung wurde auf eine Gleisstrecke im heutigen Ungarn verlegt ... Ein beeindruckender Film in brillanter SchwarzWeiß-Fotografie, der mit suggestiv verlangsamter Erzählweise eine düstere ›Endstation‹ beschreibt, den Ort einer letzten Erniedrigung. Der auf dem nationalen Festival in Budapest preisgekrönte Film wird von einem hervorragenden Hauptdarsteller getragen.«

Georg Büchner, am 17. Oktober 1813 in der Nähe von Darmstadt geboren, studierte Medizin und Naturwissenschaften an den Universitäten von Straßburg und Gießen. Er schloss sich der hessischen Nationalbewegung an, die sozialrevolutionär (Büchner schrieb das Manifest unter

Woyzeck (1994, R: János Szász):
Lajos Kovács

dem Motto »Friede den Hütten, Krieg den Palästen« gegen Adel und Bürgertum Stellung bezog, und musste, steckbrieflich verfolgt, in die Schweiz fliehen, wo er als Privatdozent der Naturwissenschaften bahnbrechend wirkte. Er starb 24-jährig, ohne die Erfolge seines literarischen Schaffens erlebt zu haben. Das Drama *Dantons Tod* wurde noch in Darmstadt vollendet. *Woyzeck* blieb Fragment.

1983/84 Wodzek

BRD, R: Oliver Herbrich, D: Detlef Kügow, Ariane Erdelt, Johannes Habla

1979 Woyzeck

BRD, R: Werner Herzog, D: Klaus Kinski, Eva Mattes, Wolfgang Reichmann

1947 Wozzeck

D, R: Georg C. Klaren, D: Kurt Meisel, Helga Zülch, Max Eckhard

DAS WUNDER VON MANHATTAN

Miracle On 34th Street, USA 1994, R: Les Mayfield, D: Richard Attenborough, Elizabeth Perkins, Dylan McDermott, Mara Wilson, Joss Ackland

Für die Angestellten des New Yorker Kaufhauses Coles ist das diesjährige Fest der Freude eine Zeit

gravierender Existenzsorgen. Wie gut, dass da eines Tages wie ein rettender Engel ein freundlicher weißhaariger Mann namens Kriss Kringle erscheint und sich von der Werbechefin Dorey Walker als Santa Claus anheuern lässt. In Nullkommanichts ist er der Liebling aller Kinder, die ihn ohne jeden Zweifel für den echten Weihnachtsmann halten. Die Umsätze klettern kometenhaft in die Höhe – sehr zum Ärger der Konkurrenz, die eine finstere Intrige einfädelt, um den unliebsamen Störfaktor zu beseitigen. Als Kringle nach einer tätlichen Auseinandersetzung ins Gefängnis kommt und im Verlauf des Prozesses für unzurechnungsfähig erklärt werden soll, weil er von seiner Identität als Santa Claus überzeugt ist, muss Doreys Nachbar, der Anwalt Bryan Bedford, zu Hilfe kommen. Die Chancen stehen nicht gut für den Angeklagten, sehr zur Enttäuschung von Doreys achtjähriger Tochter Susan, die nichts lieber möchte, als an den Weihnachtsmann zu glauben. Da kommt Bryan im allerletzten Moment die rettende Idee, wie man eine skeptische Welt davon überzeugen kann, dass die Zeit der Wunder noch nicht vorbei ist.

Rolf-Ruediger Hamacher *(Film-Dienst)*: »Mayfield hat das ›Kunststück‹ fertig gebracht, das wunderbare, mit drei ›Oscars‹ ausgezeichnete Original von George Seaton aus dem Jahre 1947 um 20 öde Minuten zu verlängern, ohne dass ihm und Drehbuch-Nachbesserer John Hughes etwas Bemerkenswertes eingefallen wäre.«

1947 Das Wunder von Manhattan

Miracle On 34th Street, USA, R: George Seaton, D: Maureen O'Hara, John Payne

Links: Woyzeck (1979, R: Werner Herzog):
Eva Mattes und Klaus Kinski
Unten: Woyzeck (1979): Klaus Kinski

DIE WUNDERBARE MACHT

Magnificent Obsession, USA 1953, R: Douglas Sirk,
D: Jane Wyman, Rock Hudson, Agnes Moorehead,
Barbara Rush, Otto Kruger, Gregg Palmer, Sara
Shane, Paul Cavanagh

Nach einem Roman von Lloyd C. Douglas: Als
der leichtsinnige Playboy Bob Merrick mit seinem Rennboot verunglückt, rettet man ihn mit
Hilfe eines Sauerstoffgeräts, das der renommierte Arzt Dr. Phillips in seinem Haus am See für
Notfälle bereithält. Ausgerechnet zu diesem Zeitpunkt erleidet Phillips eine schwere Herzattacke
und muss sterben, weil das Gerät nicht für ihn
zur Verfügung steht. Er lässt seine junge Frau
Helen fast ohne Barmittel zurück. Bob Merrick
bietet der attraktiven Witwe daraufhin finanzielle Hilfe an, sie weist das jedoch zurück. Umso
hartnäckiger sucht er fortan die Nähe dieser Frau,
die ihn mehr und mehr fasziniert. Vor allem aber
wird ihm bewusst, wie leer sein bisheriges Leben
trotz aller Vergnügungen war. Als Helen ihm und

seinen Annäherungsversuchen ausweichen will,
gerät sie eines Tages unter ein Auto. Sie überlebt
den Unfall, verliert aber das Augenlicht. Bobs Besuche lehnt sie weiterhin ab. Unter falschem Namen gelingt es ihm jedoch, Kontakt zu ihr zu finden. Inzwischen hat er auch sein vor Jahren ab-
gebrochenes Medizinstudium wieder aufgenommen. Auf seine Initiative hin lässt Helen sich von
einigen renommierten Augenspezialisten untersuchen, sie halten eine Operation jedoch für aussichtslos. In dieser Situation gibt Merrick sich zu
erkennen und erfährt, dass Helen längst Bescheid
weiß. Er bittet sie daraufhin, seine Frau zu werden, aber noch ist sie nicht bereit dazu, obwohl
sie ihn liebt. Erst Jahre darauf, als Helen mit dem
Tode ringt, finden die beiden unter dramatischen
Umständen zueinander ...

Elisabeth Läufer *(Skeptiker des Lichts –*
Douglas Sirk und seine Filme): »Die Kombinati-
on Jane Wyman, Jahrgang 1914 und zu jenem
Zeitpunkt mit Ronald Reagan verheiratet, und

Von links nach rechts unten:
* *Das Wunder von Manhattan*
  (1994, R: Les Mayfield): Richard Attenborough
* *Das Wunder von Manhattan (1994):*
  Mara Wilson und Elizabeth Perkins
* *Das Wunder von Manhattan*
  (1947, R: George Seaton): Maureen O'Hara,
  Natalie Wood und John Payne

Rock Hudson, Jahrgang 1925, ist ein so erstaunlicher Erfolg, dass der Produzent Ross Hunter sofort einen weiteren Film mit den beiden Darstellern als Liebespaar plant ... Wie in dem Roman von L. C. Douglas geht es um eine Weltanschauung: Ein Mensch kann Glück und Zufriedenheit erlangen, wenn er insgeheim Gutes tut – praktizierte christliche Nächstenliebe. Aus dieser Überzeugung wird eine Art Besessenheit. Immer, wenn im Film von ihrer Kraft die Rede ist, ertönt als Hintergrundmusik das Thema von Beethovens *Freude, schöner Götterfunke* ... Der Film wirkt stellenweise wie eine gekonnte soap opera, manchmal wie eine Parodie auf diese Art von Unterhaltung. In zeitgenössischen amerikanischen Kritiken wird der Film als ›weepie‹ und ›one of the great tearjerkers of the decade‹ tituliert. Heute noch gilt *Magnificent Obsession* als ›four handkerchief fan's classic‹ – ein Supermelodrama, bei dem vier Taschentücher vollgeweint werden. Bei allen Vorbehalten gegenüber dem Stoff kann Douglas Sirk seine bevorzugten Themen herausarbeiten. Glaube und Absurdität, Rationales und Irrationales wie in *The First Legion*. Identitätssuche, Vergeblichkeit, Flüchtigkeit des Glücks, Läuterung, Erlösung. Körperliche und symbolische Blindheit: Blindsein als Isoliertsein oder Verblendetsein – nichts außerhalb sich selbst sehen können oder wollen – und Blindheit als ›inneres Gesicht‹: Helen muss erst blind werden, um die Echtheit von Bob Merricks Liebe erkennen zu können.«

1935 Dein Leben gehört mir
Magnificent Obsession, USA, R: *John M. Stahl*, D: *Irene Dunne, Robert Taylor*

Die wunderbare Macht (1953, R: Douglas Sirk):
Agnes Moorehead, Jane Wyman und Rock Hudson

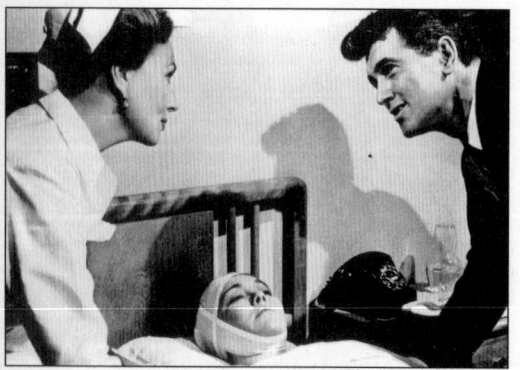

Die wunderbare Macht (1953, R: Douglas Sirk):
Judy Nugent und Jane Wyman

DIE WUNDERBARE REISE
DES KLEINEN NILS HOLGERSSON

J/A 1985, R: Hisajuki Toriumi – Animation (auch als 52-teilige TV-Serie).

Nach dem Roman von Selma Lagerlöf: Nils Holgersson ist nicht gerade das, was man einen braven Jungen nennt. Besonders die Tiere auf dem heimischen Bauernhof ärgert er mit Vorliebe. Bis eines Tages ein Wichtelmännchen aus Verärgerung den übermütigen Jungen und seinen Hamster Krümel in winzige Gestalten verwandelt. Plötzlich ist die Welt riesengroß und der kleine Nils ist der Rache der Tiere auf dem Hof hilflos ausgeliefert. Da winkt das Glück in Form einer Schar von Wildgänsen, die mit lockenden Rufen nach Norden fliegt. Auf dem Rücken der wagemutigen Hausgans Martin fliegen Nils und Krümel mit. So beginnt für die beiden eine abenteuerliche und aufregende Reise mit den Wildgänsen. Eine neue Welt tut sich für Nils auf: Überall lauern Gefahren und Abenteuer. Allmählich lernt er, die Welt mit anderen Augen zu sehen, weil er die Sprache der Tiere versteht und in ihre Gemeinschaft aufgenommen wird. Nach einem wunderschönen Sommer in Lappland wird Nils am Ende zu den Menschen zurückkehren. Doch in die Freude darüber mischt sich auch Trauer über den Abschied von seinen Freunden, den Wildgänsen.

Film-Dienst: »Holzschnittartige Zeichentrickverfilmung.«

1962 Nils Holgerssons wunderbare Reise
S, R: Kenne Fant, D: Sven Lundberg, Max von Sydow, Annika Tretow

WURZELN DES BÖSEN

Roots Of Evil, USA 1991, R: Gary Graver, D: Alex Cord, Delia Sheppard, Charles Dierkop, Jillian Kesner, Randall Brady, Deanna Lund, Gregory Scott Cummins, Brinke Stevens, Jewel Shepard

Ein Serienmörder, der ungeliebte Sohn einer Hure, schneidet den Straßenmädchen von Los Angeles die Kehlen durch, während ein lesbisches Pärchen zwei Männer ermordet.

Lexikon des internationalen Films: »Ein Kafka zitierender ›Bulle‹ und seine Partnerin schießen sich zäh dem flammenlodernden Finale entgegen. Ein schmuddelig-gewalttätiger Hintertreppenkrimi.«

1984 Trinity Brown

USA, R: Robert McCallum, D: Kimberly Carson, Jamie Gillis, Sharon Kelly

WYATT EARP – DAS LEBEN EINER LEGENDE

Wyatt Earp, USA 1994, R: Lawrence Kasdan, D: Kevin Costner, Dennis Quaid, Gene Hackman, Mark Harmon, Jeff Fahey, Michael Madsen, Bill Pullman, Catherine O'Hara, Isabella Rossellini

Über 20 Verfilmungen schilderten bereits die berüchtigte Schießerei um den O. K. Corall in Tombstone, in der Wyatt Earp, seine Brüder und Doc Holliday gegen die Clanton-Banditen antraten.

Hans M. Eichenlaub *(FAZ)*: »Lawrence Kasdan ... kredenzt uns ›seinen‹ *Wyatt Earp* als visuell überaus üppiges Mahl (Kamera Owen Roizman), mit mehr als hundert Sprechrollen, alle in liebevoll der Epoche nachempfundenen Kostümen, von den unzähligen Pferden und Büffeln nicht zu reden. Die Sequenz aus Earps Büffeljägerzeit könnte direkt aus Kevin Costners *Der mit dem Wolf tanzt* stammen. Aber das alles dient letztlich doch nur dem Aufrechterhalten des My-

Wyatt Earp – Das Leben einer Legende (1994, R: Lawrence Kasdan): Kevin Costner

thos, der Legende. Der Regisseur Lawrence Kasdan, der das Drehbuch zusammen mit Dan Gordon erarbeitet hat, tut wenig bis nichts, um einer möglichen Wahrheit oder Wirklichkeit – so es das gegeben haben mag – näher zu kommen. Im Gegenteil, er zementiert den Mythos Earp, mit – vor allem in den letzten fünfzig Filmminuten – teilweise unerträglichem Pathos.«

1993 Tombstone

USA, R: George P. Cosmatos, D: Kurt Russell, Val Kilmer, Michael Biehn

1981 Wyatt Earp

I Married Wyatt Earp, USA, R: Michael O'Herlihy, D: Marie Osmond, Bruce Boxleitner

1971 Doc

USA, R: Frank Perry, D: Stacy Keach, Faye Dunaway, Harris Yulin

1967 Die fünf Geächteten

Hour Of The Gun, USA, R: John Sturges, D: James Garner, Jason Robards

1957 Zwei rechnen ab

Gunfight at the OK-Corral, USA, R: John Sturges, D: Burt Lancaster, Kirk Douglas

1946 Faustrecht der Prärie

My Darling Clementine, USA, R: John Ford, D: Henry Fonda, Linda Darnell

Wyatt Earp – Das Leben einer Legende (1994, R: Lawrence Kasdan): Wyatt und seine Brüder stellen sich der Clanton-Bande

Y

YETI, DER SCHNEEMENSCH

The Abominable Snowman, GB 1957, R: Val Guest,
D: Forrest Tucker, Peter Cushing, Maureen Connell,
Richard Wattis, Robert Brown, Michael Brill, Wolfe
Morris, Arnold Marlé, Anthony Chin
Nach einem Bühnenstück von Nigel Kneale: Das
Drehbuch könnte von Herrn Darwin persönlich
stammen, denn es demonstriert hier, wie sich einige Riesenaffen in den Hochtälern des Hima-
laya-Gebirges langsam zu Schneemenschen entwickeln. Einige Wissenschaftler, Sportler und
Abenteurer versuchen den gewaltigen Fußspuren
der merkwürdigen Wesen nachzugehen, aber einer nach dem anderen erliegt dem Höhenkoller.

   Rolf Giesen *(Lexikon des phantastischen*
Films): »Wenig Beachtung fand ein anderer SF-
Film Guests, *The Abominable Snowman* (*Yeti, der
Schneemensch* – 1957). Als Vorlage diente wieder eine BBC-Produktion von Kneale und Cartier: *The Creature*. Die Monstren sind hier nicht
die Yetis, die letzten Überlebenden einer Rasse,
die auf der Entwicklungsstufe zwischen Affe und
Mensch verharrte und danach trachtet, dereinst
den überzivilisierten Menschen abzulösen, sondern die Menschen, die auf sie Jagd machen. ›Der
Film hatte, glaube ich, eine zu komplexe, starke
Botschaft. Niemand erwartete von Hammer Filme, die etwas zu sagen hatten, aber dieser hatte
eine Botschaft. Nigel hatte etwas über die vermeintliche Überlegenheit des Menschen über andere Gattungen hineingepackt und anderes, aber
die Zuschauer wollten so etwas nicht in einem
Hammer-Film.‹ Ebenso ungewöhnlich für Hammer war der Aufwand, der betrieben wurde: ex-
tensive Außenaufnahmen in den französischen
Alpen, Innenaufnahmen im größten Atelier der
Pinewood-Studios und nur ein Minimum von
Szenen in Hammers damaligem Domizil, den
Bray-Studios.«

1955 The Creature
GB, D: Stanley Baker, Peter Cushing, Simon Lack,
Arnold Marlé

Z

DER ZAREWITSCH

BRD 1954, R: Arthur Maria Rabenalt, D: Luis Mariano, Sonja Ziemann, Hans Richter, Maria Sebaldt, Paul Henckels

Nach einer Operette von Franz Lehár: Der Tenor José Moreno steht in der weißen Uniform des Zarewitsch singend auf der Bühne. Die Solotänzerin Sonja steht dahinter und beobachtet ihn, denn sie ist in ihn verliebt. Es folgt Sonjas Auftritt. Verwirrt durch Morenos Blick, stürzt sie und wird ohnmächtig. Daraufhin gleitet Sonja hinüber in einen Traum, in welchem sie den Auftrag erhält, sich dem Zarewitsch zu nähern.

Filmblätter: »Ein bunter Operettentraum mit wunderschönen Außenaufnahmen und einschmeichelnden Lehár-Melodien geht in Erfüllung.«

Mit demselben Stab entstand parallel eine von CCC und Les Films Roger Richebé produzierte französische Version des Films: *Le Tzarevitch.*

1933 Der Zarewitsch

D, R: Viktor Janson, D: Hans Söhnker, Ery Bos, Mártha Eggerth

1929 Der Zarewitsch

D, R: Jacob Fleck, Luise Fleck, D: Ly Christy, Fritz Eckert, John F. Hamilton

DER ZAUBERER VON OZ

The Wizard Of Oz, USA 1939, R: Victor Fleming, D: Judy Garland, Frank Morgan, Ray Bolger, Bert Lahr, Jack Haley, Margaret Hamilton, Charley Grapewin, Pat Walslie, Clara Blandick, Billie Burke

Irgendwo liegt das Land, wo nur wenige Menschen hinkommen, denn sie müssen schon an Märchen und Feen glauben. Ein Wirbelsturm hob Dorothy mitsamt ihrem Häuschen in die Luft und trug sie in das Land. Sie sitzt da und staunt – denn aus den Blumenkelchen steigen plötzlich Zwerge, Bewohner des Landes, und tanzen um sie herum. Wunderliche Gestalten begegnen Dorothy: Die Vogelscheuche »Hunk«, die strohdumm ist und sich nach Verstand sehnt; der feige Löwe »Zeke«, der vergeblich nach Mut sucht; und das blecherne Waldmännlein »Hickory«, das sich nichts sehnlicher wünscht als ein Herz. Die vier schließen Freundschaft und machen sich auf die Suche nach dem Zauberer, der ihnen helfen kann. Dort angelangt erkennen sie, dass alles, was sie suchen, in ihnen selber ist.

Prisma-Online: »Victor Flemings Klassiker ist weder die erste, noch die letzte Verfilmung des berühmten Kinderbuches, aber eindeutig die beste. Mit seinen liebenswert schmalzigen Songs und dem warmherzigen Humor ist er ein absoluter Klassiker und zählt zu den besten Kinderfilmen überhaupt. Schon 1910 entstand eine erste primitive Verfilmung; 1925 wirkten in einem schon deutlich besseren Stummfilm sogar Stan Laurel und Oliver Hardy mit. 1978 gab es eine misslungene Neuverfilmung mit Disco-Queen Diana Ross, 2000 entstand eine US-TV-Fassung mit Queen Latifah. Der Zauber von Flemings früher Technicolor-Verfilmung wird davon jedenfalls unberührt bleiben. Im Gegenteil: In den

Der Zarewitsch (1954, R: Arthur Maria Rabenalt): Sonja Ziemann und Luis Mariano

USA war eine restaurierte Fassung in den Kinos wieder sehr erfolgreich.«

Weitere Verfilmungen sind: *Aysecik ve sihirli cüceler rüyalar ülkesinde* (TR 1971, R: Tunç Basaran), *Volshebnik izumrudnogo goroda* (UdSSR 1974, R: Valentin Popov, L. Smironov), *The Wonderful Wizard Of Oz* (USA 1975), *The Wizard Of Oz* (USA 1976), *Oz* (AUS 1976, R: Chris Löfvén), *The Wizard Of Oz* (GB 1977), *The Wiz* (USA 1978, R: Sidney Lumet), *The Wiz* (USA 1978, R: Susan Simmons), *Ozu no mahôtsukai* (J/USA 1982, R: John Danylkiw, Fumihiko Takayama), *Os Trapalhões e o Mágico de Oróz* (BR 1984, R: Victor Lustosa, Dedé Santana), *Mago de Oz Cuento de Frank Baum* (MEX 1985, R: Angélica Ortiz, Ramón Téllez), *The Wonderful Wizard of Oz* (CDN 1987, R: Gerald Potterton, Tim Reid), *Volshebnik Izumrudnogo goroda* (RUS 1994, R: Pavel Arsenov), *Hakosem!* (IL 1994), *The Wizard Of Oz In Concert: Dreams Come True* (USA 1995, R: Louis J. Horvitz, Darrell Larson), *The Wizard Of Oz On Ice* (USA 1996, R: Paul Miller) und *The Wizard Of Oz* (USA 1998, R: Paul Hunter).

1925 Wizard Of Oz
USA, R: Larry Semon, D: Dorothy Dwan, Mary Carr, Virginia Pearson

1921 Das zauberhafte Land
The Wizard Of Oz, USA

1910 The Wonderful Wizard Of Oz
USA, R: Otis Turner, D: Bebe Daniels, Hobart Bosworth, Robert Z. Leonard

10 DINGE, DIE ICH AN DIR HASSE
10 Things I Hate About You, USA 1998, R: Gil Junger, D: Heath Ledger, David Krumholtz, Allison Janney

William Shakespeares *Der Widerspenstigen Zähmung* an einer Highschool in Amerika: Bianca, hübsch und charmant, darf erst mit einem Jungen ausgehen, wenn auch ihre Schwester Kat ein Rendezvous hat. Doch Kat ist pampig, unverschämt und gilt als bedrohlichste Giftspritze der ganzen Schule. Lediglich Einzelgänger Patrick lässt sich auf ein Date mit Kat ein – aber nur für Geld, das ihm Biancas Freunde zahlen.

Susann Huster *(AP)*: »Eine Komödie mit wenig Tiefgang, dafür aber jeder Menge coolen, witzigen Sprüchen, schönen Darstellern mit ihren Liebesproblemen, ein bisschen Kitsch und natürlich einem Happy End. Und genau diesen Anspruch erfüllt der Film. Wer mehr von einem Ki-

noabend erwartet, sollte besser einen anderen Film wählen.«

1966 Der Widerspenstigen Zähmung
The Taming Of The Shrew, USA/I, R: Franco Zeffirelli, D: Elizabeth Taylor

1961 The Taming Of The Shrew
UdSSR, R: Sergei Kolosov, D: Alexei Popov

1955 The Taming Of The Shrew
F, R: Antonio Roman, D: Alberto Closas

1953 Küss mich, Kätchen!
Kiss Me Kate, USA, R: George Sidney, D: Kathryn Grayson, Howard Keel

1942 The Taming Of The Shrew
I, D: Lilla Silva, Amedo Nazzari

1929 Der Widerspenstigen Zähmung
The Taming Of The Shrew, USA, R: Sam Taylor, D: Mary Pickford, Douglas Fairbanks

1923 The Taming Of The Shrew
GB, R: Edwin J. Collins, D: Dacia Deane

1914 The Taming Of The Shrew
N

1911 The Taming Of The Shrew
GB, R: Frank Benson

1908 The Taming Of The Shrew
USA, R: D. W. Griffith, D: Florence Lawrence

1907 The Taming Of The Shrew
I, R: Lamberti Pineschi

DAS ZEHNTE MÄDEL SOLL ES SEIN
Accord final, F 1938, R: Ignacy Rosenkranz, D: Georges Rigaud, Käthe von Nagy, Jules Berry, Raymond Aimos, André Alerme, Maurice Baquet, Jacques Baumer, Jacques Beauvais, Bernard Blier, Yves Brainville, Marcel Carpentier, Marie-Jacqueline Chantal, Josette Day

Ein amerikanischer Geigenvirtuose, der sich in Genf auf Urlaub befindet, wettet mit Freunden, dass er das zehnte Mädchen heiraten werde, das über die Schwelle des Konservatoriums tritt. Er schreibt sich unter falschem Namen als Student ein und gewinnt nach vielen mehr oder minder komischen Abenteuern seine gefährliche Wette: Er verliebt sich in Käthe von Nagy, die zwar nicht akkurat die 10., aber entschieden die Richtige ist.

MovieLine: »Nicht nur zufällige und willentlich herbeigeführte Verwechslungen, sondern ein durchgehendes Versteck- und Entlarvungsspiel im Szenario lassen bei dieser musikalischen Komödie keine Langeweile aufkommen. Auch die abwechslungsreiche Kameraführung, unterschiedliche Schnittfolgen und eigenwillige, streckenweise ins Satirische gehende Einstellungen tragen zur Unterhaltung bei.«

Ponkie *(Filmblätter)*: » Ein harmloses kleines Plätscher-Spiel älteren Datums vom Geigenvirtuosen-Prinz und armen Konservatoriums-Hascherl, die sich nach allerlei Missverständnissen kriegen ... Teils munter, teils albern, sehr zuckrig und neckisch, mit klassischer Musik veredelt und Traumfabrik-Schokoladeguss verziert – Konversationskomödie für nicht zu hohe Ansprüche.«

1936 Schlußakkord

D, R: Douglas Sirk, D: Carl Auen, Willy Birgel, Peter Bosse

DAS ZEICHEN DES VAMPIRS

Mark Of The Vampire, USA 1935, R: Tod Browning, D: Bela Lugosi, Lionel Barrymore, Lionel Atwill, Elizabeth Allan, Holmes Herbert, Jean Hersholt, Carol Borland, Donald Meek, Ivan Simpson, Egon Brecher, Henry Wadsworth, Eily Malyon, Christian Rub, Torbin Meyer

Nach einer Erzählung von Tod Browning: Baron Karel, ein alter Schlossherr in Böhmen, ist das Opfer eines Vampirs geworden. Das glauben jedenfalls die abergläubischen Bewohner der abgelegenen Gegend, und auch Dr. Doskil teilt ihre Meinung, als er am blutleeren Körper des toten Barons zwei Bissmale entdeckt. Inspektor Neumann aus Prag ist da natürlich anderer Meinung, immerhin lässt er sich bei seinen Untersuchungen von Professor Zelen beraten, der sich mit dem Vampirwesen auskennt. Irgendetwas scheint tatsächlich an dem alten Volksglauben dran zu sein, denn Baron Karels hübsche Tochter Irena und ihr Verlobter Fedor sind offenbar auch von Vampiren bedroht. Sie gehen in Gestalt des toten Grafen Mora und seiner bleichen Toch-

Das Zeichen des Vampirs (1935, R: Tod Browning): Carol Borland und Bela Lugosi als Luna und Graf Mora treiben mit anderen »Toten« ihr Unwesen

ter Luna nachts in der Schlossanlage um, und auch Baron Karel scheint zu einem Vampir geworden zu sein ...

Tod Brownings Gruselklassiker ist ein Remake eines erfolgreichen Stummfilms aus dem Jahre 1927, bei dem Browning ebenfalls Regie führte.

Lexikon des internationalen Films: »Der einzigen erhaltenen Fassung merkt man deutlich eine Kürzung an, da man offensichtlich schon zur Premiere 1935 Hinweise auf das heikle Thema des Inzests entfernen wollte. Eine geschickte Mischung von Kriminal- und Horrorfilm, deren Wirkung durch die gute Kameraarbeit verstärkt wird.«

1927 Um Mitternacht

London After Midnight, USA, R: Tod Browning, D: Lon Chaney, Marceline Day

ZEIT DER GLÜCKSELIGKEIT

Coins In The Fountain, USA 1990, R: Tony Wharmby, D: Loni Anderson, Stephanie Kramer, Shanna Reed, John Sanderford, Anthony Newley, Carl Weintraub, Stuart Wilson, David Wilson

Drei attraktive Freundinnen aus Los Angeles fahren nach Rom in die gemeinsamen Ferien. Sie haben alle drei unterschiedliche Wünsche, von denen sie hoffen, dass sie erfüllt werden. Jede von ihnen erlebt ein Abenteuer, das ihr jeweiliges Leben verändert.

Lexikon des internationalen Films: »Gediegene, aber langatmige Liebeskomödie.«

Das Zeichen des Vampirs (1935, R: Tod Browning): Carol Borland und Bela Lugosi

Die romantische Komödie *Three Coins In A Fountain* war 1954 der erste US-Film, der außerhalb der Hollywood-Studios vor Ort an Originalschauplätzen im CinemaScope-Format gedreht wurde. Kameramann Milton Krasner erhielt für seine herrliche Fotografie einen Oscar. Zu einem Ohrwurm entwickelte sich der gleichnamige Titelsong des Films, den Frank Sinatra sang und für den Komponist Jules Styne und Texter Sammy Cahn ebenfalls einen Oscar entgegennehmen konnten. Ein Remake seines Films – diesmal vor spanischem Hintergrund – drehte Negulesco zehn Jahre später unter dem Titel *Drei Mädchen in Madrid*.

1964 Drei Mädchen in Madrid

The Pleasure Seekers, USA, R: Jean Negulesco, D: Tony Franciosa, Ann-Margret

1954 Drei Münzen im Brunnen

Three Coins In A Fountain, USA, R: Jean Negulesco, D: Dorothy McGuire

ZEIT DER UNSCHULD

The Age Of Innocence, USA 1993, R: Martin Scorsese, D: Daniel Day-Lewis, Michelle Pfeiffer, Winona Ryder, Linda Faye Farkas, Michael Rees Davis,

Terry Cook, Jon Garrison, Richard E. Grant, Alec McCowen, Geraldine Chaplin, Mary Beth Hurt, Stuart Wilson, Joanne Woodward, Howard Erskine, John McLoughlin, Christopher Nilsson, Miriam Margolyes, Sian Phillips, Carolyn Farina, Michael Gough, Alexis Smith

New York in den siebziger Jahren des 19. Jahrhunderts. In einer von starren Konventionen geprägten Gesellschaft verlobt sich der junge Anwalt Newland Archer mit der aus seinen Kreisen stammenden May Welland. Als Mays Cousine Ellen Olenska nach einer gescheiterten Ehe aus Europa nach New York zurückkehrt, verliebt sich Newland in die unkonventionelle Gräfin. Der Pflicht folgend, verhindert er als Anwalt ihre Scheidung, die ihm und Ellen eine gemeinsame Zukunft ermöglicht hätte. Zutiefst in den Traditionen der New Yorker Aristokratie verwurzelt, scheut er sich, gegen die gesellschaftlichen Normen einen Skandal heraufzubeschwören. Stattdessen heiratet er May und verzichtet auf das Glück seines Lebens.

Prisma-Online: »Nach der mit dem begehrten Pulitzer-Preis gekrönten gleichnamigen Geschichte von Edith Wharton entstand ein opulentes Filmmahl, das in eine für uns völlig unverständliche Welt taucht und in Kostümen und historischen Details badet. Zwar unterhält die Story nur leidlich, doch dafür entschädigt die hervorragende und spannende Kameraarbeit von Michael Ballhaus. Das Werk wurde 1993 mit immerhin fünf Oscar-Nominierungen bedacht, doch einzig Kostümdesignerin Gabriella Pescucci gewann die begehrte Auszeichnung.«

1934 The Age Of Innocence

USA, R: Philip Moeller, D: Irene Dunne, John Boles, Lionel Atwill

1924 The Age Of Innocence

USA, R: Wesley Ruggles, D: Beverly Bayne, Elliott Dexter, Stuart Holmes

ZEUGIN DER ANKLAGE

Witness For The Prosecution, USA 1982, R: Alan Gibson, D: Ralph Richardson, Deborah Kerr, Diana Rigg, Beau Bridges, Donald Pleasence, Wendy Hiller, David Langton, Frank Mills, Richard Vernon
Nach einem Roman von Agatha Christie: Sir Wilfred Robarts verlässt ein Londoner Krankenhaus,

Zeugin der Anklage (1982, R: Alan Gibson): Ralph Richardson

Zeugin der Anklage (1957, R: Billy Wilder):
Marlene Dietrich

in dem er nach einem Herzinfarkt behandelt worden ist. Die Schwestern dort weinen dem bärbeißigen alten Herrn keine Träne nach; Sir Wilfred wiederum hadert mit dem Schicksal, dass ihm mit Miss Plimsoll nicht erspart blieb. Sie soll ihn als Pflegerin zwingen, fortan gesünder zu leben, und hat fatalerweise einen siebenten Sinn dafür, wo Sir Wilfred seinen Brandy versteckt; der alte Fuchs versteht es aber ebenfalls recht gut, Miss Plimsoll auszutricksen. Der renommierte Anwalt hält sich auch keineswegs an die ärztliche Mahnung, den Schongang einzulegen, sondern übernimmt die Verteidigung in einem Aufsehen erregenden Mordprozess. Leonard Vole ist angeklagt, eine wohlhabende ältere Dame umgebracht zu haben, weil er sie beerben wollte. Vole bestreitet das nachdrücklich, seine attraktive Frau Christine gibt ihm ein überzeugendes Alibi, darum glaubt Sir Wilfred fest an die Unschuld seines Mandanten, bis ausgerechnet Christine das Gericht mit einem sensationellen Auftritt überrascht ...

ARD: »Billy Wilders Verfilmung des spannenden Gerichtsdramas gehört inzwischen zu den

Zeugin der Anklage (1957, R: Billy Wilder):
Charles Laughton, Marlene Dietrich und Tyrone Power

Klassikern des Genres, doch auch die Neuauflage macht dem großen Vorbild alle Ehre. Weniger exzentrisch als einst Charles Laughton, dafür mit mehr brummigem Charme, gestaltet Ralph Richardson die Rolle des alten Rechtsanwalts zu einem Kabinettstück subtilen Humors. Diana Rigg, die mit der Serie *Mit Schirm, Charme und Melone* populär wurde, behauptet sich in der Rolle der Ehefrau, die 1957 Marlene Dietrich spielte; Deborah Kerr ist eine köstliche Miss Plimsoll.«

1957 Zeugin der Anklage
Witness For The Prosecution, USA, R: Billy Wilder, D: Charles Laughton

DER ZIGEUNERBARON

Princesse tzigane, BRD/F 1962, R: Kurt Wilhelm, D: Carlos Thompson, Heidi Brühl, Willy Millowitsch, Danièle Gaubert, Peer Schmidt, Ida Ehre, Pierre Parel, Maurice Teynac, Stanislav Ledinek, Franz Muxeneder, Hugo Lindinger, Adi Berber, Walter Gross, Félix Marten

Nach einer Operette von Johann Strauß: Viehmarkt im ungarischen Temesvar. Auch der reiche Schweinezüchter Kálmán Zsupán ist dabei. Laut und großspurig gebärdet er sich und

glaubt, es sich als mächtiger Mann leisten zu können, den Karren der kleinen Zigeunerin Saffi anzufahren, sodass ihre Töpfe, die sie verkaufen wollte, in Scherben gehen. Sándor, ein junger Unbekannter, zwingt Zsupán, den Schaden zu ersetzen. Dieser hat seinen Reichtum in erster Linie dadurch erworben, dass er sich die Ländereien der reichen Familie Barinkay angeeignet hat, die das Land vor 25 Jahren verlassen musste. Das Gerücht, dass ein riesiger Schatz auf dem Barinkay'schen Besitz vergraben ist, macht sich der pfiffige Bänkelsänger Ernö zu Nutze. Sándor geht zum Schein auf dessen Angebot ein, den Schatz zu suchen. Auf dem Schloss sorgt die alte Zigeunerin Czipra für Ordnung und sie erkennt, dass Sándor niemand anders als der junge Barinkay ist. Sie verrät ihm das Versteck, bewahrt aber noch sein Inkognito. Mit einem Teil des Geldes kauft Sándor den Besitz von Zsupán zurück. Dessen Tochter, die blonde Arsena, soll nun Sándor heiraten, damit der Besitz gesichert bleibt. Am Tag der Hochzeit erscheint Sándor aber nicht selbst, sondern er schickt nur seinen Anzug auf einem Kleiderständer. Arsena bleibt nur die Hoffnung, dass Ernö sie trösten wird. Sándor aber ist mit Saffi fern von allem turbulenten Geschehen und feiert seine eigene Hochzeit.

Lexikon des internationalen Films: »Inhaltlich veränderte, musikalisch dürftige Verfilmung der beliebten Strauß-Operette: harmlose Liebes- und Räuberromantik im überstilisierten Ungarn, die von den krampfhaften Bemühungen der deutschen Filmindustrie der 60er-Jahre zeugt.«

1954 Der Zigeunerbaron
BRD, R: Arthur Maria Rabenalt, D: Margit Saad, Gerhard Riedmann, Karl Schönböck

1935 Der Zigeunerbaron
D, R: Karl Hartl, D: Adolf Wohlbrück, Hansi Knoteck, Fritz Kampers

DER ZINKER
BRD 1963, R: Alfred Vohrer, D: Heinz Drache, Barbara Rütting, Günter Pfitzmann, Eddi Arent, Klaus Kinski, Jan Hendriks, Agnes Windeck, Inge Langen, Siegfried Schürenberg, Siegfried Wischnewski, Winfried Groth, Wolfgang Wahl, Albert Bessler, Stanislav Ledinek
Nach dem Roman *The Squeaker* von Edgar Wallace: Der »Lord«, der Meister der Juwelendiebe, landet einen großen Coup. Diesmal aber, um endlich den gesuchten Zinker zu stellen, der immer dort auftaucht, wo heiße Ware verhökert werden soll. Er bietet einen Bruchteil des wirklichen Wertes und »verzinkt« bei Scotland Yard diejenigen, die auf sein Angebot nicht eingehen. Doch auch der »Lord« bezahlt sein Vorgehen gegen den Zinker mit dem Leben. – Durch Schlangenbiss! – Zur gleichen Zeit wird von der Zoohandlung Mulford der Diebstahl einer schwarzen Mamba gemeldet. Inspektor Elford wird eingeschaltet. Nachdem der Besitzer der Zoohandlung von Erpressern in den Tod getrieben worden ist, führt Frank Sutton mit seiner Sekretärin Millie Trent die Geschäfte. Sutton ist mit Beryl, der Nichte von Mrs. Mulford, verlobt. Die alte Witwe kümmert sich um entlassene Sträflinge, und so bekommt auch Mr. Leslie einen Job als Tierpfleger, wie schon früher der zwielichtige Krischna. Bald darauf stirbt Leslie durch Schlangengift, er war einer der fähigsten Kriminalisten und hatte den Zinker entdeckt. Krischna gilt als Verdächtiger, doch der ist plötzlich verschwunden. Nach einigen Verwirrungen stellt sich heraus, dass Frank Sutton der Zinker ist, der aber vor seiner Verhaftung durch seinen Helfer Krischna tödlich verletzt wird.

Meinolf Zurhorst *(Lexikon des Kriminalfilms)*: »In einer frühen deutschen Verfilmung (1931) unter der Regie von Carl Lamac und Martin Fric spielte Fritz Rasp die Rolle des Sutton, war aber nicht der Zinker. In Abänderung der Vorlage versteckte sich hier der Verbrecher hinter der Maske des Journalisten Harras, der auch in Vohrers Film einigen Verdacht weckt, sich aber als unschuldig herausstellt. Wie bei den meisten anderen Wallace-Filmen der Rialto setzte der Regisseur auch hier auf ein Reservoir bekannter Schauspieler, legte zahlreiche irreführende Fährten und baute falsche Verdächtige auf, einzig, um die Geschichte zu verschleiern. Auch in England wurde der Stoff zweimal verfilmt. In einer ersten Version von 1930 schrieb Edgar Wallace selbst das Drehbuch und führte auch Regie.«

1937 The Squeaker
GB, R: William K. Howard, D: Edmund Lowe, Sebastian Shaw, Ann Todd

1931 Der Zinker
D, R: Martin Fric, Carl Lamac, D: Lissy Arna, Fritz Rasp, Paul Hörbiger

1930 The Squeaker
GB, R: Edgar Wallace, D: Percy Marmont, Anne Grey, Gordon Harker

ZOFF IN BEVERLY HILLS

Down And Out in Beverly Hills, USA 1986, R: Paul Mazursky, D: Nick Nolte, Richard Dreyfuss, Bette Midler, Little Richard, Tracy Nelson, Elizabeth Pena

Sein Hund ist weg. Deshalb packt den jungen Stadtstreicher Jerry eine tiefe Depression. Lebensmüde will er sich in einem Pool ersäufen, wird gerettet und stößt so auf eine Familie von Neureichen, in der die überspannte Gattin ebenso wie die kapriziöse Tochter und der Kleiderbügel fabrizierende Hausherr unter schweren Verhaltensstörungen leiden. Jerry nistet sich ein und verändert so das Leben der Neurotiker.

Regisseur Paul Mazursky zur Entstehung seiner Komödie: »Wenn man seit Jahren in Beverly Hills lebt und die Marotten der schlimmsten Exzentriker tagtäglich hautnah zu spüren bekommt, entwickelt man sehr schnell das Bedürfnis, dies alles in einem Lustspiel unterzubringen. Den Stoff trug ich also, mehr oder minder ausgesponnen, seit Jahren mit mir herum; es fehlte bloß noch der passende Aufhänger. Dann sah ich eines Tages noch mal diesen alten Renoir-Film und wusste plötzlich, ich brauchte nur noch einen Stadtstreicher erfinden, den man in Beverly Hills aus dem Wasser zieht!«

Harald Keller *(taz)*: »Weniger poetisch als vielmehr mit derben satirischen Spitzen hat der Regisseur Paul Mazursky das Remake von Jean Renoirs *Boudu – aus den Wassern gerettet* gestaltet und von 1932 ins Hollywood des Jahres 1986 übertragen. Der Stadtteil Beverly Hills ist uns ja durch zahlreiche Filme mittlerweile vertraut und so haben wir unseren Spaß an der Verhöhnung dieser degenerierten Schickeria, speziell an den ›cameos‹ der Rock'n'Roll-Legende Little Richard, der mit *Great Gosh A Mighty* auch einen Titel zum Soundtrack beitrug.«

1932 Boudu, aus den Wassern gerettet

Boudu – sauvé des eaux, F, R: Jean Renoir, D: Michel Simon, Jacques Becker

DER ZUFALLSLOVER

The Pallbearer, USA 1996, R: Matt Reeves, D: David Schwimmer, Gwyneth Paltrow, Michael Rapaport, Toni Collette, Michael Vartan, Carol Kane, Barbara Hershey

Nach der Beerdigung eines Schulkameraden landet der in Liebesdingen unbeholfene Tom im Bett der Mutter des Toten. Aber ausgerechnet jetzt macht ihm auch sein ehemaliger Jugendschwarm Julie Avancen. In *Die Reifeprüfung* hat Dustin Hoffman 1967 einen College-Studenten gespielt, der von der Mutter eines Kollegen verführt wird und legte mit dieser Rolle den Grundstein seiner Karriere. Obwohl der rund dreißig Jahre später entstandene Film *Der Zufallslover* kein eigentliches Remake der Komödie von Mike Nichols ist,

Unten: Zoff in Beverly Hills (1986, R: Paul Mazursky): Nick Nolte und Mike lesen Zeitung
Rechts: Zoff in Beverly Hills (1986): Richard Dreyfuss und Bette Midler

leugnet Matt Reeves nicht, sie als Inspiration genutzt zu haben. Der Jungregisseur hat das Drehbuch zusammen mit seinem Kollegen Jason Katims in einem Sundance-Workshop geschrieben und stellt mit seinem Regiedebut eine Beziehungskomödie der 90er-Jahre vor.

1967 Die Reifeprüfung

The Graduate, USA, R: Mike Nichols, D: Dustin Hoffman, Katharine Ross

ZUM TEUFEL MIT DEN KOHLEN

Brewster's Millions, USA 1985, R: Walter Hill, D: Richard Pryor, John Candy, Lonette McKee, Stephen Collins, Pat Hingle, Jerry Orbach, Tovah Feldshu, Hume Cronyn, Joe Grifasi

Nach einem Roman von George Barr McCutcheon und einem Theaterstück von Winchell Smith und Byron Ongley: Monty Brewster ist Millionenerbe, laut Testament seines Onkels kann er zwischen einer Million Dollar (sofort und bar) oder 300 Millionen Dollar (später und mit Bedingung) wählen. Er entscheidet sich für die Riesensumme und muss nun ein Lehrstück in Verschwendungssucht absolvieren – innerhalb von 30 Tagen sollen 30 Millionen Dollar restlos verwirtschaftet werden. Die von Erbonkels Anwälten zur Überwachung der Geldverschwendung verpflichtete Buchhalterin Angela weiß von diesen testamentarischen Anweisungen nichts und verzweifelt angesichts der Millionen, die Monty verpulvert. Manchmal ist das gar nicht so leicht, so erzielt er beim Rennwetteinsatz auf Außenseiter gar noch Gewinne. Hotelsuite, Hofstaat von Bodyguards, ein Eisbergtransport vom Pol in die Wüste, Finanzierung eines Baseballfreundschaftsspiels und die Kampagne für eine (vorübergehende) Kandidatur als Bürgermeister von New York verschlingen dagegen Unsummen. Auch gegen die miesen Winkelzüge der Advokaten gewinnt Monty Erbe und Liebe (der Buchhalterin Angela).

Zitty: »Ein Monty im Glück: Richard Pryor hüpft zappelig durch einen amerikanischen Traum in aufgedrehter Comic-Strip-Masche. Ebenso wie Monty mit Millionen nur so um sich wirft, verlässt sich Regisseur Walter Hill darauf, dass Geldausgeben allein schon lustig ist, man mit Geld einfach alles machen kann und so möchte er mit vielen Äußerlichkeiten (jubelnde Massen, bizarre Innenarchitektur-Entwürfe) das Lachen des Publikums erzwingen.«

1961 Three On A Spree

GB, R: Sidney J. Furie, D: Jack Watling, Ronald Adam, Colin Gordon

1945 Hilfe, ich bin Millionär!

Brewster's Millions, USA, R: Allan Dwan, D: Dennis O'Keefe, June Havoc

1935 Brewster's Millions

GB, R: Thornton Freeland, D: Jack Buchanan, Lili Damita, Nancy O'Neil

*Unten: Zum Teufel mit den Kohlen
(1985, R: Walter Hill): John Candy und Richard Pryor
Rechts: Zum Teufel mit den Kohlen
(1985): Richard Pryor*

1926 Miss Brewster's Millions
USA, R: Clarence G. Badger, D: Bebe Daniels, Warner Baxter, Ford Sterling

1921 Brewster's Millions
USA, R: Joseph Henabery, D: Roscoe ›Fatty‹ Arbuckle, Betty Ross Clarke

1914 Brewster's Millions
USA, R: Oscar C. Apfel, Cecil B. DeMille D: Edward Abeles, Joseph Singleton

ZUM VERBRECHER VERURTEILT

They Made Me A Criminal, USA 1939, R: Busby Berkeley, D: John Garfield, Claude Rains, Gloria Dickson, May Robson, Billy Halop, Ann Sheridan
Im Mittelpunkt steht der frisch zum Weltmeister gekürte Boxer Johnny Bradfield, dessen blütenweißes Image in keinerlei Verhältnis zu seinem wahren Charakter steht – er ist ein zynischer, rücksichtsloser Säufer. Nach einer durchzechten Nacht muss Johnny in der Zeitung lesen, dass er einen Mord begangen haben und dann in einem Auto verbrannt sein soll. Aus Angst, er könnte tatsächlich im Rausch eine Gewalttat begangen haben, nimmt er eine andere Identität an ...

TV Spielfilm Lexikon: »Der für die einfallsreiche Choreografie zahlreicher Musicals der dreißiger Jahre berühmte Busby Berkeley legte mit diesem Boxerdrama seinen ersten ›ernsten‹ Film vor, wobei es sich um ein Remake des 1933er-*The Life Of Jimmy Dolan* handelt ... Berkeley erwies sich auf Straßenpflaster als ebenso sicher wie auf Parkett und inszenierte *Zum Verbrecher verurteilt* im typischen Warner-Stil: grimmig, rasant und realistisch.«

1933 The Life Of Jimmy Dolan
USA, R: Archie Mayo, D: Douglas Fairbanks, Loretta Young, Guy Kibbee

ZURÜCK AUS DER EWIGKEIT
Back From Eternity, USA 1956, R: John Farrow, D: Robert Ryan, Anita Ekberg, Rod Steiger, Phyllis Kirk, Keith Andes, Gene Barry, Fred Clark, Beulah Bondi, Cameron Prud'Homme, Jesse White
Eine zweimotorige Passagiermaschine fliegt von Panama nach Boca Grande. Die Fluggäste sind der Bankier Ellis, Louise, die Frau, die Ellis heiraten will, wenn er sein Schäfchen im Trockenen hat; Rena, ein abenteuerndes Mädchen, das auf der Flucht vor den amerikanischen Einwanderungsbehörden ist, mit gefälschtem Paß und ohne Staatsangehörigkeit. Außerdem noch Professor Spangler mit seiner Frau Martha; und Tommy, der kleine Sohn eines Gangsters, den der Vater unter der Obhut seines »Mitarbeiters« Petes in den Süden bringen lässt. Bei einer Zwischenlandung wird noch der Detektiv Crimp mit seinem Gefangenen Vasquez aufgenommen. Über den Bergen kommt die Maschine in einen Hurrikan. Sie muss notlanden und kann nicht wieder starten. Kopfjäger machen der Gruppe das Leben schwer. Mit übermenschlichen Anstrengungen können sie das Flugzeug wieder zum Fliegen bringen.

Lexikon des internationalen Films: »Spannend angelegter, jedoch weithin unglaubwürdiger Abenteuerfilm.«

1939 Five Came Back
USA, R: John Farrow, D: Lucille Ball, Wendy Barrie, Chester Morris

ZURÜCK NACH HAUSE – DIE UNGLAUBLICHE REISE
Homeward Bound: Incredible Journey, USA 1993, R: Duwayne Dunham, D: Robert Hays, Jean Smart, Kim Greist, Veronica Lauren
Nach einem Roman von Sheila Burnford: Bulldogge Chance ist gerade aus dem Tierheim gekommen, da wird sie wieder allein gelassen, weil ihre neue Familie wegen eines Jobs in die ferne Stadt zieht. Chance bricht mit ihren neuen Kameraden, dem weisen Retriever Shadow und der kapriziösen Siamkatze Sassy aus. Auf ihrer gefährlichen Odyssee durch die Wildnis wollen die drei treuen Freunde nur eines – zurück nach Hause.

Zum Verbrecher verurteilt (1939, R: Busby Berkeley): John Garfield im Ring

In den wildromantischen Bergen von Oregon drehte der frühere Cutter Duwayne Dunham *(Twin Peaks)* sein Remake des Disney-Films *Die unglaubliche Reise* (1963). Die aus der Tierperspektive erzählte Story wandelt sich zum spannenden Drama über den (tierischen) Ernst des Lebens – als Parabel auf familiäre Werte wie Zusammenhalt, Liebe und Vertrauen.

Frankfurter Neue Presse: »... ein kurzweiliger, mit vielen situationskomischen Einfällen gespickter Film, bei dem die instinktsicheren Hauptdarsteller zusehends auf rührende Weise an Eigenleben gewinnen.«

Nach Motiven des Romans *Die unglaubliche Reise* von Sheila Burnford entstand 1995 unter der Regie von David R. Ellis eine Fortsetzung des erfolgreichen Remakes: *Ein tierisches Trio wieder unterwegs*. Familie Seavers plant einen Campingurlaub in Kanada – eine wahre Herausforderung bei so vielen Mitreisenden: Die Menschen fliegen per Touristenklasse nach Kanada, doch Dogge Chance flieht aus dem Transportkäfig, noch bevor er in den Gepäckraum des Flugzeugs verfrachtet wird. Auch Shadow, dem betagten Golden Retriever, und der Siamkatze Sassy gelingt es zu entkommen, doch ihre Familie finden sie nicht. Und auch nicht den richtigen Weg. Die drei wollen wieder mal zurück nach Hause – nur diesmal steht ihnen keine »unglaubliche Reise« durch die Wildnis bevor, sondern eine durch die City von San Francisco.

Unten: Zurück nach Hause – Die unglaubliche Reise (1993, R: Duwayne Dunham): Siamkatze Sassy, Bulldogge Chance und Retriever Shadow
Rechts: Zurück nach Hause – Die unglaubliche Reise (1993): Benj Thall nimmt Abschied von Shadow

The Incredible Journey, USA, R: Fletcher Markle, D: Emile Genest

ZUSAMMEN IN PARIS
Paris – When It Sizzles, USA 1964, R: Richard Quine, D: William Holden, Audrey Hepburn, Grégoire Aslan, Raymond Bussières, Christian Duvaleix, Thomas Michel, Dominique Boschero, Evi Marandi, Noel Coward

Drehbuchautor Richard Benson, an akuter Einfallslosigkeit leidend, sieht sich in Paris der schwierigen Aufgabe gegenüber, binnen 48 Stunden das Skript für einen neuen Film fertig zu stellen. Mit Hilfe seiner attraktiven Sekretärin Gabrielle, in die er sich ganz nebenbei verliebt, ersinnt er alle möglichen Szenen und Ideen, die von den beiden dann durchgespielt werden – mit turbulenten Resultaten.

TV Spielfilm Lexikon: »Mit diesem Remake des auch nicht gerade umwerfenden, aber immerhin doch charmanten Duvivier-Films *Auf den Straßen von Paris* hoffte Regisseur Richard Quine offenbar eine leichtgewichtige Boulevardkomödie auf die Beine zu stellen, doch das Ergebnis war schwerfällig und peinlich, da halfen auch die zahlreichen Cameo-Auftritte von Marlene Dietrich bis Fred Astaire und Frank Sinatra (auf dem Soundtrack) nichts.«

1952 Auf den Straßen von Paris
*La fête à Henriette, F, R: Julien Duvivier, D: Jean-
nette Batti, Michel Auclair*

ZUSTÄNDE WIE IM PARADIES

*The Admirable Crichton, GB 1957, R: Lewis Gil-
bert, D: Kenneth Moore, Diane Cilento, Cecil Parker, Sally Ann Howes, Jack Watling, Martita Hunt,
Peter Graves, Gerald Harper, Mercy Haystead, Miranda Connell, Miles Malleson, Eddie Byrne, Joan
Young, Brenda Hogan*
Nach einem Bühnenstück von J. M. Barrie: Zuerst sind's Zustände, wie sie in der adelsstolzen
Gesellschaft Englands nun einmal üblich sind,
und nur der alte Lord liebäugelt ein wenig mit
sozialistischer Gleichheitsdudelei. Dann aber, als
die kleine Gesellschaft samt blühenden Töchtern
und weniger blühenden Schwiegersöhnen nach
einer Seereise Schiffbruch erleidet und auf einer
einsamen Insel strandet, verkehren sich die sozialen Rangordnungen. Der Butler ist plötzlich
der einzige praktische und handfeste Kerl, der
den anderen nicht nur das Leben rettet, sondern
nun auch als »Herr« respektiert wird, während
ihm der Lord die Kokosmilch ans Bastbett serviert. Und außer dem adretten Hausmädchen
verliebt sich auch die junge, im selbstgefertigten
Lendenkostüm besonders knusprige Lady in ihn
und schreitet zur Ehe in diesem modernen Eden.
Aber ein Schiff fischt die Gesellschaft wieder auf
– und in London kehren prompt alle wieder zu
ihrer früheren Lebensform zurück.
    Gisela Huwe *(Filmblätter)*: »Das wären para-
diesische Zustände, wenn wir öfter solche mit sa-
tirisch-trockenem Humor gewürzte Lustspiele zu
schmecken bekämen! Die Situationen – hinreißend schon im Vorspann und in den Einfällen,
mit denen das Inselleben verschönt wird – sind
komisch mit einem winzigen Schuss Gesell-
schaftssatire und lustig mit einem netten Spritzer
Ironie. Kenneth Moore als Butler hat genau die
richtige Mischung von undurchschaubarer De-
votion und mannhafter Überlegenheit, Sally Ann
Howes, ein Kelly-Typ, gibt die Wandlung von der
unnahbaren Lady zum Paradiesmädchen mit
charmanter Zierlichkeit und Cecil Parker als
Lord hat herrliche ironische Noblesse.«

1934 We're Not Dressing
*USA, R: Norman Taurog, D: Bing Crosby, Carole
Lombard, George Burns*

1919 Male And Female
*USA, R: Cecil B. DeMille, D: Gloria Swanson, Tho-
mas Meighan, Lila Lee*

1918 The Admirable Crichton
*GB, R: G. B. Samuelson, D: Basil Gill, Mary Dibley,
James Lindsay*

20.000 MEILEN UNTER DEM MEER

*20.000 Leagues Under The Sea, USA 1996, R: Rod
Hardy, D: Michael Caine, Patrick Dempsey, Mia
Sara, Bryan Brown, John Bach Nicholas Hammond*
Nach einem Roman von Jules Verne: Der Mee-
resbiologe Pierre Arronax stößt bei der Suche
nach einem gefährlichen Seeungeheuer auf den
charismatischen Kapitän und Erfinder Nemo,
der mit seinem sagenhaften U-Boot heimlich im
Ozean kreuzt. Arronax bewundert den freigeistigen Nemo, doch seine Begleiter Ned Land und
Cabe Attucks wollen nur ihrer Gefangenschaft
entkommen. In einem Sabotageakt lassen sie die
»Nautilus« manövrierunfähig mit voller Kraft auf
ein Riff zutreiben.
    »Die Leute denken an die wissenschaftlichen
Erfindungen der Story, aber da gibt es auch den
Ansatz eines politischen Themas«, so Drehbuchautor Brian Nelson, »Kapitän Nemo, der Held
der Unterdrückten, hält Gefangene«. Besonders
für das weibliche Publikum rückte Nelson im
zweiten Teil Nemos kluge Tochter Mara in den
Mittelpunkt, denn »Fantasy-Geschichten sind
nicht nur etwas für Jungs«.

1996 20.000 Meilen unter dem Meer
*20.000 Leagues Under The Sea, USA, R: Michael An-
derson, D: Richard Crenna*

1983 Dream One
*GB/F, R: Arnaud Sélignac, D: Jason Connery, Seth
Kibel, Mathilda May*

1969 Kapitän Nemo
*Captain Nemo And The Underwater City, GB, R: Ja-
mes Hill, D: Robert Ryan*

1954 20.000 Meilen unter dem Meer
*20.000 Leagues Under The Sea, USA, R: Richard
Fleisher, D: James Mason*

1916 20.000 Leagues Under The Sea
USA, D: Alan Holubar

1907 20.000 Leagues Under The Sea
F

ZWEI BANDITEN

*Butch Cassidy And Sundance Kid, USA 1968, R:
George Roy Hill, D: Paul Newman, Robert Redford,*

Katharine Ross, Strother Martin, Henry Jones, Jeff Corey, George Furth, Cloris Leachman, Ted Cassidy, Kenneth Mars, Ted Cassidy, Donnelly Rhodes, Jody Gilbert, Don Keefer

Im Südwesten, um die Wende vom 19. zum 20. Jahrhundert. Butch Cassidy und Sundance Kid bereiten mit ihrer Bande einen doppelten Überfall auf die Union Pacific-Bahn vor. Der erste Überfall verläuft nach Plan, aber dann geht etwas schief, und Butch Cassidy und Sundance Kid werden endlos von einem Sheriff und seiner Truppe verfolgt. Sie können die Verfolger schließlich abschütteln und bleiben bei der Freundin von Sundance Kid, der Lehrerin Etta Place. Als sie feststellen müssen, dass die Verfolger es immer noch nicht aufgegeben haben, gehen sie nach New York und schiffen sich nach Bolivien ein. Sie rauben dort einige Banken aus und müssen eines Tages zu ihrer Überraschung feststellen, dass ihre Verfolger aus den USA ihnen noch immer auf den Fersen sind. Etta hat dieses Leben eines Tages satt und kehrt nach Hause zurück. Butch und Sundance beschließen, anständig zu werden und lassen sich anstellen, den Transport der Lohngelder zu einer Silbermine zu bewachen.

Robert Redford: »Als ich noch sehr jung war, dachte ich, es sei keine schlechte Idee, ein Outlaw zu werden. Die Grenze um 1880 schien mir kein schlechter Platz zu sein. Da war ein Klima der Freiheit, mit dem man etwas anfangen konnte. Einer der Gründe, warum ich Butch Cassidy mag, ist, dass der Film deutlich macht, dass eine Menge von diesen Leuten tatsächlich noch halbe Kinder waren, und wenn sie Banken ausraubten und Züge überfielen, dann genauso gut wegen des puren Spaßes, den das machte, als aus irgendwelchen anderen Gründen. Es leben noch eine Menge Leute, zumal in Utah, wo ich lebe, die den wirklichen Butch Cassidy und seine Hole in the Wall-Gang noch erlebt haben. Und diese Leute erzählen, dass Butch und seine Jungens am Leben so viel Spaß hatten, dass sie einfach nicht zu zähmen waren. Sie raubten Banken aus, sie waren wie die jungen Hunde, sie machten sich eine schöne Zeit, und sie konnten einander gut leiden. Ich habe Butchs Schwester Lula kennen gelernt, die ein Western-Fan ist, und sie sagte, dass Butch Cassidy dieses Gefühl für Spaß eingefangen hat, das in den meisten Western fehlt. Diese Kerle haben so viele Schwierigkeiten bekommen, weil sie so verdammt viel Spaß hatten.«

Western-Lexikon: »Butch Cassidy And The Sundance Kid ist radikal zeitgenössisch (der Film hat das, was Tom Wolfe den ›radikalen Schick‹ nennt), aber seltsamerweise ist er zugleich radikal historisch, weil er das berühmte Banditenleben von Butch und Sundance nicht mit einer Kinodramaturgie dramatisiert, sondern mit einer unendlichen Gelassenheit dahinbummelt und zeigt, dass so etwas halt eine langgedehnte Sache ist, wenn die Leute des Sheriffs und die Leute von Pinkerton und die Army von Bolivien suchen und suchen, während zwei Kindsköpfe sich ganz albern in den Haaren liegen und zwischendurch nur mal so Attitüden vorführen, mit Handständen auf dem Fahrrad, während einem der Regen tropfenweise und angenehm lauwarm auf den Kopf fällt. Butch Cassidy And The Sundance Kid ist ein schöner fauler Film, der sich das Kopfkissen unters Genick schiebt und einfach im Schlaf Millionen verdient; der größte Kassenerfolg in der Geschichte des Western. Und das hatte auch Folgen: Dasselbe Team drehte Der Clou, der nicht halb so gut ist, aber noch mehr Geld einspielte.«

1994 drehte Jack Bender in den USA den zweiteiligen TV-Western Das Gesetz im Nacken, der sich dem Mythos von Butch Cassidy und Sundance Kid auf fast ironische Weise nähert.

1956 Bankraub in Mexiko
The Three Outlaws, USA, R: Sam Newfield, D: Neville Brand, Alan Hale jr.

ZWEI FRAUEN
Två kvinnor, S 1947, R: Arnold Sjöstrand, D: Eva Dahlbeck, Cécile Ossbahr, Gunnar Björnstrand, Georg Rydeberg, Arnold Sjöstrand, Marianne Löfgren, Naima Wifstrand, Arthur Fischer, Nils Hallberg, Lasse Krantz, Linnéa Hillberg

In Rückblenden erzählte Frauengeschichte: Eine junge Fabrikantengattin wird mit einer Schusswunde aufgefunden. Vor Jahren hat sie im Gefängnis Freundschaft mit einer Leidensgenossin geschlossen, die einem Kriminellen hörig ist.

1938 Prisons de femmes
F, R: Roger Richebé, D: Viviane Romance, Renée Saint-Cyr, Francis Carco

ZWEI GEGEN DIE WELT
Two Against The World, USA, 1936, R: William C. McGann, D: Humphrey Bogart, Beverly Roberts,

Linda Perry, Carlyle Moore jr., Henry O'Neill, Helen MacKellar, Claire Dodd, Hobart Cavanaugh
Nach dem Stück *Five Star Final* von Louis Weitzenkorn: Der stellvertretende Manager einer kommerziellen amerikanischen Radiostation gräbt einen zwanzig Jahre alten Justizfall aus und bringt die ehemals Beteiligten in schwere Konflikte.

Lexikon des internationalen Films: »Ein sozialkritischer Film über Radioreporter, wenig bemerkenswert von der Machart her, aber beachtlich wegen der Schärfe und Bissigkeit, mit der er den kommerziellen Ungeist des Sensationsjournalismus im Rundfunk angreift. Der Selbstmord der Betroffenen scheint etwas überkonstruiert und wenig nachvollziehbar. Trotz Mängel und zu vieler Klischees interessiert der Film auch heute noch wegen der Themen Massenkommunikationsmittel und Kommerz.«

1931 Spätausgabe
Five Star Final, USA, R: Mervyn LeRoy, D: Edward G. Robinson, Marian Marsh

ZWEI HINREISSEND VERDORBENE SCHURKEN
Dirty Rotten Scoundrels, USA 1988, R: Frank Oz, D: Steve Martin, Michael Caine, Barbara Harris, Glenne Headly, Anton Rodgers, Ian McDiarmid, Dana Ivey, Meagen Fay, Frances Conroy
Wer betrügt an der französischen Riviera besser: der aristokratisch wirkende Engländer oder der vulgäre Amerikaner? Mit einer Wette um ein reiches Opfer wollen sie ihren Territorialstreit entscheiden und werden elegant selbst hereingelegt.

MovieLine: »Die sommerlich leichte, charmant altmodisch inszenierte Schwindlerkomödie setzt ganz auf die (ausgezeichneten) schauspielerischen Leistungen und unterhält köstlich mit Dialogwitz und Tempo.«

Lexikon des internationalen Films: »Eine der wenigen Neuauflagen alter Stoffe, die besser sind als das Original.«

1964 Zwei erfolgreiche Verführer
Bedtime Story, USA, R: Ralph Levy, D: Marlon Brando, David Niven, Shirley Jones

ZWEI KUCKUCKSEIER
Another Fine Mess, USA 1930, R: James Parrot, D: Stan Laurel, Oliver Hardy, James Finlayson, Thelma Todd, Charles Gerrard

Nach dem Sketch *Home From The Honeymoon* von Arthur L. Jefferson: Auf der Flucht vor der Polizei nisten Laurel & Hardy sich in einer Villa ein, deren Besitzer verreist ist. Einem Ehepaar, das die Villa mieten will, spielen sie den Hausherrn und dessen Dienstmädchen vor. Arthur L. Jefferson, der Autor des dem Film zugrunde liegenden Sketches, war Laurels Vater; das Tonfilm-Remake wird dem im Wesentlichen verbalen Humor der Vorlage eher gerecht, aber auch *Duck Soup* ist ein sehr amüsanter, in seiner Struktur und seinen Motivationen sogar soliderer Film.

1927 Leichte Beute
Duck Soup, USA, R: Fred Guiol, D: Stan Laurel, Oliver Hardy, Madeleine Hurlock

ZWEI MENSCHEN
BRD 1952, R: Paul May, D: Edith Mill, Helmuth Schneider, Alice Verden, Gustav Waldau, Beppo Brem, Margarete Haagen, Ernst Fritz Fürbringer, Armin Dahlen, Elfie Pertramer, Walter Sedlmayr, Georg Vogelsang, Michele Bucceri
Nach einem Roman von Richard Voß: Zwei junge Menschen wachsen als Nachbarskinder miteinander auf und erleben das Glück der ersten zarten Liebe. Da fühlt der junge Mann nach schweren Schicksalsschlägen und seelischen Kämpfen die Berufung zum geistlichen Stand, er will Priester werden, um den Menschen zu helfen. Und das Mädchen, dem die Treue ein Ideal ist, erkennt, dass zu einer echten und selbstlosen Liebe der Verzicht gehört.

Filmblätter: »In diesem Film ersteht eine Welt der Liebe, der Treue und des Glaubens, deren gewaltiger Eindruck durch den Rahmen der Natur, durch die Majestät der Alpen, der tosenden Wildwasser, grandiose Ergänzung findet. Die beiden jungen Schauspieler Edith Mill und Helmuth Schneider vollbringen unter der feinfühligen Regie von Paul May hervorragende Leistungen. Es ist ein Film der schlichten, einfachen Menschen und der knappen Dialoge. Doch gerade das Unausgesprochene offenbart, dass hier ein Film zu seinem Ursprung zurückfand: zur Bildsprache. Franz Weihmayr an der Kamera schuf wunderbare, eindringliche Bilder. Der Roman von Richard Voss, der diesem Film als Vorlage diente, fand bereits zweimal zuvor seine filmische Deutung. Wieviel der wertvolle ethische Stoff in der heutigen Zeit, in der die Begriffe der

Menschlichkeit und Nächstenliebe wanken, noch zu sagen hat, bewies die spürbare Ergriffenheit der Zuschauer.«

1930 Zwei Menschen

D, R: Erich Waschneck, D: Gustav Fröhlich, Lucie Englisch, Theodor Loos

1923 Zwei Menschen

D, R: Hanns Schwarz

ZWEI VÄTER UNTERM TANNENBAUM

Holiday Affair, CDN 1996, R: Alan Myerson, D: Cynthia Gibb, David James Elliott, Curtis Blanck, Al Waxman, Tim Irwin, George Robertson, Patricia Hamilton, Victor Ertmanis, Pam Hyatt

Zwei Jahre Witwendasein sind genug. Jody beschließt, ihren neuen Freund, den Staranwalt Paul, endlich zu heiraten. Doch dann lernt sie im Weihnachtsgetümmel den Spielzeugverkäufer Steve kennen. Der bringt Jodys Gefühle in ziemliche Verwirrung. Und Jodys Sohn Timy ist sich sehr schnell sicher, dass Steve der bessere Vater für ihn wäre. Doch Jody entscheidet sich für Paul. Als Steve daraufhin die Stadt verlassen will, erkennt sie, dass es eine Entscheidung gegen ihre Gefühle war.

1949 Die Dame und der Vagabund

Holiday Affair, USA, R: Don Hartman, D: Robert Mitchum, Janet Leigh, Wendell Corey

ZWEIMAL ADAM, EINMAL EVA

BRD 1959, R: Franz M. Lang, D: Heidi Brühl, Matthias Fuchs, Brigitte Grothum, Gustav Knuth, Klaus Kindler – Nach einem Roman von Yrjö Soini

Erlebnisse eines deutschen Studenten bei einem Freunde in Finnland – mit deutsch-finnischem Happyend.

Filmblätter: »Der Reiz des bekannten finnischen Schmunzelromans lag darin, dass die Personen der Handlung, wie in Finnland gelegentlich üblich, unbekleidet, also nackt, einherspazierten. Das zu zeigen, war dem Film selbstverständlich nicht möglich. Ein paar Schlüpfrigkeiten sind nicht ›Ersatz‹. Es bliebe, vom Stoff her, ein finnisches Piroschka (woran der Produzent zweifellos gedacht hat). Leider fehlte es der Regie an Schauspielerführung, Blick für die Besonderheiten der Landschaft und Sinn für die Dialoge. Wenn wir dennoch aus der Jugend Brühl, Grothum und Fuchs wegen interessanter Ansätze hervorheben, so, um weitere Nachwuchsfilmer nicht zu entmutigen.

Nachwuchsträchtiges Lustspiel in finnischem Milieu.«

1971 Aatamin puvussa ja vähän Eevankin

FIN, R: Matti Kassila, D: Heikki Kinnunen, Juha Hyppönen, Marja-Leena Kouki

1940 Aatamin puvussa ja vähän Eevankin ...

FIN, R: Ossi Elstelä, D: Sirkka Sipilä, Tauno Palo, Leo Lähteenmäki

1931 Aatamin puvussa ja vähän Eevankin

FIN, R: Jaakko Korhonen, D: Joel Rinne, Elsa Segerberg, Yrjö Tuominen

EIN ZWILLING KOMMT SELTEN ALLEIN

The Parent Trap, USA 1998, R: Nancy Myers, Drb: Nancy Myers, Charles Shyer, nach einem Roman von Erich Kästner (Das doppelte Lottchen) sowie einem Drehbuch von David Swift (The Parent Trap), K: Dean Cundey, M: Alan Silvestri, S: Stephen A: Rotter, D: Lindsay Lohan (Hallie & Annie Parker), Dennis Quaid (Nick Parker), Natasha Richardson (Elizabeth Parker), Elaine Hendrix (Meredith Blake), Lisa Ann Walter (Chessy), Simon Kunz (Martin), Ronnie Stevens (Großvater)

Hallie Parker lebt ein idyllisches Leben: Sie schwimmt und reitet gemeinsam mit ihrem attraktiven Vater, tuschelt gerne über Geheimnisse und liebt ihr Kindermädchen Chessy. Alles scheint perfekt ... bis auf die Tatsache, wie Hallie sagt, »dass ich fast ein Teenager bin und wohl das einzige Mädchen weit und breit, das keine Mutter hat, mit der man sich streiten kann.« Annie James lebt ein aufregendes Leben in der trendigen Londoner Innenstadt. Zusammen mit ihrer liebevollen Mutter, ihrem gutherzigen Großvater und Martin, einem leicht abgedrehten Butler, scheint ihr nichts zu fehlen. ... bis auf die Tatsache, wie Annie sagt, dass »ein Vater im Leben eines Mädchens unersetzlich ist«.

Hallie und Annie fahren den Sommer über in ein Feriencamp. Als sie sich dort bei einem Fechtduell das erste Mal gegenüberstehen und die Masken abnehmen, trauen die beiden ihren Augen nicht. Sie sehen aus wie Zwillinge. Das finden beide furchtbar und um zu klären, wer die Bessere der beiden ist, beginnt ein wahres Streich-Inferno im Camp. Jede versucht mit ihren Freundinnen die andere mit noch verrückteren Ideen zu überbieten. Dabei bleibt eine Strafe für beide nicht aus. Hallie und Annie sollen den Rest des Aufenthaltes im gefürchteten Isolations-Bunker verbringen. Die Einsamkeit bringt die Mädchen schnell dazu, ihre Feindschaft zu begraben. In einer ungemütlichen Regennacht kommen sie einander näher und erzählen sich von ihren Eltern. Ein Foto der Mädchen beweist, Hallie und Annie sind wirklich Zwillinge. Kurz darauf beschließen die beiden, das Glück ihrer Familie selbst in die Hand zu nehmen und die Rollen zu tauschen.

Gesagt, getan. Hallie hat von Annie schnell sämtliche Upperclass-Manieren und den englischen Akzent kopiert und macht sich auf den Weg nach London zu ihrer Mutter, der renommierten Brautmoden-Designerin Elizabeth James. Gleichzeitig reist Annie gewappnet mit kalifornischem Lifestyle und frisch geschnittenem Haar ins Napa Valley, zu ihrem Vater, dem Weingutbesitzer Nick Parker. Nach kurzer Zeit muss Annie allerdings erschreckt feststellen, dass der gemeinsame Plan die Eltern wieder zusammenzubringen, nicht ohne weiteres in die Tat umgesetzt werden kann. Bei ihrer Ankunft trifft Annie nämlich auf Meredith Blake, die den Vater der Mädchen mit »Nicki« anredet und ihm mehr als nur schöne Augen macht. Gefahr ist im Verzug, und Annie startet sofort einen Notruf an Hallie in London ... .

Basierend auf Erich Kästners beliebtem Kinderbuch *Das doppelte Lottchen* wurde die Geschichte von *The Parent Trap* von Walt Disney Pictures bereits 1961 verfilmt und sofort zu einem Kino-Klassiker. Unter der Regie von David Swift spielte damals die 15-jährige Hayley Mills in ihrem dritten Film neben Maureen O'Hara und Brian Keith. »Als meine Töchter jeweils so etwa sieben Jahre alt waren, lief das Video von *The Parent Trap* bei uns zu Hause wirklich ständig«, erinnert sich die Regisseurin und Drehbuchautorin Nancy Meyers. »Und jedes Mal zog mich der Film wieder in seinen Bann. Ich kuschelte mich mit den Mädchen unter die Decke und sah ihn mir wieder und wieder an. Es gibt nicht viele Filme, in denen es um Mädchen geht, aber eine ganze Menge mit kleinen Jungs. Genau das ist einer der Gründe, warum ich diesen Film machen wollte – eine Geschichte über Mädchen. Die Geschichte von Mädchen, die einander treffen, Mädchen, die ihre Eltern wieder zusammenbringen, Mädchen, die verreisen, Mädchen, die neue Seiten an sich selbst entdecken, Mädchen, die abenteuerlustig und mutig sind.«

Für Drehbuchautor und Produzent Charles Shyer ist »es eine zeitlose Geschichte. Wir haben versucht, den besonderen Charme des Originals zu erhalten, und gleichzeitig eine moderne und stilvolle Version zu schaffen. Wir wollten dem Original-Film unseren Tribut zollen«, erzählt Charles Shyer. Deswegen baten er und Nancy Meyers die Schauspielerin Joanna Barnes – die in der Verfilmung von 1961 die Rolle der Meredith spielte, die Verlobte von Brian Keith, darum, auch in der neuen Verfilmung mitzuwirken: Hier spielt sie Merediths Mutter Vicki. »Ich war in der ersten Verfilmung die ›Böse‹, und jetzt baten sie mich darum, die Mutter der ›Bösen‹ zu spielen«, meint Barnes. »Ich fand das einen wunderbaren Gag, besonders für die zahlreichen Fans des Originals. Ich habe auf der Stelle zugesagt.« Die Disney-Verfilmung von *The Parent Trap* erfreute sich über Jahrzehnte hinweg großer Beliebtheit. »Es ist der Traum eines jeden Scheidungskindes, die eigenen Eltern zu versöhnen, und das tut dieser Film – und hier sind es interessanterweise außerdem noch Zwillinge. Ich war früher auch in Hayley Mills verknallt – das war wohl jeder Kerl«,

Eins und eins macht vier (1995, R: Andy Tennant): Mary-Kate Olsen und Ashley Olsen

sagt Dennis Quaid. »Als wir uns dazu entschieden, diesen Film zu machen, wussten wir nicht wirklich, wie beliebt das Original war«, berichtet Shyer. »Und plötzlich erzählte uns jeder, das sei sein Lieblingsfilm. Es war unglaublich, wie viele Menschen, besonders Frauen, diesen Film lieben. Ein Glück, dass wir das nicht wussten, als wir mit der Arbeit anfingen – denn hätten wir es gewusst, dann wären wir ziemlich eingeschüchtert gewesen.«

Dank Hollywood scheint für Horst Peter Koll im *Film-Dienst* das Sujet von Erich Kästners »klassischem« Kinderroman *Das doppelte Lottchen* längst auch ein Stück ureigenes amerikanisches Kulturgut geworden zu sein: »Seit Walt Disney im Jahr 1960 Millionen von Amerikanern mit der US-Version *Die Vermählung ihrer Eltern geben bekannt* anrührte, scheint es zumindest in dortigen Sphären Joseph von Bakys weit ältere deutsche Kästner-Adaption *(Das doppelte Lottchen)* nicht mehr zu geben. 1986 kehrte sogar Hayley Mills, die die Zwillinge in einer Doppelrolle verkörperte, nochmals in einer Paraphrase des Klassikers als erwachsene Mutter auf die Leinwand zurück *(Nikki und Mary – Die 5-Minuten-Ehe)*, was Disney nicht daran hinderte, das Thema jetzt erneut aufzuwärmen. Wieder werden die zehnjährigen Zwillingsmädchen Hallie und Annie von ein und derselben Person gespielt: von der quirligen Lindsay Lohan, rothaarig, sommersprossig, immer zu einem strahlenden Lächeln aufgelegt, so, als würde sie eher in einem Werbespot als in einem Kinofilm auftreten ... Zugegeben: Kästners hintergründige Utopie vom harmonischen Lebensglück bleibt im Kern unverwüstlich und sichert auch dieser neuerlichen Adaption ein gewisses Maß an Sympathie. Dabei ist die ›Amerikanisierung‹ des Stoffes freilich mehr als ernüchternd: Routiniert, aber glanzlos inszeniert, setzt der Film ganz auf den Charme der Zwillingsdarstellerin, vergräbt darüber hinaus aber jegliche Subtilität, jede fein ersonnene Gefühlswelt des Sujets unter einem wahren Berg von glamourös aufgebauschten Äußerlichkeiten einer Upper-Class-Welt ...«

Auch Ulrike Steiner in den *Oberösterreich Nachrichten* entdeckt »Luxus, wohin das Auge blickt. Mit wie vergoldet wirkenden Bildern von einem Hochzeitsdinner ist der Zugang zu diesem Remake von Kästners liebenswertem Jugendroman gepflastert. Und wenn diese Bilder auch nur

Charlie & Louise – Das doppelte Lottchen (1993, R: Joseph Vilsmaier): Floriane Eichorn und Fritzi Eichorn

eine Rückblende sind und die Geschichte erst elf Jahre und neun Monate später einsetzt, so bleibt das Gefühl des totalen Abgehobenseins in eine Scheinwelt aufrecht. Lindsay Lohan führt in der Doppelrolle der Zwillinge Annie und Hallie teure englische und lässige kalifornische Kindermode vor. Natasha Richardson und Dennis Quaid können sich als auseinander gedriftete Eltern der geballten Charme-Offensive nicht erwehren. Reichtum definiert sich in modern(isiert)en Märchen offensichtlich rein materiell, kaum emotional.«

2000 Der Präsident und seine Enkelin

President I Ego Wnutschka, RUS, R: Tigran Keosajan, D: Nadia Mikhalkova

Eine russische Variante vom doppelten Lottchen: Die Geschichte zweier Mädchen, die bei der Geburt verwechselt wurden: das eine Baby gerät in die Präsidentenfamilie, das andere landet in einfacheren Verhältnissen. Der spätere Präsident Russlands wird zum Großvater eines der Mädchen, die beide »Mascha« heißen. Sie kamen als Zwillinge zur Welt und haben sich seither nie gesehen. Auch die Mutter ist ahnungslos. Die »Wiederbegegnung« der Mädchen im Moskau der Jahrtausendnacht führt zu unvorhergesehenen Zwischenfällen, vielleicht auch zu einer moralischen Wandlung des zarengleichen Staatsoberhauptes. »Schnell ist das Motiv vom *Doppelten Lottchen* herbeizitiert ... Tatsächlich fühlt sich der armenisch-stämmige russische Regisseur Tigran Keosajan mit seinem Film eher zu Mark Twain hingezogen denn zu Erich Kästner. Der amerikanische Humorist nämlich hatte reichlich hundert Jahre zuvor einen Querschnitt durch die englische Gesellschaft zur Zeit Heinrich VIII. gezogen, indem er zwei einander täuschend ähnelnde Jünglinge, Prinz und Bettelknabe, in die jeweils andere soziale Schicht rutschen ließ.« (Volker Petzold, *Kinder- und Jugendfilm Korrespondenz*)

1998 Ein Zwilling kommt selten allein

The Parent Trap, USA, R: Nancy Myers, D: Lindsay Lohan, Natasha Richardson

1995 Eins und eins macht vier

It Takes Two, USA, R: Andy Tennant, D: Kirstie Alley, Mary-Kate Olsen

»Als hätte Joseph Vilsmaiers Remake des Kinderbuchklassikers nicht schon gereicht, verwurstet nun auch noch Hollywood Erich Kästners Stoff mit schrill überzeichneten Charakteren, dumm-dreisten Dialogen und zwei affektierten Kinderdarstellern, die man lieber gar nicht doppelt sähe.« (Annette Kilzer, *tip*)

1993 Charlie & Louise – Das doppelte Lottchen

BRD, R: Joseph Vilsmaier, D: Fritzi Eichorn, Floriane Eichorn, Corinna Harfouch

Die Vermählung ihrer Eltern geben bekannt (1960, R: David Swift): Hayley Mills und Maureen O'Hara

»Kästner sollte man nicht ummodeln, das wäre unglücklich und falsch und wir haben das auch nicht getan. Kästner muss Kästner bleiben. Charlie & Louise ist auf die heutige Zeit zugeschnitten. Der Film greift die sozialen Probleme auf, die durch Scheidungen entstehen. Die Schwierigkeiten, die allein Erziehende heute haben. Das heißt, *Charlie & Louise* ist nicht nur ein Kinderfilm, sondern auch ein Film für Erwachsene.« (Joseph Vilsmaier)

»Der Film *Charlie & Louise* bewegt die Gemüter der Kinder genauso wie damals und heute noch Josef Bakys *Doppeltes Lottchen*. Beide Filme sind Zeugnisse ihrer Zeit. Unabhängig von gesellschaftlicher Realität und jeweils geltenden Normen stehen die Wünsche und Träume der Kinder im Vordergrund: die Sehnsucht nach einem lebendigen Familienleben, nach Vater und Mutter, die sich lieben und gern mit ihren Kindern zusammenleben.« (Gudrun Lukasz-Aden/ Christel Strobel, *Kinder- und Jugendfilm-Korrespondenz*)

1991 Watashi to Watashi/Futari no Lotte

J, R: Kenji Kodama – Animation

»Dass sich die Zwillinge in *Watashi to Watashi* ähnlicher sehen als die anderen Mädchen, bemerken zwar die Filmfiguren, nicht aber die Zuschauer.« (Ingo Tornow, *Erich Kästner und der Film*)

1989 Flitterwochen auf Hawaii

Parent Trap Hawaiian Honeymoon, USA, R: Mollie Miller, D: Hayley Mills

1989 Ein Zwilling kommt selten allein

Parent Trap III, USA, R: Mollie Miller, D: Hayley Mills, Barry Bostwick, Joy Creel

1986 Nikki und Mary – Die 5-Minuten-Ehe

Parent Trap II, USA, R: Ronald F. Maxwell, D: Hayley Mills, Tom Skerritt,

1960 Die Vermählung ihrer Eltern geben bekannt

The Parent Trap, USA, R: David Swift, D: Hayley Mills, Maureen O'Hara, Brian Keith

»Hayley Mills, Tochter des britischen Schauspielers John Mills, schlüpfte in dieser amerikanischen Version der Kästner-Vorlage gleich in zwei Rollen. ... entdeckte die Disney-Produktionsgesellschaft den Stoff und adaptierte ihn mit der unübertrefflichen Hayley in der bzw. den Hauptrollen für die US-Kinos. Als Sharon McKendrick und Susan Evers stellte das Nachwuchstalent sein enormes schauspielerisches Können unter Beweis.« *(TV Spielfilm Lexikon)*

1953 Twice Upon A Time

GB, R: Emeric Pressburger, D: Hugh Williams, Elizabeth Allan, Jack Hawkins

1952 Hibari no komori-uta

J 1952, R: Koji Shima, D: Hibari Misora, So Yamamura, Mitsuko Mito

1950 Das doppelte Lottchen

BRD, R: Josef von Baky, D: Isa und Jutta Günther, Antje Weisgerber

»Das doppelte Lottchen erzählt die Geschichte um unvollständige Familien und Sehnsucht nach Harmonie, nach Familien mit Mutter und Vater, die vor dem Hintergrund der zahlreichen allein stehenden und allein erziehenden Mütter, Kriegerwitwen zumeist, in jenen Nachkriegsjahren ihre besondere Bedeutung bekam. Gerade weil der Film diesen Hintergrund nicht offen anspricht, sondern den familiären Elternmangel mit einer profanen Scheidung begründet, ist der Film auch heute noch ohne längere Erklärung für Kinder verstehbar. So haben beide etwas: Die Kinder sehen eine gut gemachte, spannende Geschichte, und der Vater neben ihnen sieht einen Film seiner Kindheit, in der vollen Mehrdeutigkeit, die in diesem Wort steckt.« (Knut Hickethier, epd Film)

ZWISCHENSPIEL

Interlude, USA 1968, R: Kevin Billington, D: Oskar Werner, Barbara Ferris, Virginia Maskell, Donald Sutherland, Nora Swinburne, Alan Webb, Bernard Kay, Geraldine Sherman, Gino Melvazzi

Zufällig treffen sich auf einer Party der berühmte Dirigent Zeller und die einstige Reporterin Sally wieder. Als sie gehen will, folgt er ihr, und in den leeren Räumen einer unbewohnten Etage wird ihre Liebe wieder wach. Die beiden erinnern sich, als Sally mit Stefan Zeller ein Interview machte, und der Dirigent durch den Artikel gezwungen wurde, keine Konzertverpflichtungen anzunehmen. Stefan, bis zu dieser Begegnung glücklicher Familienvater, fühlt sich stark zu Sally hingezogen. Die folgenden Wochen haben die beiden Liebenden Muße füreinander. Doch ständig fällt der Schatten seiner Ehe auf ihr Glück. Der Alltag holt beide ein, doch da ist es gerade Antonia, Stefans Frau, die ihm vorschlägt auszuspannen. Sally und Stefan reisen nach Rye. Wieder in London wird das Verhältnis der beiden für Sally qualvoll, zumal sie Antonia gesehen hat, die unwesentlich älter ist als sie selbst. Stefan muss sich entscheiden. Er wählt die Geliebte. Aber als es zur Scheidung kommen soll, erkennt Sally, dass ihr Intermezzo bald zu Ende gehen wird, da sie Stefan nicht die Ruhe geben kann, die er für seine Arbeit braucht. Stefan kehrt zu seiner Familie zurück, Sally heiratet einen anderen Mann.

Lexikon des internationalen Films: »Liebesromanze im Stil modisch-schicker Traumfabrik; geschmäcklerisch in der Darstellung der High Society.«

Über die Douglas Sirk-Verfilmung aus dem Jahr 1957 notiert Elisabeth Läufer in ihrem Buch Skeptiker des Lichts – Douglas Sirk und seine Filme: »Mit dem Drehbuch von Interlude, das wie Stahls Film auf Serenade von James Cain basiert, hat Douglas Sirk nur wenig zu tun. Sirk, der in der Regel bei allen seinen Filmen versuchte, aus dem schwächsten Material noch ein akzeptables Script zu machen, ist durch Arbeiten an Battle Hymn so in Anspruch genommen, dass er dem Kameramann William Daniels sogar die Motivsuche für das Studio-Projekt Interlude überlässt. Nicht einmal um die Besetzung kann sich der Re-

Das doppelte Lottchen (1950, R: Josef von Baky): Isa Günther und Jutta Günther mit ihren tollen Schuhen

gisseur kümmern, abgesehen von Kleinigkeiten: Die mit den Sirks seit der Leipziger Zeit befreundete Schauspielerin Lisa Helwig, zur Drehzeit in München engagiert, erhält eine kleine Rolle, ähnlich der damals in *La Habanera* als Don Pedros Hausverwalterin Rosita. Die für Sommer 1956 in Bayern angesetzten Dreharbeiten zu *Interlude* geben Hilde und Douglas Sirk die Möglichkeit, während der Drehzeit hin und wieder Besuche bei einem Freund aus der Bremer und Leipziger Zeit einzulegen, dem Schriftsteller Friedrich Forster-Burggraf, der sich inzwischen in Schlehdorf am Kochelsee angesiedelt hat. Der Film *Interlude* spielt in einem München, das auf den Münchner Fassbinder unecht wirkt oder jedenfalls so, ›wie es ein Amerikaner sehen mag‹: Königsplatz, Schloss Nymphenburg, Herkulessaal. Und in einem Salzburg, wie es Amerikaner entzückt ... Reni Fischer, die psychisch kranke Frau des Dirigenten, wird interpretiert von Marianne Koch, der Fassbinder attestiert, dass sie – wie Liselotte Pulver in *A Time To Love And A Time To Die* – unter Sirks Regie eine glaubhafte Darstellung bietet: ›zu Menschen werden, denen man glauben kann und möchte‹. Mehr noch: Für Fassbinder ist Marianne Koch als Reni Fischer eine Schlüsselfigur, ›die Figur, die zum Verständnis von Douglas Sirks Sicht der Welt vielleicht die wichtigste ist‹. Reni Fischer, die mit ihrem Mann glücklich war, zerbricht an ihrer Liebe und wird wahnsinnig. ›Alle Sirk'schen Figuren laufen einer Sehnsucht hinterher. Die Einzige, die alles erfüllt

Die zwölf Geschworenen (1957, R: Sidney Lumet): Jack Warden, Edward Binns, E. G. Marshall, John Fiedler, Henry Fonda, Ed Begley, Robert Webber, Jack Klugman, Geroge Voscovec, Martin Balsam und Joseph Sweeny

Die zwölf Geschworenen (1957, R: Sidney Lumet): Henry Fonda und Lee J. Cobb

hat, ist daran zerbrochen.‹ Doch für Fassbinder ist der Wahnsinn in Douglas Sirks Werk eine Hoffnung; er ist für Reni Fischer die Möglichkeit, sich dem zerstörerischen Zugriff der gesellschaftlichen Realität zu entziehen und sie selbst zu bleiben.«

1957 Der letzte Akkord
Interlude, USA, R: Douglas Sirk, D: June Allyson, Rossano Brazzi, Marianne Koch

1939 When Tomorrow Comes
USA, R: John M. Stahl, D: Irene Dunne, Charles Boyer, Barbara O'Neil

DIE ZWÖLF GESCHWORENEN

12 Angry Men, USA 1997, R: William Friedkin, D: George C. Scott, Jack Lemmon, Armin Mueller-Stahl
An einem schwülen Sommertag steht in New York ein Latino-Junge vor Gericht: Er soll seinen Vater erstochen haben. Sein Alibi wirkt fadenscheinig. Als sich die Jury zur Beratung zurückzieht, erwartet die Richterin ein schnelles Urteil. Doch der Geschworene Nr. 8 zweifelt an der Schuld des Teenagers. Er zwingt die Jury-Mitglieder zu einer leidenschaftlichen Diskussion.

Das in die Gegenwart verlegte TV-Remake von Sidney Lumets 1957er Kinoklassiker wartet mit einer vorzüglichen Besetzung auf. George C. Scott erspielte sich einen Golden Globe.

TV direkt: »Gut gemachtes Remake mit brillanten Dialogen, Charakteren und Darstellern.«

1957 Die zwölf Geschworenen
12 Angry Men, USA, R: Sidney Lumet, D: Henry Fonda, Lee J. Cobb

ANHANG

ABKÜRZUNGEN

IN DEN CREDITS

D . . . . . . Darsteller
Drb . . . . . Drehbuch
K . . . . . . Kamera
M . . . . . . Musik
R . . . . . . Regie
S . . . . Schnitt

LÄNDERKÜRZEL

A . . . . Österreich
AUS . . . . . Australien
B . . . . Belgien
BG . . . . . Bulgarien
BIH . . . . Bosnien und Herzegowina
BR . . . . . Brasilien
BRD . . . . Bundesrepublik Deutschland
C . . . . Kuba
CDN . . . . Kanada
CH . . . . . Schweiz
ČSSR . . . Tschecheslowakei
CZ . . . . . Tschechische Republik
D . . . . . . Deutschland
DDR . . . . Deutsche Demokratische Republik
DK . . . . . . Dänemark
DZ . . . . . . Algerien
E . . . . Spanien
EST . . . . . Estland
ET . . . . . Ägypten
F . . . . Frankreich
FIN . . . . . Finnland
GB . . . . . Großbritannien
GE . . . . . Georgien
GR . . . . . Griechenland
H . . . . Ungarn
HK . . . . . Hongkong
I . . . . Italien
IND . . . . Indien
IR . . . . . . Iran
IRL . . . . Irland
IL . . . . . . Israel
J . . . . Japan
KSA . . . . Königreich Saudi-Arabien
L . . . . Luxemburg

MA . . . . . Marokko
MEX . . . . Mexiko
N . . . . Norwegen
NL . . . . . Niederlande
NZ . . . . . Neuseeland
P . . . . Portugal
PA . . . . . Panama
PL . . . . . Polen
RA . . . . . Argentinien
RCH . . . . Chile
RC . . . . . China (Taiwan)
RO . . . . . Rumänien
ROU . . . . Uruguay
RUS . . . . Russland
S . . . . . . Schweden
SK . . . . . Slowakische Republik
TM . . . . . Turkmenistan
TN . . . . . Tunesien
TR . . . . . Türkei
UAE . . . . Vereinigte Arabische Emirate
UdSSR . . . Sowjetunion
USA . . . . Vereinigte Staaten
VCR . . . . Volksrepublik China
YU . . . . . Jugoslawien (Serbien/Montenegro)
YV . . . . . Venezuela
ZA . . . . . Südafrika

WEITERE ABKÜRZUNGEN

AP . . . . . Associated Press
ARD . . . . Arbeitsgemeinschaft der Rundfunk-
            anstalten Deutschlands (München)
BR . . . . . Bayerischer Rundfunk (München)
dpa . . . . . Deutsche Presse Agentur
DFF . . . . Deutscher Fernsehfunk
            (Berlin/DDR)
HR . . . . . Hessischer Rundfunk
            (Frankfurt/M.)
NDR . . . . Norddeutscher Rundfunk
            (Hamburg)
ORF . . . . Österreichischer Rundfunk (Wien)
SFB . . . . . Sender Freies Berlin (Berlin)
WDR . . . . Westdeutscher Rundfunk (Köln)
ZDF . . . . Zweites Deutsches Fernsehen
            (Mainz)

ZEITUNGEN, ZEITSCHRIFTEN, MEDIEN

Der Abend, AJZ Kino, Der Angriff, AP (Associated Press), ARD-Filmredaktion, artechock film, AZ (Abendzeitung), Badische Zeitung, Basler Zeitung, Berliner Börsen-Courier, Berliner Morgenpost, Berliner Tageblatt, Berliner Zeitung, Bild am Sonntag, Blick, Blickpunkt: Film, Bluewin/Cinergy, BWZ, BZ, Cahiers du cinema, Cinema, Cineman, CineNet, ComputerBild, Cue Magazine, Filmspiegel, dpa, Dumont, epd Film, FAZ (Frankfurter Allgemeine Zeitung), Fernsehwoche, Film, Film für Sie, Film und Fernsehen, Film Weekly, Film.de, Filmbeobachter, Filmblätter, Film-Dienst, Film-Echo, Filmecho/Filmwoche, Filmkritik, Films Illustrated, filmszene.de, filmtabs, Filmwoche, Focus, Frankfurter Neue Presse, Frankfurter Rundschau, Frankfurter Zeitung, General-Anzeiger, Der Gildendienst, Gong, Haiko's Filmseiten, Hamburger Abendblatt, Hamburger Echo, Hamburger Morgenpost, Hannoversche Allgemeine, Hessischer Rundfunk, Hobo, Hollywood Reporter, IFB (Internationale Filmfestspiele Berlin), Jungle World, Kinder- und Jugendfilmkorrespondenz, kinofenster.de, Kölner Stadt-Anzeiger, Kölnische Rundschau, Kronen-Zeitung, Kurier Wien, Licht Bild Bühne, Medium, Mittag, Monthly Film Bulletin (MFB), Moviedome, MovieLine, Moving Picture World, Multimedia, Münchner Merkur, Der neue Film, Neue Kronenzeitung, Neue Zeitung/Berliner Blatt, Neue Zürcher Zeitung, Neues Deutschland, New York Daily News, New York Times, Newsweek, Nürnberger Nachrichten, Oberösterreich Nachrichten (OÖNachrichten), Painmann's Filmlisten, Wien, Pariser Tageblatt, Premiere, Premiere-World, Die Presse, Pressedienst Das Erste, Prisma-Online, Programmkino.de, Progress Filmprogramm, Queer View, Rheinische Post, Rhein-Neckar-Zeitung, Rhein-Zeitung, Die Rote Fahne, Saturday Review, der Schnitt, Schweizer Illustrierte, Sience Fiction Times, Sneak Review – Der Kinokult im Saarland, Soho News, Spandauer Volksblatt, Spectator, Der Spiegel, Spiegel Online, Der Standard, Stern, Stern-TV-Magazin, Stuttgarter Nachrichten, Stuttgarter Zeitung, SZ (Süddeutsche Zeitung), Szene Hamburg, Tagesanzeiger Zürich, Tagesspiegel, Taz (tageszeitung), Tempo, Ticket, Time Magazine, Time Out, Tip, Treffpunkt Kino, Trierischer Volksfreund, TV 14, TV direkt, TV Movie, TV neu, TV Spielfilm, TV Today, TV-Movie, TZ, USA Today, Vampir, Variety, Video Woche, Völkischer Beobachter, WDR 2, Die Welt, Weltbühne, Westfälische Rundschau, Wiener Kurier, Wiesbadener Tageblatt, Die Woche, World Socialist Web Site, ZDF-Filmredaktion, Die Zeit, Zitty, Zoom, Züritipp/Tages-Anzeiger

BIBLIOGRAPHIE

BÜCHER ÜBER REMAKES

Druxman, Sam: Make It Again, Sam – A Survey Of Movie Remakes. New York/London 1975

Horton, Andrew und McDougal, Stuart Y. (Herausgeber): Play It Again, Sam. Retakes On Remakes. Berkeley: University of California Press, 1998

Limbacher, James L.:Haven't I Seen You Somewhere Before? Remakes, Sequels And Series In Motion Pictures, Videos And Television, 1896–1990. Ann Arbor, 1991

Manderbach, Jochen: Das Remake: Studien zu seiner Theorie und Praxis. Siegen 1988 (Veröffentlichungen des Forschungsschwerpunkts Massenmedien und Kommunikation an der Universität-Gesamthochschule Siegen)

Milberg, Doris: Repeat Performances, A Guide To Hollywood Movie Remakes. Broadway Press, Shelter Island, 1990

NACHSCHLAGEWERKE

Buchers Enzyklopädie des Films. Luzern/Frankfurt am Main 1977

Cinegraph: Lexikon zum deutschsprachigen Film. Hrsg. Hans-Michael Bock. München 1984 ff

Circus-Filme. Kommunales Kino Hannover. 1982

Die deutschen Filme. Deutsche Filmografie 1895–1998. Hrsg. Kinematheksverbund. Frankfurt am Main 1999

Deutsche Spielfilme von den Anfängen bis 1933. Ein Filmführer. Berlin (DDR) 1988

Der Fantasy Film. Norbert Stresau. München 1984

Film-Jahrbuch. Hrsg. Lothar R. Just. München 1987 ff

Fischer Film Almanach. Filme Festivals Tendenzen. Hrsg. Horst Schäfer/Walter Schobert. Frankfurt am Main 1986 ff

Gewalt und Leidenschaft. Hermann J. Huber. Das Lexikon Homosexualität in Film und Video. Berlin 1989

Das große James-Bond-Buch. Siegfried Tesche. Berlin 1999

Das große Lexikon der DEFA-Spielfilme. F.-B. Habel. Berlin 2001

Halliwell's Film And Video Guide 2000. Hrsg. John Walker. New York 1999

Die 100 besten erotischen Filme. Armand Dupont. München 1993

Die 100 besten Horror-Filme. Hans Schifferle. München 1994

Die 100 besten Kultfilme. Ronald M. Hahn/Volker Jansen. München 1998

111 Meisterwerke des Films. Das Video-Privatmuseum. Hrsg. Günter Engelhard, Horst Schäfer, Walter Schobert. Frankfurt am Main 1989

The International Film Encyclopedia. Hrsg. Ephraim Katz. London 1980

Das japanische Kino. Geschichte – Filme – Regisseure. Keiko Yamane. München/Luzern 1985

Kinderfilme in Großbritannien. Kinderkino München. Hrsg. Hans Strobel. München

Kino des Phantastischen. Georg Seeßlen. Reinbek 1980

Klassiker des Deutschen Tonfilms: 1930–1960. Joe Hembus/Christa Bandmann. München 1980

Klassiker des Horrorfilms. William K. Everson, Hrsg. von Joe Hembus. München 1980

Lexikon der berühmten Tiere. Karen Duve/Thies Völker. Frankfurt am Main 1997

Lexikon des Horrorfilms. Ronald M. Hahn/Rolf Giesen/Volker Jansen. Bergisch Gladbach 1985. Stark erweiterte Neuauflage, Berlin 2002.

Lexikon des internationalen Films. Hrsg. Katholisches Institut für Medieninformation und Katholische Filmkommission für Deutschland. Völlig überarbeitete und erweiterte Neuausgabe. Hrsg. Horst Peter Koll/Hans Messias. Reinbek 2000

Lexikon des Kinder- und Jugendfilms. Hrsg. Horst Schäfer. Meitingen 1998 ff

Lexikon des Kriminalfilms. Meinolf Zurhorst. München 1985

Lexikon des Science-Fiction Films. Ronald M. Hahn/Volker Jansen. München 1997

Liebe, Tanz und 1000 Schlagerfilme. Manfred Hobsch. Berlin 1998

Der Neue Deutsche Film: 1960–1980, Robert Fischer/Joe Hembus. München 1981

Das neue Lexikon des Fantasy-Films, Ronald M. Hahn/Rolf Giesen, Berlin 2001

Oxford Companion To Film. London 1976

Der Phantastische Film. Rolf Giesen. Ebersberg 1983

Pioniere und Prominente des modernen Sexfilms. Leo Phelix/Rolf Thissen. München 1983

Reclams Filmführer. Hrsg. Dieter Krusche/Josef Nagel. 11. rev. u. erw. Aufl. Stuttgart 2000

Reclams Lexikon des deutschen Films. Hrsg. Thomas Kramer. Stuttgart 1995

Schräg, schrill, scharf und schundig. Tausend Filme zwischen Trash und Kult. Harald Keller. Reinbek 2000

Die Science-Fiction Filmenzyklopädie. Hrsg. Phil Hardy. Königswinter 1998

Der Serien Guide. Jovan Evermann. Berlin 1999

77 Märchenfilme. Hrsg. Eberhard Berger/Joachim Giera. Berlin 1990

Top secret, Agenten- und Spionagefilme – Personen, Affären, Skandale. Horst Schäfer/Wolfgang Schwarzer. Berlin 1998

TV Spielfilm Lexikon. Das große Filmlexikon. Hrsg. Dirk Manthey/Jörg Altendorf/Willy Loderhose. Hamburg

Die Unsterblichen des Kinos. Band 1: Stummfilmzeit und die goldenen 30er Jahre. Band 2: Glanz und Mythos der Stars der 40er und 50er Jahre. Adolf Heinzlmeier/Berndt Schulz/Karsten Witte. Frankfurt am Main 1982, 1985

Western. Michael Hanisch. Berlin (DDR) 1985

Western-Lexikon. Joe Hembus. 1272 Filme von 1894 – 1975. 2. Auflage. München/ Wien 1977

Filmstadt Babelsberg. Zur Geschichte des Studios und seiner Filme. Potsdam 1994

Godard, Jean-Luc: Einführung in eine wahre Geschichte des Kinos. Frankfurt 1984

Hembus, Joe: Der deutsche Film kann gar nicht besser sein. Ein Pamphlet von gestern. Eine Abrechnung von heute. München 1981

Hoffmann, Hilmar: 100 Jahre Film von Lumière bis Spielberg. Düsseldorf 1995

Kellner, Oliver/Marek, Ulf: Seewolf & Co. Die Tradition der Abenteuer-Vierteiler im ZDF. Berlin 1999

Monaco, James: Film verstehen: Kunst, Technik, Sprache, Geschichte und Theorie des Films. Reinbek 1980

Neumann, Hans-Joachim: Der deutsche Film heute. Die Macher, das Geld, die Erfolge, das Publikum. Frankfurt am Main/Berlin 1986

Riess, Curt: Das gab's nur einmal. Wien/München 1977

Schäfer, Horst und Baacke, Dieter: Leben wie im Kino, Jugendkultur und Film. Ff./M. 1994

Stettner, Peter: Vom Trümmerfilm zur Traumfabrik. Hildesheim/Zürich/New York 1992

Thissen, Rolf: 100 Jahre Film. Zahlen, Fakten, Mythen. München 1995

Tornow, Ingo: Erich Kästner und der Film. München 1998

Truffaut, François: Die Filme meines Lebens, Aufsätze und Kritiken. München/Wien 1976

Unucka, Christian (Hrsg.): Karl May im Film. Eine Bilddokumentation. Hebertshausen 1991

von Cziffra, Géza: Es war eine rauschende Ballnacht. Eine Sittengeschichte des deutschen Films. München/Berlin 1985

Werner, Paul: Film Noir. Die Schattenspiele der »schwarzen Serie«. Frankfurt 1985

BÜCHER ZUM THEMA FILM/FERNSEHEN

Albrecht, Gerd: Die großen Filmerfolge. Ebersberg 1985

Bächlin, Peter: Der Film als Ware. Frankfurt 1975

Bliersbach, Gerhard: So grün war die Heide: Der deutsche Nachkriegsfilm in neuer Sicht. Weinheim/Basel 1985

Brauner, Artur: Mich gibt's nur einmal. Rückblende eines Lebens. München/Berlin 1976

Courtade/Cadars: Geschichte des Films im Dritten Reich. München 1975

ZU EINZELNEN PERSONEN

Albers, Hans: Hoppla, jetzt komm ich. hrsg. von Otto Tötter, Hamburg/Zürich 1986

Hans Albers. Uwe-Jens Schumann. München 1980

In meinem Herzen, Schatz ... Die Lebensreise des Schauspielers und Sängers Hans Albers. Hans-Christoph Blumenberg, Frankfurt am Main 1991

Antel, Franz: Großaufnahme. Mein verdrehtes, verliebtes Leben. Wien 1981

Astaire, Fred: Fred Astaire. Stephen Harvey. München 1982

Bergman, Ingrid: Ingrid Bergman: Ihre Filme – ihr Leben. Curtis F. Brown, München 1980

Böhm, Karlheinz: Karlheinz Böhm. Friedemann Beyer. München 1992

Brando, Marlon: Marlon Brando. David Shipman. München 1989

Tango des Lebens. Die Biographie Marlon Brando. Richard Schickel. München 1992

Brosnan, Pierce: Pierce Brosnan – Mehr als James Bond. Karsten Prüßmann. München 2000

Buñuel, Luis: Luis Buñuel. Klaus Eder u. a. München/Wien 1975

Luis Buñuel: Objekt der Begierde. Berlin 2000

Chabrol, Claude: Claude Chabrol. Rainer Werner Fassbinder u. a. München/Wien 1975

Cooper, Gary: Gary Cooper. Homer Dickens. München 1982

Damar, Germaine: Germaine Damar. Ein luxemburger Star im deutschen Film der fünfziger Jahre. CNA – Centre national de l'audiovisuel. Luxemburg 1995

Davis, Bette: Bette Davis. Jerry Vermilye. München 1988

Day, Doris: Doris Day. George Morris. München 1983

De Niro, Robert: Hommage Robert De Niro. Filmmuseum Berlin – Deutsche Kinemathek und Internationale Filmfestspiele. Red: Rolf Aurich/Wolfgang Jacobsen/Gabriele Jatho. Berlin 2000

Dietrich, Marlene: Nehmt nur mein Leben ... : Reflexionen. Marlene Dietrich. München 1981

Marlene Dietrich: Dokumente, Essays, Filme. Hrsg. Werner Sudendorf. Frankfurt am Main 1980

Erhardt, Heinz: Heinz Erhardt und seine Filme. Rolf Thissen. München 1986

Film ab: Heinz Erhardt. Manfred Hobsch. Berlin 1999

Fassbinder, Rainer Werner: Rainer Werner Fassbinder. Wilhelm Roth u. a. München/Wien 1975

Die Sehnsucht des Rainer Werner Fassbinder. Kurt Raab/Karsten Peters. München 1982

Foster, Jodie: Jodie Foster. Hollywoods Wunderkind. Robert Fischer. München 1993

Gabin, Jean: Jean Gabin. Jürgen Reitz. Berlin (DDR) 1970

Garbo, Greta: Greta Garbo. Robert Payne. München 1979

Garland, Judy: Judy Garland. James Juneau. München 1980

Gründgens, Gustaf: Gustaf Gründgens – Eine Biografie. Curt Reiss. Wien/München 1978

Gustaf Gründgens: der Schauspieler und die Macht. Peter Michalzik. Berlin 1999

Guinness, Alec: Alec Guinness. Andreas Missler. München 1987

Harlow, Jean: Jean Harlow. Curtis F. Brown. München 1979

Harvey, Lilian: Das süßeste Mädel der Welt. Die Lilian Harvey Story. Hans Borgelt. Bayreuth 1974

Hawks, Howard: Die Kamera in Augenhöhe – Begegnungen mit Howard Hawks. Hans C. Blumenberg. Köln 1979

Howard Hawks. Rolf Thissen. München 1987

Hayworth, Rita: Rita Hayworth. Gerald Peary. München 1981

Heesters, Johannes: Johannes Heesters. Liebling der Frauen, Liebling des Glücks. Inge Dombrowski/Rudolf Borchert. Bergisch Gladbach 1978

Hepburn, Katharine: Katharine Hepburn. Alwin H. Marill. 1979

Herr, Trude: Trude Herr. Niemals geht man so ganz. Ihr Leben. Aufgezeichnet von Gérard Schmidt. Bergisch Gladbach 1991

Hitchcock, Alfred: Alfred Hitchcock und seine Filme. Bodo Fründt. München 1986

Mr. Hitchcock, wie haben Sie das gemacht? FrançoisTruffaut. 7. Auflage. München 1984

Alfred Hitchcock und seine Filme. Donald Spoto. München 1999

Alfred Hitchcock. Hrsg. Lars-Olav Beier/Georg Seeßlen. Berlin 1999

Alfred Hitchcock. Enno Patalas. München 1999

Hopkins, Anthony:

Anthony Hopkins – Der Mann, der Hannibal Lecter war. Quentin Falk. München 1993

Juhnke, Harald: Meine sieben Leben. Harald Juhnke/Harald Wieser. Reinbek 1998

Käutner, Helmut: Helmut Käutner. Abblenden. Sein Leben, seine Filme. München 1981

Kurosawa, Akira: So etwas wie eine Autobiografie. München 1986

Leander, Zarah: Wollt Ihr einen Star sehen? Paul Seiler. Berlin 1982

Zarah Leander. Cornelia Zumkeller. München 1988

Lemmon, Jack: Jack Lemmon. Michael Freedland. München 1986

Lewis, Jerry: Jerry Lewis – Sein Leben, seine Filme. Klaus Stawecki. Berlin 1995

Loren, Sophia: Sophia Loren. A. E. Hotchner. München 1984

Sophia Loren. Italo Moscati. Berlin 1997

Losey, Joseph: Joseph Losey. Hrsg. George Alexander/Peter W. Jansen. München/Wien 1977

Matthau, Walter: Walter Matthau. Allan Hunter. München 1986

Meyer, Russ: Russ Meyer – Der König des Sexfilms. Rolf Thissen. 2. Aufl. München 1985

Moreau, Jeanne: Hommage Jeanne Moreau. Filmmuseum Berlin – Deutsche Kinemathek und Internationale Filmfestspiele. Red.: Rolf Aurich/Wolfgang Jacobsen/Gabriele Jatho. Berlin 2000

Moser, Hans: Hans Moser. Karin Wichmann. München 1980

Hans Moser. Das Leben des genialen Volksschauspielers in Bildern. Georg Markus. Wien 1989

Olivier, Laurence: Sir Laurence Olivier. Raymond Lefèvre. München 1983

Palmer, Lilli: Lilli Palmer. Michael O. Huebner. München 1986

Polanski, Roman: Roman Polanski. Paul Werner. Frankfurt am Main 1981

Quinn, Anthony: Anthony Quinn. Gregor Ball. München 1985

Reagan, Ronald: Ronald Reagan und seine Filme. Tony Thomas. München 1981

Rossellini, Isabella: Isabella Rossellini. Faszination eines Gesichts. Robert Fischer. München 1994

Rühmann, Heinz: Heinz Rühmann und seine Filme. Gregor Ball/Eberhard Spiess. München 1982

Heinz Rühmann. Gregor Ball. München 1981

Schell, Maria: Maria Schell. Herbert Spaich. München 1986

Schneider, Romy: Romy Schneider und ihre Filme. Frauke Hank/Alfred Nemeczek/Pit Schröder. München 1980

Seeber, Guido: Sidi – Der Kameramann und Filmpionier Guido Seeber. Helmut W. Sontag. Hannover 1986

Sirk, Dougals: Skeptiker des Lichts – Dougals Sirk und seine Filme. Elisabeth Läufer. Frankfurt am Main 1987

Taylor, Elisabeth: Elisabeth Taylor. Foster Hirsch. München 1979

von Cziffra, Géza: Géza von Cziffra. Kauf dir einen bunten Luftballon. München/Berlin 1975

Weiser, Grethe: Grethe Weiser. Herz mit Schnauze. Hans Borgelt. Reinbek 1978

Welles, Orson: Orson Welles. Joseph McBride. München 1982

Wicki, Bernhard: Bernhard Wicki. Regisseur und Schauspieler. Robert Fischer. München 1994

Wilder, Billy: Billy Wilder. Eine Nahaufnahme von Hellmuth Karasek. München 1994

Billy Wilders Filme. Neil Sinyrad/Adrian Turner. Berlin 1980

INDEX DER FILMTITEL
(Originaltitel und deutsche Titel)

Dieses Register verweist nur auf Titel, die im lexikalischen Teil der Remakes aufgeführt sind. Filme, die in den einzelnen Texten erwähnt werden, wurden nicht berücksichtigt.

die stadt bin ich zitty

lika ...hamburg....bühnenbildnerin.........in berlin seit 1992

foto: daniel josefsohn   weber & soltek

DIE JUNGE ROMY SCHNEIDER

Die Reifezeit eines Stars in einem wunderbaren Bildband mit zahlreichen bislang unveröffentlichten Fotos aus lange verschollenen Sammlungen und Archiven.

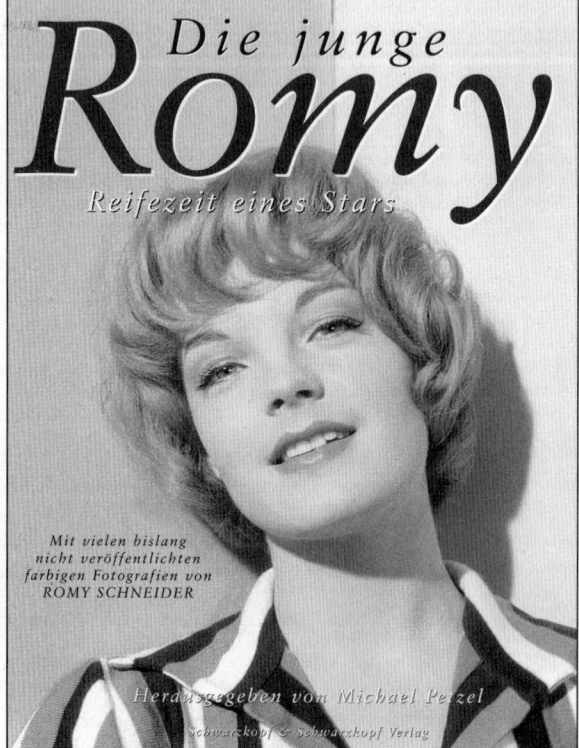

Die meisten Fotos des großformatigen Bildbandes sind bisher noch nie veröffentlicht worden. Die einmaligen Aufnahmen wurden in lange verschollenen Sammlungen gefunden und stammen von Filmproduktionen, engen Freunden von Romy Schneider und aus der berühmten »Billy-Kocian-Kollektion«. Ein besonderes Highlight des Buches bilden inszenierte »Homestories« und Privataufnahmen vom Leben in Mariengrund. Romy macht Führerscheinprüfung, feiert Weihnachten, tollt mit Horst Buchholz im Schnee und trifft zum ersten Mal auf Alain Delon: an all dem nimmt der Leser teil.

Michael Petzel
DIE JUNGE ROMY
Reifezeit eines Stars. Mit vielen bislang nicht veröffentlichten
farbigen Fotografien von ROMY SCHNEIDER
ca. 400 Seiten
Großformat 24 x 30 cm, gebunden mit Schutzumschlag,
großteils farbig, etwa 1000 Abbildungen
ISBN 3-89602-414-0
Preis: ca. 49,90 EUR
Erscheint im Herbst 2002

DIE AKTE JAMES BOND

Die Billy-Kocian-Fotocollection der klassischen James-Bond-Filme
mit Sean Connery und Roger Moore in einem umfangreichen Bildtextband

Die schönsten James-Bond-Filme in einem umfangreichen Bildtextband. Billy Kocians Archiv ist eine Schatzkammer der Bond-Geschichte. Es enthält nie gesehene Fotos, die der Autor auf seinen zahlreichen Set-Besuchen aufnahm und unbekanntes Hintergrundmaterial über die Dreharbeiten.

Seine Informationen stammen aus erster Hand und sind – in zahlreichen Gesprächen mit Sean Connery, Roger Moore und vielen anderen Machern der James-Bond-Filme – persönlich recherchiert worden. 007 – wie ihn wirklich noch keiner kennt! Ein absolutes Highlight.

Michael Petzel & Manfred Hobsch
DIE AKTE JAMES BOND
**Die Billy-Kocian-Fotocollection der klassischen
James-Bond-Filme mit Sean Connery und Roger Moore**
ca. 400 Seiten
Großformat 24 x 30 cm, gebunden mit Schutzumschlag,
großteils farbig, etwa 1000 Abbildungen
ISBN 3-89602-415-9
Preis: ca. 49,90 EUR
Erscheint im Herbst 2002

DANKSAGUNG

Die Idee, ein Lexikon der Remakes zu verfassen, liegt schon etliche Jahre zurück. Oliver Schwarzkopf konnte sich sofort für dieses Vorhaben begeistern. Ihm gilt also der erste Dank, gleich danach Daniel Spitzer, der sich einmal mehr engagiert um die Produktion des Buches gekümmert hat. Weiterer Dank geht an Katharina Dockhorn (für Hollywood-Remakes europäischer Filme), Hans-Joachim Neumann (für Robert Altman), Michael Petzel (für Winnetou), Martin Schwarz (für viele Hinweise und den Zugriff aufs Zitty-Fotoarchiv) und an alle Autorinnen und Autoren, die ich zitiert habe. Von der Idee bis zur Verwirklichung ist es ein weiter Weg, bei diesem Lexikon war er es besonders, denn mitunter steckte hinter einer Jahreszahl oder einem Filmtitel mehr Rechercheaufwand, als ich mir jemals vorgestellt habe: Ohne Datenbanken wie IMDB, Lexikon des internationalen Films, MovieLine und Prisma-Online hätte das Lexikon nicht so werden können, wie es geworden ist. Dank also an all die fleißigen Datensammler. Meiner Frau danke ich für Geduld und Anfeuerung, aber vor allem für Rat und Hilfe bei der Jagd auf Remakes. Nicht vergessen darf ich ein Dankeschön an Katze Maxi, die unter dem Schreibtisch zu meinen Füßen das Entstehen des Lexikons schnurrend begleitet hat.

IMPRESSUM
Manfred Hobsch
MACH'S NOCH EINMAL!
Das große Buch der Remakes – über 1300 Filme in einem Band:
Von »Anna Karenina« bis »William Shakespeare's Romeo & Julia«,
von »Body Snatchers« bis »Die Schöne und das Biest« und von
»Bram Stoker's Dracula« bis »Mary Shelley's Frankenstein«

ISBN 3-89602-393-4

ABBILDUNGEN
MH-Archiv, Fotoarchiv Zitty, Verlag für Filmschriften (Christian Unucka)

KATALOG
Ein aktuelles Gesamtverzeichnis des Verlagsprogrammes liegt dem Buch bei.
Wenn Sie sich ausführlicher über unsere Neuerscheinungen informieren möchten,
senden wir Ihnen gerne regelmäßig unseren kostenlosen Katalog.
Schwarzkopf & Schwarzkopf Verlag Abt. Service, Kastanienallee 32, 10435 Berlin.
Service-Telefon: 030 – 44 33 63 00 / Service-Fax: 030 – 44 33 63 044

INTERNET
Ausführliche Informationen zum Verlagsprogramm finden Sie auch im Internet.
www.schwarzkopf-schwarzkopf.de / www.lexxxikon.de

E-MAIL
info@schwarzkopf-schwarzkopf.de